Gault&Millau

Kritisch & kompetent

Von Lesern geliebt, von Köchen gefürchtet: Die Tester des GAULT&MILLAU bewerten die interessantesten Restaurants Deutschlands mit Punkten und Kochmützen und begründen ihr Urteil in geschliffenen Texten. Mit Hotelempfehlungen, den aktuellsten Genusstrends, über 500 Farbfotos und ausführlicher Kartographie. Im Kaufpreis enthalten ist die regelmäßig aktualisierte GAULT&MILLAU-App und Zugang zu den Online-Services.

900 Seiten · ca. 500 Abb. · 13,7 x 21,4 cm
€ [A] 36,00
sFr. 45,50 **€ 34,99**
ISBN 978-3-86244-830-2

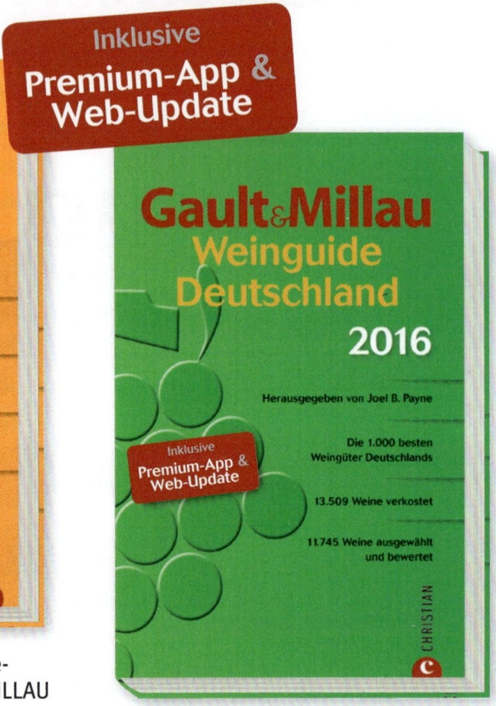

Das unabhängige Standardwerk der deutschen Weinszene, herausgegeben von Joel B. Payne. Im Porträt: die 1.000 wichtigsten und interessantesten Weingüter Deutschlands mit ausführlichen (Kontakt-)informationen und Sightseeing-Tipps. Über 11.000 ausgewählte und bewertete Weine und Trinkempfehlungen machen den GAULT&MILLAU WeinGuide Deutschland zum unverzichtbaren Begleiter für alle Freunde deutscher Weine.

900 Seiten · ca. 500 Abb. · 13,7 x 21,4 cm
€ [A] 36,00
sFr. 45,50 **€ 34,99**
ISBN 978-3-86244-831-9

Willkommen zu Hause

CHRISTIAN

www.christian-verlag.de
oder gleich bestellen unter
Tel. 0180-532 16 17 (0,14 €/Min.)

Christian Verlag GmbH, Infanteriestraße 11a, 80797 München

Gault&Millau

Weinguide Deutschland 2016

Der Weinführer für Genießer

Herausgegeben von Joel B. Payne

Die 1.000 besten Weinerzeuger

11.745 Weine ausgewählt
und bewertet

Mit den neuesten Weintrends

CHRISTIAN

Liebe Weinfreundinnen und Weinfreunde,

Nach Jahren der überzogenen Reife scheint sich mit dem Jahrgang 2014 die Erkenntnis »weniger ist mehr« bei vielen der führenden Erzeuger durchgesetzt zu haben. Die erfreuliche Rückkehr zu geringem Alkohol und weniger Restsüße macht deutschlandweit Schule. Kai Schätzel aus Nierstein, der gleich zwei Weine in unserer Siegerliste »Leicht und trocken« stellt, ist einer der Vorreiter auf diesem Weg. Inzwischen kann seine einst belächelte Heimat Rheinhessen sich damit brüsten, in Sachen Weinqualität in der ersten Liga zu spielen. Wir waren bei unserer alljährlichen, hochspannenden Bundesfinalprobe regelrecht verdutzt: Platz eins, zwei und drei in der Königsklasse »Riesling trocken« gingen in die Region, die einst vor allem für Liebfrauenmilch bekannt war.

Die Pfalz hingegen stellte nicht nur die überwiegende Mehrheit der trockenen Rieslinge mit mehr als 90 Punkten, sondern bleibt bei den Burgundersorten – ob rot oder weiß – ungeschlagen. 2014 war dort ein ganz großer Jahrgang. Mit ihm steigen die Gebrüder Rings und das alteingesessene, aber völlig neu erfundene Gut Reichsrat von Buhl mit je vier Trauben in die Phalanx der Besten auf. Aus der Pfalz stammt mit Hans Erich Dausch auch unsere »Entdeckung des Jahres«.

Der Jahrgang 2014 fiel nicht überall so leicht. Als Anfang Oktober an Mosel und Mittelrhein warmer Regen fiel, galt es zu retten, was zu retten war und die gesunden Beeren penibel auszulesen. Trotz der widrigen Umstände haben Erzeuger wie Florian Lauer, dessen Rieslinge wir zur »Kollektion des Jahres« küren, einige prachtvolle Kaninchen aus dem Hut gezaubert.

Neu in unseren diesjährigen Spitzenreiterlisten ist die alte Sorte Silvaner, die derzeit eine neue Blüte erlebt. Romana Echensperger, Deutschlands jüngste »Master of Wine« (wir gratulieren!) und neues Mitglied in unserer Verkosterriege, erklärt in der Rubrik »Weintrends«, warum ein guter Silvaner sich vor dem Riesling nicht zu verstecken braucht (S. 28). Aus seiner Heimat Franken stammt auch unser »Aufsteiger des Jahres«, das Weingut Luckert in Sulzfeld.

Der Gault&Millau ist Marktführer unter Deutschlands Weinguides. Das Vertrauen unserer Leser verpflichtet uns: Anders als immer mehr Mitbewerber halten wir an unserer Praxis fest, von den Winzern keine Aufnahme- oder Verkostungsgebühren zu erheben. So haben Sie die Sicherheit: Weingüter, die im Gault&Millau stehen, haben es allein aus Qualitätsgründen verdient. Eines der besten davon ist zweifellos das von Peter Jakob Kühn aus dem Rheingau: Gratulation an unseren »Winzer des Jahres«!

Die ersten Trauben des Jahrgangs 2015 sind beim Schreiben dieser Zeilen eingefahren. Nach einem rekordverdächtig heißen und trockenen Sommer läuteten wegen Platzregens vor der Lese in einigen Regionen schon die Alarmglocken. Die klügsten Winzer werden trotz aller Wetterkapriolen auch im kommenden Jahr Großartiges auf die Flasche bringen – und wir werden erneut da sein, um für Sie die gelungensten Weine herauszusuchen.

Bis dahin verbleibe ich im Namen der ganzen Mannschaft
im besten Weinvernehmen,

Ihr Joel B. Payne

TSCHIDA TSCHIDA TSCHIDA
Budeguer
ARGIOLAS
L'ARTE, LA VIGNA, IL VINO
DeMenCia
La Motte
a culture of excellence
BELSAZAR
VERMOUTH
MATUA
MADE WITH REAL NEW ZEALAND
Angerhof
KESSELRING
BLACK GORILLA
BUCCELLA
CARPINETO
GRANDI VINI DI TOSCANA
DAOU
VINEYARDS & WINERY
ZACCAGNINI
vignaiolo d'Abruzzo
Bolognano
Weingut Franz Hirtzberger
DOMAINE
BOTT GEYL
nyakas
Vinkara
CASCINACASTLET
ERSTE+NEUE
WINE of SÜDTIROL ALTO ADIGE
SANSIBAR
SYLT
MARKUS MOLITOR
PFAFFL
RENWOOD
WINERY
SCHNEIDER
DER PERFEKTE WEIN
PIRIBAUER
Georg Fischer
Weingut Joh.Jos.Prüm
CHATEAU
PIGOUDET
Nikolaihof
WACHAU
ALTOS
LAS HORMIGAS
ROYAL PROVENCE
Rocca dei Bottari
WARRE'S
1670
PORT
TESCH
RIESLING
SÜNNER
Gegr. 1830
CASTELL D'ENCUS
IHR PARTNER FÜR ERFOLGREICHE WEINE IN GASTRONOMIE & HANDEL
KOSTENLOSER KATALOG
Für Gastronomie & Handel
per E-Mail anfordern
info@vinocommerce.com
VINOCOMMERCE
VINOCOMMERCE GMBH
Christoph-Seydel-Straße 1
01454 Radeberg
Telefon: +49 (0)3528 / 45521-0
Telefax: +49 (0)3528 / 45521-19
info@vinocommerce.com
www.vinocommerce.com

INHALT

BADISCHER WEIN
Von der Sonne verwöhnt
„Ich mag Baden, weil das Leben hier viel sonniger schmeckt."
Hier, wo die Sonne am häufigsten scheint, schlagen Feinschmeckerherzen höher. Denn in Baden kommt für sie zusammen, was zusammengehört: eine exzellente Küche und exzellente Weine. Entdecken Sie Badens prämierte Weine auf www.badischerwein.de

INHALT

Übersicht

Die Regionen, die Erzeuger, ihre Weine

Anhang

Weintrends 2016

Selbst eine traditionsbewusste Branche wie die Weinwelt kennt Innovationen und Trends. Auf den folgenden Seiten stellen wir Ihnen aktuelle Entwicklungen vor, die uns während der Proben zum diesjährigen Gault&Millau aufgefallen sind.

Geben Sie einem 82er Château Margaux das Gefühl, zuhause zu sein.
Der Unterschied heißt Gaggenau.
Der 82er Château Margaux gehört zu den Besten seines Jahrgangs. Damit er es auch bleibt, schafft der Weinschrank RW 464 ideale Lagerbedingungen. Mit zwei getrennt steuerbaren Klimazonen mit gradgenauer Temperaturregelung, vibrationsarmer Lagerung und voll ausziehbaren Flaschenablagen hat er alles, um einen Margaux auf den perfekten Moment vorzubereiten: den Genuss.
Informationen unter www.gaggenau.com.
GAGGENAU

Weiße von der Maische

Jeder kennt seinen Weintyp, den einen, den schönsten, den wahrsten. Nur, gibt es beim Wein wirklich das Wahre, Schöne und Eine? Orange Wine am Ende?

Orange Farbe, umstrittener Trend: Orange Wine kennt nur Liebhaber oder Verächter.

Beim sogenannten »Orange Wine« handelt es sich um einen Weißwein, der wie ein Rotwein hergestellt wird. Die Trauben werden also nicht vorab gekeltert, sondern auf der Maische vergoren. Der Most entzieht so den Beerenschalen Tannin und Farbstoff. Da ein solches Verfahren einen eher oxidativen Charakter hat, spielt die Farbe der Jungweine ins Dunkelgelbe und Orangene. Daher der Name. Merkwürdig ist jedoch die Bandbreite der Weine, die mit diesem Namen verkauft werden: Sie reicht von hervorragenden Naturweinen bis zum Gesöff, das keine amtliche Prüfnummer bekommen hat.

Die Idee ist alt. In Georgien kennt man den traditionellen Rkatsiteli, ein in Amphoren – »Qvevri« genannt – vergorener Wein. Da das Land als Wiege der Weinkultur gilt, haben vor einigen Jahren bekannte Pioniere wie Silvio Jermann aus Collio in Italien, Stéphane Tissot aus dem Jura in Frankreich oder Ales Kristancic von Movia in Slowenien begonnen, sich die Tongefäße aus dem Kaukasus anzuschaffen, und versucht, diese alte Tradition wieder aufleben zu lassen. Allerdings mit recht unterschiedlichen Ergebnissen.

Nicht selten wird der Orange Wine in begriffliche Nähe zum Naturwein – oder Natural Wine – gebracht, der ohne Schwefel erzeugt und abgefüllt wird. Beide stehen hoch in Mode in verschworenen Sommelierkreisen in New York, London oder Tokio, werden aber vom normalen Konsumenten oft mit Argwohn oder sogar Kopfschütteln bedacht, denn der erkennbare Sortencharakter der jeweiligen Rebe geht bei dieser Gärführung vollkommen verloren.

Weine in Amphoren

Dies hat Peter Jakob Kühn aus Oestrich im Rheingau lernen mussen, als er begann ,Wein in Amphoren auszubauen. Sein Schlehdorn gilt inzwischen als Paradebeispiel dieser neuen Kategorie in Deutschland. »Doch nicht jeder versteht ihn«, gibt er zu, »vor allem in der Jugend.« Inzwischen bringt er diesen Riesling deshalb erst einige Jahre später in den Verkauf.

Es gibt natürlich auch Orange Wine ohne Amphore. »Ich denke, dass vor hundert Jahren unsere Rieslinge auch einen eher phenolischen

Charakter hatten«, sagte Wilhelm Weil, ebenfalls Rheingauer, bei einer Vergleichsverkostung. »Damals wurden die trockenen Rieslinge, die bei uns ›Cabinett‹ hießen, sicherlich nicht so schonend behandelt wie heute, haben teilweise auf der Maische gestanden und wurden nicht selten erst nach zwei Sommern im Holzfass abgefüllt. Nur so konnte man sich zu der Zeit sicher sein,dass der Wein stabil war.«

Historisch betrachtet ist die Vergärung in großen, in die Erde vergrabenen Tongefäßen wahrscheinlich die älteste Form der Weinherstellung. Da aber zu dieser Zeit der Jungwein erst Wochen oder Monaten nach der Gärung abgepresst wurde, war er stärker von der langen Maischestandzeit geprägt als vom Lagerbehälter. Der Verzicht auf Reinzuchthefen, Schwefel und Temperatursteuerung bei der Gärung war damals selbstverständlich; man kannte es nicht anders. Bei den meisten weißen Rebsorten ist die Maischestandzeit ebenso unkritisch wie beim Rotwein. Das Problem ist lediglich, dass diese Art der Herstellung Fehler begünstigt. Wer weder auf die Kellerhygiene achtet noch ein Quäntchen Verstand fur Mikrobiologie hat, balanciert auf Messers Schneide. Ein oxidierter Weißwein mag von der Farbe her einem Orange Wine ähneln, ist jedoch einfach umgekippte Plörre.

Modewein für Spezialisten – oder umgekippte Plörre?

Dass es besser geht, beweist Jean-Francois Ganevat aus Rotalier im Jura. Sein frisch abgefüllter 2004er Côtes du Jura Les Vignes de Mon Père von Savagninreben liegt zehn Jahre lang in einem kleinen Holzfass ohne den geringsten Schwefel – auch nicht bei der Abfüllung.

Betörend, nur ohne Kunden

Betörend war der Wein. Sind aber solch andersartige Weine dem heutigen Konsumenten vermittelbar? Derzeit bedienen sie nur eine kleine Marktnische. »Frucht ist für mich Kitsch«, sagt Hanspeter Ziereisen aus Müllheim im Markgräflerland. Er vergärt seine Moste spontan im Holz bei verhältnismäßig hohen Temperaturen und lagert sie die ersten vierzehn Monate lang ganz ohne Schwefel. »Dabei entsteht ein komplexer Duft«, meint er.

100 Jahre im Fass

Als er dann in einer Festschrift las, dass der am teuersten gehandelte Wein auf dem Müllheimer Weinmarkt von 1872 ein 1802er, also ein siebzigjähriger Markgräfler Gutedel war, wollte er es noch weiter treiben. »Inzwischen weiß ich, dass diese Weine durchaus hundert Jahre im Holzfass gelagert wurden und dabei international hochgeschätzt waren, was alte Weinkarten eindrucksvoll belegen.« Solche Weine zeigen sich aber oft extrem in Aussehen (häufig trüb), Geruch (nicht selten oxidativ) und Geschmack – und können mitunter sehr gewöhnungsbedürftig sein, um es vorsichtig auszudrücken. Im Positiven bieten sie dafur eine komplexe Textur, welche ein normaler Weißwein nur selten aufweist.

»So ganz wird mein Blick auf den Gutedel im regionalen Kundenkreis noch nicht geteilt«, sagt Ziereisen, »in New York dagegen ist unser Gutedel ein echter Türöffner geworden.« Erst die Zukunft wird zeigen, wie sich dieser Weg weiterentwickelt, doch in der Spitze zeigen die Weine bereits heute einen neuen Horizont auf. Einst galt die Biodynamik als Spinnerei. Heute ist sie in vielen Fällen eine Qualitätsgarantie. So schnell wird es zwar mit Orange Wine nicht kommen, doch dürfen wir neue (alte) Wege nicht pauschal abkanzeln, weil sie unseren Vorlieben nicht entsprechen.

Joel B. Payne

Leben im Weinberg: für die Biodynamik mehr als ein nettes Fotomotiv

Die Kuhhornvergraber

Er war überall in Deutschland zu hören, der biodynamische Paukenschlag. Etliche Spitzenwinzer zeigen nun, wie Biodynamik zur Qualitätsgarantie wird.

Die Spitzenweingüter Clemens Busch (Mosel), Christmann (Pfalz), Ökonomierat Rebholz (Pfalz) und Wittmann (Rheinhessen) traten 2015 dem Verein »Respekt-Biodyn« bei, einer Vereinigung von jetzt 19 absoluten Spitzenweingütern aus Österreich, Ungarn, Italien und Deutschland. Dabei stand der Glaube an Biodynamik noch vor wenigen Jahren in einer Reihe mit dem Glauben an Feen, Elfen und einer baldigen Meisterschaft des 1. FC Köln.

»Rebstöcke in Balance, Weine in Balance, Winzer in Balance«, lässt Philipp Wittmann sich bei der Vereinigung zitieren. Das klingt pragmatischer, als wenn über Mondphasen gesprochen wird. Diese vier Winzer stehen für einen neuen Ansatz: Sie arbeiten biodynamisch nicht nur aus weltanschaulicher Überzeugung.

Kluge Pragmatiker

Sie tun es ganz pragmatisch, weil ihr Wein dadurch besser wird. Es sind allesamt kluge Köpfe, die neben ihrer Leidenschaft für Wein sachlich und nüchtern denken, die Wirtschaftsunterneh-

men führen und zum Teil im VDP die Strippen ziehen. Auch andere absolute Spitzenbetriebe wie Bürklin-Wolf und Dr. Wehrheim arbeiten mit biodynamischen Methoden.
Es ist die Pfalz, die in Deutschland führend in der Bewegung ist. In anderen Regionen haben so charismatische Vordenker wie Peter Jakob Kühn (Rheingau) oder Jacob Duijn (Baden) trotz beeindruckender Qualität nicht dieselbe Anzahl an hochkarätigen Mitstreitern.
Der biodynamische Demeter-Verband zählt in Deutschland 47, weltweit 616 Winzer zu seinen Mitgliedern, doch haftet manchen von ihnen das Image »Gut gemeint ist nicht gleich gut gemacht« an. »Respekt-Biodyn« ist da ein anderes Kaliber – und der Beitritt der vier Güter als Gruppe ein Statement. Da wird Biodyn plötzlich zum Verkaufsargument und selbst Zweifler kommen ins Grübeln, ob vielleicht doch was dran ist an der Anthroposophie. Zum Beispiel am essenziellen Hornkieselpräparat. Pulverisiertes Quarz wird dafür in einem Kuhhorn von Frühjahr bis Herbst eingegraben, so soll es die kosmischen Kräfte speichern. Dann wird es ausgegraben, der Inhalt in Wasser rhythmisch verrührt (man spricht von Dynamisieren) und in den Weinbergen gespritzt.

Gut gemeint und gemacht

Ähnlich verfährt man mit Hornmist. Dem Kompost werden dagegen Kräuterpräparate zugesetzt. Unter anderem das Weingut im Zwölberich (Nahe), Brenneisen (Baden), Deppisch (Franken), Jürgen Leiner und Odinstal (Pfalz) sowie Dr. Becker, Sander und Gysler (Rheinhessen) glauben daran. Sie und viele andere haben die Frage von Biodyn-Guru Nicolas Joly klar beantwortet. Wie sie lautet? Willst du Wine-Maker oder Nature-Assistant sein?

Carsten Henn

Eine Liste unserer besten Bioweingüter finden Sie ab Seite 936.

Die Technik hilft, das meiste aus dem Most zu holen. Nur will man das wirklich?

Fein statt fett

Der Ausspruch »Weniger ist mehr« ist ein geflügeltes Wort. Der widersprüchliche Satz passt für viele Fragen der Gestaltung – auch beim Alkohol im Wein.

Wir saßen im Keller des Weinguts Breuer in Rüdesheim und waren verdutzt. Wie kann ein trockener Riesling so viel Geschmack bei nur 11,5 Prozent Alkoholgehalt hervorbringen? »Darüber habe ich noch nie so richtig nachgedacht«, antwortete Theresa Breuer, die heutige Chefin des Betriebes. »Den Alkoholgehalt messe ich erst, wenn wir den Jungwein zur amtlichen Prüfung anmelden.«

»Minder ist oft mehr« hieß es zu Beginn des vergangenen Jahrhunderts bei Ludwig Mies van der Rohe, dem Aachener Architekten und Meister des Minimalismus. Aber gilt das auch für die Produktion eines Rieslings?

Riesling ohne Restzucker

Mathieu Kauffmann glaubt das. Er ist Kellermeister bei Reichsrat von Buhl in Deidesheim. Mit weniger meint er den Alkohol- und mehr noch den Zuckergehalt im abgefüllten Wein. Die deutschen Winzer genießen eine Ausnahmestellung in der europäischen Weinwirtschaft. Ein vermeintlich trockener Wein darf hierzulande bis zu neun Gramm Restzucker aufweisen, in Burgund dagegen nur vier.

»Das braucht ein Riesling von der Pfalz allerdings gar nicht«, sagt der gebürtige Elsässer Kauffmann. »Er mag mit mehr Zucker zwar in der Jugend gefälliger schmecken, doch mit der Zeit wirkt er dann plump und breit.« Seine Großen Gewächse vom Jahrgang 2014 haben kaum mehr als ein Gramm Restzucker und schmecken vorbildlich. Es geht also ohne.

Der lange Weg zurück

Weniger ist mehr, das gilt auch für den Griff in die Zauberkiste, ob zu Pektinen zur Steigerung der Mostausbeute, zu Bakterien für den biologischen Säureabbau oder zu Metallen zur Geschmacksstärkung – die Liste ist lang. Inzwischen sind hunderte von Präparaten zugelassen. Keines muss an sich falsch oder sogar schlecht sein, doch zusammengerechnet hat ein Außenstehender manchmal das Gefühl, dass das Lesegut ein armer Patient sei, der ohne Arznei auf Krücken ginge. Interessanterweise waren die deutschen Rieslinge Anfang des vergangenen Jahrhunderts, als Mies van der Rohe zu Verzicht mahnte, naturrein. Und womöglich haben sie nicht viel anders geschmeckt als manche ihrer Nachfahren heute. Die Uhr zurückzudrehen kostet jedoch viel Kraft. Erfreulicherweise ist es 2014 einigen Winzern – darunter Kai Schätzel, Hans Oliver Spanier und Gunter Künstler – gelungen, ihren Rieslingen mehr Spannung, Ausdruck und Eleganz zu verleihen und gleichzeitig Alkoholgehalt wie Restzucker zu senken – quasi die Quadratur des Kreises. Ich hoffe sehr, dass dies Schule macht.

Joel B. Payne

Die K-Frage

Die Frage nach dem besten Flaschenverschluss ist heute fast Glaubenssache: Naturkork, Kunststoff, Drehverschluss, Kronkorken oder gar Glas?

Für Stilbewusste konkurrenzlos: Der echte Flaschenkorken

In einer Welt der DIN-Normen und EU-Regeln wirkt der Kork wie ein Anachronismus. Es soll wirklich nichts Besseres zum Verschließen einer Weinflasche geben als die Rinde von Quercus suber, auch bekannt als Korkeiche? Wir stecken im 21. Jahrhundert noch Baum in den Flaschenhals? Einen Verschluss, der bereits seit dem zweiten Jahrhundert nach Christus verwendet wird? 19 Jahrhunderte, und wir haben zwar die Atombombe erfunden und Menschen auf den Mond geschickt, aber verwenden immer noch Kork?
Ja, klar, Kork ist hydrophob, sehr elastisch und schlecht brennbar. Und seine Wärmeleitfähigkeit ist sehr gering, woraus sich seine Eignung als Dämmstoff erklärt. Als Schwimmer in der Fischerei, als Pinnwand, als Fußbodenbelag oder als orthopädische Schuheinlage kann das ja gerne verwendet werden – aber in die Flasche meines 200-Euro-Weins? Ist das nicht unhygienisch? Vielleicht erzählt uns Portugal, der weltweit größte Korkproduzent, nur Märchen, damit die dort heimische Wirtschaft nicht völlig zusammenbricht?

Serienkiller TCA

Und dann gibt es da ja auch noch das Phenolderivat 2,4,6-Trichloranisol, auch bekannt als TCA oder volkstümlich: Korkschmecker. Ende der 90er Jahre häuften sich die Beschwerden – heute sind es Gott sei Dank weniger geworden. Wichtig ist: kann man nicht mehr trinken. Damit kochen geht, immerhin. TCA ist auch schon in Kaffee, Bier und sogar Mineralwasser gefunden worden. Kork ist also nicht der allein Schuldige – aber in Sachen Wein der Serienkiller.
Also hochwertiger Schraubverschluss mit dichtender Zinnfolie? Das ist die einzige ernsthafte Konkurrenz zurzeit bei Spitzenweinen. Denn: Glasstopfen (sehr schick, sehr undicht), Kronkorken (Pffft… plopp), Tetrapak (Amselfelder-Chic), Kunststoffkorken (Fake) und Weinschläuche (O'zapft is) bringen's alle irgendwie nicht. Also: Der Klügere schraubt nach. Ist auch praktischer. Zum Auf- und Zumachen. Und wieder Auf- und Zumachen. Der Wein reift darunter sogar – nur langsamer.
Also Game, Set, Match für ihn? Jein. Naturkork verzeiht leichte Fehler bei Korkmaschine und Glas. Beim Schraubverschluss sind die abdichtenden Flächen viel kleiner und für Fehler empfindlicher. Und nicht zu vergessen: Es ist halt doch stilvoller beim romantischen Candle-Light-Dinner, den Korken maskulin aus der Flasche zu reißen, als sie quietschend aufzudrehen. Und will man seinen 700-Euro-Wein wirklich aufschrauben? Die Australier machen's mit ihrem Grange, doch für Bordeaux ist es undenkbar. Es läuft also auf eine friedliche Koexistenz hinaus – von Anachronismus und Drehwurm.

Carsten Henn

Nicht über Nacht gelernt

Große und Erste Lage – nach dem Verband Deutscher Prädikatsweingüter ist das die Zukunft der Lagenklassifikation – ob der Kunde das nun versteht oder nicht

Deutsches Lagenwirrwarr: Welche Parzelle ist groß und welche nur Erste Lage?

Im Kern sind sich alle einig. Guter Wein braucht Herkunft. Und wahre Herkunft ist rar gesät, ja vielleicht auch ein wenig elitär. Das mag in einem tieferen Sinn auch einer der Gründe für einen durchaus basisdemokratischen Ansatz gewesen sein, wie ihn das Deutsche Weingesetz von 1971 verkörperte, das Prädikate – und damit auch vermeintliche Wertigkeit – an Zuckergehalte koppelte. Diese Gleichheit und Austauschbarkeit der Lagen konterkarierte jedoch die Tradition des deutschen Weinbaus, die immer von dem Respekt vor besonders hochwertigen Weinbergen geprägt war.

Inspiration Burgund

»Zurück zum Terroir« so lautete daher in etwa das Credo des Verbandes Deutscher Prädikatsweingüter, der im Juli 2001 im fränkischen Castell seine dreistufige verbandsinterne Klassifikation verabschiedete. Diese wurde im Januar 2012 als vierstufige Herkunftspyramide erweitert, inspiriert vom Burgund. Oberhalb von Guts- und Ortswein rangieren die Erste, korrespondierend zu Premier Cru, und die Grosse Lage korrespondierend zu Grand Cru. Es gilt das Ein-Wein-Prinzip für die trockenen Lagenweine, die klassischen Prädikate sind den rest- und edelsüßen Lagenweinen vorbehalten. So weit, so gut. Die detaillierte Umsetzung obliegt jedoch den regionalen VDP-Verbänden. Doch hier zeigen sich ganz unterschiedliche Interessen: Für eine Region wie den Rheingau etwa, die sich schon vor über 150 Jahren auf den Riesling als Leitrebsorte festgelegt hat, ist die Umsetzung kein Problem. Doch wie steht es in Regionen wie der Pfalz, Baden und Rheinhessen, die sich über Vielfalt profilieren? Da ist es für den Konsumenten nur schwer zu durchschauen, warum es in der Pfalz etwa vom Weißburgunder großartige Große Gewächse mit Lagenbezeichnung gibt, während diese spannende Sorte in Rheinhessen bestenfalls als Réserve auftritt. Oder warum an der Mosel Kabinette mitsamt Lagennamen verkauft werden, während bei einem Kabinett aus dem Niersteiner Hipping nur ein kryptisches »H« auf die Lage verweist. In Rheinhessen sind aufgrund interner Beschlüsse nur Spätburgunder und Riesling, nicht etwa Weißburgunder oder auch Silvaner an Herkunft gekoppelt – und es wurde entschieden, dass bei Kabinettweinen keine Lagen genannt werden sollen. Regionen wie Rheinhessen beharren auf der Dreistufigkeit und möchten einige ihrer Großen Lagen nicht als Erste Lagen abstufen. Damit hinken sie einer Entwicklung hinterher, in der die Verbraucher gerade zwischen Erster und Großer Lage zu unterscheiden lernen.

Das feinherbe Segment mit einem Restzuckergehalt zwischen zehn und 20 Gramm bleibt zudem zwischen den trockenen Gewächsen und den süßen Prädikaten eingeklemmt. Dabei kann ein solcher Riesling etwa an Mosel oder auch im Rheingau zu ganz großer Form auflaufen!

So scheint die klar gedachte Struktur in der Praxis aufgeweicht, weil die jeweiligen Statuten in den Regionen auf dem Konsens der jeweiligen Mitglieder beruhen.

Relevant ist aber auch die Marktlage. Denn wie erfolgreich sind die Ersten und Großen Gewächse wirklich? Da sie oft 20 Euro und mehr kosten, werden die deutschen Lagenweine recht selten getrunken. Und nicht wenige Stimmen munkeln, dass in den Lagerräumen selbst renommierter Güter noch etliche Restposten von Grands Crus von deutschem Boden ruhen.

Relevanter scheinen da die Ortsweine. Noch vor wenigen Jahren stand die Spätlese trocken im mittleren Segment nebst Lagenbezeichnung für einen allseits beliebten Wein, den man zuordnen konnte und auch gerne kaufte. Doch der sogenannte Lagenverbrauch macht das nun unmöglich. Ortsweine könnten dieses Defizit kompensieren.

Verzwicktheiten korrigiert

Und auch wenn die Sache noch etwas komplizierter geworden ist, weil nun sogar auch noch spezielle Gewannnamen aus besonders hochwertigen Parzellen auf das Weinetikett dürfen, so bleibt der Grundtenor doch bestehen: Die Klassifikation hat noch Überarbeitungsbedarf, ist in der Sache aber wichtig – und richtig. Denn selbst für das Burgund hat man den Unterschied zwischen Premier und Grand Cru nicht über Nacht gelernt. Sicher ist für uns aber auch eins: So manche Verzwicktheit wird noch korrigiert – denn der VDP ist auf dem besten Weg, ein schwieriges Kapitel in der einst so strahlenden Weinbaugeschichte neu zu schreiben.

Manfred Lüer

Vielfalt statt Schema F

Den Umgang mit Holz haben die deutschen Winzer geübt – so gut, dass wir einen Rekord an Rieslingen aus traditionellen Holzfässern probieren durften.

Holz in der Hütte: der Riesling wird wieder häufiger in Holzfässern ausgebaut.

Was hat man in der Vergangenheit nicht alles an Behältnissen zur Lagerung und Reifung von Weinen ausprobiert? Mal waren es Holzfässer, dann Betontanks, glasfaserverstärkte Kunststoffe, Edelstahl oder kleine Holzfässer. Mal richtete der Kellermeister sich nach der schieren Quantität der einzelnen Partien, mal nach der angestrebten Sauberkeit und Klarheit der Weine. Auch die Mode macht vor Weinkellern nicht halt – es mag seinen Reiz haben, es berühmten Gütern im Ausland nachzumachen, die ihre besten Gewächse in Barriques lagerten, also den kleinen Eichenfässern mit 225 beziehungsweise 228 Liter Inhalt.

Vor 35 Jahren, als nur ein kleines Häuflein experimentierfreudiger Winzer – darunter die Gruppe Hades aus Württemberg – mit den kleinen Eichentonnen werkelte, führte das zunächst zu ernüchternden Ergebnissen. Die Rotweine, damals ohnehin oft eher Weine mit roter Farbe, waren krautig, die Rieslinge frisch geschreinert und all ihrer Frucht beraubt. Der Stand heute ist ein ganz anderer. Inzwischen ist der Umgang mit dem Holz gelernt; die Winzer wissen, dass viel eben nicht immer viel hilft. Da werden Partien rückverschnitten, also Weine aus Edelstahl, großem und kleinem Holz miteinander vermählt, um auf eine stimmige Mitte zu kommen. Was mit Rotweinen, Chardonnay oder auch Grauburgunder schon seit Jahren praktiziert wird, schlägt nun auch beim Riesling wieder voll durch.

Nie zuvor wurden uns so viele holzausgebaute Rieslinge wie mit dem Jahrgang 2014 präsentiert – und nie haben sie uns so gut geschmeckt. Einen Schwerpunkt dieser Entwicklung bildet mit Sicherheit die Pfalz. Dort war es lange Zeit wie überall in Deutschland üblich, die Weine in großen Holzfässern auszubauen. In der Pfalz waren dies oft die Stückfässer mit 1.200 oder Doppelstückfässer mit 2.400 Liter Fassungsvermögen. In den vergangenen Jahren setzte nun der Boom auf das Halbstück ein. Auf den Inhalt gerechnet, gibt es weniger Holzgeschmack ab als ein Barrique, sorgt aber über die Poren doch für Mikrooxidation und gibt dem Wein so ein besseres Reifungspotenzial mit als der reduktive Ausbau im Edelstahl.

Vorreiter Pfalz

Einer der Protagonisten der Holzszene ist Stephan Attmann vom Weingut von Winning in Deidesheim. Er schickte vom Start weg die Weißweine, auch die Rieslinge, in neues Holz, was ihm nicht wenige Puristen und Traditionalisten äußerst übel nahmen. »Geht gar nicht! Schmeckt ja nur noch nach Holz!« – Aus dieser Richtung musste er sich einiges anhören. Inzwischen ist das Holz mehrfach gebraucht, auch wenn immer wieder neue Partien hinzukommen, und mit voller Absicht wurde ein Weinstil kreiert, den es so zuvor nicht gab in der Pfalz, zumindest nicht in dieser Konsequenz. Natürlich folgen längst weitere Betriebe dem Trend, und das in weiten Teilen sehr gekonnt – so zum Beispiel Joachim Wegner mit seinem Lunatic, Bernhard Koch mit Réserve und Grande Réserve aus dem 750 Liter-Fass, die Knipsers mit dem Halbstück oder auch das Stiftsweingut Meyer mit seinem Riesling Halbstück.

Sie sind die Spitze eines Eisbergs, eine spannende Bewegung, die uns Weinfreunden mehr Vielfalt und weniger Schema F schenkt. Nörgler? Gibt es immer noch, klar. Doch die Angriffsflächen werden immer kleiner.

Matthias F. Mangold

Neue Noblesse

Die »Brot-und-Butter«-Rebe Lemberger zeigt neuerdings verführerische Eleganz

Der Einwanderer vom Balkan gilt als schlichterer Klassiker deutscher Rotweinkultur. Junge Winzer gewinnen dem »Lemberger 3.0« aber edle Seiten ab.

Ein Klassiker unter den deutschen Rebsorten? Tatsächlich ist der Lemberger alias Blaufränkisch erst Mitte des 19. Jahrhunderts über Österreich nach Südwestdeutschland gekommen. Allen voran setzte sich der Wieslocher Weinbaupionier und Rebzüchter Johann Philipp Bronner, der wohl die ersten Reben nach Deutschland brachte, für die neue Sorte ein und empfahl die Verbreitung. Die schweren, fruchtbaren Keuperböden der Region und das gemäßigte Klima ließen den Lemberger rund um Stuttgart und Heilbronn sowie im Kraichgau und der badischen Bergstraße sehr gut gedeihen.

Einwanderer aus Österreich

Überraschenderweise wurden aus der Rebe lange Zeit fast nur »Brot-und-Butter«-Weine mit kaum mehr als lokaler Bedeutung gekeltert. Wenigen, meist adligen Betrieben wie Graf Adelmann, Graf Neipperg oder Fürst von Hohenlohe, gelang es schon früh, auch dieser Sorte so etwas wie Noblesse abzugewinnen. Erst in den letzten eineinhalb Jahrzehnten wurde der Lemberger von einer bemerkenswerten Entwicklung erfasst. Wichtig dabei war wohl vor allem die Erkenntnis, dass nur mit niedrigeren Erträgen der oft leicht pflanzlich geprägten Rustikalität Einhalt geboten werden kann, die gerade bei fruchtbaren Böden das Aroma des Lemberger beeinträchtigt. Im besten Fall zeigt der Lemberger eine saftige Brombeerfrucht, die von einer würzigen Pikanz im Kern harmonisch unterfüttert ist. Doch das allein schien der neuen Lemberger-Avantgarde nicht zu genügen. Seit einigen Jahren bahnt sich nämlich die nächste Entwicklungsstufe dieser Rebsorte, quasi der »Lemberger 3.0«, immer deutlicher ihren Weg. Württembergs Starwinzer Gert Aldinger hatte mit seinem überragenden Großen Gewächs gezeigt, welche Finesse und Eleganz auch in dieser Sorte steckt. Nicht wenige junge Winzer streben ihm nun nach und suchen ihren Lembergern dabei eine fast burgunderhafte Duftigkeit und Transparenz abzugewinnen.

Der Einwanderer vom Balkan schickt sich an, zumindest einen Teil jenes Parketts zu beanspruchen, auf dem sein nobler Vetter aus Frankreich, der Spätburgunder, schon seit jeher so verführerisch zu tanzen vermag.

Frank Kämmer MS

Nenn' ihn nicht Spargelwein!

Silvaner ist die meistunterschätzte Rebsorte in Deutschland. Ein Plädoyer für eine Rebsorte mit Tradition, der wir erstmals eine eigene Siegerkategorie widmen.

Silvaner ist in Deutschland verwurzelt. Bis in die 1960er Jahre war sie die meistangepflanzte Rebsorte, bevor sie das Zepter zunächst an die Zuckerfabriken Huxelrebe & Co. und später an den Riesling und die Burgundersorten weitergab. Nur in Franken blieben die Silvanerflächen stabil und wurden zuletzt sogar erweitert. Hier findet man die Rebsorte in den besten Lagen als Markenzeichen der Region. Aufgrund der wirtschaftlichen Bedeutung wurde Silvaner schon früh klonenzüchterisch bearbeitet. Die wüchsige Selektion vom Pfälzer Ökonomierat Fröhlich kam im Jahre 1876 auf den Markt und ist heute noch die genetische Grundlage für viele Silvaneranpflanzungen.
Bei dem Hang der Sorte zu hohen Erträgen, relativ geringen Säurewerten und zurückhaltender Aromatik fällt es oft schwer, ein klares Profil zu erkennen. An der Forschungseinrichtung in Veitshöchheim hat man nun neue, vielversprechende Premiumklone selektiert, die seit 2011 vor allem in Franken vermehrt angepflanzt werden. Auch in Sachen Stilistik tut sich etwas. In einigen etablierten Spitzenbetrieben und bei jungen Talenten sind die Zeiten von Tutti-Frutti-Silvanern mit anbiederndem Süßeschwänzchen vorbei. Den Testern der Qualitätsweinprüfung jedoch fällt es immer noch schwer, eine größere stilistische Spannbreite zuzulassen, zu fördern und vor allem zu kommunizieren! Denn es liegt am Marketing, dass Silvaner nicht den Stellenwert hat, den er verdient. So bewegen sich die Franken nur auf regionalem Parkett, die Rheinhessen stellen lieber den Riesling in den Vordergrund und vermarkten Silvaner so wie ihre Kollegen in Baden und der Pfalz im Einstiegssegment. In allen Regionen wird der Silvaner zudem saisonal als preisgünstiger Spargelwein angeboten; ein Bärendienst für alle engagierten Erzeuger. Die Verbände sind ebenfalls nur auf Riesling fokussiert. Hier steht Silvaner bei Verkostungen im direkten Vergleich mit dem Riesling und bekommt nicht die Aufmerksamkeit, die er verdient. Dabei transportiert Silvaner Terroir, hat Reifepotenzial, eine eigene Stilistik und ist unschlagbar als moderner Essensbegleiter. Man kann den Franken nur zurufen, Silvaner selbstbewusst auf die Tagesordnung der Weinbranche zu setzen, um diese mit den Qualitäten so zu begeistern, dass auch Winzer in anderen Regionen mehr in diese autochtone Rebsorte investieren. Das mag dem genügsamen Naturell des fränkischen Gemütes zwar widerstreben, dennoch gilt das alte Sprichwort: »Bescheidenheit ist eine Zier, doch weiter kommt man ohne ihr.«

Oft unterschätzt: Silvaner, der Klassiker aus Franken

Romana Echensperger MW

Die Sieger 2016

Ob Wein oder Winzer, Jahr für Jahr ehrt der Gault&Millau Weinguide in verschiedenen Kategorien herausragende Winzerpersönlichkeiten und bemerkenswerte Weine. Unsere Siegerlisten bilden die Spitze der deutschen Weinkultur in einem Jahrgang ab.

Winzer des Jahres

Peter Bernhard und Peter Jakob Kühn

Weingut Peter Jakob Kühn – Oestrich, Rheingau

Kaum ein anderer setzte so konsequent und gegen Widerstände auf die biodynamische Bewirtschaftung wie Peter Jakob Kühn. Wenige entwickelten dabei einen solch eigenständigen Stil und können gleichermaßen im trockenen wie im edelsüßen Segment punkten. Seine aktuelle Kollektion gehört wieder einmal zu den allerbesten in ganz Deutschland und macht ihn zu unserem »Winzer des Jahres« 2016.

2015: Thomas Haag/Mosel 2014: Philipp Wittmann/Rheinhessen 2013: Joachim Heger/Baden 2012: Matthias Müller/Mittelrhein 2011: Johannes Leitz/Rheingau 2010: Tim Fröhlich/Nahe 2009: Knipser/Pfalz 2008: Bernhard Huber/Baden 2007: Theo Haart/Mosel 2006: Emrich-Schönleber/Nahe

»Unsere Weine haben eine eigene Seele«

Wir haben die Rieslinge von Peter Jakob Kühn einst geliebt, dann an seiner Entwicklung gezweifelt und finden sie inzwischen wieder über jede Kritik erhaben. Sie strahlen eine Ruhe und mühelose Kraft aus, die mit seiner Arbeit in den Weinbergen einhergeht. Der Weg zurück in die Spitze war aber alles andere als gradlinig.

Kein anderer hat im Rheingau so konsequent auf Biodynamie umgestellt wie Sie. Was waren die Beweggründe?
Unser Weg zum biodynamischen Weinbau begann ganz sanft. Wir machten mit unseren Kindern auch einige Reisen. Besonders beeindruckt haben uns damals die Weinberge in Burgund. Vieles davon haben wir in unseren eigenen Weinbergen nach diesem Vorbild neu strukturiert. Auf unseren Reisen haben wir auch Menschen wie Josko Gravner kennengelernt, mit ihrem ganz besonderen Gefühl für die Weine.

Der Weg (zurück) in die Spitze war nicht geradlinig. Was waren für Sie die entscheidenden Maßnahmen, die den Qualitätssprung brachten?
In den ersten Jahren nach der Umstellung auf den biodynamischen Weinbau wollten wir unbedingt ausdrucksstarke, eigenständige und eher von niedrigem Alkohol geprägte Weine erzeugen. Weine, die die Kraft und gleichzeitige Balance unserer Arbeit in den Weinbergen widerspiegeln sollten. Das führte dann (außer bei der im Rheingau damals unpopulären Spontangärung) zu ungewohnten Methoden wie der Maischegärung. Der entscheidende Qualitätssprung kam wohl am ehesten dadurch, dass mehr Ruhe in unsere Seele kam. Und diese Ruhe wurde auch sehr stark getragen von der Persönlichkeit unseres Sohnes, der dieses Vertrauen auf die Eigenständigkeit der Moste in besonderem Maße vorlebt.

Extrem lange Maischestandzeiten und Maischegärung galten bis in die jüngste Vergangenheit als eine Art Mantra. Welche Bedeutung haben diese Verfahren heute?
Maischestandzeiten kamen für uns eigentlich aus der Erinnerung, wie die Herbste in unserer Kindheit und Jugend abgelaufen sind. Die Maischegärung führt die Extraktion der Inhaltsstoffe noch ein Stück weiter. Beides würden wir auch heute noch als Methoden der Weinbereitung einsetzen, wenn es der Entwicklung des Jahrgangstyps gerecht würde.

Nicht immer war eine klare Linie erkennbar. Es wurde viel experimentiert. Manche Kritiker vermissten dabei den roten Faden. Wenn Sie selbstkritisch zurückblicken, was würden Sie heute anders machen?
Wir würden nichts anders machen. Es gab kein Rezeptbuch, in das man hätte schauen können und wo alles schon brav aufgeschrieben war. Wir haben eher Grenzen überschritten, um Neues zu entdecken, Neues zu spüren, und immer wieder waren wir auf der Suche nach noch besserer Qualität, noch intensiverem Ausdruck der Weine.

Bei der stilistischen Umstellung hat das Weingut auch sehr kritische Phasen durchlebt. Wie haben Sie diese Krisen überwunden?
Wir haben unter der Krise damals schon gelitten. Es hat uns getroffen, dass wir auf wenig Verständnis gestoßen sind, was die Änderung der Stilistik unserer Weine betraf. Es hat uns aber auch zusammengeschweißt. Und wir haben trotz allem nie erwogen, noch einmal umzukehren und so zu arbeiten wie früher.

Wie würden Sie selbst heute den Stil Ihrer Weine beschreiben?
Unsere Weine sind puristisch, durch keinerlei Eingriffe »manipuliert«. Man spürt den unverfälschten unmittelbaren Ausdruck und den vitalen Puls.

Wie sehen die weiterne Pläne und Visionen aus?
Es gibt keine Tendenz, das Weingut zu vergrößern. Vielmehr werden wir unseren Weg weit gehen und versuchen, das Gespür für die natürlichen Rhythmen in den Weinbergen noch weiter zu intensivieren. Vielleicht bedeutet das auch, dass wir ein paar Tiere in unseren Kreislauf mit einbeziehen und damit eine weitere Form der Lebendigkeit und eine Atmosphäre des »in der Natur Geborgenseins« schaffen.

Das Interview führte Giuseppe Lauria
Weingut Peter Jakob Kühn siehe Seite 686

Kollektion des Jahres

Florian Lauer

Weingut Peter Lauer – Ayl, Mosel

Die feinherben Rieslinge von Peter Lauer gehören seit Jahren zur deutschen Spitze. Nach der Übernahme durch Florian Lauer ist hier ein weiterer Qualitätssprung gelungen und mit dem 2014er haben Vater und Sohn sich selbst übertroffen. Von den druckvollen Großen Gewächsen bis zur charakterstarken Auslese ist alles in perfekter Balance!

2015: Hanspeter Ziereisen/Baden 2014: Bernhard Koch/Pfalz 2013: Hansjörg Rebholz/Pfalz
2012: Egon Müller/Saar 2011: Hansjörg, Gert und Matthias Aldinger/Württemberg
2010: Bettina Bürklin-von Guradze und Fritz Knorr/Pfalz 2009: Christian Witte/Rheingau
2008: Oliver Haag/Mosel 2007: Joh. Jos. Prüm/Mosel 2006: Keller/Rheinhessen

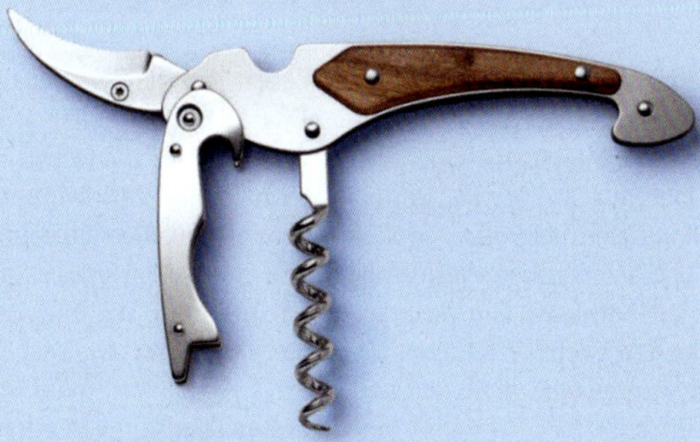

»Wir verwenden Opas Rezept«

Die feinherben Rieslinge von Peter Lauer gehören seit Jahren zur deutschen Spitze. Sohn Florian dreht seit der Übernahme weiter an die Qualitätsschraube: mit dem Jahrgang 2014er hat er sich selbst übertroffen. Von den druckvollen Großen Gewächsen bis zur charakterstarken Auslese ist die Kollektion kaum zu überbieten. Ein Gespräch mit Florian Lauer über den Vorteil erfahrener Lesemannschaften und warum man ohne sie vielleicht nur Plörre produziert.

Wie sah es im Jahrgang 2014 mit dem Faktor Zeit während der Lese aus?
Nach einer frühen Vorlese vom dritten bis zum fünften Oktober haben wir Panik bekommen. Wir haben unsere Lesemannschaft, insgesamt 35 Personen, zusammengetrommelt, in die Weinberge geschickt und selektiert, selektiert, selektiert. Die Zeitfenster waren extrem kurz. Immer wieder sind die Helfer in den Regenpausen raus in die Rebberge. Jeden Morgen haben wir sie eindringlich angewiesen, die Essignester akribisch heraus zuschneiden. Wir sind froh, dass wir auf eine erfahrene Truppe zugreifen können, ohne die diese Selektion nicht möglich gewesen wäre.

Haben sie auch weitere Selektion im Keller betrieben?
Ja, wir haben eine rigide Mostselektion vorgenommen. Es wurden drei Mostfraktionen gebildet: Den sogenannten Freilauf, also den nicht angepressten Trester, haben wir für die Erzeugung unserer fruchtsüßen Weine benutzt. Dann haben wir das Lesegut leicht angepresst. Diesen wunderschön klar ablaufenden Most haben wir zu Vinifikation unserer trockenen und feinherben Weine genommen. Der Saft aus weiterem Pressvorgang, immerhin noch 10 Prozent, wurde zur Herstellung von »Fluppes« (die regionale Bezeichnung für den Hauswein) verwendet, weil diese Moste die jahrgangstypische Säure mitgebracht hätten.

Was waren die wichtigsten Änderungen in Weinberg und Keller der letzten Jahre?
Im Weinberg haben wir rigoros die Stickstoffdüngung zurückgefahren. Die Weinberge stehen karg mit ausreichendem Wachstum. Es gibt keinen Luxuskonsum für die Reben; sie leiden eher, wurden sozusagen auf Diät gesetzt. Gleichzeitig haben wir die Traubenanzahl pro Stock erhöht. Das bringt uns eine größere Lockerbeerigkeit, die Trauben quetschen sich nicht ab und wir reduzieren damit frühzeitig auftretende Botrytis. Was den Keller anbelangt, ist es ganz einfach: Wir verwenden Opas Rezept: natürlichstes Arbeiten im Keller. Wir müssen äußerst selten während der Vergärung bremsen, eher anschieben.

Schon sehr lange benutzen Sie die alte Bezeichnung von Einzelfudern auf Ihren Etiketten. Warum?
Wir haben auf unseren heutigen Etiketten doppelte Herkunftsangaben. Die Lagebezeichnung gibt Auskunft über die Herkunft, also Mostgewicht, Säure und so weiter. Da 70 bis 80 Prozent der Weine aus einer bestimmten Lage im selben Holzfass lagern und wir davon ausgehen, dass die Flora im Fass aktiv bleibt, erhält der Wein eine weitere Handschrift durch das Fuderfass. Dies ist eine lange gepflegte Tradition bei uns: Es existieren Etiketten aus den 50er Jahren mit Fassnummerbezeichnungen.

Haben Sie Vorbilder?
Ja, es sind meine Vorfahren, sprich Vater und Großvater! Schon mein Großvater hat trockenen Wein gemacht. Unser Restaurant im Haus besteht seit 50 Jahren, sodass hier schon früh trockene Weine eingesetzt wurden. Was meinen Vater betrifft: Er sagt nicht viel, aber hat den Weitblick nach hinten.

Das Interview führte Christoph Dirksen
Weingut Peter Lauer siehe Seite 401

Aufsteiger des Jahres

Philipp, Wolfgang und Ulrich Luckert

Weingut Luckert – Sulzfeld, Franken

Die Brüder Wolfgang und Ulrich Luckert haben ihren Betrieb mit großer Beharrlichkeit in die deutsche Elite geführt. Weinbergspflege und Kellerarbeit bildeten die Grundlage für die Entstehung großer fränkischer Weine, an deren Spitze sich Silvaner und rote wie weiße Burgunder der Sonderklasse finden. Für diese Leistung verdienen die Luckerts unsere vierte Traube.

2015: Graf Neipperg/Württemberg 2014: Chat Sauvage/Rheingau 2013 Karsten Peter/Nahe 2012: von Winning/Pfalz 2011: Kuhn/Pfalz 2010: von Gleichenstein/Baden 2009: Wagner-Stempel/Rheinhessen 2008: Adeneuer/Ahr 2007: Schnaitmann/Württemberg 2006: Friedrich Becker/Pfalz

»Silvaner muss den Vergleich nicht scheuen«

Das im über 500 Jahre alten Sulzfelder Zehnthof beheimatete Weingut der Luckerts ist unser Aufsteiger des Jahres. Weine mit Charakter und Tiefe überzeugen Kenner und Genießer. Ulrich Luckert über das Gut und seine Besonderheiten.

Ihre Familie führte lange einen typisch fränkischen Mischbetrieb mit Weinbau und Landwirtschaft. Erst relativ spät begannen Sie mit der Flaschenabfüllung.
Das stimmt. Erst 1961 füllte mein Vater, Theo Luckert, einen Jahrgang auf Flaschen. Leider verunglückte er bereits 1993 mit 61 Jahren bei einem Verkehrsunfall tödlich. Seitdem bewirtschaften mein Bruder Wolfgang und ich, unterstützt von der ganzen Familie, das Weingut. Mit Philipp, Wolfgangs Sohn, der in Geisenheim studiert hat, ist nun bereits die nächste Generation in den Betrieb eingetreten.

Was ist Ihnen im Weinberg besonders wichtig?
Wir legen größten Wert auf eine penible Weinbergsarbeit, die wir gemeinsam mit unserer Mannschaft bewerkstelligen. Im Jahr 2000 stellten wir die Reberziehung auf Kordonschnitt um, sodass eine natürliche Reduzierung der Erträge erreicht werden kann. Seit 2007 bewirtschaften wir unsere Rebflächen ökologisch.

Für die Weinbereitung nutzen Sie die eindrucksvollen Keller unter dem alten Zehnthof im Zentrum von Sulzfeld. Worauf richten Sie hier Ihr Augenmerk?
Der Ausbau der Weine erfolgt in traditionellen Holzfässern aus fränkischer Eiche, deren Größe zwischen 600 und 5000 Litern variiert. Auf den Einsatz von Reinzuchthefen verzichten wir. Unsere Rotweine werden im klassischen Maischegärverfahren im Eichenbottich vergoren und lagern bis zur Abfüllung etwa 18 Monate im Barrique. Das oberste Ziel ist es, markante, dichte, aber zugleich elegante, animierende Weine zu erzeugen. Die Traube und unseren Muschelkalkboden wollen wir im Glas wiederfinden. Die Kellerarbeit tritt hierbei zunehmend zurück.

Bei einem fränkischen Betrieb muss man einfach auf die Rebsorte Silvaner zu sprechen kommen.
Er ist mit 55 Flächenprozent die wichtigste Sorte in unserem Betrieb und wir liegen damit deutlich über dem Gebietsschnitt von 23 Prozent. Sogar sämtliche Spielarten des Silvaners – Gelber, Grüner, Blauer und Roter Silvaner – befinden sich bei uns im Anbau.

Und vor einigen Jahren eröffnete sich Ihnen eine einmalige Chance ...
Wir hatten das Glück, im ehemaligen Gewann Creutz im Sulzfelder Sonnenberg den wohl ältesten Silvaner-Weinberg Deutschlands, gepflanzt um 1870, vor der Rodung zu bewahren. Nach vierjähriger Aufbauphase gelang es uns, im Jahr 2012 wieder die ersten Trauben zu ernten.

Aber auch die Burgundersorten spielen bei Ihnen eine bedeutende Rolle.
Wir haben bereits seit 1987 Chardonnay im Anbau. Und die Rotweine von Früh- und Spätburgunder sind unsere besondere Leidenschaft.

Zum guten Schluss noch eine allgemeinere Frage: Wie beurteilen Sie die Entwicklung der Weinregion Franken? Gewinnt der Silvaner, gerade auch in der Flasche gereift, bei den Weinkennern neue Freunde und altes Renommee zurück?
Franken ist seit Längerem auf einem guten Weg. Eine große Anzahl an jungen Winzern, die elterliche Betriebe übernehmen, bringt neuen Schwung in die Region. Der Silvaner erfreut sich zunehmender Beliebtheit. Durch seine große stilistische Bandbreite ist er der ideale Essensbegleiter. Ein gereifter Silvaner braucht den Vergleich mit keiner anderen Rebsorte zu scheuen.

Das Interview führte Dr. Peter Henk
Weingut Luckert siehe Seite 252

Entdeckung des Jahres

© privat

Hans Erich Dausch

HE-Weine – Landau, Pfalz

Neben seiner Tätigkeit als Weingutsberater erzeugt Hans-Erich Dausch auch beachtliche eigene Tropfen. Seine große Liebe gilt dabei dem Pinot Noir. Seinen Weinen verleiht er Kühle, Würze, Länge, Intensität, gepaart mit seidiger Eleganz und einer Geschmeidigkeit, die sie in der obersten Liga mithalten lässt. Leider gibt es von ihm nicht viele Flaschen. Es lohnt sich sehr, sie zu finden.

2015: Sektmanufaktur Strauch/Rheinhessen 2014: Alte Grafschaft/Franken
2013: Josten und Klein/Mittelrhein 2012: Weingärtner Cleebronn-Güglingen/Württemberg
2011: Augustin/Franken 2010: Vollmer/Rheinhessen 2009: Alexander Laible/Baden
2008: Trenz/Rheingau 2007: Ziereisen/Baden 2006: Markus Schneider/Pfalz

Sommelier des Jahres

Frank Glüer

EssZimmer – München

■ ■ ■

Ein Entdecker junger Talente, ein Kenner großer Gewächse, ein Liebhaber deutscher Weine. Und er bereichert jedes Tischgespräch um seinen köstlich trockenen Humor.

2015: Daniel Kiowski 2014: M. Berlinghof 2013: Th. Sommer 2012: M. Brandstätter
2011: Gunnar Tietz 2010: M. Wagner 2009: H. Hoppenstedt
2008: S. Thuriot 2007: E. Pattas 2006: S. Weise

Einfach & anders

Je Titel
160 Seiten · ca. 80 Abb.
19,2 x 28,5 cm
€ 19,99
€ [A] 20,60
sFr. 26,90

ISBN 978-3-86244-757-2

ISBN 978-3-86244-678-0

ISBN 978-3-86244-588-2

ISBN 978-3-86244-149-5

ISBN 978-3-86244-696-4

ISBN 978-3-86244-829-6

Auch als eBook erhältlich

Christian Verlag GmbH, Infanteriestraße 11a, 80797 München

Willkommen zu Hause

CHRISTIAN

www.christian-verlag.de
oder gleich bestellen unter
Tel. 0180-532 16 17 (0,14 €/Min.)

Weinkarte des Jahres

Sebastian Georgi

485 Grad, Köln

▪ ▪ ▪

Eine Pizzeria samt Pizzataxi mit einer Weinkarte, die einem Spitzenrestaurant Ehre machen würde? Das alles zu fairen Preisen? Geht nicht? Geht doch, wenn der Geschäftsführer Sebastian Georgi heißt, Spitzensommelier und eine Art Enfant terrible der etablierten Weinszene ist. Er sagt: Erstmals hätte er eine Karte zusammengestellt, von der er jeden Wein trinken würde. Wir auch!

2015: Schorn, Düsseldorf 2014: Rutz, Berlin 2013: Hot Spot, Berlin 2012: Traube Tonbach, Baiersbronn 2011: Schloss Monaise, Trier 2010: Alte Post, Heppingen 2009: Die Insel, Hannover 2008: Zum Krug, Eltville-Hattenheim 2007: Weinhaus Gut Sülz, Königswinter-Oberdollendorf

Die Sieger des Jahres

Diese zehn Weine stellen den Gipfel ihrer jeweiligen Kategorie im aktuellen WeinGuide dar. Mancher hat den Spitzenplatz nur knapp vor der Konkurrenz erobert, andere wiederum führen souverän und unbestritten ihre Gruppe an.

Bester Winzersekt Brut

2005 Mon Rose Cuvée Reserve
Raumland (Rheinhessen)

Bester Spätburgunder

2013 Schlossberg »Großes Gewächs«
Fürst (Franken)

Bester weißer Burgunder

2014 Chardonnay »R«
Ökonomierat Rebholz (Pfalz)

Bester trockener Silvaner

2014 Würzburger Stein »Großes Gewächs«
Bürgerspital zum Heiligen Geist (Franken)

Bester trockener Riesling

2014 Rothenberg »Große Lage«
Kühling-Gillot (Rheinhessen)

© Armin Faber & Partner

Bester feinherber Riesling

2014 Ayler Kupp »Kern« – 9 –
Peter Lauer (Saar)

Bester Riesling Kabinett

2014 Scharzhofberger – 2 –
Egon Müller (Saar)

Beste Riesling Spätlese

2014 Scharzhofberger Alte Reben – 6 –
Egon Müller (Saar)

Beste Riesling Auslese

2014 Westhofener Abts E
Keller (Rheinhessen)

Bester edelsüßer Riesling

2014 Scharzhofberger Auslese Goldkapsel – 9 –
Egon Müller (Saar)

Winzersekt Brut

Lange ist es her, dass deutscher Rieslingsekt die gleiche Anerkennung genoss wie Champagner. Doch es gibt Schaumweine, die den Franzosen Paroli bieten.

Unser höchstbewerteter Schaumwein stammt wieder einmal von Raumland, dem Seriensieger dieser Kategorie, der sage und schreibe fünf weitere Spitzensekte in den Top Ten stellte. Doch auch andere Güter – wie Huber in Baden, Dr. Wehrheim, der Wilhelmshof und Reichsrat von Buhl, wo nun Mathieu Kauffmann, ehemals Kellermeister des Champagnerhauses Bollinger wirkt – finden sich in diesem Jahr in der Spitzengruppe der besten Winzersekte. Der Wandel fort von versekteten Spätlesen hin zu von Anfang an geplanten Sekten, deren Trauben früh gelesen werden und deren Alkohol maßvoll ist, nimmt weiter an Fahrt auf.

94 Punkte

2005 »Mon Rose« Cuvée Reserve, Raumland (Rheinhessen) S. 802
Feuerstein, Zitrus- und Apfelaromen, elegant und tief (deg. 7/2015, 160 €)

93 Punkte

2004 Pinot Vintage Brut Reserve Blanc de Noirs, Raumland (Rheinhessen) S. 802
Feine Pinot-Frucht, cremiger Schmelz, durch feine Säure balanciert (68 €)

2004 Chardonnay Vintage Reserve Blanc de Blancs, Raumland (Rheinhessen) S. 802
Klare Frucht, reintönig, in sich ruhend, nobel (deg. 9/20014, 68 €)

92 Punkte

2005 »Blanc et Noir« Vintage Reserve, Raumland (Rheinhessen) S. 802
Feine Hefereife, mineralischer Schliff, präzises Finish, ganz am Anfang (68 €)

2010 Blanc de Blancs Brut nature, Bernhard Huber (Baden) S. 146
Kraft, Saft und Frische, feine Reife im Duft (25 €)

2008 »VIII. Triumvirat Grande Cuvée« Prestige, Raumland (Rheinhessen) S. 802
Feine Hefenote, Brioche, sublimer Apfel, beste Balance (deg. 1/2015, 36 €)

91 Punkte

2007 Königsgarten Riesling Patina extra Brut 91, Wilhelmshof (Pfalz) S. 632
Feine Rieslingreife, Spiel und Tiefe, nuanciertes Finish (54 €)

2012 Brut Rosé, Dr. Wehrheim (Pfalz) S. 630
Typische Pinot-Noir-Frucht, schmelzig, zart herbes Finish (17,90 €)

2013 Riesling Brut, Reichsrat von Buhl (Pfalz) S. 553
Flirrend, pikant, sehr klare Rieslingfrucht, Animation pur (14,90 €)

2007 Pinot Noir Brut Prestige Blanc de Noirs, Raumland (Rheinhessen) S. 802
Feine Hefe, klarer Schmelz, animierender Fluss (54 €)

© Armin Faber & Partner

Platz eins für Volker Raumland? Das ist inzwischen keine Neuheit mehr, denn in den letzten zehn Jahren hat er etliche Male den Vogel abgeschossen.

Nur wenige Güter können da mithalten, und es sind in jedem Jahr nahezu die gleichen: das Schlossgut Diel, Ökonomierat Rebholz, Wehrheim, Huber, der Wilhelmshof und Reichsrat von Buhl. Einige von diesen lassen bei Volker Raumland versekten. Zumindest den Preis-Genuss-Sieger dieser Kategorie stellt ein Betrieb aus dem Verfolgerfeld: Hubers Spitzensekt kostet gerade einmal 25 Euro bei ganz hervorragenden 92 Punkten! Und Buhls Riesling Brut 14,90 Euro bei 91 Punkten.

Kein Wein in unseren Top Ten weist mehr als 12,5 Prozent Alkohol auf – eine tolle Entwicklung!

Die Sieger der letzten Dekade

2015 »MonRose« Brut 2004, Raumland (Rheinhessen) 94
2014 »MonRose« Brut 2004, Raumland (Rheinhessen) 92
2013 »MonRose« Brut 2001, Raumland (Rheinhessen) 94
2012 Dalsheimer Bürgel Pinot Brut Prestige 1997, Raumland (Rheinhessen) 92
2011 Pinot Noir & Chardonnay »Cuvée Mo« Brut nature 2004, Diel (Nahe) 92
2010 IV. Triumvirat Grande Cuvée Brut 2004, Raumland (Rheinhessen) 92
2009 Pinot Brut »R« 2004, Ökonomierat Rebholz (Pfalz) 92
2008 II. Triumvirat Grande Cuvée Brut 2002, Raumland (Rheinhessen) 91
2007 I. Triumvirat Grande Cuvée Brut 2001, Raumland (Rheinhessen) 91
2006 Blanc de Noir Brut Prestige 2000, Raumland (Rheinhessen) 92

Spätburgunder 2013

Niemand hätte vor 20 Jahren geglaubt, welches Niveau deutsche Spätburgunder bei gutem Lesegut und gefühlvollem Barriqueausbau erreichen können.

Wir konnten vom Jahrgang 2013 mehr herausragende Spätburgunder als je zuvor verkosten. Lieferten sich an der Spitze einst Fritz Becker und Bernhard Huber ein Wettrennen, gesellten sich in den letzten Jahren auch Fürst, Knipser, Rebholz, Stodden und Bernhard Koch dazu. Neu dazu gestoßen sind in diesem Jahr das Weingut Dr. Heger aus Baden und aus Rheinhessen Klaus-Peter Keller – mit dem besten dort je erzeugten Rotwein. An der Spitze strahlt in großer Eleganz und Transparenz aber der Schlossberg von Fürst.

95 Punkte

2013 Schlossberg »Großes Gewächs«, Rudolf Fürst (Franken) S. 235
Präsenter Duft gereifter Beeren, frisch, fein bis in die letzte Ader (59 €)

2013 »RdP« Barrique 95, Knipser (Pfalz) S. 579
Duft gerösteter Kaffeebohnen, dicht fruchtig verwoben (Preis auf Anfrage)

2013 Wildenstein »R« Barrique, Bernhard Huber (Baden) S. 146
Duft von Baumharz und Maulbeere, feine Frucht, Zug und Druck (120 €)

94 Punkte

2013 Spätburgunder Reserve Barrique, Knipser (Pfalz) S. 579
Duft von Rauch und Speck, Cassisblätter, reichhaltig (Preis auf Anfrage)

2013 Bienenberg »Großes Gewächs«, Bernhard Huber (Baden) S. 146
Kühler Duft grüner Johannisbeere, zurückhaltend mit Potenzial (40 €)

2013 Hundsrück »Großes Gewächs«, Rudolf Fürst (Franken) S. 235
Reichhaltige Frucht im Bouquet, hochfein und seidig, saftige, lang (94 €)

93 Punkte

2013 Herrenberg »Großes Gewächs«, Jean Stodden (Ahr) S. 107
Zart rosinig, balsamisch, seidig mit griffigem Tannin (69 €)

2013 Winklerberg Häusleboden »Großes Gewächs«, Dr. Heger (Baden) S. 139
Zarter Duft roter Beeren, Cassis, balancierte Frucht, fein strukturiert im Nachhall (68 €)

2013 Letten »BK« trocken Grande Réserve 93, Bernhard Koch (Pfalz) S. 581
Röstiger Duft hochreifer Johannisbeeren, saftige klare Fruchtfülle (49,50 €)

2013 Morstein Felix »Großes Gewächs« 93, Keller (Rheinhessen) S. 777
Rauchiger Duft von Schwarzkirsche, zartkräutrige Aromatik (Preis auf Anfrage)

© Armin Faber & Partner

Berti Vogts sagte einst: »Die Breite an der Spitze ist dichter geworden«, und man könnte denken, er meinte damit die deutschen Spätburgunder. Wie im Vorjahr lieferten sich Fürst, Huber und Knipser einen Dreikampf – Seriensieger Friedrich Becker konnte sich in diesem Jahr knapp nicht in den Top 10 platzieren. Der badische Rotweinmagier Ziereisen füllt seine Weine erst später ab, sodass sie sich nicht mit den anderen Kreszenzen messen konnten.

Das Selbstbewusstsein der deutschen Rotweinwinzer zeigt sich auch bei den Preisen: Unter 40 Euro hat sich kein Wein in der absoluten Spitze platziert – aber das sind sie auch wert. Und: Keiner der Siegerweine hat mehr als 13,5 Prozent Alkhohol! Die Zeit der Bomben ist auf breiter Front vorbei. Man sieht: Berti Vogts hat fraglos recht.

Die Sieger der letzten Dekade

2012 Schlossberg »Großes Gewächs«, Bernhard Huber (Baden) 96
2011 »Lange Goldkapsel, Stodden (Ahr) 95
2010 Wildenstein »R«, Bernhard Huber (Baden) 97
2009 Pinot Noir, Friedrich Becker (Pfalz) 95
2008 Schlossberg »Großes Gewächs«, Huber (Baden) 96
2007 Pinot Noir, Friedrich Becker (Pfalz) 97
2006 Pinot Noir, Friedrich Becker (Pfalz) 95
2005 Pinot Noir, Friedrich Becker (Pfalz) 95
2004 Pinot Noir, Friedrich Becker (Pfalz) 94
2003 Pinot Noir, Friedrich Becker (Pfalz) 95

Weißer Burgunder 2014

Vollmundig und rund, aber bitte nur ja nicht zu aggressiv in der Säure: Der Geschmack deutscher Spitzenburgunder trifft einen Nerv bei den Weinliebhabern.

Für Baden war 2014 ein guter Grauburgunderjahrgang, doch in der Spitze schoss die Pfalz den Vogel ab – mit Chardonnays. Der traditionelle Zweikampf dieser Kategorie Pfalz vs. Baden endete mit dem Ergebnis 9:1 (auch, da Frankens Burgundermeister Fürst nur Fassproben stellen konnte). Insgesamt geht der Trend zu mehr Frische und weniger Holz sowie geringeren Alkohol weiter. So trinkanimierend wie heute waren weiße deutsche Burgunder noch nie! Während Weiß- und Grauburgunder häufig im Stahltank oder in großen Holzfudern ausgebaut werden, vergären die höherwertigen Chardonnays fast immer im Barrique (das immer besser beherrscht wird).

94 Punkte

2014 Chardonnay »R«, Rebholz (Pfalz) S. 611
Rund, fordernd, superbalanciert, hier stimmt alles (29 €)

2014 Kirschgarten Weißburgunder »Großes Gewächs«, Knipser (Pfalz) S. 579
Vielschichtig, intensive Nuss- und Birnenaromen, lang mit Potenzial (24 €)

93 Punkte

2014 Letten Chardonnay Grande Réserve, Bernhard Koch (Pfalz) S. 581
Gute Balance zwischen Reife und Säure, gekonnter Holzeinsatz (24 €)

92 Punkte

2014 Mandelberg Weißburgunder »Großes Gewächs«, Dr. Wehrheim (Pfalz) S. 630
Großer Schmelz, elegant, cremig, in sich ruhend, mit Potenzial (34,50 €)

2014 Chardonnay trocken Barrique **, Knipser (Pfalz)** S. 579
Dezentes Holz, feine Anlagen, eleganter Speisenbegleiter (Preis auf Anfrage)

2014 St. Stephan Chardonnay Reserve, Uli Metzger (Pfalz) S. 594
Gekonnter Barriqueeinsatz, seidig, weich, fruchtig (16,50 €)

2014 Kalmit Weißburgunder »Großes Gewächs«, Kranz (Pfalz) S. 583
Dicht gewoben mit der Salzigkeit vom Kalkstein (28 €)

2014 Vorderer Winklerberg Weißburgunder »GG«, Dr. Heger (Baden) S. 139
Rauchig, speckiger Duft, schmelzig mit Potenzial (28 €)

2014 Letten Chardonnay Reserve 92, Bernhard Koch (Pfalz) S. 581
Exotische Frucht, Vanille, Eleganz, Zitrusfrische (15 €)

2014 Im Sonnenschein Weißburgunder »Große Lage«, Rebholz (Pfalz) S. 611
Verschlossen, kantig, aber charaktervoll, mit Potenzial (37 €)

Mit Kranz' Ilbesheimer Kalmit weist nur ein Wein unserer Top Ten mehr als 13,5 Prozent Alkohol auf. Die Umkehr, weg von schweren, holzigen Weinen, hin zu trinkigen, ja schmelzigen Burgundern ist in der Spitze vollzogen.
Die Pfalz hat die Meinungsführerschaft seit einigen Jahren inne und gab diese auch bei den 2014ern nicht her: Rebholz' Chardonnay vor Knipsers Kirschgarten und Kochs Grande Reserve, erster Badener Dr. Heger. Sein Vorderer Winklerberg ist eines von fünf Großen Gewächsen in unserer Liste. Neu in der Riege der Spitzenerzeuger dieser Kategorie ist das Weingut Metzger aus Grünstadt mit einem überzeugenden internationalen Stil. Wobei jeder Betrieb einen ganz eigenen stilistischen Weg geht – das macht deutsche Burgunder spannender als je zuvor.

Die Sieger der letzten Dekade

2013	Mandelberg Weißburgunder »Großes Gewächs«, Wehrheim (Pfalz)	94
2012	Mandelberg Weißburgunder »Großes Gewächs«, Wehrheim (Pfalz)	95
2010	Ilbesheimer Kalmit Weißer Burgunder »Großes Gewächs«, Kranz (Pfalz)	94
2010	Mandelberg Weißer Burgunder »Großes Gewächs«, Dr. Wehrheim (Pfalz)	94
2009	Dottinger Castellberg Chardonnay Spätlese »GC«, Martin Waßmer (Baden)	95
2008	Im Sonnenschein Weißer Burgunder »Großes Gewächs«, Rebholz (Pfalz)	94
2007	Henkenberg Grauer Burgunder »Großes Gewächs«, Salwey (Baden)	91
2006	Mandelberg Weißer Burgunder »Großes Gewächs«, Dr. Wehrheim (Pfalz)	91
2005	Henkenberg Grauer Burgunder »Großes Gewächs«, Salwey (Baden)	93
2004	Weißer Burgunder Auslese ***, R. u. C. Schneider (Baden)	93

Silvaner 2014

Manche Qualitätsexplosionen laufen wie in Zeitlupe ab. So ist es bei trockenen Silvanern. Wir widmen dieser Sorte erstmals eine »Spitzenreiter«-Kategorie.

Wie zu erwarten hat Franken die Meinungsführerschaft in Sachen Silvaner inne – doch Kellers „Feuervogel" wie auch andere Weine aus Rheinhessen, der Pfalz oder von Dr. Heger aus Baden, die es knapp nicht unter unsere Top Ten geschafft haben, zeigen, dass Deutschlands andere Regionen nicht schlafen, was diese Rebsorte angeht. Die besten trockenen Silvaner liegen zwischen 23 und 35 Euro. Was manchem hoch erscheint, ist angesichts der Qualität und im Vergleich mit trockenen Rieslingen und weißen Burgundern angemessen.

93 Punkte

2014 Würzburger Stein »Großes Gewächs«, Bürgerspital (Franken) S. 228
Ein Monoment, Kraft und Eleganz, Schliff und Länge (26 €)

92 Punkte

2014 Feuervogel, Keller (Rheinhessen) S. 777
Mineralisch, rauchig, tabakartig, enorme Ausdruckskraft (26,50 €)

2014 Am Lumpen 1655 »Großes Gewächs«, Rainer Sauer (Franken) S. 268
Stoffig, mineralisch, dezente Frucht, feine florale Noten (24 €)

2014 Stein-Harfe »Großes Gewächs«, Bürgerspital (Franken) S. 228
Grasschnitt, Apfel, florale Würze, schlank, klar (26 €)

91 Punkte

2014 Maustal »Großes Gewächs«, Luckert (Franken) S. 252
Ausladend, üppig, Bananenmus, Steinobst, sehr nachhaltig (35 €)

2014 Langenberg Himmelspfad »Großes Gewächs«, Rudolf May (Franken) S. 254
Komplexer Duft, feines Holz, Apfel, Quittenaromen, cremig (29 €)

2014 Julius-Echter-Berg »Großes Gewächs«, Hans Wirsching (Franken) S. 288
Schnörkellos, ein Klassiker, würzig, ein Hauch Minze (28 €)

2014 Hoheleite »Großes Gewächs«, Paul Weltner (Franken) S. 286
Klassische Art, Apfel, Quitte, leichte Herbe (30 €)

2014 Julius-Echter-Berg »Großes Gewächs«, Johann Ruck (Franken) S. 265
Sublime Art, reintönig, Birne, Quitte, leichte ätherische Note (24 €)

2014 Am Lumpen »Großes Gewächs«, Horst Sauer (Franken) S. 267
Rauchig, cremig, Novemberapfel, getrocknete Kräuter (23 €)

© Armin Faber & Partner

Silvaner ist zweifelsohne die meist unterschätzte Rebsorte in Deutschland. Dennoch ist sie hier fest verwurzelt. Bis 1964 war sie sogar die meistangepflanzte Sorte, bis sie dann das Zepter zunächst an den inzwischen in Verruf geratenen Müller-Thurgau abgeben musste.
Allein in Franken blieb die Anbaufläche stabil und wurde zuletzt sogar wieder erweitert. Aus qualitativ großen Lagen wie Stein in Würzburg, Sonnenschein in Randersacker und Lump in Eschendorf ist Silvaner zu Recht als Markenzeichen der Region wieder avanciert – und in Händen von Erzeugern wie Bürgerspital, Luckert sowie Horst und Rainer Sauer kann sie betörend ausfallen. Dabei schmeckt ein richtig gelungenes Exemplar besser nach fünf Jahren Flaschenreife als in der Jugend.

Die Vorjahressieger

2013 Creuz, Luckert (Franken) 91
2012 Creuz, Luckert (Franken) 92
2011 Sonnenstuhl Großes Gewächs, Störlein & Krenig (Franken) 91
2010 Stein Großes Gewächs, Juliusspital (Franken) 91
2009 Stein Großes Gewächs, Juliusspital (Franken) 92
2008 Lump Großes Gewächs, Horst Sauer (Franken) 91

Riesling trocken 2014

Die Qualität der trockenen Rieslinggewächse ist über die letzten zehn Jahre deutlich besser geworden – und die Spitzenklasse damit immer breiter.

Die Winzer wissen, dass trockene Weine Substanz, aber nicht zu viel Alkohol brauchen. Ideale Voraussetzungen für solche Rieslinge bieten die Pfalz, der Rheingau, Rheinhessen und die Nahe. Klassiker in dieser Kategorie sind die Güter Breuer, Bürklin-Wolf, Emrich-Schönleber, Keller, Leitz, Rebholz, Christmann, Schäfer-Fröhlich und Wittmann, doch immer öfter erheben neue Betriebe Anspruch auf Anerkennung, so etwa unser Gewinner Kühling-Gillot, der für die Renaissance der Kultlage Pettenthal mit verantwortlich ist, oder Battenfeld-Spanier. In diesem Jahr triumphiert Rheinhessen.

96 Punkte

2014 Rothenberg »Große Lage«, Kühling-Gillot (Rheinhessen) S. 784
Nasse Steine, ganz klar, Tiefe, Schliff, tänzelnde Frucht (65 €)

2014 G-Max, Keller (Rheinhessen) S. 777
Weinbergspfirsich, weiße Johannisbeere, feine Säure, lang (Preis auf Anfrage)

95 Punkte

2014 Morstein »Großes Gewächs«, Wittmann (Rheinhessen) S. 840
Druckvolle Länge, salzig, karg, Sternfrucht (45 €)

2014 Morstein »Großes Gewächs«, Keller (Rheinhessen) S. 777
Weinbergspfirsich, lebendiges Aufspiel, animierende Länge (Preis auf Anfrage)

2014 Berg Roseneck Katerloch Holzfass, Leitz (Rheingau) S. 692
Reifer Zitrus, saftige Mineralik, Süße gut eingebunden (25 €)

2014 Berg Schlossberg Holzfass, Georg Breuer (Rheingau) S. 658
Klassische Holzprägung, feine Zitrus- und Apfelaromen (44 €)

94 Punkte

2014 Kastanienbusch »Große Lage«, Ökonomierat Rebholz (Pfalz) S. 611
Rose, Traminerانklang, feine Säure, klar, feiner Schliff (44 €)

2014 La Borne Alte Reben, Wittmann (Rheinhessen) S. 840
Schwarzer Tee, Saft, präzise, vielschichtig, glaskar (Preis auf Anfrage)

2014 Uhlen Laubach, Heymann-Löwenstein (Mosel) S. 379
Nasse Steine, Weinbergspfirsich, saftige Mineralität (33 €)

2014 Frauenberg »Große Lage«, Battenfeld-Spanier (Rheinhessen) S. 735
Feiner Zitrus- und Mandelduft, salzige Mineralität (39,50 €)

Bei keiner Kategorie diskutierten wir so viel – und waren uns am Ende doch alle einig: Kühling-Gillots Riesling Großes Gewächs aus dem rotschiefrigen Rothenbert, gewachsen an über 60jährigen Rebstöcken, begeisterte durch große Tiefe und Frische. Er setzte sich im Finale gegen Legenden der deutschen Weinszene durch: den Kultwein G-Max, Rebholz' Kastanienbusch, Breuers Berg Schlossberg, Wittmanns Morstein La Borne. Neu in dieser illustren Gruppe ist der Winninger Uhlen Laubach von Heymann-Löwenstein, der zeigt, wie rasant die Entwicklung in Sachen trockener Riesling an der Mosel ist. Alle Weine zeigen die Winzerhandschrift und beweisen, wie viele Ausdrucksformen der Riesling hat – und nur zum Teil sind dafür unterschiedliche Böden verantwortlich. Sechs Rheinhessen holen in diesem Jahr die Teamwertung für ihr Gebiet.

Die Sieger der letzten Dekade

2013	Kirchenstück »Großes Gewächs«, Winning (Pfalz)	95
2012	G-Max, Keller (Rheinhessen)	94
2011	Forster Pechstein »GC«, Dr. Bürklin-Wolf (Pfalz)	96
2010	Morstein »Großes Gewächs«, Keller (Rheinhessen)	95
2009	Abtserde »Großes Gewächs«, Keller (Rheinhessen)	96
2008	Kirchenstück »GC«, Dr. Bürklin-Wolf (Pfalz)	96
2007	Abtserde »Großes Gewächs«, Keller (Rheinhessen)	93
2006	Hermannshöhle »Großes Gewächs«, Dönnhoff (Nahe)	93
2005	Kirchspiel »Großes Gewächs«, Keller (Rheinhessen)	94
2004	G-Max, Keller (Rheinhessen)	95

Riesling feinherb 2014

Im besten Fall ist »feinherb« ein völlig unabhängiger Weinstil, nicht trocken und nicht fruchtig, hält er perfekt die Balance zwischen Säure und fruchtiger Süße.

Zwischen dem gehaltvollen trockenen und dem zartfruchtigen Typ stellen feinherbe Rieslinge mehr als nur einen Kompromiss dar. Im Idealfall sind sie die goldene Mitte. Am besten gerät dieser Weintyp im Rheingau, an der Mosel, am Mittelrhein sowie an der Nahe. Ein klares Geschmacksprofil ist jedoch im Interesse der Weinkunden überfällig – die Restsüße unterscheidet sich zum Teil massiv. Mit Lauer, Leitz und Heyl zu Herrnsheim finden sich einige der größten Spezialisten dieser Spielart in unserer Bestenliste. Wobei die Krone, wie so oft, an die Mosel geht. Und auch das größte Schnäppchen dieser Top Ten (Platz fünf) kommt von dort.

94 Punkte

2014 Kupp »Kern« – 9 –, Peter Lauer (Saar) S. 401
Grüne Apfelnoten, schiefermineralische Akzente (19,50 €)

93 Punkte

2014 Kupp »Stirn« – 15 –, Peter Lauer (Saar) S. 401
Rauchiges Bouquet, etwas Grafit, druckvoll (19,50 €)

92 Punkte

2014 Zeppwingert, Carl August Immich Batterieberg (Mosel) S. 383
Oxidative Anklänge von Novemberapfel, sehr individuell (32 €)

2014 Kupp »Unterstenberg« – 12 –, Peter Lauer (Saar) S. 401
Schiefermineralik, präziser Kern, Kernobst, druckvoll (18 €)

91 Punkte

2014 Herrenberg Spätlese – 4 –, Falkenstein (Saar) S. 356
Zurückhaltender Duft, zart verspielt, Apfelaromen (9,50 €)

2014 Herrenberg Stoveler, Herrenberg (Saar) S. 378
Mineralisch, steinige Nase, süßlicher Schmelz (17,50 €)

2014 Kaisersteinfels Terrassen »Große Lage«, Weingut Leitz (Rheingau) S. 692
Mineralisch, Steinobst, schmelzig, feiner Schliff (25 €)

2014 Brudersberg »Große Lage«, Heyl zu Herrnsheim (Rheinhessen) S. 769
Zart geröstete Gelbfrucht, kräutrig (23 €)

2014 Hipping »Große Lage«, Keller (Rheinhessen) S. 777
Hefewürziges Bouquet, Marille, würzig (Preis auf Anfrage)

90 Punkte

2014 Dhroner In der Sängerei, A. J. Adam (Mosel) S. 326
Steinig, kühle Spontinote, druckvoll (19 €)

Wenn nicht die Weingüter Leitz oder Georg Breuer aus dem Rheingau, Emrich-Schönleber sowie Schäfer-Fröhlich von der Nahe oder Müller vom Mittelrhein die Nase vorne haben, dann ist diese Kategorie eindeutig das Hoheitsgebiet von Mosel, Saar und Ruwer. Das Weingut Lauer holt die Trophäe in diesem Jahr wieder dorthin – mit einem Doppelsieg. Konnte sich letztes Jahr nur Leitz' Kaisersteinfels als einziger Nicht-Moselaner in unseren Top Ten platzieren, sind es diesmal drei Auswärtige. Der Kaisersteinfels ist wohl der kontinuierlichste Spitzenwein dieser Kategorie (im vorletzten Jahr holte er die Silbermedaille). Die Weine dieser Kategorie sind, was Öchslewerte und Restzucker angeht, enorm unterschiedlich, sie reichen von der vollmundigen halbtrockenen Auslese bis zur rassigen feinherben Spätlese. Grandios sind sie jedoch alle.

Die Sieger der letzten Dekade

2013 Sonnenuhr Auslese feinherb ***, Molitor (Mosel) 92
2012 Scharzhofberger Pergentsknopp, Van Volxem (Saar) 94
2011 Rauenthaler Nonnenberg, Georg Breuer (Rheingau) 94
2010 Scharzhofberger Spätlese feinherb, von Hövel (Saar) 91
2009 Rüdesheimer Berg Kaisersteinfels Alte Reben, Leitz (Rheingau) 93
2008 Wiltinger Gottesfuß Alte Reben, van Volxem (Saar) 93
2007 Monzinger Halenberg »R«, Emrich-Schönleber (Nahe) 92
2006 Ayler Kupp »Kern«, Peter Lauer (Saar) 90
2005 Felsenberg Spätlese, Schäfer-Fröhlich (Nahe) 90
2004 Leiwener Laurentiuslay Spätlese, Sankt Urbans-Hof (Mosel) 92

Riesling Kabinett 2014

Leicht sollen die Weine sein und erfrischend. Oft ist es die Mosel, die Saar oder die Ruwer, die bei diesem Spiel die Nase vorn haben. So auch in diesem Jahr – fast.

Leicht, belebend, erfrischend – und dennoch intensiv soll ein Riesling Kabinett sein. Mit wenig Alkohol bietet er viel Geschmack und lässt Säure und Süße auf der Zunge tanzen. Die besten Kabinette sind filigran und ausgewogen und stammen vor allem aus den Anbaugebieten Mosel, Saar, Ruwer, Nahe, Mittelrhein, Rheingau oder inzwischen Rheinhessen. Die Kategorie wird aber leider allzu oft dafür benutzt, um mit abgestuften Spät- und sogar Auslesen zu protzen, weswegen wir ganz bewusst den klassischen Typ bevorzugen. Nach sieben bis zehn Jahren Reife schmecken diese Weine beinahe trocken. Wegen ihrer Leichtigkeit lässt sich eine zweite Flasche stets mit Genuss trinken.

93 Punkte

2014 Scharzhofberger – 2 –, Egon Müller (Saar) S. 423
Pfefferminze, ätherisch, kühl, geschliffen, salzig (55 €)

92 Punkte

2014 Ayler Kupp – 5 –, Peter Lauer (Saar) S. 401
Gelbe Früchte, Spiel, Zartheit und Kraft (Preis auf Anfrage)

2014 Niersteiner »H«, Keller (Rheinhessen) S. 777
Edel, komplexe, kraftvolle Art, würzig (Preis auf Anfrage)

91 Punkte

2014 Ellergrub, Weiser-Künstler (Mosel) S. 472
Florale, duftige Noten, Nashi-Birne, kühl-herbe Art (11,50 €)

2014 Niersteiner »P« 91, Schätzel (Rheinhessen) S. 808
Limonensorbet, rauchig, verspielt, zart herb (99 €/1,5 Liter)

2014 Ayler Kupp – 8 –, Peter Lauer (Saar) S. 401
Pfirsicharomen, weich, verspielt, saftig (14,90 €)

2014 Wolfer Goldgrube, Vollenweider (Mosel) S. 463
Wild-hefige Art, ungestüm, pikant, mineralisch (12,50 €)

2014 Saarburger Rausch »Große Lage«, Zilliken (Saar) S. 475
Birne im Duft, verspielt, zart, seidig (16 €)

2014 Niersteiner »P«, Keller (Rheinhessen) S. 777
Pikanter, würziger Duft, gelbe Pflaumen (20,50 €)

2014 Ockfener Bockstein »Große Lage«, von Othegraven (Saar) S. 425
Roter Apfel, zartwürzig, kühl gewoben, kompakt (13 €)

In einer Kategorie, in der man fantastische Weine zu kleinem Preis findet, steht mit Egon Müllers Scharzhofberger ein weltweit gesuchter und entsprechend bepreister Wein an der Spitze – doch auch vier Weine unter 15 Euro finden sich in unseren Top Ten.

Schätzels nur in Magnumflaschen abgefüllter Kabinett »P« für 99 Euro zeigt das gestiegene Selbstbewusstsein der Winzer in dieser Kategorie, die man auf der Welt nirgends besser beherrscht als in Deutschland.

Rettet die Kabinette!

Bei den deutschen Weinprädikatsstufen gibt es keine Obergrenzen für die Traubenreife, nur Untergrenzen, sodass Auslesen als Kabinette – gemäß dem Deutschen Weininstitut ein »feiner, leichter Wein aus zartreifen Trauben mit geringem Alkoholgehalt« – verkauft werden können. Wenn diesbezüglich nicht in naher Zukunft etwas Grundlegendes passiert, werden die Prädikatsbezeichnungen wohl bald sinnentleert sein.

Was den Winzern (und uns) schmerzlich fehlt, sind Geschmackskorridore, die im Fall des Kabinett etwa »weniger als 88 Öchsle« vorschreiben könnten. Erfreulicherweise haben wir den Eindruck, es gibt eine kleine Renaissance für die Kabinette – und sie sind zum Glück nicht mehr so süß wie vor zehn Jahren. Wir würden es sehr begrüßen, wieder Exemplare mit nur 25 Gramm Restzucker zu sehen, denn so schmeckten Kabinett-Weine damals, als die Kategorie groß in der Mode stand.

Die Vorjahressieger

2013 Niersteiner »H«, Keller (Rheinhessen) 93
2012 Scharzhofberger – 3 –, Egon Müller (Saar) 91
2011 Saarburger Rausch, Zilliken (Saar) 96

Riesling Spätlese 2014

Moderater Alkohol bei nicht allzu aufdringlicher Süße und eine recht lebendige Säure: Die Spätlese ist ein Weinformat, das weltweit gesucht wird.

Es gibt nur wenige Rebsorten, die mit geringem Alkoholgrad und mittlerer Restsüße attraktive Weine erbringen: Der Riesling schafft das – um im Bild zu bleiben – mit Leichtigkeit. Besonders filigran und elegant schmecken solche Spätlesen von Mosel, Saar und Ruwer, vom Mittelrhein, von der Nahe und aus dem Rheingau. Seine internationale Renaissance verdankt der deutsche Riesling nicht zuletzt diesem Weintyp, der fein heranreifen kann, mit zwanzig Jahren beinahe trocken schmeckt und in der Spitze stets perfekte Balance anstrebt. Schon vor einem Jahrhundert waren Weine dieses Formats weltweit gesucht und sehr teuer bezahlt.

95 Punkte

2014 Scharzhofberger Alte Reben - 6 -, Egon Müller (Saar) S. 423
Kühl, puristisch, vornehm, druckvoll, explodiert am Gaumen (120 €)

94 Punkte

2014 Ayler Kupp - 23 -, Peter Lauer (Saar) S. 401
Limettenduft, tänzelnd, zart cremig, reichhaltig (Preis auf Anfrage)

2014 Enkircher Ellergrub, Weiser-Künstler (Mosel) S. 472
Würziger Hefeduft, animierend, grüne Früchte (17,50 €)

2014 Scharzhofberger - 5 -, Egon Müller (Saar) S. 423
Kühler Duft von Schiefer, verdichtete Apfelfrucht (Preis auf Anfrage)

93 Punkte

2014 Saarburger Rausch »Große Lage« - 3 -, Zilliken (Saar) S. 475
Boskopapfel, Honigwaben, seidig und lang (Preis auf Anfrage)

2014 Wiltinger Braune Kupp - 4 -, Egon Müller (Saar) S. 423
Birnensaft, nobel, weich fließend, schmelzig (Peis auf Anfrage)

2014 Westhofener Abts E, Keller (Rheinhessen) S. 777
Verhaltener Duft von Williamsbirne, pikant (42 €)

2014 Wiltinger Braune Kupp - 7 -, Egon Müller (Saar) S. 423
Reife gelbe Früchte, zart röstig, reichhaltig (65 €)

2014 Ayler Kupp - 7 -, Peter Lauer (Saar) S. 401
Zartrauchiger Schieferduft, feines Spiel (17,90 €)

2014 Felseneck Goldkapsel »Große Lage«, Schäfer-Fröhlich (Nahe) S. 514
Animierender hefewürziger Duft, verpielt (22 €)

© Armin Faber & Partner

Unsere »Kollektion des Jahres« von Florian Lauer schafft es auch in dieser Top-Ten-Liste, sich zu platzieren – und muss sich nur dem Saargranden Egon Müller geschlagen geben. Mit Keller (Rheinhessen) und Schäfer-Fröhlich brachen nur zwei Weingüter in die Phalanx der Betriebe von Mosel, Saar und Ruwer ein. Erschwerend kam hinzu, dass 2014 gerade in dieser Region ein schwieriger Jahrgang für die Erzeugung spät gelesener Weine war, wobei wir gerne all diesen Weinen die Zugehörigkeit zur Spitzengruppe attestieren. Bei den Spätlesen handelt es sich um Weine mit einer faszinierenden Balancen sowie einem Alkoholgehalt zwischen sieben und acht Prozent. Und selbst mit ihrem vom Restzucker etwas vollmundigeren Charakter bieten sie große Animation.

Die Sieger der letzten Dekade

2013	Brauneberger Juffer-Sonnenuhr, Lieser (Mosel)	95
2012	Scharzhofberger – 6 –, Egon Müller (Saar)	94
2011	Bockenauer Felseneck, Schäfer-Fröhlich (Nahe)	95
2010	Scharzhofberger – 4 –, Egon Müller (Saar)	96
2009	Kiedricher Gräfenberg, Robert Weil (Rheingau)	95
2008	Bockenauer Felseneck Goldkapsel, Schäfer-Fröhlich (Nahe)	95
2007	Rüdesheimer Berg Roseneck, Josef Leitz (Rheingau)	95
2006	Brauneberger Juffer-Sonnenuhr – 14 –, Fritz Haag (Mosel)	94
2005	Piesporter Goldtröpfchen, Reinhold Haart (Mosel)	96
2004	Rüdesheimer Berg Schlossberg, Josef Leitz (Rheingau)	95

Riesling Auslese 2014

2014 war ein schwieriges Jahr zur Erzeugung von Auslesen – auch an der Mosel. Nirgendwo sonst widmen sich die Winzer diesen Schätzen mit größerer Hingabe.

Besondere Raritäten stellen die bei strengem Frost gewonnenen Eisweine dar. Die feinsten Edelsüßen liefert der Riesling an Mosel, Saar und Ruwer und im Rheingau, aber auch an der Nahe. Diese Raritäten zählen zu den langlebigsten Weinen überhaupt. Im Jahrgang 2012 haben viele Winzer auf die Erzeugung solcher Rieslinge verzichtet. Nicht selten war bei den namhaften mit einer Auslese Schluss. Lediglich im Rheingau gab es vereinzelt Vesuche, das Feinste herauszuholen. Dennoch waren es vorwiegend die Auslesen, die die Nase vorne hatten.

95 Punkte

2014 Westhofener Abts E, Keller (Rheinhessen) S. 777
Heilkräuter, hochnobel, lang, großer Wein (Preis auf Anfrage)

2014 Ayler Kupp – 10 –, Peter Lauer (Saar) S. 401
Hefegeprägt, noch verschlossen, saftig, animierend (39 €)

94 Punkte

2014 Saarburger Rausch »Große Lage« – 1 –, Zilliken (Saar) S. 475
Trockene Wiesenkräuter, unangestrengt (Preis auf Anfrage)

2014 Niersteiner Pettenthal, Keller (Rheinhessen) S. 777
Reife Aprikose, Zitrusaromen, glasklar (59 €)

2014 Scharzhofberger – 8 – , Egon Müller (Saar) S. 423
Exotische Aromen, Litschi, lang anhaltend (320 €)

2014 Niersteiner Hipping Goldkapsel, Keller (Rheinhessen) S. 777
Wilde Kräuteraromen, Weinbergspfirsich, schlank (69 €)

93 Punkte

2014 Rosalack »Große Lage«, Schloss Johannisberg (Rheingau) S. 676
Reife Zitrusaromen, klassischer Rheingautyp (74 €)

2014 Erdener Treppchen, Dr. Loosen (Mosel) S. 408
Orangenzesten, etwas Feige, gute Konzentration (28 €)

2014 Kiedricher Gräfenberg »Große Lage«, Robert Weil (Rheingau) S. 721
Zitronenmelisse, Trockenaprikosen, Süße-Säure-Spiel (Preis auf Anfrage)

2014 Bocknauer Felseneck, Schäfer-Fröhlich (Nahe) S. 514
Kräuterwürzig, zarte Raucharomen, seidiger Fluss (25 €)

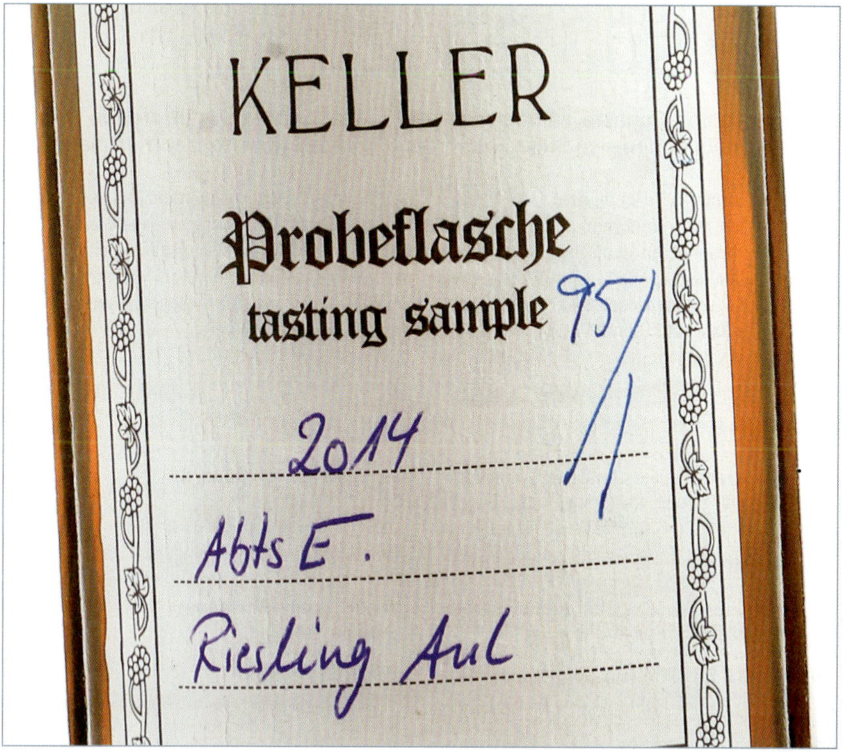

Nur ein einziges Mal hat in den letzten zehn Jahren ein Wein, der nicht von der Mosel kam, in dieser Kategorie den Sieg davon getragen – er stammte von Klaus-Peter Keller aus Rheinhessen. Und tatsächlich: In diesem Jahr gelang ihm der Coup erneut!

Da er schon einmal dabei war, nahm Keller dann Platz vier und sechs gleich auch noch mit. Aber Sieger sind natürlich alle Winzer, die beim Jahrgang 2014 die Nerven behielten, die das Glück auf ihrer Seite hatten, und die den Aufwand betrieben, derartige Auslesen zu keltern.

2014 war, das wollen wir einräumen, nicht unbedingt der größte Jahrgang für Auslesen, doch dies sind Weine, für die sich jeder Aufwand lohnt – denn selbst bei hohen Zuckergraden spiegelt der Riesling das Terroir.

Die Sieger der letzten Dekade

2013	Juffer-Sonnenuhr lange Goldkapsel, Lieser (Mosel)	97
2012	Ürziger Würzgarten ***, Jos. Christoffel Jun. (Mosel)	95
2011	Saarburger Rausch – 1 –, Zilliken (Saar)	95
2010	Scharzhofberger – 6 –, Egon Müller (Saar)	98
2009	Graacher Domprobst Goldkapsel – 7 –, Willi Schaefer (Mosel)	96
2008	Scharzhofberger Goldkapsel – 10 –, Egon Müller (Saar)	97
2007	Juffer-Sonnenuhr lange Goldkapsel – 15 –, Fritz Haag (Mosel)	97
2006	Pündericher Marienburg lange Goldkapsel, Clemens Busch (Mosel)	97
2005	Saarburger Rausch lange Goldkapsel, Zilliken (Saar)	98
2004	Westhofener Morstein Goldkapsel ***, Keller (Rheinhessen)	96

Edelsüß 2012

Diese seltenen Schätze werden aus überreifen, bisweilen gefrorenen Beeren gewonnen, in denen sich Süße, Säure und Fruchtaromen konzentriert haben.

Diese Gruppe wird zum Feld von wenigen Experten, die weiterhin einen Markt für diese ganz besonderen deutschen Spezialitäten finden. Keller, Kühn, Weil, Egon Müller sowie verschiedene weitere Mosel- und Nahe-Weingüter brillieren Jahr für Jahr mit ihren Kreszenzen – wobei, dem Klimawandel sei (kein) Dank, Eisweine immer seltener werden. Bei den Beerenauslesen und Trockenbeerenauslesen hat ein Wandel von öliger, balsamischer Dichte zu mehr Klarheit und Verspieltheit bei höchstmöglichem Zucker eingesetzt. All diese Raritäten zählen zu den langlebigsten Weinen.

97 Punkte

2014 Scharzhofberger Auslese Goldkapsel - 9 -, Egon Müller (Saar) S. 423
Unglaublicher Druck, fordernde Säure, Eiswein-Touch (Preis auf Anfrage)

96 Punkte

2014 Lenchen Riesling Beerenauslese Goldkapsel 96, Kühn (Rheingau) S. 686
Weich, rund, reiche Fruchtfülle, gehaltene Opulenz (Preis auf Anfrage)

2014 Abts E Riesling TBA Goldkapsel - 30 -, Keller (Rheinhessen) S. 777
Dicht, opulent, reife Trockenfrüchte, reichhaltig (415 €)

95 Punkte

2014 Herzog Rieslaner Trockenbeerenauslese, Müller-Catoir (Pfalz) S. 600
Kühler Duft von Quitten, opulente Aromatik, lang (86 €)

2014 Abts. E Riesling TBA Goldkapsel - 31 -, Keller (Rheinhessen) S. 777
Kandierte Aprikose, reichhaltig, druckvoll mit Potenzial (Preis auf Anfrage)

2014 Lenchen Riesling Beerenauslese, Kühn (Rheingau) S. 686
Noch verhalten, kräutriger Duft, hochreife Aprikose, erfrischend (69 €)

2014 Silberberg Rieslaner TBA, Keller (Rheinhessen) S. 777
Ziselierter Duft von kandierter Zitrone, zart (89 €)

2014 Gräfenberg Riesling Beerenauslese, Robert Weil (Rheingau) S. 721
Heller Tabak, getrocknete Feigen, Explosion am Gaumen (Preis auf Anfrage)

2014 Gräfenberg Riesling Trockenbeerenauslese, Robert Weil (Rheingau) S. 721
Duft von kandierten Früchten, zart röstig, konzentriert (Preis auf Anfrage)

94 Punkte

2014 Herrenberg Scheurebe Beerenauslese, Weingut Pfeffingen (Pfalz) S. 608
Dicht, voluminös, süßliche Opulenz, weich, schmelzig (24 €)

© Armin Faber & Partner

Platz eins an eine Auslese? Obwohl es dafür eine eigene Kategorie gibt? Das stimmt zwar, doch diese Auslese ist vom Stil her so opulent, dass sie bei den „Edelsüßen" viel mehr unter ihresgleichen platziert ist.
Die ersten drei Ränge bieten dabei völlig andere Interpretationen dieser deutschen Spezialität: Aufspiel und Transparenz bei Müller, in sich ruhende, würzige Tiefe bei Kühn, kristalline Klarheit und Fruchtopulenz bei Keller. Nicht auf dem diesjährigen Siegertreppchen und doch der Beste seiner Art: Platz vier ging an die Rieslaner Trockenbeerenauslese von Müller-Catoir. Dasselbe gilt für die Scheurebe von Pfeffingen auf Platz zehn – dass dieser Wein gerade einmal 24 Euro für die halbe Flasche kostet, zeigt wieder einmal, dass tolle Qualität nicht teuer sein muss.

Die Sieger der letzten Dekade

2013 Abtserde Trockenbeerenauslese Goldkapsel, Keller (Rheinhessen) 98
2012 Oestricher Lenchen »E« Trockenbeerenauslese, Kühn (Rheingau) 100
2011 Goldlack Trockenbeerenauslese – 12 –, Schloss Johannisberg (Rheingau) 98
2010 Abtserde Trockenbeerenauslese Goldkapsel, Keller (Rheinhessen) 100
2009 Gräfenberg Trockenbeerenauslese, Robert Weil (Rheingau) 100
2008 Halenberg Eiswein Goldkapsel, Emrich-Schönleber (Nahe) 97
2007 Marienburg Trockenbeerenauslese, Clemens Busch (Mosel) 100
2006 Juffer-Sonnenuhr Trockenbeerenauslese, Fritz Haag (Mosel) 100
2005 Felseneck Trockenbeerenauslese Goldkapsel, Schäfer-Fröhlich (Nahe) 100
2004 Brücke Eiswein Goldkapsel »Dienstag«, Dönnhoff (Nahe) 98

Riesling unter 12 Prozent

In Zeiten der Klimaerwärmung ist es eine Herausforderung, trockene Weine mit Komplexität und Balance zu erzeugen, die dabei nur wenig Alkohol aufweisen.

Alte Rebstöcke bringen auch mit wenig Öchsle viel Geschmack an den Gaumen. Gewinner in dieser Kategorie von trockenen Weinen mit nachweislich unter zwölf Prozent Alkohol ist mit Abstand der Berg Rottland von Theresa Breuer in Rüdesheim.Auch ihr nochgediegener Berg Schlossberg bringt nur zwölf Prozent auf die Waagschale, was aber für diese Liste zu viel ist. Was einmal mehr beweist: Ein großer Riesling braucht nicht viel Alkohol.

93 Punkte

2014 Rüdesheimer Berg Rottland, 11,5% S. 658
Breuer (Rheingau), 31,00 €

91 Punkte

2014 Kabinett vom blauen Schiefer 11,0% S. 341
Caspari-Kappel (Mosel), 8,50 €

2014 Trarbacher Hühnerberg Kabinett 10% S. 422
Martin Müllen (Mosel), 13,90 €

2014 Niersteiner Hipping 11% S. 808
Schätzel (Rheinhessen), 35 €

2014 Niersteiner Pettenthal 11,5% S. 808
Schätzel (Rheinhessen), 35 €

2014 Rauenthaler Nonnenberg, 11,5% S. 658
Breuer (Rheingau), 39,00 €

90 Punkte

2014 Kestener Paulinshofberger 11,5% S. 456
Günther Steinmetz (Mosel), 12,50 €

2014 Zeltinger Sonnenuhr Kabinett 10,5% S. 420
Markus Molitor (Mosel), 13,80 €

2014 Gondorfer Gäns 11,5% S. 411
Lubentiushof (Mosel), 16 €

2014 Zeltinger Sonnenuhr Spätlese 11,5% S. 420
Markus Molitor (Mosel), 19,80 €

Literwein

Literweine genießen unter Weinkennern kein sehr hohes Ansehen. Viele vermuten in den großen Flaschen billige Schoppen – oft zu Unrecht.

Es gibt recht viele gute Literweine, die oft zu sehr konsumentenfreundlichen Preisen angeboten werden. Vier in unserer Spitzenliste kosten sogar weniger als sechs Euro. Deutsche Winzer schaffen es mittlerweile, selbst gute Rotweine für kleines Geld auf die Flasche zu bringen – wie gleich drei ungemein süffige Spätburgunder beweisen, aus Baden wie von der Ahr. Die Erfahrung zeigt: Bei einem Winzer, der einen guten Literwein erzeugt, kann man auch die teureren Flaschen beruhigt kaufen. Das stimmt bei diesen zehn Weingütern allemal.

85 Punkte

2014 Riesling Quarzit Schiefer trocken S. 358
Franzen (Mosel), 8,90 €

84 Punkte

2014 Detzemer Würzgarten Riesling Hochgewächs feinherb S. 434
Rauen (Mosel), 5,90 €

2013 Ihringer Fohrenberg Spätburgunder trocken S. 160
Konstanzer (Baden), 6,50 €

2010 Durbacher Spätburgunder trocken 84 S. 208
Graf Wolff Metternich (Baden), 6,90 €

2014 Riesling trocken S. 622
Siener (Pfalz), 5,40 €

2014 Riesling trocken S. 561
Faubel (Pfalz), 5,50 €

2014 Riesling trocken S. 591
Lucashof (Pfalz), 5,70 €

2014 Riesling trocken S. 710
F. B. Schönleber (Rheingau), 7,10 €

2014 Volkacher Kirchberg Silvaner Kabinett trocken S. 230
Helmut Christ (Franken), 7 €

2013 Spätburgunder trocken S. 91
Burggarten (Ahr), 10 €

Gutsriesling 2014

Manche Winzer bezeichnen Gutswein Visitenkarte ihres Betriebes. Doch was genau ist ein Gutswein? Und lohnt es, danach Ausschau zu halten?

Weinrechtlich definiert ist diese Kategorie nicht, gemeint ist der »kleinste« Wein in der 0,75-Liter-Flasche ohne Orts- oder Lagennennung und ohne Prädikatsstufe. In der Regel kosten diese Weine nicht mal zehn Euro – wie sieben in unseren Top Ten. Die Mehrzahl der Exemplare sind trockene Rieslinge, doch auch Liebhaber zartfruchtiger Varianten kommen auf ihre Kosten. An der Spitze brilliert ein zupackender Riesling vom Moselweingut Heymann-Löwenstein – der tatsächlich so manches Große Gewächs etwas alt aussehen lassen kann.

89 Punkte

2014 Riesling Schieferterrassen S. 379
Heymann-Löwenstein (Mosel), 16,50 €

87 Punkte

2014 Riesling Qvinterra trocken S. 784
Kühling-Gillot (Rheinhessen), 9,50 €

86 Punkte

2014 Riesling trocken S. 414
Melsheimer (Mosel), 9 €

2014 Riesling Vom Schiefer trocken S. 348
Ansgar Clüsserath (Mosel), 8,90 €

2014 Riesling Felsenfest trocken S. 463
Vollenweider (Mosel), 9,80 €

2014 Riesling trocken S. 552
Dr. Bürklin-Wolf (Pfalz), 9,50 €

2014 Riesling Schiefersteil trocken S. 420
Markus Molitor (Mosel), 11,80 €

85 Punkte

2014 Riesling Pur Mineral trocken S. 235
Rudolf Fürst (Franken), 11 €

2014 Riesling Quarzit Schiefer trocken S. 358
Franzen (Mosel), 7,90 €

2014 Riesling trocken S. 540
Von Bassermann-Jordan (Pfalz), 8,90 €

Schnäppchen: Weißwein

Spitzenweine für nur wenig Geld gibt es noch, nur muss der Weinliebhaber heute erheblich länger als früher danach suchen. Eine kleine Hilfestellung.

Nachfolgend stehen die feinsten Weißweine aus diesem Führer für unter zehn Euro. Auf den Betriebsseiten sind weitere Weine mit einer roten Münze € ausgezeichnet, die bei mindestens 88 Punkten ebenfalls weniger als zehn Euro kosten. Gute Weine also, die dem Sparschwein und selbst dem verwöhnten dem Gaumen eine echte kleine Freude machen können.

91 Punkte

2014 Riesling Kabinett trocken vom blauen Schiefer S. 341
Caspari-Kappel (Mosel), 8,50 €

2014 Niedermenger Herrenberg Riesling Spätlese feinherb – 4 – S. 356
Hofgut Falkenstein (Mosel), 9,50 €

90 Punkte

2014 Roschbacher Rosenkränzel Rieslaner Spätlese S. 581
Bernhard Koch (Pfalz), 8,80 €

2014 Niedermenger Herrenberg Riesling Spätlese feinherb – 3 – S. 356
Hofgut Falkenstein (Mosel), 9 €

2014 Sobernheimer Marbach Riesling Spätlese S. 520
K. H. Schneider (Nahe), 9,10 €

2014 Erdner Treppchen Riesling Kabinett S. 376
Dr. Hermann (Mosel), 9,50 €

2014 Flemlinger Herrenbückel Rieslaner Auslese S. 549
Borrel-Diehl (Pfalz), 9,50 €

2014 Scheurebe Kabinett Märchenzauber S. 628
Weegmüller (Pfalz), 9,50 €

2014 Graacher Himmelreich Riesling Spätlese S. 389
Kees-Kieren (Mosel), 9,80 €

89 Punkte

2014 Weyher Michelsberg Riesling trocken Buntsandstein S. 639
Valentin Ziegler Sohn (Pfalz), 7,80 €

Schnäppchen: Rotwein trocken

Wegen der eher kleinen Mengen und der großen Nachfrage ist es bei deutschen Rotweinen gar nicht so einfach, Schnäppchen zu finden. Doch es gibt sie.

Bei gleicher Punktzahl wie bei den Weißweinen (88) ist unsere Preisgrenze beim Rotwein auf 14,95 Euro hochgesetzt, denn für unter zehn Euro sind deutschlandweit nur wenige richtig gute Rote zu finden (Johannes Kopp in Sinzheim ist die erfreuliche Ausnahme). Sogar Spitzengüter bieten zu konsumentenfreundlichen Preisen ihre – teilweise schön gereiften –Spätburgunder an.

89 Punkte

2012 Spätburgunder Tschuppen S. 211
Ziereisen (Baden), 12 €

2012 Eltviller Rheinberg Spätburgunder S. 654
J. B. Becker (Rheingau), 13 €

2011 Sankt Laurent Barrique S. 593
Messmer (Pfalz), 14,50 €

2009 Cuvée »R« S. 766
Gutzler (Rheinhessen), 14,70 €

88 Punkte

2013 Spätburgunder S. 161
Kopp (Baden), 9,90 €

2012 Spätburgunder vom Löss S. 210
Zalwander (Baden), 10 €

2013 Reichholzheimer Schwarzriesling S. 185
Schlör (Baden), 11 €

2012 Pinot Noir Typ 2 S. 126
Danner (Baden), 12 €

2013 Edesheimer Rosengarten Kupperwolf Spätburgunder S. 549
Borell-Diehl (Pfalz), 13 €

2013 Ihringer Winklerberg Pinot Noir S. 160
Konstanzer (Baden), 13 €

Bernhard-Breuer-Trophy

Für den trockenen Riesling war 2005 nicht das beste Jahr. Das beinahe überreife Lesegut macht den zehn Jahre gereiften Weinen daraus Probleme.

Wir hatten uns sehr auf die Verkostung von etwa drei Dutzend der besten trockenen Rieslinge aus dem Jahrgang 2005 gefreut – und waren dennoch am Ende ein wenig enttäuscht. Gewiss standen manche sagenhafte Tropfen auf dem Tisch, doch die Trockenheit des Jahrgangs konnte man an anderen, die etwas kopflastig im Alter geworden sind, anschmecken. Zudem war die Gefahr bei der Lese schon damals groß, überreifes Lesegut zu ernten, dem es an Spannung fehlt. Die Trauben waren bei der Ernte allerorts gesund, nur die Säure war für unsere Idee von Riesling vielleicht oft etwas zu niedrig. »Sicherlich ein gutes Jahr«, meint Philipp Wittmann, »aber halt nicht mein Lieblingsjahrgang.« Dennoch stand er mit seinem Morstein als einer der Sieger auf dem Podest. Die feinsten 2005er, angeführt von Keller und Rebholz, besitzen Saft, Kraft, einen feinen mineralischen Nerv und sind perfekt ausgewogen. Wenn auch andere Wünsche offen lassen, solche Flaschen zu öffnen, ist es für den, der sie noch hat, heute ein richtiger, eindrucksvoller Genuss.

94 Kirchspiel
Keller (Rheinhessen)
Verspielt, elegant, facettenreich und animierend. Feine Fruchtaromatik trifft auf harmonische Säurestruktur.

93 Kastanienbusch
Rebholz (Pfalz)
Saftig und elegant, das Strahlende nimmt einen sofort ein. Nachhaltig, finessenreich und noch jugendlich.

93 Morstein
Wittmann (Rheinhessen)
Mächtig und doch keine Spur fett oder überladen. Klar und geradlinig in seiner exotischen Würze. Faszinierend.

93 Hubacker
Keller (Rheinhessen)
Vermittelt eindrucksvoll seine Lage. Bei fast burgundisch Art mit cremiger Rauchigkeit dennoch leichtfüßig.

93 Jesuitengarten
Dr. Bürklin-Wolf (Pfalz)
Tief und mächtig, satt in der Frucht. Nicht trivial, sondern voller Selbstbewusstsein und Komplexität.

92 Weilberg
Pfeffingen (Pfalz)
Exotische Fruchtnuancen, vibrierende Säure. Klar und elegant, tänzelt über eine zarte Süße im Abklang.

92 Kirchenstück
Bassermann-Jordan (Pfalz)
Salzige Frische mit cremigem Schmelz, dank ihm wirkt alles rund und ausgewogen und gediegen.

92 Berg Rottland Alte Reben
Leitz (Rheingau)
Cremig mit dem ungemein geradlinigen Charakter des Rüdesheimer Bergs samt edler Rauchigkeit.

92 Halenberg
Emrich-Schönleber (Nahe)
Harmonisch, dicht und kräftig, ohne alles Mollige. Eher subtil und verspielt, perfekt balanciert.

92 Hermannshöhle
Dönnhoff (Nahe)
Ein schwebendes Gedicht, das in sich ruht. Begeisternd ob seiner tiefgestapelten Größe und Eleganz.

Bernhard-Huber-Trophy

Das Jahr 2005 gehört in unserer Probe dem Pfälzer Weingut Friedrich Becker, dessen Pinots alle Spitzenpätze belegen.

Nach dem eher heterogenen Jahrgang 2004 folgte der großteils von Dürre geprägte Jahrgang 2005. »Witterungsmäßig war 2005 ein traumhaftes Jahr«, meinte damals Bernhard Huber. Zwar machte sich Paul Fürst Sorge um »Regenfälle kurz vor dem Herbst, doch dann stellte sich nach der ersten Septemberdekade wieder trockenes Wetter ein und die Lage verbesserte sich von Tag zu Tag«. Die Lese war überall recht spät und sehr entspannt. »Aufgrund der guten Gesundheit der Trauben habe ich fast alles komplett spontan vergoren«, betont Friedrich Becker. Mit Fug und Recht konnte er zudem behaupten, dass »die 2005er ein sehr gutes Potenzial haben und sehr schön heranreifen werden«. Zwar hatten wir unter den 39 verkosteten Spätburgundern eine Vielzahl exzellenter Pinot Noirs verkostet, doch sein Trio stand einsam an der Spitze. Hut ab!

94 Sankt Paul
Becker (Pfalz)
Subtile Röstnoten, dicht gewirkt sind Struktur und Tanningerüst, satte Frucht, ein Hauch Minze und geräucherter Speck.

93 Pinot Noir
Becker (Pfalz)
Faszinierend klare Pinot-Frucht, Schlehe und Zwetschge, vornehme und präzise Art, ausgewogen, tief.

92 Kammerberg
Becker (Pfalz)
Feinste, noch jugendlich wirkende Aromen von perfekt reifen Beerenfrüchten, kühl und elegant.

92 Wildenstein
Huber (Baden)
Klar und einnehmend, saftig-sanfte Beerenfrucht, enorm lebendig, feinwürziger Ner.

92 Hunsrück
Fürst (Franken)
Komplexer Duft von dunklen Früchten, rauchig unterlegt, kompakt und dicht gewoben.

92 Sommerhalde
Huber (Baden)
Kühler Duft von Cassis und Vanille, rauchige Röstnoten, kompakte Struktur, kühle Aromatik, braucht Luft, langes Finale.

92 Bürgel
Keller (Rheinhessen)
Filigrane und verspielte Pinot-Frucht, ein Hauch Himbeere, zarte, transparente Statur, mineralische Anklänge.

92 Schlossberg
Huber (Baden)
Anklänge von Tabak und Mokka mit einer herzhaften Frucht und saftiger, dichter Struktur.

91 Alte Reben
Stodden (Ahr)
Wirklich herrlicher Pinot-Duft mit einem Hauch von Vanille, feine und würzige Art.

91 Im Sonnenschein
Rebholz (Pfalz)
Ein Duett von Cassis und Kirsche, untermalt von edlen Röstnoten, dunkle Beeren.

Ganz großer Spätlese-Jahrgang

Wer 2005 auf der Hut war, den belohnte die Natur mit einem Füllhorn klassischer, großer Riesling-Gewächse, wie unsere Nachverkostung zeigte

2005 war, nach 2003, der zweite Jahrgang im letzten Jahrzehnt mit sehr früher Rebblüte und außergewöhnlich reifen Trauben. In beiden Jahren mussten die Winzer umdenken. Nicht mehr die extrem späte Lese brachte die besten Ergebnisse. »Wir haben früher und schneller geerntet als in den sogenannten normalen Jahren«, erzählt Helmut Dönnhoff, »um nicht so hohe Mostgewichte zu bekommen.« Neben den Klassikern – die zehn ersten Plätze aus 37 angestellten Spätlesen gingen an berühmte Platzhirsche – gab es ausgezeichnete Rieslinge von weniger bekannten Gütern. Inzwischen ist die damalige Süße geschmacklich zurückgetreten und die Weine zeigen sich jetzt fast jugendlicher, ja mineralischer als vor fünf Jahren. Aus guten Lagen und Kellern ist 2005 heute ein großer Jahrgang.

97 Wehlener Sonnenuhr – 21 –
J. J. Prüm (Mosel)
Ein Gedicht mit transparenter Fülle, subtiler Frucht, tänzelnder Eleganz, die allerfeinste Spätlese am Tisch.

95 Berg Schlossberg
Leitz (Rheingau)
Hochreife Aprikosen prägen die cremige, herzhafte Art. Trotz Botrytis ein belebender Riesling mit Klasse.

95 Würzgarten Versteigerung
Dr. Loosen (Mosel)
Klar, präzise und erfrischend trotz der Fülle, dazu ein Hauch Maiglöckchen und saftige Cassis im Duft.

94 Hermannshöhle
Dönnhoff (Nahe)
Mineralisch fest mit ganz eigenem Charakter, feinherber Würze, verhaltener Süße und grandioser Balance.

94 Juffer-Sonnenuhr – 14 –
Fritz Haag (Mosel)
Feinduftig mit Noten von Zitrus und Apfel, fein gewoben, jedes Gramm Restzucker ist bestens eingebunden.

93 Gräfenberg
Weil (Rheingau)
Ein noch jugendlicher Wein mit Saft und Kraft, würziger Prägung, komplexem Duft und langem Nachhall. Rheingauer Art!

93 Himmelreich – 11 –
J. J. Prüm (Mosel)
Idealtypische moselanische Spätlese, so schlank und feinsaftig, so seidig und verspielt, dazu ein Hauch Karamell.

93 Goldtröpfchen
Theo Haart (Mosel)
Herzhaft, mit einem feinen Hauch gebratener Äpfel, enorme Saftigkeit, mineralische Tiefe.

93 Rausch
Zilliken (Saar)
Noch verspielt, bezaubernd leicht, mit Lychee und Limette, lebhaftes Finish. Klassischer Saar-Riesling.

93 Kupfergrube Versteigerung
Dönnhoff (Mosel)
Hochedle Birne, saftige Fülle, mineralischer Fluss und nobles Finish. Schmeckt wie eine Auslese.

Buon Gusto!

Ein Muss für Liebhaber der italienischen Küche

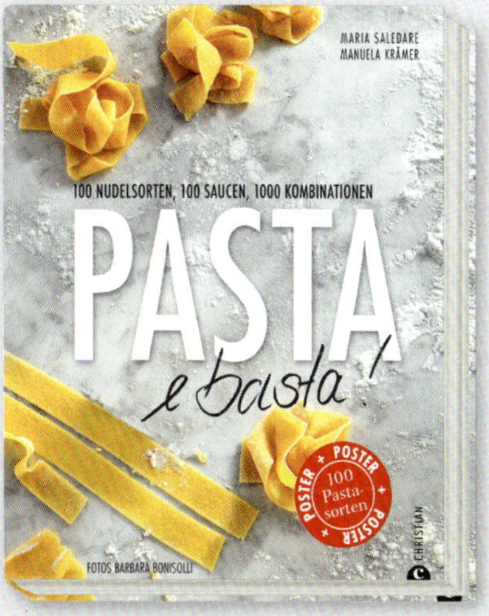

Pasta für jeden Geschmack! In 100 Rezepten findet in diesem Kochbuch jede Nudel ihre passende Sauce.

256 Seiten · ca. 300 Abb.
22,7 x 27,4 cm
€ [A] 30,90
sFr. 39,90 **€ 29,99**
ISBN 978-3-86244-809-8

Bewusst genießen mit Slow Food Italien! 22 Osterie d'Italia verraten Geheimnisse aus der Küche, saisonal und lecker. Mit 100 traditionellen Rezepten.

384 Seiten · ca. 350 Abb.
21,6 x 28,1 cm
€ [A] 30,90
sFr. 39,90 **€ 29,99**
ISBN 978-3-86244-680-3

Christian Verlag GmbH, Infanteriestraße 11a, 80797 München

Willkommen zu Hause

CHRISTIAN

www.christian-verlag.de
oder gleich bestellen unter
Tel. 0180-532 16 17 (0,14 €/Min.)

Die Rebsorten in Deutschland

Fast 140 Rebsorten finden sich in den 102.425 Hektar Rebland, die Deutschland bedecken. Zwei Drittel sind mit weißen Sorten bepflanzt

Der Riesling ist zweifelsohne Deutschlands wichtigster Beitrag zur Welt der feinen Weine. In keinem anderen Land wird er intensiver angebaut und erzielt so ausgezeichnete Qualitäten. Die Anbaufläche erstreckt sich mittlerweile auf 23.293 Hektar. Trotz Wachstums in den letzten Jahren hat seit 1995 der Riesling immerhin 340 Hektar an Fläche eingebüßt. Damit steht die edle Sorte nun in 22,7 Prozent der deutschen Rebberge. Eine Statistik mit den wichtigsten Rebsorten in Deutschland finden Sie auf Seite 922.

Auf Platz zwei folgt der Müller-Thurgau, der aber stark auf dem Rückzug ist. Seine Fläche sank seit 1995 um 10.674 Hektar und liegt jetzt nur noch bei 12.871 Hektar. Auch beim Gault&Millau: Nur 159 der etwa 13.500 für den WeinGuide angestellten Proben stammten von dieser Sorte. Der beste 2014er Müller-Thurgau trocken ist der Iphofener Kronsberg vom Ilmbacher Hof in Franken mit 87 Punkten. Auch edelsüße Müller-Thurgau glänzten, etwa der 2014er Hagnauer Burgstall Beerenauslese vom dortigen Winzerverein mit 90 Punkten.

Bis 1964 stand Silvaner an der Spitze der Anbauliste. Sein Rückzug scheint ein wenig gebremst, doch hat er allein seit 1995 2.473 Hektar an Rebberg verloren und wird heute nur auf noch 5.074 Hektar angebaut (siehe auch die Seiten 28 und 54.)

Von den zahlreichen Neuzüchtungen, die in den 70er Jahren die Weinberge eroberten, sind heute noch Kerner (2.978 Hektar) und – überwiegend in Franken – Bacchus (1.795 Hektar) von Bedeutung. Beide haben heute nicht mal die Hälfte ihrer einstigen Ausbreitung; das gilt auch für die Scheurebe (1.455 Hektar). Dass frucht- und edelsüße Tropfen aus dieser Rebe ein Hochgenuss sind, weiß der Weingenießer allerdings.

2014 Scheurebe edelsüß

Ungsteiner Herrenberg Beerenauslese 94
Pfeffingen, Bad Dürkheim (Pfalz)

Nordheimer Vögelein Trockenbeerenauslese 93
Glaser-Himmelstoß, Nordheim (Franken)

Auch die Rieslaner genannte Neuzüchtung aus Riesling und Silvaner (84 Hektar) benötigt hohe Mostgewichte, um sich von ihrer besten Seite zu zeigen – dann kann sie sogar faszinierender als der Riesling ausfallen.

2014 Rieslaner edelsüß

Haardter Herzog Trockenbeerenauslese 95
Müller-Catoir, Haardt (Pfalz)

Monsheimer Silberberg Trockenbeerenauslese 95
Keller, Flörsheim Dalsheim (Rheinhessen)

Auslese 93
Dr. Bassermann-Jordan, Deidesheim (Pfalz)

Trockenbeerenauslese 93
Fitz-Ritter, Bad Dürkheim (Pfalz)

Haardter Herzog Beerenauslese 92
Müller-Catoir, Haardt (Pfalz)

Klassische Sorten

Zu den klassischen Sorten gehören der Gewürztraminer (902 Hektar) und der Muskateller (232 Hektar). Da sie unbeständig im Ertrag und sehr aromatisch im Stil sind, ist ihre Fläche stark zurückgegangen. Mittlerweile erleben sie jedoch eine zarte Renaissance. Den besten trockenen Gewürztraminer erzeugte in diesem Jahr Scheu in Schweigen aus dem Sonnenberg an der elsässischen Grenze (92 Punkte). Den besten edelsüßen Gewürztraminer stellte die Winzergenossenschaft Achkarren mit einer Trockenbeerenauslese (91 Punkte) aus dem Schlossberg. Der beste trockene Muskateller stammt in diesem Jahr mit 90 Punkten von Rebholz (Pfalz), der beste edelsüße ist die Beerenauslese von Frey, ebenfalls aus der Pfalz, mit 92 Punkten.

Der Grauburgunder besetzt insgesamt 5.316 Hektar, mehr als doppelt so viel als in 1995. Somit hat er im vergangenen Jahr dem Silvaner den Rang abgelaufen. Der Weißburgunder zählt ebenfalls zu den Aufsteigern der letzten Jahre: Im gleichen Zeitraum hat er 2.509 Hektar an Rebfläche zugelegt und steht nun auf 4.639

Hektar. Zum Trio der in Deutschland populären Vertreter der gleichen Familie gehören zudem der Chardonnay (1.608 Hektar), und der Auxerrois (223 Hektar) als unbekanntestes Mitglied der Burgunderfamilie. Den besten Auxerrois kelterte 2014 das Weingut Schwaab im pfälzischen Maikammer (88 Punkte).

Senkrechter Aufsteiger im Weinberg

Der senkrechte Aufsteiger in Deutschlands Weinbergen ist der Sauvignon Blanc, ein echter Modewein, der von nichts vor kaum mehr als einer Dekade auf mittlerweile 801 Hektar angebaut wird. Fielen die Weine der vor allem aus dem Loiretal, Bordeaux und Neuzeeland bekannten Rebe hierzulande früher häufig grün und übermäßig grasig aus, so bekommen deutsche Winzer sie nun immer besser in den Griff, was auch die Liste zeigt. Verglichen aber mit einem gescheiten Riesling sind sie oft zu teuer bezahlt und ihre Beliebtheit scheint ein wenig nachzulassen.

Sauvignon Blanc trocken 2014

Barrique »1« 91
von Winning, Deidesheim (Pfalz)

Fumé »S 91
Dr. Bassermann-Jordan, Deidesheim (Pfalz)

Beliebte Rotweine

Seit 1995 hat sich die Rebfläche für Rotweine um 15.734 Hektar vergrößert und steht nun auf 36.313 Hektar. Mit 11.775 Hektar ist der Spätburgunder nach wie vor die führende Rotweinrebe Deutschlands. Auf Platz zwei findet sich der Massenträger Dornfelder mit 8.129 Hektar. Das sind 6.374 mehr als in 1995, doch sein Zuwachs stagniert. Zum ersten Mal schrumpfte sogar im vergangenen Jahr die Fläche um 57 Hektar. Nur wenige widmen sich ernsthaft der Sorte, wie etwa Jürgen Leiner aus Ilbesheim mit seinem 2011er Kuriosum. Der Blaue Portugieser hält mit 3.653 Hektar Platz drei der deutschen Rotweinreben. Diese alte Sorte findet sich nirgendwo häufiger als in Deutschland, wenn ihre Bedeutung auch weiterhin abnimmt. Diesmal gab es ein großartiges Beispiel von Arndt Werner in Ingelheim aus seinem Sonnenhang (90 Punkte).

Durchaus mehr Aufmerksamkeit verdient der St. Laurent mit 662 Hektar, welcher in größerem Maße nur in der Pfalz und Rheinhessen angepflanzt wird.

Die besten St. Laurent aus der aktuellen Ausgabe

2011 Barrique 89
Herbert Meßmer, Burrweiler (Pfalz)

2012 Jugenheimer Goldberg 89
Beck – Heddesheimer Hof, Stadecken-Elsheim (Rheinhessen)

2012 Michelbacher Steinberg 89
Heilmann, Alzenau-Michelbach (Franken)

Cabernet und Syrah

Die aus Bordeaux bekannten Sorten Cabernet Sauvignon (353 Hektar), Merlot (585 Hektar) und Cabernet Franc (24 Hektar) finden sich nur selten rebsortenrein ausgebaut, sondern ebenso wie die Weinsberger Neuzüchtungen Cabernet Dorsa (258 Hektar), Cabernet Dorio (41 Hektar), Cabernet Mitos (319 Hektar) sowie Acolon (482 Hektar), Domina (388 Hektar) und Dunkelfelder (297 Hektar) zumeist im Verschnitt wieder.
Ein weiterer Gewinner des Rotweinbooms ist die pilzresistente Sorte Regent: von sieben Hektar in 1995 auf nunmehr 2.026! Das Pfälzer Weingut Egon Schmitt stellt in großer Regelmäßigkeit, auch mit seinem 2013er (87 Punkte), die besten Exemplare vor. Erstaunliche Qualitäten erbringt mittlerweile der Syrah (43 Hektar) in Deutschland, wobei einige Winzer sich an der nördlichen Rhone (Ziereisen) und andere sich an Australien orientieren (Fritz Waßmer).

Die besten Syrah

2012 Barrique 93
Knipser, Laumersheim (Pfalz)

2012 Jaspis 92
Ziereisen, Efringen-Kirchen (Baden)

2013 Barrique 91
Fritz Waßmer, Bad Krozingen-Schlatt (Baden)

2013 »SE« 91
Neipperg, Schwaigern (Württemberg)

Wissenswert

Wie entsteht der Gault&Millau? Wie verlaufen die Proben, wie wird benotet und was bedeuten die Symbole im Buch? Lesen Sie unser nützliches Vorwort.

Wie der Weinguide entsteht

Über 1.000 Weingüter wurden von uns im Sommer 2015 gebeten, eine repräsentative Jahrgangskollektion einzureichen. Ausdrücklich erwünscht waren dabei auch einfachere Qualitäten, etwa in der Literflasche. Der Gault&Millau erhebt dafür keinerlei Verkostungs- oder Teilnahmegebühren: Wer bei uns aufgenommen wird, hat es aus Qualitätsgründen verdient.

Die Proben erfolgen betriebsweise und sind in der Regel offen: Im ersten Schritt geht es darum, den Stil des Gutes im Vergleich zu den Vorjahren zu erfassen. Die bestbewerteten Weine der verschiedenen Betriebe werden gruppenweise erneut aufgestellt, um einen Quervergleich zu ermöglichen.

Bei den regionalen Finalproben werden die höchstbewerteten Weine der 13 deutschen Anbaugebiete jeweils in Geschmacksgruppen nochmals verkostet, oft auch verdeckt. Höhepunkt des alljährlichen Probenmarathons ist die bundesweite Finalprobe, bei der die Spitzenweine der jeweiligen Gebiete wieder auf dem Prüfstand stehen: Viele Weine verkosten wir also drei, vier oder sogar fünf Mal, um uns unseres Urteils sicher zu sein.

Ein Teil dieser Verkostungsarbeit erscheint niemals im Guide, denn nur die interessantesten Weine der tausend ausgesuchten Erzeuger werden hier einzeln aufgeführt.

Wie wir bewerten

Aus der Schule kennt man das Notensystem von 1 bis 6, doch in der Weinwelt hat sich die 100-Punkte-Skala durchgesetzt. Grob übersetzt sind 90 Punkte und mehr gleichbedeutend mit sehr gut plus, 80 bis 90 Punkte stehen für einen guten bis sehr guten Wein, 75 bis 80 Punkte sind »ausreichend« – alles darunter gilt als »mangelhaft«.
Manche Weinfreunde halten 90 Punkte für die magische Grenze, ab welcher ein Wein erst interessant und gut ist. Was man aber nicht vergessen sollte: Auch ein mit »nur« 85 Punkten bewerteter Wein ist deutlich besser als 95 Prozent der sonstigen deutschen Weinproduktion, die in unserem Führer allerdings keine Erwähnung findet.

Wie man den Weinguide liest

Alle Preise sind in Euro angegeben und verstehen sich für Endverbraucher ab Weingut; im Fachhandel können sie abweichen. Für jeden Wein wird der voraussichtlich beste Trinkzeitraum vermerkt. Bei dieser Angabe handelt es sich also nicht um ein Verfallsdatum! Manche Weingenießer schätzen reife Tropfen sehr, die andere bereits als firn bezeichnen würden. Zudem reifen Weine in jedem Keller anders heran.

Eine rote Benotung (91) und der Hinweis (**Top 10**) weist auf einen absoluten Spitzenwein hin. Er gehört zu den besten Deutschlands in seiner Kategorie und ist in unseren Spitzenreiterlisten (Seiten 48 bis 73) verzeichnet. Für die Siegerweine des Jahres haben wir eine Doppelseite reserviert (Seite 46 und 47).

Weine mit dem roten Euro-Logo (€) zählen zu Deutschlands größten Schnäppchen. Es sind Weiß- und Rotweine mit mindestens 88 Punkten. Die Weißen kosten höchstens zehn Euro kosten, die Rotweine höchstens 15. Auf den Seiten 72 und 73 gibt es die Spitzenreiterlisten der besten weißen und roten Schnäppchenweine. Auch bei den besten Literweinen und Gutsweinen sind die Preise im Buch rot gedruckt (Liste Seite 70 und 71).

Der Hammer (🔨) kennzeichnet Weine, die auf Versteigerungen angeboten werden, die vom Verband Deutscher Prädikatsweingüter (VDP) oder vom Bernkasteler Ring durchgeführt werden. Die Weine werden meist nur in geringen Mengen erzeugt.

Weinverkostung: Gläserreihen und kistenweise Wein warten auf einen kundigen Gaumen.

Fotos: VDP

Weine mit dem roten Daumen (👍) sind besondere Trinktipps der Redaktion, spannende Weine jenseits des Alltags.

Unser Notensystem

100 Punkte Vollkommene Weine. Bisher erreichten nur wenige Weine diese Höchstnote.

95 bis 99 Punkte Überragende Weine, die sehr selten sind.

90 bis 94 Punkte Weine exzellenter Qualität, die über ein beachtliches Reifungspotenzial verfügen.

85 bis 89 Punkte Sehr gute Weine, die in der Regel fein altern. Hier findet sich oft das beste Preis-Genuss-Verhältnis.

80 bis 84 Punkte Gute Qualität, deutlich über dem Durchschnitt. In dieser Kategorie ist manches Schnäppchen zu machen.

75 bis 79 Punkte
Passable Qualität für den Alltagskonsum.

Weinguide Deutschland 2016

Die Regionen, die Erzeuger, ihre Weine

Ahr

Wandel trotz Herausforderungen

- Die Qualität stimmt
- Herausforderungen des Jahres angenommen
- Ein neuer Begriff von Reife

Weinlandschaft an der Ahr

In der kleinen Region Ahr gibt es eine enorme Qualitätsdichte – bei den Genossenschaften genauso wie bei den renommierten Spitzenbetrieben. Das zeigt sich auch an der Qualität der Weine des Jahrganges 2013, der den Winzern viel abverlangte. Mit Spätfrostschäden und Regen zur Blütezeit sorgte die Natur selbst für reduzierte Erträge. Gutes Wetter von Juli bis September machte dann den Reiferückstand wieder wett. Allerdings schuf das wechselhafte Herbstwetter am Ende schwierige Lesebedingungen. Ein konsequentes Auslesen von faulen Trauben entschied so über die Qualität der Weine.

Dank der guten Extraktwerte und einer meist gekonnten Weinbereitung sind in dem Jahr an der Ahr sehr gute Weine entstanden, die mit frischer Frucht und perfekt gespanntem Säurebogen zum Trinken animieren. An den Spitzenjahrgang 2011 kommen sie allerdings nicht heran.

Kirschessigfliege zu Gast

Gespannt sind wir auf den Jahrgang 2014. Hier sorgte das nasse Wetter im Sommer und Herbst für Probleme. Hinzu kam ein ungebetener Gast namens Kirschessigfliege, der sich vor allem über den Frühburgunder hermachte. Die 2014er Weißweine, die wir verkostet haben, waren entsprechend eher Durchschnittsware.

Die beste Kollektion für die aktuelle Ausgabe des WeinGuides hat wieder einmal Alexander Stodden vorgelegt, gefolgt vom Weingut Burggarten. Paul-Josef Schäfer und seine drei Söhne können stolz

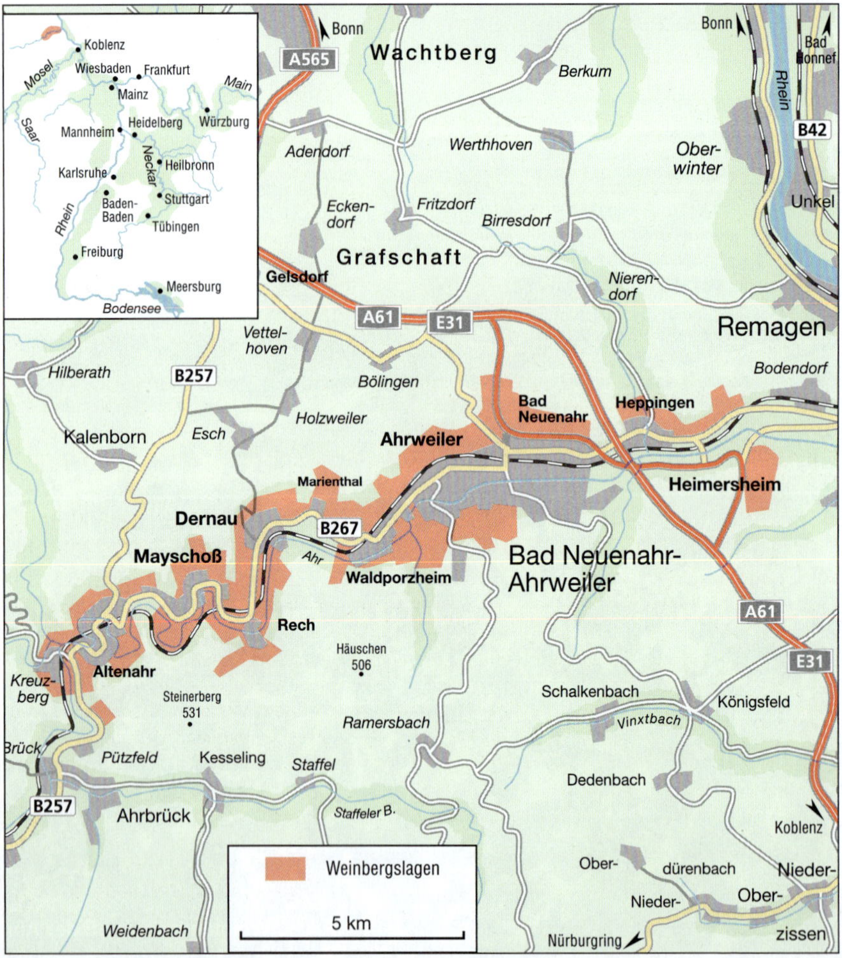

sein auf die durchgängige Spitzenqualität vom Liter- bis zum Premiumwein. Dass wir der Qualität der Einstiegsweine große Bedeutung beimessen, zeigt sich in der Abwertung des Weingutes Meyer-Näkel. Seit Längerem fallen die Basisweine hier durch sehr schlichte Qualitäten auf und haben uns nach vielen Diskussionen zu diesem Schritt bewogen. Beim Weingut Deutzerhof ist sehr erfreulich zu sehen, wie Hans-Jörg Lüchau die Betriebsleiterposition nun souverän ausfüllt. Andere Winzer, die uns beeindruckt haben und die wir besonders im Auge behalten, sind die Kriechels und der junge Lukas Sermann vom Weingut Sermann-Kreuzberg. Es gibt an der Ahr auf engstem Raum nicht nur viele gute Lagen für Pinot Noir und bestens ausgebildete Weinmacher, die sie pflegen. Es ist die hohe Dichte an markanten und manchmal auch ziemlich eigenwilligen Charakterköpfen, die diese Region so außergewöhnlich und liebenswert macht. Der zupackende Bonvivant Marc Adeneuer macht andere Weine als der zurückhaltende Denker Paul Schumacher. Der sympathische Werner Näkel hat eine andere Vorstellung von Spätburgunder als der sehr ernsthafte und ehrgeizige Albert Schamann, der die Weine bei H. J. Kreuzberg vinifiziert.

Weinterrassen

Die Liste kann man noch lange fortschreiben – jedenfalls gibt es kaum eine andere Region, die dem Genießer auf gerade mal 25 Kilometer Länge eine derartige Qualitätsdichte, Spannung und Vielfalt liefert.

Spätburgunder-Terroir

Das Deutsche Weininstitut bewirbt Spätburgunder mit dem Riesling als »Dream Team«. Beide Rebsorten sind wie gemacht für die Gegebenheiten im deutschen Weinbau und beide Paradesorten haben die Fähigkeit, im hohen Maße das Terroir, das sie umgibt, geschmacklich zu reflektieren. Dass zum Terroir nicht nur der Boden gehört, sondern auch der Mensch, der den Wein herstellt, mit all seinen Charakterzügen, wird allzu oft vergessen. Doch ist es gerade das, was wirklich guten Spätburgunder ausmacht.

Die Vorstellung davon hat sich an der Ahr in den letzten Jahren stark gewandelt. Und mit ihr auch das Verständnis des eher technischen Begriffs der »physiologischen Reife«. Was »physiologische Reife« letztlich bedeutet, lässt sich nicht allein anhand bestimmter Parameter wissenschaftlich festlegen. Das bestätigt Ahrwinzer Paul Schumacher: »Ich brauche Trauben, um guten

Wein, und nicht, um leckeren Obstsalat zu machen.« Wenn er die Trauben verkostet und auf den Schalen kaut, um den Lesezeitpunkt zu bestimmen, ist es ihm nicht wichtig, ob er »süße Tafeltrauben« im Mund hat.
Er achtet auf eine ideale Balance zwischen Reife und Säure und auf ein gut strukturiertes Tannin. Er will weniger potenziellen Alkohol als vor Jahren üblich und niedrigere pH-Werte, denn das bedeutet eine größere mikrobielle Stabilität. Sie macht es leichter, auf kellertechnische Hilfsmittel zu verzichten, gestaltet eine Spontanvergärung weniger risikoreich und erlaubt es, den Zusatz von Schwefel zu reduzieren.
Es liegt im Definitionsbereich des Winzers und hängt mit dem Weinstil zusammen, den ein Betrieb anstrebt. Nicht nur Paul Schumacher will auf diese Weise Weine mit mehr Spannung und größerem Reifepotenzial herstellen. Denn die Fähigkeit, mit der Reife besser und facettenreicher zu werden, unterscheidet letztlich den handwerklich erzeugten Premiumwein von der Massenware, die mit allen Tricks der Kellertechnik bereitet wurde und geschmacklich austauschbar bleibt. Letztlich sind das Reifepotenzial und ein authentischer Geschmack die Argumente, die einen Preis jenseits der immer besser bestückten Supermarktregale rechtfertigen und das Tragen von Bezeichnungen wie »Großes Gewächs« auf dem Etikett glaubwürdig machen.

Romana Echensperger MW

Die Spitzenbetriebe

	Jean **S**todden	S. 107
	J. J. **A**deneuer	S. 89
	Burggarten	S. 91
	Deutzerhof	S. 93
	H. J. **K**reuzberg	S. 96
▼	**M**eyer-Näkel	S. 101
	Brogsitter	S. 90
	Nelles	S. 102
	Paul **S**chumacher	S. 104
	Sermann-Kreuzberg	S. 105

Die mit roter Traube markierten Betriebe verdienen in ihrer Klasse besondere Aufmerksamkeit.

▲▼ Die Dreiecke signalisieren Auf- oder Abwertung im Vergleich zum Vorjahr. ❊ Neuer Betrieb.

Die besten Frühburgunder 2013

Recher Herrenberg Großes Gewächs Barrique	**91**
Stodden, Rech	
Dernauer Hardtberg Großes Gewächs Barrique	**90**
Kreuzberg, Dernau	
Neuenahrer Sonnenberg Goldkapsel	**89**
Burggarten, Heppingen	

Bestes Spätburgunder Terroir: die Ahr

WEINGUT J. J. ADENEUER

53474 Bad Neuenahr-Ahrweiler
Max-Planck-Straße 8
☎ (0 26 41) 3 44 73 · Fax 3 73 79
jjadeneuer@t-online.de
www.adeneuer.de
Inhaber: Frank und Marc Adeneuer
Kellermeister: Frank Adeneuer

Verkauf: Marc Adeneuer
Mo–Fr: 9.00–12.00 Uhr · 13.30–18.00 Uhr
Sa: 10.00–15.00 Uhr und nach Vereinbarung

Historie: 500 Jahre Weinbau in der Familie

Rebfläche: 12,5 Hektar
Jahresproduktion: 100.000 Flaschen
Beste Lagen: Walporzheimer Gärkammer (Alleinbesitz) und Kräuterberg, Ahrweiler Rosenthal, Neuenahrer Sonnenberg
Boden: Schieferverwitterung
Rebsorten: 85% Spätburgunder, 10% Frühburgunder, 5% Weißburgunder
Durchschnittsertrag: 58 hl/ha
Mitglied: VDP

Die Brüder Frank und Marc Adeneuer gehören mit ihrem Weingut zu den festen Größen des Ahrtales. Über die Jahre hinweg haben sie mit viel Wissen und Selbstbewusstsein eine ganz eigene Interpretation des Spätburgunders entwickeln können. Hier muss man besonders die Schmuckstücke des Weingutes aus den Lagen Gärkammer und Kräuterberg erwähnen. Sie sind mit dem eigenwilligen Kastenholz-Klon bepflanzt, der zupackende und dunkelwürzige Spätburgunder hervorbringt. Mit dem neuen Jahrgang hat man die früheren Probleme mit Überreife nun hinter sich gelassen. Wir sind uns sicher, dass das 2013er Große Gewächs aus der Gärkammer genauso brillant reifen wird wie der 2007er, den wir noch einmal nachverkosten durften und der uns mit seinen Aromen von Trüffeln und Rosen sowie kernigem Tanningerüst an einen großen Barolo erinnerte. Ebenso gelungen sind in diesem Jahr die Weine im Einstiegs- und Mittelsegment. Die Brüder Frank und Marc Adeneuer sind mit dieser Kollektion wieder auf Erfolgskurs.

Die Weine:
100 Perfekt · **95–99** Überragend · **90–94** Exzellent
85–89 Sehr gut · **80–84** Gut · **75–79** Passabel

Anzahl der verkosteten Weine: 9
Bewertungen: 83–91 Punkte

2014	Spätburgunder trocken Blanc de Noirs **8,90 €** | 12% | bis 2017	**84**
2014	Weißburgunder trocken **10,50 €** | 12,5% | bis 2017	**85**
2013	Spätburgunder trocken Holzfass **11,50 €** | 12,5% | bis 2018	**83**
2013	Spätburgunder Nr.2 trocken Barrique **16,– €** | 13% | bis 2018	**86**
2013	Walporzheimer Gärkammer Spätburgunder trocken Holzfass **23,– €** | 13% | bis 2018	**85**
2013	Spätburgunder Nr.1 trocken Barrique **23,– €** | 13,5% | bis 2020	**88**
2013	Ahrweiler Rosenthal Spätburgunder »Großes Gewächs« **35,– €** | 13,5% | bis 2022	**90**
2013	Neuenahrer Sonnenberg Frühburgunder »Großes Gewächs« **45,– €** | 13,5% | bis 2020	**88**
2013	Walporzheimer Gärkammer Spätburgunder »Großes Gewächs« **55,– €** | 13,5% | bis 2025	**91**

WEINGUT GEBRÜDER BERTRAM

53507 Dernau · Hauptstraße 3
☎ (0 26 43) 83 14 · Fax 15 68
info@gebrueder-bertram.de
www.gebrueder-bertram.de
Inhaber: Christian und Markus Bertram

Verkauf: Markus Bertram
Mo, Mi–So: 10.00–18.00 Uhr
und nach Vereinbarung

Dieses Weingut ist ein Familienbetrieb, der nun in der vierten Generation von den Brüdern Christian und Markus Bertram erfolgreich geführt wird. Sukzessive haben sie den Betrieb auf etwas über vier Hektar vergrößert; zuletzt kamen noch Fluren im Neuenahrer Sonnenberg dazu. Die Rotweine des Jahrganges 2013 sind wie im Jahr zuvor solide und sehr gut gelungen. Allen voran der Spätburgunder aus dem Dernauer Hardtberg, der den Barriqueausbau mühelos weggesteckt hat. Die Weißweine wirken hingegen etwas spröde und dünn.

Anzahl der verkosteten Weine: 9
Bewertungen: 78–85 Punkte

2014	Weißburgunder trocken **8,90 €** | 11,5% | bis 2017	**78**
2014	Spätburgunder trocken Blanc de Noirs **8,90 €** | 11,5% | bis 2017	**83**
2014	Spätburgunder halbtrocken Weißherbst **6,90 €** | 11,5% | bis 2017	**82**
2013	Spätburgunder 1904 trocken **8,90 €** | 13,5% | bis 2018	**83**
2013	Cuvée »Fü Pläsier« trocken Barrique **11,50 €** | 13,5% | bis 2019	**83**
2014	Dernauer Hardtberg Frühburgunder trocken Barrique **14,80 €** | 13,5% | bis 2018	**83**
2013	Dernauer Hardtberg Spätburgunder trocken Barrique Preis auf Anfrage | 13,5% | bis 2019	**84**
2013	Dernauer Pfarrwingert Spätburgunder trocken Barrique Preis auf Anfrage | 13,5% | bis 2019	**85**
2014	Spätburgunder halbtrocken **6,90 €** | 12,5% | bis 2018	**80**

Zeichenerklärung:
Schnäppchenpreis · Top 10 Spitzenreiter
Ökobetrieb · Trink-Tipp · Versteigerungswein
Sekt | Weißwein | Rotwein | Roséwein

BROGSITTER WEINGÜTER PRIVAT-SEKTKELLEREI

53501 Grafschaft-Gelsdorf
Max-Planck-Straße 1
☎ (0 22 25) 91 81 11 · Fax 91 81 12
verkauf@brogsitter.de
www.brogsitter.de
Inhaber: Hans-Joachim Brogsitter
Kellermeister: Elmar Sermann und Markus Hallerbach

Verkauf: Vinothek Grafschaft-Gelsdorf
Mo–Fr: 8.00–20.00 Uhr
Sa: 9.00–20.00 Uhr, So: 13.00–19.00 Uhr

Gutsausschank: historisches Gasthaus »Sanct Peter« mit Vinothek und Gartenterrasse, 10.00–24.00 Uhr, Do Ruhetag,
☎ (0 26 41) 9 77 50, Fax 97 75 25
Historie: ehemaliges Weingut des Kölner Domstifts von 1246 bis 1805

Rebfläche: 33 Hektar
Jahresproduktion: 180.000 Flaschen
Beste Lagen: Walporzheimer Alte Lay, Domlay und Kräuterberg, Ahrweiler Silberberg, Neuenahrer Sonnenberg
Boden: Schieferverwitterung, Lösslehm
Rebsorten: 70% Spätburgunder, 15% Frühburgunder, 6% Dornfelder, 5% Portugieser, 4% weiße Sorten
Durchschnittsertrag: 52 hl/ha

Das Weingut ist die Wurzel des Hauses Brogsitter, das mittlerweile ein beeindruckendes mittelständisches Unternehmen mit verschiedenen Betriebszweigen darstellt. Mit 33ha gehört Brogsitter zu den großen Betrieben an der Ahr. Im umfangreichen Sortiment finden sich sowohl schlichte Basisweine, als auch eine Reihe von Weinen die gehobenen Ansprüchen gerecht werden. Letztes Jahr wurde eine optische Traubensortierung angeschafft, um die Qualitäten insgesamt weiter steigern zu können. Die Spitzenweine verfügen über eine klare und beeindruckende Fruchtkonzentration. Das Potenzial wäre sicherlich besser ausgeschöpft, könnte man sich im Keller entschließen, die Barriques mit mehr Gespür und Raffinesse einzusetzen. Sehr gut hat uns auch in diesem Jahr wieder die Edition »B« mit einem ausgezeichneten Preis-Genuss-Verhältnis gefallen. Auch der Walporzheimer Kräuterberg »Hommage« hat uns überzeugt.

Anzahl der verkosteten Weine: 12
Bewertungen: 80–89 Punkte

2014	Grauburgunder Edition trocken **7,95 €** | 11,5% | bis 2018	**81**
2014	Marienthaler Stiftsberg Riesling trocken **8,50 €** | 11,5% | bis 2017	**80**
2014	Spätburgunder No.1 trocken Blanc de Noirs **8,95 €** | 12% | bis 2018	**81**
2013	Ahrweiler Silberberg Spätburgunder Hommage trocken Barrique **24,80 €** | 13,5% | bis 2020	**87**
2013	Walporzheimer Alte Lay Spätburgunder Hommage trocken Barrique **24,80 €** | 13,5% | bis 2020	**88**
2013	Spätburgunder Edition »B« trocken Holzfass **9,80 €** | 13,5% | bis 2018	**86**
2013	Pinot Noir Schiefer trocken Holzfass **9,80 €** | 13,5% | bis 2018	**86**
2013	Frühburgunder Edition »B« trocken Holzfass **9,80 €** | 13,5% | bis 2018	**87**
2013	Spätburgunder Ad Aram trocken Barrique **19,80 €** | 14% | bis 2019	**86**
2013	Frühburgunder Ad Aram trocken Barrique **19,80 €** | 14% | bis 2019	**87**
2013	Walporzheimer Pfaffenberg Frühburgunder Hommage trocken Barrique **24,80 €** | 13,5% | bis 2019	**86**
2013	Walporzheimer Kräuterberg Spätburgunder Hommage trocken Barrique **24,80 €** | 13,5% | bis 2020	**89**

WEINGUT BURGGARTEN

53474 Heppingen · Landskroner Straße 61
☎ (0 26 41) 2 12 80 · Fax 7 92 20
burggarten@t-online.de
www.weingut-burggarten.de

Inhaber: Paul-Josef Schäfer
Betriebsleiter: Paul-Josef Schäfer
Außenbetrieb: Heiko und Andreas Schäfer
Kellermeister: Paul-Michael Schäfer

Verkauf: Paul-Josef, Gitta und Katrin Schäfer
Mo–Fr: 10.00–12.00 Uhr · 13.00–18.00 Uhr
Sa–So: 10.00–13.00 Uhr

Gutshotel: Zimmer und Ferienwohnung auf Vier-Sterne-Niveau
Sehenswert: historischer Bruchsteingewölbe-Weinkeller

Rebfläche: 15 Hektar
Jahresproduktion: 120.000 Flaschen
Beste Lagen: Neuenahrer Sonnenberg und Schieferlay, Heimersheimer Burggarten
Boden: Lösslehm, Kies und Vulkangestein, Grauwacke, Schiefer
Rebsorten: 70% Spätburgunder, 15% Grau- und Weißburgunder sowie Riesling, 10% Frühburgunder, 5% Merlot und Cabernet Sauvignon
Durchschnittsertrag: 60 hl/ha
Mitglied: Schlahrvino

Das Weingut Burggarten ist ein beeindruckender Familienbetrieb, in dem es keinen Stillstand gibt. Nachdem das Portfolio der Rebsorten nun weiter auf Spätburgunder ausgerichtet wurde, hat man es nicht versäumt, die Maischekapazitäten im Keller aufzustocken, um auch weiterhin den Lesezeitpunkt nach optimalem Reifegrad und nicht nach pragmatischen Gründen ausrichten zu müssen. Wer mit dem rührigen Senior Paul-Josef Schäfer einen Rundgang durch das vom Feinsten ausgestattete Weingut und das schmucke Hotel macht, spürt den Stolz, den sich dieser tüchtige Unternehmer durchaus leisten kann. Stolz können Paul-Josef Schäfer und seine drei Söhne auch auf die aktuelle Kollektion sein. Kaum ein anderes Weingut an der Ahr konnte diese Stimmigkeit und ein so durchweg hohes Qualitätsniveau vom Liter- bis zum Spitzenwein abfüllen. Das ist für uns große Winzerkunst.

Rote Symbole: Diese Betriebe verdienen in ihrer Klasse besondere Aufmerksamkeit

Anzahl der verkosteten Weine: 12
Bewertungen: 84–90 Punkte

Jahrgang	Wein	Punkte
2014	Neuenahrer Chardonnay trocken Silberkapsel **13,– €** | 13% | bis 2018	85
2014	Neuenahrer Weißburgunder trocken Silberkapsel **13,– €** | 13% | bis 2019	87
2013	Heimersheimer Spätburgunder trocken Silberkapsel **18,– €** | 13,5% | bis 2018	86
2013 Top 10	Spätburgunder trocken **10,– €**/1,0 Lit. | 13,5% | bis 2020	84
2013	Spätburgunder Signatur trocken Silberkapsel **13,50 €** | 13,5% | bis 2019	86
2013	Neuenahrer Spätburgunder trocken Silberkapsel **15,– €** | 13,5% | bis 2019	87
2013	Neuenahrer Frühburgunder trocken Silberkapsel **19,– €** | 13,5% | bis 2020	88
2012	Neuenahrer Cabernet Sauvignon trocken Silberkapsel **22,– €** | 14% | bis 2019	86
2013	Neuenahrer Sonnenberg Spätburgunder trocken Goldkapsel **26,– €** | 13,5% | bis 2020	89
2013	Neuenahrer Sonnenberg Frühburgunder trocken Goldkapsel **35,– €** | 13,5% | bis 2020	89
2013	Neuenahrer Schieferlay Spätburgunder trocken Goldkapsel **38,– €** | 13,5% | bis 2025	90
2013	Heimersheimer Burggarten Spätburgunder »R« trocken Goldkapsel **42,– €** | 13,5% | bis 2025	90

WEINMANUFAKTUR DAGERNOVA

53474 Bad Neuenahr-Ahrweiler
Heerstraße 91–93
☎ (0 26 41) 9 47 20 · Fax 94 72 94
info@dagernova.de
www.dagernova.de
Geschäftsführer: Friedhelm Nelles
Kellermeister: Günter Schüller

Verkauf: in Dernau
Mo–Fr: 8.00–18.00 Uhr
Sa–So: 10.00–18.00 Uhr
in Neuenahr
Mo–Fr: 8.00–18.00 Uhr, Sa: 8.00–12.00 Uhr

Weinprobe: nach Vereinbarung
Restaurant: Dagernova Culinarium
Mo–So: 11.00–21.00 Uhr
Historie: gegründet 1873
Sehenswert: Felsenkeller

Rebfläche: 152 Hektar
Zahl der Mitglieder: 600
Jahresproduktion: 1,5 Mio. Flaschen
Beste Lagen: Dernauer Pfarrwingert, Neuenahrer Sonnenberg, Ahrweiler Rosenthal, Walporzheimer Kräuterberg
Boden: Grauwacke, Schieferverwitterung, lehmiger Kies, Lösslehm
Rebsorten: 70% Spätburgunder, je 10% Portugieser und weiße Sorten, 8% Frühburgunder, 2% übrige Sorten
Durchschnittsertrag: 70 hl/ha
Mitglied: Slow Food

Ein Glücksfall für die gesamte Region sind die ausgezeichneten Genossenschaften. Nicht nur, dass sie den vielen Kleinwinzern ein Zuhause geben und damit einen unschätzbaren Beitrag zur Pflege der reizvollen Kulturlandschaft leisten, hier werden Jahr für Jahr solide Weine bereitet, die überzeugen. Die Weinmanufaktur Dagernova hat nun mehrere Millionen Euro in die Weinkeller sowie in ein modernes Besucherzentrum in Dernau investiert, wo eine Armada von freundlichen und bestens geschulten Mitarbeitern den vielen Touristen ein persönliches Weinerlebnis zukommen lässt. Besonders gelungen ist der Spätburgunder Nr.1. Die Spitzenweine könnten bei früherer Lese und weniger Einsatz von neuem Holz noch besser sein.

Anzahl der verkosteten Weine: 10
Bewertungen: 82-87 Punkte

2014 Weißburgunder feinherb **82**
7,50 € | 11% | bis 2017

2014 Walporzheimer Klosterberg **82**
Portugieser halbtrocken Rosé
6,10 € | 11% | bis 2017

2013 Spätburgunder Classic **84**
8,90 € | 12,5% | bis 2018

2014 Frühburgunder trocken **83**
9,90 € | 13% | bis 2018

2013 Spätburgunder Nr.1 trocken **86**
12,90 € | 12,5% | bis 2019

2013 Bachemer Karlskopf **84**
Spätburgunder »FS« trocken Holzfass
16,50 € | 12,5% | bis 2019

2013 Dernauer Hardtberg **86**
Frühburgunder trocken Barrique
24,90 € | 13,5% | bis 2019

2012 Marienthaler Rosenberg **86**
Spätburgunder trocken Barrique
29,90 € | 13,5% | bis 2020

2013 Neuenahrer Sonnenberg **86**
Spätburgunder trocken Barrique
29,90 € | 13,5% | bis 2020

2013 Heimersheimer Kapellenberg **87**
Spätburgunder trocken Barrique
29,90 € | 13,5% | bis 2020

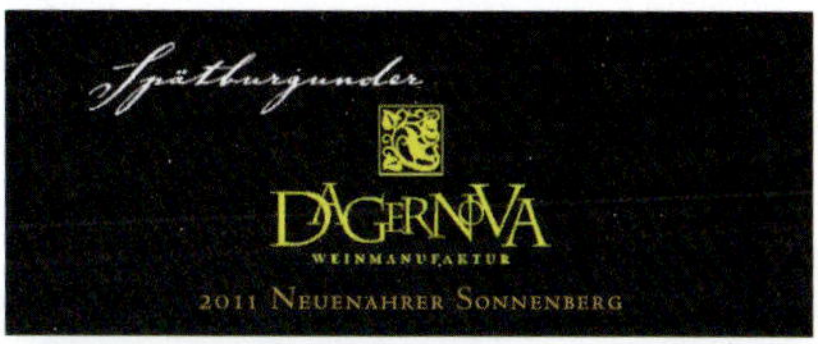

WEINGUT DEUTZERHOF COSSMANN-HEHLE

53508 Mayschoß · Deutzerwiese 2
☎ (0 26 43) 72 64 · Fax 32 32
info@deutzerhof.de
www.deutzerhof.de
Inhaber: Hella Hehle
Betriebsleiter: Hans-Jörg Lüchau

Verkauf: Hans-Jörg Lüchau und Christoph Hoffmann
Mo–Fr: 9.00–12.00 Uhr · 13.00–18.00 Uhr
Sa: 10.00–16.00 Uhr und nach Vereinbarung

Weinlounge: Sept.–Okt. an den Wochenenden
Historie: Weinbau seit 1574

Rebfläche: 7 Hektar
Jahresproduktion: 35.000 Flaschen
Beste Lagen: Altenahrer Eck, Mayschosser Mönchberg, Neuenahrer Kirchtürmchen und Schieferlay, Heimersheimer Landskrone
Boden: Schieferverwitterung mit Löss
Rebsorten: 75% Spätburgunder, 10% Riesling, 7% Frühburgunder, 5% Dornfelder, 2% Chardonnay, 1% Portugieser und Regent
Durchschnittsertrag: 44 hl/ha
Mitglied: VDP, Deutsches Barrique Forum

Seit über zwei Jahren hat der sympathische Hans-Jörg Lüchau die Betriebsleitung inne und füllt diese Position, in die er durch schicksalhafte Umstände gekommen ist, nun vollständig aus. Er bleibt dem kernigen und langlebigen Spätburgunder-Stil des verstorbenen Wolfgang Hehle treu und bringt souverän Spitzenweine in die Flasche, die die exzellenten Weinlagen auch geschmacklich differenzieren. Schmuckstück ist auch dieses Jahr wieder das vor Mineralität strotzende Große Gewächs aus der Schiefersteillage Altenahrer Eck, in der teilweise wurzelechte Rebstöcke stehen. Kleine Schwächen zeigen sich bei den Rosé- und Weißweinen sowie bei manchen Einstiegsweinen im Rotweinbereich, wo eine Erneuerung des Fassbestandes sicherlich viel verändern könnte. Eine gelungene Spielerei ist der Frühburgunder-Likörwein, der drei Jahre im Fass gelagert wurde und mit herrlichen Rancionoten und ausgewogener Süße überzeugt. Ein Trinktipp für die Weinfreunde, die spannende Weine jenseits des Alltages suchen.

Aufsteiger

Anzahl der verkosteten Weine: 13
Bewertungen: 82–92 Punkte

2014	Riesling Catharina C. trocken **15,– €** | 12,5% | bis 2017	**82**
2014	Chardonnay trocken **18,– €** | 12,5% | bis 2017	**83**
2011	Mayschosser Mönchberg Riesling Trockenbeerenauslese **150,– €**/0,25 Lit. | 8% | bis 2040	**92**
2014	Spätburgunder Saumon de l'Ahr trocken Rosé **16,– €** | 13,5% | bis 2017	**83**
2010	Frühburgunder Hansemann Likörwein Holzfass **34,– €**/0,5 Lit. | 18% | bis 2025	**87**
2014	Mayschosser Spätburgunder trocken **11,– €** | 12,5% | bis 2018	**83**
2013	Spätburgunder Balthasar C. trocken Holzfass **16,– €** | 13,5% | bis 2019	**85**
2013	Spätburgunder Caspar C. trocken Barrique **23,– €** | 13,5% | bis 2019	**86**
2013	Frühburgunder Alpha & Omega trocken Holzfass **25,– €** | 13,5% | bis 2020	**86**
2013	Spätburgunder Grand Duc trocken Barrique **32,– €** | 13,5% | bis 2025	**88**
2013	Mayschosser Mönchberg Spätburgunder »Großes Gewächs« **52,– €** | 13,5% | bis 2025	**90**
2013	Neuenahrer Kirchtürmchen Spätburgunder »Großes Gewächs« **52,– €** | 13,5% | bis 2025	**90**
2013	Altenahrer Eck Spätburgunder »Großes Gewächs« **52,– €** | 13,5% | bis 2025	**91**

WEINGUT HEINER & KREUZBERG

53507 Dernau · Burgstraße 12
☎ (0 26 43) 9 02 91 55 · Fax 9 02 91 56
info@heiner-kreuzberg.de
www.heiner-kreuzberg.de

Inhaber: Hermann-Josef Kreuzberg, Joern Heiner
Betriebsleiter: Joern Heiner und Hermann-Josef Kreuzberg
Kellermeister: David Kreuzberg

Verkauf: nach Vereinbarung

Straußwirtschaft: Irma Kreuzberg, Burgstraße 6, ☎ (02643) 7984

Rebfläche: 6 Hektar
Jahresproduktion: 45.000 Flaschen
Beste Lagen: Dernauer Pfarrwingert, Ahrweiler Silberberg und Rosenthal, Marienthaler Trotzenberg, Walporzheimer Kräuterberg
Boden: Schiefer, Grauwacke, Löss
Rebsorten: 70% Spätburgunder, 12% Frühburgunder, 8% Riesling, 7% Cabernet und Merlot, 3% übrige Sorten
Durchschnittsertrag: 50 hl/ha
Mitglied: Ahrwein e.V.

Die ambitionierten Partner Hermann-Josef Kreuzberg und Joern Heiner sowie Kreuzbergs Junioren David (der ist zuständig für den Keller) und Michel (kümmert sich ums Marketing) sind die Gesichter hinter dem 2011 gegründeten Weingut. Fokussiert ist man natürlich auf Spät- und Frühburgunder, die uns mit guter Balance zwischen Reife und Säure überzeugt haben. Die kraftvolle und fruchtbetonte Bordeaux-Cuvée »CMC« mag zwar nicht typisch für die Ahr sein, hat uns aber gleichwohl imponiert. An der Spitze lag in diesem Jahr ein vielschichtiger und saftig-würziger Spätburgunder aus dem Dernauer Pfarrwingert. Insgesamt eine durchweg gute und sehr stimmige Kollektion, bei der es uns nicht schwer gefallen ist, die zweite Traube zu verleihen.

Zeichenerklärung:
Schnäppchenpreis · Top 10 Spitzenreiter
Ökobetrieb · Trink-Tipp · Versteigerungswein
Sekt | Weißwein | Rotwein | Roséwein

Anzahl der verkosteten Weine: 9
Bewertungen: 83–90 Punkte

2012	Spätburgunder trocken Holzfass **9,– €** | 13,5% | bis 2018	**83**
2012	Neuenahrer Schieferlay Spätburgunder trocken Classic Holzfass **15,– €** | 13,5% | bis 2019	**86**
2012	Spätburgunder Pinot »N« trocken Selection Barrique **19,– €** | 13% | bis 2019	**86**
2012	Frühburgunder trocken Premium Barrique **20,– €** | 13% | bis 2019	**85**
2012	Ahrweiler Rosenthal Spätburgunder trocken »Große Lage« Barrique **25,– €** | 13% | bis 2020	**88**
2011	Cuvée »CMC« trocken Premium Barrique **30,– €** | 14% | bis 2020	**87**
2012	Marienthaler Trotzenberg Spätburgunder trocken »Große Lage« Barrique **35,– €** | 13% | bis 2020	**87**
2012	Dernauer Pfarrwingert Spätburgunder trocken »Große Lage« Barrique **35,– €** | 13,5% | bis 2022	**89**
2011	Ahrweiler Rosenthal Spätburgunder Trockenbeerenauslese »Große Lage« **99,– €**/0,375 Lit. | 10% | bis 2025	**90**

WEINGUT JOSTEN & KLEIN

53424 Remagen · Ringofenstraße 3
☎ (0 26 43) 90 25 50 · Fax 90 25 70
info@josten-klein.com
www.josten-klein.com

Inhaber und Betriebsleiter: Marc Josten und Torsten Klein
Verwalter: Marc Josten
Kellermeister: Torsten Klein

Verkauf: nach Vereinbarung

Rebfläche: 7 Hektar
Jahresproduktion: 40.000 Flaschen
Beste Lagen: Leutesdorfer Gartenlay, Mayschosser Mönchberg
Boden: Tonschiefer und Grauwacke mit Löss- und Bimseinlagerungen
Rebsorten: 41% Riesling, 25% Pinot Noir, je 17% Grauburgunder und Sauvignon Blanc
Durchschnittsertrag: 45 hl/ha

Die beiden jungen Eigentümer des zweigeteilten Betriebs mit dem von außen unscheinbaren Keller in einem Industriegebiet bringen jedes Jahr neue Ideen ins Spiel. Wenn man auch die Weißweine und Rotweine grundsätzlich getrennt betrachten muss, so will man mit dem neuen Etikett »Glanzstück« für die hochwertigen, im Barrique gereiften Weißweine an die weithin anerkannten Erfolge der Rotweine aus dem Ahrtal anknüpfen. Sind wir mal ehrlich: abgesehen von einem Riesling Kabinett aus der Leutesdorfer Gartenlay war es nicht das große Jahr für Riesling in diesem Betrieb. Der Grauburgunder Glanzstück aus dem Holzfass und der Sauvignon Blanc aus dem Barrique haben mit jeweils 86 Punkten da mehr zu bieten. Bei den Rotweinen, allesamt aus dem Jahrgang 2013, zeigt sich dann das hohe Niveau dieser Weine. Zwei Weine mit je 88 Punkten – Mayschosser und Mayschosser Glanzstück aus dem Barrique – geben die Richtung vor. Die Spitze bildet in diesem Jahr der Pinot Noir Barrique aus dem Mayschosser Mönchberg mit 90 Punkten. Basierend auf den Ergebnissen bei den Rotweinen ist der weitere Aufstieg des Weinguts wohl vorprogrammiert. Wir wissen, dass in den Fässern noch einige Weine schlummern, die für die Verkostung in diesem Jahr noch nicht bereit waren, und schauen mal wieder mit Spannung dem entgegen, was dieser Betrieb uns in Zukunft noch bringen wird.

Anzahl der verkosteten Weine: 14
Bewertungen: 80–90 Punkte

Jahrgang	Wein	Preis / Alkohol / Trinkreife	Punkte
2014	Riesling vom Schiefer trocken	**9,50 €** | 11% | bis 2018	81
2014	Grauburgunder vom Schiefer trocken	**11,– €** | 12,5% | bis 2018	83
2014	Riesling Glanzstück trocken	**16,– €** | 12,5% | bis 2018	83
2014	Leutesdorfer Riesling trocken	**17,– €** | 13% | bis 2018	80
2014	Sauvignon Blanc Glanzstück trocken Holzfass	**18,– €** | 13,5% | bis 2018	80
2014	Grauburgunder Glanzstück trocken Holzfass	**18,– €** | 13,5% | bis 2020	86
2014	Leutesdorfer Gartenlay Riesling trocken Holzfass	**29,– €** | 13% | bis 2020	80
2013	Leutesdorfer Gartenlay Sauvignon Blanc trocken Barrique	**42,50 €** | 14% | bis 2022	86
2014	Leutesdorfer Gartenlay Riesling Kabinett	**12,50 €** | 7,5% | bis 2021	85
2013	Pinot Noir vom Schiefer trocken Holzfass	**11,– €** | 12,5% | bis 2020	84
2013	Mayschosser Pinot Noir trocken Barrique	**17,– €** | 13% | bis 2020	88
2013	Mayschosser Pinot Madeleine trocken Barrique	**19,– €** | 13% | bis 2022	85
2013	Pinot Noir Glanzstück trocken Barrique	**23,50 €** | 13,5% | bis 2022	88
2013	Mayschosser Mönchberg Pinot Noir trocken Barrique	**37,– €** | 13,5% | bis 2022	90

WEINGUT H. J. KREUZBERG

53507 Dernau
Benedikt-Schmittmann-Straße 30
☎ (0 26 43) 16 91 · Fax 32 06
info@weingut-kreuzberg.de
www.weingut-kreuzberg.de

Inhaber: Ludwig Kreuzberg und Frank Josten
Kellermeister: Ludwig Kreuzberg und Albert Schamaun

Verkauf: Ludwig Kreuzberg, Paul Schneider und Frank Josten
Mo–Fr: 8.00–12.00 Uhr · 13.00–18.00 Uhr
Sa–So: 10.00–15.00 Uhr

»Kreuzberg's Art Bistro«: täglich ab 12.00 Uhr

Rebfläche: 9 Hektar
Jahresproduktion: 60.000 Flaschen
Beste Lagen: Neuenahrer Schieferlay und Sonnenberg, Dernauer Pfarrwingert und Hardtberg, Ahrweiler Silberberg und Rosenthal, Marienthaler Trotzenberg
Boden: Schiefer, zum Teil mit Löss, Grauwacke und Lehm
Rebsorten: 70% Spätburgunder, 12% Frühburgunder, 5% Dornfelder, 3% Portugieser, 10% übrige Sorten
Durchschnittsertrag: 50 hl/ha
Mitglied: VDP

Seit 2013 hat sich in diesem Weingut viel verändert, was auch mit der Verpflichtung des Önologen Albert Schamaun zusammenhängt, der viel Erfahrung aus dem Burgund mitbrachte. Die Spätburgunder zeichnen sich durch frische Frucht, Konzentration und vor allem einen perfekt gespannten Säurebogen aus. Die geschliffene Gerbstoffstruktur verrät das Gefühl für das richtige Maß an Extraktion und die feinen Holznoten bezeugen die offenbar noch sehr guten Verbindungen ins Burgund und zu seinen besten Fassbauern. Gelungen ist auch die geschmackliche Spannbreite und Segmentierung des Sortimentes. Die Großen Gewächse und der Devonschiefer »R« bewegen sich mühelos auf internationalem Parkett und sind Beispiele dafür, dass die besten Spätburgunder nicht kräftiger werden, sondern bei höherer Qualität mehr Schichten bekommen. Aber man erzeugt auch mit dem »Holzfass« einen liebenswert rustikalen Spätburgunder mit bestem Preis-Genuss-Verhältnis, wie ihn sich treue Ahrweinfreunde wünschen.

Anzahl der verkosteten Weine: 10
Bewertungen: 84–91 Punkte

2014	Spätburgunder trocken Holzfass **10,– €** | 12,5% | bis 2018	**84**
2013	Spätburgunder Unplugged trocken Holzfass **15,– €** | 12,5% | bis 2018	**86**
2013	Neuenahrer Spätburgunder trocken Barrique **17,– €** | 13% | bis 2019	**87**
2013	Spätburgunder Devonschiefer trocken Barrique **22,– €** | 13% | bis 2020	**88**
2013	»Cuvée Georg« trocken Barrique **26,– €** | 13% | bis 2019	**87**
2013	Neuenahrer Schieferlay Spätburgunder »Großes Gewächs« **31,– €** | 13% | bis 2022	**90**
2013	Ahrweiler Silberberg Spätburgunder »Großes Gewächs« **35,– €** | 13,5% | bis 2025	**91**
2013	Dernauer Hardtberg Frühburgunder »Großes Gewächs« **36,– €** | 13% | bis 2022	**90**
2013	Neuenahrer Sonnenberg Spätburgunder »Großes Gewächs« **39,– €** | 13,5% | bis 2022	**90**
2013	Spätburgunder »R« Devonschiefer trocken Reserve Barrique | 12,5% | bis 2025	**91**

WEINGUT PETER KRIECHEL

53474 Bad Neuenahr-Ahrweiler
Walporzheimer Straße 83–85
☎ (0 26 41) 3 61 93 · Fax 50 04
info@weingut-kriechel.de
www.weingut-kriechel.de

Inhaber: Ernst, Peter, Michael und Gerd Kriechel
Verwalter: Michael Kriechel
Kellermeister: Michael Hewel

Verkauf: Peter Kriechel
Mo–Fr: 9.00–17.00 Uhr
Sa–So: 10.00–17.00 Uhr
Sa–So: 12.00–17.00 Uhr (Jan.–Mai)

Gutsausschank: Weinhaus Kriechel in Marienthal, täglich ab 12.00 Uhr, Do ab 15.00 Uhr, Mo Ruhetag

Rebfläche: 27,5 Hektar
Jahresproduktion: 360.000 Flaschen
Beste Lagen: Neuenahrer Sonnenberg, Walporzheimer Kräuterberg, Ahrweiler Rosenthal, Marienthaler Rosenberg (Frühburgunder)
Boden: Schieferverwitterungsböden, Lösslehm, Grauwacke
Rebsorten: 60% Spätburgunder, 20% Frühburgunder, 10% Grau- und Weißburgunder, 10% übrige Sorten
Durchschnittsertrag: 60 hl/ha
Mitglied: Schlahrvino, Slow Food

»Wir sind der größte Frühburgunder-Erzeuger der Welt« sagt Peter Kriechel. Vier Hektar hat das Gut mit der komplizierten Rebsorte bestockt. Der Jubilus Barrique ist mit seiner ungestümen, feurigen Art ein Bilderbuchbeispiel. Aber auch die kleinen Frühburgunder sind sehr gut. Das Weingut sollte man sowieso im Auge behalten, denn hier ist viel für die Qualität getan worden. Die großen Rebflächen ermöglichten es, Weinberge geschickt zu tauschen. Ebenso wurden neue Fässer angeschafft und man hat den Bau eines neuen Weinkellers im Kopf. Der ist nämlich noch zu klein, um den talentierten Kriechels die Freiheit zu geben, den Lesezeitpunkt rein nach optimalem Reifegrad festzulegen. Das ist auch der Grund, warum die Qualitäten in der Spitze sehr gut sind, aber es im Mittel- und Einstiegssegment ein paar Ausreißer nach unten gibt. Wir sind überzeugt, dass die eingeleitete Erfolgsgeschichte konsequent weitergeschrieben wird.

Anzahl der verkosteten Weine: 12
Bewertungen: 83–89 Punkte

2014 Grauburgunder »S« trocken **84**
9,50 € | 13% | bis 2018

2014 Riesling trocken Goldkapsel **85**
24,– € | 12,5% | bis 2018

2013 Frühburgunder Jubilus trocken **84**
9,50 € | 13% | bis 2018

2013 Spätburgunder »S« trocken **86**
9,50 € | 13,5% | bis 2019

2013 Frühburgunder »B« trocken Holzfass **87**
15,50 € | 13,5% | bis 2019

2013 Walporzheimer Pfaffenberg **87**
Portugieser trocken Barrique Goldkapsel
24,– € | 13,5% | bis 2019

2013 Frühburgunder Jubilus **88**
trocken Barrique Goldkapsel
24,– € | 13,5% | bis 2020

2013 Neuenahrer Sonnenberg **88**
Spätburgunder »R« trocken Barrique
24,– € | 13,5% | bis 2020

2013 Ahrweiler Rosenthal **88**
Spätburgunder trocken Barrique
29,– € | 13,5% | bis 2020

2013 Walporzheimer Kräuterberg **89**
Spätburgunder trocken Barrique Goldkapsel
39,– € | 13,5% | bis 2022

WEINGUT KURTH

53474 Ahrweiler · Bachemer Straße 44
☎ (0 26 41) 90 06 54 · Fax 9 18 89 43
info@weingut-kurth.de
www.weingut-kurth.de
Inhaber: Stefan Kurth
Betriebsleiter: Petra und Stefan Kurth
Kellermeister: Stefan Kurth

Verkauf: nach Vereinbarung

Zwei Brüder, Thomas und Stefan Kurth, kümmern sich um das Miniweingut mit lediglich 2,3 Hektar, die allerdings ein stolzes Wachstum seit den Anfängen mit nur 0,8 Hektar vor fünf Jahren bedeuten. Im Keller ist Stefan (Jahrgang 1970) in der Verantwortung. Er erfüllte sich erst 2007 den Traum von der Selbstständigkeit. Zuvor war er bei der Staatsdomäne Marienthal tätig, dann Kellermeister bei Werner Näkel und anderen Ahr-Betrieben. Die daraus gewonnene Erfahrung sorgt für solide Qualitäten bei Weinen, die schon mal ungewöhnliche Bezeichnungen tragen. Die Weine im höheren Preissegment wie »Pross Jupp 1903« oder »Kathinka 2511« sind solide und gut. Die preiswerten Weine haben uns mit ihrer rustikalen Art noch nicht überzeugt.

Anzahl der verkosteten Weine: 6
Bewertungen: 80–86 Punkte

2014 Bachemer **80**
Weißburgunder Aff un zoo trocken
7,90 € | 12% | bis 2017

2014 Ahrweiler **81**
Spätburgunder Blanc Jemaat trocken Blanc de Noirs
8,30 € | 12% | bis 2017

2013 Ahrweiler **80**
Spätburgunder Kathinka trocken Holzfass
13,90 € | 13,5% | bis 2017

2013 Bachemer **84**
Frühburgunder Pross Jupp trocken Holzfass
14,30 € | 13% | bis 2018

2013 Bachemer Karlskopf **84**
Frühburgunder Pross Jupp 1903 trocken Barrique
19,– € | 13% | bis 2018

2013 Ahrweiler **86**
Spätburgunder Kathinka 2511 trocken Barrique
19,– € | 13,5% | bis 2019

Die Betriebe:
Weltklasse · Deutsche Spitze
Sehr gut · Gut · Zuverlässig
Weitere Empfehlung

MAIBACHFARM

53474 Bad Neuenahr-Ahrweiler
Im Maibachtal 100
☎ (0 26 41) 3 66 79 · Fax 3 66 43
info@maibachfarm.de
www.maibachfarm.de

Inhaberin: Renate Günther
Geschäftsführer: Hans Dieter Ritterbex
Produktion: Johannes Kastenholz
Betriebsleiter: Alexander Weber

Verkauf: Alexander Weber
Mo–Fr: 10.00–12.00 Uhr · 13.00–17.00 Uhr
Sa–So: 11.00–17.00 Uhr
und nach Vereinbarung
Vinothek: Niederhutstraße 21, Ahrweiler
Mi–So: 10.00–18.30 Uhr

Straußwirtschaft: Juli–Okt. an Wochenenden, Feiertagen und Brückentagen: 11.00–19.00 Uhr
Sehenswert: Schafe, Esel, Kleintiere, Aussiedelei in großartiger Landschaft

Rebfläche: 8,5 Hektar
Jahresproduktion: 45.000 Flaschen
Beste Lagen: Ahrweiler Silberberg, Walporzheimer Domlay, Heimersheimer Burggarten, Recher Herrenberg
Boden: Schiefer, Grauwacke, Lehm
Rebsorten: 60% Spätburgunder, 20% Frühburgunder, je 5% Grauburgunder, Regent, Riesling, 5% übrige Sorten
Durchschnittsertrag: 40 hl/ha
Mitglied: Bioland

Dieses Weingut ist eines der wenigen Biobetriebe an der Ahr. Es verdient höchsten Respekt, in den Steillagen und unter diesen klimatischen Bedingungen die ökologische Bewirtschaftung konsequent umzusetzen. Der gute Eindruck, den wir letztes Jahr von den Fassproben des 2013er gewonnen haben, hat sich bestätigt. Dem jungen Betriebsleiter und Geisenheimabsolventen Alexander Weber ist eine durchweg gute und solide Kollektion gelungen. Bei den Spitzenweinen aus dem Ahrweiler Silberberg oder den Walporzheimer Terrassen könnte er mit weniger Einsatz von neuem Holz noch mehr an Spiel herauskitzeln.

Zeichenerklärung:
Schnäppchenpreis · Top 10 Spitzenreiter
Ökobetrieb · Trink-Tipp · Versteigerungswein
Sekt | Weißwein | Rotwein | Roséwein

Anzahl der verkosteten Weine: 9
Bewertungen: 83–87 Punkte

2014	Cuvée Blanc trocken **7,50 €** | 12,5% | bis 2018	**83**
2014	Grauburgunder trocken »sur lie« **9,– €** | 12% | bis 2018	**83**
2014	Spätburgunder trocken Blanc de Noirs **8,50 €** | 12% | bis 2018	**83**
2013	Cuvée Rouge trocken Holzfass **9,– €** | 13,5% | bis 2018	**85**
2013	Spätburgunder trocken Holzfass **9,50 €** | 13,5% | bis 2018	**85**
2013	Ahrweiler Spätburgunder trocken Barrique **13,50 €** | 14% | bis 2018	**85**
2013	Walporzheimer Terrassen Spätburgunder trocken Barrique **16,50 €** | 14% | bis 2020	**87**
2013	Heimersheimer Burggarten Spätburgunder trocken Barrique **17,50 €** | 14% | bis 2019	**86**
2013	Ahrweiler Silberberg Spätburgunder trocken Barrique **20,– €** | 14% | bis 2019	**87**

KLOSTER MARIENTHAL

53507 Marienthal · Klosterstraße 3
☎ (0 26 41) 9 80 60 · Fax 98 06 20
mail@weingut-kloster-marienthal.de
www.weingut-kloster-marienthal.de
Inhaber: Kloster Marienthal KG
Betriebsleiter und Kellermeister: Rolf Münster, Elmar Sermann, Günter Schüller, Werner Näkel
Verkaufsleiter und Pächter: Franz-Josef Appel
Kellermeister: Markus Bertram

Verkauf: Vinothek
Mo–So: 10.00–18.30 Uhr
Weinproben nach Vereinbarung

Direkt am beliebten Rotweinwanderweg liegt das zauberhafte Kloster Marienthal und bietet den zahlreichen Ahrbesuchern die Möglichkeit zu Rast und Vesper. Das Weingut hat eine bewegte Geschichte. Es wurde 1137 als Kloster der Augustinerinnen gegründet, ist nach der Säkularisation durch Napoleon 1802 zur Ruine verfallen, wurde vom Staat wieder aufgebaut und ist nun seit 2004 in Privatbesitz. Die Genossenschaften von Dernau und Mayschoss sind seitdem gemeinsam mit den Gütern Brogsitter und Meyer-Näkel Eigentümer. Wie auch im letzten Jahr konnten die Spätburgunder »Der Abt« und »Der Mönch« überzeugen. Die anderen Qualitäten sind solide, aber schlicht.

Anzahl der verkosteten Weine: 8
Bewertungen: 82–88 Punkte

2014	»Cuvée blanc« trocken	**82**
	8,50 € | 11,5% | bis 2017	
2014	Spätburgunder trocken Rosé	**82**
	8,50 € | 11,5% | bis 2017	
2014	»Cuvée rouge« trocken Cuvée	**83**
	7,90 € | 13% | bis 2019	
2014	Spätburgunder trocken	**82**
	9,50 € | 13% | bis 2018	
2013	Spätburgunder Der Mönch trocken	**86**
	13,90 € | 13,5% | bis 2019	
2013	Frühburgunder trocken Barrique	**83**
	17,– € | 13,5% | bis 2018	
2013	Spätburgunder Der Abt trocken Barrique	**88**
	28,– € | 13,5% | bis 2020	
2014	Spätburgunder halbtrocken	**83**
	9,50 € | 12,5% | bis 2018	

Entdeckung des Jahres 2000

WINZERGENOSSENSCHAFT MAYSCHOSS-ALTENAHR

53508 Mayschoß · Ahrrotweinstraße 42
☎ (0 26 43) 9 36 00 · Fax 93 60 93
info@wg-mayschoss.de
www.wg-mayschoss.de
Geschäftsführer: Rudolf Mies
Kellermeister: Rolf Münster

Verkauf: Rudolf Stodden
Mo–Fr: 8.00–18.30 Uhr
Sa–So, feiertags: 9.00–18.30 Uhr

Historie: älteste Winzergenossenschaft der Welt, gegründet 1868
Sehenswert: alter Holzfasskeller, kleines Weinbaumuseum, Ruine Saffenburg

Rebfläche: 140 Hektar
Zahl der Mitglieder: 400
Jahresproduktion: 1,2 Mio. Flaschen
Beste Lagen: Mayschosser Mönchberg, Walporzheimer Kräuterberg, Altenahrer Eck, Ahrweiler Daubhaus
Boden: Schieferverwitterung, teilweise mit Lösslehm
Rebsorten: 60% Spätburgunder, 20% Riesling, je 4% Frühburgunder und Portugieser, 12% übrige Sorten
Durchschnittsertrag: 70 hl/ha

Wenn der quirlige Geschäftsführer Rudolf Mies auf einen zukommt, weiß man, hier ist der Kunde willkommen – und in Mayschoß werden viele Gäste begrüßt. Denn die glückliche Lage in der Nähe von Städten wie Köln und Bonn macht die Region Ahr mitsamt Rotweinwanderweg attraktiv für Kurzurlauber. Die älteste Winzergenossenschaft Deutschlands ist mittlerweile ein fester Programmpunkt in der Urlaubsplanung, dank der Vinothek, einem umfangreichen Veranstaltungsprogramm und Wein für jeden Geldbeutel. Qualitativ bewegt man sich auf solidem Parkett. Die Weine sind gut gemacht und stilistisch auf einen breiten Publikumsgeschmack ausgerichtet. Überzeugt hat uns der Spätburgunder aus der Lage Walporzheimer Kräuterberg und der sehr achtbare Frühburgunder Barrique.

Winzer des Jahres 2004

WEINGUT MEYER-NÄKEL

53507 Dernau · Friedensstraße 15
☎ (0 26 43) 16 28 · Fax 33 63
weingut@meyer-naekel.de
www.meyer-naekel.de
Inhaber: Werner Näkel
Kellermeister: Meike und Werner Näkel

Verkauf: nach Vereinbarung

Gutsschänke: »Im Hofgarten«, Bachstraße 26, an der Kirche, täglich 11.00–23.00 Uhr, Hartwig Näkel, ☎ (0 26 43) 15 40
Historische Wein- und Bierwirtschaft: seit 200 Jahren im Familienbesitz

Rebfläche: 20 Hektar
Jahresproduktion: 130.000 Flaschen
Beste Lagen: Dernauer Pfarrwingert, Neuenahrer Sonnenberg, Walporzheimer Kräuterberg
Boden: Schieferverwitterung, teilweise mit Lösslehm
Rebsorten: 75% Spätburgunder, 15% Frühburgunder, je 5% Riesling und Weißburgunder
Durchschnittsertrag: 59 hl/ha
Mitglied: VDP, Deutsches Barrique Forum

Zurzeit ist es Mode, Spätburgunder mit einer eher schlankeren Stilistik und mit Augenmerk auf die Säurespannung zu bevorzugen. Wer die internationale Welt des Pinot Noirs kennt, weiß, dass es große Weine auch mit mehr Üppigkeit und Fülle gibt. Auf dem Weingut Meyer-Näkel beherrscht man es, die richtige Balance aus saftig-reifer Geschmeidigkeit und höchsten Ansprüchen zu finden. Auch dieses Jahr bewegt sich der Betrieb mit den besten Weinen an der Spitze der deutschen Spätburgunder-Elite. Selbst hartnäckige Kritiker, die den zuweilen in der Jugend schon zugänglichen Stil kritisieren und an der Alterungsfähigkeit zweifeln, verstummen, wenn sie bestens gereifte Spätburgunder aus den Paradelagen Pfarrwingert und Kräuterberg verkosten. Berechtigte Kritik gibt es allerdings schon lange bei den Basisweinen. Seit Jahren fallen diese eher durch schlichte Qualitäten auf. Allen voran der Bestseller des Hauses Us de la meng, eine Cuvée aus Spätburgunder, Dornfelder und Frühburgunder, die mit dünnem Körper und sehr rustikalem Gerbstoffgerüst keine Visitenkarte für diesen Spitzenbetrieb darstellt. Auch die Weißweine zählen in diesem Jahr eher zu den schwächeren Weinen des Gebietes.

Anzahl der verkosteten Weine: 14
Bewertungen: 83–88 Punkte

2014 Riesling trocken — **83**
6,20 € | 12% | bis 2017

2014 Riesling halbtrocken — **83**
6,20 € | 11,5% | bis 2017

2014 Weißburgunder feinherb — **85**
7,70 € | 11,5% | bis 2017

2014 Spätburgunder feinherb Blanc de Noirs — **84**
8,– €/1,0 Lit. | 11,5% | bis 2017

2013 Spätburgunder trocken Holzfass — **85**
9,95 € | 13,5% | bis 2018

2012 Spätburgunder Edition Saffenburg Nr.16 trocken Holzfass — **84**
11,90 € | 13,5% | bis 2017

2012 Spätburgunder Edition Ponsart Nr.23 trocken Holzfass Rotkapsel — **85**
14,90 € | 14% | bis 2018

2013 Spätburgunder Edition Ponsart Nr.24 trocken Holzfass Rotkapsel — **85**
14,90 € | 13,5% | bis 2019

2013 Frühburgunder trocken Barrique Goldkapsel — **86**
18,– € | 14% | bis 2019

2013 Spätburgunder Edition Ponsart Nr.24 trocken Barrique Goldkapsel — **87**
18,90 € | 14,5% | bis 2019

2012 Spätburgunder 12 Trauben trocken Holzfass — **85**
19,50 € | 14% | bis 2019

2013 Spätburgunder 12 Trauben trocken Holzfass — **86**
19,50 € | 14% | bis 2019

2013 Walporzheimer Kräuterberg Spätburgunder trocken Barrique — **88**
25,– € | 14% | bis 2020

WEINGUT NELLES

53474 Bad Neuenahr-Heimersheim
Göppinger Straße 13a
☎ (0 26 41) 2 43 49 · Fax 7 95 86
info@weingut-nelles.de
www.weingut-nelles.de
Inhaber: Thomas Nelles
Betriebsleiter und Kellermeister: Philip Nelles

Verkauf: Thomas und Philip Nelles
Mo–Fr: 9.00–12.00 Uhr · 14.00–18.00 Uhr
Sa: 10.00–14.00 Uhr

Restaurant: »Weinhaus Nelles«,
☎ (0 26 41) 68 68, Mo + Di Ruhetag,
Mi–So: 17.30–22.00 Uhr,
Sa–So, feiertags: 12.00–15.00 Uhr
Spezialitäten: regionale Winzerküche
Historie: Weinbau seit 500 Jahren

Rebfläche: 8,5 Hektar
Jahresproduktion: 70.000 Flaschen
Beste Lage: Heimersheimer Landskrone und Burggarten
Boden: Verwitterungsschiefer, Grauwacke und Lösslehm
Rebsorten: 70% Spätburgunder, je 10% Frühburgunder, Grauburgunder und Riesling
Durchschnittsertrag: 60 hl/ha
Mitglied: VDP

Das Weingut Nelles ist eine feste Größe in der Region. Mit besten Lagen im wärmeren Teil der Ahr hat man hier traditionell einen üppigeren Pinot-Stil gepflegt und längst bewiesen, dass Spätburgunder in dieser Stilistik überzeugen kann. So passt der Teil amerikanische Eiche mit seinen süßen Röstaromen perfekt in das Profil des Spitzenweines B52. Der sympathische Junior Philip Nelles setzt auf dem Weingut nun zarte, neue Akzente. Dabei kam ihm auch der Jahrgang 2013 entgegen, der, mit mehr Säure ausgestattet, den Weinen mehr Spiel auf den Weg gibt. Besonders gelungen ist auch sein Steckenpferd 1Ahr-Spätburgunder, den er nun das dritte Mal auf die Flasche gezogen hat. Auch die roten Einstiegsqualitäten sind überzeugend, nur bei den Weißweinen könnte man sich mehr Mühe geben.

Anzahl der verkosteten Weine: 9
Bewertungen: 83-92 Punkte

2014	Weißburgunder trocken **11,– €** | 12,5% | bis 2017	**83**
2014	Spätburgunder Illusion trocken Blanc de Noirs **12,50 €** | 12,5% | bis 2018	**84**
2014	Spätburgunder trocken **11,80 €** | 13% | bis 2019	**85**
2013	Spätburgunder »G« trocken Barrique **15,– €** | 13,5% | bis 2020	**86**
2013	Spätburgunder Blauschiefer trocken Barrique **19,– €** | 13,5% | bis 2020	**87**
2013	Spätburgunder »S« trocken Barrique **29,– €** | 13,5% | bis 2022	**88**
2013	Neuenahrer Sonnenberg Spätburgunder »Großes Gewächs« **42,– €** | 14% | bis 2022	**89**
2013	Dernauer Pfarrwingert Spätburgunder »Großes Gewächs« **48,– €** | 13,5% | bis 2025	**90**
2013	Walporzheimer Kräuterberg Spätburgunder »Großes Gewächs« **65,– €** | 13,5% | bis 2025	**92**

Die Weine:
100 Perfekt · **95-99** Überragend · **90-94** Exzellent
85-89 Sehr gut · **80-84** Gut · **75-79** Passabel

Anzahl der verkosteten Weine: 9
Bewertungen: 81-90 Punkte

2014	Riesling & Grauburgunder trocken **8,- €** | 11,5% | bis 2017	**81**
2014	Riesling trocken Alte Reben **11,- €** | 12% | bis 2018	**84**
2014	Spätburgunder trocken Blanc de Noirs **10,50 €** | 12% | bis 2017	**82**
2013	Spätburgunder Ruber trocken **10,50 €** | 12,5% | bis 2018	**85**
2013	Pinot Madeleine trocken **19,50 €** | 13% | bis 2017	**84**
2013	Spätburgunder 1Ahr trocken **21,- €** | 13% | bis 2020	**87**
2013	Heimersheimer Landskrone Spätburgunder B48 »Großes Gewächs« **31,- €** | 13,5% | bis 2020	**89**
2013	Heimersheimer Landskrone Frühburgunder »B« »Großes Gewächs« **45,- €** | 13,5% | bis 2019	**86**
2013	Heimersheimer Burggarten Spätburgunder B52 »Großes Gewächs« **49,- €** | 13,5% | bis 2022	**90**

WEINGUT ERWIN RISKE

53507 Dernau · Wingertstraße 26–28
☎ (0 26 43) 84 06 · Fax 35 31
weingut-riske@t-online.de
www.weingut-riske.de

Inhaber: Volker Riske
Betriebsleiter und Kellermeister: Volker Riske

Verkauf: Mechthild und Volker Riske
Mo–Fr: nach Vereinbarung
Sa: 10.00–18.00 Uhr
So, feiertags: 15.00–18.00 Uhr
und zu den Öffnungszeiten der Straußwirtschaft

Straußwirtschaft: 1. Mai– Mitte Juni,
1. Sept.–Mitte Nov.
Di–Do 15.00–20.00 Uhr (Sept.-Okt.)
Fr 15.00–22.00 Uhr, Sa 12.00–22.00 Uhr
So, feiertags 12.00–20.00 Uhr
Spezialitäten: hausgemachte Kartoffel-Lauchcremesuppe, Flammkuchen
Erlebenswert: Weinproben im historischen Winzerfachwerkhaus

Rebfläche: 7 Hektar
Jahresproduktion: 45.000 Flaschen
Beste Lagen: Dernauer Pfarrwingert, Neuenahrer Sonnenberg
Boden: Schieferverwitterung, Lösslehm
Rebsorten: 70% Spätburgunder, 15% Riesling, 5% Frühburgunder und Weißburgunder, 5% übrige Sorten
Durchschnittsertrag: 60 hl/ha

Langweilig wird es dem früher als Lehrer aktiven Volker Riske und seiner Frau Mechthild nicht. Sie bewirtschaften nicht nur in vierter Generation den Familienbetrieb, sondern können auch noch eine Straußwirtschaft und mehrere komfortable Ferienwohnungen vorweisen – sowie Rieslingrebflächen auf Leutesdorfer Gemarkungen am Mittelrhein. Der ambitionierte Winzer beherzigt alle Gesetze für guten Wein, von der Ertragsbegrenzung über die selektive Handlese bis zum sorgsamen Ausbau in klassischen Holzfässern und Barriques. Das Ergebnis sind sehr seriöse, sorten- und gebietstypische Weine. Besonders gut gefielen uns vor allem der perfekt strukturierte Spätburgunder aus der Spitzenlage Dernauer Pfarrwingert und der saftig und ungestüm würzige Frühburgunder.

Rote Symbole: Diese Betriebe verdienen in ihrer Klasse besondere Aufmerksamkeit

Anzahl der verkosteten Weine: 9
Bewertungen: 81–88 Punkte

2014	Riesling trocken Alte Reben **9,90 €** | 12% | bis 2017	**82**
2014	Riesling feinherb **8,50 €** | 11,5% | bis 2017	**81**
2013	Spätburgunder »ER« trocken Holzfass **9,90 €** | 13% | bis 2017	**83**
2013	Spätburgunder Schieferfels trocken Holzfass **13,90 €** | 13% | bis 2018	**85**
2013	Spätburgunder Schieferturm trocken Barrique **14,90 €** | 13% | bis 2018	**86**
2014	Frühburgunder trocken Holzfass **15,90 €** | 13% | bis 2018	**87**
2013	Bad Neuenahrer Sonnenberg Spätburgunder trocken Barrique **18,90 €** | 13,5% | bis 2019	**86**
2013	Dernauer Hardtberg Spätburgunder trocken Barrique **22,50 €** | 13,5% | bis 2018	**85**
2013	Dernauer Pfarrwingert Spätburgunder trocken Barrique **25,– €** | 13,5% | bis 2021	**88**

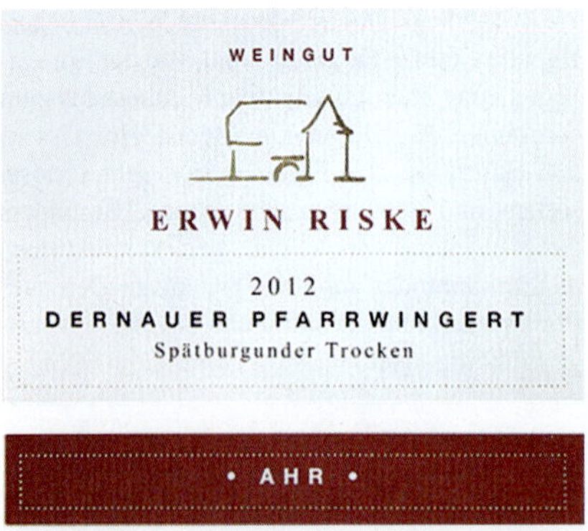

WEINGUT PAUL SCHUMACHER

53474 Marienthal · Marienthaler Straße 6
☎ (0 26 41) 43 45 · Fax 35 94 19
ps-info@weingut-ps.de
www.weingut-ps.de
Inhaber: Paul und Anne Schumacher
Betriebsleiter: Paul Schumacher
Außenbetrieb: Eric Schumacher

Verkauf: Anne Schumacher
Mo–Di, Do–Fr: 9.00–12.00 Uhr
Sa–So: 10.00–12.00 Uhr
und nach Vereinbarung

Straußwirtschaft: Mai und Mitte Sept.–Ende Okt.
Sa–So ab 10.00 Uhr

Rebfläche: 3,8 Hektar
Jahresproduktion: 24.000 Flaschen
Beste Lagen: Mayschosser Mönchberg, Walporzheimer Kräuterberg, Marienthaler Trotzenberg, Ahrweiler Silberberg
Boden: Schiefer, Grauwacke
Rebsorten: 66% Spätburgunder, 15% Riesling, 13% Frühburgunder, je 3% Cabernet Sauvignon und Merlot
Durchschnittsertrag: 60 hl/ha

»Unsere Vorstellung von Spätburgunder stand fest, aber dorthin zu kommen, ist sehr schwierig«, erzählt Paul Schumacher in der kleinen, gemütlich eingerichteten Straußwirtschaft, die zum Weingut gehört. Der Weinlaborant, der früher im Weingut Burggarten gewirkt hat, gilt dank seiner Akribie heute als feste Größe an der Ahr. »Ich war oft im Burgund und habe mich gefragt: Verdammt, was machen die anders?« Seine Antwort darauf waren geringe Erträge und vor allem die frühere Ernte. »Die Trauben sollen guten Wein und nicht guten Obstsalat ergeben«, erklärt er. Die klare, komplexe Aromatik seiner Weine und die Kombination aus Extrakt und balanciertem Säurebiss geben ihm recht. Spannend ist auch die geschmacklich deutliche Differenzierung zwischen seinen Paradelagen Marienthaler Trotzenberg, der mit kühler Eleganz besticht, sowie dem Spätburgunder aus dem Walporzheimer Kräuterberg, der dem Lagennamen alle Ehre macht. Insgesamt eine gelungene Kollektion mit zwei Weinen, die zur Spitze der Region gezählt werden können und damit die Erfolgsgeschichte des jungen Weingutes fortschreiben.

Anzahl der verkosteten Weine: 11
Bewertungen: 82–91 Punkte

Jahrgang	Wein	Punkte
2014	Spätburgunder trocken Blanc de Noirs **8,50 €** | 11,5% | bis 2018	83
2014	Spätburgunder feinherb Blanc de Noirs **8,50 €** | 11% | bis 2017	83
2014	Früh- & Spätburgunder Gaukler trocken Rosé **8,50 €** | 11,5% | bis 2017	82
2013	Cuvée »Casa« trocken **7,50 €**/1,0 Lit. | 12,5% | bis 2018	83
2013	Spätburgunder trocken **8,50 €** | 13% | bis 2020	85
2013	Spätburgunder Carpe Diem trocken Holzfass **12,– €** | 13% | bis 2020	86
2013	Frühburgunder trocken **13,– €** | 13% | bis 2018	87
2013	Spätburgunder Pur Pinot trocken Holzfass **19,– €** | 13% | bis 2021	87
2013	Frühburgunder Alegria trocken **19,– €** | 13% | bis 2019	87
2013	Marienthaler Trotzenberg Spätburgunder trocken Holzfass **26,– €** | 13,5% | bis 2024	91
2013	Walporzheimer Kräuterberg Spätburgunder trocken Holzfass **37,– €** | 13,5% | bis 2025	91

WEINGUT SERMANN-KREUZBERG

53505 Altenahr · Seilbahnstraße 22
☎ (0 26 43) 71 05 · Fax 90 16 46
info@sermann.de
www.sermann.de
Inhaber und Betriebsleiter: Klaus Sermann

Verkauf: Luzia und Rasema Sermann
Do–Di: 10.00–18.00 Uhr und nach Vereinbarung

Gutsausschank: Do–Di 10.00–18.00 Uhr, Mi nach Vereinbarung
Spezialitäten: mit Spinat und Ricotta gefüllte Nudelrolle, Rillettes vom Kaninchen, Leberwurst aus der eigener Wurstküche
Historie: Weinbau seit 1775

Rebfläche: 7,6 Hektar
Jahresproduktion: 55.000 Flaschen
Beste Lagen: Altenahrer Eck, Mayschosser Burgberg, Ahrweiler Rosenthal und Forstberg, Walporzheimer Alte Lay
Boden: Schiefer, Lehm, Löss
Rebsorten: 63% Spätburgunder, 5% Weißburgunder, 32% übrige Sorten
Durchschnittsertrag: 55 hl/ha

Das Weingut, zu dem auch ein sehr zu empfehlender Gutsausschank gehört, wird nun in der achten Generation von der Familie Sermann geführt. Der junge Lukas Sermann, der gerade dabei ist, sein Studium in Geisenheim zu beenden, hat mit dem Jahr 2014 erste eigene Akzente gesetzt. Besonders gelungen ist ihm der Weißburgunder, der uns mit seiner klaren Aromatik, animierenden Frische, mit verführerischem Schmelz und unschlagbarem Preis-Genuss-Verhältnis sehr gefallen hat. Die Rotweine sind gut strukturiert und zeigen mit einer sehr dominanten Holznote noch die bislang bewährte Handschrift des Vaters Elmar Sermann, der auch für die Weine beim Weingut Brogsitter verantwortlich ist. Behutsam möchte Lukas das ändern und auch hier eigene Wege gehen. Jedenfalls ist es ein Betrieb, den man unbedingt im Auge behalten sollte.

Zeichenerklärung:
Schnäppchenpreis · Top 10 Spitzenreiter
Ökobetrieb · Trink-Tipp · Versteigerungswein
Sekt | Weißwein | Rotwein | Roséwein

Anzahl der verkosteten Weine: 10
Bewertungen: 82–88 Punkte

Jahrgang	Wein	Punkte
2014	Riesling trocken **5,90 €** | 11,5% | bis 2018	82
2014	Spätburgunder Bellabianca trocken Blanc de Noirs **6,60 €** | 11,5% | bis 2018	83
2014	Altenahrer Weißburgunder trocken **7,40 €** | 12% | bis 2018	84
2014	Spätburgunder trocken **6,50 €** | 13% | bis 2018	83
2014	Frühburgunder trocken **8,70 €** | 12,5% | bis 2018	84
2014	Ahrweiler Spätburgunder trocken **8,70 €** | 13% | bis 2019	86
2013	Altenahrer Eck Spätburgunder trocken Barrique **13,50 €** | 13,5% | bis 2019	86
2013	Mayschosser Burgberg Frühburgunder trocken Barrique **14,– €** | 13,5% | bis 2018	86
2013	Dernauer Hardtberg Frühburgunder trocken Barrique Goldkapsel **21,– €** | 13,5% | bis 2019	87
2013	Altenahrer Eck Spätburgunder trocken Barrique Goldkapsel **21,– €** | 13,5% | bis 2020	88

WEINGUT SONNENBERG

53474 Bad Neuenahr-Ahrweiler · Heerstraße 98
☎ (0 26 41) 67 13 · Fax 20 10 37
info@weingut-sonnenberg.de
www.weingut-sonnenberg.de
Inhaber und Betriebsleiter: Marc Linden

Verkauf: Michaela Wolff
Mo–Fr: 10.30–12.00 Uhr · 14.00–18.00 Uhr
Sa: 10.30–14.00 Uhr
So, feiertags: 10.30–12.00 Uhr

Ferienwohnungen: im Jugendstil
Straußwirtschaft: 8 Wochen im Herbst
Sehenswert: alter Bruchsteingewölbekeller mit Schatzkammer

Rebfläche: 6 Hektar
Jahresproduktion: 45.000 Flaschen
Beste Lagen: Neuenahrer Sonnenberg und Schieferlay
Boden: Grauwacke mit Löss, Schiefer
Rebsorten: 70% Spätburgunder, je 10% Grau- und Weißburgunder, 6% Frühburgunder, 4% übrige Sorten
Durchschnittsertrag: 50 hl/ha

Die Geschicke des Weingutes Sonnenberg werden seit 2005 von Marc Linden gelenkt. Zum Weingut gehört eine stattliche Villa im Jugendstil, die einst von der Kölner Parfümherstellerfamilie Mülhens erbaut wurde. Der Betrieb ist vor allem auf Spätburgunder ausgerichtet, hinzu kommen noch solide Mengen an Grau- und Weißburgunder. Neben den trockenen Weinen gibt es auch eine breite Auswahl an feinherben Gewächsen. Marc Linden ist für die Weine verantwortlich, die uns dieses Jahr etwas ratlos zurückließen. Ausreißer nach unten gab es vor allem bei den Weißweinen, die roten Einstiegsweine haben uns mit einer sehr rustikalen Art ebenfalls wenig gefallen. Auch die übrigen Weine sind schlechter ausgefallen als im Jahr davor, in dem sich das Weingut nach einem ebenfalls durchwachsenen Jahrgang 2011 wieder gefangen zu haben schien.

Anzahl der verkosteten Weine: 11
Bewertungen: 76-87 Punkte

2014	Weißburgunder Landwein trocken **7,90 €** | 11% | bis 2018	**80**
2014	Ahrtaler Landwein feinherb Cuvée **6,50 €**/1,0 Lit. | 11% | bis 2017	**80**
2014	Grauburgunder feinherb **7,90 €** | 11% | bis 2017	**80**
2014	Spätburgunder feinherb Blanc de Noirs **8,90 €** | 11,5% | bis 2018	**78**
2013	Ahrtaler Landwein trocken Holzfass **6,50 €**/1,0 Lit. | 12% | bis 2017	**81**
2014	Neuenahrer Schieferlay Spätburgunder trocken Holzfass **8,90 €** | 13% | bis 2018	**84**
2013	Spätburgunder »S« trocken Holzfass **14,- €** | 14% | bis 2018	**85**
2014	Frühburgunder trocken Holzfass **14,50 €** | 13% | bis 2018	**84**
2013	Spätburgunder »R« trocken Holzfass unfiltriert **25,- €** | 14% | bis 2019	**87**
2013	Spätburgunder halbtrocken Holzfass **7,90 €** | 12,5% | bis 2018	**83**

WEINGUT JEAN STODDEN

53506 Rech · Rotweinstraße 7–9
☎ (0 26 43) 30 01 · Fax 30 03
info@stodden.de
www.stodden.de
Inhaber: Dr. Brigitta und Alexander Stodden
Betriebsleiter und Kellermeister: Alexander Stodden

Verkauf: Dr. Brigitta Stodden
Mo–Fr: 9.00–18.00 Uhr
Sa: 10.00–13.00 Uhr

Historie: Weinbau in der Familie seit 1578

Rebfläche: 7 Hektar
Jahresproduktion: 45.000 Flaschen
Beste Lagen: Recher Herrenberg, Dernauer Hardtberg, Ahrweiler Rosenthal, Neuenahrer Sonnenberg
Boden: Schieferverwitterung, teilweise mit Lösslehm
Rebsorten: 88% Spätburgunder, 7% Frühburgunder, 5% Riesling
Durchschnittsertrag: 43 hl/ha
Mitglied: VDP, Fair'n Green

Der vor drei Jahren viel zu früh verstorbene Gerhard Stodden war seinem Sohn Alexander immer ein Mentor. Einer, der mit gutem Rat zur Seite stand, aber auch genug Raum ließ, um eine selbstbewusste Entwicklung zu ermöglichen. Bereits vor 15 Jahren hat Alexander Stodden seinen ersten Spätburgunder ganz eigenständig bereitet. Next Generation hieß der Wein aus dem Neuenahrer Sonnenberg, der auf Anhieb für Aufsehen sorgte. Seitdem hat er die Grundgedanken des Vaters aufgenommen und behutsam weiterentwickelt.

Sauerstoffmanagement essenziell

Spätburgunder ist seine große Leidenschaft, der er auch kompromisslos nachgeht. Das beginnt mit einer klaren Vorstellung, welche Klone er anpflanzt und wie viel Ertrag er für die besten Weine zulässt. Nur zwei Trauben pro Trieb lässt er stehen und teilt diese dann noch kurz nach der Blüte, um durch Lockerbeerigkeit das Botrytis-Risiko zu minimieren.
Die natürliche Konzentration der Weine verrät die akribische Arbeit und Selektion im Weinberg. Auch in der Weinbereitung wurde einiges verändert. Früher gab er die Trauben mit Rappen in den Gärbottich, bis er erkannte, dass diese an

der Ahr nicht reif genug werden und daher für allzu grüne, abweisende Gerbstoffe sorgten. Dann wurde entrappt und die Gärführung behutsam verändert. Ziel ist es, Spätburgunder zu erzeugen, die keine oberflächlichen Charmeure sind, sondern Weine, die Flaschenreife brauchen und durch sie gewinnen. Dafür benötigt es ein gut geformtes Tanningerüst, für das das richtige Maß an Extraktion und Sauerstoffmanagement essenziell ist. Ausgebaut werden die besten Weine 15 bis 17 Monate in neuen Pièces des Fassbauers Francois Frères, die für ihren geschmeidigen und dezent süßen Holzeintrag bekannt sind.

Alexander Stodden

Das Weingut in Rech mag mit sieben Hektar relativ klein sein, qualitativ gehört es zu den ganz großen in Deutschland. Auch dieses Jahr hat Alexander Stodden wieder die beste Kollektion in der Region Ahr vorgelegt. Beeindruckend ist die Reihe an gleich sechs Großen Gewächsen, die diesen Namen auch verdienen und die alle samt mühelos 90 Punkte und mehr erreichen. Neben der unschlagbaren Qualität hat uns die geschmackliche Differenzierung der Lagenunterschiede beeindruckt.

Monumental und wurzelecht

Paradestück war auch dieses Jahr wieder der Spätburgunder Alte Reben, der aus einer Anlage mitten im Herzen des Recher Herrenbergs stammt. Über 60 Jahre alte, wurzelechte Reben liefern die Grundlage für dieses beeindruckende Monument. Und dafür, dass Alexander Stodden schon mal behauptet, sein Herz nicht unbedingt an den Frühburgunder verloren zu haben, ist ihm auch dieser gelungen. Für uns war es jedenfalls der beste Frühburgunder, den wir an der Ahr verkostet haben. Glückwunsch zu dieser Kollektion und dieser Konstanz, die hier inzwischen seit vielen Jahren gezeigt wird.

Anzahl der verkosteten Weine: 11
Bewertungen: 85-93 Punkte

2014	Spätburgunder trocken Holzfass **14,- €** | 13% | bis 2018	**85**
2013	Spätburgunder »J« trocken Barrique **17,- €** | 13,5% | bis 2019	**87**
2013	Recher Spätburgunder trocken Barrique **29,50 €** | 13% | bis 2021	**89**
2013	Recher Herrenberg Frühburgunder »Großes Gewächs« **35,- €** | 13,5% | bis 2022	**91**
2013	Dernauer Hardtberg Spätburgunder »Großes Gewächs« **45,- €** | 13% | bis 2023	**90**
2013	Neuenahrer Sonnenberg Spätburgunder »Großes Gewächs« **55,- €** | 13,5% | bis 2028	**92**
2013	Ahrweiler Rosenthal Spätburgunder »Großes Gewächs« **60,- €** | 13% | bis 2028	**92**
2013 Top 10	Recher Herrenberg Spätburgunder »Großes Gewächs« **69,- €** | 13,5% | bis 2028	**93**
2013	Spätburgunder trocken Alte Reben Barrique **90,- €** | 13,5% | bis 2030	**93**
2013	Mayschosser Mönchberg Spätburgunder »Großes Gewächs« | 13,5% | bis 2028	**92**
2013	Spätburgunder »JS« Barrique **23,- €** | 13,5% | bis 2020	**88**

Baden

Größte Vielfalt

- 2014: ein Grauburgunder-Jahr
- Riesling-Kompetenz
- Kontinuität und Jugend

Weinterrassen am Kaiserstuhl

Foto: Deutsches Weininstitut, DWI

Eine aktuelle Umfrage dieses WeinGuides bei badischen Winzern ergab: Der Weißburgunder – sehr wahrscheinlich aufgrund seiner diskret feinen Art – ist so beliebt wie nie zuvor! Unisono bekannten sich die beiden Kaiserstühler Topwinzer Joachim Heger und Konrad Salwey zu dieser immer noch im Schatten des großen Bruders stehenden Rebsorte: »Der Grauburgunder hat zwar etwas mehr Ausdruckskraft, aber lieber trinke ich eigentlich den Weißburgunder.«

Im direkten Vergleich zum gesellschaftlichen Aufstieg dieser leisen Rebsorte ist der – eher vorlaute und omnipräsente – Sauvignon Blanc schon wieder etwas im Sinkflug. Die genetisch im Grunde blutjunge Rebsorte, die Eltern sind Traminer und Chenin Blanc, lässt durch ihre spezielle Aromatik nicht so viel Interpretationsraum für die Charakteristik der Lage sowie für die Handschrift des Winzers. Ganz anders liegt der Fall beim deutlich gutmütigeren und vergleichsweise uralten Pinot Blanc.

Burgunder-Kompetenz im Kraichgau

Das ist Grund genug für die Kraichgauer Spitzenbetriebe wie Heitlinger, Klumpp oder Seeger, die hohe Kompetenz für dieses neu entdeckte Experimentierfeld rund um die Weißburgunderrebe zu sich in den Kraichgau zu holen. Gemeinsam mit einem guten Dutzend Gesinnungsgenossen setzen sie die epochale Arbeit der burgundischen Zisterziensermönche fort, um damit womöglich einen größeren Schatz zu heben und das Potenzial ihrer Region zu wecken. Noch ist der Kraichgau zwar historisch durchaus bedeutsam, wird aber in der deutschen Weinszene immer noch unterschätzt.

Neben dem Pinot Blanc bleibt Baden aus der Familie der noblen weißen Burgundersorten auch noch der Pinot Gris. Zwar wird der derzeit nicht wie sein eher introvertierter Bruder als Nästhäkchen verhätschelt. Und selbst wenn der ein oder andere Winzer – hinter vorgehaltener Hand – gesteht, Grauburgunder bereite ihm nicht dasselbe Trinkvergnügen wie Weißburgunder, so laufen beide in speziellen Jahren zu Höchstform auf.

Und der Weinjahrgang 2014 ist tatsächlich ein solches Grauburgunder-Jahr. Selten zuvor gab es eine derartige Fülle an individuell gemachten Prachtexemplaren dieser Sorte: mal mit, mal ohne Holz, hellfarben oder eher leicht rostrot – die Traubenhäute geben ein solches Farbenspiel durchaus her – mal mit biologischem Säureabbau und mal ohne. Glückliches Baden!

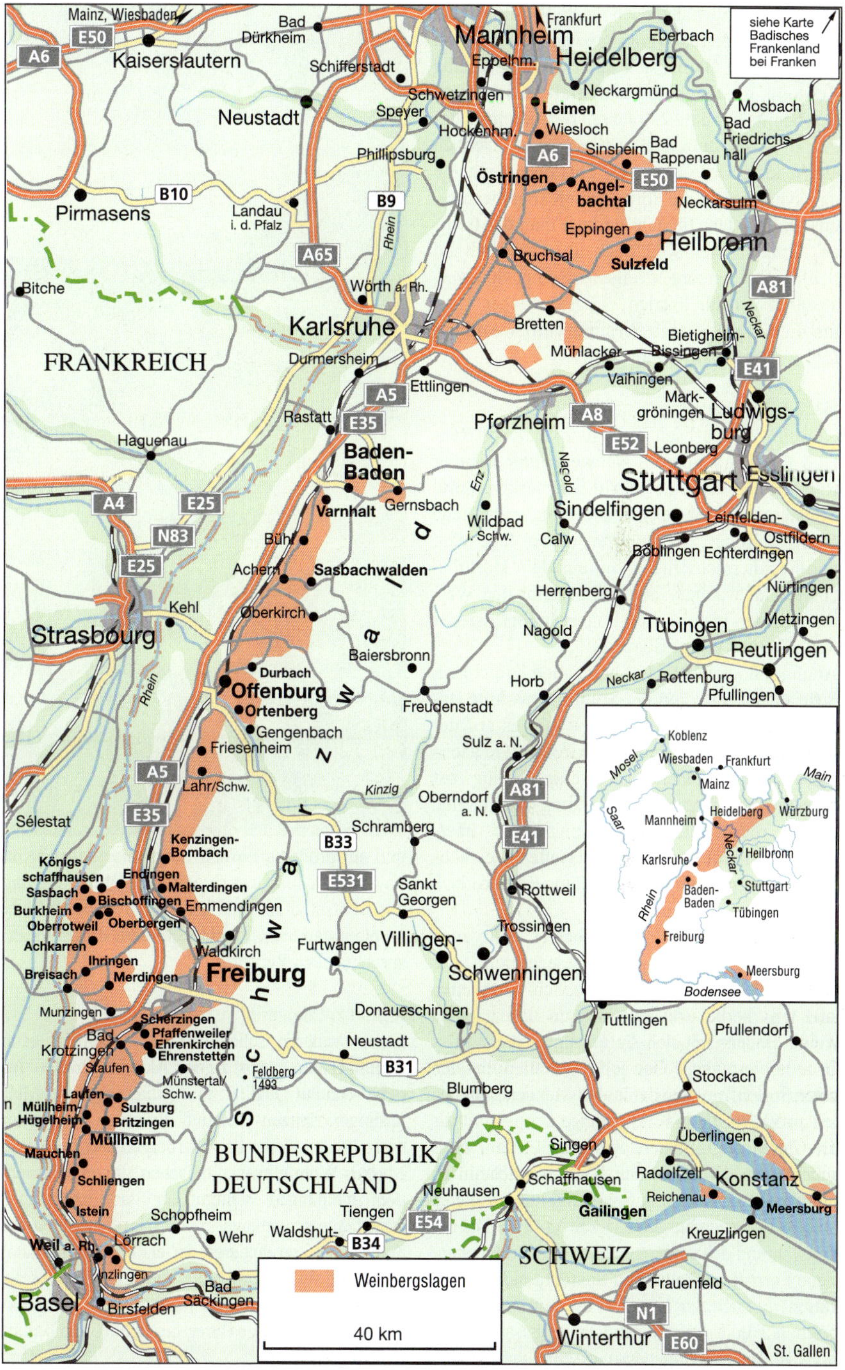
siehe Karte Badisches Frankenland bei Franken
Mainz, Wiesbaden
Frankfurt
Kaiserslautern
Bad Dürkheim
Mannheim
Heidelberg
Eberbach
Eppelhm.
Schifferstadt
Neckargmünd
Schwetzingen
Leimen
Neustadt
Speyer
Mosbach
Hockenhm.
Wiesloch
Bad Friedrichshall
Sinsheim
Bad Rappenau
Philippsburg
Östringen
Angelbachtal
Pirmasens
Landau i. d. Pfalz
Neckarsulm
Eppingen
Heilbronn
Bruchsal
Sulzfeld
Rhein
Bitche
Wörth a. Rh.
Karlsruhe
Bretten
Neckar
Bietigheim-Bissingen
Mühlacker
FRANKREICH
Durmersheim
Vaihingen
Ettlingen
Markgröningen
Ludwigsburg
Rastatt
Pforzheim
Leonberg
Haguenau
Baden-Baden
Nagold
Stuttgart
Esslingen
Enz
Gernsbach
Varnhalt
Sindelfingen
Wildbad i. Schw.
Leinfelden-Echterdingen
Calw
Ostfildern
Bühl
Böblingen
Achern
Sasbachwalden
Nürtingen
Herrenberg
Kehl
Oberkirch
Tübingen
Metzingen
Strasbourg
Nagold
Reutlingen
Baiersbronn
Horb
Neckar
Rottenburg
Durbach
Pfullingen
Offenburg
Ortenberg
Freudenstadt
Gengenbach
Sulz a. N.
Friesenheim
Lahr/Schw.
Kinzig
Oberndorf a. N.
Sélestat
Schramberg
Kenzingen-Bombach
Königsschaffhausen
Endingen
Sasbach
Malterdingen
Bischoffingen
Burkheim
Emmendingen
Oberrotweil
Oberbergen
Rottweil
Sankt Georgen
Achkarren
Trossingen
Waldkirch
Furtwangen
Villingen-Schwenningen
Ihringen
Breisach
Merdingen
Freiburg
Munzingen
Donaueschingen
Tuttlingen
Pfullendorf
Scherzingen
Pfaffenweiler
Ehrenkirchen
Ehrenstetten
Bad Krotzingen
Neustadt
Staufen
Feldberg 1493
Münstertal/Schw.
Stockach
Blumberg
Laufen
Müllheim-Hügelheim
Sulzburg
Britzingen
Müllheim
Schwarzwald
Überlingen
Mauchen
BUNDESREPUBLIK DEUTSCHLAND
Singen
Schliengen
Schaffhausen
Radolfzell
Konstanz
Neuhausen
Reichenau
Istein
Gailingen
Meersburg
Schopfheim
Tiengen
Kreuzlingen
Lörrach
Wehr
Waldshut-
Weil a. Rh.
SCHWEIZ
Inzlingen
Bad Säckingen
Frauenfeld
Basel
Birsfelden
Winterthur
St. Gallen
Weinbergslagen
40 km
A6
E50
B10
B9
A65
A81
E41
A5
E35
A8
E52
A4
E25
N83
B33
E531
B31
B34
E54
N1
E60
Koblenz
Mosel
Wiesbaden
Frankfurt
Mainz
Main
Saar
Mannheim
Heidelberg
Würzburg
Neckar
Karlsruhe
Heilbronn
Stuttgart
Baden-Baden
Tübingen
Rhein
Freiburg
Meersburg
Bodensee

Und jetzt bloß nicht auch noch Riesling, hört man den geneigten Weinfreund schon murmeln. Dass Badens Gloria sich auch über diese edle Rebsorte, die durch den Markgrafen Carl-Friedrich bereits vor über 250 Jahren hier heimisch gemacht wurde, definiert, ist Eingeweihten jedoch längst klar. Der Ortenauer Volksmund machte das Synonym für die Sorte, den »Klingelberger«, unsterblich. Jahr für Jahr widmet man der Edition Klingelberger-1782 hoch über Durbach im Schloss Staufenberg ein eigenes Symposion, veranstaltet von elf lokalen Winzerbetrieben rund um die ausgewiesenen Riesling-Tüftler Andreas Laible, Senior wie Junior.

Terrassen am Kaiserstuhl

Riesling-Bastionen

Unweit von Durbach im Baden-Badener Rebland feiert mit Schloss Neuweier eine weitere Riesling-Bastion eine wirklich bemerkenswerte Renaissance. Der weitgereiste Winzer und neue Besitzer Robert Schätzle hat dieses legendäre und hochherrschaftliche Gut aus dem Dornröschenschlaf wachgeküsst und verleiht den Weinen aus den historischen Lagen endlich wieder Schliff und Kontur. Chapeau!

Auch im noch nördlicher gelegenen Kraichgau, – für das übrige, von der Sonne verwöhnte Baden eine Cool-Climate-Zone – gibt es auf der Burg Ravensburg mit dem Großen Gewächs Husarenkappe einen historischen Bezug zur markgräflich inspirierten Riesling-Geschichte. Neben dieser etablierten Spitzenlage überrascht hier mit dem 2014er Großen Gewächs aus dem Kapellenberg eine gelungene, exotisch aromatische Premiere.

Nach einer langen Reihe bester Jahrgänge brachte die Witterung im Lesezeitraum des 2013er Weinjahres erhebliche Schwierigkeiten und teils herbe Ertragsverluste in nahezu allen Teilen Badens mit sich. So erzeugten die Winzer zwar hervorragende Gewächse vor allem bei den roten Sorten, mussten dafür aber Mengeneinbußen bis zu 50 Prozent in Kauf nehmen.

Die durchgängig höhere Säure dieses Jahrgangs unterstützte den badischen Kulturwandel hin zu strafferen und mit mehr Spannung ausgestatteten Pinot Noirs nach burgundischem Vorbild. Die dafür während der vergangenen zehn Jahre entstandene Formel der badischen Spätburgunder-Revolutionäre, nach der ein sorgsam gewählter Lesezeitpunkt und die schonend lange Fassreife den Gewächsen eine eigene, finessenreiche Stilistik und ein größeres Entwicklungspotenzial mitgibt, erwies sich als richtig. Mit dem Weinjahrgang 2013 entstand so eine fast unglaubliche Phalanx an eigenständigen Prachtexemplare dieser so anspruchsvollen Rebsorte.

Jugend mit Potenzial

Einen weiteren scheinbaren Widerspruch kann man in Baden getrost zu den Akten legen: Die Jugend setzt auf Qualität. Was Julian Huber im Malterdinger Spitzen-Weingut, Friedrich Keller im neugebauten Keller bei Oberbergen und Tanja und Markus Wöhrle im ökologischen Vorzeigebetrieb, dem ehemaligen Weingut der Stadt Lahr – das trägt heute selbstbewusst den Familiennamen der Wöhrles –, produzieren, ist erstklassig. Es kann nicht nur als hervorragend, sondern durchaus als überragend, da mit viel jugendlichem Entwicklungspotenzial ausgestattet, bezeichnet und besungen werden.

Ganz großartig wäre es, sollte diese neue Weinwirtschaft – als quicklebendiger Teil der Landwirtschaft in Deutschland – auch kräftige Impulse in den Bereich der allgemeinen Lebensmittelproduktion geben können. Denn dort befindet man sich leider sowohl produktionstechnisch als auch in Sachen verantwortliches Bewusstsein für Natur und Lebewesen noch in den Zeiten des deutschen Wirtschaftswunders in den 1950er Jahren. Die Weinkultur als ein Vorreiter und Wegbereiter für den gesellschaftlichen Wandel insgesamt. Weg von der Geiz-ist-geil-Unkultur unserer Tage – das wäre mal ein ganz neuer Aspekt!

Otto Geisel

Die Spitzenbetriebe

Die mit roter Traube markierten Betriebe verdienen in ihrer Klasse besondere Aufmerksamkeit.

▲ ▼ Die Dreiecke signalisieren Auf- oder Abwertung im Vergleich zum Vorjahr. ✻ Neuer Betrieb.

Die besten Spätburgunder 2013 für weniger als 10 Euro

Spätburgunder Holzfass Kopp, Sinzheim	**89**
Sasbacher Rote Halde Jägerwein Winzergenossenschaft Sasbach	**88**
Pinot Noir *** Becker, Malsch	**87**
Jechtinger Bercher, Burkheim	**87**
Alte Reben * Frey, Denzlingen	**87**
Pinot Noir Heitlinger, Östringen	**87**
Staufener Schlossberg Selection Landmann, Staufen	**87**
Weiler Schlipf Claus Schneider, Weil	**87**
Spätburgunder Shelter Winery, Kenzingen	**87**
Markgräfler Martin Waßmer, Bad Krotzingen	**87**

WEINGUT ABRIL

79235 Vogtsburg-Bischoffingen
Am Enselberg 1
☎ (0 76 62) 9 49 32 30 · Fax 94 93 23 99
weingut@weingut-abril.de
www.weingut-abril.de

Inhaber: Erivan und Helga Haub
Geschäftsführerin: Eva Maria Köpfer
Außenbetrieb: Sebastian Faber
Kellermeister: Daniel Hank

Verkauf: Mo–Sa: 8.30–17.30 Uhr

Historie: Weinbau seit 1740
Sehenswert: neues, modernes Weingut mitten im Weinberg

Rebfläche: 20 Hektar
Jahresproduktion: 140.000 Flaschen
Beste Lagen: Bischoffinger Enselberg und Steinbuck, Schelinger Kirchberg
Boden: steinige Vulkanverwitterung und Lösslehm
Rebsorten: 40% Spätburgunder, 20% Grauburgunder, 15% Weißburgunder, 10% Silvaner, 5% Muskateller, 4% Chardonnay, 6% übrige Sorten
Durchschnittsertrag: 45 hl/ha
Mitglied: Ecovin

Ein ganz neues, junges Führungsteam wird künftig die Geschicke des Traditionsweinguts Abril leiten. Seit dem 1. Juli 2015 hat die neue Weingutsleiterin Eva Maria Köpfer die Aufgaben ihres Vorgängers und ökologischen Wegbereiters Armin Sütterlin übernommen und bildet zusammen mit dem Außenbetriebsleiter Sebastian Faber und Daniel Hank als Kellermeister die neue Führungsspitze. Eva Maria Köpfer ist seit dem Jahr 2012 Sommelière im Weingut und Sebastian Faber gehört bereits seit dem Jahr 2010 als Kellermeister dem Abrilteam an. Der 30-jährige Freiburger arbeitete nach dem Önologie-Studium an der Fachhochschule Geisenheim auf Weingütern in Österreich, Neuseeland, Italien und Frankreich. Kellermeister Daniel Hank, ein 30-jähriger Pfaffenweiler, ist ebenfalls ein Geisenheimer und war zuletzt Kellermeister des Weinguts Fritz Waßmer in Bad Krozingen-Schlatt. Mit einer Rebfläche von rund 20 Hektar ist das Weingut Abril in Vogtsburg-Bischoffingen das größte Ökoweingut im Kaiserstuhl, das seit 2012 im Besitz der Unternehmerfamilie Haub ist.

Anzahl der verkosteten Weine: 6
Bewertungen: 85–87 Punkte

2013	Crémant Brut **12,– €** | 12,5% | 🍷 bis 2018	**85**
2014	Auxerrois Frucht trocken **8,50 €** | 12% | 🍷 bis 2018	**86**
2014	Weißburgunder Frucht trocken **8,50 €** | 11,5% | 🍷 bis 2018	**86**
2013	Bischoffinger Enselberg Grauburgunder Stein trocken Holzfass **14,– €** | 13% | 🍷 bis 2018	**87**
2013	Bischoffinger Enselberg Chardonnay Zeit trocken Barrique **19,– €** | 13,5% | 🍷 bis 2018	**87**
2012	Spätburgunder Stein Magmatit trocken Holzfass **15,– €** | 13% | 🍷 bis 2019	**86**

WINZERGENOSSENSCHAFT ACHKARREN

79235 Vogtsburg-Achkarren
Schlossbergstraße 2
☎ (0 76 62) 9 30 40 · Fax 93 04 93
info@winzergenossenschaft-achkarren.de
www.achkarrer-wein.com
Geschäftsführer: Waldemar Isele
Kellermeister: Christoph Rombach

Verkauf: Tobias Mattmüller, Marlene Schächtele
Mo–Fr: 8.00–12.30 Uhr · 13.30–17.30 Uhr
Sa: 9.00–13.00 Uhr (April–Dez.)

Der Achkarrer Schlossberg hat innerhalb der badischen Weinbauregion eine unumstrittene Spitzenstellung. Dies ist das große Kapital der Achkarrer Genossen rund um den Kellermeister Christoph Rombach. Jahr für Jahr werden hier Spitzenweine erzeugt. Seit 2009 wird die gesamte Rebfläche nach ökologischer Wirtschaftsweise betrieben. Der Schwerpunkt der aktuellen Kollektion liegt traditionsgemäß auf trockenen Weinen der Burgunderfamilie, aber auch Raritäten wie die 2014er Gewürztraminer Trockenbeerenauslese können hier begeistern.

Anzahl der verkosteten Weine: 13
Bewertungen: 81-91 Punkte

2014 Achkarrer Castellberg **84**
Grauburgunder Kabinett trocken
6,50 € | 12,5% | bis 2018

2014 Achkarrer Schlossberg **85**
Weißburgunder Bestes Fass Spätlese trocken
8,95 € | 13,5% | bis 2019

2014 Achkarrer Schlossberg **84**
Grauburgunder Bestes Fass Spätlese trocken
10,95 € | 13% | bis 2018

2014 Achkarrer Schlossberg **86**
Grauburgunder Bestes Fass Spätlese trocken Barrique
11,50 € | 13% | bis 2020

2014 Achkarrer Schlossberg **90**
Ruländer Bestes Fass Trockenbeerenauslese
26,– €/0,375 Lit. | 7% | bis 2020

2014 Achkarrer Schlossberg **91**
Gewürztraminer Bestes Fass Trockenbeerenauslese
26,– €/0,375 Lit. | 7% | bis 2020

2014 Achkarrer Spätburgunder halbtrocken Weißherbst **83**
5,50 € | 12% | bis 2018

2012 Achkarrer Schlossberg **85**
Spätburgunder Bestes Fass trocken Barrique
9,95 € | 13,5% | bis 2020

2012 Achkarrer Schlossberg **86**
Spätburgunder Bestes Fass Auslese trocken
11,50 €/0,5 Lit. | 13,5% | bis 2020

ÖKOWEINGUT GERHARD AENIS

79589 Binzen · Hauptstraße 34
☎ (0 76 21) 6 37 36 · Fax 6 37 36
weingut.aenis@gmx.de
www.weingut-aenis.de
Inhaber: Gerhard Aenis

Verkauf: Mo, Do–Fr: 16.00–19.00 Uhr
Sa: 10.00–15.00 Uhr

Der qualitative Schwerpunkt im aktuellen Sortiment des 2,5-Hektar-Weingutes von Gerhard Aenis, welches seit dem Jahrgang 2012 ausschließlich Biowein erzeugt, liegt eindeutig beim Spätburgunder, welcher in der 2013er Barriquevariante und als feingliedriger 2011er Rosé Sekt zu überzeugen weiß. Alles Tun und Handeln richtet sich nach dem Grundsatz: Tradition achten, Bewährtes bewahren, Neues einbringen. Selbstredend wird hier auf jegliche Chemie im Weinberg verzichtet, was den Reben mit einem Schwerpunkt auf Burgundersorten offensichtlich gut gefällt. Heraus kommt dabei wieder ein grundsolides und gut strukturiertes Sortiment mit komplett durchgegorenen, auch ohne den Einsatz von Süßreserve fein balancierten und äußerst preiswerten Weinen.

Anzahl der verkosteten Weine: 7
Bewertungen: 80-86 Punkte

2014 Binzener Sonnhole Gutedel trocken **80**
4,50 €/1,0 Lit. | 11,5% | bis 2017

2014 Binzener Sonnhole **82**
Weißer Gutedel trocken »sur lie«
5,– € | 11,5% | bis 2018

2014 Binzener Sonnhole **82**
Weißburgunder Kabinett trocken
6,50 € | 12,5% | bis 2019

2014 Binzener Sonnhole **83**
Sauvignon Blanc Kabinett trocken
10,– € | 12,5% | bis 2018

2014 Binzener Sonnhole **83**
Grauburgunder Spätlese trocken
8,– € | 13,5% | bis 2020

2013 Binzener Sonnhole **85**
Blauer Spätburgunder trocken
7,– € | 13% | bis 2020

2013 Binzener Sonnhole **86**
Blauer Spätburgunder Spätlese trocken Barrique
16,– € | 13% | bis 2020

Die Weine:
100 Perfekt · **95-99** Überragend · **90-94** Exzellent
85-89 Sehr gut · **80-84** Gut · **75-79** Passabel

Neu

ALDE GOTT WINZER EG

77887 Sasbachwalden · Talstraße 2
☎ (0 78 41) 2 02 90 · Fax 20 29 18
info@aldegott.de
www.aldegott.de
Geschäftsführer: Günter Lehmann
Kellermeister: Michael Huber

Verkauf: Michael Werner
Mo–Fr: 8.00–12.00 Uhr · 13.30–18.00 Uhr
Sa: 8.30–17.00 Uhr, So: 13.00–17.00 Uhr
Mo–Fr: 8.00–18.00 Uhr (April–Okt.)

Diese sehr gute Kooperative wurde 1948 in Sasbachwalden gegründet und umfasst heute unter der Leitung des umsichtigen Geschäftsführers Günter Lehmann stattliche 266 Hektar Reben mit einem fast zwei Drittel starken Anteil des hier so typischen Spätburgunders von 380 Winzern. Die Reben wachsen auf Granit- und Schieferverwitterungsböden. Beständig präsentiert hier Kellermeister Michael Huber ein wirklich grundsolides Sortiment, aktuell mit einem sehr guten trockenen 2014er Riesling sowie Sauvignon und weißen Burgundersorten. Natürlich sind es aber die durchweg gelungenen Spätburgunder, die diesen Betrieb empfehlenswert machen.

Anzahl der verkosteten Weine: 12
Bewertungen: 83–86 Punkte

2014	Rivaner trocken	**83**
	5,– € | 11,5% | bis 2017	
2014	Riesling trocken	**84**
	7,– € | 11,5% | bis 2018	
2014	Chardonnay trocken	**84**
	10,– € | 12,5% | bis 2018	
2014	Sauvignon Blanc trocken	**85**
	10,– € | 12,5% | bis 2018	
2014	Riesling Kabinett trocken	**85**
	7,80 € | 11,5% | bis 2018	
2014	Weißburgunder Kabinett trocken	**84**
	8,– € | 12,5% | bis 2018	
2013	Grauburgunder Spätlese trocken Alte Reben	**86**
	12,50 € | 13% | bis 2019	
2014	Spätburgunder trocken Rosé	**84**
	6,70 € | 11,5% | bis 2019	
2014	Spätburgunder Kabinett Weißherbst	**85**
	7,50 € | 11,5% | bis 2019	
2014	Spätburgunder trocken	**85**
	7,– € | 13,5% | bis 2019	
2013	Spätburgunder Kabinett trocken	**85**
	9,– € | 13% | bis 2019	
2014	Spätburgunder Spätlese trocken	**86**
	10,– € | 13,5% | bis 2020	

WEINGUT AUFRICHT

88719 Meersburg-Stetten · Höhenweg 8
☎ (0 75 32) 24 27 · Fax 24 21
info@aufricht.de
www.aufricht.de
Inhaber: Robert und Manfred Aufricht
Kellermeister: Robert Markheiser

Verkauf: Familie Aufricht
Mo–Sa: 10.00–12.00 Uhr · 14.00–18.00 Uhr

Sehenswert: idyllische Lage im Landschaftsschutzgebiet am Bodenseeufer, gepaart mit moderner zeitgenössischer Architektur

Rebfläche: 32,5 Hektar
Jahresproduktion: 300.000 Flaschen
Beste Lage: Meersburger Sängerhalde
Boden: sandig-kalkhaltiger Lehm, eiszeitliche Endmoräne
Rebsorten: 30% Spätburgunder, 20% Grauburgunder, 10% Weißburgunder, je 8% Auxerrois und Chardonnay, je 6% Müller-Thurgau, Muskateller, Riesling und Sauvignon Blanc
Durchschnittsertrag: 65 hl/ha
Mitglied: Slow Food, Vinissima

Highlights der 2014er Weißweinkollektion sind die klassischen Burgundersorten Chardonnay und Grauburgunder, wobei auf den letzteren mit einer neuen 1,5 Hektar großen Anlage auf über 500 Höhenmetern in Zukunft noch mehr Augenmerk gelegt wird. Die immens erfolgreiche und große Winzerfamilie Aufricht ist nach wie vor ein Leuchtturm am Bodensee. Das sehr schön gelegene Weingut mit einem sehenswerten, ganz aus heimischen Baumaterialien gestalteten Verkostungsraum ist unweit vom idyllischen Meersburg beheimatet. Die Hälfte der großen Weinpalette wird in dem aus Sichtbeton und Eiche errichteten Holzfasskeller ausgebaut. Das bewährte Sortiment reicht von einer duftigen 2014er Scheurebe Ob dem See 470 über einen markant-kräftigen 2014er Riesling 1 Lilie zu den zwei Aufrichtklassikern, den beiden gut balancierten weißen Burgundercuvées 3 Lilien. Eine legt den Schwerpunkt auf Grauburgunder, die andere auf Chardonnay. Der hochwertige 2012er Spätburgunder Isabel hat deutliches Lagerpotenzial, benötigt aber auch noch einige Zeit der Flaschenreife.

Anzahl der verkosteten Weine: 12
Bewertungen: 85–88 Punkte

Jahrgang	Wein	Punkte
2014	Meersburger Sängerhalde Weißburgunder 1 Lilie trocken **12,90 €** | 13% | bis 2018	**85**
2014	Meersburger Sängerhalde Scheurebe Ob dem See 470 trocken **12,90 €** | 13% | bis 2018	**85**
2014	Meersburger Sängerhalde Grauburgunder 1 Lilie trocken **12,90 €** | 13,5% | bis 2018	**86**
2014	Meersburger Sängerhalde Grauburgunder & Chardonnay trocken **16,90 €** | 13,5% | bis 2019	**86**
2014	Meersburger Sängerhalde Riesling 1 Lilie trocken **16,90 €** | 12,5% | bis 2019	**86**
2014	Meersburger Sängerhalde Chardonnay & Grauburgunder trocken **16,90 €** | 13,5% | bis 2019	**86**
2014	Meersburger Sängerhalde Sauvignon Blanc 1 Lilie trocken **16,90 €** | 13,5% | bis 2019	**86**
2014	Meersburger Sängerhalde Chardonnay 1 Lilie trocken **16,90 €** | 13% | bis 2019	**86**
2013	Meersburger Sängerhalde Chardonnay 3 Lilien trocken **25,– €** | 13% | bis 2019	**87**
2013	Meersburger Sängerhalde Grauburgunder 3 Lilien trocken **25,– €** | 14% | bis 2019	**88**
2013	Meersburger Sängerhalde Spätburgunder Sophia trocken **10,90 €** | 13,5% | bis 2019	**85**
2012	Meersburger Sängerhalde Spätburgunder Isabel 3 Lilien trocken **40,– €** | 14% | bis 2022	**88**

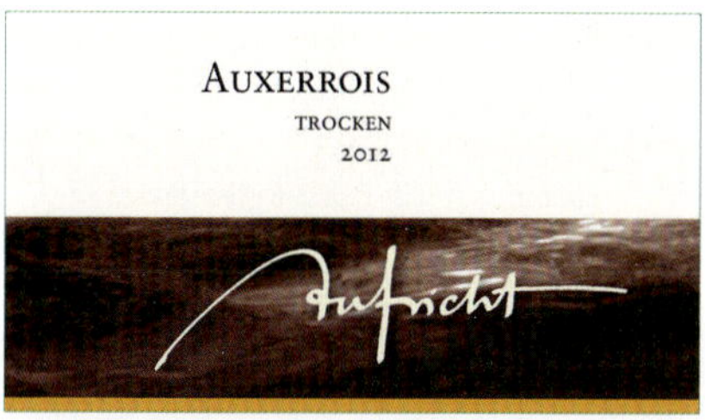

WINZERKELLER AUGGENER SCHÄF

79424 Auggen · Kleinfeldele 1
☎ (0 76 31) 3 68 00 · Fax 36 80 80
info@auggener-wein.de
www.auggener-wein.de
Vorstand: Jürgen Gugelmeier
Geschäftsführer: Thomas Basler
Kellermeister: Andreas Philipp

Verkauf: Elke Mauer
Mo–Fr: 8.00–18.00 Uhr
Sa: 9.00–13.00 Uhr, So: 10.00–13.00 Uhr

Die auf feinen Weißweinen aufgebaute 2014er Kollektion begeistert uns mit äußerst preiswerten Gewächsen, die viel Trinkvergnügen bereiten. Auch dieses Mal wieder steht ein großartiger Eiswein von der wichtigen Rebsorte Gutedel an der Spitze, wobei uns die nicht vom Barrique geprägte Variante einen Deut besser gefällt. Zwar bilden die weißen Rebsorten den Schwerpunkt dieser sehr guten, stattlichen, 500 Hektar großen Genossenschaft, aber auch die Spätburgunder wissen absolut zu überzeugen. Hier gefallen uns allerdings die Barrique geprägten Varianten am besten.

Anzahl der verkosteten Weine: 12
Bewertungen: 82–90 Punkte

Jahrgang	Wein	Punkte
2014	Laufener Altenberg Chasselie trocken »sur lie« **6,90 €** | 12,5% | bis 2017	**83**
2014	Auggener Gutedel trocken **4,40 €** | 12% | bis 2016	**82**
2014	Laufener Altenberg Sauvignon Blanc Edition No.5 trocken **9,95 €** | 13% | bis 2017	**84**
2014	Auggener Chardonnay Kabinett trocken **6,50 €** | 12,5% | bis 2017	**84**
2014	Auggener Gutedel Spätlese trocken **6,90 €** | 12% | bis 2018	**85**
2014	Auggener Weißburgunder Spätlese trocken **7,50 €** | 13% | bis 2018	**86**
2013	Auggener Chardonnay Spätlese trocken Barrique **12,– €** | 13,5% | bis 2018	**86**
2014	Auggener Schäf Gutedel Eiswein Barrique **19,50 €**/0,375 Lit. | 10,5% | bis 2020	**89**
2014	Auggener Schäf Gutedel Eiswein **16,– €**/0,375 Lit. | 9% | bis 2020	**90**
2012	Laufener Altenberg Pinot Noir trocken **8,90 €** | 13% | bis 2017	**84**
2011	Laufener Altenberg Spätburgunder trocken Barrique **13,90 €** | 13,5% | bis 2018	**85**
2011	Laufener Altenberg Pinot Noir trocken Barrique **21,90 €** | 13,5% | bis 2019	**86**

WEINGUT BECKER

69254 Malsch · Oberer Jagdweg 13
☎ (0 72 53) 2 51 89 · Fax 27 05 33
info@weingutbecker.de
www.weingutbecker.de
Inhaber: Herbert Becker

Verkauf: Herbert Becker
Di–Fr: 17.30–19.00 Uhr, Sa: 10.00–13.00 Uhr

Herbert Beckers auf den klassischen Burgundersorten aufgebautes Sortiment mit eleganten, konsequent trocken vinifizierten 2014er Weißweinen und beeindruckenden 2013er Spätburgundern mit viel Schliff und Tiefgang, die bereits mit den Vorjahres-Jahrgängen eine beständig positive Entwicklung und deutliches Lagerpotenzial unter Beweis gestellt haben, hat uns mehr als überzeugt. Diese Leistung im immer noch wenig bekannten und meist unterschätzen Kraichgau würdigen wir deshalb gerne mit der ersten Traube und sind heute schon gespannt, mit welchen positiven Überraschungen dieses Weingut noch aufwarten wird.

Anzahl der verkosteten Weine: 12
Bewertungen: 83–88 Punkte

2013	Pinot Rosé Sekt Brut ***	**85**
	12,50 € | 12,5% | bis 2018	
2014	Weißburgunder trocken *	**83**
	4,80 €/1,0 Lit. | 12,5% | bis 2016	
2014	Auxerrois trocken **	**83**
	7,- € | 12,5% | bis 2017	
2014	Weißburgunder trocken **	**84**
	7,- € | 13% | bis 2017	
2014	Grauburgunder trocken **	**85**
	7,- € | 12,5% | bis 2017	
2014	Chardonnay trocken **	**85**
	7,50 € | 13% | bis 2017	
2013	Sauvignon Blanc trocken ***	**85**
	10,- € | 13% | bis 2018	
2013	Cuvée »Trias« trocken **	**85**
	7,- € | 14% | bis 2018	
2013	Spätburgunder trocken **	**85**
	7,- € | 13,5% | bis 2017	
2013	Pinot Noir trocken ***	**87**
	9,50 € | 13,5% | bis 2020	
2012	Spätburgunder trocken Barrique ***	**86**
	14,50 € | 14% | bis 2018	
2012	Spätburgunder trocken Barrique ***	**88**
	19,50 € | 14% | bis 2022	

BECKSTEINER WINZER EG

97922 Lauda-Königshofen · Weinstraße 30
☎ (0 93 43) 50 00 · Fax 52 77
info@becksteiner-winzer.de
www.becksteiner-winzer.de
Geschäftsführender Vorstand: Michael Braun
Betriebsleiter und Kellermeister: Manfred Braun

Verkauf: Vinothek
Mo–Sa: 9.00–18.00 Uhr
So, feiertags: 10.00–16.00 Uhr
21.12.–13.3.2016
Mo–Fr: 9.00–18.00 Uhr, Sa: 9.00–13.00 Uhr

Dass der neue Geschäftsführer der Genossen zur Rebellion aufruft, hat dort niemand erwartet. »Becksteiner Rebell« heißt die innovative junge Linie mit drei herzhaft erfrischenden und dennoch gehaltvollen 2014er Cuvées in Weiß, Rosé und Rot. Auch die komplett neu gestaltete Vinothek ist ein sichtbares Zeichen, dass die eher beschauliche Zeit im Zentrum des Taubertales endgültig vorbei ist. Der hier prächtig gedeihenden Rebsorte Schwarzriesling kommt in verschiedenen Varianten neue Aufmerksamkeit zu.

Anzahl der verkosteten Weine: 11
Bewertungen: 83–87 Punkte

2014	Gerlachsheimer Herrenberg	**83**
	Chardonnay Kilian Exklusiv Kabinett trocken	
	6,20 € | 12% | bis 2018	
2014	Riesling Spätlese trocken	**86**
	6,95 € | 11,5% | bis 2020	
2014	Gerlachsheimer Herrenberg	**85**
	Chardonnay Kilian Exklusiv Spätlese trocken	
	7,30 € | 12% | bis 2020	
2013	Gerlachsheimer Herrenberg	**87**
	Chardonnay Kilian Exklusiv Spätlese trocken Barrique	
	12,- € | 13% | bis 2020	
2014	Becksteiner Kirchberg	**85**
	Weißburgunder Kilian Exklusiv Auslese	
	13,- € | 10,5% | bis 2020	
2014	Gerlachsheimer Herrenberg	**85**
	Grauburgunder Kilian Exklusiv Auslese	
	13,- € | 10,5% | bis 2020	
2013	Becksteiner Kirchberg	**86**
	Schwarzriesling Kilian Exklusiv Spätlese trocken	
	12,- € | 13% | bis 2020	
2012	Gerlachsheimer Herrenberg	**86**
	Spätburgunder Kilian Exklusiv Spätlese trocken	
	13,- € | 14% | bis 2020	
2012	Gerlachsheimer Herrenberg	**86**
	Spätburgunder Kilian Exklusiv Auslese trocken	
	15,- € | 14% | bis 2020	

WEINGUT BENZ

97922 Lauda-Königshofen · Im Walterstal 1
☎ (0 93 43) 45 23 · Fax 5 83 88
info@weingut-benz.de
www.weingut-benz.de
Inhaber: Familie Hubert und Renate Benz
Kellermeister: Hubert Benz
Außenbetrieb: Michael Benz

Verkauf: Vinothek im Weingut
Di–Fr: 8.00–12.00 Uhr · 14.00–18.00 Uhr
Sa: 9.00–16.00 Uhr, So: 10.00–12.00 Uhr

In den letzten Jahren hat sich dieser stolze Familienbetrieb auf nun 72 Hektar Ertragsfläche vergrößert und auch die nächste Generation hat sich bereits erfolgreich etabliert. Die Böden sind geprägt vom Muschelkalk und bringen haltbare, in der Jugend oft verschlossene Weine hervor. Hubert Benz und Sohn Michael haben sich mit kräftigem Silvaner und Grauburgunder einen guten Namen gemacht. Auch dichte Rotweine, aktuell die beiden 2012er Cabernet Sauvignon und Spätburgunder aus der vom Barriqueeinsatz geprägten Toplinie Schlösslein gelingen regelmäßig gut. Mit dem neuen Weinhotel und der Weinkellerführung Vintasticum ist eine einzigartige Weinerlebniswelt entstanden.

Anzahl der verkosteten Weine: 12
Bewertungen: 83–87 Punkte

2014	Müller-Thurgau trocken **6,50 €** | 11,5% | 🍷 bis 2017	**83**
2014	Königshöfer Turmberg Grauburgunder trocken **8,– €** | 12,5% | 🍷 bis 2018	**84**
2014	Oberschüpfer Herrenberg Silvaner trocken Alte Reben **9,– €** | 12,5% | 🍷 bis 2018	**85**
2012	Grauburgunder Edition Schlösslein trocken Barrique **18,– €** | 13,5% | 🍷 bis 2019	**86**
2014	Becksteiner Kirchberg Kerner Spätlese feinherb **8,50 €** | 12% | 🍷 bis 2019	**84**
2014	Spätburgunder trocken Holzfass **7,50 €** | 13% | 🍷 bis 2018	**83**
2013	Oberschüpfer Herrenberg Tauberschwarz trocken Holzfass **8,50 €** | 13% | 🍷 bis 2019	**84**
2012	Pinot Noir Edition Schlösslein trocken Barrique **20,– €** | 14% | 🍷 bis 2021	**86**
2012	Cabernet Sauvignon Edition Schlösslein trocken Barrique **20,– €** | 14% | 🍷 bis 2024	**87**
2012	Tauberschwarz Edition Schlösslein trocken Barrique **22,– €** | 14% | 🍷 bis 2020	**86**

WEINGUT BERCHER

79235 Vogtsburg-Burkheim · Mittelstadt 13
☎ (0 76 62) 2 12 · Fax 82 79
info@weingutbercher.de
www.weingutbercher.de
Inhaber: Arne und Martin Bercher
Außenbetrieb: Martin Bercher, Dieter Jäger
Kellermeister: Arne Bercher, Werner Rehbein

Verkauf: Familien Bercher
Mo–Sa: 9.00–11.30 Uhr · 13.30–17.00 Uhr

Historie: Weinbau in 9. und 10. Generation
Sehenswert: 250 Jahre altes Gutshaus mit Kreuzgewölbekeller

Rebfläche: 27 Hektar
Jahresproduktion: 200.000 Flaschen
Beste Lagen: Burkheimer Feuerberg und Schlossgarten, Sasbacher Limburg, Jechtinger Eichert
Boden: Vulkanverwitterung und Löss
Rebsorten: 40% Spätburgunder, 23% Grauburgunder, 17% Weißburgunder, 8% Riesling, 7% Chardonnay, 5% übrige Sorten
Durchschnittsertrag: 49 hl/ha
Mitglied: VDP, Deutsches Barrique Forum

Jahr für Jahr dreht man bei Berchers weiter an der Stellschraube für eine noch höhere Qualität in der eh schon prachtvollen Weinkollektion. So hatte man im letzten Jahr mit viel Fingerspitzengefühl das Erscheinungsbild der Weinflaschen samt Etiketten dezent hochwertig verändert, um sich nun wieder voll und ganz auf die Finessen im Weinausbau konzentrieren zu können. Das Motto dabei ist abgeklärt und von viel Erfahrung geprägt, denn so einfach, wie es klingen mag, ist es dann doch wieder nicht: Dem Wein mehr Ruhe geben, noch mehr auf die Qualität des Eichenholzes für die Barriques achten, im Grunde Low Tech statt High Tech! Und dieses Mehr an Ruhe ist bei den balancierten, in sich ruhenden Gewächsen deutlich erlebbar, wie dies die hohen Bewertungen der uns vorgestellten Kollektion belegen.

Herausragende Große Gewächse

Die aktuelle 2013er Rotweinpalette besteht aus aufs Feinste abgestuften Spätburgundern, durchgängig mit großer Tiefe, kraftvollem Ausdruck und gleichzeitig sehr verführerischer Eleganz. Für eine weitere geschmacklich positive Entwicklung in den nächsten Jahren sind alle Weine aufs Beste durch gekonnten Holzeinsatz gerüstet. Dies gilt ganz besonders für das 2013er Große Gewächs Kesselberg aus dem berühmten Burkheimer Feuerberg mit vulkanischem Ursprung. Sicher ist auch, dass die ganze Palette der weißen Burgundersorten des sehr guten Jahrgangs 2014 ebenfalls äußerst gelungen ist und dies eben auch mit dem ganz besonderen aromatischen Etwas des Kaiserstuhls, welches hierbei besonders gut herausgearbeitet wurde. Überragend sind die beiden 2014er Großen Gewächse Haslen und Villinger. Generell gilt: Die Großen Gewächse, egal ob weiß oder rot, sind allesamt eine echte Klasse für sich und gehören zum Besten, was Deutschland an Burgunderweinen zu bieten hat. Die Geschichte der Familie Bercher lässt sich bis ins Jahr 1457 zurückverfolgen. Ursprünglich in der Schweiz ansässig, siedelte sich die Familie nach dem Dreißigjährigen Krieg am Kaiserstuhl an. Seit mehr als 300 Jahren ist das malerische Städtchen Burkheim am Westrand des Kaiserstuhls die Heimat der Berchers.

Martin und Arne Bercher

Lange Geschichte

1756 erbaute Franz-Michael Bercher in der Mitte dieses idyllischen Weinortes das Gutshaus, welches seither durchgehend im Familienbesitz und bis heute der Sitz des Bercher'schen Weinguts ist. Heute hat der junge Familienvater Arne Bercher den Fokus auf der Kellerarbeit und Martin Bercher ist für die Kultivierung der Reben verantwortlich. Gemeinsam leiten sie diesen renommierten Traditionsbetrieb nach dem Motto von Eckart Bercher: Wein ist Arbeit, Wahrheit, Weisheit.

Anzahl der verkosteten Weine: 19
Bewertungen: 86-92 Punkte

2012	Pinot Sekt extra Brut **14,50 €** | 12,5% | bis 2020	**87**
2014	Jechtinger Weißburgunder trocken **8,30 €** | 12,5% | bis 2019	**87**
2014	Jechtinger Grauburgunder trocken € **8,30 €** | 12,5% | bis 2020	**88**
2014	Burkheimer Spätburgunder trocken Blanc de Noirs **8,70 €** | 12,5% | bis 2018	**86**
2014	Burkheimer Weißburgunder trocken € **8,70 €** | 12,5% | bis 2019	**88**
2014	Burkheimer Grauburgunder trocken € **8,80 €** | 12,5% | bis 2020	**89**
2014	Burkheimer Schlossgarten Muskateller trocken »Erste Lage« **13,50 €** | 12% | bis 2019	**87**
2014	Sasbacher Limburg Weißburgunder trocken »Erste Lage« **14,- €** | 13% | bis 2020	**89**
2014	Burkheimer Feuerberg Grauburgunder trocken »Erste Lage« **14,- €** | 13% | bis 2021	**90**
2014	Scheurebe & Chenin Blanc »SE« trocken **15,- €** | 13% | bis 2019	**89**
2014	Chardonnay »SE« trocken **20,- €** | 13,5% | bis 2022	**90**
2014	Burkheimer Feuerberg Weißburgunder Haslen »Großes Gewächs« **22,- €** | 13,5% | bis 2020	**90**
2014	Burkheimer Schlossgarten Grauburgunder Villinger »Großes Gewächs« **22,- €** | 13,5% | bis 2024	**91**
2014	Burkheimer Feuerberg Grauburgunder Haslen »Großes Gewächs« **26,- €** | 13,5% | bis 2024	**92**
2013	Jechtinger Spätburgunder trocken **9,50 €** | 13% | bis 2020	**87**
2013	Burkheimer Spätburgunder trocken **10,- €** | 13% | bis 2019	**86**
2013	Jechtinger Eichert Spätburgunder trocken »Erste Lage« **18,- €** | 13,5% | bis 2022	**90**
2012	Sasbacher Limburg Spätburgunder trocken »Erste Lage« **21,- €** | 14% | bis 2022	**90**
2013	Burkheimer Feuerberg Spätburgunder Kesselberg »Großes Gewächs« **39,- €** | 13,5% | bis 2024	**91**

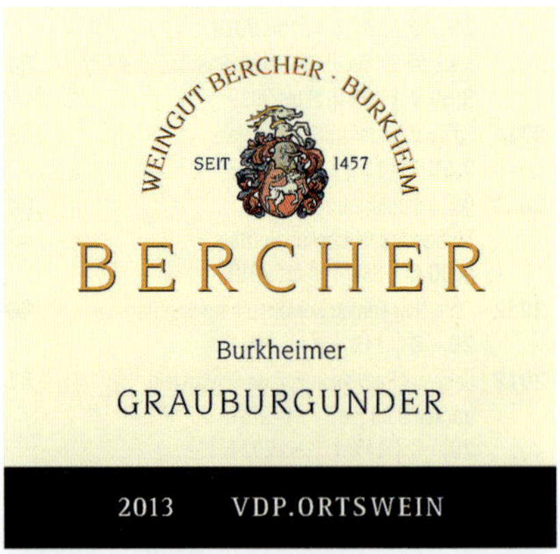

WEINGUT ANDREAS BIESELIN

77955 Ettenheim · Im Brünnelinsgraben 1
☎ (0 78 22) 44 63 19 · Fax 44 63 20
weingut@andreas-bieselin.de
www.andreas-bieselin.de
Inhaber: Andreas und Olivia Bieselin

Verkauf: Olivia Bieselin nach Vereinbarung

Dieses 2002 gegründete Breisgauer 5,5-Hektar-Weingut präsentiert sich aktuell mit einer neuen, sehr wertigen Flaschenausstattung und die diesjährige Kollektion folgt der neuen betriebseigenen Klassifizierung mit drei Linien: Das Blatt steht für leicht und frisch, der Stamm für Kraft und Beständigkeit und die Wurzel schließlich kennzeichnet Tiefgründiges und Gehaltvolles. Der Inhaber und Winzer Andreas Bieselin, der sein Rüstzeug von Bernhard Huber und im toskanischen Weingut Poggio al Sole bekommen hat, entwickelt hier eine wirklich eigenständige Stilistik, sowohl im Geschmack wie auch im Design. Sein Credo: Wir möchten, dass unsere Weine die Sprache unserer Weinberge und unserer Landschaft sprechen.

Anzahl der verkosteten Weine: 12
Bewertungen: 82–87 Punkte

2014	Müller-Thurgau Blatt trocken **6,50 €** | 10% | bis 2018	**83**
2014	Riesling Blatt trocken **7,– €** | 11,5% | bis 2017	**83**
2014	Weißburgunder Stamm trocken **8,50 €** | bis 2017	**85**
2014	Spätburgunder Stamm trocken Blanc de Noirs **9,– €** | 12% | bis 2018	**84**
2014	Auxerrois Stamm trocken **9,– €** | 11,5% | bis 2019	**85**
2014	Grauburgunder Stamm trocken **9,50 €** | 13% | bis 2018	**85**
2014	Riesling Wurzel trocken **16,– €** | bis 2019	**86**
2014	Chardonnay Wurzel trocken **16,– €** | bis 2019	**87**
2014	Muskateller Stamm halbtrocken **9,50 €** | 8% | bis 2019	**82**
2014	Spätburgunder Stamm trocken Rosé **9,– €** | 12,5% | bis 2017	**84**
2013	Spätburgunder Blatt trocken **7,– €** | 12,5% | bis 2016	**83**
2012	Spätburgunder Stamm trocken Barrique **13,– €** | 13,5% | bis 2020	**86**

WEINGUT BIMMERLE

77871 Renchen · Kirchstraße 4
☎ (0 78 43) 6 54 · Fax 15 02
info@wein-bimmerle.de
www.wein-bimmerle.de
Inhaber: Siegbert Bimmerle
Kellermeister: Thomas Hirth

Verkauf: Siegbert Bimmerle
Mo–Fr: 9.00–12.00 · 13.00–18.00 Uhr
Sa: 9.00–14.00 Uhr und nach Vereinbarung

Weinrefugium: für Tagungen und Feste, Verkostungen für bis zu 60 Personen

Rebfläche: 113 Hektar
Vertragswinzer: 40
Jahresproduktion: 750.000 Flaschen
Beste Lagen: Verzicht auf Lagenangaben
Boden: Arkosesandstein, Granitverwitterung, Löss, Muschelkalk
Rebsorten: 35% Spätburgunder, 18% Grauburgunder, 13% Riesling, 11% Müller-Thurgau, 10% Weißburgunder, 13% übrige Sorten
Durchschnittsertrag: 65 hl/ha

Das bereits 1936 gegründete Weingut ist in den letzten Jahren unter der Ägide des stets nach Perfektion strebenden Besitzers und gelernten Weinküfers Siegbert Bimmerle und mit der Unterstützung von Kellermeister Thomas Hirth enorm gewachsen. Die insgesamt 113 Hektar Rebfläche mit Lagen bei Baden-Baden, rund um Oberkirch und Durlach bis nach Enttenheim werden in einer beeindruckend großzügig dimensionierten und topmodernen Kellerei verarbeitet. Die uns vorgestellte Kollektion der 2014er Weißweine befindet sich wieder auf einem durchgängig hohen Niveau, wobei es die klare Handschrift des Hauses ist, auf eine geschmacklich reife Üppigkeit zu setzen. Bei den hier aktuell gezeigten 2012er Spitzenrotweinen weiß besonders wieder der würzige Cabernet Sauvignon wie auch der sehr gute Spätburgunder zu überzeugen, generell sind die mit »Reserve« gekennzeichneten Weiß- und Rotweine hervorzuheben, die nicht durchgängig jedes Jahr abgefüllt werden.

Rote Symbole: Diese Betriebe verdienen in ihrer Klasse besondere Aufmerksamkeit

Anzahl der verkosteten Weine: 12
Bewertungen: 83-90 Punkte

2014	Weißburgunder trocken **6,90 €**/1,0 Lit. | 12,5% | bis 2017	**83**
2014	Sauvignon Blanc trocken **10,90 €** | 12,5% | bis 2018	**85**
2014	Riesling trocken Reserve **16,– €** | 12,5% | bis 2019	**86**
2014	Chardonnay trocken Reserve **19,– €** | 13,5% | bis 2019	**86**
2014	Grauburgunder trocken Reserve **19,– €** | 13,5% | bis 2020	**87**
2014	Weißburgunder Kabinett trocken **8,90 €** | 12% | bis 2017	**85**
2014	Grauburgunder Spätlese trocken **10,90 €** | 13% | bis 2018	**85**
2014	Scheurebe Beerenauslese **34,– €** | 9% | bis 2022	**90**
2013	Spätburgunder trocken Holzfass **11,90 €** | 13,5% | bis 2018	**85**
2012	Spätburgunder trocken Barrique **15,90 €** | 14% | bis 2019	**86**
2012	Cabernet Sauvignon trocken Barrique **18,90 €** | 14,5% | bis 2022	**87**
2012	Spätburgunder trocken Reserve **35,– €** | 14,5% | bis 2020	**87**

WEINGUT FRITZ BLANKENHORN

79418 Schliengen · Basler Straße 2
☎ (0 76 35) 8 20 00 · Fax 82 00 20
info@gutedel.de
www.weingut-blankenhorn.de

Inhaber und Betriebsleiter: Martin Männer
Außenbetrieb: Frank Schmid
Kellermeister: Ingo Ehret

Verkauf: Ralph M. Rapohl
Mo–Fr: 8.00–12.00 Uhr · 14.00–18.00 Uhr
Sa: 9.00–13.00 Uhr und nach Vereinbarung

Historie: 1847 von Johann Blankenhorn gegründet
Sehenswert: ehemalige Poststation von Thurn & Taxis

Rebfläche: 25 Hektar
Jahresproduktion: 170.000 Flaschen
Beste Lagen: Schliengener Sonnenstück und Ölberg
Boden: Lösslehm und Letten mit Kalk-Mergel-Skelettanteil
Rebsorten: je 27% Gutedel und Spätburgunder, 12% Weißburgunder, 10% Grauburgunder, je 5% Chardonnay und Riesling, 14% übrige Sorten
Durchschnittsertrag: 68 hl/ha
Mitglied: VDP, Slow Food, Fair'n Green

Der Anfang vierzigjährige Freiburger Jurist Martin Mämmer hat im Sommer 2014 den Betrieb von Rosemarie (Roy) Blankenhorn übernommen und führt nun dieses traditionsreiche – von Johann Blankenhorn 1847 gegründete Weingut – mit heute 25 Hektar Rebfläche und rund 170.000 Flaschen Jahresproduktion mit der fachlichen Unterstützung von Roy Blankenhorn – nunmehr befreit von verwaltungstechnischen Aufgaben – weiter. Neben den klassischen Rebsorten Badens werden hier auch sehr erfolgreich internationale Rotweinsorten kultiviert, wie etwa ein aktuell vorgestellter, besonders gut gelungener 2011er Merlot, aber auch Cabernet Sauvignon und Syrah. Die aktuelle Palette besticht ebenso mit harmonisch balancierten weißen Burgundern.

Zeichenerklärung:
Schnäppchenpreis · Top 10 Spitzenreiter
Ökobetrieb · Trink-Tipp · Versteigerungswein
Sekt | Weißwein | Rotwein | Roséwein

Anzahl der verkosteten Weine: 11
Bewertungen: 83–87 Punkte

2014 Gutedel trocken **84**
5,80 € | 11% | bis 2017

2014 Müller-Thurgau trocken **84**
5,80 € | 12% | bis 2017

2014 Auxerrois trocken **85**
7,50 € | 12,5% | bis 2018

2014 Sauvignon Blanc Kabinett trocken **86**
8,80 € | 12,5% | bis 2018

2014 Weißburgunder Kabinett trocken **86**
8,80 € | 12,5% | bis 2018

2014 Grauburgunder Kabinett trocken **86**
8,80 € | 12% | bis 2019

2014 Chardonnay Kabinett trocken **86**
8,80 € | 12% | bis 2019

2014 Rose trocken Cuvée **83**
8,50 € | 12% | bis 2017

2012 Spätburgunder trocken **86**
8,50 € | 13% | bis 2019

2011 Merlot trocken Barrique **87**
14,– € | 14% | bis 2020

2012 Schliengener Sonnenstück **87**
Spätburgunder »Großes Gewächs«
25,– € | 13% | bis 2020

WEINGUT BÖS

69254 Malsch · Wiesenacker 2
☎ (0 72 53) 27 88 18 · Fax 27 88 19
info@weingut-boes.de
www.weingut-boes.de
Inhaber: Rüdiger Bös

Verkauf: Rüdiger Bös
Di, Do: 17.00–19.00 Uhr, Fr: 15.00–19.00 Uhr
Sa: 10.00–14.00 Uhr und nach Vereinbarung

Im Herzen des Kraichgaus zwischen Heidelberg und Karlsruhe liegt dieses sehr gute, 16 Hektar große Weingut mit Besenwirtschaft in Malsch. Rüdiger Bös überzeugt uns auch dieses Jahr wieder mit einem durchgängig stimmigen Sortiment von feinen und preiswerten 2014er Weißweinen, das Hauptaugenmerk liegt aber auch diesmal wieder besonders deutlich auf bestens durchstrukturierten 2013er Rotweinen.

Anzahl der verkosteten Weine: 12
Bewertungen: 80–86 Punkte

2014 Cuvée »Charta« **83**
Tafelwein trocken Alte Reben Blanc de Noirs
11,– € | 13% | bis 2019

2014 Spätburgunder trocken Blanc de Noirs **83**
6,– € | 12,5% | bis 2017

2014 Malscher Ölbaum **82**
Gelber Muskateller trocken
7,50 € | 12% | bis 2017

2013 Malscher Ölbaum **83**
Grauburgunder Jagdweg trocken Holzfass
9,– € | 13% | bis 2018

2014 Malscher Ölbaum **83**
Weißburgunder Kabinett trocken
6,– € | 13% | bis 2018

2014 Malscher Ölbaum **84**
Grauburgunder Kabinett trocken
6,– € | 13% | bis 2018

2014 Malscher Ölbaum Müller-Thurgau feinherb **80**
4,– €/1,0 Lit. | 12% | bis 2017

2014 Malscher Ölbaum Auxerrois feinherb **82**
6,– € | 12% | bis 2017

2013 Cuvée »St. Ambrosius« trocken Holzfass **83**
8,– € | 13,5% | bis 2019

2013 Malscher Rotsteig **85**
Blaufränkisch trocken Holzfass
9,– € | 14% | bis 2018

2013 Malscher Rotsteig **86**
Spätburgunder Hahnenberg trocken »Erste Lage«
13,– € | 13,5% | bis 2020

2012 Malscher Rotsteig **84**
Spätburgunder Kabinett trocken Holzfass
6,– € | 13,5% | bis 2020

WEINGUT RUDOLF BOSCH

76709 Kronau · An der Oberen Lußhardt 1/1
☎ (0 72 53) 9 32 40 24 · Fax 95 34 03
info@weingut-bosch-kronau.de
www.weingut-bosch-kronau.de
Inhaber: Rudolf Bosch und Andreas Braunecker
Kellermeister: Andreas Braunecker

Verkauf: Andreas Braunecker
Mi, Fr: 17.30–19.00 Uhr, Sa: 14.00–17.00 Uhr

Dies ist ein sehr ambitionierter Betrieb im weitläufigen und in der Weinwelt immer noch nicht genügend anerkannten Kraichgau. Der Geisenheimabsolvent Andreas Braunecker, ein Neffe von Rudolf Bosch, setzt hier seit nunmehr fast zehn Jahren herzerfrischende Impulse. Schon die unkomplizierten und sehr günstigen Weißweine, wie der feine 2014er Riesling Esprit, bieten immer viel Trinkvergnügen, aber auch ganz besonders bei den Rotweinen hat Andreas Braunecker ein wirklich gutes Händchen. In der aktuell angestellten Kollektion fehlten allerdings die Spitzengewächse wie der letztes Jahr angestellte 2011er Spätburgunder Elysium.

Anzahl der verkosteten Weine: 11
Bewertungen: 81–86 Punkte

2014 Cuvée »Olino« trocken **81**
4,50 €/1,0 Lit. | 11,5% | bis 2017

2014 Müller-Thurgau Esprit **83**
6,20 € | 11,5% | bis 2018

2014 Riesling Esprit trocken **84**
7,40 € | 11,5% | bis 2018

2014 Obergrombacher Michaelsberg **84**
Auxerrois Esprit trocken
7,40 € | 12% | bis 2019

2013 Cuvée »Blanc« Charta **84**
7,40 € | 12% | bis 2019

2014 Weißburgunder Esprit Charta **85**
7,40 € | 12,5% | bis 2019

2014 Grauburgunder Signatur trocken **85**
9,80 € | 13,5% | bis 2019

2014 Riesling Lias Epsilon trocken **86**
16,50 € | 12,5% | bis 2019

2012 Spätburgunder Esprit trocken **84**
7,80 € | 14% | bis 2020

2012 Cuvée »Zweierlei« trocken **84**
14,50 € | 14% | bis 2019

2012 Frühburgunder Signatur trocken **86**
14,50 € | 13,5% | bis 2020

Neu

WEINGUT CLAUER DE CHANT

69126 Heidelberg · Rathausstraße 15
☎ (0 62 21) 5 99 11 00 · Fax 5 99 11 01
info@clauer-dechant.de
www.clauer-dechant.de
Inhaber: Hans Martin Clauer

Verkauf: nach Vereinbarung

Hans Martin Clauer betreibt mit tatkräftiger Unterstützung des Seniors seit 2008 dieses Weingut im Heidelberger Stadtteil Rohrbach. Auf Muschelkalk und Buntsandstein gedeihen die teils mit 7.200 Reben pro Hektar dicht bestockten Anlagen im Heidelberger Herrenberg und der Heidelberger Burg. Eine wirklich herausragende Besonderheit stellt hierbei ein bereits vor 200 Jahren angelegter Mischsatz aus zwölf Rebsorten, darunter auch der Riesling- und Chardonnay-Vater Weißer Heinisch, dar. Dies ergab im aktuell vorgestellten Jahrgang 2014 einen ausdrucksstarken Wein mit dem bezeichnenden Namen Codex, seit 2014 ist die minimalistische Ausbauweise vegan.

Anzahl der verkosteten Weine: 7
Bewertungen: 83–85 Punkte

2014 Heidelberger Burg **83**
Silvaner trocken »sur lie«
5,– € | 12% | bis 2018

2013 Heidelberger Herrenberg **85**
Weißburgunder WB01 Landwein trocken Barrique
11,– € | 12,5% | bis 2019

2014 Heidelberger Herrenberg **85**
Codex Landwein trocken Gemischter Satz »sur lie«
20,– € | 11% | bis 2019

2014 Heidelberger Herrenberg **83**
Müller-Thurgau trocken »sur lie«
4,– € | 11% | bis 2018

2014 Heidelberger Herrenberg **84**
Grauburgunder trocken »sur lie«
7,– € | 12% | bis 2019

2014 Heidelberger Herrenberg **85**
Weißburgunder WB02 trocken »sur lie«
7,– € | 11% | bis 2020

2014 Heidelberger Herrenberg **85**
Weißburgunder WB01 trocken »sur lie«
9,– € | 12% | bis 2019

Die Betriebe:
Weltklasse · Deutsche Spitze
Sehr gut · Gut · Zuverlässig
Weitere Empfehlung

WEINGUT SUSANNE UND BERTHOLD CLAUSS

79807 Nack · Obere Dorfstr. 39
☎ (0 77 45) 54 92 · Fax 92 79 51
info@weingutclauss.de
www.weingutclauss.de
Inhaber: Susanne und Berthold Clauß
Betriebsleiter und Kellermeister: Berthold Clauß

Verkauf: Susanne Clauß
Mo–Di, Do–Fr: 10.00–12.00 Uhr · 14.00–18.00 Uhr
Sa: 9.00–13.00 Uhr

Erlebenswert: »Nacker Werke«, eine »Vereinigung zur Wartung der Sinne« gemeinsam mit dem Restaurant »Kranz« und der »Klangscheune«

Rebfläche: 16 Hektar
Jahresproduktion: 120.000 Flaschen
Beste Lagen: Nacker Steinler, Erzinger Kapellenberg
Boden: sandiger Lehm mit Kies, Lehm mit Kalk
Rebsorten: 60% Spätburgunder, je 12% Grauburgunder und Müller-Thurgau, 6% Sauvignon Blanc, 5% Weißburgunder, 2% Frühburgunder, 3% übrige Sorten
Durchschnittsertrag: 60 hl/ha
Mitglied: Slow Food, Vinissima

Susanne und Berthold Clauß führen diesen 16 Hektar großen Betrieb im südlichsten Teil Badens zwischen Schaffhausen und Zürich nur 15 Minuten vom Rheinfall entfernt direkt an der Schweizer Grenze im 180-Seelen-Ort Nack mit allergrößtem Engagement. Es scheint so, als sei hier ganz still und leise ein regelrechtes Kompetenzzentrum für Spätburgunder entstanden, jedenfalls begeistert uns der sehr komplex angelegte und vom Barrique deutlich geprägte 2013er Pinot Noir in diesem Jahr wieder ganz besonders. Ein weiteres Highlight ist auch heuer wieder der geheimnisvoll würzige 2014er Müller-Thurgau Wildfang. Zu ungewöhnlichen kulturellen Höhepunkten laden übrigens die Nacker Werke ein, eine sogenannte »Vereinigung zur Wartung der Sinne«.

Zeichenerklärung:
Schnäppchenpreis · **Top 10** Spitzenreiter
Ökobetrieb · Trink-Tipp · Versteigerungswein
Sekt | Weißwein | Rotwein | Roséwein

Anzahl der verkosteten Weine: 13
Bewertungen: 85–90 Punkte

	Pinot Noir Sekt Brut	**14,50 €** | 12,5% | bis 2019	87
2014	Nacker Müller-Thurgau trocken	**7,- €** | 11,5% | bis 2017	85
2014	Grauburgunder Belemnit trocken	**8,80 €** | 13,5% | bis 2018	86
2014	Nacker Weißburgunder trocken	**8,80 €** | 13,5% | bis 2018	86
2014	Pinot Noir Belemnit trocken Blanc de Noirs	**8,90 €** | 13,5% | bis 2017	85
2014	Müller-Thurgau Belemnit Wildfang trocken Holzfass	(Trink-Tipp) **8,90 €** | 12,5% | bis 2017	86
2014	Nacker Sauvignon Blanc trocken	**15,- €** | 13% | bis 2019	87
2014	Pinot Gris Urbanus trocken	**18,- €** | 13,5% | bis 2022	90
2014	Nacker Spätburgunder trocken Rosé	**7,80 €** | 13% | bis 2017	85
2014	Spätburgunder Eiswein	**29,- €**/0,375 Lit. | 9,5% | bis 2025	90
2012	Spätburgunder »CB« Belemnit trocken Barrique	**16,- €** | 13,5% | bis 2020	87
2013	Spätburgunder »CB« Belemnit trocken Barrique	**16,- €** | 14% | bis 2022	88
2013	Pinot Noir Urbanus trocken Barrique	**26,- €** | 14% | bis 2024	90

WEINGUT DANNER

77770 Durbach · Heimbach 3
☎ (07 81) 9 48 31 23 · Fax 94 86 95 37
info@danner-weingut.de
www.danner-weingut.de
Inhaber und Betriebsleiter: Alexander Danner

Verkauf: Sonja und Alexander Danner
Mo–Fr: 9.30–18.00 Uhr
Sa: 9.30– 16.00 Uhr und nach Vereinbarung

Rebfläche: 4 Hektar
Jahresproduktion: 24.000 Flaschen
Beste Lagen: auf die Angabe von Lagen wird verzichtet
Boden: Granitverwitterung
Durchschnittsertrag: 45 hl/ha
Mitglied: Slow Food

Dieser konsequent ökologisch arbeitende Durbacher Vier-Hektar-Betrieb von Alexander Danner ist sicherlich eines der eigenwilligsten Weingüter Badens, natürlich einhergehend mit einem selbstbewusst ausgeprägten ureigenen Profil. Die sehr individuellen, meist im Holz vergorenen Weine – nur der Typ 1 kommt aus dem Edelstahl – zeigen sich geschmacklich immer intensiv und verfügen über eine deutliche Länge sowie über ein erhebliches Reifepotenzial, wie aktuelle Nachverkostungen älterer Jahrgänge immer wieder belegen. Herausragend sind in der aktuellen Kollektion die – immer ein Jahr später als in der Ortenau üblich angestellten – 2013er Weißweine. Wieder einmal gefielen uns die markanten Rieslinge, die trotz spürbaren Holzeinsatzes ihre Durbacher Herkunft nicht verleugnen können, und einmal mehr die enorm ausdrucksstarken Spätburgunder. Beginnend mit einem extravaganten, ebenfalls außergewöhnlicherweise ein Jahr lang gereiften 2013er Rosé Exot, findet man hier feingewobene und betörende Pinot Noirs in den Kategorien Typ 1, Typ 2 und Typ 3.

Anzahl der verkosteten Weine: 12
Bewertungen: 86-91 Punkte

Jahrgang	Wein	Preis / Alkohol / Trinkreife	Punkte
2011	Sekt Brut	**15,– €** | 12,5% | bis 2019	**86**
2013	Riesling Typ 1 trocken	**8,– €** | 11,5% | bis 2019	**86**
2013	Grauburgunder Typ 1 trocken	**8,– €** | 12,5% | bis 2019	**86**
2013	Cuvée »Froh Natur« trocken	**10,– €** | 11% | bis 2018	**86**
2013	Grauburgunder Typ 2 trocken Holzfass	**13,– €** | 12,5% | bis 2020	**87**
2012	Weißburgunder Typ 2 trocken Holzfass	**13,– €** | 13% | bis 2020	**87**
2012	Riesling Typ 2 trocken Holzfass	**13,– €** | 12% | bis 2020	**88**
2012	Chardonnay Typ 3 trocken Barrique	**16,– €** | 13,5% | bis 2022	**87**
2013	Spätburgunder Exot halbtrocken Rosé	**9,50 €** | 11,5% | bis 2017	**86**
2012	Pinot Noir Typ 2 trocken Holzfass	€ **12,– €** | 12,5% | bis 2020	**88**
2010	Cuvée »Typ 3« trocken Barrique	**18,– €** | 12% | bis 2020	**88**
2010	Pinot Noir Typ 3 trocken Barrique	**26,– €** | 12% | bis 2020	**91**

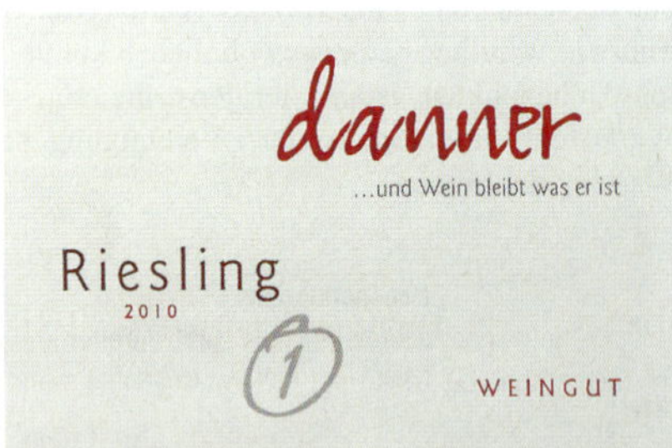

Die Betriebe:
Weltklasse · Deutsche Spitze
Sehr gut · Gut · Zuverlässig
Weitere Empfehlung

WEINGUT HERMANN DÖRFLINGER

79379 Müllheim · Mühlenstraße 7
☎ (0 76 31) 22 07 · Fax 41 95
mail@weingut-doerflinger.de
www.weingut-doerflinger.de
Inhaber: Hermann Dörflinger
Betriebsleiter und Kellermeister:
Hermann Dörflinger

Verkauf: Hermann und Doris Dörflinger
Mo–Fr: 8.00–12.30 Uhr · 13.30–18.30 Uhr
Sa: 9.00–16.00 Uhr

Sehenswert: schöner Holzfasskeller, Hof mit mediterranem Flair

Rebfläche: 21 Hektar
Jahresproduktion: 140.000 Flaschen
Beste Lagen: Müllheimer Reggenhag, Pfaffenstück und Sonnhalde, Badenweiler Römerberg
Boden: kalkhaltiger Löss, Braunjura und sandiger Lehm
Rebsorten: 37% Gutedel, 23% Spätburgunder, 12% Weißburgunder, 10% Grauburgunder, 18% übrige Sorten
Durchschnittsertrag: 65 hl/ha

Die geschmackvolle Visitenkarte dieses höchst renommierten, vor über 100 Jahren gegründeten, Familienweingutes sind wie eh und je drei schlanke, sehr feine 2014er Gutedel aus Einzellagen, die Hermann Dörflinger wie alle seine Weine stets kompromisslos zu 100 Prozent durchgären lässt. Die Weine sind von einer klaren, intensiven Frucht geprägt, die großes Vergnügen und Lust zum Weitertrinken macht. So ist das Gut seit vielen Jahren eine erstklassige Adresse für Freunde schnörkelloser Weine, eben vom Gutedel bis hin zum feinen und langlebigen Spätburgunder aus dem Barrique. Das trifft auch wieder auf das aktuelle Sortiment zu, in dem Dörflinger mehrere charaktervolle 2014er Weißweine, aber auch nochmals die beiden perfekt ausbalancierten 2012 Rotweine zeigt.

Anzahl der verkosteten Weine: 13
Bewertungen: 84–88 Punkte

2014 Müllheimer Reggenhag Gutedel trocken **84**
6,– € | 11,5% | bis 2017

2014 Badenweiler Römerberg Gutedel trocken **85**
6,– € | 11,5% | bis 2017

2014 Müllheimer Pfaffenstück Gutedel trocken **85**
6,– € | 11,5% | bis 2017

2013 Müllheimer Reggenhag **88**
Chardonnay trocken Barrique
16,– € | 13% | bis 2020

2014 Müllheimer Sonnhalde **86**
Weißburgunder Kabinett trocken
7,30 € | 12,5% | bis 2018

2014 Müllheimer Sonnhalde **86**
Grauburgunder Kabinett trocken
7,30 € | 12,5% | bis 2018

2014 Müllheimer Reggenhag **87**
Chardonnay Kabinett trocken
9,– € | 13,5% | bis 2019

2014 Müllheimer Pfaffenstück **87**
Riesling Spätlese trocken
9,– € | 13% | bis 2018

2014 Badenweiler Römerberg **87**
Weißburgunder Spätlese trocken
10,50 € | 14% | bis 2019

2014 Müllheimer Sonnhalde **87**
Grauburgunder Spätlese trocken
10,50 € | 13,5% | bis 2019

2014 Müllheimer Reggenhag **87**
Gewürztraminer Spätlese halbtrocken
10,50 €/0,5 Lit. | 13% | bis 2020

2012 Badenweiler Römerberg **88**
Spätburgunder trocken Barrique
17,– € | 13,5% | bis 2024

2012 Müllheimer Pfaffenstück **88**
Spätburgunder Spätlese trocken Barrique
16,– € | 13,5% | bis 2022

WEINGUT HOLGER DÜTSCH

76534 Baden-Baden-Neuweier
Sankt-Michael-Straße 39
☎ (0 72 23) 95 97 39 · Fax 2 81 88 23
info@weingut-duetsch.de
www.weingut-duetsch.de
Inhaber und Betriebsleiter: Holger Dütsch

Verkauf: Di, Do–Fr: 15.00–18.00 Uhr
Sa: 10.00–13.00 Uhr und nach Vereinbarung

Rebfläche: 4 Hektar
Jahresproduktion: 25.000 Flaschen
Beste Lagen: Neuweier Mauerberg und Altenberg
Boden: Granit- und Porphyrverwitterung, Lösslehm
Rebsorten: 70% Riesling, 10% Blaufränkisch, je 8% Silvaner und Spätburgunder, 4% übrige Sorten
Durchschnittsertrag: 52 hl/ha

Der geborene Franke Holger Dütsch hat sein Handwerk in Württemberg, im Rheingau und in Südtirol gelernt, bevor er die Stelle als Verwalter des nahe gelegenen Schlossgutes Neuweier antrat. Nach sechs Jahren auf diesem Renommiergut gründete er seinen eigenen kleinen Vier-Hektar-Betrieb mit einer Jahresproduktion von rund 25.000 Flaschen. Wichtig ist ihm dabei, dass er die Weinberge mit eigener Hand bearbeiten und die Weine natürlich selbst ausbauen kann. Diese sprichwörtliche Handarbeit manifestiert sich in einer absolut glasklaren, schnörkellosen Geschmackshandschrift. Bereits die beiden 2014er Silvaner bestechen mit Feinnervigkeit und Eleganz wie selten außerhalb Frankens. Die klar abgestufte 2014er Riesling-Kaskade ist insgesamt gut gelungen und zeigt das Talent und die Gewissenhaftigkeit dieses Winzers. Obwohl Holger Dütsch keine Probleme hat, seine Weine abzusetzen, blieben die Preise auf dem Teppich.

Anzahl der verkosteten Weine: 11
Bewertungen: 85–88 Punkte

2014	Silvaner trocken **7,– €** | 11% | bis 2018	**85**
2014	Riesling trocken **7,– €** | 11,5% | bis 2017	**85**
2013	Riesling Tradition trocken Holzfass **10,50 €** | 12,5% | bis 2020	**86**
2014	Riesling Mineral Kabinett trocken **8,50 €** | 11,5% | bis 2020	**86**
2014	Neuweier Mauerberg Riesling Kabinett trocken **8,50 €** | 11,5% | bis 2020	**87**
2014	Silvaner Tradition Kabinett trocken Holzfass **9,– €** | 12% | bis 2018	**86**
2014	Riesling Urgestein Spätlese trocken **11,– €** | 12,5% | bis 2022	**87**
2014	Neuweier Mauerberg Riesling Spätlese trocken **11,50 €** | 12,5% | bis 2022	**88**
2014	Riesling Kabinett feinherb **8,50 €** | 11,5% | bis 2020	**86**
2013	Blaufränkisch trocken **10,50 €** | 13% | bis 2021	**86**
2013	Spätburgunder trocken **10,50 €** | 13% | bis 2020	**86**

Zeichenerklärung:
Schnäppchenpreis · Top 10 Spitzenreiter
Ökobetrieb · Trink-Tipp · Versteigerungswein
Sekt | Weißwein | Rotwein | Roséwein

WEINGUT DUIJN

77815 Bühl · Erlenstraße 38
☎ (0 72 23) 2 14 97 · Fax 8 37 73
info@weingut-duijn.com
www.weingut-duijn.com
Inhaber und Betriebsleiter: Jacob Duijn

Verkauf: Anne Seifried
Di–Fr: 9.00–13.00 Uhr · 16.00–19.00 Uhr
Sa: 10.00–14.00 Uhr

Sehenswert: Gewölbekeller aus dem Jahr 1638 und neuer Barriquekeller

Rebfläche: 6,6 Hektar
Jahresproduktion: 20.000 Flaschen
Beste Lagen: Bühlertaler Engelsfelsen und Sternenberg, Laufer Gut Alsenhof
Boden: Granitverwitterung
Rebsorte: 100% Spätburgunder (Pinot Noir)
Durchschnittsertrag: 45 hl/ha
Mitglied: Demeter

Im Bühlertal bei Baden-Baden erzeugt der gebürtige Holländer Jacob Duijn auf 6,6 Hektar großen Pinot Noir bei einer vergleichsweise geringen Jahresproduktion von nur 20.000 Flaschen. Diese Weine zeichnet in der Jugend eine noble Strenge aus, durchaus vergleichbar mit den besten Vertretern von der Côte de Nuits. Das bedeutet aber auch, dass diese jugendliche Unnahbarkeit der Zeit und Reife bedarf, damit der Wein sich richtig entfalten kann und den Genießer für das Abwarten belohnt. Erfahrung für dieses anspruchsvolle Unterfangen sammelte Duijn zuvor als Sommelier beim Jahrhundertkoch Eckart Witzigmann in München, auf der Bühler Höhe bei Baden-Baden und im Weinhandel. Duijn baut seine Weine konsequent in neuen Barriques aus, im Weinberg hat er seit 2004 auf ökologische Bewirtschaftung umgestellt. Die Biodynamie ist seine ehrliche Passion. Vor allem Lebendigkeit möchte er in seinen Weinen erlebbar machen. Bei seinen beiden aktuell zur Verkostung angestellten 2012er Lagenweinen setzt Duijn auf eine lange Entwicklung, was sich in einem guten Reifepotenzial manifestiert. Jacob Duijns Pinot Noirs beeindrucken durch Tiefgang und Dichte sowie eher mit einer gewissen Verschlossenheit in der Jugend als mit frühreifer Frucht. Sie sind sehr anspruchsvoll, wie der Winzer selbst. Dadurch gelingt gleichzeitig auch ein ganz wunderbarer Gleichklang zwischen Anspruch, der Natur und dem Genuss!

Anzahl der verkosteten Weine: 2
Bewertungen: 88–90 Punkte

2012 Altschweier Sterneberg **88**
Pinot Noir Jannin trocken
27,– € | 12,5% | bis 2022

2012 Bühlertaler Engelsfelsen **90**
Pinot Noir »SD« trocken
47,– € | 12,5% | bis 2024

DURBACHER WINZERGENOSSENSCHAFT

77770 Durbach · Nachtweide 2
☎ (07 81) 9 36 60 · Fax 3 65 47
WG@durbacher.de
www.durbacher.de
Techn. Leiter: Rüdiger Nilles
Vertriebsleiter: Stephan Danner
Kellermeister: Rüdiger Nilles

Verkauf: Ulrich Litterst, Frank Huber
Mo–Fr: 9.00–18.00 Uhr
Sa–So: 10.00–13.00 Uhr

Kellerführungen und Weinproben: nach Vereinbarung mit Frau Benz, ☎ (07 81) 93 66 0
Historie: gegründet 1928
Sehenswert: Holzfasskeller, Winzersaal für 200 Personen, rustikaler Verkaufsraum, Steinberg Häusle für Weinproben mitten in den Durbacher Reben mit herrlichem Rheintalblick

Rebfläche: 340 Hektar
Zahl der Mitglieder: 230
Jahresproduktion: 3 Mio. Flaschen
Beste Lagen: Durbacher Ölberg, Plauelrain, Kochberg und Steinberg (Eigenbesitz)
Boden: Granitverwitterung, Gneis
Rebsorten: 44% Spätburgunder, 28% Riesling, 9% Müller-Thurgau, 8% Grauburgunder, 5% Gewürztraminer, Traminer, Scheurebe, 6% übrige Sorten
Durchschnittsertrag: 79 hl/ha

Von den stattlichen 450 Hektar steiler und felsiger Rebfläche rund um den Weinort Durbach bewirtschaftet die nach wie vor beste Genossenschaft Badens bereits stolze 340 Hektar auf ökologische Wirtschaftsweise. Die weiße Selektionslinie Steinberg setzt einmal mehr mit einem überraschend zarten 2014er Sauvignon Maßstäbe in der internationalen Genossenschaftswelt. In der Regel gelingen dem Team um Kellermeister Rüdiger Nilles die Weißweine am besten, wobei die edelsüßen Raritäten Jahr für Jahr, diesmal mit einer epochalen 2013er Scheurebe Trockenbeerenauslese hier den Vogel abschießen. Im Rahmen der aktuellen Kollektion ist allerdings auch mit den durchweg geglückten 2013er Rotweinen ein weiterer Durchbruch gelungen. Chapeau!

Anzahl der verkosteten Weine: 12
Bewertungen: 84–93 Punkte

2014	Durbacher Chardonnay trocken Holzfass **7,90 €** | 12,5% | bis 2018	**85**
2014	Durbacher Steinberg Sauvignon Blanc trocken »sur lie« **11,90 €** | 12% | bis 2019	**87**
2014	Durbacher Plauelrain Riesling Kabinett trocken »sur lie« **6,90 €** | 11,5% | bis 2018	**84**
2014	Durbacher Steinberg Riesling Spätlese trocken »sur lie« **11,90 €** | 11,5% | bis 2019	**86**
2014	Durbacher Steinberg Weißburgunder Spätlese trocken »sur lie« **11,90 €** | 12,5% | bis 2019	**87**
2014	Durbacher Plauelrain Scheurebe Spätlese halbtrocken »sur lie« **8,20 €** | 11% | bis 2019	**86**
2013	Durbacher Ölberg Gewürztraminer Beerenauslese halbtrocken »sur lie« **10,90 €** | 9% | bis 2028	**88**
2013	Durbacher Steinberg Gewürztraminer Beerenauslese halbtrocken »sur lie« **36,– €**/0,375 Lit. | 8,5% | bis 2030	**91**
2013	Durbacher Steinberg Scheurebe Trockenbeerenauslese »sur lie« **40,– €**/0,375 Lit. | 7% | bis 2035	**93**
2013	Durbacher Pinot Noir trocken Holzfass **7,90 €** | 13% | bis 2019	**86**
2013	Durbacher Cabernet Sauvignon trocken Barrique **7,90 €** | 13,5% | bis 2020	**86**
2013	Durbacher Kochberg Spätburgunder Spätlese trocken Holzfass **14,90 €** | 13% | bis 2020	**87**

WEINGUT SCHLOSS EBERSTEIN

76593 Gernsbach · Schloss Eberstein 1
☎ (0 78 43) 9 95 92 15 · Fax 9 95 92 17
info@weingut-schloss-eberstein.de
www.weingut-schloss-eberstein.de
Inhaber: Jürgen Decker und Ernst Möschle
Betriebsleiter: Jürgen Decker
Kellermeister: Urban Jung

Verkauf: Vinothek
Fr–So, feiertags: 14.00–19.00 Uhr

Gourmetrestaurant: »Werner's« Schlossschänke: mit regional badischer Küche
Sehenswert: beeindruckende Schlossanlage, baumkundlicher Lehrpfad »Arboretum Schloss Eberstein«

Rebfläche: 11 Hektar
Jahresproduktion: 70.000 Flaschen
Beste Lagen: Ebersteiner Schlossberg
Boden: Granitverwitterung, Lösslehm
Rebsorten: 40% Riesling, 35% Spätburgunder, 15% Weißburgunder, je 3% Grauburgunder und Sauvignon Blanc, je 2% Gewürztraminer und Merlot
Durchschnittsertrag: 49 hl/ha

Bereits der trocken im Holzfass ausgebaute 2013er Spätburgunder-Literwein ist ein klares Bekenntnis zu einer kompromisslosen Qualitätspolitik. Das schöne Schloss Eberstein ist das nördlichste Weingut in der Ortenau und liegt im weniger bekannten Murgtal. Die Brüder Gerd und Jörg Overlack sind dort aufgewachsen und haben im Jahr 2002 mit viel Kraft und Tatendrang die Weinbautradition am Schlosshang wieder aufleben lassen. Ende 2012 übernahmen Jürgen Decker, langjähriger Geschäftsführer der Hex vom Dasenstein und Mitgründer des Vorzeigeprojektes Villa Heynburg, sowie der Edelstahltankhersteller Ernst Möschle aus Ortenberg die Geschicke dieses im Grunde noch jungen Betriebes. Rund um das alte Schloss bewirtschaften die beiden Partner nun elf Hektar Weinberge auf äußerst kargem Granitverwitterungsgestein und erzeugen ein hervorragendes, in ein, zwei und drei Sterne gegliedertes Weinsortiment.

Die Weine:
100 Perfekt · **95–99** Überragend · **90–94** Exzellent
85–89 Sehr gut · **80–84** Gut · **75–79** Passabel

Anzahl der verkosteten Weine: 12
Bewertungen: 84–88 Punkte

Jahrgang	Wein	Punkte
2014	Weißburgunder trocken * **8,90 €** | 13% | bis 2017	**85**
2014	Riesling trocken * **8,90 €** | 12,5% | bis 2017	**85**
2014	Riesling trocken ** **13,50 €** | 13% | bis 2018	**87**
2014	Grauburgunder trocken ** **13,50 €** | 13,5% | bis 2018	**87**
2014	Sauvignon Blanc trocken ** **17,90 €** | 12,5% | bis 2020	**87**
2014	Riesling trocken *** **18,50 €** | 13% | bis 2020	**88**
2014	Spätburgunder trocken Saignée * **8,50 €** | 12,5% | bis 2019	**85**
2013	Merlot Auslese Weißherbst Barrique **29,50 €**/0,5 Lit. | 12% | bis 2022	**87**
2013	Spätburgunder trocken Abfüllerwein Holzfass **7,50 €**/1,0 Lit. | 13% | bis 2017	**84**
2013	Spätburgunder trocken Barrique * **9,50 €** | 13% | bis 2019	**86**
2012	Spätburgunder trocken Barrique ** **19,50 €** | 13,5% | bis 2021	**87**
2012	Merlot trocken Barrique ** **23,50 €** | 13% | bis 2022	**86**

SCHLOSSGUT EBRINGEN

79285 Ebringen · Schlossplatz 1
☎ (0 76 64) 68 05 · Fax 6 06 95
schlossgut@wein-ebringen.de
www.schlossgut-ebringen.de

Inhaber: Bernhard W. Goldschmidt, Andreas Engelmann
Betriebsleiter: Andreas Engelmann

Verkauf: nach Vereinbarung

Restaurant: Rebstockstube gebenüber dem Schloss
Historie: 2013 Feier zum 300-jährigen Bestehen des Schlosses
Sehenswert: Gewölbekeller im Ebringer Schloss

Rebfläche: 7,4 Hektar
Jahresproduktion: 45.000 Flaschen
Beste Lagen: Ebringer Sommerberg
Boden: Kalkmergel mit Lehm-Löss-Auflage
Rebsorten: 40% Spätburgunder, 20% Grauburgunder, 18% Weißburgunder, 12% Sauvignon Blanc, 10% Gutedel
Durchschnittsertrag: 54 hl/ha

Die aktuelle Kollektion des schönen Schlossgutes Ebringen mit hervorragenden Lagen auf rund 300 Höhenmetern gefällt uns wieder einmal sehr. Der sowohl für den Außenbetrieb wie auch für den Keller verantwortliche Betriebsleiter Andreas Engelmann überzeugt auch mit dem Jahrgang 2014 wieder mit einer äußerst harmonischen und fein abgestimmten Weinkollektion von ausdrucksstarken Vertretern der weißen Burgunderfamilie. Ganz besonders empfehlenswert sind aber auch die stoffig würzigen 2013er Pinot Noirs. Mit ihrem dezenten Lakritzton gehören sie seit Jahren zur Gebietsspitze. Am besten probiert man die Weine im Gasthaus Rebstockstube gegenüber dem Schloss.

Anzahl der verkosteten Weine: 13
Bewertungen: 83–89 Punkte

2012	Pinot Noir Crémant Brut Rosé	**85**
	13,90 € | 12,5% | bis 2018	
2014	Gutedel trocken	**83**
	6,90 € | 12% | bis 2017	
2014	Weißburgunder trocken	**84**
	8,30 € | 12,5% | bis 2017	
2014	Grauburgunder trocken	**85**
	8,50 € | 12,5% | bis 2018	
2014	Chasselas trocken Selection	**86**
	9,90 € | 12,5% | bis 2018	
2014	Weißburgunder trocken Selection	**86**
	10,90 € | 13% | bis 2018	
2014	Sauvignon Blanc trocken Selection	**87**
	11,90 € | 12% | bis 2020	
2014	Grauburgunder trocken Selection	**87**
	11,90 € | 13% | bis 2019	
2014	Sauvignon Blanc Klämle trocken	**87**
	15,90 € | 13% | bis 2019	
2014	Chardonnay Schädler trocken	**87**
	15,90 € | 13% | bis 2020	
2013	Pinot Noir trocken Selection	**86**
	12,90 € | 13,5% | bis 2020	
2013	Pinot Noir Biegarten trocken	**88**
	24,50 € | 13% | bis 2022	
2013	Pinot Noir Leinele trocken	**89**
	39,– € | 13% | bis 2022	

Zeichenerklärung:
Schnäppchenpreis · Top 10 Spitzenreiter
Ökobetrieb · Trink-Tipp · Versteigerungswein
Sekt | Weißwein | Rotwein | Roséwein

WEINGUT ENGELHOF

79801 Hohentengen · Engelhof 1
☎ (0 77 42) 74 97 · Fax 79 60
engelhof@t-online.de
www.engelhof.de
Inhaber: Gebrüder Netzhammer
Betriebsleiter: Georg K. Netzhammer jun.
Verwalter: Adrian Häfner
Kellermeister: Alexander Schira

Verkauf: Andrea Netzhammer
Mo–Fr: 9.00–12.00 Uhr · 14.00–18.30 Uhr
Sa: 9.00–13.00 Uhr und nach Vereinbarung

Der 1628 gegründete Engelhof kann sich als das südlichste Weingut Deutschlands bezeichnen. Andrea und Georg Netzhammer führen diesen schönen Betrieb in Hohentengen am Hochrhein mit fundierter Kenntnis und Engagement. Bei der Produktion der rund 200.000 Flaschen werden sie unterstützt von Kellermeister Alexander Schira und dem für den Außenbetrieb verantwortlichen Gutsverwalter Adrian Häfner. Im aktuellen Sortiment gefällt uns der edelsüße 2014er Solaris Auslese ganz besonders.

Anzahl der verkosteten Weine: 12
Bewertungen: 80–87 Punkte

2014	Grauburgunder trocken **6,50 €**/1,0 Lit. | 12,5% | bis 2017	**80**
2014	Rivaner Project 9.5 trocken **6,50 €** | 10% | bis 2017	**83**
2014	Grauburgunder trocken **8,– €** | 12,5% | bis 2018	**83**
2014	Weißburgunder trocken **8,– €** | 12,5% | bis 2018	**83**
2014	Chardonnay trocken »sur lie« **9,50 €** | 12,5% | bis 2018	**84**
2014	Chardonnay Kalkofen trocken »sur lie« **14,– €** | 13% | bis 2018	**83**
2013	Pinot Gris trocken »sur lie« **14,– €** | 13% | bis 2019	**84**
2014	Hohentengener Oelberg Weißburgunder Spätlese trocken »sur lie« **9,90 €** | 12% | bis 2018	**84**
2014	Hohentengener Oelberg Solaris Auslese **14,90 €**/0,5 Lit. | 11% | bis 2020	**87**
2013	Erzinger Kapellenberg Spätburgunder Tradition trocken **7,50 €** | 13% | bis 2018	**83**
2013	Hohentengener Oelberg Spätburgunder »S« trocken **8,– €** | 13% | bis 2020	**84**
2012	Erzinger Kapellenberg Regent trocken **8,50 €** | 12,5% | bis 2018	**83**

WEINGUT ENGLER

79379 Müllheim · Moltkeplatz 2
☎ (0 76 31) 17 05 50 · Fax 17 33 45
info@weingut-engler.de
www.weingut-engler.de
Inhaberin und Kellermeisterin: Andrea Engler-Waibel

Verkauf: Andrea Engler-Waibel
Mo–Fr: 9.00–18.30 Uhr
Sa: 9.00–16.00 Uhr

Die Geisenheimabsolventin Andrea Engler-Waibel bewirtschaftet das elf Hektar große Familienweingut im Markgräflerland mit den Müllheimer Lagen Reggenhag, Pfaffenstück und Sonnhalde ohne Herbizide oder Insektizide. Neben der Hausspezialität, dem Gutedel, gefällt uns aktuell die gesamte stimmige Palette mit einer trocken ausgebauten 2014er Spätburgunder-Spätlese aus dem Holzfass an der Spitze. Hier gibt es schnörkellose, absolut preiswerte Weine mit rassig prägnanter Frucht.

Anzahl der verkosteten Weine: 6
Bewertungen: 82–85 Punkte

2013	Weißburgunder Sekt Brut Klassische Flaschengärung **10,50 €** | 12% | bis 2020	**84**
2014	Müllheimer Reggenhag Gutedel Kabinett trocken **6,– €** | 11,5% | bis 2017	**82**
2014	Müllheimer Pfaffenstück Weißburgunder Kabinett trocken **7,– €** | 12,5% | bis 2019	**83**
2014	Müllheimer Sonnhalde Grauburgunder Kabinett trocken **7,– €** | 12,5% | bis 2019	**84**
2014	Müllheimer Sonnhalde Chardonnay Kabinett trocken **7,– €** | 13% | bis 2019	**84**
2014	Müllheimer Reggenhag Spätburgunder Spätlese trocken Holzfass *** **12,50 €** | 13% | bis 2020	**85**

Die Betriebe:
Weltklasse · Deutsche Spitze
Sehr gut · Gut · Zuverlässig
Weitere Empfehlung

WEINGUT FISCHER

79331 Nimburg-Bottingen
Auf der Ziegelbreite 8
☎ (0 76 63) 17 47 · Fax (0 76 68) 93 00
info@fischer-weine.de
www.fischer-weine.de

Inhaber und Betriebsleiter:
Silvia und Joachim Heger
Außenbetrieb: Lisa Mayer, Stefan Schneider
Kellermeister: David Beck und Team
Dr. Heger

Verkauf: Lisa Mayer, Stefan Schneider
Di, Do: 16.00–18.30 Uhr
Sa: 10.00–13.00 Uhr

Rebfläche: 20 Hektar
Jahresproduktion: 140.000 Flaschen
Beste Lage: Nimburg-Bottinger Steingrube
Boden: brauner Jura, Muschelkalk, Lössauflage
Rebsorten: 30% Grauburgunder, 25% Spätburgunder, 20% Weißburgunder, 10% Chardonnay, 8% Sauvignon Blanc, 5% Auxerrois, 2% übrige Sorten
Durchschnittsertrag: 58 hl/ha

Bereits in den 80er Jahren hat Otto Fischer hier versuchsweise Chardonnay angebaut, daher sind die Reben in einem idealen Alter und erzeugen einen mineralisch straffen Wein, der auch mit dem Jahrgang 2014 wieder ganz besonders gut zu gefallen weiß. Heute gehört dieses traditionsreiche Weingut Silvia und Joachim Heger und wurde inzwischen durch eine kluge Sortimentsstraffung gewissermaßen zur Jungen Linie des großen Heger'schen Portfolios. Die Basis für die Qualität der Weine ist die Lage Steingrube am Südwestrand des Nimbergs, einer kleinen Erhebung etwa einen Kilometer östlich des Kaiserstuhls. Ein eigenständiges Mikroklima und eine spezifische Bodenstruktur zeichnen diese Weinberge aus. Das klug und übersichtlich strukturierte Programm besticht mit durchgängig eleganten Weinen, wo vor allem auch die 2013er Rotweine einen ganz besonders glänzenden Auftritt haben.

Anzahl der verkosteten Weine: 8
Bewertungen: 86–87 Punkte

2014	Auxerrois trocken **9,40 €** | 12,5% | 🍷 bis 2018	**86**
2014	Weißburgunder trocken **9,40 €** | 12,5% | 🍷 bis 2018	**86**
2014	Grauburgunder trocken **9,40 €** | 12,5% | 🍷 bis 2019	**87**
2014	Sauvignon Blanc trocken **9,90 €** | 12,5% | 🍷 bis 2019	**87**
2014	Nimburg-Bottinger Steingrube Chardonnay trocken Holzfass **10,– €** | 12,5% | 🍷 bis 2020	**87**
2013	Nimburg-Bottinger Steingrube Spätburgunder trocken Holzfass **10,50 €** | 13,5% | 🍷 bis 2020	**87**
2013	Nimburg-Bottinger Steingrube Frühburgunder trocken Holzfass **10,90 €** | 13,5% | 🍷 bis 2020	**87**
2013	Nimburg-Bottinger Steingrube Lemberger trocken Holzfass **10,90 €** | 13,5% | 🍷 bis 2021	**87**

Zeichenerklärung:
Schnäppchenpreis · Top 10 Spitzenreiter
Ökobetrieb · Trink-Tipp · Versteigerungswein
Sekt | Weißwein | Rotwein | Roséwein

WEINGUT FREIHERR VON UND ZU FRANCKENSTEIN

77654 Offenburg · Weingartenstraße 66
☎ (07 81) 3 49 73 · Fax 3 60 46
weingut@weingut-von-franckenstein.de
www.weingut-von-franckenstein.de
Inhaber und Betriebsleiter: Stefan Huschle
Kellermeister: Stefan Huschle

Verkauf: Familie Huschle
Mo–Fr: 9.00–12.00 Uhr · 14.00–18.00 Uhr
Sa: 9.00–13.00 Uhr
und nach Vereinbarung

Historie: älteste Weinbau-Urkunde im Betrieb aus dem Jahre 1517; seit 1710 im Besitz Franckenstein

Rebfläche: 16 Hektar
Jahresproduktion: 90.000 Flaschen
Beste Lagen: Zell-Weierbacher Neugesetz und Abtsberg, Berghauptener Schützenberg
Boden: Granitverwitterung, Gneisverwitterung und Lösslehm
Rebsorten: 27% Spätburgunder, 25% Riesling, 20% Grauburgunder, 10% Weißburgunder, 8% Müller-Thurgau, 10% übrige Sorten
Durchschnittsertrag: 48 hl/ha
Mitglied: VDP

Die durchweg positive Entwicklung bei Franckenstein setzt sich fort, denn seit der Übernahme durch Stefan, Manuela, Georg und Gisela Huschle ist in diesem traditionsreichen Betrieb, seine Geschichte reicht bis ins 13. Jahrhundert zurück, viel geschehen. Das große Engagement der ganzen Familie, allen voran natürlich von Betriebsleiter Stefan Huschle, wird im Ausdruck und in der Harmonie der Weine immer deutlicher spürbar. Vor allem die aktuell vorgestellte, sehr gelungene 2014er Weißweinkollektion ist mehr denn je geprägt durch stimmige Balance bei gleichzeitig durchaus anregender, sortentypischer Aromatik.

Die Betriebe:
Weltklasse · Deutsche Spitze · Sehr gut · Gut · Zuverlässig · Weitere Empfehlung

Anzahl der verkosteten Weine: 13
Bewertungen: 83–89 Punkte

2014	Berghauptener Weißburgunder Gneis trocken **8,90 €** | 12,5% | bis 2017	**83**
2014	Berghauptener Riesling Gneis trocken **8,90 €** | 12% | bis 2017	**84**
2014	Zell-Weierbacher Grauburgunder Granit trocken **8,90 €** | 13% | bis 2018	**85**
2014	Berghauptener Schützenberg Weißburgunder trocken »Erste Lage« **11,90 €** | 13% | bis 2018	**86**
2014	Berghauptener Schützenberg Chardonnay trocken »Erste Lage« **11,90 €** | 13% | bis 2020	**87**
2014	Zell-Weierbacher Abtsberg Grauburgunder trocken »Erste Lage« **12,40 €** | 13% | bis 2020	**87**
2014	Berghauptener Schützenberg »Im Himmelreich« Weißburgunder »Großes Gewächs« **18,90 €** | 13% | bis 2020	**88**
2014	Zell-Weierbacher Abtsberg »Pfaffengässle« Grauburgunder »Großes Gewächs« **18,90 €** | 13% | bis 2021	**89**
2014	Spätburgunder Rosé trocken **6,90 €** | 12% | bis 2017	**83**
2012	Zell-Weierbacher Spätburgunder Granit trocken **8,90 €** | 13% | bis 2019	**85**
2012	Berghauptener Spätburgunder Gneis trocken **8,90 €** | 13% | bis 2019	**85**
2011	Zweigelt trocken Barrique **16,50 €** | 13% | bis 2020	**85**
2012	Zell-Weierbacher Neugesetz »Marienquelle« Spätburgunder »Großes Gewächs« **24,90 €** | 13% | bis 2018	**86**

WEINGUT OTTO UND MARTIN FREY

79211 Denzlingen · Im Brühl 1
☎ (0 76 66) 52 53 · Fax 23 14
info@frey-weine.de
www.frey-weine.de
Inhaber: Martin Frey
Außenbetrieb: Otto Frey
Kellermeister: Martin Frey

Verkauf: Barbara Frey
Di, Do–Fr: 9.00–12.00 Uhr · 14.00–19.00 Uhr
Mi: 9.00–12.00 Uhr, Sa: 9.00–16.00 Uhr
und nach Vereinbarung

Historie: Familie 1393 erstmals erwähnt
Erlebenswert: Wanderweg am Eichberg bis ins Glottertal

Rebfläche: 15 Hektar
Jahresproduktion: 90.000 Flaschen
Beste Lage: Glottertäler Eichberg und Steinhalde
Boden: verwitterter Gneis, Buntsandstein
Rebsorten: 30% Spätburgunder, 25% Grauburgunder, 20% Weißburgunder, 5% Müller-Thurgau, je 4% Auxerrois und Chardonnay, 10% Riesling, 2% übrige Sorten
Durchschnittsertrag: 63 hl/ha
Mitglied: 13 Breisgauer Weingüter

Bereits die einfacheren trockenen 2014er Weiß- und Grauburgunder bieten ungemein viel Trinkvergnügen für kleines Geld! Martin Freys selbstbewusstes Credo lautet: Jeder Wein trägt meine persönliche Handschrift! Und genau das ist es, wonach Weingenießer suchen. Hier bei Vater Otto und Sohn Martin Frey und ihrem Weingut in Denzlingen am Anfang des Glottertales werden sie fündig. Die Weine aus dem Glottertal sind einem besonders kühlen Mikroklima ausgesetzt, was einen eigenen, säurebetonten, rassigen Stil prägt. Wie schon gewohnt, präsentiert man uns eine sehr differenzierte Palette hochwertiger Weine, geprägt von Schliff und Eleganz. Bei den besten 2014er Grau- und Weißburgundern kommt Schmelz und Charakter ins Spiel, die gut strukturierten und bestens balancierten 2013er Rotweine überzeugen auch mit der aktuellen Kollektion wieder einmal auf der ganzen Linie.

Die Weine:
100 Perfekt · **95–99** Überragend · **90–94** Exzellent
85–89 Sehr gut · **80–84** Gut · **75–79** Passabel

Anzahl der verkosteten Weine: 15
Bewertungen: 84–90 Punkte

2013	Riesling Sekt Brut **9,– €** | 11,5% | bis 2019	**85**
2014	Glottertaler Eichberg Riesling trocken **6,30 €** | 11,5% | bis 2017	**84**
2014	Glottertaler Eichberg Weißburgunder trocken **6,30 €** | 12,5% | bis 2017	**84**
2014	Glottertaler Eichberg Grauburgunder trocken **6,30 €** | 12,5% | bis 2018	**85**
2014	Sauvignon Blanc Hummelgarten trocken **8,– €** | 12,5% | bis 2018	**85**
2014	Weißburgunder Gneis trocken ** **9,30 €** | 12,5% | bis 2018	**86**
2014	Grauburgunder Gneis trocken ** **9,30 €** | 12,5% | bis 2019	**87**
2014	Chardonnay Gneis trocken ** **9,50 €** | 12,5% | bis 2020	**87**
2014	Weißburgunder Aigi trocken *** **13,80 €** | 12,5% | bis 2019	**89**
2014	Grauburgunder Aigi trocken *** **13,80 €** | 12,5% | bis 2020	**89**
2014	Glottertaler Eichberg Spätburgunder feinherb Weißherbst **5,50 €** | 12% | bis 2018	**84**
2013	Spätburgunder trocken Holzfass * **8,40 €** | 13% | bis 2019	**86**
2013	Spätburgunder trocken Alte Reben Holzfass * **9,80 €** | 13% | bis 2020	**87**
2013	Spätburgunder Gneis trocken Barrique ** **16,50 €** | 13% | bis 2022	**89**
2013	Spätburgunder Aigi trocken Barrique *** **24,– €** | 13% | bis 2024	**90**

WEINGUT FREIHERR VON GLEICHENSTEIN

79235 Oberrotweil · Bahnhofstraße 10–14
☎ (0 76 62) 2 88 · Fax 18 56
weingut@gleichenstein.de
www.gleichenstein.de

Inhaber und Betriebsleiter: Johannes Freiherr von Gleichenstein
Außenbetrieb: Franz Galli
Kellermeister: Odin Bauer

Verkauf: Freiherr von Gleichenstein
Mo–Fr: 10.00–12.00 Uhr · 13.00–17.00 Uhr
Sa: 10.00–17.00 Uhr
So: 11.00–15.00 Uhr (April–Okt.)

Historie: seit 1634 im Familienbesitz
Sehenswert: alter Holzfasskeller aus dem Jahre 1580, ehemalige Zehntscheune des Klosters Sankt Blasien, neue Kelterhalle und Vinothek

Rebfläche: 45 Hektar
Jahresproduktion: 300.000 Flaschen
Beste Lagen: Oberrotweiler Eichberg und Henkenberg, Achkarrer Schlossberg, Oberbergener Bassgeige, Ihringer Winklerberg
Boden: Vulkanverwitterung und Löss
Rebsorten: 35% Grauburgunder, 30% Spätburgunder, 25% Weißburgunder, 7% Müller-Thurgau, 3% übrige Sorten
Durchschnittsertrag: 58 hl/ha
Mitglied: Die Güter

Dieser in den letzten Jahren auf stattliche 45 Hektar mit einer Jahresproduktion von 300.000 Flaschen gewachsene Familienbetrieb steht in erster Linie für viel Eleganz bereits bei den beiden 2014er Basisweißweinen vom Hofgarten. Johannes von Gleichenstein leitet den Betrieb inzwischen in der elften Generation und hat zuletzt in eine perfekte Traubenverarbeitung mit einer großzügig gestalteten Kelterhalle inklusive neuer Traubenpresse und Rotweinmaischetanks erheblich investiert. Das große Lagenpotenzial ist vor allem bei den sehr lagerfähigen Topweinen, zum einen beim 2014er Grauburgunder Baron Louis sowie beim sich sehr positiv entwickelnden 2012er Spätburgunder Baron Philipp aus dem Oberrotweiler Eichberg mit seinem spezifischen Vulkanverwitterungsboden, spür- und schmeckbar. Die ausgezeichnete komplette Weinpalette kann in der betriebseigenen Weingutsvinothek verkostet werden.

Anzahl der verkosteten Weine: 16
Bewertungen: 83-90 Punkte

2012	Pinot & Chardonnay Sekt extra Brut **13,50 €** | 12,5% | bis 2018	**86**
2014	Oberrotweiler Eichberg Weißburgunder trocken Holzfass **16,- €** | 12,5% | bis 2018	**86**
2014	Oberrotweiler Henkenberg Grauburgunder trocken Holzfass **16,- €** | 12,5% | bis 2019	**87**
2014	Ihringer Winklerberg Chardonnay trocken Barrique **21,50 €** | 13% | bis 2020	**87**
2014	Ihringer Winklerberg Weißburgunder trocken Barrique **21,50 €** | 13% | bis 2020	**87**
2014	Achkarrer Schlossberg Grauburgunder trocken Barrique **21,50 €** | 13% | bis 2022	**88**
2013	Oberrotweiler Henkenberg Grauburgunder Baron Louis trocken Barrique **30,- €** | 13,5% | bis 2020	**88**
2014	Oberrotweiler Henkenberg Grauburgunder Baron Louis trocken Barrique **30,- €** | 13% | bis 2020	**89**
2014	Weißburgunder Hofgarten Kabinett trocken **8,50 €** | 12% | bis 2017	**84**
2014	Grauburgunder Hofgarten Kabinett trocken **8,50 €** | 12,5% | bis 2017	**85**
2014	Ihringer Winklerberg Muskateller **16,- €**/0,5 Lit. | 11,5% | bis 2020	**88**
2013	Oberbergener Bassgeige Spätburgunder trocken Barrique **15,- €** | 13,5% | bis 2020	**87**
2012	Oberrotweiler Eichberg Spätburgunder Aus dem Kessel trocken Barrique **16,- €** | 13,5% | bis 2020	**87**
2012	Oberrotweiler Eichberg Spätburgunder Baron Philipp trocken Barrique **50,- €** | 13,5% | bis 2022	**90**

GRAVINO

75057 Kürnbach · Gräfental 54
☎ (0 72 58) 77 84 · Fax 92 53 73
gravino.kuernbach@t-online.de
www.gravino.de
Inhaber: Helmut und Jochen Grahm
Kellermeister: Jochen Grahm
Außenbetrieb: Helmut Grahm

Verkauf: Familie Grahm
Mi, Fr: 17.00–19.00 Uhr, Sa: 10.30–15.00 Uhr
und nach Vereinbarung

Im Kraichgauer Ort Kürnbach, an der badisch-württembergischen Grenze, liegt dieses fünfeinhalb Hektar große Weingut von Helmut und Jochen Grahm. In der aktuellen Kollektion gefällt uns der kräftig würzige 2012er Lemberger, der gekonnt im Barrique ausgebaut wurde, ganz besonders gut. Eine neue Besonderheit ist der ebenfalls im Barrique ausgebaute Likörwein Three Barrels und die Gewächse von mindestens 30 Jahre alten Reben haben natürlich auch ein besonderes Augenmerk verdient.

Anzahl der verkosteten Weine: 12
Bewertungen: 80–87 Punkte

2013	Pinot Rosé Sekt trocken ***	**83**
	11,– € | 12,5% | bis 2020	
2013	Scheurebe & Traminer Sekt extra dry ***	**85**
	11,– € | 12,5% | bis 2020	
2014	Auxerrois trocken **	**80**
	8,20 € | 12,5% | bis 2019	
2014	Grauburgunder trocken Alte Reben **	**83**
	8,50 € | 13,5% | bis 2020	
2014	Charta Cuvée trocken	**83**
	9,10 € | 12,5% | bis 2019	
2014	Weißburgunder trocken Alte Reben **	**82**
	9,50 € | 13% | bis 2020	
2014	Riesling Steillage trocken ***	**84**
	14,– € | 13,5% | bis 2020	
2014	Rivaner & Riesling halbtrocken *	**82**
	4,80 €/1,0 Lit. | 10,5% | bis 2018	
2014	Muskateller *	**83**
	7,– € | 10,5% | bis 2019	
2014	Rosé trocken Alte Reben **	**81**
	7,50 € | 11% | bis 2019	
2012	Lemberger trocken Barrique ***	**87**
	21,– € | 14% | bis 2020	
2010	Three Barrels Likörwein Barrique	**86**
	15,– € | 20% | bis 2020	

WINZERVEREIN HAGNAU

88709 Hagnau · Strandbadstraße 7
☎ (0 75 32) 10 30 · Fax 13 41
info@hagnauer.de
www.hagnauer.de
Geschäftsführer: Tobias Keck
Kellermeister: Jochen Sahler

Verkauf: Vinothek
Mo–Fr: 8.00–18.00 Uhr, Sa: 9.00–13.00 Uhr
Sa: 9.00–18.00 Uhr (April–Okt.)

Der 1881 gegründete Winzerverein Hagnau ist die älteste Kooperative Badens und weiß ganz aktuell mit seinen Gewächsen aus der guten Lage Burgstall und einer ganzen Palette feingliedriger trockener 2014er Weißweine zu überzeugen. Dass sich der für den Bodensee typische Müller-Thurgau hier unter der Ägide des Kellermeisters Jochen Sahler so richtig wohl fühlt, stellt die herausragende 2011er Müller-Thurgau Beerenauslese nachhaltig unter Beweis, Kompliment aber auch für die 2011er Pinot Noir Beerenauslese Blanc de Noirs!

Anzahl der verkosteten Weine: 12
Bewertungen: 82–90 Punkte

2014	Hagnauer Sonnenufer Müller-Thurgau trocken	**83**
	5,80 € | 11,5% | bis 2017	
2014	Hagnauer Burgstall Pinot Noir trocken Blanc de Noirs	**84**
	7,80 € | 12% | bis 2017	
2014	Hagnauer Burgstall Grauburgunder trocken	**85**
	7,80 € | 13% | bis 2018	
2013	Hagnauer Burgstall Weißburgunder trocken	**85**
	7,80 € | 12% | bis 2018	
2013	Hagnauer Burgstall Sauvignon Blanc trocken	**84**
	12,80 € | 12% | bis 2018	
2014	Hagnauer Burgstall Müller-Thurgau Edition feinherb	**84**
	6,80 € | 11,5% | bis 2017	
2011	Hagnauer Burgstall Müller-Thurgau Beerenauslese	**90**
	24,– € | 9% | bis 2020	
2011	Hagnauer Burgstall Pinot Noir Beerenauslese Blanc de Noirs	**90**
	24,– € | 10% | bis 2020	
2014	Hagnauer Burgstall Spätburgunder trocken Rosé	**83**
	7,20 € | 12% | bis 2017	
2014	Hagnauer Burgstall Spätburgunder Kabinett halbtrocken Weißherbst	**84**
	7,20 € | 11% | bis 2018	
2011	Hagnauer Burgstall Spätburgunder trocken Bestes Fass	**86**
	24,80 € | 14% | bis 2020	

HALTINGER WINZER EG

79576 Weil am Rhein · Winzerweg 8
☎ (0 76 21) 6 24 49 · Fax 6 57 25
info@wg-haltingen.de
www.wg-haltingen.de
Vorstandsvorsitzender: Alfred Wendle
Betriebsleiter: Michael Heintz
Kellermeister: Markus Büchin

Verkauf: Michael Heintz
Mo–Fr: 9.00–12.00 Uhr · 14.00–18.00 Uhr
Sa: 9.00–13.00 Uhr

Der Gutedel ist die Hauptsorte dieser kleinen, feinen Winzergenossenschaft. Sie liegt im äußersten Süden des Anbaugebietes in Weil am Rhein. Die ausgewogen harmonischen Weine der Markgräfler Genossen vermitteln jedes Jahr viel Trinkvergnügen und bieten ein gutes Preis-Leistungs-Verhältnis.

Anzahl der verkosteten Weine: 12
Bewertungen: 80–84 Punkte

2014	Haltinger Stiege Gutedel trocken	**80**
	4,60 € | 11% | bis 2017	
2014	Roter Gutedel trocken	**81**
	5,60 € | 11% | bis 2017	
2014	Weißburgunder trocken	**82**
	6,60 € | 12% | bis 2018	
2014	Grauburgunder trocken	**83**
	6,60 € | 13% | bis 2018	
2014	Pinot Noir trocken Blanc de Noirs	**84**
	6,60 € | 12,5% | bis 2018	
2014	Weißburgunder & Chardonnay trocken	**80**
	7,60 € | 13% | bis 2018	
2014	Sauvignon Blanc trocken	**83**
	7,60 € | 13% | bis 2018	
2013	Chardonnay trocken Selection	**84**
	11,80 € | 13% | bis 2019	
2014	Gewürztraminer feinherb Selection	**83**
	12,50 € | 12% | bis 2019	
2014	Rosé trocken	**82**
	5,10 € | 11,5% | bis 2018	
2013	Weiler Schlipf Spätburgunder trocken	**82**
	6,70 € | 12,5% | bis 2019	
2011	Pinot Noir trocken Selection Barrique	**84**
	18,50 € | 13,5% | bis 2020	

Zeichenerklärung:
Schnäppchenpreis · Top 10 Spitzenreiter
Ökobetrieb · Trink-Tipp · Versteigerungswein
Sekt · Weißwein · Rotwein · Roséwein

Winzer des Jahres 2013,
Aufsteiger des Jahres 1998

WEINGUT DR. HEGER

79241 Ihringen · Bachenstraße 19
☎ (0 76 68) 99 51 10 · Fax 93 00
info@heger-weine.de
www.heger-weine.de
Inhaber und Betriebsleiter: Joachim Heger
Außenbetrieb: Jürgen Kühnle
Kellermeister: Jürgen Jehle

Verkauf: Birgit Schillinger, Sibille Wickersheimer
Mo–Fr: 9.00–12.00 Uhr · 13.30–17.30 Uhr (März–Okt. bis 18.30 Uhr)
Sa: 10.00–14.00 Uhr (Sept.–Okt. bis 16.00 Uhr) und nach Vereinbarung

Rebfläche: 26 Hektar
Jahresproduktion: 150.000 Flaschen
Beste Lagen: Ihringer Winklerberg, Achkarrer Schlossberg
Boden: Vulkangestein
Rebsorten: je 30% Spätburgunder und Grauburgunder, 15% Weißburgunder, 10% Riesling, je 5% Silvaner, Chardonnay, 5% übrige Sorten
Durchschnittsertrag: 50 hl/ha
Mitglied: VDP, Deutsches Barrique Forum

Mit unverkennbarem und durchaus berechtigtem Stolz stellt uns Joachim Heger dieses Jahr mit einer überwältigenden Palette an 2014er Großen Gewächsen von Riesling, Weiß- und Grauburgunder sowie den 2013er Spitzengewächsen vom Spätburgunder nur das Beste vom Besten vor, was dieses große Ausnahmeweingut zu bieten hat.

Nimmermüdes Loblied

Nur selten gibt es Betriebe, wo die weißen Spitzenweine ebenso faszinieren wie die roten Gewächse. Und wir werden nicht müde, dieses Loblied auch weiterhin zu singen, denn es darf dies auch gerade hier am kultigen Kaiserstuhl als etwas ganz Besonderes erwähnt werden! Wir probierten dieses Jahr eine faszinierend facettenreiche und gleichzeitig qualitativ absolut homogene Weißweinkollektion mit beeindruckend feinnervigen 2014er Rieslingen und cremig dichten 2014er weißen Burgundersorten mit klarer Kontur. Bei den Rotweinen begeistert bereits der harmonisch würzige Mimus. Eine eigene Klasse für sich ist jedoch die Phalanx der Großen Gewächse vom 2013er Spätburgunder, welche mit perfekt balancierter Struktur, großer Vielschichtigkeit und enormem Alterungspotenzial zu überzeugen und zu betören wissen. Als Primus inter Pares hat sich inzwischen der Grand Cru Häusleboden aus der Paradelage Winklerberg etabliert. Dieses hoch angesehene Gut wurde 1935 vom Arzt Dr. Max Heger gegründet. Da seine Patienten mehrheitlich Winzer waren, blieb es ihm nicht verborgen, dass am vulkanischen Kaiserstuhl optimale Bedingungen für den Weinbau herrschen. Also sattelte er kurzerhand um und kaufte sich in den Filetstücken der Spitzenlagen Ihringer Winklerberg und Achkarrer Schlossberg gezielt ein. Im Jahre 1949 übernahm dann sein Sohn Wolfgang das Weingut. Mit viel Weitsicht und Akribie wird dieser Vorzeigebetrieb nunmehr in der dritten Generation von Silvia und Joachim Heger geführt, der hier bereits seit über zwanzig Jahren der Eigentümer ist. Das Weingut Heger und der Winklerberg sind untrennbar miteinander verbunden.

Joachim Heger

Lage für Spitzenweine

Die berühmte Weinbergslage am Kaiserstuhl bietet ideale Bedingungen für den Weinbau und bringt regelmäßig Spitzenweine hervor, selbst im Moment nicht so stark nachgefragte weiße Traditionsrebsorten wie der Silvaner oder der Muskateller, hier im Übrigen aus der ältesten Rebanlage Badens, werden mit derselben großen Aufmerksamkeit gehegt und gepflegt wie die weißen Großen Gewächse. Absolut überragend sind hier auch in den entsprechenden Jahren die edelsüßen Raritäten, welche trotz der heißen Lagen immer über ein hochelegantes und verzauberndes Säurespiel verfügen.

Anzahl der verkosteten Weine: 14
Bewertungen: 89-93 Punkte

2014 Ihringer Vorderer Winklerberg **89**
Riesling »Großes Gewächs«
28,- € | 12% | bis 2024

2014 Achkarrer Schlossberg **90**
Weißburgunder »Großes Gewächs«
28,- € | 13,5% | bis 2022

2014 Achkarrer Schlossberg **90**
Riesling »Großes Gewächs«
28,- € | 12% | bis 2022

2014 Ihringer Vorderer Winklerberg **91**
Grauburgunder »Großes Gewächs«
28,- € | 13% | bis 2024

2014 Ihringer Vorderer Winklerberg **92**
Weißburgunder »Großes Gewächs«
Top 10 **28,- €** | 13% | bis 2024

2014 Ihringer Winklerberg **92**
Weißburgunder Rappenecker »Großes Gewächs«
28,- € | 13,5% | bis 2026

2014 Achkarrer Schlossberg **91**
Grauburgunder »Großes Gewächs«
50,- € | 13,5% | bis 2022

2013 Ihringer Winklerberg **92**
Weißburgunder Gras im Ofen »Großes Gewächs«
derzeit noch unbekannt | 13,5% | bis 2020

2013 Ihringer Winklerberg **92**
Grauburgunder Gras im Ofen »Großes Gewächs«
derzeit noch unbekannt | 13,5% | bis 2020

2013 Ihringer Winklerberg **89**
Spätburgunder Mimus trocken »Erste Lage« Barrique
25,20 € | 13,5% | bis 2022

2013 Achkarrer Schlossberg **91**
Spätburgunder »Großes Gewächs«
47,50 € | 13,5% | bis 2024

2013 Ihringer Vorderer Winklerberg **92**
Spätburgunder »Großes Gewächs«
47,50 € | 13,5% | bis 2024

2013 Ihringer Winklerberg **93**
Spätburgunder Häusleboden »Großes Gewächs«
Top 10 **68,- €** | 13,5% | bis 2026

2013 Ihringer Winklerberg **92**
Spätburgunder Rappenecker »Großes Gewächs«
Nur im Fachhandel | 13,5% | bis 2026

WEINGUT HEINEMANN

79238 Scherzingen · Mengener Straße 4
☎ (0 76 64) 63 51 · Fax 60 04 65
weingut-heinemann@t-online.de
www.weingut-heinemann.de
Inhaber und Betriebsleiter: Lothar Heinemann
Kellermeister: Lothar Heinemann

Verkauf: Familie Heinemann
Mo–Fr: 10.00–12.00 Uhr · 13.00–18.00 Uhr
Sa: 10.00–16.00 Uhr und nach Vereinbarung

Gutsausschank: Adelhauser Weinstube in der Freiburger Altstadt
Sehenswert: 250 Jahre alter Gewölbekeller

Rebfläche: 15 Hektar
Jahresproduktion: 90.000 Flaschen
Beste Lage: Scherzinger Batzenberg
Boden: toniger Lehm, sehr kalkhaltig, Verwitterungsgestein
Rebsorten: je 30% Gutedel und Spätburgunder, 12% Chardonnay, 8% Weißburgunder, je 5% Grauburgunder und Sauvignon Blanc, 4% Muskateller, 6% übrige Sorten
Durchschnittsertrag: 50 hl/ha

Dass der Chardonnay die weiße Paradesorte dieses Gutes ist, kommt nicht von ungefähr, denn bereits 1966 hatte Vater Heinemann die Reben im Chablisgebiet gekauft und im Scherzinger Batzenberg gepflanzt, wo der tonige Lehm mit viel Kalkstein durchzogen ist. Im Weinberg wird mit organischem Dünger und ohne Insektizide umweltschonend gearbeitet. Jahr für Jahr erzeugt Lothar Heinemann so finessenreiche Weißweine, die herrlich mineralisch, geradlinig und vor allem von beachtlicher Langlebigkeit sind. Dies gilt auch wieder für den aktuellen Jahrgang 2014, aus dem uns Heinemann einmal mehr feinnervige und gut strukturierte trockene Weißweine vorstellt, die mit der Flaschenreife noch deutlich an Qualität zulegen werden. Ganz besonders beeindruckt hat uns diesmal der 2012er Spätburgunder »SR« mit allerbestem Reifepotenzial.

Anzahl der verkosteten Weine: 13
Bewertungen: 85–90 Punkte

2013 Scherzinger Batzenberg **87**
Chardonnay & Sauvingon Blanc Sekt Brut
14,50 € | 12,5% | bis 2019

2014 Scherzinger Batzenberg **87**
Weißburgunder »S« trocken Selection
12,90 € | 12,5% | bis 2017

2014 Scherzinger Batzenberg **87**
Grauburgunder »S« trocken Selection
12,90 € | 12,5% | bis 2019

2014 Scherzinger Batzenberg **88**
Chardonnay »SR« trocken Selection
17,90 € | 12% | bis 2021

2014 Scherzinger Batzenberg **85**
Gutedel Kabinett trocken Alte Reben
7,90 € | 10,5% | bis 2016

2014 Scherzinger Batzenberg **86**
Muskateller Kabinett trocken
10,90 € | 11% | bis 2017

2014 Scherzinger Batzenberg **86**
Sauvignon Blanc Kabinett trocken
12,90 € | 12% | bis 2019

2014 Scherzinger Batzenberg **87**
Chardonnay Kabinett trocken Alte Reben
13,90 € | 12% | bis 2020

2014 Pfaffenweiler Oberdürrenberg **88**
Gewürztraminer Spätlese
9,90 €/0,375 Lit. | 10% | bis 2020

2013 Scherzinger Batzenberg **87**
Spätburgunder trocken Alte Reben Holzfass
10,90 € | 13% | bis 2019

2012 Scherzinger Batzenberg **87**
Cabernet Sauvingon & Merlot »S« trocken Selection
17,90 € | 13% | bis 2022

2012 Scherzinger Batzenberg **88**
Spätburgunder »S« trocken Selection Barrique
17,90 € | 13,5% | bis 2021

2012 Scherzinger Batzenberg **90**
Spätburgunder »SR« trocken Selection
29,– € | 13,5% | bis 2024

WEINGUT HEITLINGER

76684 Östringen-Tiefenbach · Am Mühlberg 3
☎ (0 72 59) 9 11 20 · Fax 91 12 99
info@weingut-heitlinger.de
www.weingut-heitlinger.de
Inhaber: Weingüter Heitlinger und Burg Ravensburg GmbH, Heinz Heiler
Geschäftsführer: Claus Burmeister
Außenbetrieb: Josef Lutz
Kellermeister: Jürgen Kern und Daniel Rupp

Verkauf: im Weingut
Mo–Fr: 9.00–18.00 Uhr, Sa: 11.00–18.00 Uhr

Restaurant: »Weingut Heitlinger«, Mo–Do 17.30–21.00 Uhr, Fr–So 12.00–21.00 Uhr
www.restaurant-heitlinger.de
Hotel: »Heitlinger Hof«, www.heitlingerhof.de
Sehenswert: Barriquekeller, Golfclub
Erlebenswert: Weinevents, Golf und Wein

Rebfläche: 79 Hektar
Jahresproduktion: 350.000 Flaschen
Beste Lagen: Tiefenbacher Kapelle, Spiegelberg, Schellenbrunnen, Odenheimer Königsbecher
Boden: Bunter Mergel, Löss, Kalkmergel, Schilfsandsteinverwitterung
Rebsorten: 75% Burgundersorten, 25% Riesling
Durchschnittsertrag: 45 hl/ha
Mitglied: VDP

Dieses ökologisch bearbeitete VDP-Weingut ist durch nun in den Ertrag kommende Neuanlagen weiter gewachsen und hat sich inzwischen auf stattliche 79 Hektar Rebflächen vergrößert. Durch den vorausschauenden Ausbau der Kellerei in den letzten Jahren bieten sich heute dort allerbeste Voraussetzungen für einen absolut individuellen Ausbau der Einzellagen und dies wird nun auch geschmacklich deutlich spürbar. Dass hier im Kraichgau – in bester Tradition der hier früher wirkenden Zisterziensermönche – die Reben der Burgunderfamilie bestens gedeihen, hat sich inzwischen in der deutschen Weinszene herumgesprochen, wird wohl aber noch für so manche genussvolle Überraschung sorgen. Das eingespielte Team um Gutsleiter Claus Burmeister, eine wichtige treibende Kraft hinter der Kraichgauer Weißburgunder-Charta, hat hier inzwischen ein sehr hohes Niveau erreicht. Am besten nachzuvollziehen ist das im gutseigenen Restaurant mit angeschlossenem Hotel, wo die gesamte große Weinpalette glasweise ausgeschenkt wird.

Anzahl der verkosteten Weine: 11
Bewertungen: 86–91 Punkte

Jahrgang	Wein	Preis	Alkohol	Trinkreife	Punkte
2008	Sekt Brut Blanc de Noirs	14,– €	12,5%	bis 2019	86
2014	Heitlinger Pinot Blanc trocken	8,80 €	12%	bis 2018	86
2014	Pinot Gris trocken	8,80 €	12%	bis 2018	86
2014	Auxerrois trocken	8,80 €	12%	bis 2018	87
2014	Tiefenbacher Schellenbrunnen Riesling »Großes Gewächs«	24,– €	12,5%	bis 2022	89
2014	Tiefenbacher Eichelberg Pinot Blanc »Großes Gewächs«	24,– €	13%	bis 2021	90
2014	Tiefenbacher Spiegelberg Pinot Gris »Großes Gewächs«	24,– €	13,5%	bis 2022	91
2014	Tiefenbacher Heinberg Chardonnay »Großes Gewächs«	24,– €	13,5%	bis 2024	91
2013	Pinot Noir trocken	9,80 €	13,5%	bis 2019	87
2013	Pinot Meunier trocken	14,50 €	13%	bis 2020	88
2013	Odenheimer Königsbecher Pinot Noir »Großes Gewächs«	28,– €	13%	bis 2023	88

WEINGUT FRANZ HERBSTER

79238 Kirchhofen · Salzgasse 6
☎ (0 76 33) 9 23 10 60 · Fax 9 23 10 59
info@herbster-weine.de
www.herbster-weine.de
Inhaber und Betriebsleiter: Franz Herbster

Verkauf: Franz Herbster
Do–Fr: 15.00–18.00 Uhr
Sa: 9.00–13.00 Uhr und nach Vereinbarung

Franz Herbster ist Küfermeister, selbstredend, dass er dem klassischen Holzfass einen wichtigen Platz im Ausbau einräumt. Herbster betreibt zusammen mit seiner Frau Marlene seit rund zehn Jahren sein eigenes, ökologisch bewirtschaftetes Weingut, das Trauben von nunmehr acht Hektar Weinbergsfläche verarbeitet. Die uns vorgestellte große Palette überzeugt einmal mehr: Vom feinen 2014er Sauvignon Blanc Fumé über eine kraftvolle, trocken ausgebaute 2013er Spätlese vom Grauburgunder bis hin zum 2013er Crémant Blanc de Blancs ist das wieder eine sehr homogene Vorstellung.

Anzahl der verkosteten Weine: 15
Bewertungen: 81–87 Punkte

2013 Crémant Brut Blanc de Blancs **85**
11,20 € | 12% | bis 2019

2014 Ehrenstetter Oelberg **85**
Sauvignon Blanc Fumé trocken Holzfass
8,60 € | 12,5% | bis 2018

2014 Bollschweiler Steinberg **83**
Riesling Kabinett trocken
7,90 € | 11% | bis 2019

2014 Kirchhofener Kirchberg **83**
Weißburgunder Kabinett trocken
7,90 € | 12% | bis 2018

2014 Kirchhofener Batzenberg **84**
Grauburgunder Kabinett trocken Holzfass
7,90 € | 12,5% | bis 2019

2013 Ehrenstetter Oelberg **86**
Chardonnay Spätlese trocken Holzfass
9,20 € | 12,5% | bis 2020

2013 Grauburgunder Spätlese trocken Holzfass **87**
24,– €/1,5 Lit. | 14% | bis 2020

2014 Kirchhofener Höllhagen **87**
Gewürztraminer Spätlese
9,60 € | 10% | bis 2017

2013 Spätburgunder trocken **81**
6,70 €/1,0 Lit. | 12,5% | bis 2017

2013 Spätburgunder Kabinett trocken Holzfass **83**
8,60 € | 13% | bis 2018

2012 Spätburgunder Spätlese trocken Holzfass **84**
12,50 € | 13,5% | bis 2020

WEINGUT HERMANN

79235 Vogtsburg · Alt-Vogtsburg 19
☎ (0 76 62) 62 02 · Fax 93 58 33
mail@weingut-hermann.de
www.weingut-hermann.de
Inhaber und Betriebsleiter: Falk Hermann
Kellermeister: Falk Hermann

Verkauf: Mo–Fr: 9.00–18.00 Uhr
Sa: 9.00–15.00 Uhr

Rebfläche: 3,6 Hektar
Jahresproduktion: 19.000 Flaschen
Beste Lagen: Schelinger Kirchberg, Oberbergener Bassgeige
Boden: steinige Vulkanverwitterung und Lösslehm
Durchschnittsertrag: 46 hl/ha

Dieser 1983 von Klaus und Gitta Hermann gegründete Vogtsburger Familienbetrieb steht seit 1990 unter Leitung von Falk Hermann, der in Geisenheim und Wädenswil Weinbau studiert hat. Unterstützt von Ehefrau Karin, hat man sich hier als Spezialist für ausdrucksstarke Rotweine mit hervorragendem Alterungspotenzial einen guten Namen gemacht. »Cantus Avis«, Gesang des Vogels, heißt hier bezeichnenderweise das Spitzensegment mit hintergründig würzigen, tiefdunklen, von gekonntem Holzeinsatz geprägten Weinen. Allerdings ist hier auch der feingliedrige 2014er Sauvignon Blanc ganz besonders gut gelungen.

Die Betriebe:
Weltklasse · Deutsche Spitze
Sehr gut · Gut · Zuverlässig
Weitere Empfehlung

Anzahl der verkosteten Weine: 3
Bewertungen: 86–87 Punkte

2014 Sauvignon Blanc trocken **87**
9,80 € | 12,5% | bis 2018

2014 Weißburgunder & Grauburgunder & Chardonnay trocken **86**
12,50 € | 13% | bis 2019

2013 Pinot Noir trocken **87**
10,20 € | 14% | bis 2020

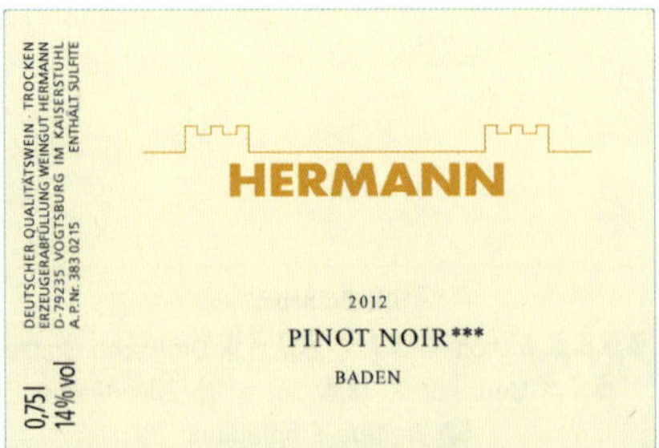

WINZERKELLER HEX VOM DASENSTEIN

77876 Kappelrodeck · Burgunderplatz 1
☎ (0 78 42) 9 93 80 · Fax 99 38 38
info@dasenstein.de
www.dasenstein.de
Geschäftsführer: Marco Köninger
Kellermeister: Alexander Spinner

Verkauf: Vinothek
Mo–Fr: 8.00–12.00 Uhr · 13.30–17.30 Uhr
Sa: 9.00–13.00 Uhr
So: 10.00–13.00 Uhr (Mai–Dez.)

Seit Jahren ist diese 180 Hektar Reben umfassende Genossenschaft eine empfehlenswerte Adresse für sehr guten Spätburgunder. Auch mit der aktuellen Palette stellen die Genossen wieder feine Exemplare dieser Rebsorte, mit einer harmonisch balancierten 2012er Spätlese Premium aus dem Barrique an der Spitze. Beeindruckend ist auch die 2014er Scheurebe Beerenauslese, allerdings kann man hier auch schon für wenig Geld sehr ordentliche Alltagsweine erstehen.

Anzahl der verkosteten Weine: 12
Bewertungen: 82–89 Punkte

2014 Feinklang trocken **82**
5,30 € | 9,5% | bis 2017

2014 Spätburgunder trocken Blanc de Noirs **82**
5,70 € | 12% | bis 2017

2014 Riesling Kabinett trocken **83**
6,60 € | 11,5% | bis 2018

2014 Grauburgunder Kabinett trocken **83**
6,90 € | 12% | bis 2018

2014 Grauburgunder Spätlese trocken **84**
7,90 € | 13% | bis 2019

2014 Klingelberger 1782 Spätlese trocken Premium **85**
15,– € | 12,5% | bis 2020

2014 Scheurebe Beerenauslese **89**
29,90 €/0,5 Lit. | 8% | bis 2025

2014 Spätburgunder Kabinett Weißherbst **82**
6,90 € | 11,5% | bis 2017

2013 Spätburgunder trocken **83**
6,40 € | 13% | bis 2019

2012 Merlot trocken Barrique **85**
12,– € | 13,5% | bis 2020

2013 Spätburgunder Spätlese trocken **85**
9,70 € | 13% | bis 2019

2012 Spätburgunder Spätlese trocken Premium Barrique **86**
16,– € | 13,5% | bis 2020

WEINGUT HÖFFLIN

79268 Bötzingen · Schambachhof
☎ (0 76 63) 14 74 · Fax 14 61
info@weingut-hoefflin.de
www.weingut-hoefflin.de
Inhaber und Betriebsleiter:
Stella und Matthias Höfflin

Verkauf: Mo–Fr: 8.30–12.00 Uhr
Do–Fr: auch 14.00–17.00 Uhr
Sa: 10.00–16.00 Uhr und nach Vereinbarung

Seit 1987 produziert der damals 20-jährige Matthias Höfflin seine Weine im von Vulkangestein geprägten Schambachtal und bereits seit 1974 wird hier nach Biolandrichtlinien ökologisch gearbeitet. Das Credo des Winzers ist es, den Weinberg als Lebensraum und den Keller als Ruheraum zu begreifen. So überzeugen die uns aktuell vorgestellten Weine besonders mit einem gelungenen Sortiment von meist spontan vergorenen und teils filtriert abgefüllten 2014er Weißweinen sowie den ausdrucksstarken 2012er Spätburgundern; auch der 2011er Sekt Pinot Brut Rosé ist sehr empfehlenswert.

Anzahl der verkosteten Weine: 11
Bewertungen: 83–88 Punkte

2011	Pinot Sekt Brut Rosé **14,50 €** | 12,5% | bis 2020	**85**
2014	Wächtelberg Weißburgunder »S« Landwein trocken Prestige unfiltriert **12,90 €** | 13% | bis 2019	**85**
2014	Endhahle Grauburgunder »S« Landwein trocken Prestige unfiltriert **16,50 €** | 13% | bis 2019	**85**
2014	Bötzinger Schambach Muskateller »S« trocken **9,80 €**/1,0 Lit. | 12% | bis 2018	**84**
2014	Bötzinger Schambach Weißburgunder »S« trocken **9,60 €** | 12% | bis 2019	**86**
2014	Bötzinger Schambach Grauburgunder »S« trocken **9,60 €** | 12,5% | bis 2019	**86**
2014	Laire Chardonnay »S« trocken Prestige **15,50 €** | 13% | bis 2020	**86**
2014	Meisental Sauvignon Blanc »S« trocken Prestige **21,50 €** | 13% | bis 2019	**83**
2012	Bötzinger Schambach Spätburgunder trocken Prestige Holzfass **16,50 €** | 13% | bis 2020	**85**
2012	Bötzinger Breitenacker Spätburgunder trocken Prestige Barrique **22,– €** | 13% | bis 2022	**88**
2012	Bötzinger Biegarten Spätburgunder trocken Prestige **42,– €** | 13% | bis 2024	**88**

WEINGUT HOLUB

79336 Herbolzheim-Tutschfelden
Weinstraße 4
☎ (0 76 43) 9 14 14 12 · Fax 9 14 14 14
info@weingut-holub.com
www.weingut-holub.com
Inhaber und Betriebsleiter: Horst Holub
Außenbetrieb: Ewald Schuller
Kellermeister: Horst Holub

Verkauf: Horst Holub
Mo–Do: 9.00–17.00 Uhr
Fr: 9.00–13.00 Uhr und nach Vereinbarung

Das Weingut ist von ursprünglich sieben Ar auf die doppelte Größe heutzutage gewachsen. Horst Holub erzeugt auf dieser Fläche jährlich das Lesegut für etwa 6.000 Flaschen, was ein Hinweis auf die Ertragsdisziplin in diesem Weingut ist. Die Weißburgunder-Anlage ist stattliche 45 Jahre alt und die vom Grauburgunder immerhin schon 40 Jahre, im Keller wird dann auch folgerichtig möglichst schonend, unter Ausnutzung der Schwerkraft gearbeitet. Zur anerkennenswerten Betriebsphilosophie gehört ebenfalls, dass die meist holzgeprägten Weißweine wie die Rotweine erst ein Jahr später gezeigt werden.

Anzahl der verkosteten Weine: 6
Bewertungen: 83–87 Punkte

2012	Landwein trocken Gemischter Satz **8,80 €** | 12% | bis 2018	**83**
2013	Malterdinger Bienenberg Weißburgunder Spätlese trocken **8,80 €** | 13% | bis 2020	**85**
2013	Herbolzheimer Sundhalde Grauburgunder Spätlese trocken **9,80 €** | 13% | bis 2020	**85**
2013	Malterdinger Bienenberg Grauburgunder Spätlese trocken **9,80 €** | 13,5% | bis 2020	**86**
2013	Spätburgunder trocken **14,50 €** | 13,5% | bis 2020	**85**
2013	Spätburgunder »SH« trocken **24,– €** | 14% | bis 2020	**87**

Zeichenerklärung:
Schnäppchenpreis · **Top 10** Spitzenreiter
Ökobetrieb · Trink-Tipp · Versteigerungswein
Sekt | Weißwein | Rotwein | Roséwein

WEINGUT L. HONOLD

76684 Östringen · Am Hummelberg 1
☎ (0 72 53) 27 86 27 · Fax 27 86 28
info@weingut-honold.de
www.weingut-honold.de
Inhaber: Ludwig Honold

Verkauf: Ludwig Honold
Mo–Fr: 10.00–12.00 Uhr · 15.00–18.00 Uhr
Sa: 9.00–13.00 Uhr

Anfang 2000 errichtete Ludwig Honold auf dem Östringer Hummelberg im Kraichgau den Neubau seines Weingut, das bereits 1938 begründet worden war. Auf knapp zehn Hektar pflegt er das klassische badische Rebensortiment mit einem zehnprozentigen Anteil an pilzwiderstandsfähigen Rebsorten. In der betriebseigenen Vinothek kann man sich am besten einen Eindruck über die naturnahe Arbeitsweise im Weinberg machen. Auch in diesem Jahr überzeugt uns dieses Weingut mit einem durchgängig harmonischen und ausdrucksstarken Sortiment.

Anzahl der verkosteten Weine: 12
Bewertungen: 81-86 Punkte

2014	Weißburgunder & Auxerrois trocken **4,30 €**/1,0 Lit. | 12% | bis 2018	**81**
2014	Auxerrois trocken **6,50 €** | 13% | bis 2018	**82**
2014	Weißburgunder trocken **6,50 €** | 12% | bis 2017	**83**
2014	Grauburgunder trocken **6,50 €** | 13% | bis 2018	**83**
2014	Chardonnay trocken **6,50 €** | 12% | bis 2018	**84**
2014	Cabernet Blanc trocken **6,90 €** | 12% | bis 2018	**82**
2014	Weitblick trocken **9,50 €** | 12,5% | bis 2018	**84**
2014	Östringer Rosenkranzweg Sauvignon Blanc Spätlese trocken **9,50 €** | 13% | bis 2018	**84**
2014	Östringer Hummelberg Weißburgunder Spätlese trocken **14,50 €** | 13,5% | bis 2020	**85**
2013	Dornfelder trocken **6,50 €** | 13% | bis 2019	**84**
2012	Lemberger trocken **6,90 €** | 13,5% | bis 2018	**85**

Die Weine:
100 Perfekt · **95-99** Überragend · **90-94** Exzellent
85-89 Sehr gut · **80-84** Gut · **75-79** Passabel

WEINGUT BERNHARD HUBER

79364 Malterdingen · Heimbacher Weg 19
☎ (0 76 44) 9 29 72 20 · Fax 92 97 22 99
info@weingut-huber.com
www.weingut-huber.com
Inhaber: Barbara Huber
Betriebsleiter: Julian Huber
Kellermeister: Florian Isele

Verkauf: Barbara Huber
Mo–Fr: 14.00–18.00 Uhr, Sa: 10.00–12.00 Uhr

Sehenswert: Steinmauer aus Muschelkalk, Steilhang des Hecklinger Schlossbergs mit der Burgruine Lichteneck

Rebfläche: 28 Hektar
Jahresproduktion: 180.000 Flaschen, davon 10.000 Flaschen Sekt
Beste Lagen: Malterdinger Bienenberg, Bombacher Sommerhalde, Hecklinger Schlossberg, Wildenstein
Boden: Muschelkalkverwitterung
Rebsorten: 65% Spätburgunder, je 10% Chardonnay und Weißburgunder, 7% Grauburgunder, 8% übrige Sorten
Durchschnittsertrag: 45 hl/ha
Mitglied: VDP, Deutsches Barrique Forum

Bernhard Huber ist in nur einem Vierteljahrhundert gelungen, wofür berühmteste Domänen im Burgund mehrere Generationen benötigten. Alles andere als ein leichtes Erbe also, welches Julian Huber in diesem deutschen Ausnahme- und Vorzeigeweingut mit der umsichtigen Unterstützung seiner Mutter Barbara übernommen hat.

Überragende 2013er Kollektion

Ruhig, aber durchaus bestimmt und selbstbewusst weiß der junge Winzer die aktuelle Huber'sche Kollektion vorzustellen. Nunmehr sind es seine 2013er Weißweine und ebenso seine 2013er Spätburgunder, mit denen er in die großen Fußstapfen tritt und wo jedes Abweichen vom vorgezeichneten Weg sofort auffallen und wahrscheinlich heftig kritisiert würde. Doch was soll man hier eigentlich kritisieren, außer vielleicht im positiven Sinne dieses Wortes? Die hier gezeigten Weine überzeugen nicht nur allesamt, sie begeistern uns wie eh und je! Also freuen wir uns von Herzen über einen selbstbewussten Julian Huber, der einerseits genau weiß, was er (verändern) will, andererseits aber auch fachlich bestens qualifiziert ist, um die Kontinuität der anspruchsvollen Huber'schen Qualitätspolitik und -arbeit zu gewährleisten; der aber sicherlich auch den Ehrgeiz hat, dem Weinsortiment – nach burgundischem Vorbild – Zug um Zug noch etwas mehr Kontur zu geben, also eventuell sogar noch eine Schippe draufzulegen, ohne gleich über das Ziel hinauszuschießen. In der großen Familie der feinen Burgunderrebsorten gilt Julian Hubers ganz besondere Aufmerksamkeit den Geschwistern Pinot Noir und Chardonnay, Letzterer selbstverständlich ebenso feinfühlig wie feinnervig im Barrique ausgebaut wie die Spätburgunder. Die Phalanx der roten Großen Gewächse mit dem geheimnisvoll tiefaromatischen Wildenstein an der Spitze gehört zum Besten, was es an Pinot Noir heute auf dem internationalen Parkett zu kosten gibt. Hier schließt sich der Kreis zwischen Cluny, der Côte d'Or und den Rebgärten rund um Malterdingen.

Julian Huber

Anzahl der verkosteten Weine: 11
Bewertungen: 87–95 Punkte

2010	Blanc de Blancs Sekt Brut nature		**92**
Top 10	**25,– €** | 12,5% | bis 2020		
2013	Chardonnay trocken Barrique		**90**
	25,– € | 13,5% | bis 2024		
2013	Malterdinger Bienenberg		**89**
	Grauburgunder »Großes Gewächs«		
	25,– € | 13,5% | bis 2022		
2013	Hecklinger Schlossberg		**91**
	Chardonnay »Großes Gewächs«		
	55,– € | 13% | bis 2026		
2013	Spätburgunder trocken Barrique		**87**
	12,80 € | 13% | bis 2020		
2013	Malterdinger Spätburgunder trocken Barrique		**88**
	16,80 € | 13% | bis 2022		
2013	Spätburgunder trocken Alte Reben Barrique		**91**
	27,– € | 13% | bis 2024		
2013	Bombacher Sommerhalde		**92**
	Spätburgunder »Großes Gewächs«		
	40,– € | 13% | bis 2026		
2013	Malterdinger Bienenberg		**94**
	Spätburgunder »Großes Gewächs«		
Top 10	**40,– €** | 13% | bis 2026		
2013	Hecklinger Schlossberg		**93**
	Spätburgnder »Großes Gewächs«		
	55,– € | 13% | bis 2030		
2013	Spätburgunder »R« Wildenstein		**95**
	trocken Barrique		
Top 10	**120,– €** | 13% | bis 2030		

Tradition der Zisterzienser

Die Spitzenbewertungen der Huber'schen Weine gründen in der Akribie beim Umgang mit den Reben, ganz in der Tradition mit den Zisterziensern, die in Malterdingen den Grundstein für die heutige Burgunderweinkultur legten. Es war kein Zufall, dass der Kalkstein im Gewann Wildenstein Bernhard Huber an Gevrey-Chambertin erinnerte und seine Entscheidung beflügelte, hier ein eigenes Weingut zu gründen. Der Name Bernhard Huber steht heute nach wie vor für das deutsche Weingut, welches mit seinem Rot- und Weißweinportfolio in einem Atemzug mit den berühmtesten Gütern aus Burgund genannt wird. Ein hoher Anspruch, aber auch der ebenso wichtige Ansporn dafür, dass sich dieses Malterdinger Gut weiterhin im internationalen Vergleich erfolgreich behauptet.

WEINGUT SIMON HUBER

77723 Gengenbach · Mattenhofweg 3
☎ (0 78 03) 93 48 50 · Fax 93 48 40
mail@simonhuber-wein.de
www.simonhuber-wein.de
Inhaber: Simon Huber

Verkauf: Simon Huber
Mo–Di, Do–Fr: 15.00-19.00 Uhr
Sa: 10.00–18.00 Uhr, So: 10.00–12.00 Uhr

Das jüngste Weingut in der Ortenau liegt in Gengenbach und wurde von Simon Huber erst vor drei Jahren gegründet. Nun präsentiert der Weinsbergabsolvent, der zudem bereits einiges an Weinbau-Erfahrung auf Schloss Ortenberg, bei Metternich in Durbach, bei Bründlmayer in Langenlois und in Neuseeland sammeln konnte, seinen dritten Jahrgang. Die beständig durchgehend sehr gut gemachte Palette besticht mit geradlinigen Gewächsen, die allesamt viel Trinkvergnügen bieten. Der Weinkeller nebst Vinothek befindet sich im symphatischen Familienbetrieb, dem Hotel und Restaurant Pfeffer & Salz.

Anzahl der verkosteten Weine: 11
Bewertungen: 82–86 Punkte

2012	Sekt Brut **12,50 €** | 12,5% | bis 2018	**84**
2014	Müller-Thurgau trocken **5,50 €** | 12% | bis 2017	**82**
2014	Riesling trocken **7,80 €** | 12% | bis 2017	**83**
2014	Grauburgunder trocken **7,80 €** | 12,5% | bis 2018	**84**
2014	Weißburgunder trocken **7,80 €** | 13% | bis 2019	**84**
2014	Riesling trocken Reserve **11,50 €** | 12,5% | bis 2019	**85**
2013	Grauburgunder trocken Reserve **11,50 €** | 13% | bis 2020	**86**
2014	Spätburgunder trocken Rosé **6,90 €** | 12,5% | bis 2017	**83**
2013	Spätburgunder trocken **8,20 €** | 12,5% | bis 2020	**85**
2013	St. Laurent trocken Reserve **14,50 €** | 13% | bis 2020	**85**
2013	Spätburgunder trocken Reserve **14,50 €** | 13% | bis 2020	**86**

Rote Symbole: Diese Betriebe verdienen in ihrer Klasse besondere Aufmerksamkeit

WEIN- UND SEKTGUT BERND HUMMEL

69254 Malsch · Oberer Mühlweg 5
☎ (0 72 53) 2 71 48 · Fax 2 57 99
info@weingut-hummel.de
www.weingut-hummel.de
Inhaber und Betriebsleiter: Bernd Hummel
Kellermeister: Timo Daiß

Verkauf: Bernd Hummel
Mo–Fr: 17.00–19.00 Uhr, Sa: 10.00–14.00 Uhr
oder nach Vereinbarung

Am westlichen Rand des Kraichgaus liegt der Weinort Malsch. Dort erkannte der Volkswirt Bernd Hummel bereits vor 35 Jahren die besondere Qualität dieser Weinbauregion und begann auf einer kleinen Rebfläche seines Schwiegervaters. Mittlerweile werden auf über acht Hektar jährlich 53.000 Flaschen erzeugt. Zusammen mit dem Geisenheim-Absolventen Timo Daiß im Keller stellt Hummel aktuell ein qualitativ sehr homogenes und geschmacklich abwechslungsreiches Sortiment mit einer besonders gut gelungenen, trocken ausgebauten 2014er Spätlese vom Grauburgunder vorne dran.

Anzahl der verkosteten Weine: 12
Bewertungen: 83–86 Punkte

2011	Malscher Pinot Meunier Sekt extra Brut Rosé **12,90 €** | 13% | bis 2020	**83**
	Malscher Cuvée Sekt extra Brut **19,– €** | 13,5% | bis 2020	**84**
2014	Malscher Ölbaum Auxerrois Kabinett trocken **9,50 €** | 11,5% | bis 2019	**84**
2014	Malscher Ölbaum Sauvignon Blanc Kabinett trocken **12,90 €** | 13% | bis 2019	**84**
2014	Malscher Ölbaum Muskateller Kabinett trocken **12,90 €** | 12% | bis 2019	**84**
2014	Malscher Ölbaum Weßburgunder Spätlese trocken **12,90 €** | 13% | bis 2020	**85**
2014	Malscher Ölbaum Grauburgunder Spätlese trocken **12,90 €** | 13% | bis 2019	**86**
2012	Malscher Ölbaum Chardonnay Spätlese trocken Reserve Barrique **25,– €** | 14% | bis 2020	**86**
2013	Malscher Rotsteig Spätburgunder trocken Barrique **9,90 €** | 12,5% | bis 2020	**85**
2013	Malscher Rotsteig Spätburgunder Spätlese trocken Reserve Barrique **25,– €** | 13,5% | bis 2020	**84**
2012	Malscher Rotsteig Cabernet Sauvignon Spätlese trocken Reserve Barrique **25,– €** | 13% | bis 2020	**85**

WEINGUT KILIAN HUNN

79288 Gottenheim · Rathausstraße 2
☎ (0 76 65) 62 07 · Fax 62 23
mail@weingut-hunn.de
www.weingut-hunn.de
Inhaber: Kilian und Martina Hunn
Kellermeister: Kilian Hunn

Verkauf: Martina Hunn
Mo–Fr: 8.00–12.30 Uhr · 14.30–19.00 Uhr
Sa: 8.00–16.00 Uhr

Kilian Hunn ist seit dem sechzehnten Jahr dem Wein mit Begeisterung verbunden und bewirtschaftet mit seiner Frau Martina, ebenfalls Winzerin und ehemalige badische Weinkönigin, rund 24 Hektar im Gottenheimer Kirchberg am Tuniberg. Die naturnah bearbeiteten, auf Löss wurzelnden Reben ergeben ausdrucksstarke Weine, die durchgängig trocken ausgebaut werden. Das in die drei Weinlinien Die Jungen Frischen, Die Jungen Wilden und Selection gegliederte Sortiment besticht durch ein besonders gutes Preis-Leistungs-Verhältnis. Bei den 2014er Weißweinen gefiel uns ein harmonischer Chardonnay Kabinett besonders gut, ebenso überzeugend fällt aber auch der 2013er Spätburgunder aus.

Anzahl der verkosteten Weine: 12
Bewertungen: 83–86 Punkte

	Pinot Rosé Sekt Brut **10,70 €** | 12,5% | bis 2020	**83**
	Pinot Sekt Brut **10,70 €** | 12,5% | bis 2020	**84**
2013	Grauburgunder Junge Wilde trocken **8,30 €** | 13,5% | bis 2020	**85**
2014	Grauburgunder Junge Wilde trocken **8,30 €** | 13% | bis 2019	**86**
2014	Auxerrois Junge Wilde trocken **9,30 €** | 13% | bis 2019	**84**
2013	Sauvignon Blanc Junge Wilde trocken **9,30 €** | 13% | bis 2019	**85**
2014	Weißburgunder Junge Frische Kabinett trocken **7,40 €** | 12,5% | bis 2018	**85**
2014	Grauburgunder Junge Frische Kabinett trocken **7,70 €** | 13% | bis 2019	**86**
2014	Chardonnay Junge Wilde Kabinett trocken **8,30 €** | 12,5% | bis 2019	**86**
2013	Chardonnay Junge Wilde Kabinett trocken **8,30 €** | 12,5% | bis 2020	**86**
2014	Spätburgunder Junge Frische Kabinett trocken Rosé **6,70 €** | 12% | bis 2018	**83**
2013	Spätburgunder trocken Holzfass **8,30 €** | 13% | bis 2020	**86**

WEINGUT JÄGLE

79341 Kenzingen · Balgerstraße 8
☎ (0 76 44) 41 05 · Fax 93 00 31
info@weingut-jaegle.de
www.weingut-jaegle.de
Inhaber: Gudrun und Bernhard Jägle
Betriebsleiter: Bernhard Jägle
Außenbetrieb: Matthias Hesse
Kellermeister: Bernhard Jägle

Verkauf: Gudrun Jägle
Mo–Do: 16.30–18.30 Uhr, Fr: 15.00–18.30 Uhr
Sa: 9.00–13.00 Uhr und nach Vereinbarung

Bernhard Jägle führt diesen schönen Kenzinger Zwölf-Hektar-Betrieb zusammen mit seiner Frau Gudrun und erzeugt jährlich rund 80.000 Flaschen Wein. Die aktuelle Kollektion aus den Jahrgängen 2013 und 2014 ist wieder von ansprechend homogener Qualität und besticht diesmal besonders mit einem charaktervollen 2014er Weißburgunder »MJ«, ein überzeugendes sowie genussvolles Beispiel für die Methode Jägle.

Anzahl der verkosteten Weine: 12
Bewertungen: 81–86 Punkte

2013	Traminer Methode Traditionelle Sekt Brut **14,– €** | 12,5% | bis 2020	**86**
2013	Chardonnay & Pinot Noir Methode Traditionelle Crémant Brut **11,50 €** | 12,5% | bis 2020	**84**
2014	Weißburgunder trocken **6,20 €** | 13% | bis 2020	**82**
2014	Grauburgunder trocken **7,– €** | 12,5% | bis 2020	**83**
2014	Auxerrois trocken **7,50 €** | 12,5% | bis 2020	**83**
2014	Riesling »MJ« Methode Jägle trocken **9,50 €** | 12% | bis 2020	**83**
2014	Weißburgunder »MJ« Methode Jägle trocken **9,50 €** | 13% | bis 2018	**86**
2014	Riesling feinherb **6,50 €** | 11,5% | bis 2020	**81**
2014	Pinot Noir & Dornfelder Rosé trocken Cuvée **6,50 €** | 11,5% | bis 2019	**82**
2013	Merlot trocken **8,20 €** | 13% | bis 2020	**83**
2013	Cabernet Sauvignon trocken **11,50 €** | 13,5% | bis 2020	**82**
2013	Spätburgunder »RE« Rote Erde unplugged trocken Barrique **13,50 €** | 13,5% | bis 2020	**84**

WEINGUT ACHIM JÄHNISCH

79238 Ehrenkirchen-Kirchhofen
Hofmattenweg 19
☎ (0 76 33) 80 11 61 · Fax 92 59 15
a.jaehnisch@t-online.de
www.weingut-jaehnisch.de

Inhaber: Achim Jähnisch und Sarah Oberle
Betriebsleiter und Kellermeister: Achim Jähnisch
Weinbau: Achim Jähnisch und Sarah Oberle

Verkauf: Achim Jähnisch
Mo–Fr: 17.00–19.00 Uhr
Sa: 10.00–17.00 Uhr und nach Vereinbarung

Sehenswert: alter Gewölbekeller

Rebfläche: 2,5 Hektar
Jahresproduktion: 12.000 Flaschen
Beste Lage: Staufener Schlossberg
Boden: Muschelkalkverwitterung, Granitporphyr
Rebsorten: 38% Spätburgunder, 33% Riesling, 14% Grauburgunder, 9% Gutedel, 6% Chardonnay
Durchschnittsertrag: 40 hl/ha

Seine Liebe zum Wein entdeckte Achim Jähnisch während des Studiums der Kunstgeschichte. Zielstrebig absolvierte er bei Spitzenwinzer Bernhard Huber in Malterdingen eine Winzerlehre und studierte Weinbau und Önologie in Geisenheim. Vor allem bei seinen Gewächsen aus der Burgunderfamilie hat er eine wirklich eigenständige, facettenreiche Weinhandschrift entwickelt. Die aktuell vorgestellte Auswahl überzeugt durch ein geschliffenes Aromenspektru. Und das letztjährig angekündigte Warten auf den 2013er Chardonnay, ein richtiges Prachtexemplar dieser edlen Rebsorte, hat sich gelohnt, denn hier ist ein wirklich vielschichtiger Wein vom Granitporphyr mit noch viel Entwicklungspotenzial entstanden.

Anzahl der verkosteten Weine: 8
Bewertungen: 84–87 Punkte

2014	Gutedel trocken **6,– €** | 12% | 🍷 bis 2017	**84**
2013	Spätburgunder trocken Blanc de Noirs **9,– €** | 13,5% | 🍷 bis 2017	**84**
2014	Grauburgunder trocken **9,– €** | 13% | 🍷 bis 2018	**86**
2014	Kapellenstück Riesling trocken **10,– €** | 13% | 🍷 bis 2019	**86**
2013	Kapellenstück Riesling trocken **10,– €** | 13% | 🍷 bis 2019	**86**
2013	Chardonnay trocken **12,– €** | 13% | 🍷 bis 2019	**87**
2013	Spätburgunder trocken **9,– €** | 13,5% | 🍷 bis 2019	**86**
2013	Steinkreuz Spätburgunder trocken **12,– €** | 13,5% | 🍷 bis 2021	**87**

Die Betriebe:
Weltklasse · Deutsche Spitze
Sehr gut · Gut · Zuverlässig
Weitere Empfehlung

WEINGUT KARL H. JOHNER

79235 Bischoffingen · Gartenstraße 20
☎ (0 76 62) 60 41 · Fax 83 80
info@johner.de
www.johner.de
Inhaber: Karl Heinz und Patrick Johner
Kellermeister: Karl Heinz und Patrick Johner

Verkauf: Irene Johner, Daniel Disch
Mo–Fr: 14.00–17.00 Uhr
Sa: 10.00–12.00 Uhr · 14.00–16.00 Uhr
und nach Vereinbarung

Sehenswert: ungewöhnliches Wirtschaftsgebäude im toskanischen Stil, runder Holzfasskeller

Rebfläche: 15,3 Hektar
Jahresproduktion: 80.000 Flaschen
Beste Lage: Bischoffinger Steinbuck, verzichtet aber auf Lagenangaben
Boden: Vulkanverwitterung
Rebsorten: 34% Blauer Spätburgunder, 17% Weißburgunder, 16% Grauburgunder, 9% Rivaner, 6% Chardonnay, 3% Sauvignon Blanc, 15% übrige Sorten
Durchschnittsertrag: 48 hl/ha
Mitglied: Deutsches Barrique Forum

Auch dieses Jahr präsentieren uns die Johners ein durchgängig beeindruckendes Sortiment mit Schwerpunkten auf der fabelhaften Familie von weißen Burgundern des Jahrganges 2014 und den herausragenden 2013er Pinot Noirs. Das ganze Sortiment hat gottlob wieder die ganz besondere Johner'sche Handschrift! Dabei steht der Name Johner schon immer für einen kompromisslosen Qualitätsanspruch und eine gewisse Eigenwilligkeit, die, mit dem weingescheiten Augenzwinkern des Seniors gepaart, sehr sympathisch wirkt. In den 80er Jahren schreckte die deutsche Weinszene gehörig auf, weil er die komplette Weinkollektion in Barriques ausbaute, heute setzt man konsequent, so eben auch bei den Spitzenweinen, auf den Drehverschluss. Mit Sohn Patrick, der in Australien und in Burgund gearbeitet hat, hat die junge Generation mehr Verantwortung übernommen. Alle Weine dieses Bischoffinger Gutes zeichnen sich durch eine eigene, selbstbewusste Stilistik aus, welche auf Intensität und Frucht, also auf Kraft bei gleichzeitiger Eleganz setzt.

Anzahl der verkosteten Weine: 11
Bewertungen: 84–92 Punkte

Jahrgang	Wein	Punkte
2014	Rivaner trocken **8,– €** | 12% | 🍷 bis 2017	**84**
2014	Cuvée »Lössmännle« trocken **8,– €** | 12,5% | 🍷 bis 2018	**85**
2014	Grauburgunder trocken Barrique **12,– €** | 13% | 🍷 bis 2020	**87**
2014	Sauvignon Blanc trocken **16,– €** | 12,5% | 🍷 bis 2019	**87**
2014	Weißburgunder & Chardonnay trocken Barrique **16,– €** | 13% | 🍷 bis 2020	**88**
2013	Weißburgunder »SJ« trocken Selection Barrique **25,– €** | 13,5% | 🍷 bis 2021	**90**
2013	Grauburgunder »SJ« trocken Selection Barrique **25,– €** | 14% | 🍷 bis 2022	**90**
2014	»Saint Patrick« Auslese **15,– €**/0,375 Lit. | 10,5% | 🍷 bis 2024	**92**
2014	Rosé »Luise« halbtrocken Saignée **6,– €** | 12,5% | 🍷 bis 2016	**84**
2013	Bischoffinger Steinbuck Pinot Noir trocken Barrique **35,– €** | 13,5% | 🍷 bis 2025	**91**
2013	Spätburgunder »SJ« trocken Selection Barrique **50,– €** | 13% | 🍷 bis 2024	**90**

WEINGUT KALKBÖDELE

79291 Merdingen · Enggasse 21
☎ (0 76 68) 90 26 72 · Fax 9 45 05
weingut@kalkboedele.de
www.kalkboedele.de
Inhaber: Sonja Mathis-Stich
Betriebsleiter und Kellermeister: Manfred Zimmermann

Verkauf: Beate Artischewski
Mo–Fr: 10.00–12.00 Uhr · 14.00–17.00 Uhr
Sa: 10.00–13.00 Uhr

Paradigmenwechsel im Weingut Kalkbödele! Die Eigentümerin Sonja Mathis-Stich setzt mit ihrem Kellermeister Manfred Zimmermann beim Spätburgunder auf einen betont zurückhaltenden Holzausbau, um so ein klares Geschmacksprofil mit schlichter Eleganz zu erreichen. Die Rotweinpalette wird ergänzt durch Merlot, Cabernet-Sauvignon und dem aus Südtirol stammenden Lagrein. Auch bei den Weißweinen steht die Reintönigkeit im Vordergrund, insofern werden sie mehrheitlich im Stahl ausgebaut.

Anzahl der verkosteten Weine: 12
Bewertungen: 80–85 Punkte

2014 Merdinger Bühl Grauburgunder trocken **80**
5,60 €/1,0 Lit. | 13% | bis 2019

2014 Merdinger Bühl Spätburgunder Kabinett trocken Blanc de Noirs **82**
7,40 € | 12% | bis 2017

2014 Merdinger Bühl Weißburgunder Kabinett trocken **82**
7,80 € | 12,5% | bis 2018

2014 Merdinger Bühl Grauburgunder Kabinett trocken **83**
7,80 € | 12,5% | bis 2018

2014 Merdinger Bühl Riesling Kabinett trocken **83**
8,50 € | 11,5% | bis 2019

2012 Merdinger Bühl Spätburgunder trocken **81**
6,10 €/1,0 Lit. | 12,5% | bis 2018

2013 Merdinger Bühl Pinot Noir trocken **85**
11,– € | 13% | bis 2020

2013 Merdinger Bühl Spätburgunder trocken Barrique **84**
13,– € | 13% | bis 2020

2013 Merdinger Bühl Lagrein trocken **84**
13,– € | 12,5% | bis 2020

2013 Merdinger Bühl Spätburgunder Edition Kastanienbarrique trocken **85**
15,– € | 13% | bis 2020

2013 Cuvée »Paul« trocken **85**
15,50 € | 13% | bis 2020

2013 Merdinger Bühl Spätburgunder trocken Reserve Barrique **85**
25,– € | 13,5% | bis 2020

WEINGUT GERHARD KARLE

79241 Ihringen · Scherkhofenstraße 69
☎ (0 76 68) 52 52 · Fax 9 41 81
info@weingut-gerhard-karle.de
www.weingut-gerhard-karle.de
Inhaber: Gerhard Karle

Verkauf: Marita Karle
Mo–Fr: 8.00–18.00 Uhr, Sa: 9.00–17.00 Uhr
und nach Vereinbarung

Das Weingut wird in der vierten Generation von Gerhard und Elisabeth Karle geführt. In den Ihringer Lagen Winklerberg und Fohrenberg werden 13 Hektar umweltschonend bearbeitet. Alle Burgunderweine reifen im Holzfass, was ihnen offensichtlich bestens bekommt, denn alle 2013er Spätburgunder sind äußerst empfehlenswert! Die sehr schöne Phalanx von Weißburgundern mit einem besonderen Augenmerk auf die gelungene 2014er Spätlese ist durchweg auf bestem Niveau.

Anzahl der verkosteten Weine: 12
Bewertungen: 81–87 Punkte

2013 Ihringer Winklerberg Grauburgunder Sekt Brut **86**
9,80 € | 12,5% | bis 2020

2014 Ihringer Fohrenberg Silvaner trocken **81**
4,60 €/1,0 Lit. | 12,5% | bis 2020

2014 Ihringer Fohrenberg Weißburgunder Kabinett trocken **86**
6,30 € | 12,5% | bis 2019

2014 Ihringer Winklerberg Grauburgunder Kabinett trocken **85**
6,50 € | 12,5% | bis 2019

2014 Ihringer Winklerberg Chardonnay Spätlese trocken **87**
7,80 € | 12,5% | bis 2020

2014 Ihringer Winklerberg Sauvignon Blanc Spätlese trocken **85**
7,90 € | 13% | bis 2020

2014 Ihringer Winklerberg Grauburgunder Spätlese trocken Alte Reben **87**
7,90 € | 13,5% | bis 2019

2014 Ihringer Winklerberg Grauburgunder Spätlese trocken Barrique **86**
11,90 € | 13,5% | bis 2020

2013 Ihringer Fohrenberg Spätburgunder Kabinett trocken **84**
7,10 € | 13% | bis 2020

2013 Ihringer Winklerberg Spätburgunder Spätlese trocken Alte Reben Holzfass **87**
11,70 € | 13,5% | bis 2020

2013 Ihringer Winklerberg Spätburgunder Spätlese trocken Barrique **86**
12,90 € | 13% | bis 2020

FRANZ KELLER SCHWARZER ADLER

79235 Vogtsburg-Oberbergen
Badbergstraße 44
☎ (0 76 62) 9 33 00 · Fax 7 19
keller@franz-keller.de
www.franz-keller.de
Inhaber und Betriebsleiter: Fritz Keller
Kellermeister: Uwe Barnickel

Verkauf: März–Okt.
Mo–Fr: 9.00–18.00 Uhr
Sa: 10.00–18.00 Uhr, So: 10.00–16.00 Uhr

Hotel/Rest.: »Schwarzer Adler«, Fr 18.30–24.00 Uhr, Sa–Di 12.00–15.00 Uhr · 18.30–24.00 Uhr
»Winzerhaus Rebstock« Mi–So 12.00–23.00 Uhr
»Keller-Wirtschaft«, Do–So 12.00–23.00 Uhr
Spezialität: badische Küche, Weinkarte mit 2.700 Positionen, internationale Produktküche
Sehenswert: die bis 110 Meter tief in den Löss gegrabenen Bergkeller, moderne Gutsarchitektur

Rebfläche: 59 Hektar
Jahresproduktion: 400.000 Flaschen
Beste Lagen: Oberbergener Bassgeige und Pulverbuck, Achkarrer Schlossberg
Boden: Löss, Vulkan- und Basaltverwitterung
Rebsorten: 34% Grauburgunder, 29% Spätburgunder, 16% Weißburgunder, 21% übrige Sorten
Durchschnittsertrag: 56 hl/ha
Mitglied: VDP

Der neue Weinkeller und die dritte Wein-Gastronomie vor Ort, die Keller-Wirtschaft, sind inzwischen schon so etwas wie eine veritable badische Genusspilgerstätte geworden. Fritz Keller, spürbar von Sohn Friedrich unterstützt, beim anspruchsvollen und markant aromatischen Grauburgunder Kähner Großes Gewächs auch kongenial ergänzt, setzt stets auf Langlebigkeit und klare, eigene Handschrift, welche die Charaktergewächse in der Jugend ein wenig schwer beurteilbar machen. Im aktuellen Sortiment beeindrucken die Selektionsweine durch den gekonnten Holzeinsatz von Kellermeister Uwe Barnickel. Eindrucksvoll auch die harmonisch elegante Art sowie das große Reifepotenzial der Spätburgunder, welches sich am besten vor Ort zur weinfreundlichen Küche des Hauses überprüfen lässt!

Anzahl der verkosteten Weine: 22
Bewertungen: 84–92 Punkte

2012	Chardonnay Sekt Zero Dosage **29,- €** | 13% | bis 2021	**88**
2014	Grauburgunder trocken **9,50 €** | 12% | bis 2019	**87**
2014	Oberbergener Bassgeige Grauburgunder trocken »Erste Lage« **12,- €** | 12,5% | bis 2019	**89**
2014	Chardonnay »S« trocken Barrique **13,50 €** | 12,5% | bis 2020	**88**
2014	Weißburgunder Franz Anton trocken Barrique **18,- €** | 13% | bis 2021	**89**
2014	Grauburgunder Franz Anton trocken Holzfass **18,- €** | 13% | bis 2022	**89**
2014	Oberbergener Bassgeige Grauburgunder Kähner »Großes Gewächs« **22,- €** | 12,5% | bis 2026	**90**
2014	Oberbergener Bassgeige Weißburgunder Leh »Großes Gewächs« **35,- €** | 12,5% | bis 2022	**89**
2014	Oberrotweiler Kirchberg Chardonnay »Großes Gewächs« **35,- €** | 13% | bis 2024	**89**
2014	Achkarrer Schlossberg Grauburgunder »Großes Gewächs« Holzfass **35,- €** | 12,5% | bis 2024	**90**
2013	Spätburgunder trocken Holzfass **11,- €** | 13% | bis 2020	**87**
2013	Oberbergener Bassgeige Spätburgunder trocken »Erste Lage« Holzfass **14,- €** | 13% | bis 2021	**88**
2013	Spätburgunder Franz Anton trocken Holzfass **20,- €** | 13% | bis 2022	**89**
2013	Spätburgunder »S« trocken Barrique **35,- €** | 13% | bis 2024	**89**
2013	Achkarrer Schlossberg Spätburgunder »A« trocken »Große Lage« Barrique **60,- €** | 13,5% | bis 2028	**91**
2013	Oberrotweiler Eichberg Spätburgunder »A« trocken »Große Lage« Barrique **60,- €** | 13,5% | bis 2022	**92**

Neu

WEINGUT LORENZ UND CARINA KELLER

79771 Klettgau-Erzingen · Steinbuck 36
☎ (0 77 42) 85 86 64 · Fax 85 86 70
info@weingut-lck.de
www.weingut-lck.de
Inhaber und Kellermeister: Lorenz Keller

Verkauf: Carina Keller
Do: 17.00–20.00 Uhr, Sa: 10.00–15.00 Uhr
und nach Vereinbarung

In Erzingen an der Schweizer Grenze liegt das 8,5 Hektar große Weingut von Lorenz und Carina Keller. Ihre betriebseigene Klassifikation unterscheidet drei Linien: Zeitnah steht hier für frische, filigrane Weine, Zeitreise für eine durch den Holzfassausbau ausgeprägte Aromatik und Zeitlos für ausdrucksstarke Gewächse aus dem Barrique. Dies ist alles bestens in der aktuell vorgestellten Kollektion nachvollziehbar, gut gelungen ist der 2014er Spätburgunder Zeitlos. Kompliment!

Anzahl der verkosteten Weine: 11
Bewertungen: 83–86 Punkte

2013 Erzinger Kapellenberg **86**
Zeitreise Sekt Brut »Erste Lage«
12,90 € | 12,5% | bis 2020

2014 Erzinger Kapellenberg **84**
Weißburgunder Zeitnah trocken
7,90 € | 13% | bis 2019

2014 Erzinger Kapellenberg **84**
Spätburgunder Zeitnah trocken Blanc de Noirs
8,20 € | 12,5% | bis 2020

2014 Erzinger Kapellenberg **85**
Grauburgunder Zeitreise trocken »Erste Lage«
9,50 € | 13% | bis 2020

2014 Erzinger Kapellenberg **86**
Chardonnay Zeitlos trocken »Erste Lage«
14,90 € | 12,5% | bis 2020

2014 Erzinger Kapellenberg **83**
Spätburgunder Zeitnah trocken
7,90 € | 13% | bis 2020

2014 Erzinger Kapellenberg **85**
Spätburgunder Zeitreise trocken Holzfass
10,– € | 13% | bis 2020

2014 Cuvée »Ungewohnt« trocken Holzfass **86**
14,– € | 13% | bis 2020

2014 Erzinger Kapellenberg **86**
Spätburgunder Zeitlos trocken »Erste Lage« Barrique
17,– € | 13% | bis 2020

2010 Spätburgunder Important Ruby Holzfass **86**
31,– € | 17% | bis 2020

WEINGUT FRIEDRICH KIEFER

79356 Eichstetten · Bötzinger Straße 13
☎ (0 76 63) 10 63 · Fax 39 27
info@weingutkiefer.de
www.weingutkiefer.de
Inhaber: Martin und Helen Schmidt
Betriebsleiter: Martin Schmidt
Kellermeister: Markus Weishaar

Verkauf: Mo–Fr: 8.00–12.00 Uhr
13.00–17.30 Uhr, Sa: 9.00–16.00 Uhr

Zu diesem nicht gerade kleinen, 1851 von Friedrich Kiefer gegründeten, bereits seit 1975 auf einer Teilfläche ökologisch arbeitenden Betrieb gehört eine 120 Mitglieder große Winzergemeinschaft, die auf 101 Hektar Weinbau betreibt. Das Weingut selbst verfügt über rund 17 Hektar, wobei der Schwerpunkt auf dem Spätburgunder liegt. Vor allem aber die im Barrique ausgebauten 2013er Weiß- und Grauburgunder Dreistern, beide Weine stammen vom Eichstetter Herrenbuck, sorgen wieder für Furore.

Anzahl der verkosteten Weine: 12
Bewertungen: 81–87 Punkte

2013 Muskateller Sekt trocken **86**
10,90 € | 12,5% | bis 2020

2013 Pinot Sekt Brut **86**
10,90 € | 12,5% | bis 2020

2014 Eichstetter Grauburgunder trocken **81**
6,90 €/1,0 Lit. | 12,5% | bis 2017

2014 Cuvée »Mit den Wolken ziehen« trocken **82**
5,90 € | 12% | bis 2017

2013 Eichstetter Herrenbuck **87**
Grauburgunder Dreistern trocken Barrique
14,90 € | 13% | bis 2020

2013 Eichstetter Herrenbuck **87**
Weißburgunder Dreistern trocken Barrique
14,90 € | 13% | bis 2020

2014 Eichstetter Herrenbuck **85**
Weißburgunder Kabinett trocken
7,50 € | 12,5% | bis 2019

2014 Eichstetter Herrenbuck **85**
Weißburgunder Tradition Spätlese trocken Holzfass
9,90 € | 13% | bis 2020

2014 Eichstetter Herrenbuck **86**
Grauburgunder Tradition Spätlese trocken Holzfass
9,90 € | 13% | bis 2020

2011 Eichstetter Herrenbuck **85**
Spätburgunder Innovation trocken Barrique
13,90 € | 13,5% | bis 2020

2011 Eichstetter Herrenbuck **86**
Spätburgunder Dreistern trocken Barrique
21,50 € | 13,5% | bis 2020

WEINGUT KLUMPP

76646 Bruchsal · Heidelberger Straße 100
☎ (0 72 51) 1 67 19 · Fax 1 05 23
info@weingut-klumpp.com
www.weingut-klumpp.com
Inhaber: Ulrich Klumpp
Außenbetrieb: Andreas Klumpp
Kellermeister: Markus Klumpp

Verkauf: Familie Klumpp
Mo–Fr: 16.00–19.00 Uhr
Sa: 9.00–13.00 Uhr
und nach Vereinbarung

Rebfläche: 25 Hektar
Jahresproduktion: 160.000 Flaschen
Beste Lagen: Bruchsaler Weiherberg, Rothenberg und Klosterberg, Unteröwisheimer Kirchberg, Zeuterner Himmelreich
Boden: sandiger bis toniger Lehm, Keuper, Löss, Muschelkalk
Rebsorten: 25% Spätburgunder, 20% Riesling, 15% Weißburgunder, je 10% Grauburgunder und St. Laurent, je 5% Auxerrois und Chardonnay, 10% übrige Sorten
Durchschnittsertrag: 50 hl/ha
Mitglied: Ecovin

Seit nunmehr zehn Jahren ist Markus Klumpp Kellermeister und sein Bruder Andreas leitet den Außenbereich dieses bereits seit 1996 ökologisch arbeitenden Familienweingutes. Mit einer immer wieder bestechenden und zu 99 Prozent trocken ausgebauten Kollektion bestätigt dieser herausragende Betrieb aus dem eigentlich mehr für Spargel bekannten Bruchsal seine Spitzenstellung zwischen Heidelberg und Baden-Baden. Wir freuen uns einmal mehr über den perfekten Holzeinsatz bei den Weißweinen, ganz besonders beim überragenden 2014er Chardonnay aus dem Barrique. Dazu kommen charaktervolle und tiefgründige Rotweine aus einer großartig abgestimmten Rebsortenpalette. Die Eltern Ulrich und Marietta Klumpp gründeten das Weingut im Jahre 1983 mit gerade einmal einem halben Hektar. Nach der Umsiedlung an den Stadtrand von Bruchsal bewirtschaften die Klumpps heute immerhin ganze 25 Hektar Weinberge.

Die Weine:
100 Perfekt · **95–99** Überragend · **90–94** Exzellent
85–89 Sehr gut · **80–84** Gut · **75–79** Passabel

Anzahl der verkosteten Weine: 13
Bewertungen: 86–90 Punkte

2014	Riesling trocken	**9,– €**	12,5%	bis 2019	**86**
2014	Weißburgunder trocken	**9,50 €**	12,5%	bis 2019	**86**
2014	Grauburgunder trocken	**9,50 €**	13%	bis 2019	**86**
2014	Auxerrois trocken	**10,– €**	13%	bis 2019	**86**
2014	Zeuterner Himmelreich Riesling trocken	**14,– €**	13%	bis 2020	**87**
2014	Unteröwisheimer Kirchberg Weißburgunder trocken	**14,– €**	13%	bis 2019	**87**
2014	Bruchsaler Rothenberg Grauburgunder trocken Barrique	**17,– €**	13,5%	bis 2021	**88**
2014	Unteröwisheimer Kirchberg Chardonnay trocken Barrique	**19,– €**	13%	bis 2022	**89**
2012	Bruchsaler Weiherberg Pinot Noir trocken Barrique	**17,– €**	13,5%	bis 2020	**88**
2012	Zeuterner Himmelreich Blaufränkisch trocken Barrique	**17,– €**	14%	bis 2022	**89**
2012	Bruchsaler Rothenberg St. Laurent trocken Barrique	**19,– €**	13,5%	bis 2021	**88**
2012	Bruchsaler Rothenberg Spätburgunder trocken Barrique	**25,– €**	13,5%	bis 2021	**89**
2012	Unteröwisheimer Kirchberg Syrah trocken Barrique	**32,– €**	14%	bis 2024	**90**

WEINGUT KNAB

79346 Endingen · Hennengärtle 1a
☎ (0 76 42) 61 55 · Fax 93 13 77
knabweingut@t-online.de
www.knabweingut.de
Inhaber: Thomas und Regina Rinker
Kellermeister: Thomas Rinker

Verkauf: Familie Rinker
Mo–Fr: 17.00–18.30 Uhr, Sa: 10.00–14.00 Uhr

Sehenswert: mit zeitgenössischer Kunst ausgestatteter moderner Verkostungsraum, mediterrane Gartenanlage
Erlebenswert: »Vinologische Unimog-Tour« durch die Lösshohlgassen zum Naturschutzgebiet Amolterer Heide

Rebfläche: 21 Hektar
Jahresproduktion: 150.000 Flaschen
Beste Lage: Endinger Engelsberg
Boden: Lösslehm und Vulkanverwitterung
Rebsorten: je 30% Grauburgunder, Spätburgunder und Weißburgunder, 5% Chardonnay, je 2% Auxerrois und Muskateller, 1% übrige Sorten
Durchschnittsertrag: 62 hl/ha

Das große Reifepotenzial der Topweine dieses Paradebetriebes ist überaus hoch und selbstredend auch Programm. Thomas und Regina Rinker übernahmen Mitte der 1990er Jahre das Weingut Knab. Und bereits nach wenigen Jahren konnten sie mit ihrer konsequenten Qualitätsphilosophie große Erfolge feiern. Die Burgunderweißweine sind hier immer von einer großen Intensität. Die Rotweine beweisen den kraftvollen Ausdruck der Endinger Lagen am östlichen Rand des Kaiserstuhls. Die mit drei Sternen versehenen trockenen 2014er Spätlesen vom Weiß- und Grauburgunder präsentieren sich bereits im jugendlichen Stadium fein balanciert und ausdrucksstark und gehören wieder einmal zu den allerbesten ihrer Art in Baden.

Anzahl der verkosteten Weine: 11
Bewertungen: 85–90 Punkte

Jahrgang	Lage / Wein	Preis	Alkohol	Trinkreife	Punkte
2014	Endinger Engelsberg Weißburgunder Kabinett trocken	7,70 €	11,5%	bis 2018	86
2014	Endinger Engelsberg Grauburgunder Kabinett trocken	7,70 €	11,5%	bis 2018	86
2014	Endinger Engelsberg Weißburgunder Spätlese trocken	10,20 €	13%	bis 2019	87
2014	Endinger Engelsberg Grauburgunder Spätlese trocken	10,20 €	12,5%	bis 2019	87
2013	Endinger Engelsberg Chardonnay Spätlese trocken	13,50 €	13%	bis 2020	88
2014	Endinger Engelsberg Weißburgunder Spätlese trocken ***	15,50 €	13%	bis 2019	89
2014	Endinger Engelsberg Grauburgunder Spätlese trocken ***	15,50 €	13%	bis 2019	90
2014	Endinger Engelsberg Muskateller Kabinett feinherb	7,70 €	10%	bis 2018	85
2013	Endinger Engelsberg Spätburgunder trocken Holzfass	8,20 €	13%	bis 2020	86
2013	Endinger Engelsberg Spätburgunder trocken Barrique	€ 13,50 €	13%	bis 2020	88
2013	Endinger Engelsberg Spätburgunder trocken Barrique ***	23,– €	13%	bis 2024	90

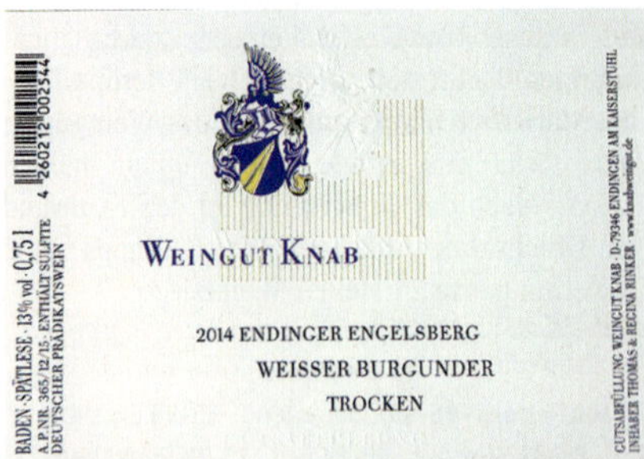

Zeichenerklärung:
€ Schnäppchenpreis · Top 10 Spitzenreiter
Ökobetrieb · Trink-Tipp · Versteigerungswein
Sekt | Weißwein | Rotwein | Roséwein

WEINGUT HOLGER KOCH

79235 Bickensohl · Mannwerk 4 (Neubau)
☎ (0 76 62) 91 22 58 · Fax 94 98 59
hk@weingut-holger-koch.de
www.weingut-holger-koch.de

Inhaber: Holger Koch und Gabriele Engesser
Außenbetrieb: Erna und Hubert Koch

Verkauf: nach Vereinbarung

Sehenswert: neues Weingutsgebäude, Naturdenkmal Lösshohlgasse um Kochs Weinberg in der Lage Katzenloch, neuer Barriquekeller

Rebfläche: 7,9 Hektar
Jahresproduktion: 50.000 Flaschen
Beste Lagen: Bickensohler Katzenloch, Halbuck und Eichbuck
Boden: Löss, Vulkanverwitterung
Rebsorten: 45% Spätburgunder, 34% Grauburgunder, 21% Weißburgunder
Durchschnittsertrag: 55 hl/ha

Dieses von Holger Koch 1999 gegründete Weingut ist inzwischen auf nahezu acht Hektar angewachsen und produziert unter seiner und Gabriele Engessers Leitung rund 50.000 Flaschen pro Jahr. Die Eltern Erna und Hubert Koch unterstützen auch heute noch mit umsichtiger Arbeit im Außenbetrieb, wo ein Teil der elterlichen Weinberge neu mit französischen Burgunderreben, die kleinbeerige und aromatische Trauben tragen, bepflanzt wurde. Holger Koch erzeugt Jahr für Jahr enorm elegante, alles andere als vordergründige Weine, also Langstreckenläufer mit zurückhaltender Aromatik und feinem Tanningerüst. Die aktuelle Kollektion besticht wieder mit besonders gut gelungenen 2014er Weiß- und Grauburgundern, die feingeschliffener am gesamten Kaiserstuhl kaum zu finden sind. Die 2013er Pinot Noirs, denen eine ganz besondere Zuneigung von Holger Koch zu gehören scheint, präsentieren sich in der Jugend vornehm zurückhaltend elegant und mit ungeheuerem Entwicklungspotenzial, allerdings bietet bereits die Basisqualität auch schon ganz großen Genuss!

Die Betriebe:
Weltklasse · Deutsche Spitze
Sehr gut · Gut · Zuverlässig
Weitere Empfehlung

Anzahl der verkosteten Weine: 8
Bewertungen: 87–91 Punkte

Jahrgang	Wein	Preis / Alkohol / Trinkreife	Punkte
2014	Grauburgunder trocken	**8,30 €** | 12% | bis 2019	**87**
2014	Bickensohler Herrenstück Weißburgunder trocken	**11,– €** | 12,5% | bis 2020	**88**
2014	Bickensohler Herrenstück Grauburgunder trocken	**11,– €** | 12,5% | bis 2020	**88**
2014	Weißburgunder Selektion trocken ***	**16,75 €** | 13% | bis 2022	**90**
2014	Grauburgunder trocken Selection ***	**16,75 €** | 13% | bis 2024	**91**
2013	Bickensohler Herrenstück Pinot Noir trocken	**12,– €** | 12,5% | bis 2020	**87**
2013	Pinot Noir trocken Selection *	**18,– €** | 13,5% | bis 2022	**90**
2013	Pinot Noir trocken Selection ***	**27,50 €** | 13% | bis 2026	**91**

ARNDT KÖBELIN WEINGUT

79356 Eichstetten · Altweg 131
☎ (0 76 63) 14 14 · Fax 91 26 66
info@weingut-koebelin.de
www.weingut-koebelin.de
Inhaber und Betriebsleiter: Arndt Köbelin

Verkauf: Monika Köbelin
Do–Fr: 9.00–12.00 Uhr · 15.00–18.00 Uhr
Sa: 9.00–12.00 Uhr
und nach Vereinbarung

Sehenswert: neu erbautes puristisches Weingut mit Degustationsraum, Aussichtsplattform, Holzfass- und Edelstahlkeller, Brennerei
Erlebenswert: Geopfad mit Start und Ziel am Weingut, mit spektakulärer Aussicht auf Schwarzwald und Vogesen

Rebfläche: 15 Hektar
Jahresproduktion: 85.000 Flaschen
Beste Lagen: auf Lagenangaben wird verzichtet
Boden: Löss, Vulkangestein
Rebsorten: 30% Spätburgunder, je 20% Weißburgunder und Grauburgunder, 13% Rivaner, 7% Riesling, 5% Scheurebe, 3% Muskateller, 2% Gewürztraminer
Durchschnittsertrag: 60 hl/ha

Arndt Köbelin arbeitete als Kellermeister in der Genossenschaft Durbach, bevor er im Jahr 2004 ins elterliche Weingut in Eichstetten wechselte, wo er nach ökologischen Prinzipien arbeitet. Eine Zertifizierung wird hier allerdings nicht angestrebt. In den letzten Jahren ist dieser Vorzeigebetrieb um 8,5 auf insgesamt zwölf Hektar gewachsen und erzeugt stattliche 70.000 Flaschen. Absolut sehens- und besuchenswert ist dieses aufwendig, aber puristisch mit natürlichen Materialien gestaltete Weingut mit Degustationsraum und Aussichtsplattform. Im Frühjahr wurde im 3. Bauabschnitt jetzt auch noch der Holzfasskeller mit begehbarem Weinarchiv fertiggestellt. Hier werden Weine mit einem durchgängigen Kaiserstühler Profil erzeugt, bei denen die Traubenfrucht und Sortenaromatik im Vordergrund stehen. Mit dem aktuellen Sortiment begeistert Arndt Köbelin bereits mit den saftigen 2014er Weißweinen im Basissortiment. Große Klasse haben der ausdrucksstarke 2014er Dreisterne-Grauburgunder sowie wieder der 2013er Drei-Sterne-Spätburgunder Eichenlaub Reserve an der Sortimentsspitze.

Anzahl der verkosteten Weine: 12
Bewertungen: 84–89 Punkte

2014 Rivaner Kabinett trocken **84**
5,50 € | 11% | bis 2017

2014 Weißburgunder Kabinett trocken **85**
8,– € | 13% | bis 2018

2014 Grauburgunder Kabinett trocken **86**
8,– € | 13% | bis 2019

2014 Sauvignon Blanc Kabinett trocken **85**
10,90 € | 12% | bis 2018

2014 Weißburgunder Lösswand **88**
Spätlese trocken Selection Holzfass ***
14,50 € | 13,5% | bis 2020

2014 Grauburgunder Lösswand **89**
Spätlese trocken Selection Holzfass ***
14,50 € | 13,5% | bis 2021

2014 Gewürztraminer Spätlese **87**
10,50 € | 12% | bis 2020

2014 Müller-Thurgau Auslese **87**
14,50 €/0,5 Lit. | 10,5% | bis 2022

2014 Spätburgunder Auslese Rosé **86**
14,50 €/0,5 Lit. | 12,5% | bis 2020

2013 Blauer Spätburgunder trocken Holzfass **85**
10,– € | 13,5% | bis 2020

2013 Blauer Spätburgunder Lösswand **87**
trocken Selection Barrique ***
17,50 € | 13,5% | bis 2022

2013 Blauer Spätburgunder Eichenlaub **89**
trocken Reserve Barrique
40,– € | 13,5% | bis 2024

WINZERGENOSSENSCHAFT KÖNIGSCHAFFHAUSEN-KIECHLINSBERGEN

79346 Endingen-Königschaffhausen
Kiechlinsberger Straße 2–6
☎ (0 76 42) 9 04 10 · Fax 90 41 44
info@koenigschaffhauser-wein.de
www.koenigschaffhauser-wein.de
Geschäftsleitung: Günter Zimmermann
Kellermeister: Reiner Roßwog und Hans Ens

Verkauf: Jan.–März
Mo–Fr: 8.00–12.00 Uhr · 13.30–17.30 Uhr
April–Dez.
Mo–Fr: 8.00–17.30 Uhr Sa: 9.00–14.00 Uhr

Diese 330 Hektar große Genossenschaft liegt am nördlichen Rand des Kaiserstuhls und blickt auf eine lange lokale Weinbautradition zurück. In den letzten Jahren wurde in die Kellerausstattung investiert, was sich in der Weinqualität durchaus bemerkbar gemacht hat. Besonders die preiswerten Grauburgunder, wie aktuell mit dem 2014er Jahrgang präsentiert, genießen einen guten Ruf. Was den Genossen aber rund um den Betriebsleiter Reiner Roßwog und Kellermeister Hans Ens mit dem 2011er Spätburgunder Regnum gelungen ist, ist bewundernswert.

Anzahl der verkosteten Weine: 12
Bewertungen: 82–89 Punkte

2011	Königschaffhauser Pinot Sekt Brut **12,– €** | 12,5% | bis 2020	**84**
2014	Grauburgunder trocken **6,90 €**/1,0 Lit. | 13% | bis 2017	**82**
2014	Königschaffhauser Steingrüble Pinot Noir Klasse trocken Blanc de Noirs **7,– €** | 13% | bis 2019	**84**
2014	Königschaffhauser Hasenberg Grauburgunder Klasse trocken **7,50 €** | 13% | bis 2018	**84**
2014	Königschaffhauser Hasenberg Grauburgunder trocken Barrique **15,– €** | 14% | bis 2020	**85**
2013	Kiechlinsberger Ölberg Scheurebe Auslese **14,35 €**/0,375 Lit. | 9% | bis 2020	**87**
2013	Königschaffhauser Steingrüble Spätburgunder Klasse trocken Holzfass **7,30 €** | 13% | bis 2019	**82**
2011	Königschaffhauser Steingrüble Spätburgunder Regnum trocken Barrique **27,55 €** | 13,5% | bis 2019	**89**
2013	Kiechlinsberger Ölberg Spätburgunder Auslese trocken Holzfass **14,40 €** | 15% | bis 2020	**84**

WEINGUT TOBIAS KÖNINGER

77876 Kappelrodeck · Steinebach 24
☎ (0 78 42) 99 69 99 · Fax 99 61 45
post@weingut-koeninger.de
www.weingut-koeninger.de
Inhaber: Tobias Köninger

Verkauf: Tobias Köninger
Sa: 10.00–13.00 Uhr und nach Vereinbarung

In dreijähriger Bauzeit hat Tobias Köninger mit Unterstützung seiner Familie im Kappelrodecker Ortsteil Steinebach sein Weingut errichtet. Prunkstück ist ein 25 Meter langer Keller, der tief in den Granitfelsen hineinragt. Der Schwerpunkt der aktuellen Reihe liegt auf ausdrucksstarken Rotweinen, vornehmlich vom Spätburgunder, mit einem 2013er Pinot Noir Reserve aus dem Barrique, aber auch einer überragenden 2014er Spätlese vom Gewürztraminer an der Sortimentsspitze.

Anzahl der verkosteten Weine: 9
Bewertungen: 81–87 Punkte

2013	Kappelrodecker Grauburgunder trocken Reserve Barrique **18,90 €** | 15% | bis 2019	**85**
2014	Kappelrodecker Grauburgunder vom Granit Kabinett trocken **8,90 €** | 12,5% | bis 2018	**84**
2014	Kappelrodecker Riesling vom Granit Spätlese trocken **9,90 €** | 12,5% | bis 2019	**84**
2014	Kappelrodecker Gewürztraminer Spätlese **9,90 €**/0,5 Lit. | 11% | bis 2020	**87**
2014	Spätburgunder trocken Holzfass **7,50 €**/1,0 Lit. | 12,5% | bis 2018	**81**
2014	Spätburgunder trocken Holzfass **8,90 €** | 13% | bis 2019	**82**
2013	Kappelrodecker Pinot Noir vom Granit trocken Barrique **11,90 €** | 13,5% | bis 2020	**85**
2011	Cabernet Sauvignon trocken Barrique **12,90 €** | 14% | bis 2020	**84**
2013	Kappelrodecker Pinot Noir trocken Reserve Barrique **18,90 €** | 14% | bis 2020	**86**

Zeichenerklärung:
Schnäppchenpreis · Top 10 Spitzenreiter
Ökobetrieb · Trink-Tipp · Versteigerungswein
Sekt | Weißwein | Rotwein | Roséwein

WEINGUT KONSTANZER

79241 Ihringen · Quellenstraße 22
☎ (0 76 68) 55 37 · Fax 50 97
info@weingut-konstanzer.de
www.weingut-konstanzer.de
Inhaber: Horst und Petra Konstanzer
Kellermeister: Horst Konstanzer

Verkauf: Petra Konstanzer
Mo–Fr: 17.00–19.00 Uhr (März–Okt.)
Mo–Fr: 16.00–18.00 Uhr (Nov.–Feb.)
Sa: 10.00–17.00 Uhr und nach Vereinbarung

Rebfläche: 10 Hektar
Jahresproduktion: 75.000 Flaschen
Beste Lagen: Ihringer Winklerberg und Fohrenberg
Boden: Vulkanverwitterung, Löss
Rebsorten: 40% Grauburgunder, 30% Spätburgunder, 15% Weißburgunder, 15% übrige Sorten
Durchschnittsertrag: 60 hl/ha
Mitglied: Vinissima

Horst und Petra Konstanzer haben 1983, also vor mehr als 30 Jahren, mit weniger als einem Hektar im Nebenerwerb begonnen und das Weingut nach und nach auf heute zehn stattliche Hektar erweitert. Auf rund 60 Prozent der gesamten Rebfläche der Konstanzers wird seit zwei Jahren wieder ökologisch gewirtschaftet. Klug konzentriert man sich hier auf den Anbau der klassischen Burgundersorten und auf den für Ihringen durchaus typischen Silvaner. Der stammt von 50 Jahre alten Reben. Die gesamte aktuelle Kollektion ist wie immer absolut konsequent zu 100 Prozent trocken ausgebaut und beeindruckt mit ungeschminkt ausdrucksstarken, voll und ganz in sich ruhenden Weinen, allerdings in neuem Gewand. Die aktuellen Topweine aus dem Winklerberg sind nun mit den genauen Parzellenbezeichnungen »Vorderer Winklerberg« sowie »Winklen« neu definiert.

Anzahl der verkosteten Weine: 16
Bewertungen: 84–90 Punkte

2013 Ihringer Winklerberg **88**
Chardonnay trocken »Erste Lage« Barrique
14,50 € | 13,5% | bis 2022

2014 Ihringer Weißburgunder Kabinett trocken **86**
7,50 € | 13% | bis 2017

2014 Ihringer Grauburgunder Kabinett trocken **86**
7,70 € | 12,5% | bis 2018

2014 Ihringer Winklen **87**
Muskateller Kabinett trocken »Große Lage«
11,– € | 12,5% | bis 2020

2014 Ihringer Winklerberg **86**
Silvaner Alte Reben Spätlese trocken »Erste Lage«
9,50 € | 13% | bis 2019

2014 Ihringer Winklerberg **89**
Weißburgunder Spätlese trocken »Erste Lage«
13,50 € | 13% | bis 2020

2014 Ihringer Winklen **90**
Grauburgunder Spätlese trocken »Große Lage«
14,– € | 13,5% | bis 2022

2014 Ihringer Winklerberg **88**
Chardonnay Spätlese trocken »Erste Lage« Barrique
14,50 € | 13% | bis 2021

2014 Ihringer Winklen **88**
Grauburgunder Spätlese trocken »Große Lage« Holzfass
14,50 € | 13,5% | bis 2021

2013 Ihringer Winklen **89**
Grauburgunder Spätlese trocken »Große Lage« Holzfass
14,50 € | 13,5% | bis 2020

2014 Ihringer Vorderer Winklerberg **88**
Weißburgunder Spätlese trocken »Große Lage« Holzfass
15,50 € | 13,5% | bis 2020

2013 Ihringer Fohrenberg Spätburgunder trocken **84**
Top 10 **6,50 €**/1,0 Lit. | 13% | bis 2017

2013 Ihringer Winklerberg **88**
Pinot Noir trocken »Erste Lage« Holzfass
13,– € | 13% | bis 2021

2013 Ihringer Winklen **89**
Spätburgunder trocken »Große Lage« Holzfass
15,– € | 13,5% | bis 2022

2012 Ihringer Vorderer Winklerberg **89**
Spätburgunder Spätlese trocken »Große Lage« Barrique
22,– € | 13,5% | bis 2020

2012 Ihringer Winklen **90**
Spätburgunder pur Spätlese trocken »Große Lage«
27,– € | 13,5% | bis 2022

WEINGUT KOPP

76547 Sinzheim · Ebenunger Straße 21
☎ (0 72 21) 80 36 01 · Fax 80 36 02
info@weingut-kopp.com
www.weingut-kopp.com
Inhaber: Birgit und Johannes Kopp
Betriebsleiter und Kellermeister: Johannes Kopp
Außenbetrieb: Armin Basler

Verkauf: Birgit Kopp und Claudia Heizmann
Mo–Fr: 14.00–18.00 Uhr
Sa: 10.00–13.00 Uhr

Erlebenswert: Weinwanderweg um das Weingut

Rebfläche: 21 Hektar
Jahresproduktion: 100.000 Flaschen
Beste Lagen: Klostergut Fremersberg, Feigenwäldchen (Alleinbesitz)
Boden: Buntsandstein, Lösslehm, Rotliegendes, Oberkarbon, Roter Porphyr, Ton
Rebsorten: 48% Spätburgunder, 25% Riesling, 10% Weißburgunder, 8% Grauburgunder, 5% Chardonnay, 4% übrige Sorten
Durchschnittsertrag: 50 hl/ha

Johannes Kopp, unterstützt von seiner Mutter Birgit, dreht weiter mächtig an der Qualitätsschraube im auf 21 Hektar Ertragsrebfläche angewachsenen Familienweingut. Die aktuelle Weißweinpalette mit wunderbar balancierten weißen 2014er Burgundersorten wird von auf verwittertem Bundsandstein in der Spitzenlage Feigenwäldchen des Klostergutes Fremersberg wachsenden, feinnervigen Rieslingen perfekt ergänzt. Absolut überragend ist die facettenreiche Palette feinster und ausdrucksstarker 2013er Spätburgunder.

Anzahl der verkosteten Weine: 12
Bewertungen: 86–92 Punkte

2014	Weißburgunder trocken	**8,90 €** | 12,5% | bis 2017	**86**
2014	Grauburgunder trocken	**8,90 €** | 12,5% | bis 2018	**87**
2014	Weißburgunder Lösslehm trocken Holzfass	**11,– €** | 12,5% | bis 2019	**88**
2014	Sinzheimer Feigenwäldchen Riesling Buntsandstein trocken	**13,50 €** | 12,5% | bis 2019	**88**
2014	Sinzheimer Altenberg Chardonnay trocken Barrique	**15,– €** | 13% | bis 2019	**88**
2014	Varnhalter Röderswald Weißburgunder trocken Barrique	**15,– €** | 13% | bis 2020	**89**
2014	Sinzheimer Feigenwäldchen Riesling Terrassen trocken Holzfass	**20,– €** | 12,5% | bis 2020	**89**
2013	Spätburgunder trocken Holzfass	**9,90 €** | 13% | bis 2020	**88**
2013	Spätburgunder Roter Porphyr trocken Barrique	**15,– €** | 13% | bis 2021	**89**
2013	Sinzheimer Feigenwäldchen Spätburgunder trocken Barrique	**20,– €** | 13% | bis 2022	**90**
2013	Varnhalter Sommerhalde Spätburgunder trocken Barrique	**30,– €** | 13,5% | bis 2024	**91**
2013	Varnhalter Sonnenberg Spätburgunder trocken Barrique	**30,– €** | 13,5% | bis 2024	**92**

Die Betriebe:
Weltklasse · Deutsche Spitze
Sehr gut · Gut · Zuverlässig
Weitere Empfehlung

WEINGUT KRESS

88709 Hagnau · Hauptstraße 2
☎ (0 75 32) 62 05 · Fax 29 09
info@weingut-kress.de
www.weingut-kress.de
Geschäftsführer: Thomas Kress
Kellermeister: Volker Blum

Verkauf: Viola Kress
Di–Fr: 10.00–12.00 Uhr · 14.00–16.00 Uhr
Sa: 10.00–16.00 Uhr

Durch die Übernahme des Spitalweinguts Überlingen hat sich die Rebfläche dieses Familienweingutes erheblich vergrößert, auch ist nunmehr die zweite Generation mit Viola und Johannes mit an Bord. Bei Familie Kress gibt es typische Weine vom Bodensee zu verkosten. Der Rebsortenstil steht hier im Vordergrund, weshalb weitestgehend auch auf Lagenbezeichnungen verzichtet wird. Die Weine aus dem klassischen Sortenportfolio vom Bodensee sind Vertreter eines modernen Stils und erfreuen mit ihrer frischen Art. Ein hochwertiger und gekonnt im Barrique ausgebauter 2013er Pinot Noir aus der Edition Goldbach an der Sortimentsspitze rundet die harmonische Weinpalette bestens ab.

Anzahl der verkosteten Weine: 12
Bewertungen: 81–85 Punkte

2014	Secco blanc Perlwein	**81**
	8,20 € | 11,5% | bis 2017	
2014	Müller-Thurgau trocken	**82**
	7,90 € | 12,5% | bis 2017	
2014	Überlinger Cuvée »Blanc« trocken	**82**
	8,50 € | 12,5% | bis 2017	
2014	Grauburgunder trocken	**82**
	10,80 € | 13% | bis 2018	
2014	Weißburgunder trocken	**83**
	10,80 € | 13% | bis 2018	
2014	Kerner trocken	**83**
	11,20 € | 12,5% | bis 2018	
2014	Auxerrois trocken	**83**
	12,40 € | 12,5% | bis 2018	
2014	Chardonnay trocken	**84**
	14,20 € | 13% | bis 2019	
2014	Pinot Blanc Goldbach trocken	**84**
	22,50 € | 13% | bis 2020	
2014	Spätburgunder trocken Rosé	**83**
	10,40 € | 12,5% | bis 2017	
2013	Spätburgunder trocken Holzfass	**84**
	14,80 € | 13% | bis 2020	
2013	Pinot Noir Goldbach trocken Barrique	**85**
	22,50 € | 13% | bis 2018	

WEINGUT LÄMMLIN-SCHINDLER

79418 Mauchen · Müllheimer Straße 4
☎ (0 76 35) 4 40 · Fax 4 36
weingut@laemmlin-schindler.de
www.laemmlin-schindler.de
Inhaber und Betriebsleiter: Gerd Schindler
Kellermeister: Friedhelm Maier

Verkauf: Gerd Schindler
Mo–Fr: 9.00–12.00 Uhr · 14.00–18.00 Uhr
Sa: 9.00–12.00 Uhr · 14.00–16.30 Uhr
und nach Vereinbarung

Gutsausschank: »Zur Krone« in Mauchen von 11.00–23.00 Uhr, Mo–Di Ruhetag
Spezialitäten: Kalbsbratwurst, Ochsenbrust mit Meerrettich
Historie: Weinbau in der Familie seit dem 12. Jahrhundert

Rebfläche: 19,2 Hektar
Jahresproduktion: 140.000 Flaschen
Beste Lagen: Mauchener Frauenberg und Sonnenstück
Boden: Kalkverwitterung, Lösslehm
Rebsorten: 33% Spätburgunder, 20% Gutedel, je 12% Chardonnay und Weißburgunder, 23% übrige Sorten
Durchschnittsertrag: 60 hl/ha
Mitglied: VDP

Die Reben dieses Weingutes wachsen auf Böden mit hohem Jurakalkanteil und werden seit nun mehr als 20 Jahren biodynamisch bewirtschaftet. In erster Linie sind es die Weißweine, die uns Jahr für Jahr überzeugen können. Gerd Schindler erzeugt geradlinige Weißweine mit klarer Frucht und feiner Struktur. Ungeschminkte Frische ist das Programm beim 2014er Gutedel Grüner Markgräfler. Bei der feinherben 2014er Spätlese vom Gewürztraminer überzeugt die fein herausgearbeitete Rosenaromatik. Die aktuelle Kollektion weiß aber auch mit hervorragenden Rotweinen zu bestechen, wobei es uns der elegante und perfekt balancierte 2012er Spätburgunder aus dem Barrique ganz besonders angetan hat.

Zeichenerklärung:
Schnäppchenpreis · Top 10 Spitzenreiter
Ökobetrieb · Trink-Tipp · Versteigerungswein
Sekt | Weißwein | Rotwein | Roséwein

Anzahl der verkosteten Weine: 8
Bewertungen: 84–87 Punkte

Jahrgang	Wein	Punkte
2013	Mauchener Sekt Brut Rosé **12,– €** | 12,5% | bis 2020	86
2014	Mauchener Gutedel Grüner Markgräfler trocken **5,70 €** | 10% | bis 2017	84
2014	Mauchener Weißburgunder trocken **8,– €** | 12,5% | bis 2018	85
2014	Mauchener Gutedel trocken **8,80 €** | 12,5% | bis 2017	85
2014	Mauchener Sauvignon Blanc trocken **9,– €** | 12,5% | bis 2019	86
2014	Mauchener Sonnenstück Gewürztraminer Spätlese feinherb »Erste Lage« **12,50 €** | 10,5% | bis 2020	87
2012	Mauchener Spätburgunder trocken Alte Reben Barrique **13,80 €** | 12,5% | bis 2021	87
2011	Cuvée »Frau en Fels« trocken Barrique **18,50 €** | 13,5% | bis 2022	87

WEINGUT ALEXANDER LAIBLE

77770 Durbach · Unterweiler 48
☎ (07 81) 2 84 23 80 · Fax 2 84 21 80
info@weingut-alexanderlaible.de
www.weingut-alexanderlaible.de
Inhaber und Betriebsleiter: Alexander Laible
Verwalter: Eugen Schlindwein

Verkauf: Corinna Laible
Mo–Fr: 14.00–18.00 Uhr
Sa: 9.00–17.00 Uhr und nach Vereinbarung

Sehenswert: Degustationsraum in einer altertümlichen Mühle von 1856

Rebfläche: 10,5 Hektar
Jahresproduktion: 70.000 Flaschen
Beste Lagen: Durbacher Plauelrain, Sinzheimer Sätzler und Frühmessler
Boden: Kalkmergel, Löss auf Kalkverwitterung, Granit
Rebsorten: 45% Riesling, je 12% Chardonnay, Grauburgunder, Spätburgunder und Weißburgunder, 5% Lemberger, 2% Scheurebe
Durchschnittsertrag: 60 hl/ha

Es ist schon nahezu atemberaubend, mit welch großer und doch qualitativ so homogener Kollektion Alexander Laible Jahr für Jahr aufwartet. Außerdem hat er einen der ungewöhnlichsten Betriebe Badens. Der Sitz des 10,5 Hektar Reben umfassenden Weingutes mit einer Jahresproduktion von 70.000 Flaschen ist am Ortseingang von Durbach in den Gebäuden einer ehemaligen Großbäckerei mit einem Degustationsraum im Mühlenhäusle. Die Trauben, welche hier vinifiziert werden, kommen allerdings nicht aus Durbacher Lagen; so wachsen die Rieslinge 40 Kilometer nördlich bei Baden-Baden, die Burgunder 40 Kilometer südlich bei Lahr. Die uns aktuell vorgestellte Kollektion hat ihren Schwerpunkt auf 2014er Gewächsen der weißen Burgundersorten. Sie weiß aber vor allem auch mit einer prächtigen Kollektion von 2014er Rieslingen zu überzeugen.

Anzahl der verkosteten Weine: 14 **Bewertungen: 84–89 Punkte**		
2014	Grauburgunder trocken ** **10,– €** | 13% | bis 2017	**84**
2014	Riesling trocken Alte Reben *** **11,– €** | 12,5% | bis 2017	**85**
2014	Riesling trocken Selection *** **11,50 €** | 12,5% | bis 2017	**85**
2014	Weißburgunder trocken Selection *** **11,50 €** | 13% | bis 2017	**85**
2014	Chardonnay trocken ** **12,– €** | 13% | bis 2018	**85**
2014	Weißburgunder trocken Alte Reben *** **14,– €** | 13% | bis 2017	**86**
2014	Grauburgunder trocken Alte Reben *** **14,– €** | 13% | bis 2017	**86**
2014	Riesling »SG« trocken Alte Reben *** **14,– €** | 12,5% | bis 2019	**87**
2014	Riesling Chara trocken *** **15,– €** | 12,5% | bis 2018	**86**
2014	Scheurebe Chara trocken *** **15,– €** | 12,5% | bis 2018	**87**
2014	Riesling Tausend Sterne trocken *** **23,– €** | 13% | bis 2020	**88**
2014	Chardonnay »R« Louis trocken Reserve Barrique *** **35,– €** | 13% | bis 2020	**88**
2013	Spätburgunder trocken Reserve Barrique *** **25,– €** | 13,5% | bis 2020	**87**
2013	Spätburgunder Louis trocken Barrique *** **35,– €** | 13,5% | bis 2022	**89**

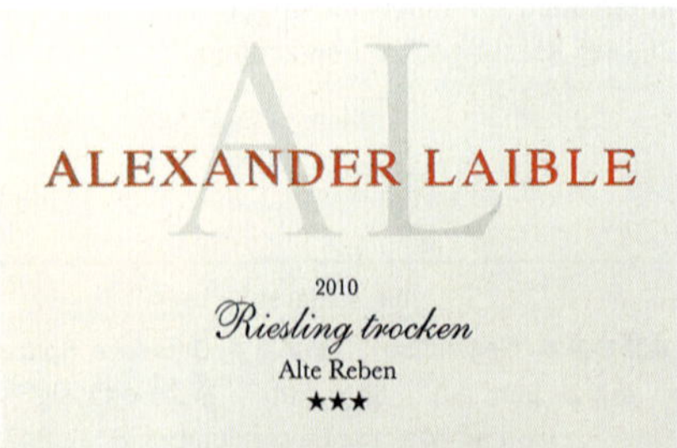

Aufsteiger des Jahres 2000

WEINGUT ANDREAS LAIBLE

77770 Durbach · Am Bühl 6
☎ (07 81) 4 12 38 · Fax 3 83 39
post@andreas-laible.com
www.andreas-laible.com
Inhaber: Andreas Christian Laible
Kellermeister: Andreas
und Andreas Christian Laible

Verkauf: Familie Laible
Mo–Fr: 8.00–11.30 Uhr · 13.30–18.00 Uhr
Sa: 8.00–11.30 Uhr · 13.30–16.00 Uhr
und nach Vereinbarung

Historie: seit 1672 im Familienbesitz

Rebfläche: 7,8 Hektar
Jahresproduktion: 45.000 Flaschen
Beste Lagen: Durbacher Plauelrain und Ölberg
Boden: Granitverwitterung
Rebsorten: 55% Riesling, 14% Spätburgunder, 10% Weißburgunder, 6% Grauburgunder, 4% Gewürztraminer, je 3% Chardonnay, Muskateller und Scheurebe, 2% Sauvignon Blanc
Durchschnittsertrag: 49 hl/ha
Mitglied: VDP

»Wenn der Vater mit dem Sohne« erfolgreich zusammenarbeitet, dann gelingt dies – wie im Laible'schen Traditionsgut – bei durchaus unterschiedlichen Charakteren, nur dann auch ganz besonders gut, wenn beide Winzer mit demselben Qualitätsvirus infiziert sind. Denn seit unzähligen Jahren steht dieses Durbacher Paradefamilienweingut für Badens besten Riesling und die feinsten Auslesen aus aromatischen Weißweinsorten wie Scheurebe oder Traminer. Eigentlich nicht überraschend, sondern lediglich konsequent erscheint die Tatsache, dass die Gewächse aus der Familie der noblen weißen Burgunder hier keine stiefmütterliche Behandlung erfahren, sondern ganz besonders bei den 2014er Großen Gewächsen, durchaus auf Augenhöhe mit dem Riesling stehen. Mit dieser ihrer Paradesorte machen Laibles natürlich immer wieder ganz besonders Staat. Der 2014er Klingelberger 1782 und der 2014er Achat sind bereits von überragender Qualität, werden aber dem sattsam bekannten Großen Gewächs aus dem Plauelrain allerdings wirklich noch getoppt.

Historie

Vater Andreas und Sohn Andreas Christian Laible führen gemeinsam das wohl am meisten prämierte Gut in ganz Baden-Württemberg: Viele Hundert Goldmedaillen bei Landes- und Bundesweinprämierungen, die man über die vergangenen Jahre einsammeln konnte, sprechen für sich. Weit mehr als zwei Dutzend Landesehrenpreise und mehr als ein Dutzend Bundesehrenpreise inklusive zweier Goldauszeichnungen sind Ausdruck der enormen Schaffenskraft und Kontinuität auf hohem Niveau. Dabei fällt den Beiden der Erfolg wahrlich nicht in den Schoß. Im Unterschied zu vielen anderen müssen sich die beiden Laibles in der felsenreichen Steillage Durbacher Plauelrain recht plagen, deren Herzstück in weiten Teilen nur mühsam mit der Hand zu bewirtschaften ist. Die Weine sind dabei allesamt wirklich mineralisch geprägt und sehr charaktervoll. Sie sind eben ausgewachsene, echte badische Steillagenweine.

Andreas Laible

Anzahl der verkosteten Weine: 15
Bewertungen: 86-92 Punkte

2014 Durbacher Plauelrain **86**
Weißburgunder trocken »Erste Lage«
13,- € | 13,5% | bis 2018

2014 Durbacher Plauelrain **86**
Grauburgunder trocken »Erste Lage«
13,- € | 13% | bis 2018

2014 Durbacher Plauelrain **87**
Riesling Steinrassel trocken »Erste Lage«
13,- € | 12,5% | bis 2018

2014 Durbacher Plauelrain **87**
Chardonnay trocken »Erste Lage«
14,- € | 13% | bis 2019

2014 Durbacher Plauelrain **88**
Riesling An der Kapelle trocken »Erste Lage«
14,- € | 12,5% | bis 2019

2014 Durbacher Plauelrain **90**
Klingelberger 1782 trocken »Erste Lage«
15,- € | 12,5% | bis 2020

2014 Durbacher Plauelrain **91**
Riesling Achat trocken »Erste Lage«
17,- € | 12,5% | bis 2020

2014 Durbacher Plauelrain **88**
Grauburgunder Am Bühl »Großes Gewächs«
21,- € | 13,5% | bis 2020

2014 Durbacher Plauelrain **91**
Riesling Am Bühl »Großes Gewächs«
21,- € | 12,5% | bis 2022

2014 Durbacher Plauelrain **86**
Scheurebe Spätlese »Erste Lage«
11,- € | 11% | bis 2018

2014 Durbacher Plauelrain **87**
Gewürztraminer Spätlese »Erste Lage«
11,- € | 11,5% | bis 2019

2014 Durbacher Plauelrain **88**
Traminer Auslese »Erste Lage«
14,- € | 12,5% | bis 2019

2014 Durbacher Plauelrain **89**
Gewürztraminer Auslese »Erste Lage«
15,- € | 11% | bis 2020

2014 Durbacher Plauelrain **89**
Scheurebe Auslese »Erste Lage«
16,50 € | 10,5% | bis 2020

2014 Durbacher Plauelrain **92**
Riesling Am Bühl Auslese »Große Lage«
20,- €/0,5 Lit. | 8,5% | bis 2022

WEINGUT LANDMANN

79112 Freiburg-Waltershofen
Umkircher Straße 29
☎ (0 76 65) 67 56 · Fax 5 19 45
info@weingut-landmann.de
www.weingut-landmann.de
Inhaber: Jürgen Landmann
Kellermeister: Martin Schärli

Verkauf: Jürgen Landmann
Mo–Sa: 8.00–19.00 Uhr und nach Vereinbarung

Der seit 2007 kontrolliert ökologisch wirtschaftende Jürgen Landmann erzeugt weitgehend naturbelassene Weine aus den inzwischen auf 25 Hektar angewachsenen Weinbergslagen vornehmlich in Merdingen und Freiburg. Balanciert und sortentypisch sind alle Weißweine, ganz besonders gefallen hat uns diesmal aber der besonders gut gelungene, im Holzfass ausgebaute 2012er Spätburgunder von der Freiburger Steinmauer mit einem exzellenten Preis-Leistungs-Verhältnis.

Anzahl der verkosteten Weine: 10
Bewertungen: 83–86 Punkte

	Pinot & Chardonnay Sekt Brut **13,50 €** | 12,5% | bis 2020	**85**
2014	Merdinger Bühl Grauburgunder trocken **9,90 €** | 12,5% | bis 2018	**84**
2014	Freiburger Steinmauer Weißburgunder trocken **9,90 €** | 12,5% | bis 2018	**84**
2014	Freiburger Steinmauer Sauvignon Blanc trocken **13,30 €** | 12% | bis 2017	**83**
2014	Merdinger Bühl Grauburgunder »SL« trocken **14,30 €** | 13% | bis 2018	**85**
2014	Freiburger Steinmauer Chardonnay trocken Barrique **21,60 €** | 13% | bis 2019	**85**
2014	Freiburger Steinmauer Gewürztraminer »SL« halbtrocken **13,80 €**/0,375 Lit. | 13% | bis 2019	**84**
2012	Freiburger Steinmauer Spätburgunder trocken Holzfass **9,90 €** | 13,5% | bis 2020	**86**
2010	Freiburger Kapellenberg Cabernet Sauvignon trocken Barrique **21,60 €** | 13% | bis 2020	**84**
2012	Freiburger Kapellenberg Spätburgunder trocken Barrique **21,60 €** | 13,5% | bis 2020	**85**

Neu

WEINHAUS PETER UND JUDIT LANDMANN

79219 Staufen im Breisgau
Auf dem Rempart 2
☎ (0 76 33) 55 10 · Fax 50 04 72
info@landmann-wein.de
www.landmann-wein.de
Inhaber: Peter und Judit Landmann

Verkauf: nach Vereinbarung

Peter Landmann präsentiert uns erstmals seine Weine von 26 Hektar Flächen, die teilweise aus einer Übernahme der aufgegebenen Staufener Winzergenossenschaft stammen, wobei bereits 18 Hektar nach Biolandrichtlinien angebaut werden. Das ungemein stimmige Sortiment ist uns auf Anhieb eine Traube wert, die Weine sind sehr sorgfältig vinifiziert und haben viel eigenständigen Charakter. Herzlichen Glückwunsch!

Anzahl der verkosteten Weine: 13
Bewertungen: 83–88 Punkte

2014	Gutedel Landmanns Liter trocken **4,10 €**/1,0 Lit. | 11% | bis 2017	**83**
2014	Sauvignon Blanc Doctor Faustus trocken Selection **8,90 €** | 12% | bis 2018	**85**
2014	Staufener Schlossberg Chardonnay trocken Barrique **12,50 €** | 11,5% | bis 2019	**87**
2013	Staufener Schlossberg Grauer Burgunder trocken Selection Barrique **17,50 €** | 12,5% | bis 2019	**87**
2014	Staufener Schlossberg Gutedel Kabinett trocken **7,40 €** | 11% | bis 2017	**84**
2014	Staufener Schlossberg Weißer Burgunder Kabinett trocken **12,50 €** | 11,5% | bis 2018	**86**
2014	Staufener Schlossberg Grauer Burgunder Kabinett trocken **12,50 €** | 12,5% | bis 2018	**86**
2014	Staufener Schlossberg Grauer Burgunder Kabinett trocken **12,50 €** | 12,5% | bis 2018	**86**
2014	Freiburger Kapellenberg Gewürztraminer bio Spätlese trocken **14,90 €** | 12,5% | bis 2018	**85**
2013	Staufener Schlossberg Spätburgunder trocken Selection **9,50 €** | 13,5% | bis 2019	**87**
2013	Freiburger Kapellenberg Spätburgunder bio trocken Barrique **19,50 €** | 13% | bis 2020	**88**

WEINGUT LÖFFLER

79219 Staufen-Wettelbrunn
Fohrenbergstraße 43
☎ (0 76 33) 63 07 · Fax 80 89 94
info@weingut-loeffler.de
www.weingut-loeffler.de
Inhaber: Wolfgang Löffler

Verkauf: Wolfgang Löffler
Mo–Fr: 8.30–12.00 Uhr · 14.00–17.00 Uhr
Sa: 9.00–12.00 Uhr

Andreas Löffler ist der verantwortliche Kellermeister dieses 1988 von seinem Vater begründeten, 14 Hektar Reben umfassenden Weingutes. Neben dem Gutedel überzeugt die diesjährige Kollektion mit zwei bestens gelungenen 2014er Reserveweinen vom Weiß- und vom Grauburgunder sowie mit einem ein Jahr länger gereiften 2013er Chardonnay Reserve, allesamt aus der historischen und sehr guten Lage Castellberg.

Anzahl der verkosteten Weine: 12
Bewertungen: 81–86 Punkte

2014 Ballrechten-Dottinger Castellberg **81**
Gutedel trocken
4,50 €/1,0 Lit. | 11,5% | bis 2017

2014 Ballrechten-Dottinger Castellberg **82**
Rivaner trocken
6,– € | 11,5% | bis 2017

2014 Ballrechten-Dottinger Castellberg **84**
Weißburgunder Edition trocken
7,– € | 12,5% | bis 2018

2014 Ballrechten-Dottinger Castellberg **83**
Sauvignon Blanc trocken
9,– € | 12,5% | bis 2018

2014 Ballrechten-Dottinger Castellberg **85**
Weißburgunder trocken Reserve
14,– € | 13,5% | bis 2019

2014 Ballrechten-Dottinger Castellberg **85**
Grauburgunder trocken Reserve
14,– € | 13,5% | bis 2019

2013 Ballrechten-Dottinger Castellberg **86**
Chardoanny trocken Reserve
15,– € | 14% | bis 2020

2014 Ballrechten-Dottinger Castellberg **84**
Grauburgunder Edition Kabinett trocken
7,– € | 12% | bis 2018

2013 Ballrechten-Dottinger Castellberg **82**
Regent trocken Holzfass
7,– € | 12,5% | bis 2019

2012 Ballrechten-Dottinger Castellberg **84**
Spätburgunder trocken Barrique
25,– € | 14% | bis 2020

WEINGUT ANDREAS MÄNNLE

77770 Durbach · Heimbach 12
☎ (07 81) 4 14 86 · Fax 4 29 81
info@weingut-maennle.de
www.weingut-maennle.de
Inhaber: Alfred Männle
Betriebsleiter: Thomas Männle
Außenbetrieb: Markus Kiefer
Kellermeister: Thomas Männle und Annette Bähr

Verkauf: Simone Huber, Inge und Maria Männle
Mo–Fr: 9.00–12.00 Uhr · 13.30–18.00 Uhr
Sa: 9.00–12.00 Uhr · 13.30–16.00 Uhr
So: 10.00–12.00 Uhr (März–Dez.)

Historie: seit 1919 im Familienbesitz, Betrieb 1561 erstmals beurkundet

Rebfläche: 18 Hektar
Jahresproduktion: 150.000 Flaschen
Beste Lage: Durbacher Bienengarten (Alleinbesitz)
Boden: Granitverwitterung
Rebsorten: 42% Spätburgunder, 30% Riesling, je 7% Gewürztraminer und Müller-Thurgau, 6% Grauburgunder, 8% übrige Sorten
Durchschnittsertrag: 70 hl/ha

Die Qualität der Weine von Thomas Männle und Kellermeister Markus Kiefer weiß uns auch mit der aktuellen Kollektion zu begeistern. Die allfälligen Nachverkostungen von älteren Jahrgängen belegen zudem ein großes Reifepotenzial vor allem bei den Rotweinen. Aus dem Durbacher Bienengarten, den die Familie Männle im Alleinbesitz hat, holen die beiden regelmäßig saftige, bestens gelungene weiße Burgunder nebst fruchtigen Spätlesen von besonders aromatischen Rebsorten. Dies sind auch wieder die Stärken der diesjährigen Kollektion mit einem feinnervigen, trocken ausgebauten und vom typischen Rosenduft geprägten 2014er Gewürztraminer Spätlese sowie einem ganz besonders gut gelungenen 2012er Spätburgunder Edition an der Sortimentsspitze!

Zeichenerklärung:
Schnäppchenpreis · Top 10 Spitzenreiter
Ökobetrieb · Trink-Tipp · Versteigerungswein
Sekt | Weißwein | Rotwein | Roséwein

Anzahl der verkosteten Weine: 12
Bewertungen: 86–89 Punkte

2014 Durbacher Bienengarten Klingelberger trocken — **89**
17,– € | 12,5% | bis 2020

2014 Durbacher Bienengarten Klingelberger Kabinett trocken — **86**
8,90 € | 11,5% | bis 2018

2014 Durbacher Bienengarten Weißburgunder Kabinett trocken — **86**
8,90 € | 12,5% | bis 2017

2014 Durbacher Bienengarten Grauburgunder Kabinett trocken — **86**
8,90 € | 12,5% | bis 2018

2014 Durbacher Bienengarten Klingelberger Spätlese trocken — **87**
10,90 € | 12,5% | bis 2019

2014 Durbacher Bienengarten Grauburgunder Spätlese trocken — **87**
10,90 € | 13,5% | bis 2019

2014 Durbacher Bienengarten Chardonnay Spätlese trocken — **87**
10,90 € | 13,5% | bis 2020

2014 Durbacher Bienengarten Gewürztraminer Spätlese trocken — **88**
10,90 € | 13% | bis 2020

2014 Durbacher Bienengarten Scheurebe Spätlese — **87**
10,90 € | 10% | bis 2019

2014 Durbacher Bienengarten Clevner Auslese — **89**
18,– €/0,5 Lit. | 11% | bis 2022

2012 Durbacher Bienengarten Spätburgunder Edition trocken — **89**
25,– € | 14,5% | bis 2022

2012 Durbacher Bienengarten Spätburgunder Spätlese trocken Barrique — **88**
20,– € | 14% | bis 2020

WEINGUT HEINRICH MÄNNLE

77770 Durbach · Sendelbach 16
☎ (07 81) 4 11 01 · Fax 44 01 05
info@weingutmaennle.de
www.weingutmaennle.de

Inhaber: Heinrich und Sylvia Männle
Kellermeister: Heinrich Männle

Verkauf: Wilma und Sylvia Männle
Mo–Fr: 8.00–18.00 Uhr
Sa: 8.00–16.00 Uhr und nach Vereinbarung

Historie: Erbhofgut im Familienbesitz seit 1737
Sehenswert: Granitgewölbekeller im Fachwerkhaus sowie Burgunderkeller

Rebfläche: 5 Hektar
Jahresproduktion: 25.000 Flaschen
Beste Lage: Durbacher Kochberg
Boden: Granitverwitterung
Rebsorten: 56% Spätburgunder, 10% Weißburgunder, 9% Scheurebe, 8% Riesling, 6% Grauburgunder, 11% übrige Sorten
Durchschnittsertrag: 55 hl/ha
Mitglied: Slow Food

Eingebettet in Weinberge oberhalb von Durbach liegt dieser Vorzeigefamilienbetrieb mit seinem einzigartigen Natursteinkeller. Heinrich Männle, als »der Rotwein-Männle« weit bekannt, sehr engagiert unterstützt von Tochter Sylvia, ist ein ausgewiesener Spezialist für charaktervolle Rotweine, die in der Sortimentsspitze, wie die aktuell präsentierten 2008er Exoten Merlot und Cabernet Sauvignon, über mehrere Jahre im Holzfass ausgebaut werden! Alle hier vorgestellten Rotweine sind wieder echte Persönlichkeiten mit in sich ruhender Kraft, so wie der sympathische Winzer selbst, typisch Rotwein-Männle halt! Aber auch die Phalanx der weißen 2014er Burgunder sowie die spürbare Liebe zu duftigen Sorten wie der Scheurebe runden diese facettenreiche Kollektion bestens ab.

Die Betriebe:
Weltklasse · Deutsche Spitze
Sehr gut · Gut · Zuverlässig
Weitere Empfehlung

Anzahl der verkosteten Weine: 12
Bewertungen: 86–90 Punkte

2014 Durbacher Kochberg **86**
Grauburgunder Kabinett trocken Holzfass - 16 -
10,– € | 12% | bis 2017

2014 Durbacher Plauelrain **87**
Chardonnay Kabinett trocken Holzfass - 18 -
11,– € | 12% | bis 2019

2014 Durbacher Kochberg **87**
Grauburgunder Spätlese trocken Holzfass - 38 -
11,50 € | 13% | bis 2019

2014 Durbacher Kochberg **88**
Klingelberger Spätlese trocken Holzfass - 32 -
15,50 € | 12% | bis 2019

2014 Durbacher Kochberg **86**
Weißburgunder Spätlese feinherb Holzfass - 14 -
10,50 € | 12% | bis 2018

2012 Durbacher Kochberg **87**
Klingelberger Spätlese feinherb Holzfass - 22 -
12,90 € | 12,5% | bis 2019

2012 Durbacher Kochberg Scheurebe Spätlese **86**
9,90 € | 10,5% | bis 2018

2008 Durbacher Kochberg **89**
Cabernet Sauvignon trocken Barrique
28,– € | 13,5% | bis 2024

2008 Durbacher Kochberg Merlot trocken Barrique **89**
28,– € | 14% | bis 2024

2008 Durbacher Kochberg **89**
Cabernet Sauvignon & Merlot trocken Barrique
28,– € | 14% | bis 2024

2010 Durbacher Kochberg **90**
Spätburgunder Spätlese trocken Barrique
30,– € | 13% | bis 2024

2009 Durbacher Kochberg **89**
Spätburgunder Spätlese trocken Alte Reben Barrique
30,– € | 14% | bis 2022

WEINGUT VON DER MARK

79415 Bad Bellingen-Rheinweiler
Altrheinstraße 4
☎ (0 76 35) 8 26 64 82 · Fax 8 26 64 83
kontakt@weingutvondermark.de
www.weingutvondermark.de
Inhaber und Betriebsleiter: Jürgen von der Mark

Verkauf: Jürgen von der Mark
nach Vereinbarung

Rebfläche: 8 Hektar
Jahresproduktion: 60.000 Flaschen
Beste Lagen: Verzicht auf Lagenangaben
Boden: Löss auf Kalk
Rebsorten: 85% Spätburgunder, 10% Weißburgunder, 5% Grauburgunder
Durchschnittsertrag: 50 hl/ha

Das Weingut von Jürgen von der Mark, seit 2011 im Gewerbegebiet von Rheinweiler beheimatet, besteht bereits seit über zehn Jahren und hat seine Reben auf einem Hügelrücken mit Kalksteinunterlage im Tuniberger. Vor allem sind es die ungemein charaktervollen und vielschichtigen 2013er Pinot Noirs, die uns nicht nur in diesem Jahr wieder allergrößten Respekt abnötigen, sonder ganz einfach schlichtweg begeistern! Benannt wurden die Pinots nach bekannten oder weniger bekannten Liedzeilen wie »You are always on my mind« oder »Dies Bildnis ist bezaubernd schön«. Aber auch die beiden besonders gut gelungenen, vom Löss geprägten Weiß- und Grauburgunder »S« Selektion aus dem Holzfass sind echte Bereicherungen des sehr stimmigen Sortiments.

Zeichenerklärung:
Schnäppchenpreis · **Top 10** Spitzenreiter
Ökobetrieb · Trink-Tipp · Versteigerungswein
Sekt | Weißwein | Rotwein | Roséwein

Aufsteiger

Anzahl der verkosteten Weine: 8 Bewertungen: 84–90 Punkte		
2014	Müller-Thurgau trocken **6,50 €** | 11% | bis 2017	**84**
2014	Merdinger Weißburgunder trocken **7,50 €** | 12% | bis 2018	**86**
2014	Weißburgunder »S« vom Löss trocken Selection Holzfass **11,90 €** | 12,5% | bis 2019	**87**
2014	Grauburgunder »S« vom Löss trocken Selection Holzfass **12,90 €** | 12,5% | bis 2020	**88**
2014	Spätburgunder trocken Barrique **8,90 €** | 13% | bis 2018	**85**
2013	Spätburgunder »S« Weingarten trocken Barrique **16,50 €** | 13% | bis 2020	**87**
2013	Pinot Noir Dies Bildnis ist bezaubernd schön trocken Barrique **29,50 €** | 13% | bis 2022	**89**
2013	Pinot Noir You are always on my mind trocken **34,50 €** | 13% | bis 2022	**90**

WEINGUT MARKGRAF VON BADEN SCHLOSS SALEM

88682 Salem · Schloss Salem
☎ (0 75 53) 8 12 84 · Fax 8 15 69
weingut@markgraf-von-baden.de
www.markgraf-von-baden.de

Inhaber: Bernhard Prinz von Baden
Geschäftsführer: Michael Prinz von Baden
Betriebsleiter: Volker Faust
Außenbetrieb: Elmar Knisel
Kellermeister: Martin Kölble und Maxence Lecat

Verkauf: Mo–Sa: 9.00–18.00 Uhr
So, feiertags: 11.00–18.00 Uhr (April–Okt.)

Gutsausschank: 11.00 bis 21.00 Uhr, kein Ruhetag, Jan. und Febr. geschlossen
Historie: 1134 als Zisterzienserkloster gegründet, Weinbau seit dem 13. Jahrhundert
Sehenswert: 17 ha große Schlossanlage, gotisches Münster, prächtige Innenräume

Rebfläche: 110 Hektar
Jahresproduktion: 900.000 Flaschen
Beste Lagen: Gailinger Schloss Rheinburg, Bermatinger Leopoldsberg, Birnauer Kirchhalde, Meersburger Chorherrnhalde, Kirchberger Schlossberg
Boden: Moränenverwitterung
Rebsorten: 40% Spätburgunder, 30% Müller-Thurgau, 10% Grauburgunder, je 5% Weißburgunder und Bacchus, 10% übrige Sorten
Durchschnittsertrag: 70 hl/ha
Mitglied: VDP

Das Team um Volker Faust und Martin Kölble hat mit dem jungen, aus Burgund stammenden Maxence Lecat, der ebenfalls auf Schloss Staufenberg kellertechnische Verantwortung trägt, fachkundige Verstärkung bekommen. Das Weingut im Kulturdenkmal Schloss Salem, dem Sitz der Markgrafen von Baden, wartet auch dieses Jahr wieder mit einer überzeugenden, nach VDP-Richtlinien gegliederten Kollektion, auf. Aktuell besticht das große Sortiment ganz besonders mit den zartgliedrigen 2014er Seeweinen aus der hier so typischen und überzeugenden Rebsorte Müller-Thurgau von den ökologisch bewirtschafteten Lagen um die Wallfahrtskirche Birnau. Zart duftig ist auch der feinnervige 2014er Sauvignon als Gegenpol zum bestens entwickelten und vom Holz geprägten 2012er Weißburgunder aus der Großen-Gewächs-Lage Galliger Schloss Rheinburg.

WEINGUT ADAM MÜLLER

69181 Leimen · Adam-Müller-Straße 1
☎ (0 62 24) 9 71 00 · Fax 97 10 47
verkauf@weingut-adam-mueller.de
www.weingut-adam-mueller.de
Inhaber und Betriebsleiter: Matthias und Marcus Müller

Verkauf: Mo–Fr: 8.00–18.00 Uhr
Sa: 9.00–13.00 Uhr

Matthias und Marcus Müller führen das Traditionsgut Adam Müller nunmehr in der 9. Generation und bewirtschaften rund 25 Hektar Weinberge auf Löss und Lehmböden. Bei den Weißweinen überzeugt in der aktuellen Kollektion vor allem ein trocken ausgebauter 2014er Grauburgunder Alte Reben vom Leimener Herrenberg. Bei den Rotweinen gefielen uns die beiden durch den Barriqueausbau geprägten 2013er Spätlesen vom Spätburgunder und vom Lemberger ganz besonders gut.

Anzahl der verkosteten Weine: 10
Bewertungen: 83–85 Punkte

2014 Leimener Herrenberg Riesling trocken **83**
8,95 € | 12,5% | bis 2018

2014 Leimener Herrenberg **84**
Weißburgunder trocken Alte Reben
8,95 € | 13% | bis 2018

2014 Leimener Herrenberg **85**
Grauburgunder trocken Alte Reben
8,95 € | 12,5% | bis 2018

2014 Charta Wein trocken **84**
9,95 € | 12,5% | bis 2019

2014 Leimener Kreuzweg **83**
Weißburgunder Kabinett trocken
7,50 € | 12% | bis 2018

2014 Leimener Kreuzweg **84**
Grauburgunder Kabinett trocken
7,50 € | 12% | bis 2018

2014 Leimener Kreuzweg **83**
Auxerrois Kabinett trocken
7,95 € | 12% | bis 2018

2013 Cuvée »Adam« trocken Barrique **83**
25,- € | 13% | bis 2019

2013 Leimener Kreuzweg **85**
Lemberger Spätlese trocken Barrique
13,50 € | 13,5% | bis 2020

2013 Heidelberger Sonnenseite ob der Bruck **85**
Spätburgunder Spätlese trocken Barrique
16,95 € | 14% | bis 2020

WEINGUT GEBRÜDER MÜLLER

79206 Breisach · Richard-Müller-Straße 5
☎ (0 76 67) 99 51 10 · Fax 93 00
info@mueller-weine.de
www.mueller-weine.de
Inhaber: Peter Bercher
Pächter: Silvia und Joachim Heger
Außenbetrieb und Keller: Team Dr. Heger

Verkauf: nach Vereinbarung

Sehenswert: Gewölbe im alten Rentamt

Rebfläche: 2,2 Hektar
Jahresproduktion: 11.000 Flaschen
Beste Lagen: Breisacher Eckartsberg, Ihringer Winklerberg
Boden: Vulkangestein
Rebsorten: je 30% Grauburgunder und Spätburgunder, 28% Weißburgunder, 2% Riesling, 10% übrige Sorten
Durchschnittsertrag: 55 hl/ha

Als Weinbaupionier am Kaiserstuhl erschloss Johann Baptist Hau, der Gründer des Weingutes und heute wieder Namensgeber der hochwertigen Weinpalette, drei Hektar Rebfläche in der heutigen Einzellage Ihringer Winklerberg, aus der er 1824 den ersten Wein kelterte. Heute bewirtschaften Silvia und Joachim Heger die Reben der roten und weißen Burgunderfamilie in der Lage Breisacher Eckartsberg. Der vulkanische Ursprung und die Nähe zum Rhein prägen dieses einzigartige Terroir, welches ganz besonders eigenständige, fast ein wenig ernsthaft anmutende, lagerfähige Weine hervorbringt. Im Winklerberg wird noch eine kleine Parzelle mit Riesling gepflegt. Im historischen Gewölbekeller des alten Rentamts in Breisach werden die Weine seit 1841 ausgebaut. Im Erdgeschoss befindet sich die Vinothek.

Die Betriebe:
Weltklasse · Deutsche Spitze
Sehr gut · Gut · Zuverlässig
Weitere Empfehlung

Anzahl der verkosteten Weine: 12
Bewertungen: 83–88 Punkte

2014	Weißburgunder trocken	**7,50 €** | 12% | bis 2017	**83**
2014	Birnauer Müller-Thurgau trocken	**10,50 €** | 11% | bis 2017	**85**
2014	Kirchberger Müller-Thurgau trocken	**10,50 €** | 11% | bis 2017	**85**
2014	Birnauer Grauburgunder trocken	**10,50 €** | 12,5% | bis 2017	**85**
2014	Birnauer Sauvignon Blanc trocken	**10,50 €** | 12% | bis 2018	**86**
2014	Birnauer Weißburgunder trocken	**10,50 €** | 12% | bis 2018	**86**
2012	Gailinger Schloss Rheinburg Chardonnay trocken »Erste Lage«	**14,– €** | 12,5% | bis 2019	**87**
2014	Meersburger Chorherrnhalde Riesling »Großes Gewächs«	**35,– €** | 12,5% | bis 2022	**86**
2012	Gailinger Schloss Rheinburg Weißburgunder »Großes Gewächs«	**35,– €** | 13% | bis 2020	**88**
2014	Birnauer Spätburgunder trocken Rosé	**10,50 €** | 12% | bis 2017	**84**
2013	Bermatinger Spätburgunder trocken	**10,50 €** | 12,5% | bis 2019	**86**
2012	Bermatinger Leopoldsberg Spätburgunder »Großes Gewächs«	**45,– €** | 12,5% | bis 2022	**88**

WEINGUT MARKGRAF VON BADEN SCHLOSS STAUFENBERG

77770 Durbach · Schloss Staufenberg 1
☎ (07 81) 4 27 78 · Fax 9 48 63 06
staufenberg@markgraf-von-baden.de
www.markgraf-von-baden.de
Inhaber: Bernhard Prinz von Baden
Geschäftsführer: Michael Prinz von Baden
Gutsleiter: Achim Kirchner
Kellermeister: Klaus Ebert und Maxence Lecat

Verkauf: Luise Müller, Maria Kempf
Mo–Fr: 10.00–19.00 Uhr
Sa–So, feiertags: 11.00–17.00 Uhr

Gutsausschank: 11.00–21.00 Uhr
Hofladen: mit regionalem Schinken
Historie: Weinbau seit 1391
Sehenswert: alte Burganlage auf dem Schlossberg mit Blick auf Rheinebene und Straßburger Münster
Erlebenswert: Falkner im Weingut, Fr 15.00 und 17.00 Uhr, Chocolaterie

Rebfläche: 25 Hektar
Jahresproduktion: 140.000 Flaschen
Beste Lage: Durbacher Schlossberg
Boden: Granitverwitterung, Granit mit Lehm
Rebsorten: 45% Riesling, 35% Spätburgunder, je 5% Chardonnay, Grauburgunder und Weißburgunder, 3% Sauvignon Blanc, 2% Gewürztraminer
Durchschnittsertrag: 44 hl/ha
Mitglied: VDP

Seit dem 14. Jahrhundert befindet sich die Schlossanlage Staufenberg im Besitz der Markgrafen von Baden. Nachdem der langjährige Gutsleiter Achim Kirchner an die Nahe gewechselt ist, tragen die Verantwortung im Weingut heute die beiden Kellermeister Maxence Lecat und Klaus Ebert gemeinsam. Der aktuell vorgestellte, sehr gute 2014er Weißweinjahrgang zeigt wieder eine Parade der hier so typischen und markant trocken ausgebauten Selektionsrieslinge wie den historischen Klingelberger 1782 und das Große Gewächs vom Marienberg. Doch auch die bestens balancierten 2013er Spätburgunder wissen hier zu begeistern.

Die Weine:
100 Perfekt · **95–99** Überragend · **90–94** Exzellent
85–89 Sehr gut · **80–84** Gut · **75–79** Passabel

Anzahl der verkosteten Weine: 12
Bewertungen: 85–90 Punkte

Jahrgang	Wein	Punkte
2013	Klingelberger Sekt Brut **12,– €** | 12% | bis 2019	**86**
2014	Klingelberger trocken **8,– €** | 12,5% | bis 2018	**85**
2014	Grauburgunder trocken **12,– €** | 12% | bis 2019	**86**
2014	Durbacher Schlossberg Klingelberger trocken »Erste Lage« **16,– €** | 13% | bis 2020	**87**
2014	Durbacher Schlossberg Klingelberger 1782 trocken »Erste Lage« **17,– €** | 13% | bis 2021	**88**
2014	Durbacher Schlossberg Klingelberger Marienberg »Großes Gewächs« **35,– €** | 13% | bis 2023	**89**
2014	Durbacher Schlossberg Gewürztraminer »Erste Lage« **16,– €** | 10,5% | bis 2019	**87**
2014	Durbacher Schlossberg Klingelberger Auslese »Erste Lage« **24,– €**/0,375 Lit. | 9% | bis 2024	**90**
2013	Spätburgunder trocken **8,– €** | 12% | bis 2018	**85**
2013	Durbacher Spätburgunder trocken **12,– €** | 12,5% | bis 2019	**86**
2013	Durbacher Schlossberg Spätburgunder trocken »Erste Lage« **16,– €** | 13% | bis 2021	**87**
2012	Durbacher Schlossberg Spätburgunder Sophienberg »Großes Gewächs« **45,– €** | 13% | bis 2023	**88**

WEINGUT MICHEL

79235 Achkarren · Winzerweg 24
☎ (0 76 62) 4 29 · Fax 7 63
info@weingutmichel.com
www.weingutmichel.com
Inhaber: Josef Michel
Kellermeister: Josef Michel

Verkauf: Cornelia Michel
Mo–Fr: 14.00–17.00 Uhr, Sa: 10.00–13.00 Uhr
und nach Vereinbarung

Sehenswert: Weinbaumuseum
und Weinlehrpfad

Rebfläche: 14,5 Hektar
Jahresproduktion: 95.000 Flaschen
Beste Lagen: Achkarrer Schlossberg und Castellberg, Ihringer Winklerberg
Boden: Vulkanverwitterung, Löss und Lehm
Rebsorten: 38% Spätburgunder, 30% Grauburgunder, 23% Weißburgunder, 7% Chardonnay, 2% Müller-Thurgau
Durchschnittsertrag: 56 hl/ha

Josef Michel kann auf eine lange Erfahrung mit dem besonderen Terroir im Achkarrer Schlossberg bauen und das zahlt sich aus. Kurzer Anschnitt, selektive Handlese und schonende Gärführung sind die Grundlage, um den einzigartigen Ausdruck und das volle Potenzial in diesen Weinen zur Entfaltung zu bringen. In der aktuellen Kollektion sind Michels Weißweine mineralisch, geradlinig und kompromisslos trocken ausgebaut. Eine Phalanx sehr guter bis absolut herausragender weißer Burgunder mit einer überwältigenden Präsenz und Präzision prägt das Sortiment. Auch diesmal steht ein überragender 2014er Chardonnay Drei Sterne an der Spitze. Ganz besonders gut gelungen sind wieder die fein abgestuften, mächtigen 2013er Spätburgunder mit einer langlebigen Reserve, alles echte Referenzen an diese berühmte Spitzenlage!

Zeichenerklärung:
Schnäppchenpreis · Top 10 Spitzenreiter
Ökobetrieb · Trink-Tipp · Versteigerungswein
Sekt | Weißwein | Rotwein | Roséwein

Anzahl der verkosteten Weine: 11
Bewertungen: 86–91 Punkte

2014 Achkarrer Schlossberg **86**
Weißburgunder Kabinett trocken
8,20 € | 12,5% | bis 2017

2014 Achkarrer Schlossberg **87**
Grauburgunder Kabinett trocken
8,20 € | 12,5% | bis 2018

2014 Achkarrer Schlossberg **87**
Weißburgunder Spätlese trocken
10,80 € | 13% | bis 2020

2014 Achkarrer Schlossberg **88**
Grauburgunder Spätlese trocken
10,80 € | 13% | bis 2022

2014 Achkarrer Schlossberg **88**
Chardonnay Spätlese trocken
10,80 € | 13% | bis 2022

2014 Achkarrer Schlossberg **90**
Grauburgunder Spätlese trocken ***
15,80 € | 13,5% | bis 2022

2014 Achkarrer Schlossberg **91**
Weißburgunder Spätlese trocken ***
15,80 € | 13,5% | bis 2024

2014 Achkarrer Schlossberg **91**
Chardonnay Spätlese trocken ***
15,80 € | 13,5% | bis 2024

2013 Spätburgunder trocken Alte Reben **86**
11,80 € | 13% | bis 2019

2013 Achkarrer Schlossberg **88**
Spätburgunder trocken Barrique ***
21,50 € | 13,5% | bis 2020

2013 Achkarrer Schlossberg **90**
Spätburgunder »R« trocken Barrique
31,50 € | 13,5% | bis 2024

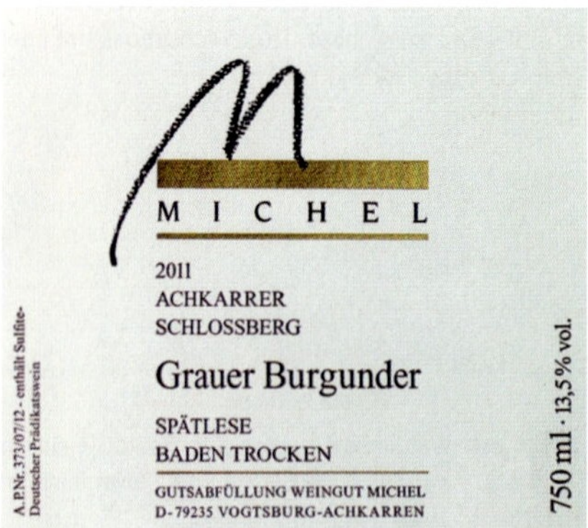

WEINGUT MÖSSNER-BURTSCHE

79331 Teningen-Köndringen
Heimbacher Straße 3
☎ (0 76 41) 28 08 · Fax 5 40 03
info@weingutmoessner.de
www.weingutmoessner.de
Inhaber: Eva Burtsche
Kellermeister: Eva und Tobias Burtsche

Verkauf: Eva Burtsche
Do–Fr: 15.00–18.30 Uhr, Sa: 9.30–13.00 Uhr
und nach Vereinbarung

Das Weingut Mößner-Burtsche in Teningen-Köndringen, zwischen Malterdingen und Emmendingen gelegen, wird seit 2009 von Eva und Tobias Burtsche engagiert geführt. Das aktuelle Sortiment besticht einmal mehr mit der anspruchsvollen Rebsorte Gewürztraminer, diesmal mit einer edelsüßen 2014er Auslese sowie mit einem harmonisch würzigen 2012er Pinot Noir aus dem Barrique.

Anzahl der verkosteten Weine: 11
Bewertungen: 81–87 Punkte

2012 Pinot Sekt Brut Blanc de Noirs **83**
9,90 € | 13% | bis 2019

2014 Riveló trocken **81**
4,60 € | 11% | bis 2017

2014 Grauburgunder Muschelkalk **84**
trocken Barrique
10,– € | 13% | bis 2020

2014 Köndringer Alte Burg **82**
Weißburgunder Kabinett trocken
6,20 € | 12% | bis 2018

2014 Köndringer Alte Burg **83**
Grauburgunder Kabinett trocken
6,20 € | 12% | bis 2018

2014 Muskateller feinherb **83**
7,50 € | 10% | bis 2018

2014 Gewürztraminer Auslese **87**
10,– € | 10% | bis 2020

2014 Riveló trocken Rosé **81**
4,90 € | 12% | bis 2017

2012 Spätburgunder trocken Alte Reben **84**
8,90 € | 13,5% | bis 2020

2012 Pinot Noir trocken Barrique **85**
9,90 € | 13,5% | bis 2020

2012 Spätburgunder Muschelkalk **84**
trocken Barrique
15,– € | 14% | bis 2020

Anzahl der verkosteten Weine: 7
Bewertungen: 82–89 Punkte

2014 Ihringer Winklerberg **82**
Riesling Johann Baptist Hau Kabinett trocken
10,30 € | 12% | bis 2017

2014 Breisacher Eckartsberg **86**
Weißburgunder Johann Baptist Hau Kabinett trocken
10,30 € | 12,5% | bis 2018

2014 Breisacher Eckartsberg **86**
Grauburgunder Johann Baptist Hau Kabinett trocken
10,30 € | 12,5% | bis 2019

2014 Breisacher Eckartsberg **88**
Weißburgunder Johann Baptist Hau Spätlese trocken
17,40 € | 13,5% | bis 2019

2014 Breisacher Eckartsberg **89**
Grauburgunder Johann Baptist Hau Spätlese trocken
17,40 € | 13,5% | bis 2020

2013 Breisacher Eckartsberg **87**
Spätburgunder Johann Baptist Hau trocken
11,30 € | 13,5% | bis 2020

2013 Ihringer Winklerberg **89**
Spätburgunder Johann Baptist Hau trocken Barrique
25,20 € | 13,5% | bis 2022

GUT NÄGELSFÖRST

76534 Baden-Baden (Varnhalt) · Nägelsförst 1
☎ (0 72 21) 3 55 50 · Fax 35 55 56
info@naegelsfoerst.de
www.naegelsfoerst.de
Inhaber: Reinhard J. Strickler
Außenbetrieb: Martin Himmel
Kellermeister: Siegbert Konopka

Verkauf: Albert Mirbach
Mo–Fr: 9.00–18.00 Uhr
Sa: 10.00–16.00 Uhr und nach Vereinbarung

Historie: Gründung 1268 als Hofgut des Klosters Lichtenthal, seit 1344 Spätburgunderanbau im Klosterberg

Rebfläche: 33 Hektar
Jahresproduktion: 170.000 Flaschen
Beste Lagen: Varnhalter Klosterbergfelsen, Neuweierer Mauerberg, Umweger Stich den Buben
Boden: Porphyr-, Granit- und Gneisverwitterung
Rebsorten: 40% Riesling, 35% Spätburgunder, 20% weiße Burgundersorten, 5% übrige Sorten
Durchschnittsertrag: 50 hl/ha

Das von der Zisterzienserinnenabtei im Kloster Lichtenthal 1268 gegründete Gut wurde von Reinhard J. Strickler mit viel Einsatz und großen Investitionen wieder aufgebaut und auf 33 Hektar erweitert. Zum ausgedehnten Besitz gehören Parzellen im Varnhalter Klosterbergfelsen, Umweger Stich den Buben sowie beste Lagen im Baden-Badener Rebland und im Bühler Tal. Toplagen in Neuweier mit teilweise sehr alten Trockenmauern runden den stattlichen Besitz ab. Die 2014er Weißwein-Kollektion von Kellermeister Siegbert Konopka besticht einmal mehr mit ausdrucksstarken, mineralisch geprägten Rieslingen. Aber vor allem auch die neue 2013er Rotweincuvée Viande Rouge weiß zu überzeugen.

Zeichenerklärung:
Schnäppchenpreis · Top 10 Spitzenreiter
Ökobetrieb · Trink-Tipp · Versteigerungswein
Sekt | Weißwein | Rotwein | Roséwein

Entdeckung des Jahres 1995

Anzahl der verkosteten Weine: 12 Bewertungen: 83–87 Punkte		
2014	Riesling trocken **9,80 €**/1,0 Lit. | 12% | bis 2017	**83**
2014	Cuvée »Fruits de Mer« trocken **8,50 €** | 12% | bis 2017	**85**
2014	Pinot Blanc trocken Alte Reben Holzfass **10,50 €** | 12,5% | bis 2017	**85**
2013	Pinot Gris trocken Alte Reben Holzfass **11,50 €** | 12% | bis 2018	**85**
2013	Chardonnay trocken Alte Reben Holzfass **11,50 €** | 12% | bis 2018	**86**
2014	Gewürztraminer trocken **11,90 €** | 11,5% | bis 2019	**85**
2014	Sauvignon Blanc trocken **11,90 €** | 12,5% | bis 2018	**86**
2014	Chardonnay trocken Alte Reben Holzfass **11,90 €** | 12% | bis 2019	**86**
2014	Riesling Spätlese trocken **10,90 €** | 12,5% | bis 2019	**87**
2014	Umweger Stich den Buben Riesling Spätlese trocken **18,50 €** | 12,5% | bis 2020	**87**
2014	No 1 trocken Rosé **9,50 €** | 12,5% | bis 2019	**85**
2013	Cuvée »Viande rouge« trocken **10,90 €** | 12,5% | bis 2020	**86**

WEINGUT SCHLOSS NEUWEIER

76534 Baden-Baden · Mauerbergstraße 21
☎ (0 72 23) 9 66 70 · Fax 6 08 64
kontakt@weingut-schloss-neuweier.de
www.weingut-schloss-neuweier.de
Inhaber und Betriebsleiter: Robert Schätzle

Verkauf: Robert Schätzle
Mo–Fr: 9.00–12.00 Uhr · 13.00–18.00 Uhr
Sa: 10.00-15.00 Uhr

Restaurant: Sterneküche mit Armin Röttele, ☎ (07223) 80 08 70
Sehenswert: Schloss Neuweier (keine Besichtigung), Querterrassen mit Trockenmauern

Rebfläche: 16 Hektar
Jahresproduktion: 80.000 Flaschen
Beste Lagen: Neuweier Schlossberg, Mauerberg und Goldenes Loch
Boden: Granitverwitterung, Porphyrverwitterung
Rebsorten: 85% Riesling, 10% Spätburgunder, 5% übrige Sorten
Durchschnittsertrag: 52 hl/ha
Mitglied: VDP

Das Ortenauer Schloss Neuweier, dessen bewegte Geschichte bis ins 12. Jahrhundert zurückreicht, ist nunmehr seit drei Jahren im Besitz der Kaiserstühler Familie Schätzle. Der weitgereiste und erfahrene Önologe Robert Schätzle leitet mit viel Weitblick dieses Traditionsgut und weiß ganz besonders mit dem 2014er Riesling aus der Großen-Gewächs-Lage Goldenes Loch zu überzeugen und somit an glorreiche Zeiten anzuknüpfen. Großartig auch die 2014er Riesling-Gewächse aus dem Schlossberg und dem Mauerberg, welcher eindrucksvoll die stattliche Anlage umrahmt. Die jahrhundertealten Trockenmauern sind hier ein immens wichtiger Faktor für das besondere Mikroklima dieser hervorragenden Lage, in der seit mehr als 200 Jahren die Rieslingtrauben für den sogenannten »Mauerwein« geerntet werden.

Die Betriebe:
Weltklasse · Deutsche Spitze
Sehr gut · Gut · Zuverlässig
Weitere Empfehlung

Anzahl der verkosteten Weine: 9
Bewertungen: 86-91 Punkte

2014 Neuweier Riesling trocken **88**
8,50 € | 12% | bis 2018

2014 Neuweier Riesling »RS« trocken **89**
11,90 € | 12% | bis 2019

2014 Umweger Stich den Buben Riesling trocken **86**
15,– € | 12% | bis 2021

2014 Neuweier Mauerberg Riesling trocken **87**
15,– € | 12% | bis 2022

2014 Neuweier Schlossberg Riesling trocken **87**
15,– € | 12% | bis 2022

2014 Neuweier Mauerwein Riesling »GG« trocken **90**
28,50 € | 12% | bis 2022

2014 Neuweier Goldenes Loch **91**
Riesling »GG« trocken »Große Lage«
28,50 € | 12% | bis 2022

2014 Neuweier Mauerberg Riesling Beerenauslese **91**
64,– €/0,375 Lit. | 9,5% | bis 2028

2014 Neuweier Mauerberg **88**
Chardonnay Trockenbeerenauslese
148,70 €/0,375 Lit. | 10,5% | bis 2028

WINZERGENOSSENSCHAFT OBERBERGEN

79235 Vogtsburg-Oberbergen · Badbergstraße 2
☎ (0 76 62) 9 46 00 · Fax 94 60 24
info@wg-oberbergen.com
www.wg-oberbergen.com
Geschäftsführer: Erwin Vogel
Kellermeister: Wolfgang Schupp

Verkauf: Udo Beck, Ralf Kreutner
Mo–Fr: 8.00–17.30 Uhr (April–Okt.)
Mo–Fr: 8.00–12.00 Uhr · 13.30–17.30 Uhr (Nov.–März)
Sa: 8.30–13.00 Uhr (März–Dez.)
So: 11.00–15.00 Uhr (April–Okt.)

Die Genossenschaft vom Kaiserstuhl gehört zu den besten Kooperativen Badens. Besonders die trocken ausgebauten 2014er weißen Burgundersorten wissen zu überzeugen. Gekrönt wird die Weißweinpalette mit gekonnt im Barrique ausgebauten 2013er Editionsweinen von vom Grau- und Weißburgunder, aber auch der 2012er Spätburgunder Edition Terroir aus der Spitzenlage Baßgeige ist eine Klasse für sich.

Anzahl der verkosteten Weine: 13
Bewertungen: 81-86 Punkte

2014 Oberbergener Bassgeige Grauburgunder trocken **81**
5,85 €/1,0 Lit. | 12,5% | bis 2017

2013 Oberbergener Bassgeige **85**
Grauburgunder Edition »TT« trocken Barrique
11,50 € | 13,5% | bis 2020

2013 Oberbergener Bassgeige **85**
Weißburgunder Edition »TT« trocken Barrique
11,50 € | 13,5% | bis 2020

2013 Oberbergener Bassgeige **85**
Weißburgunder Edition »TT« trocken
11,50 € | 13,5% | bis 2020

2014 Oberbergener Bassgeige **82**
Muskateller Kabinett trocken
6,60 € | 11,5% | bis 2017

2014 Oberbergener Bassgeige **84**
Gewürztraminer Spätlese trocken
10,35 € | 13,5% | bis 2020

2014 Oberbergener Chardonnay Spätlese trocken **85**
13,10 € | 12,5% | bis 2020

2014 Oberbergener Bassgeige **82**
Müller-Thurgau Spätlese feinherb
7,25 € | 11% | bis 2018

2012 Oberbergener Bassgeige **86**
Spätburgunder Edition Terroir trocken Barrique
25,– € | 13% | bis 2020

OBERKIRCHER WINZER

77704 Oberkirch · Renchener Straße 42
☎ (0 78 02) 9 25 80 · Fax 92 58 38
info@oberkircher-winzer.de
www.oberkircher-winzer.de
Geschäftsführender Vorstand: Markus Ell
Kellermeister: Martin Bäuerle
Qualitätsmanager Weinbau: Frank Männle

Verkauf: Mo–Fr: 9.00–17.30 Uhr
Sa: 9.00–13 .00 Uhr

Die Oberkircher Winzer zeigen uns, warum der Riesling auch in der Ortenau ein würdiges Zuhause hat. Das Qualitätsmanagement in den Weinbergen demonstriert bereits seit einigen Jahren seine Wirksamkeit. Vor allem die Collection Royal, aber auch die Reihe Vinum Nobile fallen regelmäßig sehr gut aus. Ein besonders gutes Händchen hat man beim Barriqueausbau, sowohl beim eleganten 2013er Chardonnay wie auch beim ausdrucksstarken 2012er Spätburgunder aus der Collection Royale an der Sortimentsspitze.

Anzahl der verkosteten Weine: 12
Bewertungen: 82–87 Punkte

2014	Weißburgunder Vinum Nobile trocken **6,40 €** | 13% | bis 2020	**84**
2014	Grauburgunder Vinum Nobile trocken **6,40 €** | 13% | bis 2020	**85**
2014	Sauvignon Blanc Vinum Nobile trocken **7,90 €** | 12,5% | bis 2019	**82**
2013	Chardonnay Vinum Nobile trocken Barrique **10,40 €** | 13,5% | bis 2020	**85**
2014	Riesling Spätlese trocken Alte Reben **10,40 €** | 13% | bis 2020	**85**
2013	Gewürztraminer Spätlese trocken Barrique **12,90 €** | 13,5% | bis 2025	**86**
2014	Klingelberger 1782 Spätlese trocken **15,40 €** | 13% | bis 2020	**86**
2014	Gewürztraminer Collection Spätlese feinherb **7,90 €** | 11% | bis 2020	**86**
2013	Riesling Collection Auslese feinherb **12,90 €** | 11,5% | bis 2020	**87**
2012	Spätburgunder trocken Barrique **11,40 €** | 14% | bis 2020	**84**
2012	Spätburgunder Collection Royal trocken Barrique **23,90 €** | 14% | bis 2020	**86**
2013	Spätburgunder Collection Spätlese trocken **8,40 €** | 13% | bis 2020	**83**

WEINGUT SCHLOSS ORTENBERG

77799 Ortenberg · Am Sankt Andreas 1
☎ (07 81) 9 34 30 · Fax 93 43 20
info@weingut-schloss-ortenberg.de
www.weingut-schloss-ortenberg.de
Inhaber: Ortenaukreis, Stadt Offenburg
Geschäftsführer: Matthias Wolf
Kellermeister: Hans-Peter Rieflin

Verkauf: Matthias Wolf
Mo–Fr: 8.00–12.00 Uhr · 13.00 –17.00 Uhr
Sa: 9.30–13.00 Uhr

Dieses schöne Weingut nahe Offenburg entstand im Jahre 1997 durch die Fusion zweier kommunaler Betriebe. Das Team unter Gutsverwalter Matthias Wolf bewirtschaftet 45 Hektar Weinberge. Die Spitzenlage Schlossberg bildet mit einem Gefälle von teilweise über 50 Prozent ein regelrechtes Amphitheater mit idealer Sonnenexposition. Die aktuelle Kollektion besticht wieder mit dem einzigartigen 2014er Sauvignon Blanc & Gris, der Spezialität des Hauses, und einer überzeugenden Phalanx von fein abgestuften Rieslingen mit einer fulminanten 2014er Beerenauslese an der Spitze.

Anzahl der verkosteten Weine: 13
Bewertungen: 85–91 Punkte

2014	Weißburgunder & Chardonnay trocken **8,90 €** | 12% | bis 2018	**85**
2014	Sauvignon Blanc et Gris trocken **13,50 €** | 13% | bis 2019	**86**
2014	Klingelberger Kabinett trocken **8,50 €** | 11,5% | bis 2018	**86**
2014	Klingelberger 1782 Spätlese trocken **15,– €** | 12,5% | bis 2020	**87**
2014	Ortenberger Schlossberg Klingelberger Spätlese trocken **18,– €** | 12,5% | bis 2020	**88**
2014	Klingelberger Beerenauslese trocken **24,– €**/0,375 Lit. | 10,5% | bis 2022	**91**
2014	Klingelberger Spätlese **10,50 €** | 10,5% | bis 2019	**86**
2014	Scheurebe Auslese **11,– €**/0,5 Lit. | 12% | bis 2020	**88**
2013	Pinot Noir trocken Holzfass **9,50 €** | 12,5% | bis 2019	**85**
2013	»Duett« Spätburgunder & Cabernet Sauvignon trocken Reserve **13,90 €** | 14% | bis 2019	**85**
2012	Ortenberger Schlossberg Spätburgunder trocken Barrique **19,50 €** | 13,5% | bis 2020	**87**

PFAFFENWEILER WEINHAUS

79292 Pfaffenweiler · Weinstraße 40
☎ (0 76 64) 9 79 60 · Fax 97 96 44
info@pfaffenweiler-wein.de
www.pfaffenweiler-wein.de
Geschäftsführer: Stefan Männle
Kellermeister: Roland Braun

Verkauf: Eric Schweigler
Mo–Fr: 8.00–12.00 Uhr · 13.00–17.00 Uhr
Sa: 9.00–12.00 Uhr

Geschäftsführer Stefan Männle setzt weiter voll auf Qualität und hat als Spezialist für Sauvignon Blanc auch eine Terroir-Linie für den Gutedel, hier international als Chasselas bezeichnet, etabliert und nach dem speziellen Pfaffenweiler Kalkstein Arenit benannt. Gut gelungen sind hier neben den vielschichtigen Sauvignons auch die weißen Burgundersorten, besonders gut gelungen und gleichzeitig äußerst preiswert ist diesmal der 2014er Grauburgunder Klassik.

Anzahl der verkosteten Weine: 12
Bewertungen: 82–88 Punkte

2014	Pfaffenweiler Chasselas Terroir Arenit trocken * **4,60 €** | 12% | bis 2019	**82**
2014	Pfaffenweiler Grauburgunder Klassik trocken * **5,20 €** | 12% | bis 2020	**84**
2014	Pfaffenweiler Bannstein Sauvignon Blanc trocken ** **6,40 €** | 12,5% | bis 2018	**84**
2014	Pfaffenweiler Sancta Clara Sauvignon Blanc trocken *** **8,50 €** | 13% | bis 2020	**82**
2014	Pfaffenweiler Muskateller Klassik Kabinett trocken * **6,– €** | 12% | bis 2020	**84**
2013	Pfaffenweiler Sancta Clara Grauburgunder Spätlese trocken *** **7,90 €** | 13% | bis 2020	**84**
2014	Pfaffenweiler Muskateller Klassik Kabinett * **6,– €** | 10,5% | bis 2020	**84**
2013	Pfaffenweiler Sauvignon Blanc Brilliant Auslese ***** **9,90 €**/0,375 Lit. | 8% | bis 2020	**88**
2014	Pfaffenweiler Merlot Klassik trocken Rosé * **5,– €** | 13% | bis 2019	**82**
2012	Pfaffenweiler Spätburgunder Klassik trocken Holzfass * **6,50 €** | 13% | bis 2019	**83**
2013	Pfaffenweiler Bannstein Pinot Noir trocken ** **6,90 €** | 13% | bis 2020	**82**
2013	Pfaffenweiler Sancta Clara Cabernet Sauvignon trocken *** **13,50 €** | 13% | bis 2020	**84**

WEINGUT PIX

79241 Ihringen · Eisenbahnstraße 19
☎ (0 76 68) 8 79 · Fax 90 26 78
info@weingut-pix.de
www.weingut-pix.de
Inhaber: Helga und Reinhold Pix
Betriebsleiter und Kellermeister:
Hannes Pix

Verkauf: Helga Pix
Di–Fr: 14.00–17.00 Uhr, Sa: 11.00–14.00 Uhr
und nach Vereinbarung

Rebfläche: 6 Hektar
Jahresproduktion: 30.000 Flaschen
Beste Lagen: Ihringer Winklerberg
Boden: Löss, Vulkanverwitterung
Rebsorten: 30% Grauburgunder, 19% Spätburgunder, 13% Weißburgunder, 11% Riesling, 7% Silvaner, 5% Chardonnay, 15% übrige Sorten
Durchschnittsertrag: 50 hl/ha
Mitglied: Demeter

Im Weingut vom Grünen Politikerurgestein Reinhold Pix, kräftig unterstützt von Ehefrau Helga, werden bereits seit über 30 Jahren beste Weine nach biologischen Richtlinien an- und ausgebaut. Seit 2010 engagiert sich auch Sohn Hannes im Weingut und ist inzwischen hauptverantwortlich für die Weinberge sowie für den Keller, wo nun seit drei Jahren nach Demeterrichtlinien gearbeitet wird. Die Weine sind allesamt durchgegoren und werden im Weinkeller mittels Ganztraubenpressung und teilweise Spontangärung erzeugt. Selten findet man so viel ursprüngliche Kraft bei gleichzeitig großer Harmonie, sowohl bei den weißen wie auch bei den roten Gewächsen. In der aktuell vorgestellten 2014er Weißweinkollektion haben uns auch dieses Jahr vor allem die mit schlanken 12,5 Prozent Alkohol ausgestatteten und natürlich trocken ausgebauten Weiß- und Grauburgunder neben dem roten 2012er Kraftprotz Kamikaze begeistert.

Zeichenerklärung:
Schnäppchenpreis · Top 10 Spitzenreiter
Ökobetrieb · Trink-Tipp · Versteigerungswein
Sekt | Weißwein | Rotwein | Roséwein

Anzahl der verkosteten Weine: 9
Bewertungen: 85–88 Punkte

2013 Pinot Crémant Brut weiß gekeltert **86**
14,– € | 12,5% | bis 2020

2014 Ihringer Fohrenberg **85**
Grüner Silvaner Kabinett trocken
8,– € | 12% | bis 2017

2014 Ihringer Fohrenberg **86**
Weißburgunder Kabinett trocken
8,50 € | 12,5% | bis 2018

2014 Ihringer Winklerberg **86**
Grauburgunder Kabinett trocken
9,– € | 12,5% | bis 2018

2014 Ihringer Fohrenberg **87**
Gewürztraminer Spätlese trocken
13,– € | 13,5% | bis 2019

2014 Ihringer Fohrenberg **86**
Riesling Kabinett feinherb
7,50 € | 12,5% | bis 2019

2013 Ihringer Fohrenberg **86**
Spätburgunder trocken Holzfass
8,20 € | 13% | bis 2020

2012 Ihringer Fohrenberg **87**
Lemberger trocken Holzfass
9,50 € | 12,5% | bis 2020

2012 Ihringer Fohrenberg **88**
Cabernet Carol Kamikaze trocken Barrique

WEINGUT PLAG

75057 Kürnbach · Leibergerweg 1
☎ (0 72 58) 2 34 · Fax 9 26 95 61
info@weingut-plag.de
www.weingut-plag.de
Inhaber und Kellermeister: Philipp Plag

Verkauf: Philipp Plag
Mi, Fr: 14.00–18.00 Uhr
Sa: 9.00–16.00 Uhr

Bei Kürnbach im Kraichgau bearbeitet Philipp Plag seine zwölf Hektar Weinberge auf ökologische Weise. Die 2014er Weißweinpalette ist von durchgängiger Qualität, aber die ganz besonderen Highlights liegen im roten Sortiment. So ist es diesmal der Lokalmatador Lemberger, der schon in der 2014er Blanc-de-Noirs-Version, aber vor allem in den 2013er Premiumabfüllungen aus dem Holzfass hier zu überzeugen weiß.

Anzahl der verkosteten Weine: 12
Bewertungen: 82–86 Punkte

2012 Pinot Sekt Brut **84**
9,30 € | 12,5% | bis 2018

2014 Weißburgunder trocken **82**
4,40 €/1,0 Lit. | 12% | bis 2018

2014 Riesling trocken Premium **83**
6,– € | 12,5% | bis 2018

2014 Weißburgunder trocken Premium **84**
6,50 € | 12,5% | bis 2018

2014 Grauburgunder trocken Premium **84**
7,50 € | 12,5% | bis 2018

2014 Grauburgunder »S« **84**
trocken Premium Holzfass
9,50 € | 12,5% | bis 2018

2014 Lemberger Premium Blanc de Noirs **83**
6,– € | 12% | bis 2019

2014 Gewürztraminer »S« Premium **85**
9,50 €/0,5 Lit. | 10,5% | bis 2020

2014 Rosé trocken Premium **83**
6,– € | 12,5% | bis 2018

2012 Schwarzriesling **85**
trocken Premium Holzfass
7,50 € | 13,5% | bis 2020

2013 Lemberger trocken Premium Holzfass **85**
8,– € | 13,5% | bis 2020

2013 Lemberger »S« trocken Premium Holzfass **86**
9,50 € | 13,5% | bis 2020

Die Weine:
100 Perfekt · **95–99** Überragend · **90–94** Exzellent
85–89 Sehr gut · **80–84** Gut · **75–79** Passabel

WEINGUT BURG RAVENSBURG

75056 Sulzfeld
☎ (0 72 59) 9 11 20 · Fax 91 12 99
info@weingut-heitlinger.de
www.weingut-burg-ravensburg.de
Inhaber: Weingüter Heitlinger und Burg Ravensburg GmbH, Heinz Heiler
Geschäftsführer: Claus Burmeister
Außenbetrieb: Josef Lutz
Kellermeister: Jürgen Kern und Daniel Rupp

Verkauf: Vinothek, am Mühlberg 3, 76684 Östringen-Tiefenbach
Mo–Fr: 9.00–18.00 Uhr, Sa: 11.00–18.00 Uhr

Restaurant: »Weingut Heitlinger« in Östringen-Tiefenbach, www.restaurant-heitlinger.de
Hotel: »Heitlinger Hof« in Östringen-Tiefenbach
Historie: Weinbau seit 1251
Sehenswert: Burg Ravensburg, Gutshof mit Vinothek, Schloss Amalienhof
Erlebenswert: Golfclub Östringen-Tiefenbach

Rebfläche: 36 Hektar
Jahresproduktion: 260.000 Flaschen
Beste Lagen: Sulzfelder Löchle, Dicker Franz und Husarenkappe
Boden: Gipskeuper, Löss, Ton
Rebsorten: 35% Riesling, je 30% Blaufränkisch und Burgundersorten, 5% übrige Sorten
Durchschnittsertrag: 50 hl/ha
Mitglied: VDP

Der Ausbau der Weine dieses rund 760 Jahre alte Traditionsgutes ist in das benachbarte und weinbautechnisch bestens ausgestattete Weingut Heitlinger – mit angeschlossenem Hotel und Restaurant – integriert. Der Weinkeller wurde dafür großzügig ausgebaut. Betriebsleiter und Winzer Claus Burmeister beeindruckt uns einmal mehr mit einem durchgängig hochklassigen Sortiment, welches schon im Basisbereich mit klar konturierten Weinen überzeugt. Überragend an der Spitze der Lagengewächse steht die diesjährige Premiere der Ravensburg, ein exotisch aromatischer 2014er Riesling Großes Gewächs vom Kapellenberg: vielschichtig verspielt, mit gleichzeitig viel Nerv und Druck am Gaumen sowie einem sicherlich sehr positiven Entwicklungspotenzial. Chapeau!

Rote Symbole:
Diese Betriebe verdienen in ihrer Klasse besondere Aufmerksamkeit

Anzahl der verkosteten Weine: 12
Bewertungen: 86–90 Punkte

2014	Burg Ravensburg Riesling trocken	**9,50 €**	11,5%	bis 2018	**86**
2014	Burg Ravensburg Weißburgunder trocken	**9,50 €**	12%	bis 2018	**86**
2014	Burg Ravensburg Cuvée »Creichgowe« trocken	**9,50 €**	12,5%	bis 2018	**86**
2014	Sulzfelder Lerchenberg Riesling trocken »Erste Lage«	**14,50 €**	12%	bis 2020	**88**
2014	Kapellenberg Riesling »Großes Gewächs«	**24,– €**	12%	bis 2024	**89**
2014	Sulzfelder Löchle Grauburgunder »Großes Gewächs«	**24,– €**	13,5%	bis 2022	**90**
2014	Sulzfelder Husarenkappe Riesling »Großes Gewächs«	**35,– €**	13,5%	bis 2024	**90**
2012	Burg Ravensburg Blaufränkisch trocken	**10,– €**	13,5%	bis 2020	**86**
2013	Burg Ravensburg Pinot Noir trocken	**10,– €**	13%	bis 2019	**87**
2010	Sulzfelder Dicker Franz Blaufränkisch trocken »Große Lage«	**24,– €**	13,5%	bis 2024	**89**
2013	Sulzfelder Löchle Pinot Noir »Großes Gewächs«	**28,– €**	13,5%	bis 2022	**88**
2010	Lemberger Corvus trocken	**55,– €**	13%	bis 2024	**90**

WEINGUT RINKLIN

79356 Eichstetten · Hauptstraße 94
☎ (0 76 63) 9 92 18 · Fax 9 97 24
rinklin.weine@t-online.de
www.rinklin.de
Inhaber: Friedhelm Rinklin

Verkauf: nach Vereinbarung

Hier sind wir zu Hause bei echten Bioweinpionieren, denn bereits seit der Gutsgründung im Jahr 1955 wird hier überzeugt ökologisch gewirtschaftet. Der Vater des heutigen Weingutsbesitzers Friedhelm Rinklin war dann folgerichtig 1971 Gründungsmitglied von Bioland. Die Stärke des Eichstettener Winzers liegt bei einer geradlinigen frischen Stilistik, die auch durch die hier praktizierte Ganztraubenpressung eine besondere Prägung hat. Friedhelm Rinklin präsentiert aktuell wieder eine schöne Weinpalette mit einem feinfruchtigen 2013er Muskateller Sekt Brut und zwei trocken ausgebauten 2014er Kabinettweinen von Weiß- und Grauburgunder an der Spitze.

Anzahl der verkosteten Weine: 6
Bewertungen: 84–85 Punkte

2013	Eichstetter Herrenbuck Muskateller Sekt Brut **12,90 €** | 12,5% | bis 2017	**85**
2014	Eichstetter Herrenbuck Weißburgunder trocken **7,– €** | 12% | bis 2017	**85**
2014	Eichstetter Herrenbuck Sauvignon Blanc trocken **7,50 €** | 11,5% | bis 2018	**84**
2014	Eichstetter Herrenbuck Grauburgunder Kabinett trocken **6,90 €** | 12,5% | bis 2018	**85**
2013	Eichstetter Herrenbuck Spätburgunder trocken **6,90 €** | 12,5% | bis 2018	**84**
2012	Eichstetter Herrenbuck Regent trocken **7,50 €** | 12% | bis 2019	**84**

WEINGUT STEFAN RINKLIN

79268 Bötzingen · Hauptstraße 102
☎ (0 76 63) 94 97 06 · Fax 94 97 07
kontakt@weingut-stefan-rinklin.de
www.weingut-stefan-rinklin.de
Inhaber: Stefan Rinklin
Betriebsleiter: Stefan und Miriana Rinklin
Kellermeister: Stefan Rinklin

Verkauf: nach Vereinbarung

Auf den drei Hektar Rebfläche dieses Bötzinger Betriebes gedeihen neben einem trocken ausgebauten, feingliedrigen 2014er Rivaner ausschließlich Burgundersorten. Auf die Angabe von Lagennamen wird verzichtet. Die Stärken Stefan Rinklins liegen sicherlich beim gekonnten Umgang mit dem Holz, dies merkt man deutlich bei dem fein balancierten 2013er Spätburgunder aus dem Barrique, aber auch die nicht vom Holz geprägten weißen Burgundersorten bestechen hier jedes Jahr mit Feinnervigkeit und Eleganz.

Anzahl der verkosteten Weine: 6
Bewertungen: 83–86 Punkte

2012	Spätburgunder Sekt Brut **11,50 €** | 12,5% | bis 2020	**86**
2014	Weißburgunder trocken **7,– €**/1,0 Lit. | 12,5% | bis 2017	**83**
2014	Weißburgunder trocken **7,50 €** | 13% | bis 2019	**84**
2014	Grauburgunder trocken **8,– €** | 13% | bis 2019	**85**
2013	Spätburgunder trocken Holzfass **11,50 €** | 13% | bis 2020	**85**
2013	Spätburgunder trocken Barrique **21,– €** | 13% | bis 2020	**86**

WEINGUT SALWEY

79235 Oberrotweil · Hauptstraße 2
☎ (0 76 62) 3 84 · Fax 63 40
weingut@salwey.de
www.salwey.de
Inhaber: Konrad Salwey
Betriebsleiter: Konrad Salwey
Außenbetrieb: Marcus Schür
Kellermeister: Konrad Salwey und Boubaker Benzarti

Verkauf: Konrad Salwey
Mo–Fr: 14.00–18.00 Uhr, Sa: 11.00–17.00 Uhr und nach Vereinbarung

Historie: seit 1740 in Familienbesitz
Sehenswert: Bergkeller, Barriquekeller

Rebfläche: 41 Hektar
Jahresproduktion: 300.000 Flaschen
Beste Lagen: Oberrotweiler Kirchberg, Eichberg und Henkenberg, Glottertaler Eichberg
Boden: Vulkanverwitterung, Löss und Gneisverwitterung
Rebsorten: je 40% Grauburgunder und Spätburgunder, 16% Weißburgunder, 4% übrige Sorten
Durchschnittsertrag: 60 hl/ha
Mitglied: VDP, Slow Food, Deutsches Barrique Forum

Talent, Passion und Fingerspitzengefühl ergeben zwar nicht wie von selbst eine Formel für Qualität, denn gottlob gibt es keine mathematischen Gesetze mit Genussfaktoren, wenngleich diese drei vorgenannten Merkmale, die dem Menschen Konrad Salwey durchaus zuzuordnen sind, eine gute Grundrezeptur abgeben. Der junge Winzer versteht sich folgerichtig weniger als Weinmacher, sondern eher als Weinbegleiter, der im Weinberg absolut auf die einzelnen Lagen bezogen arbeitet.

Ruhe beim Ausbau

Auch im Ausbau wird möglichst wenig interveniert, um somit den Lagencharakter noch besser zur Geltung zu bringen. Die Basisweine bereiten wie immer viel Trinkvergnügen, schon die Literware ist hier wirklich empfehlenswert. Beim Spätburgunder ist eine eigene Stilistik zu erkennen, die sich wie ein roter Faden durch die Weine zieht, ohne die Lageneigenheiten von Henkenberg, Eichberg und Kirchberg zu verwischen. Die aktuellen Großen Gewächse aus dem sehr guten Jahrgang 2012 überzeugen nicht nur durchgängig, sondern gehören zum Besten, was Baden in dieser Königsklasse zu bieten hat. Auch die weißen 2013er Großen Gewächse bestechen durch große Balance, Feinnervigkeit und individuellen Ausdruck. Chapeau! Im Jahre 1964 kaufte der unvergessene Wolf-Dieter Salwey, damals ganze 23 Jahre jung, im Glottertal den Rinzberghof, das Familienweingut in Oberrotweil wurde dann im Jahre 1985 übernommen und die Rebfläche im Laufe der Zeit auf fast 30 Hektar ausgebaut. Bereits unter Konrad Salweys Verantwortung wurde dann das neue Kellereigebäude in Niederrotweil in Betrieb genommen und die ohnehin stattliche Betriebsgröße um weitere zehn Hektar erweitert.

Konrad Salwey

Ein Name wie Donnerhall

Der Name Salwey klingt weit über die Grenzen Badens hinaus wie Donnerhall für große, langlebige Spätburgunder sowie elegante Weiß- und Grauburgunder. Auch im internationalen Kollegenkreis genießen diese Kaiserstühler Charakter-Gewächse das denkbar beste Renommee.

Anzahl der verkosteten Weine: 14
Bewertungen: 87–93 Punkte

2013	Weißburgunder trocken Reserve Holzfass **14,60 €** | 12,5% | bis 2020	**88**
2013	Grauburgunder trocken Reserve Holzfass **14,60 €** | 12,5% | bis 2020	**89**
2013	Oberrotweiler Henkenberg Weißburgunder »Großes Gewächs« Holzfass **26,– €** | 12,5% | bis 2024	**90**
2013	Oberrotweiler Henkenberg Grauburgunder »Großes Gewächs« Holzfass **26,– €** | 12,5% | bis 2022	**90**
2013	Oberrotweiler Kirchberg Weißburgunder »Großes Gewächs« Holzfass **29,50 €** | 12,5% | bis 2022	**90**
2013	Oberrotweiler Eichberg Grauburgunder »Großes Gewächs« Holzfass **29,50 €** | 13% | bis 2022	**91**
2012	Oberrotweiler Käsleberg Spätburgunder trocken Barrique **11,60 €** | 12,5% | bis 2020	**87**
2012	Spätburgunder trocken Reserve Barrique **17,50 €** | 13% | bis 2022	**88**

2012 Oberrotweiler Henkenberg **89**
Spätburgunder »Großes Gewächs«
26,– € | 12,5% | bis 2022

2012 Spätburgunder Rappen trocken Barrique **91**
35,– € | 12,5% | bis 2024

2012 Oberrotweiler Eichberg **90**
Spätburgunder »Großes Gewächs«
35,– € | 12,5% | bis 2024

2013 Oberrotweiler Eichberg **93**
Spätburgunder »Großes Gewächs«
35,– € | 13,5% | bis 2030

2012 Oberrotweiler Kirchberg **91**
Spätburgunder »Großes Gewächs«
46,– € | 12,5% | bis 2024

2013 Oberrotweiler Kirchberg **92**
Spätburgunder »Großes Gewächs«
46,– € | 13% | bis 2030

WEINGUT GREGOR UND THOMAS SCHÄTZLE

79235 Vogtsburg-Schelingen
Heinrich-Kling-Straße 38
☎ (0 76 62) 9 46 10 · Fax 94 61 20
info@weingutschaetzle.de
www.weingutschaetzle.de

Inhaber: Thomas Schätzle

Verkauf: Familie Schätzle
Mo–Fr: 8.00–12.00 Uhr · 13.30–18.00 Uhr
Sa: 8.00–16.00 Uhr
So, feiertags: nach Vereinbarung

Sehenswert: Naturschutzgebiet mit Orchideenareal, Schelinger Kleinterrassenpfad
Erlebenswert: Lehrweinberg mit 30 Rebsorten direkt am Weingut

Rebfläche: 13 Hektar
Jahresproduktion: 80.000 Flaschen
Beste Lagen: Schelinger Kirchberg, Oberbergener Bassgeige
Boden: Vulkanverwitterung und lösshaltiger Lehm
Rebsorten: 36% Grauburgunder, 35% Spätburgunder, je 7% Chardonnay und Weißburgunder, 15% übrige Sorten
Durchschnittsertrag: 65 hl/ha

Dieses Familienweingut liegt als Vier-Generationen-Haus im Herzen des Kaiserstuhls zwischen den Dörfern Schelingen und Oberbergen und erzeugt seit Jahren eine durchweg hohe Qualität mit den klassischen Burgundersorten im Schelinger Kirchberg auf den Vulkanterrassen. Nach einer umfangreichen Lehrzeit an den Hochschulen in Geisenheim und Dijon sowie Praktika in Burgund, Bordeaux, Neuseeland, Spanien und weiteren drei Jahren in der Bundesgeschäftsstelle der VDP Prädikatsweingüter prägt Franziska Schätzle heute mit der ihr eigenen Konsequenz die Geschehnisse in diesem Kaiserstühler Weingut.

Zeichenerklärung:
Schnäppchenpreis · **Top 10** Spitzenreiter
Ökobetrieb · Trink-Tipp · Versteigerungswein
Sekt | Weißwein | Rotwein | Roséwein

Anzahl der verkosteten Weine: 12
Bewertungen: 85–89 Punkte

2012 Pinot Rosé Sekt Brut **86**
12,– € | 12,5% | bis 2020

2014 Grauburgunder trocken **85**
7,50 € | 12% | bis 2017

2014 Schelinger Weißburgunder trocken **85**
9,40 € | 12,5% | bis 2017

2014 Schelinger Chardonnay trocken **86**
9,40 € | 12,5% | bis 2019

2014 Schelinger Grauburgunder trocken **86**
9,40 € | 12,5% | bis 2018

2014 Grauburgunder Schatz vom Vulkan trocken Holzfass **87**
13,50 € | 13,5% | bis 2019

2014 Schelinger Kirchberg Grauburgunder »RS« trocken Holzfass **88**
21,– € | 13,5% | bis 2020

2014 Schelinger Kirchberg Chardonnay »RS« trocken Holzfass **88**
21,– € | 13% | bis 2020

2014 Schelinger Kirchberg Chardonnay Auslese **88**
20,– €/0,375 Lit. | 10,5% | bis 2022

2012 Merlot Cuvée trocken Barrique **85**
10,– € | 13% | bis 2020

2012 Spätburgunder Schatz vom Vulkan trocken Barrique **87**
16,50 € | 13,5% | bis 2020

2013 Schelinger Kirchberg Spätburgunder »RS« trocken Barrique **89**
40,– € | 13% | bis 2022

WEINGUT KONRAD SCHLÖR

97877 Wertheim-Reicholzheim
Martin-Schlör-Straße 22
☎ (0 93 42) 49 76 · Fax 69 59
info@weingut-schloer.de
www.weingut-schloer.de
Inhaber: Konrad Schlör
Kellermeister: Konrad Schlör

Verkauf: Familie Schlör
nach Vereinbarung

Sehenswert: Zisterzienserkloster Bronnbach

Rebfläche: 6,3 Hektar
Jahresproduktion: 24.000 Flaschen
Beste Lage: Reicholzheimer First
Boden: Muschelkalk
Rebsorten: 22% Spätburgunder, 20% Schwarz-riesling, 17% Müller-Thurgau, 11% Weißbur-gunder, 10% Riesling, 8% Silvaner, 12% übrige Sorten
Durchschnittsertrag: 42 hl/ha
Mitglied: VDP, Slow Food

Konrad und Monika Schlör führen dieses unweit des Zisterzienserklosters Bronnbach gelegene VDP-Weingut mit allergrößter Passion und viel Umsicht. Was dieser Familienbetrieb inzwischen auch mit herausragend klar strukturierten, feinnervigen 2014er Weißweinen auf die Beine stellt, ist beeindruckend und beim meist unterschätzen Schwarzriesling das Beste, was aus dieser alten Kulturrebe in ganz Deutschland gekeltert wird, denn nirgendwo sonst wird dieser alten Rebsorte, in der Champagne als Pinot Meunier hochgeschätzt und teuer bezahlt, so viel Aufmerksamkeit und Liebe zuteil wie hier. So entstehen ganz eigenständige, burgundisch anmutende Weine mit großer Ausdruckskraft und feiner Würze. Auch der verwandte Spätburgunder gehört zu den herausragenden Erzeugnissen dieser sympathischen Familie. In der bis auf 300 Höhenmeter hoch über dem Taubertal gelegenen Spitzenlage First, bereits 1476 urkundlich als »Fyerst« erwähnt, gedeihen hocharomatische, fein gewobene Weine, wie dies ganz besonders das aktuelle 2013er Große Gewächs vom Spätburgunder unter Beweis stellt.

Die Betriebe:
Weltklasse · Deutsche Spitze
Sehr gut · Gut · Zuverlässig
Weitere Empfehlung

Anzahl der verkosteten Weine: 16
Bewertungen: 85–92 Punkte

Jahrgang	Wein	Punkte
2013	Pinot Rose Sekt Brut 13,– € | 13% | bis 2018	87
2014	Reicholzheimer Müller-Thurgau trocken 6,– € | 11,5% | bis 2017	85
2014	Cuvée »S« trocken 6,– € | 12% | bis 2017	86
2014	Reicholzheimer Silvaner trocken 7,50 € | 11,5% | bis 2017	87
2014	Reicholzheimer Riesling trocken (Schnäppchenpreis) 8,50 € | 11,5% | bis 2019	88
2014	Reicholzheimer Weißburgunder trocken (Schnäppchenpreis) 8,50 € | 13% | bis 2018	88
2014	Reicholzheimer First Riesling trocken »Erste Lage« 11,– € | 12,5% | bis 2020	89
2014	Reicholzheimer First Weißburgunder »Großes Gewächs« 19,– € | 13% | bis 2022	90
2013	P. Likörwein 23,– € | 18% | bis 2026	90
2014	Reicholzheimer First Schwarzriesling Beerenauslese »Erste Lage« 25,– €/0,375 Lit. | 8% | bis 2026	92
2013	Cuvée »M« trocken (Trink-Tipp) 8,50 € | 13% | bis 2020	87
2013	Reicholzheimer Schwarzriesling trocken (Schnäppchenpreis) 11,– € | 13% | bis 2019	88
2013	Reicholzheimer Spätburgunder trocken 15,50 € | 13% | bis 2019	88
2013	Reicholzheimer First Schwarzriesling »R« trocken »Erste Lage« 19,– € | 13,5% | bis 2022	89
2013	Reicholzheimer First Spätburgunder »R« trocken »Erste Lage« 25,– € | 13,5% | bis 2020	89
2013	Reicholzheimer First Spätburgunder »GG« trocken »Große Lage« 35,– € | 13,5% | bis 2024	90

WEINGUT H. SCHLUMBERGER

79295 Sulzburg-Laufen · Weinstraße 19
☎ (0 76 34) 89 92 · Fax 82 55
info@schlumbergerwein.de
www.schlumbergerwein.de
Inhaber: Claudia Schlumberger-Bernhart, Ulrich Bernhart
Kellermeister: Ulrich Bernhart

Verkauf: Claudia Schlumberger-Bernhart
Mo–Fr: 9.00–12.00 Uhr · 14.00–18.00 Uhr
Sa: 10.00–14.00 Uhr

Historie: Weinbau in der Familie seit dem 16. Jahrhundert

Rebfläche: 8,5 Hektar
Jahresproduktion: 60.000 Flaschen
Beste Lagen: Laufener Altenberg und Weingarten, Muggardter Berg
Boden: Kalksteinverwitterung mit Löss- und Lehmauflage, Kalkmergel
Rebsorten: 25% Spätburgunder, je 20% Gutedel und Weißburgunder, 15% Grauburgunder, 5% Riesling, je 4% Chardonnay und Sauvignon Blanc, 7% übrige Sorten
Durchschnittsertrag: 55 hl/ha
Mitglied: VDP

Im Keller der Familie Schlumberger stehen noch Holzfässer, die der Großvater gebaut hat. Und seit Ulrich Bernhart aus der Pfalz mit seiner Frau Claudia, einer geborenen Schlumberger, das Gut übernommen hat und den Weinausbau verantwortet, zählt das Weingut zu den allerbesten des Markgräflerlandes. Aber auch die Innovation kommt hier nicht zu kurz, denn seit nunmehr drei Jahren wird die gesamte Rebfläche ökologisch bewirtschaftet. Beginnend mit einem feingliedrigen Gutedel, reicht die Palette über einen wieder bestens gelungenen und bemerkenswerten 2014er Riesling vom Kalkgestein hin zu mächtigen und durch punktgenauen Holzeinsatz ganz besonders gut gelungenen 2014er Großen Gewächsen aus dem Wingerte sowohl vom Weiß- als auch vom Grauburgunder. Die perfekt balancierten und ausdrucksstarken Rotweine runden dieses durchgängig sehr gute Sortiment ab.

Zeichenerklärung:
Schnäppchenpreis · Top 10 Spitzenreiter
Ökobetrieb · Trink-Tipp · Versteigerungswein
Sekt · Weißwein · Rotwein · Roséwein

Anzahl der verkosteten Weine: 15			
Bewertungen: 84–90 Punkte			
2014	Gutedel trocken	**6,– €** | 11,5% | bis 2017	**84**
2014	Riesling trocken	**8,80 €** | 12,5% | bis 2017	**85**
2014	Sauvignon Blanc trocken	**12,– €** | 12,5% | bis 2019	**86**
2014	Laufener Altenberg Weißburgunder trocken »Erste Lage«	**12,50 €** | 13% | bis 2019	**87**
2014	Laufener Altenberg Grauburgunder trocken »Erste Lage«	**12,50 €** | 13,5% | bis 2019	**87**
2014	Muggardter Berg Riesling Kalkgestein trocken »Erste Lage«	**13,– €** | 12,5% | bis 2019	**86**
2014	Muggardter Berg Chardonnay Kalkgestein trocken »Erste Lage«	**15,– €** | 13% | bis 2020	**88**
2014	Laufener Weingarten Weißburgunder Wingerte »Großes Gewächs«	**18,– €** | 13% | bis 2020	**89**
2014	Laufener Weingarten Grauburgunder Wingerte »Großes Gewächs«	**18,– €** | 13,5% | bis 2022	**90**
2014	Weißburgunder Kabinett trocken	**8,30 €** | 12,5% | bis 2017	**86**
2014	Grauburgunder Kabinett trocken	**8,30 €** | 12,5% | bis 2017	**86**
2011	Laufener Altenberg Pinot Noir trocken »Erste Lage«	**17,50 €** | 13,5% | bis 2021	**87**
2012	Spätburgunder trocken	**8,50 €** | 12,5% | bis 2018	**85**
2013	Cabernet-Sauvignon & Merlot trocken	**17,– €** | 13% | bis 2022	**87**
2011	Laufener Weingarten Pinot Noir Wingerte »Großes Gewächs«	**28,– €** | 13% | bis 2022	**89**

WEINGUT RAINER SCHLUMBERGER

79295 Sulzburg-Laufen · Obere Holzgasse 4
☎ (0 76 34) 59 22 40 · Fax 59 22 41
info@weingut-schlumberger.de
www.weingut-schlumberger.de
Inhaber: Rainer Schlumberger

Verkauf: Rainer Schlumberger
Mo–Sa: 14.00–18.00 Uhr und nach Vereinbarung

Rainer und Stephanie Schlumberger setzen mit Tochter Josefine, der badischen Weinkönigin von 2014 bis 2015, die Weinbautradition der Familie in Laufen im Markgräflerland mit Leidenschaft fort. Ihre alte sehenswerte Hofanlage mit großer Zehntscheune liegt ein wenig versteckt, ein Besuch lohnt aber jedenfalls. Stärkste Weine im aktuellen Sortiment sind die beiden trocken ausgebauten 2014er Spätlesen vom Weiß- und vom Grauburgunder sowie ein fulminanter 2011er Pinot Noir Eich.

Anzahl der verkosteten Weine: 10			
Bewertungen: 81–87 Punkte			
2013	Spätburgunder Sekt Brut Rosé	**11,30 €** | 12,5% | bis 2020	**86**
2014	Gutedel trocken	**5,– €**/1,0 Lit. | 11% | bis 2019	**81**
2014	Huxelrebe trocken	**6,– €** | 12,5% | bis 2020	**83**
2014	Chasselas trocken	**7,– €** | 11% | bis 2019	**83**
2014	Grauburgunder Kabinett trocken	**7,– €** | 12,5% | bis 2020	**84**
2014	Weißburgunder Kabinett trocken	**7,– €** | 12,5% | bis 2020	**85**
2014	Weißburgunder Spätlese trocken	**9,50 €** | 14% | bis 2020	**85**
2014	Grauburgunder Spätlese trocken	**9,50 €** | 13,5% | bis 2020	**86**
2012	Spätburgunder trocken Holzfass	**7,30 €** | 13% | bis 2020	**84**
2011	Pinot Noir Eich trocken	**14,80 €** | 13,5% | bis 2020	**87**

Die Betriebe:
Weltklasse · Deutsche Spitze
Sehr gut · Gut · Zuverlässig
Weitere Empfehlung

ÖKOLOGISCHES WEINGUT SCHMIDT

79356 Eichstetten · Altweg 67
☎ (0 76 63) 31 23 · Fax 94 08 58
info@schmidt-weingut.de
www.schmidt-weingut.de
Inhaber und Kellermeister: Martin Schmidt
Außenbetrieb: Richard Schmidt

Verkauf: nach Vereinbarung

Richard Schmidt versteht sein Handwerk. Jahr für Jahr hat das nun bald 30 Jahre ökologisch arbeitende Weingut durchgängig überzeugende Kollektionen präsentiert. Dabei lässt der Eichstetter Winzer vor allem seinen Spitzenrotweinen gerne etwas länger Zeit zur Reife, überzeugt aber auch in der diesjährigen Kollektion wieder mit seinen 2014er Weißweinen, wobei der Schwerpunkt auf den weißen Burgundersorten liegt: Es sind Weine mit Ecken und Kanten, wie sie nicht nur uns gefallen.

Anzahl der verkosteten Weine: 9
Bewertungen: 83–86 Punkte

2013	Riesling Sekt Brut **13,50 €** | 12% | bis 2020	**85**
2013	Pinot Rosé Sekt Brut **13,50 €** | 12,5% | bis 2020	**86**
2014	Eichstetter Herrenbuck Weißburgunder trocken **8,– €** | 12,5% | bis 2018	**84**
2014	Eichstetter Herrenbuck Grauburgunder trocken **8,50 €** | 12,5% | bis 2018	**84**
2014	Eichstetter Herrenbuck Sauvignon Blanc trocken **10,50 €** | 13% | bis 2018	**83**
2013	Eichstetter Herrenbuck Grauburgunder Herzstück trocken Holzfass **13,50 €** | 13% | bis 2020	**86**
2012	Maréchal Foch & Léon Millot Herzstück Landwein trocken Holzfass **13,50 €** | 13% | bis 2020	**86**
2013	Eichstetter Herrenbuck Spätburgunder trocken **8,50 €** | 13% | bis 2018	**84**
2012	Eichstetter Herrenbuck Spätburgunder Herzstück trocken Holzfass **14,50 €** | 13% | bis 2020	**85**

Die Weine:
100 Perfekt · **95–99** Überragend · **90–94** Exzellent
85–89 Sehr gut · **80–84** Gut · **75–79** Passabel

WEINGUT SCHNEIDER-PFEFFERLE

79423 Heitersheim · Kolpingstraße 7
☎ (0 76 34) 28 36 · Fax 55 13 93
info@weingut-schneider-pfefferle.de
www.weingut-schneider-pfefferle.de
Inhaber: Katharina und Mathias Pfefferle
Außenbetrieb: Mathias Pfefferle
Kellermeisterin: Katharina Pfefferle

Verkauf: nach Vereinbarung

Die diplomierte Ingenieurin für Weinbau und Kellertechnik Katharina Pfefferle leitet dieses sehr empfehlenswerte, von Ecovin zertifizierte Weingut genau so, wie sie zusammen mit ihrer Familie die sehr gut besuchte Straußwirtschaft Straussi in Heitersheim im Markgräfler Land führt. Alle Weine sind frisch und klar vinifiziert und besitzen eine durchgängige Linie. Aus der aktuellen Kollektion gefiel uns neben dem preiswerten, trocken ausgebauten 2014er Grauburgunder Gutswein der 2012er Merlot Selection aus dem Holzfass ganz besonders.

Anzahl der verkosteten Weine: 8
Bewertungen: 80–85 Punkte

2012	Heitersheimer Maltesergarten Spätburgunder Sekt Brut Blanc de Noirs **9,50 €** | 12% | bis 2019	**84**
2014	Gutedel trocken **5,50 €**/1,0 Lit. | 12% | bis 2018	**80**
2014	Heitersheimer Maltesergarten Gutedel Grüner Markgräfler Sommerwein trocken **5,50 €** | 9,5% | bis 2018	**82**
2014	Heitersheimer Maltesergarten Weißburgunder trocken **7,50 €** | 13% | bis 2019	**83**
2014	Heitersheimer Maltesergarten Grauburgunder trocken **7,50 €** | 13% | bis 2019	**84**
2014	Heitersheimer Maltesergarten Chardonnay trocken **7,50 €** | 13% | bis 2020	**84**
2014	Heitersheimer Maltesergarten Sauvignon Blanc »S« trocken Selection **9,50 €** | 13% | bis 2019	**83**
2012	Heitersheimer Maltesergarten Merlot »S« trocken Selection Holzfass **16,– €** | 14% | bis 2020	**85**

Zeichenerklärung:
Schnäppchenpreis · Top 10 Spitzenreiter
Ökobetrieb · Trink-Tipp · Versteigerungswein
Sekt | Weißwein | Rotwein | Roséwein

WEINGUT CLAUS SCHNEIDER

79576 Weil am Rhein · Lörracher Straße 4
☎ (0 76 21) 7 28 17 · Fax 7 80 14
info@schneiderweingut.de
www.schneiderweingut.de
Inhaber und Betriebsleiter: Claus Schneider

Verkauf: Susanne Hagin-Schneider
Di–Fr: 9.00–12.00 Uhr · 14.30–18.30 Uhr
Sa: 9.00–14.00 Uhr und nach Vereinbarung

Historie: Weinbau in der Familie seit 1425; Lage »Weiler Schlipf« wurde 1825 als beste Lage des südlichen Markgräflerlandes klassifiziert
Sehenswert: Gewölbekeller von 1780

Rebfläche: 11 Hektar
Jahresproduktion: 62.000 Flaschen
Beste Lage: Weiler Schlipf
Boden: tiefgründiger Lehm mit hohem Kalkanteil
Rebsorten: 40% Spätburgunder, 25% Gutedel, 15% Weißburgunder, 10% Grauburgunder, 7% Chardonnay, 3% übrige Sorten
Durchschnittsertrag: 52 hl/ha

Mit dem Weiler Schlipf steht der sympathischen Winzerfamilie Schneider eine schwierige, rutschgefährdete (Schlupf-) Steillage, aber eben auch ein einzigartiges und wirklich ausgezeichnetes Kalksteinterroir zur Verfügung, welches den Weinen größten Schliff und Eigenständigkeit verleiht. Die Weißen sind keine lauten Weine, sie überzeugen dafür aber Jahr für Jahr und immer wieder ein bisschen mehr durch ihre Finesse und diskrete Frucht. Die Weißweine aus dem Jahrgang 2014 bestechen wieder durch ihre sprichwörtliche Geradlinigkeit und sind zugleich doch sehr vielschichtig. Die 2013er Rotweine, allesamt Spätburgunder, kann man mit ihrer ganz eigenen Frische, Eleganz und zart gewobenen Struktur als einzigartig in Südbaden bezeichnen. Aus Gründen der hauseigenen Qualitätspolitik wird es aus 2013 keinen Spitzen-Pinot-Noir geben!

Anzahl der verkosteten Weine: 10
Bewertungen: 84–90 Punkte

2014	Weiler Schlipf Gutedel »CS« trocken **6,90 €** | 11% | bis 2017	**84**
2014	Weiler Weißburgunder trocken **8,60 €** | 13% | bis 2018	**86**
2014	Weiler Grauburgunder trocken **8,60 €** | 13% | bis 2019	**86**
2014	Weiler Schlipf Weißburgunder »CS« trocken **12,40 €** | 13% | bis 2019	**87**
2014	Weiler Schlipf Grauburgunder »CS« trocken **12,40 €** | 13% | bis 2021	**87**
2014	Weiler Schlipf Chardonnay »CS« trocken **12,80 €** | 12,5% | bis 2020	**87**
2014	Weiler Schlipf Chardonnay »CS« trocken *** **22,– €** | 12,5% | bis 2022	**89**
2013	Weiler Schlipf Spätburgunder trocken Holzfass **9,40 €** | 13% | bis 2020	**87**
2013	Weiler Schlipf Spätburgunder »CS« trocken Holzfass € **14,– €** | 13% | bis 2022	**88**
2013	Weiler Schlipf Spätburgunder »CS« trocken Barrique *** **22,– €** | 13% | bis 2024	**90**

Die Betriebe:
Weltklasse · Deutsche Spitze
Sehr gut · Gut · Zuverlässig
Weitere Empfehlung

WEINGUT DR. SCHNEIDER

79379 Müllheim-Zunzingen
Rosenbergstraße 10
☎ (0 76 31) 29 15 · Fax 1 53 99
info@weingut-dr-schneider.de
www.weingut-dr-schneider.de
Inhaber: Dr. Gustav und Elisabeth Schneider
Kellermeister: Joseph Bohnert

Verkauf: Matthias Ludewig
Mo–Sa: 14.00–18.00 Uhr und nach Vereinbarung

Elisabeth und Dr. Gustav Schneider bewirtschaften rund zwölf Hektar Rebfläche in Zunzingen, Müllheim und Auggen im Markgräflerland. Der Kellermeister Joseph Bohnert wird von Jürgen von der Mark önologisch unterstützt. Wir probierten aus dem Jahrgang 2014 neben gut gelungenem Gutedel und sehr feinen weißen Burgundern bestens balancierte 2013er Rotweine, hier wird offensichtlich weiter an der Qualitätsschraube gedreht. Ein Besuch der Gutsschänke und des einzigen deutschen Weinetiketten-Museums lohnt bei einem Besuch in jedem Fall.

Anzahl der verkosteten Weine: 9
Bewertungen: 82–86 Punkte

2014	Spätburgunder trocken Blanc de Noirs **6,80 €** | 12% | bis 2018	**82**
2014	Grauburgunder trocken **9,– €** | 13% | bis 2018	**83**
2014	Chardonay trocken **9,– €** | 13% | bis 2019	**83**
2014	Sauvignon Blanc trocken **9,50 €** | 12% | bis 2018	**83**
2011	Cuvée »Cabernet« trocken Barrique **12,– €** | 13,5% | bis 2020	**85**
2013	Pinot Noir trocken Barrique **15,– €** | 13% | bis 2020	**86**
2012	Zunzinger Rosenberg Spätburgunder trocken Premium Barrique Goldkapsel **18,– €** | 13% | bis 2020	**86**
2013	Badenweiler Römerberg Spätburgunder trocken Premium Barrique Goldkapsel **18,– €** | 13% | bis 2020	**86**
2012	Cabernet Sauvignon & Merlot Edition Antoine trocken Premium Barrique Goldkapsel **18,– €** | 13% | bis 2020	**86**

Zeichenerklärung:
Schnäppchenpreis · Top 10 Spitzenreiter
Ökobetrieb · Trink-Tipp · Versteigerungswein
Sekt Weißwein Rotwein Roséwein

WEINGUT REINHOLD UND CORNELIA SCHNEIDER

79346 Endingen · Königschaffhauser Straße 2
☎ (0 76 42) 52 78 · Fax 20 91
info@weingutschneider.com
www.weingutschneider.com
Inhaber: Reinhold und Cornelia Schneider
Kellermeister: Reinhold und Alexander Schneider

Verkauf: Cornelia Schneider
Fr: 15.00–18.00 Uhr
Sa: 9.00–14.00 Uhr und nach Vereinbarung

Rebfläche: 6,8 Hektar
Jahresproduktion: 40.000 Flaschen
Beste Lagen: keine Lagenangaben
Boden: Löss, Lehm und Vulkanverwitterung
Rebsorten: 46% Spätburgunder, 19% Weißburgunder, 12% Chardonnay, 11% Ruländer (Grauburgunder), 5% Silvaner, 4% Auxerrois, 3% übrige Sorten
Durchschnittsertrag: 55 hl/ha

Reinhold und Cornelia Schneider präsentieren uns mit ihrer aktuellen Kollektion erneut eine durch und durch beeindruckende Palette allerbester Vertreter der anspruchsvollen Familie der Burgunderrebsorten und bestätigen die Schneider'sche Qualitätspolitik, die so ganz im Sinne der vielen Freunde dieses Vorzeigeweingutes ist. Bereits die 2014er Basisweißweine, wobei uns hier der 2014er Auxerrois ganz besonders gut gefällt, bieten einen sehr guten Wein für recht kleines Geld, was im Übrigen auch für die Spitzengewächse im badischen Vergleich allemal zutrifft. Die ungemein harmonischen, aber kraftvollen 2012er Spätburgunder besitzen seidig fein gewobene Gerbstoffe und ein unverwechselbar dichtes Aromaprofil, welches zum einen ihre Herkunft aus den besten Endinger Lagen erkennen lässt, zum anderen aber auch die Güte der langen Reife bei natürlich kühlen Temperaturen aufzeigt. Ganz nach dem Motto: Unser Keller ist unser Universum.

Beeindruckende Beständigkeit

Bereits bei der Gründung des Gutes im Jahre 1981 verschrieben sich Reinhold und Cornelia Schneider der naturnahen Bewirtschaftung ihrer Weinberge und der konsequenten Erzeugung durchgegorener Weine ohne Restsüße. Diese Philosophie ist heute so aktuell wie vor nunmehr

35 Jahren. Bei den Weißweinen gibt es keine Lagennamen: Trio steht beispielsweise für eine Cuvée von Weißburgunder-Weinen aus drei verschiedenen Lagen. Nur die besten Weine eines jeden Jahrgangs erhalten die interne Klassifizierung mit drei Sternen. Im Rotweinsegment dagegen gibt es durchaus drei verschiedene Spätburgunder-Lagenweine, namentlich Diel, Engelsberg und Schönenberg, wobei es uns der 2012er Engelsberg mit einer absoluten Spitzenbewertung besonders angetan hat.

Cornelia, Reinhold und Alexander Schneider

Qualitätsphilosophie

Die Qualitätsphilosophie ist heute so aktuell wie damals, welche Sohn Alexander nun gemeinsam mit den Eltern weiterführt. Trotz der beiden Generationen im Betrieb haben die Schneiders im Gegensatz zu anderen Gütern am Kaiserstuhl der Versuchung widerstanden, ihre Rebfläche nach und nach zu vergrößern. Deshalb ist auch heute noch alles Handarbeit und jeder Arbeitsschritt wird persönlich in Angriff genommen oder zumindest angeleitet.

Anzahl der verkosteten Weine: 15
Bewertungen: 85-93 Punkte

2014	Silvaner Kabinett trocken	**85**
	7,50 € | 11,5% | bis 2018	
2014	Sauvignon Blanc Kabinett trocken	**86**
	8,50 € | 12% | bis 2020	
2014	Auxerrois Kabinett trocken	**87**
	8,50 € | 12% | bis 2020	
2014	Chardonnay Spätlese trocken ***	**88**
	10,- € | 12,5% | bis 2022	
2014	Weißburgunder Spätlese trocken	**88**
	10,- € | 13% | bis 2020	
2014	Ruländer »C« Spätlese trocken ***	**89**
	13,- € | 13% | bis 2022	
2014	Ruländer »R« Spätlese trocken ***	**89**
	13,- € | 12,5% | bis 2022	
2014	Weißburgunder Trio Spätlese trocken ***	**90**
	13,- € | 13% | bis 2021	
2014	Weißburgunder »C« Spätlese trocken ***	**90**
	15,- € | 13,5% | bis 2022	
2012	Ruländer »R« Auslese trocken ***	**90**
	20,- € | 14% | bis 2024	
2013	Spätburgunder trocken	**87**
	12,- € | 13,5% | bis 2020	
2012	Spätburgunder trocken ***	**88**
	15,- € | 13% | bis 2022	
2012	Diel Spätburgunder trocken ***	**91**
	21,- € | 13% | bis 2024	
2012	Schönenberg Spätburgunder trocken ***	**92**
	25,- € | 13,5% | bis 2026	
2012	Engelsberg Spätburgunder trocken ***	**93**
	25,- € | 13,5% | bis 2026	

Die Betriebe:

Weltklasse · Deutsche Spitze · Sehr gut · Gut · Zuverlässig · Weitere Empfehlung

WEINGUT SCHWÖRER

77770 Durbach · Grol 8
☎ (07 81) 4 23 62 · Fax 3 34 08
info@weingut-schwoerer.de
www.weingut-schwoerer.de
Geschäftsführer: Josef Rohrer

Verkauf: Familie Josef Rohrer, Petra Basler, Michaela Bürkel, Maria Winter
Mo–Fr: 8.30–12.00 Uhr · 13.30–18.00 Uhr
Sa: 8.30–13.00 Uhr, So: 10.00–12.00 Uhr

Rebfläche: 25 Hektar
Jahresproduktion: 210.000 Flaschen
Beste Lagen: Durbacher Ölberg, Plauelrain und Kochberg
Boden: Granitverwitterung
Rebsorten: 41% Spätburgunder, 29% Riesling, 7% Grauburgunder, 6% Weißburgunder, 5% Gewürztraminer, 12% übrige Sorten
Durchschnittsertrag: 62 hl/ha

Das sehr ausgewogene Weinsortiment aus diesem 25 Hektar großen, bereits im Jahr 1812 gegründeten Durbacher Gut überzeugt Jahr für Jahr durchgängig mit Weinen, welche viel Trinkfreude vermitteln und deutlich herausgearbeiteten Rebsortencharakter beweisen. Seit 2001 erzeugt der heutige Besitzer Josef Rohrer, unterstützt von Kellermeister Bruno Serrer, hier eine schöne Palette sehr guter Weine, wie die aktuell vorgestellten 2014er Rieslinge mit gutem Reifepotenzial unterstreichen. Harmonische weiße Burgunder und ein feinwürziger Sauvignon sowie eine überragende edelsüße 2014er Auslese von der Scheurebe runden das Weißweinsortiment ab, bei den Rotweinen dominiert lagerfähiger Spätburgunder aus besten Durbacher Lagen.

Anzahl der verkosteten Weine: 11
Bewertungen: 84–90 Punkte

2014	Durbacher Klingelberger »HS« trocken Premium **8,30 €** | 12,5% | 🍷 bis 2018	**86**
2014	Durbacher Kochberg Weißburgunder Kabinett trocken **7,30 €** | 12% | 🍷 bis 2017	**85**
2014	Durbacher Plauelrain Klingelberger Spätlese trocken **8,30 €** | 12,5% | 🍷 bis 2018	**86**
2014	Durbacher Plauelrain Grauburgunder Spätlese trocken **8,30 €** | 13% | 🍷 bis 2018	**86**
2014	Durbacher Chardonnay »HS« Spätlese trocken Premium **9,60 €** | 13% | 🍷 bis 2019	**86**
2014	Durbacher Ölberg Scheurebe »HS« Auslese Premium **20,– €**/0,5 Lit. | 9,5% | 🍷 bis 2024	**90**
2014	Durbacher Spätburgunder trocken Rosé **7,40 €** | 12,5% | 🍷 bis 2017	**84**
2013	Durbacher Plauelrain Spätburgunder MAZ trocken **9,60 €** | 13,5% | 🍷 bis 2018	**85**
2013	Durbacher Spätburgunder »HS« trocken Premium Holzfass **9,60 €** | 13,5% | 🍷 bis 2018	**86**
2013	Durbacher Plauelrain Spätburgunder trocken Barrique **11,20 €** | 13,5% | 🍷 bis 2020	**86**
2013	Cabernet Sauvignon trocken Barrique **12,50 €** | 13,5% | 🍷 bis 2020	**86**

Zeichenerklärung:
Schnäppchenpreis · **Top 10** Spitzenreiter
Ökobetrieb · Trink-Tipp · Versteigerungswein
Sekt · Weißwein · Rotwein · Roséwein

WEINGUT LOTHAR SCHWÖRER

77971 Kippenheim-Schmieheim · Waldstraße 6
☎ (0 78 25) 74 11 · Fax 23 81
mail@weingut-lothar-schwoerer.de
www.weingut-lothar-schwoerer.de
Inhaber: Lothar und Cornelia Schwörer
Kellermeister: Lothar Schwörer
Außenbetrieb: Tristan Krechting

Verkauf: Cornelia und Lothar Schwörer
Mo–Fr: 16.00–19.00 Uhr und nach Vereinbarung

Das im idyllischen Schmieheim, zwischen Straßburg und Freiburg gelegene, 10,5 Hektar Reben umfassende Weingut von Lothar Schwörer besticht in der aktuellen Kollektion vor allem wieder mit den feinen Rieslingen und den weißen Burgundersorten aus dem Gewann Kalkofen mit seinem weiß-gelblichen Kalksteinfels. Die nach der Méthode Traditionelle vergorenen und handgerüttelten Crémantsekte sind ebenso wie die Rotweinpalette empfehlenswert.

Anzahl der verkosteten Weine: 14
Bewertungen: 82–85 Punkte

2012	Cuvée »Charisma« Crémant trocken **11,– €** | 12,5% | bis 2019	**82**
2013	Riesling Crémant Brut **11,– €** | 13% | bis 2020	**82**
2011	Pinot Rose Crémant Brut Saignée **11,– €** | 12,5% | bis 2018	**84**
2014	Rivaner trocken ** **5,50 €** | 12% | bis 2017	**82**
2014	Auxerrois Hugenottenwein trocken ** **8,– €** | 12,5% | bis 2017	**82**
2014	Muskateller trocken ** **8,– €** | 12,5% | bis 2017	**82**
2014	Schmieheimer Kirchberg Grauburgunder trocken ** **8,– €** | 12,5% | bis 2018	**83**
2014	Schmieheimer Kirchberg Weißburgunder trocken ** **8,– €** | 12,5% | bis 2018	**83**
2014	Kippenheimer Haselstaude Chardonnay trocken ** **8,– €** | 12,5% | bis 2018	**84**
2014	Riesling »SL« trocken »sur lie« ** **8,– €** | 12,5% | bis 2019	**84**
2014	Weißburgunder Kalksteinfels trocken Premium Barrique *** **11,– €** | 13% | bis 2019	**85**
2012	Spätburgunder Fass Nr.1 trocken Holzfass ** **9,50 €** | 13,5% | bis 2018	**82**
2011	Cuvée »Salome« trocken Premium Barrique *** **15,– €** | 13% | bis 2019	**83**
2008	Spätburgunder Kalksteinfels trocken Premium Barrique *** **17,– €** | 14% | bis 2020	**85**

Entdeckung des Jahres 1996

WEINGUT SEEGER

69181 Leimen · Rohrbacher Straße 101
☎ (0 62 24) 7 21 78 · Fax 7 83 63
info@seegerweingut.de
www.seegerweingut.de
Inhaber: Familie Seeger
Betriebsleiter: Thomas Seeger
Außenbetrieb: Fabian Feurich
Kellermeister: Thomas Seeger

Verkauf: Thomas und Susanne Seeger
Do–Fr: 15.00–18.00 Uhr
Sa: 10.00–14.00 Uhr und nach Vereinbarung

Gutsausschank: »Jägerlust«,
Di–Fr 18.00–23.00 Uhr
Spezialitäten: regionale Küche
Historie: Gutsausschank seit 1895
Sehenswert: alte Harley-Davidson

Rebfläche: 10 Hektar
Jahresproduktion: 65.000 Flaschen
Beste Lagen: Heidelberger Herrenberg, Leimener Herrenberg
Boden: Lösslehm auf Muschelkalk und Buntsandstein
Rebsorten: je 25% Spätburgunder und Weißburgunder, je 15% Grauburgunder, Lemberger und Riesling, 5% Schwarzriesling
Durchschnittsertrag: 50 hl/ha
Mitglied: VDP, Deutsches Barrique Forum

Thomas Seeger hat einen markanten Auftritt, selbstredend, dass er auch für eine eigene, selbstbewusste Weinstilistik steht. Seine aktuelle Kollektion besticht schon im Basissegment mit einem feinnervigen 2014er Heidelberger Auxerrois trocken, der viel Trinkvergnügen bietet. Großartig sind auch die würzigen 2014er Großen Gewächse von Weiß- und Grauburgunder. Das Herzstück der Palette aus dem zehn Hektar großen VDP-Weingut sind wieder die überragenden Rotweine, die weit über die Region hinaus ihresgleichen suchen. Sie sind auch im Jahrgang 2013 geprägt durch ihre Harmonie mit denm die Struktur gebenden kräftigen Holzeinsatz. Seeger pflegt einen kraftvollen Stil, der von dunklen Früchten, markanten Gerbstoffen und einer zarten Fruchtsüße getragen wird. Die 2013er Cuvée Naan, mit großer Tiefe und wilder Aromatik, begeistert ebenso wie die 2013er Großen Gewächse vom Spätburgunde und Blaufränkisch, wie der Lemberger hier genannt wird.

Anzahl der verkosteten Weine: 11
Bewertungen: 85–91 Punkte

2014 Heidelberger Auxerrois trocken **87**
8,40 € | 11,5% | bis 2018

2014 Heidelberger **87**
Grauburgunder trocken »Erste Lage«
8,40 € | 12% | bis 2018

2014 Leimener Herrenberg **85**
Sauvignon Blanc »S« trocken »Erste Lage« »sur lie«
12,50 € | 12,5% | bis 2017

2014 Heidelberger Herrenberg **86**
Auxerrois »AS« trocken »Erste Lage« Holzfass
12,50 € | 13% | bis 2020

2014 Heidelberger Herrenberg **86**
Weißburgunder »AS« trocken »Erste Lage« Holzfass
12,50 € | 12,5% | bis 2017

2014 Leimener Herrenberg **88**
Weißburgunder »Großes Gewächs« »sur lie«
19,50 € | 13% | bis 2020

2014 Leimener Herrenberg **89**
Grauburgunder »Großes Gewächs« »sur lie«
19,50 € | 13,5% | bis 2022

2013 Cuvée »Naan« trocken Barrique **88**
20,50 € | 13% | bis 2022

2013 Leimener Spermen **90**
Blaufränkisch »Großes Gewächs«
27,50 € | 13% | bis 2024

2013 Leimener Spermen **90**
Spätburgunder »Großes Gewächs«
36,– € | 13,5% | bis 2024

2013 Leimener Oberklamm **91**
Spätburgunder »Großes Gewächs«
64,– € | 13,5% | bis 2026

SHELTER WINERY

79341 Kenzingen · Salzmatten 1
☎ (0 76 44) 92 76 63 · Fax 92 77 75
espe@shelterwinery.de
www.shelterwinery.de
Inhaber: Hans-Bert Espe
Kellermeister: Hans-Bert Espe und Silke Wolf

Verkauf: Hans-Bert Espe und Silke Wolf
nach Vereinbarung

Sehenswert: Lyra-Reberziehung

Rebfläche: 5 Hektar
Jahresproduktion: 23.000 Flaschen
Beste Lagen: Malterdinger Bienenberg, Kenzinger Hummelberg, Bombacher Sommerhalde
Boden: Muschelkalkverwitterung, teilweise mit Lösslehm
Rebsorten: 95% Spätburgunder, 5% Chardonnay
Durchschnittsertrag: 34 hl/ha
Mitglied: 13 Breisgauer Weingüter

Nach dem Studium in Geisenheim war Hans-Bert Espe zunächst im deutschen Weinhandel tätig, ehe er sich im amerikanischen Oregon umschaute. Spätestens dort hat er sich mit dem Pinot Noir angefreundet. Nach seiner Heimkehr nach Deutschland war er mehrere Jahre lang Gutsverwalter im Traditionsbetrieb Wolff Metternich in Durbach. 2004 machte er sich selbstständig. In Malterdingen und Kenzingen fand er die geeigneten Weinberge, um seine Vorstellungen zu verwirklichen. Die feine Weinpalette ist überschaubar klar definiert und besticht bereits wieder mit einem exzellenten 2014er Blanc de Noirs, einem neuen, bestens gelungenen 2014er Chardonnay und begeistert mit dem 2013er Pinot Noir, einem veritablen Spitzengewächs in Sachen Subtilität und fein gewobener Tanninstruktur. Auch der kleine Spätburgunder aus demselben Jahrgang weiß durch ein besonders gutes Preis-Leistungs-Verhältnis zu überzeugen. Eindrucksvoll ist zudem das gute Reifepotenzial dieser Weine.

Zeichenerklärung:
Schnäppchenpreis · Top 10 Spitzenreiter
Ökobetrieb · Trink-Tipp · Versteigerungswein
Sekt | Weißwein | Rotwein | Roséwein

Anzahl der verkosteten Weine: 5
Bewertungen: 86–90 Punkte

2010	Sparkling Sekt Brut **19,– €** | 12,5% | bis 2020	**87**
2014	Blanc de Noir trocken **9,50 €** | 12% | bis 2017	**86**
2014	Chardonnay trocken **19,– €** | 13% | bis 2020	**88**
2013	Spätburgunder trocken **9,50 €** | 13% | bis 2020	**87**
2013	Pinot Noir trocken **28,– €** | 13% | bis 2022	**90**

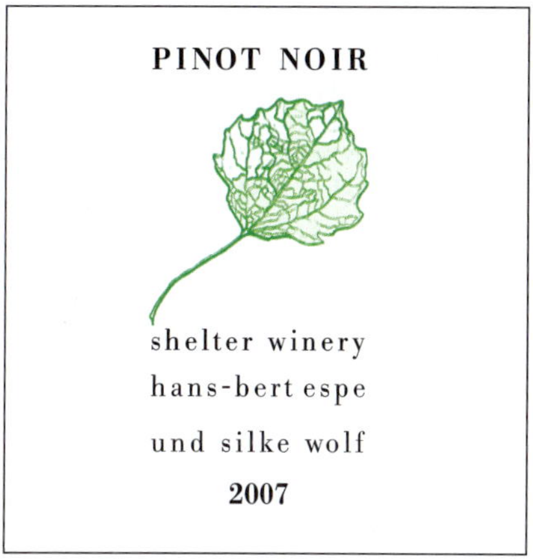

WEINGUT JOSEF J. SIMON

79112 Freiburg-Tiengen · Vogteistraße 15
☎ (0 76 64) 6 11 64 80 · Fax 6 11 64 72
mail@josef-simon-wein.de
www.josef-simon-wein.de
Inhaber: Josef J. Simon

Verkauf: nach Vereinbarung

Trocken ist trocken bei Josef Simon. Der Winzer verzichtet auf Restzucker sowie Prädikatsangaben und bezeichnet einen Wein auch schon mal als »Lummbe Ziig«, was auf Hochdeutsch »Lumpenzeug« bedeutet. Der 48-Jährige konzentriert sich auf das, was er beim Weintrinken als das Wesentliche betrachtet: Seine Weine »sollen Spaß machen, sodass man nach einer Flasche sagt: Hurra, noch eine!« – ein durchaus gelungener und erfolgversprechender Ansatz. Dieses junge Weingut in Freiburgs Südwesten startete vor rund fünf Jahren mit dem ersten Jahrgang von 1,5 Hektar Reben, inzwischen werden drei Hektar bewirtschaftet. Die Gesamtproduktion liegt bei 20.000 Flaschen.

Anzahl der verkosteten Weine: 10
Bewertungen: 82–86 Punkte

2013	Pinot Sekt Brut Blanc de Noirs **12,– €** | 12,5% | bis 2020	**85**
2014	Rivaner trocken **6,– €** | 11,5% | bis 2017	**83**
2014	Cuvée »Lummbe Ziig« trocken **7,– €** | 12% | bis 2017	**82**
2014	Spätburgunder trocken Blanc de Noirs **7,– €** | 11% | bis 2017	**83**
2014	Weißburgunder trocken **7,– €** | 12% | bis 2018	**85**
2014	Grauburgunder trocken **7,50 €** | 12,5% | bis 2018	**86**
2014	Gelber Muskateller trocken **8,50 €** | 11% | bis 2018	**83**
2014	Sauvignon Blanc trocken **8,50 €** | 12% | bis 2018	**84**
2013	Spätburgunder trocken **8,50 €** | 12,5% | bis 2020	**85**
2013	Pinot Noir trocken Barrique **18,– €** | 12,5% | bis 2020	**86**

Die Betriebe:
Weltklasse · Deutsche Spitze
Sehr gut · Gut · Zuverlässig
Weitere Empfehlung

WEINGUT SONNENHOF

79241 Ihringen · Sonnenhof
☎ (0 76 68) 58 01 · Fax 77 67
info@sonnenhofwein.de
www.sonnenhofwein.de
Inhaber: Michael Mattmüller

Verkauf: nach Vereinbarung

Das stimmige Weinsortiment von Michael Mattmüller, dem Besitzer des schönen Ihringer Sonnenhofs, ist beeindruckend. Nunmehr in der dritten Generation werden hier in den besten Lagen dieser berühmten Weinbaugemeinde das Rebenspektrum der Burgunderfamilie angebaut und die Trauben natürlich von Hand gelesen und schonend verarbeitet. Mattmüllers absolute Spezialität ist eine fein abgestimmte Palette an sehr guten Grauburgundern mit einer 2014er Grande Reserve an der Sortimentsspitze.

Anzahl der verkosteten Weine: 12
Bewertungen: 83–87 Punkte

2014	Grauer Burgunder Praedium trocken **7,95 €** | 13% | bis 2019	**85**
2014	Ihringer Winklerberg Chardonnay trocken **8,– €** | 13,5% | bis 2018	**83**
2014	Grauer Burgunder Kabinett trocken **7,50 €** | 13% | bis 2018	**84**
2014	Ihringer Winklerberg Weißer Burgunder Spätlese trocken **9,– €** | 13% | bis 2018	**85**
2014	Grauer Burgunder Spätlese trocken **9,– €** | 13,5% | bis 2019	**86**
2013	Grauer Burgunder Grande Réserve Spätlese trocken **16,50 €** | 13,5% | bis 2019	**86**
2014	Grauer Burgunder Grande Réserve Spätlese trocken **16,50 €** | 13,5% | bis 2020	**87**
2014	Scheurebe Spätlese **8,– €** | 12% | bis 2018	**83**
2013	Pinot Noir trocken Holzfass **8,70 €** | 13% | bis 2020	**85**
2013	Ihringer Winklerberg Spätburgunder Kabinett trocken **7,50 €** | 13% | bis 2019	**84**
2013	Ihringer Winklerberg Spätburgunder Spätlese trocken **9,80 €** | 13,5% | bis 2020	**85**
2013	Ihringer Winklerberg Spätburgunder Spätlese trocken Barrique **13,50 €** | 13,5% | bis 2020	**86**

SPITALKELLEREI KONSTANZ

78462 Konstanz · Brückengasse 16
☎ (0 75 31) 12 87 60 · Fax 1 28 76 11
info@spitalkellerei-konstanz.de
www.spitalkellerei-konstanz.de
Inhaber: Hubert Böttcher und Stephan Düringer
Außenbetrieb: Hubert Böttcher
Kellermeister: Stephan Düringer

Verkauf: in der Weinboutique
Mo–Fr: 9.00–12.00 Uhr · 14.00–18.00 Uhr
Sa: 9.00–13.00 Uhr

Die Spitalkellerei Konstanz ist die älteste Stiftungskellerei Deutschlands, gegründet im Jahre 1225. Die beiden Pächter Stephan Düringer als Kellermeister und Hubert Böttcher, verantwortlich für den Außenbetrieb, zeigen aus dem aktuellen Jahrgang 2014 wieder besonders schöne Exemplare aus der weißen Burgunderfamilie und beeindruckten uns bei der Sortimentsverkostung mit der mächtigen 2013er Rotweincuvée Imperia aus dem Barrique.

Anzahl der verkosteten Weine: 9
Bewertungen: 83–87 Punkte

2014	Konstanzer Sonnenhalde Müller-Thurgau trocken **6,90 €** | 12% | bis 2019	**84**
2014	Meersburger Sängerhalde Sauvignon Blanc trocken **8,90 €** | 12% | bis 2019	**85**
2014	Meersburger Haltnau Weißburgunder trocken **8,90 €** | 12,5% | bis 2020	**87**
2014	Konstanzer Sonnenhalde Grauburgunder trocken **9,20 €** | 12,5% | bis 2020	**86**
2014	Konstanzer Sonnenhalde Grauburgunder Spätlese trocken **12,50 €** | 13,5% | bis 2020	**86**
2014	Meersburger Haltnau Pinot Meunier trocken Blanc de Noirs **8,50 €** | 12% | bis 2019	**83**
2014	Konstanzer Sonnenhalde Spätburgunder Kabinett halbtrocken Weißherbst **7,90 €** | 11% | bis 2019	**85**
2013	Konstanzer Sonnenhalde Spätburgunder trocken Holzfass **9,50 €** | 13% | bis 2020	**86**
2013	Cuvée »Imperia« trocken Barrique **13,50 €** | 13% | bis 2020	**86**

STAATSWEINGUT FREIBURG

79100 Freiburg im Breisgau
Merzhauser Straße 119
☎ (07 61) 40 16 50 · Fax 4 01 65 70
staatsweingut@wbi.bwl.de
www.staatsweingut-freiburg.de

Inhaber: Land Baden-Württemberg
Betriebsleiter: Bernhard Huber
Vertriebsleiter: Kolja Bitzenhofer
Außenbetrieb: Walter Schmidt, Frank Fischer
Kellermeister: Philipp Isele u. Werner Scheffelt

Verkauf: Kolja Bitzenhofer
Mo–Fr: 10.00–13.30 Uhr · 14.00–19.00 Uhr
Sa: 10.00–16.00 Uhr
Gutsbetrieb Blankenhornsberg, Ihringen
Mo–Fr: 8.30–12.00 Uhr · 13.00–17.00 Uhr
Sa: 10.00–16.00 Uhr (Mai–Okt.)

Sehenswert: Gewölbekeller aus der Gründungszeit von 1847

Rebfläche: 37,1 Hektar
Jahresproduktion: 160.000 Flaschen
Beste Lagen: Blankenhornsberger Doktorgarten, Freiburger Schlossberg
Boden: Vulkanverwitterung, Lösslehm, Gneisverwitterung
Rebsorten: 30% Spätburgunder, je 12% Grauburgunder und Weißburgunder, 5% Riesling, je 4% Gutedel, Müller-Thurgau und Muskateller, 29% übrige Sorten
Durchschnittsertrag: 50 hl/ha
Mitglied: VDP, Ecovin

Das Staatsweingut besteht aus den ehemaligen Gutsbetrieben Freiburg und Blankenhornsberg. Die Herzstücke bilden der Doktorgarten im 1842 angelegten Blankenhornsberg am Kaiserstuhl sowie der prächtige Freiburger Schlossberg. Die aktuell von Gutsleiter Bernhard Huber vorgestellten 2013er Großen Gewächse von Weiß- und Grauburgunder, beide aus dem Doktorgarten, sind alles andere als laut, sondern von allererster Güte. Aber auch das aus dieser Prestigelage stammende 2012er Große Gewächs vom Spätburgunder weiß in diesem Jahrgang ganz besonders zu überzeugen.

Zeichenerklärung:
Schnäppchenpreis · Top 10 Spitzenreiter
Ökobetrieb · Trink-Tipp · Versteigerungswein
Sekt | Weißwein | Rotwein | Roséwein

Anzahl der verkosteten Weine: 8
Bewertungen: 84–91 Punkte

	Blankenhornsberger Chardonnay Pinot Sekt extra Brut Blanc de Blancs **15,– €** | 13% | bis 2020	**86**
2014	Gutedel trocken **5,80 €** | 11,5% | bis 2017	**84**
2013	Blankenhornsberger Doktorgarten Grauburgunder »Großes Gewächs« **19,– €** | 13,5% | bis 2020	**89**
2013	Blankenhornsberger Doktorgarten Weißburgunder »Großes Gewächs« **19,– €** | 13,5% | bis 2019	**90**
2013	Blankenhornsberger Muskateller Auslese **19,– €**/0,375 Lit. | 11,5% | bis 2020	**88**
2014	Solaris Trockenbeerenauslese **60,– €**/0,375 Lit. | 9,5% | bis 2024	**91**
2012	Freiburger Jesuitenschloss Spätburgunder trocken »Erste Lage« Holzfass **17,– €** | 13,5% | bis 2020	**87**
2012	Blankenhornsberger Doktorgarten Spätburgunder »Großes Gewächs« Holzfass **25,– €** | 13,5% | bis 2022	**89**

Aufsteiger

STAATSWEINGUT KARLSRUHE-DURLACH

76227 Karlsruhe · Posseltstraße 19
☎ (07 21) 94 05 70 · Fax 94 05 79
staatsweingut@l-bank.de
www.turmbergwein.de
Inhaber: Landeskreditbank Baden-Württemberg

Verkauf: Weinladen
Di, Do: 15.00–19.00 Uhr
Mo, Mi, Fr: 8.30–12.30 Uhr
Feb.–Juli und Sept.–Dez.
1. Sa im Monat: 10.00–14.00 Uhr

Das Staatsweingut Karlsruhe mit besten Lagen in Durlach überzeugt bei der aktuellen Kollektion gleich eingangs wieder mit einer ganzen Phalanx von fantastisch feinnervigen 2014er Kabinettweinen der weißen Burgundersorten Auxerrois, Weiß- und Grauburgunder, aber auch die Rieslinge begeistern mit einem gut balancierten Säurespiel. Der 2013er Spätburgunder hat Rasse und Klasse. Glückwunsch zur ersten Traube!

Anzahl der verkosteten Weine: 9
Bewertungen: 83–87 Punkte

2013 Durlacher Turmberg **85**
Lemberger Sekt trocken Weißherbst
13,50 € | 13% | bis 2020

2014 Cuvée »Vinaeum« 112 trocken **83**
6,20 € | 10,5% | bis 2017

2014 Durlacher Turmberg **85**
Riesling Kabinett trocken
9,– € | 11% | bis 2018

2014 Durlacher Turmberg **85**
Auxerrois Kabinett trocken
9,– € | 11,5% | bis 2018

2014 Weißburgunder Kabinett trocken **85**
9,– € | 11% | bis 2018

2014 Durlacher Turmberg **86**
Grauburgunder Kabinett trocken
9,– € | 11,5% | bis 2018

2014 Durlacher Turmberg **87**
Riesling Spätlese trocken
11,– € | 11% | bis 2019

2014 Rosé trocken **83**
8,– € | 10% | bis 2017

2013 Durlacher Turmberg **85**
Spätburgunder trocken Holzfass
11,50 € | 12% | bis 2020

Rote Symbole: Diese Betriebe verdienen in ihrer Klasse besondere Aufmerksamkeit

STAATSWEINGUT MEERSBURG

88709 Meersburg · Seminarstraße 6
☎ (0 75 32) 4 46 70 · Fax 44 67 47
info@staatsweingut-meersburg.de
www.staatsweingut-meersburg.de
Inhaber: Land Baden-Württemberg
Direktor: Dr. Jürgen Dietrich
Außenbetrieb: Otto Kopp
Kellermeister: Harald Gutemann

Verkauf: Marion Schäfer
Mo–Fr: 9.00–18.00 Uhr, Sa: 9.00–16.00 Uhr
So: 11.00–16.00 Uhr (April–Okt.)

Auf der Terrasse der Gutsschänke den Blick über den See schweifen lassen, welch ein Glücksmoment! Seit über zehn Jahren leitet dieses Weingut – seit 1324 ist der Weinbau in Meersburg urkundlich belegt – der gebürtige Franke Dr. Jürgen Dietrich. Bei der aktuell vorgestellten Palette gefiel uns ein duftiger 2014er Sauvignon aus dem Hohentwieler Olgaberg am allerbesten.

Anzahl der verkosteten Weine: 12
Bewertungen: 80–86 Punkte

2014 Hohentwieler Olgaberg Müller-Thurgau trocken **83**
8,– € | 12% | bis 2017

2013 Meersburger Jungfernstieg **84**
Spätburgunder trocken Blanc de Noirs
9,50 € | 12,5% | bis 2017

2014 Meersburger Rieschen Grauburgunder trocken **85**
9,50 € | 13,5% | bis 2018

2013 Hohentwieler Olgaberg Weißburgunder trocken **86**
9,50 € | 12,5% | bis 2018

2014 Meersburger Rieschen Riesling trocken **84**
10,50 € | 12% | bis 2018

2014 Hohentwieler Olgaberg Sauvignon Blanc trocken **85**
12,80 € | 12,5% | bis 2018

2014 Müller-Thurgau feinherb **82**
6,20 € | 11% | bis 2017

2014 Meersburger Bengel **83**
Spätburgunder trocken Weißherbst
9,– € | 13% | bis 2018

2014 Spätburgunder feinherb Weißherbst **84**
7,50 € | 12% | bis 2018

2013 Gailinger Ritterhalde **80**
Spätburgunder trocken Holzfass
10,50 € | 12,5% | bis 2019

2013 Meersburger Rieschen **85**
Spätburgunder trocken Holzfass
10,50 € | 13% | bis 2019

2011 Meersburger Lerchenberg **85**
Spätburgunder trocken Premium Barrique
24,– € | 13,5% | bis 2019

WEINGUT STIGLER

79241 Ihringen · Bachenstraße 29
☎ (0 76 68) 2 97 · Fax 9 41 20
info@weingut-stigler.de
www.weingut-stigler.de
Inhaber: Andreas Stigler

Verkauf: Regina Stigler
nach Vereinbarung

Historie: im Familienbesitz seit 1881
Erlebenswert: kulinarische Veranstaltungen

Rebfläche: 12 Hektar
Jahresproduktion: 85.000 Flaschen
Beste Lagen: Ihringer Winklerberg, Freiburger Schlossberg, Oberrotweiler Eichberg
Boden: Vulkan- und Gneisverwitterungsgestein
Rebsorten: 36% Spätburgunder, 24% Riesling, 11% Weißburgunder, 10% Grauburgunder, 9% Silvaner, 5% Traminer, 5% übrige Sorten
Durchschnittsertrag: 43 hl/ha
Mitglied: VDP

Erstklassige Lagen im Ihringer Winklerberg sowie ein gut abgestimmtes Rebsortenangebot charakterisieren diesen VDP-Traditionsbetrieb mit dem schönen Innenhof. In der Weinbereitung pflegen die Stiglers einen ganz klassischen Stil, der unbedingt eine längere Reifezeit braucht. Man beschreitet hier konsequent einen ganz eigenen Weg: Nicht nur die Rotweine werden hier sehr oft erst nach langem Fasslager abgefüllt, auch den Weißweinen lässt man Zeit, was in der aktuellen Kollektion ganz besonders dem mächtigen und sicherlich noch geschmacklich zulegenden 2013er Silvaner mit seinem überragenden Aromenspektrum offensichtlich sehr gut getan hat.

Anzahl der verkosteten Weine: 12
Bewertungen: 86–90 Punkte

2013 Ihringer Winklerberg **87**
Silvaner trocken »Erste Lage« Holzfass
14,50 € | 14% | bis 2020

2013 Freiburger Schlossberg **88**
Weißburgunder Burghalde trocken »Erste Lage« Holzfass
14,50 € | 12,5% | bis 2022

2013 Ihringer Winklerberg **87**
Sauvignon Blanc trocken »Erste Lage« Holzfass
16,– € | 13% | bis 2019

2012 Ihringer Winklerberg **87**
Riesling trocken »Erste Lage« Holzfass
16,– € | 12,5% | bis 2020

2013 Grauburgunder Kabinett trocken Holzfass **86**
9,80 € | 12,5% | bis 2018

2012 Ihringer Winklerberg **87**
Traminer Auslese »Erste Lage« Holzfass
36,– € | 12% | bis 2020

2013 Chenin Blanc Beerenauslese Holzfass **90**
30,– €/0,375 Lit. | 10,5% | bis 2030

2013 Ihringer Winklerberg **89**
Riesling Herrgottswinkel Beerenauslese »Große Lage«
30,– €/0,375 Lit. | 10,5% | bis 2028

2013 Oberrotweiler **90**
Ruländer F1 Trockenbeerenauslese Holzfass
38,– €/0,375 Lit. | 12% | bis 2028

2013 Freiburger Schlossberg **89**
Spätburgunder Weißherbst Beerenauslese »Große Lage«
32,– €/0,375 Lit. | 10,5% | bis 2022

2012 Freiburger Schlossberg **88**
Spätburgunder Burghalde trocken »Erste Lage« Holzfass
16,– € | 13,5% | bis 2022

2011 Ihringer Winklerberg **88**
Spätburgunder trocken »Erste Lage« Holzfass
21,– € | 14% | bis 2021

WEINGUT TRAUTWEIN

79353 Bahlingen · Riegeler Straße 2
☎ (0 76 63) 26 50 · Fax 5 00 27
info@trautweingut.com
www.trautweingut.com
Inhaber: Hans-Peter und Elfriede Trautwein
Betriebsleiter: Hans-Peter Trautwein
Kellermeister: Anne-Christin Trautwein

Verkauf: Familie Trautwein
Mo–Fr: 8.30–12.00 Uhr · 14.00–18.00 Uhr
Sa: 8.30–16.00 Uhr

Historie: Weinküfer- und Weinbautradition der Familie seit 1649
Sehenswert: Weingut, nach Ökokriterien gebaut, 400 Jahre alter Sektkeller

Rebfläche: 9 Hektar
Jahresproduktion: 55.000 Flaschen
Beste Lagen: Bahlinger Fohberg, Käsenthal
Boden: Löss, Lösslehm, vulkanische Gesteinsverwitterung
Rebsorten: 35% Spätburgunder, 25% Grauburgunder, 15% Weißburgunder, 4% Müller-Thurgau, je 5% Chardonnay, Gewürztraminer, Regent und Muskateller, 1% Johanniter
Durchschnittsertrag: 49 hl/ha
Mitglied: Demeter

Nomen est Omen: Auf das, was Elfriede, Hans-Peter und Anne-Christin Trautwein als Kellermeisterin in ihrem Demeterweingut erzeugen, ist stets Verlass! Hier gesteht man den hochwertigen Weinen wie dem aktuellen 2013er Chardonnay »RS« Fohberg Edition aus dem Barrique gerne eine längere Reifephase zu. Bereits das junge Sortiment weiß aber wieder ebenfalls zu überzeugen, was ein fulminanter 2014er Gewürztraminer Beerenauslese bestens unter Beweis stellt. Richtig zur Sache geht es aber dann vor allem bei den Spätburgunder-Editionsweinen mit differenziert herausgearbeiteten Geschmackserlebnissen!

Anzahl der verkosteten Weine: 11
Bewertungen: 84–89 Punkte

2011	Pinot Sekt Brut Reserve **16,– €** | 12,5% | bis 2019	**85**
2014	Grauburgunder trocken **9,40 €** | 12% | bis 2017	**85**
2014	Weißburgunder trocken **9,40 €** | 12% | bis 2017	**86**
2014	Muskateller trocken **9,70 €** | 10% | bis 2017	**84**
2012	Edition Urkäsenthal trocken Kaiserstühler Satz Holzfass **16,– €** | 13% | bis 2019	**86**
2013	Grauburgunder Edition Fohberg trocken Holzfass **16,50 €** | 13% | bis 2019	**86**
2013	Weißburgunder Edition Hundsrück trocken Holzfass **18,– €** | 13% | bis 2018	**87**
2013	Chardonnay »RS« Edition Fohberg trocken Reserve Barrique **20,– €** | 13% | bis 2019	**87**
2014	Gewürztraminer Beerenauslese **52,– €**/0,375 Lit. | 13,5% | bis 2024	**89**
2012	Spätburgunder Edition trocken Barrique **16,– €** | 13,5% | bis 2020	**86**
2014	Bahlinger Käsenthal Spätburgunder »RS« Edition trocken Reserve **37,– €** | 13,5% | bis 2022	**87**

Zeichenerklärung:
Schnäppchenpreis · Top 10 Spitzenreiter
Ökobetrieb · Trink-Tipp · Versteigerungswein
Sekt | Weißwein | Rotwein | Roséwein

WEINGUT VILLA HEYNBURG

77876 Kappelrodeck · Burgunderplatz 3
☎ (0 78 42) 9 96 75 00 · Fax 9 96 75 05
info@villa-heynburg.de
www.villa-heynburg.de
Betriebsleiter: Marco Köninger
Kellermeister: Alexander Spinner

Verkauf: Marco Köninger
Mo–Fr: 8.00–12.00 Uhr · 13.30–17.30 Uhr
Sa: 9.00–13.00 Uhr
So: 10.00–13.00 Uhr (Mai–Dez.)

Historie: gegründet 2008

Rebfläche: 9 Hektar
Jahresproduktion: 50.000 Flaschen
Beste Lagen: auf Lagenbezeichnungen wird verzichtet
Boden: Verwitterung von Granit und Buntsandstein, Löss und Lehm
Rebsorten: 38% Spätburgunder, 14% Weißburgunder, 12% Grauburgunder, 11% Chardonnay, je 7% Müller-Thurgau, Riesling und St. Laurent, 3% Cabernet Sauvignon, 1% Gewürztraminer
Durchschnittsertrag: 50 hl/ha

Dieses Vorzeigeprojekt ist eine Tochter der Kooperative Hex vom Dasenstein, arbeitet aber unabhängig von dem Mutterunternehmen. Das Bindeglied ist natürlich Marco Köninger, umsichtiger Geschäftsführer sowohl bei der Hex wie auch bei dem visionären Villaprojekt, auch dort unterstützt vom neuen Hexkellermeister Alexander Spinner. Sehr überzeugend ausgefallen ist wieder das gesamte aktuelle Sortiment mit einem besonders gelungenen und mit würziger Frische ausgestatteten 2014er Chardonnay. Die großartigen roten Reserveweine sind eine Klasse für sich!

Bewertungen: 84-88 Punkte

Jahrgang	Wein	Punkte
2013	Weißburgunder Crémant Brut **14,– €** | 12,5% | bis 2019	**86**
2014	Cuvée »Freistil« trocken **6,20 €** | 12% | bis 2017	**84**
2014	Riesling trocken **7,50 €** | 12,5% | bis 2019	**86**
2014	Weißburgunder trocken **7,90 €** | 12,5% | bis 2018	**85**
2014	Grauburgunder trocken **7,90 €** | 13% | bis 2019	**86**
2014	Chardonnay trocken **9,90 €** | 13% | bis 2020	**87**
2014	Cuvée »Freistil« trocken Rosé **6,20 €** | 12% | bis 2017	**84**
2011	Cuvée »Freistil« trocken **7,20 €** | 13,5% | bis 2018	**85**
2012	Spätburgunder trocken Reserve Barrique **15,– €** | 13,5% | bis 2020	**85**
2012	St. Laurent trocken Reserve Barrique **15,– €** | 13% | bis 2020	**86**
2011	Spätburgunder trocken Grand Réserve Barrique **28,– €** | 14% | bis 2020	**88**

Die Betriebe:
Weltklasse · Deutsche Spitze
Sehr gut · Gut · Zuverlässig
Weitere Empfehlung

WEINGUT VOGEL

79235 Vogtsburg-Oberbergen · Ruländerweg 7
☎ (0 76 62) 8 02 71 · Fax 94 79 64
weingut.vogel@t-online.de
www.weingut-vogel.com
Inhaber: Siegfried und Petra Vogel
Betriebsleiter und Kellermeister: Siegfried Vogel

Verkauf: nach Vereinbarung

In diesem fünf Hektar großen Oberbergener Weingut mit Hausbrennerei und Straußwirtschaft von Siegfried und Petra Vogel fühlt man sich der Natur verbunden und erzeugt in der berühmten Lage Bassgeige feine Weine aus der Burgunderfamilie mit einem gut strukturierten, trocken vinifizierten 2014er Grauburgunder vom Vulkan Spätlese Premium an der Sortimentsspitze.

Anzahl der verkosteten Weine: 6
Bewertungen: 83–86 Punkte

2014 Oberbergener Bassgeige **84**
Grauburgunder Kabinett trocken
7,50 € | 12,5% | bis 2017

2014 Oberbergener Bassgeige **83**
Sauvignon Blanc Kabinett trocken
8,50 € | 12,5% | bis 2017

2014 Oberbergener Bassgeige **84**
Weißburgunder Spätlese trocken Premium
9,90 € | 13,5% | bis 2018

2014 Oberbergener Bassgeige **86**
Grauburgunder vom Vulkan Spätlese trocken Premium
9,90 € | 13% | bis 2019

2013 Oberbergener Bassgeige **83**
Spätburgunder trocken
7,50 € | 13% | bis 2019

2011 Oberbergener Bassgeige **85**
Spätburgunder vom Vulkan Spätlese trocken Premium
18,70 € | 14% | bis 2020

Zeichenerklärung:
Schnäppchenpreis · Top 10 Spitzenreiter
Ökobetrieb · Trink-Tipp · Versteigerungswein
Sekt | Weißwein | Rotwein | Roséwein

WEINGUT HUBERT VOLLMER

77770 Durbach · Lautenbach 1
☎ (07 81) 4 18 41 · Fax 9 48 59 03
weingut-vollmer@t-online.de
Inhaber und Betriebsleiter: Hubert Vollmer
Kellermeister: Hubert und Andreas Vollmer

Verkauf: Hubert Vollmer
Mo–Sa: 8.00–12.00 · 13.00–18.00 Uhr
und nach Vereinbarung

Ob Riesling oder weiße Burgundersorten, Hubert Vollmer bringt überall die Sortencharakteristik sorgsam zum Vorschein. Vordergründig gesehen wirken die Weine etwas verschlossen, auf den zweiten Schluck offenbaren sie dann aber ihre bestechend klare Art, die nie in eine überbordende Aromatik ausufert, sondern immer Kontur zeigt. Ein gutes Beispiel für diesen Stil ist wieder die trockene und mineralische 2014er Riesling Klingelberger 1782 Spätlese.

Anzahl der verkosteten Weine: 11
Bewertungen: 81–87 Punkte

2014 Durbacher Kochberg Riesling Kabinett trocken **83**
5,20 € | 12,5% | bis 2019

2014 Durbacher Kasselberg **83**
Weißburgunder Kabinett trocken
6,20 € | 12,5% | bis 2019

2014 Durbacher Kasselberg **84**
Riesling Kabinett trocken
6,20 € | 12% | bis 2019

2014 Durbacher Kochberg **85**
Weißburgunder Spätlese trocken
7,– € | 13% | bis 2020

2014 Durbacher Kochberg **86**
Grauburgunder Spätlese trocken
7,– € | 13% | bis 2019

2014 Durbacher Kasselberg **85**
Riesling Spätlese trocken
11,80 € | 13% | bis 2020

2014 Durbacher Kochberg **87**
Riesling 1782 Spätlese trocken
15,50 € | 13% | bis 2020

2013 Durbacher Kochberg Spätburgunder trocken **83**
4,40 € | 13% | bis 2020

2013 Durbacher Kochberg Regent trocken **81**
5,20 € | 13,5% | bis 2019

2013 Durbacher Kochberg **84**
Spätburgunder Spätlese trocken
7,– € | 13% | bis 2020

2013 Durbacher Kochberg **81**
Spätburgunder Spätlese trocken Barrique
11,30 € | 13% | bis 2020

WINZERGENOSSENSCHAFT WALDULM

77876 Kappelrodeck-Waldulm · Weinstraße 37
☎ (0 78 42) 9 48 90 · Fax 94 89 20
mail@waldulmer.de
www.waldulmer.de
Geschäftsführer: Michael Böhly
Kellermeister: Christian Danner

Verkauf: Michael Böhly
Mo–Fr: 8.00–12.00 Uhr · 13.30–17.30 Uhr
Sa: 9.00–13.00 Uhr
So, feiertags: 10.30–15.30 Uhr (nicht am 25./26. Dez. und 1. Jan.)

Auf 82 Prozent der 130 Hektar Rebfläche, vornehmlich in der Spitzenlage Pfarrberg, wächst hier Spätburgunder. Folglich präsentiert uns der junge Kellermeister Christian Danner, fachkundig unterstützt vom Qualitätsmanager Frank Männle, in den aktuellen Jahrgängen 2014 und 2013 die ganze Bandbreite dieser noblen Rotweinsorte, einmal weiß gekeltert bis hin zum gut strukturierten Spätburgunder aus dem Holzfass.

Anzahl der verkosteten Weine: 12
Bewertungen: 81–85 Punkte

2013	Waldulmer Spätburgunder trocken weiß gekeltert **12,– €** | 13% | bis 2017	**82**
2014	Waldulmer Grauburgunder Kabinett trocken **6,90 €** | 12% | bis 2018	**84**
2014	Waldulmer Spätburgunder Kabinett trocken weiß gekeltert **7,30 €** | 11,5% | bis 2020	**84**
2014	Waldulmer Rivaner & Riesling feinherb **5,– €** | 10,5% | bis 2017	**81**
2014	Waldulmer Spätburgunder trocken Rosé **6,– €** | 12% | bis 2020	**82**
2011	Waldulmer Pfarrberg Spätburgunder trocken Barrique **12,– €** | 13,5% | bis 2020	**85**
2012	Waldulmer Pfarrberg Spätburgunder Kabinett trocken Holzfass **7,40 €** | 12,5% | bis 2019	**84**
2012	Waldulmer Pfarrberg Spätburgunder Spätlese trocken Alte Reben Holzfass **14,– €** | 13% | bis 2020	**84**
2012	Waldulmer Spätburgunder halbtrocken **6,50 €**/1,0 Lit. | 12,5% | bis 2018	**82**
2012	Waldulmer Pfarrberg Spätburgunder Spätlese halbtrocken Holzfass **9,70 €** | 12% | bis 2020	**85**
2012	Waldulmer Pfarrberg Spätburgunder Spätlese halbtrocken Alte Reben Holzfass **14,– €** | 12,5% | bis 2019	**85**

WEINGUT WALZ

79423 Heitersheim · Hauptstraße 34
☎ (0 76 34) 55 30 30 · Fax 55 30 33
info@weingut-walz.de
www.weingut-walz.de
Inhaber und Betriebsleiter: Thomas Walz
Kellermeister: Ulli Waldkirch

Verkauf: Thomas Walz
Mo–Fr: 9.30–12.00 Uhr · 14.00–18.30 Uhr
Sa: 9.30–13.00 Uhr

Das Weingut von Thomas und Nicole Walz liegt im Herzen der Stadt Heitersheim. Auf der Gemeindegemarkung werden hier rund 60.000 Rebstöcke auf 17 Hektar im Einklang mit der Natur umsorgt. Der feine Gutedel, der gut ein Drittel der Produktion darstellt, ist empfehlenswert und der trocken ausgebaute 2013er Chardonnay sowie der 2012er Spätburgunder Spätlese trocken von alten Reben markieren zu raisonablen Preisen die Sortimentsspitze.

Anzahl der verkosteten Weine: 11
Bewertungen: 84–87 Punkte

2014	Heitersheimer Maltesergarten Gutedel Bildstöckle trocken **5,90 €** | 11,5% | bis 2018	**84**
2014	Grauburgunder trocken **6,90 €** | 12,5% | bis 2018	**85**
2014	Chasselas trocken Holzfass **7,90 €** | 13% | bis 2018	**85**
2014	Badenweiler Römerberg Chardonnay trocken **9,90 €** | 14% | bis 2018	**85**
2014	Heitersheimer Maltesergarten Weißburgunder Kabinett trocken **7,90 €** | 12% | bis 2018	**86**
2014	Zunzinger Rosenberg Grauburgunder Kabinett trocken **7,90 €** | 13% | bis 2018	**86**
2014	Heitersheimer Maltesergarten Spätburgunder Maiental trocken Rosé **7,90 €** | 13% | bis 2018	**84**
2013	Spätburgunder trocken **6,40 €** | 13% | bis 2019	**84**
2013	Spätburgunder trocken Alte Reben **12,90 €** | 14% | bis 2020	**86**
2012	Badenweiler Römerberg Spätburgunder Auslese trocken **19,90 €** | 14,5% | bis 2020	**86**
2012	Spätburgunder Pinot-Projekt Auslese trocken Barrique **49,– €**/1,5 Lit. | 14% | bis 2020	**87**

WEINGUT FRITZ WASSMER

79189 Bad Krozingen-Schlatt
Lazariterstraße 2
☎ (0 76 33) 39 65 · Fax 44 58
mail@weingutfritzwassmer.de
www.weingutfritzwassmer.de
Inhaber und Betriebsleiter: Fritz Waßmer

Verkauf: Fritz Waßmer
Mo–Fr: 9.00–18.00 Uhr, Sa: 10.00–16.00 Uhr
April–Juni Mo–So: 8.00–20.00 Uhr

Sehenswert: Lazariterquelle

Rebfläche: 38 Hektar
Jahresproduktion: 192.000 Flaschen
Beste Lagen: Malterdinger Bienenberg, Kenzinger Roter Berg
Boden: Löss mit Kalkverwitterungsgestein, roter Ton, Muschelkalk, Mergel
Rebsorten: 61% Spätburgunder, 13% Grauburgunder, 12% Weißburgunder, je 3% Chardonnay und Syrah, 8% übrige Sorten
Durchschnittsertrag: 38 hl/ha

Ein gutes Fingerspitzengefühl hat Fritz Waßmer für den Weinausbau im Barrique, dies gilt vor allem wieder für seine fulminanten und doch elegant feinen 2013er Spitzenlagenweißweine: einen ausdrucksstarken, bestens balancierten Grauburgunder vom Achkarrer Schlossberg und einen vielschichtigen Weißburgunder sowie einen langlebigen Chardonnay vom Staufener Schlossberg. Der Chardonnay bietet auch die denkbar beste Grundlage für einen Spitzensekt, welcher selbstverständlich nach der tradtionellen Méthode Champenoise vinifiziert wird. Die raren 2013er Spätburgunder Topcuvées »XXL« und »CCL« faszinieren mit hintergründiger Tiefe und hohem Alterungspotenzial.

Anzahl der verkosteten Weine: 17
Bewertungen: 86–91 Punkte

2013	Weißburgunder »R« trocken Barrique **14,50 €** | 13,5% | bis 2019	**88**
2013	Grauburgunder »R« trocken Barrique **14,50 €** | 14% | bis 2020	**88**
2013	Chardonnay trocken Barrique **16,50 €** | 13% | bis 2022	**89**
2013	Viognier trocken Barrique **18,50 €** | 13,5% | bis 2018	**90**
2013	Staufener Schlossberg Weißburgunder trocken Barrique **44,- €** | 13% | bis 2022	**91**
2013	Staufener Schlossberg Chardonnay trocken Barrique **48,- €** | 13,5% | bis 2022	**90**
2013	Bombacher Sommerhalde Grauburgunder trocken Barrique **48,- €** | 13,5% | bis 2024	**91**
2013	Achkarrener Schlossberg Grauburgunder trocken Barrique **48,- €** | 13% | bis 2022	**91**
2013	Spätburgunder trocken Barrique **7,80 €** | 13% | bis 2018	**86**
2013	Frühburgunder trocken Barrique **14,50 €** | 13,5% | bis 2020	**87**
2013	Spätburgunder »M« trocken Barrique **16,50 €** | 13,5% | bis 2020	**88**
2013	Cuvée »Felix« trocken Barrique **19,80 €** | 13,5% | bis 2022	**87**
2013	Syrah trocken Barrique **28,- €** | 13,5% | bis 2024	**91**
2013	Spätburgunder trocken Alte Reben Barrique **28,- €** | 13,5% | bis 2022	**89**
2013	Spätburgunder XXL trocken Barrique **38,- €** | 13,5% | bis 2024	**91**
2012	Cabernet Franc trocken Barrique **48,- €** | 14% | bis 2025	**90**
2013	Spätburgunder »CCL« trocken Barrique **68,- €** | 13,5% | bis 2026	**91**

WEINGUT MARTIN WASSMER

79189 Bad Krozingen-Schlatt
Am Sportplatz 3
☎ (0 76 33) 1 52 92 · Fax 1 33 84
wassmer-krozingen@t-online.de
www.weingut-wassmer.de
Inhaber und Betriebsleiter: Martin Waßmer

Verkauf: Martin und Sabine Waßmer
Mo–Sa: 9.00–18.00 Uhr
Mo–Sa: 8.00–20.00 Uhr (April–Juni)

Sehenswert: restaurierte grandiose Weinbergslage Dottinger Castellberg

Rebfläche: 30 Hektar
Jahresproduktion: 170.000 Flaschen
Beste Lagen: Schlatter Maltesergarten, Laufener Altenberg, Auggener Letten, Ballrecht-Dottinger Castellberg, Ehrenstetter Ölberg, Staufener Schlossberg
Boden: Lösslehm mit Kalk, Kalksteinverwitterung mit Löss, Mergel, roter Ton
Rebsorten: 60% Spätburgunder und weiße Burgundersorten, 20% übrige Sorten
Durchschnittsertrag: 40 hl/ha

Jahr für Jahr investieren Martin und Sabine Waßmer in ihr Weingut am Ortsrand von Schlatt. Nach den letztjährigen Rebflächen-Erweiterungen in Spitzenlagen stehen jetzt der Gutsgebäudeausbau sowie die Neugestaltung der Flaschenausstattung auf dem Programm. Bereits die 2014er Weißweine im Basissortiment sind immer eine Bank: kraftvoll und sortentypisch fruchtbetont. Die fulminanten weißen 2014er Burgundersorten der Serie »SW« sind langlebig mit harmonischem Holzeinsatz vinifiziert. Überragend ist Jahr für Jahr die kraftvolle Castellberglinie mit einem nussig feinen 2013er Chardonnay an der Sortimentsspitze. Die vielschichtige und klar abgestimmte Palette von Spätburgundern ist ebenfalls eine Klasse für sich, ihr gilt das ganze Augenmerk des Patrons. Eine geheime große Liebe gilt aber auch den roten Exoten wie dem Cabernet Franc, der am Ehrenstetter Ölberg immer mehr zur Hochform aufläuft.

Anzahl der verkosteten Weine: 20
Bewertungen: 87–92 Punkte

2013 Schlatter Maltesergarten Spätburgunder trocken **88**
15,50 € | 13,5% | bis 2020

2014 Markgräfler Chardonnay »SW« trocken **88**
17,50 € | 13,5% | bis 2022

2014 Grauburgunder »SW« trocken **89**
17,50 € | 13,5% | bis 2020

2014 Dottinger Castellberg Chardonnay »GC« trocken **90**
58,– € | 13,5% | bis 2020

2014 Grauburgunder Spätlese trocken **87**
10,80 € | 13% | bis 2018

2014 Schlatter Maltesergarten **88**
Weißburgunder »SW« Spätlese trocken
15,50 € | 13,5% | bis 2019

2014 Sauvignon Blanc »SW« Spätlese trocken **87**
16,50 € | 13,5% | bis 2019

2014 Staufener Schlossberg Riesling Spätlese trocken **87**
22,– € | 13% | bis 2020

2014 Staufener Schlossberg **89**
Weißburgunder Spätlese trocken
29,– € | 13,5% | bis 2020

2014 Dottinger Castellberg **90**
Weißburgunder »GC« Spätlese trocken
34,– € | 13,5% | bis 2022

2014 Dottinger Castellberg **90**
Grauburgunder »GC« Spätlese trocken
42,– € | 13,5% | bis 2022

2014 Auggener Letten **90**
Grauburgunder »GC« Spätlese trocken
42,– € | 13,5% | bis 2020

2014 Dottinger Castellberg Riesling Beerenauslese **92**
65,– €/0,375 Lit. | 7,5% | bis 2030

2013 Markgräfler Spätburgunder trocken **87**
8,90 € | 13,5% | bis 2019

2013 Cuvée »Calmo« trocken **87**
18,– € | 13,5% | bis 2020

2013 Schlatter Spätburgunder »SW« trocken **89**
28,– € | 13,5% | bis 2022

2013 Auggener Letten Cabernet Sauvignon trocken **89**
34,– € | 13,5% | bis 2024

2013 Ehrenstetter Ölberg Cabernet Franc trocken **91**
34,– € | 13,5% | bis 2024

2013 Schlatter Maltesergarten Pinot Noir »GC« trocken **91**
48,– € | 13,5% | bis 2023

2013 Dottinger Castellberg Pinot Noir »GC« trocken **91**
65,– € | 13,5% | bis 2024

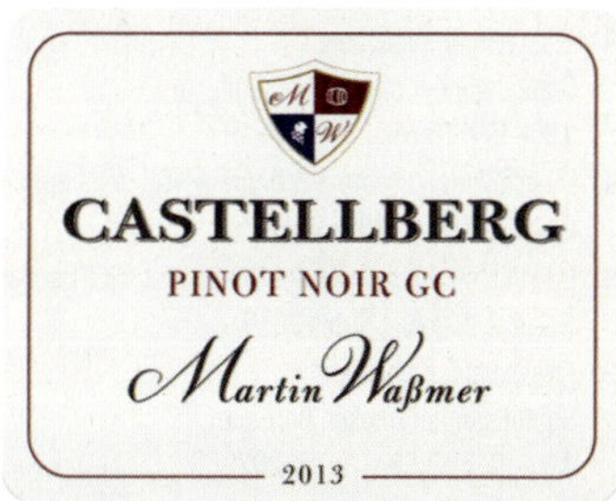

WEINGUT WEBER

77955 Ettenheim · Im Offental 1
☎ (0 78 22) 89 48 48 · Fax 89 48 12
info@weingut-weber.de
www.weingut-weber.de
Inhaber: Werner, Margot und Michael Weber
Betriebsleiter: Michael Weber

Verkauf: Familie Weber
Mo–Fr: 10.00–19.00 Uhr, Sa: 10.00–16.00 Uhr

Bereits in der dritten Generation und seit nunmehr sieben Jahren verantwortet hier Michael Weber mit der Unterstützung seiner Eltern Margot und Werner den Keller des 16 Hektar Reben umfassenden Weingutes, wo zuletzt in eine komplett neue Produktionsstätte investiert wurde. Die aktuell vorgestellte Kollektion besticht wieder vor allem mit den 2014er Weißweinen. Mit einem trocken ausgebauten Grauburgunder Premium an der Sortimentsspitze zeigen die Weine durchgehend eine knackig frische und klare Linie. Sie können sehr zur Freude der Gäste in Gutsschänke und Restaurant genossen werden.

Anzahl der verkosteten Weine: 11
Bewertungen: 83–86 Punkte

2014 Ettenheimer Kaiserberg Müller-Thurgau trocken **83**
4,50 €/1,0 Lit. | 12,5% | bis 2017

2014 Ettenheimer Kaiserberg Weißburgunder »SE« trocken **83**
8,– € | 13% | bis 2018

2014 Ettenheimer Kaiserberg Riesling »SE« trocken **84**
8,– € | 12% | bis 2019

2014 Ettenheimer Kaiserberg Grauburgunder »SE« trocken **84**
8,– € | 13% | bis 2018

2014 Ettenheimer Kaiserberg **84**
Sauvignon Blanc »SE« trocken
8,– € | 12,5% | bis 2018

2014 Ettenheimer Kaiserberg **85**
Weißburgunder trocken Premium
15,– € | 13% | bis 2019

2014 Ettenheimer Kaiserberg **85**
Chardonnay trocken Premium
15,– € | 13% | bis 2019

2014 Ettenheimer Kaiserberg **86**
Grauburgunder trocken Premium
15,– € | 13,5% | bis 2019

2014 Ettenheimer Kaiserberg Scheurebe »SE« feinherb **83**
8,– € | 10% | bis 2019

2013 Ettenheimer Kaiserberg Spätburgunder »SE« trocken **84**
8,– € | 12,5% | bis 2019

2013 Ettenheimer Kaiserberg **85**
Spätburgunder trocken Barrique
16,– € | 13,5% | bis 2020

WEINGUT MICHAEL WIESLER

79219 Staufen · Krozinger Straße 26
☎ (0 76 33) 69 05 · Fax 69 17
weingut.wiesler@t-online.de
www.weingut-wiesler.de
Inhaber und Betriebsleiter: Michael Wiesler

Verkauf: Mo–Fr: 15.00–18.30 Uhr
Sa: 9.00–13.30 Uhr
Im Gutsausschank Do–Fr: ab 17.00 Uhr,
Sa–So: ab 16.00 Uhr (April–Mai, Sept.–Okt.)

1927 wurde dieses Markgräfler Weingut von Karl Wiesel gegründet und wird inzwischen seit nunmehr einem Vierteljahrhundert von Michael Wiesler geführt. Zusammen mit dem Önologen Carsten Heinemeyer hat er sich ganz besonders den Editionsweinen mit unbedingter Qualität verschrieben. Die teilweise 60 Jahre alten Reben hierfür wachsen ausschließlich auf dem Kalkverwitterungsboden im steilen Staufener Schlossberg. Aber auch eine ganze Reihe sehr ordentlicher Gutedelweine prägen wieder aktuell das 2014er Weißweinsortiment.

Anzahl der verkosteten Weine: 10
Bewertungen: 81–84 Punkte

2013 Staufener Schlossberg **84**
Weißburgunder Sekt Brut
9,90 € | 11% | bis 2020

2014 Staufener Schlossberg Gutedel trocken **81**
4,40 €/1,0 Lit. | 11,5% | bis 2018

2014 Staufener Schlossberg Gutedel trocken **82**
5,70 € | 11,5% | bis 2017

2013 Staufener Schlossberg **83**
Gutedel Sunnyboy trocken Alte Reben »sur lie«
7,20 € | 13% | bis 2018

2014 Staufener Schlossberg **83**
Spätburgunder trocken Blanc de Noirs
7,50 € | 12% | bis 2018

2013 Staufener Schlossberg **83**
Weißburgunder trocken
7,50 € | 13% | bis 2017

2014 Staufener Schlossberg **84**
Grauburgunder trocken
7,50 € | 12% | bis 2018

2014 Staufener Schlossberg **84**
Weißburgunder trocken
7,50 € | 12,5% | bis 2019

2013 Staufener Schlossberg **84**
Spätburgunder trocken Holzfass
7,90 € | 12,5% | bis 2020

2011 Staufener Schlossberg **84**
Spätburgunder Edition trocken Alte Reben Barrique
22,– € | 14% | bis 2020

WEINGUT WÖHRLE

77933 Lahr · Weinbergstraße 3
☎ (0 78 21) 2 53 32 und 95 71 90 · Fax 3 93 98
info@woehrle-wein.de
www.woehrle-wein.de

Inhaber: Tanja und Markus Wöhrle
Betriebsleiter: Markus Wöhrle
Kellermeister: Markus Wöhrle

Verkauf: Familie Wöhrle
Mo–Fr: 17.00–19.00 Uhr
Sa: 10.00–14.00 Uhr und nach Vereinbarung

Historie: 1979 Privatisierung des städtischen Weinguts durch Fusion mit dem Betrieb der Familie Wöhrle

Rebfläche: 15 Hektar
Jahresproduktion: 100.000 Flaschen
Beste Lage: Lahrer Kronenbühl, Kirchgasse, Herrentisch
Boden: humoser Lösslehm
Rebsorten: 25% Spätburgunder, je 20% Grauburgunder und Weißburgunder, 10% Auxerrois, 8% Müller-Thurgau, 7% Riesling, 10% übrige Sorten
Durchschnittsertrag: 49 hl/ha
Mitglied: VDP, 13 Breisgauer Weingüter

Seit nunmehr nahezu einem Vierteljahrhundert wird hier im Einklang mit der Natur gearbeitet. Die Betriebsübergabe innerhalb der Winzerfamilie von den Eltern Hans und Monika an Sohn Markus und Tanja Wöhrle ist bereits erfolgreich vollzogen. Markus Wöhrle hat in Geisenheim studiert und dann in der Pfalz bei Müller-Catoir und dem legendären Hans-Günther Schwarz in vier Jahren viel gelernt, was vor allem den feinnervigen Weißweinen zugute kommt. Im 2014er Basissegment bestechen der Riesling und die weißen Burgundersorten wieder mit viel Finesse und Eleganz, ohne dabei auf Dichte und Länge zu verzichten, die 2013er Spätburgunder imponieren mit Tiefe und Vielschichtigkeit.

Anzahl der verkosteten Weine: 13
Bewertungen: 85–89 Punkte

2014	Lahrer Weißburgunder trocken **8,70 €** | 12,5% | bis 2018	**86**
2014	Lahrer Grauburgunder trocken **8,70 €** | 12,5% | bis 2019	**87**
2014	Lahrer Auxerrois trocken **9,20 €** | 12% | bis 2019	**87**
2014	Lahrer Kronenbühl Riesling trocken **13,50 €** | 12,5% | bis 2020	**87**
2014	Lahrer Kronenbühl Weißburgunder trocken **13,50 €** | 13% | bis 2020	**88**
2014	Lahrer Kronenbühl Grauburgunder trocken **13,50 €** | 13% | bis 2020	**88**
2014	Lahrer Herrentisch Weißburgunder GG trocken »Große Lage« **19,50 €** | 13,5% | bis 2020	**89**
2014	Lahrer Kirchgasse Grauburgunder GG trocken »Große Lage« **19,50 €** | 13,5% | bis 2020	**89**
2014	Lahrer Gottesacker Chardonnay GG trocken »Große Lage« **19,50 €** | 13,5% | bis 2021	**89**
2014	Lahrer Muskateller feinherb **9,– €** | 11% | bis 2018	**85**
2013	Lahrer Spätburgunder trocken bestes Fass **13,90 €** | 13% | bis 2020	**87**
2013	Lahrer Kronenbühl Spätburgunder Selection Carl trocken **19,– €** | 13% | bis 2022	**88**
2013	Lahrer Kirchgasse Spätburgunder GG trocken »Große Lage« **27,50 €** | 13% | bis 2022	**89**

Die Betriebe:
Weltklasse · Deutsche Spitze
Sehr gut · Gut · Zuverlässig
Weitere Empfehlung

WEINGUT GRAF WOLFF METTERNICH

77770 Durbach · Grol 4
☎ (07 81) 4 27 79 · Fax 4 25 53
info@weingut-metternich.de
www.weingut-metternich.de
Inhaber und Betriebsleiter: Gertraud Hurrle
Außenbetrieb und Kellermeister: René Huber

Verkauf: Gertraud Hurrle
Mo–Fr: 8.00–12.00 Uhr · 13.00–17.00 Uhr
Sa: 10.00–13.00 Uhr und nach Vereinbarung

Pension: im Herrenhaus
Historie: Weinbau seit 1180
Sehenswert: ehemaliger Schlosskeller, das renovierte Trotthaus, die 1980 erbaute Vinothek, ältester Sauvignon-Blanc-Weinberg Deutschlands

Rebfläche: 25 Hektar
Jahresproduktion: 100.000 Flaschen
Beste Lagen: Durbacher Schloss Grohl und Schlossberg
Boden: Granitverwitterung
Rebsorten: 31% Spätburgunder, 28% Riesling, je 10% Weißburgunder und Grauburgunder, 6% Müller-Thurgau, 5% Chardonnay, 4% Traminer, 6% übrige Sorten
Durchschnittsertrag: 40 hl/ha

Dieses traditionsreiche Gut in Durbach wird von Gertraud Hurrle bereits seit über zehn Jahren engagiert geführt. Im Mittelpunkt stehen in der diesjährigen Kollektion einmal nicht die edelsüßen Spezialitäten wie die unvergleichliche 2013er Trockenbeerenauslese vom Riesling, sondern eine solide Palette von weißen, trocken ausgebauten 2014er Burgundersorten, sehr gut wie immer ist auch die trockene Riesling-Edition Klingelberger 1782 und ganz beeindruckend vor allem auch die Qualität der hier aktuell gezeigten Literweine.

Anzahl der verkosteten Weine: 12
Bewertungen: 83–87 Punkte

2014	Durbacher Riesling trocken **6,– €**/1,0 Lit. | 11% | 🍷 bis 2017	**83**
2014	Weißburgunder trocken **6,– €**/1,0 Lit. | 12,5% | 🍷 bis 2017	**84**
2014	Durbacher Grauburgunder Geheimrat Haeuser trocken **8,20 €** | 13,5% | 🍷 bis 2018	**84**
2014	Durbacher Schlossberg Sauvignon Blanc trocken **9,90 €** | 13% | 🍷 bis 2018	**85**
2014	Durbacher Schloss Grohl Weißburgunder Kabinett trocken **9,50 €** | 12,5% | 🍷 bis 2017	**84**
2014	Durbacher Schloss Grohl Riesling Kabinett trocken **9,90 €** | 11,5% | 🍷 bis 2018	**85**
2014	Durbacher Schlossberg Chardonnay Spätlese trocken **12,50 €** | 13,5% | 🍷 bis 2020	**85**
2014	Durbacher Schlossberg Riesling Spätlese trocken **12,50 €** | 12% | 🍷 bis 2019	**86**
2014	Durbacher Schlossberg Klingelberger 1782 Spätlese trocken **16,50 €** | 12,5% | 🍷 bis 2020	**87**
2014	Durbacher Schlossberg Spätburgunder Kabinett trocken Rosé **9,50 €** | 12% | 🍷 bis 2017	**84**
2010 Top 10	Durbacher Spätburgunder trocken **6,90 €**/1,0 Lit. | 13% | 🍷 bis 2018	**84**
2012	Durbacher Schlossberg Spätburgunder trocken Holzfass **9,50 €** | 12,5% | 🍷 bis 2018	**85**

Zeichenerklärung:
Schnäppchenpreis · Top 10 Spitzenreiter
Ökobetrieb · Trink-Tipp · Versteigerungswein
Sekt | Weißwein | Rotwein | Roséwein

FRANZ XAVER WEINGUT

79183 Waldkirch-Buchholz
Schwarzwaldstraße 3
☎ (0 76 81) 96 25 · Fax 96 21
mail@franz-xaver-hof.de
www.franz-xaver-hof.de
Inhaber: Andreas Schüssele
Kellermeister: Johannes Köster

Verkauf: Andreas Schüssele
Mo–Fr: 8.00–19.00 Uhr, Sa: 8.00–17.00 Uhr

Die Gewächse des in Waldkirch gelegenen und 1880 gegründeten Obsthofes Franz Xaver der Familie von Andreas Schüssele mit zwölf Hektar Rebfläche bestechen nicht nur mit ihrer klaren optischen Linie, sondern auch mit ebenso klaren und frischen Weinen, für deren Ausbau der Kellermeister Johannes Köster aus Vogtsburg im Kaiserstuhl verantwortlich ist. Das aktuell angestellte Sortiment überzeugt mit einer Palette harmonisch fruchtig ausgebauter Weine mit einem trockenen 2014er Grauburgunder Spätlese extra an der Spitze.

Anzahl der verkosteten Weine: 11
Bewertungen: 81–85 Punkte

2014	Weißburgunder trocken **4,60 €**/1,0 Lit. | 12,5% | bis 2017	**81**
2014	Grauburgunder trocken **4,90 €**/1,0 Lit. | 12,5% | bis 2017	**83**
2014	Rivaner trocken **4,90 €** | 11,5% | bis 2017	**82**
2014	Weißburgunder extra Kabinett trocken **6,30 €** | 12,5% | bis 2018	**84**
2014	Pinot Noir aus dem Steilhang Kabinett trocken weiß gekeltert **7,50 €** | 12,5% | bis 2017	**83**
2014	Grauburgunder extra Spätlese trocken **6,50 €** | 13% | bis 2018	**85**
2014	Riesling aus dem Steilhang Spätlese **7,50 €** | 12% | bis 2018	**84**
2014	Kerner Kabinett **5,40 €** | 10% | bis 2018	**83**
2014	Muskateller Kabinett **6,50 €** | 10% | bis 2018	**83**
2014	Spätburgunder Kabinett trocken Rosé **5,60 €** | 12% | bis 2017	**83**
2013	Spätburgunder trocken Holzfass **8,40 €** | 12,5% | bis 2019	**85**

Die Weine:
100 Perfekt · **95–99** Überragend · **90–94** Exzellent
85–89 Sehr gut · **80–84** Gut · **75–79** Passabel

WEINGUT ZÄHRINGER

79423 Heitersheim · Johanniterstraße 61
☎ (0 76 34) 50 48 90 · Fax 5 04 89 99
info@weingut-zaehringer.de
www.weingut-zaehringer.de
Inhaber: Fabian und Wolfgang Zähringer
Betriebsleiter: Paulin Köpfer
Kellermeister: Uli Klee

Verkauf: Familie Zähringer
Mo–Fr: 9.00–12.00 Uhr · 14.00–18.00 Uhr
Sa: 10.00–13.00 Uhr und nach Vereinbarung

Dieses bereits vor über 160 Jahren gegründete Familiengut arbeitet auf 15 Hektar eigenen Reben ökologisch und biodynamisch und bekommt von weiteren 40 Hektar von 15 Winzern Trauben für die stattliche – seit 2010 von Demeter zertifizierte – Jahresproduktion mit rund 300.000 Flaschen geliefert. Wolfgang Zähringer setzt neben einer äußerst gut gelungenen Weißweinpalette vor allem beim Spätburgunder auf hochreifes, aber nicht überreifes Lesegut. Somit gelingen enorm lagerfähige Weine mit fein gewobener Tanninstruktur, sehr schön nachvollziehbar beim 2013er Pinot Noir Reserve »SR«.

Anzahl der verkosteten Weine: 12
Bewertungen: 84–87 Punkte

2013	Weißburgunder Sekt Brut **16,90 €** | 12% | bis 2020	**86**
2013	Chardonnay Sekt Brut **17,90 €** | 12% | bis 2020	**87**
2013	Chardonnay, Spätburgunder Crémant Brut **14,90 €** | 12% | bis 2019	**85**
2014	Heitersheimer Maltesergarten Gutedel trocken **6,10 €** | 11,5% | bis 2017	**84**
2014	Heitersheimer Maltesergarten Chardonnay trocken **9,90 €** | 12% | bis 2019	**85**
2014	Heitersheimer Sonnhohle Sauvignon Blanc trocken **10,90 €** | 12% | bis 2018	**85**
2014	Grauburgunder Vierlig trocken Holzfass **11,40 €** | 12% | bis 2018	**85**
2013	Weißburgunder SZ trocken Selection Barrique **16,90 €** | 13% | bis 2020	**86**
2013	Grauburgunder SZ trocken Selection Barrique **16,90 €** | 12,5% | bis 2020	**87**
2011	Spätburgunder Vierlig trocken Holzfass **12,40 €** | 12,5% | bis 2018	**84**
2012	Spätburgunder SZ trocken Selection Barrique **16,90 €** | 12,5% | bis 2020	**86**
2013	Pinot Noir SR trocken Reserve Barrique **21,90 €** | 12,5% | bis 2020	**87**

WEINGUT ZALWANDER

79364 Malterdingen · Hauptstraße 39
☎ (0 76 44) 92 38 37 · Fax 92 38 37
weingut@zalwander.de
www.zalwander.de
Inhaber: Odin Bauer

Verkauf: Odin Bauer
nach Vereinbarung

Rebfläche: 1,3 Hektar
Jahresproduktion: 7.000 Flaschen
Beste Lagen: auf die Angabe von Lagen wird verzichtet
Boden: Muschelkalk, Löss
Rebsorten: 60% Spätburgunder, 30% Lemberger, 10% Grauburgunder
Durchschnittsertrag: 40 hl/ha
Mitglied: 13 Breisgauer Weingüter

Das Weingut mit Sitz in Malterdingen wird von Odin Bauer, der auch für den großen Keller des Gleichenstein'schen Weingutes in Oberrotweil verantwortlich ist, nunmehr im zweiten Jahr alleine geführt. Auf 1,3 Hektar Weinbergen mit Muschelkalk- und Lösslehmböden gelingen hier ausdrucksstarke, dichte Weine. Die Weine werden mit geringem technischen Aufwand in klassischer Weise ausgebaut. Nach einer Reife in burgundischen Stückfässern werden sie ohne Filtration auf die Flasche gezogen. Der 2013er Grauburgunder ist in der aktuellen Kollektion besonders ausdrucksstark und bietet bereits jetzt schon allergrößtes Trinkvergnügen, hat aber auch für die nächsten Jahre noch sehr gutes Potenzial. Auch die drei Rotweine zeigen eine klare Handschrift und Charakter, herausragend ist dabei der für die Region nicht unbedingt typische 2011er Lemberger, der in seiner Tanninstruktur ein wenig an Nebbiolo erinnert.

Anzahl der verkosteten Weine: 5
Bewertungen: 88–91 Punkte

2013	Grauburgunder Landwein trocken **17,– €** | 12,5% | bis 2022	**91**
2012	Spätburgunder vom Löss trocken Barrique € **10,– €** | 13% | bis 2022	**88**
2011	Lemberger trocken **15,– €** | 13% | bis 2026	**91**
2011	Spätburgunder Muschelkalk trocken Barrique **20,– €** | 13,5% | bis 2022	**88**
2011	Spätburgunder Harte Erde trocken Barrique **35,– €** | 13,5% | bis 2021	**89**

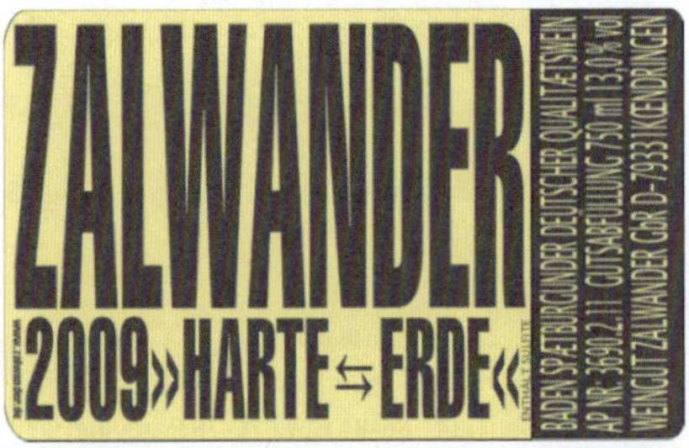

Die Betriebe:
Weltklasse · Deutsche Spitze
Sehr gut · Gut · Zuverlässig
Weitere Empfehlung

WEINGUT ZIEREISEN

79588 Efringen-Kirchen · Markgrafenstraße 17
☎ (0 76 28) 28 48 · Fax 94 16 62
kontakt@ziereisen.de
www.ziereisen.de
Inhaber und Betriebsleiter: Hanspeter Ziereisen
Kellermeister: Hanspeter Ziereisen

Verkauf: Edeltraud Ziereisen
Do–Fr: 8.00–12.30 Uhr · 14.00–18.00 Uhr
Sa: 8.00–12.30 Uhr · 14.00–16.00 Uhr
und nach Vereinbarung

Rebfläche: 16 Hektar
Jahresproduktion: 110.000 Flaschen
Beste Lagen: auf Lagennennung wird verzichtet
Boden: Jurakalk
Rebsorten: 45% Spätburgunder, 25% Gutedel, 11% Weißburgunder, 8% Grauburgunder, je 5% Chardonnay und Syrah, 1% Gewürztraminer
Durchschnittsertrag: 50 hl/ha

Hanspeter Ziereisens Credo, Frucht ist Kitsch, zieht sich durch die Kollektion begeisternder Markgräfler Gewächse. Die virtuose Interpretation der Markgräfler Brot-und-Butter-Rebsorte Gutedel, vom 2014er Heugumper bis hin zum langlebigen Jaspis 10hoch4, würde unsere Auszeichnung »Kollektion des Jahres« verdienen, wenn wir diese nicht gerade erst im vergangenen Jahr an den Winzer verliehen hätten. Ziereisens Reben stehen im Efringer Ölberg. Doch diese Lage in der sogenannten »Baseler Bucht« taucht nicht auf den Etiketten auf. Stattdessen verwendet der Winzer alte Gewannbezeichnungen wie Rhini oder Schulen beim Spätburgunder sowie Gestad beim Syrah. Im Keller werden die Weine quasi sich selbst überlassen, denn das Ernteresultat soll möglichst unverfälscht in die Flasche gebracht werden.

Anzahl der verkosteten Weine: 5
Bewertungen: 88-91 Punkte

2014 Gutedel Heugumber Landwein trocken Holzfass **85**
5,80 € | 11% | bis 2017

2014 Gutedel viviser Landwein trocken Holzfass **86**
7,80 € | 12,5% | bis 2017

2014 Weißburgunder Landwein trocken Holzfass **87**
9,30 € | 12,5% | bis 2019

2014 Grauburgunder Landwein trocken Holzfass **87**
9,80 € | 12,5% | bis 2019

2012 Gutedel Steingrüble **86**
Landwein trocken Holzfass unfiltriert
12,80 € | 11,5% | bis 2018

2012 Weißburgunder Lügle **88**
Landwein trocken Holzfass unfiltriert
18,– € | 13% | bis 2020

2012 Grauburgunder Musbrugger **89**
Landwein trocken Holzfass unfiltriert
18,40 € | 13% | bis 2021

2012 Chardonnay Hard **90**
Landwein trocken Barrique unfiltriert
26,– € | 13% | bis 2022

2012 Grauburgunder Jaspis **90**
Landwein trocken Alte Reben Holzfass unfiltriert
50,– € | 13,5% | bis 2022

2012 Gutedel Jaspis 104 **92**
Landwein trocken Alte Reben Holzfass unfiltriert
125,– € | 12% | bis 2024

2013 Spätburgunder **86**
Landwein trocken Abfüllerwein Holzfass
9,80 € | 12,5% | bis 2018

2012 Spätburgunder Tschuppen **89**
Landwein trocken Barrique unfiltriert
12,– € | 12,5% | bis 2019

2012 Spätburgunder Schulen **89**
Landwein trocken Barrique unfiltriert
22,– € | 12,5% | bis 2020

2012 Syrah Gestad **90**
Landwein trocken Barrique unfiltriert
22,– € | 12% | bis 2024

2012 Spätburgunder Rhini **91**
Landwein trocken Barrique unfiltriert
34,– € | 12,5% | bis 2022

2012 Pinot Noir Jaspis **92**
Landwein trocken Barrique unfiltriert
45,– € | 12,5% | bis 2026

2012 Syrah Jaspis **92**
Landwein trocken Barrique unfiltriert
50,– € | 12% | bis 2026

2010 Spätburgunder Jaspis **93**
Landwein trocken Alte Reben Barrique unfiltriert
70,– € | 12,5% | bis 2028

WEINGUT RUDOLF ZIMMERLIN

79268 Bötzingen · Kirchweg 2
☎ (0 76 63) 12 96 · Fax 35 10
info@weingut-zimmerlin.com
www.weingut-zimmerlin.com
Inhaber: Alexander Steiner
Geschäftsführung: Alexander Steiner
Techn. Betriebsleiter: Bettina Schumann

Verkauf: Alexander Steiner
Mo–Fr: 9.00–17.00 Uhr und nach Vereinbarung

Vor fünf Jahren übernahmen Alexander Steiner und seine Familie mehrheitlich das 1955 von Olga und Rudolf Zimmerlin gegründete Weingut. Gemeinsam mit einem jungen Team führt er seitdem den Betrieb. Zwei junge Önologinnen, die technische Betriebsleiterin Bettina Schumann und ihre Assistentin Sonja-Luisa Hostert, sind seither die Herrscherinnen im Weinkeller. Das aktuelle, gut gelungene Sortiment bildet das ganze Spektrum der Burgunderrebenfamilie ab und brilliert mit einem 2012er Spätburgunder Spätlese Premium aus dem Barrique an der Spitze.

Anzahl der verkosteten Weine: 12
Bewertungen: 81–85 Punkte

2014	Weißburgunder Für jeden Tag trocken **7,– €**/1,0 Lit. | 12% | bis 2017	**83**
2014	Auxerrois Edition trocken **7,20 €** | 12% | bis 2017	**83**
2014	Weißburgunder Edition trocken **7,40 €** | 12,5% | bis 2017	**84**
2014	Grauburguner Edition trocken **7,90 €** | 12,5% | bis 2017	**83**
2014	Bötzinger Eckberg Weißburgunder trocken Alte Reben Holzfass **9,80 €** | 13% | bis 2018	**84**
2014	Bötzinger Eckberg Grauburgunder trocken Alte Reben Holzfass **9,95 €** | 13% | bis 2018	**84**
2014	Bötzinger Lasenberg Weißburgunder & Chardonnay trocken Premium **12,50 €** | 13% | bis 2018	**84**
2014	Spätburgunder Edition trocken Rosé **7,30 €** | 12% | bis 2018	**82**
2013	Spätburgunder Edition trocken **7,50 €** | 13% | bis 2018	**83**
2012	Eichstetter Herrenbuck Spätburgunder Spätlese trocken Alte Reben Barrique **10,90 €** | 13% | bis 2019	**84**
2012	Bötzinger Eckberg Spätburgunder Spätlese trocken Premium Barrique **16,70 €** | 12,5% | bis 2020	**85**

WEINGUT ZIMMERMANN

79418 Schliengen · Auf dem Schliengener Berg
☎ (0 76 35) 6 65 · Fax 4 63
info@zimmermann-wein.de
www.zimmermann-wein.de
Inhaber und Betriebsleiter: Karl-Ernst Zimmermann

Verkauf: Carolin Müller
Mo–Sa: 9.00–14.00 Uhr und nach Vereinbarung

Von diesem inzwischen auf 17 Hektar angewachsenen Weingut mit Weinschenke auf dem Schliengener Berg hat man einen herrlichen Blick in die Rheinebene. Karl-Ernst Zimmermann erzeugt hier im Markgräflerland sehr gute Weine, die in der aktuellen Kollektion beim Weißwein, ganz besonders beim 2014er Chardonnay sowie beim 2013er Chardonnay Barrique, als besonders gut gelungen bezeichnet werden können. Bei den Rotweinen brilliert der würzige 2013er Merlot Angel Hill aus dem Holzfass.

Anzahl der verkosteten Weine: 12
Bewertungen: 82–85 Punkte

2013	Rhine Hill Sekt Brut Cuvée **10,50 €** | 11,5% | bis 2019	**85**
2014	Roter Gutedel Rhine Hill trocken **6,– €** | 12% | bis 2017	**82**
2014	Gutedel Rhine Hill trocken **6,– €** | 12% | bis 2017	**82**
2014	Grauburgunder Rhine Hill trocken **7,70 €** | 12,5% | bis 2018	**83**
2014	Chardonnay Rhine Hill trocken **7,70 €** | 12,5% | bis 2018	**84**
2013	Chardonnay Angel Hill trocken Barrique **14,50 €** | 14% | bis 2019	**85**
2014	Gutedel »BB« Rhine Hill halbtrocken **6,– €** | 12% | bis 2017	**83**
2014	Müller-Thurgau Happy Hill feinherb **7,50 €** | 9,5% | bis 2017	**83**
2014	Muskateller Happy Hill feinherb **10,50 €** | 8% | bis 2018	**83**
2013	Schliengener Sonnenstück Spätburgunder Viele Hände trocken Holzfass **9,70 €** | 13,5% | bis 2018	**83**
2013	Pinot Noir Angel Hill trocken Holzfass **14,50 €** | 13,5% | bis 2019	**84**
2013	Merlot Angel Hill trocken Holzfass **19,50 €** | 14% | bis 2020	**85**

Rote Symbole: Diese Betriebe verdienen in ihrer Klasse besondere Aufmerksamkeit

WEINGUT JULIUS ZOTZ

79423 Heitersheim · Staufener Straße 3
☎ (0 76 34) 10 59 · Fax 47 58
info@weingut-zotz.de
www.weingut-zotz.de
Inhaber: Martin, Julian und Michael Zotz
Betriebsleiter: Michael Zotz
Kellermeister: Hansjörg Johner

Verkauf: Ulrika Martin
Mo–Fr: 8.00–12.30 Uhr · 13.30–18.00 Uhr
April–Okt.: Sa: 9.00–16.00 Uhr
Nov.–März:
Sa: 9.00–13.00 Uhr und nach Vereinbarung

Das 1865 gegründete Weingut Zotz in Heitersheim, heute mit beachtlichen 80 Hektar Rebfläche in der vierten und fünften Generation von Martin, Michael und Julian Zotz geführt, bietet beständig typische Markgräfler Weine an, die spritzig frisch, beispielsweise mit einem 2014er Chasslie, den Markgräfler Gutedel erlebbar machen. Ernster und mit deutlich mehr Druck zeigen sich die mit fünf Sternen gekennzeichneten Weine der Premiumlinie, besonders gut ist hierbei ein 2012er Pinot Noir Reserve.

Anzahl der verkosteten Weine: 10
Bewertungen: 82–86 Punkte

	Chardonnay & Pinot Sekt Brut **10,50 €** | 13% | bis 2020	85
2014	Heitersheimer Maltesergarten Chasslie trocken »sur lie« **6,90 €** | 12% | bis 2018	83
2014	Heitersheimer Maltesergarten Sauvignon Blanc trocken **8,50 €** | 12,5% | bis 2017	82
2014	Heitersheimer Maltesergarten Weißburgunder ***** trocken **11,– €** | 13,5% | bis 2019	84
2014	Heitersheimer Maltesergarten Grauburgunder ***** trocken **12,– €** | 13,5% | bis 2019	85
2014	Heitersheimer Maltesergarten Chardonnay ***** trocken **14,– €** | 13,5% | bis 2019	84
2013	Heitersheimer Maltesergarten Spätburgunder trocken Alte Reben **8,90 €** | 13% | bis 2018	84
2012	Heitersheimer Maltesergarten Pinot Noir ***** trocken **13,– €** | 13,5% | bis 2020	86
2012	Cuvée »Caruzzo« trocken **17,– €** | 13,5% | bis 2020	85

Franken

Tolle Silvaner trotz Regens

- Luckert mit vierter Traube
- Weigand und Kraemer, spannende Neue
- Reifer Silvaner überzeugt

Weinlagen in Franken

Auf einmal musste alles ganz schnell gehen! Die rasch voranschreitende Fäulnis bereitete den Winzern schlaflose Nächte und zwar im doppelten Wortsinn. So sprechen die Escherndorfer Spitzenwinzer Horst und Rainer Sauer übereinstimmend von der schnellsten und arbeitsintensivsten Lese in der Geschichte des Gutes. Ohne Mengeneinbußen konnte dies bei qualitätsbewussten Winzern nicht bleiben. Der Ertrag lag dann aber trotzdem deutlich über denen der knappen Vorjahre: 490.000 Hektoliter mit einem Durchschnittsmostgewicht von 85 Grad Öchsle wurden in Franken eingebracht. Auf den ersten Blick ein nicht nur mengenmäßig gutes Ergebnis. Aber wie ist die Qualität tatsächlich einzustufen? Unsere kurze Antwort lautet: von sensationell bis sehr schwach! Viele Güter erreichen das Niveau bester Vorjahre. Bei einigen enthält die Kollektion kaum einen ansprechenden Wein.

Vierte Traube für Luckert

Großartig gelungen sind die 2014er von unseren Aufsteigern des Jahres Wolfgang und Ulrich Luckert. Im historischen Zehnthof in Sulzfeld bauen sie ihre gehaltvollen Silvaner weitgehend im großen Holz aus. Auch die anderen Rebsorten gelingen hier, vor allem sind die präzis kernigen Früh- und Spätburgunder zu nennen. Dies führt uns zu einem weiteren Aufsteiger: Mit geschliffenen, gehaltvollen Spätburgundern aus dem Klingenberger Schlossberg schafft Benedikt Baltes vom Weingut Stadt Klingenberg die dritte Traube. In diese Kategorie steigen auch Ruck aus Iphofen und May aus Retzstadt auf. Mays Silvaner-Kollektion ist für uns die beste des Jahres mit einem großartigen Großen Gewächs aus dem Himmelspfad an der Spitze. Die zweite Traube erhalten das Weingut Alte Grafschaft aus Kreuzwertheim für gelungene Gewächse aus dem fränkischen Kaffelstein und dem badischen Satzenberg sowie die Güter Baldauf aus Ramsthal, Bardorf aus Randersacker und Schwab aus Thüngersheim.

In diesem Jahr können wir auch von zwei exzellenten, erstmals erwähnten Betrieben berichten. Andreas Weigand aus Iphofen hat mit der ersten Kollektion, die er uns vorstellte, voll ins Schwarze getroffen: toller Silvaner! Auch der Ökologische Land- und Weinbau Kraemer hat uns mit Silvaner und Müller-Thurgau aus seinen Tauberzeller und Röttinger Lagen wirklich beeindruckt. Wir sind auf die weitere Entwicklung gespannt.

Eine Reihe von etablierten Betrieben hat den Jahrgang für vorzügliche Kollektionen genutzt. Allen voran sind dies Wirsching und das Bürgerspital, das im nächsten Jahr sein 700-jähriges Bestehen feiert. Der Silvaner Stein, der aus diesem Anlass gefüllt wurde, ist ein großer Wein. Die Escherndorfer Horst Sauer, Rainer Sauer und Michael Fröhlich arbeiteten auf gewohnt hohem Niveau.

Bedingt durch die Wetterverhältnisse während der Lese war das Jahr 2013 deutlich fordernder für die Erzeugung guter Rotweine als 2012. Die Spätburgunder von Paul Fürst erreichen in der Spitze aber erneut internationale Klasse.

Reifer Silvaner - großer Wein

Jenseits der Tagesaktualität richteten wir in diesem Jahr unser Augenmerk auch auf das Reifepotenzial des Silvaners – namentlich der Großen Gewächse und ihrer Vorgänger. Mit der Reife gewinnt der Silvaner im Duft an kräuterigen Nuancen, Aromen von Quitte und Mirabelle klingen an, die anfängliche Fülle wandelt sich in Eleganz und Tiefe. Beeindruckende Beispiele können wir aus dem Jahrgang 2002 aufführen. Der Julius-Echter-Berg von Wirsching erhielt zu Recht die Goldene Rebschere des Silvaner-Forums für den besten reifen Wein.

Grandios auch der im Weingut Löwenstein verkostete Kallmuth. Egon Schäffer stellte uns gelungene 2006er und 2003er vor, Paul Weltner überzeugte mit Weinen aus 2007 und 2009. Die Reihe ließe sich fortführen und belegt das von den Weinfreunden vielleicht noch nicht recht wahrgenommene Potenzial der Rebsorte für große, reife Weine. Wir können nur sagen: ein genussvoller Exkurs und Vertiefung folgt!

Dr. Peter Henk

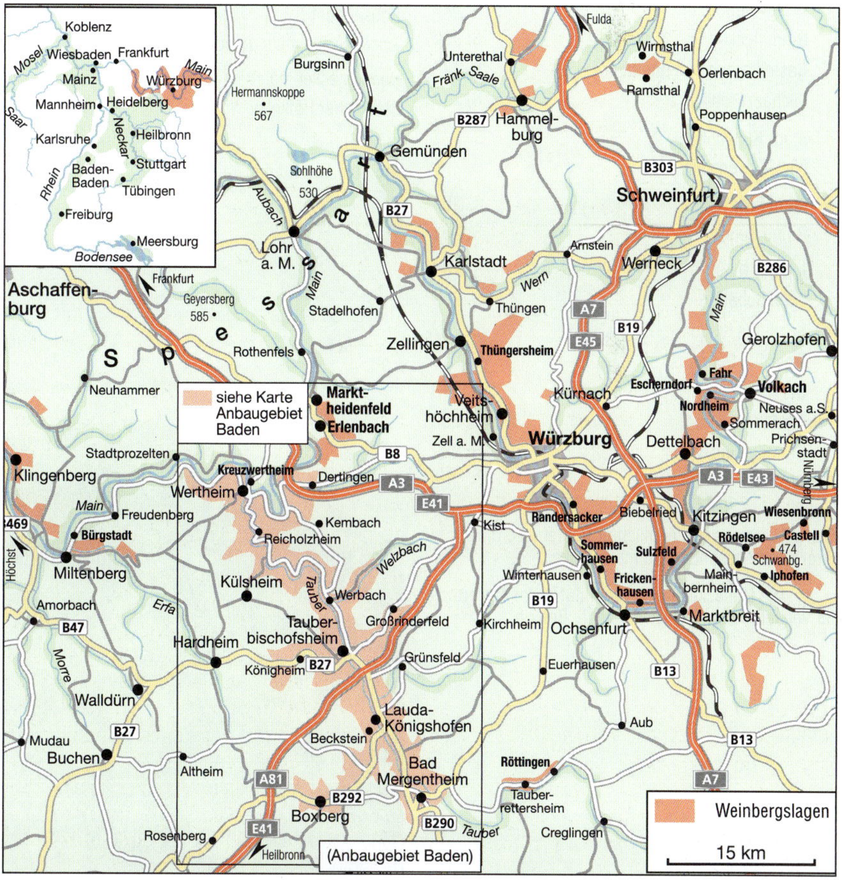

Die Spitzenbetriebe

	Rudolf **F**ürst	S. 235
▲	Zehnthof **L**uckert	S. 252
	Horst **S**auer	S. 267
	Bürgerspital	S. 228
	Juliusspital	S. 246
	Max **M**üller I	S. 257
	Rainer **S**auer	S. 268
	Hans **W**irsching	S. 288
	Bickel-Stumpf	S. 224
	Brennfleck	S. 226
	Castell'sches Domänenamt	S. 229
	Michael **F**röhlich	S. 234
▲	Stadt **K**lingenberg	S. 247
	Fürst **L**öwenstein	S. 251
▲	Rudolf **M**ay	S. 254
	Bruno **R**eiss	S. 261
▲	Johann **R**uck	S. 265
	Egon **S**chäffer	S. 269
	Schmitt's Kinder	S. 272
	Trockene **S**chmitts	S. 273
	Stahl	S. 279
	Am **S**tein	S. 280
	Störrlein und Krenig	S. 282
	Weltner	S. 286

Die mit roter Traube markierten Betriebe verdienen in ihrer Klasse besondere Aufmerksamkeit.

▲▼ Die Dreiecke signalisieren Auf- oder Abwertung im Vergleich zum Vorjahr. ✻ Neuer Betrieb.

Die besten trockenen Silvaner 2014 für weniger als 10 Euro

Wirmsthaler Scheinberger	**88**
Ewald Neder, Remsthal	
Escherndorfer Muschelkalk	**88**
Rainer Sauer, Escherndorf	
Nordheimer Vögelein	**87**
Helmut Christ, Nordheim	
Hüttenheimer Tannenberg	**87**
Hillabrand, Hüttenheim	
Eibelstadter Kapellenberg	**87**
Max Markert, Eibelstadt	
Iphöfer Kalb 225	**87**
Thomas Mend, Iphofen	
Escherndorfer	**87**
Rainer Sauer, Escherndorf	
Konsequent	**87**
Trockene Schmitts, Randersacker	
Randersacker Marsberg	**87**
Staatlicher Hofkeller Würzburg	
Mineral pur	**87**
Störrlein und Krenig, Randersacker	

Reben bis zum Horizont

WEINGUT ALTE GRAFSCHAFT

97892 Kreuzwertheim · Rathausgasse 5
☎ (0 93 42) 55 00 · Fax 2 20 19
info@altegrafschaft.de
www.altegrafschaft.de
Inhaber: Norbert Spielmann und Christoph Dinkel
Betriebsleiter: Stefan Fleuchaus

Verkauf: Norbert Spielmann
Mo–Fr: 9.00-18.00 Uhr, Sa: 9.00–14.00 Uhr

Picknick: im historischen Innenhof, »Sie bringen die Vesper, wir unseren Wein« (zu den Öffnungszeiten)

Rebfläche: 10 Hektar
Jahresproduktion: 70.000 Flaschen
Beste Lagen: Satzenberg, Kreuzwertheimer Kaffelstein
Boden: Buntsandstein
Durchschnittsertrag: 35 hl/ha

Schon die Basiscuvées Weißer Wertheimer und vor allem Fass 3 überzeugen. Sie sind saftig, animierend und zeigen eine klare Frucht. »Alte Grafschaft« nennen Christoph Dinkel und Norbert Spielmann ihr Weingut in Kreuzwertheim in Erinnerung an die frühere Grafschaft Wertheim. Von Fürst Löwenstein erwarben die beiden dic Steillage Satzenberg in Tauberfranken, das zum Anbaugebiet Baden gehört. Aus dieser beeindruckenden Terrassenlage stammen die gelungenen Weißburgunder des Gutes. Eine Kuriosität ist der Mauer-Riesling. Die erste Reihe hinter der Mauer ist jeweils dem Riesling vorbehalten. Und dieser trocken ausgebaute Wein hat uns mit seinem Schliff besonders gefallen. Den Kreuzwertheimer Kaffelstein, bestockt mit Riesling- und Spätburgunderreben, übernahm man vom Staatlichen Hofkeller. Von hier stammt ein feiner 2013er Riesling mit animierendem Süße-Säure-Spiel und saftiger Länge. Auch der typische 2012er Spätburgunder »R« ist gelungen. Gekrönt wird die Kollektion von dem nach Himbeer duftenden, klar-intensiven Spielmann Pinot Noir. Herzlichen Glückwunsch von unserer Seite zur zweiten Traube.

Anzahl der verkosteten Weine: 12
Bewertungen: 82–89 Punkte

2014	Cuvée »Fass 3« **8,30 €** | 11% | bis 2016	**85**
2014	Silvaner trocken **8,– €**/1,0 Lit. | 11% | bis 2016	**82**
2014	Cuvée »Weißer Wertheimer« **7,– €** | 11,5% | bis 2016	**84**
2013	Kreuzwertheimer Kaffelstein Riesling **10,– €** | 11% | bis 2016	**83**
2014	Reichholzheimer Satzenberg Weißburgunder trocken **10,– €** | 12% | bis 2017	**85**
2013	Reichholzheimer Satzenberg Riesling Mauer trocken Alte Reben (Trink-Tipp) **19,50 €** | 11,5% | bis 2018	**87**
2014	Reichholzheimer Satzenberg Weißburgunder Zazo trocken Barrique **29,95 €** | 13,5% | bis 2021	**88**
2013	Kreuzwertheimer Kaffelstein Riesling Alte Reben **19,50 €** | 11% | bis 2019	**87**
2014	Cuvée »Fass 3« Rosé **8,30 €** | 11% | bis 2016	**84**
2012	Kreuzwertheimer Kaffelstein Spätburgunder trocken Holzfass **10,– €** | 13% | bis 2017	**85**
2012	Kreuzwertheimer Kaffelstein Spätburgunder »R« trocken Barrique **24,50 €** | 13,5% | bis 2018	**87**
2012	Pinot Noir »R« Spielmann trocken Barrique **59,50 €** | 13% | bis 2020	**89**

Zeichenerklärung:
Schnäppchenpreis · Top 10 Spitzenreiter
Ökobetrieb · Trink-Tipp · Versteigerungswein
Sekt · Weißwein · Rotwein · Roséwein

WEINGUT JOHANN ARNOLD

97346 Iphofen · Lange Gasse 26–28
☎ (0 93 23) 8 98 33 · Fax (0 92 32) 8 98 34
mail@weingut-arnold.de
www.weingut-arnold.de
Inhaber: Johannes Arnold

Verkauf: Anita und Claudia Arnold
Mo–Sa: 8.00–19.00 Uhr
So: 9.00–18.00 Uhr und nach Vereinbarung

Der »Aureus« genannte Sekt aus Chardonnay und Spätburgunder hat Charakter. Er ist cremig, ohne süß zu wirken. Die 2014er sind solide, meist eher schlanke Weine. Dies gilt nicht für den substanzreichen Riesling aus dem Julius-Echter-Berg. Dafür machen sich hier Botrytis-Noten deutlich bemerkbar. Das Große Gewächs trägt den Titel Kammer. Dies ist die vom VDP vorgesehene Bezeichnung für die besten Teile des Kronsbergs. Als nächsten Schritt plant der bei Störrlein und im Juliusspital ausgebildete Johannes Arnold den kompletten Neubau der Wirtschaftsgebäude und investiert in Traubenpresse, Holzgärständer und Barriquelager.

Anzahl der verkosteten Weine: 9
Bewertungen: 81–87 Punkte

2012 Aureus Sekt Brut **84**
12,50 € | 12,5% | bis 2017

2014 Silvaner trocken **81**
7,– €/1,0 Lit. | 13% | bis 2016

2014 Iphöfer Weißburgunder trocken **83**
7,50 € | 12,5% | bis 2016

2014 Iphöfer Silvaner trocken **84**
7,50 € | 12,5% | bis 2017

2013 Iphöfer Riesling trocken **84**
7,50 € | 12% | bis 2017

2014 Iphöfer Julius-Echter-Berg **84**
Silvaner trocken »Erste Lage«
10,– € | 13% | bis 2017

2014 Iphöfer Julius-Echter-Berg **85**
Riesling trocken »Erste Lage«
12,– € | 14% | bis 2019

2014 Iphöfer Kammer **87**
Silvaner »Großes Gewächs«
20,– € | 13,5% | bis 2020

2014 Iphöfer Julius-Echter-Berg **83**
Riesling Spätlese feinherb »Erste Lage«
15,– € | 13% | bis 2017

WEINGUT WILHELM ARNOLD

97236 Randersacker · Klosterstraße 19b
☎ (09 31) 70 83 26 · Fax 70 09 03
info@arnoldwein.de
www.arnoldwein.de
Inhaber: Bruno und Diana Arnold
Betriebsleiter und Kellermeister: Bruno Arnold

Verkauf: Diana Arnold
Mo–Sa: 8.00–18.00 Uhr und nach Vereinbarung

Wieder eine gelungene Kollektion! Die klarfruchtigen 2014er von Bruno Arnold haben uns viel Freude bereitet. Erneut überzeugt bereits der saftige Scheurebe Gutswein mit seiner klaren Sortenart. Bei den Rieslingen stehen dem Haus drei exzellente Randersackerer Lagen zur Verfügung: Pfülben, Marsberg und Sonnenstuhl. Aus dem Pfülben stellte er uns ein Großes Gewächs vor, die beiden anderen Weine tragen »nur« den Titel Erste Lage. An die Qualität des Großen Gewächs kann in diesem Jahr nur der rassig-pikante Marsberg anschließen. Aromen von Pfeffer und Kirsche prägen den Blauen Zweigelt. Hier fehlt nicht viel zum Aufstieg!

Anzahl der verkosteten Weine: 11
Bewertungen: 83–87 Punkte

2014 Scheurebe trocken **85**
6,50 € | 12% | bis 2016

2014 Randersackerer Sonnenstuhl **83**
Silvaner trocken »Erste Lage«
8,50 € | 12,5% | bis 2016

2014 Randersackerer Sonnenstuhl **84**
Riesling trocken »Erste Lage«
9,– € | 12,5% | bis 2017

2014 Eibelstadter Kapellenberg **86**
Weißburgunder trocken »Erste Lage«
9,50 € | 12,5% | bis 2017

2014 Randersackerer Marsberg **86**
Riesling trocken »Erste Lage«
9,50 € | 12,5% | bis 2020

2014 Randersackerer Pfülben **87**
Riesling »Großes Gewächs«
19,– € | 13% | bis 2022

2014 Randersackerer Sonnenstuhl **87**
Silvaner »Großes Gewächs«
19,– € | 13% | bis 2020

2014 Randersackerer Würzer feinherb **85**
9,– € | 12% | bis 2017

2014 Randersackerer Pfülben **86**
Rieslaner Spätlese »Erste Lage«
14,– € | 12% | bis 2018

2014 Blauer Zweigelt trocken **85**
8,– € | 12,5% | bis 2019

WEINGUT AUGUSTIN

97320 Sulzfeld am Main · Raiffeisenstraße 5
☎ (0 93 21) 56 63 · Fax 2 47 04
info@weingut-augustin.de
www.weingut-augustin.de
Inhaber: Arno und Albert Augustin

Verkauf: Verena und Arno Augustin
Mo–Sa: 9.00–12.00 Uhr · 13.00–18.00 Uhr
So: 10.00–12.00 Uhr und nach Vereinbarung

Vinotel »Augustin«: Themenzimmer in unterschiedlichem Design

Rebfläche: 11 Hektar
Jahresproduktion: 70.000 Flaschen
Beste Lagen: Sulzfelder Maustal und Cyriakusberg
Boden: Muschelkalk
Rebsorten: 80% weiße Sorten, 20% rote Sorten
Durchschnittsertrag: 55 hl/ha

Das Niveau ist hier auch im nicht einfachen Jahr 2014 durchgehend gut. Der saftig-animierende Riesling Spontan aus dem Cyriakusberg hat uns ebenso wie der nach reifen Äpfeln duftende, dezent süße Silvaner Alte Reben gut gefallen. Dass es auch »trockener« geht, belegt der knackige Silvaner aus dem Cyriakusberg. Unsere Entdeckung des Jahres 2011 erhielt im letzten Jahr für die 2013er die zweite Traube. Und zwei stimmige Weine aus diesem Jahr bestätigen noch einmal unsere Einschätzung. Sowohl der Silvaner »S« als auch der Weißburgunder aus dem Barrique verbinden Saft, Substanz und Spiel. Die aktuellen Rotweine lagern noch im Fass und werden im nächsten Jahr vorgestellt. Zum Weingut gehört auch ein von Reiseführern empfohlenes Hotel. Und das malerische Sulzfeld ist durchaus einen Besuch wert.

Anzahl der verkosteten Weine: 12
Bewertungen: 81–86 Punkte

2014	Silvaner trocken **6,20 €** | 12,5% | bis 2016	**81**
2014	Sulzfelder Maustal Bacchus trocken **7,50 €** | 12,5% | bis 2017	**84**
2014	Sulzfelder Maustal Müller-Thurgau trocken **7,50 €** | 12,5% | bis 2017	**84**
2014	Sulzfelder Cyriakusberg Silvaner trocken **8,– €** | 13% | bis 2018	**85**
2014	Sulzfelder Maustal Riesling trocken **9,– €** | 12,5% | bis 2018	**84**
2014	Blanc de Noirs trocken **9,– €** | 12,5% | bis 2017	**85**
2014	Sulzfelder Maustal Weißburgunder trocken **9,50 €** | 13% | bis 2018	**84**
2014	Sauvignon Blanc trocken **11,– €** | 12,5% | bis 2018	**85**
2014	Silvaner trocken Alte Reben **11,– €** | 13% | bis 2019	**86**
2013	Silvaner »S« trocken **14,– €** | 13% | bis 2019	**86**
2014	Sulzfelder Cyriakusberg Riesling Der Spontane trocken **15,– €** | 13% | bis 2020	**86**
2013	Sulzfelder Maustal Weißburgunder trocken Barrique **18,– €** | 14% | bis 2019	**86**

WEINGUT BALDAUF

97729 Ramsthal · Hauptstraße 42
☎ (0 97 04) 15 95 · Fax 76 55
info@baldaufwein.de
www.baldaufwein.de

Inhaber und Betriebsleiter: Gerald und Ralf Baldauf

Verkauf: Familie Baldauf
Mo–Fr: 9.00–18.00 Uhr, Sa: 9.00–16.00 Uhr

Rebfläche: 48 Hektar
Jahresproduktion: 350.000 Flaschen
Beste Lagen: Ramsthaler St. Klausen, Hammelburger Trautlestal, Stettener Stein, Retzstadter Langenberg
Boden: Muschelkalk
Rebsorten: 21% Riesling, 15% Müller-Thurgau, 14% Weißburgunder, 10% Bacchus, 5% Riesling, je 4% Domina und Spätburgunder, 3% Schwarzriesling, 24% übrige Sorten
Durchschnittsertrag: 55 hl/ha
Mitglied: Frank & Frei, Weinallianz

Hier hat uns in diesem Jahr alles überzeugt: Die gelungene neue Saalestück-Serie ebenso wie die Spitzen der Clees-Reihe. Die in Schlegelflaschen abgefüllten Saalestück-Weine zeigen sowohl bei Müller-Thurgau als auch bei Silvaner und Weißburgunder Frische, Sortenart und Animation. Die 2012er Weiß- und Spätburgunder Reserve besitzen echte Klasse. Und auch der klotzige, goldfarbene Silvaner Grand Reserve ist bei aller Fülle gut strukturiert. Hier werden viele Pfade verfolgt und wenn auch noch nicht alles in letzter Konsequenz durchdacht ist: Der Betrieb, der in den letzten Jahren deutlich gewachsen ist, ist eine veritable Quelle für gute Frankenweine. Hierzu passt die Verleihung der »Goldenen Rebschere« des Silvaner-Forums für einen 2012er Eiswein. Herzlichen Glückwunsch zur zweiten Traube.

Anzahl der verkosteten Weine: 12
Bewertungen: 83–88 Punkte

2014	Hammelburger Müller-Thurgau Saalestück trocken **7,50 €** | 12,5% | bis 2017	**85**
2014	Ramsthaler Silvaner Saalestück trocken **8,– €** | 13% | bis 2017	**85**
2014	Hammelburger Weißburgunder Saalestück trocken **8,– €** | 12,5% | bis 2017	**85**
2012	Silvaner Clees trocken Grande Reserve Barrique **29,– €** | 13,5% | bis 2018	**87**
2014	Silvaner Kabinett trocken **6,50 €** | 12% | bis 2016	**83**
2014	Hammelburger Trautlestal Weißburgunder Clees Spätlese trocken **9,50 €** | 12,5% | bis 2017	**85**
2013	Silvaner Clees Spätlese trocken **9,50 €** | 12,5% | bis 2017	**85**
2013	Silvaner Pfarrwengert Spätlese trocken Betonei **13,– €** | 13% | bis 2018	**87**
2012	Hammelburger Trautlestal Weißburgunder Clees Spätlese trocken Reserve Barrique **13,50 €** | 14% | bis 2019	**88**
2014	Ramsthaler St. Klausen Rieslaner Clees Spätlese **10,– €** | 10,5% | bis 2019	**86**
2013	Hammelburger Trautlestal Spätburgunder trocken Holzfass **7,90 €** | 13,5% | bis 2018	**85**
2012	Hammelburger Trautlestal Spätburgunder Clees 47/14 trocken Grande Réserve **29,– €** | 14% | bis 2020	**88**

Zeichenerklärung:
Schnäppchenpreis · Top 10 Spitzenreiter
Ökobetrieb · Trink-Tipp · Versteigerungswein
Sekt · Weißwein · Rotwein · Roséwein

WEINGUT STEFAN BARDORF

97236 Randersacker · Ochsenfurter Straße 4
☎ (09 31) 7 05 50 · Fax 7 05 52 22
info@loewen-randersacker.de
www.weingut-bardorf.de

Inhaber: Stefan Bardorf
Betriebsleiter und Kellermeister: Stefan Bardorf

Verkauf: Günther und Stefan Bardorf
Mo–Fr: 7.30–22.30 Uhr
Sa–So: 8.00–22.30 Uhr nach Vereinbarung

Gutsausschank: Hotel und Gasthof »Löwen«
Mo–Fr 15.00–24.00 Uhr
Sa–So, feiertags 11.00–24.00 Uhr
Spezialität: fränkisch-saisonale Küche
Sehenswert: Bacchus-Weinstube

Rebfläche: 3 Hektar
Jahresproduktion: 21.000 Flaschen
Beste Lagen: Randersacker Teufelskeller, Marsberg, Dabug und Sonnenstuhl
Boden: tiefgründiger blauer Muschelkalk
Rebsorten: je 25% Riesling und Silvaner, 18% Burgunder, 32% übrige Sorten
Durchschnittsertrag: 54 hl/ha
Mitglied: Silvaner-Forum

Der Stil des Hauses gefällt uns. Der Ausbau im großen Holz wird intelligent dazu genutzt, die primären Fruchtaromen in den Hintergrund treten zu lassen. Sowohl Riesling als auch Silvaner steht das sehr gut. Besonders gelungen zeigt sich dies beim fein fließenden, langen Marsberg Riesling »SL«. Der fein vom Holz geprägte Blanc de Noirs überzeugt mit klarer Linie und guter Länge. Da auch die nach Honig und überreifer Mango duftende Trockenbeerenauslese an gute Vorjahre anschließt, geben wir gerne Betriebsgründer Günther Bardorf und dem für die Weine verantwortliche Stefan Bardorf die zweite Traube umgehend zurück. Auch wenn der eine oder andere Basiswein noch Spiel nach oben hat, so ist die klare Linie dieses weitgehend ökologisch wirtschaftenden Betriebs doch unverkennbar. Weiter so!

Anzahl der verkosteten Weine: 12
Bewertungen: 82–90 Punkte

2014 Randersacker Ewig Leben **82**
Silvaner Kabinett trocken
6,– €/1,0 Lit. | 11,5% | bis 2016

2014 Randersacker Sonnenstuhl **83**
Silvaner Kabinett trocken
6,50 € | 11,5% | bis 2017

2014 Randersacker Ewig Leben **83**
Riesling Kabinett trocken
6,50 € | 12,5% | bis 2017

2014 Randersacker Ewig Leben **84**
Weißburgunder Kabinett trocken
6,50 € | 12,5% | bis 2016

2014 Randersacker Ewig Leben **85**
Sauvignon Blanc Spätlese trocken
9,50 € | 13% | bis 2018

2014 Randersacker Marsberg **88**
Riesling »SL« Spätlese trocken Reserve Holzfass
13,– € | 13% | bis 2020

2014 Randersacker Marsberg **86**
Silvaner Spätlese trocken Alte Reben »sur lie«
13,20 € | 14% | bis 2018

2014 Randersacker Marsberg **87**
Riesling Spätlese trocken Premium - 24 -
14,50 € | 13% | bis 2019

2013 Randersacker Marsberg **86**
Silvaner Spätlese trocken Alte Reben Barrique
16,– € | 13% | bis 2018

2013 Randersacker Ewig Leben **87**
Spätburgunder Spätlese trocken Reserve Blanc de Noirs
16,– € | 12,5% | bis 2018

2014 Randersacker Sonnenstuhl Riesling Auslese **85**
16,– €/0,375 Lit. | 9% | bis 2020

2014 Randersacker Marsberg **90**
Riesling Trockenbeerenauslese
Verkauf später | 6% | bis 2030

Die Betriebe:
Weltklasse · Deutsche Spitze
Sehr gut · Gut · Zuverlässig
Weitere Empfehlung

WEINGUT BICKEL-STUMPF

97252 Frickenhausen · Kirchgasse 5
☎ (0 93 31) 28 47 · Fax 71 76
info@bickel-stumpf.de
www.bickel-stumpf.de
Inhaber: Familie Stumpf
Betriebsleiter und Kellermeister: Matthias Stumpf
Verwalter: Reimund Stumpf

Verkauf: Melanie Stumpf
Mo, Mi, Fr: 9.00–13.00 Uhr · 14.00–17.00 Uhr
Sa: 10.00–15.00 Uhr

Sehenswert: Gutshof mit moderner Vinothek

Rebfläche: 13,5 Hektar
Jahresproduktion: 90.000 Flaschen
Beste Lagen: Frickenhäuser Kapellenberg (Mönchshof), Thüngersheimer Johannisberg (Freiberg, Rotlauf)
Boden: Muschelkalk, Buntsandstein
Rebsorten: 65% Silvaner, 15% Riesling, 10% Spätburgunder, 10% übrige Sorten
Durchschnittsertrag: 60 hl/ha
Mitglied: VDP

Unser Fazit 2014: saubere, technisch gut gemachte Basisweine, ab Buntsandstein wird es spannend. Buntsandstein und Muschelkalk werden jetzt auch offiziell der Thüngersheimer beziehungsweise Frickenhäuser Gemarkung zugeordnet. Sie sind im Sinne der VDP-Qualitätspyramide damit Ortsweine. Und sie sind saftig-herzhafte Vertreter dieser Kategorie. Der Silvaner Kapellenberg Erste Lage ist bei gebändigter Fülle ebenso animierend ausgefallen wie das geschliffene Große Gewächs Mönchhof. Auch die Scheurebe aus dem Johannisberg und der kernige, erkennbar vom Muskateller geprägte Gemischte Satz bereiten Trinkvergnügen. Als Carmen Bickel und Reimund Stumpf 1976 heirateten, legten sie die elterlichen Weinbaubetriebe zusammen – bei 35 Kilometer Distanz kein leichtes Unterfangen. Der Erfolg gibt ihnen Recht. Schon seit einigen Jahren werden sie von ihren Kindern Matthias und Melanie unterstützt.

Anzahl der verkosteten Weine: 11
Bewertungen: 82–89 Punkte

2014	Müller-Thurgau trocken **6,– €** | 11% | bis 2016	**82**
2014	Riesling trocken **6,50 €** | 11,5% | bis 2016	**83**
2014	Silvaner trocken **7,– €** | 11,5% | bis 2017	**84**
2014	Thüngersheimer Silvaner Buntsandstein trocken **9,50 €** | 12% | bis 2018	**85**
2014	Frickenhäuser Silvaner Muschelkalk trocken **9,50 €** | 12% | bis 2018	**86**
2014	Thüngersheimer Johannisberg Scheurebe trocken »Erste Lage« **14,50 €** | 12% | bis 2018	**87**
2014	Frickenhäuser Kapellenberg Silvaner trocken »Erste Lage« **15,– €** | 13% | bis 2020	**88**
2014	Frickenhäuser Kapellenberg Fränkischer Gemischter Satz trocken »Erste Lage« **18,– €** | 11,5% | bis 2020	**88**
2014	Frickenhäuser Silvaner Mönchhof »Großes Gewächs« Preis auf Anfrage | 13% | bis 2022	**89**
2014	Cuvée »Twentysix« **7,50 €** | 11,5% | bis 2016	**83**
2014	Thüngersheimer Johannisberg Riesling Spätlese feinherb »Erste Lage« **13,50 €** | 11,5% | bis 2017	**84**

Zeichenerklärung:
Schnäppchenpreis · Top 10 Spitzenreiter
Ökobetrieb · Trink-Tipp · Versteigerungswein
Sekt | Weißwein | Rotwein | Roséwein

WEINGUT MANFRED BRAUN

97334 Nordheim · Weinbergstraße 7
☎ (0 93 81) 16 82 · Fax 84 73 51
info@weingut-manfred-braun.de
www.weingut-manfred-braun.de
Inhaber und Betriebsleiter: Manfred Braun

Verkauf: nach Vereinbarung

Birne, Apfel, saftig und gut ausgewogen, so präsentiert sich der Silvaner von alten Reben aus dem Nordheimer Vögelein. Neben der gelungenen Rieslaner Auslese, die mit klarer Säure und feiner Botrytis-Herbe überzeugt, der beste 2014er bei Manfred Braun. Wie immer überzeugen bei ihm auch die Basisqualitäten. Etwa ein saftiger Müller-Thurgau Kabinett und eine klare Scheurebe mit knackiger Sortenart. Auch wenn wir uns vom 2013er Frühburgunder etwas mehr versprochen hätten: ein grundsolider Betrieb mit klassischen Frankenweinen!

Anzahl der verkosteten Weine: 12
Bewertungen: 82–87 Punkte

2014	Nordheimer Kreuzberg Müller-Thurgau trocken **5,– €**/1,0 Lit. | 11,5% | bis 2016	**82**
2014	Nordheimer Kreuzberg Müller-Thurgau Kabinett trocken **6,10 €** | 12% | bis 2016	**83**
2014	Nordheimer Vögelein Riesling Kabinett trocken **6,60 €** | 11,5% | bis 2016	**83**
2014	Nordheimer Vögelein Scheurebe Kabinett trocken **6,60 €** | 11,5% | bis 2017	**84**
2014	Volkacher Ratsherr Silvaner Kabinett trocken **6,90 €** | 12% | bis 2016	**83**
2014	Nordheimer Vögelein Silvaner Spätlese trocken Alte Reben **10,50 €** | 13,5% | bis 2018	**85**
2014	Volkacher Kirchberg Bacchus Spätlese **8,20 €** | 11% | bis 2017	**84**
2014	Nordheimer Vögelein Rieslaner Spätlese **10,20 €** | 11,5% | bis 2018	**83**
2014	Nordheimer Vögelein Rieslaner Auslese **10,50 €**/0,5 Lit. | 10% | bis 2020	**87**
2014	Nordheimer Kreuzberg Domina halbtrocken Rosé **6,80 €** | 11,5% | bis 2016	**82**
2013	Nordheimer Vögelein Frühburgunder trocken Holzfass **8,– €** | 13% | bis 2016	**82**

WEINGUT WALDEMAR BRAUN

97334 Nordheim · Langgasse 10
☎ (0 93 81) 90 61 · Fax 7 11 79
info@weingut-waldemar-braun.de
www.weingut-waldemar-braun.de
Inhaber: Waldemar Braun
Betriebsleiter: Waldemar Braun
Kellermeister: Patrick Braun

Verkauf: Heidi Braun
Mo–Sa: 9.00–18.00 Uhr
So, feiertags: 10.00–12.00 Uhr
und nach Vereinbarung

Die besten Weine aus dem Nordheimer Vögelein heißen hier nun Quintessenz und sie sind richtig gut. Noch vor dem kernig-konzentrierten Silvaner und dem eleganten, fein vom Holz geprägten Weißburgunder besticht der klare Chardonnay mit Festigkeit und einem Hauch Limette. Einige der Gutsweine halten hingegen mit dieser Entwicklung noch nicht mit. Der teuerste Wein der Kollektion, ein im Holzfass ausgebauter Silvaner aus dem Escherndorfer Lump, kämpft bei aller erkennbarer Substanz schwer mit dem Holz. Hier lohnt die Nachverkostung im nächsten Jahr. Wir sind gespannt!

Anzahl der verkosteten Weine: 12
Bewertungen: 81–88 Punkte

2014	Nordheimer Silvaner trocken **6,20 €**/1,0 Lit. | 12% | bis 2016	**83**
2014	Müller-Thurgau »ML« trocken **5,– €** | 11% | bis 2016	**81**
2014	Escherndorfer Lump Silvaner Kabinett trocken **8,50 €** | 12% | bis 2017	**84**
2014	Nordheimer Vögelein Weißburgunder Kabinett trocken **9,50 €** | 12,5% | bis 2017	**84**
2014	Nordheimer Vögelein Silvaner Quintessenz Spätlese trocken Premium **15,– €** | 13,5% | bis 2019	**86**
2014	Nordheimer Vögelein Weißburgunder Quintessenz Spätlese trocken Premium **16,50 €** | 13,5% | bis 2020	**87**
2014	Nordheimer Vögelein Chardonnay Quintessenz Spätlese trocken Premium **17,50 €** | 14% | bis 2020	**88**
2012	Escherndorfer Lump Silvaner Spätlese trocken Reserve Holzfass **20,– €** | 14% | bis 2017	**84**
2014	Escherndorfer Lump Scheurebe Kabinett feinherb **8,50 €** | 11,5% | bis 2016	**83**

WEINGUT BRENNFLECK

97320 Sulzfeld · Papiusgasse 7
☎ (0 93 21) 43 47 · Fax 43 45
info@weingut-brennfleck.de
www.weingut-brennfleck.de
Inhaber und Betriebsleiter: Hugo Brennfleck

Verkauf: Sandra Schlereth
Mo–Fr: 8.00–17.00 Uhr und nach Vereinbarung

Historie: Weinbau seit 1591
Sehenswert: Gutshof von 1479 mit Gewölbekeller-Ensemble neben moderner Architektur
Erlebenswert: Weintage im Juli, Sulzfeld, 2010 prämiert als schönster Ort Bayerns

Rebfläche: 29 Hektar
Jahresproduktion: 240.000 Flaschen
Beste Lagen: Iphöfer Kalb und Kronsberg, Escherndorfer Lump, Sulzfelder Maustal und Cyriakusberg
Boden: Keuper, Muschelkalk
Rebsorten: 55% Silvaner, 20% Burgundersorten, je 5% Müller-Thurgau und Riesling, 15% übrige Sorten
Durchschnittsertrag: 60 hl/ha

Durchgängig gute Silvaner kennzeichnen die aktuelle Kollektion von Hugo und Susanne Brennfleck. Sie sind seit 1998 die 13. Generation in dem denkmalgeschützten Gutshof mit dem modernen Kelterhaus, das mehrere Architekturpreise gewann. Ertragsreduzierung und selektive Lese sowie schonende Verarbeitung und ein längeres Lager auf der Feinhefe sind die wichtigsten Leitlinien. Und Weine wie die Spätlesen aus dem Maustal (Muschelkalk) und dem Kronsberg (Keuper) unterstreichen das Konzept nachdrücklich. Auch der nach Aprikosen und Mirabellen duftende, »JHB« genannte Riesling aus dem Lump sticht heraus. Wer es aromatisch mag, ist bei der klarfruchtigen Scheurebe aus dem Kronsberg genau richtig. Und wie im Vorjahr überzeugt die klare, feinfruchtige Rotweincuvée Antonia mit Struktur und animierendem Finish.

Anzahl der verkosteten Weine: 16
Bewertungen: 82–88 Punkte

2014 Iphöfer Kronsberg **87**
Silvaner »S« Keuper trocken
15,– € | 13,5% | bis 2018

2014 Sulzfelder Maustal **84**
Müller-Thurgau Kabinett trocken
7,50 € | 11,5% | bis 2016

2014 Rödelseer Küchenmeister **84**
Silvaner Kabinett trocken
8,50 € | 12,5% | bis 2017

2014 Silvaner Anna-Lena Kabinett trocken **83**
9,– € | 11,5% | bis 2016

2014 Iphöfer Kronsberg Scheurebe Kabinett trocken **85**
9,60 € | 12% | bis 2018

2014 Iphöfer Kronsberg Silvaner Kabinett trocken **86**
9,70 € | 12,5% | bis 2018

2014 Sulzfelder Cyriakusberg **82**
Weißburgunder Kabinett trocken
10,– € | 12% | bis 2016

2014 Sulzfelder Maustal Riesling Kabinett trocken **83**
10,– € | 11,5% | bis 2016

2014 Sulzfelder Cyriakusberg **84**
Grauburgunder Kabinett trocken
10,– € | 12,5% | bis 2016

2014 Sulzfelder Cyriakusberg **84**
Sauvignon Blanc Kabinett trocken
11,– € | 12,5% | bis 2017

2014 Sulzfelder Cyriakusberg **85**
Sauvignon Blanc Spätlese trocken
14,– € | 13% | bis 2017

2014 Sulzfelder Maustal **88**
Silvaner »S« Muschelkalk Spätlese trocken
14,– € | 14% | bis 2018

2014 Sulzfelder Maustal **86**
Silvaner »JHB« Johann Spätlese trocken Holzfass
15,– € | 12,5% | bis 2018

2014 Escherndorfer Lump **86**
Riesling »S« Steillage Spätlese trocken
16,– € | 13% | bis 2017

2014 Escherndorfer Lump **88**
Riesling »JHB« Johann Spätlese trocken
19,– € | 13% | bis 2018

2013 Domina & Spätburgunder Antonia **87**
trocken Barrique
22,– € | 13,5% | bis 2019

WEINGUT BRÜGEL

97355 Castell, Ortsteil Greuth · Hauptstraße 49
☎ (0 93 83) 76 19 · Fax 67 33
info@weingut-bruegel.de
www.weingut-bruegel.de
Inhaber: Harald Brügel
Betriebsleiter und Kellermeister: Harald Brügel

Verkauf: Elke Brügel
Mo–Fr: 9.00–12.00 Uhr · 13.00–18.00 Uhr
Sa: 9.00–12.00 Uhr · 13.00–17.00 Uhr
und nach Vereinbarung

Erlebenswert: kulinarische Weinproben

Rebfläche: 8,9 Hektar
Jahresproduktion: 67.000 Flaschen
Beste Lagen: Greuther Bastel, Abtswinder Altenberg, Casteller Kirchberg
Boden: Keuperverwitterung
Rebsorten: 42% Silvaner, 29% Müller-Thurgau, 8% Riesling, 7% Bacchus, 5% Spätburgunder, je 3% Portugieser und Weißburgunder, 3% übrige Sorten
Durchschnittsertrag: 78 hl/ha
Mitglied: Slow Food

Die gute Silvaner-Reihe hat uns gefallen. Vor allem der saftige, charaktervolle 2013er Pur ist hier zu nennen. Bei den 2014ern stechen der Alte Reben aus dem Altenberg und der »vom Keuper« genannte Wein heraus. Das Weingut am Fuß des Steigerwalds ging aus einem landwirtschaftlichen Gemischtbetrieb hervor, der Trauben an eine Genossenschaft verkaufte. Harald Brügel, der das 1992 von seinem Vater Heinrich gegründete Gut 2007 übernahm, kann sich auch weiterhin auf ein generationsübergreifendes Team verlassen. Wir würden uns wünschen, dass der soliden Arbeit noch ein Funken Inspiration hinzugefügt werden kann. Das gute Niveau des Literweins übertreffen die anderen Weine nur selten deutlich schmeckbar.

Anzahl der verkosteten Weine: 13
Bewertungen: 82–87 Punkte

2014	Silvaner trocken **6,– €**/1,0 Lit. | 12% | bis 2017	**83**
2014	Greuther Bastel Silvaner trocken **7,– €** | 12,5% | bis 2017	**84**
2014	Abtswinder Altenberg Silvaner trocken **7,50 €** | 13% | bis 2018	**85**
2014	Muskateller vom Keuper trocken **9,– €** | 13% | bis 2018	**84**
2013	Riesling vom Keuper trocken **9,50 €** | 13% | bis 2016	**82**
2014	Weißburgunder vom Keuper trocken **9,50 €** | 13% | bis 2016	**83**
2013	Silvaner vom Keuper trocken **9,50 €** | 13,5% | bis 2018	**85**
2013	Abtswinder Altenberg Silvaner trocken Alte Reben **10,50 €** | 13,5% | bis 2018	**85**
2014	Abtswinder Altenberg Silvaner trocken Alte Reben **10,50 €** | 14% | bis 2019	**86**
2013	Weißburgunder pur trocken Holzfass **13,50 €** | 13,5% | bis 2017	**84**
2013	Riesling pur trocken **13,50 €** | 13,5% | bis 2019	**85**
2013	Silvaner pur trocken Holzfass **13,50 €** | 13,5% | bis 2020	**87**
2012	Spätburgunder vom Keuper trocken Holzfass **10,– €** | 13,5% | bis 2017	**83**

Die Betriebe:
Weltklasse · Deutsche Spitze
Sehr gut · Gut · Zuverlässig
Weitere Empfehlung

WEINGUT BÜRGERSPITAL ZUM HEILIGEN GEIST

97070 Würzburg · Theaterstraße 19
☎ (09 31) 3 50 34 41 · Fax 3 50 34 44
weingut@buergerspital.de
www.buergerspital-weingut.de
Inhaber: Stiftung des öffentlichen Rechts
Gutsdirektor: Robert Haller
Technischer Leiter: Karl Brand
Kellermeister: Elmar Nun

Verkauf: Thomas Hammerich
Mo–Do: 8.00–17.00 Uhr, Fr: 8.00–15.00 Uhr
Weinhaus: Ecke Theater–/Semmelstraße
Mo: 9.00–18.00 Uhr
Di–Sa: 9.00–24.00 Uhr, So: 11.00–24.00 Uhr

Weinstuben: Mo–So 10.00–24.00 Uhr
Historie: 1316 Stiftung des Spitals
Sehenswert: Spitalkirche, Innenhof, Kellergewölbe

Rebfläche: 110 Hektar
Jahresproduktion: 820.000 Flaschen
Beste Lagen: Würzburger Stein, Stein-Harfe (Alleinbesitz), Abtsleite und Innere Leiste
Boden: Muschelkalk
Rebsorten: 30% Riesling, 27% Silvaner, 10% Müller-Thurgau, 16% übrige weiße Sorten, 10% rote Sorten, 7% weiße Burgundersorten
Durchschnittsertrag: 59 hl/ha
Mitglied: VDP, Silvaner-Forum

Zwei prachtvolle Große Gewächse aus dem Würzburger Stein krönen eine ausgesprochen gelungene 2014er Kollektion! Dem Team um Robert Haller ist damit der Anschluss an den erfolgreichen 2012er Jahrgang eindrucksvoll gelungen. Auch die Erste-Lage-Weine überzeugen. Etwa der rassige Riesling aus dem Teufelskeller und der feinaromatische, kernige Silvaner aus der Abtsleite. Sehr gute 2013er Rotweine, unter anderen ein mächtiger, nach Heidelbeer duftender Cabernet Sauvignon, und eine sublimschmelzige 2012er Trockenbeerenauslese runden das Bild ab. Das ist Vier-Trauben-Niveau!

Anzahl der verkosteten Weine: 21
Bewertungen: 83-94 Punkte

2014 Würzburger Abtsleite **88**
Silvaner trocken »Erste Lage«
11,50 € | 13% | bis 2021

2014 Würzburger Abtsleite **88**
Riesling trocken »Erste Lage«
11,50 € | 12% | bis 2020

2014 Würzburger Innere Leiste **89**
Silvaner trocken »Erste Lage«
12,– € | 12,5% | bis 2022

2014 Würzburger Stein **86**
Silvaner trocken »Erste Lage«
12,50 € | 13% | bis 2020

2014 Würzburger Stein **86**
Weißburgunder trocken »Erste Lage«
13,– € | 13% | bis 2019

2014 Randersacker Teufelskeller **88**
Riesling trocken »Erste Lage«
13,– € | 12,5% | bis 2021

2014 Würzburger Stein-Harfe **88**
Riesling »Großes Gewächs«
24,– € | 13% | bis 2022

2014 Würzburger Stein-Harfe **92**
Silvaner »Großes Gewächs«
Top 10 **26,– €** | 13% | bis 2022

2014 Würzburger Stein **93**
Silvaner »Großes Gewächs« Holzfass
Top 10 **26,– €** | 13% | bis 2026

2014 Würzburger Stein »Hagemann« **91**
Riesling »Großes Gewächs« Holzfass
40,– € | 12,5% | bis 2024

2012 Würzburger Stein-Harfe **94**
Riesling Trockenbeerenauslese »Große Lage«
140,– €/0,375 Lit. | 6,5% | bis 2035

2013 Veitshöchheimer Sonnenschein **89**
Spätburgunder »R« trocken »Erste Lage« Barrique
23,– € | 13% | bis 2020

2012 Cabernet Sauvignon »R« trocken Barrique **90**
30,– € | 14% | bis 2022

WINZERHOF BURRLEIN

97320 Mainstockheim · Hauptstraße 149
☎ (0 93 21) 55 78 · Fax 55 10
mail@burrlein.com
www.burrlein.com
Inhaber und Betriebsleiter: Frieder Burrlein
Außenbetrieb: Matthias Rupp
Kellermeister: Achim Bräunel

Verkauf: Klaus Bausewein, Frieder Burrlein
Mo–Sa: 9.00–18.00 Uhr

Die Schwierigkeiten des Jahrgangs 2014 lassen sich hier nicht verleugnen. Kein Wein kann an das erfolgreiche Vorjahr anschließen. Allein zwei 2012er lassen Format erkennen. Beide entstammen der gutsinternen Premium-Reihe »Schlossportal«. Der Mainstockheimer Betrieb, der Teile seiner umfangreichen Flächen ökologisch bewirtschaftet, hat sich eine eigene Qualitätsordnung gegeben. »Schlossportal« soll große Weine benennen, »Ursprung Fritz« ist die Literklasse, »Edition Karl« bezeichnet die in Bordeauxflaschen verpackte gehobene Basis, während »Hofstück« für den Bocksbeutel steht.

Anzahl der verkosteten Weine: 10
Bewertungen: 80–86 Punkte

2014	Scheurebe Edition Karl trocken **6,– €** | 11,5% | 🍷 bis 2016	**82**
2014	Müller-Thurgau trocken »Frank & Frei« **6,– €** | 12,5% | 🍷 bis 2016	**82**
2014	Silvaner Edition Karl trocken Bio **6,50 €** | 11,5% | 🍷 bis 2016	**80**
2014	Sauvignon Blanc Edition Karl trocken **8,– €** | 12,5% | 🍷 bis 2016	**83**
2012	Silvaner Schlossportal trocken Premium Holzfass **17,– €** | 14% | 🍷 bis 2017	**85**
2014	Silvaner Hofstück Kabinett trocken **7,20 €** | 12,5% | 🍷 bis 2017	**83**
2014	Weißburgunder Hofstück Kabinett trocken **7,50 €** | 12,5% | 🍷 bis 2016	**81**
2014	Riesling Hofstück Kabinett trocken **7,50 €** | 12,5% | 🍷 bis 2016	**82**
2014	Scheurebe Hofstück Kabinett halbtrocken **7,50 €** | 11,5% | 🍷 bis 2017	**82**
2012	Frühburgunder Schlossportal trocken Premium Barrique **23,– €** | 14,5% | 🍷 bis 2019	**86**

Die Weine:
100 Perfekt · **95–99** Überragend · **90–94** Exzellent
85–89 Sehr gut · **80–84** Gut · **75–79** Passabel

Gutsverwalter des Jahres 2008

FÜRSTLICH CASTELL'SCHES DOMÄNENAMT

97355 Castell · Schlossplatz 5
☎ (0 93 25) 6 01 60 · Fax 6 01 88
weingut@castell.de
www.castell.de
Inhaber: Ferdinand Erbgraf zu Castell-Castell
Weingutsleiter: Karl-Heinz Rebitzer
Vertriebsleiter: Philipp Kollmar
Außenverwalter: Peter Hemberger
Kellermeister: Christian Frieß und Reinhard Firnbach

Verkauf: Philipp Kollmar
Mo–Fr: 8.00–18.00 Uhr
Sa: 10.00–16.00 Uhr und nach Vereinbarung

»Weinstall Castell«: ☎ (0 93 25) 9 80 99 49, Mi–So 12.00–20.30 Uhr
Historie: Weinbau seit dem 13. Jahrhundert
Sehenswert: Gewölbekeller, Schlossgarten
Erlebenswert: Casteller Weinspaziergänge

Rebfläche: 70 Hektar
Jahresproduktion: 450.000 Flaschen
Beste Lagen: Casteller Schlossberg, Hohnart, Kugelspiel, Trautberg, Bausch
Boden: Gipskeuper
Rebsorten: 41% Silvaner, 18% Müller-Thurgau, 14% Rotweinsorten, je 8% Bacchus, Riesling und Weißburgunder, 3% übrige Sorten
Durchschnittsertrag: 66 hl/ha
Mitglied: VDP, Die Güter

Eine gelungene Kollektion! Alle Basisweine überzeugen; beispielhaft seien der klarfruchtige Silvaner-Gutswein Schloss Castell und der apfelduftige, saftige Silvaner-Ortswein, »Castell 49°44'« genannt. Bei den ersten Lagen sticht sowohl beim Silvaner als auch beim Riesling der Hohnart heraus. Klare Frucht und Rasse in ganz unterschiedlichen Ausprägungen zeichnet diese Weine aus. Die Großen Gewächse aus dem Schlossberg schließen hier an, können aber nur beim kernig-präzisen Riesling wirklich auftrumpfen. Gute Rotweine, allen voran ein trotz Fülle eleganter Spätburgunder, und zwei formidable, wunderbar cremige Trockenbeerenauslesen runden das Ganze ab.

Anzahl der verkosteten Weine: 16
Bewertungen: 83–93 Punkte

2014	Silvaner Castell-Castell trocken **7,50 €**/1,0 Lit. | 12% | 🍷 bis 2016	**84**
2014	Schloss Castell Silvaner trocken **8,– €** | 12% | 🍷 bis 2017	**85**
2014	Silvaner 49°44' trocken **9,90 €** | 12% | 🍷 bis 2017	**86**
2014	Riesling 49°44' trocken **10,90 €** | 12,5% | 🍷 bis 2016	**85**
2014	Casteller Hohnart Silvaner trocken »Erste Lage« **13,– €** | 12,5% | 🍷 bis 2020	**89**
2014	Casteller Kirchberg Weißburgunder trocken »Erste Lage« **14,50 €** | 13,5% | 🍷 bis 2018	**87**
2014	Casteller Kirchberg Silvaner trocken »Erste Lage« **14,50 €** | 12,5% | 🍷 bis 2019	**88**
2014	Casteller Hohnart Riesling trocken »Erste Lage« **14,50 €** | 13,5% | 🍷 bis 2019	**88**
2014	Silvaner 6. Apriles anno 1659 trocken **26,– €** | 13% | 🍷 bis 2021	**87**
2014	Casteller Schlossberg Silvaner trocken »Große Lage« **28,– €** | 13,5% | 🍷 bis 2022	**88**
2014	Casteller Schlossberg Riesling trocken »Große Lage« **28,– €** | 13% | 🍷 bis 2022	**89**
2014	Casteller Schlossberg Riesling Trockenbeerenauslese Preis auf Anfrage | 6% | 🍷 bis 2035	**92**
2014	Casteller Schlossberg Silvaner Trockenbeerenauslese Preis auf Anfrage | 7% | 🍷 bis 2035	**93**
2013	Cuvée »C« trocken **25,– €** | 13% | 🍷 bis 2019	**87**
2013	Casteller Schlossberg Spätburgunder trocken »Große Lage« **33,– €** | 13,5% | 🍷 bis 2021	**88**

WEINGUT HELMUT CHRIST

97334 Nordheim · Volkacher Straße 6
☎ (0 93 81) 28 06 · Fax 66 40
christ-nordheim@t-online.de
www.weingut-helmut-christ.de
Inhaber: Helmut und Angelika Christ
Betriebsleiter: Helmut Christ
Kellermeister: Michael Christ

Verkauf: Angelika Christ
Mo–Sa: 8.00–12.00 Uhr · 13.00–18.00 Uhr
und nach Vereinbarung

Weinstube: im Barockhof, Mai–Okt.
an den Wochenenden
Spezialitäten: Küche arbeitet ausschließlich mit Ökoprodukten
Sehenswert: barocke Gebäudeanlage

Rebfläche: 12,1 Hektar
Jahresproduktion: 75.000 Flaschen
Beste Lagen: Volkacher Ratsherr, Nordheimer Vögelein, Dettelbacher Berg-Rondell, Sommeracher Katzenkopf
Boden: Muschelkalk, sandiger Lehm
Rebsorten: 40% Silvaner, 20% Müller-Thurgau, 8% Spätburgunder, 7% Dornfelder, 6% Domina, 4% Kerner, je 3% Bacchus und Riesling, 9% übrige Sorten
Durchschnittsertrag: 65 hl/ha
Mitglied: Demeter

Beginnend mit dem saftigen, apfelduftigen Literwein, hat uns die Silvaner-Reihe überzeugt. Der dichte Kabinett aus dem Vögelein zeigt eine fein-intensive Frucht, gutes Spiel und ein klares Finish. Vor fast 40 Jahren stellte Helmut Christ konsequent auf ökologischen Weinbau um. Damit wurde er zu einem fränkischen Biopionier und ist mit dieser Arbeitsweise immer gut gefahren. Im Keller hat er seit einigen Jahren Unterstützung von Junior Michael. Die Weinqualität ist seit Jahren auf einem konstant guten Niveau ohne Durchhänger. Das belegt auch ein Kerner Kabinett mit klarer Frucht und feiner Herbe. Der noch einmal vorgestellte 2012er Blaufränkisch hat sich gut entwickelt. Die Spätlesen von Domina und Spätburgunder empfanden wir als recht adstringierend und wenig geschliffen.

Rote Symbole 🍇, 🍇, 🍇🍇, 🍇🍇🍇, 🍇🍇🍇🍇: Diese Betriebe verdienen in ihrer Klasse besondere Aufmerksamkeit

Anzahl der verkosteten Weine: 9
Bewertungen: 83–87 Punkte

2014 Volkacher Kirchberg Silvaner Kabinett trocken **84**
Top 10 **7,– €**/1,0 Lit. | 11,5% | bis 2017

2014 Müller-Thurgau Kabinett trocken **83**
5,50 € | 11,5% | bis 2017

2014 Volkacher Kirchberg Silvaner Kabinett trocken **85**
6,20 € | 12% | bis 2018

2014 Stammheimer Eselsberg Bacchus Kabinett trocken **84**
7,– € | 11,5% | bis 2017

2014 Nordheimer Kreuzberg Kerner Kabinett trocken **86**
7,– € | 12% | bis 2018

2014 Nordheimer Vögelein Silvaner Kabinett trocken **87**
8,– € | 12,5% | bis 2020

2012 Nordheimer Vögelein Blaufränkisch trocken **85**
7,50 € | 12,5% | bis 2018

2012 Dettelbacher Berg-Rondell Spätburgunder Spätlese trocken **83**
10,– € | 13% | bis 2017

2012 Nordheimer Vögelein Domina Spätlese trocken **84**
10,– € | 13% | bis 2017

WEINGUT DAHMS

97526 Schweinfurt-Sennfeld
August Borsig Straße 8
☎ (0 97 21) 6 91 23 · Fax 60 94 26
info@weingut-dahms.de
www.weingut-dahms.de
Inhaber: Alexander und Jürgen Dahms
Kellermeister: Oliver Six und Jürgen Dahms

Verkauf: Alexander und Jürgen Dahms
Mo–Fr: 8.00–17.00 Uhr, Sa: 9.00–13 Uhr

Eine heterogene Kollektion! Den gelungenen Rotweinen, einer herzhaft-klaren Domina und einem saftigen, vom Holz geprägten Pinot Noir stehen einige sehr schlichte Basisweine gegenüber. Dann wiederum überrascht uns das Haus Dahms mit einem 2006er Silvaner-Sekt, der feine Reife und echten Charakter zeigt. Schweinfurt, die Heimat der Dahms, besitzt mainaufwärts mit der Peterstirn eine gute, aber völlig unbekannte Lage. Von hier stammt eine weitere Rarität: ein klarer, von Botrytis geprägter Eiswein.

Anzahl der verkosteten Weine: 12
Bewertungen: 80–87 Punkte

2006 Silvaner Sekt Brut **87**
39,– € | 13% | bis 2017

2014 Silvaner Modernes Franken Kabinett trocken **81**
7,– € | 10,5% | bis 2016

2013 Mainberger Schlossberg Silvaner Spätlese trocken **82**
9,– € | 12% | bis 2016

2014 Schweinfurter Peterstirn Traminer Eiswein **87**
35,50 €/0,375 Lit. | 9,5% | bis 2022

2014 Bacchus Modernes Franken Kabinett halbtrocken Bio **82**
7,– € | 11% | bis 2016

2014 Riesling Modernes Franken Spätlese **83**
10,– € | 10% | bis 2018

2014 Kerner Modernes Franken Spätlese **84**
10,– € | 10,5% | bis 2019

2014 rosarot Modernes Franken Kabinett trocken Rosé **80**
7,– € | 11% | bis 2016

2014 Schwarzriesling Modernes Franken Kabinett halbtrocken Blanc de Noirs **80**
7,– € | 10,5% | bis 2016

2013 Mainberger Schlossberg Domina trocken Holzfass **85**
8,50 € | 13,5% | bis 2018

2012 Pinot Noir trocken Premium Barrique **86**
15,– € | 13,5% | bis 2019

WEINGUT DEPPISCH

97288 Theilheim · Kirchgasse 4
☎ (0 93 03) 89 86 · Fax 98 01 83
kontakt@weingut-deppisch.com
www.weingut-deppisch.com
Inhaber: Christian Deppisch

Verkauf: nach Vereinbarung

Nur wenige 2014er sind hier bereits gefüllt. Lediglich der nach frischen Erdbeeren duftende, gut gemachte Perlwein wurde vorgestellt. Neu sind auch zwei gelungene 2012er Rotweine. Sowohl die Cuvée aus Regent und Dornfelder als auch die Domina überzeugen mit klarer, straffer Art und frischer Frucht. Unverändert gut ist der zum dritten Mal vorgestellte Frühburgunder. Die erneut verkosteten 2013er haben sich gut entwickelt und konnten ihre Vorjahresnoten bestätigen. Der Riesling aus dem Altenberg hat sogar noch einen Punkt zugelegt.

Anzahl der verkosteten Weine: 10
Bewertungen: 81–87 Punkte

2014	Seitensprung Perlwein trocken **6,90 €** | 11,5% | bis 2016	**82**
2013	Theilheimer Silvaner trocken **7,80 €** | 12% | bis 2017	**84**
2013	Theilheimer Riesling trocken **7,80 €** | 12,5% | bis 2017	**84**
2013	Theilheimer Altenberg Blauer Silvaner trocken **8,50 €** | 12% | bis 2018	**85**
2013	Theilheimer Altenberg Riesling trocken **8,90 €** | 12,5% | bis 2018	**85**
2012	Theilheimer Altenberg Silvaner trocken **9,80 €** | 13% | bis 2017	**84**
2013	Rosé trocken **6,50 €** | 11% | bis 2016	**81**
2012	Rot trocken **6,90 €** | 12,5% | bis 2018	**85**
2012	Theilheimer Domina trocken **7,80 €** | 13% | bis 2018	**85**
2009	Frühburgunder per se trocken **15,60 €** | 12,5% | bis 2019	**87**

Zeichenerklärung:
Schnäppchenpreis · Top 10 Spitzenreiter
Ökobetrieb · Trink-Tipp · Versteigerungswein
Sekt · Weißwein · Rotwein · Roséwein

DIVINO NORDHEIM THÜNGERSHEIM

97334 Nordheim am Main · Langgasse 33
☎ (0 93 81) 8 09 90 · Fax 80 99 32
info@divino-nordheim.de
www.divino-nordheim.de
Geschäftsführer: Wendelin Grass
Vorstandsvorsitzender: Günter Höhn
Qualitätsmanagement: Paul Glaser
Außenbetrieb: Ralf Bäuerlein
Kellermeister: Ernst Braun

Verkauf: Vinothek in Nordheim und Thüngersheim
Mo–Sa: 9.00–18.00 Uhr
So, feiertags: 10.00–18.00 Uhr

Die vier in diesem Jahr vorgestellten Weine der Divino-Reihe sind wieder von guter Qualität. Die Holzprägung, vor allem bei Cabernet Dorsa und Grauburgunder, ist zwar deutlich, aber es steht auch Substanz dagegen. Der Chardonnay zeigt Schliff und klare Frucht. Leider erreichen die Weine der Juventa- und Franconia-Reihen nur selten ein überzeugendes Niveau. Allein die klarfruchtige halbtrockene Rieslaner Spätlese hat uns bei den 2014ern überzeugt.

Anzahl der verkosteten Weine: 12
Bewertungen: 81–86 Punkte

2014	Silvaner Juventa trocken **5,70 €** | 12,5% | bis 2016	**82**
2014	Grauburgunder Juventa trocken **6,30 €** | 12,5% | bis 2016	**82**
2013	Grauburgunder trocken Premium **14,– €** | 13% | bis 2018	**85**
2013	Chardonnay trocken Premium **15,50 €** | 13% | bis 2018	**86**
2014	Thüngersheimer Johannisberg Silvaner Franconia Kabinett trocken **6,60 €** | 11,5% | bis 2016	**81**
2014	Nordheimer Vögelein Silvaner Franconia Spätlese trocken **9,– €** | 13% | bis 2016	**83**
2014	Escherndorfer Lump Silvaner Franconia Spätlese trocken **9,80 €** | 13% | bis 2016	**83**
2011	Escherndorfer Lump Riesling Franconia Spätlese trocken **10,50 €** | 14% | bis 2017	**86**
2014	Nordheimer Vögelein Rieslaner Franconia Spätlese halbtrocken **9,50 €** | 11,5% | bis 2019	**86**
2011	Cabernet Dorsa trocken **16,– €** | 13% | bis 2017	**84**
2011	Frühburgunder trocken Premium **20,– €** | 14% | bis 2018	**86**

WEINMANUFAKTUR DREI ZEILEN

97348 Rödelsee · Heinrich-Wiegand-Straße 2
☎ (0 93 23) 87 64 54
3zeilen@web.de
www.3-zeilen.de
Inhaber und Betriebsleiter: Christian Ehrlich

Verkauf: nach Vereinbarung

Sechs klare, stimmige Weißweine bringen der gebürtigen Saarländerin Alexandra Müller-Ehrlich und ihrem Mann Christian Ehrlich nun die erste Traube. Die Weine stammen, mit Ausnahme des 2013er Rieslings, aus der erstklassigen Lage Rödelseer Küchenmeister, auf die im letzten Jahr erstmals Bezug genommen wurde – passend zum erfolgreich bewältigten Umzug von Iphofen nach Rödelsee. Besonders überzeugend ist die Cuvée von Sauvignon Blanc und Weißburgunder ausgefallen. Holz, klare Struktur und eine für den Sauvignon typische Frucht verbinden sich aufs Feinste. Der Holzeinsatz ist generell stimmig – an den Feinheiten darf aber noch geschliffen werden. Der 2013er Riesling aus der Schwanleite hat uns begeistert. Wir notierten: dichte Frucht, etwas Holz, Saft und gute Säure, anhaltend. Herzlichen Glückwunsch von unserer Seite zur ersten Traube!

Anzahl der verkosteten Weine: 6
Bewertungen: 82–88 Punkte

2014	Rödelseer Küchenmeister Johanniter trocken **8,50 €** | 12% | bis 2016	**82**
2014	Rödelseer Küchenmeister Bacchus trocken **9,– €** | 13% | bis 2016	**84**
2014	Rödelseer Küchenmeister trocken Fränkischer Satz **9,50 €** | 13% | bis 2017	**84**
2014	Rödelseer Küchenmeister Silvaner trocken **14,50 €** | 13% | bis 2019	**86**
2014	Rödelseer Küchenmeister Sauvignon Blanc & Weißburgunder trocken Cuvée **16,50 €** | 13% | bis 2019	**87**
2013	Rödelseer Schwanleite Riesling trocken Preis auf Anfrage | 13% | bis 2019	**88**

Die Betriebe:
Weltklasse · Deutsche Spitze
Sehr gut · Gut · Zuverlässig
Weitere Empfehlung

WEINGUT FELSHOF

97286 Sommerhausen · Felshof
☎ (0 93 33) 9 04 80 · Fax 90 48 38
info@felshof.de
www.felshof.de
Inhaber: Familie Wenninger

Verkauf: Emmi und Andreas Wenninger
Mo–Sa: 10.00–19.00 Uhr
So: 11.00–15.00 Uhr und nach Vereinbarung

Ein von pikanter Scheurebe-Frucht geprägter Sekt eröffnet die aktuelle Kollektion von Karl Wenninger und seinen Söhnen Andreas und Michael. Im Weinberg setzt das Trio auf eine natürliche und ökologische Wirtschaftsweise. Dazu gehört der Verzicht auf Mineraldünger und weitgehend auch auf Herbizide. Auf 1,5 Hektar erfolgt zudem der Pflanzenschutz bereits nach ökologischen Richtlinien. Bei den 2014ern hat sich das leider nur teilweise ausgezahlt. Gut gefallen haben uns die typische Silvaner Spätlese und der saftig-erfrischende Scheurebe Kabinett.

Anzahl der verkosteten Weine: 11
Bewertungen: 79–86 Punkte

2013	Sommerhäuser Ölspiel Scheurebe Sekt extra trocken **12,– €** | 13% | bis 2017	**84**
2014	Sommerhäuser Reifenstein Weißburgunder trocken **9,– €** | 13,5% | bis 2017	**83**
2014	Sommerhäuser Steinbach Sauvignon Blanc trocken **12,– €** | 12% | bis 2017	**83**
2014	Sommerhäuser Ölspiel Müller-Thurgau Kabinett trocken **6,– €** | 11,5% | bis 2016	**79**
2014	Sommerhäuser Ölspiel Silvaner Kabinett trocken **6,50 €** | 12% | bis 2016	**81**
2014	Sommerhäuser Ölspiel Riesling Kabinett trocken **6,50 €** | 11,5% | bis 2016	**82**
2014	Sommerhäuser Ölspiel Scheurebe Kabinett trocken **6,50 €** | 12% | bis 2017	**84**
2014	Sommerhäuser Steinbach Silvaner Spätlese trocken **9,– €** | 13,5% | bis 2018	**84**
2014	Sommerhäuser Reifenstein Riesling Stachelberg Spätlese trocken **16,– €** | 12,5% | bis 2018	**86**
2014	Sommerhäuser Ölspiel Scheurebe Kabinett halbtrocken **6,50 €** | 11,5% | bis 2017	**83**
2013	Sommerhäuser Ölspiel Spätburgunder trocken **9,20 €** | 13,5% | bis 2017	**84**

WEINGUT CLEMENS FRÖHLICH

97332 Escherndorf · Bocksbeutelstraße 19
☎ (0 93 81) 17 76 · Fax 61 63
info@weingut-froehlich.de
www.weingut-froehlich.de
Inhaber und Betriebsleiter: Clemens Fröhlich

Verkauf: nach Vereinbarung

Die 2014er Weißweine haben uns hier keine Freude bereitet. Weder die in farblose Bordeauxflaschen gefüllten Basisqualitäten mit dienender Süße noch die klassisch trocken ausgebauten Weine konnten uns überzeugen. Allein der frische, stimmige Morio-Muskat erinnert an das gute Vorjahr. Clemens und Ingrid Fröhlich, die sechs Hektar in überwiegend steilen Fluren bewirtschaften, stellten uns aber erfreulicherweise auch drei gelungene 2013er Rotweine vor. Vor allem die frische, klare, nach Heidelbeeren duftende Domina hat uns gefallen!

Anzahl der verkosteten Weine: 12
Bewertungen: 78–86 Punkte

2013	Escherndorfer Lump Riesling Sekt Brut **12,– €** | 12,5% | bis 2016	**79**
2014	Escherndorfer Silvaner Kabinett trocken **6,10 €**/1,0 Lit. | 12,5% | bis 2016	**81**
2014	Escherndorfer Morio Muskat Kabinett trocken **5,20 €** | 11,5% | bis 2016	**83**
2014	Müller-Thurgau Kabinett trocken **5,40 €** | 11% | bis 2016	**80**
2014	Kerner Kabinett trocken **5,40 €** | 12,5% | bis 2016	**82**
2014	Escherndorfer Berg Bacchus Kabinett trocken **5,50 €** | 11% | bis 2016	**81**
2014	Silvaner Kabinett trocken **6,20 €** | 11,5% | bis 2016	**81**
2014	Riesling Kabinett trocken **6,30 €** | 11,5% | bis 2016	**82**
2014	Escherndorfer Lump Riesling Kabinett halbtrocken **6,50 €** | 12,5% | bis 2016	**78**
2013	Escherndorfer Fürstenberg Dornfelder trocken Holzfass **6,30 €** | 12,5% | bis 2016	**84**
2013	Domina trocken Holzfass **6,50 €** | 12,5% | bis 2017	**86**
2013	Spätburgunder trocken Holzfass **6,80 €** | 13% | bis 2016	**84**

WEINGUT MICHAEL FRÖHLICH

97332 Escherndorf · Bocksbeutelstraße 41
☎ (0 93 81) 28 47 · Fax 7 13 60
info@weingut-michael-froehlich.de
weingut-michael-froehlich.de
Inhaber: Michael Fröhlich

Verkauf: Eva Fröhlich
Mo–Sa: 9.00–18.00 Uhr, So: nach Vereinbarung

Erlebenswert: Hofschoppen-Weinfest an den beiden letzten Wochenenden im August

Rebfläche: 11 Hektar
Jahresproduktion: 85.000 Flaschen
Beste Lagen: Escherndorfer Lump und Fürstenberg
Boden: Muschelkalk
Rebsorten: je 25% Müller-Thurgau und Silvaner, je 15% Riesling und rote Sorten, 20% übrige Sorten
Durchschnittsertrag: 80 hl/ha
Mitglied: VDP

Weine, die Trinkvergnügen bereiten! Der 2014er Müller-Thurgau ist klar und rebsortentypisch. Ein Prototyp für diese Sorte. Beispielhaft für eine ganze Reihe auch preislich attraktiver Gutsweine sei – wie im Vorjahr – der Muskateller Kabinett genannt. Sehr gut präsentiert sich auch die feinherbe Rieslaner Spätlese mit Noten von Pampelmuse und reifen Aprikosen, klarer Fülle und rassiger Säure. Michael und Eva Fröhlich haben in den letzten Jahren einiges investiert und auch die Rebfläche etwas erweitert. Sie setzen darauf, dass nur geringfügige Eingriffe in die natürlichen Prozesse erforderlich sind, um große Weine zu erzeugen. Beeindruckt hat uns in diesem Jahr das Große Gewächs vom Silvaner. Feinster Apfel verbindet sich mit Saft und animierender Klarheit. Wie gut die Weine heranreifen, beziehungsweise wie gut ihnen eine längere Reifezeit tut, belegt der 2012er Silvaner Reserve: frisches Gras, balancierte Fülle, klar und lang. Das ist wirklich ein echter Klassiker!

Zeichenerklärung:
Schnäppchenpreis · Top 10 Spitzenreiter
Ökobetrieb · Trink-Tipp · Versteigerungswein
Sekt | Weißwein | Rotwein | Roséwein

Anzahl der verkosteten Weine: 11
Bewertungen: 83–90 Punkte

Jahrgang	Wein	Punkte
2014	Silvaner trocken »Frank & Frei« **6,– €** | 11,5% | bis 2016	**83**
2014	Müller-Thurgau trocken »Frank & Frei« **6,– €** | 12% | bis 2016	**85**
2014	Escherndorfer Lump Riesling trocken »Erste Lage« **10,– €** | 13% | bis 2018	**87**
2014	Escherndorfer Lump Silvaner trocken »Erste Lage« **10,– €** | 13% | bis 2018	**88**
2012	Escherndorfer Lump Silvaner Reserve trocken »Erste Lage« **15,– €** | 13,5% | bis 2022	**90**
2014	Escherndorfer Am Lumpen 1655 Riesling »Großes Gewächs« **19,– €** | 13,5% | bis 2022	**88**
2014	Escherndorfer Am Lumpen 1655 Silvaner »Großes Gewächs« **19,– €** | 13% | bis 2024	**90**
2014	Escherndorfer Silvaner Kabinett trocken **7,50 €** | 12,5% | bis 2017	**85**
2014	Escherndorfer Riesling Kabinett trocken **7,50 €** | 12,5% | bis 2017	**85**
2014	Gelber Muskateller Kabinett **7,– €** | 11% | bis 2017	**85**
2013	Escherndorfer Lump Rieslaner Spätlese »Erste Lage« **10,– €** | 13% | bis 2021	**89**

Winzer des Jahres 2003

WEINGUT RUDOLF FÜRST

63927 Bürgstadt · Hohenlindenweg 46
☎ (0 93 71) 86 42 · Fax 6 92 30
info@weingut-rudolf-fuerst.de
www.weingut-rudolf-fuerst.de

Inhaber: Paul und Sebastian Fürst
Betriebsleiter und Kellermeister: Sebastian Fürst
Außenbetrieb: Sebastian Schür

Verkauf: Monika Fürst
Mo–Fr: 9.00–12.00 Uhr · 14.00–18.00 Uhr
Sa: 10.00–15.00 Uhr und nach Vereinbarung

Historie: Weinbau in der Familie seit 1638

Rebfläche: 20,3 Hektar
Jahresproduktion: 120.000 Flaschen
Beste Lagen: Bürgstadter Centgrafenberg und Hundsrück, Volkacher Karthäuser, Großheubacher Bischofsberg, Klingenberger Schlossberg
Boden: Buntsandstein mit Lehm- und Tonauflagen, Muschelkalk
Rebsorten: 50% Spät- und Frühburgunder, 18% Riesling, 14% weiße Burgundersorten, 18% übrige Sorten
Durchschnittsertrag: 48 hl/ha
Mitglied: VDP, Trias, Deutsches Barrique Forum

Stilvoll wie immer! Schlossberg und Hundsrück 2013 sind wieder nationale und internationale Spitze. Aber auch die prachtvollen Ortsweine sind eine Bank. Der Bürgstadter ist verhaltener in der Frucht, dafür klar und lang. Der Klingenberger verbindet das Aroma roter Beeren mit Festigkeit und toller Säure. Immer noch gibt es einen Centgrafenberg und ein Centgrafenberg Großes Gewächs. Beides exzellente Weine, aber bezeichnungsrechtlich ist dies unglücklich.

Große Rotweine

Hier schafft hoffentlich bald die geschützte Ursprungsbezeichnung (GU) Bürgstadter Berg Abhilfe. Vor zwei Jahren erhielt das Gut die lang verdiente fünfte Traube. Paul und Sebastian Fürst ruhten sich auf diesen Lorbeeren nicht aus, sondern unterstrichen und unterstreichen mit eindrucksvollen Rotweinen aus den Jahrgängen 2012 und 2013 ihre Ausnahmestellung in Franken und in Deutschland, ja ihren internationalen Rang. Sieht man Paul Fürsts Weinberge in Bürgstadt, ist man überrascht über die bodennahe Erziehung der Reben. Er kombiniert dies mit einem relativ weiten Zeilenabstand von zwei Metern und einem sehr engen Stockabstand. So kommt er im Centgrafenberg und im Hundsrück, der aus dem Centgrafenberg herausgelösten neuen Toplage, in der auch andere Bürgstadter Winzer Besitz haben, auf 8.000 Reben pro Hektar. In seinem anderen Spitzenterroir, dem Klingenberger Schlossberg, sind es sogar 12.000 Reben pro Hektar. Und der Klingenberger bewegt sich inzwischen auf Augenhöhe mit dem Hundsrück. Überzeugt der Letztere mehr durch Fülle und Kraft, besticht der Schlossberg durch Feinheit und Aromen von roten Beeren. Beide Weine sind absolute nationale Spitze und halten jeden Vergleich mit vielen internationalen Pinot Noirs aus. 1975 hatte Paul Fürst als gerade 21-Jähriger den schon 1638 erwähnten Betrieb in der Ortsmitte übernommen, nachdem Vater Rudolf allzu früh verstorben war. Aber alles wurde bald zu eng, sodass es zur Aussiedlung kam. Relativ schnell wurde er zum anerkannten Spezialisten für Spätburgunder und Frühburgunder, der aber auch immer wieder prachtvolle Rieslinge vorstellen konnte.

Paul Fürst

Feine Burgunder

Oft können wir die feinen Burgunder des Hauses im aktuellen Jahr nur als Fassprobe verkosten und freuen uns dann, wenn wir sie gefüllt noch einmal probieren können. So ging es uns auch mit dem eleganten, holzgeprägten Weißburgunder »R« 2013. Immer ein Kandidat für unsere Bestenliste. Die 2014er Rieslinge sind überzeugend ausgefallen. Auch wenn das Große Gewächs vielleicht nicht an die besten Jahrgänge – wie den herrlichen 2012er – anschließt, so ist es doch ein komplex-kerniger, charaktervoller Wein mit Potenzial.

Die Betriebe:

Weltklasse · Deutsche Spitze · Sehr gut · Gut · Zuverlässig · Weitere Empfehlung

Anzahl der verkosteten Weine: 15
Bewertungen: 85–95 Punkte

2014	Riesling pur Mineral trocken	**85**
Top 10	**11,– €** | 12% | bis 2018	
2014	Bürgstadter Riesling trocken	**85**
	15,– € | 12% | bis 2018	
2014	Bürgstadter Centgrafenberg Riesling trocken »Erste Lage«	**88**
	18,– € | 12,5% | bis 2020	
2014	Centgrafenberg Weißburgunder trocken	**90**
	25,– € | 13% | bis 2022	
2014	»Karthäuser« Chardonnay trocken	**(93)**
	32,– € | 13% | bis 2024	
2014	Centgrafenberg Riesling »Großes Gewächs«	**90**
	35,– € | 12% | bis 2024	
2013	Centgrafenberg Weißburgunder »R« trocken	**92**
	36,– € | 13% | bis 2021	
2014	Centgrafenberg Weißburgunder »R« trocken	**(91)**
	Preis auf Anfrage | 13% | bis 2022	
2013	Bürgstadter Spätburgunder trocken	**89**
	18,50 € | 13,5% | bis 2019	
2013	Bürgstadter Centgrafenberg Spätburgunder trocken »Erste Lage«	**90**
	25,– € | 13,5% | bis 2021	
2013	Klingenberger Spätburgunder trocken	**90**
	27,– € | 13,5% | bis 2021	
2013	Centgrafenberg Spätburgunder »Großes Gewächs«	**93**
	45,– € | 13,5% | bis 2023	
2013	Bürgstadter Centgrafenberg Frühburgunder »R« trocken »Erste Lage«	**91**
	57,– € | 13,5% | bis 2023	
2013	Schlossberg Spätburgunder »Großes Gewächs«	**95**
Top 10	**59,– €** | 13,5% | bis 2025	
2013	Hundsrück Spätburgunder »Großes Gewächs«	**94**
Top 10	**94,– €** | 13,5% | bis 2025	

WEINGUT GEIGER & SÖHNE

97291 Thüngersheim
Veitshöchheimer Straße 1
☎ (0 93 64) 96 05 · Fax 66 73
geigerundsoehne@web.de
www.geigerundsoehne.de
Inhaber und Betriebsleiter: Gunter Geiger
Kellermeister: Gunter Geiger und Florian Schär

Verkauf: Gunter Geiger
Mo–Fr: 8.00–12.00 Uhr · 13.00–18.00 Uhr
Sa: 9.00–12.00 Uhr

Ein neues, stilvolles Etikett, eine neue Spitzenkategorie, »Big G« genannt, und eine rundum gelungene Kollektion! So präsentiert sich der aktuelle Jahrgang von Gunter Geiger. Dieser 50 Hektar bewirtschaftende Betrieb hat mit der 2014er Kollektion wirklich einen deutlichen Schritt nach vorne getan. Nicht nur die vom Holz geprägten Big-G-Weine überzeugen. Auch die Basisqualitäten sind saftig, klar und stimmig. Besonders herausheben möchten wir noch den durchaus stilvollen, nach reifem Zitrus duftenden im Holzfass ausgebauten Riesling.

Anzahl der verkosteten Weine: 18
Bewertungen: 82–87 Punkte

2014 Sekt Brut Blanc de Blancs **85**
9,90 € | 12,5% | bis 2018

2014 Thüngersheimer Johannisberg **85**
Grauburgunder Mundart Kabinett trocken
6,20 € | 12,5% | bis 2018

2014 Thüngersheimer Johannisberg **84**
Silvaner Erste Geige Spätlese trocken Premium
8,50 € | 13,5% | bis 2018

2014 Thüngersheimer Johannisberg **85**
Weißburgunder Erste Geige Spätlese trocken
8,90 € | 13% | bis 2018

2014 Thüngersheimer Johannisberg **86**
Grauburgunder Erste Geige Spätlese trocken
8,90 € | 13,5% | bis 2019

2014 Thüngersheimer Johannisberg **87**
Riesling Erste Geige Spätlese trocken Premium Holzfass
9,90 € | 13,5% | bis 2019

2014 Thüngersheimer Scharlachberg **87**
Pinot Gris Big G. Spätlese trocken Premium Holzfass
14,90 € | 14% | bis 2020

2014 Thüngersheimer Johannisberg **87**
Pinot Blanc Big G Spätlese trocken Premium Holzfass
14,90 € | 14% | bis 2020

2014 Thüngersheimer Johannisberg **87**
Silvaner Big G Spätlese trocken Premium Holzfass
14,90 € | 13,5% | bis 2020

WEINGUT GIEGERICH

63868 Großwallstadt · Weichgasse 19
☎ (0 60 22) 65 53 55 · Fax 65 53 66
info@weingut-giegerich.de
www.weingut-giegerich.de
Inhaber: Helga und Klaus Giegerich
Betriebsleiter: Klaus Giegerich
Verwalter: Kilian Giegerich

Verkauf: Helga Giegerich
Di–Fr: 14.00–18.00 Uhr
Sa: 9.00–13.00 Uhr und nach Vereinbarung

Gute Substanz und immer noch viel Holz! So präsentieren sich die aktuellen Vertreter der Premiumlinie Carus. Der 2014er Chardonnay aus dem Lützeltalerberg ist fest, klar und stilvoll. Der gehaltvolle 2012er Silvaner Reserve aus dem Rücker Schalk würde sicherlich bei feinerem Holzeinsatz gewinnen. Rund um Großwallstadt stehen die gut acht Hektar Reben auf Buntsandstein mit Lössauflage. Eine Klingenberger Steillage wurde mit Burgunderreben neu bestockt. Sohn Kilian verstärkt als Weinbautechniker nun das Team. Weine wie der klarfruchtige Spät- und der elegante Frühburgunder verheißen einiges für die Zukunft.

Anzahl der verkosteten Weine: 10
Bewertungen: 83–87 Punkte

2014 Müller-Thurgau trocken »Frank & Frei« **83**
6,30 € | 12,5% | bis 2016

2014 Rücker Schalk Silvaner Terra trocken **83**
7,80 € | 12% | bis 2016

2014 Weißburgunder Terra trocken **85**
9,80 € | 11,5% | bis 2017

2014 Rücker Schalk **84**
Sauvignon Blanc Terra trocken
10,60 € | 12% | bis 2016

2014 Großwallstadter Lützeltalerberg **87**
Chardonnay Carus trocken Barrique
19,80 € | 13,5% | bis 2019

2012 Rücker Schalk **86**
Silvaner »MG« Carus trocken Reserve Holzfass
24,80 € | 12,5% | bis 2018

2013 Großwallstadter Lützeltalerberg **84**
Spätburgunder trocken Holzfass
8,60 € | 13,5% | bis 2017

2013 Großwallstadter Lützeltalerberg **86**
Spätburgunder Carus trocken Barrique
19,80 € | 14% | bis 2018

2012 Wörther Campestres **87**
Frühburgunder Carus trocken Barrique
22,50 € | 14% | bis 2019

WEINGUT GLASER-HIMMELSTOSS

97334 Nordheim · Langgasse 7
☎ (0 93 81) 46 02 · Fax 64 02
info@weingut-glaser-himmelstoss.de
www.weingut-glaser-himmelstoss.de
Inhaber: Wolfgang und Monika Glaser
Kellermeister: Wolfgang Glaser

Verkauf: in Nordheim
Mo, Mi–Sa: 9.00–18.00 Uhr,
So, feiertags: 14.00–17.00 Uhr
in Dettelbach
Mo, Mi–Sa: 13.00–18.00 Uhr,
So, feiertags: 13.30–17.00 Uhr

Weinrestaurant: »Himmelstoß«, Bamberger Straße 3, Dettelbach, ☎ (0 93 24) 47 76, Do–Mo 12.00–14.00 Uhr · 18.00–24.00 Uhr, www.restaurant-himmelstoss.de
Spezialität: kreative regionale Küche

Rebfläche: 14 Hektar
Jahresproduktion: 90.000 Flaschen
Beste Lagen: Dettelbacher Berg-Rondell, Sommeracher Katzenkopf, Nordheimer Vögelein
Boden: Muschelkalk, Sand, Lehm
Rebsorten: 26% Silvaner, 25% Müller-Thurgau, 10% Riesling, 6% Spätburgunder, je 3% Grauburgunder, Scheurebe, Schwarzriesling und Weißburgunder, 21% übrige Sorten
Durchschnittsertrag: 45 hl/ha
Mitglied: VDP, Inselweinmacher

Wolfgang und Monika Glaser stellten uns in diesem Jahr eine rundum gelungene Kollektion vor. Alle Basisweine überzeugen: sei es der klare, feinherbe Riesling, die saftige Scheurebe oder der nach Apfel und Birne duftende Silvaner. An der Spitze stehen feine edelsüße Weine. Die Scheurebe Trockenbeerenauslese aus dem Vögelein verbindet Frucht und Spiel mit edler Sortenart und weinig-elegantem Charakter! Allein bei der Silvaner-Reihe würden wir uns etwas mehr Schliff wünschen. Die Glasers führen ihre elterlichen Güter in Dettelbach und Nordheim unter dem gemeinsamen Namen Glaser-Himmelstoß weiter. Das Dettelbacher Anwesen ist ein Fachwerkhaus aus dem 17. Jahrhundert mit hübschem, gutem Restaurant und Weinverkauf.

Anzahl der verkosteten Weine: 13
Bewertungen: 84–93 Punkte

2014 Dettelbacher Scheurebe trocken **85**
8,– € | 12% | bis 2017

2014 Nordheimer Silvaner trocken **85**
8,– € | 13% | bis 2017

2014 Dettelbacher Silvaner trocken **86**
9,– € | 12,5% | bis 2018

2014 Nordheimer Weißburgunder Denker trocken **86**
10,50 € | 14% | bis 2017

2014 Dettelbacher Grauburgunder Denker trocken **87**
12,– € | 14% | bis 2018

2014 Sommeracher Katzenkopf Silvaner trocken »Erste Lage« **84**
12,– € | 13,5% | bis 2017

2014 Dettelbacher Berg-Rondell Silvaner trocken »Erste Lage« **87**
16,– € | 13,5% | bis 2019

2014 Nordheimer Traminer Rebell trocken **86**
16,50 € | 14% | bis 2018

2014 Dettelbacher Grauburgunder Rebell trocken **88**
16,50 € | 14% | bis 2019

2014 Nordheimer Riesling Kabinett feinherb **85**
8,– € | 10,5% | bis 2018

2014 Nordheimer Vögelein Riesling Beerenauslese **89**
28,– €/0,375 Lit. | 9,5% | bis 2024

2014 Nordheimer Vögelein Rieslaner Trockenbeerenauslese **91**
33,– €/0,375 Lit. | 8,5% | bis 2030

2014 Nordheimer Vögelein Scheurebe Trockenbeerenauslese **93**
33,– €/0,375 Lit. | 8% | bis 2030

WEINGUT GLASER

97334 Nordheim · Langgasse 4
☎ (0 93 81) 94 64
info@weingut-glaser.com
www.weingut-glaser.com
Inhaber und Kellermeister: Rudolf Glaser
Außenbetrieb: Simon Trost

Verkauf: März–Okt.
Mo–Fr: 10.00–18.00 Uhr und nach Vereinbarung

Die 2014er der Pur-Linie stechen heraus! Der Scheurebe Kabinett aus dem Volkacher Ratsherr ist typisch, klar und fest. Auch die Spätlesen von Riesling und Silvaner zeigen Klasse. Mit dem Jahrgang 2013 hatte Rudolf Glaser, der den alteingesessenen Betrieb (über 500 Jahre Bestand) mit Gattin Melanie führt, diese Bezeichnung eingeführt. Auf dem Rückenetikett gibt er auf launige Weise einige der Gedanken preis, die ihn bei der Erzeugung der Weine bewegt haben. Wenn auch einige der Basisweine deutlich abfallen, zeigt der Trend klar nach oben.

Anzahl der verkosteten Weine: 12
Bewertungen: 80–87 Punkte

2014	Volkacher Kirchberg Müller-Thurgau trocken **4,90 €**/1,0 Lit. | 12,5% | bis 2016	**80**
2014	Nordheimer Vögelein Silvaner Kabinett trocken **5,15 €**/1,0 Lit. | 12% | bis 2016	**81**
2014	Scheurebe Junge Linie Kabinett trocken **5,15 €** | 11,5% | bis 2016	**82**
2014	Nordheimer Vögelein Silvaner Kabinett trocken **7,– €** | 12% | bis 2016	**83**
2014	Nordheimer Kreuzberg Müller-Thurgau just Müller pur Kabinett trocken **7,80 €** | 12% | bis 2016	**84**
2014	Volkacher Ratsherr Scheurebe natural pur Kabinett trocken **8,– €** | 12% | bis 2018	**87**
2014	Nordheimer Vögelein Silvaner festgefahren pur Spätlese trocken **8,– €** | 13,5% | bis 2019	**86**
2014	Nordheimer Vögelein Riesling original pur Spätlese trocken **8,– €** | 12,5% | bis 2018	**86**
2014	Nordheimer Vögelein Grauburgunder Spätlese trocken **8,50 €** | 12,5% | bis 2018	**85**
2014	Spätburgunder Tag & Nacht Kabinett feinherb Weißherbst **7,50 €** | 12% | bis 2016	**81**
2012	Nordheimer Vögelein Regent Spätlese trocken Barrique **11,50 €** | 13,5% | bis 2017	**84**

WEINGUT HEILMANN

63755 Alzenau-Michelbach · Bogenstraße 10
☎ (0 60 23) 25 02 · Fax 31 09 21
info@weingut-heilmann.de
www.weingut-heilmann.de
Inhaber und Betriebsleiter: Armin Heilmann
Kellermeister: Frank Eich und Armin Heilmann

Verkauf: Weinstudio Apostelgarten
Di–Fr: 14.30–18.30 Uhr, Sa: 9.00–15.00 Uhr

Straußwirtschaft: Frühjahr und Spätsommer
Erlebenswert: Weinbergsführungen durch den Apostelgarten mit Weinprobe

Rebfläche: 4,5 Hektar
Jahresproduktion: 36.000 Flaschen
Beste Lage: Michelbacher Apostelgarten
Boden: kristallines Urgestein, Glimmerschiefer
Rebsorten: 35% Riesling, je 20% Müller-Thurgau und rote Sorten, 10% Bacchus, 8% Weißburgunder, 7% Sauvignon Blanc
Durchschnittsertrag: 65 hl/ha

Die 2012er Rotweine erreichen Drei-Trauben-Niveau! So urteilten wir vor einem Jahr. Und unsere Nachverkostung dieser Weine bestätigt das. Vor allem der von eleganter Fülle und feiner Säure geprägte St. Laurent sticht heraus. Aber auch der Spätburgunder Rue Noire Nr.10 hat uns wieder gut gefallen. Die 2014er Weißweine erreichen das Niveau der Vorjahre nur selten. Sortentypisch und animierend präsentiert sich der Bacchus Alte Reben.
Für die feinherbe Riesling-Spätlese, die einen klar-komplexen Duft zeigt, ist der Begriff »Götter-Riesling« sicherlich etwas hoch gegriffen. Armin Heilmann, der uns vor einigen Jahren zunächst mit Frühburgunder bei »Best of Gold« in Franken positiv auffiel und sich auch mit einem Riesling gegen starke deutsche Konkurrenz durchsetzte, hat das Gut auf einen verheißungsvollen Kurs gebracht. Wir sind auf die Roten der Jahre 2013 und 2014 gespannt und setzen auf die Weißweine des Jahrgangs 2015.

Anzahl der verkosteten Weine: 12
Bewertungen: 80–89 Punkte

2014	Michelbacher Steinberg Müller-Thurgau trocken Alte Reben **6,– €** | 12% | bis 2017	**84**
2014	Michelbacher Steinberg Bacchus trocken Alte Reben **6,– €** | 12% | bis 2017	**85**

2014 Summertime trocken **82**
6,50 € | 11,5% | bis 2016

2014 Michelbacher Apostelgarten **82**
Silvaner trocken Junge Reben
7,- € | 12% | bis 2016

2014 Michelbacher Apostelgarten **84**
Sauvignon Blanc trocken Junge Reben
9,50 € | 12,5% | bis 2017

2014 Michelbacher Apostelgarten **83**
Weißburgunder Kabinett trocken Junge Reben
8,50 € | 11,5% | bis 2017

2014 Michelbacher Apostelgarten **84**
Riesling Heilmännchen Kabinett trocken Alte Reben
9,50 € | 11% | bis 2017

2014 Michelbacher Apostelgarten **85**
Riesling Götterriesling Spätlese feinherb Premium
22,- € | 12% | bis 2018

2014 Summertime halbtrocken Rotling **80**
7,50 € | 11,5% | bis 2016

2012 Michelbacher Steinberg **88**
Spätburgunder Rue noire Nr.10 trocken Barrique
35,- € | 13,5% | bis 2020

2012 Michelbacher Apostelgarten **87**
Frühburgunder trocken Premium Barrique
35,- € | 14% | bis 2019

2012 Michelbacher Steinberg **89**
St. Laurent trocken Premium Barrique
35,- € | 13,5% | bis 2022

WEINGUT HELMSTETTER

63927 Bürgstadt · Bainweg 1
☎ (0 93 71) 33 41 · Fax 6 62 37
info@weingut-helmstetter.de
www.weingut-helmstetter.de

Inhaber: Erhard und Max Helmstetter

Verkauf: Max Helmstetter
Mo–Sa: 9.00–18.00 Uhr
So: 9.00–13.00 Uhr

Die 2013er Rotweine präsentieren sich auf Zweitraubenniveau! Vor allem der Spätburgunder aus dem Hundsrück hat uns gefallen. Aber auch die Centgrafenbergweine von Früh- und Spätburgunder stehen nur wenig zurück. Die Familie Helmstetter betreibt neben dem Weinbau noch eine Heckenwirtschaft sowie ein komfortables Hotel mit zehn Zimmern. Zur Unterscheidung der verschiedenen Qualitäten werden die Begriffe Tradition, Création und Select verwendet. Dazu passt in der Tat der Gebrauch der Bezeichnung Pinot Grigio für einen überraschend gelungenen Grauburgunder.

Anzahl der verkosteten Weine: 10
Bewertungen: 83–88 Punkte

2014 Bürgstadter Centgrafenberg **83**
Silvaner Tradition trocken
7,50 € | 11,5% | bis 2016

2014 Bürgstadter Centgrafenberg **85**
Riesling Création trocken
8,50 € | 11,5% | bis 2017

2014 Bürgstadter Centgrafenberg **85**
Pinot Grigio Création trocken
9,- € | 12,5% | bis 2017

2014 Bürgstadter Centgrafenberg **83**
Sauvignon Blanc Select trocken
12,90 € | 12,5% | bis 2016

2014 Bürgstadter Centgrafenberg **86**
Weißburgunder Select trocken Barrique
15,- € | 12,5% | bis 2018

2013 Bürgstadter Centgrafenberg **84**
Spätburgunder Tradition trocken
8,80 € | 13% | bis 2017

2013 Bürgstadter Hundsrück **88**
Spätburgunder Select trocken
24,- € | 13,5% | bis 2020

2012 Bürgstadter Centgrafenberg **87**
Spätburgunder »R« Select trocken
36,- € | 13,5% | bis 2018

2012 Bürgstadter Centgrafenberg **87**
Frühburgunder Select trocken
50,- € | 13,5% | bis 2018

WEINGUT HEMBERGER

97348 Rödelsee · Aussiedlerhof 3
☎ (0 93 23) 4 35 · Fax 50 72
info@weingut-hemberger.de
www.weingut-hemberger.de
Inhaber: Elisabeth und Roland Hemberger
Betriebsleiter: Roland Hemberger
Kellermeister: Tobias Hemberger

Verkauf: Elisabeth Hemberger
Mo–Sa: 9.30–18.00 Uhr

Aus der °-Reihe gefällt uns in diesem Jahr eindeutig der Silvaner am besten. Er stammt aus einem Teil der Rödelseer Gemarkung mit 10° Hangneigung und überzeugt mit seiner klaren, saftigen Art. Auf gleichem Niveau befindet sich der kernige Silvaner aus dem Küchenmeister, der im Holzfass ausgebaut wurde. Das Weingut Hemberger liegt am Schwanberg zwischen Rödelsee und Iphofen. Roland und Elisabeth Hemberger werden inzwischen von Sohn Tobias in der Betriebsführung unterstützt. Und das Team arbeitet gut zusammen, wie nicht zuletzt der gut strukturierte Spätburgunder und der klarfruchtige Grauburgunder belegen.

Anzahl der verkosteten Weine: 12
Bewertungen: 81–85 Punkte

2013 Chardonnay Sekt Brut **84**
12,– € | 13% | bis 2017

2014 Silvaner trocken **81**
5,50 €/1,0 Lit. | 11,5% | bis 2016

2014 Müller-Thurgau 4° trocken **82**
7,20 € | 12% | bis 2016

2014 Silvaner 10° trocken **85**
7,40 € | 12% | bis 2018

2014 Riesling 22° trocken **84**
7,90 € | 12% | bis 2017

2014 Rödelseer Schwanleite Grauburgunder trocken **85**
8,– € | 13% | bis 2018

2014 Rödelseer Küchenmeister **85**
Silvaner trocken Alte Reben Holzfass
9,– € | 13,5% | bis 2019

2014 Rödelseer Küchenmeister Silvaner Kabinett trocken **83**
6,50 € | 12,5% | bis 2017

2013 Rödelseer Küchenmeister Silvaner Spätlese trocken **84**
8,– € | 13% | bis 2018

2014 Iphöfer Kronsberg Traminer Spätlese **83**
9,50 € | 11,5% | bis 2018

2012 Rödelseer Küchenmeister **85**
Spätburgunder »R« trocken
15,– € | 13% | bis 2018

Aufsteiger

WEINBAU HILLABRAND

97348 Hüttenheim · Haus Nr. 96
☎ (0 93 26) 17 65 · Fax 97 90 08
info@weinbau-hillabrand.de
www.weinbau-hillabrand.de
Inhaber: Markus Hillabrand

Verkauf: nach Vereinbarung

Klare Frucht, viel Ausdruck und Animation! So fassen wir die kleine, aber ausgesprochen gelungenen Kollektion von Markus Hillabrand zusammen. Vor allem die Silvaner stechen dieses Mal heraus: Der zupackende »fast g'scheit trocken« ebenso wie der kraftvolle, säurebetonte Tannenberg Steiler Südhang. Auch die balancierte Scheurebe mit einem zarten Anklang an Pfefferminz macht Spaß. Der Müller-Thurgau ist saftig und der Bacchus-Liter stimmig. Herzlichen Glückwunsch zur ersten Traube! Bis 2006 betrieben Ute und Roland Hillabrand in Hüttenheim Weinbau auf rund 3,5 Hektar im Nebenerwerb. Als ihr Sohn Markus dann seine Winzerlehre bei Wirsching abgeschlossen hatte, sattelte man um auf Selbstvermarktung. Die Rebfläche wurde seitdem auf 6,5 Hektar erweitert. Ausgeschenkt werden die Weine auch in der Heckenwirtschaft in einem schmucken Fachwerkbau.

Anzahl der verkosteten Weine: 6
Bewertungen: 83–87 Punkte

2014 Hüttenheimer Tannenberg **86**
Silvaner fast g'scheit trocken
5,50 € | 12,5% | bis 2018

2014 Hüttenheimer Tannenberg **84**
Müller-Thurgau trocken Alte Reben
6,– € | 12% | bis 2017

2014 Hüttenheimer Tannenberg **87**
Silvaner Steiler Südhang trocken
8,– € | 13,5% | bis 2019

2014 Bullenheimer Paradies **86**
Scheurebe trocken Alte Reben
8,50 € | 12,5% | bis 2018

2014 Hüttenheimer Tannenberg **85**
Weißburgunder Kabinett trocken
5,50 € | 12,5% | bis 2017

2014 Hüttenheimer Tannenberg **83**
Bacchus Kabinett halbtrocken
4,50 €/1,0 Lit. | 11,5% | bis 2016

Die Weine:
100 Perfekt · **95–99** Überragend · **90–94** Exzellent
85–89 Sehr gut · **80–84** Gut · **75–79** Passabel

WEINGUT HÖFLER

63755 Alzenau-Michelbach
Albstädter Straße 1
☎ (0 60 23) 54 95 · Fax 3 14 17
info@weingut-hoefler.de
www.weingut-hoefler.de
Inhaber und Betriebsleiter: Bernhard Höfler
Kellermeister: Bernhard Höfler

Verkauf: Edeltraud Höfler
Di–Fr: 9.00–12.30 Uhr · 14.00–18.30 Uhr
Sa: 9.00–14.30 Uhr

Sehenswert: Michelbacher Apostelgarten, nicht flurbereinigt, seit 1985 unter Denkmalschutz
Erlebenswert: Hofweinfest am zweiten Wochenende im Juli

Rebfläche: 7,8 Hektar
Jahresproduktion: 55.000 Flaschen
Beste Lagen: Michelbacher Apostelgarten, Hörsteiner Abtsberg
Boden: silbrig glänzender Schiefer, Gneis und Quarzite
Rebsorten: 35% Riesling, 20% Müller-Thurgau, 12% Silvaner, 8% Spätburgunder, 7% Bacchus, je 6% Domina, Schwarzriesling und weiße Burgundersorten
Durchschnittsertrag: 70 hl/ha
Mitglied: VDP

Der Trend zeigt hier klar nach oben. Die 2013er Rotweine übertreffen ihre Vorgänger deutlich und der »Magnificium« genannte 2012er Spätburgunder stößt das Tor zu echter Klasse auf. Bei den Apostelgarten Rieslingen wird das Vorjahresniveau locker gehalten. Die nach süßem Zitrus duftende Erste Lage mit ihrer saftig-kernigen Art überzeugt ebenso wie das nach aromatischem Apfel duftende 2013er Große Gewächs mit der Flurbezeichnung Ickelhans. Bei gutem Wetter kann man aus der alten Spitzenlage Apostelgarten die Hochhäuser von Frankfurt sehen. Michelbach liegt im nordwestlichsten Zipfel des bayerischen Weinfranken am Fuß der Westausläufer des Spessarts. Edeltraud und Bernhard Höfler können inzwischen auf die Unterstützung von Junior Johannes, der derzeit allerdings noch in Geisenheim studiert, setzen. Das dritte Standbein des Betriebes sind die Silvaner. Und auch hier hat uns die Verkostung Spaß gemacht. Der saftige Ortswein bereitet ebenso wie der von feiner Säure und klarer Länge gekennzeichnete Apostelgarten Trinkvergnügen.

Anzahl der verkosteten Weine: 11
Bewertungen: 83–89 Punkte

2014	Michelbacher Silvaner trocken **8,50 €** | 12,5% | bis 2018	**85**
2014	Michelbacher Riesling trocken **9,50 €** | 12% | bis 2017	**85**
2014	Michelbacher Apostelgarten Silvaner trocken »Erste Lage« **12,– €** | 13% | bis 2018	**86**
2014	Michelbacher Apostelgarten Riesling trocken »Erste Lage« **15,– €** | 12,5% | bis 2019	**87**
2013	Michelbacher Apostelgarten Riesling Ickelhans »Großes Gewächs« **22,– €** | 13,5% | bis 2019	**88**
2014	Bacchus feinherb **5,25 €** | 12% | bis 2016	**83**
2014	Michelbacher Riesliling Urgestein feinherb **7,– €** | 12% | bis 2017	**84**
2012	Michelbacher Spätburgunder trocken Holzfass **10,– €** | 13,5% | bis 2017	**84**
2013	Michelbacher Spätburgunder trocken Reserve Barrique **15,– €** | 13,5% | bis 2019	**86**
2013	Michelbacher Steinberg Schwarzriesling Magnificum trocken »Erste Lage« **18,– €** | 13,5% | bis 2018	**86**
2012	Michelbacher Steinberg Spätburgunder Magnificum trocken »Erste Lage« **35,– €** | 14% | bis 2020	**89**

WEINGUT HÖFLING

97776 Eußenheim · Kellereigasse 14
☎ (0 93 53) 76 32 · Fax 12 64
weingut-hoefling@t-online.de
www.weingut-hoefling.de
Inhaber und Betriebsleiter: Klaus Höfling
Außenbetrieb: Werner Höfling
Kellermeister: Klaus Höfling

Verkauf: Marianne und Klaus Höfling
Mo–Sa: 8.00–18.00 Uhr und nach Vereinbarung

Erlebenswert: Eußenheimer Wein- und Gesundheitsweg

Rebfläche: 18 Hektar
Jahresproduktion: 120.000 Flaschen
Beste Lagen: Stettener Stein, Eußenheimer First, Gambacher Kalbenstein, Gössenheimer Homburg
Boden: Muschelkalkverwitterung, teilweise mit Lösslehm-Auflage, Buntsandstein
Rebsorten: 30% Silvaner, 24% Müller-Thurgau, je 8% Bacchus, Spätburgunder und Weißburgunder, je 5% Domina, Kerner, Riesling und Sauvignon Blanc, je 1% Frühburgunder und Gewürztraminer
Durchschnittsertrag: 60 hl/ha

Wieder konnte uns Klaus Höfling gelungene Rotweine aus den nördlich von Würzburg gelegenen Lagen Eußenheimer First, Stettener Stein und Gambacher Kalbenstein vorstellen. Der First Frühburgunder verbindet eine feine, zart überreife Frucht mit aromatischer Fülle und einer Struktur gebenden Säure. Saftige Frucht, gute Länge und zarte Adstringenz zeichnen den Kalbenstein Spätburgunder aus. Mit den 2014er Weißweinen hat sich das Gut erkennbar etwas schwer getan. Nur zwei Weine stechen heraus: die aus Gössenheim stammende, würzige Scheurebe und der schnörkellose Riesling aus dem Stettener Stein. Die halbtrockene Spätlese aus der gleichen Lage zeigt eine deutliche Botrytis-Prägung, zarte Zitrus-Noten und feinherbe Fülle. Eine Klasse für sich ist der im Stückfass spontan vergorene 2013er Silvaner Grenzstein!

Anzahl der verkosteten Weine: 10
Bewertungen: 82–89 Punkte

2014	Müller-Thurgau First Class trocken **5,70 €** | 11% | bis 2016	**82**
2014	Stettener Silvaner trocken **7,30 €** | 12% | bis 2018	**85**
2014	Gössenheimer Scheurebe trocken **7,60 €** | 11% | bis 2018	**85**
2014	Stettener Stein Riesling trocken **11,80 €** | 13,5% | bis 2019	**86**
2013	Stettener Stein Silvaner Grenzstein trocken Holzfass **16,80 €** | 13,5% | bis 2020	**(89)**
2014	Stettener Stein Riesling Spätlese halbtrocken **11,80 €** | 11% | bis 2019	**85**
2013	Stettener Stein Domina trocken Barrique **14,40 €** | 13% | bis 2019	**86**
2013	Eußenheimer First Spätburgunder trocken Barrique **15,– €** | 13,5% | bis 2019	**86**
2013	Gambacher Kalbenstein Spätburgunder trocken Barrique **21,– €** | 13,5% | bis 2021	**87**
2013	Eußenheimer First Frühburgunder trocken Barrique **25,– €** | 13,5% | bis 2023	**88**

Rote Symbole: Diese Betriebe verdienen in ihrer Klasse besondere Aufmerksamkeit

WEINBAU HOFMANN-HERKERT

63911 Klingenberg · Schenkenstraße 8–10
☎ (0 93 72) 37 47 und 40 84 18 · Fax 13 46 91
info@weingut-hofmann-herkert.de
www.weingut-hofmann-herkert.de
Inhaber: Christian Herkert

Verkauf: nach Vereinbarung

Zwei beachtliche Rotweine aus der Klingenberger Gemarkung führen diesen Betrieb zurück in den Weinguide. Es sind dies der klare, mit viel Frucht und deutlicher Säure ausgestattete 2012er Schlossberg und der nach dunklen Kirschen und Veilchen duftende, Fülle und Struktur vereinende Alte Reben. Aber auch die übrigen Weine sind stimmig und halten ein gutes Niveau. Vor rund 30 Jahren begannen die beiden Familien Hofmann und Herkert als Quereinsteiger mit Weinbau. Ihre Weine vertrieben sie zunächst fast ausschließlich über eine Häckerwirtschaft. Aber bei diesen Qualitäten eröffnen sich nun sicher auch andere Vertriebswege.

Anzahl der verkosteten Weine: 8
Bewertungen: 83–89 Punkte

2013	Müller-Thurgau trocken **5,50 €** | 12,5% | bis 2016	**83**
2013	Silvaner trocken **9,60 €**/1,0 Lit. | 12% | bis 2016	**83**
2013	Bacchus **6,50 €** | 12% | bis 2016	**83**
2012	Portugieser trocken **6,20 €** | 12,5% | bis 2016	**83**
2012	Cuvée »Creszentia« trocken **6,50 €** | 12,5% | bis 2016	**84**
2013	Spätburgunder Jugendstil trocken **10,– €** | 13% | bis 2017	**84**
2012	Klingenberger Schlossberg Spätburgunder trocken **14,– €** | 13% | bis 2019	**87**
2011	Spätburgunder trocken Alte Reben **24,– €** | 13,5% | bis 2020	**89**

Zeichenerklärung:
Schnäppchenpreis · Top 10 Spitzenreiter
Ökobetrieb · Trink-Tipp · Versteigerungswein
Sekt | Weißwein | Rotwein | Roséwein

WEINGUT HOFMANN

91472 Ipsheim · Oberndorfer Straße 20
☎ (0 98 46) 7 27 · Fax 9 79 17 17
weingut@wein-hofmann.de
www.wein-hofmann.de
Inhaber und Betriebsleiter: Bernd Hofmann

Verkauf: Bernd Hofmann
Mo–Fr: 8.30–18.30 Uhr, Sa: 9.00–17.00 Uhr

Die aktuelle Kollektion ist durchgängig auf gutem Niveau. Vor allem die Silvaner haben uns überzeugt. Hier ist auch der für das Gut typische Holzeinsatz stimmig. Von der Weimersheimer Lage Roter Berg stammt der beste 2014er: der mineralisch-klare, fein vom Holz geprägte Silvaner »S«. Ipsheim liegt im Süden des fränkischen Weinlandes und gehört schon zu Mittelfranken. Der Familienbetrieb von Bernd Hofmann kann auch mit Sauvignon Blanc und Gewürztraminer punkten. Dabei würden diese Weine unserer Meinung nach mit einer dezenteren Holzprägung noch gewinnen. Aber das sei nur am Rande erwähnt. Eine gelungene Präsentation!

Anzahl der verkosteten Weine: 10
Bewertungen: 81–86 Punkte

2014	Silvaner trocken **5,50 €**/1,0 Lit. | 11,5% | bis 2016	**83**
2014	Silvaner »F« trocken **7,– €** | 12,5% | bis 2016	**83**
2014	Scheurebe »F« trocken **7,– €** | 12% | bis 2016	**83**
2014	Silvaner »S« trocken **8,90 €** | 13% | bis 2017	**85**
2014	Ipsheimer Burg Hoheneck Gewürztraminer »S« trocken Holzfass **8,90 €** | 13,5% | bis 2018	**85**
2014	Bad Windsheimer Rosenberg Riesling »S« trocken **12,– €** | 13% | bis 2017	**84**
2014	Ipsheimer Burg Hoheneck Sauvignon Blanc »S« trocken Holzfass **12,– €** | 13,5% | bis 2017	**85**
2014	Ipsheimer Burg Hoheneck Weißburgunder »S« trocken Holzfass **16,– €** | 13% | bis 2016	**84**
2014	Weimersheimer Roter Berg Silvaner »S« trocken Holzfass **16,– €** | 13,5% | bis 2018	**86**
2013	Cuvée »F« trocken **8,– €** | 12% | bis 2016	**81**

WEINGUT HOFMANN

97285 Röttingen · Strüther Straße 7
☎ (0 93 38) 15 77 · Fax 99 33 75
weingut.a.hofmann@t-online.de
www.weinguthofmann.com
Inhaber: Jürgen und Alois Hofmann
Kellermeister: Jürgen Hofmann

Verkauf: Familie Hofmann
Mo–Sa: 8.00–18.00 Uhr und nach Vereinbarung

Rebfläche: 8 Hektar
Jahresproduktion: 50.000 Flaschen
Beste Lagen: Röttinger Feuerstein, Tauberrettersheimer Königin
Boden: Muschelkalk mit Quarz und hohem Steinanteil
Rebsorten: je 18% Müller-Thurgau und Silvaner, 15% Spätburgunder, je 12% Riesling und Tauberschwarz, 10% Bacchus, 6% Schwarzriesling, 9% übrige Sorten
Durchschnittsertrag: 65 hl/ha

Der nach Amarena-Kirsche duftende 2013er Tauberschwarz »R« aus dem Probstberg verbindet Fülle und Struktur, das Finish ist klar und präzise: der beste Wein der aktuellen Kollektion! Sein Pendant aus dem Feuerstein steht ihm mit Noten von Sauerkirsch, grüner Banane und Minze nur wenig nach. Innerhalb von wenigen Jahren brachte Jürgen Hofmann die im Taubertal gelegene Stadt Röttingen auf die Weinlandkarte. Mit knapp 20 Jahren und noch in der Ausbildung bei Spitzenwinzer Paul Fürst, übernahm er die Regie beim Weinausbau und schloss zugleich ein Studium in Geisenheim ab.
Seine aktuellen Weißweine sind klar und apart; für unseren Geschmack leben sie aber etwas zu sehr von einer dienenden Restsüße. Das nimmt ihnen ihre Präzision und ihren Charakter. Die sehr konzentrierten, farbtiefen Spätburgunder sind ebenso eindrucksvoll wie anfangs abweisend. Sie öffnen sich nur langsam über Tage an Luft, so dass etwas blaubeerige Frucht erkennbar wird. Potenzial ist gewiss vorhanden, aber wie groß ist es?

Anzahl der verkosteten Weine: 12
Bewertungen: 84–88 Punkte

2014 Cuvée »Flint« trocken **84**
6,50 € | 11,5% | bis 2016

2014 Röttinger Feuerstein Müller-Thurgau trocken **84**
6,50 € | 11,5% | bis 2016

2014 Röttinger Feuerstein **85**
Riesling Kabinett trocken
7,– € | 11,5% | bis 2018

2014 Röttinger Feuerstein **86**
Silvaner Kabinett trocken
7,– € | 11,5% | bis 2018

2014 Röttinger Feuerstein **85**
Silvaner Spätlese trocken
9,80 € | 12% | bis 2018

2014 Röttinger Feuerstein **85**
Riesling *** Spätlese trocken
9,80 € | 12% | bis 2018

2014 Röttinger Feuerstein Riesling Spätlese **86**
10,80 € | 11% | bis 2019

2014 Röttinger Feuerstein **85**
Tauberschwarz trocken Holzfass
8,90 € | 13,5% | bis 2018

2013 Röttinger Feuerstein **86**
Tauberschwarz »R« trocken Barrique
19,– € | 13,5% | bis 2019

2013 Röttinger Feuerstein **87**
Spätburgunder »R« trocken Barrique
19,– € | 13,5% | bis 2021

2014 Markelsheimer Probstberg **88**
Tauberschwarz »R« trocken Barrique
19,– € | 13,5% | bis 2022

2013 Röttinger Feuerstein **86**
Spätburgunder »RR« trocken Barrique
25,– € | 13,5% | bis 2021

WEINGUT ILMBACHER HOF

97346 Iphofen · Lange Gasse 36
☎ (0 93 23) 36 57 · Fax 63 06
info@ilmbacher-hof.de
www.ilmbacher-hof.de
Inhaber: Thomas Fröhlich

Verkauf: Thomas Fröhlich
Mi–Mo: 10.00–18.00 Uhr, Di: 14.00–18.00 Uhr und nach Vereinbarung

Ein Händchen für Müller-Thurgau! Neben der klaren, wunderbar leichten Edition 102 hat uns vor allem auch die feinduftige, deutlich etwas fülligere Version von alten Reben aus dem Kronsberg überzeugt. Die Mönche des Karthäuserklosters Ilmbach kauften 1742 den heutigen Ilmbacher Hof als Gutshof für die Herstellung ihrer Weine. Die Familie Fröhlich erwarb das Anwesen 1865 und bewirtschaftet es nunmehr in der sechsten Generation. Der Silvaner Freigeist aus dem Kalb zeigt Ambitionen, die er aktuell noch nicht ganz einlösen kann. Wir sind auf die Verfeinerung des Experiments gespannt!

Anzahl der verkosteten Weine: 8
Bewertungen: 81–87 Punkte

2014 Silvaner trocken **83**
5,50 €/1,0 Lit. | 12% | bis 2016

2014 Müller-Thurgau Edition 102 trocken **85**
7,– € | 11,5% | bis 2017

2014 Iphöfer Julius-Echter-Berg Silvaner trocken **81**
8,30 € | 13% | bis 2016

2014 Iphöfer Kronsberg Müller-Thurgau trocken Alte Reben **87**
9,90 € | 13% | bis 2017

2013 Iphöfer Kalb Silvaner Freigeist trocken Premium »sur lie« **83**
16,– € | 13% | bis 2016

2014 Cuvée »Fröhlich's Summertime« halbtrocken **82**
5,50 € | 12% | bis 2016

2013 Domina 999 trocken Holzfass **81**
8,50 € | 12,5% | bis 2016

Domina Roter Karthäuser trocken Barrique **83**
13,– € | 12,5% | bis 2017

WEINGUT JULIUSSPITAL

97070 Würzburg · Klinikstraße 1
☎ (09 31) 3 93 14 00 · Fax 3 93 14 14
weingut@juliusspital.de
www.juliusspital.de
Inhaber: Stiftung Juliusspital Würzburg
Betriebsleiter: Horst Kolesch
Verwalter: Peter Rudloff, Josef Schmitt, Lothar Flößer und Erhard Wendel
Kellermeister: Nicolas Frauer und Helmut Klüpfel

Verkauf: Kordula Geier
Mo–Do: 8.00–16.00 Uhr, Fr: 8.00–14.00 Uhr
Vinothek: Weineck Julius Echter, Koellikerstr. 1a
Mo–Fr: 9.30–18.30 Uhr, Sa: 9.00–16.00 Uhr

Restaurant: Weinstuben »Juliusspital«
Historie: gegründet 1576
Sehenswert: Fürstenbau, Keller, »Wein.Welt«, neu eröffnete Vogelsburg bei Volkach

Rebfläche: 177 Hektar
Jahresproduktion: 1 Mio. Flaschen
Beste Lagen: Würzburger Stein, Iphöfer Julius-Echter-Berg, Randersacker Pfülben, Escherndorfer Lump
Boden: Muschelkalk, humoser Lehm, Gipskeuper und Buntsandstein
Rebsorten: 44% Silvaner, 20% Riesling, 15% Müller-Thurgau, 4% Spätburgunder, 17% übrige Sorten
Durchschnittsertrag: 66 hl/ha
Mitglied: VDP

Spitzensilvaner benötigen Zeit. Das gilt besonders für die Großen Gewächse des Juliusspitals. Der 2013er Stein lässt nach einem Jahr sein ganzes Format erkennen. Die Verbindug von Kraft und Schliff hat uns überzeugt. Folgerichtig werden die 2014er uns erst nächstes Jahr vorgestellt. Der junge Nicolas Frauer (30), der bei Heger am Kaiserstuhl gelernt und in Dijon Önologie studiert hat, verantwortet seit vier Jahren den Keller im Juliusspital. Seine Weine sind klar und spiegeln Rebsorte und Boden gut wider. Beeindruckend ist das Qualitätsniveau der Erste-Lage-Weine, hinter denen beachtliche Flaschenzahlen stehen können. Beispielhaft für 2014 ist die zart nach Birne duftende, saftig-klare Abtsleite.

Anzahl der verkosteten Weine: 14
Bewertungen: 81–91 Punkte

2014 Würzburger Riesling trocken **84**
9,50 € | 12,5% | bis 2017

Die Betriebe:
Weltklasse · Deutsche Spitze
Sehr gut · Gut · Zuverlässig
Weitere Empfehlung

Aufsteiger

2014 Thüngersheimer **84**
Grauburgunder trocken Holzfass
10,– € | 13,5% | bis 2017

2014 Iphöfer Kronsberg **85**
Silvaner trocken »Erste Lage« Holzfass
12,– € | 13,5% | bis 2017

2014 Würzburger Abtsleite **88**
Silvaner trocken »Erste Lage« Holzfass
12,– € | 13,5% | bis 2019

2014 Würzburger Stein **85**
Weißburgunder trocken »Erste Lage« Barrique
13,– € | 13,5% | bis 2017

2014 Würzburger Stein **86**
Silvaner trocken »Erste Lage« Holzfass
13,– € | 13,5% | bis 2018

2014 Würzburger Stein **88**
Riesling trocken »Erste Lage«
13,– € | 13,5% | bis 2019

2013 Würzburger Stein **91**
Silvaner »Großes Gewächs« Holzfass
28,– € | 13,5% | bis 2023

2013 Volkacher Karthäuser **86**
Weißburgunder »Großes Gewächs«
30,– € | 13,5% | bis 2018

2014 Würzburger Abtsleite **86**
Muskateller halbtrocken »Erste Lage«
12,50 € | 11,5% | bis 2018

2014 Würzburger Stein Riesling Auslese **88**
15,– €/0,5 Lit. | 9,5% | bis 2021

2014 Iphöfer Julius-Echter-Berg **91**
Silvaner Trockenbeerenauslese
85,– €/0,5 Lit. | 9% | bis 2028

WEINGUT STADT KLINGENBERG BENEDIKT BALTES

63911 Klingenberg · Wilhelmstraße 107
☎ (0 93 72) 24 38 · Fax 92 10 59
info@weingut-klingenberg.de
www.weingut-klingenberg.de
Geschäftsführer: Benedikt Baltes
Kellermeister: Benedikt Baltes

Verkauf: Julia Bertram
Mi–Fr: 13.00–18.00 Uhr, Sa: 10.00–18.00 Uhr
und nach Vereinbarung

Rebfläche: 14 Hektar
Jahresproduktion: 80.000 Flaschen
Beste Lagen: Klingenberger Schlossberg, Großheubacher Bischofsberg
Boden: Roter Buntsandstein aus dem Trias
Rebsorten: 80% Spätburgunder, 20% übrige Sorten
Durchschnittsertrag: 40 hl/ha
Mitglied: VDP

Die rasante Entwicklung hält an. Mit den Rotweinen des Jahrgangs 2013 erhält Benedikt Baltes die dritte Traube. Er hat das Weingut der Stadt Klingenberg wieder zu pulsierendem Leben erweckt. Ein alter Weinspruch lautet: »Zu Würzburg am Stein, zu Klingenberg am Main, zu Bacharach am Rhein, da wächst der beste Wein.« Vielleicht hat ihn dies kurz vor dem Herbst 2010 veranlasst, dieses Gut mit Unterstützung eines chinesischen Freundes zu erwerben. Seine Zielsetzung war es von Anfang an, das bekannte Potenzial der Klingenberger Lagen mit viel altem Rebbestand zu wecken und mittelfristig ein reines Rotweingut zu führen. Die Weißweine sind inzwischen deutlich in den Hintergrund getreten und mit dem Erwerb von Spätburgunderflächen in Rück wurde ihr Anteil nochmals kleiner. Aber entscheidend ist die Qualität der Rotweine, vor allem der dominierenden Spätburgunder. Und hier stimmte 2013 fast alles. Beginnend beim Rücker, einem veritablen Ortswein, über Bischofsberg und Schlossberg in jeweils zwei Qualitätsstufen bis hin zum Schlossberg Großes Gewächs mit klarer Frucht, polierten Tanninen und feiner Länge steigert sich das Geschmackserlebnis kontinuierlich. Herausragend dann der Terra 1261, der von 1912 gepflanzten Reben stammt. Ein Pinot Noir-Klassiker, der Tiefe und Eleganz vereint. Herzlichen Glückwunsch zum Aufstieg!

Neu

Anzahl der verkosteten Weine: 12
Bewertungen: 82–91 Punkte

2014 Müller-Thurgau Buntsandstein trocken **83**
11,– € | 13% | bis 2016

2014 Spätburgunder Buntsandstein trocken Blanc de Noirs **85**
12,50 € | 12% | bis 2017

2014 Buntsandstein feinherb Rosé **82**
10,– € | 11,5% | bis 2016

2013 Portugieser Buntsandstein trocken **84**
10,50 € | 12% | bis 2017

2013 Spätburgunder Buntsandstein trocken **86**
12,50 € | 12,5% | bis 2018

2013 Rücker Spätburgunder trocken **87**
14,50 € | 12,5% | bis 2019

2013 Großheubacher Bischofsberg Spätburgunder trocken **85**
17,– € | 13% | bis 2019

2013 Klingenberger Schlossberg Spätburgunder trocken **89**
18,50 € | 13% | bis 2020

2013 Großheubacher Bischofsberg Spätburgunder »R« trocken Reserve **88**
32,– € | 13% | bis 2020

2013 Klingenberger Schlossberg Spätburgunder »R« trocken Reserve **89**
36,– € | 13,5% | bis 2020

2013 Klingenberger Schlossberg Spätburgunder »Großes Gewächs« **90**
58,– € | 13,5% | bis 2023

2013 Spätburgunder Terra 1261 trocken **91**
Preis auf Anfrage | 13,5% | bis 2023

WEINGUT KÖNIG

97236 Randersacker · Herrngasse 29
☎ (09 31) 70 81 66 und 70 91 17 · Fax 70 81 63
info@weingut-koenig.de
www.weingut-koenig.de
Inhaber: Bernhard König

Verkauf: nach Vereinbarung

Das Weingut König ist im traditionsreichen Bergmeisterhaus in Randersacker beheimatet. Als Teil des Zehnthofs war es der Wohnsitz des Bergmeisters. Dessen Pflichten oblag es, zwischen den Domherrn im nahen Würzburg und den Winzern zu vermitteln. Von den sechs vorgestellten Weinen des Gutes haben uns vor allem die 2013er überzeugt. Neben dem kirschfruchtigen, zupackenden Spätburgunder und der saftigen Spätlese aus dem Pfülben ist dies vor allem die im Holzfass ausgebaute Silvaner Spätlese. Der Duft frischer Kräuter verbindet sich hier mit klarer, klassischer Art und feiner Länge. Für diesen Wein werden Reben aus einer eigenen Selektion genutzt – daher »Königs-Reben« genannt.

Anzahl der verkosteten Weine: 6
Bewertungen: 81–86 Punkte

2014 Randersackerer Teufelskeller Blauer Silvaner trocken Holzfass **81**
6,– €/1,0 Lit. | 12,5% | bis 2016

2013 Randersackerer Pfülben Riesling Spätlese trocken **84**
9,50 € | 12,5% | bis 2016

2013 Randersackerer Ewig Leben Silvaner Königs-Reben Spätlese trocken Holzfass **86**
11,– € | 13% | bis 2018

2014 Randersackerer Ewig Leben Müller-Thurgau halbtrocken **82**
6,– €/1,0 Lit. | 12% | bis 2016

2013 Randersackerer Lämmerberg Scheurebe Kabinett halbtrocken **83**
6,50 € | 12,5% | bis 2017

2013 Randersackerer Sonnenstuhl Spätburgunder trocken Holzfass **84**
13,– € | 13% | bis 2017

Zeichenerklärung:
Schnäppchenpreis · Top 10 Spitzenreiter
Ökobetrieb · Trink-Tipp · Versteigerungswein
Sekt | Weißwein | Rotwein | Roséwein

KRAEMER – ÖKOLOGISCHER LAND- UND WEINBAU

97215 Auernhofen · Lange Dorfstraße 24
☎ (0 98 48) 9 68 45 · Fax 9 68 47
info@kraemer-oeko-logisch.de
www.kraemer-oeko-logisch.de
Inhaber: Stephan Kraemer

Verkauf: nach Vereinbarung

Kraemer – Ökologischer Land und Weinbau: Bewirtschaftet werden 65 Hektar Ackerland, drei Hektar Grünland, sechs Hektar Wald und an die zwei Hektar Rebflächen. Eine beachtliche Spannbreite! Aber dies geht nicht zu Lasten des Weines, ganz im Gegenteil. Uns haben die Jahrgänge 2013 und 2014 so gut gefallen, dass wir das Gut direkt bei den roten Traube einreihen. Seit dem Jahr 2013 werden beim Ausbau der Weine auch Stückfässer eingesetzt. Und den saftig-kernigen Silvanern aus Feuerstein und Hasennestle steht das sehr gut. Auch Müller-Thurgau zeigt hier unerwartete Dimensionen. Aus dem Iphöfer Kronsberg stammt eine ausdrucksvolle, nach Pampelmusen duftende Scheurebe.

Anzahl der verkosteten Weine: 12
Bewertungen: 84–87 Punkte

2014 Silvaner trocken **84**
8,– € | 11% | bis 2017

2014 Röttinger Feuerstein **85**
Müller-Thurgau trocken
8,50 € | 11% | bis 2018

2014 Tauberzeller Hasennestle **86**
Müller-Thurgau trocken
8,50 € | 11% | bis 2018

2013 Röttinger Feuerstein **86**
Müller-Thurgau trocken
8,50 € | 11,5% | bis 2017

2014 Johanniter Muschelkalk trocken **85**
10,– € | 12,5% | bis 2018

2014 Iphöfer Kronsberg Scheurebe trocken **87**
10,– € | 12% | bis 2020

2014 Röttinger Feuerstein Riesling trocken **86**
12,– € | 12% | bis 2018

2013 Röttinger Feuerstein Silvaner trocken **86**
14,– € | 12% | bis 2019

2014 Tauberzeller Hasennestle **87**
Silvaner trocken
14,– € | 12,5% | bis 2021

2013 Tauberzeller Hasennestle **87**
Silvaner trocken
14,– € | 12% | bis 2020

WEINGUT WOLFGANG KÜHN

63911 Klingenberg · Ludwigstraße 29
☎ (0 93 72) 31 69 · Fax 1 23 65
weingut_kuehn@web.de
www.weingut-wolfgang-kuehn.de
Inhaber und Betriebsleiter: Wolfgang und Ulrike Kühn

Verkauf: nach Vereinbarung

Mit Ausnahme des Frühburgunders haben uns die 2013er Rotweine des Hauses nicht überzeugt. Deutliche Säure, verbunden mit verhaltener Frucht und eher groben Tanninen, lassen keine rechte Trinkfreude aufkommen. Wolfgang Kühn studierte Lebensmitteltechnologie in Weihenstephan, bevor er in den Achtzigerjahren das kleine Familiengut in seiner Heimatstadt übernahm und sich auf Rotwein spezialisierte. Doch wachsen in den steilen, terrassierten Fluren im Schlossberg auch weiße Sorten. Aus 2014 konnten wir zwei prädikatstypische Kabinettweine verkosten: Einen geradlinigen Riesling und einen knackigherben Silvaner.

Anzahl der verkosteten Weine: 9
Bewertungen: 80–85 Punkte

2014 Klingenberger Schlossberg **84**
Riesling Kabinett trocken
8,50 € | 11,5% | bis 2016

2014 Klingenberger Schlossberg **85**
Silvaner Kabinett trocken
8,50 € | 12% | bis 2017

2014 Klingenberger Schlossberg **80**
Spätburgunder Kabinett trocken Blanc de Noirs
10,50 € | 11% | bis 2016

2013 Klingenberger Schlossberg **83**
Portugieser trocken
6,50 € | 12% | bis 2016

2013 Klingenberger Schlossberg **83**
Altrod trocken
9,– € | 12,5% | bis 2016

2013 Klingenberger Schlossberg **81**
Spätburgunder trocken
10,50 € | 12,5% | bis 2016

2012 Klingenberger Schlossberg **81**
Spätburgunder 10/15 trocken
10,50 € | 13% | bis 2016

2012 Klingenberger Schlossberg **83**
Spätburgunder »U« Spätlese trocken
25,– € | 14% | bis 2017

2013 Klingenberger Schlossberg **85**
Frühburgunder Spätlese trocken
25,– € | 13,5% | bis 2017

WEINGUT DIETER LAUFER

96170 Lisberg · Burg 2
☎ (0 95 49) 2 02 · Fax 51 63
verkauf@weingut-laufer.de
www.weingut-laufer.de
Inhaber: Dieter Laufer

Verkauf: nach Vereinbarung

Weit über das fränkische Weinland verteilt sind die Rebflächen des Weingutes Laufer. Ein integraler Bestandteil ist sicherlich die Lage Bimbacher Schlossgarten. Von hier stammen mineralische Rieslinge und Silvaner. Aus der Wiebelsberger Gemarkung konnten wir feine Aromasorten probieren: trockene, sortentypische Traminer mit kräftig-saftiger Art sowie einen opulenten Scheurebe Eiswein mit klarem Schmelz. In Sommerach steht Riesling und Spätburgunder. Letzter überzeugt mit feiner Reife und stimmiger Holzprägung.

Anzahl der verkosteten Weine: 10
Bewertungen: 82–90 Punkte

2014	Bimbacher Schlossgarten Silvaner trocken **8,– €** | 12% | bis 2016	**82**
2013	Bimbacher Schlossgarten Riesling trocken **11,– €** | 12% | bis 2017	**84**
2013	Bimbacher Schlossgarten Silvaner trocken **13,– €** | 13% | bis 2017	**84**
2014	Sommeracher Katzenkopf Riesling Kabinett trocken **5,60 €** | 11,5% | bis 2017	**84**
2014	Kammerforster Teufel Silvaner Kabinett trocken **5,95 €** | 12% | bis 2016	**83**
2014	Wiebelsberger Traminer Kabinett trocken **6,– €** | 12% | bis 2017	**84**
2013	Wiebelsberger Dachs Traminer Spätlese trocken **9,– €** | 14,5% | bis 2018	**85**
2014	Bacchus Schloss Fuchs feinherb **5,– €** | 11% | bis 2016	**82**
2014	Wiebelsberger Scheurebe feinherb **5,30 €** | 11% | bis 2016	**83**
2012	Wiebelsberger Dachs Scheurebe Eiswein **29,50 €** | 11% | bis 2025	**90**

WEINGUT PAUL LEIPOLD

97332 Obervolkach · Landsknechtstraße 14
☎ (0 93 81) 44 72 · Fax 71 67 28
info@weingut-leipold.de
www.weingut-leipold.de
Inhaber: Paul und Inge Leipold

Verkauf: Inge Leipold
Mo–Fr: 9.00–12.00 Uhr · 13.00–19.00 Uhr
Sa: 9.00–17.00 Uhr

»Schilfsandstein« – so nennen Peter und Paul Leipold ihren Spitzen-Silvaner aus dem Obervolkacher Landsknecht. Der klare, kompakte 2013er überzeugte mit Noten von grünem Apfel, klarer Säure und feiner Herbe im Finish. Im letzten Jahr konnten wir nur eine Fassprobe verkosten. Gefüllt erreicht er das erhoffte Niveau nicht ganz. Aber dessen ungeachtet ist es ein Wein, der feine Fülle und Schliff vereint. Ein 2014er wurde nicht vorgestellt. Aus der aktuellen Kollektion stechen nur zwei Weine heraus: der nach Apfel duftende, frisch-herbe Silvaner Kabinett von alten Reben und der rosenduftige, klare Traminer. Die übrigen Weine fallen etwas hinter das Niveau der Vorjahre zurück. Aber wir sind sicher, dass Peter und Paul Leipold im nächsten Jahr hier nachlegen werden.

Anzahl der verkosteten Weine: 7
Bewertungen: 82–87 Punkte

2014	Silvaner Kabinett trocken **5,50 €**/1,0 Lit. | 12% | bis 2016	**82**
2014	Scheurebe Kabinett trocken **5,– €** | 12% | bis 2017	**84**
2014	Obervolkacher Landsknecht Silvaner Kabinett trocken Alte Reben **5,50 €** | 12,5% | bis 2018	**85**
2014	Obervolkacher Landsknecht Traminer Spätlese trocken Alte Reben **9,– €** | 12,5% | bis 2019	**86**
2013	Obervolkacher Landsknecht Silvaner Schilfsandstein Spätlese trocken **10,– €** | 12,5% | bis 2020	**87**
2014	Bacchus halbtrocken **4,50 €**/1,0 Lit. | 11,5% | bis 2016	**82**
2013	Spätburgunder trocken **6,– €** | 13% | bis 2017	**83**

WEINGUT FÜRST LÖWENSTEIN

63924 Kleinheubach · Schlosspark 5
☎ (0 93 71) 9 48 66 00 · Fax 9 48 66 33
weingut@loewenstein.de
www.loewenstein.de
Geschäftsführerin: Dr. Stephanie zu Löwenstein
Betriebsleiter und Kellermeister: Bastian Hamdorf
Außenbetrieb: Martin Amend

Verkauf: Andrea Paul
Mo–Fr: 10.00–12.00 Uhr · 13.00–18.00 Uhr
Sa: 10.00–15.00 Uhr und nach Vereinbarung

Sehenswert: neues Weingut im Schlosspark Kleinheubach
Erlebenswert: Wanderung in der Steillage Homburger Kallmuth

Rebfläche: 13 Hektar
Jahresproduktion: 70.000 Flaschen
Beste Lagen: Homburger Kallmuth, Lengfurter Oberrot
Boden: Muschelkalk, Buntsandstein
Rebsorten: 60% Silvaner, je 20% Riesling und Spätburgunder
Durchschnittsertrag: 55 hl/ha
Mitglied: VDP, Trias

Der Jahrgang 2014 gehört wie der 2013er für das Weingut Fürst Löwenstein der guten Mittelklasse an. Wir konnten saftige, rebsortentypische Ortsweine verkosten. Die Bedingungen während der Lese erschwerten die Erzeugung von Spitzenweinen deutlich. So wurde beim Riesling keine Erste Lage und nur sehr wenig Großes Gewächs gefüllt. Die von uns verkostete Fassprobe ist dafür ausgesprochen vielversprechend. Sein Vorgänger hat sich im Gegensatz zu den 2013er Silvanern so gut entwickelt, dass wir ihn noch einmal aufführen. Der in Terrassen aufgebaute Homburger Kallmuth mit seinen zwei bis fünf Meter hohen Trockenmauern wurde 1981 unter Denkmalschutz gestellt. In ihm wechselt die Bodenart von Muschelkalk, die obersten zwei Terrassen, auf Buntsandstein. Mit seinen klimatischen und geologischen Besonderheiten hat er das Potenzial für wirklich große Weine. Stephanie Prinzessin zu Löwenstein führt den von Kreuzwertheim ins Familienschloss in Kleinheubach erfolgreich umgezogenen Betrieb seit dem Tod ihres Mannes 2010. Die promovierte Ärztin wird dabei unterstützt von Kellermeister Bastian Hamdorf. Der Weinausbau erfolgt oberirdisch weitgehend in Edelstahl; schrittweise soll mit Stück- und Halbstückfässern ergänzt werden. Für den Rotwein werden auch Barriques genutzt. Ein eindrucksvoller Gruß aus der Vergangenheit des Kreuzwertheimer Kellers ist die 2002er Silvaner Spätlese: ein großer, reifer Wein!

Anzahl der verkosteten Weine: 10
Bewertungen: 82–91 Punkte

2014 Silvaner »CF« trocken **83**
9,- € | 12% | 🍷 bis 2016

2014 Homburger Kallmuth Silvaner trocken **85**
11,50 € | 11,5% | 🍷 bis 2018

2014 Homburger Kallmuth Riesling trocken **86**
11,50 € | 11,5% | 🍷 bis 2018

2014 Homburger Kallmuth Dreiklang trocken Cuvée **85**
15,50 € | 11,5% | 🍷 bis 2018

2013 Homburger Kallmuth Riesling Coronilla »Großes Gewächs« **89**
25,- € | 13% | 🍷 bis 2021

2014 Homburger Kallmuth Silvaner Asphodill »Großes Gewächs« **(89)**
27,50 € | 12% | 🍷 bis 2023

2014 Homburger Kallmuth Riesling Coronilla »Großes Gewächs« **90**
27,50 € | 12% | 🍷 bis 2022

2002 Homburger Kallmuth Silvaner Spätlese trocken **91**
Preis auf Anfrage | 12,5% | 🍷 bis 2017

2013 Lengfurter Oberrot Spätburgunder trocken Holzfass **82**
12,50 € | 12% | 🍷 bis 2016

2013 Lengfurter Oberrot Spätburgunder trocken Alte Reben Holzfass **86**
20,80 € | 12,5% | 🍷 bis 2019

WEINGUT LUCKERT

97320 Sulzfeld · Kettengasse 3–5
☎ (0 93 21) 2 37 78 · Fax 50 77
Luckert@weingut-zehnthof.de
www.weingut-zehnthof.de

Inhaber: Ulrich und Wolfgang Luckert
Außenbetrieb: Wolfgang Luckert
Kellermeister: Ulrich Luckert

Verkauf: Wolfgang und Ulrich Luckert
Mo–Fr: 8.00–12.00 Uhr · 13.00–17.00 Uhr
Sa: 8.00–12.00 Uhr · 13.00–16.00 Uhr

Sehenswert: verwinkelter Keller

Rebfläche: 16 Hektar
Jahresproduktion: 90.000 Flaschen
Beste Lagen: Sulzfelder Maustal und Sonnenberg
Boden: Muschelkalk
Rebsorten: 50% Silvaner, 15% Riesling, 35% übrige Sorten
Durchschnittsertrag: 65 hl/ha
Mitglied: VDP, Naturland

Es ist so weit: Die vierte Traube und der Titel »Aufsteiger des Jahres« gehen nach Sulzfeld! Die Brüder Wolfgang und Ulrich Luckert haben in den vergangenen Jahren ihren Betrieb mit einem klaren Konzept und großer Beharrlichkeit in die deutsche Spitze geführt. Weinbergspflege und Kellerarbeit stehen Pate bei der Enstehung großer fränkischer Weine. Die Spitze bilden Silvaner und Rotweine, aber auch Riesling und weiße Burgunder überzeugen.

Ein Weinberg als Kulturdenkmal

Als Ulrich Luckert per Zufall darauf aufmerksam wurde, dass in einem alten Weinberg zwischen den Häusern in einem Neubaugebiet von Sulzfeld noch ein wahrer Schatz im Boden schlummert, griff er zu. Wurzelechte Silvaner-Stöcke aus dem 19. Jahrhundert hatten sich hier erhalten. Die Reben wurden wieder erzogen und der Ertrag dieser kleinen Fläche (maximal 500 Flaschen) unter der Bezeichnung »Creutz« vermarktet. Und was entstehen hier für tolle Weine! Zurzeit lässt sich das ganze Potenzial dieses Weines vielleicht am besten im großartigen 2012er mit seiner mineralisch-kräuterigen Intensität erkennen! Verfehlt wäre es aber, deswegen die Große-Gewächs-Lage Maustal zu vergessen. Von hier stammen cremig-klare, tiefe Silvaner. Der alte fürstbischöfliche Zehntkeller, den die Luckerts Ende der Siebzigerjahre erwarben, gibt dem Familienbetrieb den Beinamen. Und nicht nur das, auch der Erhalt eines derartigen Baudenkmals kann eine Lebensaufgabe sein. Unter diesem und einem benachbarten Anwesen erstreckt sich ein bemerkenswerter Keller oder besser der Verbund mehrerer Keller. Gefüllt sind sie vor allem mit Stück- und Doppelstückfässern sowie Barriques. Der Holzfassanteil liegt bei 95 Prozent. So liegen schon die meisten Basisqualitäten für eine Zeit im Holz.

Philipp, Ulrich und Wolfgang Luckert

Ein Haus als Kulturdenkmal

Dass die geschliffenen Rotweine des Weingutes im Barrique ausgebaut werden, überrascht uns daher nicht. Sie zeichnen sich immer durch einen recht festen Kern, große Präzision und tiefe Frucht aus. Neben den feinen Spätburgundern gibt es auch vorzügliche Frühburgunder und eine im Bordeaux-Stil gehaltene, wuchtige, »Grand Noir« genannte Cuvée. Herzlichen Glückwunsch zum Aufstieg!

Anzahl der verkosteten Weine: 20
Bewertungen: 84–91 Punkte

2014	Sulzfelder Müller-Thurgau trocken Holzfass **7,– €** | 12% | bis 2017	**84**
2014	Sulzfelder Silvaner trocken Holzfass **9,50 €** | 12% | bis 2017	**84**
2014	Sulzfelder Blauer Silvaner trocken Holzfass **10,– €** | 12,5% | bis 2017	**85**
2014	Sulzfelder Riesling trocken Holzfass **10,– €** | 12,5% | bis 2017	**85**
2014	Sulzfelder Sauvignon Blanc trocken Holzfass **10,– €** | 12,5% | bis 2017	**85**
2014	Sulzfelder Weißburgunder trocken Holzfass **10,– €** | 12,5% | bis 2018	**86**

2014 Sulzfelder Chardonnay trocken Holzfass **86**
11,– € | 13% | bis 2018

2014 Sulzfelder **87**
Silvaner trocken Alte Reben Holzfass
12,– € | 12,5% | bis 2019

2014 Sulzfelder Berg I **87**
Riesling Steinriegel trocken »Erste Lage« Holzfass
15,– € | 12,5% | bis 2019

2014 Sulzfelder Berg I **88**
Weißburgunder Terrassen trocken »Erste Lage« Holzfass
15,– € | 12,5% | bis 2018

2014 Sulzfelder Sonnenberg **89**
Silvaner Gelbkalk trocken »Erste Lage« Holzfass
15,– € | 12,5% | bis 2021

2014 Cuvée »Unter der Mauer« trocken Holzfass *** **88**
30,– € | 13% | bis 2021

2014 Sulzfelder Maustal **90**
Riesling »Großes Gewächs« Holzfass
35,– € | 13% | bis 2022

2014 Sulzfelder Maustal **91**
Silvaner »Großes Gewächs« Holzfass
Top 10 **35,– €** | 13% | bis 2025

2014 Silvaner Creutz trocken Holzfass *** **90**
75,– € | 13% | bis 2022

2013 Sulzfelder Spätburgunder trocken Barrique **87**
14,– € | 13% | bis 2018

2013 Sulzfelder Frühburgunder trocken Barrique **88**
17,– € | 13% | bis 2020

2010 Cuvée »Grand Noir« trocken Barrique *** **90**
34,– € | 13,5% | bis 2020

2013 Sulzfelder Sonnenberg **90**
Frühburgunder trocken »Erste Lage« Barrique ***
35,– € | 13,5% | bis 2023

2013 Sulzfelder Maustal **91**
Spätburgunder »Großes Gewächs«
35,– € | 13% | bis 2023

WEINGUT MAX MARKERT

97246 Eibelstadt · Am Zöller 1
☎ (0 93 03) 17 95 · Fax 10 90
info@weingut-markert.de
www.weingut-markert.de
Inhaber und Betriebsleiter: Max Markert

Verkauf: Max und Hannelore Markert
Mo–Fr: 9.00–12.00 Uhr · 15.00–18.00 Uhr
Sa: 10.00–15.00 Uhr und nach Vereinbarung

Die 2014er Silvaner-Reihe hat uns gut gefallen. Die Kabinettweine aus dem Eibelstädter Kapellenberg werden gekrönt von einer nach geschnittenem Gras duftenden, klaren, gut strukturierten Spätlese aus der gleichen Lage. Auch der saftige Weißburgunder und der knackige Blanc de Noirs bereiten Trinkvergnügen. So geben wir dem 1977 entstandenen Weingut gerne die erste Traube umgehend zurück. Weiter so!

Anzahl der verkosteten Weine: 11
Bewertungen: 81–87 Punkte

2012 Eibelstadter Teufelstor **83**
Riesling Sekt Brut
12,50 € | 12,5% | bis 2017

2014 Müller-Thurgau trocken »Frank & Frei« **81**
6,– € | 12% | bis 2016

2014 Eibelstadter Kapellenberg **84**
Scheurebe Kabinett trocken
7,– € | 12% | bis 2017

2014 Eibelstadter Kapellenberg **84**
Riesling Kabinett trocken
7,– € | 12,5% | bis 2017

2014 Eibelstadter Kapellenberg **85**
Silvaner Kabinett trocken – 13 –
7,– € | 12% | bis 2018

2014 Eibelstadter Kapellenberg **85**
Weißburgunder Kabinett trocken
7,20 € | 13% | bis 2018

2014 Eibelstadter Kapellenberg **85**
Silvaner Kabinett trocken – 14 –
7,30 € | 12,5% | bis 2018

2014 Eibelstadter Kapellenberg **84**
Silvaner Kabinett trocken Alte Reben
7,30 € | 12% | bis 2017

2014 Eibelstadter Kapellenberg **87**
Silvaner Spätlese trocken
8,60 € | 12,5% | bis 2020

2014 Eibelstadter Kapellenberg **83**
Bacchus Kabinett feinherb
6,30 € | 11,5% | bis 2017

2014 Eibelstadter Kapellenberg **85**
Spätburgunder Alina Kabinett trocken Blanc de Noirs
7,60 € | 13% | bis 2018

WEINGUT RUDOLF MAY

97282 Retzstadt · Im Eberstal 1
☎ (0 93 64) 57 60 · Fax 89 64 34
info@weingut-may.de
www.weingut-may.de

Inhaber: Petra und Rudolf May
Betriebsleiter und Kellermeister: Rudolf May
Außenbetrieb: Markus Heerlein

Verkauf: Petra May
Mo–Fr: 9.00–18.00 Uhr
Sa: 9.00–15.00 Uhr und nach Vereinbarung

Historie: Weinbau seit über 300 Jahren
Sehenswert: neues Weingut in reizvoller Natur

Rebfläche: 13,8 Hektar
Jahresproduktion: 78.000 Flaschen
Beste Lagen: Retzstadter Langenberg, Stettener Stein, Retzbacher Benediktusberg, Thüngersheimer Johannisberg
Boden: Muschelkalk
Rebsorten: 68% Silvaner, 10% Spätburgunder, je 5% Grauburgunder, Müller-Thurgau, Riesling und Weißburgunder, 2% übrige Sorten
Durchschnittsertrag: 51 hl/ha
Mitglied: VDP, Frank & Frei

Eine tolle Kollektion! Schon der Silvaner-Gutswein setzt ein Ausrufezeichen! Die Weine werden spät gefüllt. So sind ganz im Sinne des Winzers Zeit und Geduld gefordert. Erst 1999 wurde das Weingut am Rande von Retzstadt neu aufgebaut. Die Fläche wurde unter anderem mit alten Silvaner-Anlagen erweitert. Die sorgfältige Arbeit im Weinberg und Keller trägt seit einigen Jahren viele Früchte und führte zur Aufnahme in den VDP. Und die 2014er Silvaner übertreffen alles, was wir bisher hier verkosten durften. Der fest-markante Langenberg setzt ein erstes Zeichen, der sublim-würzige, nach Birne duftende, kernig-klare Schäfer ein Ausrufezeichen und hinter dem Großen Gewächs Himmelspfad sehen wir ein Fragezeichen. Ist das der beste Silvaner des Jahres? Dahinter treten saftige Weißburgunder und präzise Rieslinge zurück. Herzlichen Glückwunsch zur dritten Traube!

Zeichenerklärung:
Schnäppchenpreis · Top 10 Spitzenreiter
Ökobetrieb · Trink-Tipp · Versteigerungswein
Sekt | Weißwein | Rotwein | Roséwein

Anzahl der verkosteten Weine: 10
Bewertungen: 86–91 Punkte

	2014	Silvaner trocken **7,– €** | 11,5% | bis 2018	**86**
	2014	Retzstadter Silvaner trocken **9,– €** | 12,5% | bis 2018	**86**
	2014	Retzbacher Benediktusberg Grauburgunder trocken »Erste Lage« Holzfass **11,– €** | 13,5% | bis 2019	**87**
	2014	Retzstadter Langenberg Weißburgunder trocken »Erste Lage« **12,– €** | 13% | bis 2019	**87**
	2014	Retzstadter Langenberg Silvaner trocken »Erste Lage« **12,– €** | 13% | bis 2021	**89**
	2014	Retzstadter Langenberg Riesling trocken »Erste Lage« **15,– €** | 12,5% | bis 2019	**87**
	2014	Retzstadter Der Schäfer Silvaner trocken »Erste Lage« Holzfass **17,– €** | 13% | bis 2024	**90**
	2014	Thüngersheimer Rothlauf Silvaner »Großes Gewächs« **27,– €** | 13% | bis 2022	**89**
Top 10	**2014**	Retzstadter Langenberg Silvaner Himmelspfad »Großes Gewächs« **29,– €** | 13% | bis 2025	**91**
	2014	Retzstadter Langenberg Rieslaner Beerenauslese »Erste Lage« **25,– €**/0,375 Lit. | 9% | bis 2025	**90**

WEINGUT MARKUS MEIER

91478 Ulsenheim 114
☎ (0 98 42) 24 79 · Fax 95 22 41
post@weingutmeier.de
www.weingutmeier.de
Inhaber und Betriebsleiter: Markus Meier

Verkauf: Miriam Meier
Mo–Fr: 13.00–19.00 Uhr
Sa: 10.00–18.00 Uhr und nach Vereinbarung

Erlebenswert: neue Weinerlebnis-Vinothek, kulinarische Weinprobe, Firmenevents, Picknick in den Weinbergen, Kellerführungen

Rebfläche: 14,8 Hektar
Jahresproduktion: 105.000 Flaschen
Beste Lagen: Frankenberger Schlossstück, Marktbreiter Sonnenberg, Randersacker Sonnenstuhl, Sommerhäuser Steinbach
Boden: Gipskeuper und Muschelkalk
Rebsorten: 33% Silvaner, 14% Riesling, 12% Weißburgunder, je 10% Bacchus und Müller-Thurgau, 8% Scheurebe, je 5% Domina und Spätburgunder, 3% übrige Sorten
Durchschnittsertrag: 63 hl/ha
Mitglied: Vielfalter, Slow Food

Die Linie Pur trifft ins Schwarze. Riesling und Silvaner entwickeln sich an der Luft prächtig und lassen ihren Charakter erkennen, der nicht von Restsüße gestützt ist. Zu dieser Reihe gehören auch ein von dunklen Beeren und sanfter Fülle strotzender Cabernet Dorsa und eine reintönig-opulente, nach Mirabelle duftende Rieslaner Trockenbeerenauslese. Ulsenheim liegt außerhalb der klassischen unterfränkischen Weinregion. Deshalb musste sich Markus Meier, als er den Betrieb seiner Eltern übernahm, anstrengen, um bekannt zu werden. Dabei verließ er sich nicht nur auf die Qualität der Weine, sondern auch auf ein pfiffiges Marketing. Auch hier kehrt inzwischen Struktur ein. Nur ein Tipp: Die Weine sind wirklich gut, der Begriff Weinerlebnis kann auf dem Etikett nun entfallen.

Anzahl der verkosteten Weine: 12
Bewertungen: 80–90 Punkte

2014	Würzburger Silvaner trocken **5,80 €**/1,0 Lit. | 11,5% | bis 2016	**80**
2014	Riesling einfach Keuper trocken **7,– €** | 11,5% | bis 2017	**84**
2014	Marktbreiter Sonnenberg Silvaner trocken **9,– €** | 12% | bis 2017	**83**
2014	Sommerhäuser Reifenstein Weißburgunder trocken **9,– €** | 12% | bis 2017	**83**
2014	Sommerhäuser Steinbach Riesling trocken **9,50 €** | 12,5% | bis 2018	**84**
2014	Frankenberger Schlossstück Silvaner Pur trocken **14,– €** | 12,5% | bis 2021	**88**
2014	Sommerhäuser Steinbach Riesling Pur trocken **18,– €** | 13% | bis 2020	**87**
2014	Sommerhäuser Steinbach Chardonnay Pur trocken Barrique **24,50 €** | 13,5% | bis 2018	**84**
2014	Frankenberger Schlossstück Weißburgunder Pur trocken Barrique **24,50 €** | 13,5% | bis 2019	**85**
2014	Sommerhäuser Steinbach Scheurebe feinherb **9,– €** | 11% | bis 2017	**83**
2014	Sommerhäuser Steinbach Rieslaner Pur Trockenbeerenauslese **49,– €**/0,375 Lit. | 6% | bis 2030	**90**
2012	Frankenberger Schlossstück Cabernet Dorsa Pur trocken Barrique **24,50 €** | 14% | bis 2022	**89**

Die Betriebe:
Weltklasse · Deutsche Spitze
Sehr gut · Gut · Zuverlässig
Weitere Empfehlung

WEINGUT MEINTZINGER

97252 Frickenhausen · Babenbergplatz 4
☎ (0 93 31) 8 71 10 · Fax 75 78
info@weingut-meintzinger.de
www.weingut-meintzinger.de
Inhaber und Betriebsleiter: Jochen Meintzinger

Verkauf: Michaela Meintzinger
Mo–Fr: 8.00–22.00 Uhr
Sa: 9.00–17.00 Uhr, So: 10.00–20.00 Uhr

Das Jahr 2014 scheint dem Betrieb, der seit 1790 im Besitz der Familie Meintzinger ist, nicht gelegen zu haben. Mehrfach notierten wir: süß-sauer, wenig Frucht und Spiel. Allein zwei 2013er Silvaner erinnern an die besseren Vorjahre: die kompakte, »Süd-Süd« genannte Spätlese aus dem Kapellenberg und die klassische Novemberlese. Jochen Meintzinger, seit einigen Jahren zusammen mit Gattin Michaela Eigentümer, vergrößerte stark und investierte in die Kellerwirtschaft, die Anschaffung einer neuen Tankpresse und Stahltanks. Die Fläche wuchs ebenfalls.

Anzahl der verkosteten Weine: 12
Bewertungen: 80–86 Punkte

2014 Frickenhäuser Silvaner trocken **80**
6,– €/1,0 Lit. | 12,5% | bis 2016

2014 Frickenhäuser Weißburgunder trocken **82**
7,– € | 12,5% | bis 2016

2014 Müller-Thurgau trocken »Frank & Frei« **82**
7,– € | 13% | bis 2016

2013 Frickenhäuser Kapellenberg **86**
Silvaner Novemberlese I trocken Premium Holzfass
25,– € | 13,5% | bis 2018

2014 Frickenhäuser Kapellenberg **83**
Silvaner Kabinett trocken
8,50 € | 12,5% | bis 2016

2014 Frickenhäuser Kapellenberg **83**
Weißburgunder Kabinett trocken
8,50 € | 13% | bis 2016

2014 Frickenhäuser Kapellenberg **84**
Riesling Kabinett trocken
8,50 € | 12% | bis 2017

2014 Frickenhäuser Kapellenberg **84**
Scheurebe Kabinett trocken
8,50 € | 12,5% | bis 2017

2013 Frickenhäuser Kapellenberg **85**
Silvaner Süd-Süd Spätlese trocken
12,50 € | 13,5% | bis 2018

2014 Frickenhäuser Kapellenberg **84**
Riesling Süd-Süd Spätlese feinherb
12,50 € | 12,5% | bis 2017

2013 Frickenhäuser Markgraf Babenberg Domina trocken **80**
8,– € | 13% | bis 2016

WEINGUT THOMAS MEND

97346 Iphofen · Weinbergstraße 13
☎ (0 93 23) 30 13 · Fax 87 01 71
info@weingut-mend.de
www.weingut-mend.de
Inhaber: Thomas Mend

Verkauf: Thomas Mend
Mo–Fr: 9.00–18.00 Uhr, Sa: 10.00–17.00 Uhr
So: 11.00–16.00 Uhr und nach Vereinbarung

Thomas Mend überraschte uns in diesem Jahr mit einem dänischen (!) Landwein. Der von der Rebsorte Seyval Blanc gewonnene Weißwein zeigt sich verhalten im Duft, besitzt durchaus Struktur und bereitet Trinkvergnügen. Er stammt von einem 2009 in Semsogard in Ostjütland angelegten Weinberg. Zu Hause in Iphofen haben uns die Silvaner nicht so gut gefallen wie im Vorjahr. Strahlende Ausnahme ist der fein vom Holz geprägte Kalb 225. Auch die von exotischen Noten und prägnanter Säure geprägte Riesling Spätlese aus der gleichen Lage hat uns geschmeckt.

Anzahl der verkosteten Weine: 10
Bewertungen: 80–87 Punkte

2014 Seyval Blanc **84**
Landwein trocken Norre Sem (Dänemark)
19,90 € | 11,5% | bis 2017

2014 Iphöfer Kronsberg Silvaner trocken **80**
5,90 € | 12% | bis 2016

2014 Iphöfer Julius-Echter-Berg **82**
Müller-Thurgau trocken
5,90 € | 12,5% | bis 2016

2014 Iphöfer Kalb **87**
Silvaner 225 trocken Holzfass
9,90 € | 12% | bis 2019

2014 Iphöfer Kronsberg **81**
Silvaner Kabinett trocken
6,40 € | 12% | bis 2016

2014 Iphöfer Julius-Echter-Berg **83**
Silvaner Spätlese trocken
8,90 € | 13,5% | bis 2017

2014 Iphöfer Kronsberg **84**
Weißburgunder Spätlese trocken
8,90 € | 13,5% | bis 2018

2014 Iphöfer Kalb Riesling Spätlese trocken **84**
8,90 € | 13,5% | bis 2018

2013 Iphöfer Kalb Kerner Auslese **85**
9,90 €/0,5 Lit. | 11,5% | bis 2020

2012 Cuvée »Johann« trocken Holzfass **84**
8,50 € | 12,5% | bis 2017

WEINGUT MAX MÜLLER I

97332 Volkach · Hauptstraße 46
☎ (0 93 81) 12 18 · Fax 16 90
info@max-mueller.de
www.max-mueller.de
Inhaber: Familie Rainer und Monika Müller
Außenbetrieb: Christian Müller
Kellermeister: Rainer Müller

Verkauf: Monika und Rainer Müller
Mo–Fr: 9.00–18.00 Uhr
Sa: 10.00–16.00 Uhr, So: 10.00–12.00 Uhr

Historie: Gutsgebäude 1692 erbaut von den Würzburger Fürstbischöfen
Sehenswert: barocke Weinprobierstube, Schatzkammer im alten Gewölbekeller, fränkischer Innenhof, neue Vinothek, ausgezeichnet mit Architekturpreis Wein
Erlebenswert: kulinarische Events mit Gastköchen in der Weinküche

Rebfläche: 18,4 Hektar
Jahresproduktion: 120.000 Flaschen
Beste Lagen: Volkacher Ratsherr und Karthäuser, Sommeracher Katzenkopf, Escherndorfer Lump
Boden: Muschelkalk
Rebsorten: 38% Silvaner, je 15% Müller-Thurgau und Riesling, 12% rote Sorten, 10% Weißburgunder, 10% übrige Sorten
Durchschnittsertrag: 65 hl/ha

Nicht so stark wie erwartet! Bester Silvaner des Jahres ist 2014 der Eigenart. Noten von Spontangärung und Holzausbau verbinden sich stimmig mit klarer Frucht und guter Substanz. Bei dem in den Vorjahren immer herausragenden Katzenkopf von Alten Reben steht das Holz in diesem Jahr etwas vor. Überhaupt scheint uns der Holzeinsatz nicht immer optimal auf den jeweiligen Wein abgestimmt zu sein. Fein und kraftvoll zugleich ist der Lump 64, ein 1964 gepflanzter gemischter Satz. Nach einem Neubau mit Kelterhaus und Lager entstand im denkmalgeschützten Altbau ein moderner Verkaufsraum; für dieses Ensemble gab es einen Architekturpreis. Die Weichen sind auch personell gestellt. Die Söhne Christian und Toni sind nach Winzerlehren und anschließendem Studium zu Hause bereits voll dabei. Zum erfrischenden Abschluss möchten wir noch auf die klarfruchtige Scheurebe Spätlese mit animierendem, feinherbem Finish hinweisen: ein Trinkvergnügen!

Anzahl der verkosteten Weine: 15
Bewertungen: 84–88 Punkte

2014	Müller-Thurgau Einfach Müller trocken **7,– €** | 11,5% | bis 2017	**84**
2014	Escherndorfer Lump Riesling trocken **15,– €** | 13% | bis 2017	**84**
2014	Riesling Berg trocken **15,– €** | 13% | bis 2018	**85**
2014	Volkacher Ratsherr Silvaner trocken **15,– €** | 13% | bis 2018	**86**
2014	Silvaner Eigenart trocken Holzfass **17,– €** | 13% | bis 2021	**88**
2014	Sommeracher Katzenkopf Weißburgunder trocken Holzfass **17,– €** | 13% | bis 2020	**88**
2014	Sommeracher Katzenkopf Silvaner trocken Alte Reben Holzfass **18,– €** | 13% | bis 2020	**87**
2014	Escherndorfer Lump Riesling »R« trocken **21,– €** | 13% | bis 2020	**87**
2014	Lump 64 trocken Gemischter Satz Preis auf Anfrage | 13% | bis 2022	**88**
2014	Volkacher Silvaner Kabinett trocken **8,– €** | 12% | bis 2018	**85**
2014	Volkacher Karthäuser Silvaner Spätlese trocken **10,50 €** | 13% | bis 2018	**85**
2014	Sommeracher Katzenkopf Weißburgunder Spätlese trocken **10,50 €** | 13% | bis 2019	**87**
2014	Volkacher Ratsherr Scheurebe Spätlese trocken **10,50 €** | 11,5% | bis 2020	**88**
2014	Scheurebe 43/15 **7,– €** | 11% | bis 2019	**86**
2014	Volkacher Ratsherr Rieslaner Beerenauslese **35,– €**/0,5 Lit. | 7,5% | bis 2025	**88**

WEINGUT EWALD NEDER

97729 Ramsthal · Urbanusweg 5
☎ (0 97 04) 56 92 · Fax 74 69
wein@weingut-neder.de
www.weingut-neder.de
Inhaber und Betriebsleiter: Ewald Neder
Kellermeister: Lorenz Neder

Verkauf: Ewald, Helga und Lorenz Neder
Mo–Fr: 14.00–18.00 Uhr
Sa: 9.00–16.00 Uhr und nach Vereinbarung

Animierende, klassisch-kernige Silvaner! Mit seinen 2014ern aus Wirmsthal und Ramsthal hat uns Ewald Neder überzeugt: unprätentiös und charaktervoll – ein Trinkvergnügen! Ramsthal liegt nordöstlich von Hammelburg in einem Seitental der fränkischen Saale. Sicherlich eine der kühleren Ecken des Anbaugebietes, was aber heutzutage viele Vorteile aufweisen kann. Die Neders sind in dieser bereits im 19. Jahrhundert angesehenen und heute etwas vergessenen Region schon lange Vorkämpfer für Qualität und betont herbe Weine. Und die aktuelle Kollektion krönt dieses Bemühen. Wir sind erwartungsfroh!

Anzahl der verkosteten Weine: 12
Bewertungen: 82–88 Punkte

2014	Ramsthaler St. Klausen Müller-Thurgau trocken	**82**
	5,- €/1,0 Lit. | 12,5% | bis 2016	
2014	Ramsthaler St. Klausen Silvaner Kabinett trocken	**85**
	6,- € | 12,5% | bis 2017	
2014	Wirmsthaler Scheinberg Silvaner Kabinett trocken	**86**
👍	**6,- €** | 12,5% | bis 2018	
2014	Ramsthaler St. Klausen Scheurebe Kabinett trocken	**83**
	6,50 € | 11,5% | bis 2016	
2014	Ramsthaler St. Klausen Grauburgunder Kabinett trocken	**85**
	7,- € | 12,5% | bis 2017	
2014	Ramsthaler St. Klausen Weißburgunder Spätlese trocken	**85**
	9,- € | 13,5% | bis 2017	
2014	Wirmsthaler Scheinberg Silvaner Spätlese trocken	**88**
€	**9,- €** | 13% | bis 2019	
2012	Ramsthaler St. Klausen Weißburgunder Spätlese trocken Barrique	**87**
	13,50 € | 13,5% | bis 2018	
2014	Domina trocken	**84**
	7,- € | 13% | bis 2017	
2013	Ramsthaler St. Klausen Domina trocken Holzfass	**84**
	9,50 € | 13,5% | bis 2017	

WEINGUT NEUBERGER

63927 Bürgstadt · Freudenberger Straße 7
☎ (0 93 71) 25 62 · Fax 70 08
info@weingut-neuberger.de
www.weingut-neuberger.de
Inhaber: Familie Burkhard Neuberger

Verkauf: Familie Burkhard Neuberger
Di–Fr: 9.00–12.00 Uhr · 14.00–18.30 Uhr
Sa: 9.00–15.00 Uhr

Wieder stellte uns Burkhard Neuberger eine durchgängig gute Kollektion mit saftigen Rot- und klaren Weißweinen vor. Auf seinen zehn Hektar stehen mehr als 50 Prozent rote Sorten. Ausgebaut werden sie bevorzugt in großen Holzfässern. Der Spätburgunder Hundsrück zeigt sich klar und fruchtbetont, die Fülle ist gut eingebunden, die Tannine sind reif. Der apfelduftige Silvaner Kabinett überzeugt mit seiner leichten Art. Bester Weißwein ist die nach Orangenschale duftende, von Botrytis geprägte und von einer klaren Säure getragene Kerner Spätlese.

Anzahl der verkosteten Weine: 12
Bewertungen: 82–86 Punkte

2014	Bürgstadter Centgrafenberg Silvaner Kabinett trocken **	**84**
	5,60 € | 11% | bis 2016	
2014	Bürgstadter Centgrafenberg Riesling Kabinett trocken **	**82**
	6,20 € | 11% | bis 2016	
2014	Bürgstadter Centgrafenberg Spätburgunder Kabinett trocken Blanc de Noirs **	**84**
	6,70 € | 12% | bis 2017	
2013	Bürgstadter Centgrafenberg Weißburgunder Spätlese trocken Holzfass ***	**84**
	12,40 € | 12,5% | bis 2017	
2014	Bürgstadter Centgrafenberg Bacchus halbtrocken *	**83**
	5,60 € | 11,5% | bis 2016	
2014	Bürgstadter Centgrafenberg Kerner Spätlese feinherb **	**86**
	9,90 € | 12% | bis 2019	
2013	Bürgstadter Spätburgunder trocken Holzfass **	**83**
	7,80 € | 13% | bis 2016	
2013	Bürgstadter Centgrafenberg Frühburgunder trocken Holzfass ***	**83**
	12,70 € | 13% | bis 2016	
2013	Bürgstadter Centgrafenberg Spätburgunder trocken Holzfass ***	**85**
	12,70 € | 13,5% | bis 2018	
2013	Bürgstadter Hundsrück Spätburgunder trocken Barrique ***	**86**
	16,70 € | 14% | bis 2019	

WEINGUT RICHARD ÖSTREICHER

97334 Sommerach · Hauptstraße 15
☎ (0 93 81) 16 98
weingut@richard-oestreicher.de
www.weingut-richard-oestreicher.de
Inhaber: Richard Östreicher

Verkauf: nach Vereinbarung

Feiner Duft nach schwarzen Johannisbeeren, gute Struktur, integriertes Holz, klares Finish auf reifen Tanninen, so präsentiert sich der beste Wein der aktuellen Kollektion, der 2012er Cabernet Sauvignon. Richard Östreicher führt das Weingut in Sommerach seit 1995. Seine Leidenschaft gehört sicherlich den Rotweinen, die heute ein Drittel der Rebfläche einnehmen. In diesem Jahr hat er aber auch dem Silvaner besondere Aufmerksamkeit geschenkt. Neben dem klaren, festen Lieblingsstück gab es den Augustbaum aus dem Katzenkopf zu probieren: ein nach Birne duftender, fein vom Holz geprägter Wein, der eine eigene Linie erkennen lässt. In diese Kategorie fällt auch der Weißburgunder Hölzlein. Die Zukunft wird zeigen, ob sich die markante Holznote in den Weinen mit deren kernig-klarer Substanz vermählt.

Anzahl der verkosteten Weine: 8
Bewertungen: 80–88 Punkte

2014 Sommeracher Katzenkopf **84**
Silvaner Lieblingsstück trocken
12,50 € | 12% | bis 2018

2014 Sommeracher Katzenkopf **80**
Riesling trocken Alte Reben
12,50 € | 12% | bis 2016

2014 Sommeracher Katzenkopf **86**
Silvaner Augustbaum trocken Holzfass
17,50 € | 13% | bis 2020

2013 Sommeracher Katzenkopf **85**
Weißburgunder Hölzlein trocken »sur lie«
20,– € | 12,5% | bis 2019

2014 Sommeracher Katzenkopf **85**
Spätburgunder Tradition trocken Holzfass
12,50 € | 12,5% | bis 2019

2012 Sommeracher Katzenkopf **86**
Spätburgunder Nr.1 trocken Holzfass
30,– € | 13,5% | bis 2020

2012 Sommeracher Katzenkopf **86**
Merlot trocken Holzfass
34,– € | 13,5% | bis 2020

2012 Sommeracher Katzenkopf **88**
Cabernet Sauvignon trocken Holzfass
38,– € | 13,5% | bis 2022

WEINGUT ERNST POPP

97346 Iphofen · Rödelseer Straße 14–15
☎ (0 93 23) 33 71 · Fax 57 81
info@weingut-popp.de
www.weingut-popp.de
Inhaber: Familie Popp
Betriebsleiter: Johannes Popp
Verwalter und Kellermeister: Ernst Popp

Verkauf: Frau Frank
Mo–Fr: 8.00–18.00 Uhr, Sa: 10.00–18.00 Uhr
So, feiertags: 10.00–12.30 Uhr

Tolle edelsüße 2013er! Die Beerenauslesen von Riesling und Silvaner aus dem Julius-Echter-Berg sind klar und lang und besitzen eine wunderbare Balance von Frucht und Fülle. Kompliment! Auch die trockenen 2014er zeigen viele gute Ansätze: Etwa den kraftvoll-kernigen Silvaner aus dem Echter-Berg oder den im Holzfass gereiften Weißburgunder. Maria Popp sowie ihre Söhne Johannes und Ernst haben die stattliche Betriebsfläche von 35 Hektar gut im Griff. Hier ist mehr möglich!

Anzahl der verkosteten Weine: 18
Bewertungen: 82–91 Punkte

2014 Rödelseer Schwanleite **85**
Weißburgunder trocken Holzfass
12,– € | 13,5% | bis 2017

2014 Iphöfer Kalb Silvaner Kabinett trocken **84**
8,20 € | 12,5% | bis 2017

2014 Iphöfer Julius-Echter-Berg **85**
Silvaner Kabinett trocken
8,80 € | 13% | bis 2017

2014 Iphöfer Julius-Echter-Berg **85**
Silvaner I Spätlese trocken
18,– € | 14% | bis 2018

2013 Iphöfer Kalb Rieslaner Auslese **88**
12,– €/0,5 Lit. | 8% | bis 2020

2014 Rödelseer Küchenmeister **90**
Riesling Auslese
19,– €/0,5 Lit. | 8% | bis 2023

2013 Iphöfer Julius-Echter-Berg **91**
Riesling Beerenauslese
33,– €/0,5 Lit. | 7% | bis 2028

2013 Iphöfer Julius-Echter-Berg **91**
Silvaner 57/14 Beerenauslese
35,– €/0,5 Lit. | 7,5% | bis 2028

2012 Rödelseer Schwanleite **87**
Frühburgunder Spätlese trocken
28,– € | 13,5% | bis 2019

WEINGUT WERNER PROBST

91478 Markt Nordheim · Hauptstraße 35
☎ (0 91 65) 12 31 · Fax 9 95 97 43
post@weingut-probst.de
www.weingut-probst.de
Inhaber: Werner Probst
Betriebsleiter: Christoph Probst

Verkauf: Christoph Probst
Mo–Sa: ab 14.00 Uhr und nach Vereinbarung

Aus der 2014er Kollektion sticht die klare, rebsortentypische Bacchus Trockenbeerenauslese mit klarem Saft und schmelzigem Fluss heraus. Markt Nordheim liegt in Mittelfranken etwa auf halber Strecke zwischen Würzburg und Nürnberg an den südlichen Ausläufern des Steigerwaldes. Christoph Probsts Verdienst ist, den Ort auf die »Weinlandkarte« gebracht zu haben. Leider schließen die übrigen Weine der aktuellen Kollektion für uns nicht an das Niveau der Vorjahre an. Sie zeigen wenig Frucht und Spiel. Der kernige, trockene Chardonnay hat uns am besten gefallen.

Anzahl der verkosteten Weine: 11
Bewertungen: 81–90 Punkte

2014 Silvaner trocken **81**
5,50 €/1,0 Lit. | 12,5% | bis 2016

2014 Rivaner trocken **82**
5,50 € | 12,5% | bis 2016

2014 Grüner Silvaner trocken **83**
5,50 € | 12,5% | bis 2017

2014 Markt Nordheimer Hohenkottenheim **84**
Chradonnay »P« trocken
7,– € | 13% | bis 2017

2014 Markt Nordheimer Hohenkottenheim **83**
Weißburgunder »P« trocken
8,– € | 12,5% | bis 2016

2014 Markt Nordheimer Hohenkottenheim **82**
Sauvignon Blanc »P« trocken
9,– € | 13,5% | bis 2016

2014 Silvaner Kabinett trocken **83**
7,– € | 12,5% | bis 2016

2014 Markt Nordheimer Hohenkottenheim **84**
Chardonnay Auslese feinherb
11,– €/0,375 Lit. | 8% | bis 2020

2013 Markt Nordheimer Hohenkottenheim **90**
Bacchus Trockenbeerenauslese feinherb
23,– €/0,375 Lit. | 6,5% | bis 2030

2013 Spätburgunder trocken **83**
8,– € | 14% | bis 2017

2012 Markt Nordheimer Hohenkottenheim **82**
Merlot trocken Holzfass
9,– € | 13,5% | bis 2016

WEINGUT CHRISTINE PRÖSTLER

97225 Retzbach · Obere Hauptstraße 100
☎ (0 93 64) 7 90 42 29
kontakt@cproestlerweine.de
www.cproestlerweine.de
Inhaber und Betriebsleiter: Christine Pröstler

Verkauf: Christine Pröstler
Mi: 16.00–19.00 Uhr
Sa: 10.00–14.00 Uhr und nach Vereinbarung

Fülle, Frucht und Holz vermählen sich bei dem 2012er Spätburgunder auf gelungene Weise. Dies ist der erste Jahrgang des Gutes aus dem Neubau am Ortseingang von Retzbach. Christine Pröstler studierte in Geisenheim und war zuletzt beim Staatlichen Hofkeller in Würzburg aktiv. Die dortige Position der Kellermeisterin legte sie wegen Mutterfreuden nieder und konzentriert sich seitdem auf den rasch wachsenden Familienbetrieb. Verwertete sie 2011 noch Trauben von 1,5 Hektar, sind es jetzt bereits sechs Hektar. Das Niveau bei den 2014ern ist durchgehend hoch, die moderne Kellertechnik unverkennbar. Die Silvaner-Reihe zeigt Charakter und Ambitionen!

Anzahl der verkosteten Weine: 12
Bewertungen: 81–88 Punkte

2011 Retzbacher Benediktusberg **83**
Pinot Sekt extra Brut
13,50 € | 13% | bis 2016

2014 Silvaner trocken **84**
7,30 € | 12% | bis 2017

2014 Cuvée »Märry« trocken **84**
7,30 € | 11,5% | bis 2017

2014 Retzbacher Weißburgunder trocken **85**
9,50 € | 13,5% | bis 2018

2014 Retzbacher Grauburgunder trocken **85**
9,50 € | 13% | bis 2018

2014 Retzbacher Riesling trocken **85**
9,50 € | 12% | bis 2018

2014 Retzbacher Silvaner trocken **86**
9,50 € | 12,5% | bis 2019

2014 Retzbacher Sauvignon Blanc trocken **85**
12,50 € | 12,5% | bis 2017

2014 Retzbacher Benediktusberg **87**
Silvaner trocken
15,– € | 13% | bis 2021

2012 Retzbacher Benediktusberg **88**
Spätburgunder trocken Barrique
19,50 € | 13,5% | bis 2018

WEINGUT REGIE

97337 Dettelbach
Dr.-Matthias-Horn-Straße 3
☎ (0 93 24) 8 90 · Fax 90 36 02
info@weingut-regie.de
www.weingut-regie.de
Inhaber und Betriebsleiter: Gerlinde Apfelbacher
Kellermeister: Alexander Apfelbacher

Verkauf: nach Vereinbarung

Ein tollen 2013er Rotwein stellte uns Alexander Apfelbacher in diesem Jahr vor: den im Barrique ausgebauten Domina aus dem Segnitzer Pfaffensteig. Reife Frucht, eleganter Fluss, klares Finish verbinden sich stimmig mit den feinen Holznoten. Ein Prototyp für diese vielfach angebaute, aber nur selten qualitativ hochwertige Sorte. Die Eltern von Alexander Apfelbacher kauften 2000 ein lädiertes Gehöft in der Altstadt von Dettelbach und richteten ein Weingut mit Weinstube ein. Nach dem plötzlichen Tod seines Vaters übernahm er 2005 die Verantwortung im Betrieb und holte Lehre und Winzermeisterprüfung nach. Er erweiterte die Fläche auf sieben Hektar und stellt sich der Herausforderung, Qualität nicht nur in der Spitze, sondern auch in der Basis zu gewährleisten. Diese wird in farblose Einliter-Bordeaux-Flaschen gefüllt und mit einem flotten Etikett versehen. Die so verpackte feinherbe Scheurebe kann sich schmecken lassen.

Anzahl der verkosteten Weine: 6
Bewertungen: 81–87 Punkte

2014 Dettelbacher Honigberg Silvaner trocken **81**
5,– €/1,0 Lit. | 12% | bis 2016

2014 Dettelbacher Honigberg Riesling trocken **82**
6,– €/1,0 Lit. | 12% | bis 2016

2014 Dettelbacher Berg-Rondell **84**
Scheurebe trocken
5,– € | 11,5% | bis 2017

2014 Dettelbacher Sonnenleite **84**
trocken Blanc de Noirs
6,50 € | 12,5% | bis 2017

2014 Dettelbacher Honigberg **84**
Scheurebe halbtrocken
5,– €/1,0 Lit. | 11,5% | bis 2018

2013 Segnitzer Pfaffensteig **87**
Domina trocken Barrique
11,50 € | 13% | bis 2020

Die Weine:
100 Perfekt · **95–99** Überragend · **90–94** Exzellent
85–89 Sehr gut · **80–84** Gut · **75–79** Passabel

WEINGUT REISS

97080 Würzburg · Unterdürrbacher Straße 182
☎ (09 31) 9 46 00 · Fax 96 04 08
info@weingut-reiss.com
www.weingut-reiss.com
Inhaber und Betriebsleiter: Christian Reiss

Verkauf: Martina Reiss
Mo–Fr: 8.00–18.00 Uhr
Sa: 8.00–17.00 Uhr und nach Vereinbarung

Vinothek: mit Degustationsraum und Vinobibliothek
Historie: Weinbau seit 1800 in der Familie

Rebfläche: 17,5 Hektar
Jahresproduktion: 110.000 Flaschen
Beste Lagen: Würzburger Stein und Pfaffenberg, Thüngersheimer Scharlachberg, Randersacker Pfülben und Sonnenstuhl, Stettener Stein
Boden: Muschelkalk, Buntsandstein, Keuper
Rebsorten: 30% Silvaner, je 10% Bacchus, Kerner, Müller-Thurgau und Riesling, 8% weiße Burgundersorten, 5% Scheurebe, 3% Rieslaner, 14% übrige Sorten
Durchschnittsertrag: 65 hl/ha

Eine sehr stimmige Kollektion trotz einer Neigung zur Überpointierung. So ist das Holz, wenn eingesetzt, immer markant, aber die Substanz der Weine – etwa der saftigen Silvaner Spätlese aus dem Sonnenstuhl – fängt dies ab. Der Rebsortencharakter der animierenden Scheurebe springt förmlich in die Nase. Und der »Retrogusto« genannte Silvaner Landwein zeigt einen deutlichen Tresterton, ist dann aber so klar und fest und saftig, dass alles wieder passt. Die Familie Reiss betreibt im Dürrbachtal, rund zwei Kilometer von der Paradelage Würzburger Stein entfernt, seit 1800 Weinbau. Christian Reiss, der den Betrieb mit seiner Frau Martina leitet, stellt auch immer wieder beeindruckende edelsüße Gewächse vor. In diesem Jahr sind es eine stilvolle Silvaner Auslese und die tolle Riesling Trockenbeerenauslese mit delikaten Zitrusnoten, feiner Säure und eleganter Länge. Am guten, frischen Sekt darf noch ein wenig geschliffen werden.

Bewertungen: 83–93 Punkte

2013 Silvaner Sekt Brut **84**
13,50 € | 12% | bis 2017

2014 Silvaner Retrogusto Landwein trocken **88**
17,50 € | 13% | bis 2018

2014 Randersacker Sonnenstuhl **84**
Silvaner Kabinett trocken
8,50 € | 12% | bis 2017

2014 Würzburger Pfaffenberg **85**
Grauburgunder Kabinett trocken
8,50 € | 13,5% | bis 2017

2014 Würzburger Pfaffenberg **85**
Traminer Spätlese trocken
13,– € | 14% | bis 2019

2014 Cuvée »Hannah-Sophia« Spätlese trocken **87**
17,50 € | 13,5% | bis 2020

2014 Randersacker Pfülben **87**
Riesling Spätlese trocken
18,50 € | 14% | bis 2019

2014 Würzburger Stein Silvaner Spätlese trocken **87**
18,50 € | 13,5% | bis 2021

2014 Würzburger Pfaffenberg **88**
Weißburgunder Spätlese trocken Holzfass
22,50 € | 14% | bis 2019

2014 Randersacker Sonnenstuhl **89**
Silvaner Spätlese trocken Holzfass
22,50 € | 13,5% | bis 2022

2014 Silvaner Amphore Spätlese trocken **86**
32,50 € | 13,5% | bis 2019

2014 Würzburger Pfaffenberg Scheurebe halbtrocken **86**
8,50 € | 11% | bis 2019

2014 Randersacker Pfülben Riesling Auslese **87**
15,– €/0,375 Lit. | 9% | bis 2022

2014 Würzburger Pfaffenberg **90**
Silvaner Auslese Holzfass
30,– € | 11% | bis 2024

2014 Würzburger Pfaffenberg **88**
Silvaner Beerenauslese
35,– €/0,375 Lit. | 9% | bis 2024

2014 Randersacker Pfülben **93**
Riesling Trockenbeerenauslese
55,– €/0,375 Lit. | 7% | bis 2035

WEINGUT A. & E. RIPPSTEIN

97522 Sand am Main · Sandgasse 26
☎ (0 95 24) 13 41 · Fax 30 10 46
info@weingut-rippstein.de
www.weingut-rippstein.de
Inhaber und Betriebsleiter: Mathias Rippstein

Verkauf: nach Vereinbarung

Stimmige 2012er Rote, mit reifem Tannin, klarer Frucht und gutem Finish, sowie solide 2014er Weißweine, so lautet unsere Zusammenfassung zu der aktuellen Kollektion von Mathias Rippstein. Bemerkenswert ist die Flaschenausstattung: Er nutzt den Bocksbeutel für einen modern-durchdachten Auftritt. Das hat hohen Wiedererkennungswert und gibt dem Bocksbeutel eine frische Note. Überrascht hat uns in diesem Jahr eine klare, animierende Kerner Spätlese mit feiner Restsüße. Auch der Blanc de Noirs vom Schwarzriesling überzeugt.

Anzahl der verkosteten Weine: 12
Bewertungen: 82–86 Punkte

2009 Pinot Meunier & Weißburgunder **83**
Sekt extra Brut Prestige
12,– € | 12,5% | bis 2016

2014 Sander Kronberg Silvaner trocken **83**
5,80 € | 12% | bis 2016

2014 Sander Himmelsbühl **82**
Müller-Thurgau Luna Kabinett trocken
5,50 € | 11,5% | bis 2016

2014 Sander Kronberg **83**
Silvaner Kabinett trocken
7,– € | 12,5% | bis 2016

2014 Sander Kronberg **83**
Riesling Kabinett trocken
7,– € | 12% | bis 2016

2014 Sander Himmelsbühl **84**
Weißburgunder Kabinett trocken
7,– € | 12% | bis 2017

2014 Sander Kronberg **84**
Pinot Meunier Kabinett trocken Blanc de Noirs
7,– € | 12% | bis 2017

2014 Weißburgunder Spätlese trocken **84**
9,– € | 13% | bis 2017

2014 Sander Bacchus B177 Kabinett feinherb **83**
5,50 € | 11% | bis 2017

2014 Kerner Spätlese feinherb **86**
8,50 € | 11% | bis 2021

2012 Sander Domina »S« trocken unfiltriert **86**
11,– € | 13,5% | bis 2018

2012 Sander Anna trocken unfiltriert **86**
14,50 € | 13,5% | bis 2018

WEINGUT RÖMMERT

97332 Volkach · Erlachhof 1
☎ (0 93 81) 23 66 · Fax 41 85
info@weingut-roemmert.de
www.weingut-roemmert.de
Inhaber: Andrea Flammersberger
Kellermeister: Sebastian Schubert

Verkauf: Aug.–April
Mo–Fr: 8.00–12.00 Uhr · 13.30–18.00 Uhr
Mai–Juli
Mo–Fr: 8.00–12.00 Uhr · 15.00–19.00 Uhr
Sa: 9.00–16.00 Uhr, So: 10.30–13.00 Uhr

Die aktuelle Kollektion war nicht auf dem gewohnten Niveau! Sowohl die meisten 2014er als auch die älteren Weine haben uns keinen Spaß bereitet. Erfreuliche Ausnahmen waren die kraftvolle, nach Sauerkirsch duftende Pinot-Cuvée Rot und der apfelduftige Silvaner Kabinett aus dem Ratsherr. »Allen ist das Denken erlaubt, vielen bleibt es erspart« – ein lockerer Spruch auf leichten Weinen. Die Cuvée Denkfreiheit, von deren Etikett wir hier zitieren, hat uns mit ihrer duftigen Art auch dieses Mal gefallen.

Anzahl der verkosteten Weine: 11
Bewertungen: 77–85 Punkte

2014	Volkacher Ratsherr Silvaner trocken **6,– €**/1,0 Lit. | 12,5% | bis 2016	**81**
2014	Müller-Thurgau trocken »Frank & Frei« **6,50 €** | 12% | bis 2016	**81**
2013	Volkacher Ratsherr Riesling trocken **7,– €** | 12,5% | bis 2016	**80**
2014	Volkacher Ratsherr Silvaner Kabinett trocken **7,80 €** | 12% | bis 2017	**84**
2013	Volkacher Ratsherr Weißburgunder Kabinett trocken **8,20 €** | 12,5% | bis 2016	**77**
2014	Volkacher Ratsherr Scheurebe feinherb **6,50 €** | 11% | bis 2016	**82**
2014	Cuvée »Denkfreiheit« **7,50 €** | 12% | bis 2017	**83**
2014	Volkacher Ratsherr Rosé trocken **6,50 €** | 13% | bis 2016	**79**
2014	Rotling feinherb **6,– €** | 11% | bis 2016	**81**
2013	Volkacher Ratsherr Spätburgunder trocken **9,– €** | 12,5% | bis 2017	**83**
2012	Volkacher Ratsherr Pinot trocken Premium Barrique Cuvée **24,– €** | 14% | bis 2018	**85**

WEINGUT ROTH

97355 Wiesenbronn · Büttnergasse 11
☎ (0 93 25) 90 20 04 · Fax 90 25 20
info@weingut-roth.de
www.weingut-roth.de
Inhaber und Betriebsleiter: Gerhard und Nicole Roth
Kellermeister: Gerhard Roth und Andreas Hopfengart

Verkauf: Gerhard Roth
Mo–Fr: 9.00–12.00 Uhr · 13.00–17.00 Uhr
Sa: 9.00–12.00 Uhr · 13.00–16.00 Uhr

Hotel: mit 16 Doppelzimmern und Tagungsraum
Historie: Pioniergut des Ökoweinbaus in Franken seit 1974
Sehenswert: Betriebsgebäude mit geschlossenem Energiekreislauf, Holzfasskeller als »Wohnzimmer des Weines«, neue Vinothek, neuer Barriqueraum mit Schatzkammer

Rebfläche: 22,5 Hektar
Jahresproduktion: 135.000 Flaschen
Beste Lagen: Wiesenbronner Heller Berg (Alleinbesitz), Wachhügel und Geißberg, Abtswinder Altenberg
Boden: Keuper
Rebsorten: je 20% Silvaner und weitere Rotweinsorten, je 15% Riesling und Spätburgunder, je 10% Blaufränkisch und weitere Weißweinsorten, je 5% Grauburgunder und Weißburgunder
Durchschnittsertrag: 58 hl/ha
Mitglied: VDP, Naturland

Die Rotweine der Jahrgänge 2013 und 2012 haben uns gut gefallen. Vor allem der Pinot Noir vom Wiesenbronner Wachhügel ist hier zu nennen. Kirschnoten verbinden sich mit einem Anklang von Waldboden, die Säure ist präsent und das Finish herzhaft. Für uns schlägt er das deutlich teurere Große Gewächs aus dem Heller Berg. Bei den Spätburgundern findet ein eigener Klon Verwendung. Bei den aktuellen Weißweinen müssen wir leider Abstriche machen. Fülle mit wenig Charme, lautet unser Fazit. Bester Silvaner ist der Heller Berg. Fülle, Holz und Cremigkeit werden hier von etwas Spiel ergänzt. Der Heller Berg wurde erst 2006 vom Geißberg abgespalten und ist im Alleinbesitz des Gutes. 1974 entschied sich Gerhard Roth für den Ökoanbau, inzwischen erfolgt in Teilbereichen die Umstellung auf biodynamisch. Der gesamte Betrieb wurde auf natürliche Materialien umgestellt, 2010 ein schmuckes Hotel eröffnet.

Anzahl der verkosteten Weine: 13
Bewertungen: 82–88 Punkte

2014 Johanniter trocken **83**
6,50 € | 12% | bis 2017

2014 Wiesenbronner Scheurebe trocken **84**
8,– € | 12,5% | bis 2017

2014 Riesling aus dem FF trocken **85**
10,50 € | 13% | bis 2018

2014 Wiesenbronner Geißberg **85**
Silvaner trocken »Erste Lage«
11,– € | 13% | bis 2018

2014 Wiesenbronner Geißberg **82**
Grauburgunder trocken »Erste Lage«
11,50 € | 12,5% | bis 2016

2014 Q.E.D. trocken Gemischter Satz **84**
15,– € | 13% | bis 2017

2013 Wiesenbronner Heller Berg **84**
Riesling »G« trocken »Erste Lage«
15,– € | 13,5% | bis 2017

2014 Wiesenbronner Heller Berg **87**
Silvaner »G« trocken »Erste Lage«
16,– € | 13% | bis 2019

2013 Wiesenbronner Spätburgunder trocken **85**
9,50 € | 14% | bis 2018

2013 Wiesenbronner Wachhügel **88**
Pinot Noir trocken »Erste Lage«
13,50 € | 13,5% | bis 2020

2012 »Cuvée Purpur« trocken **86**
17,50 € | 14% | bis 2018

2012 Wiesenbronner Heller Berg **86**
Blaufränkisch »G« trocken »Erste Lage«
18,50 € | 14% | bis 2018

2012 Wiesenbronner Heller Berg **87**
Spätburgunder »G« trocken »Erste Lage«
26,50 € | 14% | bis 2020

WEINGUT MANFRED ROTHE

97334 Nordheim · Heerweg 6
☎ (0 93 81) 8 47 95 30 · Fax 8 47 95 32
info@wein-rothe.de
www.wein-rothe.de
Inhaber: Manfred und Christine Rothe
Betriebsleiter: Manfred Rothe

Verkauf: Manfred Rothe
Mo–So: 10.00–12.00 Uhr · 13.00–18.00 Uhr

Scheut das Scheitern nicht! Das ist für Manfred Rothe die Basis des Erfolgs. Der sur lie ausgebaute 2013er Weißburgunder ist hier ein gutes Beispiel. Den Duft prägen Holz und erste Reife, die Mitte ist kompakt, das Finish lang und klar. Noch extremer sind die beiden »Kvevri« genannten Weine. Silvaner und Blauer Zweigelt wurden in georgischen Amphoren auf der Maische vergoren und für neun Monate gelagert. Während uns der Rotwein positiv überrascht hat, zeigt der Weißwein etwas eingekochte Pflaume und ein austrocknendes Finish. Etwas wenig für 45 Euro!

Anzahl der verkosteten Weine: 12
Bewertungen: 81–88 Punkte

2013 Silvaner Kvevri Tafelwein trocken **84**
45,– € | 12,5% | bis 2016

2014 Müller-Thurgau trocken **83**
6,– € | 12% | bis 2016

2014 Silvaner trocken **81**
7,– € | 12,5% | bis 2016

2014 Grauburgunder trocken **82**
8,50 € | 13% | bis 2016

2013 Weißburgunder trocken »sur lie« **88**
20,– € | 12,5% | bis 2018

2013 Silvaner Indigenius trocken Holzfass **85**
25,– € | 12,5% | bis 2017

2014 Inselwein feinherb Cuvée **83**
6,– € | 11,5% | bis 2016

2014 Rieslaner Spätlese **86**
15,– €/0,5 Lit. | 10,5% | bis 2019

2014 Muscaris Auslese **88**
15,– €/0,375 Lit. | 10% | bis 2022

2013 Blauer Zweigelt Kvevri **87**
Tafelwein trocken
45,– € | 12,5% | bis 2018

2013 Blauer Zweigelt trocken Holzfass **84**
10,– € | 12,5% | bis 2018

2013 Schwarzriesling Grande trocken Holzfass **85**
11,– € | 13% | bis 2018

WEINGUT JOHANN RUCK

97346 Iphofen · Marktplatz 19
☎ (0 93 23) 80 08 80 · Fax 80 08 88
post@ruckwein.de
www.ruckwein.de

Inhaber: Hans und Johannes Ruck

Verkauf: Hans Ruck
Mo–Fr: 9.00–18.00 Uhr
Sa: 10.00–16.30 Uhr, So: 10.00–12.00 Uhr

Rebfläche: 11 Hektar
Jahresproduktion: 55.000 Flaschen
Beste Lage: Iphöfer Julius-Echter-Berg und Iphöfer Kalb
Boden: Gipskeuper, im Julius-Echter-Berg mit Schilfsandstein
Rebsorten: 39% Silvaner, 15% Riesling, 11% Müller-Thurgau, 9% Burgundersorten, 6% Bacchus, 5% Scheurebe, 15% übrige Sorten
Durchschnittsertrag: 49 hl/ha
Mitglied: VDP, Trias

Feine Silvaner, geschliffener Riesling und saftige Gutsweine! Johannes Ruck, Geisenheim-Absolvent, hat den sicherlich nicht leichten Jahrgang 2014 für eine rundum überzeugende Kollektion genutzt. Das traditionsreiche Haus mit dem eindrucksvollen Stammsitz am Iphöfer Marktplatz gewinnt damit die dritte Traube zurück. Herzlichen Glückwunsch! Doch nun zu den Weinen, die weitgehend im Edelstahl ausgebaut werden, aber auch – gerade bei den höheren Qualitäten – eine Zeit im Stückfass reifen. Ein animierender Spätburgunder Rosé, ein knackiger Silvaner und ein geschmeidig-eleganter Grauburgunder stehen beispielhaft für die gelungenen Gutsweine. Finesse und Eleganz verbindet der Silvaner Kalb, der Kronsberg von alten Reben ist rund und saftig. Das Große Gewächs aus dem Echter-Berg steht erst am Anfang seiner Entwicklung, aber schon jetzt besticht es mit seiner sehr feinen Frucht. Mustergültig ist auch die Scheurebe des Hauses ausgefallen. Saft, Frische und animierende Sortenart machen sie schon heute zu einem echten Klassiker!

Rote Symbole: Diese Betriebe verdienen in ihrer Klasse besondere Aufmerksamkeit

Anzahl der verkosteten Weine: 10
Bewertungen: 85-91 Punkte

2014	Sauvignon Blanc trocken **8,50 €** | 12,5% | bis 2017	85
2014	Silvaner trocken **8,50 €** | 12% | bis 2017	86
2014	Grauburgunder trocken **8,50 €** | 12% | bis 2018	86
2014	Iphöfer Kalb Silvaner trocken **10,50 €** | 11,5% | bis 2019	87
2014	Iphöfer Kronsberg Silvaner trocken Alte Reben **13,80 €** | 12,5% | bis 2021	88
2014	Iphöfer Julius-Echter-Berg Scheurebe trocken Alte Reben **14,– €** | 12% | bis 2021	89
2014	Iphöfer Julius-Echter-Berg Riesling trocken **14,50 €** | 12% | bis 2020	88
2012	Iphöfer Julius-Echter-Berg Riesling »Großes Gewächs« **24,– €** | 12,5% | bis 2020	89
2014	Iphöfer Julius-Echter-Berg Silvaner »Großes Gewächs« Top 10 **24,– €** | 12,5% | bis 2022	91
2014	Spätburgunder Rosé de J. R. trocken **7,50 €** | 11% | bis 2016	85

WEINGUT RUDLOFF

97334 Nordheim · Mainstraße 19
☎ (0 93 81) 21 30 · Fax 21 36
info@weingut-rudloff.de
www.weingut-rudloff.de
Inhaber und Betriebsleiter: Peter Rudloff

Verkauf: Ilse und Peter Rudloff
nach Vereinbarung

Ferienwohnungen: Urlaub auf dem Weingut mit Gästeführungen

Rebfläche: 4,5 Hektar
Jahresproduktion: 40.000 Flaschen
Beste Lagen: Nordheimer Vögelein und Sommeracher Katzenkopf
Boden: Muschelkalk mit Sandauflage
Rebsorten: 22% Silvaner, 21% Müller-Thurgau, 15% Weißburgunder, je 7% Cabernet, Domina und Riesling, je 5% Bacchus, Scheurebe und Zweigelt, 3% Scheurebe, 3% übrige Sorten
Durchschnittsertrag: 64 hl/ha

Die besten Weine reifen bei Peter Rudloff längere Zeit im Holz. Und so ist es folgerichtig, dass die Spitzen jeder Kollektion aus den Vorjahren stammen. Besonders gefallen hat uns dieses Mal die Rotweincuvée Kunstwerk. Reife Kirsche, etwas Cassis, süßliches Holz und ein klares Finish zeichnen diesen Wein aus. Gut und ausgesprochen preiswürdig sind die 2013er Silvaner und Blauer Zweigelt aus der Reihe »Klassische Beere«. Die Rudloffs haben ein eigenes Qualitätssystem: »Junge Triebe« steht für das Basissortiment mit günstigen Tropfen in einer modernen Ausstattung. Die »Klassische Beere« ist gewissermaßen der Mittelbau. Und an der Spitze thront die »Edle Rebe«. Der 2013er Weißburgunder dieser Qualitätsstufe trägt bei aller Substanz doch schwer am prägnanten Holzeinsatz. Hier wäre weniger mehr! Die 2014er sind durch die Bank solide. Bei den Weinen mit Gewürztraminer-Beteiligung kommen auch schon Charakter und Animation ins Spiel.

Anzahl der verkosteten Weine: 12
Bewertungen: 83–88 Punkte

2014	Cuvée »Schwarzer Peter« Junge Triebe trocken **5,20 €** / 12% / bis 2017	**83**
2014	Sommeracher Katzenkopf Riesling Klassische Beere trocken **6,– €** / 12,5% / bis 2017	**84**
2013	Nordheimer Vögelein Silvaner Klassische Beere trocken Reserve Holzfass **7,90 €** / 13% / bis 2018	**86**
2013	Nordheimer Vögelein Weißburgunder Edle Rebe trocken Reserve Holzfass **23,– €** / 14% / bis 2019	**86**
2013	Nordheimer Vögelein Silvaner Edle Rebe trocken Reserve Holzfass **23,– €** / 14% / bis 2019	**86**
2014	Nordheimer Vögelein Weißburgunder Klassische Beere Kabinett trocken **6,80 €** / 13% / bis 2017	**83**
2014	Nordheimer Vögelein Silvaner Klassische Beere Kabinett trocken **6,80 €** / 12,5% / bis 2017	**84**
2014	Nordheimer Vögelein Gewürztraminer Klassische Beere Kabinett trocken **7,20 €** / 12,5% / bis 2019	**85**
2014	Nordheimer Vögelein Silvaner & Traminer Klassische Beere Kabinett trocken **7,90 €** / 13% / bis 2019	**85**
2014	Nordheimer Kreuzberg Scheurebe Klassische Beere feinherb **5,90 €** / 11,5% / bis 2016	**83**
2013	Nordheimer Kreuzberg Blauer Zweigelt Klassische Beere trocken **8,90 €** / 13,5% / bis 2017	**85**
2012	Cuvée »Kunstwerk« Edle Rebe Spätlese trocken Reserve Barrique **23,– €** / 14,5% / bis 2020	**88**

Zeichenerklärung:
Schnäppchenpreis · Top 10 Spitzenreiter
Ökobetrieb · Trink-Tipp · Versteigerungswein
Sekt · Weißwein · Rotwein · Roséwein

WEINGUT HORST SAUER

97332 Escherndorf · Bocksbeutelstraße 14
☎ (0 93 81) 43 64 · Fax 68 43
mail@weingut-horst-sauer.de
www.weingut-horst-sauer.de
Inhaber: Magdalena und Horst Sauer
Betriebsleiter: Sandra Sauer, Horst Sauer
Kellermeister: Sandra Sauer

Verkauf: Magdalena und Sandra Sauer
Mo–Fr: 9.00–12.00 Uhr · 13.00–18.00 Uhr
Sa: 11.00–17.00 Uhr

Rebfläche: 18,5 Hektar
Jahresproduktion: 156.000 Flaschen
Beste Lagen: Escherndorfer Lump und Fürstenberg
Boden: Muschelkalk, Lettenkeuper und Lösslehm
Rebsorten: 40% Silvaner, 20% Müller-Thurgau, 17% Riesling, 7% Bacchus, je 4% Spätburgunder und Weißburgunder, 3% Scheurebe, 5% übrige Sorten
Durchschnittsertrag: 68 hl/ha
Mitglied: VDP

Was sollen wir sagen! Der Text des letzten Jahres gilt auch heuer: »Wieder exzellente Edelsüße! Es ist beeindruckend, mit welcher Regelmäßigkeit Horst Sauer die feinsten Beeren- und Trockenbeerenauslesen erzeugt. Sowohl Riesling als auch Silvaner gelingen ihm hier meisterlich.« Vielleicht ist in diesem Jahr sogar keine der exzellenten Trockenbeerenauslesen, sondern die wunderbar cremige Riesling Beerenauslese mit ihrer ausdrucksstarken Frucht unser Favorit.

VDP-Klassifikation umgesetzt

Die Qualitätspyramide und das Lagenkonzept des VDP finden hier mit dem Jahrgang 2014 konsequent Anwendung. Es beginnt mit den »Just« genannten Gutsweinen. Die Cuvée aus Riesling und Müller-Thurgau hat uns mit ihrer knackig-klaren Art gut gefallen. Weiter geht es mit den Ortsweinen. Hier sticht der schlanke, pure Escherndorfer Silvaner heraus. Aber auch der blumige, typische Müller-Thurgau besitzt Charme. Star der Erste-Lage-Weine ist der nach Apfel und Heu duftende, saftige Lump Silvaner mit seiner animierenden Säure. Die konzentrierten Großen Gewächse stehen zu Recht an der Spitze. Beide benötigen Luft, um sich zu entwickeln. Nach einem Tag überzeugt der Riesling mit Konzentration, Tiefe und klarer Länge. Die Unterscheidung zwischen Erster und Großer Lage stellte Horst Sauer und alle anderen VDP-Winzer in Escherndorf vor eine Zwickmühle: Wird der Lump Große Lage, dann kann der Name nicht mehr anderweitig genutzt werden. Die Lösung fand man auf einer alten Flurkarte. Die Große Lage heißt zukünftig »Am Lumpen 1655«, die Erste Lage »Lump«. Auch die Lage Fürstenberg in Escherndorf ist als Erste Lage klassifiziert. Von hier stammt ein saftiger Weißburgunder, dem etwas weniger Alkohol vielleicht besser stünde.

Horst Sauer

Keine Kellergeheimnisse

Horst Sauer brachte seinen ersten Jahrgang 1977 ein. Das war auch das Geburtsjahr seiner Tochter Sandra. Die Geisenheim-Absolventin unterstützt ihren Vater heute nun allerdings schon seit einigen Jahren. Und sie zeigt sich verantwortlich für den Keller des Gutes. Nur ein kleiner Teil der Weine wird im Holzfass ausgebaut. Spontanvergärung spielt eine gewisse Rolle, soll aber die Weine des Gutes nicht dominieren. Interessant war das im vorletzten Jahr vorgestellte Experiment mit einem bewusst oxidativ mit wenig Schwefel ausgebauten Silvaner mit dem Namen »Es ist wie es ist«.

Anzahl der verkosteten Weine: 19
Bewertungen: 83–93 Punkte

2014	Silvaner Just trocken **6,70 €** | 12,5% | bis 2017	**83**
2014	Müller-Thurgau Just trocken **6,70 €** | 12,5% | bis 2017	**84**
2014	Escherndorfer Müller-Thurgau trocken **7,– €** | 12% | bis 2017	**85**
2014	Escherndorfer Silvaner trocken **8,– €** | 12% | bis 2018	**86**
2014	Escherndorfer Fürstenberg Müller-Thurgau trocken »Erste Lage« **9,50 €** | 13% | bis 2017	**84**

2014 Escherndorfer Fürstenberg **85**
Blauer Silvaner trocken »Erste Lage«
11,20 € | 13% | bis 2018

2014 Escherndorfer Lump **89**
Silvaner »S« trocken »Erste Lage«
12,– € | 13% | bis 2022

2014 Escherndorfer Lump **88**
Riesling »S« trocken »Erste Lage«
13,– € | 12,5% | bis 2020

2014 Escherndorfer Fürstenberg **86**
Weißburgunder trocken »Erste Lage«
15,– € | 13,5% | bis 2018

2014 Silvaner Sehnsucht trocken **89**
19,– € | 13% | bis 2022

2014 Escherndorfer Am Lumpen **91**
Silvaner »Großes Gewächs«
Top 10 **23,– €** | 13% | bis 2024

2014 Escherndorfer Am Lumpen **90**
Riesling »Großes Gewächs«
24,– € | 13% | bis 2022

2014 Escherndorfer Lump **87**
Scheurebe Spätlese feinherb »Erste Lage«
11,80 € | 12% | bis 2019

2014 Escherndorfer Lump Riesling Auslese **90**
19,50 €/0,5 Lit. | 8% | bis 2028

2014 Escherndorfer Lump **89**
Silvaner Auslese »Erste Lage«
19,50 €/0,5 Lit. | 7,5% | bis 2025

2014 Escherndorfer Lump **91**
Silvaner Beerenauslese »Erste Lage«
35,– €/0,5 Lit. | 7,5% | bis 2030

2014 Escherndorfer Lump **93**
Riesling Beerenauslese »Erste Lage«
35,– €/0,5 Lit. | 6% | bis 2032

2014 Escherndorfer Lump **93**
Silvaner Trockenbeerenauslese »Erste Lage«
65,– €/0,5 Lit. | 5,5% | bis 2035

2014 Escherndorfer Lump **93**
Riesling Trockenbeerenauslese »Erste Lage«
65,– €/0,5 Lit. | 6,5% | bis 2035

WEINGUT RAINER SAUER

97332 Escherndorf · Bocksbeutelstraße 15
☎ (0 93 81) 25 27 · Fax 7 13 40
info@weingut-rainer-sauer.de
www.weingut-rainer-sauer.de
Inhaber: Helga und Rainer Sauer
Betriebsleiter: Rainer Sauer
Kellermeister: Daniel Sauer

Verkauf: Helga Sauer
Mo–Fr: 9.00–12.00 Uhr · 13.00–18.00 Uhr
Sa: 9.00–17.00 Uhr und nach Vereinbarung

Erlebenswert: Weinsommerfest am dritten Juli-Wochenende

Rebfläche: 14 Hektar
Jahresproduktion: 115.000 Flaschen
Beste Lagen: Escherndorfer Lump und Fürstenberg
Boden: Muschelkalk, Lettenkeuper und Lösslehm
Rebsorten: 61% Silvaner, 20% Müller-Thurgau, 9% Riesling, 4% Kerner, 2% rote Sorten, 4% übrige Sorten
Durchschnittsertrag: 69 hl/ha
Mitglied: VDP, Frank & Frei

Wieder sehr gut! Rainer Sauer und sein Sohn Daniel, der den Keller verantwortet, stellten uns vom Gutswein bis zum Großen Gewächs eine Reihe exzellenter Silvaner vor. Die Sorte hat bei ihnen einen Flächenanteil von 60 Prozent. Die restlichen 40 Prozent teilen sich vor allem Müller-Thurgau mit einem tollen Frank & Frei und Riesling mit einem feinwürzigen Lump. Doch zurück zum Silvaner: Der Gutswein und die beiden Ortsweine sind qualitativ und preislich kaum zu schlagen. Der feinduftige, tänzelnde Muschelkalk sei noch einmal besonders herausgehoben. Freiraum und »L« bedeuten eine weitere Steigerung. Hier tritt zur klaren Frucht auch noch Schmelz und Fülle hinzu. Da die Großen Gewächse uns immer erst im Folgejahr vorgestellt werden, verkosteten wir aktuell die 2013er Version. Und die begeistert mit rauchiger Frucht, kompromissloser Mineralität und großer Präzision. Das von uns bereits in der letzten Ausgabe gewürdigte 2012er Große Gewächs erhielt inzwischen den Siegerpreis des Silvanerforums. Die eindrucksvolle 2005er Spätlese belegt das große Entwicklungspotenzial dieser Weine.

Anzahl der verkosteten Weine: 13
Bewertungen: 84–92 Punkte

2014 Silvaner trocken **86**
6,50 € | 12% | bis 2018

2014 Müller-Thurgau trocken »Frank & Frei« **85**
6,50 € | 12% | bis 2016

2014 Escherndorfer Silvaner trocken **87**
8,50 € | 12,5% | bis 2019

2014 Escherndorfer Riesling trocken **84**
9,– € | 12,5% | bis 2016

2014 Escherndorfer Silvaner Muschelkalk trocken **88**
9,– € | 12,5% | bis 2019

2014 Silvaner Freiraum trocken **89**
11,– € | 13% | bis 2021

2014 Escherndorfer Lump **88**
Silvaner trocken »Erste Lage«
11,– € | 13% | bis 2019

2014 Escherndorfer Lump **87**
Riesling trocken »Erste Lage«
13,– € | 13% | bis 2019

2014 Silvaner »L« trocken **89**
16,– € | 13,5% | bis 2021

2014 Silvaner ab Ovo trocken **90**
22,– € | 13,5% | bis 2022

2013 Escherndorfer am Lumpen 1655 **91**
Silvaner »GG« trocken »Große Lage«
24,– € | 13,5% | bis 2023

2014 Escherndorfer am Lumpen 1655 **92**
Silvaner »Großes Gewächs«
Top 10 **24,– €** | 13,5% |

2005 Escherndorfer Lump **91**
Silvaner »L« Spätlese trocken »Erste Lage«
Preis auf Anfrage | 13,5% | bis 2018

WEINBAU EGON SCHÄFFER

97332 Escherndorf · Astheimer Straße 17
☎ (0 93 81) 93 50 · Fax 48 34
egon@weingut-schaeffer.de
www.weingut-schaeffer.de
Inhaber: Egon Schäffer

Verkauf: nach Vereinbarung

Ferienwohnung: für zwei bis vier Personen

Rebfläche: 3,4 Hektar
Jahresproduktion: 25.000 Flaschen
Beste Lagen: Escherndorfer Lump und Fürstenberg
Boden: Muschelkalk
Rebsorten: 41% Silvaner, 33% Müller-Thurgau, 14% Riesling, 5% Schwarzriesling, 4% Weißburgunder, 3% Bacchus
Durchschnittsertrag: 78 hl/ha
Mitglied: VDP

Ein eigenständiges Haus mit klaren Vorstellungen, wie Wein erzeugt werden sollte und wie nicht. Egon Schäffer ist seit 1988 verantwortlich für die Weine in dem schon 1524 erstmals erwähnten Betrieb und gehört zu den Traditionalisten im Anbaugebiet. Er lässt seinen schnörkellosen Gewächsen viel Zeit für die Reife. So konnten wir aus 2014 nur zwei Literweine probieren. Der Silvaner ist mit seiner kernigen Art erneut ein klassischer Franke. Die 2013er Lagenweine von Riesling und Silvaner sind animierend und klar. Unser Coup de Coeur gehört aber dem Orts-Silvaner. Die saftig-kernige Art macht Spaß. Bemerkenswert sind auch die ohne Jahrgangsangabe gefüllten Cuvées von Silvaner, Riesling und Müller-Thurgau mit den kuriosen, aber wahrscheinlich erklärbaren Namen es-Eule und es-Klasse. Das Reifepotenzial seiner Weine unterstrich Egon Schäfer mit 2006er und 2003er Silvaner Spätlesen nachdrücklich. Das hat Eigenständigkeit und Klasse.

Anzahl der verkosteten Weine: 13
Bewertungen: 83–90 Punkte

2014 Müller-Thurgau trocken **83**
6,50 €/1,0 Lit. | 11% | bis 2016

2014 Silvaner trocken **84**
7,60 €/1,0 Lit. | 12% | bis 2018

2013 Escherndorfer Silvaner trocken **86**
8,30 € | 12,5% | bis 2018

Cuvée »es-Klasse« trocken **87**
8,30 € | 13,5% | bis 2018

Cuvée »es-Eule« trocken **87**
8,70 € | 14% | bis 2018

2013 Escherndorfer Riesling trocken **84**
9,30 € | 12,5% | bis 2017

2013 Escherndorfer Fürstenberg **86**
Weißburgunder trocken »Erste Lage«
12,80 € | 13,5% | bis 2018

2013 Escherndorfer Lump **87**
Silvaner trocken »Erste Lage«
13,30 € | 13,5% | bis 2020

2013 Escherndorfer Lump **87**
Riesling trocken »Erste Lage«
14,80 € | 13,5% | bis 2020

2010 Escherndorfer Lump **88**
Riesling 06/12 Spätlese trocken
Preis auf Anfrage | 13,5% | bis 2020

2009 Escherndorfer Lump **89**
Silvaner 06/11 Spätlese trocken
Preis auf Anfrage | 13,5% | bis 2020

2006 Escherndorfer Fürstenberg **89**
Silvaner 5/07 Spätlese
Preis auf Anfrage | 13% | bis 2018

2003 Escherndorfer Lump Silvaner 15/04 Spätlese **90**
Preis auf Anfrage | 14% | bis 2018

WEINGUT SCHEURING

97276 Margetshöchheim · Lutzgasse 6
☎ (09 31) 46 36 33 · Fax 3 04 68 38
info@weingut-scheuring.de
www.weingut-scheuring.de

Inhaberin und Betriebsleiterin: Ilonka Scheuring

Verkauf: Familie Scheuring
nach Vereinbarung

Klare Sortenart und sauberes Finish zeichnen die 2014er des Gutes aus. Die Weine sind oft vielleicht etwas zu entgegenkommend. Weniger Restsüße wäre sicherlich ein Weg, ihnen mehr Charakter zu verleihen. Seit fast dreißig Jahren betreibt die Familie Scheuring Weinbau in Margetshöchheim. Ilonka Scheuring, die für 2010/2011 die Auszeichnung DLG Jungwinzerin des Jahres erhielt, stellte uns im letzten Jahr erstmals Weine vor. Und was wir aus den Jahrgängen 2012 und 2013 verkosten konnten, hatte uns so gut gefallen, dass wir gerne direkt die erste Traube vergaben. Im Herbst nach der Lese und im Frühjahr nach Fasching kann man die Weine in der Heckenwirtschaft probieren.

Anzahl der verkosteten Weine: 6
Bewertungen: 83–85 Punkte

2014 Silvaner trocken Basic **83**
7,– € | 11,5% | bis 2016

2014 Scheurebe Basic **83**
7,– € | 12,5% | bis 2016

2014 Riesling trocken Klassisches Franken **84**
9,– € | 13% | bis 2017

2014 Silvaner trocken Klassisches Franken **85**
9,– € | 12,5% | bis 2018

2014 Grauburgunder **85**
trocken Klassisches Franken
9,– € | 13,5% | bis 2018

2013 Spätburgunder **83**
trocken Klassisches Franken
9,– € | 12,5% | bis 2016

Die Betriebe:
Weltklasse · Deutsche Spitze
Sehr gut · Gut · Zuverlässig
Weitere Empfehlung

WEINGUT SCHLOSS HALLBURG

97332 Volkach · Schloss Hallburg
☎ (0 93 81) 24 15 · Fax 37 80
schlosshallburg@schoenborn.de
www.schoenborn.de
Inhaber: Paul Graf von Schönborn-Wiesentheid
Verwalter: Georg Hünnerkopf
Kellermeister: Klaus Wagenbrenner

Verkauf: im Gut
Mo–Fr: 8.30–17.00 Uhr
in der Vinothek
Sa–So, feiertags: 11.00–17.00 Uhr

Gutsausschank: Schloss Hallburg mit Romantikgarten, ☎ (0 93 81) 23 40
Spezialität: mediterran-regionale Küche
Historie: seit 1806 in Familienbesitz
Erlebenswert: Musikveranstaltungen

Rebfläche: 32 Hektar
Jahresproduktion: 220.000 Flaschen
Beste Lage: Hallburger Schlossberg
Boden: Keuper auf Muschelkalk, tonhaltiger, steiniger Lösslehm
Rebsorten: 27% Silvaner, 14% rote Sorten, 12% Riesling, 11% Grauburgunder, 10% Weißburgunder, je 8% Bacchus und Müller-Thurgau, 10% übrige Sorten
Durchschnittsertrag: 58 hl/ha

Das renommierte Gut tut sich nach wie vor schwer nach den Turbulenzen, in denen sich die Schönborn'schen Güter befanden, wieder zur Ruhe zu kommen. Die Mitgliedschaft im VDP ruht zurzeit. In die Vorgänge im Rheingau war am Rande auch der Hallburger Betrieb involviert. Das Qualitätsniveau ist leider auch 2014 nicht wirklich überzeugend. Immerhin sticht bei den Gutsweinen die saftig-rassige, sortentypische Scheurebe heraus. Auch die aus dieser Reihe stammenden und in Bordeauxflaschen abgefüllten Burgundersorten sind durchaus solide. Die 2013er Hallburger Dreisterneweine von den gleichen Rebsorten zeigen Saft und Substanz bei einer deutlichen Holzprägung. Aus 2012 wurde uns ein nach Schinkenspeck, Wildcassis und Brombeeren duftender Spätburgunder vorgestellt. Der Wein verbindet Struktur und Fülle mit einem festen Finish.

Rote Symbole: Diese Betriebe verdienen in ihrer Klasse besondere Aufmerksamkeit

Anzahl der verkosteten Weine: 16
Bewertungen: 81–87 Punkte

2014	Müller-Thurgau trocken **6,80 €** | 11% | 🍷 bis 2016	**81**
2014	Silvaner trocken **7,20 €** | 13% | 🍷 bis 2016	**81**
2014	Riesling trocken **7,50 €** | 11,5% | 🍷 bis 2016	**83**
2014	Scheurebe trocken **7,50 €** | 11% | 🍷 bis 2017	**84**
2014	Grauburgunder trocken **8,– €** | 13% | 🍷 bis 2016	**83**
2014	Weißburgunder trocken **8,– €** | 13% | 🍷 bis 2016	**83**
2014	Hallburger Silvaner trocken **8,80 €** | 13% | 🍷 bis 2016	**81**
2014	Hallburger Riesling trocken **8,80 €** | 12% | 🍷 bis 2017	**84**
2014	Gaibacher Silvaner trocken Alte Reben **9,50 €** | 13,5% | 🍷 bis 2016	**83**
2014	Hallburger Schlossberg Silvaner trocken **13,– €** | 13,5% | 🍷 bis 2017	**84**
2014	Hallburger Schlossberg Riesling trocken **13,– €** | 13% | 🍷 bis 2018	**86**
2013	Hallburger Grauburgunder trocken *** **16,80 €** | 13% | 🍷 bis 2017	**85**
2013	Hallburger Weißburgunder trocken *** **16,80 €** | 13% | 🍷 bis 2017	**85**
2013	Hallburger Schlossberg Silvaner trocken Holzfass *** **17,80 €** | 12% | 🍷 bis 2018	**85**
2014	Volkacher Ratsherr Silvaner trocken **24,50 €** | 13,5% | 🍷 bis 2017	**84**
2012	Hallburger Schlossberg Spätburgunder trocken Barrique *** **28,80 €** | 14% | 🍷 bis 2018	**87**

WEINGUT BERTHOLD SCHMACHTENBERGER

97236 Randersacker · Klosterstraße 43
☎ (09 31) 70 78 50 · Fax 70 89 61
mail@weine-mit-charakter.de
www.weine-mit-charakter.de
Inhaber: Markus Schmachtenberger
Kellermeister: Markus Schmachtenberger

Verkauf: Familie Schmachtenberger
Mo–Fr: 9.00–19.00 Uhr, Sa: 9.00–17.00 Uhr

Wieder eine stimmige Kollektion: Zwei typische Kabinette von Riesling und Silvaner sowie eine Silvaner-Spätlese haben uns überzeugt. Der »Greif« genannte Wein aus dem Sonnenstuhl ist kernig, zeigt gute Substanz und ein klares Finish. Die Familie ist seit rund 700 Jahren dem Weinbau verbunden und seit Mitte des 18. Jahrhunderts in Randersacker ansässig. Senior Berthold Schmachtenberger ist nun im Ruhestand und Junior Markus hat das Ruder übernommen. Er konzentriert sich auf Weißweine, die in der neuen Vinothek gerne vorgestellt werden.

Anzahl der verkosteten Weine: 8
Bewertungen: 80–85 Punkte

2014 Randersackerer Sonnenstuhl **83**
Silvaner Kabinett trocken
5,20 €/1,0 Lit. | 11,5% | bis 2016

2014 Randersackerer Sonnenstuhl **83**
Weißburgunder Kabinett trocken
5,60 € | 12,5% | bis 2016

2014 Randersackerer Ewig Leben **83**
Silvaner Quaderkalk Kabinett trocken
5,80 € | 12,5% | bis 2016

2014 Randersackerer Marsberg **84**
Riesling Quaderkalk Kabinett trocken
6,– € | 11,5% | bis 2017

2014 Randersackerer Sonnenstuhl **84**
Silvaner Alte Reben Kabinett trocken
6,50 € | 12% | bis 2017

2014 Randersackerer Sonnenstuhl **85**
Silvaner Greif Spätlese trocken
9,50 € | 13% | bis 2018

2014 Randersackerer Marsberg **82**
Scheurebe Kabinett halbtrocken
5,20 € | 11,5% | bis 2016

2013 Randersackerer Ewig Leben **80**
Spätburgunder trocken
7,50 € | 13% | bis 2016

WEINGUT SCHMITT'S KINDER

97236 Randersacker · Am Sonnenstuhl 45
☎ (09 31) 7 05 91 97 · Fax 7 05 91 98
weingut@schmitts-kinder.de
www.schmitts-kinder.de
Inhaber: Martin Joh. Schmitt
Betriebsleiter: Karl Martin und Martin Joh. Schmitt, Renate Marie Schmitt
Kellermeister: Martin Joh. Schmitt

Verkauf: Renate Marie Schmitt
Mo–Fr: 8.00–18.00 Uhr
Sa: 9.00–17.00 Uhr und nach Vereinbarung

Historie: Weinbau in der Familie seit 1710
Sehenswert: wechselnde Ausstellungen des Landschaftsmalers Andi Schmitt

Rebfläche: 14 Hektar
Jahresproduktion: 100.000 Flaschen
Beste Lagen: Randersacker Pfülben, Sonnenstuhl, Marsberg und Teufelskeller
Boden: Muschelkalkverwitterung
Rebsorten: 34% Silvaner, 14% Riesling, 12% Müller-Thurgau, 8% Spätburgunder, 32% übrige Sorten
Durchschnittsertrag: 54 hl/ha
Mitglied: VDP, Trias

Die 2014er Weißweine schließen für uns leider nicht an das gute Vorjahr an. Weder die Erste-Lage-Weine aus Sonnenstuhl und Marsberg noch die Großen Gewächse aus dem Pfülben besitzen den Schliff und den Ausdruck der 2013er. Der etwas ungewöhnliche Name des Betriebs ist auf das Jahr 1910 und eine Entscheidung der damaligen Erben zurückzuführen. Sie teilten nicht, sondern bewirtschafteten das Gut gemeinsam als »Schmitt's Kinder«. Der Zusammenhalt wird auch einige Generationen später gepflegt. Karl Martin Schmitt, der Senior, kann auf Junior Martin Johannes als tüchtigen Mitstreiter ebenso zählen wie auf die Hilfe von drei weiteren Kindern. Bei den Spätburgunder-Rotweinen konnte das Vorjahresniveau gehalten werden. Sowohl der Spätburgunder Tradition als auch das Große Gewächs aus dem Randersacker Pfülben zeigen feste Struktur, klaren Fluss und gute Länge!

Anzahl der verkosteten Weine: 12
Bewertungen: 83–90 Punkte

2014 Randersackerer Silvaner trocken **83**
7,– € | 12% | bis 2016

2014 Randersackerer Sonnenstuhl **84**
Silvaner trocken »Erste Lage«
9,– € | 12,5% | bis 2017

2014 Randersackerer Marsberg **84**
Weißburgunder trocken »Erste Lage«
9,60 € | 13% | bis 2017

2014 Randersackerer Sonnenstuhl **86**
Riesling trocken »Erste Lage«
10,50 € | 13% | bis 2018

2014 Randersackerer Sonnenstuhl **84**
Scheurebe trocken »Erste Lage«
12,– € | 13% | bis 2017

2014 Randersackerer Marsberg **85**
Riesling Spielberg trocken »Erste Lage«
14,50 € | 13% | bis 2017

2014 Randersackerer Pfülben **87**
Silvaner »Großes Gewächs«
20,– € | 13,5% | bis 2019

2014 Randersackerer Pfülben **88**
Riesling »Großes Gewächs«
22,– € | 13% | bis 2019

2014 Randersackerer Sonnenstuhl **90**
Rieslaner Auslese trocken »Erste Lage«
13,– €/0,375 Lit. | 10% | bis 2024

2014 Randersackerer Marsberg **87**
Riesling Auslese »Erste Lage«
15,– €/0,375 Lit. | 9,5% | bis 2021

2013 Randersackerer Sonnenstuhl **88**
Spätburgunder Tradition trocken »Erste Lage«
€ **14,50 €** | 13,5% | bis 2020

2013 Randersackerer Sonnenstuhl **89**
Spätburgunder »Großes Gewächs«
30,– € | 13,5% | bis 2021

WEINGUT TROCKENE SCHMITTS

97236 Randersacker · Maingasse 14/Flecken 1
☎ (09 31) 70 04 90 · Fax 3 04 88 15
info@durchgegorene-weine.de
www.durchgegorene-weine.de
Inhaber und Betriebsleiter: Paul und Bruno Schmitt

Verkauf: Angela und Bruno Schmitt
Mo–Fr: 8.00–18.00 Uhr
Sa: 9.00–16.00 Uhr und nach Vereinbarung

Weinrestaurant: »Ewig Leben«
Di–Do ab 16.00 Uhr, Fr–So ab 11.00 Uhr
Historie: Familienbetrieb seit 1680

Rebfläche: 15 Hektar
Jahresproduktion: 110.000 Flaschen
Beste Lagen: Randersacker Pfülben, Sonnenstuhl und Marsberg
Boden: Muschelkalk
Rebsorten: 30% Silvaner, 25% Müller-Thurgau, je 10% Riesling und rote Sorten, 25% übrige Sorten
Durchschnittsertrag: 61 hl/ha
Mitglied: Slow Food, Silvaner-Forum

Erneut zeichnet ein durchgängig hohes Niveau den aktuellen Jahrgang bei den Trockenen Schmitts aus: vom knackig-typischen Müller-Thurgau über den schlanken, schnörkellosen Weißburgunder Kabinett bis zur saftigen Silvaner Spätlese aus dem Sonnenstuhl. Hier findet der Weinfreund wirklich trockene, rebsortentypische Franken-Weine. Mit dem Jahrgang 2002 vereinten die Brüder Paul und Bruno Schmitt ihre beiden Betriebe (Paul Schmitt und Robert Schmitt) zum Weingut Trockene Schmitts. Die schon vorher bei beiden praktizierte Philosophie ist einfach, klar und wird im Gutsnamen deutlich: Alle Weine sind durchgegoren, ohne Mostanreicherung und Süßreserve. Inzwischen hilft Pauls Sohn Lothar mit. Von den nachgereichten 2013ern seien der charaktervolle Riesling aus dem Pfülben und der saftig-klare Silvaner Alte Reben besonders erwähnt. Dass man sich auf Rotwein versteht, belegt der klare 2012er Frühburgunder mit feiner Frucht.

Die Weine:
100 Perfekt · **95–99** Überragend · **90–94** Exzellent
85–89 Sehr gut · **80–84** Gut · **75–79** Passabel

Aufsteiger

Anzahl der verkosteten Weine: 11
Bewertungen: 85–88 Punkte

Jahrgang	Wein	Punkte
2014	Randersacker Ewig Leben Müller-Thurgau Kabinett trocken **5,70 €** | 12% | bis 2017	**85**
2014	Randersacker Pfülben Silvaner Kabinett trocken **7,80 €** | 12,5% | bis 2018	**85**
2014	Randersacker Marsberg Weißburgunder Kabinett trocken **8,50 €** | 12,5% | bis 2018	**86**
2014	Randersacker Ewig Leben Sauvignon Blanc Kabinett trocken **9,50 €** | 12,5% | bis 2018	**86**
2014	Randersacker Sonnenstuhl Silvaner Konsequent Spätlese trocken **8,90 €** | 13% | bis 2020	**87**
2014	Randersacker Lämmerberg Silvaner & Traminer Konsequent Spätlese trocken **10,50 €** | 13% | bis 2019	**86**
2013	Randersacker Pfülben Riesling Konsequent Spätlese trocken **10,90 €** | 13% | bis 2021	**88**
2013	Randersacker Sonnenstuhl Silvaner Konsequent Spätlese trocken Alte Reben **11,50 €** | 13% | bis 2021	**88**
2013	Randersacker Pfülben Weißburgunder Konsequent Spätlese trocken **12,50 €** | 13,5% | bis 2018	**86**
2013	Randersacker Sonnenstuhl Rieslaner Konsequent Spätlese trocken Alte Reben **13,50 €** | 13,5% | bis 2021	**88**
2012	Randersacker Sonnenstuhl Frühburgunder Konsequent Spätlese trocken **15,50 €** | 13,5% | bis 2019	**88**

WEINGUT SCHWAB

97291 Thüngersheim · Bühlstraße 17
☎ (0 93 64) 8 91 83 · Fax 8 91 84
info@weingut-schwab-franken.de
www.weingut-schwab-franken.de
Inhaber: Thomas Schwab
Betriebsleiter: Thomas und Martin Schwab

Verkauf: Andrea Schwab
Mo–Fr: 8.00–18.00 Uhr
Sa–So: nach Vereinbarung

Erlebenswert: Musik und Kabarett im Hof, Käseseminare, November-Wein-Nacht

Rebfläche: 12 Hektar
Jahresproduktion: 80.000 Flaschen
Beste Lagen: Thüngersheimer Johannisberg und Scharlachberg
Boden: Muschelkalkverwitterung
Durchschnittsertrag: 58 hl/ha
Mitglied: VDP

Glückwunsch zur zweiten Traube! Aus der insgesamt überzeugenden Kollektion stechen das opulente, gut strukturierte 2013er Große Gewächs, der fast expressiv fruchtige Silvaner Kapellenberg und die saftig-knackige Scheurebe mit Grapefruitton heraus. Der positive Trend der letzten Jahre hat sich also eindrucksvoll fortgesetzt. Thomas und Andrea Schwab führen den Elf-Hektar-Betrieb seit 1990. Derzeit wird auf das neue Bezeichnungssystem des VDP umgestellt. Der Ortswein trägt zusätzlich noch das Prädikat Kabinett, die Erste Lage analog Spätlese. Bemerkenswert sind in diesem Jahr auch zwei Beerenauslesen von für dieses Prädikat nicht typischen Rebsorten. Bei Müller-Thurgau notierten wir: erinnert im Duft an Rosinen und Honig, feine Säure, klares Finish. Und bei Solaris, einer pilzresistenten Neuzüchtung: Rosinen, Hauch Minze, gute Säure.

Zeichenerklärung:
Schnäppchenpreis · Top 10 Spitzenreiter
Ökobetrieb · Trink-Tipp · Versteigerungswein
Sekt | Weißwein | Rotwein | Roséwein

Anzahl der verkosteten Weine: 9
Bewertungen: 83–89 Punkte

2014	Cuvée »enjoy« trocken **6,– €** | 12% | bis 2016	**84**
2013	Thüngersheimer Johannisberg Silvaner Rothlauf »Großes Gewächs« **17,– €** | 13% | bis 2020	**89**
2014	Thüngersheimer Müller-Thurgau Kabinett trocken **6,– €** | 11% | bis 2016	**83**
2014	Thüngersheimer Silvaner Kabinett trocken **7,– €** | 12% | bis 2017	**85**
2014	Thüngersheimer Scheurebe Kabinett trocken **7,50 €** | 11,5% | bis 2019	**87**
2014	Thüngersheimer Johannisberg Silvaner Spätlese trocken »Erste Lage« **10,– €** | 13% | bis 2020	**88**
2014	Thüngersheimer Müller-Thurgau Beerenauslese **14,– €**/0,375 Lit. | 11,5% | bis 2020	**88**
2014	Thüngersheimer Solaris Beerenauslese **17,– €**/0,375 Lit. | 11,5% | bis 2020	**87**
2013	Cuvée »Fruitione Rubro« Spätlese trocken **15,– €** | 12,5% | bis 2017	**84**

SCHWAB
DAS WEINGUT
FRANKEN

WEINGUT ZUR SCHWANE

97332 Volkach · Erlachhof 7
☎ (0 93 81) 7 17 60 · Fax 71 76 20
weingut@schwane.de
www.schwane.de
Inhaber: Eva Pfaff-Düker und Ralph Düker
Betriebsleiter: Christian Kallisch
Kellermeister: Stefan Ott und Eva Pfaff-Düker

Verkauf: Eva Pfaff–Düker und Ralph Düker
Mo–Fr: 8.00–16.30 Uhr und nach Vereinbarung

Eine stimmige Kollektion! Rebsortentypische, saftige 2014er mit Ausdruck und Animation: Etwa der rosenduftige Traminer, die stilistisch eher feinherbe Scheurebe mit Kräuter- und Grapefruitnoten oder der kraftvoll-klassische Volkacher Silvaner, ein Ortswein im Sinne der VDP-Lagenklassifikation. Die Kennzeichnung der Weine folgt in diesem Jahr konsequent diesen Vorgaben. Das 2013er Große Gewächs fällt etwas ab, die Nachfolger konnten wir leider noch nicht verkosten. Eva Pfaff-Düker und Ralph Düker sind die Inhaber dieses 30-Hektar-Weingutes und des dazugehörigen renommierten Romantikhotels. Sie verstehen sich auf pfiffige Ausstattung und sind experimentierfreudig, die klare Linie wird wieder durchaus erkennbar.

Anzahl der verkosteten Weine: 8
Bewertungen: 83–86 Punkte

2014	Silvaner trocken **7,– €** | 12,5% | bis 2017	**83**
2014	Volkacher Silvaner trocken **8,50 €** | 12,5% | bis 2018	**85**
2014	Volkacher Scheurebe trocken **8,90 €** | 12,5% | bis 2018	**86**
2014	Volkacher Weißburgunder trocken **11,– €** | 12,5% | bis 2018	**85**
2014	Traminer trocken **13,– €** | 12,5% | bis 2019	**86**
2013	Escherndorfer Am Lumpen 1655 Silvaner »Großes Gewächs« **22,– €** | 13,5% | bis 2018	**85**
2014	Escherndorfer Spätburgunder trocken Blanc de Noirs Preis auf Anfrage | 13% | bis 2018	**85**
2012	Escherndorfer Spätburgunder trocken **25,– €** | 14% | bis 2017	**85**

Die Weine:
100 Perfekt · **95–99** Überragend · **90–94** Exzellent
85–89 Sehr gut · **80–84** Gut · **75–79** Passabel

WINZER SOMMERACH DER WINZERKELLER

97334 Sommerach · Zum Katzenkopf 1
☎ (0 93 81) 8 06 10 · Fax 45 51
info@winzer-sommerach.de
www.winzer-sommerach.de
Geschäftsführer: Frank Dietrich
Kellermeister: Helmut Glaser, Stefan Gerhard

Verkauf: Vinothek
Mo–Fr: 9.00–18.00 Uhr
Sa–So, feiertags: 10.00–18.00 Uhr

Vinothek: »Weinreich«, mit Weinschule, Ausschank und fränkischen Schmankerln
Sommerbar: geöffnet in den Sommermonaten
Historie: Gründung 1901
Sehenswert: grandioser Barriquekeller, Erlebnisrundgang im Weinreich

Rebfläche: 190 Hektar
Zahl der Mitglieder: 225
Jahresproduktion: 1,2 Mio. Flaschen
Beste Lagen: Sommeracher Katzenkopf, Escherndorfer Lump und Fürstenberg
Boden: Muschelkalk, sandiger Lehm
Rebsorten: 25% Silvaner, 23% Müller-Thurgau, 19% Bacchus, 10% Domina, 6% Riesling, 17% übrige Sorten
Durchschnittsertrag: 69 hl/ha

Eine starke Weißweinkollektion: Das ist Drei-Trauben-Niveau. Schon der Basis-Weißburgunder überzeugt und die Spitzen der mit Selsam & Schneider gekennzeichneten Reihe stechen heraus: der Fürstenberg-Silvaner mit kerniger Fülle und frischer Frucht sowie der Lump-Riesling mit Noten von reifem Zitrus, Saft, Länge und toller Säure. Neben einer Bonitur der Weinberge, mit der jede einzelne Parzelle der Mitgliedsfamilien bewertet wird, vereinbart Geschäftsführer Frank Dietrich individuell mit den Familien, für welchen Wein ihr Lesegut vorgesehen ist und welche Qualität während der Vegetationsperiode angestrebt werden soll. Mit dieser weingutsähnlichen Differenzierung gelingt es den Sommerachern, das Potenzial ihrer kleinen Erwerbsstrukturen voll auszuschöpfen. Dieses Qualitätsstreben kommt auch in zwei Weinen mit Restsüße zum Ausdruck: der klarfruchtigen, eleganten Traminer Spätlese und der nach Birne und reifer Ananas duftenden, schmelzigen Weißburgunder Trockenbeerenauslese.

Anzahl der verkosteten Weine: 12
Bewertungen: 83-91 Punkte

2014	Silvaner Edition St. Valentin trocken **5,50 €** | 12% | bis 2016	**83**
2014	Weißburgunder Edition St. Valentin trocken **6,- €** | 12% | bis 2017	**85**
2014	Sauvignon Blanc Weinreich Eins trocken Premium **12,- €** | 13% | bis 2018	**86**
2014	Silvaner Selsam & Schneider Andererseits trocken Premium **15,- €** | 13% | bis 2021	**88**
2014	Sommeracher Katzenkopf Weißburgunder Supremus trocken Holzfass **22,- €** | 13% | bis 2019	**87**
2014	Escherndorfer Fürstenberg Silvaner Selsam & Schneider trocken **22,- €** | 13,5% | bis 2022	**88**
2014	Escherndorfer Lump Riesling Selsam & Schneider »Großes Gewächs« **22,- €** | 12,5% | bis 2021	**89**
2014	Sommeracher Katzenkopf Silvaner Spätlese trocken **9,- €** | 12,5% | bis 2017	**84**
2014	Sommeracher Katzenkopf Gewürztraminer Spätlese **9,- €** | 11,5% | bis 2020	**87**
2013	Sommeracher Katzenkopf Weißburgunder Trockenbeerenauslese **39,- €**/0,375 Lit. | 9,5% | bis 2032	**91**
2012	Spätburgunder Selsam & Schneider Andererseits trocken Barrique **18,- €** | 14% | bis 2019	**87**
2013	Cabernet R Weinreich Eins trocken Premium Barrique Preis auf Anfrage | 14,5% | bis 2018	**83**

SCHLOSS SOMMERHAUSEN

97286 Sommerhausen · Hauptstraße 25
☎ (0 93 33) 2 60 · Fax 14 88
info@sommerhausen.com
www.sommerhausen.com
Inhaber: Familie Martin Steinmann
Betriebsleiter: Martin Steinmann
Kellermeister: Martin Steinmann und Matteo Strasser

Verkauf: Martin Steinmann, Alina Lehmen
Mo–Fr: 10.00–18.00 Uhr, Sa: 10.00–16.00 Uhr
So, feiertags: 10.00–14.00 Uhr
und nach Vereinbarung

Nur der 2013er Spätburgunder hat uns in der aktuellen Kollektion gefallen. Die klare Frucht mit Anklängen an helle Kirschen verbindet sich auf feine Weise mit dezenten Holznoten. Die trockenen Gutsweine zeigen wenig Spiel und wirken strapaziert. Bei den höheren Qualitäten kaschiert die Süße nur selten die durch Botrytis bedingte Herbe im Finish. Ein schwieriges Jahr für dieses renommierte Haus!

Anzahl der verkosteten Weine: 12
Bewertungen: 80–86 Punkte

2014	Grüner Silvaner vom Quaderkalk trocken **8,50 €** | 11,5% | bis 2016	**82**
2014	Auxerrois vom Quaderkalk trocken **9,50 €** | 11% | bis 2016	**83**
2014	Sommerhäuser Steinbach Silvaner trocken »Erste Lage« **11,– €** | 13,5% | bis 2016	**81**
2014	Sommerhäuser Steinbach Riesling trocken »Erste Lage« **11,– €** | 13,5% | bis 2016	**81**
2014	Weißburgunder vom Quaderkalk trocken **11,50 €** | 12,5% | bis 2016	**83**
2014	Muskatsilvaner & Muskateller Dinarazade trocken **12,50 €** | 12,5% | bis 2016	**80**
2014	Riesling vom Quaderkalk feinherb **9,50 €** | 11,5% | bis 2016	**82**
2014	Sommerhäuser Reifenstein Bukett-Traube **23,– €** | 10,5% | bis 2016	**82**
2014	Sommerhäuser Steinbach Sonnenuhr Riesling Spätlese **23,– €** | 10,5% | bis 2016	**83**
2014	Sommerhäuser Steinbach Scheurebe Spätlese **23,– €** | 10% | bis 2017	**84**
2014	Sommerhäuser Reifenstein Gewürztraminer Auslese **18,– €**/0,5 Lit. | 10% | bis 2018	**84**
2013	Sommerhäuser Steinbach Spätburgunder trocken »Erste Lage« **15,– €** | 13,5% | bis 2018	**86**

WINZERHOF AM SPIELBERG

97236 Randersacker
· Ochsenfurter Straße 21
☎ (09 31) 70 76 97 · Fax 7 05 92 15
info@winzerhof-schenk.de
www.winzerhof-schenk.de
Inhaber: Otto und Thomas Schenk

Verkauf: nach Vereinbarung

Trauben von sechs Hektar werden im Winzerhof am Spielberg verarbeitet. Die uns vorgestellten Ergebnisse sind rundum solide. Bei den Literweinen kann mit Ausnahme des typischen Bacchus allerdings noch etwas zugelegt werden. Leicht und unbeschwert genießen lässt sich die trockene Scheurebe. Und die Cuvée Bodenschatz zeigt echten Charakter! Silvaner, Scheurebe, Müller-Thurgau und Riesling von alten Reben verbinden sich zu einem saftig-animierenden Trunk. Bei der »Quercus« genannten Barriquelinie hält die Substanz nur knapp mit dem Holzeinsatz Schritt. Aber der Ansatz erscheint uns vielversprechend. Wir sind auf die nächsten Jahre gespannt.

Anzahl der verkosteten Weine: 11
Bewertungen: 80–85 Punkte

2014	Scheurebe »SVG« trocken **6,60 €** | 11,5% | bis 2017	**84**
2014	Cuvée »Bodenschatz« trocken Alte Reben **6,60 €** | 12% | bis 2018	**85**
2013	Silvaner Quercus trocken Premium Barrique **10,– €** | 13% | bis 2017	**84**
2014	Randersacker Marsberg Riesling Kabinett trocken **6,60 €** | 12,5% | bis 2017	**84**
2014	Randersacker Sonnenstuhl Silvaner Kernstück Spätlese trocken »sur lie« **8,40 €** | 12,5% | bis 2017	**83**
2014	Randersacker Ewig Leben Bacchus feinherb **5,80 €**/1,0 Lit. | 10,5% | bis 2016	**82**
2014	Randersacker Marsberg Scheurebe Spätlese feinherb **8,40 €** | 11,5% | bis 2016	**82**
2013	Pinot Noir Quercus trocken Premium Barrique **14,50 €** | 12,5% | bis 2018	**84**
2014	Randersacker Sonnenstuhl Spätburgunder trocken **6,60 €** | 12,5% | bis 2016	**83**

STAATLICHER HOFKELLER WÜRZBURG

97070 Würzburg · Residenzplatz 3
☎ (09 31) 3 05 09 23 · Fax 3 05 09 66
hofkeller@hofkeller.bayern.de
www.hofkeller.de
Direktor: Michael Jansen
Betriebsleiter: Klaus Kuhn
Kellermeisterin: Friederike Voigtländer

Verkauf: Siegbert Henkelmann
Mo–Fr: 9.00–18.00 Uhr, Sa: 10.00–16.00 Uhr
Jan.–März
Sa: 10.00–14.00 Uhr

Gutsausschank: Residenzgaststätten, Gutsschänke Stollburg in Handthal
Historie: Hofkeller seit 1128
Sehenswert: Würzburger Residenz, historischer Holzfasskeller, Barriquekeller, neue Vinothek

Rebfläche: 120 Hektar
Jahresproduktion: 850.000 Flaschen
Beste Lagen: Würzburger Stein und Innere Leiste, Randersacker Pfülben, Großheubacher Bischofsberg
Boden: Urgestein, roter Buntsandstein, Muschelkalk, Keuper, Terrassensande des Mains, Löss
Rebsorten: 27% Silvaner, 25% Riesling, 15% Müller-Thurgau, 9% Spätburgunder, 5% Rieslaner, 4% Domina, 15% übrige Sorten
Durchschnittsertrag: 60 hl/ha
Mitglied: VDP

Deutlich verbessert präsentiert sich der Staatliche Hofkeller mit den 2014ern. Gutsdirektor Michael Jansen beendete vor einigen Jahren die Phase diverser Führungswechsel und brachte den schwerfällig gewordenen Traditionsbetrieb mit einigen Investitionen wieder auf Kurs. Ein rascher Wechsel musste in der Leitung des Kellers verdaut werden. Auf Christine Pröstler folgte Friederike Voigtländer. Sie kam von Fürst Löwenstein und hat es im Keller jetzt mit ganz anderen Dimensionen zu tun. Und mit denen scheint sie nun vertraut zu sein. Die Silvaner Reihe ist beachtlich mit einem kernig-klassischen Stein Großes Gewächs an der Spitze. Bei den Weißburgundern aus dem Stein gefällt uns zurzeit die Erste Lage deutlich besser als das Große Gewächs. Saftig-klar, mit süßen Zitrusnoten, ist der Riesling aus dem Pfülben ein würdiger Schlussstein in dieser Kollektion.

Anzahl der verkosteten Weine: 13
Bewertungen: 81–89 Punkte

2014 Silvaner trocken **83**
7,20 € | 12% | bis 2016

2014 Randersacker Riesling trocken **83**
7,70 € | 12,5% | bis 2016

2014 Randersacker Marsberg Silvaner trocken »Erste Lage« **87**
9,90 € | 13% | bis 2019

2014 Iphöfer Julius-Echter-Berg Silvaner trocken »Erste Lage« **86**
12,– € | 13% | bis 2018

2014 Würzburger Stein Weißburgunder trocken »Erste Lage« Holzfass **87**
13,– € | 12,5% | bis 2018

2014 Würzburger Stein Riesling trocken »Große Lage« **88**
23,90 € | 13% | bis 2021

2014 Würzburger Stein Silvaner trocken »Große Lage« **89**
23,90 € | 13,5% | bis 2024

2014 Randersacker Pfülben Riesling trocken »Große Lage« **89**
23,90 € | 13% | bis 2022

2014 Würzburger Stein Weißburgunder trocken »Große Lage« Holzfass **87**
25,90 € | 14% | bis 2019

2014 Hörsteiner Abtsberg Riesling Kabinett »Erste Lage« **85**
9,90 € | 11,5% | bis 2018

2014 Würzburger Stein Rieslaner Spätlese **88**
13,50 € | 11,5% | bis 2024

2014 Würzburger Stein Rieslaner Spätlese »Erste Lage« **88**
13,50 € | 11,5% | bis 2020

WINZERHOF STAHL

97215 Auernhofen · Lange Dorfstraße 21
☎ (0 98 48) 9 68 96 · Fax 9 68 98
mail@winzerhof-stahl.de
www.winzerhof-stahl.de
Inhaber und Kellermeister: Christian Stahl
Außenbetrieb: Maximilian von Dungern und Florian Hofmann

Verkauf: Katharina Witteck
nach Vereinbarung

Weinrestaurant: mit malerischem Innenhof
Sehenswert: moderne Vinothek

Rebfläche: 20 Hektar
Jahresproduktion: 160.000 Flaschen
Beste Lagen: Tauberzeller Hasennestle, Randersacker Sonnenstuhl und Marsberg, Sommerhäuser Steinbach, Eibelstädter Mönchsleite, Sulzfelder Cyriakusberg
Boden: Muschelkalk, Gipskeuper
Durchschnittsertrag: 55 hl/ha
Mitglied: Vielfalter, Tauberedition, Slow Food

Weißburgunder und Sauvignon Blanc heißen die Gewinner des Jahres bei Christian Stahl. Er lernte bei Ludwig Knoll in Würzburg und studierte dann in Geisenheim. Beheimatet ist sein Betrieb in Auernhofen am Rande des Taubertals rund 25 Kilometer nördlich von Rothenburg. Bei der Deklaration spielt er gern mit seinem Namen. »Federstahl« steht für die Basis, »Damaszener« und »Edelstahl« für die nächsten Stufen. Eine besondere Kategorie sind die Ehlstahl-Weine. Hier unterstützt ihn Andreas Ehl bei der Konzeption des Weines. Der blütenduftige, kompakte Sauvignon Blanc gehört in diese Gruppe. Interessant ist die diesjährige Silvaner-Reihe. Der Basiswein, »Springinsfeld« genannt, verbindet saubere Frucht und leichte Süße zu einem runden Gesamteindruck. Der Randersackerer Sonnenstuhl, erstmals wird für einen Silvaner der Lagenname verwendet, ist kernig und präzise, aber auch leicht von Süße gestützt. Unverkennbar prägt den konzentrierten Silvaner Best-of auch eine leichte Überreife, ein schöner Spiegel der Herausforderungen während der 2014er Lese. Der geschliffene Riesling Marsberg und der feinfruchtige, geschmeidige Müller-Thurgau aus dem Hasennestle sollen nicht unerwähnt bleiben.

Anzahl der verkosteten Weine: 11
Bewertungen: 84–88 Punkte

2014	Federstahl Sommer trocken Cuvée **6,90 €** | 11,5% | 🍷 bis 2016	**84**
2014	Silvaner Damaszenerstahl Springinsfeld trocken **9,50 €** | 12,5% | 🍷 bis 2017	**86**
2014	Riesling Damaszenerstahl trocken **9,50 €** | 12,5% | 🍷 bis 2018	**86**
2014	Tauberzeller Hasennestle Müller-Thurgau Damaszenerstahl trocken **10,01 €** | 12,5% | 🍷 bis 2017	**86**
2014	Scheurebe Damaszenerstahl whiteout trocken **10,50 €** | 12,5% | 🍷 bis 2016	**84**
2014	Randersackerer Sonnenstuhl Silvaner Edelstahl trocken **15,– €** | 13,5% | 🍷 bis 2020	**88**
2014	Silvaner Edelstahl Best of trocken **17,– €** | 13,5% | 🍷 bis 2018	**86**
2014	Randersackerer Marsberg Riesling Edelstahl Best of trocken **17,– €** | 13,5% | 🍷 bis 2020	**87**
2014	Randersackerer Marsberg Scheurebe Ehlstahl Zweimännerwein trocken **18,– €** | 13,5% | 🍷 bis 2019	**86**
2014	Sauvignon Blanc Ehlstahl Zweimännerwein trocken **18,– €** | 13,5% | 🍷 bis 2019	**88**
2014	Weißburgunder Edelstahl trocken **18,– €** | 13,5% | 🍷 bis 2019	**88**

WEINGUT AM STEIN

97080 Würzburg · Mittlerer Steinbergweg 5
☎ (09 31) 2 58 08 · Fax 2 58 80
mail@weingut-am-stein.de
www.weingut-am-stein.de
Inhaber: Ludwig Knoll
Betriebsleiter: Christian Lau
Außenbetrieb: Daniel Full
Kellermeister: Dominik Diefenbach

Verkauf: Sandra Knoll
Mo–Fr: 14.00–20.00 Uhr, Sa: 10.00–17.00 Uhr

Restaurant und Weinbar: »Reisers«, »Steinkeller«
Mo–Sa 17.00–24.00 Uhr
Sehenswert: Blick auf die Stadt, Gutsarchitektur
Erlebenswert: Kochkurse im Küchenhaus, Seminare im WeinWerk, Musikfestival im Juli

Rebfläche: 30 Hektar
Jahresproduktion: 190.000 Flaschen
Beste Lagen: Würzburger Innere Leiste und Stein, Stettener Stein, Randersacker Sonnenstuhl
Boden: Muschelkalk
Rebsorten: 30% Silvaner, 20% Riesling, 12% Müller-Thurgau, 10% Grau- und Weißburgunder, je 8% Scheurebe und Spätburgunder, 12% übrige Sorten
Durchschnittsertrag: 55 hl/ha
Mitglied: VDP, Frank & Frei, Naturland

Durchgehend hohes Niveau! Schon der Müller-Thurgau Frank & Frei besitzt Format. Die Silvaner-Reihe wird von einem gelungenen Gutswein, »Muschelkalk« genannt, eröffnet. Über den feinsaftigen Würzburger Stein und den kernig-trockenen Vinz geht es hinauf zum Großen Gewächs aus dem Stettener Stein. Hier notierten wir: feiner Duft, elegante Fülle, toller Fluss. Die Arbeit von Ludwig und Sandra Knoll im und mit dem Stettener Stein wurde belohnt. Der VDP hat diesen Weinberg unter seinen »Großen Lagen« gelistet. Wissen muss man, dass die »Vinz« genannten Weine, die mengenmäßig bedeutender sind, ebenfalls aus dieser Lage stammen. Der sogenannte Lagenverbrauch bringt es mit sich. Während dieser Wein im Betonei, im Holz und im Edelstahl ausgebaut wurde, sieht das »Große Gewächs« nur Edelstahl. Seit 2007 bewirtschaften die Knolls ihre Weinberge im biodynamischen Anbau. Eine opulente Rieslaner Trockenbeerenauslese mit feiner Cremigkeit und klarer Länge rundet die Kollektion stimmig ab.

Anzahl der verkosteten Weine: 15
Bewertungen: 83–91 Punkte

2014 Müller-Thurgau trocken »Frank & Frei« **85**
7,– € | 11,5% | bis 2017

2014 Silvaner Muschelkalk trocken **85**
8,50 € | 12% | bis 2017

2014 Stettener Grauburgunder trocken **83**
9,80 € | 12% | bis 2016

2014 Würzburger Silvaner trocken **86**
9,80 € | 12% | bis 2018

2014 Würzburger Stein Silvaner trocken »Erste Lage« **88**
15,– € | 12,5% | bis 2019

2014 Scheurebe Vinz trocken Alte Reben **85**
19,– € | 13% | bis 2018

2014 Silvaner Vinz trocken Alte Reben **88**
19,– € | 13% | bis 2021

2014 Riesling Hoch3 trocken **87**
20,– € | 13% | bis 2018

2014 Silvaner Hoch3 trocken **87**
20,– € | 12,5% | bis 2020

2014 Stettener Stein Riesling »Großes Gewächs« **88**
35,– € | 13% | bis 2020

2014 Stettener Stein Silvaner »Großes Gewächs« **90**
35,– € | 13% | bis 2022

2014 Weißburgunder Montonia trocken **87**
Preis auf Anfrage | 13,5% | bis 2020

2014 Stettener Scheurebe **86**
9,80 € | 11,5% | bis 2019

2014 Randersacker Pfülben Riesling Spätlese **88**
22,– € | 9,5% | bis 2022

2014 Randersacker Sonnenstuhl Rieslaner Trockenbeerenauslese **91**
59,– €/0,375 Lit. | 6% | bis 2030

WEINGUT ARTUR STEINMANN – IM PASTORIUSHAUS

97286 Sommerhausen · Plan 4
☎ (0 93 33) 9 04 60 · Fax 90 46 27
info@pastoriushaus.de
www.artur-steinmann.de
Inhaber und Kellermeister: Artur Steinmann
Verwalter: Frank Schönig

Verkauf: Artur Steinmann
Mo–Sa: 8.00–12 Uhr · 13.00–18.00 Uhr
So: 9.00–12.00 Uhr

Aus der aktuellen Kollektion stechen zwei später gefüllte 2013er heraus: der von roten Beeren geprägte, elegante Spätburgunder und der gut strukturierte Silvaner Concord. Bei den eher schwachen 2014ern gefällt uns die Cuvée New-World-Edition. Franz Daniel Pastorius, 1683 erster Amerika-Auswanderer Deutschlands, gab dem Weingut den Beinamen, da er hier geboren wurde. Die Gutsgründung erfolgte erst 1916 durch den Großvater des heutigen Besitzers Artur Steinmann. Er avancierte zum Motor für die erfolgreiche »Frank & Frei«-Initiative und ist Präsident des Fränkischen Weinbauverbandes.

Anzahl der verkosteten Weine: 10
Bewertungen: 80–86 Punkte

2014	Müller-Thurgau trocken »Frank & Frei« **6,– €** | 11,5% | bis 2016	**82**
2014	Bacchus New World Edition 15 trocken **6,50 €** | 11,5% | bis 2017	**83**
2014	Sommerhäuser Ölspiel Silvaner Kabinett trocken Holzfass **8,– €** | 12% | bis 2016	**82**
2013	Sommerhäuser Reifenstein Silvaner Spätlese trocken Alte Reben Holzfass **11,– €** | 12,5% | bis 2017	**84**
2013	Sommerhäuser Reifenstein Weißburgunder Spätlese trocken Barrique **15,– €** | 13% | bis 2018	**84**
2013	Sommerhäuser Steinbach Silvaner Concord Spätlese trocken Holzfass **23,50 €** | 12,5% | bis 2020	**86**
2014	Sommerhäuser Ölspiel Bacchus feinherb **6,– €**/1,0 Lit. | 11,5% | bis 2016	**80**
2014	Cuvée weiß feinherb »Frank & Frei« **6,– €** | 12% | bis 2016	**82**
2014	Sommerhäuser Ölspiel Scheurebe feinherb **7,50 €** | 11% | bis 2016	**81**
2012	Sommerhäuser Steinbach Spätburgunder Spätlese trocken Barrique **16,– €** | 13% | bis 2019	**86**

WEINGUT STICH – IM LÖWEN

63927 Bürgstadt · Freudenberger Straße 73
☎ (0 93 71) 57 05 · Fax 8 09 73
info@weingut-stich.de
www.weingut-stich.de
Inhaber: Gerhard Stich
Betriebsleiter und Kellermeister: Gerhard und Helga Stich

Verkauf: Gerhard und Helga Stich
Mo–Fr: 8.30–12.00 Uhr · 13.30–18.00 Uhr
Sa: 8.30–16.00 Uhr

Eine heterogene Kollektion. Während die 2012er Spitzenrotweine das gewohnte Niveau halten, fallen die Weißweine doch deutlich ab. Hier musste wohl dem schwierigen Jahrgang 2014 Tribut gezollt werde. Sauber und herzhaft ist der neue, »Tigris« genannte Gutswein. Die vom Holz geprägten Spätburgunder aus dem Hundsrück besitzen Struktur und klare Länge; zusätzlich besticht der »AAA« mit Noten von Kirsch, Nougat und Schwarzem Tee. Der ehemalige Gasthof »Zum Löwen« ist das Domizil des Weinguts. Der Gutsausschank ist für jeweils 14 Tage in Frühjahr, Sommer und Herbst geöffnet.

Anzahl der verkosteten Weine: 8
Bewertungen: 81–88 Punkte

2014	Müller-Thurgau trocken »Frank & Frei« **6,20 €** | 11,5% | bis 2016	**82**
2014	Cuvée »Tigris« trocken **7,– €** | 12% | bis 2016	**84**
2014	Prichsenstadter Krone Weißburgunder trocken Alte Reben **9,– €** | 12,5% | bis 2017	**83**
2013	Bürgstadter Centgrafenberg Silvaner Großes Holz trocken **11,– €** | 13% | bis 2018	**85**
2014	Cuvée »Onca« halbtrocken Rosé **7,– €** | 11,5% | bis 2016	**81**
2013	Spätburgunder Churfranken trocken Holzfass **9,80 €** | 12,5% | bis 2017	**84**
2012	Bürgstadter Hundsrück Spätburgunder Spätlese trocken Barrique **24,– €** | 13% | bis 2018	**87**
2012	Bürgstadter Hundsrück Spätburgunder »AAA« Spätlese trocken Premium Barrique **38,– €** | 13,5% | bis 2020	**88**

Rote Symbole: Diese Betriebe verdienen in ihrer Klasse besondere Aufmerksamkeit

WEINGUT STÖRRLEIN KRENIG

97236 Randersacker · Schulstraße 14
☎ (09 31) 70 82 81 · Fax 70 11 55
info@stoerrlein.de
www.stoerrlein.de

Inhaber und Betriebsleiter: Armin Störrlein und Martin Krenig
Außenbetrieb: Martin Krenig
Kellermeister: Armin Störrlein, Martin Krenig

Verkauf: Ruth Störrlein, Christiane Störrlein-Krenig
Mo–Sa: 8.00–19.00 Uhr
So: nach Vereinbarung

Erlebenswert: kultur-kulinarische Veranstaltungen, mehrmals im Jahr

Rebfläche: 12,5 Hektar
Jahresproduktion: 90.000 Flaschen
Beste Lagen: Randersacker Marsberg, Sonnenstuhl und Pfülben
Boden: Muschelkalk
Rebsorten: 40% Silvaner, 20% rote Burgundersorten, je 10% Riesling und Weißburgunder, 20% übrige Sorten
Durchschnittsertrag: 63 hl/ha
Mitglied: VDP, Trias

Drei sehr stimmige Silvaner stechen für uns aus der 2014er Kollektion heraus: der apfelduftige, saftig-klare Marsberg Alte Reben, der mineralisch-geschliffene Pfülben und das Fülle und Schliff vereinende Große Gewächs aus dem Sonnenstuhl. Armin Störrlein und der für die Reben zuständigen Martin Krenig, sein Schwiegersohn, setzen bereits im Weinberg, der in ihrem Fall viele alte Rebstöcke vorweisen kann, voll auf Qualität und beschränken die Erträge nachdrücklich. Um einen klassischen Sortentyp zu erzielen, werden die Weißweine in der Regel in Edelstahltanks ausgebaut, kommen anschließend ins Holzfass und werden relativ spät gefüllt. Eine Besonderheit ist der Frentsch aus gemischtem Satz, der in diesem Jahr fruchtig-saftig ausgefallen und deutlicher vom Muskateller als vom Traminer geprägt ist. Gute 2013er Rotweine runden die Präsentation ab. Wie gut die Weine reifen können, belegen ein 2005er Silvaner mit rauchiger Kräuternote und ein 1998er Riesling mit reifer Frucht, Saft und feiner Säure.

Anzahl der verkosteten Weine: 15
Bewertungen: 82–89 Punkte

2013	Randersacker Riesling Sekt Brut **14,– €** | 12% | bis 2017	**83**
2014	Silvaner trocken **7,30 €**/1,0 Lit. | 11,5% | bis 2016	**82**
2014	Riesling vom Muschelkalk trocken **7,30 €** | 12% | bis 2017	**84**
2014	Blanc de Blancs trocken **7,40 €** | 12% | bis 2017	**85**
2014	Randersacker Pfülben Silvaner Mineral pur trocken »Erste Lage« **9,– €** | 12,5% | bis 2019	**87**
2014	Randersacker Marsberg Silvaner trocken »Erste Lage« Alte Reben **10,– €** | 12,5% | bis 2022	**88**
2014	»Der Frentsch« im Steinriegel trocken Mischsatz **11,– €** | 11% | bis 2019	**87**
2014	Randersacker Sonnenstuhl Riesling trocken »Erste Lage« **12,– €** | 12,5% | bis 2018	**86**
2014	Randersacker Unterm Turm Silvaner »Großes Gewächs« **20,– €** | 13,5% | bis 2022	**88**
2014	Randersacker Unterm Turm Weißburgunder »Großes Gewächs« **25,– €** | 14% | bis 2019	**86**
2013	Randersacker Unterm Turm Spätburgunder »Großes Gewächs« **25,– €** | 13,5% | bis 2021	**88**
2005	Randersacker Sonnenstuhl Silvaner »Großes Gewächs« Preis auf Anfrage | 13,5% | bis 2017	**88**
1998	Randersacker Sonnenstuhl Riesling Spätlese trocken Preis auf Anfrage | 12,5% | bis 2017	**89**
2013	Cuvée »Casparus« trocken **16,– €** | 13% | bis 2019	**87**

WEINGUT STURM

63927 Bürgstadt · Freudenberger Straße 91
☎ (0 93 71) 6 78 54 · Fax 95 97 25
info@weingut-sturm.com
www.weingut-sturm.com
Inhaber: Christian Sturm

Verkauf: Christian Sturm
Di–Fr: 9.00–12.00 Uhr · 14.00–18.30 Uhr
Sa: 9.00–15.00 Uhr und nach Vereinbarung

Wir wiederholen gerne unsere Einschätzung aus dem letzten Jahr: Die Roten erreichen in diesem Bürgstadter Betrieb bereits Trauben-Niveau. Allen voran ist dieses Mal der Frühburgunder aus dem Centgrafenberg zu nennen. Typische Frucht (Zwetschge und rote Beeren) verbinden sich mit zarten Röstnoten und einer klaren frischen Säure. Aber bereits der nach dem neuen Namen der Region benannte Basis-Spätburgunder Churfranken überzeugt. Die 2014er Weißweinen sind durch die Bank stimmige Rebsortenvertreter, aber keiner schwingt nach oben aus.

Anzahl der verkosteten Weine: 6
Bewertungen: 83–87 Punkte

2014	Bürgstadter Centgrafenberg Müller-Thurgau Sommersturm trocken **5,60 €** | 10,5% | bis 2016	**83**
2014	Bürgstadter Centgrafenberg Silvaner Kabinett trocken **6,50 €** | 11,5% | bis 2018	**84**
2014	Bürgstadter Centgrafenberg Riesling Kabinett trocken **6,90 €** | 11,5% | bis 2017	**83**
2014	Bürgstadter Centgrafenberg Weißburgunder Kabinett trocken **6,90 €** | 12% | bis 2017	**83**
2013	Spätburgunder Churfranken trocken **8,90 €** | 13,5% | bis 2018	**85**
2013	Bürgstadter Centgrafenberg Frühburgunder trocken **14,50 €** | 13,5% | bis 2020	**87**

Zeichenerklärung:
Schnäppchenpreis · Top 10 Spitzenreiter
Ökobetrieb · Trink-Tipp · Versteigerungswein
Sekt · Weißwein · Rotwein · Roséwein

WEINGUT DANIEL THEN

97334 Sommerach · Hauptstraße 1
☎ (0 93 81) 92 68 · Fax 48 10
info@weingut-then.de
www.weingut-then.de
Inhaber: Daniel Then

Verkauf: Mo–Fr: 8.00–18.00 Uhr
Sa: 9.00–15.00 Uhr, So: 10.00–12.00 Uhr

Einige Weine lassen die Ambitionen des Hauses dieses Mal nachdrücklich erkennen. So etwa die feinfruchtige, cremige, Silvaner-basierte Cuvée Daniel 1.0. Auch die spontan vergorenen Silvaner aus dem Volkacher Ratsherr sind hier zu nennen. Vater Arthur und Sohn Daniel Then (die fünfte Generation) bewirtschaften bei Sommerach fast sechs Hektar. Gute Spätburgunder und eine typische Scheurebe können sie dieses Jahr ebenfalls auf der Habenseite notieren. Wir sind auf die Fortsetzung im kommenden Jahr gespannt.

Anzahl der verkosteten Weine: 12
Bewertungen: 81–87 Punkte

2014	Silvaner Löwe trocken **5,40 €** | 11,5% | bis 2016	**81**
2014	Sommeracher Katzenkopf Weißburgunder am Tiefental trocken **12,50 €** | 13% | bis 2017	**84**
2014	Volkacher Ratsherr Silvaner trocken **12,50 €** | 12% | bis 2018	**85**
2014	Daniel 1.0 trocken Cuvée **16,50 €** | 11,5% | bis 2018	**86**
2014	Sommeracher Katzenkopf Scheurebe Kabinett trocken **6,50 €** | 11,5% | bis 2017	**84**
2014	Nordheimer Vögelein Riesling Kabinett trocken **6,60 €** | 12,5% | bis 2016	**83**
2014	Sommeracher Katzenkopf Silvaner am Berg Kabinett trocken **7,50 €** | 11,5% | bis 2016	**82**
2013	Volkacher Ratsherr Silvaner Spätlese trocken **12,– €** | 12% | bis 2018	**87**
2013	Sommeracher Katzenkopf Spätburgunder trocken **9,50 €** | 12,5% | bis 2017	**83**
2013	Sommeracher Katzenkopf Spätburgunder Spätlese trocken **12,50 €** | 13% | bis 2017	**84**
2012	Sommeracher Katzenkopf Spätburgunder Auslese trocken **25,– €** | 14% | bis 2018	**85**

WEINGUT VETTER

97753 Gambach · Neuweg 2
☎ (0 93 53) 9 84 35 05
vetter_stefan@gmx.de
vetter-wein.de
Inhaber: Katja und Stefan Vetter

Verkauf: Katja und Stefan Vetter
nach Vereinbarung

Stefan Vetter bewirtschaftet von Gambach aus 1,5 Hektar in verschiedenen Bereichen Frankens. Er hat sich dem Vin Nature verschrieben und bereitet seine Weinberge auf die Zertifizierung als biologischer Weinbau vor. Sein eigenwilliger Stil hatte uns das letzte Mal meist gut gefallen. Bei einigen seiner Weine machen wir heuer jedoch Abstriche. Wir empfinden sie als zu trestrig, matt und belegend. Seine beste Lage ist der Gambacher Kalbenstein, ein wenig bekannter, terrassierter Weinberg nördlich von Karlstadt. Nicht nur die mit »GK« gekennzeichneten Weine stammen von dort, aber sie sind die überzeugendsten Vertreter seines Stils. Hier macht dieser doch extreme Ausbau für uns Sinn. Das sind eigenständige Weine mit Charakter.

Anzahl der verkosteten Weine: 10
Bewertungen: 75–86 Punkte

2014 Müller-Thurgau Landwein trocken **79**
7,50 € | 10,5% | bis 2016

2013 Silvaner Landwein trocken Holzfass **83**
8,50 € | 11% | bis 2017

2013 Silvaner Steinterrassen Sandstein **80**
Landwein trocken Holzfass
14,– € | 10,5% | bis 2017

2013 Riesling Riesling Steinterrassen **80**
Landwein trocken Holzfass
14,– € | 12% | bis 2016

2013 Silvaner Steinterrassen Muschelkalk **82**
Landwein trocken Holzfass
14,– € | 11,5% | bis 2017

2013 Silvaner »CK« **82**
Landwein trocken Holzfass
24,– € | 11% | bis 2017

2013 Silvaner »GK« **85**
Landwein trocken Holzfass
24,– € | 12,5% | bis 2020

2013 Silvaner »GK« Muschelkalk **85**
Landwein trocken Holzfass
24,– € | 12,5% | bis 2020

2013 Silvaner »GK« Sandstein **86**
Landwein trocken Holzfass
24,– € | 12,5% | bis 2020

Neu

WEINGUT A. WAIGAND

63906 Erlenbach · Dr.-Vits-Straße 8
☎ (0 93 72) 45 96 · Fax 94 02 30
kontakt@waigand-wein.de
www.waigand-wein.de
Inhaber: Albert Waigand

Verkauf: Verena Waigand
nach Vereinbarung

Ein Lebenszeichen vom traditionsreichen Erlenbacher Weinbau am bayerischen Untermain. Das kleine Familienweingut (1,6 Hektar) der Waigands zeigt Flagge. Verena Waigand-Sacher, die Weinbetriebswirtschaft in Heilbronn studierte und auf Schloss Proschwitz in Sachsen praktizierte, kümmert sich um den Ausbau der Weine. Und die Rotweine sind wirklich beachtlich. Zwei Spätburgunder aus dem Erlenbacher Hochberg, der mainabwärts an den Klingenberger Schlossberg anschließt, sind besonders zu nennen. Der wild-aromatische, runde Kabinett und die nach Weihrauch und Sauerkirsch duftende, kernig-präzise Spätlese aus dem Barrique. Diese Klasse erreichen die Weißweine noch nicht.

Anzahl der verkosteten Weine: 6
Bewertungen: 78–87 Punkte

2014 Cuvée »Sommer-Feeling« trocken **78**
5,50 € | 12% | bis 2016

2012 Erlenbacher Hochberg **83**
Silvaner Spätlese trocken
9,– € | 13% | bis 2017

2012 Erlenbacher Hochberg **83**
Weißburgunder Spätlese trocken Holzfass
13,50 € | 14% | bis 2016

2013 Erlenbacher Hochberg **84**
Portugieser »BF« trocken Barrique
10,50 € | 13% | bis 2017

2011 Erlenbacher Hochberg **85**
Spätburgunder »S« Kabinett trocken Holzfass
12,50 € | 13% | bis 2017

2011 Erlenbacher Hochberg **87**
Spätburgunder Spätlese trocken Barrique
17,– € | 13% | bis 2019

Die Betriebe:
Weltklasse · Deutsche Spitze
Sehr gut · Gut · Zuverlässig
Weitere Empfehlung

WEINGUT JOSEF WALTER

63927 Bürgstadt · Freudenberger Straße 21–23
☎ (0 93 71) 94 87 66 · Fax 94 87 67
info@weingut-josef-walter.de
www.weingut-josef-walter.de
Inhaber: Christoph und Daniela Walter
Kellermeister: Christoph Walter

Verkauf: Christoph Walter
Mo–Di: 14.00–18.00 Uhr
Mi–Fr: 9.00–12.00 Uhr · 14.00–18.00 Uhr
Sa: 9.00–14.00 Uhr und nach Vereinbarung

Erlebenswert: Hofweinfest am 1. Juli-Wochenende

Rebfläche: 3,5 Hektar
Jahresproduktion: 18.000 Flaschen
Beste Lage: Bürgstadter Centgrafenberg und Hundsrück
Boden: Buntsandstein
Rebsorten: 50% Spätburgunder, je 10% Frühburgunder und Silvaner, 30% übrige Sorten
Durchschnittsertrag: 40 hl/ha
Mitglied: Silvaner-Forum

Zwei gelungene Silvaner und eine knackig-klare, animierende Cuvée Blanc eröffnen die aktuelle Kollektion. Doch nun zu den Rotweinen: Erneut bot uns Christoph Walter, der Besitzer und Kellermeister, die Möglichkeit, Früh- und Spätburgunder aus sieben verschiedenen Jahrgängen vergleichen zu können. Und dieses Jahr ist das Ergebnis etwas heterogener als im Vorjahr: Beeindruckend die in Würde gereiften 2005er und 2006er Spätburgunder »J«, überzeugend die 2005er und 2010er Frühburgunder, etwas schwächer hingegen 2009er und 2007er. Aber alle sind eigenständige, stilvolle Rotweine mit Klasse und Charakter. Der Hundsrück 2012 verbindet Veilchen mit Wildcassis, ist bestens strukturiert und besticht mit feiner Länge. Er belegt das Potenzial des Hauses nachdrücklich und ist ein Versprechen auf die Zukunft.

Anzahl der verkosteten Weine: 15
Bewertungen: 83–89 Punkte

2014 Centgrafenberg Silvaner trocken **84**
7,– € | 12% | bis 2017

2014 Centgrafenberg Silvaner »S« trocken **84**
9,50 € | 12,5% | bis 2017

2014 Cuvée »Blanc« Buntsandstein trocken **85**
9,50 € | 11,5% | bis 2017

2009 Centgrafenberg Pinot Noir trocken Barrique **83**
19,50 € | 14% | bis 2016

2007 Centgrafenberg **84**
Spätburgunder »J« trocken Barrique
19,50 € | 13,5% | bis 2017

2005 Centgrafenberg **87**
Frühburgunder »J« trocken Barrique
19,50 € | 13% | bis 2017

2006 Centgrafenberg **88**
Spätburgunder »J« trocken Barrique
19,50 € | 13% | bis 2018

2005 Centgrafenberg **89**
Spätburgunder »J« trocken Barrique
19,50 € | 13% | bis 2017

2009 Centgrafenberg **85**
Spätburgunder »J« trocken Barrique
22,– € | 13% | bis 2018

2008 Centgrafenberg **87**
Spätburgunder »J« trocken Barrique
22,– € | 14% | bis 2018

2010 Centgrafenberg **87**
Spätburgunder »J« trocken Barrique
22,– € | 13,5% | bis 2018

2010 Centgrafenberg **88**
Frühburgunder »J« trocken Barrique
22,– € | 13,5% | bis 2020

2012 Hundsrück Spätburgunder »J« trocken Barrique **89**
Auf Anfrage | 13,5% | bis 2022

WEINGUT WEIGAND

97346 Iphofen · Lange Gasse 29
☎ (0 93 23) 38 05 · Fax 87 01 81
info@weingut-weigand.de
www.weingut-weigand.de
Inhaber: Werner Weigand

Verkauf: nach Vereinbarung

Ein toller Neueinstieg aus Iphofen. Für seine animierende Kollektion erhält Andreas Weigand ohne Umwege die erste Traube in Rot. Auch hier gibt es drei Weinlinien. Die Gutsweine tragen die Bezeichnung »der Wilde«. Sie sind spontan vergoren und liegen bis kurz vor der Füllung auf der Vollhefe. Und alle vier 2014er sind überzeugende Vertreter dieses Stils. Dann kommt Der Franke. Stimmigerweise sind dies Lagen-Silvaner im Bocksbeutel. Auch hier passen Konzept und Qualität sehr gut zusammen. An der Spitze steht Der Held, ein im Halbstück vergorener Silvaner. Für den 2013er notierten wir: herrlich klare Fülle und Frucht, Cremigkeit und feinherbe Länge. Das berührt schon die fränkische Spitze. Wir rufen voller Freude: Weiter so!

Anzahl der verkosteten Weine: 9
Bewertungen: 85–90 Punkte

2014 Silvaner der Wilde trocken **85**
8,– € | 12,5% | bis 2018

2014 Scheurebe der Wilde trocken **85**
8,– € | 12,5% | bis 2018

2014 Weißburgunder der Wilde trocken **85**
9,– € | 12,5% | bis 2017

2014 Riesling der Wilde trocken **85**
10,– € | 13% | bis 2018

2014 Iphöfer Julius Echter Berg **86**
Silvaner der Franke trocken
14,– € | 13,5% | bis 2019

2014 Iphöfer Kalb **87**
Silvaner der Franke trocken
14,– € | 13,5% | bis 2019

2014 Silvaner der Held trocken **(89)**
22,– € | 13% | bis 2021

2013 Silvaner der Held trocken **90**
22,– € | 13% | bis 2021

2013 Spätburgunder **(88)**
Preis auf Anfrage | 13% | bis 2021

Die Weine:
100 Perfekt · **95–99** Überragend · **90–94** Exzellent
85–89 Sehr gut · **80–84** Gut · **75–79** Passabel

WEINGUT PAUL WELTNER

97348 Rödelsee · Wiesenbronner Straße 17
☎ (0 93 23) 36 46 · Fax 38 46
info@weingut-weltner.de
www.weingut-weltner.de
Inhaber: Paul Weltner
Kellermeister: Paul Weltner

Verkauf: Juliane Basse
Mo–Fr: 9.00–12.00 Uhr · 13.30–17.00 Uhr
Sa: 10.00–15.00 Uhr

Historie: Weinbau seit 1553

Rebfläche: 9,5 Hektar
Jahresproduktion: 62.000 Flaschen
Beste Lagen: Rödelseer Küchenmeister und Schwanleite, Iphöfer Julius-Echter-Berg
Boden: Gipskeuper mit tonigem Lehm und Schilfsandsteineinlage
Rebsorten: 60% Silvaner, 14% Riesling, je 8% Scheurebe und Weißburgunder, 10% übrige Sorten
Durchschnittsertrag: 58 hl/ha
Mitglied: VDP

Tolle Scheurebe, klar-fruchtiger Sauvignon Blanc. Damit sind bereits zwei der animierendsten Vertreter der aktuellen Kollektion benannt. Aber auch die Phalanx der Silvaner (hier: »Sylvaner«) muss sich nicht verstecken: Sei es der kernige Julius-Echter-Berg mit Saft und guter Länge oder die nach feinem Apfel duftende, dichte Schwanleite Alte Reben. Die erneut vorgestellte 2013er Große Lage bestätigte unseren guten Eindruck des Vorjahres. Paul Weltner, der 2005 den Betrieb übernahm, genoss eine gute Ausbildung, unter anderem auf der Weinsberger Weinbauschule und bei Rebholz in der Pfalz. Die letzten Jahrgänge waren durch die Bank ausgezeichnet. Allein der Riesling schwächelte seit 2013 etwas. Wie großartig die Große-Lage-Silvaner reifen können, das belegen inzwischen der 2009er mit seiner cremig-klaren Fülle und der herrlich kräuterduftige, bestens strukturierte, animierende 2007er!

Anzahl der verkosteten Weine: 14
Bewertungen: 84–91 Punkte

2014 Rödelseer Sylvaner trocken **85**
9,– € | 12% | bis 2017

2014 Rödelseer Küchenmeister **84**
Weißburgunder trocken »Erste Lage«
12,– € | 13% | bis 2017

2014 Rödelseer Schwanleite **88**
Scheurebe trocken »Erste Lage«
12,– € | 12,5% | bis 2019

2014 Rödelseer Küchenmeister **84**
Riesling trocken »Erste Lage«
13,– € | 13% | bis 2017

2014 Rödelseer Schwanleite **88**
Sylvaner trocken »Erste Lage«
13,– € | 12% | bis 2019

2014 Rödelseer Küchenmeister **87**
Sylvaner trocken »Erste Lage«
13,50 € | 12,5% | bis 2019

2014 Iphöfer Julius-Echter-Berg **88**
Sylvaner trocken »Erste Lage«
14,– € | 13% | bis 2019

2014 Rödelseer Küchenmeister **87**
Sauvignon Blanc trocken »Erste Lage«
15,– € | 13% | bis 2018

2013 Rödelseer Küchenmeister **89**
Silvaner Hoheleite trocken »Große Lage«
30,– € | 13,5% | bis 2021

2014 Rödelseer Küchenmeister-Hoheleite **89**
Riesling »Großes Gewächs«
30,– € | 13% | bis 2022

2014 Rödelseer Küchenmeister-Hoheleite **91**
Silvaner »Großes Gewächs«
Top 10 **30,– €** | 13% | bis 2021

2009 Rödelseer Küchenmeister **89**
Silvaner trocken »Große Lage«
Preis auf Anfrage | 13% | bis 2019

2007 Rödelseer Küchenmeister **90**
Silvaner trocken »Große Lage«
Preis auf Anfrage | 13% | bis 2018

2014 Rödelseer Scheurebe feinherb **85**
8,50 € | 12% | bis 2017

WINZERGEMEINSCHAFT FRANKEN

97318 Kitzingen · Alte Reichsstraße 70
☎ (0 93 21) 7 00 50 · Fax 7 00 51 31
info@gwf-frankenwein.de
www.gwf-frankenwein.de
Geschäftsführender Vorstand: Paul E. Ritter
Vorstandsvorsitzender: Andreas Oehm
Kellermeister: Christian Baumann

Verkauf: Vinothek Repperndorf (an der B8)
Mo–Fr: 8.00–18.00 Uhr, Sa: 8.00–14.00 Uhr

Eine stimmige Kollektion: Solide 2014er Basisweine und ein schlanker, feinaromatischer Traminer Kabinett stehen neben zwei gelungenen 2013er Spätlesen von Traminer und Silvaner. Die edelsüßen Silvaner besitzen Fülle, aber noch etwas wenig Schliff. Die große Gebietskooperative in Repperndorf praktiziert einen nicht einfachen Spagat. Man beliefert den Lebensmittelhandel mit Großauflagen in durchaus passabler Qualität. Andererseits will man auch in der Spitze punkten. Bei über 500 Abfüllungen pro Jahr kein leichtes Unterfangen und heuer erfolgreich umgesetzt. Ein stimmiges Abschiedsgeschenk von Geschäftsführer Michael Schweinberger, der die Genossenschaft im März 2015 verlassen hat.

Anzahl der verkosteten Weine: 12
Bewertungen: 81–86 Punkte

2014 Zeiler Eulengrund Riesling trocken **82**
5,90 €/1,0 Lit. | 11% | bis 2016

2014 Müller-Thurgau trocken die jungen Frank'n **82**
4,50 € | 11% | bis 2016

2014 Rödelseer Küchenmeister **84**
Silvaner Spätlese trocken
6,80 € | 13,5% | bis 2017

2012 Frickenhäuser Kapellenberg **85**
Weißburgunder Spätlese trocken Barrique
15,– € | 13,5% | bis 2017

2013 Frickenhäuser Kapellenberg **86**
Silvaner 1er Traube Spätlese trocken Premium
15,– € | 12,5% | bis 2018

2014 Seinsheimer Hohenbühl **84**
Traminer Kabinett halbtrocken
5,90 € | 12% | bis 2017

2013 Wipfelder Zehntgraf Traminer Spätlese **86**
7,70 € | 11% | bis 2018

2012 Frickenhäuser Kapellenberg Silvaner Eiswein **86**
25,– €/0,375 Lit. | 11,5% | bis 2020

2013 Retzstadter Langenberg Silvaner Beerenauslese **85**
18,– €/0,375 Lit. | 11,5% | bis 2020

WEINGUT HANS WIRSCHING

97346 Iphofen · Ludwigstraße 16
☎ (0 93 23) 8 73 30 · Fax 87 33 90
info@wirsching.de
www.wirsching.de

Geschäftsführer: Dr. Heinrich und Andrea Wirsching
Betriebsleiter: Dr. Uwe Matheus
Verwalter: Simon Ender
Kellermeister: Dr. Klaus-Peter Heigel

Verkauf: Armin Huth, Dr. Uwe Matheus
Mo–Sa: 8.00–18.00 Uhr, So: 9.30–12.30 Uhr

Restaurant: »Zur Iphöfer Kammer«
Historie: Weinbergsbesitz in der Familie seit 1630
Sehenswert: altes Gutshaus, Gewölbekeller

Rebfläche: 80 Hektar
Jahresproduktion: 558.000 Flaschen
Beste Lagen: Iphöfer Julius-Echter-Berg, Kalb und Kronsberg
Boden: Gipskeuper mit Schilfsandsteineinlage
Rebsorten: 40% Silvaner, 20% Riesling, 8% Weißburgunder, je 7% Scheurebe und Spätburgunder, 18% übrige Sorten
Durchschnittsertrag: 58 hl/ha
Mitglied: VDP, Deutsches Barrique Forum

Die Geschlossenheit der Kollektion ist erneut eindrucksvoll. Schon die Gutsweine sind auf hohem Niveau. Bei den Gewächsen aus Ersten Lagen sticht wirklich der Julius-Echter-Berg heraus. Sowohl Silvaner als auch Weiß- und Grauburgunder überzeugen. Und dies gilt auch für die Großen Gewächse. Besonders der feinduftige, saftige Silvaner mit seinem festen Kern ist vielversprechend. Überzeugend fanden wir die »Sister Act« genannten, im Holzfass ausgebauten Weine. Der 2013er Silvaner verbindet Kraft und Schmelz mit einer tollen Länge. Benannt ist der Betrieb nach Hans, dem Vater des heutigen Eigentümers Dr. Heinrich Wirsching, der eines der größten privaten Weingüter Deutschlands seit Jahrzehnten auf einem guten Kurs hält. Zuletzt wurde der Holzfasskeller ausgebaut, Barriques für Burgundersorten hielten Einzug und eine neue Vinothek wurde eröffnet. Wie fein die Spitzen-Silvaner reifen können, belegt die Auszeichnung des Silvaner-Forums für die 2002er Spätlese aus dem Echter-Berg. Noten von Quitte, harzigem Honig und grüner Walnuss korrespondieren mit erstaunlicher Frische und feiner Länge.

Anzahl der verkosteten Weine: 19
Bewertungen: 85-92 Punkte

2014	Iphöfer Silvaner trocken **7,- €** | 11,5% | bis 2017	**85**
2014	Iphöfer Weißburgunder trocken **9,80 €** | 13% | bis 2017	**85**
2014	Iphöfer Julius-Echter-Berg Silvaner trocken »Erste Lage« **12,50 €** | 13% | bis 2020	**88**
2014	Iphöfer Kronsberg Riesling trocken »Erste Lage« Alte Reben **14,50 €** | 13% | bis 2019	**88**
2014	Iphöfer Kronsberg Weißburgunder trocken »Erste Lage« Alte Reben **16,50 €** | 13,5% | bis 2019	**88**
2014	Iphöfer Julius-Echter-Berg Grauburgunder trocken »Erste Lage« Alte Reben **16,50 €** | 13,5% | bis 2018	**88**
2014	Iphöfer Kronsberg Scheurebe trocken »Erste Lage« Alte Reben **16,50 €** | 13% | bis 2019	**88**
2013	Riesling Sister Act trocken Premium Holzfass **18,50 €** | 13% | bis 2019	**89**
2013	Silvaner Sister Act trocken Premium Holzfass **18,50 €** | 13,5% | bis 2021	**91**
2014	Iphöfer Kronsberg Riesling »Großes Gewächs« **26,- €** | 13% | bis 2022	**89**
2014	Iphöfer Kronsberg Silvaner »Großes Gewächs« **26,- €** | 13,5% | bis 2022	**89**
2014	Iphöfer Julius-Echter-Berg Riesling »Großes Gewächs« **28,- €** | 13% | bis 2022	**90**
2014 Top 10	Iphöfer Julius-Echter-Berg Silvaner »Großes Gewächs« **28,- €** | 13,5% | bis 2025	**91**

WEINGUT GEORG ZANG

97334 Sommerach · Nordheimer Straße 8
☎ (0 93 81) 28 88 · Fax 61 11
info@weingut-georg-zang.de
www.zangwein.de
Inhaber und Kellermeister: Georg Zang
Betriebsleiter: Georg und Heike Zang

Verkauf: Heike und Georg Zang
Mo–Sa: 9.00–17.00 Uhr
So, feiertags: 10.00–12.00 Uhr · 13.00–15.00 Uhr

Leider war 2014 hier kein Erfolg. Nur selten wurden wir an die guten, rebsortentypischen Weine des Vorjahres erinnert. Die Riesling Spätlese aus dem Volkacher Kirchberg sticht mit ihrer klaren Saftigkeit heraus. Auch der 2013er Domina-Rotwein überzeugt mit Noten von Sauerkirsch und stimmiger Säure. Bei den Silvanern gefiel uns die Spätlese von Alten Reben deutlich am besten. Viel Erfolg mit 2015!

Anzahl der verkosteten Weine: 10
Bewertungen: 80–84 Punkte

2014 Secco Perlwein trocken Cuvée **82**
5,90 € | 11,5% | bis 2016

2014 Sommeracher Katzenkopf **80**
Silvaner Kabinett trocken
4,90 €/1,0 Lit. | 11,5% | bis 2016

2014 Sommeracher Katzenkopf **81**
Riesling Kabinett trocken
5,40 € | 11,5% | bis 2016

2014 Sommeracher Katzenkopf **82**
Scheurebe Kabinett trocken
5,50 € | 11% | bis 2016

2014 Sommeracher Katzenkopf **81**
Silvaner Kabinett trocken
5,80 € | 12% | bis 2016

2014 Volkacher Kirchberg **84**
Riesling Spätlese trocken
6,50 € | 12,5% | bis 2016

2014 Sommeracher Katzenkopf **82**
Weißburgunder Spätlese trocken Holzfass
7,- € | 12,5% | bis 2016

2014 Sommeracher Katzenkopf **83**
Silvaner Spätlese trocken Alte Reben Holzfass
7,- € | 12,5% | bis 2017

2014 Volkacher Kirchberg **81**
Kerner Spätlese halbtrocken
6,50 € | 13% | bis 2016

2013 Volkacher Kirchberg **84**
Domina trocken Holzfass
6,30 € | 12,5% | bis 2017

WEINGUT OTMAR ZANG

97334 Sommerach · Zum Katzenkopf 2
☎ (0 93 81) 92 78 · Fax 92 80
info@weingut-zang.de
www.weingut-zang.de
Inhaber und Betriebsleiter: Otmar Zang
Kellermeister: Johannes Zang

Verkauf: Otmar Zang
Mo–Sa: 8.00–12.00 Uhr · 13.00–18.00 Uhr
So: 9.00–12.00 Uhr

Erlebenswert: Jazz & Wein im Mai, Tag der offenen Höfe im September

Rebfläche: 10 Hektar
Jahresproduktion: 80.000 Flaschen
Beste Lagen: Sommeracher Katzenkopf, Volkacher Ratsherr
Boden: Muschelkalk
Rebsorten: 40% Silvaner, 15% Müller-Thurgau, je 10% Bacchus, Riesling und Scheurebe, 5% Weißburgunder, 3% Spätburgunder, 2% alter fränkischer Satz, 1% Rieslaner, 4% übrige Sorten
Durchschnittsertrag: 70 hl/ha

Alles beim Alten: Rebsortentypisch und animierend präsentieren sich die gelungenen 2014er von Johannes Zang und bleiben damit klar auf dem Niveau des Vorjahres. Auch bei Neuzüchtungen wie Bacchus, Rieslaner und Scheurebe beweist er ein gutes Händchen. Die geschliffene Scheurebe aus dem Katzenkopf ist klar und animierend und dazu noch ausgesprochen preiswürdig. Johannes Zang ist nach Lehrjahren bei Wehrheim und Fürst sowie einem Aufenthalt in Neuseeland nun im Keller verantwortlich und macht seinen Eltern Otmar und Adelheid, die in der Vergangenheit bereits für eine klare, sortentypische Linie sorgten, viel Freude. Die Silvaner sind wie immer saftig und klar. Der Fülle mit klaren Holznoten verbindende »J40« aus dem Jahrgang 2013 verdient eine besondere Erwähnung. Ein stilvoller Wein! Fast schon legendär ist der Rimbacher Landsknecht Alter Satz, ein 1835 gepflanztes Naturdenkmal mit rund 35 Sorten, gelegen in einem Getreidefeld. Ein Weingut, dessen weitere Entwicklung durchaus noch einen kleinen Kick vertragen könnte. Wir würden gerne einmal überrascht werden!

Anzahl der verkosteten Weine: 10
Bewertungen: 83–88 Punkte

2014	Müller-Thurgau vom Muschelkalk trocken **6,– €** | 12% | bis 2017	**85**
2014	Sommeracher Katzenkopf Scheurebe trocken **7,80 €** | 12% | bis 2017	**86**
2013	Obervolkacher Landsknecht Silvaner J40 trocken Alte Reben Holzfass **18,– €** | 13,5% | bis 2019	**88**
2014	Rimbacher Landsknecht trocken Alter Satz **21,– €** | 12,5% | bis 2018	**87**
2014	Sommeracher Katzenkopf Silvaner Kabinett trocken **7,50 €** | 12% | bis 2017	**84**
2014	Sommeracher Katzenkopf Riesling Kabinett trocken **7,80 €** | 12% | bis 2018	**85**
2014	Sommeracher Rosenberg Bacchus halbtrocken **7,– €** | 12% | bis 2016	**84**
2014	Volkacher Ratsherr Riesling Kabinett halbtrocken **7,80 €** | 12% | bis 2017	**84**
2014	Sommeracher Katzenkopf Rieslaner Spätlese halbtrocken **9,50 €** | 11% | bis 2020	**85**
2013	Sommeracher Katzenkopf Spätburgunder trocken Holzfass **12,– €** | 13% | bis 2017	**83**

WEINGUT ZEHNTHOF FAMILIE WEICKERT

97334 Sommerach · Hauptstraße 17
☎ (0 93 81) 28 30 · Fax 71 57 94
info@zehnthof-weickert.de
www.zehnthof-weickert.de
Inhaber: Tobias Weickert

Verkauf: Gertrud Weickert
Mo–So: 8.00–20.00 Uhr

Alles sehr klar und typisch! Der oft hohe Alkohol ist meist durch die Substanz der Weine gut abgepuffert. Bei den 2014er schmecken uns besonders die Spätlesen von Traminer und Scheurebe. Die Kerner Auslese verbindet Substanz und feine Sortenart mit Honignoten und klarer Länge. Bei den erneut vorgestellten 2013ern hat uns die Riesling Spätlese von Alten Reben dieses Mal sehr gut gefallen. Saft und eine geschliffene Säure balancieren Fülle und Botrytisnoten gut aus. Der Zehnthof, in dem die Familie Weickert lebt, stammt aus dem Jahr 1682 und war einmal ein Kloster, zu dem auch Weinbau gehörte. Eine gelungene Kollektion!

Anzahl der verkosteten Weine: 15
Bewertungen: 81–88 Punkte

2014	Sommeracher Katzenkopf Silvaner Kabinett trocken **6,50 €** | 12% | bis 2016	**82**
2014	Volkacher Kirchberg Scheurebe Kabinett trocken **7,– €** | 12% | bis 2017	**83**
2014	Sommeracher Kirchberg Scheurebe Spätlese trocken **10,– €** | 12,5% | bis 2018	**84**
2014	Sommeracher Katzenkopf Silvaner Spätlese trocken Alte Reben **10,– €** | 13% | bis 2018	**84**
2014	Sommeracher Katzenkopf Traminer Spätlese trocken **12,– €** | 14,5% | bis 2019	**85**
2013	Volkacher Kirchberg Riesling Spätlese trocken Alte Reben **12,– €** | 14,5% | bis 2020	**87**
2013	Volkacher Kirchberg Scheurebe Auslese trocken **17,– €** | 14,5% | bis 2019	**86**
2014	Sommeracher Katzenkopf Scheurebe Spätlese **10,– €** | 12% | bis 2020	**85**
2014	Sommeracher Katzenkopf Traminer Spätlese **12,– €** | 13% | bis 2020	**85**
2014	Volkacher Kirchberg Kerner Auslese **17,– €** | 11,5% | bis 2021	**88**

WEINGUT ZEHNTKELLER

97346 Iphofen · Bahnhofstraße 12
☎ (0 93 23) 84 40 · Fax 84 41 23
zehntkeller@romantikhotels.com
www.zehntkeller.de
Inhaber und Geschäftsführer: Heinrich Seufert
Kellermeister: Josef Schneider

Verkauf: im Romantik-Hotel Zehntkeller
Mo–So: 7.00–23.00 Uhr

Die aktuelle Kollektion hat uns leider enttäuscht. Die 2014er empfanden wir als karg, oft etwas bitter und mit wenig Frucht ausgestattet. Vielleicht sind die Anforderungen, welche die Umstellung auf biologischen Anbau mit sich bringt, vom Gut noch nicht gänzlich bewältigt. Gut gefallen hat uns allerdings der klare, wirklich trockene Silvaner-Sekt. Auch der 2012er Merlot steht auf der Habenseite. Seit vielen Jahren ist der Zehntkeller in Iphofen auch für sein komfortables Hotel mit Restaurant bekannt.

Anzahl der verkosteten Weine: 9
Bewertungen: 80–86 Punkte

2013	Silvaner Sekt Brut **14,50 €** | 12,5% | 🍷 bis 2017	**86**
2014	Iphöfer Kronsberg Silvaner trocken **6,50 €**/1,0 Lit. | 12% | 🍷 bis 2016	**80**
2014	Iphöfer Julius-Echter-Berg Silvaner Kabinett trocken **8,– €** | 11% | 🍷 bis 2016	**81**
2014	Iphöfer Kronsberg Chardonnay Kabinett trocken **8,– €** | 12% | 🍷 bis 2016	**81**
2014	Iphöfer Kronsberg Weißburgunder Spätlese trocken **10,– €** | 12,5% | 🍷 bis 2016	**81**
2014	Iphöfer Julius-Echter-Berg Silvaner Spätlese trocken **10,– €** | 12,5% | 🍷 bis 2016	**82**
2014	Iphöfer Kronsberg Sauvignon Blanc Spätlese trocken **13,– €** | 12% | 🍷 bis 2016	**82**
2012	Iphöfer Kronsberg Chardonnay Spätlese trocken Barrique **15,– €** | 12,5% | 🍷 bis 2017	**83**
2012	Iphöfer Kronsberg Merlot trocken Barrique **13,– €** | 13% | 🍷 bis 2016	**84**

Berauschende Schönheit – Wasser aus dem All

Frederking & Thaler im Bruckmann Verlag GmbH, Infanteriestraße 11a, 80797 München

Alles Leben hängt vom Wasser ab. Es gestaltet Landschaft, beherbergt und ermöglicht einzigartiges Leben. In sagenhaft schönen Satellitenbildern porträtiert dieser Bildband unsere Erde von oben, die Ozeane der Welt und andere Wasservorkommen. Eine überwältigend ästhetische Bilderreise, erläutert durch Beiträge anerkannter Experten zur besonderen Beziehung, die Mensch und Wasser auf dem Planeten Erde eingehen. Ein neues Kapitel unserer Welt von oben.

304 Seiten · ca. 150 Abb.
27,0 x 34,5 cm
€ [A] 60,70
sFr. 78,90 **€ 59,00**
ISBN 978-3-95416-135-5

Abenteuer Leben

FREDERKING & THALER

www.frederking-thaler.de
oder gleich bestellen unter
Tel. 0180-532 16 17 (0,14 €/Min.)

Hessische Bergstraße

Burgunder schlägt Riesling

- Zur frühen Lese gezwungen
- Simon-Bürkle der Leuchtturm
- Weinmanufaktur Montana bringt frischen Wind

Weinreben an der Hessischen Bergstraße

Das Jahr 2014 wird nicht als das beste Rieslingjahr in die Annalen der Hessischen Bergstraße eingehen. Dazu waren die entscheidenden Lesewochen einfach zu nass. Die Trauben waren vielerorts noch nicht reif, dennoch mussten die Winzer sie vor Fäulnis schützen. Einige Winzer fingen sogar schon Ende August mit der Lese an. »Wir wussten lange nicht, wann wir ernten sollen, und mussten bei der Vorlese einen enormen Aufwand betreiben, damit die restlichen Trauben nachreifen können«, berichtet Johannes Bürkle vom Weingut Simon-Bürkle über die Krux der frühen Lese.

Wer saubere Weine haben wollte, musste vor allem gründlich selektieren. Dennoch ist die Erntemenge höher als in den letzten sechs vorangegangenen Jahren. Die Mostgewichte erreichten Anfang Oktober beim Riesling gerade mal 85 Grad Öchsle und 90 Grad Öchsle beim Spätburgunder. Die Weine zeigen sich entsprechend schlank mit moderatem Alkohol. Doch die meisten zu früh gelesenen Weine waren einfach gestrickt, ohne große Tiefe und Substanz und teilweise mit grünen Noten. Das zeigt sich vor allem bei den Rieslingen. Besser haben die weißen Burgunderrebsorten die Unbilden des Jahrgangs verkraftet. Die Burgunder erschienen uns im Durchschnitt etwas besser entwickelt.

Kleines Gebiet mit vielen Vorteilen

Die Hessische Bergstraße ist mit etwa 440 Hektar das kleinste Weinbaugebiet Deutschlands. Sie ist in zwei Bereiche unterteilt. Der größere Teil des Gebiets verläuft entlang des Rheins zwischen Seeheim und Ludenbach und gehört zum Bereich Starkenburg. Zum weiter östlich gelegenen Bereich Umstadt gehören die Odenwälder Weininsel und die Lagen von Roßdorf und Dietzenbach. Das Gebiet ist durch den Odenwald gegen raue Nord- und Ostwinde geschützt und dafür bekannt, dass hier der Frühling früher und der Herbst später einzieht als in anderen deutschen Gebieten. Das erlaubt eine lange Vegetationsperiode.

Die Bodenformationen sind extrem vielfältig: Sie reichen von Granitverwitterung bei Zwingenberg über Basalt nahe Roßdorf bis hin zu Bundsandsteinformationen und kalkige Böden rund um Bensheim.

Die meisten Parzellen werden häufig im Nebenerwerb von einer großen Zahl an Kleinstbetrie-

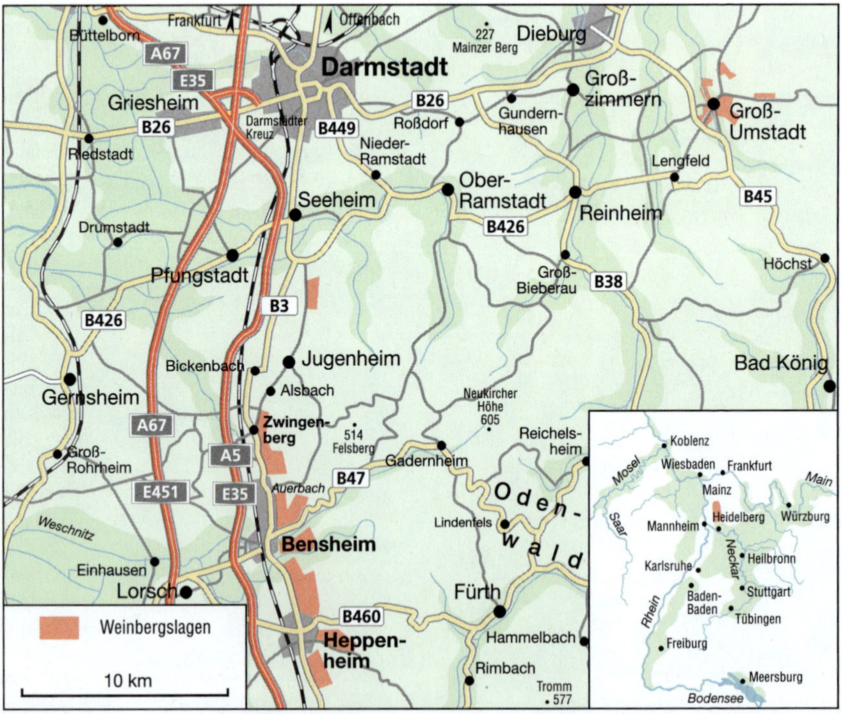

Gastlichkeit an der Bergstraße

ben bewirtschaftet. Viele dieser Winzer haben sich einer der örtlichen Winzergenossenschaften angeschlossen.

Es wird vorwiegend Weißwein angebaut, mehr als die Hälfte davon ist Riesling. Beim steigenden Anteil an Rotweinreben steht der Spätburgunder mit über zehn Prozent der Rebfläche an erster Stelle. Doch mit dem Klimawandel ändert sich einiges. Mit 15 Hektar ist die Bergstraße heute das weltweit größte Anbaugebiet für Roten Riesling. Diese Ursprungsrebe des Rieslings ist durch ihren Farbstoff in den Traubenschalen besser vor Fäulnis geschützt. Auch setzt man im Gebiet zunehmend auf aromatische Rebsorten wie Scheurebe, Sauvignon Blanc oder Muskateller, die meistens angenehm trocken ausgebaut werden.

Leuchttürme und Ideengeber

Es mag am Jahrgang gelegen haben, denn im Schnitt mussten wir bei den Bewertungen in diesem Jahr deutliche Abstriche gegenüber den Vorjahren machen. Seit Jahren an der Spitze und Flaggschiff der Region bleibt jedoch das Weingut Simon-Bürkle. Die Weine zeigen sich mit guter Substanz, Tiefe und dank einer zupackenden Säurestruktur mit gradlinigem Charakter. Mit etwas Abstand sehen wir die Kollektion der Domäne Bergstraße, deren Weine wir erstmalig unter den Hessischen Staatsweingütern im Kapitel Rheingau eingeordnet haben.

Die größte Genossenschaft im Gebiet, die Bergsträßer Winzer, bietet eine enorme Auswahl an Abfüllungen mit rebsortentypischen Weinen wie die Terroirlinie Terra Starkenburg. Die Kollektion insgesamt jedoch konnte uns nicht gänzlich überzeugen.

Eine Boutique Winery ist die Weinmanufaktur Montana. Internationaler Stil trifft hier auf antike griechische Ausbaumethoden in Amphoren (Kiopis). Impulse, die von Kellermeister Alexander Heer ausgehen, der auch kleinere Weinlagen sowohl im Rheingau als auch in Griechenland bewirtschaftet. Der kleine Betrieb geht mutig neue Wege, was wir andernorts etwas vermissen. Das milde Klima, Weinstuben und Weinfeste machen die Hessische Bergstraße zu einem beliebten Ausflugsziel. Der Erlebnispfad »Wein und Stein« ist ein Kooperationsprojekt des UNESCO-Geoparks Bergstraße-Odenwald mit der Bergsträßer Winzer eG. Moderne Vinotheken und Gastronomiekonzepte bringen neue Anreize für die Region. Nur bei den Weinqualitäten hat man sich bisher wenig profilieren können. Die Weine werden meist vor Ort konsumiert oder eingekauft. Die Region lebt vom Weintourismus, nicht vom Export. Das mag auch dazu verführen, dass einige Winzer nicht noch mehr aus ihren Weinbergen rausholen. In Zukunft würden wir uns eine größere Qualitätsdichte wünschen. Das Potenzial mit den facettenreichen Bodenstrukturen auf engstem Raum ist ja da.

Giuseppe Lauria

BERGSTRÄSSER WINZER

64646 Heppenheim · Darmstädter Straße 56
☎ (0 62 52) 79 94 11 · Fax 79 94 50
info@bergstraesserwinzer.de
www.bergstraesserwinzer.de
Vorsitzender: Reinhard Antes
Geschäftsführer: Otto Guthier
Önol. Betriebsleiter: Gerhard Weiß
Techn. Betriebsleiter: Dirk Herdner

Verkauf: Walter Bitsch
Mo–Fr: 9.00–18.30 Uhr
Sa: 9.00–16.00 Uhr, So: 10.00–15.00 Uhr

Die größte Winzergenossenschaft Hessens präsentiert uns eine Kollektion des 2014er Jahrgangs von durchwachsener Qualität. Bei den mittleren Qualitäten vermissten wir zuweilen etwas Finesse und Spannung. Zu gefallen wussten die Weine der Terroir-Linie »Terra Starkenburg«, allen voran der neu aufgenommene Sauvignon Blanc aus dem Heppenheimer Stemmler. Die Rotweincuvée Centurio hat einen weichen Charakter mit duftigen Beerenaromen. Insgesamt erwarten wir jedoch von einem Zweitraubenbetrieb noch ausdrucksstärkere Weine.

Anzahl der verkosteten Weine: 16
Bewertungen: 77–84 Punkte

2013 Weißer & Roter Riesling Jubiläum Sekt Brut **83**
10,90 € | 11,5% | 🍷 bis 2017

2014 Heppenheimer Schlossberg **78**
Grauburgunder trocken
5,30 €/1,0 Lit. | 11,5% | 🍷 bis 2016

2014 Heppenheimer Stemmler **84**
Sauvignon Blanc trocken
9,50 € | 12,5% | 🍷 bis 2017

2014 Heppenheimer Stemmler **83**
Riesling Spätlese trocken
8,50 € | 11,5% | 🍷 bis 2017

2014 Heppenheimer Schlossberg **83**
Grauburgunder Spätlese trocken
8,70 € | 12,5% | 🍷 bis 2017

2014 Cuvée »Vinas First« feinherb **81**
5,60 € | 10,5% | 🍷 bis 2017

2013 Heppenheimer Schlossberg **82**
Riesling Kabinett feinherb
5,90 € | 11% | 🍷 bis 2017

2014 Heppenheimer Eckweg **80**
Roter Riesling Kabinett feinherb
6,50 € | 10% | 🍷 bis 2016

2012 Merlot & Pinot Noir Centurio trocken **83**
9,90 € | 13,5% | 🍷 bis 2018

WEINGUT EDLING

64380 Roßdorf · Kirchgasse 9
☎ (0 61 54) 84 02 · Fax 80 36 85
info@weingut-edling.de
www.weingut-edling.de
Inhaber: Lisa und Werner Edling

Verkauf: Ute Edling
Di, Fr: 15.00–18.00 Uhr, Sa: 9.00–13.00 Uhr
Winzerstube
Di, Mi, Fr: ab 19.00 Uhr, Sa–So: ab 17.00 Uhr

Wir verkosteten eine Auswahl an Weinen aus der vom Basalt geprägten Lage Roßdorfer Roßberg, die dieser kleine Betrieb aus dem Gebiet der Odenwälder Weininsel in alleinigem Familienbesitz hält. Stilprägend sind Weißweine mit aromatischem, fruchtbetontem Charakter. Der Grauburgunder ist kräftig, am Gaumen cremig mit einem Hauch Banane. Spaß macht schon der duftig-pikante Müller-Thurgau mit seinen würzigen Aromen von Honigmelone. Noch ein wenig prägnanter ist der aromatische Muskateller mit einem Korb aus exotischen Früchten und blumigen Rosennoten. Obgleich die Rotweine nur 35 Prozent der Gesamtmenge ausmachen, sind sie eine Leidenschaft der Familie Edling. Der weiche Cabernet Sauvignon präsentiert sich im internationalen Stil mit expressiven Aromen von roter Paprika, während bei der kräftigen Rotweincuvée »Die Rose« würzige Noten, dunkle Beeren und Röstaromen vom Barriqueausbau im Vordergrund stehen.

Anzahl der verkosteten Weine: 6
Bewertungen: 81–84 Punkte

2014 Roßdorfer Roßberg Riesling trocken **81**
7,– € | 12,5% | 🍷 bis 2017

2014 Roßdorfer Roßberg Grauburgunder trocken **82**
7,– € | 12,5% | 🍷 bis 2017

2014 Roßdorfer Roßberg **82**
Müller-Thurgau feinherb
5,– € | 12% | 🍷 bis 2017

2014 Roßdorfer Roßberg **83**
Gelber Muskateller feinherb
👍 **7,50 €** | 11,5% | 🍷 bis 2017

2012 Roßdorfer Roßberg **83**
Cabernet Sauvignon trocken Barrique
15,50 € | 13,5% | 🍷 bis 2018

2013 Cuvée »Die Rose« **84**
Edition »E« trocken Barrique
15,50 € | 13,5% | 🍷 bis 2019

WEINMANUFAKTUR MONTANA

64625 Bensheim-Auerbach
Zwischen den Bächen 23–25
☎ (0 62 51) 8 69 29 10 · Fax 8 69 94 99
info@weinmanufaktur-montana.de
www.weinmanufaktur-montana.de
Geschäftsführer: Beate Trepels, Alexander Heer
Verwalter und Kellermeister: Alexander Heer

Verkauf: Beate Trepels
Di–Fr: 10.00–16.00 Uhr, Sa: 11.00–16.00 Uhr

Abseits des Mainstreams präsentiert Montana eine Kollektion für Liebhaber des Besonderen. Die beiden Rieslinge zum Beispiel zeigen die experimentelle Ader des Rheingauer Kellermeisters Alexander Heer: Der Amphoerus, ausgebaut in original Kioupis, griechischen Amphoren, gefällt uns mit seiner feinen Salzigkeit gepaart mit gelben Fruchtaromen. In Richtung Orange Wine vinifiziert sind die Alten Reben im eher oxidativen Ausbau. Bei den Rotweinen markiert der im internationalen Stil geprägte Dornfelder Masterpiece die Spitze. Wir werten die Weinmanufaktur Montana in diesem Jahr zu einem der besseren empfehlenswerten Betriebe auf.

Anzahl der verkosteten Weine: 12
Bewertungen: 79-85 Punkte

2012	Rotberger Sekt trocken Rosé **15,50 €** | 11,5% | bis 2017	**80**
2012	Riesling Amphoreus Tafelwein trocken **14,50 €**/0,375 Lit. | 13,5% | bis 2017	**84**
2014	Grauburgunder trocken **8,50 €** | 12% | bis 2017	**82**
2014	Weißburgunder trocken **8,50 €** | 12% | bis 2019	**82**
2014	Cuvée »80/20« trocken Holzfass **8,50 €** | 12% | bis 2018	**83**
2014	Chardonnay trocken **9,50 €** | 12,5% | bis 2017	**83**
2012	Chardonnay trocken Barrique **14,50 €** | 14% | bis 2020	**84**
2014	Riesling feinherb Alte Reben **8,50 €** | 12% | bis 2017	**83**
2013	Dornfelder La Grillade trocken **6,50 €** | 13% | bis 2017	**80**
2013	Cuvée »75/25« trocken Barrique **9,50 €** | 13,5% | bis 2018	**82**
2011	Dornfelder Masterpiece trocken Barrique **19,– €** | 14% | bis 2019	**85**

WEINGUT ROTHWEILER

64625 Bensheim-Auerbach
Berliner Ring 184 (am roten Turm)
☎ (0 62 51) 7 65 69 · Fax 78 83 85
mail@hanno-rothweiler.de
www.hanno-rothweiler.de
Inhaber und Kellermeister: Hanno Rothweiler
Außenbetriebsleiter: Reinhard Steinbacher

Verkauf: Hanno Rothweiler
Mo–Fr: 17.00–19.00 Uhr
Sa: 10.00–13.00 Uhr und nach Vereinbarung

Das Weingut Rothweiler wartet mit einer Rebsortenvielfalt auf, die ihresgleichen sucht. Es mag am Jahr 2014 liegen, dass die Weißweine eher leichtgewichtig mit angenehm moderatem Alkoholgehalt auftreten. Vom Geschmack her sind sie jedoch vorwiegend weich und uns zu vordergründig fruchtbetont. Trinkfreude bereitete uns der Auxerrois mit Aromen von Orangenblüte und Jasmin. Bei den Roten gefielen uns der seidig-würzige Syrah sowie der herb-fruchtige St. Laurent mit schöner Balance. Wir führen das Weingut Rothweiler in diesem Jahr nur unter den empfehlenswerten Betrieben.

Anzahl der verkosteten Weine: 12
Bewertungen: 78-84 Punkte

2013	St. Laurent Sekt Brut Weißherbst **14,20 €** | 13% | bis 2017	**82**
2014	Auerbacher Fürstenlager Roter Riesling trocken **8,80 €** | 12% | bis 2017	**81**
2014	Auerbacher Fürstenlager Auxerrois trocken **8,80 €** | 12% | bis 2017	**82**
2014	Auerbacher Fürstenlager Chardonnay trocken Barrique **9,80 €** | 12,5% | bis 2018	**79**
2014	Auerbacher Fürstenlager Cabernet Sauvignon trocken Weißherbst **8,80 €** | 12% | bis 2017	**81**
2014	Auerbacher Fürstenlager Dakapo trocken Barrique **9,90 €** | 13% | bis 2018	**81**
2013	Auerbacher Fürstenlager Cabernet Sauvignon trocken Barrique **10,20 €** | 13% | bis 2018	**81**
2013	Auerbacher Fürstenlager Syrah trocken Barrique **10,20 €** | 13% | bis 2018	**83**
2013	Auerbacher Fürstenlager St. Laurent trocken Barrique **11,30 €**/0,5 Lit. | 13% | bis 2019	**84**

WEINGUT SIMON-BÜRKLE

64673 Zwingenberg · Wiesenpromenade 13
☎ (0 62 51) 7 64 46 · Fax 78 86 41
info@simon-buerkle.de
www.simon-buerkle.de
Inhaber: Dagmar Simon und Johannes Bürkle
Betriebsleiter und Kellermeister: Jan Faber

Verkauf: Dagmar Simon, Carmen Bauer
Mo–Fr: 9.00–12.00 Uhr · 15.00–18.00 Uhr
Sa: 9.00–13.00 Uhr

Rebfläche: 11 Hektar
Jahresproduktion: 80.000 Flaschen
Beste Lagen: Zwingenberger Alte Burg und Steingeröll, Auerbacher Höllberg und Schöntal
Boden: tiefgründiger Lösslehm auf Granitverwitterung
Rebsorten: 50% Riesling, 18% rote Sorten, 12% weiße Burgundersorten, 20% übrige Sorten
Durchschnittsertrag: 54 hl/ha

Das Weingut Simon-Bürkle steht auch in diesem Jahr unangefochten an der Spitze der Hessischen Bergstraße. Kein anderer Erzeuger der Region versteht es derart gut, gradlinige Weine mit klaren Fruchtaromen und guter Struktur über die gesamte, umfangreiche Rebsortenpalette hinweg zu erzeugen. Von den Weißweinen gefiel uns der elegante Riesling aus dem Steingeröll mit seiner feinen mineralischen Ader und Zitrusaromen von reifer Pomelo. Bei den ausdrucksvollen Aromarebsorten hatte der Muskateller die Nase vorn: pikant mit Mandarinennoten und einem aparten, herbfruchtigen Spiel. Kräftig und vielschichtig präsentiert sich der im Barrique ausgebaute Spätburgunder – ebenso aus dem Steingeröll – mit pfeffrigem Feuer und dunkler Beerenfrucht. Eine homogene 2013er Kollektion mit Charakterweinen, die allesamt mit ihrer reintönigen Art Trinkfreude bereiten und ein gutes Beispiel dafür sind, wie schön sich die Weine der Hessischen Bergstraße präsentieren können. Wir sind auf die 2014er gespannt, die laut Johannes Bürkle »sich bei uns besser entwickeln als erwartet«.

Zeichenerklärung:
Schnäppchenpreis · Top 10 Spitzenreiter
Ökobetrieb · Trink-Tipp · Versteigerungswein
Sekt · Weißwein · Rotwein · Roséwein

Anzahl der verkosteten Weine: 12
Bewertungen: 80–86 Punkte

2013	Riesling trocken **6,30 €**/1,0 Lit. | 12% | bis 2016	**80**
2013	Alsbacher Schöntal Silvaner trocken **6,30 €**/1,0 Lit. | 12% | bis 2017	**80**
2014	Alsbacher Schöntal Auxerrois trocken **8,– €** | 12% | bis 2017	**83**
2014	Grauburgunder trocken **8,– €** | 12% | bis 2017	**83**
2013	Riesling Granit trocken **8,– €** | 12% | bis 2017	**84**
2013	Alsbacher Schöntal Gewürztraminer trocken **8,– €** | 12,5% | bis 2017	**84**
2012	Zwingenberger Steingeröll Muskateller trocken **8,– €** | 12,5% | bis 2017	**85**
2013	Zwingenberger Steingeröll Riesling Spätlese trocken **9,50 €** | 13% | bis 2017	**85**
2013	Zwingenberger Steingeröll Weißburgunder Spätlese trocken **11,– €** | 12% | bis 2017	**84**
2014	Auerbacher Höllberg Scheurebe Spätlese **12,– €** | 10,5% | bis 2019	**84**
2013	Zwingenberger Spätburgunder trocken **10,50 €** | 13,5% | bis 2018	**83**
2012	Zwingenberger Steingeröll Spätburgunder trocken Barrique **19,– €** | 13,5% | bis 2020	**86**

VINUM AUTMUNDIS ODENWÄLDER WINZERGENOSSENSCHAFT

64823 Groß-Umstadt · Riegelgartenweg 1
☎ (0 60 78) 23 49 · Fax 24 96
info@vinum-autmundis.de
www.vinum-autmundis.de
Vorstandsvorsitzender: Philipp Weber
Geschäftsführer: Oliver Schröbel
Kellermeister: Jürgen Kronenberger und Joachim Janß-Schaad

Verkauf: Vinothek
Mo–Fr: 9.00–12.30 Uhr · 14.30–18.00 Uhr
Sa: 9.00–14.00 Uhr, So: 14.00–18.00 Uhr

Vinum Autmundis besteht aus etwa 100 Umstädter Genossen. Deren rebsortentypische Weißweine präsentieren sich durchweg klar und reintönig mit deutlicher Präferenz für eine expressive Fruchtaromatik und einer eher süßen Anmutung am Gaumen. So auch die beiden Exoten im Programm: der üppige Sauvignon Blanc mit Aromen von Cassis und weißer Stachelbeere und der feinherbe Cabernet Blanc, der seine Familienzugehörigkeit zum roten Cabernet Sauvignon mit seinen herbwürzigen Johannisbeernoten nicht verbergen kann. Wir wünschen uns für die Zukunft jedoch noch mehr Tiefe und Substanz.

Anzahl der verkosteten Weine: 12
Bewertungen: 79–84 Punkte

2014	Umstädter Müller-Thurgau trocken **4,60 €**/1,0 Lit. | 13% | 🍷 bis 2017	**79**
2014	Umstädter Stachelberg Weißburgunder trocken **6,40 €** | 12% | 🍷 bis 2017	**81**
2014	Umstädter Herrnberg Sauvignon Blanc trocken Premium **7,90 €** | 13,5% | 🍷 bis 2017	**84**
2014	Umstädter Stachelberg Weißburgunder Kabinett trocken Premium **6,95 €** | 12,5% | 🍷 bis 2017	**83**
2014	Umstädter Grauburgunder Spätlese trocken **7,20 €** | 12,5% | 🍷 bis 2017	**83**
2014	Umstädter Herrnberg Cabernet Blanc feinherb Premium **7,90 €** | 13% | 🍷 bis 2017	**83**
2014	Umstädter Kerner Spätlese **5,95 €** | 10% | 🍷 bis 2018	**82**
2014	Umstädter Stachelberg Riesling Spätlese Premium **6,05 €** | 9% | 🍷 bis 2019	**82**
2013	Umstädter Herrnberg Regent trocken Premium **7,10 €** | 12,5% | 🍷 bis 2017	**80**
2012	Umstädter Herrnberg Dornfelder trocken Premium **7,10 €** | 14% | 🍷 bis 2017	**82**

Mittelrhein

Das Tal im Krisenjahr

- Kleinste Mengen
- Insektenplagen und Fäulnisdruck zur Lese
- Keine Chance für Edelsüße

2014: Kein goldener Herbst am Mittelrhein

In vielerlei Hinsicht war es das schlechteste Jahr seit Langem am Mittelrhein. Der feuchte Herbst erzwang eine Lese im Rekordtempo. An höhere edelsüße Prädikate war praktisch nicht zu denken, auch Insektenplagen, einschließlich der gefürchteten Kirschessigfliege, trugen zu den Problemen bei. Die Winzer kann man einteilen in diejenigen, die wirklich streng selektiert und gute Weine in der Basis wie im Mittelbau produziert haben, und solche, die ein wenig lockerer vorgegangen sind und unter Umständen Weine mit unerwünschten Nebentönen erhalten haben. Es fehlt überall an edelsüßen Spitzen, an Topeditionen, teils an Großen Gewächsen – selbst bei den Spitzenbetrieben. Matthias Müller, seit vielen Jahren im Geschäft, meint: »Ich kann mich nicht erinnern, so etwas schon erlebt zu haben, dass wir nicht einmal einen Editionswein herstellen konnten, nicht einmal ein Kabinett ist dabei.« Ähnliches sieht man auch bei anderen Produzenten – bei Didinger und anderen ist die Spitze der vorgestellten Weine schon bei einem Hochgewächs »S« erreicht. Bei ganz vielen Winzern fehlen aber nicht nur die Spitzen, es fehlen auch an der Basis die Mengen und manche Winzer haben gleich gesagt, die Mengen seien so gering, dass es keinen Sinn mache, die Weine für diesen WeinGuide anzustellen – schade.

Gebiet in drei Teilen

Immer deutlicher wird die Dreiteilung des Gebiets: die Region um Bacharach und Oberwesel, der mittlere Mittelrhein um den Bopparder Hamm und der Norden, wo sich in und um Leutesdorf einiges tut. Jedes Teilgebiet hat seine Anführer und eine leicht unterschiedliche Stilistik, wobei die Bopparder den üppigsten Stil zeigen.

In Anbetracht der äußeren Umstände wollen wir davon absehen, zu viele Neubewertungen auf der Basis der letzten zwei schwierigen Jahrgänge vorzunehmen. Sollte sich die Entwicklung der letzten beiden Jahre fortsetzen, sind sicherlich mehr Anpassungen erforderlich. Jedenfalls war der Jahrgang 2014 am Mittelrhein keiner, bei dem man an viele Hochstufungen denkt. Fast die einzige Ausnahme ist das Weingut Josten & Klein. Diese »Garage-Winery« sitzt zwar an der Ahr, ist aber auch im Mittelrhein gelistet, da sie hier viele Flächen bewirtschaftet. Ebenso hat das Weingut Scheidgen die Herausforderung gut gemeistert und erhält die rote Farbe zur Traube.

Ansonsten bleiben die Bewertungen überwiegend so wie im Vorjahr. Zwei Weingüter erscheinen in diesem Jahr nicht: Der bisherige Ein-Trauben-Betrieb August Perll hat leider in diesem Jahr keine Weine eingereicht. Das Gleiche gilt für den Pionier der Mittelrhein-Riesling-Charta, Herbert Prass, dem schlicht die Mengen fehlten: »Es hat keinen Sinn, Weine einzureichen, die schon bald ausverkauft sein werden.« Diese Betriebe hoffen wir im nächsten Jahr wiederzusehen.

Optimismus bleibt

Wie man es auch nimmt: Es war kein gutes Jahr für den vom Riesling stark abhängigen Mittelrhein, der zusammen mit der Mosel wohl am meisten unter den Wetterkapriolen gelitten hat. Florian Weingart beschreibt den Jahrgang als »klimatisch höchst schwierig.« Er konstatiert: »Ohne meine in dem ähnlich problematischen Jahrgang 2000 gereifte Erfahrung wären die Weine 2014 nicht gelungen.« Und trotzdem gibt es auch ein kleines Wunder – nämlich, dass weiterhin ein gewisser Optimismus vorherrscht. Gerade die größeren und besseren Betriebe investieren, konsolidieren sich und wachsen. Einzelheiten zu den Entwicklungsplänen finden sich in den Betriebstexten. Das gibt Hoffnung für die Zukunft. Der Mittelrhein bleibt Riesling-Land und er bleibt preislich günstig. Das UNESCO-Welterbe mit seinen vielen Burgen, den Kehren und Schleifen des Rheins bleibt ein wunderschönes Ziel für Touristen.

Peter Gebler

Weinlagen am Mittelrhein

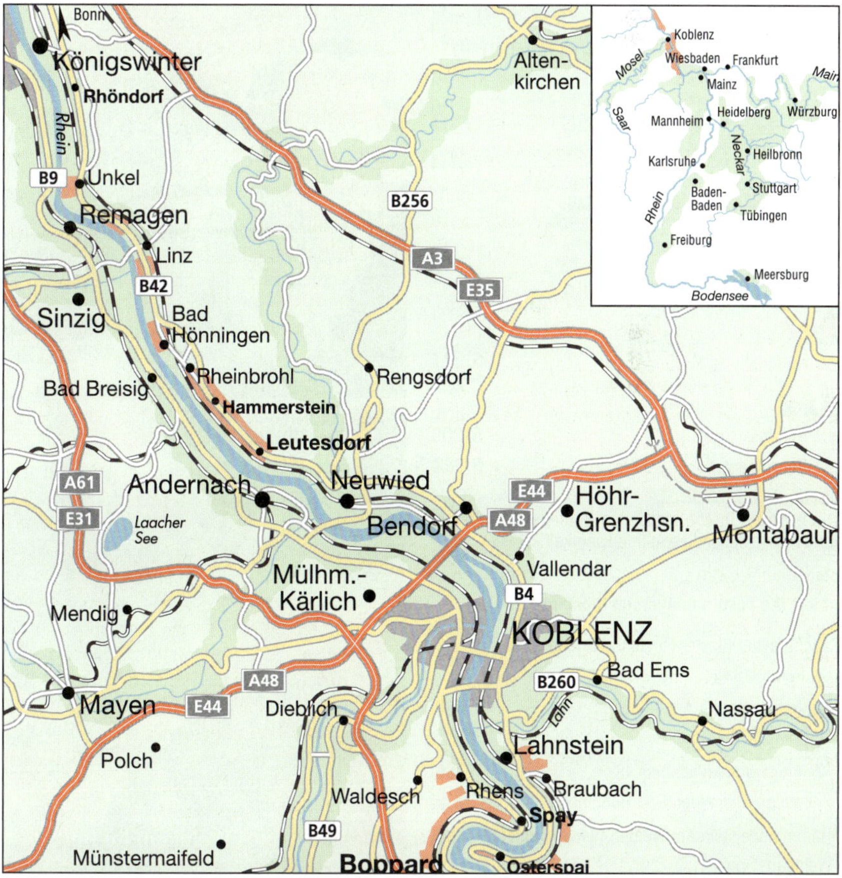

Die Spitzenbetriebe

Matthias **M**üller	S. 311
Florian **W**eingart	S. 317
Toni **J**ost	S. 308
Ratzenberger	S. 314

Die mit roter Traube markierten Betriebe verdienen in ihrer Klasse besondere Aufmerksamkeit.

Die besten feinherben Riesllinge 2014

Bacharacher Kloster Fürstental Spätlese	**86**
Dr. Randolf Kauer, Bacharach	
Bopparder Hamm Alte Reben	**86**
Matthias Müller, Spay	
Hönninger Am Münchberg »S«	**86**
Sebastian Schneider, Bad Hönningen	
Hamm Engelstein Am Weißen Wacke Kabinett	**86**
Weingart, Spay	

Buntes Weinlaub im Herbst

WEINGUT BASTIAN

55422 Bacharach · Oberstraße 63
☎ (0 67 43) 12 08 · Fax 28 37
weingut-bastian-bacharach@t-online.de
www.weingut-bastian-bacharach.de
Inhaber: Friedrich Bastian

Verkauf: Doris Bastian
während der Öffnungszeiten der Weinstube und nach Vereinbarung

Weinstube: »Zum Grünen Baum«
Fr–Mi: 13.00–24.00 Uhr
Spezialitäten: hausgemachte Wurst und Schinken
Historie: Weingut 1697 gegründet, Gutshof aus mehreren Epochen (1421/1756/1825)

Rebfläche: 6,1 Hektar
Jahresproduktion: 35.000 Flaschen
Beste Lagen: Bacharacher Posten, Wolfshöhle und Insel Heyles'en Werth, Steeger St. Jost
Boden: Blauschiefer, Tonverwitterung
Rebsorten: 80% Riesling, 10% Scheurebe, je 5% Portugieser und Spätburgunder
Durchschnittsertrag: 45 hl/ha
Mitglied: VDP

In einem Jahr wie diesem – im Gebietsvorwort beschrieben – kann man mit etwas Galgenhumor sagen, dass Friedrich Bastian froh sein kann, als Musiker noch ein zweites berufliches Standbein zu haben. Dass seine Weine immer lange gären, ist nichts Neues. Und inzwischen hat er aus der Not eine Tugend gemacht und hat einen nachgereichten 2012er Riesling vom Bacharacher Posten auf dem Etikett als »Langgärer« deklariert. So haben wir insgesamt dieses Mal Weine aus drei Jahrgängen verkostet, wovon die Weine aus dem 2014er Jahrgang mit Ausnahme des Inselweins alle als Fassproben gezeigt wurden. Auch hier gibt es nach 2013 wieder keine edelsüßen Weine aus dem Jahrgang 2014.
Unter den widrigen Umständen des Jahrgangs kann man nur festhalten, dass Bastian das Mögliche herausgeholt hat und dass er sicher froh ist, noch einige 2012er auf Lager zu haben. Ansonsten sind die Weine auf dem gewohnt ansprechenden Niveau: sauber, erfrischend und wieder mit ordentlichem Extrakt. Sie bieten viel Trinkfreude und werden sich sicherlich gut entwickeln.

Anzahl der verkosteten Weine: 8
Bewertungen: 84–88 Punkte

2012	Bacharacher Riesling Steillage trocken **9,90 €** | 12,5% | 🍷 bis 2019	**84**
2014	Bacharacher Riesling Steillage trocken **9,90 €** | 12,5% | 🍷 bis 2019	**(85)**
2013	Bacharacher Wolfshöhle Riesling trocken **14,– €** | 11,5% | 🍷 bis 2019	**85**
2012	Bacharacher Wolfshöhle Riesling trocken **14,– €** | 12,5% | 🍷 bis 2019	**85**
2014	Bacharacher Posten Riesling trocken **14,90 €** | 12% | 🍷 bis 2019	**(87)**
2012	Bacharacher Posten Riesling Langgärer trocken **14,90 €** | 12% | 🍷 bis 2020	**88**
2014	Riesling Alde Fritz trocken Preis auf Anfrage | 10,5% | 🍷 bis 2019	**84**
2014	Bacharacher Insel Heyles'en Werth Riesling feinherb **9,50 €** | 12% | 🍷 bis 2019	**84**

WEINGUT DIDINGER

56340 Osterspai · Rheinuferstraße 13
☎ (0 26 27) 5 12 · Fax 97 12 72
weingutdidinger@web.de
www.weingut-didinger.de
Inhaber: Jens Didinger

Verkauf: Familie Didinger
nach Vereinbarung

Wie im letzten Jahr haben die Didingers zusätzlich zu den Rieslingweinen wieder Grauburgunder und einen Kerner eingereicht, wobei der Letztere in feinherber Form der Spitzenwein des schwierigen Jahrgangs ist. Die Kollektion besteht aus Qualitätsweinen und Hochgewächsen. Die besseren Vertreter werden mit einem »S« gekennzeichnet. Das kann nicht darüber hinwegtrösten, dass in diesem Jahrgang nicht viele Möglichkeiten gegeben waren. Nachdem wir hier über einige Jahre schon eine etwas schwächelnde Tendenz beobachtet haben, korrigieren wir die Bewertung auf eine Traube schwarz. Wir haben schon in anderen Jahren gesehen, dass das Weingut in allen Qualitätsstufen sehr gute Weine liefern kann, und hoffen, dass ein klimatisch normaler Jahrgang das Potenzial der Lagen am Bopparder Hamm wieder besser zeigt.

Anzahl der verkosteten Weine: 9
Bewertungen: 81–83 Punkte

2014 Bopparder Hamm Feuerlay Riesling trocken **82**
6,– € | 11,5% | bis 2018

2014 Bopparder Hamm Feuerlay Grauburgunder trocken **81**
7,80 € | 12,5% | bis 2018

2014 Bopparder Hamm Fässerlay Riesling Hochgewächs trocken **82**
5,80 € | 12% | bis 2018

2014 Bopparder Hamm Feuerlay Riesling »S« Hochgewächs trocken **83**
6,80 € | 12,5% | bis 2018

2014 Bopparder Hamm Weingrube Kerner feinherb **83**
5,80 € | 8,5% | bis 2018

2014 Bopparder Hamm Fässerlay Riesling Hochgewächs halbtrocken **82**
5,80 € | 11,5% | bis 2018

2014 Bopparder Hamm Gedeonseck Riesling Hochgewächs feinherb **82**
6,– € | 9% | bis 2018

2014 Bopparder Hamm Feuerlay Riesling Hochgewächs halbtrocken **83**
6,– € | 12% | bis 2018

2014 Bopparder Hamm Feuerlay Riesling »S« Hochgewächs halbtrocken **83**
6,80 € | 12% | bis 2018

WEINGUT EMMERICH

56599 Leutesdorf · Hauptstraße 80c
☎ (0 26 31) 7 29 22
weingut-emmerich@leutesdorf-rhein.de
leutesdorf-rhein.de/weingut-emmerich
Inhaber: Gotthard Emmerich
Betriebsleiter: Gotthard Emmerich
Außenbetrieb: Walter Roos

Verkauf: Rita und Gotthard Emmerich
nach Vereinbarung

Die freundliche Familie Emmerich sagt, sie sei im Steilhang zu Hause. So ist es auch, liegt der Betrieb doch idyllisch am Fuß der Weinberge in Leutesdorf. Das Weingut gehört mittlerweile zu den größeren Produzenten von Burgundersorten am Mittelrhein. Bei den Rieslingweinen, die wie üblich mineralisch, elegant und mit guter Säurestruktur daherkommen, verweisen wir auf den Leutesdorfer Surprise. Der ist gerade noch trocken, gut ausgewogen und in diesem Jahr an der Spitze der Kollektion zusammen mit dem Riesling Inspiration, der Trauben der Weingüter Emmerich und Peter Hohn vereint. Die Kollektion hört jahrgangsbedingt schon bei der Stufe Hochgewächs auf. Die vielen Hände der Kunden, die dem Weingut regelmäßig bei der Ernte helfen, konnten in diesem Jahr zum Glück die schlimmsten Schäden der Fäulnis verhindern. Auch einen Blanc de Noirs vom Blauen Portugieser gibt es wieder als Sommerwein.

Anzahl der verkosteten Weine: 9
Bewertungen: 80–84 Punkte

2014 Leutesdorfer Weißburgunder trocken **81**
6,– € | 12% | bis 2018

2014 Leutesdorfer Riesling Inspiration trocken **84**
8,– € | 11,5% | bis 2019

2014 Leutesdorfer Grauburgunder Pinot trocken **81**
8,70 € | 13% | bis 2018

2014 Leutesdorfer Riesling Surprise trocken **84**
9,50 € | 12,5% | bis 2019

2014 Leutesdorfer Riesling Hochgewächs trocken **83**
6,– € | 12% | bis 2018

2014 Leutesdorfer Riesling Traubenträger feinherb **81**
6,– € | 11,5% | bis 2018

2014 Leutesdorfer Riesling Hochgewächs halbtrocken **83**
6,– € | 12% | bis 2018

2014 Leutesdorfer Riesling Hochgewächs **83**
6,– € | 10,5% | bis 2018

2014 Leutesdorfer Blauer Portugieser trocken Blanc de Noirs **80**
6,70 € | 10,5% | bis 2018

WEINGUT FETZ

56348 Dörscheid · Sonnenhang
☎ (0 67 74) 15 48 · Fax 82 19
weingut@fetz-weine.com
www.fetz-weine.com
Inhaber und Betriebsleiter: Heinz-Uwe und Andrea Fetz

Verkauf: Heinz-Uwe und Andrea Fetz
Mo, Mi–Fr: 9.00–11.30 Uhr · 13.30–18.30 Uhr
Sa–So: 10.00–11.30 Uhr · 13.30–15.00 Uhr
nach Vereinbarung

Heinz-Uwe Fetz besitzt knapp vier Hektar Rebfläche in Dörscheid. Er wird es uns nachsehen, wenn wir sagen, dass er nicht nur Winzer ist. Er selbst weist ja beharrlich darauf hin, was man alles mit Wein anstellen kann, sobald er erst einmal vergoren ist: ihn zu destillieren etwa. So ist Heinz-Uwe Fetz stolz auf seinen zweifach destillierten Eisweintrester, der aus einer Verkostung einer führenden Zeitschrift als Sieger hervorgegangen ist. Die kleine Weinkollektion muss sich dabei wahrlich nicht verstecken. Bei den Weinen hat Fetz auch in diesem Jahr wieder zwei Weine aus der Serie Mittelrhein-Riesling-Charta vorgestellt, jeweils einen feinherben Handstreich und ein Felsenspiel. An der Spitze der Kollektion, die auch in diesem Jahrgang eine beachtliche Konstanz zeigt, stehen der 2014er Dörscheider Riesling halbtrocken und der 2013er Spätburgunder aus der Lage Dörscheider Wolfsnack, beide mit 84 Punkten. Laut Fetz investiert er nichts in Werbung, Marketing oder eine Vertriebsstruktur – was allem Anschein nach seinem Erfolg keinen Abbruch tut.

Anzahl der verkosteten Weine: 6
Bewertungen: 82–84 Punkte

2014	Riesling trocken **6,30 €** | 12% | 🍷 bis 2018	**83**
2014	Steillage trocken Cuvée **7,50 €** | 12,5% | 🍷 bis 2018	**82**
2014	Riesling halbtrocken **6,80 €** | 11% | 🍷 bis 2018	**84**
2014	Riesling Felsenspiel feinherb **8,– €** | 12% | 🍷 bis 2018	**82**
2014	Riesling Handstreich feinherb **8,– €** | 10,5% | 🍷 bis 2018	**83**
2013	Dörscheider Wolfsnack Spätburgunder trocken **13,50 €**/0,5 Lit. | 14% | 🍷 bis 2020	**84**

WEINGUT HEILIG GRAB

56154 Boppard · Zelkesgasse 12
☎ (0 67 42) 23 71 · Fax 8 12 20
WeinhausHeiligGrab@t-online.de
www.heiliggrab.de
Inhaber: Rudolf Schoeneberger
Kellermeister: Jonas Schoeneberger

Verkauf: Rudolf und Susanne Schoeneberger
Mo–So: 15.00–24.00 Uhr und nach Vereinbarung

Die Familie Schoeneberger gehört zu den frühen Verfechtern und Unterstützern der Mittelrhein-Riesling-Charta. In diesem Jahr gibt es erstmals nach einigen Jahren keinen Chartawein, alles bleibt bei den traditionellen Bezeichnungen mit einigen Hochgewächsen bis hin zur trockenen Spätlese im Programm. Das ist ein deutliches Zeichen dafür, was im Jahrgang 2014 möglich war. An der Spitze sehen wir zwei Weine gleichauf, die trockene Riesling Spätlese aus der Feuerlay sowie die halbtrockene Spätlese aus dem Mandelstein. Immerhin fällt beim Weingut Heilig Grab auf, dass im Unterschied zu vielen anderen Betrieben in der Region die Qualität wie auch die Preise erfreulich konstant geblieben sind. Es sind eigentlich keine Einbußen gegenüber den Vorjahren zu vermerken. Ein gutes Ergebnis in diesem Jahr. So überrascht wir noch im Vorjahr über den ersten Spätburgunder waren, so sehr freuen wir uns in diesem Jahr über den spürbaren Schritt nach vorne in diesem Segment.

Anzahl der verkosteten Weine: 6
Bewertungen: 81–84 Punkte

2014	Bopparder Hamm Fässerlay Riesling Hochgewächs trocken **5,60 €** | 12% | 🍷 bis 2018	**81**
2014	Bopparder Hamm Feuerlay Riesling Spätlese trocken **8,20 €** | 12% | 🍷 bis 2019	**83**
2014	Bopparder Hamm Feuerlay Riesling Spätlese trocken * **11,80 €** | 12,5% | 🍷 bis 2019	**84**
2014	Bopparder Hamm Mandelstein Riesling Hochgewächs halbtrocken **5,60 €** | 11,5% | 🍷 bis 2018	**83**
2014	Bopparder Hamm Mandelstein Riesling Spätlese halbtrocken **8,20 €** | 11% | 🍷 bis 2019	**84**
2013	Bopparder Hamm Spätburgunder trocken **7,50 €** | 13% | 🍷 bis 2020	**83**

Aufsteiger des Jahres 1995

WEINGUT TONI JOST HAHNENHOF

55422 Bacharach · Oberstraße 14
☎ (0 67 43) 12 16 · Fax 10 76
weingut@tonijost.de
www.tonijost.de
Inhaberin und Kellermeisterin: Cecilia Jost
Betriebsleiter: Peter und Cecilia Jost

Verkauf: Cecilia, Linde und Peter Jost
nach Vereinbarung

Sehenswert: historische Weinprobierstube in malerischer Altstadt

Rebfläche: 11,3 Hektar
Jahresproduktion: 80.000 Flaschen
Beste Lage: Bacharacher Hahn, Wallufer Walkenberg
Boden: Devonschieferverwitterung, Lösslehm, Kies
Rebsorten: 80% Riesling, 15% Spätburgunder, 5% Weißburgunder
Durchschnittsertrag: 50 hl/ha
Mitglied: VDP

Cecilia Jost hat sicher wieder einige neue Erfahrungen gemacht im Jahrgang 2014. Obwohl sie keine Wunder vollbringen konnte, merkt man hier die sehr sorgfältige Arbeit, die besonders bei den Spitzenweinen, die zum Teil ganz frisch abgefüllt verkostet wurden, beachtlich gute Ergebnisse gebracht hat. Das gilt sowohl am Mittelrhein als auch im Rheingau. Von dort wurden dieses Mal nur Rieslinge verkostet. Edelsüße Weine sind natürlich Fehlanzeige, aber immerhin hat es doch zu Großen Gewächsen in beiden Anbaugebieten gereicht. Wie im Vorjahr werden die Weine vom Rheingau hier unter dem Betrieb am Mittelrhein geführt.
Bei den Burgundersorten waren der Spätburgunder Rosé und der trockene Weißburgunder in Ordnung und der Sekt Pinot Noir Brut sehr erfrischend. Die wirkliche Klasse zeigt sich aber wieder bei den Rieslingen: der Hauswein Devon »S« erweist sich als gewohnt zuverlässig ebenso die trockenen Alten Reben aus Bacharach, an der Spitze sehen wir die Riesling Spätlese Große Lage vom Wallufer Walkenberg, das Große Gewächs aus derselben Lage sowie das Große Gewächs von der Hauslage Bacharacher Hahn mit jeweils 86, 87 beziehungsweise 88 Punkten. Das klingt nicht ungewöhnlich, ist aber in diesem Jahr und in diesem Gebiet eine Spitzenleistung.

Anzahl der verkosteten Weine: 12
Bewertungen: 82–88 Punkte

	Pinot Noir Sekt Brut Blanc de Noirs	12,50 € | 13% | bis 2020	84
2014	Riesling trocken	7,50 € | 13% | bis 2017	82
2014	Riesling Jodocus trocken	8,50 € | 13% | bis 2018	83
2014	Weißburgunder trocken	8,60 € | 13% | bis 2017	83
2014	Riesling »S« Devon trocken	11,– € | 12,5% | bis 2018	85
2014	Riesling trocken Alte Reben	12,– € | 12,5% | bis 2020	86
2014	Bacharacher Hahn Riesling trocken	13,80 € | 13% | bis 2018	85
2014	Wallufer Walkenberg Riesling »Großes Gewächs«	22,50 € | 13,5% | bis 2020	87
2014	Bacharacher Hahn Riesling »Großes Gewächs«	22,50 € | 13% | bis 2022	88
2014	Bacharacher Hahn Riesling Kabinett	10,50 € | 11,5% | bis 2018	84
2014	Wallufer Walkenberg Riesling Spätlese »Große Lage«	13,80 € | 12% | bis 2020	86
2014	Spätburgunder trocken Rosé	8,20 € | 13% | bis 2017	82

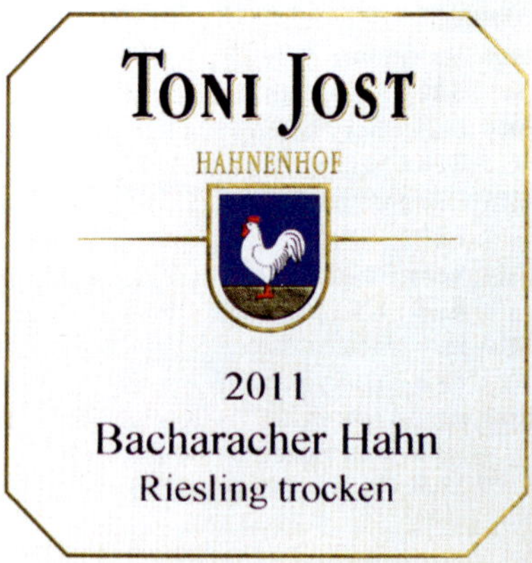

WEINGUT DR. RANDOLF KAUER

55422 Bacharach · Mainzer Straße 21
☎ (0 67 43) 22 72 · Fax 9 36 61
info@weingut-dr-kauer.de
www.weingut-dr-kauer.de
Inhaber: Martina und Dr. Randolf Kauer
Betriebsleiter: Dr. Randolf Kauer

Verkauf: nach Vereinbarung

Sehenswert: Kreuzgewölbekeller am Schieferfelsen
Erlebenswert: kulinarische Stadtführung und Veranstaltungen im Rahmen der »Mittelrhein-Momente«

Rebfläche: 3,6 Hektar
Jahresproduktion: 24.000 Flaschen
Beste Lagen: Bacharacher Kloster Fürstental und Wolfshöhle, Oberdiebacher Fürstenberg, Oberweseler Oelsberg
Boden: Tonschieferverwitterung
Rebsorten: 92% Riesling, 8% Spätburgunder
Durchschnittsertrag: 49 hl/ha
Mitglied: Ecovin

Jahrgangsbedingt waren auch hier keine edelsüßen Weine möglich, bei einer Spätlese halbtrocken hört die Kollektion auf. Das, was vorgestellt wurde, zeugt aber wie üblich von sehr sorgfältiger Arbeit und rigoroser Selektion – bei schmerzhaft kleinen Mengen. Alles bleibt dabei auf dem guten Niveau der letzten Jahre. Der Weißherbst Tornado ist auch in diesem Jahr dabei. Der Sekt Spätburgunder Weißherbst ist sehr erfrischend und steht mit an der Spitze der Kollektion. Die Rieslinge zeigen keine Schwächen; an der Spitze stehen in diesem Jahr punktgleich die Riesling Spätlese trocken aus dem Oberweseler Oelsberg sowie wieder die beinahe trockene Riesling Spätlese Alte Reben mit elf Gramm Restzucker aus der Lage Bacharacher Kloster Fürstental. Diese Weine entwickeln sich dauerhaft zu den Spitzenrieslingen – jedenfalls, solange es keine edelsüßen Weine gibt. Mit Tochter Anna Kauer an der Seite plant Dr. Randolf Kauer weiterhin, den Betrieb zu erweitern, die Vinothek weiter auszubauen und auch gelegentlich die Etiketten aufzufrischen. Ein grundsolider Betrieb, der auch 2014 insbesondere durch die strenge Selektion sehr ansprechende Weine vorgestellt hat.

Anzahl der verkosteten Weine: 9
Bewertungen: 82–86 Punkte

2011	Riesling Sekt Brut **12,80 €** | 12,5% | bis 2020	**85**
2012	Spätburgunder Sekt Brut Weißherbst **12,80 €** | 13,5% | bis 2020	**86**
2014	Riesling trocken **7,50 €** | 12% | bis 2018	**84**
2014	Bacharacher Kloster Fürstental Riesling Kabinett trocken **8,80 €** | 10,5% | bis 2018	**83**
2014	Bacharacher Wolfshöhle Riesling Kabinett trocken **8,80 €** | 10,5% | bis 2018	**84**
2014	Oberweseler Oelsberg Riesling Spätlese trocken Alte Reben **12,80 €** | 12% | bis 2019	**86**
2014	Riesling Kabinett feinherb **8,80 €** | 9,5% | bis 2018	**83**
2014	Bacharacher Kloster Fürstental Riesling Spätlese feinherb **12,80 €** | 10,5% | bis 2019	**86**
2014	Spätburgunder Tornado trocken Weißherbst **7,50 €** | 12% | bis 2018	**82**

WEIN- UND SEKTGUT GOSWIN LAMBRICH

55430 Oberwesel-Dellhofen · Auf der Kripp 3
☎ (0 67 44) 80 66 · Fax 80 03
info@weingut-lambrich.de
www.weingut-lambrich.de
Inhaber: Gerhard, Marita und Christiane Lambrich
Kellermeister: Christiane Lambrich-Henrich

Verkauf: Familie Lambrich
Mo–Do: 8.00–13.00 Uhr · 14.30–18.00 Uhr
Fr–So, feiertags: im Gutsausschank

Das Weingut hat eine recht umfangreiche Kollektion vorgestellt. Das Qualitätsniveau ist recht homogen, aber auch hier sind die Herausforderungen des feuchten Herbstes nicht zu übersehen. Das Weingut ist wohl eines der wenigen, das in allen drei Stufen der Mittelrhein-Riesling-Charta Weine angestellt hat. Wir sehen den Handstreich und das Meisterstück gleichauf knapp vor dem Felsenspiel. An der Spitze steht wieder einmal die 2014er Riesling Spätlese aus dem Oberweseler Oelsberg.

Anzahl der verkosteten Weine: 12
Bewertungen: 79–85 Punkte

2014	Oberweseler Riesling trocken Abfüllerwein **5,60 €**/1,0 Lit. | 11,5% | 🍷 bis 2018	**79**
2014	Oberweseler Riesling Blauschiefer trocken **8,70 €** | 13% | 🍷 bis 2017	**81**
2013	Oberweseler Weißburgunder trocken Barrique **13,50 €** | 13% | 🍷 bis 2019	**81**
2014	Oberweseler Riesling Meisterstück trocken Charta **13,90 €** | 13% | 🍷 bis 2018	**84**
2014	Oberweseler Riesling Hochgewächs trocken **6,60 €** | 12% | 🍷 bis 2017	**82**
2014	Oberweseler Riesling halbtrocken Abfüllerwein **5,60 €**/1,0 Lit. | 11% | 🍷 bis 2018	**79**
2014	Oberweseler Riesling Felsenspiel Charta **8,10 €** | 12% | 🍷 bis 2018	**83**
2014	Oberweseler Riesling Blauschiefer feinherb **8,70 €** | 12% | 🍷 bis 2018	**83**
2014	Oberweseler Riesling Hochgewächs halbtrocken **6,60 €** | 12% | 🍷 bis 2017	**82**
2014	Oberweseler Gewürztraminer **7,50 €** | 9% | 🍷 bis 2017	**83**
2014	Oberweseler Riesling Handstreich Charta **8,10 €** | 10% | 🍷 bis 2018	**84**
2014	Oberweseler Oelsberg Riesling Spätlese **10,50 €** | 8% | 🍷 bis 2018	**85**

LANIUS-KNAB

55430 Oberwesel · Mainzer Straße 38
☎ (0 67 44) 81 04 · Fax 15 37
weingut@lanius-knab.de
www.lanius-knab.de
Inhaber: Jörg Lanius
Betriebsleiter: Jörg Lanius

Verkauf: Jörg und Anja Lanius
Mo, Fr–Sa: 9.00–18.00 Uhr
Di–Mi: 17.00–20.00 Uhr
Do: 14.00–18.00 Uhr und nach Vereinbarung

Jörg Lanius ist vorbildlich bemüht, die Klassifizierung des VDP umzusetzen. Und so finden wir neben den bereits bekannten Großen Gewächsen in dieser Kollektion auch Weine mit der Bezeichnung Erstes Gewächs. Allerdings zeigen die Basisrieslinge leichte Schwächen. Sind wir erst einmal bei den Ersten Gewächsen Engehöller Bernstein trocken und halbtrocken angelangt, bewegen wir uns auf gewohnt gutem Niveau. Bei den Großen Lagen dringen wir an die Spitze vor: die Auslese ist mit 88 Punkten der beste Wein der diesjährigen Kollektion. Die beiden Großen Gewächse sehen wir in diesem Jahr gleichauf. Das Weingut hat in einen neuen Verkostungsraum investiert und ist in der Vermarktung mit vielen Veranstaltungen sehr rührig.

Anzahl der verkosteten Weine: 10
Bewertungen: 78–88 Punkte

2014	Riesling trocken **7,50 €** | 12% | 🍷 bis 2017	**78**
2014	Oberweseler Riesling Rheinschiefer trocken **8,50 €** | 11,5% | 🍷 bis 2018	**81**
2014	Engehöller Bernstein Riesling »S« trocken »Erste Lage« **12,50 €** | 12% | 🍷 bis 2018	**83**
2014	Engehöller Bernstein Riesling »Großes Gewächs« **25,– €** | 13,5% | 🍷 bis 2020	**86**
2014	Oberweseler Oelsberg Riesling »Großes Gewächs« **25,– €** | 13,5% | 🍷 bis 2020	**86**
2014	Riesling feinherb **7,50 €** | 10,5% | 🍷 bis 2018	**80**
2014	Oberweseler Riesling Rheingold feinherb **8,50 €** | 11% | 🍷 bis 2018	**79**
2014	Engehöller Bernstein Riesling »S« feinherb »Erste Lage« **12,50 €** | 11% | 🍷 bis 2020	**85**
2014	Oberweseler Oelsberg Riesling »S« »Große Lage« **12,50 €** | 8% | 🍷 bis 2020	**85**
2011	Oberweseler Oelsberg Riesling Auslese »Große Lage« **30,– €**/0,5 Lit. | 9,5% | 🍷 bis 2024	**88**

WEINGUT TONI LORENZ

56154 Boppard · Ablaßgasse 4
☎ (0 67 42) 95 89 90 · Fax 6 09 90 11
info@lorenz-weine.de
www.lorenz-weine.de
Inhaber und Betriebsleiter: Joachim Lorenz
Kellermeister: Joachim Lorenz

Verkauf: Familie Lorenz
Mo–Sa: 11.30–13.30 Uhr · 17.30–20.00 Uhr
und nach Vereinbarung
Im Hotel »Landsknecht«
Mo–So: 7.00–22.00 Uhr

Joachim Lorenz hat eine Serie von Rieslingweinen im Bereich zwischen Qualitätswein und Spätlese in gewohnter Qualität vorgestellt. Die Gewächse stammen alle aus dem Bopparder Hamm, wobei in diesem Jahr eine trockene Spätlese aus der Teillage Feuerlay mit 85 Punkten leicht die Nase vorn hatte. Jahrgangsbedingt gibt es auch hier keine hohen Prädikate oder edelsüßen Spezialitäten, was aber nicht vom zuverlässigen Niveau der vorgestellten Weine ablenken soll. Weiterhin sind die Preise hier kundenfreundlich kalkuliert. Abgesehen vom sehenswerten kreuzgewölbten Fasskeller bietet Lorenz auch kulinarische Weinproben im nahe gelegenen Hotel Landsknecht an, das von seiner Frau geleitet wird.

Anzahl der verkosteten Weine: 6
Bewertungen: 81–85 Punkte

2014 Bopparder Hamm Mandelstein **81**
Riesling trocken
6,50 € | 11,5% | 🍷 bis 2017

2014 Bopparder Hamm Feuerlay **84**
Riesling Spätlese trocken
7,50 € | 11% | 🍷 bis 2018

2014 Bopparder Hamm Feuerlay **85**
Riesling Spätlese trocken
12,– € | 12,5% | 🍷 bis 2019

2014 Bopparder Hamm Fässerlay **83**
Riesling feinherb
6,50 € | 10,5% | 🍷 bis 2018

2014 Bopparder Hamm Feuerlay **84**
Riesling Spätlese feinherb
7,50 € | 11% | 🍷 bis 2019

2014 Bopparder Hamm Mandelstein **84**
Riesling Spätlese
8,– € | 10% | 🍷 bis 2018

Winzer des Jahres 2012Entdeckung des Jahres 1998

WEINGUT MATTHIAS MÜLLER

56322 Spay · Mainzer Straße 45
☎ (0 26 28) 87 41 · Fax 33 63
info@weingut-matthiasmueller.de
www.weingut-matthiasmueller.de
Inhaber: Familie Matthias Müller
Betriebsleiter: Matthias Müller

Verkauf: Marianne Müller
Mo–Sa: 8.00–19.00 Uhr
So: 10.00–18.00 Uhr

Weinbistro: in der neuen Vinothek
Historie: 300 Jahre Weinbau
Erlebenswert: Mittelrheinischer Weinfrühling im Bopparder Hamm, kulinarisch-kulturelle Veranstaltungen der Mittelrhein-Momente

Rebfläche: 18,5 Hektar
Jahresproduktion: 130.000 Flaschen
Beste Lagen: Bopparder Hamm Feuerlay, Mandelstein, Engelstein und Ohlenberg
Boden: Devonschieferverwitterung
Rebsorten: 90% Riesling, 6% Grauburgunder, je 2% Spätburgunder und Weißburgunder
Durchschnittsertrag: 64 hl/ha
Mitglied: VDP

Der schwierige Jahrgang hat auch in diesem Weingut, das weiterhin an der Spitze des Mittelrheins steht, starke Spuren hinterlassen. Das merkt man erst, wenn man sich überlegt, was alles nicht produziert wurde: keine edelsüßen Weine, kein Großes Gewächs, noch nicht einmal die Sonderedition »MM« ist in diesem Jahr zu finden. Trotzdem muss man sagen, dass die begrenzten Möglichkeiten gut ausgeschöpft wurden und es sicherlich besser ist, auf bestimmte Etiketten ganz zu verzichten, als mit Mühe etwas nicht ganz Befriedigendes vorzustellen.

Neuigkeiten

Trotzdem gibt es auch in diesem Jahr wieder interessante Entwicklungen zu vermelden. Zum einen hat Sohn Johannes das Studium in Geisenheim erfolgreich abgeschlossen und ist schon seit einiger Zeit noch stärker im elterlichen Betrieb eingebunden. Das zeigt sich unter anderem in seinem ersten »eigenen« Wein, der mit etwas anderem Etikett und der Bezeichnung Steilvorlage im trockenen Bereich daherkommt und einen guten Eindruck hinterlässt (86 Punkte). Ebenfalls neu in diesem Jahr war der erste Jahrgang eines trockenen Weißburgunders von jungen Reben, der zunächst einmal in kleiner Menge hergestellt wurde, sodass die Tinte auf der neuen Preisliste noch nicht ganz trocken war, als dieser Artikel schon mit »ausverkauft« gekennzeichnet war und leider nicht verkostet werden konnte. Eine weitere Neuheit, die wir begrüßen, ist die Umstellung bei den Verschlüssen der Einstiegsweine, die seit einigen Jahren mit Kunststoffpropfen verschlossen waren. Jetzt hat man endlich auf sehr elegant wirkende Schraubverschlüsse umgestellt. Bei den Spitzenweinen bleibt es beim Naturkork als Verschluss. Von den eingereichten Weinen waren die meisten trocken, die Qualitäten im gewohnten guten Bereich, an der Spitze steht diesmal ein Riesling »S« aus dem Bopparder Hamm Mandelstein mit 87 Punkten. Die frühe Lese brachte Weine mit eher niedrigem Alkoholwert und knackiger Säure.

Matthias Müller

Gute Aussichten

So waren auch in diesem Jahr wieder kleine Fortschritte und Entwicklungen zu verzeichnen, der Neubau hat sich in seiner Technik bewährt und wirkt gar nicht mehr so überdimensioniert groß wie zu Anfang, bei Veranstaltungen sind die Räumlichkeiten bis auf den letzten Platz gefüllt. Wenn auch die älteste Generation jetzt ein wenig zurücksteckt, wir erwarten in diesem Mehrgenerationenhaus weitere interessante Entwicklungen – und sicherlich wird der Stempel »ausverkauft« weiterhin fleißig eingesetzt.

Anzahl der verkosteten Weine: 10
Bewertungen: 82–87 Punkte

2014	Bopparder Hamm Riesling trocken **6,70 €** | 12,5% | bis 2019	**83**
2014	Bopparder Hamm Riesling trocken Alte Reben **7,90 €** | 13% | bis 2019	**84**
2014	Bopparder Hamm Riesling Steilvorlage trocken **8,20 €** | 13% | bis 2020	**86**
2014	Bopparder Hamm Feuerlay Riesling »S« trocken **8,80 €** | 13% | bis 2020	**85**
2014	Riesling Rheinschiefer **5,90 €** | 12,5% | bis 2018	**82**
2014	Bopparder Hamm Riesling feinherb **6,70 €** | 12% | bis 2018	**84**
2014	Bopparder Hamm Riesling feinherb Alte Reben **7,90 €** | 12% | bis 2020	**86**
2014	Bopparder Hamm Mandelstein Riesling »S« **9,50 €** | 12,5% | bis 2020	**87**
2014	Riesling Rheindiabas **5,90 €** | 8,5% | bis 2020	**84**
2014	Bopparder Hamm Riesling **7,20 €** | 8,5% | bis 2022	**86**

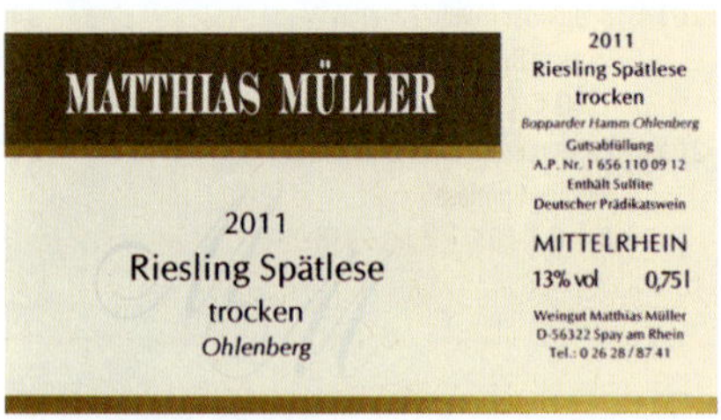

Zeichenerklärung:
Schnäppchenpreis · Top 10 Spitzenreiter
Ökobetrieb · Trink-Tipp · Versteigerungswein
Sekt | Weißwein | Rotwein | Roséwein

WEINGUT PHILIPPS MÜHLE

56329 St. Goar · Gründelbach 49
☎ (0 67 41) 16 06 · Fax 98 18 38
thomas@philipps-muehle.de
www.philipps-muehle.de
Inhaber: Martin und Thomas Philipps
Kellermeister: Martin Philipps

Verkauf: ab Hof
Mo–Sa: 9.00–19.00 Uhr
Vinothek an der Loreley
Mo–So: 10.00–18.00 Uhr (April–Okt.)

Wie inzwischen gewohnt, haben wir an der Basis einen Müller-Thurgau zu sehen bekommen, der seine Anhänger bei denen findet, die gelegentlich mit der Säure des Rieslings zu kämpfen haben. Die Rieslinge aus verschiedenen Steillagen in St. Goar, alle als Qualitätsweine deklariert, bewegen sich auf gewohnt homogenem Niveau. Nicht weniger als vier Weine – Steilhang, Ameisenberg, Frohwingert und Burg Rheinfels trocken – stehen alle punktgleich da, sodass es schwierig ist, einen Favoriten zu küren.

Anzahl der verkosteten Weine: 7
Bewertungen: 80–83 Punkte

2014	Riesling Steilhang trocken **7,– €** | 11% | bis 2018	**80**
2014	Müller-Thurgau trocken **7,50 €** | 11% | bis 2017	**80**
2014	St. Goarer Burg Rheinfels Riesling trocken **10,– €** | 11,5% | bis 2019	**83**
2014	St. Goarer Frohwingert Riesling trocken **15,– €** | 12,5% | bis 2019	**83**
2014	Riesling Steilhang halbtrocken **7,– €** | 9,5% | bis 2018	**83**
2014	St. Goarer Burg Rheinfels Riesling halbtrocken **10,– €** | 10,5% | bis 2018	**82**
2014	St. Goarer Ameisenberg Riesling **15,– €** | 8% | bis 2019	**83**

Die Betriebe:
Weltklasse · Deutsche Spitze
Sehr gut · Gut · Zuverlässig
Weitere Empfehlung

WEINGUT PIEPER

53639 Königswinter · Hauptstraße 458
☎ (0 22 23) 2 26 50 · Fax 90 41 52
info@weingut-pieper.de
www.weingut-pieper.de
Inhaber: Adolf Wilhelm und Felix Pieper
Betriebsleiter: Felix Pieper

Verkauf: Adolf Wilhelm Pieper
Di–Sa: 16.30–22 Uhr, So: 12.00–22 Uhr

Das Gut liegt im hohen Norden des Mittelrheins bei Königswinter mit den vulkanischen Böden des Siebengebirges. Es hat uns die einzige Riesling Beerenauslese beschert, wenn auch aus dem Jahrgang 2011. Die Qualität der Weißweine lag 2014 im zuverlässigen Mittelfeld und im Rahmen der Möglichkeiten des Jahrgangs. So ist unser Spitzenwein aus 2014, eine Scheurebe aus dem Königswinterer Drachenfels, auf alle Fälle mal eine Verkostung wert. Die beiden Spätburgunder Barrique aus der Lage Rhöndorfer Drachenfels Jahrgang 2011 und 2012 lagen im soliden Mittelfeld. Wieder einmal haben sich die Piepers erfolgreich den Herausforderungen des Jahrgangs gestellt.

Anzahl der verkosteten Weine: 10
Bewertungen: 80–85 Punkte

2014	Riesling trocken Classic **5,90 €** | 13% | bis 2018	**82**
2014	Königswinter Drachenfels Gewürztraminer & Riesling **7,– €** | 13% | bis 2018	**82**
2014	Weißburgunder trocken Classic **7,– €** | 13% | bis 2018	**81**
2014	Königswinter Drachenfels Riesling Rüdenet **7,50 €** | 13% | bis 2018	**81**
2014	Königswinter Drachenfels Cuvée Pinot trocken **8,50 €** | 13% | bis 2018	**80**
2014	Cuvée »Guerilla« **7,– €** | 12% | bis 2018	**82**
2014	Königswinter Drachenfels Scheurebe **7,– €** | 9,5% | bis 2018	**84**
2011	Königswinter Drachenfels Riesling Beerenauslese **25,– €**/0,5 Lit. | 8,5% | bis 2025	**85**
2012	Rhöndorfer Drachenfels Spätburgunder Barrique **14,50 €** | 14% | bis 2020	**82**
2011	Rhöndorfer Drachenfels Spätburgunder »P« Barrique **29,50 €** | 13% | bis 2020	**83**

WEINGUT RATZENBERGER

55422 Bacharach · Blücherstraße 167
☎ (0 67 43) 13 37 · Fax 28 42
weingut-ratzenberger@t-online.de
www.weingut-ratzenberger.de
Inhaber: Familie Ratzenberger
Betriebsleiter und Kellermeister: Jochen Ratzenberger

Verkauf: Jochen Ratzenberger
nach Vereinbarung

Sehenswert: eigene Sekterzeugung

Rebfläche: 14 Hektar
Jahresproduktion: 100.000 Flaschen Wein, davon 15.000 Flaschen Sekt
Beste Lagen: Steeger St. Jost, Bacharacher Posten und Wolfshöhle
Boden: Devonschieferverwitterung
Rebsorten: 75% Riesling, je 9% Spätburgunder und Grauburgunder, 7% übrige Sorten
Durchschnittsertrag: 52 hl/ha
Mitglied: VDP

Gerade die Paradedisziplin von Jochen Ratzenberger, die ewig lange lagerfähigen, edelsüßen Rieslinge, konnten wieder einmal nicht hergestellt werden. Auch hier gären die Weine immer sehr lange, sodass wir etliche Weine zwar nicht als Fassproben, aber im undankbaren, frisch gefüllten Stadium verkostet haben. Schnell wird klar, dass ein erfahrener Profi wie Ratzenberger die Möglichkeiten des Jahrgangs ausgeschöpft hat. Auch in diesem Jahr war es bei den weißen Burgundersorten der trockene Bacharacher Weißburgunder, den wir vor dem Grauburgunder sahen. Auch wenn sich das nicht auf den aktuellen Jahrgang bezieht, freuen wir uns bei diesem Betrieb immer besonders auf die Sekte: Auch heuer wurde wieder der mit 3,3 Gramm Restzucker ganz trockene 2006er Pinot Noir Brut gezeigt, der sich ausgezeichnet entwickelt hat und sehr erfrischend ist. Weiterhin ein Maßstab für die Sektproduktion am Mittelrhein ist der aktuelle 2009er Sekt Bacharacher Riesling Brut mit 89 Punkten. Er ist gleichzeitig auch die Spitze der Kollektion.
Sekt spielt hier schon seit Jahren eine wichtige Rolle, die Reserven im Keller sind mittlerweile auf 100.000 Flaschen angewachsen. Trotz des schwierigen Jahrgangs ist Jochen Ratzenberger guter Dinge, sein Hauptgeschäft (ca. 70%) läuft mit reiferen und etwas milderen Weinen im Exportgeschäft mit den USA, Skandinavien und Asien. Um weiter wachsen zu können, entstehen gegenüber dem alten Betrieb in den nächsten Monaten ein neuer Verkostungsraum sowie eine neue Lagerhalle.

Anzahl der verkosteten Weine: 9
Bewertungen: 82–89 Punkte

2009	Bacharacher Riesling Sekt Brut **14,– €** | 10% | bis 2020	**89**
2006	Spätburgunder Sekt Brut **18,– €** | 13% | bis 2020	**88**
2014	Bacharacher Riesling trocken **7,80 €** | 11,5% | bis 2019	**82**
2014	Grauburgunder trocken **8,40 €** | 13% | bis 2019	**82**
2014	Weißburgunder trocken **8,40 €** | 12,5% | bis 2019	**83**
2014	Riesling Blauschiefer trocken **10,60 €** | 11% | bis 2019	**83**
2014	Steeger St. Jost Riesling trocken **10,60 €** | 12% | bis 2020	**84**
2011	Spätburgunder trocken **12,60 €** | 13% | bis 2022	**83**
2011	Bacharacher Wolfshöhle Spätburgunder »Großes Gewächs« **22,– €** | 13,5% | bis 2023	**85**

WEINGUT SCHEIDGEN

56598 Hammerstein · Hauptstraße 10
☎ (0 26 35) 23 29 · Fax 60 82
winzer@weingut-scheidgen.de
www.weingut-scheidgen.de
Inhaber und Betriebsleiter: Georg Scheidgen
Kellermeister: Georg Scheidgen und Andreas Müller

Verkauf: Dirk Buchbender
Mo–Sa: 8.00–19.00 Uhr
So: 9.30–18.00 Uhr und nach Vereinbarung

Georg Scheidgen hat drei Burgundersorten sowie den Riesling im Anbau, allerdings hat es auch in diesem Jahr nur bis zum Kabinett gereicht. Das, was vorgestellt wurde, war aber auf gewohnt zuverlässigem Niveau. Die Weine zeigen Frucht und Mineralität. Im Rahmen der Mittelrhein-Riesling-Charta wurden ein Felsenspiel und ein Meisterstück vorgestellt. Letzteres steht dann auch mit 86 Punkten an der Spitze der Kollektion. Der Riesling halbtrocken aus der Leutesdorfer Gartenlay Bestes Fass ist der zweitbeste in der Reihe. Der 2013er Spätburgunder aus dem Barrique hat die gewohnt gute Qualität. Für die in diesem schwierigen Jahr gut gemeisterte Herausforderung veredeln wir die Traubenwertung des Gutes mit der roten Farbe.

Anzahl der verkosteten Weine: 8
Bewertungen: 82–86 Punkte

2014 Hammersteiner Schlossberg **83**
Weißburgunder Edition Pinot trocken
7,90 € | 12,5% | 🍷 bis 2018

2014 Rheinbrohler Monte Jup **84**
Grauburgunder Edition Pinot trocken
7,90 € | 13% | 🍷 bis 2018

2014 Leutesdorfer Gartenlay **86**
Riesling Meisterstück trocken Charta
13,80 € | 13% | 🍷 bis 2019

2014 Leutesdorfer Gartenlay **84**
Riesling Felsenspiel Charta
7,90 € | 12% | 🍷 bis 2018

2014 Leutesdorfer Gartenlay **85**
Riesling halbtrocken Bestes Fass
21,– € | 12,5% | 🍷 bis 2019

2014 Hammersteiner Schlossberg **82**
Riesling von den Terrassen Hochgewächs halbtrocken
7,30 € | 12% | 🍷 bis 2018

2014 Hammersteiner Schlossberg **83**
Riesling Kabinett halbtrocken
6,70 € | 11% | 🍷 bis 2018

2013 Spätburgunder trocken Barrique **85**
14,80 € | 13% | 🍷 bis 2020

WEINGUT SEBASTIAN SCHNEIDER

53557 Bad Hönningen · Markenweg 8
☎ (01 52) 53 84 08 29
sebastian@schneider-mittelrhein.de
www.schneider-mittelrhein.de
Inhaber und Betriebsleiter: Sebastian Schneider

Verkauf: nach Vereinbarung

Sebastian Schneider blieb selbstverständlich nicht von den Witterungsproblemen des Herbstes verschont. Im Rahmen der Möglichkeiten hat er aber eine saubere und ansprechende Kollektion vorgestellt. Die Lage Hönninger am Münchberg liefert beide Spitzenreiter: den Grauburgunder »S« trocken (84 Punkte) sowie den Riesling »S« feinherb (86 Punkte). Der Grauburgunder entwickelt sich zu einer Bank und ist am Mittelrhein herausragend. Nicht ganz so überzeugend war der Weißburgunder, dafür fanden wir den Sekt Riesling Brut ansprechend und erfrischend. Es wurden keine lieblichen Weine hergestellt. Nach Investitionen in neue Weinbergsflächen, Kellergeräte und eine neue Vinothek steht in den nächsten Jahren der Bau eines neuen Kellergebäudes in der Planung. Wir haben Sebastian Schneider schon öfters in den letzten Jahren lobend erwähnt und sind sicher, dass wir hier noch eine gute Entwicklung sehen werden.

Anzahl der verkosteten Weine: 10
Bewertungen: 81–86 Punkte

2013 Riesling Sekt Brut **85**
10,50 € | 12,5% | 🍷 bis 2020

2014 Riesling Schieferriesling trocken **82**
5,80 € | 12% | 🍷 bis 2018

2014 Grauburgunder trocken **83**
6,80 € | 12% | 🍷 bis 2018

2014 Weißburgunder trocken **83**
6,80 € | 11,5% | 🍷 bis 2018

2014 Riesling trocken Alte Reben **83**
7,50 € | 12% | 🍷 bis 2018

2014 Hönninger Am Münchberg **84**
Grauburgunder »S« trocken
8,50 € | 12,5% | 🍷 bis 2020

2014 Riesling feinherb - 3 - **83**
5,80 € | 11% | 🍷 bis 2019

2014 Riesling feinherb - 4 - **84**
5,80 € | 10% | 🍷 bis 2020

2014 Hönninger Am Münchberg **86**
Riesling »S« feinherb
8,50 € | 11% | 🍷 bis 2020

2014 Spätburgunder trocken Rosé **81**
6,80 € | 12% | 🍷 bis 2017

WEINGUT SELT

56599 Leutesdorf · Zehnthofstraße 22
☎ (0 26 31) 7 51 18 · Fax 7 73 52
weinmaster@weingutselt.de
www.weingutselt.de
Inhaber und Betriebsleiter: Horst Peter Selt

Verkauf: Frau Tilgen-Selt
Sa: 9.00–18.00 Uhr und nach Vereinbarung

Auch wenn es vielleicht langweilig wirkt, ein so beständiges Weingut, das jedes Jahr auch unter schwierigen Bedingungen zuverlässig eine derart homogene Rieslingkollektion und einen Weißburgunder vorstellt, muss man einfach loben. Frische Säure, Mineralität und ein nachhaltiger Abgang in einem gradlinigen Paket gehören wie immer dazu, ebenso wie die fest etablierten Namen der einzelnen Weine, die alle bei den Kunden ihre besondere Position einnehmen. Unsere Favoriten wechseln schon mal von Jahr zu Jahr; in diesem Jahr sehen wir den halbtrockenen Riesling Kabinett Rosenschiefer an der Spitze der Kollektion. Die Preise sind weiterhin kundenfreundlich kalkuliert. Hier kann man nicht viel falsch machen.

Anzahl der verkosteten Weine: 6
Bewertungen: 83–85 Punkte

2014 Leutesdorfer Weißburgunder Blauschiefer trocken **83**
5,90 € | 12% | bis 2018

2014 Leutesdorfer Riesling Blauschiefer trocken **84**
5,90 € | 12% | bis 2019

2014 Leutesdorfer Riesling Goldschiefer Kabinett trocken **83**
6,70 € | 12% | bis 2018

2013 Leutesdorfer Riesling Felsenspiel halbtrocken **83**
8,– € | 12,5% | bis 2018

2014 Leutesdorfer Riesling Rosenschiefer Kabinett halbtrocken **85**
6,70 € | 11% | bis 2019

2014 Leutesdorfer Riesling Blauschiefer **84**
5,90 € | 10% | bis 2019

WEINGUT STURM

56599 Leutesdorf · Im Rosenberg 3
☎ (0 26 31) 9 47 60 26 · Fax 9 47 60 29
info@sturm-weingut.de
www.sturm-weingut.de
Inhaber und Betriebsleiter: Martin Sturm

Verkauf: nach Vereinbarung

In diesem von Feuchtigkeit und Fäule geprägten Jahr hatten es ökologisch wirtschaftende Betriebe naturgemäß besonders schwer. Immerhin hat Martin Sturm es trotzdem fertiggebracht, eine Riesling Auslese abzufüllen. Das ist 2014 eine echte Seltenheit am Mittelrhein. Die historischen Parzellennamen haben inzwischen schon eine gewisse Tradition. An der Kollektion wird auch noch an einigen Stellen herumgefeilt: Neu sind die Riesling Spätlese Kurve, der Spätburgunder Premiere sowie die Cuvée Rhenus fluit. Sie ist insgesamt gut gelungen, sodass wir auf weitere Entwicklungen gespannt sind. An der Spitze ist die bereits erwähnte Riesling Auslese mit 86 Punkten, relativ moderaten 75 Gramm Restzucker und einem kundenfreundlichen Preis. Wir beobachten die Arbeit von Martin Sturm seit den Anfängen mit Interesse und hoffen, dass der nächste Jahrgang weniger herausfordernde Bedingungen stellt, sodass Weine entstehen können, die eine Aufwertung des Betriebs zulassen.

Anzahl der verkosteten Weine: 9
Bewertungen: 82–86 Punkte

2014 Riesling vom steilen Schiefer trocken **82**
8,40 € | 10,5% | bis 2018

2014 Riesling Steinbruch Spätlese trocken **82**
14,90 € | 11,5% | bis 2018

2014 Riesling Hinterm Haus Kabinett halbtrocken **83**
9,– € | 10,5% | bis 2018

2014 Riesling Ohm Johann Spätlese feinherb **84**
12,– € | 10,5% | bis 2018

2014 Kerner vom steilen Schiefer **82**
7,90 € | 11% | bis 2018

2014 Riesling Kurve Spätlese **84**
13,– € | 8,5% | bis 2018

2014 Riesling Auslese **86**
14,– €/0,5 Lit. | 8,5% | bis 2020

2013 Spätburgunder Premiere trocken **84**
24,– € | 13% | bis 2022

2013 Cuvée »Rhenus fluit« trocken **85**
24,– € | 13,5% | bis 2022

Zeichenerklärung:
Schnäppchenpreis · Top 10 Spitzenreiter
Ökobetrieb · Trink-Tipp · Versteigerungswein
Sekt | Weißwein | Rotwein | Roséwein

WEINGUT WEINGART

56322 Spay · Mainzer Straße 32
☎ (0 26 28) 87 35 · Fax 28 35
mail@weingut-weingart.de
www.weingut-weingart.de
Inhaber: Familie Florian Weingart
Kellermeister: Florian Weingart

Verkauf: Ulrike Weingart
nach Vereinbarung

Ferienwohnungen: in historischem Fachwerkhaus, direkt am Rhein, www.weingart-ferien.de

Rebfläche: 5,5 Hektar
Jahresproduktion: 37.000 Flaschen
Beste Lagen: Bopparder Hamm Engelstein, Ohlenberg, Feuerlay
Boden: Devonschieferverwitterung, Löss, Rheinsedimente, Vulkanasche
Rebsorten: 85% Riesling, 15% Spätburgunder
Durchschnittsertrag: 45 hl/ha

Kleinere Flächen, geringe Erträge, das Ausbleiben der Edelfäule sowie weitere Verzögerungen im Umzug in den neuen Betrieb: Bei der diesjährigen Jahrgangspräsentation nahm Florian Weingart zum dritten und für ihn hoffentlich letzten Mal Abschied vom alten Keller. Zwar hat Weingart sein Konzept der Wiederbelebung alter Parzellennamen weitergeführt und auch die Deklaration der meisten Weine als Qualitätsweine ist Programm, aber die Tatsache, dass als einzige Prädikatsweine ein Riesling Kabinett und eine Spätlese vorgestellt wurden, zeigt auch hier die Problematik des Jahrgangs.
Riesling ist natürlich die Hauptsorte. Eine interessante Variante ist in diesem Jahr die Vorstellung von zwei Weinen mit der Bezeichnung Bopparder Hamm Ohlenberg Riesling QbA trocken. Wobei die Variante mit dem Stern spontan vergoren wurde und deutlich interessanter ist. Spitzenreiter ist die Riesling Spätlese Bopparder Hamm Engelstein mit dem Zusatznamen Am Weißen Wacke. Wie Weingart selbst sagt, hat er ein tolles Süße-Säure-Spiel, das an den Jahrgang 2010 erinnert, wenngleich der Wein jetzt schon zugänglich ist (87 Punkte).
Weingart hat im Laufe der Jahre den Bestand an Spätburgunder aufgestockt und produziert auch regelmäßig einen oder zwei Sorten Weißherbst. Wieder einmal gut gefallen hat uns der einzige aktuelle Rotwein, die 2013er Spayer In der Zech Spätburgunder Spätlese mit sehr geringen Lesemengen von zehn Jahre alten Reben. Sie hat eine schöne Struktur und Dichte mit eingebundenen, feinen Tanninen. Trotz überlangem Bauprojekt und vielen Wetterkapriolen zeigt Weingart einmal mehr sein Talent mit einigen interessanten Weinen – und wir hoffen natürlich, dass wir beim nächsten Jahrgang aus dem neuen Betrieb berichten können.

Anzahl der verkosteten Weine: 9
Bewertungen: 83–87 Punkte

2014 Riesling trocken Abfüllerwein **83**
6,50 € | 11,5% | bis 2019

2014 Bopparder Hamm Ohlenberg Riesling trocken **83**
7,50 € | 11,5% | bis 2019

2014 Bopparder Hamm Ohlenberg Riesling trocken * **85**
8,– € | 11,5% | bis 2019

2014 Bopparder Hamm Feuerlay **85**
Riesling Kabinett trocken
8,– € | 11% | bis 2020

2014 Riesling feinherb Abfüllerwein **83**
6,50 € | 10,5% | bis 2019

2014 Spayer In der Zech **84**
Spätburgunder Kabinett halbtrocken Weißherbst
7,50 € | 10,5% | bis 2018

2014 Bopparder Hamm Engelstein **86**
Riesling Am Weißen Wacke Kabinett feinherb
8,50 € | 9,5% | bis 2019

2014 Bopparder Hamm Engelstein **87**
Riesling Am Weißen Wacke Spätlese
11,– € | 8% | bis 2022

2013 Spayer In der Zech **86**
Spätburgunder Spätlese trocken Barrique
14,– € | 13% | bis 2020

Mosel

Die Stunde der Lesehelfer

- Lauer mit »Kollektion des Jahres«
- Aus fruchtsüß wird trocken
- Stilwechsel im Tal

Weinberge an der Mosel

Foto: Deuscshes Weininstitut DWI

Ideale Partner: Moselwein und Sushi

Die Trauben seien »schneller gefault, als man gucken konnte«, meint Wolfgang Mertes, Kellermeister bei Reichsgraf von Kesselstatt. Dabei begann das Weinjahr 2014 an der Mosel so vielversprechend. Der März startete zur Mitte mit zum Teil sommerlichen Temperaturen, sodass der Vegetationsbeginn Ende des Monats registriert werden konnte. Bis in den Juli hinein hielt die Warmwetterfront, wodurch die Rebblüte im Zeitraum Ende Mai bis Anfang Juni etwa zwei Wochen früher als im langjährigen Durchschnitt erfolgte. Mitte Juli schlug die Wetterlage um und es wurde feucht, der Sommer legte eine Pause ein. Ab Anfang September wurde es wärmer, es regnete sporadisch. Zusätzlich, verursacht durch den Anstieg der Luftfeuchtigkeit, stieg der Druck an Fäulnisbildung im Weinberg enorm an. Weiterer Regen ließ die Trauben aufplatzen.

Viele Winzer setzten zu diesem Zeitpunkt noch auf eine spätere Lese, da die Trauben noch nicht genügend Reife erlangt hatten. Als dann um den sechsten Oktober im gesamten Gebiet heftige Niederschläge einsetzten, sah es schlimm aus. Nun kam die große Stunde der Lesemannschaften. Schlagkraft und Erfahrung im Umgang mit unsauberem Lesegut waren gefragt wie selten zuvor. Wer kurzfristig auf ein engagiertes und zeitlich flexibles Leseteam setzen konnte, hatte schon viel gewonnen, ging es doch darum, binnen kürzester Zeit bei voller Konzentration das Gute vom Schlechten zu trennen.

Lesehelfer gefragt

Hanno Zilliken, Zilliken – Forstmeister Geltz in Saarburg, meint dann auch: »Das war ein Jahrgang, der Beine machte«, manche sprachen von einem »Turboherbst«. Rigideste Selektion am Stock war letztendlich der Schlüssel, um Weine mit klarer Frucht entstehen lassen zu können. In den Weinbergen, in denen nichts mehr zu retten war, wurde das, was noch an Trauben übriggeblieben war, entweder hängen gelassen oder auf den Boden geschnitten. Thomas Haag von Schloss Lieser konstatiert: »Teilweise haben wir ganze Parzellen nicht gelesen.« Ende Oktober war bei nahezu allen Gütern der Spuk vorbei.

Es ist teilweise erschreckend, wie sehr die Unbilden des Jahrgangs, das heißt unreifes Lesegut, gepaart mit Fäulnis, den Geschmack so manchen trockenen Rieslings dominieren. Häufig notierten wir Worte wie »herb«, »extreme Säure«, »gezehrt«, »ältlich«. Allen diesen Weinen fehlt es an Frucht und Balance. Sie werden diese nach unserer Einschätzung auch niemals bekommen. Auch bei einigen Spitzenweingütern war dies zu erkennen. Al-

lerdings gibt es auch Erfreuliches zu berichten: Im Dunstkreis von Traben-Trarbach entstanden in Gütern wie zum Beispiel Melsheimer, Vollenweider, Weiser-Künstler, Immich-Batterieberg, Müllen oder Caspari-Kappel Weine mit Rasse, Salzigkeit, Kargheit und Druck, die einen neuen Stil erkennen lassen. Diese Weine können sich im Konzert der ganz großen trockenen deutschen Rieslinge anderer Regionen mit Alkoholwerten zwischen elf und zwölf Volumenprozent durchaus sehen lassen!
Es sind keine Weine, die anfänglich leicht zugänglich sind. Vielmehr wirken sie sehr ernsthaft und verlangen vom Weintrinker etwas mehr Aufmerksamkeit, zumal sie oft recht trocken ausfallen. Beispielhaft seien genannt der »Steffensberg« von Daniel Vollenweider, die Große Eule von Weiser-Künstler oder der Hühnerberg »SF« von Martin Müllen.

Fruchtsüß wird immer trockener

Häufig stießen wir dieses Jahr auf fruchtsüße Kabinette und Spätlesen, bei denen der Restzucker immer moderater schmeckbar ist. Wir mögen diesen Stil, der beim Kabinett nahezu in eine feinherbe Aromatik münden kann und in seiner würzig-apfelartigen, kühlen Aromatik an den Stil lang vergangener Zeit erinnert, in der ein Kabinett nicht von Restsüße geprägt war. Auslesen mit klarer, präziser Frucht in 2014 erzeugen zu können, war eher die Ausnahme, da äußerst diffizil aufgrund

des Zustandes des Traubenmaterials. Die Säure rutschte teilweise ab, das Lesegut bestand zum Großteil aus mehr oder weniger hochwertigen botrytisierten Trauben, was die Weine mit fast barocker Stilistik ausstattete. Uns fehlte so manches Mal das tänzelnde Aufspiel. Bei einigen Spätlesen gelang dies eindeutig besser; mit saftigen, feinbalancierten, verspielten Exemplaren.

Lauer holt die vierte Traube

Die Saar hatte es auf die Witterung bezogen sicherlich nicht einfach in diesem Jahr. Was uns dennoch Peter und Florian Lauer aus Ayl aufgetischt haben, verdient höchsten Respekt. Mit ihren durchgängig strahlenden Rieslingen in allen Kategorien, von trocken bis zu den Edelsüßen, holten sie nicht nur wohlverdient die vierte Traube, sondern gleichzeitig, sozusagen im Doppelpack, die Auszeichnung »Kollektion des Jahres«. Zweifachen Glückwunsch nach Ayl! Bei Dorothee und Hanno Zilliken gefällt uns immer mehr die seidige Textur und Zartheit der Weine, weshalb wir dort die vier Trauben rot einfärben.
Feineres als das, was wir aus dem Keller des Scharzhofs von Egon Müller probierten, ist uns in diesem Jahr nicht begegnet. Tänzelnd und mit un-

Moselschleife

glaublicher Klarheit: Scharzhofberger in Perfektion. Im sogenannten »Tälchen«, einem Seitental der Saar, haben uns die leichtfüßigen Rieslinge des Falkensteiner Hofs der Familie Weber so viel Spaß gemacht, dass wir die dritte Traube vergeben.
Ganz anders der Stil bei dem jungen Kilian Franzen, der trotz Reichhaltigkeit in den Weinen aus den heißen Lagen Bremmer Calmont und Neefer Frauenberg klarfruchtige Rieslinge erzeugt. Die dritte Traube ist der Lohn. Was uns Ernie Loosen, Weingut Dr. Loosen, präsentierte, war eine solch homogene Kollektion, wie wir sie seit Jahren hier nicht mehr verkostet haben. Seine polierten Kabinette haben diese kühle, trinkige und saftig-feinherbe Aromatik, die wie so schätzen. Reinhard Löwenstein aus Winningen an der Terrassenmosel hat uns ein Füllhorn an dichtstrukturierten, würzigen Trockenen präsentiert, die viel animierende Frische versprühen und mit den beiden Weinen aus der Lage Uhlen auch aufgrund ihrer phenolischen Struktur an ganz großen, deutschen, trockenen Riesling erinnern.

Christoph Dirksen

Die Spitzenbetriebe

Die mit roter Traube markierten Betriebe verdienen in ihrer Klasse besondere Aufmerksamkeit.

▲ ▼ Die Dreiecke signalisieren Auf- oder Abwertung im Vergleich zum Vorjahr. ❊ Neuer Betrieb.

Der beste trockene Riesling 2014 für weniger als 15 Euro

Vom blauen Schiefer Kabinett	91
Caspari-Kappel, Enkirch	
Trarbacher Hühnerberg Kabinett »SF« *	91
Martin Müllen, Traben-Trarbach	
Alte Reben 862	90
Staffelter Hof, Kröv	
Kerstener Paulinshofberger	90
Günther Steinmetz, Brauneberg	

Die besten Riesling Spätlesen 2014 für weniger als 10 Euro

Niedermenzinger Herrenberg – 4 –	91
Hofgut Falkenstein, Konz	
Niedermenzinger Herrenberg – 3 –	90
Hofgut Falkenstein, Konz	
Graacher Himmelreich	90
Kees-Kieren, Graach	
Niedermenzinger Herrenberg – 2 –	89
Hofgut Falkenstein, Konz	

Die besten Riesling Auslesen 2014 für weniger als 15 Euro

Krettnacher Euchariusberg – 14 –	91
Hofgut Falkenstein, Konz	
Krettnacher Euchariusberg – 5 –	90
Hofgut Falkenstein, Konz	
Ockfener Bockstein »Große Lage«	89
Nik Weis – Sankt Urbans-Hof, Leiwen	

WEINGUT A. J. ADAM

54347 Neumagen-Dhron · Metschert 14
☎ (0 65 07) 9 39 37 13 · Fax 70 28 65
andreas@aj-adam.com
www.aj-adam.com
Inhaber und Betriebsleiter: Andreas und Barbara Adam

Verkauf: nach Vereinbarung

Rebfläche: 4,7 Hektar
Jahresproduktion: 25.000 Flaschen
Beste Lage: Dhron-Hofberger, Piesporter Goldtröpfchen
Boden: Schiefer mit Eisenoxid und Quarzeinschlüssen
Rebsorte: 100% Riesling
Durchschnittsertrag: 55 hl/ha

Andreas Adam hat die großen Herausforderungen des Jahrgangs 2014 an der Mosel mit Bravour gemeistert. Seine perfekt balancierte Spätlese ist ein Paradebeispiel dafür, was an Feinheit in diesem Jahr möglich war. Schon der Gutswein überzeugt, der trockene Piesporter hat Zug durch Säure. Das Große Gewächs vom Dhroner Hofberg zeigt noble Würze, ist fein und kraftvoll zugleich, sein Pendant aus dem Goldtröpfchen hat das größere Potential. Dazu kommen die moderaten Alkoholwerte von elf bis 12 Grad bei den trockenen Rieslingen. Die feinherbe »Sängerei« ist verspielt, nervig, mit feinherbem Nachhall, der Kabinett saftig und voller Spannung. Alle Weine brauchen übrigens Luft, um sich voll zu entfalten. Behutsam wurde hier in den letzten Jahren in die Erweiterung der Rebflächen investiert und so verfügt Andreas Adam heute über fast fünf Hektar im Piesporter Goldtröpfchen und dem Hofberg, wie er ihn bezeichnet. Die Lage Hofberg im Dhrontal, auch Dhron-Hofberger genannt, zählte bei der preußischen Lagenklassifikation im 19. Jahrhundert zu den besten Weinbergslagen der Mosel. Schon die Mönche der Benediktinerabtei Tholey im Saarland wussten die hohe Güte des Hofberges zu schätzen. Die besten Weinberge dieses jungen Gutes liegen im ehemaligen Besitz dieser Abtei. Der Zukauf alter Weinberge, darunter auch eine Parzelle mit 60 Jahre alten Reben und die Rekultivierung einer alten Terrassenanlage im Hofberg, stehen im Fokus. Zuletzt sicherte sich Adam das Monopol an der alten Lage Dhroner Häschen mit wurzelechten Rebstöcken aus den 1930er Jahren.

Anzahl der verkosteten Weine: 8
Bewertungen: 85–91 Punkte

2014	Dhroner Riesling trocken **9,– €** | 11% | 🍷 bis 2018	**85**
2014	Dhroner Riesling trocken Holzfass **13,– €** | 11% | 🍷 bis 2018	**85**
2014	Piesporter Riesling trocken **14,– €** | 11% | 🍷 bis 2019	**87**
2014	Dhroner Hofberg Riesling »Großes Gewächs« Holzfass **27,– €** | 12% | 🍷 bis 2019	**88**
2014	Piesporter Goldtröpfchen Riesling Adam & Haart »Großes Gewächs« **35,– €** | 12,5% | 🍷 bis 2019	**90**
2014 Top 10	Dhroner Riesling in der Sängerei feinherb Holzfass **19,– €** | 10,5% | 🍷 bis 2020	**90**
2014	Dhroner Hofberg Riesling Kabinett **13,– €** | 8,5% | 🍷 bis 2020	**89**
2014	Dhroner Hofberg Riesling Spätlese **19,– €** | 8,5% | 🍷 bis 2022	**91**

Neu

WEINGUT ADAMY

54538 Kinheim · St. Petersweg 7
☎ (0 65 32) 49 82 · Fax 95 32 20
info@weingut-adamy.de
www.weingut-adamy.de
Inhaber: Marco Adamy

Verkauf: nach Vereinbarung

Dieses kleine Weingut im Herzen der Mittelmosel hat erstmals eine Kollektion vorgestellt – und uns überzeugt. Hier wird sauber gearbeitet, um ernsthafte Weine mit Schliff herzustellen. Die Säure ist gut integriert, was sich bei den trockenen Rieslingen bewährt. Gut hat uns der feinherbe Riesling aus dem Rosenberg gefallen, der über eine gute Länge verfügt. Die Formation führt aber der fruchtsüße Kabinett aus derselben Lage an, ein eher zarter Riesling mit würziger Art, der an reife Äpfel erinnert. Etwa 80 Prozent der Rebfläche sind dem Riesling vorbehalten. Zum Weingut gehört ein Gästehaus mit hübsch hergerichteten Zimmern.

Anzahl der verkosteten Weine: 9
Bewertungen: 83-86 Punkte

2014	Riesling trocken **5,50 €** | 11,5% | bis 2016	**83**
2014	Kinheimer Rosenberg Riesling trocken **7,- €** | 11,5% | bis 2017	**85**
2014	Sauvignon Blanc trocken **7,90 €** | 12% | bis 2017	**84**
2014	Riesling feinherb **5,50 €** | 10% | bis 2017	**84**
2014	Kinheimer Riesling vom grauen Schiefer **6,- €** | 11,5% | bis 2018	**84**
2014	Kinheimer Rosenberg Riesling feinherb **7,- €** | 11,5% | bis 2018	**85**
2014	Kinheimer Rosenberg Riesling Kabinett **6,- €** | 9% | bis 2019	**86**
2014	Kinheimer Rosenberg Riesling Spätlese **7,- €** | 8% | bis 2019	**83**
2014	Kinheimer Rosenberg Riesling Auslese **10,- €** | 9% | bis 2020	**84**

Neu

WEINGUT AMLINGER & SOHN

56858 Neef · Moseluferstraße 17 und 11
☎ (0 65 42) 29 62 · Fax 2 19 76
weingut@amlinger.de
www.amlinger.de
Inhaber: Hans-Peter und Christian Amlinger

Verkauf: nach Vereinbarung

Dieses Familienweingut in Neef an der Terrassenmosel blickt auf eine lange Geschichte zurück und profiliert sich in unseren Tagen mit einer kleinen, soliden Kollektion aus dem Jahrgang 2014. Der trockene Riesling aus dem Bremmer Calmont zeigt eine gerundete Aromatik und offene Frucht, einen Tick besser gefällt uns der Neefer Frauenberg mit seinem Mandarinenduft, seiner leicht kargen, aber druckvollen Stilistik. Es wird auch Rotwein erzeugt, wobei der Frühburgunder aus 2012 etwas unter dem neuen Holz leidet. Ein wichtiges Standbein für den Betrieb sind die 14 Ferienwohnungen, alle in Neef gelegen.

Anzahl der verkosteten Weine: 9
Bewertungen: 80-85 Punkte

2014	Riesling Schiefer trocken **6,90 €** | 12,5% | bis 2018	**82**
2014	Neefer Frauenberg Riesling Steillage trocken **8,90 €** | 12,5% | bis 2018	**85**
2014	Bremmer Calmont Riesling Steillage trocken **9,90 €** | 12,5% | bis 2018	**85**
2013	Riesling feinherb **4,90 €**/1,0 Lit. | 10,5% | bis 2018	**80**
2014	Riesling Braunschiefer halbtrocken **5,90 €** | 11,5% | bis 2018	**82**
2014	Riesling Steillage feinherb Alte Reben **12,90 €** | 12% | bis 2019	**84**
2014	Neefer Frauenberg Riesling Auslese **9,90 €** | 8% | bis 2021	**85**
2011	Neefer Petersberg trocken Barrique **8,90 €** | 12% | bis 2018	**82**
2012	Frühburgunder trocken Barrique **14,90 €** | 14% | bis 2019	**84**

WEINGUT PAUL BASTEN

54349 Trittenheim · Am Kreuzweg 12
☎ (0 65 07) 57 38 · Fax 68 42
weingutpbasten@aol.com
www.basten-wein.de
Inhaber und Betriebsleiter: Christoph Basten

Verkauf: nach Vereinbarung

Während der Jahrgang 2014 für viele andere Moselbetriebe ein Kabinettjahrgang war, präsentiert Christoph Basten unter seinen neun vorgestellten 2014ern sechs Spätlesen und zwei Auslesen. Die Weine kommen zwar in puncto Feinheit nicht an seine besten Jahrgänge heran, zeigen sich aber trotzdem erstaunlich homogen für den schwierigen Herbst. Christoph Basten hatte das Gut 1997 von seinem Vater Paul übernommen und führt es nun in der dritten Generation. Durch selektive Handlese und schonende Traubenverarbeitung werden hier regelmäßig überdurchschnittliche Qualitäten produziert.

Anzahl der verkosteten Weine: 10
Bewertungen: 83–88 Punkte

2014	Riesling Anna Sophie trocken **6,50 €** | 11,5% | bis 2017	**83**
2014	Trittenheimer Apotheke Riesling Spätlese trocken **7,50 €** | 11% | bis 2018	**84**
2014	Neumagener Rosengarten Riesling Spätlese trocken **8,– €** | 11% | bis 2018	**84**
2014	Trittenheimer Apotheke Riesling Auslese trocken **9,50 €** | 11,5% | bis 2020	**85**
2014	Trittenheimer Apotheke Riesling Spätlese feinherb **7,50 €** | 10% | bis 2020	**85**
2014	Dhroner Hofberger Kerner Spätlese **7,– €** | 7,5% | bis 2018	**84**
2014	Trittenheimer Apotheke Riesling Spätlese **7,50 €** | 7,5% | bis 2019	**85**
2014	Neumagener Rosengarten Riesling Spätlese **8,– €** | 7,5% | bis 2020	**86**
2014	Trittenheimer Apotheke Riesling Auslese **18,– €** | 7,5% | bis 2020	**87**
2013	Trittenheimer Apotheke Riesling Beerenauslese **30,– €**/0,5 Lit. | 9% | bis 2022	**88**

WEINGUT BASTGEN

54518 Monzel · Hofstraße 18
☎ (0 65 35) 93 30 92 · Fax 15 79
info@weingut-bastgen.de
www.weingut-bastgen.de
Inhaber: Mona Bastgen und Armin Vogel
Außenbetrieb: Mona Bastgen
Kellermeister: Armin Vogel

Verkauf: Mona Bastgen und Armin Vogel
nach Vereinbarung

Rebfläche: 6 Hektar
Jahresproduktion: 30.000 Flaschen
Beste Lagen: Kestener Paulinshofberger, Kueser Weisenstein
Boden: Verwitterungsschiefer
Rebsorten: 80% Riesling, 15% Weißburgunder, 5% rote Sorten
Durchschnittsertrag: 60 hl/ha
Mitglied: Bernkasteler Ring

Bereits im Jahrgang 2013 waren Mona Bastgen und Armin Vogel Weine mit Charakter gelungen, was den Monzeler Winzern die zweite Traube einbrachte. Diese können sie mit dem Nachfolge-Jahrgang in vollem Umfang bestätigen. Wir probierten eine homogene Kollektion mit gut eingebundener Säure, wobei die neuen Holzfässer den Weinen eine exotische Note verleihen. Bei den trockenen Rieslingen ragt der füllige Weisenstein heraus, der sich harmonisch präsentiert. An der Spitze der kleinen Reihe steht die spannende Spätlese aus dem Paulinshofberg mit saftiger Frucht und gut eingebundener Botrytis. Im Jahrgang 2012 waren die Weine von Mona Bastgen und Armin Vogel mit klarer Säure und kühler Aromatik ausgestattet. Auch in 2011 waren die trockenen und feinherben Weine überdurchschnittlich gelungen.

Zeichenerklärung:
Schnäppchenpreis · Top 10 Spitzenreiter
Ökobetrieb · Trink-Tipp · Versteigerungswein
Sekt | Weißwein | Rotwein | Roséwein

Anzahl der verkosteten Weine: 6
Bewertungen: 84–88 Punkte

2014 Riesling Blauschiefer trocken **84**
9,– € | 12% | bis 2018

2014 Bernkastel-Kueser Weisenstein **87**
Riesling trocken
12,50 € | 12% | bis 2019

2014 Riesling Goldmund feinherb **84**
9,– € | 10,5% | bis 2018

2014 Kestener Paulinshofberg Riesling feinherb **87**
12,50 € | 11,5% | bis 2019

2014 Kestener Paulinshofberg Riesling Kabinett **85**
9,50 € | 9,5% | bis 2019

2014 Kestener Paulinshofberg Riesling Spätlese **88**
14,– € | 8,5% | bis 2020

WEINGUT BAUER

54486 Mülheim · Moselstraße 3
☎ (0 65 34) 5 71 · Fax 5 70
info@weingut-bauer.de
www.weingut-bauer.de
Inhaber: Jörg und Thomas Bauer

Verkauf: Familie Bauer
Mo–Fr: 8.00–12.00 Uhr · 13.00–18.00 Uhr
Sa: 8.00–16.00 Uhr und nach Vereinbarung

Nach Problemen im Vorjahr zeigt sich das 2014er Sortiment wieder deutlich homogener. Einzig der trockene Kabinett aus der Mülheimer Sonnenlay fällt mit einem störenden Nebenton unten aus der ansonsten sehr stimmigen Kollektion raus. Ganz anders der wunderbar rauchige und würzige Riesling trocken aus dem Mülheimer Elisenberg. Das Weingut Bauer hat Rebbesitz in Brauneberg, Mülheim und Veldenz. Mit den 2012ern zeigte man uns Weine, die in ihrer fast üppigen Art an Burgunder erinnerten. Daran konnten die Rieslinge aus dem Jahrgang 2013 nicht anknüpfen.

Anzahl der verkosteten Weine: 10
Bewertungen: 81–87 Punkte

2012 Riesling Sekt Brut **81**
12,– € | 12,5% | bis 2016

2014 Mülheimer Elisenberg Riesling trocken **87**
24,50 € | 12% | bis 2022

2014 Mülheimer Sonnenlay **81**
Riesling Kabinett trocken
7,– € | 10% | bis 2017

2014 Mülheimer Elisenberg **84**
Riesling Spätlese trocken
10,– € | 11,5% | bis 2018

2014 Riesling feinherb **83**
5,50 €/1,0 Lit. | 11% | bis 2017

2014 Veldenzer Elisenberg **84**
Riesling Kabinett feinherb
7,– € | 10,5% | bis 2018

2014 Mülheimer Elisenberg **84**
Riesling Spätlese feinherb
9,80 € | 10,5% | bis 2018

2014 Brauneberger Juffer **85**
Riesling Spätlese feinherb
10,50 € | 11% | bis 2019

2014 Brauneberger Juffer Riesling Kabinett **86**
7,– € | 7,5% | bis 2020

2014 Mülheimer Elisenberg Riesling Spätlese **85**
10,50 € | 7,5% | bis 2018

WEINGUT BECKER-STEINHAUER

54486 Mülheim · Hauptstraße 72
☎ (0 65 34) 5 21 · Fax 1 83 78
info@becker-steinhauer.de
www.becker-steinhauer.de
Inhaber: Karsten Becker

Verkauf: Familie Becker
nach Vereinbarung

Historie: Familie betreibt seit 300 Jahren Weinbau
Sehenswert: Carlsberg-Häuschen, erbaut um 1850

Rebfläche: 8 Hektar
Jahresproduktion: 45.000 Flaschen
Beste Lagen: Brauneberger Juffer, Veldenzer Carlsberg (Alleinbesitz), Zeltinger Schlossberg
Boden: Devonschiefer
Rebsorten: 76% Riesling, 8% Kerner, je 5% Chardonnay und Spätburgunder, 4% Dornfelder, 2% Müller-Thurgau
Durchschnittsertrag: 60 hl/ha

Nach bereits großen Problemen mit dem Jahrgang 2013 sind auch die Weine des Jahrgang 2014 weit von der früheren Form des Gutes entfernt. Es sind hochfarbige Weine und alle Rieslinge sind in Duft und Geschmack von Bortrytis geprägt. Der Charakter der Lagen ist dadurch nicht mehr erkennbar. Bei den trockenen gefiel uns noch die Spätlese aus dem Zeltinger Schlossberg in ihrer gerundeten Art am besten. Bei den feinherben überzeugte die Spätlese aus dem Veldenzer Carlsberg mit ihrer offenen Frucht und zarten Struktur. Auch die fruchtsüße Spätlese aus der Brauneberger Juffer verfügt über ein gewisses Spiel und eine zarte Art.Die Familie Becker betreibt Weinbau in der siebten Generation. Und da Tradition einen Betrieb nicht alleine am Leben erhält, hat sie in Weinberge investiert: Mit dem Jahrgang 2004 wurden erstmals Weine aus ihrer Alleinbesitzlage Veldenzer Carlsberg vorgestellt. Das Lagenportfolio umfasst ansonsten Parzellen in Veldenz und Mülheim, aber auch in Brauneberg und Zeltingen.

Anzahl der verkosteten Weine: 9
Bewertungen: 84–87 Punkte

2014	Veldenzer Kirchberg Riesling Kabinett trocken **6,50 €** | 11,5% | bis 2018	**84**
2014	Zeltinger Schlossberg Riesling Spätlese trocken **8,– €** | 12% | bis 2019	**86**
2014	Mülheimer Sonnenlay Riesling Kabinett feinherb **6,50 €** | 11% | bis 2019	**85**
2014	Veldenzer Carlsberg Riesling Spätlese feinherb **8,– €** | 11,5% | bis 2020	**87**
2014	Veldenzer Kirchberg Riesling Alte Reben **12,– €** | 12% | bis 2019	**84**
2014	Veldenzer Kirchberg Riesling Kabinett **6,– €** | 9% | bis 2020	**84**
2014	Brauneberger Juffer Riesling Spätlese **8,– €** | 9% | bis 2021	**87**
2014	Brauneberger Juffer Riesling Auslese **13,– €** | 8% | bis 2020	**87**
2013	Spätburgunder trocken **13,– €** | 12,5% | bis 2019	**86**

Die Betriebe:
Weltklasse · Deutsche Spitze
Sehr gut · Gut · Zuverlässig
Weitere Empfehlung

WEINGUT BEFORT

54453 Nittel · Schulstraße 17
☎ (0 65 84) 4 22 · Fax 12 01
weingut@befort.de
www.befort.de
Inhaber: Familie Befort
Betriebsleiter und Kellermeister: Hans-Jörg Befort

Verkauf: Familie Befort
Sa: 9.00–17.00 Uhr

Aus der aktuellen Kollektion sticht vor allem der sehr fruchtige 2013er Pinot Noir Rosésekt aus dem Nitteler Rochusfels hervor. Das Weingut Befort liegt an der Obermosel an der Grenze zu Luxemburg und wird in zweiter Generation von Ruth, Marcel und Hans-Jörg Befort geführt. Schwerpunkt sind trockene Burgunderweine, die etwa 80 Prozent der Rebsortenpalette ausmachen. Der Riesling spielt auf den Muschelkalkböden hier traditionell keine Rolle. Hans-Jörg Befort vinifiziert zum einen die Weine des eigenen Gutes und ist zum anderen Betriebsleiter der Luxemburger Domaine Alice Hartmann.

Anzahl der verkosteten Weine: 10
Bewertungen: 82–88 Punkte

2013	Nitteler Rochusfels Pinot Noir Sekt trocken Rosé € **9,95 €** | 12,5% | bis 2018	**88**
2014	Elbling & Weißburgunder trocken **5,90 €** | 11,5% | bis 2017	**82**
2014	Nitteler Rochusfels Auxerrois trocken **6,10 €** | 12% | bis 2017	**84**
2014	Nitteler Rochusfels Pinot Gris trocken **6,60 €** | 12,5% | bis 2017	**84**
2014	Nitteler Leiterchen Pinot Blanc »S« trocken **8,40 €** | 12% | bis 2018	**85**
2014	Nitteler Leiterchen Sauvignon Blanc trocken **8,90 €** | 12,5% | bis 2017	**84**
2014	Nitteler Leiterchen Pinot Blanc & Chardonnay »S« trocken **9,70 €** | 12,5% | bis 2017	**85**
2014	Elbling Classic feinherb **4,90 €** | 11,5% | bis 2017	**82**
2014	Nitteler Rochusfels Pinot Noir feinherb Blanc de Noirs **6,20 €** | 12% | bis 2017	**83**
2013	Nitteler Leiterchen Pinot Noir & Cabernet Sauvignon trocken Barrique **9,40 €** | 13,5% | bis 2018	**84**

WEINGUT JOSEF BERNARD-KIEREN

54470 Graach · Ringstraße 2
☎ (0 65 31) 21 83 · Fax 20 90
info@bernard-kieren.de
www.bernard-kieren.de
Inhaber: Josef und Martin Bernard

Verkauf: Martin Bernard
nach Vereinbarung

Josef Bernard führt das Weingut gemeinsam mit seinem Sohn Martin, der seine Winzerlehre im Weingut Schloss Lieser absolvierte und nach Besuch der Fachschule 2014 den Winzermeister machte. Besonders stolz ist man hier auf die zahlreichen Prämierungen. Staats- und Bundesehrenpreise zieren die Wände der neuen, direkt am Ortseingang aus Richtung Bernkastel gelegenen Vinothek mit herrlicher Außenterrasse. Bei nur einem eingereichten trockenen Wein zeigt sich die feinherbe und fruchtige Kollektion sehr stimmig. Am besten gefallen uns die drei fruchtigen Spätlesen, die erstaunlich hohe Qualität für sehr kleines Geld bieten.

Anzahl der verkosteten Weine: 9
Bewertungen: 83–88 Punkte

2014	Graacher Himmelreich Riesling Kabinett trocken **6,– €** | 10% | bis 2018	**83**
2014	Graacher Himmelreich Riesling Kabinett feinherb * **6,– €** | 9,5% | bis 2018	**84**
2014	Graacher Domprobst Riesling Spätlese feinherb **7,– €** | 9% | bis 2020	**85**
2014	Graacher Himmelreich Riesling Hochgewächs **5,50 €**/1,0 Lit. | 8,5% | bis 2017	**83**
2014	Graacher Himmelreich Riesling Kabinett **5,50 €** | 7% | bis 2019	**84**
2014	Graacher Domprobst Riesling Kabinett * **6,– €** | 7% | bis 2020	**85**
2014	Graacher Himmelreich Riesling Spätlese ** **7,– €** | 7,5% | bis 2020	**86**
2014	Graacher Domprobst Riesling »M« Spätlese *** **7,50 €** | 7,5% | bis 2020	**86**
2014	Graacher Himmelreich Riesling Spätlese *** € **7,50 €** | 7,5% | bis 2024	**88**

WEINGUT C. H. BERRES

54539 Ürzig · Würzgartenstraße 41
☎ (0 65 32) 25 13 · Fax 44 42
info@berres.de
www.berres.de
Inhaber: Markus Berres
Kellermeister: Markus Berres

Verkauf: Markus Berres
Mo–Fr: 8.00–12.45 Uhr · 14.00–19.00 Uhr
Sa–So: nach Vereinbarung

Nach kleinen Problemen im Vorjahr legt Markus Berres in diesem Jahr eine sehr solide Kollektion vor. Zwar reicht sie noch nicht ganz an den herausragenden Jahrgang 2012 heran (als wir den Betrieb erstmals als Aufstiegskandidaten für zwei Trauben geführt hatten), aber das dürfte auch dem deutlich herausfordernden Herbst 2014 geschuldet sein. Manche Weine zeigen auch den für den Jahrgang so typischen Gerbstoffeinfluss. Besonders gut gefällt uns die fruchtige Spätlese aus dem Ürziger Würzgarten mit ihren sehr saftigen Fruchtaromen. Hilfreich: Auf den Rückenetiketten hilft eine Süßeskala von eins (trocken) bis fünf (Süßwein) bei der geschmacklichen Einordnung der Weine.

Anzahl der verkosteten Weine: 8
Bewertungen: 84–88 Punkte

2014 Ürziger Würzgarten **84**
Weißburgunder trocken »sur lie«
8,80 € | 12,5% | bis 2017

2014 Erdener Treppchen **84**
Riesling Kabinett trocken
10,05 € | 11,5% | bis 2018

2014 Ürziger Goldwingert **86**
Riesling Auslese trocken
17,85 € | 13% | bis 2019

2014 Riesling Impulse feinherb **84**
8,80 € | 11% | bis 2018

2014 Ürziger Würzgarten **84**
Riesling Kabinett feinherb
10,05 € | 9% | bis 2019

2014 Ürziger Würzgarten Riesling Kabinett **84**
10,30 € | 8,5% | bis 2018

2014 Ürziger Würzgarten Riesling Spätlese **88**
13,– € | 8,5% | bis 2022

2014 Ürziger Würzgarten Riesling Auslese **88**
15,50 €/0,375 Lit. | 8,5% | bis 2020

WEINGUT BERWEILER-MERGES

54340 Leiwen · Euchariusstraße 35
☎ (0 65 07) 32 85 · Fax 8 01 75
weingutberweiler@t-online.de
www.weingutberweiler.de
Inhaber: Edith und Klaus Berweiler

Verkauf: 1. Juli–31. Okt.
Mo–Sa: 10.00–18.00 Uhr und nach Vereinbarung

Vier Hektar groß ist die Anbaufläche des Weingutes Berweiler-Merges aus Leiwen, das von Sandra Berweiler und ihren Eltern Edith und Klaus geführt wird. Ein interessanter Wein mit besonderer Geschichte ist die Auslese Herz und Seele aus dem Schweicher Annaberg: eine leichte, aber aromatische Auslese, die erst nach einer Weile im Glas ihr schönes Säurespiel entwickelt. Noch besser gefiel die trockene Spätlese aus der Lage Pölicher Held. Sie besticht mit Harmonie, feiner Säure und mineralischer, straffer Struktur.

Anzahl der verkosteten Weine: 9
Bewertungen: 81–87 Punkte

2014 Riesling Sandras Riesling trocken **83**
6,– € | 12% | bis 2017

2014 Pölicher Held **87**
Riesling trocken Alte Reben
7,20 € | 12% | bis 2019

2014 Leiwener Klostergarten **81**
Riesling feinherb
6,– € | 12% | bis 2017

2014 Riesling Sandras Riesling halbtrocken **84**
6,– € | 12% | bis 2018

2014 Schweicher Annaberg **84**
Riesling halbtrocken Alte Reben
8,– € | 11,5% | bis 2018

2012 Schweicher Annaberg **84**
Riesling Spätlese halbtrocken
8,– € | 11,5% | bis 2017

2013 Schweicher Annaberg **84**
Riesling Spätlese halbtrocken
8,– € | 12% | bis 2017

2014 Pölicher Held **85**
Riesling Spätlese Alte Reben
7,20 € | 8,5% | bis 2019

2014 Schweicher Annaberg **86**
Riesling Herz & Seele Auslese Alte Reben
8,50 € | 8% | bis 2022

WEINGUT ERBEN VON BEULWITZ

54318 Mertesdorf · Eitelsbacher Weg 4
☎ (06 51) 9 56 10 · Fax 9 56 11 50
info@von-beulwitz.de
www.von-beulwitz.de
Inhaber: Herbert Weis
Außenbetrieb: Mihai Mitu
Kellermeister: Herbert Weis

Verkauf: nach Vereinbarung

Weinstube »Von Beulwitz«: täglich 10.00–22.00 Uhr
Restaurant »Vinum«: täglich 10.00–14.00 und 18.00–22.00 Uhr
Spezialitäten: regionale Spezialitäten, Rieslingsülze, Carpaccio vom Rehfilet

Rebfläche: 7,5 Hektar
Jahresproduktion: 55.000 Flaschen
Beste Lagen: Kaseler Nies'chen, Auf den Mauern, Im Taubenberg, Kaseler Kehrnagel
Boden: Schieferverwitterung
Rebsorten: 90% Riesling, je 5% Weißburgunder und Spätburgunder
Durchschnittsertrag: 60 hl/ha
Mitglied: Bernkasteler Ring

Auch der Jahrgang 2014 hat in den Weinen dieses Gutes seine Spuren hinterlassen. Die Probleme des nassen Herbstes spiegeln sowohl die trockenen wie auch die feinherben Qualitäten wider. Selbst die Großen Gewächse haben gelitten, wobei der Taubenberg in seiner weichen Art ein größeres Aromenspektrum zeigt als der Riesling Auf den Mauern. Bei den fruchtigen Kabinetten punktet vor allem der würzige Blauschiefer, während beim Nies'chen das Aufspiel der Ruwer erkennbar ist. Die fruchtsüßen Spätlesen kommen an das Niveau des Vorjahres nicht heran. Die Weine wirken zum Teil schon sehr reif, gute Ansätze sind vorhanden, aber es fehlt an Strahlkraft. Herbert Weis übernahm das Kaseler Gut 1982. Er führte den Betrieb, dem auch ein empfehlenswertes Hotel mit Restaurant und Vinothek in Mertesdorf angegliedert ist, zu einer qualitativen Beständigkeit, die uns schon oft beeindruckt hat. Immer wieder kann es hier gelingen, die knackige Ruwersäure mit genügend Sub-stanz abzupuffern: Rassig-saftige, gebietstypische Rieslinge sind dann das erfreuliche Ergebnis. Die letzte wirklich grandiose Leistung lieferte Weis im Jahrgang 2011 ab.

Anzahl der verkosteten Weine: 11
Bewertungen: 83–88 Punkte

Jahrgang	Wein	Preis	Alkohol	Trinkreife	Punkte
2014	Riesling trocken	8,50 €	12%	bis 2019	84
2014	Weißburgunder trocken Selection	12,50 €	13%	bis 2019	83
2014	Kaseler Nies'chen Im Taubenberg Riesling »Großes Gewächs«	16,50 €	12,5%	bis 2020	87
2014	Kaseler Nies'chen Auf den Mauern Riesling Erstes Gewächs	17,50 €	13%	bis 2020	85
2014	Kaseler Nies'chen Riesling Spätlese trocken	9,50 €	11,5%	bis 2019	85
2014	Kaseler Nies'chen Riesling Kabinett feinherb	8,50 €	10%	bis 2020	84
2014	Kaseler Nies'chen Riesling Spätlese feinherb	12,50 €	10%	bis 2021	86
2014	Kaseler Nies'chen Riesling Kabinett	9,- €	8%	bis 2021	87
2014	Kaseler Nies'chen Riesling Blauschiefer Kabinett	9,50 €	10,5%	bis 2020	87
2014	Kaseler Nies'chen Riesling Spätlese	€ 9,50 €	7,5%	bis 2022	88
2014	Kaseler Nies'chen Riesling Spätlese Alte Reben	13,50 €	9%	bis 2023	88

BISCHÖFLICHE WEINGÜTER TRIER

54290 Trier · Gervasiusstraße 1
☎ (06 51) 14 57 60 · Fax 14 57 66 30
info@bischoeflicheweingueter.de
www.bischoeflicheweingueter.de
Inhaber: Bischöfliches Priesterseminar und Konvikt, Hohe Domkirche
Güterdirektor: Dr. Karsten Weyand
Verwalter: Klaus Backes und Stephan Bigus
Kellermeister: Johannes Becker

Verkauf: Anna Reimann, Erwin Engel
Mo–Fr: 8:00–18:00 Uhr
Sa: 10:00–14:00 Uhr

Historie: gegründet 1966 durch Zusammenschluss dreier bedeutender kirchlicher Weingüter
Sehenswert: weitläufiger Holzfasskeller aus der Römerzeit unter der Trierer Innenstadt, Alter Scharzhof in Wiltingen an der Saar

Rebfläche: 99 Hektar
Jahresproduktion: 700.000 Flaschen
Beste Lagen: Scharzhofberger, Kanzemer Altenberg, Ayler Kupp, Kaseler Nies'chen, Trittenheimer Apotheke, Dhroner Hofberger, Erdener Treppchen, Piesporter Goldtröpfchen
Boden: Blauer Devonschiefer, sandiger bis toniger Schiefer
Rebsorten: 90% Riesling, je 4% rote Burgundersorten und Weißburgunder, 2% Elbling
Durchschnittsertrag: 56 hl/ha

Die Bischöflichen Weingüter in Trier verfügen über 99 Hektar Besitz an der Mittelmosel sowie an Ruwer und Saar. Das Team um Güterdirektor Dr. Karsten Weyand hat den Betrieb geschickt modernisiert. Nach einer bereits gelungenen Kollektion aus dem Jahrgang 2012 schlossen die 2013er nahtlos an, als ob es keine Probleme in diesem Jahrgang gegeben hätte. Leider wurden die Schwierigkeiten des Nachfolgejahrgangs nicht so gut gemeistert. Die Frucht erscheint manchmal matt, eine Herbe zieht sich durch viele Weine und es fehlt an Duftentwicklung. Am ehesten können wir uns mit dem Scharzhofberger anfreunden: ein blitzsauberer Kabinett im Stile einer Spätlese.

Die Weine:
100 Perfekt · **95–99** Überragend · **90–94** Exzellent
85–89 Sehr gut · **80–84** Gut · **75–79** Passabel

Anzahl der verkosteten Weine: 15
Bewertungen: 80–87 Punkte

2014	Riesling Domriesling trocken Cuvée **7,90 €**/1,0 Lit. | 11,5% | bis 2018	**82**
2014	Riesling Ruwerriesling trocken **8,90 €** | 12% | bis 2018	**82**
2014	Trittenheimer Apotheke Riesling Kabinett trocken **9,60 €** | 11% | bis 2018	**83**
2014	Eitelsbacher Riesling Kabinett trocken **9,60 €** | 11% | bis 2018	**83**
2014	Ayler Kupp Riesling Spätlese trocken **12,90 €** | 11,5% | bis 2018	**84**
2014	Kanzemer Altenberg Riesling Spätlese trocken **12,90 €** | 12% | bis 2018	**86**
2014	Riesling Domriesling feinherb Cuvée **7,90 €**/1,0 Lit. | 11% | bis 2017	**80**
2014	Riesling Saar feinherb **8,90 €** | 10,5% | bis 2018	**85**
2014	Kanzemer Riesling Kabinett feinherb **9,60 €** | 10,5% | bis 2019	**85**
2014	Kanzemer Altenberg Riesling Spätlese feinherb **12,90 €** | 11% | bis 2019	**85**
2014	Scharzhofberger Riesling Kabinett **9,60 €** | 8% | bis 2019	**87**
2014	Ayler Kupp Riesling Spätlese **12,90 €** | 8,5% | bis 2019	**84**
2014	Kanzemer Altenberg Riesling Spätlese **12,90 €** | 8,5% | bis 2019	**86**
2014	Ayler Kupp Riesling Auslese **19,60 €** | 8,5% | bis 2019	**86**
2014	Kanzemer Altenberg Riesling Auslese **19,60 €** | 8,5% | bis 2020	**87**

WEINGUT BLEES-FERBER

54340 Leiwen · Liviastraße 1a
☎ (0 65 07) 31 52 · Fax 84 06
weingut-blees-ferber@t-online.de
www.blees-ferber.de
Inhaber und Betriebsleiter: Stefan Blees

Verkauf: Stefan, Sabine und Karl Blees
nach Vereinbarung

Gästehaus: mit modernen Zimmern, mitten in den Weinbergen
Sehenswert: Panorama-Blick auf die Mosel und die Lagen Apotheke und Laurentiuslay

Rebfläche: 10,1 Hektar
Jahresproduktion: 70.000 Flaschen
Beste Lagen: Piesporter Gärtchen (Alleinbesitz) und Goldtröpfchen, Trittenheimer Apotheke, Leiwener Laurentiuslay, Neumagener Sonnenuhr und Rosengärtchen
Boden: Verwitterungsschiefer
Rebsorten: 90% Riesling, 4% Weißburgunder, je 3% Spätburgunder und Müller-Thurgau
Durchschnittsertrag: 65 hl/ha

Stefan Blees hatte uns mit seinen 2013ern noch eine Kollektion auf gewohnt solidem Niveau vorgestellt. Das gelingt ihm im Jahrgang 2014 leider nicht mehr. Vor allem die trockenen und feinherben Rieslinge lassen eine klare Frucht vermissen und wirken mitunter unharmonisch. Von den fruchtsüßen Weinen haben uns am ehesten noch der Kabinett aus der Laurentiuslay in seiner frischen Art überzeugt sowie die Spätlese aus der Lage Apotheke mit stabiler Frucht und klarer Säure. Stefan Blees führt diesen Leiwener Familienbetrieb bereits in der dritten Generation. Durch Übernahme kamen Weinberge im Piesporter Goldtröpfchen und der Alleinbesitz der winzigen Einzellage Gärtchen hinzu. Auch konnte er seinen Besitz in der Trittenheimer Apotheke vergrößern. Zuletzt wurden Weinberge in der Toplage Neumagener Sonnenuhr erworben und aus dem Neumagener Sonnengärtchen. Die letzten Jahrgänge hatten uns durchweg überzeugt. Der Jahrgang 2009 wurde mit der zweiten Traube honoriert. Auch 2010 bis 2012 waren durch die Bank solide. Und besonders erfreulich: Alle Weine werden hier nach wie vor zu sehr freundlich kalkulierten Preisen angeboten.

Anzahl der verkosteten Weine: 11
Bewertungen: 81-87 Punkte

2014 Trittenheimer Apotheke Riesling trocken Alte Reben *** — **84**
8,- € | 12% | bis 2018

2014 Leiwener Klostergarten Riesling Hochgewächs trocken * — **81**
5,- €/1,0 Lit. | 12% | bis 2017

2014 Trittenheimer Apotheke Riesling Kabinett trocken — **83**
6,- € | 11% | bis 2018

2014 Piesporter Goldtröpfchen Riesling Spätlese trocken *** — **82**
8,- € | 12% | bis 2018

2014 Herrenberg Riesling feinherb Alte Reben — **83**
7,50 € | 10,5% | bis 2018

2014 Piesporter Gärtchen Riesling feinherb — **84**
8,- € | 10,5% | bis 2019

2014 Leiwener Laurentiuslay Riesling Kabinett feinherb — **85**
6,- € | 10% | bis 2019

2014 Leiwener Klostergarten Riesling — **84**
5,- € | 8% | bis 2019

2014 Leiwener Laurentiuslay Riesling Kabinett — **86**
6,- € | 7% | bis 2020

2014 Trittenheimer Apotheke Riesling Spätlese — **87**
7,50 € | 7,5% | bis 2020

2014 Piesporter Goldtröpfchen Riesling Spätlese *** — **87**
8,- € | 7,5% | bis 2021

WEINGUT KLAUS BLESIUS

54470 Graach · Hauptstraße 75
☎ (0 65 31) 22 27 · Fax 9 13 53
weingut@blesius.com
www.weingut.blesius.com
Inhaber: Klaus Blesius
Kellermeister: Klaus und Florian Blesius

Verkauf: Klaus und Raphaela Blesius
Mo–Sa: 8.30–20.00 Uhr, So: 10.00–12.00 Uhr und nach Vereinbarung

Genau wie schon im ebenfalls nicht einfachen Jahrgang 2013 gelingt Klaus Blesius und seinem Sohn Florian auch aus dem Jahrgang 2014 eine homogene Kollektion. An der Spitze stehen in diesem Jahr drei feinherbe und fruchtige Rieslinge aus der Spitzenlage Graacher Domprobst. Unsere besondere Empfehlung gilt dem feinherben 2014er Graacher Domprobst Riesling »BB«, der uns inklusive feinem Holzeinsatz sehr gelungen scheint und mit etwas Reife noch zulegen dürfte. Die Rebfläche ist mittlerweile auf 3,5 Hektar angewachsen. Sohn Florian geht mitunter stilistisch eigene Wege, etwa mit der Spontangärung. Die Weine sind ausgesprochen preisgünstig, so wie der enorm fruchtige Spontikabinett aus dem Graacher Domprobst für sechs Euro.

Anzahl der verkosteten Weine: 8
Bewertungen: 82–87 Punkte

2014 Graacher Riesling trocken **82**
5,30 €/1,0 Lit. | 12,5% | bis 2017

2014 Graacher Himmelreich **84**
Riesling Kabinett trocken
5,70 € | 11% | bis 2018

2014 Graacher Domprobst Riesling »BB« **87**
13,– € | 13% | bis 2020

2014 Graacher Himmelreich **84**
Riesling Kabinett feinherb
5,70 € | 9,5% | bis 2019

2014 Graacher Domprobst **84**
Riesling Jungspund's Spätlese feinherb
7,– € | 10% | bis 2018

2014 Graacher Domprobst **86**
Riesling Sponti Kabinett
6,– € | 7% | bis 2020

2014 Graacher Himmelreich Riesling Spätlese **86**
7,– € | 7,5% | bis 2020

2014 Graacher Domprobst Riesling Spätlese **87**
7,30 € | 7,5% | bis 2022

WEINGUT HERIBERT BOCH

54349 Trittenheim · Moselweinstraße 62
☎ (0 65 07) 27 13 · Fax 67 95
info@weingut-boch.de
www.weingut-boch.de
Inhaber und Betriebsleiter: Michael Boch

Verkauf: Anne Boch
Mo–Sa: 9.00–12.00 Uhr · 14.00–19.00 Uhr
So: 10.00–14.00 Uhr und nach Vereinbarung

Mit dem Jahrgang 2014 präsentiert das Weingut Boch eine ähnlich heterogene Kollektion wie im Vorjahr. Während der Funke zu den beiden eingereichten Spätburgundern nicht so richtig überzuspringen vermag, gefallen uns die Rieslinge ausgesprochen gut. Besonders hervorheben wollen wir dabei die fruchtige Spätlese aus der Trittenheimer Apotheke, die wir wegen ihres feinen Süße-Säure-Spiels derzeit sogar gegenüber der Auslese aus derselben Lage bevorzugen würden. Mehr als sieben Hektar bewirtschaftet dieses Trittenheimer Gut. Die wohl größte Besonderheit ist der für Moselverhältnisse außergewöhnliche Anteil roter Rebsorten von mehr als einem Viertel.

Anzahl der verkosteten Weine: 8
Bewertungen: 82–88 Punkte

2014 Blauer Spätburgunder **82**
trocken Blanc de Noirs
6,60 € | 13% | bis 2017

2014 Trittenheimer Apotheke **84**
Riesling Kabinett trocken
6,90 € | 11,5% | bis 2019

2014 Trittenheimer Apotheke **86**
Riesling Laurentiusberg Spätlese trocken
8,90 € | 12% | bis 2020

2014 Trittenheimer Apotheke **87**
Riesling Urstück Spätlese trocken
9,90 € | 12% | bis 2020

2014 Trittenheimer Apotheke **85**
Riesling Spätlese feinherb
8,90 € | 11,5% | bis 2019

2014 Trittenheimer Apotheke **88**
Riesling Spätlese
8,90 € | 8% | bis 2024

2014 Trittenheimer Apotheke Riesling Auslese **88**
15,– € | 8% | bis 2020

2013 Trittenheimer Altärchen **82**
Blauer Spätburgunder trocken Holzfass
6,90 € | 13% | bis 2017

WEINGUT BORCHERT SPRINGIERSBACHER HOF

56814 Ediger · Oberbachstraße 30
☎ (0 26 75) 15 60 · Fax 91 01 49
info@moselhof.de
www.moselhof.de
Inhaber: Gabriele Borchert
Betriebsleiter: Michael Borchert

Verkauf: Ostern–Nov.
Mo–Fr: 12.00–19.00 Uhr und nach Vereinbarung

Ein sehr guter Riesling-Sekt aus 2012 war die Spitze in der uns vorgestellten Kollektion. Die Weine aus 2014 waren klar und sauber, litten aber etwas unter unreifen Tönen. Der Springiersbacher Hof bewirtschaftet etwas mehr als zwei Hektar Steillagen in der Gemarkung von Ediger-Eller. Erstmals urkundlich erwähnt im Jahre 1299, wurde das heutige Gutsgebäude des Springiersbacher Hofs 1752 erbaut. Die heutigen Inhaber Gabriele und Michael Borchert sind Seiteneinsteiger, die das Weingut in seiner aktuellen Form im Jahr 1997 gründeten.

Anzahl der verkosteten Weine: 7
Bewertungen: 80–85 Punkte

2012 Riesling Sekt trocken **85**
9,50 € | 11% | bis 2020

2014 Ediger Elzhofberg **82**
Riesling Roter Schiefer trocken weiß gekeltert
6,80 € | 11% | bis 2017

2014 Ediger Elzhofberg **83**
Riesling von den oberen Mauern trocken Alte Reben
13,80 € | 12,5% | bis 2017

2014 Eller Calmont **80**
Riesling Zero trocken »Große Lage«
13,80 € | 12,5% | bis 2017

2014 Eller Pfirsichgarten **82**
Grauburgunder trocken
15,50 € | 13% | bis 2017

2014 Ediger Osterlämmchen **83**
Riesling Weinköniginwein feinherb
7,– € | 11% | bis 2017

2014 Ediger Elzhofberg **83**
Riesling Spätlese Alte Reben
9,50 € | 7,5% | bis 2018

WEINGUT LUDWIG BREILING

54318 Mertesdorf · Boorgasse 6
☎ (06 51) 5 74 71
breiling-rita@t-online.de
Inhaber und Betriebsleiter: Ludwig Breiling

Verkauf: Ludwig Breiling
nach Vereinbarung

Ludwig Breiling bewirtschaftet in seinem Kleinstbetrieb bei Mertesdorf im Herrenberg gerade mal 0,45 Hektar, doch er versteht sein Handwerk. Breiling war nämlich bis 2009 Kellermeister des renommierten Karthäuserhofes, seit ewigen Zeiten eines der Aushängeschilder des Ruwerweins. Bei der kleinen Betriebsgröße ist abzusehen, dass in der Regel nur sehr kleine Kollektionen von drei bis fünf Weinen entstehen. Aus dem Jahrgang 2014 hatten wir drei knackige Hochgewächs-Rieslinge, von trocken bis fruchtig, im Glas, wobei uns die Weine mit zunehmender Süße besser gefallen haben. An der Spitze der ebenso saftige wie fleischige Kaseler Hitzlay Riesling Hochgewächs. Für unter sechs Euro ein ebenso veritables Schnäppchen wie der Kabinett im Vorjahr! Die beiden anderen Rieslinge wirken dagegen kühler und floraler.

Anzahl der verkosteten Weine: 3
Bewertungen: 84–86 Punkte

2014 Mertesdorfer Herrenberg **84**
Riesling Hochgewächs trocken
5,50 € | 11,5% | bis 2018

2014 Mertesdorfer Herrenberg **85**
Riesling Hochgewächs feinherb
5,50 € | 11% | bis 2018

2014 Kaseler Hitzlay Riesling Hochgewächs **86**
5,50 € | 10% | bis 2020

WEINGUT MANFRED BREIT

54498 Piesport · Bahnhofstraße 31
☎ (0 65 07) 9 90 33 · Fax 9 90 34
info@manfredbreit.de
www.manfredbreit.de
Inhaber: Holger Breit

Verkauf: Christin Breit-Borgwardt (11. April–30.Nov.)
Mo–Sa: 10.00–18.00 Uhr und nach Vereinbarung

Einen gefälligen Eindruck hinterließen die Weine von Holger Breit vom Weingut Manfred Breit. Eine durchweg gute Kollektion, die in der sehr leichten und spielerischen Spätlese Piesporter Goldtröpfchen Anni ihren Höhepunkt fand. Lediglich der Weißburgunder setzte sich durch einen sehr technischen Eindruck nach unten ab. Glücklicherweise hat Holger Breit 2014 eine 35 Jahre alte wurzelechte Rieslinganlage vor dem sicheren Aus bewahrt. Wir sind gespannt auf die Weine daraus.

Anzahl der verkosteten Weine: 9
Bewertungen: 80–86 Punkte

2014	Weißburgunder trocken **6,– €** | 12,5% | bis 2017	**80**
2014	Piesporter Goldtröpfchen Riesling »Großes Gewächs« **12,– €** | 13% | bis 2017	**82**
2014	Piesporter Goldtröpfchen Riesling Spätlese trocken **9,– €** | 12% | bis 2018	**84**
2014	Piesporter Goldtröpfchen Riesling Anni Spätlese Selection **11,50 €** | 7,5% | bis 2022	**86**
2014	Riesling Basic **5,– €** | 10% | bis 2018	**81**
2014	Riesling Fragile feinherb **9,50 €** | 10,5% | bis 2018	**82**
2014	Piesporter Riesling Kabinett **6,– €** | 9% | bis 2018	**82**
2014	Piesporter Goldtröpfchen Riesling Kabinett **6,– €** | 8,5% | bis 2019	**84**
2014	Piesporter Goldtröpfchen Riesling Spätlese **9,– €** | 9% | bis 2020	**84**

Aufsteiger

WEINGUT FRANK BROHL

56862 Pünderich · Zum Rosenberg 2
☎ (0 65 42) 2 21 48 · Fax 12 95
info@weingut-brohl.de
www.weingut-brohl.de
Inhaber: Jutta und Frank Brohl
Betriebsleiter: Frank Brohl

Verkauf: nach Vereinbarung

Ferienwohnungen: im Weingut

Rebfläche: 7 Hektar
Jahresproduktion: 40.000 Flaschen
Beste Lagen: Pündericher Marienburg und Nonnengarten, Reiler Goldlay
Boden: Devonschiefer, Schieferverwitterung
Rebsorten: 75% Riesling, 12% Rivaner, 10% Weißburgunder, 3% Spätburgunder
Durchschnittsertrag: 50 hl/ha
Mitglied: Ecovin

Nach einem kleinen Durchhänger vor zwei Jahren ist der Betrieb wieder zurück bei zwei Trauben. Frank Brohl zeigt eine sehr homogene Kollektion mit einem der schönsten Riesling-Sekte der Region und einer sehr gelungenen fruchtigen Riesling-Auslese an der Spitze. Auch die drei stilistisch recht unterschiedlichen trockenen Riesling-Spätlesen machen Spaß, allen voran die ebenso feinen wie druckvollen Alten Reben. Der Sohn Stefan hat seinen ersten Wein ausgebaut. Dessen Name »S-Sential« spielt auf »Stefans Essenz« an. Als angehender Weintechnologe hat er den Ausbau tatkräftig unterstützt und auch das Etikett entworfen.

Zeichenerklärung:
Schnäppchenpreis · Top 10 Spitzenreiter
Ökobetrieb · Trink-Tipp · Versteigerungswein
Sekt · Weißwein · Rotwein · Roséwein

Die Betriebe:
Weltklasse · Deutsche Spitze
Sehr gut · Gut · Zuverlässig
Weitere Empfehlung

Anzahl der verkosteten Weine: 11
Bewertungen: 83-89 Punkte

Jahrgang	Wein	Punkte
2012	Pündericher Nonnengarten Riesling Sekt Brut **11,50 €** | 12% | bis 2020	89
2014	Riesling Heartbreak Hochgewächs trocken **7,- €** | 11,5% | bis 2017	83
2014	Riesling 1889 Kabinett trocken Alte Reben **7,60 €** | 11% | bis 2019	84
2014	Pündericher Nonnengarten Riesling Spätlese trocken **9,80 €** | 11% | bis 2020	85
2014	Pündericher Marienburg Riesling Rosenberg Spätlese trocken **12,90 €** | 12% | bis 2020	86
2014	Riesling 1889 Spätlese trocken Alte Reben **12,90 €** | 12% | bis 2021	87
2014	Pündericher Nonnengarten Riesling feinherb **7,- €** | 10,5% | bis 2020	84
2014	Pündericher Marienburg Riesling S-Sential Kabinett feinherb **7,30 €** | 10% | bis 2019	84
2014	Reiler Goldlay Riesling Spätlese feinherb **9,80 €** | 11,5% | bis 2020	85
2014	Pündericher Marienburg Riesling Kabinett **7,30 €** | 8,5% | bis 2022	86
2014	Pündericher Marienburg Riesling Spätlese ** **11,90 €** | 9% | bis 2024	88

WEINGUT CLEMENS BUSCH

56862 Pünderich · Kirchstraße 37
☎ (0 65 42) 1 81 40 23 · Fax 1 81 40 25
weingut@clemens-busch.de
www.clemens-busch.de

Inhaber: Clemens und Rita Busch
Kellermeister und Verwalter: Clemens und Johannes Busch

Verkauf: nach Vereinbarung

Sehenswert: Gewölbekeller, Stammhaus des Weingutes – Fachwerkbau von 1663

Rebfläche: 16 Hektar
Jahresproduktion: 100.000 Flaschen
Beste Lage: Pündericher Marienburg
Boden: steiniger Schieferverwitterungsboden, roter Devonschiefer, skeletthaltiger sandiger Lehm
Rebsorten: 99% Riesling, 1% Spätburgunder
Durchschnittsertrag: 45 hl/ha
Mitglied: VDP, La Renaissance des Appellations, Respekt

Hatte uns Clemens Busch, Vorkämpfer für das Große Gewächs an der Mosel, vom Jahrgang 2012 gleich sechs Exemplare vorgestellt, so gab es aus dem Jahrgang 2013 vier Große Gewächse zu verkosten. Die gleiche Anzahl wurde nun auch aus dem Jahrgang 2014 vorgestellt. An der Spitze des Quartetts sehen wir die Pündericher Marienburg Falkenlay, Rothepfad und Fahrlay sind aber nicht weit davon entfernt. Und auch der Riesling Gutswein weiß zu überzeugen: ein saftiger Wein mit feiner Frucht.

Farbiger Schiefer

Bereits im Vorjahr waren die Busch-Rieslinge von klarer und präziser Frucht geprägt, was auch für den aktuellen Jahrgang gilt. Die fruchtsüßen Rieslinge sind mit klassischem Schmelz ausgestattet und gemacht für ein langes Leben. Das trifft vor allem auf die strahlenden Auslesen zu, von denen Busch gleich vier verschiedene anzubieten hat. So wünschen wir uns die Weine von der Terrassenmosel: angedeutete Cremigkeit, gepaart mit präziser und saftiger Frucht.
Steht man vor dem Stammhaus des Weingutes am Moselufer und blickt hinüber auf die Lage Marienburg, so umfängt einen der Zauber dieser Weinlandschaft. Tritt Clemens Busch hinzu, eröffnet sich die Chance, das Potenzial dieses großen Terroirs kennenzulernen. Wie so oft nimmt

die Lagenabgrenzung keine Rücksicht auf die verschiedenartigen Böden. Um diesem Mangel zu begegnen, griff Busch auf alte Parzellenbezeichnungen wie Fahrlay und Falkenlay zurück. Die Fahrlay (bei der Fähre) ist geprägt von blauem, die Falkenlay von grauem Schiefer. Der Rothenpfad erhielt seinen Namen vom roten Schiefer, der den dort wachsenden Weinen Ähnlichkeit mit den Gewächsen des Roten Hangs bei Nierstein verleiht. Die besten Weine des Gutes stammen oft von einer Felsterrasse mit über fünfzigjährigen Reben, die auf grauem Schiefer stehen. In diesem Haus werden mit großer Regelmäßigkeit auch überragende Süßweine erzeugt. Die 2007er Riesling Trockenbeerenauslese war nicht nur der beste edelsüße Wein des Jahrgangs, er verdiente sich obendrein auch noch sensationelle 100 Punkte, was nur ganz wenigen Weinen bisher vergönnt war.

Clemens Busch

Nach Ökoprinzipien

Bei der Bewirtschaftung ihrer Weinberge arbeiten Clemens und Rita Busch bereits seit 1986 nach biodynamischen Prinzipien. Sohn Johannes hat sein Studium abgeschlossen, absolvierte nach einem Praktikum in Neuseeland weitere Praktika in deutschen Betrieben und kümmert sich nun als Außenbetriebsleiter vor allem um die Weinbergsarbeit. Mit dem Ankauf eines Lager- und Kellereigebäudes wird das Weingut in Zukunft noch bessere Möglichkeiten bei Vertrieb und Weinausbau haben. Die Gebäude sollen in nächster Zeit renoviert und ausgebaut werden.

Anzahl der verkosteten Weine: 14
Bewertungen: 85-92 Punkte

2014	Riesling vom roten Schiefer trocken **,- €** | 11,5% | bis 2019	**85**
2014	Riesling vom grünen Schiefer trocken **,- €** | 11,5% | bis 2019	**86**
2014	Riesling trocken **9,30 €** | 11,5% | bis 2019	**85**
2014	Pündericher Marienburg Riesling »Großes Gewächs« **24,- €** | 12,5% | bis 2020	**88**
2014	Pündericher Marienburg Rothenpfad Riesling »Großes Gewächs« **28,- €** | 13% | bis 2020	**89**
2014	Pündericher Marienburg Fahrlay Riesling »Großes Gewächs« **30,- €** | 13% | bis 2020	**89**
2014	Pündericher Marienburg Falkenlay Riesling »Großes Gewächs« **32,- €** | 12,5% | bis 2021	**90**
2014	Riesling Kabinett **9,80 €** | 7,5% | bis 2020	**87**
2014	Pündericher Marienburg Riesling Kabinett **13,80 €** | 7,5% | bis 2020	**89**
2014	Pündericher Marienburg Riesling Spätlese **25,- €** | 7,5% | bis 2022	**89**
2014	Pündericher Marienburg Falkenlay Riesling Auslese **27,- €**/0,375 Lit. | 7,5% | bis 2026	**92**
2014	Pündericher Marienburg Fahrlay Riesling Auslese **27,- €**/0,375 Lit. | 7% | bis 2026	**92**
2014	Pündericher Marienburg Rothenpfad Riesling Auslese **29,- €**/0,375 Lit. | 7% | bis 2026	**92**
2014	Pündericher Marienburg Riesling Auslese Goldkapsel **35,- €**/0,375 Lit. | 7,5% | bis 2028	**91**

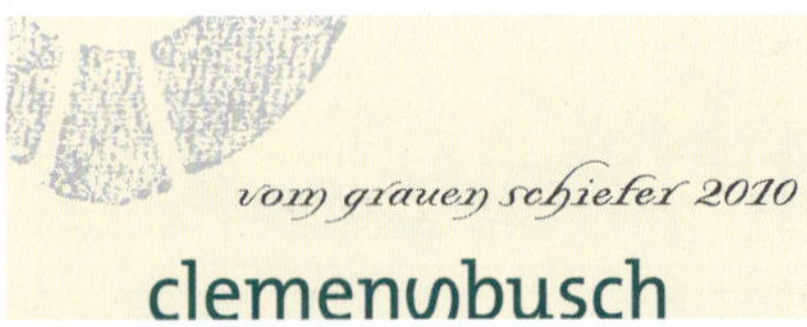

Zeichenerklärung:
Schnäppchenpreis · Top 10 Spitzenreiter
Ökobetrieb · Trink-Tipp · Versteigerungswein
Sekt | Weißwein | Rotwein | Roséwein

WEINGUT CASPARI-KAPPEL

56850 Enkirch · Am Steffensberg 29
☎ (0 65 41) 63 48 · Fax 16 28
info@caspariwein.de
www.caspariwein.de
Inhaber: Nico Caspari und Uwe Jostock
Kellermeister: Uwe Jostock
Verwaltung: Nico Caspari

Verkauf: Nico Caspari, Uwe Jostock
nach Vereinbarung

Rebfläche: 12 Hektar
Jahresproduktion: 65.000 Flaschen
Beste Lagen: Trabener Gaispfad, Enkircher Ellergrub, Zeppwingert, Steffensberg, Monteneubel
Boden: blauer Devonschiefer, Schieferverwitterung
Rebsorten: 94% Riesling, je 3% Spätburgunder und Weißburgunder
Durchschnittsertrag: 45 hl/ha
Mitglied: Ecovin

Dieser Betrieb hat sich in den letzten Jahren zu einem zuverlässigen Lieferanten feiner Mosel-Rieslinge entwickelt. Selbst die trockenen Basisweine zeigen hier schon Format, etwa der 2014er Riesling Liter, ein herzhafter und saftiger Trinkwein. Im jüngsten Jahrgang aber ist Nico Caspari und Uwe Jostock ein besonderer Wurf gelungen. Solch einen trockenen Riesling Kabinett wie jenen vom blauen Schiefer haben wir noch nie probiert: Er wirkt fast schwerelos und umschmeichelt die Zunge wie Seide, ist dabei verspielt und hat Länge – und das alles bei gerade mal elf Prozent Alkohol. Überhaupt ist die ganze Kollektion von einer Brillanz, wie wir sie im Jahrgang 2014 nur selten angetroffen haben, und das von einem Betrieb, der ökologisch wirtschaftet. Erwähnenswert ist auch die feinherbe Spätlese aus dem Gaispfad mit dem Zusatz »100«, ein hochfein verdichteter Riesling mit Würze und Power. Uwe Jostock hat Stationen in den Gütern Immich Batterieberg und Clemens Busch vorzuweisen und stieg 2007 in das Weingut Caspari-Kappel ein. Das zwölf Hektar umfassende Gut verfügt über sieben Hektar bester Lagen rund um Enkirch. Ziel ist es, authentische Weine aus direkt an der Mosel gelegenen Schieferlagen zu erzeugen.

Anzahl der verkosteten Weine: 11
Bewertungen: 83–91 Punkte

2014 Riesling trocken **83**
6,50 €/1,0 Lit. | 12% | bis 2018

2014 Weißburgunder trocken **86**
7,50 € | 12% | bis 2018

2014 Riesling vom blauen Schiefer Kabinett trocken **91**
8,50 € | 11% | bis 2020

2014 Enkircher Ellergrub Riesling Spätlese trocken Alte Reben **90**
15,– € | 12% | bis 2020

2014 Riesling feinherb **83**
6,50 €/1,0 Lit. | 12% | bis 2018

2014 Riesling Kabinett feinherb **88**
8,50 € | 10,5% | bis 2019

2014 Enkircher Zeppwingert Riesling Spätlese feinherb Alte Reben **87**
15,– € | 10,5% | bis 2020

2014 Trabener Gaispfad Riesling 100 Spätlese feinherb Alte Reben **90**
21,– € | 11% | bis 2021

2014 Riesling vom roten Schiefer Kabinett **89**
8,50 € | 7% | bis 2020

2014 Trabener Gaispfad Riesling Spätlese Alte Reben **89**
15,– € | 7% | bis 2022

2013 Enkircher Steffensberg Spätburgunder trocken Barrique **88**
18,– € | 13% | bis 2020

WEINGUT JOH. JOS. CHRISTOFFEL ERBEN

54539 Ürzig · Mönchhof
☎ (0 65 32) 9 31 64 · Fax 9 31 66
moenchhof.eymael@t-online.de
www.moenchhof.de

Inhaber: Robert Eymael
Betriebsleiter: Robert Eymael
Verwalter: Volker Besch
Kellermeister: Robert Eymael

Verkauf: Robert Eymael und Volker Besch
Mo–Fr: 9.00–16.00 Uhr und nach Vereinbarung

Vinothek: bis zu 150 Personen

Rebfläche: 3,5 Hektar
Jahresproduktion: 30.000 Flaschen
Beste Lagen: Erdener Treppchen, Ürziger Würzgarten
Boden: Devonschieferverwitterung, Rotliegendes
Rebsorte: 100% Riesling
Durchschnittsertrag: 65 hl/ha
Mitglied: VDP

In den letzten Jahren gab es in diesem Traditionsbetrieb keine schwachen Weine mehr. Das trifft auch auf den Jahrgang 2014 zu, in dem alle Weine mit einer inneren Dichte aufwarten und zugleich die Leichtigkeit der Moselklassiker aufweisen. Es sind vor allem die fruchtsüßen Prädikatsweine, die diesmal glänzen, etwa die beiden Kabinette aus Treppchen und Würzgarten: der erste klassisch und tänzelnd, der zweite mit mehr Würze und dichter. An der Spitze der Formation steht die Spätlese aus dem Würzgarten, ein wunderbar zupackender Riesling von großer Klarheit, der vor Kraft strotzt. Im Jahre 2001 hatte Robert Eymael vom Mönchhof in Ürzig die 3,5 Hektar umfassenden Weinberge von Hans Leo Christoffel gepachtet. Seit dieser Zeit steht jener Eymael mit seinem Rat zur Seite. Wurzelechte Reben im hohen Alter sind hier die Basis für subtile, filigrane restsüße Rieslinge aus dem Ürziger Würzgarten und dem Erdener Treppchen. Stehen die Reben im Würzgarten auf dem hier vorherrschenden roten Schiefer, sind die Rieslinge aus dem Treppchen vom blauen Schiefer geprägt. Gewissermaßen kann man in den Weinen die Unterschiedlichkeit der Böden erkennen: hier die Würze und Kraft der Ürziger Weine, dort die Zartheit der Erdener. Die Weine werden nach wie vor in abgeschlossenen Bereichen des Gutes vinifiziert.

Anzahl der verkosteten Weine: 9
Bewertungen: 84–90 Punkte

2014 Ürziger Würzgarten Riesling trocken **84**
8,90 € | 13% | bis 2018

2014 Ürziger Würzgarten Riesling Spätlese trocken Alte Reben **85**
13,90 € | 11,5% | bis 2019

2014 Ürziger Würzgarten Riesling Kabinett feinherb **87**
10,80 € | 11% | bis 2020

2014 Riesling **84**
8,90 € | 9,5% | bis 2019

2014 Erdener Treppchen Riesling Kabinett **89**
10,80 € | 8% | bis 2021

2014 Ürziger Würzgarten Riesling Kabinett **89**
10,80 € | 8% | bis 2022

2014 Erdener Treppchen Riesling Spätlese **87**
13,90 € | 8% | bis 2022

2014 Ürziger Würzgarten Riesling Spätlese **90**
13,90 € | 8% | bis 2023

2014 Ürziger Würzgarten Riesling Kranklay Auslese *** **89**
21,80 € | 8% | bis 2024

WEINGUT JOS. CHRISTOFFEL JR.

54539 Ürzig · Moselufer 1–3
☎ (0 65 32) 21 13 · Fax 10 50
Inhaber: Karl-Josef Christoffel
und Annekatrin Christoffel-Prüm

Verkauf: nach Vereinbarung

Historie: Weinbau seit 400 Jahren

Rebfläche: 2 Hektar
Jahresproduktion: 20.000 Flaschen
Beste Lagen: Ürziger Würzgarten, Erdener Prälat und Treppchen
Boden: Schiefer
Rebsorte: 100% Riesling
Durchschnittsertrag: 80 hl/ha

Vor einigen Jahren hatten wir diesem kleinen, aber äußerst feinen Betrieb in Ürzig die vierte Traube verliehen: So großartig waren die 2011er hier ausgefallen. Auf diesen Ausnahmejahrgang folgte dann mit den 2012ern ein Sortiment von Weinen, die ihren Vorgängern in nichts nachstanden. Auch im Sortiment aus dem Jahrgang 2013 befand sich kein schwacher Wein. Da lässt uns der Jahrgang 2014 doch etwas ratlos zurück. Es scheint so, dass die Rieslinge noch nicht zur gewohnten Harmonie gefunden haben, die einzelnen Komponenten fügen sich noch nicht zusammen, es fehlt mitunter an der hier so oft schon bejubelten Präzision. Wir setzen auf Zeit und warten erst einmal ein wenig ab.

Grandiose Schatzkammer

In diesem kleinen Betrieb werden schon seit Jahrzehnten typische Mosel-Rieslinge auf hohem Niveau erzeugt. In den Spitzenlagen von Ürzig und Erden stehen wurzelechte Rieslingreben mit einem Durchschnittsalter von 40 Jahren. Einzelne Rebstöcke sind sogar 100 und mehr Jahre alt. Stolz ist Karl-Josef Christoffel etwa auf seine Partie im Erdener Treppchen, die zum Kernstück der Lage gehört, die durch die unselige Lagenreform Anfang der 1970er Jahre bis zur Unkenntlichkeit aufgebläht wurde. Lange Zeit verfügte man darüber hinaus noch über Weinberge in Wehlen, Graach und Zeltingen, die Annekatrin Christoffel-Prüm eingebracht hatte. Doch vor einigen Jahren gingen diese Parzellen zurück an das Weingut S. A. Prüm in Wehlen. Gerade mal zwei Hektar ist Christoffel Jr. heute noch groß. Die Traubenlese in diesem lupenreinen Riesling-Betrieb ist immer spät und zieht sich oft in den November hinein. Die Moste werden ausschließlich in Fuderfässern mit natürlichen Hefen langsam vergoren. Ergebnis sind Weine mit ausgeprägtem Lagencharakter. Jahrgangsschwankungen scheinen in diesem Betrieb weitgehend unbekannt zu sein. Hier werden in großer Regelmäßigkeit grandiose Auslesen erzeugt. Dies sind Mosel-Rieslinge im traditionellen Stil, die zum Genuss animieren. Und das Preis-Leistungs-Verhältnis ist geradezu berückend günstig. Die Schatzkammer ist für ein Gut dieser Größe sensationell bestückt. Es gibt sogar noch einige Vorkriegsweine, der älteste stammt von 1920, einem jener Jahrgänge, der im Schatten nachfolgender Jahrhundertjahrgänge wie 1921 steht. Ab 1949 ist so gut wie jeder Jahrgang vertreten. Karl-Josef Christoffel ist heute noch seinem Bruder dankbar: »Das war sein Hobby, er hat jedes Jahr größere Partien auf die Seite gelegt.«

Karl-Josef Christoffel

Berückende Preise

Kein Wunder also, dass die Preisliste hier nur zu einem kleinen Prozentsatz den jungen Jahrgängen gewidmet ist. Das Gros machen ältere Weine aus, zurück bis ins sonnenverwöhnte 1976, angeboten zu äußerst günstigen Preisen. Doch in letzter Zeit beobachtet Christoffel ein steigendes Interesse an seinen fein gereiften Rieslingen. Das kommt nicht zuletzt aus dem Ausland. Ausgerechnet die großen Weinbaunationen Italien und Frankreich sind aufmerksam geworden: So etwas wie diese grandiosen Mosel-Rieslinge wird dort nicht erzeugt, aber offenbar zunehmend geschätzt. Auch deutsche Weinfreunde nehmen immer mehr Notiz, sodass Christoffel das Angebot wohl langsam ein wenig drosseln muss.
In den letzten Jahren gab es hier überhaupt keine schwachen Weine. Auch die 2008er und 2009er hatten es in sich, einige Weine standen ganz vorne in ihrer Kategorie. Von 2010 probierten wir grandiose Rieslinge, die ganz auf der eleganten Seite stehen und fast schwerelos wirken.

Anzahl der verkosteten Weine: 6
Bewertungen: 85-88 Punkte

2014 Ürziger Würzgarten **88**
Riesling Spätlese feinherb
10,- € | 9,5% | bis 2019

2014 Erdener Treppchen Riesling Kabinett **85**
10,- € | 7% | bis 2020

2014 Ürziger Würzgarten Riesling Spätlese **87**
11,- € | 7,5% | bis 2021

2014 Ürziger Würzgarten Riesling Auslese **87**
14,- € | 7,5% | bis 2022

2014 Ürziger Würzgarten Riesling Auslese *** **87**
20,- € | 7,5% | bis 2022

2014 Erdener Prälat Riesling Auslese *** **87**
20,- € | 7,5% | bis 2022

WEINGUT CLAES SCHMITT ERBEN

54349 Trittenheim · Moselweinstraße 43
☎ (0 65 07) 70 17 36 · Fax 70 17 38
info@claeswein.de
www.claeswein.de
Inhaber und Betriebsleiter: Niko Schmitt
Verkauf: nach Vereinbarung

Die 2014er Kollektion ist trotz schwieriger Bedingungen etwas homogener ausgefallen. An der Spitze fehlt zwar jahrgangsbedingt die sonst übliche Auslese aus der Apotheke, dafür zeigen sich die Basisweine wieder deutlich solider. Am besten gefällt uns im Jahrgang 2014 die cremige und zitrusfruchtige Riesling Spätlese aus dem Neumagener Rosengärtchen. Vom Jahrgang 2012 konnten wir die fruchtigen Kabinette, Spätlesen sowie die Auslese dieses Trittenheimer Weinguts loben, animierend waren sie ausgefallen. Das ist auch in 2013 so, doch fehlte es manchen Rieslingen an Ausdruck. Die Weinberge von Niko Schmitt liegen in Trittenheim in den Lagen Altärchen und Apotheke. Absatzprobleme kennt Schmitt nicht, die Jahrgänge sind schnell ausverkauft. 85 Prozent der Weine werden trocken oder feinherb ausgebaut. Zuletzt wurde in Gebäude und Weinberge investiert.

Anzahl der verkosteten Weine: 6
Bewertungen: 82-86 Punkte

2014 Trittenheimer Riesling trocken **82**
5,80 € | 10,5% | bis 2017

2014 Trittenheimer Apotheke **85**
Riesling Sonntheilen trocken
10,80 € | 12% | bis 2019

2014 Trittenheimer Apotheke **84**
Riesling feinherb
8,80 € | 11% | bis 2018

2014 Trittenheimer Apotheke **85**
Riesling Jungheld feinherb
14,80 € | 11,5% | bis 2019

2014 Trittenheimer Altärchen **85**
Riesling Kabinett
6,80 € | 8% | bis 2019

2014 Neumagener Rosengärtchen **86**
Riesling Spätlese
8,80 € | 7,5% | bis 2019

Zeichenerklärung:
Schnäppchenpreis · Top 10 Spitzenreiter
Ökobetrieb · Trink-Tipp · Versteigerungswein
Sekt | Weißwein | Rotwein | Roséwein

WEINGUT CLEMENS

56821 Ellenz-Poltersdorf · Weinstraße 8
☎ (0 26 73) 13 87 · Fax 17 00
kontakt@weingut-clemens.de
www.weingut-clemens.de
Inhaber: Andreas und Werner Clemens
Kellermeister: Andreas Clemens

Verkauf: Familie Clemens
Mo–Fr: 9.00–18.00 Uhr, Sa: 9.00–13.00 Uhr
und nach Vereinbarung

Nach dem schwierigen Jahrgang 2013 lief es auch 2014 alles andere als einfach. Die trockene Basis wirkt kaum überzeugend. Bei den feinherben und fruchtigen Rieslingen hat Geisenheimabsolvent Andreas Clemens den Jahrgang deutlich besser im Griff. An der Spitze der Kollektion steht der intensiv fruchtige 2014er Riesling Auslese aus der alten Terrassenlage Poltersdorfer Rüberberger Domherrenberg, der endlich etwas Säurespiel zeigt. Mittlerweile in der fünften Generation widmet sich die Familie Clemens dem Weinbau. Seit Herbst 2015 verfügt der Betrieb über eine neue Vinothek.

Anzahl der verkosteten Weine: 12
Bewertungen: 80–87 Punkte

2014	Poltersdorfer Rüberberger Domherrenberg Riesling »S« trocken **7,80 €** | 12% | bis 2017	**83**
2014	Spätburgunder trocken Blanc de Noirs **8,50 €** | 12,5% | bis 2017	**80**
2014	Poltersdorfer Rüberberger Domherrenberg Riesling »A« trocken **12,– €** | 12,5% | bis 2019	**85**
2014	Poltersdorfer Altarberg Riesling Hochgewächs trocken **5,80 €** | 10,5% | bis 2017	**82**
2014	Cochemer Schlossberg Riesling feinherb **7,80 €** | 11,5% | bis 2019	**85**
2014	Poltersdorfer Altarberg Riesling Hochgewächs halbtrocken **5,80 €** | 10,5% | bis 2017	**82**
2014	Poltersdorfer Rüberberger Domherrenberg Riesling Auslese feinherb **14,50 €** | 12% | bis 2019	**85**
2014	Poltersdorfer Altarberg Riesling Hochgewächs **5,80 €** | 10% | bis 2018	**83**
2014	Poltersdorfer Rüberberger Domherrenberg Riesling Auslese **10,– €**/0,5 Lit. | 7,5% | bis 2020	**87**
2013	Cochemer Schlossberg Spätburgunder trocken Holzfass **9,– €** | 12,5% | bis 2018	**84**

Aufsteiger

WEINGUT JOCHEN CLEMENS

54487 Wintrich · Kurfürstenstraße 11
☎ (0 65 34) 6 92 · Fax 94 89 72
weingutclemens@gmx.de
www.clemensweingut.de
Inhaber und Betriebsleiter: Jochen Clemens

Verkauf: nach Vereinbarung

Sucht man das Weingut Jochen Clemens im Netz, findet man auf einer Miniwebseite nur wenig über Wein, mehr aber zu einem Wohnmobilstellplatz. Das ist echtes Understatement. Denn die Weine von Jochen Clemens sind es wert, beworben und beschrieben zu werden. Schon die Basisweine sind dieses Jahr beeindruckend. Mit den fruchtsüßen Lagenweinen katapultiert sich das Weingut Jochen Clemens locker in die Traubenkategorie. Es sind wunderbar leichte, reintönige Weine mit Charakter und großer Tiefe.

Anzahl der verkosteten Weine: 11
Bewertungen: 82–89 Punkte

2014	Riesling trocken **5,50 €** | 12% | bis 2019	**84**
2014	Rivaner trocken **5,50 €** | 13% | bis 2017	**82**
2014	Elbling trocken **5,50 €** | 12% | bis 2017	**83**
2014	Weißburgunder trocken **7,– €** | 12,5% | bis 2017	**83**
2014	Riesling trocken **7,50 €** | 11% | bis 2020	**88**
2014	Wintricher Großer Herrgott Riesling Kabinett feinherb **8,– €** | 9% | bis 2020	**85**
2014	Wintricher Ohligsberg Riesling Spätlese feinherb **10,– €** | 11% | bis 2020	**86**
2014	Dhroner Hofberger Riesling Kabinett **8,– €** | 7,5% | bis 2022	**88**
2014	Kerner Spätlese **9,50 €** | 7,5% | bis 2022	**87**
2014	Wintricher Ohligsberg Riesling Spätlese **12,50 €** | 7,5% | bis 2025	**89**
2014	Wintricher Ohligsberg Riesling Spätlese ** **15,– €** | 7,5% | bis 2025	**88**

Die Betriebe:
Weltklasse · Deutsche Spitze
Sehr gut · Gut · Zuverlässig
Weitere Empfehlung

WEINGUT CLÜSSERATH-EIFEL GALERIE-RIESLING

54349 Trittenheim · Im Hof 6
☎ (0 65 07) 9 90 00 · Fax 9 90 02
info@galerie-riesling.de
www.galerie-riesling.de
Inhaber und Betriebsleiter: Gerhard Eifel

Verkauf: Familie Eifel
Mo–Fr: 9.00–17.00 Uhr und nach Vereinbarung

Gutshotel/Restaurant: »Galerie Riesling«
Spezialität: anspruchsvolle Küche
Historie: 1760 gegründet
Sehenswert: Fährfelsen mit über 100 Jahre alten Reben
Erlebenswert: Weinprobe

Rebfläche: 3,8 Hektar
Jahresproduktion: 25.000 Flaschen
Beste Lagen: Trittenheimer Altärchen und Apotheke, Neumagener Rosengärtchen, Klüsserather Bruderschaft, Leiwener Laurentiuslay
Boden: Devonschiefer
Rebsorte: 100% Riesling
Durchschnittsertrag: 55 hl/ha
Mitglied: Bernkasteler Ring

Feine Eleganz, gepaart mit Seidigkeit, das sind die Erkennungsmerkmale der Rieslinge aus diesem Hause. Gerhard Eifel hat auch im schwierigen Jahrgang 2014 wieder sehr sauber gearbeitet. Zwar fehlen die echten Spitzen, doch dafür glänzen Kabinett und Spätlese um so mehr: der saftige Kabinett mit erstaunlicher Länge, die dichte Spätlese mit Feinheit und Zug am Gaumen. Doch auch die feinherben überzeugen wieder: Das Urstück ist feingliedrig, die Eminenz ist schmelzig und verspielt, der Fährfels duftet nach Mandarine und hat großes Potenzial. Gerhard Eifel hat ein unverwechselbares Logo: »Galerie Riesling«, so heißt auch sein Gutshotel und Restaurant. Mit den Riesling-City-Trips hat Eifel eine neue Serie von Weinverkostungen begonnen, die die früheren Riesling-Weltreisen ablösen. Im Weingut kann Eifel aus dem Vollen schöpfen, vor allem aus dem Herzstück der Trittenheimer Apotheke, bestückt mit alten Reben.

Zeichenerklärung:
Schnäppchenpreis · Top 10 Spitzenreiter
Ökobetrieb · Trink-Tipp · Versteigerungswein
Sekt | Weißwein | Rotwein | Roséwein

Anzahl der verkosteten Weine: 11
Bewertungen: 83–90 Punkte

2014 Riesling trocken **83**
8,– €/1,0 Lit. | 11% | bis 2019

2014 Riesling Devon Terrassen trocken **84**
10,50 € | 11% | bis 2019

2014 Trittenheimer Apotheke Riesling trocken **87**
13,50 € | 11,5% | bis 2020

2014 Riesling Nova Villa feinherb **87**
8,50 € | 10,5% | bis 2022

2014 Trittenheimer Apotheke Riesling Urstück feinherb Alte Reben **88**
13,50 € | 10,5% | bis 2022

2014 Klüsserather Bruderschaft Riesling feinherb **86**
14,50 € | 10,5% | bis 2021

2014 Trittenheimer Apotheke Riesling Eminenz feinherb **88**
16,50 € | 11,5% | bis 2022

2014 Riesling Fährfels Sonnenuhr feinherb Alte Reben **89**
28,– € | 11,5% | bis 2024

2014 Trittenheimer Apotheke Riesling Kabinett **90**
14,50 € | 8,5% | bis 2024

2014 Trittenheimer Apotheke Riesling Spätlese **90**
14,50 € | 8,5% | bis 2023

2014 Trittenheimer Apotheke Riesling Auslese **90**
24,– € | 8,5% | bis 2022

WEINGUT CLÜSSERATH-WEILER

54349 Trittenheim · Haus an der Brücke
☎ (0 65 07) 50 11 · Fax 56 05
info@cluesserath-weiler.de
www.cluesserath-weiler.de

Inhaber: Verena Clüsserath
Betriebsleiter und Kellermeister: Verena Clüsserath
Außenbetrieb: Helmut Clüsserath

Verkauf: Raphael Clüsserath-Ianniello,
nach Vereinbarung

Gästehaus: sieben komfortable Zimmer im alten Patrizierhaus mit Blick auf Mosel und Trittenheimer Apotheke
Sehenswert: alter Kreuzgewölbekeller, Fährfels-Terrassen mit 100-jährigen Reben und Panoramablick über die Moselschleife
Erlebenswert: kulinarische Arrangements und Kochkurse im Gästehaus ab 8 Personen

Rebfläche: 6,5 Hektar
Jahresproduktion: 50.000 Flaschen
Beste Lagen: Trittenheimer Apotheke, Mehringer Zellerberg
Boden: Braun- und Blauschieferverwitterung, teils mit Quarziten, blauer und roter Schiefer
Rebsorte: 100% Riesling
Durchschnittsertrag: 60 hl/ha
Mitglied: Moseljünger

Aus diesem Trittenheimer Gut kamen lange Zeit mit die besten halbtrockenen und feinherben Weine des Gebietes, nicht selten auch aus ganz Deutschland. Nach einer Schwächephase waren die Rieslinge zuletzt wieder erheblich besser gelungen. Wir erkennen bei den trockenen Weinen aber noch keinen einheitlichen Stil: Von spontan über hefig bis zu traditionell sind mehrere Richtungen vertreten. Bei den fruchtsüßen Rieslingen hingegen gibt es kein Vertun: Die Spätlesen aus den Lagen Zellerberg und Apotheke sind kühl, vielschichtig und tänzeln auf der Zunge, zwei formidable Moselweine. Helmut Clüsseraths Großvater gehörte vor mehr als 100 Jahren zu den Pionieren der Flaschenweinvermarktung an der Mosel. Alte Reben in den Kernbereichen der Trittenheimer Apotheke bilden die Basis der heutigen Weinqualität. 85 Prozent der Weine werden trocken oder halbtrocken ausgebaut; ein für die Mosel ungewöhnlich hoher Anteil. Helmut Clüsserath konzentriert sich auf den Außenbetrieb, während Tochter Verena ganz die Inhaberschaft und Betriebsleitung übernommen hat.

Anzahl der verkosteten Weine: 10
Bewertungen: 82–90 Punkte

2014 Trittenheimer Riesling »HC« trocken **82**
9,50 € | 11,5% | bis 2017

2014 Mehringer Zellerberg **87**
Riesling Terra Rossa trocken
14,50 € | 12% | bis 2019

2014 Trittenheimer Apotheke **85**
Riesling Primus trocken
21,– € | 12,5% | bis 2018

2014 Trittenheimer Riesling »HC« feinherb **86**
9,50 € | 10,5% | bis 2018

2014 Trittenheimer Apotheke Riesling feinherb **85**
13,– € | 10,5% | bis 2018

2014 Trittenheimer Apotheke **86**
Riesling Alte Reben Holzfass
16,50 € | 12% | bis 2018

2014 Riesling Fährfels feinherb **87**
27,– € | 11,5% | bis 2020

2014 Mehringer Zellerberg Riesling Spätlese **90**
13,– € | 8,5% | bis 2020

2014 Trittenheimer Apotheke Riesling Spätlese * **90**
16,– € | 8,5% | bis 2021

2014 Trittenheimer Apotheke Riesling Auslese **89**
23,50 €/0,5 Lit. | 8% | bis 2020

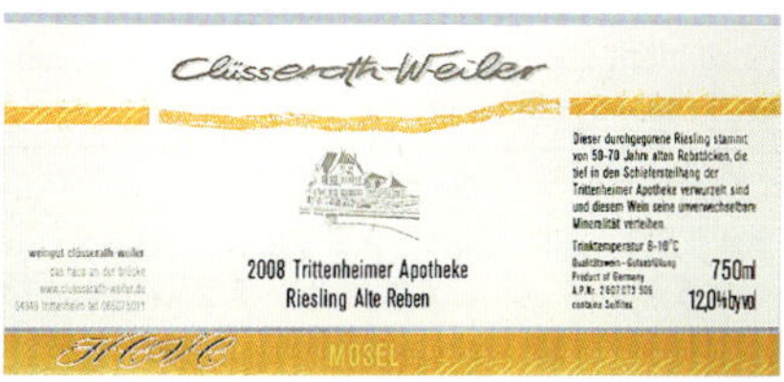

WEINGUT ANSGAR CLÜSSERATH

54349 Trittenheim · Spielesstraße 4
☎ (0 65 07) 22 90 · Fax 66 90
weingut@ansgar-cluesserath.de
www.ansgar-cluesserath.de

Inhaber: Ansgar und Eva Clüsserath
Kellermeister: Eva Clüsserath

Verkauf: nach Vereinbarung

Gästehaus: im Weingut
Historie: Weinbau in der Familie seit dem 17. Jahrhundert

Rebfläche: 5 Hektar
Jahresproduktion: 38.000 Flaschen
Beste Lagen: Trittenheimer Apotheke und Altärchen, Neumagener Rosengärtchen, Piesporter Goldtröpfchen, Dhroner Hofberg
Boden: Schiefer, Schieferverwitterung
Rebsorten: 95% Riesling, 5% Weißburgunder
Durchschnittsertrag: 70 hl/ha

Nach bereits guten Leistungen im Jahrgang 2013 haben Ansgar und Eva Clüsserath auch das Folgejahr wieder sehr gut umgesetzt. Sie pflegen einen sehr eigenen, fast saarartigen Stil. Die Rieslinge wirken verspielt, zart, ja fast zerbrechlich. Dabei haben sie Länge. Zunächst wirken sie oft verhalten, aber im Nachhall entwickeln sie viel Zug. Allein der Gutswein bringt schon Frische und tolle Riesling-Frucht, ist klar und einladend. Die Apotheke ist dicht und stoffig, der Steinreich hat eine salzig-ursprüngliche Art, die uns begeistert. Das feinherbe Goldtröpfchen ist spannungsreich und filigran und der fruchtsüße Kabinett aus der Lage Apotheke wirkt transparent wie ein Saar-Riesling. Nach ihrer Rückkehr aus Geisenheim stellt Eva Clüsserath, die ihren Vater im Weingut unterstützt, ihr Talent für die Erzeugung feiner Moselweine bei den trockenen ebenso wie bei fruchtsüßen Rieslingen unter Beweis. Sie hat hierbei einen eigenen Stil entwickelt: Die Weine sind mineralisch-hefegeprägt, aber nicht breit und von einer klassischen Moselsäure durchzogen. Frisch nach der Füllung sind die Weine recht oft verschlossen, aber sie entwickeln sich tatsächlich zu Persönlichkeiten, die zudem echtes Trinkvergnügen bieten.

Die Betriebe:
Weltklasse · Deutsche Spitze
Sehr gut · Gut · Zuverlässig
Weitere Empfehlung

Anzahl der verkosteten Weine: 7
Bewertungen: 86–91 Punkte

	2014	Riesling vom Schiefer trocken	**86**
Top 10		**8,90 €** | 10,5% | bis 2019	
	2014	Riesling Steinreich trocken	**89**
👍		**13,20 €** | 11% | bis 2019	
	2014	Trittenheimer Apotheke Riesling trocken	**88**
		19,50 € | 12% | bis 2019	
	2014	Riesling vom Schiefer feinherb	**87**
		8,90 € | 10% | bis 2019	
	2014	Piesporter Goldtröpfchen Riesling feinherb	**89**
		13,20 € | 10% | bis 2020	
	2014	Trittenheimer Apotheke Riesling Kabinett	**88**
		10,30 € | 8% | bis 2022	
	2014	Trittenheimer Apotheke Riesling Spätlese	**91**
		13,20 € | 8% | bis 2022	

WEINGUT CHRISTOPH CLÜSSERATH

54349 Trittenheim · Im Hof 7
☎ (0 65 07) 21 67 · Fax 9 90 86
info@christoph-cluesserath.de
www.christoph-cluesserath.de
Inhaber: Christoph Clüsserath und Alexandra Clüsserath-Eifel

Verkauf: Alexandra Clüsserath-Eifel
nach Vereinbarung

Einem Ingenieur ist nichts zu schwer. In diesem Weingut gibt es gleich zwei davon. Christoph Clüsserath und Alexandra Clüsserath-Eifel übernahmen im Jahr 2008 den elterlichen Betrieb. Dieses Jahr lag ihr Augenmerk eindeutig auf den fruchtsüßen Rieslingen aus der berühmten Trittenheimer Apotheke. Sie überzeugten mit viel Spiel und großer Finesse. Im Vergleich dazu wirkten die restlichen Weine der Kollektion deutlich schwächer.

Anzahl der verkosteten Weine: 9
Bewertungen: 79–87 Punkte

2014	Riesling trocken	**80**
	5,20 €/1,0 Lit. | 11,5% | bis 2017	
2014	Weißburgunder trocken	**79**
	6,– € | 12% | bis 2017	
2014	Trittenheimer Apotheke Riesling trocken	**81**
	8,30 € | 12% | bis 2018	
2014	Riesling Schiefer	**80**
	6,– € | 11% | bis 2017	
2014	Trittenheimer Altärchen Riesling feinherb	**81**
	6,– € | 10% | bis 2018	
2014	Piesporter Falkenberg Riesling feinherb	**82**
	8,30 € | 11% | bis 2018	
2014	Riesling	**81**
	5,20 €/1,0 Lit. | 10% | bis 2017	
2014	Trittenheimer Apotheke Riesling Spätlese	**85**
	8,30 € | 8% | bis 2023	
2014	Trittenheimer Apotheke Riesling Auslese	**87**
	10,– €/0,5 Lit. | 7,5% | bis 2030	

Zeichenerklärung:
Schnäppchenpreis · Top 10 Spitzenreiter
Ökobetrieb · Trink-Tipp · Versteigerungswein
Sekt · Weißwein · Rotwein · Roséwein

WEINGUT ERNST CLÜSSERATH

54349 Trittenheim · Hinkelweg 8
☎ (0 65 07) 26 07 · Fax 66 07
info@weingut-ernst-cluesserath.de
www.weingut-ernst-cluesserath.de
Inhaber: Ernst Clüsserath
Kellermeister: Ernst Clüsserath

Verkauf: Ernst und Heike Clüsserath
nach Vereinbarung

Die 2014er Kollektion fällt wie in vielen Moselbetrieben relativ klein aus. Neben einer sehr herausragenden 2011er Spätlese aus der Trittenheimer Apotheke, die erst in diesem Jahr auf den Markt gegeben wurde, werden nur fünf 2014er präsentiert, darunter nur feinherbe und trockene Rieslinge. Auf Fruchtige wurde verzichtet. Die 2014er Weine fallen allesamt sehr solide aus und liegen außer dem trockenen Literwein alle bei 85 oder 86 Punkten. Es ist eine durchgängige Stilistik mit intensiven Spontangäraromen erkennbar. Wenn einer der nächsten Jahrgänge auch wieder restsüße Kabinette und Spätlesen zulässt, könnte das in diesem Stil sehr spannend werden. Für seine Weine hat Ernst Clüsserath bedeutende Auszeichnungen erhalten: von Staatsehrenpreisen bei der regionalen Weinprämierung über die International Wine Challenge bis zum Award der britischen Fachzeitschrift Decanter. Das Gut ist Mitglied im Bernkasteler Ring und beteiligt sich alljährlich mit seinen Spitzenauslesen an der Versteigerung im September.

Anzahl der verkosteten Weine: 6
Bewertungen: 83–90 Punkte

2014	Riesling trocken	**83**
	6,50 €/1,0 Lit. | 12% | bis 2017	
2014	Trittenheimer Apotheke Riesling Kabinett trocken	**85**
	8,– € | 11,5% | bis 2019	
2014	Trittenheimer Apotheke Riesling Spätlese trocken	**86**
	10,– € | 12% | bis 2018	
2014	Riesling Classic	**86**
	7,– € | 12% | bis 2018	
2014	Riesling Emma Marie Kabinett feinherb	**85**
	7,50 € | 10,5% | bis 2017	
2011	Trittenheimer Apotheke Riesling Spätlese **	**90**
	12,– € | 8,5% | bis 2022	

WEINGUT MARTIN CONRAD BRAUNEBERGER HOF

54472 Brauneberg · Moselweinstraße 133
☎ (0 65 34) 9 39 80 · Fax 93 98 55
info@martinconrad.de
www.martinconrad.de
Inhaber und Betriebsleiter: Martin Conrad

Verkauf: Martin Conrad
nach Vereinbarung

Restaurant: im Hotel Brauneberger Hof, ☎ (0 65 34) 14 00, Fr–Mi von 18.00–22.00 Uhr
Spezialitäten: Zubereitung hochwertiger regionaler Produkte
Historie: erste urkundliche Erwähnung des Weinguts im Jahre 1558
Sehenswert: Gewölbekeller von 1750 im Hotel

Rebfläche: 6 Hektar
Jahresproduktion: 35.000 Flaschen
Beste Lagen: Brauneberger Juffer und Juffer-Sonnenuhr
Boden: grauer Verwitterungsschiefer, blaugrauer Tonschiefer
Rebsorten: 95% Riesling, 5% Weißburgunder
Durchschnittsertrag: 55 hl/ha
Mitglied: Bernkasteler Ring

Die schwierigen Bedingungen im Herbst 2013 hatte Martin Conrad ja noch bestens gemeistert. Mit dem problematischen Jahrgang 2014 kam er aber offenbar weniger gut klar. Mit zunehmender physiologischer Reife des Leseguts verlieren seine Rieslinge an Zug und Spannung. Zwar sind sie veritabel dicht, ohne aber die sonst hier üblichen Feinheiten aufzuweisen. Das fällt gerade bei den Brauneberger Weinen auf, deren Eigenheiten wie Leichtigkeit, Spiel und Delikatesse etwas in den Hintergrund treten. Am besten hat uns da noch die feinherbe Goldkapsel aus der Brauneberger Juffer zugesagt, ein dichter und saftiger Riesling, der guten Zug aufweist. Winzermeister Martin Conrad übernahm 1998 den traditionsreichen Brauneberger Hof und benannte alles selbstbewusst um. Sein eigener Name auf dem Etikett soll als Versprechen und Garant für hohe Qualität stehen. Für die kommenden Jahre plant Conrad die Renovierung der Weinprobierstube und die Anschaffung einer neuen Traubenpresse.

Anzahl der verkosteten Weine: 12
Bewertungen: 83–87 Punkte

2014	Riesling Conradus trocken **9,90 €** | 11,5% | bis 2017	**84**
2014	Veldenzer Kirchberg Riesling trocken **11,90 €** | 12% | bis 2018	**85**
2014	Weißburgunder trocken **13,90 €** | 12% | bis 2017	**83**
2014	Brauneberger Juffer Riesling trocken **13,90 €** | 12% | bis 2018	**86**
2014	Brauneberger Juffer Riesling trocken Goldkapsel **18,90 €** | 12% | bis 2018	**86**
2013	Weißburgunder Gavius trocken Holzfass **23,90 €** | 12,5% | bis 2018	**86**
2014	Brauneberger Juffer-Sonnenuhr Riesling trocken Goldkapsel **24,90 €** | 12,5% | bis 2018	**87**
2013	Brauneberger Juffer-Sonnenuhr Riesling »Großes Gewächs« **32,50 €** | 13% | bis 2018	**86**
2014	Mülheimer Sonnenlay Riesling feinherb **11,90 €** | 11% | bis 2017	**84**
2014	Brauneberger Juffer Riesling feinherb **13,90 €** | 11% | bis 2018	**85**
2014	Brauneberger Juffer Riesling feinherb Goldkapsel **18,90 €** | 11,5% | bis 2019	**87**
2014	Brauneberger Juffer Riesling Kabinett **10,90 €** | 8% | bis 2018	**86**

WEINGUT DEUTSCHHERREN-HOF

54295 Trier · Olewiger Straße 181
☎ (06 51) 3 11 13 · Fax 3 04 63
info@weingut-deutschherrenhof.de
www.weingut-deutschherrenhof.de
Inhaber: Albert Oberbillig
Betriebsleiter: Albert und Sebastian Oberbillig
Kellermeister: Sebastian Oberbillig

Verkauf: Familie Oberbillig
Mo–Do: 8.00–18.00 Uhr
Fr–Sa: 8.00–22.00 Uhr und nach Vereinbarung

Gutsweinstube: Fr–Sa ab 18.00 Uhr und nach Vereinbarung
Spezialitäten: vom offenen Buchenholzgrill

Rebfläche: 10,5 Hektar
Jahresproduktion: 95.000 Flaschen
Beste Lage: Trierer Deutschherrenberg und Deutschherrenköpfchen
Boden: blauer Schiefer und Schieferverwitterung, Rotliegendes
Rebsorten: 75% Riesling, je 10% Spätburgunder und Weißburgunder, 5% Grauburgunder
Durchschnittsertrag: 69 hl/ha
Mitglied: Moseljünger

Nach bereits sehr guten Leistungen im Jahrgang 2013 schwächelt dieser Betrieb auch mit seinen 2014ern nicht. Alle Weine sind reintönig und rassig und wirken insgesamt eher schlank. Der trockene Weißburgunder animiert zum Trinken, die trockenen Alten Reben vom Deutschherrenberg zeigen sich verspielt und kräuterig-kühl. Das Große Gewächs vom Deutschherrenköpfchen bringt Druck an den Gaumen: ein feiner trockener Riesling. Auch die feinherben Lagenweine haben uns gut gefallen. Gekrönt wird die Reihe von einer klaren und saftigen Auslese aus dem Deutschherrenköpfchen. Der Deutschherrenhof wird in der sechsten Generation von Marianne und Albert Oberbillig geführt. Die reintönigen, rassigen Weine aus dem Trierer Deutschherrenberg brachten 2005 die erste und 2008 die zweite Traube. Nach Abschluss des Studiums ist Sohn Sebastian für den Ausbau der Weine zuständig. Seit 2007 hat Sebastian die Weinbergsfläche um mehr als drei Hektar erweitert. Wichtigster Weinberg ist hierbei die Große-Gewächs-Lage Deutschherrenköpfchen. Für die kommenden Jahre ist der Zukauf von weiteren Flächen und die Erweiterung des Holzfasskellers geplant.

Anzahl der verkosteten Weine: 12
Bewertungen: 81–90 Punkte

2014 Spätburgunder trocken Blanc de Noirs **82**
7,50 € | 12% | bis 2017

2014 Riesling Schiefer trocken **83**
7,50 € | 12% | bis 2018

2014 Weißburgunder trocken **85**
7,50 € | 12% | bis 2018

2014 Grauburgunder trocken Holzfass **81**
9,– € | 12,5% | bis 2018

2014 Trierer Deutschherrenberg Riesling trocken Alte Reben **86**
9,– € | 12,5% | bis 2019

2014 Trierer Deutschherrenköpfchen Riesling »Großes Gewächs« **88**
17,50 € | 12,5% | bis 2019

2014 Riesling Sebastian Nr.1 feinherb **82**
7,50 € | 11,5% | bis 2018

2014 Trierer Burgberg Riesling feinherb »Große Lage« **87**
9,– € | 11,5% | bis 2019

2013 Trierer Deutschherrenköpfchen Riesling feinherb »Große Lage« **87**
17,50 € | 12% | bis 2019

2014 Trierer Deutschherrenberg Riesling Kabinett »Erste Lage« **86**
7,50 € | 8,5% | bis 2019

2014 Trierer Deutschherrenberg Riesling Spätlese »Erste Lage« **88**
11,– € | 8% | bis 2021

2014 Trierer Deutschherrenköpfchen Riesling Auslese **90**
18,– €/0,5 Lit. | 8,5% | bis 2022

WEINGUT BERNHARD EIFEL

54349 Trittenheim · Laurentiusstraße 17
☎ (0 65 07) 59 72 · Fax 64 60
bernhard.eifel@t-online.de
www.weingut-bernhard-eifel.de

Inhaber: Bernhard Eifel
Betriebsleiter: Bernhard und Marietta Eifel
Kellermeister: Bernhard Eifel und Alexandra Clüsserath-Eifel

Verkauf: Bernhard Eifel
nach Vereinbarung

Gästehaus: im Weingut
Gastronomie: Stefan-Andres-Weinstube, Mi–So von 18.00–24.00 Uhr, Mo–Di Ruhetag, ab Nov. eingeschränkte Öffnungszeiten
Spezialitäten: gebratene Kalbsleber, Rücken vom Weidelamm
Historie: seit 1635 in Familienbesitz

Rebfläche: 6,5 Hektar
Jahresproduktion: 50.000 Flaschen
Beste Lagen: Schweicher Annaberg, Longuicher Maximiner Herrenberg, Trittenheimer Apotheke und Altärchen
Boden: Rot- und Blauschieferverwitterung
Rebsorten: 94% Riesling, 4% Weißburgunder, 2% Grauburgunder
Durchschnittsertrag: 65 hl/ha
Mitglied: Moseljünger

Obwohl Bernhard Eifel nicht an die guten Leistungen im Jahrgang 2013 anknüpfen kann, gibt es aus 2014 doch wieder sehr schöne Weine. Einige erscheinen etwas unfertig, müssen sich auf der Flasche noch finden. Auch fehlt uns bei einigen trockenen Rieslingen die Klarheit und Spannung. Der feinwürzige Liter kann durchaus überzeugen und die trockene Apotheke zeigt Dichte und Charakter. Gekrönt wird das Sortiment von klassisch-präzisen Auslesen. Ein Highlight ist die nachgereichte Trockenbeerenauslese aus 2011: üppig und zugleich hochfein, Trockenfrüchte pur! Das Weingut und Gästehaus Bernhard Eifel wird nun schon seit mehr als 30 Jahren von Bernhard und Marietta Eifel und zunehmend auch von Tochter Alexandra mit viel Liebe zum Detail geführt. Die sehr schöne Stefan-Andres-Weinstube lädt zum Verkosten ein. Der Schwerpunkt liegt auf dem Ausbau trockener und feinherber Weine. Besonders beeindrucken immer wieder Rieslinge aus dem Schweicher Annaberg von Reben, die 1906, vor fast 110 Jahren gepflanzt wurden.

Anzahl der verkosteten Weine: 12
Bewertungen: 84–94 Punkte

2014	Riesling trocken **7,– €**/1,0 Lit. | 11,5% | 🍷 bis 2018	**84**
2014	Trittenheimer Riesling Maximilian E trocken **8,50 €** | 12% | 🍷 bis 2018	**85**
2014	Trittenheimer Apotheke Riesling trocken **11,– €** | 12% | 🍷 bis 2019	**86**
2014	Schweicher Riesling vom Rotliegenden **9,– €** | 11% | 🍷 bis 2018	**84**
2014	Trittenheimer Apotheke Riesling feinherb **9,– €** | 10% | 🍷 bis 2019	**84**
2014	Longuicher Maximiner Herrenberg Riesling Alex E. feinherb **13,– €** | 11% | 🍷 bis 2019	**87**
2014	Schweicher Annaberg Riesling der Wurzelechte **15,– €** | 12% | 🍷 bis 2020	**87**
2014	Schweicher Annaberg Riesling Spätlese **10,– €** | 8,5% | 🍷 bis 2019	**86**
2014	Longuicher Maximiner Herrenberg Riesling Spätlese **10,– €** | 8% | 🍷 bis 2020	**90**
2014	Schweicher Annaberg Riesling Auslese **12,50 €**/0,5 Lit. | 7% | 🍷 bis 2020	**88**
2014	Trittenheimer Apotheke Riesling Auslese **15,– €**/0,5 Lit. | 7% | 🍷 bis 2022	**91**
2011	Schweicher Annaberg Riesling Trockenbeerenauslese **75,– €**/0,375 Lit. | 5,5% | 🍷 bis 2030	**94**

WEINGUT ERNST EIFEL

54349 Trittenheim
Johannes-Trithemius-Straße 21
☎ (0 65 07) 26 32 · Fax 66 83
info@weinguteifel.de
www.weinguteifel.de
Inhaber: Ernst Eifel
Kellermeister: Ernst und Christoph Eifel

Verkauf: Ernst Eifel
Mo–Sa: 10.00–18.00 Uhr und nach Vereinbarung

Schon die ersten beiden eingereichten Kollektionen der Jahrgänge 2011 und 2012 haben uns von der Qualität der Arbeit im Trittenheimer Weingut Ernst Eifel überzeugt. Mit der herausragend gelungenen Kollektion im Vorjahr erfolgte dann der Aufstieg zu einer Traube im WeinGuide. In diesem Jahr fällt das Sortiment des 3,5 Hektar großen Betriebs jahrgangsbedingt kleiner aus. Edelsüße Spitzen aus der Paradelage Trittenheimer Apotheke waren im Gegensatz zum Vorjahr diesmal nicht möglich. Alle eingereichten Weine sind aber auch in diesem Jahr tadellos. Am besten gefallen uns zwei Spätlesen: Die trockene aus der Apotheke und die sehr fruchtige aus dem Altärchen. Zum Betrieb gehört auch das ebenfalls in Trittenheim gelegene Ferienhaus Moselkloster.

Anzahl der verkosteten Weine: 7
Bewertungen: 82–87 Punkte

2014	Riesling trocken **6,90 €**/1,0 Lit. | 11,5% | bis 2017	**82**
2014	Trittenheimer Altärchen Riesling trocken **6,– €** | 11,5% | bis 2018	**84**
2014	Trittenheimer Altärchen Riesling vom blauen Schiefer Spätlese trocken **9,50 €** | 11,5% | bis 2018	**85**
2014	Trittenheimer Apotheke Riesling Spätlese trocken **10,50 €** | 11% | bis 2019	**86**
2014	Riesling halbtrocken **6,90 €**/1,0 Lit. | 11,5% | bis 2017	**82**
2014	Trittenheimer Apotheke Riesling Kabinett halbtrocken **8,– €** | 10,5% | bis 2018	**84**
2014	Trittenheimer Altärchen Riesling Spätlese **9,50 €** | 7,5% | bis 2022	**87**

WEINGUT FRANZ-JOSEF EIFEL

54349 Trittenheim · Engelbert-Schue-Weg 2
☎ (0 65 07) 7 00 09 · Fax 71 39
info@fjeifel.de
www.fjeifel.de
Inhaber: Franz-Josef Eifel

Verkauf: Franz-Josef Eifel, Martina Kaupp
nach Vereinbarung

Gästehaus: drei Zimmer im Weingut

Rebfläche: 5 Hektar
Jahresproduktion: 30.000 Flaschen
Beste Lagen: Trittenheimer Apotheke
Boden: Schiefer, Kies, Sand
Rebsorten: 94% Riesling, 4% Weißburgunder, 2% Scheurebe
Durchschnittsertrag: 50 hl/ha
Mitglied: Ecovin

Probleme mit dem Jahrgang 2014? Nicht im Weingut von Franz-Josef Eifel. Die Weine dieses Trittenheimer Winzers zeigen nicht mal eine Spur der Unarten, denen wir bei unseren Verkostungen auf Schritt und Tritt begegnet sind. Ihm gelingt vielmehr etwas nicht Alltägliches: Die Rieslinge offenbaren eine Kombination aus Feinheit, Kraft und Balance, die es so selten gibt. Großartig der trockene Apotheke Sonnenfels, ein intensiver Riesling, fein und reichhaltig zugleich. Und dann die Große Leidenschaft, ein feinherber Riesling par excellence mit Schliff und Saft, der beim Trinken Kraft aufbaut. Weine aus diesem Trittenheimer Gut sind sozusagen unverwechselbar: Auf dem Etikett bürgt Franz-Josef Eifel mit seinem Fingerabdruck für die Güte des Flascheninhalts. Doch auch die im Mittelpunkt stehende, schwungvolle Unterschrift des Winzers lässt auf ein gesundes Selbstbewusstsein schließen. Dafür gibt es allerdings auch gute Gründe. In den 1990er Jahren gelang Franz-Josef Eifel ein Jahrgang besser als der andere. Die 2009er und 2010er überzeugten durch die Bank. Und auch die 2011er und 2012er Kollektionen waren auf hohem Niveau, ganz zu schweigen von den ausgezeichneten 2013ern.

Die Betriebe:
Weltklasse · Deutsche Spitze
Sehr gut · Gut · Zuverlässig
Weitere Empfehlung

Anzahl der verkosteten Weine: 11
Bewertungen: 87–94 Punkte

2014 Trittenheimer Altärchen **87**
Weißburgunder trocken Barrique
10,– € | 12% | bis 2019

2014 Trittenheimer Apotheke **89**
Riesling Su wie frieja trocken
12,– € | 11,5% | bis 2019

2014 Trittenheimer Apotheke **90**
Riesling trocken Alte Reben
16,– € | 12% | bis 2019

2014 Trittenheimer Apotheke **90**
Riesling Sonnenfels trocken
22,– € | 12% | bis 2019

2014 Trittenheimer Apotheke **88**
Riesling Kabinett trocken
9,– € | 11% | bis 2018

2014 Trittenheimer Altärchen **88**
Riesling Kabinett feinherb
9,– € | 10% | bis 2019

2014 Trittenheimer Apotheke **89**
Riesling Jungheld Spätlese feinherb
16,– € | 11% | bis 2020

2014 Trittenheimer Apotheke **90**
Riesling die große Leidenschaft Auslese feinherb
22,– € | 11% | bis 2020

2004 Trittenheimer Apotheke Riesling Spätlese **91**
18,– € | 7,5% | bis 2017

2013 Trittenheimer Apotheke Riesling Auslese * **93**
25,– €/0,5 Lit. | 7% | bis 2022

2013 Trittenheimer Apotheke **94**
Riesling Beerenauslese
55,– €/0,375 Lit. | 6,5% | bis 2025

WEINGUT VAN ELKAN

54318 Mertesdorf · Rieslingweg 1
☎ (06 51) 9 95 44 75 · Fax 9 95 44 76
info@vanelkan.de
www.vanelkan.de
Inhaber: Marco und Christina van Elkan
Verkauf: nach Vereinbarung

Die klassischen Ruwer-Weine dieses kleinen (gerade mal einen halben Hektar großen), im Nebenerwerb betriebenen Gutes bereiten uns schon seit einigen Jahren sehr viel Freude. Hier werden im Schnitt nicht mehr als 4.000 Flaschen pro Jahr erzeugt. Gemeinsam mit drei Freunden hatte Marco van Elkan 2001 eine von der Stilllegung bedrohte Fläche übernommen. Der erste eigene Wein begeisterten ihn und seine Frau so, dass sie sich entschlossen, ein eigenes Weinprojekt zu starten. Die ersten Jahrgänge waren allesamt überzeugend ausgefallen.
Doch bereits die 2012er konnten die Probleme, die sich an der Ruwer nach schwerem Hagelschlag breit machten, nicht verleugnen. Elkan hatte so wenig Trauben gelesen, dass er zwei seiner drei Weine zugekauft und abgefüllt hatte. Und die beiden 2013er (mehr gab es bei einer Erntemenge von 25 Hektoliter pro Hektar nicht) litten deutlich unter der Unreife des Jahrgangs. Die drei 2014er Rieslinge zeigten sich wieder deutlich stimmiger und frei von Fehltönen, kommen aber gerade in Sachen Komplexität noch nicht an die wunderbaren 2011er heran.

Anzahl der verkosteten Weine: 3
Bewertungen: 84–85 Punkte

2014 Riesling trocken **84**
8,– € | 12% | bis 2018

2014 Riesling Schiefer trocken **85**
8,50 € | 12% | bis 2018

2014 Riesling Schiefer feinherb Alte Reben **84**
9,– € | 11% | bis 2018

Zeichenerklärung:
Schnäppchenpreis · Top 10 Spitzenreiter
Ökobetrieb · Trink-Tipp · Versteigerungswein
Sekt · Weißwein · Rotwein · Roséwein

WEINGUT KARL ERBES

54539 Ürzig · Moseluferstraße 27–29
☎ (0 65 32) 9 44 65 und 21 23 · Fax 95 37 36
info@weingut-karlerbes.de
www.weingut-karlerbes.de
Inhaber und Betriebsleiter: Stefan Erbes
Kellermeister: Stefan Erbes

Verkauf: Stefan Erbes
nach Vereinbarung

Gutsausschank: im Oktober in der Weinstube, **11.00–20.00 Uhr**

Rebfläche: 6 Hektar
Jahresproduktion: 40.000 Flaschen
Beste Lagen: Erdener Prälat, Ürziger in der Kranklei
Boden: Devonschieferverwitterung
Rebsorte: 100% Riesling
Durchschnittsertrag: 55 hl/ha

Wir sind überzeugt, dass Stefan Erbes im Jahrgang 2014 alles unternommen hat, um seinen Rieslingen die hier sonst so bestechende Präzision zu erhalten. Doch fehlt es den Auslesen in diesem Jahr aufgrund der Struktur des Lesegutes oft an Balance und Spiel. Auch die kleineren Prädikate sind ein ganzes Stück von ihrem sonstigen Format entfernt. Am ehesten kann da noch der nach Honig duftende, weiche Kabinett aus dem Ürziger Würzgarten überzeugen. Vom Jahrgang 2013 hatte uns Stefan Erbes ausschließlich frucht- und edelsüße Prädikatsweine vorgestellt. Nicht alle Rieslinge glänzten; einige wirkten etwas mostig und sehr süß. Beeindruckend allerdings war die große Phalanx an Auslesen die Erbes auftischte. Den von Stefan Erbes gepflegten Stil, klare, erfrischende Rieslinge zu erzeugen, konnte er zuletzt im Jahrgang 2012 umsetzen. Man beschäftigt sich kaum mit trockenen und feinherben Weinen. Warum auch, wenn das Potenzial für solch feine und edle Weine gegeben ist. Dem Lagensortiment von Erdener Treppchen und Ürziger Würzgarten hat man zuletzt im Jahr 2012 einen gepachteten Teil des Erdener Prälat hinzufügen können. In den beiden erstgenannten Lagen kann Erbes tatsächlich noch auf wurzelechtes Rebmaterial zurückgreifen.

Die Weine:
100 Perfekt · **95–99** Überragend · **90–94** Exzellent
85–89 Sehr gut · **80–84** Gut · **75–79** Passabel

Anzahl der verkosteten Weine: 11
Bewertungen: 79–90 Punkte

2014	Ürziger Würzgarten Riesling Spätlese trocken **9,– €** | 12,5% | bis 2016	**79**
2014	Ürziger Würzgarten Riesling feinherb **4,35 €** | 11% | bis 2016	**81**
2014	Erdener Treppchen Riesling Spätlese halbtrocken **9,– €** | 11% | bis 2017	**84**
2014	Ürziger Würzgarten Riesling Kabinett **7,50 €** | 8,5% | bis 2018	**86**
2014	Ürziger Würzgarten Riesling Spätlese **9,– €** | 8,5% | bis 2020	**87**
2014	Ürziger Würzgarten Riesling Auslese **13,– €** | 8,5% | bis 2022	**88**
2014	Ürziger in der Kranklei Riesling Auslese **13,50 €** | 8% | bis 2022	**88**
2014	Ürziger Würzgarten Riesling Auslese * **14,– €** | 7,5% | bis 2024	**89**
2014	Ürziger Würzgarten Riesling Auslese *** **18,– €** | 7,5% | bis 2024	**87**
2014	Erdener Prälat Riesling Auslese **23,– €** | 7,5% | bis 2026	**90**
2014	Erdener Prälat Riesling Goldkapsel Auslese *** **19,– €**/0,375 Lit. | 7,5% | bis 2028	**89**

WEINGUT ZUM EULENTURM

56867 Briedel · Hauptstraße 218
☎ (0 65 42) 47 02 · Fax 4 16 73
info@zum-eulenturm.de
www.zum-eulenturm.de
Geschäftsführer: Timo C. Stölben
Außenbetrieb: Christian Riether
Kellermeister: Timo C. Stölben

Verkauf: Timo C. Stölben
Mo–Fr: 8.00–18.00 Uhr, Sa: 10.00–16.00 Uhr
und nach Vereinbarung

Auf der neuen, sehr gelungenen Webseite präsentiert sich das Weingut mit wunderschönen Bildern auch aus vergangenen Zeiten. Ganz modern waren die Weine, die uns Timo Stölben eingesandt hat. Besonders die Fruchtsüßen aus der Lage Briedeler Herzchen, die mit angenehmer Adstringenz und cremigen Honigaromen überzeugten. Insgesamt gefällt uns der dezent altmodische und ungekünstelte Stil des Betriebs, den Timo Stölben im Vorjahr von seinen Eltern übernommen hat.

Anzahl der verkosteten Weine: 9
Bewertungen: 81–86 Punkte

2012 Riesling Sparkling Moselle Sekt Brut **83**
10,50 € | 12% | bis 2017

2012 Riesling Sparkling Moselle Sekt Brut nature **83**
10,50 € | 12% | bis 2017

2014 Riesling trocken **83**
6,– € | 11,5% | bis 2017

2014 Müller-Thurgau trocken **84**
7,50 € | 11,5% | bis 2018

2014 Briedeler Schäferlay Riesling Spätlese trocken Alte Reben **81**
9,– € | 12,5% | bis 2016

2014 Riesling feinherb **84**
6,– € | 10,5% | bis 2018

2014 Briedeler Herzchen Riesling Felsenterrassen Trieren Spätlese feinherb **85**
9,– € | 10,5% | bis 2018

2014 Briedeler Herzchen Riesling Felsenterrassen Trieren Auslese **86**
14,– €/0,5 Lit. | 8,5% | bis 2020

2013 Briedeler Herzchen Spätburgunder trocken Holzfass **84**
14,– € | 13,5% | bis 2017

Rote Symbole: Diese Betriebe verdienen in ihrer Klasse besondere Aufmerksamkeit

Aufsteiger

HOFGUT FALKENSTEIN

54329 Konz-Niedermennig · Falkensteinerhof 1
☎ (0 65 01) 62 55
winzerweber@web.de
Inhaber: Erich und Marita Weber
Betriebsleiter: Johannes und Erich Weber
Kellermeister: Johannes Weber

Verkauf: Erich und Marita Weber
nach Vereinbarung

Sehenswert: denkmalgeschütztes Anwesen

Rebfläche: 8 Hektar
Jahresproduktion: 28.000 Flaschen
Beste Lagen: Niedermenninger Herrenberg, Krettnacher Euchariusberg
Boden: blauer und roter Schiefer mit Buntsandstein
Rebsorten: 80% Riesling, je 10% Spätburgunder und Weißburgunder
Durchschnittsertrag: 30 hl/ha

Erich Weber und zunehmend auch sein Sohn Johannes sind Protagonisten des klassischen Saar-Rieslings. Nach einer sehr guten Leistung im Jahrgang 2013 stellen die beiden ein 2014er Sortiment von großer Güte vor. Alle Weine machen richtig Spaß, sind trotz ihrer Leichtigkeit druckvoll. An der Spitze steht ein grandioses Trio feinherber Rieslinge aus dem Herrenberg, wie man sie selten antrifft: Fass zwei ist Präzision pur und zeigt dabei Spiel und Länge, Fass drei ist etwas wuchtiger und ein wenig braver und Fass vier ist delikat, verdichtet und dabei immer noch klar. Diese Klarheit dominiert auch die trockenen Weine und erst recht die fruchtsüße Spätlese aus dem Euchariusberg, die eine vibrierende Frucht zeigt und höchst animierend ist. Und auch für 2014 gilt: Alle Weine sind moderat im Alkohol, und das bei voller Geschmacksentfaltung – Rieslingfreund, was willst du mehr? Vor 30 Jahren erwarb Erich Weber den Falkensteiner Hof. Er hat dieses Anwesen in einem Seitental der Saar schrittweise renoviert und mithilfe seiner Frau in eine Idylle verwandelt. Und mit Sohn Johannes ist die nächste Generation in den Betrieb eingestiegen. Zum Lagenportfolio gehören exzellente Parzellen im Niedermenniger Herrenberg und vor allem im Krettnacher Euchariusberg. Im Dezember 2014 zerstörte ein Feuer einen Teil des Anwesens, zum Glück blieb das Weingut selbst weitgehend verschont. Der Wiederaufbau aber steht in nächster Zeit im Vordergrund.

Anzahl der verkosteten Weine: 9
Bewertungen: 85–92 Punkte

Jahrgang	Wein	Punkte
2014	Niedermenniger Herrenberg Riesling Kabinett trocken Holzfass **7,50 €** | 11,5% | bis 2018	**85**
2014	Krettnacher Altenberg Riesling Spätlese trocken Holzfass **8,50 €** | 11,5% | bis 2019	**86**
2014	Niedermenniger Sonnenberg Riesling Spätlese trocken Holzfass **8,50 €** | 11,5% | bis 2019	**86**
2014	Niedermenniger Herrenberg Riesling Spätlese feinherb Holzfass - 2 - **9,– €** | 8,5% | bis 2019	**89**
2014	Niedermenniger Herrenberg Riesling Spätlese feinherb Holzfass - 3 - **9,– €** | 8,5% | bis 2020	**90**
2014	Niedermenniger Herrenberg Riesling Spätlese feinherb Holzfass - 4 - Top 10 **9,50 €** | 9,5% | bis 2020	**91**
2014	Krettnacher Euchariusberg Riesling Spätlese Holzfass **10,– €** | 7,5% | bis 2022	**92**
2014	Krettnacher Euchariusberg Riesling Auslese Holzfass - 5 - **12,– €** | 7,5% | bis 2021	**90**
2014	Krettnacher Euchariusberg Riesling Auslese Holzfass - 14 - **12,– €** | 7,5% | bis 2022	**91**

WEINGUT DR. FISCHER

54441 Ockfen · Bocksteinhof
☎ (0 65 81) 21 50 · Fax 66 26
Dr.Fischer-Ockfen@t-online.de
www.dr-fischer-ockfen.de
Inhaber: Johannes Fischer
Kellermeister: Markus Scholtes

Verkauf: Johannes Fischer
Mo–Fr: 9.00–17.00 Uhr und nach Vereinbarung

Rebfläche: 6,4 Hektar
Jahresproduktion: 50.000 Flaschen
Beste Lagen: Ockfener Bockstein
Boden: blauer Devonschiefer
Durchschnittsertrag: 40 hl/ha
Mitglied in Vereinigungen: VDP

Mit ihrem letzten Jahrgang war Johannes und Karin Fischer noch einmal ein großer Wurf gelungen. Die 2013er Rieslinge aus diesem traditionsreichen Saargut in Ockfen verkörpern große Frische und Rasse, sind verspielt und elegant. Die besten Weine kamen wieder einmal aus der großartigen Lage Ockfener Bockstein. Davon kann im Jahrgang 2014 nicht die Rede sein. Gerade die Bockstein-Rieslinge lassen die Unbeschwertheit großer Saarweine diesmal eher vermissen. Da zeigt der feinherbe Saarburger Riesling von Alten Reben schon mehr Format, ist druckvoll am Gaumen und zugleich geschliffen. Zugegeben, der problematische Jahrgang 2014 war kein einfacher Einstieg für die neuen Mitgesellschafter von Johannes Fischer, Nik Weis vom Sankt Urbans-Hof und Martin Foradori vom Südtiroler Weingut Hofstätter. Wir sind aber sicher, dass diese Koryphäen des europäischen Weinbaus ihre Trümpfe noch ausspielen werden.

Die Betriebe:
Weltklasse · Deutsche Spitze
Sehr gut · Gut · Zuverlässig
Weitere Empfehlung

Aufsteiger

Anzahl der verkosteten Weine: 6
Bewertungen: 83–87 Punkte

2014	Riesling trocken **10,50 €** | 12% | bis 2018	**83**
2014	Riesling Steinbock feinherb **10,50 €** | 11,5% | bis 2019	**86**
2014	Saarburger Riesling feinherb Alte Reben **14,– €** | 11,5% | bis 2020	**87**
2014	Riesling **10,50 €** | 10% | bis 2019	**85**
2014	Ockfener Bockstein Riesling Kabinett »Große Lage« **16,– €** | 9% | bis 2019	**84**
2014	Ockfener Bockstein Riesling Auslese »Große Lage« **25,– €** | 7,5% | bis 2020	**87**

WEINGUT FRANZEN

56814 Bremm · Gartenstraße 14
☎ (0 26 75) 4 12 · Fax 16 55
info@weingut-franzen.de
www.weingut-franzen.de

Inhaber: Kilian Franzen
Betriebsleiter: Kilian und Angelina Franzen
Kellermeister: Kilian Franzen, Benedikt Lenz

Verkauf: nach Vereinbarung

Erlebenswert: Klettertour im steilsten Weinberg Europas, dem Bremmer Calmont

Rebfläche: 9,3 Hektar
Jahresproduktion: 65.000 Flaschen
Beste Lagen: Bremmer Calmont, Neefer Frauenberg
Boden: Devonschiefer mit Quarziteinlagerungen
Rebsorten: 80% Riesling, 10% Weißburgunder, 5% Elbling, 5% übrige Sorten
Durchschnittsertrag: 50 hl/ha
Mitglied: Bernkasteler Ring, Köche und Winzer der Terrassenmosel

Es gibt nicht viele Betriebe an der Mosel, die aus dem Jahrgang 2014 ihre bisher beste Leistung herausholten. Dem jungen Team des Weingutes Franzen ist dieses Kunststück gelungen. Die trockenen Rieslinge zeichnen sich aus durch perfekte Balance von feiner Reife und druckvoller Frucht. Mit großer Treffsicherheit spiegeln diese Weine den feinschmelzigen Stil der Terrassenmosel wider, gepaart mit einer wunderbar fließenden Säure. Schon der Guts-Riesling hat Schliff, Schmelz und Kraft. »Der Sommer war sehr groß« ist druckvoll und saftig, der Calmont reichhaltig, der Frauenberg zeigt eine perfekte Balance von Reife und Tiefe. Und die nachgereichten Spitzen aus 2013 krönen diesen Jahrgang. Die Großen Gewächse sind kraftvoll und frisch, salzig und fordernd und noch jugendhaft. Der Calidus Mons hat Power, ist hochfein und geschliffen. Die fruchtsüße Spätlese weist eine saftige Dichte auf. Glückwunsch zur dritten Traube! Nun schon in der sechsten Generation wird das 9,3 Hektar große Weingut Franzen von Kilian Franzen und seiner Frau Angelina geführt. Unterstützung erhalten sie von Angelinas Bruder, dem Weinbautechniker Benedikt Lenz, und von Philipp Jackel. Allein im berühmten terrassierten Bremmer Calmont, immer wieder werbewirksam als steilster Weinberg Europas ausgelobt, bewirtschaftet das Quartett vier Hektar.

Anzahl der verkosteten Weine: 9
Bewertungen: 85-91 Punkte

2014	Riesling Quarzit Schiefer trocken	**85**
Top 10	**8,90 €**/1,0 Lit. | 12% | bis 2019	
2014	Riesling Quarzit Schiefer trocken	**85**
Top 10	**7,90 €** | 12% | bis 2019	
2014	Riesling Der Sommer war sehr groß trocken	**87**
	11,– € | 12% | bis 2020	
2014	Bremmer Calmont Riesling trocken	**88**
	11,90 € | 13% | bis 2019	
2014	Neefer Frauenberg Riesling trocken	**89**
	11,90 € | 13% | bis 2020	
2013	Neefer Frauenberg Riesling »Großes Gewächs«	**89**
	19,90 € | 12,5% | bis 2019	
2013	Bremmer Calmont Riesling »Großes Gewächs«	**90**
	19,90 € | 12,5% | bis 2019	
2013	Riesling Calidus Mons	**91**
	31,50 € | 11,5% | bis 2021	
2013	Bremmer Calmont Riesling Spätlese	**91**
	16,90 € | 8% | bis 2022	

WEINGUT FRANZEN-SCHÜLLER

56814 Ernst · Weingartenstraße 7
☎ (0 26 71) 51 18 · Fax 91 09 34
info@franzen-schueller.de
www.franzen-schueller.de
Inhaber: Elke und Bernd Schüller

Verkauf: nach Vereinbarung

Das nur ein Hektar große Weingut Franzen-Schüller aus dem Örtchen Ernst bei Cochem an der Mosel zeigte uns in diesem Jahr nur eine kleine Kollektion. Leider wirkten die fünf vorgestellten Weine sehr technisch und hinterließen einen gespaltenen Eindruck. Am besten gefiel uns der feinherbe Riesling, der eine anspringende, kräuterwürzige Nase hatte. Auch der Riesling-Sekt war ansprechend, verdarb sich aber mit zu groben Musseux eine bessere Bewertung.

Anzahl der verkosteten Weine: 5
Bewertungen: 82-84 Punkte

	Riesling Sekt trocken	**82**
	9,– € | 13% | bis 2017	
2014	Weißburgunder trocken	**82**
	6,– € | 12% | bis 2017	
2014	Riesling trocken	**83**
	6,– € | 12% | bis 2019	
2014	Riesling feinherb	**84**
	6,– € | 11,5% | bis 2020	
2014	Kerner	**83**
	5,– € | 9,5% | bis 2018	

Die Betriebe:
Weltklasse · Deutsche Spitze
Sehr gut · Gut · Zuverlässig
Weitere Empfehlung

WEINGUT FRIEDEN-BERG

54453 Nittel · Weinstraße 19
☎ (0 65 84) 9 90 70 · Fax 9 90 72
info@frieden-berg.de
www.frieden-berg.de
Inhaber: Horst und Maximilian Frieden
Kellermeister: Maximilian Frieden

Verkauf: Maximilian Frieden
Mo–Fr: 9.00–18.00 Uhr, Sa–So: 10.00–12.30 Uhr
und nach Vereinbarung

Keine einzige Flasche Riesling war bei den angestellten Weinen dabei, und tatsächlich produziert das an der luxemburgischen Grenze liegende Weingut gar keinen Riesling. Aber auch aus anderen Trauben kann dieses Weingut wunderbare Weine machen. Besonders gut haben dieses Jahr der Crèmant Cuvée Max und ein ungewönlich fülliger und saftiger Auxerrois Max mit feinem Holzeinsatz gefallen. Die Vinifikation der neuen Linie Max verfolgt das Ziel, durch reduzierte Erträge, Spontanvergärung und Holzfassausbau cremige und gehaltvolle Weine mit wirklich moderatem Alkoholwert zu erzeugen.

Anzahl der verkosteten Weine: 10
Bewertungen: 79–85 Punkte

2012 Elbling Crémant Brut **82**
9,50 € | 13% | bis 2017

2011 Pinot Max Crémant Brut Cuvée **85**
16,– € | 12,5% | bis 2017

2014 Elbling trocken **79**
5,30 €/1,0 Lit. | 12% | bis 2017

2014 Rivaner trocken **81**
5,– € | 12% | bis 2017

2014 Nitteler Rochusfels Auxerrois trocken **83**
6,– € | 12% | bis 2017

2014 Nitteler Leiterchen **81**
Elbling Novum trocken »sur lie«
6,30 € | 11,5% | bis 2016

2014 Nitteler Rochusfels **80**
Weißburgunder trocken
6,90 € | 12% | bis 2017

2014 Spätburgunder trocken Blanc de Noirs **82**
6,90 € | 12% | bis 2017

2014 Nitteler Leiterchen **81**
Grauburgunder trocken
8,30 € | 12,5% | bis 2017

2014 Nitteler Leiterchen **85**
Auxerrois Max trocken Holzfass
9,30 € | 13% | bis 2016

FRIEDRICH-WILHELM-GYMNASIUM

54290 Trier · Gervasiusstraße 1
☎ (06 51) 14 57 60 · Fax 14 57 66 30
info@friedrichwilhelmgymnasium.de
www.friedrichwilhelmgymnasium.de
Inhaber: Bischöfliches Priesterseminar
Geschäftsführer: Dr. Karsten Weyand
Verwalter Klaus Backes, Stephan Bigus
Kellermeister: Johannes Becker

Verkauf: Anna Reimann und Erwin Engel
Mo–Fr: 8.00–18.00 Uhr, Sa: 10.00–14.00 Uhr

Der Jahrgang 2014 ist beim Weingut Friedrich-Wilhelm-Gymnasium ein klassischer Kabinett-Jahrgang. Unter acht eingereichten Weinen fünf Riesling Kabinett (einer davon aus dem Vorjahr nachgereicht). Bei den 2014ern gefällt uns der feinherbe Bernkasteler Kabinett mit seiner ebenso animierenden wie saftigen Art am besten. Übertroffen wird er nur vom ein Jahr reiferen Riesling Kabinett aus der Spitzenlage Graacher Himmelreich, bei der uns vor allem die sehr intensiven Fruchtaromen (Steinobst, Beerenfrüchte) gefallen. Das Weingut Friedrich-Wilhelm-Gymnasium ist aus dem 1561 eröffneten Jesuitenkolleg hervorgegangen. Bis heute ist das Gymnasium mit seinem wohl bekanntesten Schüler Karl Marx eine Institution. Seit 2004 gehört das klassische Riesling-Weingut dem Bischöflichen Priesterseminar Trier.

Anzahl der verkosteten Weine: 8
Bewertungen: 83–87 Punkte

2014 Riesling Schiefer trocken **83**
7,50 € | 11,5% | bis 2017

2014 Graacher Riesling Kabinett trocken **84**
9,60 € | 11,5% | bis 2018

2014 Riesling Schiefer feinherb **83**
7,50 € | 10,5% | bis 2017

2014 Riesling Fritz Willi feinherb **83**
8,90 € | 10,5% | bis 2018

2014 Graacher Riesling Kabinett feinherb **84**
9,60 € | 10,5% | bis 2019

2014 Bernkasteler Riesling Kabinett feinherb **85**
9,60 € | 10,5% | bis 2019

2013 Graacher Himmelreich Riesling Kabinett **87**
9,40 € | 8,5% | bis 2020

2014 Graacher Himmelreich Riesling Kabinett **85**
9,60 € | 8% | bis 2019

Die Weine:
100 Perfekt · **95–99** Überragend · **90–94** Exzellent
85–89 Sehr gut · **80–84** Gut · **75–79** Passabel

WEINGUT MARKUS FRIES

54484 Maring-Noviand · Zum Brauneberg 16
☎ (0 65 35) 4 93 · Fax 15 05
info@weingut-fries.com
www.weingut-fries.com
Inhaber: Markus Fries

Verkauf: Markus Fries
nach Vereinbarung

Aus dem Jahrgang 2014 präsentiert das Weingut Fries ein solides Sortiment, das in der Spitze allerdings jahrgangsbedingt nicht an die besten Jahrgänge heranreicht. Am besten gefallen hat uns der im Holz ausgebaute trockene Riesling Spätlese Jubeltag 2014 aus der Bernkasteler Lay. Im Vorjahr zeigte Fries auch eine gelungene edelsüße Kollektion über Eiswein und Beerenauslese bis zur Trockenbeerenauslese, in diesem Jahr ist bei der Spätlese Schluss. Die Ausstattung stimmt in diesem Weingut schon und in den letzten Jahren ging es auch mit der Weinqualität nach oben.

Anzahl der verkosteten Weine: 8
Bewertungen: 82–86 Punkte

2014	Riesling trocken **6,– €** | 11% | bis 2018	**83**
2014	Riesling Lesura Jedentag trocken **7,50 €** | 12,5% | bis 2018	**84**
2014	Bernkasteler Lay Riesling Jubeltag Spätlese trocken Holzfass **24,50 €** | 12% | bis 2020	**86**
2014	Riesling feinherb **6,– €**/1,0 Lit. | 8,5% | bis 2017	**82**
2014	Riesling feinherb **6,– €**/1,0 Lit. | 10% | bis 2017	**83**
2014	Bernkasteler Matheisbildchen Riesling Jedentag Kabinett feinherb **7,– €** | 10% | bis 2019	**85**
2014	Wehlener Sonnenuhr Riesling Jubeltag Spätlese Holzfass **12,50 €** | 7,5% | bis 2019	**84**
2014	Wehlener Sonnenuhr Riesling Freudentag Spätlese feinherb Holzfass **12,50 €** | 10% | bis 2019	**85**

WEINGUT FRIES

56333 Winningen · Bachstraße 66
☎ (0 26 06) 26 86 · Fax 20 00 16
info@weingut-fries.de
www.weingut-fries.de
Inhaber: Reiner und Anke Fries

Verkauf: Anke und Reiner Fries
Mo–Sa: 8.00–12.00 Uhr · 13.00–18.00 Uhr
und nach Vereinbarung

Historie: Weingut in der achten Generation
Sehenswert: 300 Jahre alter Gewölbekeller, Probierstube in ehemaliger Stallung, Gutshof

Rebfläche: 8,8 Hektar
Jahresproduktion: 70.000 Flaschen
Beste Lagen: Winninger Uhlen und Röttgen
Boden: Schieferverwitterung
Rebsorten: 73% Riesling, 19% Spätburgunder, 8% Weißburgunder
Durchschnittsertrag: 56 hl/ha

Die Probleme des Jahrgangs 2014 sind auch an den Weinen von Reiner Fries nicht ganz spurlos vorübergegangen. Doch vor allem im trockenen Bereich hat der Winninger Winzer wieder gut gearbeitet. Der Röttgen Kabinett erscheint säurebetont und kühl, doch die Alten Reben aus der Lage Uhlen bringen volle Power: ein saftiger trockener Riesling, der frappierend an Cassis erinnert. Von den feinherben gefällt und der herzhafte Kabinett aus der Lage Hamm am besten. Und mit der fruchtsüßen Spätlese aus dem Röttgen ist Fries ein Wein klassischer Machart gelungen. In den steilen Terrassen der renommierten Lagen Uhlen und Röttgen erntet Fries regelmäßig seine besten Weine. Bei den trockenen und feinherben Weinen verzichtet der Winninger Winzer auf Prädikate wie Spät- oder Auslese. Stattdessen tragen sie die Bezeichnung »Apollo-Terrassen«, Hinweis auf die Lage Uhlen, Heimat des seltenen Apollo-Falters. Nach Zukauf weiterer Rebfläche in den letzten Jahren ist das Gut von Reiner und Anke Fries auf eine Gesamtgröße von nunmehr 8,8 Hektar angewachsen. Der Neubau einer Vinothek und eines Verkostungsraumes ermöglicht Weinproben mit bis zu 35 Personen.

Anzahl der verkosteten Weine: 9 **Bewertungen: 83–88 Punkte**			
2014	Weißburgunder trocken **9,40 €** | 13% | bis 2016	**83**
2014	Riesling Apollo-Terrassen trocken **10,70 €** | 12,5% | bis 2017	**84**
2014	Winninger Uhlen Riesling trocken Alte Reben **15,50 €** | 13% | bis 2019	**88**
2014	Winninger Röttgen Riesling Kabinett trocken **7,80 €** | 11,5% | bis 2018	**85**
2014	Riesling Apollo-Terrassen feinherb **10,70 €** | 11,5% | bis 2017	**85**
2014	Winninger Hamm Riesling Kabinett feinherb **7,80 €** | 11% | bis 2017	**86**
2014	Winninger Röttgen Riesling Spätlese **10,70 €** | 9,5% | bis 2019	**87**
2014	Winninger Röttgen Riesling Auslese Alte Reben **18,50 €**/0,5 Lit. | 9,5% | bis 2021	**86**
2013	Spätburgunder trocken Barrique **15,50 €** | 13% | bis 2017	**86**

WEINGUT LEO FUCHS

56829 Pommern · Hauptstraße 3
☎ (0 26 72) 13 26 · Fax 13 36
leo-fuchs@t-online.de
www.leo-fuchs.de
Inhaber und Kellermeister: Ulrich und Bruno Fuchs

Verkauf: Brunhilde Fuchs (April–Dez.)
Mo–Do: 17.00–19.00 Uhr, Fr: 13.00–19.00 Uhr
Sa: 10.00–17.00 Uhr und nach Vereinbarung

Sehenswert: Vinothek Pomaria, Gutshaus mit alten Kellern, Innenhof mit Backhaus

Rebfläche: 10,4 Hektar
Jahresproduktion: 70.000 Flaschen
Beste Lagen: Pommerner Zeisel, Rosenberg, Goldberg und Sonnenuhr, Klottener Burg Coraidelsteiner und Brauneberg
Boden: Grauwackenschiefer und Tonschiefer
Rebsorten: 76% Riesling, 8% Chardonnay, 5% Rivaner, je 4% Auxerrois und Weißburgunder, je 1% Gewürztraminer, Grauburgunder und Rieslaner
Durchschnittsertrag: 61 hl/ha
Mitglied: Bernkasteler Ring

Der Jahrgang 2014 wird in diesem Gut nicht in die Geschichte eingehen. Das Gros der Weine zeigt eine reife, wenn nicht überreife Stilistik, wodurch sie an Saftigkeit und Präzision verlieren. Einigen Rieslingen hätte zudem etwas mehr strukturgebende Säure gut gestanden. Aber es gibt rühmliche Ausnahmen. Da ist zum einen die trockene Spätlese aus der Zeisel zu nennen, ein ehrlicher und klarer Riesling-Typ. Auch der Kabinett aus dem Goldberg hat diese klare Art und zeigt zudem Würze. Das feinherbe Hochgewächs aus der Zeisel steht genauso in dieser Reihe der gelungenen Rieslinge. Die Großen Gewächse bleiben aber hinter ihren Vorgängern zurück. Das reine Weißweingut bezeichnet sich selbst als Spezialisten für Riesling und Weißburgunder.

Anzahl der verkosteten Weine: 14 **Bewertungen: 82–86 Punkte**		
2012	Riesling vom Grauen Schiefer Sekt Brut **13,– €** | 12,5% | bis 2017	**82**
2014	Pinot Blanc trocken **8,– €** | 13% | bis 2017	**82**
2014	Chardonnay trocken **8,– €** | 13,5% | bis 2017	**83**
2014	Riesling vom Grauen Schiefer trocken **9,50 €** | 13% | bis 2018	**84**

2014 Pommerner Rosenberg **85**
Riesling »Großes Gewächs«
19,50 € | 13% | bis 2019

2013 Pommerner Rosenberg **85**
Riesling »Großes Gewächs«
19,50 € | 13% | bis 2018

2014 Pommerner Sonnenuhr **83**
Riesling Hochgewächs trocken
8,30 € | 12,5% | bis 2018

2014 Pommerner Rosenberg **82**
Gewürztraminer Spätlese trocken
12,50 € | 13% | bis 2017

2014 Pommerner Zeisel Riesling Spätlese trocken **86**
12,50 € | 11,5% | bis 2018

2014 Pommerner Riesling feinherb **83**
5,80 €/1,0 Lit. | 12,5% | bis 2017

2014 Cuvée »Sinfonie« feinherb **83**
8,– € | 13% | bis 2018

2014 Riesling vom Grauen Schiefer feinherb **84**
9,50 € | 12% | bis 2018

2014 Pommerner Zeisel **85**
Riesling Hochgewächs feinherb
8,30 € | 12% | bis 2018

2014 Pommerner Goldberg Riesling Kabinett **86**
8,50 € | 9,5% | bis 2019

WEINGUT GERLACHS MÜHLE

56330 Kobern-Gondorf · Im Keverbachtal 2
☎ (0 26 07) 61 40 · Fax 96 18 09
weingutgerlach@t-online.de
www.gerlachsmuehle.de
Inhaber: Martin Gerlach

Verkauf: Martin Gerlach
nach Vereinbarung

Der Name des Weinguts rührt daher, dass in früheren Zeiten auch eine Getreidemühle zum Lebensunterhalt des Betriebes beitrug. Inzwischen hat Gerlachs Mühle acht Hektar Anbaufläche und Inhaber Mertin Gerlach setzt bei der Vermarktung auf coole Etiketten mit Namen wie »Free as a Bumble Bee« oder »Dangerous«. Angst muss man vor den Weinen nicht haben. Alle zeigten sich auf gutem Nivau. Der Riesling Schieferwerk hat uns mit seinem Biss und süßer Honignote am meisten überzeugt.

Anzahl der verkosteten Weine: 7
Bewertungen: 81–85 Punkte

2014 Riesling trocken **81**
5,20 €/1,0 Lit. | 12,5% | bis 2017

2014 Weißburgunder Catena trocken **83**
6,90 € | 13% | bis 2017

2014 Gondorfer Schlossberg **83**
Riesling Stehkragen trocken
6,90 € | 13% | bis 2018

2014 Weißburgunder & Chardonnay **83**
Free as a Bumble Bee trocken Cuvée
7,90 € | 12,5% | bis 2018

2014 Riesling Blauschiefer halbtrocken **81**
6,90 € | 12,5% | bis 2017

2014 Riesling Dangerous halbtrocken **82**
6,90 € | 12,5% | bis 2017

2014 Riesling Schieferwerk **85**
7,– € | 7,5% | bis 2020

WEINGUT ALBERT GESSINGER

54492 Zeltingen · Moselstraße 9
☎ (0 65 32) 23 69 · Fax 15 78
kontakt@weingut-gessinger.de
www.weingut-gessinger.de
Inhaber und Betriebsleiter: Sarah Gessinger

Verkauf: nach Vereinbarung

Das Portfolio des Weinguts Gessinger ist von einer Lage geprägt, sechs von neun eingereichten Weinen stammen aus der Zeltinger Sonnenuhr. Die fruchtsüßen Rieslinge aus dieser berühmten Lage an der Mittelmosel haben uns dieses Jahr am meisten Spaß gemacht. Vor allem die Auslese mit drei Sternen wusste mit ihrer dichten Struktur und feinem Spiel zu gefallen. Sarah Gessinger hat im Jahr 2013 nach ihrer Winzerprüfung das Weingut von Ihrem Vater Alfred übernommen. Hoffentlich kann sie nächstes Jahr wieder an die Qualitäten von ihrem ersten Jahr anknüpfen.

Anzahl der verkosteten Weine: 9
Bewertungen: 80–87 Punkte

2014	Riesling Select Dry One trocken Alte Reben **12,– €** | 13% | bis 2017	**81**
2014	Riesling »Großes Gewächs« **16,– €** | 13% | bis 2018	**83**
2014	Riesling Blauschiefer Ambrosia Kabinett trocken **5,50 €** | 11% | bis 2016	**80**
2014	Zeltinger Sonnenuhr Riesling Kabinett trocken Alte Reben **6,50 €** | 11,5% | bis 2018	**84**
2014	Zeltinger Sonnenuhr Riesling Rothlay Schieferterrassen Spätlese trocken ** **9,– €** | 12% | bis 2018	**83**
2014	Zeltinger Sonnenuhr Riesling Spätlese feinherb Alte Reben **8,20 €** | 11% | bis 2017	**81**
2014	Zeltinger Sonnenuhr Riesling Josefsberg Spätlese Alte Reben ** **10,50 €** | 8,5% | bis 2019	**84**
2014	Zeltinger Sonnenuhr Riesling Caldo Infernale Auslese ** **14,50 €** | 8% | bis 2019	**85**
2014	Zeltinger Sonnenuhr Riesling Auslese Alte Reben *** **33,– €** | 8% | bis 2020	**87**

WEINGUT GÖBEL-SCHLEYER

56814 Ernst · Klosterstraße 12
☎ (0 26 71) 74 44 · Fax 74 45
weingut@goebel-schleyer.com
www.goebel-schleyer.com
Inhaber: Thomas und Peter Göbel
Kellermeister: Peter Göbel

Verkauf: Vinothek »Weinwerk«
Mo–Sa: 8.00–17.00 Uhr, So: 8.00–12.00 Uhr
Winzerladen in Cochem
Mo–Sa: 9.00–18.00 Uhr

Elf Weine hat das Weingut Göbel-Schleyer aus Ernst dieses Jahr eingesendet. Eine große Kollektion, die Licht mit viel Schatten vereinte. Von der einfachen, sehr technisch wirkenden Basis, die wohl vom schwierigen Herbst geprägt ist, bis hin zu guten restsüßen Weinen war alles vorhanden. Am besten gefiel uns die Riesling Auslese aus dem Valwiger Herrenberg, die sich sehr klar, fein und leicht präsentierte. Im Keller des Weingutes wird auch der ansprechende Riesling des interessanten Steillagengemeinschaftsprojekts Breva ausgebaut.

Anzahl der verkosteten Weine: 11
Bewertungen: 79–85 Punkte

2013	Riesling Sekt Brut **9,50 €** | 13% | bis 2017	**79**
2014	Elbling trocken **6,– €**/1,0 Lit. | 12,5% | bis 2017	**80**
2014	Riesling Hochgewächs trocken **6,– €** | 12,5% | bis 2017	**80**
2014	Valwiger Herrenberg Riesling Eigenart Spätlese trocken **9,50 €** | 12,5% | bis 2017	**79**
2014	Klottener Brauneberg Riesling Spätlese trocken Premium **10,20 €** | 12% | bis 2018	**82**
2014	Riesling Hochgewächs halbtrocken **6,– €** | 12% | bis 2017	**81**
2014	Cochemer Goldbäumchen Riesling Spätlese halbtrocken **9,– €** | 12% | bis 2017	**81**
2014	Valwiger Herrenberg Riesling Auslese feinherb Alte Reben **12,– €** | 12% | bis 2018	**83**
2014	Valwiger Herrenberg Riesling Edition »G« Premium **14,– €** | 8% | bis 2019	**84**
2014	Pommerner Sonnenuhr Riesling Spätlese **9,– €** | 8,5% | bis 2019	**83**
2014	Valwiger Herrenberg Riesling Spielerei Auslese Premium **10,– €**/0,375 Lit. | 8% | bis 2022	**85**

WEINGUT MARKUS GÖRGEN

56820 Senheim · Zeller Straße 29
☎ (0 26 73) 42 51
info@mg-weine.de
www.mg-weine.de
Inhaber: Markus Görgen

Verkauf: Markus Görgen
Mo–Fr: 17.00–20.00 Uhr
Sa: 11.00–15.00 Uhr, So: 11.00–13.00 Uhr

In dem vier Hektar großen Betrieb werden neben Spätburgunder, Dornfelder und Weißburgunder zu 80 Prozent Riesling angebaut. Seit 1958 existiert das Familienweingut, welches auch einige sehr gute Destillate erzeugt. In diesem Jahr gefiel uns der Riesling Spätlese aus dem Senheimer Bienengarten mit seinem kräftigen Biss und einer prägnanten Honignote am besten. Leider waren die Qualitäten insgesamt wieder unter dem Durchschnitt der in den vorherigen Jahren eingeschickten Weine.

Anzahl der verkosteten Weine: 8
Bewertungen: 79–84 Punkte

2014	Weißburgunder trocken **5,50 €** | 13% | bis 2017	**82**
2014	Riesling Hochgewächs trocken **5,80 €** | 12% | bis 2017	**79**
2014	Senheimer Lay Riesling Spätlese trocken **6,90 €** | 11% | bis 2019	**84**
2014	Riesling Hochgewächs halbtrocken **5,80 €** | 11% | bis 2017	**81**
2014	Senheimer Lay Riesling Spätlese halbtrocken **6,90 €** | 10,5% | bis 2018	**83**
2014	Bacchus **5,20 €** | 8,5% | bis 2017	**81**
2014	Senheimer Lay Riesling Spätlese **6,90 €** | 8% | bis 2019	**83**
2014	Senheimer Bienengarten Riesling Spätlese **6,90 €** | 7,5% | bis 2019	**84**

WEINGUT GRANS-FASSIAN

54340 Leiwen · Römerstraße 28
☎ (0 65 07) 31 70 · Fax 81 67
weingut@grans-fassian.de
www.grans-fassian.de
Inhaber: Gerhard Grans
Kellermeister: Gerhard Grans und Kilian Klein

Verkauf: Gerhard und Doris Grans
nach Vereinbarung

Historie: seit 1624 in Familienbesitz

Rebfläche: 12 Hektar
Jahresproduktion: 90.000 Flaschen
Beste Lagen: Trittenheimer Apotheke, Leiwener Laurentiuslay, Piesporter Goldtröpfchen, Dhron-Hofberger
Boden: Devonschiefer
Rebsorten: 90% Riesling, 10% Weiß- und Grauburgunder
Durchschnittsertrag: 60 hl/ha
Mitglied: VDP

Vor allem die trockenen Rieslinge sind Gerhard Grans auch im Jahrgang 2014 wieder bestens geraten. Schon der Guts-Riesling Mineralschiefer erinnert an Zitrusfrüchte, hat Struktur und gut eingebundene Säure. Die Alten Reben wirken noch verschlossen und zartherb, das Steile Stück hat eine saftige Präsenz und dichten Fluss. Drei Große Gewächse hat Grans wieder gefüllt. Der Dhron-Hofberger ruht in sich und wirkt schon etwas reifer. Die Laurentiuslay bietet reichhaltige Frucht und ist dicht und stoffig. Und die Apotheke ist pfeffrig und klar, kernig und offenbart exotische Aromen. Von den fruchtsüßen Rieslingen gefällt uns die Spätlese aus der Apotheke am besten: saftig und reif, im Stile einer Auslese. Gerhard Grans erzeugt Rieslinge mit feinem Schliff und pikanter Säure. Die Basis hierfür ist ein beeindruckender Lagenbesitz nicht nur in seiner Heimatgemeinde Leiwen, sondern auch in den renommierten Weinbergen der Nachbardörfer. Zuletzt hat er seinen Anteil in der Laurentiuslay um 1,6 Hektar erweitern können. Die trockenen Weine, die rund ein Drittel der Erzeugung ausmachen, zeigen Fülle und Struktur, ohne an Mosel-Eleganz einzubüßen. In den besten Jahren stehen die fruchtsüßen Weine mit an der Mosel-Spitze. Seine besten trockenen Rieslinge beanspruchen in jedem Jahr einen Platz in der Gebietsspitze.

Kollektion des Jahres 2008 / Winzer des Jahres 1994

Anzahl der verkosteten Weine: 10
Bewertungen: 85-91 Punkte

Jahrgang	Wein	Punkte
2014	Riesling Mineralschiefer trocken **8,80 €** | 12% | bis 2019	**85**
2014	Riesling »L« trocken Alte Reben **12,70 €** | 12,5% | bis 2020	**88**
2014	Riesling Steiles Stück trocken **17,– €** | 13% | bis 2021	**89**
2014	Dhron-Hofberger Riesling »Großes Gewächs« **22,– €** | 13% | bis 2021	**89**
2014	Leiwener Laurentiuslay Riesling »Großes Gewächs« **22,– €** | 13% | bis 2022	**90**
2014	Trittenheimer Apotheke Riesling »Großes Gewächs« **24,– €** | 13% | bis 2022	**90**
2014	Riesling Catherina feinherb **10,– €** | 11,5% | bis 2020	**85**
2014	Riesling **8,80 €** | 11,5% | bis 2020	**86**
2014	Trittenheimer Riesling Kabinett **12,– €** | 9% | bis 2021	**87**
2014	Trittenheimer Apotheke Riesling Spätlese **18,– €** | 8% | bis 2022	**91**

WEINGUT FRITZ HAAG DUSEMONDER HOF

54472 Brauneberg · Dusemonder Straße 44
☎ (0 65 34) 4 10 · Fax 13 47
info@weingut-fritz-haag.de
www.weingut-fritz-haag.de
Inhaber: Oliver Haag
Betriebsleiter: Nico Rieb
Kellermeister: Oliver Haag

Verkauf: Familie Haag
nach Vereinbarung

Historie: seit 1605 in Familienbesitz

Rebfläche: 17 Hektar
Jahresproduktion: 135.000 Flaschen
Beste Lagen: Brauneberger Juffer-Sonnenuhr und Juffer
Boden: Schiefer
Rebsorte: 100% Riesling
Durchschnittsertrag: 65 hl/ha
Mitglied: VDP

Denjenigen Kritikern, die in den letzten Jahren dieses großartige Weingut schon in einer Schwächephase wähnten, hat Oliver Haag nun eine Lektion erteilt. Ausgerechnet im Jahrgang 2014, der wegen seiner im Herbst grassierenden Fäulnis selbst renommierten Betrieben mitunter große Probleme bereitete, stellt Haag eine Kollektion auf den Tisch, wie sie viel besser nicht sein kann. Da ist sie wieder, diese Harmonie, diese Brillanz der Rieslinge, wie sie nur ganz wenige Ausnahmewinzer aus großen Lagen herauskitzeln können. Selbst die Trockenen, früher nicht unbedingt eine der Stärken des Hauses, trumpfen hier mittlerweile groß auf. Der Riesling »J« betört mit feinem Blütenduft, die Großen Gewächse stehen mit in der Gebietsspitze: die Juffer nachhaltig und mit gutem Zug, die Juffer-Sonnenuhr reifer und noch reichhaltiger.

Der Brauneberger Berg

Das gesamte Sortiment stellt die Klasse des Brauneberger Berges erneut eindrucksvoll unter Beweis, erst recht bei den fruchtsüßen Rieslingen. Der Kabinett Versteigerungswein ist ein großer Wurf: edel und fein, verspielt und dicht zugleich. Bei den Spätlesen ist eine besser als die andere. Wir sehen sie alle auf Augenhöhe. Die Juffer ist eher zart und tänzelt auf der Zunge, die Juffer-Sonnenuhr verfügt über eine große Reife und Schmelz. Der Versteigerungswein –14– probiert sich edel, saftig und hochfein. Als Sahnehäubchen odendrauf gibt es dann noch die Auslesen aus der Juffer-Sonnenuhr, wahre Klassiker mit feiner Länge und wunderbar kühler Art. Das 17 Hektar große Weingut Fritz Haag trägt die Zusatzbezeichnung »Dusemonder Hof«. Ein Hinweis auf den alten Ortsnamen: Erst im Jahre 1925 wurde Dusemond, aus dem Lateinischen mons dulcis (süßer Berg), in Brauneberg umbenannt. Der Brauneberg, sicherlich einer der eindrucksvollsten Hänge im Moseltal, ist gegliedert in zwei großartige Lagen: Juffer und Juffer-Sonnenuhr. In der Mitte des Braunebergs liegt die außergewöhnliche Spitzenlage Juffer-Sonnenuhr, die etwa zehn Hektar groß ist. Durch eine Geländekrümmung entsteht ein großer, flacher Hohlspiegel, der die Sonne aus jedem Einfallswinkel speichern kann. Am Fuß liegt der Wärmespeicher Mosel, darüber ernsthaft steile Felsen.

Oliver Haag

Für ein langes Leben

Über Jahre sind wir nicht müde geworden, das durchgängig hohe Qualitätsniveau in diesem Betrieb zu loben. Vom Gutsriesling bis zum edelsüßen Topwein präsentierte sich das Haag'sche Angebot stets wie aus einem Guss. Nur wenige Winzer im Moseltal gehen ihrem Beruf mit dieser Hingabe nach wie Wilhelm Haag und heute sein Sohn Oliver Haag.

Anzahl der verkosteten Weine: 15
Bewertungen: 84-92 Punkte

2014 Riesling trocken **85**
9,80 € | 11,5% | bis 2019

2014 Brauneberger Riesling »J« trocken **86**
13,80 € | 12% | bis 2019

2014 Brauneberger Juffer Riesling »Großes Gewächs« **90**
20,– € | 12,5% | bis 2020

2014 Brauneberger Juffer-Sonnenuhr Riesling »Großes Gewächs« **88**
26,– € | 13% | bis 2019

2014 Brauneberger Riesling feinherb **86**
12,50 € | 11,5% | bis 2019

2014 Brauneberger Juffer Riesling feinherb **88**
18,– € | 12% | bis 2020

2014 Riesling **84**
9,50 € | 11% | bis 2019

2014 Brauneberger Riesling Kabinett **88**
12,50 € | 7,5% | bis 2020

2014 Brauneberger Juffer-Sonnenuhr Riesling Kabinett **90**
| 7% | bis 2022

2014 Brauneberger Juffer Riesling Spätlese **91**
16,– € | 7,5% | bis 2023

2014 Brauneberger Juffer-Sonnenuhr Riesling Spätlese **91**
20,– € | 7,5% | bis 2024

2014 Brauneberger Juffer-Sonnenuhr Riesling Spätlese - 14 - **92**
| 7% | bis 2024

2014 Brauneberger Juffer Riesling Auslese **91**
21,– € | 7,5% | bis 2024

2014 Brauneberger Juffer-Sonnenuhr Riesling Auslese **91**
26,– € | 7,5% | bis 2026

2014 Brauneberger Juffer-Sonnenuhr Riesling Auslese - 10 - **92**
| 7% | bis 2028

WEINGUT WILLI HAAG

54472 Brauneberg · Burgfriedenspfad 5
☎ (0 65 34) 4 50 · Fax 6 89
info@willi-haag.de
www.willi-haag.de
Inhaber: Marcus Haag
Kellermeister: Marcus Haag

Verkauf: Marcus und Inge Haag
nach Vereinbarung

Historie: seit 400 Jahren Weinbau in der Familie
Sehenswert: Gewölbekeller

Rebfläche: 6 Hektar
Jahresproduktion: 45.000 Flaschen
Beste Lagen: Brauneberger Juffer und Juffer-Sonnenuhr, Piesporter Goldtröpfchen
Boden: Devonschiefer
Rebsorte: 100% Riesling
Durchschnittsertrag: 60 hl/ha
Mitglied: VDP

Die witterungsbedingten Probleme der beiden letzten Jahrgänge haben dieses Traditionsgut in Brauneberg ziemlich durchgerüttelt. Nach einer durchwachsenen Leistung in 2013 konnten die Rieslinge des Folgejahres leider nicht an Qualität zulegen. Die besten Exemplare probieren sich herzhaft, wie etwa der feinherbe Guts-Riesling. Auch der feinherbe Kabinett hat eine saftige, eher klare Art, ohne zu großer Form aufzulaufen. Es fehlt durchgängig an Präzision und Ausdruck. Doch auch dies steht fest: Nach wie vor wird hier solide gearbeitet, was die Weine aus diesem Brauneberger Betrieb immer wieder bescheinigen. Das heutige Gut, das von Marcus Haag geführt wird, ging aus der Teilung des Traditionsgutes Ferdinand Haag zu Beginn der 1960er Jahre hervor. Es entstanden damals die Güter Fritz und Willi Haag. Marcus Haag hat in den vergangenen Jahren sowohl im Weinberg als auch im Keller erhebliche Anstrengungen unternommen wie zum Beispiel die Umstellung von der Pfahl-erziehung auf Drahtrahmenanlagen oder auch die Verbesserung der Gärsteuerung im Keller.

Zeichenerklärung:
Schnäppchenpreis · Top 10 Spitzenreiter
Ökobetrieb · Trink-Tipp · Versteigerungswein
Sekt Weißwein Rotwein Roséwein

Anzahl der verkosteten Weine: 7
Bewertungen: 81–85 Punkte

2014	Riesling trocken **6,30 €** | 11,5% | bis 2017	**82**
2014	Riesling halbtrocken **6,30 €** | 11% | bis 2017	**81**
2014	Riesling feinherb **6,30 €** | 10,5% | bis 2018	**84**
2014	Brauneberger Juffer Riesling Kabinett feinherb »Große Lage« **7,80 €** | 10% | bis 2018	**84**
2014	Riesling **6,40 €** | 9% | bis 2018	**83**
2014	Brauneberger Juffer Riesling Kabinett »Große Lage« **7,80 €** | 8,5% | bis 2018	**84**
2014	Brauneberger Juffer-Sonnenuhr Riesling Spätlese »Große Lage« **11,– €** | 8,5% | bis 2019	**85**

WEINGUT JULIAN HAART

54498 Piesport · Trevererstraße 12
☎ (0 65 07) 9 38 98 68
info@julian-haart.de
www.julian-haart.de
Inhaber: Julian und Nadine Haart
Kellermeister: Julian Haart

Verkauf: nach Vereinbarung

Historie: Familie betreibt seit 1337 Weinbau

Rebfläche: 5 Hektar
Jahresproduktion: 25.000 Flaschen
Beste Lagen: Piesporter Goldtröpfchen und Schubertslay, Wintricher Ohligsberg
Boden: Devonschieferverwitterung
Rebsorte: 100% Riesling
Durchschnittsertrag: 45 hl/ha

Nach der Übernahme der Weinberge des Weingutes Joh. Haart in Piesport hat Julian Haart jetzt die Grundlagen für noch mehr Qualität gelegt. Wir hatten jedenfalls bei den 2013er Rieslingen eine deutliche Steigerung festgestellt, die Julian Haart die zweite Traube einbrachte. Mit dem Jahrgang 2014 schließt Haart an die bisherigen Leistungen an. Von den trockenen hat uns vor allem der Gutswein beeindruckt. Er ist klar und saftig, straff und zugleich zartblumig. Die Lagenweine haben Format, sind aber in der Frucht etwas unterdrückt und klingen mitunter leicht herb nach. Mit den fruchtsüßen Rieslingen muss man Geduld haben, sie wiesen bei der Probe noch eine mehr oder weniger starke Schwefelnase auf und gewinnen durch Belüftung an Feinheit. An der Spitze stehen die Spätlesen aus Goldtröpfchen und Schubertslay, edle Rieslinge mit Charakter. Und die Auslese ist verspielt, lang und zeigt einen feinen Beerenton. Wer, wie Julian Haart, bei Winzergrößen wie Werner Schönleber, Egon Müller und Klaus-Peter Keller gelernt hat, hat alles Handwerkszeug mitbekommen, das man nur haben kann, um früher oder später große Rieslinge zu erzeugen. Das Selbstbewusstsein jedenfalls ist schon vorhanden, wie ein Blick auf einige Preise deutlich macht.

Die Betriebe:
Weltklasse · Deutsche Spitze
Sehr gut · Gut · Zuverlässig
Weitere Empfehlung

Anzahl der verkosteten Weine: 11
Bewertungen: 84–91 Punkte

2014	Piesporter Riesling trocken **14,– €** | 12% | bis 2019	**86**
2014	Wintricher Riesling trocken **19,– €** | 12% | bis 2019	**84**
2014	Piesporter Goldtröpfchen Riesling trocken **25,– €** | 12% | bis 2020	**88**
2014	Wintricher Ohligsberg Riesling trocken auf Anfrage | 12% | bis 2020	**87**
2014	Riesling **9,90 €** | 11,5% | bis 2019	**85**
2014	Piesporter Schubertslay Riesling Kabinett **14,50 €** | 8% | bis 2021	**85**
2014	Wintricher Ohligsberg Riesling Kabinett **14,50 €** | 7,5% | bis 2021	**86**
2014	Piesporter Goldtröpfchen Riesling Spätlese **15,– €** | 7,5% | bis 2022	**90**
2014	Wintricher Ohligsberg Riesling Spätlese **19,90 €** | 8% | bis 2020	**86**
2014	Piesporter Schubertslay Riesling Spätlese **19,90 €** | 7,5% | bis 2023	**91**
2014	Piesporter Goldtröpfchen Riesling Auslese **24,50 €** | 7% | bis 2024	**91**

WEINGUT REINHOLD HAART

54498 Piesport · Ausoniusufer 18
☎ (0 65 07) 20 15 · Fax 59 09
info@haart.de
www.haart.de
Inhaber: Theo, Edith und Johannes Haart

Verkauf: Theo und Johannes Haart
nach Vereinbarung

Historie: Weinbau in der Familie
urkundlich nachgewiesen seit 1337

Rebfläche: 8 Hektar
Jahresproduktion: 50.000 Flaschen
Beste Lagen: Piesporter Goldtröpfchen, Wintricher Ohligsberg
Boden: Tonschieferverwitterung
Rebsorte: 100% Riesling
Durchschnittsertrag: 45 hl/ha
Mitglied: VDP

Theo und Johannes Haart waren mit den Problemen des Jahrgangs 2013 sehr gut klargekommen, was schon die einfacheren trockenen Weine zeigten. Das gilt nicht in vollem Umfang für den Jahrgang 2014. Einige trockene Rieslinge wirken mitunter recht karg, die Großen Gewächse sind bei Weitem nicht auf der Höhe wie etwa im Vorjahr. Da gefällt uns der blütenduftige Gutswein schon besser. Richtig Musik kommt bei den fruchtsüßen Rieslingen in die Kollektion. Schon der Kabinett aus dem Goldtröpfchen ist fein und klar und hat Spiel, die Spätlesen probieren sich cremig und schmelzig, bei den Auslesen hat der großartige Ohligsberg mit seiner Feinheit und Länge leichte Vorteile vor den beiden Gewächsen aus dem Goldtröpfchen.

Akribische Winzerarbeit

»Winzer des Jahres 2007«: Das war nicht nur der Lohn für Theo Haarts großartige 2005er Weine, sondern auch Anerkennung seiner akribischen Arbeit über viele Jahre hinweg. Der Piesporter Winzer hat mit großer Beharrlichkeit die Qualität seiner Weine Zug um Zug vorangebracht. Dabei macht er wenig Aufhebens um seine Person, aber er hat ganz konkrete Vorstellungen, wie seine Weine zu schmecken haben. Besonders wichtig ist ihm, der ausschließlich Riesling in Spitzenlagen in Piesport und Wintrich kultiviert, das Terroir, auf dem seine Weine entstehen. Im Jahre 1763 gelang es dem Piesporter Pastor Johannes Hau, die Bewohner davon zu überzeugen, nur noch die edlen Rieslingreben zu pflanzen. Nicht zuletzt deshalb war die Herkunftsbezeichnung »Piesporter« lange Zeit gleichbedeutend mit hochwertigem Riesling-Wein. Hau selbst verkaufte aus seinem Pfarrwingert ausgesuchte Stecklinge an viele Orte der Mosel und leistete so einen großen Beitrag zur Verbreitung des Rieslings. Der Weinberg, von dem diese Missionsarbeit ausging, ist heute im Besitz der Familie Haart. Von den alten Stöcken selektiert Theo Haart immer noch qualitativ herausragende Pflanzen für die eigenen Weinberge. Um die einzigartige Typizität seiner Weine besonders herauszustreichen, verwendet Haart ausschließlich natürliche Hefen. Der Ausbau trockener Rieslinge spielt nur eine Nebenrolle in diesem Vorzeigebetrieb. Und da ihm auch die Bezeichnung »halbtrocken« nicht sonderlich behagt, hatte Haart eine pfiffige Idee: Seinen leckeren Trendwein nannte er originellerweise »Haart to Heart«. Der englische Name ist keinesfalls ein Tribut an den Zeitgeist, sondern der Wein wird schlicht und ergreifend in erster Linie an angelsächsische Kunden verkauft. Immerhin 70 Prozent der Produktion gehen in den Export. Zuletzt wurde die Ausstattung der Flaschen überarbeitet, wobei auch die charakteristischen Halsschleifen mit den Mickey-Mouse-Ohren verschwunden sind.

Theo Haart

Glanz alter Tage

Bereits mit seinen wirklich grandiosen und famosen 2010ern konnte das Weingut Reinhold Haart in der Tat den wunderbaren Glanz alter Tage wiederbeleben. Und auch mit dem Jahrgang 2011 vor nunmehr zwei Jahren brachte der Ausnahmewinzer eine erstaunliche Kollektion wie aus einem Guss auf den Tisch, die uns noch sehr gut in Erinnerung ist. Der Jahrgang 2012 war Theo und Johannes Haart vor allem bei den fruchtsüßen Rieslingen gut gelungen.

WEINGUT HAIN

54498 Piesport · Am Domhof 5
☎ (0 65 07) 24 42 · Fax 68 79
weingut-hain@t-online.de
www.weingut-hain.de
Inhaber: Gernot Hain

Verkauf: Gernot und Susanne Hain
Mo–Fr: 9.00–18.00 Uhr
Sa–So: nach Vereinbarung

Hotel und Gutsausschank: »Piesporter Goldtröpfchen«, Mo–So 12.00–21.00 Uhr
Spezialitäten: moderne Landhausküche
Historie: Weinbau seit dem 17. Jahrhundert
Sehenswert: 300 Jahre alter Gewölbekeller

Rebfläche: 8,3 Hektar
Jahresproduktion: 60.000 Flaschen
Beste Lagen: Piesporter Goldtröpfchen und Domherr
Boden: Devonschiefer
Rebsorten: 80% Riesling, 20% Weißburgunder, Chardonnay und Spätburgunder
Durchschnittsertrag: 65 hl/ha

Kabinette und Spätlesen aus dem Piesporter Goldtröpfchen sind im Jahrgang 2014 die Trümpfe von Gernot Hain. Während der Kabinett Nummer acht an saftige Äpfel erinnert, protzt die Nummer 18 mit pikanter Würze und zeigt gute Länge. Die beiden Spätlesen liegen nah beieinander, wobei wir jene von den Felsterrassen mit feinem Zug und ihrer balancierten und verspielten Art bevorzugen. Die Klarheit, die diese Rieslinge prägt, sucht man in den trockenen des Jahrgangs vergebens. Da waren die 2013er aus einem anderen Holz geschnitzt, als wir ein Sortiment wie aus einem Guss probierten. Der Piesporter Winzer Gernot Hain konnte bei der Übernahme dieses Gutes im Jahre 1988 auf den Leistungen seines Vaters aufbauen. Dieser hatte nicht nur ein Hotel begründet, sondern auch dem Weingut durch Zukauf bester Piesporter Parzellen eine solide Basis verschafft. Im tiefen Gewölbekeller pflegt Gernot Hain einen betont reduktiven Ausbau, der den besonderen Charakter der Piesporter Tonschieferböden voll zum Tragen bringt. Zuletzt wurde größer investiert in den Bau eines Flaschenlagers. In den nächsten Jahren sollen weitere große Holzfässer angeschafft werden.

Anzahl der verkosteten Weine: 12
Bewertungen: 84–92 Punkte

Jahrgang	Wein	Punkte
2014	Riesling trocken **9,– €** | 11,5% | bis 2016	**84**
2014	Piesporter Riesling trocken **12,50 €** | 11% | bis 2017	**87**
2014	Piesporter Goldtröpfchen Riesling »Großes Gewächs« **27,– €** | 12,5% | bis 2018	**86**
2014	Wintricher Ohligsberg Riesling »Großes Gewächs« **27,– €** | 13% | bis 2018	**86**
2014	Riesling Haart to Heart feinherb **9,– €** | 10,5% | bis 2016	**84**
2014	Piesporter Goldtröpfchen Riesling Kabinett »Große Lage« **13,– €** | 8,5% | bis 2022	**90**
2014	Piesporter Goldtröpfchen Riesling Spätlese »Große Lage« **19,80 €** | 8% | bis 2024	**91**
2014	Wintricher Ohligsberg Riesling Spätlese »Große Lage« **19,80 €** | 8% | bis 2024	**92**
2014	Piesporter Goldtröpfchen Riesling Spätlese »Große Lage« | 8% | bis 2026	**91**
2014	Wintricher Ohligsberg Riesling Auslese »Große Lage« **32,50 €** | 8% | bis 2030	**91**
2014	Piesporter Goldtröpfchen Riesling Auslese »Große Lage« **32,50 €** | 8% | bis 2028	**92**
2014	Piesporter Goldtröpfchen Riesling Auslese »Große Lage« | 8% | bis 2030	**92**

Anzahl der verkosteten Weine: 11
Bewertungen: 83–91 Punkte

2014 Piesporter Riesling trocken **83**
6,50 € | 11,5% | bis 2018

2014 Piesporter Goldtröpfchen Riesling trocken *** **84**
13,- € | 12,5% | bis 2018

2014 Piesporter Domherr Riesling trocken *** **85**
13,- € | 12,5% | bis 2019

2014 Piesporter Goldtröpfchen Riesling Kabinett feinherb **85**
8,- € | 10,5% | bis 2019

2014 Piesporter Goldtröpfchen Riesling Spätlese feinherb Alte Reben **86**
13,- € | 10,5% | bis 2019

2014 Piesporter Goldtröpfchen Riesling Kabinett - 8 - **88**
€ **8,- €** | 8% | bis 2021

2014 Piesporter Goldtröpfchen Riesling Kabinett - 18 - **89**
€ **8,- €** | 7,5% | bis 2021

2014 Piesporter Goldtröpfchen Riesling Spätlese **90**
10,- € | 7,5% | bis 2022

2014 Piesporter Domherr Riesling Spätlese **86**
12,- € | 7,5% | bis 2020

2014 Piesporter Goldtröpfchen Riesling Felsterrassen Spätlese **91**
12,- € | 7,5% | bis 2022

2014 Piesporter Goldtröpfchen Riesling Auslese **89**
18,- € | 8% | bis 2021

Aufsteiger

DOMAINE ALICE HARTMANN

5480 Wormeldange · 72–74 Rue Principale
☎ (0 03 52) 76 00 02 · Fax 76 04 60
domaine@alice-hartmann.lu
www.alice-hartmann.lu
Geschäftsführer: Hans-Jörg Befort
Kellermeister: Hans-Jörg Befort

Verkauf: Hans-Jörg Befort
Fr: 14.00–18.00 Uhr und nach Vereinbarung

Sehenswert: historisches Gutshaus

Rebfläche: 12 Hektar
Jahresproduktion: 75.000 Flaschen
Boden: Muschelkalk, Schiefer
Durchschnittsertrag: 45 hl/ha

Dieser Luxemburger Betrieb besitzt neben seinen Weinbergen im luxemburgischen Wormeldange Parzellen im Kernstück der Trittenheimer Apotheke und im Wiltinger Scharzhofberg. Diese Rieslinge werden aus weingesetzlichen Gründen im Weingut von Hövel in Oberemmel an der Saar von Max von Kunow ausgebaut. Der feinherbe Riesling aus der Trittenheimer Apotheke ist ausgesprochen druckvoll mit rauchigen und salzigen Aromen. Auch der uns erstmals präsentierte Chardonnay Clos du Kreitzerberg hat uns gut gefallen. Der Wein ist deutlich erkennbar im Barrique ausgebaut und braucht noch einige Zeit, um das Holz perfekt einzubinden, aber zeigt schon jetzt sein Potenzial. Der Crémant Brut ist dagegen seit Jahren eine sichere Bank! Nach vier überzeugenden Kollektionen in Folge gratulieren wir zur zweiten Traube.

Zeichenerklärung:
€ Schnäppchenpreis · Top 10 Spitzenreiter
Ökobetrieb · Trink-Tipp · Versteigerungswein
Sekt | Weißwein | Rotwein | Roséwein

Anzahl der verkosteten Weine: 7
Bewertungen: 85-88 Punkte

Jahrgang	Wein	Punkte
2013	Crémant Brut **16,50 €** | 13% | bis 2018	**88**
2014	Ahner Palmberg Riesling trocken **15,– €** | 12,5% | bis 2020	**85**
2014	Wormeldange Koeppchen Riesling Les Terrasses trocken **15,50 €** | 12,5% | bis 2020	**86**
2013	Grevenmacher Clos du Kreitzerberg Chardonnay trocken Barrique **17,– €** | 13% | bis 2019	**87**
2014	Scharzhofberger Riesling trocken **19,– €** | 12% | bis 2020	**85**
2014	Trittenheimer Apotheke Riesling feinherb **19,– €** | 12% | bis 2020	**88**
2014	Wormeldange Riesling feinherb Goldkapsel **19,50 €** | 12,5% | bis 2020	**85**

WEINGUT FREIHERR VON HEDDESDORFF

56333 Winningen · Am Moselufer 10
☎ (0 26 06) 96 20 33 · Fax 96 20 34
weingut@vonheddesdorff.de
www.vonheddesdorff.de
Inhaber: Andreas von Canal

Verkauf: Andreas von Canal
nach Vereinbarung

Ferienwohnungen: drei Appartements im Weingut
Sehenswert: 900-jähriges Stammhaus, dreistöckiger Hauptbau mit schlanken, zinnenbekrönten Türmchen an den Ostecken

Rebfläche: 5,3 Hektar
Jahresproduktion: 35.000 Flaschen
Beste Lagen: Winninger Uhlen, Röttgen und Brückstück
Boden: Schiefer
Rebsorte: 100% Riesling
Durchschnittsertrag: 55 hl/ha

Den Aufstieg auf zwei Trauben konnte Katharina von Canal mit den 2014ern nicht in vollem Umfang bestätigen. Zu deutlich sind die Spuren, die der nasse Herbst in den Weinen hinterlassen hat. Die trockenen Rieslinge weisen eine herbe Aromatik auf, es fehlt die Brillanz des Vorjahres. Wir bevorzugen die trockenen 2014er Spätlesen aus der Lage Uhlen. Zum einen den Baron in seiner reichhaltigen und ausladenden Art, zum anderen die Zehn Terrassen, die mehr Frische und Würze und eine kühlere Art als der Röttgen ins Glas bringen. Im Vorjahr hatte Katharina von Canal im problematischen Jahrgang mit viel Fingerspitzengefühl gearbeitet. Es war eine Handschrift erkennbar und trotz der Kraft der Weine wurde auch die Lagentypizität deutlich. In jedem Fall sind dies authentische Rieslinge von der Terrassenmosel.

Die Betriebe:
Weltklasse · Deutsche Spitze
Sehr gut · Gut · Zuverlässig
Weitere Empfehlung

Anzahl der verkosteten Weine: 6
Bewertungen: 82–86 Punkte

2014 Riesling trocken **82**
6,– € | 12% | bis 2018

2014 Winninger Röttgen Riesling Spätlese trocken **84**
12,– € | 12,5% | bis 2018

2014 Winninger Uhlen **85**
Riesling zehn Terrassen Spätlese trocken
13,– € | 13% | bis 2019

2014 Winninger Uhlen **86**
Riesling Baron Spätlese trocken
15,– € | 13% | bis 2018

2014 Winninger Brückstück **85**
Riesling Spätlese feinherb
12,– € | 12% | bis 2019

2014 Winninger Uhlen Riesling Kabinett **86**
8,– € | 10% | bis 2019

WEINGUT HEINRICHSHOF

54492 Zeltingen Rachtig
Chur-Kölner Straße 23
☎ (0 65 32) 31 51 · Fax 93 33 34
mosel@weingut-heinrichshof.de
www.shop.weingut-heinrichshof.de
Inhaber: Peter und Ulrich Griebeler

Verkauf: nach Vereinbarung

Wer sich über die Kapseln mit den Namen »Peter & Ulrich« wundert, sollte nach den Vornamen der beiden Gutsbesitzer schauen. Die heißen mit Nachnamen Griebeler und führen das Traditionsweingut in der elften Generation zusammen weiter. Ihre Weine hinterließen einen sehr positiven Eindruck. Sie sind authentisch und blitzsauber mit Potenzial nach oben. Hervorzuheben sind der knackige und ausdrucksstarke Riesling Am Welbersberg Spätlese trocken sowie der klare, reintönige Riesling Auslese aus der Zeltinger Sonnenuhr.

Anzahl der verkosteten Weine: 12
Bewertungen: 81–86 Punkte

2014 Riesling trocken **82**
5,50 €/1,0 Lit. | 11% | bis 2017

2014 Riesling Römische Kapelle trocken **83**
6,60 € | 12% | bis 2020

2014 Zeltinger Schlossberg **82**
Riesling trocken Holzfass
8,20 € | 12% | bis 2018

2014 Zeltinger Sonnenuhr **85**
Riesling am Welbersberg Spätlese trocken Holzfass
8,90 € | 11% | bis 2020

2014 Riesling der herbe Heinrich feinherb **81**
6,60 € | 11,5% | bis 2016

2014 Zeltinger Schlossberg **83**
Riesling Kabinett feinherb Holzfass
6,60 € | 9% | bis 2020

2014 Zeltinger Sonnenuhr **84**
Riesling Spätlese feinherb Holzfass
8,90 € | 10% | bis 2020

2014 Zeltinger Himmelreich **81**
Riesling Kabinett Holzfass
5,80 € | 8% | bis 2018

2014 Zeltinger Himmelreich **83**
Riesling Spätlese Holzfass
8,20 € | 7,5% | bis 2022

2014 Zeltinger Schlossberg Riesling Spätlese **85**
8,90 € | 8% | bis 2025

2014 Zeltinger Schlossberg Riesling Auslese **84**
11,– € | 7,5% | bis 2025

2014 Zeltinger Sonnenuhr Riesling Auslese **86**
12,50 € | 7,5% | bis 2025

WEINGUT HELLERSHOF-ZILLIKEN

54453 Nittel · Weinstraße 14–18
☎ (0 65 84) 9 15 00 · Fax 91 50 50
info@hellershof-zilliken.de
www.hellershof-zilliken.de
Inhaber und Betriebsleiter: Patrick Zilliken

Verkauf: im Weingut
Mo–Sa: 8.00–18.00 Uhr, So: 8.00–12.00 Uhr

Nachdem das Weingut Hellershof-Zilliken den schwierigen Jahrgang 2013 mit einer geradezu exzellenten Kollektion gemeistert hat, legt man auch im nächsten Problemjahr ein sehr gelungenes Sortiment vor. Am besten gefallen uns in diesem Jahr der feinherbe Riesling Kabinett und der im Holz ausgebaute Spätburgunder. Auch die beiden Sekte sind gut gelungen, kommen aber nicht ganz an die Vorjahresvarianten heran. Das Nitteler Weingut, zu dem auch eine Weinstube namens »Sektscheune« sowie ein Gästehaus gehören, besitzt Weinberge an der Obermosel und an der Saar. Das Angebot an Weinen ist vielfältig. Neben Saar-Riesling und dem für die Obermosel typischen Elbling stehen die weißen Burgundersorten sowie Spätburgunder.

Anzahl der verkosteten Weine: 12
Bewertungen: 82–87 Punkte

2013	Elbling Crémant Brut **9,50 €** | 12,5% | bis 2017	**85**
2013	Cuvée »Muschelkalk« Sekt extra Brut **12,50 €** | 12,5% | bis 2017	**85**
2014	Elbling trocken **5,– €**/1,0 Lit. | 11,5% | bis 2016	**82**
2014	Cuvée »Muschelkalk« trocken **6,50 €** | 12% | bis 2018	**85**
2014	Spätburgunder trocken Blanc de Noirs **8,– €** | 12,5% | bis 2017	**84**
2014	Grauburgunder trocken »sur lie« **8,– €** | 13,5% | bis 2017	**85**
2014	Weißburgunder trocken »sur lie« **8,– €** | 13% | bis 2018	**86**
2014	Elbling Filius feinherb **6,– €** | 10,5% | bis 2017	**84**
2014	Elbling halbtrocken Classic **6,– €** | 11% | bis 2018	**85**
2014	Riesling Kabinett feinherb **7,– €** | 10% | bis 2020	**87**
2014	Roter Elbling trocken **6,– €** | 11,5% | bis 2016	**83**
2013	Spätburgunder trocken Holzfass **9,50 €** | 13% | bis 2019	**87**

WEINGUT HENRICHS UND FRIDERICHS

56814 Ediger · Paulusstraße 29
☎ (0 26 75) 7 16 · Fax 8 17
info@wein-mosel-wein.de
www.wein-mosel-wein.de
Inhaber: Bernadette Friderichs
Betriebsleiter: Thomas Henrichs

Verkauf: nach Vereinbarung

Insgesamt konnten die angestellten Weine des nur 1,2 Hektar großen Weingutes aus Ediger nicht ganz überzeugen. Besonders die Burgunder und Basisweine wirkten geschmacklich sehr technisch und ohne Struktur. Der Mons Ignis aus dem Ediger Feuerberg hatte dagegen eine feine Nase, Struktur und Kraft bei milder Säure. Neben dem Weingut in Ediger-Eller betreiben Bernadette Friderichs und Thomas Henrichs auch eine Vinothek im Nachbarort Nehren.

Anzahl der verkosteten Weine: 9
Bewertungen: 78–85 Punkte

2014	Riesling Unverzichtbar trocken **6,– €** | 10% | bis 2017	**79**
2014	Weißburgunder Pinot trocken **8,50 €** | 12,5% | bis 2017	**79**
2014	Riesling Devonschiefer trocken **8,50 €** | 11,5% | bis 2017	**81**
2014	Ediger Elzhofberg Riesling vom Glimmerstein trocken **10,50 €** | 12% | bis 2018	**83**
2014	Ediger Feuerberg Riesling Mons Ignis trocken **14,50 €** | 12,5% | bis 2019	**85**
2014	Riesling Drei Sonnen halbtrocken **10,50 €** | 10% | bis 2017	**81**
2014	Riesling Constanze und Pauline **8,50 €** | 7% | bis 2019	**83**
2014	Cabernet Sauvignon & Spätburgunder trocken **8,50 €** | 12% | bis 2017	**80**
2013	Spätburgunder & Cabernet Sauvignon Römerblut trocken **12,50 €** | 12,5% | bis 2017	**78**

Zeichenerklärung:
Schnäppchenpreis · Top 10 Spitzenreiter
Ökobetrieb · Trink-Tipp · Versteigerungswein
Sekt | Weißwein | Rotwein | Roséwein

WEINGUT DR. HERMANN

54492 Erden · Auf der Geig 3
☎ (0 65 32) 25 42 und 35 49 · Fax 40 21
info@weingut-drhermann.de
www.weingut-drhermann.de
Inhaber und Betriebsleiter:
Rudi Hermann
Kellermeister: Christian Hermann

Verkauf: nach Vereinbarung

Rebfläche: 10 Hektar
Jahresproduktion: 85.000 Flaschen
Beste Lagen: Erdener Treppchen, Herzlei und Prälat, Ürziger Würzgarten
Boden: grauer und blauer Devonschiefer, Rotliegendes
Rebsorten: 98% Riesling, 2% Weißburgunder
Durchschnittsertrag: 70 hl/ha

Rudi Hermann und sein Sohn Christian gehören zu den besten Winzern der Mosel. Jahr für Jahr wurden die Weine brillanter, die Beerennoten in den Edelsüßen sauberer und der Trinkfluss animierender. Es gibt keinen Wein mehr, den wir nicht vorbehaltlos empfehlen könnten. Basis für diese hochklassigen Mosel-Rieslinge sind 90 Prozent wurzelechte Rieslingreben in den Lagen Würzgarten und Treppchen und eine sehr selektive Lese, die oft zu einem Füllhorn an feinen Auslesen führt. Nicht zuletzt deshalb hatten wir dem Weingut Dr. Hermann die vierte Traube verliehen.

Präzision der Frucht

Nach den großen Auftritten in den Jahrgängen 2011 und 2012 legte das Weingut mit dem Jahrgang 2013 eine kleine schöpferische Pause ein. Natürlich gab es wieder fulminante Spitzenweine, doch war die Kollektion nicht mehr so homogen wie in den Vorjahren. Vom Jahrgang 2014 hat uns zunächst ein Kabinetttrio begeistert. Das Treppchen ist verspielt und erfrischend, der Würzgarten blitzblank mit salzigen Noten – und liegt damit Kopf an Kopf mit dem Treppchen Nummer sechs, ein Wein mit Zug, Kraft und Spannung und dabei kristallklar. Die Spätlese Goldkapsel hat sich deutlich abgesetzt: Es ist ein großer fruchtsüßer Riesling im Auslesestil mit verlockender Fruchtausprägung. An der Spitze der Kollektion steht eine großartige Trockenbeerenauslese, die bei der Ernte immerhin fast 190 Grad Öchsle auf die Waage brachte.

Das heute 8,3 Hektar große Gut entstand 1967 im Wege der Erbteilung des Weingutes Joh. Jos. Christoffel Erben in Ürzig. Erweitert wurde die Fläche im ursprünglichen, nicht flurbereinigten Teil des Erdener Treppchens (die Parzellen Onnerts und Herzlei) sowie durch den Zukauf einer weiteren Parzelle im Erdener Prälat. Rudi und Christian Hermann gehen im Weinberg höchst selektiv vor, was mehrere Lesedurchgänge im Traubenherbst notwendig macht. Wir sind sicher, dass hierin eine der Voraussetzungen für die Klarheit der Weine gegeben ist. Im Keller arbeitet man vornehmlich mit Edelstahl und lässt die Weine nach ihrer Vergärung einige Zeit auf der Feinhefe liegen.

Christian Hermann

Penible Selektion im Weinberg

Die Weine finden vor allem im Ausland ihre Abnehmer: 85 Prozent der Erzeugung dieses Gutes gehen in den Export, hauptsächlich in die USA, nach Kanada und Asien. Der Anteil an restsüßen Weinen an der Gesamtproduktion beträgt stattliche 90 Prozent, womit trockene und feinherbe Qualitäten eine untergeordnete Rolle spielen.

Die Betriebe:
Weltklasse · Deutsche Spitze · Sehr gut · Gut · Zuverlässig · Weitere Empfehlung

Anzahl der verkosteten Weine: 11
Bewertungen: 83-93 Punkte

2014	Riesling feinherb **7,30 €** | 10,5% | bis 2018	**83**
2014	Riesling »H« **6,30 €** | 9,5% | bis 2018	**84**
2014	Erdener Treppchen Riesling Kabinett (Schnäppchenpreis) **9,– €** | 8% | bis 2020	**88**
2014	Ürziger Würzgarten Riesling Kabinett (Schnäppchenpreis) **9,– €** | 7,5% | bis 2020	**89**
2014	Erdener Treppchen Riesling Kabinett - 6 - (Schnäppchenpreis) **9,50 €** | 7,5% | bis 2022	**90**
2014	Erdener Treppchen Riesling Spätlese **11,– €** | 8% | bis 2021	**88**
2014	Erdener Herzlei Riesling Spätlese Goldkapsel **15,50 €** | 7,5% | bis 2025	**92**
2014	Erdener Prälat Riesling Auslese **25,50 €** | 7,5% | bis 2025	**90**
2014	Erdener Prälat Riesling Auslese Goldkapsel **18,50 €**/0,375 Lit. | 8% | bis 2026	**92**
2014	Erdener Prälat Riesling Beerenauslese Goldkapsel **95,– €**/0,375 Lit. | 7% | bis 2028	**92**
2014	Erdener Prälat Riesling Trockenbeerenauslese Goldkapsel **200,– €**/0,375 Lit. | 6% | bis 2032	**93**

GUT HERMES

54536 Kröv · Robert-Schuman-Straße 218
☎ (0 65 41) 45 81 und 67 84 · Fax 45 73
mail@gut-hermes.de
www.gut-hermes.de
Inhaber: Martin, Georg und Elke Hermes
Kellermeister: Martin Hermes

Verkauf: Martin und Georg Hermes
nach Vereinbarung

Auch in diesem Kröver Weingut spürt man den Aufbruch, der in der ganzen Region seit ein paar Jahren zu höheren Qualitäten führt. Es wurde hier viel in neue Weinberge, Modernisierungen und in die Verbesserung der Kellertechnik investiert. Gefallen hat uns die klare und aromatische Riesling Auslese aus dem Kröver Steffensberg und der nach feinen Hefen duftende Riesling Sekt Brut. Die restlichen Weine der Kollektion konnten leider nicht das Niveau der letzten Jahre bestätigen.

Anzahl der verkosteten Weine: 9
Bewertungen: 80-84 Punkte

2013	Riesling Sekt Brut **8,20 €** | 11,5% | bis 2017	**84**
2014	Kröver Steffensberg Riesling Creation trocken **7,90 €** | 12,5% | bis 2017	**80**
2014	Riesling feinherb **5,– €** | 11% | bis 2017	**81**
2014	Kröver Letterlay Riesling Filius feinherb **6,80 €** | 11,5% | bis 2017	**81**
2014	Kröver Paradies Riesling **5,– €** | 9,5% | bis 2018	**81**
2014	Kröver Letterlay Riesling kein Hagelschlag **9,90 €** | 11% | bis 2017	**81**
2014	Kröver Letterlay Riesling Spätlese **6,80 €** | 9% | bis 2018	**82**
2014	Kröver Steffensberg Riesling Auslese **14,– €** | 8,5% | bis 2020	**84**
2013	Spätburgunder Edition trocken **8,80 €** | 14% | bis 2018	**80**

Zeichenerklärung:
Schnäppchenpreis · Top 10 Spitzenreiter
Ökobetrieb · Trink-Tipp · Versteigerungswein
Sekt | Weißwein | Rotwein | Roséwein

WEINHOF HERRENBERG

54441 Schoden · Hauptstraße 80–82
☎ (0 65 81) 12 58 · Fax 99 54 38
info@lochriesling.de
www.lochriesling.de

Inhaber: Claudia Loch
Betriebsleiter: Claudia und Manfred Loch
Verwalter: Claudia und Manfred Loch
Kellermeister: Manfred Loch

Verkauf: Claudia und Manfred Loch
nach Vereinbarung

Rebfläche: 4 Hektar
Jahresproduktion: 16.000 Flaschen
Beste Lagen: Wiltinger Schlangengraben, Schodener Herrenberg und Ockfener Bockstein
Boden: Schiefer und Devonschiefer
Rebsorte: 100% Riesling
Durchschnittsertrag: 25 hl/ha

Hier gab es zuletzt überhaupt keine schwachen Jahre mehr. An diese Serie knüpfen Claudia und Manfred Loch mit dem Jahrgang 2014 an. Allerdings muss sich der Genießer auf den doch etwas eigenwilligen Saarstil dieses Hauses einlassen. Die Rieslinge sind schmelzig, cremig und dicht, wirken teilweise sogar überreif und üppig durch oxidativen Ausbau. Es sind hedonistische Weine mit einer für die Saar eher ungewöhnlichen Fülle und Rundheit, die nicht zuletzt durch eine gewisse Restsüße entsteht. Schon der Gutsriesling hat Schmelz und die feinherbe Phalanx ist beeindruckend. Der Quasaar verkörpert Pfirsich in Reinkultur, der Stier ist Saft pur mit großem Zug und der Stoveler ist straff und ziseliert, ein edler Riesling. Der fruchtsüße Heerenbersch ist ein saftiger und klarfruchtiger Riesling, der ohne Prädikatsbezeichnung auskommt. Und die Spätlese aus dem Bockstein hat Kraft ohne Ende und ein perfektes Säurespiel. 1992 haben Claudia und Manfred Loch ihren ersten, 1.200 Quadratmeter großen Weinberg im Schodener Herrenberg gekauft, im Folgejahr kamen 30 Ar von den Eltern dazu. Prunkstücke sind eine Parzelle mit 100 Jahre alten, wurzelechten Reben im Wiltinger Schlangengraben und Weinberge im Ockfener Bockstein. Zuletzt erfolgten Neupflanzungen mit extremer Pflanzdichte und schwachwüchsigen Unterlagen. Inzwischen beträgt die Gutsfläche vier Hektar. Drei Viertel der Weine werden trocken oder feinherb ausgebaut.

Anzahl der verkosteten Weine: 8
Bewertungen: 87–92 Punkte

	2014	Schodener Herrenberg Riesling Cruv trocken **17,50 €** | 12,5% | bis 2020	**89**
	2014	Schodener Herrenberg Riesling Lochriesling halbtrocken **11,20 €** | 12% | bis 2019	**87**
	2014	Schodener Herrenberg Riesling Stier feinherb **17,50 €** | 11% | bis 2020	**90**
Top 10	**2014**	Schodener Herrenberg Riesling Stoveler feinherb **17,50 €** | 11% | bis 2021	**91**
	2014	Schodener Herrenberg Riesling Quasaar feinherb **23,90 €** | 11,5% | bis 2020	**89**
	2014	Wiltinger Schlangengraben Riesling feinherb Alte Reben **39,90 €** | 12% | bis 2020	**88**
	2014	Schodener Herrenberg Riesling Heerenbersch **17,50 €** | 9,5% | bis 2024	**92**
	2014	Ockfener Bockstein Riesling Spätlese **25,90 €** | 8,5% | bis 2023	**91**

WEINGUT HEYMANN-LÖWENSTEIN

56333 Winningen · Bahnhofstraße 10
☎ (0 26 06) 19 19 · Fax 19 09
info@hlweb.de
www.hlweb.de
Inhaber: Reinhard Löwenstein
und Cornelia Heymann-Löwenstein

Verkauf: nach Vereinbarung

Sehenswert: Vinothek und Kelterhaus im Kubus vor Jugendstil-Altbau, Terrassenlagen mit Mauern in Trockenbauweise

Rebfläche: 15 Hektar
Jahresproduktion: 100.000 Flaschen
Beste Lagen: Winninger Uhlen und Röttgen, Hatzenporter Kirchberg und Stolzenberg
Boden: Verwitterungsböden verschiedener devonischer Schiefer
Rebsorten: 99% Riesling, 1% übrige Sorten
Durchschnittsertrag: 51 hl/ha
Mitglied: VDP

Reinhard Löwenstein trennt seine Weine konsequent in zwei Kategorien: edelsüße Weine, die auch die entsprechenden Prädikate tragen, und trocken schmeckende Weine, bei denen auf Prädikate verzichtet wird. Vom Jahrgang 2014 wurden lediglich trocken schmeckende Weine vorgestellt. Schon die Basisweine sind hochwertig ausgefallen. Der Riesling Schieferterrassen ist saftig und zupackend, jener vom blauen Schiefer ist noch einen Tick besser. Die beiden Spitzen-Rieslinge aus dem Uhlen sind im Jungzustand von ungestümer Phenolik geprägt. Diese Weine müssen sich finden, die Frucht dahinter wird nach und nach in den Vordergrund treten. Dies sind monumentale trockene Rieslinge von der Terrassenmosel mit starker Prägung durch ihren jeweiligen Standort.

Hierarchie der Lagen

Die Hierarchie ergibt sich aus der Wertigkeit der Lagen. Und diese sind exzellent: Terrassenweinberge, die wie Schwalbennester an den Fluss-Steilwänden rund um Winningen kleben. In diesen Ökonischen reift nicht nur der Riesling voll aus, sondern lockt eine mediterrane Pflanzenwelt auch illustre Tiere an. »Apollo winingensis« heißt etwa der seltene Schmetterling, von dem nördlich der Alpen nur vier Vorkommen bekannt sind. Den Schiefer in allen Farben bringt Löwenstein schon seit Längerem zum Klingen. Die opulenten Auslesen aus dem Uhlen, aber auch seine trockenen Spitzengewächse aus dieser Lage, kennzeichnet Löwenstein mit den alten Parzellennamen und macht damit auf die Bodenverhältnisse aufmerksam. Die Bezeichnungen »Blaufüßer Lay«, »Laubach« und »Roth Lay« deuten auch auf die Farbe des Schiefers hin, der in diesen verschiedenen Lagen dominiert.

Reinhard Löwenstein

Die Liste der großen Weine aus diesem Haus ist lang. Die edelsüßen 2005er und 2006er begeisterten durch ihr Zusammenspiel von Schmelz, Botrytisnoten und Reintönigkeit. Die mineralisch-klaren 2005er Lagenweine brachten ihr Terroir eindrucksvoll zur Geltung. 2007 waren die Basisweine von so bestechender Qualität, dass mancher Lagenwein Schwierigkeiten hatte, sich abzugrenzen. Die 2009er standen durchgehend auf sehr hohem Niveau. 2010 schloss da eher an die Serie aus 2007 an: mit ausgezeichneten Basisweinen, wobei der Riesling Vom blauen Schiefer herausragte.

Vergangene Heldentaten

2009 waren die Lagenweine zum Teil üppig geraten, der Uhlen Roth Lay krönte das 2009er Sortiment. Die 2010er Kollektion wurde angeführt von zwei gelungenen Goldkapselauslesen. Diese gab es in 2011 nicht, dafür aber eine phantastische, hochkonzentrierte Trockenbeerenauslese, die zu den besten Süßweinen des Jahrgangs zählte. Zudem gehörten seine beiden Spitzenweine aus dem Winninger Uhlen, Laubach und Blaufüßer Lay zu den besten feinherben Rieslingen des Jahrgangs in Deutschland. Die 2012er waren von der typischen Dichte und Würze der Terrassenmosel-Rieslinge geprägt, wirkten dabei allerdings schon recht reif.
So eigenwillig wie seine Weine sind auch die Bauwerke des Reinhard Löwenstein. Ein glänzender Kubus steht jetzt vor der Jugendstilfassade des Haupthauses und beherbergt Kelterhaus

und Vinothek. Dieser Neubau lässt keinen Besucher kalt – und genau dies ist wohl auch beabsichtigt. Geradezu exzentrisch mutet die doppelte Außenhaut des Kubus an: Über verkohlten Holzbrettern läuft rund um den Bau – auch vor den Fenstern – in Edelstahllettern Pablo Nerudas Ode an den Wein.

Anzahl der verkosteten Weine: 7
Bewertungen: 89-94 Punkte

2014	Riesling Schieferterrassen	89
Top 10	**16,50 €** | 12,5% | bis 2020	
2014	Riesling vom blauen Schiefer	**90**
	18,50 € | 12,5% | bis 2021	
2014	Hatzenporter Kirchberg Riesling	**90**
	21,50 € | 12,5% | bis 2021	
2014	Hatzenporter Stolzenberg Riesling	**91**
	24,50 € | 12,5% | bis 2023	
2014	Winninger Röttgen Riesling	**92**
	27,– € | 12,5% | bis 2023	
2014	Winninger Uhlen Blaufüßer Lay Riesling	**93**
	31,– € | 12,5% | bis 2025	
2014	Winninger Uhlen Laubach Riesling	94
Top 10	**33,– €** | 11,5% | bis 2025	

WEINGUT MATTHIAS HILD

54457 Wincheringen · Bahnhofstraße 33
☎ (0 65 83) 5 27 · Fax 15 17
info@hild-wein.de
www.hild-wein.de
Inhaber und Betriebsleiter: Matthias Hild

Verkauf: Mo–Sa: nach Vereinbarung

Matthias Hild führt in Wincheringen ein Haus mit über 100-jähriger Tradition. Er ist auch im Weinhandel aktiv und bietet ein Sortiment internationaler Tropfen an. Wenn es um den Elbling geht, macht ihm so schnell niemand etwas vor. Diese Sorte ist sein Metier, er bringt sie in Topform, auch im Jahrgang 2013. Dieser Betrieb in Wincheringen ist so etwas wie ein Aushängeschild für diese alte Rebsorte. Jedes Jahr belegt er, mit wie wenig Alkohol ein trockener Elbling reüssieren kann. Sein Elbling Zehnkommanull aus alten Reben kommt gerade mal mit zehn Volumenprozent aus, wirkt dabei (vor allem mit etwas Luft) sehr mineralisch und ist ein gutes Beispiel dafür, dass man bei niedrigerem Alkohol nicht zwangsläufig Abstriche beim Geschmack machen muss.

Anzahl der verkosteten Weine: 8
Bewertungen: 83-85 Punkte

	Elbling Sekt Brut	**83**
	8,– € | 12% | bis 2016	
2014	Elbling trocken	**83**
	5,50 € | 12% | bis 2017	
2014	Weißburgunder trocken	**83**
	7,50 € | 12,5% | bis 2017	
2014	Grauburgunder trocken	**83**
	7,50 € | 12,5% | bis 2017	
2014	Elbling Zehnkommanull trocken Alte Reben	**85**
	7,50 € | 10% | bis 2018	
2014	Grauburgunder trocken Selection	**85**
	8,50 € | 12% | bis 2018	
2014	»Duett« Elbling & Rivaner Cuvée	**83**
	6,– € | 11% | bis 2017	
2014	Morio Muskat	**83**
	7,50 € | 9,5% | bis 2017	

Zeichenerklärung:
Schnäppchenpreis · Top 10 Spitzenreiter
Ökobetrieb · Trink-Tipp · Versteigerungswein
Sekt · Weißwein · Rotwein · Roséwein

WEINGUT VON HÖVEL

54329 Konz-Oberemmel · Agritiusstraße 6
☎ (0 65 01) 1 53 84 · Fax 1 84 98
weingutvonhoevel@t-online.de
www.weingut-vonhoevel.de
Inhaber und Betriebsleiter: Maximilian von Kunow

Verkauf: Maximilian von Kunow
nach Vereinbarung

Weinstube: mit Blick in den historischen Gutspark, Spezialitäten von Lea Linster und Hubert Scheid auf Anfrage
Historie: Abteihof des Klosters St. Maximin, seit 1803, in der 7. Generation, im Besitz der Familie
Sehenswert: altes Abteihofgebäude, Klosterkeller aus dem 12. Jahrhundert

Rebfläche: 11 Hektar
Jahresproduktion: 60.000 Flaschen
Beste Lagen: Oberemmeler Hütte (Alleinbesitz), Scharzhofberger, Kanzemer Hörecker (Alleinbesitz)
Boden: Devonschiefer
Rebsorte: 100% Riesling
Durchschnittsertrag: 60 hl/ha
Mitglied: VDP

Unter der Leitung von Max von Kunow kann man zusehen, wie die Weine von Jahr zu Jahr besser werden. Schon die Basisweine befinden sich hier in der Regel auf einem beachtlichen Niveau. Von Kunows Kabinette gehören oft zu den besten bundesweit: ganz schlank, fast schwerelos. Auch seine feinherben Rieslinge können ganz vorne mitspielen. Im Jahrgang 2014 hat man eine kleine Verschnaufpause eingelegt. Den Weinen fehlt durchweg das feine Spiel des Rieslings, die eigentliche Stärke der Saar. Die trockenen sind aromatisch eher auf der grünen Seite und zeigen eine gewisse, wohl auch gewollte Phenolik. Von den fruchtigen Rieslingen gefällt uns die Spätlese aus der Oberemmeler Hütte noch am besten: Sie zeigt eine kühle, an Kräuter erinnernde Art, ist klar im Duft und ganz im Stil eines Kabinetts angelegt. Dieses traditionsreiche Gut, das sich seit mehr als 200 Jahren im Familienbesitz befindet, besitzt neben der gut fünf Hektar umfassenden Monopollage Oberemmeler Hütte auch knapp drei Hektar im berühmten Scharzhofberg. Der gutsinterne Lagenwettkampf wird seit 2001 durch den Kanzemer Hörecker bereichert, eine kleine Monopollage im Kanzemer Altenberg. Hier entstehen immer wieder Weine, die zu den feinsten der Saar zählen. Sie vereinen Filigranität und Spiel mit Substanz und Alterungsvermögen. Auch in kleineren Jahren sind die Kunow-Rieslinge immer wieder eine sichere Bank. 2010 übergab Eberhard von Kunow das Gut an seinen Sohn Maximilian.

Anzahl der verkosteten Weine: 9
Bewertungen: 83–88 Punkte

2014 Riesling trocken **83**
9,80 € | 11,5% | bis 2018

2014 Riesling »R« trocken **84**
13,95 € | 11,5% | bis 2019

2014 Oberemmeler Riesling feinherb **85**
11,80 € | 9% | bis 2019

2014 Riesling Kabinett **84**
9,80 € | 9% | bis 2021

2014 Scharzhofberger **86**
Riesling Kabinett »Große Lage«
13,95 € | 9% | bis 2020

2014 Oberemmeler Hütte **88**
Riesling Kabinett »Große Lage«
13,95 € | 7,5% | bis 2022

2014 Oberemmeler Hütte **87**
Riesling Vollmondwein Kabinett »Große Lage«
| 9% | bis 2022

2014 Scharzhofberger **86**
Riesling Spätlese »Große Lage«
16,80 € | 7,5% | bis 2022

2014 Oberemmeler Hütte **88**
Riesling Spätlese »Große Lage«
16,80 € | 8% | bis 2023

WEINGUT HOFFMANN-SIMON

54498 Piesport · Kettergasse 24
☎ (0 65 07) 50 25 · Fax 99 22 27
weingut@hoffmann-simon.de
www.hoffmann-simon.de
Inhaber: Dieter Hoffmann

Verkauf: nach Vereinbarung

Dieser Piesporter Betrieb hatte in den letzten Jahren deutlich an Qualität zugelegt. Die Folge war die Aufnahme unter die Traubenbetriebe, die Dieter Hoffmann mehrfach bestätigt hat. Auch die 2012er waren mit wenigen Abstrichen gelungen. Die schwierigeren Jahrgänge 2013 und 2014 können da nicht ganz mithalten. Am besten hat uns aus 2014 der sehr fruchtige Riesling Auslese aus dem Piesporter Goldtröpfchen gefallen, der für diesen feuchten Herbst erstaunlich gut gelungen ist. Wir sind uns absolut sicher, dass die Rieslinge zukünftig auch wieder an Klarheit gewinnen werden.

Anzahl der verkosteten Weine: 11
Bewertungen: 82–88 Punkte

2014	Riesling Blauschiefer Kabinett trocken **6,– €** | 11% | bis 2018	**83**
2014	Sauvignon Blanc Spätlese trocken **7,50 €** | 12,5% | bis 2017	**82**
2014	Klüsserather Bruderschaft Riesling Spätlese trocken **8,50 €** | 12% | bis 2019	**84**
2014	Piesporter Goldtröpfchen Riesling Spätlese trocken *** **12,50 €** | 12% | bis 2019	**85**
2014	Piesporter Günterslay Riesling Kabinett feinherb **6,50 €** | 10% | bis 2017	**83**
2014	Köwericher Laurentiuslay Riesling Spätlese feinherb **8,50 €** | 11,5% | bis 2018	**84**
2014	Piesporter Goldtröpfchen Riesling Kabinett **7,– €** | 8,5% | bis 2018	**84**
2014	Köwericher Laurentiuslay Riesling Spätlese **8,50 €** | 8% | bis 2019	**85**
2014	Piesporter Goldtröpfchen Riesling Spätlese *** **12,50 €** | 9% | bis 2020	**86**
2014	Piesporter Goldtröpfchen Riesling Auslese **16,– €** | 8% | bis 2020	**88**
2012	Spätburgunder Spätlese trocken Barrique **12,50 €** | 12,5% | bis 2017	**83**

WEINGUT HORCH-GÖBEL

56333 Winningen · Fährstraße 32
☎ (0 26 06) 15 43 · Fax 29 01
info@horch-goebel.de
www.horch-goebel.de
Inhaber: Familie Horch-Göbel
Betriebsleiter: Klaus Eduard Göbel

Verkauf: nach Vereinbarung

Das über 250 Jahre alte Familienweingut aus Winningen an der Terrassenmosel hat 3,5 Hektar Rebfläche in fünf verschiedenen Lagen und baut sieben verschiedene Rebsorten an. Wie jedes Jahr bekamen wir auch diesmal eine große Anzahl von Weinen präsentiert. Von denen gefiel uns der Riesling Spätlese trocken aus der bekannten Lage Winninger Rötgen am besten. Sie präsentierte sich ausgewogen, straff und mineralisch.

Anzahl der verkosteten Weine: 11
Bewertungen: 78–85 Punkte

2014	Winninger Riesling trocken **4,90 €**/1,0 Lit. | 12% | bis 2017	**78**
2014	Winninger Spätburgunder trocken Blanc de Noirs **6,10 €** | 12% | bis 2017	**81**
2014	Weißburgunder trocken **6,10 €** | 12% | bis 2017	**83**
2014	Winninger Hamm Riesling von den Terrassen trocken **6,20 €** | 12% | bis 2017	**82**
2013	Winninger Brückstück Riesling Kabinett trocken **6,70 €** | 11,5% | bis 2017	**82**
2014	Winninger Brückstück Riesling Kabinett trocken **6,70 €** | 12% | bis 2020	**84**
2014	Winninger Röttgen Riesling Spätlese trocken **8,10 €** | 12% | bis 2020	**85**
2014	Winninger Domgarten Riesling feinherb **5,40 €** | 12% | bis 2017	**81**
2014	Winninger Brückstück Riesling Spätlese feinherb **7,90 €** | 11,5% | bis 2017	**83**
2014	Winninger Brückstück Riesling **5,40 €** | 11% | bis 2017	**81**
2014	Winninger Domgarten Riesling Spätlese **7,10 €** | 10% | bis 2019	**82**

Die Weine:
100 Perfekt · **95–99** Überragend · **90–94** Exzellent
85–89 Sehr gut · **80–84** Gut · **75–79** Passabel

Neu

WEINGUT VILLA HUESGEN

56841 Traben-Trarbach · An der Mosel 46
☎ (01 73) 3 21 62 68 · Fax (0 65 41) 81 23 47
adolph.huesgen@villahuesgen.com
www.villahuesgen.com
Inhaber: Adolph Huesgen

Verkauf: nach Vereinbarung

Das beeindruckende Jugendstilgebäude der Villa Huesgen wurde 1904 von Bruno Möhring entworfen. Seither ist es das Stammhaus der altehrwürdigen Weinhandelsdynastie Huesgen. In den letzten Jahren hat Ado Huesgen auch den Weinbau wieder in den Mittelpunkt des Betriebs gestellt. Ein trockener Riesling Alte Reben gefiel mit eleganter Struktur und feiner Mineralität. Auch eine füllige, aber dennoch spielerische Auslese machte Eindruck. Leider konnte der Basiswein mit seiner sehr simplen Art nicht entsprechend überzeugen.

Anzahl der verkosteten Weine: 5
Bewertungen: 81–85 Punkte

2014	Trabener Würzgarten Riesling Schiefer trocken **9,50 €** | 11,5% | 🍷 bis 2017	**81**
2014	Enkircher Steffensberg Riesling trocken Alte Reben **18,50 €** | 12,5% | 🍷 bis 2019	**85**
2014	Trabener Würzgarten Riesling Kabinett trocken **11,– €** | 9,5% | 🍷 bis 2017	**82**
2014	Enkircher Steffensberg Riesling Kabinett feinherb **11,– €** | 9% | 🍷 bis 2019	**82**
2014	Enkircher Steffensberg Riesling Auslese **22,50 €**/0,375 Lit. | 8% | 🍷 bis 2025	**85**

Die Betriebe:
Weltklasse · Deutsche Spitze
Sehr gut · Gut · Zuverlässig
Weitere Empfehlung

Aufsteiger

WEINGUT CARL AUGUST IMMICH BATTERIEBERG

56850 Enkirch · Im Alten Tal 2
☎ (0 65 41) 81 59 07 · Fax 81 79 26
info@batterieberg.com
www.batterieberg.com
Inhaber: Familien Auerbach und Probst
Betriebsleiter: Gernot Kollmann
Außenbetrieb: Karl Höhlein
Kellermeister: Gernot Kollmann

Verkauf: Gernot Kollmann und Karl Höhlein
Weinproben auf Anfrage

Sehenswert: Gutsbetrieb mit einem karolingischen Verwaltungshof vom Ende des 9. Jahrhunderts, römisches Säulenfundament
Erlebenswert: Weinproben und Gourmet-Diners im großen Burgsaal

Rebfläche: 7,5 Hektar
Jahresproduktion: 35.000 Flaschen
Beste Lagen: Enkircher Batterieberg, Zeppwingert, Ellergrub und Steffensberg
Boden: grauer bis blauer Devonschiefer, teilweise Rotschiefer, Quarzit
Rebsorte: 100% Riesling
Durchschnittsertrag: 35 hl/ha

Für Gernot Kollmann scheint es keine Jahrgangsprobleme zu geben. Nach bereits sehr gelungenen 2013ern legte der Betriebsleiter mit den 2014ern noch einen drauf. Seine Rieslinge sind getragen von Leichtigkeit und verfügen dennoch über beeindruckende Kraft. Es ist ein eigener Stil, der sich auch vor angedeuteten Oxidationsnoten nicht scheut, die perfekt eingebunden sind und den Wein unverwechselbar machen. Dies sind auch Weine, an denen sich die Geister scheiden: Man muss sich auf sie einlassen, dann öffnet sich ein großer Facettenreichtum. Und das alles zwischen elf und zwölf Prozent Alkohol. Das Gut wurde nach der Insolvenz im Jahre 2008 im Frühsommer 2009 von den Hamburger Familien Probst und Auerbach übernommen. Für die Führung des Weingutes, die Weinbereitung und den Verkauf ist Gernot Kollmann verantwortlich. Die mit wurzelechten Reben bestockten Spitzenparzellen in den Einzellagen Ellergrub, Zeppwingert und Steffensberg stehen den Rieslingen aus dem Batterieberg in nichts nach. Alle diese extremen Steillagen wurden bereits von der preußischen Lagenklassifikation im Jahre 1868 als Weinberge der ersten Klasse eingestuft.

Anzahl der verkosteten Weine: 6	**Bewertungen: 83–92 Punkte**	

Jahrgang	Wein	Punkte
2014	Riesling C.A.I. Kabinett trocken **9,80 €** | 10% | bis 2019	**83**
2014	Enkircher Riesling Escheberg trocken **14,50 €** | 11,5% | bis 2020	**88**
2014	Enkircher Steffensberg Riesling trocken **22,– €** | 11% | bis 2022	**89**
2014	Enkircher Ellergrub Riesling trocken **30,– €** | 11,5% | bis 2023	**90**
2014	Enkircher Batterieberg Riesling trocken **32,– €** | 12% | bis 2021	**89**
2014 Top 10	Enkircher Zeppwingert Riesling feinherb **32,– €** | 11,5% | bis 2022	**92**

WEINGUT IMMICH-ANKER

56850 Enkirch · Steffensberg 19
☎ (0 65 41) 62 30 · Fax 49 65
immich-anker@mosel.net
www.mosel.net
Inhaber: Daniel S. Immich

Verkauf: Daniel S. Immich
Mo–So: 9.00–19.00 Uhr

Die Weine des 3,3 Hektar großen Weinguts aus Enkirch waren auch in diesem Jahr wieder auf sehr gutem Niveau. Überzeugend war der Riesling Auslese aus der Enkircher Toplage Steffensberg. Von dort war auch eine Auslese von 1982 angestellt. Sie war wunderbar gereift mit cremigen, schmelzigen Noten, über denen immer noch eine frische, klare Frucht zu schmecken war. Immich-Anker verfügt über Weinberge in fast allen Enkircher Steillagen, darunter Zeppwingert, Ellergrub, Monteneubel und Steffensberg, und betreibt ganzjährig eine neu errichtete, recht ansehnliche Vinothek in Enkirch.

Anzahl der verkosteten Weine: 11	**Bewertungen: 81–86 Punkte**	

Jahrgang	Wein	Punkte
2011	Enkircher Zeppwingert Riesling Sekt Brut **10,– €** | 12% | bis 2019	**85**
2014	Riesling I-A trocken **6,50 €** | 12,5% | bis 2019	**83**
2014	Riesling Eisbruch trocken **7,30 €** | 12,5% | bis 2019	**84**
2014	Enkircher Zeppwingert Riesling trocken Alte Reben **8,10 €** | 13% | bis 2020	**85**
2013	Riesling Eisbruch trocken »sur lie« **9,– €** | 11,5% | bis 2018	**81**
2014	Riesling I-A feinherb **5,30 €**/1,0 Lit. | 11,5% | bis 2017	**82**
2014	Riesling Eschewingert feinherb **7,– €** | 11% | bis 2019	**82**
2014	Enkircher Herrenberg Riesling Liebling vom Chef halbtrocken **8,30 €** | 10% | bis 2019	**83**
2014	Enkircher Steffensberg Riesling Spätlese Holzfass **8,30 €** | 8,5% | bis 2019	**83**
2014	Enkircher Steffensberg Riesling Auslese Holzfass **9,50 €**/0,5 Lit. | 7,5% | bis 2025	**86**

WEINGUT JAKOBY-MATHY

54538 Kinheim · Königstraße 4
☎ (0 65 32) 38 19 · Fax 95 34 43
info@jakobypur.de
www.jakobypur.de
Inhaber: Erich Jakoby
Kellermeister: Erich und Peter Jakoby

Verkauf: Stefan Jakoby
nach Vereinbarung

Historie: Weinbau in der Familie seit 1857

Rebfläche: 4,5 Hektar
Jahresproduktion: 40.000 Flaschen
Beste Lagen: Kinheimer Rosenberg und Hubertuslay
Boden: Devonschiefer
Rebsorten: 80% Riesling, je 10% Müller-Thurgau und Spätburgunder
Durchschnittsertrag: 85 hl/ha

Heute spielt der Export in diesem Gut eine untergeordnete Rolle, der heimische Markt wurde vielmehr mit einer Bergtourkollektion ins Visier genommen: »Aufbruch«, »Bergspitze« und »Weitblick« lauten die Bezeichnungen dieser Weine, die trocken und feinherb angeboten werden. Ohne große Blessuren hatte man hier bereits den Jahrgang 2013 gemeistert. Und so ist es auch im Jahrgang 2014, was sich vor allem bei den trockenen Rieslingen bemerkbar macht: Der Aufbruch ist zartwürzig und rund, der Aufstieg saftig und charaktervoll, die Bergspitze nicht ganz so fein. Gekrönt wird die Reihe von einer klaren Auslese. Dass die Weine dieses Hauses auch gut altern können, zeigen zwei gut erhaltene 2004er. Vor allem die Auslese aus dem Rosenberg (89 Punkte) hat eine tolle Frische und Klarheit und fängt perfekt die Kühle des Jahrgangs 2004 ein. In Kinheim mit seinen sehr guten, aber relativ unbekannten Steillagen Rosenberg und Hubertuslay ist das Weingut Jakoby-Mathy zu Hause. Früher wurde die Hälfte der Weine, viele davon edelsüß ausgebaut, ins Ausland verschifft, vor allem die USA waren ein großer Abnehmer der Weinware.

Anzahl der verkosteten Weine: 8
Bewertungen: 84–90 Punkte

2014 Riesling Aufbruch trocken **84**
6,– € | 12% | 🍷 bis 2018

2014 Kinheimer Hubertuslay **85**
Riesling Aufstieg Kabinett trocken
7,– € | 10,5% | 🍷 bis 2018

2014 Kinheimer Hubertuslay **84**
Riesling Bergspitze Spätlese trocken
9,– € | 12% | 🍷 bis 2018

2014 Kinheimer Hubertuslay **84**
Riesling Weitblick Kabinett feinherb
7,– € | 9,5% | 🍷 bis 2018

2014 Kinheimer Hubertuslay Riesling Kabinett **84**
7,– € | 9% | 🍷 bis 2019

2014 Kinheimer Hubertuslay **90**
Riesling Auslese Goldkapsel
17,– €/0,375 Lit. | 8,5% | 🍷 bis 2020

Zeichenerklärung:
Schnäppchenpreis · Top 10 Spitzenreiter
Ökobetrieb · Trink-Tipp · Versteigerungswein
Sekt · Weißwein · Rotwein · Roséwein

WEINGUT H.-J. JUNGLEN

54536 Kröv · Stablostraße 20
☎ (0 65 41) 32 92 · Fax 81 45 37
info@junglenwein.de
www.junglenwein.de
Inhaber: Familie Junglen
Betriebsleiter: Markus Junglen

Verkauf: Familie Junglen
nach Vereinbarung

Das 4,5 Hektar große Weingut H.-J. Junglen liegt im berühmt berüchtigten Weinort Kröv an der Mittelmosel. Dort und auch im Nachbarort Kinheim besitzt das Gut verschiedene Lagen, von denen der Kröver Steffensberg die bekannteste ist. Aus dieser kommt auch die Riesling Auslese, die uns aus der aktuellen Kollektion am besten gefallen hat. Ein klarer Wein mit viel Spiel und Biss. Auch die anderen Weine aus der Kröver Spitzenlage präsentierten sich auf gleichbleibend gutem Niveau. Dagegen fielen die Basisweine mit mangelnder Struktur und wenig Spannung deutlich schlechter aus.

Anzahl der verkosteten Weine: 9
Bewertungen: 79–85 Punkte

2014	Riesling trocken **5,30 €** | 12% | bis 2017	**79**
2014	Kröver Paradies Weißburgunder Edition »M« trocken **11,50 €** | 13,5% | bis 2017	**79**
2014	Kröver Steffensberg Riesling Edition »M« trocken **11,50 €** | 13% | bis 2018	**83**
2014	Kröver Steffensberg Riesling Spätlese trocken **8,– €** | 12,5% | bis 2018	**83**
2014	Kröver Steffensberg Riesling feinherb Alte Reben **11,50 €** | 11,5% | bis 2018	**83**
2014	Kröver Letterlay Riesling Spätlese feinherb **8,– €** | 12% | bis 2018	**83**
2014	Kröver Steffensberg Riesling Spätlese **8,– €** | 8,5% | bis 2019	**83**
2014	Kröver Steffensberg Riesling Auslese **12,– €** | 8% | bis 2024	**85**
2012	Cuvée »12« trocken Barrique **13,50 €** | 14% | bis 2017	**80**

WEINGUT KANZLERHOF

54340 Pölich · Hauptstraße 23
☎ (0 65 07) 9 38 96 60 · Fax 9 38 96 61
WeingutKanzlerhof@web.de
www.kanzlerhof.de
Inhaber: Familie Schömann-Kanzler
Kellermeister: Alfred Schömann

Verkauf: nach Vereinbarung

Wie schon der Jahrgang 2013 fällt auch der Jahrgang 2014 ein wenig schwankender in den Qualitäten aus, als wir das von diesem ansonsten zuverlässigen Pölicher Gut gewohnt sind. Alles bleibt aber im Rahmen und für den schwierigen Herbst 2014 sind hier in der Spitze vom Riesling zwei erstaunlich schöne Spätlesen aus dem Pölicher Held gelungen. Unsere besondere Empfehlung gilt der herbwürzigen Spätlese Goldkapsel, die wir für neun Euro als veritables Schnäppchen ansehen. Der im Jahr 1578 erbaute Kanzlerhof liegt im Ortskern der Moselgemeinde Pölich und ist das Stammhaus des Gutes, das heute von Alfred Schömann geführt wird.

Anzahl der verkosteten Weine: 9
Bewertungen: 81–88 Punkte

2014	Pölicher Riesling trocken **5,30 €**/1,0 Lit. | 11,5% | bis 2017	**82**
2014	Weißburgunder trocken Holzfass **6,– €** | 13% | bis 2019	**83**
2014	Riesling Schieferheld trocken **6,– €** | 12% | bis 2018	**84**
2014	Pölicher Held Riesling »S« Spätlese trocken Holzfass **7,50 €** | 11% | bis 2019	**86**
2014	Rivaner feinherb **5,– €** | 12% | bis 2017	**82**
2014	Pölicher Held Riesling Kabinett feinherb **6,– €** | 10,5% | bis 2018	**83**
2014	Pölicher Held Riesling Spätlese Holzfass **7,50 €** | 8,5% | bis 2020	**87**
2014	Pölicher Held Riesling Spätlese Holzfass Goldkapsel **9,– €** | 8,5% | bis 2022	**88**
2014	Spätburgunder feinherb Rosé **5,50 €** | 12% | bis 2016	**81**

Die Weine:
100 Perfekt · **95–99** Überragend · **90–94** Exzellent
85–89 Sehr gut · **80–84** Gut · **75–79** Passabel

Rote Symbole: Diese Betriebe verdienen in ihrer Klasse besondere Aufmerksamkeit

WEINGUT KARLSMÜHLE

54318 Mertesdorf · Im Mühlengrund 1
☎ (06 51) 51 24 · Fax 5 61 02 96
anfrage@weingut-karlsmuehle.de
www.weingut-karlsmuehle.de
Inhaber: Peter Geiben
Kellermeister: Peter Geiben

Verkauf: Peter Geiben
Mo–Fr: 8.00–17.00 Uhr
Sa–So: nach Vereinbarung

Gutsausschank: im Hotel,
Di–So: 12.00–24.00 Uhr
Spezialität: Forelle in Riesling
Sehenswert: 600 Jahre alte Gesteinsmühle

Rebfläche: 14,5 Hektar
Jahresproduktion: 65.000 Flaschen
Beste Lagen: Lorenzhöfer Felslay und Mäuerchen (Alleinbesitz), Kaseler Timpert (Alleinbesitz), Kaseler Nies'chen und Kehrnagel
Boden: Tonschiefer
Rebsorten: 93% Riesling, je 2% Dornfelder, Spätburgunder und Weißburgunder, 1% Grauburgunder
Durchschnittsertrag: 50 hl/ha

War Peter Geiben mit dem vor allem für die Ruwer herausfordernden Jahrgang 2013 noch ganz gut fertig geworden, so sind die Probleme des Jahrgangs 2014 einigen Weinen schon eher anzumerken. Es sind oft eher spröde Weine, die nicht unbedingt zum Trinken animieren. Doch es gibt Ausnahmen. Der feinherbe Molaris »L« ist kräuterig und saftig und bei den trockenen Rieslingen hat uns vor allem der Lorenzhöfer Kabinett ganz gut gefallen. Er hat Schliff und eine kühle Frucht, zeigt sich offen und leicht salzig. An der Spitze des Sortiments hat sich die fruchtsüße Spätlese aus dem Kaseler Nies'chen etabliert. Sie kann in ihrer puren und klaren Art überzeugen. Seit Napoleons Zeiten betreibt die Familie Geiben im Ruwertal Weinbau. Kernstück des Weinbergsbesitzes sind die Monopollagen Lorenzhöfer Mäuerchen und Felslay. 1994 hat Geiben vom früheren Weingut Patheiger Spitzenlagen in Kasel erworben. Durch weitere Zukäufe wurde in den letzten Jahren die Anbaufläche vergrößert.

Die Weine:
100 Perfekt · **95–99** Überragend · **90–94** Exzellent
85–89 Sehr gut · **80–84** Gut · **75–79** Passabel

Anzahl der verkosteten Weine: 10
Bewertungen: 83–88 Punkte

2014	Riesling trocken **7,– €**/1,0 Lit. | 11% | bis 2018	**83**
2014	Riesling Molaris »L« trocken **8,– €** | 11% | bis 2018	**83**
2014	Lorenzhöfer Riesling Kabinett trocken **8,– €** | 10% | bis 2019	**86**
2014	Lorenzhöfer Riesling Spätlese trocken Alte Reben **12,– €** | 10,5% | bis 2018	**84**
2014	Riesling feinherb **7,– €**/1,0 Lit. | 10,5% | bis 2018	**83**
2014	Riesling Molaris »L« feinherb **8,– €** | 10,5% | bis 2018	**84**
2014	Kaseler Nies'chen Riesling Kabinett feinherb **8,– €** | 9,5% | bis 2019	**83**
2014	Kaseler Timpert Riesling Spätlese feinherb **10,50 €** | 10% | bis 2020	**84**
2014	Kaseler Nies'chen Riesling Kabinett **8,– €** | 8,5% | bis 2019	**83**
2014	Kaseler Nies'chen Riesling Spätlese **10,50 €** | 7% | bis 2021	**88**

WEINGUT KARTHÄUSERHOF

54292 Trier-Eitelsbach · Karthäuserhof 1
☎ (06 51) 51 21 · Fax 5 35 57
mail@karthaeuserhof.com
www.karthaeuserhof.com
Inhaber: Albert Behler
Geschäftsführer: Christian Vogt und Christoph Tyrell
Kellermeister: Tobias Busch

Verkauf: Helga Kleitsch
Mo–Fr: 8.00–12.00 Uhr · 13.00–17.00 Uhr
Sa: 10.00–15.00 Uhr (April–Okt.)
und nach Vereinbarung

Historie: 1335 schenkte Kurfürst Balduin zu Luxemburg das Gut den Karthäusermönchen
Sehenswert: Wasserburg aus dem 13. Jahrhundert, historisches Probierzimmer mit Delfter Kacheln, Park

Rebfläche: 19 Hektar
Jahresproduktion: 140.000 Flaschen
Beste Lage: Eitelsbacher Karthäuserhofberg
Boden: Schiefrige Devonverwitterung
Rebsorten: 90% Riesling, 10% Weißburgunder
Durchschnittsertrag: 46 hl/ha
Mitglied: VDP

Zuletzt hatten wir für dieses ehedem hochrenommierte Traditionsgut einen Aufwärtstrend verzeichnet und selbst für den an der Ruwer so schwierigen Jahrgang 2013 eine gute Leistung bestätigt. Die suchten wir im Jahrgang 2014 vergebens. Den Rieslingen fehlt es teilweise an Strahlkraft und Charakter. Bei den trockenen kommt allenfalls Tyrell's Edition an früheres Format heran: ein saftiger Wein mit Dichte und Struktur. Den fruchtsüßen Rieslingen fehlt es weitgehend an Spannung, allein der Kabinett macht eine gute Figur. Christoph Tyrell führte das Gut seit 1986 in der sechsten Generation und gab es 2012 an seinen Cousin Albert Behler ab. Tyrell ist noch beratend tätig, Christian Vogt hat die Betriebsleitung übernommen. Der Name Karthäuserhof geht auf das Mittelalter zurück, als sich der Orden des heiligen Bruno von Chartreuse in Europa ausbreitete. 1335 bekamen die Mönche den Hof in Eitelsbach, kurz vor der Mündung der Ruwer in die Mosel, zum Geschenk. 1811 kam er im Rahmen der Säkularisation in den Besitz der heutigen Familie.

Anzahl der verkosteten Weine: 11
Bewertungen: 83–87 Punkte

2014 Riesling trocken **84**
9,90 € | 11,5% | bis 2018

2014 Weißburgunder trocken **83**
9,90 € | 12,5% | bis 2017

2014 Eitelsbacher Karthäuserhofberg Riesling »Großes Gewächs« **85**
29,– € | 12% | bis 2018

2014 Riesling Schieferkristall Kabinett trocken **83**
12,50 € | 10,5% | bis 2017

2014 Riesling Spätlese trocken Alte Reben **84**
15,90 € | 11,5% | bis 2018

2014 Riesling Tyrell's Edition Spätlese trocken **87**
19,90 € | 11,5% | bis 2018

2014 Riesling feinherb **85**
9,90 € | 10,5% | bis 2018

2014 Riesling Schieferkristall Kabinett feinherb **85**
12,50 € | 10% | bis 2018

2014 Eitelsbacher Karthäuserhofberg Riesling Kabinett »Große Lage« **87**
13,50 € | 8% | bis 2020

2014 Eitelsbacher Karthäuserhofberg Riesling Spätlese »Große Lage« **86**
17,50 € | 7,5% | bis 2020

2014 Eitelsbacher Karthäuserhofberg Riesling Auslese »Große Lage« **86**
21,50 € | 8% | bis 2020

WEINGUT KEES-KIEREN

54470 Graach · Hauptstraße 22
☎ (0 65 31) 34 28 · Fax 15 93
weingut@kees-kieren.de
www.kees-kieren.de
Inhaber: Ernst-Josef und Werner Kees
Verwalter: Werner Kees
Kellermeister: Ernst-Josef Kees

Verkauf: Ernst-Josef, Werner und Gerlinde Kees
Mo–Sa: 9.00–18.00 Uhr
So, feiertags: nach Vereinbarung

Gutsausschank: Pfingsten (Fr–Mo) und Fronleichnam (Do–So)
Historie: Familienbetrieb seit 1648
Sehenswert: Gewölbekeller von 1826

Rebfläche: 5,5 Hektar
Jahresproduktion: 50.000 Flaschen
Beste Lagen: Graacher Domprobst und Himmelreich, Erdener Treppchen, Kestener Paulinshofberger
Boden: Devonschiefer
Rebsorten: 90% Riesling, 5% Spätburgunder, 3% Müller-Thurgau, 2% Weißburgunder
Durchschnittsertrag: 68 hl/ha
Mitglied: Bernkasteler Ring

Die Weine des Jahrgangs 2014 aus diesem Graacher Gut brauchen viel Luft, um ihre Klarheit zu zeigen. Doch dann merkt man schnell: In jeder Kategorie macht das Gut in diesem Jahr eine gute Figur, sogar beim halbtrockenen Literwein: ein unkomplizierter, herber Trinkwein mit schöner Spontinote. Bei den Trockenen ist es schwer, sich zu entscheiden. Wir schwanken zwischen dem salzigen Domprobst »S« und dem burgundisch anmutenden Zwei-Sterne-Riesling aus der gleichen Lage. An der Spitze dieses erstaunlichen Sortiments steht eine fruchtsüße Spätlese aus dem Graacher Himmelreich: ein Riesling mit strahlender Säure, druckvoll und mit Biss. Ernst-Josef und Werner Kees führen dieses 5,5 Hektar große Graacher Gut und sind stolz auf ihre zahllosen Staatsehrenpreise. Zuletzt wurde auch hier in eine Vinothek investiert, um den Privatkunden, heute bereits 75 Prozent der Kundschaft, die Möglichkeit zu geben, aus einem wirklich breiten Sortiment vor Ort zu wählen.

Rote Symbole:
Diese Betriebe verdienen in ihrer Klasse besondere Aufmerksamkeit

Anzahl der verkosteten Weine: 12
Bewertungen: 83–90 Punkte

2014 Weißburgunder trocken **84**
7,50 € | 12% | bis 2018

2014 Graacher Domprobst Riesling »S« trocken **87**
12,– € | 12% | bis 2019

2014 Graacher Domprobst Riesling trocken ** **87**
17,– € | 12% | bis 2019

2014 Riesling Hochgewächs trocken **83**
7,50 €/1,0 Lit. | 12% | bis 2018

2014 Kinheimer Rosenberg Riesling Kabinett trocken **84**
8,– € | 11% | bis 2018

2014 Graacher Himmelreich Riesling feinherb **86**
8,– € | 10,5% | bis 2018

2014 Graacher Himmelreich Riesling Hochgewächs halbtrocken **83**
7,50 €/1,0 Lit. | 11% | bis 2018

2014 Graacher Domprobst Riesling Spätlese feinherb **88**
10,50 € | 10,5% | bis 2019

2014 Riesling Hochgewächs **86**
6,20 € | 8,5% | bis 2019

2014 Graacher Himmelreich Riesling Kabinett **87**
8,– € | 7,5% | bis 2019

2014 Erdener Treppchen Riesling Kabinett ** **88**
| 8% | bis 2020

2014 Graacher Himmelreich Riesling Spätlese **90**
9,80 € | 8% | bis 2021

WEINGUT KERPEN

54470 Bernkastel-Wehlen · Uferallee 6
☎ (0 65 31) 68 68 · Fax 34 64
info@weingut-kerpen.de
www.weingut-kerpen.de
Inhaber: Martin Kerpen

Verkauf: Martin Kerpen
Mo–Fr: 8.00–18.00 Uhr
Sa: 9.00–16.00 Uhr und nach Vereinbarung

Riesling-Café: Mai–Juni, Sept.–Okt. Do–So 12.00–18.00 Uhr
Historie: Weinbau seit acht Generationen
Sehenswert: Jugendstilhaus am Moselufer, alte Korbpresse
Erlebenswert: Weinkulturwoche von Christi Himmelfahrt bis Pfingsten

Rebfläche: 8 Hektar
Jahresproduktion: 65.000 Flaschen
Beste Lagen: Wehlener Sonnenuhr, Graacher Domprobst und Himmelreich, Bernkasteler Bratenhöfchen
Boden: Devonschiefer
Rebsorte: 100% Riesling
Durchschnittsertrag: 50 hl/ha
Mitglied: Bernkasteler Ring

Die trockenen Rieslinge wurden in diesem Wehlener Traditionsbetrieb zuletzt von Jahr zu Jahr besser. Die Weine des Jahrgangs 2014 können hier nicht ganz mithalten. Am besten ist bei den trockenen der herzhafte und charaktervolle Blauschiefer geraten, gefolgt von der Spätlese von alten Reben aus der Wehlener Sonnenuhr, die an reife gelbe Früchte erinnert. Die fruchtsüßen Rieslinge befinden sich in etwa auf Vorjahresniveau. Martin Kerpen besitzt exzellente Parzellen in Wehlen, Bernkastel und Graach. Vor allem seine Spät- und Auslesen aus der Wehlener Sonnenuhr haben den Ruf des Gutes begründet. Bauten die Kerpens seit Anfang der Siebzigerjahre über die Hälfte der Ernte trocken und halbtrocken aus, so veränderte sich das Verhältnis zugunsten der fruchtigen und edelsüßen Rieslinge. Mittlerweile ist der Anteil der trockenen und halbtrockenen Weine wieder angestiegen. Dies ist ein hundertprozentiger Rieslingbetrieb, im Keller dominiert nach wie vor das Holzfass. Zu 70 Prozent werden die Weine im Keller spontan vergoren.

Anzahl der verkosteten Weine: 11
Bewertungen: 82–87 Punkte

2014	Riesling Blauschiefer trocken **6,50 €** | 11,5% | bis 2018	**85**
2014	Graacher Himmelreich Riesling Zero Kabinett trocken **8,50 €** | 10,5% | bis 2017	**83**
2014	Wehlener Sonnenuhr Riesling Spätlese trocken Holzfass **10,– €** | 11% | bis 2018	**83**
2014	Wehlener Sonnenuhr Riesling Spätlese trocken Alte Reben Holzfass **12,– €** | 11,5% | bis 2018	**85**
2014	Riesling halbtrocken Classic **6,50 €** | 11,5% | bis 2018	**82**
2014	Graacher Himmelreich Riesling Kollektion Kabinett feinherb **8,50 €** | 9% | bis 2018	**84**
2014	Graacher Domprobst Riesling Spätlese feinherb Holzfass **10,– €** | 10% | bis 2019	**85**
2014	Riesling **6,50 €** | 9% | bis 2019	**85**
2014	Wehlener Sonnenuhr Riesling Kabinett **8,50 €** | 7,5% | bis 2019	**86**
2014	Wehlener Sonnenuhr Riesling Spätlese Holzfass **10,– €** | 7,5% | bis 2020	**87**
2014	Wehlener Sonnenuhr Riesling Spätlese * **12,– €** | 7,5% | bis 2019	**87**

WEINGUT REICHSGRAF VON KESSELSTATT

54317 Morscheid · Schlossgut Marienlay
☎ (0 65 00) 9 16 90 · Fax 91 69 69
info@kesselstatt.de
www.kesselstatt.com
Inhaber: Familie Günther Reh
Geschäftsführer: Annegret Reh-Gartner
Betriebsleiter: Wolfgang Mertes
Außenbetrieb: Michael Weber
Kellermeister: Wolfgang Mertes

Verkauf: Annegret Reh-Gartner, Solange Mühlhahn nach Vereinbarung

Weinstube Reichsgraf von Kesselstatt
Liebfrauenstraße 10, 54290 Trier
☎ (06 51) 4 02 04, Fax 4 23 08
Mo–So 11.00–24.00 Uhr
Spezialitäten: regionale Küche
Historie: 1377 Friedrich von Kesselstatt Verwalter der kurtrierischen Kellereien
650-jähriges Jubiläum (1349–1999)
Sehenswert: Palais Kesselstatt (1745)

Rebfläche: 36 Hektar
Jahresproduktion: 220.000 Flaschen
Beste Lagen: Josephshöfer (Monopol), Wehlener Sonnenuhr, Graacher Domprobst, Piesporter, Goldtröpfchen, Scharzhofberger, Brauneberger Juffer-Sonnenuhr
Boden: Devonschieferverwitterung
Rebsorte: 100% Riesling
Durchschnittsertrag: 43 hl/ha
Mitglied: VDP

Im Jahrgang 2014 ist der Stil der Großen Gewächse in diesem Hause trockener ausgefallen als sonst. An der Spitze steht der Scharzhofberger, ein trockener Riesling mit Zug und Feinheit. Fast alle Weine der aktuellen Kollektion zeigen eine saubere Art, die Lagen wurden meistens gut herausgearbeitet. Von den fruchtigen Rieslingen hat uns der Kabinett aus dem Bockstein in seiner kühlen und animierenden Art besonders gut gefallen. Bei den Spätlesen hat die Juffer-Sonnenuhr aus Brauneberg die Nase vorn. Dieses traditionsreiche Weingut mit Besitz in vielen der besten Lagen von Mosel, Saar und Ruwer wird von Annegret Reh-Gartner und ihrem Mann Gerhard Gartner geführt. Ein besonderes Augenmerk des Hauses von Kesselstatt gilt seit einigen Jahren dem Ausbau trockener Spitzenweine.

Anzahl der verkosteten Weine: 17
Bewertungen: 83–90 Punkte

2014 Kaseler Riesling trocken **83**
10,40 € | 11,5% | 🍷 bis 2018

2014 Wiltinger Riesling trocken **84**
10,40 € | 12% | 🍷 bis 2018

2014 Kaseler Nies'chen Riesling »Großes Gewächs« **86**
23,70 € | 12% | 🍷 bis 2020

2014 Piesporter Goldtröpfchen **86**
Riesling »Großes Gewächs«
23,70 € | 12% | 🍷 bis 2020

2014 Scharzhofberger Riesling »Großes Gewächs« **88**
25,40 € | 12% | 🍷 bis 2020

2014 Josephshöfer Riesling »Großes Gewächs« **88**
26,– € | 12% | 🍷 bis 2020

2014 Piesporter Domherr **85**
Riesling Kabinett feinherb »Große Lage«
11,80 € | 9% | 🍷 bis 2019

2014 Ockfener Bockstein **89**
Riesling Kabinett feinherb »Große Lage«
12,– € | 9,5% | 🍷 bis 2020

2014 Scharzhofberger **88**
Riesling Kabinett feinherb »Große Lage«
12,60 € | 9,5% | 🍷 bis 2020

2014 Josephshöfer **87**
Riesling Kabinett feinherb »Große Lage«
12,90 € | 9,5% | 🍷 bis 2020

2014 Kaseler Nies'chen **86**
Riesling Kabinett »Große Lage«
12,30 € | 8,5% | 🍷 bis 2021

2014 Piesporter Goldtröpfchen **88**
Riesling Kabinett »Große Lage«
12,30 € | 8,5% | 🍷 bis 2021

2014 Brauneberger Juffer-Sonnenuhr **90**
Riesling Spätlese »Große Lage«
16,90 € | 7,5% | 🍷 bis 2023

2014 Kaseler Nies'chen **89**
Riesling Spätlese »Große Lage«
17,10 € | 7,5% | 🍷 bis 2022

2014 Josephshöfer Riesling Spätlese »Große Lage« **89**
18,10 € | 7% | 🍷 bis 2023

WEINGUT LOTHAR KETTERN

54498 Piesport · Müsterter Straße 14
☎ (0 65 07) 28 13 · Fax 66 72
info@kettern-riesling.de
www.kettern-riesling.de
Inhaber: Lothar, Petra und Philipp Kettern
Kellermeister: Philipp Kettern

Verkauf: nach Vereinbarung

Restaurant: »Vinho!«, Bahnhofstr. 18, Piesport

Rebfläche: 8,3 Hektar
Jahresproduktion: 40.000 Flaschen
Beste Lagen: Piesporter Goldtröpfchen
Boden: Schiefer
Rebsorten: 95% Riesling, 5% übrige Sorten
Durchschnittsertrag: 60 hl/ha
Mitglied: Winzervereinigung Piesport e.V.

Bereits mit seinen Weinen aus dem Jahrgang 2013 trumpfte Philipp Kettern furios auf. Nun schließt es daran mit einer ähnlich fulminanten Kollektion lückenlos an. Der trockene Guts-Riesling bringt so viel Saft und Feinheit wie andernorts mancher Lagenwein nicht. Der Falkenberg ist karg und fordernd und das Große Gewächs aus dem Goldtröpfchen ist ein wirklich großer trockener Riesling: gelbe Früchte, viel Druck am Gaumen, ein Langgärer aus dem Holzfass. Die fruchtsüße Spätlese aus dem Goldtröpfchen wirkt wie ein Wein aus einem anderen Jahrgang: brillant und klar, ein wunderbarer Klassiker. Philipp Kettern schwimmt gerne gegen den Strom. Da posiert er fürs Foto schon mal mit einem Freibeuter-Kopftuch, taucht in der Mosel mit einer seiner Flaschen in der Hand. Das Weingut hat seinen Sitz in Piesport und bewirtschaftet fast acht Hektar Steillagen im Piesporter Berg. Im Jahr 2010 hatte Sohn Philipp die Verantwortung für die Weinberge und den Keller übernommen.

Zeichenerklärung:
Schnäppchenpreis · Top 10 Spitzenreiter
Ökobetrieb · Trink-Tipp · Versteigerungswein
Sekt | Weißwein | Rotwein | Roséwein

Anzahl der verkosteten Weine: 7
Bewertungen: 86-91 Punkte

2014	Riesling trocken **9,90 €** | 11% | bis 2020	**(86)**
2014	Piesporter Falkenberg Riesling trocken **18,- €** | 11% | bis 2021	**(88)**
2014	Piesporter Goldtröpfchen Riesling »Großes Gewächs« **28,- €** | 12% | bis 2022	**(90)**
2014	Riesling feinherb **9,90 €** | 10% | bis 2021	**(86)**
2014	Piesporter Goldtröpfchen Riesling Kabinett **10,50 €** | 8% | bis 2023	**(88)**
2014	Piesporter Goldtröpfchen Riesling Spätlese **13,50 €** | 7,5% | bis 2026	**(91)**
2014	Piesporter Goldtröpfchen Riesling Auslese **28,- €** | 7,5% | bis 2028	**(90)**

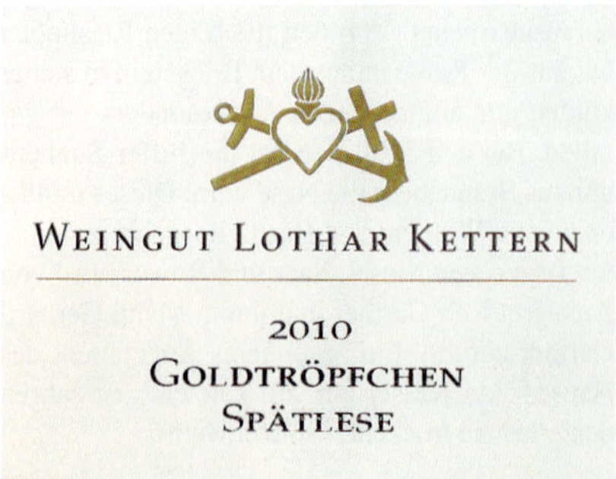

KIRCHENGUT WOLF

56841 Traben-Trarbach · Berenbruchstraße 4
☎ (0 65 41) 63 94 · Fax 63 95
info@kirchengut-wolf.de
www.kirchengut-wolf.de
Inhaber: Markus Boor

Verkauf: nach Vereinbarung

Es sind vor allen Dingen die Spätlesen aus der Wolfer Goldgrube, die im Jahrgang 2014 in diesem Traben-Trarbacher Betrieb punkten können. Die feinherbe Variante hat Spiel und Würze, ist dicht und saftig, einfach rundum gelungen. Die fruchtsüße Variante zeigt die Stärke der Lage Goldgrube mit klarer Säurestruktur und saftig-sauberer Art. Die trockenen Füllungen sind ein wenig vom Jahrgang gezeichnet und lassen etwas Frucht vermissen. Dieser Wolfer Ökobetrieb, geführt von Markus Boor, ist seit Längerem eine zuverlässige Quelle für eigenständige, nicht geglättete Weine. In den letzten Jahren gelangen hier auch mehrfach erstklassige fruchtsüße Spätlesen und Auslesen, die teilweise noch erhältlich sind.

Anzahl der verkosteten Weine: 6
Bewertungen: 81–87 Punkte

2014	Wolfer Klosterberg Weißburgunder trocken **6,80 €** | 13% | bis 2016	**82**
2014	Riesling trocken Classic **6,80 €** | 11,5% | bis 2017	**83**
2014	Wolfer Schatzgarten Cabernet Blanc trocken **7,80 €** | 11,5% | bis 2016	**82**
2014	Trabener Würzgarten Riesling Hochgewächs trocken **6,80 €** | 11,5% | bis 2016	**81**
2014	Wolfer Goldgrube Riesling Spätlese feinherb **9,– €** | 10,5% | bis 2018	**86**
2014	Wolfer Goldgrube Riesling Spätlese **9,– €** | 8% | bis 2020	**87**

WEINGUT KIRSTEN

54340 Klüsserath · Krainstraße 5
☎ (0 65 07) 9 91 15 · Fax 9 91 13
mail@weingut-kirsten.de
www.weingut-kirsten.de
Inhaber: Bernhard Kirsten

Verkauf: Bernhard Kirsten, Inge von Geldern
nach Vereinbarung

Rebfläche: 15 Hektar
Jahresproduktion: 80.000 Flaschen
Beste Lagen: Klüsserather Bruderschaft, Pölicher Held, Longuicher Maximiner Herrenberg
Boden: Schieferverwitterung
Rebsorten: 80% Riesling, 18% Weißburgunder, 2% Spätburgunder und Sauvignon Blanc
Durchschnittsertrag: 50 hl/ha

Dieser zertifizierte Ökobetrieb hat seinen Stil gefunden. Der Schwerpunkt liegt hier auf der Erzeugung spät gefüllter, langlebiger Rieslinge, die im Jungstadium oft noch hefegeprägt sind. Es sind überwiegend trockene und feinherbe Weine, so auch im Jahrgang 2014, der sich in einem schmelzigen Stil mit eingebundener Säure präsentiert. An der Spitze der Kollektion stehen zwei Spätlesen aus Köwerich und Longuich. Der halbtrockene Laurentiuslay ist saftig, herb und charaktervoll, der feinherbe Maximiner Herrenberg ist fein und zugleich druckvoll und gewinnt an der Luft noch weiter an Format. Doch schon der feinherbe Gutswein überzeugt mit seiner geschliffenen und animierenden Art. Ein gutes Händchen zeigt Bernhard Kirsten auch bei der Vinifkation seines cremigen Sauvignon Blancs, der auch im Jahrgang 2014 wieder sehr gut gelungen ist. Und auch die Rieslingsekte gelingen hier regelmäßig gut. Den Löwenanteil seines Besitzes hat Bernhard Kirsten direkt vor der Haustür: In der bekannten Lage Klüsserather Bruderschaft ist er mit stolzen sechs Hektar begütert. Da diese Lage 1971 leider unverhältnismäßig erweitert wurde, kennzeichnet er Weine aus dem Kern der alten Lage mit dem Begriff »Herzstück«. Im Keller werden die Rieslinge meist reduktiv im Tank ausgebaut, kleine Mengen im Holzfass, welches ab und zu ein wenig geschmacksbestimmend eingesetzt wird. Seit dem Jahrgang 2008 wird die gesamte Rebfläche ökologisch bewirtschaftet.

Anzahl der verkosteten Weine: 10
Bewertungen: 85-89 Punkte

2014	Spätburgunder trocken Blanc de Noirs	**86**
	10,- € | 12,5% | bis 2018	
2014	Sauvignon Blanc trocken	**87**
	12,- € | 12% | bis 2019	
2014	Weißburgunder trocken Barrique	**86**
	16,- € | 13% | bis 2019	
2014	Riesling Von Geldern Pur Spätlese trocken	**85**
	15,- € | 13% | bis 2018	
2014	Klüsserather	**87**
	Riesling Herzstück Spätlese trocken	
	16,- € | 13% | bis 2020	
2014	Klüsserather Riesling Wolkentanz feinherb	**85**
	8,50 € | 11% | bis 2019	
2014	Klüsserather Riesling feinherb	**87**
	10,- € | 11,5% | bis 2020	
2014	Köwericher Laurentiuslay	**89**
	Riesling Spätlese halbtrocken	
	14,- € | 12,5% | bis 2020	
2014	Klüsserather	**87**
	Riesling Spätlese halbtrocken Alte Reben	
	21,- € | 13% | bis 2019	
2014	Longuicher Maximiner Herrenberg	**89**
	Riesling 1904 Spätlese feinherb	
	22,- € | 13% | bis 2021	

WEINGUT CHRISTIAN KLEIN

54536 Kröv · Moselweinstraße 25
☎ (0 65 41) 83 58 33 · Fax 95 66
info@weingut-christianklein.de
www.weingut-christianklein.de
Inhaber: Christian Klein

Verkauf: nach Vereinbarung

Christian Klein präsentiert aus 2014 zwar nur eine sehr kleine Kollektion mit drei Weinen (ein vierter ist schon ausverkauft), die sind aber gerade angesichts der schwierigen Rahmenbedingungen des Herbsts 2014 von herausragender Qualität. Alle drei sind ausgesprochen würzig, wobei uns der sehr saftige und animierende Riesling Kabinett am besten gefällt. Ein Wein mit vielen Jahren Reifepotenzial. Wenn es so weitergeht, ist bald die zweite Traube fällig. Das Weingut wächst seit Jahren in kleinen Schritten und soll weiter wachsen. Vorgesehen ist der Kauf weiterer Weinbergslagen. Derzeit stehen genau zwei Hektar unter Reben. Hauptberuflich arbeitet Christian Klein im Weingut Vollenweider in Traben-Trarbach. Er ist Geisenheimabsolvent und hat vier Jahre lang den Außenbetrieb des Weingutes Fitz-Ritter in der Pfalz geleitet.

Anzahl der verkosteten Weine: 3
Bewertungen: 85-87 Punkte

2014	Riesling trocken	**85**
	8,- € | 12% | bis 2020	
2014	Riesling feinherb	**87**
	8,- € | 11% | bis 2022	
2014	Kröver Steffensberg	**87**
	Riesling Steffi Kabinett	
	11,- € | 8% | bis 2022	

Zeichenerklärung:
Schnäppchenpreis · Top 10 Spitzenreiter
Ökobetrieb · Trink-Tipp · Versteigerungswein
Sekt Weißwein Rotwein Roséwein

WEINGUT LOUIS KLEIN

56841 Traben-Trarbach · Enkircher Straße 20
☎ (0 65 41) 62 46 · Fax 57 44
weingut@klein-wein.de
www.klein-wein.de
Inhaberin: Ulrike Boor

Verkauf: Ulrike Boor
Mo–Sa: 10.00–18.00 Uhr, So: 10.00–12.00 Uhr

Die Unbilden des Jahrgangs 2014 hat dieser Biobetrieb in Traben-Trarbach recht ordentlich gemeistert. Die feinherbe Spätlese aus dem Steffensberg ist kernig und würzig ausgefallen. Und an der Spitze steht die fruchtsüße Spätlese aus derselben Lage, ein blitzblanker Riesling, der gut eingestellt ist in der Abstimmung von Süße und Säure. Der Rote aus 2012 erinnert daran, dass der Schwarzriesling ein Abkömmling des Pinot Noirs ist: saftige Kirschfrucht, zart an Vanille erinnernd und ein gerüttelt Maß an Tannin. Für die Weinbereitung ist Markus Bohr verantwortlich, der auch das Kirchengut Wolf leitet. Das Weingut Louis Klein arbeitet bereits seit geraumer Zeit in ökologischer Wirtschaftsweise.

Anzahl der verkosteten Weine: 6
Bewertungen: 81–86 Punkte

2014	Trabener Königsberg	**81**
	Riesling Hochgewächs trocken	
	6,80 € | 10,5% | 🍷 bis 2016	
2014	Trabener Würzgarten	**83**
	Riesling Spätlese trocken	
	9,– € | 11% | 🍷 bis 2017	
2014	Kröver Steffensberg	**84**
	Riesling Spätlese feinherb	
	9,– € | 11% | 🍷 bis 2018	
2014	Kröver Steffensberg Riesling Spätlese	**86**
	9,50 € | 7,5% | 🍷 bis 2020	
2014	Kröver Paradies Riesling Auslese	**85**
	9,50 €/0,375 Lit. | 9,5% | 🍷 bis 2021	
2012	Schwarzriesling trocken	**85**
	9,– € | 13% | 🍷 bis 2016	

Die Betriebe:
Weltklasse · Deutsche Spitze · Sehr gut · Gut · Zuverlässig · Weitere Empfehlung

WEINGUT REINHARD UND BEATE KNEBEL

56333 Winningen · August-Horch-Straße 24
☎ (0 26 06) 26 31 · Fax 25 69
info@weingut-knebel.de
www.weingut-knebel.de
Inhaber: Beate und Matthias Knebel
Kellermeister: Beate und Matthias Knebel

Verkauf: nach Vereinbarung

Rebfläche: 7 Hektar
Jahresproduktion: 45.000 Flaschen
Beste Lagen: Winninger Uhlen, Röttgen, Brückstück und Hamm
Boden: Schiefer mit Quarzit, Sandstein, Löss und Bims
Rebsorten: 97% Riesling, 3% Weißburgunder
Durchschnittsertrag: 42 hl/ha
Mitglied: Bernkasteler Ring

Nach guten 2013ern hatten Beate und Sohn Matthias Knebel auch im Jahrgang 2014 alles voll im Griff. Sie und ihre Mannschaft haben äußerst präzise gearbeitet und wieder hochfeine Rieslinge vorgestellt, wie sie in dieser Art an der Terrassenmosel kein anderes Gut erzeugen kann. Bereits der Gutswein von den Terrassen ist in seiner kristallklaren und herzhaften Art ein großer Wurf. Von den trockenen Lagenweinen hat uns vor allem der Röttgen beeindruckt. Er ist pfeffrig und dicht, dabei eher karg, hat Feinheit und Zug im Abgang. Das Brückstück ist ein großer halbtrockener Riesling, auch wenn es diese Bezeichnung nicht führt: füllig und dabei klar, getragen von einem feinen Schmelz. Die Maxime des Weinguts ist so einfach wie einleuchtend: Weine in großen Jahrgängen nicht schlanker, Weine in kleinen nicht dicker zu machen. Hierzu dient eine Kellerwirtschaft, die auf den Einsatz von Reinzuchthefen, Schönungsmitteln und Süßreserve sowie Entsäuerung verzichtet. Vielmehr lässt man sich bewusst Zeit für Maischestandzeiten, eine langsame Gärung und ein langes Hefelager. Viele der trockenen Rieslinge ruhen in sich und zeigen eine perfekte Balance aus feinem Schmelz und Delikatesse. Ausgehend von nur 2,7 Hektar hatten Beate und Reinhard Knebel ihren Betrieb in Winningen in den 1990er Jahren in die Spitzengruppe der Mosel geführt. Das Gut verbreiterte in den vergangenen Jahren die Qualitätsbasis um beste Parzellen in den Spitzenlagen Winningens.

Anzahl der verkosteten Weine: 9
Bewertungen: 86–96 Punkte

2014 Winninger **86**
Riesling von den Terrassen trocken
11,50 € | 12% | bis 2019

2014 Winninger Röttgen Riesling trocken **89**
23,– € | 13% | bis 2020

2014 Winninger Uhlen **87**
Riesling »B« Blaufüßer Lay trocken
25,– € | 12,5% | bis 2020

2014 Winninger Uhlen Riesling »L« Laubach trocken **87**
28,– € | 12,5% | bis 2020

2014 Winninger Uhlen Riesling »R« Rothlay trocken **86**
32,– € | 13% | bis 2020

2014 Winninger Hamm Riesling **87**
18,– € | 13% | bis 2018

2014 Winninger Brückstück Riesling **89**
18,– € | 12,5% | bis 2019

2014 Winninger Röttgen Riesling Auslese **91**
25,– €/0,375 Lit. | 7% | bis 2022

2014 Winninger Röttgen Riesling Beerenauslese **96**
95,– €/0,375 Lit. | 7% | bis 2025

WEINGUT KNODT-TROSSEN

54536 Kröv · Plenterstraße 47
☎ (0 65 41) 47 95 · Fax 47 65
info@weingut-knodt-trossen.de
www.weingut-knodt-trossen.de
Inhaber: Andrea und Udo Knodt

Verkauf: Andrea Knodt
nach Vereinbarung

Zum zweiten Mal ist das Kröver Weingut von Andrea und Udo Knodt bei uns vertreten. Die sehr gute Spätlese Kröver Steffensberg »JA« steht klar an der Spitze aller vom Weingut eingesandten Weine. Sie überzeugte mit ihrer saftigen Art und spielerischen Leichtigkeit. Die anderen Weine kamen nicht ganz an das Niveau der Kollektion aus dem letzten Jahr heran, aber insgesamt ist es eine solide Leistung in einem schwierigen Jahr.

Anzahl der verkosteten Weine: 12
Bewertungen: 80–87 Punkte

2014 Riesling trocken **80**
5,30 €/1,0 Lit. | 11,5% | bis 2017

2014 Weißburgunder trocken **80**
5,90 € | 12,5% | bis 2017

2014 Spätburgunder trocken Blanc de Noirs **80**
6,90 € | 12,5% | bis 2017

2014 Riesling feinherb **84**
5,60 € | 11% | bis 2018

2014 Kröver Kirchlay **82**
Riesling Grauschiefer Kabinett halbtrocken
6,30 € | 10,5% | bis 2017

2014 Kröver Steffensberg **83**
Riesling »JA« Spätlese feinherb
8,50 € | 11,5% | bis 2018

2014 Kröver Steffensberg **84**
Riesling Josi Kabinett
6,20 € | 9% | bis 2019

2014 Kröver Steffensberg **87**
Riesling »JA« Spätlese
8,50 € | 8% | bis 2025

2013 Spätburgunder trocken Holzfass **81**
7,20 € | 13% | bis 2017

2013 Spätburgunder »JA« trocken Barrique **82**
10,80 € | 13,5% | bis 2018

2012 Cuveè »No.12« trocken Barrique **82**
11,50 € | 13,5% | bis 2018

2012 Kröver Kirchlay **84**
Spätburgunder trocken Barrique
14,50 € | 14% | bis 2018

WEINGUT CHRISTOPH KOENEN

54518 Minheim · Am Eichhaus 4a
☎ (0 65 07) 93 99 70
info@ck-weine.de
www.ck-weine.de
Inhaber: Simone und Christoph Koenen

Verkauf: nach Vereinbarung

Mitten in der Moselschleife zwischen Piesport und Wintrich liegt Minheim, wo das Weingut Christoph Koenen seine Heimat hat. Die Trauben für die Weine des vier Hektar großen Betriebs stammen aus den Lagen Minheimer Kapellchen und Minheimer Rosenberg. In der aktuellen Kollektion gefielen die trockenen Weine deutlich besser als die fruchtsüßen. Besonders gelungen ist der trockene Qualitätswein Goldschiefer mit seiner festen Struktur, klaren Frucht und feinem Biss.

Anzahl der verkosteten Weine: 8
Bewertungen: 81–87 Punkte

2013	»CK« Sekt Brut	**84**
	15,50 € | 12% | bis 2018	
2014	Minheimer Riesling trocken	**83**
	7,50 € | 11,5% | bis 2018	
2014	Riesling trocken Alte Reben	**85**
	9,50 € | 11,5% | bis 2019	
2014	Riesling Goldschiefer trocken	**87**
	19,50 € | 12,5% | bis 2020	
2014	Riesling Spätlese trocken	**84**
	9,50 € | 11,5% | bis 2019	
2014	Minheimer Riesling halbtrocken	**81**
	7,50 € | 11,5% | bis 2017	
2014	Riesling Leichtes Möselchen Kabinett feinherb	**82**
	7,50 € | 8,5% | bis 2018	
2014	Riesling Spätlese feinherb	**83**
	9,50 € | 10,5% | bis 2019	

WEINGUT KÖNIG JOHANN

54329 Konz-Filzen · Saartalstraße 9
☎ (0 65 01) 96 98 10 · Fax 9 69 81 20
info@koenig-johann.de
www.koenig-johann.de
Inhaber und Betriebsleiter: Andrea Schmitt
Betriebsleiter: Michael Schnur-Schmitt
Kellermeister: Michael Schnur-Schmitt und Dennis Schmitt

Verkauf: Andrea Schmitt
Mo–Fr: 10.00–17.00 Uhr und nach Vereinbarung

Interessante Etiketten und eine sehr informative Webseite, auf der sogar das Gewicht der einzelnen Flaschen angegeben wird, machen einen sehr modernen Eindruck. Auch die dieses Jahr vorgestellten Weine wussten zu gefallen. Vor allem der saftige Riesling Mehrwert Spätlese aus dem Filzener Steinberger trägt seinen Namen zurecht. Das vormalige Weingut Ökonomierat A. Schmitt im Saartal nennt sich seit 2005 Weingut König Johann. Ausgangspunkt für die Umbenennung war der Erwerb des Weinberges Serriger König Johann Berg im gleichen Jahr.

Anzahl der verkosteten Weine: 8
Bewertungen: 79–85 Punkte

2014	Filzener Riesling Fernblick trocken	**82**
	7,90 € | 11% | bis 2017	
2014	Filzener Urbelt Riesling Feinschliff Spätlese trocken »sur lie«	**81**
	12,50 € | 10% | bis 2017	
2014	Riesling Zeitvertreib feinherb	**83**
	7,90 € | 9% | bis 2018	
2014	Riesling Kolibri Hochgewächs feinherb	**79**
	5,90 € | 11% | bis 2016	
2014	Filzener Kerner Kerniger Spätlese feinherb	**84**
	8,50 € | 10% | bis 2019	
2014	Serriger Riesling Zeitreise Spätlese halbtrocken »sur lie«	**81**
	9,90 € | 10% | bis 2017	
2014	Filzener Riesling Lebenslust Spätlese feinherb	**84**
	9,90 € | 9% | bis 2019	
2014	Filzener Steinberger Riesling Mehrwert Spätlese	**85**
	12,70 € | 8,5% | bis 2020	

WEINGUT NICK KÖWERICH

54340 Leiwen · Maximinstraße 11
☎ (0 65 07) 42 82 · Fax 30 37
weingut.koewerich@t-online.de
www.weingutkoewerich.de

Inhaber und Betriebsleiter: Nick Köwerich

Verkauf: Annette und Nick Köwerich
nach Vereinbarung

Rebfläche: 10,5 Hektar
Jahresproduktion: 90.000 Flaschen
Beste Lagen: Leiwener und Köwericher Laurentiuslay
Boden: Devonschiefer
Rebsorte: 100% Riesling
Durchschnittsertrag: 65 hl/ha

Nach bereits beachtlichen Leistungen in den Vorjahren verblüfft Nick Köwerich auch im Jahrgang 2014 mit geschliffenen Rieslingen, die eine für den Jahrgang unglaubliche Klarheit aufweisen. Schon der einfache Gutswein duftet nach reifen Birnen, ist saftig, klar und erfrischend. Nic und Nick ist eine fein strukturierte Spätlese im feinherben Stil, gefolgt vom Riesling Kabinett aus der Lage Laurentiuslay, ein trinkanimierender Wein mit guter Länge. Unser Liebling aber ist der Riesling Für Träumer und Helden, eine Spätlese mit tänzelnder Frische, Spannung und Feinheit. Für pfiffige Etiketten und erfindungsreiche Weinnamen war das Weingut immer schon bekannt. Obwohl dieser ungewöhnliche Leiwener Betrieb über zehn Hektar Rieslingrebfläche verfügt, werden nur wenige Weine erzeugt, einige dafür mit entsprechend hoher Stückzahl. Dass die Rieslinge dieses Weingutes hervorragend reifen, zeigt eine Spätlese aus dem Jahrgang 2004 aus der Laurentiuslay. Sie ist fein entwickelt, zeigt Anklänge von Orange und eine zarte, verspielte Säure.

Anzahl der verkosteten Weine: 7
Bewertungen: 84–90 Punkte

2014	Riesling Einblick Nr.1 **7,50 €** | 11% | bis 2018	**84**
2014	Köwericher Laurentiuslay Riesling Nic und Nick **15,– €** | 11,5% | bis 2019	**88**
2014	Riesling Für Feen und Elfen **9,50 €** | 10% | bis 2018	**84**
2014	Leiwener Laurentiuslay Riesling Nikolaus Köwerich Kabinett **18,– €** | 7,5% | bis 2020	**89**
2014	Leiwener Laurentiuslay Riesling Für Träumer und Helden Spätlese **12,50 €** | 8% | bis 2022	**90**
1999	Leiwener Laurentiuslay Riesling Nikolaus Köwerich Spätlese **28,– €** | 8,5% | bis 2017	**87**
2004	Leiwener Laurentiuslay Riesling Nikolaus Köwerich Spätlese **28,– €** | 8,5% | bis 2018	**89**

Zeichenerklärung:
Schnäppchenpreis · Top10 Spitzenreiter
Ökobetrieb · Trink-Tipp · Versteigerungswein
Sekt | Weißwein | Rotwein | Roséwein

WEINGUT RÜDIGER KRÖBER

56333 Winningen · Hahnenstraße 14
☎ (0 26 06) 3 51 · Fax 26 00
info@weingut-kroeber.de
www.weingut-kroeber.de
Inhaber: Rüdiger Kröber
Betriebsleiter: Rüdiger und Florian Kröber

Verkauf: Ute und Rüdiger Kröber
Mo–Sa: 9.00–12.00 Uhr · 13.00–18.00 Uhr
So: nach Vereinbarung

Gutsausschank: Winninger Weinstuben in Koblenz
Sehenswert: toller Moselblick bei Weinproben im Winninger Röttgen

Rebfläche: 7 Hektar
Jahresproduktion: 48.000 Flaschen
Beste Lagen: Winninger Uhlen und Röttgen
Boden: Schieferverwitterung
Rebsorten: 95% Riesling, 3% Spätburgunder, 2% Dornfelder
Durchschnittsertrag: 58 hl/ha

In diesem Weingut zeigt sich einmal mehr, dass die Terrassenmosel für den Ausbau trockener Rieslinge geradezu prädestiniert ist. Hier werden charaktervolle, klassische Rieslinge erzeugt, die nicht immer gefällig, aber von guter Substanz sind. Nach überzeugenden Weinen im schwierigen Jahrgang 2010 setzte man hier auch in den Folgejahren die Interpretation der Winninger Lagen mit Weinen von großer Frische und Trinkanimation fort. Die Rieslinge des Jahrgang 2014 ruhen in sich, sind sauber und klar. Eine leichte Spontinote zieht sich durch die Kollektion. Hier hat schon der trockene Literwein Format. Und erst recht der Riesling vom Schiefer. Der trockene Kabinett ist verspielt und tänzelt, während der Uhlen Blaufüßer Lay groß aufspielt: dicht und reichhaltig, schmelzig und klar, ein sehr guter trockener Riesling. Auch der feinherbe Kabinett ist trinkanimierend und die fruchtsüße Spätlese zeigt richtig gutes Potenzial. Mit Sohn Florian ist inzwischen die nächste Generation in die Betriebsleitung eingetreten. Er setzt vor allem im Keller Akzente. In den kommenden Jahren soll eine neue Kelterhalle errichtet werden.

Die Betriebe:
Weltklasse · Deutsche Spitze
Sehr gut · Gut · Zuverlässig
Weitere Empfehlung

Anzahl der verkosteten Weine: 8
Bewertungen: 84–90 Punkte

2014	Riesling trocken **6,– €**/1,0 Lit. | 11,5% | bis 2018	**84**
2014	Riesling vom Schiefer trocken **6,80 €** | 11,5% | bis 2018	**86**
2014	Winninger Uhlen Riesling »S« trocken **8,50 €** | 11,5% | bis 2018	**85**
2014	Winninger Uhlen Blaufüßer Lay Riesling trocken **17,– €** | 12% | bis 2019	**88**
2014	Winninger Hamm Riesling Kabinett trocken **7,50 €** | 11% | bis 2018	**85**
2014	Winninger Röttgen Riesling feinherb Alte Reben **9,30 €** | 12,5% | bis 2019	**85**
2014	Winninger Brückstück Riesling Kabinett feinherb **7,30 €** | 10% | bis 2019	**87**
2014	Winninger Röttgen Riesling Spätlese Alte Reben **12,50 €** | 7% | bis 2020	**90**

WEINGUT SYBILLE KUNTZ

54470 Lieser · Moselstraße 25
☎ (0 65 31) 9 10 00 · Fax 9 10 01
weingut@sybillekuntz.de
www.sybillekuntz.de
Inhaber und Betriebsleiter: Sybille Kuntz und Markus Kuntz-Riedlin

Verkauf: Weinshop Moselstraße 25
Mo–Fr: 9.00–12.00 Uhr · 13.00–17.00 Uhr
Sa: 10.00–14.00 Uhr nach Vereinbarung

Rebfläche: 14 Hektar
Jahresproduktion: 55.000 Flaschen
Beste Lagen: Lieser Niederberg-Helden
Boden: blauer Devonverwitterungsschiefer
Rebsorte: 100% Riesling
Durchschnittsertrag: 45 hl/ha

Die Leistungen dieses renommierten Betriebs in Lieser blieben im Jahrgang 2014 hinter den Vorjahren zurück. Dies ist sicherlich dem schwierigen Herbst geschuldet, in dem man es nicht immer mit einwandfreiem Lesegut zu tun hatte. Die vorgestellten Rieslinge sind in ihrer phenolischen Art eckig und kantig und suchen nach Balance. In jedem Fall benötigen die Weine viel Luft, um zu mehr Harmonie zu gelangen. Mit dem ebenfalls nicht einfachen Jahrgang 2013 war man hier wesentlich besser zurechtgekommen. Man hatte nicht nur mit der allenthalben grassierenden Herbstnässe zu tun, im Sommer hatte zudem ein Hagelunwetter viele Weinberge in der Gemarkung heimgesucht. Um so bewundernswerter, welche Qualität in diesem Gut 2013 auf die Flasche gebracht werden konnte. Auch in den Jahren zuvor wurde in diesem Mittelmoselgut immer sehr gut gearbeitet. Stil des Hauses sind eher für die Mosel untypische, muskulöse und gehaltvolle trockene Rieslinge der eigenen Art. Und ab und an gelingen hier grandiose Süßweine, die zu den besten des Gebietes zählen können. Sybille Kuntz und ihr Mann Markus Kuntz-Riedlin, Geisenheimabsolvent und einige Jahre als Winemaker an der Ostküste Amerikas tätig, führen das seit seiner Gründung im Jahr 1984 auf 14 Hektar angewachsene Gut gemeinsam. Die Umstellung auf ökologische Bewirtschaftung wurde 2013 abgeschlossen. 80 Prozent der Weine werden trocken ausgebaut. 60 Prozent der Produktion gehen ins Ausland, vorzugsweise nach USA, England und Schweden.

Anzahl der verkosteten Weine: 3
Bewertungen: 84–87 Punkte

2014	Riesling trocken **12,50 €** | 12,5% | bis 2018	**84**
2014	Riesling Kabinett trocken **17,90 €** | 12% | bis 2019	**85**
2014	Riesling Spätlese trocken **26,- €** | 12,5% | bis 2019	**87**

WEINGUT PETER LAUER

54441 Ayl · Trierer Straße 49
☎ (0 65 81) 30 31 · Fax 23 44
info@lauer-ayl.de
www.lauer-ayl.de

Inhaber: Florian Lauer
Kellermeister: Peter und Florian Lauer

Verkauf: Peter und Florian Lauer
nach Vereinbarung

Restaurant: Weinhotel »Ayler Kupp«, Do–Mo 12.00–14.00 Uhr · ab 18.00 Uhr, Jörg und Laura Diekert, ☎ 06581 988380

Rebfläche: 7,9 Hektar
Jahresproduktion: 40.000 Flaschen
Beste Lagen: Ayler Kupp, Saarfeilser, Schonfels
Boden: Braunerde Rigosol auf Schiefer, Schiefer und Kies
Rebsorte: 100% Riesling
Durchschnittsertrag: 45 hl/ha
Mitglied: VDP

Wir schätzen die Rieslinge des Peter Lauer schon seit vielen Jahren. Vor allem im feinherben Geschmacksbereich schafften Weine dieses Ayler Winzers wiederholt den Sprung in einige unserer Top-Ten-Listen des Jahrgangs. Mit der Übernahme des Betriebs durch Florian Lauer scheint in den letzten Jahren noch einmal ein Qualitätssprung möglich gewesen zu sein. Die wahre Könnerschaft erweist sich dann, wenn es problematisch wird, wie etwa in den Jahrgängen 2013 und 2014, als sich im nassen Herbst jeweils Fäulnis breit machte.

Filigrane Strahlkraft

Schon im Jahrgang 2013 waren die Weine von Florian Lauer im trockenen und feinherben Bereich eine absolute Bank. Von den druckvollen, charakterstarken Großen Gewächsen über den halbtrockenen Stil mit etwas mehr Abrundung durch Restzucker bis zu den supersaftigen feinherben Weinen Stirn und Kern war alles im Lot. Dazu kamen traumhaft animierende Spätlesen, die eine innere Spannung gewinnen durch Säureextrakt und Fruktose. Eine nachgereichte Trockenbeerenauslese aus 2011 begeisterte mit ihrer Frische und großen Konzentration.
2014 kann nun an diese Leistung nicht nur anschließen, die Weine sind noch besser geraten. Es sind unglaublich begeisternde Rieslinge mit einer seltenen filigranen Strahlkraft. Bei der Verkostung war es sehr schwierig, sich für den jeweils besten Wein in der jeweiligen Kategorie zu entscheiden, alles war auf einem gleichmäßig hohen Niveau. Das gilt auch für die Großen Gewächse: die Kupp dicht und reif, der Schonfels jugendhaft und würzig, der Saarfeilser hochfein und verspielt – es ist ungemein schwer, einen Favoriten auszumachen. Die feinherben und halbtrockenen Rieslinge stehen in diesem Jahr fast konkurrenzlos an der Saarspitze: der Unterstenberg mit feinem Schmelz und Schliff, die Stirn druckvoll und saftig, der Kern klar und klassisch, der Neuenberg Nummer 17 in seiner fast trockenen Art mit großem Druck am Gaumen und kristallklar. Den Gipfel des Jahrgangs aber markieren die fruchtsüßen Rieslinge: Kabinette von urwüchsiger Saarart, die großes Trinkvergnügen bereiten, und tänzelnde Spätlesen, komplex und zart zugleich, sowie eine Auslese mit seltener Klarheit und Perfektion.

Florian Lauer

Charaktervolle Rieslinge

Im Gut werden höchst individuelle, charaktervolle Rieslinge aus der Ayler Kupp fuderweise abgefüllt. Die Ayler Kupp ist eine von den Lagen, die mit dem 1971er Weingesetz unglücklich erweitert wurden. Dem versucht die Familie Lauer mit der Nennung von Parzellen wie »Kern«, »Stirn« und »Unterstenberg« zu begegnen. Von hier stammen die besten trockenen und feinherben Weine. Der Kern ist seit 2005 in der Bestenliste feinherber Rieslinge.

Anzahl der verkosteten Weine: 13
Bewertungen: 89–95 Punkte

2014	Ayler Kupp Riesling »Großes Gewächs« **30,– €** | 12,5% | bis 2021	**90**
2014	Ayler Schonfels Riesling »Großes Gewächs« **30,– €** | 12,5% | bis 2023	**91**
2014	Schodener Saarfeilser Riesling »Großes Gewächs« **30,– €** | 12,5% | bis 2022	**91**

2014 Ayler Kupp »Unterstenberg« **92**
Riesling feinherb - 12 -
Top 10 **18,– €** | 12,5% | bis 2023

2014 Ayler Kupp »Stirn« Riesling feinherb - 15 - **93**
Top 10 **19,50 €** | 9,5% | bis 2025

2014 Ayler Kupp »Kern« Riesling feinherb - 9 - **94**
Top 10 **19,50 €** | 9,5% | bis 2025

2014 Ayler Neuenberg **89**
Riesling 2. Füllung halbtrocken - 171 -
30,– € | 12% | bis 2022

2014 Ayler Neuenberg Riesling halbtrocken - 17 - **92**
30,– € | 12% | bis 2024

2014 Ayler Kupp Riesling Kabinett - 8 - **91**
Top 10 **14,90 €** | 8% | bis 2025

2014 Ayler Kupp Riesling Kabinett - 5 - **92**
Top 10 | 7,5% | bis 2028

2014 Ayler Kupp Riesling Spätlese - 7 - **93**
Top 10 **17,90 €** | 7,5% | bis 2028

2014 Ayler Kupp Riesling Spätlese - 23 -
| 7,5% | bis 2030

2014 Ayler Kupp Riesling Auslese - 10 - **95**
Top 10 **39,– €** | 7,5% | bis 2030

WEINGUT LEHNERT-VEIT

54498 Piesport · In der Dur 6–10
☎ (0 65 07) 21 23 · Fax 71 45
info@lehnert-veit.de
www.lehnert-veit.de
Inhaber: Erich und Peter Lehnert
Kellermeister: Peter Lehnert

Verkauf: Ingrid und Erich Lehnert
Mo–So: 8.00–18.00 Uhr

Wie schon den schwierigen Jahrgang 2013 haben Erich und Peter Lehnert auch den ähnlich herausvordernden Herbst 2014 sehr gut gemeistert. Sie stellen aus dem Jahr gute trockene Rieslinge vor. An deren Spitze steht das sehr druckvolle Große Gewächs, dem man allerdings auch wegen des deutlich wahrnehmbaren Holzeinsatzes noch etwas Zeit zur Reife geben sollte. Lehnert-Veit hat sich in den letzten Jahren auch einen Ruf für gute Spätburgunder erworben, dem werden sie in diesem Jahr wieder gerecht. Das Weingut hat in den letzten Jahren in einen hochmodernen Keller investiert. Außerdem gehört zum Betrieb eine der schönsten Straußwirtschaften der Region.

Anzahl der verkosteten Weine: 10
Bewertungen: 82–87 Punkte

2014 Riesling Kies trocken **83**
6,30 € | 12% | bis 2018

2014 Weißburgunder trocken **82**
7,50 € | 12,5% | bis 2017

2014 Riesling Schiefer trocken **84**
7,50 € | 11,5% | bis 2018

2014 Piesporter Goldtröpfchen **86**
Riesling trocken
12,90 € | 12,5% | bis 2020

2013 Piesporter Goldtröpfchen **87**
Riesling »Großes Gewächs« Holzfass
17,60 € | 12,5% | bis 2022

2014 Piesporter Falkenberg Riesling feinherb **83**
8,20 € | 11% | bis 2019

2014 Piesporter Goldtröpfchen **85**
Riesling feinherb
12,90 € | 12% | bis 2020

2014 Piesporter Goldtröpfchen **86**
Riesling Kabinett
7,70 € | 9% | bis 2020

2012 Piesporter Günterslay **85**
Spätburgunder trocken
12,90 € | 13,5% | bis 2017

2012 Piesporter Falkenberg **87**
Spätburgunder trocken
18,80 € | 13,5% | bis 2018

WEINGUT GÜNTER LEITZGEN

56814 Bremm · Auf Cales 28
☎ (0 26 75) 16 73 · Fax 17 09
info@leitzgen-weine.de
www.leitzgen-weine.de
Inhaber: Günter und Susanne Leitzgen
Betriebsleiter: Günter Leitzgen

Verkauf: Günter und Susanne Leitzgen
nach Vereinbarung

Ein sehr schwieriger Herbst hinterlässt auch in diesem renommierten Weingut seine Spuren. So konnten die meisten Weine nicht an die Qualität der letzten Jahre anknüpfen. Aber auch die verwendeten Korken bewirkten einen etwas negativen Eindruck. Trotzdem fanden wir in der großen Kollektion den einen oder anderen guten Tropfen. So auch den sehr gefälligen und edel schmeckenden Riesling-Sekt Royal.

Anzahl der verkosteten Weine: 11
Bewertungen: 78–85 Punkte

2013	Elbling Sekt Brut **9,50 €** | 12,5% | bis 2017	**83**
2012	Riesling Royal Sekt Brut **19,90 €** | 12,5% | bis 2018	**85**
2014	Riesling trocken **7,20 €**/1,0 Lit. | 12% | bis 2017	**79**
2014	Elbling trocken **7,– €** | 11,5% | bis 2017	**78**
2014	Riesling Tradition trocken Selection **9,– €** | 13,5% | bis 2017	**80**
2014	Bremmer Calmont Riesling Stern trocken **11,– €** | 13% | bis 2017	**82**
2014	Riesling Avantgarde Spätlese Selection **11,– €** | 7,5% | bis 2019	**82**
2014	Bremmer Calmont Riesling halbtrocken **9,– €** | 12% | bis 2017	**81**
2014	Riesling Spielerei feinherb Selection **9,50 €** | 11,5% | bis 2017	**81**
2014	Bremmer Calmont Riesling feinherb Prestige **12,50 €** | 13% | bis 2018	**83**
2014	Riesling Elegance Spätlese halbtrocken **11,– €** | 12% | bis 2017	**82**

Zeichenerklärung:
Schnäppchenpreis · Top 10 Spitzenreiter
Ökobetrieb · Trink-Tipp · Versteigerungswein
Sekt Weißwein Rotwein Roséwein

Winzer des Jahres 2015

WEINGUT SCHLOSS LIESER THOMAS HAAG

54470 Lieser · Am Markt 1–5
☎ (0 65 31) 64 31 · Fax 10 68
info@weingut-schloss-lieser.de
www.weingut-schloss-lieser.de
Inhaber: Thomas und Ute Haag
Betriebsleiter und Kellermeister: Thomas Haag
Außenbetrieb: Philipp Veser

Verkauf: Ute und Thomas Haag
Mo–Sa: nach Vereinbarung

Historie: ehemals zum Besitz des Freiherrn von Schorlemer gehörendes Weingut
Sehenswert: Schloss, erbaut um die Jahrhundertwende, denkmalgeschützte Schiefer-Gutsanlage mit idyllischem Innenhof

Rebfläche: 18 Hektar
Jahresproduktion: 90.000 Flaschen
Beste Lagen: Lieser Niederberg Helden, Brauneberger Juffer, Wehlener Sonnenuhr und Juffer-Sonnenuhr
Boden: Verwitterungsschiefer
Rebsorte: 100% Riesling
Durchschnittsertrag: 50 hl/ha
Mitglied: VDP

Im letzten Jahr verliehen wir dem Weingut Schloss Lieser die fünfte Traube und Inhaber Thomas Haag wurde zugleich unser »Winzer des Jahres«. Die hohe Ehre gilt einem Winzer, der in nur 20 Jahren den Weinort Lieser quasi im Alleingang international auf die Landkarte gebracht hat. Er hat das Wahrzeichen des Ortes, das Ende des 19. Jahrhunderts erbaute Schloss Lieser, von Grund auf saniert. Erst in 2014 wurden die Arbeiten an den denkmalgeschützten Gebäuden abgeschlossen. Das Gut gehörte mit zu den besten der Region, dann versank es im Vergessen – heute spielt es auf der Weltbühne mit.

Neue Weinberge

1992 übernahm Thomas Haag als Betriebsleiter und Kellermeister das Ruder. Nach fünf Jahren harter Aufbauarbeit konnte er den Betrieb 1997 käuflich erwerben. Inzwischen hat er das alte Kellereigebäude abgebrochen und direkt wieder aufgebaut, die alten Ställe zur Probierstube umgerüstet, und die Rebfläche vergrößert. Er besitzt nun 18 Hektar Weinberge in Lieser, Graach, Bernkastel und in Brauneberg. Zuletzt kamen Parzellen in der Wehlener Sonnenuhr und im

Kestener Paulinshofberg dazu. Haag ging von Anfang an mit viel Enthusiasmus und all dem Wissen zu Werke, das er von der Geisenheimer Weinuniversität mit an die Mosel brachte. Noch prägender war freilich das Rüstzeug, das ihm Vater Wilhelm Haag, fraglos einer der besten Mosel-Kellermeister der letzten Jahrzehnte, mit auf den Weg gegeben hat. Mit dem Jahrgang 2013 hatte sich Haag selbst übertroffen. Die trockenen Rieslinge wunderbar klar, die Großen Gewächse mit an der Gebietsspitze, die Spätlesen brillant wie in einem großen Jahrgang, dazu eine Reihe grandioser Auslesen, eine größer als die andere: eine Fabel-Kollektion mit zwei Siegerweinen.

Thomas Haag

Weine, die Spaß machen

Ganz so überwältigend ist die 2014er Kollektion nicht, aber es sind Weine, die in sich ruhen und ihre besten Tage noch vor sich haben. Und es sind einige dabei, die richtig Spaß machen, etwa der saftige und kräuterige Kabinett aus der Wehlener Sonnenuhr oder die hochfeine Spätlese aus der Juffer-Sonnenuhr. Haag hat eine ganze Phalanx an Auslesen erzeugt, wobei uns die Helden Nummer 16 und die Juffer-Sonnenuhr Nummer 17 am besten gefallen. Die Großen Gewächse spielen selbstverständlich auch in diesem Jahr wieder ganz vorne an der Mosel mit.

Anzahl der verkosteten Weine: 14
Bewertungen: 82–91 Punkte

2014 Lieser Niederberg Helden **91**
Riesling »Großes Gewächs«
26,– € | 12,5% | bis 2020

2014 Brauneberger Juffer-Sonnenuhr **91**
Riesling »Großes Gewächs«
27,– € | 12,5% | bis 2021

2014 Riesling »SL« Kabinett trocken **85**
11,50 € | 11,5% | bis 2018

2014 Riesling »SL« Spätlese trocken **88**
17,– € | 12% | bis 2019

2014 Riesling »SL« **82**
8,90 € | 10,5% | bis 2018

2014 Brauneberger Juffer **86**
Riesling Kabinett »Große Lage«
12,50 € | 7,5% | bis 2019

2014 Wehlener Sonnenuhr **90**
Riesling Kabinett »Große Lage«
12,50 € | 7,5% | bis 2022

2014 Brauneberger Juffer-Sonnenuhr **88**
Riesling Spätlese »Große Lage« - 11 -
18,50 € | 7% | bis 2022

2014 Brauneberger Juffer-Sonnenuhr **91**
Riesling Spätlese »Große Lage« - 15 -
| 7% | bis 2023

2014 Lieser Niederberg Helden **90**
Riesling Auslese »Große Lage« - 12 -
26,– € | 7% | bis 2025

2014 Brauneberger Juffer-Sonnenuhr **90**
Riiesling Auslese »Große Lage« - 13 -
27,– € | 7% | bis 2025

2014 Lieser Niederberg Helden **91**
Riesling Auslese »Große Lage« Goldkapsel - 14 -
22,– €/0,375 Lit. | 7% | bis 2028

2014 Lieser Niederberg Helden **91**
Riesling Auslese - 17 -
Preis auf Anfrage | 7% | bis 2028

2014 Brauneberger Juffer-Sonnenuhr **91**
Riesling Auslese - 16 -
| 7% | bis 2028

WEINGUT LÖNARTZ-THIELMANN

56814 Ernst · Weingartenstraße 80
☎ (0 26 71) 16 40 · Fax 58 82
info@loenartz.de
www.ferienweingut-loenartz-thielmann.de
Inhaber und Betriebsleiter: Hans-Georg und Florian Lönartz

Verkauf: Florian Lönartz
Mo–So: 8.00–18.00 Uhr

Der herausfordernde Jahrgang 2014 ist auch hier recht durchwachsen ausgefallen. Im Basisbereich sind die Qualitäten trotzdem wieder deutlich solider als im Vorjahr. An der Spitze stehen gleich vier Weine mit 87 oder 88 Punkten. Darunter auch die trockene Spätlese Edition »F« aus dem Valwiger Herrenberg, der Projektwein des Juniors. Der Ausbau der Weißweine erfolgt seit zwölf Jahren ausschließlich im Edelstahltank, die Rotweine reifen teils im Barrique, teils in großen Holzfässern. Seit 2014 hat Sohn Florian den Keller übernommen.

Anzahl der verkosteten Weine: 12
Bewertungen: 81–88 Punkte

2014	Ernster Goldbäumchen Elbling trocken **5,– €** | 12% | 🍷 bis 2017	**82**
2014	Ernster Goldbäumchen Riesling trocken **5,50 €** | 12% | 🍷 bis 2017	**81**
2014	Valwiger Herrenberg Riesling Inspiration trocken Barrique **10,50 €** | 11,5% | 🍷 bis 2017	**84**
2014	Bruttiger Götterlay Riesling Kabinett trocken **6,50 €** | 12,5% | 🍷 bis 2018	**84**
2014	Valwiger Herrenberg Riesling Spätlese trocken Alte Reben **9,– €** | 12,5% | 🍷 bis 2019	**85**
2014	Valwiger Herrenberg Riesling Edition »F« Spätlese trocken Alte Reben **12,50 €** | 12% | 🍷 bis 2020	**87**
2014	Ernster Goldbäumchen Riesling halbtrocken **5,– €**/1,0 Lit. | 11,5% | 🍷 bis 2017	**82**
2014	Ernster Feuerberg Riesling Hochgewächs halbtrocken **6,– €** | 11,5% | 🍷 bis 2018	**83**
2014	Bruttiger Götterlay Riesling Kabinett **6,50 €** | 9% | 🍷 bis 2021	**87**
2014	Valwiger Herrenberg Riesling Kabinett **7,– €** | 8,5% | 🍷 bis 2019	**85**
2014	Valwiger Herrenberg Riesling Spätlese Alte Reben **9,– €** | 8,5% | 🍷 bis 2022	**87**
2014	Valwiger Herrenberg Riesling Auslese Alte Reben **15,– €**/0,5 Lit. | 8% | 🍷 bis 2022	**88**

WEINGUT LOERSCH

54340 Leiwen-Zummethöhe · Tannenweg 11
☎ (0 65 07) 32 29 · Fax 32 05
info@weingut-loersch.de
www.weingut-loersch.de
Inhaber und Betriebsleiter: Alexander Loersch

Verkauf: Familie Loersch
nach Vereinbarung

Gästehaus: mit Panoramablick auf die Moselschleife bei Trittenheim

Rebfläche: 6 Hektar
Jahresproduktion: 52.000 Flaschen
Beste Lagen: Trittenheimer Apotheke und Altärchen, Piesporter Goldtröpfchen, Dhroner Hofberg
Boden: blauer Devonschiefer, Schieferverwitterungsboden, grauer Glimmerschiefer mit rotliegendem Untergrund
Rebsorten: 90% Riesling, 7% Spätburgunder, 3% Rivaner
Durchschnittsertrag: 60 hl/ha

Die positive Entwicklung dieses dynamischen Familienbetriebs in Leiwen ist schon beachtlich. Hier gab es in jedem Jahr eine kleine Steigerung und so hatte sich Alexander Loersch beharrlich die dritte Traube erarbeitet. Und sie zuletzt mit einer gelungenen Kollektion aus dem Jahrgang 2013 in vollem Umfang bestätigt. Daran können die Rieslinge des Jahrgangs 2014 nun leider nicht anschließen. Es fehlen weitgehend das Aufspiel der Frucht und die Spannung. Bei den trockenen Rieslingen hat sich ein wenig der Kabinett aus dem Altärchen abgesetzt, ein sauberer und erfrischender Wein. Die fruchtsüßen Rieslinge werden angeführt von zwei Spätlesen aus der Lage Apotheke, die sich saftig und gerundet probieren. Bereits 2002 hatte Alexander Loersch die Regie im Keller übernommen. Die Weinqualität stieg in den letzten Jahren kontinuierlich an. Alle Weine zeigen eine mineralische Note und eine deutliche Hefeprägung. Aromen, wie sie bei der Spontanvergärung entstehen, sind oft unverkennbar. Mit dem Wegfall des bisherigen Betriebsnamens Loersch-Eifel wurde auch das eher altbackene Image der früheren Flaschenausstattung beseitigt. Das neue Outfit wirkt beschwingt und sehr geschmackvoll.

Anzahl der verkosteten Weine: 13
Bewertungen: 82–88 Punkte

Jahrgang	Wein	Preis / Alkohol / Trinkreife	Punkte
2014	Riesling Blauschiefer trocken	**6,90 €** | 10,5% | bis 2018	85
2014	Trittenheimer Apotheke Riesling Devonterrassen trocken	**14,90 €** | 12,5% | bis 2018	84
2014	Trittenheimer Altärchen Riesling Kabinett trocken	**8,90 €** | 10,5% | bis 2019	86
2014	Trittenheimer Apotheke Riesling Vogelsang Spätlese trocken	**10,90 €** | 11,5% | bis 2018	84
2014	Riesling einspunktnull feinherb	**6,90 €**/1,0 Lit. | 10% | bis 2017	83
2014	Riesling Glimmerschiefer feinherb	**6,90 €** | 10% | bis 2018	82
2014	Dhroner Hofberg Riesling feinherb	**8,90 €** | 9,5% | bis 2018	83
2014	Trittenheimer Apotheke Riesling Schieferhang feinherb	**10,90 €** | 10,5% | bis 2019	84
2014	Trittenheimer Apotheke Riesling Felsterrassen feinherb	**14,90 €** | 11,5% | bis 2019	85
2014	Piesporter Goldtröpfchen Riesling Kabinett	**8,90 €** | 7,5% | bis 2019	83
2014	Trittenheimer Apotheke Riesling Kabinett	**8,90 €** | 8% | bis 2019	84
2014	Trittenheimer Apotheke Riesling Laurentiusberg Spätlese	**10,90 €** | 7,5% | bis 2021	88
2014	Trittenheimer Apotheke Riesling Spätlese Alte Reben	**14,90 €** | 7,5% | bis 2022	88

WEINGUT CARL LOEWEN

54340 Leiwen · Matthiasstraße 30
☎ (0 65 07) 30 94 · Fax 80 23 32
mail@weingut-loewen.de
www.weingut-loewen.de
Inhaber: Karl Josef Loewen

Verkauf: Edith und Karl Josef Loewen
Sa: 13.00–16.00 Uhr und nach Vereinbarung

Historie: Weinbau seit 1803

Rebfläche: 12,5 Hektar
Jahresproduktion: 100.000 Flaschen
Beste Lagen: Leiwener Laurentiuslay, Thörnicher Ritsch, Detzemer Maximiner Klosterlay, Longuicher Maximiner Herrenberg
Boden: Devon- und leichter Verwitterungsschiefer, roter Schiefer
Rebsorten: 96% Riesling, 3% Weißburgunder, 1% Müller-Thurgau
Durchschnittsertrag: 65 hl/ha
Mitglied: Bernkasteler Ring

Nach bereits sehr gelungenen 2013ern hat Karl Josef Loewen auch den Jahrgang 2014 ordentlich gemeistert, wobei die Kollektion nicht ganz so homogen erscheint wie im Vorjahr. Der trockene Varidor bietet in seiner geschmeidigen und trinkanimierenden Art ein ausgezeichnetes Preis-Leistungs-Verhältnis. Bester trockener Wein im Sortiment ist das Große Gewächs aus der Lage Thörnicher Ritsch, ein Riesling von Dichte und Struktur und großem Potenzial. Der 1896 genannte und im Holzfass ausgebaute Riesling ist dicht und gepackt, zeigt zarte Süße und Charakter. Von den fruchtigen Rieslingen hat uns die Spätlese aus der Laurentiuslay am besten gefallen in ihrer klaren und kühlen Art. Durch die Säkularisation kam vor fast 200 Jahren einer der Vorfahren von Karl Josef Loewen in den Besitz der Detzemer Maximiner Klosterlay. In den extrem steilen Hang der Leiwener Spitzenlage Laurentiuslay hat er sich 1982 selbst eingekauft und auch Parzellen in der Thörnicher Ritsch erworben. Vor einigen Jahren konnte Loewen das Weingut Carl Schmitt-Wagner in Longuich übernehmen und wurde Mitglied im Bernkasteler Ring. Mit den teilweise bereits 1896 bestockten Parzellen im Longuicher Maximiner Herrenberg hat er sein Lagenportfolio recht eindrucksvoll erweitert.

Anzahl der verkosteten Weine: 10
Bewertungen: 84–90 Punkte

2014 Riesling Varidor trocken **85**
7,90 € | 12% | bis 2018

2014 Leiwener Laurentiuslay **87**
Riesling trocken »Erste Lage« Alte Reben Holzfass
13,– € | 12% | bis 2018

2014 Longuicher Maximin Herrenberg **86**
Riesling 1896 trocken »Erste Lage« Holzfass
19,50 € | 12% | bis 2019

2014 Thörnicher Ritsch **88**
Riesling »Großes Gewächs« Holzfass
22,– € | 12,5% | bis 2019

2014 Riesling Quant **84**
7,20 € | 11,5% | bis 2018

2014 Riesling Alte Reben **84**
9,20 € | 12% | bis 2019

2014 Detzemer Maximin Klosterlay **86**
Riesling »Erste Lage« Holzfass
12,– € | 12% | bis 2018

2014 Longuicher Maximin Herrenberg **90**
Riesling 1896 »Erste Lage« Holzfass
40,– € | 12% | bis 2020

2014 Leiwener Laurentiuslay **89**
Riesling Spätlese »Erste Lage« Holzfass
12,– € | 8% | bis 2021

2014 Thörnicher Ritsch **89**
Riesling Auslese »Erste Lage«
16,– € | 7,5% | bis 2020

WEINGUT BENEDICT LOOSEN ERBEN

54539 Ürzig · Würzgartenstraße 1
☎ (0 65 32) 9 45 90 92 · Fax 22 04
riesling@benedict-loosen-erben.de
www.benedict-loosen-erben.de
Inhaber: Claudia Müller
Kellermeister: Bernhard Th. Föhr

Verkauf: nach Vereinbarung

Aus dem Jahrgang 2014 wurden uns drei Rieslinge aus gerade einmal einem halben Hektar Weinbergsfläche präsentiert. Die Weine sind solide, mit ihrem Gerbstoffreichtum klassische Kinder des Jahrgangs 2014, könnten aber etwas mehr Spiel und Spannung vertragen. Das Weingut mit Lagen im Würzgarten liegt im malerischen Ürziger Ortskern. Erbaut wurde das stattliche Patrizierhaus von Mönchen der ehemaligen Augustiner Abtei Springiersbach auf den Grundmauern eines Gewölbekellers aus dem Jahre 1511. Im schwierigen Jahrgang 2010 gab es lediglich ein Drittel eines Normaljahrgangs, 2011 brachte guten Ertrag und eine straffe Säure prägt die Stilistik der Weine. Waren die Weine 2011 noch eher auf der geschmacklich trockenen Seite, so gehörten sie 2012 und 2013 eher in die Kategorie feinherb bis fruchtig. In diesem Jahr reichen die Weine von trocken bis deutlich restsüß.

Anzahl der verkosteten Weine: 3
Bewertungen: 84–85 Punkte

2014 Ürziger Würzgarten **84**
Riesling aus dem Lustgarten Kabinett trocken Holzfass
6,70 € | 9,5% | bis 2018

2014 Ürziger Würzgarten **84**
Riesling vom Roten Schiefer Kabinett trocken
6,70 € | 10,5% | bis 2018

2014 Ürziger Würzgarten **85**
Riesling Spätlese Alte Reben ***
10,50 € | 9,5% | bis 2020

WEINGUT DR. LOOSEN

54470 Bernkastel-Kues · St. Johannishof
☎ (0 65 31) 34 26 · Fax 42 48
info@drloosen.de
www.drloosen.de
Inhaber: Ernst F. Loosen
Außenbetrieb: Roland Orthmann
Kellermeister: Bernhard Schug

Verkauf: Ernst F. Loosen
nach Vereinbarung

Gutshaus: direkt am Moselufer

Rebfläche: 22 Hektar
Jahresproduktion: 180.000 Flaschen
Beste Lagen: Bernkasteler Lay, Graacher Himmelreich, Wehlener Sonnenuhr, Ürziger Würzgarten, Erdener Treppchen und Prälat
Boden: Devonschiefer und Rotliegendes
Rebsorten: 98% Riesling, 2% Weißburgunder
Durchschnittsertrag: 60 hl/ha
Mitglied: VDP

Das Weingut von Ernst Loosen gehört zweifellos zu den Gewinnern in 2014. Durch klug gestaffelte, frühe Lese, ist es gelungen, die Jahrgangsprobleme weitgehend zu vermeiden. Schon die Basisweine sind hier eine Bank, frisch und knackig. Und bei den Großen Gewächsen gibt Loosen ohnehin schon seit Jahren den Ton an der Mosel an. Er stellte diesmal gleich sechs (!) Exemplare vor, wobei Treppchen (wunderbare Frucht), Sonnenuhr (charmant und betörend) und wieder einmal der Prälat (großer trockener Wein) die Spitze formieren. Die fruchtsüßen Rieslinge bilden eine einheitliche Gruppe auf hohem Niveau. Die Kabinette sind fruchtbetont und auch brillant, die Spätlesen saftig und klar, die opulenten Auslesen zum Teil exotisch (Treppchen) und herrlich würzig (Würzgarten) ausgefallen.

Weinberge in Spitzenlagen

Die Geschichte des Weinguts Dr. Loosen ist eine der beeindruckenden Erfolgsgeschichten des deutschen Weinbaus seit den 1990er Jahren. »Die großen Weinmacher, denen ich begegnet bin, haben ausnahmslos eine klare Vision, wie ihr Wein sein sollte«, sagt Ernst Loosen. Ihr Konzept bestehe darin, dass einerseits Bodenbeschaffenheit (Terroir) über der Technologie und andererseits Traubenqualität über der Quantität stehe. »Dies ist genau die Art der Weinherstellung, die ich anstrebe. Mein Ziel besteht darin, Weine zu produzieren, die konzentriert und komplex sind und ihren Ursprung widerspiegeln.« Kaum ein Winzer hat dieses Ziel mit der Konsequenz verfolgt wie eben Ernst Loosen, aber auch kaum ein anderer Winzer kann dabei auf eine derartige Vielzahl von Weinbergen in absoluten Spitzenlagen zurückgreifen. Primus inter Pares ist hier sicherlich der Erdener Prälat, aus dem Loosen regelmäßig Auslesen vorstellt, die zu den größten Süßweinen der Welt gehören. Seine Weine waren im Ausland lange bekannter als zu Hause, und noch heute gehen vier von fünf Flaschen in den Export. Im Keller setzt Bernhard Schug die Vorgaben seines Chefs um: langsame Vergärung ohne Reinzuchthefen, keinerlei Schönung und vor allem so wenig Bewegung für den Wein wie möglich. Seit der Übernahme des Weinguts mit der Lese 1987 reihte sich hier ein großer Jahrgang an den anderen. Besonders erwähnt seien folgende: der 1988er, der klassisch-feine 1990er, der schmelzig-reife 1993er, der mineralisch-dichte 1997er und der reintönige, fast etwas opulent geratene Jahrgang 2005.

Ernst F. Loosen

Mit Hingabe und Elan

Seit etwa Mitte des letzten Jahrzehnts konzentriert sich Ernst Loosen vermehrt auch auf trockene Spitzenweine. Er war einer der wenigen im Mosel-VDP, die das Thema »Großes Gewächs« mit Hingabe und großem Elan schon frühzeitig angegangen sind. Die 2011er waren ein Meilenstein in dieser Entwicklung, alles Weine mit Charakter und klassische Vertreter ihres Terroirs. Sie sind im Alkohol mit 12,5 Volumenprozent – dieser Wert ist kein Zufall, sondern das Resultat kluger Weinbergsarbeit – moderat und ausgesprochen trinkanimierend. Dies war nicht immer selbstverständlich für derartige Weine von der Mosel.

Anzahl der verkosteten Weine: 14
Bewertungen: 88–93 Punkte

2014 Bernkasteler Lay Riesling »Großes Gewächs« **88**
17,– € | 12,5% | bis 2018

2014 Graacher Himmelreich Riesling »Großes Gewächs« **89**
18,– € | 12,5% | bis 2018

2014 Wehlener Sonnenuhr Riesling »Großes Gewächs« **91**
19,– € | 12,5% | bis 2020

2014 Ürziger Würzgarten Riesling »Großes Gewächs« **90**
25,– € | 12,5% | bis 2019

2014 Erdener Treppchen Riesling »Großes Gewächs« **91**
25,– € | 12,5% | bis 2020

2014 Erdener Prälat Riesling »Großes Gewächs« **92**
50,– € | 12,5% | bis 2021

2014 Bernkasteler Lay Riesling Kabinett **88**
12,50 € | 7,5% | bis 2023

2014 Wehlener Sonnenuhr Riesling Kabinett **89**
12,50 € | 7,5% | bis 2023

2014 Erdener Treppchen Riesling Kabinett **90**
12,50 € | 8% | bis 2023

2014 Wehlener Sonnenuhr Riesling Spätlese **90**
15,– € | 7,5% | bis 2025

2014 Ürziger Würzgarten Riesling Spätlese **91**
15,– € | 8% | bis 2025

2014 Erdener Treppchen Riesling Spätlese **92**
15,– € | 8% | bis 2025

2014 Wehlener Sonnenuhr Riesling Auslese **92**
28,– € | 7,5% | bis 2028

2014 Erdener Treppchen Riesling Auslese **93**
Top 10 **28,– €** | 7,5% | bis 2028

WEINGUT THEO LOOSEN

56818 Klotten · Mittelstraße 12
☎ (0 26 71) 75 01 · Fax 48 39
weingut-loosen@t-online.de
www.weingut-loosen.de

Inhaber: Hans-Theo Loosen
Betriebsleiter: Theo und Hans-Theo Loosen
Kellermeister: Hans-Theo Loosen

Verkauf: Familie Loosen
Mo–Sa: 8.00–18.00 Uhr, So: 9.00–14.00 Uhr
und nach Vereinbarung

Nach einigen Schwierigkeiten im Vorjahr zeigt sich die 2014er Kollektion wieder deutlich solider. An der Jahrgangsspitze steht ausnahmsweise kein Riesling, sondern die sehr cremige und zitrusfruchtige 2014er Ehrenfelser Spätlese aus der Klottener Lage Burg Coraidelstein. Dieses fünf Hektar große Gut in Klotten wird vom jungen Hans-Theo Loosen geführt. Aus fast vergessenen Lagen wie Klottener Brauneberg oder Burg Coraidelstein werden hier klassische Rieslinge produziert.

Anzahl der verkosteten Weine: 10
Bewertungen: 82–87 Punkte

2014 Klottener Brauneberg Riesling »S« trocken **84**
9,– € | 13% | bis 2019

2013 Klottener Burg Coraidelstein Riesling trocken Alte Reben **84**
11,– € | 13% | bis 2018

2014 Klottener Burg Coraidelstein Riesling trocken Alte Reben **85**
11,– € | 12,5% | bis 2019

2014 Riesling Grauschiefer Hochgewächs trocken **82**
6,50 € | 12,5% | bis 2017

2014 Klottener Brauneberg Riesling Finesse feinherb **85**
9,– € | 11,5% | bis 2019

2014 Riesling Grauschiefer Hochgewächs halbtrocken **83**
6,50 € | 11,5% | bis 2018

2014 Riesling Grauschiefer Hochgewächs **84**
6,50 € | 8,5% | bis 2018

2014 Klottener Burg Coraidelstein Riesling Spätlese **84**
9,– € | 8% | bis 2018

2014 Klottener Burg Coraidelstein Ehrenfelser Spätlese **87**
9,– € | 8% | bis 2020

2013 Cuvée »VigNoble« »R« trocken Barrique **84**
12,– € | 13,5% | bis 2018

WEINGUT LORENZ

54340 Detzem · Neustraße 6
☎ (0 65 07) 38 02 · Fax 48 30
info@lorenz-weine.com
www.lorenz-weine.com
Inhaber und Betriebsleiter: Tobias Lorenz

Verkauf: Maria Lorenz
Sa: 10.00–16.00 Uhr und nach Vereinbarung

Das Weingut Lorenz aus der kleinen Gemeinde Detzem an der Mittelmosel hat uns zum zweiten mal Weine geschickt und die sehr gute Leistung des letzten Jahres annähernd bestätigt. Der trockene Riesling Alte Reben aus dem Pölicher Held überzeugte mit seiner festen Struktur und feinem Schmelz am meisten. Das Familienweingut verfügt über gute Weinbergsflächen in den bekannten Steillagen Maximiner Klosterlay, Thörnicher Ritsch und Pölicher Held. Sohn Tobias Lorenz ist nach Abschluss der Weinbauschule Weinsberg zurück im elterlichen Betrieb und hat die Qualität noch weiter nach vorne gebracht. Hier ist in den nächsten Jahren sicher noch einiges zu erwarten.

Anzahl der verkosteten Weine: 12
Bewertungen: 79–86 Punkte

2013 Riesling Sekt Brut **82**
11,– € | 12,5% | bis 2017

2014 Riesling trocken **81**
6,– €/1,0 Lit. | 11% | bis 2018

2014 Weißburgunder trocken **81**
6,50 € | 12% | bis 2017

2014 Detzemer Riesling trocken **82**
6,50 € | 11% | bis 2018

2014 Chardonnay trocken **82**
7,– € | 12% | bis 2017

2014 Riesling Zusammensein trocken **85**
9,– € | 11,5% | bis 2019

2014 Pölicher Held **86**
Riesling trocken Alte Reben
12,– € | 11,5% | bis 2019

2014 Detzemer Maximiner Klosterlay **82**
Riesling Grauschiefer Kabinett trocken
7,– € | 10,5% | bis 2018

2013 Cuvée »Gold« **81**
12,– € | 12% | bis 2018

2014 Riesling Blauschiefer Kabinett feinherb **84**
7,– € | 10,5% | bis 2018

2014 Trittenheimer Riesling Kabinett **83**
7,– € | 8,5% | bis 2018

2013 Spätburgunder trocken **79**
8,– € | 13% | bis 2017

WEINGUT LOTZ

54492 Erden · Hauptstraße 71
☎ (0 65 32) 30 29 · Fax 95 35 69
info@weingut-lotz.de
www.weingut-lotz.de
Inhaber: Stefan Lotz

Verkauf: Familie Lotz
Mo–So: 10.00–18.00 Uhr

In einem schwierigen Jahrgang, in dem für viele gute Betriebe der Region beim Kabinett Schluss war, zeigt Stefan Lotz eine sehr homogene Kollektion bis hin zur Auslese. Unsere besondere Empfehlung gilt der enorm fruchtigen (Steinobst, Apfel, kandierte Zitrusfrucht) und wunderbar verspielten Spätlese aus dem Erdener Trepppchen. Lotz hat gerade in einen neuen Keller mit moderner Technik investiert, eine wertigere Flaschenausstattung eingeführt und auch die Anbaufläche soll nach dem Anstieg um drei Hektar in den letzten Jahren (auf derzeit 9,5 Hektar) künftig noch weiter aufgestockt werden.

Anzahl der verkosteten Weine: 6
Bewertungen: 83–88 Punkte

2014 Erdener Treppchen **85**
Riesling Spätlese trocken
10,– € | 12% | bis 2018

2014 Erdener Treppchen **86**
Riesling Spätlese feinherb
10,– € | 10,5% | bis 2020

2014 Riesling **83**
6,– €/1,0 Lit. | 9,5% | bis 2017

2014 Erdener Treppchen Riesling Kabinett **87**
7,50 € | 7,5% | bis 2020

2014 Erdener Treppchen Riesling Spätlese **88**
10,– € | 8% | bis 2022

2014 Erdener Treppchen Riesling Auslese **88**
15,– €/0,375 Lit. | 8,5% | bis 2020

Zeichenerklärung:
Schnäppchenpreis · Top 10 Spitzenreiter
Ökobetrieb · Trink-Tipp · Versteigerungswein
Sekt | Weißwein | Rotwein | Roséwein

WEINGUT LUBENTIUSHOF

56332 Niederfell · Kehrstraße 16
☎ (0 26 07) 81 35 · Fax 84 25
info@lubentiushof.de
www.lubentiushof.de
Inhaber: Susanne und Andreas Barth
Kellermeister: Andreas Barth

Verkauf: nach Vereinbarung

Sehenswert: moderne Weinwerkstatt im alten Dorfkern, Architekturpreis Wein 2010

Rebfläche: 4,6 Hektar
Jahresproduktion: 25.000 Flaschen
Beste Lagen: Gondorfer Gäns, Koberner Uhlen
Boden: Schiefer mit quarzithaltigem Sandstein, Schieferverwitterung
Rebsorten: 95% Riesling, 5% Spätburgunder
Durchschnittsertrag: 40 hl/ha

Die letzten Jahrgänge in diesem Niederfeller Betrieb waren tadellos. Spontanvergärung ist hier Trumpf, was man allen Rieslingen schon im Duft anmerkt. Dieser Ausbau verleiht den Weinen eine dichte Struktur und auch eine gewisse Cremigkeit. Sie sind nachhaltig und entwickeln sich ausgezeichnet auf der Flasche. Die Weine von Alten Reben aus der Koberner Uhlen und der Gondorfer Gäns bringen die konzentriertesten Weine hervor. Einfache Weine gibt es hier nicht, schon der normale Riesling ist überdurchschnittlich. So auch im Jahrgang 2014. Wir sind wieder einmal begeistert von den Gäns-Rieslingen, vor allem der Normalfüllung: kühle, klare Art, große Präzision und viel Fluss. Das Pfund, mit dem Andreas Barth wuchern kann, ist die Lage Gäns, in der er allein drei Hektar Reben besitzt. Die Weine der Gäns sind zwar Kraftpakete, die allerdings die Riesling-typische Eleganz nicht vermissen lassen. Oder wie Barth es beschreibt: »Es sind keine Weine, die aufgrund von zu viel Muskeln durch keine Tür mehr passen.« Für die gelungene Verbindung von Tradition und Moderne, von Bruchstein, Glas, Stahl und Beton wurde die Vinothek Weinwerkstatt des Lubentiushofes, die sich ganz hervorragend in den Ortskern des kleinen Dorfes Niederfell an der Terrassenmosel einfügt, mit dem hoch renommierten Architekturpreis Wein ausgezeichnet.

Die Weine:
100 Perfekt · **95–99** Überragend · **90–94** Exzellent
85–89 Sehr gut · **80–84** Gut · **75–79** Passabel

Anzahl der verkosteten Weine: 6
Bewertungen: 86–90 Punkte

Jahrgang	Wein	Punkte
2013	Riesling Sekt Brut **15,– €** | 12,5% | bis 2018	**87**
2014	Riesling trocken **12,– €** | 11,5% | bis 2019	**86**
2014	Gondorfer Gäns Riesling trocken **16,– €** | 11,5% | bis 2020	**90**
2014	Koberner Uhlen Riesling Alte Reben **18,– €** | 12% | bis 2019	**87**
2014	Gondorfer Gäns Riesling Alte Reben **20,– €** | 11,5% | bis 2020	**89**
2014	Gondorfer Gäns Riesling Kabinett feinherb **12,– €** | 10,5% | bis 2019	**87**

WEINGUT GEBRÜDER LUDWIG

54340 Thörnich · Im Bungert 10
☎ (0 65 07) 37 60 · Fax 46 77
info@gebruederludwig.de
www.gebruederludwig.de
Inhaber: Meike und Thomas Ludwig
Betriebsleiter: Thomas Ludwig

Verkauf: nach Vereinbarung

Die aktuelle Kollektion zeigt sich wie schon im ebenfalls herausfordernden Jahrgang 2013 etwas einfacher als in den Jahren zuvor. Das gilt vor allem für einige Basisweine. An der Spitze stehen zwei gelungene Rieslinge aus der Paradelage Thörnicher Ritsch. Der 2014er Handwerk trocken hat zwar deutlich Holz, das dürfte sich mit der Zeit aber einbinden und spannend werden. Auch der feinherbe und bereits jetzt sehr animierende Terrassen 2014 hat Potenzial für mehr. Nach Investitionen von Thomas und Meike Ludwig in Besucherterrasse, Keller, Gästehaus und neue Weinberge sind für die nächsten Jahre weitere Ausbaumaßnahmen geplant.

Anzahl der verkosteten Weine: 12
Bewertungen: 82–87 Punkte

2014 Riesling trocken **82**
6,– €/1,0 Lit. | 12% | bis 2017

2014 Rivaner trocken **82**
5,50 € | 12% | bis 2017

2014 Thörnicher Riesling trocken **84**
7,50 € | 12% | bis 2018

2014 Sauvignon Blanc trocken **83**
8,90 € | 12% | bis 2017

2014 Grauburgunder trocken **83**
8,90 € | 12,5% | bis 2017

2014 Weißburgunder trocken **83**
8,90 € | 12% | bis 2018

2014 Thörnicher Ritsch **84**
Riesling Ritsch trocken
9,90 € | 12% | bis 2018

2014 Thörnicher Ritsch **87**
Riesling Handwerk trocken Premium Holzfass
19,90 € | 12,5% | bis 2020

2014 Riesling feinherb **82**
6,– €/1,0 Lit. | 11% | bis 2017

2014 Thörnicher Riesling feinherb **84**
7,50 € | 11% | bis 2018

2014 Thörnicher Ritsch **86**
Riesling Terrassen feinherb
14,90 € | 11% | bis 2020

2014 Thörnicher Ritsch Riesling Kabinett **84**
7,50 € | 9% | bis 2018

WEINGUT MARGARETHENHOF JÜRGEN WEBER

54441 Ayl · Kirchstraße 17
☎ (0 65 81) 25 38 · Fax 68 29
mail@margarethenhof-ayl.de
www.margarethenhof-ayl.de
Inhaber: Familie Jürgen Weber

Verkauf: Familie Weber
Mo–Fr: 9.30–12.30 Uhr · 14.00–18.00 Uhr
Sa: 9.30–17.00 Uhr und nach Vereinbarung

Das sehr umtriebige Weingut Margarethenhof von Jürgen und Dorothee Weber präsentiert seine Weine auf vielen prominenten Veranstaltungen. Aber auch sie selbst bieten in ihrer riesigen Kelterhalle Platz für große Feste und sogar eine jährlich stattfindende Operngala. Die Qualität der Weine nähert sich dem Traubenbereich an. Vor allem die Riesling Spätlese aus der Ayler Kupp ragt mit ihrem herrlichen Spiel, kräftiger Struktur und feinen Botrytisnoten heraus.

Anzahl der verkosteten Weine: 13
Bewertungen: 80–89 Punkte

2013 Riesling Crémant Brut **85**
9,90 € | 12,5% | bis 2017

2014 Elbling der Spritzige trocken **83**
5,30 € | 10,5% | bis 2017

2014 Weißburgunder trocken **83**
6,90 € | 12,5% | bis 2017

2014 Riesling trocken **84**
6,90 € | 12% | bis 2018

2014 Auxerrois trocken **83**
8,50 € | 13% | bis 2017

2014 Sauvignon Blanc trocken **84**
8,50 € | 12% | bis 2017

2014 Ayler Kupp **83**
Riesling Hochgewächs trocken
7,90 € | 12% | bis 2017

2014 Ayler Kupp Riesling Kabinett trocken **85**
8,90 € | 9% | bis 2019

2014 Ayler Kupp Riesling halbtrocken **81**
6,90 €/1,0 Lit. | 11% | bis 2017

2014 Riesling Schieferstein feinherb **84**
7,90 € | 12% | bis 2018

2014 Ayler Kupp **84**
Riesling Schieferstein feinherb
7,90 € | 12% | bis 2018

2014 Riesling **80**
6,90 €/1,0 Lit. | 11% | bis 2017

2013 Ayler Kupp Riesling Spätlese **89**
8,90 € | 9% | bis 2025

WEINGUT MEIERER

54518 Kesten · Am Herrenberg 15
☎ (0 65 35) 70 12 · Fax 94 44 04
info@weingut-meierer.de
www.weingut-meierer.de
Inhaber: Klaus und Matthias Meierer

Verkauf: nach Vereinbarung

Für Matthias Meierer scheinen schwierige Jahrgänge die Herausforderung zu bringen, die er sucht. Sowohl im in der Moselregion alles andere als einfachen Jahrgang 2013 als auch im verregneten Herbst 2014 hat er tadellose Kollektionen auf die Flasche gebracht. Am besten gefällt uns der ebenso knackige wie druckvolle 2014er Riesling Spätlese aus dem Kestener Paulinshofberg. Wenn es auf diesem Niveau weitergeht, ist im nächsten Jahr der Aufstieg auf zwei Trauben fällig. Geisenheimabsolvent Matthias Meierer führt nach sieben Jahren im Weingut Fritz Haag gemeinsam mit seinem Vater den elterlichen Sechs-Hektar-Betrieb in Kesten. Die Ausstattung der Flaschen überzeugt durch ein ebenso klares wie ganz wunderbar zeitgemäßes Design. Im letzten Jahr wurden Nachbargebäude am Hang erworben, was langfristig genutzt werden soll, um Weine und Moste ausschließlich mit Schwerkraft zu bewegen.

Anzahl der verkosteten Weine: 7
Bewertungen: 83–89 Punkte

2014	Kestener Riesling trocken	**85**
	6,90 € | 11% | bis 2019	
2014	Kestener Riesling feinherb	**86**
	6,90 € | 11% | bis 2020	
2014	Riesling Alte Reben	**86**
	12,90 € | 12% | bis 2020	
2014	Riesling	**83**
	6,90 €/1,0 Lit. | 10% | bis 2018	
2014	Kestener Paulinshofberg Riesling Spätlese	**89**
	12,90 € | 7% | bis 2022	
2014	Riesling Auslese Junge Reben	**87**
	9,90 € | 7% | bis 2020	
2014	Monzeler Kätzchen Riesling Steinort Auslese	**88**
	20,– €/0,375 Lit. | 7% | bis 2019	

WEINGUT DR. MELSHEIMER

56841 Traben-Trarbach · Wolfer Weg 11
☎ (0 65 41) 93 01 · Fax 81 10 75
info@weingut-melsheimer.de
www.weingut-melsheimer.de
Inhaber: Fritz Horst Melsheimer
Verwalter: Matthias Decker
Kellermeister: Thorsten Melsheimer

Verkauf: im Restaurant »Die Graifen«
Mi-Fr: 15.00–23.00 Uhr, Sa: 12.30–24.00 Uhr
So: 12.30–22.00 Uhr und nach Vereinbarung

Die Weine werden in jedem Jahr sehr spät gefüllt und probierten sich derzeit noch sehr verschlossen und unfertig, doch ist das Potential schon sehr gut schmeckbar. Bei den Trockenen liegt wieder der Fabelwein an der Spitze, übertroffen wird er nur noch vom feinherben Riesling Südwest aus dem Traben-Trarbacher Schlossberg und von der fruchtigen Riesling Spätlese Süd aus dem Enkircher Steffensberg. Über das Restaurant Die Graifen, das sich in den alten Gebäuden des Traben-Trarbacher Weingutes befindet, wird ein großer Teil der Weine vermarktet. Die Weine werden von Thorsten Melsheimer ausgebaut, der schon seit Langem mit seinem eigenen Betrieb in Reil im WeinGuide vertreten ist (drei Trauben, siehe Seite 414).

Anzahl der verkosteten Weine: 6
Bewertungen: 84–88 Punkte

2013	Riesling Sekt extra trocken	**85**
	11,– € | 12% | bis 2017	
2014	Riesling Süd-Ost trocken	**84**
	8,50 € | 10,5% | bis 2018	
2014	Riesling Fabelwein trocken	**86**
	12,– € | 11,5% | bis 2020	
2014	Traben-Trarbacher Schlossberg Riesling Süd-West feinherb	**87**
	13,– € | 10,5% | bis 2020	
2014	Trabener Würzgarten Riesling „West" Kabinett feinherb	**86**
	10,– € | 10,5% | bis 2020	
2014	Enkircher Steffensberg Riesling Süd Spätlese	**88**
	15,– € | 9,5% | bis 2020	

Zeichenerklärung:
Schnäppchenpreis · Top 10 Spitzenreiter
Ökobetrieb · Trink-Tipp · Versteigerungswein
Sekt · Weißwein · Rotwein · Roséwein

Die Betriebe:
Weltklasse · Deutsche Spitze
Sehr gut · Gut · Zuverlässig
Weitere Empfehlung

WEINGUT MELSHEIMER

56861 Reil · Dorfstraße 21
☎ (0 65 42) 24 22 · Fax 12 65
mail@melsheimer-riesling.de
www.melsheimer-riesling.de
Inhaber und Betriebsleiter: Thorsten Melsheimer
Kellermeister: Thorsten Melsheimer

Verkauf: Familie Melsheimer
Mo–Fr: 9.00–11.00 Uhr · 14.00–18.00 Uhr
Sa: 11.00–18.00 Uhr, So: 10.00–12.00 Uhr

Feriendomizile: stilvolle Gästehäuser in Reil und Pünderich
Sehenswert: Steillage Mullay-Hofberg, die in ihrer alten Abgrenzung das Hofgut des Klosters Springiersbach bildete, beeindruckende Rekultivierungsmaßnahmen

Rebfläche: 11,5 Hektar
Jahresproduktion: 55.000 Flaschen
Beste Lage: Reiler Mullay-Hofberg, Burger Thomasberg und Hahnenschrittchen, Pündericher Marienburg
Boden: blau-schwarzer und roter Schiefer
Rebsorte: 100% Riesling
Durchschnittsertrag: 37 hl/ha
Mitglied: Ecovin, Demeter, Klitzekleiner Ring

Thorsten Melsheimer hat vom Jahrgang 2014 ein überzeugendes Sortiment präsentiert. Es ist erstaunlich, wie Ökobetriebe mit den Unbilden dieses feuchten Herbstes zurechtgekommen sind. Schon die Gutsweine haben Schliff und ruhen in sich. Melsheimer stellt eine Ausgewogenheit zwischen Holzfassausbau, Spontanvergärung und Balance aus feiner Säure, Herbheit und Struktur her. Der feinherbe Kabinett zeigt sich kühl und rassig. Der fruchtsüße Kabinett ist brillant und saftig. Von den Auslesen gefällt uns das Burger Hahnenschrittchen am besten: ein feiner Riesling, klar und verspielt. Abgerundet wird die Kollektion von zwei Sekten der Spitzenklasse, beide aus 2012 und beide aus dem Mullay-Hofberg. Der Sekt Brut hat eine feine Frucht, der Brut nature ist fein und wunderbar erfrischend. Thorsten Melsheimer ist ein Meister der langen Gärung. Seine Spitzenqualitäten des Jahrgangs hat er noch gar nicht vorgestellt, weil sie später gefüllt werden. Drei Viertel der Gesamtrebfläche von elfeinhalb Hektar liegen im Reiler Mullay-Hofberg. Es gibt wenige neben Thorsten Melsheimer, die diese steilen Weinberge bearbeiten wollen. Es lohnt sich aber, wie man schmeckt!

Anzahl der verkosteten Weine: 11
Bewertungen: 86–91 Punkte

2012	Reiler Mullay-Hofberg Riesling Sekt Brut	**13,50 €** | 11% | bis 2019	**89**
2012	Reiler Mullay-Hofberg Riesling Sekt Brut nature	**13,50 €** | 11,5% | bis 2019	**89**
2014 (Top 10)	Riesling trocken	**9,– €** | 11% | bis 2019	**86**
2014	Riesling feinherb	**9,– €** | 10,5% | bis 2020	**87**
2014	Reiler Mullay-Hofberg Riesling Kabinett feinherb	**10,– €** | 9,5% | bis 2021	**88**
2014	Reiler Mullay-Hofberg Riesling Kabinett	**10,– €** | 7,5% | bis 2023	**90**
2014	Reiler Goldlay Riesling Spätlese	**12,50 €** | 7,5% | bis 2022	**89**
2014	Reiler Mullay-Hofberg Riesling Schäf Spätlese	**16,– €** | 7,5% | bis 2025	**91**
2014	Burger Thomasberg Riesling Auslese	**20,– €** | 7,5% | bis 2023	**89**
2014	Burger Hahnenschrittchen Riesling Auslese	**20,– €** | 7,5% | bis 2025	**91**
2014	Reiler Mullay-Hofberg Riesling Auslese	**30,– €** | 7,5% | bis 2023	**90**

WEINGUT ALFRED MERKELBACH GESCHW. ALBERTZ-ERBEN

54539 Ürzig · Brunnenstraße 11
☎ (0 65 32) 45 22 · Fax 28 89
info@weingut-merkelbach.de
www.weingut-merkelbach.de
Inhaber: Alfred und Rolf Merkelbach

Verkauf: Alfred Merkelbach
Mo–Fr: 8.00–19.00 Uhr
Sa: 10.00–18.00 Uhr und nach Vereinbarung

Rebfläche: 1,9 Hektar
Jahresproduktion: 17.000 Flaschen
Beste Lagen: Ürziger Würzgarten, Erdener Treppchen, Kinheimer Rosenberg
Boden: Schiefer
Rebsorte: 100% Riesling
Durchschnittsertrag: 90 hl/ha
Mitglied: Bernkasteler Ring

Wer die Brüder Merkelbach auf einer Präsentation erlebt hat, glaubt nicht, dass die beiden Herren auf die 80 zugehen und immer noch ihre Arbeit in den besten Lagen von Ürzig, Erden und Kinheim verrichten. Wahrlich ein Fitnesscenter für Senioren! Präzise wie ein Schweizer Uhrwerk kommen aus diesem Gut alljährlich Klassiker, mit moderater Süße und hohem Trinkspaß für kleines Geld. Auf das Geheimnis ihrer Gleichmäßigkeit im Stil nun schon über eine geraume Zeit hin angesprochen, antworten sie, dass sie nach wie vor nichts an ihren Weinen machen. Weniger scheint hier mehr zu sein und Tradition hat einen festen Platz. Im Ürziger Würzgarten bewirtschaften die beiden Junggesellen 1,2 Hektar, fast alle Rebstöcke werden einzeln an Pfählen gezogen und haben ein Durchschnittsalter von mehr als 40 Jahren. Das hat sich allerdings erst in den letzten Jahren mindernd auf die Erträge ausgewirkt. Die letzten Jahrgänge waren durchweg von grundsolider Qualität und hatten überwiegend ihre Stärken bei den Spätlesen und den feinwürzigen Auslesen. Im Jahrgang 2010 verzichteten die Brüder klugerweise auf die Erzeugung trockener Weine. Auch im Jahrgang 2011 zeigten sich die Weine zuverlässig, 2013 bot die gewohnten Rieslinge im traditionellen Stil. Der Jahrgang 2014 aber hat die Brüder voll auf dem falschen Fuß erwischt. Unsauberes Lesegut hat die sonst so geschätzte feine Rieslingart gründlich verdorben. Aber zum Glück kann man hier ja auf ältere Jahrgänge ausweichen.

Anzahl der verkosteten Weine: 7
Bewertungen: 81–85 Punkte

2014	Ürziger Würzgarten Riesling trocken **5,– €** | 11,5% | bis 2018	**81**
2014	Kinheimer Rosenberg Riesling Kabinett trocken **5,– €** | 10% | bis 2018	**82**
2014	Erdener Treppchen Riesling Spätlese halbtrocken **6,– €** | 10% | bis 2018	**84**
2014	Ürziger Würzgarten Riesling Kabinett **5,50 €** | 9% | bis 2019	**82**
2014	Kinheimer Rosenberg Riesling Spätlese - 1 - **6,– €** | 9,5% | bis 2019	**85**
2014	Ürziger Würzgarten Riesling Spätlese - 14 - **7,– €** | 9% | bis 2019	**84**
2014	Ürziger Würzgarten Riesling Auslese - 11 - **9,– €** | 9% | bis 2019	**82**

WEINGUT HEINRICH MERTES

54320 Waldrach · Hermeskeiler Straße 36
☎ (0 65 00) 4 80 · Fax 9 10 98 76
mail@mertes-waldrach.de
www.mertes-waldrach.de
Inhaber und Betriebsleiter: Wolfgang Mertes
Kellermeister: Wolfgang Mertes

Verkauf: Wolfgang Mertes
nach Vereinbarung

Genau wie den nicht einfach zu vinifizierenden Jahrgang 2013 hatte Wolfgang Mertes auch den ebenso herausfordernden Jahrgang 2014 erstaunlich gut im Griff. Dabei ist das Sortiment stilistisch recht heterogen. Der trockene Kabinett zeigt etwa eine wunderbar knackige Säure, wie man sie auch von anderen Betrieben an der Ruwer kennt, die trockene Spätlese und der QbA dagegen wirken in Sachen Säure erstaunlich mild. Highlight ist die fruchtige Spätlese aus dem Waldracher Sonnenberg, die mit gerade einmal acht Euro extrem fair bepreist ist. Mertes erzeugt Jahr für Jahr frische Rieslinge mit moderatem Alkohol. Das Weingut Mertes besitzt 2,5 Hektar Steillagen im Ruwertal bei Waldrach. Inhaber Wolfgang Mertes ist hauptberuflich Betriebsleiter bei Kesselstatt. Mit Investitionen in Edelstahltanks und mit neuen Rebanlagen will man in den nächsten Jahren weiter vorankommen.

Anzahl der verkosteten Weine: 9
Bewertungen: 82–88 Punkte

2014	Waldracher Riesling trocken	**82**
	5,50 €/1,0 Lit. | 11,5% | bis 2017	
2014	Waldracher Pinot Noir trocken Blanc de Noirs	**82**
	6,– € | 11,5% | bis 2016	
2014	Waldracher Sonnenberg Riesling trocken Alte Reben	**85**
	8,50 € | 11,5% | bis 2018	
2014	Waldracher Sonnenberg Riesling Kabinett trocken	**84**
	6,– € | 10% | bis 2018	
2014	Waldracher Meisenberg Riesling Spätlese trocken	**86**
	7,50 € | 10,5% | bis 2019	
2014	Waldracher Sonnenberg Riesling Kabinett feinherb	**86**
	6,– € | 9,5% | bis 2020	
2014	Waldracher Sonnenberg Riesling Spätlese feinherb	**85**
	7,50 € | 9% | bis 2019	
2014	Waldracher Sonnenberg Riesling Spätlese	**88**
€	**8,– €** | 7% | bis 2020	
2013	Pinot Noir Cuveé »Lara« trocken Barrique	**85**
	9,50 € | 12,5% | bis 2018	

WEINGUT JOHANN PETER MERTES

54441 Kanzem · Kirchstraße 19
☎ (0 65 01) 1 71 63 · Fax 1 66 29
info@weingut-mertes.de
www.weingut-mertes.de
Inhaber: Johann Peter Mertes

Verkauf: Dagmar und Johann Peter Mertes
Mo–Sa: 8.00–18.00 Uhr und nach Vereinbarung

Historie: seit 1891 in Familienbesitz
Sehenswert: Gewölbekeller mit Schatzkammer, eigene Brennerei mit Fasskeller für die Brände, neue Verkostungsräume

Rebfläche: 11,8 Hektar
Jahresproduktion: 62.000 Flaschen
Beste Lagen: Kanzemer Altenberg, Ockfener Bockstein, Wawerner Ritterpfad und Goldberg, Saarburger Kupp und Saarburger Stirn (Alleinbesitz)
Boden: Devonschiefer
Rebsorten: 90% Riesling, je 5% Müller-Thurgau und Spätburgunder
Durchschnittsertrag: 55 hl/ha

Nach bereits sehr guten Leistungen in den Vorjahren brachte die Kollektion 2012 diesem Kanzemer Betrieb die zweite Traube. Zwar fehlte den 2013ern die letzte Frische, doch insgesamt wurde der nicht einfache Jahrgang von diesem Saarweingut sehr gut bewältigt, was wir vom Jahrgang 2014 nicht behaupten können. Den Weinen fehlt oft die Fülle, sie wirken eher grün und von dünner Struktur. Hier wurde offenbar versucht, im Keller Misstöne zu vermeiden, die durch unsauberes Lesegut entstanden wären. Am besten ist die trockene Spätlese von Alten Reben aus dem Altenberg gelungen, die reife Frucht und etwas mehr Körper zeigt. Der Kanzemer Betrieb legt besonderen Wert auf die Erzeugung hochklassiger trockener und feinherber Rieslinge. Seit 2009 ist das Weingut tatsächlich alleiniger Besitzer der Lage Saarburger Stirn. Von hier und aus dem Kanzemer Altenberg stammen auch regelmäßig die besten Weine in diesem Stil.

Zeichenerklärung:
€ Schnäppchenpreis · Top 10 Spitzenreiter
Ökobetrieb · Trink-Tipp · Versteigerungswein
Sekt | Weißwein | Rotwein | Roséwein

Anzahl der verkosteten Weine: 11
Bewertungen: 81–86 Punkte

Jahrgang	Wein	Punkte
2014	Kanzemer Sonnenberg Riesling trocken **5,80 €**/1,0 Lit. | 12% | bis 2018	**83**
2014	Wawerner Goldberg Riesling trocken **7,50 €** | 12% | bis 2018	**84**
2014	Wawerner Goldberg Riesling »S« trocken Selection **9,80 €** | 12% | bis 2018	**83**
2014	Wawerner Ritterpfad Riesling Kabinett trocken **8,90 €** | 11,5% | bis 2018	**83**
2014	Kanzemer Altenberg Riesling Spätlese trocken Alte Reben **10,80 €** | 12% | bis 2019	**86**
2014	Kanzemer Sonnenberg Riesling halbtrocken **5,80 €**/1,0 Lit. | 11,5% | bis 2017	**81**
2014	Ockfener Bockstein Riesling feinherb **7,50 €** | 11% | bis 2018	**82**
2014	Saarburger Stirn Riesling Kabinett feinherb **8,90 €** | 11% | bis 2018	**84**
2014	Kanzemer Sonnenberg Riesling Sank Spätlese feinherb Alte Reben **9,80 €** | 10,5% | bis 2018	**83**
2014	Saarburger Stirn Riesling Spätlese feinherb Alte Reben **10,80 €** | 10,5% | bis 2019	**85**
2014	Ockfener Bockstein Riesling Spätlese **12,50 €** | 9,5% | bis 2019	**84**

WEINGUT MEULENHOF

54492 Erden · Zur Kapelle 8
☎ (0 65 32) 22 67 · Fax 15 52
info@meulenhof.de
www.meulenhof.de
Inhaber: Stefan Justen
Betriebsleiter und Kellermeister: Stefan Justen

Verkauf: nach Vereinbarung

Historie: erste urkundliche Erwähnung des Meulenhofs in 1337 als Pfand der Grafen von Sponheim, ab 1477 im Besitz des Zisterzienserklosters Machern
Sehenswert: römische Kelteranlage im Erdener Treppchen, eigene Brennerei

Rebfläche: 4,8 Hektar
Jahresproduktion: 40.000 Flaschen
Beste Lagen: Erdener Prälat und Treppchen, Wehlener Sonnenuhr
Boden: Verwitterungsschiefer mit Rotliegendem
Rebsorten: 84% Riesling, je 8% Kerner und Müller-Thurgau
Durchschnittsertrag: 64 hl/ha
Mitglied: Bernkasteler Ring

Stefan Justen ist mit den problematischen Verhältnissen 2014 gut zurechtgekommen. Er zeigt eine stimmige Kollektion mit fein balancierten Rieslingen. Das gilt bereits für den Gutswein, der sich mit feinem Duft und saftig präsentiert. Die trockene Spätlese aus dem Treppchen ist schmelzig und dicht und das Große Gewächs aus derselben Lage hat gute Länge und eine verspielte Säure. Die feinherbe Spätlese duftet nach gelben Früchten. Bei den fruchtsüßen Spätlesen haben die Alten Reben Nummer zehn aus dem Treppchen und der Erdener Prälat die Nase vorn. Die Rieslinge vom Meulenhof können durchaus gehaltvoll bis wuchtig ausfallen. Der Winzer aber protzt nicht mit edelsüßen Spitzenweinen, sondern überzeugt in der Regel vor allem mit durchgängiger Qualität im Basissegment. Seit einigen Jahren ist Inhaber Stefan Justen auch für das Weingut Stephan Ehlen in Erden verantwortlich.

Die Betriebe:
(5 Trauben) Weltklasse · (4 Trauben) Deutsche Spitze
(3 Trauben) Sehr gut · (2 Trauben) Gut · (1 Traube) Zuverlässig
(Weinblatt) Weitere Empfehlung

Anzahl der verkosteten Weine: 11
Bewertungen: 84–89 Punkte

Jahrgang	Wein	Punkte
2014	Riesling trocken **6,20 €** | 11,5% | bis 2018	85
2014	Riesling Devonschiefer trocken **7,10 €** | 11% | bis 2018	85
2014	Erdener Treppchen Riesling »Großes Gewächs« **16,– €** | 12,5% | bis 2019	88
2014	Erdener Treppchen Riesling Spätlese trocken **10,70 €** | 12% | bis 2019	86
2014	Erdener Treppchen Riesling Spätlese feinherb € **9,90 €** | 10,5% | bis 2019	88
2014	Riesling **6,20 €**/1,0 Lit. | 9,5% | bis 2018	84
2014	Erdener Treppchen Riesling Spätlese **9,70 €** | 8% | bis 2019	85
2014	Wehlener Sonnenuhr Riesling Spätlese **11,– €** | 8,5% | bis 2018	85
2014	Erdener Treppchen Riesling Spätlese Alte Reben **11,50 €** | 8,5% | bis 2020	88
2014	Erdener Treppchen Riesling Spätlese Alte Reben – 10 – **12,50 €** | 8,5% | bis 2021	89
2014	Erdener Prälat Riesling Spätlese | 7,5% | bis 2021	89

WEINGUT MÖNCHHOF ROBERT EYMAEL

54539 Ürzig · Mönchhof
☎ (0 65 32) 9 31 64 · Fax 9 31 66
moenchhof.eymael@t-online.de
www.moenchhof.de
Inhaber und Betriebsleiter: Robert Eymael
Verwalter: Volker Besch
Kellermeister: Robert Eymael
und Volker Besch

Verkauf: Robert Eymael, Volker Besch
Mo–Fr: 9.00–16.00 Uhr und nach Vereinbarung

Gästezimmer: im Landhausstil
Vinothek: für bis zu 150 Personen
Historie: Weinbau im Mönchhof seit 1177 durch Mönche der Abtei Himmerod; seit 1804 im Besitz der Familie Eymael
Sehenswert: mittelalterlicher Gewölbekeller, denkmalgeschütztes Hauptgebäude

Rebfläche: 10 Hektar
Jahresproduktion: 70.000 Flaschen
Beste Lagen: Ürziger Würzgarten, Erdener Treppchen und Prälat
Boden: Devonschiefer, Lehm mit Schiefer und Buntsandstein
Rebsorte: 100% Riesling
Durchschnittsertrag: 55 hl/ha

Robert Eymael hat vom Jahrgang 2014 ein Sortiment vorgestellt, das Ambitionen zu Höherem deutlich macht. Schon der burgundisch anmutende trockene Guts-Riesling Grand Lay kann überzeugen, was erst recht für die trockene Spätlese gilt, die in ihrer beschwingten Art zum Trinken animiert. Besonders gut ist der fruchtsüße Kabinett aus dem Ürziger Würzgarten, der sogar mehr Druck als die Spätlese an den Gaumen bringt. Gekrönt wird die Reihe von einer Auslese aus dem Erdener Prälat, ein saftig-knackiger Süßwein mit klarer Frucht. Bereits der Jahrgang 2013 hatte dem Ürziger Traditionsgut eine feine Riesling-Kollektion beschert. Und auch vom Jahrgang 2012 hatten wir hier typische, filigrane Klassiker verkostet. Der Mönchhof, ein architektonisches Kleinod, ist eines der ältesten Weingüter an der Mosel und befand sich ehemals im Besitz der Zisterzienserabtei Himmerod. Hier werden auf zehn Hektar ausschließlich Rieslingreben angebaut. Das Gros der Weine ist für den Export bestimmt. Die teilweise 100 Jahre alten Riesling-Reben bergen ein großes Potenzial.

Anzahl der verkosteten Weine: 6
Bewertungen: 84–89 Punkte

2014	Riesling Grand Lay trocken **8,60 €** | 12% | bis 2018	**85**
2014	Erdener Treppchen Riesling Spätlese trocken Alte Reben **13,90 €** | 11,5% | bis 2019	**87**
2014	Erdener Treppchen Riesling Kabinett feinherb **10,80 €** | 10,5% | bis 2020	**84**
2014	Ürziger Würzgarten Riesling Kabinett **10,80 €** | 8% | bis 2022	**88**
2014	Ürziger Würzgarten Riesling Spätlese **13,90 €** | 8,5% | bis 2022	**87**
2014	Erdener Prälat Riesling Auslese **21,80 €** | 8% | bis 2024	**89**

WEINGUT MOLITOR-ROSENKREUZ

54518 Minheim · Am Rosenkreuz 1
☎ (0 65 07) 99 21 07 · Fax 99 21 09
weingutmolitor-rosenkreuz@freenet.de
www.weingut-molitor.eu
Inhaber: Achim Molitor

Verkauf: Achim Molitor
nach Vereinbarung

Gutsausschank: In Bernkastel,
Karlstraße 1, ☎ (01 70) 3 84 12 90

Rebfläche: 5,2 Hektar
Jahresproduktion: 36.000 Flaschen
Beste Lagen: Piesporter Goldtröpfchen, Wintricher Ohligsberg
Boden: Devonschiefer
Rebsorten: 85% Riesling, 10% Spätburgunder, 5% andere rote Sorten
Durchschnittsertrag: 46 hl/ha

Auch vom Jahrgang 2014 tischte uns Achim Molitor eine weitgehend homogene Kollektion auf. Schon der Kabinett überzeugt in seiner klaren und kühlen Art. Das gilt erst recht für die beiden Großen Gewächse. Das Goldtröpfchen ist ein dichter und cremiger Wein, während der Ohligsberg einen feinen, nahezu eleganten Auftritt hat. Der feinherben Auslese hätte etwas mehr Restsüße gut gestanden, um eine bessere Balance zu gewinnen. Das gilt auch für die fruchtsüßen Rieslinge. Molitor ist aber auch eine echte Rarität für den Jahrgang 2014 gelungen. Der ungewöhnliche Eiswein aus dem Piesporter Falkenberg erinnert an Honig, Quitten und Rosinen. Und ein trockener Riesling aus 1995 belegt, dass die Weine dieses Hauses auch nach 20 Jahren noch Genuss bereiten: Cassisduft, von der Säure getragen, zeigt er einen leichten Petrolton, etwas für Kenner. Dass Molitor auch Rotwein liegt, beweist der 2013er Pinot Noir aus dem Barrique: ein kühler Typ mit Duft nach Sauerkirschen. Der Önologe Achim Molitor war über Jahre in der Schweiz im Weinhandel tätig und kehrte 1995 an die Mosel zurück, um ein kleines Weingut in Minheim bei Piesport zu übernehmen. Durch den Zukauf alter Rebbestände in Wintrich nennt er inzwischen über fünf Hektar Weinberge in besten Lagen sein Eigen. Seit 2003 betreibt das Gut eine Weinstube am historischen Marktplatz von Bernkastel.

Aufsteiger des Jahres 1999

Anzahl der verkosteten Weine: 9
Bewertungen: 82–89 Punkte

2014	Riesling trocken **9,– €** | 12,5% | bis 2018	**82**
2014	Piesporter Goldtröpfchen Riesling »Großes Gewächs« **16,– €** | 12,5% | bis 2020	**88**
2014	Wintricher Ohligsberg Riesling »Großes Gewächs« **18,– €** | 12,5% | bis 2020	**89**
2014	Piesporter Riesling Kabinett trocken **9,– €** | 10,5% | bis 2020	**87**
2014	Piesporter Goldtröpfchen Riesling Auslese feinherb **12,– €** | 11% | bis 2018	**86**
2014	Piesporter Goldtröpfchen Riesling Spätlese **12,– €** | 9,5% | bis 2021	**87**
2014	Wintricher Ohligsberg Riesling Auslese *** **28,– €**/0,375 Lit. | 9% | bis 2021	**87**
2014	Piesporter Falkenberg Riesling Eiswein **36,– €**/0,375 Lit. | 11,5% | bis 2022	**89**
2013	Pinot Noir trocken Barrique **12,– €** | 13% | bis 2020	**86**

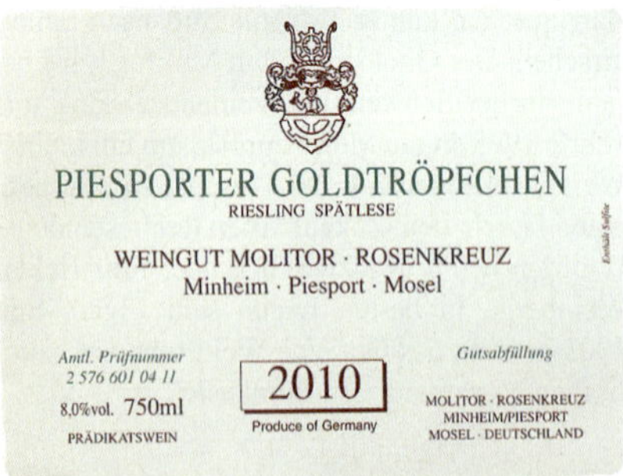

WEINGUT MARKUS MOLITOR

54470 Bernkastel-Wehlen
Haus Klosterberg (Post: 54492 Zeltingen)
☎ (0 65 32) 95 40 00 · Fax 9 54 00 29
info@markusmolitor.com
www.markusmolitor.com

Inhaber: Markus Molitor
Betriebsleiter und Kellermeister: Markus Molitor
Außenbetrieb: Markus Scholtes

Verkauf: Eike Kaspari, Katharina Okfen
Mo–Fr: 10.00–17.00 Uhr
Sa–So, feiertags: nach Vereinbarung

Sehenswert: Gewölbekeller, neue Vinothek

Rebfläche: 60 Hektar
Jahresproduktion: 250.000 Flaschen
Beste Lagen: Zeltinger Sonnenuhr und Schlossberg, Wehlener Sonnenuhr, Graacher Domprobst, Bernkasteler Badstube und Lay, Ürziger Würzgarten, Erdener Treppchen, Saarburger Rausch, Ockfener Bockstein
Boden: blauer Devonschiefer, Verwitterungsschiefer
Rebsorten: 92% Riesling, 5% Spätburgunder, 3% Weißburgunder
Durchschnittsertrag: 45 hl/ha
Mitglied: Bernkasteler Ring

Mit 60 Hektar bester Rebfläche, davon die meisten am Steilhang, verteilt von Traben-Trarbach bis Saarburg, hat Markus Molitor an der Mosel einen Betrieb geschaffen, der einzig dasteht. Selbst große Herausforderungen wie äußerst problematische Erntebedingungen können Molitor wenig anhaben. Erneut stellte er fast 40 hochwertige Weine vor, wobei vier Edelsüße noch nicht gefüllt waren. Seit 1988 erzeugt Molitor jedes Jahr Beeren- und Trockenbeerenauslesen.

Kein leichter Mosel-Riesling

Mit seiner 35-köpfigen Stamm-Mannschaft betreibt Molitor in den Weinbergen unerhörten Aufwand. Späte Lese ist obligatorisch. Es wurde noch strenger als sonst selektiert, was die Erträge enorm reduzierte: auf ein Drittel einer normalen Lese. In diesem Haus sind mineralisch-tiefe Weine mit großem Alterungspotenzial das Ziel. Sie unterscheiden sich vom klassisch-leichten Mosel-Riesling. Molitor wartet 2014 mit sehr guten Ergebnissen auf: Die Kabinette sind trockener geworden, salzig und karg. In den trockenen Weinen findet man viele Eigenschaften des Jahrgangs vereint. Gute Botrytis ist gepaart mit fulminanter Säure, zugleich scheint Reife durch, bevor eine hohe Extraktdichte für Tiefgang sorgt. Die trockenen Kabinette weisen teilweise nur 10,5 Prozent auf, selbst die trockenen Auslesen sind moderat im Alkohol. Die Exemplare aus Zeltingen sind enorm druckvolle trockene Rieslinge. Molitors Pinot Noirs sind an der Mosel unerreicht, einige spielen in Deutschlands Spitze mit, was auch die 2012er wieder unter Beweis stellen. Das renovierte Gutsgebäude wurde mit dem Architekturpreis Wein ausgezeichnet.

Markus Molitor

Anzahl der verkosteten Weine: 35
Bewertungen: 86–92 Punkte

2014 Riesling Schiefersteil trocken **86**
Top 10 **11,80 €** | 12% | bis 2019

2014 Wehlener Klosterberg Pinot Blanc trocken * **87**
15,90 € | 12,5% | bis 2020

2014 Riesling Alte Reben Saar trocken **89**
17,80 € | 12% | bis 2021

2014 Riesling Alte Reben Mosel trocken **90**
17,80 € | 12% | bis 2021

2014 Erdener Treppchen Riesling Kabinett trocken **88**
13,80 € | 10,5% | bis 2019

2014 Graacher Domprobst Riesling Kabinett trocken **90**
13,80 € | 10,5% | bis 2020

2014 Zeltinger Sonnenuhr Riesling Spätlese trocken **90**
19,80 € | 11,5% | bis 2021

2014 Zeltinger Sonnenuhr Riesling Auslese trocken ** **90**
38,– € | 12% | bis 2022

2014 Zeltinger Schlossberg Riesling Auslese trocken *** **90**
68,– € | 12,5% | bis 2022

2014 Zeltinger Sonnenuhr Riesling Auslese trocken *** **91**
78,– € | 12,5% | bis 2023

2014 Bernkasteler Badstube Riesling Kabinett feinherb **88**
13,80 € | 9% | bis 2021

2014 Graacher Himmelreich Riesling Spätlese feinherb **89**
19,50 € | 10% | bis 2022

2014 Ürziger Würzgarten Riesling Auslese feinherb ** **89**
34,– € | 11% | bis 2022

2014 Zeltinger Sonnenuhr Riesling Auslese feinherb *** **90**
68,– € | 11% | bis 2024

2014 Wehlener Sonnenuhr Riesling Kabinett **89**
14,80 € | 8% | bis 2023

2014 Zeltinger Sonnenuhr Riesling Kabinett **89**
15,80 € | 8% | bis 2024

2014 Wehlener Sonnenuhr Riesling Spätlese **91**
19,50 € | 7,5% | bis 2026

2014 Zeltinger Sonnenuhr Riesling Spätlese **89**
19,80 € | 8% | bis 2026

2014 Erdener Treppchen Riesling Auslese ** **89**
35,– € | 7,5% | bis 2025

2014 Ockfener Bockstein Riesling Auslese *** **90**
76,– € | 7,5% | bis 2028

2014 Zeltinger Sonnenuhr Riesling Auslese *** **91**
78,– € | 7,5% | bis 2028

2012 Brauneberger Mandelgraben Pinot Noir trocken * **89**
27,– € | 13,5% | bis 2021

2012 Brauneberger Klostergarten Pinot Noir trocken ** **90**
39,80 € | 13,5% | bis 2022

2012 Graacher Himmelreich Pinot Noir trocken *** **92**
95,– € | 13,5% | bis 2024

WEINGUT MARTIN MÜLLEN

56841 Traben-Trarbach · Alte Marktstraße 2
☎ (0 65 41) 94 70 · Fax 81 35 37
info@muellen.de
www.muellen.de
Inhaber: Martin Müllen

Verkauf: Martin und Susanne Müllen
Ostern–Okt.
Mo–Fr: 10.00–12.00 Uhr · 15.00–18.00 Uhr
Sa: 10.00–12.00 Uhr · 14.30–17.00 Uhr
im Winter
Di–Fr: 15.00–18.00 Uhr, Sa: 14.30–17.00 Uhr

Erlebenswert: Steillagenwanderung durch den Trarbacher Hühnerberg

Rebfläche: 4,1 Hektar
Jahresproduktion: 40.000 Flaschen
Beste Lagen: Kröver Steffensberg, Letterlay und Paradies, Trarbacher Hühnerberg
Boden: Rotliegendes, Devonschiefer
Rebsorten: 94% Riesling, je 3% Spätburgunder und Rivaner
Durchschnittsertrag: 58 hl/ha
Mitglied: Klitzekleiner Ring

Im Jahrgang 2014 schafft Martin Müllen den perfekten Spagat zwischen Feinheit und Kraft. Seine Rieslinge sind wie immer noch sehr verschlossen, zeigen aber bereits ihr großes Potenzial. Vor allem die trockenen Kabinette und Spätlesen haben uns überzeugt, etwa der Kabinett aus dem Hühnerberg mit seiner druckvollen Stilistik oder der Kabinett »SF« aus derselben Lage, ein saftiger und fordernder Riesling mit großer Dichte. An der Spitze der trockenen Kollektion steht die Hühnerberg Spätlese, ein schmelziger dichter Riesling voller Fülle und Feinheit. Der feinherbe Riesling Revival ist fast filigran, verspielt und dabei kraftvoll. Jahr für Jahr belegt Martin Müllen, dass er keine Weine für den sofortigen und unkomplizierten Genuss vinifiziert. So sind seine Rieslinge anfänglich oft noch kantig und eher unzugänglich. Die Zeit bringt die Weine aus diesem Hause so richtig zum Blühen: Martin Müllen stellt immer wieder unter Beweis, dass mit traditionellem Ausbau im Holzfass und spontaner Vergärung im Keller Weine entstehen, die ausgesprochen lagerfähig sind.

Rote Symbole 🍇, 🍇, 🍇🍇, 🍇🍇🍇, 🍇🍇🍇🍇: Diese Betriebe verdienen in ihrer Klasse besondere Aufmerksamkeit

Anzahl der verkosteten Weine: 12
Bewertungen: 83–93 Punkte

Jahrgang	Wein	Punkte
2014	Riesling trocken **6,90 €**/1,0 Lit. | 11,5% | 🍷 bis 2018	**83**
2014	Riesling Blauer Devon trocken **8,90 €** | 11% | 🍷 bis 2020	**85**
2014	Kröver Paradies Riesling Kabinett trocken **8,50 €** | 10% | 🍷 bis 2019	**87**
2014	Kröver Kirchlay Riesling Kabinett trocken **8,50 €** | 10,5% | 🍷 bis 2020	**87**
2014	Trarbacher Hühnerberg Riesling Kabinett trocken **11,90 €** | 10% | 🍷 bis 2022	**88**
2014	Trarbacher Hühnerberg Riesling »SF« Kabinett trocken * **13,90 €** | 10% | 🍷 bis 2022	**91**
2014	Kröver Letterlay Riesling Spätlese trocken **14,90 €** | 11,5% | 🍷 bis 2022	**89**
2011	Trarbacher Hühnerberg Riesling Spätlese trocken * Preis auf Anfrage | 13% | 🍷 bis 2020	**93**
2014 👍	Riesling Revival feinherb **11,90 €** | 10,5% | 🍷 bis 2022	**89**
2014	Riesling **6,90 €**/1,0 Lit. | 9,5% | 🍷 bis 2019	**84**
2014	Riesling **7,90 €** | 9% | 🍷 bis 2020	**87**
2014	Kröver Letterlay Riesling Auslese **25,– €** | 7,5% | 🍷 bis 2023	**91**

WEINGUT EGON MÜLLER SCHARZHOF

54459 Wiltingen · Scharzhof
☎ (0 65 01) 1 72 32 · Fax 15 02 63
egon@scharzhof.de
www.scharzhof.de
Inhaber: Egon Müller
Kellermeister: Stefan Fobian

Verkauf: nicht an Endverbraucher
Verkostung: nur nach Vereinbarung

Historie: seit 1797 in Familienbesitz
Sehenswert: Scharzhof, Park

Rebfläche: 8 Hektar
Le Gallais: 4 Hektar
Gesamt-Jahresproduktion: 70.000 Flaschen
Beste Lagen: Scharzhofberger, Wiltinger Braune Kupp (Alleinbesitz)
Boden: tiefgründige Schieferverwitterung
Rebsorten: 98% Riesling, 2% übrige Sorten
Durchschnittsertrag: 45 hl/ha
Mitglied: VDP

Wenn man im nicht einfachen Jahrgang 2014 an der Saar alles richtig gemacht hat, dann konnte man sehr große Rieslinge ernten. Nun, Egon Müller und sein Kellermeister Stefan Fobian haben offenbar alles richtig gemacht – und stellen ein Sortiment vor, wie man es mit dieser Klasse nur selten zu schmecken bekommt. Müller präsentiert in jeder Qualitätsstufe den bestmöglichen Wein für diesen Jahrgang. Schon der Gutsriesling hat Rasse und Saft und animiert enorm zum Trinken. Dann die Kabinette: die Braune Kupp mit großer Dichte, der Scharzhofberger knackig und kristallklar, zart und verspielt, brillant – besser geht es kaum in dieser Prädikatsstufe. Insgesamt vier sensationelle Spätlesen gibt es, jene aus dem Scharzhofberg sind fein nuanciert, dabei jugendlich ungestüm, zart und kraftvoll zugleich. Die Auslese hat einen hochedlen Beerenton, die Goldkapsel setzt noch einen Tick drauf und steht kurz vor der Perfektion. Die Weine von Le Gallais (Braune Kupp) fallen generell etwas üppiger aus, der Scharzhofberger verfügt in der Regel über mehr Spiel und Druck.

Legendäre Edelsüße

Viele edelsüße Weine dieses Gutes sind längst Legende, bevor die letzte Flasche von ihnen getrunken ist. Die Haltbarkeit der Edelkreszenzen des Hauses erlaubt dem glücklichen Genießer Zeitreisen, wie sie sonst nur großen Rotweinen zugeschrieben werden. Schon im 19. Jahrhundert wurde dieser Betrieb vor allem im Ausland hoch dekoriert und machte sich dabei einen Namen, der bis heute auf nationalem wie internationalem Parkett wohlklingender kaum sein könnte. In den besten Stücken des berühmten Scharzhofberges besitzt Egon Müller stolze sieben Hektar und etwas mehr als die Hälfte davon in der Wiltinger Braune Kupp, deren Weine unter dem Etikett »Le Gallais« vermarktet werden. Die fabelhaften Spitzenkreszenzen, fulminanten Eisweine und atemberaubenden Trockenbeerenauslesen zeigen, dass kaum jemandem in Deutschland Weine dieser Kategorie besser gelingen. Hierfür erzielte schon Egon Müllers Vater bei den traditionsreichen Trierer Versteigerungen des Großen Ringes im VDP regelmäßig Rekordpreise.

Egon Müller

100 Punkte für Nummer sechs

Mit dem Jahrgang 2000 löste Stefan Fobian den Jahrzehnte lang im Scharzhof erfolgreich wirkenden Horst Frank ab. Was uns Müller dann aus dem Jahrgang 2003 präsentierte, war einfach phantastisch. Er selbst vergleicht den Jahrgang in seiner Stilistik mit dem legendären 1959er. In 2005 haben Egon Müller und sein Kellermeister Stefan Fobian dem Scharzhofberg eine unglaubliche Kollektion entlockt, wie sie auch in der eindrucksvollen Gutsgeschichte selten ist. Allerедelste Auslesen, geprägt von Fülle und Konzentration, konterkariert von einer rassigen Säure, legten und legen Zeugnis ab von einem großartigen Saarjahrgang, der uns noch Jahrzehnte begeistern wird. Auch die Spät- und Auslesen der Jahre 2009 und 2010 stehen dahinter nicht zurück. Besonders 2010 hat es uns angetan. Die Auslese Nummer sechs war unser Wein des Jahres in dieser Kategorie. Fabelhafte 100 Punkte erhielt die Trockenbeerenauslese. Auch der gesamte Jahrgang 2011 war am Scharzhofberg erneut ganz exzellent ausgefallen.

Anzahl der verkosteten Weine: 9
Bewertungen: 88–97 Punkte

2014	»Scharzhof« Riesling **30,– €** | 10,5% | bis 2020	88	
2014	Wiltinger Braune Kupp Riesling Kabinett **35,– €** | 9,5% | bis 2023	91	
2014	Scharzhofberger Riesling Kabinett - 2 - **55,– €** | 8,5% | bis 2025	93	Top 10
2014	Wiltinger Braune Kupp Riesling Spätlese - 7 - **65,– €** | 9,5% | bis 2024	93	Top 10
2014	Scharzhofberger Riesling Spätlese Alte Reben - 6 - **120,– €** | 8% | bis 2030	95	Top 10
2014	Wiltinger Braune Kupp Riesling Spätlese - 4 - 🔨 | 9% | bis 2028	93	Top 10
2014	Scharzhofberger Riesling Spätlese - 5 - 🔨 | 8% | bis 2030	94	Top 10
2014	Scharzhofberger Riesling Auslese - 8 - **320,– €** | 8,5% | bis 2032	94	Top 10
2014	Scharzhofberger Riesling Auslese Goldkapsel 🔨 | 8% | bis 2040	97	Top 10

WEINGUT BENEDIKT NILLES

56862 Pünderich · Im Wingert 19
☎ (0 65 42) 2 17 73 · Fax 90 09 70
info@nilles-wein.de
www.nilles-wein.de
Inhaber: Rainer und Elisabeth Nilles

Verkauf: Familie Nilles
Mo–So: 9.00–19.00 Uhr

Die Kollektion des Jahrgangs 2014 fällt trotz nicht einfacher Bedingungen wieder homogener aus. Im Vorjahr hatten die Kapriolen des 2013er Herbstes hier deutliche Spuren hinterlassen. An die wunderbar saftige und animierende 2012er Kollektion reicht es aber noch nicht wieder heran. Am besten gefällt uns in diesem Jahr der ebenso elegante wie druckvolle 2014er Riesling Spätlese trocken Alte Reben aus der Pündericher Marienburg. Mit Sohn Benedikt Nilles steht auch schon ein Betriebsnachfolger bereit. Der junge Weinbautechniker (Veitshöchheim) hat bei Van Volxem gelernt und arbeitete für ein Jahr im Weingut Schug in Sonoma und einen Herbst in Neuseeland. Nun übernimmt er die Verantwortung im heimischen Betrieb. Wir sind gespannt auf den nächsten Jahrgang.

Anzahl der verkosteten Weine: 8
Bewertungen: 83–86 Punkte

2014	Pündericher Marienburg Riesling trocken - 2 - **5,80 €** | 11,5% | bis 2018	83
2014	Reiler Goldlay Riesling trocken **6,40 €** | 12% | bis 2018	83
2014	Pündericher Marienburg Riesling Kabinett trocken **7,– €** | 12,5% | bis 2019	84
2014	Pündericher Marienburg Riesling Spätlese trocken Alte Reben **8,50 €** | 12% | bis 2020	86
2014	Pündericher Marienburg Riesling feinherb **6,40 €** | 10,5% | bis 2018	83
2014	Pündericher Nonnengarten Riesling Spätlese feinherb **8,50 €** | 12% | bis 2019	84
2014	Pündericher Marienburg Riesling Rotschiefer Spätlese **9,50 €** | 8,5% | bis 2020	85
2014	Pündericher Marienburg Riesling vom roten Pfad Auslese **11,– €** | 8,5% | bis 2019	85

WEINGUT INGO NORWIG

54472 Burgen · Am Frohnbach 1
☎ (0 65 34) 7 63 · Fax 94 95 04
info@weingut-norwig.de
www.weingut-norwig.de
Inhaber und Betriebsleiter: Ingo Norwig
Außenbetrieb: Günter Norwig

Verkauf: Ingo Norwig
nach Vereinbarung

Das Weingut Norwig aus Burgen liegt wenige Kilometer von der Mosel entfernt auf Höhe von Brauneberg an der Mittelmosel und bewirtschaftet aktuell etwa acht Hektar Rebfläche in guten und besten Lagen der Mittelmosel (Brauneberger Juffer, Veldenzer Kirchberg, Burgener Hasenläufer). Während die Weine von 2014 sich (vermutlich durch den ungewönlich schlechten Herbst) eher verhalten präsentieren, zeigt Ingo Norvig mit der Beerenauslese von 2011, dass es normalerweise besser geht.

Anzahl der verkosteten Weine: 5
Bewertungen: 80–85 Punkte

2014 Veldenzer Kirchberg **80**
Riesling Spätlese trocken
5,20 € | 12% | bis 2017

2014 Bernkasteler Kurfürstlay **82**
Riesling halbtrocken
4,50 €/1,0 Lit. | 11,5% | bis 2017

2014 Brauneberger Juffer Riesling Spätlese **83**
6,20 € | 7,5% | bis 2018

2011 Veldenzer Kirchberg **85**
Riesling Beerenauslese
16,– €/0,375 Lit. | 9,5% | bis 2020

2014 Burgener Kirchberg **82**
Spätburgunder trocken Rosé
4,50 € | 12,5% | bis 2017

Zeichenerklärung:
Schnäppchenpreis · Top 10 Spitzenreiter
Ökobetrieb · Trink-Tipp · Versteigerungswein
Sekt | Weißwein | Rotwein | Roséwein

WEINGUT VON OTHEGRAVEN

54441 Kanzem · Weinstraße 1
☎ (0 65 01) 15 00 42 · Fax 1 88 79
info@von-othegraven.de
www.von-othegraven.de
Inhaber: Günther Jauch
Geschäftsführer: Andreas Barth
Außenbetrieb: Swen Klinger
Kellermeister: Andreas Barth

Verkauf: Andreas Barth
Mo–Fr: 9.00–16.30 Uhr und nach Vereinbarung

Historie: Gut seit dem 16. Jahrhundert in Privatbesitz
Sehenswert: Park mit wunderbarem Baumbestand

Rebfläche: 16 Hektar
Jahresproduktion: 100.000 Flaschen
Beste Lagen: Kanzemer Altenberg, Wawerner Herrenberg, Wiltinger Kupp, Ockfener Bockstein
Boden: Devonschieferverwitterung
Rebsorte: 100% Riesling
Durchschnittsertrag: 45 hl/ha
Mitglied: VDP

Im Jahrgang 2014 wurde auf diesem Traditionsgut vor allem im trockenen Bereich gut gearbeitet. Schon der Guts-Riesling Max zeigt Format, aber es sind die Großen Gewächse, die uns überzeugt haben. Der Bockstein und der Altenberg sind wunderbare trockene Saar-Rieslinge, die zu gefallen wissen. Wieder wurde ein ganzes Füllhorn an fruchtsüßen Kabinetten und Spätlesen präsentiert. Hier hat der Jahrgang 2014 ein wenig seine Spuren hinterlassen. Die Weine sind gekennzeichnet von hoher Reife des Leseguts, auf der anderen Seite hat sich die Säure konzentriert. Zwar fehlt es dadurch ein wenig an Strahlkraft, aber dennoch ist es ein sehr gutes Sortiment. Der Bockstein Kabinett ist sogar ein großer Wein in seiner salzig-saftigen Art mit zupackender Säure. Und von den Spätlesen gefällt uns jene aus dem Altenberg am besten: strukturiert und elegant, ein feiner Saarklassiker. Seit 2010 führen Günther Jauch, dessen Großmutter eine geborene von Othegraven war, und seine Frau Thea das Weingut in siebter Generation. Geschäftsführer und Kellermeister Andreas Barth hat die Dinge offenbar gut im Griff, seine Weine haben in den letzten Jahren kaum Schwächen gezeigt.

Anzahl der verkosteten Weine: 14
Bewertungen: 84–91 Punkte

2014	Riesling Max trocken **11,50 €** | 11,5% | bis 2019	85
2014	Kanzemer Riesling trocken **15,50 €** | 12,5% | bis 2020	86
2014	Ockfener Bockstein Riesling »Großes Gewächs« **25,– €** | 12% | bis 2020	88
2014	Kanzemer Altenberg Riesling »Großes Gewächs« **28,– €** | 12% | bis 2020	89
2014	Riesling VO feinherb **8,90 €** | 11% | bis 2019	84
2014	Wiltinger Kupp Riesling Kabinett »Große Lage« **12,– €** | 8% | bis 2019	88
2014 Top 10	Ockfener Bockstein Riesling Kabinett »Große Lage« **13,– €** | 8% | bis 2020	91
2014	Kanzemer Altenberg Riesling Kabinett »Große Lage« **13,50 €** | 8,5% | bis 2020	88
2014	Kanzemer Altenberg Riesling Kabinett »Große Lage« | 8% | bis 2019	87
2014	Ockfener Bockstein Riesling Spätlese »Große Lage« **17,– €** | 7,5% | bis 2021	89
2014	Kanzemer Altenberg Riesling Spätlese »Große Lage« **18,– €** | 7% | bis 2022	91
2014	Kanzemer Altenberg Riesling Alte Reben Spätlese »Große Lage« **20,– €** | 7% | bis 2020	90
2014	Kanzemer Altenberg Riesling Spätlese »Große Lage« | 7% | bis 2020	89
2014	Kanzemer Altenberg Riesling Auslese »Große Lage« **25,– €** | 7,5% | bis 2022	90

WEINGUT PAULINSHOF

54518 Kesten · Paulinstraße 14
☎ (0 65 35) 5 44 · Fax 12 67
info@paulinshof.de
www.paulinshof.de
Inhaber: Klaus Jüngling
und Oliver Jüngling

Verkauf: Klaus und Christa Jüngling
Mo–Fr: 8.00–12.00 Uhr · 13.00–18.00 Uhr
Sa: 9.00–16.00 Uhr und nach Vereinbarung

Historie: erste urkundliche Erwähnung im Jahr 936
Sehenswert: ehemaliger Stiftshof der Kirche St. Paulin in Trier, Gebäude und Keller von 1716 und 1770
Erlebenswert: Weinproben in der alten Hofkapelle

Rebfläche: 9,5 Hektar
Jahresproduktion: 75.000 Flaschen
Beste Lagen: Brauneberger Kammer (Alleinbesitz), Juffer-Sonnenuhr und Juffer, Kestener Paulinshofberger und Paulinsberg, Trittenheimer Apotheke
Boden: Verwitterungsschiefer
Rebsorten: 98% Riesling, 2% Weißburgunder
Durchschnittsertrag: 59 hl/ha
Mitglied: Bernkasteler Ring

Hier gibt es schon seit vielen Jahren gute feinherbe Rieslinge, die auch im Jahrgang 2014 recht überzeugend gelungen sind. Am besten ist die feinherbe Spätlese aus der Lage Apotheke geraten, ein weicher und zartherber Riesling, der über Stoff und Länge verfügt. Auch die fruchtsüße Spätlese aus der Lage Paulinsberg hat uns gefallen. An der Spitze des Sortiments steht die Auslese aus der Juffer-Sonnenuhr, die eine fast rassige Säure und gute Botrytis hat. Leider ist ein Teil der Weine jahrgangsbedingt nicht ganz klar und lässt ein wenig Spannung vermissen. Seit 1969 bewirtschaftet Familie Jüngling das in einem alten Stiftshof gelegene Weingut. In Trittenheim entsteht übrigens am Fuße der Schiefersteillage Apotheke, inmitten von wirklich uralten Rebstöcken, in der ehemaligen Trittenheimer Station des stillgelegten, sogenannten »Saufbähnchens« eine Vinothek als Kombination von historischer Bausubstanz und moderner Architektur.

Die Weine:
100 Perfekt · **95–99** Überragend · **90–94** Exzellent
85–89 Sehr gut · **80–84** Gut · **75–79** Passabel

Anzahl der verkosteten Weine: 12
Bewertungen: 81–88 Punkte

Jahrgang	Wein	Punkte
2014	Riesling Urstück trocken **8,50 €** | 12% | bis 2017	81
2014	Brauneberger Kammer Riesling »Großes Gewächs« **20,– €** | 12% | bis 2018	85
2014	Riesling von der Ley Kabinett trocken **9,90 €** | 11% | bis 2018	85
2014	Brauneberger Juffer-Sonnenuhr Riesling Spätlese trocken **14,50 €** | 11,5% | bis 2018	84
2014	Riesling vom roten Schiefer **9,50 €** | 12% | bis 2018	83
2014	Kestener Paulinshofberger Riesling feinherb »Erste Lage« **10,90 €** | 11,5% | bis 2018	83
2014	Brauneberger Kammer Riesling Spätlese feinherb **14,50 €** | 10,5% | bis 2019	87
2014	Trittenheimer Apotheke Riesling Spätlese feinherb **14,50 €** | 11% | bis 2019	87
2014	Brauneberger Juffer Riesling »Erste Lage« **10,90 €** | 9% | bis 2018	82
2014	Kestener Paulinsberg Riesling Spätlese **14,50 €** | 9% | bis 2019	87
2014	Brauneberger Juffer Riesling Spätlese **15,50 €** | 7,5% | bis 2019	88
2014	Brauneberger Juffer-Sonnenuhr Riesling Auslese **22,– €** | 7% | bis 2019	86

WEINGUT DR. PAULY-BERGWEILER

54470 Bernkastel-Kues · Gestade 15
☎ (0 65 31) 30 02 · Fax 72 01
info@pauly-bergweiler.com
www.pauly-bergweiler.com
Inhaber: Stefan Pauly
Außenbetrieb Sebastian Schmidt
Kellermeister: Edmund Licht

Verkauf: Familie Pauly
Mo–Sa: 14.00–18.00 Uhr
So: nach Vereinbarung

Sehenswert: Gutshaus mit Probierräumen in Kapelle, Gewölbekeller und Barocksaal
Erlebenswert: kulinarische Weinproben mit bis zu 150 Personen

Rebfläche: 16,2 Hektar
Jahresproduktion: 130.000 Flaschen
Beste Lagen: Erdener Treppchen und Prälat
Boden: Verwitterungsschiefer und Schiefer, Rotliegendes
Rebsorten: 97% Riesling, 3% Spätburgunder
Durchschnittsertrag: 71 hl/ha
Mitglied: Bernkasteler Ring

Während es im Jahrgang 2014 den trockenen Rieslingen etwas an Klarheit fehlt, animieren die fruchtsüßen Rieslinge zum Trinken. Das gilt etwa für den Kabinett aus der Wehlener Sonnenuhr in seiner klaren, kühlen, feinwürzigen Art, aber auch für die Spätlese aus derselben Lage, die durch Präzision und Länge besticht. Diese Weine zeigen belebende Säure und ein feines Spiel. Von den Trockenen überzeugt die alte Badstube am Doctorberg mit Mandarinenduft, Dichte und Würze. Der Weinbergsbesitz des Gutes in einigen der besten Lagen der Mittelmosel ist beachtlich. Hervorzuheben sind die Bernkasteler alte Badstube am Doctorberg und der im Alleinbesitz befindliche Ürziger Goldwingert. Der Schwerpunkt liegt hier auf der Erzeugung von fruchtigen Rieslingen (50 Prozent). Rund 70 Prozent der Produktion gehen ins Ausland.

Anzahl der verkosteten Weine: 6
Bewertungen: 83–89 Punkte

2014 Riesling trocken **83**
7,95 € | 12,5% | bis 2017

2014 Ürziger Würzgarten Riesling trocken **85**
10,40 € | 12% | bis 2018

2014 Bernkasteler alte Badstube am Doctorberg Riesling trocken **85**
13,20 € | 12% | bis 2018

2014 Wehlener Sonnenuhr Riesling Kabinett **88**
9,50 € | 8,5% | bis 2020

2014 Ürziger Goldwingert Riesling Spätlese **88**
12,– € | 7,5% | bis 2020

2014 Wehlener Sonnenuhr Riesling Spätlese **89**
12,50 € | 8,5% | bis 2021

WEINGUT AXEL PAULY

54470 Lieser · Hochstraße 80
☎ (0 65 31) 61 43 · Fax 91 50 07
info@wein-pauly.de
www.wein-pauly.de
Inhaber: Axel und Sabrina Pauly
Betriebsleiter und Kellermeister: Axel Pauly

Verkauf: Sabrina Pauly
Mo–Sa: 8.00–12.00 · 13.00–19.00 Uhr und nach Vereinbarung

Sehenswert: Moderne Vinothek und Weinarchitektur mit Dachterrasse und Blick in die Weinberge

Rebfläche: 8,9 Hektar
Jahresproduktion: 70.000 Flaschen
Beste Lagen: Lieser Niederberg Helden
Boden: Verwitterungsschiefer
Rebsorten: 73% Riesling, 10% Dornfelder, 8% Müller-Thurgau, 4% Spätburgunder, 3% Kerner, 2% Frühburgunder
Durchschnittsertrag: 69 hl/ha
Mitglied: Moseljünger

Axel Pauly weiß, wohin er will. Das zeigt er auch mit seiner 2014er Kollektion. Pauly will stilvolle Weine mit einer eigenen Charakteristik erzeugen – und dabei lässt er sich auch nicht von einem turbulenten Herbst wie in 2014 bremsen. Im trockenen Bereich bevorzugt er eine eher karge Art des Rieslings, die Weine enden alle mit einer zarten und kühlen Phenolik. Sie sind niedrig im Alkohol, sehr reduktiv und brauchen zur Entfaltung viel Luft. Der trockene Drei Helden offenbart überraschenden Rosenduft und ist dabei würzig und elegant. Er wird noch übertroffen vom feinherben Kardinalsberg, einem üppigen Riesling mit großer Dichte, der in seiner Kategorie ganz vorne mitspielt. Nach einem Großbrand in 2011 wurde ein neues Kelter- und Lagergebäude errichtet und 2013 in Betrieb genommen. Mittlerweile ist auf dem Weingut Axel Pauly auch eine moderne Vinothek in Dienst gestellt worden. Und die Weinbergsfläche wächst weiter auf fast neun Hektar, darunter ein wirklich beeindruckend steiles Stück in Bernkastel mit alten Spätburgunderreben.

Rote Symbole: Diese Betriebe verdienen in ihrer Klasse besondere Aufmerksamkeit

Anzahl der verkosteten Weine: 9
Bewertungen: 84–89 Punkte

2014	Lieser Riesling Tres Naris trocken **7,80 €** | 11,5% | bis 2019	**86**
2014	Lieser Weißburgunder trocken **8,20 €** | 12% | bis 2018	**84**
2014	Lieser Niederberg-Helden Riesling Drei Helden trocken **15,80 €** | 12% | bis 2020	**89**
2014	Lieser Riesling Purist Kabinett trocken **8,20 €** | 11% | bis 2018	**84**
2014	Lieser Niederberg-Helden Riesling Helden Spätlese trocken **10,80 €** | 12% | bis 2019	**88**
2014	Lieser Riesling Generations feinherb **7,80 €** | 10,5% | bis 2018	**85**
2014	Bernkastel-Kueser Kardinalsberg Riesling Steinerd Spätlese feinherb **10,80 €** | 10,5% | bis 2020	**89**
2014	Lieser Niederberg-Helden Riesling Spätlese **10,80 €** | 7,5% | bis 2022	**87**
2014	Lieser Niederberg-Helden Riesling Auslese **8,80 €**/0,375 Lit. | 8,5% | bis 2023	**89**

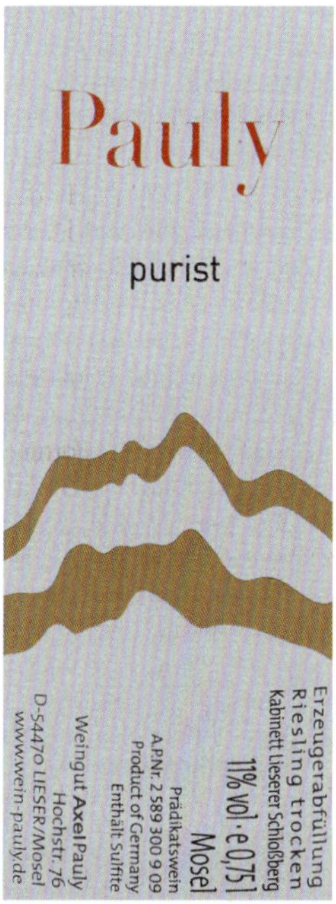

WEINGUT PEIFER

56841 Traben-Trarbach · Kräuterhausweg 19
☎ (0 65 41) 60 65 · Fax 81 10 65
info@weingut-peifer.de
www.weingut-peifer.de
Inhaber: Nicole und Harald Peifer

Verkauf: Vinothek und Weincafé
Mo–So: 10.00–18.00 Uhr und nach Vereinbarung

Am besten gefällt uns in diesem Jahr der feinherbe Riesling Spätlese aus der Försterlay. Insgesamt ist es eine solide Kollektion, bei der sich die Rieslinge positiv von den anderen Rebsorten abheben. Nicole und Harald Peifer entschlossen sich im Jahr 1998, das bis dahin nebenberuflich geführte Weingut zu ihrer Haupterwerbsquelle zu machen. Vinothek und Fertiglager wurden neu eingerichtet und die Peifers haben in den Keller investiert. Fast 90 Prozent der Gesamtproduktion werden trocken und halbtrocken ausgebaut.

Anzahl der verkosteten Weine: 12
Bewertungen: 82–87 Punkte

2014	Rivaner trocken **6,30 €** | 12,5% | bis 2016	**82**
2014	Weißburgunder trocken **6,30 €** | 12,5% | bis 2017	**83**
2014	Trabener Würzgarten Riesling Hochgewächs trocken **6,80 €** | 12% | bis 2018	**85**
2014	Trabener Würzgarten Riesling Spätlese trocken **9,– €** | 10,5% | bis 2020	**86**
2014	Lösnicher Försterlay Riesling Spätlese trocken **9,30 €** | 10,5% | bis 2020	**86**
2014	Riesling halbtrocken **5,50 €**/1,0 Lit. | 11% | bis 2017	**83**
2014	Trabener Würzgarten Riesling Hochgewächs feinherb **6,80 €** | 10,5% | bis 2019	**86**
2014	Trabener Würzgarten Riesling Spätlese feinherb **9,– €** | 9,5% | bis 2019	**85**
2014	Lösnicher Försterlay Riesling Spätlese feinherb **9,30 €** | 9,5% | bis 2020	**87**
2014	Trabener Kräuterhaus Riesling Hochgewächs **6,80 €** | 8% | bis 2018	**85**
2014	Rivaner & Dornfelder feinherb Rotling **6,30 €** | 11,5% | bis 2016	**82**
2014	Dornfelder trocken **6,30 €** | 12,5% | bis 2017	**82**

WEINGUT ÖKONOMIERAT PETGEN-DAHM

66706 Perl-Sehndorf · Winzerstraße 3–7
☎ (0 68 67) 3 09 und 13 67
info@petgen-dahm.de
www.petgen-dahm.de
Inhaber: Ralf Petgen
Kellermeister: Ralf Petgen

Verkauf: nach Vereinbarung

Das für Moselverhältnisse große (17 Hektar) und renommierte Weingut Petgen Dahm hat seinen Sitz in Perl-Sehndorf an der Obermosel. Die dieses Jahr vorgestellten Weine konnten nicht alle überzeugen. Einige waren doch sehr muffig und wirkten ausgezehrt, vermutlich auch hier eine Folge des grauenhaften Herbstes. Aber es gab auch sehr gute Weine. Die Riesling Auslese mit der Prüfungsnummer 14 aus der Ayler Kupp (es gibt auch eine 13) konnte mit ihrer kräftigen Struktur und mundfüllenden Tiefe überzeugen.

Anzahl der verkosteten Weine: 12
Bewertungen: 79–86 Punkte

2014	Grauburgunder trocken **8,– €** | 12,5% | bis 2017	**80**
2014	Ayler Kupp Riesling Saar-Schiefer trocken **11,– €** | 12% | bis 2018	**80**
2014	Weißburgunder »P« trocken **12,– €** | 12,5% | bis 2017	**80**
2014	Auxerrois »P« trocken **12,– €** | 12,5% | bis 2017	**82**
2014	Grauburgunder Auslese trocken **13,– €** | 12,5% | bis 2020	**84**
2014	Grauburgunder Auslese trocken Alte Reben **13,– €** | 12,5% | bis 2018	**82**
2014	Grauburgunder Tradition 1720 halbtrocken Barrique **22,– €** | 12,5% | bis 2020	**85**
2014	Ayler Kupp Riesling Auslese **18,– €** | 8,5% | bis 2025	**83**
2014	Ayler Kupp Riesling Auslese **18,– €** | 8,5% | bis 2030	**86**
2012	Grauburgunder Beerenauslese **40,– €**/0,5 Lit. | 10% | bis 2017	**79**
2011	Spätburgunder trocken Holzfass **11,– €** | 12,5% | bis 2017	**79**
2013	Spätburgunder Tradition 1720 trocken **16,– €** | 12% | bis 2018	**82**

WEINGUT PHILIPPS-ECKSTEIN

54470 Graach-Schäferei · Panoramastraße 11
☎ (0 65 31) 65 42 · Fax 45 93
info@weingut-philipps-eckstein.de
www.weingut-philipps-eckstein.de
Inhaber: Patrick Philipps
Verwalter: Patrick Philipps und Rudolf Erz

Verkauf: Familie Philipps
Mo–Fr: 8.30–20.00 Uhr
Sa–So: 9.30–20.00 Uhr

Winzerwirtschaft: Mo–Fr 12.30–22.00 Uhr, Sa–So 11.00–22.00 Uhr (bis Ende Aug.)
Spezialität: rustikale Winzerküche

Rebfläche: 5 Hektar
Jahresproduktion: 40.000 Flaschen
Beste Lagen: Graacher Domprobst und Himmelreich
Boden: Devonschiefer
Rebsorten: 95% Riesling, 5% Spätburgunder
Durchschnittsertrag: 70 hl/ha
Mitglied: Bernkasteler Ring

Nach guten 2012ern, die Patrick Philipps die zweite Traube bescherten, konnte der Graacher Winzer seine Leistung mit dem Jahrgang 2013 bestätigen. Das gelingt im Jahrgang 2014 nicht ohne Weiteres. In den Weinen taucht eine Röstnote auf, die die Entfaltung der Frucht erschwert. Botrytis hat den Rieslingen ein wenig die Frische genommen. Am besten gefällt uns noch die Spätlese aus dem Graacher Himmelreich, die die größte Klarheit und Frische zeigt. Zwei nachgereichte Edelsüße belegen, wie Philipps in den Jahren 2012 und 2013 das Potenzial ausgeschöpft hatte. Nach dem Neubau einer Maschinenhalle und eines Edelstahlkellers standen die Erweiterung der Anbaufläche sowie der Bau einer Panoramavinothek an – hat man doch hier im Graacher Ortsteil Schäferei einen grandiosen Ausblick auf die dahinziehende Mosel. Zum Übernachten hier oben stehen Gästezimmer zu wohlfeilen Preisen zu Verfügung. Der Betrieb ist übrigens mittlerweile auch Mitglied im renommierten Bernkasteler Ring.

Zeichenerklärung:
Schnäppchenpreis · Top 10 Spitzenreiter
Ökobetrieb · Trink-Tipp · Versteigerungswein
Sekt | Weißwein | Rotwein | Roséwein

Anzahl der verkosteten Weine: 11
Bewertungen: 83–89 Punkte

2014 Graacher Himmelreich Riesling Hochgewächs trocken **85**
7,- € | 12% | bis 2018

2014 Graacher Domprobst Riesling Kabinett trocken **83**
7,90 € | 9,5% | bis 2018

2014 Graacher Domprobst Riesling Spätlese trocken Alte Reben **84**
9,80 € | 10,5% | bis 2018

2014 Graacher Domprobst Riesling Kabinett feinherb **85**
7,90 € | 9,5% | bis 2019

2014 Graacher Domprobst Riesling Spätlese feinherb **85**
9,80 € | 9,5% | bis 2019

2014 Graacher Domprobst Riesling Spätlese halbtrocken **84**
10,- € | 11% | bis 2019

2014 Graacher Domprobst Riesling Kabinett Alte Reben **85**
7,90 € | 7,5% | bis 2019

2014 Graacher Himmelreich Riesling Spätlese **87**
8,50 € | 7,5% | bis 2020

2014 Graacher Domprobst Riesling Spätlese Alte Reben *** **86**
13,50 € | 7,5% | bis 2020

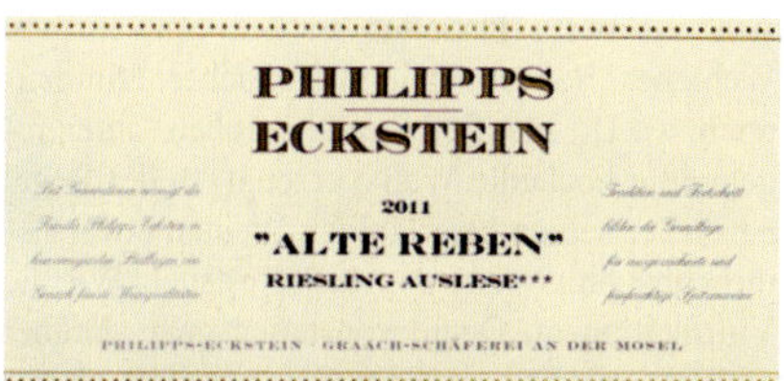

WEINGUT GERD STEFFEN PRÜM

54484 Maring-Noviand · Trierer Straße 12
☎ (0 65 35) 4 20 · Fax 15 38
info@sgsteffenpruem.com
www.sgsteffenpruem.com
Inhaber und Kellermeister: Gerd Steffen Prüm

Verkauf: Gerd Steffen Prüm
Mo–Fr: 8.00–12.00 Uhr · 14.00–18.00 Uhr

Nach einem herausragend guten Einstand mit dem Jahrgang 2012 (allein acht Weine zwischen 88 und 93 Punkten) können die Kollektionen aus 2013 und 2014 daran problemlos anknüpfen. Die Stärke des Weinguts Steffen Prüm liegt vor allem im feinherben und fruchtigen Bereich. Highlight des 2014er Sortiments ist der fruchtige Riesling Spätlese aus der Maringer Sonnenuhr. Wenn es so weitergeht, ist die zweite Traube nur noch eine Frage der Zeit. Der Betrieb aus Maring-Noviand an der Mittelmosel hat sich in den letzten Jahren um einen Hektar vergrößert und bewirtschaftet nun 3,8 Hektar Lagen in Noviand, aber auch den Niederberg Helden mit Sitz im Lesuratal, der alten Bezeichnung für das heutige Liesertal. Zum Weingut gehören auch eine gediegene Vinothek und eine nette Weinstube.

Anzahl der verkosteten Weine: 7
Bewertungen: 84–88 Punkte

2014 Riesling Nr.1 trocken **84**
9,50 € | 12% | bis 2018

2014 Riesling »S« Spätlese trocken **85**
12,50 € | 11,5% | bis 2018

2014 Lieser Niederberg Helden Riesling Kabinett feinherb **84**
9,50 € | 10,5% | bis 2018

2014 Maringer Sonnenuhr Riesling Spätlese feinherb **87**
11,50 € | 11% | bis 2020

2014 Maringer Honigberg Riesling Kabinett **87**
9,50 € | 9% | bis 2020

2014 Maringer Sonnenuhr Riesling Spätlese **88**
11,50 € | 8% | bis 2022

2014 Maringer Honigberg Riesling »SL« Spätlese **87**
12,90 € | 9% | bis 2020

Die Betriebe:
Weltklasse · Deutsche Spitze
Sehr gut · Gut · Zuverlässig
Weitere Empfehlung

WEINGUT JOH. JOS. PRÜM

54470 Bernkastel-Wehlen · Uferallee 19
☎ (0 65 31) 30 91 · Fax 60 71
info@jjpruem.com
www.jjpruem.com
Inhaber: Dr. Manfred Prüm und Dr. Katharina Prüm
Kellermeister: Dr. Manfred Prüm und Dr. Katharina Prüm
Außenbetrieb: K. J. Heinz

Verkauf: nach Vereinbarung

Historie: gegründet 1911 nach Erbaufteilung des früheren Prüm'schen Betriebes
Sehenswert: das in Jahrhunderten gewachsene Gutshaus

Rebfläche: 20 Hektar
Jahresproduktion: ca. 180.000 Flaschen
Beste Lagen: Wehlener Sonnenuhr, Graacher Himmelreich, Bernkasteler Badstube, Zeltinger Sonnenuhr
Boden: grauer Devonschiefer
Rebsorte: 100% Riesling
Durchschnittsertrag: 65 hl/ha
Mitglied: VDP

Die Regelmäßigkeit, mit der in diesem weltbekannten Gut ein großer Jahrgang dem anderen folgt, ist atemberaubend. Natürlich steckt dahinter neben außergewöhnlichen Weinbergen die große Erfahrung und Gelassenheit von Dr. Manfred Prüm, der auf mehr als 50 Jahrgänge zurückblicken kann. Zunehmend erfährt er von seiner Tochter Dr. Katharina Prüm Unterstützung.

Das große Aufspiel

Im Jahrgang 2012 erzielten von 15 Weinen zwölf bei unseren Verkostungen 91 und mehr Punkte. In 2013 hat auch Prüm unter den schwierigen Bedingungen im Herbst gelitten, die Erträge waren karg, es wurden gerade mal acht Weine vorgestellt. Im Jahrgang 2014 waren die Probleme im Herbst eher noch größer, gerade bei der hier üblichen sehr späten Lese. Das Team hat jedenfalls versucht, das Beste aus dem Lesegut herauszuholen. Das ist gelungen, wenn wir auch das sonst hier übliche große Prüm'sche Aufspiel zum Teil vermissen. Immerhin konnten wieder fünf verschiedene Auslesen vorgestellt werden, wobei uns die Goldkapsel aus dem Himmelreich am besten gefällt. Ein Auslesejahr folgt in diesem Gut dem anderen, als ob es keine jahrgangsbedingten Schwankungen gäbe. Mag sein, dass dieses Phänomen einer gleichmäßigen Leistung auf allerhöchstem Niveau die wenigen Weltklasse-Riesling-Erzeuger vom Rest abhebt. Die Reihe der Spitzenjahrgänge in diesem Haus jedenfalls ist schier endlos. In 2001 präsentierte der Wehlener die »Spätlese des Jahres«. Den Jahrgang 2002 schätzt Prüm als den etwas eleganteren ein. Die Himmelreich Lange Goldkapsel Auslese (Versteigerung) wurde beste Auslese des Jahrgangs 2002. Sein Abonnement auf den Titel »Spätlese des Jahres« löste Prüm mit dem Jahrgang 2003 wieder ein. Bestechend intensiv und fein zugleich ist dieser Wein, seinem Charme kann man sich nicht entziehen. Die 2004er entstammen einem typischen Spätlesejahr. Mineralität, feine Rasse und Fruchtnoten von weißem Weinbergspfirsich bilden eine elegante Allianz. In 2005 hatte Manfred Prüm, unterstützt von seiner ebenso charmanten wie kompetenten Tochter Katharina, wieder einmal alles richtig gemacht. Eine relativ frühe Lese erhielt den Weinen Rasse und Spiel. Wunderbar ausdrucksstarke Spät- und Auslesen aus Graach und Wehlen durften wir verkosten. Der Titel »Kollektion des Jahres« war der verdiente Lohn.

Dr. Manfred Prüm

Spitzenlagen, Spitzengut

Dieses Weingut zählt seit Jahrzehnten unbestritten zu den Ausnahmegütern in Deutschland. Weit über die Hälfte der Weinberge verteilen sich auf beste Parzellen in den Spitzenlagen Wehlener Sonnenuhr und Graacher Himmelreich, wo Dr. Manfred Prüm in großen Jahren regelmäßig hochedle Weine erzeugt. In der Regel belässt er seinen lagerfähigen Weinen etwas natürliche Kohlensäure und auch Restsüße. Wie die Vinifikation im Detail vonstatten geht, darüber spricht der Hausherr kaum.

Anzahl der verkosteten Weine: 13
Bewertungen: 86–90 Punkte

2014	Riesling Kabinett **13,90 €** | 8,5% | bis 2020	**86**
2014	Graacher Himmelreich Riesling Kabinett **18,50 €** | 8% | bis 2021	**87**
2014	Wehlener Sonnenuhr Riesling Kabinett **21,– €** | 8% | bis 2021	**88**
2014	Bernkasteler Badstube Riesling Spätlese **21,50 €** | 8% | bis 2022	**88**
2014	Graacher Himmelreich Riesling Spätlese **23,50 €** | 7% | bis 2022	**88**
2014	Zeltinger Sonnenuhr Riesling Spätlese **23,50 €** | 7,5% | bis 2023	**(89)**
2014	Wehlener Sonnenuhr Riesling Spätlese **27,90 €** | 7,5% | bis 2024	**89**
2014	Wehlener Sonnenuhr Riesling Spätlese | 7% | bis 2028	**(90)**
2014	Bernkasteler Badstube Riesling Auslese **28,– €** | 8% | bis 2024	**89**
2014	Graacher Himmelreich Riesling Auslese **28,90 €** | 7% | bis 2026	**90**
2014	Wehlener Sonnenuhr Riesling Auslese **33,50 €** | 7% | bis 2028	**90**
2014	Graacher Himmelreich Riesling Auslese Goldkapsel **66,– €** | 7% | bis 2028	**(90)**
2014	Bernkasteler Lay Riesling Auslese | 7,5% | bis 2028	**90**

WEINGUT S. A. PRÜM

54470 Bernkastel-Wehlen · Uferallee 25–26
☎ (0 65 31) 31 10 · Fax 85 55
info@sapruem.com
www.sapruem.com
Inhaber: Raimund Prüm
Betriebsleiterin: Saskia Andrea Prüm
Verwalter: Gerd Faber

Verkauf: Raimund Prüm
Mo–Fr: 10.00–12.00 Uhr · 13.00–17.00 Uhr
Sa: 10.00–16.00 Uhr, So: nach Vereinbarung

Gästehaus: acht Doppelzimmer sowie zwei Ferienwohnungen
Erlebenswert: offene Weinkeller über Christi Himmelfahrt, Hoffest Ende September, Veranstaltungen in historischen Räumen

Rebfläche: 13 Hektar
Jahresproduktion: 150.000 Flaschen
Beste Lagen: Wehlener Sonnenuhr, Bernkasteler Lay und Graben, Graacher Himmelreich und Domprobst, Ürziger Würzgarten, Erdener Treppchen
Boden: Devonschiefer
Rebsorte: 100% Riesling
Durchschnittsertrag: 65 hl/ha
Mitglied: VDP

Die prachtvollen Gutsgebäude dieses 1911 durch Teilung des Prümbesitzes entstandenen Weingutes liegen in Wehlen direkt an der Mosel. Raimund und Saskia Andrea Prüm bringen ihre hochwertigen Gutsweine erst spät in Verkehr, da sie sich in der Jugend noch nicht sehr zugänglich zeigen, aber nach längerer Flaschenreife an Tiefe und Struktur zulegen. Gute Beispiele sind die jetzt erst vorgestellten 2012er Großen Gewächse, dichte trockene Rieslinge, wobei wir den Graacher Domprobst an der Spitze sehen. Raimund Prüm übernahm schon im Alter von 21 Jahren die Verantwortung, da sein Vater früh verstorben war. Mit großem Einsatz hat er dem Weingut zu einem besonderen Renommee an der Mosel verholfen. Inzwischen beliefert er Händler weltweit. Etwa 80 Prozent der Produktion gehen in den Export. Auf der Preisliste stehen noch Weine bis zurück in die 1990er Jahre zum Verkauf.

Die Weine:
100 Perfekt · **95–99** Überragend · **90–94** Exzellent
85–89 Sehr gut · **80–84** Gut · **75–79** Passabel

Anzahl der verkosteten Weine: 7
Bewertungen: 84–89 Punkte

2012	Wehlener Sonnenuhr Riesling Devon »Großes Gewächs« **28,50 €** | 12,5% | bis 2020	**87**
2012	Bernkasteler Lay Riesling Grand Ley »Großes Gewächs« **28,50 €** | 13% | bis 2020	**88**
2012	Graacher Domprobst Riesling Prevot »Großes Gewächs« **28,50 €** | 12% | bis 2020	**89**
2013	Wehlener Sonnenuhr Riesling Alte Reben »Großes Gewächs« **34,50 €** | 12% | bis 2021	**87**
2012	Wehlener Sonnenuhr Riesling Alte Reben »Großes Gewächs« **34,50 €** | 13% | bis 2020	**88**
2013	Wehlener Sonnenuhr Riesling Kabinett **15,90 €** | 8,5% | bis 2019	**84**
2013	Wehlener Sonnenuhr Riesling Spätlese **18,50 €** | 7,5% | bis 2020	**86**

WEIN- UND SEKTGUT RAUEN

54340 Detzem · Im Würzgarten 2
☎ (0 65 07) 32 78 · Fax 83 72
info@weingut-rauen.de
www.weingut-rauen.de

Inhaber: Stefan Rauen und Doris Adams-Rauen
Kellermeister: Stefan Rauen

Verkauf: nach Vereinbarung

Weinprobierstube: traumhafter Blick ins Moseltal
Historie: Keller ruht auf Resten der alten Römerstraße Trier–Bingen am zehnten Meilenstein

Rebfläche: 14,5 Hektar
Jahresproduktion: 110.000 Flaschen
Beste Lagen: Detzemer Maximiner Klosterlay und Würzgarten, Thörnicher Ritsch, Pölicher Held
Boden: Schieferverwitterung, sandiger Kies
Rebsorten: 68% Riesling, je 10% Spätburgunder und Weißburgunder, 8% Müller-Thurgau, 4% übrige Sorten
Durchschnittsertrag: 72 hl/ha

Ein ums andere Mal stellt uns Stefan Rauen saubere Kollektionen auf den Verkostungstisch. Das galt auch für den schwierigen Jahrgang 2013, wo erneut bereits die Literweine mit ihrer klaren Struktur überzeugten. Mit den Problemen des Jahrgangs 2014 ist der Detzemer Winzer auf ganz eigene Art umgegangen: Die Weine präsentieren sich hochfarbig und sind im Geschmack klarer als im Duft. Sie profitieren von einer kraftvollen Säurestruktur, sind aber zugleich für unseren Geschmack von etwas zu viel Süße geprägt. Auch in 2014 sind die Literweine klar und saftig und bieten großes Trinkvergnügen für wenig Geld. Doch auch die klarfruchtigen Qualitätsweine von Alten Reben sind trocken oder feinherb eine Empfehlung wert. Das trifft erst recht auf den 2013er Riesling Crémant Brut zu: ein feinsaftiger Sekt, wunderbar cremig und weinig – und dazu noch ein echtes Schnäppchen.

Die Betriebe:
Weltklasse · Deutsche Spitze
Sehr gut · Gut · Zuverlässig
Weitere Empfehlung

Anzahl der verkosteten Weine: 8
Bewertungen: 83–88 Punkte

2013 Riesling Crémant Brut **87**
9,20 € | 12,5% | bis 2019

2014 Weißer Burgunder trocken **84**
5,90 € | 12% | bis 2018

2014 Thörnicher Ritsch **87**
Riesling Alte Reben trocken
6,80 € | 11,5% | bis 2021

2014 Detzemer Würzgarten **83**
Riesling Hochgewächs trocken
5,90 €/1,0 Lit. | 12% | bis 2018

2014 Detzemer Maximiner Klosterlay **86**
Riesling Alte Reben feinherb
6,80 € | 10,5% | bis 2021

2014 Detzemer Würzgarten **84**
Riesling Hochgewächs feinherb
Top 10 **5,90 €**/1,0 Lit. | 10,5% | bis 2022

2014 Detzemer Würzgarten Riesling **84**
5,90 €/1,0 Lit. | 10,5% | bis 2020

2014 Detzemer Maximiner Klosterlay **88**
Riesling Alte Reben
6,80 € | 9% | bis 2023

WEINGUT FAMILIE RAUEN

54340 Thörnich · Hinterm Kreuzweg 5
☎ (0 65 07) 34 03 · Fax 83 82
info@weingut-familie-rauen.de
www.weingut-familie-rauen.de
Inhaber: Maria und Harald Rauen
Kellermeister: Harald und Matthias Rauen

Verkauf: nach Vereinbarung

Das Fazit des Jahrgangs 2014 fällt gemischt aus. Die trockenen Rieslinge gefallen uns trotz schwieriger Wetterbedingungen wieder deutlich besser als noch im Vorjahr, die fruchtigen sind zwar solide, kommen in der Spitze aber nicht ganz an das letzte Jahr und vor allem an die richtig guten Jahrgänge heran. Dieser Thörnicher Betrieb hat sich in den vergangenen Jahren auf stattliche 9,5 Hektar vergrößert. Nach abgeschlossenem Studium in Bad Kreuznach ist Sohn Matthias fest in den Betrieb eingestiegen. In Detzem steht nach Umbau nun ein Ferienhaus mit fünf Appartements für Gäste zur Verfügung.

Anzahl der verkosteten Weine: 9
Bewertungen: 82–87 Punkte

2014 Sauvignon Blanc trocken **83**
7,50 € | 11,5% | bis 2017

2014 Riesling Hinkellay trocken **84**
9,80 € | 12,5% | bis 2017

2014 Thörnicher Ritsch **87**
Riesling trocken »Erste Lage« Alte Reben
12,50 € | 13% | bis 2020

2014 Riesling Kirchenberg **83**
Spätlese trocken Alte Reben
6,70 € | 11,5% | bis 2017

2014 Riesling vom Schieferfels **85**
feinherb »Erste Lage«
9,80 € | 11,5% | bis 2020

2014 Riesling Edition Matthias **82**
Kabinett halbtrocken
5,60 € | 11,5% | bis 2018

2014 Riesling Grauschiefer **84**
Spätlese halbtrocken
6,70 € | 11,5% | bis 2017

2014 Thörnicher Ritsch **85**
Riesling Spätlese »Erste Lage« Alte Reben
7,90 € | 7,5% | bis 2018

2014 Riesling Kirchenberg Auslese Alte Reben **87**
12,50 € | 8,5% | bis 2022

Rote Symbole: Diese Betriebe verdienen in ihrer Klasse besondere Aufmerksamkeit

REBENHOF

54539 Ürzig · Hüwel 2–3
☎ (0 65 32) 45 46 · Fax 15 65
info@rebenhof.de
www.rebenhof.de
Inhaber: Johannes Schmitz

Verkauf: nach Vereinbarung

Bereits der Jahrgang 2013 mit seinen Widrigkeiten ging an diesem Ürziger Gut nicht spurlos vorüber. Das trifft auf die Rieslinge aus 2014 im Besonderen zu. Man merkt den Weinen an, dass Johannes Schmitz schwer mit den Witterungsunbilden zu kämpfen hatte. Die Weine lassen Klarheit und Harmonie vermissen. Eine Ausnahme sind der feinherbe Kabinett in seiner verspielt-saftigen Art und ein nachgereichtes Großes Gewächs aus 2013: ein stoffiger, trockener Riesling, der im Duft an Grapefruit erinnert. Basis des Betriebs sind zu 80 Prozent wurzelechte Reben. 2015 konnte Schmitz rund ein Hektar Weinberge im Treppchen und im Würzgarten vom Weingut Merkelbach übernehmen. Sie sind ausschließlich mit wurzelechten, zum Teil sehr alten Rieslingreben bepflanzt. Darauf lässt sich aufbauen.

Anzahl der verkosteten Weine: 9
Bewertungen: 81–86 Punkte

2014	Riesling trocken **7,50 €**/1,0 Lit. | 11,5% | 🍷 bis 2017	**81**
2013	Ürziger Würzgarten Riesling »Großes Gewächs« **22,50 €** | 13% | 🍷 bis 2019	**86**
2014	Ürziger Würzgarten Riesling von Wurzelechten Reben Kabinett trocken **9,– €** | 11% | 🍷 bis 2018	**83**
2014	Ürziger Würzgarten Riesling Spätlese trocken Alte Reben **14,50 €** | 12% | 🍷 bis 2018	**82**
2014	Riesling feinherb **7,50 €**/1,0 Lit. | 11% | 🍷 bis 2018	**83**
2014	Riesling vom Roten Schiefer Kabinett feinherb **8,50 €** | 10% | 🍷 bis 2018	**85**
2014	Ürziger Würzgarten Riesling Spätlese feinherb **12,50 €** | 10% | 🍷 bis 2019	**84**
2014	Riesling vom Grauen Schiefer Kabinett **9,– €** | 8% | 🍷 bis 2019	**82**
2014	Ürziger Würzgarten Riesling Grand Ley Spätlese **16,– €** | 7% | 🍷 bis 2019	**85**

WEINGUT F. J. REGNERY

54340 Klüsserath · Mittelstraße 39
☎ (0 65 07) 46 36 · Fax 30 53
mail@weingut-regnery.de
www.weingut-regnery.de
Inhaber: Peter Regnery

Verkauf: Franz-Josef Regnery
nach Vereinbarung

Peter Regnery pflegt einen eigenwilligen Stil und erzeugt durchweg kraftvolle Rieslinge mit prägnanter Säure. Da kamen ihm die Jahrgänge 2013 und 2014 entgegen. Wie schon im Vorjahr gefällt uns die trockene Auslese aus der Lage Bruderschaft in ihrer konzentrierten Art mit feinem Säurespiel und eigenständigem Charakter. Schon länger stellt Peter Regnery unter Beweis, dass er auch ein Händchen für Rotwein hat. Nicht nur die Spätburgunder wissen zu gefallen, auch der in der Moselregion noch äußert seltene Syrah gelingt hier ausgezeichnet. Untypisch für einen Moselbetrieb sind hier im Weingut Regnery 30 Prozent der Rebfläche von fast sieben Hektar mit roten Sorten bepflanzt.

Anzahl der verkosteten Weine: 9
Bewertungen: 83–87 Punkte

2014	Riesling trocken **6,50 €**/1,0 Lit. | 12% | 🍷 bis 2018	**83**
2014	Klüsserather Bruderschaft Riesling Edition Michelskirch Spätlese trocken **9,50 €** | 12,5% | 🍷 bis 2019	**84**
2014	Klüsserather Bruderschaft Riesling Auslese trocken Alte Reben **11,50 €** | 12% | 🍷 bis 2020	**86**
2014	Klüsserather Bruderschaft Riesling Kabinett feinherb **6,– €** | 10,5% | 🍷 bis 2019	**85**
2014	Klüsserather Bruderschaft Riesling Edition Michelskirch Spätlese feinherb **9,50 €** | 11% | 🍷 bis 2019	**86**
2013	Klüsserather Bruderschaft Spätburgunder trocken **7,– €** | 12,5% | 🍷 bis 2017	**83**
2013	Klüsserather Bruderschaft Spätburgunder trocken Barrique **12,50 €** | 13% | 🍷 bis 2018	**85**
2013	Klüsserather Bruderschaft Syrah trocken unfiltriert **18,50 €** | 13,5% | 🍷 bis 2018	**87**
2013	Klüsserather Bruderschaft Spätburgunder Auslese trocken unfiltriert **18,50 €** | 13,5% | 🍷 bis 2019	**86**

WEINGUT REH

54340 Schleich · Weierbachstraße 12
☎ (0 65 07) 9 91 10 · Fax 9 91 11
weingut-reh@myquix.de
www.weingut-reh.de
Inhaber: Winfried und Sigrid Reh
Betriebsleiter und Kellermeister: Winfried Reh

Verkauf: Winfried und Sigrid Reh
nach Vereinbarung

An der Spitze der für die Jahrgangsbedingungen ordentlichen 2014er Kollektion stehen die fruchtige Spätlese aus dem Zellerberg und eine Auslese aus dem Blattenberg. Das Weingut Reh in Schleich bleibt auch im Jahrgang 2014 seinem Stil treu. Hier fallen die Rieslinge oft etwas reichhaltiger aus, Schmelz und Kraft stehen dabei im Vordergrund. So zeigen die trockenen Weine meist eine stoffige Art, was genau wie im Vorjahr im Besonderen auf die trockene Spätlese Layet 1900 aus dem Mehringer Blattenberg zutrifft. Das Alter der Reben ist teilweise beträchtlich.

Anzahl der verkosteten Weine: 10
Bewertungen: 81–87 Punkte

2012	Weißburgunder Sekt Brut **9,– €** | 12,5% | bis 2017	**84**
2014	Riesling trocken **5,50 €**/1,0 Lit. | 12% | bis 2017	**81**
2014	Riesling Schieferterrassen trocken **6,50 €** | 12% | bis 2017	**83**
2014	Mehringer Blattenberg Riesling Layet 1900 Spätlese trocken **8,– €** | 11,5% | bis 2019	**85**
2014	Riesling Sonnenberg feinherb **5,50 €**/1,0 Lit. | 11,5% | bis 2018	**82**
2014	Riesling Schieferterrassen feinherb **6,50 €** | 11,5% | bis 2017	**83**
2014	Mehringer Zellerberg Riesling Spätlese feinherb Alte Reben **8,– €** | 11% | bis 2018	**85**
2014	Riesling Sonnenberg **5,50 €**/1,0 Lit. | 9,5% | bis 2017	**81**
2014	Mehringer Zellerberg Riesling Spätlese **8,– €** | 9% | bis 2020	**86**
2014	Mehringer Blattenberg Riesling Zenit Auslese **12,– €**/0,5 Lit. | 8% | bis 2020	**87**

Die Weine:
100 Perfekt · **95–99** Überragend · **90–94** Exzellent
85–89 Sehr gut · **80–84** Gut · **75–79** Passabel

WEINGUT JOHANN PETER REINERT

54441 Kanzem · Alter Weg 7a
☎ (0 65 01) 1 32 77 · Fax 15 00 68
kontakt@weingut-reinert.de
www.weingut-reinert.de
Inhaber und Betriebsleiter: Johann Peter Reinert

Verkauf: Johannes Peter Reinert
Mo–Fr: 9.00–21.00 Uhr, Sa: 10.00–17.00 Uhr

Historie: seit 1813 im Familienbesitz

Rebfläche: 4,4 Hektar
Jahresproduktion: 30.000 Flaschen
Beste Lagen: Ayler Kupp, Kanzemer Altenberg, Wiltinger Schlossberg und Schlangengraben, Wawerner Ritterpfad
Boden: Devonschiefer
Rebsorten: 72% Riesling, je 10% Regent und Weißburgunder, 5% Rivaner, 3% Elbling
Durchschnittsertrag: 65 hl/ha
Mitglied: Bernkasteler Ring

Johann Peter und Johannes Peter Reinert hatten im problematischen Jahrgang 2013 sehr gut gearbeitet. Für das Folgejahr 2014 können wir dies leider nicht bestätigen. Den Weinen fehlt es an belebender Frucht, sie sind vielmehr von einer stilbildenden Herbheit geprägt. Auch die fruchtsüßen Spät- und Auslesen kommen an frühere Leistungen nicht heran. Sie wirken eher weich und reif und weisen eine hohe Süße auf. Es fehlt die Saarsäure, um sie zu balancieren. Wir hoffen auf besseren Erfolg im kommenden Jahr. Der Kanzemer Betrieb hat Besitz in einigen sehr guten Saarlagen. So können wir aus Ayl, Wiltingen und Wawern immer wieder beachtliche Spät- und Auslesen verkosten. Diese Weine finden beifällige Beachtung bei den verschiedenen Versteigerungen des Bernkasteler Rings.

Zeichenerklärung:
Schnäppchenpreis · Top 10 Spitzenreiter
Ökobetrieb · Trink-Tipp · Versteigerungswein
Sekt · Weißwein · Rotwein · Roséwein

Anzahl der verkosteten Weine: 6
Bewertungen: 83–87 Punkte

2014 Riesling Grauschiefer trocken **83**
6,– € | 11,5% | bis 2017

2014 Wiltinger Schlangengraben **85**
Riesling Spätlese trocken
7,20 € | 11% | bis 2018

2014 Kanzemer Altenberg **83**
Riesling Spätlese feinherb
7,50 € | 10% | bis 2018

2014 Wiltinger Schlossberg **85**
Riesling Spätlese feinherb
7,70 € | 10% | bis 2018

2014 Wiltinger Schlangengraben Riesling Spätlese **86**
7,50 € | 7,5% | bis 2019

2014 Wiltinger Klosterberg **87**
Riesling Auslese Alte Reben
| 7,5% | bis 2019

Aufsteiger

WEINGUT REUSCHER-HAART

54498 Piesport · Sankt-Michael-Straße 20/22
☎ (0 65 07) 24 92 · Fax 56 74
info@weingut-reuscher-haart.de
www.weingut-reuscher-haart.de
Inhaber: Mario Schwang
Betriebsleiter: Mario Schwang

Verkauf: Mario Schwang
nach Vereinbarung

Das Weingut Reuscher-Haart, dessen Seniorchef Hugo Schwang leider im Frühjahr verstorben ist, ist ab diesem Jahr bei den Traubenbetrieben vertreten. Verdient hat es sich diese Auszeichnung mit den saftigen und würzigen Weinen aus den Spitzenlagen Piesporter Goldtröpfchen und Domherr. Mario Schwang übernahm das Weingut aus Piesport 2006, nachdem er in Geisenheim studiert und einige Zeit in Südfrankreich über den Tellerrand geschaut hat.

Anzahl der verkosteten Weine: 6
Bewertungen: 81–86 Punkte

2014 Piesporter Goldtröpfchen **86**
Riesling Spätlese trocken
7,80 € | 11,5% | bis 2019

2014 Piesporter Domherr **85**
Riesling Urgestein Spätlese trocken
8,– € | 12% | bis 2019

2014 Piesporter Goldtröpfchen **85**
Riesling Überschwang Spätlese feinherb
8,– € | 11% | bis 2020

2014 Riesling **81**
5,– €/1,0 Lit. | 9% | bis 2017

2014 Piesporter Goldtröpfchen **85**
Riesling Kabinett
6,– € | 8,5% | bis 2020

2014 Piesporter Goldtröpfchen **86**
Riesling Spätlese
8,– € | 8,5% | bis 2022

Die Betriebe:
Weltklasse · Deutsche Spitze
Sehr gut · Gut · Zuverlässig
Weitere Empfehlung

WEINGUT REVERCHON

54329 Konz-Filzen · Saartalstraße 2–3
☎ (0 65 01) 92 35 00 · Fax 92 35 09
kontakt@weingut-reverchon.de
www.weingut-reverchon.de
Inhaber: Hans Maret
Betriebsleiter und Kellermeister: Ralf Herke

Verkauf: Vinothek
Mo–Do: 8.00–14.00 Uhr, Fr: 8.00–16.00 Uhr

Der von Schloss Vollrads hierher gewechselte Betriebsleiter Ralf Herke hat neuen Schwung und eine deutlich verbesserte Kollektion gebracht. Vor allem die fruchtigen Weine zeigen sich stark verbessert. An der Spitze der 2014er Kollektion steht eine sehr gelungene Auslese. Vom schon im Vorjahr gelobten Riesling Crémant Brut 2009 gibt es eine neu degorgierte Charge, die uns noch einmal besser gefällt (89). Hans Maret, gebürtiger Trierer und früherer Gesellschafter von Sal. Oppenheim, ist erfolgreich zu seinen Wurzeln zurückgekehrt. Nach dem Erwerb des insolventen Gutes im Jahr 2007 zeigt sich langsam das Potenzial des Betriebes.

Anzahl der verkosteten Weine: 12
Bewertungen: 81–89 Punkte

	Riesling Sekt Brut **11,90 €** | 12,5% | bis 2017	**84**
2011	Blanc et Noir Sekt Brut **13,90 €** | 12% | bis 2016	**81**
2014	Riesling Saar trocken **7,90 €** | 12% | bis 2017	**82**
2014	Weißburgunder trocken **8,90 €** | 12% | bis 2017	**81**
2014	Filzener Herrenberg Riesling trocken **9,50 €** | 12% | bis 2018	**83**
2014	Riesling Saar Mineral feinherb **7,90 €** | 12% | bis 2019	**84**
2014	Riesling Alte Reben **11,50 €** | 11,5% | bis 2020	**85**
2014	Filzener Herrenberg Riesling Kabinett feinherb **9,90 €** | 10% | bis 2018	**83**
2014	Riesling Saar Schiefer **7,90 €** | 10% | bis 2019	**85**
2014	Filzener Herrenberg Riesling Spätlese **12,90 €** | 8% | bis 2020	**87**
2014	Filzener Herrenberg Riesling Auslese **19,90 €** | 8,5% | bis 2024	**89**
2014	Spätburgunder feinherb Rosé **6,90 €** | 11,5% | bis 2016	**82**

WEINGUT MAX FERD. RICHTER

54486 Mülheim · Hauptstraße 85/37
☎ (0 65 34) 93 30 03 · Fax 12 11
weingut@maxferdrichter.com
www.maxferdrichter.com
Inhaber: Dr. Dirk Richter
Betriebsleiter: Constantin Richter
Verwalter: Werner Franz
Kellermeister: Walter Hauth, Claudia Steinmetz

Verkauf: Dr. Dirk Richter und Anneliese Hauth
Mo–Fr: 9.00–18.00 Uhr
Sa: 9.00–13.00 Uhr und nach Vereinbarung

Historie: seit 1680 im Familienbesitz
Sehenswert: barockes Gutshaus, französischer Garten, Holzfasskeller von 1880

Rebfläche: 20 Hektar
Jahresproduktion: 135.000 Flaschen
Beste Lagen: Brauneberger Juffer und Juffer-Sonnenuhr, Wehlener Sonnenuhr, Graacher Domprobst
Boden: grauer und brauner Devonschiefer, Quarzit
Rebsorten: 95% Riesling, 5% Weißburgunder
Durchschnittsertrag: 50 hl/ha

Die 2014er Weine zeigen in diesem Mülheimer Traditionsweingut die ganze Problematik des Jahrgangs auf. Durch die Botrytis wirken sie hochreif, haben aber zugleich mit kratziger Säure zu kämpfen. Die trockenen und feinherben Füllungen leiden unter diesen Bedingungen besonders, aber auch die fruchtsüßen Kabinette finden nicht zur gewohnten Form. Eine strahlende Ausnahme aber bildet der Elisenberger Zwei-Sterne-Kabinett: ein präziser Riesling von kühler Aromatik, ein Wein mit Spiel und feiner Frucht. Normalerweise hat der junge Betriebsleiter Constantin Richter ein feines Gespür für ausbalancierte restsüße Weine. Hier wird der Riesling zu 100 Prozent in alten Fuderfässern mit Spontanhefen vergoren, in einem Keller, der zu den größten der Mittelmosel zählt. In den nächsten Jahren wird weiter in Weinberge, Keller und Gebäude investiert. Zuletzt wurden die ersten Spätburgunder-Reben in der Gutsgeschichte gepflanzt. Der Betrieb selbst geht zurück auf ein 1680 gegründetes Handelsunternehmen, das heute noch aktiv ist. Der Exportanteil liegt in Zeiten, in denen viele Winzer der Mosel sich auf trockene Rieslinge konzentrieren, bei 90 Prozent. USA, Großbritannien und China sind die Hauptabnehmer.

Anzahl der verkosteten Weine: 17
Bewertungen: 81–90 Punkte

2014 Weißburgunder trocken **82**
7,90 € | 12% | bis 2018

2014 Wehlener Sonnenuhr **86**
Riesling trocken Alte Reben
18,– € | 11,5% | bis 2018

2014 Riesling Classic **81**
7,90 € | 10,5% | bis 2017

2014 Mülheimer Sonnenlay **83**
Riesling Kabinett feinherb
9,50 € | 9,5% | bis 2018

2014 Mülheimer Helenenkloster **85**
Riesling Kabinett feinherb
11,90 € | 10% | bis 2019

2014 Erdener Treppchen Riesling Kabinett **84**
9,90 € | 9% | bis 2019

2014 Wehlener Sonnenuhr Riesling Kabinett **84**
9,90 € | 9% | bis 2019

2014 Brauneberger Juffer Riesling Kabinett **85**
9,90 € | 8,5% | bis 2019

2014 Veldenzer Elisenberg Riesling Kabinett **86**
9,90 € | 8,5% | bis 2019

2014 Veldenzer Elisenberg Riesling Kabinett ** **89**
11,90 € | 8,5% | bis 2022

2014 Erdener Treppchen Riesling Spätlese **86**
12,90 € | 8,5% | bis 2020

2014 Brauneberger Juffer-Sonnenuhr **85**
Riesling Spätlese
13,90 € | 7,5% | bis 2020

2014 Veldenzer Elisenberg Riesling Spätlese **87**
13,90 € | 8% | bis 2022

2014 Wehlener Sonnenuhr Riesling Auslese **88**
23,– € | 7% | bis 2024

2011 Wehlener Sonnenuhr Riesling Beerenauslese **90**
75,– €/0,375 Lit. | 8% | bis 2030

WEINGUT RICHARD RICHTER

56333 Winningen · Marktstraße 19
☎ (0 26 06) 3 11 · Fax 3 12
info@weingut-richter.net
www.weingut-richter.net
Inhaber: Thomas und Claus-Martin Richter

Verkauf: Familie Richter
Mo–Fr: 8.00–18.00 Uhr und nach Vereinbarung

Rebfläche: 7 Hektar
Jahresproduktion: 56.000 Flaschen
Beste Lagen: Winninger Brückstück, Uhlen, Röttgen und Hamm
Boden: devonische Schieferverwitterung, teilweise mit Bims
Rebsorten: 90% Riesling, 4% Spätburgunder, je 2% Chardonnay, Frühburgunder und Weißburgunder
Durchschnittsertrag: 65 hl/ha
Mitglied: Bernkasteler Ring

Dieses Winninger Gut bereitet uns zunehmend Freude. Schon vom Jahrgang 2013 hatten wir hier nur charaktervolle Weine probiert. Eine rundum feine Kollektion bescherte dem Traditionshaus die zweite Traube. Die Weine des Jahrgangs 2014 bestätigen den Aufstieg in vollem Umfang. Zwar haben sie nicht ganz die Dichte der 2013er, aber sie sind fein und ruhen in sich. Die Rieslinge sind etwas weicher ausgefallen und zeigen viel Balance und Harmonie. Dies ist gekonnt interpretierter Untermoselstil. Der zeigt sich schon bei den Trockenen: beim saftigen Riesling Gutswein, bei den geschmeidigen Felsenterrassen und vor allem beim Großen Gewächs vom Uhlen Laubach: ein toller trockener Riesling mit Druck und Zug. Richter stellt zudem großartige feinherbe Rieslinge vor, allen voran die Terra V. Terrassen, ein schmelzig edler Riesling mit feinem Schliff. Auf eine über 175 Jahre währende Geschichte kann das Weingut Richard Richter stolz zurückschauen und feierte dies 2013 gebührend. Den Slogan »Mit der Mosel gegen den Mainstream« findet man durchaus auch in den Weinen wieder. Man kann die Familie Richter als echte Allrounder bezeichnen, auch, was den Umgang mit verschiedenen anderen Rebsorten wie Weißburgunder, Chardonnay und Spätburgunder anbelangt.

Anzahl der verkosteten Weine: 12
Bewertungen: 85–89 Punkte

2013 Riesling Sekt Brut **85**
12,– € | 13% | bis 2017

2014 Cuvée trocken **85**
5,80 € | 11,5% | bis 2018

2014 Pinot Blanc trocken **87**
7,50 € | 12% | bis 2018

2014 Riesling Felsenterrassen trocken **86**
11,– € | 12% | bis 2018

2014 Winninger Brückstück **87**
Riesling Terrassen trocken
13,50 € | 12,5% | bis 2019

2014 Winninger Röttgen **87**
Riesling Terrassen »Großes Gewächs«
19,50 € | 12,5% | bis 2019

2014 Winninger Uhlen **88**
Riesling Laubach »Großes Gewächs«
19,50 € | 12,5% | bis 2019

2014 Winninger Brückstück **86**
Riesling Terrassen feinherb
13,50 € | 12% | bis 2018

2014 Riesling Terra-V. Terrassen feinherb **89**
16,50 € | 12,5% | bis 2019

2013 Winninger Uhlen Laubach **89**
Riesling Terrassen Reserve
20,50 € | 13% | bis 2020

2014 Winninger Brückstück **85**
Riesling Kabinett feinherb
8,– € | 10,5% | bis 2018

2014 Winninger Röttgen Riesling Kabinett **87**
9,– € | 9% | bis 2019

WEINGUT & PENSION RIEDEL

56814 Bruttig-Fankel · Hauptstraße 34
☎ (0 26 71) 47 05 · Fax 91 68 94
info@weingut-riedel.de
www.weingut-riedel.de
Inhaber und Betriebsleiter: Matthias Riedel

Verkauf: April–Okt. Mo–Sa 8.00–18.00 Uhr und nach Vereinbarung

Mit 80 Prozent der Rebfläche ist Riesling die dominierende Rebsorte des vier Hektar großen Betriebs in Bruttig-Fankel an der Terrassenmosel. Die besten Lagen der Riedels sind Bruttiger Götterlay und Fankeler Rosenberg. Das Weingut Riedel ist auch beim Steillagengemeinschaftsprojekt Breva Wein & Weg beteiligt, das einige Winzer aus den Orten Bruttig, Ernst und Valwig gemeinsam gegründet haben. Die dieses Jahr angestellten Weine waren leider nicht auf einheitlich gutem Niveau. Bester Wein war die spielerische und von viel Botrytis geprägte Riesling Spätlese aus der Bruttiger Götterlay.

Anzahl der verkosteten Weine: 9
Bewertungen: 79–85 Punkte

2014 Elbling & Riesling trocken **79**
4,20 € | 11% | bis 2016

2014 Fankeler Riesling Hochgewächs trocken **82**
6,– € | 12% | bis 2017

2014 Fankeler Rosenberg **81**
Riesling Hellekaul Spätlese trocken Premium
7,60 € | 12,5% | bis 2017

2014 Bruttiger Riesling Hochgewächs feinherb **82**
6,– € | 11,5% | bis 2017

2014 Bruttiger Götterlay **82**
Riesling vom roten Schiefer Spätlese feinherb Premium
7,60 € | 12% | bis 2017

2014 Bruttiger Kerner **81**
6,20 € | 10% | bis 2017

2014 Bruttiger Riesling Hochgewächs **84**
6,– € | 9% | bis 2019

2014 Bruttiger Götterlay **85**
Riesling vom roten Schiefer Spätlese Premium
7,60 € | 7,5% | bis 2020

2013 Bruttiger Dornfelder trocken **79**
5,50 € | 12% | bis 2017

Zeichenerklärung:
Schnäppchenpreis · Top 10 Spitzenreiter
Ökobetrieb · Trink-Tipp · Versteigerungswein
Sekt · Weißwein · Rotwein · Roséwein

Aufsteiger

WEINGUT DR. MARION UND ALEXANDER RINKE

54292 Trier · Marienholzstraße 69
☎ (01 51) 18 30 53 35 · Fax (06 51) 9 93 58 38
info@weingut-rinke.com
www.weingut-rinke.com
Inhaber und Betriebsleiter: Dr. Marion und Alexander Rinke
Verwalter: Moritz Gogrewe
Kellermeister: Gernot Kollmann

Verkauf: nach Vereinbarung

Dies ist ein bislang einzigartiges Experiment, das man vielleicht in Burgund oder Baden, aber niemals an der Mosel vermuten würde. Nach Jahren der Brache der Lage Langsurer Brüderberg Terrassen, nahe Trier gelegen, wurden auf etwa einem Hektar Brombeerbüsche gerodet und zu 90 Prozent Chardonnay, aber auch etwas Viognier, Muskateller und Traminer angepflanzt. Die Reben stehen in einem gemischten Satz, darunter 25 verschiedene Chardonnay-Klone von überwiegend alter Genetik (sogenannte »Séléction Massale«). Ausgebaut werden die beiden Weine von Gernot Kollmann im Weingut Immich Batterieberg in Enkirch. Die Version Muschelkalk zeigt zarten Holzeinsatz und eine fordernde Säure sowie burgundische Feinheit ohne laute Töne. Die Version »S« ist stoffig, dicht und fein, mit viel Schliff und etwas mehr Holz, das aber perfekt eingebunden ist. Der Wein erscheint ernsthaft und straff komponiert. Beide Weine sind schlank und klar, puristisch in ihrer kargen Art, anspruchsvoll, aber auch zurückhaltend. Es werden jährlich im Schnitt lediglich 5.000 Flaschen abgefüllt.

Anzahl der verkosteten Weine: 2
Bewertungen: 88–89 Punkte

2014	Langsurer Brüderberg Terrassen Muschelkalk trocken **12,– €** | 12% | bis 2022	**88**
2014	Langsurer Brüderberg Terrassen »S« trocken **18,50 €** | 12,5% | bis 2023	**89**

Die Betriebe:
Weltklasse · Deutsche Spitze
Sehr gut · Gut · Zuverlässig
Weitere Empfehlung

WEINGUT RÖMERHOF

54340 Riol · Burgstraße 2
☎ (0 65 02) 21 89 · Fax 2 06 71
mail@weingut-roemerhof.de
www.weingut-roemerhof.de
Inhaber: Franz Peter und Daniel Schmitz
Kellermeister: Franz Peter und Daniel Schmitz

Verkauf: Franz Peter und Daniel Schmitz
nach Vereinbarung

Die Spätlese aus dem Longuicher Maximiner Herrenberg war für uns mit ihrer animierend saftigen Art und klaren Struktur der beste Wein im diesjährigen Sortiment. Leider fiel die Qualität der restlichen Weine dagegen leicht ab. Das Weingut hat sich in den letzten Jahren auf 8,5 Hektar vergrößert und mit Sohn Daniel Schmitz, einem Geisenheimabsolventen, ist erfreulicherweise auch die Nachfolge bereits geregelt.

Anzahl der verkosteten Weine: 12
Bewertungen: 78–86 Punkte

2014	Mehringer Blattenberg Riesling Kabinett trocken **6,50 €** | 10% | bis 2017	**81**
2014	Mehringer Zellerberg Riesling Spätlese trocken **8,30 €** | 12% | bis 2017	**82**
2014	Mehringer Zellerberg Riesling Spätlese trocken Alte Reben **9,80 €** | 12% | bis 2018	**84**
2014	Rioler Römerberg Riesling halbtrocken **6,– €**/1,0 Lit. | 11% | bis 2016	**78**
2014	Riesling Rotschiefer Kabinett feinherb **7,30 €** | 9,5% | bis 2017	**81**
2014	Mehringer Zellerberg Riesling Spätlese halbtrocken Selection **8,30 €** | 11% | bis 2018	**82**
2014	Mehringer Zellerberg Riesling Filius IV Spätlese halbtrocken **8,80 €** | 11% | bis 2018	**82**
2014	Mehringer Zellerberg Riesling vom grauen Tonschiefer Spätlese feinherb **9,30 €** | 11,5% | bis 2019	**83**
2014	Mehringer Zellerberg Riesling Felsenterrasse Spätlese halbtrocken **10,50 €** | 11,5% | bis 2017	**81**
2014	Mehringer Zellerberg Riesling Spätlese **8,30 €** | 8% | bis 2019	**82**
2014	Longuicher Maximiner Herrenberg Riesling Nr.1 Spätlese **10,– €** | 8,5% | bis 2020	**86**

WEINGUT RUEFF-RÖCHLING

56850 Enkirch · Weingasse 7
☎ (0 65 41) 81 47 25 · Fax 81 47 21
weingut@rueff-roechling.de
www.rueff-roechling.de
Inhaber: Hubertus Langen und Hans-Theo Schenk

Verkauf: nach Vereinbarung

In der Kollektion vom Weingut Rueff-Röchling aus Enkirch waren neben den Weinen aus dem Jahrgang 2014 auch noch zwei ältere dabei. Ein annähernd trockener Riesling Meisterstück von 2013, der mit sehr mineralischem und präzisem Mundgefühl beeindruckte und eine Beerenauslese von 2010, die mit fast agressivem Spiel Spaß machte. Die Weine aus dem letzten Jahr waren in der Aromatik etwas vom schlechten Herbst beeinflusst. Dennoch machten einige durchaus Freude, wie zum Beispiel der Riesling Löwenbaum Spätlese trocken. Ein Wein mit fester Struktur und knackiger Säure.

Anzahl der verkosteten Weine: 10
Bewertungen: 80–87 Punkte

2014	Riesling trocken **6,20 €**/1,0 Lit. | 10% | bis 2016	**81**
2014	Enkircher Steffensberg Riesling trocken **6,20 €** | 10,5% | bis 2017	**80**
2014	Enkircher Edelberg Weißburgunder trocken **8,80 €** | 12,5% | bis 2016	**82**
2014	Enkircher Steffensberg Riesling Edition Löwenbaum Spätlese trocken Premium **10,90 €** | 11,5% | bis 2018	**85**
2013	Riesling »S« Edition Meisterstück Premium **19,– €** | 12% | bis 2020	**87**
2014	Enkircher Steffensberg Riesling Edition Löwenbaum Spätlese feinherb **10,90 €** | 11% | bis 2018	**84**
2014	Enkircher Steffensberg Riesling Kabinett Holzfass **6,30 €** | 9,5% | bis 2018	**83**
2014	Enkircher Steffensberg Riesling Edition Spätlese Alte Reben **10,50 €** | 8,5% | bis 2020	**85**
2010	Enkircher Steffensberg Riesling Beerenauslese Premium **25,– €**/0,375 Lit. | 7,5% | bis 2025	**87**
2014	Spätburgunder trocken Weißherbst **7,30 €** | 12% | bis 2017	**84**

WEINGUT SCHLOSS SAARSTEIN

54455 Serrig · Schloss Saarstein
☎ (0 65 81) 23 24 · Fax 65 23
weingut@saarstein.de
www.saarstein.de
Inhaber: Christian Ebert
Kellermeister: Christian Ebert

Verkauf: Christian Ebert
nach Vereinbarung

Sehenswert: Schloss, erbaut um die Jahrhundertwende, Terrasse über der Saar mit herrlicher Aussicht auf Weinberge und das Saartal

Rebfläche: 10 Hektar
Jahresproduktion: 80.000 Flaschen
Beste Lage: Serriger Schloss Saarsteiner
Boden: Devonschiefer
Rebsorten: 90% Riesling, 8% Weißburgunder, 2% Grauburgunder
Durchschnittsertrag: 55 hl/ha
Mitglied: VDP

Nach Schwächen im vergangenen Jahr ist Christian Ebert mit seinen 2014ern wieder auf dem rechten Weg. Er schließt damit an die feine Leistung in 2012 an. Wir probierten im besten Sinne herzhafte, saftige und klassische Saarweine. Wir schätzen die kühle Würze, die uns immer wieder animiert, das Glas zu heben. Die trockenen Rieslinge wirken salzig mit einem gerüttelt Maß an jahrgangstypischer Phenolik. Großartiger Liter, klar und gradlinig, ein Superschoppen. Gefallen hat uns auch der Grauschiefer in seiner fordernden, pikanten Art. An der trockenen Spitze steht das Große Gewächs, ein spannungsvoller Wein mit fein geschliffener Säure. Die weißen Pinots überzeugen mit ihrer Kargheit und Präzision. Von den fruchtsüßen Rieslingen hat uns die Spätlese am besten gefallen: ein wunderbarer Saarklassiker. Dieter Ebert, dessen Familie im Krieg ihre landwirtschaftlichen Güter in Brandenburg verloren hatte, kaufte 1956 das um die Jahrhundertwende erbaute Gutshaus mitsamt der Monopollage Serriger Schloss Saarstein. Sein Sohn Christian hat Mitte der 80er Jahre das Ruder übernommen. Die Moste vergären im Fuderfass oder – zunehmend – im Edelstahltank. Die von einer gut integrierten Säure geprägten trockenen Weine machen mehr als 30 Prozent der Produktion aus. Der trockene Spitzenriesling stammt von 1943 gepflanzten wurzelechten Reben.

Anzahl der verkosteten Weine: 10
Bewertungen: 83–91 Punkte

Jahrgang	Wein	Punkte
2014	Saarstein Riesling feinherb **9,– €** | 11,5% | bis 2019	86
2014	Saarstein Riesling trocken **9,– €**/1,0 Lit. | 12% | bis 2018	83
2014	Saarstein Pinot Blanc trocken **9,50 €** | 12,5% | bis 2018	86
2014	Saarstein Pinot Gris trocken **9,75 €** | 13% | bis 2018	84
2014	Serriger Schloss Saarsteiner Riesling »Großes Gewächs« **27,50 €** | 12,5% | bis 2020	88
2014	Schloss Saarstein Riesling Grauschiefer Kabinett trocken **11,50 €** | 11% | bis 2019	87
2014	Schloss Saarstein Riesling Spätlese trocken Alte Reben **17,50 €** | 12,5% | bis 2019	86
2014	Serriger Schloss Saarsteiner Riesling Kabinett **11,50 €** | 8,5% | bis 2021	88
2014	Serriger Schloss Saarsteiner Riesling Spätlese **17,50 €** | 8% | bis 2024	91
2014	Serriger Schloss Saarsteiner Riesling Auslese **27,50 €** | 7,5% | bis 2024	89

WEINHOF SANKT ANNA
JÜRGEN SCHWAAB

54492 Erden · Brückenstraße 2
☎ (0 65 32) 23 54 · Fax 9 43 14
info@weinhofsanktanna.de
www.weinhofsanktanna.de
Inhaber: Jürgen Schwaab

Verkauf: nach Vereinbarung

An der Spitze der von uns verkosteten Kollektion steht die sehr klare und saftige Auslese aus der altehrwürdigen Lage Erdener Treppchen. Auch die anderen Lagenweine konnten im Vergleich zu den Basisweinen überzeugen. Denen waren die Wetterkapriolen während der Erntezeit leider deutlich anzumerken. Sie wirkten etwas ausgezogen und kraftlos. Trotzdem ist vermutlich ein Aufstieg in den nächsten Jahren nur eine Frage der Zeit.

Anzahl der verkosteten Weine: 6
Bewertungen: 78–87 Punkte

Jahrgang	Wein	Punkte
2014	Grauburgunder Classic **6,90 €** | 12,5% | bis 2017	81
2014	Riesling Tills Hochgewächs trocken **4,90 €**/1,0 Lit. | 12,5% | bis 2016	78
2014	Erdener Treppchen Riesling Kabinett trocken **5,20 €** | 11% | bis 2017	83
2014	Ürziger Würzgarten Riesling Spätlese feinherb Alte Reben *** **8,– €** | 10% | bis 2018	84
2014	Erdener Treppchen Riesling Kabinett **5,20 €** | 8% | bis 2019	85
2014	Erdener Treppchen Riesling Auslese **9,– €**/0,5 Lit. | 7% | bis 2025	87

Die Betriebe:
Weltklasse · Deutsche Spitze
Sehr gut · Gut · Zuverlässig
Weitere Empfehlung

WEINGUT WILLI SCHAEFER

54470 Graach · Hauptstraße 130
☎ (0 65 31) 80 41 · Fax 14 14
info@weingut-willi-schaefer.de
www.weingut-willi-schaefer.de
Inhaber: Willi Schaefer und Christoph Schaefer
Kellermeister: Christoph und Willi Schaefer

Verkauf: Familie Schaefer
nach Vereinbarung

Historie: Weinbau seit 1121 in der Familie
Sehenswert: Schatzkammer mit Weinen bis zum Jahrgang 1921

Rebfläche: 4 Hektar
Jahresproduktion: 30.000 Flaschen
Beste Lagen: Graacher Domprobst und Himmelreich
Boden: Devonschiefer
Rebsorte: 100% Riesling
Durchschnittsertrag: 48 hl/ha
Mitglied: VDP

Der sympathische Willi Schaefer ist durch und durch Traditionalist. Auch Sohn Christoph, seit 2002 im Betrieb, und Schwiegertochter Andrea halten an der grundsätzlichen Ausrichtung dieses Hauses fest. Dass die Moderne – zum Glück – hier noch keinen Einzug halten konnte, sieht man schon den etwas altmodisch wirkenden Etiketten an, die aber durchaus ihren Charme haben und gleichzeitig einen hohen Wiedererkennungswert besitzen.

Supersaftige Auslesen

Doch dieses ganze Drumherum interessiert uns nur insoweit, als sich darin eine Lebenseinstellung des Winzers dokumentiert, die letztlich seine Weine prägt. Und die waren in den 90er Jahren derart außergewöhnlich, dass wir Schaefer 1997 zum »Aufsteiger des Jahres« küren konnten. Seine Rieslinge aus 1995, 1997 und 1999 waren Klassiker, die durch Lagerung immer besser wurden. In 2006 zeigte Schaefer eine tolle Serie von Spät- und Auslesen. Und dann der Jahrgang 2007. Lange hatten wir hier nicht diese Präzision im Rieslingausdruck erlebt und diese supersaftigen Auslesen genießen dürfen. Kein Wunder, dass der Graacher Winzer den Jahrgang 2007 mit 1971 verglich, einem ganz großen aus dem vergangenen Jahrhundert. Trotz dieses hohen Niveaus in 2007 musste Schaefer im Folgejahrgang 2008 überhaupt keine Abstriche machen. Erneut servierte er uns ein grandioses Sortiment, das von dem Nachfolgejahrgang 2009 nochmals übertroffen wurde. Selten hatten wir hier so überzeugende Weine probiert. So gehörte der grandiose Kabinett aus dem Domprobst zu den beiden besten Riesling Kabinetten des Jahrgangs. Und seine großartige Goldkapsel aus dem Domprobst wurde Auslese des Jahres! Und selbst im schwierigen Jahrgang 2010 gab sich der Graacher Ausnahmewinzer keine Blöße. Wir probierten eine rundum kompakte Kollektion von Rieslingen, die eine außergewöhnliche, von Zitrus- und Apfelaromen getragene Frische aufwies. Schon der einfache Kabinett konnte überzeugen. Besser noch die wunderbar saftigen Domprobst-Spätlesen, großartig die feinen, klassischen Auslesen. Da war einfach eine besser als die andere, lediglich bei der Konzentration gab es kleine Unterschiede. Die 2011er schlossen hier an, wenn auch nicht alle Weine jahrgangsbedingt die ganz große Spannung wie im Vorjahr aufbauen konnten. Großartig die Auslesen aus dem Domprobst, dic Nummer 14 wunderbar klar und fokussiert, die 15 exotisch und an Maracuja erinnernd. Mit dem Jahrgang 2012 servierte Familie Schaefer jugendliche Weine, die erst durch längere Luftzufuhr ihre wahre Größe erkennen ließen. Mit insgesamt vier Auslesen jenseits der 90-Punkte-Marke erinnerte Schaefer eindrucksvoll daran, was sein Steckenpferd ist.

Willi und Christoph Schaefer

Ganz große Klassiker

Vier Auslesen gab es auch vom Jahrgang 2013, eine schöner als die andere. Auch die Spätlesen waren bestens gelungen. Richtige Muntermacher waren die Kabinette: präzise und frisch, voller Spannung. Und der feinherbe Gutswein zeigte in seiner saftigen Art, was möglich war in diesem problematischen Jahrgang. Daran können die Weine aus 2014 nun leider überhaupt nicht anschließen. Das Gut wurde voll von den Witterungsunbilden im Herbst erwischt. Die trockenen sind durch hohe Phenolik gekennzeichnet, die fruchtsüßen Weine weisen eine aggressive Art auf. Spannung und Charakter, der sonst die Schaeferweine auszeichnet, suchten wir vergebens. Wir sind sicher, dass nach dieser Enttäuschung bald ein großer Jahrgang folgen wird, ganz im Stile dieses traditionsreichen Hauses.

Anzahl der verkosteten Weine: 7
Bewertungen: 82–87 Punkte

2014 Graacher Riesling trocken **82**
9,- € | 11,5% | bis 2016

2014 Graacher Riesling feinherb **82**
9,- € | 11% | bis 2016

2014 Riesling **83**
9,- € | 9% | bis 2017

2014 Graacher Domprobst **85**
Riesling Kabinett »Große Lage«
12,50 € | 7,5% | bis 2018

2014 Graacher Himmelreich **86**
Riesling Kabinett »Große Lage«
12,50 € | 7,5% | bis 2018

2014 Graacher Himmelreich **87**
Riesling Spätlese »Große Lage«
17,50 € | 7,5% | bis 2020

2014 Graacher Domprobst **86**
Riesling Spätlese »Große Lage«
⚒ | 8,5% | bis 2020

WEINGUT FREIHERR VON SCHLEINITZ

56330 Kobern-Gondorf · Kirchstraße 17
☎ (0 26 07) 97 20 20 · Fax 97 20 22
weingut@vonschleinitz.de
www.vonschleinitz.de
Inhaber: Familie Reufels
Betriebsleiter und Kellermeister: Konrad Hähn

Verkauf: Konrad Hähn
Mo–Fr: 8.00–12.00 Uhr
Sa: 8.00–13.00 Uhr und nach Vereinbarung

Das Terrassenmoselweingut Freiherr von Schleinitz kann mit dem Jahrgang 2014 trotz des feuchten Herbstes nahtlos an die sehr gut gelungene Vorjahreskollektion anschließen, die zum Aufstieg auf eine Traube geführt hatte. In den vergangenen sechs Jahren hat uns nur der Jahrgang 2011 nicht vollständig überzeugt. Das ist bei den Wetterkapriolen der letzten Jahre eine erstaunlich gute Leistung. Am besten gefällt uns in diesem Jahr der sehr animierende und wunderbar stimmige Riesling Apollo feinherb 2014 aus dem Koberner Weißenberg.

Anzahl der verkosteten Weine: 8
Bewertungen: 83–88 Punkte

2013 Riesling Sekt Brut **85**
9,50 € | 12,5% | bis 2017

2014 Riesling trocken **84**
6,50 € | 12% | bis 2017

2014 Weißburgunder trocken **83**
7,- € | 12% | bis 2018

2014 Koberner Uhlen Riesling trocken **86**
8,50 € | 12,5% | bis 2019

2014 Riesling feinherb **83**
6,- € | 11% | bis 2018

2014 Koberner Weißenberg **88**
Riesling Apollo feinherb
€ **9,- €** | 12% | bis 2020

2014 Riesling **85**
6,50 € | 9,5% | bis 2018

2014 Spätburgunder trocken Rosé **83**
6,- € | 11,5% | bis 2017

Zeichenerklärung:
€ Schnäppchenpreis · **Top 10** Spitzenreiter
Ökobetrieb · Trink-Tipp · ⚒ Versteigerungswein
Sekt | Weißwein | Rotwein | Roséwein

WEINGUT ANDREAS SCHMITGES

54492 Erden · Hauptstraße 24
☎ (0 65 32) 27 43 · Fax 39 34
info@schmitges-weine.de
www.schmitges-weine.de
Inhaber: Andreas Schmitges

Verkauf: Vinothek
Fr–Sa: 15.00–19.00 Uhr, So: 10.00–13.00 Uhr

Historie: Weinbau seit 1744

Rebfläche: 14 Hektar
Jahresproduktion: 160.000 Flaschen
Beste Lagen: Erdener Treppchen und Prälat
Boden: grauer und roter Schiefer, sandiger Lehmboden
Rebsorten: 80% Riesling, 18% Müller-Thurgau, 2% Weißburgunder
Durchschnittsertrag: 70 hl/ha
Mitglied: Bernkasteler Ring

Im Jahrgang 2013 war Waltraud und Andreas Schmitges eine bemerkenswerte Kollektion gelungen, die sich vor allem im trockenen Bereich deutlich verbessert zeigte. Die Basisweine waren klar, die trockenen Spätlesen hatten Format und im Erdener Prälat war Schmitges ein großes Wurf gelungen: Das Große Gewächs gehörte zu den besten seines Jahrgangs an der Mosel. Daran können die Weine des Jahrgangs 2014 nun nicht anschließen. Den Weinen fehlt es an Ausdruck, sie sind eher vom Keller als vom Weinberg geprägt. Auch das Große Gewächs aus dem Prälat kann mit seinem Vorgänger nicht mithalten, wenn es auch zweifellos der beste Wein aus diesem aktuellen Sortiment ist. Qualitätsweinbau wird in diesem Erdener Gut schon seit den 1980er Jahren betrieben. Bereits damals machte der Betrieb mit gelungenen trockenen Spätlesen auf sich aufmerksam. Seither haben wir hier immer wieder Moselweine mit viel Tiefe und Charakter probiert.

Anzahl der verkosteten Weine: 7
Bewertungen: 82–86 Punkte

2014	Riesling Grauschiefer trocken **9,– €** | 12,5% | bis 2018	**83**
2014	Erdener Prälat Riesling »Großes Gewächs« **25,– €** | 13% | bis 2019	**86**
2014	Erdener Treppchen Riesling Urgestein Kabinett trocken **10,– €** | 11% | bis 2018	**82**
2014	Erdener Treppchen Riesling Spätlese trocken **15,– €** | 12,5% | bis 2018	**82**
2014	Riesling vom Berg feinherb **8,50 €** | 11,5% | bis 2018	**83**
2014	Riesling vom roten Schiefer Kabinett **10,– €** | 9% | bis 2018	**83**
2014	Erdener Treppchen Riesling Spätlese **15,– €** | 7% | bis 2019	**84**

Die Betriebe:
Weltklasse · Deutsche Spitze
Sehr gut · Gut · Zuverlässig
Weitere Empfehlung

WEINGUT SCHMITT-WEBER

66706 Perl · Bergstraße 66
☎ (0 68 67) 3 66 · Fax 56 03 67
info@schmitt-weber.de
www.schmitt-weber.de
Inhaber und Betriebsleiter: Thomas Schmitt
Kellermeister: Thomas Schmitt

Verkauf: nach Vereinbarung

Die 2014er Kollektion dieses Obermoselbetriebs ähnelt in der Spitze dem Vorjahr, nur dass diesmal zusätzlich deutlich mehr Basisweine präsentiert wurden. Winzer Thomas Schmitt unterteilt sein Sortiment seit diesem Jahr in drei Linien: kaltvergorene Klassiker, Lagenweine mit mindestens sechs Monaten Hefelager im großen Holzfass und Premiumweine mit mindestens zwölf Monaten Hefelager. Durch den Ausbau auf der Feinhefe (»sur lie«) erreicht Schmitt bei seinen Burgundern eine feincremige Textur.

Anzahl der verkosteten Weine: 12
Bewertungen: 81–87 Punkte

2014 Weißburgunder trocken Abfüllerwein **81**
6,50 €/1,0 Lit. | 12% | bis 2017

2014 Elbling trocken **81**
6,– € | 11,5% | bis 2017

2014 Sehndorfer Klosterberg **83**
Chardonnay Spätlese trocken »Erste Lage« Holzfass
11,50 € | 13% | bis 2017

2014 Perler Hasenberg **83**
Auxerrois Spätlese trocken »Erste Lage« Holzfass
11,50 € | 12,5% | bis 2018

2014 Perler St. Quirinusberg **86**
Weißburgunder Spätlese trocken »Erste Lage« Holzfass
11,50 € | 13% | bis 2018

2014 Sehndorfer Klosterberg **84**
Weißburgunder 1725 Spätlese trocken Premium Holzfass
19,50 € | 13% | bis 2017

2014 Perler Hasenberg **84**
Grauburgunder »P« 1725 Spätlese trocken Premium
19,50 € | 13% | bis 2017

2014 Sehndorfer Klosterberg **85**
Auxerrois 1725 Spätlese trocken Premium Holzfass
19,50 € | 12,5% | bis 2018

2014 Perler Hasenberg **86**
Chardonnay 1725 Spätlese trocken Premium Holzfass
19,50 € | 13% | bis 2018

2014 Perler St. Quirinusberg **87**
Grauburgunder 1725 Spätlese trocken Premium Holzfass
19,50 € | 13,5% | bis 2019

2014 Perler Hasenberg **87**
Chardonnay »S« 1725 Spätlese trocken Premium
22,50 € | 13% | bis 2018

WEINGUT MARTIN SCHÖMANN

54492 Zeltingen · Uferallee 50
☎ (0 65 32) 23 47 · Fax 10 10
info@schoemann-weine.de
www.schoemann-weine.de
Inhaber und Betriebsleiter: Martin Schömann
Kellermeister: Bartho Kroth und Martin Schömann

Verkauf: Martin Schömann
nach Vereinbarung

Um 1900 gründete Stephan Schömann in Zeltingen-Rachtig eine kleine Handelskellerei. Schon damals gab es eigenen Weinbergsbesitz in guten Lagen, den der heutige Inhaber des Weingutes, Martin Schömann, gezielt aufgestockt hat. Aus der Zeltinger Sonnenuhr holt er regelmäßig seine besten Weine. Der Betrieb hat vor einigen Jahren auf ökologische Wirtschaftsweise umgestellt und ist Mitglied bei Ecovin. Im Vorjahr hatten uns die Rieslinge mit zunehmender Fruchtsüße immer besser gefallen, ist diesem Jahr ist bereits bei feinherb Schluss. Die aktuelle Kollektion ist recht konzentriert und hochfarbig ausgefallen, am besten gefällt uns dabei die kraftvolle Riesling Auslese trocken aus einer Parzelle der Zeltinger Sonnenuhr direkt an einem Felsmassiv mitten im Weinberg. Zum Betrieb gehört auch ein kleines Winzerhaus, das komplett gemietet werden kann.

Anzahl der verkosteten Weine: 6
Bewertungen: 81–86 Punkte

2014 Graacher Himmelreich **83**
Riesling Kabinett trocken
8,50 € | 11% | bis 2017

2014 Zeltinger Sonnenuhr **85**
Riesling Spätlese trocken
13,50 € | 11% | bis 2018

2014 Zeltinger Sonnenuhr **86**
Riesling Felsen Auslese trocken
19,50 € | 12% | bis 2019

2014 Zeltinger Himmelreich **81**
Riesling feinherb
8,50 €/1,0 Lit. | 9,5% | bis 2017

2014 Zeltinger Himmelreich Riesling feinherb **83**
7,90 € | 9,5% | bis 2018

2014 Riesling Devon feinherb **84**
9,50 € | 10,5% | bis 2018

Die Weine:
100 Perfekt · **95–99** Überragend · **90–94** Exzellent
85–89 Sehr gut · **80–84** Gut · **75–79** Passabel

MAXIMIN GRÜNHAUS SCHLOSSKELLEREI C. VON SCHUBERT

54318 Mertesdorf · Maximin Grünhaus 1
☎ (06 51) 51 11 · Fax 5 21 22
verwaltung@vonSchubert.de
www.vonSchubert.de
Inhaber: Dr. Carl-Ferdinand von Schubert
Betriebsleiter: Stefan Kraml

Verkauf: Dr. Carl-Ferdinand von Schubert
Mo–Fr: 8.00–17.00 Uhr
Sa: 8.00–12.00 Uhr und nach Vereinbarung

Historie: erste urkundliche Erwähnung 966, Abtei St. Maximin, seit 1882 in Schubert'schem Besitz
Sehenswert: Ensemble von Herrenhaus und Kavalierhaus sowie Kelterhaus mit Umfassungsmauer im gotischen Stil

Rebfläche: 31 Hektar
Jahresproduktion: 150.000 Flaschen
Beste Lagen: Maximin Grünhäuser Abtsberg und Herrenberg
Boden: blauer (Abtsberg) und roter (Herrenberg) Devonschiefer
Rebsorten: 90% Riesling, 6% Weißburgunder, 4% Spätburgunder
Durchschnittsertrag: 38 hl/ha

Die Maximin Grünhaus Schlosskellerei liegt am Fuße eines ausgedehnten, steilen Südhanges auf der linken Seite der Ruwer, etwa zwei Kilometer vor deren Mündung in die Mosel. Es ist ein einzigartiges Anwesen auf dem Lande, wie es schöner nicht sein könnte. Mit großer Hingabe pflegt Dr. Carl-Ferdinand von Schubert diesen jahrhundertalten Familienbesitz. In der dazugehörigen, rund 30 Hektar großen geschlossenen Weinbergslage wird das Ausgangsmaterial für Weine gewonnen, die heute wieder zu den besten deutschen Erzeugnissen gehören.

Dominanter Riesling

Zwar ist der Riesling mit 90 Prozent absolut dominant, doch haben die Burgundersorten (weiß und rot) einen Rebflächenanteil von rund zehn Prozent erreicht. Zudem wurde aus dem Jahrgang 2012 wieder ein Winzersekt in der traditionellen Flaschengärung bereitet. Inhaber Carl-Ferdinand von Schubert kann dabei auf Trauben aus drei Einzellagen zurückgreifen, die sich durch Bodenart, Hangneigung und Mikroklima unterscheiden: Abtsberg, Herrenberg und Bruderberg. Da die Grünhäuser Kellerei nur einen Steinwurf weit entfernt liegt, gelangen die geernteten Trauben binnen weniger Minuten auf die Presse. Der für Weinbau und Keller verantwortliche Stefan Kraml hat sich längst seine eigenen Meriten verdient. Auf gleichem Niveau wie die Vorjahre präsentierten sich die Weine aus dem Jahrgang 2012. Lediglich die fruchtsüßen Rieslinge kamen an die Präsenz der Vorgänger nicht ganz heran. Die Trockenen und Halbtrockenen in ihrer verspielten Art hatten aber leicht die Nase vorn im Vergleich zu 2011. Im Jahrgang 2013 hatte dieser Ruwer-Vorzeigebetrieb doch sehr unter dem nassen Herbst mit seinen Folgen zu leiden.

Dr. Carl-Ferdinand von Schubert

Stilvoller Abtsberg

Das trifft bedingt auch auf einige Weine des Jahrgangs 2014 zu. Wir schätzen in diesem aktuellen Jahr vor allem die Weine aus dem Abtsberg, die für unseren Geschmack klarer, präziser und feiner ausgefallen sind als die Tropfen aus dem Herrenberg. Etwa der feinmaschige und knackige trockene Qualitätswein und erst recht der feinherbe Superior, in dem großes Potenzial steckt. Der Abtsberg Kabinett gehört auch in diese Riege mit seiner präzisen und zugleich verspielten Art. Die Spätlese letztlich ist ein großer fruchtsüßer Riesling mit Würze und Klarheit.

Anzahl der verkosteten Weine: 15
Bewertungen: 83–91 Punkte

2014	Maximin Grünhäuser Riesling trocken **11,40 €**/1,0 Lit. | 11% | 🍷 bis 2019	**83**
2014	Maximin Grünhäuser Pinot Blanc **9,90 €** | 11,5% | 🍷 bis 2018	**83**
2014	Maximin Grünhäuser Herrenberg Riesling trocken **13,40 €** | 11,5% | 🍷 bis 2019	**85**
2014	Maximin Grünhäuser Weißburgunder **13,80 €** | 13% | 🍷 bis 2019	**86**
2014	Maximin Grünhäuser Abtsberg Riesling trocken **13,90 €** | 11% | 🍷 bis 2020	**87**

2014 Maximin Grünhäuser Herrenberg **86**
Riesling trocken Alte Reben
14,80 € | 11,5% | bis 2020

2014 Maximin Grünhäuser Abtsberg **88**
Riesling trocken Alte Reben
16,50 € | 11,5% | bis 2020

2010 Maximin Grünhäuser Abtsberg **86**
Riesling Fusion Barrique
46,– € | 13% | bis 2018

2014 Maximin Grünhäuser Herrenberg **87**
Riesling Superior
21,90 € | 10% | bis 2021

2014 Maximin Grünhäuser Abtsberg **90**
Riesling Superior
24,90 € | 10,5% | bis 2022

2014 Maximin Grünhäuser Herrenberg **88**
Riesling Kabinett o
13,40 € | 7,5% | bis 2022

2014 Maximin Grünhäuser Abtsberg **90**
Riesling Kabinett
13,90 € | 7,5% | bis 2022

2014 Maximin Grünhäuser Herrenberg **89**
Riesling Spätlese
14,80 € | 7,5% | bis 2023

2014 Maximin Grünhäuser Abtsberg **91**
Riesling Spätlese
16,50 € | 7,5% | bis 2025

2012 Maximin Grünhäuser Spätburgunder **84**
28,– € | 13% | bis 2018

WEINGUT SCHUMACHER

56858 Sankt Aldegund · Am Moselstausee 32
☎ (0 65 42) 90 07 88 · Fax 90 07 89
joachim-schumacher@vinotheca-sutoris.de
www.vinotheca-sutoris.de
Inhaber: Joachim Schumacher

Verkauf: Probierstube
Mo–Fr: 10.00–19.00 Uhr
Sa–So: 10.00–18.00 Uhr

Nach dem Aufstieg mit einer glänzenden Kollektion vor zwei Jahren fällt das Fazit in diesem Jahr deutlich heterogener aus. Bei den Rieslingen kann uns nur die trockene Auslese aus dem Neefer Frauenberg vollständig überzeugen, bei den Roten sieht es besser aus. An der Spitze der Rotweine stehen, wie fast in jedem Jahr, die trockene Frühburgunder Auslese mit dem Eigennamen »Commodus« und der trockene Spätburgunder Valentinianus Auslese aus der Bremmer Abtei Kloster Stuben. Schumacher baut sehr reduktive Rote aus, die allesamt sehr viel Luft zur Entfaltung brauchen.

Anzahl der verkosteten Weine: 10
Bewertungen: 79–86 Punkte

2014 Riesling Antik trocken **81**
8,50 € | 11,5% | bis 2017

2014 Neefer Frauenberg **86**
Riesling Probus Auslese trocken
14,50 € | 12,5% | bis 2020

2013 Merler Stephansberg **81**
Riesling Antik halbtrocken
8,50 € | 11,5% | bis 2017

2014 St. Aldegunder Klosterkammer **84**
Riesling Hochgewächs feinherb
7,50 € | 11% | bis 2018

2014 Neefer Frauenberg **85**
Riesling Gratianus Auslese Barrique
32,50 €/0,5 Lit. | 9% | bis 2022

2013 Bremmer Abtei Kloster Stuben **83**
Spätburgunder Pius trocken Barrique
18,50 € | 14,5% | bis 2017

2014 Frühburgunder trocken Barrique **84**
18,50 € | 14,5% | bis 2017

2013 Frühburgunder Commodus **85**
Auslese trocken Barrique
26,50 € | 13% | bis 2018

2013 Bremmer Abtei Kloster Stuben **86**
Spätburgunder Valentinianus Auslese trocken Barrique
26,50 € | 14,5% | bis 2019

WEINGUT SELBACH-OSTER

54492 Zeltingen · Uferallee 23
☎ (0 65 32) 20 81 · Fax 40 14
info@selbach-oster.de
www.selbach-oster.de
Inhaber: Johannes Selbach, Barbara Selbach
Kellermeister: Klaus-Rainer Schäfer

Verkauf: Familie Selbach
nach Vereinbarung

Weinstube: Ratsschänke am historischen Marktplatz in Zeltingen, St.-Stephanstraße 9, ☎ (0 65 32) 95 42 73
Historie: seit 1600 Weinbau in der Familie

Rebfläche: 22 Hektar
Jahresproduktion: 150.000 Flaschen
Beste Lagen: Zeltinger Schlossberg und Sonnenuhr, Wehlener Sonnenuhr, Graacher Domprobst
Boden: steiniger blauer Devonschiefer, in Graach teilweise mit Lehm
Rebsorten: 98% Riesling, 2% Weißburgunder
Durchschnittsertrag: 53 hl/ha

Wenn auch einige der Weine aus der großen 2014er Kollektion Spuren des problematischen Herbstes nicht ganz verleugnen können, so sind viele fruchtsüße Rieslinge doch Klassiker mit großem Alterungspotenzial. Von den feinherben gefallen uns die Alten Reben aus der Zeltinger Sonnenuhr am besten: ein dichter und trinkanimierender Wein. Die fruchtsüßen Kabinette aus Schlossberg und Sonnenuhr haben eine kühle und würzige Art. Selbach stellte zudem ein ganzes Füllhorn an fruchtigen Spätlesen vor, wobei der Schlossberg sowohl in der normalen als auch in der Ein-Stern-Variante punkten kann. Aber auch der Graacher Domprobst spielt ganz vorne mit. Allerdings sind es alles Weine, die Luft und Zeit benötigen, um sich entfalten zu können. An der Spitze steht die Auslese Schmitt mit kühler und feiner Art. Im ebenfalls schwierigen Jahrgang 2013 waren es die fruchtsüßen Rieslinge, die am besten abschnitten. Selbach stellte etwa eine Reihe von konzentrierten Auslesen vor.

In seltener Eintracht

1993 hat Johannes Selbach das Weingut in seine Verantwortung übernommen. Dazu gehören beste Parzellen in berühmten Steillagen von Bernkastel, Graach, Wehlen und Zeltingen, die teilweise noch mit uralten, wurzelechten Rieslingreben bestockt sind. Im Keller werden alle zwei bis drei Jahre neue Fuderfässer eingesetzt. Die durchweg hochwertigen Weine werden etwa zur Hälfte fruchtig-süß und trocken bis feinherb ausgebaut, wobei zukünftig der Anteil der trockenen und fruchtigen Qualitäten zu Lasten der halbtrockenen erhöht werden soll. Etwa zwei Drittel der Gutserzeugung gehen in den Export, vornehmlich in die USA, Japan und Südostasien. Über viele Jahre hinweg haben Vater und Sohn zuverlässig in diesem Spitzengut in seltener Eintracht gewirkt. Das harmonische Arbeiten von Hans und Johannes Selbach spiegelte sich durchaus auch im Charakter ihrer Weine wider. Nach dem Tod von Vater Hans Selbach Anfang 2005 führt der Sohn Johannes Selbach die Tradition dieses geschichtsträchtigen Hauses alleine fort.

Johannes Selbach

Urgroßvater mit Dampfschiff

Der Urgroßvater von Johannes besaß einst ein Dampfschiff, mit dem er zu seiner Zeit die Fässer über Mosel und Rhein bis in die Nordseehäfen transportierte. Die Fässer wiederum stammten vom Küfer Matthias Oster, dem Urgroßvater väterlicherseits. In dieser Zusammenarbeit entwickelte sich der Familienbetrieb als Weingut, als Kellerei und Handelshaus.

Anzahl der verkosteten Weine: 21
Bewertungen: 84–92 Punkte

2014 Weißburgunder trocken **84**
8,– € | 12,5% | bis 2019

2014 Pinot Blanc trocken * **86**
17,– € | 13% | bis 2016

2014 Riesling Kabinett trocken **86**
9,50 € | 11% | bis 2019

2014 Zeltinger Sonnenuhr **86**
Riesling Spätlese trocken
14,– € | 12% | bis 2017

2014 Zeltinger Sonnenuhr **87**
Riesling »R« Spätlese trocken
14,– € | 12,5% | bis 2017

2014 Zeltinger Himmelreich **86**
Riesling Kabinett halbtrocken
Preis auf Anfrage | 10,5% | bis 2019

2014 Graacher Domprobst **87**
Riesling Spätlese feinherb Alte Reben
15,– € | 11% | bis 2018

2014 Zeltinger Sonnenuhr **88**
Riesling Spätlese feinherb Alte Reben
18,– € | 10,5% | bis 2018

2014 Riesling Kabinett **88**
8,50 € | 8,5% | bis 2020

2014 Zeltinger Sonnenuhr Riesling Kabinett **89**
9,80 € | 9% | bis 2020

2014 Zeltinger Schlossberg Riesling Kabinett **89**
9,80 € | 8,5% | bis 2021

2014 Wehlener Sonnenuhr Riesling Kabinett **88**
10,– € | 7,5% | bis 2019

2014 Zeltinger Schlossberg Riesling Spätlese **89**
13,50 € | 8% | bis 2020

2014 Zeltinger Sonnenuhr Riesling Spätlese **89**
14,50 € | 8,5% | bis 2021

2014 Graacher Domprobst Riesling Spätlese **90**
14,50 € | 7,5% | bis 2023

2014 Zeltinger Schlossberg Riesling Spätlese * **91**
15,50 € | 8% | bis 2024

2014 Zeltinger Himmelreich **90**
Riesling Anrecht Spätlese
21,– € | 8% | bis 2024

2014 Zeltinger Sonnenuhr Riesling Spätlese **89**
Preis auf Anfrage | 8% | bis 2021

2014 Zeltinger Sonnenuhr Riesling Rotlay Auslese **90**
30,– € | 8% | bis 2028

2014 Zeltinger Schlossberg **92**
Riesling Schmitt Auslese
30,– € | 7,5% | bis 2035

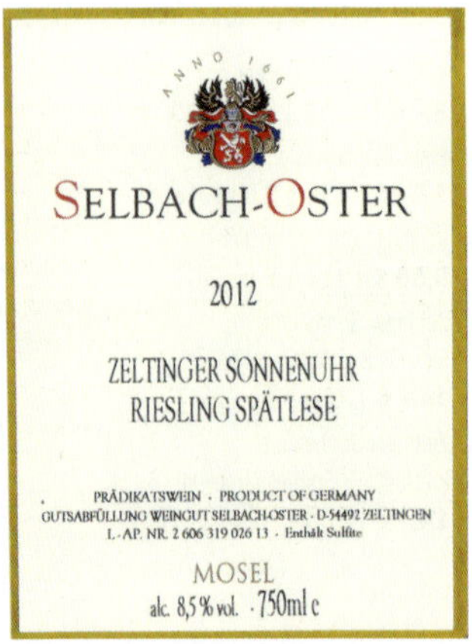

WEINGUT DR. SIEMENS

54455 Serrig · Römerstraße 63
☎ (0 65 81) 9 20 09 92 · Fax 9 20 09 93
weingut@dr-siemens.de
www.dr-siemens.de
Inhaber: Dr. Jochen Siemens
Kellermeister: Franz Lenz

Verkauf: nach Vereinbarung

Von den Reifeproblemen der Vorjahre, als teilweise auch nur vier Weine angestellt wurden, ist diesmal nichts erkennbar. Es herrscht eine moderne Stilistik vor, es werden durchweg gefällige Weine ohne Ecken und Kanten für einen unbeschwerten Genuss erzeugt. Gegründet wurde dieses Serriger Weingut, das bis vor wenigen Jahren den Namen Herrenberg führte, durch den preußischen Landwirtschaftsminister Freiherr von Schorlemer. Der heutige Besitzer Dr. Jochen Siemens erwarb das Gut 2006 von Bert Simon. Die Serriger Lagen Herrenberg und Würtzberg sind im Alleinbesitz.

Anzahl der verkosteten Weine: 8
Bewertungen: 82–87 Punkte

2014 Pinot Blanc trocken **83**
8,– € | 12,5% | bis 2018

2014 Serriger Herrenberg Auxerrois trocken **85**
8,– € | 12,5% | bis 2018

2014 Serriger Würtzberg **82**
Spätburgunder trocken Blanc de Noirs
9,– € | 12,5% | bis 2017

2014 Riesling Scivaro trocken **84**
9,– € | 12% | bis 2018

2014 Serriger Herrenberg **87**
Pinot Blanc »R« trocken
12,– € | 12,5% | bis 2020

2014 Serriger Würtzberg **85**
Riesling TerraSaar Kabinett trocken
11,– € | 12% | bis 2018

2014 Serriger Herrenberg **87**
Riesling »T« Spätlese trocken
16,– € | 12% | bis 2022

2014 Serriger Würtzberg **86**
Riesling Alte Kupp Kabinett feinherb
11,– € | 10,5% | bis 2020

Die Betriebe:
Weltklasse · Deutsche Spitze
Sehr gut · Gut · Zuverlässig
Weitere Empfehlung

WEINGUT GEBRÜDER SIMON

54492 Lösnich · Hauptstraße 6
☎ (0 65 32) 21 30 · Fax 9 43 69
weingut@gebrueder-simon.de
www.gebrueder-simon.de
Inhaber: Ingo Simon und Kirsten Pfitzer
Kellermeister: Marcus Nehrl

Verkauf: Ingo Simon und Kirsten Pfitzer
Mo–Sa: 8.00–18.00 Uhr und nach Vereinbarung

An die sehr gute Kollektion des letzten Jahres konnte das Weingut Gebrüder Simon dieses Mal nicht ganz anschließen. Es scheint, dass auch hier der extrem nasse Herbst für schwierige Bedingungen gesorgt hat. Trotzdem waren die Weine alle gleichmäßig auf gutem Niveau. Aufgrund der guten Bewertungen in der Vergangenheit kann man davon ausgehen, dass man hier in den nächsten Jahren wieder bessere Qualitäten erzeugt.

Anzahl der verkosteten Weine: 12
Bewertungen: 80–84 Punkte

2014	Pinot Sekt Brut **10,50 €** | 12,5% | bis 2017	**80**
2012	Ürziger Würzgarten Riesling Sekt Brut **12,50 €** | 12% | bis 2018	**84**
1998	Riesling Sekt Brut **14,– €** | 12% | bis 2017	**83**
2014	Kinheimer Rosenberg Riesling trocken **7,– €** | 12% | bis 2017	**82**
2014	Ürziger Würzgarten Riesling feinherb **8,– €** | 10% | bis 2017	**81**
2014	Ürziger Würzgarten Riesling vom roten Schiefer feinherb Alte Reben **8,50 €** | 11% | bis 2017	**82**
2014	Ürziger Würzgarten Riesling vom roten Schiefer halbtrocken Alte Reben **8,50 €** | 12,5% | bis 2018	**83**
2014	Erdener Treppchen Riesling Spätlese feinherb **9,– €** | 9% | bis 2017	**81**
2014	Erdener Treppchen Riesling Spätlese **9,50 €** | 8% | bis 2017	**82**
2014	Ürziger Würzgarten Riesling in der Kranklay Spätlese **9,50 €** | 8,5% | bis 2018	**83**
2014	Erdener Treppchen Riesling Spätlese Alte Reben **10,50 €** | 10% | bis 2017	**82**
2011	Kinheimer Rosenberg Spätburgunder trocken **15,– €** | 13,5% | bis 2018	**83**

WEINGUT SPÄTER-VEIT

54498 Piesport · Brückenstraße 13
☎ (0 65 07) 54 42 · Fax 67 60
spaeter-veit@t-online.de
www.spaeter-veit.com
Inhaber: Heinz Welter

Verkauf: Silvia und Heinz Welter
Mo–Fr: 11.00–21.00 Uhr
Sa–So: 10.00–21.00 Uhr

Straußwirtschaft: Juni–Okt.
täglich ab 11.00 Uhr
Spezialitäten: Riesling-Cremesuppe und geräucherte Forellen
Historie: Weinbau seit über 300 Jahren
Sehenswert: Panorama-Terrasse

Rebfläche: 7,8 Hektar
Jahresproduktion: 25.000 Flaschen
Beste Lagen: Piesporter Goldtröpfchen und Domherr
Boden: Schiefer und roter Schiefer
Rebsorten: 68% Riesling, 15% Müller-Thurgau, 8% Spätburgunder, 7% Weißburgunder, 2% übrige Sorten
Durchschnittsertrag: 65 hl/ha

Es ist schon beeindruckend, wie gut Heinz Welter mit dem wahrlich problematischen Jahrgang 2014 zurechtkam. Man sollte sich nicht täuschen lassen: Noch wirken die Weine sehr jung, geradezu ungestüm. Aber wir sind sicher, wenn man ihnen Zeit zur Flaschenreife gibt, werden sie sich bestens entwickeln. Alles in allem probierten wir eine homogene und stilsichere Kollektion mit klaren Stärken im feinherben Bereich. Das belegen schon der gut balancierte Rotschiefer und erst recht die beiden Goldtröpfchen. Bester in der Reihe aber ist der feinherbe Domherr, der sich noch wild gibt, dabei aber beste Anlagen zeigt. Besonders gut gefallen hat uns der fruchtsüße Kabinett aus der Parzelle Armes in seinem wunderbar kühlen und fast schwebend-leichten Stil. Insgesamt scheint es hier weiter nach oben zu gehen. Bereits in 2011 und 2013 hatte Heinz Welter nämlich schon sehr gute Leistungen vorgestellt. Der Piesporter Winzer setzt vor allem auf Riesling sowie Weiß- und Spätburgunder. Letztere können hier beachtlich ausfallen. Grundlage für Welters Erfolg sind seine Rebflächen in Piesport und Wintrich, darunter anderthalb Hektar im Goldtröpfchen.

Anzahl der verkosteten Weine: 11
Bewertungen: 84–88 Punkte

2014	Piesporter Falkenberg Riesling Blauschiefer trocken **6,50 €** | 12% | bis 2018	**84**
2014	Piesporter Goldtröpfchen Riesling trocken **10,– €** | 12% | bis 2018	**86**
2014	Piesporter Domherr Riesling trocken **12,– €** | 12% | bis 2018	**86**
2014	Piesporter Grafenberg Riesling Rotschiefer feinherb **6,50 €** | 10,5% | bis 2018	**85**
2014	Piesporter Goldtröpfchen Riesling feinherb **10,– €** | 10% | bis 2020	**87**
2014	Piesporter Goldtröpfchen Riesling Stehlinger feinherb **12,– €** | 10,5% | bis 2020	**87**
2014	Piesporter Domherr Riesling feinherb **12,– €** | 10,5% | bis 2020	**88**
2014	Piesporter Goldtröpfchen Riesling Kabinett **7,50 €** | 8% | bis 2019	**86**
2014	Piesporter Goldtröpfchen Riesling Armes Kabinett **8,– €** | 8,5% | bis 2021	**87**
2014	Piesporter Goldtröpfchen Riesling Pichter Spätlese **12,– €** | 8% | bis 2020	**87**
2014	Piesporter Goldtröpfchen Riesling Jupp Spätlese **12,– €** | 9% | bis 2022	**88**

WEINGUT STAFFELTER HOF

54536 Kröv · Robert-Schuman-Straße 208
☎ (0 65 41) 37 08 · Fax 39 33
info@staffelter-hof.de
www.staffelter-hof.de

Inhaber: Jan Klein
Betriebsleiter: Jan Klein
Außenbetrieb: Beate Leopold und Gerd Klein
Kellermeister: Beate Leopold und Jan Klein

Verkauf: Familie Klein
Mo–Sa: 9.00–12.00 Uhr · 14.00–19.00 Uhr
So: nach Vereinbarung

Kulturscheune: im alten Weingut mit zahlreichen Veranstaltungen
Sehenswert: historische Hofanlage
Erlebenswert: Staffelter Hof-Fest, vier Tage ab Christi Himmelfahrt

Rebfläche: 9 Hektar
Jahresproduktion: 70.000 Flaschen
Beste Lagen: Kröver Steffensberg und Letterlay, Dhron-Hofberger
Boden: tiefgründiger Grauschiefer, Blau- und Rotschiefer
Rebsorten: 78% Riesling, 12% Müller-Thurgau, 10% rote Sorten
Durchschnittsertrag: 45 hl/ha
Mitglied: Ecovin, Slow Food, Klitzekleiner Ring

Gerd und Jan Klein präsentieren ein 2014er Sortiment mit Weinen, die Charakter zeigen. Sie haben eine sehr klare Aromatik und die trockenen Rieslinge eine verspielte Art. Das reicht vom saftig-fordernden Literwein bis hin zu den Alten Reben, ein großer trockener Riesling, der Feinheit und Kraft vereint und über ein großes Potenzial verfügt. Auch die Feinherben haben ihre Stärken, wobei uns das Paradies am besten gefällt: Es hat Würze und Länge und eine kühle Art und mutet eher wie ein Kabinett an. Die fruchtsüßen Rieslinge bekommen immer mehr Struktur und Präzision. Der Name des Gutes geht zurück auf eine Schenkung eines Urenkels Karls des Großen, Lothar II., der im Jahr 862 einen Weinhof in Kröv dem Kloster Stavelot überließ. So wurde die belgische Stadt Stavelot Namenspatron des Staffelter Hofes. Mit diesem Gut wird auch das Potenzial der Kröver Lagen Steffensberg und Letterlay sowie des Dhroner Hofbergs seriös in den Mittelpunkt gerückt. Seit 2012 betreibt man den Betrieb auf ökologische Wirtschaftsweise. Neu ist die Kulturscheune.

Anzahl der verkosteten Weine: 12
Bewertungen: 83-90 Punkte

Jahr	Wein	Punkte
2014	Riesling trocken **7,50 €**/1,0 Lit. | 11% | bis 2018	83
2014	Rivaner trocken **5,90 €** | 10,5% | bis 2018	84
2014	Riesling Magnus trocken **7,50 €** | 11% | bis 2018	85
2014	Riesling 862 trocken Alte Reben **13,50 €** | 12% | bis 2020	90
2014	Riesling Paradies feinherb **7,50 €** | 10,5% | bis 2019	88
2014	Kröver Letterlay Riesling Kabinett feinherb **11,50 €** | 11% | bis 2019	86
2014	Kröver Letterlay Riesling GeGe Spätlese feinherb **17,50 €** | 12,5% | bis 2019	86
2014	Riesling Knackarsch **7,50 €** | 8,5% | bis 2019	85
2014	Kröver Steffensberg Riesling Spätlese **12,50 €** | 7,5% | bis 2019	87
2014	Dhron Hofberger Riesling Auslese **21,50 €** | 8% | bis 2020	87
2012	Spätburgunder trocken Holzfass **11,50 €** | 12,5% | bis 2020	83

WEINGUT STEFFENS-KESS

56861 Reil · Moselstraße 63
☎ (0 65 42) 12 46 · Fax 13 53
weingut@steffens-kess.de
www.steffens-kess.de
Inhaber: Harald Steffens, Marita Keß
Kellermeister: Harald Steffens

Verkauf: nach Vereinbarung

Wieder eine gute Kollektion, wenn auch nicht auf dem Niveau vom letzten Jahr präsentierten Harald Steffens und Marita Keß, die seit 1982 nach ökologischen Prinzipien Wein produzieren. Alle Weine werden trocken ausgebaut, was in der Moselregion schon ungewöhnlich ist. Auch etwas Besonderes ist das Onlinetagebuch, welches einen wunderschönen Einblick in die tägliche Arbeit und die kleinen und größeren Sorgen eines Weinbaubetriebes gewährt.

Anzahl der verkosteten Weine: 7
Bewertungen: 82-84 Punkte

Jahr	Wein	Punkte
2012	Riesling Sekt Brut **11,- €** | 12,5% | bis 2018	84
2014	Burger Hahnenschrittchen Riesling trocken **6,90 €** | 11,5% | bis 2017	82
2014	Reiler Goldlay Riesling trocken **7,- €** | 11,5% | bis 2018	82
2014	Burger Wendelstück Riesling Kabinett trocken **7,90 €** | 11% | bis 2018	83
2014	Reiler Goldlay Riesling Kabinett trocken **8,20 €** | 11% | bis 2018	83
2014	Burger Hahnenschrittchen Riesling Spätlese trocken **10,60 €** | 12% | bis 2019	84
2014	Reiler Goldlay Riesling Spätlese trocken **10,90 €** | 12% | bis 2020	84

Zeichenerklärung:
Schnäppchenpreis · Top 10 Spitzenreiter
Ökobetrieb · Trink-Tipp · Versteigerungswein
Sekt · Weißwein · Rotwein · Roséwein

WEINGUT GÜNTHER STEINMETZ

54472 Brauneberg · Moselweinstraße 154
☎ (0 65 34) 7 51 · Fax 94 09 21
info@weingut-guenther-steinmetz.de
www.weingut-guenther-steinmetz.de
Inhaber: Stefan und Edith Steinmetz
Kellermeister: Stefan Steinmetz

Verkauf: Edith Steinmetz
nach Vereinbarung

Rebfläche: 10 Hektar
Jahresproduktion: 55.000 Flaschen
Beste Lagen: Brauneberger Juffer, Dhroner Hofberg, Piesporter Goldtröpfchen, Wintricher Ohligsberg, Kestener Paulinshofberg
Boden: blau-grau-braune Schieferverwitterung
Rebsorten: 80% Riesling, je 10% Spätburgunder und weiße Burgundersorten
Durchschnittsertrag: 45 hl/ha

Nach seinem Aufstieg hatte uns Stefan Steinmetz im vergangenen Jahr nicht enttäuscht. 2013 brachte in diesem Brauneberger Gut sehr gelungene trockene Rieslinge, woran die 2014er nun weitgehend anschließen. Die Basisweine sind ausnahmslos ehrlich und klar, manchmal kernig. Es sind Weine mit guter Struktur. Hier und da scheinen die großen Probleme des Herbstes ein wenig durch, wenn den Weinen der letzte Kick an Frische und Schliff fehlt. Wir aber freuen uns an dem reifen und harmonischen Großen Gewächs aus dem Goldtröpfchen und erst recht am Paulinshofberger, der in seiner pfeffrigen und zupackenden Art über viel Druck und Zug verfügt. Von den fruchtsüßen Spätlesen hat das Goldtröpfchen die Nase vorn. Die 2012er Pinot Noirs beweisen erneut, dass Steinmetz zu den besten Rotweinerzeugern an der Mosel gehört. In vielen Jahren kann man hier in diesem Gut fast jeden Wein blind kaufen. Hier scheint ein im positiven Sinne gemeinter Allrounder am Werk zu sein. Zehn Hektar bewirtschaftet Steinmetz mittlerweile. Seine häufig besten Rieslinge holt er aus der Brauneberger Juffer. Zuletzt wurde in weitere Weinbergsparzellen investiert. In den kommenden Jahren sollen Keller und Lagerräume erweitert werden.

Die Weine:
100 Perfekt · **95–99** Überragend · **90–94** Exzellent
85–89 Sehr gut · **80–84** Gut · **75–79** Passabel

Anzahl der verkosteten Weine: 18
Bewertungen: 83-91 Punkte

Jahrgang	Wein	Preis	Alkohol	Trinkreife	Punkte
2014	Brauneberger Riesling trocken	**7,- €**	11%	bis 2018	**85**
2014	Veldenzer Grafschafter Sonnenberg Riesling trocken Alte Reben	**11,- €**	11%	bis 2019	**86**
2014	Wintricher Geierslay Riesling trocken »sur lie«	**12,50 €**	12%	bis 2019	**86**
2014	Kestener Paulinshofberger Riesling trocken	**12,50 €**	11,5%	bis 2019	**90**
2014	Dhroner Hofberg Riesling »GD« »Großes Gewächs«	**16,50 €**	12%	bis 2018	**86**
2014	Piesporter Goldtröpfchen Riesling »GP« »Großes Gewächs«	**16,50 €**	12%	bis 2019	**88**
2014	Dhroner Hofberg Riesling feinherb	**11,- €**	10%	bis 2019	**86**
2014	Wintricher Oligsberg Riesling feinherb	**12,50 €**	11,5%	bis 2018	**85**
2014	Brauneberger Juffer Riesling Kabinett feinherb	**8,30 €**	10%	bis 2019	**86**
2014	Mülheimer Sonnenlay Riesling Kabinett	**8,- €**	8,5%	bis 2020	**86**
2014	Dhroner Hofberg Riesling Spätlese	**14,50 €**	8%	bis 2021	**88**
2014	Kestener Paulinsberg Riesling Spätlese	**16,50 €**	8,5%	bis 2022	**89**
2014	Piesporter Goldtröpfchen Riesling Spätlese	**16,50 €**	7,5%	bis 2022	**90**
2014	Kestener Paulinsberg Riesling Auslese	**18,- €**	8,5%	bis 2022	**91**
2012	Kestener Paulinsberg Pinot Noir trocken	**18,- €**	13,5%	bis 2019	**85**
2012	Kestener Herrenberg Pinot Noir »Großes Gewächs«	**24,- €**	13%	bis 2020	**87**

WEINGUT STEPHAN STEINMETZ

54439 Wehr · Am Markusbrunnen 6
☎ (0 65 83) 2 34 · Fax 18 48
info@stephan-steinmetz.de
www.stephan-steinmetz.de
Inhaber und Betriebsleiter: Stephan Steinmetz

Verkauf: Stephan und Petra Steinmetz
Mo–Sa: nach Vereinbarung

Stephan Steinmetz ist auch im Jahrgang 2013 wieder eine feine Kollektion gelungen. Neben drei gelungenen Crémants haben sich der voluminöse Auxerrois und der wunderbar burgundische Grauburgunder mit seiner enormen Länge eine besondere Erwähnung verdient. »Kann es ein Weingut an der Mosel ohne Riesling geben?«, fragt Stephan Steinmetz auf seiner modern gestalteten Webseite. »Klar!«, ist seine Antwort, denn auf dem gelbbraunen Muschelkalk der Obermosel, am Beginn des Pariser Beckens, gedeihen Elbling und Burgundersorten wirklich ganz vorzüglich.

Anzahl der verkosteten Weine: 8
Bewertungen: 83–87 Punkte

	Elbling Crémant Brut	84
	9,50 € | 11,5% | bis 2017	
	Pinot Liaison Crémant Crémant Brut	86
	11,– € | 12,5% | bis 2018	
	Spätburgunder Rosé Crémant RosaRot	85
	Crémant Brut	
	12,50 € | 13% | bis 2017	
2014	Elbling Landwein trocken	83
	5,– €/1,0 Lit. | 10,5% | bis 2017	
2014	Elbling trocken	84
	5,40 € | 11% | bis 2017	
2014	Weißburgunder trocken	85
	6,80 € | 12% | bis 2018	
2014	Auxerrois trocken	86
	6,80 € | 11,5% | bis 2019	
2014	Graubugunder trocken	87
	7,40 € | 12,5% | bis 2019	

WEINGUT ALFONS STOFFEL

54340 Leiwen · Maximinstraße 15
☎ (0 65 07) 33 12 · Fax 46 51
weingut-stoffel@t-online.de
www.weingut-stoffel.de
Inhaber: Alfons Stoffel

Verkauf: Alfons Stoffel
Mo–Sa: 8.00–12.00 Uhr · 14.00–18.00 Uhr
So, feiertags: 9.00–14.00 Uhr

Das vier Hektar große Weingut Stoffel aus Leiwen baut hauptsächlich Riesling an. Aus diesem macht Alfons Stoffel, was an der Mittelmosel eher unüblich ist, mehrheitlich trockene Weine. Der interessanteste von den sieben angestellten Weinen war die trockene Spätlese aus der Klüsserather Bruderschaft. Sie überzeugte mit einer duftigen Kräuternase und kräftiger Struktur. Seit neuestem hat das Weingut ein modernes Gästehaus mit fünf luxuriösen Ferienwohnungen.

Anzahl der verkosteten Weine: 7
Bewertungen: 81–85 Punkte

2014	Leiwener Klostergarten	82
	Riesling trocken	
	6,50 €/1,0 Lit. | 11,5% | bis 2017	
2014	Riesling Maximus trocken	82
	7,– € | 11,5% | bis 2018	
2014	Köwericher Laurentiuslay	83
	Riesling Kabinett trocken	
	7,50 € | 10,5% | bis 2019	
2014	Klüsserather Bruderschaft	85
	Riesling Spätlese trocken	
	9,– € | 11% | bis 2019	
2014	Riesling Papilio feinherb	81
	7,– € | 11% | bis 2017	
2014	Köwericher Laurentiuslay	83
	Riesling Kabinett feinherb	
	7,50 € | 9,5% | bis 2018	
2014	Köwericher Laurentiuslay	83
	Riesling Symphonie Spätlese feinherb	
	8,90 € | 10% | bis 2019	

WEINGUT STUDERT-PRÜM MAXIMINHOF

54470 Bernkastel-Wehlen · Uferallee 22
☎ (0 65 31) 24 87 · Fax 39 20
info@studert-pruem.com
www.studert-pruem.com
Inhaber: Michael und Stephan Studert
Betriebsleiter: Michael Studert
Kellermeister: Stephan und Michael Studert

Verkauf: Familie Studert
Mo–Do: 9.00–12.00 Uhr · 16.00–17.30 Uhr
Fr: 9.00–12.00 Uhr und nach Vereinbarung

Wohnmobil-Stellplatz: Terrassen-Anlage direkt an der Mosel
Historie: erstmals 1256 bei Abtei St. Maximin erwähnt, seit 1581 Studert-Weine
Sehenswert: der Maximinhof der früheren Abtei St. Maximin

Rebfläche: 2,2 Hektar
Jahresproduktion: 18.000 Flaschen
Beste Lagen: Wehlener Sonnenuhr, Graacher Himmelreich, Bernkasteler Graben
Boden: Devonschiefer
Rebsorten: 98% Riesling, 2% Dornfelder
Durchschnittsertrag: 60 hl/ha
Mitglied: VDP

Es hat sich einiges getan bei Studert-Prüm: Gerd Studert ist aus dem Weingut ausgeschieden. Es wird nun von Stephan und Sohn Michael in der 14. Generation weitergeführt. Zudem zieht das Weingut wieder zurück in das ursprüngliche, direkt an der Mosel gelegene Maximinerhaus in der Uferallee 22 in Wehlen. Nach einigen sehr guten Jahrgängen, vor allem den ausgezeichneten 2012ern, folgten mit 2013 und 2014 zwei schwere Jahre für den Bernkasteler Traditionsbetrieb. Die 2014er Kollektion zeigt sich gespalten. Die trockenen Rieslinge wirken unreif, haben wenig Saftigkeit und grüne Apfelaromen. Ganz anders die fruchtsüßen Rieslinge aus der Wehlener Sonnenuhr: die Spätlese im traditionellen, eher fruchtbetonten Stil, die Auslese schmelzig, aber ohne großes Spiel. Der Maximinhof der früheren Abtei St. Maximin in Trier kam 1805 in den Besitz der Familie Studert. Später kam es zur Vereinigung der Weingüter Stephan Studert und Peter Prüm. Das Haus hat mit den Riesling-Sekten Maximiner Cabinet eine lange Sekttradition.

Anzahl der verkosteten Weine: 6
Bewertungen: 81–88 Punkte

2014 Wehlener Riesling trocken **82**
7,50 € | 12% | 🍷 bis 2018

2014 Bernkasteler Graben Riesling Kabinett trocken **81**
9,20 € | 11% | 🍷 bis 2017

2014 Riesling Classic **82**
7,50 € | 11,5% | 🍷 bis 2017

2014 Wehlener Sonnenuhr Riesling Kabinett feinherb **83**
8,90 € | 9,5% | 🍷 bis 2018

2014 Wehlener Sonnenuhr Riesling Spätlese **87**
9,80 € | 7,5% | 🍷 bis 2019

2014 Wehlener Sonnenuhr Riesling Auslese **88**
12,– € | 7% | 🍷 bis 2019

WEINGUT WWE. DR. H. THANISCH ERBEN THANISCH

54470 Bernkastel-Kues · Saarallee 31
☎ (0 65 31) 22 82 · Fax 22 26
sofia@thanisch.com
www.thanisch.com
Inhaber: Sofia Thanisch
Technischer Betriebsleiter: Olaf Kaufmann

Verkauf: Sofia Thanisch
Mo–Sa: nach Vereinbarung

Historie: Weinbau seit 1636 in der Familie, in der 4. Generation in weiblicher Hand
Sehenswert: Felsenkeller aus dem 17. Jahrhundert unter dem Doctor-Weinberg, Doctor-Häuschen von 1889, Gutshaus von 1884

Rebfläche: 7 Hektar
Jahresproduktion: 45.000 Flaschen
Beste Lagen: Berncasteler Doctor, Bernkasteler Lay und Badstube, Brauneberger Juffer-Sonnenuhr
Boden: Devonschieferverwitterung
Rebsorte: 100% Riesling
Durchschnittsertrag: 55 hl/ha
Mitglied: VDP

Ein Kompliment an die Lesemannschaft, die im Jahrgang 2014 super gearbeitet hat. Ergebnis sind klare und saubere Weine, ein in 2014 keinesfalls selbstverständliches Attribut. Erstmals wurde ein Großes Gewächs aus dem Bernkasteler Graben vorgestellt: saftige Frucht, dicht und lang – eine gelungene Premiere. Alle Rieslinge aus dem Doctor haben einen Kick mehr Reife, Dichte und Fülle, ohne dabei an Spannung zu verlieren – Weine aus einer großartigen Lage eben. Die feinherbe Fraktion wird aber von der Bernkasteler Lay angeführt: kernig, kühl und komplex. Ansonsten macht der Doctor das Rennen: vielschichtiger und straffer Kabinett, schmelzige, druckvolle und rassige Spätlese sowie eine reichhaltige und klare Auslese. Das Gut begründete um die vorletzte Jahrhundertwende den Ruhm der Bernkasteler Lage Doctor. Die Trockenbeerenauslese des Jahrgangs 1921 war bahnbrechend für diese Qualitätsstufe an der Mosel. Nach der Spaltung des Betriebes in zwei Güter 1988 führt Sofia Thanisch den Betrieb, der seither den umständlichen Namen »Wwe. Dr. H. Thanisch – Erben Thanisch« führen muss. Nur zehn Prozent der Weine werden trocken ausgebaut, 75 Prozent gehen in den Export.

Anzahl der verkosteten Weine: 12
Bewertungen: 85–92 Punkte

2014 Riesling trocken **85**
8,50 € | 11,5% | 🍷 bis 2019

2014 Bernkasteler Graben **90**
Riesling »Großes Gewächs«
22,50 € | 11,5% | 🍷 bis 2021

2014 Berncasteler Doctor **90**
Riesling »Großes Gewächs«
28,– € | 11,5% | 🍷 bis 2021

2014 Bernkasteler Lay Riesling feinherb **89**
14,50 € | 9,5% | 🍷 bis 2022

2014 Riesling Kabinett feinherb **86**
9,20 € | 10% | 🍷 bis 2021

2014 Bernkasteler Badstube **88**
Riesling Kabinett feinherb
10,50 € | 10% | 🍷 bis 2022

2014 Bernkasteler Badstube Riesling Kabinett **89**
10,50 € | 8,5% | 🍷 bis 2023

2014 Berncasteler Doctor Riesling Kabinett **89**
18,50 € | 8,5% | 🍷 bis 2025

2014 Bernkasteler Badstube Riesling Spätlese **90**
13,50 € | 8% | 🍷 bis 2025

2014 Berncasteler Doctor Riesling Spätlese **90**
25,– € | 8,5% | 🍷 bis 2026

2014 Bernkasteler Badstube Riesling Auslese **91**
18,– € | 8% | 🍷 bis 2026

2014 Berncasteler Doctor Riesling Auslese **92**
35,– € | 8% | 🍷 bis 2028

WEINGUT THANISCH

54470 Lieser · Moselstraße 56
☎ (0 65 31) 82 27 · Fax 82 94
info@thanisch.de
www.thanisch.de
Inhaber und Betriebsleiter: Jörg Thanisch

Verkauf: Petra Thanisch
Mo–So: 10.00–18.00 Uhr

Im Vorjahr hatte Jörg Thanisch neben den 2013er Jahrgangsproblemen mit Hagelschäden zu kämpfen. Dennoch konnte seine kleine Kollektion überzeugen. In diesem Jahr ist das Sortiment wieder größer und ein wenig heterogener. Wie bei vielen Betrieben sind einige Weine gerbstoffreicher als sonst ausgefallen. Besonders gut gefallen uns der druckvolle und schieferwürzige 2014er Lieser Niederberg Helden Riesling »R« trocken Alte Reben und der 2013er Spätburgunder unfiltriert. Äußerst zielstrebig geht Jörg Thanisch in diesem traditionellen Weingut seinen Weg. 2012 erwarb man eine Spitzenparzelle in der Lage Niederberg Helden, sodass nun sieben Hektar in Bewirtschaftung sind. Eine moderne Vinothek hilft bei der Vermarktung.

Anzahl der verkosteten Weine: 11
Bewertungen: 82–88 Punkte

2014	Riesling trocken	**82**
	6,50 €/1,0 Lit. | 12% | bis 2017	
2014	Riesling 1648 trocken	**83**
	7,50 € | 12% | bis 2018	
2014	Weißburgunder trocken	**83**
	7,95 € | 12,5% | bis 2018	
2014	Lieser Niederberg Helden Riesling »R« trocken Alte Reben	**87**
	16,95 € | 12,5% | bis 2020	
2014	Lieser Niederberg Helden Riesling Kabinett trocken	**84**
	7,95 € | 11% | bis 2018	
2014	Lieser Niederberg Helden Riesling Spätlese trocken	**85**
	10,50 € | 12% | bis 2019	
2014	Lieser Niederberg Helden Riesling Kabinett feinherb	**84**
	7,95 € | 10% | bis 2018	
2014	Lieser Niederberg Helden Riesling Spätlese feinherb	**85**
	10,50 € | 10,5% | bis 2020	
2014	Bernkastel-Kueser Weisenstein Riesling Kabinett	**85**
	7,95 € | 8,5% | bis 2020	
2014	Brauneberger Juffer Riesling Spätlese	**87**
	11,95 € | 7,5% | bis 2022	
2013	Spätburgunder unfiltriert trocken Barrique	**88**
€	**13,50 €** | 13% | bis 2020	

WEINGUT WWE. DR. H. THANISCH ERBEN MÜLLER-BURGGRAEF

54470 Bernkastel-Kues · Saarallee 24
☎ (0 65 31) 75 70 · Fax 79 10
weingut@dr-thanisch.de
www.dr-thanisch.de
Inhaber: Barbara Rundquist-Müller
Betriebsleiter und Verwalter: Maximilian Ferger
Kellermeister: Maximilian Ferger und Edgar Schneider

Verkauf: Barbara Rundquist-Müller
nach Vereinbarung

Historie: Weinbau seit 1636 in der Familie, in der 4. Generation in weiblicher Hand
Sehenswert: Felsenkeller unter dem Doctorberg, Schatzkammer

Rebfläche: 14 Hektar
Jahresproduktion: 75.000 Flaschen
Beste Lagen: Berncasteler Doctor, Bernkasteler Graben, Badstube und Lay, Wehlener Sonnenuhr, Graacher Himmelreich, Brauneberger Juffer-Sonnenuhr
Boden: Tonschieferverwitterung
Rebsorten: 96% Riesling, 4% Spätburgunder
Durchschnittsertrag: 41 hl/ha

Veränderungen in der Bewirtschaftung der Weinberge und ein Wechsel in der Betriebsleitung haben hier zuletzt neue Impulse gesetzt. Vor allem im wahrlich nicht leicht zu vinifizierenden Jahrgang 2013 hatten zuletzt auch die trockenen Weine an Qualität zugelegt. Daran können die Weine aus dem Jahrgang 2014 vor allem im Basisbereich nicht anschließen. Kommt Restsüße ins Spiel, spielt das Gut gleich in einer höheren Kategorie. Doch es fehlt mitunter an Präzision, die Weine sind eher von barocker Statur. Der Kabinett pflegt mehr einen Auslesestil in seiner cremig-weichen Art. Am besten gefallen uns die Spätlesen: jene aus der Juffer-Sonnenuhr ist klar und hat Spiel, die andere aus dem Bernkasteler Graben zeigt eine feine, kühle Art. Bis 1988 wurde das Weingut Wwe. Dr. H. Thanisch als einheitlicher Betrieb geführt. Unterschiedliche Auffassungen über die Betriebsleitung haben schließlich zur Trennung geführt. Größtenteils wurden die Parzellen vertikal halbiert und auf die Stämme Erben Spier-Thanisch und Erben Müller-Burggraef verteilt.

Anzahl der verkosteten Weine: 10
Bewertungen: 82–90 Punkte

2014	Wehlener Sonnenuhr Riesling Spätlese trocken **16,– €** | 10,5% | bis 2018	**83**
2013	Berncasteler Doctor Riesling Spätlese trocken **30,– €** | 11% | bis 2018	**82**
2014	Riesling feinherb **6,20 €** | 10% | bis 2018	**82**
2014	Bernkasteler Badstube Riesling Kabinett **9,50 €** | 8% | bis 2021	**88**
2014	Berncasteler Doctor Riesling Kabinett Goldkapsel **20,– €** | 8% | bis 2021	**88**
2014	Brauneberger Juffer-Sonnenuhr Riesling Spätlese **14,– €** | 7,5% | bis 2022	**90**
2014	Bernkasteler Graben Riesling Spätlese **16,– €** | 7,5% | bis 2022	**90**
2014	Berncasteler Doctor Riesling Spätlese **30,– €** | 8,5% | bis 2022	**90**
2014	Bernkasteler Lay Riesling Auslese **25,– €** | 8% | bis 2021	**89**
2014	Berncasteler Doctor Riesling Auslese **25,– €**/0,375 Lit. | 8% | bis 2022	**89**

WEINGUT K. J. THUL

54340 Thörnich · Im Bungert 6-8
☎ (0 65 07) 37 52
info@wein-thul.de
www.wein-thul.de
Inhaber: Karl-Josef Thul

Verkauf: Cornelia Thul
nach Vereinbarung

Nach dem abgeschlossenen Weinbaustudium in Geisenheim ist Karl-Josef Thul in den elterlichen Neun-Hektar-Betrieb ins beschauliche Thörnich zurückgekehrt und es wurde kräftig in eine neue Kelterhalle mit hochmoderner Ausstattung investiert. Der Betrieb verfügt über ein ungewöhnlich breites Rebsortenspektrum und Weinbergslagen in allen Qualitätsstufen, von ufernahen Flachlagen bis hin zu Steilstlagen wie einer Kernparzelle der bekannten Spitzenlage Thörnicher Ritsch mit uraltem, wurzelechtem Rebbestand. Mit der hoffnungslos schlechten Wetterlage im letzten Herbst ist Karl-Josef Thul nicht gut zurechtgekommen. Dieses Jahr waren die Weine insgesamt auf recht einfachem Niveau.

Anzahl der verkosteten Weine: 6
Bewertungen: 80–83 Punkte

2014	Riesling trocken **4,95 €**/1,0 Lit. | 11,5% | bis 2017	**80**
2014	Weißburgunder trocken **5,75 €** | 12,5% | bis 2017	**82**
2014	Riesling Schieferklang trocken **6,50 €** | 11% | bis 2017	**81**
2014	Riesling Schieferklang feinherb **6,50 €** | 10,5% | bis 2017	**81**
2014	Thörnicher Ritsch Riesling feinherb Alte Reben **8,90 €** | 10,5% | bis 2018	**83**
2014	Riesling Schieferklang Kabinett **6,50 €** | 8,5% | bis 2018	**83**

Die Betriebe:
Weltklasse · Deutsche Spitze
Sehr gut · Gut · Zuverlässig
Weitere Empfehlung

Neu

WEINGUT JULIUS TREIS

56861 Reil · Fischelstraße 24–26
☎ (0 65 42) 90 02 00 · Fax 90 02 01
info@treis-wein.de
www.treis-wein.de
Inhaber: Familie Treis
Betriebsleiter: Tobias Treis
Außenbetrieb: Theo und Tobias Treis
Kellermeister: Tobias Treis

Verkauf: Irma Treis
Mo–So: 8.00–18.00 Uhr

Die Lagenweine aus Reil, die uns Tobias Treis dieses Jahr zugeschickt hat, waren sehr überzeugend. Besonders die feinherbe Spätlese aus dem Mullay-Hofberg hatte eine klare Struktur und wirkte schon sehr ausgewogen. Bei den einfachen Weinen fehlte es vermutlich jahrgangsbedingt an Aromatik oder Tiefe. In dem Paket des Weingutes waren auch ein paar gereifte Weine. Sie hatten die Lagerzeit hervorragend genutzt und waren zu kleinen Schätzchen herangereift. Allen voran begeisterte ein 2012er Riesling Alte Reben trocken mit knackiger, mineralischer Struktur und einem enormen Biss (89).

Anzahl der verkosteten Weine: 6
Bewertungen: 81-87 Punkte

2012 Riesling Sekt Brut Prestige **83**
12,50 € | 12,5% | bis 2017

2014 Weißburgunder trocken Barrique **81**
8,90 € | 13,5% | bis 2017

2014 Riesling trocken Alte Reben Holzfass **81**
12,50 € | 12,5% | bis 2017

2014 Riesling feinherb **81**
7,90 € | 10% | bis 2017

2014 Reiler Mullay-Hofberg **86**
Riesling Spätlese feinherb Holzfass
12,50 € | 12% | bis 2019

2014 Reiler Goldlay **87**
Riesling Auslese Holzfass
16,– €/0,5 Lit. | 7% | bis 2020

WEINGUT MICHAEL TROSSEN

54536 Kröv · Jesuitenhofstraße 42
☎ (0 65 41) 81 20 05 · Fax 81 20 33
MT@das-weingut.com
www.das-weingut.com
Inhaber: Michael Trossen

Verkauf: Mai–Okt.
Mo–Sa: 14.00–18.00 Uhr, So: 10.00–12.00 Uhr
und nach Vereinbarung

Das originelle sowie auffällige Gebäude des Weinguts will nicht so recht ins Kröver Bild passen. Die Weine dafür umso mehr. Sie unterstreichen das neue Selbstbewusstsein und die Aufbruchstimmung, die in der ganzen Gegend seit einiger Zeit herrscht. Die Weine sind sehr solide und verlässlich, leiden aber auch etwas unter dem schwierigen Jahr. Eine wunderbar spielerische Spätlese aus der Kröver Letterlay hat uns sehr gut gefallen.

Anzahl der verkosteten Weine: 12
Bewertungen: 81-85 Punkte

2014 Riesling trocken **81**
5,80 € | 12,5% | bis 2017

2014 Weißburgunder trocken **81**
6,20 € | 12,5% | bis 2017

2014 Kröver Letterlay **83**
Riesling Bergblüter Spätlese trocken
8,50 € | 12,5% | bis 2018

2014 Riesling halbtrocken **81**
5,20 €/1,0 Lit. | 12% | bis 2017

2014 Riesling feinherb **84**
5,80 € | 11% | bis 2019

2014 Weißburgunder feinherb **81**
6,20 € | 11,5% | bis 2017

2014 Kröver Letterlay **83**
Riesling Bergblüter Spätlese feinherb
8,50 € | 11% | bis 2018

2014 Kröver Nacktarsch Riesling **81**
5,20 €/1,0 Lit. | 9,5% | bis 2017

2014 Kröver Kirchlay Riesling Kabinett **83**
6,10 € | 8% | bis 2020

2014 Kröver Paradies Riesling Kabinett **84**
6,10 € | 8% | bis 2020

2014 Kröver Letterlay **85**
Riesling Bergblüter Spätlese
8,50 € | 8% | bis 2022

2014 Spätburgunder halbtrocken **82**
5,90 € | 12% | bis 2017

Zeichenerklärung:
Schnäppchenpreis · Top 10 Spitzenreiter
Ökobetrieb · Trink-Tipp · Versteigerungswein
Sekt · Weißwein · Rotwein · Roséwein

STIFTUNGSWEINGUT VEREINIGTE HOSPITIEN

54290 Trier · Krahnenufer 19
☎ (06 51) 9 45 12 10 · Fax 9 45 20 60
weingut@vereinigtehospitien.de
www.vereinigtehospitien.de
Inhaber: Stiftung des öffentlichen Rechts
Betriebsleiter: Joachim Arns
Kellermeister: Klaus Schneider

Verkauf: Claudia Denis und Marc Neumann
Mo–Do: 8.00–12.30 Uhr · 13.30–17.00 Uhr
Fr: 8.00–12.30 Uhr · 13.30–16.00 Uhr

Mit neuen Etiketten und neuen Weinen will das traditionsreiche Stiftungsweingut Vereinigte Hospitien aus Trier wieder zu früherer Qualität zurück. Mit der diesjährigen riesigen Kollektion zeigt man eindrucksvoll, dass das locker gelingen wird. Am besten gefiel ein Großes Gewächs aus dem Kanzemer Altenberg. Und dass der Kellermeister Klaus Schneider auch süß kann, erkannten wir an der kraftvollen, herrlich saftigen Riesling Spätlese aus dem Scharzhofberg.

Anzahl der verkosteten Weine: 14
Bewertungen: 79–88 Punkte

2014 Serriger Riesling Schloss Saarfels trocken **79**
8,50 € | 11% | bis 2017

2014 Piesporter Riesling trocken **84**
10,50 € | 11,5% | bis 2018

2014 Wiltinger Riesling »S« trocken **83**
11,90 € | 11,5% | bis 2019

2014 Kanzemer Altenberg Riesling »Großes Gewächs« **88**
19,– € | 12% | bis 2020

2014 Scharzhofberger Riesling »Großes Gewächs« **85**
21,– € | 12% | bis 2019

2014 Wiltinger Hölle **83**
Riesling Kabinett feinherb »Große Lage«
8,90 € | 9,5% | bis 2019

2014 Serriger Schloss Saarfelser Schlossberg **86**
Riesling Spätlese feinherb »Große Lage« Alte Reben
12,– € | 11% | bis 2024

2014 Kanzemer Altenberg **87**
Riesling Spätlese feinherb »Große Lage«
17,50 € | 10% | bis 2024

2014 Piesporter Goldtröpfchen **83**
Riesling Kabinett »Große Lage«
9,80 € | 8% | bis 2018

2014 Kanzemer Altenberg Riesling Kabinett »Große Lage« **84**
11,– € | 7,5% | bis 2019

2014 Scharzhofberger Riesling Spätlese »Große Lage« **87**
13,50 € | 7,5% | bis 2024

Entdeckung des Jahres 2003

WEINGUT VOLLENWEIDER

56841 Traben-Trarbach · Wolfer Weg 53
☎ (0 65 41) 81 44 33 · Fax 81 67 73
mail@weingut-vollenweider.de
www.weingut-vollenweider.de
Inhaber und Betriebsleiter: Daniel Vollenweider
Außenbetrieb: Christian Klein

Verkauf: nach Vereinbarung

Rebfläche: 5 Hektar
Jahresproduktion: 30.000 Flaschen
Beste Lage: Wolfer Goldgrube
Boden: blauer und roter Devonschiefer
Rebsorte: 100% Riesling
Durchschnittsertrag: 30 hl/ha
Mitglied: Klitzekleiner Ring

Im Jahrgang 2014 hat Daniel Vollenweider super gearbeitet. Seine Rieslinge sind extrem sauber und klar, alles andere als selbstverständlich in diesem von Fäulnis geplagten Herbst. Zu 60 Prozent trocken baut er seine Weine aus. Der Wolfer Riesling hat tolles Spiel, ist zart und dicht zugleich und klingt lange nach. Das Große Gewächs aus der Wolfer Goldgrube und der Kröver Steffensberg sind gelungene Beispiele, wie trockene Moselrieslinge ihrer südlichen Konkurrenz Paroli bieten können: mit großer Eigenständigkeit und Kraft bei typischer Feinheit. Von den nachgereichten trockenen 2013ern liegt der Schimbock eindeutig vorne. Es ist ein dichter, fülliger und fordernder Riesling. Erneut großartig sind auch die fruchtsüßen 2014er Rieslinge ausgefallen, wobei uns der Kabinett am meisten beeindruckt hat: hochfeine Art und wunderbar saftig.

Aufbau aus dem Nichts

Im Jahr 2000 hatte der Schweizer Daniel Vollenweider begonnen, die nicht flurbereinigte Lage Goldgrube im kleinen Ort Wolf durch seine Weine wieder bekannt zu machen. Im ersten Jahrgang hat er gerade mal 3.500 Flaschen abgefüllt. Mehr als genügend Platz für seine Produktion hat er in einem alten dreistöckigen Felsenkeller in Traben-Trarbach. Beim Ausbau der Weine setzt er auf Edelstahl und das kommt der klaren Frucht seiner Spät- und Auslesen sehr zugute. Dabei sind seine Weine alles andere als stahlig. Durch die niedrigen Erträge aus weitgehend wurzelechten Reben zeigen sie viel Schmelz. Noch nie hatten wir von einem völligen Neuling der Branche, der sich alles aus dem Nichts aufbauen musste, auf Anhieb eine so überzeugende Kollektion (2001) verkostet. Unsere »Entdeckung des Jahres 2003« investierte in Weinberge und holte mit den exzellenten 2002er Spätlesen die dritte Traube. Den grandiosen Auslesen aus dem Ausnahmejahrgang 2005 folgte mit der 2006er Kollektion die Krönung der Qualitätsentwicklung dieses Gutes: Vom eleganten Kabinett über die saftigen Spätlesen und die cremig-mineralischen Auslesen bis hin zur tollen Beerenauslese erfüllte jeder Wein unsere hochgesteckten Erwartungen. So war die vierte Traube in der Tat nichts anderes als eine Selbstverständlichkeit.

Daniel Vollenweider

Feine Spät- und Auslesen sowie eine grandiose Trockenbeerenauslese bestätigten in 2007 den Rang des Hauses. Mit dem Jahrgang 2008 führte Vollenweider sein beständig hohes Niveau fort und leistete sich bei den 2009er Rieslingen keine Schwächen. Schon die 2010er hatten uns überzeugt. Und auch im Jahrgang 2011 hatte Vollenweider eine durchgängig starke Reihe aufgetischt. Bislang waren Vollenweiders Weine in Deutschland relativ unbekannt, da sie ausschließlich über den Fachhandel zu beziehen waren. Seit einiger Zeit vertreibt er seine Weine auch direkt an Privatkundschaft.

Eine andere Stilistik

Rund 80 Prozent der Erzeugung gehen ins Ausland. Die Vereinigten Staaten und Skandinavien sind die Hauptabnehmer. Neben seiner Hauslage Goldgrube hat sich Daniel Vollenweider auch in eine Parzelle des Trabener Würzgartens, Schimbock genannt, eingekauft. Sie ist der Wolfer Goldgrube benachbart und erhielt in alten Lagenklassifikationen höchste Bewertungen.

Die von dort stammenden Weine weichen stilistisch deutlich von den klassischen Mosel-Rieslingen der Goldgrube ab. Sie sind hefewürziger, opulenter, mehr auf Tiefe denn auf Eleganz angelegt. Mit diesem Projekt unterstützt Vollenweider auch eines der Hauptanliegen des Klitzekleinen Rings, dessen Mitglied er ist, auf vorbildliche Weise: den Erhalt alter, nicht flurbereinigter Weinberge mit hochwertigem Rebbestand. Und schon hat er wieder ein neues Projekt in Angriff genommen. Vollenweider stellt auf ökologische Wirtschaftsweise um. Er tut dies aber nach und nach und beginnt erst einmal mit einem Viertel der Weinbergsfläche.

Anzahl der verkosteten Weine: 9
Bewertungen: 86–92 Punkte

2014	Riesling Felsenfest trocken	86
Top 10	9,80 € | 11,5% | bis 2018	
2014	Wolfer Riesling trocken	89
	14,50 € | 12% | bis 2021	
2014	Kröver Steffensberg Riesling trocken	91
	17,50 € | 12,5% | bis 2022	
2013	Wolfer Goldgrube Riesling »Großes Gewächs«	87
	22,50 € | 12,5% | bis 2018	
2014	Wolfer Goldgrube Riesling »Großes Gewächs«	91
	22,50 € | 12% | bis 2022	
2013	Riesling Schimbock trocken	90
	29,50 € | 12% | bis 2020	
2014	Wolfer Goldgrube Riesling Kabinett	91
Top 10	12,50 € | 8% | bis 2022	
2014	Kröver Steffensberg Riesling Spätlese	91
	17,50 € | 8,5% | bis 2026	
2014	Wolfer Goldgrube Riesling Spätlese	92
	19,– € | 8% | bis 2026	

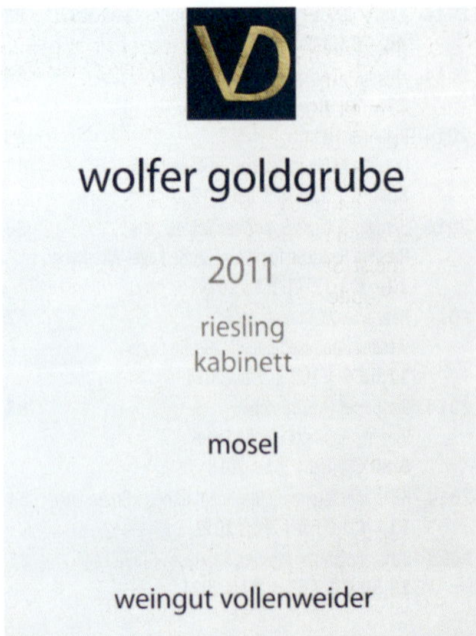

WEINGUT VOLS

54441 Ayl · Zuckerberg 3a
☎ (0 65 81) 9 85 03 00 · Fax 9 85 03 01
info@vols.de
www.vols.de
Inhaber und Betriebsleiter: Helmut Plunien

Verkauf: nach Vereinbarung

Rebfläche: 7 Hektar
Jahresproduktion: 40.000 Flaschen
Beste Lagen: Wiltinger Braunfels, Kupp und Schlangengraben, Ayler Kupp und Schonfels
Boden: blauer und roter Devonverwitterungsschiefer, zum Teil mit Quarzit
Rebsorten: 85% Riesling, 8% weiße Burgundersorten, 7% Spätburgunder
Durchschnittsertrag: 42 hl/ha

Ausgerechnet im für die Saar nun wirklich nicht einfachen Jahrgang 2013 stellte uns Helmut Plunien im letzten WeinGuide eine erstaunlich blitzblanke Kollektion vor. Daran kann er im Jahrgang 2014 nicht in vollem Umfang anschließen. Die Bandbreite reicht von enttäuschend aufgrund von grünen Aromen bis hin zu klassisch bei den fruchtsüßen Spätlesen. Manchen Weinen fehlt es an fruchtiger Dichte, sie wirken etwas herb. Wird die Zeit hier helfen können? Die Vols I genannte Riesling Spätlese von mindestens 40 Jahre alten Reben braucht keine Hilfe, sie zeigt jetzt schon die klassische Saarart, ist frisch, klar, würzig und lang. Nach seinem Weggang von den Bischöflichen Weingütern erwarb Helmut Plunien 2010 das Ayler Weingut Altenhofen mit Lagen in Ayl und Saarburg. Ebenso konnte er sich einen Weinberg in der Wiltinger Kupp mit 40 Jahre alten Reben sichern. Das Gut kann nun auf sieben Hektar zurückgreifen und dieses Potenzial hatte Helmut Plunien schon bald voll ausgeschöpft. Die Weine haben meist Stil und Schliff und verleugnen zu unserer Freude ihre Herkunft nicht.

Anzahl der verkosteten Weine: 7
Bewertungen: 80–89 Punkte

2014	Wiltinger Schlangengraben Riesling trocken **14,– €** | 10,5% | bis 2017	**82**
2014	Riesling feinherb **7,50 €** | 10% | bis 2017	**80**
2014	Ayler Riesling feinherb **8,50 €** | 10% | bis 2018	**85**
2014	Wiltinger Kupp Riesling Kabinett **12,50 €** | 10% | bis 2018	**84**
2014	Ayler Kupp Riesling Kabinett **12,50 €** | 10% | bis 2018	**84**
2014	Riesling II Spätlese **14,– €** | 10% | bis 2019	**86**
2014	Riesling I Spätlese **15,– €** | 9% | bis 2019	**89**

Die Betriebe:
Weltklasse · Deutsche Spitze
Sehr gut · Gut · Zuverlässig
Weitere Empfehlung

Entdeckung des Jahres 2002

WEINGUT VAN VOLXEM

54459 Wiltingen · Dehenstraße 2
☎ (0 65 01) 1 65 10 · Fax 1 31 06
office@vanvolxem.com
www.vanvolxem.com
Inhaber und Betriebsleiter:
Roman Niewodniczanski
Kellermeister: Dominik Völk

Verkauf: nach Vereinbarung

Historie: Weinbau seit 1700
Sehenswert: denkmalgeschützte Gutsanlage, Jugendstil-Saal

Rebfläche: 42 Hektar
Jahresproduktion: 280.000 Flaschen
Beste Lagen: Wiltinger Gottesfuß, Kupp und Braunfels, Scharzhofberger, Kanzemer Altenberg, Wawerner Goldberg
Boden: Devonschiefer
Rebsorten: 96% Riesling, 4% Weißburgunder
Durchschnittsertrag: 41 hl/ha
Mitglied: VDP

Auch vom Jahrgang 2014 konnten wir wieder nur einige Basisqualitäten verkosten, die höherwertigen Weine werden erst später in Verkehr gebracht. Leider sind die Probleme des Jahrgangs auch an diesem renommierten Betrieb nicht ohne Spuren vorübergegangen. Den Weinen fehlt mitunter die innere Dichte und das befreite Aufspiel der Saar. Am besten gefallen uns noch der Saar-Riesling mit seiner Säurefrische, die Alten Reben mit ihrer würzigen Art und auch der zartcremige Weißburgunder. 2013 hatte das Basissegment noch richtig Spaß gemacht. Und mit seiner Kollektion aus dem Jahrgang 2012 hatte uns Roman Niewodniczanski überrascht. Selten hatten wir hier so kristallklare Rieslinge probiert, selten kam eine solche Trinkfreude auf. Das im historischen Zentrum Wiltingens gelegene Weingut wurde auf Fundamenten einer römischen Hofanlage erbaut. Als ehemaliger Klosterbesitz hat es seit 300 Jahren Anteile in Kernstücken der Wiltinger Weinberge. Dass Van Volxem eine Renaissance erlebt und seit 2007 VDP-Mitglied ist, verdankt es dem Engagement Roman Niewodniczanskis, der das Gut Ende 1999 übernommen hat. Die Genetik der Reben ist für ihn von großer Bedeutung; folgerichtig pflegt er 19 eigene Selektionen. In den ersten Jahren wurde erkennbar um die Versöhnung von Gutsstil und Saartypizität gerungen. Bei aller Substanz darf die Eleganz nicht verloren gehen. Ohne Zweifel waren die 2008er ein Meilenstein in dieser Entwicklung. Den Rang, den Saarweine vor dem Ersten Weltkrieg wie selbstverständlich weltweit einnahmen, möchte er für seine – sagen wir harmonisch trockenen – Weine erreichen.

Anzahl der verkosteten Weine: 12
Bewertungen: 84–91 Punkte

2014 Riesling Schiefer trocken **84**
9,90 € | 12% | bis 2019

2014 Weißburgunder trocken **85**
11,90 € | 12% | bis 2019

2014 Riesling Saar trocken **86**
11,90 € | 12% | bis 2019

2014 Wiltinger Braunfels Riesling trocken **85**
13,90 € | 11,5% | bis 2019

2014 Wawerner Goldberg Riesling trocken »Große Lage« **88**
21,– € | 12% | bis 2020

2014 Scharzhofberger Riesling trocken »Große Lage« **91**
24,– € | 12% | bis 2022

2014 Wiltinger Braunfels Riesling Volz trocken »Große Lage« **87**
28,– € | 12% | bis 2019

2014 Wiltinger Gottesfuß Riesling Alte Reben trocken »Große Lage« **88**
38,– € | 12% | bis 2020

2014 Kanzemer Altenberg Riesling trocken »Große Lage« **91**
38,– € | 12% | bis 2021

2014 Scharzhofberger Riesling Pergentsknopp trocken »Große Lage« **91**
38,– € | 12% | bis 2022

2014 Riesling Alte Reben **87**
17,95 € | 12% | bis 2020

2014 Riesling Rotschiefer Kabinett **87**
10,90 € | 10,5% | bis 2020

WEINGUT STEFANIE VORNHECKE

56820 Senheim · Zeller Straße 74
☎ (0 26 73) 44 12 · Fax 96 02 94
stefanie.vornhecke@t-online.de
www.weingut-vornhecke.de
Inhaber und Betriebsleiter: Stefanie Vornhecke

Verkauf: Stefanie Vornhecke
Di–Sa: 17.00–19.00 Uhr
So: 10.00–13.00 Uhr nach Vereinbarung

Stefanie Vornhecke präsentiert eine für den Jahrgang 2014 erstaunlich homogene Kollektion. Die feinherben und fruchtigen Rieslinge aus Senheimer Lagen sind alle drei sehr stimmig, dabei steht die animierend zitrusfruchtige Spätlese aus der Senheimer Lay an der Spitze des Sortiments. Noch so eine Kollektion und der Aufstieg auf zwei Trauben ist fällig. Authentische, langlebige Weine herzustellen ist das erklärte Ziel von Quereinsteigerin Stefanie Vornhecke. Aufgewachsen in Essen, war Stefanie Vornhecke nach ihrer ersten Begegnung mit Mosel-Weinen so fasziniert, dass sie 2001 ihr eigenes Weingut gründete. Mittlerweile bewirtschaftet sie 1,8 Hektar in besten Senheimer Lagen.

Anzahl der verkosteten Weine: 6
Bewertungen: 84–88 Punkte

2012	Senheimer Riesling Sekt Brut	**86**
	11,50 € | 12,5% | bis 2017	
2014	Riesling Grauschiefer Hochgewächs feinherb	**86**
	6,25 € | 11% | bis 2019	
2014	Senheimer Riesling Pegasus II Spätlese feinherb	**87**
	11,– € | 11% | bis 2019	
2014	Senheimer Lay Riesling Spätlese	**88**
	9,50 € | 9,5% | bis 2020	
2014	Senheimer Lay Spätburgunder trocken Blanc de Noirs	**84**
	8,50 € | 12,5% | bis 2017	
2013	Senheimer Lay Spätburgunder trocken Holzfass	**85**
	11,– € | 14,5% | bis 2018	

Zeichenerklärung:
Schnäppchenpreis · Top 10 Spitzenreiter
Ökobetrieb · Trink-Tipp · Versteigerungswein
Sekt · Weißwein · Rotwein · Roséwein

WEINGUT DR. WAGNER

54439 Saarburg · Bahnhofstraße 3
☎ (0 65 81) 24 57 · Fax 60 93
info@weingutdrwagner.de
www.weingutdrwagner.de
Inhaberin: Christiane Wagner
Kellermeisterin: Christiane Wagner

Verkauf: Ulrike und Christiane Wagner
Mo–Fr: 9.30–12.00 Uhr · 13.30–17.00 Uhr
Sa: 9.30–13.00 Uhr und nach Vereinbarung

Ferienhaus: am Weingut
Historie: gegründet 1880 als erste Sekt- und Weinkellerei an der Saar
Sehenswert: größter Gewölbekeller an der Saar, Weingutsvilla mit Park

Rebfläche: 7 Hektar
Jahresproduktion: 60.000 Flaschen
Beste Lagen: Saarburger Rausch und Kupp, Ockfener Bockstein
Boden: tiefgründiger Schiefer
Rebsorte: 100% Riesling
Durchschnittsertrag: 60 hl/ha
Mitglied: VDP, Pro Riesling

Nach weitgehend erfolgreichen 2013ern hat Christiane Wagner auch die Anforderungen des Jahrgangs 2014 insgesamt recht gut bewältigt. Die Weine sind sämtlich blitzblank, hie und da fehlt es manchmal vielleicht etwas an Ausdruck. Alle Weine erscheinen vor dem Hintergrund tragender Saarsäure in einer etwas stahligen Aromatik. Der fruchtsüße Kabinett aus dem Bockstein ist knackig und gradlinig, die Spätlese aus derselben Lage ist saftig-zart, verspielt und klar und die Bockstein-Auslese erscheint saftig und dicht. In Saarburg und Ockfen besitzt die Familie Wagner beste Parzellen in den Lagen Rausch, Kupp und Bockstein. Seit Juli 2009 wird das 1880 von Josef Heinrich Wagner als Wein- und Sektkellerei gegründete Gut in fünfter Generation von Christiane Wagner geführt. Alle Reben werden in der traditionellen Einzelpfahlerziehung gehalten. Nach selektiver Handlese erfolgt der Ausbau der Weine in alten Fuderfässern im größten Gewölbekeller der Saar. Erklärtes Ziel des Weinguts ist es, den typischen, verspielten Charakter der Saarweine zu erhalten. In den kommenden Jahren soll die Vinothek ausgebaut und vergrößert werden.

Anzahl der verkosteten Weine: 10
Bewertungen: 84–90 Punkte

2014	Riesling trocken **8,40 €** | 11,5% | bis 2018	**84**
2014	Riesling Kabinett trocken **10,50 €** | 9,5% | bis 2018	**84**
2014	Riesling Spätlese trocken Alte Reben **14,90 €** | 12% | bis 2019	**87**
2014	Riesling feinherb **8,40 €** | 10,5% | bis 2019	**86**
2014	Riesling Generation V. halbtrocken **11,60 €** | 11% | bis 2019	**86**
2014	Riesling Kabinett feinherb **10,50 €** | 9% | bis 2019	**85**
2014	Saarburger Rausch Riesling Josef Heinrich Spätlese feinherb »Große Lage« **14,90 €** | 10% | bis 2019	**88**
2014	Ockfener Bockstein Riesling Kabinett »Große Lage« **10,50 €** | 7,5% | bis 2020	**87**
2014	Ockfener Bockstein Riesling Spätlese »Große Lage« **14,90 €** | 7,5% | bis 2020	**89**
2014	Ockfener Bockstein Riesling Auslese »Große Lage« **22,50 €** | 7,5% | bis 2022	**90**

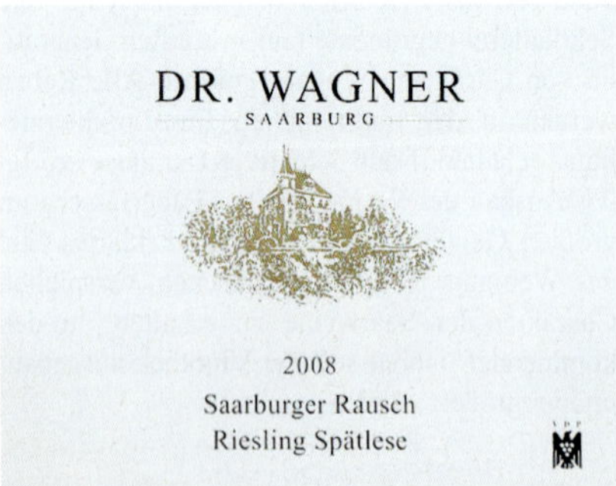

WEINGUT WALTER

56867 Briedel · Hauptstraße 188
☎ (0 65 42) 9 86 90 · Fax 98 69 25
info@weingut-walter.de
www.weingut-walter.de
Inhaber: Alfred Walter
Betriebsleiter: Alfred und Gerrit Walter
Kellermeister: Gerrit Walter

Verkauf: nach Vereinbarung

Wieder gefiel uns der trockene Riesling aus der Pündericher Marienburg am besten. Auch die anderen Lagenweine waren wie letzes Jahr überzeugend. Nur bei den Basisweinen konnte man das schlechte Wetter im Herbst erahnen. Seit 1568 betreibt die Familie Weinbau, seit etwa 1700 in Briedel. Riesling, Weißburgunder und Müller-Thurgau sowie Dornfelder und Spätburgunder werden auf 6,8 Hektar, überwiegend in verhältnismäßig schwer zugänglichen Steil- und Hanglagen, angebaut.

Anzahl der verkosteten Weine: 10
Bewertungen: 81–86 Punkte

2014	Weißburgunder trocken **7,– €** | 12,5% | bis 2017	**81**
2014	Riesling trocken **7,– €** | 12% | bis 2017	**82**
2014	Briedeler Riesling trocken **9,– €** | 12,5% | bis 2017	**83**
2014	Briedeler Weißerberg Weißburgunder trocken **11,– €** | 13% | bis 2018	**84**
2014	Briedeler Weißerberg Riesling trocken **13,– €** | 12,5% | bis 2019	**85**
2014	Pündericher Marienburg Riesling trocken **13,– €** | 13% | bis 2020	**86**
2014	Riesling Classic **7,– €** | 12% | bis 2017	**81**
2014	Briedeler Riesling feinherb **9,– €** | 11,5% | bis 2017	**83**
2014	Riesling Kabinett **7,– €** | 10% | bis 2018	**82**
2014	Briedeler Schäferlay Riesling Spätlese **9,– €** | 9% | bis 2019	**84**

Die Betriebe:
Weltklasse · Deutsche Spitze
Sehr gut · Gut · Zuverlässig
Weitere Empfehlung

WEINGÜTER WEGELER GUTSHAUS MOSEL

54470 Bernkastel-Kues · Martertal 2
☎ (0 65 31) 24 93 · Fax 87 23
info@wegeler.com
www.wegeler.com
Inhaber: Familie Wegeler-Drieseberg
Betriebsleiter und Kellermeister: Norbert Breit

Verkauf: Norbert Breit
nach Vereinbarung

Historie: 1900 wurden die ersten Weinberge (Doctor) erworben
Sehenswert: Weinkeller im Doctor-Weinberg sowie historisches, nach dem Gravitationsprinzip konzipiertes Kelterhaus

Rebfläche: 14 Hektar
Jahresproduktion: 100.000 Flaschen
Beste Lagen: Berncasteler Doctor, Wehlener Sonnenuhr
Boden: Schieferverwitterung
Rebsorte: 100% Riesling
Durchschnittsertrag: 61 hl/ha
Mitglied: VDP

Das 2014er Sortiment aus diesem traditionsreichen Haus hat uns überrascht. Einige Weine wirken etwas schwerfällig, zum Teil behäbig und passen mit diesem Stil nicht so recht an die Mosel. In jedem Fall hat der Jahrgang seine Spuren hinterlassen. Bei den trockenen gefällt uns noch der Bernkasteler am besten mit seiner knackig-sauberen Art. Die feinherben Qualitäten können uns nicht begeistern, allenfalls die fruchtsüßen Spätlesen aus Sonnenuhr und Doctor schließen an frühere Leistungen an. Der Erwerb eines Teils der Lage Berncasteler Doctor im Jahr 1900 stand am Anfang dieses Weinguts. Klassisch ausgebaute Rieslinge gaben in diesem Gut, das gerade im angelsächsischen Raum geschätzt wurde, lange Zeit den Ton an. Mitte der 80er Jahre setzte man dann auch auf die herbe Richtung, was in guten Jahren mit exzellenten trockenen Spätlesen belohnt wird. Da mittlerweile die Gastronomie Hauptkunde ist, werden fast zwei Drittel der Weine trocken ausgebaut. Mitte der 90er Jahre investierten die Inhaber erhebliche Summen in die Kellerei und engagierten mit Norbert Breit einen neuen Gutsverwalter. Das Gut wurde in den vergangenen Jahren auf 14 Hektar verkleinert. Zuletzt wurde in die Neuanlage von Weinbergen in Bernkastel und Wehlen investiert.

Anzahl der verkosteten Weine: 9
Bewertungen: 82–88 Punkte

2014 Riesling trocken **82**
10,90 € | 12% | 🍷 bis 2017

2014 Bernkasteler Riesling trocken **84**
13,50 € | 11,5% | 🍷 bis 2018

2014 Wehlener Sonnenuhr Riesling »Großes Gewächs« **87**
27,– € | 12,5% | 🍷 bis 2019

2014 Berncasteler Doctor **87**
Riesling »Großes Gewächs«
46,– € | 12,5% | 🍷 bis 2019

2014 Graacher Riesling feinherb **84**
13,50 € | 10% | 🍷 bis 2018

2014 Bernkasteler Lay **84**
Riesling feinherb »Große Lage«
21,– € | 11% | 🍷 bis 2018

2014 Wehlener Sonnenuhr **86**
Riesling Kabinett »Große Lage«
15,– € | 8,5% | 🍷 bis 2019

2014 Wehlener Sonnenuhr **87**
Riesling Spätlese »Große Lage«
21,– € | 8,5% | 🍷 bis 2019

2014 Berncasteler Doctor **88**
Riesling Spätlese »Große Lage«
46,– € | 8% | 🍷 bis 2019

WEINGUT DR. F. WEINS-PRÜM

54470 Bernkastel-Wehlen · Uferallee 20
☎ (0 65 31) 22 70 · Fax 31 81
info@weins-pruem.com
www.weins-pruem.com

Inhaber: Bert Selbach
Betriebsleiter und Kellermeister: Bert Selbach

Verkauf: Bert Selbach
nach Vereinbarung

Rebfläche: 4 Hektar
Jahresproduktion: 32.000 Flaschen
Beste Lagen: Wehlener Sonnenuhr, Ürziger Würzgarten, Erdener Prälat, Graacher Himmelreich und Domprobst
Boden: Schiefer
Rebsorte: 100% Riesling
Durchschnittsertrag: 60 hl/ha
Mitglied: VDP

Dass Bert Selbach versichert, nicht jedem modischen Trend zu folgen, freut uns sehr. Hier wird ein traditioneller Stil gepflegt mit deutlicher Fructosearomatik, den wir befürworten. Es sind durch und durch authentische Weine, die aus Selbachs Holzfasskeller kommen und an denen es auch im Jahrgang 2014 nichts auszusetzen gibt. Die fruchtsüßen Kabinette sind alle sehr sauber und ruhen in sich. Begeistert hat uns vor allem die erfrischende Art und saftige Feinheit der Wehlener Sonnenuhr. Die hochfeine Auslese aus dem Erdener Prälat ist straff im Nachhall durch entsprechenden Säureaufbau. Bereits die Weine aus dem Jahrgang 2013 waren vom großen Holzfass geprägt. Das trifft auch auf die Jahrgänge davor zu. Selbach führt den Betrieb in dieser Form in dritter Generation, nachdem seine Großmutter, eine geborene Prüm, 1911 nach dem Tod von Mathias Prüm eines von sieben Erbteilen zusammen mit ihrem Mann, Dr. Franz Weins, als eigenständiges Gut fortgeführt hatte. Die Wurzeln der Prüms sind wohl bis 1156 zurückzuverfolgen. Selbach besitzt gute Parzellen in den traditionsreichen Mittelmoselorten Erden, Ürzig, Wehlen und Graach. Trockene und feinherbe Weine nehmen nur einen untergeordneten Raum ein. Er strebt einen klassischen Stil an, das heißt, seine Weine sollen Mineralität, Saft, Spiel und Leichtigkeit vereinen und sind nie vordergründig süß.

Anzahl der verkosteten Weine: 5
Bewertungen: 85-91 Punkte

2014 Wehlener Sonnenuhr Riesling Kabinett trocken Holzfass — **85**
9,- € | 11% | bis 2018

2014 Graacher Himmelreich Riesling Kabinett feinherb — **85**
8,90 € | 9% | bis 2019

2014 Graacher Domprobst Riesling Kabinett Holzfass — **87**
8,90 € | 7,5% | bis 2019

2014 Wehlener Sonnenuhr Riesling Kabinett — **88**
9,- € | 7,5% | bis 2020

2014 Erdener Prälat Riesling Auslese Holzfass — **91**
16,- € | 7,5% | bis 2022

WEINGUT NIK WEIS SANKT URBANS-HOF

54340 Leiwen · Urbanusstraße 16
☎ (0 65 07) 9 37 70 · Fax 93 77 30
info@urbans-hof.com
www.urbans-hof.com
Inhaber: Nik Weis
Betriebsleiter: Nik Weis
Verwalter: Hermann Jostock
Kellermeister: Rudolf Hoffmann

Verkauf: Nicole Kochan-Platz
Mo–Fr: 9.00–17.00 Uhr
Sa: 9.00–15.00 Uhr nach Vereinbarung

Gourmet-Restaurant: Landhaus St. Urban in Naurath-Wald, Harald und Ruth Rüssel, ☎ (065 09) 914 00, www.landhaus-st-urban.de
Spezialitäten: regionale Spitzenküche

Rebfläche: 34 Hektar
Jahresproduktion: 250.000 Flaschen
Beste Lagen: Leiwener Laurentiuslay, Piesporter Goldtröpfchen, Ockfener Bockstein
Boden: Devonschiefer
Rebsorten: 95% Riesling, 5% übrige Sorten
Durchschnittsertrag: 60 hl/ha
Mitglied: VDP

Es ist immer wieder erstaunlich, wie Nik Weis in diesem nicht gerade kleinen Weingut mit seinem ausgedehnten Weinbergsbesitz an Mittelmosel und Saar Jahrgänge von durchgehend hoher Qualität präsentieren kann. 2012 war ein solcher Jahrgang, in dem nahezu alles passte. Im Jahrgang 2013 konnten vor allem die fruchtsüßen Rieslinge auf diesem Niveau mithalten. Bei den trockenen und feinherben Rieslingen mussten wir jahrgangsbedingt einige Abstriche machen. Im Jahrgang 2014 sehen wir nun Vorteile bei den Saarweinen. Sie haben die bessere Struktur und sind klarer als die Rieslinge von der Mosel, die teilweise sehr reif und reichhaltig wirken.

Bockstein trumpft auf

Bei den feinherben 2014ern überzeugen die Alten Reben, zum einen der etwas rundliche Mehringer, zum anderen der würzig-kühle Wiltinger. Bei den fruchtsüßen Rieslingen trumpft der Ockfener Bockstein mächtig auf: Die Zickelgarten-Spätlese aus dieser großen Saarlage hat eine vornehme Art und ist von großer Feinheit. Die Auslese ist gradlinig wie ein Strich, dabei saftig und dicht. Und die Beerenauslese hat Tannennadeln im Duft, verfügt über Eisweinsäure und ist klar und straff. Den Grundstein für dieses dynamische Familienweingut legte Nicolaus Weis, der den Betrieb 1947 auf einer Anhöhe bei Leiwen erbaute. Von Beruf war er Schuhmachermeister und nebenher bearbeitete er auch einige Weinberge, die sich seit Jahrhunderten im Besitz der Familie befinden. Für seine Leistungen – auch als Politiker, der sich für den Weinbau insgesamt einsetzte – erhielt Nicolaus Weis den Titel Ökonomierat. Sein Sohn Hermann Weis, Förderer der Leiwener Jungwinzer und zudem einer der erfolgreichsten Rebveredler Deutschlands, hatte die Weinbergsfläche von vormals 20 Hektar durch Zukäufe an der Saar nahezu verdoppelt.

Nik Weis

Die »Premier Crus« der Saar

Zuletzt wurde der Besitz von seinem Sohn Nik Weis wieder auf 34 Hektar zurückgeführt. Seine Basisrieslinge, hinter denen in der Tat mehr als beachtliche Flaschenzahlen stehen, erzeugt er von den umfangreichen Flächen im Leiwener Klostergarten, die das schöne Gutsgebäude umgeben. Auf »Premier Cru«-Niveau sieht Weis die Saarfeilser Weinberge, Parzellen im Wiltinger Schlangengraben und einen alten Klosterbesitz innerhalb des Mehringer Blattenbergs, ein »Layet« genanntes Flurstück.

Anzahl der verkosteten Weine: 19
Bewertungen: 82–92 Punkte

2014 Riesling trocken **82**
8,50 € | 11,5% | 🍷 bis 2017

2014 Leiwener Laurentiuslay **88**
Riesling »Großes Gewächs«
29,– € | 12% | 🍷 bis 2019

2014 Wiltinger Riesling feinherb Alte Reben **88**
13,– € | 10,5% | 🍷 bis 2019

2014 Mehringer Riesling feinherb Alte Reben **88**
16,90 € | 10,5% | 🍷 bis 2020

2014 Schodener Saarfeilser **85**
Riesling feinherb »Große Lage«
16,90 € | 11,5% | 🍷 bis 2018

2014 Leiwener Laurentiuslay **86**
Riesling feinherb »Große Lage«
24,– € | 11% | 🍷 bis 2018

2014 Riesling **84**
8,50 € | 9,5% | bis 2018

2014 Piesporter Goldtröpfchen **85**
Riesling Kabinett »Große Lage«
13,90 € | 9,5% | bis 2019

2014 Ockfener Bockstein **87**
Riesling Kabinett »Große Lage«
13,90 € | 8,5% | bis 2020

2014 Schodener Saarfeilser **88**
Riesling Spätlese »Große Lage«
18,– € | 9% | bis 2021

2014 Ockfener Bockstein **86**
Riesling Spätlese »Große Lage«
18,90 € | 8,5% | bis 2020

2014 Piesporter Goldtröpfchen **87**
Riesling Spätlese »Große Lage«
18,90 € | 9,5% | bis 2020

2014 Ockfener Bockstein **90**
Riesling Zickelgarten Spätlese »Große Lage«
| 8,5% | bis 2022

2014 Piesporter Goldtröpfchen **87**
Riesling Auslese »Große Lage«
14,50 €/0,375 Lit. | 9% | bis 2023

2014 Ockfener Bockstein **90**
Riesling Auslese »Große Lage«
29,– € | 9,5% | bis 2025

2014 Ockfener Bockstein **90**
Riesling Auslese »Große Lage« Goldkapsel
23,– €/0,375 Lit. | 9% | bis 2028

2014 Piesporter Goldtröpfchen **87**
Riesling Auslese »Große Lage« Goldkapsel
30,– €/0,375 Lit. | 9,5% | bis 2024

2014 Ockfener Bockstein **92**
Riesling Beerenauslese »Große Lage«
150,– €/0,375 Lit. | 8% | bis 2030

WEINGUT WEISER-KÜNSTLER

56841 Traben-Trarbach · Wilhelmstraße 11
☎ (0 65 41) 81 99 43 · Fax 81 33 80
weingut@weiser-kuenstler.de
www.weiser-kuenstler.de
Inhaber und Betriebsleiter:
Konstantin Weiser und Alexandra Künstler

Verkauf: nach Vereinbarung

Sehenswert: alter Schieferstollen im Weinberg

Rebfläche: 3,6 Hektar
Jahresproduktion: 16.000 Flaschen
Beste Lage: Enkircher Ellergrub und Zeppwingert, Trabener Gaispfad
Boden: blauer Devonschiefer, blau-roter Schiefer
Rebsorte: 100% Riesling
Durchschnittsertrag: 35 hl/ha
Mitglied: Klitzekleiner Ring

Dieses kleine Gut in Traben-Trarbach (3,6 Hektar), das erst 2005 von Konstantin Weiser und Alexandra Künstler gegründet wurde, pflegt seinen individuellen Stil. Für die trockenen Rieslinge wird hier eher die karge, salzige Aromatik präferiert, auch im Jahrgang 2014. Der Gutswein probiert sich frisch und spontan, pikant und rassig. Der Gaispfad ist kraftvoll und dicht, und das bei gerade mal 10,5 Prozent Alkohol. Die Große Eule hat Format, zeigt Holzfasswürze und salzige Art. Ein Paradebeispiel für einen großen Moselkabinett ist die Ellergrub: transparent und ätherisch, aber auch kühl und würzig. Die fruchtsüße Spätlese ist spannungsreich und mit einem tollen Säurekick ausgestattet. Der Weinbautechniker Konstantin Weiser war Betriebsleiter im Weingut Immich Batterieberg in Enkirch. Er und Alexandra Künstler starteten ein eigenes Gut mit 1,8 Hektar in der Enkircher Ellergrub. Diese nicht flurbereinigte Parzelle, die ausschließlich mit wurzelechten, zum Teil über 100 Jahre alten Rieslingreben bestockt ist, bildet den Grundstock des Betriebs. Aber auch die anderen Weinberge, etwa der Enkircher Zeppwingert und der Trabener Gaispfad, leisten ihren Beitrag zu den immer wieder großartigen Weinen. Alle Reben stehen in terrassierten Steillagen auf Schieferverwitterungsboden. Diese Lagen wurden bereits bei der Klassifikation von 1897 in der jeweils höchsten Kategorie eingestuft.

Anzahl der verkosteten Weine: 7
Bewertungen: 84–94 Punkte

2014	Riesling trocken **8,20 €** | 9,5% | bis 2018	**84**
2014	Trabener Gaispfad Riesling trocken **16,50 €** | 10,5% | bis 2018	**86**
2013	Enkircher Ellergrub Riesling Große Eule trocken **23,50 €** | 11,5% | bis 2020	**91**
2014	Trabener Gaispfad Riesling Kabinett trocken **10,– €** | 10,5% | bis 2018	**84**
2014	Enkircher Steffensberg Riesling halbtrocken **15,50 €** | 10,5% | bis 2019	**86**
2014 Top 10	Enkircher Ellergrub Riesling Kabinett **11,50 €** | 7,5% | bis 2020	**91**
2014 Top 10	Enkircher Ellergrub Riesling Spätlese **17,50 €** | 7,5% | bis 2022	**94**

WEINGUT WERNER

54340 Leiwen · Römerstraße 17
☎ (0 65 07) 43 41 · Fax 83 55
riesling@weingut-werner.de
www.weingut-werner.de
Inhaber: Bernhard Werner und
Margret Werner-Beierlorzer

Verkauf: Margret Werner-Beierlorzer
Mo–Fr: 8.00–18.00 Uhr, Sa: 8.00–14.00 Uhr
und nach Vereinbarung

Den feuchten Herbst 2014 hat Winzer Bernhard Werner sehr ordentlich gemeistert. Die trockenen Rieslinge zeigen sich solider als im Vorjahr, wenngleich sie nicht an die trockenen Spitzen aus Jahrgängen mit besseren Bedingungen heranreichen können. Am besten gefällt uns diesmal die sehr saftig fruchtige Riesling Spätlese 2014 aus der Trittenheimer Apotheke. Hier gibt es auch regelmäßig guten Sekt und Cremant für relativ kleines Geld. Die besten Weine dieses Leiwener Weinguts kommen aus dem Annaberg in Schweich und der Trittenheimer Apotheke. Der Anteil an trockenen und halbtrockenen Weinen ist mit 80 Prozent ungewöhnlich hoch und ihre Qualität solide.

Anzahl der verkosteten Weine: 9
Bewertungen: 82–87 Punkte

2013	Spätburgunder Crémant Brut Blanc de Noirs **13,– €** | 12,5% | bis 2018	**87**
2014	Riesling vom Steilen Hang trocken **7,50 €** | 12% | bis 2018	**82**
2014	Trittenheimer Apotheke Riesling »Großes Gewächs« **18,50 €** | 12% | bis 2020	**86**
2014	Schweicher Annaberg Riesling »Großes Gewächs« **18,50 €** | 12% | bis 2020	**86**
2014	Schweicher Annaberg Riesling Spätlese trocken **9,80 €** | 12% | bis 2019	**84**
2014	Trittenheimer Apotheke Riesling Kabinett feinherb **7,10 €** | 10,5% | bis 2022	**86**
2014	Leiwener Laurentiuslay Riesling Spätlese feinherb **9,80 €** | 11% | bis 2020	**85**
2014	Trittenheimer Apotheke Riesling Spätlese **10,20 €** | 8,5% | bis 2022	**87**

WEINGUT WILLEMS-WILLEMS

54329 Konz-Oberemmel · Mühlenstraße 13
☎ (0 65 01) 1 58 16 · Fax 15 03 87
info@weingut-willems.de
www.schiefer-trifft-muschelkalk.de
Inhaber: Carolin und Jürgen Hofmann
Betriebsleiter: Peter Thelen
Kellermeister: Peter Thelen

Verkauf: Carolin Hofmann und Maria Willems
Mo–Fr: 9.00–18.00 Uhr, Sa: 10.00–16.00 Uhr

Gästehaus: im Weingut
Historie: in der 5. Generation in weiblicher Hand
Sehenswert: Winzerhaus von 1854

Rebfläche: 5 Hektar
Jahresproduktion: 30.000 Flaschen
Beste Lagen: Oberemmeler Altenberg und Rosenberg, Niedermenniger Herrenberg
Boden: rötlicher Schiefer mit Grauwacke, grauer Devonschiefer
Rebsorten: 90% Riesling, je 4% Spätburgunder und Weißburgunder, 2% übrige Sorten
Durchschnittsertrag: 60 hl/ha
Mitglied: Moseljünger, Simply Wine, Vinissima

Zwar fehlt dem ein oder anderen 2014er jahrgangsbedingt das tänzelnde Aufspiel, das wir an den Saar-Rieslingen so schätzen, doch gibt es eine ganze Reihe wirklich gelungener Weine in der aktuellen Kollektion. Die trockenen Basisweine sind herzhaft, aber es sind vor allem die feinherben, die diesmal punkten. Dabei entpuppt sich der Kabinett aus dem Karlsberg als Schnäppchen – und als richtig guter Wein: saftig mit fordernder Säure, erinnert er an reife Äpfel, ein klassischer Saartyp eben. Angeführt wird die Kollektion aber von einer fruchtsüßen Spätlese aus dem Herrenberg. Mit ihrer Feinheit und Saftigkeit überstrahlt sie das ganze 2014er Angebot. Carolin Hofmann, geborene Willems, unterstützt nicht nur ihren Mann Jürgen Hofmann aus Appenheim bei der Weiterentwicklung seines rheinhessischen Betriebes, sondern sie ist auch im Gut ihrer Eltern an der Saar für den Weinausbau verantwortlich. Sie studierte Weinbau und Önologie und hat Erfahrungen im Ausland gesammelt. Mit ihren feinherben Rieslingen aus dem Oberemmeler Altenberg und dem Niedermenniger Herrenberg setzt sie deutliche Akzente für den kraftvollen, mineralisch-seidigen und doch eleganten Saar-Riesling.

Anzahl der verkosteten Weine: 9
Bewertungen: 84–91 Punkte

2014	Riesling trocken **8,80 €** | 12% | 🍷 bis 2018	**84**
2014	Riesling Schiefer trocken **10,70 €** | 12% | 🍷 bis 2018	**85**
2014	Niedermenniger Herrenberg Riesling trocken Holzfass **18,20 €** | 12% | 🍷 bis 2019	**86**
2014	Riesling Auf der Lauer feinherb **10,70 €** | 11,5% | 🍷 bis 2019	**87**
2014	Oberemmeler Rosenberg Riesling feinherb **10,90 €** | 11,5% | 🍷 bis 2019	**86**
2014	Oberemmeler Altenberg Riesling feinherb Holzfass **18,20 €** | 11,5% | 🍷 bis 2019	**88**
2014	Oberemmeler Karlsberg Riesling Kabinett feinherb € **9,– €** | 10% | 🍷 bis 2020	**88**
2014	Niedermenniger Herrenberg Riesling Spätlese **12,– €** | 7,5% | 🍷 bis 2022	**91**
2014	Oberemmeler Altenberg Riesling Auslese **17,80 €** | 8,5% | 🍷 bis 2020	**86**

WEINGUT ZILLIKEN FORSTMEISTER GELTZ

54439 Saarburg · Heckingstraße 20
☎ (0 65 81) 24 56 · Fax 67 63
info@zilliken-vdp.de
www.zilliken-vdp.de
Inhaber: Hans-Joachim Zilliken
Kellermeister: Hans-Joachim und Dorothee Zilliken

Verkauf: Dorothee und Ruth Zilliken
nach Vereinbarung

Historie: Ferdinand Geltz war königlich-preußischer Forstmeister
Sehenswert: tiefe Gewölbekeller, neue Verkostungsräume

Rebfläche: 11 Hektar
Jahresproduktion: 80.000 Flaschen
Beste Lagen: Saarburger Rausch, Ockfener Bockstein
Boden: Devonschiefer und Diabas
Rebsorte: 100% Riesling
Durchschnittsertrag: 50 hl/ha
Mitglied: VDP

Wer einmal in die tiefen Keller dieses Weingutes gestiegen ist, erkennt schnell, wie traditionell im positiven Sinne hier gearbeitet wird. Die Luftfeuchtigkeit beträgt nahezu 100 Prozent, die Holzfässer versprühen den Charme vergangener Zeit, sind aber perfekt gepflegt und eignen sich wie kein anderes Behältnis, den von Hanno Zilliken angestrebten Weinstil über die Jahre hin zu bewahren. Man kann es auch so sagen: An der Hardware hat sich hier in den vergangenen Jahrzehnten nichts geändert. Und auf diesem Hintergrund kann Zilliken, unterstützt von seiner Tochter und Geisenheimabsolventin Dorothee, seine Lagen und die unterschiedlichen Jahrgänge geschmacklich präzise abbilden. Das Alterungspotenzial ist allein durch diese Gegebenheiten enorm.

Spielerischer Rausch

Vom Jahrgang 2011 konnte das Gut in jeder Kategorie einen absolut überzeugenden Wein vorstellen. Der spielerisch-feine Kabinett aus der Lage Saarburger Rausch, in der Zilliken insgesamt zehn Hektar bester Parzellen besitzt, wurde gar Bundessieger in dieser Kategorie. Und die Auslese aus eben dieser Lage trug in der Kategorie Riesling Auslese den Sieg davon. An diese außergewöhnlichen Erfolge konnte mit den 2012ern nicht ganz angeknüpft werden. Die ganz hohen Mostgewichte und Reifegrade waren hier an der Saar in 2012 nicht zu erzielen. Im Jahrgang 2013 waren wir angetan von einer kleinen, aber sehr ausgewogenen und homogenen Kollektion. Drei Kabinette mit animierendem Zitrusduft und feinem Säurespiel standen an der Spitze. Im Jahrgang 2014 gelangen zarte Rieslinge, sehr typisch für die Saar. In einem schwierigen Herbst wurde hier sehr gut gearbeitet. Eine feine Salzigkeit zieht sich durch bis zu den großartigen Auslesen. Die Nummer 1 ist geprägt von feinster Botrytis, ein samtener Wein in perfekter Balance. Alle Weine haben eine Art schwebende Leichtigkeit, von der Spätlese aufwärts kommt dann immer mehr Dichte dazu. Die Spätlese mit der Nummer 3 ist verspielt mit tollem Säurekick und zeigt eine hochfeine Frucht.

Hans-Joachim Zilliken

In der besten Phase

Diese Rieslinge haben ein enormes Alterungspotenzial. So kommen die 1993er Auslesen gerade jetzt in ihre beste Phase. Die Spitzen aus den Jahrgängen 1990, 1989 und 1983 präsentieren sich zeitlos frisch und aus den 1960ern kann man noch auf so manche Überraschung stoßen. Aber nicht nur die Vergangenheit dieses über 260 Jahre alten Gutes leuchtet. Die Kollektionen des letzten Jahrzehnts – namentlich die 2003er, 2005er, 2007er und 2009er – haben den Betrieb zurück an die Gebietsspitze geführt. Die 2005er übertrafen alles bisher Dagewesene. Beispielhaft für ein Füllhorn fulminanter Edelsüßer seien zwei Höhepunkte genannt: die lange Goldkapsel Auslese für die Versteigerung – und die mit 100 Punkten geadelte Trockenbeerenauslese. Hier ist eine ganze Palette großer Weine entstanden.

Anzahl der verkosteten Weine: 14
Bewertungen: 83-94 Punkte

	2011	Riesling Sekt Brut Reserve **22,- €** | 12,5% | bis 2018	**88**
	2014	Riesling trocken **12,- €**/1,0 Lit. | 12% | bis 2018	**84**
	2014	Saarburger Riesling trocken **12,80 €** | 10,5% | bis 2018	**85**
	2014	Saarburger Riesling trocken Alte Reben **19,50 €** | 11% | bis 2019	**88**
	2014	Saarburger Rausch Riesling »Großes Gewächs« **30,- €** | 11,5% | bis 2020	**90**
	2014	Riesling Butterfly feinherb **9,80 €** | 11% | bis 2018	**83**
	2014	Saarburger Riesling feinherb **12,80 €** | 10% | bis 2018	**84**
	2014	Saarburger Riesling Kabinett **12,80 €** | 7,5% | bis 2020	**86**
	2014	Ockfener Bockstein Riesling Kabinett »Große Lage« **15,- €** | 7,5% | bis 2020	**88**
Top 10	**2014**	Saarburger Rausch Riesling Kabinett »Große Lage« **16,- €** | 7,5% | bis 2021	**91**
	2014	Saarburger Rausch Riesling Spätlese »Große Lage« **24,- €** | 7,5% | bis 2025	**91**
Top 10	**2014**	Saarburger Rausch Riesling Spätlese »Große Lage« - 3 - | 7,5% | bis 2025	**93**
	2014	Saarburger Rausch Riesling Auslese »Große Lage« - 2 - **45,- €** | 7,5% | bis 2026	**92**
Top 10	**2014**	Saarburger Rausch Riesling Auslese »Große Lage« - 1 - | 7,5% | bis 2028	**94**

Nahe

Ein Jahr für Kabinettweine

- Anschluss an die internationale Spitze
- Hagel und Fäulnis – ein schwieriges Jahr
- Biobetriebe überzeugen

Wildromantisches Tal: Weinberge an der Nahe

Seit dem Ende des 19. Jahrhunderts waren es vor allem die großen Bad Kreuznacher Güter sowie später die Staatsdomäne Niederhausen, die den Ruf der Nahe in die Welt hinaustrugen, ein Ruhm, der dann aber zunehmend verblasste.
An ihre Stelle getreten sind gut aufgestellte Familienbetriebe wie Dönnhoff, Emrich-Schönleber, Schlossgut Diel und etwas später auch Schäfer-Fröhlich, und sie machten sich daran, das Renommee der Nahe gründlich aufzupolieren. Neben den fruchtigen Riesling-Prädikatsweinen, die oft mit in der deutschen Spitze stehen, setzten die trockenen Großen Gewächse neue Maßstäbe, die bundesweites und internationales Aufsehen erregten.

Generationswechsel an der Spitze

Nach Jahrzehnten der Aufbauleistung treten nun Helmut Dönnhoff, Werner Schönleber und Armin Diel schrittweise ins zweite Glied zurück. Das gilt auch im VDP, dessen Regionalverband Armin Diel als umsichtiger Vorsitzender in mehr als zwei Jahrzehnten auf Qualitätskurs gebracht hat. Darauf kann die junge Generation bestens aufbauen: An der Gebietsspitze messen nun Caroline Diel, Cornelius Dönnhoff, Tim Fröhlich und Frank Schönleber ihre Kräfte. Wir sehen die vier Spitzenbetriebe derzeit auf gleich hohem Level. Die Entwicklung der nächsten Jahre verspricht Hochspannung.
Dichte, Frische und moderater Alkohol sind charakteristisch für die Rieslinge aus dem Jahrgang 2014. Neben den Großen Gewächsen begeistern vor allem Kabinettweine, wie man sie in dieser Breite und Qualität lange nicht mehr gesehen hat. Das Lesegut lud gerade dazu ein, leichte Weine dieses Prädikats zu erzeugen. Dabei war der Jahrgang 2014 alles andere als leicht zu bewältigen. Nach frühem Austrieb und früher Blüte waren die Voraussetzungen bis in den Spätsommer hervorragend. Doch ergiebige Niederschläge bis in die zweite Septemberhälfte, zum Teil von Hagel begleitet, waren ein Nährboden für Fäulnis. Warme Nächte begünstigten diese Entwicklung. Entscheidend für das Gelingen der Weine erwies sich zum einen optimale Weinbergsarbeit und zum anderen eine rechtzeitige Lese.
Selbst betagte Winzer können sich nicht erinnern, dass die Trauben jemals so schnell ins Kelterhaus gebracht wurden. Dort wurde teilweise rund um die Uhr gepresst. Es ist verblüffend, wie gut mit diesen schwierigen Bedingungen ausgerechnet die biologisch arbeitenden Betriebe zurecht kamen. Die Hahnmühle in Mannweiler-Cölln erzeugte ei-

Felsen an der Traiser Bastei

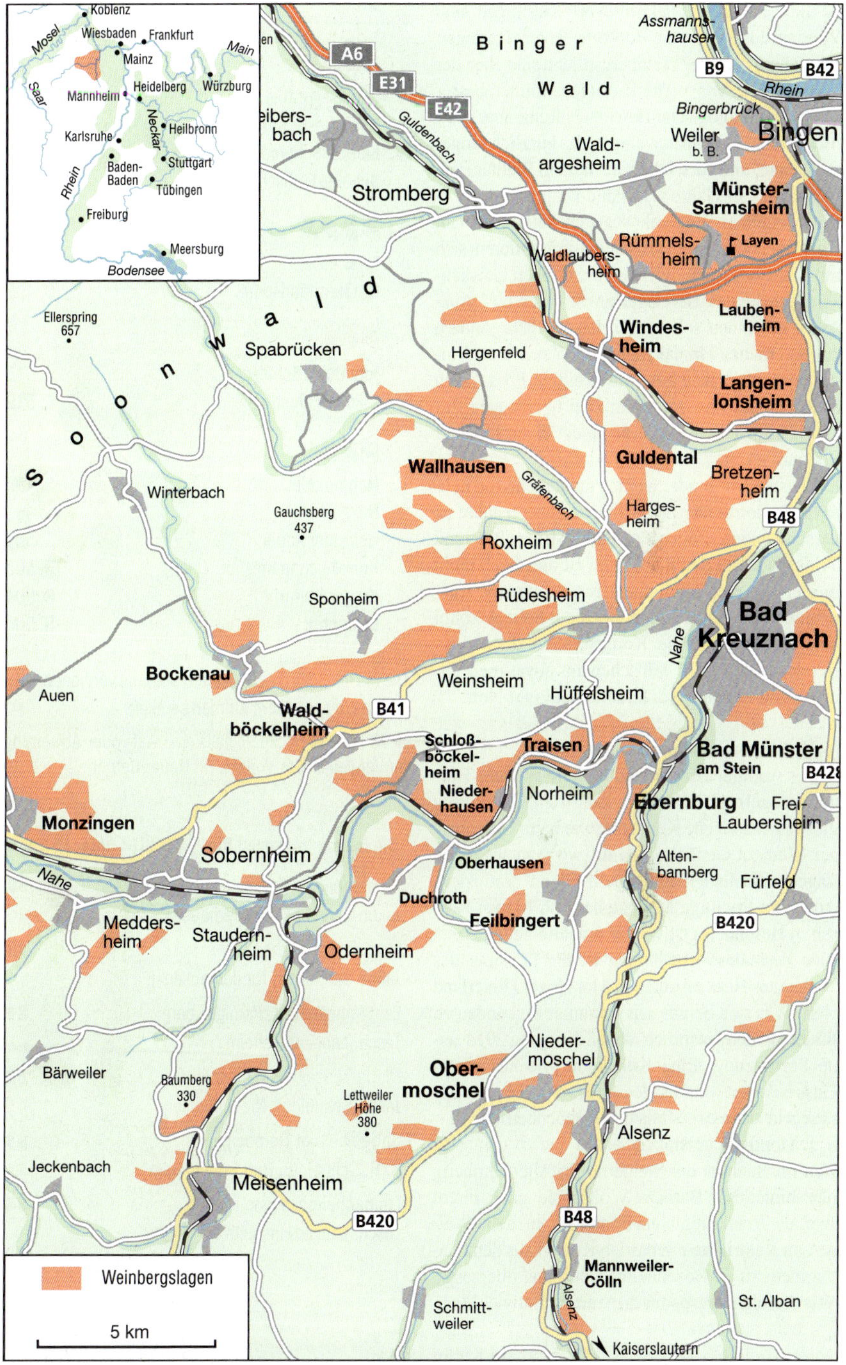
Koblenz
Wiesbaden
Frankfurt
Mosel
Main
Mainz
Saar
Mannheim
Heidelberg
Würzburg
Neckar
Heilbronn
Karlsruhe
Baden-Baden
Stuttgart
Tübingen
Rhein
Freiburg
Meersburg
Bodensee
A6
E31
E42
Binger Wald
Assmannshausen
B9
B42
Rhein
Bingerbrück
Bingen
Weiler b. B.
Waldargesheim
Guldenbach
Stromberg
Münster-Sarmsheim
Rümmelsheim
Layen
Waldlaubersheim
Laubenheim
Windesheim
Langenlonsheim
Soonwald
Ellerspring 657
Spabrücken
Hergenfeld
Guldental
Wallhausen
Gräfenbach
Bretzenheim
Winterbach
Gauchsberg 437
Hargesheim
B48
Roxheim
Rüdesheim
Sponheim
Bad Kreuznach
Nahe
Bockenau
Auen
Weinsheim
Hüffelsheim
Waldböckelheim
B41
Schloßböckelheim
Traisen
Bad Münster am Stein
B428
Niederhausen
Norheim
Ebernburg
Frei-Laubersheim
Monzingen
Sobernheim
Nahe
Oberhausen
Altenbamberg
Fürfeld
Duchroth
Feilbingert
B420
Meddersheim
Staudernheim
Odernheim
Niedermoschel
Bärweiler
Baumberg 330
Obermoschel
Lettweiler Höhe 380
Alsenz
Jeckenbach
Meisenheim
B420
B48
Mannweiler-Cölln
Weinbergslagen
5 km
Schmittweiler
Alsenz
St. Alban
Kaiserslautern

ne blitzsaubere Kollektion von Rieslingen und Weinen aus der raren Rebsorte Roter Traminer. Jahrzehnte penibler Weinbergspflege sind eben der beste Schutz vor Wetterkapriolen. Immer besser klappt die ökologische Bewirtschaftung aber auch im Kreuznacher Staatsweingut, das kürzlich umgestellt hatte, und auch bei Prinz Salm in Wallhausen, der schon viele Jahre Naturland-Mitglied ist.

Einen eigenen Weg geht Karsten Peter vom Gut Hermannsberg. Die Basisweine präsentieren sich mit präziser Frucht, während die Großen Gewächse durch langes Hefelager an Struktur und Ausdruck gewinnen sollen. Bei den Weißburgundern begeistern uns einmal mehr die Weine aus Windesheim, etwa jene aus dem Weingut Poss. Doch auch Crusius und vor allem Diel überzeugen. Inzwischen hat sich an der Nahe ein eigenständiger Stil entwickelt.

Die besten Burgunder werden nicht mehr von neuem Holz dominiert. Die Schwere früherer Jahre ist verschwunden zugunsten von Mineralität und Trinkspaß. Bei den Rotweinen ist dies noch nicht in gleicher Weise gelungen. Bis auf wenige Ausnahmen stehen hier immer noch der hohe Alkohol und eine übermäßige Konzentration der Trinkfreude im Weg. Wir wünschen uns etwas mehr Finesse und Eleganz, vor allem beim Pinot Noir.

Mehr Burgund, weniger Burgenland

Etwas weniger Burgenland und etwas mehr Burgund ist gefragt. Neben den klassischen Rebsorten gibt es ganz eigene Konzepte, wie beim Gutenberger Weingut Genheimer-Kiltz, wo man aus guten Lagen exzellenten Sauvignon Blanc produziert. Auch der fruchtige Muskateller von Martin Korrell in Bosenheim ist wieder prächtig gelungen.

Eine besondere Erwähnung ist die Leistung des Weingutes Hees in Auen im Monzinger Hinterland wert. Was sich bereits seit geraumer Zeit andeutet, findet mit dem anspruchsvollen Jahrgang 2014 seine Fortsetzung. Eine Kollektion wie aus einem Guss beschert Marcus Hees die zweite Traube. Zurückgekehrt in den Kreis der Traubenbetriebe ist S. J. Montigny in Bretzenheim.

Neu im Buch ist der Steigerhof in Altenbamberg, hier hinterlässt Barbara Wollschied nach ihrem Jahr als Weinkönigin erste Spuren. Auch die Weine von Kathrin und Sebastian Korrell aus dem Katharinenstift in Bosenheim haben uns überzeugt. Wir verfolgen gespannt die weitere Entwicklung.

Dr. Eckhard Kiefer

Die Spitzenbetriebe

Schlossgut **D**iel	S. 486
Hermann **D**önnhoff	S. 487
▼ **E**mrich-Schönleber	S. 490
Schäfer-Fröhlich	S. 514

Dr. **C**rusius	S. 484
Gut **H**ermannsberg	S. 497

Joh. Bapt. **S**chäfer	S. 515
Jakob **S**chneider	S. 519

Hahnmühle	S. 495
Hexamer	S. 498
Gebrüder **K**auer	S. 501
Korrell - Johanneshof	S. 503
Kruger-Rumpf	S. 504
Lindenhof	S. 505

Die mit roter Traube markierten Betriebe verdienen in ihrer Klasse besondere Aufmerksamkeit.

▲ ▼ Die Dreiecke signalisieren Auf- oder Abwertung im Vergleich zum Vorjahr. ✻ Neuer Betrieb.

Die besten trockenen Rieslinge 2014 unter 15 Euro

Niedernhäuser Felsensteyer	**89**
Jakob Schneider, Niederhausen	
Norheimer Dellchen	**89**
Jakob Schneider, Niederhausen	
Laubenheimer St. Remigiusberg	**89**
Tesch, Langenlonsheim	
Niederhäuser Hermannshöhle	**88**
Jakob Schneider, Niederhausen	
Sobernheimer Domberg	**88**
K. H. Schneider, Bad Sobernheim	
Laubenheimer Krone	**88**
Tesch, Langenlonsheim	

Lernen von Meisterhand.

Mehr als eine Rezeptsammlung: Konditormeister und Patissier Christoph Felder lädt Sie im neuen Backbuch für Patisserie zu einem persönlichen Workshop ein. Von Grundrezepten der Patisserie über Produktwahl und Werkzeugkunde, step by step zum luftig-leichten Macaron oder eleganten Petits Fours. Experimentieren Sie mit Texturen, Farben und Aromen. Voilà das neue Backbuch für leidenschaftliche Hobby-Zuckerbäcker und Profis der Patisserie.

248 Seiten · ca. 650 Abb.
19,0 x 25,5 cm
€ [A] 30,90
sFr. 39,90 **€ 29,99**
ISBN 978-3-86244-755-8

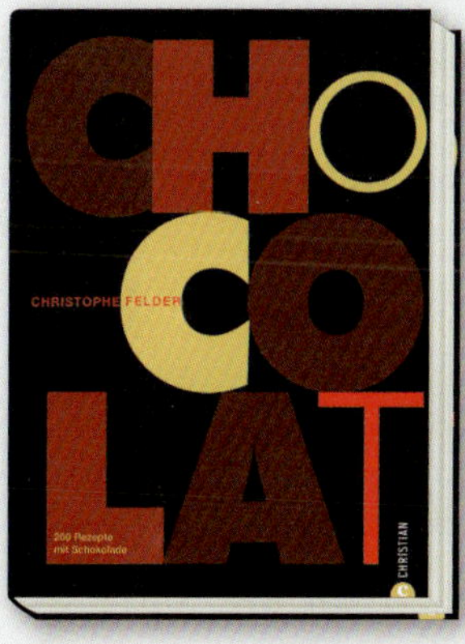

448 Seiten · ca. 400 Abb.
22,5 x 29,0 cm
€ [A] 51,40
sFr. 65,00 **€ 49,99**
ISBN 978-3-86244-651-3

800 Seiten · ca. 3200 Abb.
19,0 x 25,5 cm
€ [A] 71,00
sFr. 89,00 **€ 69,00**
ISBN 978-3-86244-179-2

Willkommen zu Hause

CHRISTIAN

www.christian-verlag.de
oder gleich bestellen unter
Tel. 0180-532 16 17 (0,14 €/Min.)

Christian Verlag GmbH, Infanteriestraße 11a, 80797 München

WEINGUT ALT

55569 Monzingen · Hauptstraße 67
☎ (0 67 51) 9 45 60 · Fax 9 45 61
info@weingut-alt.de
www.weingut-alt.de
Inhaber und Kellermeister: Holger Alt

Verkauf: Holger Alt
Mo–Sa: 8.00–12.00 Uhr · 14.00–18.00 Uhr
und nach Vereinbarung

Nach seinem Aufstieg im vergangenen Jahr zeigt Holger Alt eine solide Leistung, die nicht ganz auf dem Vorjahresniveau liegt. Nach oben abgesetzt im Sortiment hat sich die saftige Spätlese aus dem Frühlingsplätzchen, die eine tolle Frucht aufweist. Von den trockenen Rieslingen überzeugt vor allem der Blauschiefer aus dem Halenberg mit mineralischem Zug. Holger Alt setzt zunehmend auf Qualität. Seine Weine wirken nun tiefgründiger, zeigen Struktur und sogar Lagenpotenzial. Selbst die Rotweine präsentieren sich süffig harmonisch.

Anzahl der verkosteten Weine: 8
Bewertungen: 80–86 Punkte

2014	Monzinger Frühlingsplätzchen Rivaner trocken **4,90 €** | 12% | bis 2016	**82**
2014	Monzinger Halenberg Riesling trocken **5,60 €** | 12,5% | bis 2016	**83**
2014	Monzinger Frühlingsplätzchen Riesling vom Rotliegenden trocken **7,80 €** | 12,5% | bis 2017	**84**
2014	Monzinger Halenberg Riesling vom Blauschiefer trocken **7,80 €** | 12,5% | bis 2017	**85**
2014	Monzinger Frühlingsplätzchen Riesling halbtrocken **5,60 €** | 12% | bis 2016	**80**
2014	Monzinger Frühlingsplätzchen Riesling Spätlese **6,70 €** | 9% | bis 2019	**86**
2013	Monzinger Frühlingsplätzchen Spätburgunder trocken **5,90 €** | 14,5% | bis 2016	**82**
2013	Monzinger Edition »A« trocken Holzfass **7,50 €** | 13% | bis 2017	**84**

Zeichenerklärung:
Schnäppchenpreis · Top 10 Spitzenreiter
Ökobetrieb · Trink-Tipp · Versteigerungswein
Sekt · Weißwein · Rotwein · Roséwein

CHRISTIAN BAMBERGER STEINHARDTER HOF

55566 Bad Sobernheim-Steinhardt
Kreuznacher Straße 2
☎ (0 67 51) 60 48 · Fax 60 49
info@cb-wein.de
www.cb-wein.de
Inhaber: Christian Bamberger

Verkauf: nach Vereinbarung

Vor allem die Rotweine überzeugten uns diesmal mit ihrem internationalen, trinkanimierenden Stil. Von den Weißen sind es die frischen Sauvignon Blancs, die vorne landeten. Selbst ein Fumé im Stile der Loire ist dabei. Dies ist kein Weingut wie alle anderen. Christian Bamberger absolvierte 1990 ein Winemaking Internship im Napa Valley und an der University of California in Davis, seine Weine tragen Namen wie Sorgenfrei, Nachhall, Machtlust oder Strahlkraft. Er selbst gibt sich gerne lässig, die Weine setzen auf Primärfrucht, sind modern, gefällig und süffig. Und Bamberger stellt sich gegen Trends: Der Riesling-Anteil wurde weiter reduziert. In 2015 kommt ein Spätburgunder im Schlossböckelheimer Königsfels in den Ertrag. Ein weiterer Hektar Brachfläche wurde jüngst in Schlossböckelheim erworben.

Anzahl der verkosteten Weine: 12
Bewertungen: 80–85 Punkte

2014	Riesling trocken **7,50 €** | 12,5% | bis 2016	**81**
2014	Cuvée »Sorgenfrei« trocken **7,90 €** | 11% | bis 2016	**81**
2014	Merlot trocken Blanc de Noirs **7,90 €** | 12,5% | bis 2016	**82**
2014	Sauvignon Blanc trocken **9,50 €** | 13% | bis 2016	**83**
2014	Sauvignon Blanc Fumé trocken **15,– €** | 13,5% | bis 2017	**83**
2013	Spätburgunder trocken Holzfass **8,90 €** | 13% | bis 2016	**83**
2012	Cuvée »Machtlust« trocken Holzfass **8,90 €** | 13% | bis 2016	**83**
2013	Spätburgunder Rubinum trocken Barrique **12,50 €** | 13,5% | bis 2017	**83**
2012	Cabernet Cortis trocken Barrique **18,50 €** | 13% | bis 2016	**80**
2012	Cabernet Dorsa trocken Barrique **21,50 €** | 13,5% | bis 2017	**84**
2012	Spätburgunder »QX« trocken Barrique **35,– €** | 13% | bis 2018	**85**

WEIN- UND SEKTGUT BAMBERGER

55566 Meddersheim · Römerstraße 10
☎ (0 67 51) 26 24 · Fax 21 41
kontakt@weingut-bamberger.de
www.weingut-bamberger.de
Inhaber und Betriebsleiter: Heiko Bamberger

Verkauf: Familie Bamberger
Mo–Fr: 8.00–12.00 Uhr · 14.00–18.00 Uhr
Sa: 9.00–17.00 Uhr nach Vereinbarung

Sehenswert: eigene Sektherstellung im Rüttelkeller, terrassierte Weinberge, Weinbergshäuschen, neuer Holzfasskeller

Rebfläche: 15 Hektar
Jahresproduktion: 100.000 Flaschen, davon 20.000 Flaschen Sekt
Beste Lagen: Monzinger Frühlingsplätzchen, Meddersheimer Altenberg und Rheingrafenberg
Boden: Rotliegendes und Quarzit, durchsetzt von Schiefer
Rebsorten: 60% Riesling, 30% Burgundersorten, 10% übrige Sorten
Durchschnittsertrag: 65 hl/ha
Mitglied: Nahetalente, Vinissima

Nach zuletzt etwas schwächeren Vorstellungen kam Heiko Bamberger mit dem Jahrgang 2014 offenbar wesentlich besser zurecht. Seine Burgunder präsentieren sich wieder auf gewohntem Niveau, zeigen geschmackvollen Holzeinsatz und die richtige Mischung von Druck und Eleganz. Die trockenen Rieslinge führt die Goldkapsel aus dem Frühlingsplätzchen deutlich an. Abgerundet wird das Sortiment von einem nach Walderdbeeren duftenden Pinot Noir aus Meddersheim. An der klassisch handwerklichen Sektherstellung im Rüttelkeller kann man erkennen: Hier schlägt das Herz des Betriebs. Heiko Bambergers Sekte beweisen erneut ihre gehobene Stellung an der Nahe. Das trifft auf die Pinot-Cuvée ebenso zu wie auf die Rieslinge, wobei uns in der aktuellen Kollektion der Jahrgang 2010 am meisten überzeugte. Wir sind sicher: Bei etwas früherer Lese und – damit verbunden – einem halben bis einem Grad weniger Alkohol wären sie noch eine Klasse besser!

Die Betriebe:
Weltklasse · Deutsche Spitze
Sehr gut · Gut · Zuverlässig
Weitere Empfehlung

Anzahl der verkosteten Weine: 12
Bewertungen: 82–88 Punkte

2011	Riesling Sekt Brut **12,10 €** | 13% | bis 2016		**86**
2012	Cuvée »Pinot« Sekt Brut **12,10 €** | 13,5% | bis 2016		**86**
2010	Riesling Sekt Brut **12,10 €** | 12,5% | bis 2016		**87**
2010	Cuvée »Pinot« »S« Sekt Brut **19,– €** | 13% | bis 2016		**87**
2014	Meddersheimer Altenberg Riesling trocken **9,50 €** | 12% | bis 2016		**84**
2014	Monzinger Frühlingsplätzchen Riesling trocken **9,50 €** | 12% | bis 2017		**86**
2014	Meddersheimer Weißburgunder »S« trocken Holzfass **9,50 €** | 13% | bis 2017		**86**
2014	Meddersheimer Grauburgunder »S« trocken Holzfass Goldkapsel **13,– €** | 13% | bis 2017		**87**
2014	Monzinger Frühlingsplätzchen Riesling »S« trocken Goldkapsel **15,– €** | 12,5% | bis 2018		**88**
2014	Riesling Plaisir **7,10 €** | 11,5% | bis 2016		**82**
2014	Monzinger Frühlingsplätzchen Riesling feinherb **9,50 €** | 11,5% | bis 2017		**84**
2011	Meddersheimer Pinot Noir trocken Barrique **15,– €** | 13,5% | bis 2017		**87**

WEINGUT CLOSHEIM

55450 Langenlonsheim · Naheweinstraße 97
☎ (0 67 04) 13 14 · Fax 15 16
info@weingut-closheim.de
www.weingut-closheim.de, www.anetteclosheim.de
Inhaber: Familie Closheim
Kellermeister: Philipp und Anette Closheim

Verkauf: Anette Closheim
Mo–Fr: 10.00–12.00 Uhr · 14.00–18.00 Uhr
Sa: 10.00–15.00 Uhr und nach Vereinbarung

Leider spiegeln in diesem aufstrebenden Langenlonsheimer Betrieb die Weine die Probleme des Jahrgangs 2014 zum Teil deutlich wider. Sie zeigen wenig Charme, einige weisen eine deutliche Bitternote auf und einen unschönen, gerbsigen Abgang. Eine Ausnahme ist der Sauvignon Blanc Loirista, der über gute Länge und Charakter verfügt. Auch die rote Cuvée aus 2012 kann überzeugen. Das Weingut bietet drei Linien: die klassische Linie Konrad Closheim, die höherwertige Summarum und die modern fruchtige Fachhandelslinie namens »anetteclosheim«. Das Marketing hat Anette Closheim unter anderem in der Whiskybranche gelernt.

Anzahl der verkosteten Weine: 11
Bewertungen: 79–86 Punkte

2013	Pinot Sekt Brut **10,80 €** | 13% | bis 2016	**80**
2014	Grauburgunder trocken **6,50 €** | 13% | bis 2016	**82**
2014	Cuvée »Blanc« trocken **6,90 €** | 12,5% | bis 2016	**84**
2014	Riesling Summarum trocken Alte Reben **9,50 €** | 12,5% | bis 2016	**81**
2014	Langenlonsheimer Königsschild Weißburgunder trocken **9,90 €** | 13% | bis 2016	**82**
2014	Sauvignon Blanc trocken **12,- €** | 12,5% | bis 2016	**82**
2014	Langenlonsheimer Löhrer Berg Riesling trocken **12,- €** | 12,5% | bis 2016	**83**
2014	Sauvignon Blanc Loirista trocken Barrique **17,- €** | 13% | bis 2017	**86**
2014	Langenlonsheimer Löhrer Berg Riesling Spätlese trocken **6,90 €** | 12,5% | bis 2016	**79**
2013	Pinot Noir trocken Barrique **16,- €** | 13,5% | bis 2016	**82**
2012	Cuvée »Rot« trocken Barrique **18,- €** | 13% | bis 2017	**85**

WEINGUT DR. CRUSIUS

55595 Traisen · Hauptstraße 2
☎ (06 71) 3 39 53 · Fax 2 82 19
info@weingut-crusius.de
www.weingut-crusius.de
Inhaber: Dr. Peter Crusius

Verkauf: Familie Crusius
Mo–Sa: 9.00–12.00 Uhr · 13.30–17.00 Uhr
und nach Vereinbarung

Historie: Familie urkundlich seit 1586 in Traisen als Schultheißen und Weinbauern ansässig
Sehenswert: einzigartige Weinbergslage »Traiser Bastei« am Fuß des Rotenfelsen, Gewölbekeller, Innenhof mit mediterranem Flair

Rebfläche: 20 Hektar
Jahresproduktion: 120.000 Flaschen
Beste Lagen: Traiser Bastei und Rotenfels, Schlossböckelheimer Felsenberg und Kupfergrube, Niederhäuser Felsensteyer, Norheimer Kirschheck
Boden: Vulkanisch und Schieferverwitterung, kiesiger Lehm
Rebsorten: 65% Riesling, 25% Weißburgunder, 5% Spät- und Frühburgunder, 5% übrige Sorten
Durchschnittsertrag: 45 hl/ha
Mitglied: VDP

Konsequente Arbeit im Weinberg und handwerkliche Präzision im Keller waren laut Peter Crusius entscheidende Faktoren, um den problematischen Jahrgang 2014 zu bewältigen. Es ist ihm gelungen. Die trockenen Lagen-Rieslinge haben einen schönen Duft, der mineralische Kirschheck zeigt salzige Noten. Die Großen Gewächse sind straff und haben Länge und an der Spitze steht eine sehr elegante, fruchtsüße Spätlese aus dem Felsenberg mit betörenden Zitrus-anklängen. Bei Peter Crusius, Jahrgang 1955, ist viel Erfahrung mit im Spiel. Er hat die Gelassenheit eines großen Winzers mit vielen Jahrgängen, in denen er seinen ganz eigenen Stil entwickelte. Spontan- und Reinzuchthefenvergärung werden beide genutzt, je nach Jahrgang, und auch bei alten Holzfässern und Edelstahltanks gibt es keine dogmatischen Entscheidungen.

Bastei bringt Kräuterwürze

Die Familie Crusius bewirtschaftet einige große Lagen der mittleren Nahe und doch gibt es eine, die man ganz besonders mit ihr verbindet: die Traiser Bastei. Kraftvoll-mineralische und tiefgründige Weine erbringt sie mit Kräuterwürze und feiner Rauchnote. Mit nur 1,2 Hektar zählt sie zu den kleinsten Spitzenlagen Deutschlands und profitiert vom Rotenfelsmassiv, der höchsten Steilwand nördlich der Alpen, welche sie vor Witterungen schützt. Geröllschutt von Vulkanverwitterungsgestein (Rhyolith) findet sich im Boden, doch genauso ist es das besondere Mikroklima, das die Weine prägt. Im Weinberg legt Crusius viel Wert auf Laubarbeit und eine strenge Selektion bei der Lese. Seine ausgesprochen zupackenden Weine wirken wie Rohdiamanten. Mehr mineralische Substanz als in Crusius-Weinen geht kaum. Auch wenn in der Jugend manchmal prägnante Primäraromen die Kernigkeit überdecken – nicht täuschen lassen! Dass sie hervorragend reifen, versteht sich schon von selbst.

Dr. Peter Crusius

Renommiert im Ausland

Früh setzte die Familie auf Flaschenweine, doch erst mit Hans Crusius, dem 2009 verstorbenen Vater von Peter, stellte sich der Erfolg ein. In den 60er und 70er Jahren erwarb sich das Gut im englischsprachigen Raum ein großes Renommee. Crusius war der erste Familienbetrieb, der an der Nahe in die Phalanx der großen Kreuznacher Güter vordringen konnte.

Später dann, im Jahr 1982, stieg Peter Crusius in den Betrieb ein, übernahm schließlich 1991 die alleinige Verantwortung und führte das Familiengut seitdem wieder in die Spitze der Nahe. Rund zwei Drittel des Besitzes sind Erste Lagen nach VDP-Statut. Peter Crusius hat übrigens eine Leidenschaft für weiße Burgunder, an der Spitze steht der charaktervolle Kaffel, der 2014 wieder zu den besten seiner Sorte an der Nahe gehört.

Anzahl der verkosteten Weine: 12
Bewertungen: 82–90 Punkte

2014	Traiser Riesling trocken **9,– €** | 13% | bis 2016	**82**
2014	Traiser Weißburgunder & Auxerrois trocken **9,– €** | 13% | bis 2016	**84**
2014	Traiser Grauburgunder trocken **9,50 €** | 13% | bis 2016	**83**
2014	Riesling vom Fels trocken **11,– €** | 12,5% | bis 2017	**84**
2014	Traiser Weißburgunder Kaffel trocken Holzfass **14,– €** | 13,5% | bis 2018	**88**
2014	Traiser Rotenfels Riesling trocken »Erste Lage« **14,– €** | 13% | bis 2018	**86**
2014	Norheimer Kirschheck Riesling trocken »Erste Lage« **14,– €** | 13% | bis 2018	**87**
2014	Riesling Top of the Rock trocken **16,– €** | 13% | bis 2017	**85**
2014	Schlossböckelheimer Felsenberg Riesling »Großes Gewächs« **27,– €** | 13% | bis 2022	**89**
2014	Traiser Bastei Riesling »Großes Gewächs« **35,– €** | 13% | bis 2022	**90**
2014	Traiser Rotenfels Riesling Kabinett »Erste Lage« **11,– €** | 9,5% | bis 2020	**86**
2014	Schlossböckelheimer Felsenberg Riesling Spätlese »Große Lage« **14,– €** | 8,5% | bis 2026	**90**

SCHLOSSGUT DIEL

55452 Burg Layen
☎ (0 67 21) 9 69 50 · Fax 4 50 47
schlossgut@diel.eu
www.diel.eu
Inhaber: Armin und Caroline Diel
Betriebsleiter und Kellermeister: Caroline Diel, Christoph J. Friedrich

Verkauf: Victor Diel, Bernd Benz
Mo–Do: 8.00–17.00 Uhr
Fr: 8.00–14.00 Uhr
Sa: Mai–Sept. 11.00–16.00 Uhr
Proben nach Vereinbarung

Historie: Burg Layen (12. Jahrhundert), seit 1802 im Besitz der Familie Diel
Sehenswert: Ruine der Burg Layen, künstlerisch gestalteter Keller, historischer Gewölbekeller

Rebfläche: 26 Hektar
Jahresproduktion: 180.000 Flaschen
Beste Lagen: Dorsheim Goldloch, Pittermännchen und Burgberg, Burg Layen Schlossberg
Boden: kiesiger Lehm mit Schiefer, Quarzit
Rebsorten: 60% Riesling, 40% rote und weiße Burgundersorten
Durchschnittsertrag: 45 hl/ha
Mitglied: VDP, Deutsches Barrique Forum

An diesem Vorzeige-Weingut von der unteren Nahe scheint das Auf und Ab der Jahrgänge spurlos vorüberzuziehen. Schon 2013 probierten wir hier eine großartige Kollektion, womit sich Caroline Diel und ihr Kellermeister Christoph Friedrich endgültig in der Gebietsspitze positionierten. Dieser Trend setzt sich mit dem Jahrgang 2014 fort. Das neue Kelterhaus mit seinen Möglichkeiten mag einen Teil zu dieser Entwicklung beigetragen haben. Vor allem aber ist die Weinbergsarbeit auf Top-Niveau, wobei mittlerweile auf einem Großteil der Fläche nach ökologischen Prinzipien gewirtschaftet wird.

Finesse vor Kraft

Hier geht zunehmend Finesse vor Kraft. 70 Prozent der Weine werden im Holzfass ausgebaut und ebenso viele werden spontan vergoren. Fast immer ist der Burgberg bei den Großen Gewächsen Primus inter Pares – im Jahrgang 2014 sehen wir allerdings das wunderbar würzige Goldloch einen Wimpernschlag vor dem säuregeprägnanten Burgberg und dicht dahinter das schlank-rassige Pittermännchen – ein bärenstarkes Trio. Die fruchtsüßen, animierenden Kabinette gehören regelmäßig zu den besten des Gebiets und darüber hinaus, doch schlägt unser Herz in 2014 für die hocheleganten, feinfruchtigen Spätlesen. Die weißen Burgunder sind prachtvoll geraten mit einer grandiosen Cuvée »Victor« an der Spitze. Der Verzicht auf neues Holz hat die Trinkigkeit nochmals gesteigert. Der feinnervige Pinot noir »Caroline« gehört längst zu den besten seiner Art im Land und wird von Jahr zu Jahr burgundischer. Dazu kommen die an exzellente Champagner erinnernden Prestige-Sekte des Hauses. Sie kommen erst nach 70 bis 90 Monaten Hefelager auf den Markt. Es werden jeweils nur kleine Mengen degorgiert.

Armin und Caroline Diel

Auf höchstem Niveau

Das Schlossgut Diel gehört zu den ganz wenigen Betrieben in Deutschland – es ist vielleicht eine Handvoll – die alle Spielarten der Weinerzeugung auf höchstem Niveau beherrschen. Armin Diel selbst nennt diese Aufgabe den »vinologischen Fünfkampf«. Neben exzellenten trockenen und natursüßen Rieslingen, den feinfühlig im Barrique vinifizierten weißen Burgundern sowie nach der méthode champenoise vergorenem Sekt gehört dazu auch außergewöhnlicher Rotwein. Beeindruckend ist, wie die unterschiedlichen Terroirs herausgearbeitet werden. Das kräuterwürzige Pittermännchen wird vom grauen Schiefer dominiert, das Goldloch strotzt fast vor pfälzischer Fülle und der Burgberg setzt auf eine feinnervige Mineralität, wie man sie vom Rüdesheimer Berg kennt. In den vergangenen Jahren kaufte man weitere Weinberge mit altem Rebbestand.

Zeichenerklärung:
Schnäppchenpreis · Top 10 Spitzenreiter
Ökobetrieb · Trink-Tipp · Versteigerungswein
Sekt | Weißwein | Rotwein | Roséwein

Winzer des Jahres 1999

Anzahl der verkosteten Weine: 15
Bewertungen: 84–93 Punkte

Jahrgang	Wein	Punkte
2014	Riesling Nahesteiner trocken **11,50 €** | 12% | bis 2017	**84**
2014	Burg Layen Riesling trocken **15,– €** | 11,5% | bis 2018	**86**
2014	Dorsheimer Riesling trocken **15,– €** | 11,5% | bis 2018	**87**
2014	Riesling Eierfels trocken **20,– €** | 12% | bis 2020	**88**
2014	Grauburgunder trocken Reserve **24,50 €** | 13,5% | bis 2020	**87**
2014	Weißburgunder trocken Reserve **24,50 €** | 13% | bis 2020	**88**
2014	Dorsheimer Pittermännchen Riesling »Großes Gewächs« **36,– €** | 12% | bis 2022	**90**
2014	Dorsheimer Goldloch Riesling »Großes Gewächs« **36,– €** | 12% | bis 2024	**93**
2014	Dorsheimer Burgberg Riesling »Großes Gewächs« **40,– €** | 12% | bis 2024	**92**
2014	Cuvée »Victor« trocken **42,– €** | 13,5% | bis 2022	**90**
2014	Dorsheimer Goldloch Riesling Kabinett **18,– €** | 8% | bis 2022	**89**
2014	Dorsheimer Pittermännchen Riesling Kabinett **18,50 €** | 8% | bis 2022	**90**
2014	Dorsheimer Goldloch Riesling Spätlese **29,– €** | 7,5% | bis 2028	**92**
2014	Dorsheimer Pittermännchen Riesling Spätlese **30,– €** | 7,5% | bis 2028	**92**
2013	Pinot Noir Caroline trocken **54,– €** | 13% | bis 2024	**90**

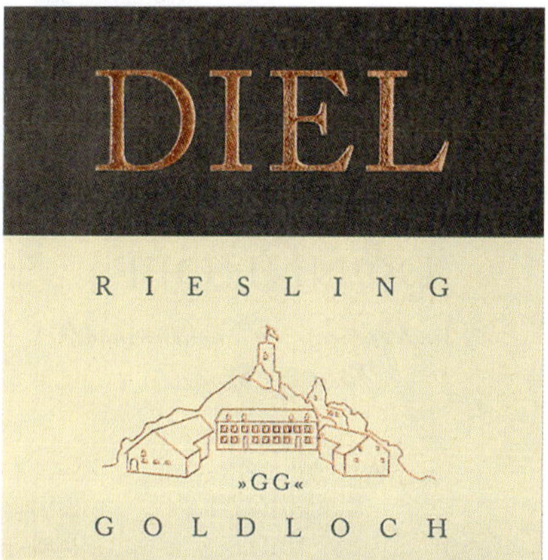

WEINGUT HERMANN DÖNNHOFF

55585 Oberhausen · Bahnhofstraße 11
☎ (0 67 55) 2 63 · Fax 10 67
weingut@doennhoff.com
www.doennhoff.com
Inhaber: Helmut Dönnhoff
Betriebsleiter: Helmut und Cornelius Dönnhoff
Verwalter: Georg Köhler
Kellermeister: Cornelius Dönnhoff

Verkauf: nach Vereinbarung

Historie: Weinbau in der Familie seit 1750
Sehenswert: herrlicher Blick auf die Spitzenlagen von Niederhausen und Schlossböckelheim

Rebfläche: 26 Hektar
Jahresproduktion: 160.000 Flaschen
Beste Lagen: Niederhäuser Hermannshöhle, Oberhäuser Brücke, Schlossböckelheimer Felsenberg, Norheimer Kirschheck und Dellchen, Roxheimer Höllenpfad
Boden: Grauschiefer, Porphyr-, Melaphyr- und Vulkanverwitterung, roter Sandstein
Rebsorten: 80% Riesling, 20% Weiß- und Grauburgunder
Durchschnittsertrag: 50 hl/ha
Mitglied: VDP

Seit Jahren ist es so, dass die stärksten Weine des Gutes aus der Niederhäuser Hermannshöhle kommen. Im Jahrgang 2014 aber steht, zumindest bei den Großen Gewächsen, die Hermannshöhle diesmal nicht allein an der Spitze des trockenen Sortiments. Das Norheimer Dellchen, das in diesem Jahr besondere Feinheiten zeigt, hat zur Kultlage der Nahe diesmal aufgeschlossen. Bei den fruchtsüßen Spätlesen aber ist auch 2014 die gewohnte Hierarchie eingehalten worden. Nach der Brücke hat sich der Norheimer Kirschheck platziert, der mit grandioser Säure ausgestattet ist, und darüber thront die Hermannshöhle in ihrer unnachahmlichen Eleganz. Mindestens so beeindruckend sind hier 2014 die Kabinette ausgefallen: der Kreuznacher Krötenpfuhl zeigt eine feine Art, doch der Oberhäuser Leistenberg wirkt schwerelos, ein großes Trinkvergnügen.

Das Plus an Struktur

Dönnhoff ist in zahlreichen, wahrhaft großen Lagen der Nahe begütert. Die Rieslinge, die daraus stammen, zeigen stets dieses Plus an mineralischer Struktur und aromatischer Tiefe, diese beeindruckende Festigkeit, die ebenso einzigartig wie begeisternd ist. Die Suche nach Balance ist bei den besten Weinen stets spürbar, was sicher auch am Alter der Reben liegt, die mit 50 bis 60 Jahren eine besondere Tiefe erbringen. Vergärung und Lagerung geschehen in klassischen Holzfässern aus deutscher Eiche und im Edelstahl. Es gibt nur wenige deutsche Betriebe, die international eine vergleichbare Bedeutung haben. Das liegt neben den Weinen auch an Helmut Dönnhoff, der über Jahrzehnte diesen Musterbetrieb geprägt hat. Seine Liebe zu den großartigen Lagen der mittleren Nahe ist authentisch, seine Verbundenheit mit der Region in den Weinen spürbar. Mittlerweile übernimmt sein Sohn Cornelius Zug um Zug mehr Verantwortung in diesem 26-Hektar-Betrieb. Und wir haben den Eindruck, dass diese auf längere Zeit angelegte Betriebsübergabe immer besser vorankommt. Gerade in den äußerst schwierigen Jahrgängen 2013 und 2014 hat dieser junge Winzer gezeigt, dass er bereits mit großen Herausforderungen klarkommen kann.

Helmut Dönnhoff

Korb aus Trockenfrüchten

Zu welchen außergewöhnlichen Leistungen dieses Gut zu jeder Zeit in der Lage ist, zeigt eine Trockenbeerenauslese aus 2011: ein edelsüßes Spitzengewächs, das frappierend an einen Korb mit Trockenfrüchten erinnert. Doch auch im Jahrgang 2014 gelang Dönnhoff eine faszinierende Auslese, ebenfalls aus der Hermannshöhle: Es ist tatsächlich und wirklich ein großer Wein mit filigraner Säure und einer enormen Spannung, von deren Art es in 2014 in deutschen Kellern nur ganz wenige gibt.

Anzahl der verkosteten Weine: 13
Bewertungen: 86–96 Punkte

2014 Riesling Tonschiefer trocken **86**
13,50 € | 12% | bis 2017

2014 Kreuznacher Kahlenberg Riesling trocken **88**
17,50 € | 12,5% | bis 2018

2014 Roxheimer Höllenpfad Riesling trocken **88**
19,50 € | 12,5% | bis 2018

2014 Schlossböckelheimer Felsenberg Riesling Felsentürmchen »Großes Gewächs« **90**
34,– € | 13% | bis 2020

2014 Norheimer Dellchen Riesling »Großes Gewächs« **92**
36,50 € | 13% | bis 2022

2014 Niederhäuser Hermannshöhle Riesling »Großes Gewächs« **92**
39,90 € | 13% | bis 2023

2014 Kreuznacher Krötenpfuhl Riesling Kabinett **89**
11,50 € | 9% | bis 2020

2014 Oberhäuser Leistenberg Riesling Kabinett **89**
13,50 € | 9% | bis 2022

2014 Norheimer Kirschheck Riesling Spätlese **91**
17,90 € | 8% | bis 2026

2014 Oberhäuser Brücke Riesling Spätlese **90**
23,90 € | 8,5% | bis 2026

2014 Niederhäuser Hermannshöhle Riesling Spätlese **92**
8,5% | bis 2028

2014 Niederhäuser Hermannshöhle Riesling Auslese **92**
24,– €/0,375 Lit. | 8% | bis 2032

2011 Niederhäuser Hermannshöhle Riesling Trockenbeerenauslese **96**
6,5% | bis 2050

WEINGUT EDELBERG

55627 Weiler bei Monzingen · Gonratherhof 3
☎ (0 67 54) 2 24 · Fax 94 58 81
info@weingut-edelberg.de
www.weingut-edelberg.de
Inhaber: Willi Ebert und Sohn
Betriebsleiter: Peter und Michael Ebert

Verkauf: Familie Ebert
nach Vereinbarung

Man spürt, dass der problematische Jahrgang 2014 den Brüdern Peter und Michael Ebert alles abverlangt hat. Insgesamt wurde die Aufgabe aber sehr solide gelöst. Aus der weitgehend homogenen Kollektion ragt ein trockener Riesling heraus. Mit dem Herrenzehntel gelang ein feiner, dichter Riesling, der zwar noch recht verschlossen ist, dessen zarter Pfirsichduft aber auf eine schöne Entwicklung hoffen lässt. Riesling dominiert die Rebflächen der Familie Ebert im Gonratherhof, doch man beherrscht auch den Umgang mit anderen Sorten, inklusive der roten.

Anzahl der verkosteten Weine: 12
Bewertungen: 79–85 Punkte

2012	Riesling Sekt Brut **10,50 €** | 13% | 🍷 bis 2016	**82**
2014	Riesling trocken **5,20 €**/1,0 Lit. | 12% | 🍷 bis 2016	**80**
2014	Weißburgunder trocken **6,50 €** | 13,5% | 🍷 bis 2016	**79**
2014	Riesling vom Rotliegenden trocken **6,50 €** | 12,5% | 🍷 bis 2016	**81**
2014	Grauburgunder trocken **7,50 €** | 13,5% | 🍷 bis 2016	**81**
2014	Meddersheimer Riesling »E« trocken **9,– €** | 12,5% | 🍷 bis 2016	**82**
2014	Weilerer Cuvée »Pinot Marlén« trocken **11,50 €** | 13,5% | 🍷 bis 2016	**83**
2014	Meddersheimer Rheingrafenberg Riesling »S« trocken **12,50 €** | 12,5% | 🍷 bis 2016	**82**
2014	Weilerer Herrenzehntel Riesling »S« trocken **14,50 €** | 12,5% | 🍷 bis 2017	**85**
2014	Riesling vom Kiesgestein halbtrocken **7,– €** | 12% | 🍷 bis 2016	**79**
2014	Weilerer Gelber Muskateller **8,50 €** | 7,5% | 🍷 bis 2016	**82**
2014	Weilerer Spätburgunder trocken Blanc de Noirs **8,50 €** | 12,5% | 🍷 bis 2016	**80**

WEINGUT EMMERICH-KOEBERNIK

55596 Waldböckelheim · Hauptstraße 44
☎ (0 67 58) 4 26 · Fax 76 97
weingut@emmerich-koebernik.de
www.emmerich-koebernik.de
Inhaber: Doris und Ernst Günter Koebernik
Kellermeister: Christiane und Ernst Günter Koebernik

Verkauf: Doris Koebernik
Mo–Sa: 9.00–19.00 Uhr und nach Vereinbarung

Die Weine aus dem Jahrgang 2014 bilden in diesem Waldböckelheimer Gut ein harmonisches Sortiment. Wenn nun noch Finesse und Klarheit der Rieslingfrucht besser herausgearbeitet würden, wäre künftig noch mehr drin. In diesem Betrieb trifft Moderne auf Tradition. Der Weinbau geht bis in das Jahr 1730 zurück. Dessen sind sich Doris und Ernst-Günther Koebernik und Tochter Christiane bewusst, vergessen dabei aber nicht die Gegenwart. Eine strukturierte Internetseite inklusive Social-Media-Anschluss und Shop sowie eine dreistufige Klassifikation zeugen von gesundem Geschäftssinn und Kommunikationsfreude.

Anzahl der verkosteten Weine: 12
Bewertungen: 79–84 Punkte

2014	Riesling trocken **6,– €** | 12% | 🍷 bis 2016	**79**
2014	Cuvée »Dutzkeilchen« trocken **8,40 €** | 12,5% | 🍷 bis 2016	**82**
2014	Riesling vom Tonschiefer trocken **8,40 €** | 12% | 🍷 bis 2017	**83**
2014	Riesling Bock auf trocken **8,80 €** | 12,5% | 🍷 bis 2016	**81**
2014	Silvaner Bock auf trocken **8,80 €** | 12% | 🍷 bis 2016	**82**
2014	Grauburgunder vom Rotliegenden trocken **8,80 €** | 13% | 🍷 bis 2017	**84**
2014	Riesling feinherb **6,– €** | 12% | 🍷 bis 2016	**81**
2014	Riesling vom Porphyr feinherb **8,40 €** | 12,5% | 🍷 bis 2017	**84**
2014	Weißburgunder & Grauburgunder Bock auf **8,80 €** | 12,5% | 🍷 bis 2017	**84**
2014	Cuvée »Das Liebchen« **6,40 €** | 9% | 🍷 bis 2016	**82**
2014	Riesling **7,60 €** | 10% | 🍷 bis 2016	**81**
2013	Spätburgunder vom Lösslehm trocken Holzfass **9,20 €** | 13% | 🍷 bis 2017	**84**

WEINGUT EMRICH-MONTIGNY

55545 Bad Kreuznach-Planig
Burgundenstraße 1–3
☎ (06 71) 6 58 35 · Fax 6 35 35
weingut@emrich-montigny.de
www.emrich-montigny.de
Inhaber und Betriebsleiter: Ursula Schäfer und Caroline Montigny
Kellermeister: Caroline Montigny

Verkauf: Ursula Emrich-Montigny
Mo–Fr: 8.00–12.00 Uhr · 13.00–18.00 Uhr
Sa: 9.00–13.00 Uhr und nach Vereinbarung

Elf Hektar, sieben Lagen, zwölf Rebsorten stellen eine junge Winzerin vor viele Aufgaben. Doch Caroline Montigny hat etliche davon im Jahrgang 2014 gemeistert, wenn auch einige Weine recht alkoholisch ausgefallen sind. An der Spitze steht eine fruchtsüße Riesling Spätlese aus der Lage Forst mit feinen Aprikosentönen und einem schönen Süße-Säure-Spiel. Dazu kommen der trinkanimierende einfache Chardonnay und der Spätburgunder mit feiner Sauerkirschfrucht.

Anzahl der verkosteten Weine: 12
Bewertungen: 79–85 Punkte

2013	Pinot Sekt extra trocken Cuvée **12,50 €** | 12,5% | bis 2016	**79**
2014	Kreuznacher Riesling trocken **4,80 €**/1,0 Lit. | 11,5% | bis 2016	**79**
2014	Kreuznacher Grauburgunder trocken **5,90 €** | 12,5% | bis 2016	**82**
2014	Kreuznacher Weißburgunder »S« trocken **6,90 €** | 13% | bis 2016	**82**
2014	Kreuznacher Chardonnay trocken **6,90 €** | 13% | bis 2017	**84**
2014	Kreuznacher Narrenkappe Spätburgunder »S« trocken Blanc de Noirs **7,– €** | 12,5% | bis 2016	**80**
2014	Kreuznacher Sauvignon Blanc »S« trocken **7,20 €** | 13% | bis 2016	**82**
2013	Kreuznacher Nonnengarten Chardonnay »S« Auslese trocken Barrique **8,50 €** | 12,5% | bis 2016	**82**
2014	Kreuznacher Forst Riesling Spätlese **6,50 €** | 7,5% | bis 2018	**85**
2014	Kreuznacher Spätburgunder trocken Rosé **5,90 €** | 12,5% | bis 2016	**80**
2012	Kreuznacher Römerhelde Spätburgunder »S« trocken Barrique **10,– €** | 13% | bis 2017	**85**
2012	Kreuznacher Cabernet Sauvignon »S« trocken Barrique **13,– €** | 13% | bis 2017	**84**

WEINGUT EMRICH-SCHÖNLEBER

55569 Monzingen · Soonwaldstraße 10a
☎ (0 67 51) 27 33 · Fax 48 64
weingut@emrich-schoenleber.com
www.emrich-schoenleber.com
Inhaber und Betriebsleiter: Werner und Frank Schönleber
Kellermeister: Frank Schönleber

Verkauf: Hannelore Schönleber
nach Vereinbarung

Historie: mehr als 250 Jahre Weinbau in der Familie

Rebfläche: 18 Hektar
Jahresproduktion: 120.000 Flaschen
Beste Lagen: Monzinger Halenberg und Frühlingsplätzchen
Boden: Gemisch aus verschiedenen Schieferarten und Quarzit
Rebsorten: 85% Riesling, 6% Grauburgunder, 6% Weißburgunder, 3% übrige Sorten
Durchschnittsertrag: 52 hl/ha
Mitglied: VDP

Die Jahrgänge 2013 und 2014 haben Werner und Frank Schönleber wahrlich alles abverlangt. Die Witterungsunbilden waren eine große Herausforderung, die sie wieder einmal mit Bravour gemeistert haben. Vielleicht muss man bei dem ein oder anderen Wein minimale Abstriche machen – aber auch 2014 bietet eine Kollektion, wie sie nur wenige Spitzenbetriebe auf den Tisch stellen können. Einen schwachen Jahrgang gibt es hier eben nicht. Nur die Auswahl zwischen überragend und sehr gut.

Lenz mit Zug

Schon der Riesling Lenz hat mineralischen Zug, der Mineral zeigt sich dichter. Aus dem trockenen Halenberg ist jetzt der Halgans geworden, Hinweis auf den ursprünglichen Namen dieses grandiosen Hanges. Es ist ein Riesling mit Tiefgang und Zug. Das Große Gewächs aus dem Frühlingsplätzchen macht seinem Namen mit Noten von Mirabelle, Zitrus und Kräutern alle Ehre, während der Halenberg GG von Hefearomen geprägt ist und enorm würzig erscheint. Ebenfalls noch sehr verschlossen ist das Große Gewächs Auf der Ley. Er stammt von einem stark mit Flusskiesel durchsetzten Steilhang des Frühlingsplätzchens und wird nur auf der VDP-Versteigerung angeboten, die jeweils im September in der Kreuznacher Römerhalle stattfindet. Das Augenmerk der Schönlebers liegt seit jeher ganz auf den Monzinger Lagen. Sie schlugen als einer der wenigen Spitzenbetriebe nicht zu, als Parzellen an der mittleren Nahe zum Verkauf standen. Die Weinwelt singt seit Jahrzehnten ein Loblied auf Werner Schönleber – und vergisst dabei, dass Sohn Frank bereits seit 2006 für den Keller verantwortlich ist. Hier ist der Übergang so fließend vonstatten gegangen, dass ihn kaum jemand außerhalb der Familie wahrnahm. Ihre Arbeit gleicht einer perfekten Deklination. Sie beschränken sich auf zwei Lagen, doch diese interpretieren sie in jeder Qualitätsstufe kongenial. Auf der einen Seite das feminine, feinduftig florale, früher zugängliche, von rotem Schiefer und Kiesel geprägte Frühlingsplätzchen, dessen Boden stark mit Lehm des Rotliegenden durchsetzt ist.

Werner Schönleber

Spätlesen auf Augenhöhe

Auf der anderen der maskulinere, mineralischere Halenberg mit blauem Schiefer und Quarzit. Das Große Gewächs aus Letzterem gehört mit großer Regelmäßigkeit alljährlich zu den bedeutenden trockenen Rieslingen Deutschlands und zeigt aufs Feinste, wie sich Mineralik, Dichte und Filigranität vereinen lassen. 2007 wurden auf zwei Drittel Hektar verbuschter Brache in einem extrem steilen Teil des Halenbergs junge Rieslingstöcke gepflanzt. Abgerundet wird das 2014er Sortiment von wunderschönen, fruchtsüßen Rieslingen, wobei die Spätlesen aus Frühlingsplätzchen und Halenberg fast auf Augenhöhe stehen. Erstere protzt verschwenderisch mit Mandarinenaromen, während der Halenberg an Zitrusfrüchte und Kräuter erinnert.

Anzahl der verkosteten Weine: 15
Bewertungen: 84–92 Punkte

2014 Riesling trocken **84**
9,90 € | 12% | bis 2017

2014 Weißburgunder trocken **84**
12,50 € | 12,5% | bis 2016

2014 Riesling Mineral trocken **87**
14,90 € | 12% | bis 2018

2014 Grauburgunder »S« trocken **85**
15,50 € | 12,5% | bis 2017

2014 Monzinger Frühlingsplätzchen Riesling trocken **86**
18,90 € | 12% | bis 2018

2014 Monzinger Riesling Halgans trocken **89**
20,50 € | 12% | bis 2020

2014 Monzinger Frühlingsplätzchen Riesling »Großes Gewächs« **90**
37,– € | 12% | bis 2022

2014 Monzinger Halenberg Riesling »Großes Gewächs« **91**
39,– € | 12% | bis 2024

2014 Monzinger Auf der Ley Riesling »Großes Gewächs« **91**
| 12,5% | bis 2025

2014 Riesling Lenz **86**
10,90 € | 11,5% | bis 2018

2012 Monzinger Halenberg Riesling »R« **91**
37,– € | 12,5% | bis 2025

2014 Monzinger Riesling Kabinett **87**
12,90 € | 9,5% | bis 2021

2014 Monzinger Frühlingsplätzchen Riesling Spätlese **90**
19,90 € | 9% | bis 2026

2014 Monzinger Halenberg Riesling Spätlese **91**
22,– € | 9% | bis 2028

2014 Monzinger Halenberg Riesling Auslese **92**
37,– € | 8,5% | bis 2035

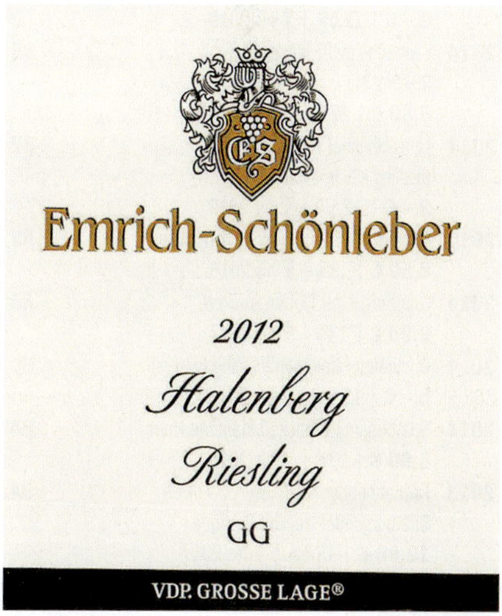

WEINGUT THEO ENK

55452 Dorsheim · Weinbergstraße 13
☎ (0 67 21) 4 54 70 · Fax 4 78 84
info@weingut-theo-enk.de
www.weingut-theo-enk.de
Inhaber: Theo und Steffen Enk
Kellermeister: Steffen Enk

Verkauf: nach Vereinbarung

Vater und Sohn, Theo und Steffen Enk, scheinen auf dem Weg zurück zu alter Stärke. Schon im vergangenen Jahr freuten wir uns über mehr Frische und Struktur in den Weinen – und auch den wahrlich nicht einfach auszubauenden Jahrgang 2014 haben die beiden Dorsheimer Winzer bestens gemeistert. Wir probierten präzise, mineralische trockene Rieslinge, toll animierende Weine, elegant und klar. Das trifft auch auf Silvaner und die Burgundersorten zu. Der Grauburgunder Florian ist stilvoll, der Riesling aus dem Karthäuser schlank und mineralisch. Auf ihren 8,5 Hektar Anbaufläche setzen die Winzer auf intensive Weinbergsarbeit, 100 Prozent Handlese und im Keller auf präzises Arbeiten mit Edelstahl und Reinzuchthefe.

Anzahl der verkosteten Weine: 10
Bewertungen: 82–87 Punkte

2014	Silvaner trocken Alte Reben **5,60 €** | 12,5% | 🍷 bis 2017	**85**
2014	Grauburgunder trocken **6,60 €** | 13% | 🍷 bis 2016	**82**
2014	Laubenheimer Karthäuser Riesling Steinrech trocken **8,– €** | 12,5% | 🍷 bis 2019	**86**
2014	Laubenheimer Fuchsen Riesling Mariage V trocken **8,80 €** | 12,5% | 🍷 bis 2018	**85**
2014	Laubenheimer Karthäuser Riesling »S« trocken **9,– €** | 12,5% | 🍷 bis 2019	**87**
2014	Grau- & Weißburgunder Felix trocken **9,50 €** | 13% | 🍷 bis 2016	**82**
2014	Grauburgunder Florian trocken **9,80 €** | 13% | 🍷 bis 2017	**86**
2014	Dorsheimer Goldloch Riesling feinherb **9,– €** | 11,5% | 🍷 bis 2017	**85**
2014	Spätburgunder trocken Blanc de Noirs **6,80 €** | 13% | 🍷 bis 2016	**84**
2013	Laubenheimer Karthäuser Spätburgunder trocken Barrique **12,90 €** | 13,5% | 🍷 bis 2017	**84**

WEINGUT ALBERT GÄLWEILER

55595 Sankt Katharinen · Mühlenstraße 6
☎ (0 67 06) 4 05 · Fax 67 86
info@gaelweiler-wein.de
www.gaelweiler-wein.de
Inhaber und Betriebsleiter: Andreas und Dr. Leo Gälweiler
Kellermeister: Andreas Gälweiler

Verkauf: nach Vereinbarung

Dieser grundsolide Betrieb in St. Katharinen kann auch auf Lagen in Roxheim, Bad Kreuznach und Braunweiler zurückgreifen. Im Roxheimer Berg und Höllenpfad hat man viele kleine, brach gefallene Parzellen übernommen und mit Riesling rekultiviert. Aus dem Höllenpfad kommt auch der beste trockene aus 2014. Die Scheurebe mit ihrem typischen Stachelbeeraroma gelingt hier ausgezeichnet. In allen Weinen steckt eine große Frische, sie vermitteln Trinkgenuss und sind dabei moderat im Alkohol. Dies ist ein rundum sympathischer Betrieb.

Anzahl der verkosteten Weine: 12
Bewertungen: 81–86 Punkte

2014	Rivaner trocken **5,20 €**/1,0 Lit. | 13% | 🍷 bis 2016	**81**
2014	St. Kathariner Fels Weißburgunder trocken **7,20 €** | 12% | 🍷 bis 2016	**83**
2014 👍	St. Kathariner Fels Scheurebe trocken **7,20 €** | 12% | 🍷 bis 2018	**85**
2014	Kreuznacher Osterhöll Grauburgunder trocken **7,50 €** | 12,5% | 🍷 bis 2016	**82**
2014	Roxheimer Höllenpfad Riesling vom roten Sandstein trocken **7,50 €** | 12% | 🍷 bis 2017	**83**
2014	St. Kathariner Fels Sauvignon Blanc trocken **8,20 €** | 12% | 🍷 bis 2017	**84**
2014	Kreuznacher Kahlenberg Grauburgunder »S« trocken Holzfass **8,40 €** | 13,5% | 🍷 bis 2017	**85**
2014	Roxheimer Höllenpfad Riesling Spätlese trocken **10,50 €** | 12% | 🍷 bis 2018	**85**
2014	Roxheimer Berg Riesling feinherb **7,30 €** | 11% | 🍷 bis 2017	**83**
2014	Wallhäuser Backöfchen Scheurebe **7,– €** | 8% | 🍷 bis 2018	**86**
2013	St. Kathariner Fels Blauer Spätburgunder trocken Holzfass **7,90 €** | 13% | 🍷 bis 2016	**82**
2013	Roxheimer Berg Pinot Noir trocken Barrique **15,70 €** | 13,5% | 🍷 bis 2017	**81**

WEINGUT GENHEIMER-KILTZ

55595 Gutenberg · Zum Sportfeld 6
☎ (0 67 06) 86 33 · Fax 63 19
info@genheimer-kiltz.de
www.genheimer-kiltz.de
Inhaber und Betriebsleiter: Georg, Gerlinde und Harald Kiltz
Kellermeister: Harald Kiltz

Verkauf: nach Vereinbarung

Rebfläche: 11,1 Hektar
Jahresproduktion: 93.000 Flaschen
Beste Lagen: Kreuznacher Narrenkappe, Gutenberger Schlossberg und Felseneck
Boden: Lösslehm mit Naheschotter, Rotliegendes
Rebsorten: 30% Sauvignon Blanc, 25% Riesling, 16% weiße Burgundersorten, 15% Dornfelder, 11% Spätburgunder, 3% übrige Sorten
Durchschnittsertrag: 70 hl/ha

Genheimer-Kiltz, das ist Sauvignon Blanc. Diese aromatische Sorte gelingt im Gut unglaublich gut – und setzt Maßstäbe für die Nahe und darüber hinaus. Mit 30 Prozent ist sie die Nummer eins im Rebsortenspiegel des Gutenberger Betriebes. Schon die trockenen Basisweine sind stilsicher und ausgesprochen trinkanimierend. An der Spitze steht der auf der Hefe ausgebaute Felseneck mit seiner typischen, sehr feinen Nase und einem mineralischen Finish. Früher teilten sich hier weiße und rote Sorten die Fläche in den Weinbergen je zur Hälfte. Heute hat sich das Verhältnis weißer zu roter Sorten zu drei Vierteln zugunsten der roten verschoben. Doch auch die Rotweine gelingen hier sehr gut, namentlich der Pinot Noir, ebenfalls aus dem Felseneck, der die kühle Frucht des Spätburgunders gut herausarbeitet. Georg und Harald Kiltz überzeugen durch qualitative Konstanz, eine klare, moderne Handschrift und setzen auf naturnahen Anbau bei ihrem bis zu 30-jährigen Rebbestand. Im modern gestalteten Verkostungsbereich lassen sich die Weine prima verkosten.

Anzahl der verkosteten Weine: 9
Bewertungen: 82–88 Punkte

2014	Grauburgunder Terrassenkies trocken **6,50 €** | 12,5% | bis 2016	**82**
2014	Gutenberger Sauvignon Blanc trocken **7,50 €** | 12,5% | bis 2016	**85**
2014	Gutenberger Römerberg Sauvignon Blanc trocken »Beste Lagen« **9,80 €** | 13% | bis 2017	**86**
2014	Gutenberger Felseneck Sauvignon Blanc trocken »Beste Lagen« »sur lie« **16,– €** | 13% | bis 2018	**88**
2014	Kreuznacher Narrenkappe Sauvignon Blanc »Beste Lagen« **12,– €** | 13% | bis 2017	**86**
2014	Gutenberger Römerberg Sauvignon Blanc »Beste Lagen« **9,80 €** | 8% | bis 2017	**85**
2013	Gutenberger Spätburgunder trocken **7,20 €** | 13% | bis 2016	**84**
2012	Gutenberger Felseneck Pinot Noir trocken »Beste Lagen« **10,90 €** | 13% | bis 2017	**86**
2012	Gutenberger Schlossberg Pinot Noir trocken »Beste Lagen« Barrique **19,– €** | 13,5% | bis 2018	**87**

Die Betriebe:
Weltklasse · Deutsche Spitze
Sehr gut · Gut · Zuverlässig
Weitere Empfehlung

WEINGUT GÖTTELMANN

55424 Münster-Sarmsheim · Rheinstraße 77
☎ (0 67 21) 4 37 75 · Fax 4 26 05
goettelmannWein@aol.com
www.goettelmann-wein.de
Inhaber: Ruth Göttelmann-Blessing und Götz Blessing

Verkauf: Familie Blessing
nach Vereinbarung

Straußwirtschaft: März–Nov.
Fr–Sa: 18.00–23.00 Uhr
So: 17.00–23.00 Uhr
Spezialitäten: überbackene Wingertsknorzen, Backsteinkäs'

Rebfläche: 13,5 Hektar
Jahresproduktion: 90.000 Flaschen
Beste Lagen: Münsterer Dautenpflänzer, Kapellenberg, Pittersberg und Rheinberg
Boden: Schieferverwitterung, Löss
Rebsorten: 66% Riesling, 12% Weiß- und Grauburgunder, 6% Spätburgunder, 4% Silvaner, 12% übrige Sorten
Durchschnittsertrag: 55 hl/ha

Götz Blessing und seine Frau Ruth führen diesen Betrieb in der vierten Generation und sind nunmehr seit 30 Jahren im Geschäft. Vom Jahrgang 2014 probierten wir frische und knackige Rieslinge. Bei den trockenen hat uns vor allem der Riesling vom schwarzen Schiefer angesprochen mit gutem Zug, viel Spannung und Energie. Bei den trockenen Lagen-Rieslingen hat diesmal der Kapellenberg die Nase vor dem Dautenpflänzer. Dieser zeigt den Duft von Trockenaprikosen, während der Kapellenberg straff und reduktiv erscheint. Alles in allem eine überaus solide Kollektion, gekrönt von zwei fruchtsüßen Spätlesen, wobei sich der Rheinberg durch Mandarinenduft auszeichnet. Dass Götz Blessing genau weiß, was er tut, kann man seiner Jahrgangsbeschreibung entnehmen. Diese Erkenntnisse kann man in der Straußwirtschaft des Gutes vertiefen, eine der beliebtesten an der Nahe und ideal, um die Weine des Hauses kennenzulernen.

Anzahl der verkosteten Weine: 12
Bewertungen: 82–87 Punkte

2014	Münsterer Pittersberg Riesling trocken **7,20 €** | 12,5% | 🍷 bis 2016	**83**
2014	Münsterer Sauvignon Blanc trocken **7,50 €** | 12,5% | 🍷 bis 2016	**84**
2014	Münsterer Riesling vom Schwarzen Schiefer trocken **7,50 €** | 12,5% | 🍷 bis 2017	**86**
2014	Münsterer Grauburgunder trocken **7,80 €** | 13% | 🍷 bis 2016	**82**
2014	Münsterer Riesling vom Roten Schiefer trocken **8,– €** | 12,5% | 🍷 bis 2017	**85**
2014	Münsterer Chardonnay trocken »sur lie« **8,30 €** | 13,5% | 🍷 bis 2016	**82**
2014	Münsterer Dautenpflänzer Riesling trocken **9,– €** | 12,5% | 🍷 bis 2017	**86**
2014	Münsterer Kapellenberg Riesling trocken **12,50 €** | 12,5% | 🍷 bis 2017	**87**
2014	Münsterer Riesling feinherb **6,80 €** | 12% | 🍷 bis 2016	**83**
2014	Münsterer Rheinberg Riesling Spätlese **8,50 €** | 8% | 🍷 bis 2019	**86**
2014	Münsterer Dautenpflänzer Riesling Spätlese **8,90 €** | 8,5% | 🍷 bis 2020	**87**
2014	Münsterer Rheinberg Riesling Auslese **18,– €**/0,5 Lit. | 8% | 🍷 bis 2022	**87**

Zeichenerklärung:
Schnäppchenpreis · Top 10 Spitzenreiter
Ökobetrieb · Trink-Tipp · Versteigerungswein
Sekt | Weißwein | Rotwein | Roséwein

WEINGUT HAHNMÜHLE

67822 Mannweiler-Cölln · Alsenzstraße 25
☎ (0 63 62) 99 30 99 · Fax 44 66
info@weingut-hahnmuehle.de
www.weingut-hahnmuehle.de
Inhaber: Peter und Martina Linxweiler

Verkauf: Peter Linxweiler
Mo–Fr: 9.00–12.00 Uhr · 14.00–18.00 Uhr
Sa: 9.00–16.00 Uhr

Historie: die Hahnmühle, eine Wassermühle aus dem 13. Jahrhundert, ist seit dem Jahr 1898 in Familienbesitz

Rebfläche: 15 Hektar
Jahresproduktion: 90.000 Flaschen
Beste Lagen: Oberndorfer Beutelstein, Alsenzer Elkersberg
Boden: Sandstein- und Schieferverwitterung
Rebsorten: 50% Riesling, je 12% Weißburgunder und Silvaner, je 6% Traminer und Chardonnay, 9% Spätburgunder, 5% übrige Sorten
Durchschnittsertrag: 40 hl/ha
Mitglied: Naturland

Auch im Jahrgang 2014, der für ökologisch wirtschaftende Betriebe wahrlich nicht einfach zu bewältigen war, wurde hier im etwas entlegenen Alsenztal wieder hervorragend gearbeitet. Allen Weinen eigen ist eine bemerkenswerte Mineralik und Frische. Gerade auch die Traminer verblüffen durch ihre Trinkigkeit. Bei den Rieslingen stehen wieder die Alisencia-Füllungen an der Spitze, die noch Zeit zur Abrundung benötigen. Gekrönt wird das Sortiment von der Riesling- und Traminer-Cuvée aus dem Oberndorfer Beutelstein: frisch, animierend, mit feiner Rosennote. 1986 haben Peter und Martina Linxweiler den Familienbetrieb übernommen. Ungeachtet aller Moden und Trends setzen die beiden Pioniere seit nunmehr fast 30 Jahren auf das Ökosystem Weinberg: keine Herbizide und Pestizide, dafür Artenvielfalt bei Pflanzen und Tieren und die Förderung der natürlichen Bodenfruchtbarkeit. Im Keller herrscht kontrolliertes Nichtstun. Die Rieslinge vergären im Holzfass, die anderen Rebsorten im Edelstahltank. Man lässt sich Zeit, achtet auf eine gezügelte Gärung und einen langen Hefekontakt. Dies fördert die Fülle, die Reife und den Schmelz der Weine.

Anzahl der verkosteten Weine: 8
Bewertungen: 84–88 Punkte

2014	Roter Traminer Landwein trocken »sur lie« **15,40 €** | 12,5% | bis 2017	**85**
2014	Riesling Alter Wingert trocken **8,– €** | 12% | bis 2017	**84**
2014	Cöllner Rosenberg Riesling & Roter Traminer trocken **8,60 €** | 11,5% | bis 2017	**84**
2014	Weißburgunder Gäseritsch trocken Premium Holzfass **9,50 €** | 12,5% | bis 2017	**85**
2014	Oberndorfer Riesling Sandstein trocken Premium **10,50 €** | 11,5% | bis 2017	**85**
2014	Riesling Alisencia trocken Premium Holzfass **12,– €** | 11,5% | bis 2018	**86**
2014	Oberndorfer Beutelstein Riesling & Roter Traminer feinherb Premium **10,50 €** | 11% | bis 2019	**88**
2014	Riesling »S« Alisencia feinherb Premium Holzfass **14,80 €** | 11% | bis 2019	**87**

WEINGUT HEES

55569 Auen · Zur feuchten Ecke 6
☎ (0 67 54) 3 73 · Fax 94 69 25
info@heeswein.de
www.heeswein.de
Inhaber: Marcus Hees
Betriebsleiter: Guido und Marcus Hees

Verkauf: Marcus Hees
Mo–So: 9.00–20.00 Uhr
sowie im Gasthof

Landgasthof: Weingut, Essgut, Schlafgut »Zum Jäger aus der Pfalz«

Rebfläche: 7 Hektar
Jahresproduktion: 45.000 Flaschen
Beste Lagen: Auener Römerstich, Monzinger Halenberg
Boden: Sandsteinverwitterung, Tonschiefer, Schiefer
Rebsorten: 55% Riesling, 35% Burgundersorten, 10% übrige Sorten
Durchschnittsertrag: 70 hl/ha
Mitglied: Nahe Sieben

Schon im komplizierten 2013er Jahrgang hatte es Marcus Hees geschafft, seiner Linie der rassigen Weine treu zu bleiben, aber gleichzeitig überzeugende trockene Rieslinge mit gut integrierter Säure abzufüllen. Im nicht weniger schwierigen Jahrgang 2014 gelingt es dem Auener Winzer nun tatsächlich, sich noch weiter zu steigern. Wir probierten puristische Weine, die ganz authentisch ihre Herkunft widerspiegeln. Die blitzsaubere Frucht sowohl beim Weißburgunder als auch beim Riesling legt Zeugnis ab von der engagierten Weinbergsarbeit des Winzers. Frische und Pikanz paaren sich mit moderatem Alkohol. Der Riesling aus dem Römerstich erinnert an Feuerstein, jener aus dem Halenberg zeigt Schiefernase und Rasse. Doch auch die fruchtsüße Variante beherrscht Hees. Die Spätlese aus dem Römerstich zeigt feine Steinobstaromen. Marcus Hees lernte einst unter anderem bei dem Meddersheimer Riesling-Spezialisten Harald Hexamer und hat den Weißweinanteil im Betrieb mittlerweile auf 85 Prozent gesteigert. Er setzt bei der Weinbereitung im Keller zunehmend auf Spontangärung und ein langes Hefelager.

Anzahl der verkosteten Weine: 8
Bewertungen: 83–87 Punkte

2014	Riesling vom Sandstein trocken **6,70 €** | 12% | 🍷 bis 2016	**83**
2014	Weißburgunder trocken **6,90 €** | 12,5% | 🍷 bis 2017	**84**
2014	Auener Riesling »S« trocken **8,90 €** | 12% | 🍷 bis 2017	**85**
2014	Auener Weißburgunder »S« trocken **8,90 €** | 13% | 🍷 bis 2017	**86**
2014	Auener Römerstich Riesling trocken **13,20 €** | 12,5% | 🍷 bis 2017	**86**
2014	Monzinger Halenberg Riesling trocken **13,20 €** | 12,5% | 🍷 bis 2018	**87**
2014	Auener Römerstich Riesling Kabinett **8,60 €** | 9% | 🍷 bis 2018	**85**
2014	Auener Römerstich Riesling Spätlese **9,80 €** | 8% | 🍷 bis 2020	**87**

GUT HERMANNSBERG

55585 Niederhausen · Ehemalige Weinbaudomäne
☎ (0 67 58) 9 25 00 · Fax 92 50 19
info@gut-hermannsberg.de
www.gut-hermannsberg.de
Inhaber: Dr. Christine Dinse und Jens Reidel
Kellermeister: Karsten Peter
Außenbetrieb: Philipp Wolf

Verkauf: im Gut
Mo–Sa: 10.00–18.00 Uhr

Gästehaus: stilvolle Zimmer im früheren Direktoren-Domizil
Historie: Gründung 1902 als Königlich-Preußische Weinbaudomäne
Sehenswert: Jugendstilgebäude mitten in Weinbergen

Rebfläche: 29,5 Hektar
Jahresproduktion: 130.000 Flaschen
Beste Lagen: Niederhäuser Hermannsberg, Kertz und Steinberg, Schlossböckelheimer Kupfergrube, Traiser Bastei, Altenbamberger Rotenberg
Boden: Tonschiefer, Melaphyr, Porphyrit
Rebsorten: 95% Riesling, 5% Weißburgunder
Durchschnittsertrag: 50 hl/ha
Mitglied: VDP

Vom Jahrgang 2014 bekamen wir bis zum Redaktionsschluss nur eine übersichtliche Kollektion zur Verkostung vorgestellt. Karsten Peter lässt einen Teil der Weine mitunter lange auf der Feinhefe liegen. So war es auch mit den Großen Gewächsen, die im Juni noch trüb im Fass lagen. Der Riesling Just war da schon gefüllt, ein unkomplizierter Gutswein, der von jungen Reben stammt und erfrischend wirkt. Auch der Weißburgunder-Gutswein bringt gute Säure mit und hat Zug.

Riesling mit Potenzial

Die Riesling-Ortsweine aus Niederhausen und Schlossböckelheim präsentierten sich zu diesem Zeitpunkt noch sehr verschlossen, während der fruchtsüße Kabinett ohne Lagenbezeichnung nach Limette duftet und zum Trinken animiert. Der Riesling Steinterrassen, der in der Hierarchie zwischen den Ortsweinen und den Großen Gewächsen angesiedelt ist, erinnert an Steinobst, zeigt frische Säure, war aber zum Zeitpunkt der Verkostung auch noch sehr verschlossen. Das Potenzial ist aber deutlich zu erkennen. Das Weingut besitzt rund 30 Hektar Rebfläche – ausschließlich klassifizierte »Große Lagen«. Darunter Kupfergrube (Melaphyr und Schiefergrus), Kertz (Karbonschiefer, Lemberg-Porphyrit) und Bastei (Ryolith), aus der in diesem Jahr der stärkste trockene Riesling stammt. Ganz nach vorne stellt man die Monopollage Hermannsberg (Schieferton, Löss, Melaphyr), mit der man der berühmteren Hermannshöhle Konkurrenz machen will. In den Weinbergen stehen nur noch Weißweinreben. Der Schriftzug auf dem Etikett verrät, an welches Erbe man anschließen möchte: »Vormals königlich-preußische Weinbaudomäne«. Seine besten Tage hatte das Haus nicht zu Kaisers Zeiten, sondern von 1960 bis in die 1980er Jahre. Unter dem legendären Direktor Hermann Goedecke und dem genialen Kellermeister Karl-Heinz Sattelmayer entstanden jene Prachtstücke, die den Namen der Staatsdomäne Niederhausen-Schlossböckelheim in der Weinwelt unsterblich werden ließen. 1998 hatte die Familie Maurer das Weingut vom Land Rheinland-Pfalz erworben. 2009 schließlich wurde es von Unternehmer Jens Reidel übernommen, der viel in das Gut investiert hat.

Jens Reidel und Dr. Christine Dinse

Zimmer mit Lagennamen

Wer im Hermannsberg wohnen will, kann dies auch, denn zum Weingut gehört ein Gästehaus, das feinfühlig renoviert wurde. Es gibt sieben Zimmer, die nach den berühmten Lagen des Gutes benannt sind. Und um zum Schluss noch ein Vorurteil auszuräumen: Ja, Karsten Peter stammt aus der Pfalz, doch dies sind keine pfälzischen Nahe-Weine. Es sind Nahe-Weine. Punkt. Unterstrichen. Ausrufezeichen.

Die Betriebe:
Weltklasse · Deutsche Spitze
Sehr gut · Gut · Zuverlässig
Weitere Empfehlung

Anzahl der verkosteten Weine: 6
Bewertungen: 84–88 Punkte

2014	Riesling Just trocken	**84**
	9,50 € | 11,5% | bis 2017	
2014	Weißburgunder trocken Holzfass	**84**
	9,90 € | 12% | bis 2017	
2014	Schlossböckelheimer Riesling trocken	**86**
	14,50 € | 12% | bis 2018	
2014	Niederhäuser Riesling trocken	**87**
	14,50 € | 12% | bis 2018	
2014	Riesling Steinterrassen trocken	**88**
	19,90 € | 13% | bis 2019	
2014	Riesling Kabinett	**88**
	11,50 € | 10% | bis 2020	

WEINGUT HEXAMER

55566 Meddersheim · Sobernheimer Straße 3
☎ (0 67 51) 22 69 · Fax 9 47 07
info@weingut-hexamer.de
www.weingut-hexamer.de
Inhaber: Familie Hexamer
Betriebsleiter: Harald Hexamer

Verkauf: Familie Hexamer
Mo–Fr: 8.00–19.00 Uhr, Sa: 8.00–17.00 Uhr

Rebfläche: 22,8 Hektar
Jahresproduktion: 165.000 Flaschen
Beste Lagen: Meddersheimer Rheingrafenberg, Schlossböckelheimer In den Felsen
Boden: Buntsandsteinverwitterung mit hohem Quarzitanteil, Porphyr
Rebsorten: 65% Riesling, 10% Weißburgunder, 9% Spätburgunder, 5% Grauburgunder, 11% übrige Sorten
Durchschnittsertrag: 63 hl/ha

Vom Jahrgang 2014 stellt Harald Hexamer eine sehr stimmige Kollektion vor. Seine trockenen Rieslinge wirken durch das Feinhefelager jetzt schon recht harmonisch, die Spitzen können durch die Flaschenreife sicherlich noch etwas zulegen. Das trifft vor allem auf die Rieslinge Nr. 1 zu, die in Auslesequalität gelesen werden, wobei der Rheingrafenberg dem Schlossböckelheimer In den Felsen eine Nasenlänge voraus ist. Die stoffigen, dichten und dunkelbeerigen Rotweine sind für unseren Geschmack zu alkohollastig, der Frühburgunder etwa hat 15 Prozent. Das liegt sicherlich auch an dem sehr reifen Jahrgang 2011. Eine pure Erfrischung hingegen ist der Riesling Kabinett aus dem Altenberg, spontan vergoren, mit Pfirsichnoten und knackiger Säure. Harald Hexamer sieht seine Flächen in der Lage Schlossböckelheimer In Den Felsen fast ebenbürtig zu denen in seinem Hausberg, dem Rheingrafenberg. Der Riesling stellt jetzt mehr als 60 Prozent der Rebfläche, die mittlerweile auf fast 23 Hektar angewachsen ist.

Anzahl der verkosteten Weine: 15
Bewertungen: 82–88 Punkte

2014	Weißburgunder trocken	**84**
	7,50 € | 12,5% | bis 2016	
2014	Riesling trocken	**82**
	7,60 € | 12,5% | bis 2016	
2013	Grauburgunder trocken	**86**
	7,60 € | 13% | bis 2016	

2014 Meddersheimer Rheingrafenberg **86**
Riesling Eisendell auf der Südseite trocken
8,– € | 12% | bis 2017

2014 Schlossböckelheimer Königsfels **85**
Riesling trocken
9,80 € | 12,5% | bis 2017

2014 Schlossböckelheimer In den Felsen **87**
Riesling Nr.1 trocken
15,80 € | 13,5% | bis 2018

2014 Meddersheimer Rheingrafenberg **88**
Riesling Nr.1 trocken
16,80 € | 13% | bis 2018

2014 Schlossböckelheimer Riesling trocken **86**
Nur für Export | 12,5% | bis 2017

2014 Riesling halbtrocken **83**
7,30 € | 11,5% | bis 2016

2014 Riesling Quarzit **85**
7,50 € | 10,5% | bis 2017

2014 Meddersheimer Altenberg Riesling Kabinett **87**
8,60 € | 8,5% | bis 2019

2014 Meddersheimer Rheingrafenberg **86**
Riesling Spätlese
15,80 € | 8,5% | bis 2020

2014 Meddersheimer Rheingrafenberg **88**
Riesling Auslese
19,80 € | 8% | bis 2024

2011 Cuvée »Nr.3« trocken **84**
11,30 € | 14,5% | bis 2017

2011 Frühburgunder trocken **86**
25,80 € | 15% | bis 2017

WEINGUT HONRATH

55450 Langenlonsheim · Obere Grabenstraße 2
☎ (0 67 04) 7 29 · Fax 7 17
info@weingut-honrath.de
www.weingut-honrath.de
Inhaber: Clemens und Christian Honrath
Kellermeister: Christian Honrath

Verkauf: nach Vereinbarung

Gästehaus: drei Appartements in ehemaligem Winzerhaus

Rebfläche: 6,5 Hektar
Jahresproduktion: 45.000 Flaschen
Beste Lagen: Langenlonsheimer Rothenberg, Löhrer Berg und Königsschild
Boden: Roter Buntsandstein, Muschelkalk, Kies, Löss
Rebsorten: 40% Riesling, je 10% Grauburgunder, Spätburgunder und Weißburgunder, 30% übrige Sorten
Durchschnittsertrag: 70 hl/ha

Auch im Jahrgang 2014 zeigt dieses Langenlonsheimer Gut wieder eine recht überzeugende Leistung, wenn auch die Qualität der Basisweine ein wenig hinter dem Vorjahr zurückbleibt. Die Lagen-Rieslinge aber zeigen blitzsaubere Frucht und Charakter. Selten übersprang im WeinGuide ein Weingut die roten Trauben und stieg sofort in die nächste Kategorie auf, wie im vergangenen Jahr. Die sehr gute Kollektion zeigte im Jahrgang 2013 eine eigene Handschrift, Mut zu straffen, dichten, kernigen Weinen mit prägnanter Säure, die Zeit brauchen. Außerdem bieten sie noch dazu ein sehr gutes Preis-Leistungs-Verhältnis. Selbst die Einstiegsqualitäten können hier stark ausfallen und auch die Rotweine sind mitunter trinkanimierend, maßvoll im Alkohol und mit recht frischer Säure ausgestattet.
In den letzten Jahren wurde hier viel investiert, in den 6,5 Hektar Weinbergen – darunter die Spitzenlagen Königsschild, Löhrer Berg und Rothenberg – wird auf 100 Prozent Handlese gesetzt. Der junge Christian Honrath ist studierter Geisenheimer und verdiente sich auch in Südafrika und Neuseeland seine Sporen. Er leitet den Keller, sein Vater Clemens den Außenbetrieb.

Die Weine:
100 Perfekt · **95–99** Überragend · **90–94** Exzellent
85–89 Sehr gut · **80–84** Gut · **75–79** Passabel

Anzahl der verkosteten Weine: 8 Bewertungen: 82–87 Punkte		
2014	Riesling Löss trocken	**83**
	5,90 € | 12% | bis 2016	
2014	Langenlonsheimer Steinchen Weißburgunder trocken »sur lie«	**83**
	6,20 € | 13% | bis 2016	
2014	Riesling Kieselstein trocken	**84**
	6,20 € | 12% | bis 2016	
2014	Langenlonsheimer Königsschild Riesling trocken	**86**
	7,20 € | 12,5% | bis 2017	
2014	Guldentaler Hipperich Grauburgunder trocken Holzfass	**85**
	9,– € | 12,5% | bis 2016	
2014	Langenlonsheimer Rothenberg Riesling r Quadrat trocken	**87**
	10,80 € | 12,5% | bis 2017	
2014	Riesling feinherb	**82**
	5,20 € | 12% | bis 2016	
2013	Spätburgunder Halbstück trocken	**85**
	auf Anfrage | 12,5% | bis 2016	

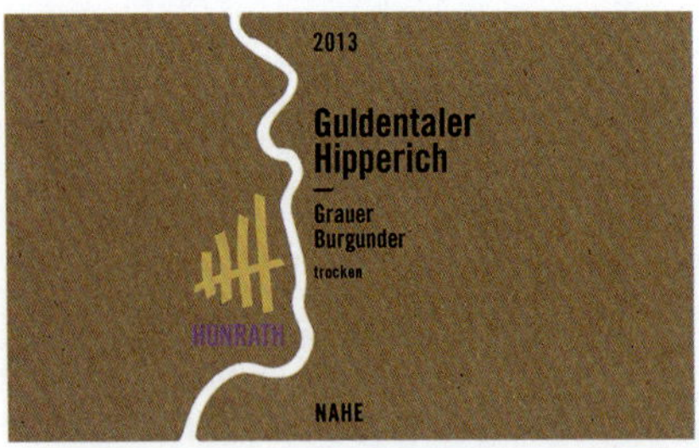

Neu

WEINGUT AM KATHARINENSTIFT

55545 Bad Kreuznach-Bosenheim
Friedhofsweg 19
☎ (06 71) 6 24 90 · Fax 7 35 08
info@korrell-wein.de
www.korrell-wein.de

Inhaber: Sebastian Korrell

Verkauf: Kathrin Korrell
Mo–Sa: 9.00–12.00 Uhr · 14.00–18.00 Uhr
und nach Vereinbarung

Mit einem großen Satz schafft dieses Weingut aus dem Bad Kreuznacher Stadtteil Bosenheim den Sprung in den WeinGuide. Kathrin und Sebastian Korrell wollen immer up to date sein, zugleich das Klassische aber nicht aus den Augen verlieren. Wie dem auch sei: Wir probierten von diesem Newcomer ein homogenes Sortiment, vor allem die Burgunder haben richtig Charme und guten Trinkfluss in ihrer zurückhaltenden, eleganten Art. Beim Riesling ist noch Luft nach oben, der Sauvignon Blanc gelingt hier wirklich schon recht proper.

Anzahl der verkosteten Weine: 11 Bewertungen: 78–85 Punkte		
2014	Riesling trocken	**79**
	4,10 €/1,0 Lit. | 11,5% | bis 2016	
2014	Weißburgunder trocken	**83**
	5,20 € | 12,5% | bis 2016	
2014	Sauvignon Blanc trocken	**84**
	5,30 € | 13% | bis 2017	
2014	Riesling Stückfass trocken	**83**
	5,40 € | 12% | bis 2017	
2014	Grauburgunder trocken	**85**
	5,40 € | 13% | bis 2017	
2014	Kreuznacher Paradies Riesling trocken	**82**
	5,50 € | 12,5% | bis 2016	
2014	Cuvée »Renommé« Premium	**82**
	8,50 € | 13% | bis 2016	
2014	Chardonnay feinherb	**82**
	5,20 € | 12% | bis 2016	
2014	Riesling vis-á-vis	**82**
	5,30 € | 10% | bis 2016	
2013	Spätburgunder trocken Holzfass	**78**
	5,90 € | 14% | bis 2016	
2013	St. Laurent trocken Barrique	**83**
	14,50 € | 13,5% | bis 2017	

Rote Symbole , , , , : Diese Betriebe verdienen in ihrer Klasse besondere Aufmerksamkeit

WEINGUT GEBRÜDER KAUER

55452 Windesheim · Bruchgasse 15
☎ (0 67 07) 2 55 · Fax 5 17
info@kauerwein.de
www.kauerwein.de
Inhaber: Christoph und Markus Kauer
Kellermeister: Christoph Kauer

Verkauf: Markus Kauer
Di, Do: 17.00–19.00 Uhr
und nach Vereinbarung

Weinverkostung: in der Kauer-Lounge
Di, Do: 17.00–19.00 Uhr
und nach Vereinbarung
Historie: Weingut seit über 300 Jahren in Familienbesitz

Rebfläche: 11,5 Hektar
Jahresproduktion: 90.000 Flaschen
Beste Lagen: Windesheimer Römerberg und Rosenberg, Schlossböckelheimer Felsenberg
Boden: roter Verwitterungssandstein, sandiger Lehm mit Kies, Vulkanverwitterung
Rebsorten: 45% Burgundersorten, 42% Riesling, 8% Rivaner, 5% Scheurebe
Durchschnittsertrag: 57 hl/ha

Die weißen Burgundersorten sind in diesem Windesheimer Vorzeigebetrieb eine Bank, was die Kauer-Brüder auch mit der aktuellen Kollektion wieder unter Beweis stellen. Der Grauburgunder ist für diese Sorte ausgesprochen elegant und frisch, der Weißburgunder Reserve zeigt Vanille im Duft. Hier wäre vielleicht etwas weniger neues Holz ein Schritt nach vorne, denn der Wein hat das nötige Potenzial. Der Betrieb verfügt zugleich über die beste Riesling-Palette aller Windesheimer Betriebe. Während aus der Ortslage Römerberg saftig-straffe 2014er kommen, weisen die Schlossböckelheimer feine Mineralität auf. Der Felsenberg schafft es dabei sogar auf das Niveau Großer Gewächse. Naturnaher Anbau, ein neues, schonenderes Kippsystem, viele kleine Stellschrauben, die zu Weinen mit faszinierender Säurebalance, großer Entwicklungsfähigkeit und vertieftem Aromenausdruck führen. Nach den 2012ern zeigten sich auch die 2013er präzise und charakterstark. Rund ein Drittel der Weine wird spontan vergoren. Die Kauer-Lounge, eine gutseigene Vinothek, bietet den professionellen Rahmen, um die Weine des Hauses zu verkosten.

Anzahl der verkosteten Weine: 12
Bewertungen: 83–89 Punkte

2011	Riesling Sekt Brut **12,50 €** | 13% | 🍷 bis 2016	**86**
2014	Weißburgunder trocken **7,– €** | 12,5% | 🍷 bis 2016	**83**
2014	Riesling trocken **7,– €** | 12% | 🍷 bis 2016	**84**
2014	Windesheimer Riesling roter Sandstein trocken **9,– €** | 12,5% | 🍷 bis 2017	**85**
2014	Windesheimer Weißburgunder »S« trocken **10,50 €** | 13% | 🍷 bis 2017	**86**
2014	Grauburgunder »S« trocken **10,50 €** | 13% | 🍷 bis 2017	**87**
2014	Schlossböckelheimer Riesling Vulkangestein trocken **10,50 €** | 12,5% | 🍷 bis 2017	**87**
2014	Windesheimer Römerberg Riesling trocken **13,50 €** | 12,5% | 🍷 bis 2018	**87**
2014	Windesheimer Weißburgunder trocken Reserve **14,50 €** | 13% | 🍷 bis 2018	**88**
2014	Schlossböckelheimer Felsenberg Riesling trocken **15,50 €** | 12,5% | 🍷 bis 2019	**89**
2014	Windesheimer Römerberg Riesling Kabinett **8,40 €** | 8,5% | 🍷 bis 2018	**86**
2014	Schlossböckelheimer Felsenberg Riesling Kabinett **9,40 €** | 8,5% | 🍷 bis 2017	**85**

WEINGUT KLOSTERMÜHLE ODERNHEIM

55571 Odernheim · Am Disibodenberg
☎ (0 67 53) 12 48 41 · Fax 12 48 47
mail@klostermuehle-odernheim.de
www.weingut-klostermuehle.de
Inhaber: Christian Held und Partner
Geschäftsführer: Christian Held, Thomas Zenz
Kellermeister: Thomas Zenz

Verkauf: Charlotte Held in Meisenheim
Di–Fr: 13.00–18.00 Uhr, Sa: 10.00–17.00 Uhr
und nach Vereinbarung

Restaurant und Hotel: »Meisenheimer Hof«, www.meisenheimer-hof.de
Sehenswert: Klosterruine Disibodenberg, Historischer Adelshof mit Brennerei, Rittersaal und Hofkellerei im Herzen des mittelalterlichen Meisenheim
Erlebenswert: Restaurant und Weinhotel »Meisenheimer Hof« mit kulinarischen Weinproben und Kochkursen

Rebfläche: 13,5 Hektar
Jahresproduktion: 110.000 Flaschen
Beste Lagen: Odernheimer Kloster Disibodenberg und Montfort (Monopol)
Boden: Tonschiefer- und Sandsteinverwitterung
Rebsorten: 27% Spätburgunder, je 25% Grauburgunder und Riesling, 12% Weißburgunder, 6% Frühburgunder, 3% Chardonnay, je 1% Gewürztraminer und Silvaner
Durchschnittsertrag: 40 hl/ha

Der alte Wirtschaftshof des Klosters Disibodenberg entstand bereits im Mittelalter. Schwer verfallen, wurde die gesamte Anlage in den letzten Jahren sorgsam restauriert. Heute präsentiert sich das hauseigene Weingut als Teil eines durchdachten weinkulinarischen Unternehmens. Die Jahresproduktion liegt bei 110.000 Flaschen, davon 30.000 Flaschen Sekt und 3.000 Flaschen Brände. Hier dominieren ganz klar die Burgundersorten, vor allem die jetzt erst vorgestellten roten wie weißen Spitzenweine aus 2013. Dazu kommen frische, spritzige und unkomplizierte Basisweine. Und der trockene Dreisterne-Riesling aus 2014 zeigt vielversprechende Anlagen – und das mit gerade mal elf Grad Alkohol.

Die Weine:
100 Perfekt · **95–99** Überragend · **90–94** Exzellent
85–89 Sehr gut · **80–84** Gut · **75–79** Passabel

Anzahl der verkosteten Weine: 12
Bewertungen: 81–87 Punkte

2014	Riesling trocken **6,90 €** | 11,5% | bis 2016	**82**
2014	Silvaner trocken **8,40 €** | 12% | bis 2016	**83**
2014	Grauburgunder trocken **8,90 €** | 12,5% | bis 2016	**83**
2014	Weißburgunder trocken **8,90 €** | 12,5% | bis 2016	**84**
2014	Riesling trocken *** **9,40 €** | 11% | bis 2017	**86**
2013	Grauburgunder trocken Barrique *** **14,90 €** | 13,5% | bis 2017	**87**
2013	Odernheimer Montfort Chardonnay & Weißburgunder trocken Barrique **15,90 €** | 13% | bis 2017	**86**
2014	Odernheimer Kloster Disibodenberg Riesling Auslese trocken **14,90 €** | 13% | bis 2017	**83**
2014	Riesling feinherb **6,90 €** | 11% | bis 2016	**81**
2014	Spätburgunder trocken Weißherbst **8,40 €** | 11,5% | bis 2016	**82**
2013	Spätburgunder trocken Holzfass **8,90 €** | 12,5% | bis 2016	**84**
2013	Spätburgunder trocken Barrique *** **14,90 €** | 13,5% | bis 2018	**87**

WEINGUT KORRELL JOHANNESHOF

55545 Bad Kreuznach-Bosenheim · Parkstr. 4
☎ (06 71) 6 36 30 · Fax 7 19 54
weingut@korrell.com
www.korrell.com
Inhaber: Martin Korrell
Kellermeister: Martin Korrell

Verkauf: Martin Korrell
Mo–Fr: 10.00–12.00 Uhr · 14.00–18.00 Uhr
Sa: 10.00–15.00 Uhr

Historie: Weinbau seit 1832, Familienwappen seit 1483
Sehenswert: Barriquekeller, Vinothek

Rebfläche: 26 Hektar
Jahresproduktion: 180.000 Flaschen
Beste Lagen: Kreuznacher Paradies und St. Martin, Schlossböckelheimer In den Felsen und Königsfels
Boden: Mergel mit Muschelkalk, Kies mit Ton, Löss, Sandstein, Vulkanverwitterung
Rebsorten: 50% Riesling, 30% Burgundersorten, 20% übrige Sorten
Durchschnittsertrag: 68 hl/ha
Mitglied: Nahetalente

Er ist schon fast zu einem Markenzeichen für Martin Korrell geworden, sein fruchtsüßer Gelber Muskateller, der auch in 2014 wieder anregend und verführerisch geraten ist. Dem gelungenen Vorjahr 2013 setzt der Bosenheimer Winzer nachträglich die Krone auf mit seinem Kreuznacher Paradies Älteste Reben, einem trockenen Riesling auf Großem-Gewächs-Level. Zu den ältesten Reben passt die Nachricht, dass jüngst 4.000 junge Rieslingreben im Paradies gepflanzt wurden, wodurch der Riesling in diesem Betrieb immer mehr an Gewicht gewinnt. Zurück zu den 2014ern: Der Grauburgunder »JK« ist stoffig-nachhaltig geraten, während die Frucht der Rieslinge zum Zeitpunkt unserer Verkostung noch etwas verhalten war. In ihrer zupackenden Art mit kerniger Säure bilden sie ihr Terroir jedoch sehr authentisch ab. Dabei ist es egal, ob in Bad Kreuznach, Niederhausen, Schlossböckelheim oder Norheim gelegen.

Rote Symbole: Diese Betriebe verdienen in ihrer Klasse besondere Aufmerksamkeit

Anzahl der verkosteten Weine: 11
Bewertungen: 82–89 Punkte

2014 Riesling trocken **82**
5,60 €/1,0 Lit. | 11,5% | bis 2016

2014 Riesling vom Tonmergel trocken **84**
7,50 € | 12,5% | bis 2016

2014 Weißburgunder & Chardonnay trocken **84**
8,50 € | 13% | bis 2016

2014 Grauburgunder »JK« trocken **86**
12,50 € | 13% | bis 2017

2014 Schlossböckelheimer In den Felsen Riesling trocken Goldkapsel **86**
13,50 € | 13% | bis 2017

2014 Kreuznacher Paradies Riesling trocken Goldkapsel **87**
15,50 € | 13% | bis 2017

2014 Norheimer Kirschheck Riesling trocken Goldkapsel **88**
17,50 € | 13% | bis 2018

2014 Niederhäuser Klamm Riesling trocken Goldkapsel **88**
17,50 € | 13% | bis 2018

2013 Kreuznacher Paradies Riesling trocken Älteste Reben **89**
29,– € | 13% | bis 2019

2014 Gelber Muskateller **87**
9,50 € | 8% | bis 2017

2014 Kreuznacher Paradies Riesling Auslese **88**
9,80 €/0,375 Lit. | 7,5% | bis 2024

WEINGUT KRUGER-RUMPF

55424 Münster-Sarmsheim · Rheinstraße 47
☎ (0 67 21) 4 38 59 · Fax 4 18 82
info@kruger-rumpf.com
www.kruger-rumpf.com
Inhaber: Stefan und Georg Rumpf
Betriebsleiter: Stefan und Georg Rumpf
Kellermeister: Georg Rumpf

Verkauf: Georg Rumpf
Mo–Sa: 9.00–19.00 Uhr, So: 16.00–20.00 Uhr

Weinstube: 17.00–23.00 Uhr,
So, feiertags ab 16.00 Uhr, Mo Ruhetag
Spezialitäten: gute heimische Küche
Sehenswert: 1830 erbautes, denkmalgeschütztes Gutshaus, idyllischer Hof mit altem Nahe-Pflaster, Gewölbekeller
Erlebenswert: Veranstaltungen im grandios restaurierten Kreuzgewölbe, Gästezimmer

Rebfläche: 27 Hektar
Jahresproduktion: 145.000 Flaschen
Beste Lagen: Münsterer Pittersberg, Dautenpflänzer, Rheinberg und Kapellenberg, Dorsheimer Burgberg, Binger Scharlachberg
Boden: Schiefer, vulkanisch, Quarzitverwitterung, Löss
Rebsorten: 65% Riesling, 10% Weißburgunder, je 5% Chardonnay, Grauburgunder, Spätburgunder, Silvaner und Scheurebe
Durchschnittsertrag: 60 hl/ha
Mitglied: VDP

Aus dem nicht ganz einfachen Jahrgang 2014 stellen Georg und Stefan Rumpf sehr mineralische, pure Rieslingweine vor, die mit reintöniger Frucht und guter Säurestruktur zu punkten wissen. Die Weine haben Pikanz und halten im Geschmack lange an. Bei den Großen Gewächsen liegt im hausinternen Wettbewerb diesmal der Pittersberg vor dem Dautenpflänzer, der Binger Scharlachberg kann da nicht ganz mithalten, auch nicht die fruchtsüße Spätlese. In dieser Disziplin schießt ganz klar der Dautenpflänzer den Vogel ab mit Aromen von Quitte und Aprikose und einer Eleganz in Textur und Trinkfluss. Der Weißburgunder hat Potenzial, das leider ein wenig von übermäßigem Holzeinsatz zurückgedrängt wird. Bei den Großen Gewächsen macht sich die konstante Qualitätsoptimierung der letzten Jahre bemerkbar. Ohne ihrem Stil untreu zu werden, haben es Georg und Stefan Rumpf geschafft, dem kristallklaren, komplexen Pittersberg und dem etwas stoffigeren Dautenpflänzer Struktur und Präzision zu verleihen. Diese Weine brauchen Zeit. Ihr wahres Potenzial zeigen sie erst mit der Reife.

Anzahl der verkosteten Weine: 12
Bewertungen: 83–89 Punkte

2014	Riesling Quarzit trocken **7,90 €** | 12,5% | bis 2016	**83**
2014	Münsterer Kapellenberg Riesling trocken »Erste Lage« **13,– €** | 12,5% | bis 2017	**86**
2014	Münsterer Pittersberg Riesling trocken »Erste Lage« **13,– €** | 12,5% | bis 2018	**87**
2014	Weißburgunder »S« trocken Holzfass **15,– €** | 13% | bis 2016	**84**
2014	Binger Scharlachberg Riesling »Großes Gewächs« **25,– €** | 12,5% | bis 2019	**87**
2014	Münsterer Dautenpflänzer Riesling »Großes Gewächs« **25,– €** | 12,5% | bis 2020	**88**
2014	Münsterer Pittersberg Riesling »Großes Gewächs« **25,– €** | 12,5% | bis 2021	**89**
2014	Münsterer Rheinberg Riesling feinherb »Erste Lage« **14,50 €** | 11,5% | bis 2016	**83**
2014	Münsterer Rheinberg Riesling Kabinett **9,– €** | 9% | bis 2018	**85**
2014	Binger Scharlachberg Riesling Spätlese »Große Lage« **13,– €** | 8% | bis 2021	**86**
2014	Münsterer Dautenpflänzer Riesling Spätlese »Große Lage« **13,– €** | 7,5% | bis 2022	**88**
2014	Münsterer Dautenpflänzer Riesling Auslese »Große Lage« **27,– €** | 7,5% | bis 2024	**87**

WEINGUT LINDENHOF MARTIN REIMANN

55452 Windesheim · Lindenhof
☎ (0 67 07) 3 30 · Fax 83 10
info@weingutlindenhof.de
www.weingutlindenhof.de
Inhaber und Kellermeister: Martin Reimann

Verkauf: Familie Reimann
Mo–Fr: 10.00–12.00 Uhr · 14.00–18.00 Uhr
Sa: 10.00–16.00 Uhr

Rebfläche: 10 Hektar
Jahresproduktion: 70.000 Flaschen
Beste Lagen: Windesheimer Fels, Römerberg und Rosenberg
Boden: Grauschiefer, rote Sandsteinverwitterung, sandiger Lehm
Rebsorten: 50% Riesling, 45% Burgundersorten, 5% Gewürztraminer
Durchschnittsertrag: 50 hl/ha

Wenn auch für unseren Geschmack die Alkoholgehalte etwas über das Ziel hinausschießen, so kann Martin Reimann bei den Rotweinen wieder ordentlich punkten. Die Barriqueweine probieren sich dicht, dunkel und konzentriert. Uns gefällt besonders gut der Gutswein vom Spätburgunder in seiner transparenten und eleganten Art, der unkompliziertes Trinkvergnügen bietet. Die Rieslinge kommen nicht ganz an das Vorjahresniveau heran, sie präsentierten sich zum Zeitpunkt der Verkostung noch recht verschlossen, werden erfahrungsgemäß aber mit der Flaschenreife noch an Charme zulegen. Zuverlässig wie immer zeigen sich die Weißburgunder: in der einfachen Version animierend frisch, die Goldkapsel »S« dichter und mit Anspruch. Die nachgereichte Reserve aus 2013 schmeckt delikat und überzeugt mit dezentem Holzeinsatz. Im Familienweingut in Windesheim versucht Martin Reimann immer wieder mit Erfolg, das Potenzial seiner besten Windesheimer Lagen Sonnenmorgen und Rosenberg im Wein zu reflektieren und zugleich der sortentypischen Frucht noch Raum zu lassen.

Zeichenerklärung:
Schnäppchenpreis · Top 10 Spitzenreiter
Ökobetrieb · Trink-Tipp · Versteigerungswein
Sekt · Weißwein · Rotwein · Roséwein

Anzahl der verkosteten Weine: 12
Bewertungen: 83–89 Punkte

2011 Weißburgunder Sekt Brut **87**
19,50 € | 13% | bis 2016

2014 Riesling trocken **84**
8,– € | 12% | bis 2016

2014 Weißburgunder trocken **83**
8,– € | 12,5% | bis 2016

2014 Windesheimer Weißburgunder »S« trocken **84**
10,50 € | 13% | bis 2016

2014 Schweppenhäuser Steyerberg **86**
Riesling Grauschiefer trocken
10,50 € | 12,5% | bis 2017

2014 Windesheimer **88**
Weißburgunder »S« trocken Goldkapsel
14,50 € | 13,5% | bis 2017

2014 Windesheimer Fels Riesling trocken **87**
15,50 € | 12,5% | bis 2017

2013 Windesheimer Sonnenmorgen **89**
Weißburgunder trocken Reserve Barrique Goldkapsel
21,50 € | 13,5% | bis 2017

2014 Riesling feinherb **84**
8,– € | 11,5% | bis 2016

2013 Spätburgunder trocken Holzfass **85**
8,50 € | 13% | bis 2017

2013 Windesheimer Rosenberg **87**
Frühburgunder trocken Reserve Barrique
17,50 € | 14,5% | bis 2018

2011 Windesheimer Rosenberg **88**
Spätburgunder trocken Reserve Barrique Goldkapsel
34,50 € | 14,5% | bis 2019

WEINGUT LORENZ UND SÖHNE

55543 Bad Kreuznach-Bosenheim
Rheinhessenstraße 87
☎ (06 71) 6 55 63 · Fax 7 60 15
info@lorenzwein.de
www.lorenzwein.de
Inhaber und Betriebsleiter: Werner und Ulrich Lorenz

Verkauf: nach Vereinbarung

Der Betrieb ist mit 35 Hektar einer der großen an der Nahe. In der dritten Generation ist Ulrich Lorenz für die modernen, fruchtigen, jung zu trinkenden Weine im Familienbetrieb zuständig. Der Erhalt der Primärfrucht steht bei der Weinbereitung im Vordergrund. Die Lagen treten mitunter etwas zurück, die Machart dominiert die Weine deutlich, etwa bei der Prägung durch die Kohlensäure. Am besten gefielen uns aus 2014 die trockenen Rieslinge aus Wallhausen und Sommerloch. Die Kreuznacher stehen dahinter etwas zurück. Alle Flaschen haben Schraubverschlüsse.

Anzahl der verkosteten Weine: 12
Bewertungen: 80–85 Punkte

2014	Riesling trocken **5,50 €**/1,0 Lit. | 12% | bis 2016	**80**
2014	Kreuznacher Riesling Valentin trocken **6,50 €** | 12% | bis 2016	**82**
2014	Kreuznacher Weißburgunder trocken **7,– €** | 13% | bis 2016	**81**
2014	Kreuznacher Grauburgunder trocken **7,– €** | 13% | bis 2016	**82**
2014	Kreuznacher Chardonnay trocken **7,20 €** | 13% | bis 2016	**82**
2014	Kreuznacher Sauvignon Blanc trocken **7,30 €** | 12% | bis 2016	**83**
2014	Kreuznacher Brückes Riesling trocken **8,50 €** | 13% | bis 2016	**83**
2014	Kreuznacher Paradies Riesling trocken **8,50 €** | 13% | bis 2016	**84**
2014	Kreuznacher Kahlenberg Riesling trocken **8,50 €** | 13% | bis 2016	**84**
2014	Sommerlocher Steinrossel Riesling trocken **10,– €** | 13% | bis 2017	**85**
2014	Wallhäuser Johannisberg Riesling trocken **12,– €** | 13% | bis 2017	**85**
2014	Bosenheimer Muskateller **7,– €** | 10,5% | bis 2017	**84**

WEINGUT MARX

55452 Windesheim
Setzling 4–6/Hauptstraße 7
☎ (0 67 07) 3 16 · Fax 16 69
info@weingutmarx.com
www.weingutmarx.com
Inhaber und Betriebsleiter: Rainer Marx

Verkauf: Silke Marx, Ilse Marx
Mo–Fr: 9.00–12.00 Uhr · 14.00–18.00 Uhr
Sa: 9.00–16.00 Uhr nach Vereinbarung

Rainer Marx' Weine wirken stets schlank und frisch, doch mit Reife und Luft zeigen sie, welche Komplexität in ihnen steckt. Ihm gelingen sowohl bei Riesling als auch seiner Paradesorte Grauburgunder immer wieder starke Weine. Im wahrlich nicht einfachen Jahrgang 2014 bietet der Windesheimer eine souveräne Leistung. Auch die kleinen Weine bieten viel Trinkanimation, etwa der schlanke Grauburgunder-Gutswein mit schöner Säure. Topwein des Jahrgangs aber ist der trockene, mineralische Riesling aus der Lage Fels.

Anzahl der verkosteten Weine: 12
Bewertungen: 81–86 Punkte

2012	Pinot Sekt Brut **12,– €** | 13% | bis 2016	**84**
2014	Riesling trocken **6,80 €** | 12% | bis 2016	**82**
2014	Grauburgunder trocken **6,80 €** | 12% | bis 2016	**83**
2014	Windesheimer Rosenberg Weißburgunder »S« trocken **8,50 €** | 13% | bis 2017	**84**
2014	Windesheimer Sonnenmorgen Riesling »S« trocken **8,50 €** | 12,5% | bis 2017	**84**
2014	Waldlaubersheimer Altenburg Grauburgunder »S« trocken **9,– €** | 13% | bis 2017	**84**
2014	Windesheimer Fels Riesling »S« trocken **9,– €** | 12,5% | bis 2018	**86**
2014	Waldlaubersheimer Altenburg Chardonnay »S« trocken **9,50 €** | 13,5% | bis 2017	**85**
2014	Windesheimer Römerberg Grauburgunder »R« trocken Barrique **14,– €** | 13,5% | bis 2018	**85**
2014	Spätburgunder trocken Blanc de Noirs **6,80 €** | 11,5% | bis 2016	**81**
2011	Windesheimer Rosenberg Spätburgunder »R« trocken Barrique **19,– €** | 14,5% | bis 2017	**83**

WEINGUT MATHERN

55585 Niederhausen · Winzerstraße 5–7
☎ (0 67 58) 67 14 · Fax 81 09
info@weingut-mathern.de
www.weingut-mathern.de
Inhaber: Gloria Mathern
Verwalter: Christian Theodoropoulos
Kellermeisterin: Jennifer Nordmann

Verkauf: nach Vereinbarung

Bei Gloria Mathern hat ein neues Team angeheuert. Und es wurde im äußerst schwierigen Herbst 2014 gleich voll gefordert. Doch haben Christian Theodoropoulos (Außenbetrieb) und Jennifer Nordmann (Keller) ihre Bewährungsprobe bestanden. Aus dem großartigen Lagenportfolio an der mittleren Nahe (unter anderem Hermannshöhle, Dellchen, Rosenberg) kommen zunehmend bessere trockene Rieslinge. Sie hatten schon 2013 einen stärkeren Eindruck als in den Vorjahren hinterlassen. Und dieser Trend hat sich im Jahrgang 2014 fortgesetzt, wobei die Weine diesmal eher zurückhaltend ausfallen. An der Spitze der aktuellen Reihe stehen mit Hermannshöhle und Rosenberg zwei Klassiker des Hauses. Angenehm sind wieder die geringen Alkoholwerte, höher als 12,5 Prozent geht es nicht.

Anzahl der verkosteten Weine: 7
Bewertungen: 81–87 Punkte

2014	Niederhäuser Weißburgunder trocken »sur lie« **7,– €** | 12,5% | bis 2016	**81**
2014	Riesling vom Rotliegenden trocken **7,– €** | 12% | bis 2016	**82**
2014	Norheimer Dellchen Riesling Spätlese trocken **11,– €** | 12,5% | bis 2017	**85**
2014	Niederhäuser Hermannshöhle Riesling Spätlese trocken **11,– €** | 12,5% | bis 2017	**86**
2014	Niederhäuser Rosenberg Riesling Merum 14 Spätlese trocken Alte Reben **11,– €** | 12% | bis 2018	**87**
2014	Riesling vom Blauschiefer halbtrocken **7,– €** | 11% | bis 2017	**83**
2014	Niederhäuser Felsensteyer Riesling Kabinett feinherb **7,– €** | 10,5% | bis 2018	**85**

WEINGUT ST. MEINHARD

55545 Bad Kreuznach-Winzenheim
Kirchstraße 13
☎ (06 71) 4 30 30 · Fax 4 30 06
info@weingut-meinhard.de
www.weingut-meinhard.de
Inhaber: Steffen Meinhard
Kellermeister: Steffen Meinhard

Verkauf: nach Vereinbarung

Auch in diesem Jahr zeigt Steffen Meinhard eine homogene Kollektion und rechtfertigt damit den Aufstieg im Vorjahr. Wir probierten durchweg klare Weine mit tollem Trinkfluss und feiner Mineralität. Die Reserveweine stehen an der Spitze, der Riesling vom Winzenheimer Berg erinnert an Steinobst, der Spätburgunder überrascht mit orientalischen Noten. Der Familienbetrieb verfügt über gut neun Hektar Fläche, teilweise mit bis zu 35 Jahre alten Rebanlagen. Die Weine werden bodenständig in der angeschlossenen gemütlichen Weinstube serviert.

Anzahl der verkosteten Weine: 8
Bewertungen: 82–85 Punkte

2014	Riesling trocken **5,30 €** | 12,5% | bis 2016	**82**
2014	Winzenheimer Berg Weißburgunder »S« trocken **9,– €** | 13% | bis 2017	**83**
2014	Winzenheimer Berg Grauburgunder »S« trocken **9,– €** | 13% | bis 2017	**83**
2014	Bretzenheimer Pastorei Riesling »S« trocken **9,– €** | 11,5% | bis 2017	**84**
2014	Winzenheimer Berg Riesling »R« trocken Goldkapsel auf Anfrage | 11,5% | bis 2018	**85**
2014	Winzenheimer Berg Weißburgunder »R« trocken Goldkapsel auf Anfrage | 13% | bis 2018	**85**
2014	Riesling halbtrocken **5,30 €** | 12% | bis 2016	**82**
2012	Bretzenheimer Pastorei Spätburgunder »R« trocken Goldkapsel – 31 – **13,50 €** | 13,5% | bis 2017	**84**

Die Betriebe:
Weltklasse · Deutsche Spitze
Sehr gut · Gut · Zuverlässig
Weitere Empfehlung

WEINGUT MITTWICH

55595 Gutenberg · Im Bangert 2
☎ (0 67 06) 96 06 13 und 96 06 13 · Fax 96 06 14
dietmar.mittwich@weingut-mittwich.de
www.weingut-mittwich.de
Inhaber: Susanne und Dietmar Mittwich
Kellermeister: Dietmar Mittwich

Verkauf: Susanne und Dietmar Mittwich
nach Vereinbarung

Dietmar Mittwich baut seine Weine nahezu alle in Holzfässern aus. Bei den besseren Qualitäten kommen zusätzlich noch kleine Barriquefässer zum Einsatz. Im Jahrgang 2014 gab es hier unüberschmeckbare Probleme mit dem Lesegut. Allenfalls der eher einfach gestrickte, aber saubere Silvaner ist ansprechend ausgefallen, auch der feinherbe Riesling gehört in diese Kategorie. Weißburgunder und Blanc de Noirs sind hingegen nicht empfehlenswert. Die Spätburgunder aus den Jahrgängen 2012 und 2013 wirken etwas karg und säurebetont.

Anzahl der verkosteten Weine: 7
Bewertungen: 78–82 Punkte

2014 Silvaner trocken Holzfass **80**
4,50 € | 13% | bis 2016

2014 Weißburgunder trocken Holzfass **79**
5,– € | 12% | bis 2016

2014 Riesling trocken Holzfass **80**
5,– € | 12,5% | bis 2016

2014 Riesling feinherb Holzfass **81**
5,– € | 12,5% | bis 2016

2014 Spätburgunder feinherb Blanc de Noirs **78**
5,– € | 12,5% | bis 2016

2013 Spätburgunder trocken Holzfass **80**
6,– € | 13% | bis 2016

2012 Gutenberger Schlossberg **82**
Pinot Noir »PC« trocken Barrique
15,– € | 13% | bis 2016

WEINGUT MONTIGNY

55452 Laubenheim · Weidenpfad 46
☎ (0 67 04) 14 68 · Fax 16 02
sascha.montigny@montigny.de
www.montigny.de
Inhaber: Sascha Montigny

Verkauf: Familie Montigny
nach Vereinbarung

Rebfläche: 8 Hektar
Jahresproduktion: 60.000 Flaschen
Beste Lage: Laubenheimer Karthäuser und Krone
Boden: rote Sandsteinverwitterung mit Lehm, Löss
Rebsorten: 28% Riesling, 25% Spätburgunder, je 10% Grauburgunder und St. Laurent, je 7% Portugieser und Weißburgunder, 13% übrige Sorten
Durchschnittsertrag: 60 hl/ha

In den letzten Jahren ist Sascha Montigny vermehrt durch die Qualität seiner Rotweine aufgefallen. Sie reifen in Stückfässern sowie in Barriques – die ohne Filtrierung abgefüllte Reserve-Linie gar 21 Monate. Die roten Tropfen sind in aller Regel straff, dicht, besitzen Struktur, reife Tannine, gut eingebundenen Alkohol und angenehmen Trinkfluss. Mit seinem St. Laurent »R« und dem kirschfruchtigen und feinen Spätburgunder, beide aus der Laubenheimer Krone, reiht sich Montigny erneut in die Gebietsspitze ein. Dazu gehört seit Jahren die Cuvée Mariage, die auch im Jahrgang 2013 wieder sehr gut gelungen ist. Die Weißweine sind durchweg animierend und charaktervoll ausgefallen. Dabei tut der Ausbau im Holzfass der Frische keinen Abbruch. Schon der einfache trockene Riesling hat Persönlichkeit. Das gilt erst recht für die Lagenweine, wobei für uns diesmal die feine und mineralische Krone vor dem Karthäuser rangiert. Aber auch der kraftvolle Weißburgunder weiß zu gefallen.

Anzahl der verkosteten Weine: 13
Bewertungen: 82–88 Punkte

2014 Riesling trocken **82**
5,50 €/1,0 Lit. | 12% | bis 2016

2014 Laubenheimer Riesling trocken **84**
5,50 € | 12% | bis 2017

2014 Laubenheimer Weißburgunder trocken **85**
7,50 € | 13,5% | bis 2017

2014 Laubenheimer Karthäuser Riesling trocken **86**
8,– € | 12,5% | bis 2017

2014 Laubenheimer Karthäuser Grauburgunder trocken Barrique **85**
9,50 € | 13,5% | bis 2017

2014 Laubenheimer Krone Riesling trocken **87**
12,50 € | 13% | bis 2018

2014 Laubenheimer Karthäuser Riesling feinherb **84**
8,– € | 12% | bis 2017

2014 Laubenheimer Karthäuser Riesling Spätlese **87**
8,– € | 7,5% | bis 2019

2012 Laubenheimer St. Laurent trocken **85**
13,50 € | 13% | bis 2017

2013 Laubenheimer Spätburgunder trocken Barrique **85**
14,50 € | 13% | bis 2017

2013 Cuvée »Mariage« trocken Barrique **87**
17,50 € | 13,5% | bis 2018

2013 Laubenheimer Krone St. Laurent »R« trocken Barrique **88**
21,50 € | 13% | bis 2019

2013 Laubenheimer Krone Spätburgunder trocken Barrique **88**
27,50 € | 13,5% | bis 2019

WEINGUT S. J. MONTIGNY

55559 Bretzenheim · In den zehn Morgen 41
☎ (06 71) 48 31 30 40 · Fax 4 83 13 04 19
info@weingut-montigny.de
www.weingut-montigny.de
Inhaber: Steffen J. Montigny
Außenbetrieb: Alfred Schmitt
Kellermeister: Hermann Schott

Verkauf: Steffen J. Montigny
Mo–Fr: 9.00–12.00 Uhr · 14.00–17.00 Uhr
und nach Vereinbarung

Dieser Betrieb hat sich binnen weniger Jahre zu einem der größten an der Nahe gemausert: Steffen Montigny verfügt über 37 Hektar Weinberge und ist vor allem in Bad Kreuznach begütert. Auch in einem schwierigen Jahrgang wie 2013 lieferte er solide Qualität. Im Jahrgang 2014 zeigte er sich deutlich verbessert. Diesmal überzeugen vor allem die Kreuznacher Lagenweine, wobei der Krötenpfuhl mit seiner saftigen Präsenz die Nase vorn hat. Die gesamte Kollektion hat keinen Ausrutscher zu bieten, bis hin zur pilzwiderstandsfähigen Neuzüchtung Solaris, die Montigny in Schleswig-Holstein anbaut und die mit Stachelbeeraroma erfrischt.

Anzahl der verkosteten Weine: 8
Bewertungen: 83–86 Punkte

2014 Solaris So mookt wi dat Landwein trocken **84**
15,– € | 12% | bis 2016

2014 Riesling trocken **83**
8,50 € | 11% | bis 2016

2014 Kreuznacher Steinberg Riesling trocken **84**
15,– € | 11% | bis 2017

2014 Kreuznacher Kauzenberg Riesling trocken **84**
24,– € | 12,5% | bis 2017

2014 Kreuznacher Narrenkappe Riesling trocken **85**
24,– € | 12% | bis 2017

2014 Kreuznacher Krötenpfuhl Riesling trocken **86**
24,– € | 12,5% | bis 2018

2014 Kreuznacher St. Martin Weißburgunder Auslese trocken Holzfass **83**
15,– € | 13% | bis 2017

2014 Riesling feinherb **83**
8,50 € | 11,5% | bis 2017

Die Weine:
100 Perfekt · **95–99** Überragend · **90–94** Exzellent
85–89 Sehr gut · **80–84** Gut · **75–79** Passabel

WEINGUT PIEROTH

55452 Burg Layen-Rümmelsheim · Burg Layen 1
☎ (0 67 21) 40 81 39 · Fax 96 59 43 10
service@pieroth.de
www.pieroth.de

Inhaber: WIV Wein International AG
Geschäftsführer: Katharina Pieroth
Betriebsleiter: Oliver Drie
Kellermeister: Gerhard Gössner

Verkauf: Katharina Pieroth
Mo–Do: 9.00–16.00 Uhr
Fr: 9.00–15.00 Uhr

Das Traditionshaus in Burg Layen wurde erstmals 1675 urkundlich erwähnt. Das Weingut wird heute bereits von der zehnten Generation geführt. Riesling nimmt den größten Anteil der Rebfläche von 21 Hektar ein, gefolgt von Burgunder und verschiedenen anderen Weißweinsorten. Die Bemühungen, die Kollektion modern und geschliffen erscheinen zu lassen, gingen beim Jahrgang 2013 und auch im Folgejahr 2014 nicht ganz auf. Empfehlenswert erscheint uns hier am ehesten der trockene, wirklich recht frische Grauburgunder.

Anzahl der verkosteten Weine: 11
Bewertungen: 78–84 Punkte

2014	Riesling trocken **7,50 €** | 12,5% | 🍷 bis 2016	**79**
2014	Burg Layer Riesling trocken **8,20 €** | 13% | 🍷 bis 2016	**81**
2014	Burg Layer Chardonnay trocken **8,20 €** | 12,5% | 🍷 bis 2016	**81**
2014	Weißburgunder trocken **8,20 €** | 12,5% | 🍷 bis 2016	**81**
2014	Grauburgunder trocken **8,20 €** | 12,5% | 🍷 bis 2016	**82**
2014	Münsterer Pittersberg Riesling No.1 trocken Holzfass **11,– €** | 11,5% | 🍷 bis 2016	**82**
2013	Blanc de Blancs trocken Barrique **19,95 €** | 13% | 🍷 bis 2016	**83**
2013	Cuvée »Romantic Hill« trocken Barrique **24,95 €** | 13,5% | 🍷 bis 2016	**84**
2014	Burg Layer Schlosskapelle Rivaner halbtrocken **6,50 €** | 12,5% | 🍷 bis 2016	**80**
2014	Riesling feinherb **8,20 €** | 12% | 🍷 bis 2016	**78**
2014	Burg Layer Schlosskapelle Weißburgunder feinherb **8,20 €** | 12% | 🍷 bis 2016	**79**

WEINGUT POSS

55452 Windesheim · Goldgrube 20–22
☎ (0 67 07) 3 42 · Fax 83 32
info@weingut-poss.de
www.weingut-poss.de

Inhaber und Betriebsleiter: Karl-Hans und Harald Poss
Außenbetrieb: Harald Poss
Kellermeister: Karl-Hans Poss

Verkauf: Familie Poss
nach Vereinbarung

Sehenswert: Vinothek »Pinoteca« mit direktem Zugang zum original römischen Keller einer ehemaligen Villa Rustica aus dem 3. Jahrhundert
Erlebenswert: stimmungsvolle Weinproben im Römerkeller

Rebfläche: 10 Hektar
Jahresproduktion: 60.000 Flaschen
Beste Lagen: Winzenheimer Berg, Windesheimer Römerberg und Fels
Boden: Lehm, zum Teil mit Kies, Ton, roter Sandstein
Rebsorten: 45% Weißburgunder, 29% Grauburgunder, 11% Spätburgunder, 5% Riesling, 10% übrige Sorten
Durchschnittsertrag: 45 hl/ha

Das aktuelle Sortiment dieses Windesheimer Betriebes hat uns beeindruckt, vor allem die pure, blitzsaubere Fruchtausprägung, die den Brut Sekt ebenso auszeichnet wie die Basisweine. Doch auch die »S«-Varianten bleiben trotz ihrer größeren Dichte und Struktur ganz auf der eleganten und trinkanimierenden Linie. Am stärksten ist der nachgereichte 2013er Weißburgunder aus der Lage Römerberg ausgefallen, der durch die Flaschenreife noch an Ausdruck zugelegt hat. Lediglich der vom Alkohol und vor allem von Kokosaromen aus dem Neuholz geprägte 2012er Chardonnay fällt etwas ab. Von den Poss-Brüdern kümmert sich Harald Poss um die Weinberge, während Karl-Hans für den Keller verantwortlich ist. Ihre Leidenschaft ist schmeckbar: Die Weine präsentieren sich angenehm cremig, fest, komplex und vielschichtig. Sie profitieren von intensiver Weinbergspflege, Traubenteilung, sorgsamer Selektion des Traubenguts, Maischestandzeiten und langem Hefelager. Für die Nahe außergewöhnlich ist der hohe Prozentsatz an Burgundersorten, die insgesamt 85 Prozent des Rebspiegels ausmachen.

Anzahl der verkosteten Weine: 7
Bewertungen: 85–88 Punkte

2012 Pinot Sekt Brut Rosé **85**
10,90 € | 13% | bis 2016

2014 Weißburgunder trocken **85**
8,90 € | 13% | bis 2016

2014 Grauburgunder trocken **85**
9,40 € | 13% | bis 2016

2014 Grauburgunder »S« trocken **87**
13,40 € | 13,5% | bis 2017

2014 Weißburgunder »S« trocken **87**
13,40 € | 13,5% | bis 2017

2013 Windesheimer Römerberg Weißburgunder trocken **88**
23,- € | 13% | bis 2017

2012 Chardonnay Euphoros trocken Barrique **86**
44,- € | 14,5% | bis 2017

WEINGUT VON RACKNITZ

55571 Odernheim · Disibodenberger Hof
☎ (0 67 55) 2 85 · Fax 16 53
info@weingut-von-racknitz.com
www.weingut-von-racknitz.com
Inhaberin und Betriebsleiterin: Luise von Racknitz
Kellermeisterin: Luise von Racknitz

Verkauf: nach Vereinbarung

Historie: ehemaliger Wirtschaftshof des Klosters der Hildegard von Bingen auf dem Disibodenberg
Sehenswert: Klosterruine, terrassierte Weinberge mit Sandsteintrockenmauern

Rebfläche: 8 Hektar
Jahresproduktion: 40.000 Flaschen
Beste Lagen: Odernheimer Kloster Disibodenberg, Waldböckelheimer Königsfels, Staudernheimer Herrenberg
Boden: Disibodenberger Schichten
Rebsorten: 95% Riesling, 4% Schwarzriesling, 1% Grauburgunder
Durchschnittsertrag: 35 hl/ha

Seit Mitte 2015 hat Luise von Racknitz ihren eigenen Weg eingeschlagen und zeichnet für die Geschicke des Weingutes alleine verantwortlich. Von der Weinbergen an der mittleren Nahe in Traisen, Niederhausen und Schlossböckelheim, die in den letzten Jahren angeschafft worden waren, trennt sie sich weitgehend und konzentriert sich auf die familieneigenen Hänge rund um den Disibodenberg und einige Flächen in Waldböckelheim und Staudernheim. Die Betriebsgröße wird so von 14 Hektar auf rund acht Hektar schrumpfen. Ansonsten verspricht Luise von Racknitz Kontinuität, denn die Verantwortung im Keller bleibt in ihren bewährten Händen. In diesem Hause wird der klassisch traditionelle Ausbaustil gepflegt. Spontanvergorene Weine, die Spitzenkreszenzen, werden zusätzlich im Holzfass auf der Feinhefe gelagert und ohne Schönung abgezogen. Die nun vorgestellten 2013er sind deutlich vom Terroir geprägt, wobei uns vor allem der Riesling vom Vulkangestein überzeugt hat.

Rote Symbole: Diese Betriebe verdienen in ihrer Klasse besondere Aufmerksamkeit

Anzahl der verkosteten Weine: 6
Bewertungen: 84–88 Punkte

2013	Riesling vom Kieselstein trocken	**84**
	13,– € | 11,5% | 🍷 bis 2016	
2013	Riesling vom Schieferboden trocken	**86**
	13,– € | 11,5% | 🍷 bis 2017	
2013	Riesling vom Vulkangestein trocken	**88**
	13,– € | 12,5% | 🍷 bis 2018	
2013	Odernheimer Kloster Disibodenberg Riesling trocken	**87**
	20,– € | 12% | 🍷 bis 2017	
2013	Schlossböckelheimer Königsfels Riesling trocken	**87**
	20,– € | 12,5% | 🍷 bis 2017	
2013	Traiser Rotenfels Riesling trocken	**88**
	22,– € | 12,5% | 🍷 bis 2018	

WEINGUT RAPP

55583 Bad Münster am Stein-Ebernburg
Schlossgartenstraße 74
☎ (0 67 08) 23 12 · Fax 30 74
info@weingut-rapp.de
www.weingut-rapp.de
Inhaber: Walter Rapp und Brigitte Sitzius-Rapp
Kellermeister: Walter Rapp

Verkauf: Walter Rapp
Mo–Sa: 10.00–18.00 Uhr, So: 10.00–13.00 Uhr

Das Weingut Rapp liefert durchweg konstante Qualität. Scheinbar unbeeindruckt von Jahrgangsschwankungen werden hier solide, trinkanimierende Weine erzeugt – zu günstigen Preisen. Während uns die Basisweine 2014 leider nicht unbedingt überzeugen konnten, erweisen sich die Lagen-Rieslinge als zuverlässig. Der Ebernburger Schlossberg und der Altenbamberger Rotenberg stehen an der Spitze des Sortiments. Das Gut samt Gästehaus liegt in Ebernburg, das wie Bad Münster durch Fusion mittlerweile zur Kreisstadt Bad Kreuznach gehört. Das frühere Weingut Sitzius in Bosenheim ist in dem Betrieb aufgegangen.

Anzahl der verkosteten Weine: 10
Bewertungen: 80–85 Punkte

2013	Riesling Sekt trocken	**83**
	7,60 € | 12% | 🍷 bis 2016	
2013	Riesling Sekt Brut	**84**
	7,60 € | 12% | 🍷 bis 2016	
2013	Weißburgunder Sekt extra trocken	**82**
	7,90 € | 12,5% | 🍷 bis 2016	
2014	Altenbamberger Rotenberg Riesling trocken	**85**
	5,– € | 12,5% | 🍷 bis 2017	
2014	Ebernburger Schlossberg Riesling trocken	**84**
	5,50 € | 12% | 🍷 bis 2017	
2014	Kreuznacher Paradies Riesling Spätlese trocken	**83**
	5,20 € | 11,5% | 🍷 bis 2016	
2014	Riesling »Tonstein« feinherb	**81**
	5,– € | 11% | 🍷 bis 2016	
2014	Kreuznacher Paradies Riesling halbtrocken	**82**
	5,20 € | 10,5% | 🍷 bis 2016	
2014	Ebernburger Stephansberg Riesling halbtrocken	**80**
	5,50 € | 9,5% | 🍷 bis 2016	
2013	Ebernburger Rotwein Spätlese trocken Barrique	**82**
	8,50 € | 13,5% | 🍷 bis 2016	

Die Weine:
100 Perfekt · **95–99** Überragend · **90–94** Exzellent
85–89 Sehr gut · **80–84** Gut · **75–79** Passabel

WEINGUT MICHAEL ROHR

55592 Raumbach · Hauptstraße 104
☎ (0 67 53) 28 27 · Fax 62 78
info@weingut-rohr.de
www.weingut-rohr.de
Inhaber und Betriebsleiter: Michael Rohr
Verwalter: Marcel Rohr

Verkauf: Monika Rohr
Mo–Fr: 9.00–18.00 Uhr
und nach Vereinbarung

Bereits der Name »Schwalbennest« lässt Höhe vermuten. Die Raumbacher Steillagen, die nicht immer in konstant temperaturbegünstigten Expositionen liegen, erfordern enormen Arbeitseinsatz der gesamten Familie. Mittlerweile sind drei Generationen am Gemeinschaftsprojekt Riesling beteiligt. Mit gut 50 Prozent nimmt die Rebsorte den größten Teil der knapp fünf Hektar großen Rebfläche ein. Die aktuelle Kollektion aus 2014 präsentiert sich solide und einheitlich, sozusagen aus einem Guss.

Anzahl der verkosteten Weine: 10
Bewertungen: 78–83 Punkte

2013 Rehborner Herrenberg **82**
Weißburgunder Sekt Brut
9,80 € | 12,5% | bis 2016

2014 Raumbacher Schlossberg **80**
Spätburgunder trocken Blanc de Noirs
7,– € | 12% | bis 2016

2014 Raumbacher Schwalbennest **82**
Riesling Hochgewächs trocken
5,50 € | 12% | bis 2016

2014 Raumbacher Schwalbennest **83**
Riesling Spätlese trocken
7,50 € | 11,5% | bis 2017

2014 Rehborner Herrenberg **78**
Weißburgunder Spätlese trocken Barrique
7,80 € | 12% | bis 2016

2014 Raumbacher Schlossberg **82**
Riesling Hochgewächs feinherb Alte Reben
5,50 € | 10,5% | bis 2016

2014 Rehborner Herrenberg **80**
Riesling Kabinett feinherb
5,80 € | 10,5% | bis 2016

2014 Raumbacher Schwalbennest **82**
Riesling Hochgewächs
5,50 € | 10,5% | bis 2016

2014 Raumbacher Schlossberg Kerner Auslese **82**
9,90 € | 9,5% | bis 2016

2013 Raumbacher Schlossberg **81**
Spätburgunder trocken
6,50 € | 12,5% | bis 2016

WEINGUT PRINZ SALM

55595 Wallhausen · Schlossstraße 3
☎ (0 67 06) 94 44 11 · Fax 94 44 34
info@prinzsalm.de
www.prinzsalm.de
Inhaber: Felix Prinz zu Salm-Salm
Betriebsleiter: Felix Prinz zu Salm-Salm

Verkauf: Felix Prinz zu Salm-Salm
Mo–Fr: 8.00–17.00 Uhr
April–Sept.
Sa: 12.00–17.00 Uhr und nach Vereinbarung

In Deutschlands ältestem Familienweingut scheint Felix Prinz zu Salm-Salm (32. Generation) mehr und mehr Tritt zu fassen. Wir probierten eine im trockenen Segment überzeugende Kollektion aus 2014. Die Großen Gewächse haben gegenüber dem schwierigen Vorjahr an Format gewonnen und die Basisweine in ihrer fruchtbetonten Art machen Freude, genauso wie die Lagen-Rieslinge aus Steinrossel und Ritterhölle. Weniger begeistert hat uns der feinherbe Two Princes, eine Kreation für den US-Markt. Es bleibt viel zu tun, nicht zuletzt nach der Verschmelzung des früher eigenständigen Binger Weingutes mit dem Wallhäuser Betrieb.

Anzahl der verkosteten Weine: 11
Bewertungen: 80–88 Punkte

2014 Riesling trocken **82**
7,50 €/1,0 Lit. | 11,5% | bis 2016

2014 Weißburgunder trocken **82**
8,90 € | 11,5% | bis 2016

2014 Riesling trocken **83**
8,90 € | 12,5% | bis 2016

2014 Riesling Grünschiefer trocken **85**
13,50 € | 11% | bis 2017

2014 Sommerlocher Steinrossel **85**
Riesling trocken »Erste Lage«
19,– € | 12% | bis 2017

2014 Dalberger Ritterhölle **86**
Riesling trocken »Erste Lage«
19,– € | 12% | bis 2018

2014 Binger Kirchberg Riesling »Großes Gewächs« **86**
29,– € | 12,5% | bis 2018

2014 Wallhäuser Felseneck Riesling »Großes Gewächs« **87**
30,– € | 12% | bis 2019

2014 Wallhäuser Johannisberg Riesling »Großes Gewächs« **88**
32,– € | 12% | bis 2020

2014 Riesling Two Princes feinherb **80**
8,90 € | 10% | bis 2016

2014 Binger Scharlachberg Riesling Auslese »Große Lage« **87**
27,– € | 8% | bis 2021

Winzer des Jahres 2010, Aufsteiger des Jahres 2005

WEINGUT SCHÄFER-FRÖHLICH

55595 Bockenau · Schulstraße 6
☎ (0 67 58) 65 21 · Fax 87 94
info@weingut-schaefer-froehlich.de
www.weingut-schaefer-froehlich.de
Inhaber: Hans, Karin und Tim Fröhlich
Betriebsleiter: Tim Fröhlich
Außenbetrieb: Hans Fröhlich
Kellermeister: Tim und Karin Fröhlich

Verkauf: Karin Fröhlich und Meike Peter
nach Vereinbarung

Historie: Weinbau in der Familie seit 1800

Rebfläche: 20 Hektar
Jahresproduktion: 120.000 Flaschen
Beste Lagen: Schlossböckelheimer Felsenberg und Kupfergrube, Bockenauer Felseneck, Monzinger Frühlingsplätzchen und Halenberg
Boden: Porphyr, Konglomerat aus Schiefer und Quarzit, roter Schiefer
Rebsorten: 85% Riesling, 15% Burgundersorten
Durchschnittsertrag: 45 hl/ha
Mitglied: VDP

Für einige ist dieses Weingut, das eher am Rande als im Herzen des Anbaugebiets liegt, seit Jahren schon die Nummer eins der Region. Andere sehen Tim Fröhlich als Primus inter Pares im Spitzen-Quartett der Nahe. In jedem Fall muss man Schäfer-Fröhlich Attribute zuschreiben, wie sie nur Weltklasse-Gütern zustehen: Schwache Jahrgänge gibt es hier nicht mehr, egal, was die Natur den Trauben zugemutet hat. Hier kann man jede Flasche blind kaufen. Und, vielleicht noch wichtiger: Selbst eher einfache Tropfen entwickeln sich bestens, zeigen oft nach zehn und mehr Jahren eine Frische, die in anderen Betrieben gerne die Jungweine hätten.
2014 ist so ein Jahr, in dem man hätte vieles falsch machen können. Tim Fröhlich aber hat alles richtig gemacht. Selbst die Basisweine haben Format, die Großen Gewächse stehen wie selbstverständlich an der Gebietsspitze, angeführt von einem Felseneck, der großartige Statur und sublime Feinheiten vereint.

Spiel mit der Hefe

Tim Fröhlich beherrscht das Spiel mit wilden, nie völlig zu kontrollierenden Hefen wie kein anderer. Sicher hilft ihm das Vertrauen in seine Weinberge und deren penible Bearbeitung. Sechs Große Gewächse hat er in diesem Jahr produziert – alle erhielten – wieder einmal – mehr als 90 Punkte: Stromberg, Kupfergrube, Frühlingsplätzchen, Felsenberg, Halenberg, Felseneck.

Tim Fröhlich

Fröhlichs Gewächsen merkt man die aufwendige Arbeit nicht an. Sie wirken trotz all ihrer Brillanz unangestrengt. Tim Fröhlich hatte das Zeug zum Fußballprofi, bis ihn eine Verletzung aus dem Rennen warf. Die Disziplin eines Profisportlers bildet heute das Fundament für seinen Erfolg. Dabei sind die Weine heiß diskutiert: Man liebt sie oder kann nichts mit ihnen anfangen. Weine mit derartiger Prägung durch die Spontangärung sind Exoten, weltweit. Doch Tim Fröhlichs Spontis haben Klarheit und Prägnanz, die zeigt, wie exakt im Weingut gearbeitet wird.

Sportlicher Perfektionist

Ab Gutswein aufwärts wird ausschließlich mit Spontanvergärung oder selbst selektierten wilden Hefen gearbeitet – niemand an der Nahe beherrscht dies besser. »Gesundes Lesegut, absolute Sauberkeit und exaktes Arbeiten sind Pflicht, will man mit diesen Hefen klare Aromen erhalten«, weiß Tim Fröhlich. Dem sportlichen Perfektionisten aus Bockenau gelingt dies tatsächlich auf ganz verblüffende Weise, wobei all seinen Weinen vor dem Genuss ein wenig Luft gut tut, um ihre Aromen zu entfalten.
Der Vom Vulkangestein stammt aus jungen Reben der Großes Gewächs-Lagen Felsenberg und Kupfergrube; der etwas teurere Schiefergestein ist das kleine Felseneck. Wie bei Schäfer-Fröhlich üblich, werden sie auf der Vollhefe ohne Aufrühren im Stahltank ausgebaut.

Anzahl der verkosteten Weine: 18
Bewertungen: 84–93 Punkte

2014	Weißburgunder trocken **9,– €** | 12,5% | 🍷 bis 2016	**84**
2014	Riesling trocken **9,90 €** | 12% | 🍷 bis 2017	**85**

2014 Weißburgunder »S« trocken **85**
14,50 € | 13% | bis 2016

2014 Grauburgunder »S« trocken **85**
14,50 € | 13% | bis 2016

2014 Riesling Vulkangestein trocken **87**
14,50 € | 12% | bis 2019

2014 Bockenauer Riesling Schiefergestein trocken **88**
18,50 € | 12% | bis 2020

2014 Weißburgunder »R« trocken **90**
32,– € | 13% | bis 2020

2014 Schlossböckelheimer Felsenberg **91**
Riesling »Großes Gewächs«
37,– € | 13% | bis 2024

2014 Bockenauer Stromberg **91**
Riesling »Großes Gewächs«
37,– € | 13% | bis 2024

2014 Schlossböckelheimer Kupfergrube **92**
Riesling »Großes Gewächs«
37,– € | 13% | bis 2024

2014 Monzinger Frühlingsplätzchen **92**
Riesling »Großes Gewächs«
37,– € | 13% | bis 2024

2014 Monzinger Halenberg **93**
Riesling »Großes Gewächs«
37,– € | 13% | bis 2026

2014 Bockenauer Felseneck **93**
Riesling »Großes Gewächs«
40,– € | 13% | bis 2026

2014 Bockenauer Riesling Schiefergestein feinherb **87**
18,50 € | 11,5% | bis 2020

2014 Bockenauer Felseneck **90**
Riesling Kabinett »Große Lage«
14,50 € | 7,5% | bis 2022

2014 Bockenauer Felseneck **92**
Riesling Spätlese »Große Lage«
18,50 € | 7,5% | bis 2028

2014 Bockenauer Felseneck **93**
Riesling Goldkapsel Spätlese »Große Lage«
Top 10 **22,– €** | 7,5% | bis 2030

WEINGUT JOH. BAPT. SCHÄFER

55452 Burg Layen · Burg Layen 8
☎ (0 67 21) 4 35 52 · Fax 4 78 41
schaefer@jbs-wein.de
www.jbs-wein.de
Inhaber: Sebastian Schäfer
Kellermeister: Sebastian Schäfer

Verkauf: Sebastian Schäfer
nach Vereinbarung

Sehenswert: über 100 Jahre alter Gewölbekeller mit Eichenholzfässern

Rebfläche: 7 Hektar
Jahresproduktion: 50.000 Flaschen
Beste Lagen: Dorsheimer Goldloch und Pittermännchen, Burg Layer Schlossberg, Laubenheimer Karthäuser
Boden: kiesiger Lehm und Schieferverwitterung mit Steingrus
Rebsorten: 60% Riesling, 30% Burgundersorten, 10% übrige Sorten
Durchschnittsertrag: 57 hl/ha
Mitglied: VDP

Der nie endende Wettkampf der beiden Dorsheimer Spitzenlagen Goldloch und Pittermännchen – wir wollen und können ihn auch im Jahrgang 2014 nicht entscheiden. Derzeit sehen wir noch das Pittermännchen mit seiner tollen Struktur einen Tick vorne, doch machte das anfangs völlig verschlossene Goldloch, je länger die Flasche offen war, bei jeder Nachprobe noch Boden gut. Das alles hat seine Gründe, wie Kenner wissen. Sebastian Schäfers Weine nämlich brauchen stets Zeit, um sich zu entfalten. Deshalb zahlen sich Geduld und Langmut aus. Sebastian Schäfer schafft individuelle Weinncharaktere, die in ihrer Jugend eben ein bisschen unbequem sind, dafür mit der Reife zunehmend an Profil und Persönlichkeit gewinnen. Es sind allesamt Individualisten, weil der Burg Layer Winzer versucht, auf jede einzelne Lage oder auch Parzelle einzugehen und sie im Wein herauszuarbeiten. Für seine Spitzenklasse nutzt er deshalb die Holzfässer in dem sehenswerten, mehr als 100 Jahre alten Gewölbekeller, denn da geht es ihm nicht um vordergründige Frucht, sondern um Vielschichtigkeit und Textur, die durch langes Lagern auf der Feinhefe noch betont wird. Dass Schäfer auch das fruchtsüße Segment sehr gut beherrscht, zeigt er in diesem Jahr einmal mehr beim Pittermännchen: Der Kabinett ist eine einzige, wahre

Erfrischung, die Spätlese energiegeladen und brillant. Dieser Betrieb steht in der Drei-Trauben-Klasse auf einem Spitzenplatz.

Anzahl der verkosteten Weine: 12
Bewertungen: 83–91 Punkte

2014	Riesling trocken **9,50 €** | 12% | 🍷 bis 2017	**83**
2014	Scheurebe trocken **9,90 €** | 12,5% | 🍷 bis 2017	**85**
2014	Grauburgunder trocken **11,50 €** | 13% | 🍷 bis 2017	**84**
2014	Weißburgunder trocken **11,50 €** | 13% | 🍷 bis 2017	**85**
2014	Riesling vom Kieselstein- trocken **13,50 €** | 12% | 🍷 bis 2018	**86**
2014	Dorsheimer Riesling trocken **14,50 €** | 12,5% | 🍷 bis 2017	**85**
2014	Burg Layer Schlossberg Riesling trocken »Erste Lage« **18,– €** | 12,5% | 🍷 bis 2020	**88**
2014	Dorsheimer Goldloch Riesling »Großes Gewächs« **28,– €** | 13% | 🍷 bis 2022	**88**
2014	Dorsheimer Pittermännchen Riesling »Großes Gewächs« **28,– €** | 12,5% | 🍷 bis 2022	**89**
2014	Dorsheimer Pittermännchen Riesling Kabinett »Große Lage« **12,– €** | 8% | 🍷 bis 2022	**90**
2014	Dorsheimer Goldloch Riesling Kabinett »Große Lage« 🔨 | 8,5% | 🍷 bis 2021	**89**
2014	Dorsheimer Pittermännchen Riesling Spätlese »Große Lage« **18,– €** | 8% | 🍷 bis 2025	**91**

WEINGUT SCHAUSS

55569 Monzingen · Römerstraße 12
☎ (0 67 51) 28 82 · Fax 68 60
weingut-schauss@web.de
www.weingut-schauss.de

Inhaber: Christa und Elmar Schauß
Kellermeister: Elmar Schauß

Verkauf: Familie Schauß
Mo–Fr: 8.00–19.00 Uhr
Sa: 9.00–18.00 Uhr und nach Vereinbarung

Historie: 1800 Gründung des Weingutes

Rebfläche: 14,2 Hektar
Jahresproduktion: 100.000 Flaschen
Beste Lagen: Monzinger Halenberg und Frühlingsplätzchen
Boden: Gemisch aus Schiefer, Quarzit und Basalt, Rotliegendes
Rebsorten: 43% Riesling, 32% rote Sorten, 10% Grau- und Weißburgunder, 15% übrige Sorten
Durchschnittsertrag: 63 hl/ha

Elmar Schauß hat den nicht einfachen Jahrgang 2014 gut gemeistert. Ihm gelingt nicht nur der Riesling überzeugend, auch der Stil seiner weißen Burgundersorten gefällt uns: mineralische, salzige Weiß- und Grauburgunder. Die Rieslinge dominieren dennoch die Kollektion. Sie sind seriös und solide ausgefallen und repräsentieren sehr gut das Terroir der beiden Monzinger Lagen Frühlingsplätzchen und Halenberg. Bei den trockenen steht der Primus Omnium aus dem Halenberg an der Spitze. Aus der gleichen Lage hat sich die fruchtsüße Spätlese ganz an die Spitze des aktuellen Sortiments geschoben. Eine durchgehend überzeugende Kollektion hatte Elmar Schauß bereits aus dem Jahrgang 2013 vorgestellt. Ob fruchtsüß oder trocken, den Riesling beherrscht er. Der trockene Primus Omnium von alten Reben hatte Tiefe, während der Halenberg mehr Spiel aufweisen konnte. Das traditionelle Familienweingut ist neben dem Halenberg auch in der zweiten Monzinger Spitzenlage, dem Frühlingsplätzchen, begütert. Elmar Schauß hegt und pflegt mit einigem an Hingabe und Geschick dieses Kapital.

Rote Symbole 🍇, 🍇, 🍇🍇, 🍇🍇🍇, 🍇🍇🍇🍇:
Diese Betriebe verdienen in ihrer Klasse besondere Aufmerksamkeit

Anzahl der verkosteten Weine: 12
Bewertungen: 82–88 Punkte

2014 Riesling trocken **82**
6,40 € | 12,5% | bis 2016

2014 Weißburgunder trocken **83**
7,- € | 13% | bis 2016

2014 Grauburgunder trocken **83**
7,20 € | 13,5% | bis 2016

2014 Monzinger Frühlingsplätzchen **85**
Grauburgunder Primus omnium trocken
13,50 € | 13,5% | bis 2017

2014 Monzinger Halenberg **87**
Riesling Primus omnium trocken
13,50 € | 13,5% | bis 2017

2014 Monzinger Frühlingsplätzchen **84**
Riesling vom Rotliegenden Hochgewächs trocken
7,60 € | 12,5% | bis 2017

2014 Monzinger Frühlingsplätzchen **85**
Riesling vom schiefrigen Kies Hochgewächs trocken
7,60 € | 12,5% | bis 2017

2014 Gewürztraminer feinherb **83**
7,40 € | 13% | bis 2016

2014 Monzinger Frühlingsplätzchen **83**
Riesling »S« feinherb
7,60 € | 12% | bis 2016

2014 Weilerer Herrenzehntel Riesling Hochgewächs **85**
7,60 € | 9,5% | bis 2017

2014 Monzinger Halenberg Riesling Spätlese **88**
€ **9,60 €** | 8,5% | bis 2021

2014 Monzinger Frühlingsplätzchen **86**
Riesling Spätlese
11,50 € | 9% | bis 2019

WEINGUT SCHILD

55595 St. Katharinen · Klosterstraße 7
☎ (0 67 06) 4 47 · Fax 62 98
info@schild-weingut.de
www.schild-weingut.de
Inhaber: Thomas und Johannes Schild

Verkauf: Familie Schild
nach Vereinbarung

Die Weine der sympathisch dynamischen Familie in St. Katharinen sind modern. Im Jahrgang 2014 sind die Rieslinge durchweg sauber, enden aber mitunter etwas bitter im Abgang. Die Grauburgunder sind teilweise von Holz dominiert und die 2012er Cuvée von Cabernet Dorsa und Spätburgunder zeigt sich dunkel und konzentriert. Im Betrieb stehen die Zeichen auf mehr Qualität und Wachstum. In den letzten Jahren wurde die Traubenverarbeitung verbessert und die Rebfläche um zwei Hektar vergrößert.

Anzahl der verkosteten Weine: 11
Bewertungen: 79–84 Punkte

2014 Kreuznacher Hofgarten Riesling trocken **82**
5,50 € | 12,5% | bis 2016

2014 Roxheimer Berg Weißburgunder trocken **82**
5,70 € | 13% | bis 2016

2014 Grauburgunder Drei Morgen trocken **80**
6,30 € | 13% | bis 2016

2014 Sauvignon Blanc trocken **83**
6,50 € | 12% | bis 2016

2013 Grauburgunder & Sauvignon Blanc Fumé **79**
trocken Barrique
10,50 € | 13,5% | bis 2016

2014 Kreuznacher Hofgarten **84**
Riesling Spätlese trocken
6,- € | 11,5% | bis 2016

2014 Kreuznacher Hofgarten Riesling Spätlese **84**
6,- € | 7,5% | bis 2017

2013 Spätburgunder Zweigestein **83**
trocken Holzfass
7,- € | 13% | bis 2016

2013 Dornfelder trocken Alte Reben Barrique **81**
7,20 € | 13% | bis 2016

2013 Portugieser Halbstück trocken **83**
9,- € | 13% | bis 2016

2012 Braunweiler Hellenpfad **84**
Cabernet Dorsa & Spätburgunder trocken Barrique
10,30 € | 13,5% | bis 2016

Die Weine:
100 Perfekt · **95–99** Überragend · **90–94** Exzellent
85–89 Sehr gut · **80–84** Gut · **75–79** Passabel

WEINGUT HEINRICH SCHMIDT

55452 Windesheim · Hauptstraße 8
☎ (0 67 07) 4 14 · Fax 17 25
weingut-heinrich-schmidt@t-online.de
www.weingutschmidt.com
Inhaber und Betriebsleiter: Günter Schmidt

Verkauf: Günter Schmidt
nach Vereinbarung

Nachdem im vergangenen Jahr überraschenderweise ein Weißwein die Nase vorne hatte in diesem Windesheimer Traditionsgut, wird diesmal wieder die alte Ordnung hergestellt. Wie so oft in den vergangenen Jahren gefallen uns die Rotweine des Hauses am besten. Vor allem der Spätburgunder »R« aus Schweppenhausen zeigt Charakter mit seiner betont trockenen und kargen und zugleich stoffigen Art. Die weißen Burgundersorten sind nicht so animierend wie sonst, der vom Holz geprägte Grauburgunder »R« aber präsentiert sich etwas runder. Die fast ausschließlich mit Reinzuchthefe vergorenen Weine sind stets sehr sauber, mit klarer Frucht und professionell vinifiziert.

Anzahl der verkosteten Weine: 10
Bewertungen: 81–86 Punkte

2014	Weißburgunder trocken **6,30 €** | 12,5% | bis 2016	**81**
2014	Grauburgunder trocken **6,30 €** | 12,5% | bis 2016	**81**
2014	Weißburgunder »S« trocken **8,– €** | 13,5% | bis 2016	**83**
2014	Grauburgunder »S« trocken **8,– €** | 13,5% | bis 2016	**84**
2014	Windesheimer Fels Grauburgunder »R« trocken **10,40 €** | 13,5% | bis 2017	**85**
2014	Windesheimer Sonnenmorgen Weißburgunder »R« trocken **12,50 €** | 13,5% | bis 2017	**85**
2013	Windesheimer Rosenberg Scheurebe Spätlese **6,50 €** | 9,5% | bis 2016	**84**
2013	Schweppenhäuser Schlossgarten Spätburgunder »S« trocken **9,10 €** | 13,5% | bis 2016	**83**
2011	Schweppenhäuser Schlossgarten Spätburgunder »R« trocken **13,10 €** | 14% | bis 2017	**86**
2012	Schweppenhäuser Schlossgarten Frühburgunder »R« trocken **15,90 €** | 14% | bis 2017	**85**

WEINGUT SCHMIDT

67823 Obermoschel · Luitpoldstraße 24
☎ (0 63 62) 12 65 · Fax 41 45
info@weingut-schmidt.net
www.weingut-schmidt.net
Inhaber: Andreas Schmidt
Kellermeister: Andreas Schmidt

Verkauf: Familie Schmidt
Mo–Fr: 8.00–18.00 Uhr
Sa: 8.00–15.00 Uhr, So: nach Vereinbarung

Der beste Wein des Jahrgangs kommt wieder einmal aus dem Norheimer Dellchen. Der trockene Riesling zeigt sich zugleich hochfarbig und druckvoll. Und dass er Gewürztraminer beherrscht, beweist Andreas Schmidt Jahr um Jahr aufs Neue. Ansonsten schmeckt man der Basis deutlich an, dass der Herbst 2014 große Herausforderungen auch rund um Obermoschel brachte. Das Lesegut bot wohl nicht immer die besten Voraussetzungen für klare Weine. Da beide Söhne für die Nachfolge bereitstehen, wird das in den letzten Jahren modernisierte Weingut noch lange die Fahne des Weinbaus im etwas abseits gelegenen Obermoschel hochhalten.

Anzahl der verkosteten Weine: 10
Bewertungen: 79–85 Punkte

2013	Obermoscheler Paradiesgarten Riesling Sekt Brut **8,90 €** | 13% | bis 2016	**80**
2014	Obermoscheler Silvaner trocken **5,50 €** | 11,5% | bis 2016	**79**
2014	Grauburgunder trocken **6,– €** | 13% | bis 2016	**80**
2014	Weißburgunder trocken **6,– €** | 12,5% | bis 2016	**81**
2014	Obermoscheler Silberberg Riesling Enders trocken **6,– €** | 11,5% | bis 2016	**83**
2014	Chardonnay trocken **6,10 €** | 13% | bis 2016	**81**
2014	Grauburgunder Classic **6,80 €** | 13,5% | bis 2016	**81**
2014	Norheimer Dellchen Riesling Spätlese trocken **8,80 €** | 13% | bis 2017	**85**
2014	Obermoscheler Geißenkopf Gewürztraminer **7,50 €** | 10% | bis 2017	**84**
2012	Obermoscheler Langhölle Spätburgunder trocken Barrique **11,80 €** | 13,5% | bis 2016	**81**

WEINGUT JAKOB SCHNEIDER

55585 Niederhausen · Winzerstraße 15
☎ (0 67 58) 9 35 33 · Fax 9 35 35
info@schneider-wein.com
www.schneider-wein.com

Inhaber: Jakob Schneider sen. und jun.
Außenbetrieb: Jakob Schneider sen.
Kellermeister: Jakob Schneider jun.

Verkauf: Jakob Schneider
Mo–Fr: 9.30–11.30 Uhr · 13.00–17.30 Uhr
Sa: 10.00–16.30 Uhr nach Vereinbarung

Historie: Weinbau seit 1575
Sehenswert: Gewölbekeller mit Holzfässern, Weinwanderweg

Rebfläche: 20,5 Hektar
Jahresproduktion: 140.000 Flaschen
Beste Lagen: Niederhäuser Hermannshöhle, Felsensteyer und Klamm, Norheimer Dellchen und Kirschheck
Boden: vulkanisch, Schiefer
Rebsorten: 88% Riesling, 4% rote Sorten, 8% übrige Sorten
Durchschnittsertrag: 54 hl/ha
Mitglied: Nahetalente, Generation Riesling

Die Kollektion der 2014er Weine gehört erneut zu den besten des Gebietes. Es ist beeindruckend, mit welcher Konstanz seit dem Eintritt des jungen Jakob Schneider in diesem Gut in Niederhausen gearbeitet wird. Dies ist nur möglich, weil drei Generationen zusammenstehen und damit dem jungen Jakob den Raum zur Entfaltung geben. Und der nutzt ihn wie kaum ein anderer an der Nahe. Schon die trockene Basisqualität zeigt hier Charakter, erst recht die Lagen-Rieslinge. In 2014 liegen Hermannshöhle, Felsensteyer und Dellchen nah beieinander, die Höhle eher komplex und mit Tiefgang, der Felsensteyer mit mehr Eleganz und Feinheiten. Der trockene Spitzenwein Magnus deutet seine Klasse erst an und wirkte bei der Verkostung noch verschlossen, aber mit großem Potenzial. Der Betrieb hat sich in den letzten Jahren dynamisch entwickelt und die Rebfläche nahezu verdoppelt. 52 Gesteinsformationen bilden die Basis, vornehmlich vulkanischen Ursprungs, aber auch schieferhaltig. Im Keller haben auch noch die traditionellen großen Holzfässer ihren Platz. Darin lagern die Spitzenweine lange auf ihrer Feinhefe. Zwei Drittel der Weine werden trocken ausgebaut, doch gelingen die restsüßen immer wieder außerordentlich gut: In 2014 ist es die Spätlese aus der Hermannshöhle, die mit feiner Pfirsichfrucht und Eleganz betört.

Anzahl der verkosteten Weine: 9
Bewertungen: 84–90 Punkte

2014	Riesling Melaphyr trocken **6,80 €** | 12% | bis 2017	**84**
2014	Niederhäuser Hermannshöhle Riesling trocken € **9,80 €** | 12,5% | bis 2019	**88**
2014	Niederhäuser Felsensteyer Riesling trocken **10,– €** | 13% | bis 2020	**89**
2014	Norheimer Dellchen Riesling trocken **13,50 €** | 13% | bis 2020	**89**
2014	Niederhäuser Hermannshöhle Riesling Magnus trocken **15,50 €** | 13% | bis 2022	**90**
2014	Niederhäuser Kertz Riesling feinherb **8,50 €** | 11,5% | bis 2018	**86**
2014	Niederhäuser Klamm Riesling Kabinett € **7,80 €** | 9% | bis 2020	**88**
2014	Norheimer Kirschheck Riesling Spätlese € **9,– €** | 8,5% | bis 2024	**89**
2014	Niederhäuser Hermannshöhle Riesling Spätlese **10,– €** | 8,5% | bis 2026	**90**

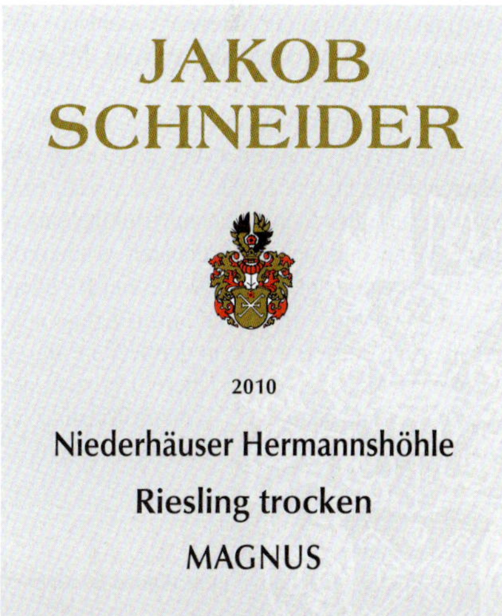

WEINGUT K. H. SCHNEIDER

55566 Bad Sobernheim
Meddersheimer Straße 29
☎ (0 67 51) 25 05 · Fax 36 57
info@weingut-schneider.com
www.weingut-schneider.com
Inhaber: Familie Schneider
Betriebsleiter: Bernd Schneider
Kellermeister: Andi Schneider

Verkauf: Familie Schneider
Mo–Fr: 10.00–12.00 Uhr · 13.00–18.00 Uhr
Sa: 10.00–16.00 Uhr

Rebfläche: 13,6 Hektar
Jahresproduktion: 70.000 Flaschen
Beste Lagen: Sobernheimer Marbach und Domberg, Schlossböckelheimer Felsenberg
Boden: Schiefer-Quarzit, roter Tonschiefer, oberes Rotliegendes, Porphyr
Rebsorten: 50% Riesling, 25% Burgundersorten, 5% Sauvignon Blanc, 20% übrige Sorten
Durchschnittsertrag: 60 hl/ha

In diesem Betrieb an der oberen Nahe zeigt die Leistungskurve seit einigen Jahren nur nach oben. Dabei scheint Andi Schneider vor allem bei schwierigen Jahrgängen zu Hochform aufzulaufen. Bereits mit den nicht einfachen 2013ern kam er blendend zurecht, jetzt zeigt er, dass ihn auch die Witterungsunbilden im 2014er Herbst nicht schrecken konnten. Wir probierten spontan vergorene Rieslinge von großem Ausdruck, die zugleich Frische und Leichtigkeit zeigen. Aus der Hauslage Domberg überzeugt nicht nur die trockene Variante, auch die restsüße Spätlese brilliert. An der Spitze der Rieslinge aber steht der Schlossböckelheimer Felsenberg, ein großer trockener Wein. Schneider hat aber auch ein Händchen für andere Sorten, wie der nach Stachelbeeren duftende und überaus trinkige Sauvignon Blanc und der an Erdbeeren erinnernde Spätburgunder belegen. Die Weine werden überwiegend spontan vergoren und im Holzfass ausgebaut. Der Betrieb wurde in den letzten Jahren um drei Hektar vergrößert. Über 70 Prozent der Weinberge sind Steillagen. Weitere Rieslingflächen in Spitzenlagen sollen in Zukunft folgen.

Rote Symbole: Diese Betriebe verdienen in ihrer Klasse besondere Aufmerksamkeit

Anzahl der verkosteten Weine: 12
Bewertungen: 83–90 Punkte

2014	Riesling trocken **6,90 €** | 11,5% | bis 2016	**83**
2014	Grauburgunder trocken **6,90 €** | 12,5% | bis 2016	**83**
2014	Sobernheimer Riesling Roter Tonschiefer trocken **9,10 €** | 12% | bis 2017	**86**
2014	Sobernheimer Sauvignon Blanc trocken **9,80 €** | 12,5% | bis 2017	**86**
2014	Schlossböckelheimer Riesling Vulkanstein trocken **9,80 €** | 12% | bis 2017	**87**
2014	Sobernheimer Marbach Riesling trocken **14,90 €** | 13% | bis 2018	**87**
2014	Sobernheimer Domberg Riesling trocken **14,90 €** | 12,5% | bis 2018	**88**
2014	Schlossböckelheimer Felsenberg Riesling trocken **16,– €** | 12,5% | bis 2019	**89**
2014	Sobernheimer Riesling Kabinett **7,40 €** | 9,5% | bis 2017	**85**
2014	Sobernheimer Marbach Riesling Spätlese **9,10 €** | 8% | bis 2019	**90**
2014	Sobernheimer Domberg Riesling Spätlese **9,80 €** | 8,5% | bis 2021	**89**
2012	Sobernheimer Marbach Spätburgunder »R« trocken **18,– €** | 13,5% | bis 2017	**86**

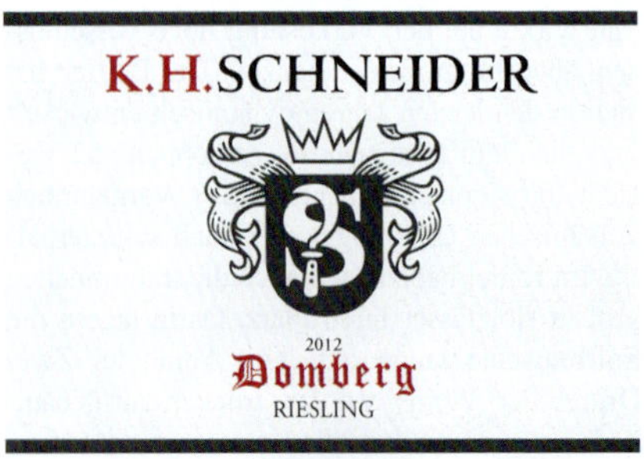

WEINGUT WOLFGANG SCHNEIDER

55452 Guldental · Naheweinstraße 35
☎ (0 67 07) 3 24 · Fax 72 01
info@weingut-wolfgang-schneider.de
www.weingut-wolfgang-schneider.de
Inhaber: Wolfgang und Nils Schneider

Verkauf: Nils Schneider
nach Vereinbarung

Den schwierigen Jahrgang 2014 hatten Wolfgang und Nils Schneider ganz gut im Griff. Vor allem die Rieslinge, vornehmlich aus der Lage Sonnenberg, sind ihnen gut gelungen. Die Silvaner und Burgundersorten scheinen uns tendenziell etwas zu hoch im Alkohol. Die Weinfläche der Schneiders ist in den letzten Jahren auf zehn Hektar angewachsen, in der Familie arbeiten indes drei Generationen mit. Gemeinsam schaffen sie so in sorgsamer Handarbeit die Qualitätsgrundlage ihrer Weine im Wingert. Während der Lese wird das Traubengut gewissenhaft selektiert. Die Weine unterliegen einer eindeutigen und klaren Klassifizierung.

Anzahl der verkosteten Weine: 12
Bewertungen: 81–85 Punkte

2014	Guldentaler Weißburgunder trocken **4,80 €** | 13% | 🍷 bis 2016	**82**
2014	Guldentaler Hipperich Grauburgunder trocken **4,80 €** | 13% | 🍷 bis 2017	**83**
2014	Guldentaler Apostelberg Scheurebe trocken **6,– €** | 12,5% | 🍷 bis 2016	**82**
2014	Guldentaler Hipperich Grüner Silvaner »S« trocken **7,– €** | 13,5% | 🍷 bis 2016	**83**
2014	Guldentaler Hipperich Grauburgunder »S« trocken Barrique **8,50 €** | 14% | 🍷 bis 2017	**82**
2014	Guldentaler Hipperich Grüner Silvaner »R« trocken **9,– €** | 13,5% | 🍷 bis 2016	**82**
2014	Guldentaler Hipperich Riesling Spätlese trocken **5,10 €** | 12% | 🍷 bis 2016	**83**
2014	Guldentaler Sonnenberg Chardonnay »S« Spätlese trocken **8,– €** | 13% | 🍷 bis 2016	**82**
2014	Guldentaler Sonnenberg Riesling »S« Spätlese trocken **8,50 €** | 12% | 🍷 bis 2017	**85**
2014	Riesling Classic **5,– €** | 12% | 🍷 bis 2016	**81**
2013	Guldentaler Sonnenberg Spätburgunder trocken Barrique **9,90 €** | 13,5% | 🍷 bis 2016	**83**
2013	Guldentaler Frühburgunder trocken Barrique **10,50 €** | 13,5% | 🍷 bis 2016	**83**

WEINGUT SCHÖMEHL

55452 Dorsheim · Binger Straße 2
☎ (0 67 21) 4 56 75 · Fax 4 86 23
weingut@schoemehl.de
www.schoemehl.de
Inhaber: Hartmut Hahn und Elke Schömehl-Hahn

Verkauf: Familien Hahn und Schömehl
Mo–Sa: 9.00–18.00 Uhr und nach Vereinbarung

Die Investitionen in die Rotweinbereitung in diesem Dorsheimer Gut scheinen erste Früchte zu tragen. St. Laurent und Spätburgunder haben deutlich zugelegt, mal sehen, wohin die Reise noch geht. Beim Riesling bringt der Jahrgang 2014 eher Stagnation, richtig begeistern können die Weine nicht. Neben dem bukettreichen Karthäuser wirkt der straffe Riesling Goldloch allerdings wie aus anderer Hand. Ansonsten steht dieses Dorsheimer Weingut nach wie vor für handwerklich gut vinifizierte Weine. Immerhin 40 Prozent der Weine werden halbtrocken bis lieblich ausgebaut.

Anzahl der verkosteten Weine: 11
Bewertungen: 79–85 Punkte

2014	Laubenheimer Weißburgunder trocken **5,50 €** | 12,5% | 🍷 bis 2016	**82**
2014	Laubenheimer Karthäuser Riesling Rotliegendes trocken **6,50 €** | 12% | 🍷 bis 2017	**83**
2014	Dorsheimer Goldloch Riesling trocken **7,50 €** | 12% | 🍷 bis 2017	**85**
2014	Laubenheimer Hörnchen Weißburgunder »S« trocken **8,20 €** | 13% | 🍷 bis 2017	**84**
2014	Laubenheimer Hörnchen Grauburgunder »S« Spätlese trocken **8,20 €** | 13% | 🍷 bis 2017	**84**
2014	Dorsheimer Pittermännchen Riesling halbtrocken **6,20 €** | 11% | 🍷 bis 2016	**82**
2014	Laubenheimer Karthäuser Riesling Spätlese halbtrocken **6,70 €** | 11,5% | 🍷 bis 2017	**84**
2014	Laubenheimer Karthäuser Riesling Spätlese **8,50 €** | 8% | 🍷 bis 2018	**84**
2013	Laubenheimer Vogelsang Frühburgunder trocken **7,70 €** | 13,5% | 🍷 bis 2016	**79**
2013	St. Laurent »B« Edition trocken Barrique **9,40 €** | 13% | 🍷 bis 2017	**84**
2013	Laubenheimer Vogelsang Spätburgunder »S« trocken **9,90 €** | 13,5% | 🍷 bis 2018	**85**

WEINGUT BÜRGERMEISTER SCHWEINHARDT

55450 Langenlonsheim · Heddesheimer Str. 1
☎ (0 67 04) 9 31 00 · Fax 93 10 50
info@schweinhardt.de
www.schweinhardt.de
Inhaber und Betriebsleiter: Axel Schweinhardt

Verkauf: Familie Schweinhardt
Mo–Fr: 9.00–18.00 Uhr
Sa–So: 12.00–18.00 Uhr und nach Vereinbarung

Die eigentliche Stärke dieses Betriebs, der mit über 30 Hektar zu den größten und zudem zu den technisch am besten ausgestatteten Gütern an der Nahe gehört, sind die trockenen Rieslinge. Die zeigen sich auch im Jahrgang 2014 solide, allen voran die Rothenberg-Terrasse, die eine gute Länge aufweist. Der Königsschild ist straff und sehr trocken, der einfache Rothenberg duftig und mineralisch. Die verlässliche Qualität dieses umweltschonend geführten Weingutes ist durchaus recht beachtenswert.

Anzahl der verkosteten Weine: 8
Bewertungen: 81–86 Punkte

2014 Langenlonsheimer Löhrer Berg **81**
Riesling trocken
8,50 € | 11,5% | bis 2016

2014 Langenlonsheimer Löhrer Berg **83**
Grauburgunder trocken
8,50 € | 12,5% | bis 2016

2014 Langenlonsheimer Königsschild **85**
Riesling trocken
8,70 € | 11,5% | bis 2017

2014 Langenlonsheimer Löhrer Berg **83**
Weißburgunder trocken
8,90 € | 13% | bis 2016

2014 Langenlonsheimer Rothenberg **85**
Riesling trocken
9,30 € | 11,5% | bis 2017

2013 Langenlonsheimer Löhrer Berg **84**
Weißburgunder Pfarrwittum trocken
12,50 € | 14% | bis 2017

2014 Langenlonsheimer Rothenberg **86**
Riesling Terrasse trocken
18,50 € | 11,5% | bis 2017

2014 Langenlonsheimer Riesling Kabinett **85**
6,– € | 10% | bis 2017

Die Weine:
100 Perfekt · **95–99** Überragend · **90–94** Exzellent
85–89 Sehr gut · **80–84** Gut · **75–79** Passabel

WEINGUT SINSS

55452 Windesheim · Hauptstraße 18
☎ (0 67 07) 2 53 · Fax 85 10
info@weingut-sinss.de
www.weingut-sinss.de
Inhaber: Familie Sinß
Betriebsleiter: Rudolf Sinß
Kellermeister: Johannes Sinß

Verkauf: Gisela Sinß
nach Vereinbarung

Mit seinen weißen Burgundersorten hat Johannes Sinß den schwierigen Jahrgang 2014 gut gemeistert. Der Riesling hingegen leidet ein wenig unter Reifeproblemen und entwickelt nicht wirklich Charme. Wie immer eine Bank in diesem Hause sind die Rotweine. Dabei gefällt uns der 2013er Spätburgunder »S« deutlich besser als der wuchtige 2011er. Transparenz, Eleganz und Finesse – dies ist der Weg, der bei der Rotweinbereitung beschritten werden sollte. Johannes Sinß ist teilweise schon in der richtigen Spur. Im Wingert setzt Sinß auf viel Laubarbeit und selektive Handlese. Seine Weine brauchen Luft, dann zeigen sie, wie viel in ihnen steckt.

Anzahl der verkosteten Weine: 10
Bewertungen: 80–87 Punkte

2012 Windesheimer Rosenberg **83**
Pinot Rößler Sekt Brut
19,– € | 12,5% | bis 2016

2014 Riesling trocken **80**
6,60 € | 12% | bis 2016

2014 Grauburgunder trocken **81**
6,80 € | 12,5% | bis 2016

2014 Windesheimer Riesling »S« trocken **82**
8,90 € | 12,5% | bis 2016

2014 Windesheimer Weißburgunder »S« trocken **84**
9,20 € | 13% | bis 2016

2014 Windesheimer Römerberg **84**
Riesling »R« trocken
16,– € | 13% | bis 2016

2014 Windesheimer Rosenberg **86**
Grauburgunder »R« trocken Holzfass
16,– € | 13,5% | bis 2017

2014 Scheurebe feinherb **84**
6,60 € | 11,5% | bis 2017

2013 Windesheimer Spätburgunder »S« trocken **87**
10,80 € | 13,5% | bis 2018

2011 Pinot Noir trocken Barrique **85**
30,– € | 14,5% | bis 2018

WEINGUT WILHELM SITZIUS

55450 Langenlonsheim · Naheweinstraße 87
☎ (0 67 04) 13 09 · Fax 27 81
weingut@sitzius.de
www.sitzius.de
Inhaber: Sonja und Wilhelm Sitzius
Kellermeister: Wilhelm Sitzius

Verkauf: Sonja Sitzius
Mo–Sa: 10.00–18.00 Uhr und nach Vereinbarung

Eigentlich ist das Weingut Sitzius eine Bank an Verlässlichkeit, selbst ein herausfordernder Jahrgang wie 2013 brachte den erfahrenen Wilhelm Sitzius nicht aus der Ruhe. Die Probleme des feucht-warmen Herbstes 2014 aber scheinen Sitzius auf dem falschen Fuß erwischt zu haben. Viele Weine lassen die sonst hier vorherrschende Klarheit vermissen, einzig die feinherbe Riesling Spätlese und die Rotweine sind empfehlenswert. Historisch betrachtet ist dieses Weingut eines der ältesten der Nahe. Aufgrund vorzüglicher Lagen – auch an der mittleren Nahe – kann ein sehr interessanter Querschnitt unterschiedlich typisierter Rebsortenweine angeboten werden, die man am besten im wirklich recht gemütlichen Gutsausschank probiert.

Anzahl der verkosteten Weine: 9
Bewertungen: 79–85 Punkte

2014	Riesling trocken **6,50 €** | 11,5% | bis 2016	**79**
2014	Weißburgunder trocken **8,– €** | 12,5% | bis 2016	**81**
2014	Grauburgunder trocken **8,50 €** | 12,5% | bis 2016	**81**
2014	Chardonnay trocken **11,– €** | 12,5% | bis 2016	**80**
2014	Langenlonsheimer Königsschild Riesling Spätlese trocken **9,– €** | 12,5% | bis 2016	**81**
2014	Langenlonsheimer Löhrer Berg Riesling Spätlese feinherb **7,50 €** | 10,5% | bis 2017	**84**
2014	Riesling Cold Cristal Auslese **22,– €**/0,5 Lit. | 9% | bis 2018	**85**
2013	Spätburgunder trocken **8,50 €** | 13,5% | bis 2017	**84**
2013	Cuvée »WS« trocken **12,– €** | 13,5% | bis 2016	**83**

Rote Symbole: Diese Betriebe verdienen in ihrer Klasse besondere Aufmerksamkeit

STAATSWEINGUT BAD KREUZNACH

55545 Bad Kreuznach · Rüdesheimer Straße 68
☎ (06 71) 82 03 30 · Fax 82 03 01
info@staatsweingut.de
www.staatsweingut.de
Inhaber: Land Rheinland-Pfalz
Außenbetrieb: Gunter Schenkel
Kellermeister: Rainer Gies

Verkauf: Susanne Bollenbacher, Susanne Eß
Mo–Do: 9.30–12.30 Uhr · 14.00–16.30 Uhr
Fr: 9.30–16.30 Uhr

Mit dem problematischen Jahrgang 2013 war man im Kreuznacher Staatsweingut nicht gut zurechtgekommen. Kein Wunder, war dies doch auch das Jahr der Umstellung auf ökologischen Weinbau. Der Jahrgang 2014 bringt nun eine deutliche Steigerung der Leistungen, die Mannschaft hatte die Witterungsunbilden und den Biobetrieb im Griff. An der Spitze stehen ein mineralisch-straffer Riesling aus der Lage Norheimer Kafels und ein veritabler Prestigerotwein, bei dem die Vermählung von Cabernet Sauvignon und Spätburgunder im Barrique überraschend gut gelungen ist.

Anzahl der verkosteten Weine: 7
Bewertungen: 83–88 Punkte

2014	Kreuznacher Kahlenberg Weißburgunder »S« trocken **8,– €** | 13% | bis 2016	**84**
2014	Kreuznacher Kahlenberg »Am Steinweg« Riesling »S« trocken Verkauf ab Herbst 2015 | 12,5% | bis 2017	**85**
2014	Norheimer Kafels Riesling »S« trocken Verkauf ab Herbst 2015 | 12,5% | bis 2018	**88**
2014	Kreuznacher Kahlenberg Riesling Spätlese trocken **7,– €** | 12% | bis 2016	**83**
2014	Kreuznacher Kahlenberg Riesling Spätlese halbtrocken **7,– €** | 11,5% | bis 2017	**84**
2014	Norheimer Kafels Riesling Spätlese **8,50 €** | 8% | bis 2020	**86**
2012	Cabernet Sauvignon & Spätburgunder trocken Prestige Barrique **13,– €** | 14% | bis 2018	**87**

Zeichenerklärung:
Schnäppchenpreis · Top 10 Spitzenreiter
Ökobetrieb · Trink-Tipp · Versteigerungswein
Sekt | Weißwein | Rotwein | Roséwein

Neu

WEINGUT STEIGERHOF

55585 Altenbamberg · Steigerhof
☎ (0 67 09) 4 25 · Fax 7 09
weingut-steigerhof@t-online.de
www.weingut-steigerhof.de
Inhaber: Josef Wollschied

Verkauf: nach Vereinbarung

Nach ihrer Amtszeit als Naheweinkönigin bis Herbst 2014 kann Barbara Wollschied jetzt ihre Eltern im Betrieb in Altenbamberg unweit von Bad Kreuznach voll unterstützen. Drei Generationen arbeiten hier in zwölf Hektar Weinbergen, zum großen Teil Steillagen. Die 2014er zeigen eine klare Handschrift, wir probierten eine ganze Reihe blitzsauberer Weine. Der Sauvignon Blanc erinnert in seiner Art an die Loire und selbst der Bacchus in der Literflasche probiert sich knackig und animierend. Der feinherbe Riesling wird von einer sauberen Frucht getragen. Dies ist ein gelungener Einstieg in den WeinGuide. So kann es weitergehen.

Anzahl der verkosteten Weine: 6
Bewertungen: 81–84 Punkte

2014	Altenbamberger Riesling trocken **4,70 €** | 11,5% | bis 2016	**81**
2014	Altenbamberger Schlossberg Weißburgunder 100% BW trocken **7,20 €** | 12% | bis 2016	**81**
2014	Altenbamberger Laurentiusberg Sauvignon Blanc trocken **7,80 €** | 12% | bis 2017	**84**
2014	Altenbamberger Schlossberg Gewürztraminer Spätlese trocken **6,70 €** | 11,5% | bis 2016	**82**
2014	Bacchus feinherb **4,70 €**/1,0 Lit. | 10,5% | bis 2016	**83**
2014	Riesling feinherb **5,50 €** | 10,5% | bis 2017	**83**

WEINGUT KARL STEIN

55585 Oberhausen · Auf dem Stiel 12
☎ (0 67 55) 2 42 · Fax 7 41
info@steinwein.de
www.steinwein.de
Inhaber: Edith und Rainer Schneider
Betriebsleiter: Edith und Rainer Schneider
Kellermeister: Edith und Rainer Schneider

Verkauf: Edith Schneider
Mo–Sa: 8.00–18.00 Uhr und nach Vereinbarung

Erlebenswert: Jahrgangspräsentation am 1. Sonntag nach Pfingsten, kulinarische Weinproben im Herbst

Rebfläche: 12 Hektar
Beste Lagen: Oberhäuser Leistenberg, Felsenberg und Kieselberg, Niederhäuser Felsensteyer
Boden: Schiefer, Porphyr, Sand und Kies
Rebsorten: 60% Riesling, 30% Weiß- und Grauburgunder, 10% übrige Sorten
Durchschnittsertrag: 65 hl/ha

Der feuchte und warme Herbst hat in diesem Oberhäuser Gut bei den Burgundern und den Riesling-Basisqualitäten im Jahrgang 2014 seine Spuren hinterlassen. Die trockenen Rieslinge mit Lagenbezeichnung spielen im Vergleich dazu in einer anderen Liga. Sie sind präzise, spannend und von hoher Mineralität. An der Spitze stehen die Weine aus dem Oberhäuser Leistenberg und dem Niederhäuser Felsensteyer. Von dort stammt auch die beste fruchtsüße Spätlese des Jahrgangs. Da kann nur noch der Verschnitt von Riesling und Gewürztraminer aus dem Oberhäuser Rotenberg mithalten: wunderbare Frucht, elegant und harmonisch. Alles in allem wurde die zweite Traube, die wir im Vorjahr verliehen haben, bestätigt. Lisa Widodo, die Freundin von Sohn Rainer Schneider, zeichnet für das gelungene Etikettendesign verantwortlich, bei dem die weiße Linie für Rebsortenweine und die schwarze Linie für Lagenweine steht. Der Junior ist es auch, der den naturnahen, ökologischen Weinbau vorantreibt. Das Weingut von Edith und Rainer Schneider erzeugt fast nur Weißwein, baut diesen fast nur im Edelstahl aus und hat mit 40 Prozent einen relativ großen Anteil halbtrockener und fruchtsüßer Weine – aber die trockenen stehen diesen nicht mehr nach!

Anzahl der verkosteten Weine: 12
Bewertungen: 80–87 Punkte

Jahrgang	Wein	Punkte
2014	Riesling trocken Classic **5,50 €** | 12% | bis 2016	**80**
2014	Müller-Thurgau Hanggarten trocken **6,– €** | 11,5% | bis 2016	**83**
2014	Oberhäuser Leistenberg Grauburgunder trocken **7,– €** | 12,5% | bis 2016	**81**
2014	Oberhäuser Kieselberg Chardonnay trocken **7,– €** | 12,5% | bis 2016	**81**
2014	Oberhäuser Rotenberg Weißburgunder trocken **7,– €** | 11,5% | bis 2016	**82**
2014	Oberhäuser Kieselberg Riesling trocken **7,– €** | 12% | bis 2016	**84**
2014	Oberhäuser Leistenberg Riesling trocken **9,– €** | 12,5% | bis 2017	**86**
2014	Niederhäuser Felsensteyer Riesling trocken **10,– €** | 12,5% | bis 2017	**87**
2014	Riesling Wolf feinherb **8,– €** | 11% | bis 2016	**83**
2014	Oberhäuser Felsenberg Riesling Spätlese **7,50 €** | 8% | bis 2019	**86**
2014	Oberhäuser Rotenberg Riesling & Gewürztraminer Spätlese **7,50 €** | 7% | bis 2019	**87**
2014	Niederhäuser Felsensteyer Riesling Spätlese **10,– €** | 7% | bis 2020	**87**

WEINGUT TESCH

55450 Langenlonsheim · Naheweinstraße 99
☎ (0 67 04) 9 30 40 · Fax 93 04 15
info@weingut-tesch.de
www.weingut-tesch.de
Inhaber: Hartmut Tesch
Betriebsleiter: Hartmut und Dr. Martin Tesch

Verkauf: Hartmut Tesch
Mo–Fr: 8.00–18.00 Uhr und nach Vereinbarung

Historie: seit 1723 in Familienbesitz

Rebfläche: 21,5 Hektar
Jahresproduktion: 150.000 Flaschen
Beste Lagen: Laubenheimer Karthäuser und St. Remigiusberg, Langenlonsheimer Königsschild und Löhrer Berg
Boden: rote Sandsteinverwitterung, Ton, Lehm mit rotem Schotter, Löss
Rebsorten: 84% Riesling, je 8% Weißburgunder und Spätburgunder
Durchschnittsertrag: 75 hl/ha
Mitglied: VDP

Vom Jahrgang 2014 stellt uns Dr. Martin Tesch ganz authentische Lagen-Rieslinge vor. Es sind dicht strukturierte Weine mit knackiger Säure, die sich zum Zeitpunkt der Verkostung noch sehr verschlossen präsentierten. Die größte Harmonie bringt der St. Remigiusberg ins Glas. Er erinnert an frische Kräuter, zeigt feine Fruchtnoten, ist wunderbar saftig und hat eine gute Länge. Es gibt keinen anderen Winzer an der Nahe, der sein Sortiment so klar strukturiert hat. Auf der einen Seite stehen unkomplizierte, zugängliche Trinkweine mit entsprechender Bezeichnung (Unplugged, Deep Blue), auf der anderen Seite die trockenen Rieslinge mit Lagenbezeichnung. Mit dieser Sorte sind 84 Prozent der Weinberge bestockt, ein für die Nahe überragender Anteil. Die Lagenweine zeichnet nicht ihre Primärfrucht aus, sondern ihre ganz eigene, individuelle Stilistik. Tesch verfügt über sechs Lagen, jeweils drei in Langenlonsheim und drei in Laubenheim. Es gelingt ihm immer besser, die Eigenarten dieser Weinberge auf die Flasche zu bringen. So klar wie die Angebotsstruktur ist auch die sehenswerte Homepage: keine überflüssige Folklore, volle Konzentration auf das Wesentliche. Bemerkenswert sind auch die durchaus recht fairen Preise, die hier verlangt werden.

Anzahl der verkosteten Weine: 6
Bewortungen: 83–89 Punkte

2014	Riesling unplugged trocken **8,90 €** | 12% | bis 2016	**83**
2014	Langenlonsheimer Königsschild Riesling trocken **12,90 €** | 13% | bis 2017	**86**
2014	Laubenheimer Karthäuser Riesling trocken **12,90 €** | 13% | bis 2017	**86**
2014	Langenlonsheimer Löhrer Berg Riesling trocken **12,90 €** | 12,5% | bis 2017	**87**
2014	Laubenheimer Krone Riesling trocken **12,90 €** | 13% | bis 2018	**88**
2014	Laubenheimer St. Remigiusberg Riesling trocken **14,90 €** | 12% | bis 2018	**89**

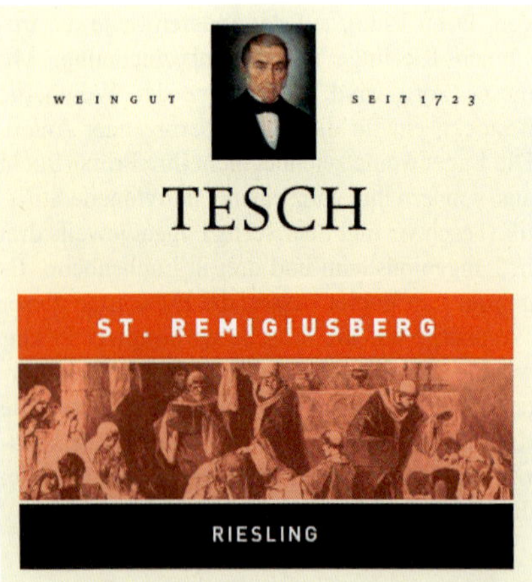

WEINGUT VENTER

55627 Weiler bei Monzingen · Brunnenstraße 2
☎ (0 67 54) 14 40 · Fax 94 54 01
kontakt@weingut-venter.de
www.weingut-venter.de
Inhaber: Familie Venter
Betriebsleiter: Mario und Wolfgang Venter
Kellermeister: Mario Venter

Verkauf: Familie Venter
Mo–Sa: 8.00–18.00 Uhr und nach Vereinbarung

Die Basis für Mario Venters Arbeit und sein ganzer Stolz wächst in den Lagen von Weiler bei Monzingen. Dort stehen rund um ein historisches Weinbergshäuschen teils über 40 Jahre alte Rebstöcke auf Mergel- und Kiesböden sowie Rotliegendem. Noch immer herrscht große Sortenvielfalt im Programm, wobei Venters Lieblinge die Burgundersorten und der Riesling sind. Die 2014er Rieslinge zeigten sich gegenüber dem Vorjahr deutlich verbessert. An der Spitze steht der Weilerer Herrenzehntel Goldkapsel, ein hefegeprägter Wein mit gewisser Spannung. Auch die saftige, fruchtsüße Spätlese weiß zu gefallen.

Anzahl der verkosteten Weine: 9
Bewertungen: 79–84 Punkte

2014	Riesling trocken **4,10 €**/1,0 Lit. | 11% | bis 2016	**80**
2014	Grauburgunder trocken **5,20 €** | 12% | bis 2016	**82**
2014	Weißburgunder trocken **5,20 €** | 12,5% | bis 2016	**82**
2014	Spätburgunder trocken Blanc de Noirs **5,20 €** | 12% | bis 2016	**81**
2014	Riesling »M« trocken **5,20 €** | 11,5% | bis 2016	**82**
2014	Weilerer Herrenzehntel Riesling vom Rotliegenden trocken Goldkapsel **6,50 €** | 11,5% | bis 2017	**84**
2014	Weilerer Herrenzehntel Grauburgunder Spätlese trocken Goldkapsel **8,50 €** | 13% | bis 2016	**79**
2014	Weilerer Herrenzehntel Riesling Spätlese **5,90 €** | 7,5% | bis 2017	**83**
2011	Weilerer Herrenzehntel Spätburgunder Spätlese trocken Goldkapsel **8,50 €** | 13,5% | bis 2016	**82**

Die Weine:
100 Perfekt · **95–99** Überragend · **90–94** Exzellent
85–89 Sehr gut · **80–84** Gut · **75–79** Passabel

WEINGUT UDO WEBER

55569 Monzingen · Soonwaldstraße 41
☎ (0 67 51) 32 78 · Fax 20 76
info@weingut-udo-weber.de
www.weingut-udo-weber.de
Inhaber: Udo und Sabine Weber
Kellermeister: Udo Weber

Verkauf: Sabine und Udo Weber
Mo–Sa: 9.00–19.00 Uhr und nach Vereinbarung

Im Weinberg wird hier auf 100 Prozent Handlese gesetzt, im Keller ein Drittel der Weine im Holzfass ausgebaut. Im Jahrgang 2014 gibt es leider ein Problem mit Bittertönen, die die Weinqualität verstellen. Tochter Laura, 2015 amtierende Naheweinkönigin, hat ihre Edition »L« um den Sekt Feuer und Flamme und einen limitierten Königinwein ergänzt. Uns gefällt seit geraumer Zeit die prägnante, kernige Säure der Weine, selbst wenn viele leicht hart und wenig duftig wirkten.

Anzahl der verkosteten Weine: 11
Bewertungen: 81-84 Punkte

2013	Feuer & Flamme »L« Sekt Brut Blanc de Noirs **10,90 €** | 13,5% | bis 2016	**83**
2014	Monzinger Frühlingsplätzchen Frühburgunder trocken Blanc de Noirs **5,90 €** | 11,5% | bis 2016	**81**
2014	Monzinger Frühlingsplätzchen Grauburgunder trocken **6,50 €** | 12% | bis 2016	**81**
2014	Weilerer Heiligenberg Riesling trocken **6,90 €** | 12% | bis 2016	**82**
2014	Monzinger Frühlingsplätzchen Weißburgunder »S« trocken Selection Holzfass **8,50 €** | 12,5% | bis 2017	**83**
2014	Monzinger Frühlingsplätzchen Grauburgunder »S« trocken Selection Holzfass **8,50 €** | 12% | bis 2017	**83**
2014	Monzinger Frühlingsplätzchen Riesling Spätlese Selection **7,50 €** | 8,5% | bis 2018	**84**
2014	Monzinger Halenberg Riesling »S« Spätlese trocken Selection »sur lie« **8,50 €** | 11,5% | bis 2017	**83**
2014	Monzinger Frühlingsplätzchen Riesling No.53 Königinwein Spätlese feinherb **7,90 €** | 10,5% | bis 2017	**83**
2014	Monzinger Frühlingsplätzchen Riesling »S« Spätlese halbtrocken Selection **7,90 €** | 10,5% | bis 2016	**82**
2011	Monzinger Frühlingsplätzchen Spätburgunder »S« Auslese trocken Selection Barrique **18,90 €** | 14% | bis 2016	**84**

WEINGUT IM ZWÖLBERICH

55450 Langenlonsheim · Schützenstraße 14
☎ (0 67 04) 92 00 · Fax 9 20 40
info@zwoelberich.de
www.zwoelberich.de
Inhaber: Hartmut Heintz
Betriebsleiter: Helmut Wolf

Verkauf: Anna-Katharina Heintz
Mo–Fr: 9.00–20.00 Uhr, Sa: 10.00–16.00 Uhr
Jan.–Feb. Mo–Fr: 9.00–16.00 Uhr

Hartmut Heintz hat bereits den nicht einfachen Jahrgang 2013 gekonnt gehandhabt. Auch in 2014 zeigt er sehr saubere, frische und animierende Basisweine. Das gilt zumal für den feinherben Gewürztraminer mit fein dosiertem Rosenduft. Bei den höheren Qualitäten geht für unseren Geschmack etwas der Trinkfluss verloren, doch insgesamt setzt sich die erfreuliche Tendenz nach oben in diesem vorbildlichen Demeterbetrieb fort. Seit mehr als 20 Jahren wird im Weingut biodynamisch gearbeitet, ein Großteil des Sortiments ist vegan.

Anzahl der verkosteten Weine: 12
Bewertungen: 81-85 Punkte

2014	Silvaner & Rivaner Vitalo trocken **8,90 €**/1,0 Lit. | 12% | bis 2016	**81**
2014	Langenlonsheimer Silvaner trocken **7,90 €** | 12,5% | bis 2016	**83**
2014	Auxerrois trocken **11,80 €** | 13% | bis 2016	**81**
2014	Grauburgunder trocken Classic **11,80 €** | 12,5% | bis 2016	**83**
2013	Guldentaler Rosenteich Riesling Spätlese trocken Alte Reben **19,80 €** | 13% | bis 2016	**82**
2013	Langenlonsheimer Steinchen Grauburgunder Spätlese trocken Alte Reben **25,– €** | 13,5% | bis 2017	**84**
2013	Guldentaler Rosenteich Auxerrois Spätlese trocken Alte Reben **29,– €** | 13,5% | bis 2017	**84**
2014	Weißburgunder feinherb **11,80 €** | 11,5% | bis 2016	**83**
2014	Gewürztraminer feinherb **11,80 €** | 12% | bis 2017	**85**
2014	Müller-Thurgau **8,90 €** | 8,5% | bis 2016	**81**
2013	Langenlonsheimer Königsschild Riesling Spätlese **16,80 €** | 8,5% | bis 2017	**84**
2012	Langenlonsheimer Steinchen Spätburgunder trocken **12,80 €** | 13,5% | bis 2016	**83**

Pfalz

Beide Daumen hoch!

- Trockene Weine und Holz im Trend
- Individualität angestrebt
- H. E. Dausch ist »Entdeckung des Jahres«

Kloster Heilsbruck in Edenkoben mit Hambacher Schloss im Hintergrund

Foto: Deutsches Weininstitut DWI

Anfang Februar 2015 stand ich mit Volker Gies vom Weingut Gies-Düppel in seinem Keller und verkostete ein paar Proben aus den Edelstahltanks. »Eigentlich«, so meinte er, »könnten wir die Weine jetzt schon abfüllen, so wie sie sind.« Natürlich lagen sie dann doch noch eine Weile, doch was er damit sagen wollte: 2014 war für viele Weingüter in der Pfalz ein Geschenk, fast wie gemalt und mit Schleifchen übergeben. Und das, obwohl es noch kurz vor dem Herbst gar nicht danach ausgesehen hatte. Allerorten sorgte man sich wegen dieses neuen Schädlings, der Kirschessigfliege, gegen die bislang noch kein Kraut gewachsen ist. Sie steht auf Kirschen und andere rote Beerenfrüchte – und wenn alles weggevespert ist, macht sie sich an die roten Trauben heran.

Großer Trinkfluss

Der Herbst selbst zeigte sich in der Region dann weitgehend entspannt und die ersten vorsichtigen Prognosen gingen in Richtung »könnte was werden«. Je länger die Weine dann Zeit zur Reife hatten, desto klarer wurde: Hier kommt mit 2014 ein geiler Jahrgang auf uns zugerollt! Und tatsächlich haben die Verkostungen für diesen Weinführer selten mehr Spaß gemacht als mit diesem Jahrgang. »Frucht«, »Saft«, »Finesse«, »Leichtigkeit« und »Frische« waren Begriffe, die wir häufig aufgriffen. Wir notierten oftmals »viel Trinkfluss«, und das bei moderaten bis sehr niedrigen Alkoholgehalten. Natürlich gibt es sie noch, die typischen Pfälzer Wuchtbrummen, doch sie laufen völlig gegen den Trend. Es fällt auf, dass hier verstärkt Reduzierung angestrebt wird. Das beste Beispiel dafür ist das Weingut Schaefer in Bad Dürkheim, ein Betrieb mit großer Geschichte, der auf dem besten Weg ist, zu altem Rang zurückzufinden. Hier sind trockene Rieslinge mit 11,5 oder zwölf Umdrehungen dermaßen animierend, dass es eine wahre Freude ist. Die Brüder Rings in Freinsheim – seit Kurzem in die VDP-Familie aufgenommen – versuchen, ihre Spätburgunder künftig unter 13 Volumenprozent zu halten, um Feinheit und Seidigkeit der Pinots zu forcieren. Wir bezweifeln nicht, dass ihnen das gelingen wird.

Apropos, der Trend geht eindeutig in Richtung trocken – und zwar deutlich. Reichsrat von Buhl hatte mit 2013 vorgemacht, dass trocken nicht gleichbedeutend sein muss mit sauer. 2014 nun ziehen selbst Betriebe nach, die sonst stets auf das kleine Schwänzchen für den Schmelz gesetzt hatten. Was

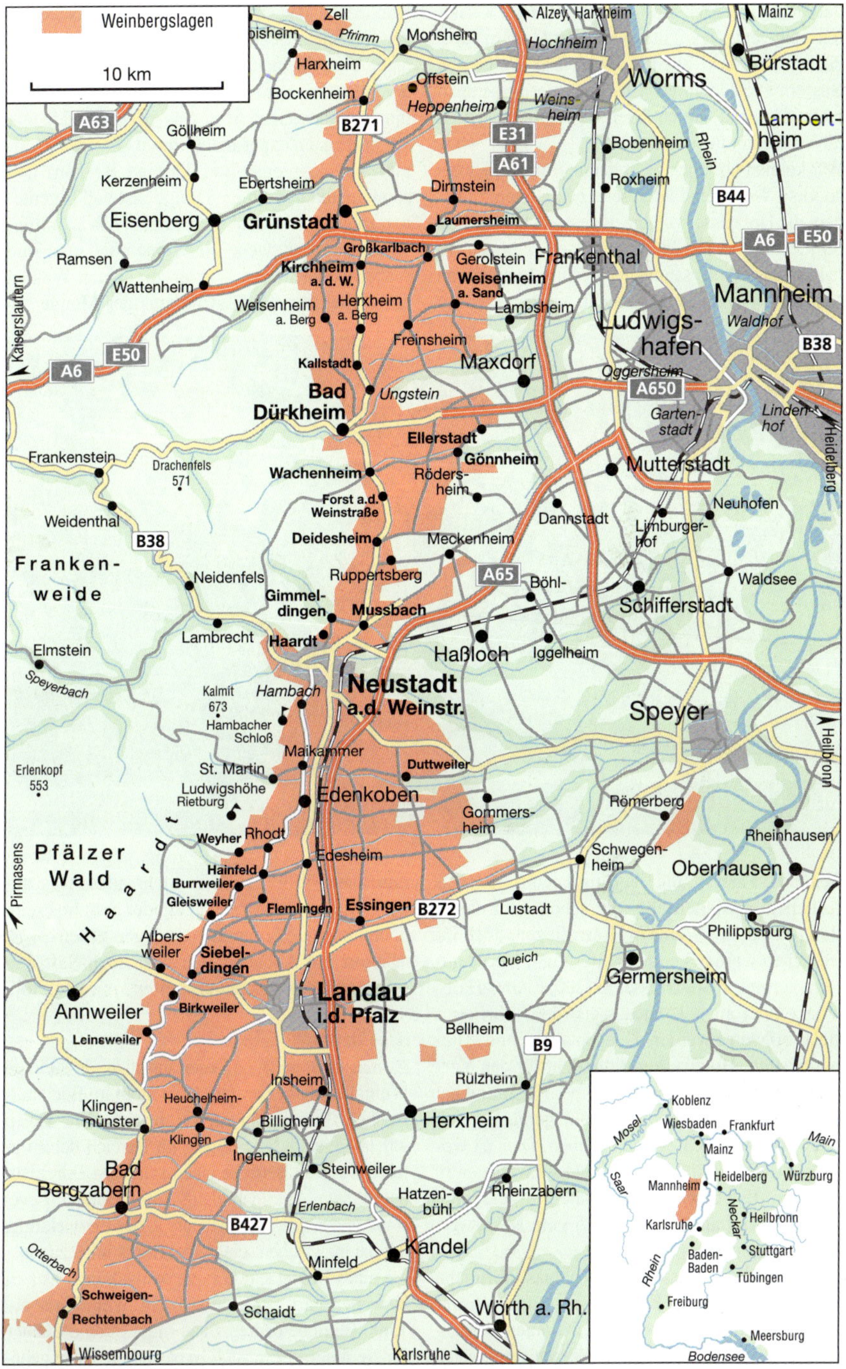
Weinbergslagen
10 km
Zell
Pfrimm
Monsheim
Alzey, Harxheim
Mainz
Hochheim
Bürstadt
Harxheim
Worms
Offstein
Bockenheim
Heppenheim
Weinsheim
Lampertheim
A63
B271
E31
Göllheim
Bobenheim
Rhein
A61
Kerzenheim
Ebertsheim
Roxheim
Dirmstein
B44
Eisenberg
Grünstadt
Laumersheim
A6
E50
Großkarlbach
Ramsen
Gerolstein
Frankenthal
Kirchheim a. d. W.
Weisenheim a. Sand
Mannheim
Wattenheim
Waldhof
Weisenheim a. Berg
Herxheim a. Berg
Lambsheim
Ludwigshafen
Kaiserslautern
Freinsheim
B38
E50
A6
Kallstadt
Maxdorf
Oggersheim
A650
Bad Dürkheim
Ungstein
Gartenstadt
Lindenhof
Ellerstadt
Gönnheim
Mutterstadt
Heidelberg
Frankenstein
Drachenfels 571
Wachenheim
Rödersheim
Forst a.d. Weinstraße
Neuhofen
Dannstadt
Weidenthal
Limburgerhof
B38
Deidesheim
Meckenheim
Frankenweide
Neidenfels
Ruppertsberg
A65
Böhl-
Waldsee
Gimmeldingen
Mussbach
Schifferstadt
Lambrecht
Haardt
Haßloch
Iggelheim
Elmstein
Speyerbach
Neustadt a.d. Weinstr.
Kalmit 673
Hambach
Hambacher Schloß
Speyer
Heilbronn
Maikammer
Erlenkopf 553
St. Martin
Duttweiler
Ludwigshöhe
Rietburg
Edenkoben
Römerberg
Gommersheim
Weyher
Rhodt
Rheinhausen
Pfälzer Wald
Schwegenheim
Edesheim
Hainfeld
Oberhausen
Burrweiler
Pirmasens
Haardt
Gleisweiler
Flemlingen
Essingen
B272
Lustadt
Philippsburg
Albersweiler
Siebeldingen
Queich
Germersheim
Annweiler
Birkweiler
Landau i.d. Pfalz
Leinsweiler
Bellheim
B9
Insheim
Rülzheim
Klingenmünster
Heuchelheim-Klingen
Herxheim
Billigheim
Ingenheim
Steinweiler
Bad Bergzabern
Hatzenbühl
Rheinzabern
Erlenbach
B427
Otterbach
Kandel
Minfeld
Schweigen-Rechtenbach
Schaidt
Wörth a. Rh.
Wissembourg
Karlsruhe
Koblenz
Mosel
Wiesbaden
Frankfurt
Main
Mainz
Saar
Mannheim
Heidelberg
Würzburg
Neckar
Karlsruhe
Heilbronn
Baden-Baden
Stuttgart
Rhein
Tübingen
Freiburg
Meersburg
Bodensee

durchaus zu begrüßen ist, denn so werden Konturen freigelegt, die oft durch ein paar Gramm Restzucker zugedeckt worden waren. Die Weine von Bassermann-Jordan etwa haben heuer wesentlich mehr Kick und Gesicht, weil sie eben klarer definiert daherkommen.
Wir können uns auch nicht daran erinnern, jemals so viele Weißweine vorgesetzt bekommen zu haben, die Holzfässer von innen gesehen haben, egal ob kleinere oder größere. In diesem Zusammenhang muss der sensationelle Riesling Lunatic von Joachim Wegner herausgestellt werden, der mit

Mandelblüte im Frühjahr

Feinheit, Finesse und Eleganz begeisterte. Natürlich gibt es Betriebe, die schon ganz lange den Ausbau der Weine in Holz pflegen, doch inzwischen werden bei den Küfern und Fasshändlern vermehrt Stückfässer (1.200 Liter), Halbstücke oder auch Tonneaus geordert. Barriques für Weißweine werden dagegen auffallend seltener bestellt. Holz ja, nur bitte nicht für den Vordergrund. Die Entwicklung bei von Winning hat sicherlich einigen Winzern Mut gemacht, sich auch auf diese Schiene zu begeben. Dies ist womöglich dem Kunden manchmal schwieriger zu erklären. Es betont allerdings die Individualität, die jedes Gut anstrebt, um sich vom Mitbewerber abzugrenzen.
Nehmen wir hier als Beispiel Thomas Pfaffmann vom Weingut Wageck-Pfaffmann, einen Winzer mit Drive und Ideen, extrem ambitioniert. Jemandem wie ihm fällt es naturgemäß schwerer, seine Kunden – und auch uns – von den vielen Neuerungen in seinem Betrieb zu überzeugen. Er will den nicht eben kleinen Betrieb umkrempeln, völlig umdrehen mit seiner neuen Wagecklinie. Es juckt ihn einfach, weil er sieht, was machbar wäre und ist. Pfaffmann experimentiert, vinifiziert manchmal »dreckig, ohne Vorklärung« (O-Ton) und spontan, um den Weinen möglichst viel Eigenleben zu gestatten. Das ist spannend, das ist mitunter anstrengend, wenn die Weine noch jung sind – aber es macht den Winzer mit seinen Weinen unterscheidbar. Es lässt ihn aus der Menge herausragen. Wohlgemerkt: Nicht alles, was anders ist, muss per se auch gut oder grandios sein, doch muss es Weiterentwicklungen geben, sonst schmort ein Anbaugebiet im eigenen Saft und findet sich selbst schulterklopfend nur noch toll.

Neue Namen

Es mag dem genauen Leser auffallen, dass einige Weingüter in diesem Jahr nicht mehr im Buch auftauchen. Bereits im vorvergangenen Jahr hatten wir ja angekündigt, künftig im Bereich der empfehlenswerten Betriebe einen stärkeren Durchlauf zu pflegen. Wer jahrelang auf gleichem Level stand und sich wenig bewegte in der Entwicklung, der hat inzwischen seinen Platz zu räumen zugunsten eines Betriebs, den es vorwärts drängt. Das ist bisweilen hart, doch da sich der Weinführer auf 1.000 Betriebe begrenzt hat, muss es eine Chance für Neulinge geben, sich zu bewähren. Dazu gehö-

Die Wachtenburg thront oberhalb von Wachenheim

ren bei uns etwa Stefan Meyer aus Rhodt, Frank Spiegel (Ellermann-Spiegel) aus Kleinfischlingen, Thommy Pfaffmann vom Weingut Theobald Pfaffmann in Nußdorf, aber auch Christian Brendel, Christian Schneider, Thomas Lergenmüller oder, als völliger Quereinsteiger, Andreas Durst, der sein Geld eigentlich als Fotograf mit Schwerpunkt Wein verdient. Eigens erwähnen möchte ich noch H. E. Dausch, der jahrelang in unserem Verkostungsteam der Pfalz dabei war, inzwischen aber wegen seiner Beratungstätigkeiten für Weingüter ausgeschieden ist. Dausch hat sich dem Pinot Noir verschrieben, pro Jahrgang vinifiziert er daraus zwischen einem und drei Weine, die ihre Herkunft in den Familienweinbergen um Eschbach haben und derzeit von ihm selbst bei Knipser ausgebaut werden. Es sind grandiose Spätburgunder: finessenreich, subtil, in bester französischer Tradition eben. Noch nie konnte ein Neueinsteiger mit solcher Qualität aufwarten – weswegen es nur logisch war, Dausch zu unserer »Entdeckung des Jahres« zu küren. Auffallen mag auch, dass wir in dieser Ausgabe für unsere Verhältnisse viele Güter aufgewertet haben. Nicht, weil wir die Spendierhosen anhatten, sondern, weil es eben einfach Realitäten sind, denen wir uns zu beugen haben. Die Entwicklungen der letzten Jahre bei Stern, bei Valentin Ziegler Sohn, bei Krebs, Zelt, Pfirmann, Aloisiushof oder Metzger, um nur einige zu nennen, lassen uns teilweise sprachlos zurück. Uns freut auch, dass Münzberg offensichtlich wieder zurück in die Spur findet, nachdem man hier ein paar schwierige Jahre zu überstehen hatte. Dass mit Rings und Buhl zwei Weingüter neu zu den Vier-Trauben-Betrieben stoßen, dürfte niemanden wirklich überraschen.

Matthias F. Mangold

Die Spitzenbetriebe

🍇🍇🍇🍇🍇

	Knipser	S. 579
	Ökonomierat **R**ebholz	S. 611

🍇🍇🍇🍇

	Friedrich **B**ecker	S. 542
	Dr. **B**ürklin-Wolf	S. 552
	Dr. **W**ehrheim	S. 630

🍇🍇🍇🍇

	Dr. von **B**assermann-Jordan	S. 540
▲	Reichsrat von **B**uhl	S. 553
	A. **C**hristmann	S. 555
	Kranz	S. 583
	Philipp **K**uhn	S. 586
	Pfeffingen	S. 608
▲	**R**ings	S. 613
	von **W**inning - Deinhard	S. 633

🍇🍇🍇

	Faubel	S. 561
	Bernhard **K**och	S. 581
	Georg **M**osbacher	S. 598
	Müller-Catoir	S. 600
	Siener	S. 622

🍇🍇🍇

	Acham-Magin	S. 536
	Bernhart	S. 547
	Frey	S. 562
	Matthias **G**aul	S. 564
	Gies-Düppel	S. 566
	Klein	S. 577
	Koehler-Ruprecht	S. 582
	Herbert **M**eßmer	S. 593
▲	Uli **M**etzger	S. 594
	Theo **M**inges	S. 597
	Neiss	S. 603
	Karl **P**faffmann	S. 606
	Porzelt	S. 610
	Egon **S**chmitt	S. 617
	Siegrist	S. 621
▲	**W**ageck-Pfaffmann	S. 627
	Weegmüller	S. 628
	Wilhelmshof	S. 632
▲	**Z**elt	S. 636

Die mit roter Traube markierten Betriebe verdienen in ihrer Klasse besondere Aufmerksamkeit.

▲ ▼ Die Dreiecke signalisieren Auf- oder Abwertung im Vergleich zum Vorjahr. ❊ Neuer Betrieb.

Die besten Weißburgunder 2014 unter 10 Euro

Hainfelder Kapelle Alte Reben	**88**
Borell-Diehl, Hainfeld	
Knöringer Hohenrain Selection	**88**
Karl Pfaffmann, Walsheim	
Deidesflder Johanniskirchel »S«	**87**
Corbet, Neustadt-Diedesfeld	
Walsheimer Silberberg Reserve	**87**
Bernhard Koch, Hainfeld	

Die beste trockene Rieslinge 2014 unter 10 Euro

Burweiler Altenforst Granit	**89**
Graf von Weyher	
Burrweiler Altenforst Rotliegendes	**89**
Valentin Ziegler Sohn, Weyher	
Weyher Michelsberg Buntsandstein	**89**
Valentin Ziegler Sohn, Weyher	
Edesheimer Rosengarten Kupperwolf	**88**
Borrel-Diehl, Hainfeld	
2punkt0 Unikat	**88**
Braun, Meckenheim	
Schiefer	**88**
Herbert Messmer, Burrweiler	
Birkweiler aus dem Buntsandstein	**88**
Wolf, Birkweiler	
Birkweiler aus dem Buntsandstein	**88**
Wolf, Birkweiler	
Weyher Michelsberg Granit	**88**
Valentin Ziegler Sohn, Weyher	
Wachenheimer Königswingert	**88**
Zimmermann, Wachenheim	

WEINGUT ACHAM-MAGIN

67147 Forst · Weinstraße 67
☎ (0 63 26) 3 15 · Fax 62 32
info@acham-magin.de
www.acham-magin.de
Inhaber: Anna-Barbara Acham
Betriebsleiter: Vinzenz Troesch
Kellermeister: Anna-Barbara Acham und Rudolf Becker

Verkauf: Anna-Barbara Acham
Mo–Di: 10.00–12.00 Uhr
Mi–Sa: 10.00–12.00 Uhr · 15.00–18.00 Uhr
So, feiertags: 11.00–13.00 Uhr
und nach Vereinbarung

Gutsausschank: seit 1712 Mi–Do ab 16.00 Uhr, Fr–Sa ab 13.00 Uhr, So ab 11.00 Uhr
Spezialitäten: saisonale Küche, Wild
Sehenswert: Barockhaus, Sandstein-Gewölbekeller (18. Jahrhundert)

Rebfläche: 10,6 Hektar
Jahresproduktion: 70.000 Flaschen
Beste Lagen: Ruppertsberger Reiterpfad, Deidesheimer Mäushöhle, Forster Musenhang, Pechstein, Ungeheuer, Kirchenstück und Jesuitengarten
Boden: Basalt, sandiger Lehm mit Kalk- und Basalt, Buntsandsteinverwitterung
Rebsorten: 75% Riesling, 8% Spätburgunder, 7% Weißburgunder, 10% übrige Sorten
Durchschnittsertrag: 50 hl/ha
Mitglied: VDP

Barbara Acham ist eigentlich immer unter Strom, wenn man sie trifft. Kein Wunder, denn neben der Arbeit im Weingut steht sie ja auch noch ganz oft in der Küche des zugehörigen Gutsausschanks. Wie sie es da schafft, ihren Weinen solch eine innere Ruhe zu geben, wird ihr Geheimnis bleiben. Die Rieslinge sind weder hibbelig noch fett abgesoftet, vielmehr kommen sie tief und gelassen daher, am besten zu erschmecken bei den beiden Großen Gewächsen aus Pechstein und vor allem aus dem Kirchenstück. Extrem erfreut waren wir auch über eine herrliche Scheurebe Spätlese. Grandios zu einem Epoisses.

Zeichenerklärung:
Schnäppchenpreis · Top 10 Spitzenreiter
Ökobetrieb · Trink-Tipp · Versteigerungswein
Sekt | Weißwein | Rotwein | Roséwein

Anzahl der verkosteten Weine: 12
Bewertungen: 82–89 Punkte

2014	Riesling trocken **7,80 €**/1,0 Lit. | 12% | bis 2016	**82**
2014	Weißburgunder trocken **8,50 €** | 12,5% | bis 2017	**83**
2014	Deidesheimer Mäushöhle Riesling trocken »Erste Lage« **8,80 €** | 12,5% | bis 2018	**86**
2014	Riesling Purist trocken **9,– €** | 12,5% | bis 2018	**85**
2014	Chardonnay trocken **9,50 €** | 12,5% | bis 2017	**82**
2014	Forster Musenhang Riesling trocken »Erste Lage« **10,50 €** | 12,5% | bis 2018	**87**
2014	Scheurebe trocken Alte Reben **11,– €** | 13% | bis 2018	**89**
2014	Forster Ungeheuer Riesling trocken »Erste Lage« **12,50 €** | 13% | bis 2018	**86**
2014	Riesling Eruption trocken **15,50 €** | 13% | bis 2019	**88**
2014	Forster Jesuitengarten Riesling »Großes Gewächs« **28,– €** | 13% | bis 2019	**89**
2014	Forster Pechstein Riesling »Großes Gewächs« **32,– €** | 13% | bis 2020	**88**
2014	Forster Kirchenstück Riesling »Großes Gewächs« **38,– €** | 13% | bis 2020	**89**

WEINGUT ACKERMANN

76831 Ilbesheim · Oberdorfstraße 40
☎ (0 63 41) 3 06 64 · Fax 3 25 47
info@weingut-ackermann.de
www.weingut-ackermann.de
Inhaber: Familie Ackermann
Kellermeister: Frank Ackermann

Verkauf: Familie Ackermann
Mo–Sa: nach Vereinbarung

Rebfläche: 14,3 Hektar
Jahresproduktion: 60.000 Flaschen
Beste Lagen: Ilbesheimer Kalmit, Leinsweiler Sonnenberg
Boden: Landschneckenkalk, Lösslehm, Buntsandsteinverwitterung
Rebsorten: 24% Riesling, je 10% Grauburgunder und Müller-Thurgau, je 8% Spätburgunder, Weißburgunder und Dornfelder, 4% Portugieser, 28% übrige Sorten
Durchschnittsertrag: 75 hl/ha

Mit 2013 hatte Frank Ackermann wetterbedingt etwas Pech, wie so viele seiner Kollegen in der Südpfalz. Mit den 2014ern startete er dann aber wieder Vollgas durch und tischt uns eine ganze Reihe mehr als ordentlicher Weine auf. In unseren Augen ist er ein Typ für die Weißweine. Die Rieslinge sind glänzend, schon im Mittelbereich, wo sich Landschneckenkalk und Buntsandstein nichts schenken. Gleiches Bild bei den Lagenweinen: Wir konnten uns einfach nicht entscheiden, ob wir nun den Kalmit oder den Sonnenberg Riesling besser finden sollten. Hinzu gesellen sich zwei überaus gelungene Sauvignon Blancs, dann noch der tolle Weißburgunder Kalmit und damit rundet sich ein wunderbares Bild ab. Weiß. Bei den Rotweinen sind wir, wie auch im Vorjahr, erstaunt und enttäuscht, dass es nicht mehr so gut ist wie in früheren Tagen, als wir hier stoffige Gewächse vorfanden, die nicht so viele grüne Noten aufwiesen.

Anzahl der verkosteten Weine: 13
Bewertungen: 80–89 Punkte

2014	Eschbacher Sylvaner trocken **7,50 €** | 13% | bis 2017	**84**
2014	Sauvignon Blanc trocken **7,70 €** | 12,5% | bis 2017	**86**
2014	Ilbesheimer Weißburgunder Landschneckenkalk trocken **8,- €** | 14% | bis 2017	**81**
2014	Ilbesheimer Riesling Landschneckenkalk trocken **8,- €** | 13% | bis 2017	**86**
2014	Leinsweiler Riesling Buntsandstein trocken **8,- €** | 13% | bis 2017	**86**
2014	Ilbesheimer Rittersberg Sauvignon Blanc Fumé trocken **12,50 €** | 13,5% | bis 2018	**88**
2014	Ilbesheimer Kalmit Weißburgunder trocken **13,- €** | 13,5% | bis 2018	**87**
2013	Ilbesheimer Kalmit Weißburgunder trocken **13,- €** | 13% | bis 2018	**88**
2014	Leinsweiler Sonnenberg Riesling trocken **13,- €** | 13% | bis 2018	**88**
2014	Ilbesheimer Kalmit Riesling trocken **13,- €** | 13% | bis 2018	**89**
2013	Ilbesheimer Spätbuergunder Landschneckenkalk trocken **9,- €** | 13% | bis 2018	**80**
2012	Cabernet Franc & Merlot Nr.1 trocken **14,- €** | 13,5% | bis 2019	**82**
2012	Ilbesheimer Kalmit Spätburgunder Lagenwein trocken **14,50 €** | 13,5% | bis 2019	**83**

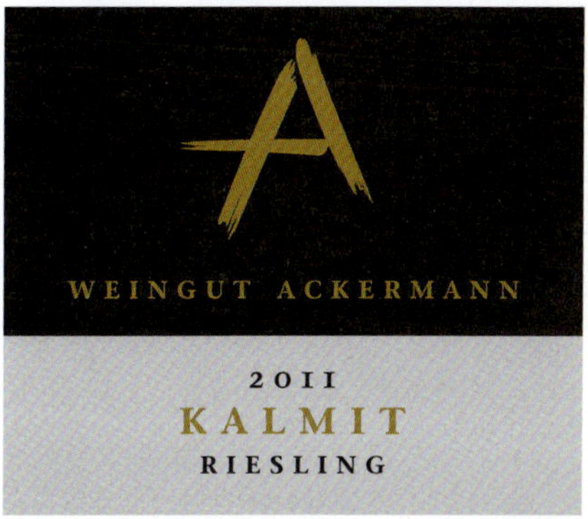

Die Betriebe:
Weltklasse · Deutsche Spitze
Sehr gut · Gut · Zuverlässig
Weitere Empfehlung

WEIN- UND SEKTHAUS ALOISIUSHOF

67487 St. Martin · Mühlstraße 2
☎ (0 63 23) 20 99 · Fax 51 49
weinundsekthaus@aloisiushof.de
www.aloisiushof.de

Inhaber und Betriebsleiter: Bernhard, Michael, Andreas und Philipp Kiefer
Kellermeister: Philipp Kiefer

Verkauf: Familie Kiefer
Mo–Sa: 9.00–12.00 Uhr · 13.00–18.00 Uhr

Sehenswert: Schatzkammer, neue Vinothek im Gewölbekeller

Rebfläche: 20 Hektar
Jahresproduktion: 260.000 Flaschen
Beste Lagen: St. Martiner Kirchberg und Baron, Schloss Ludwigshöhe, Maikammer Mandelhöhe
Boden: Buntsandstein, Kalkstein, Lösslehm und kalkhaltiger Lehm
Rebsorten: 21% Riesling, 18% Portugieser, je 11% Spätburgunder und Weißburgunder, 8% Chardonnay, 7% Grauburgunder, 4% Gewürztraminer, 20% übrige Sorten
Durchschnittsertrag: 70 hl/ha
Mitglied: Barrique Forum Pfalz, Spitzentalente VDP, Pinotimes

Aus dem Tierreich entlehnt, aber zutreffend: Philipp Kiefer hat sich zum absoluten und unangefochtenen Leitwolf in St. Martin entwickelt. Er hat es geschafft, aus einem ordentlichen, aber im Grunde unauffälligen Weingut einen Betrieb mit Ambition, Profil und Souveränität zu entwickeln. Die ganz kleinen Basisweine wurden uns zwar nicht eingeschickt, doch kennen wir sie – verlässlich, gut, weit mehr als passabel. Tja, und dann müssen wir leider feststellen, nichts unter 84 Punkten verkostet zu haben. Selbst kleinere Ortsweine haben da schon eine echte Struktur. Oben wird's dann richtig spannend, wenn es an die Linie Ambrosia geht. Länge, Würze, Dichte, traumwandlerischer Holzeinsatz – die »Aber ...«-Einwürfe greifen einfach ins Leere. Motzen zweck- und sinnlos.

Die Weine:
100 Perfekt · **95–99** Überragend · **90–94** Exzellent
85–89 Sehr gut · **80–84** Gut · **75–79** Passabel

Anzahl der verkosteten Weine: 14
Bewertungen: 84–90 Punkte

2011	Pinotimes Sekt Brut Barrique **17,90 €** | 13% | bis 2016	**86**
2012	Pinot Sekt Brut nature Barrique **14,90 €** | 13% | bis 2016	**86**
2014	Weißburgunder Element trocken **6,50 €** | 13% | bis 2017	**84**
2014	St. Martiner Riesling vom Buntsandstein trocken Holzfass **9,90 €** | 13,5% | bis 2018	**86**
2014	St. Martiner Grauburgunder vom Löss trocken Holzfass **13,90 €** | 13,5% | bis 2018	**84**
2014	St. Martiner Baron Weißburgunder vom Kalkstein trocken Holzfass **13,90 €** | 14% | bis 2019	**86**
2014	Chardonnay & Weißburgunder Goldfass trocken Barrique **14,90 €** | 14% | bis 2019	**88**
2014	St. Martiner Kirchberg Riesling Ambrosia trocken Holzfass **16,90 €** | 13,5% | bis 2019	**88**
2014	Pinot Blanc Pinotimes trocken Barrique **16,90 €** | 13,5% | bis 2019	**89**
2014	St. Martiner Baron Chardonnay Ambrosia trocken Barrique **18,90 €** | 13,5% | bis 2019	**90**
2013	St. Martiner Spätburgunder vom Kalkstein trocken Barrique **12,90 €** | 13,5% | bis 2019	**84**
2013	St. Martiner Baron Pinot Noir Ambrosia trocken Barrique **17,90 €** | 13,5% | bis 2019	**87**
2013	Pinot Noir Pinotimes trocken **21,90 €** | 14% | bis 2019	**88**
2012	Maikammer Mandelhöhe Cabernet Sauvignon Ambrosia trocken Barrique **22,90 €** | 14% | bis 2019	**86**

WEINGUT ST. ANNABERG

76835 Burrweiler · St.-Anna-Straße 203
☎ (0 63 23) 94 92 60
v.lergenmueller@lergenmueller.de
www.sankt-annagut.de
Inhaber: M. Lergenmüller
Betriebsleiterin und Kellermeisterin: Victoria Lergenmüller
Außenbetrieb: Werner Lergenmüller

Verkauf: Victoria Lergenmüller
Mi–Fr: ab 15.00
Sa, So, feiertags: ab 12.00 Uhr

Ein junges Team um Geschäftsführerin Victoria Lergenmüller hat es binnen kurzem geschafft, Sankt Annaberg zu einer »Boutique Winery« aufzubauen, und das mit einem klaren Konzept: Riesling. Neben der Monopollage St. Annaberg werden Parzellen an der Kleinen Kalmit, im Schäwer oder in der Gleisweiler Hölle berabeitet – alle mit klarem Bodenprofil. Davon profitieren natürlich die Weine. Sie zeigen sich im Mund zunächst sehr präsent, aber cremig und rund, die eckige Komponente kommt dann im Nachgang fein, aber deutlich spürbar. Und die Unterschiede der Lagen sind eindeutig herausgearbeitet. Der Schäwer mag anfangs wenig spektakulär sein, doch er hat einen ewigen Ausklang. Die »Terrassenlage« ist ein Musterbeispiel mineralischer Eleganz in einem Pfälzer Riesling.

Anzahl der verkosteten Weine: 6
Bewertungen: 84–88 Punkte

2014	Ilbesheimer Kalmit Riesling N°3 Kalkstein trocken **21,50 €** | 12,5% | bis 2019	**87**
2014	Burrweiler Sankt Annaberg Riesling N°1 Terrassenlage Verwitterungsgestein trocken **9,50 €** | 12,5% | bis 2018	**86**
2014	Gleisweiler Hölle Riesling N°2 Buntsandstein trocken **12,– €** | 13% | bis 2018	**87**
2014	Burrweiler Sankt Annaberg Riesling N°5 Edition Johanniskreuz trocken Holzfass **19,90 €** | 13% | bis 2018	**87**
2014	Burrweiler Schäwer Riesling N°4 Schiefer trocken **24,– €** | 13,5% | bis 2019	**88**
2014	Burrweiler Sankt Annaberg Riesling N°1 355 NN Verwitterungsgestein feinherb **9,50 €** | 12% | bis 2017	**84**

WEINGUT WERNER ANSELMANN

67483 Edesheim · Staatsstraße 58–60
☎ (0 63 23) 9 41 20 · Fax 94 12 19
info@weingut-anselmann.de
www.weingut-anselmann.de
Inhaber und Betriebsleiter: Ruth und Ralf Anselmann

Verkauf: Ruth Anselmann
Mo–Sa: 8.00–20.30 Uhr
So, feiertags: 9.00–20.30 Uhr

Anselmann ist immer für eine Überraschung gut – in diesem Fall auch zwei. Beide edelsüßen Gewächse, sowohl die Silvaner Auslese sowie auch die Ortega Trockenbeerenauslese, sind ganz hervorragend gelungen, noch dazu mit einem sensationellen Preis-Leistungs-Verhältnis. Nicht zuletzt solche Tropfen sind es, die den ausgesprochen großen Betrieb in Deutschland und der Welt bekannt gemacht haben, womit Anselmann mit Fug und Recht als eine Art Botschafter des Pfälzer Weins verstanden werden darf. Bei den trockenen Weinen sind wir wieder auf dem Boden der Pfälzer Tatsachen in Edesheim: mal Licht, mal Schatten.

Anzahl der verkosteten Weine: 12
Bewertungen: 75–92 Punkte

2014	Riesling Wanderwein trocken **4,90 €** | 13% | bis 2017	**83**
2014	Arzheimer Seligmacher Cabernet Blanc trocken **5,40 €** | 13,5% | bis 2017	**84**
2014	Edenkobener Kirchberg Sauvignon Blanc trocken **5,90 €** | 13% | bis 2017	**79**
2013	Landauer Altes Löhl Riesling Spätlese trocken **11,90 €** | 13,5% | bis 2018	**85**
2012	Schweigener Sonnenberg Grauburgunder Auslese **12,80 €** | 14% | bis 2018	**87**
2011	Silvaner Auslese **9,90 €**/0,375 Lit. | 9% | bis 2020	**90**
2014	Ortega Trockenbeerenauslese **14,90 €**/0,375 Lit. | 9% | bis 2024	**92**
2014	Cabernet Sauvignon trocken **4,80 €**/1,0 Lit. | 13% | bis 2016	**83**
2014	Großfischlinger Kirchberg Tempranillo feinherb **5,90 €** | 11,5% | bis 2016	**78**
2014	Edesheimer Ordensgut St. Laurent trocken **4,90 €** | 13,5% | bis 2018	**82**
2013	Edesheimer Schloss Pinot Noir Baron d'Holbach trocken **7,60 €** | 12,5% | bis 2018	**75**
2008	Cuvée »Dion« trocken **26,80 €**/1,5 Lit. | 14,5% | bis 2018	**84**

WEINGUT BÄRENHOF

67098 Bad Dürkheim-Ungstein · Weinstraße 4
☎ (0 63 22) 41 37 · Fax 82 12
weingut@baerenhof.de
www.baerenhof.de
Inhaber: Heike und Jürgen Bähr
Betriebsleiter und Kellermeister: Jürgen Bähr
Außenbetrieb: Volker Helbig und Udo Unckrich

Verkauf: Heike und Margit Bähr
Mo–Fr: 8.00–18.00 Uhr, Sa: 9.00–16.00 Uhr
So: 10.00–12.00 Uhr

Man mag das Wort »Preis-Leistungs-Verhältnis« nicht mögen – doch hier ist der Euro echt ganz schön viel wert in Sachen Wein. Durch die Bank klar, rebsortentypisch, nie groß, dafür aber sehr trinkig. Die Weine von Jürgen Bähr haben sich offensichtlich stabilisiert, bestätigen sie doch den guten Eindruck des Vorjahres, wo es ihm gelang, aus schwierigen Bedingungen immer noch mehr als ordentliche Weine zu keltern. Die Flaschen haben nun auch eine Ausstattung, die des Inhalts würdig ist – zumindest was die Etiketten angeht.

Anzahl der verkosteten Weine: 17
Bewertungen: 80–87 Punkte

2014	Riesling trocken **3,90 €**/1,0 Lit. | 12,5% | bis 2016	**80**
2014	Dürkheimer Hochbenn Grauburgunder »S« trocken **6,50 €** | 13,5% | bis 2018	**85**
2014	Ungsteiner Weilberg Grüner Silvaner Spätlese trocken **6,– €** | 13,5% | bis 2017	**83**
2014	Ungsteiner Osterberg Weißburgunder Spätlese trocken **6,– €** | 13,5% | bis 2018	**85**
2014	Ungsteiner Weilberg Riesling Spätlese trocken **6,20 €** | 13% | bis 2018	**86**
2014	Ungsteiner Herrenberg Riesling Spätlese trocken **6,20 €** | 13% | bis 2018	**86**
2014	Ungsteiner Michelsberg Riesling »JB« Collection Spätlese trocken **8,90 €** | 13% | bis 2018	**87**
2014	Scheurebe feinherb **4,40 €** | 12% | bis 2017	**86**
2014	Dürkheimer Spielberg Riesling Spätlese feinherb **5,– €** | 12% | bis 2017	**84**
2014	Ungsteiner Honigsäckel Riesling Spätlese **5,– €** | 9,5% | bis 2020	**86**
2013	Cuvée Ursus Mysticus trocken Holzfass **8,90 €** | 13% | bis 2019	**85**
2013	Cuvée Ursus trocken Barrique **8,90 €** | 13% | bis 2019	**86**

WEINGUT GEHEIMER RAT DR. VON BASSERMANN-JORDAN

67146 Deidesheim · Kirchgasse 10
☎ (0 63 26) 60 06 · Fax 60 08
info@bassermann-jordan.de
www.bassermann-jordan.de
Inhaberin: Jana Niederberger
Geschäftsführer: Gunther Hauck (kfm.) und Ulrich Mell (techn.)
Kellermeister: Ulrich Mell

Verkauf: Björn Christiani, Sebastian Wandt
Mo–Fr: 8.00–18.00 Uhr
Sa–So, feiertags: 10.00–15.00 Uhr

Gastronomie: Hotel Ketschauer Hof, Restaurant »Freundstück«, Bistro »Bassermännchen«
Historie: seit 1718 im Familienbesitz
Sehenswert: die jahrhundertealten Gewölbekeller mit einzigartigem Weinmuseum

Rebfläche: 50 Hektar
Jahresproduktion: 450.000 Flaschen
Beste Lagen: Deidesheimer Grainhübel, Hohenmorgen und Kalkofen, Forster Kirchenstück, Ungeheuer, Pechstein und Jesuitengarten, Ruppertsberger Reiterpfad
Boden: Buntsandsteinverwitterung mit Porphyr, Löss und Basaltverwitterung
Rebsorten: 85% Riesling, 15% übrige Sorten
Durchschnittsertrag: 54 hl/ha
Mitglied: VDP

Was für eine Tradition, was für eine Geschichte: Bei Bassermann-Jordan kann man zurückblicken und sagen: Ja, auch vor 150 Jahren waren wir eines der führenden, wenn nicht überhaupt das beste Weingut der Pfalz. Die Männer aus diesem Betrieb schrieben am ersten deutschen Weingesetz mit, waren Autor des ersten Standardwerks zur Geschichte des Weinbaus oder saßen im Reichstag. Historie an sich mag kein Kriterium für Qualität sein, doch diese Einordnung ist stets wichtig, da man nur wissen kann, wo man hinwill, wenn man weiß, wo man herkommt. Und das wiederum weiß Uli Mell, der technische Geschäftsführer (sagen wir einfach: Kellermeister), sehr gut.

Moderne Rückbesinnung

An die Mittelhaardt sind sie seit jeher gefahren, all die Weinfreunde aus der Kurpfalz, aus Heidelberg oder Karlsruhe. Deidesheim war und ist ein Weinmekka und Bassermann-Jordan sitzt mittendrin. Beste Lagen, beste Voraussetzungen und, seit des Kaufs durch den verstorbenen Investor Joachim Niederberger zu Beginn der Nullerjahre, beste finanzielle Ausstattung. Es war Uli Mell und Geschäftsführer Gunther Hauck vergönnt, sich neu aufzustellen. In Niederkirchen wurden Räumlichkeiten der Genossenschaft gekauft, wo nun die eigentliche Weinbereitung und der Ausbau stattfinden – wesentlich entspannter und moderner im Ablauf als früher in den zwar wunderschönen, aber völlig unpraktischen Gewölben unter dem Stammsitz in Deidesheim, die heute für Führungen, Empfänge und Verkostungen genutzt werden. Was uns bei den diesjährigen Verkostungen allerdings sofort aufgefallen ist: Die verschiedenen trockenen Gewächse von Bassermann-Jordan sind trockener als in den vergangenen Jahren – und das ist toll!

Ulrich Mell

Trockener als früher

Zwar weisen die Weine den gewohnten Schmelz auf, sind aber in sich leichter, knackiger, markanter geworden. Uli Mell hat natürlich die Nase im Wind, ihm ist nicht entgangen, wo der Zug hinfährt, und er setzt dies in bestechender Weise um. Wir müssen lange zurückblättern, um solch eine hervorragende Kollektion aus diesem Hause zu finden. Ist das Große Gewächs aus dem Pechstein schon genial, so wird es überflügelt vom Freundstück in seiner dichten, unaufgeregten und präsenten Art.

Anzahl der verkosteten Weine: 16
Bewertungen: 81–93 Punkte

2011	Pierre Sekt Brut Premium **18,90 €** | 13% | bis 2016	**81**
2014	Riesling trocken **8,90 €** | 12,5% | bis 2017	**85** Top 10
2014	Ruppertsberger Riesling trocken **10,– €** | 12% | bis 2017	**84**
2014	Deidesheimer Kieselberg Riesling trocken »Erste Lage« **13,– €** | 12,5% | bis 2018	**86**
2014	Ruppertsberger Reiterpfad Riesling trocken »Erste Lage« **15,– €** | 13% | bis 2018	**87**
2014	Riesling auf der Mauer trocken Premium **17,– €** | 13% | bis 2018	**87**
2014	Chardonnay »S« trocken Premium Holzfass **19,50 €** | 13% | bis 2020	**85**
2014	Sauvignon Blanc »S« Fumé trocken Premium Holzfass **24,50 €** | 13% | bis 2018	**91**
2014	Langenmorgen Weißburgunder »Großes Gewächs« **29,– €** | 14% | bis 2019	**89**
2014	Forster Ungeheuer Riesling »Großes Gewächs« **34,– €** | 13% | bis 2020	**89**
2014	Deidesheimer Hohenmorgen Riesling »Großes Gewächs« **35,– €** | 13% | bis 2019	**88**
2014	Forster Pechstein Riesling »Großes Gewächs« **35,– €** | 12,5% | bis 2020	**92**
2014	Forster Jesuitengarten Riesling »Großes Gewächs« **39,– €** | 13% | bis 2020	**90**
2014	Forster Freundstück Riesling »Großes Gewächs« **59,– €** | 13% | bis 2020	**92**
2014	Forster Kirchenstück Riesling »Großes Gewächs« | 13% | bis 2020	**92**
2014	Rieslaner Auslese Premium **15,– €**/0,375 Lit. | 10% | bis 2022	**93**

Aufsteiger des Jahres 2006

WEINGUT EMIL BAUER UND SÖHNE

76829 Landau-Nußdorf · Walsheimer Str. 18
☎ (0 63 41) 6 17 54 · Fax 6 35 84
bauerwein@web.de
www.bauerwein.de
Inhaber: Alexander und Martin Bauer
Kellermeister: Alexander Bauer

Verkauf: Mo–Fr: 8.00–12.00 · 13.30–18.00 Uhr
Sa: 9.00–16.00 Uhr und nach Vereinbarung

Nach einem mäßigen, auch wetterbedingten Jahrgang 2013 ist Alexander Bauer aktuell wieder auf der Höhe. Die ganze Kollektion ist grundsolide, nach unten verzeichnen wir keinen einzigen Ausrutscher. Alle Weine bewegen sich dicht gedrängt um die 85 Punkte. Deutlich besser geworden sind in den letzten Jahren die Rotweine: was zwischendurch auch schon mal spröde war, kommt nun mit angenehmem Schmelz und viel runder, saftiger Frucht daher, wofür die »Cuvée Noir« das beste Beispiel ist.

Anzahl der verkosteten Weine: 12
Bewertungen: 83–87 Punkte

2013	Pinot Sekt Brut **14,50 €** | 13% | bis 2016	**85**
2014	Nussdorfer Katzenstuhl Weißburgunder trocken Holzfass **9,20 €** | 13,5% | bis 2017	**83**
2014	Nussdorfer Sauvignon Blanc »A« trocken **9,40 €** | 12,5% | bis 2017	**85**
2014	Nussdorfer Ochsenloch Riesling trocken Holzfass **9,90 €** | 12,5% | bis 2017	**84**
2014	Nussdorfer Kaiserberg Riesling trocken Holzfass **9,90 €** | 12,5% | bis 2018	**85**
2014	Sauvignon Blanc »B« trocken Holzfass **12,50 €** | 12,5% | bis 2017	**83**
2014	Weißburgunder »B« trocken Holzfass **12,50 €** | 13% | bis 2018	**85**
2014	Riesling »B« trocken Holzfass **12,50 €** | 12,5% | bis 2018	**87**
2013	Nussdorfer Cuvée »Noir« trocken Holzfass **12,40 €** | 14% | bis 2018	**85**
2011	Cuvée »B« trocken Barrique **14,50 €** | 13% | bis 2017	**84**
2013	Cabernet Sauvignon »B« trocken Barrique **17,50 €** | 14,5% | bis 2019	**85**

WEINGUT FRIEDRICH BECKER

76889 Schweigen · Hauptstraße 29
☎ (0 63 42) 2 90 · Fax 61 48
wein@friedrichbecker.de
www.friedrichbecker.de
Inhaber: Friedrich Becker sen. und jun.
Verwalter: Gerard Paul
Kellermeister: Friedrich Becker jun.

Verkauf: Helena Becker, Ruth Thome
Fr: 14.00–16.00 Uhr
Sa: 11.00–16.00 Uhr
und nach Vereinbarung

Sehenswert: Gutsbrennerei, Innenhof

Rebfläche: 22 Hektar
Jahresproduktion: 110.000 Flaschen
Beste Lagen: Schweigener Sonnenberg, Kammerberg, St. Paul
Boden: Kalkmergel, Löss, Ton
Rebsorten: 60% Burgundersorten, 22% Riesling, 18% übrige Sorten, darunter Silvaner, Gewürztraminer und Muskateller
Durchschnittsertrag: 55 hl/ha
Mitglied: VDP, Fünf Winzer – Fünf Freunde

Es gab 2015 im Fernsehen eine Reportage über Fritz Becker zu sehen, die unter Weinfreunden für sehr viel positive Resonanz gesorgt hat. Es ging um Entwicklung, Aufstieg, Erschwernisse, Erfahrungen, Hinzulernen, Ruhe bewahren. Nun ist ja Fritz Becker – wir sprechen hier vom Senior – keiner, der im Ruf stehen würde, ein hibbeliger Derwisch zu sein, stets der jüngsten Mode nachjagend. Nein, Becker ist ein Mensch, von dem die einen sagen, er sei stur (was sicher nicht ganz von der Hand zu weisen ist), die anderen denken, er sei die Ruhe selbst, was auch nicht falsch ist. Seine Weine transportieren beides.

Vorgeschichte und Zielstrebigkeit

Auch wenn Fritz Becker den Betrieb ohne große Unterstützung der Eltern 1993 übernahm, so war er erst 2001 komplett aus der Genossenschaft raus und zog das eigene Ding durch. Früh war ihm klar, und diesen Satz hört man auch heute noch von ihm: »Das Ziel ist das Burgund.« Ohne Ausrufezeichen, einfach als Feststellung. Die Böden um Schweigen herum, vornehmlich im südlichen Bereich jenseits des Schlösschens St. Paul, weisen ähnliche Kalkgehalte auf wie beim großen Vorbild, also stellten Burgundersorten schon immer den Fokus dar. Die Spätburgunder des Hauses waren jahrelang die absolute Benchmark für Pinot Noirs in Deutschland, niemandem gelang es über Jahre hinweg, sie so elegant, seidig, würzig und fein hinzubekommen wie eben Fritz Becker. Dass sie inzwischen nicht immer ganz vorne stehen, dürfte in gewisser Weise auch als Kompliment verstanden werden: Alle haben sie von Becker gelernt, allen war er Antrieb, Maßstab und Vorbild. Dass Schüler ihre Lehrer übertrumpfen wollen und können, ist der normale Lauf der Dinge. Inzwischen ist mit Fritz Friedrich Becker längst die nächste Generation am Hebel, und natürlich tut sich auch hier etwas. Die Weißweine sind inzwischen beständiger geworden, definierter, geradliniger. Man arbeitet vermehrt mit Maischestandzeiten, was inhaltlich für mehr Dichte sorgt. Riesling, Chardonnay, Weißburgunder – die sind alle schon hervorragend geraten.

Friedrich Becker

Auf den Punkt

Im Fokus sind aber nach wie vor die Spätburgunder. Noch können wir nicht die Rückkehr zur vormaligen Dominanz vermelden, doch verfeinert sich wieder das Gesicht des burgundischen Elements. Sankt Paul, Heydenreich und Reserve über den Dreiklang auf der ganz großen Klaviatur, sie sind eindringlich mit guter Säure, dichter Struktur und einem kraftvollen Nachhall. Fleischig, ohne zu schwer zu sein. Absolut gekonnt.

Anzahl der verkosteten Weine: 14
Bewertungen: 84–93 Punkte

2014	Riesling Muschelkalk trocken Holzfass	**14,– €**	12,5%	bis 2017	**86**
2014	Grauburgunder Kalkmergel trocken Holzfass	**15,– €**	13%	bis 2018	**87**
2014	Weißburgunder Kalkgestein trocken Holzfass	**16,– €**	13%	bis 2018	**88**
2013	Wormberg Weißburgunder Erstes Gewächs Holzfass	**19,50 €**	13,5%	bis 2019	**88**
2014	Schweigener Sonnenberg Riesling Erstes Gewächs Holzfass	**21,– €**	12,5%	bis 2018	**88**
2013	Chardonnay Mineral trocken Premium Barrique	**35,– €**	13%	bis 2018	**88**
2014	Muskateller feinherb	**10,50 €**	11%	bis 2017	**87**
2013	Schweigener Sonnenberg »Sankt Paul« Spätburgunder »Großes Gewächs«	**55,– €**	13%	bis 2022	**93**
2013	Spätburgunder »B« trocken Barrique	**16,50 €**	13%	bis 2019	**84**
2013	Schweigener Kammerberg Spätburgunder »Großes Gewächs«	**65,– €**	13%	bis 2022	**91**
2013	Spätburgunder trocken Reserve	**110,– €**	13%	bis 2022	**92**
2013	Spätburgunder Heydenreich »Großes Gewächs«	**120,– €**	13%	bis 2022	**92**
2012	Spätburgunder Steinwingert Alte Reben	**35,– €**	13%	bis 2019	**87**
2012	Spätburgunder Steinwingert Alte Reben	**35,– €**	13%	bis 2019	**88**

Zeichenerklärung:
Schnäppchenpreis · Top 10 Spitzenreiter
Ökobetrieb · Trink-Tipp · Versteigerungswein
Sekt · Weißwein · Rotwein · Roséwein

WEINGUT KARLHEINZ BECKER

76831 Heuchelheim-Klingen · Hauptstraße 34
☎ (0 63 49) 53 28 · Fax 80 56
wgkhbecker@gmx.de
Inhaber: Karlheinz Becker
Betriebsleiter: Dominik und Karlheinz Becker

Verkauf: nach Vereinbarung

Ein gelungener Auftritt! Da ist nichts dabei, das wackelt oder undefiniert ist. Selbst der Riesling aus dem Liter war eine helle Freude, die ihren nächsten Höhepunkt beim wunderbar saftigen, typischen Silvaner fand und in einem sehr harmonischen Grauburgunder Spätlese aus dem Holzfass gipfelte. Alle Weißen haben Biss und Struktur. Bei den Rotweinen wurde ordentlich nachgebessert, der Pinot Noir steht einwandfrei da, hat Schmelz und feine Kräuterwürze. Vermutlich sind das die Einflüsse nicht zuletzt vom jungen Dominik Becker, der unter anderem bei Fürst und Wittmann lernte. Auch im Weingut selbst geht es nach vorne. Unlängst wurde die neue Vinothek eingeweiht und bald soll es auch einen zeitgemäßen Internetauftritt geben.

Anzahl der verkosteten Weine: 12
Bewertungen: 82–87 Punkte

2014	Riesling trocken **5,80 €**/1,0 Lit. | 12% | bis 2016	**83**
2014	Weißburgunder Kabinett trocken **6,80 €** | 12,5% | bis 2017	**83**
2014	Grauburgunder Kabinett trocken **6,90 €** | 13% | bis 2017	**82**
2014	Riesling Kabinett trocken **6,90 €** | 12,5% | bis 2017	**84**
2014	Silvaner Spätlese trocken Alte Reben **9,30 €** | 12,5% | bis 2018	**86**
2014	Weißburgunder Terra Nera Spätlese trocken Holzfass **9,50 €** | 14% | bis 2018	**86**
2014	Grauburgunder »S« Spätlese trocken Holzfass **9,50 €** | 14% | bis 2018	**87**
2014	Riesling Weißer Stein Spätlese trocken **9,70 €** | 13% | bis 2018	**86**
2014	Riesling Buntsandstein Spätlese trocken **9,70 €** | 12% | bis 2018	**86**
2014	Chardonnay Spätlese trocken **9,80 €** | 13% | bis 2018	**86**
2013	Heuchelheimer Herrenpfad Spätburgunder trocken Barrique **11,– €** | 13,5% | bis 2019	**84**
2012	Pinot Noir trocken Barrique **18,– €** | 14% | bis 2019	**86**

WEINGUT BENDERHOF

67169 Kallstadt · Neugasse 45
☎ (0 63 22) 15 20 · Fax 98 07 75
info@weingut-benderhof.de
www.weingut-benderhof.de
Inhaber und Betriebsleiter: Karola Bender-Haaß, Otto und Martin Haaß
Kellermeister: Martin Haaß

Verkauf: Karola Bender-Haaß
Mo–Sa: 9.00–12.00 Uhr · 13.00–18.00 Uhr
und nach Vereinbarung

Historie: seit dem 17. Jahrhundert als Winzerfamilie in Kallstadt ansässig

Rebfläche: 11 Hektar
Jahresproduktion: 75.000 Flaschen
Beste Lagen: Kallstadter Saumagen, Kreidekeller und Steinacker, Herxheimer Himmelreich
Boden: Lösslehm auf Kalkgestein
Rebsorten: 35% Riesling, 32% Burgundersorten, 7% St. Laurent, 6% Schwarzriesling, je 5% Scheurebe und Silvaner, 10% übrige Sorten
Durchschnittsertrag: 55 hl/ha
Mitglied: Vinissima

Einst hatten wir den Benderhof als sehr traditionell bezeichnet. Nun scheint dies eine Tugend zu sein, die ja auch heute wieder durchaus sehr gefragt ist. Mit ihren in diesem Jahr vorgestellten Weinen hat uns Familie Haaß jedenfalls absolut überzeugt. Die qualitativen Sprünge beim Spätburgunder sind nachvollziehbar. Die Weißweine sind alle satt in der Farbe und wunderbar aromatisch. Da uns auch immer wieder ein paar reifere Tropfen, die durchaus auch schon im Buch waren, nachgereicht werden, haben wir hier auch die schöne Gelegenheit zu sehen, wie sich die Gewächse entwickeln. In diesem Fall waren es zwei 2013er Rieslinge aus Saumagen und Himmelreich, die sich ihre Frucht bewahrt haben und gleichzeitig demonstrieren, wie dies mit Mineralik verbunden werden kann. Die 2012er Spätburgunder sind wunderbar.

Die Betriebe:
Weltklasse · Deutsche Spitze
Sehr gut · Gut · Zuverlässig
Weitere Empfehlung

Anzahl der verkosteten Weine: 13
Bewertungen: 82–90 Punkte

2014	Riesling trocken **5,- €**/1,0 Lit. | 12% | bis 2016	**83**
2014	Kallstadter Silvaner trocken **7,- €** | 13% | bis 2017	**84**
2014	Kallstadter Riesling Kalkmergel trocken **7,- €** | 12,5% | bis 2017	**87**
2014	Kallstadter Gewürztraminer trocken **8,20 €** | 12,5% | bis 2018	**82**
2014	Kallstadter Steinacker Grauburgunder trocken **8,60 €** | 13% | bis 2017	**84**
2014	Kallstadter Kreidekeller Riesling trocken Alte Reben **10,- €** | 13,5% | bis 2019	**88**
2014	Kallstadter Saumagen Riesling trocken **12,- €** | 12,5% | bis 2018	**87**
2013	Kallstadter Steinacker Weißburgunder »S« Gauberg trocken **15,- €** | 13,5% | bis 2018	**84**
2014	Kallstadter Saumagen Riesling »S« Nil trocken **16,- €** | 13% | bis 2019	**89**
2012	Freinsheimer Spätburgunder trocken **7,40 €** | 13,5% | bis 2018	**84**
2012	Kallstadter Steinacker Spätburgunder trocken **9,60 €** | 13,5% | bis 2019	**86**
2012	Kallstadter Steinacker Spätburgunder »S« Hasenlauf trocken **16,- €** | 14% | bis 2019	**88**
2012	Kallstadter Steinacker Spätburgunder »RS« Hasenlauf trocken Reserve **22,- €** | 14% | bis 2019	**90**

WEINGUT BENZINGER

67281 Kirchheim · Weinstraße Nord 24
☎ (0 63 59) 13 39 · Fax 23 27
info@weingut-benzinger.de
www.weingut-benzinger.de
Inhaber und Betriebsleiter: Volker Benzinger
Kellermeister: Volker und Julia Benzinger

Verkauf: Familie Benzinger
Mo–Fr: 9.00–11.00 Uhr · 13.00–17.00 Uhr
Sa: 11.00–16.00 Uhr, So: 11.00–14.00 Uhr

Volker Benzinger ist ein Winzer, der gerne Klartext redet, und so sind auch seine Weine. Dieser Aspekt liegt uns, denn dabei kommen auf der Habenseite sehr schöne Weine heraus, wie etwa der Sylvaner Alte Reben oder der Weißburgunder Kreuz aus dem Barrique. Am anderen Ende der Skala steht ein harter, bissiger und grüner Sauvignon Blanc. Bei zwei Weißweinen irritierte uns die kräftige Farbe, was Benzinger sofort telefonisch aufklärte: Beim sogenannten »Pinking« kommen die Weine bei der Abfüllung länger mit Sauerstoff in Kontakt, was die Phenole verfärbt.

Anzahl der verkosteten Weine: 12
Bewertungen: 78–88 Punkte

2014	Riesling Zero trocken **6,- €** | 12,5% | bis 2018	**80**
2014	Kirchheimer Römerstraße Riesling trocken **7,50 €** | 12% | bis 2018	**83**
2014	Obersülzer Schnepp Sauvignon Blanc trocken **8,50 €** | 12% | bis 2017	**78**
2014	Kirchheimer Geißkopf Grauburgunder trocken Alte Reben **8,50 €** | 13% | bis 2018	**82**
2014	Kirchheimer Kreuz Sylvaner trocken Alte Reben **9,50 €** | 12,5% | bis 2018	**86**
2013	Kirchheimer Kreuz Weißburgunder trocken Barrique **13,- €** | 14% | bis 2018	**88**
2014	Kirchheimer Steinacker Riesling Kalkmergel trocken **13,50 €** | 12% | bis 2018	**84**
2014	Riesling J! feinherb **8,- €** | 12% | bis 2018	**82**
2014	Scheurebe J! feinherb **8,- €** | 12% | bis 2017	**86**
2013	Obersülzer Schnepp Spätburgunder unfiltriert trocken Holzfass **9,50 €** | 14% | bis 2018	**82**
2012	Kirchheimer Steinacker Dornfelder August trocken Barrique **12,50 €** | 13% | bis 2018	**82**

Aufsteiger

WEINGUT BERGDOLT-REIF & NETT

67435 Duttweiler · Dudostraße 24
☎ (0 63 27) 28 03 · Fax 14 85
info@weingut-brn.de
www.weingut-brn.de
Inhaber: Bernhard und Christian Nett

Verkauf: Familie Nett
Mo–Fr: 8.00–17.00, Sa: 9.00–16.00 Uhr

Was für eine tolle Leistung bei den Weißweinen! Christian Nett hat bei ihnen den Jahrgang offensichtlich mit dem Vollspann erwischt. Der Umgang mit Holz wirkt hier sehr gekonnt, die Burgundersorten sind schmelzig und ausbalanciert, die Bukettsorten wie Muskateller oder Sauvignon Blanc duftig und intensiv, ohne parfümiert zu wirken. Vielleicht sind es die im Vergleich niedrigeren Alkoholwerte, die jetzt den Unterschied ausmachen. Oder ist es der geringere Restzuckergehalt? Als eher mäßig hingegen empfanden wir die Rotweine, dennoch belohnen wir die Entwicklung insgesamt.

Anzahl der verkosteten Weine: 12
Bewertungen: 78–88 Punkte

2014 Riesling Tradition trocken **83**
6,50 € | 12% | bis 2016

2014 Weißburgunder Tradition trocken **81**
6,90 € | 12,5% | bis 2016

2014 Muskateller Avantgarde Märzen trocken **86**
10,– € | 12% | bis 2016

2014 Chardonnay Nettswerk Creation trocken **88**
11,– € | 13% | bis 2018

2014 Gewürztraminer Avantgarde Sträßchen trocken **83**
14,– € | 10,5% | bis 2017

2014 Riesling Avantgarde Becken trocken **85**
14,– € | 12,5% | bis 2017

2014 Grauburgunder Avantgarde Hansen trocken **86**
14,– € | 13,5% | bis 2018

2014 Sauvignon Blanc Avantgarde Höhe trocken **86**
14,– € | 12,5% | bis 2017

2014 Weißburgunder Avantgarde Elf trocken **88**
14,– € | 13% | bis 2018

2012 Merlot Avantgarde Kreuz trocken **78**
16,– € | 13,5% | bis 2018

2012 Lagrein Avantgarde Kolben trocken **80**
16,– € | 13,5% | bis 2018

2012 Kirrweiler Mandelberg **83**
Spätburgunder trocken Prestige
28,– € | 13,5% | bis 2018

WEINGUT BERGDOLT KLOSTERGUT ST. LAMPRECHT

67435 Neustadt-Duttweiler · Dudostraße 17
☎ (0 63 27) 50 27 · Fax 17 84
info@weingut-bergdolt.de
www.weingut-bergdolt.de
Inhaber: Rainer und Günther Bergdolt
Kellermeister: Rainer und Carolin Bergdolt

Verkauf: Familie Bergdolt
Mo–Fr: 8.00–12.00 Uhr · 14.00–18.00 Uhr
Sa: 10.00–16.00 Uhr

Historie: ehemaliges Hofgut des Klosters Sankt Lamprecht, 1754 von Jakob Bergdolt erworben
Erlebenswert: Hoffest mit kulinarischer Weinprobe

Rebfläche: 25 Hektar
Jahresproduktion: 150.000 Flaschen
Beste Lagen: Kirrweiler Mandelberg, Duttweiler Kalkberg, Ruppertsberger Reiterpfad
Boden: Löss, sandiger Lehm, Buntsandstein, Kalkmergel
Rebsorten: 35% Weißburgunder, 32% Riesling, 10% Spätburgunder, 23% übrige Sorten
Durchschnittsertrag: 60 hl/ha
Mitglied: VDP, Barrique Forum

Generationenübergaben können kompliziert sein, müssen es aber nicht. Rainer Bergolts Tochter Carolin gelang ein sanftes Hineingleiten in die Verantwortung, weil ihr Vater keinen Druck ausübte, als er sie mehr und mehr in die Pflicht nahm. Gemeinsam bestimmen sie nun, was draußen und was im Keller gemacht wird, wobei Carolin künftig zunehmend das Heft in der Hand halten wird, auch um den Betrieb fit zu machen für eine jüngere Klientel, wie sich das Rainer Bergdolt wünscht. Ob die Weine dadurch femininer geworden sind? Können wir nicht beantworten. Was wir aber wissen, ist, dass die Stärken des Weinguts in der aktuellen Phase wie eh und je gegeben sind: Die sehr guten Sekte sind das Vorspiel für eine ganze Reihe an tollen weißen Burgundern, bei denen das Große Gewächs aus dem Mandelberg natürlicherweise herausragt. Eine homogene Runde!

Anzahl der verkosteten Weine: 15
Bewertungen: 78–90 Punkte

2013 Spätburgunder Sekt extra Brut Rosé **87**
13,50 € | 13% | bis 2016

2010 Chardonnay & Spätburgunder Fluxus **87**
Sekt extra Brut
17,50 € | 13% | bis 2017

2010 Weißburgunder Cuvee »Special« **89**
Sekt extra Brut
17,50 € | 13% | bis 2017

2014 Weißburgunder & Chardoanny trocken **83**
5,70 €/1,0 Lit. | 12,5% | bis 2017

2014 Riesling Kalkmergel trocken **84**
7,90 € | 12,5% | bis 2017

2014 Weißburgunder St. Lamprecht trocken **85**
7,90 € | 12,5% | bis 2017

2014 trocken
8,– € | 13% |

2014 Riesling vom Graf trocken Alte Reben **84**
8,– € | 12,5% | bis 2017

2014 Deidesheimer Mäushöhle **87**
Riesling trocken »Erste Lage«
12,– € | 12,5% | bis 2018

2014 Duttweiler Kreuzberg **87**
Weißburgunder trocken »Erste Lage«
14,50 € | 13% | bis 2018

2014 Duttweiler Mandelberg **87**
Weißburgunder trocken »Erste Lage«
16,– € | 13% | bis 2018

2013 Chardonnay Tempus trocken **78**
18,– € | 13% | bis 2018

2014 Ruppertsberger Reiterpfad **88**
Riesling »Großes Gewächs«
26,– € | 13% | bis 2020

2014 Kirrweiler Mandelberg **90**
Weißburgunder »Großes Gewächs«
26,– € | 13,5% | bis 2019

2013 Spätburgunder Kalkmergel trocken Barrique **85**
14,50 € | 13,5% | bis 2019

2013 Duttweiler Kalkberg **87**
Spätburgunder »Großes Gewächs«
28,50 € | 13,5% | bis 2020

WEINGUT BERNHART

76889 Schweigen · Hauptstraße 8
☎ (0 63 42) 72 02 · Fax 63 96
info@weingut-bernhart.de
www.weingut-bernhart.de
Inhaber und Betriebsleiter: Gerd Bernhart
Kellermeister: Gerd Bernhart, Damien Wagner

Verkauf: Familie Bernhart
Mo–Fr: 9.00–13.00 Uhr · 14.00–17.00 Uhr
Sa: 9.00–16.00 Uhr und nach Vereinbarung

Rebfläche: 16,5 Hektar
Jahresproduktion: 110.000 Flaschen
Beste Lagen: Schweigener Sonnenberg und Rädling
Boden: Lösslehm, Sand, Ton und Kalkmergel
Rebsorten: 30% Spätburgunder, 20% Weißburgunder, 18% Riesling, 15% Grauburgunder, 12% Chardonnay, 5% übrige Sorten
Durchschnittsertrag: 65 hl/ha
Mitglied: VDP

Wir hatten es schon mehrfach erwähnt, dass uns Gerd Bernhart selten mehr als einen Riesling zur Verkostung einreicht. Eigentlich schade, denn in diesem Jahr haben uns beide, der Kalkmergel und der Sonnenberg, ausgesprochen gut gefallen. Aber sein Hauptaugenmerk gilt ja den Burgundersorten, wie wir wissen, und da können wir uns in der Topliga auch nicht beschweren. Die Spätburgunder sind wirklich seriös und auch das Große Gewächs vom Weißburgunder ist genau so, wie man das haben möchte. Und doch sehen wir, eigentlich unverständlich, genau von den Rebsorten, die im oberen Bereich gut gelingen, bei den Guts- und Ortsweinen eher kleinere Kameraden, die das sonst gute Bild ein wenig verschrammen. Das ist nicht wild, wir wundern uns einfach nur, denn dass er es richtig drauf hat, wissen wir von Gerd Bernhart.

Anzahl der verkosteten Weine: 14
Bewertungen: 80–89 Punkte

2014 Weißburgunder trocken **80**
5,– €/1,0 Lit. | 12,5% | bis 2017

2014 Schweigener Weißburgunder Tonmergel trocken **85**
9,30 € | 13,5% | bis 2018

2014 Schweigener Sauvignon Blanc Kalkmergel trocken **85**
9,30 € | 12,5% | bis 2017

2014 Schweigener Auxerrois Tonmergel trocken **82**
10,– € | 13,5% | bis 2018

2014 Schweigener Grauburgunder Kalkmergel trocken **83**
10,– € | 13,5% | bis 2018

2014 Schweigener Riesling Kalkmergel trocken **86**
10,– € | 12,5% | bis 2018

2014 Schweigener Weißburgunder Kalkmergel trocken **87**
10,– € | 13,5% | bis 2018

2014 Schweigener Gewürztraminer Kalkmergel trocken **88**
10,30 € | 14,5% | bis 2019

2014 Schweigener Sonnenberg Riesling trocken »Erste Lage« **87**
16,– € | 12,5% | bis 2019

2014 Schweigener Sonnenberg Weißburgunder »RG« »Großes Gewächs« **89**
21,– € | 13,5% | bis 2020

2013 Schweigener Spätburgunder Kalkmergel trocken **85**
13,60 € | 13% | bis 2018

2013 Schweigener Sonnenberg Spätburgunder »S« trocken »Erste Lage« **87**
19,– € | 13% | bis 2019

2013 Schweigener Sonnenberg Spätburgunder »R« trocken »Erste Lage« **88**
26,– € | 13% | bis 2020

2013 Schweigener Sonnenberg Spätburgunder »RG« »Großes Gewächs« **89**
37,– € | 13% | bis 2020

Aufsteiger

WEINGUT BIETIGHÖFER

76831 Mühlhofen · Oberdorfstraße 13
☎ (0 63 49) 86 98 · Fax 81 35
weingut.bietighoefer@t-online.de
www.weingut-bietighoefer.de
Inhaber: Eckhard und Stefan Bietighöfer
Kellermeister: Stefan Bietighöfer

Verkauf: Familie Bietighöfer
Mo–Sa: 9.00–18.00 Uhr und nach Vereinbarung

Stefan Bietighöfer ist einer von diesen jungen Winzern, die es wissen wollen. Rund um Mühlhofen – nicht eben gesegnet mit besten Lagen – geht er seinen eigenen Weg, und der heißt fast überall Ausbau in Holzfass oder Barrique, wodurch wir viele Weiße erst mit Verzögerung verkosten können, dann aber mit interessanten Stilarten. Besonders spannend sind die Weine von Bietighöfer, die in Kooperation mit Stefan Dorst entstanden sind. Neben dem Pinotage und einigen Spätburgundern ließ uns die edelsüße Cuvée Schabernack aus Riesling und Gewürztraminer äußerst erfreut zurück.

Anzahl der verkosteten Weine: 18
Bewertungen: 79–91 Punkte

2012 »GR« Crémant Brut nature Holzfass **84**
15,– € | 12,5% | bis 2016

2014 Gelber Muskateller trocken **80**
6,50 € | 9% | bis 2016

2014 Riesling »R« trocken Holzfass **85**
8,90 € | 13% | bis 2018

2013 Sauvignon Blanc »GR« trocken Holzfass **79**
13,90 € | 12,5% | bis 2018

2013 Riesling »GR« trocken Holzfass **84**
13,90 € | 13,5% | bis 2018

2013 Weißburgunder »GR« trocken Holzfass **84**
13,90 € | 13,5% | bis 2018

2014 Weißburgunder Le dernier Cri trocken Holzfass **88**
35,– € | 13,5% | bis 2018

2014 Riesling & Gewürztraminer Schabernack Beerenauslese Holzfass **91**
25,– €/0,5 Lit. | 8% | bis 2020

2013 Spätburgunder »GR« trocken Barrique **83**
19,90 € | 13,5% | bis 2019

2013 Spätburgunder Roter Berg trocken Barrique **85**
25,– € | 13,5% | bis 2019

2013 Pinotage trocken Barrique **87**
25,– € | 14% | bis 2019

2013 Spätburgunder Le dernier Cri trocken Barrique **86**
35,– € | 13,5% | bis 2019

2012 Spätburgunder Le dernier Cri trocken Barrique **87**
35,– € | 12,5% | bis 2019

WEINGUT BORELL-DIEHL

76835 Hainfeld · Weinstraße 47
☎ (0 63 23) 98 05 30 · Fax 98 05 70
info@borell-diehl.de
www.borell-diehl.de
Inhaber: Thomas Diehl und Annette Borell-Diehl
Betriebsleiter und Kellermeister: Thomas Diehl

Verkauf: Annette Borell-Diehl, Katharina Diehl
Mo–Fr: 8.00–12.00 Uhr · 13.00–18.00 Uhr
Sa: 9.00–17.00 Uhr

Sehenswert: restaurierter Gewölbekeller mit großen Holzfässern, Fachwerkhaus von 1619, mediterraner Innenhof

Rebfläche: 28 Hektar
Jahresproduktion: 270.000 Flaschen
Beste Lagen: Hainfelder Letten, Edesheimer Forst
Boden: Lehm, Sand, Sandsteinverwitterung
Rebsorten: 25% Riesling, 20% Grauburgunder, 15% Spätburgunder, 10% Dornfelder, je 7% Chardonnay und Weißburgunder, je 5% Auxerrois, Müller-Thurgau und Silvaner, 1% übrige Sorten
Durchschnittsertrag: 75 hl/ha

Annette Borell-Diehl und Thomas Diehl sorgen weiter dafür, dass sich für Weinliebhaber ein Ausflug nach Hainfeld lohnt. Zumal jetzt noch viel Geld in die Hand genommen wurde, um eine schicke, aber nicht überstylte Vinothek zu errichten und den Holzfasskeller aufzustocken, was in den nächsten Jahren mit noch mehr neuen Fässern den Trend vorgibt. Immerhin fast ein Drittel der nicht eben kleinen Produktion wandert ins Holz, woraus mit den Jahren eine echte Könnerschaft geworden ist. Der Hausherr widmet sich dabei derart intensiv seinen Weinen, dass sein Gesicht selbst Stammgästen kaum bekannt ist, wie seine Frau bemerkt. Bei den eingereichten Weinen kommt neben den regulären Highlights wie den Spätburgundern oder dem Chardonnay diesmal mit dem Sauvignon Blanc aus dem kleinen Fass ein weiteres hinzu. Sagt man da jetzt Hingucker oder Hinschlucker?

Anzahl der verkosteten Weine: 13
Bewertungen: 83–90 Punkte

Jahrgang	Wein	Punkte
2013	Sekt Brut nature Blanc de Blancs 11,- € | 13% | bis 2016	86
2014	Edesheimer Rosengarten Riesling Kupperwolf trocken 9,- € | 13% | bis 2018	88
2014	Chardonnay Muschelkalk trocken Barrique 12,- € | 13,5% | bis 2019	89
2014	Sauvignon Blanc trocken Barrique 15,- € | 13% | bis 2018	89
2014	Riesling Buntsandstein Kabinett trocken 5,20 € | 11,5% | bis 2017	83
2014	Hainfelder Grauburgunder Kabinett trocken 5,20 € | 12% | bis 2017	83
2014	Burrweiler Altenforst Riesling Schiefer Kabinett trocken 6,50 € | 12% | bis 2017	87
2014	Edesheimer Forst Riesling Spätlese trocken Alte Reben 9,- € | 13% | bis 2018	86
2014	Hainfelder Letten Grauburgunder Spätlese trocken Alte Reben Holzfass 9,- € | 13% | bis 2019	87
2014	Hainfelder Kapelle Weißburgunder Spätlese trocken Alte Reben Holzfass 9,- € | 13,5% | bis 2019	88
2014	Flemlinger Herrenbuckel Rieslaner Auslese 9,50 € | 9% | bis 2020	90
2013	Edesheimer Rosengarten Spätburgunder Kupperwolf trocken Holzfass 13,- € | 13% | bis 2018	88
2013	Hainfelder Letten Spätburgunder Georg Nr.XI trocken Barrique 18,80 € | 13,5% | bis 2019	88

Die Betriebe:
Weltklasse · Deutsche Spitze · Sehr gut · Gut · Zuverlässig · Weitere Empfehlung

WEINGUT BOUDIER KOELLER

67294 Stetten · Hauptstraße 19
☎ (0 63 55) 5 86 · Fax 9 55 09 49
info@boudierkoeller.de
www.boudierkoeller.de
Inhaber: Dr. Robert Boudier und Elmar Koeller

Verkauf: nach Vereinbarung

Nicht zuletzt Robert Boudier und Elmar Koeller haben in den vergangenen paar Jahren dafür gesorgt, dass plötzlich immer mehr Menschen zielstrebig ins Zellertal finden. Hier oben, an der Grenze zu den Anbaugebieten Rheinhessen und Nahe, haben die beiden in allen drei Gebieten Weinberge auf teils extremen Böden gekauft – weshalb einige Weine konsequenterweise als Landweine etikettiert sind. Wer Boudier Koeller kauft, kauft somit auch eine Idee vom Weinmachen, die ihnen von Jan Groß als Betriebsleiter umgesetzt wird. Und das sehr ansprechend, wie der Sauvignon Blanc, der Pinot Blanc oder auch der Pinot Noir unterstreichen.

Anzahl der verkosteten Weine: 7
Bewertungen: 77–85 Punkte

2014	Sauvignon Blanc Landwein trocken	**84**
	11,80 € | 11,5% | bis 2016	
2014	Pinot Blanc Landwein trocken	**84**
	11,80 € | 12,5% | bis 2017	
2014	Kirchheimbolandener Schlossgarten Riesling trocken	**83**
	12,– € | 12% | bis 2017	
2014	Rosa Traktor Landwein trocken Rosé	**77**
	8,80 € | 11,5% | bis 2016	
2013	Portugieser Roter Stern Landwein trocken	**83**
	11,80 € | 12,5% | bis 2018	
2013	Pinot Noir Landwein trocken	**85**
	11,80 € | 13,5% | bis 2018	
2013	Gauersheimer Goldloch trocken	**82**
	24,– € | 13% | bis 2018	

WEINGUT BRAUN

67149 Meckenheim · Hauptstraße 51
☎ (0 63 26) 85 96 · Fax 52 12
bws@braun-wein-sekt.de
www.braun-wein-sekt.de
Inhaber: Familie Braun
Betriebsleiter: Fritz, Michael und Martin Braun
Außenbetrieb: Franz Käferböck
Kellermeister: Michael Braun und Kristoffer Graß

Verkauf: Familie Braun
Mo–Fr: 9.00–18.30 Uhr, Sa: 9.00–17.00 Uhr
Sept.–Okt. So: 9.00–18.30 Uhr

Die Brauns haben uns in den vergangenen Jahren verwöhnt. Aus mäßigen Lagen verstanden sie es, dennoch individuelle Weine auf die Flasche zu bringen, die uns wirklich Respekt abnötigten. Die aktuell vorgestellte Kollektion bleibt nun seltsamerweise hinter den Vorgaben von 2011, 2012 und insbesondere 2013 deutlich zurück. Da ist nicht mehr der geschätzte Wumms drin, es fehlen oft Druck und Struktur. Allein der Riesling 2.0 glänzt heller als je zuvor.

Anzahl der verkosteten Weine: 12
Bewertungen: 82–88 Punkte

2014	Grauburgunder Alltag trocken	**83**
	5,40 € | 12,5% | bis 2017	
2014	Meckenheimer Neuberg Chardonnay Individuell trocken	**82**
	7,80 € | 13% | bis 2018	
2014	Ellerstadter Kirchenstück Riesling Individuell trocken	**85**
	7,80 € | 13% | bis 2017	
2014	Riesling 2punkt0 Unikat trocken Holzfass	**88**
(Schnäppchenpreis)	**9,90 €** | 13,5% | bis 2019	
2014	Chardonnay 2punkt0 Unikat trocken Barrique	**85**
	13,– € | 13,5% | bis 2019	
2013	Ellerstadter Kirchenstück Spätburgunder Individuell trocken	**83**
	7,80 € | 13,5% | bis 2018	
2013	Ellerstadter Bubeneck Spätburgunder 2punkt0 Unikat trocken Holzfass	**83**
	14,50 € | 13,5% | bis 2019	
2013	Cuvée »Lignum One« Unikat trocken Holzfass	**84**
	14,50 € | 13,5% | bis 2019	
2013	Meckenheimer Spielberg St. Laurent 2punkt0 Unikat trocken Holzfass	**84**
	14,50 € | 13,5% | bis 2019	
2013	Meckenheimer Spielberg Portugieser Anno 1951 Unikat trocken Holzfass	**85**
	14,50 € | 13,5% | bis 2019	

Zeichenerklärung:
Schnäppchenpreis · Top 10 Spitzenreiter
Ökobetrieb · Trink-Tipp · Versteigerungswein
Sekt · Weißwein · Rotwein · Roséwein

WEINGUT BRENDEL

76889 Pleisweiler-Oberhofen · Hauptstraße 13
☎ (0 63 43) 84 50 · Fax (0 63 42) 74 48
info@weingut-brendel.de
www.weingut-brendel.de
Inhaber: Walter, Waltraud und Christian Brendel

Verkauf: nach Vereinbarung

Es lohnt sich immer wieder, an jungen Betrieben dranzubleiben. Bereits mehrfach haben wir die Weine von Christian Brendel verkostet und immer wieder festgestellt, dass da einzelne gute Weine dabei waren, aber noch zu wenig Stringenz in der Gesamtkollektion zu finden war. Dies scheint sich nun geändert zu haben. Nichts liegt unter 80 Punkten, bei Weiß und Rot sind echte Highlights zu finden! Hier ist ein junger Mann auf dem Weg nach vorne – und wer sind wir, als dass wir ihn aufhalten würden? Hier gibt es zudem ordentlich viel Wein für noch sehr wenig Geld.

Anzahl der verkosteten Weine: 10
Bewertungen: 81–87 Punkte

2014	Grauburgunder trocken **5,90 €** | 13% | bis 2018	**82**
2014	Weißburgunder trocken **5,90 €** | 12,5% | bis 2017	**83**
2014	Riesling Kalkmergel trocken **6,50 €** | 12% | bis 2017	**83**
2014	Riesling Buntsandstein trocken **6,50 €** | 12% | bis 2017	**85**
2014	Oberhofener Schlossberg Silvaner trocken **7,50 €** | 13% | bis 2017	**82**
2014	Oberhofener Schlossberg Chardonnay trocken **7,50 €** | 13,5% | bis 2018	**83**
2014	Oberhofener Schlossberg Riesling trocken **7,50 €** | 13% | bis 2018	**86**
2014	Müller-Thurgau halbtrocken **4,– €**/1,0 Lit. | 12% | bis 2016	**81**
2012	Blaufränkisch trocken **11,20 €** | 13,5% | bis 2019	**85**
2012	Spätburgunder trocken Reserve **12,70 €** | 13% | bis 2019	**87**

Die Betriebe:
Weltklasse · Deutsche Spitze
Sehr gut · Gut · Zuverlässig
Weitere Empfehlung

WEINGUT BÜHLER

67169 Kallstadt · Backhausgasse 2
☎ (0 63 22) 6 12 61 · Fax 98 10 90
weingut@buehler-pfalz.de
www.buehler-pfalz.de
Inhaber: Jens, Pia und Werner Bühler
Kellermeister: Jens Bühler

Verkauf: Pia Bühler
Mo–Fr: 10.00–12.00 Uhr · 13.00–18.00 Uhr
und nach Vereinbarung

Die Aufgaben beim Familienbetrieb Bühler sind klar verteilt – so kommen sich weder die Eltern noch Tochter Sarah oder Sohn Jens ins Gehege bei der Arbeit in Weinberg, Keller, Landhausrestaurant oder Büro und Marketing. Die Entwicklung der letzten Jahre hat uns gut gefallen, und auch jetzt können wir konstatieren, dass gerade die Rotweine an Charakter zugenommen haben. Der Syrah etwa hat genau die richtige Dosis Pfeffer. Bei den Weißen ist erneut der Riesling Spätlese trocken aus dem Saumagen das beste Pferd im Stall. Wobei trocken nicht immer trocken bedeutet: Mit etwas weniger Restsüße bei allen Weißweinen würde man wohl besser fahren.

Anzahl der verkosteten Weine: 12
Bewertungen: 80–87 Punkte

2014	Spätburgunder trocken Blanc de Noirs **6,10 €** | 11,5% | bis 2016	**80**
2014	Weißburgunder trocken **6,50 €** | 12% | bis 2018	**80**
2014	Sauvignon Blanc trocken **8,– €** | 11,5% | bis 2017	**83**
2014	Grauburgunder »S« trocken **8,90 €** | 13% | bis 2019	**83**
2014	Kallstadter Saumagen Riesling Stückfass trocken **14,50 €** | 13% | bis 2019	**87**
2014	Silvaner Anno 1958 trocken Holzfass **19,– €** | 14% | bis 2019	**86**
2014	Riesling Kabinett trocken **6,– €** | 11,5% | bis 2017	**83**
2014	Kallstadter Saumagen Riesling Spätlese trocken **9,50 €** | 12,5% | bis 2019	**87**
2014	Rosé trocken Saignée **5,90 €** | 12% | bis 2016	**81**
2013	Cuvée »MeCaDo« trocken Holzfass **8,– €** | 13% | bis 2018	**82**
2013	Merlot *** trocken Barrique **9,90 €** | 13% | bis 2019	**84**
2012	Syrah trocken Barrique **** **18,– €** | 13% | bis 2019	**85**

WEINGUT DR. BÜRKLIN-WOLF

67157 Wachenheim · Weinstraße 65
☎ (0 63 22) 9 53 30 · Fax 95 33 30
bb@buerklin-wolf.de
www.buerklin-wolf.de
Inhaberin: Bettina Bürklin-von Guradze
Geschäftsführer: Steffen Brahner
Leiter Außenbetrieb: Alexander Strohschneider
Kellermeister: Nicola Libelli

Verkauf: Tom Benns und Regina Görg
Mo–So: 11.00–18.00 Uhr

Gutsausschank: Hofgut Ruppertsberg
☎ (0 63 26) 98 20 97, geöffnet Do–Mo
Historie: gegründet 1597
Sehenswert: Holzfasskeller, Englischer Garten

Rebfläche: 86 Hektar
Jahresproduktion: 500.000 Flaschen
Beste Lagen: Forster Kirchenstück, Jesuitengarten, Pechstein und Ungeheuer, Ruppertsberger Reiterpfad und Gaisböhl, Deidesheimer Hohenmorgen und Kalkofen
Boden: Basalt, Kalk, Terrassenschotter, gelber und roter Sandstein
Rebsorten: 82% Riesling, 7% Weißburgunder, 6% Spätburgunder, 5% übrige Sorten
Durchschnittsertrag: 45 hl/ha
Mitglied: VDP, Biodyvin

Bei der Nacht der offenen Weinkeller im November 2014 sauste Nicola Libelli mit einem kurzen »Wartet mal!« davon und kehrte Minuten später mit einem »Probiert mal!«, einem Glas in der Hand und einem Grinsen im Gesicht zurück. Das war Riesling, klar, mineralisch, rau, fordernd und dabei doch ruhig, nicht überdreht. Und? »Ach, ich hatte ein Fass übrig, und da machten wir eben die Vorlese vom Pechstein rein. Von 2012 …« (Ist nun abgefüllt exklusiv fürs Hofgut Ruppertsberg.)

Von Glücksgriff und Biodynamie

Eine Szene, die viel vom Selbstverständnis bei Bürklin-Wolf erzählt. Man lässt hier den Weinen Zeit, sich zu finden, zu formen, zu entwickeln. Was auch für die handelnden Personen gilt. Bettina Bürklin-von Guradze hatte den Mut und die Ruhe, nach dem Tod von Kellermeister Fritz Knorr 2012 dem jungen Nicola Libelli die Führung über den Ausbau der Weine von immerhin 86 Hektar zu übertragen in einem der größten privaten Weinkeller Deutschlands. Unser Eindruck ist: Es war ein absoluter Glücksgriff. Viele Weine im unteren Bereich (was für ein lustiger Ausdruck im vermutlich komplettesten Rieslingweingut der Welt!) sind inzwischen sogar besser als vor zehn Jahren – das wären etwa Guts- und Ortsweine. Bei den »PCs« – das sind die Ersten Lagen – ist das Gleiche zu beobachten, wobei der Stil ja im Grunde gleich geblieben ist. Mit 2014 rutscht das noch mal einen guten Schritt nach oben, was nicht nur dem Jahrgang entspricht, sondern auch der Arbeit des gesamten Teams. Bürklin-Wolf arbeitet biodynamisch und dennoch sind die Weine, anders als bei manchem ebenso gelagerten Mitbewerber, immer glasklar, nie mit Fehltönen oder Botrytis behaftet.

Bettina Bürklin-von Guradze

Völlig gespannt waren wir ja auf den Riesling Kirchenstück aus 2013, der uns im vergangenen Jahr vorenthalten worden war, weil er erst im Frühjahr 2015 abgefüllt wurde. Er präsentierte sich rund und tief wie stets, ein Monument der Ruhe und des In-sich-gekehrt-Seins. Die »Grand Crus« (bei Bürklin ein Synonym für Große Gewächse) aus 2014 konnten im Vergleich zum Vorjahr nochmals eine Schippe drauf legen, wodurch wir insgesamt den bereits gehegten Verdacht bestätigt sehen, dass man sich bei diesem Betrieb mit dem Status quo nicht zufriedengeben will. Selbst die vermeintlich kleineren Lagen wie Langenmorgen oder Gaisböhl warten auf mit einer Präsenz, die es sonst selten gibt. Wer die große Parade der trockenen deutschen Rieslinge liebt, für den ist Bürklin-Wolf weiterhin die beste Adresse in Deutschland.

Rote Symbole: Diese Betriebe verdienen in ihrer Klasse besondere Aufmerksamkeit

WEINGUT REICHSRAT VON BUHL

67146 Deidesheim · Weinstraße 18–24
☎ (0 63 26) 96 50 19 · Fax 96 50 24
info@von-buhl.de
www.reichsrat-von-buhl.de

Eigentümer: Jana Niederberger
Geschäftsführer: Richard Grosche
Technischer Direktor: Mathieu Kauffmann
Außenbetrieb: Werner Sebastian
Kellermeister: Mathieu Kauffmann

Verkauf: Klaus Küsters
Mo–Fr: 8.00–12.00 Uhr · 13.00–18.00 Uhr
Sa–So, feiertags: 10.00–12.00 Uhr · 13.00–17.00 Uhr, Jan. So geschlossen

Sehenswert: der gesamte Betrieb steht unter Denkmalschutz, historischer Keller, Herrschaftshaus für Veranstaltungen

Rebfläche: 62 Hektar
Jahresproduktion: 420.000 Flaschen
Beste Lagen: Forster Freundstück, Jesuitengarten, Pechstein, Kirchenstück und Ungeheuer, Deidesheimer Kieselberg, Leinhöhle und Herrgottsacker, Ruppertsberger Reiterpfad
Boden: sandiger Lehm, Kalksteinverwitterung und Basalt
Rebsorten: 88% Riesling, 8% Spätburgunder, 4% übrige Sorten
Durchschnittsertrag: 50 hl/ha
Mitglied: VDP

Es ist wirklich schade, dass der verstorbene Unternehmer Achim Niederberger nicht mehr miterleben kann, was aus seiner Weichenstellung geworden ist. Inzwischen haben Mathieu Kauffmann als Kellermeister und Richard Grosche als Geschäftsführer den Betrieb konzeptionell und geschmacklich auf so derart andere Füße gestellt, als hätten sie nie etwas anderes getan, als wäre es das Natürlichste der Welt.

Volles Risiko

Dabei waren sie 2013 ja schon ein ganz beträchtliches Risiko eingegangen: Knalltrockene Rieslinge – man sagt da immer so schön »kompromisslos« dazu –, alle Großen Gewächse liegen unter 0,5 Gramm Restzucker! Bei der ersten Präsentation auf der Prowein 2014 war das Gekreische unter den Verkostern und Händlern groß, es wurde gerätselt und gemutmaßt, ob das denn nun sauer sei oder nicht, ob das nur »anders« sei oder wirklich gut.

Anzahl der verkosteten Weine: 13
Bewertungen: 86–93 Punkte

2014	Riesling trocken	86
Top 10	**9,50 €** | 12,5% | 🍷 bis 2017	
2014	Deidesheimer Riesling trocken	**87**
	13,– € | 12,5% | 🍷 bis 2018	
2014	Wachenheimer Riesling trocken	**87**
	13,– € | 12,5% | 🍷 bis 2018	
2014	Forster Riesling trocken	**88**
	15,– € | 12,5% | 🍷 bis 2018	
2014	Wachenheimer Gerümpel Riesling »PC« trocken »Erste Lage«	**89**
	21,– € | 12,5% | 🍷 bis 2019	
2014	Wachenheimer Goldbächel Riesling »PC« trocken »Erste Lage«	**89**
	21,– € | 12,5% | 🍷 bis 2019	
2014	Wachenheimer Böhlig Riesling »PC« trocken »Erste Lage«	**90**
	21,– € | 13% | 🍷 bis 2019	
2014	Ruppertsberger Gaisböhl Riesling »GC« trocken »Große Lage«	**91**
	39,– € | 13% | 🍷 bis 2020	
2014	Deidesheimer Hohenmorgen Riesling »GC« trocken »Große Lage«	**90**
	50,– € | 13% | 🍷 bis 2020	
2014	Forster Pechstein Riesling »GC« trocken »Große Lage«	**91**
	50,– € | 12,5% | 🍷 bis 2024	
2014	Forster Ungeheuer Riesling »GC« trocken »Große Lage«	**91**
	50,– € | 13% | 🍷 bis 2022	
2014	Deidesheimer Langenmorgen Riesling »GC« trocken »Große Lage«	**92**
	50,– € | 13% | 🍷 bis 2022	
2013	Forster Kirchenstück Riesling »GC« trocken »Große Lage«	**93**
	auf Anfrage | 12,5% | 🍷 bis 2024	

Bereits wenige Monate später, nach etwas mehr Zeit auf der Flasche, dürfte wirklich auch der Letzte erkannt haben, dass sich hier ein neuer Weinstil herausgeschält hat, der Klarheit, Brillanz, Intensität und Individualität absolut in den Vordergrund stellt. Lieber würde man hier Craft Bier herstellen, als einen Wein mit sieben Gramm Restzucker abzuschmelzen. Draußen im Weinberg leistet Werner Sebastian penible Vorarbeit, um ohne ein Fünkchen Botrytis Mathieu Kauffmann den perfekten Grundstock für seinen Job zu liefern. Weit mehr als auf Öchslegrade wird dabei auf den ph-Wert geachtet, eine in Italien und Frankreich weiter verbreitete Vorgehensweise als in Deutschland.

Mathieu Kauffmann (rechts) und Richard Grosche

Sekte schlagen ein

Nicht allen Kunden gefällt dieser neue Stil, doch scheinen über die Zeit weitaus mehr neue hinzugekommen zu sein, als alte eben eine Tür weiter gegangen sind. Ein Paukenschlag Ende 2014 war der Riesling-Sekt (der »Erstgegorene«) – aus dieser Rebsorte hatte man solch einen Geschmackstyp noch nicht erlebt. Im Sommer 2015 folgte ein schon vor dem Release ausverkaufter Rosé, doch bevor das, was sich Kauffmann als Ex-Bollinger-Kellermeister wirklich an Furore vorstellt, auf den Markt kommt, werden für das Hefelager bei den Burgundersekten noch einige Jahre vergehen müssen. In der Zwischenzeit erfreuen wir uns an den Weinen, wo selbst der Gutsriesling eine Komposition aus sieben trockenen Spätlesen ist. Die Großen Gewächse sind bisweilen atemberaubend.

Anzahl der verkosteten Weine: 15
Bewertungen: 84–93 Punkte

2013 Riesling Sekt Brut **91**
Top 10 **14,90 €** | 12,5% | bis 2016

2014 Riesling trocken **84**
9,– € | 13% | bis 2017

2014 Deidesheimer Riesling trocken **85**
10,– € | 13% | bis 2017

2014 Deidesheimer Kieselberg **89**
Riesling trocken »Erste Lage«
16,– € | 13,5% | bis 2018

2014 Riesling Suez trocken **87**
16,90 € | 13% | bis 2018

2013 Deidesheimer Paradiesgarten **91**
Riesling trocken »Erste Lage«
18,– € | 12,5% | bis 2018

2014 Ruppertsberger Reiterpfad **90**
Riesling In der Hohl »Großes Gewächs«
30,– € | 13,5% | bis 2019

2014 Forster Ungeheuer Riesling »Großes Gewächs« **92**
30,– € | 13% | bis 2019

2014 Forster Jesuitengarten **91**
Riesling »Großes Gewächs«
36,– € | 13,5% | bis 2019

2014 Forster Pechstein Riesling »Großes Gewächs« **93**
36,– € | 13,5% | bis 2020

2014 Deidesheimer Leinhöhle **90**
Riesling Spätlese »Erste Lage«
15,– € | 8,5% | bis 2020

2013 Scheurebe Auslese **88**
12,– €/0,375 Lit. | 7% | bis 2022

2013 Forster Kirchenstück **92**
Riesling Auslese »Große Lage«
29,– €/0,375 Lit. | 9% | bis 2022

2014 Spätburgunder Suez trocken Rosé **87**
16,90 € | 12,5% | bis 2018

WEINGUT A. CHRISTMANN

67435 Neustadt-Gimmeldingen
Peter-Koch-Staße 43
☎ (0 63 21) 6 60 39 · Fax 6 87 62
info@weingut-christmann.de
www.weingut-christmann.de
Inhaber und Betriebsleiter: Steffen Christmann
Außenbetrieb: Martin Eller und Stefan Jung
Kellermeister: Steffen Christmann und Martin Eller

Verkauf: Esther Grüttner
nach Vereinbarung

Sehenswert: Gewölbekeller von 1575

Rebfläche: 21 Hektar
Jahresproduktion: 130.000 Flaschen
Beste Lagen: Ruppertsberger Reiterpfad, Königsbacher Idig, Gimmeldinger Mandelgarten, Deidesheimer Langenmorgen
Boden: Lehm, toniger Sand, Mergelkalk, Buntsandsteinverwitterung
Rebsorten: 70% Riesling, 14% Spätburgunder, 8% Weißburgunder, 6% Grauburgunder, 2% übrige Sorten
Durchschnittsertrag: 55 hl/ha
Mitglied: VDP

Der Spagat, den Steffen Christmann hinlegen muss, ist aufreibend und enorm. Einerseits ist er praktizierender Jurist, dann Präsident des VDP – auch wenn er sagt, dass nach der nächsten Amtszeit sich mal ein Jüngerer aufmachen sollte, diesen Job zu übernehmen – und schließlich Inhaber eines der profiliertesten Weingüter der Pfalz. Er ist also nicht der typische Winzer, der in (Obacht, Klischee!) Kittelschurz und Gummistiefeln den Gast empfängt, sondern der Protagonist eines modernen Betriebs: Christmann ist die personifizierte Außenwirkung, und das ist durchaus positiv gemeint.

Mehr Knackigkeit und Frische

Steffen Christmanns größtes Projekt beim VDP war die Einführung des vierstufigen Qualitätssystems: Guts- und Ortsweine, Erste Lagen, Große Gewächse. Selbst viele Nicht-VDPler kopieren dies inzwischen, weil sie erkannt haben, wie logisch sich das anbietet – wenn man es konsequent durchzieht. Für Christmann ist das natürlich oberste Verpflichtung, er muss mit leuchtendem Beispiel vorangehen. In diesem Jahr ist besonders auffällig, dass sich der Grundgeschmack der Christmann'schen Weine im Zeitraum von drei bis vier Jahren komplett gewandelt hat. Da ist nun eine Knackigkeit, eine Frische drin, die uns oft gefehlt hat, gerade in den Bereichen der Basis und des Mittelfeldes. Wir wissen, dass Christmann inzwischen deutlich früher liest, das mag ein Mitgrund sein. Wer nun vermuten möchte, dies ginge zu Lasten der Intensität, liegt falsch: wie bereits im Vorjahr, als diese Tendenz schon zu verzeichnen war, haben wir auch jetzt Tiefe und Druck in den Weinen.

Steffen Christmann

Idig als Leitfigur

Die Großen Gewächse des Hauses waren schon immer ausgezeichnet. Dass nun ausgerechnet der Spätburgunder bei uns für die angenehmste Überraschung sorgte, war nicht vorhersehbar, doch können wir ihm Finesse, Würze und eine herrliche innere Leichtigkeit und Seidigkeit attestieren. Der Mandelberg ist dem bisherigen Leitwolf Idig inzwischen zum ernsthaften Konkurrenten erwachsen. Uns gefällt übrigens auch, dass alle Großen Gewächse bei gerade mal 12,5 Volumenprozent stehen. Ein Beweis dafür, dass sich große Weine nicht um den Alkohol scheren sollten. Wir trinken ja etwa den Idig lieber, als dass wir ihn nur verkosten.

Anzahl der verkosteten Weine: 15
Bewertungen: 83–92 Punkte

2014	Riesling trocken **10,50 €** | 12% | bis 2017	**84**
2014	Gimmeldinger Riesling trocken **14,50 €** | 12% | bis 2018	**86**
2014	Gimmeldinger Weißburgunder trocken **17,– €** | 13% | bis 2018	**83**
2014	Königsbacher Riesling trocken **17,– €** | 12% | bis 2018	**88**
2014	Gimmeldinger Kapellenberg Riesling trocken »Erste Lage« **21,– €** | 12% | bis 2019	**87**
2014	Königsbacher Ölberg Riesling trocken »Erste Lage« **22,– €** | 12,5% | bis 2019	**89**

2014 Gimmeldinger Biengarten **87**
Weißburgunder trocken »Erste Lage«
24,– € | 13% | bis 2019

2014 Ruppertsberger Reiterpfad **90**
Riesling »Großes Gewächs«
35,– € | 12% | bis 2020

2014 Deidesheimer Langenmorgen **89**
Riesling »Großes Gewächs«
40,– € | 12,5% | bis 2020

2014 Gimmeldinger Mandelgarten **92**
Riesling »Großes Gewächs«
40,– € | 12,5% | bis 2020

2014 Königsbacher Idig Riesling »Großes Gewächs« **92**
45,– € | 12,5% | bis 2022

2012 Spätburgunder trocken **84**
12,– € | 13% | bis 2018

2012 Gimmeldinger Spätburgunder trocken **86**
19,50 € | 13% | bis 2019

2012 Königsbacher Ölberg **87**
Spätburgunder trocken »Erste Lage«
29,50 € | 13% | bis 2019

2012 Königsbacher Idig **89**
Spätburgunder »Großes Gewächs«
50,– € | 13% | bis 2019

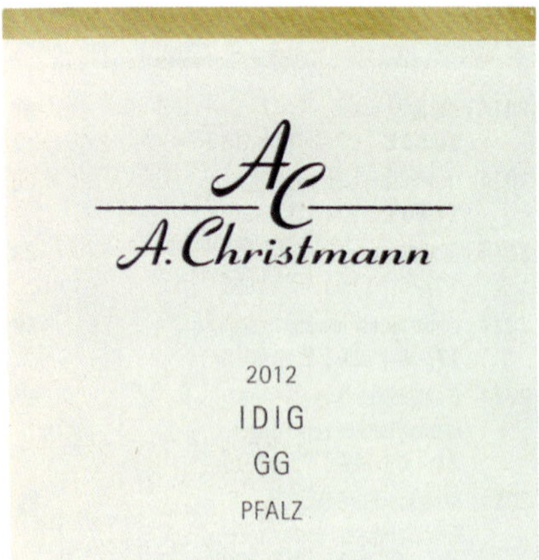

Aufsteiger

WEIN- UND SEKTGUT CORBET

67434 Diedesfeld · Kreuzstraße 7
☎ (0 63 21) 8 61 44 · Fax 8 44 68
weingut@corbet.de
www.corbet.de
Inhaber: Lukas Corbet
Kellermeister: Lukas Corbet

Verkauf: Christina Corbet
Fr: 10.00–18.00 Uhr
Sa: 10.00–16.00 Uhr und nach Vereinbarung

Was für eine Entwicklung! Noch vor wenigen Jahren lief Corbet einfach so mit – und heute haben wir hier eine eindeutige Traube stehen. Die Rieslinge allesamt klar, eindeutig und mit schöner Länge, der Chardonnay zeigt perfekten Umgang mit dem Holz. Gut, bei den Spätburgundern können wir uns noch mehr Würze und Klarheit wünschen, doch das ist Mosern auf hohem Niveau. Erst einmal freuen wir uns sehr über das, was wir heute in den Gläsern verkosten durften und raten allen: nachmachen!

Anzahl der verkosteten Weine: 12
Bewertungen: 82–88 Punkte

2014 Riesling trocken **83**
5,30 €/1,0 Lit. | 12% | bis 2016

2014 Diedesfelder **83**
Weißburgunder vom Löss trocken
7,80 € | 13% | bis 2018

2014 Riesling vom Buntsandstein trocken **87**
7,80 € | 12% | bis 2017

2014 Diedesfelder **83**
Chardonnay vom Löss trocken
8,– € | 13% | bis 2017

2014 Diedesfelder **85**
Sauvignon Blanc vom Kieselstein trocken
8,– € | 13% | bis 2017

2014 Hambacher Schlossberg Riesling trocken **87**
9,80 € | 12% | bis 2018

2014 Diedesfelder Johanniskirchel **87**
Weißburgunder »S« trocken
9,80 € | 13,5% | bis 2018

2014 Neustadter Erkenbrecht Riesling trocken **88**
10,50 € | 12,5% | bis 2018

2014 Chardonnay »R« trocken **88**
13,– € | 13,5% | bis 2018

2013 Spätburgunder »S« trocken **82**
9,80 € | 13% | bis 2019

2013 Diedesfelder Johanniskirchel **84**
Spätburgunder »R« trocken
19,– € | 13% | bis 2019

WEINGUT DARTING

67098 Bad Dürkheim · Am Falltor 4
☎ (0 63 22) 97 98 30 · Fax 9 79 83 26
info@darting.de
www.darting.de
Inhaber: Helmut und Ella Darting
Betriebsleiter und Kellermeister: Helmut Darting
Außenbetrieb: Christof Reuther

Verkauf: Familie Darting
Mo–Fr: 8.00–12.00 Uhr · 13.00–18.00 Uhr
Sa: 8.00–16.00 Uhr

Wir haben schon oft und auch zu Recht Helmut Dartings Weine gelobt, vor allem seine Rieslinge. Meist bringt er sie glasklar auf die Flasche, knackig und mit Mittelhaardter Spritzigkeit. All dies vermissen wir leider mit der vorgelegten Kollektion der trockenen Weißweine aus 2014. Kein einziger dieser Weine ließ uns aufhorchen, das war alles eher nett, aber nicht mit Rückgrat, nicht schmelzig, sondern abgeschmelzt. Erneut riss uns lediglich ein edelsüßer Wein vom Hocker.

Anzahl der verkosteten Weine: 12
Bewertungen: 80–92 Punkte

2014	Dürkheimer Hochbenn Muskateller trocken **7,– €** | 13% | bis 2017	**83**
2014	Dürkheimer Fronhof Riesling Kabinett trocken **5,50 €**/1,0 Lit. | 12,5% | bis 2017	**82**
2014	Dürkheimer Schenkenböhl Weißburgunder Kabinett trocken **6,50 €** | 13% | bis 2017	**82**
2014	Dürkheimer Nonnengarten Chardonnay Kabinett trocken **6,50 €** | 13% | bis 2017	**83**
2014	Ungsteiner Weilberg Riesling Kabinett trocken **7,50 €** | 13% | bis 2017	**83**
2014	Dürkheimer Michelsberg Riesling Kabinett trocken **9,– €** | 12,5% | bis 2017	**84**
2014	Ungsteiner Honigsäckel Scheurebe Spätlese **8,50 €** | 13,5% | bis 2022	**87**
2013	Forster Schnepfenflug Huxelrebe Trockenbeerenauslese **28,– €**/0,375 Lit. | 6,5% | bis 2025	**92**
2013	Dürkheimer Feuerberg St. Laurent trocken Holzfass **7,50 €** | 13,5% | bis 2018	**84**
2013	Wachenheimer Mandelgarten Spätburgunder trocken Holzfass **8,– €** | 14% | bis 2018	**83**
2012	Dürkheimer Feuerberg Spätburgunder trocken Barrique **17,– €** | 14,5% | bis 2019	**82**

WEINGUT DENGLER-SEYLER

67487 Maikammer · Weinstraße Süd 6
☎ (0 63 21) 51 03 · Fax 5 73 25
info@dengler-seyler.de
www.dengler-seyler.de
Inhaber: Familie Seyler
Kellermeister: Matthias Seyler

Verkauf: Julia, Eva und Matthias Seyler
Mo–Fr: 9.00–12.00 Uhr · 13.00–18.00 Uhr
Sa: 9.00–17 Uhr

Gasthaus: »Zum Winzer«,
Familie Albers, ☎ (0 63 21) 54 10
Spezialitäten: saisonale Küche
Sehenswert: Weinbergshäuschen »Sonnentempel« (erbaut 1913) auf dem Heiligenberg

Rebfläche: 13 Hektar
Jahresproduktion: 100.000 Flaschen
Beste Lage: Maikammer Heiligenberg
Boden: Parabraunerde über Löss, sandiger und kiesiger Lehm mit Kalkeinlagerung
Rebsorten: 45% Riesling, 35% weiße und rote Burgundersorten, 12% Bukettsorten, 8% übrige Sorten
Durchschnittsertrag: 68 hl/ha

Mit Eva und Matthias Seyler ist seit vielen Jahren zu rechnen. Es gibt hier eigentlich keinen Bereich, bei dem man sich ernsthaft Sorgen machen müsste, das sind alles sehr, sehr verlässliche Weine, egal ob Burgundersorten, Bukettweine oder Rieslinge. Obwohl man vielleicht in diesem Jahr schon die Rieslinge etwas herausstreichen sollte: gerade die Lagenrieslinge, denen man teilweise etwas absurd klingende Abkürzungen alter Gewannnamen gegeben hat (dem skurrilen Weingesetz sei Dank ...), unterscheiden sich voneinander wirklich deutlich. Sie haben uns daher ganz besonders überzeugt, allen voran das Schlangengässel mit seinem mineralischen, griffigen Ausdruck. Ist es manchmal die Scheurebe als Aromasorte, mit denen die Seylers glänzen, so nimmt diese Rolle mit 2014 der ausgezeichnete trockene Muskateller ein.

Die Betriebe:
Weltklasse · Deutsche Spitze
Sehr gut · Gut · Zuverlässig
Weitere Empfehlung

Anzahl der verkosteten Weine: 14
Bewertungen: 82–89 Punkte

Jahrgang	Wein	Preis	Alkohol	Trinkreife	Punkte
2014	Riesling trocken	4,50 €/1,0 Lit.	12%	bis 2016	82
2014	Grauburgunder trocken	6,50 €	12%	bis 2017	83
2014	Riesling trocken	6,50 €	12%	bis 2017	84
2014	Muskateller trocken	7,80 €	12%	bis 2016	87
2014	Maikammer Riesling trocken	9,50 €	12,5%	bis 2017	85
2014	Kirrweiler Weißburgunder trocken	9,50 €	13%	bis 2017	85
2014	Maikammer Grauburgunder trocken Holzfass	9,50 €	12,5%	bis 2018	85
2014	Alsterweiler Silvaner trocken Holzfass	9,50 €	13,5%	bis 2017	85
2014	Cuvée »Autumnus« trocken Holzfass	10,– €	13%	bis 2019	88
2014	Maikammer Heiligenberg Riesling trocken	12,50 €	13%	bis 2018	86
2014	Maikammer Im Oberen Weinsper Riesling trocken	16,50 €	12,5%	bis 2018	87
2014	Maikammer Heiligenberg Riesling trocken	16,50 €	13%	bis 2018	88
2014	Maikammer Schlangengässel Riesling trocken	16,50 €	13%	bis 2018	89
2013	Maikammer Heiligenberg Spätburgunder trocken Barrique	18,– €	13%	bis 2019	87

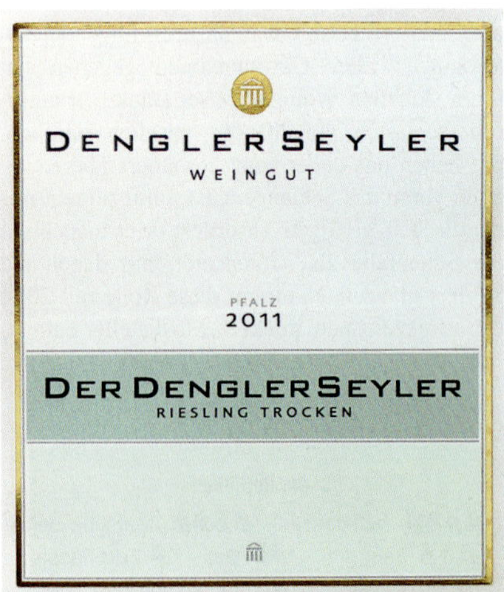

Neu

ANDREAS DURST

67278 Bockenheim · Leininger Ring 69
☎ (0 63 59) 8 01 79 81
weinberge@web.de
Inhaber: Andreas Durst

Verkauf: nach Vereinbarung

Andreas Durst hat in diesem Jahr zum ersten Mal angestellt. Seine Weine sind in den sozialen Netzwerken etwa auf Facebook massiv in der Diskussion vertreten, da hinter Durst ein guter Name, kein Programm, dafür aber eine passende Story stehen: Industriefotograf schwenkt um auf Winzer. Rund um Bockenheim bewirtschaftet er eine kleine Fläche und setzt geschmacklich auf Tradition. Der Riesling Großer Durst, der jahrgangslose Spätburgunder Dorf und der Portugieser aus uralten Reben sind die Highlights. Leider gibt es jeweils nur wenige hundert Flaschen pro Jahr.

Anzahl der verkosteten Weine: 6
Bewertungen: 82–87 Punkte

Jahrgang	Wein	Preis	Alkohol	Trinkreife	Punkte
2014	Weißburgunder & Grauburgunder Landwein trocken	11,– €	13%	bis 2018	84
2014	Riesling Großer Durst Landwein trocken	12,– €	12,5%	bis 2019	85
2014	Sylvaner »A« Landwein trocken	20,– €	12%	bis 2018	86
	Spätburgunder Dorf Landwein trocken Holzfass	11,– €	12,5%	bis 2018	85
2012	Pinot Noir Landwein trocken Barrique	22,– €	13%	bis 2018	82
2012	Portugieser »P« uralt trocken Barrique	22,– €	13%	bis 2019	87

Zeichenerklärung:
Schnäppchenpreis · Top 10 Spitzenreiter
Ökobetrieb · Trink-Tipp · Versteigerungswein
Sekt · Weißwein · Rotwein · Roséwein

WEINGUT EHRHART

76831 Eschbach · Weinstraße 2
☎ (0 63 45) 74 74 · Fax 74 74
mail@weingut-ehrhart.de
www.weingut-ehrhart.de
Inhaber: Reinhold und Benjamin Ehrhart
Betriebsleiter: Benjamin Ehrhart

Verkauf: April–Okt.
Mo–Fr: 13.00–17.00 Uhr
Sa: 10.00–17.00 Uhr und nach Vereinbarung

Ein wichtiger Schritt nach vorne: mit dem aktuellen Jahrgang beweist Benjamin Ehrhart, dass er den Betrieb auf Spur gesetzt hat und endgültig dabei ist, Eschbach aus dem Dornröschenschlaf wachzuküssen. Natürlich geht dies nicht von heute auf morgen, aber Ehrhart weiß offenbar, was gut und was besser ist, denn die Einpreisung seiner Weine stimmt genau mit unserer Einschätzung ihrer Qualität überein. Und da steht dann eben ein toller Riesling aus dem Sonnenberg mit 86 Punkten da. Macht Spaß zu beobachten, was da noch kommt.

Anzahl der verkosteten Weine: 12
Bewertungen: 75–86 Punkte

2014	Ilbesheimer Rittersberg Riesling trocken Holzfass **11,– €** | 13,5% | bis 2018	**84**
2014	Riesling trocken **4,– €**/1,0 Lit. | 12% | bis 2016	**82**
2014	Grauburgunder trocken ** **4,90 €** | 12,5% | bis 2017	**81**
2014	Chardonnay trocken ** **4,90 €** | 13% | bis 2018	**82**
2014	Riesling trocken ** **4,90 €** | 13% | bis 2017	**83**
2014	Gelber Muskateller trocken ** **5,80 €** | 11% | bis 2017	**81**
2014	Sauvignon Blanc trocken ** **6,50 €** | 13% | bis 2017	**75**
2014	Grau- & Weißburgunder trocken *** **7,50 €** | 13,5% | bis 2017	**84**
2014	Leinsweiler Sonnenberg Riesling trocken **8,50 €** | 13% | bis 2018	**86**
2014	Cuvée »Inceptum« **8,90 €** | 12,5% | bis 2017	**86**
2013	Spätburgunder trocken Holzfass *** **7,– €** | 12,5% | bis 2017	**81**
2012	Leinsweiler Sonnenberg Cabernet Sauvignon trocken Barrique **14,90 €** | 14% | bis 2018	**83**

Neu

WEINGUT ELLERMANN-SPIEGEL

67483 Kleinfischlingen · Poststraße 3
☎ (0 63 47) 88 11 · Fax 20 53
info@ellermann-spiegel.de
www.ellermann-spiegel.de
Inhaber: Frank Spiegel

Verkauf: nach Vereinbarung

Jahrelang hatte uns Frank Spiegel seine Weine vorenthalten, nur auf Messen haben wir sie hie und da verkosten können. Er fand, er sei noch nicht so weit. Nun schickte er uns doch mal seine kleine Kollektion – und sowohl er als auch wir dürfen rundum zufrieden sein. Das fängt schon mit zwei unterschiedlichen, aber jeweils toll und unaufdringlich gemachten Sauvignon Blancs an, geht weiter über duftigen Riesling und Weißburgunder und landet bei der fülligen, pfeffrigen Rotwein-Cuvée. Das i-Tüpfelchen setzt eine filigrane Rieslaner Auslese. Das Warten hat sich gelohnt!

Anzahl der verkosteten Weine: 8
Bewertungen: 82–89 Punkte

2014	Riesling trocken **6,30 €** | 12% | bis 2017	**84**
2014	Sauvignon Blanc trocken **7,20 €** | 12,5% | bis 2017	**85**
2014	Riesling trocken Goldkapsel **8,50 €** | 12,5% | bis 2018	**85**
2014	Weißburgunder trocken Goldkapsel **8,90 €** | 13% | bis 2018	**86**
2014	Grauburgunder trocken Goldkapsel **9,50 €** | 13,5% | bis 2018	**82**
2014	Sauvignon Blanc trocken Goldkapsel **9,90 €** | 13% | bis 2017	**86**
2014	Rieslaner Auslese **8,80 €**/0,5 Lit. | 10% | bis 2022	**89**
2013	Cuvée »Anno XIII« trocken Goldkapsel **13,50 €** | 14% | bis 2019	**86**

Die Betriebe:
Weltklasse · Deutsche Spitze
Sehr gut · Gut · Zuverlässig
Weitere Empfehlung

WEINGUT EYMANN

67161 Gönnheim · Ludwigstraße 35
☎ (0 63 22) 28 08 · Fax 6 87 92
info@weinguteymann.de
www.weinguteymann.de
Inhaber: Rainer Eymann
Kellermeister: Rainer Eymann

Verkauf: Ingeborg Wagner-Eymann
Mo–Fr: 8.00–12.00 Uhr · 13.00–19.00 Uhr
Sa: 10.00–19.00 Uhr

Dass wir in diesem Jahr eine schöne Verkostung erwarten durften, signalisierten bereits zu Beginn die beiden Sekte mit einer klaren, beschwingten Art. Auch die Stillweine nahmen uns für sich ein. Zwar stolperten wir noch über zwei kleine Rieslinge, doch mit den holzfassgereiften Weinen und denen aus der Linie Toreye zeigt Rainer Eymann, dass er die Kunst beherrscht, das Holz dem Wein anzupassen und nicht andersherum. Ganz hervorragend sind die weiße Cuvée Ménage à Trois aus 2013 und der Pinot Noir aus 2012.

Anzahl der verkosteten Weine: 12
Bewertungen: 79–88 Punkte

2012	Riesling Sekt Brut **11,90 €** | 12,5% | bis 2017	**85**
2012	Pinot Sekt Brut Rosé **11,90 €** | 12% | bis 2017	**86**
2014	Riesling trocken **5,40 €**/1,0 Lit. | 12,5% | bis 2017	**79**
2014	Gönnheimer Silvaner trocken **6,30 €** | 12,5% | bis 2017	**82**
2013	Gönnheimer Sonnenberg Chardonnay Toreye trocken »sur lie« **9,80 €** | 13,5% | bis 2019	**82**
2013	Gönnheimer Sonnenberg Riesling Toreye trocken »sur lie« - 4 - **9,80 €** | 12,5% | bis 2019	**85**
2013	Gönnheimer Sonnenberg Grauburgunder Toreye trocken »sur lie« **9,80 €** | 13% | bis 2018	**86**
2013	Cuvée »Ménage à trois« trocken »sur lie« **10,– €** | 13,5% | bis 2019	**88**
2014	Gönnheimer Mandelgarten Riesling Toreye Holzfass **12,– €** | 12,5% | bis 2020	**86**
2013	Gönnheimer Sonnenberg Spätburgunder trocken Holzfass **9,80 €** | 13,5% | bis 2019	**84**
2012	Gönnheimer Sonnenberg Pinot Noir Toreye trocken Barrique **18,90 €** | 14% | bis 2019	**88**

WEINGUT FADER – KASTANIENHOF

76835 Rhodt · Theresienstraße 62
☎ (0 63 23) 51 93 · Fax 98 08 41
info@wein-fader.de
www.wein-fader.de
Inhaber: Karl-Heinz und Knut Fader
Betriebsleiter und Kellermeister: Knut Fader

Verkauf: Familie Fader
Mo–Sa: 9.00–18.00 Uhr, So: 9.00–12.00 Uhr

Fernab allen Schnickschnacks pflegt man hier sehr kultiviert zu vinifizieren mit dem Ergebnis, dass es in engen Grenzen mal ein wenig besser und kaum ein wenig schlechter zugeht als im Vorjahr. Zu Beginn der Verkostung waren wir von den Einstiegsweinen etwas enttäuscht, doch dann wurden doch ein paar sehr schöne Tropfen aufgefahren. Weiß stach der Riesling Granit mit seiner glasklaren, kühlen Art hervor, gefolgt vom Riesling Buntsandstein – beide kommen mit überraschend wenig Alkohol aus, was toll ist. Rot beeindruckte uns, wie schon im Vorjahr, der satte und saftige Cabernet Sauvignon.

Anzahl der verkosteten Weine: 12
Bewertungen: 80–87 Punkte

2014	Riesling trocken **4,– €**/1,0 Lit. | 12% | bis 2017	**80**
2014	Riesling Kalkmergel Kabinett trocken **5,50 €** | 11,5% | bis 2017	**82**
2014	Rhodter Schlossberg Riesling Spätlese trocken **6,– €** | 12,5% | bis 2018	**85**
2014	Rhodter Rosengarten Grauburgunder Spätlese trocken **6,80 €** | 13% | bis 2018	**83**
2014	Silvaner Kalkmergel Spätlese trocken **7,– €** | 13% | bis 2019	**83**
2014	Riesling Granit Spätlese trocken **7,90 €** | 12% | bis 2019	**87**
2014	Riesling Buntsandstein Spätlese trocken Alte Reben **7,90 €** | 12,5% | bis 2018	**86**
2014	Rhodter Klosterpfad Chardonnay Spätlese trocken Holzfass **9,80 €** | 13,5% | bis 2019	**84**
2014	Rhodter Rosengarten Gewürztraminer Spätlese feinherb **7,40 €** | 12,5% | bis 2019	**83**
2012	Rhodter Klosterpfad Cabernet Sauvignon trocken Barrique **12,70 €** | 14% | bis 2019	**86**
2011	Pinot Noir trocken Barrique **14,70 €** | 14% | bis 2019	**85**

WEINGUT FAUBEL

67487 Maikammer · Marktstraße 86
☎ (0 63 21) 50 48 · Fax 5 73 88
info@weingut-faubel.de
www.weingut-faubel.de

Inhaber: Familie Faubel
Kellermeister: Gerd Faubel

Verkauf: Christa und Silke Faubel
Mo–Fr: 10.00–18.00 Uhr, Sa: 10.00–16.00 Uhr

Gästezimmer: im mediterranen Landhausstil
Historie: Weinbau seit 1635
Sehenswert: Remise des 1904 errichteten, denkmalgeschützten Gutes, über 100-jähriger Ginkgo-Baum

Rebfläche: 30 Hektar
Jahresproduktion: 220.000 Flaschen
Beste Lagen: Maikammer Heiligenberg und Kirchenstück, Haardter Herrenletten und Herzog
Boden: Lehmlöss, Rotliegendes mit Letten, Kalkstein, Buntsandstein
Rebsorten: 35% weiße Burgundersorten, 30% Riesling, 20% Spätburgunder, 10% St. Laurent, 5% übrige Sorten
Durchschnittsertrag: 65 hl/ha

Gerd Faubel schafft es von Jahr zu Jahr besser, den Wandel von früher sehr technisch gemachten, blitzsauberen und mit süßem Schwänzchen versehenen Weinen hin zu Tropfen mit klaren, individuellen Eigenschaften und Charakter darzustellen und umzusetzen. Ordentlich Restzucker weisen die Weine immer noch auf, doch heute kommt etwa ein Riesling Kostbar nicht mehr füllig und opulent daher, sondern mineralisch geprägt, dicht und mit gehörigem Biss. Doch auch eine Stufe darunter, beispielsweise mit dem feinen, eleganten und langen Riesling Heiligenberg oder dem straffen und saftigen Kirchenstück werden Zeichen gesetzt. Entzückt waren wir von den beiden vorgestellten edelsüßen Weinen, die mit ihrer intensiven, vollfruchtigen und punktgenauen Art ganz großen Trinkspaß bereiten.

Zeichenerklärung:
Schnäppchenpreis · Top 10 Spitzenreiter
Ökobetrieb · Trink-Tipp · Versteigerungswein
Sekt · Weißwein · Rotwein · Roséwein

Anzahl der verkosteten Weine: 12
Bewertungen: 84–92 Punkte

2014	Riesling trocken	84
Top 10	**5,50 €**/1,0 Lit. | 12% | bis 2016	
2014	Maikammer Kirchenstück Weißburgunder trocken	85
	10,– € | 13% | bis 2017	
2014	Maikammer Kapellenberg Grauburgunder trocken	86
	10,– € | 12,5% | bis 2017	
2014	Maikammer Kirchenstück Chardonnay trocken	87
	10,– € | 13% | bis 2018	
2014	Maikammer Heiligenberg Riesling trocken	88
	10,– € | 12% | bis 2018	
2014	Maikammer Kirchenstück Riesling trocken	88
	10,– € | 12,5% | bis 2018	
2014	Weißburgunder Kostbar trocken	88
	15,– € | 13% | bis 2019	
2014	Riesling Kostbar trocken	90
	15,– € | 12,5% | bis 2019	
2014	Haardter Herzog Riesling feinherb	86
	10,– € | 12% | bis 2018	
2014	Gimmeldinger Mandelgarten Riesling Spätlese	91
	10,– € | 11% | bis 2019	
2014	Maikammer Heiligenberg Riesling Beerenauslese	92
	18,– €/0,5 Lit. | 10% | bis 2024	
2013	Maikammer Immengarten Spätburgunder trocken	86
	12,– € | 13,5% | bis 2019	

WEINGUT FITZ-RITTER

67098 Bad Dürkheim · Weinstraße Nord 51
☎ (0 63 22) 53 89 · Fax 6 60 05
info@fitz-ritter.de
www.fitz-ritter.de
Inhaber: Johann Fitz
Betriebsleiter: Achim Eberle

Verkauf: Ute Hoffmann, Johann Fitz
Mo–Fr: 9.00–18.00 Uhr
Sa: 11.00–17.00 Uhr, So: 11.00–17.00 Uhr

Über viele Jahre galt Fitz-Ritter als die Adresse in Bad Dürkheim. Das herrschaftliche Anwesen mit seinem wunderschönen Garten ist der perfekte Ort, um sich in der Pfalz wie im Paradies zu wähnen. »Paradiesisch« können wir auch liebend gerne der Rieslaner Trockenbeerenauslese attestieren, einem dichten, saftigen Tropfen, der in Klarheit und Schmelz brilliert. Andere Weine erfüllen unsere Ansprüche hingegen weniger, sie bleiben etwas blass oder unrund. Von den Rieslingen überzeugt alleine der Abtsfronhof. Mit einem neuen Betriebsleiter Achim Eberle soll nun wieder Fahrt aufgenommen werden.

Anzahl der verkosteten Weine: 12
Bewertungen: 79–93 Punkte

2010	Dürkheimer Hochbenn Riesling Sekt Brut Premium **12,50 €** | 12,5% | bis 2017	**82**
2012	Weißburgunder Sekt Brut Premium **12,50 €** | 13% | bis 2017	**85**
2014	Riesling trocken **6,– €**/1,0 Lit. | 12% | bis 2016	**79**
2014	Dürkheimer Sauvignon Blanc trocken **9,– €** | 12,5% | bis 2016	**83**
2014	Dürkheimer Spielberg Chardonnay trocken »Erste Lage« **12,– €** | 13% | bis 2018	**84**
2014	Dürkheimer Abtsfronhof Riesling trocken »Erste Lage« **12,– €** | 12,5% | bis 2017	**85**
2012	Cuvée »Symphonie Nr.9« trocken Premium Barrique **29,50 €** | 13,5% | bis 2018	**83**
2014	Rieslaner Trockenbeerenauslese Premium **35,– €**/0,375 Lit. | 8% | bis 2025	**93**
2013	Cuvée »Roter Fitz« trocken Holzfass **8,50 €** | 13% | bis 2018	**81**
2013	Pinot Noir trocken Holzfass **9,– €** | 13% | bis 2019	**83**
2012	Pinot Noir trocken Premium Barrique **20,– €** | 13% | bis 2019	**85**
2012	Cuvée »Revoluzzer« trocken Premium Barrique **20,– €** | 13% | bis 2019	**85**

WEINGUT FREY

76879 Essingen · Spanierstraße 9
☎ (0 63 47) 82 24 · Fax 72 90
info@weingut-frey.com
www.weingut-frey.com
Inhaber: Jürgen und Peter Frey
Kellermeister: Jürgen Frey

Verkauf: nach Vereinbarung

Rebfläche: 12 Hektar
Jahresproduktion: 50.000 Flaschen
Beste Lagen: Essinger Rossberg, Sonnenberg und Osterberg
Boden: Löss und sandiger Lehm
Rebsorten: 30% Riesling, je 10% Weißburgunder, Muskateller und Spätburgunder, je 5% Gewürztraminer, Chardonnay, Merlot, St. Laurent, Cabernet Sauvignon, Ortega, Scheurebe, 5% übrige Sorten
Durchschnittsertrag: 15 hl/ha

Es wird sicherlich nicht einfacher werden in Zukunft für die Gebrüder Frey, deren Vater sich schon auf die Erzeugung ausschließlich edelsüßer Weine konzentriert hatte – der Klimawandel lässt grüßen. Da kann es schon mal vorkommen, dass einer von ihnen im Januar mit Kollegen am Tisch sitzt, die sich angeregt über Fülltermine unterhalten – und er muss dann trocken dazwischen bemerken, er habe noch Partien draußen hängen. So geschehen etwa mit der 2014er Trockenbeerenauslese Frech und Frey Rouge, die eigentlich als Eiswein geplant war, dann aber mangels Kälte mit minimalstem Ertrag Mitte Januar vom Stock geholt wurde. Alle Weine (fast immer Beerenauslesen) weisen eine klare Aromatik auf, am eindeutigsten sticht der famose Muskateller hervor, einladend und animierend. Hilfreich ist sicherlich die Umstellung auf Schraubverschluss, wobei allen Zweiflern geraten sei, in zehn Jahren nochmals nachzuschmecken. Wir freuen uns auf spätere Jahrgänge des Sauvignon Blanc, von dem uns heuer ein Jungfernertrag vorgestellt wurde.

Anzahl der verkosteten Weine: 8
Bewertungen: 90–92 Punkte

2014 Essinger Osterberg **90**
Gewürztraminer Beerenauslese
30,– €/0,375 Lit. | 6% | bis 2024

2014 Essinger Osterberg Muskateller Beerenauslese **92**
30,– €/0,375 Lit. | 6% | bis 2024

2014 Essinger Sonnenberg **90**
Sauvignon Blanc Beerenauslese
32,– €/0,375 Lit. | 6,5% | bis 2024

2014 Ortega & Riesling Beerenauslese Cuvée **91**
32,– €/0,375 Lit. | 6,5% | bis 2025

2014 Spätburgunder & St. Laurent **91**
Beerenauslese Blanc de Noirs
33,– €/0,375 Lit. | 6,5% | bis 2025

2014 Cuvée »Frech & Frey« Trockenbeerenauslese **92**
36,– €/0,375 Lit. | 6% | bis 2023

2014 Essinger Sonnenberg **91**
Cabernet Sauvignon Beerenauslese Rosé
33,– €/0,375 Lit. | 6% | bis 2025

2014 Cuvée »Frech & Frey« **90**
Trockenbeerenauslese Holzfass
39,– €/0,375 Lit. | 7% | bis 2022

WEINGUT GABEL

67273 Herxheim am Berg · Weinstraße 45
☎ (0 63 53) 74 62 · Fax 9 10 19
wein@weingut-gabel.de
www.weingut-gabel.de
Inhaber: Wolfgang Gabel
Kellermeister: Oliver Gabel

Verkauf: Familie Gabel
Mo–Fr: 10–12 Uhr · 13.00–17.00 Uhr
Sa: 9.00–12.00 Uhr und nach Vereinbarung

Was für ein Sprung nach vorne! Jeder Wein erscheint hier klar definiert und strukturiert. Oliver Gabel, der praktisch die Federführung im Keller übernommen hat, führt das Credo des Hauses, Handlese und Ausbau vorwiegend in Holz, überzeugend weiter. Überhaupt der Keller: hier stehen noch Fässer, die inzwischen das dritte Jahrhundert gesehen haben! In der letzten Ausgabe noch monierten wir fehlenden Druck – heute ist alles da, ja mehr noch: Gut konturierte Weine, weiß wie rot. Gabel zeigt auf, was seine Vision ist und was er kann. Letzteres ist ziemlich viel.

Anzahl der verkosteten Weine: 12
Bewertungen: 83–88 Punkte

2014 Riesling trocken **83**
5,30 €/1,0 Lit. | 11,5% | bis 2016

2014 Weißburgunder trocken Holzfass **85**
7,– € | 12,5% | bis 2017

2014 Grauburgunder trocken Holzfass **85**
7,– € | 12,5% | bis 2017

2014 Riesling trocken Holzfass **85**
7,– € | 12,5% | bis 2017

2013 Bissersheimer Steig Weißburgunder trocken Barrique **86**
14,– € | 13,5% | bis 2018

2013 Bissersheimer Orlenberg **88**
Grauburgunder trocken Barrique
14,– € | 13% | bis 2018

2014 Bissersheimer Goldberg Riesling trocken Holzfass **88**
14,– € | 12,5% | bis 2019

2013 Herxheimer Kirchenstück **86**
Riesling 350 trocken Holzfass
16,– € | 13% | bis 2018

2013 Spätburgunder trocken Holzfass **86**
9,– € | 13,5% | bis 2019

2013 Herxheimer Honigsack **87**
Spätburgunder trocken Barrique
16,– € | 13,5% | bis 2019

2012 Herxheimer Honigsack **87**
Spätburgunder »R« trocken Barrique
24,– € | 14% | bis 2018

WEINGUT KARL-HEINZ GAUL

67269 Grünstadt-Sausenheim
Bärenbrunnenstraße 15
☎ (0 63 59) 8 45 69 · Fax 8 74 98
info@weingut-gaul.de
www.weingut-gaul.de
Inhaber: Karoline und Dorothee Gaul
Kellermeister: Karoline und Dorothee Gaul

Verkauf: Familie Gaul
Mo–Fr: 8.00–12.00 Uhr · 13.00–18.00 Uhr
Sa: 9.00–16.00 Uhr

Karoline und Dorothee haben nach dem Tod ihres Vaters zusammen mit der Mutter dem Betrieb ein inneres wie äußeres Lifting verpasst – etwa mit einem Kubus in den Weinbergen direkt am Weingut, der Barriquekeller und Verkostungsraum beinhaltet. Die Bewertungen der einzelnen Weine tendieren nicht nur wieder dorthin, wo sie früher schon einmal waren, sondern teilweise darüber hinaus. Heuer hat es uns ganz besonders der Riesling Zugpferd angetan, hinter dem weitere Rieslinge nicht weit zurückstehen. Manchmal, wie beim Weißburgunder Zugpferd, wirkt das Holz nicht richtig integriert, doch der Gesamteindruck ist sehr positiv.

Anzahl der verkosteten Weine: 12
Bewertungen: 82-88 Punkte

2014 Riesling trocken **82**
4,50 €/1,0 Lit. | 12,5% | bis 2016

2014 Riesling trocken **84**
6,– € | 12% | bis 2017

2014 Weißburgunder trocken **82**
6,20 € | 12,5% | bis 2017

2014 Sausenheimer Gewürztraminer trocken **84**
8,– € | 13% | bis 2017

2014 Sausenheimer Riesling trocken **84**
8,50 € | 13% | bis 2017

2014 Asselheimer Riesling trocken **86**
9,50 € | 13% | bis 2017

2014 Sausenheimer Honigsack Riesling trocken **85**
11,50 € | 13% | bis 2018

2014 Sausenheimer Hütt Riesling trocken **86**
12,50 € | 13,5% | bis 2018

2014 Sausenheimer Honigsack **84**
Weißburgunder Zugpferd trocken Premium Holzfass
19,– € | 13,5% | bis 2019

2014 Sausenheimer Hütt **88**
Riesling Zugpferd trocken Premium
19,– € | 13,5% | bis 2019

2013 Sausenheimer Honigsack **86**
Spätburgunder Zugpferd trocken Premium Barrique
19,– € | 13,5% | bis 2019

WEINGUT MATTHIAS GAUL

67269 Grünstadt-Asselheim · Weinstraße 10
☎ (0 63 59) 36 68 · Fax 8 65 75
gaul@gaul-weine.de
www.gaul-weine.de
Inhaber und Betriebsleiter: Matthias Gaul
Kellermeister: Matthias Gaul

Verkauf: Anne Gaul, Natalie Pletsch
Mo–Sa: 8.00–12.00 · 13.00–18.00 Uhr

Rebfläche: 25 Hektar
Jahresproduktion: 215.000 Flaschen
Beste Lagen: Mühlheimer Sonnenberg, Kallstadter Saumagen
Boden: steiniger Kalkmergel
Rebsorten: 30% Riesling, 15% Spätburgunder, je 10% Grauburgunder, Merlot und Sauvignon Blanc, je 5% Cabernet Sauvignon, Chardonnay, Frühburgunder, Scheurebe und Weißburgunder
Durchschnittsertrag: 73 hl/ha

Immer wieder mal was Neues: Matthias Gaul ordnet seine Weine jetzt Begrifflichkeiten zu, um damit ein noch größeres Maß an Emotionalität zu wecken. Bei den Basisweinen ist es »Leichtigkeit«, bei den Ortsweinen »Hingabe«, bei den Lagenweinen »Gelassenheit«. Cuvées firmieren unter »Ideenreichtum« und Literweine sowie Prickelndes und Süßes unter »Heiterkeit«. Ein wenig ist das wie mit farbigen Fußballschuhen – das kann sich nur jemand erlauben, der es auch wirklich kann. Und Gaul kann! Schon im unteren Bereich ist da viel an Ausdruck zu finden und wenig technische Machart. Der Riesling aus der Spitzenlage St. Stephan spielt ganz klar in der Liga der Großen Gewächse mit. Steckenpferd von Matthias Gaul scheinen aber die Rotweine zu sein, die ihm stabil sehr gut gelingen. Die Differenzierungen bei den Pinot Noirs sind hervorragend herausgearbeitet. Mit neuem Kelterhaus und demnächst einer weiteren Presse soll dies künftig nochmals Potenzial nach oben ermöglichen.

Zeichenerklärung:
Schnäppchenpreis · **Top 10** Spitzenreiter
Ökobetrieb · Trink-Tipp · Versteigerungswein
Sekt | Weißwein | Rotwein | Roséwein

Anzahl der verkosteten Weine: 13
Bewertungen: 84–90 Punkte

2011	Grande Cuvée Sekt	**88**
	25,– € | 12,5% | bis 2016	
2014	Riesling Terrain Calcaire trocken	**85**
	7,50 € | 12,5% | bis 2017	
2014	Asselheimer Pinot Gris trocken	**85**
	8,50 € | 13,5% | bis 2018	
2014	Sauvignon Blanc trocken	**84**
	8,90 € | 12,5% | bis 2016	
2014	Asselheimer Riesling trocken	**85**
	8,90 € | 13% | bis 2017	
2009	Asselheimer Riesling trocken	**86**
	12,50 € | 13% | bis 2017	
2014	Asselheimer Weißburgunder trocken	
	14,50 € | 13% |	
2013	Riesling Steinrassel trocken	**88**
	14,90 € | 13% | bis 2019	
2012	Asselheimer St. Stephan Riesling trocken	**90**
	25,– € | 13,5% | bis 2019	
2013	Asselheimer Pinot Noir trocken	**86**
	9,90 € | 13,5% | bis 2018	
2011	Cabernet Sauvignon trocken	**88**
	18,– € | 14,5% | bis 2019	
2013	Pinot Noir Steinrassel trocken	**89**
	19,50 € | 13% | bis 2019	
2012	Cuvée »Grand Jeté« trocken	**89**
	25,– € | 14,5% | bis 2020	
2013	Asselheimer St. Stephan Pinot Noir trocken	**90**
	35,– € | 13,5% | bis 2020	

WEINGUT GEISSER

76889 Schweigen-Rechtenbach · Längelstr. 1
☎ (0 63 42) 75 02 · Fax 61 60
info@geisser-schweigen.de
www.geisser-schweigen.de
Inhaber: Uwe und Florian Geisser
Betriebsleiter: Uwe Geisser
Kellermeister: Florian Geisser

Verkauf: Karin Geisser
nach Vereinbarung

Vor einigen Jahren waren wir auf Florian Geisser aufmerksam geworden, nachdem er im Wettbewerb »Die junge Südpfalz« positiv aufgefallen war. Dann waren zwei Jahre wirklich top. Das Vorjahr beutelte Geisser wettertechnisch, doch warum mit den 2014ern nicht mehr ging, ist uns schleierhaft. Goldmuskateller, Grauburgunder und Gewürztraminer – hier kann er glänzen und zeigt uns, warum er eine Traube verliehen bekam. Die sonstigen trockenen Weißweine sind erstaunlich blass, der Sauvignon wirkt laktisch und käsig. Schade, denn wir wissen, was im Grunde möglich ist.

Anzahl der verkosteten Weine: 11
Bewertungen: 77–89 Punkte

2014	Riesling trocken	**79**
	5,20 €/1,0 Lit. | 12,5% | bis 2016	
2014	Steinwingert Weißburgunder trocken	**84**
	6,80 € | 13% | bis 2017	
2014	Goldmuskateller Sonnenberg trocken	**86**
	7,50 € | 12% | bis 2017	
2014	Sauvignon Blanc Sonnenberg trocken	**77**
	7,80 € | 12,5% | bis 2017	
2014	Schweigen-Rechtenbacher Herrenwingert Riesling trocken	**84**
	8,50 € | 12,5% | bis 2017	
2014	Grauburgunder Sonnenberg trocken	**86**
	8,80 € | 13,5% | bis 2017	
2014	Gewürztraminer Sonnenberg Spätlese feinherb	**89**
€	**8,50 €** | 12% | bis 2019	
2013	Cuvée »Karl« trocken	**81**
	7,80 € | 14% | bis 2018	
2013	Spätburgunder trocken	**83**
	7,80 € | 14% | bis 2018	
2012	Merlot trocken	**82**
	10,50 € | 14% | bis 2018	
2013	Pinot Noir Sonnenberg trocken	**87**
	16,50 € | 14% | bis 2019	

WEINGUT GIES-DÜPPEL

76831 Birkweiler · Am Rosenberg 5
☎ (0 63 45) 91 91 56 · Fax 91 91 57
info@gies-dueppel.de
www.gies-dueppel.de
Inhaber: Volker Gies
Betriebsleiter und Kellermeister: Volker Gies

Verkauf: Volker und Tanja Gies
Mo–Fr: 9.00–12.00 Uhr · 14.00–18.00 Uhr
Sa: 10.00–16.00 Uhr nach Vereinbarung

Sehenswert: moderner Probierraum mit Panorama

Rebfläche: 19 Hektar
Jahresproduktion: 110.000 Flaschen
Beste Lagen: Birkweiler Kastanienbusch und Mandelberg, Ranschbacher Seligmacher
Boden: Rotliegendes, Muschelkalk-, Buntsandstein- und Liasverwitterungsböden
Rebsorten: 38% Riesling, 17% Spätburgunder, 14% Weißburgunder, 12% Grauburgunder, 19% übrige Sorten
Durchschnittsertrag: 60 hl/ha
Mitglied: Südpfalz Connexion

Tanja und Volker Gies haben sich in den letzten Jahren immens gestreckt. Das Weingut wurde in zwei Etappen ausgebaut, sodass man heute vom Verkostungsraum und der angrenzenden Terrasse aus einen schönen Blick hat auf den Kastanienbusch und auch hinüber nach Albersweiler, wo in der lange vernachlässigten Lage Latt sowie im Ranschbacher Seligmacher insgesamt sechs Hektar hinzugekommen sind. Es waren Investitionen in die Zukunft, präziser gesagt in die Zukunft des Rieslings. Die unterschiedlichen Böden und Außengegebenheiten mit Granit, Kalkstein, rotem Sandstein, Schiefer oder auch Quarz bilden das Grundgerüst, auf dem später die Ersten und Großen Lagen folgen. Wer diese Phalanx an Rieslingen probiert, merkt rasch, was da an Feinheit und Differenzierung herausgearbeitet wird, und gerade 2014 war als Jahrgang prädestiniert dafür. Unglaublich dicht präsentiert sich der Riesling Kastanienbusch als Herrscher über dem ausgezeichneten Rest.

Anzahl der verkosteten Weine: 16
Bewertungen: 82–90 Punkte

2014	Weißburgunder trocken **5,40 €**/1,0 Lit. | 12,5% | bis 2017	**82**
2014	Weißburgunder Calcit trocken **7,20 €** | 13% | bis 2017	**83**
2014	Riesling Quarz trocken **7,20 €** | 12% | bis 2017	**84**
2014	Grauburgunder Calcit trocken **7,20 €** | 13% | bis 2017	**84**
2014	Riesling Granit trocken **9,50 €** | 13% | bis 2018	**84**
2014	Riesling Roter Sandstein trocken **9,50 €** | 12,5% | bis 2018	**85**
2014	Riesling Kalkstein trocken **9,50 €** | 12,5% | bis 2017	**86**
2014	Riesling Schiefer trocken **9,50 €** | 13% | bis 2018	**87**
2014	Birkweiler Rosenberg Weißburgunder trocken »Erste Lage« **12,– €** | 13,5% | bis 2018	**85**
2014	Birkweiler Mandelberg Grauburgunder trocken »Erste Lage« **13,– €** | 14% | bis 2018	**86**
2014	Birkweiler Am Dachsberg Riesling trocken »Erste Lage« **13,– €** | 13% | bis 2019	**87**
2014	Albersweiler Latt Riesling trocken »Erste Lage« **13,– €** | 13% | bis 2019	**88**
2014	Ranschbacher Seligmacher Riesling trocken »Erste Lage« **13,– €** | 13% | bis 2019	**88**
2014	Birkweiler Mandelberg Weißburgunder trocken »Große Lage« **16,50 €** | 14% | bis 2019	**87**
2014	Birkweiler Kastanienbusch Riesling trocken »Große Lage« **16,50 €** | 13% | bis 2019	**90**
2013	Birkweiler Spätburgunder trocken **16,– €** | 13,5% | bis 2019	**88**

Die Betriebe:
Weltklasse · Deutsche Spitze
Sehr gut · Gut · Zuverlässig
Weitere Empfehlung

WEINGUT GRAF VON WEYHER

76835 Weyher · Borngasse 7
☎ (0 63 23) 98 00 64 · Fax 98 00 65
info@graf-von-weyher.de
www.graf-von-weyher.de
Inhaber: Otmar Graf

Verkauf: Jürgen Graf
Mo–Fr: 9.00–12.00 Uhr · 13.00–18.00 Uhr
Sa: 9.00–16.00 Uhr

Riesling: phantastisch! Schon der Liter-Riesling dürfte kaum Konkurrenz fürchten in der Region. Was die Grafs dann mit den Lagenweinen aus Granit und Schiefer machen, nötigt uns den allergrößten Respekt ab. Dies können sie bei den anderen Rebsorten leider nicht halten. Die Burgunder sind okay, aber nicht umwerfend. Rotweine liegen ihnen, wie auch in der Vergangenheit, immer noch nicht. Wenn man hier noch mehr Gas geben würde, könnten wir uns vorstellen, dass große Schritte gar nicht so weit weg sind.

Anzahl der verkosteten Weine: 9
Bewertungen: 80–89 Punkte

2014	Riesling trocken **4,70 €**/1,0 Lit. | 11,5% | bis 2016	**84**
2014	Burrweiler Altenforst Riesling »E« Schiefer trocken **6,90 €** | 13% | bis 2017	**86**
2014	Burrweiler Altenforst Riesling Granit trocken € **8,70 €** | 13% | bis 2019	**89**
2014	Weyherer Michelsberg Weißburgunder trocken Holzfass **9,– €** | 13% | bis 2018	**83**
2014	Edenkobener Schloss Ludwigshöhe Chardonnay trocken Holzfass **9,30 €** | 13% | bis 2018	**81**
2014	Weyherer Michelsberg Grauburgunder »E« halbtrocken **6,30 €** | 13% | bis 2017	**81**
2014	Rhodter Klosterpfad Muskateller »E« **6,90 €** | 12% | bis 2017	**83**
2012	Rhodter Rosengarten St. Laurent trocken Holzfass **11,– €** | 14,5% | bis 2018	**80**
2012	Portugieser Portugieser trocken trocken Holzfass **16,– €** | 14% | bis 2018	**80**

WEINGUT GRIMM

76889 Schweigen-Rechtenbach
Pauliner Straße 3
☎ (0 63 42) 71 06 · Fax 2 49
info@weingutgrimm.de
www.weingutgrimm.de
Inhaber: Bruno und Andreas Grimm
Betriebsleiter und Kellermeister: Andreas Grimm

Verkauf: nach Vereinbarung

Bei Andreas Grimm wurde vor einigen Jahren ein Schalter umgelegt: Waren seine Weine zuvor meist nur sauber und klar, wenngleich mit ein wenig zu viel Restzucker vinifiziert, so bringt er nun immer öfter Persönlichkeiten auf die Flasche. Im Mittelsegment darf man seine Weißweine als verlässlich bezeichnen, einige Weine liegen gerade an der Grenze von gut zu wirklich sehr gut. Das eigentliche Händchen scheint Grimm freilich für Pinot Noir zu haben. Die kühle Art wirkt dem Burgund entlehnt.

Anzahl der verkosteten Weine: 12
Bewertungen: 79–88 Punkte

2014	Grauburgunder trocken **5,90 €** | 12% | bis 2017	**79**
2014	Weißburgunder trocken **5,90 €** | 12,5% | bis 2017	**81**
2014	Riesling trocken **5,90 €** | 12% | bis 2017	**83**
2014	Pinot Blanc trocken Silberkapsel **7,10 €** | 13% | bis 2017	**83**
2014	Pinot Gris trocken Silberkapsel **7,10 €** | 13,5% | bis 2017	**85**
2014	Riesling trocken Silberkapsel **7,10 €** | 12,5% | bis 2017	**85**
2014	Riesling âgé trocken Goldkapsel **12,– €** | 13% | bis 2018	**85**
2014	Gewürztraminer halbtrocken **5,90 €** | 12% | bis 2016	**83**
2014	Die Rose trocken Cuvée **5,90 €** | 11,5% | bis 2016	**80**
2013	Spätburgunder trocken **5,90 €** | 13% | bis 2017	**83**
2013	Spätburgunder Kalkgestein trocken Barrique Silberkapsel **12,– €** | 13% | bis 2018	**87**
2013	Pinot Noir âgé trocken Barrique Goldkapsel **18,– €** | 13% | bis 2019	**88**

Die Weine:
100 Perfekt · **95–99** Überragend · **90–94** Exzellent
85–89 Sehr gut · **80–84** Gut · **75–79** Passabel

WEINGUT HAHN-PAHLKE

67271 Battenberg · Kirchgasse 1
☎ (0 63 59) 21 18 · Fax 9 20 36
wp@hahn-pahlke.de
www.weingut-hahn-pahlke.de
Inhaber und Betriebsleiter: Wolfgang Pahlke
Kellermeister: Thomas Pahlke

Verkauf: Thomas Pahlke
Mo–Fr: 8.00–12.00 Uhr · 13.00–18.00 Uhr
Sa: 8.00–18.00 Uhr

Mit den 2014ern bieten die Pahlkes im Einstiegssegment überzeugende Weine. Man hat auf komplett durchgegoren gesetzt, teilweise auch spontan. Die Rotweine sind noch etwas dünn und neigen zur Bitternis. Ausnahme ist wie gehabt der Spätburgunder Gamma, der die künftige Richtung vorgeben könnte. Umbau in Fasskeller und Tankraum, neue Vinothek, anstehender Relaunch des Corporate Design – die Ideen von Junior Thomas scheinen durchzuschlagen. Wer auf Zukunft baut, hat unsere Daumen oben.

Anzahl der verkosteten Weine: 14
Bewertungen: 79–86 Punkte

2014	Riesling trocken **4,30 €**/1,0 Lit. | 12% | bis 2016	**82**
2014	Kleinkarlbacher Scheurebe Tradition trocken **5,– €** | 12% | bis 2017	**79**
2014	Kleinkarlbacher Grasweg Riesling trocken Goldkapsel **7,– €** | 13% | bis 2017	**85**
2014	Kleinkarlbacher Mönchacker Grauburgunder trocken Goldkapsel **7,– €** | 13% | bis 2018	**86**
2014	Sauvignon Blanc »TP« Beta trocken Premium **8,50 €** | 12% | bis 2016	**84**
2014	Riesling »TP« Alpha trocken Premium **11,– €** | 13% | bis 2018	**83**
2014	Riesling trocken Alte Reben Goldkapsel **13,– €** | 13% | bis 2018	**84**
2013	Sauvignon Blanc »TP« Kia ora trocken Premium Holzfass **18,– €** | 12,5% | bis 2017	**84**
2013	Battenberger Schlossberg Portugieser trocken Alte Reben Holzfass Goldkapsel **8,– €** | 13% | bis 2018	**81**
2013	Spätburgunder »TP« Gamma trocken Premium Barrique **14,50 €** | 13,5% | bis 2019	**86**
2012	Cuvée »Roter Hahn« trocken Barrique **16,– €** | 13,5% | bis 2019	**82**

Entdeckung des Jahres

HE-WEINE

76829 Landau · Rheinstraße 3
☎ (01 70) 7 74 87 52
info@he-weine.de
www.he-weine.de
Inhaber und Betriebsleiter: Hans Erich Dausch

Verkauf: Jutta Seeland
nach Vereinbarung

Rebfläche: 1 Hektar
Jahresproduktion: 2.900 Flaschen
Beste Lagen: Eschbacher Hasen
Boden: kalkhaltig mit Eisenauflage
Durchschnittsertrag: 20 hl/ha

Hans Erich Dausch, der Weinwelt als »H. E.« bekannt, war jahrelang Mitverkoster für diesen Weinführer im Anbaugebiet Pfalz. Viele, die ihn kennen, müssen konstatieren, selten jemanden erlebt zu haben, der über derartige Verkostungsqualitäten verfügt – er hat einfach ein sensorisches Langzeitgedächtnis. Inzwischen ist er nicht mehr im Team dabei, da er seine Fähigkeiten, Weine zu entwickeln, auch anderen Betrieben zur Verfügung stellt. Anfangs war er bei Becker in Schweigen mit dabei, inzwischen berät er unter anderem die Weingüter Koch und Metzger und hatte durchaus entscheidenden Anteil an deren Aufstieg. Ganz nebenbei machte er seine eigenen Weine. Nicht irgendwas: Pinot Noir natürlich, die absolute Königsklasse. Das liegt ihm, das kann er mehr als alles andere. Kühle, Würze, Länge, Intensität, gepaart mit einer seidigen Eleganz und einer Geschmeidigkeit, die in der obersten Liga mitspielt. Wir nehmen diesen Minibetrieb auf, weil er in der Bedeutung dessen, was man aus Spätburgunder in der Pfalz und in Deutschland machen kann, einfach absolut relevant ist.

Zeichenerklärung:
Schnäppchenpreis · Top 10 Spitzenreiter
Ökobetrieb · Trink-Tipp · Versteigerungswein
Sekt | Weißwein | Rotwein | Roséwein

WEINGUT HENSEL

67098 Bad Dürkheim · In den Almen 13
☎ (0 63 22) 24 60 · Fax 6 69 18
info@henselwein.de
www.henselwein.de
Inhaber und Betriebsleiter: Thomas Hensel
Kellermeister: Thomas Hensel

Verkauf: Thomas Hensel, Patrick Dachnowski
Mo–Fr: 9.00–11.00 Uhr · 13.00–18.00 Uhr
Sa: 9.00–11.00 Uhr · 13.00–16.00 Uhr

Historie: Weinbau in der Familie seit 300 Jahren

Rebfläche: 23,5 Hektar
Jahresproduktion: 290.000 Flaschen
Beste Lagen: Dürkheimer Steinberg, Nonnengarten, Fronhof und Spielberg
Boden: Sand, Buntsandstein, Lösslehm, Kalkverwitterungsgestein
Rebsorten: 30% Riesling, 25% weiße Burgundersorten, je 10% Spätburgunder und St. Laurent, 9% Cabernet Sauvignon, 6% Dornfelder, 10% übrige Sorten
Durchschnittsertrag: 70 hl/ha

Thomas Hensel darf man manchmal ruhig beneiden. So etwa zur Kurzentschlossenheit, am Tag vor dem Endspiel der WM 2014 zusammen mit seinem Freund Markus Schneider in den Flieger zu steigen, um sich den deutschen Finalsieg in Rio anzuschauen. Gestartet sein dürfte er dabei nicht am Flugplatz in Bad Dürkheim, direkt neben seinem Weingut, auch wenn dieser eine wichtige Rolle für ihn spielt – zumindest in der Bezeichnung seiner Weinlinien oder einzelner Weine. »Aufwind« ist das Mittelsegment, »Höhenflug« die Oberliga, und beide präsentieren sich in prima Form. Das Wort »Holzklasse« bekommt hier übrigens eine ganz neue Bedeutung: fast alle Weine sind im Holz ausgebaut oder genossen zumindest ein sehr langes Hefelager, wodurch sie dicht und lang werden. Bester Beweis dafür sind der vielschichtige Riesling Höhenflug aus dem Barrique sowie ein Grüner Veltliner und ein Sauvignon, beide ebenfalls aus dem kleinen Holzfass. Billigflieger ist das nicht.

Anzahl der verkosteten Weine: 6
Bewertungen: 88–92 Punkte

2012	Herrschaftswingert Pinot Noir trocken Barrique **48,– €** | 13,5% | bis 2019	**88**
2012	Eschbacher Hasen Pinot Noir trocken Barrique **68,– €** | 13,5% | bis 2020	**88**
2011	Eschbacher Hasen Pinot Noir trocken Barrique **68,– €** | 13,5% | bis 2020	**91**
2011	Pinot Noir trocken Barrique **89,– €** | 13,5% | bis 2019	**92**
2012	Pinot Noir trocken Barrique **89,– €** | 13,5% | bis 2020	**92**
2013	Pinot Noir trocken Barrique **95,– €** | 13,5% | bis 2020	**92**

Die Betriebe:
Weltklasse · Deutsche Spitze · Sehr gut · Gut · Zuverlässig · Weitere Empfehlung

Anzahl der verkosteten Weine: 12
Bewertungen: 84–89 Punkte

2014 Sauvignon Blanc Aufwind trocken **86**
9,90 € | 13% | bis 2017

2014 Dürkheimer Rittergarten **86**
Riesling Aufwind trocken »sur lie«
11,90 € | 13% | bis 2018

2014 Chardonnay Höhenflug trocken Barrique **87**
14,90 € | 13,5% | bis 2019

2014 Dürkheimer Spielberg **88**
Riesling Höhenflug trocken Barrique
14,90 € | 13,5% | bis 2019

2014 Gewürztraminer Höhenflug Barrique **86**
16,90 € | 13% | bis 2019

2014 Sauvignon Blanc Höhenflug trocken Barrique **88**
16,90 € | 13% | bis 2018

2014 Grüner Veltliner Höhenflug Barrique **88**
18,90 € | 13% | bis 2018

2014 Dürkheimer Hochbenn **85**
Riesling Aufwind 2014 »sur lie«
9,90 € | 13% | bis 2018

2012 Cuvée »Aufwind« Cuvée trocken Holzfass **84**
9,90 € | 13% | bis 2018

2012 Merlot Höhenflug trocken Barrique **85**
14,90 € | 13,5% | bis 2019

2012 Cuvée »Höhenflug« trocken Barrique **86**
14,90 € | 13,5% | bis 2019

2011 Ikarus trocken Rosé Barrique **89**
32,– € | 14% | bis 2020

WEINGUT CHRISTIAN HEUSSLER

76835 Rhodt · Mühlgasse 5
☎ (0 63 23) 22 35 · Fax 98 05 33
info@heussler-wein.de
www.heussler-wein.de
Inhaber: Herbert und Christian Heußler
Kellermeister: Christian Heußler

Verkauf: Familie Heußler
Mo, Mi–Fr: 9.00–12.00 Uhr · 13.30–18.00 Uhr
Sa: 10.00–17.00 Uhr

Im Hause Heußler hat man als Besucher stets das Gefühl, man steht mittendrin. Die ganze Familie wuselt hier, taucht da auf – immer freundlich, immer offen. Das färbt offenbar auf die Weine ab. Die machen Spaß, sind locker zu trinken, verlangen keine Vorkenntnisse. Bei den Rieslingen fährt Christian Heußler einen zugänglichen, knackigen Stil, der sich beim Muskateller und beim Sauvignon fortsetzt, ohne dabei grün oder bissig zu wirken. Der Gewürztraminer hat alles, was wir uns wünschen, dafür der Cabernet Sauvignon alles, was wir nicht wollen. Sei's drum: Daumen hoch, das ist insgesamt richtig gut.

Anzahl der verkosteten Weine: 12
Bewertungen: 80–87 Punkte

2014 Riesling trocken **82**
4,20 €/1,0 Lit. | 11,5% | bis 2017

2014 Muskateller trocken **85**
6,50 € | 12% | bis 2017

2014 Sauvignon Blanc trocken **85**
6,80 € | 12,5% | bis 2017

2014 Rhodter Rosengarten **83**
Grauburgunder Kalkmergel trocken
7,40 € | 13,5% | bis 2018

2014 Rhodter Schlossberg **85**
Riesling Roter Sandstein trocken
7,40 € | 12,5% | bis 2018

2014 Rhodter Schlossberg **87**
Riesling Sandsteinterrassen trocken
9,– € | 12,5% | bis 2018

2014 Rhodter Schlossberg **85**
Grauburgunder Rosswingert trocken Holzfass
9,80 € | 14% | bis 2018

2014 Gewürztraminer Spätlese **87**
7,– € | 11,5% | bis 2020

2012 Cuvée »Georg« trocken Barrique **86**
6,90 € | 13,5% | bis 2019

2012 Rhodter Schlossberg **80**
Cabernet Sauvignon trocken Barrique
9,80 € | 13,5% | bis 2019

HIRSCHHORNER WEINKONTOR

67435 Neustadt · Hirschhornring 34
☎ (0 63 21) 67 05 37 · Fax 67 08 04
f.john@hirschhornerhof.de
www.hirschhornerhof.de
Inhaber: Frank und Gerlinde John
Betriebsleiter: Frank John

Verkauf: nach Vereinbarung

Man sollte sich nicht täuschen lassen: Frank John bewirtschaftet zwar nur drei Hektar biodynamisch, von denen er einen Riesling, einen Sekt und einen Spätburgunder erzeugt – doch in der Weinszene ist er alles andere als ein Unbekannter. Der ehemalige Kellermeister von Reichsrat von Buhl ist europaweit als Berater tätig, wenn es eben um biodynamische Wirtschaftsweise geht und um Weinstile, die meilenweit entfernt sind von dem, was der Primärfruchtgewinnler anstrebt. Auf Johns Weine muss man sich einlassen, sie sind weder schmeichelnd noch offenherzig, sie fordern schon eher Aufmerksamkeit und eine gewisse Kennerschaft. Bei einer 2014 veranstalteten Vertikale seines Rieslings über zehn Jahre hinweg konnten wir erneut beobachten, wie langlebig die Weine angelegt sind. Der 2014er Riesling ist ein Monument, welches sich über die Zeit entwickeln wird. Auch der Spätburgunder hat uns begeistert. Der Keller wird übrigens inzwischen von Sohn Sebastian verantwortet.

Anzahl der verkosteten Weine: 3
Bewertungen: 86–91 Punkte

2011	Riesling 32 Sekt Brut	**86**
	19,90 € | 12% | bis 2017	
2014	Riesling trocken Holzfass	**90**
	16,50 € | 12,5% | bis 2019	
2013	Pinot Noir trocken	**91**
	35,– € | 13% | bis 2019	

WEINGUT HÖRNER – HAINBACHHOF

76879 Hochstadt · Hainbachhof
☎ (0 63 47) 88 14 · Fax 78 61
info@hoerner-wein.de
www.hoerner-wein.de
Inhaber: Reinhold und Thomas Hörner
Betriebsleiter und Kellermeister: Thomas Hörner

Verkauf: Olivia Hauck und Thomas Hörner
Di–Sa: 10.00–17.00 Uhr und nach Vereinbarung

Thommy Hörner ist in den letzten Jahren in der Südpfalz wie ein kleiner Stern aufgestiegen. Die Weißweine aus 2014 sind überwiegend klar, sauber und schön aromatisch, insbesondere der Gelbe Muskateller ist eine echte Wucht. Aber auch die Burgundersorten oder der Sauvignon sind dicht, ohne fett zu sein. Interessanterweise gefielen uns mitunter die kleineren Weine derselben Rebsorte besser als die Linie darüber. Im Gegensatz zum Vorjahr konnten uns die Spätburgunder leider nicht überzeugen, sie gerieten unharmonisch und etwas ruppig.

Anzahl der verkosteten Weine: 10
Bewertungen: 80–87 Punkte

2014	Riesling Stier trocken	**83**
	6,– € | 12% | bis 2017	
2014	Weißburgunder Steinbock trocken	**84**
	7,– € | 12,5% | bis 2017	
2014	Sauvignon Blanc Steinbock trocken	**84**
	7,– € | 12% | bis 2017	
2014	Grauburgunder Steinbock trocken	**85**
	7,– € | 12,5% | bis 2017	
2014	Gelber Muskateller Steinbock trocken	**87**
	7,50 € | 12% | bis 2016	
2013	Grauburgunder Widder trocken	**82**
	14,– € | 13,5% | bis 2018	
2013	Weißburgunder Widder trocken	**85**
	14,– € | 13,5% | bis 2018	
2014	Horny Rosé Stier trocken	**82**
	7,– € | 12% | bis 2016	
2013	Spätburgunder Steinbock trocken	**80**
	12,– € | 13,5% | bis 2018	
2013	Spätburgunder Widder trocken	**83**
	15,– € | 13% | bis 2018	

Neu

WEINGUT JOACHIM HOF

76831 Heuchelheim-Klingen
Klingbachstraße 29
☎ (0 63 49) 15 91 · Fax 30 66
info@weingut-joachim-hof.de
www.weingut-joachim-hof.de
Inhaber: Karin und Joachim Hof
Betriebsleiter: Philipp Hof
Außenbetrieb: Julian Hof
Kellermeister: Philipp und Julian Hof

Verkauf: Philipp, Julian und Karin Hof
Mo–Sa: 09:00–18:00 und nach Vereinbarung

Joachim Hof steht seinen Söhnen Philipp und Julian, die mit Mutter Karin das Weingut heute führen, mit seiner Erfahrung beratend zur Seite. Auf den 20 Hektar wachsen überwiegend klassische Sorten, die zu ordentlichen Ergebnissen führen. Wir haben die Rotweine aus 2012 als recht gut empfunden, auch der Weißburgunder Auslese Barrique ist sehr gut. Im unteren Bereich darf noch gearbeitet werden, da ist Luft nach oben.

Anzahl der verkosteten Weine: 12
Bewertungen: 80–85 Punkte

2014	Riesling trocken **4,20 €**/1,0 Lit. | 12% | bis 2017	**80**
2014	Muskateller trocken **6,50 €** | 12,5% | bis 2017	**83**
2014	Klingener Herrenpfad Grauburgunder Kabinett trocken **5,20 €** | 12,5% | bis 2017	**81**
2014	Klingener Herrenpfad Weißburgunder Kabinett trocken **5,20 €** | 12,5% | bis 2017	**81**
2014	Klingener Herrenpfad Riesling Kabinett trocken **5,20 €** | 12% | bis 2017	**84**
2014	Klingener Herrenpfad Riesling Halbstück Spätlese trocken **9,– €** | 12,5% | bis 2017	**84**
2014	Klingener Herrenpfad Grauburgunder Auslese trocken **11,– €** | 14,5% | bis 2018	**84**
2014	Klingener Herrenpfad Weißburgunder Auslese trocken Barrique **14,50 €** | 14% | bis 2018	**85**
2012	Klingener Herrenpfad Spätburgunder Spätlese trocken Barrique **10,50 €** | 14% | bis 2018	**85**
2012	Klingener Herrenpfad Merlot Spätlese trocken Barrique **11,50 €** | 13,5% | bis 2018	**85**

WEINGUT HOLLERITH

67487 Maikammer · Gartenstraße 17
☎ (0 63 23) 61 68 · Fax 63 62
info@weingut-hollerith.de
www.weingut-hollerith.de
Inhaber: Peter und Florian Hollerith
Betriebsleiter: Peter Hollerith
Kellermeister: Florian Hollerith

Verkauf: nach Vereinbarung

Hier hat sich einiges getan. In der Vergangenheit fanden wir die Roten top, die Weißen eher nicht. Diese Lücke ist nun deutlich kleiner geworden, wie es bei zwei sehr gut gemachten Sauvignon Blancs zu schmecken ist, die die Sortentypizität herausstellen, ohne sie zu sehr zu bemühen. Peter und Florian Hollerith schenken dennoch gerade den Rotweinen die meiste Aufmerksamkeit. Und das führt dann eben dazu, dass sie mit ihren internationalen Sorten erstaunlich gute Ergebnisse erzielen. Der Syrah kann sich ebenso sehen lassen wie die auch leicht pfeffrige Cuvée No Limit.

Anzahl der verkosteten Weine: 12
Bewertungen: 75–88 Punkte

2014	Maikammer Riesling trocken **4,60 €**/1,0 Lit. | 12% | bis 2016	**79**
2014	Edenkobener Schloss Ludwigshöhe Sauvignon Blanc trocken **9,50 €** | 13% | bis 2016	**85**
2014	St. Martin Baron Chardonnay Rosengarten trocken Barrique **16,– €** | 13% | bis 2018	**85**
2014	Maikammer Heiligenberg Sauvignon Blanc Fumé trocken Barrique **18,– €** | 13,5% | bis 2019	**86**
2014	Maikammer Kapellenberg Weißburgunder Spätlese trocken **7,60 €** | 13% | bis 2018	**82**
2013	Maikammer Merlot trocken Holzfass **7,60 €** | 13,5% | bis 2016	**75**
2012	Maikammer Heiligenberg Spätburgunder trocken Holzfass **12,– €** | 13,5% | bis 2018	**85**
2012	Maikammer Cuvée »Nolimit« trocken Barrique **24,– €** | 14% | bis 2019	**88**
2012	Maikammer Syrah trocken Barrique **26,– €** | 14% | bis 2019	**88**
2012	Maikammer Heiligenberg Merlot trocken Barrique **28,– €** | 14% | bis 2019	**86**
2012	Maikammer Heiligenberg Pinot Noir trocken **28,– €** | 13,5% | bis 2019	**87**

WEIN- UND SEKTGUT IMMENGARTEN HOF

67487 Maikammer · Marktstraße 62
☎ (0 63 21) 5 94 00 · Fax 5 74 37
weingut.hoehn@t-online.de
www.immengarten-hof.de
Inhaber: Frank Höhn
Betriebsleiter und Kellermeister: Frank Höhn und Jonas Bosch

Verkauf: Gisela Höhn und Eva Stöckl
Fr: 9.00–12.00 Uhr · 14.00–18.00 Uhr
Sa: 10.00–17.00 Uhr, So: 10.30–12.30 Uhr
und nach Vereinbarung

Natürlich war Frank Höhn enttäuscht, dass wir seine Weine in den vergangenen Jahren nicht mehr so gut sahen wie zuvor. Wobei uns die Rotweine aus 2011 wirklich gefielen. Die nachverkosteten Weine jetzt aus 2011 bestätigten unsere positive Meinung, hoben sie aber nicht an. Pech hatte Höhn mit den Weißweinen aus 2014 – es erwischte ihn ein umfassender Hagelschaden. Aus diesem Grund konnte er nur wenige Weine anstellen. Die jedoch waren alle mit dem ausgestattet, was wir schon vor Jahren an ihnen schätzten: Druck, innere Dichte, gute Arbeit mit Holz im Falle des Chardonnay. Wir würden Frank Höhn einfach mal wieder einen entspannten Jahrgang mit entsprechenden Mengen gönnen.

Anzahl der verkosteten Weine: 7
Bewertungen: 85–88 Punkte

2014	Riesling Buntsandstein trocken **7,80 €** | 13% | bis 2017	**86**
2014	Maikammer Heiligenberg Weißburgunder trocken **7,90 €** | 13% | bis 2017	**85**
2014	Riesling Kalkmergel trocken **7,90 €** | 12,5% | bis 2018	**87**
2014	Chardonnay »R« trocken Barrique **11,80 €** | 13% | bis 2019	**86**
2012	Cabernet Dorsa trocken Barrique **10,90 €** | 13,5% | bis 2019	**86**
2012	Merlot Flagship trocken Barrique **15,90 €** | 14% | bis 2019	**88**
2012	Cuvée »CabMerl« trocken Barrique **15,90 €** | 14% | bis 2019	**88**

Zeichenerklärung:
Schnäppchenpreis · Top 10 Spitzenreiter
Ökobetrieb · Trink-Tipp · Versteigerungswein
Sekt · Weißwein · Rotwein · Roséwein

WEINGUT JANSON BERNHARD

67308 Harxheim-Zellertal · Hauptstraße 5
☎ (0 63 55) 17 81 · Fax 37 25
info@weingutjansonbernhard.de
www.jansonbernhard.de
Inhaberin und Betriebsleiterin: Christine Bernhard
Kellermeister: Christine Bernhard und Bernd Pflüger

Verkauf: Martina Meidlinger
Mo–Fr: 10.00–16.00 Uhr
Fr–Sa: 10.00–17.00 Uhr und nach Vereinbarung

Christine Bernhard ist mit ihrem Betrieb eine Konstante im Zellertal und eine unbeirrte Vorreiterin für ökologischen Weinbau, seit 2007 gar biodynamisch. Mit ihrem Partner Bernd Pflüger gelang es ihr, die Qualitäten höher zu schrauben. Ihre Weine genießen ein langes Hefelager und sind daher in der Jugend sehr verschlossen, doch wir wissen, wie gut ihnen dann ein halbes Jahr oder mehr auf der Flasche tut. Aktuell zu bewundern beim Riesling Taubrunnen aus 2013, dem diesmal besten Wein einer guten Kollektion.

Anzahl der verkosteten Weine: 13
Bewertungen: 80–86 Punkte

2014	Riesling trocken **6,20 €**/1,0 Lit. | 11,5% | bis 2016	**81**
2014	Zellertaler Silvaner trocken **6,90 €** | 11,5% | bis 2017	**83**
2014	Zellertaler Weißburgunder trocken »sur lie« **7,80 €** | 12,5% | bis 2018	**83**
2014	Zeller Schwarzer Herrgott Riesling & Gewürztaminer trocken Gemischter Satz **8,50 €** | 12,5% | bis 2017	**81**
2014	Zeller Schwarzer Herrgott Riesling Unterm Kreuz trocken »sur lie« **12,– €** | 12,5% | bis 2018	**85**
2014	Harxheimer Herrgottsblick Grauburgunder trocken Alte Reben **12,– €** | 12,5% | bis 2018	**83**
2013	Zeller Klosterstück Riesling Taubrunnen trocken Alte Reben »sur lie« **15,– €** | 13,5% | bis 2018	**86**
2014	Zeller Kreuzberg Riesling Kabinett trocken Junge Reben **7,80 €** | 12,5% | bis 2017	**82**
2014	Zeller Schwarzer Herrgott Riesling Am Turm Kabinett trocken »sur lie« **9,50 €** | 12% | bis 2017	**84**
2013	Pinotin & Cabertin Incarnatum trocken Holzfass **9,50 €** | 12,5% | bis 2018	**80**
2013	Cuvée »Rouge a trois« trocken Holzfass **9,50 €** | 13% | bis 2018	**84**

WEINGUT JESUITENHOF

67246 Dirmstein · Obertor 6
☎ (0 62 38) 29 42 · Fax 46 01
jesuitenhof.dirmstein@t-online.de
www.jesuitenhof.de
Inhaber: Klaus und Moritz Schneider
Kellermeister: Moritz Schneider

Verkauf: Mo–Fr: 8.00–18.00 Uhr
Sa: 8.00–16.00 Uhr

In der Spitze haben Klaus und Moritz Schneider ihren bis dato wohl besten, weil homogensten Jahrgang abgeliefert. Riesling und Weißburgunder aus dem Halbstück sind stark wie im Vorjahr, doch der Spätburgunder Kleiner Garten wirkt nun wesentlich runder, eleganter und einfach burgundischer, als wir das bislang kannten. Nicht verhehlen dürfen wir freilich auch einige schwächere Weine und einen Sekt, mit dem wir nun gar nichts anfangen konnten. Der Zukauf und die Pacht von Weinbergen in besten Lagen von Dirmstein und Laumersheim soll für die Zukunft weiter nach vorne weisen.

Anzahl der verkosteten Weine: 12
Bewertungen: 79–88 Punkte

	Pinot Sekt Brut	79
	9,50 € | 13% | bis 2016	
2014	Riesling Fundament trocken	82
	5,80 € | 13% | bis 2017	
2014	Grauburgunder trocken	82
	6,- € | 13% | bis 2017	
2014	Laumersheimer Sauvignon Blanc Kalkmergel trocken	80
	7,50 € | 12,5% | bis 2017	
2014	Dirmsteiner Chardonnay Löss trocken	81
	8,- € | 13,5% | bis 2018	
2014	Dirmsteiner Weißburgunder Kalkmergel trocken	85
	8,- € | 13,5% | bis 2018	
2014	Dirmsteiner Riesling Kalkmergel trocken	86
	8,- € | 13% | bis 2018	
2014	Dirmsteiner Jesuitenhofgarten Riesling trocken	87
	9,50 € | 13% | bis 2018	
2014	Dirmsteiner Mandelpfad Riesling Halbstück trocken	88
	10,50 € | 13% | bis 2019	
2014	Dirmsteiner Mandelpfad Weißburgunder Halbstück trocken	88
	10,50 € | 13,5% | bis 2019	
2013	Dirmsteiner Jesuitenhofgarten Spätburgunder trocken	87
	10,50 € | 13,5% | bis 2018	
2013	Dirmsteiner Jesuitenhofgarten Spätburgunder Kleiner Garten trocken	87
	18,- € | 13,5% | bis 2019	

WEINGUT JÜLG

76889 Schweigen-Rechtenbach · Hauptstraße 1
☎ (0 63 42) 91 90 90 · Fax 91 90 91
info@weingut-juelg.de
www.weingut-juelg.de
Inhaber: Werner Jülg
Betriebsleiter: Werner und Johannes Jülg
Außenbetrieb: Andreas Eck
Kellermeister: Johannes Jülg

Verkauf: Familie Jülg
Mo–Fr: nach Vereinbarung
Sa–So: 11.00–18.00 Uhr

Weinstube: Sa–Mi 11.00–22.00 Uhr
Spezialitäten: eigene Erzeugung von Käse, Wurst und Schinken
Sehenswert: altes Forsthaus, schöner Innenhof, großer Holzfasskeller

Rebfläche: 18 Hektar
Jahresproduktion: 100.000 Flaschen
Beste Lage: Schweigener Sonnenberg, Springberg, St. Paul, Pfarrwingert und Wormberg
Boden: Buntsandstein, Muschelkalk, Kalkmergel
Rebsorten: 40% Riesling, 35% Weiß- und Grauburgunder, 10% Spätburgunder, je 5% Schwarzriesling, St. Laurent, 5% übrige Sorten
Durchschnittsertrag: 65 hl/ha
Mitglied: Barrique Forum Pfalz, Generation Riesling

Werner Jülg kann sich entspannt geben, denn er weiß, was er an seinem Sohn Johannes im Keller hat: einen jungen Mann, der recht gut die Balance halten kann zwischen den Vorgaben der Südpfälzer Klassik und den Geschmackserfodernissen der Jetztzeit. Die Hinwendung zum burgundischen Stil bei den entsprechenden Sorten pflegt man hier schon eine gewisse Zeit – doch selten waren die Spätburgunder kühler und feiner als derzeit. Zugelegt wurde zudem bei den feinen, ausdrucksstarken und im positiven Sinne satten Rieslingen aus Sonnenberg und Springberg sowie bei einem bärenstarken Chardonnay, der das Holz nicht verleugnet, aber es nicht gockelnd vor sich herträgt. Wer als Besucher das Glück hat, diese Weine im Gutsausschank im wunderschönen Innenhof des Weinguts Jülg zu genießen, dem fehlt aber auch rein gar nichts zum Wohlbefinden.

Anzahl der verkosteten Weine: 12
Bewertungen: 84–90 Punkte

Jahrgang	Wein	Punkte
2014	Weißburgunder trocken **6,80 €** | 12% | bis 2017	84
2014	Weißburgunder Kalkmergel trocken **8,20 €** | 12,5% | bis 2018	84
2014	Riesling Kalkmergel trocken **8,20 €** | 12,5% | bis 2018	85
2014	Schweigener Sonnenberg Weißburgunder trocken **13,– €** | 13,5% | bis 2018	86
2014	Schweigener Sonnenberg Chardonnay trocken Barrique **13,– €** | 13,5% | bis 2020	90
2014	Schweigener Sonnenberg Grauburgunder trocken **13,50 €** | 13,5% | bis 2018	84
2014	Dörrenbacher Springberg Riesling trocken **14,50 €** | 13% | bis 2018	88
2014	Schweigener Sonnenberg Riesling trocken **14,50 €** | 13% | bis 2019	89
2013	Spätburgunder Kalkmergel trocken Holzfass **9,90 €** | 13% | bis 2018	86
2013	Spätburgunder »R« trocken Barrique **15,– €** | 13% | bis 2020	86
2013	Schweigener Sonnenberg Spätburgunder trocken Barrique **24,– €** | 13,5% | bis 2020	88
2013	Pinot Noir trocken Barrique **36,– €** | 13,5% | bis 2020	89

WEINGUT KARST

67098 Bad Dürkheim · In den Almen 15
☎ (0 63 22) 28 62 · Fax 6 59 65
info@weingut-karst.de
www.weingut-karst.de
Inhaber: Manfred und Uli Karst
Kellermeister: Uli Karst

Verkauf: Karina Karst
Di–Sa: 10.00–12.00 Uhr · 14.00–18.00 Uhr

Stückchen für Stückchen sind wir mehr von der Arbeit von Uli Karst überzeugt. Auch jetzt wieder ein Schritt nach vorne, wie der ausladende, aber balancierte Riesling Momentum oder der hervorragende Sauvignon Blanc Filterlos zeigen. Toll auch der Grüne Veltliner mit Schmackes. Den anderen Rieslingen fehlen leider die zu erwartende Frische und der typische Mittelhaardter Geist. Die Roten sind überwiegend gut zu trinken, wobei hie und da etwas weniger Alkohol mehr gewesen wäre.

Anzahl der verkosteten Weine: 12
Bewertungen: 80–88 Punkte

Jahrgang	Wein	Punkte
2014	Kabinettstück trocken Cuvée **5,50 €** | 11,5% | bis 2016	82
2014	Dürkheimer Rittergarten Riesling trocken **6,– €** | 12,5% | bis 2017	81
2014	Grauburgunder Kabinettstück trocken **6,– €** | 12,5% | bis 2017	83
2014	Riesling Kabinettstück trocken **8,50 €** | 13% | bis 2017	83
2014	Grüner Veltliner Kunststück trocken **9,– €** | 13% | bis 2018	83
2013	Sauvignon Blanc Filterlos trocken **9,90 €** | 13% | bis 2018	88
2014	Riesling Momentum trocken **11,– €** | 13,5% | bis 2018	86
2014	Riesling Kabinett trocken **5,50 €**/1,0 Lit. | 12,5% | bis 2016	80
2013	Cabernet Sauvignon Kunststück trocken **8,50 €** | 13,5% | bis 2018	84
2013	Syrah Kunststück trocken **9,– €** | 13,5% | bis 2018	82
2012	Cuvée »Cadu« Kunststück trocken **11,– €** | 13,5% | bis 2018	82
2013	Spätburgunder Momentum trocken **15,– €** | 13,5% | bis 2018	83

Die Weine:
100 Perfekt · **95–99** Überragend · **90–94** Exzellent
85–89 Sehr gut · **80–84** Gut · **75–79** Passabel

WEINGUT KASSNER-SIMON

67251 Freinsheim · Wallstraße 15
☎ (0 63 53) 98 93 20 · Fax 98 93 21
info@kassner-simon.de
www.kassner-simon.de
Inhaber: Thomas Simon
Kellermeister: Thomas Simon

Verkauf: Martina Simon
Mo–Sa: 13.00–18.00 Uhr
So, feiertags: 10.00–13.00 Uhr
und nach Vereinbarung

Bei den Weinen von Familie Simon ging es in der Vergangenheit mal rauf, mal runter. Dass künftig von der technischen Seite alles stimmig wird, dafür soll der Neubau der kompletten Kellerei samt Vinothek sorgen. Ganz uneinheitlich zeigt sich die aktuelle Kollektion. In den Basis-Rieslingen und auch im Sekt rochen wir Noten von Räucherspeck, Lack und Gummi, keine Frische. Der Riesling Gross (ohne Holz) hingegen ist wie der Weißburgunder Im Tal sehr gut, genauso der Spätburgunder Musikantenbuckel.

Anzahl der verkosteten Weine: 12
Bewertungen: 78–86 Punkte

2012	Riesling Sekt Brut **11,50 €** | 12,5% | bis 2016	**78**
2014	Weißburgunder trocken **6,50 €** | 12% | bis 2017	**82**
2014	Grauburgunder trocken **6,50 €** | 12% | bis 2017	**83**
2014	Chardonnay & Weißburgunder Spätlese trocken Silberkapsel **8,40 €** | 13% | bis 2018	**84**
2014	Freinsheimer Oschelskopf Riesling Gross Spätlese trocken Holzfass Goldkapsel **12,70 €** | 12,5% | bis 2019	**84**
2014	Freinsheimer Musikantenbuckel Weißburgunder im Tal Spätlese trocken Goldkapsel **12,70 €** | 13,5% | bis 2018	**85**
2014	Freinsheimer Oschelskopf Riesling Gross Spätlese trocken Goldkapsel **12,70 €** | 12,5% | bis 2019	**86**
2013	Cuvée »RS« trocken Holzfass **7,50 €** | 14% | bis 2018	**84**
2013	Freinsheimer Schwarzes Kreuz Spätburgunder trocken Alte Reben Holzfass Silberkapsel **9,20 €** | 13,5% | bis 2018	**83**
2012	Freinsheimer Musikantenbuckel Spätburgunder trocken Goldkapsel **17,20 €** | 14,5% | bis 2019	**86**

WEINGUT JULIUS FERDINAND KIMICH

67146 Deidesheim · Weinstraße 54
☎ (0 63 26) 3 42 · Fax 98 04 14
info@weingut-kimich.de
www.weingut-kimich.de
Inhaber: Familie Arnold
Betriebsleiter: Franz Arnold
Kellermeister: Matthias Arnold

Verkauf: Mo–Sa: 8.00–18.00 Uhr
So, feiertags: 10.00–13.00 Uhr

Wir könnten es sehr leicht machen und fast immer den gesamten Text stehen lassen: Denn wie in den vergangenen Jahren auch, zeigen uns die Arnolds sehr ansprechende Weine (stand da in der letzten Ausgabe). Natürlich sind für uns die Nuancen interessant, in denen der Jahrgang eingefangen wurde. Und da sind wir der Auffassung, dass bei aller Saftigkeit und Trinkfreude der Charakter der tollen Kimich'schen Weine mit etwas weniger Restzucker noch besser gezeigt hätte werden können. Und der Grainhübel? Natürlich wieder mal der Spiritus Rector, logisch.

Anzahl der verkosteten Weine: 12
Bewertungen: 81–90 Punkte

2014	Deidesheimer Herrgottsacker Riesling Kabinett trocken **5,40 €**/1,0 Lit. | 12,5% | bis 2016	**81**
2014	Scheurebe Kabinett trocken **6,70 €** | 12,5% | bis 2016	**84**
2014	Weißburgunder Kabinett trocken **6,90 €** | 13% | bis 2017	**84**
2014	Deidesheimer Paradiesgarten Riesling Kabinett trocken **7,– €** | 12,5% | bis 2018	**82**
2014	Deidesheimer Leinhöhle Riesling Kabinett trocken **7,20 €** | 12,5% | bis 2018	**85**
2014	Deidesheimer Mäushöhle Riesling Kabinett trocken **7,50 €** | 12,5% | bis 2018	**85**
2014	Deidesheimer Kieselberg Riesling Kabinett trocken **8,– €** | 13% | bis 2018	**84**
2014	Forster Pechstein Riesling Spätlese trocken **10,20 €** | 13,5% | bis 2019	**87**
2014	Deidesheimer Kalkofen Riesling Spätlese trocken **10,50 €** | 13,5% | bis 2019	**86**
2014	Forster Ungeheuer Riesling Spätlese trocken **11,– €** | 13,5% | bis 2019	**86**
2014	Deidesheimer Grainhübel Riesling Spätlese trocken **14,50 €** | 13,5% | bis 2019	**90**
2014	Gewürztraminer Spätlese **9,– €** | 10,5% | bis 2020	**83**

WEINGUT KIRCHNER

67251 Freinsheim · Burgstraße 21
☎ (0 63 53) 34 41 · Fax 5 05 69 00
info@weingut-kirchner.de
www.weingut-kirchner.de
Inhaber: Familie Kirchner
Betriebsleiter: Ralph Kirchner

Verkauf: nach Vereinbarung

Nach einem Jahrgang 2013 legt sich Ralph Kirchner weiter ins Zeug und überrascht uns mit einer erneuten Steigerung bei seinen Weißweinen. Vielleicht ist es ganz gut, dass er in Freinsheim beheimatet ist, denn hier herrscht, unter anderem mit Rings und Krebs, echte Aufbruchstimmung. Schon Kirchners Einstiegsriesling ist saftig und dicht, was sich bis zum wunderbar cremigen Riesling Saumagen fortsetzt. Beim Spätburgunder hat er sich sichtlich und schmeckbar verbessert, jetzt finden wir hier diese elegante Würze, die die Rebsorte ausmacht. In der neuen Vinothek lässt sich all das gut probieren.

Anzahl der verkosteten Weine: 13
Bewertungen: 80–89 Punkte

2014	Riesling Buntsandstein trocken **5,70 €** | 12,5% | bis 2017	**86**
2014	Freinsheimer Grauburgunder trocken **6,90 €** | 12,5% | bis 2017	**83**
2014	Kallstadter Riesling trocken **6,90 €** | 13% | bis 2017	**85**
2014	Freinsheimer Sauvignon Blanc trocken **7,20 €** | 12% | bis 2017	**86**
2014	Freinsheimer Weißburgunder trocken **7,80 €** | 13% | bis 2017	**83**
2014	Freinsheimer Musikantenbuckel Riesling Terra Petra trocken **12,50 €** | 12,5% | bis 2018	**87**
2014	Freinsheimer Musikantenbuckel Sauvignon Blanc trocken Barrique **12,50 €** | 12% | bis 2018	**87**
2014	Kallstadter Saumagen Riesling »Großes Gewächs« Holzfass **15,– €** | 12,5% | bis 2018	**89**
2013	Freinsheimer XL trocken Holzfass **7,90 €** | 14% | bis 2018	**80**
2012	Freinsheimer Schwarzes Kreuz St. Laurent trocken Barrique **15,– €** | 14% | bis 2018	**86**
2012	Freinsheimer Rosenbühl Spätburgunder trocken Barrique **15,– €** | 14% | bis 2018	**88**

WEINGUT KLEIN

76835 Hainfeld · Weinstraße 38
☎ (0 63 23) 27 13 · Fax 8 13 43
klein-wein@t-online.de
www.weingut-gerhard-klein.de
Inhaber: Peter, Gerhard und Sieglinde Klein
Kellermeister: Peter Klein und Jürgen Wadle

Verkauf: Familie Klein
Mo–Fr: 8.00–18.00 Uhr
Sa: 9.00–16.00 Uhr nach Vereinbarung

Rebfläche: 25 Hektar
Jahresproduktion: 130.000 Flaschen
Beste Lagen: Hainfelder Letten, Burrweiler Altenforst, Weyherer Michelsberg
Boden: schwerer Lehm, Löss, Schiefer
Rebsorten: 28% Riesling, 15% Grauburgunder, 12% Weißburgunder, 9% Spätburgunder, 8% St. Laurent, 7% Frühburgunder, je 6% Grüner Veltliner und Muskateller, 9% übrige Sorten
Durchschnittsertrag: 70 hl/ha
Mitglied: Barrique Forum Pfalz

Am Beispiel der Familie Klein ist exemplarisch zu beobachten, wie die betriebliche Entwicklung eines Weinguts bewerkstelligt werden kann. In den vergangenen Jahren kamen mehr als zehn Hektar Rebfläche hinzu, das Keltergebäude wurde entsprechend neu gebaut, viele Tanks und Fässer kamen hinzu, sodass man jetzt alle Möglichkeiten an der Hand hat. Und wie das mit der Generationenübergabe klappt, ist ebenso mustergültig. Vater Gerhard hat den Stab an Tochter Barbara und Sohn Peter weitergegeben, die Weinbereitung und Marketing unter sich aufgeteilt haben. Die Ergebnisse sind hervorragend, wobei die Stärken nicht eindeutig zu benennen sind: Zu dicht liegt das Feld der Rebsorten zusammen. Favorit war diesmal für uns ein unglaublich dichter, würziger und mit praller Säure ausgestatteter Grauburgunder Kirchenstück, nur erreicht vom formidablen Frühburgunder. Einzig der Grauburgunder Halbstück hängt äußerst schief im Gesamtbild.

Rote Symbole: Diese Betriebe verdienen in ihrer Klasse besondere Aufmerksamkeit

Anzahl der verkosteten Weine: 14 Bewertungen: 83–90 Punkte		
2014	Riesling trocken **6,– €** | 11,5% | bis 2017	**83**
2014	Riesling vom Schiefer trocken **9,– €** | 12,5% | bis 2018	**85**
2014	Grauburgunder vom Löss trocken **9,– €** | 13% | bis 2017	**85**
2014	Riesling vom Kalkmergel trocken **9,– €** | 12,5% | bis 2018	**86**
2014	Grüner Veltliner vom Löss trocken **10,– €** | 12,5% | bis 2017	**86**
2014	Hainfelder Letten Weißburgunder trocken **13,50 €** | 13,5% | bis 2018	**87**
2014	Hainfelder Letten Riesling trocken **13,50 €** | 12,5% | bis 2018	**88**
2014	Hainfelder Kirchenstück Grauburgunder trocken **14,50 €** | 14% | bis 2019	**90**
2013	Hainfelder Letten Grauburgunder Halbstück trocken **15,– €** | 13,5% | bis 2019	**83**
2014	Sauvignon Blanc Fumé Barrique **15,– €** | 12% | bis 2018	**87**
2014	Sauvignon & Co. **6,50 €** | 9,5% | bis 2017	**87**
2013	Hainfelder Kapelle Spätburgunder trocken **18,– €** | 12,5% | bis 2019	**87**
2013	Hainfelder Kirchenstück Frühburgunder trocken **18,– €** | 13,5% | bis 2019	**90**
2013	Spätburgunder »R« trocken **25,– €** | 12,5% | bis 2019	**89**

WEINGUT ÖKONOMIERAT JOHANNES KLEINMANN

76831 Birkweiler · Hauptstraße 17
☎ (0 63 45) 35 47 · Fax 77 77
info@weingut-kleinmann.de
www.weingut-kleinmann.de
Inhaber: Mathias Kleinmann
Kellermeister: Mathias Kleinmann

Verkauf: Hannelore und Edith Kleinmann
Mo–Fr: 9.00–12.00 Uhr · 14.00–18.00 Uhr
Sa: 10.00–16.00 Uhr

Historie: 1733 kamen die Kleinmanns als Weinküfer nach Birkweiler

Rebfläche: 12 Hektar
Jahresproduktion: 100.000 Flaschen
Beste Lagen: Birkweiler Kastanienbusch, Mandelberg und Rosenberg
Boden: Buntsandstein, Porphyrverwitterung, kalkiger Mergel, Keuper
Rebsorten: je 20% Riesling, Weißburgunder, Grauburgunder und St. Laurent, 10% Spätburgunder, 10% übrige Sorten
Durchschnittsertrag: 68 hl/ha

Winzer sind ganz oft echte Typen. Und die Weine wie die Winzer – aber nur, wenn es wirklich gut läuft. Da können die Weine von Mathias Kleinmann (»Gestatten: Kleinmann – zwei Meter groß ...«) nie, aber auch gar nie hart oder schroff sein, weil es die Persönlichkeit des Weinmachers nicht widerspiegelt. Vielmehr ist in den Weinen Fülle, Weichheit, Cremigkeit zu finden, auch eine gewisse Opulenz. Über die Jahre hat sich Kleinmann vor allem bei den Burgundersorten einen sehr guten Namen gemacht, wofür bereits Vater Karlheinz die Basis gelegt hatte. Nun kommen immer stärker die Rieslinge hinzu, ob Purist oder Muschelkalk, wo die Gegebenheiten der Lagen Kastanienbusch und Mandelberg in bester Weise ausgenutzt werden. Die Typunterscheidungen sind dabei eindrucksvoll, denn während der Muschelkalk eine intensive Pampelmusenaromatik aufweist, ist der Purist stoffiger, rund und füllig. Beim Chardonnay ist das Holz im Hintergrund ahnbar, es dominiert eine schöne Frucht.

Die Weine:
100 Perfekt · **95–99** Überragend · **90–94** Exzellent
85–89 Sehr gut · **80–84** Gut · **75–79** Passabel

Anzahl der verkosteten Weine: 13
Bewertungen: 79–88 Punkte

2014 Birkweiler Königsgarten **79**
Weißburgunder trocken
4,90 €/1,0 Lit. | 12,5% | bis 2016

2014 Birkweiler Mandelberg **84**
Weißburgunder Muschelkalk trocken
8,50 € | 12,5% | bis 2018

2014 Birkweiler Kastanienbusch **85**
Silvaner trocken Alte Reben
13,– € | 12,5% | bis 2019

2014 Birkweiler Rosenberg **85**
Grauburgunder Spätlese trocken
11,– € | 13,5% | bis 2018

2014 Birkweiler Kastanienbusch **86**
Riesling Terrassen Spätlese trocken
14,– € | 12,5% | bis 2018

2014 Birkweiler Mandelberg **87**
Weißburgunder Signatur Spätlese trocken
14,– € | 14% | bis 2019

2014 Birkweiler Kastanienbusch **88**
Chardonnay Spätlese trocken
14,– € | 13,5% | bis 2019

2014 Birkweiler Kastanienbusch **87**
Riesling Purist Spätlese trocken
15,50 € | 13% | bis 2019

2014 Birkweiler Mandelberg **88**
Riesling Muschelkalk Spätlese trocken
15,50 € | 13% | bis 2019

2014 Birkweiler Rosenberg **88**
Weißburgunder 500 sur lie Spätlese trocken Holzfass
18,– € | 13% | bis 2019

2014 Birkweiler Kastanienbusch **87**
Riesling Sweet Princess Spätlese
14,– €/0,5 Lit. | 9% | bis 2020

2013 »Minutenglück« **87**
Cabernet Sauvignon & Merlot trocken Barrique
17,50 € | 13,5% | bis 2019

2013 Birkweiler Kastanienbusch **87**
Pinot Noir Spätlese trocken Barrique
19,50 € | 13,5% | bis 2019

WEINGUT KNIPSER

67229 Laumersheim · Hauptstraße 47–49
☎ (0 62 38) 7 42 und 24 12 · Fax 43 77
mail@weingut-knipser.de
www.weingut-knipser.de
Inhaber und Betriebsleiter: Stephan, Volker und Werner Knipser
Verwalter: Stephan Knipser und Sven Ohlinger
Kellermeister: Stephan und Werner Knipser

Verkauf: Dirk Rosinski, Marion Sailer
Mo–Fr: 10.00–12.00 Uhr · 14.00–18.00 Uhr
Sa: 10.00–16.00 Uhr

Weinstube: »Knipsers Halbstück«, Hollergasse 2, 67281 Bissersheim, ☎ 06359 9459211
Mo, Do–Fr: 12.00–22.00 Uhr,
Sa: 10.00–22.00 Uhr, So: 12.00–20.00 Uhr

Rebfläche: 56 Hektar
Jahresproduktion: 400.000 Flaschen
Beste Lagen: Laumersheimer Mandelberg und Kirschgarten, Großkarlbacher Burgweg, Dirmsteiner Mandelpfad
Boden: Kalkstein und Kalkmergel, teilweise mit Lehm und Lössauflage
Rebsorten: 28% Spätburgunder, 20% Riesling, 9% Merlot, 8% Chardonnay, 7% Cabernet Sauvignon, 6% Dornfelder, 22% übrige Sorten
Durchschnittsertrag: 60 hl/ha
Mitglied: VDP, Deutsches Barrique Forum

Wo soll man in der Beschreibung eines Weinguts eigentlich anfangen, wenn die Vielfalt so unglaublich groß ist? Wenn alles gelingt, selbst bei hohen Stückzahlen einzelner Weine? Wenn all dies mit einer Nonchalance präsentiert wird, dass man meinen könnte, die Knipsers würden das einfach so aus den Ärmeln schütteln?

Zurück in die Zukunft

Werner Knipser, gelernter Chemiker, hatte den Familienbetrieb mit Rotweinen aus dem kleinen Holzfass bekannt gemacht zu einer Zeit, als diese Ausbaumethode noch in den Anfängen stand. Mit dem Einstieg seines Bruders Volker wurde dies forciert, längst waren neben Spätburgunder auch Merlot, Cabernet Sauvignon oder Syrah hinzugekommen. Auch Volkers Sohn Stephan ist inzwischen dabei und zu einer treibenden Kraft geworden. In der vor Jahren angebauten und eigentlich doch schon wieder zu kleinen Halle türmen sich Tausende Barriques, doch die Knipsers haben den genauen Durchblick und kennen jedes

Fass beim Vornamen und mit Schuhgröße. Ihr großes Geheimnis und der Schlüssel zum Erfolg liegen im exakten Wissen darum, was das sehr Gute vom Besten und vom Grandiosen unterscheidet. Überall haben sie da etwas zu bieten. Sehr gut sind ja stets die Brot-und-Butter-Weine, also etwa der Chardonnay & Weißburgunder, der herrlich erfrischende Clarette als Rosé oder der klirrende Sauvignon Blanc, dazu der rote Gaudenz, eine Namensreferenz an einen Vorfahren aus Südtirol im 16. Jahrhundert.

Die Knipsers

Der große Spaß

Geht es in höhere Gefilde, offenbart sich die Könnerschaft bei den Spätburgundern. In den vergangenen Jahren merkte man, dass die einstige Neigung zur Muskulatur einer Eleganz gewichen war, die Knipsers Spätburgunder, die sie bewusst nicht Pinots nennen, plötzlich auf eine neue Stufe gehoben hat. Fein, seidig, schmelzig – mit der Réserve und vor allem mit dem »RdP« (Réserve du Patron) hört das bloße Weintrinken auf. Der große Genuss beginnt.

Anzahl der verkosteten Weine: 25
Bewertungen: 84–95 Punkte

2014 Laumersheimer Kapellenberg Riesling trocken **86**
8,60 € | 11,5% | bis 2017

2014 Sauvignon Blanc trocken **84**
9,80 € | 11,5% | bis 2017

2014 Chardonnay & Weißburgunder trocken **86**
10,30 € | 12,5% | bis 2018

2014 Silvaner Kalkmergel trocken Holzfass **89**
11,20 € | 12,5% | bis 2019

2014 Laumersheimer Steinbuckel **90**
Riesling »Großes Gewächs«
24,– € | 12,5% | bis 2022

2014 Dirmsteiner Mandelpfad Riesling »Großes Gewächs« **91**
24,– € | 12,5% | bis 2022

2014 Laumersheimer Kirschgarten **94**
Weißburgunder »Großes Gewächs«
Top 10 **24,– €** | 13,5% | bis 2021

2014 Chardonnay trocken Barrique *** **90**
Preis auf Anfrage | 13,5% | bis 2022

2014 Grauburgunder trocken Barrique *** **90**
Preis auf Anfrage | 13,5% | bis 2022

2014 Riesling Halbstück trocken Holzfass **92**
Preis auf Anfrage | 12,5% | bis 2022

2014 Chardonnay trocken Barrique **** **92**
Top 10 Preis auf Anfrage | 13,5% | bis 2022

2014 Marsanne & Viognier Barrique *** **88**
Preis auf Anfrage | 13,5% | bis 2020

2014 Cuvée »Clarette« trocken Rosé **85**
8,60 € | 11,5% | bis 2016

2012 Gaudenz trocken **84**
8,90 € | 13,5% | bis 2018

2013 Blauer Spätburgunder trocken Holzfass **86**
10,30 € | 13% | bis 2019

2013 Spätburgunder Kalkmergel trocken Barrique **88**
17,– € | 13% | bis 2019

2012 Syrah trocken Barrique **90**
42,– € | 13% | bis 2022

2012 Cuvée »X« trocken Barrique **89**
Preis auf Anfrage | 13,5% | bis 2019

2012 Cuvée »XR« trocken Barrique **91**
Preis auf Anfrage | 13,5% | bis 2020

2013 Spätburgunder »RdP« trocken Barrique **95**
Top 10 Preis auf Anfrage | 13% | bis 2022

2012 Syrah trocken Reserve Barrique **93**
Preis auf Anfrage | 13,5% | bis 2022

2013 Spätburgunder trocken Reserve Barrique **94**
Top 10 Preis auf Anfrage | 13,5% | bis 2022

2013 Laumersheimer Kirschgarten **91**
Spätburgunder »Großes Gewächs«
Preis auf Anfrage | 13,5% | bis 2022

2013 Dirmsteiner Mandelpfad **91**
Spätburgunder »Großes Gewächs«
Preis auf Anfrage | 13,5% | bis 2022

2013 Großkarlbacher Burgweg **93**
Spätburgunder »Großes Gewächs«
Preis auf Anfrage | 13% | bis 2022

WEINGUT BERNHARD KOCH

76835 Hainfeld · Weinstraße 1
☎ (0 63 23) 27 28 · Fax 75 77
info@weingut-bernhard-koch.de
www.weingut-bernhard-koch.de
Inhaber und Betriebsleiter: Bernhard Koch
Kellermeisterin: Chie Sakata

Verkauf: Christine Koch
Mo–Fr: 10.00–12.00 Uhr · 13.00–18.00 Uhr
Sa: 10.00–12.00 Uhr · 13.00–17.00 Uhr
So: 13.00–19.00 Uhr (im Pavillon)

Gutsausschank: im Weinpavillon
Mi–Sa: 14.00–19.00 Uhr, So: 12.00–19.00 Uhr
Sehenswert: Keller mit 350 Barriques

Rebfläche: 47 Hektar
Jahresproduktion: 400.000 Flaschen
Beste Lagen: Hainfelder Letten und Kapelle, Burrweiler Altenforst
Boden: Lehm, Kalkmergel, Sand, Schiefer und Buntsandstein
Rebsorten: 26% Riesling, 19% Spätburgunder, 15% Grauburgunder, 12% Weißburgunder, 6% Chardonnay, 5% Schwarzriesling, 4% Sauvignon Blanc, 3% Scheurebe, 10% übrige Sorten
Durchschnittsertrag: 70 hl/ha

Wie macht man das, Spätburgunder und weiße Burgundersorten in solch kurzer Zeit auf ein Niveau zu schrauben, das die allermeisten Weingüter nie erreichen werden? Nun, die neue Nachricht ist: Jetzt wird auch noch bei den Rieslingen angegriffen! Als ob wir nicht schon genug hätten loben müssen in der Vergangenheit, kommen ein Riesling Réserve und Grande Réserve aus dem Hainfelder Letten daher – wahrlich nicht der gottgegebene Acker für Riesling –, die uns staunen lassen. Ein Geheimnis mag im Ausbau solcher Weine in 750-Liter-Fässern liegen, der wahre Grund steckt aber vermutlich in einem echten Plan dahinter. Ach, und wir haben noch gar nichts über die Spätburgunder gesagt – edel, schmelzig, samtig, fein, exzellent. Für die Mitbewerber zum Fürchten. Oder als Ansporn.

Anzahl der verkosteten Weine: 19
Bewertungen: 84–93 Punkte

	2014	Weißburgunder vom Löss trocken	5,40 €	12,5%	bis 2017	85
	2014	Grauburgunder vom Löss trocken	5,80 €	12,5%	bis 2017	85
	2014	Walsheimer Silberberg Weißburgunder trocken Reserve	9,– €	13%	bis 2018	87
	2014	Hainfelder Letten Grauburgunder trocken Reserve	9,– €	13%	bis 2018	87
	2014	Hainfelder Letten Riesling trocken Reserve	12,50 €	12,5%	bis 2020	89
Top 10	2014	Hainfelder Letten Chardonnay trocken Reserve	15,– €	13,5%	bis 2020	92
	2014	Hainfelder Letten Riesling trocken Grande Réserve	16,50 €	12,5%	bis 2020	89
	2014	Hainfelder Letten Weißburgunder trocken Grande Réserve	16,50 €	13%	bis 2020	89
	2014	Hainfelder Letten Grauburgunder trocken Grande Réserve	16,50 €	13%	bis 2018	89
Top 10	2014	Hainfelder Letten Chardonnay trocken Grande Réserve	24,– €	13,5%	bis 2022	93
	2014	Hainfelder Kapelle Scheurebe Kabinett trocken	7,– €	12,5%	bis 2017	86
	2014	Weyherer Michelsberg Riesling Granit Spätlese trocken	9,60 €	12,5%	bis 2018	87
€	2014	Roschbacher Rosenkränzel Rieslaner Spätlese	8,80 €	7%	bis 2018	90
	2013	Spätburgunder »S« trocken	8,50 €	13,5%	bis 2018	84
	2013	Hainfelder Kirchenstück Pinot Noir trocken	18,– €	13,5%	bis 2020	89
	2013	Hainfelder Letten Pinot Noir trocken Reserve	24,– €	13,5%	bis 2020	91
	2013	Pinot Noir »HE« trocken Reserve	28,– €	13,5%	bis 2022	92
	2013	Hainfelder Letten Pinot Noir trocken Grande Réserve	39,50 €	13,5%	bis 2022	92
Top 10	2013	Hainfelder Letten Pinot Noir »BK« trocken Grande Réserve	49,50 €	13,5%	bis 2022	93

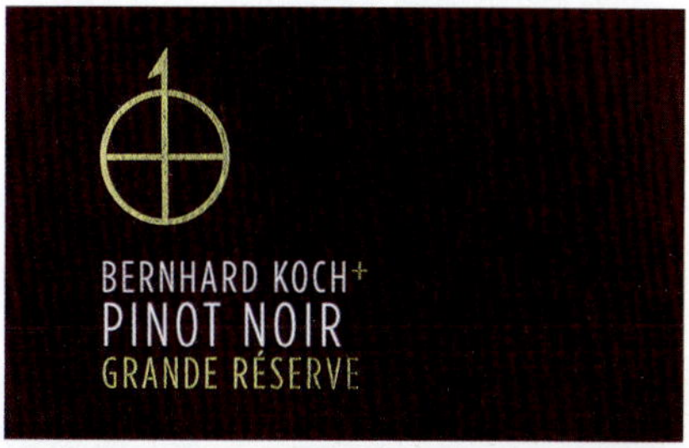

WEINGUT KOEHLER-RUPRECHT

67169 Kallstadt · Weinstraße 84
☎ (0 63 22) 18 29 · Fax 86 40
info@koehler-ruprecht.com
www.koehler-ruprecht.com
Geschäftsführer: Dominik Sona
Verwalter: Ulrich Meyer
Kellermeister: Franziska Schmitt

Verkauf: Franziska Schmitt
Mo–Fr: 9.00–11.30 Uhr · 13.00–17.00 Uhr
und nach Vereinbarung

Sehenswert: historischer Gutshof mit Gewölbekeller von 1556

Rebfläche: 12,5 Hektar
Jahresproduktion: 80.000 Flaschen
Beste Lagen: Kallstadter Saumagen, Steinacker und Annaberg
Boden: Kalkgeröll, sandiger Lehm, teils mit Kies
Rebsorten: 54% Riesling, 20% Spätburgunder, 8% Weißburgunder, je 3% Chardonnay und Grauburgunder, 12% übrige Sorten
Durchschnittsertrag: 68 hl/ha

Unser letzter Satz in der vergangenen Ausgabe »Uns hat überrascht, dass ein Großteil der Weine schon jetzt, in der Jugend, sich so zugänglich zeigt« darf mit der neuen Kollektion fett unterstrichen werden. Ja, die Weine sind dennoch erkennbar Koehler-Ruprecht: langes Hefelager, späte Abfüllung, konsequente Verfolgung eines eigenen, markanten Geschmacksbildes. Und einer eigenen Qualitätsphilosphie. Entsprechend logisch und richtig war der im vergangenen Jahr vollzogene Austritt aus dem VDP, weil man sich hier nicht der vierstufigen Pyramide unterwerfen wollte. In der vorgestellten Kollektion verzeichnen wir einen außergewöhnlich gelungenen Chardonnay Barrique und zwei hinreißend gereifte Rieslinge »R« aus dem Saumagen – aber eben auch schon klasse 2013er. Das, muss man ehrlich konstatieren, war bei kleineren Weinen in der Vergangenheit in der Jugend nicht immer so. Auch wenn es weiterhin ein paar blasse Weine gibt.

Zeichenerklärung:
Schnäppchenpreis · Top 10 Spitzenreiter
Ökobetrieb · Trink-Tipp · Versteigerungswein
Sekt | Weißwein | Rotwein | Roséwein

Anzahl der verkosteten Weine: 12
Bewertungen: 80–91 Punkte

Jahrgang	Wein	Preis	Alkohol	Trinkreife	Punkte
2012	Chardonnay Tafelwein trocken Barrique	**15,– €**	13,5%	bis 2019	**91**
2013	Weißburgunder Kabinett trocken Holzfass	**7,– €**	12,5%	bis 2018	**80**
2013	Kallstadter Riesling Kabinett trocken Holzfass	**7,– €**	12,5%	bis 2018	**84**
2013	Scheurebe Kabinett trocken Holzfass	**9,– €**	12%	bis 2017	**80**
2013	Muskateller Kabinett trocken Holzfass	**9,– €**	11,5%	bis 2017	**82**
2013	Kallstadter Saumagen Riesling Kabinett trocken Holzfass	**9,– €**	12,5%	bis 2018	**85**
2013	Kallstadter Annaberg Weißburgunder Spätlese trocken Holzfass	**10,– €**	12,5%	bis 2019	**85**
2013	Kallstadter Annaberg Chardonnay Spätlese trocken Holzfass	**10,– €**	13%	bis 2018	**86**
2013	Kallstadter Saumagen Riesling Spätlese trocken Holzfass	**18,– €**	12,5%	bis 2020	**88**
2011	Kallstadter Saumagen Riesling »R« Spätlese trocken Holzfass	**35,– €**	13%	bis 2020	**90**
2009	Kallstadter Saumagen Riesling »R« Auslese trocken Holzfass	**45,– €**	13%	bis 2020	**90**
2013	Kallstadter Steinacker Riesling Kabinett Holzfass	**8,– €**	11,5%	bis 2018	**82**

WEINGUT DR. ANDREAS KOPF

76829 Landau-Mörzheim · Am Frohnacker 1
☎ (0 63 41) 3 23 55 · Fax 93 27 62
biolandhofkopf@t-online.de
www.weingut-dr-kopf.de
Inhaber: Dr. Andreas Kopf

Verkauf: nach Vereinbarung

Dr. Andreas Kopf ist hauptberuflich Berufsschullehrer am DLR in Neustadt, bildet also Jungwinzer aus. Ob er sie wohl auch mal mit nach Hause zu sich nimmt, wo er in Mörzheim nebenher ein kleines Bioland-Weingut mit gerade mal 1,4 Hektar betreibt? Seine Schüler könnten dort sehen, wie man sortentypische, saftige und im Alkohol sehr zurückhaltende Weine macht, die nicht mehr vorgeben wollen, als sie sind: schöne Trinkweine!

Anzahl der verkosteten Weine: 6
Bewertungen: 80–85 Punkte

2012	Spätburgunder Sekt Brut Blanc de Noirs	**80**
	12,– € | 13,5% | bis 2016	
2014	Weißburgunder Kabinett trocken	**84**
	7,– € | 12% | bis 2017	
2014	Grauburgunder Kabinett trocken	**84**
	7,– € | 12% | bis 2017	
2014	Riesling Kabinett trocken	**85**
	7,– € | 12% | bis 2017	
2014	Silvaner anno 1959 Kabinett trocken Alte Reben	**82**
	8,– € | 11,5% | bis 2017	
2014	Spätburgunder Kabinett trocken Weißherbst	**82**
	5,50 € | 12% | bis 2016	

Die Betriebe:
Weltklasse · Deutsche Spitze
Sehr gut · Gut · Zuverlässig
Weitere Empfehlung

WEINGUT KRANZ

76831 Ilbesheim · Mörzheimer Straße 2
☎ (0 63 41) 93 92 06 · Fax 93 92 07
info@weingut-kranz.de
www.weingut-kranz.de
Inhaber: Familie Kranz
Betriebsleiter und Kellermeister: Boris Kranz

Verkauf: Kerstin und Boris Kranz
Mo–Mi: 8.00–12.00 Uhr
Do–Fr: 8.00–12.00 Uhr · 14.00–18.00 Uhr
Sa: 9.00–16.00 Uhr

Sehenswert: Terrassenwingerte unterhalb der Kleinen Kalmit, Vinothek in moderner Architektur, eigene Destillerie

Rebfläche: 20 Hektar
Jahresproduktion: 100.000 Flaschen
Beste Lagen: Ilbesheimer Kalmit und Rittersberg, Arzheimer Seligmacher
Boden: Landschneckenkalk, Ton, Löss, Lehm
Rebsorten: 30% Riesling, je 20% Spätburgunder und Weißburgunder, 30% übrige Sorten
Durchschnittsertrag: 65 hl/ha
Mitglied: VDP, Südpfalz Connexion

Es hat nicht Wwenige überrascht, wie vergleichsweise rasch der Aufstieg von Boris Kranz in die Riege der Vier-Trauben-Betriebe erfolgt war, und ja, wir gestehen, auch für uns war es eine Investition in die Zukunft eines Winzers von damals knapp 40 Jahren, von dem wir überzeugt waren, dass er sich durchsetzen können wird. Wir hatten gesehen, wie fokussiert er im Qualitätsbestreben war. 2013 hatte es ihn, wie viele Südpfälzer, wettertechnisch bös erwischt und heftig durchgeschüttelt. Es fehlte viel an der gewohnten Klarheit, da war wenig Spiel zu erkennen, obwohl wir in Summe ja nicht unzufrieden waren. Nur: Das kannten wir besser von Kranz.

Die Stärken sind zurück

Boris Kranz weiß, was er kann, und vor allem weiß er, was er besonders gut kann. Das sind ganz vordringlich die Burgundersorten. Nun verhält es sich ja so, dass die Weinberge von Kranz rund um die Kleine Kalmit über sehr gute Kalkvorkommen verfügen – prädestiniert für Burgunder. An der Kalmit selbst, und zwar an der Südwestflanke, Richtung Ilbesheim, ist der Anteil an Landschneckenkalk derart hoch, dass Boris Kranz' jahrelanger Kampf für die Ausweisung einer neuen Einzellage ebendort letztlich von Erfolg gekrönt war. 2014 waren die Karten neu gemischt und wir fanden wieder genau das vor, was wir erhofft hatten: dichte weiße Burgunder, markant, strukturiert, mineralisch, lang im Nachhall. In der Südpfalz hat sich Kranz neben Wehrheim und Rebholz bei den Burgundern als dritte Kraft etabliert. Burgundersorten alleine reichen nicht – da muss schon noch mehr da sein, um in dünner Luft überleben zu können. Und das passiert unter anderem mit den Rieslingen, mit denen er ja vor zehn Jahren erstmals ins Rampenlicht gerückt war.

Boris Kranz

Doch das ist nicht alles

Damals waren es der Kalmit und der Kalmit Terrassen, heute, nach der Umbenennung, stehen Westerberg, Kirchberg und Kalmit nahezu gleichberechtigt nebeneinander auf tollem Niveau. Nicht unerwähnt bleiben darf die Vorliebe des Winzers für den Silvaner, der hier »Sylvaner vom Ton« heißt und mit zum Besten gehört, was die Pfalz aus dieser Rebsorte zu bieten hat.

nzahl der verkosteten Weine: 17
Bewertungen: 83–92 Punkte

2014 Weißburgunder trocken **83**
5,70 €/1,0 Lit. | 12% | bis 2016

2014 Riesling trocken **84**
7,70 € | 12% | bis 2017

2014 Weißburgunder trocken **85**
7,70 € | 12,5% | bis 2017

2014 Göcklinger Riesling trocken **84**
12,– € | 11,5% | bis 2018

2014 Ilbesheimer Riesling trocken **85**
12,– € | 12,5% | bis 2018

2014 Sylvaner vom Ton trocken »Erste Lage« **89**
13,– € | 13% | bis 2018

2014 Riesling vom Landschneckenkalk trocken »Erste Lage« **87**
15,50 € | 12,5% | bis 2019

2014 Weißburgunder vom Landschneckenkalk trocken »Erste Lage« **88**
15,50 € | 13,5% | bis 2018

2014 Arzheimer Königswingert Weißburgunder trocken »Erste Lage« **90**
15,50 € | 13% | bis 2019

2014 Arzheimer am Fürstenweg Chardonnay trocken **89**
17,– € | 13% | bis 2019

2014 Ilbesheimer Westerberg Riesling trocken »Erste Lage« **89**
17,– € | 12,5% | bis 2019

2014 Ilbesheimer Kirchberg Riesling »Großes Gewächs« **89**
28,– € | 13% | bis 2020

2014 Ilbesheimer Kalmit Riesling »Großes Gewächs« **90**
28,– € | 12,5% | bis 2020

2014 Ilbesheimer Kalmit Weißburgunder »Großes Gewächs« **92**
Top 10 **28,– €** | 14% | bis 2020

2013 Ilbesheimer Spätburgunder trocken **86**
12,50 € | 13,5% | bis 2019

2013 Arzheimer am Fürstenweg Spätburgunder trocken »Erste Lage« **88**
18,– € | 13,5% | bis 2019

2013 Ilbesheimer Kalmit Spätburgunder »Großes Gewächs« **90**
32,– € | 13,5% | bis 2020

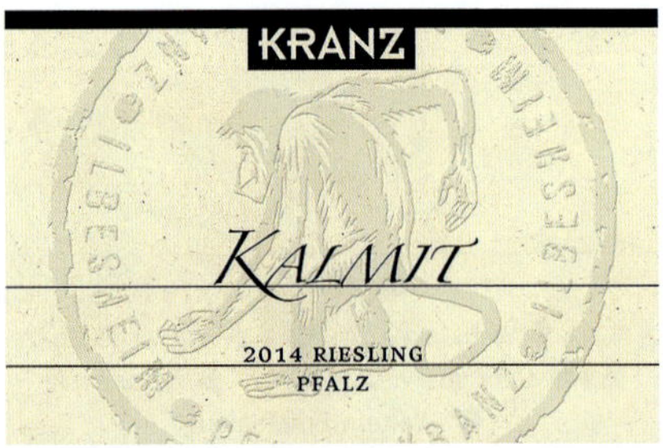

WEINGUT KRAUSS

67245 Lambsheim · Weisenheimer Straße 23
☎ (0 62 33) 5 56 88 · Fax 50 66 67
hut@lukaskrauss.de
www.lukas-krauss.de
Inhaber: Harald Krauß
Betriebsleiter Lukas Krauß

Verkauf: Harald Krauß
Fr: 17.00–19.00 Uhr
Sa: 10.00–12.00 Uhr · 14.00–18.00 Uhr
und nach Vereinbarung

Er ist ein Liebling der sozialen Medien, der Lukas Krauß. Hat fast immer nen Hut auf, teilt seine Weine in Hüte ein – clever gemacht, absolut. Ins Gespräch kam er in letzter Zeit mit einer Cuvée aus Portugieser und Dornfelder, die er »Pornfelder« nennt und auf dem Etikett von leichtbeschürzten Damen präsentieren lässt. Gerade dieser Wein ist aus unserer Sicht völlig belanglos und ein reiner Marketinggag. Er kann's ja anders: viel besser etwa ist der Silvaner, auch die Burgundercuvée ist empfehlenswert.

Anzahl der verkosteten Weine: 7
Bewertungen: 78–86 Punkte

	Grüner Veltliner & Silvaner Sekt Brut	80
	10,50 € | 12,5% | bis 2016	
2014	»Chapeau Kraus« 1 Hut trocken	82
	5,50 € | 11,5% | bis 2017	
2014	Burgunder 1 Hut trocken Cuvée	84
	8,– € | 12% | bis 2017	
2014	Silvaner 1 Hut trocken	86
	8,– € | 12% | bis 2018	
2014	Portugieser 2 Hut Hundert Prozent trocken Saignée	78
	9,– € | 12,5% | bis 2016	
	Pornfelder trocken Cuvée	81
	8,– € | 12,5% | bis 2017	
2013	Spätburgunder 1 Hut trocken	82
	9,– € | 13% | bis 2018	

Aufsteiger

WEINGUT KREBS

67251 Freinsheim · Großkarlbacher Straße 10
☎ (0 63 53) 31 49 · Fax 10 12
info@weingut-krebs.eu
www.weingut-krebs.eu
Inhaber: Harald und Jürgen Krebs
Kellermeister: Jürgen Krebs

Verkauf: Mo–Fr: 10.00–12.00 · 14.00–17.00 Uhr
Sa: 10.00–17.00 Uhr und nach Vereinbarung

Rebfläche: 13,5 Hektar
Jahresproduktion: 70.000 Flaschen
Beste Lagen: Freinsheimer Musikantenbuckel und Oschelskopf, Herxheimer Honigsack
Boden: Löss, Lehm, Sand, Kalk
Rebsorten: 30% Riesling, 25% Spätburgunder, je 10% Merlot und Weißburgunder, 7% Sauvignon Blanc, 18% übrige Sorten
Durchschnittsertrag: 65 hl/ha
Mitglied: VDP Spitzentalente Pfalz, Barrique Forum Pfalz, Generation Riesling

Bei Jürgen Krebs hat es ordentlich »geschnackelt«, was seine Weine betrifft. Will sagen: sie werden in Summe immer besser, und dies beständig. Besieht man sich in diesem Führer die vergangenen Jahre, so kann man den rasanten Aufwärtstrend nur als spektakulär bezeichnen – 2011 tauchte Krebs zum ersten Mal auf, und nun ist er eine feste Größe, die sich auch der VDP als Talent geschnappt hat. Aber zu den Weinen! Tolle Rieslinge, one helluva Weißburgunder mit dem Musikantenbuckel, richtig gute Rotweine. Unser Motzkapital ist ziemlich unausgeschöpft, weil unangebracht. Dabei scheint es ziemlich unerheblich zu sein, ob wir von Riesling, Weißburgunder, Spätburgunder oder roten Cuvées sprechen: das hat Struktur und Stil. Längst hat Jürgen Krebs seine Weinsprache gefunden, und das darf ruhig auch honoriert werden mit der zweiten Traube.

Anzahl der verkosteten Weine: 11 Bewertungen: 81–90 Punkte		
2014	Riesling trocken 4,80 €/1,0 Lit. | 12% | bis 2017	81
2014	Riesling trocken 6,– € | 12% | bis 2017	85
2014	Weißburgunder trocken 6,– € | 12,5% | bis 2017	86
2014	Freinsheimer Grauburgunder trocken 8,50 € | 13% | bis 2018	86
2014	Herxheimer Honigsack Riesling trocken 16,– € | 13% | bis 2018	88
2014	Freinsheimer Oschelskopf Riesling auf dem mittleren Groß trocken 16,– € | 13% | bis 2019	89
2014	Freinsheimer Musikantenbuckel Weißburgunder trocken Holzfass 16,– € | 13% | bis 2018	89
2014	Freinsheimer Riesling Auslese 16,– €/0,375 Lit. | 9% |	
2013	Freinsheimer Spätburgunder trocken Barrique 12,50 € | 13,5% | bis 2018	86
2013	Freinsheimer Merlot & Cabernet Sauvignon trocken Barrique 13,50 € | 13,5% | bis 2019	85
2011	Cuveé »Schwarzer Krebs« trocken Barrique 24,– € | 14,5% | bis 2019	90
2013	Freinsheimer Musikantenbuckel Spätburgnder trocken Barrique 28,– € | 13,5% | bis 2019	87

WEINGUT PHILIPP KUHN

67229 Laumersheim · Großkarlbacher Str. 20
☎ (0 62 38) 6 56 · Fax 46 02
info@weingut-philipp-kuhn.de
www.weingut-philipp-kuhn.de
Inhaber und Kellermeister: Philipp Kuhn

Verkauf: Familie Kuhn und Lars Lander
Mo–Fr: 10.00–12.00 Uhr · 13.30–17.00 Uhr
Sa: 10.00–12.00 Uhr · 13.30–16.00 Uhr

Rebfläche: 25 Hektar
Jahresproduktion: 190.000 Flaschen
Beste Lagen: Laumersheimer Kirschgarten und Steinbuckel, Großkarlbacher Burgweg
Boden: Kalksteinfels, Kalkmergel, Löss, sandiger Lehm, Kies, Quarzsand
Rebsorten: 25% Riesling, 25% Spätburgunder und Cabernet Sauvignon, 25% weiße Burgundersorten, 25% Dornfelder und andere rote Sorten
Durchschnittsertrag: 62 hl/ha
Mitglied: VDP, Fair'n Green

Philipp Kuhn war der erste Winzer aus dem seit 2003 laufenden Spitzentalenteprogramm, der als Vollmitglied in den VDP aufgenommen wurde. Doch längst ist er kein Junior mehr im Kreise der altehrwürdigen Betriebe – er hat sich mit breiter Brust und völlig zu Recht einen ebenbürtigen Platz unter den besten Weingütern der Pfalz erarbeitet. Was ihn dabei ganz besonders auszeichnet, ist das beständig hohe Niveau in der Breite.

Neue Rieslinge voll integriert

Kuhn hat nicht drei oder vier Spitzen und dann ein gutes Mittelfeld zu bieten, sondern alles hat Hand und Fuß. Gerade in diesem Jahr hat uns das Sortiment richtig überzeugt, vielleicht auch, weil es bei den Weißen inzwischen trockener ausgebaut ist als noch vor wenigen Jahren. In der Vergangenheit gab es durchaus mal den Umstand, dass ein Wein, der in der Jugend strahlte, nach drei bis vier Jahren bereits etwas müde gewirkt hat. Das können wir uns mit dem Jahrgang 2014 kaum vorstellen. Der Restzuckergehalt bei den Rieslingen etwa rauschte gehörig in den Keller, der aus dem Schwarzen Herrgott etwa liegt bei erfreulichen 1,6 Gramm, was ihm eine nachhaltige Kantigkeit verleiht, die das mineralische Element aufs Beste betont. Dieser Wein und das Große Gewächs aus dem Saumagen waren vergangenes Jahr neu hinzugekommen bei Philipp Kuhn und bereits jetzt erweist sich dies als absoluter Glücksgriff, da sie im Prinzip auf Augenhöhe sind mit Kuhns Paraderiesling aus dem Kirschgarten. Was Philipp Kuhn zu einem echten Publikumsliebling macht, ist die Art seiner Rotweine. Rund und saftig sind die, nie grün, barsch oder mit rauen Tanninen behaftet. Seine Cuvées, ob Mano Negra oder Luitmar, wollen nicht verkostet, sondern getrunken werden, sind nicht kompliziert und dennoch keine Blender.

Philipp Kuhn

Könner am Holz

Es ist für alle Rotweine (und übrigens auch für die weißen Burgundersorten oder den ausgezeichneten Sauvignon Blanc) absolut von Vorteil, dass Kuhn sich hervorragend auf den Umgang mit Holz jedweder Spielart versteht. Im vergangenen Jahr hatten wir geschrieben, dass sich die Pinots verbessert hätten – dies darf rot unterstrichen werden. Kirschgarten und Steinbuckel sind beide fein geraten, würzig und mit gutem Nachhall ausgestattet.

Anzahl der verkosteten Weine: 20
Bewertungen: 83–91 Punkte

2014 Riesling Tradition trocken **83**
8,80 € | 12,5% | bis 2017

2014 Kallstadter Steinacker **86**
Riesling trocken »Erste Lage«
15,90 € | 12,5% | bis 2018

2014 Großkarlbacher Burgweg **87**
Riesling trocken »Erste Lage«
15,90 € | 13% | bis 2018

2014 Laumersheimer Kapellenberg **87**
Riesling trocken »Erste Lage« Alte Reben
15,90 € | 13% | bis 2018

2014 Laumersheimer Viognier trocken Reserve Holzfass **88**
17,50 € | 13,5% | bis 2019

2014 Laumersheimer **87**
Grauburgunder trocken Reserve Holzfass
19,20 € | 13,5% | bis 2019

2014 Dirmsteiner **89**
Sauvignon Blanc trocken Reserve Holzfass
19,20 € | 13% | bis 2018

2014 Dirmsteiner **91**
Chardonnay trocken Reserve Holzfass
19,20 € | 13,5% | bis 2019

2014 Laumersheimer Steinbuckel **88**
Riesling »Großes Gewächs«
25,– € | 13% | bis 2020

2014 Laumersheimer Kirschgarten **89**
Pinot Blanc »Großes Gewächs« Holzfass
25,– € | 13% | bis 2019

2014 Im Grossen Garten Riesling »Großes Gewächs« **89**
25,– € | 13% | bis 2020

2014 Saumagen Riesling »Großes Gewächs« **90**
28,– € | 13% | bis 2020

2014 Laumersheimer Kirschgarten **90**
Riesling »Großes Gewächs«
28,– € | 13% | bis 2020

2014 Schwarzer Herrgott **90**
Riesling »Großes Gewächs«
auf Anfrage | 13% | bis 2020

2013 Spätburgunder Tradition trocken Holzfass **85**
12,– € | 13,5% | bis 2018

2013 Cuvée »Mano Negra« trocken Holzfass **86**
13,50 € | 14% | bis 2019

2013 Laumersheimer **87**
Pinot Noir trocken Reserve Barrique
22,80 € | 13,5% | bis 2020

2013 Großkarlbacher **88**
Frühburgunder trocken Reserve Barrique
24,50 € | 13,5% | bis 2020

2013 Laumersheimer Steinbuckel **90**
Pinot Noir »Großes Gewächs«
35,– € | 13,5% | bis 2020

2013 Laumersheimer Kirschgarten **90**
Pinot Noir »Großes Gewächs«
35,– € | 13,5% | bis 2020

WEINGUT LANGENWALTER

67256 Weisenheim am Sand · Bahnhofstr. 45
☎ (0 63 53) 73 90 · Fax 41 52
info@weingut-langenwalter.de
www.weingut-langenwalter.de
Inhaber: Thorsten Langenwalter

Verkauf: Familie Langenwalter
Mo–Mi, Fr: 10.00–12.00 · 14.00–18.00 Uhr
Sa: 9.00–15.00 Uhr

2013 hatte Thorsten Langenwalter nicht viel zu lachen gehabt im Herbst, vor allem die Weißweine hatten auf den sandigen Böden gelitten. Mit 2014 nun wieder ein anderes Bild. Während die Basisweine noch ein wenig schwach auf der Brust daherkommen, machen uns die gehobenen Tropfen richtig Spaß. Das gilt weiß für den Grauburgunder Holzfass und den Chardonnay aus dem Barrique, die das Holz jeweils sehr gut eingebunden haben. Rot ist mindestens genauso schön mit dem würzigen und dichten Portugieser und einem mehr als ordentlichen Spätburgunder.

Anzahl der verkosteten Weine: 10
Bewertungen: 75–89 Punkte

2014	Weisenheimer Hasenzeile Gewürztraminer trocken Holzfass Silberkapsel **9,50 €** | 13,5% | bis 2018	**75**
2014	Weisenheimer Altenberg Grauburgunder trocken Holzfass Silberkapsel **9,50 €** | 13,5% | bis 2018	**86**
2014	Weisenheimer Burgweg Riesling trocken Holzfass Goldkapsel **15,– €** | 13% | bis 2019	**84**
2012	Weisenheimer Halde Chardonnay trocken Barrique Goldkapsel **15,– €** | 13,5% | bis 2019	**86**
2014	Weisenheimer Hahnen Riesling Auslese Goldkapsel **15,– €**/0,5 Lit. | 9% | bis 2022	**89**
2013	Weisenheimer Cuvée »Terra Silex« trocken Holzfass Silberkapsel **9,90 €** | 13,5% | bis 2018	**84**
2012	Weisenheimer Altenberg Spätburgunder trocken Barrique Goldkapsel **19,– €** | 13,5% | bis 2019	**86**
2012	Weisenheimer Goldberg trocken Barrique Goldkapsel **20,– €** | 13,5% | bis 2019	**85**
2012	Weisenheimer Goldberg Portugieser trocken Barrique Goldkapsel **21,– €** | 13,5% | bis 2019	**86**

WEINGUT LAUERMANN & WEYER

67278 Bockenheim · Leininger Ring 79
☎ (0 63 59) 42 31 · Fax 40 92 38
info@lauermannundweyer.de
www.lauermannundweyer.de
Inhaber: Elisabeth und Heinrich Weyer
Kellermeister: Hans-Jörg und Hans Heinrich Weyer

Verkauf: Familie Weyer
Mo–Fr: 8.00–12.00 Uhr · 13.00–18.00 Uhr
Sa: 9.00–12.00 · 13.00–16.00 Uhr

Zweimal hatten wir die Weine im Buch und können eine erneute Verbesserung der Qualitäten verzeichnen. Nach dem holprigen Einstieg mit den drei sehr kleinen Rieslingen und dem Silvaner finden wir nur noch Gründe für Lob. Den besten Rieslingen mit den Bezeichnungen Mulde und Kerzenstümmel oder aus der Lage Goldgrube lässt man sehr viel Zeit im Fass – hier wurden uns die entsprechenden Gewächse aus 2013 vorgestellt. Für den Weinfreund lohnt sich ein Ausflug in die nördliche Pfalz hier allemal. Gute Qualitäten zu sehr geringen Preisen.

Anzahl der verkosteten Weine: 12
Bewertungen: 78–87 Punkte

2014	Bockenheimer Grafenstück Riesling HW trocken **4,60 €**/1,0 Lit. | 11,5% | bis 2016	**78**
2014	Bockenheimer Grafenstück Silvaner trocken **5,40 €** | 11,5% | bis 2016	**80**
2014	Bockenheimer Grafenstück Riesling trocken **5,40 €** | 11,5% | bis 2016	**80**
2014	Bockenheimer Grafenstück Grauburgunder trocken **5,40 €** | 12% | bis 2017	**82**
2014	Bockenheimer Grafenstück Weißburgunder trocken **5,60 €** | 13% | bis 2017	**83**
2014	Bockenheimer Grafenstück Muskateller trocken **5,60 €** | 10,5% | bis 2016	**86**
2014	Bockenheimer Grafenstück Chardonnay trocken **6,10 €** | 13% | bis 2017	**83**
2014	Bockenheimer Grafenstück Riesling Villa Lauermann trocken **6,40 €** | 12% | bis 2017	**82**
2013	Bockenheimer Goldgrube Riesling trocken Goldkapsel **8,90 €** | 12% | bis 2017	**84**
2013	Bockenheimer Mulde Riesling trocken Goldkapsel **8,90 €** | 12% | bis 2017	**85**
2013	Bockenheimer Kerzenstümmel Riesling trocken Goldkapsel **12,90 €** | 12,5% | bis 2018	**87**
2012	Bockenheimer Grafenstück Spätburgunder trocken **8,90 €** | 14% | bis 2018	**84**

WEINGUT JÜRGEN LEINER

76831 Ilbesheim · Arzheimer Straße 14
☎ (0 63 41) 3 06 21 · Fax 3 44 01
info@weingut-leiner.de
www.weingut-leiner.de
Inhaber und Betriebsleiter: Sven Leiner
Kellermeister: Sven Leiner

Verkauf: nach Vereinbarung

Sehenswert: historischer Holzfasskeller

Rebfläche: 15,3 Hektar
Jahresproduktion: 80.000 Flaschen
Beste Lagen: Ilbesheimer Kalmit
Boden: Löss und Lehm, Buntsandsteinverwitterung, Ton mit Kalk
Rebsorten: 25% weiße Burgundersorten, 15% Riesling, 33% rote Sorten, 27% übrige Sorten
Durchschnittsertrag: 70 hl/ha
Mitglied: Südpfalz Connexion, Demeter

Schaut man auf die letzten zehn Jahre von Sven Leiner als Winzer zurück, so kommt man nicht umhin festzustellen, dass er für sich völlig richtig daran getan hat, den Weg zunächst in den ökologischen und dann rasch in den biodynamischen Anbau auch mit einer gewissen Sturheit zu verfolgen. Leiners Weine brauchen Zeit, mehr als bei vielen anderen Betrieben. Manch zunächst hässliches Entlein wird dann zum stolzen Schwan. Was wir freilich diesmal an jungen Weinen verkosten durften, hat uns sehr überrascht, weil selbst jetzt schon die ganze Kollektion Spaß macht. Der Liter-Riesling ist super. Die Weine aus der Linie Handwerk legten gleich jeweils zwei bis drei Punkte zu. Hier empfanden wir den Chardonnay im ersten Ansatz sogar besser als den Lagenwein Hadorne! Unumschränkt oben steht jedoch der Riesling Kalmit aus 2013 mit all seinen herrlichen Ecken und Kanten. Eine Persönlichkeit. Ja, der Winzer auch.

Anzahl der verkosteten Weine: 13
Bewertungen: 83–89 Punkte

2014	Riesling trocken **5,50 €**/1,0 Lit. | 12% | bis 2016	**83**
2014	Weißburgunder Handwerk trocken **7,50 €** | 12% | bis 2017	**84**
2014	Riesling Handwerk trocken **7,50 €** | 12% | bis 2017	**85**
2014	Grauburgunder Handwerk trocken **7,50 €** | 12,5% | bis 2017	**85**
2014	Chardonnay Handwerk trocken **7,50 €** | 13% | bis 2017	**85**
2013	Göcklinger Riesling Setzer trocken **13,– €** | 12% | bis 2019	**86**
2013	Ilbesheimer Chardonnay Hadorne trocken Barrique **16,50 €** | 12,5% | bis 2018	**87**
2013	Ilbesheimer Kalmit Weißburgunder trocken Holzfass **16,50 €** | 12% | bis 2019	**87**
2013	Ilbesheimer Kalmit Riesling trocken Holzfass **16,50 €** | 12,5% | bis 2019	**89**
2012	Ilbesheimer Kalmit Spätburgunder trocken **24,– €** | 13,5% | bis 2019	**87**
2013	Spätburgunder Handwerk trocken Holzfass **9,– €** | 13% | bis 2018	**83**
2011	Dornfelder Kuriosum trocken Holzfass **11,50 €** | 14% | bis 2018	**87**
2012	Ilbesheimer Spätburgunder trocken Holzfass **17,– €** | 13,5% | bis 2019	**86**

Zeichenerklärung:
Schnäppchenpreis · Top 10 Spitzenreiter
Ökobetrieb · Trink-Tipp · Versteigerungswein
Sekt · Weißwein · Rotwein · Roséwein

Neu

WEINGUT LERGENMÜLLER

76835 Hainfeld · Weinstraße 16
☎ (0 63 41) 9 63 33 · Fax 9 63 34
info@lergenmueller.de
www.lergenmueller.de
Inhaber: Familie Lergenmüller
Kellermeister: Jürgen Lergenmüller

Verkauf: Familie Lergenmüller
Mo–Fr: 9.00–18.00 Uhr, Sa: 9.00–17.00 Uhr
So: 9.00–13.00 Uhr

Bei Lergenmüller reden wir von keiner Boutique Winery, es ist der größte Weinbaubetrieb Deutschlands. Da stehen ungefähr 120 Hektar Rebfläche in der Pfalz und weitere 75 im Rheingau nach dem Kauf von Schloss Reinhartshausen. Es ist, wie bei vielen anderen Betrieben in dieser Größenordnung, eine unhomogene Mischung der Qualitäten. Ja, es gibt die tollen Sachen wie einen fruchtig-saftigen Chardonnay Pur Mineral, einen Grauburgunder Buntsandstein mit viel Druck oder auch einen schmelzigen Sauvignon Blanc Privatreserve. Kleinere Kandidaten besprechen wir nicht gesondert, sind aber da.

Anzahl der verkosteten Weine: 13
Bewertungen: 79–86 Punkte

2014	Weißburgunder trocken **8,95 €** | 12,5% | bis 2016	**82**
2014	Grauburgunder trocken **8,95 €** | 12,5% | bis 2017	**85**
2014	Sauvignon Blanc trocken **9,80 €** | 12,5% | bis 2016	**79**
2014	Weißburgunder Muschelkalk trocken Premium **13,60 €** | 13% | bis 2017	**84**
2014	Grauburgunder Buntsandstein trocken Premium **13,60 €** | 13,5% | bis 2018	**86**
2014	Sauvignon Blanc Feuerstein trocken Premium **14,90 €** | 13% | bis 2017	**81**
2014	Chardonnay Pur Mineral trocken Premium **18,50 €** | 13% | bis 2018	**86**
2014	Weißburgunder trocken Reserve **31,40 €** | 13% | bis 2017	**84**
2014	Grauburgunder trocken Reserve **31,40 €** | 13% | bis 2018	**85**
2014	Sauvignon Blanc trocken Reserve **34,10 €** | 13% | bis 2017	**84**
2014	Chardonnay trocken Reserve **36,65 €** | 13% | bis 2017	**83**
2014	Gelber Muskateller feinherb **9,80 €** | 11,5% | bis 2017	**81**
2014	Spätburgunder trocken Saignée **7,50 €** | 12,5% | bis 2016	**82**

WEINGUT LIDY

76833 Frankweiler · Frankenburgstraße 6
☎ (0 63 45) 34 72 · Fax 52 38
weingut-lidy@t-online.de
www.weingut-lidy.de
Inhaber: Bertram und Marcel Lidy
Kellermeister: Marcel und Nicolay Lidy

Verkauf: Familie Lidy
Mo–Fr: 9.00–12.00 Uhr · 13.00–17.00 Uhr
Sa: 9.00–12.00 Uhr · 13.00–16.00 Uhr

Rebfläche: 22 Hektar
Jahresproduktion: 150.000 Flaschen
Beste Lage: Frankweiler Kalkgrube
Boden: Kalk, Mergel, Buntsandstein, roter Keuper
Rebsorten: 32% Riesling, 15% Spätburgunder, 6% Weißburgunder, je 5% Müller-Thurgau, Silvaner, Grauburgunder, Dornfelder und St. Laurent, 22% übrige Sorten
Durchschnittsertrag: 70 hl/ha

Lidy ist so ein Betrieb, den man als Sparfuchs und Punktetrinker lieben müsste: tolle Qualitäten für kleines Geld. Erstmals wagt man sich bei den Weißweinen ganz knapp über die Grenze von zehn Euro, und das mit den beiden Weinen, die es bei uns in die regionale Endrunde schafften, also Riesling Platin und Weißburgunder Platin. Wert wären sie deutlich mehr. Die Gewächse von Bertram, Marcel und Nicolay Lidy kommen mit einer gewissen Nonchalance und Leichtigkeit daher, mit einer Ungekünsteltheit, die richtig gut tut. Das sind keine Blender, sondern ehrliche Weine, geradlinig, äußerst typisch für die jeweilige Rebsorte. Sie sind nach Elementen geordnet, Kupfer, Silber, Gold, oben dann Platin. Wobei wir kein Kupfer bekommen haben, das sei fairerweise erwähnt. Beim Platin ist jedoch alles toll, was glänzt.

Die Betriebe:
Weltklasse · Deutsche Spitze
Sehr gut · Gut · Zuverlässig
Weitere Empfehlung

Anzahl der verkosteten Weine: 13
Bewertungen: 80–88 Punkte

2014	Riesling Ag trocken **4,60 €**/1,0 Lit. | 12% | bis 2016	**80**
2014	Grauburgunder Ag trocken **5,90 €** | 12,5% | bis 2017	**82**
2014	Weißburgunder Ag trocken **5,90 €** | 12,5% | bis 2017	**84**
2014	Frankweiler Sylvaner Au trocken **6,50 €** | 12,5% | bis 2017	**83**
2014	Frankweiler Riesling Au trocken **6,50 €** | 12,5% | bis 2017	**83**
2014	Frankweiler Chardonnay Au trocken **6,50 €** | 12,5% | bis 2017	**86**
2014	Frankweiler Sauvignon Blanc Au trocken **8,90 €** | 12,5% | bis 2017	**84**
2014	Frankweiler Kalkgrube Grauburgunder Pt trocken **10,90 €** | 13,5% | bis 2019	**87**
2014	Frankweiler Kalkgrube Riesling Pt trocken **10,90 €** | 13,5% | bis 2019	**88**
2014	Frankweiler Kalkgrube Weißburgunder Pt trocken **10,90 €** | 13,5% | bis 2018	**88**
2014	Frankweiler Gelber Muskateller Au feinherb **8,50 €** | 12% | bis 2017	**84**
2012	Frankweiler Biengarten Spätburgunder Pt trocken Barrique **12,90 €** | 14% | bis 2019	**86**
2012	Frankweiler Kalkgrube Spätburgunder Pt trocken Barrique **17,90 €** | 14% | bis 2019	**86**

WEINGUT LUCASHOF

67147 Forst · Wiesenweg 1a
☎ (0 63 26) 3 36 · Fax 57 94
Weingut@Lucashof.de
www.lucashof.de
Inhaber und Betriebsleiter: Klaus Lucas
Verwalter: Hans Lucas
Kellermeister: Klaus Lucas

Verkauf: Familie Lucas
Mo–Fr: 8.00–12.00 Uhr · 13.00–18.00 Uhr
Sa: 8.00–16.00 Uhr, So: 10.00–12.00 Uhr

Landhotel: stilvoll eingerichtet, mit sieben Doppelzimmern

Rebfläche: 25 Hektar
Jahresproduktion: 160.000 Flaschen
Beste Lagen: Forster Ungeheuer, Pechstein, Musenhang und Stift, Deidesheimer Herrgottsacker und Wachenheimer Goldbächel
Boden: Lösslehm und Sand, Basalt, Buntsandsteinverwitterung
Rebsorten: 90% Riesling, 10% übrige Sorten
Durchschnittsertrag: 60 hl/ha

Klaus Lucas und seine Familie gehören zu den Betrieben im Ort, die aus dem vollen Reichtum der guten Lagen von Forst, Wachenheim und Deidesheim schöpfen dürfen. Auch bei ihnen ist es zumeist der Pechstein – in Rivalität mit dem Ungeheuer, je nach Jahrgang –, der die Speerspitze der Rieslinge bildet, hinter der sich dann all die Musenhänge, Herrgottsäcker, Altenburge oder Goldbächel tummeln. Das ist alles wirklich überzeugend und in der Summe mit einer schönen, nachvollziehbaren Handschrift versehen. Langsam wird nun Sohn Philipp darauf vorbereitet, den Betrieb auf Sicht zu übernehmen. Mit auf dem Weg dahin wurde in eine neue Fülltechnik investiert, demnächst sollen mehr Holzfässer angeschafft werden, um die Weine noch runder zu machen.

Zeichenerklärung:
Schnäppchenpreis · Top 10 Spitzenreiter
Ökobetrieb · Trink-Tipp · Versteigerungswein
Sekt | Weißwein | Rotwein | Roséwein

Anzahl der verkosteten Weine: 12
Bewertungen: 80–89 Punkte

2014	Riesling trocken	84
Top 10	5,70 €/1,0 Lit. | 11,5% | bis 2017	
2014	Deidesheimer Herrgottsacker Riesling trocken »Erste Lage«	86
	7,90 € | 12% | bis 2018	
2014	Chardonnay trocken	82
	8,– € | 12,5% | bis 2018	
2014	Grauburgunder trocken	83
	8,– € | 12,5% | bis 2017	
2014	Forster Musenhang Riesling trocken »Erste Lage«	86
	8,80 € | 12,5% | bis 2018	
2014	Forster Riesling trocken	85
	9,– € | 12,5% | bis 2018	
2014	Wachenheimer Goldbächel Riesling trocken »Erste Lage«	87
	9,50 € | 12,5% | bis 2018	
2013	Ruppertsberger Weißburgunder trocken	84
	13,– € | 12,5% | bis 2018	
2014	Forster Ungeheuer Riesling »LS« trocken	88
	19,– € | 13% | bis 2018	
2014	Forster Pechstein Riesling »LS« trocken	89
	21,– € | 13,5% | bis 2019	
2014	Forster Pechstein Riesling Spätlese	88
	16,50 € | 12% | bis 2020	
2013	Wachenheimer Altenburg Spätburgunder trocken	80
	19,– € | 14% | bis 2019	

WEINGUT MEHLING

67146 Deidesheim · Weinstraße 55
☎ (0 63 26) 2 74 · Fax 74 73
info@weingut-mehling.de
www.weingut-mehling.de

Inhaber: Anne Mehling-Otte und Bernd Otte
Betriebsleiter und Kellermeister: Kathrin und Bernd Otte
Verwalter: Christoph Knäbel

Verkauf: Familie Mehling-Otte
Mo–Sa: 8.00–12.00 Uhr · 14.00–18.00
und nach Vereinbarung

Im Weingut Mehling hat die Jugend schon ein Bein in der Betriebsführung: Tochter Kathrin Otte, noch gut von den 30 entfernt, ist für Keller, Marketing und Vertrieb zuständig, und sie macht ihre Sache gut. Im Vergleich zum Vorjahr, als wir den unteren und mittleren Bereich kritisiert hatten, haben sich die Weine verbessert, sie zeigen wieder mehr Struktur, wenngleich wir nicht wirklich begeistert sind. Dies setzt erst bei den Lagenweinen ein, den verlässlichen trockenen Riesling Spätlesen aus Paradiesgarten und Kalkofen.

Anzahl der verkosteten Weine: 11
Bewertungen: 79–88 Punkte

2014	Riesling trocken	81
	5,60 €/1,0 Lit. | 12,5% | bis 2016	
2014	Deidesheimer Riesling trocken	84
	6,80 € | 12,5% | bis 2017	
2014	Chardonnay & Weißburgunder trocken	82
	7,60 € | 12,5% | bis 2018	
2014	Spätburgunder trocken Blanc de Noirs	79
	7,80 € | 11,5% | bis 2016	
2014	Grauburgunder trocken	83
	7,80 € | 12,5% | bis 2017	
2014	Deidesheimer Leinhöhle Riesling Kabinett trocken	84
	7,60 € | 12,5% | bis 2018	
2014	Deidesheimer Kieselberg Riesling Kabinett trocken	86
	7,60 € | 12,5% | bis 2018	
2014	Forster Musenhang Riesling Kabinett trocken	85
	7,80 € | 12,5% | bis 2018	
2014	Deidesheimer Paradiesgarten Riesling Spätlese trocken	86
	10,50 € | 13% | bis 2018	
2014	Deidesheimer Kalkofen Riesling Spätlese trocken	88
	12,– € | 13% | bis 2018	

WEINGUT HERBERT MESSMER

76835 Burrweiler · Gaisbergstraße 5
☎ (0 63 45) 27 70 · Fax 79 17
messmer@weingut-messmer.de
www.weingut-messmer.de

Inhaber: Familie Meßmer
Betriebsleiter: Gregor Meßmer
Kellermeister: Gregor Meßmer und Bernd Henninger

Verkauf: Familie Meßmer
Mi–So: 13.00–19.00 Uhr

Ferienwohnungen: im Weingut
Sehenswert: Vinothek in moderner Architektur, 150 Jahre alte Holzspindelkelter

Rebfläche: 26 Hektar
Jahresproduktion: 190.000 Flaschen
Beste Lagen: Burrweiler Schäwer, Schlossgarten und Altenforst, Weyher Michelsberg
Boden: Schiefer, Buntsandstein, Löss, Muschelkalk, Granit, sandiger Lehm
Rebsorten: 40% Riesling, 20% Spätburgunder, je 10% Grauburgunder und Weißburgunder, 7% St. Laurent, 5% Chardonnay, 8% übrige Sorten
Durchschnittsertrag: 58 hl/ha
Mitglied: VDP

Die Meßmers können auf privilegierten Böden arbeiten: Rund um Burrweiler herum haben sie Vorkommen von Schiefer, Granit, Muschelkalk, Buntsandstein und Löss. Mit den Gewächsen haben sie sich über viele Jahre hinweg einen ausgezeichneten Ruf erworben. Probieren kann man all dies in der stattlichen Vinothek direkt an der Deutschen Weinstraße, in der übrigens auch die Produkte von deutschen und internationalen Kollegen zu haben sind – so etwas Neidloses zeichnet gute Winzer nun wirklich aus. Nach ein paar durchwachsenen Jahrgängen wird uns heuer eine Kollektion vorgestellt, die richtig schöne Rieslinge, klasse Grauburgunder sowie einen komplexen, ganz ausgezeichneten St. Laurent beinhaltet. Am stärksten ist das Große Gewächs vom Weißburgunder aus dem Schlossgarten Im Goldenen Jost.

Anzahl der verkosteten Weine: 14
Bewertungen: 83–89 Punkte

2014 Riesling Buntsandstein trocken **85**
8,– € | 12,5% | bis 2017

2014 Weißburgunder trocken **85**
8,– € | 12% | bis 2017

2014 Riesling Granit trocken **86**
8,20 € | 12,5% | bis 2017

2014 Grauburgunder Muschelkalk trocken **86**
8,80 € | 12,5% | bis 2018

2014 Riesling Schiefer trocken **88**
€ **9,– €** | 12,5% | bis 2018

2014 Sauvignon Blanc trocken **87**
9,50 € | 12,5% | bis 2017

2013 Burrweiler Schlossgarten **89**
Grauburgunder trocken »Erste Lage«
15,80 € | 13% | bis 2019

2013 Burrweiler Schlossgarten **89**
Grauburgunder trocken »Erste Lage« Barrique
17,– € | 13% | bis 2018

2014 Burrweiler Schäwer Riesling »Großes Gewächs« **88**
22,– € | 12,5% | bis 2019

2014 Schlossgarten **89**
Weißburgunder IGJ »Großes Gewächs«
22,– € | 13,5% | bis 2019

2014 Muskateller feinherb **86**
10,50 € | 11,5% | bis 2017

2011 St. Laurent trocken Barrique **89**
€ **14,50 €** | 13% | bis 2019

2011 Merlot trocken Barrique **83**
16,– € | 13% | bis 2019

2012 Burrweiler Schlossgarten **86**
Spätburgunder trocken »Erste Lage« Barrique
16,50 € | 13% | bis 2018

WEINGUT ULI METZGER

67269 Grünstadt-Asselheim · Langgasse 34
☎ (0 63 59) 53 35 · Fax 8 32 18
info@weinmetzger.de
www.weinmetzger.de
Inhaber und Betriebsleiter: Uli Metzger
Verwalter: Uli Metzger, Carsten Kaiser
Kellermeister: Uli und Lea Metzger und Martin Heinz

Verkauf: Lea, Karin und Nane Metzger
Mo–Fr: 9.00–12.00 Uhr · 13.00–18.00 Uhr
Sa: 10.00–16.00 Uhr

Restaurant: Weinstube mit Gästezimmern

Rebfläche: 19 Hektar
Jahresproduktion: 180.000 Flaschen
Beste Lagen: Asselheimer St. Stephan, Mühlheimer Sonnenberg, Bockenheimer Vogelsang
Boden: Kalkstein, Kalkmergel, Lehm
Rebsorten: 25% Riesling, je 10% Dornfelder, Portugieser und Spätburgunder, 8% Grauburgunder, je 6% Chardonnay und Weißburgunder, 25% übrige Sorten
Durchschnittsertrag: 75 hl/ha
Mitglied: Pro Riesling

Mit dem richtigen Wein zur richtigen Zeit am richtigen Ort. Mit dem richtigen Namen. Manchmal passt eben auch alles. Wir wissen nicht, ob dies alles ein groß angelegter Plan war oder ob Uli Metzger sich dies in seinen kühnsten Träumen hat vorstellen können, doch was da bei ihm seit ein paar Jahren passiert, darf schon als Wahnsinn bezeichnet werden. Quasi aus dem Nichts heraus hat sich hier jemand in die Wein-Bundesliga katapultiert, als wäre es ein Klacks. Dabei ist es in der Tat eine echte Leistung, eine solche Reihe von nicht nur gelungenen, sondern teilweise überwältigenden Weinen vorzustellen, denen eine Geschmeidigkeit innewohnt, die begeistert. Wir reden hier nicht von ein bis zwei Partien aus dem Barrique, sondern von einer durchgängigen Handschrift bei Rieslingen und weißen Burgundersorten, gipfelnd bei den feinen, burgundischen Pinots.

Anzahl der verkosteten Weine: 17
Bewertungen: 80–92 Punkte

2014	Riesling trocken **4,80 €**/1,0 Lit. | 11,5% | bis 2016		80
2014	Riesling trocken **6,20 €** | 11,5% | bis 2017		84
2014	Grauburgunder trocken **6,20 €** | 12% | bis 2017		83
2014	Gelber Muskateller trocken **8,60 €** | 12% | bis 2016		84
2014	Chardonnay & Weißburgunder Weißer trocken Barrique **9,40 €** | 12,5% | bis 2018		86
2014	Mühlheimer Sonnenberg Riesling trocken **9,40 €** | 12,5% | bis 2017		86
2014	Bockenheimer Schlossberg Weißburgunder trocken **13,50 €** | 13% | bis 2018		88
2014	Mühlheimer Sonnenberg Riesling trocken Alte Reben **13,50 €** | 12,5% | bis 2018		87
2014	Bockenheimer Vogelsang Weißburgunder trocken Reserve Barrique **16,50 €** | 13% | bis 2019		87
2014	Asselheimer St. Stephan Chardonnay trocken Reserve Barrique **16,50 €** | 13% | bis 2018	Top 10	92
2014	Mühlheimer Sonnenberg Riesling Halbstück trocken **17,50 €** | 12,5% | bis 2019		87
2014	Mühlheimer Sonnenberg Riesling trocken Grande Reserve Barrique **22,– €** | 12,5% | bis 2019		89
2014	Asselheimer St. Stephan Chardonnay trocken Grande Reserve Barrique **22,– €** | 13% | bis 2019		92
2013	Pinot Noir trocken Barrique **19,50 €** | 13,5% | bis 2019		89
2013	Pinot Noir Prago trocken Barrique **28,– €** | 13,5% | bis 2019		89
2013	Pinot Noir Arthos trocken Barrique **38,– €** | 13,5% | bis 2020		90
2013	Pinot Noir Melandor trocken Barrique **48,– €** | 13,5% | bis 2022		92

STIFTSWEINGUT FRANK MEYER

76889 Gleiszellen-Gleishorbach
Winzergasse 4
☎ (0 63 49) 74 46 · Fax 57 52
stiftsweingut-meyer@t-online.de
www.stiftsweingut-meyer.de
Inhaber: Frank Meyer und
Manuela Cambeis-Meyer
Betriebsleiter und Kellermeister: Frank Meyer

Verkauf: Manuela Cambeis-Meyer
nach Vereinbarung

Den Meyers wurde es in Klingenmünster räumlich zu eng, weswegen sie den Betrieb umgesiedelt haben und nun ab Ende des Jahres im benachbarten Gleiszellen zu finden sind. Dort haben sie in letzter Zeit auch Weinberge dazugenommen, weil die kalkigen Untergründe ihrem Weinstil sehr entgegenkommen. Ausgebaut werden die Weine oft im Holzfass, was sich in einer schönen Harmonie äußert. Seit kurzem ist Sohn Nico stark eingebunden, er hat seine eigenen Linie etabliert, die mit speziellem Etikett unter dem Namen »Wild« gekennzeichnet ist. Das sind mit die stärksten Weine. Oberpfund: der Riesling Halbstück.

Anzahl der verkosteten Weine: 14
Bewertungen: 81–90 Punkte

2014	Secco Wild Nico Select Perlwein feinherb Rosé	**83**
	6,50 € | 12% | bis 2016	
2014	Silvaner trocken Alte Reben	**83**
	6,– € | 12% | bis 2017	
2014	Sauvignon Blanc Wild Nico Select trocken	**85**
	7,80 € | 12% | bis 2017	
2014	Riesling Muschelkalk trocken	**86**
	7,80 € | 12,5% | bis 2017	
2014	Chardonnay Wild Nico Select trocken	**86**
	9,– € | 13,5% | bis 2018	
2013	Riesling Wild Nico Select trocken Halbstück	**90**
	12,50 € | 12,5% | bis 2018	
2014	Riesling Federleicht Kabinett trocken	**84**
	6,80 € | 11,5% | bis 2017	
2014	Cuvée »Honeymoon« Wild Nico Select feinherb	**84**
	8,50 € | 12% | bis 2016	
2014	Rosé feinherb Cuvée	**84**
	5,80 € | 12% | bis 2016	
	Cuvée »Wilder Roter« Wild Nico Select trocken	**81**
	9,50 € | 13% | bis 2018	
2011	Portugieser »S« trocken Barrique	**81**
	12,– € | 13,5% | bis 2019	
2008	Cuvée »Nr.37« trocken Barrique	**88**
	19,– € | 14,5% | bis 2018	

WEINGUT KARL-HEINZ UND ANDREAS MEYER

76831 Heuchelheim-Klingen · Bahnhofstr. 10
☎ (0 63 49) 58 95 · Fax 78 12
mail@meyer-weingut.de
www.meyer-weingut.de
Inhaber: Karl-Heinz und Andreas Meyer
Kellermeister: Andreas Meyer

Verkauf: Familie Meyer
Mo–Fr: 9.00–12.00 · 13.00–18.00 Uhr
Sa: 9.00–16.00 Uhr

Andreas Meyer ist nicht nur seit Jahren konstant gut beim Wettbewerb »Die junge Südpfalz – da wächst was nach!«, er ist auch dem VDP Pfalz aufgefallen, sodass der Verband ihn in das Spitzentalenteprogramm aufgenommen hat. Und er zahlt dies mit jährlich guten und sehr guten Leistungen zurück, auch jetzt wieder. Meyers eigene Art scheint sich auf seine Weine übertragen zu haben. Es kribbelt oder vibriert nichts, da ist auch nichts ruckelig oder nervös – in aller Seelenruhe stehen die Weine vor einem im Glas, die Rieslinge und Weißburgunder aus dem Herrenpfad oder der vom Buntsandstein haben Eigenleben und Charakter.

Anzahl der verkosteten Weine: 11
Bewertungen: 82–88 Punkte

2014	Riesling trocken	**82**
	4,60 €/1,0 Lit. | 12% | bis 2016	
2014	Grauburgunder trocken	**84**
	5,70 € | 12,5% | bis 2017	
2014	Riesling trocken	**84**
	5,70 € | 12,5% | bis 2017	
2014	Sauvignon Blanc trocken	**84**
	6,90 € | 12,5% | bis 2017	
2014	Heuchelheimer Weißburgunder trocken	**84**
	8,– € | 13% | bis 2017	
2014	Heuchelheimer Grauburgunder Kalkmergel trocken	**85**
	8,– € | 13,5% | bis 2018	
2014	Klingenmünster Weißburgunder Muschelkalk trocken	**85**
	8,50 € | 14% | bis 2017	
2014	Klingenmünster Riesling Buntsandstein trocken	**87**
	8,50 € | 12,5% | bis 2018	
2014	Heuchelheimer Herrenpfad Riesling trocken	**87**
	12,50 € | 13% | bis 2018	
2014	Heuchelheimer Herrenpfad Weißburgunder trocken	**88**
	12,50 € | 13,5% | bis 2018	
2012	Heuchelheimer Herrenpfad Spätburgunder trocken Barrique	**85**
	15,– € | 13,5% | bis 2018	

WEINGUT KLAUS MEYER

76835 Rhodt · Theresienstraße 80a
☎ (0 63 23) 9 32 33 · Fax 9 32 35
weingut.klaus.meyer@t-online.de
www.weingut-meyer.com
Inhaber: Klaus Meyer
Kellermeister: Marius Meyer

Verkauf: Klaus Meier
Mo–Sa: 14.00–18.00 Uhr, So: 10.00–12.00 Uhr

Es ist nun wahrlich kein echter Geheimtipp mehr zu sagen, Marius Meyers Weine, allen voran die Rieslinge, seien richtig toll und im Grunde mehr als ihr Geld wert. Dennoch darf man wiederholen, was einfach so ist: Für uns hat Meyer inzwischen qualitativ die Führerschaft in Rhodt übernommen. Die Rieslinge aus Buntsandstein, Kalkmergel, Granit und Rotliegendem, allesamt auf dem Level, was man früher mal als Kabinett bezeichnet hat, sind überaus differenziert und nicht mit der heißen Nadel vinifiziert. Der Schlossberg Riesling wacht darüber auf dem Thron. Vielleicht sollte er den Rotweinen noch etwas Beine machen?

Anzahl der verkosteten Weine: 12
Bewertungen: 81–89 Punkte

2012	Grande Cuvée Sekt Brut Rosé **12,– €** | 12,5% | bis 2017	**85**
2014	Sauvignon Blanc trocken **7,– €** | 12% | bis 2017	**86**
2014	Frankweiler Weißburgunder trocken **8,50 €** | 13,5% | bis 2018	**84**
2014	Rhodt unter Rietburg Grauburgunder trocken **8,50 €** | 13,5% | bis 2019	**86**
2014	Rhodt unter Rietburg Riesling Buntsandstein trocken **8,50 €** | 12% | bis 2018	**87**
2014	Rhodt unter Rietburg Riesling Rotliegendes trocken **9,50 €** | 12,5% | bis 2018	**87**
2014	Rhodt unter Rietburg Riesling Granit trocken **10,– €** | 12,5% | bis 2018	**86**
2014	Godramsteiner Münzberg Riesling trocken **14,– €** | 13% | bis 2019	**86**
2014	Edenkobener Bergel Riesling trocken **14,– €** | 13% | bis 2019	**87**
2014	Rhodter Schlossberg Riesling trocken **14,– €** | 12,5% | bis 2019	**89**
2013	Rhodter Rosengarten Pinot Noir trocken **16,– €** | 13% | bis 2019	**81**
2012	Rhodt unter Rietburg Syrah trocken Reserve **20,– €** | 12,5% | bis 2019	**83**

Neu

WEINGUT STEFAN MEYER

76835 Rhodt · Edesheimerstraße 17
☎ (0 63 23) 23 48 · Fax 8 14 46
weingut@meyer-rhodt.de
www.meyer-rhodt.de
Inhaber: Stefan Meyer

Verkauf: nach Vereinbarung

Ein paar Mal schon hatte er angeklopft, nun können wir die Tür öffnen für Stefan Meyer und seine Weine. Natürlich stehen auch bei ihm Rieslinge und Burgundersorten besonders hoch im Kurs, was auch sonst. Als wir uns hochverkosten, bemerken wir mit jedem weiteren Wein, dass er sein Handwerk dabei versteht, vor allem den Umgang mit Holz. Der Chardonnay »R« ist weich, schmelzig und im Barrique wahrnehmbar, aber nicht überladen. Während die Pinot Noirs bereits sehr gut sind, hat uns am meisten der ausdrucksstarke Syrah begeistert. Bessere aus der Pfalz kennen wir allenfalls zwei oder drei.

Anzahl der verkosteten Weine: 10
Bewertungen: 81–87 Punkte

2014	Riesling trocken **6,50 €** | 12% | bis 2017	**81**
2014	Rhodter Chardonnay trocken Holzfass **9,50 €** | 13% | bis 2017	**83**
2014	Rhodter Schlossberg Riesling trocken **13,– €** | 12,5% | bis 2018	**86**
2014	Rhodter Rosengarten Grauburgunder trocken Barrique **14,– €** | 14% | bis 2018	**85**
2013	Frühburgunder trocken Holzfass **8,50 €** | 13% | bis 2018	**83**
2013	Rhodter Pinot Noir trocken Holzfass **9,50 €** | 13% | bis 2018	**84**
2013	Rhodter Rosengarten Chardonnay »R« trocken Barrique **18,– €** | 13% | bis 2018	**86**
2013	Edenkobener Schwarzer Letten Pinot Noir trocken Barrique **21,– €** | 13% | bis 2019	**86**
2013	Rhodter Rosengarten Pinot Noir trocken Barrique **21,– €** | 13% | bis 2019	**86**
2012	Rhodter Klosterpfad Syrah trocken Barrique **21,– €** | 14% | bis 2019	**87**

Die Weine:
100 Perfekt · **95–99** Überragend · **90–94** Exzellent
85–89 Sehr gut · **80–84** Gut · **75–79** Passabel

WEINGUT THEO MINGES

76835 Flemlingen · Bachstraße 11
☎ (0 63 23) 9 33 50 · Fax 9 33 51
info@weingut-minges.com
www.weingut-minges.com

Inhaber und Betriebsleiter: Theo Minges

Verkauf: Martina und Regine Minges
Mo–Fr: 9.00–12.00 Uhr · 13.00–18.00 Uhr
Sa: 9.00–17.00 Uhr

Sehenswert: Zehntkeller aus dem 15. Jahrhundert

Rebfläche: 25 Hektar
Jahresproduktion: 180.000 Flaschen Wein und 10.000 Flaschen Sekt
Beste Lagen: Gleisweiler Hölle, Flemlinger Vogelsprung
Boden: Kalk, Mergel, Lösslehm, Buntsandstein
Rebsorten: 35% Riesling, 20% weiße Burgundersorten, 12% Spätburgunder, 8% Scheurebe, 25% übrige Sorten
Durchschnittsertrag: 68 hl/ha
Mitglied: VDP

Theo Minges ist keiner von denen, die mit ausschweifenden Erklärungen zu ihren Weinen hausieren gehen. Schon gar nicht ist er ein Blender. Doch wenn er das Gefühl hat, jemand interessiert sich wirklich für seine Weine, dann kann er schon mal so loslegen, dass seine eher gesprächige Tochter Regine sich wundert, wie nach außen gehend der Papa werden kann. Und Interesse für diese Weine muss man einfach haben! Zum Beispiel für den Riesling Froschkönig, einen völlig anderen Wein. Nichts gemacht, nicht probiert, nicht analysiert, keine Eingriffe, keine Schwefelung, 33 Monate auf der Vollhefe. Ganz individuell. Was uns bei Minges immer begeistert, sind die Aromasorten. Gut, bei der trockenen Scheurebe als Literwein fehlt uns seltsamerweise alles – aber genau das hat er komplett in die betörende Spätlese hineingesteckt. Und der Rest ist richtig solide für drei Trauben.

Anzahl der verkosteten Weine: 12
Bewertungen: 79–92 Punkte

2014	Scheurebe trocken **4,80 €**/1,0 Lit. | 11,5% | bis 2016	**79**
2014	Gleisweiler Hölle Riesling trocken »Erste Lage« **9,80 €** | 12,5% | bis 2017	**84**
2014	Böchinger Rosenkranz Grauburgunder trocken »Erste Lage« **9,80 €** | 13,5% | bis 2018	**86**
2014	Weißburgunder Löss trocken **12,– €** | 13% | bis 2018	**84**
2014	Riesling Kalkstein trocken Holzfass **14,– €** | 12,5% | bis 2017	**88**
2012	Riesling Froschkönig trocken **17,– €** | 12,5% | bis 2019	**86**
2014	Burrweiler Schäwer Riesling »Große Lage« **24,– €** | 13% | bis 2019	**88**
2014	Gleisweiler Hölle Riesling Unterer Faulenberg »Große Lage« **24,– €** | 13% | bis 2019	**90**
2014	Böchinger Rosenkranz Weißburgunder Im untern Kreuz »Große Lage« **24,– €** | 13% | bis 2019	**92**
2014	Scheurebe Spätlese **11,– €** | 9% | bis 2019	**90**
2014	Rieslaner Spätlese **11,– €** | 9,5% | bis 2020	**91**
2014	Gewürztraminer Edition Rosenduft Spätlese **14,– €** | 9% | bis 2020	**89**

Die Betriebe:
Weltklasse · Deutsche Spitze
Sehr gut · Gut · Zuverlässig
Weitere Empfehlung

WEINGUT RUDI MÖWES

76835 Weyher · Hübühl 10
☎ (0 63 23) 56 02 · Fax 98 01 58
info@weingut-moewes.de
www.weingut-moewes.de
Inhaber: Rudi und Michael Möwes
Außenbetrieb: Rudi Möwes
Kellermeister: Michael Möwes und Eva Herrbruck

Verkauf: Familie Möwes
Mo–Fr: 13.00–19.00 Uhr, Sa: 9.00–16.00 Uhr
und nach Vereinbarung

Wenn man in der Suchmaschine die Begriffe »Akribie« und »Weinbau« eingibt, müsste eigentlich ein Foto von Michael Möwes aufpoppen – nur wenige Winzer schicken uns mit den Weinen derart detaillierte Informationen mit. Lange war Möwes der führende Betrieb in Weyher. In den letzten Jahrgängen ist etwas von der Strahlkraft bei den Weinen verloren gegangen, da ist nicht mehr so viel Grip und Druck da. Wir hoffen auf die Rückkehr der alten Präsenz.

Anzahl der verkosteten Weine: 12
Bewertungen: 79–91 Punkte

2014	Edesheimer Scheurebe Löss trocken **5,80 €** | 12% | 🍷 bis 2016	**79**
2014	Weyherer Michelsberg Gelber Muskateller Kalkmergel trocken **7,– €** | 11,5% | 🍷 bis 2017	**83**
2014	Weyherer Pfarrgarten Riesling Granit Kabinett trocken **6,– €** | 12% | 🍷 bis 2017	**84**
2014	Rhodter Schlossberg Grauburgunder Kalkmergel Spätlese trocken Goldkapsel **8,– €** | 13,5% | 🍷 bis 2018	**84**
2014	Weyherer Michelsberg Riesling Kalkmergel Spätlese trocken **8,– €** | 12,5% | 🍷 bis 2018	**85**
2014	Burrweiler Altenforst Riesling Granit Schiefer Spätlese trocken **8,– €** | 12,5% | 🍷 bis 2018	**86**
2014	Weyherer Michelsberg Chardonnay Kalkmergel Spätlese trocken Goldkapsel **10,– €** | 13,5% | 🍷 bis 2019	**87**
2014	Burrweiler Altenforst Riesling Spätlese trocken Alte Reben Goldkapsel **10,– €** | 12,5% | 🍷 bis 2019	**86**
2011	Weyherer Michelsberg Rieslaner Beerenauslese **16,– €**/0,375 Lit. | 7% | 🍷 bis 2022	**91**
2013	Weyherer Michelsberg Spätburgunder Spätlese trocken Holzfass **8,– €** | 13,5% | 🍷 bis 2019	**83**

WEINGUT GEORG MOSBACHER

67147 Forst · Weinstraße 27
☎ (0 63 26) 3 29 · Fax 67 74
info@georg-mosbacher.de
www.georg-mosbacher.de
Inhaber: Familien Mosbacher und Düringer
Betriebsleiter: Jürgen Düringer

Verkauf: Sabine Mosbacher-Düringer
Mo–Fr: 8.00–12.00 Uhr · 13.30–18.00 Uhr
Sa: 9.00–13.00 Uhr

Sehenswert: wunderbarer Sandsteingewölbekeller aus dem 18. Jahrhundert

Rebfläche: 20 Hektar
Jahresproduktion: 140.000 Flaschen
Beste Lagen: Forster Ungeheuer, Jesuitengarten, Freundstück und Pechstein, Deidesheimer Mäushöhle, Kieselberg und Leinhöhle, Wachenheimer Gerümpel und Goldbächel
Boden: Buntsandsteinverwitterung mit Kalksteingeröll, Basalt und Ton
Rebsorten: 80% Riesling, 20% übrige Sorten
Durchschnittsertrag: 48 hl/ha
Mitglied: VDP, Vinissima

Wir hatten die aktuellen Weißweine von Sabine Mosbacher-Düringer und Jürgen Düringer ganz gezielt wiederholt verkostet, sei es auf Messen, Präsentationen, im privaten Umfeld oder eben offiziell für diesen Weinführer. Und es hat sich in den unterschiedlichen Entwicklungsstadien der Weine gezeigt, dass jeder einzelne im Vergleich zu den Vorjahren zugelegt hat. Bei allem Schmelz, da ist jetzt oft auch wieder Biss drin, am präzisesten und knackigsten vielleicht beim Riesling Kalkstein, der wie sein Kollege Basalt unverständlicherweise zwischen Ersten Lagen und Großen Gewächsen angesiedelt ist. Letztere zeigen sich wieder viel unterscheidbarer, angeführt von einem prächtigen Freundstück. Erneut sind wir sehr angetan vom Sauvignon Blanc Fumé, der mit Luft im Glas lange braucht, um die Sortentypizität herauszukitzeln, sich im Mund schlank und fein öffnet. Insgesamt eine komplett runde Kollektion mit einer eindeutigen Handschrift.

Rote Symbole: Diese Betriebe verdienen in ihrer Klasse besondere Aufmerksamkeit

Anzahl der verkosteten Weine: 12
Bewertungen: 82–91 Punkte

2014 Riesling Georg Mosbacher trocken **82**
7,80 € | 12% | bis 2017

2014 Deidesheimer Mäushöhle **85**
Riesling trocken »Erste Lage«
10,– € | 12,5% | bis 2018

2014 Deidesheimer **88**
Riesling Kalkstein trocken Holzfass
15,– € | 13% | bis 2019

2014 Forster Riesling Basalt trocken **88**
15,– € | 13% | bis 2019

2014 Forster Musenhang **86**
Riesling trocken »Erste Lage«
15,– € | 13% | bis 2018

2014 Wachenheimer Gerümpel **87**
Riesling trocken »Erste Lage«
15,– € | 13% | bis 2018

2014 Sauvignon Blanc Fumé trocken Holzfass **87**
16,– € | 13% | bis 2019

2014 Deidesheimer Kieselberg **88**
Riesling »Großes Gewächs«
28,– € | 13% | bis 2020

2014 Forster Freundstück **91**
Riesling »Großes Gewächs«
28,– € | 13,5% | bis 2020

2014 Forster Ungeheuer Riesling »Großes Gewächs« **89**
30,– € | 13% | bis 2020

2014 Forster Jesuitengarten **88**
Riesling »Großes Gewächs«
32,– € | 13,5% | bis 2020

2014 Forster Ungeheuer **86**
Riesling Spätlese »Große Lage«
20,– € | 9% | bis 2022

WEINGUT MOTZENBÄCKER

67152 Ruppertsberg · Weinstraße 1
☎ (0 63 26) 60 40 · Fax 41 79
menger-krug@t-online.de
www.villa-im-paradies.de
Inhaber: Familie Menger-Krug

Verkauf: nach Vereinbarung

In der vergangenen Ausgabe hatten wir Motzenbäcker als neuen Betrieb aufgenommen, was natürlich insofern etwas lustig ist, da dieses Weingut bereits seit 1838 existiert. Betrieben wird es von der Familie Menger-Krug, die besonders im Sektgeschäft aktiv ist. Hatten uns die damals eingereichten Weine gut gefallen, so setzt man mit den Nachfolgern richtig eins drauf. Die Weine im Spätlesebereich sind durch die Bank hervorragend und kommen mit erfreulich wenig Alkohol aus. Erklärungsbedürftig der Begriff »Mondeiche«: Das Holz wurde zu bestimmten Mondphasen aus Eichen auf der Schwäbischen Alb geschlagen und Riesling wie Chardonnay darin vergoren. Rotweine wurden uns diesmal leider nicht vorgestellt.

Anzahl der verkosteten Weine: 8
Bewertungen: 81–88 Punkte

2014 Ruppertsberger Linsenbusch **83**
Sauvignon Blanc trocken
12,– € | 11,5% | bis 2016

2014 Ruppertsberger Nussbien **84**
Riesling Kabinett trocken
8,80 € | 12% | bis 2017

2014 Ruppertsberger Reiterpfad **83**
Riesling dem Himmel so nah Spätlese trocken
16,30 € | 12% | bis 2018

2014 Ruppertsberger Hoheburg **87**
Riesling Spätlese trocken
16,30 € | 12,5% | bis 2018

2014 Ruppertsberger Reiterpfad **87**
Riesling Spätlese trocken
16,30 € | 12% | bis 2018

2013 Deidesheimer Paradiesgarten **87**
Chardonnay Mondeiche Spätlese trocken
34,50 € | 13% | bis 2019

2013 Ruppertsberger Reiterpfad **88**
Riesling Mondeiche Spätlese trocken
36,90 € | 12% | bis 2018

2014 Ruppertsberger Linsenbusch **81**
Gewürztraminer Spätlese feinherb
12,– € | 12% | bis 2018

WEINGUT MÜLLER-CATOIR

67433 Neustadt-Haardt · Mandelring 25
☎ (0 63 21) 28 15 · Fax 48 00 14
weingut@mueller-catoir.de
www.mueller-catoir.de
Inhaber: Philipp David Catoir
Betriebsleiter und Kellermeister: Martin Franzen

Verkauf: Philipp David Catoir
Mo–Fr: 8.00–12.00 Uhr · 13.00–17.00 Uhr
Sa: 10.00–14.00 Uhr

Historie: Weinbau seit 1744
Sehenswert: Probierräume aus dem 18. Jahrhundert, Säulenportal, Innenhof, imposante Gründerzeitfassade

Rebfläche: 21 Hektar
Jahresproduktion: 140.000 Flaschen
Beste Lagen: Haardter Herrenletten, Bürgergarten und Herzog, Gimmeldinger Mandelgarten
Boden: gelber Haardtsandstein mit Einlagen von Letten bis kiesigem Löss
Rebsorten: 60% Riesling, 15% Weißburgunder, je 5% Grauburgunder, Muskateller, Rieslaner, Scheurebe und Spätburgunder
Durchschnittsertrag: 50 hl/ha
Mitglied: VDP

Man darf mit Fug und Recht sagen, dass das Weingut Müller-Catoir wie ein Fels in der Brandung steht. Um es herum ist Aktion, Alarm, Mode hier, Trend dort – und Müller-Catoir in aller Ruhe mittendrin, unbeirrt seinen eigenen Stil verfolgend. Der drückt sich etwa darin aus, sich niemandem anzubiedern durch ein möglichst breit aufgestelltes Sortiment – etwas mehr als eine Handvoll Rebsorten genügen hier. Auch die Anzahl der trockenen Rieslinge ist überschaubar: vom Gutswein »MC« geht es über Haardt, Bürgergarten und Herrenletten schnurstracks zum Großen Gewächs Im Breumel. Alles fein und klar definiert, durchaus aristokratisch zu nennen. Unglaublich strahlend erneut der trockene Muskateller, den man in dieser Art so nicht mehr findet in der Pfalz. Das gilt ebenso für die Linie an edelsüßen Gewächsen mit ihrer faszinierenden Klarheit, Opulenz und Fülle.

Anzahl der verkosteten Weine: 13
Bewertungen: 84–95 Punkte

2014	Riesling »MC« trocken **8,– €** | 12% | 🍷 bis 2017	**84**
2014	Haardter Weißburgunder trocken **12,– €** | 12,5% | 🍷 bis 2018	**86**
2014	Haardter Riesling trocken **12,– €** | 12% | 🍷 bis 2018	**87**
2014	Haardter Riesling trocken **12,– €** | 12% | 🍷 bis 2018	**87**
2014	Haardter Muskateller trocken **12,– €** | 12% | 🍷 bis 2017	**91**
2014	Haardter Bürgergarten Riesling trocken »Erste Lage« **16,– €** | 12,5% | 🍷 bis 2019	**88**
2014	Haardter Herrenletten Riesling trocken »Erste Lage« **18,– €** | 12,5% | 🍷 bis 2019	**89**
2014	Haardter Bürgergarten Riesling im Breumel »Großes Gewächs« **28,– €** | 13% | 🍷 bis 2020	**90**
2014	Gimmeldinger Riesling Kabinett **11,– €** | 10% | 🍷 bis 2020	**89**
2014	Haardter Bürgergarten Riesling im Breumel Spätlese »Große Lage« **26,– €** | 9,5% | 🍷 bis 2022	**90**
2014	Haardter Herzog Rieslaner Auslese »Erste Lage« **18,– €**/0,375 Lit. | 10% | 🍷 bis 2030	**91**
2014	Haardter Herzog Rieslaner Beerenauslese »Erste Lage« **38,– €**/0,375 Lit. | 8% | 🍷 bis 2030	**92**
2014 Top 10	Haardter Herzog Rieslaner Trockenbeerenauslese »Erste Lage« **86,– €**/0,375 Lit. | 6% | 🍷 bis 2030	**95**

Rote Symbole: Diese Betriebe verdienen in ihrer Klasse besondere Aufmerksamkeit

WEINGUT EUGEN MÜLLER

67147 Forst · Weinstraße 34a
☎ (0 63 26) 3 30 · Fax 68 02
kontakt@weingut-eugen-mueller.de
www.weingut-eugen-mueller.de
Inhaber: Stephan Müller
Kellermeister: Jürgen Meißner

Verkauf: Christine und Stephan Müller
Mo–Fr: 8.00–12.00 Uhr · 13.30–18.00 Uhr
Sa: 9.00–16.00 Uhr, So: nach Vereinbarung

Sehenswert: moderner Barriquekeller und Veranstaltungsraum

Rebfläche: 17 Hektar
Jahresproduktion: 145.000 Flaschen
Beste Lagen: Forster Kirchenstück, Jesuitengarten, Ungeheuer, Pechstein, Musenhang und Freundstück
Boden: kalkiger Lehm, Sandsteingeröll, teilweise mit Basalt und Ton
Rebsorten: 80% Riesling, je 10% Grau- und Weißburgunder sowie rote Sorten
Durchschnittsertrag: 65 hl/ha

Stephan Müller hat in den letzten Jahren den Familienbetrieb sehr publikumsfreundlich umgebaut: großer Parkplatz, schöner Verkostungs- und Veranstaltungsbereich, eindrucksvoller Barriquekeller. Dies alles ist wichtig, denn der Kunde soll Wein emotional erleben dürfen. Was uns jedoch in diesem Jahr auffällt, ist, dass auch die Weine, zumindest im Mittelsegment, reichlich kommerziell gemacht sind. Lobten wir zuletzt eigene, unverwechselbare Gesichter, so trifft dies heute noch auf die Topweine zu, ganz besobnders auf den ausgezeichneten Riesling Kirchenstück, nicht aber auf den Rest. Der präsentiert sich auch in den Analysewerten fast immer identisch. Nicht dass wir uns falsch verstehen: Das ist alles sehr hochwertig. Dennoch würden wir uns mehr Individualität wünschen.

Anzahl der verkosteten Weine: 13
Bewertungen: 82–90 Punkte

2014	Sauvignon Blanc trocken **9,– €** | 13% | bis 2017	**83**
2014	Sauvignon Blanc Fumé trocken **11,50 €** | 13% | bis 2018	**84**
2014	Forster Riesling Kabinett trocken **5,90 €**/1,0 Lit. | 11,5% | bis 2017	**82**
2014	Forster Ungeheuer Riesling Kabinett trocken **8,30 €** | 12,5% | bis 2017	**84**
2014	Forster Jesuitengarten Riesling Spätlese trocken **16,– €** | 12,5% | bis 2019	**87**
2014	Forster Freundstück Riesling Spätlese trocken **16,– €** | 12,5% | bis 2019	**87**
2014	Forster Ungeheuer Riesling »Z« Spätlese trocken **16,– €** | 12,5% | bis 2019	**87**
2014	Forster Pechstein Riesling Spätlese trocken **16,– €** | 12,5% | bis 2019	**88**
2014	Forster Kirchenstück Riesling Cyriakus Spätlese trocken **18,– €** | 13% | bis 2019	**90**
2014	Forster Pechstein Riesling Kabinett halbtrocken **7,90 €** | 12% | bis 2016	**82**
2014	Forster Ungeheuer Riesling Spätlese **12,50 €** | 9% | bis 2020	**89**
2014	Forster Kirchenstück Riesling Auslese **16,– €**/0,5 Lit. | 8,5% | bis 2022	**88**
2012	Spätburgunder »BF« trocken Alte Reben **11,50 €** | 13% | bis 2019	**83**

Die Betriebe:
Weltklasse · Deutsche Spitze
Sehr gut · Gut · Zuverlässig
Weitere Empfehlung

WEINGUT MÜNZBERG LOTHAR KESSLER & SÖHNE

76829 Landau-Godramstein · Böchinger Str. 51
☎ (0 63 41) 6 09 35 · Fax 6 42 10
wein@weingut-muenzberg.de
www.weingut-muenzberg.de
Inhaber: Gunter und Rainer Keßler
Betriebsleiter: Gunter Keßler
Kellermeister: Nico Keßler

Verkauf: Familie Keßler
Mo–Fr: 8.00–12.00 Uhr · 14.00–18.00 Uhr
Sa: 9.00–16.00 Uhr

Im Vergleich zu den Vorjahren scheint Ruhe eingekehrt zu sein bei Münzberg. Die Burgunder haben wieder den gewohnten Schmelz, was toll beim Weißburgunder Großes Gewächs zu schmecken ist, noch besser aber beim Chardonnay Stahlbühl, einer Ersten Lage. Völlig überrascht haben uns die Spätburgunder, die wir selten so stark gesehen haben wie mit diesen 2012ern. Auf den Etiketten steht nun nicht mehr »Lothar Keßler & Söhne«, sondern »Gunter Keßler«. Nur richtig und konsequent.

Anzahl der verkosteten Weine: 18
Bewertungen: 79–89 Punkte

2014	Weißburgunder trocken **7,50 €** | 12,5% | 🍷 bis 2017	**79**
2014	Godramsteiner Riesling Kalkgestein trocken **12,– €** | 12,5% | 🍷 bis 2017	**86**
2014	Godramstein Kalkgrube Riesling trocken »Erste Lage« **16,– €** | 13% | 🍷 bis 2019	**84**
2014	Godramsteiner Ochsenloch Weißburgunder trocken »Erste Lage« **16,– €** | 13% | 🍷 bis 2018	**86**
2014	Godramsteiner Schneckenberg Grauburgunder trocken »Erste Lage« **16,– €** | 13% | 🍷 bis 2018	**87**
2014	Godramsteiner Münzberg Riesling Schlangenpfiff »Großes Gewächs« **22,50 €** | 13% | 🍷 bis 2019	**86**
2014	Godramsteiner Münzberg Weißburgunder Schlangenpfiff »Großes Gewächs« **22,50 €** | 13,5% | 🍷 bis 2019	**88**
2012	Godramsteiner Spätburgunder Kalkgestein trocken Barrique **18,– €** | 14% | 🍷 bis 2019	**88**
2012	Godramsteiner Münzberg Spätburgunder Schlangenpfiff »Großes Gewächs« **30,– €** | 14% | 🍷 bis 2020	**89**

WEINGUT GEORG NAEGELE SCHLOSSBERGKELLEREI

67434 Neustadt-Hambach
Schloss-Straße 27–29
☎ (0 63 21) 28 80 · Fax 3 07 08
info@naegele-wein.de
www.naegele-wein.de
Inhaber: Eva und Ralf Bonnet
Betriebsleiter: Ralf Bonnet

Verkauf: Familie Bonnet
Mo–Fr: 9.30–12.00 Uhr · 13.00–17.30 Uhr
Sa: 9.30–14.30 Uhr oder nach Vereinbarung

Wenn in Hambach ein Fest ist, dann herrscht im durchaus stattlichen Anwesen von Eva und Ralf Bonnet das größte Gedränge. Aber auch sonst ist man im Weingut Naegele bestens aufgehoben. Mit ihren Weinen haben sie wieder einen schönen Auftritt hingelegt. Sei es mit dem hervorragenden Sauvignon Blanc, dem reifen Cabernet Sauvignon oder dem famosen Grauburgunder. Der Holzeinsatz wird hier vorbildlich gelebt: nirgends etwas Grünes, Barsches oder Übertanniniges zu finden. Bravo!

Anzahl der verkosteten Weine: 12
Bewertungen: 81–87 Punkte

2014	Riesling Zehntkeller trocken **5,– €**/1,0 Lit. | 12,5% | 🍷 bis 2016	**81**
2014	Hambacher Grauburgunder trocken **6,90 €** | 13% | 🍷 bis 2017	**82**
2014	Sauvignon Blanc trocken **7,20 €** | 12,5% | 🍷 bis 2017	**85**
2014	Hambach am Heidegraben Grauburgunder trocken **9,50 €** | 13,5% | 🍷 bis 2018	**87**
2014	Hambach im Kirschgarten Weißburgunder trocken **10,– €** | 13,5% | 🍷 bis 2018	**85**
2014	Hambach am Kirchberg Riesling trocken **10,50 €** | 13,5% | 🍷 bis 2019	**85**
2014	Weißburgunder & Chardonnay Chronos trocken Barrique **11,50 €** | 14% | 🍷 bis 2018	**86**
2014	Hambacher Schlossberg Riesling Kabinett trocken **6,50 €** | 11,5% | 🍷 bis 2017	**83**
2014	Hambacher Schlossberg Riesling Spätlese trocken **7,90 €** | 13% | 🍷 bis 2018	**84**
2014	Hambacher Römerbrunnen Riesling Spätlese **7,80 €** | 10% | 🍷 bis 2020	**87**
2013	Hambacher Schlossberg Spätburgunder trocken Holzfass **7,20 €** | 13,5% | 🍷 bis 2019	**86**
2012	Cabernet Sauvignon trocken Holzfass **8,50 €** | 13,5% | 🍷 bis 2019	**87**

WEINGUT NAUERTH-GNÄGY

76889 Schweigen-Rechtenbach · Müllerstraße 5
☎ (0 63 42) 91 90 42 · Fax 91 90 43
info@nauerth-gnaegy.de
www.nauerth-gnaegy.de
Inhaber: Familie Nauerth-Gnägy
Betriebsleiter: Michael und Mareen Gnägy

Verkauf: Familie Nauerth-Gnägy
Sa: 9.00–17.00 Uhr und nach Vereinbarung

Wir blicken hier auf eine hervorragende Entwicklung in den letzten Jahren. Die nach der Heirat von Mareen (ehemals Nauerth) und Michael Gnägy erfolgte Zusammenlegung der beiden Betriebe hat besser funktioniert, als die beiden selbst geglaubt hatten. Wir sehen eine entspannte Kollektion mit einem überragenden trockenen Gewürztraminer, der den Mund ausfüllt, ohne aufdringlich zu sein. Die Rieslinge und weißen Burgunder sind kaum dahinter, während es dann bei den Rotweinen noch mal nach oben geht.

Anzahl der verkosteten Weine: 12
Bewertungen: 82–88 Punkte

2014 Riesling trocken **84**
4,50 €/1,0 Lit. | 12,5% | bis 2016

2014 Grauburgunder trocken **82**
5,70 € | 12,5% | bis 2017

2014 Gewürztraminer trocken **87**
6,40 € | 13% | bis 2018

2014 Sauvignon Blanc trocken **84**
7,30 € | 12,5% | bis 2017

2014 Klingener Herrenpfad Riesling trocken **86**
8,50 € | 12,5% | bis 2018

2014 Schweigen-Rechtenbacher Pfarrwingert Grauburgunder trocken **85**
8,70 € | 13,5% | bis 2019

2014 Schweigener Sonnenberg Weißburgunder trocken Holzfass **86**
8,70 € | 14% | bis 2018

2014 Schweigen-Rechtenbacher Herrenwingert Riesling trocken **85**
8,80 € | 12,5% | bis 2019

2011 Cabernet Sauvignon trocken Barrique **87**
10,50 € | 13,5% | bis 2019

2012 Schweigen-Rechtenbacher Herrenwingert Pinot Noir trocken Barrique **88**
19,20 € | 13,5% | bis 2019

2012 Schweigen-Rechtenbacher Pfarrwingert Pinot Noir trocken Barrique **86**
Preis auf Anfrage | 13,5% | bis 2019

WEINGUT NEISS

67271 Kindenheim · Hauptstraße 91
☎ (0 63 59) 43 27 · Fax 4 04 76
info@weingut-neiss.de
www.weingut-neiss.de
Inhaber: Familie Neiss
Betriebsleiter: Axel Neiss
Außenbetrieb: Christine Grasmück
Kellermeister: Hendrik Bitsch

Verkauf: Katja Neiss
Mo–Fr: 9.00–17.30 Uhr, Sa: 10.00–15.00 Uhr

Historie: Weinbau seit 1873

Rebfläche: 27 Hektar
Jahresproduktion: 200.000 Flaschen
Beste Lagen: Kindenheimer Burgweg, Bockenheimer Heiligenkirche und Sonnenberg
Boden: Lehmboden mit Kalkstein
Rebsorten: 40% Riesling, 20% Spätburgunder, 10% Weißburgunder, 30% übrige Sorten
Durchschnittsertrag: 70 hl/ha
Mitglied: Fair'n Green

Axel Neiss hat in den vergangenen Jahren enorm investiert. Die Rebfläche hat um ganze sieben Hektar zugenommen, aber vor allem wurde die komplette Kellerei neu gebaut, was sich in deutlich verbesserten Möglichkeiten ausdrückt. Dafür wurden mit Christine Grasmück (Außenbetrieb) und Hendrik Bitsch (Kellermeister) auch zwei Kräfte eingestellt, die Neiss hier verstärkt unter die Arme greifen. Die verkosteten Rieslinge sind brillant und klar wie immer, wobei der Burgweg die Spitze markiert. Bei den weißen Burgundersorten fehlt uns allerdings etwas die Präzision, hier würden wir uns mehr Dichte und Schmelz erwarten. Wieder stabilisiert haben sich die Rotweine, auch wenn wir bei den Spätburgundern mehr Samtigkeit und Wärme gut finden würden. Toll hingegen die Riesling Beerenauslese, die läuft und läuft und läuft. Idealer Abschluss eines Essens unter Freunden.

Anzahl der verkosteten Weine: 14
Bewertungen: 82–90 Punkte

2014 Bockenheimer Sonnenberg Riesling trocken **85**
8,90 € | 12,5% | bis 2017

2014 Bockenheimer Schlossberg Grauburgunder trocken **84**
9,60 € | 13% | bis 2018

2014 Bockenheimer Schlossberg Chardonnay trocken **87**
9,60 € | 13% | bis 2019

2014 Bockenheimer Heiligenkirche Riesling trocken **87**
10,20 € | 13,5% | bis 2018

2014 Bockenheimer Schlossberg **86**
Weißburgunder trocken Alte Reben
11,20 € | 13,5% | bis 2018

2014 Bockenheimer Sonnenberg **89**
Riesling trocken Alte Reben
14,20 € | 13,5% | bis 2020

2014 Bockenheimer Schlossberg Chardonnay trocken **88**
17,20 € | 13,5% | bis 2020

2014 Kindenheimer Burgweg Riesling trocken **88**
21,20 € | 13,5% | bis 2020

2014 Riesling Beerenauslese **90**
29,70 €/0,375 Lit. | 7,5% | bis 2028

2013 Cuvée »NII« trocken **82**
8,90 € | 13% | bis 2019

2013 Bockenheimer Spätburgunder trocken **85**
8,90 € | 13% | bis 2018

2013 Bockenheimer Vogelsang Frühburgunder trocken **84**
19,20 € | 13,5% | bis 2018

2013 Kindenheimer Katzenstein Syrah trocken **85**
19,20 € | 13,5% | bis 2022

2013 Kindenheimer Vogelsang **87**
Spätburgunder Glockenspiel trocken
25,50 € | 13,5% | bis 2022

WEINGUT AM NIL

67169 Kallstadt · Neugasse 21
☎ (0 63 22) 80 11 · Fax 6 86 55
info@weingutamnil.de
www.weingutamnil.de

Inhaber: Dr. Ana Pohl, Reinfried Pohl jun.
Betriebsleiter: Johannes Häge
Verwalter: Axel Lawall und Johannes Häge
Kellermeister: Johannes Häge und
Julien Meissner

Verkauf: Andrea Hussong
Mo–Fr: 8.00–12.00 Uhr · 13.00–17.00 Uhr
Sa–So: 14.00–20.00 Uhr

Vor ein paar Jahren noch schickte man uns drei Weine aus diesem Hause zur Verkostung. Es war, als die Familie Pohl das alte Weingut Schuster übernommen hatte. Man verfolgte ehrgeizige Pläne, wollte der größte Besitzer in der Lage Saumagen werden. Durch weitere Zukäufe dürfte dieses Ziel inzwischen erreicht sein. Doch mit der Menge kehrt auch die Ernüchterung ein, zumindest bei uns. Hinter dem ausgezeichneten Riesling Saumagen und dem ebenfalls sehr guten Riesling Herrenberg kommt noch ein richtig guter Ungsteiner Riesling – und dann verließen sie ihn. Die ganze Basis ist uns zu ausdruckslos.

Anzahl der verkosteten Weine: 8
Bewertungen: 78–88 Punkte

2014 Riesling trocken **81**
8,50 € | 13% | bis 2017

2014 Sauvignon Blanc trocken **81**
9,50 € | 13% | bis 2017

2014 Weißburgunder trocken **81**
9,50 € | 13% | bis 2018

2014 Ungsteiner Riesling trocken **84**
14,50 € | 13% | bis 2018

2014 Ungsteiner Herrenberg Riesling trocken **87**
19,50 € | 13% | bis 2018

2014 Kallstadter Saumagen Riesling trocken **88**
21,50 € | 13,5% | bis 2019

2013 Spätburgunder trocken **78**
12,50 € | 13% | bis 2018

2013 Kallstadter Saumagen **82**
Spätburgunder trocken
21,50 € | 13,5% | bis 2019

Rote Symbole: Diese Betriebe verdienen in ihrer Klasse besondere Aufmerksamkeit

WEINGUT JOHANN F. OHLER

67435 Gimmeldingen · Meerspinnstraße 33
☎ (0 63 21) 61 16 · Fax 6 03 82
info@weingut-ohler.de
www.weingut-ohler.de
Inhaber: Sabine Ohler-Jost
Verwalter: Nicolas Neff
Kellermeister: Nicolas Neff und Sabine Ohler-Jost

Verkauf: Sabine Ohler-Jost
Mo–Fr: 9.00–12.00 Uhr · 14.00–18.00 Uhr
Sa: 10.00–16.00 Uhr und nach Vereinbarung

Konstanz ist etwas sehr Positives und diese hat Sabine Ohler mit den vergangenen Jahrgängen mehrfach bewiesen. Man könnte ihren Weinen ein sehr gehobenes Mittelfeld attestieren und würde dies niemals böse meinen, ganz im Gegenteil. Ohne unerklärbare Höhenflüge mit einem oder zwei Weinen schafft sie es, ihre Qualitäten dich beisammenzuhalten, alles zwischen 82 und 87 Punkten. Erneut ist der Riesling Alte Reben aus dem Mandelgarten der Leader of the Pack, doch dahinter kratzen der Riesling Idig, der Spätburgunder, ein schmeichelnder Chardonnay mit feinem Holz oder auch der würzig-dichte Cabernet.

Anzahl der verkosteten Weine: 12
Bewertungen: 82-87 Punkte

2014	Riesling trocken **5,50 €**/1,0 Lit. | 12,5% | 🍷 bis 2017	**82**
2014	Spätburgunder trocken Blanc de Noirs **7,- €** | 12,5% | 🍷 bis 2016	**82**
2014	Weißburgunder trocken **7,50 €** | 13% | 🍷 bis 2018	**83**
2014	Grauburgunder trocken **8,- €** | 13% | 🍷 bis 2018	**84**
2014	Chardonnay trocken **8,20 €** | 13,5% | 🍷 bis 2018	**84**
2014	Gimmeldinger Mandelgarten Riesling trocken Alte Reben **11,- €** | 13% | 🍷 bis 2018	**87**
2013	Königsbacher Idig Riesling »JFO« trocken **12,50 €** | 12,5% | 🍷 bis 2018	**85**
2013	Chardonnay »JFO« trocken Barrique **13,50 €** | 13% | 🍷 bis 2018	**85**
2014	Gimmeldinger Biengarten Riesling feinherb **7,90 €** | 12% | 🍷 bis 2017	**83**
2014	Cabernet Sauvignon »CS« trocken **8,50 €** | 11,5% | 🍷 bis 2016	**85**
2013	Spätburgunder trocken Holzfass **8,- €** | 12,5% | 🍷 bis 2018	**82**
2013	Spätburgunder trocken Alte Reben Barrique **16,- €** | 13% | 🍷 bis 2019	**86**

WEINGUT PETRI

67273 Herxheim am Berg · Weinstraße 43
☎ (0 63 53) 23 45 · Fax 41 81
info@weingut-petri.de
www.weingut-petri.de
Inhaber: Sigrun und Gerd Petri
Kellermeister: Gerd Petri

Verkauf: Sigrun Petri
Mo–Fr: 9.00–12.00 Uhr · 13.30–18.00 Uhr
Sa: 9.00–12.00 Uhr · 13.30–17.00 Uhr

Hatten wir da nicht vergangenes Jahr etwas über eine Achterbahn geschrieben und die Weine der Petris als besser als im Vorjahr gelobt? Nun, die jetzt vorgestellten Rieslinge sind durch die Bank gekonnt gemacht, das hat Klasse und Stil. Saumagen, Honigsack und »Haute Futaie« (dahinter verbergen sich Fässer aus hochstämmigem, sehr hochwertigem Holz) – wunderschön zu trinken, mit Aromen von gelben Früchten, aber dahinter auch Eigenständigkeit. Die Kollektion ist erneut etwas uneinheitlich, das haben wir schon besser probiert.

Anzahl der verkosteten Weine: 12
Bewertungen: 80-87 Punkte

2014	Silvaner trocken **4,40 €**/1,0 Lit. | 12% | 🍷 bis 2016	**80**
2014	Herxheimer Honigsack Riesling Kabinett trocken **5,30 €** | 12% | 🍷 bis 2017	**83**
2014	Weißburgunder Kabinett trocken **5,50 €** | 12,5% | 🍷 bis 2017	**82**
2014	Kallstadter Saumagen Riesling Kabinett trocken **5,50 €** | 12% | 🍷 bis 2017	**83**
2014	Grauburgunder Spätlese trocken **7,10 €** | 13% | 🍷 bis 2017	**83**
2014	Herxheimer Honigsack Riesling Spätlese trocken **7,10 €** | 12,5% | 🍷 bis 2018	**85**
2014	Kallstadter Saumagen Riesling Spätlese trocken **8,60 €** | 13% | 🍷 bis 2018	**87**
2013	Herxheimer Himmelreich Chardonnay Spätlese trocken Barrique **10,- €** | 13% | 🍷 bis 2018	**85**
2014	Herxheimer Honigsack Riesling Haute Futaie Spätlese trocken Holzfass **12,80 €** | 13% | 🍷 bis 2018	**86**
2014	Kallstadter Saumagen Riesling Spätlese feinherb Alte Reben **10,80 €** | 12,5% | 🍷 bis 2017	**84**
2013	Frühburgunder Spätlese trocken Holzfass **6,50 €** | 13% | 🍷 bis 2019	**84**
2013	Herxheimer Honigsack Spätburgunder Spätlese trocken Barrique **10,- €** | 14% | 🍷 bis 2019	**81**

WEINGUT KARL PFAFFMANN

76833 Walsheim · Allmendstraße 1
☎ (0 63 41) 96 91 30 · Fax 6 26 09
info@karl-pfaffmann.de
www.karl-pfaffmann.de
Inhaber: Helmut und Markus Pfaffmann
Kellermeister: Markus Pfaffmann und Bernhard Schwaab

Verkauf: Familie Pfaffmann
Mo–Fr: 8.00–12.00 Uhr · 13.00–18.00 Uhr
Sa: 10.00–16.00 Uhr

Vinothek: Nußdorfer Str. 2, 76833 Walsheim

Rebfläche: 60 Hektar
Jahresproduktion: 400.000 Flaschen
Beste Lagen: Gleisweiler Hölle, Walsheimer Silberberg, Nußdorfer Herrenberg
Boden: sandiger Löss, Lösslehm, Kalkstein, Kalkmergel, Buntsandstein
Rebsorten: je 25% Riesling und weiße Burgundersorten, 12% Spätburgunder, 10% Dornfelder, 8% Portugieser, 6% Silvaner, 14% übrige Sorten
Durchschnittsertrag: 69 hl/ha

Die trockenen Weine sind völlig unspektakulär und vielleicht ist das der Grund für ihren Erfolg. Der Betrieb hat sich bestens am Markt etabliert mit einem fruchtigen, sehr typisch für die jeweilige Rebsorte gemachten Weinstil zu sehr moderaten Preisen. Zur Spitze hin wird es immer besser, auch wenn manchmal in den trockenen Weinen mehr Persönlichkeit stecken könnte. Herausragend sind der Chardonnay Linzenbuckel, stets besser werden die Rotweine aus internationalen Sorten, auch die Spätburgunder sind gut. Phantastisch wird's dann mit den restsüßen und edelsüßen Tropfen: Ist die Riesling Auslese schon eine Granate, so stellt die Beerenauslese fast alle in der Pfalz in den Schatten.

Anzahl der verkosteten Weine: 22
Bewertungen: 82–92 Punkte

2014 Walsheimer Silberberg Riesling trocken **84**
5,90 € | 12,5% | bis 2017

2014 Nußdorfer Bischofskreuz Weißburgunder trocken **85**
5,90 € | 12,5% | bis 2017

2014 Nußdorfer Bischofskreuz Grauburgunder trocken **85**
5,90 € | 12,5% | bis 2017

2014 Nußdorfer Bischofskreuz Sauvignon Blanc trocken **82**
6,90 € | 12,5% | bis 2016

2014 Walsheimer Silberberg **88**
Grauburgunder - Selection - trocken
7,90 € | 13,5% | bis 2017

2014 Nußdorfer Herrenberg Riesling trocken Selection **86**
7,90 € | 13% | bis 2017

2014 Walsheimer Silberberg **86**
Gelber Muskateller trocken Selection
8,50 € | 13% | bis 2016

2014 Walsheimer Silberberg Riesling trocken Selection **87**
9,– € | 13,5% | bis 2017

2014 Knöringer Hohenrain **88**
Weißburgunder trocken Selection
9,– € | 13,5% | bis 2017

2014 Nußdorfer Am weißen Kreuz **88**
Riesling trocken Selection Holzfass
11,50 € | 13,5% | bis 2018

2014 Walsheimer Linzenbuckel **90**
Chardonnay trocken Selection Holzfass
11,50 € | 13,5% | bis 2018

2014 Nußdorfer Bischofskreuz Gelber Muskateller **85**
5,90 € | 11% | bis 2018

2014 Walsheimer Silberberg Riesling Spätlese **89**
7,90 € | 10% | bis 2019

2014 Walsheimer Silberberg Riesling Auslese **90**
14,50 € | 7% | bis 2025

2014 Walsheimer Silberberg Riesling Beerenauslese **92**
19,60 €/0,375 Lit. | 6,5% | bis 2030

2013 Walsheimer Silberberg **85**
Spätburgunder trocken Holzfass
7,50 € | 13,5% | bis 2019

2013 Cuvée »Red Vineyard« trocken **83**
8,90 € | 13,5% | bis 2018

2013 Walsheimer Silberberg **86**
Spätburgunder trocken Selection Barrique
10,90 € | 13,5% | bis 2019

2012 Walsheimer Silberberg **87**
St. Laurent trocken Selection Barrique
10,90 € | 13,5% | bis 2018

2012 Merlot trocken Selection Barrique **86**
15,70 € | 14,5% | bis 2019

2013 Pinot Noir Charlotte trocken Barrique **87**
21,90 € | 13,5% | bis 2019

2012 Cuvée »Lara« trocken **89**
21,90 € | 14,5% | bis 2020

WEINGUT ROLF UND TINA PFAFFMANN

76833 Frankweiler · Am Stahlbühl
☎ (0 63 45) 13 64 · Fax 52 02
info@wein-pfaffmann.de
www.wein-pfaffmann.de
Inhaber: Rolf und Tina Pfaffmann
Kellermeister: Tina Pfaffmann

Verkauf: Familie Pfaffmann
nach Vereinbarung

Tina Pfaffmann war über lange Jahre hinweg optisches Aushängeschild für die Weine der Südlichen Weinstraße, auch weil ihr eigenes Naturell dem Wesen der Region entspricht: offen, freundlich, sympathisch. Dies trifft nicht minder auf Pfaffmanns Weine zu, denen jeder akademische, gewollte Aspekt fehlt. Sie haben in der Nase bei den Rieslingen oft klare Apfelaromen und sind schmelzig, wirken durch den eher höheren Restzucker aber auch weich. Mit den Burgundersorten konnten wir hingegen weniger anfangen.

Anzahl der verkosteten Weine: 12
Bewertungen: 79–86 Punkte

2014	Frankweiler Kalkgrube Riesling No.9 trocken **7,20 €** | 12,5% | bis 2016	**84**
2014	Frankweiler Kalkgrube Weißburgunder exklusiv trocken **10,20 €** | 13% | bis 2017	**82**
2014	Frankweiler Königsgarten Spätburgunder Exklusiv trocken Blanc de Noirs **10,20 €** | 13% | bis 2017	**83**
2014	Frankweiler Kalkgrube Riesling Ü40 trocken **10,40 €** | 12,5% | bis 2018	**86**
2014	Frankweiler Kalkgrube Grauburgunder Exklusiv trocken **11,20 €** | 13% | bis 2017	**80**
2014	Frankweiler Biengarten Riesling Naturschön trocken **16,90 €** | 13% | bis 2017	**83**
2014	Böchinger Bischofskeuz Scheurebe Kabinett trocken **7,10 €** | 12,5% | bis 2016	**81**
2014	Frankweiler Kalkgrube Riesling Kabinett trocken **7,60 €** | 12,5% | bis 2017	**83**
2014	Frankweiler Biengarten Muskateller Exklusiv **10,30 €** | 12,5% | bis 2017	**80**
2014	Frankweiler Biengarten Riesling Herzglück **10,60 €** | 13% | bis 2017	**84**
2014	Godramsteiner Münzberg Gewürztraminer Exklusiv **16,80 €** | 13% | bis 2017	**79**
2013	Frankweiler Kalkgrube Riesling Steingut **28,90 €** | 12% | bis 2018	**86**

Neu

WEINGUT THEOBALD PFAFFMANN

76829 Landau-Nußdorf · Lindenbergstraße 36
☎ (0 63 41) 96 91 87 · Fax 96 91 88
info@vinopan.de
www.vinopan.de
Inhaber: Thomas Pfaffmann

Verkauf: nach Vereinbarung

Wir sehen hier mit Thommy Pfaffmann einen jungen Mann am Werk, der sich aus dem Schatten seines Vaters Theobald erst einmal herausschälen musste. Immer wieder mal haben wir Proben seines Könnens im Glas gehabt, doch mit diesem Jahrgang scheint er sich zu stabilisieren. Wir notieren enorm gelungene Weine wie den Sauvignon Blanc Fumé (mit nur zwölf Volumenprozent!) aus dem neuen Holz oder auch einen Pinot Noir, der vielleicht noch etwas weniger Alkohol vertragen würde, aber in der Aromatik eine angenehme Kühle aufweist. Das ist jetzt noch nicht komplett einheitlich auf Schiene gesetzt, aber insgesamt sehr vielversprechend.

Anzahl der verkosteten Weine: 12
Bewertungen: 80–86 Punkte

2010	Pan Pinot Sekt Brut **14,50 €** | 12,5% | bis 2016	**83**
2010	Pan Sekt Brut Rosé **14,50 €** | 12,5% | bis 2017	**84**
2014	Riesling trocken **5,– €**/1,0 Lit. | 12,5% | bis 2016	**81**
2014	Riesling Kalkmergel trocken **7,– €** | 12% | bis 2017	**82**
2014	Auxerrois trocken **8,50 €** | 12,5% | bis 2017	**83**
2014	Sauvignon Blanc trocken **8,50 €** | 12% | bis 2017	**84**
2014	Weißburgunder Zeitlos trocken Barrique **12,50 €** | 14% | bis 2018	**83**
2014	Sauvignon Blanc Fumé trocken **12,50 €** | 12% | bis 2018	**86**
2014	Riesling Zeitlos trocken **13,50 €** | 12,5% | bis 2018	**84**
2013	St. Laurent trocken **8,50 €** | 13% | bis 2018	**82**
2011	Cuvée »Pan Noir« trocken Barrique **15,– €** | 13,5% | bis 2019	**80**
2012	Pinot Noir trocken Barrique **18,– €** | 14% | bis 2019	**85**

Die Weine:
100 Perfekt · **95–99** Überragend · **90–94** Exzellent
85–89 Sehr gut · **80–84** Gut · **75–79** Passabel

WEINGUT PFEFFINGEN

67098 Bad Dürkheim · Pfeffingen 2
☎ (0 63 22) 86 07 · Fax 86 03
info@pfeffingen.de
www.pfeffingen.de
Inhaber: Doris und Jan Eymael
Betriebsleiter: Jan Eymael
Kellermeister: Rainer Gabel

Verkauf: Doris und Karin Eymael
Mo–Fr: 8.00–12.00 Uhr · 13.00–18.00 Uhr
Sa: 9.00–12.00 Uhr · 13.00–16.00 Uhr
und nach Vereinbarung

Sehenswert: Steinsarkophage im Gutshof
Erlebenswert: Hoffest im Juli, Jahrgangspräsentation im Mai

Rebfläche: 17 Hektar
Jahresproduktion: 100.000 Flaschen
Beste Lagen: Ungsteiner Herrenberg und Weilberg
Boden: Terra Rossa, Kalkmergel, Löss
Rebsorten: 60% Riesling, je 10% Scheurebe, Spätburgunder und Weißburgunder, 10% übrige Sorten
Durchschnittsertrag: 55 hl/ha
Mitglied: VDP

Jan Eymael ist einer der Leisen in der Weinszene. Der große Auftritt liegt ihm nicht, lieber lässt er seine Weine für sich sprechen oder aber seine quirlige Frau Karin – am allerliebsten beide. Dass er dennoch viel unterwegs sein muss für Präsentationen, etwa in den USA, Kanada oder der Schweiz (den wichtigsten Exportländern des Weinguts), liegt daran, dass seine Produkte eben enorm gefragt sind. Die Weine von Pfeffingen sind markant und decken ein breites Geschmacksspektrum ab, ohne sich in vielen Rebsorten zu verlieren.

Scheurebe rules

Dass das Weingut 60 Prozent Riesling und jeweils zehn Prozent Weiß- und Spätburgunder ausweist, ist keine Überraschung in der Pfalz. Dass aber noch zehn Prozent Scheurebe hinzukommen, dürfte es kein zweites Mal geben! Was sonst als Aromasorte halt so nebenher läuft, wird hier gepflegt, gehegt und gehätschelt. Jan Eymael genügt es nicht, eine trockene und eine süße Variante auszubauen, nein: Erneut setzte man uns vier unterschiedliche Weine daraus vor und zwar in trocken, als Barrique, als Spätlese und als Beerenauslese. Jedes einzelne Gewächs hat uns überzeugt, bis auf die Beerenauslese – die hat uns fast umgehauen in ihrer Klarheit, Präzision und Spannkraft. In dieser Leidenschaft kann sich der Hauherr wirklich austoben. Mit den Weißweinen des Jahrgangs 2014 darf man sehr zufrieden sein bei Pfeffingen, auch außerhalb der Scheureben. Insbesondere die Rieslinge kommen für ihre jeweilige Lage oder die Bodenart völlig auf den Punkt.

Jan Eymael

Das ist so beim Vergleich von Terra Rossa (fruchtig, saftig, offen) und Kalkstein (klirrend, knackig, klar), geht weiter beim kühl gehaltenen Nußriegel als Erste Lage und gipfelt in diesem Jahr beim Großen Gewächs aus dem Weilberg, einer Lage, in der unglaubliches Potenzial steckt, wie auch ein Exemplar davon bei unserer diesjährigen »Zehn Jahre danach«-Verkostung eindrucksvoll belegen konnte.

Riesling auf den Punkt

In letzter Zeit wurde offenbar vermehrt in die Anlage von Weinbergen mit Rotweinsorten investiert, was uns einerseits etwas irritiert – ganz vielen Mittelhaardtern möchte man ja doch raten, bei ihren Kernkompetenzen zu bleiben –, andererseits aber sind wir auch gespannt, was denn dabei herauskommt. Immerhin ist Jan Eymael ein Tüftler, und er wird schon einen Plan haben, wo er damit hin will.

Anzahl der verkosteten Weine: 12
Bewertungen: 84–94 Punkte

2014 Ungsteiner Riesling trocken **84**
9,80 € | 12,5% | 🍷 bis 2018

2014 Ungsteiner Scheurebe trocken **85**
11,50 € | 12,5% | 🍷 bis 2018

2014 Ungsteiner Riesling Kalkstein trocken **87**
13,50 € | 13,5% | 🍷 bis 2018

2014 Ungsteiner Riesling Terra Rossa trocken **87**
13,50 € | 13% | bis 2018

2014 Ungsteiner Nußriegel **89**
Riesling trocken »Erste Lage«
16,80 € | 13% | bis 2019

2014 Ungsteiner Scheurebe »SP« trocken Barrique **87**
17,– € | 13% | bis 2018

2014 Ungsteiner Herrenberg **87**
Weißburgunder »Großes Gewächs«
21,– € | 13,5% | bis 2020

2014 Ungsteiner Herrenberg **90**
Riesling »Großes Gewächs«
24,– € | 13% | bis 2020

2014 Ungsteiner Weilberg **92**
Riesling »Großes Gewächs«
24,– € | 13,5% | bis 2020

2014 Ungsteiner Scheurebe Spätlese **89**
11,– € | 11% | bis 2020

2014 Ungsteiner Herrenberg **94**
Scheurebe Beerenauslese »Große Lage«
Top 10 **24,– €**/0,375 Lit. | 8,5% | bis 2025

2013 Ungsteiner **87**
Spätburgunder »SP« trocken Barrique
20,– € | 13,5% | bis 2020

WEINGUT PFIRMANN

76829 Landau · Wollmesheimer Hauptstr. 84
(0 63 41) 3 25 84 · Fax 93 00 66
info@weingut-pfirmann.de
www.weingut-pfirmann.de
Inhaber: Jürgen Pfirmann
Kellermeister: Jürgen Pfirmann

Verkauf: Familie Pfirmann
nach Vereinbarung

Was Jürgen Pfirmann in den Jahren geleistet hat, darf nicht hoch genug gewürdigt werden. Damals überwiegend Fassweinbetrieb, heute ein Gut, mit dem in Zukunft zu rechnen sein wird. Wir verkosteten ein Highlight nach dem anderen. Dass er Sauvignon Blanc kann, wissen wir seit 2003. Dass der Muskateller ebenso klar und reintönig ist, war uns neu. Riesling aus Mütterle und Kalmit? Nachbarn, zieht euch warm an, denn auch die Chardonnays und weißen Burgunder sind Obersahne. Demnächst wird der Betrieb durch Zukauf und Umbau eines Nachbargebäudes erweitert, dann sind auch die technischen Abläufe noch besser als bisher. Wir freuen uns auf jede Flasche.

Anzahl der verkosteten Weine: 13
Bewertungen: 84–90 Punkte

2014 Gelber Muskateller trocken **88**
7,40 € | 12,5% | bis 2017

2014 Riesling Bundsandstein trocken **84**
7,90 € | 12,5% | bis 2018

2014 Weißburgunder Landschneckenkalk trocken **85**
7,90 € | 14% | bis 2018

2014 Riesling Kalkmergel trocken **86**
7,90 € | 13% | bis 2018

2014 Riesling Landschneckenkalk trocken **86**
7,90 € | 13% | bis 2019

2014 Sauvignon Blanc trocken **88**
7,90 € | 13% | bis 2017

2014 Chardonnay Kalkgestein trocken **85**
8,90 € | 14% | bis 2018

2014 Ilbesheimer Kalmit Weißburgunder trocken **87**
12,50 € | 14,5% | bis 2019

2014 Leinsweiler Sonnenberg Riesling trocken **87**
12,50 € | 13% | bis 2019

2014 Wollmesheimer Mütterle Riesling trocken **89**
12,50 € | 13,5% | bis 2019

2014 Ilbesheimer Kalmit Riesling trocken **90**
12,50 € | 13,5% | bis 2019

2014 Rieslaner Spätlese **89**
8,90 € | 7,5% | bis 2022

2012 Merlot trocken **85**
15,– € | 14,5% | bis 2019

WEINGUT PFLÜGER

67098 Bad Dürkheim · Gutleutstraße 48
☎ (0 63 22) 6 31 48 · Fax 6 60 43
info@pflueger-wein.de
www.pflueger-wein.de
Inhaber: Familie Pflüger
Kellermeister: Alexander Pflüger

Verkauf: Christa Reuther
Mo–Fr: 9.00–12.00 Uhr · 14.00–18.00 Uhr
Sa: 10.00–16.00 Uhr

Alexander Pflüger kann die Etablierten durchaus das Fürchten lehren. Mit den eigenen Weinen, versteht sich. Und da liegt Pflüger recht weit vorne mit dabei. Im seit 1990 ökologisch bewirtschafteten Betrieb legt er die Latte mit einem Riesling Aus den Terrassen und zwei weiteren Riesling aus dem Herrenberg und dem Michelsberg ziemlich hoch. Gut, wir finden auch einige wirklich kleine Weine im Angebot, darunter einen sehr lauten Sauvignon Blanc. Doch das Grundfazit lautet: Wenn er Riesling machen will, dann lasst ihn Riesling machen. Das kann er.

Anzahl der verkosteten Weine: 12
Bewertungen: 80–90 Punkte

2014	Riesling trocken **5,90 €**/1,0 Lit. | 12,5% | bis 2016	**81**
2014	Sauvignon Blanc Quarzit trocken **7,50 €** | 12% | bis 2017	**80**
2014	Weißburgunder Quarzit trocken **7,50 €** | 12,5% | bis 2017	**83**
2014	Riesling Buntsandstein trocken **7,50 €** | 12% | bis 2017	**85**
2014	Dürkheimer Riesling trocken **10,– €** | 12,5% | bis 2017	**85**
2014	Dürkheimer Fuchsmantel Riesling trocken »Erste Lage« **13,– €** | 12,5% | bis 2018	**87**
2014	Dürkheimer Spielberg Riesling trocken »Erste Lage« **13,50 €** | 12,5% | bis 2018	**87**
2014	Ungsteiner Herrenberg Riesling trocken »Große Lage« **15,– €** | 13% | bis 2018	**89**
2014	Dürkheimer Michelsberg Riesling trocken »Große Lage« **16,– €** | 13% | bis 2018	**88**
2013	Dürkheimer Pinot Noir trocken Holzfass **11,50 €** | 13,5% | bis 2018	**81**
2013	Dürkheimer Fronhof Pinot Noir trocken »Erste Lage« Holzfass **16,– €** | 13,5% | bis 2019	**85**

WEINGUT PORZELT

76889 Klingenmünster · Steinstraße 91
☎ (0 63 49) 81 86 · Fax 39 50
info@weingut-porzelt.de
www.weingut-porzelt.de
Inhaber und Betriebsleiter: Andreas Porzelt
Kellermeister: Andreas Porzelt

Verkauf: Anna und Andreas Porzelt
Mo–Sa: 9.00–12.00 Uhr · 14.00–18.00 Uhr

Sehenswert: Verkaufsraum im stilvoll renovierten Gewölbekeller

Rebfläche: 14 Hektar
Jahresproduktion: 75.000 Flaschen
Beste Lagen: Klingenmünster Maria Magdalena, Gleiszeller Kirchberg
Boden: Muschelkalk, Buntsandstein, Kiessand, Lehm, Ton
Rebsorten: 23% Riesling, je 13% Portugieser und Silvaner, 11% Spätburgunder, 7% Grauburgunder, 6% Weißburgunder, 4% Chardonnay, 23% übrige Sorten
Durchschnittsertrag: 65 hl/ha
Mitglied: VDP Spitzentalent

Holla! Andreas Porzelt macht mit diesen Weinen einmal mehr einen richtig guten Eindruck! Den Ruf, den wohl besten Silvaner der Pfalz zu erzeugen, bestätigt er nachdrücklich. Was er mit Silvaner, Riesling, Weißburgunder und Chardonnay aus dem Holz zeigt, ist große Klasse, weil absolut gekonnt. Überhaupt scheint hier nichts von der Stange zu sein, jeder Wein ist individuell, selbst die Ortsweine haben Format und Persönlichkeit. Nach einem auch dank Wetterkapriolen überschaubaren Jahrgang 2013 läuft der zurückhaltende und grundsympathische Südpfälzer nun wieder zu der Form auf, die wir in den vergangenen Jahren immer wieder genießen durften. Im näheren Umfeld ist er inzwischen ohnehin der unumstrittene Qualitätsleader. Rotweine wurden uns diesmal nicht vorgestellt, da sie aufgrund des Jahrganges 2013 nicht in der gewünschten Weise produziert werden konnten. Wir freuen uns halt auf die 2014er, weil wir wissen: Portugieser and Pinots will be back ...

Zeichenerklärung:
Schnäppchenpreis · Top 10 Spitzenreiter
Ökobetrieb · Trink-Tipp · Versteigerungswein
Sekt | Weißwein | Rotwein | Roséwein

Anzahl der verkosteten Weine: 12
Bewertungen: 81–90 Punkte

Jahrgang	Wein	Punkte
2014	Riesling trocken **5,80 €**/1,0 Lit. | 11,5% | bis 2017	81
2014	Silvaner trocken **8,– €** | 12% | bis 2017	84
2014	Weißburgunder trocken **8,– €** | 12% | bis 2017	84
2014	Klingenmünster Riesling Buntsandstein trocken **11,80 €** | 12% | bis 2017	86
2014	Klingenmünster Weißburgunder Muschelkalk trocken **11,80 €** | 13% | bis 2018	87
2014	Gleiszeller Silvaner Muschelkalk trocken **11,80 €** | 12,5% | bis 2018	87
2014	Grauburgunder trocken Alte Reben **11,80 €** | 13% | bis 2017	85
2014	Klingenmünster Maria Magdalena Riesling trocken **17,40 €** | 12,5% | bis 2019	89
2014	Klingenmünster Maria Magdalena Weißburgunder trocken **17,40 €** | 13,5% | bis 2019	90
2014	Klingenmünster Maria Magdalena Chardonnay trocken Barrique **19,60 €** | 13,5% | bis 2019	89
2014	Gleiszeller Kirchberg Silvaner 500.2 trocken Holzfass **23,– €** | 13% | bis 2020	90
2014	Klingenmünster Riesling Spätlese **11,80 €** | 9% | bis 2020	86

Kollektion des Jahres 2013,

WEINGUT ÖKONOMIERAT REBHOLZ

76833 Siebeldingen · Weinstraße 54
☎ (0 63 45) 34 39 · Fax 79 54
wein@oekonomierat-rebholz.de
www.oekonomierat-rebholz.de
Inhaber: Hansjörg Rebholz
Kellermeister: Rainer Keßler

Verkauf: Familie Rebholz
Mo–Fr: 9.00–12.00 Uhr · 14.00–17.30 Uhr
Sa: 10.00–16.00 Uhr

Historie: Weinbau in der Familie seit über 350 Jahren

Rebfläche: 22 Hektar
Jahresproduktion: 120.000 Flaschen
Beste Lagen: Birkweiler Kastanienbusch und Mandelberg, Siebeldinger im Sonnenschein, Ganz Horn im Sonnenschein, Albersweiler Latt, Frankweiler Biengarten
Boden: Lösslehm, Muschelkalk, Buntsandsteinverwitterung, Rotliegendes, Hangschotter
Rebsorten: 40% Riesling, 20% Spätburgunder, 15% Weißburgunder, 8% Chardonnay, 5% Grauburgunder, 12% übrige Sorten
Durchschnittsertrag: 55 hl/ha
Mitglied: VDP, Fünf Winzer – Fünf Freunde, Renaissance des Appellations, Respekt

Hansjörg Rebholz darf getrost als so etwas wie der Spiritus Rector der Weinszene in der Pfalz bezeichnet werden. Es gibt wenig, das er nicht mitbekommt, seine Meinung ist ebenso gefragt wie sein Rat, wenn bei Kollegen etwas nicht ganz rund läuft oder es zu irgendwelchen Problemen kommt, weintechnisch wie politisch. Zudem ist er noch der Vorsitzende des VDP Pfalz, mithin eine echte Allroundanlaufstelle.

Ganz großes Kino

Die ist er ohnehin schon als Winzer für all diejenigen, die wissen wollen, wie es in einem der allerbesten Weingüter Deutschlands zugeht und was es dort zu kosten gibt. Vorhang auf und bereit fürs ganz große Kino, bitteschön! Schwellenangst braucht man keine zu haben, es ist alles sehr familiär. Pfälzisch eben. Sitzt man dann erst mal am langen Tisch, möchte man da eigentlich nie wieder aufstehen – zu gut ist das, was eingeschenkt wird. Selbst die einfacheren Weine sind nie wischiwaschi, das würde den Ansprüchen des Hausherren diametral entgegenlaufen. Präzision,

Geradlinigkeit, scharfe Kante, Eindeutigkeit, solche Werte pflegt man hier. Wo Frische und Leichtigkeit gefragt sind, wie beim trockenen Muskateller oder beim Riesling aus dem Muschelkalk, reichen wie selbstverständlich 11 oder 11,5 Volumenprozent, und dennoch wird vollster Geschmack transportiert. Mit jedem Schritt nach oben wird dann die Begeisterung größer. Bei zwölf Weinen mit 90 Punkten und darüber fällt es natürlich außerordentlich schwer, einzelne Gewächse ganz besonders herauszustellen. Vielleicht sollten wir es in diesem Jahr aber dennoch mit dem Chardonnay tun. Einen solchen Wein dieser Rebsorte haben wir in Deutschland bislang nicht erleben dürfen. Er ist straff, elegant, extrem lange – und der beste Beweis dafür, dass diese Sorte nicht nur absolut gut werden kann in der Pfalz, sondern hier eine echte Heimat gefunden hat.

Hansjörg Rebholz

Die Qual der Wahl

Dass die Rieslinge Kastanienbusch, Sonnenschein und Ganz Horn, der Weißburgunder Sonnenschein und der Spätburgunder zu den besten deutschen Gewächsen zählen, daran haben wir uns ja über viele Jahre hinweg schon gewöhnen dürfen. Echter Luxus.

Anzahl der verkosteten Weine: 20
Bewertungen: 84–993 Punkte

2014 Riesling trocken **84**
10,30 € | 11,5% | bis 2017

2014 Weißburgunder trocken **85**
10,30 € | 13% | bis 2018

2014 Muskateller trocken **90**
13,– € | 11% | bis 2017

2014 Riesling vom Buntsandstein trocken **87**
17,50 € | 12% | bis 2018

2014 Riesling vom Muschelkalk trocken **88**
17,50 € | 12% | bis 2018

2014 Weißburgunder vom Lößlehm trocken **88**
17,50 € | 13% | bis 2019

2014 Siebeldinger **90**
Weißburgunder vom Muschelkalk trocken
22,– € | 13,5% | bis 2019

2014 Frankweiler Biengarten Riesling trocken »Erste Lage« **89**
22,– € | 12% | bis 2018

2014 Sauvignon Blanc »R« trocken **85**
22,50 € | 12,5% | bis 2019

2014 »π-no« »R« trocken **91**
29,– € | 13% | bis 2022

2014 Chardonnay »R« trocken **94**
Top 10 **29,– €** | 13,5% | bis 2022

2014 Birkweiler Mandelberg **91**
Weißburgunder »GG« trocken »Große Lage«
37,– € | 13% | bis 2022

2014 Siebeldinger im Sonnenschein **92**
Weißburgunder »GG« trocken »Große Lage«
Top 10 **37,– €** | 13,5% | bis 2022

2014 Siebeldinger im Sonnenschein **92**
Riesling »GG« trocken »Große Lage«
38,– € | 12% | bis 2022

2014 Siebeldingen Ganz Horn Im Sonnenschein **93**
Riesling »GG« trocken »Große Lage«
Kräutrig, verspielt, dicht. **38,– €** | 12% | bis 2022

2014 Birkweiler Kastanienbusch **94**
Riesling »GG« trocken »Große Lage«
Top 10 **44,– €** | 12% | bis 2022

2013 Siebeldinger **90**
Spätburgunder »R« vom Muschelkalk trocken
30,– € | 12,5% | bis 2021

2013 Siebeldinger im Sonnenschein **91**
Spätburgunder »R« trocken »Große Lage«
50,– € | 12,5% | bis 2022

2013 Arzheimer Rosenberg **90**
Spätburgunder Hans und Valentin trocken »Erste Lage«
auf Anfrage | 12,5% | bis 2019

2013 Spätburgunder Tradition trocken **90**
18,– € | 13% | bis 2019

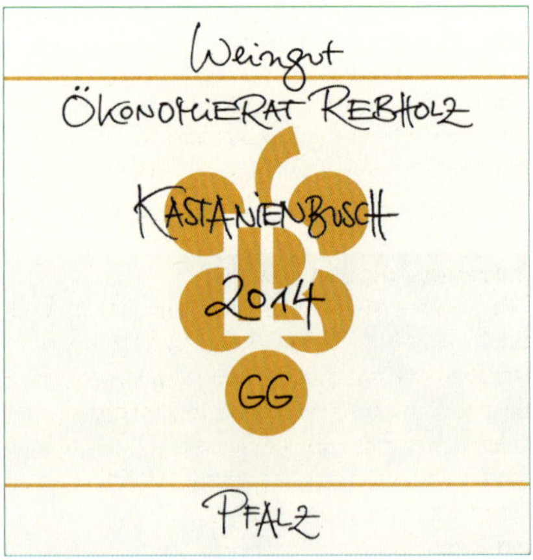

WEINGUT RINGS

67251 Freinsheim · Dürkheimer Hohl 21
☎ (0 63 53) 22 31 · Fax 91 51 64
info@weingut-rings.de
www.weingut-rings.de
Inhaber und Betriebsleiter: Steffen und Andreas Rings

Verkauf: Familie Rings
Mo–Sa: 10.00–12.00 Uhr · 13.00–17.00 Uhr

Rebfläche: 28,5 Hektar
Jahresproduktion: 170.000 Flaschen
Beste Lagen: Freinsheimer Schwarzes Kreuz, Kallstadter Saumagen, Ungsteiner Weilberg
Boden: Sand und Kies, Lösslehm, Kalkstein, Terra Rossa
Rebsorten: je 30% Riesling und Spätburgunder, 20% weiße Burgundersorten, 20% übrige Sorten
Durchschnittsertrag: 52 hl/ha
Mitglied: Barrique Forum Pfalz

Es ist mitunter schwer – vor allem für Mitbewerber, bei denen dies Neid schürt – nachzuvollziehen, warum ein Betrieb einen dermaßen rasanten Aufschwung nimmt. Bei Rings haben wir dafür die einfache Erklärung, dass es für die beiden Brüder Steffen und Andreas nichts wichtigeres gibt als eben Wein und dessen Qualität. Mit einer Phalanx herausragender Rieslinge, hervorragenden Spätburgundern, wobei wir den einfachsten für kleines Geld als besonders guten Sortentyp loben wollen, sowie den beiden außergewöhnlichen Cuvées Kreuz haben die Gebrüder Rings ihre herausragende Stellung einmal mehr bewiesen. Bei den Roten entsteht der Eindruck, als ob es den eher schwierigen 13er Jahrgang gar nicht gegeben hätte. Sie sind erneut verbessert. 2015 wurden Rings als offizielles Mitglied im VDP Pfalz aufgenommen, was den Druck auf so manchen etablierten Betrieb erhöhen dürfte. Denn so gut wie Rings sind selbst in der Breite nur wenige Weingüter aufgestellt.

Keineswegs auf dem Holzweg

Was wir zuerst von ihnen verkostet hatten, waren die 2005er Weine. Damals hatten wir noch unterstrichen, dass uns die »klaren, sortenreinen Weine aus dem Stahltank am besten gefallen«. Zwei Jahre später bereits fiel uns die Investition in Holzgärbottiche und in kleine Holzfässer auf. Von da an konnten wir uns Jahr für Jahr nur noch am Kopf kratzen bei den Verkostungen. Rasch wurde erkenntlich, dass Steffen und Andreas Vollgas geben und dass jeder Cent in den Betrieb reinvestiert wird. Heute werden 60 Prozent der Weine (aus immerhin 28,5 Hektar!) im Holz ausgebaut, wobei Halbstück und Stückfass auf dem Vormarsch sind. Nach dem Zukauf von guten Parzellen in Spitzenlagen zwischen Kallstadt und Bad Dürkheim hat man bei Rings nun alle Möglichkeiten. Die Wirtschaftsweise wurde auf ökologisch umgestellt, 80 Prozent der Weißen und 70 Prozent der Roten werden spontan vergoren. In den kommenden Jahren soll das Weingut aus dem Wohngebiet ausgesiedelt werden an den Ortsrand, was eine erhebliche Erleichterung bei den Abläufen darstellen wird.

Andreas (links) und Steffen Rings

Saumagen überragend

Die Konzentration geht ganz klar hin auf Riesling, weiße Burgundersorten und Spätburgunder, dazu Syrah und zwei Cuvées als »Das Kreuz« und »Das kleine Kreuz«, wobei der allgemeine Trend der vergangenen Jahre zu Weißweinsorten lief. Die Fähigkeiten sind breit gestreut, es fällt nichts links oder rechts herunter. Der Riesling Saumagen ist überragend, der Weilberg kaum dahinter. Mit solchen Leistungen mehrfach hintereinander darf der Zutritt zur nächsten Ebene nicht verwehrt bleiben.

Die Betriebe:
Weltklasse · Deutsche Spitze
Sehr gut · Gut · Zuverlässig
Weitere Empfehlung

Anzahl der verkosteten Weine: 16 Bewertungen: 84-92 Punkte		
2014	Riesling Kalkmergel trocken	**84**
	7,90 € | 12% | bis 2018	
2014	Freinsheimer Riesling trocken	**87**
	12,- € | 12,5% | bis 2018	
2014	Freinsheimer Weißburgunder trocken Holzfass	**87**
	12,- € | 13% | bis 2019	
2014	Ungsteiner Nussriegel Riesling trocken	**90**
	16,- € | 13% | bis 2020	
2014	Kallstadter Steinacker Riesling trocken	**90**
	16,- € | 13% | bis 2020	
2014	Ungsteiner Weilberg Weißburgunder trocken Holzfass	**89**
	24,- € | 13,5% | bis 2019	
2014	Ungsteiner Weilberg Riesling trocken	**91**
	24,- € | 13% | bis 2019	
2014	Kallstadter Saumagen Riesling trocken	**92**
	28,- € | 13% | bis 2020	
2013	Spätburgunder trocken Barrique	**86**
	9,- € | 13% | bis 2018	
2013	Freinsheimer Spätburgunder trocken Barrique	**87**
	16,- € | 13,5% | bis 2020	
2013	Cuvée »Das kleine Kreuz« trocken Barrique	**87**
	20,- € | 13,5% | bis 2020	
2013	Kallstadter Steinacker Spätburgunder trocken Barrique	**89**
	22,- € | 13,5% | bis 2020	
2013	Kallstadter Saumagen Spätburgunder trocken Barrique	**90**
	38,- € | 13% | bis 2022	
2012	Cuvée »Das Kreuz« trocken Barrique	**91**
	38,- € | 14% | bis 2022	
2012	Syrah trocken Reserve Barrique	**90**
	40,- € | 14% | bis 2022	
2013	Spätburgunder Felsenberg im Berntal trocken Barrique	**88**
	49,- € | 12,5% | bis 2022	

WEINGUT RÖSSLER-SCHNEIDER

67487 St. Martin · Maikammererstraße 12
☎ (0 63 23) 50 75 · Fax 98 96 93
info@roessler-schneider.de
www.roessler-schneider.de
Inhaber und Betriebsleiter: Robert Schneider

Verkauf: Priska Schneider
Sa: 8.30–11.30 Uhr · 13.30–17.30 Uhr
So: 10.00–12.00 Uhr und nach Vereinbarung

Es ist, so glauben wir zu wissen, weder Anspruch noch Ziel von Robert Schneider, vinologische Überflieger zu kreieren. Am liebsten sind ihm ehrlich gemachte, geradlinige Trinkweine, vor denen man beim Nippen nicht hinknien muss. Und diese Disziplin beherrscht Schneider aus dem Effeff. Es machte Spaß, diese unkomplizierte Kollektion durchzuprobieren, die durchaus Ausschläge nach oben hat, aber in Summe sehr harmonisch auf einem guten Niveau steht. Gerade auch die Bukettsorten sind das Ding des Winzers, wie er mit einem schön straffen Muskateller und einem wie Öl laufenden Gewürztraminer Spätlese beweist.

Anzahl der verkosteten Weine: 12 Bewertungen: 80-87 Punkte		
2014	Riesling trocken	**80**
	4,90 €/1,0 Lit. | 12% | bis 2017	
2014	St. Martin Baron Scheurebe trocken	**82**
	6,20 € | 12% | bis 2017	
2014	Auxerrois trocken	**84**
	6,70 € | 12,5% | bis 2017	
2014	St. Martin Baron Weißburgunder trocken	**85**
	6,70 € | 12,5% | bis 2017	
2014	St. Martin Baron Sauvignon Blanc trocken	**84**
	7,50 € | 12,5% | bis 2017	
2014	Gelber Muskateller trocken	**86**
	8,- € | 12% | bis 2017	
2014	St. Martin Baron Grauburgunder trocken	**82**
	8,50 € | 13% | bis 2017	
2014	St. Martin Baron Riesling Kabinett trocken	**84**
	6,- € | 11,5% | bis 2017	
2014	St. Martin Baron Riesling Spätlese trocken	**87**
	6,70 € | 12,5% | bis 2018	
2014	Cuvée »Blanc« feinherb	**84**
	6,20 € | 11,5% | bis 2016	
2014	Diedesfelder Ölgässel Gewürztraminer Spätlese	**86**
	8,- € | 9% | bis 2020	
2014	Spätburgunder trocken Rosé	**82**
	6,50 € | 11,5% | bis 2016	

WEINGUT HEINER SAUER

76833 Böchingen · Hauptstraße 44
☎ (0 63 41) 6 11 75 · Fax 6 43 80
info@weingut-sauer.com
www.weingut-sauer.com
Inhaber: Heiner Sauer
Kellermeister: Felix Haertel

Verkauf: Albert Zowka
nach Vereinbarung

Ja, wir waren vergangenes Jahr hart mit Heiner Sauer ins Gericht gegangen, denn eine Abstufung ist nie schön. Im persönlichen Gespräch bestätigte er allerdings unsere Einschätzung – was eine große Persönlichkeit ausmacht. Heuer wiederum sind wir sehr angetan von dem, was wir probieren durften. Alle Weine sind klar und eindeutig, das Gegenteil von beliebig. Erneut ist der Grünfränkisch unser Favorit, weil er so markant und strukturvoll ist, schmelzig und voller Frucht. Kein Wunder, dass auch der knackige Riesling Steinreich hohe Noten bekommt. Wer's noch nicht wissen sollte: Sauer betreibt auch ein Weingut in Spanien, die Bodegas Palmera.

Anzahl der verkosteten Weine: 12
Bewertungen: 81-90 Punkte

2014	Riesling trocken **5,50 €**/1,0 Lit. | 11,5% | bis 2017	**81**
2014	Böchinger Riesling Zinkler trocken **7,20 €** | 12% | bis 2017	**84**
2014	Sauvignon Blanc trocken **8,50 €** | 12% | bis 2017	**85**
2014	Godramsteiner Weißburgunder Kalkgestein trocken **8,50 €** | 13,5% | bis 2017	**83**
2014	Burrweiler Schäwer Riesling trocken **9,- €** | 12% | bis 2018	**85**
2014	Nußdorfer Herrenberg Chardonnay trocken **9,50 €** | 13,5% | bis 2018	**85**
2014	Nußdorfer Herrenberg Grauburgunder trocken **9,50 €** | 13,5% | bis 2017	**85**
2014	Godramsteiner Münzberg Weißburgunder trocken **11,- €** | 13,5% | bis 2018	**88**
2014	Godramsteiner Riesling Steinreich trocken **12,50 €** | 13% | bis 2018	**89**
2014	Böchinger Schloss Grünfränkisch trocken **14,50 €** | 13% | bis 2018	**90**
2014	Nußdorfer Herrenberg Gewürztraminer **11,- €** | 12,5% | bis 2018	**89**
2014	Nußdorfer Kaiserberg Spätburgunder trocken Barrique **17,50 €** | 13% | bis 2018	**86**

WEINGUT KARL SCHAEFER

67098 Bad Dürkheim · Weinstraße Süd 30
☎ (0 63 22) 21 38 · Fax 87 29
info@weingutschaefer.de
www.weingutschaefer.de
Inhaber: Dr. Job und Nana von Nell
Verwalter: Patrick Müller
Kellermeister: Gabriel Huber

Verkauf: Thomas Sebastian und Regina Maier
Mo–Fr: 9.00–12.00 Uhr · 13.00–18.00 Uhr
Sa: 10.00–16.00 Uhr

Die Konsolidierung beim einst so zu Recht gerühmten Weingut Karl Schaefer setzt sich auch mit dem Jahrgang 2014 fort. Mit Freude beobachten wir, dass der Stil des Hauses, nämlich sehr klare, trockene und dabei im Alkohol leichte Weine zu erzeugen, immer besser gelingt. Die Rieslinge aus dem Quetschenbaum oder dem Gerümpel etwa sind pfiffig, spritzig und haben dennoch Tiefgang. Die Familie von Nell hat mit Gabriel Huber offenbar den richtigen Mann im Keller. Wir sind beeindruckt.

Anzahl der verkosteten Weine: 12
Bewertungen: 81-89 Punkte

2013	Pinot Gris Sekt trocken **14,- €** | 12,5% | bis 2016	**83**
2014	Riesling trocken **6,80 €**/1,0 Lit. | 12% | bis 2016	**83**
2014	Riesling trocken **6,90 €** | 12% | bis 2017	**83**
2014	Dürkheimer Riesling Sonnentropfen trocken **9,- €** | 12% | bis 2017	**85**
2014	Wachenheimer Gerümpel Riesling trocken »Erste Lage« **12,- €** | 12% | bis 2018	**85**
2014	Dürkheimer Spielberg Riesling trocken »Erste Lage« **12,- €** | 12% | bis 2018	**88**
2014	Wachenheimer Fuchsmantel Riesling Quetschenbaum trocken »Erste Lage« **12,- €** | 12% | bis 2018	**88**
2014	Dürkheimer Michelsberg Riesling »Großes Gewächs« **25,- €** | 12% | bis 2018	**89**
2014	Ungsteiner Herrenberg Riesling »Großes Gewächs« **25,- €** | 12% | bis 2019	**89**
2014	Dürkheimer Spielberg Riesling Schöne Anna Spätlese »Erste Lage« **12,- €** | 8% | bis 2019	**89**
2014	St. Laurent trocken **9,- €** | 10,5% | bis 2017	**81**
2013	Cuveé »S« trocken **8,- €** | 12% | bis 2018	**82**

WEINGUT SCHENK-SIEBERT

67269 Grünstadt-Sausenheim
Leininger Straße 16
☎ (0 63 59) 21 59 · Fax 8 30 34
schenk-siebert@t-online.de
www.weingut-schenk-siebert.de
Inhaber: Hildegard und Gerhard Siebert
Kellermeister: Gerhard Siebert
Außenbetrieb: Christoph Siebert

Verkauf: Hildegard Siebert
Mo–Fr: 10.00–18.00 Uhr
Sa: 10.00–16.00 Uhr und nach Vereinbarung

Neben der wie zuletzt schon sehr schönen Chardonnay Spätlese trocken gefiel uns die saftige Riesling Spätlese Alte Reben richtig gut von den Sieberts, bei denen Sohn Christoph inzwischen die Außenbewirtschaftung des in den letzten Jahren vergrößerten Betriebs leitet. Dann aber tun wir uns wiederholt schwer, so etwa mit den Rotweinen, die teilweise viel zu kräftig im Alkohol ausfallen oder, bei aller Weichheit der Spätburgunder, wenig typisch geraten sind.

Anzahl der verkosteten Weine: 12
Bewertungen: 79–86 Punkte

2014	Sausenheimer Höllenpfad Riesling trocken **4,90 €**/1,0 Lit. | 13% | 🍷 bis 2016	**81**
2014	Grauburgunder trocken **6,20 €** | 13% | 🍷 bis 2017	**82**
2014	Neuleininger Feuermännchen Chardonnay Spätlese trocken **8,50 €** | 13,5% | 🍷 bis 2018	**86**
2014	Sausenheimer Hütt Riesling Spätlese trocken Alte Reben **11,– €** | 13% | 🍷 bis 2018	**85**
2012	Neuleininger Feuermännchen Chardonnay Auslese trocken Barrique **12,50 €** | 14% | 🍷 bis 2019	**84**
2014	Neuleininger Feuermännchen Scheurebe Auslese **11,– €** | 8,5% | 🍷 bis 2019	**83**
2012	Cuvée trocken Barrique **8,90 €** | 14% | 🍷 bis 2018	**82**
2013	Neuleininger Feuermännchen Spätburgunder Meisterspiel Spätlese trocken Barrique **12,50 €** | 13% | 🍷 bis 2018	**79**
2012	Neuleininger Feuermännchen Spätburgunder Spätlese trocken Barrique **13,– €** | 13,5% | 🍷 bis 2018	**82**
2012	Weisenheimer Vogelsang Frühburgunder Auslese trocken Barrique **25,– €** | 14% | 🍷 bis 2019	**84**

WEINHOF SCHEU

76889 Schweigen-Rechtenbach · Hauptstr. 33
☎ (0 63 42) 72 29 · Fax 91 99 75
info@weinhof-scheu.de
www.weinhof-scheu.de
Inhaber: Günter und Klaus Scheu
Kellermeister: Klaus Scheu

Verkauf: Günter und Klaus Scheu
Sa: 10.00–18.00 Uhr und nach Vereinbarung

Rebfläche: 14 Hektar
Jahresproduktion: 90.000 Flaschen
Beste Lage: Schweigener Sonnenberg, Rädling und Strohlenberg
Boden: sandiger Lehm, Kalkmergel und Ton
Rebsorten: 50% Burgundersorten, 33% Riesling, je 5% Gewürztraminer und Scheurebe, 7% übrige Sorten
Durchschnittsertrag: 67 hl/ha
Mitglied: Südpfalz Connexion

Es gab 2015 bereits ein Jubiläum zu feiern: 50 Jahre Weinhof Scheu! Daher bekam der Weinfreund auch den entsprechenden Jubiläumswein, abgefüllt als 2014er Riesling, versehen mit dem Originaletikett von damals. Eine schöne Hommage mit einem gelungenen Tropfen. Gelungen ist Klaus Scheu aber auch sonst im Grunde alles aus diesem Jahrgang. Die Rieslinge zeigen durchgehend gutes Profil, die Lagenweine aus dem Strohlenberg (Weißburgunder) und dem Rädling (Grauburgunder) sind grandios, der Riesling Sonnenberg sowie der Rädling Riesling und Weißburgunder kaum weniger gut. Den Vogel schoss aber der Gewürztraminer ab: Derart federnd leicht, unaufdringlich und doch ausgestattet mit allem an Rose oder Litschi, was diese Sorte braucht – das findet man selten. Übrigens, man glaubt es kaum: Der Umbau ist fertig, die neue Vinothek eröffnet. »Nix wie hie!«, sagt der Pfälzer.

Zeichenerklärung:
Schnäppchenpreis · Top 10 Spitzenreiter
Ökobetrieb · Trink-Tipp · Versteigerungswein
Sekt | Weißwein | Rotwein | Roséwein

Anzahl der verkosteten Weine: 12
Bewertungen: 79–91 Punkte

2014 Riesling trocken **79**
4,80 €/1,0 Lit. | 12% | bis 2016

2014 Weißburgunder trocken **84**
6,50 € | 12,5% | bis 2017

2014 Schweigener Riesling Kalkstein trocken **83**
8,50 € | 12,5% | bis 2017

2014 Schweigener Weißburgunder Kalkstein trocken **85**
8,50 € | 13,5% | bis 2017

2014 Schweigener Riesling Jubiläumswein trocken **86**
10,– € | 12,5% | bis 2017

2014 Schweigener Sonnenberg »Rädling« Riesling trocken **87**
14,50 € | 13% | bis 2019

2014 Schweigener Sonnenberg »Rädling« Weißburgunder trocken **87**
14,50 € | 13,5% | bis 2019

2014 Schweigener Sonnenberg Riesling trocken **88**
14,50 € | 13,5% | bis 2019

2014 Schweigener Strohlenberg Weißburgunder trocken **88**
14,50 € | 14% | bis 2019

2014 Schweigener Sonnenberg »Rädling« Grauburgunder trocken **88**
14,50 € | 14% | bis 2019

2014 Schweigener Sonnenberg Gewürztraminer trocken **91**
14,50 € | 14% | bis 2018

2014 Chardonnay trocken **84**
25,– € | 13,5% | bis 2019

WEINGUT EGON SCHMITT

67098 Bad Dürkheim · Am Neuberg 6
☎ (0 63 22) 58 30 · Fax 6 88 99
info@weingut-egon-schmitt.de
www.weingut-egon-schmitt.de
Inhaber und Betriebsleiter: Familie Schmitt
Außenbetrieb: Andreas Weißler
Kellermeister: Jochen Schmitt

Verkauf: Familie Schmitt
Mo–Di, Do–Fr: 10.00–12.00 Uhr · 14.00–18.00 Uhr
Sa: 9.00–15.00 Uhr und nach Vereinbarung

Erlebenswert: Hoffest am 3. Augustwochenende mit Pfälzer Spezialitäten und Jazz-Frühschoppen, kulinarische Weinproben im Mai

Rebfläche: 18,2 Hektar
Jahresproduktion: 155.000 Flaschen
Beste Lagen: Dürkheimer Spielberg und Hochbenn, Ungsteiner Herrenberg
Boden: Kalksteinverwitterung mit Lehm, schwerer Löss, hitzige Sandböden, Buntsandsteinverwitterung
Rebsorten: 40% Riesling, 35% weitere rote Sorten, 15% weiße Burgundersorten, 10% Spätburgunder
Durchschnittsertrag: 75 hl/ha
Mitglied: Fair'n Green

Jochen Schmitt ist einer von jenen Winzern, die es nicht danach drängt, immer an vorderster Front stehen zu müssen, um zu trommeln. Kein Übererklärer seiner Weine, denn das hätte er ohnehin nicht nötig. Immer wieder fällt uns auf, wie gut er inzwischen mit den Rieslingen umgeht: In der Spitze war das kaum besser als jetzt mit den 2014er Goldkapselweinen aus Spielberg und Herrenberg. Gerade der Spielberg begeistert uns mit saftiger Gelbfrucht, hinter der eine große, mineralgeprägte Nachhaltigkeit steckt. Die Rotweine befinden sich eh schon lange auf sehr gutem Niveau, wobei beim Spätburgunder zugelegt wurde. Was in diesem Jahr etwas abfällt, sind die eher mauen weißen Burgundersorten, an denen wir Schmelz und Dichte vermissen.

Die Betriebe:
Weltklasse · Deutsche Spitze
Sehr gut · Gut · Zuverlässig
Weitere Empfehlung

Anzahl der verkosteten Weine: 12
Bewertungen: 82–90 Punkte

2014 Riesling trocken **82**
6,20 €/1,0 Lit. | 12% | bis 2016

2014 Grauburgunder trocken **85**
8,50 € | 13,5% | bis 2017

2014 Dürkheimer Fronhof Weißburgunder trocken **84**
9,– € | 14,5% | bis 2017

2014 Dürkheimer Steinberg **86**
Sauvignon Blanc trocken
9,90 € | 12,5% | bis 2017

2014 Dürkheimer Spielberg Chardonnay trocken **86**
10,50 € | 14,5% | bis 2017

2014 Dürkheimer Spielberg **90**
Riesling trocken Goldkapsel
13,– € | 13,5% | bis 2019

2014 Ungsteiner Herrenberg **89**
Riesling trocken Goldkapsel
14,– € | 13,5% | bis 2019

2013 Regent trocken **87**
10,80 € | 14% | bis 2019

2013 Lagrein trocken **83**
13,50 € | 13,5% | bis 2019

2011 Cabernet Sauvignon trocken Goldkapsel **86**
16,– € | 13,5% | bis 2019

2013 Spätburgunder trocken Goldkapsel **87**
17,– € | 13,5% | bis 2019

2011 Cuvée »Duca XI« trocken **88**
19,50 € | 14% | bis 2019

Neu

SCHNEIDER – HERRENGUT ST. MARTIN

67487 St. Martin · Maikammerer Straße 5
☎ (0 63 23) 80 44 25 · Fax 80 44 26
Weingut@schneider-pfalz.de
Inhaber: Christian Schneider

Verkauf: nach Vereinbarung

Es ist nicht so, als ob das Weingut Schneider eine unbekannte Größe in der Pfalz wäre. Ganz im Gegenteil: Es ist ein Riesenbetrieb. Das Stammhaus befindet sich in St. Martin, wo ebenso ein Hotel mit Restaurant angeschlossen ist. Aber auch die Vinifikation Ludwigshöhe am Schloss Ludwigshöhe in Edenkoben gehört dazu, man hat im Ort dazu noch eine nicht eben kleine Traubenverarbeitung aufgebaut. Und dennoch: Groß muss nicht zwangsläufig beliebig bedeuten. Wir sehen hier durchaus Weine mit Gesicht und Charakter, etwa die Rieslinge Im Spielfeld oder Kirchberg Steillage. Dass sie auch Spätburgunder können, zeigen die Schneiders mit einem Im untern Reit.

Anzahl der verkosteten Weine: 10
Bewertungen: 75–87 Punkte

2014 Maikammer Mandelhöhle **83**
Chardonnay trocken
6,70 € | 12,5% | bis 2017

2014 St. Martiner Baron **87**
Riesling Im Spielfeld Spätlese trocken
7,40 € | 12% | bis 2017

2014 St. Martiner Baron **82**
Sauvignon Blanc im Stäudig Spätlese trocken
9,90 € | 13% | bis 2016

2014 St. Martiner Kirchberg **87**
Riesling Spätlese trocken Steillage
13,10 € | 13% | bis 2018

2014 Riesling halbtrocken **83**
5,10 €/1,0 Lit. | 12% | bis 2016

2014 St. Martiner Baron **84**
Chardonnay In den Rothäckern Spätlese feinherb
10,10 € | 12,5% | bis 2017

2014 Morio-Muskat **82**
5,70 € | 11% | bis 2016

2014 St. Martiner Baron **75**
Gewürztraminer Im Raubfeld Spätlese
7,50 € | 11% | bis 2017

2013 Maikammer Heiligenberg **80**
Cabernet Sauvignon im Linsenfeld trocken
10,30 € | 13% | bis 2017

2013 St. Martiner Baron **86**
Spätburgunder Im untern Reit trocken
10,30 € | 13,5% | bis 2018

WEINGUT SCHOLLER

76831 Birkweiler · Alte Kirchstraße 7
☎ (0 63 45) 35 29 · Fax 85 35
info@weingut-scholler.de
www.weingut-scholler.de
Inhaber: Helmut Scholler

Verkauf: nach Vereinbarung

Helmut Scholler wird froh gewesen sein, als seine Gedanken vom verregneten 2013er zum deutlich besseren Jahrgang 2014 übergehen konnten. Fast jeder Wein hat sich wieder dem genähert, was wir von diesem Betrieb an verlässlichen Qualitäten kennen. Der Chardonnay Tonneau aus dem Mandelberg ist ebenso erfreulich wie der Weißburgunder Kastanienbusch. Die große Leidenschaft des Winzers freilich gehört dem Sekt. Der uns in diesem Jahr vorgestellte Sekt Blanc de Noirs Brut braucht sich aber auch wirklich nicht zu verstecken.

Anzahl der verkosteten Weine: 12
Bewertungen: 79–86 Punkte

2013	Spätburgunder Sekt Brut Blanc de Noirs **9,80 €** | 12% | bis 2017	**86**
2014	Weißburgunder trocken **4,30 €**/1,0 Lit. | 12% | bis 2016	**82**
2014	Birkweiler Riesling Rotliegendes trocken **5,70 €** | 11,5% | bis 2017	**83**
2014	Birkweiler Weißburgunder Sandstein trocken **5,70 €** | 13% | bis 2017	**83**
2014	Ranschbacher Grauburgunder Kalkstein trocken **6,20 €** | 12,5% | bis 2017	**83**
2014	Birkweiler Chardonnay Kalkstein trocken **6,20 €** | 13% | bis 2017	**84**
2014	Muskateller Sandstein trocken **6,50 €** | 12% | bis 2016	**79**
2014	Birkweiler Sauvignon Blanc Tonmergel trocken **6,50 €** | 12% | bis 2016	**82**
2014	Birkweiler Kastanienbusch Weißburgunder trocken **7,60 €** | 13% | bis 2018	**85**
2014	Birkweiler Mandelberg Chardonnay trocken Holzfass **8,90 €** | 13% | bis 2019	**85**
2014	Cabernet Sauvignon & Spätburgunder trocken Rosé **5,70 €** | 11% | bis 2016	**80**
2014	Birkweiler Kastanienbusch Cabernet Sauvignon trocken Barrique **9,80 €** | 13,5% | bis 2019	**82**

WEINGUT SCHUMACHER

67273 Herxheim am Berg · Hauptstraße 40
☎ (0 63 53) 9 35 90 · Fax 93 59 22
info@schumacher-weine.de
www.schumacher-weine.de
Inhaber: Annetrud Franke
Betriebsleiter: Martin Leyh

Verkauf: Annetrud Franke
Mi, Fr: 14.00–17.00 Uhr, Sa: 10.00–14.00 Uhr
und nach Vereinbarung

Sehenswert: historischer Gutshof mit 500 Jahre altem Gewölbekeller, Weinbergsterrasse mit Blick auf Rheinebene

Rebfläche: 7 Hektar
Jahresproduktion: 35.000 Flaschen
Beste Lagen: Herxheimer Himmelreich, Kallstadter Saumagen
Boden: Muschelkalk, Kalkmergel mit Löss, sandiger Lehm, Kreidekalk
Rebsorten: je 40% Riesling und Spätburgunder, je 5% Grauburgunder und Weißburgunder, 10% übrige Sorten
Durchschnittsertrag: 35 hl/ha
Mitglied: Barrique Forum Pfalz

Oben ist halt oben. Das gilt für das Weingut, welches exponiert am Rande Herxheims hoch über dem Rheintal thront. Und gleichermaßen stimmt es für die gelieferten Weinqualitäten, die uns Jahr für Jahr für sich einnehmen. Martin Leyh hat das Kunststück vollbracht, seit seinem Einstieg als Betriebsleiter 2011 nahezu geräuschlos einen perfekten Übergang hinzulegen und dabei inzwischen selbst gekonnte Akzente zu setzen. Der Riesling Himmelreich Garten – einer der Weine aus den fast drei Hektar arrondierter und mit Sandsteinmauern umgebener Lage am Weingut selbst – ist famos, was auch für die beiden Top-Spätburgunder gilt. Hauptmerkmal der Weine ist diese gewisse Unaufgeregtheit, die nicht nach Effekten heischt.

Anzahl der verkosteten Weine: 12
Bewertungen: 81–89 Punkte

2013	Herxheimer Himmelreich Spätburgunder Dosage Zero Crémant Brut nature **14,50 €** | 12,5% | bis 2017	**87**
2014	Riesling trocken **6,50 €**/1,0 Lit. | 12,5% | bis 2017	**81**
2014	Weißburgunder trocken **9,– €** | 12,5% | bis 2017	**83**
2014	Grauburgunder trocken **9,– €** | 13% | bis 2017	**84**
2014	Herxheimer Himmelreich Riesling trocken **12,– €** | 12,5% | bis 2017	**86**
2014	Kallstadter Saumagen Riesling trocken **12,– €** | 12,5% | bis 2018	**87**
2014	Herxheimer Himmelreich Riesling Garten trocken **16,– €** | 13% | bis 2019	**89**
2013	Dirmsteiner Herrgottsacker Spätburgunder trocken **13,– €** | 14% | bis 2018	**86**
2013	Herxheimer Honigsack Spätburgunder Felsenberg trocken **21,– €** | 14% | bis 2019	**84**
2013	Herxheimer Himmelreich Frühburgunder trocken **23,– €** | 14% | bis 2019	**87**
2013	Herxheimer Himmelreich Spätburgunder Garten trocken **23,– €** | 14% | bis 2019	**88**
2013	Herxheimer Himmelreich Spätburgunder »R« Garten trocken **34,– €** | 14% | bis 2019	**88**

WEINGUT STEFAN SCHWAAB

67487 Maikammer · Marktstraße 7
☎ (0 63 21) 5 84 11 · Fax 54 21
info@weingutschwaab.de
www.weingutschwaab.de
Inhaber und Betriebsleiter: Stefan Schwaab

Verkauf: Stefan Schwaab
Mo–Fr: 9.00–18.00 Uhr
Sa: 9.30–17.00 Uhr, So: 10.00–12.00 Uhr

Es ist mit drei Hektar ein sehr kleiner Betrieb, den Stefan Schwaab betreibt. Umso überraschter ist man als Verkoster, wenn einem hier manch richtig guter Tropfen aufgetischt wird. Für 2014 kann man hier ausgezeichnete Ergebnisse konstatieren. Die eine aus der »D«-Reihe (D steht für die römische Zahl 500, weil ausgebaut in 500-l-Fässern) sind durch die Bank gut gemacht. Die ideale Konstellation ist, die Weine zu hervorragendem Essen im gutseigenen Restaurant Dorfchronik in Maikammer zu genießen.

Anzahl der verkosteten Weine: 11
Bewertungen: 79–88 Punkte

2014	Maikammer Heiligenberg Riesling trocken **4,90 €**/1,0 Lit. | 11,5% | bis 2017	**82**
2014	Maikammer Mandelhöhe Grauburgunder trocken **6,40 €** | 12,5% | bis 2017	**82**
2014	Maikammer Mandelhöhe Weißburgunder trocken **6,40 €** | 13% | bis 2017	**84**
2014	Maikammer Heiligenberg Auxerrois trocken **6,90 €** | 13% | bis 2017	**83**
2014	Maikammer Heiligenberg Chardonnay trocken **6,90 €** | 13,5% | bis 2017	**85**
2014	Maikammer Heiligenberg Grauburgunder »D« trocken Selection Holzfass **12,90 €** | 14% | bis 2019	**85**
2014	Maikammer Heiligenberg Chardonnay »D« trocken Selection Holzfass **12,90 €** | 13,5% | bis 2019	**86**
2014	Maikammer Kirchenstück Weißburgunder »D« trocken Selection Holzfass **12,90 €** | 13,5% | bis 2018	**87**
2014	Maikammer Heiligenberg Auxerrois »D« trocken Selection Holzfass **12,90 €** | 14% | bis 2018	**88**
2013	Maikammer Mandelhöhe Cuvée »Noir« trocken Holzfass **6,90 €** | 13,5% | bis 2018	**83**
2013	Spätburgunder »S« Croda Negra 7313 trocken Selection Barrique **19,50 €** | 14% | bis 2019	**79**

WEINGUT SCHWEDHELM

67308 Zell · Klosterhof
☎ (0 63 55) 5 21 · Fax 36 73
info@schwedhelm-zellertal.de
www.schwedhelm-zellertal.de
Inhaber: Schwedhelm GbR
Kellermeister: Stephan Schwedhelm

Verkauf: Georg Schwedhelm
Mo–Sa: 8.00–18.00 Uhr, So: 10.00–12.00 Uhr

Jedes Jahr scheint Stephan Schwedhelm ein Stück mehr zu gelingen, die Unterschiedlichkeiten besonders seiner Rieslinge herauszuarbeiten. Der Wotanfels, spontan vergoren, ist ein überaus spannender Wein, der nur noch vom Schwarzen Herrgott getoppt wird. Hier wächst etwas heran, von dem noch viel zu erwarten sein wird. Und fairerweise müssen wir gestehen, dass sich in der Nachverkostung der 2013er fast alle Weine besser gezeigt haben als zunächst bewertet. Der Betrieb ist gut aufgestellt, der »Schwedi« hat ein klares Konzept. Das sind alles beste Voraussetzungen für die Zukunft.

Anzahl der verkosteten Weine: 12
Bewertungen: 82–88 Punkte

2014	Zeller Silvaner trocken **6,50 €** | 12,5% | 🍷 bis 2017	**82**
2014	Zeller Riesling trocken **7,– €** | 12,5% | 🍷 bis 2017	**83**
2014	Zeller Chardonnay trocken **7,– €** | 12,5% | 🍷 bis 2018	**83**
2013	Zeller Spätburgunder trocken **7,– €** | 13,5% | 🍷 bis 2018	**83**
2014	Weißburgunder trocken **7,– €** | 12,5% | 🍷 bis 2017	**84**
2014	Zeller Scheurebe trocken **7,– €** | 12,5% | 🍷 bis 2017	**85**
2014	Zeller Sauvignon Blanc trocken **7,50 €** | 12% | 🍷 bis 2017	**83**
2014	Zeller Kreuzberg Riesling trocken »Erste Lage« **8,50 €** | 12,5% | 🍷 bis 2018	**85**
2014	Zeller Karlspfad Weißburgunder trocken »Erste Lage« **9,30 €** | 13% | 🍷 bis 2018	**86**
2014	Zeller Wotanfels Riesling trocken »Erste Lage« **11,50 €** | 12,5% | 🍷 bis 2019	**87**
2014	Zeller Schwarzer Herrgott Riesling trocken »Große Lage« **13,50 €** | 12,5% | 🍷 bis 2019	**88**
2012	Zeller Klosterstück Spätburgunder trocken »Erste Lage« **14,50 €** | 14% | 🍷 bis 2019	**85**

WEINGUT SIEGRIST

76829 Leinsweiler · Am Hasensprung 4
☎ (0 63 45) 13 09 · Fax 75 42
wein@weingut-siegrist.de
www.weingut-siegrist.de
Inhaber: Familien Siegrist und Schimpf
Betriebsleiter: Bruno Schimpf und Thomas Siegrist
Kellermeister: Bruno Schimpf

Verkauf: Familien Siegrist und Schimpf
Mo–Fr: 8.00–12.00 Uhr · 13.30–18.00 Uhr
Sa: 9.00–16.00 Uhr und nach Vereinbarung

Sehenswert: Barriquekeller von 1555, Destillerie

Rebfläche: 15 Hektar
Jahresproduktion: 100.000 Flaschen
Beste Lage: Leinsweiler Sonnenberg, Heidenbäumel, Hagedorn, Rothenberg
Boden: Kalkmergel, Lösslehm, Buntsandsteinverwitterung
Rebsorten: 30% Riesling, 17% weiße Burgundersorten, 14% Weißburgunder, 12% Spätburgunder, 6% Cabernet Sauvignon, 5% Frühburgunder, 16% übrige Sorten
Durchschnittsertrag: 65 hl/ha
Mitglied: VDP, Deutsches Barrique Forum, Fünf Winzer – Fünf Freunde

Dass das Weingut Siegrist vor einigen Jahren ein kleines Tief hatte, mag man sich heute kaum noch vorstellen: Zu beeindruckend sind inzwischen Homogenität der Kollektion und Qualität der Weine an sich. Wir haben die Weine heuer Spitz auf Knopf bekommen, also extrem kurz nach der Abfüllung, und selbst hier wird schon deutlich, wo es jeweils hingehen soll. Der 2014er Pinot Blanc Lössriedel beispielsweise, zu knapp 20 Prozent im Barrique ausgebaut für mehr Würze, Straffheit und Eleganz, lockt dennoch mit klarer Frucht. Der 2012er Riesling Rudus, von 55 bis 58 Jahre alten Reben aus besten Parzellen mit Muschelkalk im Sonnenberg stammend, wirkt wunderschön balanciert – ihm tat die lange Reifung im französischen Tonneau schmeckbar gut. Diese Weine sind für uns symbolisch für das Gespann Thomas Siegrist und Schwiegersohn Bruno Schimpf, auch wenn sie längst nicht ihre besten sind.

Anzahl der verkosteten Weine: 13
Bewertungen: 83–89 Punkte

2012	Riesling Rudus trocken Holzfass	16,– € | 13% | bis 2018	87
2014	Pinot Blanc trocken	7,50 € | 12,5% | bis 2018	83
2014	Riesling trocken	7,50 € | 11,5% | bis 2017	85
2014	Leinsweiler Riesling Heidenbäumel trocken	11,50 € | 12% | bis 2018	87
2014	Leinsweiler Riesling Eigensinn trocken	12,– € | 13% | bis 2018	87
2014	Wollmesheimer Pinot Gris trocken Holzfass	16,– € | 13% | bis 2018	86
2014	Pinot Blanc Lössriedel trocken Holzfass	16,– € | 13% | bis 2018	86
2014	Pinot Blanc Reserve	22,– € | 14% | bis 2019	89
2014	Leinsweiler Sonnenberg Riesling trocken »Große Lage«	24,– € | 13% | bis 2020	88
2012	Chardonnay Grande Réserve Barrique	30,– € | 13,5% | bis 2019	89
2013	Pinot Noir Lössriedel trocken Barrique	33,– € | 13,5% | bis 2020	88
2013	Ilbesheimer Kalmit Pinot Noir trocken »Große Lage« Barrique	35,– € | 13,5% | bis 2020	88
2013	Leinsweiler Sonnenberg Pinot Noir trocken »Große Lage«	35,– € | 13,5% | bis 2020	88

WEINGUT SIENER

76831 Birkweiler · Weinstraße 31
☎ (0 63 45) 35 39 · Fax 91 91 00
info@weingutsiener.de
www.weingutsiener.de
Inhaber: Peter Siener
Betriebsleiter: Peter Siener
Kellermeister: Peter Siener

Verkauf: Sieglinde, Denise und Peter Siener
Mo–Fr: 9.00–12.00 Uhr · 14.00–18.00 Uhr
Sa: 10.00–16.00 Uhr

Erlebenswert: gemütlicher Weinpavillon

Rebfläche: 15 Hektar
Jahresproduktion: 80.000 Flaschen
Beste Lagen: Birkweiler Kastanienbusch und Mandelberg
Boden: Buntsandstein, Kalkmergel, Lösslehm, Rotliegendes
Rebsorten: 45% Riesling, 25% Spätburgunder, je 10% Grauburgunder, Weißburgunder, 10% übrige Sorten
Durchschnittsertrag: 55 hl/ha
Mitglied: Südpfalz Connexion

Um den Peter Siener braucht man sich keine Sorgen zu machen, egal, wie der Jahrgang läuft. Er hat diesen natürlichen Entspannungsgrad verinnerlicht, der besagt, dass es keinen Grund zur Aufregung gibt, zumal wenn man eh nichts an der jeweiligen Situation (Regen oder nicht) ändern kann. Irgendwie geht das auf seine Weine über, die gleichfalls locker und ungewollt wirken. Im Vergleich zum Vorjahr rutscht da einiges nach oben, was den Winzer ebenso freuen dürfte wie uns. Strahlend als Obergewinnler sitzt da der Pinot Noir aus dem Kastanienbusch auf dem Podest, ein satter, saftiger und dennoch feingliedriger Spätburgunder – das hat Siener über die Jahre nun wirklich perfektioniert. Dass er die Rieslinge aus dem Schiefer und die Weißburgunder aus dem kalkigen Mandelberg beherrscht, ist keine Überraschung.

Zeichenerklärung:
Schnäppchenpreis · Top 10 Spitzenreiter
Ökobetrieb · Trink-Tipp · Versteigerungswein
Sekt | Weißwein | Rotwein | Roséwein

Anzahl der verkosteten Weine: 14
Bewertungen: 80–90 Punkte

2014	Riesling trocken **5,40 €**/1,0 Lit. | 12% | bis 2017	**84**
Top 10		
2014	Weißburgunder trocken **7,80 €** | 12% | bis 2017	**80**
2014	Grüner Silvaner trocken **7,80 €** | 11,5% | bis 2017	**82**
2014	Riesling Buntsandstein trocken **8,80 €** | 12% | bis 2018	**86**
2014	Riesling Kalkmergel trocken **8,80 €** | 12% | bis 2018	**87**
2014	Riesling Rotliegend trocken **9,50 €** | 12,5% | bis 2018	**87**
2014	Birkweiler Rosenberg Weißburgunder trocken »Erste Lage« **13,50 €** | 13% | bis 2018	**85**
2014	Birkweiler Am Dachsberg Riesling trocken »Erste Lage« **13,50 €** | 12,5% | bis 2019	**87**
2014	Leinsweiler Sonnenberg Riesling trocken »Erste Lage« **14,50 €** | 12,5% | bis 2019	**88**
2014	Birkweiler Kastanienbusch Riesling Schiefer trocken »Große Lage« **21,50 €** | 12,5% | bis 2019	**89**
2014	Birkweiler Mandelberg Weißburgunder trocken »Große Lage« **21,50 €** | 13% | bis 2019	**89**
2013	Spätburgunder »S« trocken Barrique **13,50 €** | 13% | bis 2019	**86**
2013	Birkweiler Am Dachsberg Spätburgunder trocken »Erste Lage« Barrique **18,50 €** | 13,5% | bis 2019	**89**
2013	Birkweiler Kastanienbusch Pinot Noir trocken »Große Lage« Barrique **32,– €** | 13,5% | bis 2020	**90**

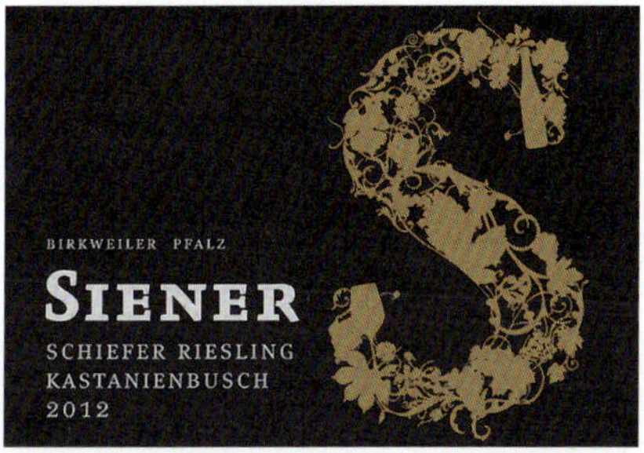

WEINGUT HEINRICH SPINDLER

67147 Forst · Weinstraße 46
☎ (0 63 26) 96 29 10 · Fax 9 62 91 22
info@weingutheinrichspindler.de
www.weingutheinrichspindler.de
Inhaber: Hans und Markus Spindler
Betriebsleiter: Markus Spindler
Kellermeister: Berthold Klöckner

Verkauf: Lola Spindler
Mo–Fr: 9.00–12.00 Uhr · 13.00–18.00 Uhr
Sa: 9.00–16.00 Uhr
Verkauf auch im Gutsausschank

Gutsausschank: warme Küche
Di–Sa 11.30–21.30 Uhr
Spezialitäten: Pfälzer Gerichte, saisonal abgestimmt (Spargel, Wild)
Historie: seit 1620 Weinbau in der Familie
Sehenswert: Gewölbekeller, Gästegarten

Rebfläche: 18 Hektar
Jahresproduktion: 120.000 Flaschen
Beste Lagen: Forster Pechstein, Freundstück, Kirchenstück, Ungeheuer und Jesuitengarten, Ruppertsberger Reiterpfad
Boden: sandiger Lehm mit Basalt und Kalk
Rebsorten: 86% Riesling, 6% Weißburgunder, 5% Spätburgunder, 3% übrige Sorten
Durchschnittsertrag: 50 hl/ha
Mitglied: VDP-Spitzentalente, Wine Changes

Mannomann, das ist schon alles ganz schön gut, was wir von den Spindlers eingeschenkt bekommen. Seit 1620 ist der Weinbau in der Familie nachweisbar, doch wagen wir zu bezweifeln, dass die Weine zu einem früheren Zeitpunkt schon mal besser waren als in den vergangenen Jahren. Auch heuer sind wir keinesfalls enttäuscht. Nun gut, bei den Rieslingen, die sich im Bereich Ortswein oder Erste Lage befinden, tun wir uns etwas schwer mit geschmacklichen Unterscheidungen – das wirkt etwas technisch, doch fein gemacht, keine Frage. Im hochwertigen Segment jedoch gibt Markus Spindler dann ordentlich Gas, hier ist überall Substanz zu finden. Jesuitengarten, Ungeheuer, Pechstein, Kirchenstück: Da ist Leben drin, hier dürfen sich die Weintypen austoben. Am meisten Ausdruck hat für uns diesmal der Pechstein in seiner eindringlichen, überaus typischen Art: sehr präzise, geradlinig und fein.

Anzahl der verkosteten Weine: 12
Bewertungen: 82–89 Punkte

2014 Weißburgunder trocken **82**
7,80 € | 13,5% | bis 2017

2014 Riesling Philosophie trocken **84**
7,80 € | 12% | bis 2017

2014 Ruppertsberger Riesling trocken **85**
8,– € | 12,5% | bis 2017

2014 Forster Riesling trocken **85**
8,50 € | 12% | bis 2017

2014 Sauvignon Blanc trocken Abfüllerwein **82**
8,80 € | 12,5% | bis 2017

2014 Deidesheimer Herrgottsacker **86**
Riesling trocken »Erste Lage«
9,80 € | 13% | bis 2018

2014 Forster Elster Riesling trocken »Erste Lage« **86**
10,– € | 13% | bis 2018

2014 Forster Freundstück **87**
Riesling trocken »Große Lage« Holzfass
15,– € | 13% | bis 2019

2014 Forster Ungeheuer **89**
Riesling trocken »Große Lage«
16,50 € | 13% | bis 2019

2014 Forster Pechstein **89**
Riesling trocken »Große Lage«
16,50 € | 13,5% | bis 2019

2014 Forster Jesuitengarten **88**
Riesling trocken »Große Lage«
21,– € | 13% | bis 2019

2014 Forster Kirchenstück **89**
Riesling trocken »Große Lage«
21,– € | 13% | bis 2019

WEINGUT ERICH STACHEL

67487 Maikammer · Bahnhofstraße 40
☎ (0 63 21) 51 12 · Fax 5 85 61
info@weingut-stachel.de
www.weingut-stachel.de
Inhaber: Erich und Matthias Stachel
Kellermeister: Matthias Stachel

Verkauf: Erich Stachel
Mo–Fr: 9.00–12.00 Uhr, Sa: 10.00–16.00 Uhr

Ganz so wie im Vorjahr konnte Matthias Stachel bei den Weißweinen zwar nicht auftrumpfen, doch zeigt er weiterhin ein stabiles Bild. Zumal man hier in Maikammer lange Zeit ohnehin eher für die Rotweine bekannt war und ist. Was nicht von ungefähr kommt, denn was Stachel mit Syrah anstellt, ist schon bravourös – und einen Pfälzer Malbec zu verkosten (der dann auch noch sehr gut ausfällt!), hat Seltenheitswert. Einmal mehr dürfen wir den Sauvignon Blanc hervorheben, der eben nicht durch knallgrüne Frische glänzt, sondern harmonisch, würzig und nicht überladen aromatisch ist.

Anzahl der verkosteten Weine: 10
Bewertungen: 80–88 Punkte

2013 Chardonnay Brut Holzfass **83**
10,30 € | 12,5% | bis 2017

2014 Maikammer Weißburgunder trocken **82**
5,60 € | 12,5% | bis 2017

2014 Diedesfelder Paradies **88**
Sauvignon Blanc trocken
€ **9,10 €** | 12,5% | bis 2017

2014 Alsterweiler Kapellenberg **84**
Riesling trocken
9,80 € | 13% | bis 2017

2014 Riesling Terrassen **80**
7,20 € | 9,5% | bis 2017

2012 Maikammer Kirchenstück **81**
Merlot trocken Barrique
18,– € | 14% | bis 2019

2012 Maikammer Heiligenberg **84**
Spätburgunder trocken Barrique
18,50 € | 13% | bis 2018

2012 Maikammer Kirchenstück **84**
Cabernet Sauvignon trocken
19,– € | 14% | bis 2019

2012 Maikammer Heiligenberg **85**
Malbec trocken Barrique
28,– € | 14% | bis 2019

2013 Maikammer Heiligenberg **87**
Syrah trocken Barrique
30,– € | 14% | bis 2019

WEINGUT JÜRGEN STENTZ

76829 Landau-Mörzheim
Mörzheimer Hauptstraße 47
☎ (0 63 41) 3 01 21 · Fax 3 45 65
info@stentz.de
www.stentz.de
Inhaber und Kellermeister: Jürgen Stentz

Verkauf: Jürgen Stentz
Mi–Fr: 9.00–12.00 Uhr · 14.00–18.00 Uhr
Sa: 9.00–14.00 Uhr und nach Vereinbarung

Seit nunmehr recht vielen Jahren zählen Astrid und Jürgen Stentz zu den Betrieben, zu denen man jederzeit blind Weinfreunde hinschicken kann, die es gerne unkompliziert mögen. Oder die auch gerne unterhalten werden möchten, denn im Hause Stentz ist oft was los mit Musik und sonstigen Veranstaltungen. Weinmäßig lassen sie sich auch wieder was Neues einfallen, diesmal den Rosé »Sexy Rosie« als Verführung zum Genuss. Schwerpunkt bei den Weinen sind Burgundersorten.

Anzahl der verkosteten Weine: 9
Bewertungen: 80–86 Punkte

2012 Muskateller Sekt demi-sec **85**
9,90 € | 12% | bis 2016

2014 Riesling trocken **80**
4,80 €/1,0 Lit. | 12% | bis 2016

2014 Silvaner **83**
5,50 € | 12% | bis 2017

2014 Weißburgunder trocken **84**
6,40 € | 12,5% | bis 2017

2014 Grauburgunder trocken **84**
6,40 € | 13% | bis 2017

2014 Muskateller trocken **85**
6,40 € | 12% | bis 2016

2014 Grauburgunder 49°09'55"N 8°03'50"0 trocken Goldkapsel **86**
9,90 € | 13,5% | bis 2018

2013 Weißburgunder 49°10'24"N 8°04'05"0 trocken Goldkapsel **83**
11,50 € | 13,5% | bis 2017

2014 Spätburgunder trocken Rosé **84**
14,90 €/1,5 Lit. | 12% | bis 2016

Die Betriebe:
Weltklasse · Deutsche Spitze
Sehr gut · Gut · Zuverlässig
Weitere Empfehlung

WEINGUT STERN

76879 Hochstadt · Hauptstraße 199
☎ (0 63 47) 70 05 80 und 86 34 · Fax 73 09
info@weingut-stern.de
www.weingut-stern.de
Inhaber: Wolfgang und Dominic Stern
Betriebsleiter und Kellermeister: Dominic Stern

Verkauf: Dominic Stern
Mo–Fr: 9.00–18.00 Uhr, Sa: 9.00–17.00 Uhr

Jahrelang waren die Weine von Dominic Stern okay, dann gut – jetzt aber sind sie begeisternd. Die absolute Basis ausgenommen, findet sich nichts unter 84 Punkten. Jeder Wein wie gemeißelt, ob das die beiden Silvaner sind, die saftigen Rotweine oder die balancierten Rieslinge. Stern bewirtschaftet derzeit Weinberge im Forster Ungeheuer und Ruppertsberger Reiterpfad. Die gehören derzeit noch einem befreundeten Winzer und so steht bislang »Abfüller« auf dem Etikett. Faktisch ist es jedoch kein Zukauf. Klasse auch die Serie Pinotimes, ein Gemeinschaftsprojekt mit Cousin Philipp Kiefer aus St. Martin.

Anzahl der verkosteten Weine: 14
Bewertungen: 84–90 Punkte

2014 Hochstädter Weinböttig Grüner Silvaner trocken *** **86**
9,– € | 14% | bis 2017

2014 Hochstädter Roter Berg Riesling trocken Holzfass *** **86**
10,50 € | 13,5% | bis 2017

2014 Chardonnay trocken Barrique *** **87**
14,– € | 13,5% | bis 2019

2014 Sauvignon Blanc Fumé trocken Barrique *** **86**
16,50 € | 13,5% | bis 2018

2014 Grüner Silvaner trocken Reserve Barrique *** **87**
16,50 € | 13% | bis 2018

2014 Hochstädter St. Martin Pinot Blanc Pinotimes trocken Barrique **89**
16,90 € | 13,5% | bis 2019

2014 Ruppertsberger Reiterpfad Riesling trocken Holzfass *** **90**
22,– € | 13% | bis 2018

2014 Forster Ungeheuer Riesling trocken Holzfass *** **86**
28,– € | 12,5% | bis 2019

2014 Rieslaner Auslese *** **89**
13,– €/0,5 Lit. | 9% | bis 2022

2013 Blauer Spätburgunder trocken Barrique *** **85**
16,50 € | 13,5% | bis 2019

2013 Hochstädter St. Martin Pinot Noir Pinotimes trocken Barrique **88**
21,90 € | 14% | bis 2019

Neu

THEODORUS WEIN- UND SEKTGUT

76835 Hainfeld
☎ (0 63 23) 50 34 · Fax 98 04 30
info@theodorus-wein.de
www.theodorus-wein.de
Inhaber: Thomas Lergenmüller

Verkauf: nach Vereinbarung

Wir hatten den Theodorushof in Hainfeld immer wieder mal auf der Liste der zu beobachtenden Weingüter. Thomas Lergenmüller, der den Betrieb in langer, bis 1778 zurückreichender Familientradition heute führt, hat zwar ein breites Weinsortiment, das sich in der Hauptsache aber auf Rieslinge und Burgundersorten eindampfen lässt, angereichert mit Cabernet, Merlot und Sauvignon Blanc. Uns gefällt die unkomplizierte Art vieler seiner Weine. Ganz toll ist der Riesling vom Muschelkalk aus dem Sonnenschein. Die meisten Rotweine haben uns leider erst nach Redaktionsschluss erreicht.

Anzahl der verkosteten Weine: 11
Bewertungen: 80–87 Punkte

2014	Hainfelder Kirchenstück Grauburgunder trocken ** **8,90 €** | 13% | bis 2017	**80**
2014	Flemlinger Sauvignon Blanc trocken ** **8,90 €** | 13% | bis 2016	**82**
2013	Edesheimer Chardonnay trocken ** **8,90 €** | 13,5% | bis 2017	**82**
2014	Hainfelder Kapelle Weißburgunder trocken ** **8,90 €** | 13% | bis 2017	**83**
2014	Siebeldinger im Sonnenschein Grauburgunder trocken ** **8,90 €** | 13,5% | bis 2017	**84**
2014	Burrweiler Schlossgarten Grauburgunder trocken ** **8,90 €** | 13,5% | bis 2018	**85**
2014	Edesheimer Rosengarten Chardonnay trocken Premium Holzfass ** **8,90 €** | 13% | bis 2017	**83**
2014	Siebeldinger im Sonnenschein Riesling vom Muschelkalk trocken Holzfass *** **15,60 €** | 13,5% | bis 2019	**87**
2014	Siebeldinger im Sonnenschein Riesling Hochgewächs trocken ** **8,90 €** | 13,5% | bis 2017	**80**
2013	Siebeldinger im Sonnenschein Spätburgunder trocken Premium Barrique **24,60 €** | 13,5% | bis 2018	**85**
2012	Cabernet Sauvignon & Merlot trocken Premium Barrique ** **24,60 €** | 14% | bis 2019	**85**

VIER JAHRESZEITEN WINZER EG

67098 Bad Dürkheim · Limburgstraße 8
☎ (0 63 22) 9 49 00 · Fax 94 90 37
info@vj-wein.de
www.vj-wein.de
Geschäftsführender Vorstand: Walter Brahner
Vorstand Önologie: Walter Brahner

Verkauf: Rüdiger Damian
Mo–Fr: 9.00–17.00 Uhr, Sa: 9.00–14.00 Uhr

Genossenschaften sind oft wie mächtige Schiffe. Über ihre Größe haben sie die Macht zum Vorwärtsschub, es fällt ihnen jedoch schwer, auf aktuelle Strömungen zu reagieren. Den Vier Jahreszeiten Winzern gelingt es über ein breites Sortiment, viele Wünsche abzudecken. Sie sind erfolgreich bei Weinfreunden, die mit eher individuellen Gewächsen wenig anfangen können. Etwas mehr Restzucker auch im trockenen Bereich darf da ruhig sein. Bunt gemischt fällt die eingereichte Kollektion aus, bei der, wie üblich, die edelsüßen Weine am meisten abräumen.

Anzahl der verkosteten Weine: 12
Bewertungen: 78–90 Punkte

2014	Chardonnay trocken **5,– €** | 13,5% | bis 2017	**83**
2014	Dürkheimer Schenkenböhl Weißburgunder Spätlese trocken **5,95 €** | 13,5% | bis 2017	**78**
2014	Dürkheimer Hochmess Riesling Spätlese trocken **6,50 €** | 12,5% | bis 2018	**87**
2013	Weißburgunder No.1 Spätlese trocken Premium Barrique **11,95 €** | 13,5% | bis 2018	**81**
2014	Dürkheimer Schenkenböhl Scheurebe Spätlese **5,20 €** | 10,5% | bis 2017	**87**
2014	Dürkheimer Hochmess Riesling Auslese **6,– €** | 11% | bis 2020	**86**
2014	Dürkheimer Fronhof Riesling Beerenauslese **8,50 €**/0,375 Lit. | 9% | bis 2020	**90**
2014	Dürkheimer Schenkenböhl Ortega Trockenbeerenauslese **21,10 €**/0,375 Lit. | 9% | bis 2022	**89**
2013	Cuvée »Wild und Wein« trocken **5,70 €** | 13% | bis 2017	**80**
2013	Frühburgunder trocken **7,20 €** | 13,5% | bis 2018	**84**
2011	Cuvée »No.1« trocken Premium Barrique **16,80 €** | 14% | bis 2018	**83**
2011	Spätburgunder No.1 Spätlese trocken Premium Barrique **16,80 €** | 14% | bis 2018	**85**

WEINGUT WAGECK-PFAFFMANN

67281 Bissersheim · Luitpoldstraße 1
☎ (0 63 59) 22 16 · Fax 8 66 68
info@wageck-weine.de
www.wageck-weine.de
Inhaber: Familie Pfaffmann
Betriebsleiter: Pfaffmann GbR
Außenbetrieb: Gunter Pfaffmann
Kellermeister: Frank und Thomas Pfaffmann

Verkauf: Gertraud Pfaffmann, Silke Hügenell
Mo–Sa: 9.00–12.00 Uhr · 13.00–18.00 Uhr
So: 10.00–12.00 Uhr und nach Vereinbarung

Sehenswert: Weinberg mit wurzelechten Portugieserreben (gepflanzt 1931), Barriquekeller

Rebfläche: 39 Hektar
Jahresproduktion: 320.000 Flaschen
Beste Lagen: Bissersheimer Goldberg, Großkarlbacher Burgweg, Kirchheimer Steinacker
Boden: kalkiger Tonmergel, teilweise auf Fels, Lösslehm mit Kies und Sand
Rebsorten: 25% Riesling, 20% Spätburgunder, je 15% Chardonnay und Weißburgunder, 25% übrige Sorten
Durchschnittsertrag: 62 hl/ha
Mitglied: Barrique Forum Pfalz, Generation Riesling

Die Brüder Frank und Thomas Pfaffmann sind hier im Keller maßgeblich und vor allem Thomas hat ganz konkrete Vorstellungen, den Betrieb auf neue Schienen zu setzen. Noch gibt es Wageck-Pfaffmann-Weine, was den Basisbereich betrifft, nicht zuletzt auch, um die traditionelle Kundschaft zu bedienen und den Umsatz in diesem Betrieb von fast 40 Hektar zu sichern. Doch die Zukunft soll qualitativ von der »Wageck«-Linie bestimmt sein. Was vielversprechend ist! Diese Weine sind fordernd, individuell, anders, in der Jugend frisch abgefüllt oftmals ruppig, aber auf lange Sicht angelegt und tief in ihrer ganzen Struktur. Da mag mal ein kleiner Stinker dabei sein, den man ignorieren sollte: Das geht weg und macht Platz für Nachhaltigkeit im Geschmack. Wenn hier weiter so gearbeitet wird (wovon wir überzeugt sind), geht da ein großes Ding auf. Jetzt beweisen dies beispielweise ein hervorragender Sekt oder fein gearbeitete Spätburgunder.

Bewertungen: 83–90 Punkte

2012	Cuvée Sekt extra Brut Barrique **19,90 €** | 12,5% | bis 2016	**90**
2014	Riesling trocken **4,40 €**/1,0 Lit. | 11,5% | bis 2016	**83**
2014	Riesling Fundament trocken **7,90 €** | 12% | bis 2017	**84**
2014	Sauvignon Blanc Tertiär trocken **9,90 €** | 12% | bis 2018	**83**
2014	Chardonnay & Weißburgunder Tertiär trocken **9,90 €** | 12,5% | bis 2018	**84**
2014	Riesling Tertiär trocken **9,90 €** | 12% | bis 2017	**86**
2014	Grauburgunder Tertiär trocken **9,90 €** | 13% | bis 2018	**88**
2014	Weißburgunder Kalkmergel trocken Holzfass **13,90 €** | 13,5% | bis 2018	**87**
2014	Sauvignon Blanc Fumé trocken Reserve Holzfass Goldkapsel **19,90 €** | 13% | bis 2018	**87**
2013	Spätburgunder Fundament trocken Holzfass **7,90 €** | 13% | bis 2018	**84**
2011	Cuvée »Luise« trocken Holzfass **9,90 €** | 13% | bis 2019	**85**
2013	Spätburgunder Tertiär trocken Barrique **11,90 €** | 13,5% | bis 2019	**87**
2013	Spätburgunder Kalkmergel trocken Barrique **15,90 €** | 13,5% | bis 2020	**89**
2012	Spätburgunder Mont Dieu trocken Barrique **42,– €** | 13% | bis 2020	**90**

WEINGUT WEEGMÜLLER

67433 Neustadt-Haardt · Mandelring 23
☎ (0 63 21) 8 37 72 · Fax 48 07 72
info@weegmueller.de
www.weegmueller.de
Inhaber: Stefanie Weegmüller-Scherr
Verwalter: Rainer Klein
Kellermeisterin: Stefanie Weegmüller-Scherr

Verkauf: Stefanie Weegmüller-Scherr
und Gabriele Weegmüller
Mo–Fr: 8.00–12.30 Uhr · 13.30–17.00 Uhr
Sa: 9.00–14.00 Uhr
1. Sa im Monat geschlossen

Rebfläche: 14,5 Hektar
Jahresproduktion: 110.000 Flaschen
Beste Lagen: Haardter Herrenletten, Herzog, Bürgergarten und Mandelring
Boden: sandiger Lehm, mergeliger Ton
Rebsorten: 60% Riesling, 6% Scheurebe, je 5% Gewürztraminer, Grauburgunder, Kerner und Weißburgunder, 14% übrige Sorten
Durchschnittsertrag: 70 hl/ha
Mitglied: Vinissima, Pro Riesling

Sehr homogene Kollektion, wie wir das seit Jahren kennen von Steffi Weegmüller. Auch ihrem Weinstil bleibt sie treu: stets ein klein wenig Barock mit Schmackes und im Zweifelsfall ruhig einen Tacken mehr Restzucker auch bei den trockenen Weinen. Dabei würde die wunderbare Idee, die Rieslinge des Kabinettbereichs in »Der Elegante«, »Der Kräftige« und »Der Mineralische« zu unterscheiden, bei mehr Trockenheit wohl deutlich besser zum Tragen kommen. Doch wir möchten uns nicht beklagen: Das ist schon eine Freude, die fruchtsüße Scheurebe Märchenzauber Kabinett im Glas zu haben oder sich mit der trockenen Scheurebe zu erfrischen – da braucht es wahrlich keinen Sauvignon Blanc! Überall da, wo Aromasorten drinstecken, läuft Weegmüller zur echten Könnerin auf, das hat sie richtig drauf. Herzliche Gastgeberinnen sind die beiden Schwestern Steffi und Gabriele auch bei den vielen Veranstaltungen im Weingut, und das sommers wie winters.

Anzahl der verkosteten Weine: 15
Bewertungen: 83–91 Punkte

2014	Riesling trocken **6,– €**/1,0 Lit. | 12% | bis 2016	83
2014	Weißburgunder trocken **8,– €** | 12,5% | bis 2017	83
2014	Spätburgunder trocken Blanc de Noirs **8,– €** | 12,5% | bis 2016	84
2014	Scheurebe trocken **8,– €** | 12,5% | bis 2017	88
2014	Grüner Veltliner vom Balkon der Pfalz trocken **11,50 €** | 13% | bis 2018	86
2014	Riesling Der Elegante Kabinett trocken **8,50 €** | 11,5% | bis 2017	85
2014	Riesling Der Kräftige Kabinett trocken **8,50 €** | 12% | bis 2017	86
2014	Riesling Der Mineralische Kabinett trocken **8,50 €** | 12,5% | bis 2017	87
2014	Grauburgunder Spätlese trocken Alte Reben **15,50 €** | 12,5% | bis 2019	86
2014	Gewürztraminer Spätlese trocken Alte Reben **15,50 €** | 13,5% | bis 2019	88
2014	Riesling Spätlese trocken Alte Reben **15,50 €** | 13,5% | bis 2019	89
2014	Cuvée »3 Schwestern« **9,50 €** | 12% | bis 2017	86
2014	Scheurebe Märchenzauber Kabinett **9,50 €** | 8,5% | bis 2020	90
2014	Rieslaner Pegasus Spätlese **12,50 €** | 9% | bis 2022	90
2014	Rieslaner von 14 Zeilen Auslese **13,50 €**/0,375 Lit. | 9% | bis 2025	91

Die Betriebe:
Weltklasse · Deutsche Spitze
Sehr gut · Gut · Zuverlässig
Weitere Empfehlung

WEINGUT WEGNER

67098 Bad Dürkheim · Am Neuberg 4
☎ (0 63 22) 98 93 27 · Fax 98 93 28
info@weingut-wegner.de
www.weingut-wegner.de
Inhaber und Betriebsleiter: Joachim Wegner

Verkauf: Joachim Wegner
Mo–Fr: 9.00–12.00 Uhr · 13.00–18.30 Uhr
Sa: 9.00–17.00 Uhr und nach Vereinbarung

Erlebenswert: Weinfest im Gutshof am zweiten Wochenende im Juli

Rebfläche: 10 Hektar
Jahresproduktion: 95.000 Flaschen
Beste Lagen: Ungsteiner Herrenberg, Dürkheimer Fronhof und Rittergarten
Boden: Ton, Lehm mit hohem Kalkanteil, Löss, sandiger Lehm, Terra Rossa
Rebsorten: 35% Riesling, 20% Spätburgunder, 10% Dornfelder, je 8% Chardonnay und Weißburgunder, 5% Sauvignon Blanc, 14% übrige Sorten
Durchschnittsertrag: 70 hl/ha
Mitglied: Barrique Forum Pfalz, Pro Riesling

Joachim Wegner war im vorigen Jahr von einer auf zwei Trauben aufgestiegen – eine verdiente Anerkennung, die wir mit den aktuellen Weinen mehr als bestätigt sehen. Im Barrique gelingt ihm nahezu alles. Bestes Beispiel dafür ist der grandiose Riesling Lunatic: intensiv, lange, differenziert und die größte Überraschung der Verkostungsphase in der Pfalz. Mal was Neues ist der Riesling 14, ein maischevergorener Wein, also quasi Orange, aber eben weder dreckig noch oxidativ, sondern mit prägnanten Gerbstoffen auf der Zunge. Initiiert hat ihn Wegners 14-jähriger Sohn, der dafür die Partien im Weinberg ausgesucht hat.

Anzahl der verkosteten Weine: 16
Bewertungen: 82–92 Punkte

2014 Wachenheimer Königswingert **82**
Grauburgunder trocken »sur lie«
7,60 € | 13% | 🍷 bis 2017

2014 Dürkheimer **85**
Weißburgunder & Auxerrois 2klang trocken »sur lie«
8,70 € | 12,5% | 🍷 bis 2017

2014 Dürkheimer Schenkenböhl Sauvignon Blanc trocken **84**
8,80 € | 12% | 🍷 bis 2017

2014 Ungsteiner Herrenberg **92**
Riesling Lunatic trocken Barrique
14,30 € | 13,5% | 🍷 bis 2019

2014 Dürkheimer Schenkenböhl **86**
Chardonnay Augenstern trocken Barrique
15,80 € | 13,5% | 🍷 bis 2018

2014 Ungsteiner Herrenberg Riesling 14 trocken Barrique **87**
25,30 € | 13% | 🍷 bis 2019

2014 Dürkheimer Fronhof Riesling Kabinett trocken **83**
5,50 €/1,0 Lit. | 12% | 🍷 bis 2017

2014 Dürkheimer Rittergarten **84**
Riesling Kabinett trocken »sur lie«
6,30 € | 12,5% | 🍷 bis 2017

2014 Dürkheimer Feuerberg **84**
Chardonnay Spätlese trocken »sur lie«
7,90 € | 13% | 🍷 bis 2017

2014 Ungsteiner Herrenberg **86**
Riesling Vision Spätlese trocken »sur lie«
9,20 € | 13% | 🍷 bis 2018

2014 Dürkheimer Feuerberg Gewürztraminer Spätlese **84**
7,90 € | 10% | 🍷 bis 2019

2014 Ungsteiner Honigsäckel Riesling Auslese **87**
10,40 € | 11% | 🍷 bis 2020

2010 Dürkheimer Schenkenböhl **84**
Pinot Noir »R« trocken Barrique
14,30 € | 13,5% | 🍷 bis 2018

2009 Dürkheimer Feuerberg **87**
Merlot Ausspann trocken Barrique
18,80 € | 14% | 🍷 bis 2018

2009 Dürkheimer Feuerberg **88**
Cabernet Sauvignon Machwerk trocken Barrique
18,80 € | 14,5% | 🍷 bis 2018

2010 Dürkheimer Schenkenböhl **88**
Pinot Noir Kleinod trocken Barrique
21,30 € | 13,5% | 🍷 bis 2018

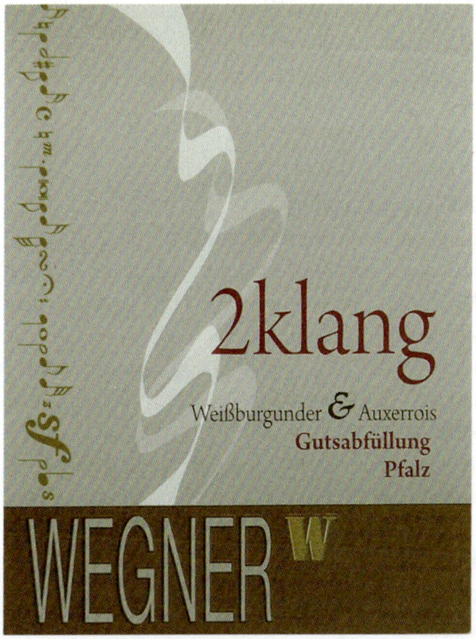

WEINGUT DR. WEHRHEIM

76831 Birkweiler · Weinstraße 8
☎ (0 63 45) 35 42 · Fax 38 69
wein@weingut-wehrheim.de
www.weingut-wehrheim.de
Inhaber: Karl-Heinz und Franz Wehrheim
Betriebsleiter: Karl-Heinz Wehrheim
Verwalter: Patrick Christ
Kellermeister: Franz Wehrheim

Verkauf: Anette Falke
Mo–Fr: 8.00–12.00 Uhr · 14.00–18.00 Uhr
Sa: 10.00–16.00 Uhr

Gutsausschank: drittes Wochenende im August

Rebfläche: 19 Hektar
Jahresproduktion: 110.000 Flaschen
Beste Lagen: Birkweiler Kastanienbusch, Rosenberg, Dachsberg und Mandelberg
Boden: Buntsandsteinverwitterung, Porphyr, kalkiger Mergel, Keuper, sandiger Lehm, Muschelkalk, Rotliegendes
Rebsorten: 33% Riesling, 30% Weißburgunder, je 10% Grauburgunder und Spätburgunder, 7% Silvaner, 5% Chardonnay, 2% Muskateller, 3% übrige Sorten
Durchschnittsertrag: 55 hl/ha
Mitglied: VDP, Fünf Winzer – fünf Freunde

Was für ein großartiges Jahr für Karl-Heinz Wehrheim! Schon bei den Vorverkostungen waren wir überrascht, mit welcher Macht heuer die Rieslinge und Burgundersorten auf uns zukamen, doch als es dann in der verdeckten Endrunde gegen die jeweils punktgleichen Mitbewerber ging, wurden Wehrheims Weine ein ums andere Mal aufgewertet.

Familiäre Gastgeber

Es hat sich in der Pfalz längst herumgesprochen, dass die vielen Veranstaltungen beim Weingut Wehrheim – mal mit Musik, mit Lesungen, immer aber mit Weinverkostungen und kulinarischer Begleitung – ihre festen Plätze in den privaten Kalendern finden sollten. In dieser Familie wird ein herzlicher Umgang gepflegt, und alle werden mit eingespannt. Sei es der Senior Dr. Heinz Wehrheim, der im 93. Lebensjahr steht und noch immer jeden Tag im Büro anzutreffen ist, sei es Junior Franz, der 2015 mit in die Betriebsleitung aufgenommen wurde, seien es dessen drei Schwestern – und natürlich sein Vater Karl-Heinz mit Frau Ulrike, die das Weingut als eine führende Kraft in der Region etabliert haben. Den ganz großen Namen hat sich Wehrheim gemacht mit seinem Weißburgunder aus dem Mandelberg, einer Lage mit tiefer Muschelkalkdurchdringung. Er wurde zum Vorbild für viele Winzer, die sich an dessen Kraft, Länge und Cremigkeit orientierten. Dazu ist Wehrheim aber auch ein Mann mit Weitblick. Im kühlen Verlängerungstal des Kastanienbusches, in der Schleiheck, hat er diverse Weinberge als Option für die Zukunft – mit den Problemen der Gegenwart. Nicht immer ist dort hinten eine echte Reife zu erzielen, weil die Temperaturen niedriger und die Säuregehalte höher sind. Was gerade den letzten Wingert attraktiv macht für edelsüße Weine. Man wird sehen und sich freuen.

Karl-Heinz Wehrheim

Weine als erste Sahne

Gefreut haben uns aktuell Weine, die den Verkoster mit der Zunge schnalzen lassen. Selbst der Mittelbau mit den Ersten Gewächsen ist bereits erstaunlich groß, doch was sich dann bei den Spitzen offenbarte, war erste Sahne. Riesling Kastanienbusch, Riesling Köppel, Weißburgunder Mandelberg: ein eindrucksvolles weißes Trio, zu dem sich der Spätburgunder Köppel gleichauf hinzugesellt. Wehrheim selbst, ganz bescheiden, verweist einfach auf die »formidablen Bedingungen« des Jahrgangs.

Anzahl der verkosteten Weine: 15
Bewertungen: 85–92 Punkte

2012	Sekt Brut Rosé	**91**
Top 10	**17,90 €** | 12% | bis 2017	
2013	Weißburgunder Sekt Brut	**88**
	18,20 € | 12% | bis 2017	
2014	Riesling Buntstück trocken	**85**
	8,60 € | 12,5% | bis 2018	

2014 Birkweiler **88**
Riesling aus dem Rotliegenden trocken
16,40 € | 12,5% | bis 2018

2014 Birkweiler **88**
Weißburgunder Aus dem Muschelkalk trocken
16,90 € | 13,5% | bis 2018

2014 Birkweiler **90**
Chardonnay aus dem Keuper trocken Barrique
16,90 € | 13,5% | bis 2019

2014 Birkweiler Am Dachsberg **89**
Grauburgunder trocken »Erste Lage«
21,– € | 13,5% | bis 2019

2014 Birkweiler Am Dachsberg **91**
Riesling trocken »Erste Lage«
21,– € | 13% | bis 2018

2014 Birkweiler Rosenberg **91**
Chardonnay trocken »Erste Lage« Barrique
23,– € | 14% | bis 2020

2014 Birkweiler Rosenberg **90**
Weißburgunder trocken »Erste Lage«
24,– € | 13,5% | bis 2019

2014 Birkweiler Kastanienbusch Köppel **92**
Riesling »Großes Gewächs«
30,50 € | 13% | bis 2020

2014 Birkweiler Kastanienbusch **92**
Riesling »Großes Gewächs«
30,50 € | 12,5% | bis 2020

2014 Birkweiler Mandelberg **92**
Weißburgunder »Großes Gewächs«
Top 10 **34,50 €** | 13,5% | bis 2020

2013 Siebeldinger **88**
Spätburgunder aus dem Muschelkalk trocken Barrique
19,50 € | 13% | bis 2020

2013 Birkweiler Kastanienbusch Köppel **91**
Spätburgunder trocken
41,– € | 13,5% | bis 2020

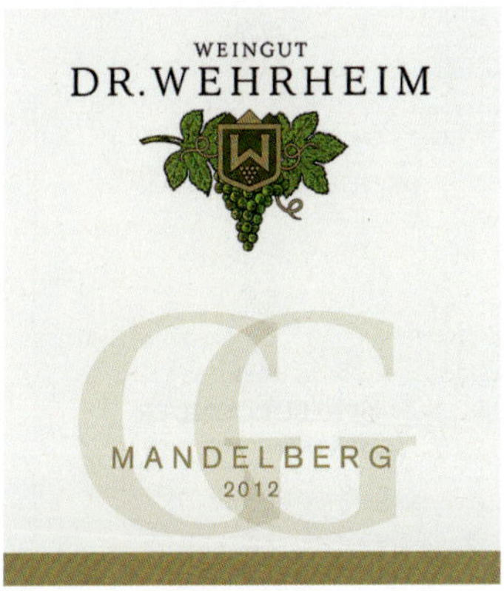

WEINGUT WEIK

67435 Neustadt-Mußbach · Lutwitzistraße 12
☎ (0 63 21) 6 68 38 · Fax 6 09 41
mail@weingut-weik.de
www.weingut-weik.de
Inhaber und Betriebsleiter: Bernd Weik

Verkauf: Joan Weik
Di–Fr: 14.00–18.00 Uhr, Sa: 10.00–16.00 Uhr
und nach Vereinbarung

Es ist immer gut, wenn Winzer wissen, was gut und was besser ist, und ihre Hauspyramide danach ausrichten. Bei Joan und Bernd Weik, dessen Hauptberuf die Ausbildung junger Winzer am DLR in Neustadt-Mußbach ist, sind es eindeutig die Löwenherzweine, die dem ganzen anderen (guten!) Rest die Krone aufsetzen. Wir wundern uns nicht, dass wieder der Sauvignon Blanc vorne steht; eher ungewöhnlich heuer die Stärken von Chardonnay und Pinot Blanc. Beide sind schmelzig und cremig, ihnen steht die Holzsüße des Barrique ausgezeichnet.

Anzahl der verkosteten Weine: 12
Bewertungen: 82–88 Punkte

2013 Chardonnay Sekt Brut **85**
11,60 € | 12,5% | bis 2016

2014 Riesling trocken **82**
5,– €/1,0 Lit. | 12% | bis 2017

2014 Grauburgunder trocken **84**
6,80 € | 13% | bis 2017

2014 Königsbacher Idig Riesling trocken **84**
7,80 € | 12,5% | bis 2017

2014 Mußbacher Eselshaut **82**
Weißburgunder trocken
8,60 € | 13% | bis 2018

2014 Gimmeldinger Biengarten **84**
Riesling trocken
8,80 € | 12,5% | bis 2017

2014 Gimmeldinger Meerspinne **85**
Sauvignon Blanc trocken
10,20 € | 12,5% | bis 2016

2014 Riesling Löwenherz trocken **87**
13,50 € | 12,5% | bis 2018

2014 Pinot Blanc Löwenherz trocken **86**
14,50 € | 13% | bis 2019

2014 Chardonnay Löwenherz trocken **87**
14,50 € | 13,5% | bis 2018

2014 Sauvignon Blanc Löwenherz trocken **88**
16,50 € | 12,5% | bis 2018

2012 St. Laurent trocken **84**
8,50 € | 14% | bis 2018

WEINGUT WILHELMSHOF

76833 Siebeldingen · Queichstraße 1
☎ (0 63 45) 91 91 47 · Fax 91 91 48
info@wilhelmshof.de
www.wilhelmshof.de

Inhaber: Familie Roth-Ochocki
Betriebsleiter: Barbara Roth
Kellermeister: Thorsten Ochocki

Verkauf: Familie Roth-Ochocki
Mo–Fr: 8.00–12.00 Uhr · 13.00–18.00 Uhr
Sa: 9.00–16.00 Uhr und nach Vereinbarung

Sehenswert: Rüttelkeller, Führung nach Anmeldung am Sa 10.00 Uhr

Rebfläche: 19 Hektar
Jahresproduktion: 80.000 Flaschen Wein, 84.000 Flaschen Sekt
Beste Lagen: Siebeldinger im Sonnenschein, Frankweiler Kalkgrube
Boden: Buntsandsteinverwitterung, Muschelkalk
Rebsorten: 32% Spätburgunder, 30% Riesling, 28% Weißburgunder, 10% Grauburgunder
Durchschnittsertrag: 61 hl/ha
Mitglied: Verband der traditionellen klassischen Flaschengärer

Der Wilhelmshof ist bereits seit Jahren eine treibende Kraft in Sachen Weinkultur, wobei der zweite Wortteil durchaus unterstrichen sein darf. Musik, Kunst und Literatur sind Familie Roth stets ein Anliegen gewesen und auch bei der Kulinarischen Weinbergswanderung in Siebeldingen, 2015 ausgezeichnet als »Schönstes Weinfest der Pfalz«, ist sie führend dabei. Barbara Roth und ihr Mann Thorsten Ochocki, der den Keller verantwortet, erzeugen im Weingut fast so viel Sekt wie Wein – was eher ungewöhnlich ist, aber den guten Ruf des Wilhelmshofs fast schon begründet hat. Wie hervorragend diese Sekte reifen, zeigen uns jetzt ein 2006er Patina Pinot Brut und ein 2007er Patina Riesling extra Brut: Das spielt bundesweit in der ersten Liga mit, hat Schmelz, Druck und eine unglaubliche Finesse. Die Stillweine haben ihren Höhenflug mit einer trockenen Riesling Spätlese und sind auch sonst wirklich gelungen, aber was bleibt, ist das »Wow!« bei den reifen Bubbles.

Die Weine:
100 Perfekt · **95–99** Überragend · **90–94** Exzellent
85–89 Sehr gut · **80–84** Gut · **75–79** Passabel

Anzahl der verkosteten Weine: 12
Bewertungen: 81–91 Punkte

2014	Siebeldinger im Sonnenschein Weißburgunder Kabinett trocken **6,80 €** | 12,5% | bis 2017	**81**
2013	Siebeldinger Königsgarten Spätburgunder Sekt Brut Rosé **13,50 €** | 12,5% | bis 2017	**85**
2012	Siebeldinger Königsgarten Pinot »B« Sekt Brut **21,– €** | 13% | bis 2018	**87**
2006	Patina Pinot »B« Sekt Brut **54,– €** | 13% | bis 2018	**90**
2013	Siebeldinger Königsgarten Riesling Sekt extra Brut **12,– €** | 11,5% | bis 2018	**85**
2007	Siebeldinger Königsgarten Riesling Patina Sekt extra Brut Top 10 **54,– €** | 12% | bis 2018	**91**
2014	Siebeldinger im Sonnenschein Weißburgunder Spätlese trocken **11,50 €** | 14% | bis 2018	**85**
2014	Siebeldinger im Sonnenschein Grauburgunder Spätlese trocken **11,50 €** | 14% | bis 2018	**87**
2014	Frankweiler Kalkgrube Riesling Spätlese trocken **11,50 €** | 13% | bis 2018	**88**
2014	Siebeldinger im Sonnenschein Weißburgunder Spätlese trocken Alte Reben Holzfass **17,– €** | 14% | bis 2019	**87**
2014	Siebeldinger im Sonnenschein Grauburgunder Spätlese trocken Alte Reben Holzfass **17,– €** | 14% | bis 2018	**87**
2013	Siebeldinger im Sonnenschein Spätburgunder Spätlese trocken Barrique **21,– €** | 13% | bis 2019	**86**

WEINGUT WILKER

76889 Pleisweiler-Oberhofen · Hauptstraße 30
☎ (0 63 43) 22 02 · Fax 43 79
weingut@wilker.de
www.wilker.de

Inhaber: Familie Wilker
Betriebsleiter: Jürgen Wilker
Kellermeister: Jürgen Wilker und Michael Naab

Verkauf: Familie Wilker
Mo–Sa: 8.00–18.00 Uhr, So: 10.00–12.00 Uhr

Wir notieren bei Jürgen Wilker im Gegensatz zu den Vorjahren wieder eine Steigerung, die bei einigen Weinen sogar deutlich ausfällt. Nachdem 2013 die Tiefe gefehlt hat, stecken nun etwa im Schlossberg Riesling oder im Chardonnay wieder Spannung und Kraft drin. Auch Früh- und Spätburgunder schicken sich an, frühere Höhen wieder zu erreichen. Vielleicht hilft, dass das Landhaus nun verpachtet ist und Wilker sich aufs Weinmachen konzentrieren kann.

Anzahl der verkosteten Weine: 9
Bewertungen: 80–86 Punkte

2013	Spätburgunder Sekt Brut **11,– €** | 13% | bis 2016	**80**
2014	Riesling trocken **4,90 €**/1,0 Lit. | 12,5% | bis 2017	**81**
2014	Pleisweiler Oberhofen Weißburgunder trocken **8,20 €** | 13% | bis 2017	**82**
2014	Pleisweiler Oberhofen Riesling trocken **8,20 €** | 13% | bis 2017	**85**
2014	Pleisweiler Oberhofen Chardonnay **8,50 €** | 13% | bis 2018	**85**
2013	Pleisweiler Oberhofen Frühburgunder trocken **8,20 €** | 13% | bis 2018	**83**
2014	Pleisweiler Schlossberg Riesling trocken **13,– €** | 13% | bis 2018	**86**
2012	Pleisweiler Schlossberg Spätburgunder trocken **16,– €** | 14% | bis 2019	**84**
2014	Pleisweiler Oberhofen Frühburgunder **14,– €** | 13,5% | bis 2019	**83**

Die Betriebe:
Weltklasse · Deutsche Spitze
Sehr gut · Gut · Zuverlässig
Weitere Empfehlung

Aufsteiger des Jahres 2012

WEINGUT VON WINNING

67146 Deidesheim · Weinstraße 10
☎ (0 63 26) 96 68 70 · Fax 79 20
weingut@von-winning.de
www.von-winning.de

Inhaberin: Jana Niederberger
Geschäftsführer: Stephan Attmann
Außenbetrieb: Joachim Jaillet
Kellermeister: Kurt Rathgeber

Verkauf: Thomas Wagner und Barbara Weber
Mo–Fr: 8.00–17.30 Uhr, Sa: 10.00–17.30 Uhr
So: 11.00–17.00 Uhr

Gastronomie: Leopold Restaurant im historischen Pferdestall mit Kaisergarten
Erlebenswert: Weinfest im Hof unter mächtiger Platane am 2. und 3. Augustwochenende
Historie: gegründet 1849
Sehenswert: Gutsgebäude in rotem und gelbem Buntsandstein, Veranstaltungsräume in der renovierten Gutsvilla, neu gestalteter Weinprobierraum

Rebfläche: 44 Hektar
Jahresproduktion: 260.000 Flaschen
Beste Lagen: Deidesheimer Grainhübel, Kalkofen, Kieselberg, Langenmorgen und Mäushöhle, Ruppertsberger Reiterpfad, Linsenbusch und Spieß Forster Ungeheuer, Jesuitengarten, Kirchenstück und Pechstein
Boden: Buntsandstein, Basaltschotter, toniger Sand, tertiärer Kalk, Lösslehm
Rebsorten: 80% Riesling, 20% übrige Sorten
Durchschnittsertrag: 55 hl/ha
Mitglied: VDP

Das Weingut von Winning könnte man durchaus als eine Art Konzeptweingut verstehen. Hervorgegangen war es aus dem Weingut Dr. Deinhard. Nach dessen Erwerb durch den verstorbenen Achim Niederberger wollte der etwas Neues verwirklichen. Hierzu holte er sich Stephan Attmann als Geschäftsführer, einen weinverrückten Querdenker. Damit begann eine Erfolgsgeschichte, die manchen Weinfreund irritierte.

Neues Holz, neuer Stil

Grund dafür war der Ausbau der Weine, auch der Rieslinge, in neuem Holz. Das war radikal – doch es war auf die Zukunft ausgelegt. Stephan Attmann wusste, dass er zunächst viele neue Holzfässer benötigen würde, um eine große Grundausstattung zu haben, mit der er über die nächsten Jahre weiterarbeiten konnte. Jahr für Jahr kamen mehr Weine ins Holz, doch die einzelnen Fässer wurden älter und ließen die Weine immer feiner werden. Seit 2011 sieht keines der Großen Gewächse mehr Edelstahl. Inzwischen haben viele Kollegen und auch viele Kunden erkannt, welches Potenzial im Holzausbau liegt. Die Weine vergären trüb und spontan, es findet keine Schönung statt, die Weine liegen fast ein Jahr auf der Vollhefe. Attmanns Stil wird kopiert – ein größeres Kompliment, eine größere Anerkennung kann es kaum geben. Der Fokus von Attmann und seiner Mannschaft richtet sich gar nicht mehr so sehr auf den Keller, wichtiger ist nun die Arbeit in den Weinbergen, und hier sieht er große Investitionen durch die Personalschulung auf sich zukommen. Die Dichtbepflanzung (etwa 10.000 Rebstöcke pro Hektar) auf immerhin fünf Hektar sowie vor allem der Umstieg auf sanften Rebschnitt seien enorm zeitintensiv.

Stephan Attmann

Meister des Sauvignon Blanc

Mit den Rieslingen aus 2014 waren wir erneut sehr zufrieden, auch wenn es diesmal nicht das absolute Highlight wie 2013 gegeben hat, als das Kirchenstück der Bundessieger war. Uns imponiert die Stringenz, die sich hier durchzieht. Und wir lieben die unterschiedlichen Sauvignon Blancs, die ein gnadenloses Reifepotenzial in sich tragen. Heute den 2011er Sauvignon Blanc 500 zu genießen, das ist wie Urlaub vom Alltag.

Anzahl der verkosteten Weine: 19
Bewertungen: 83-92 Punkte

2014 Ruppertsberger Riesling trocken **83**
5,80 €/1,0 Lit. | 11,5% | bis 2016

2014 Riesling Win Win trocken **83**
10,- € | 12% | bis 2018

2014 Deidesheimer Paradiesgarten **87**
Riesling trocken »Erste Lage« Holzfass
14,- € | 12% | bis 2018

2014 Deidesheimer Herrgottsacker **87**
Riesling trocken »Erste Lage« Holzfass
14,- € | 12% | bis 2018

2014 Ruppertsberger Reiterpfad **88**
Riesling trocken »Erste Lage«
15,50 € | 12% | bis 2019

2014 Sauvignon Blanc I trocken Barrique **91**
17,50 € | 12,5% | bis 2018

2014 Königsbacher Ölberg **89**
Riesling trocken »Erste Lage« Holzfass
17,50 € | 12% | bis 2019

2014 Deidesheimer Grainhübel **89**
Riesling »Großes Gewächs« Holzfass
24,- € | 12% | bis 2020

2012 Weißburgunder I trocken Barrique **87**
25,- € | 13% | bis 2019

2013 Chardonnay I trocken Barrique **88**
25,- € | 13% | bis 2019

2014 Forster Ungeheuer **91**
Riesling »Großes Gewächs« Holzfass
26,- € | 13% | bis 2020

2014 Deidesheimer Langenmorgen **90**
Riesling »Großes Gewächs« Holzfass
28,- € | 12,5% | bis 2020

2014 Deidesheimer Kalkofen **91**
Riesling »Großes Gewächs« Holzfass
28,- € | 12,5% | bis 2020

2013 Sauvignon Blanc 500 trocken Holzfass **92**
38,- € | 12,5% | bis 2020

2014 Forster Pechstein **92**
Riesling »Großes Gewächs« Holzfass
44,- € | 13% | bis 2023

2014 Forster Kirchenstück **92**
Riesling »Großes Gewächs« Holzfass
59,- € | 12,5% | bis 2023

2014 Deidesheimer Mäushöhle Riesling Kabinett feinherb **83**
7,- € | 11,5% | bis 2017

2014 Ruppertsberger Reiterpfad Riesling Spätlese **86**
27,- € | 10,5% | bis 2020

2012 Pinot Noir I trocken Barrique **86**
36,- € | 13,5% | bis 2019

SEKT- UND WEINGUT WINTERLING

67150 Niederkirchen · Im Brühl 15
☎ (0 63 26) 89 52 · Fax 98 04 36
info@winterling-sekt.de
www.winterling-sekt.de
Inhaber: Familie Winterling

Verkauf: Familie Winterling
Mo–Fr: 9.00–12.00 Uhr · 14.00–18.00 Uhr
Sa: 10.00–16.00 Uhr

Bei Winterling probieren wir jederzeit und mit Vergnügen die Sekte, insbesondere seit man verstanden hat, dass hohe Alkoholgehalte nicht eben förderlich sind bei Schaumweinen – da sind uns die jetzigen mit 12 oder 12,5 Umdrehungen weitaus lieber als früher. Nur bei den Stillweinen beobachten wir einen Zickzackkurs. Sie präsentieren sich recht belanglos, mal süß-sauer wie bei der Süßen Sovie, mal einfach nur blass. In der Verkostung haben wir auch ein paar ältere Gewächse hinzugestellt, die unser Urteil bestätigten. Würde hier das Niveau der Schaumweine erreicht, wären wir einen großen Schritt weiter.

Anzahl der verkosteten Weine: 12
Bewertungen: 79–87 Punkte

2013	Weißburgunder & Chardonnay Crémant Brut Blanc de Blancs **13,– €** | 12,5% | bis 2017	**84**
2013	Spätburgunder Pinot Crémant Brut **13,– €** | 12% | bis 2017	**85**
2013	Spätburgunder Pinot Crémant Brut Rosé **13,– €** | 12% | bis 2017	**85**
2012	Chardonnay & Spätburgunder La Coulée D'Or Crémant Brut **14,50 €** | 13% | bis 2017	**86**
2013	Spätburgunder & Chardonnay Fleur Crémant Brut **14,50 €** | 12,5% | bis 2017	**87**
2014	Weißburgunder trocken **9,50 €** | 13,5% | bis 2017	**82**
2014	Sauvignon Blanc trocken **11,20 €** | 13% | bis 2016	**79**
2014	Deidesheimer Herrgottsacker Riesling Spätlese trocken **9,90 €** | 13,5% | bis 2017	**83**
2014	Sauvignon Blanc Süße Sovie Kabinett **12,50 €** | 10% | bis 2017	**83**
2014	Spätburgunder & Schwarzriesling trocken **7,50 €** | 12% | bis 2016	**80**
2013	Cuvée »Alter Garten« trocken **8,60 €** | 14% | bis 2018	**82**

WEINGUT WÖHRLE

67278 Bockenheim · Leininger Ring 64
☎ (0 63 59) 42 15 · Fax 94 93 67
info@weingut-woehrle.de
www.weingut-woehrle.de
Inhaber: Andreas Wöhrle

Verkauf: Christa, Martin und Andreas Wöhrle
Sa: 9.00–15.00 Uhr und nach Vereinbarung

Hatten wir in der letzten Ausgabe mehr Dichte bei den Weißweinen gewünscht, so ist dem Andreas Wöhrle mit den 2014ern zumindest teilweise nachgekommen: Wir erleben einen sehr guten, tiefen Riesling Alte Reben und einen blitzsauberen, ganz typischen Silvaner; auch der Auxerrois und der Riesling Von der Mauer gefielen uns ausgesprochen. Die weißen Burgundersorten kommen da nicht mit, sie geraten eher blass und verwaschen und sind einen Tick ältlich. Rotweine wurden uns leider nicht eingereicht.

Anzahl der verkosteten Weine: 12
Bewertungen: 81–85 Punkte

2014	Riesling trocken **5,40 €**/1,0 Lit. | 12% | bis 2016	**81**
2014	Weißburgunder trocken **5,90 €** | 12% | bis 2016	**81**
2014	Riesling vom Grafenstück trocken **5,90 €** | 12% | bis 2016	**82**
2014	Grauburgunder trocken **6,90 €** | 13% | bis 2017	**83**
2014	Silvaner trocken **6,90 €** | 12,5% | bis 2016	**84**
2014	Cabernet Blanc trocken **7,30 €** | 13% | bis 2017	**83**
2014	Riesling vom Vogelsang Kabinett trocken **6,90 €** | 12,5% | bis 2016	**83**
2014	Riesling aus der Goldgrube Spätlese trocken **7,50 €** | 12,5% | bis 2018	**84**
2014	Auxerrois Spätlese trocken **8,50 €** | 13% | bis 2018	**84**
2013	Riesling Spätlese trocken Alte Reben **9,80 €** | 12,5% | bis 2018	**85**
2014	Riesling von der Mauer Kabinett feinherb **6,90 €** | 12% | bis 2017	**84**
2014	Gewürztraminer Spätlese feinherb **7,80 €** | 12,5% | bis 2017	**82**

Rote Symbole:
Diese Betriebe verdienen in ihrer Klasse besondere Aufmerksamkeit

WEINGUT WOLF

76831 Birkweiler · Hauptstraße 36
☎ (0 63 45) 91 92 03 · Fax 91 92 04
info@weingut-wolf-birkweiler.de
www.weingut-wolf-birkweiler.de
Inhaber: Klaus und Mathias Wolf
Kellermeister: Mathias Wolf

Verkauf: Klaus Wolf
Mo–Fr: 9.00–12.00 Uhr · 13.00–18.00 Uhr
Sa: 9.00–16.00 Uhr

Man könnte es als eine Bestätigung der Aussage »the trend is your friend« werten – Mathias Wolf hat den Weinfuß fest auf dem Gaspedal und haut uns Weine um die Ohren, einer besser als der andere! Schon der Riesling Gutswein macht als Einstieg Spaß, doch danach sehen wir nichts mehr unterhalb von sehr gut. Es gelingt diesem jungen Mann offenbar spielend, die Unterschiede der Bodengegebenheiten in den einzelnen Jahren nachvollziebar darzustellen. 2014 war damit bei den Lagenweinen der Kastanienbusch Riesling Schiefer tonangebend, wobei die Ortsweine für uns kaum darunter sind.

Anzahl der verkosteten Weine: 10
Bewertungen: 83–90 Punkte

2014	Riesling trocken **5,70 €** | 12,5% | bis 2017	**83**
2014	Birkweiler Weißburgunder aus dem Muschelkalk trocken **8,50 €** | 13% | bis 2017	**85**
2014	Birkweiler Chardonnay aus dem Tonstein trocken **8,50 €** | 13% | bis 2018	**85**
2014	Birkweiler Riesling aus dem Rotliegenden trocken **8,50 €** | 13% | bis 2018	**87**
2014	Birkweiler Riesling aus dem Buntsandstein trocken € **8,50 €** | 13% | bis 2018	**88**
2014	Birkweiler Kastanienbusch Riesling aus dem Schiefer trocken **12,50 €** | 13,5% | bis 2019	**89**
2014	Birkweiler Kastanienbusch Weißburgunder aus der Terrassenlage trocken **12,50 €** | 13,5% | bis 2019	**90**
2013	Birkweiler Spätburgunder aus dem Buntsandstein trocken **8,50 €** | 13% | bis 2019	**83**
2013	Birkweiler Kastanienbusch Spätburgunder aus dem Buntsandstein trocken **12,50 €** | 13% | bis 2019	**85**
2012	Birkweiler Kastanienbusch Cabernet Sauvignon aus dem Buntsandstein trocken **12,50 €** | 13,5% | bis 2019	**87**

Aufsteiger

WEINGUT ZELT

67229 Laumersheim · Binsenstraße 2
☎ (0 62 38) 32 81 · Fax 12 33
info@weingutzelt.de
www.weingutzelt.de
Inhaber: Ernst und Mario Zelt
Kellermeister: Mario Zelt

Verkauf: Familie Zelt
Mo–Fr: 10.00–12.00 Uhr · 14.00–18.00 Uhr
Sa: 10.00–16.00 Uhr

Sehenswert: Weinprobierstube im restaurierten alten Fachwerkhaus

Rebfläche: 13 Hektar
Jahresproduktion: 110.000 Flaschen
Beste Lagen: Laumersheimer Kirschgarten und Steinbuckel, Großkarlbacher Burgweg, Bissersheimer Goldberg
Boden: Kalkmergel, Löss, Kies, Quarzsand, sandiger Lehm
Rebsorten: 30% Riesling, je 15% Spätburgunder und Weißburgunder, je 10% Cabernet Sauvignon, Chardonnay, Merlot, 10% übrige Sorten
Durchschnittsertrag: 60 hl/ha
Mitglied: Fair'n Green

Im Hause Zelt stehen Veränderungen an! Das Thema Nachhaltigkeit gewinnt mehr an Bedeutung als je zuvor, seit man sich 2014 dazu entschlossen hat, nach den Prinzipien von Fair'n Green zu arbeiten, was ein Siegel nicht nur für Umweltschutz im Weinbau, sondern auch für die interne Betriebsführung sowie gesellschaftliches Engagement sein will. Chapeau! Weitere Baustellen sind der Umbau von Traubenverarbeitung, Kellerei allgemein und Flaschenlager. Auf den Ist-Zustand geschaut, können wir uns freilich alles andere als beklagen. Unglaublich dichtes Mittelfeld, null Schwächen. Ganz oben: Kirschgarten Riesling, Kirschgarten Chardonnay, Goldberg Frühburgunder und Kirschgarten Spätburgunder. Der Anteil der spontan vergorenen Weine nimmt beständig zu, was damit auch eine Individualisierung fördert. All das macht wirklich Spaß. In der verdeckten Pfälzer Endrunde sind mehrere seiner Weine hochgelaufen, was immer ein gutes Zeichen ist.

Anzahl der verkosteten Weine: 13
Bewertungen: 83–90 Punkte

2014 Weißburgunder trocken **83**
6,80 € | 12% | bis 2017

2014 Muskateller trocken **86**
6,80 € | 11% | bis 2016

2014 Laumersheimer Riesling Kalkstein trocken **84**
9,50 € | 13,5% | bis 2018

2014 Laumersheimer Sauvignon Blanc trocken **85**
9,50 € | 12,5% | bis 2017

2014 Laumersheimer Grauburgunder Kalkstein trocken **87**
9,50 € | 13,5% | bis 2017

2014 Bissersheimer Goldberg Riesling trocken **87**
14,– € | 13,5% | bis 2019

2014 Laumersheimer Kirschgarten Chardonnay trocken **88**
19,– € | 13,5% | bis 2019

2014 Laumersheimer Kirschgarten Riesling trocken **89**
21,– € | 13,5% | bis 2019

2014 Laumersheimer Kirschgarten Weißburgunder trocken **90**
21,– € | 13,5% | bis 2018

2013 Spätburgunder trocken **84**
9,50 € | 13,5% | bis 2018

2013 Großkarlbacher Burgweg Spätburgunder trocken **87**
18,– € | 13,5% | bis 2019

2013 Bissersheimer Goldberg Frühburgunder trocken **88**
18,– € | 13,5% | bis 2019

2013 Laumersheimer Kirschgarten Spätburgunder trocken **89**
25,– € | 13,5% | bis 2019

WEINGUT OLIVER ZETER

67434 Neustadt · Lauterstraße 9
☎ (0 63 21) 48 15 22
hallo@oliver-zeter.de
www.oliver-zeter.de
Inhaber: Christian und Oliver Zeter

Verkauf: Oliver Zeter
Mo–Do: 10.00–15.00 Uhr
Fr: 10.00–18.00 Uhr, Sa: 11.00–16.00 Uhr

Das durchwachsene Bild der letzten Ausgabe hat sich ins Positive gedreht. Die Weißweine, angeführt von den unterschiedlich gemachten Sauvignon Blancs: klasse! Sehr guter Syrah, erneut. Der Rest balancierend an der Schwelle von gut zu sehr gut. Aber zurück zum Sauvignon. Hier gibt es einen Einstiegswein, einen Lagenwein, einen Fumé – und den Baer, der je zu einer Hälfte im Betonei und im Barrique ausgebaut wurde. Anfangs nichts als Holz, wird er mit viel Luft viel besser – und nach einer Woche im Kühlschrank supertoll!

Anzahl der verkosteten Weine: 15
Bewertungen: 82–89 Punkte

2013 Sauvignon Blanc Sekt Brut **84**
13,50 € | 12,5% | bis 2017

2014 Muskateller trocken **85**
7,90 € | 11% | bis 2016

2014 Ungsteiner Nussriegel Riesling trocken **86**
10,– € | 11,5% | bis 2017

2014 Sauvignon Blanc trocken **85**
11,50 € | 12,5% | bis 2017

2014 Appenhofener Steingebiss Sauvignon Blanc trocken **87**
13,50 € | 12% | bis 2017

2013 Weißburgunder trocken Reserve **84**
13,50 € | 13% | bis 2018

2013 Riesling trocken Reserve **85**
15,– € | 12,5% | bis 2018

2013 Viognier trocken **84**
16,– € | 14% | bis 2018

2013 Sauvignon Blanc Fumé trocken **89**
16,– € | 13% | bis 2018

2013 Sauvignon Blanc Baer trocken **89**
40,– € | 12,5% | bis 2019

2013 Spätburgunder trocken **82**
10,– € | 13,5% | bis 2018

2012 Cuvée »Z« trocken **85**
15,– € | 13,5% | bis 2018

2012 Syrah trocken **87**
18,– € | 13,5% | bis 2019

2012 Pinot Noir trocken Reserve **84**
20,– € | 13,5% | bis 2018

WEINGUT AUGUST ZIEGLER

67487 Maikammer · Bahnhofstraße 5
☎ (0 63 21) 9 57 80 · Fax 95 78 78
info@august-ziegler.de
www.august-ziegler.de
Inhaber: Uwe und Harald Ziegler
Kellermeister: Uwe Ziegler

Verkauf: Harald Ziegler
Mo–Fr: 8.00–18.30 Uhr
Sa: 9.00–16.00 Uhr und nach Vereinbarung

Historie: Weinbau seit acht Generationen
Sehenswert: Gutshaus im Stil der Gründerzeit, steht unter Denkmalschutz

Rebfläche: 20 Hektar
Jahresproduktion: 200.000 Flaschen
Beste Lagen: Gimmeldinger Biengarten und Mandelgarten, Alsterweiler Kapellenberg, Maikammer Kirchenstück
Boden: Sandsteinverwitterung, Lehm mit unterschiedlichem Sandanteil, Kalk- und Kalkmergelanteile
Rebsorten: 22% Riesling, 10% Spätburgunder, je 8% Dornfelder, Grauburgunder, St. Laurent und Weißburgunder, je 6% Gewürztraminer und Scheurebe, je 4% Portugieser und Sauvignon Blanc, 16% übrige Sorten
Durchschnittsertrag: 60 hl/ha

Sagt man nicht, dass der erste Eindruck stets entscheidend sei? Na dann war das für uns in diesem Jahr ein eindeutiger Fall, denn mit dem ersten verkosteten Wein der Zieglers, dem Riesling aus der Literflasche, hatten wir einen der besten Literweine im Glas, die 2014 in Deutschland gekeltert wurden. Für gerade mal fünf Euro. Nicht spucken, schlucken! Was sich anschloss, war ein seriös gemachter Wein nach dem anderen. Uwe Ziegler hat seine Rebsorten voll im Griff, alles ist sehr typisch, das Sortiment ist komplett dicht beisammen, was außerordentlich positiv einzuschätzen ist. Noch dazu zu Preisen, die für die gebotene Qualität, vor allem im Mittelsegment, als animierend bezeichnet werden dürfen. Hervorragend sahen wir den Merlot, der nicht beliebig ist, sondern konturiert. Der Shiraz beeindruckt in seiner Pfeffrigkeit, ist allerdings als Trinkwein anstrengend.

Anzahl der verkosteten Weine: 10
Bewertungen: 84–89 Punkte

2014	Riesling trocken **5,– €**/1,0 Lit. | 12% | bis 2016	**84**
2014	Maikammer Mandelhöhe Weißburgunder trocken **8,– €** | 12,5% | bis 2018	**85**
2014	Gimmeldinger Biengarten Riesling Kabinett trocken **7,50 €** | 12,5% | bis 2017	**85**
2014	Maikammer Mandelhöhe Gewürztraminer Kabinett trocken **11,– €** | 12,5% | bis 2018	**87**
2014	Maikammer Heiligenberg Riesling Spätlese trocken **10,50 €** | 12,5% | bis 2018	**89**
2014	Alsterweiler Kapellenberg Grauburgunder Spätlese trocken **14,– €** | 13,5% | bis 2018	**87**
2014	Alsterweiler Kapellenberg Chardonnay Spätlese trocken **15,– €** | 13,5% | bis 2019	**85**
2014	Maikammer Mandelhöhe Riesling Kabinett feinherb **7,– €** | 12% | bis 2017	**86**
2012	Maikammer Kirchenstück Shiraz trocken Barrique **30,– €** | 14,5% | bis 2020	**85**
2012	Gimmeldinger Schlössel Merlot trocken Barrique **32,– €** | 14,5% | bis 2020	**87**

WEINGUT VALENTIN ZIEGLER SOHN

76835 Weyher · Hübühl 9
☎ (0 63 23) 98 85 99
wein@v-z-s.de
www.wein.v-z-s.de
Inhaber: Helmut, Barbara und Georg Meier
Kellermeister: Georg Meier

Verkauf: Barbara Meier
Mo–Fr: 14.00–19.00 Uhr, Sa: 9.00–16.00 Uhr

Rebfläche: 14 Hektar
Jahresproduktion: 90.000 Flaschen
Beste Lagen: Weyher Michelsberg, Burrweiler Altenforst, Hainfelder Letten
Boden: Kalkmergel, Buntsandstein, Rotliegendes, Granit, Schiefer
Rebsorten: 30% Riesling, 20% Grauburgunder, 15% Spätburgunder, 5% Weißburgunder, 30% übrige Sorten
Durchschnittsertrag: 70 hl/ha

Nein, eigentlich haben wir uns diesmal nicht mehr gewundert. Längst haben wir gewusst, was in Sachen Riesling in den Lagen um Weyher, diesem hoch über der Rheinebene gelegenen Dorf, möglich ist. Großen Anteil daran hat Georg Meier, ein junger Mann, der beim Wettbewerb »Die junge Südpfalz – da wächst was nach« in fünf Jahren fast immer auf dem Treppchen stand. Für den aktuellen Jahrgang braucht er kein Treppchen, eine Terrasse wäre angebrachter. Unglaublich präzise Rieslinge stehen dort, in lupenreiner Handschrift gemacht, von denen der Granit Goldkapsel der außergewöhnlichste ist: puristisch, klirrend klar, supertrocken. Doch selbst Chardonnay aus dem Barrique oder die Rotweine scheinen keine Hindernisse darzustellen auf dem weiteren Weg nach oben. Meier steht selbstbewusst für die neue Winzergeneration, die den Arrivierten einmal mehr zu sagen scheint, es sei bedrohlich, sich zurückzulehnen.

Anzahl der verkosteten Weine: 12
Bewertungen: 83–92 Punkte

2014 Weyher Scheurebe trocken **85**
6,70 € | 13% | bis 2017

2014 Rhodter Ordensgut Grauburgunder trocken **83**
7,50 € | 13% | bis 2017

2014 Weyher Michelsberg Riesling Buntsandstein trocken **89**
€ **7,80 €** | 13% | bis 2017

2014 Weyher Michelsberg Riesling Granit trocken **88**
€ **9,20 €** | 13% | bis 2018

2014 Burrweiler Altenforst Riesling Rotliegendes trocken **89**
€ **9,20 €** | 13% | bis 2018

2014 Weyher Silvaner trocken Barrique **88**
10,20 € | 14% | bis 2019

2014 Roschbacher Rosenkränzel Chardonnay trocken Barrique **89**
10,20 € | 13,5% | bis 2019

2014 Weyher Michelsberg Riesling Granit trocken Goldkapsel **92**
17,– € | 13,5% | bis 2019

2014 Weyher Riesling Kabinett trocken **85**
5,20 € | 12% | bis 2017

2012 Rhodter Rosengarten Merlot trocken Barrique **84**
11,50 € | 14,5% | bis 2019

2012 Weyher Michelsberg Spätburgunder Spätlese trocken Barrique **85**
9,50 € | 14% | bis 2018

2011 Weyher Michelsberg Spätburgunder Auslese trocken Barrique Goldkapsel **86**
17,– € | 14,5% | bis 2018

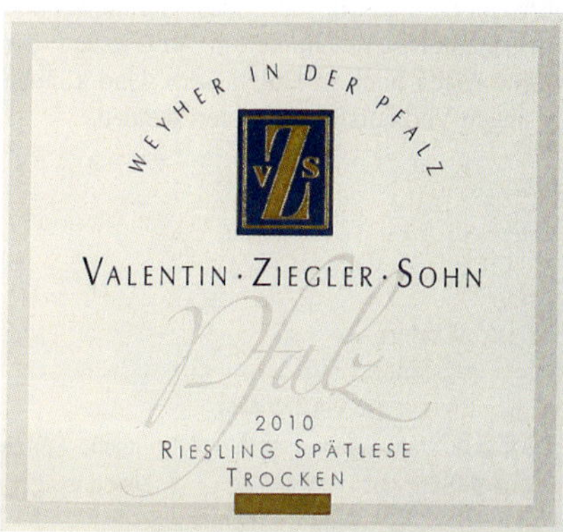

Zeichenerklärung:
€ Schnäppchenpreis · Top 10 Spitzenreiter
Ökobetrieb · Trink-Tipp · Versteigerungswein
Sekt | Weißwein | Rotwein | Roséwein

WEINGUT ZIMMERMANN

67157 Wachenheim · Grabenstraße 5
☎ (0 63 22) 23 84 · Fax 6 51 60
info@wein-zimmermann.de
www.wein-zimmermann.de

Inhaber und Betriebsleiter: Jürgen Zimmermann

Verkauf: Familie Zimmermann
Mo–Fr: 9.00–12.00 Uhr · 14.00–18.00 Uhr
Sa: 9.00–16.00 Uhr

Gästehaus: im Rieslinghof, mit 6 Gästezimmern

Rebfläche: 11 Hektar
Jahresproduktion: 80.000 Flaschen
Beste Lagen: Wachenheimer Gerümpel und Fuchsmantel
Boden: Buntsandsteinverwitterung
Rebsorten: 60% Riesling, je 7% Weißburgunder und Spätburgunder, 6% Grauburgunder, 4% Scheurebe, 16% übrige Sorten
Durchschnittsertrag: 60 hl/ha

Obwohl Burgunder laut eigener Aussage von Jürgen Zimmermann schon immer einen hohen Stellenwert genossen in diesem kleinen Weingut in Wachenheim, sehen wir davon lediglich einen kleinen Weißburgunder und einen anständigen Chardonnay. Und wenn wir ehrlich sind, stört uns dies auch gar nicht, denn was wir hier trinken wollen, sind Rieslinge, Rieslinge, Rieslinge. Das kann Zimmermann am besten, hier hat er die Lagen, das ist seine wirkliche Tradition. Es trinkt sich sehr locker, in den meisten Jahren erfrischend, da werden die entsprechenden Aromen nach gelben Früchten herausgekitzelt, wobei die Spätlesen durchaus alkoholische Power haben. Geschmacklich freilich schön umwickelt und nicht gleich spürbar. In diesem Jahr ist der Altenburg unser Favorit, der über Gerümpel und Fuchsmantel steht. Immerhin 40 Prozent der Weine reifen noch in Holzfässern. Und können im neuen Verkaufsraum probiert werden.

Anzahl der verkosteten Weine: 12
Bewertungen: 81–89 Punkte

Jahrgang	Wein	Preis / Alkohol / Trinkreife	Punkte
2014	Weißburgunder trocken	**7,50 €** | 13,5% | bis 2017	**81**
2014	Sauvignon Blanc trocken	**7,80 €** | 11,5% | bis 2017	**81**
2014	Chardonnay trocken	**9,50 €** | 14% | bis 2018	**84**
2014	Riesling Kabinett trocken	**5,80 €**/1,0 Lit. | 12% | bis 2017	**83**
2014	Wachenheimer Luginsland Riesling Kabinett trocken	**7,50 €** | 12,5% | bis 2017	**83**
2014	Wachenheimer Königswingert Riesling Kabinett trocken	**7,80 €** | 12,5% | bis 2017	**85**
2014	Wachenheimer Fuchsmantel Riesling Spätlese trocken	**9,80 €** | 13% | bis 2018	**86**
2014	Wachenheimer Königswingert Riesling Spätlese trocken	€ **9,80 €** | 13,5% | bis 2018	**88**
2014	Wachenheimer Gerümpel Riesling Spätlese trocken	**12,– €** | 13% | bis 2019	**88**
2014	Wachenheimer Altenburg Riesling Spätlese trocken	**12,– €** | 13% | bis 2018	**89**
2014	Wachenheimer Fuchsmantel Riesling Spätlese	**9,50 €** | 11,5% | bis 2020	**85**
2014	Gewürztraminer Spätlese	€ **9,50 €** | 10% | bis 2020	**88**

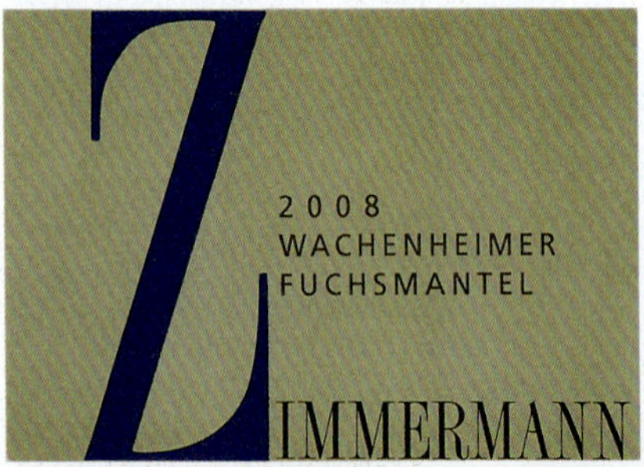

Die Betriebe:
Weltklasse · Deutsche Spitze
Sehr gut · Gut · Zuverlässig
Weitere Empfehlung

Rheingau

Ein gutes Jahr für Könner

- Kühn – Biopionier wird »Winzer des Jahres«
- Der Rheingau wird trockener
- Grandiose edelsüße Delikatessen

Weinlese im Rheingau

Foto: Deutsches Weininstitut DWI

»Ich liebe diesen Jahrgang, weil man um die Qualität hart kämpfen musste«, beschreibt Peter Jakob Kühn, frisch gekürter »Winzer des Jahres«, den herausfordernden Jahrgang in seiner ihm unnachahmlichen Art. Als Vorreiter des biodynamischen Anbaus hat er sich mit bemerkenswerter Konstanz in den letzten Jahren mit einer spannenden Kollektion nach der anderen zurück an die Spitze gekämpft. Sein individueller Stil, die Präzision und die Markanz der Weine werden längst über Deutschlands Grenzen hinaus gefeiert. Diese substanzreichen Rieslinge sind voller Energie und Spannung.

© Andreas Durst
Peter Bernhard und Peter Jakob Kühn

Und recht hat er: 2014 war ein erneut herausforderndes Jahr, bei dem sich die Spreu vom Weizen trennt. Denn die andauernden Regenfälle im August und September haben den Winzern alles abverlangt und ihre volle Aufmerksamkeit gefordert. Aufwendige und intelligente Weinbergsarbeit mit viel Begrünung, rigoroser Selektion und etwas Glück waren essenziell. Sozusagen: ein gutes Jahr für Könner und bevorzugte Terroirs. Wie so oft in regenreichen Jahren kamen die guten Berglagen sowie die kargen Gesteinsböden der mittleren Hanglagen mit ihren drainierenden Eigenschaften und den kühlenden Winden mit dem feucht-warmen Herbst am besten zurecht. Aber auch andernorts, wie etwa in Hochheim, das mit seinem besonderen Kleinklima und der etwas früheren Reifeentwicklung punkten konnte, haben wir eine Reihe hervorragender Weine verkostet. In der Spitze sind diese Weine sogar einen Hauch besser als im Vorjahr. 2014 ist ein eher schlanker Jahrgang, bei dem die Weinberge und ihre Böden sowie die zupackende Fruchtsäure den Ton angeben. Transparente Herkunft und Festigkeit statt vordergründige Frucht und dienende Süße setzen sich auch im Rheingau immer stärker durch.

Trotz des herausfordernden Jahres ist ein deutlicher Ruck durch die gerne mal undifferenziert als traditionsbewahrend geltende Region gegangen. Dabei ist nicht jeder neumodische Kitsch eine Innovation. Der Rheingau, das ist Riesling und Spätburgunder aus historischen Spitzenlagen. Und noch nie waren die Weine hier so trocken. Viele Winzer haben sich die Kritik der letzten Jahre zu Herzen genommen und gegengesteuert. Mit einem kritischeren Kollegendiskurs, neuen Vinotheken und vielen Investitionen setzt sich dieser positive Trend der letzten Jahre fort. Und das mit dem Rückenwind einer rund 1.200-jährigen geschichtsträchtigen Weinbautradition. Hier wurde immer wieder Geschichte geschrieben. Ob die Entstehung des Cabinets in Kloster Eberbach oder die Erfindung der Spätlese auf Schloss Johannisberg – Keimzelle war immer der Rheingau.

Knackig-trockene Rieslinge

Und die Geschichte wird neu interpretiert: Auf unzähligen Parties, feinsten Gourmetevents mit internationalen Größen, auf hochkarätigen Verkostungen, in schicken Vinotheken oder in jahrhundertealten Gemäuern. Wer die Freude hat, auf Kloster Eberbach, Schloss Johannisberg oder auf dem Weingut Weil an Vertikalproben mit Rieslingen aus Jahrgängen vom Anfang des letzten Jahrhunderts und darüber hinaus teilzunehmen, kann diese Geschichte als Zeitreise im Glas mit jedem Schluck dieser flüssigen Juwelen inhalieren.

Aber zurück zum aktuellen Jahrgang. Lange Zeit sah es 2014 richtig gut aus. Vielerorts träumten die Winzer von einem Traumjahrgang. Als es aber von August bis zur entscheidenden Lesezeit

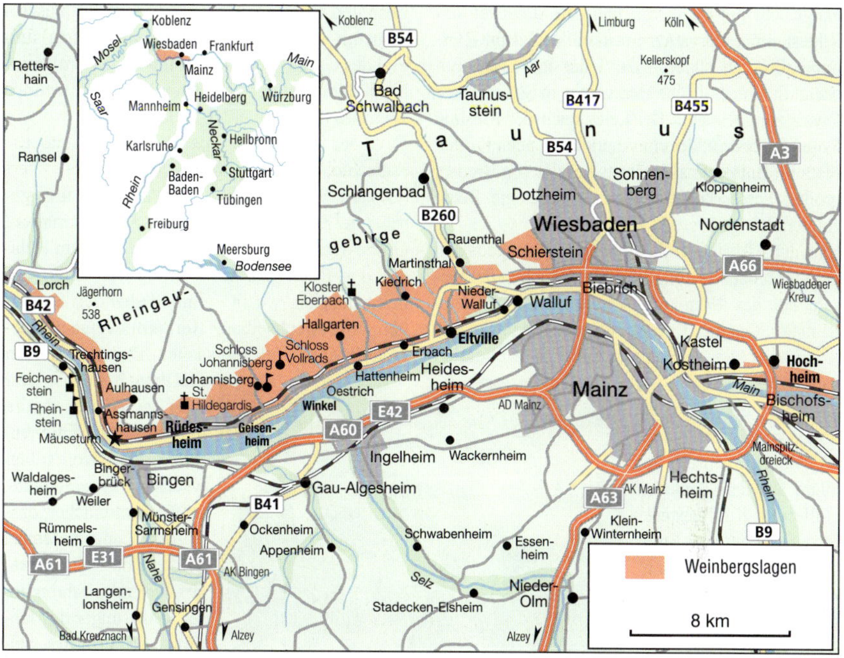

dauerhaft regnete, machte sich – ähnlich wie schon in 2013 – eine große Ernüchterung und die Angst vor einem 2006er Déjà-vu breit. Wegen der Gefahr galoppierender Fäulnis waren eine schnelle Lese und penibelste Selektion wichtig. Vorher musste aber im Weinberg alles richtig gemacht werden, damit die Rebstöcke keine nassen Füße bekamen. Wer gedüngt hatte und auf Begrünung verzichtete, hatte ein zusätzliches Problem. Wer zu früh erntete, fuhr unreife Trauben mit sehr hohen Säurewerten und phenolischer Aromatik ein. Wer dagegen zu lange wartete, kam vom Regen in die Traufe und riskierte von Botrytis und Graufäule befallenes Lesegut, was sich in manchen Weinen mit flüchtigen, bitteren und dumpfen Aromen zeigte.

Entscheidend war einmal mehr das richtige Timing, eine schlagkräftige Lesemannschaft, um im kleinen Lesefenster durch rigorose Auslese physiologisch vollreifes und sauberes Traubenmaterial einzufahren.

So zeigen sich die besseren Rieslinge nuanciert und transparent mit wunderbar schlanker Eleganz, pikanter Mineralität, kräutriger Würze und einer vitalen Säure – dem Rückgrat des Rieslings. Ein weiteres positives Merkmal sind die geringeren Restzuckerwerte. Bei den Trockenen im Schnitt gefühlte drei bis vier Gramm weniger als in den Vorjahren. Das zeigt in die richtige Richtung und wir hoffen, dass dies nicht nur dem Jahrgang geschuldet ist. Denn die Weine zeigen sich ungeschminkter, fester und griffiger im Kern – ohne die dienende Restsüße, die oftmals den wahren Charakter des Weines verschleiert.

Es war auch nicht unbedingt ein für edelsüße Spitzenweine prädestiniertes Jahr. Einigen Winzern, allen voran Wilhelm Weil und Peter Jakob Kühn, gelang es dennoch, grandiose Süßweine zu erzeugen – diese Rheingauer Spezialitäten gehören wieder zu den allerbesten Deutschlands.

Weil an der Spitze

An der Spitze der Region bleibt das Weingut Weil, das in Person von Wilhelm Weil maßgeblich die strikte Qualitätsorientierung im Rheingau vorantreibt. Und er geht als Vorbild voran: Seine eigenen Weine zeigen sich noch mal fester und zupackender, vor allem bei den Trockenen. Seine edelsüßen Delikatessen gehören ohnehin seit Jahrzehnten zu den besten Deutschlands. Knapp dahinter bleiben die zwei Rüdesheimer Spitzenbetriebe Leitz und Breuer: Sie haben die Herausforderungen des Jahr-

gangs sehr gut gemeistert und den Steillagen des Rüdesheimer Bergs ausdrucksstarke Terroir-Rieslinge förmlich abgerungen. Jeder in seinem Stil bringt die mineralische Herkunft vom Schiefer und Quarz zum Klingen. Bei Leitz stach der Riesling Roseneck hervor, der einen hervorragenden fünften Platz im Bundesfinale belegte, gefolgt von Breuers großem Schlossberg, der Platz sechs belegte. Beide zeigten ihre ganz große Klasse.
Eine der stärksten Kollektionen des Rheingaus und darüber hinaus – möglicherweise auch in der Geschichte des Weinguts – lieferte das Weingut Künstler. Gunther Künstler präsentierte uns in den letzten drei Jahren eine beeindruckende Kollektion nach der anderen. Vom Basiswein bis zu der eindrucksvollen Phalanx an Großen Gewächsen, vor allem aus den Toplagen Hölle und Kirchenstück, ist jeder Wein eine Empfehlung. Selbst Chardonnay, Sekte und die Roten gelingen ihm immer besser. Und auch die Kollektion unseres »Winzer des Jahres« ist bärenstark. Mehr denn je gehen die Kühns mit inspirierender Leidenschaft ihren Weg konsequent weiter und haben längst ihren ganz eigenen, unverkennbaren Stil gefunden. Die 2013er Lagenweine sowie die köstlichen Edelsüßen aus 2014 gehören zu den besten des Jahrgangs. Große Freude machen auch die feinen Spätburgunder aus burgundischen Klonen. Apropos Freude: Gerne haben wir Spreitzers Rückkehr zu alter Form zur Kenntnis genommen. Die Probleme des Vorjahres gehören zur Vergangenheit und so konnten wir eine gute Kollektion mit klaren und präziseren Weinen verkosten.

Macht Laune: Rheingauer Wein

Grandioses Rotweinjahr

Auch das altehrwürdige Schloss Johannisberg steht noch mal besser da als im Vorjahr. Insbesondere zeigten die Flaggschiffe des Hauses wie der Silber- und Grünlack aristokratisches Format.Endlich wieder ein grandioses Rotweinjahr aus dem Rheingau. Auch hier ist weniger mehr. Späte Lese und Öchslegrade jenseits der 100 ‚zusammen mit starkem Holzeinsatz sind oftmals zu viel des Guten. Wieso soll man aus einem grazilen Spätburgunder einen vor Kraft strotzenden Wein im internationalen Stil machen?

Kritischer Austauschprozess

Solchen Weinen fehlt dann die von uns geschätzte Eleganz, Finesse und Trinkanimation. Große Weine kommen vor allem aus dem Westen des Rheingau, rund um Lorch und Assmannshausen, wo in atemberaubenden Steillagen unverwechselbare Herkunftsweine entstehen, die ihresgleichen suchen. Dort ist auch der Platzhirsch August Kesseler zu Hause, der in diesem Jahr auf die Abfüllung der Großen Gewächse verzichtete. Umso erstaunlicher, dass es dem jungen Michel Städter von Chat Sauvage – vor zwei Jahren unser »Aufsteiger des Jahres« – gelang, die vielleicht besten Roten in der jungen Gutsgeschichte abzufüllen. Die 2013er sind präzise, das Holz wirkt noch eine Spur eleganter und die Unterschiede der Lagen kommen noch besser durch. Die Krone punktete mit Weinen aus 2012 und dem 2011er Juwel – dem Flaggschiff des Hauses. Auch der Domäne Assmannshausen gelangen einige ausgezeichnete Spätburgunder. Ein weiterer spannender Farbtupfer im Rheingauer Portfolio sind die Sektspezialisten. Beachtliche Sekte verkosteten wir vor allem von Barth, Bardong und Solter. Letztere schmecken trotz ihres Alters oft noch immer verrückt gut. Wie etwa Solters 2001er Riesling Brut Reserve oder Bardongs eleganter Riesling Reserve. Echte Delikatessen. Alle drei Güter standen mit ihren besten Sekten im Bundesfinale.
Mit der Umstellung der Rheingauer VDP-Betriebe auf das Große Gewächs ist ein wertvoller und kritischer Austauschprozess in Gang gekommen. »Wir sagen uns offen die Meinung, auch wenn der Wein nix ist«, bringt es Achim von Oetinger

auf den Punkt, dessen Weine weiter an Profil gewinnen. Dazu kommt, dass die jüngere Generation längst den Stab übernommen hat und mehr Mut zu einem eigenen Stil zeigt. All das stimmt zuversichtlich, dass es mit dem Rheingauer Aufbruch weitergeht. Das gilt auch für die nur hier gesetzlich geregelten Ersten Gewächse. Die Überlegung zu einer Umstellung auf das Große Gewächs macht Sinn, um die kaum zu vermittelnde Zweigleisigkeit der Marken Erstes und Großes Gewächs zu beseitigen. Auch hier sehen wir bei den höheren Qualitäten noch deutlich Luft nach oben. Zum Aufbruch passt ins Bild, dass die Lorcher Winzer aus ihrem Dornröschenschlaf erwacht sind und das Potenzial ihrer grandiosen, nur schwer zu bearbeitenden Steillagen stärker in den Vordergrund stellen.
Hier haben die junge Eva Fricke, Altenkirch und Laquai ausgezeichnete Kollektionen präsentiert. Mit Letzterem steigt wieder ein Lorcher Betrieb mit mineralisch-würzigen Weinen auf.
Nur wenige Kilometer weiter östlich wirkt Peter Perabo, der mit dem Bischöfliches Gut nach nunmehr drei überzeugenden Kollektionen mit herkunftsbetonten Rieslingen und Spätburgundern, die bestens heranreifen, den Aufstieg in die Drei-Trauben-Klasse schaffte. Auch im unteren Traubenbereich hat sich wieder einiges getan und mit Walter Bibo, einst Gutsleiter bei Schloss Reinhartshausen hat ein Altbekannter auf Anhieb den Sprung zur ersten Traube geschafft.

Eigene kulinarische Kultur

Im Rheingau hat sich längst eine kulinarische Kultur entwickelt, von der andere deutsche Weinbauregionen nur träumen können. Die im Frühjahr stattfindende Rheingauer Schlemmerwoche ist eine Art gastronomische Bürgerinitiative, während das Rheingau Gourmetfestival als hochwertiges Pendant zum Musik-Spektakulum längst zum Mekka für Weinliebhaber und Genießer avanciert ist. Und die in Wiesbaden stattfindenden Rheingauer Weinwochen erfreuen sich mit der »längsten Theke der Welt« seit Jahren größter Beliebtheit. Den Abschluss des weinkulinarischen Treibens bilden alljährlich die »Glorreichen Tage« im November mit der eindrucksvollen Riesling-Gala in Kloster Eberbach als festlichem Höhepunkt.

Giuseppe Lauria

Die Spitzenbetriebe

Die mit roter Traube markierten Betriebe verdienen in ihrer Klasse besondere Aufmerksamkeit.

▲▼ Die Dreiecke signalisieren Auf- oder Abwertung im Vergleich zum Vorjahr. ❄ Neuer Betrieb.

Die besten trockenen Rieslinge unter 15 Euro

Oestricher Doosberg Alte Reben Spreitzer, Oestrich	**89**
Oestricher Quarzit Peter Jakob Kühn, Oestrich	**88**
Hochheimer Hölle Kabinett Künstler, Hochheim	**88**
Rüdesheimer Magic Mountain Leitz, Rüdesheim	**88**
Hallgartener Hendelberg »Erste Lage« Prinz, Hallgarten	**88**
Hallgartener Hendelberg Spreitzer, Oestrich	**88**

Die besten Riesling Kabinett unter 15 Euro

Rüdesheimer Rosengarten »Große Lage« Leitz, Rüdesheim	**89**
Hochheimer Königin Victoriaberg Flick, Hochheim	**88**
Rüdesheimer Klosterlay Leitz, Rüdesheim	**88**
Hallgartener Jungfer »Große Lage« Prinz, Hallgarten	**88**

Die besten Riesling Spätlesen unter 15 Euro

Oestricher Lenchen Spreitzer, Oestrich	**89**
Johannisberger Klaus »Große Lage« Johannishof, Johannisberg	**88**
Rüdesheimer Magdalenenkreuz »Erste Lage« Leitz, Rüdesheim	**88**
Riesling Spätlese Schloss Vollrads, Oestrich-Winkel	**88**

WEINGUT FERDINAND ABEL

65375 Oestrich-Winkel · Mühlstraße 32–34
☎ (0 67 23) 28 53 · Fax 8 74 54
mail@weingut-abel.de
www.weingut-abel.de
Inhaber und Betriebsleiter: Reiner Abel

Verkauf: Eva und Hildegard Abel
nach Vereinbarung

Straußwirtschaft: während der Rheingauer Schlemmerwoche, Mo und Di Ruhetag
Spezialitäten: hausgemachte Forellenterrine mit Senf-Honig-Sauce, »Abelpasti«

Rebfläche: 9,5 Hektar
Jahresproduktion: 75.000 Flaschen
Beste Lagen: Oestricher Lenchen, Mittelheimer St. Nikolaus
Boden: Löss, Lehm, Quarzit
Rebsorten: 80% Riesling, 15% Spätburgunder, 5% Weißburgunder
Durchschnittsertrag: 65 hl/ha

Das Weingut Abel gehört Jahr für Jahr zu den zuverlässigsten Betrieben in seiner Kategorie. Hier finden sich regelmäßig ortstypische Rieslinge mit ausgezeichnetem Preis-Leistungs-Verhältnis. Mit der aktuellen Kollektion zeigt Reiner Abel, dass er auch mit nicht ganz einfachen Jahrgängen gut umgehen kann. Die besseren Rieslinge sind klar mit saftiger Riesling-Frucht, wie etwa der trockene Kabinett aus der Schönhell. Während uns die trockenen Einstiegsrieslinge noch sehr schlank vorkamen, zeigten die beiden Spätlesen sich substanzreicher. Vor allem der im Holzfass ausgebaute Doosberg ist nicht nur dem Namen nach traditionell. Zeit und Luft tun ihm gut. Das Spätlese-Pendant aus dem Lenchen ist etwas schlanker, feinsaftiger mit schönen Kernobstnoten. Das Erste Gewächs aus dem Lenchen ist saftig und lagentypisch. Der feinherbe Lenchen Edition überzeugte uns mit seiner Traubigkeit. Der rote Spätburgunder duftet kräftig nach Kirschen und Vanille.

Anzahl der verkosteten Weine: 12
Bewertungen: 81–87 Punkte

2014	Oestricher Klosterberg Riesling trocken **5,50 €** | 12% | bis 2017	**81**
2014	Weißburgunder »S« trocken **7,– €** | 12,5% | bis 2017	**84**
2014	Oestricher Lenchen Riesling Erstes Gewächs Holzfass **14,30 €** | 12,5% | bis 2019	**87**
2014	Oestricher Lenchen Riesling Kabinett trocken **6,– €** | 11,5% | bis 2017	**82**
2014	Hallgartener Schönhell Riesling Kabinett trocken **6,– €** | 11,5% | bis 2018	**83**
2014	Oestricher Lenchen Riesling Spätlese trocken **7,– €** | 12% | bis 2018	**85**
2014	Oestricher Doosberg Riesling Tradition Spätlese trocken Holzfass **8,– €** | 12% | bis 2019	**85**
2014	Riesling feinherb Classic **5,50 €** | 12% | bis 2017	**83**
2014	Oestricher Lenchen Riesling Edition feinherb **8,– €** | 12% | bis 2018	**84**
2014	Oestricher Doosberg Riesling Kabinett halbtrocken **6,– €** | 10,5% | bis 2018	**82**
2014	Oestricher Lenchen Riesling Spätlese **8,– €** | 7,5% | bis 2020	**84**
2013	Spätburgunder trocken Barrique **10,50 €** | 13,5% | bis 2018	**85**

Zeichenerklärung:
Schnäppchenpreis · Top 10 Spitzenreiter
Ökobetrieb · Trink-Tipp · Versteigerungswein
Sekt · Weißwein · Rotwein · Roséwein

WEINGUT FRITZ ALLENDORF

65375 Oestrich-Winkel · Kirchstraße 69
☎ (0 67 23) 9 18 50 · Fax 91 85 40
allendorf@allendorf.de
www.allendorf.de

Inhaber: Ulrich Allendorf, Christel Schönleber
Betriebsleiter: Josef Schönleber
Außenbetrieb: Stefan Debus
Kellermeister: Max Schönleber

Verkauf: Judith Roßberg
Mo–Fr: 8.00–12.00 Uhr · 13.00–18.00 Uhr
Sa: 10.00–16.00 Uhr
Vinothek Rüdesheim (Rheinstraße 15)
Mo–Sa: 11.00–19.00 Uhr (Ostern–Silvester)

Gutsausschank: Mai, Juni,
Sept.–Okt., Fr ab 16.00 Uhr
Sa–So, feiertags ab 12.00 Uhr
Spezialitäten: kulinarische Weinprobe
Erlebenswert: Lichteffekte in »Wein.Erlebnis.Welt«

Rebfläche: 70 Hektar
Jahresproduktion: 600.000 Flaschen
Beste Lagen: Winkeler Jesuitengarten und Hasensprung, Rüdesheimer Berg Rottland und Berg Roseneck, Assmannshäuser Höllenberg
Boden: Lehm, Lösslehm, Schiefer
Rebsorten: 72% Riesling, 25% Spätburgunder, 3% übrige Sorten
Durchschnittsertrag: 69 hl/ha
Mitglied: VDP

Das Gut gehört zu den größten Rheingauer Familienbetrieben. Der Georgshof ist eine echte Innovationswerkstatt mit kreativen Ideen wie »Save Water drink Riesling« und seiner Weinerlebniswelt. Mit der 2014er Kollektion setzt sich mit dem jungen Kellermeister Max Schönleber der Stilwechsel hin zu mehr Festigkeit und Substanz weiter fort. Die trockenen Rieslinge sind auch noch mal eine Spur trockener und griffiger. Der Gutswein ist schlank bei elf Prozent Alkohol und zupackend. Trocken und mit zartem Holztouch präsentiert sich der Winkler Ortswein, während sich der aus den höheren Lagen stammende Rüdesheimer erdig-mineralisch zeigt. Löblich sind auch die beiden schlanken Spätlesen sowie die vier Großen Gewächse. Bei den Rieslingen punktete der teils auf der Maische vergorene und im Holz ausgebaute Riesling Roseneck mit seiner alten Machart. Das rote Pendant aus dem Höllenberg überzeugte durch elegante Struktur und den typischen Cassis- und Grafitduft.

Anzahl der verkosteten Weine: 15
Bewertungen: 82–89 Punkte

2014 Riesling & Chardonnay »CR« trocken **82**
10,50 € | 11% | bis 2017

2014 Winkeler Riesling trocken Holzfass **84**
9,– € | 11,5% | bis 2018

2014 Rüdesheimer Riesling trocken **85**
9,95 € | 11,5% | bis 2018

2014 Roter Riesling trocken **85**
12,– € | 12% | bis 2017

2014 Winkeler Jesuitengarten **87**
Riesling »Großes Gewächs«
22,– € | 13% | bis 2020

2014 Winkeler Hasensprung **87**
Riesling »Großes Gewächs«
22,– € | 13% | bis 2020

2014 Rüdesheimer Berg Roseneck **88**
Riesling »Großes Gewächs«
25,– € | 13,5% | bis 2020

2014 Riesling Kabinett trocken **83**
9,– € | 11% | bis 2017

2014 Riesling Charta **84**
10,50 € | 12,5% | bis 2019

2014 Winkeler Jesuitengarten **87**
Riesling Spätlese halbtrocken »Große Lage«
19,– € | 12% | bis 2021

2014 Winkeler Hasensprung Riesling Spätlese **87**
19,– € | 10,5% | bis 2020

2014 save water drink Riesling dry **82**
6,90 € | 12% | bis 2017

2013 Assmannshäuser **87**
Spätburgunder trocken Holzfass
13,– € | 12,5% | bis 2018

2013 Assmannshäuser Höllenberg **89**
Spätburgunder »Großes Gewächs«
25,– € | 13,5% | bis 2021

2012 Spätburgunder Quercus Superius **87**
trocken Barrique
45,– € | 14% | bis 2020

WEINGUT FRIEDRICH ALTENKIRCH

65391 Lorch · Binger Weg 2
☎ (0 67 26) 83 00 12 · Fax 24 83
info@weingut-altenkirch.com
www.weingut-altenkirch.com
Inhaber: Franziska Breuer-Hadwiger
Betriebsleiter: Jasper Bruysten
Kellermeister: Jasper Bruysten und Lutz Loosen

Verkauf: Ines Tennert, Ronny Licht
Mo–Fr: 9.00–16.00 Uhr
und nach Vereinbarung
Vinothek: auch während der
Gutsausschankzeiten geöffnet

Gutsausschank mit Terrasse: April–Okt.
Fr–Sa ab 17.00 Uhr, So, feiertags: ab 15.00 Uhr
Spezialitäten: Wild und Fisch aus der Region
Historie: 1826 gegründet
Sehenswert: historische Gewölbekeller

Rebfläche: 15 Hektar
Jahresproduktion: 100.000 Flaschen
Beste Lagen: Lorcher Schlossberg, Lorcher Pfaffenwies Bodental-Steinberg und Krone
Boden: Grauschiefer, Quarzit, Löss
Rebsorten: 70% Riesling, 20% Spätburgunder, je 5% Sauvignon Blanc und Weißburgunder
Durchschnittsertrag: 45 hl/ha

In diesem Jahr präsentierte uns dieser in Lorch ansässige Betrieb erneut eine sehr homogene Kollektion. Die Rieslinge sind mineralisch-zupackend, zeigen Lorcher Rasse und Charakter. Wie ein roter Faden zieht sich eine herbwürzige Mineralik durch die Kollektion, die in diesem Jahr auch von einer feinen Gerbstoffstruktur begleitet wird. Es sind charaktervolle Rieslinge mit Ecken und Kanten. Schon die Einstiegsweine bereiten Trinkfreude wie der würzig duftende Steillagenwein oder der mineralisch-steinige Grauschiefer. Geschliffen und präziser im Stil ist die Lorcher Krone. Die im Holzfass ausgebauten Alten Reben aus dem Bodental-Steinberg sind kompakt und zeigen sich mit erdig-mineralischen Noten, während das Erste Gewächs aus dem 60 Jahre alten Weinberg Pfaffenwies druckvoll und schmelzig ist. Präsentiert wurde ebenfalls eine dichte Auslese aus dem Lorcher Schlossberg mit apartem Fruchtbouquet: Maracuja, Zitronenmelisse und Salbei liegen auf schmelzig-süßer Textur. Die Terrasse des beliebten Gutsausschanks mit Blick über den Rhein ist ein Grund mehr für einen Ausflug nach Lorch, dem Tor zum Wispertal am westlichen Ende des Rheingaus.

Anzahl der verkosteten Weine: 11
Bewertungen: 84–89 Punkte

2014	Riesling Steillage trocken **6,90 €** | 11% | bis 2017	**84**
2014	Riesling Grauschiefer trocken **8,90 €** | 12% | bis 2018	**85**
2014	Lorcher Krone Riesling trocken **12,50 €** | 12% | bis 2019	**87**
2014	Lorcher Bodental-Steinberg Riesling Alte Reben trocken **15,50 €** | 12% | bis 2019	**87**
2014	Lorcher Pfaffenwies Riesling Erstes Gewächs **19,50 €** | 12,5% | bis 2020	**87**
2014	Riesling Steillage feinherb **6,90 €** | 11% | bis 2018	**84**
2014	Riesling Quarzschiefer feinherb 👍 **8,90 €** | 12% | bis 2019	**86**
2013	Lorcher Schlossberg Riesling Auslese **19,– €**/0,375 Lit. | 8% | bis 2024	**89**
2013	Spätburgunder trocken **9,– €** | 13% | bis 2019	**85**
2013	Spätburgunder Rotschiefer trocken **12,– €** | 13% | bis 2020	**86**
2012	Lorcher Pfaffenwies Spätburgunder Erstes Gewächs **28,50 €** | 13,5% | bis 2019	**87**

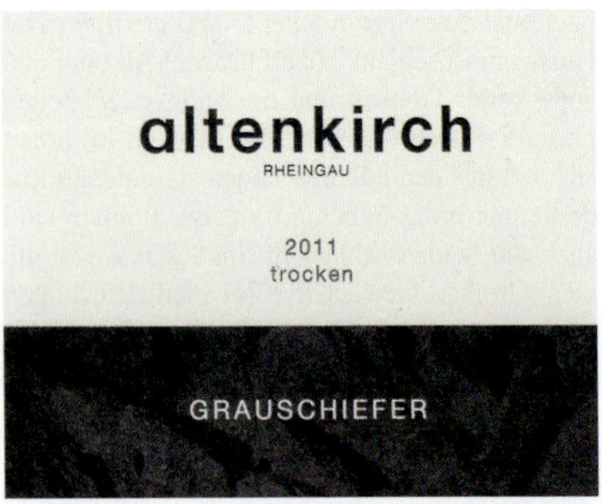

WEINGUT ANKERMÜHLE

65375 Oestrich-Winkel · Kapperweg
☎ (0 67 23) 24 07 · Fax 88 86 75
info@ankermuehle.de
www.ankermuehle.de
Inhaber: Birgit Hüttner
Betriebsleiter: Jörn Goziewski

Verkauf: Birgit Hüttner
nach Vereinbarung

Für die Ankermühle stehen die Zeichen auf Veränderung. Aufgrund der Beliebtheit als Eventlocation sowie der Konzentration auf das Slowfoodrestaurant mit feiner Landküche, hat man sich darauf geeinigt, Weingut und Restaurantbetrieb zu trennen. Der kreative Weinmacher Jörn Goziewski, seit jeher federführend bei der Vinifizierung, betreibt jetzt das Weingut in Eigenregie. Der Ausbau der Weine erfolgt weiterhin in den Kellern der Ankermühle, auch die Weinlagen bleiben dieselben. Seinem individuellen Stil mit langen Maischestandzeiten und dem Ausbau im Holzfass bleibt Goziewski treu. In diesem Jahr überzeugt bereits der im Holz ausgebaute Gabriel mit Aromen von grünem Apfel und Vanille. Der im Orange-Stil gekonnt vinifizierte Jesaja wurde komplett auf der Maische vergoren und reifte anschließend 24 Monate im Barrique. Er zeigt sich kräutrig mit Noten von Tabak und Orangenzeste. Damit hat das Weingut den letztjährigen Aufstieg mehr als bestätigt.

Anzahl der verkosteten Weine: 6
Bewertungen: 82-88 Punkte

2013	Riesling Orange Jesaja Landwein trocken Barrique **42,- €** | 12,5% | bis 2019	**88**
2013	Riesling Gabriel trocken Barrique **9,50 €** | 12% | bis 2018	**83**
2011	Winkeler Hasensprung Riesling Hase trocken Holzfass **16,50 €** | 13% | bis 2017	**85**
2011	Winkeler Jesuitengarten Riesling Jesus trocken Barrique **21,80 €** | 13,5% | bis 2018	**86**
2013	Winkeler Hasensprung Riesling Hase Spätlese trocken Holzfass **13,50 €** | 12% | bis 2018	**85**
2014	Spätburgunder Liebling trocken Rosé **9,50 €** | 12% | bis 2017	**82**

WEINGUT BAISON

65239 Hochheim am Main
Delkenheimer Straße 18–20
☎ (0 61 46) 92 32 · Fax 92 42
weingut.baison@t-online.de
www.weingut-baison.de
Inhaber: Heinrich Baison

Verkauf: Heinrich Baison
nach Vereinbarung

Nachdem wir das Weingut Baison im letzten Jahr direkt mit der ersten Traube in den WeinGuide aufnahmen, waren wir gespannt, ob sich die Leistung mit der aktuellen Kollektion bestätigt. Und ja: Die meisten Weine unterstreichen unsere letztjährige Einschätzung! Die meist stoffigen Rieslinge zeigen Hochheimer Herkunft. Dabei ist der Literschoppen ein guter Einstieg, bei den Kabinetten überzeugte die feinere Version aus der Hölle, und noch besser ist die Spätlese aus gleicher Lage, die neben reifen Gelbfrüchten mit einer erdigen Art aufwartet. Der Spätburgunder zeigt sich kräftig mit reifer Kirscharomatik und nicht ganz reifem Tannin. Insgesamt finden sich hier Weine mit einem durchaus attraktiven Preis-Genuss-Verhältnis.

Anzahl der verkosteten Weine: 9
Bewertungen: 80-85 Punkte

2014	Riesling Jean-Baptist trocken **4,80 €**/1,0 Lit. | 12% | bis 2017	**80**
2014	Riesling Heinrich der Herbe trocken **5,30 €** | 11,5% | bis 2017	**82**
2014	Riesling Kabinett trocken **5,50 €** | 11,5% | bis 2017	**82**
2014	Flörsheimer Herrenberg Riesling Kabinett trocken **6,- €** | 12% | bis 2017	**82**
2014	Hochheimer Hölle Riesling Kabinett trocken **6,20 €** | 12% | bis 2018	**84**
2014	Hochheimer Hölle Riesling Spätlese trocken **8,- €** | 12,5% | bis 2018	**85**
2014	Riesling halbtrocken Classic **5,80 €** | 12% | bis 2017	**81**
2014	Spätburgunder feinherb Blanc de Noirs **6,- €** | 12% | bis 2017	**80**
2013	Hochheimer Reichestal Spätburgunder Spätlese trocken Barrique **12,50 €** | 13,5% | bis 2018	**84**

SEKTMANUFAKTUR BARDONG

65366 Geisenheim · Bahnstraße 7
☎ (0 67 22) 4 71 36 · Fax 4 75 55
info@bardong.de
www.bardong.de
Inhaber und Betriebsleiter: Norbert Bardong

Verkauf: Renate und Norbert Bardong
nach Vereinbarung

Sehenswert: historischer Gewölbekeller
Erlebenswert: individuelle Sektproben, Kulinarium, mediterrane Tafel im historischen Park

Rebfläche: keine eigene
Jahresproduktion: 25.000 Flaschen
Beste Lagen: Assmannshäuser Höllenberg, Mariannenaue
Boden: Sand, Lehm mit Lössanteilen, Quarzit, Kalk

Vor drei Jahren nahmen wir die Geisenheimer Sektmanufaktur Bardong in unseren Weinführer gleich mit der ersten Traube auf. Spezialisiert ist Bardong auf Jahrgangs- und Lagensekte, die mindestens 36 Monate auf der Hefe liegen. Ein Aufwand, der sich lohnt und im letzten Jahr zur zweiten Traube führte. Die aktuelle Kollektion bewegt sich in etwa auf Vorjahresniveau. Von den neu eingereichten Sekten gefielen uns der 2008er Weißburgunder mit seiner rauchig-burgundischen Art und dem aparten Duft von Brennnessel sowie der Hölder – eine absolut rare Rebsorte aus dem Osten der Republik, die im Duft neben Brioche mit reifer Amalfizitrone betört. Von den Rieslingen punktet einmal mehr der fein gewobene Riesling Brut Reserve, der über zehn Jahre auf der Hefe reifte und mit köstlichem Bouquet verführt. Von den Burgundersorten schmeckte uns auch heuer der hervorragend gereifte 2006er Chardonnay, der mit vielschichtigen Haselnuss- und Briochenoten sein langes Hefelager von sieben Jahren zum Besten gibt. Gegründet wurde die Sektmanufaktur 1984 in den Gewölben der ehemaligen Sektkellereien Schloss Rheinberg und Schloss Waldeck von Norbert Bardong.

Anzahl der verkosteten Weine: 8
Bewertungen: 85-89 Punkte

2010	Erbacher Honigberg Riesling Sekt Brut **12,80 €** | 13% | bis 2017	**86**
2008	Weißburgunder Sekt Brut **16,- €** | 13% | bis 2018	**87**
2006	Chardonnay Sekt Brut **16,50 €** | 13% | bis 2017	**88**
2008	Hölder Sekt Brut (Saale-Unstrut) **17,50 €** | 13,5% | bis 2018	**87**
2010	Spätburgunder Sekt Brut Blanc de Noirs **18,- €** | 13% | bis 2017	**85**
	Riesling Sekt Brut Reserve **26,- €** | 13,5% | bis 2018	**89**
2009	Erbacher Honigberg Riesling Sekt extra Brut **12,80 €** | 13,5% | bis 2017	**86**
2005	Assmannshäuser Frankenthal Spätburgunder Sekt extra Brut **20,80 €** | 12,5% | bis 2018	**86**

Die Betriebe:
Weltklasse · Deutsche Spitze
Sehr gut · Gut · Zuverlässig
Weitere Empfehlung

BARTH WEIN- UND SEKTGUT

65347 Eltville-Hattenheim · Bergweg 20
☎ (0 67 23) 25 14 · Fax 43 75
mail@weingut-barth.de
www.weingut-barth.de

Inhaber: Norbert und Mark Barth
Betriebsleiter und Kellermeister: Mark Barth

Verkauf: Familie Barth
Mo–Fr: 14.00–18.00 Uhr
Sa: 11.00–16.00 Uhr und nach Vereinbarung

Sehenswert: Sektherstellung in klassischer Flaschengärung, handgerüttelt

Rebfläche: 19,5 Hektar
Jahresproduktion: 140.000 Flaschen
Beste Lagen: Hattenheimer Wisselbrunnen, Schützenhaus und Hassel, Hallgartener Schönhell
Boden: Lösslehm, Ton, Schieferverwitterung, tertiärer Mergel, Quarzit
Rebsorten: 83% Riesling, 12% Spätburgunder, 2% Cabernet Sauvignon, 3% Weißburgunder
Durchschnittsertrag: 58 hl/ha
Mitglied: VDP, Charta, Verband der traditionellen klassischen Flaschengärer, Ecovin

Schon in den letzten beiden Ausgaben lobten wir die kontinuierliche Qualitätssteigerung dieses Familienbetriebs. Insbesondere sind die Rieslinge deutlich trockener und straffer geworden. Inzwischen biozertifiziert, setzt sich dieser Trend mit der aktuellen Kollektion fort. Von den eingereichten Sekten ragte der wunderbar trockene und zupackende Ultra Pinot heraus. Auch die Pinot Blancs – sowohl in Form des Sektes als auch des Gutsweins – sind deutlich trockener und fester. Der Spitzensekt des Hauses ist nunmehr der Hassel Riesling Brut 2011, dessen Grundwein komplett aus einer Großen-Gewächs-Lage stammt. Ein eleganter Sekt mit köstlichen Aromen. Von den Rieslingen gefällt uns schon der mineralisch geprägte Hallgartener im Kabinettstil. Ebenso mineralisch kommt das Schützenhaus mit Mandarinentouch ins Glas. Die beiden Großen Gewächse fallen unterschiedlich aus. Während der Schönhell mit seiner schmelzigsaftigen Art und feiner Amalfizitrone gefällt, zeigt sich der erdig-kräutrige Wisselbrunnen mit seiner ungemein trockenen Art sehr individuell.

Anzahl der verkosteten Weine: 15
Bewertungen: 84–90 Punkte

Jahrgang	Wein	Preis	Alkohol	Trinkreife	Punkte
	Pinot Blanc Sekt Brut	**14,50 €**	12,5%	bis 2018	**88**
	Pinot Noir Sekt Brut Rosé	**15,– €**	12,5%	bis 2018	**87**
	Pinot Noir Sekt Brut	**19,– €**	12,5%	bis 2019	**87**
2011	Hattenheimer Hassel Riesling Sekt Brut »Große Lage«	Preis auf Anfrage	12,5%	bis 2019	**90**
	Pinot Noir Ultra Sekt Brut nature	**25,– €**	13%	bis 2019	**89**
	Riesling Sekt extra Brut	**14,– €**	12%	bis 2018	**87**
2014	Weißburgunder trocken	**9,30 €**	12%	bis 2017	**84**
2014	Hallgartener Riesling trocken	**9,50 €**	11,5%	bis 2018	**86**
2014	Hattenheimer Schützenhaus Riesling trocken »Erste Lage«	**15,– €**	12,5%	bis 2018	**87**
2014	Hattenheimer Wisselbrunnen Riesling »Großes Gewächs«	**25,– €**	12,5%	bis 2021	**88**
2014	Hallgartener Schönhell Riesling »Großes Gewächs«	**28,– €**	12,5%	bis 2021	**87**
2014	Riesling Charta	**12,50 €**	11,5%	bis 2019	**85**
2014	Riesling Fructus	**7,50 €**	10%	bis 2017	**84**
2014	Hallgartener Schönhell Riesling Auslese »Große Lage«	**17,– €**/0,375 Lit.	8%	bis 2024	**89**
2009	Cabernet Sauvignon trocken Barrique	**25,– €**	13,5%	bis 2017	**87**

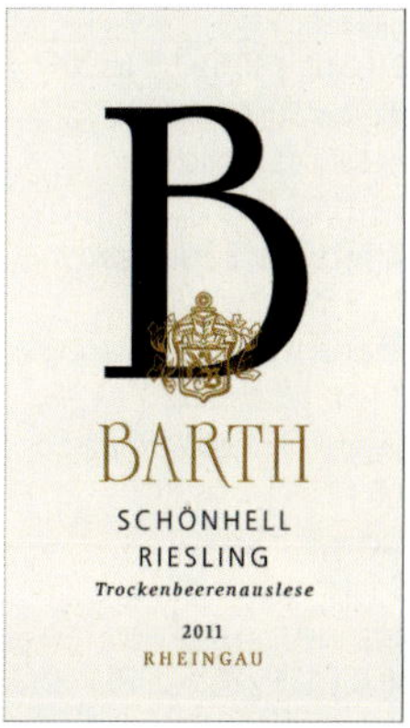

WEINGUT HANS BAUSCH

65347 Hattenheim · Waldbachstraße 103
☎ (0 67 23) 99 92 03 · Fax 99 92 91
info@weingut-hans-bausch.de
www.weingut-hans-bausch.de
Inhaber: Hans Bausch

Verkauf: Hans Bausch
Mo–Sa: 9.00–18.00 Uhr

Eine gelungene und vergleichsweise homogenere Kollektion präsentiert Hans Bausch in diesem schwierigen Jahr. So zeigen bereits die saftigen trockenen Basisrieslinge eine ansprechende Qualität. Bei den hochwertigeren Weinen sehen wir aber noch Luft nach oben. So wirkt etwa das Erste Gewächs aus dem Engelmannsberg etwas unpräzise. Die Riesling Spätlese aus dem Wisselbrunnen zeigt balsamische Noten. Die beiden Rotweine sind auf Augenhöhe, wobei uns die Barriquevariante mit ihrem dezenten Holzeinsatz und dem eher eleganten Stil in diesem Jahr besser gefällt. Der im Holzfass ausgebaute Basis-Spätburgunder bietet dafür ein attraktives Preis-Leistungs-Verhältnis.

Anzahl der verkosteten Weine: 12
Bewertungen: 79–85 Punkte

2014 Riesling trocken **81**
5,50 € | 11,5% | bis 2017

2014 Hattenheimer Engelmannsberg Riesling Erstes Gewächs **85**
15,– € | 12% | bis 2017

2014 Hattenheimer Schützenhaus Riesling Kabinett trocken **82**
6,– € | 12% | bis 2017

2014 Hattenheimer Schützenhaus Riesling Spätlese trocken **83**
8,– € | 11,5% | bis 2017

2014 Riesling halbtrocken **79**
6,– €/1,0 Lit. | 10,5% | bis 2017

2014 Hattenheimer Schützenhaus Riesling Kabinett halbtrocken **82**
6,– € | 11% | bis 2017

2014 Oestricher Lenchen Riesling Kabinett **82**
6,– € | 8,5% | bis 2020

2014 Hattenheimer Wisselbrunnen Riesling Spätlese **84**
8,– € | 8% | bis 2022

2014 Spätburgunder feinherb Weißherbst **81**
5,50 € | 11% | bis 2017

2013 Spätburgunder trocken **83**
6,– € | 13% | bis 2018

2013 Spätburgunder trocken Barrique **84**
10,50 € | 13% | bis 2020

WEINGUT J. B. BECKER

65396 Walluf · Rheinstraße 6
☎ (0 61 23) 7 25 23 · Fax 7 53 35
info@jbbecker.de
www.jbbecker.de
Inhaber: Maria und Hans-Josef Becker
Kellermeister: Hans-Josef Becker
Weinbau: Uli Philipp

Verkauf: Maria und Eva Becker
Mo–Fr: 9.00–12.00 Uhr · 14.00–17.00 Uhr
Sa–So: nach Vereinbarung

Gutsausschank: »Der Weingarten« (April–Okt.)
Mo–Fr: 17.00–24.00 Uhr
Sa–So: 15.00–24.00 Uhr
Sehenswert: Grundmauern einer römischen Turmburg

Rebfläche: 11 Hektar
Jahresproduktion: 45.000 Flaschen
Beste Lagen: Wallufer Walkenberg, Eltviller Rheinberg
Boden: tiefgründiger Lösslehm
Rebsorten: 81% Riesling, 17% Spätburgunder, 2% Müller-Thurgau
Durchschnittsertrag: 33 hl/ha

Hans-Josef Becker ist der Lordsiegelbewahrer des klassischen Rheingau-Rieslings. Konsequent auf ökologischen Anbau umgestellt, reifen seine mit Naturhefe spontan vergorenen Weißweine fast ein Jahr im großen Holzfass. Die Rotweine reifen sogar fast drei Jahre. Das ist einer der Gründe, warum die Weine so langlebig sind. Der 2013er war für Becker ein markanter Jahrgang voller Spannung. Seine im Stil ohnehin klassischen Rieslinge sind einmal mehr konsequent trocken und zupackender als in 2012. Sie werden etwas Zeit zum Reifen brauchen wie etwa die rassige Spätlese aus dem Walkenberg. Das Pendant aus den 40 bis 60 Jahre alten Reben zeigt sich cremiger, dichter und offenbart im kühlen Duft Mirabelle und Aprikose. Mineralisch-klar und druckvoll präsentiert sich der halbtrockene Kabinett aus dem Oberberg – ein perfekter Begleiter asiatischer Küche. Seine fruchtsüßen Rieslinge kommen mit bemerkenswert wenig Restzucker aus (etwa 25 bis 27 Gramm) und zeigen, wie wunderbar ausbalanciert solche Rieslinge sein können wie etwa die trinkanimierende Spätlese aus dem Walkenberg. Zudem reifen sie vorzüglich, wie seine umfangreiche Schatzkammer bestens heranreifender Rieslinge zeigt. Seine dichten und kräutrig-würzigen Spätburgunder versprühen burgundischen Flair: Sie sind wild mit spannenden Noten von roten Früchten, gepaart mit einem Hauch Speck. Blind probiert steckt man diese Charakterköpfe niemals in den Rheingau. Das will Becker auch gar nicht: »Ich mache Weine mit eigenwilligem Charakter!«

Anzahl der verkosteten Weine: 11
Bewertungen: 81–89 Punkte

2013	Cuvée »J.B.B.« Landwein trocken **9,50 €**/1,0 Lit. | 12,5% | bis 2016	**81**
2013	Wallufer Riesling trocken **10,50 €**/1,0 Lit. | 12,5% | bis 2018	**83**
2013	Wallufer Walkenberg Riesling Kabinett trocken **10,– €** | 11,5% | bis 2019	**84**
2013	Wallufer Walkenberg Riesling Spätlese trocken **14,– €** | 12,5% | bis 2022	**87**
2013	Wallufer Walkenberg Riesling Spätlese trocken Alte Reben **17,– €** | 13,5% | bis 2023	**89**
2013	Martinsthaler Rödchen Riesling Spätlese trocken **18,– €** | 13% | bis 2022	**85**
2013	Wallufer Oberberg Riesling Kabinett halbtrocken **10,– €** | 11,5% | bis 2021	**87**
2013	Eltviller Sonnenberg Riesling Spätlese **14,– €** | 11,5% | bis 2024	**86**
2013	Wallufer Walkenberg Riesling Spätlese **14,– €** | 12% | bis 2025	**88**
2012	Eltviller Rheinberg Spätburgunder trocken **13,– €** | 13% | bis 2021	**89**
2012	Wallufer Walkenberg Spätburgunder Spätlese trocken **19,– €** | 13,5% | bis 2022	**89**

BIBO & RUNGE

65375 Hallgarten · Eberbacherstraße 5
☎ (0 67 23) 9 98 69 00 · Fax 9 98 69 01
bibo@bibo-runge-wein.de
www.bibo-runge-wein.de
Inhaber: Bibo & Runge Wein GmbH & Co. KG

Verkauf: nach Vereinbarung

Das Gemeinschaftsprojekt von Walter Bibo und Kai Runge startete bereits im Jahr 2013. Walter Bibo, bekannt als Betriebsleiter auf Schloss Reinhartshausen oder als langjähriger Kellermeister bei Dr. Heger, kümmert sich vornehmlich um die Weinbereitung. Kai Runge, ein Quereinsteiger, der als Kunstschreiner unter anderem einen Teil des Innenausbaus auf Schloss Johannisberg gestaltete, ist hingegen für die Vermarktung zuständig. Die beiden arbeiten bisher mit zugekauften Trauben im Rahmen von Bewirtschaftungsverträgen. Diese stammen unter anderem aus Oestrich, Walluf oder auch Hallgarten. Der Ausbau erfolgt zu großen Teilen in Stück- und Halbstückfässern, die den Weinen in ihrer Jugend Struktur und einen dezenten Holztouch verleihen. Bereits der trockene Einstiegsriesling zeigt sich in rheingautypischem Gewand mit feinem Süße-Säure-Spiel und zarten Kernobstnoten. Am besten gefällt uns der halbtrockene Hargadun (Name des Ortes Hallgarten in der Gründungsurkunde); er präsentiert sich mit feinen Steinobstaromen, ist zart mineralisch mit herbsüßem Schmelz. Auch die gehaltvolle Spätlese aus dem Oestricher Lenchen gefällt mit Noten von Heu, frischer Maracuja und Ananas.

Anzahl der verkosteten Weine: 7
Bewertungen: 84–88 Punkte

	Riesling Sekt Brut Abfüllerwein Holzfass **17,50 €** | 12,5% | bis 2017	**85**
2014	Riesling trocken Abfüllerwein Holzfass **16,– €** | 11,5% | bis 2017	**84**
2014	Riesling Hargardun trocken Abfüllerwein Holzfass **16,– €** | 11,5% | bis 2018	**85**
2014	Riesling halbtrocken Abfüllerwein Holzfass **11,– €** | 11% | bis 2017	**84**
2014	Riesling Hargardun halbtrocken Abfüllerwein Holzfass **16,– €** | 11,5% | bis 2018	**86**
2014	Oestricher Lenchen Riesling Spätlese Abfüllerwein **15,– €**/0,5 Lit. | 8% | bis 2021	**88**
2014	Hallgartener Jungfer Riesling Auslese Abfüllerwein **30,– €**/0,5 Lit. | 7% | bis 2021	**87**

WEINGUT MANFRED BICKELMAIER

65375 Oestrich-Winkel · Rheingaustraße 7
☎ (0 67 23) 35 73 · Fax 8 82 57
weingut@bickelmaier.de
www.bickelmaier.de
Inhaber: Manfred Bickelmaier

Verkauf: Manfred Bickelmaier
nach Vereinbarung

Das Weingut Bickelmaier haben wir letztes Jahr in unseren Weinführer aufgenommen. Die Familie bewirtschaftet 15 Hektar Rebfläche in Oestrich-Winkel. Der Weißweinstil des Hauses ist herb-fruchtig und in 2014 schlanker als im Vorjahr. Er ist lebendig und mit frischen Zitrusnoten, was sich bei den Kabinetten positiv auswirkt. Die beiden höherwertigen trockenen Rieslinge aus dem Doosberg sind ebenfalls gut, insbesondere der Alte Reben. Das Erste Gewächs hat eine gute Substanz und zeigt im leicht belegten Bouquet eine exotische Mango-Papaya-Note. Der fruchtige Rotwein Theodorus zeigte im Vorjahr eine eher dem Rioja zuzuordnende Anmutung, ist in diesem Jahr stilistisch im Rheingau zu Hause.

Anzahl der verkosteten Weine: 12
Bewertungen: 80–86 Punkte

2014	Oestrich Klosterberg Riesling trocken **5,10 €**/1,0 Lit. | 11% | 🍷 bis 2017	**80**
2014	Oestrich Lenchen Riesling trocken **4,90 €** | 11,5% | 🍷 bis 2017	**81**
2013	Oestrich Doosberg Riesling Erstes Gewächs **16,20 €** | 12% | 🍷 bis 2019	**86**
2014	Oestrich Gottesthal Riesling Kabinett trocken **5,70 €** | 11,5% | 🍷 bis 2017	**82**
2014	Oestrich Doosberg Riesling Spätlese trocken **7,60 €** | 12% | 🍷 bis 2017	**83**
2014	Oestrich Doosberg Riesling Spätlese trocken Alte Reben **8,90 €** | 13% | 🍷 bis 2018	**84**
2014	Mittelheim Edelmann Riesling feinherb **4,90 €** | 11% | 🍷 bis 2017	**83**
2014	Riesling Classic **5,90 €** | 11% | 🍷 bis 2017	**82**
2014	Hallgarten Jungfer Riesling Spätlese feinherb **7,60 €** | 12% | 🍷 bis 2018	**84**
2014	Oestrich Lenchen Riesling Kabinett **5,70 €** | 9% | 🍷 bis 2018	**83**
2014	Oestrich Lenchen Riesling Spätlese **7,60 €** | 8% | 🍷 bis 2020	**84**
2012	Spätburgunder Theodorus trocken Barrique **12,80 €** | 14% | 🍷 bis 2019	**85**

BIEBERS WEINKULTUR

65366 Geisenheim · Lehnstraße 2
☎ (0 67 22) 4 02 55 45
info@biebers-weinkultur.de
www.biebers-weinkultur.de
Inhaber: Stefan Bieber

Verkauf: Stefan und Kerstin Bieber
nach Vereinbarung

Nach einem sehr guten Auftakt in der letzten Ausgabe sind wir dieses Jahr etwas zurückhaltender mit unseren Bewertungen. Es mag am Jahrgang liegen, dass den Weinen etwas von der Kraft und Präzision fehlt, die uns bei der letzten Kollektion viel Trinkvergnügen bereitet hat. Der Schoppen, noch aus 2013, fiel mit seiner exotischen Fruchtigkeit mit Kiwi, Stachelbeere und Melonenaromen als Basiswein erstaunlich gut aus. Das dichte 2014er Biest gefällt uns mit seinen cremigen Aprikosennoten und würzigem Nachhall. Elegant und balanciert präsentiert sich der fruchtsüße Xanadu mit Aromen von Orangenblüten, Pfirsich und Passionsfrucht. Wir hoffen, dass Stefan Biebers 2015er Weine wieder mit mehr Charakter glänzen können.

Anzahl der verkosteten Weine: 6
Bewertungen: 82–84 Punkte

2013	Riesling trocken Abfüllerwein **6,90 €**/1,0 Lit. | 12% | 🍷 bis 2017	**82**
2014	Riesling Nr.1 trocken **7,62 €** | 12% | 🍷 bis 2017	**82**
2014	Riesling kleines Biest trocken **9,75 €** | 12,5% | 🍷 bis 2018	**83**
2014	Kiedricher Sandgrub Riesling Biest trocken Premium Holzfass **14,73 €** | 13% | 🍷 bis 2018	**84**
2014	Riesling Tradition feinherb **7,62 €** | 12% | 🍷 bis 2018	**83**
2014	Hallgartener Hendelberg Riesling Xanadu **12,50 €** | 9,5% | 🍷 bis 2019	**84**

Zeichenerklärung:
Schnäppchenpreis · Top 10 Spitzenreiter
Ökobetrieb · Trink-Tipp · Versteigerungswein
Sekt · Weißwein · Rotwein · Roséwein

BISCHÖFLICHES WEINGUT RÜDESHEIM

65385 Rüdesheim · Marienthaler Straße 3
☎ (0 67 22) 91 05 60 · Fax 91 05 62
info@bischoefliches-weingut.de
www.bischoefliches-weingut.de

Inhaber: Bistum Limburg
Geschäftsführerin: Silke Trick
Betriebsleiter und Kellermeister: Peter Perabo

Verkauf: Vinothek
Mi–Fr: 14.00–17.00 Uhr
April–Okt. 2., 4. Sa im Monat: 10.00–15.00 Uhr
Nov.–März 2. Sa im Monat: 10.00–15.00 Uhr

Sehenswert: alter Gewölbekeller

Rebfläche: 9,2 Hektar
Jahresproduktion: 50.000 Flaschen
Beste Lagen: Rüdesheimer Bischofsberg, Berg Schlossberg, Berg Rottland, Berg Roseneck
Boden: Taunusquarzit, Lösslehm, Schiefer
Rebsorten: 82% Riesling, 18% Spätburgunder
Durchschnittsertrag: 50 hl/ha
Mitglied: Zeilensprung

Seit Jahren ist das Gut ein Musterbeispiel für einen Top-Zwei-Trauben-Betrieb. In diesem Jahr überzeugt er erneut mit enorm saftigen, mineralischen Rieslingen aus den Rüdesheimer Toplagen sowie mit charaktervollen Spätburgundern. Kellermeister Peter Perabo gilt als Macher köstlicher Rotweine. Vor allem die 2011er Spätburgunder sind von vorzüglicher Güte und auch die 2013er sind ausgezeichnet. Der elegante Assmannshäuser Pinot Noir »S« zeigt seine Herkunft mit mineralisch-rauchigen Noten und kühler Rotbeerfrucht, während das Pendant aus dem Rüdesheimer Berg dichter gewoben ist. Bei den Weißen ist bereits der Gutswein klar und trinkanimierend. Die im Holzfass ausgebauten Rieslinge sind noch trockener als in den Vorjahren, was sie noch mineralischer wirken lässt. Vor allem die beiden Schlossbergabfüllungen: Während jene aus dem Katerloch in diesem Jahr mit ihrer Finesse fast puristisch anmutet, verbindet der Ehrenfels eine reife Gelbfrucht mit steinigen Anklängen. Neu im Programm sind zwei Weine: Einmal der fein gewobene Laudate (Lobet!) sowie der zupackende Berg Rotland 1960 aus über 50 Jahre alten Reben, der noch mal mineralischer und fester wirkt. Laudate! Diese besonderen Leistungen honorieren wir gerne mit der dritten Traube!

Anzahl der verkosteten Weine: 14
Bewertungen: 83–91 Punkte

Jahrgang	Wein	Preis / Alkohol / Trinkreife	Punkte
2012	Rüdesheimer Berg Schlossberg Riesling Sekt extra Brut	14,– € | 12,5% | bis 2018	87
2014	Riesling a priori trocken	7,– € | 12% | bis 2017	83
2014	Spätburgunder trocken Blanc de Noirs	9,50 € | 12,5% | bis 2018	86
2014	Rüdesheimer Berg Rottland Riesling trocken	11,80 € | 12,5% | bis 2019	87
2014	Riesling Laudate trocken Holzfass	12,– € | 12% | bis 2019	87
2014	Riesling Episcopus trocken Holzfass	14,30 € | 12% | bis 2019	87
2014	Rüdesheimer Berg Rottland Riesling 1960 trocken	15,30 € | 12,5% | bis 2020	90
2014	Rüdesheimer Berg Roseneck Riesling trocken Alte Reben	15,30 € | 12,5% | bis 2020	87
2014	Rüdesheimer Berg Schlossberg Riesling Katerloch trocken Alte Reben	15,30 € | 12% | bis 2020	88
2014	Rüdesheimer Berg Schlossberg Riesling Ehrenfels trocken Alte Reben	16,30 € | 12,5% | bis 2020	89
2014	Riesling feinherb	8,50 € | 12% | bis 2018	83
2013	Rüdesheimer Spätburgunder trocken Holzfass	14,– € | 13,5% | bis 2018	87
2013	Assmannshäuser Spätburgunder trocken Holzfass	15,– € | 13% | bis 2020	88
2011	Assmannshäuser Pinot Noir »S« trocken Barrique	26,– € | 13,5% | bis 2020	91

Aufsteiger des Jahres 1996

WEINGUT GEORG BREUER

65385 Rüdesheim am Rhein · Grabenstraße 8
☎ (0 67 22) 10 27 · Fax 45 31
info@georg-breuer.com
www.georg-breuer.com
Inhaber: Familie Breuer
Betriebsleiter: Hermann Schmoranz
Kellermeister: Markus Lundén

Verkauf: Vinothek
Mo–So: 10.00–18.00 Uhr

Weinhotel: Breuer's Rüdesheimer Schloss, Steingasse 10, ☎ (0 67 22) 9 05 00
Sehenswert: historischer Gewölbekeller »Breuer's Kellerwelt«, Grabenstraße 8

Rebfläche: 34,5 Hektar
Jahresproduktion: 250.000 Flaschen
Beste Lagen: Rüdesheimer Berg Schlossberg, Berg Rottland, Berg Roseneck, Rauenthal Nonnenberg
Boden: Taunusquarzit mit Schiefereinlagen, steinig-grusige Phyllitböden
Rebsorten: 85% Riesling, 10% Spätburgunder, 4% Grauburgunder, 1% übrige Sorten
Durchschnittsertrag: 35 hl/ha
Mitglied: Deutsches Barrique Forum, Zeilensprung

Mit einer eindrucksvollen Kollektion, vor allem in der Spitze, bestätigen die Breuers ihre Position in der ersten Reihe des Rheingaus. Es freut uns sehr, dass dieser traditionsreiche Rüdesheimer Familienbetrieb in den vergangenen Jahren sein Qualitätsniveau behaupten, zuletzt sogar weiter ausbauen konnte. Inzwischen führt Bernhard Breuers jüngste Tochter Theresa den Betrieb alleinverantwortlich, unterstützt durch den langjährigen Betriebsleiter Hermann Schmoranz und den jungen Kellermeister Markus Lundén.

Charaktervolle Rieslinge mit Reifepotenzial

Nur wenige deutsche Winzer verstehen sich auf lagerfähigen, trockenen Riesling. Seit 2011 arbeitet man ökologisch. Nach wie vor spielen trockene Weine die erste Geige. Beeindruckend ist vor allem die Konstanz, mit der seit dem Jahrgang 2008 die trockenen Spitzenweine brillieren, was Breuers Spitzenstellung im Rheingau in den letzten Jahren festigte. Auch mit der aktuellen Kollektion zeigen sich die vom Terroir geprägten Lagenweine vom Rauenthaler und Rüdesheimer Berg noch mal einen Tick fokussierter. Nur die Rieslinge im Basis- und teilweise im Mittelbau sind diesmal nicht ganz so brilliant. Prägnant mineralisch und zupackend ist aber schon der Ortsriesling aus Rüdesheim. Der Terra Montosa, der Zweitwein aus den Breuer'schen Toplagen, zeigt auch schon mineralische Pikanz und Zug. Vor allem aber ist die Spitze erneut über jeden Zweifel erhaben. Das sind messerscharfe, transparente Rieslinge, die ungemein viel Charakter und Herkunft zeigen. Kühle Bergweine mit mineralischer Substanz und dem Jahrgang entsprechend zupackender Säurestruktur. Vom klassischen Ausbau geprägt. Reduzierte Frucht, ganz auf der mineralischen Seite gebaut, packende Struktur mit authentischer Riesling-Säure. Puristisch ohne jede Ablenkung bringt das Breuerteam auch im nicht ganz einfachen 2014er Jahrgang den Rüdesheimer und Rauenthaler Berg mit all seinen Facetten zum Klingen.

Familie Breuer

Fünf Jahre nach der Lese

Der auf kargem Schieferfelsen wachsende Berg Roseneck wird in Zukunft erst fünf Jahre nach der Lese in den Verkauf kommen. »Am liebsten würde ich das mit allen meinen Lagenweinen machen«, sagt die vor Energie sprühende Theresa Breuer. Dabei deutet der Wein jetzt schon seine Form an. Ein präzise gewobener Stein-Riesling mit enormem Zug am Gaumen und einer pikanten Mineralität. Ganz anders der vollmundigere Rottland, der sein mineralisches Fundament mit feiner Frucht und süßlichem Kern umhüllt und damit den Gaumen jetzt schon verwöhnt. Der spontan vergorene Nonnenberg ist dagegen wieder ein eher puristischer Langläufer – dabei kristallklar und tiefgründig. An der Spitze thront der Berg Schlossberg. Ein Riesling wie aus einem Guss, in sich ruhend, nichts beweisen wollend. Er ist komplex und vielschichtig mit Anklängen an weiße Früchte und Blüten, gepaart mit einer packenden Mineralik, die sich als salzige Ader durch den Wein zieht. Er landete erneut unter den zehn Besten. Ein Beweis dafür, dass große Rieslinge auch mit 12 Prozent Alkohol eine bemerkenswerte Tiefe haben können, was ebenfalls für den schlanken Rottland gilt, der die Kategorie »Leicht und Trocken« gewann.

Anzahl der verkosteten Weine: 11
Bewertungen: 83–95 Punkte

2014	Riesling »GB« Sauvage trocken Abfüllerwein **9,50 €** | 11,5% | bis 2017	**83**
2014	Riesling Rauenthal Estate trocken **12,50 €** | 11% | bis 2018	**85**
2014	Riesling Rüdesheim Estate trocken **12,50 €** | 11,5% | bis 2018	**86**
2014	Riesling Terra Montosa trocken Holzfass **18,50 €** | 11,5% | bis 2020	**87**
2014	Rüdesheimer Berg Rottland Riesling trocken **31,– €** | 11,5% | bis 2025	**93**
2014	Rauenthaler Nonnenberg Riesling trocken **39,– €** | 11,5% | bis 2024	**91**
2014	Rüdesheimer Berg Schlossberg Riesling trocken Holzfass Top 10 **44,– €** | 12% | bis 2026	**95**
2014	Riesling »GB« Charm halbtrocken **9,50 €** | 11,5% | bis 2017	**83**
2014	Spätburgunder »GB« trocken Rosé **9,50 €** | 11% | bis 2017	**83**
2013	Pinot Noir trocken **19,– €** | 12,5% | bis 2020	**87**
2013	Spätburgunder »B« trocken Barrique **30,– €** | 13% | bis 2022	**89**

WEINMANUFAKTUR STEFAN BREUER

65345 Eltville-Rauenthal
Auf der großen Straße 10
☎ (0 61 23) 9 74 21 36 · Fax 9 74 79 72
sb@breuer-wein.de
www.breuer-wein.de
Inhaber und Betriebsleiter: Stefan Breuer

Verkauf: nach Vereinbarung

Stefan Breuer bewirtschaftet Lagen im Rheingau und – zusammen mit Klaus Singer-Fischer – in Rheinhessen. Die für uns immer wieder besten Weine sind die gemeinsam produzierten Two Faces: Der 2013er Riesling aus dem Schlossberg zeigt in der Nase Noten von Feuerstein und am Gaumen reife Aprikose. Ebenfalls eine gewisse Reife, verbunden mit einem leichten Holzton, zeigt der Silvaner Two Faces: am Gaumen mit dezenter Haselnuss und frischem Heu. Die rote Cuvée Two Faces hat für uns gerade den richtigen Einsatz von Holz abbekommen, während der 2012er Rotwein 100 Prozent Rheingau mit 24 Monaten Barrique aus amerikanischem Neuholz die schöne Frucht und gute Balance übertönt. Alle Weine gewinnen deutlich mit Luft.

Anzahl der verkosteten Weine: 11
Bewertungen: 80–85 Punkte

2013	Riesling Cuvée »X« Sekt Brut **10,80 €** | 12% | bis 2016	**80**
2013	Spätburgunder Cuvée »S« Sekt Brut Premium Weißherbst **12,50 €** | 12,5% | bis 2017	**84**
2014	Cuvée »Weiß« trocken **7,50 €** | 12% | bis 2017	**81**
2014	Riesling R2 Kabinett trocken Selection **8,95 €** | 11% | bis 2017	**83**
2014	Grauburgunder G3 trocken **7,95 €** | 13% | bis 2017	**83**
2013	Silvaner Two Faces trocken Premium Holzfass **11,80 €** | 13% | bis 2017	**84**
2013	Riesling Two Faces Schlossberg trocken Premium **11,80 €** | 13% | bis 2019	**85**
2014	Sauvignon Blanc R2D2 feinherb **6,50 €** | 12% | bis 2017	**82**
2013	Cuvée »Rot« trocken **7,50 €** | 12,5% | bis 2018	**83**
2013	Spät- & Frühburgunder Two Faces trocken Premium Barrique **12,50 €** | 13,5% | bis 2020	**85**
2012	Früh- & Spätburgunder 100% trocken Premium Barrique **25,– €** | 14% | bis 2020	**85**

WEINGUT CHAT SAUVAGE

65366 Johannisberg · Hohlweg 23
☎ (0 67 22) 9 37 25 86 · Fax 9 37 25 88
pinot@chat-sauvage.de
www.chat-sauvage.de
Inhaber: Günter Schulz
Kellermeister: Michel Städter
Außenbetrieb: Patrick van Es

Verkauf: nach Vereinbarung

Rebfläche: 9 Hektar
Jahresproduktion: 24.000 Flaschen
Beste Lagen: Johannisberger Hölle, Assmannshäuser Höllenberg, Lorcher Kapellenberg und Schlossberg
Boden: Quarzit, Schiefer
Rebsorten: 70% Pinot Noir, 30% Chardonnay
Durchschnittsertrag: 35 hl/ha

Diese ist eine der spannendsten Start-up-Stories des gesamten Rheingaus, die wir nach drei überzeugenden Kollektionen im vorletzten Jahr zum Aufsteiger des Jahres gekürt haben. Seit vier Jahren hat dieses Gut nun oberhalb von Johannisberg seine eigenen Räume bezogen. Kellermeister und Betriebsleiter ist der junge Michel Städter. Der Hamburger Kaufmann Günter Schulz bleibt als Eigentümer im Hintergrund. Mit dem großen Rotweinjahrgang 2009 stieg Chat Sauvage in die Riege der führenden Rotweingüter des Rheingaus auf und mit den folgenden Kollektionen hat sich der talentierte Städter an die Spitze des roten Rheingaus festgesetzt. Die aktuelle Kollektion ist vermutlich die beste der jungen Gutsgeschichte. Während der saftige Johannisberger eine eher zarte Frucht roter Johannisbeeren zeigte, ist der Schlossberg ungemein stoffig und etwas schmelziger im Stil mit facettenreichem Bouquet. Sehr elegant mit seiner typischen Cassisnote kommt der Höllenberg ins Glas, während der ausgewogene, präzise gewobene Rüdesheimer Drachenstein mit ultra-feiner Röstaromatik, fordernder Säure und einem Hauch Tabak am französischsten schmeckt. Eine große, eindrucksvolle Rotweinparade. Und auch der elegante, feinwürzige Chardonnay im Puligny-Stil überzeugte uns.

Anzahl der verkosteten Weine: 10
Bewertungen: 87–92 Punkte

2012	Pinot Noir Sekt Brut Rosé	**17,50 €** | 12% | bis 2018	**87**
2013	Chardonnay Clos de Schulz trocken Barrique	**32,– €** | 13% | bis 2019	**89**
2013	Pinot Noir trocken Barrique	**17,– €** | 13,5% | bis 2018	**87**
2013	Lorcher Pinot Noir trocken Barrique	**28,– €** | 13,5% | bis 2021	**88**
2013	Assmannshäuser Pinot Noir trocken Barrique	**28,– €** | 13,5% | bis 2021	**89**
2013	Lorcher Kapellenberg Pinot Noir trocken Barrique	**45,– €** | 14% | bis 2023	**90**
2013	Johannisberger Hölle Pinot Noir trocken Barrique	**45,– €** | 13% | bis 2023	**91**
2013	Assmannshäuser Höllenberg Pinot Noir Erstes Gewächs	**45,– €** | 14% | bis 2023	**91**
2013	Rüdesheimer Drachenstein Pinot Noir trocken Barrique	**65,– €** | 14% | bis 2024	**92**
2013	Lorcher Schlossberg Pinot Noir trocken	**120,– €** | 13,5% | bis 2024	**92**

Die Weine:
100 Perfekt · **95–99** Überragend · **90–94** Exzellent
85–89 Sehr gut · **80–84** Gut · **75–79** Passabel

WEINGUT DR. CORVERS-KAUTER

65375 Oestrich-Winkel · Rheingaustraße 129
☎ (0 67 23) 26 14 · Fax 24 04
info@corvers-kauter.de
www.corvers-kauter.de

Inhaber: Dr. Matthias und Brigitte Corvers
Betriebsleiter und Kellermeister:
Dr. Matthias Corvers

Verkauf: Weingut und Vinothek Terra 50 Grad, Öffnungszeiten siehe Homepage

Gutsausschank: April–Okt. Mi–Fr ab 17.00 Uhr, Sa–So 15.00–23.00 Uhr
Spezialitäten: Regionalküche mit mediterranem Einfluss
Sehenswert: 200 Jahre altes Gutshaus mit Weingarten und schönem Gewölbekeller, Vinothek Terra 50 Grad

Rebfläche: 11,5 Hektar
Jahresproduktion: 80.000 Flaschen
Beste Lagen: Rüdesheimer Berg Roseneck, Berg Rottland und Berg Schlossberg, Rüdesheimer Bischofsberg, Drachenstein, Assmannshäuser Höllenberg
Boden: Taunusquarzit mit Schiefer, steinig-grusiger Phyllit, Lösslehm
Rebsorten: 75% Riesling, 20% Spätburgunder, 5% übrige Sorten
Durchschnittsertrag: 60 hl/ha
Mitglied: Slow Food

Die Weine gefallen uns mit ihrer puristisch-mineralischen, manchmal auch kargen Art. Die Weine, zukünftig als Bioland zertifiziert, zeigen Herkunft und Charakter. In 2014 fielen sie erneut zwar etwas gerbstoffbetonter aus, insgesamt ist man aber hier mit dem herausfordernden Jahrgang gut umgegangen. Schon der Liter-Riesling ist mit zarten Feustersteinnoten ein guter Einstieg in die recht homogene Kollektion. Von den Trockenen gefiel uns neben dem druckvollen und würzigen Rüdesheimer Bischofsberg vom Löss der konsequent trockene Oestricher Doosberg, der klar und langanhaltend ist. Ebenso gefällt uns der schieferbetonte, saftige Berg Rottland mit floraler Würze und ausbalanciertem Süße-Säure-Spiel. Der Rote Riesling zeigt interessante Granatapfelnoten. Hervorheben möchten wir die gemütliche Gutsschänke, in der Brigitte Corvers-Kauter als Mitglied der Hessischen Landfrauen schmackhafte Gerichte mit mediterranem Einschlag serviert.

Anzahl der verkosteten Weine: 11
Bewertungen: 82–87 Punkte

Jahrgang	Wein	Punkte
2012	Sekt Brut **12,90 €** | 12% | bis 2017	**84**
2014	Riesling Unsern Herbe trocken **7,80 €**/1,0 Lit. | 12% | bis 2017	**82**
2014	Oestricher Lenchen Riesling trocken **8,40 €** | 12% | bis 2017	**82**
2014	Riesling R3 Remastered trocken **9,50 €** | 12,5% | bis 2018	**84**
2014	Roter Riesling trocken **12,50 €** | 12,5% | bis 2017	**84**
2014	Rüdesheimer Berg Roseneck Riesling Kabinett trocken **9,20 €** | 12,5% | bis 2018	**84**
2014	Oestricher Doosberg Riesling Spätlese trocken **12,50 €** | 12,5% | bis 2019	**86**
2014	Rüdesheimer Bischofsberg Riesling vom Löss Spätlese trocken **19,50 €** | 12,5% | bis 2020	**87**
2014	Winkeler Hasensprung Riesling Kabinett feinherb **9,20 €** | 11,5% | bis 2017	**84**
2014	Rüdesheimer Berg Rottland Riesling vom Schiefer Spätlese feinherb **21,50 €** | 13% | bis 2020	**87**
2012	Rüdesheimer Drachenstein Spätburgunder trocken **14,70 €** | 14% | bis 2020	**86**

WEINGUT CRASS

65346 Eltville-Erbach · Taunusstraße 2
☎ (0 61 23) 6 31 69 · Fax 67 68 78
info@weingut-crass.de
www.weingut-crass.de
Inhaber und Kellermeister: Matthias Craß
Verwalter: Wolfgang Craß

Verkauf: Matthias Craß
Do–Fr: 14.00–18.00 Uhr, Sa: 11.00–18.00 Uhr
und nach Vereinbarung

Matthias Craß hat erst Anfang 2014 die Stelle als Kellermeister in Schloss Reinhartshausen gekündigt und das Weingut seines Vaters übernommen. Die Rieslinge zeigen eine schön abgestufte Qualitätspyramide: An der Spitze stehen die eleganten Alten Reben und das cremige Erste Gewächs mit Holztouch. Gefallen hat uns der Sauvignon Blanc, bei dem man durch das präsente Holz sowie die Anklänge von Feuerstein durchaus eine französische Provenienz vermuten könnte. Auch der Grauburgunder – weniger holzgeprägt – zeigt eine schöne Balance und Frische. Ausgewogen ist der Frühburgunder mit schönem Cassisduft.

Anzahl der verkosteten Weine: 12
Bewertungen: 81–86 Punkte

2014 Erbacher Riesling trocken **81**
5,80 € | 11,5% | bis 2017

2014 Hallgartner Sauvignon Blanc trocken **82**
6,80 € | 11,5% | bis 2017

2014 Erbacher Steinmorgen Riesling trocken **83**
6,80 € | 12% | bis 2017

2014 Erbacher Hohenrain Riesling trocken **84**
8,80 € | 12% | bis 2018

2014 Hallgartner Hendelberg **(85)**
Sauvignon Blanc trocken Reserve Holzfass
9,80 € | 12,5% | bis 2018

2014 Erbacher Michelmark **(85)**
Grauburgunder trocken Reserve Holzfass
9,80 € | 13% | bis 2019

2014 Erbacher Siegelsberg **85**
Riesling trocken Alte Reben
10,80 € | 12,5% | bis 2018

2014 Erbacher Siegelsberg **(86)**
Riesling Erstes Gewächs Holzfass
14,80 € | 13% | bis 2020

2014 Erbacher Michelmark Riesling feinherb **83**
6,80 € | 12% | bis 2018

2012 Erbacher Steinmorgen **85**
Frühburgunder trocken Holzfass
12,80 € | 13,5% | bis 2018

WEINGUT ALOIS DAHN

65375 Oestrich-Winkel · Fontanestraße 3
☎ (0 67 23) 34 82 · Fax 8 81 52
info@weingut-dahn.de
www.weingut-dahn.de
Inhaber und Betriebsleiter: Karl Dahn
Kellermeister: Michael Dahn

Verkauf: Familie Dahn
nach Vereinbarung

Dieses Familienweingut präsentierte eine Kollektion, bei der die 2014er Rieslinge leider nicht ganz auf Vorjahresniveau ausfielen. Am ehesten punkteten die trockene Spätlese aus dem Hasensprung mit Noten von reifen gelben Äpfeln und der Jesuitengarten mit fein mineralischen Anklängen. Besser gefallen uns dagegen die schlanken Rotweine. Offenbar nicht zu reif gelesen, zeigen sie sich trinkanimierend mit klarer Kirschfrucht. Noch etwas vom Holz bestimmt, brauchen sie etwas Flaschenreife.

Anzahl der verkosteten Weine: 14
Bewertungen: 78–86 Punkte

2013 Winkeler Hasensprung Riesling Sekt Brut **85**
9,30 € | 12,5% | bis 2017

2013 Johannisberger Erntebringer **83**
Spätburgunder Sekt extra trocken Rosé
9,40 € | 12% | bis 2017

2014 Winkeler Jesuitengarten Riesling »S« trocken **84**
7,50 € | 13% | bis 2017

2014 Winkeler Hasensprung Riesling Kabinett trocken **82**
6,20 € | 12% | bis 2017

2014 Winkeler Gutenberg Riesling Spätlese trocken **82**
6,90 € | 13% | bis 2017

2014 Winkeler Hasensprung Riesling Spätlese trocken **84**
7,30 € | 13% | bis 2017

2014 Riesling Alte Reben **83**
8,40 € | 12,5% | bis 2017

2014 Winkeler Hasensprung Riesling Kabinett halbtrocken **81**
5,80 € | 11,5% | bis 2016

2014 Johannisberger Erntebringer **78**
Spätburgunder Weißherbst
5,60 €/1,0 Lit. | 11,5% | bis 2016

2014 Johannisberger Erntebringer **79**
Spätburgunder Weisherbst
5,60 € | 12% | bis 2016

2014 Frühburgunder trocken **85**
9,50 € | 13% | bis 2019

2014 Pinot Noir trocken **86**
8,70 € | 13% | bis 2020

2014 Spätburgunder Spätlese trocken **85**
9,20 € | 12,5% | bis 2019

WEINGUT DANIEL

65366 Geisenheim · Langestraße 38-40
☎ (0 67 22) 63 43 · Fax 75 45
holger.daniel@weingut-daniel.de
www.weingut-daniel.de
Inhaber und Betriebsleiter: Holger Daniel

Verkauf: nach Vereinbarung

Der Stil des Geisenheimer Weinguts ist international. Weder Terroir noch Rebsorte stehen im Vordergrund. Man verzichtet auf Lagennamen oder Prädikate und präsentiert sich und die Weine modern. »Sie sollen einfach Spaß machen und unsere Freunde und Kunden zum Trinken animieren«, so lautet das Ziel. In 2014 ist die Stilistik wieder eher weich, mundfüllend mit reifer Fruchtaromatik und balancierter Säure. Gut gefallen hat uns erneut die Premiumlinie One. Diesmal lag der stoffige Riesling mit Aromen von Pomelo auf Platz eins vor dem etwas schlankeren Sauvignon Blanc mit mineralischer Frische und exotischer Frucht. Die schönen Rotweine der letzten Jahre waren dieses Mal leider nicht dabei. Neu sind die Mädelsweine: fruchtige Alltagsqualität, präsentiert mit trendigem Lifestylemarketing.

Anzahl der verkosteten Weine: 11
Bewertungen: 81–84 Punkte

2014	Cuvée »Alltagsheldin« trocken **7,90 €** | 12% | bis 2017	**81**
2014	Riesling trocken **6,75 €** | 12% | bis 2017	**82**
2014	Riesling & Roter Traminer »D« Zwei trocken **7,90 €** | 12,5% | bis 2017	**83**
2014	Riesling Signature trocken **8,90 €** | 12,5% | bis 2017	**83**
2014	Weißburgunder Signature trocken **8,90 €** | 13% | bis 2017	**83**
2014	Riesling One trocken **15,50 €** | 12,5% | bis 2019	**84**
2014	Sauvignon Blanc One trocken **15,50 €** | 12,5% | bis 2017	**84**
2014	Riesling feinherb Classic **6,75 €** | 11,5% | bis 2017	**81**
2014	Piratenbraut trocken Weißherbst **7,90 €** | 12% | bis 2017	**81**
2014	Spätburgunder Signature trocken Blanc de Noirs **8,90 €** | 12,5% | bis 2017	**81**
2013	Cuvée »D-Dry« trocken **8,90 €** | 13,5% | bis 2018	**81**

WEINGUT DIEFENHARDT

65344 Martinsthal · Hauptstraße 11
☎ (0 61 23) 7 14 90 · Fax 7 48 41
weingut@diefenhardt.de
www.diefenhardt.de
Inhaber: Peter Seyffardt
Verwalter: Peter Nägler
Kellermeister: Julia und Peter Seyffardt

Verkauf: Peter Seyffardt
Di–Sa: 10.00–12.00 Uhr · 14.00–20.00 Uhr
Jan.–Feb.
Di–Sa: 10.00–12.00 Uhr · 14.00–18.00 Uhr
und nach Vereinbarung

Gutsausschank: im Weingut
Feb.–Dez. Di–Sa ab 17.00 Uhr
Okt.–Dez. So ab 17.00 Uhr
Sehenswert: historischer Holzfasskeller aus dem 17. Jahrhundert

Rebfläche: 18 Hektar
Jahresproduktion: 100.000 Flaschen
Beste Lagen: Martinsthaler Langenberg und Wildsau, Rauenthaler Rothenberg
Boden: steiniger Lehm aus mineralisiertem Phylitt, Eisenoxide aus verwittertem Quarzit, Grünschiefer
Rebsorten: 85% Riesling, 15% Spätburgunder
Durchschnittsertrag: 55 hl/ha
Mitglied: VDP

Inzwischen ist in den Betrieb von Peter Seyffardt, Vorsitzender des Rheingauer Weinbauverbandes, Tochter Julia eingestiegen. Sie hat in Geisenheim studiert und bringt durch Praktika im Burgund frankophile Ideen mit. Der Jahrgang 2014 fällt sogar etwas besser aus als im Vorjahr. Die Rieslinge sind schlank und zeigen eine klare Frucht. Gut sind schon der mineralisch geprägte Rothenberg sowie der neue Wein Wildes Holz – ein Riesling, bei dem der Name Programm ist. Neu ist das Große Gewächs aus der Wildsau mit dem Gewannnamen Schlenzenberg, den besten Parzellen aus der Lage Martinsthaler Wildsau. Mit seiner kühl-mineralischen Art besser gefiel es uns noch besser als sein Pendant aus dem Langenberg. Der Spätburgunder Großes Gewächs, zukünftig ebenfalls aus dem Schlenzenberg, duftet nach Beeren, Roter Bete und Kräutern. Die Bezeichnung »Martinsthaler Wildsau« für Riesling und Spätburgunder gibt es bei Diefenhardt dann nur noch als Erste Lage.

Anzahl der verkosteten Weine: 11
Bewertungen: 81–88 Punkte

2014 Riesling trocken **81**
5,90 €/1,0 Lit. | 12% | bis 2017

2014 Martinsthaler Langenberg **83**
Riesling »JD« trocken Alte Reben
9,90 € | 12,5% | bis 2017

2013 Riesling Wildes Holz trocken Barrique **86**
10,80 € | 12,5% | bis 2019

2014 Rauenthaler Rothenberg **86**
Riesling trocken »Erste Lage«
12,90 € | 13% | bis 2019

2014 Martinsthaler Langenberg **87**
Riesling »Großes Gewächs«
22,50 € | 12,5% | bis 2020

2014 Martinsthaler Schlenzenberg **88**
Riesling »Großes Gewächs«
23,50 € | 12,5% | bis 2020

2014 Martinsthaler Wildsau **82**
Riesling Kabinett trocken
7,50 € | 11,5% | bis 2017

2014 Martinsthaler Wildsau **82**
Riesling Kabinett feinherb »Erste Lage«
7,50 € | 10,5% | bis 2017

2014 Martinsthaler Langenberg **85**
Riesling Spätlese »Große Lage«
12,50 € | 8,5% | bis 2020

2014 Spätburgunder halbtrocken Rosé **82**
7,50 € | 11,5% | bis 2017

2013 Martinsthaler Wildsau **88**
Spätburgunder »Großes Gewächs«
24,50 € | 13,5% | bis 2019

DOMDECHANT WERNER'SCHES WEINGUT

65234 Hochheim · Rathausstraße 30
☎ (0 61 46) 83 50 37 · Fax 83 50 38
weingut@domdechantwerner.com
www.domdechantwerner.com
Inhaber: Dr. Franz-Werner Michel
Verwalter und Kellermeister: Michael Bott

Verkauf: Catharina Mauritz und Ute Fischer
Mo–Fr: 8.00–18.00 Uhr
Sa: 8.00–13.00 Uhr nach Vereinbarung

Historie: der Vater des Domdechanten Dr. Franz Werner kaufte das Gut 1780
Sehenswert: alter Gutshof, seit 1780 im Familienbesitz, Biedermeiergutshaus, historischer Gewölbekeller

Rebfläche: 13 Hektar
Jahresproduktion: 90.000 Flaschen
Beste Lagen: Hochheimer Domdechaney, Kirchenstück, Stein, Hölle
Boden: Kalk, Lehm und Löss
Rebsorten: 98% Riesling, 2% Spätburgunder
Durchschnittsertrag: 65 hl/ha
Mitglied: VDP

Wir freuen uns, dass der positive Trend der letzten beiden Jahren weiter anhält. Vor allem die trockene Basis und der Mittelbau zeigen wieder mehr Brillianz und Klarheit. Schon der leicht rauchige Gutswein ist saftig. Richtig trinkanimierend ist der saftige, erdig-würzige Kabinett aus der Hölle, den wir jetzt am liebsten trinken und der üppigeren Variante Domdechaney im Wachauer Stil mit einem Hauch Mandarine sogar vorziehen. Das Goldkapselpendant aus dem Kirchenstück – so bezeichnet Dr. Michel seine Weine unterhalb des Großen Gewächses – ist konzentrierter und zeigt feinen Schmelz. Auch das im Vergleich zu den letzten Jahren deutlich trockenere und in der Frucht präzisere Große Gewächs gefiel durch seine erdige Art. Bei den fruchtsüßen Rieslingen konnte der in der Süße verhaltenere Kabinett punkten. An der Spitze der Kollektion ragt in diesem Jahr die verspielte Auslese mit aparter Mangoaromatik hervor. Auch der feine, elegante Spätburgunder lässt sich durchaus sehen.

Rote Symbole , , , , :
Diese Betriebe verdienen in ihrer Klasse besondere Aufmerksamkeit

Anzahl der verkosteten Weine: 10
Bewertungen: 83–89 Punkte

2014 Hochheimer Kirchenstück **87**
Riesling trocken Goldkapsel
13,50 € | 12,5% | bis 2018

2014 Hochheimer Domdechaney **86**
Riesling trocken Goldkapsel
15,– € | 13% | bis 2018

2014 Hochheimer Domdechaney **87**
Riesling »Großes Gewächs«
24,– € | 12,5% | bis 2020

2014 Hochheimer Riesling trocken **84**
9,– € | 12% | bis 2017

2014 Hochheimer Hölle Riesling Kabinett trocken **86**
9,95 € | 11,5% | bis 2018

2014 Riesling feinherb Classic **83**
9,95 € | 12% | bis 2017

2014 Hochheimer Riesling Kabinett **85**
9,95 € | 9,5% | bis 2020

2014 Hochheimer Domdechaney Riesling Spätlese **85**
13,50 € | 8% | bis 2020

2014 Hochheimer Domdechaney Riesling Auslese **89**
24,– € | 7% | bis 2024

2013 Hochheimer Spätburgunder trocken **86**
13,50 € | 13% | bis 2020

WEINGUT EGERT

65347 Hattenheim · Erbacher Landstraße 22
☎ (0 67 23) 55 57 · Fax 49 58
egert@weingut-egert.de
www.weingut-egert.de
Inhaber und Betriebsleiter: Manfred Egert

Verkauf: Rheinallee 33, Hattenheim
nach Vereinbarung

Dieser zuverlässige Betrieb präsentierte uns eine Kollektion auf Vorjahresniveau. Im Einstiegssegment zeigen sich die 2014er Rieslinge klar mit feiner Steinobstaromatik. Die trockenen Kabinette aus den Oestricher Lagen Lenchen und Doosberg sind zupackend und können in diesem Jahr mit mineralischen Noten überzeugen. Beim Wisselbrunnen steht hingegen eine klare, für den Riesling typische Pfirsichfrucht im Mittelpunkt. Die trockene Spätlese St. Nikolaus kommt mit Noten von Aprikose ins Glas. Unter den Feinherben punktet vor allem der gut balancierte Riesling aus dem Wisselbrunnen. Schön ist auch der feingliedrige Riesling Sekt aus dem Doosberg.

Anzahl der verkosteten Weine: 12
Bewertungen: 82–86 Punkte

2012 Oestricher Doosberg Riesling Sekt Brut **86**
10,80 € | 12,5% | bis 2017

2014 Hattenheimer Hassel Riesling trocken **83**
5,80 € | 12% | bis 2017

2014 Hattenheimer Wisselbrunnen Riesling trocken **84**
6,20 € | 12,5% | bis 2018

2014 Oestricher Doosberg Riesling trocken **85**
6,30 € | 12,5% | bis 2018

2014 Oestricher Lenchen Riesling Kabinett trocken **84**
6,50 € | 11,5% | bis 2018

2014 Mittelheimer St. Nikolaus **85**
Riesling Kabinett trocken
6,70 € | 11,5% | bis 2018

2014 Mittelheimer St. Nikolaus **85**
Riesling Spätlese trocken
8,50 € | 12% | bis 2018

2014 Riesling feinherb Classic **83**
5,80 € | 12,5% | bis 2017

2014 Hattenheimer Heiligenberg Riesling feinherb **82**
5,90 € | 12,5% | bis 2017

2014 Oestricher Doosberg Riesling Kabinett halbtrocken **83**
6,50 € | 11% | bis 2017

2014 Hattenheimer Wisselbrunnen **85**
Riesling Kabinett feinherb
6,80 € | 10,5% | bis 2018

2013 Hattenheimer Hassel Riesling Spätlese feinherb **85**
8,50 € | 11,5% | bis 2018

WEINGUT CARL EHRHARD

65385 Rüdesheim am Rhein
Geisenheimer Straße 3
☎ (0 67 22) 4 73 96 · Fax 40 66 90
info@carl-ehrhard.com
www.carl-ehrhard.de
Inhaber: Carl Ehrhard
Betriebsleiter: Carl und Petra Ehrhard

Verkauf: Vinothek
Di–Fr: 16.00–19.00 Uhr, Sa: 10.00–15.00 Uhr
und nach Vereinbarung

Mit dem Jahrgang 2014 wurde die Kooperation mit dem Weingut Künstler beendet und damit kann das Gut wieder alle Weinberge aus dem Rottland, Roseneck und Bischofsberg selbst vinifizieren. Mit dem aktuellen Jahrgang segelt man strikt auf Zwei-Trauben-Kurs. Die unfiltriert abgefüllten Rieslinge sind deutlich trockener, haben Zug und sind straffer geworden. Insbesondere die mit historischen Etiketten ausgestatteten Rieslinge – wie etwa aus dem Rottland – zeigen erneut Format und Rüdesheimer Herkunft. Auch die Feinherben zeigen sich trinkanimierend. Hier schlummert noch weiteres Potenzial. Weiter so!

Anzahl der verkosteten Weine: 17
Bewertungen: 80–88 Punkte

2014	Rüdesheimer Spätburgunder Pinot Sekt Brut **12,– €** | 12,5% | bis 2017	**86**
2014	Rüdesheimer Grauburgunder trocken »sur lie« **8,90 €** | 12% | bis 2017	**80**
2014	Rüdesheimer Berg Roseneck Riesling Urstück trocken Holzfass **13,– €** | 12,5% | bis 2019	**85**
2014	Rüdesheimer Berg Rottland Riesling Urstück trocken Holzfass **14,50 €** | 13% | bis 2019	**86**
2014	Rüdesheimer Berg Rottland Riesling Urstück Wilgert trocken Holzfass **14,50 €** | 12,5% | bis 2020	**88**
2014	Rüdesheimer Berg Roseneck Riesling Urstück feinherb Holzfass **12,– €** | 12% | bis 2019	**85**
2014	Rüdesheimer Riesling Kabinett feinherb **8,50 €** | 11% | bis 2018	**83**
2014	Rüdesheimer Berg Rottland Riesling Spätlese **13,– €** | 7,5% | bis 2021	**85**
2014	Rüdesheimer Berg Rottland Riesling Auslese **18,– €**/0,375 Lit. | 8% | bis 2022	**88**
2013	Rüdesheimer Berg Roseneck Spätburgunder Urstück trocken Barrique **15,80 €** | 13,5% | bis 2018	**85**

WINZER VON ERBACH

65346 Erbach · Ringstraße 28
☎ (0 61 23) 6 24 14 · Fax 47 99
info@winzer-von-erbach.de
www.winzer-von-erbach.de
Vorstandsvorsitzender: Ronald Müller-Hagen
Betriebsleiter: Ronald Müller-Hagen
Kellermeister: Jochen Bug

Verkauf: Vinothek
Mo–Fr: 10.00–12.00 Uhr · 13.00–18.00 Uhr
Sa: 10.00-13.00 Uhr

Kellermeister Jochen Bug beweist erneut, dass eine Genossenschaft nicht zwingend Mainstreamweine produzieren muss. Wir probierten kräftige und charaktervolle Weine, auf die man sich einlassen kann und sollte: Der Riesling Sekt Extra Brut mit goldgelber Farbe und feiner Perlage zeigt Finesse und schöne Feinhefearomen. Attraktiv ist auch der vergleichsweise kräftig-würzige Müller-Thurgau mit Noten von Heu und weißen Früchten. Der Riesling Honigberg Alte Reben hat ebenfalls Substanz und ist am Gaumen feinwürzig mit guter Säurebalance. Nur für eingefleischte Liebhaber von holzbetonten Rotweinen mit ausgeprägten Schoko- und Vanillenoten ist der 26 Monate im Barrique ausgebaute Pinot Noir empfehlenswert.

Anzahl der verkosteten Weine: 9
Bewertungen: 81–86 Punkte

2012	Riesling Sekt extra Brut **9,90 €** | 12,5% | bis 2017	**85**
2014	Grauburgunder trocken **6,90 €** | 12% | bis 2017	**82**
2014	Erbacher Michelmark Riesling Kabinett trocken **6,70 €** | 10% | bis 2017	**82**
2014	Müller-Thurgau trocken **5,90 €** | 12% | bis 2017	**83**
2014	Riesling Spätlese trocken **7,80 €** | 12% | bis 2018	**83**
2014	Erbacher Honigberg Riesling trocken Alte Reben **8,90 €** | 13% | bis 2018	**84**
2014	Riesling feinherb Classic **6,70 €** | 12% | bis 2017	**81**
2014	Erbacher Steinmorgen Riesling Kabinett halbtrocken **6,70 €** | 10% | bis 2017	**81**
2012	Pinot Noir trocken Barrique **22,90 €** | 15% | bis 2020	**86**

WEINGUT H. J. ERNST

65343 Eltville · Holzstraße 38–40
☎ (0 61 23) 23 63 · Fax 40 62
info@weingut-ernst.de
www.weingut-ernst.de
Inhaber und Betriebsleiter: Johannes Ernst

Verkauf: Katrin Ernst
Mo–Fr: 8.00–12.00 · 13.00–18.00 Uhr
Sa: 9.00–18.00 Uhr

Das solide Familienweingut bewirtschaftet 33 Hektar Lagen zwischen Eltville und Walluf. Von dem schwierigen Jahrgang 2014 haben uns die trockenen Weißweine besser gefallen. Der Riesling Kabinett aus dem Eltviller Taubenberg überrascht als Literqualität mit Frische und saftig-klarer Pfirsichfrucht. Durchgängig haben die Weine eine gut balancierte Säure. Die fruchtigen Qualitäten sind allerdings etwas traubenzuckrig und lassen Spiel vermissen. Bester Wein der diesjährigen Kollektion ist der im Barrique ausgebaute Spätburgunder aus dem Sonnenberg. Er präsentiert sich im Bouquet burgundisch elegant.

Anzahl der verkosteten Weine: 12
Bewertungen: 81–85 Punkte

2013	Pinot Sekt Brut **10,50 €** | 13% | bis 2018	**84**
2014	Sauvignon Blanc trocken **8,– €** | 12% | bis 2017	**82**
2014	Eltviller Taubenberg Riesling Kabinett trocken **6,– €**/1,0 Lit. | 11,5% | bis 2017	**82**
2014	Martinsthaler Rödchen Riesling Kabinett trocken **6,– €** | 11,5% | bis 2017	**83**
2014	Eltviller Langenstück Riesling Spätlese trocken **8,– €** | 12% | bis 2018	**83**
2014	Eltviller Langenstück Riesling Auslese trocken Selection Holzfass **10,– €** | 12% | bis 2018	**84**
2014	Eltviller Langenstück Riesling Erstes Gewächs **15,– €** | 13% | bis 2018	**85**
2014	Riesling feinherb Classic **6,– €** | 11,5% | bis 2017	**81**
2014	Eltviller Sonnenberg Riesling Spätlese halbtrocken **8,– €** | 11,5% | bis 2018	**83**
2014	Eltviller Sonnenberg Riesling Kabinett **6,– €** | 10% | bis 2018	**81**
2014	Eltviller Taubenberg Riesling Spätlese **8,– €** | 9% | bis 2022	**83**
2013	Eltviller Sonnenberg Spätburgunder Spätlese trocken Barrique **13,– €** | 13% | bis 2020	**85**

WEINGUT AUGUST ESER

65375 Oestrich-Winkel · Friedensplatz 19
☎ (0 67 23) 50 32 · Fax 8 74 06
mail@eser-wein.de
www.eser-wein.de
Inhaber: Désirée Eser
Betriebsleiter: Joachim und Désirée Eser

Verkauf: Joachim, Renée und Désirée Eser
Mo–Fr: 9.00–12.00 Uhr · 13.00–17.00 Uhr
Sa: 9.00–12.00 Uhr

Während Désirée Eser mit dem letzten Jahrgang gut zurechtgekommen ist, scheint dies im nicht minder schwierigen Jahrgang 2014 nur teilweise geglückt zu sein. Wir verkosteten eine heterogene Kollektion ohne wirkliche Highlights. Dabei sind die Basis und das mittlere Segment grundsolide. Die wenigen trockenen Rieslinge zeigen sich mit ihrer gewohnt kräutrig-pikanten und saftigen Art, teilweise mit schmeichlerischer Restsüße. Große Gewächse wurden keine abgefüllt. Zu gefallen wusste der Hallgartener Nussbrunnen mit seiner frisch-herben Art, den Kräuternoten und dem Pflaumen- und Mirabellentouch. Auch die Spätlese aus dem Schönhell hatte einen guten Zug und feine Aromen von Apfel, Mango und einem Hauch Exotik. Richtig Trinkfreude bereitete uns der erstmals eingereichte Spätburgunder. Ein filigraner Wein mit zarter Himbeerfrucht, würzigen Anklängen und einem Hauch Tabak. Darauf lässt sich wieder aufbauen.

Anzahl der verkosteten Weine: 7
Bewertungen: 82–86 Punkte

2014	Hattenheimer Wisselbrunnen Riesling trocken **8,– €** | 10,5% | bis 2016	**82**
2014	Winkeler Jesuitengarten Riesling trocken **8,– €** | 11% | bis 2017	**84**
2014	Hattenheimer Nussbrunnen Riesling trocken **10,90 €** | 11,5% | bis 2017	**85**
2014	Rauenthaler Gehrn Riesling feinherb **7,90 €** | 10,5% | bis 2017	**82**
2014	Oestricher Doosberg Riesling feinherb »Große Lage« **10,90 €** | 10,5% | bis 2017	**84**
2014	Hallgartener Schönhell Riesling Spätlese »Große Lage« **11,50 €** | 8,5% | bis 2020	**86**
2011	Mittelheim St. Nikolaus Spätburgunder trocken Barrique **12,50 €** | 12,5% | bis 2018	**86**

WEINGUT H. T. ESER

65375 Oestrich-Winkel · Rheingaustraße 12
☎ (0 67 23) 6 01 69 80 · Fax 6 01 69 85
post@weingut-eser.de
www.weingut-eser.de
Inhaber: Christoph und Thomas Eser
Betriebsleiter: Christoph Eser
Kellermeister: Thomas Eser

Verkauf: Christoph Eser und Elisabeth Uebe
Fr: 13.30–17.00 Uhr, Sa: 11.00–16.00 Uhr
und nach Vereinbarung

Nicht ganz auf Vorjahresniveau präsentieren sich die 2014er Weine der Brüder Christoph und Thomas Eser. Den Rieslingen fehlt es insbesondere im Einstiegssegment etwas an Klarheit und Eleganz. Am besten zeigt sich der mineralische Rotschiefer mit einem würzigen Bouquet von rotem Apfel. Zu überzeugen wusste in diesem Jahr der nach Johannisbeeren duftende Blanc de Noir. Er gefällt mit seiner cremigen Spätburgunder-Frucht und wirkt aufgrund feiner Säure trinkanimierend. Auch der 2012er Spätburgunder Urwerk ist sortentypisch und kommt mit reifen Kirsch- und Waldfruchtaromen ins Glas. Das 14 Hektar große Weingut liegt in einer hübschen Gründerzeitvilla zwischen Oestrich und Hattenheim.

Anzahl der verkosteten Weine: 9
Bewertungen: 80–85 Punkte

2014 Riesling Nr.1 trocken Abfüllerwein **80**
7,– € | 12% | bis 2016

2014 Riesling Mineralist trocken **82**
8,60 € | 11,5% | bis 2017

2014 Riesling Rotschiefer trocken **84**
12,– € | 13,5% | bis 2018

2014 Riesling Urwerk trocken Premium **84**
12,– € | 13% | bis 2018

2014 Spätburgunder Schwarzweiß trocken weiß gekeltert **83**
8,75 € | 13% | bis 2017

2014 Riesling Nr.2 feinherb Abfüllerwein **80**
7,– € | 12% | bis 2016

2014 Riesling Harmonist feinherb **83**
8,60 € | 11,5% | bis 2018

2014 Riesling Purist feinherb **83**
8,75 € | 12,5% | bis 2018

2012 Spätburgunder Urwerk trocken **85**
14,50 € | 14% | bis 2019

WEINGUT FRIEDRICH FENDEL

65385 Rüdesheim am Rhein
Marienthaler Straße 46
☎ (0 67 22) 9 05 70 · Fax 90 57 66
info@friedrich-fendel.de
www.friedrich-fendel.de
Inhaber: Familie Fendel-Hetzert
Kellermeister: Paul P. Hetzert
Außenbetrieb: Paul Hetzert

Verkauf: Walter Hetzert
nach Vereinbarung

In diesem Jahr verkosteten wir von diesem Familienbetrieb erneut eine durchaus ansprechende Kollektion. Bei den trockenen Rieslingen bildet der Gutswein einen feinfruchtigen Einstieg. Der trockene Rüdesheimer zeigt Noten von Wiesenkräutern und Nektarinen und gefällt mit seiner gradlinigen Art. Etwas schmelziger hingegen präsentiert sich der Riesling »S«, während der Rottland Alte Reben mit seiner kargen Art Charakter zeigt. Das 2013er Große Gewächs aus dem Kirchenpfad zeigt sich grünkräutrig-mineralisch mit dezenten Quittennoten und ist in bestem Sinne altmodisch. Die feinherben und fruchtsüßen Qualitäten könnten etwas mehr Brillanz und Klarheit haben.

Anzahl der verkosteten Weine: 10
Bewertungen: 80–88 Punkte

2014 Riesling trocken **82**
7,50 € | 12,5% | bis 2017

2014 Rüdesheimer Riesling trocken **84**
8,80 € | 12% | bis 2017

2014 Riesling »S« trocken **84**
9,90 € | 12,5% | bis 2018

2014 Rüdesheimer Berg Rottland Riesling „Alte Reben“ trocken **86**
13,– € | 12,5% | bis 2019

2013 Rüdesheimer Kirchenpfad Riesling »Großes Gewächs« **87**
22,– € | 12,5% | bis 2018

2014 Riesling feinherb **80**
7,50 €/1,0 Lit. | 12,5% | bis 2017

2014 Riesling fum Allerhinnerschde **82**
7,50 € | 12,5% | bis 2017

2014 Rüdesheimer Riesling feinherb **83**
8,80 € | 12,5% | bis 2017

2014 Rüdesheimer Berg Schlossberg Riesling Spätlese »Große Lage« **85**
13,– € | 7,5% | bis 2019

2014 Rüdesheimer Berg Schlossberg Riesling Auslese **88**
21,– €/0,375 Lit. | 10% | bis 2019

WEINGUT JOACHIM FLICK

65439 Flörsheim-Wicker · Straßenmühle
☎ (0 61 45) 76 86 · Fax 5 43 93
info@flick-wein.de
www.flick-wein.de
Inhaber und Betriebsleiter: Reiner Flick
Außenbetrieb: Dirk Bohnensack
Kellermeister: Reiner Flick und Dirk Bohnensack

Verkauf: Reiner Flick
Mo–Fr: 15.00–19.00 Uhr
Sa: 10.00–14.00 Uhr und nach Vereinbarung

Weinbistro: »Flörsheimer Warte«, geöffnet Sa und So
Historie: Weinbau in der Familie seit 1775
Erlebenswert: Weinprobe im Kreuzgewölbekeller, Hoffest am zweiten Augustwochenende, Weihnachtsmarkt am ersten Dezemberwochenende
Sehenswert: renovierte Sektkellerei für Feiern bis 400 Personen, Hochheimer Victoriaberg mit Denkmal von 1854

Rebfläche: 19,5 Hektar
Jahresproduktion: 150.000 Flaschen
Beste Lagen: Wickerer Nonnberg (Alleinbesitz), Mönchsgewann und Stein, Hochheimer Hölle, Hochheimer Königin Victoriaberg (Alleinbesitz)
Boden: Lösslehm, Kalkstein, Tonmergel
Rebsorten: 81% Riesling, 8% Spätburgunder, 11% übrige Sorten
Durchschnittsertrag: 68 hl/ha
Mitglied: VDP

Die 2014er Kollektion von Reiner Flick zeigt sich wieder erfreulich homogen. Hier findet sich erneut eine Reihe sehr ausdruckvoller Rieslinge, die ihre »kalkige« Herkunft nicht verleugnen. Stilbildend sind expressive und zupackende Rieslinge, die in diesem Jahr noch etwas stoffiger ausfallen. Schon die beiden internationalen Sorten sind substanzreich. Während der Sauvignon Blanc mit Cassis und Paprika punktet, zeigt sich der Chardonnay trotz anfänglich merklicher Röstnoten trinkanimierend und balanciert. Die beiden im Holzfass ausgebauten Rieslinge aus dem Nonnberg und dem royalen Victoriaberg sind saftig-schmelzig und haben einen guten Zug. Mit apartem Bouquet präsentieren sich die Fruchtsüßen aus dem Victoriaberg: Der schlanke Kabinett spielt mit feiner Süße, während die Spätlese mit saftig-reifem Pfirsich betört. In 20 Jahren baute Reiner Flick seinen Betrieb auf fast 15 Hektar Rebfläche aus. Dazu gehören der historische, bereits 1281 urkundlich erwähnte Wickerer Nonnberg sowie die Lage Mönchsgewann, deren tertiärer Mergel mit Lösslehmauflage sehr stoffige Weine mit charmanter Frucht hervorbringt.

Anzahl der verkosteten Weine: 12
Bewertungen: 82–88 Punkte

2014	Riesling »F« Vini et Vita trocken **6,90 €** | 12% | 🍷 bis 2017	**82**
2014	Sauvignon Blanc trocken **7,90 €** | 12,5% | 🍷 bis 2018	**84**
2014	Chardonnay trocken Holzfass **7,90 €** | 13% | 🍷 bis 2018	**84**
2014	Wicker Nonnberg Riesling trocken Holzfass **9,80 €** | 12,5% | 🍷 bis 2018	**86**
2014	Hochheimer Königin Victoriaberg Riesling Monopol trocken Holzfass **10,30 €** | 12,5% | 🍷 bis 2018	**86**
2014	Riesling Classic **6,90 €** | 12% | 🍷 bis 2017	**83**
2014	Wicker Mönchsgewann Riesling Kabinett **9,80 €** | 9% | 🍷 bis 2020	**85**
2014	Hochheimer Königin Victoriaberg Riesling Monopol Kabinett **10,30 €** | 9,5% | 🍷 bis 2020	**88**
2014	Hochheimer Königin Victoriaberg Riesling Spätlese **16,50 €** | 8,5% | 🍷 bis 2021	**87**
2014	Hochheimer Königin Victoriaberg Riesling Auslese **28,50 €**/0,375 Lit. | 9% | 🍷 bis 2025	**88**
2014	Spätburgunder trocken **6,90 €** | 11,5% | 🍷 bis 2017	**82**
2012	Wicker Nonnberg Spätburgunder trocken Holzfass **12,50 €** | 13% | 🍷 bis 2020	**86**

WEINGUT FREIMUTH

65366 Geisenheim-Marienthal
Am Rosengärtchen 25
☎ (0 67 22) 98 10 70 · Fax 98 10 71
info@freimuth-wein.de
www.freimuth-wein.de
Inhaber: Alexander Freimuth

Verkauf: Karin Freimuth
nach Vereinbarung

Die Formkurve von Alexander Freimuth zeigt weiter nach oben. Auch in 2014 präsentierte er uns zwar eine kleine, aber sehr stimmige Kollektion. Von den sechs eingereichten Weinen gefielen uns besonders der kernige, süßherbe und nach Braeburn duftende Rote Riesling sowie der nach Cassis und weißen Johannisbeeren schmeckende, intensiv fruchtig-kräutrige Sauvignon Blanc, der etwas kühler als im Vorjahr ausfällt. Loben möchten wir ausdrücklich den konsequent trockenen und zupackenden Zero, der zeigt, dass auch ohne dienende Restsüße ausgewogener Riesling-Geschmack möglich ist. Der Alte Reben ist schlank und pikant. Der restsüße Kabinett erfreut mit Süße-Säure-Spiel und durch Trinkfreude, während die Spätlese etwas konzentrierter ist.

Anzahl der verkosteten Weine: 6
Bewertungen: 83–85 Punkte

2014	Rüdesheimer Riesling Zero trocken	**84**
	7,50 € | 12,5% | bis 2017	
2014	Geisenheimer Riesling trocken Alte Reben	**84**
	7,50 € | 13% | bis 2018	
2014	Sauvignon Blanc trocken	**85**
	8,- € | 12,5% | bis 2017	
2014	Geisenheimer Roter Riesling trocken	**84**
	9,- € | 12,5% | bis 2018	
2014	Geisenheimer Riesling Spätlese trocken	**85**
	10,50 € | 9% | bis 2020	
2014	Riesling Kabinett halbtrocken	**83**
	7,50 € | 11,5% | bis 2018	

Zeichenerklärung:
Schnäppchenpreis · Top10 Spitzenreiter
Ökobetrieb · Trink-Tipp · Versteigerungswein
Sekt Weißwein Rotwein Roséwein

WEINGUT EVA FRICKE

65343 Eltville · Elisabethenstraße 6
☎ (0 61 23) 70 36 58
info@evafricke.com
www.evafricke.com
Inhaberin: Eva Fricke
Betriebsleiterin: Anne Dumbsky

Verkauf: Eva Fricke
Mo–Fr: 8.00–12.00 Uhr · 13.00–17.00 Uhr
und nach Vereinbarung

Rebfläche: 5,2 Hektar
Jahresproduktion: 36.000 Flaschen
Beste Lagen: Lorcher Krone und Schlossberg, Lorchhäuser Seligmacher
Boden: Schiefer und Quarzit
Rebsorten: 99% Riesling und Weißburgunder, 1% übrige Sorten
Durchschnittsertrag: 42 hl/ha

Mit einer sehr guten Kollektion hat die junge Eva Fricke ihren letztjährigen Aufstieg eindrucksvoll bestätigt. Die junge Diplom-Ingenieurin ist seit einiger Zeit stolze Besitzerin von rund fünf Hektar Rebfläche in den von Schieferböden geprägten Steillagen von Lorch. Stilbildend sind mineralisch-pikante Rieslinge mit kräutrig-floralen Noten und tänzelnder Süße. In diesem Jahr können sie noch mal etwas an Brillanz zulegen, die Süße ist besser eingebunden und die von Lorcher Rasse geprägten Rieslinge zeigen sich ausgewogener. Damit bringt sie die Mineralität und Würze der Lorcher Lagen in ihren Rieslingen noch stärker zum Klingen. Die besseren Rieslinge, vor allem aus Lorch, sind zupackender und noch mal einen Tick purer und präziser. Freunde von Spontirauchnoten dürfte der Kiedricher schon gefallen, während der Lorcher Ortswein die Mineralität in den Vordergrund stellt. Ebenso der Seligmacher, der in seinem feinen, süßlich-kräutrigen Schmelz prägnant steinige Mineralität verbindet. An der Spitze der Kollektion steht der Schlossberg, der hier noch nie so feingliedrig ausgefallen ist. Auch dieser spielt mit einer tänzelnden Restsüße, in deren Kern die steinig-mineralische Würze eingebettet ist. Richtig gut ist auch die zupackende Lorcher Krone mit ihrer mineralisch-steinigen Würze und der für Lorch überraschend seidigen Textur.

Anzahl der verkosteten Weine: 8
Bewertungen: 82–89 Punkte

2014	Riesling trocken **10,- €** | 12% | bis 2017	**82**
2014	Kiedricher Riesling trocken **14,- €** | 12% | bis 2018	**84**
2014	Lorcher Riesling trocken **14,- €** | 12% | bis 2018	**86**
2014	Lorcher Krone Riesling trocken **32,- €** | 12,5% | bis 2020	**88**
2014	Lorchhäuser Seligmacher Riesling halbtrocken **25,- €** | 12% | bis 2019	**87**
2014	Lorcher Schlossberg Riesling halbtrocken **32,- €** | 11,5% | bis 2020	**88**
2014	Lorcher Schlossberg Riesling Spätlese **25,- €** | 9,5% | bis 2022	**89**
2014	Lorcher Riesling off-dry **14,- €** | 11,5% | bis 2017	**84**

WEINGUT FRIESENHAHN

65385 Rüdesheim-Aulhausen
Am Fichtenkopf 22
☎ (0 67 22) 93 76 47
info@weingut-friesenhahn.de
www.weingut-friesenhahn.de
Inhaber und Kellermeister: Dirk Friesenhahn

Verkauf: nach Vereinbarung

Im Vergleich zu den Vorjahren sind die Weine von Friesenhahn in der aktuellen Kollektion ausgewogener. Sie zeigen mehr Substanz und gefallen durch reife, aber nicht überreife Fruchtnoten. Die immer recht schlanken Rotweine zeigen in diesem Jahr etwas mehr Fleisch am Körper, sodass auch der im Barrique gereifte Rotwein den Holzeinsatz recht gut ausbalanciert. Der Grauburgunder Barrique ist zitrusfruchtig und hat ausreichend Frische, um den deutlichen Ausbau im Holzfass zu verkraften. Beständiger Spitzenreiter der Kollektion ist der gut strukturierte Riesling Katerloch Alte Reben. In diesem Jahr verbindet er exotisches Fruchtaroma mit einer schönen Frische und Trinkfreude. Die Weinberge gehören zum Rüdesheimer Drachenstein in den steilen Südhängen mit einer Neigung von bis zu 65 Prozent. Alle Weine gewinnen deutlich mit Luft.

Anzahl der verkosteten Weine: 6
Bewertungen: 82–84 Punkte

2014	Rüdesheimer Drachenstein Riesling Katerloch Spätlese trocken Alte Reben **7,70 €** | 12,5% | bis 2018	**84**
2013	Rüdesheimer Drachenstein Grauburgunder Spätlese trocken Barrique **11,- €** | 13,5% | bis 2019	**84**
2014	Riesling Frie-Steil feinherb **6,90 €** | 12% | bis 2017	**83**
2014	Rüdesheimer Drachenstein Riesling Leingibel feinherb **7,- €** | 11,5% | bis 2017	**83**
2013	Rüdesheimer Drachenstein Spätburgunder trocken **7,50 €** | 13,5% | bis 2018	**82**
2012	Rüdesheimer Drachenstein Spätburgunder trocken Barrique **12,50 €** | 13,5% | bis 2019	**84**

WEINGUT GEORGE J. & J. WAGENITZ

65366 Geisenheim · Winkeler Straße 111
☎ (0 67 22) 98 03 43 · Fax 98 03 44
info@wagenitz.de
www.wagenitz.de

Inhaber und Betriebsleiter: Familie Wagenitz
Kellermeister: Jürgen Wagenitz

Verkauf: Familie Wagenitz
nach Vereinbarung

Dieser kleine Weinbaubetrieb mit Besitz in guten Rüdesheimer und Geisenheimer Lagen liefert Jahr für Jahr zuverlässige Qualitäten, was schließlich zum roten Träubchen führte. Auch in 2014 verkosteten wir kompakte, meist trockene Rieslinge mit mineralischem Zug und einer sich durch die Kollektion ziehenden Pikanz. Schon der Liter-Riesling kommt mit weniger als zwei Gramm Restzucker aus, auch dem einfachen Bischofsberg steht die trockene Art gut zu Gesicht. Der Bischofsberg Inkognito zeigt sich kräuterwürzig mit schmelziger Frucht, in der sich Noten von weißen Johannisbeeren finden. Am besten gefiel uns der substanzreiche Berg Rottland: Mit zartem Holztouch verbindet er Schmelz mit Würze und gelblicher Frucht, wobei wir ihn uns auch etwas trockener hätten vorstellen können. Die Spätlese ist schlank mit süßlicher Frucht.

Anzahl der verkosteten Weine: 10
Bewertungen: 81–86 Punkte

2013	Riesling Sekt Brut Premium **9,50 €** | 12,5% | bis 2017	**85**
2014	Riesling Flora trocken **6,80 €** | 12% | bis 2017	**83**
2014	Rüdesheimer Bischofsberg Riesling trocken **7,70 €** | 12% | bis 2018	**85**
2013	Rüdesheimer Bischofsberg Riesling Inkognito trocken **9,80 €** | 13% | bis 2018	**85**
2014	Rüdesheimer Berg Rottland Riesling Schiefer Traum trocken Holzfass **12,50 €** | 12% | bis 2019	**86**
2014	Geisenheimer Riesling trocken Preis auf Anfrage | 12% | bis 2017	**81**
2014	Riesling Villa Clara halbtrocken **5,70 €** | 11,5% | bis 2017	**82**
2014	Rüdesheimer Bischofsberg Riesling Big Fish halbtrocken **8,90 €** | 12% | bis 2018	**83**
2014	Rüdesheimer Bischofsberg Riesling Spätlese **7,70 €** | 11% | bis 2020	**84**

WEINGUT GOLDATZEL

65366 Johannisberg · Hansenbergallee 1a
☎ (0 67 22) 5 05 37 · Fax 60 09
wein@goldatzel.de
www.goldatzel.de

Inhaber: Gerhard und Andrea Groß
Betriebsleiter: Gerhard Groß
Kellermeister: Johannes Groß

Verkauf: Andrea Groß
Di–So: 10.00–18.00 Uhr
März–Nov. im Gutsausschank

Terrasse: mit herrlichem Blick über die Rheinlande

Rebfläche: 10 Hektar
Jahresproduktion: 80.000 Flaschen
Beste Lagen: Johannisberger Hölle und Goldatzel, Winkeler Hasensprung, Geisenheimer Kläuserweg
Boden: Quarzit, Lösssedimente, Tonschiefer, Mergel, Lehm
Rebsorten: 71% Riesling, 20% Spätburgunder, 4% Grauburgunder, 3% Frühburgunder, 2% Kerner
Durchschnittsertrag: 62 hl/ha
Mitglied: Zeilensprung

Die jüngsten Qualitätssteigerungen honorierten wir im letzten Jahr mit der zweiten Traube. Dieser Trend setzt sich aktuell weiter fort. Die 2014er zeigen sich durchweg klar, rheingautypisch und begleitet von einer knackig-animierenden und saftigen Rieslingsäure, die den Weinen Trinkfreude verleiht. Pate für diese jahrgangstypische Stilistik steht das Beste Fass: kühle, zupackende Riesling-Frucht mit saftig-belebender Frische. Bei den Ersten Gewächsen überzeugt der Kläuserweg mit seiner mineralisch-griffigen Art und saftiger Apfelfrucht, während das Pendant aus dem Hasensprung, es ist etwas cremiger mit dezentem Holztouch, noch mehr Zeit braucht. Punkten konnte erneut der finessenreiche, feinherbe Vogelsang aus über 60 Jahre alten Reben. Der Spätburgunder Alte Reben zeigt sich im zarten Spätburgunder-Stil und mit feinen Erdbeernoten. Eine in der Tat sehr homogene Kollektion, die den Aufstieg im Jahr zuvor vollauf bestätigt hat.

Rote Symbole: Diese Betriebe verdienen in ihrer Klasse besondere Aufmerksamkeit

Anzahl der verkosteten Weine: 11
Bewertungen: 80–87 Punkte

2014	Riesling trocken	**5,20 €**/1,0 Lit. | 11% | bis 2016	**80**
2014	Johannisberger Vogelsang Riesling trocken Holzfass	**5,80 €** | 12% | bis 2017	**82**
2014	Geisenheimer Kläuserweg Riesling Erstes Gewächs Holzfass	**16,– €** | 12,5% | bis 2019	**86**
2014	Winkeler Hasensprung Riesling Erstes Gewächs Holzfass	**16,– €** | 12% | bis 2019	**87**
2014	Winkeler Hasensprung Riesling Kabinett trocken	**6,70 €** | 11% | bis 2017	**83**
2014	Johannisberger Goldatzel Riesling Spätlese trocken Bestes Fass Holzfass	**9,40 €** | 12% | bis 2018	**85**
2014	Johannisberger Vogelsang Riesling feinherb Alte Reben	**13,– €** | 12,5% | bis 2019	**85**
2014	Geisenheimer Kläuserweg Riesling Spätlese feinherb	**8,40 €** | 11,5% | bis 2019	**84**
2014	Rüdesheimer Bischofsberg Riesling Spätlese feinherb	**9,40 €** | 12,5% | bis 2019	**84**
2014	Spätburgunder feinherb Weißherbst	**6,– €** | 12% | bis 2017	**80**
2013	Spätburgunder trocken Alte Reben Holzfass	**16,– €** | 13% | bis 2019	**86**

Alte Reben

Knorrige, über 70-jährige Rebstöcke sind es, von denen die Trauben für diesen finessenreichen und mineralischen Riesling stammen. Fruchtig, edel und geschliffen. Die Fruchtnoten des Vogelsangs verschmelzen mit dem Aroma von reifen Quitten, Mango und dem kühlen, mineralischen Riesling Geschmack. Was wollen wir mit diesem Riesling erreichen? Die Chance, Genuss festzuhalten, Qualität schmeckbar und dadurch deutlich und unvergesslich zu machen.

2014
Riesling feinherb
Johannisberger Vogelsang

Deutscher Qualitätswein, Erzeugerabfüllung
A. P. Nr. 26014016 15, enthält Sulfite
Gerhard Groß, D-65366 Johannisberg
Tel. (067 22) 505 37, www.goldatzel.de

0,75L Rheingau 12,5%vol.

WEINGUT PRINZ VON HESSEN

65366 Johannisberg · Grund 1
☎ (0 67 22) 40 91 80 · Fax 4 09 18 20
weingut@prinz-von-hessen.com
www.prinz-von-hessen.com
Inhaber: Hessische Hausstiftung, Moritz Landgraf von Hessen und Donatus Prinz von Hessen
Betriebsleiter: Dr. Clemens Kiefer
Kellermeister: Sascha Huber

Verkauf: Moritz von Hessen
Mo–Fr: 9.00–17.00 Uhr
Sa: 11.00–16.00 Uhr und nach Vereinbarung

Sehenswert: Holzfasskeller, Garten, Dachsberg

Rebfläche: 39 Hektar
Jahresproduktion: 280.000 Flaschen
Beste Lagen: Johannisberger Klaus, Winkeler Hasensprung, Jesuitengarten und Dachsberg, Kiedricher Sandgrub
Boden: tiefgründiger Löss auf Kies, tertiärer Mergel, Quarzitverwitterung
Rebsorten: 93% Riesling, 3% Weißburgunder, je 2% Merlot und Spätburgunder
Durchschnittsertrag: 65 hl/ha
Mitglied: VDP

Unter der Regie von Heinrich Donatus Prinz von Hessen, der sich nun noch stärker um die Belange des Weingutes kümmert, und seinem Betriebsleiter Dr. Clemens Kiefer steuert das Weingut weiter auf Kurs, um das großartige Lagenpotenzial besser zur Geltung zu bringen. Zuletzt wurde in neue Edelstahltanks und Holzfässer investiert und eine hochmoderne Photovoltaikanlage angeschafft. Die kontinuierliche Umstellung auf naturnahen Weinbau ist eine weitere Etappe der Umstrukturierung. Auch bei der Weinbereitung zeigt man sich experimentierfreudig: So wird beim Dachsfilet, dem besten Stück aus dem Winkeler Dachsberg, zuletzt auch zum Teil mit Maischegärung und dem Holzfass gearbeitet, was dem Wein mehr Substanz und Format gibt. Er gehört in diesem Jahr zu unseren Favoriten. Auch das Steckenpferd im klassischen Kabinettstil sowie die ausgewogene Spätlese animieren zu einem zweiten Glas. Bei dem Basissortiment und den Großen Gewächsen sehen wir noch weiter Luft nach oben.

Anzahl der verkosteten Weine: 13
Bewertungen: 80–88 Punkte

2014	Riesling Landgraf von Hessen trocken **9,50 €**/1,0 Lit. | 11% | bis 2016	**80**
2014	Riesling trocken **8,90 €** | 11,5% | bis 2017	**82**
2014	Merlot trocken Blanc de Noirs **12,90 €** | 11,5% | bis 2017	**82**
2014	Johannisberger Riesling trocken **12,90 €** | 12,5% | bis 2018	**85**
2013	Weißburgunder Favorit trocken Premium Holzfass **15,90 €** | 13% | bis 2017	**85**
2014	Riesling Dachsfilet trocken **22,50 €** | 12,5% | bis 2020	**87**
2014	Winkeler Hasensprung Riesling »Großes Gewächs« **28,90 €** | 12% | bis 2019	**86**
2014	Johannisberger Klaus Riesling »Großes Gewächs« **28,90 €** | 13% | bis 2020	**88**
2014	Riesling Royal Kabinett trocken **12,90 €** | 11,5% | bis 2018	**84**
2014	Winkeler Riesling feinherb **12,90 €** | 11% | bis 2017	**83**
2014	Riesling Steckenpferd Premium **15,90 €** | 10% | bis 2019	**86**
2014	Winkeler Hasensprung Riesling Spätlese **22,50 €** | 9% | bis 2023	**87**

WEINGUT EMMERICH HIMMEL

65239 Hochheim · Holger-Crafoord-Straße 4
☎ (0 61 46) 65 90 · Fax 60 15 70
info@weingut-himmel.de
www.weingut-himmel.de
Inhaber: Annette und Emmerich Himmel

Verkauf: Annette Himmel
Mi–Fr: 14.00–19.00 Uhr, Sa: 10.00–14.00 Uhr
und nach Vereinbarung

Weintheke: jeden 1. Sa im Monat
11.00–17.00 Uhr freie Verkostung
Jahrgangspräsentation: Jungweinverkostung im April, Spitzengewächsverkostung Ende August,
Erlebenswert: kulinarisches Hoffest

Rebfläche: 5 Hektar
Jahresproduktion: 30.000 Flaschen
Beste Lagen: Hochheimer Kirchenstück, Hölle, Reichestal und Stein
Boden: Lehm, Ton, Kalkmergel, Sand, Löss
Rebsorten: 83% Riesling, 10% Spätburgunder, 7% Weißburgunder
Durchschnittsertrag: 55 hl/ha

Auch in diesem Jahr verkosteten wir aus diesem Hochheimer Betrieb einige spannende Weine. Insbesondere die trockenen Lagenweine aus Hochheimer Lagen wussten hier zu überzeugen. Die Hölle zeigt sich lagentypisch, sie riecht nach Steinobst sowie nach frischen Wiesenkräutern und offenbart erdige Noten. Das Erste Gewächs aus dem Kirchenstück zeigt dezent florale Anklänge und ist griffig am Gaumen. Die Spitze der trockenen Weißweine bildet auch in diesem Jahr der Lumen Naturale aus gleicher Lage. Mit einem Teil ganzer Trauben vergoren und mit zwölf Monaten Fassreife präsentiert er sich sehr kräutrig und leicht rauchig. Die Säure des Jahrgangs 2013 ist präsent aber gut eingebunden. Leider nicht ganz überzeugen konnten in diesem Jahr die Einstiegsrieslinge, es fehlte etwas an Präzision und Reintönigkeit. Der 2012er Weißburgunder aus dem Barrique wirkte zudem noch etwas vom Holz dominiert. Der feinsaftige Spätburgunder aus dem Stein zeigt Kirscharomatik und ist geprägt von jungen Tanninen, ein Wein mit durchaus guter Zukunft.

Die Weine:
100 Perfekt · **95–99** Überragend · **90–94** Exzellent
85–89 Sehr gut · **80–84** Gut · **75–79** Passabel

Anzahl der verkosteten Weine: 11
Bewertungen: 81–87 Punkte

2014 Hochheimer Kirchenstück **87**
Riesling Erstes Gewächs
18,– € | 12,5% | bis 2020

2014 Hochheimer Riesling Kabinett trocken **81**
6,50 € | 11,5% | bis 2017

2014 Hochheimer **82**
Riesling Himmelstraum Spätlese trocken
8,50 € | 12% | bis 2017

2014 Hochheimer Hölle Riesling Spätlese trocken **86**
10,– € | 12% | bis 2019

2014 Kostheimer Weiß Erd **85**
Riesling Spätlese trocken
13,– € | 12% | bis 2019

2012 Hochheimer **84**
Weißburgunder Spätlese trocken Barrique
15,– € | 12,5% | bis 2017

2013 Hochheimer Kirchenstück **86**
Riesling Stückfass Spätlese trocken
15,– € | 12,5% | bis 2019

2013 Hochheimer Kirchenstück **87**
Riesling Lumen Naturale Spätlese trocken Holzfass
20,– € | 13% | bis 2020

2014 Hochheimer Riesling feinherb Classic **81**
6,50 € | 11,5% | bis 2017

2014 Hochheimer Reichestal Riesling Kabinett **83**
7,– € | 9,5% | bis 2020

2012 Hochheimer Stein **85**
Spätburgunder trocken Barrique
20,– € | 14,5% | bis 2020

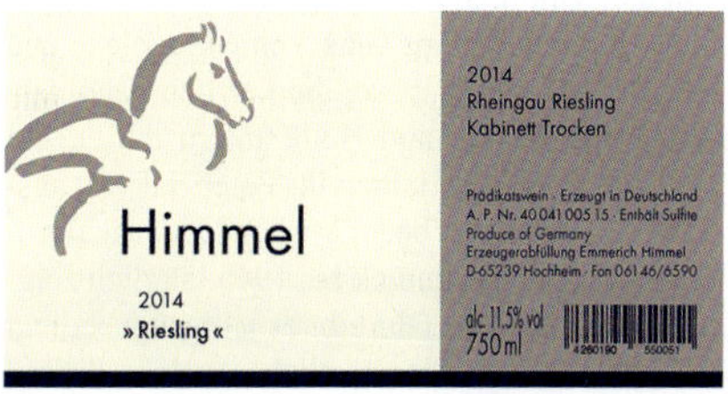

WEINGUT HIRSCHMANN

65375 Oestrich-Winkel · Hauptstraße 10
☎ (0 67 23) 28 00 · Fax 88 54 84
info@hirschmann-wein.de
www.hirschmann-wein.de
Inhaber: Christoph Hirschmann

Verkauf: nach Vereinbarung

Mit dem Jahrgang 2012 hat das Weingut Hirschmann eine deutliche Qualitätssteigerung erreicht, was wir mit der ersten Traube honorierten. Die aktuelle Kollektion bleibt allerdings etwas hinter den Erwartungen zurück. Vermutlich wurde das Lesegut früh gelesen. Das zeigt sich in einer sich durch die Kollektion durchziehenden, grünlich-herben Note. Am besten gefielen uns noch bei den Trockenen der Winkler Hasensprung Edition sowie der kernige Doosberg Kabinett mit würzig-erdigen Noten. Auch der im Holzfass ausgebaute Spätburgunder mit dunklen Kirschen und würzigen Noten zeigt gute Ansätze. Insgesamt wünschen wir uns, dass das Gut an die Vorjahreskollektionen anknüpfen kann. Dann ist auch ein Wiederaufstieg möglich.

Anzahl der verkosteten Weine: 9
Bewertungen: 79–84 Punkte

2014 Winkeler Gutenberg Riesling trocken **79**
4,80 €/1,0 Lit. | 12% | bis 2016

2014 Riesling trocken **80**
5,30 € | 12% | bis 2017

2014 Mittelheimer Edelmann **83**
Riesling trocken Alte Reben
6,80 € | 12% | bis 2017

2014 Winkeler Hasensprung **83**
Riesling Edition trocken
9,20 € | 12,5% | bis 2017

2014 Oestricher Doosberg **82**
Riesling Kabinett trocken
5,80 € | 11,5% | bis 2017

2014 Riesling Classic **82**
5,30 € | 12% | bis 2017

2014 Winkeler Hasensprung **82**
Riesling Kabinett halbtrocken
5,80 € | 11% | bis 2018

2014 Spätburgunder feinherb Weißherbst **80**
5,80 € | 12% | bis 2016

2013 Oestricher Lenchen **84**
Spätburgunder »S« trocken Holzfass
9,20 € | 13% | bis 2018

SCHLOSS JOHANNISBERG

65366 Geisenheim-Johannisberg
Schloss Johannisberg
☎ (0 67 22) 7 00 90 · Fax 70 09 33
info@schloss-johannisberg.de
www.schloss-johannisberg.de
Inhaber: Fürst von Metternich Winneburg'sche Domäne GbR
Domänenverwalter: Christian Witte
Techn. Betriebsleiter: Hans Kessler
Außenbetriebsleiter: Bernd Neckerauer
Kellermeister: Gerd Ritter

Verkauf: Heribert Heyn, Stefan Eiser, Stefan Doktor
Mo–Fr: 10.00–13.00 Uhr · 14.00–18.00 Uhr
Sa–So, feiertags: 11.00–18.00 Uhr

Gutsausschank: mit großer Freiterrasse, täglich von 11.30–23.00 Uhr
☎ (0 67 22) 9 60 90, Fax 73 92
Historie: um 1100 Gründung als Benediktinerkloster
Sehenswert: Barockschloss aus dem 18. Jahrhundert, Basilika aus dem 12. Jahrhundert, Schlosskeller von 1721

Rebfläche: 35 Hektar
Jahresproduktion: 250.000 Flaschen
Beste Lage: Schloss Johannisberger
Boden: Taunusquarzit, mit Lehm- und Lössauflage
Rebsorte: 100% Riesling
Durchschnittsertrag: 40 hl/ha
Mitglied: VDP

Dies ist eine der Bastionen deutscher Weinkultur, wo zu fast allen Zeiten fantastische Weine erzeugt wurden, wovon Goethe schon schwärmte und bis heute noch respektable Mengen in der Schatzkammer Bibliotheca Subterranea lagern. Im Sommer 2004 kam Christian Witte aufs Schloss und verwaltet mit Bravour diesen – Mumm inklusive – 100 Hektar großen Betrieb. Mit ihm kamen einige Innovationen: Als Erstes schaffte Witte das Abfüllen von Literflaschen sowie die trockene Spätlese ab.

Rückkehr zum Eichenholz

Dann brach er mit den Prinzipien seines Vorgängers, der partout kein Erstes oder Großes Gewächs abfüllen wollte. Zudem gab es eine Rückkehr zum Eichenholzfass: Seit 2007 kommen jährlich sechs neue Stückfässer aus eigenen Waldbeständen im Taunus in den Schlosskeller und ergänzen die 100 Jahre alten Fässer, die noch zum Ausbau taugen. Bereits die 2006er Kollektion zählte zu den besten im Rheingau. Mit dem Jahrgang 2007 legte das Schloss die beste Gesamtleistung seit Bestehen dieses WeinGuides hin, was zur Auszeichnung »Kollektion des Jahres« führte. Während die 2008er jahrgangsbedingt etwas schwächer ausfielen, zeigten sich die darauffolgenden Jahrgänge von vorzüglicher Güte, während das Jahr 2013 wieder eher heterogen ausfiel. Mit dem 2014er Jahrgang knüpft man wieder an die glänzenden Jahre an und stellte uns eine homogene Kollektion vor. Obschon auch hier Spontanvergärung, biologischer Säureabbau und längere Maischestandzeiten merklichen Einzug gehalten haben, zeigte sich die 2014er Kollektion wieder etwas klarer und reintöniger im Duft. Im Stil leben diese Rieslinge ohnehin von ihrer klassischen und zeitlosen Eleganz. Zu diesen Klassikern gehören die beiden Rotlacke – zwei delikate Paradekabinette, die auch in diesem Jahr mit schlankem Alkoholgehalt (elf und 10,5 Prozent Alkohol) und ihrer kräutrig-kühlen Art Pate für einen klassischen Rheingauer Leichtwein stehen. Neu im Programm ist übrigens der Weißlack, der als trinkanimierender, süffiger Riesling für die Gastronomie eine Alternative sein soll.

Christian Witte

Nur rosa Lack

Das spontan vergorene und im großen Eichenholzfass ausgebaute Große Gewächs Silberlack fällt in diesem Jahr mit aristokratischer Noblesse aus: ein vom Taunusquarzit mineralisch geprägter Riesling mit Anklängen an weiße Blüten und Früchte. Mit klassisch-eleganter Robe kommt auch der Grünlack ins Glas – eine komplexe und sehr fokussierte Spätlese, die herrlich nach nassem Stein, Blüten und Heilkräutern duftet. Sie wird erst in einigen Jahren ihr Potenzial voll ausschöpfen, was eine beeindruckende Vertikalprobe dieser Spätlese zurück bis 1945 kürzlich zeigte. Auch in diesem Jahr gibt es jahrgangsbedingt nur den Rosalack. Eine köstliche Auslese, die mit weißen Früchten wie Johannisbeere und Birne, Kräuterwürze und einem delikaten Süße-Säure-Spiel den Gaumen verwöhnt.

Anzahl der verkosteten Weine: 8
Bewertungen: 83–93 Punkte

2014 Schloss Johannisberger **83**
Riesling Weißlack trocken
14,50 € | 12,5% | bis 2017

2014 Schloss Johannisberger **86**
Riesling Gelblack trocken
14,50 € | 12% | bis 2019

2014 Schloss Johannisberger **92**
Riesing Silberlack »Großes Gewächs« Holzfass
39,– € | 12% | bis 2022

2014 Schloss Johannisberger **88**
Riesling Rotlack Kabinett trocken
20,– € | 11% | bis 2020

2014 Schloss Johannisberger **84**
Riesling Gelblack feinherb
14,50 € | 11,5% | bis 2019

2014 Schloss Johannisberger **88**
Riesling Rotlack Kabinett feinherb
20,– € | 10,5% | bis 2021

2014 Schloss Johannisberger **93**
Riesling Grünlack Spätlese »Große Lage«
33,– € | 8% | bis 2026

2014 Schloss Johannisberger **93**
Riesling Rosalack Auslese »Große Lage«
Top 10 **74,– €** | 7,5% | bis 2032

WEINGUT JOHANNISHOF

65366 Johannisberg · Grund 63
☎ (0 67 22) 82 16 · Fax 63 87
info@weingut-johannishof.de
www.weingut-johannishof.de
Inhaber: Johannes Eser
Betriebsleiter: Johannes Eser
Außenbetrieb: Sascha Huth
Kellermeister: Johannes Eser

Verkauf: Sabine Eser
Mo–Fr: 8.00–12.00 Uhr · 13.00–18.00 Uhr
Sa: 10.00–15.00 Uhr
Im Weintempel neben dem Gut
Sa: 15.00–18.00 Uhr, So: 11.00–17.00 Uhr

Historie: erstmals 817 urkundlich erwähnt, seit 1685 in Familienbesitz
Sehenswert: Gewölbekeller, Schatzkammer, Skulptur Vier Jahreszeiten, Vinothek

Rebfläche: 17,7 Hektar
Jahresproduktion: 120.000 Flaschen
Beste Lagen: Johannisberger auf der Höll und Klaus, Rüdesheimer Ramstein, Winkeler Jesuitengarten
Boden: Löss, Lösslehm, Schieferauflage, Quarzitverwitterungsböden
Rebsorten: 99% Riesling, 1% Weißburgunder
Durchschnittsertrag: 55 hl/ha
Mitglied: VDP, Charta

Dieses traditionsreiche Weingut gehört zu den Aushängeschildern, die mit klassischen Rieslingen zum guten Ansehen des Rheingaus beitragen. Die aromatischen Rieslinge zeigen einmal mehr ihre Herkunft und die hier stilbildende pikante Kräutrigkeit, die in diesem Jahr auch von einer steinigen Mineralität flankiert wird. Schon der Mineral als Gutswein ist zupackend. Der neue Rüdesheimer Ramstein, ein altes Gewann aus dem Roseneck, zeigt sich kräutrig und mineralisch, während das Johannisberger Pendant Auf der Höll mit feinem Holztouch und Zitronenverbene punktet. Das Große Gewächse aus dem Rottland ist von steiniger Mineralität getragen, zeigt sich dabei mit kühler Frucht, elegant und tiefgründig. Das gleiche gilt für die Rottland-Spätlese, die mit apartem Duft nach Darjeeling und Zitronenblüten betört und mit ihrer lebendigen und zupackenden Art pure Trinkanimation auslöst. Auch die beiden Feinherben zeigen Unterschiede. Der Johannisberger ist klar und fruchtig mit feinnerviger Säure, während das

Pendant aus dem Klosterlay mit rauchiger Mineralität eher männlich anmutet. Der aromatische Alte Reben aus dem Jesuitengarten duftet nach Zitronenmelisse, zeigt eine schöne Präsenz und der zarte Holztouch steht ihm gut. Eine sehr gelungene Kollektion!

Anzahl der verkosteten Weine: 10
Bewertungen: 82–90 Punkte

2014	Riesling Mineral trocken **7,90 €** | 11,5% | bis 2017	**82**
2014	Johannisberger Auf der Höll Riesling trocken »Erste Lage« **11,– €** | 11% | bis 2018	**84**
2014	Rüdesheimer Ramstein Riesling trocken »Erste Lage« **11,– €** | 12% | bis 2019	**86**
2014	Winkeler Jesuitengarten Riesling trocken Alte Reben **14,30 €** | 11,5% | bis 2020	**87**
2014	Johannisberger Hölle Riesling »Großes Gewächs« **25,– €** | 13% | bis 2020	**88**
2014	Rüdesheimer Berg Rottland Riesling »Großes Gewächs« **25,– €** | 13% | bis 2021	**89**
2014	Johannisberger Riesling Kabinett feinherb **10,20 €** | 10,5% | bis 2019	**86**
2014	Rüdesheimer Klosterlay Riesling Kabinett feinherb **10,70 €** | 12% | bis 2019	**86**
2014	Johannisberger Klaus Riesling Spätlese »Große Lage« **14,50 €** | 8% | bis 2022	**88**
2014	Rüdesheimer Berg Rottland Riesling Spätlese »Große Lage« **16,80 €** | 8% | bis 2024	**90**

WEINGUT JAKOB JUNG

65346 Erbach · Eberbacher Straße 22
☎ (0 61 23) 90 06 20 · Fax 90 06 21
info@weingut-jakob-jung.de
www.weingut-jakob-jung.de
Inhaber: Alexander Johannes Jung
Außenbetrieb: Ludwig Jung und Burkhard Kirchner
Kellermeister: Alexander Johannes Jung

Verkauf: Alexander Jung
Mo–Fr: 13.00–18.00 Uhr
Sa: 10.00–17.00 Uhr

Historie: seit 1799 in Familienbesitz
Sehenswert: 250 Jahre alter Felsenkeller

Rebfläche: 16 Hektar
Jahresproduktion: 100.000 Flaschen
Beste Lagen: Erbacher Hohenrain, Steinmorgen, Michelmark und Siegelsberg
Boden: tiefgründiger Lösslehm, schwerer tertiärer Mergel, Rheinschiefer
Rebsorten: 76% Riesling, 16% Spätburgunder, je 3% Sauvignon Blanc und Weißburgunder, 2% Chardonnay
Durchschnittsertrag: 62 hl/ha
Mitglied: VDP, Charta

Auch in 2014 bleibt sich Alexander Johannes Jung treu und arbeitet weiter an der Fortentwicklung seines Weinstils: Zupackende und authentische Rieslinge aus Erbacher Toplagen sind hier stilprägend. Wenn auch in diesem Jahr die Rieslinge nicht ganz so von der klirrenden Säure geprägt sind, so zeigen sie sich zupackend mit Erbacher Herkunft und Charakter. Sie fallen nochmals schlanker und eleganter aus. Schon der Ortswein ist »straight and crispy«. Straff und zupackend mit geschliffener Struktur und kühler Steinobstfrucht geht es auch mit dem Riesling aus dem Steinmorgen Erste Lage weiter. Der Riesling Alte Reben ist etwas stoffiger und stellt die saftige Zitrus- und Steinobstfrucht in den Vordergrund. Auch bei den beiden Großen Gewächsen zeigen sich feine Unterschiede: Während jenes aus dem Hohenrain geradlinig, fast schon puristisch-elegant unbekümmerte Riesling-Freude mit Zitrusfrucht und einem Hauch Exotik versprüht, ist dasjenige aus dem Siegelsberg erneut fester und straffer in der Struktur und zeigt erdig-würzige Anklänge mit Steinobstfrucht. Der Chardonnay unoaked ist modern gemacht und stellt eine schmelzige Alternative zum

Riesling-Programm. Die kräftigen Rotweine zeigen sich im internationalen Stil mit viel Extrakt und Dichte. Uns sind sie erneut zu mächtig.

Anzahl der verkosteten Weine: 12
Bewertungen: 83–89 Punkte

Jahrgang	Wein	Preis	Alkohol	Trinkreife	Punkte
2014	Riesling Jakob Jung trocken	7,60 €	12%	bis 2018	83
2014	Erbacher Riesling trocken	9,- €	12%	bis 2018	86
2014	Chardonnay Jakob Jung trocken unoaked	11,90 €	12,5%	bis 2018	85
2014	Erbacher Steinmorgen Riesling trocken »Erste Lage«	11,90 €	12,5%	bis 2019	87
2014	Erbacher Riesling trocken Alte Reben	12,40 €	12,5%	bis 2019	86
2014	Riesling trocken Charta	12,40 €	12,5%	bis 2019	85
2014	Erbacher Hohenrain Riesling »Großes Gewächs«	21,40 €	13%	bis 2020	88
2014	Erbacher Siegelsberg Riesling »Großes Gewächs«	25,90 €	13%	bis 2020	89
2014	Erbacher Steinmorgen Riesling feinherb »Erste Lage«	11,90 €	12%	bis 2018	84
2014	Erbacher Michelmark Riesling Spätlese »Erste Lage«	11,90 €	8%	bis 2021	86
2011	Spätburgunder Alexander Johannes trocken Barrique	20,- €	14,5%	bis 2018	86
2011	Spätburgunder »R« Alexander Johannes trocken Barrique	38,- €	14,5%	bis 2018	88

WEINGUT GRAF VON KANITZ

65391 Lorch · Rheinstraße 49
☎ (0 67 26) 3 46 · Fax 21 78
info@weingut-kanitz.de
www.weingut-kanitz.de

Inhaber: Sebastian Graf von Kanitz
Betriebsleiter und Kellermeister: Jens Pape

Verkauf: Dorothee Gerold
Mo–Fr: 9.00–16.30 Uhr
Mai–Okt. Sa: 10.00–15.00 Uhr
Nov.–April nur 2. Samstag im Monat
und nach Vereinbarung

Historie: erwähnt im 13. Jahrhundert, später im Besitz der Freiherrn vom Stein, seit 1926 der Grafen von Kanitz

Rebfläche: 13,3 Hektar
Jahresproduktion: 60.000 Flaschen
Beste Lagen: Lorcher Bodental-Steinberg, Kapellenberg, Pfaffenwies
Boden: Quarzit, Schieferverwitterung und sandiger Lehm
Rebsorten: 75% Riesling, 15% Spätburgunder, 10% übrige Sorten
Durchschnittsertrag: 44 hl/ha
Mitglied: VDP, Ecovin

Mit dem 2014er Jahrgang ist der junge Betriebsleiter Jens Pape nunmehr allein verantwortlich auf diesem historischen Gut. Die auf Quarzit- und Schieferböden wachsenden Rieslinge des westfälischen Grafen von Kanitz haben uns über die Jahre mit ihrer gebietstypischen mineralischen Ader stets gefallen. Es mag an den letzten beiden herausfordernden Jahrgängen oder an der Übergabephase gelegen haben, doch vermissten wir zuletzt ein wenig die klare Linie. So zeigt sich der 2014er mit Höhen und Tiefen: Während der Mittelbau mit präzisen und mineralisch-herkunftsgeprägten Rieslingen punktet, fallen die Einstiegsweine etwas unklar aus. Bei den trockenen Rieslingen gefielen uns erneut der Lorcher Schiefer mit steinig-mineralischem Bouquet sowie die Lorcher Krone aus 60 Jahre alten Reben, die noch präziser und kräutriger ausfällt und damit an der Spitze der Kollektion steht. Vorbildlich ist der Umstand, dass auf die Abfüllung eines Großen Gewächses aus Qualitätsgründen verzichtet wurde. Wir hoffen, dass dieser Lorcher Vorzeigebetrieb bald zur alten Stärke zurückkehrt. Das Lagenpotenzial ist da.

Anzahl der verkosteten Weine: 12 Bewertungen: 78–87 Punkte		
2014	Gewürztraminer Perlwein trocken 7,20 € | 11% | bis 2016	78
2014	Riesling trocken 7,70 €/1,0 Lit. | 12% | bis 2017	81
2014	Riesling trocken 7,20 € | 12,5% | bis 2017	82
2014	Spätburgunder trocken Blanc de Noirs 7,40 € | 12,5% | bis 2016	81
2014	Lorcher Riesling trocken 7,60 € | 12% | bis 2018	84
2014	Weißburgunder trocken 8,20 € | 12,5% | bis 2017	82
2014	Lorcher Riesling Quarzit trocken 11,30 € | 12% | bis 2017	83
2014	Lorcher Riesling Schiefer trocken 11,30 € | 13% | bis 2018	85
2014	Lorcher Krone Riesling trocken »Erste Lage« Alte Reben 15,20 € | 13% | bis 2017	87
2014	Lorcher Pfaffenwies Riesling Kabinett trocken 8,70 € | 12% | bis 2018	85
2013	Spätburgunder trocken 7,60 € | 13,5% | bis 2018	84
2013	Lorcher Kapellenberg Spätburgunder trocken 13,40 € | 13% | bis 2020	86

WEINGUT AUGUST KESSELER

65385 Assmannshausen · Lorcher Straße 16
☎ (0 67 22) 25 13 · Fax 4 74 77
info@august-kesseler.de
www.august-kesseler.de
Inhaber und Betriebsleiter: August Kesseler
Außenbetrieb: Endre Kasa
Kellermeister: Matthias Himstedt und Simon Batarsch

Verkauf: nach Vereinbarung

Sehenswert: alter, doppelgeschossiger Weinkeller von 1792 im Schieferberg

Rebfläche: 23 Hektar
Jahresproduktion: 105.000 Flaschen
Beste Lagen: Assmannshäuser Höllenberg, Rüdesheimer Berg Schlossberg, Bischofsberg, Berg Roseneck, Lorcher Schlossberg und Kapellenberg
Boden: Schiefer-Phyllit, Schiefer, Quarzitböden, sandiger Lehm
Rebsorten: 60% Riesling, 35% Spätburgunder, 5% Silvaner
Durchschnittsertrag: 45 hl/ha
Mitglied: VDP, Deutsches Barrique Forum

Nach kontinuierlichen Steigerungen in den letzten Jahren vermissten wir in der aktuellen Kollektion die Spitzenweine dieses Assmannshäuser Vorzeigebetriebs. Die Herausforderungen des Jahrgangs verlangten hier ihren Tribut. Ein möglicher Grund, weswegen August Kesseler auf die Abfüllungen von Großen Gewächsen aus seinen Rüdesheimer und Assmannshäuser Toplagen verzichtet hat. »Es kann ja nicht jedes Jahr ein ganz großes Jahr sein und es ist ja auch ganz gut, wenn das mit den GG's nicht zu inflationär wird«, begründet er diese Entscheidung. Wie konsequent er bei seinen Pinots auf strikte Qualität setzt, zeigte er im nicht einfachen Rotweinjahrgang 2010.

Terroirgeprägte Pinots

Kesseler hatte auf die Abfüllung seiner Spitzen-Pinots verzichtet, da sie seinem Qualitätsanspruch nicht entsprachen. Ein sicherlich respektabler Schritt, dennoch vermissten wir die Spitzenweine der letzten Jahre. Dabei war August Kesselers Weg in die Spitze des Rheingaus keineswegs geradlinig, er führte über viele Windungen, aber beharrlich nach oben. Vor mehr als

20 Jahren machte er sich daran, das Image der altehrwürdigen Assmannshäuser Rotweine mit neuem Eichenholz aufzupolieren. Damals zählte der Assmannshäuser noch zu den Pionieren. Doch noch bevor der Barriqueausbau breitere Akzeptanz bei Winzerkollegen und beim Publikum gefunden hatte, zog sich August Kesseler wieder zurück. Wer nun denkt, Kesseler sei über Nacht zum Rotweinausbau nach alter Väter Sitte zurückgekehrt, der irrt. Es ging ihm vielmehr darum, den Terroircharakter seiner Spätburgunder noch besser herauszuarbeiten. Und dabei empfand er zu laute Töne von neuem Holz schlicht als störend. Heute gehören die kleinen, neuen Eichenfässer wieder zum Repertoire in seinem Keller. Und seitdem er sich ausschließlich auf sein Assmannshäuser Weingut konzentriert, hat sich der Erfolg wieder eingestellt. Seine auf Schieferböden gewachsenen Rotweine zählen zu den feinsten ihrer Art in ganz Deutschland! Mit dem Jahrgang 2009 gelang es Kesseler, höchstwertige Weine anzubieten, die auf Augenhöhe mit seinen Topjahrgängen 2004 und 2007 stehen. Kompromisslos auf Qualität ausgerichtet, sind diese herkunftsbetonten Pinots exzellente Botschafter ihres Terroirs.

August Kesseler

Herkunftsbetonte Rieslinge

Während die Spitzen aus den Assmannshäuser und Rüdesheimer Toplagen im letzten Jahr zu den besten des Rheingaus gehörten, verkosteten wir in diesem Jahr eine kleine Kollektion. Dabei ist bei den Rieslingen Basis und Mittelbau sehr stimmig. Bereits der Gutswein Junge Reben und Rüdesheimer Ortswein zeigten sich klar und zupackend. Auch der substanzreiche Lorcher Ortsriesling sowie der Seligmacher zeigen mit schieferwürzigen Aromen ihre Herkunft. Der Roseneck kommt mit etwas mehr Restsüße als der Alte Reben und ist schmelziger am Gaumen. Bei den Roten präsentiert sich die Cuvèe Max mit süßlichem Kern und dem typischen Duft nach Cassis und Kirsche. Wir hoffen, dass August Kesseler im nächsten Jahr an die grandiosen Leistungen der Vorjahre anknüpfen kann.

Anzahl der verkosteten Weine: 8
Bewertungen: 85-89 Punkte

2014	Riesling trocken Junge Reben	**12,90 €** | 12% | bis 2018	**85**
2014	Lorcher Riesling trocken	**14,90 €** | 12% | bis 2020	**87**
2014	Rüdesheimer Riesling trocken	**19,90 €** | 12,5% | bis 2021	**87**
2014	Lorchhäuser Seligmacher Riesling trocken »Erste Lage«	**36,50 €** | 12,5% | bis 2021	**87**
2014	Rüdesheimer Berg Roseneck Riesling »Große Lage« Alte Reben	**36,50 €** | 13% | bis 2020	**88**
2013	Pinot Noir Pinot »N« trocken Barrique	**17,90 €** | 13,5% | bis 2019	**85**
2013	Pinot Noir trocken Barrique	**29,75 €** | 13,5% | bis 2020	**86**
2013	Pinot Noir Cuvée »Max« trocken Barrique	**60,- €** | 13,5% | bis 2021	**89**

KLOSTERWEINGUT ABTEI ST. HILDEGARD

65385 Rüdesheim · Abtei St. Hildegard 1
☎ (0 67 22) 49 91 30 · Fax 49 91 85
weingut@abtei-st-hildegard.de
www.abtei-st-hildegard.de
Inhaber: Benediktinerinnenabtei St. Hildegard
Betriebsleiter: Schwester Thekla
Verwalter: Arnulf Steinheimer
Kellermeister: Arnulf Steinheimer

Verkauf: Schwester Thekla
Mo–Fr: 9.30–11.45 Uhr · 14.00–17.00 Uhr
1. März–4. Advent
So, feiertags: 14.00–17.00 Uhr

Majestätisch liegt das geschichtsträchtige Klosterweingut in den Weinbergen hoch über Rüdesheim. Schon im Mittelalter betrieben die Schwestern Weinbau. Heute wird die Betriebsleiterin Schwester Thekla von Kellermeister Arnulf Steinheimer, dem einzigen Mann im Kloster, unterstützt. Dieser sympathische Betrieb liefert auch in diesem Jahr zuverlässige Qualitäten. Die Rieslinge sind trinkanimierend, zeigen eine klare, saftige Frucht und ein schönes Säurespiel. Schon der neue Pilgertrunk bietet einen saftigen Einstieg in die Kollektion. Der feinherbe Benedictus gefällt mit seiner harmonischen Art und Pfirsichnoten. Schlank und durchaus animierend zeigt sich der Scivias – eine klassische Rheingauer Spätlese mit pikantem Schmelz und lebendigem Säurespiel.

Anzahl der verkosteten Weine: 6
Bewertungen: 80–86 Punkte

2014 Spätburgunder 12/15 Kloster-Secco **80**
Perlwein trocken Weißherbst
11,– € | 10,5% | bis 2016

2014 Riesling 06/15 Domus Domini **84**
Spätlese trocken
12,– € | 12% | bis 2017

2014 Riesling 13/15 Pilgertrunk feinherb **82**
7,90 € | 11,5% | bis 2017

2014 Riesling 03/15 halbtrocken **81**
9,– € | 11,5% | bis 2017

2014 Riesling 09/15 Benedictus **85**
Spätlese feinherb
11,50 € | 11,5% | bis 2018

2014 Riesling 08/15 Hildegardis Scivias Spätlese **86**
18,– € | 9% | bis 2021

WEINGUT BARON KNYPHAUSEN

65346 Erbach · Erbacher Straße 28
☎ (0 61 23) 79 07 10 · Fax 7 90 71 18
weingut@baron-knyphausen.de
www.baron-knyphausen.de
Geschäftsführer: Gerko Freiherr zu Knyphausen, Dr. Wolfgang E. Frank
Kellermeister: Rainer Rüttiger

Verkauf: Gerko zu Knyphausen
Mo–Fr: 14.00–19.00 Uhr
Sa–So: 10.00–16.00 Uhr

Gästehaus: Gutshotel Baron Knyphausen
Historie: Klosterhof Drais 1141/42 von Zisterziensern gegründet, 1818 vom Freiherrn von Bodelschwingh gekauft
Sehenswert: das 1727 erbaute Hofgut, Parkanlage mit altem Baumbestand

Rebfläche: 24 Hektar
Jahresproduktion: 130.000 Flaschen
Beste Lagen: Erbacher Marcobrunn, Steinmorgen, Hohenrain und Siegelsberg, Hattenheimer Wisselbrunnen
Boden: Lösslehm, teilweise glimmerführender Mergel
Rebsorten: 95% Riesling, 5% Spätburgunder
Durchschnittsertrag: 60 hl/ha
Mitglied: VDP, Charta

Auf dem Draiser Hof stehen die Zeichen weiterhin auf Veränderung. Mittlerweile ist das Weingut wieder komplett unter familiärer Führung. Im Januar 2015 löste Frederick Freiherr von Knyphausen, der älteste Sohn von Miteigentümer Gerko Freiherr von Knyphausen, Dr. Wolfgang E. Frank als Geschäftsführer ab. Stilistisch geht man ebenso neue Wege und scheut auch keine Experimente. Die Weine sind insgesamt niedriger im Alkohol und zupackender, jedenfalls in diesem Jahr. Bereits der trockene Kabinett hat Biss. Die beiden Rieslinge aus Erster Lage hat man ins Holz gelegt. Der Michelmark zeigt einen feinen Saft mit seidiger Textur, während der Steinmorgen eher maskulin und kräftiger ausfällt. Der Wisselbrunnen, als Große Lage abgefüllt, ist zupackend mit feinem Saft, Holztouch, Kräutern und weißem Pfirsich. Auch die Roten fallen diesmal erfreulicherweise etwas schlanker aus, etwa so wie der Braeborn mit kräftigem Fruchtbouquet reifer Pflaumen. Wir sind gespannt, wie es hier weitergeht.

Anzahl der verkosteten Weine: 11
Bewertungen: 81–88 Punkte

2014	Riesling trocken **7,50 €**/1,0 Lit. | 11,5% | bis 2017	**81**
2014	Riesling trocken **8,– €** | 11% | bis 2017	**82**
2014	Erbacher Michelmark Riesling trocken »Erste Lage« **19,– €** | 11,5% | bis 2018	**85**
2014	Erbacher Steinmorgen Riesling trocken »Erste Lage« **19,– €** | 11,5% | bis 2018	**85**
2014	Hattenheimer Wisselbrunnen Riesling trocken »Große Lage« Holzfass **28,50 €** | 13% | bis 2020	**(88)**
2013	Hattenheimer Wisselbrunnen Riesling »Großes Gewächs« Holzfass **28,50 €** | 12,5% | bis 2020	**88**
2014	Riesling Kabinett trocken **11,– €** | 11% | bis 2018	**83**
2014	Riesling feinherb **8,– €** | 11% | bis 2018	**82**
2014	Erbacher Michelmark Riesling Spätlese Goldkapsel **19,50 €** | 8% | bis 2019	**85**
2013	Spätburgunder trocken **12,– €** | 12,5% | bis 2018	**86**
2013	Pinot Noir Breborn trocken Barrique **31,– €** | 13% | bis 2018	**87**

WEINGUT KOEGLER HOF BECHTERMÜNZ

65343 Eltville · Kirchgasse 5
☎ (0 61 23) 24 37 · Fax 8 11 18
info@weingut-koegler.de
www.weingut-koegler.de
Inhaber und Betriebsleiter: Ferdinand Koegler
Kellermeister: Ferdinand Koegler

Verkauf: Vinothek
Mo–Fr: ab 8.00 Uhr, Sa–So: ab 10.00 Uhr

Seitdem der Hof Bechtermünz im neuen Glanz erstrahlt, gibt es dort den wohl schönsten Innenhof des gesamten Rheingaus. Neben einem schmucken Hotel gehört auch ein beliebter Gutsausschank dazu. Die aktuelle Kollektion überzeugt uns nicht gänzlich. Vor allem sind die Einstiegsqualitäten doch etwas einfach gestrickt. Am besten gefallen haben uns der kräuter-würzige und klare Grüne Veltliner sowie der Blaue Zweigelt. Der Alta Villa ist sehr schlank und zupackend. Der sonst durch seine gute Säurestruktur beschwingte Riesling 1467, eine Hommage an Johannes Gutenberg, wirkte etwas süßlicher und nicht ganz so trinkanimierend. Auch bei der Nachverkostung sind wir von dem reifen und sehr mächtigen Rubeus, der eher an mediterrane Weine erinnert als an Pinot Noir, nicht restlos überzeugt.

Anzahl der verkosteten Weine: 10
Bewertungen: 80–86 Punkte

2014	Riesling trocken **6,– €** | 12,5% | bis 2017	**81**
2014	Grüner Veltliner trocken **9,– €** | 12% | bis 2018	**84**
2014	Riesling Alta Villa trocken Holzfass **9,– €** | 13% | bis 2018	**84**
2014	Riesling halbtrocken **6,– €** | 12% | bis 2017	**80**
2014	Cuvée »Sommersturm« Still **6,– €** | 11,5% | bis 2016	**81**
2014	Riesling 1467 feinherb Holzfass **9,– €** | 12% | bis 2017	**83**
2014	Pinot Noir Blanc de Noirs **9,– €** | 11% | bis 2016	**80**
2013	Blauer Zweigelt trocken Barrique **9,– €** | 13% | bis 2019	**86**
2011	Pinot Noir Rubeus trocken Barrique **19,– €** | 14,5% | bis 2017	**84**
2009	Eltviller Sonnenberg Pinot Noir Erstes Gewächs **45,– €** | 14,5% | bis 2017	**86**

WEINGUT ROBERT KÖNIG

65385 Assmannshausen · Landhaus Kenner 1
☎ (0 67 22) 10 64 · Fax 4 86 56
info@weingut-robert-koenig.de
www.weingut-robert-koenig.de
Inhaber: Robert König jun.
Kellermeister: Robert König jun.
Kellermeister: Robert König und Birgit Block

Verkauf: Robert König
Mo–Sa: 9.00–12.00 Uhr und nach Vereinbarung

Straußwirtschaft: Während der Rheingauer Schlemmerwochen und an allen folgenden Wochenenden und Feiertagen im Mai sowie an den Tagen der offenen Weinkeller im unteren Rheingau – jeweils Sa und So ab 11.00 Uhr
Historie: Weingut besteht seit 1704

Rebfläche: 7 Hektar
Jahresproduktion: 45.000 Flaschen
Beste Lagen: Assmannshäuser Höllenberg und Frankenthal
Boden: Taunusquarzitverwitterung, Phyllitschieferverwitterung
Rebsorten: 90% Spätburgunder, 5% Riesling, je 2% Weißburgunder und Frühburgunder, 1% übrige Sorten
Durchschnittsertrag: 65 hl/ha
Mitglied: VDP

Der traditionsreiche Betrieb aus Assmannshausen wird von dem in Geisenheim diplomierten Robert König jun. geführt. Man hat sich auf Spätburgunder spezialisiert, der immerhin etwa 90 Prozent der gesamten Rebfläche des Gutes einnimmt. In diesem Jahr präsentiert uns das Weingut unter anderem auch wieder die beiden trockenen Spätlesen aus den Assmannshäuser Lagen Frankenthal und Höllenberg. Der Frankenthal, mit dunklem Rot im Glas, duftet nach Kirschen, am Gaumen klassisch mit merklicher Restsüße und reifer Frucht. Das Pendant aus dem Höllenberg ist deutlich rauchiger und überzeugt mit subtiler Brombeeraromatik. Auch hier im Mund dezente Süße, eine weiche Tanninstruktur und feine Himbeernoten. Die Spitze der diesjährigen Kollektion bildet jedoch der Pinot Noir Edition X, ein neues Projekt. Der Wein ist, untypisch für Robert König, kompromisslos trocken. Feine Himbeere, gepaart mit komplexer Kräuterwürze, harmoniert mit gekonnt eingesetztem Holz.

Anzahl der verkosteten Weine: 7
Bewertungen: 82–88 Punkte

2014	Assmannshäuser Spätburgunder trocken Blanc de Noirs **7,25 €** | 13% | bis 2017	**82**
2014	Rüdesheimer Weißburgunder Spätlese trocken Barrique **8,25 €** | 13% | bis 2018	**84**
2013	Assmannshäuser Höllenberg Spätburgunder trocken **8,50 €** | 12,5% | bis 2018	**84**
2014	Assmannshäuser Höllenberg Frühburgunder trocken Barrique **11,75 €** | 13% | bis 2018	**85**
2013	Assmannshäuser Pinot Noir Edition X trocken Barrique **17,25 €** | 13% | bis 2021	**88**
2013	Assmannshäuser Frankenthal Spätburgunder Spätlese trocken Barrique **13,50 €** | 13% | bis 2019	**87**
2013	Assmannshäuser Höllenberg Spätburgunder Spätlese trocken Holzfass **15,25 €** | 13% | bis 2019	**87**

WEINGUT KRONE

65385 Assmannshausen · Niederwaldstraße 2
☎ (0 67 22) 25 25 · Fax 4 83 46
info@weingut-krone.de
www.weingut-krone.de

Inhaber: Anja und Tom Drieseberg
Betriebsleiter: Michael Burgdorf
Außenbetrieb: Dominic Borswardt
Kellermeister: Michael Burgdorf, Peter Perabo

Verkauf: nach Vereinbarung
oder zu Weingutspreisen im Hotel »Krone«
in Assmannshausen

Historie: Weinbau seit dem 18. Jahrhundert
Sehenswert: in Felsen gehauener Naturkeller, 60 Meter unter der Lage Frankenthal, Gutshaus aus dem Jahr 1860

Rebfläche: 5,5 Hektar
Jahresproduktion: 20.000 Flaschen
Beste Lagen: Assmannshäuser Höllenberg und Frankenthal
Boden: Schiefer
Rebsorten: 90% Spätburgunder, je 5% Riesling und Weißburgunder
Durchschnittsertrag: 38 hl/ha

Das Weingut Krone hat in den letzten Jahren seine Stellung als einer der führenden Burgunderspezialisten untermauert, was sich mit der aktuellen Kollektion bestätigt. Alte Assmannshäuser sind sich einig, dass die Krone einige der besten Parzellen der Schieferlage Höllenberg besitzt. Dieses Potenzial wurde schmeckbar, seitdem Peter Perabo den Weinausbau verantwortet. Er setzt gefühlvoll das Barriquefass ein, ohne die Frucht zu übertönen. Das sonst für Rotweine geschätzte Weingut punktet auch zunehmend mit seinen Weißweinen. Der Riesling Alte Reben gehört auch in diesem Jahr mit seiner klaren, kräuterwürzigen und zupackenden Art zu unseren Favoriten. Dies gilt gleichwohl für den trinkanimierenden, nach Johannisbeeren duftenden Blanc de Noirs sowie für den schmelzigen und stilvollen Weißburgunder, der als perfekter Speisenbegleiter stets zu den besten im Rheingau gehört. An der Spitze der Kollektion stehen erneut der schiefermineralisch geprägte Spätburgunder aus dem Assmannshäuser Höllenberg sowie der 2011er Juwel, der noch etwas komplexer ausfällt. Beide sind hervorragende Vertreter ihres Terroirs, bei denen Grafit und kühle Cassisnoten im pikant anmutenden Bouquet den Ton angeben.

Anzahl der verkosteten Weine: 5
Bewertungen: 86–91 Punkte

2014	Weißburgunder trocken Holzfass **18,40 €** | 13% | bis 2020	**89**
2014	Spätburgunder Blanc de Noirs **15,50 €** | 11,5% | bis 2018	**86**
2014	Riesling feinherb Alte Reben **15,50 €** | 12,5% | bis 2020	**88**
2012	Assmannshäuser Höllenberg Spätburgunder trocken Barrique **40,– €** | 13,5% | bis 2020	**90**
2011	Assmannshäuser Spätburgunder Juwel trocken Barrique **57,– €** | 13,5% | bis 2021	**91**

WEINGUT PETER JAKOB KÜHN

65375 Oestrich · Mühlstraße 70
☎ (0 67 23) 22 99 · Fax 8 77 88
info@weingutpjkuehn.de
www.weingutpjkuehn.de
Inhaber: Peter Jakob Kühn
Kellermeister: Peter Jakob und Peter Bernhard Kühn

Verkauf: Familie Kühn
Mo–Fr: 9.00–17.00 Uhr, Sa: 11.00–17.00 Uhr

Kulinarische Jahrgangspräsentation:
30.4./1.5.2015, 1. und 3./4. Mai sowie 1. Adventswochenende

Rebfläche: 20 Hektar
Jahresproduktion: 120.000 Flaschen
Beste Lagen: Oestricher Lenchen und Doosberg, Mittelheimer St. Nikolaus; Hallgartener Hendelberg
Boden: toniger Lehm, von grauem und rotem Taunusquarzit durchzogen, Buntschiefer
Rebsorten: 90% Riesling, 10% Spätburgunder
Durchschnittsertrag: 50 hl/ha
Mitglied: VDP, Demeter, La Renaissance des Appellations

Die aktuelle Kollektion gehört erneut zu den allerbesten des Rheingaus. Vor drei Jahren erst in die Vier-Trauben-Klasse aufgestiegen, bescherten uns die Kühns mit beeindruckender Konstanz und Güte in den letzten Jahren eine exzellente Kollektion nach der anderen. Grund genug, ihn mit unserer prestigeträchtigen Auszeichnung »Winzer des Jahres« zu ehren. Dabei war der Weg in die Spitze keineswegs geradlinig. Es dauerte, bis er seinen Stil gefunden hatte. Kein anderer hat im Rheingau so konsequent und akribisch auf biodynamische Bewirtschaftung umgestellt wie Peter Jakob Kühn.

Biodynamie als Lebensphilosphie

Hier wird Biodynamie aus jeder einzelnen Pore geatmet, längst ist sie für die Kühns eine in Fleisch und Blut übergegangene Lebensphilosophie geworden. Das Resultat ihres Strebens sind sehr individuelle, präzise Rieslinge mit würziger Kräuteraromatik und enormer Spannkraft. Schon die Basisweine überzeugen durch klare Prägnanz. Weine aus dem Mittelbau wie Rheinschiefer, Quarzit oder der würzig-mineralische Hendelberg sind intellektuelle Luxusweine für den Alltag. Seine spät abgefüllten 2013er Spitzenweine aus den Große-Gewächs-Lagen Doosberg und St. Nikolaus sind zwei aparte Individualisten. Der Doosberg ist klar und duftet herrlich nach Quitten- und Mirabellengelee, Ingwer und Orangenblüten und glänzt mit einer fein verwobenen Säure. Der Nikolaus, stets etwas kraftvoller und männlicher, ist in diesem Jahr mineralisch-straff gewoben, hat enormen Zug und zeigt im zarten Schmelz viel Finesse und einen Hauch Tabak. Kühns trockener Spitzenwein Schlehdorn, den wir vorab probieren durften, ist auch in diesem Jahr ein komplexes Unikat, das ganz auf Feinheit aus ist mit innerer Gelassenheit. Ganz großes Kino ist auch wieder die köstliche edelsüße Parade: Diese Delikatessen waren bereits in den letzten beiden Kollektionen atemberaubend und sind auch in diesem Jahr Leuchttürme Rheingauer Winzerkunst. Beide fanden sich erneut unter den zehn besten Edelsüßen des Landes, die fabelhafte Beerenauslese Goldkapsel sogar auf Platz zwei.

Peter Jakob Kühn

Gratulation zum Winzer des Jahres

Diese betört mit köstlichen Aromen von Zitronenverbene, Zitrusblüten, Heilkräutern und Dörrfrüchten. Das Ganze präzise eingewoben in einem feinen Schmelz, der von einer vibrierenden Säure bis ins Grande Finale getragen wird und pure Wollust am Gaumen auslöst. Apropos Wollust. Die seit Langem wieder angestellten Roten haben uns große Freude gemacht. Vor allem jener aus dem »Frühenberg« – präzise, ungemein rauchig-würzig, durchweg burgundisch und von großer Eleganz. Wir verneigen uns vor dieser großartigen Gesamtleistung und gratulieren dem »Winzer des Jahres«!

Anzahl der verkosteten Weine: 12
Bewertungen: 86–96 Punkte

Jahrgang	Wein	Punkte
2014	Riesling Jacobus trocken **9,80 €** | 11,5% | bis 2017	**86**
2014	Hallgartener Riesling Rheinschiefer trocken **12,80 €** | 11,5% | bis 2018	**87**
2014	Oestricher Riesling Quarzit trocken **14,80 €** | 11,5% | bis 2019	**88**
2013	Mittelheimer St. Nikolaus Riesling »Großes Gewächs« **30,– €** | 13,5% | bis 2022	**94**
2013	Oestricher Doosberg Riesling »Großes Gewächs« **32,– €** | 13% | bis 2021	**93**
2014	Oestricher Lenchen Riesling Kabinett **11,90 €** | 7,5% | bis 2020	**87**
2014	Oestricher Lenchen Riesling Spätlese **18,90 €** | 7% | bis 2023	**89**
2014	Oestricher Lenchen Riesling Auslese **28,– €**/0,375 Lit. | 7,5% | bis 2028	**93**
2014 Top 10	Oestricher Lenchen Riesling Beerenauslese **69,– €**/0,375 Lit. | 7,5% | bis 2040	**95**
2014 Top 10	Oestricher Lenchen Riesling Beerenauslese Goldkapsel 7,5% | bis 2040	**96**
2013	Spätburgunder trocken **15,– €** | 13% | bis 2020	**89**
2013	Spätburgunder Frühenberg trocken **30,– €** | 13,5% | bis 2022	**90**

Vorjahresweine

Jahrgang	Wein	Punkte
2012	Riesling Schlehdorn trocken **85,– €** | 13% | bis 2022	**94**

WEINGUT KÜNSTLER

65239 Hochheim/Main
Geheimrat-Hummel-Platz 1a
☎ (0 61 46) 8 38 60 · Fax 73 35
info@weingut-kuenstler.de
www.weingut-kuenstler.de
Inhaber und Betriebsleiter:
Gunter Künstler
Außenbetrieb: Rolf Schregel
Kellermeister: Gunter Künstler
und Rolf Schregel

Verkauf: Johannes Ott, Gregor Breuer, Monika Künstler
Mo–Fr: 8.00–12.00 Uhr · 13.00–18.00 Uhr
Sa: 10.00–15.00 Uhr

Rebfläche: 40 Hektar
Jahresproduktion: 240.000 Flaschen
Beste Lagen: Hochheimer Hölle, Kirchenstück und Domdechaney, Rüdesheimer Berg Schlossberg und Rottland
Boden: leichter bis toniger Lehm
Rebsorten: 85% Riesling, 14% Spätburgunder, 1% Chardonnay
Durchschnittsertrag: 60 hl/ha
Mitglied: VDP

In den letzten Jahren tischte uns Gunter Künstler eine homogene Kollektion nach der anderen auf, was ihm vor vier Jahren die Rückkehr in den Vier-Trauben-Stand bescherte. Mit dem aktuellen Jahrgang setzt er noch mal eins drauf und geht auf Tuchfühlung mit der absoluten Spitzengruppe der Region. Denn seine 2014er Kollektion gehört erneut zu den allerbesten des Rheingaus und darüber hinaus. Kein anderer Rheingauer Betrieb schafft es, eine derart große Bandbreite an ausgezeichneten Weinen in die Flaschen zu bringen. Wie ein Fünfkämpfer beherrscht Gunter Künstler alle Disziplinen. Rieslinge sind seine Speerspitze. Aber auch Chardonnay, Sauvignon, Sekte und die Spätburgunder gelingen ihm vorzüglich.

Jeder Wein eine Empfehlung

Hier ist jeder Wein eine Empfehlung. Schon das Basissegment besticht durch klirrende Klarheit und pure Trinkfreude. Alle drei trockenen Kabinette aus den Hochheimer Lagen Hölle, Stein und Kirchenstück sind durchweg griffig und kompakt. Sie dürften einige Große Gewächse das Fürchten lehren. Der erdig-kühle Kabinett aus der Hölle ist eine Kampfansage und zeigt, warum Künstler an dieser Kategorie rigoros festhält. Das inzwischen im Sortiment fest verankerte Große Gewächs Weiß Erd aus der kalkhaltigen Nachbarschaftslage Kostheim zeigt die mineralische Würze vom Kalkstein und aparte Lakritznoten. Der Rüdesheimer Berg Rottland aus neuer Pacht wirkt dicht, floral und würzig. Die Großen Gewächse aus den Hochheimer Toplagen Hölle und Kirchenstück sind herausragend und fallen lagentypisch aus: Einmal mehr zeigt sich dabei die Hölle tiefgründig mit einer klaren, fast unnahbaren Kühle und einer kräutrigen Steinobstfrucht. Das Pendant aus dem Kirchenstück, das stets feminin anmutet, fällt auch in diesem Jahr elegant mit charmantem Bouquet aus. Großes Vergnügen bietet der elegante Spätburgunder-Sekt Rosé, der 40 Monate auf der Hefe lag und mit seinem komplexen Duft nach Mandarine und Quittengelee punktet. Angetan hat es uns sein kühl-eleganter Chardonnay mit komplexer Röstaromatik. Auch die beiden Roten zeigten noch mehr burgundische Finesse.

Gunter Künstler

Anzahl der verkosteten Weine: 17
Bewertungen: 86-93 Punkte

2012 Riesling Sekt Brut **87**
16,– € | 12% | bis 2018

2014 Hochheimer Herrnberg Riesling trocken **86**
10,20 € | 12,5% | bis 2018

2014 Hochheimer Kirchenstück Riesling Kabinett trocken **87**
11,80 € | 12% | bis 2019

2014 Hochheimer Hölle Riesling Kabinett trocken **88**
12,80 € | 12% | bis 2020

2014 Hochheimer Stein Riesling trocken **87**
16,20 € | 12% | bis 2019

2014 Hochheimer Stielweg **89**
Riesling trocken »Erste Lage« Alte Reben
16,80 € | 12,5% | bis 2019

2014 Sauvignon Blanc trocken **88**
17,50 € | 13% | bis 2019

2014 Hochheimer Domdechaney **89**
Riesling trocken »Erste Lage«
17,80 € | 12,5% | bis 2020

2014 Kostheimer Weiß Erd **91**
Riesling »Großes Gewächs« Holzfass
24,– € | 13% | bis 2022

2013 Chardonnay Barrique trocken Barrique **90**
27,50 € | 13,5% | bis 2021

2014 Rüdesheimer Berg Rottland **91**
Riesling »Großes Gewächs« Holzfass
32,– € | 12,5% | bis 2021

2014 Hochheimer Kirchenstück **92**
Riesling »Großes Gewächs«
32,– € | 12,5% | bis 2022

2014 Hochheimer Hölle **93**
Riesling »Großes Gewächs« Holzfass
32,– € | 12,5% | bis 2024

2014 Rüdesheimer Berg Schlossberg **90**
Riesling »Großes Gewächs« Holzfass
45,– € | 12,5% | bis 2021

2013 Hochheimer Hölle **93**
Riesling trocken Holzfass Goldkapsel
45,– € | 12,5% | bis 2023

2013 Hochheimer Stein Spätburgunder »Großes Gewächs« **89**
25,50 € | 14% | bis 2021

2013 Hochheimer Reichestal **90**
Spätburgunder »Großes Gewächs«
45,– € | 13,5% | bis 2021

WEINGUT LORENZ KUNZ

65375 Oestrich-Winkel · Rheingaustraße 74
☎ (0 67 23) 45 22 · Fax 8 82 33
info@weingut-lorenz-kunz.de
www.weingut-lorenz-kunz.de
Inhaber: Michael Kunz

Verkauf: nach Vereinbarung

Eine deutliche Steigerung gegenüber den Vorjahren konnten wir bei den Weinen von Michael und Tanja Kunz feststellen. Die Rieslinge sind angenehm stoffig, zeigen klare, reine Frucht und die typische, ausgewogene Rheingauwürze. Auf gleichsam hohem Niveau gefällt uns von den beiden Alten Reben die Lage Jesuitengarten einen Tick besser: üppig, in der Nase Zündholz, am Gaumen salzig, insgesamt sehr stringent. Wie gut das Weingut mit dem schwierigen Jahrgang 2014 zurecht gekommen ist, zeigt der Vergleich der beiden Chartaweine: Der 2013er Charta aus dem Oestricher Rosengarten ist straff und schlank, die 2014er Version dagegen ist stahlig klar mit mineralischen und Feuersteinnoten; am Gaumen frisch und leicht salzig im Abgang.

Anzahl der verkosteten Weine: 12
Bewertungen: 81–85 Punkte

2012	Chardonnay Maximilian Lukas Sekt extra Brut **9,60 €** | 13% | bis 2017	**83**
2014	Weißburgunder trocken **8,90 €**/1,0 Lit. | 12,5% | bis 2017	**81**
2014	Riesling 0814 trocken **7,90 €** | 12% | bis 2017	**82**
2014	Oestricher Rosengarten Riesling trocken Alte Reben **10,– €** | 12% | bis 2018	**84**
2014	Winkeler Jesuitengarten Riesling trocken Alte Reben **10,– €** | 12,5% | bis 2018	**84**
2014	Oestricher Riesling Kabinett trocken **7,50 €** | 11,5% | bis 2017	**83**
2014	Riesling Spätlese trocken Alte Reben **10,– €** | 12% | bis 2017	**83**
2013	Oestricher Rosengarten Riesling trocken Charta **10,50 €** | 12,5% | bis 2018	**85**
2014	Riesling trocken Charta **10,90 €** | 12% | bis 2019	**85**
2014	Riesling halbtrocken **6,50 €** | 11,5% | bis 2017	**82**
2014	Riesling feinherb Classic **7,50 €** | 11,5% | bis 2017	**83**
2012	Blauer Spätburgunder trocken Holzfass **7,80 €** | 13,5% | bis 2017	**82**

WEINGUT HANS LANG

65347 Eltville-Hattenheim · Rheinallee 6
☎ (0 67 23) 24 75 · Fax 79 63
info@weingut-hans-lang.de
www.weingut-hans-lang.de
Inhaber: Urban Kaufmann
Außenbetrieb: Prince Alison
Kellermeister: Hans Lang und Urban Kaufmann

Verkauf: Eva Raps
Mo–Fr: 9.00–17.00 Uhr, Sa: 9.00–13.00 Uhr

Sehenswert: Vinothek in historischem Gebäude am Marktplatz in Hattenheim

Rebfläche: 20 Hektar
Jahresproduktion: 160.000 Flaschen
Beste Lagen: Hattenheimer Wisselbrunnen und Hassel, Hallgartener Schönhell und Hendelberg
Boden: kiesiger Lehm, Buntschiefer, Löss, Tonmergel
Rebsorten: 80% Riesling, 10% Spätburgunder, 5% Weißburgunder, 5% übrige Sorten
Durchschnittsertrag: 60 hl/ha
Mitglied: VDP, Deutsches Barrique Forum, Ecovin

»Verpassen Sie die Neuen nicht«, steht auf einem bebilderten Plakat kurz vor Hattenheim. Zu sehen sind dort Urban Kaufmann, Appenzeller Käseproduzent aus der Schweiz, und seine Lebensgefährtin Eva Raps, die das Weingut 2014 neu übernommen haben. Hans Lang wird den beiden in den nächsten zwei Jahren noch beratend zur Seite stehen. Große Veränderungen im Stil und Ausbau der Weine des durch Ecovin zertifizierten Weinguts sind zunächst nicht geplant. Nur die Etiketten hat man schon mal aufgehübscht. 2014 war sicherlich nicht der einfachste Jahrgang, um ins Weinmachen einzusteigen. Dennoch kann sich das Erstlingswerk der beiden insgesamt sehen lassen. Die Weine des Jahrgangs 2014 zeigen die gewohnte Hattenheimer und Hallgartener Würznoten. So zeigt sich der Hattenheimer Ortsriesling kompakt mit einem Hauch Spontiwürze und jungem Pfirsich, während der Hallgartener griffiger und mineralischer ist. Ein Großes Gewächs hat man nicht abgefüllt, dafür aber einen trockenen Riesling aus der Ersten Lage Schützenhaus. Von den Roten animiert der feingliedrige 2013er Spätburgunder zu einem zweiten Glas. Wer es etwas üppiger mag, dem empfehlen wir die gereifteren Exemplare.

Anzahl der verkosteten Weine: 9
Bewertungen: 82–88 Punkte

Jahrgang	Wein	Preis	Alkohol	Trinkreife	Punkte
2014	Riesling trocken	7,50 €	12%	bis 2017	82
2014	Hattenheimer Riesling trocken	11,70 €	12%	bis 2018	84
2014	Hallgartener Riesling trocken	11,70 €	12%	bis 2018	86
2014	Hattenheimer Schützenhaus Riesling trocken »Erste Lage«	13,80 €	12%	bis 2018	86
2009	Hattenheimer Wisselbrunnen Riesling Erstes Gewächs	24,– €	13%	bis 2018	88
2014	Riesling Kabinett feinherb	8,60 €	10%	bis 2017	83
2013	Spätburgunder trocken	9,– €	12,5%	bis 2017	85
2012	Spätburgunder trocken Barrique	12,90 €	13,5%	bis 2018	87
2012	Spätburgunder Johann Maximilian trocken Barrique	17,50 €	13,5%	bis 2018	86

WEINGUT FREIHERR LANGWERTH VON SIMMERN

65343 Eltville · Kirchgasse 6
☎ (0 61 23) 9 21 10 · Fax 92 11 33
weingut-langwerth-von-simmern@t-online.de
www.weingut-langwerth-von-simmern.de
Inhaber: Georg-Reinhard Freiherr Langwerth von Simmern
Kellermeister: Uwe Lex

Verkauf: Andrea Freifrau Langwerth von Simmern
Mo–Fr: 9.00–12.00 Uhr · 14.00–17.00 Uhr
Vinotheca Sa: 10.00–17.00 Uhr

Gutsausschank: Gelbes Haus
Di–Sa ab 16.00 Uhr, So ab 11.30 Uhr
Spezialitäten: Rheingauer Küche
Historie: 1464 als Lehen des Herzogs von Pfalz-Zweibrücken an seinen Kanzler Johann Langwerth von Simmern
Sehenswert: Langwerther Hof mit Park

Rebfläche: 31,5 Hektar
Jahresproduktion: 180.000 Flaschen
Beste Lagen: Erbacher Marcobrunn, Rauenthaler Baiken, Hattenheimer Nussbrunnen, Wisselbrunnen und Mannberg
Boden: tertiärer Mergel, kalkhaltiger Löss, sandiger Lehm, Phyllitschiefer
Rebsorten: 96% Riesling, 2% Spätburgunder, 2% übrige Sorten
Durchschnittsertrag: 60 hl/ha
Mitglied: VDP

Der 2014er Jahrgang dieses Traditionsweinguts, welches über ein hervorragendes Lagenportfolio im Rheingau verfügt und einst zur Spitzengruppe der Region zählte, bewegt sich in etwa auf Vorjahresniveau. Wie bereits in den letzten Jahren überzeugen die Einstiegsqualitäten. Schon der zupackende Gutsriesling 1443 zeigt sich gelbfruchtig und mit mineralischen Anklängen. Bei den trockenen Kabinetten haben die zupackenden Hattenheimer Weine die Nase vorne. Der saftige Nussbrunnen vereint Rieslingfrucht mit feinem Schmelz. Der Rauenthaler Baiken hingegen zeigt sich mit Noten von gelbem Apfel und Birne. Die beiden Großen Gewächse konnten uns nur teilweise überzeugen. Am besten gefiel der Erbacher Marcobrunn – ein erdig-mineralischer Riesling, der sich am Gaumen kühl und mit Aromen von frischen Nektarinen präsentiert. Die gut ausbalancierte Spätlese aus dem Baiken duftet nach Mandarine und Ananas.

Anzahl der verkosteten Weine: 9
Bewertungen: 83-87 Punkte

2014	Riesling 1464 trocken **9,50 €** | 11% | bis 2017	**83**
2014	Hattenheimer Mannberg Riesling »Großes Gewächs« **25,- €** | 12,5% | bis 2019	**86**
2014	Erbacher Marcobrunn Riesling »Großes Gewächs« **25,- €** | 12,5% | bis 2020	**87**
2014	Rauenthaler Riesling Kabinett trocken **9,50 €** | 11,5% | bis 2018	**84**
2014	Hattenheimer Riesling Kabinett trocken **9,50 €** | 11% | bis 2018	**85**
2014	Hattenheimer Nussbrunnen Riesling Kabinett trocken **11,50 €** | 12% | bis 2019	**86**
2014	Rauenthaler Baiken Riesling Kabinett trocken **12,50 €** | 11,5% | bis 2018	**85**
2014	Erbacher Marcobrunn Riesling Kabinett **12,50 €** | 9,5% | bis 2020	**85**
2014	Rauenthaler Baiken Riesling Spätlese **20,- €** | 8% | bis 2022	**87**

WEINGUT PAUL LAQUAI

65391 Lorch · Gewerbepark Wispertal 2
☎ (0 67 26) 83 08 38 · Fax 83 08 40
kontakt@weingut-laquai.de
www.weingut-laquai.de
Inhaber: Gundolf und Gilbert Laquai

Verkauf: Familie Laquai
Mo–Sa: 8.00–18.00 Uhr

Gutsausschank: Weinwirtschaft im alten Fachwerkhaus von 1716
Sehenswert: Dampfbrennerei von 1924

Rebfläche: 22 Hektar
Jahresproduktion: 110.000 Flaschen
Beste Lagen: Lorcher Schlossberg, Kapellenberg, Pfaffenwies, Bodental-Steinberg
Boden: Schieferverwitterung, Schiefer mit Löss, violetter Phyllitschiefer
Rebsorten: 60% Riesling, 25% Spätburgunder, 7% Weißburgunder, je 2% Cabernet Sauvignon, Merlot, Silvaner, 2% übrige Sorten
Durchschnittsertrag: 50 hl/ha

Mit der aktuellen Kollektion zeigen die Brüder Laquai, dass sie auch mit schwierigen Jahrgängen sehr gut umgehen können. Die Rieslinge sind klar und zeigen mit ihrer pikant-mineralischen Art Lorcher Charakter. Schon der saftige Liter-Riesling mit Schießpulveraromatik ist ein gelungener Alltagswein mit Herkunft. Beim trockenen Kabinettwein aus dem Terroirprojekt ist der Name Programm: Er zeigt feinwürzig-mineralische Noten. Von den beiden trockenen Rieslingen aus dem Lorcher Schlossberg zeigte sich die Spätlese noch herbfruchtig, während das Erste Gewächs aus gleicher Lage vielschichtig ist und mit mineralischer Pikanz überzeugt. Selbst der Blanc de Noirs lässt sich sehen, ganz zu schweigen von den beiden Roten aus der Toplage Bodental-Steinberg mit Minze und roten Beeren. Das ist in der Tat Grund genug, die konstant guten Leistungen der letzten Jahren mit der zweiten Traube zu belohnen.

Die Betriebe:
Weltklasse · Deutsche Spitze
Sehr gut · Gut · Zuverlässig
Weitere Empfehlung

Anzahl der verkosteten Weine: 12
Bewertungen: 82–88 Punkte

2012	Lorcher Bodental-Steinberg Riesling Sekt Brut **10,50 €** | 12,5% | bis 2017	86
2014	Riesling trocken **6,50 €**/1,0 Lit. | 11,5% | bis 2016	82
2014	Lorcher Kapellenberg Spätburgunder trocken Blanc de Noirs **7,- €** | 12% | bis 2017	83
2014	Lorcher Bodental-Steinberg Weißburgunder trocken **8,50 €** | 12,5% | bis 2017	84
2014	Lorcher Schlossberg Riesling Erstes Gewächs **18,- €** | 12,5% | bis 2019	88
2014	Lorcher Kapellenberg Riesling vom Löss Kabinett trocken **7,50 €** | 12% | bis 2016	83
2014	Lorcher Schlossberg Riesling vom Schiefer Kabinett trocken **8,50 €** | 11,5% | bis 2018	85
2014	Lorcher Schlossberg Riesling Spätlese trocken **10,50 €** | 12% | bis 2019	86
2014	Lorcher Riesling vom Quarzit feinherb **7,50 €** | 11% | bis 2017	83
2014	Lorcher Schlossberg Riesling Spätlese **10,50 €** | 8% | bis 2022	86
2013	Lorcher Bodental-Steinberg Blauer Spätburgunder trocken Holzfass **9,50 €** | 13% | bis 2018	86
2012	Lorcher Bodental-Steinberg Blauer Spätburgunder Erstes Gewächs **25,- €** | 14,5% | bis 2020	88

WEINGUT LEITZ

65385 Rüdesheim · Theodor-Heuss-Straße 5
☎ (0 67 22) 4 87 11 · Fax 4 76 58
johannes.leitz@leitz-wein.de
www.leitz-wein.de
Inhaber: Johannes Leitz
Betriebsleiter: Johannes Leitz
und Tobias Fiebrandt
Außenbetrieb: Antonio Climenti
Kellermeister: Johannes Leitz und Manuel Zuffer

Verkauf: Johannes Leitz
nach Vereinbarung

Rebfläche: 43 Hektar
Jahresproduktion: 380.000 Flaschen
Beste Lagen: Rüdesheimer Berg Schlossberg, Berg Roseneck, Berg Rottland, Berg Kaisersteinfels
Boden: Schieferverwitterung, Quarzit
Rebsorten: 98% Riesling, 2% Spätburgunder
Durchschnittsertrag: 65 hl/ha
Mitglied: VDP, Fair'n Green

Jahr für Jahr überrascht uns Johannes Leitz, dieses original Rüdesheimer Gewächs, mit brillanten Rieslingen aus seinen Rüdesheimer Toplagen. Auch in diesem erneut nicht einfachen Jahr gibt er sich keine Blöße und füllte eine homogene Kollektion ab, in der vor allem die Topweine brillieren. Inzwischen ist der Rüdesheimer bei einer stattlichen Betriebsfläche von 43 Hektar angelangt. Dabei war sein Weg in die Spitze kein einfacher. Denn er begann Ende der Neunzigerjahre, als noch keineswegs gesichert war, dass der Riesling auf die Weltbühne des Weines zurückkehrt, in die Ausweitung seines damals gerade einmal 5,5 Hektar großen Gutes zu investieren. Und das in einer Zeit, wo er in Deutschland noch kaum bekannt war, weswegen er seit Langem sein Augenmerk auf die Exportmärkte richtet, die heute noch mit 85 Prozent den Löwenanteil seines Verkaufs ausmachen.

Luxusweine für den Alltag

Vorläufiger Höhepunkt seines Schaffens stellte die 2009er Kollektion dar, die ihn zum besten Vier-Trauben-Betrieb im Rheingau und zum Winzer des Jahres machte. Und selbst im herausfordernden Jahrgang 2010 übertraf er sie noch einmal. Seine aktuelle Kollektion gehört in der Spitze wieder zu den besten des Rheingaus: Schon der trockene Gutsriesling Eins-Zwei-Dry, längst eine Marke, ist knackig und trinkanimierend. Ebenso der noch bessere Rüdesheimer Ortswein. Die feinherben und fruchtigen Rieslinge sind trinkanimierende Luxusweine für den Alltag, die man für unter 10 Euro bekommt. Allen voran der köstliche Kabinett aus dem Rosengarten mit seiner ungemein verführerischen Art und köstlichen Aromen von weißem Pfirsich und Blüten. Mit 90 Punkten ein echtes Schnäppchen. Sei-ne Spitzengewächse aus dem Kaisersteinfels (Terrassen), Schlossberg (Ehrenfels), Rottland (Hinterhaus) und Roseneck (Katerloch) können allesamt punkten. Von den drei trockenen Lagenrieslingen hatte in diesem Jahr überraschenderweise der Roseneck die Nase vorn. Kristallklar fließt er mit enorm mineralisch-pikantem Zug und kühler Kräuteraromatik über die Zunge. Das ist ein fokussierter, beinahe karger Bergwein, der jetzt schon pure Trinkfreude auslöst. Der Hinterhaus, aus dem wärmeren Rottland oberhalb der berühmten Drosselgasse, ist dagegen wieder etwas schmelziger, ausgewogener und enorm saftig. Im komplexen Bouquet zeigt er feine Nektarinen, Pfirsichschale und einen Hauch Jasmin. Der vom Quarz und Schiefer geprägte Ehrenfels ist in diesem Jahr eher barock geraten. Ein muskulöser und schmelziger Riesling mit reifem Steinobst und exotischen Früchten wie Mango und Papaya, ohne aber am Gaumen seine Herkunft zu verleugnen. Der zupackende und filigrane Riesling aus dem Kaisersteinfels aus alten rekultivierten Terrassen ist wieder so ein in Stein gemeißelter Wein, der pure Freude auslöst.

Johannes Leitz

Anzahl der verkosteten Weine: 12
Bewertungen: 83–95 Punkte

2014 Riesling Eins Zwei Dry trocken **83**
8,50 € | 12% | bis 2018

2014 Rüdesheimer Riesling trocken **86**
9,90 € | 12% | bis 2019

2014 Rüdesheimer **88**
Riesling Magic Mountain trocken Holzfass
14,90 € | 12,5% | bis 2020

2014 Rüdesheimer Berg Roseneck **95**
Riesling Katerloch trocken Holzfass
Top 10 **25,– €** | 12,5% | bis 2022

2014 Rüdesheimer Berg Rottland **91**
Riesling Hinterhaus »Großes Gewächs« Holzfass
27,50 € | 12,5% | bis 2021

2014 Rüdesheimer Berg Schlossberg **91**
Riesling Ehrenfels »Großes Gewächs« Holzfass
29,50 € | 13,5% | bis 2021

2014 Rüdesheimer Berg Kaisersteinfels **91**
Riesling Terrassen feinherb »Große Lage« Holzfass
Top 10 **25,– €** | 12% | bis 2023

2014 Rüdesheimer Kirchenpfad **87**
Riesling Kabinett feinherb »Große Lage«
9,90 € | 11,5% | bis 2021

2014 Rüdesheimer Rosengarten **89**
Riesling Kabinett »Große Lage«
8,50 € | 10,5% | bis 2021

2014 Rüdesheimer Klosterlay Riesling Kabinett **88**
8,90 € | 10,5% | bis 2020

2014 Rüdesheimer Magdalenenkreuz **88**
Riesling Spätlese »Erste Lage«
12,50 € | 8% | bis 2022

2014 Rüdesheimer Berg Roseneck **91**
Riesling Spätlese »Große Lage«
25,– € | 8% | bis 2025

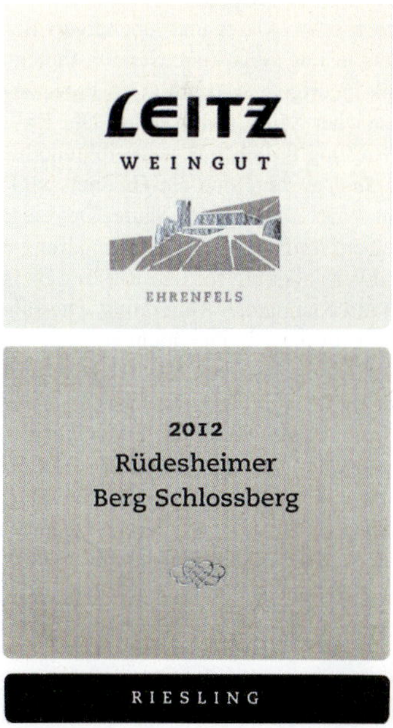

WEINGUT FÜRST LÖWENSTEIN

63924 Kleinheubach · Schlosspark 5
☎ (0 93 71) 9 48 66 00 · Fax 9 48 66 33
weingut@loewenstein.de
www.loewenstein.de
Geschäftsführerin: Dr. Stephanie zu Löwenstein
Außenbetrieb: Henning Brömser
Kellermeister: Friederike Voigtländer

Verkauf: Andrea Paul
Mo–Fr: 10.00–12.00 Uhr · 13.00–18.00 Uhr
Sa: 10.00–15.00 Uhr und nach Vereinbarung

Historie: seit 1875 bewirtschaften die Fürsten zu Löwenstein Weinberge in Hallgarten im Rheingau

Rebfläche: 8 Hektar
Jahresproduktion: 50.000 Flaschen
Beste Lagen: Hallgartener Schönhell und Jungfer
Boden: Lehm, Löss, Braunerde und Quarzit
Rebsorten: 80% Riesling, 20% Spätburgunder
Durchschnittsertrag: 50 hl/ha
Mitglied: VDP

Seitdem Bastian Hamdorf die Verantwortung für die Weine im Jahr 2012 übernommen hat, ist auf dem Gut mit Stammsitz im fränkischen Kleinheubach eine deutliche Verbesserung der Qualität schmeckbar. Mit dem Jahrgang 2014 bestätigt sich dieser positive Trend. Die Weine sind noch etwas klarer und lebendiger. Bereits der Gutsriesling zeigt klare Steinobstnoten und ist dank niedrigem Alkohol (11,5 Prozent) und harmonischer Säure trinkfreudig. Der Hallgartener Riesling duftet fein nach Holunderblüten und Kräutern, zeigt sich am Gaumen wild mit gelbem Apfel und rassiger Säure. Der elegante Hendelberg ist dank der Spontanvergärung würzig und verbindet die für den Riesling typische Frucht mit Rheingauer Mineralität. Die Jungfer hingegen, in diesem Jahr nicht trocken ausgebaut, ist ein klassischer Spätlesetyp: erdig, mineralisch mit reifer Frucht und einem schmelzigen Kern. Der trockene Spitzenriesling mit Namen »Sophie« aus der Hallgartener Schönhell ist gelbfruchtig, kühl und durchdrungen von einer mineralischen Ader. Nicht ganz so geschliffen wie im Vorjahr fällt der Spätburgunder Pinot Noir »R« aus gleicher Lage aus.

Die Weine:
100 Perfekt · **95–99** Überragend · **90–94** Exzellent
85–89 Sehr gut · **80–84** Gut · **75–79** Passabel

Anzahl der verkosteten Weine: 8
Bewertungen: 82–88 Punkte

2014	Riesling »CF« trocken **9,– €** | 11,5% | bis 2017	**83**
2014	Hallgartener Riesling trocken **11,50 €** | 12,5% | bis 2018	**85**
2014	Hallgartener Hendelberg Riesling trocken »Erste Lage« **15,50 €** | 11% | bis 2019	**87**
2014	Hallgartener Schönhell Riesling Sophie trocken »Große Lage« **27,50 €** | 12% | bis 2020	**88**
2014	Hallgartener Schönhell Riesling Kabinett feinherb **11,50 €** | 11,5% | bis 2017	**84**
2014	Hallgartener Jungfer Riesling Spätlese »Erste Lage« **15,50 €** | 11,5% | bis 2020	**87**
2013	Spätburgunder »CF« trocken **9,80 €** | 12% | bis 2017	**82**
2013	Hallgartener Schönhell Spätburgunder »R« Pinot trocken Holzfass **32,80 €** | 12% | bis 2020	**88**

WEINGUT MOHR

65391 Lorch · Rheinstraße 21
☎ (0 67 26) 94 84 · Fax 16 94
info@weingut-mohr.de
www.weingut-mohr.de

Inhaber und Betriebsleiter: Jochen Neher

Verkauf: Jochen Neher
nach Vereinbarung

Straußwirtschaft: Mai und Juni, Ende Sept.–Ende Okt., Fr–Sa ab 17.00 Uhr, So, feiertags ab 15.00 Uhr
Spezialitäten: Wild, Forellen, regionale und türkische Gerichte
Sehenswert: Gewölbekeller, Straußwirtschaft im Innenhof und Terrasse

Rebfläche: 6 Hektar
Jahresproduktion: 40.000 Flaschen
Beste Lagen: Lorcher Krone, Bodental-Steinberg und Schlossberg, Assmannshäuser Höllenberg
Boden: blauer und roter Phyllitschiefer, Quarzit
Rebsorten: 72% Riesling, 12% Spätburgunder, 10% Weißburgunder, 6% übrige Sorten
Durchschnittsertrag: 60 hl/ha

Das Lorcher Weingut von Jochen Neher ist eine feste Größe in Lorch. Und das nicht nur bei Wein. Auch seine mediterran inspirierte Gutsküche ist einen Besuch wert. Seit 2011 arbeitet das Weingut zertifiziert ökologisch, viele Rieslinge werden hier spontan angegoren. Die aktuelle Kollektion zeigt wieder die Lorcher Rasse und Mineralik, aber auch einen leicht herbwürzigen, phenolischen Touch, der manchen Weinen gut steht. Punkten konnten in diesem Jahr insbesondere die charaktervollen Alten Reben. Der Lorcher Schlossberg Riesling 34 zeigt eine kräutrig-würzig unterlegte Frucht mit klarer Schiefermineralität. Das »Erste Gewächs« ist substanzreicher und gefällt durch seine schmelzige Art und mit einem Hauch Beeren im Duft. Der kraftvolle Rieslingsekt ist cremig, uns aber einen Tick zu hoch in der Restsüße. Von den beiden Roten gefällt uns diesmal der Assmannshäuser Höllenberg Alte Reben – ein filigraner Burgunder mit schlanker Eleganz, kühlem Bouquet und satter Cassisfrucht.

Rote Symbole: Diese Betriebe verdienen in ihrer Klasse besondere Aufmerksamkeit

Anzahl der verkosteten Weine: 12
Bewertungen: 82–89 Punkte

2014	Riesling Spätlese trocken	13,90 € | 12,5% | bis 2019	85
2013	Riesling Sekt extra Brut Grand Reserve	Preis auf Anfrage | 13,5% | bis 2018	89
2014	Riesling trocken	8,20 € | 11% | bis 2017	82
2014	Weißburgunder trocken	8,90 € | 11,5% | bis 2018	84
2014	Riesling trocken Alte Reben	13,90 € | 12% | bis 2018	86
2014	Lorcher Schlossberg Riesling 34 trocken	18,90 € | 12,5% | bis 2018	86
2014	Lorcher Krone Riesling Erstes Gewächs	19,90 € | 13% | bis 2019	88
2014	Riesling Kabinett trocken	8,50 € | 11,5% | bis 2017	82
2014	Riesling Kabinett feinherb	8,50 € | 10,5% | bis 2018	83
2014	Scheurebe	8,50 € | 9,5% | bis 2020	82
2013	Assmannshäuser Höllenberg Spätburgunder trocken Holzfass	14,90 € | 13% | bis 2019	86
2013	Assmannshäuser Höllenberg Spätburgunder trocken Alte Reben Barrique	28,– € | 12,5% | bis 2020	88

WEINGUT GEORG MÜLLER STIFTUNG

65347 Hattenheim · Eberbacher Straße 7–9
☎ (0 67 23) 20 20 · Fax 20 35
info@georg-mueller-stiftung.de
www.georg-mueller-stiftung.de
Inhaber: Peter Winter
Betriebsleiter und Kellermeister: Tim Lilienström

Verkauf: Tim Lilienström
Mo–Fr: 9.00–12.00 Uhr · 14.00–17.00 Uhr
April–Okt.: Sa–So: 14.00–18.00 Uhr

Historie: Georg Müller stiftete das Gut 1913 der Gemeinde Hattenheim, 2003 Privatisierung
Sehenswert: 250 Jahre altes Kellergewölbe mit zeitgenössischer Kunst
Erlebenswert: Veranstaltungen im historischen Riesenfasskeller

Rebfläche: 14 Hektar
Jahresproduktion: 80.000 Flaschen
Beste Lagen: Hattenheimer Schützenhaus, Nussbrunnen, Wisselbrunnen und Hassel
Boden: tertiärer Mergel, kalkhaltiger Lösslehm mit Kies und Sand
Rebsorten: 80% Riesling, 10% Spätburgunder, 10% übrige Sorten
Durchschnittsertrag: 50 hl/ha
Mitglied: VDP

Seit der Übernahme im Jahr 2003 hat Peter Winter gewaltig in das frühere Weingut der Stadt Eltville investiert. Das Gutsgebäude wurde stilvoll renoviert und der Kreuzgewölbekeller in einen Kunstkeller verwandelt. Seit 2007 steigerte sich die Qualität Jahr für Jahr, was wir vor zwei Jahren mit dem Aufstieg honorierten. Wir waren gespannt, wie es hier mit dem neuen, jungen Betriebsleiter und Kellermeister weitergeht. Wenn auch in diesem Jahr uns nicht alle Weine überzeugten, sehen wir doch zumindest einige gute Ansätze. Die Rieslinge hatten dank der lebendigen Säurestruktur eine gute Frische. Der trockene Ortsriesling ist zupackend und die fruchtsüßen Varianten sind dank reduzierter Süße schlank und trinkanimierend. Von den feinherben Rieslinge aus Erster Lage in Hattenheim gefiel uns der kräutrige Engelmannsberg am besten. Bei den zuweilen süßlich wirkenden Spätburgundern ziehen wir die präzisere und elegantere Version aus dem Engelmannsberg vor. Der im Barrique ausgebaute Auxerrois ist eine gute Alternative zu herkömmlichen Chardonnays.

Anzahl der verkosteten Weine: 13
Bewertungen: 82–87 Punkte

2014	Riesling trocken **7,40 €** | 12,5% | 🍷 bis 2017	**82**
2014	Hattenheimer Riesling trocken **9,80 €** | 12% | 🍷 bis 2018	**84**
2013	Auxerrois trocken Barrique **19,80 €** | 14% | 🍷 bis 2019	**86**
2014	Hattenheimer Engelmannsberg Riesling feinherb »Erste Lage« **12,80 €** | 12% | 🍷 bis 2019	**85**
2013	Hattenheimer Nussbrunnen Riesling feinherb »Große Lage« **19,80 €** | 12% | 🍷 bis 2019	**84**
2014	Hattenheimer Schützenhaus Riesling Kabinett feinherb »Erste Lage« **9,80 €** | 11% | 🍷 bis 2018	**84**
2014	Hattenheimer Hassel Riesling Kabinett »Große Lage« **11,80 €** | 10% | 🍷 bis 2020	**87**
2013	Hattenheimer Hassel Riesling Spätlese »Große Lage« **14,80 €** | 9,5% | 🍷 bis 2022	**86**
2014	Hattenheimer Hassel Riesling Auslese »Große Lage« **9,50 €**/0,375 Lit. | 9,5% | 🍷 bis 2022	**87**
2013	Frühburgunder Edition »PW« trocken Barrique **16,80 €** | 13,5% | 🍷 bis 2018	**84**
2013	Spätburgunder Daniel trocken Barrique **11,50 €**/0,375 Lit. | 14% | 🍷 bis 2019	**84**
2013	Hattenheimer Engelmannsberg Spätburgunder trocken »Erste Lage« Barrique **28,– €** | 14% | 🍷 bis 2020	**87**
2013	Hattenheimer Hassel Spätburgunder »Großes Gewächs« **38,– €** | 14% | 🍷 bis 2019	**85**

WEINGUT G. H. VON MUMM

65366 Geisenheim-Johannisberg
Am Erntebringer 9a
☎ (0 67 22) 7 00 90 · Fax 70 09 33
info@schloss-johannisberg.de
www.mumm.de

Inhaber: G. H. von Mumm'sches Weingut KG
Geschäftsführer: Christian Witte
Techn. Betriebsleiter: Hans Kessler
Außenbetriebsleiter: Bernd Neckerauer
Kellermeister: Gerd Ritter

Verkauf: Heribert Heyn, Stefan Eiser
Mo–Fr: 10.00–18.00 Uhr
Sa–So: 11.00–17.00 Uhr

Gutsausschank: Burg Schwarzenstein und Gutsschänke Johannisberg, 12.00–24.00 Uhr
Sehenswert: Burg Schwarzenstein, Gutsgebäude, moderner Keller im Gewölbe

Rebfläche: 65 Hektar
Jahresproduktion: 750.000 Flaschen
Beste Lagen: Rüdesheimer Berg Rottland, Assmannshäuser Höllenberg, Johannisberger Hölle, Schwarzenstein und Mittelhölle
Boden: Quarzit mit Schiefereinlagen, Phyllit, Lösslehm
Rebsorten: 84% Riesling, 14% Spätburgunder, 2% Weißburgunder
Durchschnittsertrag: 65 hl/ha
Mitglied: VDP

Der Frankfurter Bankier Gottlieb Mumm legte im 19. Jahrhundert den Grundstein für dieses große Gut, das gemeinsam mit Schloss Johannisberg betrieben wird. Konsequent wurde hier die Lagenklassifikation des VDP umgesetzt und die Qualität sukzessive gesteigert. Die trockenen Basisweine zeigen sich schlank und animierend wie etwa der zupackende Berglagenriesling oder der Johannisberger Ortswein. Das Große Gewächs aus dem Rüdesheimer Berg Rottland zeigt mineralische Würze und eine saftig-aromatische Steinobstfrucht. Dagegen wirkt der als Erste Lage vermarktete Johannisberger Schwarzenstein leichtfüßig, zupackend und mit zarter Frucht. Auch die inzwischen etablierten Feinherben Taunusquarzit aus dem Drachenstein sowie der Eilfer aus Rüdesheimer und Johannisberger Lagen zeigen die Stärken des Gutes: Sie verbinden Trinkfluss mit Frucht und mineralischen Noten. Richtig gut gefallen hat uns der dicht gewobene Assmannshäuser Spätburgunder.

Anzahl der verkosteten Weine: 13
Bewertungen: 82–88 Punkte

Jahrgang	Wein	Punkte
2014	Riesling trocken **7,20 €**/1,0 Lit. | 12% | bis 2017	**82**
2014	Riesling Berglagen trocken **8,50 €** | 12,5% | bis 2017	**83**
2014	Johannisberger Schwarzenstein Riesling trocken »Erste Lage« Holzfass **14,90 €** | 12% | bis 2019	**86**
2014	Rüdesheimer Berg Rottland Riesling »Großes Gewächs« Holzfass **25,– €** | 12,5% | bis 2019	**88**
2014	Riesling Taunusquarzit feinherb **8,50 €** | 11,5% | bis 2018	**84**
2014	Roter Riesling feinherb **13,– €** | 11,5% | bis 2018	**84**
2014	Riesling Eilfer feinherb **13,– €** | 11% | bis 2019	**86**
2014	Riesling Lösslehm **8,50 €** | 10,5% | bis 2017	**83**
2014	Johannisberger Mittelhölle Riesling Kabinett »Große Lage« **13,– €** | 9% | bis 2020	**87**
2014	Weißburgunder dry Holzfass **8,90 €** | 12,5% | bis 2017	**83**
2014	Johannisberger Riesling dry **11,50 €** | 12,5% | bis 2018	**84**
2014	Rüdesheimer Riesling dry **11,50 €** | 12,5% | bis 2018	**85**
2013	Assmannshäuser Höllenberg Spätburgunder »Großes Gewächs« Holzfass **31,– €** | 13% | bis 2020	**87**

WEINGUT DR. NÄGLER

65385 Rüdesheim · Friedrichstraße 22
☎ (0 67 22) 28 35 · Fax 4 73 63
info@weingut-dr-naegler.de
www.weingut-dr-naegler.de
Inhaber: Wiltrud Nägler
Pächter: Tilbert Nägler
Betriebsleiter und Kellermeister: Tilbert Nägler

Verkauf: Tilbert Nägler
Mo–Do: 9.00–13.00 Uhr und nach Vereinbarung

Vergnügen bereitet haben uns die Weine von Dr. Nägler in diesem Jahr. Erstmalig verkosteten wir einen Weißburgunder, der uns auf Anhieb mit seinen steinig-frischen Noten und Aromen von reifen gelben Früchten gefiel. Die Rieslinge sind lebhaft mit mineralischer Würze. Besonders schön offenbart der Rüdesheimer Berg Rottland-Steinkraut sein Terroir: Mineralik, saftige Pfirsich- und Papayanoten, am Gaumen frisch mit guter Säurestruktur, ist er für uns der schönste Riesling in dieser Kollektion. Nur knapp dahinter folgt der feinherbe Rüdesheimer Bischofsberg: ein schlanker, knackiger Kabinett, der feinsaftig, mit herbfruchtiger Note, erkennbar als typischer Rheingauer auftritt. Neu im Buch ist ein filigraner Pinot Noir, der Grafitnoten mit Aromen von Cassis und Walderdbeeren verbindet.

Anzahl der verkosteten Weine: 6
Bewertungen: 83–86 Punkte

2014	Weißburgunder trocken **7,– €** | 12% | bis 2017	**84**
2014	Rüdesheimer Riesling vom Schiefer trocken **7,90 €** | 12% | bis 2017	**84**
2014	Rüdesheimer Berg Rottland Riesling Steinkraut trocken »Erste Lage« **10,90 €** | 12,5% | bis 2018	**86**
2014	Rüdesheimer Riesling feinherb **7,90 €** | 11,5% | bis 2017	**83**
2014	Rüdesheimer Bischofsberg Riesling Kabinett feinherb »Erste Lage« **10,90 €** | 12% | bis 2018	**84**
2014	Pinot Noir trocken **8,– €** | 13% | bis 2018	**84**

Zeichenerklärung:
Schnäppchenpreis · Top 10 Spitzenreiter
Ökobetrieb · Trink-Tipp · Versteigerungswein
Sekt · Weißwein · Rotwein · Roséwein

WEINGUT HEINZ NIKOLAI

65346 Erbach · Ringstraße 16
☎ (0 61 23) 6 27 08 · Fax 8 16 19
weingut@heinz-nikolai.de
www.heinz-nikolai.de
Inhaber: Katharina und Frank Nikolai
Kellermeister: Frank Nikolai
Außenbetrieb: Florian Kremer

Verkauf: Katharina und Helga Nikolai
Mo–Sa: 10.00–19.00 Uhr
So: 10.00–14.00 Uhr

Gutsausschank: während der Rheingauer Schlemmerwochen im April/Mai Mo–Fr ab 17.00 Uhr, Sa–So, feiertags ab 12.00 Uhr
Historie: Weingut im Besitz der Familie seit 1878, in der 5. und 6. Generation
Sehenswert: historischer Gewölbekeller

Rebfläche: 14 Hektar
Jahresproduktion: 125.000 Flaschen
Beste Lagen: Erbacher Steinmorgen, Siegelsberg und Michelmark, Hallgartener Jungfer
Boden: Lösslehm mit Taunusquarzit
Rebsorten: 85% Riesling, 10% Spätburgunder, 3% Weißburgunder, 2% Sauvignon Blanc
Durchschnittsertrag: 68 hl/ha
Mitglied: Rheingauer Leichtsinn

Das Weingut Nikolai hat sich in den letzten Jahren zu einem besseren Zwei-Trauben-Betrieb gemausert, was für den nicht ganz einfachen 2014er nur eingeschränkt gilt. Die Rieslinge zeigen zwar wieder eine feine Frucht und zuweilen Erbacher Herkunft mit kühler Steinobstaromatik. Allerdings empfanden wir sie durch die Bank weg sensorisch zu restsüß. Wir vermissten etwas die Frische und Trinkanimation, die die Nikolai'schen Weine so charmant machen. Gerade bei den beiden Ersten Gewächsen hätten wir uns eine die Restsüße stärker ausbalancierende Riesling-Säure gewünscht. Dabei ist der Siegelsberg noch etwas kräftiger und würziger. Die feinherbe Spätlese Alte Reben zeigt sich erneut als Kabinetttyp trinkanimierend, während der nach getrockneter Aprikose duftende Primus Maximus mit zarter Restsüße schmeichelt. Von den feinherben Rieslingen gefiel uns die rassige Jungfer am besten. Bei den Fruchtsüßen vermissen wir erneut Spannung. Der Sauvignon Blanc kommt diesmal im neuseeländischen Stil und würde etwas trockener noch besser ausfallen.

Anzahl der verkosteten Weine: 13
Bewertungen: 80–86 Punkte

Jahrgang	Wein	Details	Punkte
2014	Riesling trocken	5,50 €/1,0 Lit. | 12% | bis 2017	80
2014	Sauvignon Blanc trocken	6,80 € | 13% | bis 2017	84
2014	Erbacher Michelmark Riesling Filetstück trocken	8,– € | 12,5% | bis 2017	83
2014	Riesling Primus Maximus trocken	9,50 € | 12,5% | bis 2018	85
2014	Erbacher Steinmorgen Riesling Erstes Gewächs	15,– € | 13% | bis 2018	86
2014	Erbacher Siegelsberg Riesling Erstes Gewächs	15,– € | 13% | bis 2018	86
2014	Hallgartener Schönhell Riesling Kabinett trocken	6,50 € | 12% | bis 2017	82
2014	Riesling feinherb Classic	6,– € | 12,5% | bis 2017	82
2014	Weißburgunder feinherb	6,80 € | 12% | bis 2017	80
2014	Erbacher Steinmorgen Riesling feinherb Alte Reben	8,– € | 12% | bis 2018	84
2014	Hallgartener Jungfer Riesling Kabinett feinherb	6,50 € | 11% | bis 2017	83
2014	Erbacher Steinmorgen Riesling Spätlese	7,50 € | 8% | bis 2019	84
2013	Spätburgunder Johann Jakob trocken Barrique	14,– € | 13,5% | bis 2018	86

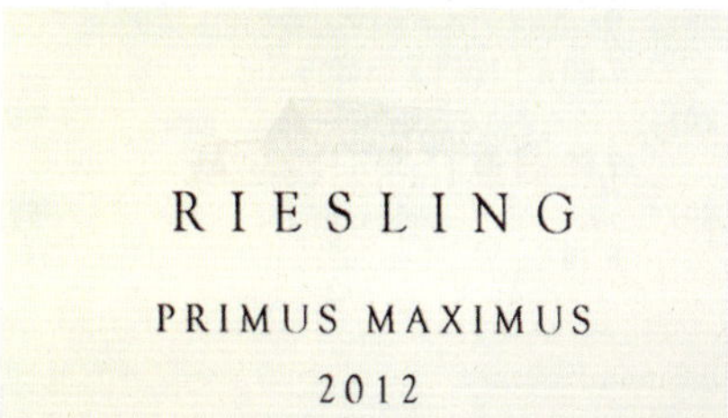

WEINGUT ACHIM VON OETINGER

65346 Erbach · Rheinallee 1–3
☎ (0 61 23) 6 25 28 · Fax 6 26 91
info@von-oetinger.de
www.von-oetinger.de

Inhaber und Kellermeister: Achim von Oetinger

Verkauf: Achim von Oetinger
Mo, Mi–Fr: 14.30–22.00 Uhr
Sa–So: 11.00–22.00 Uhr

Gutsausschank: »von Oetinger«
mit schattiger Gartenterrasse direkt am Rhein, Mo, Fr ab 16.00 Uhr, Sa–So, feiertags ab 12.00 Uhr
Spezialitäten: gehobene, rheingautypische bis mediterrane Küche, mit Hotel

Rebfläche: 12 Hektar
Jahresproduktion: 60.000 Flaschen
Beste Lagen: Erbacher Marcobrunn, Siegelsberg, Hohenrain, Michelmark, Steinmorgen
Boden: Lösslehm
Durchschnittsertrag: 50 hl/ha
Mitglied: VDP

Die Formkurve unseres letztjährigen Aufsteigers zeigt weiter nach oben. Auch mit der 2014er Kollektion bestätigt Achim von Oetinger den aufsteigenden Trend der letzten Jahre hin zu mehr Qualität und Individualität. »Ich bin heute viel gelassener geworden«, erklärt er. Und er scheint nach Jahren des Experimentierens seinen Stil gefunden zu haben: Die Weine sind klar, straff gewoben und substanzreich – Ecken und Kanten inklusive! Die trockenen Rieslinge zeigen auch in 2014 eine kühle Aromatik, sind meistens wunderbar trocken und von zupackender Art. Der griffige Mineral ist beispielsweise auch in 2014 so ein Wein jenseits des Mainstreams. Der Alte Reben gefällt mit seiner schmelzigen Art und dem frischen Zitrus-Anisduft, während der spontan vergorene Tradition Charakter zeigt. Die Spitze der diesjährigen Kollektion bildet das spannende Große Gewächs aus dem Erbacher Marcobrunn: Kühle und klare Frucht, straff gewoben und mit pikanter Säurestruktur, gehört er wieder zu den besseren seiner Art. Eine insgesamt gute Leistung, die zum weiteren Aufstieg mit roten Träubchen führt. Die lauschige Gutsschänke erfreut sich großer Beliebtheit.

Anzahl der verkosteten Weine: 9
Bewertungen: 84–89 Punkte

2014	Riesling Lösslehm trocken **7,90 €** | 12% | bis 2018	**84**
2014	JOTT trocken **10,90 €** | 12% | bis 2018	**84**
2014	Riesling MINERAL trocken **11,20 €** | 12% | bis 2018	**86**
2014	Riesling Alte Reben trocken »sur lie« **13,50 €** | 12% | bis 2019	**87**
2014	Grauburgunder Edition trocken **14,90 €** | 12% | bis 2018	**86**
2014	Riesling TRADITION trocken »sur lie« **14,90 €** | 12% | bis 2019	**86**
2014	Erbacher Marcobrunn Riesling »Großes Gewächs« **37,– €** | 13% | bis 2021	**89**
2014	Erbacher Michelmark Riesling »Erste Lage« **13,50 €** | 10% | bis 2019	**85**
2011	Erbacher Spätburgunder trocken **17,50 €** | 14% | bis 2018	**86**

WEINGUT JOHANNES OHLIG

65375 Oestrich-Winkel · Hauptstraße 68
☎ (0 67 23) 20 12 · Fax 8 78 72
info@weingut-ohlig.de
www.weingut-ohlig.de
Inhaber und Betriebsleiter: Johannes Ohlig

Verkauf: Inga Ohlig
Mo–Fr: 10.00–12.00 Uhr · 14.00–18.00 Uhr
Sa: 10.00–16.00 Uhr

Johannes Ohlig gehört mit seinen kernigen Rieslingen zu den zuverlässigen Betrieben im Rheingau. Hier finden sich authentische Rieslinge mit gutem Preis-Leistungs-Verhältnis. Die Weine sind auch in diesem Jahr rheingautypisch wie der Winkler Gutenberg mit seiner saftigen Steinobstfrucht und der St. Nikolaus mit seiner erdigen Art beweisen. Mit ihrer frischen und fruchtbetonten Art zeigen sie sich als echte Rheingauer Burschen. Bei den geschmacklich Trockenen gefällt uns am besten der Alte Reben mit seiner seidig-eleganten Textur. Von den beiden Spätlesen ziehen wir die schlankere, knackigere und damit animierende Version aus der Goldatzel vor. Das Erste Gewächs aus dem Jesuitengarten war trotz guter Substanz im Duft schon recht weit entwickelt.

Anzahl der verkosteten Weine: 10
Bewertungen: 81–86 Punkte

2014	Mittelheimer St. Nikolaus Riesling trocken **5,50 €** | 12,5% | bis 2017	**81**
2014	Winkeler Gutenberg Riesling Kabinett trocken **6,10 €** | 11% | bis 2017	**82**
2014	Johannisberger Klaus Riesling Spätlese trocken **7,60 €** | 12% | bis 2018	**84**
2014	Riesling Classic **5,80 €** | 12,5% | bis 2017	**82**
2014	Riesling Alte Reben **9,– €** | 12,5% | bis 2018	**86**
2013	Winkeler Jesuitengarten Riesling Erstes Gewächs **15,– €** | 12% | bis 2017	**85**
2014	Winkeler Hasensprung Riesling Kabinett feinherb **6,10 €** | 11% | bis 2018	**82**
2014	Mittelheimer Edelmann Riesling Spätlese feinherb **7,60 €** | 12% | bis 2018	**84**
2014	Johannisberger Goldatzel Riesling Spätlese **7,60 €** | 9% | bis 2020	**86**
2014	Geisenheimer Kläuserweg Riesling Spätlese **8,70 €** | 8% | bis 2021	**85**

WEINGUT OTTES

65391 Lorch · Binger Weg 1a
☎ (0 67 26) 83 00 83 · Fax 83 00 84
info@weingut-ottes.de
www.weingut-ottes.de

Inhaber: Robert Wurm
Betriebsleiter: Robert Wurm
Kellermeister: Peter Barth

Verkauf: Robert Wurm
nach Vereinbarung

Gutsausschank: März.–Juni, Sept.–Okt.
Fr ab 17 Uhr, Sa–So, feiertags ab 15.00 Uhr
Spezialitäten: regionale und mediterrane Küche
Historie: Weinbau seit 1841 in der Familie
Sehenswert: herrlicher Blick auf das Weltkulturerbe Mittelrhein

Rebfläche: 8 Hektar
Jahresproduktion: 50.000 Flaschen
Beste Lagen: Lorcher Kapellenberg, Bodental-Steinberg und Krone
Boden: Schiefer, Quarzit, Phyllit
Rebsorten: 70% Riesling, 24% Spätburgunder, 5% Cabernet Sauvignon, 1% Weißburgunder
Durchschnittsertrag: 60 hl/ha

Im April 2014 hat Robert Wurm das Weingut übernommen und mit dem aktuellen Jahrgang wurde hier die Qualitätspyramide neu aufgestellt und der VDP-Klassifizierung angenähert. Auch wurde das Produktprogramm im Bereich der Orts- und Gutsweine gestrafft. Auf die Prädikate »Kabinett« und »Spätlese« wird bei trockenen Rieslingen verzichtet. Neu im Programm sind die beiden Lorcher Ortsweine Lorcher Style trocken und halbtrocken sowie der restsüße Ortswein Oestricher Lenchen. Die 2014er Kollektion konnte größtenteils überzeugen, vor allem die Rieslinge, die mit einem durchaus klaren Bouquet und Lorcher Rasse brillieren wie etwa der mineralisch-puritische Schiefer oder das mineralisch-kräutrige Erste Gewächs, das zudem elegant-feminin anmutet. Zu gefallen wusste auch der süffige Classic mit aromatischer Riesling-Frucht. Von den kräftigen Roten gefiel uns der Kapellenberg mit seiner kühlen Rotbeerfrucht noch am besten.

Die Betriebe:
Weltklasse · Deutsche Spitze
Sehr gut · Gut · Zuverlässig
Weitere Empfehlung

Anzahl der verkosteten Weine: 12
Bewertungen: 80–86 Punkte

2014	Lorcher Riesling Style **7,50 €** | 11% | bis 2018	**82**
2014	Lorcher Kapellenberg Riesling trocken **9,90 €** | 11,5% | bis 2017	**83**
2014	Lorcher Pfaffenwies Riesling Schiefer trocken **9,90 €** | 11,5% | bis 2018	**84**
2014	Lorcher Kapellenberg Riesling Erstes Gewächs **18,90 €** | 12,5% | bis 2019	**86**
2014	Lorcher Riesling Style halbtrocken **7,50 €** | 10% | bis 2017	**80**
2014	Riesling feinherb Classic **7,50 €** | 11,5% | bis 2017	**83**
2014	Riesling Aurum feinherb Alte Reben **14,90 €** | 11,5% | bis 2019	**85**
2014	Oestricher Lenchen Riesling **7,50 €** | 8% | bis 2018	**83**
2014	Lorcher Spätburgunder halbtrocken Weißherbst **7,50 €** | 11,5% | bis 2017	**80**
2012	Lorcher Pfaffenwies Spätburgunder trocken **9,50 €** | 13,5% | bis 2018	**85**
2013	Lorcher Kapellenberg Spätburgunder trocken **9,50 €** | 14,5% | bis 2020	**86**
2012	Spätburgunder Rubin trocken Barrique **15,90 €** | 14,5% | bis 2019	**86**

WEINGUT PRINZ

65375 Hallgarten · Im Flachsgarten 5
☎ (0 67 23) 99 98 47 · Fax 99 98 48
info@prinz-wein.de
www.prinz-wein.de
Betriebsleiter: Fred Prinz

Verkauf: Sabine Prinz
nach Vereinbarung

Rebfläche: 7 Hektar
Jahresproduktion: 50.000 Flaschen
Beste Lagen: Hallgartener Jungfer, Schönhell und Hendelberg
Boden: Lösslehm, Buntschiefer, Taunusquarzit
Rebsorten: 91% Riesling, 7% Spätburgunder, 2% Sauvignon Blanc
Durchschnittsertrag: 50 hl/ha
Mitglied: VDP

Die Formkurve dieses beständigen Ökobetriebes zeigt auch in diesem Jahr weiter nach oben. Fred Prinz' Rieslinge sind noch etwas straffer und zupackender als im Vorjahr. Getragen von einer saftigen, mundwässernden Säure, die die Weine bis weit ins Finale trägt, zeigen sie, was im Jahrgang 2014 möglich war – vor allem in den höheren Berglagen. Schon der Guts-Riesling setzt mit seiner trockenen und zupackenden Art ein Ausrufezeichen. Der Hallgartener Orts-Riesling ist wunderbar trinkanimierend, während der Tradition mit klarer und zupackender Steinobstfrucht Rheingauer Herkunft zeigt. Der als Erste Lage abgefüllte Hendelberg, aus einer Lage, die oberhalb von Hallgarten an den Taunuswald reicht, ist durchweg mineralisch geprägt und von einer fast unnahbaren Kühle geprägt. Zupackend und mit feinem Riesling-Duft fällt auch das nach reifem Zitrus duftende Große Gewächs aus der Jungfer aus, noch etwas stahliger ist das Pendant aus der Schönhell. Die fruchtigen Weine sind auch in diesem Jahr eine Bank. Und – man staune – deutlich zurückhaltender in der Restsüße, was sie trinkanimierender macht. Während der filigrane Kabinett aus der Hallgartener Jungfer feine Wiesenkräuter zeigt, punktet die goldverkapselte Jungfer mit Mango und einem hauch Waldhonig. Apart ist das Bouquet des Spätlesependants, das mit exotischen Noten von Mango und Basilikum betört. Sie bringt viel Schmelz und Gewicht auf die Waage.

Anzahl der verkosteten Weine: 14
Bewertungen: 85–90 Punkte

2014	Riesling trocken **7,70 €** | 11,5% | bis 2018	**85**
2014	Riesling Tradition trocken **11,10 €** | 12% | bis 2019	**87**
2014	Roter Riesling trocken **14,90 €** | 12,5% | bis 2018	**86**
2014	Hallgartener Hendelberg Riesling trocken »Erste Lage« **14,90 €** | 12,5% | bis 2020	**88**
2014	Hallgartener Schönhell Riesling »Großes Gewächs« **17,50 €** | 13% | bis 2021	**89**
2014	Hallgartener Jungfer Riesling »Großes Gewächs« **24,– €** | 13% | bis 2021	**89**
2014	Hallgartener Riesling Kabinett trocken **9,90 €** | 11% | bis 2018	**86**
2014	Riesling vom Bunten Schiefer feinherb **7,70 €** | 11% | bis 2018	**85**
2014	Hallgartener Jungfer Riesling Kabinett »Große Lage« **10,40 €** | 9,5% | bis 2020	**90**
2014	Hallgartener Jungfer Riesling Kabinett »Große Lage« Goldkapsel | 8% | bis 2023	**89**
2014	Hallgartener Jungfer Riesling Spätlese »Große Lage« **17,50 €** | 9,5% | bis 2024	**90**
2014	Hallgartener Jungfer Riesling Auslese »Große Lage« **25,– €**/0,375 Lit. | 10% | bis 2024	**88**
2013	Spätburgunder trocken Holzfass **9,40 €** | 13,5% | bis 2018	**86**
2013	Hallgartener Hendelberg Spätburgunder Reserve trocken »Erste Lage« Barrique **21,– €** | 13% | bis 2019	**88**

WEINGUT QUERBACH

65375 Oestrich · Lenchenstraße 19
☎ (0 67 23) 38 87 · Fax 8 74 05
info@querbach.com
www.querbach.com
Inhaber: Peter Querbach
Betriebsleiter und Kellermeister: Peter Querbach

Verkauf: Peter Querbach
Mo–Fr: 8.00–12.00 Uhr · 14.00–17.30 Uhr
Sa: 9.00–14.00 Uhr

Gästehaus: im Weingut am Ortsrand

Rebfläche: 10 Hektar
Jahresproduktion: 80.000 Flaschen
Beste Lagen: Oestricher Lenchen und Doosberg, Winkeler Hasensprung, Hallgartener Schönhell
Boden: tiefgründig toniger Lehm und lehmiger Löss
Rebsorten: 88% Riesling, 12% Spätburgunder
Durchschnittsertrag: 65 hl/ha

Das Gut verfolgt eine interessante eigene Philosophie: Nach einer Vorlese von Hand für die Spitzenweine schwört Querbach auf die Maschinenlese, damit er seine Trauben genau zum richtigen Reifezeitpunkt schnell einbringen kann. Im Keller werden alle Weißweine spontan vergoren und ausschließlich im Edelstahltank, meistens feinherb, ausgebaut. Auch in 2014 ist er dieser Philosophie treu geblieben. Ein Grund, weswegen das Gut aus dem VDP ausgetreten ist. Die eigene Philosophie passe nicht zu »der New-Style-Politik« des Verbandes. »Wir wollen handwerklich gemachte Weine machen ohne Reinzuchthefepäckchen, um sie trocken zu bekommen«, begründet Peter Querbach den Austritt. Vater Querbach war schon Pionier der Spontanvergärung im Rheingau. Die Querbach'schen Weine sind ungemein langlebig und entwickeln sich über die Jahre, was Nachproben älterer Jahrgänge gezeigt haben. Mit langem Hefelager (»sur lie«) und sehr später Abfüllung gelingt ihm ein eigener, würzig-kraftvoller Stil, der aber stets trinkanimierend wirkt. Bei der aktuellen Kollektion standen die nachverkosteten Weine aus 2013 etwas besser da. Vielleicht brauchen diese Weine auch einfach etwas Zeit. Der Classic bietet für kleines Geld viel Trinkspaß: Animierend, frisch und saftig – so soll Classic sein. Der Riesling Edition zeigt sich mit der hier stilbildenden Kräuternote, während der Hallgartener mineralisch-zupackend ist und eine leicht salzige Note hat. Diese findet sich ebenso im ehemaligen Ersten Gewächs aus dem Doosberg, das nunmehr als »Milestone« vermarktet wird, wieder. Ein kräutriger Riesling mit leichtem »Sponti«, herbfruchtigem Schmelz und Kernobstaromen. Von den 2014ern gefiel uns der zupackende Hallgartener am besten. Während Basis und Mittelbau meistens vorbildlich gelingen, sehen wir auch nach der Nachverkostung in der Spitze noch etwas Luft nach oben.

Anzahl der verkosteten Weine: 9
Bewertungen: 83–89 Punkte

2013 Riesling Classic »sur lie« **85**
7,90 € | 11,5% | bis 2017

2013 Oestricher Doosberg **89**
Riesling Milestone »Großes Gewächs« »sur lie«
18,90 € | 12% | bis 2021

2013 Riesling »sur lie« **84**
6,– € | 11,5% | bis 2017

2014 Riesling »sur lie« **83**
7,90 € | 12% | bis 2017

2014 Riesling Edition »sur lie« **85**
9,40 € | 12% | bis 2019

2013 Riesling Edition »sur lie« **86**
9,40 € | 11,5% | bis 2018

2013 Hallgartener Riesling »sur lie« **87**
11,75 € | 11,5% | bis 2019

2014 Hallgartener Riesling »sur lie« **87**
11,75 € | 12% | bis 2020

2013 Oestricher Lenchen **88**
Riesling »Q1« »Erste Lage« »sur lie«
14,15 € | 11,5% | bis 2020

SCHLOSS REINHARTSHAUSEN

65346 Eltville-Erbach · Hauptstr. 39
☎ (0 61 23) 67 63 33 · Fax 42 22
service@schloss-reinhartshausen.de
www.schloss-reinhartshausen.de
Inhaber: Familie Lergenmüller
Betriebsleiter: Stefan Lergenmüller
Außenbetrieb: Norbert Weiß
Kellermeister: Martin Vogel

Verkauf: Gerda Kruger
Mo–Fr: 9.00–18.00 Uhr
Sa–So, feiertags: 10.00–18.00 Uhr

Schlossschänke: Mo–Fr ab 16.00 Uhr, Sa–So ab 11.00 Uhr
Gourmetrestaurant: »Prinzess von Erbach«
Historie: 1337 gegründet, 1800 Bau des Schlosses mit Festsaal
Erlebenswert: Kellerführung und Besichtigung der Insel Mariannenaue mit Weinprobe, kulinarische Weinprobe

Rebfläche: 68 Hektar
Jahresproduktion: 300.000 Flaschen
Beste Lagen: Erbacher Marcobrunn, Schlossberg, Siegelsberg und Hohenrain, Hattenheimer Wisselbrunnen und Nussbrunnen
Boden: Schwemmkies, tiefgründiger Mergel und Löss
Rebsorten: 80% Riesling, 7% Weißburgunder, je 5% Chardonnay und Spätburgunder, 3% übrige Sorten
Durchschnittsertrag: 50 hl/ha

Nach der Übernahme durch die Brüder Lergenmüller sind wir weiter gespannt, in welche Richtung die Pfälzer Winzerfamilie den Traditionsbetrieb lenken wird. Zu hören ist immer wieder, dass man in die Menge gehen will. Neuer Kellermeister ist Martin Vogel, der von Ress kam. Mit dem 2014er Jahrgang hat man hier das Sortiment etwas gestrafft, aber auch ergänzt durch neue Weine. Während der Mittelbau stimmig ist, sehen wir in der trockenen Spitze noch Luft nach oben. Am besten gefiel uns der straff gewobene Marcobrunn mit seiner erdigen Art und Aromen von weißen Früchten und Blüten. Der Schlossberg hatte mit zarten Spontinoten und dezenter Gelbfrucht Charme. Auch der neu ins Programm genommene Chardonnay von der Insel Mariannenaue gefiel: Mit gekonntem Holzeinsatz, schöner Frische und geschliffenem Schmelz zeigt er sich trinkanimierend statt fett. Punkten konnte die dicht-schmelzige Trockenbeerenauslese mit betörenden Aromen kandierter Früchte.

Anzahl der verkosteten Weine: 14
Bewertungen: 82–93 Punkte

2014	Riesling trocken **9,50 €** | 11,5% | 🍷 bis 2018	**82**
2014	Erbacher Siegelsberg Riesling trocken Holzfass **13,50 €** | 12% | 🍷 bis 2019	**86**
2014	Hattenheimer Nussbrunnen Riesling trocken **13,90 €** | 12,5% | 🍷 bis 2019	**85**
2014	Erbacher Hohenrain Riesling trocken Alte Reben **15,40 €** | 13% | 🍷 bis 2019	**86**
2014	Chardonnay von der Insel Mariannenaue Thanks Bob! trocken **35,– €**/1,5 Lit. | 12,5% | 🍷 bis 2021	**87**
2014	Erbacher Schlossberg Riesling trocken »Große Lage« **34,– €** | 12,5% | 🍷 bis 2021	**87**
2014	Erbacher Marcobrunn Riesling trocken »Große Lage« **39,– €** | 13,5% | 🍷 bis 2021	**87**
2014	Weißburgunder von der Insel Mariannenaue trocken Reserve Preis auf Anfrage | 13% | 🍷 bis 2020	**86**
2014	Erbacher Siegelsberg Riesling trocken Reserve Preis auf Anfrage | 13,5% | 🍷 bis 2021	**87**
2014	Hattenheimer Wisselbrunnen Riesling Kabinett **12,50 €** | 9,5% | 🍷 bis 2019	**84**
2014	Erbacher Marcobrunn Riesling Auslese **25,– €**/0,375 Lit. | 7% | 🍷 bis 2030	**89**
2014	Erbacher Marcobrunn Riesling Beerenauslese **113,– €**/0,375 Lit. | 8% | 🍷 bis 2030	**89**
2014	Erbacher Marcobrunn Riesling Trockenbeerenauslese **334,– €**/0,375 Lit. | 6% | 🍷 bis 2040	**93**
2013	Assmannshäuser Höllenberg Spätburgunder trocken Barrique **35,– €** | 14% | 🍷 bis 2020	**87**

WEINGUT BALTHASAR RESS

65347 Eltville-Hattenheim · Rheinallee 7–11
☎ (0 67 23) 9 19 50 · Fax 91 95 91
info@balthasar-ress.de
www.balthasar-ress.de
Inhaber: Christian Ress
Betriebsleiter: Dirk Würtz
Außenbetrieb: Oliver Schmid
Kellermeister: Dennis Paul

Verkauf: Vinothek, Rheinallee 50
Mo–Fr: 9.00–18.00 Uhr, Sa–So: 11.30–17.30 Uhr

Weinbar: mit Vinothek in Wiesbaden
Erlebenswert: Veranstaltungen im Gutshaus mit Gewölbekeller, Winebank, nördlichster Weinberg Deutschlands in Keitum auf Sylt

Rebfläche: 46 Hektar
Jahresproduktion: 250.000 Flaschen
Beste Lagen: Hattenheimer Nussbrunnen und Engelmannsberg, Rüdesheimer Berg Schlossberg und Berg Rottland
Boden: Löss, tertiärer Mergel, Quarzit
Rebsorten: 93% Riesling, 7% Spätburgunder
Durchschnittsertrag: 50 hl/ha
Mitglied: VDP

Mit dem aktuellen Jahrgang setzt sich der stilistische Wandel und die Experimentierfreude auf dem Weingut Ress weiter fort. Die Weine werden spontan vergoren, bleiben lange auf der Vollhefe und auch biologischer Säureabbau ist eher die Regel als die Ausnahme. Während die Basisweine nicht immer überzeugen, gewinnen doch zumindest der Mittelbau und die Spitzenweine weiter an Konturen und Individualität. Die besseren Rieslinge, nicht selten konsequent trocken wie etwa der hefig-würzige Engelmannsberg oder der im Duft klarere Rüdesheimer sind straff und zupackend. Der Rüdesheimer aus der Großen Gewächs-Lage Berg Rottland ist im Duft hingegen nicht ganz so klar, zeigt aber Tiefe und ein gutes mineralisches Fundament. Individuell fanden wir die beiden Rieslinge im „Natural Style". Der konsequent trockene und leicht salzig anmutende Riesling 32 sowie der Rüdesheimer 18 – die Zahl zeigt jeweils die Dauer des Hefelagers an – sind ausgewogen und offenbaren interessante Noten von Orangenschale, Kräuter und Salmiak.

Anzahl der verkosteten Weine: 12
Bewertungen: 84–90 Punkte

2014 Rüdesheimer Berg Rottland **89**
Riesling »Großes Gewächs«
35,– € | 13% | bis 2021

2014 Riesling von unserem trocken **84**
10,50 € | 12% | bis 2018

2014 Rüdesheimer Riesling trocken **86**
14,50 € | 12% | bis 2019

2014 Hattenheimer Engelmannsberg **87**
Riesling trocken »Erste Lage«
24,– € | 12,5% | bis 2018

2013 Rüdesheimer Riesling 18 trocken **89**
39,– € | 12% | bis 2021

2012 Riesling 32 trocken **90**
39,– € | 12,5% | bis 2021

2013 Riesling Resspekt trocken **89**
65,– € | 13,5% | bis 2021

2014 Hallgartener Hendelberg **86**
Riesling feinherb »Erste Lage«
16,50 € | 11,5% | bis 2018

2014 Hattenheimer Schützenhaus **85**
Riesling Kabinett »Erste Lage«
10,90 € | 8,5% | bis 2018

2014 Schloss Reichartshausen **87**
Riesling Kabinett »Erste Lage«
12,90 € | 8% | bis 2019

2014 Rüdesheimer Berg Schlossberg **88**
Riesling Auslese »Große Lage«
36,– € | 10,5% | bis 2024

2013 Pinot Noir von unserem trocken **84**
13,70 € | 13% | bis 2017

DAS KLEINE RIESLINGGUT

65375 Hallgarten · Niederwaldstraße 10a
☎ (01 70) 4 40 50 82
info@daskleinerieslinggut.de
www.daskleinerieslinggut.de
Inhaber: Christoph Schütt und Andreas Frosch

Verkauf: Andreas Frosch
nach Vereinbarung

Eine blitzsaubere Kollektion präsentierten uns Christoph Schütt und Andreas Frosch, die ihre frischen, lebendigen Weine als Cuvée aus verschiedenen Rüdesheimer und Oestricher Lagen komponieren. Mit dem Jahrgang 2014 werden die 60 Jahre alten Reben der Lage Berg Roseneck ökologisch bewirtschaftet. Aus dieser Steillage ist auch der Niveau gekeltert. Mineralisch, puristisch, erinnert er uns an einen Gebirgsbach. Neu ist der feinherbe Novize, eine gelungene Lagencuvée die gleich unter den besten drei Gewächsen des Sortiments landete. Sie gefällt durch ausgewogene Frucht und Frische am Gaumen. Auch der lebendige Charisma zieht uns wieder in seinen Bann. Dicht, mit guter Struktur und einer würzigen, mineralischen Art steht er auch dieses Jahr an der Spitze der Kollektion dieses kleinen, aber feinen Weinguts.

Anzahl der verkosteten Weine: 6
Bewertungen: 82–85 Punkte

2014	Riesling Basis trocken **6,50 €** | 12% | bis 2017	**82**
2014	Rüdesheimer Riesling Niveau trocken **8,- €** | 12% | bis 2018	**84**
2014	Riesling Charisma trocken **8,50 €** | 12,5% | bis 2018	**85**
2014	Riesling Magda feinherb **7,- €** | 11,5% | bis 2018	**82**
2014	Riesling Novize feinherb **8,- €** | 11,5% | bis 2018	**83**
2014	Riesling Zicke **8,- €** | 9% | bis 2020	**82**

Zeichenerklärung:
Schnäppchenpreis · **Top 10** Spitzenreiter
Ökobetrieb · Trink-Tipp · Versteigerungswein
Sekt | Weißwein | Rotwein | Roséwein

Neu

WEINGUT ROTHENBACH

65375 Oestrich-Winkel · Eisenbahnstraße 12
☎ (0 67 23) 26 95 · Fax 88 98 51
info@weingut-rothenbach.de
www.weingut-rothenbach.de
Inhaber: Fritz Peter Rothenbach

Verkauf: nach Vereinbarung

Fritz Rothenbach präsentiert uns neuerlich eine stimmige Kollektion. Die beiden 2012er Rieslingsekte sind traditionell in der Flasche vergoren. Sie gefallen mit reifen Pfirsich- und Aprikosennoten, feiner Perlage sowie einer schönen Frische mit ausgewogener Säure. Der Brut hat mit nobler Hefearomatik leicht die Nase vorn. Die Rieslinge sind ganz nach dem vorherrschenden Stil des Hauses kräuterwürzig, herbfruchtig und haben Aromen von gelben Früchten. Die Spitze markieren die feinherben Alten Reben aus dem Doosberg; schöne Spannung am Gaumen, erdigmineralische Noten sowie ein langer Abgang. Der trockene Frühburgunder Spätlese ist frisch, herb fruchtig, aber etwas alkoholisch mit leicht bitterem Abgang. Grundsätzlich stimmen beim Weingut Rothenbach Preis und Leistung.

Anzahl der verkosteten Weine: 12
Bewertungen: 80–84 Punkte

2012	Oestricher Lenchen Riesling Sekt Brut **7,80 €** | 13% | bis 2017	**84**
2012	Oestricher Lenchen Riesling Sekt extra trocken **7,80 €** | 12,5% | bis 2017	**83**
2014	Oestricher Lenchen Riesling trocken **4,10 €**/1,0 Lit. | 12,5% | bis 2016	**80**
2014	Oestricher Lenchen Riesling Kabinett trocken **4,90 €** | 11,5% | bis 2017	**82**
2014	Oestricher Lenchen Riesling Spätlese trocken **6,20 €** | 12% | bis 2017	**83**
2014	Oestricher Klosterberg Riesling halbtrocken **4,10 €**/1,0 Lit. | 12% | bis 2017	**80**
2014	Riesling feinherb Classic **4,90 €** | 12,5% | bis 2017	**81**
2014	Hallgartener Jungfer Riesling Kabinett halbtrocken **4,90 €** | 11,5% | bis 2017	**83**
2014	Oestricher Doosberg Riesling feinherb Alte Reben **7,20 €** | 13% | bis 2018	**84**
2014	Oestricher Doosberg Riesling Spätlese **6,30 €** | 8% | bis 2018	**83**
2013	Oestricher Klosterberg Frühburgunder Spätlese trocken **10,50 €** | 14% | bis 2018	**83**
2013	Oestricher Klosterberg Frühburgunder halbtrocken **4,80 €** | 11,5% | bis 2017	**81**

WEINGUT W. J. SCHÄFER

65239 Hochheim · Elisabethenstraße 4
☎ (0 61 46) 48 21 und 21 12 · Fax 6 15 60
info@wj-schaefer.de
www.wj-schaefer.de
Inhaber: Josef Schäfer

Verkauf: Jutta und Josef Schäfer
Mo–Fr: 10.00–19.00 Uhr
Sa: 10.00–14.00 Uhr und nach Vereinbarung

Die aktuelle Kollektion gefällt uns noch mal besser als in den Jahren zuvor. Die Rieslinge sind klar im Duft, zeigen sich ortstypisch und mit Blick auf die trockenen Rieslinge aus dem Kirchenstück und aus der Hölle auch lagentypisch. Überhaupt wirken sie zunehmend kühler mit mineralischen Ansätzen. Bei den Trockenen gefallen uns der kompakte Kabinett aus der Hölle sowie die Spätlese aus dem Kirchenstück. Das Erste Gewächs zeigt sich in der Struktur noch etwas geschliffener und dichter. Auch die halbtrockene Spätlese Hölle ist trinkanimierend. Die fruchtsüße Spätlese aus der Domdechaney zeigt sich im Kern recht süß mit Waldmeisteraromatik. Der für das Hochheimer Terrain exotische Gewürztraminer zeigt sich mit Noten von Rosen und Traubenschale, die beiden Spätburgunder haben Substanz, sind uns aber einen Tick zu holzlastig.

Anzahl der verkosteten Weine: 10
Bewertungen: 81–87 Punkte

2014	Hochheimer Hölle Riesling Erstes Gewächs **16,– €** | 13% | bis 2019	**87**
2014	Hochheimer Stielweg Riesling Kabinett trocken **6,30 €** | 12% | bis 2018	**83**
2014	Hochheimer Hölle Riesling Kabinett trocken **7,– €** | 12,5% | bis 2018	**85**
2014	Gewürztraminer Spätlese trocken **9,50 €** | 13% | bis 2017	**83**
2014	Hochheimer Kirchenstück Riesling Spätlese trocken **10,50 €** | 13% | bis 2017	**85**
2014	Riesling Classic **6,– €** | 11,5% | bis 2017	**81**
2014	Hochheimer Hölle Riesling Spätlese halbtrocken **9,50 €** | 12% | bis 2018	**84**
2014	Hochheimer Domdechaney Riesling Spätlese **10,50 €** | 7,5% | bis 2020	**85**
2013	Hochheimer Reichestal Spätburgunder trocken Holzfass **9,50 €** | 13,5% | bis 2019	**84**
2013	Hochheimer Reichestal Spätburgunder Spätlese trocken Barrique **14,– €** | 14% | bis 2019	**85**

WEINGUT SCHAMARI-MÜHLE

65366 Johannisberg · Grund 65
☎ (0 67 22) 6 45 37
mail@schamari.de
www.schamari.de
Inhaber und Betriebsleiter: Erik Andersson

Verkauf: Erik Andersson
Mo–Fr: 9.00–12.00 Uhr · 13.00–18.00 Uhr
Sa: 11.00–18.00 Uhr (mit Proben)

Historie: Mühle bereits 1593 erwähnt
Sehenswert: Denkmalgeschütztes Mühlengebäude, großer gepflegter Garten mit Springbrunnen

Rebfläche: 4,5 Hektar
Jahresproduktion: 35.000 Flaschen
Beste Lagen: Geisenheimer Kläuserweg, Johannisberger Hölle, Assmannshäuser Höllenberg, Lorcher Kapellenberg
Boden: Taunusquarzit, lehmig-tonig, Schiefer
Rebsorten: 60% Riesling, 25% Spätburgunder, 7% Dornfelder, je 4% Frühburgunder und Regent
Durchschnittsertrag: 80 hl/ha

Schon die letzten beiden Jahrgänge lobten wir die hervorragenden Rotweine. Die aktuelle Kollektion des aus Schweden stammenden Erik Anderssons ist in diesem Jahr so gut wie nie. Vor allem die Rotweine aus zum Teil zuvor an Chat Sauvage verpachteten Weinbergen sind vorzüglich. Besonders die Weine der Johannisberger Hölle: Die Spätlese aus der Nonnenhölle zeigt sich mit eleganter, kühler Fruchtfülle mit roten Beeren, während La Déesse ein fein umrissener Pinot im klassischen Stil ist. Bei den Weißen gefallen uns der unbekümmerte, pikant-traubig schmeckende Muskateller sowie der im Holzfass ausgebaute Scha-to-Marie, der zwar noch immer mit der feinen Restsüße spielt, aber dafür saftige Rieslingfrucht ins Glas bringt. Gutes Lagerpotenzial inklusive. Das ist ganz klar Zwei-Trauben-Niveau. Glückwunsch zum Aufstieg!

Die Betriebe:
Weltklasse · Deutsche Spitze
Sehr gut · Gut · Zuverlässig
Weitere Empfehlung

Anzahl der verkosteten Weine: 12
Bewertungen: 80–90 Punkte

Jahrgang	Wein	Punkte
2014	Johannisberger Erntebringer Riesling trocken **5,50 €**/1,0 Lit. | 12% | bis 2016	**80**
2014	Geisenheimer Kläuserweg Riesling Scha-to-Marie Spätlese trocken Holzfass **11,– €** | 13% | bis 2019	**85**
2014	Johannisberger Erntebringer Riesling Schoppen feinherb **5,50 €**/1,0 Lit. | 11% | bis 2017	**81**
2014	Muskateller feinherb **7,50 €** | 11,5% | bis 2017	**84**
2014	Geisenheimer Kläuserweg Riesling Spätlese **8,50 €** | 10% | bis 2019	**85**
2014	Geisenheimer Kläuserweg Riesling Auslese **16,– €** | 8,5% | bis 2022	**86**
2013	Lorcher Kapellenberg Spätburgunder trocken **7,– €** | 13% | bis 2018	**85**
2013	Johannisberger Hölle Frühburgunder trocken **8,– €** | 13% | bis 2019	**84**
2013	Assmannshäuser Höllenberg Pinot Noir trocken Barrique **19,– €** | 13% | bis 2020	**87**
2013	Johannisberger Hölle Pinot Noir Scha-to-Marie trocken Barrique **19,– €** | 14% | bis 2020	**87**
2013	Johannisberger Hölle Pinort Noir La Deésse trocken Barrique **35,– €** | 13,5% | bis 2022	**90**
2013	Johannisberger Hölle Pinot Noir Spätlese trocken Barrique **27,– €** | 14% | bis 2021	**89**

Gutsverwalter des Jahres 2009

DOMÄNENWEINGUT SCHLOSS SCHÖNBORN

65347 Hattenheim · Hauptstraße 53
☎ (0 67 23) 9 18 10 · Fax 91 81 91
schloss-schoenborn@schoenborn.de
www.schoenborn.de
Inhaber und Betriebsleiter: Paul von Schönborn
Betriebsleiter: Christian Valk
Außenbetrieb und Kellermeister: Florian Franke

Verkauf: Christian Sustrate
Mo–So: 9.00–18.00 Uhr (Winter)
Mo–So: 9.00–22.00 Uhr (Sommer)

Vinothek: mit Sonnenterrasse und Eventbereich
Historie: Weinbau urkundlich seit 1349 in der Familie Schönborn belegt
Sehenswert: 500 Jahre alter Fasskeller

Rebfläche: 44 Hektar
Jahresproduktion: 190.000 Flaschen
Beste Lagen: Rüdesheimer Berg Rottland, Hochheimer Kirchenstück
Boden: Ton, Löss, Mergel, Schiefer, Quarzit
Rebsorten: 94% Riesling, je 3% Spätburgunder und Weißburgunder
Durchschnittsertrag: 54 hl/ha

Die Zeichen auf diesem Traditionsweingut stehen weiter auf Neubeginn. Nach den Schlagzeilen der Vergangenheit setzt man hier mehr denn je auf Offenheit und Transparenz. Symbolisiert wird dies durch eine schicke Vinothek, die täglich für das Publikum geöffnet ist. »Wir wollen uns als Weingut öffnen«, sagt der neue Betriebsleiter Christian Valk. Mit nachhaltiger Weinbergsarbeit will man das große Potenzial der Lagen ausschöpfen und den guten Ruf wiederherstellen. Dabei können sie aus dem Vollen schöpfen. Denn kaum ein anderer Rheingauer Betrieb besitzt mehr Spitzenlagen wie dieses traditionsreiche Haus. Graf von Schönborn kümmert sich nun stärker um die Belange des Weinguts und mit Florian Franke hat man einen neuen Kellermeister. In diesem Jahr der weiteren Umstellung mussten sie aus dem »geerbten Lesematerial« das Bestmögliche machen. Es mag daran oder auch am schwierigen Jahrgang gelegen haben, dass nicht alle Weine gänzlich überzeugten. In der trockenen Mittelklasse punktete nur der Nussbrunnen mit seiner würzigen Art. Von den drei Ersten Gewächsen gefielen uns der Rüdesheimer Schlossberg mit seiner mineralischen Ader sowie der Hochheimer Domdechaney, den man in »von-Winning-Manier« ins neue Barrique gesteckt hat. Wir sind gespannt, wie es hier mit dem ersten wirklichen Jahrgang der neuen Mannschaft weitergeht.

Anzahl der verkosteten Weine: 12
Bewertungen: 79–88 Punkte

2014	Riesling trocken **7,90 €** | 12% | bis 2017	**82**
2014	Weißburgunder trocken Holzfass **9,50 €** | 12,5% | bis 2017	**82**
2014	Hochheimer Riesling trocken **10,90 €** | 12,5% | bis 2018	**83**
2014	Rüdesheimer Riesling trocken **10,90 €** | 12% | bis 2018	**84**
2014	Hattenheimer Nussbrunnen Riesling trocken **13,50 €** | 12,5% | bis 2018	**85**
2014	Hochheimer Domdechaney Riesling Erstes Gewächs **23,50 €** | 12,5% | bis 2021	**88**
2014	Rüdesheimer Berg Schlossberg Riesling Erstes Gewächs **26,50 €** | 12% | bis 2020	**87**
2014	Erbacher Marcobrunn Riesling Erstes Gewächs **33,– €** | 12% | bis 2019	**87**
2014	Riesling Edition Paulus Spätlese trocken **11,90 €** | 12% | bis 2017	**83**
2014	Riesling feinherb **7,50 €**/1,0 Lit. | 11% | bis 2016	**79**
2014	Riesling fruchtig **7,90 €** | 9% | bis 2017	**82**
2014	Hattenheimer Pfaffenberg Riesling Kabinett fruchtig **12,50 €** | 10,5% | bis 2017	**84**

WEINGUT SCHÖNLEBER-BLÜMLEIN

65375 Oestrich-Winkel · Kirchstraße 39
☎ (0 67 23) 31 10 · Fax 8 73 81
weingut@schoenleber-bluemlein.de
www.schoenleber-bluemlein.de
Inhaber und Betriebsleiter: Frank Schönleber

Verkauf: nach Vereinbarung

Das Familienweingut mit Weinbergen im mittleren Rheingau kultiviert als Versuchsprojekt die japanische Koshu-Rebe. Ein Wein mit sanfter Säure und Melonenaroma. Den 2014er Weißweinen fehlt etwas Präzision, Tiefe und Charakter. Bei den Rieslingen steht das jahrgangstypisch schlanke Erste Gewächs mit herb-würzigen Noten und gelben Früchten an der Spitze. Vergnügen bereiteten uns die beiden Rotweincuvées. Hier macht das Holz den Unterschied: Der Maximus VIII – in französischen Fässern gereift – hat mit mehr Präzision und attraktiveren Holznoten für uns die Nase vorn. Der fruchtigere Maximus IX aus amerikanischem Barrique zeigt würzige, pfeffrige Aromen.

Anzahl der verkosteten Weine: 12
Bewertungen: 80–86 Punkte

2014	Riesling trocken **6,50 €**/1,0 Lit. | 12% | bis 2017	**80**
2014	Cuvée »Generation S« trocken **7,90 €** | 12% | bis 2017	**82**
2014	Winkeler Dachsberg Grauburgunder trocken **8,50 €** | 12% | bis 2017	**82**
2014	Winkeler Hasensprung Riesling Kabinett trocken **6,90 €** | 11% | bis 2017	**83**
2014	Oestricher Doosberg Riesling Erstes Gewächs **16,– €** | 13% | bis 2018	**85**
2014	Mittelheimer Edelmann Koshu halbtrocken **16,– €** | 11% | bis 2017	**83**
2014	Mittelheimer Edelmann Spätburgunder feinherb Weißherbst **7,50 €** | 11,5% | bis 2017	**81**
2011	Cuvée »Generation S« trocken **7,90 €** | 13% | bis 2018	**82**
2012	Winkeler Hasensprung Spätburgunder trocken **8,50 €** | 13% | bis 2019	**83**
2012	Mittelheimer St. Nikolaus Pinot Noir trocken **9,50 €** | 13,5% | bis 2019	**84**
2009	Cuvée »Maximus IX« trocken Barrique **16,– €** | 14% | bis 2020	**85**
2009	Cuvée »Maximus VIII« trocken Barrique **16,– €** | 14% | bis 2019	**86**

WEIN- UND SEKTGUT F. B. SCHÖNLEBER

65375 Oestrich-Winkel · Obere Roppelsgasse 1
☎ (0 67 23) 34 75 · Fax 47 59
info@fb-schoenleber.de
www.fb-schoenleber.de
Inhaber: Bernd und Ralf Schönleber
Außenbetrieb: Ralf Schönleber
Kellermeister: Bernd Schönleber

Verkauf: Familie Schönleber
nach Vereinbarung

Weinstube: ☎ (0 67 23) 9 17 60,
Mi–Sa 16.00–23.00 Uhr, So 15.00–23.00 Uhr
Hotel: 17 Zimmer, teilweise mit Rheinblick
Sehenswert: eigene Sektherstellung

Rebfläche: 12 Hektar
Jahresproduktion: 85.000 Flaschen, davon 22.000 Flaschen Sekt
Beste Lagen: Oestricher Doosberg und Lenchen, Mittelheimer St. Nikolaus und Edelmann, Erbacher Steinmorgen, Winkeler Hasensprung und Jesuitengarten
Boden: Lehm, Löss
Rebsorten: 94% Riesling, 6% Spätburgunder
Durchschnittsertrag: 60 hl/ha
Mitglied: VDP, Verband der traditionellen klassischen Flaschenvergärer

Das Weingut von Bernd und Ralf Schönleber gehört zu den zuverlässigen Betrieben, zudem ist das Gut für ausgezeichnete Sekte bekannt. Während der Riesling Sekt Extra Brut straff ist und die Riesling-Frucht betont, zeigen sich die beiden Cuvées Creation kräftig mit schmelzigem Charme und Kernobstnoten. Wir ziehen hier klar die straffere Extra-Brut-Variante vor. Die Grande Reserve mit sehr langem Hefelager zeigt im Duft reife Fruchtaromatik und paart sie mit vielschichtiger Cremigkeit. Aus der Rieslingkollektion zeigt bereits der saftige Literschoppen eine beachtliche Qualität und gehört zu den besten des Rheingaus. Die Weine sind in diesem Jahr noch etwas geschliffener und eleganter. Die Oestricher Alten Reben laden mit klarer Kernobstaromatik zu einem zweiten Glas ein, während der herbfruchtige Riesling aus der Ersten Lage Erbacher Steinmorgen von zarter Limone und Holztouch geprägt ist. Die Großen Gewächse zeigen komplexe Ansätze und Lagenunterschiede. Gut gefallen hat uns auch die ausgewogene Spätlese mit kräutrigem Schmelz.

Anzahl der verkosteten Weine: 16
Bewertungen: 84–89 Punkte

2012	Riesling Katharina Sekt Brut Cuvée **13,10 €** | 13% | bis 2017	**88**
2012	Creation Sekt Brut **15,60 €** | 13% | bis 2017	**88**
2011	Mittelheimer Edelmann Spätburgunder Sekt Brut **18,60 €** | 12,5% | bis 2018	**86**
2009	Riesling Grande Réserve Sekt Brut **35,– €** | 13% | bis 2018	**89**
2012	Riesling Sekt extra Brut **13,10 €** | 13% | bis 2017	**87**
2012	Creation Sekt extra Brut **15,60 €** | 13,5% | bis 2017	**89**
2014	Riesling trocken Top 10 **7,10 €**/1,0 Lit. | 12% | bis 2017	**84**
2014	Erbacher Riesling trocken **10,10 €** | 12,5% | bis 2018	**85**
2014	Mittelheimer Riesling Edition trocken **10,10 €** | 12,5% | bis 2018	**86**
2014	Oestricher Riesling trocken Alte Reben **10,10 €** | 12,5% | bis 2019	**86**
2014	Erbacher Steinmorgen Riesling trocken »Erste Lage« **15,60 €** | 12,5% | bis 2019	**87**
2014	Mittelheimer Edelmann Riesling trocken »Erste Lage« **15,60 €** | 12,5% | bis 2018	**87**
2014	Winkeler Jesuitengarten Riesling »Großes Gewächs« **23,60 €** | 13% | bis 2019	**87**
2014	Oestricher Doosberg Riesling »Großes Gewächs« **23,60 €** | 13% | bis 2020	**88**
2014	Mittelheimer St. Nikolaus Riesling »Großes Gewächs« **26,60 €** | 13% | bis 2020	**88**
2014	Winkeler Hasensprung Riesling Spätlese »Große Lage« **15,60 €** | 10% | bis 2020	**87**

WEINGUT SCHREIBER

65239 Hochheim · Johanneshof
☎ (0 61 46) 91 71 · Fax 6 17 37
info@weingut-schreiber.de
www.weingut-schreiber.de
Inhaber: Uwe Schreiber
Kellermeister: Uwe und Simon Schreiber

Verkauf: Uwe Schreiber
Mo–Fr: 10.00–19.00 Uhr, Sa: 10.00–16.00 Uhr

Dieser Hochheimer Familienbetrieb erfreute uns mit einer gelungenen Kollektion. Die 2014er Weißweine zeigen, dass Hochheim offenbar in diesem Weinjahr Vorteile innerhalb des Rheingaus hatte: Die Weine sind reintönig und klar, zeigen die typische Hochheimer Frucht und Substanz mit reifer Pfirsicharomatik. Das mineralische Erste Gewächs zeigt Substanz und Aprikose pur. In gleicher Art, aber mit süßer Opulenz präsentiert sich die Auslese, eine in diesem Jahrgang rare Prädikatsstufe. Die beiden Roten sind weich und fruchtig. Und: Bei Schreibers stimmt der Preis – wer geht bei einem Preis von 5,50 Euro für den wirklich gelungenen, trockenen Kabinett aus der Hölle noch in den Supermarkt?

Anzahl der verkosteten Weine: 12
Bewertungen: 81–85 Punkte

2013	Hochheimer Stein Riesling Sekt Brut	**84**
	8,50 € | 12,5% | 🍷 bis 2017	
2014	Riesling trocken	**81**
	4,90 €/1,0 Lit. | 11,5% | 🍷 bis 2017	
2014	Hochheimer Stein Weißburgunder Spätlese trocken	**81**
	7,50 € | 12,5% | 🍷 bis 2017	
2014	Hochheimer Hölle Riesling Kabinett trocken	**83**
	5,50 € | 12% | 🍷 bis 2017	
2014	Hochheimer Reichestal Riesling Spätlese trocken Alte Reben	**84**
	7,50 € | 12,5% | 🍷 bis 2018	
2014	Hochheimer Kirchenstück Riesling Erstes Gewächs	**85**
	15,– € | 13% | 🍷 bis 2020	
2014	Riesling feinherb Classic	**82**
	5,50 € | 11,5% | 🍷 bis 2017	
2014	Hochheimer Hölle Riesling Spätlese halbtrocken	**83**
	7,– € | 12% | 🍷 bis 2018	
2014	Hochheimer Reichestal Riesling Spätlese	**83**
	7,– € | 7% | 🍷 bis 2020	
2014	Hochheimer Hölle Riesling Auslese	**85**
	9,– €/0,375 Lit. | 7% | 🍷 bis 2022	
2013	Hochheimer Daubhaus Spätburgunder trocken	**83**
	8,– € | 13% | 🍷 bis 2018	
2013	Hochheimer Hölle Merlot trocken Barrique	**83**
	11,– € | 13,5% | 🍷 bis 2018	

WEINGUT SCHUMANN-NÄGLER

65366 Geisenheim · Nothgottesstraße 29
☎ (0 67 22) 52 14 · Fax 52 46
info@schumann-naegler.de
www.schumann-naegler.de
Inhaber und Betriebsleiter: Fred Schumann
Außenbetrieb: Philipp und David Schumann
Kellermeister: David Schumann

Verkauf: Mo–Fr: 8.00–17.00 Uhr
in der Gutsschänke
Mi–Sa: ab 17.00 Uhr
So, feiertags: ab 15.00 Uhr

In diesem Jahr präsentierte das oberhalb von Geisenheim gelegene Weingut eine recht homogene Kollektion. Die Weine sind klar im Duft, etwas schlank mit zupackender Säure. Bei den trockenen Rieslingen gefallen der zart mineralische Reserve sowie der Hattenheimer Schützenhaus Kabinett mit seinen jugendlichen Steinobstaromen. Der burgundisch angehauchte Jubiläumswein 576 duftet nach Heu und offenbart zarte Noten von kandierter Ananas. Im Holzfass ausgebaut, präsentiert er sich mit feinem Schmelz zudem als ausgezeichneter Essensbegleiter. Insgesamt wünschen wir uns jedoch noch etwas mehr Ausdruckskraft.

Anzahl der verkosteten Weine: 10
Bewertungen: 81–86 Punkte

2014	Riesling trocken	**81**
	6,50 €/1,0 Lit. | 12% | 🍷 bis 2016	
2014	Weißburgunder trocken	**82**
	6,50 € | 12,5% | 🍷 bis 2017	
2014	Geisenheimer Mäuerchen Riesling trocken	**82**
	6,50 € | 12,5% | 🍷 bis 2016	
2014	Riesling trocken Reserve	**84**
	7,– € | 12% | 🍷 bis 2017	
2014	Cuvée »S 576« trocken	**85**
	14,50 € | 12,5% | 🍷 bis 2018	
2014	Geisenheimer Rothenberg Riesling Erstes Gewächs	**86**
	20,– € | 12,5% | 🍷 bis 2020	
2014	Hattenheimer Schützenhaus Riesling Kabinett trocken	**83**
	8,50 € | 11,5% | 🍷 bis 2017	
2014	Riesling halbtrocken Reserve	**83**
	7,– € | 11,5% | 🍷 bis 2017	
2014	Spätburgunder trocken Rosé	**82**
	6,50 € | 12% | 🍷 bis 2017	
2013	Cuvée »N 575« trocken	**82**
	14,50 € | 13% | 🍷 bis 2018	

WEINGUT SOHNS

65366 Geisenheim · Hospitalstraße 25
☎ (0 67 22) 89 40 · Fax 7 55 88
info@weingut-sohns.de
www.weingut-sohns.de
Inhaber: Erich und Pascal Sohns

Verkauf: nach Vereinbarung

Dieser Geisenheimer Familienbetrieb verteidigt die im letzten Jahr errungene erste Traube. Die Cuvée Pascal ist ein fruchtig-schmelziger Sekt, der mit gefälliger Art sicherlich seine Freunde findet, ebenso wie der nach Birne duftende Weißburgunder. Von den beiden im Holzfass ausgebauten, trockenen Spitzenrieslingen aus dem Kläuserweg gefällt uns der seiner Tochter gewidmete Hanna aus 2013 am besten. Die Alten Reben zeigen gelbe Früchte, während der neue Lorcher Seligmacher mit seiner mineralisch-straffen Art gefiel. Das Erste Gewächs ist schmelzig mit leicht ätherischen Noten. Bei den Rotweinen wusste der Spätburgunder aus Geisenheim zu gefallen.

Anzahl der verkosteten Weine: 12
Bewertungen: 79–86 Punkte

2013	Cuvée »Pascal« Sekt Brut **10,80 €** | 12,5% | bis 2017	**84**
2014	Riesling »SE« trocken **5,– €** | 12% | bis 2016	**79**
2014	Geisenheimer Riesling trocken **6,50 €** | 12% | bis 2017	**82**
2014	Geisenheimer Mönchspfad Weißburgunder trocken **7,50 €** | 13% | bis 2017	**83**
2014	Geisenheimer Fuchsberg Riesling trocken **9,– €** | 12,5% | bis 2018	**83**
2014	Lorchhäuser Seligmacher Riesling trocken **10,50 €** | 12,5% | bis 2017	**84**
2014	Geisenheimer Kläuserweg Riesling Erstes Gewächs Holzfass **15,– €** | 13% | bis 2019	**86**
2013	Geisenheimer Kläuserweg Riesling Hanna trocken Barrique **19,– €** | 12,5% | bis 2019	**86**
2014	Geisenheimer Mönchspfad Riesling feinherb **7,50 €** | 12,5% | bis 2017	**82**
2014	Geisenheimer Kläuserweg Riesling feinherb Alte Reben Holzfass **12,50 €** | 13% | bis 2019	**85**
2013	Cuvée »Dunkelrot« trocken **7,50 €** | 12,5% | bis 2018	**81**
2013	Geisenheimer Spätburgunder trocken Holzfass **7,80 €** | 13% | bis 2018	**84**

SEKTHAUS SOLTER

65385 Rüdesheim am Rhein
Zum Niederwald-Denkmal 2
☎ (0 67 22) 25 66 · Fax 91 04 02
mail@sekthaus-solter.de
www.sekthaus-solter.de
Geschäftsführerin: Verena Solter
Betriebsleiterin: Bettina Appelshäuser
Kellermeisterin und Außenbetrieb: Sabrina Schach

Verkauf: Verena Solter, Betty Enchelmaier-Tietz
Mo–Fr: 8.00–12.00 Uhr · 13.00–17.00 Uhr
und nach Vereinbarung

Sehenswert: schöne Parkanlage mitten in Rüdesheim, sechs Meter hohe Sektflasche und Giraffe, die in die Sektflasche schaut
Erlebenswert: Hoffest im Sommer

Rebfläche: 10 Hektar
Jahresproduktion: 400.000 Flaschen, davon 80.000 eigene Produktion
Beste Lagen: Rüdesheimer Berg Schlossberg und Berg Roseneck, Assmannshäuser Höllenberg, Geisenheimer Rothenberg
Boden: Quarzit, Schieferverwitterung, Kalk und Löss
Rebsorten: 50% Riesling, 20% Spätburgunder, 14% Chardonnay, 10% Weißburgunder, je 2% Gewürztraminer, Grauburgunder und Pinot meunier
Durchschnittsertrag: 35 hl/ha
Mitglied: Verband der traditionellen klassischen Flaschengärer, Zeilensprung

In einem stattlichen Anwesen, in dem Johannes Brahms viele Wochen seiner Sommerferien verbrachte, komponierte Helmut Solter seine erstaunlichen Sekte. Nach dem überraschenden Tod von Helmut Solter in 2013 führt mit Verena Solter seine Frau die Geschicke des Unternehmens als Inhaberin und Geschäftsführerin. Und während noch immer über Frauenquoten in Vorstandsetagen diskutiert wird, steht im Sekthaus Solter heute ein weibliches Quartett an der Spitze. Kein Wunder, dass zahlreiche Rheingauer Güter hier ihre Weine zu Sekt veredeln lassen. Auch in diesem Jahr verkosteten wir hochwertige und individuelle Sekte, die bestens heranreifen – das Markenzeichen dieses Gutes. Während uns die Einstiegsqualitäten nicht durchweg überzeugten, sind die gereiften Exemplare echte Perlen: Der 2011er Pinot Sekt Brut Cuvée duftet vielschichtig und animiert mit feinem Schmelz zu einem zweiten Glas. Noch besser ist der 2001er, der herrlich feine Hefe-, Reife- und Briochenoten versprüht und sich am Gaumen wunderbar cremig, dicht und mit feinem Buttertouch präsentiert. Eine köstliche Rarität, die immer noch verrückt gut schmeckt.

Anzahl der verkosteten Weine: 10
Bewertungen: 85–89 Punkte

	Pinot Noir Sekt Brut Rosé **12,50 €** | 13% | bis 2016	**85**
	Riesling Sekt Brut **12,50 €** | 12,5% | bis 2016	**87**
	Cuvée »Henri« Sekt Brut Reserve **15,– €** | 12% | bis 2018	**87**
2011	Pinot Sekt Brut Cuvée **16,– €** | 12% | bis 2017	**89**
	Cuvée »Dolce vita« Sekt Brut Cuvée **21,– €** | 12,5% | bis 2017	**86**
2009	Riesling Sekt Brut Reserve **21,– €** | 12,5% | bis 2016	**86**
2005	Riesling Sekt Brut Reserve **25,– €** | 12,5% | bis 2017	**88**
2001	Cuvée »H« Pinot Sekt Brut Reserve **35,– €** | 12,5% | bis 2016	**87**
2001	Riesling Sekt Brut Reserve **38,– €** | 12,5% | bis 2017	**89**
	Sekt extra Brut Blanc de Noirs **13,50 €** | 12% | bis 2016	**85**

SOLVEIGS PINOT NOIR

65366 Geisenheim · Rheinstraße 5
☎ (0 67 01) 91 60 33 · Fax 91 60 39
jh@solveigs.de
www.solveigs.de
Inhaber: Jens Heinemeyer

Verkauf: Ippesheimer Straße 2, 55546 Biebelsheim
nach Vereinbarung

Ein langjähriger Bekannter in unserem Weinführer ist Jens Heinemeyer, der bis Ende 2012 Mitinhaber des Weingutes Johanninger in Rheinhessen war. Seit 2013 kümmert er sich ausschließlich um seine Rotweinlagen im Assmannshäuser Steil, die er ökologisch bewirtschaftet. Er setzt auf langsame Reifung im Fass, natürliche Sedimentation, keine Filtration und langes Flaschenlager. Er nennt dies »kontrolliertes Nichtstun«. Die Weine, eher im internationalen Stil, sind kräftig und dicht. Der Present betört durch intensive Cassis- und Minzenoten, während der Micke mit seiner mineralisch-steinigen Anmutung und seiner mediterranen Stilistik gefällt. Der Exot im Programm – der Frühburgunder Koloss aus rosinierten Trauben – zeigt ein interessantes Potpourri von Kräutern der Garrigue und Erdbeeren, uns ist er aber etwas zu mürbe. Herzlich willkommen in der Region Rheingau und Glückwunsch zum Einstieg in die Traubenliga!

Anzahl der verkosteten Weine: 6
Bewertungen: 83–87 Punkte

2013	Pinot Noir Rosa von P Rosé **13,– €** | 13% | bis 2017	**83**
2011	Pinot Noir Phyllit **15,– €** | 14,5% | bis 2018	**85**
2011	Pinot Noir Steil **19,50 €** | 13,5% | bis 2018	**87**
2011	Pinot Noir Micke **33,– €** | 13,5% | bis 2019	**87**
2009	Pinot Noir Present **33,– €** | 14% | bis 2018	**87**
2011	Pinot Noir Précoce Koloss **49,– €** | 15,5% | bis 2018	**87**

Zeichenerklärung:
Schnäppchenpreis · Top 10 Spitzenreiter
Ökobetrieb · Trink-Tipp · Versteigerungswein
Sekt | Weißwein | Rotwein | Roséwein

WEINGUT SPEICHER-SCHUTH

65399 Kiedrich · Suttonstraße 23
☎ (0 61 23) 8 14 21 · Fax 6 16 15
info@speicher-schuth.de
www.speicher-schuth.de
Inhaber und Betriebsleiter: Ralf Schuth

Verkauf: Ralf und Annamaria Schuth
nach Vereinbarung

Zwar ist die Kollektion wieder etwas heterogener, vor allem im Basisbereich. Dennoch gibt es einige schöne Highlights. Angefangen vom ausgezeichneten, straff gewobenen Sekt mit zarter Reife und feinen Satsumanoten über den ebenso straff-mineralischen Klosterberg bis hin zur trockenen Spätlese aus dem Gräfenberg mit klarer Mangofrucht machten sie uns allesamt Freude. Auch das Erste Gewächs aus dem Wasseros lässt sich sehen. Der Chardonnay Reserve, noch immer stark vom Holz geprägt, ist schlank mit Anklängen von Melone und Banane. Ein echter Knaller für Freunde des internationalen Stils ist der Cabernet Franc: ein würziges, dicht gepacktes Kraftpaket mit satter Frucht.

Anzahl der verkosteten Weine: 17
Bewertungen: 79–87 Punkte

2012	Riesling Brut	**87**
	9,50 € | 12,5% | bis 2017	
2014	Kiedricher Sandgrub Riesling trocken	**80**
	6,– € | 11,5% | bis 2017	
2014	Chardonnay trocken Holzfass	**84**
	12,– € | 13% | bis 2018	
2014	Kiedricher Wasseros Riesling Erstes Gewächs	**86**
	18,– € | 13% | bis 2019	
2014	Kiedricher Klosterberg Riesling Kabinett trocken	**84**
	8,50 € | 13% | bis 2018	
2014	Kiedricher Gräfenberg Riesling Spätlese trocken	**85**
	12,– € | 13% | bis 2018	
2014	Riesling Classic	**80**
	6,– € | 11,5% | bis 2017	
2014	Kiedricher Wasseros Riesling Kabinett	**82**
	8,50 € | 13% | bis 2017	
2014	Kiedricher Wasseros Riesling	**83**
	6,– € | 10% | bis 2018	
2014	Kiedricher Gräfenberg Riesling Spätlese	**86**
	12,– € | 9% | bis 2021	
2014	Pinot Noir Rosé	**80**
	8,50 € | 11,5% | bis 2017	
2012	Pinot Noir trocken Barrique	**85**
	18,– € | 14% | bis 2019	
2012	Cabernet Franc trocken Barrique	**87**
	18,– € | 14% | bis 2019	

Entdeckung des Jahres 2001

WEINGUT JOSEF SPREITZER

65375 Oestrich · Rheingaustraße 86
☎ (0 67 23) 26 25 · Fax 46 44
info@weingut-spreitzer.de
www.weingut-spreitzer.de
Inhaber: Bernd und Andreas Spreitzer
Verwalter: Bernhard Spreitzer
Kellermeister: Andreas Spreitzer

Verkauf: Mareike und Bernd Spreitzer
Mo–Fr: 9.00–12.00 Uhr · 13.30–18.30 Uhr
Sa: 9.00–16.00 Uhr

Erlebenswert: »Schlemmerwochen« an zehn Tagen Ende April/Anfang Mai
Spezialitäten: regionale Gerichte rund um den Riesling
Sehenswert: Gewölbekeller von 1745 mit Eichenholzfässern, Jugendstilvilla

Rebfläche: 20 Hektar
Jahresproduktion: 150.000 Flaschen
Beste Lagen: Oestricher Lenchen und Doosberg, Winkeler Jesuitengarten, Hattenheimer Wisselbrunnen
Boden: tiefgründiger Lehm und Löss, teilweise mit Quarzit
Rebsorten: 97% Riesling, 3% Spätburgunder
Durchschnittsertrag: 62 hl/ha
Mitglied: VDP

Dies ist eines dieser inhabergeführten Weingüter, die Jahr für Jahr viel Aufwand im Weinberg betreiben und zum guten Ansehen des Rheingaus beitragen. Weinbau wird in der Familie Spreitzer schon seit 1641 betrieben und auch jetzt arbeitet man hier Generationen übergreifend überaus erfolgreich zusammen.

Rückkehr zum klaren Stil

Die erstklassige 2004er Kollektion bescherte den Spreitzers seinerzeit die vierte Traube. Nach dem großen Jahrgang 2009 glänzte Spreitzer ein Jahr später mit seinem filigranen, feinen Stil und 2012 überzeugte man insbesondere mit einer Phalanx köstlicher edelsüßer Rieslinge. Köstlich präsentieren sich auch einige hervorragend gereifte Exemplare, was eine kürzlich durchgeführte Vertikale zeigte. Vor allem die Rieslinge aus den kühleren 2004er und 2008er Jahrgängen sowie aus dem mittelreifen Jahr 2012 präsentieren sich indes bestens.
Die letzten beiden Kollektionen der Spreitzerbrüder erreichten nicht ganz das gewohnte, ausgezeichnete Niveau der Vorjahre. Doch wir freu-

en uns, dass die Problematik des letzten Jahrgangs Vergangenheit zu sein scheint und wir in diesem Jahr wieder sehr klare und finessenreiche Rieslinge verkosten konnten. Bei den Trockenen ist der Alte Reben mit seiner kräutrigen und trinkanimierenden Art immer eine Bank. Ein Luxusalltagswein zum kleinen Preis. Das Große Gewächs aus dem Wisselbrunnen zeigt sich gewohnt erdig-stoffig mit noch leicht hefig-würzigen Anklängen und Apricottouch, während der Oestricher Rosengarten mit femininer Eleganz und großer Klarheit ungemein trinkanimierend ist. Das Pendant aus dem St. Nikolaus legt man hier jetzt ins neue Holzfass. Hinter den noch merklichen Röstnoten fließt ein ganz feiner Saft ins Glas, der genügend Substanz haben dürfte, um das Holz mit etwas Flaschenreife zu integrieren. Loben möchten wir auch die feinherben und halbtrockenen Rieslinge, die stets zu einem zweiten Glas animieren und nahezu blind gekauft werden können.

Bernd und Andreas Spreitzer

Edelsüße Parade (TBC)
Auch den Spreitzers gelang es, aus diesem nicht einfachen Jahr formidable edelsüße Kreszensen einzufahren. Die schöne Auslese aus dem Lenchen ist herrlich fein gewoben und schmelzig. Noch besser ist die Trockenbeerenauslese aus gleicher Lage: Sie ist dicht und kräuterwürzig und betört mit Aromen von Kamille, Bergwiese und kandierten Früchten.

Anzahl der verkosteten Weine: 16
Bewertungen: 85–90 Punkte

2014 Riesling trocken Charta **88**
11,90 € | 11,5% | bis 2020

2014 Riesling trocken **85**
7,30 € | 12% | bis 2017

2014 Oestricher Doosberg **89**
Riesling trocken Alte Reben Holzfass
12,90 € | 12,5% | bis 2020

2014 Hallgartener Hendelberg **88**
Riesling trocken Holzfass
14,90 € | 12,5% | bis 2019

2014 Hattenheimer Wisselbrunnen **90**
Riesling »Großes Gewächs« Holzfass
23,20 € | 13% | bis 2021

2014 Oestricher Rosengarten **90**
Riesling »Großes Gewächs« Holzfass
23,20 € | 12,5% | bis 2020

2014 Mittelheimer St. Nikolaus **90**
Riesling »Großes Gewächs« Holzfass
auf Anfrage | 12,5% | bis 2021

2014 Oestricher Lenchen Riesling Kabinett trocken **86**
9,30 € | 11,5% | bis 2018

2014 Oestricher Doosberg **87**
Riesling Kabinett trocken Holzfass
9,30 € | 11,5% | bis 2018

2014 Geisenheimer Schlossgarten **85**
Riesling Kabinett trocken
auf Nachfrage | 11,5% | bis 2018

2014 Oestricher Lenchen **88**
Riesling halbtrocken Alte Reben Holzfass
13,30 € | 12% | bis 2020

2014 Winkeler Jesuitengarten **87**
Riesling Kabinett halbtrocken
9,50 € | 10,5% | bis 2019

2014 Riesling 101 **85**
8,60 € | 11% | bis 2018

2014 Oestricher Lenchen Riesling Kabinett **87**
9,30 € | 8% | bis 2020

2014 Oestricher Lenchen Riesling Spätlese **89**
12,90 € | 7,5% | bis 2022

2014 Oestricher Lenchen Riesling 303 Spätlese **90**
20,60 € | 8% | bis 2023

HESSISCHE STAATSWEINGÜTER KLOSTER EBERBACH

65346 Eltville · Kloster Eberbach
☎ (0 67 23) 6 04 60 · Fax 6 04 64 20
weingut@kloster-eberbach.de
www.kloster-eberbach.de
Inhaber: Land Hessen
Geschäftsführer: Dieter Greiner
Vertriebsleiterin: Monika Nitschka
Außenbetrieb: Stefan Seyffardt, Gregor Vollmer
Kellermeister: Bernd Kutschick, Frank Weile
Önologe: Ralf Bengel

Verkauf: Vinothek
Mo–So: 10.00–18.00 Uhr

Gastronomie: Gutsausschank »Im Baiken« ☎ (0 61 23) 90 03 45; Klosterschänke Eberbach ☎ (0 61 23) 99 32 99; Schwarzes Häuschen im Steinberg (April–Okt.) ☎ (06 11) 1 74 37 18
Historie: 850-jährige Weinbautradition
Sehenswert: Kloster Eberbach mit Zisterzienser-Museum, Steinbergkeller

Rebfläche: 212 Hektar
Jahresproduktion: 2 Mio. Flaschen
Beste Lagen: Steinberg, Rauenthaler Baiken, Erbacher Marcobrunn, Rüdesheimer Berg Schlossberg, Hochheimer Domdechaney, Assmansshäuser Höllenberg
Boden: Schieferverwitterung, Quarzit, Lösslehm, Mergel, Taunusphyllitschiefer
Rebsorten: 87% Riesling, 12% Spätburgunder, 1% übrige Sorten
Durchschnittsertrag: 65 hl/ha
Mitglied: VDP

Die ehemalige Zisterzienserabtei ist eine der geschichtsträchtigsten Bastionen des deutschen Weinbaus. Schwerpunkt des Gutes sind heute Riesling und Spätburgunder. Mit dem aktuellen Jahrgang führen wir die Einträge der Domänen Assmannshausen, Bergstraße und Steinberg unter dem Eintrag der Hessischen Staatsweingüter zusammen. Die Weine von der Domäne Bergstrasse gehörten zu den besseren in der Region. Von der Domäne Steinberg gefiel uns der Mittelbau sowie der Erbacher Siegelsberg mit seiner zarten Holznote und reifen Zitrusaromen. Saftigdicht ist auch das Große Gewächs aus der Domdechaney. Eine besondere Stärke sind die expressiven Rotweine aus dem Assmannshäuser Höllenberg wie das Große Gewächs und die Goldkapsel-Variante aus dieser Spitzenlage.

Anzahl der verkosteten Weine: 23
Bewertungen: 80–90 Punkte

2014	Riesling trocken **7,90 €** | 12,5% | bis 2017	**80**
2014	Domäne Bergstraße Weißburgunder trocken **7,90 €** | 12% | bis 2017	**81**
2014	Rüdesheimer Berg Rottland Riesling Crescentia trocken **11,– €** | 12% | bis 2018	**85**
2014	Steinberger Riesling Crescentia trocken **11,– €** | 11,5% | bis 2017	**85**
2013	Hochheimer Domdechaney Riesling »Großes Gewächs« Holzfass **30,– €** | 12% | bis 2019	**88**
2014	Erbacher Siegelsberg Riesling Crescentia trocken Goldkapsel 12,5% | bis 2019	**88**
2014	Bensheimer Kalkgasse Riesling Crescentia feinherb **10,40 €** | 12% | bis 2017	**82**
2014	Steinberger Riesling Crescentia Kabinett **11,– €** | 8% | bis 2022	**84**
2013	Domäne Assmannshausen Pinot Noir Crescentia trocken Holzfass **14,60 €** | 13% | bis 2019	**87**
2013	Assmannshäuser Höllenberg Spätburgunder Crescentia trocken Holzfass **19,50 €** | 13% | bis 2019	**86**
2013	Rüdesheimer Berg Schlossberg Spätburgunder »Großes Gewächs« Holzfass **39,– €** | 13% | bis 2022	**88**
2013	Assmannshäuser Höllenberg Spätburgunder »Großes Gewächs« Holzfass **59,– €** | 13% | bis 2022	**89**
2013	Assmannshäuser Höllenberg Spätburgunder Mauerwein trocken Holzfass Goldkapsel 13,5% | bis 2022	**89**
2013	Assmannshäuser Höllenberg Spätburgunder Crescentia trocken Holzfass Goldkapsel 13% | bis 2022	**90**

WEINGUT STEINMACHER

65399 Kiedrich · Eltviller Straße 39
☎ (0 61 23) 63 03 13 · Fax 47 90
winfried.steinmacher@kiedrich.de
www.wibbes.de
Inhaber: Winfried Steinmacher

Verkauf: nach Vereinbarung

Eines der ältesten Kiedricher Weingüter wird heute von Bürgermeister Winfried Steinmacher geführt. Bei den 2014er Weinen vermissten wir den uns bekannten, ungeschminkten Stil des Hauses und die Reintönigkeit der Weine. Die beiden Riesling Kabinette aus dem Gräfenberg zeigen eine angenehme Zitrusaromatik. Am harmonischsten sind die feinherben und halbtrockenen Rieslinge. So auch der kräuterwürzige Kiedricher Klosterberg Alte Reben, der eine schöne Frische und feine mineralische Noten aufweist. Wir hoffen, dass der 2015er Jahrgang wieder mehr Klarheit in die Steinmacherweine bringt.

Anzahl der verkosteten Weine: 12
Bewertungen: 75–82 Punkte

2013	Kiedricher Heiligenstock Riesling Sekt Brut **8,50 €** | 13% | bis 2017	**81**
2013	Kiedricher Heiligenstock Riesling Sekt extra trocken **8,50 €** | 13% | bis 2017	**82**
2014	Kiedricher Wasseros Riesling trocken **5,– €**/1,0 Lit. | 12% | bis 2016	**75**
2014	Kiedricher Klosterberg Riesling trocken **4,90 €** | 12% | bis 2016	**78**
2014	Kiedricher Wasseros Riesling Edition Johannes trocken **6,– €** | 12% | bis 2017	**79**
2014	Kiedricher Gräfenberg Riesling Kabinett trocken **6,50 €** | 10,5% | bis 2017	**80**
2014	Riesling Classic **5,50 €** | 12% | bis 2016	**76**
2014	Kiedricher Sandgrub Riesling halbtrocken **5,– €**/1,0 Lit. | 12% | bis 2016	**79**
2014	Kiedricher Klosterberg Riesling feinherb Alte Reben **6,50 €** | 11% | bis 2016	**81**
2014	Kiedricher Gräfenberg Riesling Kabinett halbtrocken **6,50 €** | 10,5% | bis 2017	**81**
2014	Kiedricher Sandgrub Spätburgunder feinherb Blanc de Noirs **5,50 €** | 12% | bis 2017	**81**
2014	Kiedricher Sandgrub Riesling **5,– €** | 9% | bis 2017	**81**

WEINGUT TRENZ

65366 Johannisberg · Schulstraße 1
☎ (0 67 22) 75 06 30 · Fax 7 50 63 10
info@weingut-trenz.de
www.weingut-trenz.de
Inhaber und Betriebsleiter: Michael Trenz

Verkauf: Michael Trenz
Mo–Fr: 8.30–17.00 Uhr
Sa: ab 10.00 Uhr, So: ab 12.00 Uhr

Gutsausschank: ganzjährig Mi–Sa ab 16 Uhr, So, feiertags ab 12 Uhr, ☎ (06722) 7506311
Spezialitäten: regionale Klassiker und kreative Küche
Historie: Weinbau seit 1670
Sehenswert: beleuchtetes Schatzkammergewölbe, mediterraner Innenhof

Rebfläche: 18 Hektar
Jahresproduktion: 150.000 Flaschen
Beste Lage: Johannisberger Hölle und Vogelsang
Boden: Taunusquarzit, Lösslehm
Rebsorten: 80% Riesling, 15% Spätburgunder, 3% Weißburgunder, 2% Sauvignon Blanc
Durchschnittsertrag: 58 hl/ha

Im Jahrgang 2014 präsentierte uns Michael Trenz eine homogene Kollektion, in der die Rieslinge jahrgangsgemäß wieder eher schlank und zupackend ausfallen. Die jahrgangsbedingte Säure steht den Rieslingen gut. Schon die Basisqualitäten sind ordentlich. Am besten gefallen uns der griffige Riesling aus dem Vogelsang sowie das aus 2013 nachgereichte, ausgewogene Erste Gewächs aus dem Winkeler Hasensprung. Hier verbindet sich der feine Holztouch mit Orangenblütenaromatik. Bei den Feinherben gefällt uns die schlanke Stilistik mit den niedrigen Alkoholgraden. So punktet die feinherbe Spätlese aus dem Magdalenenkreuz mit ihrer zupackenden Art und Aromen von Zitrusfrüchten. Die Spätlese aus der Hölle ist ebenfalls schlank und animiert mit lebendiger Säure zu einem zweiten Glas. Zum Familienbetrieb in Johannisberg gehören eine schmucke Vinothek sowie ein Gutsrestaurant mit saisonaler Frischeküche und Riesling-Raritäten. Höhepunkt des bisherigen Schaffens von Trenz war der Jahrgang 2006, was ihn zu unserer »Entdeckung des Jahres 2008« machte.

Die Weine:
100 Perfekt · **95–99** Überragend · **90–94** Exzellent
85–89 Sehr gut · **80–84** Gut · **75–79** Passabel

Anzahl der verkosteten Weine: 13
Bewertungen: 82–89 Punkte

2013 Riesling Sekt Brut **85**
9,90 € | 12,5% | bis 2017

2014 Riesling Basic trocken **82**
6,40 € | 12% | bis 2017

2013 Winkeler Hasensprung Riesling Erstes Gewächs **87**
22,90 € | 12,5% | bis 2019

2014 Johannisberger Riesling Kabinett trocken **83**
6,90 € | 10,5% | bis 2017

2014 Johannisberger Vogelsang **85**
Riesling Spätlese trocken
8,90 € | 12% | bis 2019

2014 Johannisberger Riesling Kabinett feinherb **82**
6,90 € | 10,5% | bis 2018

2014 Rüdesheimer Magdalenenkreuz **86**
Riesling Spätlese feinherb
8,90 € | 11,5% | bis 2019

2014 Johannisberger Riesling Kabinett **83**
6,90 € | 7,5% | bis 2021

2014 Johannisberger Hölle Riesling Spätlese **86**
8,90 € | 7,5% | bis 2022

2009 Johannisberger Hölle **88**
Riesling Spätlese Reserve
19,90 € | 8% | bis 2021

2009 Johannisberger Hölle Riesling Auslese **89**
24,90 €/0,375 Lit. | 7,5% | bis 2021

2012 Pinot Noir trocken Barrique **85**
14,90 € | 13,5% | bis 2019

2013 Pinot Noir trocken Holzfass **84**
8,90 € | 13,5% | bis 2018

SEKTMANUFAKTUR SCHLOSS VAUX

65343 Eltville · Kiedricher Straße 18a
☎ (0 61 23) 6 20 60 · Fax 6 33 39
kontor@schloss-vaux.de
www.schloss-vaux.de
Vorstand: Nikolaus Graf von Plettenberg und Christoph Graf
Betriebsleiter: Joachim Renk
Kellermeister: Paul Will

Verkauf: Torsten Koch
Mo–Fr: 8.00–18.00 Uhr, Sa: 10.00–14.00 Uhr

Im vorletzten Jahr gelang der Sektmanufaktur mit ausgezeichneten Sekten der Sprung in die Traubenklasse. Die Lorbeeren wurden im letzten Jahr bestätigt. In diesem Jahr verkosteten wir tolle Sekte. Vor allem die beiden Jahrgangssekte aus dem Marcobrunn und dem Schlossberg zeigten Format, wobei wir den als Extra Brut ausgebauten 2012er Marcobrunn dem etwas reif wirkenden 2010er Schlossberg vorziehen. Spaß machen die Exoten im Sektsortiment vom Sauvignon Blanc oder der pfeffrige Grüne Veltliner. Zum Betrieb gehört inzwischen auch das Weingut Erbslöh in Geisenheim. Bislang wurden die sechs Hektar Riesling und ein Hektar Spätburgunder von Leitz gepachtet.

Anzahl der verkosteten Weine: 11
Bewertungen: 84–89 Punkte

2012 »Cuvée Vaux« Sekt Brut **84**
12,50 € | 12% | bis 2016

2013 Blanc de Noirs Sekt Brut **86**
15,– € | 12,5% | bis 2017

2012 Spätburgunder Sekt Brut Rosé **87**
15,– € | 12,5% | bis 2017

2012 Riesling Sekt Brut **85**
16,– € | 12,5% | bis 2017

2013 Sauvignon Blanc Sekt Brut **86**
16,– € | 12% | bis 2017

2013 Pinot Blanc Sekt Brut **86**
16,– € | 12,5% | bis 2017

2012 Steinberger Riesling Sekt Brut **88**
22,– € | 12% | bis 2017

2012 Assmannshäuser Spätburgunder Sekt Brut **87**
24,– € | 12,5% | bis 2020

2013 Grüner Veltliner Sekt Brut nature **86**
18,– € | 12% | bis 2017

2012 Erbacher Marcobrunn Riesling Sekt Brut nature **89**
29,– € | 12,5% | bis 2019

2010 Rüdesheimer Berg Schlossberg **88**
Riesling Sekt Brut nature
32,– € | 12,5% | bis 2019

WEINGUT SCHLOSS VOLLRADS

65375 Oestrich-Winkel · Schloss Vollrads 1
☎ (0 67 23) 6 60 · Fax 66 66
info@schlossvollrads.com
www.schlossvollrads.com

Inhaber: Nassauische Sparkasse
Gutsdirektor: Dr. Rowald Hepp
Außenbetrieb: Christine Höhne
Kellermeister: Ralph Herke

Verkauf: Mathias Ganswohl, Christof Cottmann
Apr.–Okt. Mo–Fr: 9.00–18.00 Uhr
Sa–So: 11.00–19.00 Uhr
Nov.–März Mo–Fr: 9.00–17.00 Uhr
Sa–So: 12.00–17.00 Uhr

Gutsrestaurant: »Im Kavaliershaus«, April–Nov. täglich von 12.00–22.00 Uhr, Nov.–April Do–So 12.00–22.00 Uhr, Jan.–Mitte Febr. Winterpause
Historie: 1211 erste urkundliche Erwähnung des Weinverkaufs

Rebfläche: 80 Hektar
Jahresproduktion: 640.000 Flaschen
Beste Lage: Schloss Vollrads
Boden: Lehm, Löss, im Untergrund Schiefer, Taunusquarzit, Rotliegendes
Rebsorte: 100% Riesling
Durchschnittsertrag: 58 hl/ha
Mitglied: VDP

Das idyllische, an den Taunusausläufern gelegene Schloss Vollrads ist noch so ein großartiges historisches Weingut, wo schon vor 800 Jahren Wein verkauft wurde. Und mit Dr. Rowald Hepp geht es nicht nur mengenmäßig stetig nach oben, auch die Qualität, insbesondere der Spitzenweine, soll weiter gesteigert werden. So experimentiert er beim Großen Gewächs mit offener Maischegärung und beim Riesling Alte Reben wird die Hälfte der Trauben auf der Schale angegoren, was dem Wein mehr Schmelz, Struktur und von kräutrigen Anklängen getragene Gelbfruchtigkeit verleiht. Auch bei den Einstiegsweinen findet sich die stilbildende, für den Rheingau typische Kräuterwürze wieder. Bei den Trockenen macht schon der trinkanimierende Kabinett Spaß – ein echter Leichtwein mit kräutriger Frucht und feiner Mineralität. Auch die fruchtigen Rieslinge sind klar und zeigen feinwürzige Frucht. Der Kabinett tänzelt mit heimischen Kräutern und reifem Steinobst, während die elegante Spätlese mit pikanter Kräuterwürze zu einem zweiten Glas animiert. Bei den Trockenen gefielen uns erneut die Alten Reben, auch das Große Gewächs zeigte sich in deutlich besserer Form als im Vorjahr.

Anzahl der verkosteten Weine: 11
Bewertungen: 83–88 Punkte

2014	Riesling trocken	**10,20 €**	12%	bis 2018	**83**
2014	Riesling trocken Alte Reben	**18,90 €**	13%	bis 2019	**87**
2014	Schlossberg Riesling »Großes Gewächs«	**28,50 €**	13%	bis 2019	**88**
2013	Schlossberg Riesling »Großes Gewächs«	**28,50 €**	13%	bis 2019	**88**
2011	Riesling 800 Jahre Weinverkauf trocken Premium	**35,– €**	13,5%	bis 2018	**88**
2014	Riesling Kabinett trocken	**11,50 €**	11,5%	bis 2018	**85**
2014	Riesling feinherb	**10,20 €**	11,5%	bis 2018	**83**
2014	Riesling Edition feinherb	**13,80 €**	12,5%	bis 2020	**87**
2014	Riesling Kabinett feinherb	**11,50 €**	11%	bis 2020	**86**
2014	Riesling Kabinett	**11,50 €**	8,5%	bis 2019	**87**
2014	Riesling Spätlese	**14,60 €**	7,5%	bis 2022	**88**

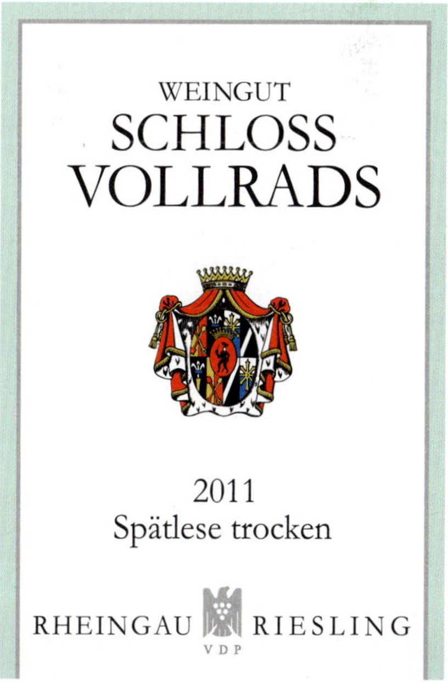

WEINGÜTER WEGELER GUTSHAUS RHEINGAU

65375 Oestrich-Winkel · Friedensplatz 9–11
☎ (0 67 23) 9 90 90 · Fax 99 09 66
info@wegeler.com
www.wegeler.com

Inhaber: Familie Wegeler-Drieseberg
Geschäftsführer: Dr. Tom Drieseberg
Betriebsleiter: Michael Burgdorf
Kellermeister: Andreas Holderrieth und Maike Münster

Verkauf: Barbara Engerer
Mo–Fr: 8.00–17.00 Uhr
Sa: 11.00–16.00 Uhr und nach Vereinbarung

Rebfläche: 45 Hektar
Jahresproduktion: 330.000 Flaschen
Beste Lagen: Rüdesheimer Berg Schlossberg und Berg Rottland, Winkeler Jesuitengarten, Geisenheimer Rothenberg
Boden: Schieferverwitterung, Lösslehm, Taunusquarzit
Rebsorte: 100% Riesling
Durchschnittsertrag: 55 hl/ha
Mitglied: VDP

Die letzten Jahrgänge zeigten im Rheingauer Gutshaus der Weingüter Wegeler einen stetigen Aufwärtstrend. Dr. Tom Drieseberg und sein Team haben selbst schwierige Jahrgänge wie 2013 gut gemeistert. Die aktuelle Kollektion kommt da nicht ganz dran. Wir vermissten etwas die Substanz und Klarheit.

Gut gefallen hat uns aber der Charta mit seiner würzigen Ader, auch der Johannisberger mit mineralischem Kern und feinem Säurenerv überzeugt. Ausgezeichnet ist wieder der etwas cremigere Rieslingklassiker Geheimrat »J« aus dem Jahrgang 2013 – eine Cuvée aus den besten Trauben der Toplagen Schlossberg und Rothenberg. Dieser kommt als eleganter Speisenbegleiter von zeitloser Schönheit mit feinrassigem Säurenerv und kühlem Aprikosen-Touch ins Glas und zeigt den Unterschied zu den 2014er Spitzen. Von den Großen Gewächsen gefiel uns am besten der Rüdesheimer Berg Schlossberg. Es zeigt mit mineralisch-steinigen Noten und pikantem Duft Herkunftscharakter. Das Pendant aus dem Geisenheimer Rothenberg ist kraftvoll und fruchtbetont, während jenes aus dem Jesuitengarten uns eher enttäuschte. Im fruchtsüßen Bereich punktete die Spätlese aus dem Rüdesheimer Berg Rottland mit feiner Exotik und süßlichem Schmelz. Die Trockenbeerenauslese aus dem Geisenheimer Rothenberg zeigte Noten von kandierter Ananas, Birne und Aprikose. Darüber hinaus bietet Dr. Tom Drieseberg mit seiner Vintage-Collection auch gereifte Jahrgänge an.

Anzahl der verkosteten Weine: 12
Bewertungen: 82–90 Punkte

2014	Winkeler Jesuitengarten Riesling »Großes Gewächs« Preis auf Anfrage | 13% | 🍷 bis 2019	**86**
2014	Riesling trocken **10,50 €** | 12% | 🍷 bis 2017	**82**
2014	Oestricher Riesling trocken **13,– €** | 12% | 🍷 bis 2018	**84**
2014	Riesling Charta **14,50 €** | 12% | 🍷 bis 2018	**85**
2014	Rüdesheimer Berg Schlossberg Riesling »Großes Gewächs« **27,– €** | 13% | 🍷 bis 2021	**89**
2014	Geisenheimer Rothenberg Riesling »Großes Gewächs« **49,– €** | 13% | 🍷 bis 2020	**87**
2013	Geheimrat »J« Riesling Spätlese trocken **26,50 €** | 12,5% | 🍷 bis 2020	**90**
2014	Johannisberger Riesling feinherb **13,– €** | 12% | 🍷 bis 2018	**85**
2014	Riesling Pur Kabinett feinherb **15,– €** | 11,5% | 🍷 bis 2019	**85**
2014	Rüdesheimer Berg Schlossberg Riesling Kabinett »Große Lage« **14,50 €** | 8% | 🍷 bis 2019	**86**
2014	Rüdesheimer Berg Rottland Riesling Spätlese »Große Lage« **21,– €** | 8% | 🍷 bis 2021	**90**
2014	Geisenheimer Rothenberg Riesling Trockenbeerenauslese »Große Lage« **280,– €**/0,375 Lit. | 6% | 🍷 bis 2040	**90**

WEINGUT ROBERT WEIL

65399 Kiedrich · Mühlberg 5
☎ (0 61 23) 23 08 und 56 88 · Fax 15 46
info@weingut-robert-weil.com
www.weingut-robert-weil.com
Inhaber: Suntory, Wilhelm Weil
Gutsdirektor: Wilhelm Weil
Außenverwalter: Clemens Schmitt
und Philipp Bicking (Stellvertreter)
Kellermeister: Christian Engel,
Michael Thrien und Fabian Kretschmer

Verkauf: Martina Weil, Dirk Cannova,
Jochen Becker-Köhn, Nicolas Pfaff
Vinothek: Jan Christensen
Mo–Fr: 8.00–17.30 Uhr, Sa: 10.00–17.00 Uhr
So: 11.00–17.00 Uhr

Historie: Gutshof wurde von einem englischen Edelmann, Baron Sutton, erbaut und 1879 von Dr. R. Weil erworben
Sehenswert: im englischen Landhausstil erbautes Gutshaus mit Park, Vinothek mit besonderem Flair

Rebfläche: 90 Hektar
Jahresproduktion: 650.000 Flaschen
Beste Lagen: Kiedricher Gräfenberg, Turmberg und Klosterberg
Boden: steinig-grusige Böden aus Phylliten, zum Teil mit Lösslehmbeimengung
Rebsorte: 100% Riesling
Durchschnittsertrag: 55 hl/ha
Mitglied: VDP

In Deutschland gibt es nicht mal eine Handvoll Weingüter, die eine Art Château-Charakter für sich proklamieren können. Am ehesten trifft dies auf das Kiedricher Weingut Robert Weil zu. Denn hier wird ein Markendenken gepflegt, wie man es von den noblen Gütern im Südwesten Frankreichs kennt: Welche jahrgangsbedingten Unterschiede es auch immer geben mag, das hellblaue Etikett bürgt für den Inhalt der Flasche.

Entfettete Rieslinge

Und mit der neuen Kelterhalle, einer architektonischen Augenweide, bieten sich Wilhelm Weil neue Möglichkeiten. Die Investitionen unterstreichen den unbedingten Wille zur weiteren Qualitätssteigerung. Denn hier will man sich nicht auf die Pfründe der Vergangenheit verlassen. Die aktuelle Kollektion ist im gewiss nicht ganz einfachen Jahr 2014 noch mal ein ganzes Stück besser als im Vorjahr. Die Rieslinge sind noch mal pointierter, fester in der Struktur und vor allem schlanker, was Weils neuer Philosophie zur »Entfettung der Rieslinge« entgegenkommt. Angefangen vom klaren Guts-Riesling, der in dieser Menge eine beachtliche Qualität bietet, über die Lagen-Rieslinge sind sie stärker vom Boden geprägt. Wie etwa der feingliedrige, mineralisch-salzige Turmberg mit einem aparten Hauch Limonenschale. Oder das im Holzfass spontan vergorene Große Gewächs aus dem Gräfenberg, das noch kühler, präziser und feiner zugleich wirkt, ausgestattet mit der Mineralik vom Phyllitschiefer. Die nach Sommerwiese duftende Spätlese zeigt sich mit verspieltem Schmelz. Die skelettreichen Böden der Kiedricher Berglagen spielten Wilhelm Weil und seinem Team in die Hände. Von herausragender Güte sind die edelsüßen Kreszenzen, die noch besser gerieten als im Vorjahr.

Wilhelm Weil

Fabelhafter Turmberg

Die goldverkapselte Auslese aus dem Gräfenberg ist ein samtig-seidiges Elexier mit köstlichem, salzigem Schmelz, in dem sich Heilkräuter und Mangocrème wiederfinden. Noch konzentrierter und schmelziger ist die Beerenauslese, die es in diesem Jahr nur aus dem Gräfenberg gibt. Auch die beiden Trockenbeerenauslesen sind von großer innerer Dichte, cremiger Substanz und Konzentration geprägt. Insbesondere jene aus dem Gräfenberg betört mit kandierten Früchten und einem spannenden Spiel aus Rasse und Reife.Sie betört mit ihrer konzentriert-fokussierten, gleichzeitig eleganten Art und den köstlichen Aromen, die an einen orientalischen Basar erinnern.

Anzahl der verkosteten Weine: 14
Bewertungen: 83–95 Punkte

2014 Riesling trocken **83**
13,20 €/1,0 Lit. | 12% | bis 2017

2014 Riesling trocken **85**
13,80 € | 12% | bis 2018

2014 Kiedricher Riesling trocken **86**
16,90 € | 12,5% | bis 2019

2014 Kiedricher Klosterberg **88**
Riesling trocken »Erste Lage« Holzfass
24,90 € | 13% | bis 2020

2014 Kiedricher Turmberg **90**
Riesling trocken »Erste Lage« Holzfass
24,90 € | 13% | bis 2021

2014 Kiedricher Gräfenberg **92**
Riesling »Großes Gewächs« Holzfass
39,90 € | 13% | bis 2022

2014 Kiedricher Turmberg **91**
Riesling Spätlese »Erste Lage«
| 8% | bis 2023

2014 Kiedricher Gräfenberg **92**
Riesling Spätlese »Große Lage«
| 8% | bis 2024

2014 Kiedricher Turmberg **91**
Riesling Auslese »Erste Lage«
| 8% | bis 2026

2014 Kiedricher Gräfenberg **92**
Riesling Auslese »Große Lage« Goldkapsel
| 7,5% | bis 2035

2014 Kiedricher Gräfenberg **93**
Riesling Auslese »Große Lage«
Top 10 | 8% | bis 2028

2014 Kiedricher Gräfenberg **95**
Riesling Beerenauslese »Große Lage«
Top 10 | 7,5% | bis 2040

2014 Kiedricher Turmberg **94**
Riesling Trockenbeerenauslese »Erste Lage«
| 7,5% | bis 2045

2014 Kiedricher Gräfenberg **95**
Riesling Trockenbeerenauslese »Große Lage«
Top 10 | 7% | bis 2045

WEINGUT IM WEINEGG

65239 Hochheim · Kirchstraße 38
(0 61 46) 90 73 99 13 · Fax 90 73 99 18
f.schmidt@weinegg.de
www.weinegg.de
Inhaber und Betriebsleiter: Fabian Schmidt

Verkauf: Fabian Schmidt
Mi: 18.00–20.00 Uhr, Fr: 18.00–21.00 Uhr
Sa: 12.00–14.00 Uhr · 18.00–21.00 Uhr
So: 14.00–19.00 Uhr und nach Vereinbarung

Eine blitzsaubere Kollektion präsentiert der junge Fabian Schmidt. Die gesamte Palette der 2014er Rieslinge zeigt deutlich die Hochheimer Herkunft mit fruchtig-herben Steinobstnoten und einer schönen Spannung am Gaumen. Die vier nachgereichten 2013er Rieslinge aus dem Holzfass zeigen das Potenzial dieses Weingutes. Alle weisen eine schöne Substanz, viel Pfirsichfrucht und dezente Holznoten auf – mit Ausnahme des Perle Blanche, der 16 Monate in Allier Barriques ausgebaut wurde und einige Zeit zur Einbindung des Holzes benötigen wird. Die Rotweine sind nicht ganz auf Vorjahresniveau. Grundsätzlich sehen wir bei diesem seit Jahren besonders empfehlenswerten Betrieb zukünftig das Potenzial für eine erste Traube.

Anzahl der verkosteten Weine: 12
Bewertungen: 81–85 Punkte

2013 Hochheimer Hofmeister **84**
Riesling trocken Alte Reben Holzfass
11,50 € | 12% | bis 2019

2013 Hochheimer Hölle **85**
Riesling trocken Alte Reben Holzfass
12,50 € | 12,5% | bis 2019

2013 Hochheimer Riesling Perle Blanche trocken Barrique **85**
18,50 € | 12% | bis 2020

2014 Hochheimer Riesling Kabinett trocken **83**
6,– € | 12% | bis 2017

2014 Hochheimer Hölle Riesling Kabinett trocken **83**
7,– € | 12% | bis 2018

2014 Hochheimer Reichestal Riesling Spätlese trocken **84**
8,– € | 12,5% | bis 2019

2013 Hochheimer Reichestal **85**
Riesling feinherb Alte Reben Holzfass
12,50 € | 11,5% | bis 2020

2014 Hochheimer Hofmeister Riesling Spätlese feinherb **84**
8,– € | 11,5% | bis 2018

2013 Hochheimer Hofmeister **83**
Spätburgunder trocken Holzfass
8,50 € | 12,5% | bis 2019

2013 Hochheimer Reichestal Merlot trocken Holzfass **84**
14,50 € | 12,5% | bis 2019

WEINGUT DR. CHRISTOPHER WOLF

65347 Hattenheim · Weinbergstraße 7
☎ (0 67 23) 8 83 02 · Fax 8 83 02
rheingauwolf@web.de
www.rhein-wein.com
Inhaber: Dr. Christopher Wolf

Verkauf: nach Vereinbarung

Mit seiner diesjährigen Kollektion erreicht Christopher Wolf nicht ganz das Niveau der letzten Jahre. Der unkomplizierte Perlwein Chrissecco aus Riesling und Weißburgunder macht uns erneut Spaß mit seiner frischen Fruchtigkeit. Bis auf den Selectionswein sind die Rieslinge etwas unpräzise und zeigen weniger sortentypische Frucht und Reintönigkeit als sonst. Der schöne trockene Riesling Selection aus dem Hattenheimer Schützenhaus ist exotisch fruchtiger als im Vorjahr und zeigt Noten von Ananas und Passionsfrucht. Erneut ist der elegante Spätburgunder Barrique mit seinen Aromen von Erdbeeren und roten Früchten eine Empfehlung.

Anzahl der verkosteten Weine: 6
Bewertungen: 80–84 Punkte

2014 Chrissecco Perlwein trocken **80**
4,80 € | 11,5% | bis 2017

2014 Hattenheimer Hassel **80**
Weißburgunder Edition »MP« trocken
4,80 € | 12% | bis 2017

2014 Hattenheimer Schützenhaus **84**
Riesling trocken Selection
7,– € | 12,5% | bis 2018

2014 Hattenheimer Hassel **81**
Riesling Kabinett trocken
4,50 € | 12% | bis 2017

2014 Hattenheimer Nussbrunnen **83**
Riesling Kabinett trocken
7,– € | 12% | bis 2017

2013 Hattenheimer Schützenhaus **84**
Spätburgunder Edition »F« trocken Barrique
8,50 € | 14% | bis 2018

Die Betriebe:
Weltklasse · Deutsche Spitze
Sehr gut · Gut · Zuverlässig
Weitere Empfehlung

Rheinhessen

Der steinige Weg zur Finesse

- Beim trockenen Riesling klar Spitze
- Renaissance fruchtiger Kabinettweine
- Silvaner braucht Bodenbezug

Wein- und Kulturlandschaft Rheinhessen: Der Dom zu Worms

Foto: Deutsches Weininstitut DWI

Was ist das wahre Rheinhessen? Ein kunterbunter Schmelztiegel, eine viel apostrophierte Völkermühle, drangsaliert, verramscht und ausgebeutet? Oder Land des Lichts, ein sanfter Ruhepunkt, ein Fels in der Brandung, der allen Wirrungen und Irrungen der letzten Jahrhunderte souverän trotzte? Hier gibt es keine Schluchten oder Wälder wie in der Pfalz oder im Rheingau, die von oben herab geheimnisvolle Finsternis verbreiten. Nein, in Rheinhessen schichten sich die Hügel und Horizonte, schmecken die besten Weine sanft, schimmernd, mit einer Anmut der Fülle, die in allen nur erdenklichen Facetten in der Gartenlandschaft glänzt. Das nenne ich wahre Finesse, die sich allerdings nicht auf den ersten Schluck erschließt!

Sanftes Rebenmeer im Rheinhessischen Hügelland

Auch wenn so manche das Gebiet insgesamt noch immer für maßlos überbewertet halten und auch wenn unter dem weiten Himmel von Deutschlands größtem Weinanbaugebiet Kleingeister ganz besonders winzig erscheinen, so hat es sich mittlerweile doch bis Indien herumgesprochen, dass in Rheinhessen eine neue Zeitrechnung begonnen hat. »Hatte gestern Burgunderfreaks aus Indien (!) hier. Sie hatten Rousseau, Mugnier usw. mitgebracht. Am allerbesten in der Blindprobe stand aber der 2012er Morstein-Spätburgunder da. Die haben Augen gemacht! Auch wegen Klimawandel und Zeitenwende. Bei ihnen im Kopf muss jetzt alles neu justiert werden. Für solche Momente macht alle Arbeit Spaß!« Das hatte mir Klaus-Peter Keller ohne jedwede Selbstbeweihräucherung, aber mit einem leisen Augenzwinkern vor Kurzem gemailt – und das sagt eigentlich schon alles aus, worum es aktuell im Land der tausend Hügel geht. Denn die besten Erzeuger ziehen immer mehr an einem Strang, verdichten mit den aktuellen Jahrgängen von spannenden Weiß- und Rotweinen immer mehr das Gefühl von echter Zugkraft und legen das überflüssige Naschwerk ad acta. Dabei spielte der Jahrgang 2014 vielen Winzern erst einmal überhaupt nicht in die Karten.

Ein anspruchsvolles Jahr

»2014 hat den Reben und ihren Winzern wieder einmal viel abverlangt«, berichtet Kai Schätzel aus Nierstein. »Der extrem trockene Frühsommer hat die Rebanlagen im Wuchs stark gebremst. Die Laubwände waren luftig, die Trauben klein und locker. Gerade die Steillagen am Rhein haben sich darauf gut eingestellt und ihre Wüchsigkeit selbstständig angepasst. Bis kurz vor der Lese sah alles prächtig aus und wir hatten uns auf ein entspanntes Einsammeln der goldenen Beerchen gefreut. Dann aber kam das Wasser. Massive Niederschläge in der Endreifephase än-

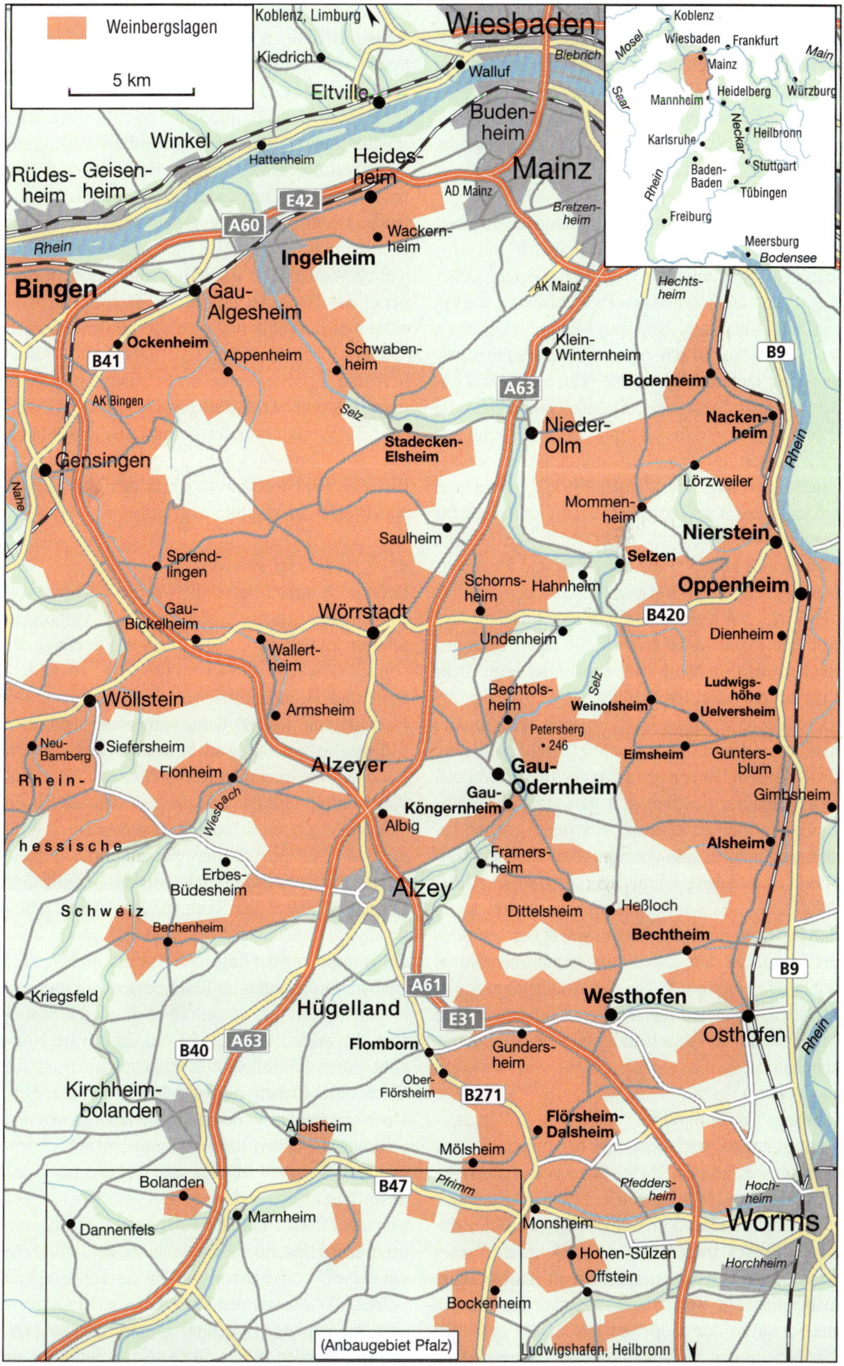
Weinbergslagen
5 km
Koblenz, Limburg
Wiesbaden
Biebrich
Kiedrich
Walluf
Eltville
Buden-
heim
Winkel
Hattenheim
Heides-
heim
Mainz
Rüdes-
heim
Geisen-
heim
E42
AD Mainz
Bretzen-
heim
Rhein
A60
Wackern-
heim
Ingelheim
Bingen
Gau-
Algesheim
AK Mainz
Hechts-
heim
Ockenheim
Appenheim
Schwaben-
heim
Klein-
Winternheim
B9
B41
A63
Bodenheim
AK Bingen
Selz
Stadecken-
Elsheim
Nieder-
Olm
Nacken-
heim
Rhein
Gensingen
Lörzweiler
Nahe
Mommen-
heim
Saulheim
Nierstein
Sprend-
lingen
Selzen
Schorns-
heim
Hahnheim
Oppenheim
Gau-
Bickelheim
Wörrstadt
B420
Undenheim
Dienheim
Wallert-
heim
Bechtols-
heim
Selz
Ludwigs-
höhe
Wöllstein
Weinolsheim
Uelversheim
Armsheim
Petersberg
• 246
Neu-
Bamberg
Siefersheim
Eimsheim
Gunters-
blum
Rhein-
Flonheim
Alzeyer
Gau-
Odernheim
Gimbsheim
Wiesbach
Gau-
Köngernheim
Albig
hessische
Alsheim
Framers-
heim
Erbes-
Büdesheim
Alzey
Dittelsheim
Heßloch
Schweiz
Bechenheim
Bechtheim
B9
A61
Kriegsfeld
Westhofen
Hügelland
E31
Osthofen
Rhein
Flomborn
Gunders-
heim
B40
A63
Ober-
Flörsheim
B271
Kirchheim-
bolanden
Flörsheim-
Dalsheim
Albisheim
Mölsheim
Bolanden
B47
Pfrimm
Pfedders-
heim
Hoch-
heim
Dannenfels
Marnheim
Monsheim
Worms
Hohen-Sülzen
Horchheim
Offstein
Bockenheim
(Anbaugebiet Pfalz)
Ludwigshafen, Heilbronn
Koblenz
Wiesbaden
Frankfurt
Mosel
Main
Mainz
Saar
Mannheim
Heidelberg
Würzburg
Neckar
Heilbronn
Karlsruhe
Rhein
Baden-
Baden
Stuttgart
Tübingen
Freiburg
Meersburg
Bodensee

derten noch einmal alles. Auf einmal wurde das gesamte Rebsystem wiedererweckt. Ein beschleunigtes Beerenwachstum und warme Nächte ließen das Infektionsrisiko anschwellen. Nicht alle Beerenschalen konnten dem Druck standhalten. Nur wer jetzt blitzschnell reagieren konnte, hatte die Chance topgesunde Trauben einzuholen, bevor die Schalen leicht einrissen.«

Genau das war die Krux: Man musste die Trauben schon ausreifen lassen, um Komplexität und Aromatik zu bekommen, wie Klaus-Peter Keller meint, der auch sensationelle Edelsüße gekeltert hat: »2014 war kein Jahr zum frühen Ernten, auch wenn die Trauben schon recht schnell hohe Mostgewichte hatten. Man musste warten, Geduld haben und auch Ertragseinbußen akzeptieren, um die innere Dichte und die Komplexität im Geschmack zu erreichen, die den Weinen eine lange Lebensdauer verleihen. Die kleinen Erträge garantieren schon im Basisbereich jede Menge Trinkfreude für vergleichsweise kleines Geld – bei den Großen Gewächsen liebe ich die Straffheit und Verspieltheit des Jahrgangs. Ein ganz starker Jahrgang für die fruchtigen Kabinette, die in Rheinhessen derzeit eine Renaissance erleben. Sie schmecken fast feinherb im Nachhall und machen so noch mehr Lust auf den nächsten Schluck.«

Tatsächlich, wenn es denn so weit war, musste man schnell und mit hoher Schlagzahl reagieren. Erik Riffel in Bingen etwa erhöhte die Anzahl seiner Lesehelfer deutlich, um gesundes und reifes Lesegut ernten zu können, aber der Aufwand hat sich gelohnt: »Es gibt von der Arbeitswirtschaft sicherlich einfachere Jahrgänge als 2014«, so Riffel, »aber das, was wir letztendlich nach drei Lesedurchgängen im Keller hatten, war schon sensationell gut. Von den ersten Jungweinproben waren wir völlig impressed. Die Aromaausprägung der 2014er finden wir sehr intensiv. Körper wie auch Mineralität und Vielschichtigkeit sind unglaublich spannend!«

Jahrgang als Fundgrube

Dem stimmen wir nicht nur bei einem unserer Lieblingsbetriebe in Rheinhessen vorbehaltlos zu. Der Jahrgang 2014 ist in Rheinhessen tatsächlich eine Fundgrube und gibt einem das Gefühl, zahlreiche Entdeckungen machen zu können. Dieses auch deshalb, weil Rheinhessen in puncto Wein tatsächlich ein Schmelztiegel geworden ist, wo man etwa an der südlichen Rheinfront zwischen Oppenheim und Mettenheim in vor einigen Jahren überregional noch unbekannten Orten wie Dittelsheim-Heßloch, Appenheim, Stadecken-Elsheim oder selbst Ingelheim sowie Westhofen noch richtig viel Wein fürs Geld bekommen kann. Und das oft nicht nur bei Riesling oder Spätburgunder, sondern bei den weißen Burgundersorten, die immer mehr im Kommen sind. Das ist einfach eine ausgewiesene Stärke des Hügellands: Nicht nur immer spannendere Ortsweine bringen neue Gemeinden auf die Weinlandkarte – auch Weiße und Graue Burgunder trotzen souverän der Banalität und allem Tutti-Frutti, weil sie puren Schmelz und Energie an den Gaumen zaubern. In ihnen liegen unwiderstehliche Sanftheit und Frische, etwa im strahlenden Aureus von Aufsteiger Jens Bettenheimer aus Ingelheim oder im Weißburgunder Pelosol aus dem Stadecker Spitzberg von Michael Beck aus Stadecken-Elsheim. Und doch muss man manchmal auch etwas Pfeffer auf die Sahne geben.

Roter Teppich für den Winzer

Denn noch immer liegen die wahren Konturen von Rheinhessen unter einem Schleier verborgen, schimmern teils nur darunter hervor. Für einige der Großen Gewächse 2014 vom Riesling – etwa Morstein und Brunnenhäuschen von Wittmann, der Phalanx von Keller, dem Frauenberg und dem Mölsheimer Zellerweg am Schwarzen Herrgott von Battenfeld-Spanier oder Rothenberg und Pettenthal von Kühling-Gillot – müsste man den jeweiligen Winzern einen roten Teppich ausrollen: Diese Weine sind noch puristischer geworden, fesseln die Frucht durch tiefschürfende Mineralik, sind eine Grande Evolution der Kraft, die zunehmend präziser und gezügelter wird. Es zeigt sich immer mehr die Transparenz der Lagen. In ihnen ist nicht nur die Saat für ein strahlendes Rheinhessen von morgen, in ihnen zeigt sich vor allem auch ein Heimatgefühl, das mehr ist als eine bloße Ahnung am Horizont. Aber: Rheinhessen ist deutlich mehr als die Spitze eines Eisbergs, die aus dem Rebenmeer ragt. Denn wie steht es wirklich um Weißburgunder und Silvaner, die neben Riesling insgesamt wohl spannendsten Sorten in Rheinhessen und damit dem eigentlichen Unter- und Mittelbau?

»Silvaner bleibt auf der Suche nach rheinhessischer Identität«, meint Kai Schätzel, der seit Jahren auf diese Sorte setzt und sie von der Fettleibigkeit befreit. »Wir sehen den Weg nicht in der Opulenz und Bananigkeit. Bodenbezug und Struktur können die Stärken dieser Sorte sein, wenn man sie nicht dazu zwingt, fremdzugehen und andere Weinstile zu imitieren. Wir nutzen dazu alte Reben aus steilen Weinbergen mit rotem Schieferboden. Die dicken Schalen des Silvaners werden bewusst in die Vinifizierung eingebaut und geben den Weinen Rückgrat und Haltbarkeit.«

Das schmeckt man in der Tat in seinen mutigen und selbstbewussten Silvanern, die den steinigen Weg der Finesse beschreiten. Dazu ist es letztlich schen vitalem Riesling und cremigem Burgunder und kulinarisch ein echtes Allroundtalent! Dabei ist der Bogen weit gespannt und reicht von Stachelbeere, Apfel, Mirabelle, Birne, Quitte bis zu mineralischen, rauchigen und nussigen Noten. Schade nur, dass so viele alte Stöcke herausgerissen wurden, die Sorte oft nur in minderwertigen Lagen steht und die Weine nach wie vor eher schwierig zu verkaufen sind. Und auch stilistisch

Weinbergsturm in den rheinhessischen Weinbergen

egal, ob man die Sorte so wie bei Thörle als überzeugenden 2014er Lagenwein aus der Saulheimer Probstey keltert und ihn auf eher burgundische Art cremig und holzbetont ausbaut oder ob man dank seiner einfach eine kühle Mineralik auf den Gaumen zaubern kann, so wie Klaus-Peter Keller mit dem Feuervogel 2014. Michael Teschke, quasi ein Urgestein in einer Welt des Weicheiweins, schreibt den Silvaner nicht nur mit »y«. Er baut seine Weine langlebig, hochindividuell und oxydativ aus. Er lässt sie rank und schlank und foltert sie nicht mit zu viel Kälte im Keller, wie andernorts so mancher arme Fruchtzwerg.

In der Tat widerlegen solche flüssigen Kunstwerke von teils über 50-jährigen Reben das Vorurteil, Silvaner könne nicht gut reifen. Ganz im Gegenteil! Silvaner kann das. Die besten Weine fangen die Seele Rheinhessens ein, den Duft der Streuobstwiesen, die Weite der Horizonte, das Salz des Urmeers. Silvaner ist das spannende Bindeglied zwi-

gibt es noch immer eher ein kunterbuntes Einerlei. Teschke kritisiert zu Recht, dass man den Silvaner viel zu oft dem Trendwahn unterwirft. So steht Rheinhessen, immerhin das größte Silvaner-Anbaugebiet der Welt, auch mit dem Jahrgang 2014 im Schatten von Franken und schöpft damit sein angestammtes Potenzial weiterhin nicht aus.

Unpassende Réserve

Apropos Pfeffer auf die Sahne: Ich weiß nicht, wie oft mir aktuell das frankophile Wort »Réserve« selbst auf einigen kalibrierten Weinen von Spitzenerzeugern bei Weißburgunder, Chardonnay und sogar Silvaner begegnet ist. Ich muss gestehen, ich kann damit nur wenig anfangen. Bei Chardonnay, der etwa bei Tobias Knewitz aus Appenheim immer mehr im Kommen ist, mag das ja ansatzweise noch passen, nur bei einer längst an das hiesige Klima adaptierten Sorte wie dem Weißburgunder komme ich da nicht so ganz mit. In der benachbarten Pfalz ist die Sorte für das Große Gewächs zugelassen und selbst berühmte Lagen wie Mandelberg, Sonnenschein oder Kirschgarten sind in aller Munde. Hier zeigen die besten Erzeuger klar ein Bekenntnis zu mehr Frische, mehr Zugkraft, weniger Holz und weniger Alkohol. Doch impliziert eine »Réserve« nicht etwas anderes? Ganz davon abgesehen, dass ich eine französisch geprägte Bezeichnung für eine klassische hiesige Sorte als völlig unpassend empfinde, verbindet man mit dem Begriff eine längere Lagerung im Holzfass, wobei es bei der zeitgemäßen Interpretation doch gerade um das Trinkanimierende gehen sollte. Und wo sind denn die großen Lagen für Weißburgunder in Rheinhessen? Oder gibt es sie gar nicht?

Ebenso schade finde ich, dass der Trend am Roten Hang zum immer leichteren, fruchtsüßen Kabinett ebenso dadurch ein wenig konterkariert wird, dass diese so federleicht gespannten, ungemein spannenden Rieslinge bei den VDP-Betrieben – wie beim Weißburgunder – ebenfalls nicht an eine Nennung der Lage gekoppelt sind. Schade. Denn auch da hat Rheinhessen mit den steilen Lagen am Rhein einiges zu bieten. Das sah schon das englische Königshaus so, als sich die Royals für einen deutschen Riesling Kabinett als Babywein für den kleinen Prinzen George entschieden haben. Der Name? 2013 Nierstein Riesling »H« Kabinett von Keller in Flörsheim-Dalsheim. Richtig geraten, das »H« steht für Hipping.

Der Trend zum Harten

Nicht immer ist eben alles Gold, was glänzt. Gänzlich erstaunlich ist es auch, welche Preise einige rheinhessische Erzeuger inzwischen selbst für relativ durchschnittliche Weine verlangen – und teils wohl auch bekommen. Das spricht für ein gutes Standing am Markt. Davon können einige Erzeuger in der Südpfalz oder an der Mosel nur träumen. Ganz klar im Kommen sind die Spätburgunder: Wir haben noch nie so viele herausragende Rote wie aus dem Jahrgang 2013 geschmeckt: extraktreich, rotbeerig, mit Zug und Rasse. Die besten Weine etwa von Manz, Thörle, Gutzler, Arndt Werner oder Bettenheimer sind Langläufer, die erst am Beginn ihrer Entwicklung stehen. Dazu kommt ein immenser Portugieser von Arndt Werner, den man zum Weinkulturerbe von Rheinhessen ernennen sollte.

Und dennoch gibt es auch hier noch immer den Trend zum Breiten, Harten und Sättigenden. Es gibt in der Region eben auch eine Fülle an relativ teuren, aber letztendlich doch auch ziemlich nichtssagenden Spätburgundern – wie auch Cabernets –, die eben genau nicht die angestammte burgundische Feinheit zeigen, sondern durch Kraft und Körper überzeugen wollen. Sei's drum, wer Muckis im Spätburgunder mag, wird in Rheinhessen auch in 2013 fündig, wenngleich die Entwicklung in der Gebietsspitze generell klar in die entgegengesetzte Richtung geht.

Finesse, Kühle uns Struktur

Jochen Dreissigacker bringt es auf den Punkt, woran er oder auch befreundete Topwinzer wie Stefan Winter arbeiten: »Finesse, Kühle und Struktur sind elementar für einen deutschen Weißwein, aber Dichte und Konzentration sollten bei aller Überzeugung für die Leichtigkeit auch nicht vergessen werden. Zumindest dann nicht, wenn man Weiße ausbauen möchte, die sehr pure Gerichte und auch sehr aromareiche und intensive Kochstile begleiten können, da sie für eine perfekte Harmonie sorgen. Das Ganze dann natürlich auch noch so, dass es dich nicht erschlägt.« Recht hat er! Dieses Statement gilt für den Jahrgang 2014 und die aktuelle Entwicklung in Rheinhessen geradezu exemplarisch. Denn die Region hat sich aufgemacht, die Heimat neu zu definieren und weiter zu entdecken.

Über 26.000 Hektar umfasst die Rebfläche zwischen Alzey, Worms, Mainz und Bingen, im Norden und Osten vom großen Rheinbogen umschlossen. Kein Wunder also, dass fast jedes rheinhessische Dorf, von der Rheinterrasse über den Wonnegau bis ins Alzeyer Hügelland, auf eine lange Weinbautradition zurückblicken kann. Schon die Römer haben auf linksrheinischem Gebiet Wein angebaut. Der Schmelztiegel Rheinhessen feiert in 2016 seinen 200-jährigen Geburtstag. Und tatsächlich hat sich die Wahrnehmung des Gebietes von einer ausgebeuteten Bauern- hin zu einer reichen Gartenlandschaft verschoben. Die Region wird im Rahmen eines sanften Kulturtourismus neu entdeckt, was immer mehr Besucher insbesondere aus dem Rhein-Main-Gebiet anzieht.

In das Rebenmeer eintauchen, das Land der Hügel entdecken, das engmaschige Radnetz und die herrlichen Wanderwege nutzen. Hier herrscht einfach ideales Weinbauklima. Das Weinland schützen die Gebirgszüge im Westen, das Wetter ist niederschlagsarm, sommerwarm und wintermild. Weinkultur heißt Landschaft, Leute und Lebensgefühl zu genießen. Genau das schmeckt man insbesondere in den gelungenen trockenen Rieslingen, einem strahlenden Segment, wo Rheinhessen im Jahrgang 2014 klar die Nummer Eins ist.

Manfred Lüer

Die Spitzenbetriebe

Keller	S. 777

Raumland	S. 802
Wittmann	S. 840

Battenfeld-Spanier	S. 735
Kühling-Gillot	S. 784

St. **A**ntony	S. 734
Dreissigacker	S. 749
Schätzel	S. 808
Thörle	S. 827
Wagner-Stempel	S. 829
Winter	S. 839

Beck – Hedesheimer Hof	S. 737
Becker Landgraf	S. 738
▲ J. **B**ettenheimer	S. 742
Bischel	S. 743
Braunewell	S. 745
Joh. **G**eil I. Erben	S. 758
Gunderloch	S. 765
Gutzler	S. 766
Hofmann	S. 771
Manz	S. 789
Karl **M**ay – Liebenauer Hof	S. 791
Riffel	S. 803
Seehof – Familie Flick	S. 817
Arndt F. **W**erner	S. 836

Die mit roter Traube markierten Betriebe verdienen in ihrer Klasse besondere Aufmerksamkeit.

▲▼ Die Dreiecke signalisieren Auf- oder Abwertung im Vergleich zum Vorjahr. ✻ Neuer Betrieb.

Die besten trockenen Silvaner 2014

Feuervogel Keller, Flörsheim-Dalsheim	**92**
Flur 19/68 Teschke, Gau-Algesheim	**90**
Saulheimer Probstey Thörle, Saulheim	**90**
Appenheimer Eselspfad J. Bettenheimer, Ingelheim	**88**
Gau-Algesheimer Goldberg Bischel, Appenheim	**88**
Bechtheimer »S« Joh. Geil I. Erben, Bechtheim	**88**
Binger Scharlachberg Turm Riffel, Bingen-Büdesheim	**88**
Eppelsheimer Felsen Russbach, Eppelsheim	**88**
Nackenheimer Schätzel, Nierstein	**88**

Bewertung der Betriebe

Höchstnote für die weltbesten Weinerzeuger

Exzellente Betriebe, die zu den besten Deutschlands zählen

Sehr gute Erzeuger, die seit Jahren konstant hohe Qualität liefern

Gute Erzeuger, die mehr als das Alltägliche bieten

Verlässliche Betriebe mit einer ordentlichen Standardqualität

WEINGUT ABTHOF

55278 Hahnheim · Bahnhofstraße 27
☎ (0 67 37) 3 80 · Fax 84 53
info@weingut-abthof.de
www.weingut-abthof.de
Inhaber: Herbert und Martin Koch
Außenbetrieb: Herbert Koch
Kellermeister: Martin Koch

Verkauf: Familie Koch
Mo–Do: 8.00–12.00 Uhr · 13.00–18.00 Uhr
Fr: 8.00–12.00 Uhr

Gottfried und Mathilde Koch leiten dieses Weingut in Hahnheim, das 1965 an den Ortsrand verlegt wurde. Sie bewirtschaften 15 Hektar Weinberge in Rheinhessen und der Pfalz. In diesem Jahr zeigen sie etwas mehr von ihrem Sortiment: Erneut überzeugt uns vor allem der Gelbe Orléans vom Hahnheimer Moosberg mit Noten von Banane und Jasminblüten. Aber auch schon der Literwein, der aus der Pfälzer Lage Gimmeldnger Meerspinne kommt, hat ein durchaus erfreuliches Niveau. Der Acolon mit Aromen von dunkelroten Früchten und Kräutern hat einiges an Kraft und Nachhall.

Anzahl der verkosteten Weine: 7
Bewertungen: 83-85 Punkte

2014	Gimmeldinger Meerspinne Riesling trocken (Pfalz) **6,– €**/1,0 Lit. | 12% | bis 2016	**83**
2014	Hahnheimer Moosberg Gelber Orleans trocken **9,50 €** | 12,5% | bis 2017	**85**
2014	Sörgenlocher Moosberg Scheurebe Kabinett trocken **6,10 €** | 11,5% | bis 2016	**84**
2014	Hahnheimer Knopf Grauburgunder Kabinett trocken **6,40 €** | 12% | bis 2017	**84**
2014	Hahnheimer Knopf Silvaner Spätlese feinherb Alte Reben **6,20 €** | 11,5% | bis 2017	**84**
2014	Hahnheimer Knopf Acolon trocken Rosé **6,30 €** | 12,5% | bis 2016	**83**
2013	Hahnheimer Knopf Acolon trocken **6,30 €** | 13,5% | bis 2017	**84**

Zeichenerklärung:
Schnäppchenpreis · Top 10 Spitzenreiter
Ökobetrieb · Trink-Tipp · Versteigerungswein
Sekt Weißwein Rotwein Roséwein

WEINGUT ACHENBACH

55599 Wonsheim · Kirchgasse 1
☎ (0 67 03) 7 07 · Fax 36 27
info@weingut-achenbach.de
www.weingut-achenbach.de
Inhaber: Gernot und Frank Achenbach
Betriebsleiter: Gernot Achenbach
Kellermeister: Frank Achenbach

Verkauf: nach Vereinbarung

Das Familienweingut stellt gerne die Vielfalt der Böden der Rheinhessischen Schweiz heraus. Die Philosophie der Achenbachs: Draußen im Wingert wird der Grundstein gelegt, im Keller wird das Beste aus dem Wein herausgekitzelt. Nachdem das Weingut im Vorjahr vor allem seine Spitzenweine vorgestellt hat, zeigen sie vom 2014er Jahrgang mehr von der Basis – und auch die überzeugt unbestritten. Nicht fehlen darf trotzdem der Riesling aus dem Holzfass von der Toplage Siefersheimer Heerkretz, der mit Charakter und Reifepotenzial aufwartet.

Anzahl der verkosteten Weine: 12
Bewertungen: 83-85 Punkte

2014	Riesling trocken **4,50 €**/1,0 Lit. | 12% | bis 2016	**83**
2014	Grauburgunder trocken **4,50 €** | 12,5% | bis 2016	**83**
2014	Weißburgunder Löss trocken **5,80 €** | 12,5% | bis 2016	**83**
2014	Grauburgunder Urmeer trocken **5,80 €** | 12,5% | bis 2016	**83**
2014	Silvaner trocken Alte Reben **5,80 €** | 12,5% | bis 2016	**83**
2014	Riesling Porphyr trocken **6,20 €** | 12,5% | bis 2016	**83**
2014	Sauvignon Blanc Löss trocken **6,20 €** | 13% | bis 2016	**83**
2013	Müller-Thurgau M-TH! trocken Holzfass **7,– €** | 12,5% | bis 2016	**83**
2013	Siefersheimer Heerkretz Riesling trocken Holzfass **15,– €** | 13% | bis 2017	**85**
2014	Scheurebe Urmeer feinherb **5,80 €** | 11% | bis 2017	**84**
2014	Riesling Turm feinherb **6,20 €** | 12% | bis 2017	**84**
2014	Auxerrois Löss feinherb **7,50 €** | 13% | bis 2017	**84**

ADAMSWEIN

55218 Ingelheim · Altegasse 28
☎ (0 61 32) 79 08 00 · Fax 7 90 80 70
info@adamswein.de
www.adamswein.de
Inhaber und Betriebsleiter: Dr. Simone Adams

Verkauf: nach Vereinbarung

»Jeder Jahrgang ist eine Lebensschule«, sagt Simone Adams, Inhaberin des Ingelheimer Weingutes. Sie ist passionierte Jägerin, was sie mit den Namen für ihre Weine (Kaliber, Browning Baby) erkennen lässt. Die Stärke des Betriebs sind eindeutig die Rotweine, von denen vor allem der Spätburgunder Kaliber 48 mit waldigen, pfeffrigen und auch salzig-mineralischen Anklängen hervorzuheben ist. Der Frühburgunder wiederum betört mit markigen Himbeer-, Brombeer- und Cassisaromen und Gewürznoten. Die Weißweine wie der dichte, aber elegante Weißburgunder sind dankbare Essensbegleiter.

Anzahl der verkosteten Weine: 10
Bewertungen: 83–85 Punkte

2014	Weißburgunder Kaliber 9 trocken **8,– €** | 13% | bis 2016	**83**
2014	Grauburgunder Kaliber 19 trocken **12,– €** | 13% | bis 2016	**83**
2013	»White Wedding« Kaliber 21 trocken **16,– €** | 12,5% | bis 2016	**83**
2013	Chardonnay Kaliber 25 trocken **23,– €** | 13% | bis 2016	**83**
2013	Spätburgunder Kaliber 12 trocken **10,– €** | 13% | bis 2017	**85**
2013	St. Laurent Kaliber 16 trocken **12,– €** | 13% | bis 2016	**84**
2012	»Browning Baby« Kaliber 20 trocken **16,– €** | 13% | bis 2017	**84**
2013	Frühburgunder Kaliber 24 trocken **18,– €** | 13% | bis 2018	**85**
2013	Spätburgunder Kaliber 36 trocken **25,– €** | 13% | bis 2018	**84**
2013	Spätburgunder Kaliber 48 trocken **35,– €** | 13% | bis 2018	**85**

Die Betriebe:
Weltklasse · Deutsche Spitze
Sehr gut · Gut · Zuverlässig
Weitere Empfehlung

WEINGUT ALTE SCHMIEDE ANDREAS & BERND SEYBERTH

55599 Siefersheim · Sandgasse 8
☎ (0 67 03) 7 05 · Fax 7 15
hallo@weingut-alte-schmiede.de
www.weingut-alte-schmiede.de
Inhaber: Andreas und Alexandra Seyberth

Verkauf: nach Vereinbarung

Das Weingut von Andreas Seyberth liegt in Siefersheim am westlichen Rand des Anbaugebiets, unweit von Bad Kreuznach. Von der Lage Siefersheimer Heerkretz kommen seine besten Weine. Der Riesling aus dieser Lage beispielsweise erfreut mit einem fruchtigen Bukett und einem runden, aber dennoch straffen Körper. Überzeugen kann das Weingut in diesem Jahr aber auch gerade mit den Siefersheimer Ortsweinen der Rebsorten Weißburgunder und Scheurebe. Die Spätburgunder des Betriebs sind charakterstark und lang anhaltend, wobei beim Spätburgunder Prestige frische Kräuter in der Nase für eine angenehme Überraschung sorgen.

Anzahl der verkosteten Weine: 12
Bewertungen: 83–85 Punkte

2014	Grüner Silvaner trocken **6,80 €** | 12% | bis 2016	**83**
2014	Weißburgunder trocken **7,– €** | 12% | bis 2016	**84**
2013	Siefersheimer Scheurebe trocken **8,– €** | 12,5% | bis 2017	**84**
2014	Siefersheimer Weißburgunder trocken **9,– €** | 12,5% | bis 2016	**85**
2013	Siefersheimer Heerkretz Riesling trocken **10,– €** | 12% | bis 2017	**85**
2013	Siefersheimer Heerkretz Silvaner trocken **12,50 €** | 12,5% | bis 2016	**85**
2013	Siefersheimer Frühburgunder & Spätburgunder trocken Blanc de Noirs **10,80 €** | 13% | bis 2016	**84**
2013	Blauer Portugieser trocken **8,– €** | 12% | bis 2016	**83**
2013	Siefersheimer Heerkretz Spätburgunder trocken **12,– €** | 13% | bis 2017	**84**
2013	St. Laurent Prestige trocken **19,– €** | 13,5% | bis 2016	**83**
2013	Spätburgunder Prestige trocken **19,– €** | 13% | bis 2017	**85**

WEINGUT ST. ANTONY

55283 Nierstein · Wilhelmstraße 4
☎ (0 61 33) 50 91 10 · Fax 50 91 12 99
info@st-antony.de
www.st-antony.de
Inhaber: Familie Meyer
Geschäftsführer: Felix Peters
Außenbetrieb: Bartlomij Ciezadlik
Kellermeister: Felix Peters

Verkauf: Ira Lorch, Kim Kappeller
Mo–Fr: 8.00–18.00 Uhr
Sa: 10.00–15.00 Uhr nach Vereinbarung

Sehenswert: schön gestaltete neue Vinothek

Rebfläche: 34 Hektar
Jahresproduktion: 260.000 Flaschen
Beste Lagen: Niersteiner Oelberg, Pettenthal, Orbel und Hipping, Nackenheimer Rothenberg
Boden: roter Schiefer, Kalk
Rebsorten: 65% Riesling, 10% Spätburgunder, 8% Blaufränkisch, 7% Weißburgunder, 10% übrige Sorten
Durchschnittsertrag: 50 hl/ha
Mitglied: VDP

Die Weingüter St. Antony und Heyl zu Herrnsheim wurden verschmolzen. St. Antony bleibt das Weingut, Heyl wird eine Linie von St. Anton. Die Eigenständigkeit der Weine beider Güter soll aber fortgeführt werden. Aktuell setzt Geschäftsführer Felix Peters beim Pettenthal auf burgundische 228-Liter-Holzfässer und sieht Parallelen zwischen diesem Riesling und einem Meursault aus Chardonnay. Das aktuelle Große Gewächs aus dem Pettenthal ist Peters ureigene Interpretation von Holz, das den Wein wunderbar bereichert. Mittlerweile setzt das Gut auf vier Große Gewächse und den neuen, puristisch trockenen Riesling Oenothek. Alles kalibrierte 2014er Rieslinge, die für uns noch einen Tick straffer und vitaler sein könnten. Ein neues Kapitel schlägt Peters mit seinem Blaufränkisch auf, wo eine 34 Jahre alte Parzelle im Pettenthal umveredelt wurde. Die Genetik stammt von Weninger aus dem Mittelburgenland. Der Blaufränkisch Rothe Bach 2013 fasziniert uns noch stärker als die beiden Großen Gewächse 2013 vom Spätburgunder. »Ein Jahrgang, der zeigen wird, was in Nierstein in Sachen Rotwein möglich ist«, meint Felix Peters. »Die Nachfrage aus In- und Ausland nach diesen Weinen zeigt, dass unser Rotweinengagement in Nierstein Fahrt aufnimmt.«

Anzahl der verkosteten Weine: 17
Bewertungen: 84–92 Punkte

2014	Weißburgunder trocken **8,50 €** | 11,5% | bis 2016	**84**
2014	Niersteiner Chardonnay trocken **13,80 €** | 12,5% | bis 2017	**86**
2014	Niersteiner Riesling trocken Holzfass **14,80 €** | 12,5% | bis 2019	**88**
2014	Niersteiner Orbel Riesling »Großes Gewächs« **17,– €** | 12,5% | bis 2021	**89**
2014	Niersteiner Hipping Riesling »Großes Gewächs« **21,– €** | 12% | bis 2022	**90**
2014	Niersteiner Pettenthal Riesling »Großes Gewächs« Holzfass **24,– €** | 12,5% | bis 2022	**92**
2014	Niersteiner Zehnmorgen Riesling »Großes Gewächs« **28,– €** | 12,5% | bis 2022	**91**
2014	Riesling Oenothek trocken **32,– €** | 11,5% | bis 2022	**90**
2003	Niersteiner Riesling Hommage an **28,– €** | 13,5% | bis 2018	**91**
2013	Cuvée »Roter Bodenschatz« trocken Holzfass **8,50 €** | 12,5% | bis 2016	**84**
2013	Niersteiner Pinot Noir trocken Holzfass **14,80 €** | 12,5% | bis 2017	**86**
2013	Niersteiner Blaufränkisch trocken Holzfass **16,– €** | 13% | bis 2017	**88**
2013	Niersteiner Kranzberg Pinot Noir »Großes Gewächs« Holzfass **24,– €** | 12,5% | bis 2019	**88**
2013	Niersteiner Paterberg Pinot Noir »Großes Gewächs« Holzfass **32,– €** | 12,5% | bis 2020	**89**
2013	Blaufränkisch Rothe Bach trocken Holzfass **38,– €** | 12,5% | bis 2020	**90**

WEINGUT BÄDER

55234 Wendelsheim
Unterwendelsheimer Straße 15
☎ (0 67 34) 9 14 09 00
kontakt@weingutbaeder.de
www.weingutbaeder.de
Inhaber: Jens Bäder
Betriebsleiter: Jens und Katja Bäder

Verkauf: nach Vereinbarung

Jens und Katja Bäder haben vor einigen Jahren einen kompletten Neustart hingelegt, einen schmucken Hof gekauft und in Wendelsheim so richtig Gas gegeben. Die Etiketten sind klar und zeitgemäß, der Weinstil für uns kompakt und schnörkellos – mit Tiefe und Zug. Weiter investiert wurde in Weinberge (Neuanlagen) und Tanks. Die aktuellen Weine gefallen uns besser als die 2013er. Das beginnt schon beim Grauburgunder für sieben Euro, der echte Konturen und fruchtiges Spiel zeigt. Der mineralische, trockene Riesling »La Roche« ist substanziell nachhaltig – der Frühburgunder 2012 samtig und kraftvoll. Eine sehr gelungene Kollektion!

Anzahl der verkosteten Weine: 6
Bewertungen: 84–86 Punkte

2013	Riesling Sekt Brut nature La Méthode Rurale **15,50 €** | 12,5% | bis 2016	**86**
2014	Riesling trocken **7,- €** | 12,5% | bis 2016	**84**
2014	Grauburgunder trocken **7,- €** | 12,5% | bis 2016	**85**
2014	Weißburgunder trocken **8,50 €** | 13% | bis 2016	**84**
2013	Uffhofener La Roche Riesling trocken **15,50 €** | 13% | bis 2018	**86**
2012	Frühburgunder trocken **15,50 €** | 13,5% | bis 2017	**86**

Zeichenerklärung:
Schnäppchenpreis · Top 10 Spitzenreiter
Ökobetrieb · Trink-Tipp · Versteigerungswein
Sekt Weißwein Rotwein Roséwein

WEINGUT BATTENFELD-SPANIER

67591 Hohen-Sülzen · Bahnhofstraße 33
☎ (0 62 43) 90 65 15 · Fax 90 65 29
kontakt@battenfeld-spanier.de
www.battenfeld-spanier.de
Inhaber: H. O. Spanier und Carolin Spanier-Gillot
Vertriebsleiter: Frank Schuber
Kellermeister: H. O. Spanier

Verkauf: Oelmühlstr. 25, 55294 Bodenheim
Mo–Fr: 9.00–12.00 · 14.00–17.00 Uhr
Sa: 10.00–14.00 Uhr

Historie: im Alter von 20 Jahren hat H. O. Spanier sein eigenes Weingut gegründet, bereits 1993 Umstellung auf ökologischen Weinbau
Erlebenswert: »Liquid Life« Do–Sa ab 17.00 Uhr

Rebfläche: 28 Hektar
Jahresproduktion: 150.000 Flaschen
Beste Lagen: Nieder-Flörsheimer Frauenberg, Hohen-Sülzer Kirchenstück, Mölsheimer Zellerweg am Schwarzen Herrgott
Boden: kalkhaltiger Mergel, Buntsandstein
Rebsorten: 75% Riesling, 15% Spätburgunder, 10% übrige Sorten
Durchschnittsertrag: 45 hl/ha
Mitglied: VDP, Message in a bottle, la Renaissance des Appellations

Hans Oliver Spanier hat seit über 20 Jahren einen eigenen, spannenden Stil jenseits der Mittelspur entwickelt und gehört zweifelsohne zu den führenden Riesling-Winzern. Sein Verdienst ist es, dass immer mehr Weinfreunde einen ganz neuen, unverstellten Blick auf eine der spannendsten Weinlandschaften Deutschlands richten: das Zellertal. Es ist dank des Großen Gewächses Mölsheimer Zellerweg Am Schwarzen Herrgott kein blinder Fleck mehr. »Das Große Gewächs ist ein dem Schattenreich abgetrotzter Lichtwein«, schwärmt der Hohen-Sülzener. Gelbes Steinobst und Feuerstein wetteifern, wie weit man gehen kann. Und auch der Mölsheimer Ortswein zeigt keine Skrupel: ein Wolf im Schafspelz.

Höhenzug vom Herrgott

Dabei läuft der Höhenzug vom Schwarzen Herrgott über den Frauenberg bis hin zum Morstein, der Frauenberg ist noch karger, versteinerter. Hier leuchtet in den Kernparzellen purer Kalkstein den Riesling aus, lässt seine Aromen regelrecht illuminieren. Es schmeckt fast so, als würde der Kalk vom Himmel rieseln. Nicht nur Hans

Oliver Spanier schwärmt vom 2014er, der seiner Idee der kühlen, salzigen, mineralischen Tiefe so richtig nah kommt. Nach den starken 2012er und 2013er Weinen setzt Spanier seinen Weg fort: Der Frauenberg kuschelt nicht, das hat er nicht nötig! Was uns hier aktuell wiederum so gut gefällt, ist die kompakte Formensprache ohne Kinkerlitzchen. Auch die Basis soll ein Statement sein. Basta! Wer das nicht glaubt, sollte mal den 2014er Eisbach probieren, für uns bis dato der Beste seiner Art. Er schmeckt ganz einfach so, wie er heißt. Man trinkt einen Schluck – und lächelt.

Hans Oliver Spanier

Jemand wie Spanier hat Strunzweine und Starallüren eben nicht nötig. Warum auch? Bereits im Alter von 20 Jahren hat er sein eigenes Weingut gegründet und 1993 auf ökologischen Weinbau umgestellt. Die Reben werden älter, der Winzer abgeklärter, die Weinberge sind besser eingestellt. All das schmeckt man. Die Rieslinge von Spanier sind Athleten, durchtrainiert, mit Fleisch auf den Knochen. Weine, die genau den richtigen Body-Mass-Index haben. Beim Hohen-Sülzener geht es um eins: den Spaß am Wein. Den lebt er auch durch eine neue Art der Weinkommunikation: Liquid Life (siehe Weingut Kühling-Gillot).

Differenzierte Ortsweine

Beeindruckend ist die Differenzierung der beiden Ortsweine vom Riesling: der Hohen-Sülzener ist voller Souplesse, saftig, elegant – das Kirchenstück quasi der verlängerte Arm dieser Stilistik. Der Mölsheimer ist kantiger, mineralischer, ja: freakiger. Das Große Gewächs Zellerweg Am Schwarzen Herrgott die ultimative Steigerung. Der »CO« von den ältesten Rebanlagen wird erst nach Jahren in den Verkauf gegeben – der 2010er hat immense Statur. Biodynamische Weine at its best!

Anzahl der verkosteten Weine: 12
Bewertungen: 84–94 Punkte

<table>
<tr><td></td><td>2008</td><td>»Cuvée Louis«
Chardonnay Sekt Brut Blanc de Blancs
28,50 € | 12,5% | bis 2016</td><td>88</td></tr>
<tr><td></td><td>2014</td><td>Grüner Sylvaner trocken
9,50 € | 12% | bis 2016</td><td>84</td></tr>
<tr><td></td><td>2014</td><td>Riesling trocken
9,50 € | 12% | bis 2017</td><td>85</td></tr>
<tr><td></td><td>2014</td><td>Riesling Eisbach trocken
13,– € | 12% | bis 2018</td><td>87</td></tr>
<tr><td></td><td>2014</td><td>Hohen-Sülzener Grüner Sylvaner trocken
16,50 € | 12% | bis 2018</td><td>87</td></tr>
<tr><td></td><td>2014</td><td>Hohen-Sülzener Riesling trocken
16,50 € | 12% | bis 2019</td><td>88</td></tr>
<tr><td></td><td>2014</td><td>Mölsheimer Riesling trocken
19,50 € | 12% | bis 2019</td><td>89</td></tr>
<tr><td></td><td>2014</td><td>Hohen-Sülzener Kirchenstück
Riesling trocken »Große Lage«
33,50 € | 12,5% | bis 2022</td><td>91</td></tr>
<tr><td></td><td>2014</td><td>Mölsheimer Zellerweg Am Schwarzen Herrgott
Riesling trocken »Große Lage«
39,50 € | 12,5% | bis 2022</td><td>92</td></tr>
<tr><td>Top 10</td><td>2014</td><td>Nieder-Flörsheimer Frauenberg
Riesling trocken »Große Lage«
39,50 € | 12,5% | bis 2023</td><td>94</td></tr>
<tr><td></td><td>2010</td><td>Riesling »CO« trocken
130,– € | 13% | bis 2025</td><td>91</td></tr>
<tr><td></td><td>2013</td><td>Hohen-Sülzener Kirchenstück
Spätburgunder trocken »Große Lage«
28,50 € | 13% | bis 2020</td><td>89</td></tr>
</table>

WEINGUT BECK HEDESHEIMER HOF

55271 Stadecken-Elsheim · Schildweg 2
☎ (0 61 36) 24 87 · Fax 92 44 13
weingut@hedesheimer-hof.de
www.hedesheimer-hof.de

Inhaber und Kellermeister: Michael Beck

Verkauf: Michael Beck
Mi–Fr: 14.00–19.00 Uhr
Sa: 9.00–16.00 Uhr und nach Vereinbarung

Rebfläche: 26,5 Hektar
Jahresproduktion: 180.000 Flaschen
Beste Lagen: Stadecker Lenchen und Spitzberg, Elsheimer Bockstein und Blume, Jugenheimer Goldberg
Boden: schwerer Ton, Lehm mit Lössablagerungen
Rebsorten: 25% Riesling, 17% Grauburgunder, 14% Spätburgunder, 13% Weißburgunder, 9% Portugieser, 7% Silvaner, 6% Dornfelder, 9% übrige Sorten
Durchschnittsertrag: 65 hl/ha

Michael Beck hat eine klare Linie: das Terroir im malerischen Selztal herauskitzeln. Dazu setzt er auf die klassischen Rebsorten, zu denen der Winzer auch Portugieser und Auxerrois zählt. Beck hat ein Händchen für den Ausbau im Holzfass – auch beim Weißwein. Er ist seit gut 30 Jahren ein fester Bestandteil der rheinhessischen Winzerszene. Fernab aller Trends und Moden konzentriert sich Beck auf das Wesentliche: Die weißen Burgundersorten sind hier eine echte Benchmark und für die Qualität fast schon sensationell günstig. Die 2014er Rieslinge schmecken cremig, saftig, ausgewogen, voller heiterer Zwischentöne. Dazu kalibrierte Rote: Der konzentrierte 2012er St. Laurent erinnert fast schon an einen Amarone, die roten Burgunder betonen immer mehr die Finesse und Frische. Der Elsheimer Spätburgunder 2012 etwa hat eine wunderschön kühle, feinbeerige Duftigkeit – für 5,30 Euro. Uns schmeckt hier aber auch der enorm vitale Muskateller Freestyler. Er steckt ebenso voller Leben wie sein Macher Michael Beck, der mit seiner Frau Doris den Hedesheimer Hof stilvoll umgebaut hat: nebst großzügigen Gästezimmern und einem Weinerlebnisraum vom Feinsten, dessen Mobiliar Beck selbst entworfen und gebaut hat. Das ist rheinhessische Weinkultur.

Anzahl der verkosteten Weine: 16
Bewertungen: 84–89 Punkte

2014	Riesling trocken **5,– €** | 11,5% | 🍷 bis 2016	**84**
2014	Stadecker Grauburgunder trocken **5,30 €** | 12% | 🍷 bis 2017	**86**
2014	Stadecken-Elsheimer Riesling Terra Fusca trocken **7,50 €** | 12% | 🍷 bis 2017	**86**
2014	Stadecker Lenchen Sylvaner trocken **8,50 €** | 12% | 🍷 bis 2018	**86**
2014	Stadecker Spitzberg Weißburgunder im Horn trocken Alte Reben **8,50 €** | 13,5% | 🍷 bis 2018	**87**
2014	Stadecker Lenchen Grauburgunder trocken Alte Reben **8,50 €** | 13,5% | 🍷 bis 2018	**87**
2014	Stadecker Spitzberg Riesling im Horn trocken **12,50 €** | 13% | 🍷 bis 2019	**87**
2014	Elsheimer Blume Riesling Marhans trocken Alte Reben **12,50 €** | 13% | 🍷 bis 2020	**88**
2012	Stadecker Spitzberg Auxerrois Spätlese trocken **12,50 €** | 14,5% | 🍷 bis 2017	**86**
2014	Stadecker Spitzberg Muskateller Freestyler feinherb **7,50 €** | 10,5% | 🍷 bis 2017	**86**
2014	Elsheimer Blume Riesling Late Night Spätlese **8,50 €** | 8% | 🍷 bis 2020	**87**
2012	Elsheimer Blauer Spätburgunder trocken **5,30 €** | 13% | 🍷 bis 2016	**86**
2012	Cuvée »No.17« trocken Barrique **10,50 €** | 13,5% | 🍷 bis 2017	**86**
2012	Elsheimer Bockstein Blauer Spätburgunder trocken Alte Reben Barrique **12,20 €** | 13% | 🍷 bis 2019	**87**
2012	Elsheimer Bockstein Schwarzriesling trocken Barrique **23,50 €** | 14,5% | 🍷 bis 2018	**88**
2012	Jugenheimer Goldberg St. Laurent trocken Barrique **23,50 €** | 14,5% | 🍷 bis 2020	**89**

WEINGUT BECKER LANDGRAF

55239 Gau-Odernheim · Im Felsenkeller 1
☎ (0 67 33) 74 49 · Fax 18 47
weingut@beckerlandgraf.de
www.weingut-beckerlandgraf.de

Inhaber: Julia und Johannes Landgraf
Kellermeister: Julia und Johannes Landgraf

Verkauf: Julia und Johannes Landgraf
nach Vereinbarung

Rebfläche: 13 Hektar
Jahresproduktion: 120.000 Flaschen
Beste Lagen: Gau-Odernheimer Herrgottspfad, Rosenberg und Ölberg
Boden: Kalkmergel, Muschelkalk, tiefgründiger Löss und Ton
Rebsorten: 45% Riesling, 23% Spätburgunder, 11% Weißburgunder, je 6% Grauburgunder und St. Laurent, 9% übrige Sorten
Durchschnittsertrag: 70 hl/ha
Mitglied: Message in a bottle

Richtig stark! Hier ist aktuell jede Flasche ein echtes Statement! Das Zusammenspiel von punktgenauer Reife mit vielschichtiger, oft pikant anklingender Mineralität fasziniert auch in 2014. Der spannungsgeladene Gau-Odernheimer Weißburgunder, aber auch das Pendant vom Spätburgunder sind fast schon Must Haves für Weinfreunde, die sich das neue Rheinhessen schmecken lassen möchten! Das Weingut Becker Landgraf liegt am Fuß des von Reben bewachsenen Petersbergs und wird in der vierten Generation von dem Winzerehepaar Julia Landgraf (geborene Becker) und Johannes Landgraf geführt, die einen neuen Keller mit Kelterhaus gebaut haben. Die Rieslinge alleine sind schon erstklassig, profitieren ungemein von der Reife. Aber insbesondere bei den Burgundersorten setzt Becker Landgraf weitere Ausrufezeichen: Weißburgunder ist hier eine echte Benchmark, die Spätburgunder zählen zu den besten in Rheinhessen. Der Muschelkalk schmeckt delikat und sinnlich, der Rosenberg tief, dunkel und undomestiziert – und der Herrgottspfad gibt einem das Gefühl, eine echte Entdeckung gemacht zu haben. So lassen zahlreiche Weine dank ihrer dezenten salzigen Mineralität die Sedimente eines Urmeeres wieder schmeckbar werden: mächtige Anschwemmungen verschiedener Tongebilde, Kalkmergel und Muschelkalk.

Anzahl der verkosteten Weine: 15
Bewertungen: 83–90 Punkte

2014	Grauburgunder trocken	**7,40 €**	12%	bis 2016	**83**
2014	Riesling trocken	**7,40 €**	12%	bis 2016	**84**
2014	Weißburgunder & Chardonnay trocken Cuvée	**7,40 €**	12,5%	bis 2016	**84**
2014	Gau-Odernheimer Grau Burgunder trocken	**12,40 €**	12,5%	bis 2017	**85**
2014	Gau-Odernheimer Riesling trocken	**12,40 €**	12,5%	bis 2018	**86**
2014	Gau-Odernheimer Weißburgunder trocken Holzfass	**12,40 €**	12,5%	bis 2018	**87**
2013	Gau-Odernheimer Ölberg Riesling trocken Premium	**19,– €**	12,5%	bis 2019	**87**
2013	Weißburgunder Muschelkalk trocken Barrique	**20,– €**	13%	bis 2019	**89**
2013	Gau-Odernheimer Herrgottspfad Riesling trocken Premium Holzfass	**20,– €**	12,5%	bis 2020	**88**
2014	Riesling feinherb	**6,80 €**	11,5%	bis 2016	**83**
2014	Gau-Odernheimer Spätburgunder trocken Barrique	**12,40 €**	13,5%	bis 2018	**87**
2013	St. Laurent Muschelkalk trocken Barrique	**18,40 €**	13,5%	bis 2018	**86**
2012	Spätburgunder Muschelkalk trocken Barrique	**20,– €**	13,5%	bis 2018	**88**
2011	Biebelnheimer Rosenberg Spätburgunder trocken Premium Barrique	**26,– €**	13,5%	bis 2019	**89**
2011	Gau-Odernheimer Herrgottspfad Spätburgunder trocken Premium Barrique	**36,– €**	13,5%	bis 2020	**90**

WEINGUT BRÜDER DR. BECKER

55278 Ludwigshöhe · Mainzer Straße 3–7
☎ (0 62 49) 84 30 · Fax 76 39
weingut@brueder-dr-becker.de
www.brueder-dr-becker.de
Inhaber: Lotte Pfeffer-Müller, Hans Müller
Betriebsleiter und Kellermeister: Hans Müller

Verkauf: jeder erste Sa im Monat
und nach Vereinbarung

Historie: Weinbau seit dem Ende des 19. Jahrhunderts
Sehenswert: Holzfässer im Gewölbekeller, ökologischer Weinbau

Rebfläche: 11,5 Hektar
Jahresproduktion: 80.000 Flaschen
Beste Lage: Dienheimer Tafelstein und Falkenberg
Boden: Löss, Lösslehm, Kalklehmmergel
Rebsorten: 38% Riesling, 17% Scheurebe, 16% Silvaner, 14% Spätburgunder, 10% weiße Burgundersorten und Müller-Thurgau, 5% Regent
Durchschnittsertrag: 56 hl/ha
Mitglied: VDP, Ecovin, Demeter

Schon Ende der 70er Jahre wurde hier die ökologische Bewirtschaftung der Weinberge eingeführt. Im Keller kommen lagerfähige, betont mineralische Weine in die Holzfässer, Schoppenweine und Bukettsorten werden in Edelstahl ausgebaut. Die Weine brauchen Zeit für ihre Entwicklung und zeigen dann eine filigrane Frucht-Säure-Struktur, die oft begeistert. Die für diesen Betrieb so typisch schlanke, eigenständige, feine Art machte sich auch aktuell bezahlt. Die 2014er strahlen Ruhe, inneres Leben und Gelassenheit aus. Sie erteilen dem vordergründigen Mainstream souverän eine Absage. Der Ludwigshöher Silvaner aus 40 Jahre alten Reben ist würzig, beerig, zartcremig und irgendwie lässig – auch die Scheureben sind gekonnt weggezogen von der allzu parfümierten Frucht, haben Kick und Säurespiel. Dazu ein durchaus kräftiges, pikantes Großes Gewächs aus dem Falkenberg, das gekonnt zwischen Frucht und Mineral balanciert, und ein kalibriertes Pendant aus dem Tafelstein. Das sind Ökoweine mit einem ganz individuellen Stil, der sich nicht von Moden beeinflussen lässt!

Anzahl der verkosteten Weine: 9
Bewertungen: 83–88 Punkte

2014	Silvaner trocken **6,– €**/1,0 Lit. | 13% | 🍷 bis 2016	**83**
2014	Grüner Silvaner trocken **7,– €** | 12,5% | 🍷 bis 2016	**84**
2014	Riesling trocken **7,80 €** | 13% | 🍷 bis 2016	**84**
2014	Scheurebe trocken **8,– €** | 12,5% | 🍷 bis 2017	**85**
2014	Dienheimer Riesling trocken »sur lie« **11,50 €** | 13% | 🍷 bis 2017	**86**
2014	Ludwigshöher Silvaner trocken »sur lie« **12,– €** | 13% | 🍷 bis 2018	**87**
2014	Dienheimer Tafelstein Riesling »Großes Gewächs« **22,50 €** | 13% | 🍷 bis 2020	**87**
2014	Dienheimer Falkenberg Riesling »Großes Gewächs« »sur lie« **24,– €** | 13% | 🍷 bis 2021	**88**
2014	Dienheimer Scheurebe Spätlese feinherb **11,50 €** | 12,5% | 🍷 bis 2017	**87**

Neu

WEINGUT BECKER

67582 Mettenheim · Hauptstraße 10
☎ (0 62 42) 28 45 · Fax 64 60
beckerwein@t-online.de
www.beckerwein.de
Inhaber: Gernot Becker
Amadeus Becker

Verkauf: nach Vereinbarung

Der kleine Familienbetrieb hat seine Wurzeln im 19. Jahrhundert. Nachdem Gernot Becker die Leitung übernommen hatte, kaufte er das Nachbarweingut auf. Er und sein Sohn Amadeus, der 2011 seine Ausbildung beendete, arbeiten zusammen in Weinberg und Keller. Ihr Schwerpunkt sind frische und fruchtige Weißweine. Ein gutes Beispiel dafür ist ihre wertige, stimmig aufgeteilte Riesling-Linie. Die Weiß- und Grauburgunder des aktuellen Jahrgangs sind erfrischend und herzhaft. Außerdem sticht nach unserer Beobachtung der 2011er Grauburgunder Spätlese aus dem Barrique hervor.

Anzahl der verkosteten Weine: 12
Bewertungen: 83–85 Punkte

2014 Mettenheimer Schlossberg Sauvignon Blanc trocken **84**
6,20 € | 12,5% | 🍷 bis 2016

2014 Mettenheimer Schlossberg Riesling Casimir trocken **84**
8,50 € | 12,5% | 🍷 bis 2016

2014 Mettenheimer Michelsberg Weißburgunder trocken **84**
8,70 € | 12,5% | 🍷 bis 2016

2014 Mettenheimer Schlossberg Riesling trocken Alte Reben **84**
15,– € | 13% | 🍷 bis 2017

2014 Mettenheimer Schlossberg Weißburgunder Kabinett trocken **84**
6,20 € | 11,5% | 🍷 bis 2016

2014 Mettenheimer Michelsberg Grauburgunder Spätlese trocken **83**
6,40 € | 12,5% | 🍷 bis 2016

2014 Mettenheimer Michelsberg Chardonnay Spätlese trocken **84**
6,50 € | 12,5% | 🍷 bis 2016

2014 Mettenheimer Schlossberg Scheurebe Spätlese trocken **83**
7,90 € | 12% | 🍷 bis 2016

2011 Mettenheimer Michelsberg Grauburgunder Spätlese trocken Reserve Barrique **85**
11,90 € | 12,5% | 🍷 bis 2016

2014 Bechtheimer Geyersberg Riesling Auslese trocken Alte Reben **84**
12,50 € | 12,5% | 🍷 bis 2017

2014 Mettenheimer Schlossberg Riesling Auslese feinherb **84**
9,80 € | 8,5% | 🍷 bis 2017

WEINGUT GEORG JAKOB BECKER

55278 Mommenheim · Wiesgartenstraße 15–17
☎ (0 61 38) 17 42 · Fax 17 32
info@becker-weine.com
www.becker-weine.com
Inhaber: Rainer und Tobias Becker
Kellermeister: Tobias Becker

Verkauf: Familie Becker
Mo–Fr: 9.00–11.00 Uhr · 14.00–18.00 Uhr
Sa–So, feiertags: nach Vereinbarung

Der Betrieb liegt in Mommenheim, nordwestlich von Nierstein. Tobias Becker hat 2010 das Ruder im Weingut von seinem Vater Rainer übernommen. Er will Weine machen, »die zu den besten Rheinhessens zählen«. Dieses Ziel hat er noch nicht erreicht, aber die Kollektion aus 2013 war solide geraten, was auch für den Jahrgang 2014 gilt, der etwas herber ausgefallen ist.

Anzahl der verkosteten Weine: 12
Bewertungen: 82–84 Punkte

2014 Domtal-Schoppen trocken **83**
4,– €/1,0 Lit. | 12,5% | 🍷 bis 2016

2014 Mommenheimer Osterberg Silvaner hoch 5 trocken **84**
5,60 € | 12,5% | 🍷 bis 2016

2014 Mommenheimer Osterberg Riesling trocken **84**
5,70 € | 12,5% | 🍷 bis 2016

2014 Mommenheimer Kloppenberg Grauburgunder trocken **84**
5,80 € | 13% | 🍷 bis 2017

2014 Lörzweiler Ölgild Weißburgunder trocken **84**
5,80 € | 13% | 🍷 bis 2017

2014 Mommenheimer Kloppenberg Grüner Veltliner trocken **83**
6,– € | 13% | 🍷 bis 2016

2014 Zornheimer Mönchbäumchen Merlot trocken Blanc de Noirs **83**
6,10 € | 12,5% | 🍷 bis 2017

2014 Mommenheimer Kloppenberg Chardonnay trocken **83**
6,40 € | 13,5% | 🍷 bis 2017

2014 Cuvée »Chardo Noir« feinherb Rotling **83**
6,50 € | 12,5% | 🍷 bis 2017

2014 Zornheimer Mönchbäumchen Gewürztraminer **84**
5,30 € | 10% | 🍷 bis 2016

2014 Cabernet Dorsa & Cabernet Cubin trocken Rosé **82**
5,40 € | 12% | 🍷 bis 2016

2012 Zornheimer Mönchbäumchen Acolon trocken Holzfass **84**
8,60 € | 14,5% | 🍷 bis 2017

WEIN- UND SEKTGUT CH. W. BERNHARD

55546 Frei-Laubersheim
Philipp-Wehr-Straße 31–33
☎ (0 67 09) 62 33 · Fax 61 60
info@chwbernhard.de
www.chwbernhard.de
Inhaber und Kellermeister: Hartmut Bernhard
Kellermeister: Hartmut Bernhard

Verkauf: Hartmut Bernhard
Mo–Sa: 8.00–20.00 Uhr und nach Vereinbarung

Hartmut Bernhard und seine Frau Petra setzen auf kontrollierte Erntemengen durch frühen Rückschnitt der Reben und grüne Ernte. Die Lese erfolgt fast ausschließlich mit der Hand. Die Stärke des Weingutes sind die Aromasorten, was auch dieser Jahrgang wieder bestätigt. Besonders positiv fielen der Gewürztraminer und die Scheurebe auf. Ein Highlight in der diesjährigen Kollektion ist auch die trockene Riesling-Auslese vom Frei-Laubersheimer Kirchberg. Auch mit dem feinherben und halbtrockenen Ausbau von Rieslingen kommen die Bernhards gut zurecht.

Anzahl der verkosteten Weine: 12
Bewertungen: 82–85 Punkte

2014 Frei-Laubersheimer Rheingrafenberg Riesling vom Porphyr trocken — **83**
6,20 € | 12% | bis 2016

2014 Frei-Laubersheimer Fels Grauburgunder Spätlese trocken — **83**
7,50 € | 13% | bis 2016

2014 Frei-Laubersheimer Fels Auxerrois Premium Spätlese trocken Alte Reben — **84**
11,90 € | 13% | bis 2017

2014 Frei-Laubersheimer Kirchberg Riesling Premium Auslese trocken Alte Reben — **85**
9,90 € | 12,5% | bis 2017

2014 Frei-Laubersheimer Rheingrafenberg Riesling Kabinett feinherb — **84**
6,20 € | 11% | bis 2016

2014 Hackenheimer Kirchberg Weißburgunder Spätlese halbtrocken — **82**
6,90 € | 12% | bis 2016

2014 Hackenheimer Kirchberg Riesling Spätlese halbtrocken — **84**
7,20 € | 11,5% | bis 2016

2014 Hackenheimer Kirchberg Scheurebe Kabinett — **84**
5,90 € | 9% | bis 2017

2014 Frei-Laubersheimer Fels Gewürztraminer Spätlese — **84**
6,90 € | 10% | bis 2017

WEINGUT BERNHARD

55578 Wolfsheim · Klostergasse 3
☎ (0 67 01) 35 78 und 71 30 · Fax 71 17
service@weingut-bernhard.de
www.weingut-bernhard.de
Inhaber: Jörg Bernhard
Kellermeister: Martina und Jörg Bernhard

Verkauf: nach Vereinbarung

Drei Generationen arbeiten in dem Familienunternehmen miteinander. Juniorchef Jörg Bernhard wandelte den ehemaligen Gemischtbetrieb, dessen Wurzeln bis ins 17. Jahrhundert reichen, in den 1990er Jahren in einen reinen Weinbaubetrieb und Schritt für Schritt in ein modernes Qualitätsweingut um. Im Vergleich zum Jahrgang davor sehen wir eine merkliche Steigerung beim 2014er: klare, reintönige Rieslinge durch die Bank, der Wolfsheimer Grauburgunder vom Kalkstein mit einer feinen Mineralik und ein sortentypischer Sauvignon Blanc sind besonders hervorzuheben.

Anzahl der verkosteten Weine: 12
Bewertungen: 83–85 Punkte

2014 Weißburgunder trocken — **83**
6,– € | 12% | bis 2016

2014 Silvaner trocken — **83**
6,– € | 12% | bis 2016

2014 Grauburgunder trocken — **84**
6,– € | 12% | bis 2016

2014 Riesling trocken — **84**
6,50 € | 12% | bis 2016

2014 Sauvignon Blanc trocken — **84**
7,– € | 12,5% | bis 2016

2014 St. Johanner Weißburgunder vom Kalkmergel trocken — **83**
9,– € | 13% | bis 2016

2014 Wolfsheimer Silvaner vom Kalkmergel trocken — **84**
9,– € | 12,5% | bis 2016

2014 Wolfsheimer Grauburgunder vom Kalkstein trocken — **85**
9,– € | 13% | bis 2017

2014 Wolfsheimer Riesling vom Kalkstein trocken — **85**
9,– € | 12,5% | bis 2017

2014 Wolfsheimer Osterberg Riesling trocken Holzfass — **84**
17,– € | 13% | bis 2017

2014 Wolfsheimer Sankt Kathrin Silvaner trocken Barrique — **84**
17,– € | 13% | bis 2017

2014 Erfrisch Dich trocken Rosé — **84**
6,– € | 12% | bis 2016

WEINGUT J. BETTENHEIMER

55218 Ingelheim · Stielgasse 32
☎ (0 61 32) 30 41 · Fax 78 67 95
info@weingut-bettenheimer.de
www.bettenheimer.de

Inhaber und Betriebsleiter: Jens Bettenheimer
Kellermeister: Jens und Joachim Bettenheimer

Verkauf: nach Vereinbarung

Gutsausschank: »Zum Kuhstall«, März–Mitte Juli, Sept.–Mitte Dez., Do–Sa ab 18.00 Uhr, So, feiertags ab 15.30 Uhr
Gästezimmer: im Weingut

Rebfläche: 14 Hektar
Jahresproduktion: 100.000 Flaschen
Beste Lagen: Ingelheimer Sonnenhang, Appenheimer Eselspfad
Boden: Kalkstein, Kalkmergel, Löss
Rebsorten: 23% Spätburgunder, 19% Silvaner, 14% Grauburgunder, 12% Riesling, 10% Chardonnay, 9% Weißburgunder, 7% Frühburgunder, 6% übrige Sorten
Durchschnittsertrag: 60 hl /ha

Was Jens Bettenheimer an Ausdruck und Intensität ins Glas zaubert, verdient Anerkennung – und endlich auch die wohlverdiente dritte Traube. Die aktuellen Weine haben genau den Kick, der uns überzeugt. Sie betonen puristisch die Eleganz, sind fein und eigenständig. Bettenheimer strukturiert seine Rebflächen weiter um. Dornfelder und Portugieser raus. Burgunder, Silvaner und Riesling rein, so lautet sein Credo. Bettenheimer setzt auf eine langsame Spontangärung, schonende Verarbeitung, wenig Schwefel und klassischen Holzfassausbau. Das Ergebnis sind individuelle Weine mit Charakter! Grauburgunder wie der Ingelheimer sind eine echte Benchmark, der Aureus strahlt regelrecht. Der trockene Riesling Illumino wächst im Burgberg auf Kalkmergel mit Hydrobienkalk (Wattschnecken des Myozänmeers) und hat ebenso Spannung wie der noch etwas stärkere Hundertgulden. Die Silvaner zeigen Tiefgang und Anklänge an Lakritze. Dazu die für uns stärksten Roten von Bettenheimer. Der elegante, rauchige Ingelheimer Täuscherspfad 2013 von teils wurzelechten Reben markiert in der Tat mit faszinierenden Wildkräuteraromen einen neuen Höhepunkt im Schaffen von Jens Bettenheimer!

Anzahl der verkosteten Weine: 13
Bewertungen: 83–91 Punkte

2014	Silvaner trocken **4,50 €**/1,0 Lit. | 12% | bis 2016	**83**
2014	Riesling trocken **7,90 €** | 13% | bis 2016	**84**
2014	Ingelheimer Grüner Silvaner trocken **9,90 €** | 13% | bis 2017	**86**
2014	Appenheimer Weißburgunder trocken **9,90 €** | 13% | bis 2017	**86**
2014	Ingelheimer Grauburgunder trocken **9,90 €** | 13% | bis 2017	**87**
2014	Ingelheimer Chardonnay trocken **13,90 €** | 12,5% | bis 2017	**86**
2014	Ingelheimer Burgberg Riesling trocken **13,90 €** | 13,5% | bis 2019	**87**
2014	Appenheimer Eselspfad Silvaner trocken **13,90 €** | 13% | bis 2019	**88**
2014	Ingelheimer Sonnenhang Grauburgunder Aureus trocken **13,90 €** | 13% | bis 2020	**89**
2014	Appenheimer Hundertgulden Riesling trocken **16,90 €** | 13% | bis 2020	**88**
2013	Ingelheimer Sonnenhang Spätburgunder trocken **15,90 €** | 13,5% | bis 2019	**88**
2013	Ingelheimer Schlossberg Frühburgunder trocken **16,90 €** | 13,5% | bis 2018	**87**
2013	Ingelheimer Täuscherspfad Spätburgunder trocken **22,90 €** | 13,5% | bis 2020	**91**

WEINGUT BISCHEL

55437 Appenheim · Sonnenhof 15
☎ (0 67 25) 26 83 · Fax 51 27
info@weingut-bischel.de
www.weingut-bischel.de
Inhaber: Familie Runkel
Betriebsleiter: Christian und Matthias Runkel

Verkauf: Heike Runkel
Mo–Sa: 9.00–18.00 Uhr und nach Vereinbarung

Rebfläche: 18,5 Hektar
Jahresproduktion: 120.000 Flaschen
Beste Lagen: Binger Scharlachberg, Appenheimer Hundertgulden, Gau-Algesheimer Johannisberg und St. Laurenzikapelle
Boden: Quarzit, Kalkstein, Tonmergel, Lösslehm
Rebsorten: 20% Riesling, 17% Spätburgunder, je 15% Weißburgunder und Grauburgunder, 13% Silvaner, 20% übrige Sorten
Durchschnittsertrag: 70 hl/ha
Mitglied: Message in a bottle

Bischel in Appenheim hat sich ganz klar als einer der Leuchtturmbetriebe im Norden von Rheinhessen etabliert. Christian und Matthias Runkel möchten die Weinbergspflege weiter intensivieren, um den Lagencharakter besser abbilden zu können. Sie haben aktuell in die Übernahme und den weiteren Erhalt der alten Querterrassen im Binger Urscharlachberg investiert. »2014 konnten wir erstmals mit vielen verschiedenen Partien aus den Querterrassen arbeiten«, berichten die Brüder, »der höchstgelegene, felsigste Teil erwies sich als das Filetstück in 2014. Dort ist die Säure trotz des warmen Steilhangs auch bei langer Reife am Stock sehr stabil und liefert feste und mineralische Weine, die perfekt ins große Holzfass passen.« Tatsächlich präsentiert sich der trockene Lagenriesling aus dem Scharlachberg tiefgründig mit exotischer Frucht und mineralischer Würze. Die weißen 2014er sind insgesamt etwas reifer und saftiger als ihre Vorgänger, die Rieslinge etwas kräutriger, die weißen Burgunder etwas konzentrierter und gelber in der Frucht. Ganz klar im Kommen bei Bischel sind Chardonnay und Spätburgunder. »Die neuen Chardonnay- und Spätburgunderabfüllungen zeigen, dass gerade bei diesen Sorten eine Lese zur optimalen Reife- und Säurebalance noch feinere und kalibriertere Weine hervorbringt«, meinen die Brüder und haben nicht nur einen sehr eleganten, kühlen Chardonnay aus der Gau-Algesheimer Kapelle gekeltert, sondern auch 2013er Spätburgunder, die noch transparenter und kühler geworden sind.

Anzahl der verkosteten Weine: 14
Bewertungen: 84–90 Punkte

2014	Riesling trocken **8,40 €** | 12% | bis 2016	**84**
2014	Appenheimer Riesling Terra Fusca trocken **12,40 €** | 12,5% | bis 2017	**86**
2014	Gau-Algesheimer Silvaner Terrassen trocken **12,40 €** | 13% | bis 2017	**86**
2014	Appenheimer Weißburgunder trocken **12,40 €** | 13% | bis 2017	**86**
2014	Binger Riesling Quarzit trocken **12,90 €** | 12,5% | bis 2018	**87**
2014	Gau-Algesheimer Chardonnay Kapelle trocken **14,90 €** | 13% | bis 2019	**88**
2014	Gau-Algesheimer St. Laurenzikapelle Riesling trocken **19,90 €** | 13% | bis 2020	**88**
2014	Gau-Algesheimer Goldberg Silvaner trocken **19,90 €** | 13% | bis 2020	**88**
2014	Gau-Algesheimer St. Laurenzikapelle Weißburgunder trocken **19,90 €** | 13% | bis 2020	**88**
2014	Appenheimer Hundertgulden Riesling trocken **20,90 €** | 13% | bis 2021	**89**
2014	Binger Scharlachberg Riesling trocken **20,90 €** | 13% | bis 2022	**90**
2013	Appenheimer Spätburgunder trocken **14,90 €** | 13% | bis 2017	**86**
2013	Gau-Algesheimer Johannisberg Spätburgunder trocken **21,90 €** | 13% | bis 2018	**88**
2013	Pinot Noir trocken Reserve **31,90 €** | 13% | bis 2020	**89**

WEINGUT BOSSERT

67598 Gundersheim · Hauptstraße 15
☎ (01 76) 20 35 31 05
info@bossert-gundersheim.de
www.bossert-gundersheim.de
Inhaber: Bossert GbR
Betriebsleiter: Johanna und Philipp Bossert

Verkauf: Familie Bossert
nach Vereinbarung

Rebfläche: 2,3 Hektar
Beste Lagen: Gundersheimer Höllenbrand und Königsstuhl

Dieses Weingut hat uns schlichtweg begeistert. Johanna und Philipp Bossert gehen mit so viel Verve und Leidenschaft an ihre Weine, dass der Gundersheimer Betrieb im zweiten Jahr in unserem Guide direkt den Sprung auf die zweite Traube schafft. Herzlichen Glückwunsch! Fällt Spätburgunder in Rheinhessen mitunter einen Tick zu rustikal und zu hart in den Tanninen aus, so schafft es das Geschwisterpaar, der kapriziösen Sorte Transparenz und Feingefühl zu entlocken. Die zarte Kühle steht dem Pinot Noir wunderbar! Auch die Rieslinge haben ihr Herz auf dem rechten Fleck und puffern mineralischen Säurenerv durch herrlichen Extrakt. Die Gundersheimer Lagen sind ganz klar im Kommen. Das passiert auch dank dieses neuen Vorzeigebetriebes, dem wir allzu gerne ein ganz feines Händchen attestieren!

Anzahl der verkosteten Weine: 6
Bewertungen: 84–88 Punkte

2014	Riesling trocken **9,70 €** | 12% | bis 2016	**84**
2014	Gundersheimer Riesling trocken Silberkapsel **15,70 €** | 12,5% | bis 2017	**86**
2014	Gundersheimer Weißburgunder trocken Silberkapsel **15,70 €** | 12,5% | bis 2017	**86**
2014	Gundersheimer Höllenbrand Riesling trocken Goldkapsel **27,– €** | 12,5% | bis 2019	**87**
2013	Gundersheimer Spätburgunder trocken Silberkapsel **17,30 €** | 13,5% | bis 2017	**87**
2013	Gundersheimer Höllenbrand Spätburgunder trocken Goldkapsel **30,– €** | 13% | bis 2019	**88**

Zeichenerklärung:
Schnäppchenpreis · Top 10 Spitzenreiter
Ökobetrieb · Trink-Tipp · Versteigerungswein
Sekt · Weißwein · Rotwein · Roséwein

WEINGUT BRAUNEWELL

55270 Essenheim · Am Römerberg 34
☎ (0 61 36) 8 89 17 · Fax 8 12 26
info@weingut-braunewell.de
www.weingut-braunewell.de
Inhaber: Familie Braunewell
Betriebsleiter: Axel, Stefan und Christian Braunewell
Kellermeister: Stefan und Christian Braunewell

Verkauf: Familie Braunewell
Mo–Do: 13.30–19.00 Uhr
Fr: 10.00–12.00 Uhr · 13.30–19.00 Uhr
Sa: 9.00–17.00 Uhr

Sehenswert: Terrassenweinberg an der Brandungsküste des Urmeers in der Lage Blume

Rebfläche: 21 Hektar
Jahresproduktion: 150.000 Flaschen
Beste Lagen: Essenheimer Teufelspfad, Elsheimer Blume
Boden: Kalkstein, Tonmergel, Kalkmergel
Rebsorten: 50% Burgunder, 30% Riesling, je 10% Aromasorten und internationale Rotweinsorten
Durchschnittsertrag: 73 hl/ha
Mitglied: Selection Rheinhessen

Stefan und Christian Braunewell legen den Grundstein für hohe Qualität durch enorme Anstrengungen in den Weinbergen. »Wir haben das laufende Weinjahr dazu genutzt, unseren Stil wieder zu präzisieren und die kühle, salzige Stilistik noch mehr herauszuarbeiten. Wir vergären ausschließlich spontan und haben den Einfluss von Holzfässern für die Struktur der Weine, nicht für die Aromatisierung, deutlich erhöht. Der Weg ist, über angepasste Alkoholwerte und niedrigen Zucker ein Maximum an Trinkspaß herauszuarbeiten«, erzählt Stefan Braunewell. Mittlerweile ist der Betrieb auch beim Grauburgunder eine echte Benchmark! Die Rieslinge sind gewohnt souverän, bei den Spätburgundern kommt immer rauchige Kalkigkeit ins Glas. Da sind aber auch satte Sauerkirsche, Salz – und Trinkfreude. Durch Investitionen in Rotweingärsysteme und burgundische, kleinbeerige Pinot-Noir-Klone hat sich die Extraktion der Tannine und Farbe aus den Beeren intensiviert, was zu kühleren und fruchtigeren Spätburgundern führen soll. Braunewell geht weg vom Fetten und schlägt im Selztal einen ganz eigenen Sound an, der uns noch besser gefällt als im Vorjahr.

Anzahl der verkosteten Weine: 15
Bewertungen: 83–89 Punkte

2013	Riesling Sekt Brut **12,– €** | 12,5% | bis 2016	**87**
2014	Riesling trocken **6,50 €**/1,0 Lit. | 12,5% | bis 2016	**83**
2014	Essenheimer Riesling Kalkstein trocken **11,50 €** | 12,5% | bis 2017	**86**
2014	Essenheimer Sylvaner Kalkstein trocken **11,50 €** | 13% | bis 2017	**86**
2014	Essenheimer Grauburgunder Kalkmergel trocken **11,50 €** | 12,5% | bis 2017	**87**
2014	Elsheimer Blume Riesling trocken **18,50 €** | 13% | bis 2020	**88**
2014	Essenheimer Teufelspfad Grauburgunder trocken **18,50 €** | 13% | bis 2019	**88**
2014	Essenheimer Teufelspfad Riesling trocken **18,50 €** | 13% | bis 2021	**89**
2014	Essenheimer Teufelspfad Grauburgunder trocken Reserve **25,– €** | 13% | bis 2020	**89**
2014	Essenheimer Teufelspfad Riesling Auslese **15,– €**/0,5 Lit. | 8,5% | bis 2024	**88**
2014	Rosé I trocken **22,50 €** | 13% | bis 2017	**86**
2013	Essenheimer Spätburgunder Kalkmergel trocken **15,– €** | 13% | bis 2018	**87**
2013	Elsheimer Blume Spätburgunder trocken **25,– €** | 13% | bis 2019	**88**
2013	Essenheimer Teufelspfad Spätburgunder trocken **25,– €** | 13% | bis 2019	**89**

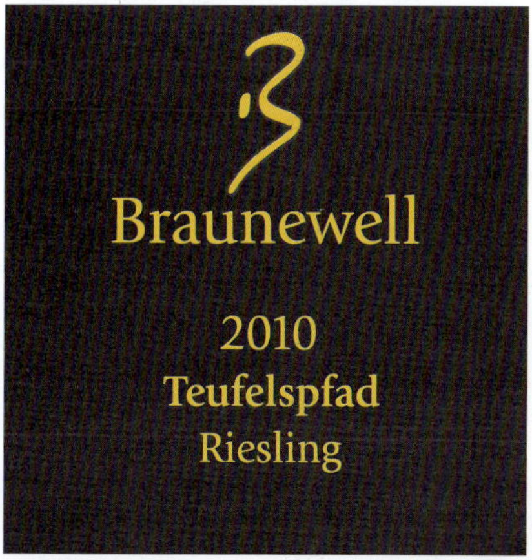

WEINGUT ERNST BRETZ

55234 Bechtolsheim · Langgasse 35
☎ (0 67 33) 3 56 · Fax 48 88
info@weingutbretz.de
www.weingutbretz.de
Inhaber: Horst Bretz

Verkauf: Horst Bretz
Mo–Fr: 8.00–12.00 Uhr · 13.00–18.00 Uhr
Sa: 10.00–17.00 Uhr

Mit einer überzeugenden Kollektion feierte dieses Gut im letzten Jahr den Wiedereinstieg in den WeinGuide. Dass Horst Bretz ein Händchen für Bukettsorten hat, zeigen aktuell die spannenden Gewürztraminer. Sauvignon Blanc gelingt regelmäßig ausgezeichnet auf dem imposanten Gut mit der schmucken Vinothek und der zeitgemäßen Lounge-Atmosphäre. Aktuell gefallen uns die Roten: Der Regent ist herrlich druckvoll und beerig. Doch auch Cabernet Sauvignon & Merlot Barrique aus dem Petersberg haben es in sich. So darf es gerne weitergehen!

Anzahl der verkosteten Weine: 12
Bewertungen: 83-87 Punkte

2014	Bechtolsheimer Petersberg Grauburgunder trocken **6,20 €** | 12,5% | bis 2016	**83**
2014	Bechtolsheimer Petersberg Riesling trocken **6,50 €** | 12% | bis 2016	**83**
2014	Bechtolsheimer Petersberg Weißburgunder Spätlese trocken **8,70 €** | 13% | bis 2017	**85**
2013	Bechtolsheimer Petersberg Gewürztraminer Spätlese trocken **8,90 €** | 13% | bis 2016	**84**
2014	Bechtolsheimer Petersberg Chardonnay Spätlese trocken **9,20 €** | 13% | bis 2017	**85**
2014	Bechtolsheimer Petersberg Riesling Spätlese halbtrocken **8,20 €** | 12% | bis 2017	**84**
2012	Bechtolsheimer Petersberg Gewürztraminer Eiswein **24,50 €**/0,375 Lit. | 7,5% | bis 2019	**87**
2012	Bechtolsheimer Petersberg St. Laurent trocken Barrique **10,90 €** | 14% | bis 2016	**85**
2011	Bechtolsheimer Petersberg Cabernet Sauvignon & Merlot trocken Barrique **14,50 €** | 14% | bis 2017	**86**
2012	Bechtolsheimer Petersberg Spätburgunder Auslese trocken **18,30 €** | 14% | bis 2017	**85**

WEINGUT BRINKMANN

55270 Jugenheim · Hintergasse 48
☎ (0 61 30) 18 17
weingut.brinkmann@t-online.de
www.weingut-brinkmann.de
Inhaber: Familie Brinkmann
Betriebsleiter: Gerd und Axel Brinkmann
Kellermeister: Gerd Brinkmann

Verkauf: Gerd und Axel Brinkmann
Mo–Sa: 8.00–18.00 Uhr und nach Vereinbarung

Bereits mit dem Jahrgang 2013 hatte sich die Qualität der Weine in diesem Jugenheimer Betrieb erneut verbessert, was Gerd Brinkmann im letzten WeinGuide die erste Traube bescherte. Mit seiner aktuellen Kollektion schließt er an die Vorjahresleistung an. Der trockene Riesling aus der Lage Hasensprung ist auch im Jahrgang 2014 eine Bank. Und der nachgereichte 2013er Riesling aus dem Goldberg, der im Holzfass ausgebaut wurde, steht ihm in puncto Qualität nicht nach. Der 2014er Silvaner aus dem Goldberg ist ein echter Trinktipp. Auch Rotweine gelingen Brinkmann gut.

Anzahl der verkosteten Weine: 12
Bewertungen: 83-86 Punkte

2014	Riesling trocken **4,- €**/1,0 Lit. | 12,5% | bis 2016	**83**
2014	Silvaner trocken **3,90 €** | 12% | bis 201683	**83**
2014	Grauburgunder trocken **4,- €** | 12,5% | bis 2016	**83**
2014	Jugenheimer Weißburgunder trocken **4,50 €** | 13% | bis 2016	**83**
2014	Jugenheimer Riesling trocken **4,60 €** | 13% | bis 2017	**84**
2014	Jugenheimer Grauburgunder trocken **4,60 €** | 13,5% | bis 2017	**84**
2014	Jugenheimer Goldberg Silvaner trocken Alte Reben **5,30 €** | 13% | bis 2017	**84**
2014	Jugenheimer Hasensprung Riesling trocken **5,80 €** | 13% | bis 2017	**84**
2013	Jugenheimer Goldberg Riesling trocken Holzfass **8,- €** | 13% | bis 2018	**86**
2014	Jugenheimer Kerner Spätlese **4,10 €** | 10,5% | bis 2016	**83**
2012	Jugenheimer Hasensprung Spätburgunder trocken Barrique **6,80 €** | 13,5% | bis 2017	**84**
2012	Cabernet Sauvignon Dr. Johannes Kruppenbacher trocken Barrique **14,90 €** | 14% | bis 2018	**85**

WEINGUT LISA BUNN

55283 Nierstein · Mainzer Straße 86
☎ (0 61 33) 5 92 90 · Fax 6 03 09
info@weingut-bunn.de
www.lisa-bunn.de
Inhaberin und Betriebsleiterin: Georg Bunn
Kellermeisterin: Lisa Bunn

Verkauf: Eva Bunn
Di–Fr: 13.00–17.00 Uhr, Sa: 10.00–17.00 Uhr

Lisa Bunn übernahm 2011 das Zepter im elterlichen Betrieb. Vater Georg Bunn hat das Weingut für konstante Qualität bekannt gemacht. Die Flaggschiffe sind die Rieslinge aus den bekannten Lagen des Roten Hangs: Hipping, Ölberg und Orbel. Der Hipping präsentiert sich stärker denn je, ist von gelbfleischiger Ausdruckskraft geprägt. Doch auch die Ortsweine überzeugen – der Niersteiner Riesling vom Rotliegenden etwa bietet zart exotische Frucht und den Kick vom Rotliegenden. Dazu eine Réserve vom Chardonnay, mit der Lisa Bunn ihr Können im Umgang mit dem kleinen Holzfass zeigt.

Anzahl der verkosteten Weine: 12
Bewertungen: 83–86 Punkte

2014	Riesling Fleißiges Lieschen trocken **6,90 €** | 11,5% | bis 2016	**83**
2014	Grüner Silvaner trocken **6,90 €** | 12% | bis 2016	**83**
2014	Dienheimer Riesling vom Kalkstein trocken **8,80 €** | 12,5% | bis 2017	**84**
2014	Dienheimer Chardonnay vom Kalkstein trocken Holzfass **8,80 €** | 13,5% | bis 2017	**84**
2014	Silvaner vom Löss trocken Holzfass **8,80 €** | 11,5% | bis 2017	**84**
2014	Niersteiner Riesling vom Rotliegenden trocken **8,80 €** | 13% | bis 2017	**85**
2013	Cuvée »Wild Wedding« trocken Barrique **15,– €** | 13,5% | bis 2017	**85**
2014	Niersteiner Orbel Riesling trocken **15,– €** | 13,5% | bis 2018	**86**
2014	Niersteiner Oelberg Riesling trocken **15,50 €** | 13% | bis 2018	**85**
2014	Niersteiner Hipping Riesling trocken lange Goldkapsel **16,– €** | 13% | bis 2019	**86**
2014	Chardonnay trocken Reserve Barrique **18,– €** | 13% | bis 2018	**86**
2013	Niersteiner St. Laurent vom Rotliegenden trocken Barrique **9,50 €** | 13% | bis 2016	**84**

WEINGUT JEAN BUSCHER

67595 Bechtheim · Wormser Straße 4–6
☎ (0 62 42) 8 72 · Fax 8 75
weingut@jean-buscher.de
www.jean-buscher.de
Inhaber: Jean Michael Buscher und Jean Raphael Buscher
Kellermeister: Matthias Schanz und Jean Raphael Buscher

Verkauf: Jean Raphael und Nicole Buscher
Mo–Fr: 8.00–17.00 Uhr und nach Vereinbarung

Wein-Lounge: Veranstaltungsräume für bis zu 140 Personen
Historie: gegründet 1844
Sehenswert: alter Gewölbekeller mit Holzfässern, Schatzkammerweine bis 1911, historische Weinprobierstube

Rebfläche: 16 Hektar
Jahresproduktion: 160.000 Flaschen
Beste Lagen: Bechtheimer Geyersberg, Stein und Rosengarten
Boden: Lösslehm und Kalkmergel
Rebsorten: 28% Riesling, 18% Spätburgunder, je 10% Dornfelder, Grauburgunder und Weißburgunder, 8% Muskateller, 6% Schwarzriesling, 4% Silvaner, 2% Rosenmuskateller, 4% übrige Sorten
Durchschnittsertrag: 80 hl/ha
Mitglied: Generation Riesling

Geisenheim-Absolvent Jean Raphael Buscher hat 2012 in fünfter Generation die Verantwortung von seinem Vater Jean Michael Buscher übernommen und setzt neue Akzente. Er hat in Burgund gelernt und nimmt sich des Lagenthemas weiter an. Die neue Sortimentsstruktur orientiert sich an der Qualitätspyramide des VDP. Zudem änderte sich die Ausstattung: Der cremighefewürzige Weißburgunder Stein etwa ist in eine schwere, bauchige Flasche gefüllt und zeigt animierende Frische. Neu sind auch die stilvollen Veranstaltungsräume mit historischen Balken, die Wein-Lounge, der »Walk of Wine« ist eine Erlebniswelt vom Feinsten: Schließlich ist Buscher in Rheinhessen auch Pionier für Wein- und Eventkultur, dazu kommen regelmäßige Ausstellungen mit Künstlern. Kreativität und sicheres stilistisches Gespür zeigt auch Jean Raphael Buscher: Die Spätburgunder werden immer besser, die Gutsweine sind saftig und sortentypisch, der Schwarzriesling ist eine sichere Bank – und die weißen Burgundersorten zeigen zunehmende Spannung zwischen kühlem Kalkgeschmack, cremigem Extrakt und heiterer Beerigkeit. Man schmeckt die Leidenschaft für Burgunder!

Anzahl der verkosteten Weine: 8
Bewertungen: 83–88 Punkte

2014 Grauburgunder trocken **83**
6,20 € | 13% | bis 2016

2014 Bechtheimer Weißburgunder trocken **84**
7,90 € | 13,5% | bis 2016

2013 »Nibelungencuvée« trocken Barrique **87**
14,90 € | 13,5% | bis 2017

2013 Bechtheimer Stein **88**
Weißburgunder trocken Holzfass
19,90 € | 13,5% | bis 2018

2014 Bechtheimer **84**
Spätburgunder feinherb Blanc de Noirs
7,90 € | 11,5% | bis 2016

2013 Bechtheimer Spätburgunder trocken Holzfass **86**
8,90 € | 12,5% | bis 2017

2013 Bechtheimer Schwarzriesling trocken Holzfass **87**
9,20 € | 12,5% | bis 2017

2013 Bechtheimer Stein **88**
Spätburgunder trocken Barrique
24,90 € | 13% | bis 2018

WEINGUT K. & K. DAUTERMANN

55218 Ingelheim · Unterer Schenkgarten 6
☎ (0 61 32) 12 79 · Fax 43 11 91
info@dautermannwein.de
www.dautermannwein.de
Inhaber und Betriebsleiter: Kristian Dautermann

Verkauf: Kristian Dautermann
Mo–Fr: 8.00–12.00 · 13.00–18.00 Uhr
Sa: 9.00–16.00 Uhr

Kristian Dautermann setzt bei den Roten auf neues Holz. Seine Spätburgunder zeigen rauchige Facetten und beerige Fülle. Sie sind muskulös, gleiten aber nie ins Fette oder Oxidative ab. Der Frühburgunder setzt auf kühle Sinnlichkeit. Aus dem Kirchenstück kommt auch im Jahrgang 2012 mit der Spätburgunder Reserve wiederum ein Glanzpunkt, aber auch der Frühburgunder alias Pinot Madeleine aus dem Pares ist dicht und präzise gewoben. Ebenso haben die Weißen zugelegt. In dieser Form klar auf Aufstiegskurs!

Anzahl der verkosteten Weine: 15
Bewertungen: 83–87 Punkte

2014 Riesling vom Bruchstein trocken **83**
5,90 € | 12% | bis 2016

2014 Ingelheimer Sonnenhang **86**
Grauburgunder 500 trocken Holzfass
15,50 € | 12,5% | bis 2018

2014 Ingelheimer Kirchenstück Riesling trocken **86**
18,– € | 12,5% | bis 2019

2014 Ingelheimer Schlossberg Rieslaner Auslese **87**
12,– € | 9% | bis 2022

2013 Ingelheimer Frühburgunder trocken Holzfass **85**
9,90 € | 14% | bis 2017

2012 Ingelheimer Sonnenhang **86**
Spätburgunder trocken Selection
16,50 € | 14% | bis 2018

2013 Ingelheimer Sonnenhang **86**
Blauer Frühburgunder trocken Barrique
19,80 € | 14% | bis 2018

2012 Ingelheimer Kirchenstück **86**
Pinot Noir trocken Barrique
23,– € | 14% | bis 2019

2012 Ingelheimer Kirchenstück **87**
Spätburgunder trocken Reserve Barrique
28,– € | 14% | bis 2019

2013 Ingelheimer Pares Pinot Madeleine trocken **87**
29,50 € | 14% | bis 2019

2013 Ingelheimer Sonnenhang **86**
Spätburgunder trocken Barrique
Verkauf ab 2016 | 14% | bis 2018

WEINGUT DOMHOF

67583 Guntersblum · Bleichstraße 14
☎ (0 62 49) 80 57 67 · Fax 8 00 39
baumann@weingut-domhof.de
www.weingut-domhof.de
Inhaber und Betriebsleiter: Alexander Baumann

Verkauf: Alexander Baumann
Do–Fr: 17.00–19.00 Uhr
Sa: 10.00–12.00 und nach Vereinbarung

Einst gehörte dieses Gut dem Domstift Worms und ging schließlich im Jahre 1874 in den Familienbesitz über. Seit 2004 wird der Domhof von Alexander Baumann in der vierten Generation als Weingut geführt. Mit dem schwierigen Jahrgang 2014 ist der sonst solide Betrieb nicht ganz so gut zurechtgekommen. Fruchtige Ansätze sind dennoch vorhanden. Die Niersteiner Bestlagen Pettenthal und Paterberg lieferten zuverlässig. Auch einen schönen Guntersblumer Grauburgunder gibt es zu vermelden.

Anzahl der verkosteten Weine: 11
Bewertungen: 83–85 Punkte

2014 Guntersblumer Grauburgunder trocken **84**
6,50 € | 13% | 🍷 bis 2016

2014 Guntersblumer Silvaner vom Löss trocken **83**
8,40 € | 12% | 🍷 bis 2016

2014 Niersteiner Heiligenbaum Riesling trocken **83**
9,90 € | 12% | 🍷 bis 2016

2014 Niersteiner Riesling vom Roten Hang trocken **83**
9,90 € | 12% | 🍷 bis 2016

2014 Guntersblumer Riesling vom Löss trocken **83**
9,90 € | 12% | 🍷 bis 2016

2014 Niersteiner Riesling vom Kalk trocken **84**
9,90 € | 12% | 🍷 bis 2016

2014 Niersteiner Pettenthal Riesling trocken **83**
13,50 € | 12% | 🍷 bis 2016

2014 Niersteiner Paterberg Riesling trocken **83**
13,50 € | 12% | 🍷 bis 2016

2014 Guntersblumer Bornpfad Silvaner trocken **83**
13,50 € | 12% | 🍷 bis 2016

2014 Niersteiner Riesling Jule **83**
7,80 € | 10% | 🍷 bis 2016

2013 Guntersblumer Eiserne Hand Grauburgunder Milli Beerenauslese **85**
18,50 €/0,5 Lit. | 7% | 🍷 bis 2018

Die Weine:
100 Perfekt · **95–99** Überragend · **90–94** Exzellent
85–89 Sehr gut · **80–84** Gut · **75–79** Passabel

WEINGUT DREISSIGACKER

67595 Bechtheim · Untere Klinggasse 4–6
☎ (0 62 42) 24 25 · Fax 63 81
info@dreissigacker-wein.de
www.dreissigacker-wein.de
Inhaber: Familie Dreissigacker
Betriebsleiter: Jochen Dreissigacker
Kellermeister: Jochen Dreissigacker

Verkauf: Ute Dreissigacker
Mo–Fr: 8.00–12.00 Uhr · 13.00–18.00 Uhr
Sa: 9.00–16.00 Uhr und nach Vereinbarung

Rebfläche: 30 Hektar
Jahresproduktion: 180.000 Flaschen
Beste Lagen: Bechtheimer Geyersberg, Hasensprung und Rosengarten, Westhofener Kirchspiel und Aulerde
Boden: Kalkstein, Kalkmergel, Lösslehm, Ton
Rebsorten: 60% Riesling, 10% Grauburgunder, 5% Spätburgunder, 10% Weißburgunder, je 5% Chardonnay, Silvaner, 5% übrige Sorten
Durchschnittsertrag: 42 hl/ha
Mitglied: Message in a bottle

Dieser 1728 gegründete Bechtheimer Betrieb hat sich unter der Ägide von Jochen Dreissigacker und dessen Vater Frieder innerhalb weniger Jahre in die rheinhessische Spitze katapultiert. Und das Fest geht auch mit den aktuellen Weinen aus 2014 weiter. Sie sind dicht gepackt und konzentriert, durchgegoren, etwas schmeichelnder und früher zugänglich als ihre Vorgänger aus 2013. Und dennoch brauchen sie mehr Zeit, um sich zu entfalten, weil das Potenzial höher ist als im Vorjahr. Die Erträge waren mit zehn bis 20 Hektolitern je Hektar bei den großen Rieslingen mehr als bescheiden, aber der Aufwand hat sich gelohnt. Wir schätzen den Stil, der Kühle, Finesse und Feinheit mit sich bringt. »Bodenreform« nennt man hier die Umstellung der Weinberge auf Ökoanbau. Unser Favorit ist der trockene Spitzenriesling aus dem Geyersberg: komplex, strahlend, voller Würze und Spannung zwischen gelben Früchten und kühlem Feuerstein. Doch der Morstein hat aufgeholt, wird immer tiefgründiger und komplexer. Bei Dreissigacker gefällt uns insbesondere die Akribie, die er in seinen Gutsriesling steckt. Der ist schon in der Basis eine unverschämt leckere Trinkempfehlung. Es ist die Bandbreite aus klassischen Sorten, die Staunen macht. Der Silvaner aus dem Kirchspiel bekommt einen Kick aus dem Holz, der Weißburgunder Einzigacker ist ein herrliches Unikat. Man schmeckt, wie Dreissigacker in 2014 an der Struktur seiner Weine gearbeitet hat, die enorme Statur zeigen. In dieser Form absolut ein Anwärter für den weiteren Aufstieg!

Anzahl der verkosteten Weine: 16
Bewertungen: 84–91 Punkte

2014	Weißburgunder trocken	10,50 €	13%	bis 2017	84
2014	Riesling trocken	10,50 €	12%	bis 2017	85
2014	Grauburgunder trocken	10,50 €	12,5%	bis 2017	85
2014	Bechtheimer Riesling trocken	17,– €	13%	bis 2018	87
2014	Westhofener Chardonnay trocken	19,– €	13%	bis 2019	88
2014	Riesling Wunderwerk trocken	21,– €	13%	bis 2019	88
2014	Bechtheimer Chardonnay trocken	21,– €	13%	bis 2019	89
2014	Bechtheimer Hasensprung Riesling trocken	24,– €	13%	bis 2020	88
2014	Westhofener Aulerde Riesling trocken	30,– €	13,5%	bis 2021	89
2014	Bechtheimer Rosengarten Riesling trocken	32,– €	13%	bis 2020	90
2014	Westhofener Kirchspiel Riesling trocken	35,– €	13,5%	bis 2021	89
2014	Weißburgunder Einzigacker trocken	35,– €	13,5%	bis 2020	89
2014	Bechtheimer Geyersberg Riesling trocken	37,– €	13%	bis 2021	91
2014	Westhofener Morstein Riesling trocken	38,– €	13%	bis 2022	90
2012	Bechtheimer St. Laurent trocken	19,– €	12%	bis 2017	87
2012	Spätburgunder Wunderwerk trocken	27,– €	13%	bis 2017	88

WEINGUT EBERLE-RUNKEL

55437 Appenheim · Niedergasse 25
☎ (0 67 25) 28 10 · Fax 52 73
info@weingut-eberle-runkel.de
www.weingut-eberle-runkel.de
Inhaber: Michael Runkel
Kellermeister: Stefan Runkel

Verkauf: nach Vereinbarung

Hier bekommt der Konsument viel Wein für sein Geld. Der Hundertgulden-Riesling 2014 hat sein Herz auf dem rechten Fleck: Der junge Stefan Runkel ist ein Winzertalent, das die typische mineralische Pikanz weiter herausarbeitet. Auch die 2014er Weine sind fruchtbetont, klar, straff, saftig und aromatisch. Der durchgegorene trockene Kabinett vom Riesling Auf dem See ist ein richtig flotter Flitzer, eine echte Spaßdüse für 6,20 Euro bei absolut moderaten 11,5 Volumenprozent Alkohol. Doch Runkel bietet auch etwas für Silvaner-Fans. Der richtig schön trockene Appenheimer Silvaner stammt aus einer alten Anlage im Hundertgulden und bietet neben gelben Früchten und feinwürziger Vanille auch echte Zugkraft und Mineralik. Weiter so!

Anzahl der verkosteten Weine: 11
Bewertungen: 83–86 Punkte

2014	Silvaner trocken	4,90 €	13%	bis 2016	83
2014	Weißburgunder trocken	5,90 €	13%	bis 2016	83
2014	Grauburgunder trocken	5,90 €	13,5%	bis 2016	83
2014	Riesling trocken	5,90 €	13%	bis 2016	83
2014	Chardonnay trocken	6,20 €	13,5%	bis 2016	83
2014	Sauvignon Blanc trocken	6,20 €	12,5%	bis 2016	84
2014	Appenheimer Silvaner trocken	7,50 €	12,5%	bis 2017	85
2014	Riesling auf dem See Kabinett trocken	6,20 €	11,5%	bis 2017	84
2014	Appenheimer Hundertgulden Riesling Spätlese trocken	9,30 €	13%	bis 2018	86
2014	Niederhilbersheimer Honigberg Riesling Spätlese trocken	9,30 €	13%	bis 2018	86
2013	Pinot Noir Spätlese trocken Holzfass	6,20 €	13%	bis 2016	84

WEINGUT JULIANE ELLER

67577 Alsheim · Außerhalb 9 am Kellerpfad
☎ (0 62 49) 46 66 · Fax 40 58
juliane.eller@juwel-weine.de
www.juwel-weine.de
Inhaber: Thomas Eller

Verkauf: nach Vereinbarung

Juliane Eller hat Weinbau studiert und führt nun den elterlichen Betrieb in Alsheim, einem Kleinod mit schmucken Rheinterrassen, die von der Flurbereinigung unberührt blieben. Daneben hat sie eine eigene Weinlinie kreiert, der sie den Namen »Juwel« gegeben hat. Diese Weine haben uns auf Anhieb so gut geschmeckt, dass die Vergabe der ersten Traube im Vorjahr reine Formsache war. Die 2014er sind für uns sogar noch einen Tick stärker. Der Weißburgunder mit feinen Noten von tropischen Früchten etwa ist saftig und ausbalanciert. In allen Weinen ist eine echte Harmonie zu schmecken, aber auch echte Zugkraft und Finesse bei moderatem Alkohol. Der Alsheimer Spätburgunder ist kühl und filigran, der durchgegorene trockene Riesling Alsheimer Frühmesse einer der aktuellen Geheimtipps in der Szene. Man schmeckt einfach, dass Juliane Eller bei einem Praktikum bei einem Spitzenwinzer wie Klaus-Peter Keller in Flörsheim-Dalsheim auf den Geschmack gekommen ist! Klare Anwärterin auf den weiteren Aufstieg.

Anzahl der verkosteten Weine: 6
Bewertungen: 83–87 Punkte

2014	Silvaner trocken **7,50 €** | 12% | bis 2016	**83**
2014	Riesling trocken **7,50 €** | 12% | bis 2016	**84**
2014	Weißburgunder trocken **7,50 €** | 12% | bis 2016	**84**
2014	Grauburgunder trocken **7,50 €** | 12% | bis 2016	**84**
2014	Alsheimer Frühmesse Riesling trocken **15,– €** | 12,5% | bis 2019	**87**
2013	Alsheimer Spätburgunder trocken **12,– €** | 12,5% | bis 2017	**85**

WEINGUT ALBRECHT ENGEL

67592 Flörsheim-Dalsheim · Untergasse 39
☎ (0 62 43) 65 74 · Fax 90 57 65
gruessgott@engelalbrecht.de
www.engelalbrecht.de
Inhaber: Albrecht Engel

Verkauf: nach Vereinbarung

Eine Neuentdeckung ist Albrecht Engel. Er überzeugte uns mit einem Weinstil, der zunächst recht eigenwillig und reduktiv daherkommt, dabei aber zielführend ist. Seine ersten eigenen Weine baute der Newcomer auf dem Familienweingut in Flörsheim-Dalsheim im Jahr 2012 aus. Bemerkenswert gelungen ist ihm bereits sein Großes Gewächs, ein Riesling vom Nieder-Flörsheimer Frauenberg. Die süffige Riesling-Silvaner-Cuvée Angel Du(r)st entstammt übrigens einer Kooperation mit dem Pfälzer Freund Andreas Durst.

Anzahl der verkosteten Weine: 11
Bewertungen: 83–87 Punkte

2013	Riesling & Silvaner Angel Durst Landwein trocken **11,– €** | 12% | bis 2016	**83**
2014	Grauburgunder trocken **7,– €** | 12% | bis 2016	**83**
2014	Riesling trocken **7,50 €** | 12% | bis 2016	**83**
2013	Nieder-Flörsheimer Scheurebe trocken **11,50 €** | 12% | bis 2016	**83**
2013	Viognier trocken **11,50 €** | 12,5% | bis 2016	**83**
2013	Dalsheimer Weißburgunder trocken **11,50 €** | 12,5% | bis 2017	**84**
2013	Nieder-Flörsheimer Frauenberg Riesling »Großes Gewächs« **18,50 €** | 12,5% | bis 2018	**85**
2014	Riesling »F« Kabinett **11,– €** | 9% | bis 2017	**83**
2013	Scheurebe Trockenbeerenauslese **45,– €**/0,375 Lit. | 9% | bis 2024	**87**
2013	Spätburgunder trocken Barrique **9,90 €** | 12,5% | bis 2017	**84**
2013	Schwarzriesling Kieselstein trocken **13,90 €** | 12,5% | bis 2017	**84**

WEINGUT EPPELMANN

55271 Stadecken-Elsheim · Kirchgasse 10
☎ (0 61 36) 27 78 · Fax 34 03
info@eppelmann.de
www.eppelmann.de
Inhaber: Timo, Udo und Simone Eppelmann
Betriebsleiter: Timo und Simone Eppelmann

Verkauf: Vinothek
Di–Fr: 13.00–18.00 Uhr
Sa: 10.00–17.00 Uhr und nach Vereinbarung

Timo und Simone Eppelmann führen das Weingut mit 19 Hektar Rebfläche, in dem vier Generationen mit anpacken. Großvater Walter Eppelmann entschied sich einst, den ehemaligen Gemischtbetrieb zu einem reinen Weinbaubetrieb mit Selbstvermarktung umzuwandeln. Seitdem liefert das Weingut in schöner Regelmäßigkeit solide Qualität. Der Fokus liegt auf Riesling und Burgundersorten. Insbesondere der Pinot Gris Spätlese vom Kalkmergel ist auch in diesem Jahr wieder sehr gut gelungen, aber auch Spät- und Weißburgunder der Linie Tradition fielen durchaus positiv auf.

Anzahl der verkosteten Weine: 10
Bewertungen: 83–85 Punkte

2014 Elsheimer Bockstein **84**
Silvaner Tradition trocken
5,70 € | 12,5% | bis 2016

2014 Weißburgunder Tradition trocken **84**
6,10 € | 12,5% | bis 2016

2014 Elsheimer Blume **85**
Pinot Gris Kalkmergel Spätlese trocken
8,40 € | 13,5% | bis 2017

2014 Elsheimer Blume **84**
Riesling Kalkmergel Spätlese trocken
8,70 € | 13% | bis 2017

2014 Elsheimer Bockstein **83**
Riesling Terra Fusca Spätlese trocken
8,70 € | 12,5% | bis 2016

2014 Elsheimer Blume **84**
Riesling Turmjuwel Spätlese trocken *****
11,30 € | 13% | bis 2017

2014 Auxerrois feinherb **83**
7,10 € | 12,5% | bis 2016

2014 Elsheimer Blume **83**
Gewürztraminer Tradition Spätlese
7,70 € | 11% | bis 2016

2013 Spätburgunder Tradition **85**
trocken Holzfass
6,40 € | 13,5% | bis 2017

WEINGUT KURT ERBELDINGER UND SOHN

67595 Bechtheim West 3 · West 3
☎ (0 62 44) 49 32 · Fax 71 31
info@weingut-erbeldinger.de
www.weingut-erbeldinger.de
Inhaber: Stefan Erbeldinger
Betriebsleiter: Stefan und Christoph Erbeldinger

Verkauf: Familie Erbeldinger
Mo–Fr: 8.00–18.00 Uhr
Sa: 9.00–17.00 Uhr, So: 9.00–12.00 Uhr

Der renommierte Betrieb gefällt uns jedes Jahr besser. Die preisgünstigen Gutsweine sind eine Bank: schnörkellos und gut gepuffert durch die Reife in den warmen Bechtheimer Lagen. Aktuell überzeugen in der Spitze die Weißen aus der Privat-Linie: etwa der Riesling Geyersberg mit gelber Frucht und kühlem Mineral. Der cremige Weißburgunder Hasensprung duftet nach Steinobstfrüchten und Blüten. 2013 wurde auf das dreistufige Modell mit Guts-, Orts- und Lagenwein umgestellt, wobei die Ortsweine übergangsweise noch als trockene Spätlesen firmieren. Lediglich beim Spätburgunder 2012 aus dem Sonnenhang erscheint uns der Alkohol allerdings etwas zu mächtig.

Anzahl der verkosteten Weine: 12
Bewertungen: 82–86 Punkte

Riesling Sekt Brut nature **86**
11,70 € | 12% | bis 2016

2014 Riesling trocken **83**
5,20 € | 11% | bis 2016

2014 Chardonnay & Weißburgunder **85**
Weingeschwister trocken
9,90 € | 12,5% | bis 2017

2014 Bechtheimer Hasensprung **86**
Weißburgunder Privat trocken Holzfass
15,70 € | 13,5% | bis 2018

2014 Bechtheimer Geyersberg Riesling Privat trocken **86**
15,70 € | 13% | bis 2019

2014 Gundheimer Silvaner Spätlese trocken **84**
7,20 € | 12% | bis 2016

2014 Bechtheimer Riesling Spätlese trocken **84**
7,20 € | 12% | bis 2017

2014 Bechtheimer Weißburgunder Spätlese trocken **85**
7,20 € | 12,5% | bis 2017

2012 Gundheimer Sonnenberg **85**
Spätburgunder trocken Holzfass
15,70 € | 15% | bis 2017

2013 Bechtheimer Spätburgunder Spätlese trocken **85**
8,20 € | 13% | bis 2016

WEINGUT ESPENHOF

55237 Flonheim-Uffhofen · Hauptstraße 81
☎ (0 67 34) 9 40 40 · Fax 94 04 50
weingut@espenhof.de
www.espenhof.de
Inhaber: Nico und Wilfried Espenschied
Kellermeister: Nico Espenschied

Verkauf: Familie Espenschied
Mo–Sa: 8.00–18.00 Uhr
So: 9.00–11.00 Uhr und nach Vereinbarung

Gastronomie: Weinrestaurant & Landhotel mit Tagungsräumen
Sehenswert: Holzfasskeller, Sandsteinscheune

Rebfläche: 26 Hektar
Jahresproduktion: 220.000 Flaschen
Beste Lagen: Uffhofener La Roche, Flonheimer Binger Berg, Rotenpfad und Geisterberg
Boden: Rotliegendes, Buntsandstein, Muschelkalk, Kies, sandiger Löss und Tonmergel
Rebsorten: je 30% Riesling und weiße Burgundersorten, 12% Spätburgunder, 5% Dornfelder, je 4% Merlot und Sauvignon Blanc, je 3% Scheurebe und Silvaner, 9% übrige Sorten
Durchschnittsertrag: 72 hl/ha
Mitglied: Generation Riesling, Flonheimer Winzer IG, Slow Food

Der Espenhof – Weingut, schmuckes Landhotel und ambitioniertes Weinrestaurant mit Flair – ist ein ganz starkes Stück Rheinhessen. Der verdiente Lohn im letzten Jahr: die zweite Traube. Nico Espenschied zeigt sich zunehmend experimentierfreudiger und selbstbewusster. So setzt er nicht nur auf alte Genetik und Klonvielfalt und reizt die Spitzenlage La Roche mit vibrierender Spannung zwischen goldgelber Frucht und kühlem Mineral immer weiter aus, sondern beeindruckt auch mit einem tiefgründigen, pfeffrig-würzigen Syrah oder einem eleganten Cabernet Franc. Dazu gibt's saftige Guts- und Ortsweine, die sich in der Jugend stets etwas reduktiv zeigen und veritable Tipps für Konsumenten sind. Den Aufstieg hat das Gut absolut bestätigt.

Rote Symbole: Diese Betriebe verdienen in ihrer Klasse besondere Aufmerksamkeit

Anzahl der verkosteten Weine: 12
Bewertungen: 83–87 Punkte

2014	Kalkstein trocken Cuvée **6,40 €** | 12% | bis 2016	**83**
2014	Sylvaner trocken **6,90 €** | 11,5% | bis 2016	**83**
2014	Grauburgunder trocken Holzfass **7,90 €** | 12,5% | bis 2016	**84**
2014	Flonheimer Chardonnay trocken Holzfass **8,40 €** | 12,5% | bis 2016	**84**
2014	Weißburgunder Nico Espenschied trocken Holzfass auf Anfrage | 13% | bis 2017	**86**
2014	Riesling Nico Espenschied trocken Holzfass auf Anfrage | 12% | bis 2018	**86**
2013	Uffhofener La Roche Riesling trocken Holzfass Preis auf Anfrage | 12,5% | bis 2018	**87**
2014	Uffhofener La Roche Riesling Auslese **18,– €**/0,5 Lit. | 7% | bis 2021	**87**
2012	Spätburgunder trocken Barrique **8,40 €** | 13% | bis 2016	**84**
2012	Flonheimer Kisselberg Spätburgunder trocken Barrique **18,– €** | 13,5% | bis 2016	**86**
2012	Cabernet Franc Nico Espenschied trocken Barrique auf Anfrage | 13,5% | bis 2018	**86**
2012	Syrah Nico Espenschied trocken Barrique auf Anfrage | 14% | bis 2018	**87**

WEINGUT FETH – WEHRHOF

67592 Flörsheim-Dalsheim
Rodensteinerstraße 17
☎ (0 62 43) 75 01 · Fax 4 57 41 00
info@feth-wehrhof de
www.feth-wehrhof.de
Inhaber: Florian Feth

Verkauf: Familie Feth
Mo–Fr: 9.00–18.00 Uhr, Sa: 10.00–14.00 Uhr

Familie Feth betreibt seit 1788 Weinbau in Flörsheim-Dalsheim, seit 1989 setzt man auf biodynamischen Weinbau und ist Mitglied im Verband Demeter. 2011 übernahm Florian Feth den Wehrhof in Worms-Pfeddersheim, wo er seit 2006 seine Weine ausbaut. Jetzt verfügt man über 25 Hektar. Beim 2014er Jahrgang sehen wir eine kleine Steigerung zum Vorjahr: saubere Rieslinge, die schon mit einem starken Literwein beginnen und in einer feinmineralischen Spätlese vom Dalsheimer Bürgel münden. Auch die reintönigen Grau- und Weißburgunder sind wieder schön gelungen, ebenso wie der vollmundige Frühburgunder Auslese.

Anzahl der verkosteten Weine: 11
Bewertungen: 83–85 Punkte

2014	Riesling trocken **5,40 €**/1,0 Lit. | 12% | bis 2016	**83**
2014	Dalsheimer Chardonnay trocken **6,30 €** | 13% | bis 2016	**83**
2014	Dalsheimer Grauburgunder trocken **6,30 €** | 13% | bis 2016	**83**
2014	Pfeddersheimer Weißburgunder trocken **6,30 €** | 13% | bis 2017	**84**
2014	Pfeddersheimer Riesling trocken **6,40 €** | 12,5% | bis 2017	**84**
2014	Pfeddersheimer Hochberg Riesling Spätlese trocken **10,– €** | 13% | bis 2017	**85**
2014	Pfeddersheimer St. Georgenberg Grauburgunder Spätlese trocken **12,– €** | 13,5% | bis 2017	**85**
2013	Scheurebe feinherb **5,30 €** | 12% | bis 2016	**83**
2013	Cuvée XIII trocken **6,70 €** | 13% | bis 2017	**84**
2013	Pfeddersheimer Spätburgunder trocken **6,90 €** | 13% | bis 2017	**83**
2013	Pfeddersheimer Hochberg Frühburgunder Auslese trocken **11,– €** | 13,5% | bis 2017	**84**

FLEISCHER UND WEINGUT DER STADT MAINZ

55129 Mainz-Hechtsheim
Rheinhessenstraße 103
☎ (0 61 31) 5 97 97 · Fax 59 26 85
info@weingut-fleischer.de
www.weingut-fleischer.de
Inhaber: Stefan, Michael und Hans W. Fleischer
Betriebsleiter: Hans W. Fleischer
Verwalter: Michael Fleischer
Kellermeister: Hans W. und Stefan Fleischer

Verkauf: Familie Fleischer
Mo–Fr: 10.00–12.00 Uhr · 13.00–18.00 Uhr
Do: 10.00–12.00 Uhr · 13.00–20.00 Uhr
Sa: 10.00–18.00 Uhr

Dieses Weingut ist eine feste Größe in Mainz. Es hat sich mit dicht gewobenen, roten Kraftpaketen auch aus internationalen Sorten wie Syrah oder Merlot einen Namen gemacht. Der 2011er Cabernet Sauvignon ist tabakig und rauchig, nebst Noten von schwarzem Johannisbeergelee, hat allerdings auch einen Alkoholwert von 15 Volumenprozent. Die Weißen sind bekömmlicher, durchaus saftig und ansprechend, könnten aber noch mehr Ambitionen nach oben zeigen.

Anzahl der verkosteten Weine: 12
Bewertungen: 82–86 Punkte

2014	Riesling trocken **4,50 €**/1,0 Lit. | 12,5% | bis 2016	**82**
2014	Grauburgunder trocken **5,75 €** | 13% | bis 2016	**83**
2014	Riesling Rhein trocken **7,50 €** | 12% | bis 2016	**84**
2014	Grauburgunder trocken Barrique **9,– €** | 13% | bis 2017	**84**
2014	Bodenheimer Hoch Riesling Spätlese trocken Selection **9,75 €** | 12,5% | bis 2018	**85**
2014	Riesling halbtrocken Classic **5,25 €** | 12% | bis 2016	**83**
2014	Riesling Spätlese feinherb **6,50 €** | 12,5% | bis 2018	**84**
2012	Bodenheimer Hoch Riesling Eiswein **30,– €**/0,375 Lit. | 11,5% | bis 2024	**86**
2011	Cabernet Dorio trocken Barrique **11,50 €** | 14% | bis 2017	**85**
2011	Ebersheimer Sand Spätburgunder trocken Barrique **12,50 €** | 13% | bis 2016	**85**
2011	Cabernet Sauvignon trocken Barrique **17,50 €** | 15% | bis 2017	**86**

WEINGUT WINZERFAMILIE FLICK

55234 Bechtolsheim · Brückesgasse 15
☎ (0 67 33) 68 14 · Fax 96 18 63
info@weingut-flick.de
www.weingut-flick.de
Inhaber: Alexander und Ulrich Flick

Verkauf: Familie Flick
nach Vereinbarung

Auf 20 Hektar werden in vier Weinorten auf drei Bodenarten gute und stimmige Weine produziert. Das gilt auch für die meisten im Jahrgang 2014 erzeugten Weine, wobei sich diesmal der trockene Riesling aus dem Westhofener Moorstein besonders auszeichnen konnte. Gut gefallen haben uns auch der schmelzige Weißburgunder aus Bechtolsheim und der feinherbe Gutswein Christina, der an vollreife Erdbeeren erinnert.

Anzahl der verkosteten Weine: 14
Bewertungen: 82–85 Punkte

2014	Riesling trocken **5,50 €**/1,0 Lit. | 12% | bis 2016	**82**
2014	Silvaner trocken **5,80 €** | 12,5% | bis 2016	**83**
2014	Riesling trocken **5,95 €** | 12% | bis 2016	**83**
2014	Chardonnay trocken **5,95 €** | 12,5% | bis 2016	**83**
2014	Weißburgunder trocken **5,95 €** | 12,5% | bis 2016	**83**
2014	Gau-Odernheimer Riesling trocken **7,90 €** | 12,5% | bis 2016	**84**
2014	Bechtolsheimer Weißburgunder trocken **7,90 €** | 13% | bis 2016	**84**
2014	Siefersheimer Silvaner trocken **7,90 €** | 13% | bis 2017	**84**
2014	Riesling Vido trocken **8,90 €** | 13% | bis 2016	**83**
2014	Gau-Odernheimer Herrgottspfad Riesling trocken **12,90 €** | 13% | bis 2017	**84**
2014	Westhofener Morstein Riesling trocken **17,90 €** | 13% | bis 2017	**85**
2014	Christina feinherb **5,70 €** | 12% | bis 2016	**84**
2013	Spätburgunder trocken **6,20 €** | 13% | bis 2016	**83**
2013	Gau-Odernheimer Spätburgunder trocken **8,90 €** | 13,5% | bis 2017	**83**

WEINGUT FOGT SCHÖNBORNER HOF

55576 Badenheim · Schönborner Hof
☎ (0 67 01) 74 34 · Fax 71 33
info@weingut-fogt.de
www.weingut-fogt.de
Inhaber: Karl-Heinz und Georg Fogt
Betriebsleiter: Georg Fogt
Außenbetrieb: Karl-Heinz und Georg Fogt
Kellermeister: Georg Fogt

Verkauf: Brunhilde und Georg Fogt
Sa: 10.00–16.00 Uhr und nach Vereinbarung

Das Familienweingut liegt an der westlichen Grenze Rheinhessens, nicht weit von der Nahe-Metropole Bad Kreuznach entfernt. Im Jahrgang 2014 sind vor allem die Burgundersorten gut gelungen. Das trifft auf die sortentypische Scheurebe ebenso zu wie auf den sehr aromatischen Chardonnay. Am meisten konnte allerdings der Weißburgunder aus dem Badenheimer Römerberg punkten und der fruchtige Gutsriesling ist ein echter Trinktipp.

Anzahl der verkosteten Weine: 12
Bewertungen: 83–85 Punkte

2014	Riesling trocken **5,20 €**/1,0 Lit. | 12,5% | bis 2016	**83**
2014	Wöllsteiner Silvaner trocken **7,20 €** | 12,5% | bis 2016	**83**
2014	Siefersheimer Riesling Steinmeer trocken **7,20 €** | 12,5% | bis 2016	**83**
2014	Siefersheimer Scheurebe trocken **7,20 €** | 12% | bis 2017	**84**
2014	Weißburgunder trocken **8,90 €** | 13% | bis 2016	**83**
2014	Wöllsteiner Grauburgunder trocken **8,90 €** | 13% | bis 2016	**83**
2014	Badenheimer Schelmenstück Riesling trocken **8,90 €** | 12,5% | bis 2016	**84**
2014	Chardonnay trocken **8,90 €** | 13% | bis 2017	**84**
2014	Badenheimer Galgenberg Riesling trocken Goldkapsel **12,– €** | 13% | bis 2017	**85**
2014	Badenheimer Römerberg Weißburgunder trocken Goldkapsel **16,– €** | 13,5% | bis 2017	**85**
2014	Riesling **7,80 €** | 10% | bis 2017	**83**
2012	Spätburgunder trocken Selection Goldkapsel **12,– €** | 13,5% | bis 2017	**85**

WEINGUT FRANZ

55437 Appenheim · Hauptstraße 3
☎ (0 67 25) 9 60 60 · Fax 9 60 62
info@weingut-franz.de
www.weingut-franz.de
Inhaber: Heinrich Josef Franz
Kellermeister: Christopher Franz

Verkauf: Familie Franz
nach Vereinbarung

Dies ist ein aufstrebendes Weingut mit stilvoller Vinothek in Appenheim, wo der gelernte Küfer Christopher Franz die Fäden zieht. Dem jungen Betrieb hat er eine moderne und eigenwillige Ausstattung verpasst. Mit dem Jahrgang 2013 gelang ihm nun der Durchbruch und er bekam die erste Traube. Dass Riesling die große Leidenschaft von Christopher Franz ist, wird schon beim trockenen Gutswein deutlich, der sich auch aktuell frisch und saftig präsentiert. Richtig Musik kommt ins Spiel beim trockenen Lagenwein aus dem Appenheimer Hundertgulden, der die Besonderheiten der Lage gut zum Ausdruck bringt. Franz hat auch ein Händchen für Rotwein, was sein feinduftiger Frühburgunder unter Beweis stellt. Die aktuellen Weine sind fruchtig und sauber, der Riesling Hundertgulden hat sogar noch etwas zugelegt. Das Weingut bietet hohen Trinkspaß bei moderaten Preisen und hat den Aufstieg souverän bestätigt.

Anzahl der verkosteten Weine: 10
Bewertungen: 83–86 Punkte

2014	Riesling trocken **6,10 €** | 12,5% | bis 2016	**83**
2014	Silvaner trocken **6,10 €** | 12,5% | bis 2016	**83**
2014	Weißburgunder trocken **6,10 €** | 12,5% | bis 2016	**83**
2014	Sauvignon Blanc trocken **6,80 €** | 12,5% | bis 2016	**84**
2014	Scheurebe trocken **6,80 €** | 12% | bis 2016	**84**
2014	Appenheimer Chardonnay trocken **7,80 €** | 13% | bis 2017	**84**
2014	Appenheimer Riesling trocken **7,80 €** | 12,5% | bis 2017	**85**
2013	Appenheimer Hundertgulden Riesling trocken **12,– €** | 12,5% | bis 2017	**86**
2014	Appenheimer Hundertgulden Riesling trocken **12,– €** | 12,5% | bis 2018	**86**
2012	Appenheimer Frühburgunder trocken **12,– €** | 13% | bis 2016	**85**

Neu

WEINGUT FREY

55234 Ober-Flörsheim · Weedegasse 10
☎ (0 67 35) 94 12 72 · Fax 94 12 73
weingut@bechtel-frey.de
www.bechtel-frey.de
Inhaber: Stefan und Philipp Frey

Verkauf: nach Vereinbarung

Der Familienbetrieb im Wonnegau ist einer der Neueinsteiger, die uns in diesem Jahr besonders begeistert haben. Schon der Riesling Gutswein gelang klar, geradlinig und knackig, die anderen Rieslinge der Kollektion sind delikat und erfreuen mit Fülle. Der Chardonnay verströmt Aromen von Kamille. Internationales Flair haben die beiden Roten: Während der Assemblage 13 an hochwertige Gewächse aus der Toskana erinnert, gleicht der Cabernet Sauvignon Barrique spanischen Rotweinen.

Anzahl der verkosteten Weine: 6
Bewertungen: 84–85 Punkte

2014	Riesling trocken **6,90 €** | 13% | bis 2016	**84**
2014	Hangen-Weisheimer Riesling trocken **11,30 €** | 13% | bis 2017	**85**
2014	Chardonnay trocken Reserve **12,70 €** | 13% | bis 2017	**84**
2014	Hangen-Weisheimer Sommerwende Riesling trocken **19,50 €** | 13,5% | bis 2017	**85**
2013	Assemblage 13 trocken Barrique **9,70 €** | 14% | bis 2017	**85**
2012	Cabernet Sauvignon trocken Barrique **24,90 €** | 14% | bis 2017	**85**

Zeichenerklärung:
Schnäppchenpreis · Top 10 Spitzenreiter
Ökobetrieb · Trink-Tipp · Versteigerungswein
Sekt | Weißwein | Rotwein | Roséwein

WEINGUT KLAUS GALLÉ

55237 Flonheim · Langgasse 69
☎ (0 67 34) 89 61 · Fax 66 76
info@weingut-galle.de
www.weingut-galle.de
Inhaber: Klaus und Ortrud Gallé
Betriebsleiter und Kellermeister: Klaus Gallé

Verkauf: Ortrud Gallé
nach Vereinbarung

Das erst 1995 gegründete Weingut von Klaus und Ortrud Gallé fiel früh mit beachtlichem Portugieser auf, ein Zeichen dafür, dass Ertragsdisziplin auch bei dieser unterschätzten Sorte etwas bringt. Der 2011er aus dem Flonheimer Rotenpfad ist ein Prachtstück! Für Gallé, der Wert auf filigranen Schliff legt, ist Wein immer auch ein Stück Identität: das ist auch der Name für den überzeugenden Mittelbau. Identität stiften zudem die Lagenweine etwa vom Riesling, dessen Holzeinsatz beim La Roche weiter reduziert wurde. Die 2014er sind absolut gelungen. Sollte sich dieser Trend fortsetzen, steht dem Aufstieg nichts im Weg!

Anzahl der verkosteten Weine: 12
Bewertungen: 83–87 Punkte

2014	Silvaner trocken **5,50 €**/1,0 Lit. | 13% | bis 2016	**83**
2014	Grauburgunder Identität trocken **7,50 €** | 13% | bis 2016	**84**
2014	Chardonnay Identität trocken **7,50 €** | 13% | bis 2017	**84**
2014	Riesling Identität trocken **7,50 €** | 13% | bis 2017	**85**
2014	Sauvignon Blanc Identität trocken **8,50 €** | 13% | bis 2017	**85**
2014	Flonheimer Binger Berg Weißburgunder trocken Holzfass **11,– €** | 13% | bis 2018	**86**
2014	Uffhofener La Roche Riesling trocken Holzfass **11,– €** | 13% | bis 2019	**86**
2014	Cuvée trocken Blanc de Noirs **6,50 €** | 12,5% | bis 2016	**84**
2012	Cuvée »Furioso« Identität trocken **9,50 €** | 13,5% | bis 2016	**85**
2011	Spätburgunder Identität trocken Holzfass **9,80 €** | 13% | bis 2016	**85**
2011	Flonheimer Rotenpfad Portugieser trocken Barrique **21,– €** | 14% | bis 2018	**87**
2011	Uffhofener La Roche Spätburgunder trocken Barrique **24,– €** | 13,5% | bis 2018	**87**

WEINGUT GEHRING

55283 Nierstein · Außerhalb 17
☎ (0 61 33) 54 70 · Fax 92 74 89
info@weingut-gehring.com
www.weingut-gehring.com
Inhaber: Theo und Diana Gehring
Kellermeister: Theo Gehring

Verkauf: Diana Gehring
Fr: 17.00–19.00 Uhr
Sa: 10.00–16.00 Uhr und nach Vereinbarung

Theo und Diana Gehring setzen auf eine konsumentenfreundliche Ansprache bei gehobenen Qualitäten. Die Weinberge sind mit traditionellen Rebsorten bestockt, teils 45 Jahre alt. Schonender Ausbau und eine lange Reife am Stock sind obligatorisch. Zeitgemäße Weine wie Viel Harmony oder Riverside sind erfrischend und vital. Die 2014er Lagenrieslinge Pettenthal und Hipping balancieren zwischen Frucht und mineralischen Akzenten, könnten aber noch einen Tick mehr Ausdruck haben. Wir schätzen den Grauburgunder Alte Reben aus dem Bildstock und dessen Pendant vom Weißburgunder.

Anzahl der verkosteten Weine: 13
Bewertungen: 83–86 Punkte

	Rosenliebe Sekt trocken Rosé **8,90 €** | 13% | bis 2016	**85**
2014	Riesling Riverside trocken **6,90 €** | 12,5% | bis 2016	**83**
2014	Weißburgunder trocken **6,90 €** | 12% | bis 2016	**84**
2014	Cuvée »Viel Harmony« trocken **6,90 €** | 12% | bis 2016	**83**
2014	Spätburgunder trocken Blanc de Noirs **6,90 €** | 12% | bis 2016	**83**
2014	Niersteiner Auflangen Riesling trocken **8,50 €** | 12,5% | bis 2017	**84**
2014	Niersteiner Oelberg Chardonnay trocken Holzfass **9,50 €** | 13% | bis 2017	**84**
2014	Niersteiner Spiegelberg Weißburgunder trocken Alte Reben Holzfass **12,50 €** | 13% | bis 2017	**85**
2014	Niersteiner Bildstock Grauburgunder trocken Alte Reben Holzfass **12,50 €** | 13% | bis 2017	**86**
2014	Niersteiner Pettenthal Riesling trocken Holzfass **18,50 €** | 13% | bis 2018	**85**
2014	Niersteiner Hipping Riesling trocken Holzfass **18,50 €** | 13% | bis 2019	**86**
2014	Gelber Muskateller **6,90 €** | 8,5% | bis 2016	**84**

WEINGUT OEKONOMIERAT JOH. GEIL I. ERBEN

67595 Bechtheim · Kuhpfortenstraße 11
☎ (0 62 42) 15 46 · Fax 69 35
info@weingut-geil.de
www.weingut-geil.de

Inhaber: Karl und Johannes Geil-Bierschenk
Betriebsleiter und Kellermeister: Johannes Geil-Bierschenk

Verkauf: Elisabeth Geil-Bierschenk
Mo–Sa: 8.00–12.00 Uhr · 13.00–17.00 Uhr
und nach Vereinbarung

Rebfläche: 32 Hektar
Jahresproduktion: 280.000 Flaschen
Beste Lagen: Bechtheimer Geyersberg, Rosengarten und Hasensprung
Boden: Lösslehm, Kalkmergel
Rebsorten: 32% Riesling, 12% Weißburgunder, 10% Spätburgunder, 6% Frühburgunder, 5% Silvaner, 35% übrige Sorten
Durchschnittsertrag: 69 hl/ha
Mitglied: Message in a bottle

Johannes Geil-Bierschenk steigert sich immer weiter. Der verdiente Lohn im letzten Jahr: die dritte Traube. Er hat vor allem die Ausdruckskraft seiner trockenen Bechtheimer Lagenrieslinge forciert. Um es auf den Punkt zu bringen: Geil-Bierschenk hat für uns eine natürliche vinologische Intelligenz, er versteht es, Spannung, Spiel und Saftigkeit mit Intensität zu vereinen – ohne Bum-Bum-Alkohol. Der würzige Rosengarten mit seinen typischen Traminerانklängen fordert, während der komplexe Geyersberg aufregend nach gelben Früchten und Feuerstein schmeckt. Auch der Jahrgang 2014 ist wirklich gelungen. Vor allem schmeckt uns hier aktuell jeder Wein: straffe Basis, elegante Ortsweine vom Weißburgunder, Silvaner und Riesling. Als i-Tüpfelchen gibts eine explosive Rieslaner Beerenauslese mit Anklängen an Thaiananas zum mehr als moderaten Preis. Dazu starke Rote, insbesondere aus Frühburgunder, die bestens reifen und Lichtjahre entfernt sind von marmeladiger Frucht. Die Konstanz der letzten Jahrgänge ist nach wie vor beeindruckend. Richtig Wohlgefühl am Gaumen verbreitet etwa der Bechtheimer Silvaner trocken »S« mit seinem strahlenden Geschmack von weißen Johannisbeeren.

Anzahl der verkosteten Weine: 12
Bewertungen: 83–91 Punkte

2014	Riesling trocken **6,90 €** | 12% | bis 2016	**84**
2014	Scheurebe trocken **7,20 €** | 12% | bis 2016	**83**
2014	Muskateller trocken **7,20 €** | 12% | bis 2016	**84**
2014	Bechtheimer Weißburgunder »S« trocken **9,50 €** | 13,5% | bis 2017	**85**
2014	Bechtheimer Riesling »S« trocken **9,50 €** | 12,5% | bis 2017	**86**
2014	Bechtheimer Grüner Silvaner »S« trocken **9,50 €** | 12,5% | bis 2018	**88**
2014	Bechtheimer Hasensprung Riesling trocken **10,90 €** | 12% | bis 2019	**87**
2014	Bechtheimer Geyersberg Riesling trocken **15,50 €** | 12,5% | bis 2021	**90**
2014	Bechtheimer Rosengarten Riesling trocken **16,50 €** | 13% | bis 2020	**89**
2014	Bechtheimer Geyersberg Rieslaner Beerenauslese **14,90 €**/0,375 Lit. | 7,5% | bis 2026	**91**
2013	Bechtheimer Frühburgunder »S« trocken **10,90 €** | 13,5% | bis 2018	**87**
2013	Bechtheimer Spätburgunder »S« trocken **12,50 €** | 13,5% | bis 2018	**86**

WEINGUT HELMUT GEIL

55234 Monzernheim · Am Römer 26
☎ (0 62 44) 2 20 · Fax 5 74 89
info@geilwein.de
www.geilwein.de
Inhaber: Helmut und Andreas Geil
Verwalter: Helmut Geil
Kellermeister: Andreas Geil

Verkauf: Familie Geil
Mo–Fr: 9.00–12.00 Uhr · 13.00–18.00 Uhr
Sa: 9.00–13.00 Uhr und nach Vereinbarung

In dem neun Hektar großen Familienbetrieb verantwortet der talentierte Andreas Geil den Keller, während Vater Helmut den Außenbetrieb betreut. Die interne Klassifikation Bonus, Melior und Optimus ist ein Pendant zur VDP-Dreiteilung Gutswein, Ortswein, Lagenwein. Vor allem der Grauburgunder und der Riesling der Linie Melior brachten beim Jahrgang 2014 gute Ergebnisse. Den sortentypischen Spätburgundern verleiht der schonende Ausbau Klasse.

Anzahl der verkosteten Weine: 12
Bewertungen: 83–84 Punkte

2014	Riesling Bonus trocken **	**83**
	5,80 € | 11,5% | bis 2016	
2014	Grauburgunder Bonus trocken **	**83**
	5,80 € | 11,5% | bis 2016	
2014	Bechtheimer Hasensprung Weißburgunder Melior trocken ***	**83**
	8,30 € | 12,5% | bis 2016	
2014	Westhofener Kirchspiel Grauburgunder Melior trocken ***	**84**
	8,30 € | 13% | bis 2017	
2014	Westhofener Kirchspiel Riesling Melior trocken ***	**84**
	8,30 € | 12,5% | bis 2017	
2014	Westhofener Kirchspiel Grauburgunder Optimus trocken Barrique ****	**84**
	15,20 € | 13% | bis 2017	
2014	Riesling Bonus feinherb **	**83**
	5,80 € | 11% | bis 2016	
2014	Westhofener Kirchspiel Albalonga Melior Spätlese ***	**83**
	7,60 € | 9,5% | bis 2017	
2013	Bechtheimer Hasensprung St. Laurent Melior trocken Barrique ***	**83**
	7,90 € | 13% | bis 2017	
2013	Westhofener Steingrube Spätburgunder Melior trocken Barrique ***	**83**
	8,90 € | 13% | bis 2017	
2013	Monzernheimer Goldberg Spätburgunder Optimus trocken Barrique ****	**84**
	15,20 € | 13,5% | bis 2018	

GEILS SEKT- UND WEINGUT

67593 Bermersheim bei Worms
Zeller Straße 8
☎ (0 62 44) 44 13 · Fax 5 73 84
mail@geils.de
www.geils.de
Inhaber: Rudolf, Florian und Birgit Geil
Kellermeister: Rudolf und Florian R. Geil

Verkauf: nach Vereinbarung

Historie: Familienbesitz seit 300 Jahren
Sehenswert: Historischer Holzfasskeller und mediterraner Garten, seit alters her »Die Schweiz« genannt
Erlebenswert: kleine kulturelle Weintage

Rebfläche: 14 Hektar
Jahresproduktion: 90.000 Flaschen
Beste Lagen: Nieder-Flörsheimer Frauenberg, Dalsheimer Bürgel und Sauloch, Gundersheimer Höllenbrand
Boden: Muschelkalk, Ton, Buntsandstein, Löss
Rebsorten: 18% Riesling, 14% Weißburgunder, 12% Grauburgunder, 11% Müller-Thurgau, 10% Spätburgunder, je 9% Portugieser und Silvaner, je 6% Chardonnay und Dornfelder, 5% übrige Sorten
Durchschnittsertrag: 68 hl/ha
Mitglied: Generation Riesling

Nach Praktika bei Chat Sauvage im Rheingau und Méo-Camuzet im Burgund hat Florian R. Geil sein Studium in Geisenheim erfolgreich beendet und widmet sich nun voll und ganz dem Weingut. Das schmeckt man! Die Weine sind noch eleganter und feiner geworden, haben noch mehr an Ausdruck und Charakter zugelegt. Vater Rudolf war schon vor Jahren Feuer und Flamme für starke Sekte und Rote, sein Sohn Florian revolutionierte nun vor allem die Weißweine. Das Gesamtpaket ist nun so überzeugend, dass die zweite Traube selbstverständlich ist. Nicht nur die Basisweine haben weiter zugelegt, auch Riesling und Spätburgunder aus dem Frauenberg werden ganz einfach kompromisslos besser. Kompliment!

Die Betriebe:
Weltklasse · Deutsche Spitze
Sehr gut · Gut · Zuverlässig
Weitere Empfehlung

Anzahl der verkosteten Weine: 12
Bewertungen: 83–88 Punkte

2009	Weißburgunder Sekt Brut **12,90 €** | 12,5% | bis 2016	**87**
2010	Pinot3 Sekt Brut **16,40 €** | 12,5% | bis 2016	**88**
2014	Riesling trocken **6,30 €** | 12% | bis 2016	**83**
2014	Weißburgunder trocken **6,30 €** | 12,5% | bis 2016	**84**
2014	Chardonnay trocken **7,50 €** | 12,5% | bis 2016	**84**
2013	Nieder-Flörsheimer Riesling »S« trocken **12,– €** | 13% | bis 2016	**85**
2013	Cuvée »P.« »S« trocken **15,20 €** | 13% | bis 2017	**86**
2013	Nieder-Flörsheimer Frauenberg Riesling trocken **21,– €** | 13% | bis 2018	**87**
2012	Cuvée »Nocturne« trocken **10,90 €** | 13,5% | bis 2017	**86**
2013	Bermersheimer Frühburgunder »S« trocken **11,20 €** | 13,5% | bis 2016	**85**
2012	Dalsheimer Spätburgunder »S« trocken **15,50 €** | 13,5% | bis 2016	**86**
2012	Dalsheimer Bürgel Spätburgunder trocken **27,– €** | 13,5% | bis 2018	**87**

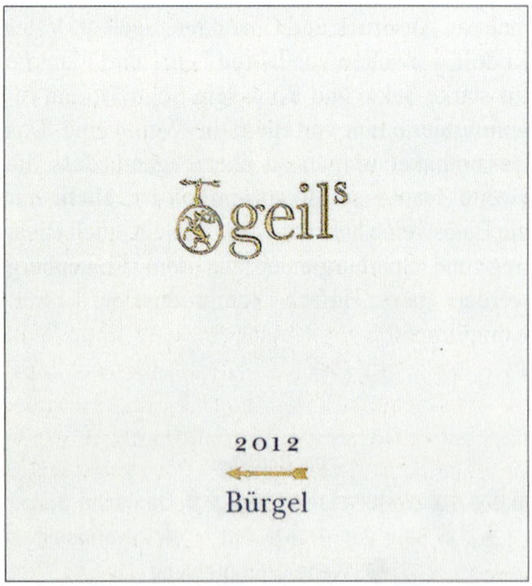

WEINGUT GÖHRING

67592 Flörsheim-Dalsheim · Alzeyer Straße 60
☎ (0 62 43) 4 08 und 90 82 17 · Fax 65 25
info@goehring-wein.de
www.goehring-wein.de
Inhaber: Wilfried und Arno Göhring
Kellermeister: Arno Göhring und Johannes Lochner

Verkauf: Marianne und Wilfried Göhring
Mo–Sa: 9.00–11.30 Uhr · 13.00–18.00 Uhr
So: 10.00–12.00 Uhr, nur nach Vereinbarung

Arno Göhring und sein Kellermeister drehen weiter an der Qualitätsschraube und haben die bis dato besten Rieslinge vorgestellt. Göhring hat ein Händchen für den Holzfassausbau, versteht es aber auch, Aromasorten wie einen ungemein saftigen, trockenen Gelben Muskateller zu keltern. Für fünf Euro ein veritabler Tipp. Der Flörsheimer Grauburgunder ist das Richtige für Konsumenten, die Lebendigkeit und Frische bei dieser oft viel zu cremig und fettleibig interpretierten Sorte suchen. Sollte Arno Göhring auch im nächsten Jahr solch starke Weine vorstellen, ist die zweite Traube eigentlich nur noch Formsache.

Anzahl der verkosteten Weine: 12
Bewertungen: 84–87 Punkte

2014	Gelber Muskateller trocken **5,– €** | 12% | bis 2016	**84**
2014	Flörsheimer Grauburgunder trocken **7,– €** | 13% | bis 2017	**85**
2014	Dalsheimer Riesling trocken Holzfass **10,– €** | 12% | bis 2017	**85**
2013	Nieder-Flörsheimer Frauenberg Riesling trocken Premium **15,– €** | 13% | bis 2018	**86**
2013	Chardonnay trocken Reserve Barrique **16,– €** | 13,5% | bis 2018	**87**
2014	Dalsheimer Bürgel Riesling trocken Premium **16,– €** | 12,5% | bis 2019	**86**
2014	Nieder-Flörsheimer Frauenberg Riesling trocken Premium **17,– €** | 12,5% | bis 2020	**87**
2014	Nieder-Flörsheimer Frauenberg Riesling trocken Reserve Verkauf ab 2016 | 12,5% | bis 2020	**86**
2014	Albalonga Auslese **10,50 €** | 12% | bis 2022	**87**
2013	Spätburgunder trocken Holzfass **6,– €** | 13% | bis 2016	**84**
2012	Mölsheimer Silberberg Spätburgunder trocken Premium **15,– €** | 13,5% | bis 2017	**86**

WEINGUT GOLDSCHMIDT

67551 Worms-Pfeddersheim
Enzingerstraße 27–31
☎ (0 62 47) 70 44 · Fax 62 05
weingut.goldschmidt@t-online.de
www.wein-goldschmidt.de
Inhaber: Uli Goldschmidt

Verkauf: Elke Goldschmidt
Fr: 13.00–18.00 Uhr
Sa: 10.00–12.00 Uhr · 13.00–18.00 Uhr
und nach Vereinbarung

Dieser 13,5 Hektar große Betrieb ist Mitglied bei Ecovin und Bioland. Die Weine des Jahrgangs 2014 sind besser geraten als im Vorjahr. An der Spitze steht der trockene Riesling aus dem Dalsheimer Hubacker. Die trockene Gewürztraminer Spätlese gefällt uns in ihrer zurückhaltenden Art und die Huxelrebe Auslese überzeugt mit sauberen und typischen Aromen. Am besten probiert man die Weine in der Vinothek, eingerichtet im alten Kuhstall.

Anzahl der verkosteten Weine: 9
Bewertungen: 81–86 Punkte

2013	Riesling Sekt Brut **8,30 €** | 12% | bis 2016	**84**
2014	Scheurebe Jeanette trocken **5,50 €** | 12,5% | bis 2017	**83**
2014	Pfeddersheimer St. Georgenberg Grauburgunder Spätlese trocken **5,90 €** | 12% | bis 2016	**83**
2014	Pfeddersheimer Kreuzblick Chardonnay Spätlese trocken **5,90 €** | 12,5% | bis 2017	**84**
2014	Pfeddersheimer St. Georgenberg Gewürztraminer Spätlese trocken **6,20 €** | 12,5% | bis 2017	**84**
2014	Dalsheimer Hubacker Riesling »S« Spätlese trocken **8,50 €** | 12% | bis 2017	**85**
2014	Riesling feinherb **4,30 €**/1,0 Lit. | 11,5% | bis 2016	**82**
2013	Pfeddersheimer Hochberg Huxelrebe Auslese **5,90 €**/0,5 Lit. | 10,5% | bis 2018	**86**
2014	Cabernet Sauvignon trocken Rosé **6,20 €** | 12% | bis 2016	**81**

WEINGUT GRES

55437 Appenheim · Ingelheimer Straße 6
☎ (0 67 25) 33 10 · Fax 55 29
info@weingut-gres.de
www.weingut-gres.de
Inhaber und Betriebsleiter: Klaus Gres
Außenbetrieb: Hans-Jürgen Gres

Verkauf: Isabell Gres
Mo–Fr: 9.00–19.00 Uhr
Sa: 9.00–18.00 Uhr und nach Vereinbarung

Straußwirtschaft: Fastnacht bis Pfingsten
Fr und Sa 17.00–24.00 Uhr,
So, feiertags 15.00–22.00 Uhr
Spezialitäten: rheinhessische Kartoffelwurstplätzchen an wildem Feldsalat
Historie: Familie kam im 16. Jahrhundert über Burgund und Elsass nach Rheinhessen

Rebfläche: 15 Hektar
Jahresproduktion: 100.000 Flaschen
Beste Lagen: Appenheimer Hundertgulden und Eselspfad
Boden: Korallenkalkstein, Löss, Kalkmergel, Kreide
Rebsorten: je 15% Riesling, Silvaner und Spätburgunder, 12% Chardonnay, je 8% Merlot, Sauvignon Blanc und Weißburgunder, 7% Müller-Thurgau, 12% übrige Sorten
Durchschnittsertrag: 69 hl/ha
Mitglied: Hundertgulden Winzer

Klaus Gres legt immer weiter zu! Er hat nicht nur den letztjährigen Aufstieg locker bestätigt, sondern untermauert mit den aktuellen Weinen, welches weitere Potenzial seine Weine haben. Die Basis für deren Güte ist nicht nur das Händchen für den Holzfassausbau, den Gres noch weiter verfeinert hat, sondern auch seine Fähigkeit zur Selbstkritik. Das zahlt sich aus! Es gibt inzwischen eine richtige Fangemeinde, die auf »ihren« Gres schwört, und auch wir können nicht umhin, von einem 2014er Silvaner vom Muschelkalk für wirklich günstige 7,20 Euro regelrecht zu schwärmen. Reife Substanz, ausgewogene Eleganz und intensiver Charakter mit Spannung und Zugkraft ziehen sich wie ein roter Faden durch das Sortiment, wo uns auch der gelbfleischige Hipping wirklich gut gefällt. Dazu starke weiße Burgunder. Sollte sich dieser Trend fortsetzen, steht dem weiteren Aufstieg nichts im Wege. Die beiden Roten Patriarch und Nummer 1 wurden leider erst bei Redaktionsschluss gefüllt.

Anzahl der verkosteten Weine: 9
Bewertungen: 84–87 Punkte

2014	Grüner Silvaner trocken **5,20 €** | 12,5% | bis 2016	**84**
2014	Appenheimer Silvaner vom Muschelkalk trocken **7,20 €** | 12,5% | bis 2017	**86**
2014	Engelstadter Riesling von der Kreide trocken **7,20 €** | 12,5% | bis 2017	**86**
2014	Appenheimer Weißburgunder vom Urmeer trocken **9,20 €** | 13% | bis 2017	**86**
2014	Appenheimer Daubhaus Sauvignon Blanc trocken **10,20 €** | 13% | bis 2017	**86**
2014	Appenheimer Chardonnay vom Korallenriff trocken **10,20 €** | 13% | bis 2017	**86**
2014	Appenheimer Hundertgulden Riesling trocken **10,20 €** | 13% | bis 2018	**87**
2014	Niersteiner Hipping Riesling trocken **10,20 €** | 12,5% | bis 2018	**87**
2012	Appenheimer Eselspfad Spätburgunder trocken **10,20 €** | 13,5% | bis 2017	**86**

WEINGUT GRITTMANN

67574 Osthofen · Alter Westhofer Weg 32
☎ (0 62 42) 71 08 · Fax 68 06
grittmannhof@t-online.de
www.grittmannhof.de
Inhaber: Jens Grittmann

Verkauf: Jens Grittmann
Mo–Fr: 8.00–12.00 Uhr · 14.00–18.00 Uhr
Sa: 8.00–12.00 Uhr und nach Vereinbarung

Die Weine des Betriebs in Osthofen im Wonnegau im südlichen Rheinhessen lassen Sorgfalt und handwerkliches Können erkennen. Wie es für Osthofen typisch ist, prägen Löss und Lehm, Kalkstein und Ton die Weine. Auch die aktuelle Kollektion ist geprägt von ordentlich vinifizierten, sauberen Weinen. Die Weine haben generell an Schliff gewonnen. Man merkt es schon an den Gutsweinen wie dem Chardonnay mit saftigen, grasigen Noten und Grapefruitaromen oder an dem exemplarischen Grauburgunder. Auch bei der Riesling-Range ist eine Steigerung zum Vorjahr durchaus erkennbar.

Anzahl der verkosteten Weine: 6
Bewertungen: 82–85 Punkte

2014	Riesling trocken **6,– €**/1,0 Lit. | 12,5% | bis 2016	**82**
2014	Riesling trocken **5,– €** | 12% | bis 2017	**84**
2014	Grauburgunder trocken **5,50 €** | 12,5% | bis 2017	**84**
2014	Osthofener Riesling trocken **8,– €** | 13% | bis 2016	**83**
2014	Osthofener Kirchberg Riesling trocken **12,50 €** | 13% | bis 2017	**85**
2014	Chardonnay feinherb **5,80 €** | 12,5% | bis 2017	**84**

Zeichenerklärung:
Schnäppchenpreis · Top 10 Spitzenreiter
Ökobetrieb · Trink-Tipp · Versteigerungswein
Sekt Weißwein Rotwein Roséwein

WEINGUT K. F. GROEBE

67593 Westhofen · Mainzer Straße 18
☎ (0 62 44) 45 23
weingut.k.f.Groebe@t-online.de
www.weingut-k-f-groebe.de
Inhaber: Friedrich Groebe

Verkauf: Friedrich Groebe
nach Vereinbarung

Historie: Gründung um 1763
Familienwappen in Form des alten christlichen Zeichens für Wein
Sehenswert: 500 Jahre alter Gewölbekeller in Westhofen, Weinbergshaus »Villa rustica« in der Lage Kirchspiel

Rebfläche: 8,5 Hektar
Jahresproduktion: 50.000 Flaschen
Beste Lagen: Westhofener Aulerde, Kirchspiel und Morstein
Boden: Lösslehm, Lehm, Kalksteinverwitterung, Tonmergel
Rebsorten: 70% Riesling, 18% Burgundersorten, 12% Silvaner
Durchschnittsertrag: 70 hl/ha
Mitglied: VDP

Friedrich Groebe ist Pionier im inzwischen viel gerühmten Kirchspiel und Vorreiter der Großen Gewächse in Rheinhessen. Der Standort Biebesheim wurde zugunsten von Westhofen aufgegeben, rechtzeitig zum 250-jährigen Bestehen des Gutes kehrte es komplett an seine alte Stätte zurück. Der in Geisenheim studierte Önologe setzt auf langlebige Rieslinge aus dem Holzfass mit ausgewiesenem Charakter, die bestens reifen können. Wir schätzen bei Groebes besten Rieslingen insbesondere die Liaison von feiner Mineralität, individuellem Ausdruck und vollreifer Aromatik abseits des Mainstreams. Man schmeckt diesen Weinen einfach an, dass sie nicht auf die Schnelle gemacht sind, sondern dass Lagengüte und Sorgfalt im Weinberg stimmen, während im Keller viel Sachverstand und eben auch gekonntes Handwerk walten. Die 2014er Weine sind allesamt gelungen, haben Spiel und Substanz, ohne allerdings echte Glanzpunkte zu setzen. Wir schätzen bei Groebe stets den fruchtigen Kabinett wie auch den Mittelbau. Vielleicht könnten die beiden Großen Gewächse indes noch einen Tick zwingender sein.

Anzahl der verkosteten Weine: 8
Bewertungen: 84–88 Punkte

2014	Riesling trocken Holzfass **9,– €** | 12,5% | bis 2016	**84**
2014	Westhofener Riesling trocken Holzfass ***** **14,50 €** | 12,5% | bis 2018	**86**
2014	Westhofener Aulerde Riesling »Großes Gewächs« Holzfass **30,– €** | 13% | bis 2019	**87**
2014	Westhofener Kirchspiel Riesling »Großes Gewächs« Holzfass **30,– €** | 13% | bis 2020	**88**
2014	Riesling 1763 **10,50 €** | 11,5% | bis 2017	**85**
2014	Riesling feinherb Alte Reben Holzfass **14,50 €** | 12,5% | bis 2018	**86**
2014	Riesling Kabinett Holzfass **10,50 €** | 10% | bis 2018	**86**
2014	Westhofener Kirchspiel Riesling Spätlese »Große Lage« Holzfass **30,– €** | 7,5% | bis 2026	**88**

WEINGUT ECKEHART GRÖHL

55278 Weinolsheim · Uelversheimer Straße 4
☎ (0 62 49) 9 39 88 · Fax 9 39 98
info@weingut-groehl.de
www.weingut-groehl.de
Inhaber: Eckehart Gröhl

Verkauf: Angela Gröhl
Mo–Fr: 8.00–12.30 Uhr · 14.00–17.00 Uhr
Sa: 8.00–16.00 Uhr und nach Vereinbarung

Die Winzerfamilie Gröhl bewirtschaftet in der zwölften Generation rund 20 Hektar Weinberge, dazu eine stilvolle, neue, großzügige Vinothek. Es verdient Respekt, was Eckehart Gröhl geschaffen hat! Der klare, geschliffene, feinsaftige Stil mit Raffinement – bei fairen Preisen – macht uns richtig Spaß. Sollte sich dieser Trend fortsetzen, pflücken wir im nächsten Jahr gerne die zweite Traube. Die 2014er Weißweine haben Substanz und Schliff, man schmeckt das auf den Punkt gereifte Lesegut. Stark auch, was Gröhl vom Spätburgunder keltert: Der Pinot Noir Barrique Goldkapsel aus der Niersteiner Hölle gibt einem das Gefühl, eine echte Entdeckung gemacht zu haben.

Anzahl der verkosteten Weine: 12
Bewertungen: 83–87 Punkte

	Pinot Sekt Brut **10,90 €** | 13% | 🍷 bis 2016	**85**
2014	Riesling trocken **4,90 €** | 13% | 🍷 bis 2016	**83**
2014	Riesling trocken **5,90 €** | 12,5% | 🍷 bis 2016	**83**
2014	Dalheimer Spätburgunder trocken Blanc de Noirs **6,70 €** | 13% | 🍷 bis 2016	**84**
2014	Niersteiner Pettenthal Riesling Roter Hang trocken **8,30 €** | 12,5% | 🍷 bis 2017	**85**
2014	Dalheimer Grauburgunder trocken **8,30 €** | 13% | 🍷 bis 2016	**85**
2014	Dalheimer Sauvignon Blanc trocken **8,30 €** | 13% | 🍷 bis 2017	**85**
2014	Oppenheimer Sackträger Riesling trocken Alte Reben **8,90 €** | 13% | 🍷 bis 2017	**86**
2014	Niersteiner Hölle Weißburgunder trocken Goldkapsel **9,90 €** | 13% | 🍷 bis 2017	**85**
2014	Niersteiner Bergkirche Riesling trocken Goldkapsel **12,30 €** | 13% | 🍷 bis 2018	**86**
2012	Niersteiner Hölle Pinot Noir trocken Goldkapsel **26,50 €** | 13% | 🍷 bis 2017	**86**
2011	Niersteiner Hölle Pinot Noir trocken Goldkapsel **26,50 €** | 13,5% | 🍷 bis 2017	**87**

WEINGUT GROH

67595 Bechtheim · Deichelgasse 8
☎ (0 62 42) 14 43 · Fax 6 00 46
weine@heinrichgroh.de
www.heinrichgroh.de
Inhaber: Axel Groh, Jochen und Christian Dreissigacker

Verkauf: nach Vereinbarung

Axel Groh ist Vollblutwinzer. Seine Inspiration war schon Ende der 1980er Jahre das Burgund. Konsequent setzte er auf weiße Burgundersorten und den Ausbau im Barrique. Mitte der 1990er Jahre baute er seinen ersten Chardonnay aus dem Rosengarten im kleinen Holzfass aus, der cremige, konzentrierte, dezent salzige Wein wurde sofort ein Erfolg – und man verband in der Szene schnell erstklassigen Chardonnay mit dem Weingut Groh im warmen Burgunderort Bechtheim. Tatsächlich schmeckt uns diese Sorte, die hier ungemein gut reift, am besten. Auch der 2012er Schlossberg – etwas mineralischer, offener als der Rosenberg – hat es in sich. Die beiden Spitzenchardonnays liegen durchaus auf Zwei-Trauben-Niveau. Sollten sich die anderen Weine weiter steigern, ist hier absolut noch mehr drin!

Anzahl der verkosteten Weine: 11
Bewertungen: 83–87 Punkte

2014	Weißburgunder & Chardonnay Grohsartig trocken **8,– €** | 13% | 🍷 bis 2016	**84**
2014	Sauvignon Blanc trocken **9,– €** | 12,5% | 🍷 bis 2016	**83**
2014	Grauburgunder trocken **9,– €** | 12,5% | 🍷 bis 2016	**83**
2014	Bechtheimer Rosengarten Riesling trocken **10,– €** | 13% | 🍷 bis 2018	**85**
2014	Weißburgunder Grohkost trocken Holzfass **15,– €** | 13,5% | 🍷 bis 2018	**85**
2014	Chardonnay Grohstoff trocken Holzfass **15,– €** | 13,5% | 🍷 bis 2019	**86**
2013	Bechtheimer Rosengarten Chardonnay trocken Barrique **26,– €** | 13,5% | 🍷 bis 2021	**87**
2012	Schlossberg Chardonnay trocken Barrique **26,– €** | 14% | 🍷 bis 2019	**87**
2014	Huxelrebe Auslese **10,– €** | 9% | 🍷 bis 2022	**85**
2014	Rosé trocken **9,– €** | 12% | 🍷 bis 2016	**83**
2012	Alsheimer Frühmesse Spätburgunder Spätlese trocken Holzfass **10,– €** | 13,5% | 🍷 bis 2017	**84**

WEINGUT GUNDERLOCH

55299 Nackenheim · Carl-Gunderloch-Platz 1
☎ (0 61 35) 23 41 · Fax 24 31
info@gunderloch.de
www.gunderloch.de
Inhaber und Betriebsleiter: Johannes Hasselbach
Außenbetrieb: Markus Weickert
Kellermeister: Johannes Hasselbach und Markus Weickert

Verkauf: Agnes Hasselbach-Usinger
Mo–Do: 9.00–16.00 Uhr, Fr: 9.00–14.00 Uhr
und nach Vereinbarung

Weinproben: nach Absprache, auch mit Menü-Begleitung möglich
Erlebenswert: literarische Menüs
Historie: Weingut 1890 von Bankier Carl Gunderloch gegründet

Rebfläche: 15 Hektar
Jahresproduktion: 110.000 Flaschen
Beste Lagen: Nackenheimer Rothenberg, Niersteiner Pettenthal und Hipping
Boden: roter Tonschiefer
Rebsorten: 80% Riesling, 6% Burgundersorten, 5% Silvaner, 9% übrige Sorten
Durchschnittsertrag: 55 hl/ha
Mitglied: VDP

Gunderloch gilt weltweit als ein führender Vertreter des deutschen Rieslings. Der langlebige Stil ist hoch geschätzt. Nun ist der Generationswechsel eingeläutet. Ab dem 1. Juli 2015 ist Johannes Hasselbach, der talentierte Sohn des berühmten Fritz Hasselbach, für den gesamten Betrieb verantwortlich. »Das Wichtigste im Weinjahr 2014 war für mich die Weiterentwicklung unserer mutigen Weinbereitung«, meint Johannes Hasselbach, »obwohl der Jahrgang 2014 vom Traubenmaterial nicht der einladendste war, konnten wir durch aufmerksame Vorarbeit im Weinberg tolles Traubenmaterial ernten. Dieses haben wir, bis auf minimale Eingriffe, größtenteils sich selbst überlassen.« Wir gestehen: Die 2014er trockenen Rieslinge gefallen uns besser als ihre Vorgänger. Sie läuten mit ihrer hohen inneren Dichte, der eleganten Säure und ihrer nachhaltigen Stilistik eine neue Ära bei Gunderloch ein. Sie betonen ebenso den Wert der Beere wie auch den der Herkunft. Unser Lob gilt aber nicht nur dem unwiderstehlichen Trio der Großen Gewächse, sondern auch dem feinherben Kabinett Jean Baptiste. »Als wär's ein Stück von mir« heißt hier die nächste Trinkempfehlung – sollte sich die klar aufsteigende Form bestätigen, ist das Gut auf dem Weg zu höheren Weihen.

Anzahl der verkosteten Weine: 11
Bewertungen: 84–92 Punkte

2014	Riesling trocken Holzfass **8,– €** | 12,5% | bis 2016	**84**
2014	Riesling Als wär's ein Stück von mir trocken **12,– €** | 12,5% | bis 2018	**87**
2014	Niersteiner Riesling trocken Holzfass **12,– €** | 12,5% | bis 2018	**87**
2014	Nackenheimer Silvaner »XT« trocken Holzfass **12,– €** | 13% | bis 2018	**87**
2014	Nackenheimer Riesling trocken **14,– €** | 13% | bis 2019	**88**
2014	Niersteiner Hipping Riesling »Großes Gewächs« Holzfass **25,– €** | 12,5% | bis 2020	**90**
2014	Niersteiner Pettenthal Riesling »Großes Gewächs« Holzfass **27,50 €** | 12,5% | bis 2021	**91**
2014	Nackenheimer Rothenberg Riesling »Großes Gewächs« Holzfass **32,50 €** | 12,5% | bis 2022	**92**
2014	Riesling Jean Baptiste Kabinett feinherb € **8,– €** | 11% | bis 2018	**88**
2014	Nackenheimer Rothenberg Riesling Spätlese »Große Lage« **18,– €** | 8% | bis 2028	**89**
2014	Nackenheimer Rothenberg Riesling Auslese »Große Lage« **30,– €** | 7,5% | bis 2032	**91**

WEINGUT LOUIS GUNTRUM

55283 Nierstein · Rheinallee 62
☎ (0 61 33) 9 71 70 · Fax 97 17 17
info@guntrum.de
www.guntrum.de
Inhaber: Louis Konstantin Guntrum
Betriebsleiter und Kellermeister: Dirk Roth

Verkauf: Angelika Hamm
Mo–Do: 7.00–12.00 Uhr · 13.00–16.30 Uhr
Fr: 7.00–12.00 Uhr und nach Vereinbarung

Klare Linienführung, stilvolles Design, zeitgemäßer Schriftzug – die Ausstattung von Louis Guntrum ist modern, die Weinansprache klar und schnörkellos. Das traditionsreiche Weingut hat deutlich an Dynamik gewonnen. Für ein stilvolles Weinerlebnis am Rhein steht Guntrums Weingarten, der die begehrte Auszeichnung Best of Tourism der Great Wine Capitals bekam. Nach Jahren des Wandels wurden die neuen Ansprüche ab 2012 deutlich schmeckbar! Aktuell zeigen die Weine für uns elegante, saftige Frucht und animieren zur Trinkfreude. Der Literwein vom Riesling ist nach wie vor ein toller Trunk für den Alltag. In der Spitze jedoch könnte für unseren Geschmack noch der letzte, bezwingende Tick an Intensität und Tiefe kommen.

Anzahl der verkosteten Weine: 11
Bewertungen: 83–86 Punkte

2014 Riesling trocken **83**
7,80 €/1,0 Lit. | 12% | bis 2016

2014 Weißburgunder trocken **83**
8,– € | 12% | bis 2016

2014 Gewürztraminer trocken **84**
8,20 € | 12% | bis 2016

2014 Spätburgunder trocken Blanc de Noirs **84**
8,60 € | 12% | bis 2016

2014 Niersteiner Riesling trocken **84**
8,75 € | 12,5% | bis 2017

2014 Oppenheimer Sackträger Riesling trocken **85**
12,– € | 13% | bis 2018

2014 Niersteiner Oelberg Riesling trocken **85**
12,– € | 13% | bis 2018

2014 Niersteiner Hipping Riesling »Großes Gewächs« **86**
23,– € | 13,5% | bis 2020

2014 Niersteiner Pettenthal Riesling »Großes Gewächs« **86**
23,– € | 13% | bis 2020

2014 Oppenheimer Riesling feinherb **84**
8,75 € | 12,5% | bis 2017

2014 Niersteiner Bergkirche Riesling Kabinett **85**
8,50 € | 11% | bis 2018

WEINGUT GUTZLER

67599 Gundheim · Roßgasse 19
☎ (0 62 44) 90 52 21 · Fax 90 52 41
info@gutzler.de
www.gutzler.de
Inhaber und Betriebsleiter: Gerhard und Michael Gutzler
Kellermeister: Michael Gutzler

Verkauf: Familie Gutzler
nach Vereinbarung

Sehenswert: Holzfasskeller, Brennerei, neuer Barriquekeller

Rebfläche: 14,5 Hektar
Jahresproduktion: 100.000 Flaschen
Beste Lagen: Wormser Liebfrauenstift Kirchenstück, Westhofener Morstein, Steingrube und Brunnenhäuschen
Boden: Lehm, Ton und Kalk, Sand, Kies
Rebsorten: 33% Riesling, 32% Spätburgunder, 17% weiße Burgundersorten, 7% Silvaner, 11% übrige Sorten
Durchschnittsertrag: 60 hl/ha
Mitglied: VDP, Deutsches Barrique Forum, Message in a bottle

Hier hat sich einiges getan. Christine und Michael tragen künftig die Verantwortung für das Weingut. Gerhard Gutzler wird sich in Zukunft intensiver den Edelbränden widmen. »Ab dem neuen Jahrgang 2014 präsentieren sich die Weine und Edelbrände in neuem Design«, so Michael Gutzler. »Seit dem 1. September 2014 befinden wir uns in der Umstellung zum ökologischen Weinbau.« Und Michael Gutzler hat am Rotweinstil gefeilt: Die Spätburgunder, allen voran das mineralische Brunnenhäuschen, haben weniger neues Holz. Auch sind die Fässer größer geworden. Die Großen Gewächse werden komplett in 500-Liter-Gebinden vergoren. »Spätburgunder gedeiht in unseren Kalkböden bestens und bringt große Weine hervor«, sagt Michael Gutzler. Die 2012er betonen die Finesse, liegen im Alkohol im idealen Bereich und sind geschliffener als viele Pendants aus Rheinhessen. Dazu weitere starke Rote wie die Cuvée »R« aus 2009 und ein 2012er Cabernet Sauvignon, der mit sattem Cassis Druck macht. Die überwiegend klassisch trockenen Weißen werden immer kühler und filigraner, die Gutsweine etwa aus den weißen Burgundersorten sind veritable Tipps. Wir schätzen diesen Stil!

Anzahl der verkosteten Weine: 13
Bewertungen: 83–91 Punkte

Jahrgang	Wein	Preis / Alkohol / Trinkreife	Punkte
2014	Riesling trocken	**7,70 €** | 11,5% | bis 2016	83
2014	Weißburgunder trocken	**7,70 €** | 12% | bis 2016	84
2014	Grauburgunder trocken	**9,– €** | 12,5% | bis 2016	84
2014	Westhofener Riesling trocken	**13,20 €** | 13% | bis 2017	86
2014	Dorn-Dürkeimer Silvaner trocken Alte Reben Holzfass	**14,70 €** | 12,5% | bis 2018	87
2013	Wormser Liebfrauenstift Kirchenstück Riesling trocken »Große Lage«	**21,– €** | 13% | bis 2021	88
2013	Westhofener Morstein Riesling trocken »Große Lage«	**28,50 €** | 13% | bis 2022	89
2013	Spätburgunder trocken	**9,20 €** | 13% | bis 2016	85
2012	Westhofener Spätburgunder trocken Barrique	**14,70 €** | 13% | bis 2017	87
2009	»Cuvée R« »GS« trocken Barrique	**14,70 €** | 13,5% | bis 2017	89
2012	Cabernet Sauvignon trocken Barrique	**30,– €** | 13% | bis 2019	90
2012	Westhofener Morstein Spätburgunder trocken »Große Lage« Barrique	**31,– €** | 13% | bis 2020	90
2012	Westhofener Brunnenhäuschen Spätburgunder trocken »Große Lage« Barrique	**42,50 €** | 13% | bis 2021	91

WEINGUT ALEXANDER GYSLER

55232 Alzey-Weinheim · Großer Spitzenberg 8
☎ (0 67 31) 4 12 66 · Fax 4 40 27
info@alexander-gysler.de
www.alexander-gysler.de
Inhaber und Betriebsleiter: Alexander Gysler

Verkauf: Sebastian Oberhausen
Mo–Fr: 9.00–17.00 Uhr und nach Vereinbarung

Historie: Gründung im 18. Jahrhundert, eigenen Rieslingklon gezüchtet
Sehenswert: fränkische Hofreite, Gutshaus von 1750, alte Gewölbekeller, umgebaute Scheune mit Bankettsaal

Rebfläche: 12 Hektar
Jahresproduktion: 80.000 Flaschen
Beste Lagen: Weinheimer Mandelberg, Hölle und Kirchenstück
Boden: Sandsteinverwitterung aus dem Rotliegenden
Rebsorten: 45% Riesling, 15% Grauburgunder, je 10% Huxelrebe, Scheurebe, Silvaner und Spätburgunder
Durchschnittsertrag: 59 hl/ha
Mitglied: Demeter, Message in a bottle

Bei Alexander Gysler hat sich einiges getan! Das betrifft nicht nur die Sortenumstellung hin zu noch mehr traditionellen Sorten im Weinberg, sondern auch die neue Ausstattung. Namen wie »Sonnentau«, »Sternenglanz« oder etwa »Leuchtkraft« weisen darauf hin, worum es Gysler geht: um reinen Wein. Tatsächlich arbeitet er seit 2004 biodynamisch und versteht es immer besser, die fast schon kristalline Substanz vor allem seiner Weißweine immer transparenter zu machen. Für uns sind die aktuellen Weißen von Alexander Gysler seine bis dato besten: Im Alkohol absolut bekömmlich, voller Finesse, Festigkeit und Spannkraft. Das ist eine sehr lebendige, verantwortungsvolle Weinkultur, die aus dem ganzen Füllhorn der Natur schöpft. Hier schmecken uns insbesondere schon der Literwein und die Basisweine ausgesprochen gut.

Die Betriebe:
Weltklasse · Deutsche Spitze
Sehr gut · Gut · Zuverlässig
Weitere Empfehlung

Anzahl der verkosteten Weine: 12
Bewertungen: 83–88 Punkte

2009	Pinot Sekt Brut Blanc de Noirs **13,90 €** | 13% | bis 2016	**86**
2014	Riesling trocken **6,90 €**/1,0 Lit. | 11,5% | bis 2016	**83**
2014	Scheurebe Sonnentau trocken **8,90 €** | 12% | bis 2016	**84**
2014	Weißburgunder Sternenglanz trocken **8,90 €** | 12% | bis 2017	**85**
2014	Grauburgunder Feldstärke trocken **8,90 €** | 12% | bis 2016	**85**
2014	Riesling Sandstein trocken **8,90 €** | 11,5% | bis 2017	**85**
2013	Weinheimer Weißburgunder Leuchtkraft trocken Holzfass **12,50 €** | 12,5% | bis 2017	**86**
2014	Weinheimer Riesling Kammerton trocken **12,50 €** | 12,5% | bis 2018	**86**
2013	Weinheimer vum Helle Riesling Klangwerk trocken **17,50 €** | 11,5% | bis 2018	**87**
2014	Weinheiner vum Helle Riesling Klangwerk trocken **17,50 €** | 12,5% | bis 2019	**87**
2014	Weinheimer Riesling Feldgeflüster Kabinett feinherb **8,90 €** | 8,5% | bis 2016	**84**
2013	Weinheimer vum Helle Huxelrebe Lichtspiel Beerenauslese **18,– €**/0,375 Lit. | 7,5% | bis 2021	**88**

WEINGUT HAUCK

55234 Bermersheim vor der Höhe
Albigerstraße 15 / Sonnenhof
☎ (0 67 31) 12 72 und 31 95 · Fax 4 56 52
vinum@weingut-hauck.de
www.weingut-hauck.de

Inhaber: Heike und Heinz Günter Hauck

Verkauf: nach Vereinbarung

Das Weingut Hauck liegt in Bermersheim nur wenige Kilometer von Alzey entfernt. Heinz Günter und Heike Hauck sind seit einigen Jahren auf Erfolgskurs, was das 2014er Sortiment bekräftigt. Einige Weine sind erfreulicherweise relativ niedrig im Alkohol, etwa die gute, trockene Riesling Spätlese aus dem Klosterberg. Der Hildegard Silvaner erinnert an reife Quitten, der Weißburgunder in der Literflasche ist ein leckerer Schoppen. Weiter so!

Anzahl der verkosteten Weine: 12
Bewertungen: 83–85 Punkte

2014	Weißburgunder trocken **6,95 €**/1,0 Lit. | 12% | bis 2016	**83**
2014	Silvaner Hildegard trocken **6,80 €** | 12,5% | bis 2016	**84**
2014	Grauburgunder trocken **6,95 €** | 12% | bis 2016	**83**
2014	Weißburgunder & Auxerrois Kunststück trocken **7,20 €** | 12,5% | bis 2017	**85**
2014	Ensheimer Kachelberg Sauvignon Blanc trocken **7,50 €** | 12,5% | bis 2016	**84**
2014	Weißburgunder & Chardonnay Kabinett trocken **6,95 €** | 12,5% | bis 2016	**83**
2014	Bermersheimer Klosterberg Riesling Spätlese trocken Alte Reben **7,95 €** | 11,5% | bis 2017	**84**
2014	Bermersheimer Hildegardisberg Grauburgunder Spätlese trocken **8,95 €** | 12,5% | bis 2016	**83**
2014	Bermersheimer Hildegardisberg Weißburgunder Spätlese trocken **8,95 €** | 12,5% | bis 2017	**84**
2014	Bermersheimer Hildegardisberg Chardonnay Spätlese trocken **8,95 €** | 13,5% | bis 2017	**85**
2013	Bermersheimer Hildegardisberg Spätburgunder trocken **8,– €** | 13% | bis 2017	**85**
2011	Bermersheimer Klosterberg Merlot & Cabernet Sauvignon Essential trocken **12,– €** | 14% | bis 2017	**85**

WEINGUT HESSERT

55457 Horrweiler · Weinbergstraße 2
☎ (0 67 27) 4 69 · Fax 95 24 42
wein@hessert.de
www.weingut-hessert.de
Inhaber: Christian Hessert

Verkauf: nach Vereinbarung

Christian Hessert praktiziert in diesem Familienbetrieb am westlichen Rand des Anbaugebietes, zwischen Bingen und Bad Kreuznach, solides Handwerk. Die Weine sind allesamt sauber und ordentlich vinifiziert, im besten Sinne bodenständig und dazu noch ausgesprochen preiswert. Aus dem Jahrgang 2014 gibt es wieder solide Alltagsweine auch für den kleinen Geldbeutel, etwa den trinkigen trockenen Liter-Riesling für sagenhafte 3,80 Euro. Und Hessert scheint auch ein Händchen für Rotweine zu haben, wie der supergünstige Spätburgunder beweist.

Anzahl der verkosteten Weine: 12
Bewertungen: 83–86 Punkte

2014	Riesling trocken **3,80 €**/1,0 Lit. | 11% | bis 2016	**83**
2014	Spätburgunder trocken Blanc de Noirs **4,30 €** | 12% | bis 2016	**83**
2014	Chardonnay trocken **4,30 €** | 13% | bis 2016	**83**
2014	Weißburgunder trocken **4,30 €** | 12,5% | bis 2016	**83**
2014	Cuvée »H« **4,30 €** | 12,5% | bis 2016	**83**
2014	Grauburgunder »H« trocken **6,– €** | 13% | bis 2016	**83**
2014	Riesling »H« trocken **6,– €** | 12,5% | bis 2016	**83**
2014	Chardonnay »H« trocken **6,– €** | 13,5% | bis 2017	**84**
2014	Gewürztraminer Spätlese **4,30 €** | 10% | bis 2017	**86**
2014	Ortega Auslese **5,– €** | 9% | bis 2017	**86**
2013	Spätburgunder trocken **4,30 €** | 13% | bis 2016	**84**
2013	Cuvée »Nero« »H« trocken **6,– €** | 13% | bis 2017	**84**

Zeichenerklärung:
Schnäppchenpreis · Top 10 Spitzenreiter
Ökobetrieb · Trink-Tipp · Versteigerungswein
Sekt | Weißwein | Rotwein | Roséwein

WEINGUT HEYL ZU HERRNSHEIM

55283 Nierstein · Wilhelmstraße 4
☎ (0 61 33) 50 91 10 · Fax 50 91 12 99
info@st-antony.de
www.heyl-zu-herrnsheim.de
Inhaber: Familie Meyer
Betriebsleiter: Felix Peters
Außenbetrieb: Bartlomiej Ciezadlik
Kellermeister: Felix Peters

Verkauf: Felix Peters
nach Vereinbarung

Rebfläche: 12 Hektar
Jahresproduktion: 70.000 Flaschen
Beste Lagen: Niersteiner Brudersberg und Pettenthal, Nackenheimer Rothenberg
Boden: roter Tonschiefer
Rebsorten: 90% Riesling, 10% Weißburgunder
Durchschnittsertrag: 55 hl/ha
Mitglied: VDP

Durch das Engagement der Familie Ahr gelang es zu Beginn der 90er Jahre, den Betrieb als eines der Flaggschiffe für Rheinhessen zu konsolidieren. 2006 hat der neue Inhaber, die Familie Meyer, den Betrieb übernommen und aktuell weiter in die Weinbergsbewirtschaftung investiert. Das neue Team setzt den ökologischen Weinbau im Steillagenbereich fort. Der Name Heyl zu Herrnsheim wird als Weinlinie innerhalb des Weingutes St. Antony erhalten bleiben (siehe auch das Weingut St. Antony) und der mineralische, elegante, ernsthafte Heyl-Stil weiter gepflegt. Der Jahrgang 2011 zeigte bereits alle Attribute jenes feinen, gepflegten Stils Heyl zu Herrnsheims, den einst Peter von Weymahrn kreierte. Insbesondere die Spätlesen wiesen etwas weniger Restzucker auf als ihre Pendants von der Mosel und wurden eher halbtrocken vinifiziert. Diese Tradition nimmt Felix Peters aktuell verstärkt wieder auf, setzt in 2014 mit den beiden halbtrockenen Rieslingen Große Lage aus Pettenthal und Brudersberg echte Ausrufezeichen am Roten Hang. Der Pettenthal fasziniert durch kühle Kräuterwürze, der Brudersberg durch substanzielle Mineralität, den Duft reifer Aprikose bei moderatem Alkohol, saftige Frucht und ein veritables Spiel. Dazu eine animierende Spätlese aus dem Ölberg. Wir schätzen diese gepflegte Stilistik.

Anzahl der verkosteten Weine: 5
Bewertungen: 83–91 Punkte

2014 Riesling trocken **83**
8,90 € | 12% | bis 2016

2014 Weißburgunder trocken **84**
8,90 € | 12% | bis 2016

2014 Niersteiner Pettenthal **90**
Riesling halbtrocken »Große Lage«
21,– € | 12% | bis 2022

2014 Niersteiner Brudersberg **91**
Riesling halbtrocken »Große Lage«
Top 10 **23,– €** | 11% | bis 2024

2014 Niersteiner Oelberg **89**
Riesling Spätlese »Große Lage«
€ **9,80 €** | 9% | bis 2026

WEINGUT HIESTAND

67583 Guntersblum · Nordhöferstraße 19
☎ (0 62 49) 22 66 · Fax 78 35
info@hiestand-weingut.com
www.hiestand-weingut.com
Inhaber: Gunther Hiestand

Verkauf: Familie Hiestand
Sa: 10.00–16.00 Uhr und nach Vereinbarung

Gunther Hiestand möchte die Konsumenten für historische Guntersblumer Lagen an der Rheinfront begeistern. Und das gelingt ihm immer besser! Es sind spannende, teils karge, kalkhaltige Böden, die dieses Winzertalent bewirtschaftet. Es gibt da einiges zu entdecken! Der würzig-mineralische trockene Riesling Kreuz ist originär und weit ab vom Mainstream – einer der Geheimtipps in Rheinhessen: Birne, Apfel, Kräuter, Minze. Unverkennbar. Hiestand setzt auf die Liaison von Spontangärung und Holzfass, auch sind seine Gewürztraminer echte Unikate. Starker Gutswein vom Silvaner, herrlich gereifter 2004er Riesling Spätlese aus der Kreuzkapelle: Der Weg führt nach oben!

Anzahl der verkosteten Weine: 12
Bewertungen: 83–87 Punkte

2014 Grüner Silvaner trocken **84**
6,90 € | 11% | bis 2016

2014 Grauburgunder trocken **83**
7,50 € | 12% | bis 2016

2014 Riesling trocken **84**
7,50 € | 11% | bis 2016

2014 Weißburgunder trocken **84**
7,50 € | 12% | bis 2016

2014 Guntersblumer Sylvaner trocken Holzfass **86**
11,50 € | 12,5% | bis 2017

2014 Guntersblumer Riesling Steinberg trocken Holzfass **85**
12,– € | 12% | bis 2017

2013 Guntersblumer Kreuz **87**
Riesling »Großes Gewächs« Holzfass
19,– € | 12% | bis 2019

2014 Guntersblumer Eiserne Hand **86**
Gewürztraminer Spätlese trocken Holzfass
12,– € | 12,5% | bis 2017

2004 Guntersblumer Kreuzkapelle Riesling Spätlese **86**
12,– € | 9,5% | bis 2020

2014 Guntersblumer Kreuzkapelle Riesling Spätlese **86**
12,– € | 10% | bis 2020

2014 Guntersblumer Bornpfad Gewürztraminer Spätlese **86**
12,– € | 9,5% | bis 2020

2013 Guntersblumer Schwarzriesling trocken Holzfass **85**
12,– € | 13% | bis 2016

WEINGUT HIRSCHHOF

67593 Westhofen · Seegasse 29
☎ (0 62 44) 3 49 · Fax 5 71 12
info@weingut-hirschhof.de
www.weingut-hirschhof.de
Inhaber: Tobias Zimmer
Kellermeister: Tobias Zimmer

Verkauf: Familie Zimmer
Mo–Fr: 8.00–12.00 Uhr · 13.00–17.00 Uhr
Sa: nach Vereinbarung

Seit 1991 arbeitet dieses Gut ökologisch. Der Generationswechsel ist eingeläutet, Tobias Zimmer hat die Betriebsführung von seinen Eltern übernommen, das Etikettendesign geändert, den Webauftritt aktualisiert. Bei den Weinen machen sich langsame Gärung und schonender Ausbau bezahlt. Auch im gelungenen Jahrgang 2014 haben wir keinen einzigen schwachen Wein probiert, sondern veritable Gutsweine zu moderaten Preisen und prächtigen Literriesling. Auch die Roten können überzeugen. Indes wäre in der Spitze im Weißweinsegment noch ein Tick mehr drin.

Anzahl der verkosteten Weine: 12
Bewertungen: 83–86 Punkte

2013	Gelber Muskateller Sekt trocken **10,20 €** | 12,5% | bis 2016	**85**
2014	Riesling trocken **5,80 €**/1,0 Lit. | 12,5% | bis 2016	**83**
2014	Silvaner trocken **5,– €** | 12% | bis 2016	**83**
2014	Sauvignon Blanc trocken **6,90 €** | 12,5% | bis 2016	**84**
2014	Westhofener Kirchspiel Weißburgunder »S« trocken Goldkapsel **12,– €** | 13% | bis 2018	**86**
2014	Westhofener Kirchspiel Riesling Spätlese trocken **7,80 €** | 13% | bis 2017	**85**
2014	Westhofener Steingrube Grauburgunder Spätlese trocken Alte Reben **8,90 €** | 13,5% | bis 2016	**84**
2014	Scheurebe **5,– €** | 10,5% | bis 2016	**83**
2014	Westhofener Morstein Riesling Spätlese **8,90 €** | 10,5% | bis 2020	**85**
2014	Westhofener Morstein Riesling Auslese Goldkapsel **9,90 €** | 9% | bis 2022	**86**
2013	Cuvée »Platzhirsch« trocken Holzfass **10,50 €** | 13% | bis 2016	**85**
2013	Westhofener Morstein Spätburgunder »S« trocken Goldkapsel **12,50 €** | 13,5% | bis 2018	**86**

WEINGUT HOFMANN

55437 Appenheim · Vor dem Klopp 4
☎ (0 67 25) 30 00 63 · Fax 30 04 77
info@schiefer-trifft-muschelkalk.de
www.schiefer-trifft-muschelkalk.de
Inhaber: Carolin und Jürgen Hofmann
Kellermeister: Jürgen Hofmann

Verkauf: Mo–Sa: 10.00–17.00 Uhr

Sehenswert: neues Weingut im Bauhaus-Stil mitten im Grünen, mediterraner Innenhof

Rebfläche: 20,5 Hektar
Jahresproduktion: 195.000 Flaschen
Beste Lagen: Appenheimer Hundertgulden und Eselspfad, Niersteiner Oelberg, Gau-Algesheimer St. Laurenzikapelle
Boden: Muschelkalk, roter Schiefer
Rebsorten: 28% weiße Burgundersorten, 25% Riesling, 20% Silvaner, 15% Sauvignon Blanc, 10% Spätburgunder, 2% Huxelrebe
Durchschnittsertrag: 68 hl/ha
Mitglied: Simply Wine, Vinissima

Die Investitionen in die Traubenannahme, den Keller und die Weinberge machen sich bezahlt. Jürgen Hofmanns Weine werden immer packender und tiefgründiger, bleiben aber auch finessenreich und moderat im Alkohol. Sie erzählen gleichsam die Geschichte vom salzig anklingenden Urmeer – so heißt auch ein prächtiger Weißburgunder. Völlig zu Recht ist Hofmann aber auch stolz auf die Gutsweine, die wichtig sind für das Gut. Vor allem reifen die Weine gut! Die vielschichtige Eleganz zeigt sich im trockenen Lagenriesling Hundertgulden. Ein weiteres Aushängeschild ist der Sauvignon Blanc. Der kalibrierte St. Laurenzikapelle profitiert ungemein vom Alter der Rebstöcke, erinnert mit seiner körperreichen, intensiven Art durchaus an südafrikanische Pendants wie Vergelegen – ohne allerdings seine Herkunft aus dem Cool Climate zu verleugnen. Neu ist das Pendant namens »Ei«: Sauvignon Blanc aus dem Betonei, mit ganzen Trauben vergoren. Experimentell und spannend. Das neue Weingut im Bauhaus-Stil mitten im Grünen mit der prächtigen Vinothek ist mehr als sehenswert. Im letzten Herbst war Konsequenz und Ausdauer gefragt: Hofmann hatte beides. Seine 2014er haben einen richtigen Kick! Und was uns auch aktuell so gefällt, sind die fast schon luxuriösen Alltagsqualitäten in der Basis aus Riesling, Silvaner und Weißburgunder.

Anzahl der verkosteten Weine: 17
Bewertungen: 83–89 Punkte

2014 Scheurebe trocken **83**
7,30 € | 12,5% | bis 2016

2014 Grüner Silvaner trocken **84**
7,30 € | 12,5% | bis 2016

2014 Weißburgunder trocken **84**
7,30 € | 12,5% | bis 2016

2014 Riesling trocken **84**
7,50 € | 12,5% | bis 2016

2014 Appenheimer Grüner Silvaner aus der Tiefe trocken **86**
10,20 € | 12,5% | bis 2017

2014 Chardonnay vom Korallenriff trocken **85**
10,50 € | 13% | bis 2017

2014 Appenheimer Weißburgunder Urmeer trocken **86**
10,50 € | 13% | bis 2017

2014 Appenheimer Riesling vom Muschelkalk trocken **87**
10,50 € | 12,5% | bis 2018

2014 Sauvignon Blanc trocken **86**
10,80 € | 12,5% | bis 2017

2014 Niersteiner Riesling vom roten Stein trocken **87**
14,– € | 12,5% | bis 2018

2014 Appenheimer Eselspfad Grüner Silvaner trocken **87**
18,20 € | 13% | bis 2019

2014 Gau-Algesheimer St. Laurenzikapelle Sauvignon Blanc trocken **87**
18,20 € | 13% | bis 2019

2014 Niersteiner Oelberg Riesling trocken **88**
18,20 € | 12% | bis 2020

2014 Appenheimer Eselspfad Weißburgunder trocken **88**
18,20 € | 13% | bis 2019

2014 Appenheimer Hundertgulden Riesling trocken **89**
18,20 € | 12,5% | bis 2021

2014 Sauvignon Blanc Ei trocken **87**
28,20 € | 13% | bis 2019

2013 Appenheimer Spätburgunder trocken **86**
15,50 € | 13% | bis 2018

WEINGUT HUFF-DOLL

55457 Horrweiler · Weedstraße 6
☎ (0 67 27) 3 43 · Fax 53 66
weingut@huff-doll.de
www.huff-doll.de
Inhaber: Bettina und Ulrich Doll

Verkauf: Bettina Doll
nach Vereinbarung

Trinkfreude – das charakterisiert den vitalen Weinstil von Uli Doll vielleicht am besten, der das Gut bereits vor gut zehn Jahren von seinen Eltern Gudrun und Ernst übernommen hat und seit 2014 auch mehrere Sternerestaurants beliefert. 2011 ist seine Frau Bettina in den Betrieb eingestiegen und verantwortet das Büro und das Marketing. Die Events wurden reduziert auf Wandern, Jahrgangspräsentation und Jazz-Abende. Die Burgundersorten sind im Kommen, der Fokus steht fast nur noch auf trockene Weine. Im absolut stimmigen Jahrgang 2014 gefällt uns der trockene Riesling aus dem Horrweiler Gewürzgärtchen, der jedes Jahr stärker wird, neben Grauburgunder und Chardonnay am besten. Klar aufstrebende Tendenz!

Anzahl der verkosteten Weine: 12
Bewertungen: 82–86 Punkte

2014 Horrweiler Silvaner trocken **82**
4,90 €/1,0 Lit. | 12% | bis 2016

2014 Horrweiler Rivaner trocken **83**
4,90 € | 11,5% | bis 2016

2014 Horrweiler Spätburgunder trocken Blanc de Noirs **83**
6,50 € | 12% | bis 2016

2014 Horrweiler Chardonnay trocken **83**
6,90 € | 12,5% | bis 2016

2014 Horrweiler Grauburgunder trocken **84**
6,90 € | 12,5% | bis 2016

2014 Horrweiler Scheurebe Independent trocken **84**
6,90 € | 12,5% | bis 2016

2014 Horrweiler Grauburgunder trocken Prestige **85**
8,50 € | 13,5% | bis 2017

2014 Horrweiler Riesling trocken Prestige **85**
8,50 € | 12% | bis 2017

2014 Horrweiler Gewürzgärtchen Riesling trocken **86**
11,50 € | 12% | bis 2018

2014 Horrweiler Chardonnay Frederick trocken Barrique **85**
12,90 € | 13% | bis 2017

2012 Horrweiler Spätburgunder trocken Holzfass **84**
8,90 € | 14% | bis 2016

2013 Horrweiler St. Laurent trocken Holzfass **84**
8,90 € | 13% | bis 2016

WEINGUT FRITZ EKKEHARD HUFF

55283 Nierstein-Schwabsburg · Hauptstraße 90
☎ (0 61 33) 5 80 03 · Fax 5 86 17
info@weingut-huff.de
www.weingut-huff.de
Inhaber und Betriebsleiter: Fritz Ekkehard Huff
Kellermeister: Christine Huff und Jeremy Bird-Huff

Verkauf: Doris und Christine Huff
nach Vereinbarung

Rebfläche: 7 Hektar
Jahresproduktion: 45.000 Flaschen
Beste Lagen: Niersteiner Schloss Schwabsburg, Pettenthal, Orbel und Paterberg
Boden: Rotliegendes, Kalkstein, Lösslehm, Ton
Rebsorten: 37% Riesling, 30% Burgundersorten, 33% übrige Sorten
Durchschnittsertrag: 65 hl/ha
Mitglied: Roter Hang

Dies ist einer der führenden Betriebe in Nierstein, nicht nur wegen der Revitalisierung der vielleicht noch immer etwas unterschätzten Lage Schloss Schwabsburg, sondern insbesondere durch den Verve und Schwung, den Christine Huff einbringt! Das gilt vorbehaltlos auch für den Jahrgang 2014, den wir sogar noch etwas stärker finden als 2013. Bei der engagierten Winzerin schmeckt alles irgendwie gelassen, die Weine wirken nicht gewollt, sondern sind ungekünstelt, souverän. Ihr salziger, aufregender, trockener Riesling Pettenthal aus einem gemeinsamen Projekt mit Eva Vollmer und Mirjam Schneider (www.pettenthal.de) riecht nach getrockneten Früchten und strahlt innere Ruhe aus, während das starke 2014er Pendant aus dem Rabenturm etwas Undomestiziertes, Geheimnisvolles hat. Uns gefallen aber auch Gutsweine wie die glasklare, animierende, trockene Scheurebe The Green Bird, die von Neuseeland inspiriert ist und von Jeremy Bird-Huff ausgebaut wurde. Im August 2012 hat Christine Huff den Neuseeländer geheiratet, der sie tatkräftig in Keller und Weinberg unterstützt. Für dieses Weingut ist künftig sogar noch mehr drin!

Anzahl der verkosteten Weine: 13
Bewertungen: 83–88 Punkte

2014 Sylvaner trocken **83**
4,80 € | 12% | bis 2016

2014 Riesling trocken **83**
5,50 € | 12% | bis 2016

2014 Niersteiner Scheurebe The Green Bird trocken **84**
5,80 € | 11,5% | bis 2016

2014 Niersteiner **85**
Riesling vom Rotliegenden trocken
6,80 € | 12,5% | bis 2017

2014 Niersteiner Grauburgunder trocken **84**
7,20 € | 13,5% | bis 2016

2014 Niersteiner Schloss Schwabsburg **88**
Riesling Rabenturm trocken »Erste Lage«
18,– € | 13% | bis 2020

2014 Niersteiner Pettenthal **88**
Riesling trocken »Erste Lage«
25,– € | 12,5% | bis 2020

2014 Schwabsburger Riesling Spätlese trocken **85**
8,– € | 13% | bis 2018

2014 Niersteiner Orbel **86**
Riesling feinherb »Erste Lage«
9,50 € | 12,5% | bis 2019

2014 Niersteiner **84**
Riesling Good Vibrations Spätlese
6,50 € | 10% | bis 2016

2014 Niersteiner Schloss Schwabsburg **87**
Riesling edelsüß Auslese Premium
12,– € | 9% | bis 2022

2014 Niersteiner Schloss Schwabsburg **88**
Riesling Beerenauslese Premium
25,– €/0,375 Lit. | 8,5% | bis 2026

2012 Niersteiner **84**
Spätburgunder vom Kalkstein trocken Holzfass
7,50 € | 13,5% | bis 2016

Die Betriebe:
Weltklasse · Deutsche Spitze
Sehr gut · Gut · Zuverlässig
Weitere Empfehlung

WEINGUT GEORG GUSTAV HUFF

55283 Nierstein-Schwabsburg · Woogstraße 1
☎ (0 61 33) 5 05 14 · Fax 6 13 95
info@weingut-huff.com
www.weingut-huff.com

Inhaber: Familie Huff
Außenbetrieb: Dieter Huff
Kellermeister: Daniel Huff, Stefan Huff

Verkauf: Helga und Stefanie Huff
Mo–Fr: 8.00–12.00 Uhr · 13.30–18.00 Uhr
Sa: 9.00–17.00 Uhr, So: 10.00–12.00 Uhr

Rebfläche: 22 Hektar
Jahresproduktion: 180.000 Flaschen
Beste Lagen: Niersteiner Pettenthal, Hipping und Schloss Schwabsburg
Boden: Rotliegendes, Löss, Ton, Muschelkalk
Rebsorten: je 35% Burgundersorten und Riesling, 30% übrige Sorten
Durchschnittsertrag: 72 hl/ha
Mitglied: Roter Hang

Das Weingut ist einer der stärksten Betriebe am Roten Hang. Nachdem Sohn Stefan Huff seine Ausbildung zum Weinbautechniker beendet hat, zeigt er sich verantwortlich für den Rotweinausbau. Zuvor sammelte er Erfahrungen bei den Weingütern Peth-Wetz (Rheinhessen), Burggarten (Ahr) sowie in Österreich und Australien. Nicht nur Spätburgunder schmeckt hier markant und ausdrucksstark, eine richtige Benchmark ist der Frühburgunder. Dieter Huff führt den Betrieb seit 1989. Sohn Daniel verantwortet den Ausbau der Weißweine. Weiter investiert wurde in Holz- und Barriquefässer sowie Weinberge am Roten Hang wie im Pettenthal, Ölberg, Kranzberg und Heiligenbaum. Aktuell präsentiert sich Huff stärker denn je. Nicht nur die – preisgünstigen – Edelsüßen haben Format und Rasse, auch die weißen Burgundersorten werden immer präziser ausgereizt: Die weiße Pinot-Reserve aus 2013 zeigt Schmelz und gut eingebundenes Holz. Ein besonderes Faible gilt hier neben der immer noch etwas unterschätzten, aber erstklassigen Lage Schloss Schwabsburg dem trockenen Lagenriesling Alte Reben aus dem Hipping, der während der Reife immer mineralischer und präziser wird. Einer unserer Favoriten ist aber auch das trockene Pettenthal, das präzise Frucht und pikantes Mineral zeigt – ein veritabler Tipp. Dazu gibts sehr nachhaltige Spätburgunder.

Anzahl der verkosteten Weine: 12
Bewertungen: 84-89 Punkte

2014	Niersteiner Riesling Roter Hang trocken **5,60 €** | 12,5% | bis 2016	**84**
2014	Niersteiner Bildstock Weißburgunder trocken **8,70 €** | 13% | bis 2017	**85**
2014	Niersteiner Ebersberg Grauburgunder trocken **8,70 €** | 13% | bis 2017	**85**
2014	Niersteiner Pettenthal Riesling trocken **11,– €** | 13% | bis 2019	**86**
2014	Niersteiner Schloss Schwabsburg Riesling trocken **11,– €** | 12,5% | bis 2019	**87**
2013	Pinot trocken Reserve **12,– €** | 13% | bis 2017	**86**
2014	Niersteiner Hipping Riesling trocken Alte Reben **16,– €** | 12,5% | bis 2020	**87**
2014	Niersteiner Schloss Schwabsburg Riesling Auslese **12,– €** | 8,5% | bis 2022	**87**
2014	Niersteiner Schloss Schwabsburg Riesling Beerenauslese **13,– €**/0,375 Lit. | 7% | bis 2026	**88**
2014	Niersteiner Schloss Schwabsburg Riesling Trockenbeerenauslese **25,– €**/0,375 Lit. | 6% | bis 2030	**89**
2012	Frühburgunder trocken **10,50 €** | 13,5% | bis 2016	**86**
2012	Spätburgunder trocken Alte Reben **16,– €** | 13,5% | bis 2017	**87**

WEINGUT JOHANNINGER

55546 Biebelsheim · Hauptstraße 4–6
☎ (0 67 01) 83 21 · Fax 32 95
mail@johanninger.de
www.johanninger.de
Inhaber: Markus Haas, Dieter Schufried und Oliver Herzer
Betriebsleiter: Markus Haas
Verwalter: Dieter Schufried
Kellermeister: Oliver Herzer

Verkauf: Evelyne Douce-Schufried
Mo–Fr: 8.00–18.00 Uhr
Sa: 9.00–16.00 Uhr und nach Vereinbarung

Restaurant: »Nickl's Speisekammer« mit Kochschule, www.nickls-speisekammer.de
Erlebenswert: in der Weingutslounge individuelle Wein-Events für Gruppen und Tagungen von Firmen

Rebfläche: 21 Hektar
Jahresproduktion: 120.000 Flaschen sowie 20.000 Flaschen Sekt
Beste Lagen: Biebelsheimer Kieselberg, Kreuznacher Himmelgarten
Boden: Terrassenkies, tiefgründiger Löss, Fersiallit, Ton mit hohem Kalkgehalt
Rebsorten: 60% Burgundersorten, je 10% Riesling, Silvaner, je 5% St. Laurent und Sauvignon Blanc, 10% übrige Sorten
Durchschnittsertrag: 60 hl/ha
Mitglied: Ecovin

Die Weingüter Haas und Schufried fusionierten 1994 zum Weingut Johanninger mit Rebflächen in Rheinhessen und an der Nahe. Sitz ist das rheinhessische Biebelsheim. Der ab dem Jahrgang 2013 allein verantwortliche Kellermeister Oliver Herzer stammt vom Bodensee und schätzt in der Basis leichte, frische, fruchtige, elegante Weine, die uns auch aktuell jede Menge Trinkfreude bereiten. In der stärker kalibrierten Reservelinie aus den besten Weinlagen und von den ältesten Stöcken brillieren neben Sauvignon Blanc vor allem die weißen Burgundersorten: Bei allem angestammten Schmelz und Charakter zeigen Chardonnay und Pinot Gris (tolle Reserve mit drei Sternen!) noch Frische und Lebendigkeit. Dazu ein opulenter, origineller Rosé Reserve aus Früh- und Spätburgunder und noch vitalere Rote. Glückwunsch an das Trio Markus Haas, Dieter Schufried und Oliver Herzer zum geglückten Aufstieg!

Anzahl der verkosteten Weine: 12
Bewertungen: 83–88 Punkte

Jahrgang	Wein	Preis / Alkohol / Trinkreife	Punkte
2014	Riesling trocken	**8,50 €** | 12% | bis 2016	**84**
2014	Sauvignon Blanc trocken Reserve	**9,50 €** | 12% | bis 2017	**86**
2009	Riesling trocken Reserve Holzfass	**15,– €** | 13% | bis 2018	**85**
2013	Pinot Blanc & Chardonnay trocken Reserve Barrique	**15,– €** | 13,5% | bis 2017	**87**
2013	Chardonnay trocken Reserve Barrique	**15,– €** | 13,5% | bis 2017	**87**
2013	Pinot Gris trocken Reserve Barrique	**15,– €** | 13,5% | bis 2017	**87**
2011	Pinot Gris Reserve Barrique ***	**19,– €** | 14% | bis 2017	**88**
2014	Pinot Noir trocken Rosé	**6,– €** | 11,5% | bis 2016	**83**
2013	Pinot Noir & Pinot Noir Précoce PN & P trocken Reserve Barrique Rosé	**11,50 €** | 13% | bis 2016	**86**
2014	Pinot Noir unwooded trocken	**9,50 €** | 13% | bis 2016	**84**
2013	Pinot Noir trocken Barrique	**11,– €** | 13,5% | bis 2017	**85**
2013	Pinot Noir & Pinot Noir Précoce PN & P trocken Reserve Barrique	**15,– €** | 13,5% | bis 2018	**86**

WEINGUT JULIUS

67599 Gundheim · Hauptstraße 5
☎ (0 62 44) 90 52 18 · Fax 90 52 19
info@weingut-julius.de
www.weingut-julius.de
Inhaber: Christine und Georg Julius

Verkauf: nach Vereinbarung

Im Weingut Julius zieht Winzermeister Georg Julius die Fäden und baut auf 19 Hektar Rebfläche nach ökologischen Grundsätzen die Trauben an und Weine aus. Der Betrieb steht im südlichen Rheinhessen in Gundheim, nordwestlich von Worms. Nach einem durchwachsenen 2013er war auch der 2014er Jahrgang für das Weingut nicht ganz einfach, es fehlt den Weinen ein wenig an Kraft und Lebendigkeit. Bleibt zu hoffen, dass es ab dem nächsten Jahrgang wieder aufwärts geht.

Anzahl der verkosteten Weine: 10
Bewertungen: 82–84 Punkte

2014 Westhofener Rotenstein Silvaner trocken **83**
6,90 € | 12% | bis 2016

2014 Abenheimer Klausenberg Sauvignon Blanc trocken **82**
7,50 € | 12% | bis 2016

2014 Abenheimer Klausenberg Weißburgunder trocken **83**
7,50 € | 12% | bis 2016

2014 Bermersheimer Hasenlauf Riesling trocken **83**
7,50 € | 12% | bis 2016

2014 Abenheimer Klausenberg Chardonnay trocken **83**
7,70 € | 12,5% | bis 2016

2014 Nieder-Flörsheimer Frauenberg Grauburgunder trocken **83**
7,70 € | 12,5% | bis 2016

2014 Westhofener Morstein Riesling trocken **84**
12,50 € | 12% | bis 2017

2014 Cuvée »J« trocken Rosé **83**
5,90 € | 12% | bis 2016

2012 Gundheimer Sonnenberg Spätburgunder trocken Barrique **83**
11,90 € | 13% | bis 2016

2012 Gundheimer Mandelbrunnen Merlot trocken Barrique **83**
11,90 € | 13% | bis 2016

WEINGUT KAMPF

55237 Flonheim · Langgasse 75
☎ (0 67 34) 16 26 · Fax 71 17
info@weingut-kampf.de
www.weingut-kampf.de
Inhaber und Betriebsleiter:
Hanspeter und Patrick Kampf

Verkauf: Patrick Kampf
Mo–Fr: 8.00–12.00 Uhr · 13.00–18.00 Uhr
Sa: 8.00–15.00 Uhr nach Vereinbarung

Der junge Patrick Kampf (Jahrgang 1986) ist einfach ein Naturtalent. Den 2013er Jahrgang schätzte er genau richtig ein, betonte lässig und gekonnt die feine Eleganz. Böden und Lagen in Flonheim inspirieren ihn eben. Das Gut ist zwölf Hektar groß, die Weinberge werden seit 2008 ökologisch bewirtschaftet, die Zertifizierung hat vor der Ernte 2011 begonnen. Hier schmeckt Flonheim nach Flonheim! Auch im Jahrgang 2014: Die Gutsweine sind Lichtjahre entfernt vom Mainstream und überzeugen durch Substanz und Saftigkeit. Etwa die knackige Scheurebe oder auch der Silvaner, der abseits der zu weichen Früchtchen ehrliche Bodenhaftung bewahrt. Beim Flonheimer Riesling zeigt Patrick Kampf derart viel Profil, dass wir uns noch mehr solcher ausgereizter Weine von ihm wünschen.

Anzahl der verkosteten Weine: 8
Bewertungen: 83–86 Punkte

2014 Cuvée »Weiß« trocken **83**
6,– € | 12% | bis 2016

2014 Silvaner trocken **85**
7,– € | 11,5% | bis 2016

2014 Spätburgunder trocken Blanc de Noirs **84**
7,– € | 12% | bis 2016

2014 Grauburgunder trocken **84**
7,50 € | 12,5% | bis 2016

2014 Scheurebe trocken **85**
7,50 € | 12,5% | bis 2016

2014 Weißburgunder trocken **85**
7,50 € | 13% | bis 2016

2014 Riesling trocken **85**
7,50 € | 12,5% | bis 2016

2014 Flonheimer Riesling trocken **86**
12,– € | 12,5% | bis 2017

WEINGUT KELLER

67592 Flörsheim-Dalsheim · Bahnhofstraße 1
☎ (0 62 43) 4 56 · Fax 66 86
info@keller-wein.de
www.keller-wein.de
Inhaber: Klaus Keller
Kellermeister: Klaus und Klaus-Peter Keller

Verkauf: Familie Keller
Mo–Fr: 8.00–11.30 Uhr · 13.00–17.00 Uhr
Sa: 10.00–15.00 Uhr und nach Vereinbarung

Historie: Familie Keller betreibt seit 1789 Weinbau in achter Generation
Sehenswert: Natursteinturm im Hubacker

Rebfläche: 15,8 Hektar
Jahresproduktion: 100.000 Flaschen
Beste Lagen: Dalsheimer Hubacker, Frauenberg und Bürgel, Westhofener Kirchspiel, Morstein und Abtserde, Niersteiner Pettenthal und Hipping
Boden: Kalksteinverwitterung, Muschelkalk, Tonmergel, Rotlatosol, Terra fusca, Rotschiefer
Rebsorten: 60% Riesling, 30% Burgundersorten und Silvaner, 10% Rieslaner und Scheurebe
Durchschnittsertrag: 54 hl/ha
Mitglied: VDP, Message in a bottle

Die Bandbreite an Weltklasseweinen hier ist einfach atemberaubend. Im gewiss nicht einfach zu meisternden Jahrgang 2014 gibt es gleich eine ganz Phalanx an superben Edelsüßen. Zwei schier unglaubliche Kreszenzen sind die beiden Riesling Trockenbeerenauslesen aus der Westhofener Abtserde: zupackend bei gleichzeitig enormer Verdichtung. Das Quartett der vier Riesling-Auslesen ist famos. Die 2014er trockenen Weißweine bieten exemplarisch die Straffheit und Verspieltheit des Jahrgangs. Und die 2013er Roten sind extraktreich, rotbeerig, mit viel Zug und Rasse. Allesamt Langstreckenläufer, da sind wir uns sicher.

Gewaltiger Spannungsbogen

Stilistisch ist deren Spannungsbogen gewaltig: von den beiden federleichten, aber aromatisch köstlich intensiven Riesling Kabinettweinen aus dem Hipping und Pettenthal, dem vielleicht besten Silvaner Feuervogel bis hin zu den trockenen Spitzenrieslingen, die weltweit gefragte Unikate sind. Allein der trockene Morstein 2014 ist eine Offenbarung.

Klaus-Peter Keller führt nicht nur die Vision seiner Eltern weiter: Er hat den Lagenausdruck noch stärker herausgearbeitet, betont noch mehr die Finesse, arbeitet gleichzeitig aber auch Statur und Tiefe noch mehr heraus. Dabei machen uns aktuell insbesondere auch die beiden Gutsweine von Riesling und Spätburgunder richtig viel Freude. Dieser Weltklassewinzer bietet auch aktuell vom Roten Hang pure Gänsehaut vom Schiefer, insbesondere durch tolle Säurefrische.

Klaus-Peter Keller

Eine Eintrittskarte in die wirklich atemberaubende Welt von Klaus-Peter Keller ist aber auch die trockene Scheurebe aus dem Westhofener Morstein. Ein genialer Alltagswein von alten Reben, die auf brutal tiefgründigem Kalkstein auf bestem Morsteinterrain stehen. Der Wein fordert heraus, ist fest und strahlend – und mit dem Druck, den man eher von besten Loire-Weinen aus Sauvignon Blanc gewöhnt ist.
Ehre gebührt dem Rheinhessischen Starwinzer Klaus-Peter Keller aber auch für den für uns besten Spätburgunder aus Rheinhessen, das neue Große Gewächs aus dem Morstein 2013, das sogar noch das Pendant aus dem Frauenberg überragt. Ein weiterer Ausnahmewein von Klaus-Peter Keller, der in diesem Fall sogar große Burgunder angreifen kann!

Anzahl der verkosteten Weine: 28
Bewertungen: 85–96 Punkte

2014	Scheurebe trocken	**87**
👍	**9,80 €** | 12% | 🍷 bis 2018	
2014	Silvaner Feuervogel trocken	**92**
Top 10	**26,50 €** | 13% | 🍷 bis 2021	
2014	Westhofener Kirchspiel Riesling »Großes Gewächs«	**94**
	36,– € | 12,5% | 🍷 bis 2023	
2014	Dalsheimer Hubacker Riesling »Großes Gewächs«	**92**
	39,– € | 12,5% | 🍷 bis 2023	
2014	Westhofener Abtserde Riesling Abts E »Großes Gewächs«	**94**
	69,– € | 13% | 🍷 bis 2025	
2014	Riesling G-Max trocken	**96**
Top 10	Verkauf ab 2016 | 13% | 🍷 bis 2026	

2014	Niersteiner Pettenthal Riesling »Großes Gewächs«	91
	Verkauf ab 2016 | 12,5% | bis 2023	
2014	Westhofener Morstein Riesling »Großes Gewächs«	95
Top 10	Verkauf ab 2016 | 13% | bis 2026	
2014	Niersteiner Hipping Riesling feinherb »Große Lage«	91
Top 10	12,5% | bis 2026	
2014	Niersteiner Riesling »P« Kabinett	91
Top 10	**20,50 €** | 8% | bis 2026	
2014	Niersteiner Riesling »H« Kabinett	92
Top 10	8% | bis 2028	
2014	Westhofener Riesling Abts E Spätlese	
	42,– € | 8,5% | bis 2030	
2014	Westhofener Morstein Riesling Auslese	93
	21,– €/0,375 Lit. | 8,5% | bis 2030	
2014	Niersteiner Pettenthal Riesling Auslese	94
Top 10	**59,– €** | 8,5% | bis 2030	
2014	Niersteiner Hipping Riesling Auslese Goldkapsel	94
Top 10	**69,– €** | 8,5% | bis 2032	
2014	Westhofener Riesling Abts E Auslese	95
Top 10	Verkauf ab 2016 | 8,5% | bis 2035	
2014	Monsheimer Silberberg	95
	Rieslaner Trockenbeerenauslese	
Top 10	**89,– €**/0,375 Lit. | 6% | bis 2040	
2014	Westhofener	96
	Riesling Abts E Trockenbeerenauslese Goldkapsel - 30 -	
Top 10	**415,– €**/0,375 Lit. | 6,5% | bis 2050	
2014	Westhofener	95
	Riesling Abts. E Trockenbeerenauslese Goldkapsel - 31 -	
Top 10	6% | bis 2050	
2013	Spätburgunder trocken	87
	19,– € | 13% | bis 2017	
2013	Dalsheimer Bürgel	90
	Spätburgunder »Großes Gewächs«	
	48,– € | 13% | bis 2019	
2013	Nieder-Flörsheimer Frauenberg	92
	Spätburgunder »Großes Gewächs«	
	69,– € | 13% | bis 2021	
2013	Westhofener Morstein	93
	Spätburgunder Felix »Großes Gewächs«	
Top 10	13% | bis 2022	

WEINGUT KELLER

67549 Worms-Pfiffligheim
Landgrafenstraße 74–76
☎ (0 62 41) 7 55 62 · Fax 7 48 36
info@weingutkeller.de
www.weingutkeller.de

Inhaber: Markus Johannes Keller
Betriebsleiter: Petra und Judith Keller
Außenbetrieb: Karlheinz Keller
Kellermeister: Markus Keller

Verkauf: Judith und Petra Keller, Ingrid Striegel
Mo–Fr: 9.00–18.00 Uhr
Mi: 9.00–13.00 Uhr, Sa: 9.00–14.00 Uhr

Rebfläche: 22,5 Hektar
Jahresproduktion: 180.000 Flaschen
Beste Lagen: Nieder-Flörsheimer Frauenberg, Pfeddersheimer St. Georgenberg
Boden: Terra Rossa, Löss, Kalkstein
Rebsorten: 25% Riesling, je 15% Spätburgunder und St. Laurent, je 10% Chardonnay, Grauburgunder und Weißburgunder, je 5% Lagrein und Sauvignon Blanc, 3% Syrah, 2% Grüner Veltliner
Durchschnittsertrag: 75 hl/ha
Mitglied: Vinovation Worms

Markus Johannes Keller ist ein Urgestein und Tausendsassa. Kaum jemand macht sich so stark für die Weinstadt Worms – auch durch immer bessere Weine, die wir im letzten Jahr mit der wohlverdienten zweiten Traube belohnten. Mit den kräftigen Roten hat sich Keller auch überregional einen Namen gemacht – die 2013er sind charakterstark, kräftig und haben Format. Der Syrah schmeckt nach Pfeffer, Waldfrüchten und Eukalyptus, der Lagrein nach Zartbitterschokolade und Wildkirsche, während der Merlot nach Schokolade, Zimt und Minze duftet. Die Spätburgunder werden immer präziser und kühler; das gilt nicht nur für den Pfeddersheimer St. Georgenberg, sondern auch für den wirklich starken Pfeddersheimer Ortswein, der für 7,90 Euro ein mehr als veritabler Tipp ist. Überhaupt schätzen die Wormser »ihren« Markus Keller, weil der nicht überzogen an der Preisschraube dreht, sondern mit beiden Beinen fest auf dem Boden steht. Seine weißen Basisqualitäten 2014 mit dem schön cremig-würzigen Grünen Veltliner machen richtig Spaß!

Anzahl der verkosteten Weine: 14
Bewertungen: 83–87 Punkte

2014	Wormser Weißburgunder trocken **5,20 €** | 12,5% | bis 2016	**83**
2014	Wormser Grauburgunder trocken **5,20 €** | 12,5% | bis 2016	**83**
2014	Wormser Nonnenwingert Grüner Veltliner trocken **7,90 €** | 13% | bis 2016	**84**
2014	Pfeddersheimer St. Georgenberg Riesling trocken **7,90 €** | 13% | bis 2017	**84**
2014	Wormser Nonnenwingert Grauburgunder trocken **10,80 €** | 13% | bis 2016	**85**
2014	Nieder-Flörsheimer Frauenberg Riesling trocken **10,80 €** | 13% | bis 2018	**86**
2014	Wormser Nonnenwingert Viognier trocken Holzfass **18,50 €** | 13,5% | bis 2018	**86**
2013	Pfeddersheimer Spätburgunder trocken Holzfass **7,90 €** | 13,5% | bis 2017	**85**
2013	Wormser Nonnenwingert Merlot »R« trocken Holzfass **9,80 €** | 13,5% | bis 2017	**85**
2013	Pfeddersheimer St. Georgenberg Lagrein »R« trocken Holzfass **12,50 €** | 13,5% | bis 2018	**87**
2013	Wormser Nonnenwingert Syrah »R« trocken Holzfass **14,50 €** | 13,5% | bis 2018	**87**
2013	Wormser Nonnenwingert Cabernet Sauvignon trocken Charta Barrique **15,80 €** | 13,5% | bis 2018	**86**
2013	Cuvée »Gabriel« trocken Charta Barrique **15,80 €** | 13,5% | bis 2018	**86**
2013	Pfeddersheimer St. Georgenberg Spätburgunder trocken Charta Barrique **18,90 €** | 13,5% | bis 2018	**87**

WEIN- UND SEKTGUT KETH

67591 Offstein · Wormser Straße 35–37
☎ (0 62 43) 75 22 · Fax 77 51
kontakt@weingut-keth.de
www.weingut-keth.de
Inhaber und Betriebsleiter: Matthias Keth

Verkauf: Matthias Keth
Mo–Sa: 8.00–11.30 Uhr · 13.00–18.00 Uhr
So: 10.00–12.00 Uhr

Vater Georg-Jakob und Matthias Keth arbeiten Hand in Hand, wobei sich der Senior stärker auf die Roten konzentriert. Deren Spektrum ist weit aufgefächert: Rare Exoten wie Cabernet Franc und der pfeffrige Syrah sind dicht gepackte Kraftpakete. Der markant-mineralische Spätburgunder Morstein ist leider im Alkohol etwas wuchtig, ebenso der Frühburgunder aus 2013. Vielleicht wäre da in puncto Alkoholgehalt etwas weniger mehr. Ein schöner Tipp ist immer der St. Laurent, der preisgünstig und ungemein lecker ist. Nach wie vor hoffen wir auf eine weitere Steigerung bei den Weißen, die noch nicht ganz mit der Ausdruckskraft der Rotweine mithalten können. 2011 war der erste zertifizierte Ökojahrgang.

Anzahl der verkosteten Weine: 10
Bewertungen: 83–86 Punkte

2014	Riesling Sonnenspiel trocken **5,70 €** | 12% | bis 2016	**83**
2014	Grauburgunder trocken **6,20 €** | 12,5% | bis 2016	**83**
2014	Chardonnay trocken **6,60 €** | 12,5% | bis 2016	**84**
2014	Sauvignon Blanc trocken **6,90 €** | 12% | bis 2017	**84**
2013	Offsteiner Engelsberg Weißburgunder »S« trocken Selection **9,– €** | 13% | bis 2017	**85**
2013	Offsteiner Engelsberg Riesling »S« trocken Selection **9,– €** | 12,5% | bis 2017	**85**
2013	St. Laurent trocken Holzfass **7,90 €** | 13,5% | bis 2016	**85**
2013	Offsteiner Engelsberg Spätburgunder trocken Selection Barrique **13,50 €** | 13,5% | bis 2018	**85**
2013	Frühburgunder trocken Selection Barrique **16,– €** | 14% | bis 2017	**85**
2012	Westhofener Morstein Soätburgunder trocken Selection Barrique **20,50 €** | 14,5% | bis 2019	**86**

WEINGUT JAKOB & JONAS KIEFER

67551 Wiesoppenheim · Rebgartenstraße 41
☎ (0 62 41) 3 58 61 · Fax 38 47 42
kontakt@kiefer-wein.de
www.kiefer-wein.de
Inhaber: Jakob und Jonas Kiefer
Kellermeister: Jonas Kiefer

Verkauf: Jonas Kiefer
Do: 16.00–18.00 Uhr, Sa: 9.00–13.00 Uhr
und nach Vereinbarung

Das Weingut liegt am südwestlichsten Punkt Rheinhessens und des Wonnegaus. Jonas Kiefer ist Mitglied der Wormser Winzergruppe Vinovation, die die Tradition des Wormser Weins in den Mittelpunkt stellt. Nachdem das Weingut im vergangenen Jahr mehr Rote angestellt hatte – die gut ankamen –, stellt es in diesem Jahr seine Weißen in den Vordergrund. Dabei wird deutlich: Hier hat man ein Händchen für die gerade trendige Scheurebe. Auch die Burgunder-Sorten fallen trinkfreudig aus, der Blaue Spätburgunder ist elegant und filigran. Alles in allem finden wir hier eine stabile Qualität, würden uns aber etwas mehr Präzision wünschen.

Anzahl der verkosteten Weine: 6
Bewertungen: 83–85 Punkte

2014	Riesling trocken	**83**
	5,– €/1,0 Lit. | 12% | 🍷 bis 2016	
2014	Grauburgunder trocken Silberkapsel	**83**
	5,50 € | 13% | 🍷 bis 2016	
2014	Weißburgunder trocken Silberkapsel	**84**
	5,50 € | 13% | 🍷 bis 2016	
2014	Scheurebe Streetart-Edition trocken Silberkapsel	**85**
	6,50 € | 12% | 🍷 bis 2017	
2014	Merlot trocken Rosé Silberkapsel	**84**
	5,50 € | 11,5% | 🍷 bis 2016	
2013	Blauer Spätburgunder trocken Silberkapsel	**84**
	5,50 € | 13% | 🍷 bis 2016	

Zeichenerklärung:
Schnäppchenpreis · **Top 10** Spitzenreiter
Ökobetrieb · Trink-Tipp · Versteigerungswein
Sekt | Weißwein | Rotwein | Roséwein

WEINGUT KISSINGER

55278 Uelversheim · Außerhalb 13
☎ (0 62 49) 79 69 · Fax 79 89
info@weingutkissinger.de
www.weingutkissinger.de
Inhaber und Kellermeister: Jürgen Kissinger

Verkauf: nach Vereinbarung

Engagiert bewirtschaftet Jürgen Kissinger rund zwölf Hektar Weinbergsfläche. Er baut überwiegend trockene Weine in kleinen Holzgebinden aus. Die 2011er und 2012er waren saftig und rassig, die Alkoholwerte moderat. Aktuell vermissten wir in 2013 bei einigen Weißweinen den letzten Feinschliff und die Eleganz. Auch die 2014er überzeugen nicht auf voller Linie. Dass Jürgen Kissinger mit dem Holz umgehen kann, zeigen nach wie vor insbesondere Spätburgunder und Chardonnay aus dem Barrique mit zart eingewobenen Röstaromen und nachhaltiger Substanz. Bei den Rieslingen fehlen uns jedoch etwas die Finesse und die Feinheit.

Anzahl der verkosteten Weine: 12
Bewertungen: 83–85 Punkte

2014	Riesling trocken	**83**
	5,10 €/1,0 Lit. | 12% | 🍷 bis 2016	
2014	Sauvignon Blanc trocken	**83**
	6,70 € | 12% | 🍷 bis 2016	
2014	Oppenheimer Herrenberg Riesling Spätlese trocken	**83**
	7,70 € | 12,5% | 🍷 bis 2017	
2014	Dienheimer Kreuz Grauburgunder Spätlese trocken	**84**
	7,70 € | 12,5% | 🍷 bis 2017	
2014	Uelversheimer Tafelstein Weißburgunder Spätlese trocken	**84**
	7,70 € | 12,5% | 🍷 bis 2017	
2014	Uelversheimer Tafelstein Riesling Spätlese trocken Premium Goldkapsel	**84**
	11,60 € | 12,5% | 🍷 bis 2018	
2014	Uelversheimer Tafelstein Chardonnay Spätlese trocken Premium Barrique	**85**
	11,60 € | 12,5% | 🍷 bis 2019	
2014	Riesling feinherb	**83**
	6,70 € | 12% | 🍷 bis 2016	
2014	Uelversheimer Tafelstein Riesling Auslese Premium Goldkapsel	**85**
	11,60 € | 8,5% | 🍷 bis 2024	
2014	Spätburgunder trocken Blanc de Noirs	**83**
	6,70 € | 12% | 🍷 bis 2016	
2013	Oppenheimer Herrenberg Spätburgunder trocken Premium Barrique Goldkapsel	**85**
	13,40 € | 13,5% | 🍷 bis 2018	

WEINGUT KLIEBER

55234 Hangen-Weisheim · Kreisstraße 33
☎ (0 67 35) 4 21 · Fax 17 07
info@weingut-klieber.de
www.weingut-klieber.de
Inhaber: Familie Klieber

Verkauf: nach Vereinbarung

Mitten im Wonnegau liegt dieser ambitionierte Betrieb. Martin Klieber führt ihn mit Lust auf Experimente und Innovationen. Steigerungen in der Qualität seiner Weine sind in diesem Jahr deutlich bemerkbar. Seine Rieslinge sind mineralisch und geben die Kalkstein- und Lössprägung der Böden wieder. Knackig, frisch und duftig sind die weißen Burgundersorten geraten. Zwei Highlights aus der Goldedition sind der vollmundige Hangen-Welsheim Sommerwende Cabernet & Merlot mit Noten von Pflaume und Zimt sowie der cremige und durchaus gefällige Pinot Noir Sekt Blanc de Noirs.

Anzahl der verkosteten Weine: 12
Bewertungen: 83–86 Punkte

2012	Pinot Noir Gold Edition Sekt Brut Blanc de Noirs **9,90 €** | 13% | bis 2016	**85**
2014	Müller-Thurgau trocken **4,50 €**/1,0 Lit. | 11,5% | bis 2016	**83**
2014	Riesling Silber Edition trocken **5,40 €** | 11,5% | bis 2016	**83**
2014	Grauburgunder Silber Edition trocken **5,70 €** | 12,5% | bis 2016	**83**
2014	Sauvignon Blanc Silber Edition trocken **6,40 €** | 11,5% | bis 2016	**83**
2014	Chardonnay Gold Edition trocken **6,60 €** | 12,5% | bis 2017	**84**
2014	Weißburgunder & Chardonnay Gold Edition trocken **6,60 €** | 12,5% | bis 2017	**84**
2014	Hangen-Weisheimer Sommerwende Riesling Gold Edition Spätlese trocken **7,40 €** | 12,5% | bis 2018	**86**
2014	Merlot feinherb Rosé **5,30 €** | 11,5% | bis 2017	**84**
2012	Eppelsheimer Felsen Pinot Noir Silber Edition trocken Holzfass **6,30 €** | 13,5% | bis 2016	**83**
2012	Hangen-Weisheimer Sommerwende Cabernet Sauvignon & Merlot Gold Edition trocken **11,50 €** | 14% | bis 2017	**85**
2012	Hangen-Weisheimer Sommerwende Pinot Noir »R« Gold Edition Auslese trocken Barrique **11,50 €** | 13,5% | bis 2017	**84**

WEINGUT KNEWITZ

55437 Appenheim · Rheinblick 13
☎ (0 67 25) 29 49 · Fax 9 60 03
info@weingut knewitz.de
www.weingut-knewitz.de
Inhaber und Betriebsleiter: Gerold Knewitz
Kellermeister: Tobias und Björn Knewitz

Verkauf: Gerold Knewitz
Mo–Fr: 14.00–17.00 Uhr, Sa: 9.00–17.00 Uhr
und nach Vereinbarung

Rebfläche: 20 Hektar
Jahresproduktion: 100.000 Flaschen
Beste Lagen: Appenheimer Hundertgulden, Gau-Algesheimer Goldberg, Ingelheimer Schlossberg
Boden: Kalkstein, Eisenerz, toniger Lehm, gelber Sand
Rebsorten: 34% Riesling, 20% Weißburgunder, 16% Silvaner, 10% Spätburgunder, 20% übrige Sorten
Durchschnittsertrag: 70 hl/ha

Und das Fest geht weiter für Tobias Knewitz, eines der größten Winzertalente in Rheinhessen, ja in ganz Deutschland. Der Appenheimer kelterte 2008 seine ersten Weine und beeindruckte gleich mit Schliff, Frische und Charakter. Aktuell hat er seine für uns stärksten Weine vorgelegt. Bereits der puristische Guts-Riesling ist eine echte Ansage: Er soll laut Knewitz schon Herkunft zeigen, hat tatsächlich Kick, Kalkstein und Kühle. Das dreifache »K« setzt sich wie ein roter Faden fort. Toller Appenheimer Riesling, rauchig, kantig, sehnig. Neu ist der Lagenriesling aus dem Nieder-Hilbersheimer Steinacker, wo Riesling auf Kalkstein und Eisenerz wächst. Salzige Sommerfrische lädt zum Trinken ein! Der Riesling Hundertgulden baut regelrecht Druck am Gaumen auf neben Noten von Cassis, Holunderbeere, Steinobst und etwas Apfelschale. Dazu eine zart reduktive Réserve vom Chardonnay, die Säurefrische und Feuerstein hat. Stark! Bei einer Bestätigung klarer Anwärter auf den Aufstieg!

Die Betriebe:
Weltklasse · Deutsche Spitze
Sehr gut · Gut · Zuverlässig
Weitere Empfehlung

Anzahl der verkosteten Weine: 11
Bewertungen: 84–88 Punkte

2014 Grüner Silvaner trocken **84**
7,80 € | 12,5% | bis 2016

2014 Weißburgunder trocken **84**
8,50 € | 12,5% | bis 2016

2014 Riesling trocken **85**
8,50 € | 12,5% | bis 2016

2014 Appenheimer Silvaner trocken **86**
10,90 € | 13% | bis 2017

2014 Appenheimer Riesling Kalkstein trocken **86**
12,50 € | 13% | bis 2017

2014 Appenheimer Weißburgunder trocken **86**
12,50 € | 13% | bis 2017

2014 Gau-Algesheimer Goldberg Riesling trocken **87**
19,90 € | 13% | bis 2019

2014 Appenheimer Eselspfad Weißburgunder trocken **87**
21,50 € | 13,5% | bis 2018

2014 Chardonnay Réserve trocken **88**
21,50 € | 13% | bis 2019

2014 Appenheimer Hundertgulden Riesling trocken **88**
21,50 € | 13% | bis 2020

2014 Nieder-Hilbersheimer Steinacker Riesling trocken **88**
21,50 € | 13% | bis 2021

WEINGUT KNOBLOCH

55234 Ober-Flörsheim · Saurechgässchen 7
☎ (0 67 35) 3 44 · Fax 82 44
info@bioweingut-knobloch.de
www.bioweingut-knobloch.de
Inhaber: Ralf und Arno Knobloch
Kellermeister: Ralf Knobloch

Verkauf: nach Vereinbarung

Ökologische Weinbergsarbeit und schonende Verarbeitung sind hier das A und O. Der Grauburgunder Feueropal sur lie aus der Steingrube etwa zeigt cremig eingehüllte Mineralität vom Kalk – und bindet das Holz bestens ein. Auch die Rieslinge sind komplex, feinfruchtig, strahlend – und alles andere als plump. Niedrige Erträge, ausgedehnte Maischestandzeiten, lange Feinhefelagerung mit Battonage und die neuen 500-Liter-Holzfässer machen sich bezahlt. Dazu gibts hier durchaus faire Preise.

Anzahl der verkosteten Weine: 12
Bewertungen: 82–87 Punkte

2014 Silvaner trocken **82**
4,80 €/1,0 Lit. | 12% | bis 2016

2014 Weißburgunder trocken **84**
6,– € | 12% | bis 2016

2014 Grauburgunder trocken **84**
6,– € | 12% | bis 2016

2014 Sauvignon Blanc trocken **85**
8,– € | 12,5% | bis 2017

2014 Westhofener Morstein Weißburgunder Achat trocken »sur lie« **85**
9,– € | 13,5% | bis 2017

2014 Dintesheimer Felsen Auxerrois Edeltopas trocken »sur lie« **85**
9,– € | 13,5% | bis 2017

2014 Westhofener Steingrube Grauburgunder Feueropal trocken »sur lie« **86**
9,– € | 13,5% | bis 2017

2014 Westhofener Brunnenhäuschen Riesling Jade trocken »sur lie« **87**
9,– € | 12,5% | bis 2018

2014 Riesling Kabinett trocken **83**
Nur im Fachhandel | 10,5% | bis 2016

2014 Westhofener Brunnenhäuschen Riesling Spätlese »sur lie« **85**
7,50 € | 9% | bis 2019

2013 Westhofener Morstein Spätburgunder Turmalin trocken Holzfass **85**
9,– € | 14% | bis 2017

2013 Westhofener Morstein Spätburgunder »SK« trocken Barrique **86**
19,– € | 14% | bis 2019

WEINGUT BÜRGERMEISTER CARL KOCH

55276 Oppenheim · Wormser Straße 62
☎ (0 61 33) 23 26 · Fax 41 32
info@ck-wein.de
www.ck-wein.de
Inhaber: P. Berkes
Betriebsleiter: H. Maleton

Verkauf: P. Berkes
Sa: 10.00–13.00 Uhr und nach Vereinbarung

Ein traditionsreicher Betrieb, der seit 1921 zu den ersten Selbstvermarktern Rheinhessens zählt. Die Weinberge in Oppenheim und Dienheim werden seit 2010 ökologisch bewirtschaftet. Seit dem Einstieg von Betriebsleiter Heiner Maleton weht hier ein frischer Wind. Die Gutsweine haben bemerkenswerte Rasse und bekömmlichen Alkohol, die Riesling Spätlese aus dem Sackträger ist mit ihren strahlenden gelben Früchten für 7,50 Euro ein echter Tipp. Langes Hefelager, Spontangärung, möglichst wenig Schwefel und schonendes Filtern machen sich bei den stärker kalibrierten Weinen bezahlt.

Anzahl der verkosteten Weine: 12
Bewertungen: 83–86 Punkte

2014	Müller-Thurgau Kröten-Müller trocken **5,40 €** | 11% | bis 2016	**83**
2014	Silvaner Verde trocken **5,50 €** | 11,5% | bis 2016	**83**
2014	Riesling Weg & Wiese trocken **6,20 €** | 11,5% | bis 2016	**84**
2014	Cuvée »Drei Trauben« trocken **8,– €** | 12% | bis 2016	**84**
2013	Grauburgunder Grau ist nicht weiß trocken **8,– €** | 13% | bis 2016	**85**
2013	Candel trocken **8,50 €** | 12% | bis 2016	**84**
2013	Oppenheimer Sackträger Riesling »R« trocken Reserve **10,50 €** | 12,5% | bis 2018	**86**
2013	Cuvée »BWV988« Goldberg-Variationen trocken **14,– €** | 13% | bis 2017	**85**
2013	Oppenheimer Kreuz Riesling Crux trocken **14,– €** | 12,5% | bis 2018	**86**
2014	Dienheimer Tafelstein Silvaner Spätlese trocken **6,50 €** | 13% | bis 2016	**84**
2013	Oppenheimer Sackträger Riesling Spätlese trocken **7,50 €** | 12% | bis 2017	**85**
2014	Oppenheimer Gutleuthaus Riesling Unser Hausgarten Kabinett halbtrocken **6,50 €** | 11,5% | bis 2017	**84**

WEINGUT DR. KOEHLER

67595 Bechtheim · Pfandturmstraße 16
☎ (0 62 42) 15 25 · Fax 90 48 81
info@dr-koehler-wein.de
www.dr-koehler-wein.de
Inhaber: Familie Dreissigacker
Kellermeister: Christian Dreissigacker

Verkauf: nach Vereinbarung

Bei Dr. Koehler hat sich einiges getan. Christian Dreissigacker, der Bruder des erfolgreichen Winzers Jochen Dreissigacker, hat 2006 mit Dr. Koehler eines der traditionsreichsten Güter in Bechtheim übernommen. Die 15 Hektar Rebfläche, fast ausschließlich in Kernlagen wie Geyersberg, Rosengarten und Hasensprung, sind komplett mit klassischen Sorten bestockt. 2007 wurde auf ökologischen Weinbau umgestellt. Aktuell hat sich der Schwerpunkt auf weiße Burgundersorten verlegt – und tatsächlich machen Gutsweine vom Weiß- und Grauburgunder Pfandturm richtig Spaß: fein, zartcremig und verführerisch saftig. In der Spitze indes könnten die Weine noch einen Tick nachhaltiger und intensiver sein.

Anzahl der verkosteten Weine: 9
Bewertungen: 84–86 Punkte

2014	Weißburgunder Pfandturm trocken **7,– €** | 12,5% | bis 2016	**84**
2014	Grauburgunder Pfandturm trocken **7,– €** | 12,5% | bis 2016	**85**
2014	Grauburgunder trocken **7,50 €** | 13% | bis 2016	**84**
2014	Weißburgunder trocken **7,50 €** | 13% | bis 2016	**84**
2014	Chardonnay & Weißburgunder trocken **7,50 €** | 13% | bis 2016	**84**
2014	Sauvignon Blanc Pfandturm trocken **8,– €** | 12% | bis 2017	**85**
2014	Bechtheimer Chardonnay trocken **10,– €** | 13% | bis 2017	**85**
2014	Bechtheimer Grauburgunder trocken **10,– €** | 13% | bis 2017	**86**
2014	Bechtheimer Geyersberg Weißburgunder trocken **15,50 €** | 13% | bis 2018	**86**

Zeichenerklärung:
Schnäppchenpreis · Top 10 Spitzenreiter
Ökobetrieb · Trink-Tipp · Versteigerungswein
Sekt · Weißwein · Rotwein · Roséwein

WEINGUT KREBS-GRODE

55278 Eimsheim · Hauptstraße 16
☎ (0 62 49) 90 80 50 · Fax 9 08 05 10
service@krebs-grode.de
www.krebs-grode.de
Inhaber: Hubertus Krebs
Kellermeister: Annette und Hubertus Krebs

Verkauf: Annette und Hubertus Krebs
Mo–Fr: 7.30–12.00 Uhr · 13.00–17.00 Uhr
und nach Vereinbarung

Dieses Gut westlich von Guntersblum mit 30 Hektar Rebfläche ging aus einem Zusammenschluss zweier Betriebe in den 1960er Jahren hervor. Hier treffen 150 Jahre Weinbau-Erfahrung auf aktuellste Techniken und Erkenntnisse. Bei den Premiumweißweinen etwa setzt das Gut seit 2006 auf Glasverschlüsse. Wir treffen in der aktuellen Kollektion auf gute, im Premiumbereich sehr gute Rieslinge und knackig-frische, trinkige Weiß- und Grauburgunder. Unter den Roten sticht der runde Spätburgunder Holzfass Nummer 10 hervor.

Anzahl der verkosteten Weine: 12
Bewertungen: 83–85 Punkte

2014	Weißburgunder trocken **5,35 €** | 12% | bis 2016	**83**
2014	Guntersblumer Weißburgunder trocken **6,– €** | 12,5% | bis 2016	**84**
2014	Gau-Odernheimer Riesling trocken **6,50 €** | 12,5% | bis 2016	**83**
2014	Guntersblumer Sauvignon Blanc trocken **6,50 €** | 12,5% | bis 2016	**83**
2014	Gau-Odernheimer Chardonnay trocken Barrique **8,– €** | 13% | bis 2017	**84**
2013	Guntersblumer Bornpfad Weißburgunder Lehm trocken **9,– €** | 13% | bis 2016	**84**
2013	Eimsheimer Sonnenhang Grauburgunder Schwarzerde trocken **9,– €** | 13% | bis 2016	**84**
2013	Gau-Odernheimer Herrgottspfad Riesling Kalkstein trocken **9,– €** | 12,5% | bis 2017	**85**
2014	Guntersblumer Riesling Kabinett feinherb **6,50 €** | 12% | bis 2016	**83**
2013	Guntersblumer Spätburgunder trocken Holzfass **8,– €** | 13% | bis 2017	**84**
2013	Guntersblumer Bornpfad Spätburgunder trocken Holzfass – 10 – **12,95 €** | 13,5% | bis 2017	**84**

WEINGUT KÜHLING-GILLOT

55294 Bodenheim · Ölmühlstraße 25
☎ (0 61 35) 23 33 · Fax 64 63
info@kuehling-gillot.de
www.kuehling-gillot.de
Inhaber: Carolin Spanier-Gillot und H. O. Spanier
Vertriebsleiter: Frank Schuber
Kellermeister: H. O. Spanier und Axel Thieme

Verkauf: Frank Schuber
Mo–Fr: 9.00–12.00 Uhr · 14.00–17.00 Uhr
Sa: 10.00–14.00 Uhr und nach Vereinbarung

Sehenswert: parkähnlicher Garten mit Jugendstilpavillon, Sammlung mediterraner und exotischer Bäume, moderne Vinothek
Erlebenswert: »Liquid Life« Do–Sa ab 17.00 Uhr

Rebfläche: 15 Hektar
Jahresproduktion: 90.000 Flaschen
Beste Lagen: Oppenheimer Kreuz, Niersteiner Pettentha, Hippingl und Oelberg, Nackenheimer Rothenberg
Boden: roter Schiefer, Kalkmergel
Rebsorten: 75% Riesling, 20% Spätburgunder, 5% übrige Sorten
Durchschnittsertrag: 45 hl/ha
Mitglied: VDP, Message in a bottle, Vinissima

Dieses nach ökologischer Wirtschaftsweise arbeitende Weingut lebt den Wein, und zwar von Grund auf. Lichtjahre entfernt vom bloßen Mainstream, bietet es authentische Weinkultur vom Feinsten. Diese zeigt sich nicht nur daran, dass bereits die Quinterra-Linie zumeist weiße Alltagsweine von luxuriöser Qualität bietet, sondern dass man in der ungemein stilvollen Vinothek aktuell eine innovative, neue Art der Wein-Kommunikation bietet: Liquid Life. Der Clou: Top-Sommeliers von internationalem Ruf bringen als Gastgeber den Gästen den Wein näher, dazu gibt es bodenständige Leckereien wie den »Return of Sonntagsbraten«: locker, unverkrampft, lässig. Liquid Life verspricht den Gästen genießen, ausprobieren, staunen.

Saft, Saft, Saft

Vor allem haben es Carolin Spanier-Gillot und Hans Oliver Spanier geschafft, den Weinen bei ihrer Kraft und Würze rassige Kühle mit auf den Weg zu geben und Saft, Saft, Saft. Das galt schon für die 2013er, die 2014er knüpfen da nahtlos an, obwohl der Jahrgang am Roten Hang gewiss nicht einfach zu meistern war. Die Weißen haben bei moderatem Alkoholgehalt eine puristische Klarheit, die schon in den Ortsweinen zu spüren ist. Insbesondere die vitale Energie im Pettenthal und im Rothenberg von wurzelechten 70-jährigen Reben auf Eisen-Tonschieferboden ist quasi in Stein gemeißelt. Man schmeckt im Pettenthal förmlich die salzige Welle eines Urmeeres, das vor gut 30 Millionen Jahren das Mainzer Becken bedeckte. Tatsächlich ist das Winzerpaar in den letzten Jahren einen sehr steinigen Weg gegangen. 2002 war der erste eigenverantwortliche Jahrgang von Carolin Spanier-Gillot und 2004 der erste Jahrgang, wo Pettenthal und Rothenberg in Hohen-Sülzen auf dem Weingut Battenfeld-Spanier ausgebaut wurden. Der Stil änderte sich gravierend hin zu eigenständig-provozierenden Gewächsen. Dann kam 2005 die Umstellung auf Öko, die Weine wurden spontan vergoren, bekamen Maischestandzeit – und zeigten bis dato durchaus unbekannte, neue aromatische Dimensionen.

Carolin Spanier-Gillot

Tabakartige Steinaromen

Große Anerkennung gebührt hier auch Hans Oliver Spanier, der das Weingut mit seinen Ideen und seiner Tatkraft stilistisch enorm voranbrachte. Die aktuellen Weine führen die spannende Entwicklung nahtlos fort! Schon in 2011 und 2012 rückt nicht nur ganz die Eleganz in den Vordergrund, auch der Ausdruck hat sich weiter gesteigert. Faszinierend sind nach wie vor die Ortsweine. Für Carolin Spanier-Gillot gibt es »gerade in diesem mittleren Segment am meisten Wein für das Geld«. Ein Liebling von ihr ist hier auch der Oppenheimer Chardonnay, weil er bei aller Cremigkeit so kühl und elegant ist – Attribute übrigens, die auch Vater Roland Gillot an diesem Wein schätzt. Das Chardonnay-Thema wird hier vermutlich noch relevanter werden. Die vielleicht noch immer unterschätzte Ortsweinkategorie kommt hier zu hohen Ehren! Im Nackenheim 2014 ebenso: Die Reben sind nun im richtigen Alter, die tabakartigen Steinaromen betören. Es ist die Straffheit und Sehnigkeit, die wir in den Weinen so schätzen – und die Kühling-Gillot immer finessenreicher interpretiert.

Anzahl der verkosteten Weine: 14
Bewertungen: 85–96 Punkte

2014 Scheurebe Qvinterra trocken **85**
9,50 € | 12% | bis 2017

2014 Riesling Qvinterra trocken **87**
Top 10 **9,50 €** | 12% | bis 2017

2014 Niersteiner Riesling trocken **87**
16,50 € | 12% | bis 2018

2014 Nackenheimer Riesling trocken **88**
16,50 € | 12% | bis 2019

2014 Oppenheimer Chardonnay trocken **88**
19,50 € | 12,5% | bis 2019

2014 Niersteiner Oelberg **90**
Riesling trocken »Große Lage«
33,50 € | 12,5% | bis 2021

2014 Niersteiner Hipping **90**
Riesling trocken »Große Lage«
39,50 € | 12,5% | bis 2022

2014 Niersteiner Pettenthal **94**
Riesling trocken »Große Lage«
39,50 € | 12,5% | bis 2024

2014 Nackenheimer Rothenberg **96**
Riesling trocken »Große Lage«
Top 10 **65,– €** | 12,5% | bis 2025

2014 Niersteiner **87**
Riesling aus der Steillage Kabinett
14,50 € | 10,5% | bis 2022

2014 Niersteiner Pettenthal **91**
Riesling Spätlese »Große Lage«
| 10% | bis 2026

2014 Nackenheimer Rothenberg **92**
Riesling Auslese »Große Lage«
65,– € | 7% | bis 2028

2012 Spätburunger trocken Holzfass **86**
12,50 € | 13% | bis 2016

2013 Oppenheimer Kreuz **88**
Spätburgunder trocken »Große Lage«
28,50 € | 13% | bis 2020

WEINGUT KÜHLING

67599 Gundheim · Gartenstraße 2
☎ (0 62 44) 6 66 · Fax 8 40
info@weingut-kuehling.de
www.weingut-kuehling.de
Inhaber: Berthold und Benedikt Kühling

Verkauf: nach Vereinbarung

Zwei Generationen erzeugen auf 13,5 Hektar Rebfläche rund um Gundheim im Wonnegau kontrolliert ökologisches Lesegut nach den strengen Richtlinien des Verbandes Naturland. Das Weingut fällt auf mit durchweg guten Rieslingen, allen voran der delikate Monzernheimer Steinböhl. Während bei den anderen Weißweinsorten noch Potenzial nach oben gegeben ist, fallen die Rotweine ausgereifter und ansprechender aus – insbesondere diejenigen mit Holzfassreife.

Anzahl der verkosteten Weine: 12
Bewertungen: 82–85 Punkte

2014	Silvaner trocken **4,80 €**/1,0 Lit. | 12% | bis 2016	**83**
2014	Weißburgunder trocken **6,30 €** | 12,5% | bis 2016	**82**
2014	Spätburgunder trocken Blanc de Noirs **6,50 €** | 12% | bis 2016	**83**
2014	Gundheimer Chardonnay trocken **6,90 €** | 13% | bis 2016	**83**
2014	Westhofener Sauvignon Blanc trocken **7,80 €** | 12% | bis 2016	**82**
2014	Westhofener Rotenstein Riesling »S« trocken **7,80 €** | 13% | bis 2017	**84**
2014	Gundheimer Hungerbiene Grauburgunder trocken **8,50 €** | 13,5% | bis 2017	**83**
2014	Gundheimer Sonnenberg Chardonnay »S« trocken **10,80 €** | 13,5% | bis 2017	**83**
2014	Monzernheimer Steinböhl Riesling trocken **13,50 €** | 13% | bis 2018	**85**
2013	Spätburgunder trocken **6,70 €** | 13% | bis 2017	**84**
2013	Gundheimer St. Laurent trocken Holzfass **8,20 €** | 13% | bis 2017	**84**
2013	Abenheimer Klausenberg Spätburgunder trocken Alte Reben Holzfass **13,50 €** | 13% | bis 2018	**84**

WEINGUT LAMBERTH

55278 Ludwigshöhe · Kirchstraße 20
☎ (0 62 49) 86 11 · Fax 90 64 34
info@weingut-lamberth.de
www.weingut-lamberth.de
Inhaber: Armin und Carsten Lamberth
Außenbetrieb: Armin Lamberth
Kellermeister: Carsten Lamberth

Verkauf: Cornelia und Nicole Lamberth
letzter Sa im Monat: 10.00–16.00 Uhr (offene Verkostung)

Carsten Lamberth hat sein Handwerk bei den Knipserbrüdern gelernt und weiß, wie man Substanz und Rückgrat in den Wein bekommt. Vor allem kalibrierte Grau- und Weißburgunder sowie Chardonnay aus dem Barrique zeigen, dass Lamberth gekonnt mit dem kleinen Holzfass umgehen kann – zudem gibt er die Weine bewusst erst später in den Verkauf. Lagen wie Teufelskopf, Authental und Himmelthal sollte man sich merken. Bei Bestätigung kann es für dieses Weingut weiter aufwärts gehen!

Anzahl der verkosteten Weine: 12
Bewertungen: 82–86 Punkte

2014	Riesling trocken **4,20 €**/1,0 Lit. | 12% | bis 2016	**82**
2014	Cuvée »Pino3« trocken **4,80 €** | 12,5% | bis 2016	**83**
2014	Cabernet Sauvignon & Merlot trocken Blanc de Noirs **6,– €** | 11,5% | bis 2016	**83**
2014	Sauvignon Blanc trocken **6,– €** | 11,5% | bis 2016	**83**
2014	Chardonnay & Weißburgunder Kalkstein Spätlese trocken Premium **8,50 €** | 12,5% | bis 2017	**85**
2010	Ludwigshöher Teufelskopf Chardonnay Spätlese trocken Reserve Barrique **10,– €** | 13,5% | bis 2016	**85**
2013	Guntersblumer Himmelthal Grauburgunder Spätlese trocken Premium Barrique **10,– €** | 13% | bis 2017	**86**
2011	Guntersblumer Authental Weißburgunder »R« Auslese trocken Barrique **15,– €** | 14% | bis 2016	**86**
2013	Riesling Spätlese Alte Reben **6,20 €** | 8,5% | bis 2021	**85**
2012	Spätburgunder trocken Holzfass **6,70 €** | 13% | bis 2016	**84**
2012	Dienheimer Tafelstein Spätburgunder Spätlese trocken Premium Barrique **15,– €** | 13,5% | bis 2017	**85**

WEINGUT LANDGRAF

55291 Saulheim · Außerhalb 9
☎ (0 67 32) 51 26 · Fax 6 26 46
info@weingut-landgraf.de
www.weingut-landgraf.de

Inhaber und Betriebsleiter: Andre Landgraf
Kellermeister: Andre Landgraf

Verkauf: Familie Landgraf
Mo–Fr: 10.00–12.00 Uhr · 16.00–18.00 Uhr
Sa: 10.00–15.00 Uhr

Rebfläche: 20 Hektar
Jahresproduktion: 140.000 Flaschen
Beste Lagen: Saulheimer Schlossberg und Hölle
Boden: Kalkstein, Mergel und Löss
Rebsorten: je 38% Burgunder und Riesling, je 6% Dornfelder und Portugieser, 12% übrige Sorten
Durchschnittsertrag: 60 hl/ha
Mitglied: Message in a Bottle

Andre Landgraf ist Gründungsmitglied des Winzernetzwerks Message in a Bottle und Qualitätspionier im aufstrebenden Saulheim. Die tiefgründigen, sehr mineralischen Böden der Saulheimer Weinberge sind längst nicht mehr unterschätzt – dieses insbesondere dank Andre Landgraf, der akribisch und ökologisch arbeitet. Seine Weine werden immer vitaler, immer präziser, die 2014er sind absolut bekömmlich im Alkohol. Eine Bank sind etwa die kalibrierten Weißburgunder mit ihrem köstlichen Schmelz, aber auch die Grau- und Spätburgunder werden hoch geschätzt. Auch die Rieslinge sind immer mehr im Kommen – sie brauchen jedoch stets etwas Entwicklungszeit, um sich zu entfalten. Andre Landgraf ist nach wie vor ganz klar einer der heißesten Anwärter auf die dritte Traube. Allerdings fehlt uns aktuell noch der allerletzte Tick an Spannung und Zugkraft.

Die Betriebe:
Weltklasse · Deutsche Spitze
Sehr gut · Gut · Zuverlässig
Weitere Empfehlung

Anzahl der verkosteten Weine: 11
Bewertungen: 83–88 Punkte

Jahrgang	Wein	Punkte
2014	Riesling trocken **6,90 €** | 12% | bis 2016	**83**
2014	Weißburgunder trocken **6,90 €** | 12,5% | bis 2017	**84**
2014	Grauburgunder trocken **6,90 €** | 12,5% | bis 2016	**84**
2014	Saulheimer Riesling trocken **9,90 €** | 12,5% | bis 2017	**85**
2014	Saulheimer Grauburgunder trocken Holzfass **9,90 €** | 13% | bis 2017	**85**
2014	Saulheimer Weißburgunder trocken Holzfass **9,90 €** | 13% | bis 2018	**86**
2014	Saulheimer Schlossberg Riesilng trocken **18,– €** | 13% | bis 2019	**87**
2013	Saulheimer Hölle Weißburgunder trocken Barrique **18,– €** | 13% | bis 2018	**87**
2014	Saulheimer Hölle Riesling trocken **18,– €** | 13% | bis 2020	**88**
2013	Saulheimer Spätburgunder trocken Barrique **10,90 €** | 13% | bis 2017	**85**
2012	Saulheimer Hölle Spätburgunder trocken Barrique **19,50 €** | 13% | bis 2017	**87**

Aufsteiger

WEINGUT KLAUS-PETER LEONHARD

55283 Nierstein · Wörrstadter Straße 35
☎ (0 61 33) 5 03 23 · Fax 49 19 21
weingut-leonhard@gmx.de
www.weingutleonhard.de
Inhaber: Klaus-Peter Leonhard

Verkauf: nach Vereinbarung

Dieses Niersteiner Weingut bewirtschaftet mehr als sechs Hektar Rebfläche. Mehr als ein Drittel davon befindet sich in den Filetstücken am Roten Hang. Leonhards Weingut ist in einer schmucken Jugendstil-Villa untergebracht, worunter sich Kelterhaus und Gewölbekeller befinden. An die bereits guten Leistungen im Vorjahr können die 2014er spielend anknüpfen. Es sind saubere, zum Teil brillante Weine, die Leonhard nun die erste Traube bescheren. Er kann nicht nur Riesling, auch der Gelbe Muskateller hat es uns angetan. Und die Rieslaner Auslese ist ein echter Klassiker. Der spritzige Spätburgunder Weißherbst duftet köstlich nach Erdbeeren. Zudem ist das Verhältnis von Preis und Leistung hier nach wie vor sehr günstig.

Anzahl der verkosteten Weine: 7
Bewertungen: 83-88 Punkte

2014 Niersteiner Rosenberg Riesling trocken **83**
4,80 €/1,0 Lit. | 12% | bis 2016

2014 Niersteiner Spiegelberg **85**
Gelber Muskateller trocken
5,50 € | 11,5% | bis 2017

2014 Niersteiner Oelberg **84**
Riesling Spätlese trocken
6,40 € | 12,5% | bis 2017

2014 Niersteiner Paterberg **84**
Scheurebe Spätlese
6,– € | 8% | bis 2017

2014 Niersteiner Rosenberg Rieslaner Auslese **88**
9,– €/0,375 Lit. | 7,5% | bis 2018

2014 Niersteiner Rosenberg **88**
Scheurebe Beerenauslese
25,– €/0,375 Lit. | 7,5% | bis 2018

2014 Niersteiner Paterberg **84**
Spätburgunder trocken Weißherbst
4,60 € | 12% | bis 2016

WEINGUT LIEBFRAUENSTIFT

67547 Worms · Liebfrauenstift 20
☎ (0 62 41) 91 11 19 · Fax 91 11 60
weingut@liebfrauenstift.com
www.liebfrauenstift.com
Inhaber: Weinhandelshaus P. J. Valckenberg
Geschäftsführer: Peter Bohn, Tilman Queins

Verkauf: Der Weinladen, Weckerlingplatz 1
Di–Fr: 12.00–18.00 Uhr, Sa: 10.00–14.00 Uhr

Dieses traditionsreiche Weingut in Worms hat sein Sortiment in den letzten Jahren enorm gestrafft. Auch bei den 2014er Gutsweinen steht die fruchtige Saftigkeit im Vordergrund, beim renommierten Lagenriesling aus dem Wormser Liebfrauenstift Kirchenstück wird das Potenzial weiter ausgereizt: mit mineralisch-rauchigen Facetten, Anklängen an Birne und Quitte. Allerdings fehlen uns in 2014 ein wenig die Ausdruckskraft und Nachhaltigkeit, vielleicht könnte man den Lagencharakter noch prägnanter herausarbeiten. Genau darum geht es Tilman Queins: die Eigenständigkeit und Authentizität der historischen Lage zu betonen. Er hat den Betrieb neu ausgerichtet, senkte etwa die Erträge deutlich. Worms hat so nicht nur eine spannende Geschichte mehr zu erzählen, sondern auch eine immer relevantere Gegenwart als eigenständige Weinstadt.

Anzahl der verkosteten Weine: 4
Bewertungen: 84-86 Punkte

2012 Riesling Sekt Brut **85**
15,50 € | 12,5% | bis 2016

2014 Riesling trocken **84**
8,50 € | 12% | bis 2016

2014 Wormser Liebfrauenstift-Kirchenstück **86**
Riesling trocken Premium
17,– € | 13% | bis 2019

2014 Riesling feinherb **85**
8,50 € | 9,5% | bis 2017

Zeichenerklärung:
Schnäppchenpreis · Top10 Spitzenreiter
Ökobetrieb · Trink-Tipp · Versteigerungswein
Sekt | Weißwein | Rotwein | Roséwein

Die Betriebe:
Weltklasse · Deutsche Spitze
Sehr gut · Gut · Zuverlässig
Weitere Empfehlung

BIOWEINGUT LORENZ

55278 Friesenheim · Gaustraße 28
☎ (0 67 37) 97 03 · Fax 14 48
info@bioweingut-lorenz.de
www.bioweingut-lorenz.de
Inhaber und Betriebsleiter:
Wendelin und Johannes Lorenz

Verkauf: Johannes Lorenz
Sa: 9.00–18.00 Uhr und nach Vereinbarung

Ein aufstrebender, sympathischer Familienbetrieb in Friesenheim, wo der junge Johannes Lorenz mit immer besseren Bioqualitäten und auch originellen Weinnamen auftrumpft. Beeindruckend ist die stilistische Geschlossenheit, auch in 2014: Bereits der Literwein Edelschoppen macht seinem Namen alle Ehre. Dazu gleich eine ganze stimmige Serie von Kalkvariationen, die allesamt preisgünstig sind und schmeckbar Rebsortypizität an die jeweils dominierende Bodenart koppeln. Insgesamt ein sehr klar strukturiertes und für den Konsumenten leicht zu verstehendes Sortiment. Dazu eine animierende Scheurebe Spätlese, die sehr belebend und erfrischend ist, und finessenreiche Edelsüße von der Huxelrebe. Weiter so!

Anzahl der verkosteten Weine: 10
Bewertungen: 83–88 Punkte

2014	Edelschoppen trocken	**83**
	6,50 €/1,0 Lit. | 12% | 🍷 bis 2016	
2014	Kopfstand	**84**
	7,50 € | 12% | 🍷 bis 2016	
2014	Grüner Silvaner Kalkriff trocken	**85**
	7,50 € | 12,5% | 🍷 bis 2017	
2014	Chardonnay Kalkfels trocken	**84**
	8,– € | 13% | 🍷 bis 2017	
2014	Riesling Kalkfels trocken	**85**
	8,– € | 12,5% | 🍷 bis 2017	
2014	Weißburgunder Kalkmergel trocken	**85**
	8,– € | 13% | 🍷 bis 2017	
2014	Scheurebe Spätlese	**86**
	8,– € | 8,5% | 🍷 bis 2020	
2014	Huxelrebe Auslese	**87**
	8,– €/0,375 Lit. | 7,5% | 🍷 bis 2022	
2013	Huxelrebe Beerenauslese	**88**
	25,– €/0,375 Lit. | 6% | 🍷 bis 2024	
2011	Cabernet Sauvignon Kalkfels trocken	**85**
	9,– € | 13% | 🍷 bis 2018	

Die Weine:
100 Perfekt · **95–99** Überragend · **90–94** Exzellent
85–89 Sehr gut · **80–84** Gut · **75–79** Passabel

WEINGUT MANZ

55278 Weinolsheim · Lettengasse 6
☎ (0 62 49) 80 30 08 · Fax 80 30 41
weingut@manz-weinolsheim.de
www.manz-weinolsheim.de
Inhaber: Erich und Eric Manz
Kellermeister: Erich und Eric Manz

Verkauf: Familie Manz
nach Vereinbarung

Historie: 1725 erste Erwähnung als Gutshof
Sehenswert: rustikale Weinprobierstube in alter Scheune, Weinkeller, neuer Aussiedlerhof

Rebfläche: 20 Hektar
Jahresproduktion: 150.000 Flaschen
Beste Lagen: Weinolsheimer Kehr, Oppenheimer Herrenberg und Sackträger, Niersteiner Hipping
Boden: Kalkmergel mit hohem Ton- und Gesteinsanteil, Kalksteinverwitterung, Rotschiefer
Rebsorten: je 40% Riesling und Burgundersorten, 20% übrige Sorten
Durchschnittsertrag: 70 hl/ha

Es gibt durchaus Kultweine in Rheinhessen, die nicht vom Riesling stammen. Der Grauburgunder Alte Reben von Eric Manz ist so ein Fall. Alles andere als plump und schwerfällig, sondern aufregend saftig und cremig, voller gelber Früchte und bei aller Lebendigkeit konzentriert bis ins Mark – und auch das Holz ist nicht überfrachtet. Aktuell setzt Manz mit der Reserve aus dem Barrique noch ein i-Tüpfelchen oben drauf. Herrliche Unikate, die zeigen, dass das Burgunderthema in Rheinhessen immer spannender wird. Überhaupt keltert Manz, der 650 Barriques in seinem Keller gestapelt hat, Burgunder vom Allerfeinsten. Wer einmal das Glück hatte, den toll gereiften, beinahe schwebend-transparenten 2006er Spätburgunder mit drei Sternen aus dem Oppenheimer Herrenberg zu genießen, weiß, wie Früchte schmecken, die in einen höheren Energiezustand versetzt wurden. Aktuell hat Eric Manz seine bis dato vielleicht sogar stärkste Kollektion vorgestellt. Die Spätburgunder gehören mit zum Besten, was Rheinhessen zu bieten hat. Dazu kraftvolle Cabernets mit schönem Cassis, ein nach Rauch, Speck und Beerenkonfitüre duftender Schwarzriesling und daneben Lagenrieslinge wie aus einem Guss. In dieser Form einer der stärksten Drei-Trauben-Betriebe!

Anzahl der verkosteten Weine: 18
Bewertungen: 85–90 Punkte

2014 Grüner Silvaner Alte Reben trocken **85**
8,30 € | 13% | bis 2017

2014 Grauburgunder Alte Reben trocken **88**
9,70 € | 13% | bis 2018

2014 Grauburgunder trocken Reserve Barrique **89**
16,60 € | 13,5% | bis 2020

2014 Chardonnay Kalkstein Spätlese trocken **86**
9,70 € | 13% | bis 2017

2014 Oppenheimer Herrenberg **87**
Riesling Spätlese trocken ***
14,60 € | 13% | bis 2019

2014 Weinolsheimer Kehr Riesling Spätlese trocken *** **88**
18,60 € | 13% | bis 2020

2014 Oppenheimer Herrenberg Riesling »M« Auslese *** **88**
11,20 € | 7,5% | bis 2026

2014 Oppenheimer Herrenberg **89**
Riesling Julius Beerenauslese
21,20 €/0,375 Lit. | 6% | bis 2028

2012 Oppenheimer Herrenberg **86**
Spätburgunder Kalkstein trocken Barrique
13,60 € | 14% | bis 2017

2012 Cuvée »M« trocken Barrique **87**
14,60 € | 14% | bis 2017

2012 Oppenheimer Herrenberg **87**
Merlot trocken Barrique ***
18,60 € | 14% | bis 2017

2012 Dalheimer Kranzberg **87**
Cabernet Franc trocken Barrique ***
18,60 € | 13,5% | bis 2019

2012 Oppenheimer Herrenberg **88**
Cabernet Sauvignon trocken Barrique ***
18,60 € | 13,5% | bis 2019

2012 Schwarzriesling trocken Alte Reben **88**
18,60 € | 14% | bis 2018

2012 Weinolsheimer Kehr Spätburgunder Julius trocken **88**
19,10 € | 13,5% | bis 2019

2012 Oppenheimer Herrenberg **90**
Spätburgunder trocken Reserve Barrique
29,20 € | 14% | bis 2020

WEINGUT MARX

55232 Alzey-Weinheim · Hauptstraße 83
☎ (0 67 31) 4 13 13 · Fax 4 52 90
info@weingut-marx.de
www.weingut-marx.de
Inhaber: Klaus Marx

Verkauf: Klaus Marx
Mo–Fr: 8.00–12.00 Uhr · 13.00–18.00 Uhr
Sa: 9.00–16.00 Uhr

Familie Marx bewirtschaftet rund zwölf Hektar Weinberge an den Hängen rund um Weinheim, einem schmucken Ortsteil von Alzey. Höhepunkt in dem gepflegten Hof ist eine modern ausgestattete Vinothek hinter altem Gemäuer, ein echter Hingucker. Hier gibt es viel Wein für kleines Geld. Der Liter-Silvaner ist für gerade mal 4,30 Euro immer wieder ein veritabler Tipp. Doch auch der saftige und leckere Kerner ist ein Schnäppchen. Und selbst Rotwein kostet hier nicht die Welt: Eine leichtwürzige Cuvée ist für gerade mal 6,20 Euro zu haben. An der Spitze steht der trockene Riesling von Alten Reben.

Anzahl der verkosteten Weine: 10
Bewertungen: 83–84 Punkte

2014 Weinheimer Silvaner trocken **83**
4,30 €/1,0 Lit. | 12% | bis 2016

2014 Weinheimer Riesling trocken **83**
4,90 € | 12% | bis 2016

2014 Weinheimer Grauburgunder trocken **83**
5,30 € | 12,5% | bis 2016

2014 Weinheimer Riesling trocken Alte Reben **84**
7,10 € | 12,5% | bis 2016

2014 Weinheimer **83**
Sauvignon Blanc vom Urmeer trocken
7,90 € | 12,5% | bis 2016

2014 Weinheimer Riesling halbtrocken **83**
4,90 € | 11,5% | bis 2016

2014 Weinheimer Weißburgunder halbtrocken **83**
5,30 € | 11,5% | bis 2016

2014 Weinheimer Cuvée **83**
6,20 € | 11% | bis 2016

2014 Weinheimer Kerner **83**
5,10 € | 9,5% | bis 2016

2013 Weinheimer **84**
Cabernet Mitos trocken Barrique
9,50 € | 13% | bis 2017

Rote Symbole:
Diese Betriebe verdienen in ihrer Klasse besondere Aufmerksamkeit

WEINGUT KARL MAY LIEBENAUER HOF

67574 Osthofen · Ludwig-Schwamb-Straße 22
☎ (0 62 42) 23 56 · Fax 36 90
info@weingut-karl-may.de
www.weingut-karl-may.de

Inhaber: Karl, Peter und Fritz May
Kellermeister: Peter und Fritz May

Verkauf: Irmtraud May
Mo–Fr: 8.00–12.00 Uhr · 13.00–17.00 Uhr
und nach Vereinbarung

Historie: der Hof wurde 1309 den Dominikanern in Worms geschenkt; seit 1815 im Besitz der Familie
Sehenswert: Fachwerkhaus, neue Vinothek
Erlebenswert: Feier der Osthofener Weinhock am 1. Juli-Wochenende

Rebfläche: 34 Hektar
Jahresproduktion: 150.000 Flaschen
Beste Lagen: Osthofener Goldberg, Bechtheimer Geyersberg
Boden: Kalkstein, tiefgründiger Löss, Lehm
Rebsorten: 30% Riesling, je 10% Grauburgunder, Silvaner, Spätburgunder und Weißburgunder, 30% übrige Sorten
Durchschnittsertrag: 60 hl/ha
Mitglied: Message in a bottle

Die beiden Brüder Fritz und Peter May gehen weiterhin ihren Weg. Die Dynamik ist beeindruckend: Die neue, moderne Vinothek im Spannungsfeld mit dem 300 Jahre alten Fachwerkhaus ist ein echter Hingucker. Dazu kommt die Eroberung von neuem Terrain etwa in Westhofen. Man schmeckt dem Guts-Riesling 2014 eine neue Seite an: Er steckt voller Aprikosengeflüster! Doch selbst ein vermeintlich banaler Rosé erwacht als Cuvée Blutsbruder jenseits des Leichtwahns zu neuem Leben und beweist mit intensiver Beerigkeit und Schmackes echtes Herzblut. Obwohl die beiden Brüder stets Feuer und Flamme für Riesling sind, schlagen sie mit der neuen Réservelinie bei Weißburgunder und Silvaner neue Töne an und schürfen hier tiefer als je zuvor. Die ungeheure Bandbreite ist beeindruckend! Weine wie der rote und weiße Blutsbruder etwa sind einfach nur richtig guter, zeitgemäßer Stoff, die 2013er Rotweine sind für uns die bis dato besten der beiden unzertrennlichen Brüder, weil sie hier noch leisere, feinere Töne anschlagen. Weiter so!

Anzahl der verkosteten Weine: 15
Bewertungen: 84–89 Punkte

Jahrgang	Wein	Preis / Alkohol / Trinkreife	Punkte
2014	Riesling trocken	**7,90 €** | 12% | bis 2016	**84**
2014	Weißburgunder trocken	**7,90 €** | 12,5% | bis 2016	**84**
2014	Cuvée »Blutsbruder« trocken	**9,90 €** | 12,5% | bis 2017	**86**
2014	Osthofener Riesling trocken	**10,90 €** | 13% | bis 2017	**85**
2014	Osthofener Grauburgunder trocken Holzfass	**10,90 €** | 13% | bis 2017	**86**
2014	Bechtheimer Geyersberg Riesling trocken	**17,90 €** | 13% | bis 2020	**87**
2014	Osthofener Goldberg Riesling trocken	**17,90 €** | 13% | bis 2020	**88**
2014	Silvaner trocken Reserve	Preis auf Anfrage | 13% | bis 2019	**87**
2014	Weißburgunder trocken Reserve	Preis auf Anfrage | 13% | bis 2019	**88**
2014	Cuvée »Blutsbruder« trocken Rosé	**9,90 €** | 12,5% | bis 2016	**86**
2013	Cuvée »Blutsbruder« trocken	**11,90 €** | 13,5% | bis 2016	**87**
2013	Osthofener Vordere Mulde Frühburgunder trocken	**17,90 €** | 13,5% | bis 2017	**87**
2013	Bechtheimer Geyersberg Spätburgunder trocken	**17,90 €** | 13,5% | bis 2019	**88**
2013	Cuvée »Der alte Fritz« trocken	**17,90 €** | 13,5% | bis 2019	**88**
2013	Spätburgunder »R« trocken	**25,– €** | 13% | bis 2020	**89**

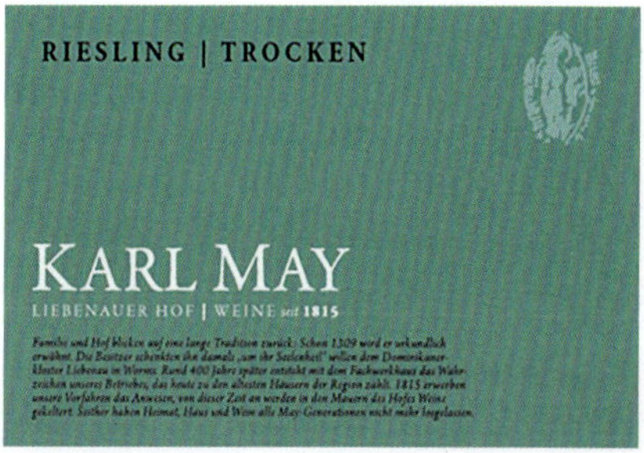

WEINGUT MEISER

55239 Gau-Köngernheim · Alzeyer Straße 131
☎ (0 67 33) 5 08 · Fax 83 26
frank.meiser@weingut-meiser.de
www.weingut-meiser.de
Inhaber: Doris und Frank Meiser
Betriebsleiter und Kellermeister: Frank Meiser

Verkauf: nach Vereinbarung

Dieses Weingut wird von Frank Meiser geführt, der ein Faible für den Holzfassausbau hat. Stilvoll ist das Landhaus Meiser in Schafhausen im Mittelpunkt des rheinhessischen Hügellands; ein liebevoll restauriertes Ferienhaus mit typisch rheinhessischem Hof, Ställen, Scheune und Kräutergarten. Vom Jahrgang 2014 erfreut erneut die trockene Riesling Spätlese aus dem Alzeyer Römerberg, ebenso wie die vom Bechtheimer Hasensprung und insbesondere die fruchtige Bacchus Auslese. Allerdings sehen wir in diesem Jahr einen etwas geänderten Stil.

Anzahl der verkosteten Weine: 6
Bewertungen: 83–85 Punkte

2014	Weißburgunder trocken **6,– €** | 12% | bis 2016	**83**
2014	Chardonnay Spätlese trocken **7,– €** | 12% | bis 2016	**83**
2014	Grauburgunder Spätlese trocken **7,– €** | 12% | bis 2016	**83**
2014	Alzeyer Römerberg Riesling Spätlese trocken **7,– €** | 11% | bis 2017	**84**
2014	Bechtheimer Hasensprung Riesling Spätlese trocken **7,– €** | 11,5% | bis 2017	**84**
2014	Weinheimer Kapellenberg Bacchus Auslese **10,– €** | 9% | bis 2017	**85**

Aufsteiger

WEINGUT METT & WEIDENBACH

55218 Ingelheim · Mainzer Straße 31
☎ (0 61 32) 26 82 · Fax 32 71
info@weingut-mett.de
www.weingut-mett.de
Inhaber: Jürgen Mett

Verkauf: Jürgen Mett und Silke Weidenbach
Di–Fr: 9.00–12.30 Uhr · 14.00–18.00 Uhr
Sa: 9.00–14.00 Uhr

Ein Aufsteiger! Jürgen Mett bespielt im Jahrgang die weißen Burgundersorten mit viel Können – sie alle bestechen mit Trinkfreude. Ein besonderes Highlight setzt aber der reintönige Ingelheimer Riesling In der Unft. Die Rotweine wiederum präsentieren sich körperreich und vollmundig – vor allem die Früh- und Spätburgunder, die in dem Weingut eine besondere Stellung einnehmen. Insgesamt sehen wir hier Weine auf hohem Niveau – sogar der Spätburgunder Blanc de Noirs hat eine feine Knackigkeit und Frische.

Anzahl der verkosteten Weine: 12
Bewertungen: 84–86 Punkte

2014	Riesling trocken **6,10 €** | 12,5% | bis 2017	**84**
2014	Weißburgunder trocken **6,20 €** | 12,5% | bis 2016	**84**
2014	Spätburgunder trocken Blanc de Noirs **6,30 €** | 12,5% | bis 2016	**84**
2014	Ingelheimer Chardonnay »S« trocken Silberkapsel **8,30 €** | 13% | bis 2017	**84**
2014	Ingelheimer In der Unft Riesling trocken Silberkapsel **8,30 €** | 13% | bis 2017	**86**
2014	Ingelheimer Grauburgunder »S« trocken Silberkapsel **8,50 €** | 13% | bis 2017	**85**
2012	Ingelheimer Spätburgunder »S« trocken Barrique **8,90 €** | 13,5% | bis 2017	**84**
2012	Cuvée »Mariage« trocken Barrique **9,20 €** | 13,5% | bis 2017	**85**
2012	Ingelheimer Rotes Kreuz Portugieser trocken Selection Barrique **14,– €** | 14% | bis 2016	**84**
2012	Ingelheimer Pares Blauer Spätburgunder trocken Selection Barrique **15,80 €** | 14% | bis 2017	**85**
2012	Ingelheimer Pares Blauer Frühburgunder trocken Selection Barrique **18,80 €** | 14% | bis 2017	**85**

Zeichenerklärung:
Schnäppchenpreis · Top 10 Spitzenreiter
Ökobetrieb · Trink-Tipp · Versteigerungswein
Sekt · Weißwein · Rotwein · Roséwein

Entdeckung des Jahres 1999

WEINGUT MICHEL-PFANNEBECKER

55234 Flomborn · Langgasse 18/19
☎ (0 67 35) 3 55 und 13 63 · Fax 83 65
wgtmi.pfa@t-online.de
www.michel-pfannebecker.de
Inhaber: Heinfried und Gerold Pfannebecker
Kellermeister: Gerold Pfannebecker

Verkauf: Gerold Pfannebecker
nach Vereinbarung

Die Brüder Pfannebecker bieten stimmige Qualität bei wirklich günstigen Weinen. Ein Steckenpferd ist die richtig schön kalkig, mineralisch-kühl schmeckende Riesling Spätlese trocken aus dem Flomborner Feuerberg, doch auch das gelbfleischige, etwas üppiger schmeckende Pendant aus der Westhofener Steingrube schürft tief. Frucht- und Säurespiel sind stets geschliffen, die Weine haben Entwicklungspotenzial. Die Geschlossenheit im Sortiment ist total beeindruckend, auch im absolut gelungenen Jahrgang 2014. Die kraftvollen, klassischen Spätburgunder sind eine Bank.

Anzahl der verkosteten Weine: 12
Bewertungen: 82–86 Punkte

2014	Riesling trocken **4,80 €**/1,0 Lit. | 12,5% | bis 2016	**82**
2014	Westhofener Steingrube Riesling trocken Selection **9,90 €** | 12,5% | bis 2017	**86**
2014	Flomborner Feuerberg Silvaner Spätlese trocken **6,50 €** | 12% | bis 2016	**83**
2014	Westhofener Steingrube Riesling Spätlese trocken **7,20 €** | 12% | bis 2017	**84**
2014	Flomborner Feuerberg Riesling Spätlese trocken **7,20 €** | 12% | bis 2018	**85**
2014	Flomborner Goldberg Chardonnay Spätlese trocken **7,40 €** | 12,5% | bis 2017	**84**
2014	Flomborner Feuerberg Weißburgunder Spätlese trocken **7,40 €** | 13% | bis 2017	**85**
2014	Westhofener Morstein Riesling Spätlese trocken **8,40 €** | 12,5% | bis 2017	**85**
2014	Flomborner Goldberg Riesling Spätlese feinherb **6,80 €** | 11,5% | bis 2017	**84**
2013	Flomborner Feuerberg Spätburgunder trocken Holzfass **7,80 €** | 14% | bis 2016	**84**
2014	Flomborner Goldberg Merlot trocken Barrique **9,40 €** | 14% | bis 2018	**84**
2012	Westhofener Morstein Spätburgunder trocken Selection Barrique **16,50 €** | 14% | bis 2017	**86**

Aufsteiger

CISTERZIENSER WEINGUT MICHEL

67596 Dittelsheim-Hessloch
Dalbergstraße 28
☎ (0 62 44) 49 21 · Fax 54 99
info@cisterzienser-weingut.de
www.cisterzienser-weingut.de
Inhaber: Ulrich Michel

Verkauf: nach Vereinbarung

Dieser Betrieb liegt in Dittelsheim-Hessloch so ziemlich im Zentrum Rheinhessens. Ulrich Michel leitet in der achten Generation dieses traditionsreiche Gut, auf dem Mönche bereits im 12. Jahrhundert Wein erzeugt haben. Und seine aktuelle Kollektion hat uns so gut gefallen, dass wir gerne die erste Traube vergeben. Die 2014er sind spritzig und frisch, am elegantesten probiert sich die trockene Riesling Spätlese in ihrer saftigen und mineralischen Art. Auch die Rotweine gefallen uns hier gut: Ganz vorn steht ein schmelziger Merlot aus dem Barrique. Darauf stoßen wir gerne an mit einem feinperligen Sekt vom Sauvignon Blanc. Glückwunsch!

Anzahl der verkosteten Weine: 10
Bewertungen: 84–86 Punkte

2013	Sauvignon Blanc Cisterzienser Sekt Brut **12,50 €** | 12,5% | bis 2017	**85**
2014	Grauburgunder Weißer Stein trocken **6,30 €** | 13,5% | bis 2017	**84**
2014	Sauvignon Blanc trocken **8,30 €** | 13% | bis 2017	**84**
2013	Silvaner »S« Löwenerz trocken **8,30 €** | 13,5% | bis 2017	**84**
2013	Riesling »S« Löwenerz trocken **8,30 €** | 12,5% | bis 2017	**84**
2013	Weißburgunder »S« Kalkstein trocken **8,30 €** | 13,5% | bis 2017	**85**
2013	Chardonnay trocken Barrique **8,80 €** | 13% | bis 2017	**85**
2014	Riesling Spätlese trocken **6,30 €** | 13% | bis 2017	**85**
2012	Cabernet Sauvignon trocken Barrique **10,30 €** | 13,5% | bis 2018	**85**
2012	Merlot trocken Barrique **10,30 €** | 13,5% | bis 2018	**86**

Die Betriebe:
Weltklasse · Deutsche Spitze
Sehr gut · Gut · Zuverlässig
Weitere Empfehlung

WEINGUT MILCH

67590 Monsheim · Rüstermühle
☎ (0 62 43) 3 37 · Fax 67 07
info@weingut-milch.de
www.weingut-milch.de
Inhaber: Karl-Hermann Milch
Kellermeister: Karl-Hermann Milch

Verkauf: Familie Milch
Mo–Fr: nach Vereinbarung
Sa: 9.00–12.00 Uhr · 13.00–17.00 Uhr

Insbesondere die Chardonnays von Karl-Hermann Milch setzen seit Jahren Zeichen: Sie sind Lichtjahre entfernt von der deutschen Frucht mit Spargelduft und wahre Kontrapunkte zur Tutti-Frutti-Mainstream-Tropenfrucht. Der originelle Chardonnay-Stil mit enormer Traubigkeit abseits bombastischer Eichenholzschwere hat es vor allem im Blauarsch in sich – das gilt auch in 2013. Kein Wunder, dass Karl-Hermann Milch in weitere Weinbergsanlagen mit Chardonnay (1,7 Hektar in 2013) und neue große Holzfässer sowie Barriques investiert hat. Leider müssen wir insgesamt auch in diesem Jahr etwas Abstriche machen, weil uns neben den überzeugenden Chardonnays weitere starke Weiße ein wenig fehlen. Die 2012er Roten indes sind in der Tat in sich absolut stimmig.

Anzahl der verkosteten Weine: 7
Bewertungen: 83–86 Punkte

2014	Chardonnay Valentin trocken **7,20 €** | 13% | 🍷 bis 2016	**84**
2014	Grauburgunder vom Kalkstein trocken **7,40 €** | 13% | 🍷 bis 2016	**83**
2014	Monsheimer Chardonnay »S« trocken **11,50 €** | 13% | 🍷 bis 2017	**85**
2013	Monsheimer Silberberg Chardonnay Blauarsch trocken **17,50 €** | 14% | 🍷 bis 2017	**86**
2012	Cuvée »Noir« trocken **7,40 €** | 13% | 🍷 bis 2016	**83**
2012	Spätburgunder trocken **8,50 €** | 13% | 🍷 bis 2016	**85**
2012	Monsheimer Silberberg Frühburgunder trocken **16,50 €** | 13% | 🍷 bis 2017	**86**

Zeichenerklärung:
Schnäppchenpreis · Top 10 Spitzenreiter
Ökobetrieb · Trink-Tipp · Versteigerungswein
Sekt | Weißwein | Rotwein | Roséwein

WEINGUT MÜLLER-DR. BECKER

67592 Dalsheim · Vordergasse 14–18
☎ (0 62 43) 55 24 · Fax 62 27
info@mueller-dr-becker.de
www.mueller-dr-becker.de
Inhaber und Betriebsleiter: Jochen Becker

Verkauf: Jochen Becker
Mo–Fr: 9.00–12.00 Uhr · 14.00–18.00 Uhr
und nach Vereinbarung

Jochen Beckers Credo, klassische Sorten lagen- und sortenrein auszubauen, bleibt stimmig: Nach wie vor gibt es saftige Basisqualitäten. Den Weinen ist das Überbordende fremd, stattdessen setzen sie auf bezaubernde Frucht – können aber bei den besten Spätburgundern und St. Laurent auch zupackend sein. Wie immer schätzen wir den saftigen Weißburgunder Alte Reben aus dem Steig, aber auch den cremigen Chardonnay aus dem Bürgel. Die Rieslinge haben weiter zugelegt und der originelle Muskat Ottonel und Gelber Muskateller aus dem Steig sind nachhaltig aromatisch. Sollte sich der Trend fortsetzen, ist sicher noch mehr drin!

Anzahl der verkosteten Weine: 14
Bewertungen: 82–86 Punkte

2014	Dalsheimer Riesling trocken **5,– €**/1,0 Lit. | 11,5% | 🍷 bis 2016	**82**
2014	Dalsheimer Burg Rodenstein Riesling Cuvée »Unikat« trocken **8,– €** | 12,5% | 🍷 bis 2017	**84**
2014	Dalsheimer Steig Weißburgunder MDCXXV trocken Alte Reben **9,– €** | 13% | 🍷 bis 2017	**85**
2014	Dalsheimer Steig Riesling Hinterste Steige Spätlese trocken **9,– €** | 12,5% | 🍷 bis 2017	**85**
2014	Dalsheimer Sauloch Riesling vom Brummelochsenboden Spätlese trocken **10,– €** | 13% | 🍷 bis 2017	**85**
2014	Dalsheimer Steig Muskat Ottonel & Gelber Muskateller feinherb **8,– €** | 11,5% | 🍷 bis 2016	**85**
2014	Dalsheimer Hubacker Riesling MDCXXV Spätlese feinherb **13,– €** | 12,5% | 🍷 bis 2018	**86**
2013	Dalsheimer Bürgel Schwarzriesling trocken **7,– €** | 12,5% | 🍷 bis 2016	**84**
2013	Dalsheimer Bürgel St. Laurent trocken Holzfass **8,50 €** | 13,5% | 🍷 bis 2016	**84**

WEINGUT MÜLLER-SCHWABSBURG

55283 Nierstein-Schwabsburg · Hauptstraße 96
☎ (0 61 33) 53 08 · Fax 57 27 11
info@mueller-schwabsburg.de
www.mueller-schwabsburg.de
Inhaber: Steffen Müller

Verkauf: Steffen und Ursula Müller
Sa: 11.00–17.00 Uhr und nach Vereinbarung

Hinter Nierstein ist das Weingut Müller zu Hause. Unter Steffen Müller, der das Familienweingut in fünfter Generation führt, wurde der Betrieb maßgeblich umgestaltet. Das bedeutete Qualitätsoptimierung, Konzentration auf traditionelle Rebsorten und einen höheren Rotweinanteil. Seine aktuellen Rotweine sind kraftvoll und saftig. Der fruchtige Spätburgunder Blanc de Noirs ist von der Farbe schon fast ein Rosé. Besonders überzeugend fanden wir jedoch vor allem die beiden Riesling-Spätlesen von den Niersteiner Paradelagen Schloss Schwabsburg und Hummerthal – zumal zu diesem wirklich günstigen Preis.

Anzahl der verkosteten Weine: 12
Bewertungen: 83–85 Punkte

2013	Riesling Sekt Brut **9,30 €** | 11,5% | bis 2016	**84**
2014	Riesling Null8fuffzen trocken **4,90 €**/1,0 Lit. | 11,5% | bis 2016	**83**
2014	Spätburgunder vom Kalkmergel trocken Blanc de Noirs **5,50 €** | 12,5% | bis 2016	**83**
2014	Grauburgunder vom Kalkmergel trocken **5,50 €** | 12,5% | bis 2016	**83**
2014	Weißburgunder vom Kalkmergel trocken **5,50 €** | 12,5% | bis 2016	**83**
2014	Sauvignon Blanc vom Kalkmergel trocken **5,70 €** | 11,5% | bis 2016	**83**
2014	Niersteiner Hummerthal Riesling vom Kalkmergel Spätlese trocken **6,10 €** | 12% | bis 2017	**84**
2014	Niersteiner Schloss Schwabsburg Riesling vom Rotliegenden Spätlese trocken **6,10 €** | 12% | bis 2017	**85**
2014	Riesling vom Kalkmergel feinherb **6,10 €** | 11,5% | bis 2017	**84**
2012	Spätburgunder trocken Holzfass **5,90 €** | 13% | bis 2017	**84**
2013	Cuvée »Curo VIII« trocken Holzfass **6,50 €** | 13% | bis 2017	**84**
2012	Frühburgunder trocken Holzfass **6,80 €** | 13% | bis 2016	**83**

WEINGUT NEEF-EMMICH

67593 Bermersheim bei Worms
Alzeyer Straße 15
☎ (0 62 44) 90 52 54 · Fax 90 52 55
info@neef-emmich.de
www.neef-emmich.de
Inhaber und Betriebsleiter: Dirk Emmich
Kellermeister: Dirk Emmich

Verkauf: nach Vereinbarung

20 Hektar Reben bewirtschaften Dirk Emmich und seine Frau Antje rund um Bermersheim. In der Spitze setzen sie auf den Höllenbrand in Gundersheim, der im Kommen ist. Für uns ist es auch der stärkste Wein von Neef-Emmich, weil uns Substanz und Tiefe einfach überzeugen. Die Probierstube im rheinhessischen Kreuzgewölbe wurde mit dem Architekturpreis Wein 2013 ausgezeichnet. Aktuell schätzen wir neben der trockenen Riesling Spätlese aus dem Albiger Hundskopf insbesondere Silvaner und Weißburgunder sur lie. Etwas Abstriche müssen wir jedoch bei den Roten machen, weil uns da der Alkohol einen Tick zu mächtig ist.

Anzahl der verkosteten Weine: 12
Bewertungen: 83–86 Punkte

2014	Weißburgunder trocken **6,60 €** | 12,5% | bis 2016	**83**
2014	Westhofener Weißburgunder trocken Holzfass **8,90 €** | 13% | bis 2016	**85**
2014	Dalsheimer Riesling Spätlese trocken **8,– €** | 12,5% | bis 2016	**84**
2014	Westhofener Rotenstein Weißburgunder Spätlese trocken »sur lie« **13,– €** | 13,5% | bis 2018	**85**
2014	Albiger Hundskopf Riesling Spätlese trocken Holzfass **13,– €** | 12,5% | bis 2018	**85**
2014	Bermersheimer Seilgarten Silvaner Spätlese trocken »sur lie« **13,– €** | 12,5% | bis 2017	**85**
2014	Gundersheimer Höllenbrand Riesling Spätlese trocken Holzfass **19,– €** | 13% | bis 2019	**86**
2014	Scheurebe feinherb **6,– €** | 11,5% | bis 2016	**83**
2014	Bacchus Beerenauslese **15,– €**/0,5 Lit. | 9% | bis 2021	**86**
2012	Albiger St. Laurent trocken Barrique **15,– €** | 14% | bis 2016	**85**
2010	Westhofener Frühburgunder trocken Barrique **19,– €** | 14,5% | bis 2017	**86**

WEINGUT JAKOB NEUMER

55278 Uelversheim
Guntersblumer Straße 52–56
☎ (0 62 49) 82 58 · Fax 71 28
kontakt@weingut-neumer.de
www.weingut-neumer.de
Inhaber: Lucia und Hubertus Weinmann
Betriebsleiter: Hubertus Weinmann
Verwalter: Jose Gonzalves
Kellermeister: Theo Weinmann

Verkauf: nach Vereinbarung

Die Weine des Ökogutes legen jedes Jahr kontinuierlich zu. Lucia und Hubertus Weinmann wirtschaften schon seit 1991 ökologisch und setzen konsequent auf vegane Weine. Sohn und Kellermeister Theo Weinmann etabliert peu à peu seine eigene Linie bis hin zu den kalibrierten Premiumweinen Black Label. Differenzierter, kühl-mineralischer Steinobst- und Zitrusgeschmack beim Riesling, gelbfleischige Cremigkeit nebst dezentem Zitruszug beim Weißburgunder und schönes Zusammenspiel von erdigen und fruchtigen Noten beim Pinot Noir, allesamt aus 2013. Dazu gelungene 2014er: Das ist nur ganz knapp vor dem Aufstieg.

Anzahl der verkosteten Weine: 12
Bewertungen: 83–87 Punkte

2014	Weißburgunder trocken **6,– €** | 12,5% | bis 2016	**84**
2014	Herrnsheimer Schloss Riesling trocken **8,– €** | 12,5% | bis 2017	**84**
2014	Herrnsheimer Schloss Sauvignon Blanc trocken **8,– €** | 12% | bis 2017	**85**
2014	Gau-Odernheimer Oelberg Riesling trocken **9,– €** | 12% | bis 2017	**85**
2014	Gau-Odernheimer Herrgottspfad Riesling trocken **10,– €** | 12,5% | bis 2018	**86**
2013	Weißburgunder Black Label trocken **17,– €** | 13% | bis 2017	**86**
2013	Riesling Black Label trocken **21,– €** | 13% | bis 2018	**87**
2014	Riesling Kabinett **6,– €** | 12% | bis 2017	**83**
2014	Riesling Spätlese **9,– €** | 10% | bis 2020	**85**
2014	Spätburgunder trocken **6,– €** | 13,5% | bis 2016	**83**
2014	Herrnsheimer Schloss Spätburgunder trocken **10,– €** | 13% | bis 2017	**85**
2013	Pinot Noir Black Label trocken **18,– €** | 13% | bis 2017	**86**

WEINGUT J. NEUS

55218 Ingelheim · Bahnhofstraße 96
☎ (0 61 32) 7 30 03 · Fax 26 90
info@weingut-neus.de
www.weingut-neus.de
Inhaber: Familie Schmitz
Betriebsleiter: Anne Thein
Kellermeister: Paul Shefford

Verkauf: Familie Schmitz
Di–Fr: 9.00–17.00 Uhr, Mi: 9.00–18.00 Uhr
Sa: 10.00–13.00 Uhr

Dies ist ein traditionsreicher Ingelheimer Betrieb, der sieben Hektar bewirtschaftet. Die Weine haben an Frische, Tiefe und Intensität zugelegt. Die aktuelle Kollektion bestätigt souverän den letztjährigen Aufstieg, sollte sich dieser Trend bestätigen, ist sicher noch mehr drin. Neu ist die Betriebsleiterin Anne Thein von der Mosel. Die Weine lösen mehr und mehr den eigenen Anspruch ein. Das gilt nicht nur für das Große Gewächs 2013 vom Spätburgunder, sondern auch für den finessenreichen Gutswein Muschelkalk 2013 vom Spätburgunder, der für 8,90 Euro auch teurere Rote in den Schatten stellt.

Anzahl der verkosteten Weine: 12
Bewertungen: 83–86 Punkte

2012	Riesling Sekt Brut **10,50 €** | 12,5% | bis 2016	**86**
2013	Spätburgunder Sekt Brut Blanc de Noirs **11,50 €** | 12,5% | bis 2016	**86**
2014	Riesling trocken **7,50 €** | 12,5% | bis 2016	**83**
2014	Weißburgunder trocken **7,50 €** | 12% | bis 2016	**84**
2014	Pinot Noir trocken Blanc de Noirs **7,50 €** | 12,5% | bis 2016	**83**
2013	Ingelheimer Weißburgunder trocken **10,90 €** | 13% | bis 2017	**85**
2014	Spätburgunder trocken Rosé **6,50 €** | 12% | bis 2016	**83**
2013	Spätburgunder Muschelkalk trocken **8,90 €** | 13% | bis 2016	**85**
2013	Ingelheimer Frühburgunder trocken **10,– €** | 12,5% | bis 2016	**85**
2013	Ingelheimer Spätburgunder trocken **12,– €** | 13% | bis 2016	**85**
2013	Ingelheimer Spätburgunder trocken Alte Reben **13,90 €** | 13% | bis 2017	**85**
2013	Ingelheimer Pares Spätburgunder »Großes Gewächs« **25,– €** | 13,5% | bis 2018	**86**

WEINGUT OHNACKER-DÖSS

67592 Flörsheim-Dalsheim · Alzeyer Straße 80
☎ (0 62 43) 3 33 · Fax 57 62
kontakt@weingut-ohnacker-doess.de
www.bitteeinwein.de
Inhaber und Betriebsleiter: Michael Döß

Verkauf: Astrid Döß
Mo–Fr: 8.00–11.00 Uhr · 13.00–18.00 Uhr
Sa: 9.00–16.00 Uhr und nach Vereinbarung

Dieser Betrieb in Flörsheim-Dalsheim im südlichen Rheinhessen wurde vor drei Jahren in den WeinGuide aufgenommen. Die Maxime des Gutes lautet: Qualität wird im Weinberg erzeugt. Das war auch im Jahrgang 2014 nicht in der ganzen Breite möglich, doch gibt es einige empfehlenswerte Weine. Dazu gehört eine ganze Reihe ordentlicher Rieslinge. Dies reicht von Klassik über die feinherbe und trockene Spätlese bis hin zum Premium Riesling aus dem Goldberg. Auch der Sauvignon Blanc ist empfehlenswert.

Anzahl der verkosteten Weine: 10
Bewertungen: 83–85 Punkte

2014	Niederflörsheimer Goldberg Riesling trocken Premium Goldkapsel **8,50 €** | 12% | bis 2017	**85**
2014	Weißburgunder Spätlese trocken **5,10 €** | 12,5% | bis 2016	**83**
2014	Grauburgunder Spätlese trocken **5,10 €** | 12,5% | bis 2016	**83**
2014	Chardonnay Spätlese trocken **5,20 €** | 12,5% | bis 2016	**83**
2014	Riesling Spätlese trocken **5,20 €** | 12,5% | bis 2016	**84**
2014	Weißburgunder & Chardonnay feinherb **5,- €** | 12% | bis 2017	**84**
2014	Sauvignon Blanc feinherb **5,20 €** | 10,5% | bis 2017	**84**
2014	Riesling Classic **5,20 €** | 11,5% | bis 2017	**84**
2014	Riesling Spätlese feinherb **5,20 €** | 10,5% | bis 2017	**84**
2014	Riesling Spätlese **5,20 €** | 8,5% | bis 2017	**84**

Die Betriebe:
Weltklasse · Deutsche Spitze
Sehr gut · Gut · Zuverlässig
Weitere Empfehlung

WEINGUT PAUSER

55237 Flonheim · Im Baumfeld 40
☎ (0 67 34) 87 64 · Fax 67 56
info@weingut-pauser.de
www.weingut-pauser.de
Inhaber: Familie Pauser
Kellermeister: Friedrich Pauser und Eva Pauser-Brand

Verkauf: Cornelia und Eva Pauser-Brand
Mo–Sa: 9.00–12.00 Uhr · 13.00–18.00 Uhr
und nach Vereinbarung

Mit Weinbar und Panoramaterrasse ist das Gut bestens auf Besucher eingestellt. Bereits die Literweine erstaunen. Der trockene Grauburgunder-Ortswein bietet enormen Gegenwert. Auch wird die Premiumlinie immer stärker. Sauvignon Blanc Goldkapsel sur lie aus dem Flonheimer Binger Berg und das ebenfalls ausgereizte Pendant vom Grauburgunder aus dem Flonheimer Geisterberg packen am Gaumen zu. Sie sind für 7,20 Euro ebenso starke Tipps wie der dunkelbeerige Syrah 2012 aus dem Geisterberg, der mit Veilchen und pfeffriger Würze eine schöne Druckwelle erzeugt – und zum gleichen Preis zu haben ist. Absolut gelungene 2014er!

Anzahl der verkosteten Weine: 12
Bewertungen: 83–86 Punkte

2014	Flonheimer Riesling trocken *** **3,90 €**/1,0 Lit. | 12,5% | bis 2016	**83**
2014	Flonheimer Grauburgunder »S« trocken **** **5,40 €** | 13,5% | bis 2016	**84**
2014	Flonheimer Weißburgunder »S« trocken **** **5,40 €** | 13% | bis 2017	**85**
2014	Flonheimer Geisterberg Grauburgunder trocken Premium »sur lie« Goldkapsel **7,20 €** | 13,5% | bis 2017	**85**
2014	Flonheimer Binger Berg Sauvignon Blanc trocken Premium »sur lie« Goldkapsel **7,20 €** | 13,5% | bis 2017	**85**
2014	Flonheimer Rothenpfad Chardonnay »S« feinherb **** **5,60 €** | 13% | bis 2017	**83**
2014	Sauvignon Blanc »S« feinherb **** **5,80 €** | 12,5% | bis 2017	**84**
2012	Flonheimer Spätburgunder »S« trocken Holzfass **** **5,60 €** | 13,5% | bis 2016	**84**
2012	Flonheimer Geisterberg Syrah trocken Premium Holzfass Goldkapsel **7,20 €** | 13,5% | bis 2017	**86**
2011	Flonheimer Binger Berg Cabernet Sauvignon trocken Premium Goldkapsel **9,80 €** | 13,5% | bis 2017	**86**

WEINGUT PETH-WETZ

67593 Bermersheim bei Worms
Alzeyer Straße 16
☎ (0 62 44) 44 24 · Fax 44 94
info@peth-wetz.com
www.peth-wetz.com
Inhaber: Christian Peth
Kellermeister: Christian Peth

Verkauf: Johanna Peth
Mo–Fr: 8.00–11.00 Uhr · 14.00–18.00 Uhr
nach Vereinbarung

Rebfläche: 21 Hektar
Jahresproduktion: 180.000 Flaschen
Beste Lagen: Westhofener Rotenstein, Bermersheimer Hasenlauf, Siefersheimer Heerkretz
Boden: Kalkmergel, Löss über Kalkstein, Porphyr
Rebsorten: 29% Riesling, 20% weiße Burgundersorten, 16% Spätburgunder, 8% Müller-Thurgau, 5% Silvaner, 22% übrige Sorten
Durchschnittsertrag: 74 hl/ha

Das ist einer der führenden Rotwein-Betriebe in Rheinhessen, der sich insbesondere auch mit internationalen Rotweinsorten einen Namen gemacht hat. Investiert wurde zuletzt in ein Nachbargebäude und dessen Umbau in ein Gästehaus mit vier neuen Gästezimmern. Bis 1998 verkauften Hartmut und Johanna Peth die Ernte von ihren 15 Hektar im Fass. Dann stieg Junior Christian ein, der bei Knipser in Laumersheim und Keller in Flörsheim-Dalsheim in die Lehre ging. Sein Rotweinstil ist so markant wie selbstbewusst – eine gewisse jugendliche Härte in den Gerbstoffen verschwindet oft während der Reife, die besten Roten bleiben lange frisch. Die Basisweine sind stets eine tolle Empfehlung. Etwa die trockene, würzige, erstaunlich dichte Cuvée Assemblage Unfiltered 2013 aus dem Barrique: für acht Euro ein mehr als veritabler Tipp. Und der große Bruder, die Assemblage Reserve im Stil einer Cuvée aus dem Médoc, ist fast schon ein Klassiker auf dem Gut. Es sind konzentrierte Rote aus internationalen Sorten, die auch etwas für Weinfreunde sind, die ansonsten den kalifornischen oder chilenischen Weinstil schätzen. Allerdings könnten für uns die Lagenrieslinge aus 2014 noch prägnanter und stärker in der Ausdruckskraft sein.

Anzahl der verkosteten Weine: 12
Bewertungen: 84–89 Punkte

2014	Riesling trocken **7,– €** | 12% | bis 2016	**84**
2014	Chardonnay & Weißburgunder trocken Holzfass **7,– €** | 13,5% | bis 2017	**85**
2014	Sauvignon Blanc trocken **7,80 €** | 12% | bis 2017	**84**
2014	Bermersheimer Riesling vom Kalkstein trocken **11,– €** | 12,5% | bis 2018	**85**
2014	Bermersheimer Chardonnay unfiltered trocken Barrique **15,– €** | 14% | bis 2019	**86**
2014	Bermersheimer Hasenlauf Riesling trocken Holzfass **25,– €** | 13% | bis 2020	**86**
2014	Dalsheimer Hubacker Riesling trocken Holzfass **25,– €** | 13% | bis 2020	**86**
2013	Assemblage »unfiltered« trocken Barrique **8,– €** | 14% | bis 2017	**86**
2012	Blauer Spätburgunder trocken Barrique **8,50 €** | 13,5% | bis 2017	**85**
2012	»Assemblage Réserve« trocken Barrique **25,– €** | 14,5% | bis 2019	**88**
2013	Cabernet Sauvignon trocken Barrique **39,– €** | 13,5% | bis 2020	**88**
2013	Petit Verdot trocken Barrique **49,– €** | 14% | bis 2020	**89**

WEINGUT WOLFGANG PETH

67592 Flörsheim-Dalsheim · Alzeyer Straße 28
☎ (0 62 43) 90 88 00 · Fax 9 08 80 90
wolfgang@peth.de
www.peth.de
Inhaber: Wolfgang Peth
Kellermeister und Verwalter: Wolfgang und René Maurice Peth

Verkauf: Jutta Peth
Mo–Do: 16.00–18.00, Fr–Sa: 10.00–18.00 Uhr

Wolfgang Peth und sein Sohn René sind experimentierfreudig: Das bedeutet bei ihnen auch eine breite Palette an Rebsorten, weshalb ihre diesjährige Auswahl sich doch einigermaßen von der letzten unterscheidet. Kamen im letzten Jahr Blanc de Noirs von Frühburgunder und Pinot Meunier zum Zug, zeigt das Weingut in diesem Jahr seine Aromasorten wie Scheurebe und Bacchus her. Diese sind recht ordentlich, die Burgundersorten und Rieslinge überzeugen jedoch mehr. Gelungen ist der Spätburgunder Alte Reben aus dem Barrique mit gut eingebundenen Tanninen und vielschichtigen Aromen.

Anzahl der verkosteten Weine: 10
Bewertungen: 83–85 Punkte

2014	Weißburgunder trocken **5,50 €** | 11,5% | bis 2016	**83**
2014	Scheurebe trocken Alte Reben **5,90 €** | 12% | bis 2016	**83**
2014	Nieder-Flörsheimer Frauenberg Weißburgunder trocken Barrique **12,50 €** | 12,5% | bis 2017	**85**
2014	Nieder-Flörsheimer Goldberg Riesling trocken **16,– €** | 12% | bis 2017	**85**
2014	Dalsheimer Bürgel Grauburgunder Spätlese trocken **5,50 €** | 12% | bis 2017	**84**
2014	Monsheimer Silberberg Grauburgunder feinherb **5,50 €** | 12% | bis 2017	**84**
2014	Nieder-Flörsheimer Frauenberg Riesling Spätlese feinherb **6,– €** | 11,5% | bis 2017	**84**
2014	Nieder-Flörsheimer Frauenberg Bacchus Kabinett **4,80 €** | 10% | bis 2016	**83**
2014	Nieder-Flörsheimer Goldberg Kerner Spätlese **5,50 €** | 10,5% | bis 2017	**84**
2013	Spätburgunder trocken Alte Reben Barrique **19,– €** | 13% | bis 2018	**85**

WEINGUT PFANNEBECKER

67551 Worms-Pfeddersheim · Zum Neusatz 14
☎ (0 62 47) 2 86 · Fax 90 52 87
info@weingutpfannebecker.de
www.weingutpfannebecker.de
Inhaber: Holker und Max Pfannebecker
Kellermeister: Max Pfannebecker

Verkauf: Familie Pfannebecker
Mo–Fr: 14.00–18.00 Uhr, Sa: 10.00–16.00 Uhr

Rebfläche: 21 Hektar
Jahresproduktion: 110.000 Flaschen
Beste Lagen: Pfeddersheimer Sankt Georgenberg und Hochberg
Boden: sandiger Lehm, Löss
Rebsorten: je 25% Riesling und weiße Burgundersorten, 15% Spätburgunder, 35% übrige Sorten
Durchschnittsertrag: 57 hl/ha
Mitglied: Message in a bottle

Das ist einer der führenden Wormser Betriebe. Der junge Max Pfannebecker übernahm 2003 die Verantwortung im Keller. Seit 2007 wird ökologisch gewirtschaftet. Der Jahrgang 2011 war so stark, dass Pfannebecker die zweite Traube bekam. Die nachfolgenden Jahrgänge bestätigten das. Auch die aktuellen Weine sind von zuverlässiger Güte, lediglich bei so manchem Rotwein könnte der Alkoholgehalt noch einen Tick niedriger sein. Nach wie vor gefällt uns insbesondere die Sorgfalt, die Max Pfannebecker etwa in seine Gutsweine aus den Burgundersorten investiert. Der trockene Grauburgunder ist ein veritabler Tipp, während Pfannebecker den Weißburgunder in der Spitze enorm ausreizt. Der Lagenwein Pfeddersheimer St. Georgenberg zeigt profunden Holzeinsatz und das enorme Potenzial von Worms für diese Sorte. Wir schätzen das Spektrum von Max Pfannebecker, das zwischen fest, voluminös und kühl-mineralisch changiert – hinzu kommen reife Fruchtaromen, die durchaus an einen warmen Standort erinnern, aber dennoch köstlich und differenziert sind.

Zeichenerklärung:
Schnäppchenpreis · **Top 10** Spitzenreiter
Ökobetrieb · Trink-Tipp · Versteigerungswein
Sekt | Weißwein | Rotwein | Roséwein

Anzahl der verkosteten Weine: 13
Bewertungen: 84–87 Punkte

2014	Weißburgunder trocken **7,30 €** | 12,5% | bis 2016	**84**
2014	Grauburgunder trocken **7,30 €** | 12,5% | bis 2016	**84**
2014	Sauvignon Blanc trocken **7,80 €** | 12% | bis 2016	**84**
2014	Goldmuskateller trocken **8,– €** | 12% | bis 2016	**84**
2014	Pfeddersheimer Riesling trocken **12,50 €** | 13% | bis 2017	**85**
2014	Pfeddersheimer Weißburgunder trocken **12,50 €** | 13% | bis 2017	**86**
2014	Pfeddersheimer Grauburgunder trocken **12,50 €** | 13% | bis 2017	**86**
2014	Pfeddersheimer St. Georgenberg Riesling trocken **21,50 €** | 13% | bis 2019	**86**
2014	Pfeddersheimer St. Georgenberg Weißburgunder trocken **21,50 €** | 13% | bis 2019	**87**
2013	Spätburgunder trocken **7,50 €** | 13% | bis 2016	**84**
2013	Pfeddersheimer Spätburgunder trocken **14,50 €** | 13,5% | bis 2017	**85**
2012	Cuvée »Maximus« trocken **18,50 €** | 14% | bis 2017	**87**
2013	Pfeddersheimer St. Georgenberg Spätburgunder trocken **21,50 €** | 13,5% | bis 2017	**87**

WEINGUT POSTHOF DOLL & GÖTH

55271 Stadecken-Elsheim
Kreuznacher Straße 2
☎ (0 61 36) 30 00 · Fax 60 01
weingut.posthof@doll-goeth.de
www.doll-goeth.de

Inhaber: Erika und Roland Doll
Betriebsleiter und Kellermeister: Roland Doll

Verkauf: Erika Doll
Mo–Fr: 8.00–12.00 Uhr · 13.30–18.30 Uhr
Sa: 9.00–17.00 Uhr und nach Vereinbarung

Die Weine von Roland Doll sind stets blitzsauber mit herrlichen Fruchtaromen und einem stimmigen Verhältnis von Qualität und Preis. Weiße wie etwa die trockene Riesling Spätlese aus dem Gau-Bischofsheimer Kellerberg sind reintönig, saftig, animierend. Aber auch der Chardonnay aus dem Stadecker Spitzberg ist für günstige 7,10 Euro ein veritabler Tipp. Der intensive, kräftige Syrah 2012 aus dem Stadecker Spitzberg könnte indes noch etwas dezenter in puncto Holzeinsatz sein. Dennoch: Hier bekommt man stets viel Wein für sein Geld!

Anzahl der verkosteten Weine: 12
Bewertungen: 83–85 Punkte

2013	Weißburgunder Sekt Brut **8,30 €** | 12,5% | bis 2016	**85**
2014	Riesling trocken **4,80 €**/1,0 Lit. | 12% | bis 2016	**83**
2014	Silvaner »RS« trocken **5,50 €** | 12,5% | bis 2016	**84**
2014	Grauburgunder trocken **6,30 €** | 13% | bis 2016	**84**
2014	Cuvée »CS« trocken **6,80 €** | 12,5% | bis 2016	**84**
2014	Stadecker Lenchen Gewürztraminer trocken **6,80 €** | 12,5% | bis 2016	**85**
2014	Stadecker Spitzberg Chardonnay trocken **7,10 €** | 13,5% | bis 2016	**85**
2014	Stadecker Lenchen Riesling Kabinett trocken **6,30 €** | 12% | bis 2016	**84**
2014	Gau-Bischofsheimer Kellersberg Riesling Spätlese trocken **7,80 €** | 12,5% | bis 2017	**85**
2014	Rivaner Classic **4,10 €** | 12% | bis 2016	**83**
2014	Stadecker Lenchen Weißburgunder feinherb **6,80 €** | 13% | bis 2016	**84**
2013	Stadecker Spitzberg Syrah & Cabernet Sauvignon trocken Barrique **19,80 €** | 14% | bis 2018	**85**

WEINGUT RADDECK

55283 Nierstein · Am Hummertal 100
☎ (0 61 33) 5 81 15 · Fax 5 83 31
info@raddeckwein.de
www.raddeckwein.de
Inhaber: Familie Raddeck
Betriebsleiter: Familie Raddeck
Kellermeister: Anna-Karina und Stefan Raddeck

Verkauf: Birgit und Anna-Karina Raddeck
Mo–Fr: 9.00–18.00 Uhr, Sa: 9.00–16.00 Uhr
und nach Vereinbarung

Ein architektonisch attraktives Gut am Roten Hang, das auf dem Kurs in Richtung zweite Traube ist. Vor allem in den trockenen Spitzenrieslingen aus Pettenthal, Orbel und Heiligenbaum arbeitet Stefan Raddeck die Besonderheiten von Lagen und Böden intensiver heraus. Doch auch die Roten haben es in sich. Die Cuvée »S« hat eine neue Prägung und besteht aus Spätburgunder, Cabernet Dorsa und Cabernet Sauvignon. Zweifellos kann Raddeck mit dem Holz umgehen und setzt auch gekonnt auf französische Burgunderklone, die auf dem noch immer etwas unterschätzten Paterberg wachsen.

Anzahl der verkosteten Weine: 12
Bewertungen: 83–86 Punkte

2014	Silvaner trocken **5,20 €** | 12% | bis 2016	**83**
2014	Riesling trocken **5,90 €** | 12,5% | bis 2016	**83**
2014	Niersteiner Roter Hang Riesling Edition 2 Hügel trocken **8,50 €** | 12,5% | bis 2017	**84**
2014	Weißburgunder Edition 2 Hügel trocken **8,50 €** | 13% | bis 2017	**85**
2014	Niersteiner Heiligenbaum Riesling »S« Edition trocken **12,– €** | 12,5% | bis 2018	**86**
2014	Niersteiner Pettenthal Riesling Edition »S« trocken **12,– €** | 12,5% | bis 2018	**86**
2014	Niersteiner Orbel Riesling Edition »S« trocken **14,– €** | 12,5% | bis 2018	**86**
2012	Dornfelder Edition 2 Hügel trocken Barrique **8,50 €** | 13% | bis 2016	**84**
2013	St. Laurent Edition 2 Hügel trocken **8,50 €** | 13,5% | bis 2016	**85**
2012	Spätburgunder Edtition 2 Hügel trocken Barrique **12,50 €** | 13,5% | bis 2016	**86**
2012	Cuvée Edtition »S« trocken **16,50 €** | 13,5% | bis 2016	**86**

WEINGUT RAPPENHOF

67577 Alsheim · Bachstraße 47
☎ (0 62 49) 40 15 · Fax 47 29
weingut.rappenhof@t-online.de
www.weingut-rappenhof.com
Inhaber und Betriebsleiter: Klaus Muth
Verwalter: Hermann Muth
Kellermeister: Christian Hahn

Verkauf: nach Vereinbarung

Nach durchwachsenen Jahren erlebten wir ein Comeback dieses 32-Hektar-Gutes. Die 2010er Weine waren rassig und charakterstark, sodass wir für den Neueinstieg eine Traube zückten. 2011 und 2012 waren gelungene Jahrgänge, die Weine präzise und vital. Da kamen die 2013er jahrgangsbedingt nicht mit. Der saftige, rassige Stil bei den Weißweinen gefällt uns dennoch. Aktuell sind für uns die beiden Großen Gewächse vom Riesling stärker als im Vorjahr. Sollten die Gutsweine noch einen Tick zulegen, ist sicher noch mehr drin.

Anzahl der verkosteten Weine: 10
Bewertungen: 82–87 Punkte

2014	Riesling trocken **5,– €**/1,0 Lit. | 12,5% | bis 2016	**82**
2014	Weißburgunder trocken **7,– €** | 12,5% | bis 2016	**83**
2014	Grauburgunder trocken **7,– €** | 13% | bis 2016	**83**
2014	Riesling trocken **7,– €** | 12,5% | bis 2016	**83**
2014	Alsheimer Riesling trocken **11,– €** | 13% | bis 2017	**84**
2014	Oppenheimer Herrenberg Riesling »Großes Gewächs« **24,– €** | 12,5% | bis 2019	**86**
2014	Niersteiner Pettenthal Riesling »Großes Gewächs« **27,– €** | 13% | bis 2019	**86**
2014	Riesling feinherb **7,– €** | 11% | bis 2017	**83**
2014	Niersteiner Pettenthal Riesling Auslese »Große Lage« **25,– €** | 7,5% | bis 2022	**86**
2014	Niersteiner Oelberg Riesling Auslese »Große Lage« **29,– €** | 7,5% | bis 2024	**87**

Die Weine:
100 Perfekt · **95–99** Überragend · **90–94** Exzellent
85–89 Sehr gut · **80–84** Gut · **75–79** Passabel

SEKTHAUS RAUMLAND

67592 Flörsheim-Dalsheim
Alzeyer Straße 134
☎ (0 62 43) 90 80 70 · Fax 90 80 77
info@raumland.de
www.raumland.de
Inhaber und Betriebsleiter: Volker Raumland

Verkauf: Heide-Rose und Volker Raumland
nach Vereinbarung

Rebfläche: 9,9 Hektar
Jahresproduktion: 100.000 Flaschen
Beste Lagen: Dalsheimer Bürgel, Hohen-Sülzer Kirchenstück
Boden: Muschel- und Algenkalk, Terra Fusca, Schwemmland mit Mergel
Rebsorten: 40% Spätburgunder, 23% Chardonnay, je 10% Riesling und Weißburgunder, 3% Pinot Meunier, 14% übrige Sorten
Durchschnittsertrag: 69 hl/ha
Mitglied: Verband der klassischen Flaschengärer

Hier entstehen sensationelle Sekte, die ganz erstaunlich reifen können! Kaum zu glauben: Aber der Ausnahmekönner Volker Raumland steigert sich weiter und lässt uns sogar noch weitere Aufstiegsgedanken hegen. Neu in der Kollektion ist der 2008er Rieslinge Prestige Brut. Er verkörpert mit seiner glasklaren Rasse die pure Lust am Leben. Die große Herausforderung war es für Volker Raumland, beim gereiften Rieslingsekt die störende Petrolnote zu meiden. Er meisterte es nicht nur mit Bravour, sondern setzt regelrecht einen Paukenschlag. Doch damit nicht genug: Mit dem 2005er MonRose landet Raumland den nächsten Coup! Und das VIII. Triumvirat betont vielleicht sogar noch stärker Finesse und Rasse als sein Vorgänger: feines Mousseux, sanfter Schmelz, fast schwebende Transparenz.

Ein Perlenspiel

Was ist das Geheimnis des gekonnten Glasperlenspiels? Es sind akribische Weinbergsarbeit, ökologische Arbeitsweise, Handlese in kleinen Gebinden, schonende Verarbeitung im Keller, langes Hefelager. Stilistisch setzte Raumland auf die Leichtigkeit des Weins. Er ist damit näher dran an der Champagne als am deutschen Winzersekt. Zeichen setzt Raumland aber auch bei der Pressung. Die sogenannte »Tête de Cuvée« oder »Coeur de Cuvée« muss es sein, die erste Pressung. Das selbst bei den Basissekten, die dadurch noch prickelnder werden. Das ist in dieser Konsequenz wegweisend. Denn diese Cuvée wird in der Champagne meist für die hochwertigsten Produkte benutzt. Sie ist am aromatischsten. Die daraus gekelterten Sekte sind für Raumland »feiner, eleganter, säurereicher, haben einen niedrigeren PH-Wert, sind dadurch mikrobakteriell stabiler und reifen besser«. Vor allem entwickeln sich diese Sekte langsamer und können ein besonders köstliches Mousseux entwickeln. Sie müssen nicht schon nach kurzer Zeit in den Verkauf kommen, sondern können ihren Charakter peu à peu entwickeln – Zeitschnecken.

Volker Raumland

Langes Hefelager

Dazu bietet Raumland mit den Vintagesekten feinstes Mousseux aus langjährigem Hefelager: Man schmeckt dem Perlenteppich auf der Zunge förmlich an, wie er während der Reife immer feiner und dichter geknüpft wurde. Das ist eine ganz eigene Liga, nicht nur wegen ihres fast schon sahnigen Mundgefühls, sondern insbesondere aufgrund der vitalen Präsenz. Von wegen deutscher Sekt könne nicht von der Reife profitieren! Auch ein 2008er Chardonnay Prestige bietet feinste Perlage und einen Blanc de Blancs in Reinkultur: ungemein stilvolle, puristische Frucht, köstliche Noten von frischem Hefeteig, Brioche und Haselnuss.

Doch selbst der vermeintlich einfache Riesling Sekt Brut verfeinert sich noch auf der Flasche. Man muss es einfach einmal so deutlich sagen: Das Sektmachen ist eine ganz filigrane Kunst und Volker Raumland ist für uns ein wahrer Künstler. Mittlerweile richtet die Weinwelt ihre staunenden Blicke nach Flörsheim-Dalsheim. Kein anderer Betrieb bietet solch eine Phalanx an Sekten, die sich in der Spitze mit den Aushängeschildern in der Champagne messen können – aber auf spannende Art und Weise ihre Herkunft aus dem südlichen Rheinhessen betonen.

Anzahl der verkosteten Weine: 14
Bewertungen: 87–94 Punkte

2005 »MonRose« Sekt Reserve Cuvée **94**
Top 10 **160,– €**/1,5 Lit. | 12,5% | bis 2024

2011 Riesling Sekt Brut **87**
14,– € | 12% | bis 2016

2011 Cuvée »Marie Luise« **87**
Pinot Noir Sekt Brut Blanc de Noirs
15,– € | 12% | bis 2016

2011 »Cuvée Katharina« Sekt Brut Blanc de Noirs **87**
15,– € | 12% | bis 2016

2007 Pinot Noir Sekt Brut Prestige Blanc de Noirs **91**
22,50 € | 12% | bis 2017

2008 Riesling Sekt Brut Prestige **91**
24,– € | 12% | bis 2018

2007 »Blanc de Blancs« **90**
Weißburgunder Sekt Brut Prestige
25,– € | 12% | bis 2017

2007 Pinot Noir Sekt Brut Prestige Blanc de Noirs **91**
Top 10 **54,– €**/1,5 Lit. | 12% | bis 2017

2008 Chardonnay Sekt Brut Prestige **91**
29,– € | 12% | bis 2018

2008 »VIII. Triumvirat Grande Cuvée« **92**
Sekt Brut Prestige Cuvée
Top 10 **36,– €** | 12% | bis 2018

2005 »Blanc et Noir« Vintage Sekt Brut Reserve **92**
Top 10 **68,– €** | 12% | bis 2019

2004 Chardonnay Vintage **93**
Sekt Brut Reserve Blanc de Blancs
Top 10 **68,– €** | 12% | bis 2019

2004 Pinot Vintage **93**
Sekt Brut Reserve Blanc de Noirs
Top 10 **68,– €** | 12% | bis 2019

2012 Pinot Noir Sekt Brut Prestige Rosé **88**
17,50 € | 12% | bis 2016

WEINGUT RIFFEL

55411 Bingen-Büdesheim · Mühlweg 14a
☎ (0 67 21) 99 46 90 · Fax 99 46 91
service@weingut-riffel.de
www.weingut-riffel.de
Inhaber: Carolin und Erik Riffel
Kellermeister: Erik Riffel

Verkauf: Familie Riffel
April–Dez. Mo–Do: 17.00–19.00 Uhr
Fr: 13.00–19.00 Uhr, Sa: 10.00–17.00 Uhr
Jan.–März Mo–Fr: 17.00–19.00 Uhr,
Sa: 10.00–16.00 Uhr

Sehenswert: Turmzimmer mit Blick auf den Binger Scharlachberg

Rebfläche: 13 Hektar
Jahresproduktion: 90.000 Flaschen
Beste Lage: Binger Scharlachberg und Bubenstück
Boden: Quarzit mit Lehmanteilen, Lösslehm, Tonmergel
Rebsorten: 41% Riesling, 8% Silvaner, je 7% Dornfelder und Weißburgunder, 6% Müller-Thurgau, je 5% Grauburgunder und Spätburgunder, 4% Chardonnay, 17% übrige Sorten
Durchschnittsertrag: 65 hl/ha
Mitglied: Ecovin, Vinothek Rheinhessen

Dies ist ein klarer Leitbetrieb im Norden von Rheinhessen. Das zeigt auch das Thema Scharlachberg. »Der Scharlachberg steht für unsere Vision, einen großen Wein zu produzieren«, sagt Erik Riffel, »aber auch für unsere steinige Bodenständigkeit: ursprünglich, naturverbunden, elementar, urwüchsig, heimisch, verwurzelt. Das multiplizieren wir mit der ökologischen Bewirtschaftung seit 2009, die unsere Natur noch mehr Natur sein lässt und die die urwüchsige Spannung des Scharlachbergs herausstellt!«
Dem können wir nur vorbehaltlos zustimmen. Auch in 2014. Der kalibrierte, kräutrige, mineralisch-würzige Riesling Turm aus den kargsten Parzellen des einst so berühmten Binger Scharlachberg ist eine flüssige Essenz des Quarzitberges und Ausweis der Kunst von Carolin und Erik Riffel. Die Spannung zwischen cremigem, reifem Extrakt und steiniger Kühle ist frappierend und erstaunt mit seiner Eigenständigkeit. Und auch Silvaner und Spätburgunder Turm sind große, eigenständige Weine. Doch bei Riffel beeindruckt eben nicht nur die Spitze. Die Quarzitlinie

gehört im Mittelbau zu den größten Tipps in ganz Rheinhessen mit typischen Feuersteinaromen und zart exotisch anklingender, differenzierter Frucht. Die Gutsweine gehören zum allerbesten in ihrem Segment: Sie sind einfach nur unverschämt lecker! Es gibt kaum einen besseren Silvaner für gut fünf Euro. Ganz klar einer unserer Lieblingsbetriebe in Rheinhessen!

Anzahl der verkosteten Weine: 14
Bewertungen: 84–90 Punkte

2014	Silvaner trocken **5,40 €** | 12% | bis 2016	**84**
2014	Riesling trocken **6,30 €** | 12,5% | bis 2016	**84**
2014	Grauburgunder trocken Abfüllerwein **7,20 €** | 12,5% | bis 2016	**84**
2014	Sauvignon Blanc trocken **7,20 €** | 12% | bis 2016	**84**
2014	Weißburgunder trocken **7,20 €** | 12% | bis 2016	**85**
2014	Binger Silvaner Quarzit trocken **9,90 €** | 12,5% | bis 2017	**86**
2014	Binger Weißburgunder Tonmergel trocken **9,90 €** | 13% | bis 2017	**86**
2014	Binger Chardonnay Tonmergel trocken **9,90 €** | 13% | bis 2017	**86**
2014	Binger Riesling Quarzit trocken **10,50 €** | 13% | bis 2017	**86**
2014	Binger Scharlachberg Silvaner Turm trocken **15,– €** | 13% | bis 2019	**88**
2014	Binger Scharlachberg Riesling Turm trocken **22,– €** | 13% | bis 2021	**90**
2014	Binger Riesling Quarzit feinherb **10,50 €** | 12,5% | bis 2018	**87**
2013	Binger Spätburgunder Mariage trocken Barrique **9,90 €** | 13% | bis 2017	**86**
2013	Binger Bubenstück Spätburgunder Turm trocken Barrique **24,50 €** | 13,5% | bis 2019	**88**

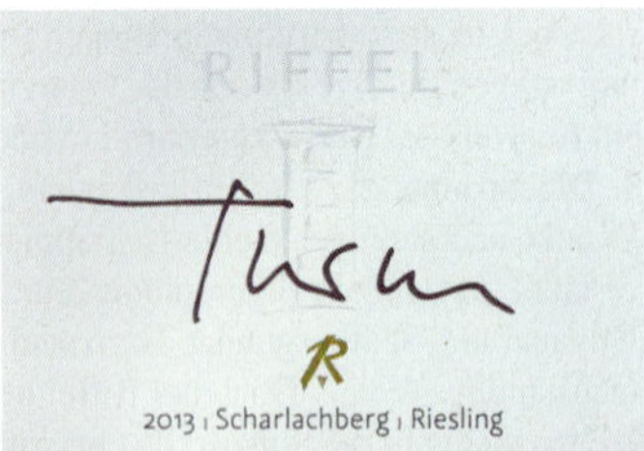

WEINGUT F. & C. ROLL

67596 Dittelsheim-Hessloch
Kloppbergstraße 36
☎ (0 62 44) 74 38 · Fax 77 51
info@weingut-roll.de
www.weingut-roll.de
Inhaber: Friedrich und Christian Roll

Verkauf: nach Vereinbarung

Typische Rebsortenweine sind die Spezialität von Friedrich und Christian Roll in Dittelsheim-Hessloch. Die Weine sind solide, wir sehen bei den Weißen auch eine leichte Steigerung zum Vorjahr – selbst wenn der Eindruck bleibt, dass hier das Potenzial noch nicht ausgeschöpft ist. Gute Ergebnisse erzielte der Betrieb beim Ausbau ausgewählter Weißer im Holzfass, etwa beim Dittelsheimer Leckerberg Riesling Edition und beim Dittelsheimer Pfaffenmütze Sauvignon Blanc. Dass in diesem Jahr keine Rotweine eingereicht wurden, ist schade – im vergangenen Jahr hatten sie uns gut gefallen.

Anzahl der verkosteten Weine: 8
Bewertungen: 82–84 Punkte

2014	Weißburgunder trocken **6,40 €**/1,0 Lit. | 12,5% | bis 2016	**82**
2014	Dittelsheimer Grüner Silvaner trocken **6,70 €** | 12,5% | bis 2016	**83**
2014	Dittelsheimer Weißburgunder trocken **7,80 €** | 12,5% | bis 2016	**83**
2014	Dittelsheimer Pfaffenmütze Sauvignon Blanc trocken Holzfass **9,30 €** | 12% | bis 2017	**84**
2014	Dittelsheimer Geyersberg Riesling Keep Cool trocken Holzfass **10,30 €** | 12,5% | bis 2016	**83**
2014	Dittelsheimer Leckerberg Grauburgunder trocken Barrique **10,30 €** | 13% | bis 2016	**83**
2014	Dittelsheimer Leckerberg Riesling Edition trocken Holzfass **10,30 €** | 12,5% | bis 2017	**84**
2014	Dittelsheimer Geyersberg Riesling Spätlese trocken **9,30 €** | 12% | bis 2017	**84**

Zeichenerklärung:
Schnäppchenpreis · Top 10 Spitzenreiter
Ökobetrieb · Trink-Tipp · Versteigerungswein
Sekt | Weißwein | Rotwein | Roséwein

WEINGUT RUPPERT-DEGINTHER

67596 Dittelsheim-Hessloch
Kämmererstraße 8
☎ (0 62 44) 2 92 · Fax 5 71 34
kontakt@ruppert-deginther.de
www.ruppert-deginther.de
Inhaber: Karl-Joachim Ruppert
Betriebsleiter: Justus Ruppert

Verkauf: nach Vereinbarung

Historie: Weinbau in der Familie seit 1854
Sehenswert: 157 Jahre alter Gutshof

Rebfläche: 28 Hektar
Jahresproduktion: 150.000 Flaschen
Beste Lagen: Hesslocher Liebfrauenberg und Mondschein, Bechtheimer Hasensprung, Westhofener Aulerde
Boden: Kalksteinverwitterung, Löss, Tonmergel, Fersiallit, Terra Fusca
Rebsorten: je 30% Burgundersorten und Riesling, je 10% Dornfelder und Müller-Thurgau, 20% übrige Sorten
Durchschnittsertrag: 65 hl/ha

Justus Ruppert arbeitet mit Verve daran, die Hesslocher Lagen weiter nach vorne zu bringen. Er ist felsenfest von deren Güte überzeugt und zieht das Potenzial insbesondere dank einer streng selektiven Handlese bei allen Orts- und Lagenweinen auch auf die Flasche. Doch aktuell zeigt Ruppert auch Experimentierfreude, etwa mit seiner neuen roten Cuvée Rot Wild im Stil einer Bordeauxcuvée. Das kommt bei den Konsumenten richtig gut an, weil die Frucht reif und saftig ist, der ellenlange Gerbstoff weich und samtig schmeckt. Neu ist auch der Chardonnay vom Weißen Stein, der vom kargen Kalkboden geprägt ist und zarte Feuersteinnoten hat. Die 2014er sind rundum gelungen – oft klappert fast schon gemahlener Kalkstein im Glas. Der trockene, kräutrige Riesling Weißer Stein lässt die Mineralien tanzen. Die Reben stehen auf einem ganz besonderen Gestein, wo laut Ruppert Eisenerz und eine Kalkader mit schlackeähnlichen Anteilen, die vermutlich vulkanischen Ursprungs sind, teils sogar verschmolzen. Der junge Aufsteiger lernte bei Klaus-Peter Keller in Flörsheim-Dalsheim und bekam durch intensive Weinbergsarbeit, aber auch durch gemeinsames Verkosten eine genaue Vorstellung davon, was einen Spitzenwein ausmacht. Das schmeckt man in der Tat durchaus!

Anzahl der verkosteten Weine: 10
Bewertungen: 84–87 Punkte

2013	Chardonnay Weißer Stein trocken	**12,60 €**	13%	bis 2016	**86**
2014	Weißburgunder Kabinett trocken	**6,65 €**	13,5%	bis 2016	**84**
2014	Hesslocher Silvaner Spätlese trocken	**7,40 €**	12%	bis 2017	**85**
2014	Bechtheimer Grauburgunder Spätlese trocken	**7,70 €**	12,5%	bis 2016	**84**
2014	Westhofener Riesling Spätlese trocken	**7,90 €**	11,5%	bis 2017	**85**
2014	Hesslocher Riesling Spätlese trocken	**8,10 €**	12%	bis 2017	**86**
2014	Riesling Weißer Stein Spätlese trocken	**16,40 €**	12,5%	bis 2019	**87**
2014	Riesling Weißer Stein Spätlese feinherb	**13,90 €**	11,5%	bis 2019	**86**
2012	Cuvée »Rot Wild« trocken	**15,30 €**	14%	bis 2016	**87**
2012	Bechtheimer Hasensprung Spätburgunder trocken	**16,60 €**	13,5%	bis 2018	**87**

WEINGUT RUSSBACH

55234 Eppelsheim · Alzeyer Straße 22
☎ (0 67 35) 96 03 02 · Fax 84 12
info@weingut-russbach.de
www.weingut-russbach.de
Inhaber und Betriebsleiter: Bernd Russbach

Verkauf: nach Vereinbarung

Rebfläche: 21,5 Hektar
Jahresproduktion: 185.000 Flaschen
Beste Lagen: Eppelsheimer Felsen, Flomborner Feuerberg
Boden: Kalkstein und Lösslehm
Rebsorten: 30% Burgunder, je 20% Riesling und Silvaner, je 10% Dornfelder, Müller-Thurgau und Sauvignon Blanc
Durchschnittsertrag: 87 hl/ha
Mitglied: Selection Rheinhessen

Bei Bernd Russbach, dem Triathleten unter den rheinhessischen Winzern, weiß man einfach, woran man ist. Der Mann hat beim Sport gelernt, worauf es ankommt: Geduld. Und die lässt er auch seinen Reben zukommen, die sich in seinen mineralisch-kühlen, kargen Lagen wie dem Eppelsheimer Felsen so richtig ins Zeug legen. Er ist einer der wenigen Winzer, die sich im Jahrgang 2013 noch steigern konnten. Aktuell bestätigt Russbach den letztjährigen Aufstieg souverän. Die Weine sind kühl, prägnant und sehnig. Einer unserer Lieblinge wie der Riesling Kalkstein schmeckt auch irgendwie lässig. Stimmige Gutsweine, sehr ansprechende Silvaner und Sauvignon Blancs. Der Riesling Morstein wird immer kalibrierter, mineralischer, tiefer. Der nach gerösteten Nüssen und Steinobst duftende, zart pikante Grauburgunder aus dem Flomborner Feuerberg ist noch präziser und durchtrainierter geworden, der Chardonnay Fumé zeigt Russbachs Ambitionen, sich noch mehr mit dem Ausbau im Holzfass zu beschäftigen. Sehr gelungene Weine mit dem richtigen Body-Mass-Index!

Anzahl der verkosteten Weine: 14
Bewertungen: 83–89 Punkte

2013	Eppelsheimer Felsen Sauvignon Blanc Sekt Brut Premium »sur lie« **22,– €** | 12,5% | bis 2016	**86**
2014	Riesling trocken **6,40 €**/1,0 Lit. | 12,5% | bis 2016	**83**
2014	Silvaner trocken Classic **6,50 €** | 12,5% | bis 2016	**84**
2014	Eppelsheimer Weißburgunder trocken **6,80 €** | 12,5% | bis 2017	**85**
2014	Eppelsheimer Sauvignon Blanc trocken **7,50 €** | 12% | bis 2017	**86**
2014	Grauburgunder trocken **7,80 €** | 12,5% | bis 2016	**84**
2014	Flomborner Feuerberg Grauburgunder trocken Alte Reben **9,90 €** | 12,5% | bis 2018	**87**
2014	Eppelsheimer Felsen Sauvignon Blanc Terra Fusca trocken »sur lie« **11,50 €** | 12,5% | bis 2018	**87**
2014	Westhofener Morstein Riesling trocken »sur lie« **12,50 €** | 12% | bis 2021	**88**
2014	Eppelsheimer Felsen Chardonnay Fumé trocken Holzfass **13,50 €** | 12,5% | bis 2019	**87**
2014	Eppelsheimer Felsen Silvaner trocken Selection »sur lie« **14,50 €** | 12,5% | bis 2019	**88**
2014	Westhofener Morstein Riesling trocken Selection »sur lie« **14,50 €** | 12,5% | bis 2021	**89**
2014	Eppelsheimer Felsen Riesling Kalkstein feinherb »sur lie« **12,50 €** | 12% | bis 2019	**87**
2013	Eppelsheimer Felsen Spätburgunder trocken Reserve Holzfass **12,50 €** | 13% | bis 2018	**86**

Die Betriebe:
Weltklasse · Deutsche Spitze
Sehr gut · Gut · Zuverlässig
Weitere Empfehlung

WEINGUT SANDER

67582 Mettenheim · In den Weingärten 11
☎ (0 62 42) 15 83 · Fax 65 89
info@sanderweine.de
www.sanderweine.de
Inhaber: Familie Sander
Betriebsleiter: Stefan Sander
Kellermeister: Stefan Sander

Verkauf: Familie Sander
Mo–Fr: 10.00–17.00 Uhr, Sa: 9.00–12.00

Historie: Großvater Otto Heinrich Sander war bereits in den 50er Jahren Pionier des ökologischen Weinbaus

Rebfläche: 31 Hektar
Jahresproduktion: 200.000 Flaschen
Beste Lagen: Mettenheimer Schlossberg und Michelsberg, Bechtheimer Geyersberg
Boden: Löss und Lehm, Sand und Schwemmland
Rebsorten: 30% Riesling, 18% Weißburgunder, je 10% Chardonnay, Sauvignon Blanc und Spätburgunder, 22% übrige Sorten
Durchschnittsertrag: 60 hl/ha
Mitglied: Naturland, Demeter, Message in a bottle

Das hübsche Etikett mit dem Marienkäfer ist kein Marketinggag, sondern vielmehr ein Symbol für die biodynamische Arbeitsweise. Die Umstellung nahm bereits Großvater Otto Heinrich vor mehr als 60 Jahren vor. Einst galt er als grüner Spinner, heute wird er als Pionier gewürdigt. Seinem Vorbild fühlen sich die nachfolgenden Generationen auf Deutschlands ältestem Bioweingut verpflichtet. Mit dem Jahrgang 2009 hatte Stefan Sander wohl die bis dato stärkste Kollektion seiner Karriere vorgelegt. Die nachfolgenden Jahrgänge bestätigten das. Ein Klassiker ist der Weißburgunder aus dem unverbauten Kleinod Michelsberg: salzig, burgundisch fein, zart cremig. Neu stellte uns Stefan Sander 2012er Spätburgunder und Riesling Lössterrassen vor. Beide bringen zum Ausdruck, welches Potenzial in der südlichen Rheinfront steckt. Nicht nur die beiden Lagen-Rieslinge zeigen zudem durch aufwendige Selektion in den Weinbergen Intensität und Zugkraft, sondern auch der Silvaner Alte Reben aus dem Mettenheimer Schlossberg, der bestens reift. Ganz knapp vor der dritten Traube.

Anzahl der verkosteten Weine: 10
Bewertungen: 83–88 Punkte

2014	Riesling trocken **7,70 €** | 12% | bis 2016	**83**
2014	Chardonnay trocken **10,90 €** | 13% | bis 2017	**85**
2014	Mettenheimer Riesling Lössterrassen trocken **10,90 €** | 12,5% | bis 2018	**86**
2014	Sauvignon Blanc trocken **10,90 €** | 12,5% | bis 2017	**86**
2014	Mettenheimer Schlossberg Silvaner trocken Alte Reben **12,90 €** | 12,5% | bis 2018	**87**
2014	Mettenheimer Michelsberg Weißburgunder trocken **13,90 €** | 13% | bis 2018	**87**
2014	Mettenheimer Michelsberg Riesling trocken **17,90 €** | 13% | bis 2019	**87**
2014	Mettenheimer Schlossberg Riesling trocken **22,50 €** | 13% | bis 2020	**88**
2012	Mettenheimer Spätburgunder Lössterrassen trocken **12,90 €** | 13,5% | bis 2017	**87**
2012	Mettenheimer Michelsberg Spätburgunder trocken **19,90 €** | 14% | bis 2017	**87**

WEINGUT SCHÄTZEL

55283 Nierstein · Oberdorfstraße 34
☎ (0 61 33) 55 12 · Fax 6 01 59
weingut@schaetzel.de
www.schaetzel.de
Inhaber und Betriebsleiter: Kai Schätzel
Außenbetrieb: Dr. Harald Kleisinger
Kellermeister: Kai Schätzel und
Dr. Harald Kleisinger

Verkauf: Caroline und Nanne Schätzel
nach Vereinbarung

Historie: Familie betreibt seit mehr als 650 Jahren Weinbau am Rhein
Sehenswert: 300 Jahre altes Gutshaus mit Probierstube, 700 Jahre alter Gewölbekeller mit klassischen Holzfässern
Erlebenswert: Traditionsstube »Schätzel KabiNett«, »SchätzelKino« im alten Kelterhaus, Veranstaltungsreihe »Tatort & Blutwurst«

Rebfläche: 10 Hektar
Jahresproduktion: 65.000 Flaschen
Beste Lagen: Niersteiner Pettenthal, Hipping, Ölberg und Heiligenbaum, Nackenheimer Rothenberg
Boden: roter Tonschiefer, Lehmlöss mit Kalkmergel
Rebsorten: 70% Riesling, 15% Silvaner, 8% Spätburgunder, 7% übrige Sorten
Durchschnittsertrag: 60 hl/ha
Mitglied: Roter Hang

Es war für uns 2013 in Rheinhessen die größte Steigerung eines Betriebes und auch in 2014 ist es Kai Schätzel gelungen, exemplarische Spannung, Ausdruck und Eleganz zu zeigen, bei teils sensationell niedrigem Alkoholgehalt – quasi die Quadratur des Kreises. Dabei werden Pettenthal und Hipping frühestens im März 2016 in der Verkauf gegeben: »Wir sehen unsere trockenen Lagenweine aus dem Roten Hang auf einem steinigen Entwicklungspfad. Dabei verzichten wir auf jegliche pubertäre Schminke und glauben an die Eleganz der perfekten Reife«, sagt Kai Schätzel. Nicht nur diese beiden Schlachtschiffe sind wahre Zeitschnecken. Schätzel gelingt es seit seiner Betriebsübernahme 2008, einen kühleren Stil zu entwickeln, der als Kontrapunkt zu brandigen und banal fruchtigen hiesigen Weinen zu verstehen ist. »Gas rausnehmen, ist das Stichwort!«, so Schätzel. »Jungfräuliche Fruchtigkeit und Schmelz können andere Bodentypen besser. Unsere Stärke ist Tiefgang und Mineralität.« Bereits mit der Basis stehen Riesling und Silvaner für Zug, Spannkraft und Trinkfreude. Die natursüßen Leichtgewichte im Kabinett- und Spätlesestil zeigen schiefertypische Spannkraft. »So fühlen wir uns manchmal mehr mit Mosel und Saar verwand als mit dem kalkigen Wonnegau«, sagt Schätzel, der beim Silvaner auf Bodenbezug setzt und grandiose Kabinettweine keltert: Sie sind ein Affront gegen die Weicheierweinwelt und markieren Selbstbewusstsein. Nur ganz knapp vor der vierten Traube!

Anzahl der verkosteten Weine: 13
Bewertungen: 83–91 Punkte

2014	Weißburgunder trocken	**84**
	8,50 € | 12% | bis 2016	
2014	Silvaner trocken	**85**
	8,50 € | 11% | bis 2017	
2014	Riesling trocken	**85**
	9,50 € | 11% | bis 2017	
2014	Niersteiner Riesling Reinschiefer trocken	**87**
	13,50 € | 11% | bis 2019	
2014	Niersteiner Silvaner trocken	**87**
	15,– € | 12% | bis 2018	
2014	Nackenheimer Silvaner trocken	**88**
	22,– € | 12% | bis 2019	
2014	Niersteiner Riesling Schloss trocken	**90**
	49,– €/1,5 Lit. | 11,5% | bis 2022	
2014	Niersteiner Ölberg Riesling trocken	**90**
	25,– € | 12% | bis 2021	
2014	Niersteiner Hipping Riesling trocken	**91**
	35,– € | 11% | bis 2022	
2014	Niersteiner Pettenthal Riesling trocken	**91**
	35,– € | 11,5% | bis 2022	
2014	Niersteiner Riesling Kabinett	**89**
	13,50 € | 8,5% | bis 2024	
2014	Niersteiner Riesling »P« Kabinett	**91**
Top 10	**99,– €**/1,5 Lit. | 7,5% | bis 2025	
2014	Reinrosé trocken	**83**
	7,50 € | 10,5% | bis 2016	

WEINGUT SCHEFFER

55576 Zotzenheim · Leimengasse 7
☎ (0 67 01) 74 27 · Fax 24 84
weingutscheffer@t-online.de
www.weingutscheffer.de
Inhaber und Kellermeister: Christoph Scheffer
Verwalter: Friedhelm Scheffer

Verkauf: nach Vereinbarung

Dies ist ein Familienbetrieb, der von 14 Hektar Rebbergen rund um Zotzenheim im westlichen Teil des Anbaugebietes bodenständige und süffige Weine keltert. Auch im Jahrgang 2014 lieferte man ordentliche Arbeit ab und stellt eine ganze Reihe sauberer Weine vor. Sehr gut gefallen hat uns der liebliche Gelbe Muskateller mit seiner differenzierten Aromatik. An der Spitze der Kollektion steht aber ein 2013er Chardonnay Reserve trocken. Die Weine probiert man am besten in der schmucken Vinothek des Weingutes.

Anzahl der verkosteten Weine: 11
Bewertungen: 83–85 Punkte

2014	Kerner trocken **3,60 €**/1,0 Lit. | 12,5% | bis 2016	**83**
2014	Scheurebe trocken **4,30 €** | 11,5% | bis 2016	**83**
2014	Riesling trocken Classic **4,60 €** | 12,5% | bis 2016	**83**
2014	Weißburgunder trocken **5,30 €** | 13% | bis 2016	**83**
2014	Grauburgunder trocken **5,50 €** | 13% | bis 2016	**83**
2014	Chardonnay trocken **5,60 €** | 12,5% | bis 2016	**83**
2013	Chardonnay trocken Reserve **9,60 €** | 12% | bis 2017	**85**
2014	Gelber Muskateller **5,60 €** | 9% | bis 2016	**84**
2014	Spätburgunder trocken Weißherbst **4,60 €** | 12,5% | bis 2016	**83**
2014	St. Laurent trocken Blanc de Noirs **4,90 €** | 12,5% | bis 2017	**84**
2013	St. Laurent trocken **7,80 €** | 13% | bis 2017	**84**

Zeichenerklärung:
Schnäppchenpreis · Top 10 Spitzenreiter
Ökobetrieb · Trink-Tipp · Versteigerungswein
Sekt · Weißwein · Rotwein · Roséwein

CHATEAU SCHEMBS

67550 Worms-Herrnsheim
Herrnsheimer Hauptstraße 1c
☎ (0 62 41) 5 20 56 · Fax 59 17 20
info@chateau-schembs.de
www.chateau-schembs.de
Inhaber: Arno Schembs
Betriebsleiter und Kellermeister: Arno Schembs
Außenbetrieb: Sebastian Rösch

Verkauf: Weinladen, Hauptstraße 52
Do–Fr: 15.00–19.00 Uhr, Sa: 10.00–14.00 Uhr

Sehenswert: Château Schembs im Dalbergschen Schloss, barocke Vinothek, toller Schlosskeller und -garten
Erlebenswert: Konzerte, Jazz und Klassik, Theater, »Thirsty Thursday«, Lesungen, So 17.00 Uhr

Rebfläche: 10 Hektar
Jahresproduktion: 60.000 Flaschen
Beste Lagen: Wormser Liebfrauenstift Kirchenstück, Osthofener Goldberg
Boden: Sandlöss, Flugsand, Löss
Rebsorten: 28% Spätburgunder, 20% Riesling, je 8% Dornfelder, St. Laurent und Weißburgunder, je 5% Chardonnay, Sauvignon Blanc und Schwarzriesling, 13% übrige Sorten
Durchschnittsertrag: 58 hl/ha

Hier ist ein starkes Stück originärer Weinkultur zu Hause. Und zwar gleich in mehrerlei Hinsicht: Zum einen sieht jede Flasche des pfiffigen Arno Schembs durch die handgeschrieben anmutenden Etiketten wie ein Unikat aus und zum anderen ist auch der Inhalt alles andere als ein Marketinggag! Schembs' Credo lautet: Ein Wein sollte bis zum letzten Tropfen spannend sein. Es geht nicht um das Schaulaufen, sondern um das Trinken! Dem stimmen wir vorbehaltlos zu – auch aktuell für den Jahrgang 2014. Denn Weinkultur heißt hier: Bereits der Guuuuutsriesling hat Kick und Delikatesse. Animierend und ursaftig ist auch die Scheurebe Süß & Lecker 2013 – und die Cuvée aus Rotem und Gelbem Muskateller erfrischt und belebt den Gaumen aufs Beste. Chateau Schembs bietet stilvolles Ambiente vom Allerfeinsten für Kunst, Kultur, Events und Wein. Eine spannende Liaison, die Arno Schembs durch seine aktuelle, so originelle wie lässige Kollektion prächtig anreichert.

Anzahl der verkosteten Weine: 10
Bewertungen: 84–87 Punkte

2012 Pinot Noir Sekt trocken Rosé **86**
14,50 € | 12% | bis 2016

2014 Guuuuutsriesling trocken **84**
7,50 € | 12,5% | bis 2016

2014 Roter & Gelber Muskateller trocken **85**
7,50 € | 12% | bis 2016

2014 Pinot Noir trocken Blanc de Noirs **84**
8,30 € | 12% | bis 2016

2014 Sauvignon Blanc trocken **85**
8,30 € | 12% | bis 2016

2014 Weiß- und Grauburgunder trocken **85**
10,– € | 12,5% | bis 2017

2014 Chardonnay Raw like Sushi trocken **86**
10,– € | 12% | bis 2017

2013 Wormser Liebfrauenstift Kirchenstück **87**
Riesling trocken Prestige
24,– € | 12,5% | bis 2019

2014 Scheurebe süß & lecker **85**
8,30 € | 9% | bis 2016

2012 Cuvée »Purple Jam« trocken **86**
10,– € | 12,5% | bis 2017

WEINGUT SCHERNER-KLEINHANSS

67592 Flörsheim-Dalsheim · Alzeyer Straße 10
☎ (0 62 43) 4 35 · Fax 56 65
info@scherner-kleinhanss.de
www.scherner-kleinhanss.de
Inhaber: Klaus Scherner
Kellermeister: Klaus Scherner

Verkauf: Monika Bank-Scherner
nach Vereinbarung

Das Weingut in Flörsheim-Dalsheim befindet sich seit 1726 in Familienbesitz. Klaus Scherner betreibt es in der neunten Generation. Nach seinem Studium in Geisenheim hatte er zwischendurch vier Jahre als Kellermeister in Kalifornien und British Columbia in Kanada gearbeitet. Im Süden Rheinhessens liegen seine Weinberge im Schutz des Donnersbergs, die Böden sind teils von Lösslehm, teils von Kalk, Quarz und Kies geprägt. Die Rieslinge des aktuellen Jahrgangs sind frisch und trinkfreudig. Der Sauvignon Blanc hat eine leise, aber dennoch sortentypische Aromatik von Paprika und Südfrüchten.

Anzahl der verkosteten Weine: 8
Bewertungen: 83–87 Punkte

2014 Riesling trocken **83**
5,70 €/1,0 Lit. | 12,5% | bis 2016

2014 Dalsheimer **83**
Weißer Burgunder trocken Holzfass
8,50 € | 13% | bis 2016

2014 Sauvignon Blanc trocken **84**
8,50 € | 13% | bis 2016

2014 Nieder-Flörsheimer Goldberg **84**
Riesling trocken
13,– € | 12,5% | bis 2017

2014 Dalsheimer Bürgel **84**
Riesling Spätlese trocken
8,50 € | 12% | bis 2017

2014 Dalsheimer Bürgel **83**
Riesling Kabinett feinherb
6,50 € | 10,5% | bis 2016

2014 Nieder-Flörsheimer Frauenberg **87**
Trockenbeerenauslese
30,– €/0,375 Lit. | 7% | bis 2024

2012 Monsheimer Rosengarten **83**
Blauer Spätburgunder Turmalin trocken Barrique
13,– € | 12% | bis 2017

Die Betriebe:
Weltklasse · Deutsche Spitze
Sehr gut · Gut · Zuverlässig
Weitere Empfehlung

WEINGUT SCHLOSSMÜHLENHOF

55234 Kettenheim · Kirchstraße 18
☎ (0 67 31) 4 34 59 · Fax 4 21 05
info@schlossmuehlenhof.de
www.schlossmuehlenhof.de
Inhaber: Walter und Nicolas Michel
Verwalter: Walter Michel
Kellermeister: Nicolas Michel

Verkauf: nach Vereinbarung

Walter und Gabriele Michel samt Sohn Nicolas bauen ihre Weine von 22 Hektar Rebfläche in Kettenheim südlich von Alzey aus. Der Betrieb liefert auch in diesem Jahr wieder eine solide Leistung ab. Schon die Basis-Rieslinge sind süffig und saftig. Bis zu den Lagenweinen hinauf ist die Steigerung im Portfolio klar nachvollziehbar. Ein besonderer Tipp für die Liebhaber von Aromasorten ist der Gelbe Muskateller: Er besticht mit Noten von Aprikose und Litschi – und das für einen sehr interessanten Preis.

Anzahl der verkosteten Weine: 14
Bewertungen: 82–85 Punkte

2014	Riesling trocken **5,– €**/1,0 Lit. | 12,5% | bis 2016	**83**
2014	Silvaner trocken **5,60 €** | 12,5% | bis 2016	**83**
2014	Riesling trocken **6,– €** | 13% | bis 2016	**83**
2014	Weißburgunder trocken **6,– €** | 13% | bis 2016	**83**
2014	Grauburgunder trocken **6,– €** | 13% | bis 2016	**84**
2014	Spätburgunder trocken Blanc de Noir **6,20 €** | 12,5% | bis 2016	**84**
2014	Sauvignon Blanc trocken **7,– €** | 12,5% | bis 2016	**82**
2014	Kettenheimer Grauburgunder trocken **7,50 €** | 13,5% | bis 2016	**84**
2014	Alzeyer Riesling Muschelkalk trocken **7,50 €** | 13% | bis 2017	**84**
2014	Alzeyer Wartberg Riesling trocken **8,– €** | 13% | bis 2017	**84**
2014	Kettenheimer Wartberg Riesling von der Mauer trocken **9,– €** | 13% | bis 2017	**85**
2014	Gelber Muskateller feinherb **6,– €** | 12% | bis 2017	**84**
2014	Alzeyer Riesling feinherb **8,– €** | 12,5% | bis 2016	**83**
2014	Cuvée »Classique« trocken Rosé **5,– €** | 13% | bis 2016	**83**

WEINGUT BÜRGERMEISTER ADAM SCHMITT

55278 Mommenheim · Gaustraße 19
☎ (0 61 38) 12 14 · Fax 82 56
weingut.b.a.schmitt@t-online.de
weingut-schmitt-mommenheim.de
Inhaber: Eckhard Höbel

Verkauf: Vinothek »Wilder Wein«, Rheinallee 32, 55118 Mainz
Mi–Fr: 16.00–19.00 Uhr, Sa: 13.00–17.00 Uhr

Das Weingut liegt in Mommenheim im Nordosten des Anbaugebietes zwischen Nierstein und Nieder-Olm. Es wurde übernommen von Eckhard Höbel, der es als ökologischen Betrieb führt (seit 1996 bei Ecovin). Ab dem Jahrgang 2014 sind alle Weine des Betriebs außerdem vegan. Die Weinberge verteilen sich auf verschiedene Gemeinden des Anbaugebietes, dazu bearbeitet Höbel auch den steilsten Weinberg am Rauenthaler Rotenberg im Rheingau, von dem der klasse Riesling Ungezähmt stammt. Ansonsten bereitete dem Betrieb der schwierige Weinjahrgang 2014 offenbar etwas Mühe.

Anzahl der verkosteten Weine: 9
Bewertungen: 83–85 Punkte

2014	Weißburgunder trocken Holzfass **5,– €**/1,0 Lit. | 12,5% | bis 2016	**83**
2014	Eppelsheimer Felsen Grüner Veltliner Lausbua trocken **5,80 €** | 12,5% | bis 2016	**84**
2014	Mommenheimer Grauburgunder trocken »sur lie« **7,50 €** | 12,5% | bis 2016	**83**
2014	Rauenthaler Rothenberg Riesling Ungezähmt trocken (Weingut Höbel, Rheingau) **8,– €** | 12,5% | bis 2017	**85**
2014	Cabernet Blanc Kabinett trocken »sur lie« **6,50 €** | 12% | bis 2016	**83**
2014	Riesling Spätlese trocken Abfüllerwein **5,50 €** | 11,5% | bis 2016	**83**
2014	Mommenheimer Weißburgunder Spätlese feinherb **7,50 €** | 12% | bis 2017	**84**
2014	Selzer Osterberg Riesling Auslese feinherb **9,90 €** | 12% | bis 2017	**83**
2013	Cuvée »Rheinhessenblut« trocken Holzfass **6,90 €**/1,0 Lit. | 12,5% | bis 2017	**83**

WEINGUT SCHMITT

55288 Spiesheim · Kirchstraße 24
☎ (0 67 32) 85 78 · Fax 93 06 15
info@weingutschmitt.com
www.weingutschmitt.com
Inhaber: Familie Schmitt
Betriebsleiter: Willi und Florian Schmitt
Kellermeister: Florian Schmitt

Verkauf: nach Vereinbarung

Das Familienweingut bewirtschaftet in der zweiten Generation 18 Hektar rund um Spiesheim, gelegen zwischen Alzey und Wörrstadt. Willi Schmitt und Sohn Florian liefern gut trinkbare Alltagsweine, alles ordentliche Tropfen zu sehr günstigen Preisen. Allerdings schien ihnen der Jahrgang 2014 etwas Probleme zu bereiten. Empfehlenswert sind trotzdem auch in diesem Jahr der trockene Riesling Qualitätswein, der Weißburgunder feinherb und Filius Octavus, die Cuvée aus Weißburgunder, Grauburgunder und Chardonnay.

Anzahl der verkosteten Weine: 12
Bewertungen: 82–84 Punkte

2014	Silvaner trocken **3,70 €**/1,0 Lit. | 12% | bis 2016	**82**
2014	Riesling trocken **4,70 €** | 12,5% | bis 2016	**84**
2014	Grauburgunder trocken **5,– €** | 12,5% | bis 2016	**83**
2014	Cuvée »Filius Octavus« trocken **5,10 €** | 12% | bis 2016	**84**
2014	Ensheimer Silvaner trocken **6,50 €** | 12,5% | bis 2016	**83**
2014	Rivaner feinherb **4,50 €** | 10,5% | bis 2016	**83**
2014	Weißburgunder feinherb **5,– €** | 12,5% | bis 2016	**84**
2014	Morio-Muskat lieblich **5,– €** | 11% | bis 2016	**83**
2014	Portugieser feinherb Rosé **4,50 €** | 12% | bis 2016	**83**
2013	Blauer Portugieser trocken **4,50 €** | 12,5% | bis 2016	**82**
2013	Regent trocken **5,10 €** | 13% | bis 2016	**83**
2013	Spätburgunder trocken **6,– €** | 12% | bis 2016	**83**

Die Weine:
100 Perfekt · **95–99** Überragend · **90–94** Exzellent
85–89 Sehr gut · **80–84** Gut · **75–79** Passabel

WEINGUT SCHMITT HERRNSHEIM

67550 Worms-Herrnsheim
Richard-Knies-Straße 87
☎ (0 62 41) 5 14 51 · Fax 9 58 13 40
info@schmitt-herrnsheim.de
www.schmitt-herrnsheim.de
Inhaber und Betriebsleiter: Volker Schmitt
Kellermeister: Volker Schmitt

Verkauf: nach Vereinbarung

Volker Schmitt mischt traditionelle mit internationalen Sorten und zeigt dabei Innovationsfreude: Mit der weißen Rebsorte Albariño trifft Spanien auf Rheinhessen. Die klare, zartwürzig unterlegte Fruchtigkeit ist frappierend. Die Rotweine steigern sich weiter. St. Laurent hat hier richtig Kick und Tiefe, bei der Edition Sylvain zeigt Schmitt, dass er bei Cabernet Sauvignon und Spätburgunder mit dem Barrique umgehen kann. Insgesamt eine sehr überzeugende Formensprache. Sollten die Weißen noch einen kleinen Tick zulegen, ist hier absolut noch mehr drin.

Anzahl der verkosteten Weine: 12
Bewertungen: 82–86 Punkte

2014	Herrnsheimer Schloss Feltgenhof Edition trocken Cuvée **6,50 €** | 12,5% | bis 2016	**83**
2014	Herrnsheimer Schloss Silvaner trocken **9,50 €** | 13,5% | bis 2016	**84**
2014	Herrnsheimer Schloss Albarino trocken **9,50 €** | 12,5% | bis 2017	**85**
2014	Herrnsheimer Riesling **4,50 €**/1,0 Lit. | 12% | bis 2016	**82**
2013	Herrnsheimer Schloss Spätburgunder trocken Holzfass **6,30 €** | 13% | bis 2016	**83**
2013	Herrnsheimer Schloss St. Laurent trocken Holzfass **6,50 €** | 13% | bis 2016	**83**
2012	Herrnsheimer Schloss Merlot trocken Premium Barrique **11,50 €** | 14% | bis 2016	**85**
2012	Herrnsheimer Schloss Cuvée »Unikat« trocken Barrique **16,50 €** | 13,5% | bis 2016	**85**
2012	Herrnsheimer Schloss St. Laurent The Saint trocken Premium Barrique **24,– €** | 13,5% | bis 2016	**86**
2013	Herrnsheimer Schloss Cabernet Sauvignon Sylvain Edition trocken Premium **29,– €** | 13,5% | bis 2019	**85**
2013	Herrnsheimer Schloss Spätburgunder Sylvain Edition trocken Premium Barrique **35,– €** | 13,5% | bis 2019	**86**

WEINGUT GEORG ALBRECHT SCHNEIDER

55283 Nierstein · Wilhelmstraße 6
☎ (0 61 33) 56 55 · Fax 54 15
info@schneider-nierstein.de
www.schneider-nierstein.de
Inhaber: Ursula und Steffen Müller
Kellermeister: Steffen Müller

Verkauf: nach Vereinbarung

Rebfläche: 15 Hektar
Jahresproduktion: 90.000 Flaschen
Beste Lagen: Niersteiner Hipping, Ölberg, Orbel und Pettenthal
Boden: roter Tonschiefer, Lösslehm, Kalkmergel
Rebsorten: 52% Riesling, 17% Müller-Thurgau, je 8% rote Sorten, Silvaner und Weißburgunder, 7% übrige Sorten
Durchschnittsertrag: 65 hl/ha
Mitglied: Roter Hang

Nachdem Albrecht Schneider weit über 40 Jahre mit Passion Wein gemacht hatte, war 2010 der letzte Jahrgang unter seiner alleinigen Federführung. 2011 traten Tochter Ursula und ihr Mann Steffen Müller, der selbst ein Weingut in Nierstein-Schwabsburg besitzt und Winzer mit Herzblut ist, in seine Fußstapfen. Mit Erfolg. Die letzten Jahrgänge sind allesamt gelungen, nunmehr stehen vor allem die trockenen Weine im Fokus neben verlängerten Maischestandzeiten und Spontangärung. Bereits der trockene Riesling vom Kalk ist nicht nur irgendwie cool und saftig, sondern auch leicht salzig und pikant – prächtig für 7,90 Euro. Neben dem kalibrierten, gelbfleischigen Hipping schätzen wir den trockenen Riesling Spätlese aus dem Hummerthal, einem besonders steinigen Filetstück des Paterbergs, mit angestammter Würze und Noten von rosa Grapefruit und Zitrus. Die Alkoholwerte sind absolut moderat, die Preise stimmen: So macht uns Roter Hang Spaß!

Anzahl der verkosteten Weine: 12
Bewertungen: 82–88 Punkte

2013	Riesling Sekt Brut **9,30 €** | 11,5% | bis 2016	**85**
2014	Niersteiner Spiegelberg Riesling trocken **5,90 €**/1,0 Lit. | 11,5% | bis 2016	**82**
2014	Weißburgunder trocken **6,10 €** | 12,5% | bis 2016	**83**
2014	Grauburgunder trocken **6,10 €** | 12,5% | bis 2016	**83**
2014	Sauvignon Blanc trocken **6,30 €** | 11,5% | bis 2016	**84**
2014	Riesling vom Kalk Kabinett trocken **7,90 €** | 12,5% | bis 2017	**85**
2014	Riesling vom Rotliegenden Spätlese trocken **7,90 €** | 12,5% | bis 2017	**85**
2013	Niersteiner Hipping Riesling Spätlese trocken **11,50 €** | 12% | bis 2017	**86**
2013	Riesling Hummerthal Spätlese trocken **11,50 €** | 12% | bis 2020	**87**
2014	Niersteiner Hipping Riesling Berg Spätlese trocken **17,50 €** | 13% | bis 2018	**87**
2013	Niersteiner Hipping Riesling Berg Spätlese trocken **17,50 €** | 12% | bis 2020	**88**
2014	Niersteiner Hipping Riesling Spätlese **7,90 €** | 8% | bis 2022	**86**

Die Betriebe:
Weltklasse · Deutsche Spitze
Sehr gut · Gut · Zuverlässig
Weitere Empfehlung

WEINGUT MIRJAM SCHNEIDER

55129 Mainz-Hechtsheim
Klein-Winternheimer Weg 6
☎ (0 61 31) 5 96 78 · Fax 9 72 88 04
info@schneider-weingut.com
www.schneider-weingut.com
Inhaber und Betriebsleiter: Lothar und Mirjam Schneider
Außenbetrieb: Marc Schühle

Verkauf: Mirjam Schneider
Mo–Di, Do–Fr: 9.00–12.00 Uhr · 14.00–18.00 Uhr
Mi: 9.00–12.00 Uhr, Sa: 8.30–14.00 Uhr und nach Vereinbarung

Mirjam Schneider bietet eine enorme Bandbreite! Der Merlot ist selbst im für diese Sorte gewiss nicht einfachen Jahrgang 2010 von souveräner Güte. Kein Wunder, nach der Ausbildung zur Technikerin für Weinbau und Önologie ging Mirjam Schneider für ein halbes Jahr nach Neuseeland und ließ sich vom Ausbau im Barrique inspirieren. In der Tat beweist Mirjam Schneider nicht nur Talent für den Holzfassausbau, sondern zeigt auch bei geradlinigen Weißweinen von Scheurebe über Silvaner bis zum ausgereizten Riesling Pettenthal, was alles in ihr steckt.

Anzahl der verkosteten Weine: 15
Bewertungen: 82–87 Punkte

2013	Gau-Bischofsheimer Kellersberg Pinot Sekt Brut nature **11,40 €** | 13% | bis 2016	**86**
2014	Gau-Bischofsheimer Merlot trocken Blanc de Noirs **** **7,60 €** | 13% | bis 2016	**84**
2014	Laubenheimer Sauvignon Blanc Wirbelwind trocken **** **7,80 €** | 12,5% | bis 2016	**84**
2014	Laubenheimer Scheurebe Distelfink trocken **** **7,80 €** | 12,5% | bis 2016	**85**
2014	Laubenheimer Edelmann Silvaner trocken ***** **10,40 €** | 13% | bis 2017	**85**
2014	Laubenheimer Edelmann Riesling trocken ***** **13,10 €** | 13% | bis 2017	**86**
2014	Niersteiner Pettenthal Riesling trocken ***** **26,– €** | 13% | bis 2019	**87**
2011	Gau-Bischofsheimer Spätburgunder trocken Holzfass **** **8,60 €** | 13,5% | bis 2016	**84**
2012	Gau-Bischofsheimer Kellersberg Spätburgunder trocken Barrique ***** **17,40 €** | 13,5% | bis 2016	**86**

WEINGUT SCHÖNHALS

55234 Biebelnheim · Hauptstraße 23
☎ (0 67 33) 96 00 50 · Fax 96 00 52
schoenhals@weingut-schoenhals.de
www.weingut-schoenhals.de
Inhaber: Eugen Schönhals
Kellermeister: Martin Knab

Verkauf: nach Vereinbarung

Eugen Schönhals und sein Kellermeister Martin Knab haben auch beim aktuellen Jahrgang wieder eine gute Performance hingelegt. Die Weine des Betriebs, in dem seit 1988 ökologischer Weinbau betrieben wird, präsentieren sich sehr harmonisch und saftig, aber dennoch von herber Eleganz. Gute Bespiele sind Klassiker wie der Riesling trocken Selection »S« mit Aromen von Apfel, Quitte und gelben Früchten oder der cremig-schmelzige Weißburgunder trocken »S«. Aber auch der holzgereifte Crescendo Rondo aus der seltenen Sorte Cabertin begeistert erneut. Grundsätzlich ist eine Steigerung zum Vorjahr deutlich sichtbar, weiter so!

Anzahl der verkosteten Weine: 10
Bewertungen: 84–85 Punkte

2012	Riesling Sekt Brut **11,80 €** | 12% | bis 2016	**85**
2014	Weißburgunder trocken **6,– €** | 12% | bis 2016	**84**
2014	Spätburgunder trocken Blanc de Noirs **7,50 €** | 12,5% | bis 2016	**84**
2014	Weißburgunder »S« trocken **8,80 €** | 12,5% | bis 2016	**84**
2014	Riesling »S« trocken Selection **8,80 €** | 12,5% | bis 2017	**85**
2013	Saphira »S« trocken **9,40 €** | 13,5% | bis 2016	**84**
2013	Pinot Blanc »S« trocken »sur lie« **12,40 €** | 13% | bis 2017	**84**
2014	Riesling Steine Kabinett trocken **6,– €** | 11,5% | bis 2016	**84**
2013	Cuvée »Crescendo« Rondo Cabertin trocken Holzfass **12,80 €** | 13,5% | bis 2017	**85**
2013	Pinot Noir »S« trocken Barrique **14,50 €** | 14% | bis 2018	**85**

Rote Symbole:
Diese Betriebe verdienen in ihrer Klasse besondere Aufmerksamkeit

WEINGUT DR. SCHREIBER

67550 Worms-Abenheim · Fronstraße 34
☎ (0 62 42) 22 75 · Fax 6 00 32
info@weingutschreiber.de
www.weingutschreiber.de
Inhaber: Dr. Andreas Schreiber

Verkauf: nach Vereinbarung

Bei Dr. Schreiber kommen Freunde eines reiferen, geschmeidigeren Stils auf ihre Kosten. Als Mitglied der Wormser Winzergruppe Vinovation macht sich Dr. Andreas Schreiber für das Image des Wormser Weins stark. Seine Botschafter hierfür sind delikate Rieslinge, allen voran der Kapellenstück Riesling »S« mit feinen Zitrusnoten und kräftiger Säure. Auch die Rotweine wie der Spätburgunder Exclusive und der Portugieser von alten Reben sind würdige Vertreter ihrer Herkunft. Wer es fruchtig und aromatisch mag, kommt ebenfalls auf seine Kosten, etwa mit dem herrlich frischen Spätburgunder Blanc de Noirs oder dem eigenwillig floral-exotischen Gelben Muskateller.

Anzahl der verkosteten Weine: 12
Bewertungen: 83–85 Punkte

2014	Riesling trocken **5,– €**/1,0 Lit. | 12,5% | bis 2016	**83**
2014	Sauvignon Blanc trocken **6,50 €** | 12,5% | bis 2016	**84**
2014	Herrnsheimer Weißburgunder »S« trocken **7,– €** | 12,5% | bis 2016	**84**
2014	Osthofener Sauvignon Blanc »S« trocken **7,– €** | 12,5% | bis 2016	**84**
2014	Abenheimer Kapellenstück Riesling »S« trocken **9,– €** | 13% | bis 2017	**85**
2014	Abenheimer Klausenberg Grauburgunder »S« trocken **10,– €** | 13% | bis 2017	**85**
2014	Spätburgunder feinherb Blanc de Noirs **5,50 €** | 11,5% | bis 2016	**84**
2014	Riesling Edition **6,50 €** | 11% | bis 2017	**84**
2014	Gelber Muskateller **8,– €** | 11% | bis 2017	**85**
2014	Abenheimer Klausenberg Merlot feinherb Rosé **6,– €** | 11,5% | bis 2016	**83**
2013	Spätburgunder Exclusive trocken **7,– €** | 12,5% | bis 2017	**85**
2013	Portugieser Select trocken Alte Reben **9,– €** | 13,5% | bis 2017	**84**

WEINGUT ARNO SCHRÖDER

55234 Wahlheim · Alzeyer Straße 42
☎ (0 67 31) 4 33 22
info@schroeder-wein.de
www.schroeder-wein.de
Inhaber und Betriebsleiter: Arno und Patrick Schröder
Kellermeister: Patrick Schröder

Verkauf: nach Vereinbarung

Der Aufsteiger Patrick Schröder vom Kühlen Grund in Wahlheim überzeugt uns eigentlich jedes Jahr. Dabei legt sich Schröder bereits bei den ungemein preisgünstigen Gutsweinen, quasi seiner Visitenkarte, stets so richtig ins Zeug. Der Chardonnay »S« ist für 6,10 Euro ein veritabler Tipp, doch auch Riesling und Grauburgunder sind wirklich günstig zu haben. Der Alkoholgehalt ist insgesamt moderater geworden, was den Weinen gut zu Gesicht steht. Starker, mineralischer trockener Riesling aus dem Alzeyer Rotenfels. Die Rotweine können uns indes nicht so ganz begeistern.

Anzahl der verkosteten Weine: 7
Bewertungen: 83–86 Punkte

2014	Riesling trocken **5,– €** | 12,5% | bis 2016	**83**
2014	Grauburgunder trocken **5,10 €** | 13% | bis 2016	**83**
2014	Chardonnay »S« trocken **6,50 €** | 13% | bis 2016	**84**
2014	Alzeyer Rotenfels Riesling trocken **9,90 €** | 13% | bis 2017	**86**
2014	Riesling feinherb **4,90 €** | 12% | bis 2016	**83**
2014	Merlot feinherb Rosé **4,60 €** | 11,5% | bis 2016	**83**
2012	Cabernet Dorsa »R« trocken **8,20 €** | 14,5% | bis 2016	**84**

Zeichenerklärung:
Schnäppchenpreis · Top 10 Spitzenreiter
Ökobetrieb · Trink-Tipp · Versteigerungswein
Sekt Weißwein Rotwein Roséwein

WEINGUT SCULTETUS-BRÜSSEL

67595 Bechtheim · Winzerstraße 15
☎ (0 62 42) 70 48 · Fax 70 77
mail@weingut-scultetus-bruessel.de
www.weingut-scultetus-bruessel.de
Inhaber: Dieter und Janine Brüssel

Verkauf: Janine Brüssel
Mo, Mi, Fr: 8.00–12.00 Uhr · 13.00–18.00 Uhr
Sa: 9.00–16.00 Uhr und nach Vereinbarung

Das Weingut Scultetus-Brüssel ist ein echter Familienbetrieb. Verantwortlich für die Weine und die Organisation sind die beiden Weinbautechniker Dieter Brüssel und Tochter Janine. Tatkräftig unterstützt werden sie von Ehefrau Martina Brüssel sowie der jüngeren Tochter Jasmin, Diplomingenieurin für Weinbau und Önologie. Die Kollektion aus dem nicht einfachen Jahrgang 2014 ist nicht homogen ausgefallen. Es gibt allerdings einige Spitzenweine, etwa den trockenen Gewürztraminer mit seiner typischen Aromatik. Auch der trockene Bechtheimer Riesling hat uns sehr gut gefallen und die Weißburgunder Beerenauslese aus dem Barrique ist ein interessantes Experiment.

Anzahl der verkosteten Weine: 11
Bewertungen: 82–86 Punkte

2014	Grüner Silvaner trocken **4,80 €** | 12% | bis 2016	**82**
2014	Spätburgunder trocken Blanc de Noirs **4,80 €** | 12% | bis 2016	**83**
2014	Riesling trocken **5,20 €** | 12% | bis 2016	**83**
2014	Grauburgunder trocken **6,10 €** | 12,5% | bis 2016	**82**
2014	Weißburgunder trocken **6,10 €** | 13% | bis 2016	**83**
2014	Gewürztraminer trocken **6,10 €** | 12,5% | bis 2017	**85**
2014	Bechtheimer Riesling »JJ« trocken **8,50 €** | 12,5% | bis 2017	**85**
2014	Bechtheimer Geyersberg Riesling trocken **11,50 €** | 12,5% | bis 2017	**84**
2014	Bechtheimer Geyersberg Weißburgunder Lumi Beerenauslese Barrique **19,50 €** | 11% | bis 2017	**86**
2013	Bechtheimer Spätburgunder »JJ« trocken Barrique **8,50 €** | 13% | bis 2017	**84**
2013	Bechtheimer Stein Spätburgunder trocken Barrique **13,50 €** | 13% | bis 2016	**83**

WEINGUT SEEBRICH

55283 Nierstein · Schmiedgasse 3–5
☎ (0 61 33) 6 01 50 · Fax 6 01 65
kontakt@weingut-seebrich.de
www.weingut-seebrich.de
Inhaber: Heinrich und Jochen Seebrich
Kellermeister: Jochen Seebrich

Verkauf: nach Vereinbarung

Historie: Weingut wurde 1783 gegründet und ist seitdem in Familienbesitz
Sehenswert: altes Kellergewölbe, Holzfasskeller

Rebfläche: 15 Hektar
Jahresproduktion: 120.000 Flaschen
Beste Lagen: Niersteiner Heiligenbaum, Ölberg, Kranzberg und Hipping
Boden: Lösslehm, rotliegender Tonschiefer, Kalk
Rebsorten: 40% Riesling, 16% Grauburgunder, 10% Müller-Thurgau, 8% Spätburgunder, 7% Dornfelder, 5% Weißburgunder, 4% Sauvignon Blanc, 10% übrige Sorten
Durchschnittsertrag: 74 hl/ha
Mitglied: Roter Hang

Jochen Seebrich hat einen ganz eigenen Stil, den er immer weiter steigert: Er schätzt filigrane Fruchtigkeit, die so differenziert wie erfrischend ist. Seine gelungenen 2013er waren geradlinig, mit Schwung und Klarheit. Das gilt auch aktuell. Nach wie vor ist der trockene Riesling Kabinett Roter Schiefer einer unserer Lieblinge: ein flotter Flitzer mit zart exotisch anklingender Frucht und Delikatesse. Ein Spaßwein par excellence. Er stimmt sozusagen ein auf die kalibrierten, trockenen Lagenrieslinge mit dem puristischen Niersteiner Schloss Schwabsburg an der Spitze. Hier zeigt Jochen Seebrich sein ganzes Können. In der Spitze finden wir die 2014er sogar noch gelungener: Sie schmecken komplexer und intensiver – und auch der trockene Grauburgunder Trutzturm aus dem Paterberg hat jede Menge Extrakt und Aromatik. Ob indes die beiden Rieslinge Niersteiner Hipping Steilhang und Niersteiner Kranzberg Mathildengarten wirklich noch als Auslese trocken firmieren sollten, steht auf einem ganz anderen Blatt.

Die Weine:
100 Perfekt · **95–99** Überragend · **90–94** Exzellent
85–89 Sehr gut · **80–84** Gut · **75–79** Passabel

Anzahl der verkosteten Weine: 12
Bewertungen: 82–88 Punkte

Jahrgang	Wein	Punkte
2014	Riesling trocken **7,– €**/1,0 Lit. | 12,5% | bis 2016	82
2014	Niersteiner Weißburgunder trocken **7,80 €** | 12% | bis 2016	83
2014	Sauvignon Blanc **8,30 €** | 12% | bis 2016	84
2014	Niersteiner Paterberg Grauburgunder Trutzturm trocken **14,90 €** | 13,5% | bis 2018	86
2014	Niersteiner Schloss Schwabsburg Riesling trocken **19,– €** | 12,5% | bis 2020	88
2014	Niersteiner Riesling Roter Schiefer Kabinett trocken **7,80 €** | 12% | bis 2016	85
2014	Niersteiner Ölberg Riesling Spätlese trocken **8,90 €** | 12% | bis 2017	85
2014	Niersteiner Kranzberg Riesling Mathildengarten Auslese trocken **11,90 €** | 12,5% | bis 2019	87
2014	Niersteiner Hipping Riesling Steilhang Auslese trocken **14,90 €** | 13% | bis 2019	86
2014	Niersteiner Hipping Riesling Spätlese feinherb **9,10 €** | 12% | bis 2020	85
2014	Niersteiner Hipping Riesling Spätlese **8,90 €** | 8,5% | bis 2024	87
2014	Niersteiner Hipping Riesling Auslese **12,70 €** | 7,5% | bis 2026	87

WEINGUT SEEHOF FAMILIE FAUTH

67593 Westhofen · Seegasse 20
☎ (0 62 44) 49 35 · Fax 90 74 65
info@weingut-seehof.de
www.weingut-seehof.de
Inhaber: Ernst, Ruth und Florian Fauth
Kellermeister: Florian Fauth

Verkauf: Familie Fauth
Mo–Fr: 9.00–12.00 Uhr · 13.00–18.00 Uhr
Sa: 9.00–12.00 · 13.00–16.00 Uhr
nach Vereinbarung

Gästezimmer: mit Frühstück
Historie: 1.200 Jahre alter Seehof
Sehenswert: Seebach entspringt direkt hinter dem Haus, wasserstärkste Quelle Rheinhessens; 400 Jahre altes Gewölbe

Rebfläche: 16,5 Hektar
Jahresproduktion: 75.000 Flaschen
Beste Lagen: Westhofener Kirchspiel, Morstein und Steingrube
Boden: Kalksteinmergel, Lösslehm, Tonmergel
Rebsorten: 32% Riesling, 28% weiße Burgundersorten, 9% Müller-Thurgau, je 7% Scheurebe, Silvaner und Spätburgunder, 10% übrige Sorten
Durchschnittsertrag: 71 hl/ha
Mitglied: Message in a bottle

Florian Fauth ist nicht nur ein Meister der Scheurebe. Geradezu selbstverständlich zaubert auch in 2014 die trockene Westhofener Scheurebe Vom Kalkstein für 7,20 Euro ein Lächeln ins Gesicht und lässt die Kreditkarte nicht ächzen: duftig, gradlinig, vital, jenseits von klebrigen, pappsüßen Pendants. Doch wir schätzen bei Fauth insbesondere auch das Mittelsegment etwa vom Riesling oder dem Weißburgunder: Die kühle Finesse klingt hier bereits an. Ungemein gesteigert hat sich Fauth in der Spitze bei seinem trockenen Riesling Alte Reben aus dem Morstein: Feuerstein, Rauch, Salzigkeit und differenzierte gelbe Früchte. Ein Wein, der von Kennern auch deshalb geschätzt wird, weil er sich dem poppigen Trendwahn rigoros widersetzt und auf eine fast schon provokante Eleganz setzt, die sich nicht auf den ersten Schluck, sondern oft gerade erst nach einigen Jahren der wohlverdienten Reife erschließt. Fauth, der bei Dr. Wehrheim und Mosbacher gelernt hat, versteht eben in der Tat sein Handwerk!

Anzahl der verkosteten Weine: 12
Bewertungen: 84–90 Punkte

2014 Riesling trocken **84**
6,10 € | 12% | bis 2016

2014 Westhofener Scheurebe vom Kalkstein trocken **86**
7,20 € | 12,5% | bis 2017

2014 Westhofener Auxerrois vom Kalkstein trocken **84**
7,40 € | 12,5% | bis 2016

2014 Westhofener Weißburgunder vom Kalkstein trocken **85**
7,80 € | 13% | bis 2017

2014 Westhofener Riesling vom Kalkstein trocken **86**
8,20 € | 12,5% | bis 2017

2014 Westhofener Morstein Riesling trocken **87**
12,80 € | 13% | bis 2019

2014 Westhofener Kirchspiel Riesling trocken **87**
13,90 € | 13% | bis 2019

2014 Westhofener Morstein Weißburgunder »R« trocken **88**
14,50 € | 13,5% | bis 2019

2014 Westhofener Steingrube Riesling trocken **88**
18,90 € | 12,5% | bis 2020

2014 Westhofener Morstein Riesling trocken Alte Reben **90**
24,50 € | 13% | bis 2022

2014 Westhofener Morstein Riesling Kabinett **86**
7,20 € | 9% | bis 2020

2013 Westhofener Spätburgunder vom Kalkstein trocken **85**
9,80 € | 13% | bis 2016

WEINGUT UWE SPIES

67596 Dittelsheim-Hessloch · Hauptstraße 26
☎ (0 62 44) 74 16 · Fax 5 75 00
info@weingut-spies.de
www.weingut-spies.de
Inhaber: Ingrid und Uwe Spies
Kellermeister: David Spies

Verkauf: nach Vereinbarung

Das 15 Hektar große und in Dittelsheim-Hessloch im Wonnegau gelegene Weingut von Uwe Spies ist mit Sohn David seit einigen Jahren auf Erfolgskurs. David Spies, von dem man künftig sicher noch einiges hören wird, hat uns zuletzt mit einer harmonischen, sehr ausgewogenen Weinlinie beeindruckt. Ein Hektar Weinberge im Dittelsheimer Kloppberg wird aktuell rekultiviert und eine Parzelle konnte im Westhofener Morstein gepachtet werden. Die 2014er sind eine Bank. Sie stecken voller Spiel und Saftigkeit. Die Gutsweine schmecken durchweg reintönig, eher fruchtbetont und harmonisch. Der Silvaner aus der Pfaffenmütze packt kraftvoll am Gaumen zu, während der Lagenriesling aus dem Leckerberg eine ganz besondere Würze und Ausdruckskraft erreicht. Eine gradlinige, durchaus überzeugende Weinsprache!

Anzahl der verkosteten Weine: 10
Bewertungen: 82–86 Punkte

2014 Riesling trocken **82**
4,80 €/1,0 Lit. | 11,5% | bis 2016

2014 Weißburgunder trocken **84**
5,50 € | 12,5% | bis 2016

2014 Grüner Silvaner trocken **84**
5,80 € | 11,5% | bis 2016

2014 Dittelsheimer Grauburgunder trocken **84**
6,– € | 13% | bis 2016

2014 Dittelsheimer Sauvignon Blanc trocken **85**
6,60 € | 12% | bis 2017

2014 Dittelsheimer Riesling trocken **84**
7,– € | 12% | bis 2017

2014 Dittelsheimer Grauburgunder »S« trocken **84**
7,60 € | 13% | bis 2017

2014 Dittelsheimer Pfaffenmütze Silvaner trocken **86**
11,30 € | 12,5% | bis 2018

2014 Dittelsheimer Leckerberg Riesling trocken **86**
12,30 € | 12,5% | bis 2019

2012 Dittelsheimer Geiersberg Spätburgunder trocken Barrique **86**
11,30 € | 13% | bis 2017

WEINGUT SPIESS RIEDERBACHERHOF

67595 Bechtheim · Gaustraße 2
☎ (0 62 42) 76 33 · Fax 64 12
info@spiess-wein.de
www.spiess-wein.de
Inhaber: Jürgen, Johannes und Christian Spiess
Betriebsleiter: Jürgen Spiess
Verwalter: Christian Spiess
Kellermeister: Johannes Spiess

Verkauf: Familie Spiess
Mo–Fr: 8.00–12.00 Uhr · 13.00–18.00 Uhr
Sa: 8.00–18.00 Uhr, So: nach Vereinbarung

Historie: Weinbau der Familie seit 1509
Sehenswert: Barriquekeller mit Säulen, Sektgewölbe, Kirschholz-Probierzimmer, neuer Kreuzgewölbekeller

Rebfläche: 29 Hektar
Jahresproduktion: 210.000 Flaschen
Beste Lagen: Bechtheimer Hasensprung, Rosengarten und Geyersberg
Boden: Lösslehm, Lössmergel
Rebsorten: 29% Riesling, 19% Weißburgunder, 11% Spätburgunder, 8% Dornfelder, je 6% Chardonnay und St. Laurent, 5% Grauburgunder, 16% übrige Sorten
Durchschnittsertrag: 62 hl/ha
Mitglied: Fair'n Green

Der Trend zeigt deutlich aufwärts auf diesem renommierten Gut, das als erstes rheinhessisches Weingut Mitglied im Verein Fair'n Green ist, der neue Standards für nachhaltigen Weinbau setzt. Mit Johannes und Christian Spiess sowie Christians Freundin Sina Steinfurth hat die nächste Generation das Ruder übernommen, feilt weiter insbesondere an der Eleganz von weißen Burgundersorten, Riesling und Spätburgunder. Dieses Engagement trägt reife Früchte: Chardonnay und Weißburgunder »R« werden immer frischer und präziser, der 2013er Spätburgunder aus dem Bechtheimer Hasensprung markiert einen neuen Höhepunkt. Dazu sind die Gutsweine stets eine sichere Bank. So kommt etwa der Grauburgunder-Gutswein ohne Umschweife zur Sache: zart rauchig, sanft exotisch, alles andere als plump. Dieser Bechtheimer Familienbetrieb hat echtes Wohlfühlambiente geschaffen, etwa mit einem sehenswerten Barriquekeller. Johannes hat bei Keller in Flörsheim-Dalsheim sowie bei Knipser in der Pfalz gelernt, sein Bruder Christian bei Wagner-Stempel und Philipp Kuhn. Wir loben auch aktuell die gestiegene Zugkraft und Finesse, die Kellermeister Johannes Spiess so sehr schätzt. Die dritte Traube rückt näher!

Anzahl der verkosteten Weine: 12
Bewertungen: 83–89 Punkte

2014	Riesling trocken	**6,30 €**	12%	bis 2016	**83**
2014	Grauburgunder trocken	**8,10 €**	13%	bis 2016	**84**
2014	Chardonnay »S« trocken	**10,60 €**	13%	bis 2017	**85**
2014	Bechtheimer Riesling trocken	**11,90 €**	12,5%	bis 2017	**85**
2014	Bechtheimer Heiligkreuz Riesling trocken	**16,– €**	12,5%	bis 2020	**86**
2014	Bechtheimer Rosengarten Riesling trocken	**21,– €**	13%	bis 2020	**87**
2014	Bechtheimer Geyersberg Riesling trocken	**21,– €**	13%	bis 2021	**88**
2014	Weißburgunder »R« trocken	**25,– €**	13,5%	bis 2019	**88**
2014	Chardonnay »R« trocken	**25,– €**	13%	bis 2020	**89**
2014	Rieslaner Spätlese	**6,90 €**	8,5%	bis 2022	**86**
2013	Bechtheimer Spätburgunder trocken	**12,50 €**	13%	bis 2017	**86**
2013	Bechtheimer Hasensprung Spätburgunder trocken	**21,90 €**	13,5%	bis 2018	**89**

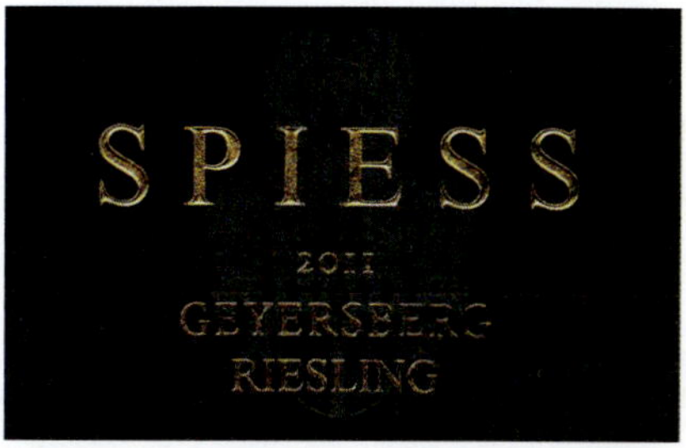

Neu

SPIESS WEINMACHER

67574 Osthofen · Friedrich-Ebert-Straße 53
☎ (0 62 42) 6 08 99
info@hofgut-eichrodt.de
www.visavis-osthofen.de
Inhaber: Burkhard und Christine Spieß

Verkauf: nach Vereinbarung

Ein Topeinsteiger: Burkhard Spieß hat sich auf wenige Rebsorten spezialisiert, die er überwiegend von Südhanglagen in Osthofen, Westhofen und Bechtheim ertragsreduziert erntet. Der Weinmacher achtet vor allem darauf, dass die Rebsorten mit den entsprechenden Böden harmonieren, sei es Kalkmergel, Muschelkalk oder Lehm-Löss. Die Lagen-Rieslinge zeigen entsprechend ein hohes Niveau, straffe Körper und eine harmonische Struktur. Die Burgunder sind sauber und fruchtig, dem Chardonnay steht dabei die Holzfassreife gut. Die Rotweine reifen alle im Holzfass, wo sie würzig, komplex und farbintensiv geraten.

Anzahl der verkosteten Weine: 12
Bewertungen: 83–86 Punkte

2014	Riesling trocken **6,90 €** | 12,5% | bis 2016	**84**
2014	Chardonnay & Weißburgunder trocken **7,10 €** | 13% | bis 2017	**85**
2014	Osthofener Riesling trocken **9,80 €** | 12,5% | bis 2016	**84**
2014	Bechtheimer Riesling trocken **9,80 €** | 12,5% | bis 2017	**85**
2014	Osthofener Weißburgunder trocken **9,80 €** | 13% | bis 2017	**86**
2014	Westhofener Chardonnay trocken Holzfass **11,80 €** | 13,5% | bis 2017	**85**
2014	Osthofener Goldberg Riesling trocken **16,50 €** | 13% | bis 2018	**86**
2014	Riesling feinherb **7,60 €** | 12% | bis 2016	**83**
2014	Bechtheimer Rosengarten Riesling feinherb **13,50 €** | 12,5% | bis 2017	**85**
2012	Cuvée »Zinnober« trocken **7,10 €** | 13,5% | bis 2017	**84**
2012	Osthofener Spätburgunder trocken Holzfass **12,90 €** | 13,5% | bis 2017	**85**
2012	Westhofener Merlot trocken Holzfass **15,– €** | 14,5% | bis 2017	**84**

WEINGUT SPOHR

67550 Worms-Abenheim · Welchgasse 3
☎ (0 62 42) 91 10 60 · Fax 9 11 06 30
info@weingutspohr.de
www.weingutspohr.de
Inhaber: Christian und Heinz Spohr
Betriebsleiter: Christian Spohr

Verkauf: Christian Spohr
Mo–Fr: 8.00–12.00 · 13.00–17.30 Uhr
Sa: 9.00–13.00 Uhr und nach Vereinbarung

Christian Spohr stieg 2000 in den elterlichen Betrieb ein, der zu einem der Leitbetriebe in Worms avancierte. Die Bandbreite ist beeindruckend, weiß wie rot. Gewohnt stark ist die Cuvée »CS«, enorm gut auch die roten Gutsweine etwa aus Lemberger oder Merlot. Christian Spohr legt großen Wert auf Konstanz und Menge – genau das schätzen auch die Konsumenten, die wissen, was sie bei Spohr schon in der Basis bekommen. Etwa einen vitalen, nicht fetten Grauburgunder und einen nach kandierten Zitrusfrüchten und rosa Grapefruit schmeckenden Riesling. Dazu die beiden weißen Flaggschiffe aus dem berühmten Kirchenstück: zartrauchig und cremig ist der Chardonnay, nach Steinobst und Feuerstein duftend der Riesling. Weiter so!

Anzahl der verkosteten Weine: 10
Bewertungen: 83–86 Punkte

2014	Chardonnay trocken **6,40 €** | 12,5% | bis 2016	**83**
2014	Riesling trocken **6,40 €** | 12,5% | bis 2016	**84**
2014	Grauburgunder trocken **6,40 €** | 12,5% | bis 2016	**84**
2014	Abenheimer Weißburgunder »S« trocken **9,40 €** | 13% | bis 2017	**84**
2014	Wormser Liebfrauenstift-Kirchenstück Chardonnay trocken »Erste Lage« **14,– €** | 13% | bis 2018	**86**
2014	Wormser Liebfrauenstift-Kirchenstück Riesling trocken »Erste Lage« **14,– €** | 13% | bis 2019	**86**
2012	Lemberger trocken **5,90 €** | 13% | bis 2016	**84**
2012	Merlot trocken **7,20 €** | 13% | bis 2016	**85**
2012	Abenheimer Spätburgunder »S« trocken **9,40 €** | 13,5% | bis 2016	**85**
2012	»Cuvée CS« trocken **16,– €** | 13,5% | bis 2017	**86**

STAATLICHE WEINBAUDOMÄNE OPPENHEIM

55276 Oppenheim · Wormser Straße 162
☎ (0 61 33) 93 03 05 · Fax 93 03 23
info@domaene-oppenheim.de
www.domaene-oppenheim.de
Inhaber: Land Rheinland-Pfalz
Betriebsleiter: Direktor Otto Schätzel
Verwalter: Gunter Schenkel
Kellermeister: Thorsten Eller

Verkauf: Liane Jünger
Mo–Do: 9.00–12.00 Uhr · 13.00–16.00,
Fr: bis 18.00 Uhr, Sa: nach Vereinbarung

Historie: 1895 eine Gründung des Großherzogs Ludwig von Hessen als Versuchs- und Musterbetrieb
Sehenswert: denkmalgeschütztes Gutshaus im späten Jugendstil, moderne Lehr- und Versuchskellerei

Rebfläche: 24 Hektar
Jahresproduktion: 120.000 Flaschen
Beste Lagen: Niersteiner Glöck (Alleinbesitz) und Oelberg, Oppenheimer Herrenberg, Nackenheimer Rothenberg
Boden: Löss, Kalkmergel, Rotliegendes
Rebsorten: 50% Riesling, 12% Silvaner, 10% Spätburgunder, 4% Weißburgunder, je 3% Chardonnay, Grauburgunder und St. Laurent, 15% übrige Sorten
Durchschnittsertrag: 65 hl/ha
Mitglied: VDP

Faszinierend, wie das Gut die Bodentypen vom Rotliegenden, vom Löss und vom Kalkmergel mit unterschiedlicher Mineralität und Charakterart schmeckbar macht. Und das gleich bei Riesling und Silvaner. Unser Favorit in 2014 ist das Rotliegende mit seiner expressiven Ausdruckskraft und der feinen Mineralität. Lobenswert ist auch das Engagement für die unterschätzte Sorte Silvaner: Der Selectionswein aus dem Oppenheimer Herrenberg zeigt in 2014 vielschichtige Würze, Tiefe und Anklänge an Streuobstwiesen. Hinzu kommt der Silvaner Landwein Wahnsinn aus 2011: Ein wilder Wein, der es in sich hat und exemplarisch zeigt, welche Ausdruckskraft der Silvaner in Rheinhessen erreichen kann. Stark! Hinzu kommt ein vielschichtiges Großes Gewächs aus dem Oelberg. Vielleicht die bis dato stärkste Kollektion, in der stilistischen Bandbreite jedenfalls spannend!

Anzahl der verkosteten Weine: 11
Bewertungen: 83–87 Punkte

2011 Silvaner Wahnsinn Landwein trocken **87**
16,50 € | 12,5% | bis 2017

2014 Riesling trocken **83**
7,20 € | 12,5% | bis 2016

2014 Dienheimer Silvaner vom Löss trocken **84**
9,50 € | 12,5% | bis 2016

2014 Oppenheimer Silvaner Kalkmergel trocken **85**
9,50 € | 13% | bis 2017

2014 Niersteiner Silvaner vom Rotliegenden trocken **86**
9,50 € | 13% | bis 2017

2014 Bodenheimer Riesling vom Löß trocken **85**
10,50 € | 13% | bis 2017

2014 Oppenheimer Riesling vom Kalkmergel trocken **85**
10,50 € | 13% | bis 2017

2014 Niersteiner Riesling vom Rotliegenden trocken **86**
10,50 € | 13% | bis 2017

2013 Oppenheimer Herrenberg Silvaner trocken Selection **87**
12,50 € | 12,5% | bis 2017

2014 Niersteiner Oelberg Riesling »Großes Gewächs« Holzfass lange Goldkapsel **87**
20,– € | 13% | bis 2020

2014 Niersteiner Oelberg Riesling Spätlese **86**
8,– € | 11,5% | bis 2020

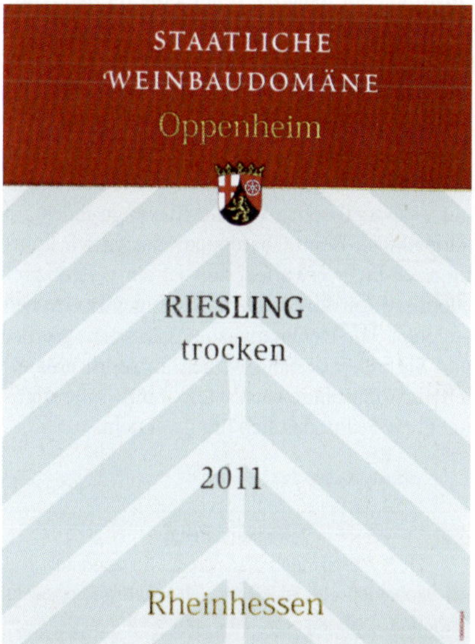

WEINGUT STALLMANN-HIESTAND

55278 Uelversheim · Eisgasse 15
☎ (0 62 49) 84 63 · Fax 86 14
info@stallmann-hiestand.de
www.stallmann-hiestand.de
Inhaber und Betriebsleiter: Christoph Hiestand
Kellermeister: Christoph Hiestand

Verkauf: Familie Hiestand
Mo–Sa: 9.00–18.00 Uhr nach Vereinbarung

Sehenswert: großer Gewölbekeller aus dem 18. Jahrhundert, Hof und Gärten mit Skulpturen, im Sommer Ausstellungen
Erlebenswert: Weinmenüs im Mai und November, Jahrgangspräsentation am letzten Mai-Wochenende

Rebfläche: 19 Hektar
Jahresproduktion: 180.000 Flaschen
Beste Lagen: Dienheimer Tafelstein, Dienheimer Kreuz, Guntersblumer Kreuzkapelle, Uelversheimer Aulenberg, Niersteiner Hipping
Boden: Löss, Kalkmergel, Rotliegendes
Rebsorten: 27% Riesling, 25% weiße Burgundersorten, 10% Silvaner, 8% Spätbur-gunder, 6% Sauvignon Blanc, 24% übrige Sorten
Durchschnittsertrag: 78 hl/ha

Christoph und Nora Hiestand haben die Leitung und Verantwortung übernommen. Weinmacher Christoph Hiestand hat sein Faible für den – insbesondere spontan vergorenen – Riesling mit der Herausarbeitung der unterschiedlichen Lagen und Böden weiterentwickelt. Aktuell hat das Team trotz aller Widrigkeiten den Jahrgang 2014 ausdrucksstark gemeistert. Die Burgunderweine waren für uns meist die Visitenkarte des Weinguts – aktuell sehen wir die Rieslinge indes auf Augenhöhe. Beim Chardonnay dürfen wir künftig noch mehr erwarten, hier ist ein vielversprechender Klon auf extrem kalkhaltigen Boden neu angelegt. Die Roten sind souverän stark. Werner und Siglinde Hiestand wirken im selbst ernannten »Unruhestand« nach wie vor mit – allerdings in einem Team, das sich blind versteht.

Zeichenerklärung:
Schnäppchenpreis · Top 10 Spitzenreiter
Ökobetrieb · Trink-Tipp · Versteigerungswein
Sekt | Weißwein | Rotwein | Roséwein

Anzahl der verkosteten Weine: 12
Bewertungen: 83–87 Punkte

2014	Rieling vom Rotliegenden trocken **6,20 €** | 12% | bis 2016	**84**
2014	Uelversheimer Aulenberg Weißburgunder »S« trocken **7,50 €** | 13% | bis 2017	**85**
2014	Sauvignon Blanc trocken **8,20 €** | 12% | bis 2016	**84**
2014	Uelversheimer Aulenberg Grauburgunder »S« trocken **9,50 €** | 13,5% | bis 2017	**85**
2014	Dienheimer Tafelstein Riesling Spätlese trocken **8,20 €** | 12% | bis 2017	**85**
2014	Dienheimer Kreuz Riesling Spätlese trocken **9,80 €** | 12,5% | bis 2018	**86**
2014	Uelversheimer Tafelstein Riesling Spätlese **9,50 €** | 9% | bis 2020	**85**
2014	Rosé trocken Cuvée **5,70 €** | 13% | bis 2016	**83**
2012	Spätburgunder »S« trocken **9,50 €** | 13% | bis 2016	**85**
2013	Spätburgunder »S« trocken **9,50 €** | 12,5% | bis 2016	**85**
2012	Cabernet Sauvignon & Merlot trocken **14,50 €** | 14% | bis 2017	**86**
2012	Cuvée »Nero« trocken **16,50 €** | 13,5% | bis 2017	**87**

WEINGUT STEITZ

55599 Stein-Bockenheim · Mörsfelder Straße 3
☎ (0 67 03) 9 30 80 · Fax 93 08 90
mail@weingut-steitz.de
www.weingut-steitz.de
Inhaber: Familie Steitz
Kellermeister: Christian Steitz

Verkauf: Familie Steitz
Mo–Fr: 11.00–17.00 Uhr, Sa: 10.00–17.00 Uhr und nach Vereinbarung

Gästehaus: mit sechs individuell eingerichteten Zimmern
Sehenswert: Innenhof, Tonnengewölbe

Rebfläche: 15 Hektar
Jahresproduktion: 140.000 Flaschen
Beste Lagen: Neu-Bamberger Heerkretz, Siefersheimer Goldenes Horn
Boden: Porphyrverwitterung, Andesit
Rebsorten: 50% weiße Burgundersorten, 16% Riesling, 12% Spätburgunder, 10% Silvaner, 12% übrige Sorten
Durchschnittsertrag: 70 hl/ha
Mitglied: Simply Wine

Christian Steitz dreht weiter an der Qualitätsschraube. Er keltert durchaus klassische, filigrane, stilistisch aber immer spannende Weine, die seine eigene Handschrift tragen. Aus Konsumentensicht ist dieses Weingut auch deshalb so spannend, weil Steitz nicht nur aus der Heerkretz sehr vielschichtige Weine keltert, die mineralisch-würzige Akzente setzen und auch mit Noten von frisch gepflückten Kräutern betören, sondern auch die Basis und der Mittelbau sehr überzeugen und das bei moderatem Alkohol. Der Riesling Steinriegel – stets einer unserer Favoriten – zeigt etwa originelle Noten von Maracuja, Minze und Kräutern. Uns schmecken hier aber auch die langlebigen, spät und niedrig geschwefelten Spätburgunder. Es sind aktuell sehr gelungene Weine! Alles sitzt an seiner Stelle.

Anzahl der verkosteten Weine: 12
Bewertungen: 84–88 Punkte

2014	Riesling trocken **7,50 €** | 11,5% | bis 2016	**84**
2014	Grüner Silvaner trocken **7,50 €** | 11,5% | bis 2016	**84**
2014	Grauburgunder trocken **7,50 €** | 12% | bis 2016	**84**
2014	Sauvignon Blanc Achat trocken **9,– €** | 12% | bis 2016	**85**
2014	Wonsheimer Chardonnay Achat trocken **9,– €** | 12,5% | bis 2016	**85**
2014	Stein-Bockenheimer Weißburgunder Achat trocken **9,– €** | 12,5% | bis 2016	**85**
2014	Neu-Bamberger Steinriegel Riesling trocken **9,– €** | 12% | bis 2017	**86**
2014	Siefersheimer Steinriegel Silvaner trocken **10,50 €** | 12,5% | bis 2017	**86**
2013	Neu-Bamberger Heerkretz Riesling trocken **16,– €** | 12,5% | bis 2018	**88**
2014	Riesling feinherb **7,50 €** | 11% | bis 2016	**84**
2012	Wonsheimer Spätburgunder trocken Holzfass **8,50 €** | 13% | bis 2016	**84**
2011	Fürfelder Eichelberg Spätburgunder trocken Barrique **16,– €** | 13,5% | bis 2017	**87**

Die Betriebe:
Weltklasse · Deutsche Spitze
Sehr gut · Gut · Zuverlässig
Weitere Empfehlung

STRAUCH SEKTMANUFAKTUR

67574 Osthofen · Dalbergstr. 14–18
☎ (0 62 42) 91 30 00 · Fax 9 13 00 20
info@strauch-sektmanufaktur.de
www.strauch-sektmanufaktur.de
Geschäftsführer: Isabel Strauch-Weißbach und Tim Weißbach
Kellermeister: Tim Weißbach

Verkauf: Isabel Strauch-Weißbach
Mo–Fr: 8.00–12.00 Uhr · 13.00–18.00 Uhr
Sa: 10.00–14-00 Uhr und nach Vereinbarung

Die Sektmanufaktur ist erst 2011 aus der Sektkellerei Dalberger Hof entstanden. Hier verarbeiten Isabel Strauch-Weißbach und Tim Weißbach Sekte in der klassischen Flaschenvergärung und verwenden dafür eigene Grundweine aus ökologischer Produktion. Bereits ihr erster Auftritt beim WeinGuide im letzten Jahr brachte die rote Traube. Das hat das Paar aktuell bestätigt! Die Sekte haben weiter zugelegt, insbesondere dank eines längeren Hefelagers. Uns lassen sie den Gedanken an einen weiteren Aufstieg im nächsten Jahr hegen. Besonders gut gefällt uns der Pinot Blanc Brut in seiner nussig-cremigen Art. Der Rosé Brut erinnert im Duft an Erdbeeren und im Geschmack an Quitte. Wunderbar der rassige Weißburgunder Zero mit glasklarem Spiel. Und der 2012er Michelsberg spielt mit fruchtiger Rieslingfrische und dem Gewürztraminer, der aufregend nach Rosen und Muskat duftet.

Anzahl der verkosteten Weine: 9
Bewertungen: 85–88 Punkte

2012	Isabel Sekt halbtrocken	**85**
	14,– € | 12,5% | bis 2016	
2012	Siegerrebe Marie-Christin Sekt	**85**
	17,– € | 12,5% | bis 2016	
2012	Riesling Sekt Brut	**85**
	13,– € | 12,5% | bis 2016	
2013	Pinot Blanc Sekt Brut	**87**
	14,90 € | 11,5% | bis 2016	
2013	Silvaner & Chardonnay Sekt Brut Blanc de Blancs	**87**
	14,90 € | 12% | bis 2016	
2013	Rosé Sekt Brut	**88**
	16,90 € | 12% | bis 2016	
2012	Mettenheimer Michelsberg	**88**
	Riesling & Gewürztraminer Sekt Brut	
	35,– € | 12% | bis 2017	
2013	Weißburgunder Zero Sekt Brut nature	**88**
	14,90 € | 12,5% | bis 2016	
2011	Riesling Sekt extra Brut	**86**
	16,90 € | 12% | bis 2016	

WEINGUT STREBEL

67587 Wintersheim · Eimsheimer Straße 10
☎ (0 67 33) 61 74 · Fax 96 13 15
weingut-strebel@t-online.de
www.weingut-strebel.de
Inhaber: Ingrid und Raimund Strebel
Betriebsleiter: Bastian Strebel

Verkauf: nach Vereinbarung

Das Wintersheimer Weingut besitzt 17 Hektar Weinberge, die sich zwischen Alzey und dem Rhein auf unterschiedlichen Böden erstrecken. Bastian Strebel und seine Schwester, die frühere Deutsche Weinkönigin Annika Strebel, setzen auf frische, trockene Weißweine, von denen uns in diesem Jahr der auf der Feinhefe ausgebaute Riesling aus dem Wintersheimer Fraugarten am besten gefallen hat. Im Vergleich zum vergangenen Jahr, in dem wir das Weingut erstmals vorgestellt haben, sehen wir insgesamt eine kleine Steigerung.

Anzahl der verkosteten Weine: 6
Bewertungen: 83–86 Punkte

2014	Riesling trocken	**84**
	5,– € | 12% | bis 2016	
2014	Weißburgunder trocken Holzfass	**83**
	5,20 € | 12,5% | bis 2016	
2014	Grauburgunder trocken »sur lie«	**84**
	5,20 € | 13,5% | bis 2016	
2014	Alzeyer Römerberg	**84**
	Silvaner trocken Premium »sur lie«	
	8,50 € | 13% | bis 2016	
2014	Wintersheimer Fraugarten	**86**
	Riesling trocken Premium »sur lie«	
	9,– € | 13% | bis 2017	
2014	Riesling feinherb	**84**
	5,– € | 12% | bis 2017	

Zeichenerklärung:
Schnäppchenpreis · Top 10 Spitzenreiter
Ökobetrieb · Trink-Tipp · Versteigerungswein
Sekt | Weißwein | Rotwein | Roséwein

WEINGUT STROHM

67591 Offstein · Neu-Offsteiner Straße 44
☎ (0 62 43) 90 51 17 · Fax 90 51 18
info@weingut-strohm.de
www.weingut-strohm.de
Inhaber: Rüdiger Strohm und Lydia Bollig-Strohm
Betriebsleiter und Kellermeister: Rüdiger Strohm

Verkauf: Rüdiger Strohm und Lydia Bollig-Strohm
nach Vereinbarung

Die Chardonnays von Rüdiger Strohm und der früheren Deutschen Weinkönigin Lydia Bollig-Strohm werden immer stärker. Das gilt auch aktuell. Die 2011er Barriquevariante ist elegant gereift. Das Winzerpaar aus dem südlichen Wonnegau in der Nähe von Worms verzichtet auf Lagenbezeichnungen und Prädikate und kann mit dem Holz umgehen. Der Cultus etwa ist ein würziges, dicht geschnürtes Kraftpaket aus Spätburgunder, Cabernet Dorsa und Acolon. Dazu kommen herrlich saftige Gutsweine – etwa ein dichter, richtig schön cremiger Grauburgunder, der jede Menge Trinkfreude bereitet.

Anzahl der verkosteten Weine: 11
Bewertungen: 82–86 Punkte

2014	Rivaner trocken *	**83**
	5,50 € | 12,5% | bis 2016	
2014	Weißburgunder trocken **	**84**
	7,50 € | 12,5% | bis 2016	
2014	Chardonnay trocken **	**84**
	7,80 € | 13% | bis 2016	
2014	Riesling trocken **	**84**
	7,80 € | 12% | bis 2016	
2014	Grauburgunder trocken **	**85**
	7,80 € | 13% | bis 2016	
2013	Riesling trocken Alte Reben ***	**85**
	12,– € | 13,5% | bis 2017	
2011	Chardonnay VII Nobilis trocken Barrique ***	**86**
	15,– € | 13% | bis 2017	
2014	Riesling halbtrocken *	**82**
	5,80 €/1,0 Lit. | 12% | bis 2016	
2013	Spätburgunder trocken **	**84**
	7,80 € | 13% | bis 2016	
2011	Cuvée »V Amicus« trocken ***	**85**
	13,– € | 13,5% | bis 2016	
2011	Cuvée »VIII Cultus« trocken Barrique ***	**86**
	23,– € | 13,5% | bis 2017	

WEINGUT STRUB

55283 Nierstein · Rheinstraße 42
☎ (0 61 33) 56 49 · Fax 55 01
info@strub1710.de
www.strub1710.de
Inhaber: Walter Strub
Betriebsleiter: Sebastian Strub
Kellermeister: Walter und Sebastian Strub

Verkauf: Margit und Walter Strub
Mo–Fr: 8.00–17.00 Uhr
Sa: nach Vereinbarung

Historie: Weinbau in der 12. Generation
Sehenswert: Gewölbekeller und Fachwerkhaus aus dem 17. Jahrhundert, Generationenfassboden von 1929

Rebfläche: 14,6 Hektar
Jahresproduktion: 80.000 Flaschen
Beste Lagen: Niersteiner Orbel, Oelberg, Hipping und Pettenthal
Boden: roter Tonschiefer, Löss und Kalk
Rebsorten: 79% Riesling, je 6% Müller-Thurgau und Silvaner, je 3% Grüner Veltliner, Spätburgunder und Weißburgunder
Durchschnittsertrag: 55 hl/ha
Mitglied: Roter Hang

Hier hat sich einiges getan! Die Übergabe von Walter Strub an seinen Sohn Sebastian ist absolut geglückt. Weinbau nunmehr in zwölfter Generation, so lautet das Credo. Sebastian war sechs Monate in Neuseeland im Weingut Burn Cottage (Central Otago) tätig, beendete im Juli 2014 sein Studium in Geisenheim und ist nun Betriebsleiter. Die 2014er sind stärker denn je! Mit Spannung und Zugkraft, ganz auf der eleganten und feinen Seite, bei sehr bekömmlichem Alkohol. Diese Finesse steht nicht nur dem Roten Hang sehr gut zu Gesicht, auch viele Konsumenten schätzen solche bekömmlichen, rassigen Weißweine. Dazu ein ausgefeilter trockener Riesling Im Taubennest aus dem Oelberg – und ein trockener Grüner Veltliner als Spezialität, der für nicht mehr als sieben Euro genauso originell wie empfehlenswert ist.

Anzahl der verkosteten Weine: 9
Bewertungen: 85–88 Punkte

2014	Niersteiner Grüner Veltliner trocken **7,- €** | 12% | bis 2016	**85**
2014	Niersteiner Orbel Riesling »Steillage« trocken **10,- €** | 12,5% | bis 2017	**86**
2014	Niersteiner Oelberg Riesling Im Taubennest trocken »sur lie« **10,- €** | 12,5% | bis 2018	**87**
2014	Niersteiner Oelberg Riesling Roter Schiefer feinherb **10,- €** | 11,5% | bis 2018	**86**
2014	Niersteiner Hipping Riesling Thal feinherb **10,- €** | 11,5% | bis 2017	**86**
2014	Riesling Soil to Soul Kabinett **7,50 €** | 10% | bis 2017	**85**
2014	Niersteiner Brückchen Riesling Herzstück Kabinett **9,- €** | 9% | bis 2017	**86**
2014	Niersteiner Paterberg Riesling Spätlese *** **12,50 €** | 9% | bis 2020	**87**
2014	Niersteiner Hipping Riesling Flächenhahl Spätlese **14,- €** | 9% | bis 2022	**88**

WEINGUT MICHAEL TESCHKE

55435 Gau-Algesheim · Laurenziberg 14
☎ (0 67 25) 23 31 · Fax 96 36 33
info@weingut-teschke.de
www.weingut-teschke.de
Inhaber und Betriebsleiter: Michael Teschke

Verkauf: Michael Teschke, Kerstin Adolph
nach Vereinbarung

Sehenswert: Blick über die drei Weinregionen Rheinhessen, Nahe und Rheingau, 55 Jahre alte Silvanerrebberge in Herz'scher Reberziehung
Erlebenswert: Weingut mit toskanischem Flair, Jahrgangspräsentation »Vinissimo« im Mai/Juni, Hoffest »Bacchanal« im August

Rebfläche: 7 Hektar
Jahresproduktion: 60.000 Flaschen
Beste Lagen: auf die Angabe von Lagen wird verzichtet
Boden: Ton, Mergel, Lösslehm, Muschelkalk
Rebsorten: 33% Sylvaner, 15% Grauburgunder, 12% Riesling, 11% Spätburgunder, 5% Portugieser, 24% übrige Sorten
Durchschnittsertrag: 75 hl/ha
Mitglied: Freak und Frei

Wer die Silvaner-Seele Rheinhessens erspüren möchte, muss zu Michael Teschke. Der benutzt die alte Schreibweise »Sylvaner« – schließlich stammen sie teils von über 50 Jahre alten Reben. Teschkes Stärke ist Gradlinigkeit und Authentizität: »Wenn es der Jahrgang nicht bringt, verbiege ich die Stange nicht, um partout Lagenweine auf den Markt zu bringen.« 2014 war allerdings von solcher Güte, dass es einen Sylvaner Von der Dünnbach von den über 50-jährigen Reben der Lage St. Laurenzikapelle – immerhin Teschkes Lieblings-Silvaner – und auch den rieslinghaften Flur 19/68 gibt. Beide gehören sozusagen zum Weinkulturerbe von Rheinhessen und zeigen, was man aus der Sorte machen kann, wenn man sie nicht dem allgemeinen Trendwahn unterwirft. Teschke keltert ganz zweifellos kompromisslose Silvaner-Originale, die klasse reifen. Hier bekommt man selbst für unter zehn Euro richtig viel Qualität für sein Geld.

Die Weine:
100 Perfekt · **95–99** Überragend · **90–94** Exzellent
85–89 Sehr gut · **80–84** Gut · **75–79** Passabel

Anzahl der verkosteten Weine: 12
Bewertungen: 82-90 Punkte

2014 Riesling trocken **82**
7,10 €/1,0 Lit. | 11,5% | bis 2016

2014 Sylvaner Classic **84**
7,- € | 12% | bis 2016

2014 Grauburgunder trocken **83**
7,20 € | 12,5% | bis 2016

2014 Weißburgunder trocken **84**
7,20 € | 12% | bis 2016

2014 Blauer Sylvaner trocken **85**
7,30 € | 12% | bis 2016

2014 Sylvaner vom Laurenziberg trocken Alte Reben **86**
8,80 € | 12,5% | bis 2017

2014 »Primus inter pares« **87**
Sylvaner trocken Alte Reben
9,80 € | 12,5% | bis 2017

2014 »Von der Dünnbach« **87**
Blauer Sylvaner trocken Holzfass
12,50 € | 12,5% | bis 2018

2014 »Von der Dünnbach« **88**
Sylvaner trocken Alte Reben
14,50 € | 12,5% | bis 2019

2014 Sylvaner Flur 19/68 trocken Alte Reben **90**
18,50 € | 13% | bis 2020

2010 Frühburgunder vom Kalkstein trocken Barrique **86**
14,50 € | 13% | bis 2016

2013 Spätburgunder Naturwein trocken »sur lie« **(86)**
18,50 € | 13% | bis 2017

WEINGUT THÖRLE

55291 Saulheim · Ostergasse 40
☎ (0 67 32) 54 43 · Fax 96 08 60
info@thoerle-wein.de
www.thoerle-wein.de
Inhaber: Rudolf Thörle
Betriebsleiter: Rudolf, Johannes und Christoph Thörle
Kellermeister: Johannes und Christoph Thörle

Verkauf: Uta Mück-Thörle
Mo–Fr: 9.00–12.00 Uhr · 14.00–18.00 Uhr
Sa: 9.00–17.00 Uhr

Rebfläche: 19 Hektar
Jahresproduktion: 100.000 Flaschen
Beste Lagen: Saulheimer Hölle, Schlossberg und Probstey
Boden: Lehm-Kalkstein, Kalkmergel und Lösslehm
Rebsorten: 38% Burgundersorten, 35% Riesling, 10% Silvaner, 17% übrige Sorten
Durchschnittsertrag: 65 hl/ha
Mitglied: Message in a bottle

Seit 1985 haben Rudolf und Uta Thörle ein Weingut geschaffen, das inzwischen zu den Spitzenbetrieben in Rheinhessen zählt, und heute mischen die beiden engagierten Söhne Christoph und Johannes kräftig mit. Das Ergebnis sind intensive, muskulöse, reiche Weine, die aber nie zu fett oder wuchtig sind. Es zahlt sich insbesondere aus, dass sich die Thörlebrüder noch intensiver mit dem Einsatz von Holzfässern befassen. So haben sie mittlerweile engste Beziehungen zu verschiedenen Tonnellerien im Burgund. Dort wählen sie jedes Jahr ihre Fässer für Chardonnay, Weißburgunder und Spätburgunder, die jeweilige Toastung und die Herkünfte des Holzes vor Ort aus. In der Tat wirkt das Holzfass immer präziser austariert, immer besser eingebunden. Die Frucht ist hier nicht Sklave des Holzes, die Struktur der Weine schmeckt fein herausgearbeitet. Uns gefällt bei Thörle vor allem der grundehrliche, authentische Stil. Die 2014er Weißweine und 2013er Roten wirken lässig, tiefenentspannt, nicht auf Teufel komm raus in eine wie auch immer geartete Betriebsstilistik gepresst. Konzentration heißt hier eben nicht schieres Kraftprotzen. Staunen machen der Silvaner Probstey, der Chardonnay Reserve, die Lagen-Rieslinge, aber auch die höchst eleganten Spätburgunder, allen voran die aus der Hölle. Thörle wird immer finessenreicher, quasi burgundischer. Dazu saftige, urleckere Basisweine, ein beeindruckender Mittelbau. Trocken heißt hier durchgegoren bis auf zwei, drei Gramm Restzucker, am Gaumen jedoch mit dem Geschmack hochreifer, gesunder Trauben. Die Thörlebrüder sind weiter auf dem Weg zu höheren Weihen!

Anzahl der verkosteten Weine: 14
Bewertungen: 84–91 Punkte

2014	Riesling trocken	**8,20 €**	12,5%	bis 2016	**84**
2014	Saulheimer Silvaner Kalkstein trocken	**10,90 €**	12,5%	bis 2017	**86**
2014	Saulheimer Riesling Kalkstein trocken	**11,90 €**	12,5%	bis 2017	**86**
2014	Saulheimer Weißburgunder Kalkstein trocken	**13,90 €**	13%	bis 2017	**87**
2014	Saulheimer Probstey Riesling trocken	**20,– €**	13%	bis 2019	**89**
2014	Saulheimer Probstey Silvaner trocken	**21,– €**	13%	bis 2019	**90**
2014	Saulheimer Sauvignon Blanc trocken Reserve	**21,– €**	12,5%	bis 2019	**89**
2014	Saulheimer Chardonnay trocken Reserve	**21,– €**	13%	bis 2020	**90**
2014	Saulheimer Schlossberg Riesling trocken	**22,– €**	12,5%	bis 2020	**90**
2014	Saulheimer Hölle Riesling trocken	**22,– €**	12,5%	bis 2021	**91**
2013	Saulheimer Spätburgunder Kalkstein trocken	**12,90 €**	13,5%	bis 2017	**87**
2013	Saulheimer Probstey Spätburgunder trocken	**26,– €**	13,5%	bis 2019	**89**
2012	Saulheimer Hölle Spätburgunder trocken	**28,– €**	13,5%	bis 2018	**89**
2013	Saulheimer Hölle Spätburgunder trocken	**28,– €**	13,5%	bis 2019	**90**

Entdeckung des Jahres 2010

WEINGUT DR. EVA VOLLMER

55129 Mainz-Ebersheim
Nieder-Olmer Straße 65
☎ (0 61 36) 4 64 72 · Fax 4 64 89
info@evavollmer-wein.de
www.evavollmer-wein.de
Inhaber: Dr. Eva Vollmer und Robert Wagner
Außenbetrieb: Robert Wagner
Kellermeister: Dr. Eva Vollmer

Verkauf: Dr. Eva Vollmer
Mo–Di, Do: 16.00–19.00 Uhr
Sa: 9.00–18.00 Uhr, So: 9.30–11.30 Uhr

Erlebenswert: Weinpicknick im Genussgarten

Rebfläche: 11 Hektar
Jahresproduktion: 35.000 Flaschen
Beste Lagen: Ebersheimer Hüttberg, Gau-Bischofsheimer Herrnberg, Niersteiner Pettenthal
Boden: Tonmergel mit Kalkeinlagerungen, Lösslehm
Rebsorten: 25% Riesling, 20% Silvaner, je 15% Spätburgunder, Weißburgunder und Dornfelder, 10% Scheurebe
Durchschnittsertrag: 60 hl/ha
Mitglied: Generation Riesling

In Mainz-Ebersheim verschafft Eva Vollmer der Landeshauptstadt neues Profil. Mit reintönigen Weinen aus Lagen, deren Potenzial noch gar nicht ganz ausgeschöpft ist. Seit 2010 wird hier nach EU-Richtlinien ökologisch gewirtschaftet. Das neue Verkaufs- und Verkostungsgebäude ist fertiggestellt: Evas Kostbar. »Die neue Ära mit Ausblick hat begonnen«, so die Mainzer Wein-Amazone. »Gemeint ist der gigantische Blick auf den 8.000 Quadratmeter großen Genussgarten und die sanften rheinhessischen Hügel. In dieser besonderen Kulisse findet an jedem ersten Freitag in den Sommermonaten unser Weinpicknick statt. Weingenuss auf der Wiese, ganz relaxt und unkompliziert. So etwas gibt es nur in Südafrika oder Ebersheim. Und wenn man schon mal sein Umfeld neu erfindet, dann lohnt sich ein Rundumschlag: Ein neues Logo und neue Etiketten sorgen für Aufsehen.« Tatsächlich ist Eva Vollmer auch beim Wein stärker denn je. Weißburgunder und Silvaner sind eine echte Bank, der Mittelbau hat es in sich – und die Lagenrieslinge haben Profil. Hier schmeckt uns selbst der Rosé vom Dornfelder mit dem originellen Namen »Dorn to be wild«. Starke 2014er!

Aufsteiger des Jahres 2009

WEINGUT WAGNER-STEMPEL

55599 Siefersheim · Wöllsteiner Straße 10
☎ (0 67 03) 96 03 30 · Fax 96 03 31
info@wagner-stempel.de
www.wagner-stempel.de
Inhaber: Daniel Wagner

Verkauf: Cathrin Wagner
Mo–Sa: 9.00–12.00 Uhr · 13.00–17.00 Uhr
nach Vereinbarung

Gästehaus: über altem Kreuzgewölbe
Sehenswert: idyllischer Innenhof mit alter Kastanie

Rebfläche: 18 Hektar
Jahresproduktion: 120.000 Flaschen
Beste Lagen: Siefersheimer Höllberg und Heerkretz
Boden: Rhyolith, Vulkanverwitterungsgestein
Rebsorten: 50% Riesling, 25% weiße Burgundersorten, je 10% rote Sorten und Silvaner, 5% übrige Sorten
Durchschnittsertrag: 60 hl/ha
Mitglied: VDP, Message in a bottle

2014 war für Daniel Wagner der schwierigste Jahrgang seiner Winzerkarriere. Es war mit enormen Niederschlägen im Juli, August und September ein Wandeln am Abgrund: Entweder relativ gesunde, selektiv gelesene Trauben heimbringen oder für reiferes Lesegut das Risiko weiterer Fäulnis, wenn nicht gar den völligen Ernteausfall hinnehmen. Wagner und sein Team hatten sich meist für Ersteres entschieden. Und das war auch gut so, denn geschmacklich wandeln die 2014er nicht ansatzweise am Abgrund. Sie sind gradlinig, tiefgründig, komplex. Der Siefersheimer Riesling Porphyr ist wie aus einem Guss, der Fürfelder Riesling saftig und würzig. Dazu kommen federleicht gespannte fruchtige Rieslinge. Daniel Wagner ist der hiesige Pionier. Dank ihm sind Lagenrieslinge, etwa aus der Heerkretz, markante Eckpfeiler einer neuen Weinkultur. Seit 2005 setzt Daniel Wagner auf die ökologische Arbeitsweise. Er pflegt enorm engagiert Kulturlandschaften – eigene, wilde und urwüchsige wie in der Heerkretz. Restauriert und umgestaltet wurde das Gästehaus mit nun großzügigen Apartments. Das Kreuzgewölbe lädt neu möbliert als moderner Weinpräsentationsraum ein. Neu ist die Linie »R« (für Reserve) mit besonderen Weinen, die, wie der 2011er Riesling Turm, das Reifepotenzial exemplarisch zeigen!

Anzahl der verkosteten Weine: 13
Bewertungen: 83–89 Punkte

2014	Riesling Volle Pulle trocken **6,50 €**/1,0 Lit. | 11,5% | bis 2016	**83**
2014	Silvaner trocken **7,50 €** | 12% | bis 2016	**83**
2014	Weißburgunder trocken **8,50 €** | 12% | bis 2016	**84**
2014	Riesling trocken **8,80 €** | 12,5% | bis 2016	**84**
2014	Scheurebe Kalkader trocken Premium **10,20 €** | 12,5% | bis 2017	**86**
2014	Silvaner Tonmergel trocken Premium »sur lie« **11,30 €** | 13% | bis 2017	**86**
2014	Riesling Kalkader trocken Premium **11,60 €** | 13% | bis 2018	**87**
2013	Gau-Bischofsheimer Herrnberg Riesling trocken **18,– €** | 13% | bis 2019	**88**
2014	Niersteiner Pettenthal Riesling trocken **25,– €** | 13% | bis 2021	**89**
2014	Cuvée »11Komma1« feinherb **7,90 €** | 11% | bis 2017	**84**
2014	Spätburgunder feinherb weiß gekeltert **8,20 €** | 12% | bis 2016	**83**
2014	Riesling Tonmergel feinherb Premium **9,90 €** | 12,5% | bis 2018	**86**
2014	Dornfelder Dorn to be wild trocken Rosé **8,50 €** | 12% | bis 2016	**84**

Anzahl der verkosteten Weine: 16 Bewertungen: 84-90 Punkte					
2014	Silvaner trocken	8,50 €	12%	bis 2016	84
2014	Riesling trocken	8,90 €	12,5%	bis 2017	84
2014	Scheurebe trocken	8,90 €	12%	bis 2016	84
2014	Weißburgunder trocken	8,90 €	12,5%	bis 2017	85
2014	Sauvignon Blanc trocken	13,50 €	12,5%	bis 2017	86
2014	Fürfelder Riesling trocken	15,- €	12,5%	bis 2018	87
2014	Siefersheimer Silvaner trocken	15,- €	13%	bis 2019	87
2014	Siefersheimer Riesling Porphyr trocken	15,- €	12,5%	bis 2019	88
2014	Siefersheimer Weißburgunder trocken	15,- €	13%	bis 2019	88
2014	Siefersheimer Höllberg Riesling »Großes Gewächs«	27,- €	13%	bis 2021	89
2014	Siefersheimer Heerkretz Riesling »Großes Gewächs«	32,- €	13%	bis 2022	90
2011	Riesling »R« Turm Reserve	24,- €	13%	bis 2018	90
2014	Siefersheimer Riesling Kabinett	11,50 €	8%	bis 2022	88
2014	Siefersheimer Heerkretz Riesling Spätlese	15,- €	7,5%	bis 2028	90
2012	Merlot »R« trocken Reserve	24,- €	14%	bis 2019	87
2011	Spätburgunder »R« trocken Reserve	36,- €	13,5%	bis 2018	88

WEINGUT WAGNER

55270 Essenheim · Hauptstraße 30
☎ (0 61 36) 8 74 38 · Fax 81 47 09
info@wagner-wein.de
www.wagner-wein.de

Inhaber: Ulrich und Dr. Andreas Wagner
Verwalter: Philipp Aufmkolk
Kellermeister: Ulrich und Christian Wagner

Verkauf: Dr. Andreas Wagner
Mo–Sa: 8.00–20.00 Uhr, So: 13.00–18.00 Uhr

Zum Weingut gehört auch eine der schönsten Straußwirtschaften Rheinhessens. Ein Tipp sind die Hoffestspiele im Juli und die Krimi-Lesungen. Mitinhaber Dr. Andreas Wagner ist ein bekannter Krimiautor. Den Keller verantworten Christian und Ulrich Wagner. Aktuell finden wir bei einigen 2013er Roten das Holz jedoch einen kleinen Tick zu hart und zu dominant, die Weißweine könnten noch etwas geschliffener sein.

Anzahl der verkosteten Weine: 12 Bewertungen: 83-85 Punkte					
2014	Elsheimer Blume Silvaner trocken	5,- €	12%	bis 2016	83
2014	Essenheimer Teufelspfad Riesling vom Mergel Jean trocken	8,- €	13%	bis 2017	84
2014	Essenheimer Teufelspfad Riesling vom sandigen Löss Jean trocken	8,- €	13%	bis 2017	84
2014	Elsheimer Bockstein Grauburgunder trocken Reserve Holzfass	18,- €	13,5%	bis 2018	85
2014	Essenheimer Teufelspfad Sauvignon Blanc Jean Spätlese trocken	8,- €	13%	bis 2016	84
2014	Elsheimer Blume Riesling Spätlese trocken Reserve Holzfass	15,- €	13%	bis 2018	85
2013	Essenheimer Teufelspfad Shiraz trocken Reserve Barrique	18,- €	13%	bis 2018	85
2013	Essenheimer Teufelspfad Spätburgunder vom sandigen Löss Jean Spätlese trocken	9,- €	13%	bis 2016	84
2013	Essenheimer Teufelspfad Spätburgunder vom Mergel Jean Spätlese trocken	9,- €	13%	bis 2017	85
2013	Essenheimer Teufelspfad Spätburgunder Spätlese trocken Reserve Barrique	18,- €	14%	bis 2018	85

WEINGUT WALLDORF-PFAFFENHOF

55291 Saulheim · Mainzer Straße 50
☎ (0 67 32) 50 55 · Fax 6 32 49
walldorf@pfaffenhof.de
www.walldorf-wein.de
Inhaber: Hans-Jürgen Dexheimer und Kerstin Walldorf-Dexheimer
Betreibsleiter: Hans-Jürgen Dexheimer
Kellermeister: Maximilian Dexheimer

Verkauf: Kerstin Walldorf-Dexheimer
Mo–Fr: 9.00–12.00 Uhr · 15.00–18.00 Uhr
Sa: 10.00–12.00 Uhr und nach Vereinbarung

Die 13 Hektar Rebberge rund um Saulheim werden von Hans-Jürgen Dexheimer und Kerstin Walldorf-Dexheimer in der fünften Generation bewirtschaftet. Der Jahrgang 2014 präsentiert sich ausgeglichen und weist ein sehr gutes Potenzial auf. Die Basisweine befinden sich in etwa auf dem Niveau des Vorjahres. Vorn etabliert aber hat sich der Riesling-Lagenwein aus der Probstey: ein mineralischer Wein, der Töne von reifem Apfel und Basilikum aufweist. Auch die Ortsweine von Riesling und Silvaner erweisen sich als sehr zuverlässig.

Anzahl der verkosteten Weine: 6
Bewertungen: 83-85 Punkte

2014 Weißburgunder trocken **83**
6,50 € | 11,5% | bis 2016

2014 Silvaner trocken **83**
7,- € | 12% | bis 2016

2014 Riesling trocken **83**
7,- € | 11,5% | bis 2016

2014 Saulheimer Silvaner trocken Holzfass **84**
11,- € | 12% | bis 2016

2014 Saulheimer Riesling trocken **84**
12,- € | 12% | bis 2016

2014 Saulheimer Probstey **85**
Riesling trocken Holzfass
18,- € | 12% | bis 2017

Zeichenerklärung:
Schnäppchenpreis · Top 10 Spitzenreiter
Ökobetrieb · Trink-Tipp · Versteigerungswein
Sekt · Weißwein · Rotwein · Roséwein

WEINGUT WASEM

55218 Ingelheim · Edelgasse 5
☎ (0 61 32) 22 20 · Fax 24 48
info@weingut-wasem.de
www.weingut-wasem.de
Inhaber: Holger und Burkhard Wasem

Verkauf: Philipp Wasem
Mo–Fr: 7.30–18.30 Uhr, Sa: 9.30–18.00 Uhr
So: 12.00–17.00 Uhr

Die Familie Wasem hat das historische Kloster Engelthal zu einem Ensemble für Genuss und Gastlichkeit umgebaut. Auch auf dem Weingut stand die Zeit nicht still. Die Spitzenlagen wie Pares, Horn oder Sonnenhang werden immer präziser und vor allem auch vitaler herausgearbeitet. Man schmeckt einfach immer mehr Frische und Transparenz in den Weinen, die Gerbstoffe sind noch saftiger und nachhaltiger geworden. Doch auch die Weißweine sind noch eleganter und feiner geworden. Nach wie vor schätzen wir die Frühburgunder von Wasem am höchsten ein. Ein neuer Entwicklungsprozess ist mit der nächsten Generation eingeläutet: Der letztjährige Aufstieg wurde vollauf bestätigt. Sollte sich der Trend fortsetzen, ist noch mehr drin.

Anzahl der verkosteten Weine: 11
Bewertungen: 82-87 Punkte

2014 Silvaner **82**
3,80 €/1,0 Lit. | 11% | bis 2016

2014 Chardonnay trocken **83**
6,50 € | 13% | bis 2016

2014 Grauburgunder trocken **84**
6,50 € | 13,5% | bis 2016

2014 Blanc de Noirs trocken **83**
6,50 € | 12,5% | bis 2016

2014 Elsheimer Weißburgunder trocken **84**
7,- € | 13% | bis 2016

2013 Elsheimer Blume Riesling trocken **85**
8,- € | 13% | bis 2017

2013 Spätburgunder trocken **84**
6,50 € | 13% | bis 2016

2013 Ingelheimer Pares Spätburgunder trocken Holzfass **85**
9,50 € | 13,5% | bis 2017

2012 Ingelheimer Sonnenhang **86**
Frühburgunder trocken Holzfass
13,50 € | 13,5% | bis 2017

2012 Ingelheimer Sonnenhang **85**
Spätburgunder trocken Selection Barrique
14,- € | 14% | bis 2017

2012 Ingelheimer Horn Frühburgunder trocken Barrique **87**
22,- € | 13,5% | bis 2018

WEINGUT WECHSLER

67593 Westhofen · Wormser Straße 1
☎ (01 51) 42 32 24 82 · Fax (0 62 44) 56 36
katharina@weingut-wechsler.de
www.weingut-wechsler.de
Inhaber: Ernst und Katharina Wechsler
Betriebsleiter: Katharina Wechsler
Kellermeister: Katharina Wechsler

Verkauf: nach Vereinbarung

Rebfläche: 17 Hektar
Jahresproduktion: 65.000 Flaschen
Beste Lagen: Westhofener Benn, Kirchspiel, Morstein und Steingrube
Boden: Kalksteinverwitterung, Tonmergel, Lösslehm
Rebsorten: 25% Riesling, 19% Burgundersorten, 18% Müller-Thurgau, je 8% Dornfelder, Scheurebe und Silvaner, 14% übrige Sorten
Durchschnittsertrag: 75 hl/ha

Kompliment an Katharina Wechsler, die aktuelle Entwicklung ist mehr als beeindruckend. Sie spielt inzwischen auf einer Klaviatur, die eine ungeheure Bandbreite besitzt – ein fruchtsüßer Riesling wie das Schweißtröpfchen ist ein echtes Spaßtröpfchen! Vater Wechsler gründete mit 17 Hektar einen Fassweinbetrieb und legte so den Grundstein für Tochter Katharina, die in den Weingütern Keller und Gutzler lernte. Seit 2009 macht sie nun den Wein im Gut, von dem sie sich wünscht, dass er sie selbst »und andere bewegt«. Das gelingt ihr mit absoluter Nonchalance! Das Gesamtpaket mit drei starken trockenen Rieslingen aus Kirchspiel, Benn und Morstein rechtfertigt ganz klar den Aufstieg!

Anzahl der verkosteten Weine: 12
Bewertungen: 83–87 Punkte

2014	Weißburgunder trocken **7,20 €** | 12,5% | bis 2016	**84**
2014	Riesling trocken **7,70 €** | 11,5% | bis 2016	**83**
2014	Scheurebe trocken **7,70 €** | 12% | bis 2016	**84**
2014	Westhofener Sylvaner trocken **9,80 €** | 12,5% | bis 2017	**85**
2014	Westhofener Riesling trocken **11,– €** | 12,5% | bis 2017	**85**
2014	Westhofener Benn Riesling trocken **19,– €** | 13% | bis 2019	**86**
2014	Westhofener Kirchspiel Riesling trocken **19,– €** | 12,5% | bis 2019	**86**
2014	Westhofener Morstein Riesling trocken **25,– €** | 12% | bis 2020	**87**
2014	Westhofener Kirchspiel Riesling feinherb **18,– €** | 11,5% | bis 2019	**86**
2014	Riesling Schweißtröpfchen **12,– €** | 8% | bis 2018	**86**
2014	Westhofener Benn Riesling Kabinett **15,– €** | 8,5% | bis 2018	**86**
2014	Westhofener Kirchspiel Riesling Auslese **25,– €** | 8,5% | bis 2022	**87**

Die Betriebe:
Weltklasse · Deutsche Spitze
Sehr gut · Gut · Zuverlässig
Weitere Empfehlung

Neu

WEINGUT WEDEKIND

55283 Nierstein-Schwabsburg
Hauptstraße 26
☎ (0 61 33) 5 84 83 · Fax 50 99 74
mail@weingut-wedekind.de
www.weingut-wedekind.de
Inhaber: Philipp Wedekind

Verkauf: nach Vereinbarung

Ein Neueinsteiger mit Ambitionen: Philipp Wedekind hat das Hobby seines Vaters zu seinem Beruf gemacht. Parallel zum Önologie-Studium in Geisenheim baute er sein eigenes Weingut nach ökologischen Standards auf, seit 2008 ist er Mitglied bei Ecovin. Seine Lagenrieslinge begeistern mit Saft, Kraft und Struktur, teilweise weisen sie feine Honignoten auf. Der Weißburgunder und der Spätburgunder Weißherbst sind trinkfreudig und klar. Im Auge behalten sollte man den Cabernet Jura aus Versuchsanbau, der Veilchennoten verströmt und aus dem noch mehr werden könnte.

Anzahl der verkosteten Weine: 12
Bewertungen: 83–86 Punkte

2009	Cuvée »Déjà-vu« Sekt Brut **13,– €** | 12,5% | bis 2016	**84**
2014	Weißburgunder trocken **5,80 €** | 12,5% | bis 2016	**84**
2014	Riesling Kabinett trocken **5,20 €**/1,0 Lit. | 12,5% | bis 2016	**83**
2014	Riesling vom Löss Spätlese trocken Abfüllerwein **6,– €** | 12,5% | bis 2017	**84**
2013	Niersteiner Hipping Riesling Spätlese trocken Premium *** **12,– €** | 12% | bis 2018	**86**
2013	Niersteiner Heiligenbaum Riesling Spätlese trocken Premium *** **12,– €** | 12,5% | bis 2018	**86**
2013	Niersteiner Kranzberg Riesling feinherb Premium *** **12,– €** | 12% | bis 2018	**86**
2014	Riesling vom Rotliegenden Spätlese halbtrocken **5,80 €** | 12% | bis 2017	**84**
2013	Niersteiner Oelberg Riesling Spätlese feinherb Premium *** **12,– €** | 11% | bis 2018	**86**
2014	Spätburgunder Kabinett feinherb Weißherbst **6,20 €** | 11,5% | bis 2017	**84**
2012	Cabernet Jura trocken Holzfass **7,90 €** | 13,5% | bis 2016	**83**
2012	Spätburgunder Spätlese trocken Abfüllerwein Holzfass **6,50 €** | 13% | bis 2016	**83**

WEINGUT WEEDENBORN

55234 Monzernheim · Am Römer 4–6
☎ (0 62 44) 3 87 · Fax 5 73 31
weingut@weedenborn.de
www.weedenborn.de
Inhaber: Familien Mattern und Roll
Betriebsleiter: Gesine und Markus Roll
Kellermeister: Gesine und Markus Roll

Verkauf: Gesine Roll
Mo–Fr: 8.00–18.00 Uhr
Sa: 9.00–16.00 Uhr nach Vereinbarung

Sehenswert: alter Gutshof im Ortskern
Erlebenswert: Weinbergs-Strauße im Sommer

Rebfläche: 18 Hektar
Jahresproduktion: 120.000 Flaschen
Beste Lagen: Westhofener Steingrube, Westhofener Kirchspiel
Boden: Terra Rossa, Kalksteinverwitterung, Kalkmergel, Lösslehm
Rebsorten: 25% Riesling, 20% Sauvignon Blanc, 15% Weißburgunder, je 10% Spätburgunder und St. Laurent, 20% übrige Sorten
Durchschnittsertrag: 68 hl/ha
Mitglied: Message in a bottle

Die Formkurve zeigt weiter klar aufwärts. Hier schmeckt uns jeder Wein ausgesprochen gut, die Bandbreite ist beeindruckend. Ob Weiß oder Rot, ob nun Chardonnay, Weißburgunder, St. Laurent oder Spätburgunder. Nichts wirkt überdreht, gewollt oder gar überzogen. Die Weine haben innere Dichte, Saftigkeit und Ausdruck. Die Sauvignon Blancs sind eine echte Bank, der Basiswein etwa balanciert gekonnt zwischen grünen und reifen Aromen: ganz wunderbar auch in 2014 für moderate 8,50 Euro! Gesine und Markus Roll haben aber auch ein echtes Händchen für Chardonnay, den sie insbesondere mit der neuen Réserve ganz von der oft typisch deutschen Frucht wegschieben, die zwischen Spargelnoten und Tutti-Frutti-Aromen changiert. Auch aktuell bietet das engagierte Paar, das einen herrlichen Cabernet Sauvignon mit reifen, saftigen Gerbstoffen aus 2011 anbietet, geschliffene Substanz von wunderbar feiner Eleganz!

Zeichenerklärung:
Schnäppchenpreis · Top 10 Spitzenreiter
Ökobetrieb · Trink-Tipp · Versteigerungswein
Sekt | Weißwein | Rotwein | Roséwein

Anzahl der verkosteten Weine: 14
Bewertungen: 83–88 Punkte

Jahrgang	Wein	Punkte
2014	Riesling trocken **7,20 €** | 12,5% | bis 2016	**83**
2014	Weißburgunder trocken **7,20 €** | 13% | bis 2016	**84**
2014	Chardonnay trocken **7,20 €** | 13% | bis 2016	**84**
2014	Sauvignon Blanc trocken **8,50 €** | 12,5% | bis 2017	**85**
2014	Westhofener Weißburgunder vom Kalkmergel trocken **11,– €** | 13,5% | bis 2017	**85**
2014	Westhofener Riesling Terra Rossa trocken **11,– €** | 13% | bis 2017	**85**
2014	Westhofener Chardonnay trocken **11,– €** | 13% | bis 2017	**86**
2014	Westhofener Sauvignon Blanc Terra Rossa trocken **15,– €** | 13% | bis 2018	**88**
2014	Westhofener Steingrube Riesling trocken **18,– €** | 13% | bis 2019	**87**
2013	Sauvignon Blanc Fumé trocken **25,– €** | 13% | bis 2018	**87**
2014	Chardonnay Reserve **25,– €** | 13% | bis 2019	**88**
2011	Bechtheimer St. Laurent trocken **13,50 €** | 13,5% | bis 2016	**87**
2011	Bechtheimer Spätburgunder trocken **13,50 €** | 14% | bis 2016	**87**
2011	Westhofener Cabernet Sauvignon trocken **13,50 €** | 14% | bis 2017	**87**

WEINGUT WEINREICH

67595 Bechtheim · Riederbachstraße 7
☎ (0 62 42) 76 75 · Fax 76 78
info@weinreich-wein.de
www.weinreich-wein.de

Inhaber: Weinreich GbR
Betriebsleiter: Marc Weinreich
Kellermeister: Marc und Jan Weinreich

Verkauf: Marc Weinreich
Mo–Fr: 13.00–17.00 Uhr und nach Vereinbarung

Rebfläche: 16 Hektar
Jahresproduktion: 120.000 Flaschen
Beste Lagen: Bechtheimer Geyersberg, Hasensprung und Rosengarten
Boden: Löss, Lehm, Kalkmergel
Rebsorten: 30% Riesling, je 25% Silvaner und Weiß- und Grauburgunder, 10% Chardonnay, je 5% Rote Burgunder und Schwarzriesling
Durchschnittsertrag: 65 hl/ha
Mitglied: Generation Riesling

Es verdient höchsten Respekt, was der begabte Marc Weinreich in den letzten Jahren geleistet hat. Weinreich stellt seine Weinberge peu à peu auf klassische Sorten wie Riesling und Burgunder um und arbeitet seit 2009 ökologisch. 2012 war nun der erste offizielle Biojahrgang. Der Ausdruck steigert sich von Jahr zu Jahr. Auch in 2014 sind die Gutsweine saftig, zart cremig und ausgewogen, während gerade die Ortsweine von Silvaner und Riesling eine ausgewiesene Stärke von Marc Weinreich sind. Der Riesling etwa fasziniert durch seine anklingenden Feuersteinaromen und nachhaltige Frucht. Bei den komplexen Lagenweinen gefällt uns in 2014 insbesondere der Weißburgunder aus dem Bechtheimer Stein, der florale, würzige, mineralische und gelbfleischige Aromen gekonnt ineinander verwebt. Weinreich macht seinem Namen im Burgunderort Bechtheim nach wie vor alle Ehre!

Zeichenerklärung:
Schnäppchenpreis · **Top 10** Spitzenreiter
Ökobetrieb · Trink-Tipp · Versteigerungswein
Sekt | Weißwein | Rotwein | Roséwein

Anzahl der verkosteten Weine: 12
Bewertungen: 83–88 Punkte

Jahrgang	Wein	Preis / Alkohol / Trinkreife	Punkte
2014	Pinot Sekt Brut nature Holzfass	18,50 € | 12,5% | bis 2016	86
2014	Silvaner trocken	8,– € | 12,5% | bis 2016	83
2014	Riesling trocken	8,50 € | 12% | bis 2016	84
2014	Grauburgunder trocken	8,50 € | 13,5% | bis 2016	84
2014	Weißburgunder & Chardonnay trocken	9,– € | 13% | bis 2016	85
2014	Bechtheimer Silvaner trocken Holzfass	12,50 € | 12,5% | bis 2017	86
2014	Bechtheimer Riesling trocken	12,50 € | 12,5% | bis 2017	86
2014	Bechtheimer Hasensprung Riesling trocken	18,50 € | 12,5% | bis 2019	87
2014	Bechtheimer Geyersberg Riesling trocken Holzfass	21,50 € | 12,5% | bis 2020	88
2014	Bechtheimer Stein Weißburgunder trocken Holzfass	25,– € | 13% | bis 2019	88
2013	Bechtheimer Schwarzriesling trocken Holzfass	12,50 € | 12,5% | bis 2017	86
2012	Bechtheimer Rosengarten Spätburgunder trocken Barrique	21,50 € | 13,5% | bis 2017	87

WEINGUT DIRK WENDEL

67551 Worms-Pfeddersheim
Zellertalstraße 48
☎ (0 62 47) 57 20 und 15 40 · Fax 57 18
info@weingut-wendel.de
www.weingut-wendel.de

Inhaber und Betriebsleiter: Dirk Wendel
Kellermeisterin: Sandra Wendel

Verkauf: Ann-Kathrin Wendel
Mo–Fr: 9.00–12.00 Uhr · 14.00–18.00 Uhr
Sa: 9.00–16.00 Uhr

Ein Stück Toskana hat sich Familie Wendel in ihren Aussiedlerhof bei Worms-Pfeddersheim geholt, der nun schon seit 1959 besteht. Der passionierte Biowinzer Dirk Wendel baut in der Tat eine so animierende wie originelle Weinlinie aus, was er auch mit gereiften Weinen, die zehn Jahre und älter sind, bereits eindrucksvoll belegt hat. Den aktuellen Jahrgang 2014 hat der Winzer sehr gut gemeistert. Vor allem die saftigen und mineralischen Rieslinge haben uns gut gefallen. Auch der Sauvignon Blanc macht Spaß und ist nicht mal teuer. Mit den Rotweinen konnten wir uns weniger anfreunden. Doch ist der Spätburgunder Meilenstein durchaus ein typischer Vertreter seiner Sorte.

Anzahl der verkosteten Weine: 6
Bewertungen: 82–85 Punkte

Jahrgang	Wein	Preis / Alkohol / Trinkreife	Punkte
2014	Westhofener Steingrube Riesling trocken	6,50 € | 13% | bis 2016	84
2014	Riesling Lössterrassen trocken »sur lie«	6,50 € | 10,5% | bis 2017	85
2014	Sauvignon Blanc trocken	7,– € | 12% | bis 2016	85
2013	Dornfelder trocken	5,50 € | 13,5% | bis 2016	82
2011	Cuvée »Für Könige und Helden« trocken	9,– € | 13% | bis 2016	82
2012	Spätburgunder Meilenstein trocken	10,– € | 13,5% | bis 2016	84

Die Betriebe:
Weltklasse · Deutsche Spitze
Sehr gut · Gut · Zuverlässig
Weitere Empfehlung

WEINGUT ARNDT F. WERNER

55218 Ingelheim · Mainzer Straße 97
☎ (0 61 32) 10 90 · Fax 43 13 35
info@weingutwerner.de
www.weingutwerner.de
Inhaber: Arndt und Birgit Werner
Betriebsleiter und Kellermeister: Arndt Werner

Verkauf: Birgit und Thomas Werner
Di–Fr: 9.00–12.30 Uhr · 14.00–18.00 Uhr
Sa: 9.30–14.00 Uhr nach Vereinbarung

Historie: 1819 gegründet, neben der Kaiserpfalz
Sehenswert: Innenhof, Probierraum
Erlebenswert: Weinseminare, Führungen durch Kaiserpfalz mit Museum

Rebfläche: 18 Hektar
Jahresproduktion: 80.000 Flaschen
Beste Lagen: Ingelheimer Pares, Burgberg, Sonnenhang, Steinacker, Höllenweg
Boden: Muschelkalkverwitterung, Kalkflugsand
Rebsorten: 19% Spätburgunder, 17% Riesling, 16% übrige rote Sorten, 15% weiße Burgundersorten, 12% Portugieser, 11% übrige weiße Sorten, je 5% Frühburgunder und Silvaner
Durchschnittsertrag: 50 hl/ha
Mitglied: Ecovin, Bioland

Ein richtig starker Drei-Trauben-Betrieb, der erstklassige Weine in einer ganz enormen Bandbreite zeigt. Arndt Werner macht keiner ein X für ein U vor: Er ist Öko-Pionier und zeigt seit Jahrzehnten, was in Ingelheim alles möglich ist. Vorausgesetzt, man gibt den Weinen genügend Stoff und Rückgrat mit. Sein trockener Portugieser etwa ist ein zeitloser Klassiker. Allein für diesen Roten aus über 60-jährigen Reben müsste man Werner einen roten Teppich ausrollen: Großer Stoff mit herrlichen Noten von Holunderbeeren, Cassis, Schokolade und Bünder Fleisch. Die aktuellen Roten sind besser denn je: Noch präziser, moderater im Alkohol. Der Frühburgunder ist von allem Naschwerk befreit, hat Zugkraft und Frische, der Cabernet Sauvignon wurde richtig schön reif. Ebenso eine Benchmark ist der Weißburgunder Alte Reben aus dem Horn. Der nächste große Tipp von einem unserer Lieblingswinzer in Rheinhessen!

Rote Symbole: Diese Betriebe verdienen in ihrer Klasse besondere Aufmerksamkeit

Anzahl der verkosteten Weine: 14
Bewertungen: 83–90 Punkte

2014	Cuvée »Filius« trocken **6,80 €**/1,0 Lit. | 12% | bis 2016	**83**
2014	Silvaner trocken **6,80 €** | 12,5% | bis 2016	**84**
2014	Riesling trocken **7,80 €** | 12,5% | bis 2016	**84**
2014	Ingelheimer Chardonnay »S« trocken **10,80 €** | 13% | bis 2017	**85**
2014	Ingelheimer Steinacker Silvaner trocken Alte Reben **10,80 €** | 12,5% | bis 2018	**86**
2014	Ingelheimer Grauburgunder »S« trocken **11,80 €** | 13% | bis 2017	**86**
2014	Ingelheimer Steinacker Riesling trocken Alte Reben **12,80 €** | 13% | bis 2019	**87**
2014	Ingelheimer Horn Weißburgunder trocken Alte Reben **12,80 €** | 13% | bis 2019	**88**
2012	Cuvée »Noir« »S« trocken **9,80 €** | 13,5% | bis 2016	**86**
2013	Ingelheimer Sonnenhang Portugieser trocken Alte Reben **15,80 €** | 14% | bis 2020	**90**
2013	Gumbsheimer Schlosshölle St. Laurent »S« trocken **16,80 €** | 14% | bis 2018	**87**
2013	Ingelheimer Frühburgunder »S« trocken **18,80 €** | 14% | bis 2018	**88**
2013	Ingelheimer Burgberg Spätburgunder trocken Alte Reben **18,80 €** | 14% | bis 2019	**89**
2013	Ingelheimer Höllenweg Cabernet Sauvignon »S« trocken **19,80 €** | 14% | bis 2020	**89**

WEINGUT WERNERSBACH

67596 Dittelsheim-Hessloch · Spitalstraße 41
☎ (0 62 44) 44 77 · Fax 2 49
weingut@wernersbach-weine.de
www.wernersbach-weine.de
Inhaber: Stephan Wernersbach
Außenbetrieb: Florian und Hans Wernersbach

Verkauf: Regina Wernersbach
nach Vereinbarung

Rebfläche: 10 Hektar
Jahresproduktion: 65.000 Flaschen
Beste Lagen: Bechtheimer Hasensprung, Hesslocher Mondschein, Liebfrauenberg und Edle Weingärten
Boden: kalksteinhaltiger Tonmergel, Ton mit Brauneisenstein und Eisenerz, Lösslehm
Rebsorten: 30% Riesling, 20% Silvaner, 15% Scheurebe, je 10% Portugieser, Spätburgunder und Weißburgunder, 5% übrige Sorten
Durchschnittsertrag: 70 hl/ha

Einer der aufstrebenden Betriebe in Rheinhessen! Nach dem Studium in Geisenheim hat Stephan Wernersbach 2005 das ehemals von seinem Vater im Hobby bewirtschaftete Weingut übernommen und baut es zusammen mit Bruder Florian auf. Aktuell ist das mehrstufige Qualitäts- und Herkunftssystem nach Vorbild des VDP konsequent umgesetzt. »Hier in den rheinhessischen Highlands, wo die Durchschnittstemperatur um bis zu drei Grad niedriger ist als in Westhofen, Bechtheim oder im Rheintal, bieten die Kalkböden beste Voraussetzungen für aromatische Weißweine mit lebhafter Säurestruktur – ein verborgener Schatz«, sagt Stephan Wernersbach, der sich bewusst durch seinen selbsternannten »Nordic-Style« vom breiten Burgunderbild abheben möchte. Und das tut er – und wie! Keinerlei Entsäuerung, teils spärliche Erträge wie bei der ungemein spannenden, fast schon überkonzentrierten Scheurebe und eine Eleganz zwischen Aromen goldgelber Beeren und pikanter Mineralität. Stephan Wernersbach bringt die Hesslocher Lagen wie Mondschein und Liebfrauenberg zum Strahlen. Der mineralische Riesling Auf den Aupern etwa ist ein regelrechter Frischekick, die neue Riesling Réserve aus dem Mondschein hat enorme Tiefe. Bei Bestätigung klarer Anwärter auf den weiteren Aufstieg.

Anzahl der verkosteten Weine: 16
Bewertungen: 83–88 Punkte

2012	Nobilis Sekt Brut **13,80 €** | 12,5% | bis 2016	**86**
2014	Chardonnay trocken **6,80 €** | 13% | bis 2016	**83**
2014	Grüner Silvaner trocken **6,80 €** | 12,5% | bis 2016	**84**
2014	Riesling trocken **6,80 €** | 12,5% | bis 2016	**84**
2014	Hesslocher Weißburgunder trocken **8,80 €** | 13% | bis 2017	**85**
2014	Hesslocher Grauburgunder trocken **8,80 €** | 13% | bis 2017	**85**
2014	Hesslocher Scheurebe trocken **8,80 €** | 12,5% | bis 2017	**86**
2014	Hesslocher Mondschein Riesling trocken **10,80 €** | 13% | bis 2018	**86**
2014	Hesslocher Liebfrauenberg Riesling Auf den Aupern trocken **10,80 €** | 13% | bis 2018	**87**
2014	Bechtheimer Hasensprung Riesling Löwenberg trocken **10,80 €** | 12,5% | bis 2018	**87**
2014	Riesling Ars Antiqua trocken **13,90 €** | 13% | bis 2019	**87**
2014	Hesslocher Mondschein Riesling trocken Reserve **16,90 €** | 13% | bis 2020	**88**
2014	Riesling Kabinett **6,80 €** | 11,5% | bis 2017	**84**
2014	Hesslocher Mondschein Riesling Spätlese **8,80 €** | 8,5% | bis 2020	**87**
2012	Hesslocher Edle Weingärten Spätburgunder trocken Barrique **12,80 €** | 13% | bis 2017	**86**
2012	Hesslocher Liebfrauenberg Cuvée »Cabernet« trocken **15,90 €** | 13% | bis 2017	**87**

WEINGUT WERTHER WINDISCH

55278 Mommenheim · Schulstraße 3
☎ (0 61 38) 9 41 76 65 · Fax 9 81 67 49
info@werther-windisch.de
www.werther-windisch.de
Inhaber: Familie Windisch
Betriebsleiter: Hans Albert Windisch
Kellermeister: Jens Windisch

Verkauf: nach Vereinbarung

Jens Windisch ist inzwischen mehr als ein Geheimtipp in Rheinhessen. Er ist eine echte Benchmark im malerischen Selztal. Er konterkariert durch mineralische Substanz und Ausdruckskraft – insbesondere bei seinem Silvaner Harxheimer Lieth – geradezu den poppigen Mainstream. Windisch begann seine Ausbildung bei Johner Estate in Neuseeland und bei Wagner-Stempel in Siefersheim. »8°14'E« steht bei dem gelungenen Mittelbau für den Längengrad von acht Grad und 14 Minuten östlicher Länge, wo die bewirtschafteten Weinberge der Gemeinden Selzen, Mommenheim, Zornheim und Harxheim liegen. Die 2014er machen richtig Spaß!

Anzahl der verkosteten Weine: 12
Bewertungen: 83–86 Punkte

2014	Cuvée trocken **5,90 €** | 12% | 🍷 bis 2016	**83**
2014	Riesling trocken **7,– €** | 12% | 🍷 bis 2016	**83**
2014	Weißburgunder trocken **7,– €** | 12% | 🍷 bis 2016	**84**
2014	Silvaner trocken **7,– €** | 12% | 🍷 bis 2016	**84**
2014	Weißburgunder 8 Grad 14 Minuten trocken **10,50 €** | 12,5% | 🍷 bis 2017	**85**
2014	Silvaner 8 Grad 14 Minuten trocken **10,50 €** | 12,5% | 🍷 bis 2017	**85**
2014	Riesling 8 Grad 14 Minuten trocken **10,50 €** | 12,5% | 🍷 bis 2017	**85**
2014	Harxheimer Lieth Silvaner trocken Goldkapsel **17,– €** | 12,5% | 🍷 bis 2018	**86**
2014	Harxheimer Schlossberg Riesling trocken Goldkapsel **17,– €** | 12,5% | 🍷 bis 2018	**86**
2014	Riesling Kabinett **9,– €** | 10,5% | 🍷 bis 2017	**84**
2014	Cuvée trocken **5,90 €** | 12% | 🍷 bis 2016	**83**
2012	Portugieser trocken **7,– €** | 13% | 🍷 bis 2016	**84**

WEINGUT SCHLOSS WESTERHAUS

55218 Ingelheim · Westerhaus
☎ (0 61 30) 66 74 · Fax 66 08
info@schloss-westerhaus.de
www.schloss-westerhaus.de
Inhaber: Johannes Graf von Schönburg-Glauchau und Ivonne Gräfin von Schönburg-Glauchau
Kellermeister: Toni Frank

Verkauf: Ivonne von Schönburg-Glauchau
Di–Fr: 9.00–12.00 Uhr · 14.00–18.00 Uhr
Sa: 10.00–16.00 Uhr und nach Vereinbarung

Allein Lage und Anwesen sind spektakulär: Die klassifizierte Hauptlage Schloss Westerhaus liegt unterhalb der pittoresken Schlossanlage. Hier stehen Riesling und Spätburgunder und profitieren von den mikroklimatischen Gegebenheiten. Es sind die stärksten Weine, die wir bis dato von hier verkostet haben. Die beiden Großen Gewächse vom Riesling und Spätburgunder stehen an der Spitze einer stimmigen Kollektion, die Intensität und Ausdruckskraft weiter steigert. Doch auch die weißen Burgundersorten haben an Substanz zugelegt. Herzlichen Glückwunsch zur aktuellen Kollektion. In dieser Form klar einer der stärksten Anwärter auf die zweite Traube!

Anzahl der verkosteten Weine: 16
Bewertungen: 83–87 Punkte

2012	Pinot Sekt Brut Blanc de Noirs **12,50 €** | 12% | 🍷 bis 2016	**85**
2014	Riesling trocken **7,50 €** | 12,5% | 🍷 bis 2016	**84**
2014	Chardonnay & Weißburgunder trocken Holzfass **8,90 €** | 13% | 🍷 bis 2016	**84**
2014	Ingelheimer Weißburgunder trocken **12,50 €** | 13% | 🍷 bis 2017	**85**
2014	Ingelheimer Grauburgunder trocken Holzfass **12,50 €** | 13% | 🍷 bis 2017	**85**
2013	Weißburgunder trocken Reserve Barrique **22,– €** | 13% | 🍷 bis 2018	**86**
2014	Schloss Westerhaus Riesling »Großes Gewächs« **22,– €** | 13% | 🍷 bis 2020	**87**
2011	Schloss Westerhaus Riesling Trockenbeerenauslese »Große Lage« Goldkapsel **150,– €**/0,375 Lit. | 6,5% | 🍷 bis 2030	**87**
2013	Spätburgunder trocken Holzfass **8,50 €** | 12,5% | 🍷 bis 2016	**84**
2013	Ingelheimer Frühburgunder trocken Holzfass **17,50 €** | 13,5% | 🍷 bis 2018	**85**
2013	Schloss Westerhaus Spätburgunder »Großes Gewächs« **27,– €** | 13,5% | 🍷 bis 2019	**86**

WEINGUT WINTER

67596 Dittelsheim · Heilgebaumstraße 34
☎ (0 62 44) 74 46 · Fax 5 70 46
info@weingut-winter.de
www.weingut-winter.de
Inhaber: Edmund und Stefan Winter
Kellermeister: Stefan Winter

Verkauf: Familie Winter
Mo–Fr: 8.00–12.00 Uhr · 13.00–18.00 Uhr
Sa: 9.00–17.00 Uhr und nach Vereinbarung

Historie: Familie bereits 1469 erwähnt, Werner Winter pflanzte schon um 1600 Riesling und Silvaner

Rebfläche: 22 Hektar
Jahresproduktion: 100.000 Flaschen
Beste Lagen: Dittelsheimer Leckerberg, Kloppberg und Geyersberg
Boden: Kalksteinverwitterung, tiefgründiger Tonmergel, Lösslehm
Rebsorten: 55% Riesling, 40% Burgundersorten, 5% Silvaner
Durchschnittsertrag: 48 hl/ha
Mitglied: VDP, Message in a bottle

Stefan Winter gilt als Ausnahmetalent. Er hat ein neues Domizil am Fuß des Kloppbergs errichtet, schätzt den oxidativen Ausbau, arbeitet nach Biorichtlinien und brachte den einst unbekannten Ort Dittelsheim-Hessloch auf die Weinlandkarte. Eine unerhörte Leistung, die in der Güte der Weinlagen begründet liegt, wo die Beeren lange gesund ausreifen. Neu ist das Große Gewächs aus dem Kloppberg, wo die Rieslingreben auf schweren, tonigen Böden wachsen. Der Wein präsentiert sich absolut eigenständig und schließt nahtlos an die Pendants aus dem Leckerberg und Geyersberg an. Kompliment! Stefan Winter betont die puristische Eleganz und Rasse. Seine 2014er sind außerordentlich, jenseits von Babyspeck und Verfettung. Ein Faustpfand sind die alten Silvanerreben und ein besonderer Klon vom Grauburgunder. Der Schwerpunkt sind traditionelle Rebsorten, denn diese gedeihen gut auf dem tiefgründigen Tonmergel und den kalkhaltigen Gesteinsböden. Bei den weißen Burgundersorten legt Winter immer mehr den Turbo ein. Mit der neuen Reserve reizt er nun auch den Weißburgunder aus, der Zug und Druck hat im mineralischen Gerüst. Der Gutswein vom Silvaner ist ein Bollwerk gegen die Infantilisierung des Geschmacks. Wie jeder Wein aus 2014.

Anzahl der verkosteten Weine: 12
Bewertungen: 84–90 Punkte

2014	Grauburgunder trocken	**8,50 €** | 12,5% | bis 2016	**84**
2014	Silvaner trocken	**8,50 €** | 12% | bis 2016	**84**
2014	Riesling trocken	**8,50 €** | 12% | bis 2017	**85**
2014	Dittelsheimer Chardonnay & Weißburgunder trocken	**11,50 €** | 13% | bis 2017	**86**
2014	Dittelsheimer Grauburgunder trocken	**11,50 €** | 13% | bis 2017	**86**
2014	Dittelsheimer Riesling Kalkstein trocken	**11,50 €** | 12% | bis 2018	**87**
2014	Dittelsheimer Weißburgunder trocken	**11,50 €** | 13% | bis 2018	**88**
2014	Chardonnay trocken Reserve	**24,– €** | 13% | bis 2021	**89**
2014	Weißburgunder trocken Reserve	**24,– €** | 13% | bis 2021	**89**
2014	Dittelsheimer Kloppberg Riesling »Großes Gewächs«	**24,– €** | 12,5% | bis 2022	**90**
2014	Dittelsheimer Geyersberg Riesling »Großes Gewächs«	**24,– €** | 12,5% | bis 2022	**90**
2014	Dittelsheimer Leckerberg Riesling »Großes Gewächs«	**24,– €** | 12,5% | bis 2022	**90**

WEINGUT WITTMANN

67593 Westhofen · Mainzer Straße 19
☎ (0 62 44) 90 50 36 · Fax 55 78
info@wittmannweingut.com
www.wittmannweingut.com
Inhaber: Günter und Philipp Wittmann
Kellermeister: Philipp Wittmann, Georg Rieser

Verkauf: Karin Scherb
Mo–Fr: 8.00–17.00 Uhr
Sa: 11.00–15.00 Uhr nach Vereinbarung

Historie: 1663 erste urkundliche Erwähnung der Vorfahren als Erbbeständer des Kurpfälzischen Seehofes in Westhofen
Sehenswert: großer Gewölbekeller, mediterraner Garten

Rebfläche: 25 Hektar
Jahresproduktion: 150.000 Flaschen
Beste Lagen: Westhofener Morstein, Brunnenhäuschen Kirchspiel und Aulerde
Boden: Tonmergel, Kalksteinverwitterung, Löss, Lehm
Rebsorten: 65% Riesling, 20% Burgundersorten, 10% Silvaner, 5% übrige Sorten
Durchschnittsertrag: 50 hl/ha
Mitglied: VDP, Naturland, Message in a bottle, Respekt

Das Gut liegt mitten in einem mediterran wirkenden Garten. Unter der breiten Treppe, die in die uralten Gewölbe zu den Holzfässern führt, liegt die Schatzkammer und in ihr der Beweis, dass bei den Wittmanns die Weinkultur schon lange Zeit zu Hause ist. Georg und Irmgard Wittmann, die den Betrieb in den 60er Jahren formten, nahmen ihren Sohn Günter früh in die Verantwortung. Eine Bonitierung von 1930 belegt bereits die Güteklasse eins von Lagen wie Aulerde, Kirchspiel oder Morstein, wo die Wittmanns gewichtige Anteile haben.

Pionier für trockenen Riesling

Günter Wittmann brachte das Gut als Pionier für trockenen rheinhessischen Riesling nach vorne, Sohn Philipp etablierte es an Deutschlands Spitze. Der Vater kümmert sich heute um die Pflege der Weinberge. Ob nun Gutsweine von Scheurebe, Riesling oder Weißburgunder: Sie sind Referenzgrößen, wobei Riesling und Weißburgunder hervorstechen. Wittmann zeigt mit souveränem Geist, dass scheinbar banale Basisweine Zeitschnecken sein können. Alleine für die Gutsweine müsste man Philipp Wittman einen roten Teppich ausrollen. Die Güte ist frappierend! Neu engagiert sich Wittmann am Roten Hang, sein im Holz ausgebauter Niersteiner Riesling etwa betört insbesondere durch dezente Vanillearomen. Weißburgunder und Chardonnay sollen künftig weiter ausgereizt werden. Die neuen Reserveweine mit längerer Lagerung und strikterer Selektion sollen noch mehr Spannung zwischen Cremigkeit und purem Mineral bringen. Fassproben der 2014er zeigen, dass der Spannungsbogen hier wohl tatsächlich weiter geschlagen wurde!

Philipp Wittmann

Kühl und packend

Wittmann kelterte in 2013 bereits große Rieslinge wie den Morstein. Für uns sind die ganz starken 2014er aber sogar vielleicht noch einen Tick besser. Noch nachhaltiger, noch konzentrierter, noch etwas reifer, vielleicht sogar mit einer noch tiefgründigeren Mineralstruktur ausgestattet. Genau darum geht es Philipp Wittmann: um das mineralische Erlebnis, um Salzigkeit, Kühle, Länge – und Herkunftsbezug. Giganten im Werden sind der Morstein 2014 mit seinem Aprikosengeflüster, dem Feuerstein und den Noten von wilden Kräutern – und der lang anhaltende La Borne 2014 (so nannten die Westhofener die oberen Gewanne im Westhofener Morstein) aus einem der ältesten Weinberge des Gutes, mit kleinbeerigen Trauben, die für Zartheit und Hintersinn wie auch für hohe innere Dichte stehen. Es verdient ungeheuren Respekt, mit welcher Konstanz und welchem vinologischen Feingefühl Wittmann seine Großen Gewächse Jahr für Jahr keltert!
Das Brunnenhäuschen setzt ein jodhaltiges Kalkriff. Der Charme vom Kirchspiel ist unwiderstehlich, mit seinen Aromen von rosa Grapefruit und der tänzerischen Säure ist es Kirchspiel pur. Und auch wenn die Aulerde, wo die Reben auf etwas schweren Böden wachsen, oft im Schatten der drei anderen Großen Gewächse steht: Geschmackliche Fülle und aromatische Ausdehnung sind auch in 2014 immens, wo eine reife, wache, lebendige Säure ein Längengeber ist.

Wittmann steht für uns für eine absolut authentische Weinkultur, die sich genau richtig definiert: von unten nach oben, nicht umgekehrt!

Anzahl der verkosteten Weine: 14
Bewertungen: 85–95 Punkte

2014 Scheurebe trocken **85**
10,90 € | 12% | bis 2017

2014 Riesling trocken **85**
10,90 € | 12% | bis 2017

2014 Weißburgunder trocken **86**
10,90 € | 13% | bis 2017

2014 Riesling vom Rotliegenden trocken **85**
10,90 € | 12,5% | bis 2018

2014 Westhofener Riesling trocken **88**
18,– € | 13% | bis 2019

2014 Niersteiner Riesling trocken **88**
18,– € | 13% | bis 2019

2014 Westhofener **88**
Weißburgunder & Chardonnay trocken
18,– € | 13% | bis 2019

2014 Westhofener Aulerde **90**
Riesling »Großes Gewächs«
31,– € | 13% | bis 2021

2014 Chardonnay trocken Reserve **(90)**
35,– € | 13% | bis 2020

2014 Weißburgunder trocken Reserve **(91)**
35,– € | 13% | bis 2021

2014 Westhofener Kirchspiel **91**
Riesling »Großes Gewächs«
39,– € | 13% | bis 2023

2014 Westhofener Brunnenhäuschen **92**
Riesling »Großes Gewächs«
45,– € | 13% | bis 2024

2014 Westhofener Morstein **95**
Riesling »Großes Gewächs«
Top 10 **45,– €** | 13% | bis 2025

2014 Riesling La Borne trocken Alte Reben **94**
Top 10 | 13% | bis 2026

WEINGUT WOLF-DEISS

55278 Uelversheim · Obergasse 11
☎ (0 62 49) 6 70 29 90 · Fax 6 70 29 91
weingutwolfdeiss@aol.com
www.weingut-wolf-deiss.de
Inhaber: Christopher Deiß

Verkauf: Vinothek, Guntersblumer Str. 28
Mo, Mi, Fr: 10.00–13.00 Uhr · 16.00–18.00 Uhr

Jungwinzer Christoph Deiß hat das kleine Weingut im Herzen Rheinhessens direkt von seinen Großeltern übernommen, und das, während er noch in der Winzerausbildung mit anschließender Meisterprüfung steckte. Mit der Umbenennung des Betriebs von Wolf in Wolf-Deiß, sagt er, habe eine neue Ära begonnen. Besondere Beachtung verdienen die eleganten, mineralischen Rieslinge aus der Lage Guntersblumer Steinberg. Silvaner und Sauvignon Blanc sind so fruchtig und frisch, wie sie sein sollen. Die Burgunder sind saftig und herzhaft, dem Chardonnay verleiht der Ausbau im Fass zusätzlich recht feine Vanillenoten.

Anzahl der verkosteten Weine: 10
Bewertungen: 83–84 Punkte

2014 Riesling trocken **83**
4,80 €/1,0 Lit. | 12,5% | bis 2016

2014 Grüner Silvaner trocken **84**
4,80 € | 12% | bis 2016

2014 Weißburgunder trocken **84**
5,40 € | 13% | bis 2017

2014 Sauvignon Blanc trocken **83**
6,20 € | 12,5% | bis 2016

2014 Grauburgunder trocken **84**
6,20 € | 13,5% | bis 2017

2014 Chardonnay trocken Barrique **84**
7,20 € | 13% | bis 2017

2013 Guntersblumer Steinberg **84**
Riesling trocken
7,50 € | 13% | bis 2017

2014 Guntersblumer Steinberg **84**
Riesling trocken Holzfass
9,50 € | 13% | bis 2017

2014 Riesling Spätlese trocken **83**
5,40 € | 12,5% | bis 2016

2014 Riesling Kabinett feinherb **84**
4,30 € | 12% | bis 2016

Die Weine:
100 Perfekt · **95–99** Überragend · **90–94** Exzellent
85–89 Sehr gut · **80–84** Gut · **75–79** Passabel

WEINGUT ZEHE-CLAUSS

55129 Mainz-Hechtsheim
Rheinhessenstraße 109
☎ (0 61 31) 9 72 89 42 · Fax 9 72 89 43
info@zehe-clauss.de
www.zehe-clauss.de
Inhaber: Birgit Zehe-Clauß und Marcus Clauß
Betriebsleiter: Marcus Clauß

Verkauf: Birgit Zehe-Clauß
Do-Fr: 13.00–19.00 Uhr, Sa: 13.00–17.00 Uhr

Die ehemalige deutsche Weinprinzessin Birgit Zehe-Clauß setzt mit ihrem Mann Marcus Clauß, der aus dem schwäbischen Esslingen stammt, in Mainz-Hechtsheim auf eine konsequente Qualität. Die Reben wachsen hier, südlich von Mainz, auf Lösslehmboden mit Kalkuntergrund. Die Edition First Clauß macht ihrem Namen alle Ehre. Vor allem der Riesling und der Grauburgunder aus dieser Reihe konnten überzeugen. Auch für Rotwein hat man hier ein Händchen, wie der klar strukturierte Spätburgunder belegt.

Anzahl der verkosteten Weine: 15
Bewertungen: 82–87 Punkte

2012	Spät- & Grauburgunder »MC« Sekt Brut Cuvée **12,50 €** | 12,5% | bis 2016	**85**
2014	Riesling Edition »MC« trocken **6,80 €** | 12,5% | bis 2016	**84**
2014	Grauburgunder Edition »MC« trocken Holzfass **7,20 €** | 12,5% | bis 2016	**85**
2014	Sauvignon Blanc Edition »MC« trocken **7,20 €** | 12,5% | bis 2017	**85**
2014	Hechtsheimer Kirchenstück Blauer Silvaner Edition »MC« trocken **8,20 €** | 12,5% | bis 2016	**84**
2014	Muskateller Edition »MC« trocken **8,50 €** | 12,5% | bis 2016	**83**
2014	Rivaner trocken **9,20 €** | 11,5% | bis 2016	**84**
2012	Laubenheimer Edelmann Riesling First Clauß trocken **12,– €** | 13% | bis 2017	**85**
2013	Laubenheimer Edelmann Grauburgunder First Clauß trocken Holzfass **14,50 €** | 13% | bis 2017	**85**
2012	Huxelrebe Edition »MC« Beerenauslese **14,50 €**/0,375 Lit. | 11% | bis 2018	**87**
2014	Cabernet & Merlot Edition »MC« trocken Rosé **6,60 €** | 12,5% | bis 2016	**84**
2013	Spätburgunder Edition »MC« trocken Holzfass **8,20 €** | 13% | bis 2018	**85**

WEINGUT ZIMMER-MENGEL

55270 Engelstadt · Im Adelpfad 1
☎ (0 61 30) 17 88 · Fax 77 70
info@weingut-zimmer-mengel.de
www.weingut-zimmer-mengel.de
Inhaber: Andreas Mengel
Kellermeister: Fabian Mengel

Verkauf: Familie Mengel
Mo–Fr: 8.00–18.00 Uhr, Sa: 9.00–17.00

Fabian Mengel, Geisenheim-Absolvent und ausgebildet im Weingut Gutzler, bringt viel Knowhow in den 20 Hektar großen elterlichen Betrieb ein. Im Jahrgang 2014 hat sich der trockene Riesling Adelpfad deutlich an die Spitze der Kollektion gestellt. Erneut überzeugt auch ein feinherber Kabinett aus dem Bernkasteler Schlossberg. Dort pflegt die Familie einen Weinberg mit 70 Jahre alten wurzelechten Reben. Auch die Rotweine gelingen hier recht gut, wie eine Cuvée aus dem Barrique und ein trockener Portugieser eindrucksvoll unter Beweis stellen.

Anzahl der verkosteten Weine: 12
Bewertungen: 82–85 Punkte

2014	Silvaner trocken **4,– €**/1,0 Lit. | 12% | bis 2016	**82**
2014	Riesling trocken **4,– €**/1,0 Lit. | 12% | bis 2016	**82**
2014	Riesling trocken **5,– €** | 12% | bis 2016	**83**
2014	Scheurebe trocken **5,– €** | 11,5% | bis 2016	**83**
2014	Weißburgunder trocken Holzfass **5,– €** | 12% | bis 2016	**83**
2014	Spätburgunder Blanc de Noirs **5,– €** | 12% | bis 2016	**83**
2014	Grauburgunder trocken **5,20 €** | 12,5% | bis 2016	**83**
2014	Cuvée »&« trocken Premium Holzfass **7,90 €** | 12,5% | bis 2017	**83**
2014	Engelstädter Adelpfad Riesling trocken Alte Reben **13,50 €** | 12% | bis 2018	**85**
2013	Bernkasteler Schlossberg Riesling Kabinett feinherb Alte Reben **10,50 €** | 9,5% | bis 2018	**85**
2012	Cuvée »&« trocken Premium Barrique **8,40 €** | 13% | bis 2017	**84**
2012	Jugenheimer Goldberg Portugieser trocken Alte Reben Barrique **14,50 €** | 13% | bis 2017	**84**

WEINGUT ZÖLLER

55599 Eckelsheim · Brunnenstraße 12
☎ (0 67 03) 12 73 · Fax 46 97
info@weingutzoeller.de
www.weingutzoeller.de
Inhaber und Betriebsleiter: Jürgen und Torsten Zöller
Kellermeister: Torsten Zöller

Verkauf: nach Vereinbarung

Die Weinberge um Eckelsheim im Westen der Region bieten eine große Auswahl an verschiedenen Böden. In diesem klassischen Familienbetrieb, der in der 13. Generation auf rund 18 Hektar Weinbau betreibt, nimmt Sohn Torsten zunehmend das Ruder in die Hand und kann seine bei Daniel Wagner, Philipp Wittmann und Hans-Jörg Rebholz erworbenen Fähigkeiten anwenden. Er kann mit Riesling und Silvaner umgehen, aber auch die weißen Burgundersorten gelingen hier recht ordentlich. Vor allem der Eckelsheimer Grauburgunder hat uns mit seiner rauchigen Aromatik überzeugt.

Anzahl der verkosteten Weine: 6
Bewertungen: 83–85 Punkte

2014	Riesling trocken	**84**
	6,– € | 12% | bis 2017	
2014	Weißburgunder trocken	**84**
	6,– € | 12% | bis 2017	
2014	Grauburgunder trocken	**84**
	6,– € | 12,5% | bis 2017	
2014	Eckelsheimer Silvaner trocken	**84**
	8,90 € | 13% | bis 2017	
2014	Eckelsheimer Grauburgunder trocken	**85**
	8,90 € | 13% | bis 2017	
2014	Riesling feinherb	**83**
	6,– € | 12% | bis 2016	

Zeichenerklärung:
Schnäppchenpreis · Top 10 Spitzenreiter
Ökobetrieb · Trink-Tipp · Versteigerungswein
Sekt · Weißwein · Rotwein · Roséwein

Saale-Unstrut

Feuchter Herbst schafft leichte Weine

- Wenig echte Klasse, gute Basis
- Erfreulich leichte Weine
- Breitengrad 51 nimmt Fahrt auf

Terrassenweinbau an der Saale

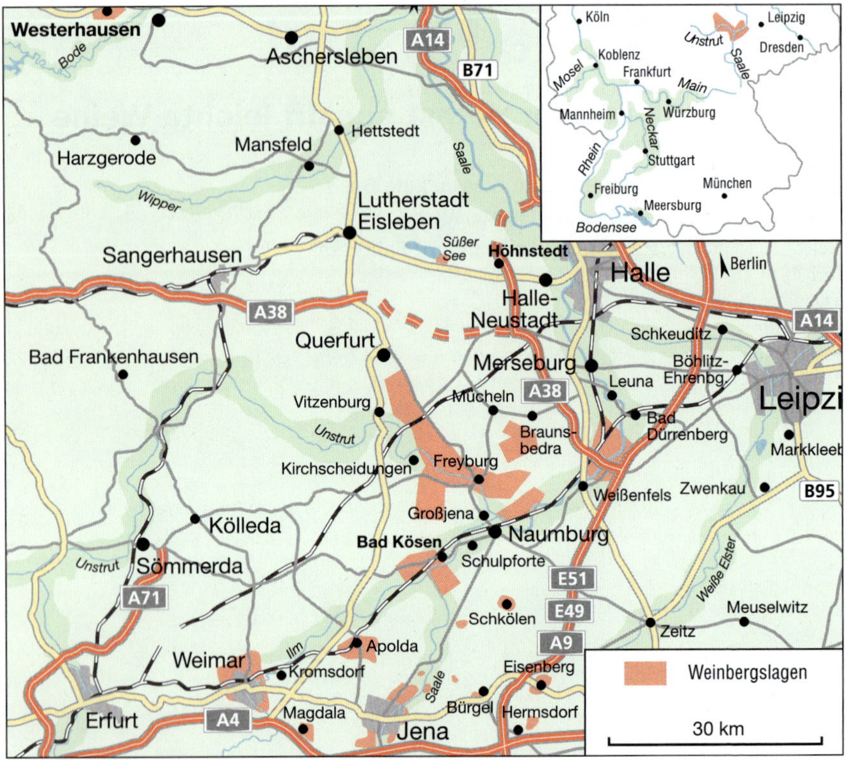

Nach schwierigen Ernten in den Vorjahren schien 2014 alles besser zu laufen für die Winzer an Saale und Unstrut. Einem recht warmen Winter folgte ein früher Austrieb durch schon fast sommerliche Temperaturen im März und April. Frostschäden gab es keine und auch die Blüte verlief rasch und ohne Verrieselung. Sommerliche Temperaturen gab es auch zu Pfingsten, hier wurden fast 35 Grad Celsius erreicht! Die erste längere Trockenperiode im Juli führte zu Normalisierung des Wachstumsverlaufes.

Ende Juli begann bereits die erste niederschlagsreiche Phase, auch ein kühler und relativ nasser August ließ die Trauben aufquellen und führte Anfang September zu früher Botrytis. Hier sollten einige Winzer schon Schwierigkeiten bekommen. Gerade in nicht perfekt durchlüfteten Weinbergen gab es erste Ausfälle. Unser Fazit: Bukett- und Burgundersorten sind in 2014 nicht in der Qualität der Vorjahre geerntet worden. Es gibt allerdings eine Menge guter Basisweine mit Frische, rebsortentypischer Frucht und moderaten Säurewerten. Aufgrund sehr konsumfreundlicher Alkoholwerte dürften diese schnell Käufer finden. Die Botrytis wurde in den Weinen oft mit etwas Restzucker kaschiert, was zu plumpen, teilweise barocken Weinen führte. Die besten Burgunder kommen in diesem Jahr vom Weingut Gussek, aber auch von Böhme & Töchter sowie Born.

Insgesamt zeigt sich in Bezug auf den Einsatz von Holzfässern und Barriques, dass nur wenige Winzer in diesem Jahr bewusst mit den Qualitätsschwankungen der Moste umgehen konnten. Ein Jahrgang wie 2014 offenbarte hier erstaunlich offen die Schwächen und Stärken vieler Betriebe.

Neue Qualität mit Breitengrad 51

An der Spitze der Region stehen die Betriebe Gussek und Pawis. Jeder interpretiert auf seine Weise die vorhandenen Terroirs. Bei Pawis steht die Frucht immer im Vordergrund, die Weine öffnen sich früher und sind von expressiver Ausprägung, das hat Vorteile bei Rieslingen. Die Burgunder und die Rotweine zeigen nicht das Reifepotenzial der Gussek'schen Weine. Diese sind in der Jugend oft verschlossen, wirken trockener und karg. Gerade bei den Rotweinen kann Gussek niemand das Wasser reichen. Im gehobenen Mittelfeld folgen Betriebe wie der des Jungwinzers Matthias Hey, die beiden Weingüter Klaus Böhme und Böhme & Töchter sowie das Thüringer Weingut in Bad Sulza. Auch das Landesweingut Kloster Pforta zeigt sich leicht verbessert. Letzteres gehört wie die Betriebe Gussek, Hey, Born, Böhme & Töchter und Frölich-Hake zu den Breitengrad-51-Winzern, welche sich einer neuen Qualitätsphilosophie außerhalb des VDP verschrieben haben. Auch in Thüringen gibt es Neuigkeiten. Prinz zur Lippe verkaufte zwar sein Weimarer Weinhaus, die vorgestellten Weine veranlassten uns dennoch zur Vergabe der ersten Traube! Wir sind gespannt, wie es am Süd-West-Rand der Region weitergeht!

Matthias Dathan

Die Spitzenbetriebe

🍇🍇🍇

Gussek S. 851
Pawis S. 855

Die aktuellen Breitengrad-51-Weine

Aufgrund des schlechten Jahrgangs finden Sie hier keine Liste der besten Weißburgunder der Region, stattdessen stellen wir Ihnen die Weine der Winzergruppe Breitengrad 51 gesondert vor.

2013 Dachsberg Spätburgunder	**87**
Gussek, Naumburg	
2014 Dachsberg Grauburgunder	**87**
Gussek, Naumburg	
2014 Steinmeister Weißwein-Cuvée	**87**
Hey, Naumburg	
2011 Steinmeister Spätburgunder	**86**
Hey, Naumburg	
2014 Saalhäuser Weißburgunder	**86**
Kloster Pforta, Bad Kösen	
2012 Saalhäuser Blauer Zweigelt	**86**
Kloster Pforta, Bad Kösen	
2014 Weißburgunder	**86**
Böhme & Töchter, Gleina	

Toskanahäuschen nahe des Flussufers

WEINGUT BEYER

06636 Dorndorf (Unstrut) · Gleinaer Straße 2
☎ (03 44 62) 18 99 00
johannes@weingut-beyer.de
www.weingut-beyer.de
Inhaber und Betriebsleiter: Johannes Beyer

Verkauf: Johannes Beyer
Mi: 15.00–18.00 Uhr
Fr: 15.00–18.00 Uhr, Sa: 10.00–17.00 Uhr

Johannes Beyer ist kein Neuling in der Region. Seine umfangreiche Erfahrung als Kellermeister im Weingut Pawis und im eigenen, kleinen Nebenerwerbsbetrieb ließen den Schritt in die Selbstständigkeit zu. Neben den eigenen Weinen ist er auch federführend beteiligt an der Weinmanufaktur Laucha, der alten Zuckerfabrik, die sich dem Ausbau von Weinen verschiedenster Kleinwinzer verschrieben hat. Der Jahrgang 2014 wurde sehr gut gemeistert. Die Gutsweine haben rebsortentypische Aromen, begeistern mit viel Frucht und Länge. Der Silvaner aus alten Reben zeigt mineralische Noten und auch der Weißburgunder aus dem Holzfass hat Potenzial für lange Reife. Aber auch der Rotling und die beiden angestellten Rotweine können überzeugen. Die Kühle der 2013er Rotweine und deren gut integrierte Holznoten können begeistern. Der positive Weg des Gutes setzt sich also fort!

Anzahl der verkosteten Weine: 6
Bewertungen: 82–86 Punkte

2014	Karsdorfer Hohe Gräte Silvaner trocken Alte Reben **6,90 €** | 11,5% | bis 2017	**84**
2014	Karsdorfer Hohe Gräte Weißburgunder Unterer Bundsandstein **8,50 €** | 12,5% | bis 2018	**83**
2013	Karsdorfer Hohe Gräte Weißburgunder Spätlese trocken Barrique **9,40 €** | 14% | bis 2017	**86**
2014	Karsdorfer Hohe Gräte trocken Rotling **6,90 €** | 11% | bis 2016	**82**
2013	Karsdorfer Hohe Gräte Portugieser trocken Alte Reben Holzfass **7,90 €** | 12,5% | bis 2018	**83**
2013	Dorndorfer Rappental Glockendreiklang trocken Cuvée **10,40 €** | 13,5% | bis 2017	**84**

Die Weine:
100 Perfekt · **95–99** Überragend · **90–94** Exzellent
85–89 Sehr gut · **80–84** Gut · **75–79** Passabel

WEINGUT KLAUS BÖHME

06636 Kirchscheidungen · Lindenstraße 42
☎ (03 44 62) 2 03 95 · Fax 2 27 94
weingut.boehme@t-online.de
www.weingut-klaus-boehme.de
Inhaber: Klaus Böhme

Verkauf: Ina Paris
nach Vereinbarung

Historie: 300 Jahre Landwirtschaft und Weinbau in der Familie
Sehenswert: idyllische Hofstelle mit altem Kopfsteinpflaster

Rebfläche: 11,5 Hektar
Jahresproduktion: 90.000 Flaschen
Beste Lagen: Burgscheidunger Veitsgrube, Dorndorfer Rappental
Boden: Muschelkalkverwitterung
Rebsorten: je 20% Müller-Thurgau und Weißburgunder, je 10% Riesling und Silvaner, je 5% Bacchus, Dornfelder, Frühburgunder, Gutedel, Kerner, Portugieser, Spätburgunder und Traminer
Durchschnittsertrag: 60 hl/ha

Klaus Böhme gehört zu den Urgesteinen des Weinbaus an der Unstrut. Als einer der ersten Winzer investierte er in den letzten Jahren in moderne Kellertechnik und die Arbeit im Weinberg. Nach Steigerungen in den letzten Jahren konnten wir die zweite Traube vergeben. Klaus Böhme baut seine Weine gern mit sehr viel Frische, sortentypischer Frucht und absoluter Klarheit aus. Diese Stilistik ist zu seinem Markenzeichen geworden. Der aktuelle Jahrgang zeigt die Schwierigkeiten auf, die durch den feuchten Herbst entstanden sind. Die Gutsweine sind allesamt sehr rebsortentypisch, es fehlt ihnen allerdings die Strahlkraft des Vorjahres. Positiv stechen die Bergstern-Weine heraus; diese gefallen mit mineralischer Länge und kompakter Sortenfrucht. Es ist eine trinkfreudige Kollektion, in der selbst der Frühburgunder als leicht gekühlter Sommerwein genossen werden kann.

Zeichenerklärung:
Schnäppchenpreis · **Top 10** Spitzenreiter
Ökobetrieb · Trink-Tipp · Versteigerungswein
Sekt | Weißwein | Rotwein | Roséwein

Anzahl der verkosteten Weine: 10
Bewertungen: 82–86 Punkte

2014 Bacchus trocken **82**
7,50 € | 11,5% | bis 2019

2014 Riesling trocken **83**
8,– € | 11,5% | bis 2019

2014 Dorndorfer Rappental **85**
Silvaner trocken Alte Reben
8,– € | 11,5% | bis 2019

2014 Burgscheidunger Veitsgrube **83**
Kerner Spätlese trocken »Erste Lage«
8,50 € | 12% | bis 2018

2014 Dorndorfer Rappental **84**
Weißburgunder Spätlese trocken »Erste Lage«
9,50 € | 11,5% | bis 2019

2014 Dorndorfer Rappental **84**
Traminer Spätlese trocken »Erste Lage«
13,– € | 11% | bis 2021

2014 Dorndorfer Rappental **86**
Riesling Bergstern Spätlese trocken Premium
19,– € | 12,5% | bis 2021

2014 Dorndorfer Rappental **86**
Weißburgunder Bergstern Auslese trocken Premium
19,– € | 13% | bis 2018

2014 Dorndorfer Rappental **85**
Bacchus Auslese »Erste Lage«
20,– €/0,375 Lit. | 9% | bis 2025

2013 Dorndorfer Rappental **82**
Frühburgunder trocken »Erste Lage«
13,– € | 13,5% | bis 2021

WEINGUT BÖHME & TÖCHTER

06632 Gleina · Ölgasse 11
☎ (03 44 62) 2 20 43 · Fax 6 06 91
info@boehme-toechter.de
www.boehme-toechter.de
Inhaber: Frank Böhme

Verkauf: Familie Böhme, im Hofladen
nach Vereinbarung

Frank Böhme hat seinen Platz in der Kategorie der besten Erzeuger weiter gefestigt und dieses Jahr nochmals verbessert. Mittlerweile sind auch die Töchter mit in den Betrieb eingestiegen. Die auf Muschelkalkböden wachsenden Weine gefallen dieses Jahr durch viel Sortenfrucht, gut ausbalancierte Säuren und trockenen Charakter. Selbst die feinherben Weine haben eine gute Balance und zeigen viel Struktur. Gerade die Burgundersorten sind auffallend verbessert, ein Klassiker wie der Blanc de Noirs und der Chardonnay gefallen mit cremiger Struktur und feinwürzigem Nachhall. Auch die 2013er Ausgabe der Rotweincuvée zeigt sich verbessert. Hier passt neben dem Holzeinsatz auch Säurestruktur und Kraft. Weiter so!

Anzahl der verkosteten Weine: 11
Bewertungen: 83–89 Punkte

2011 Riesling Sekt Brut **85**
13,50 € | 12,5% | bis 2017

2014 Gutedel trocken **83**
8,50 € | 12% | bis 2018

2014 Freyburger Schweigenberg **85**
Weißburgunder trocken
11,– € | 13% | bis 2019

2014 Dorndorfer Rappental **85**
Spätburgunder trocken Blanc de Noirs
11,– € | 13% | bis 2019

2014 Freyburger Schweigenberg **86**
Chardonnay trocken
11,– € | 13,5% | bis 2022

2014 Freyburger Schweigenberg **86**
Weißburgunder Breitengrad 51 trocken
19,– € | 13,5% | bis 2020

2014 Bacchus feinherb **83**
8,50 € | 12% | bis 2018

2014 Weißburgunder feinherb **84**
8,50 € | 12% | bis 2018

2013 Freyburger Mühlberg **89**
Ortega Trockenbeerenauslese
75,– €/0,375 Lit. | 6% | bis 2030

2013 Freyburger Mühlberg **86**
Cabernet Dorio & Cabernet Dorsa T&M trocken Barrique
15,– € | 14% | bis 2019

WEINGUT BORN

06198 Salzatal-Höhnstedt
Wanslebener Straße 3
☎ (03 46 01) 2 29 30 · Fax 2 00 39
info@weingut-born.de
www.weingut-born.de
Inhaber: Günter Born
Betriebsleiter: Elisabeth Born
Kellermeister: Jochen Hinderer

Verkauf: Familie Born
Mo–Fr: 10.00–18.00 Uhr
Sa: 10.00–14.00 Uhr und nach Vereinbarung

50 Kilometer nördlich von Saale und Unstrut in Höhnstedt am Süßen See haben Günter Born und dessen Vater 1993 das erste Privatweingut der Region gegründet. Jetzt hat die neue Generation um Diplom-Önologin Elisabeth Born und ihren Partner das Zepter in der Hand. Die auf Buntsandsteinverwitterungsböden gewachsenen Weine zeigen eine deutliche Fruchtausprägung bei mineralischer Länge. Vorbildlich auch die gutseigene Qualitätspyramide, welche Basisweine, Ortsweine mit Bodenangabe und Spitzengewächse mit Einzellage ausweist. Der aktuelle Jahrgang fällt gut aus, die Weine zeigen eher zarte Fruchtnoten, sind aber rebsortentypisch und kompromisslos trocken. Vor allem der Riesling und der Weißburgunder der Toplage Kreisberg konnten uns sehr überzeugen. Neu vorgestellt wurde der Gemeinschaftswein der Gruppe Breitengrad 51, ein perfekter frischer Sommerwein! Aber auch die Rotweine des Weingutes können Fans klassischer Rebsorten begeistern.

Anzahl der verkosteten Weine: 6
Bewertungen: 82–86 Punkte

2014	Gutedel trocken	**82**
	7,– € | 12% | 🍷 bis 2017	
2014	Silvaner trocken	**83**
	7,– € | 12% | 🍷 bis 2018	
2014	Cuvée »Allerhand« trocken Abfüllerwein	**83**
	7,90 € | 11,5% | 🍷 bis 2017	
2014	Höhnstedt Riesling Bundsandstein trocken	**85**
	8,50 € | 12% | 🍷 bis 2020	
2014	Höhnstedter Kreisberg Weißburgunder trocken	**86**
	14,– € | 13% | 🍷 bis 2018	
2014	Höhnstedt Portugieser Bundsandstein trocken	**84**
	8,50 € | 12% | 🍷 bis 2020	

WEINGUT FRÖLICH-HAKE

06618 Naumburg-Roßbach · Am Leihdenberg 11
☎ (0 34 45) 26 68 00 · Fax 26 68 01
weingut-froelich-hake@t-online.de
www.weingut-froelich-hake.de
Inhaber: Sandra und Volker Frölich
Kellermeister: Volker Frölich

Verkauf: Sandra Frölich
Mo–So: 11.00–20.00 Uhr

Das mittlerweile auf zehn Hektar angewachsene Weingut hat in den letzten Jahren einiges umgestellt. Die Qualität der Basisweine wurde verbessert, im Mittelbau werden nun die Böden wie Muschelkalk, Roter Ton oder Buntsandstein angegeben. Alle Topweine kommen mit der entsprechenden Einzellage auf den Markt. Die Struktur der Weine ist nochmals deutlich trockener geworden. Im aktuellen Jahrgang haben die Sorten wie Müller-Thurgau und Silvaner erheblichen Vorteil vor den Burgundersorten. Erstere sind frisch und fruchtig, die Burgunder dagegen sind eher breit und matt. Der Riesling zeigt sehr präsente Säurewerte, bleibt dabei aber mineralisch. Auch beim 2013er Dornfelder ist das Holz gut eingebunden, wenn auch hier die Säure noch sehr präsent ist. Insgesamt eine stabile Kollektion auf Vorjahresniveau.

Anzahl der verkosteten Weine: 6
Bewertungen: 82–84 Punkte

2014	Müller-Thurgau trocken	**82**
	7,50 € | 12% | 🍷 bis 2019	
2014	Silvaner trocken	**83**
	7,50 € | 12% | 🍷 bis 2018	
2014	Riesling Roter Ton trocken	**84**
	9,50 € | 12% | 🍷 bis 2021	
2014	Weißburgunder Buntsandstein trocken	**84**
	9,50 € | 11,5% | 🍷 bis 2019	
2014	Naumburger Steinmeister Grauburgunder trocken	**83**
	12,– € | 12% | 🍷 bis 2019	
2013	Dornfelder Muschelkalk trocken Holzfass	**83**
	11,– € | 12% | 🍷 bis 2019	

Die Betriebe:
Weltklasse · Deutsche Spitze
Sehr gut · Gut · Zuverlässig
Weitere Empfehlung

WINZERHOF GUSSEK

06618 Naumburg · Kösener Straße 66
☎ (0 34 45) 7 81 03 66 · Fax 7 81 03 60
winzerhofgussek@t-online.de
www.winzerhof-gussek.de
Inhaber und Betriebsleiter: André Gussek
Außenbetrieb: Thomas Gussek
Kellermeister: Hella Päger

Verkauf: Kim Le Than und André Gussek
Mo–Do: 16.00–18.00 Uhr
Fr–So: 14.00–18.00 Uhr und nach Vereinbarung

Sehenswert: Gedenkstein für Unterlagenzüchter Dr. Carl Börner, halbjährlich wechselnde Kunstausstellungen

Rebfläche: 9,5 Hektar
Jahresproduktion: 60.000 Flaschen
Beste Lagen: Naumburger Steinmeister, Kaatschener Dachsberg
Boden: Löss, Lehm und Muschelkalkverwitterung
Rebsorten: 27% Müller-Thurgau, 15% Spätburgunder, je 11% Grauburgunder, Riesling und Zweigelt, 8% Portugieser, 6% Silvaner, 5% Weißburgunder, 6% übrige Sorten
Durchschnittsertrag: 47 hl/ha
Mitglied: Breitengrad 51

André Gussek hat sich einen festen Platz an der Gebietsspitze erarbeitet. Nach Umstellung auf ein dreistufiges Qualitätsmodell, dem Wiederbeleben alter Lagen und der Mitgründung der Winzergruppe Breitengrad 51 wurde uns eine sehr stabile Kollektion vorgestellt. Man merkt die Sicherheit Gusseks, auch mit schwierigen Jahrgängen umzugehen, den Weinen an. Gerade bei den Burgundersorten kann er sich gegenüber den Kollegen positiv absetzen. Aber auch sein Silvaner Bin 88 gehört zu den besten der Region. Die Rieslinge fallen gut, aber jahrgangsbedingt nicht so mineralisch aus. Bei den Rotweinen aus 2013 spielt Gussek wieder die gesamte Klaviatur. Toller Holzeinsatz, perfekt sauber ausgearbeitete Frucht machen ihn weiterhin zum besten Rotweinwinzer der neuen Bundesländer.

Anzahl der verkosteten Weine: 13
Bewertungen: 83–88 Punkte

2014 Silvaner trocken **83**
8,50 €/1,0 Lit. | 12% | bis 2018

2014 Grauburgunder Muschelkalk trocken **84**
9,90 € | 12% | bis 2019

2014 Naumburger Steinmeister Riesling trocken **86**
11,50 € | 13% | bis 2021

2014 Naumburger Göttersitz Grauburgunder trocken **86**
12,50 € | 13% | bis 2020

2014 Kaatschener Dachsberg Weißburgunder trocken **84**
13,50 € | 13% | bis 2020

2014 Kaatschener Dachsberg Silvaner Bin 88 trocken **87**
13,50 € | 13% | bis 2022

2013 Kaatschener Dachsberg Weißburgunder trocken Barrique **85**
19,– € | 13,5% | bis 2020

2014 Kaatschener Dachsberg Grauburgunder Breitengrad 51 trocken **87**
21,– € | 13% | bis 2018

2014 Riesling feinherb **84**
10,50 € | 11,5% | bis 2021

2013 Kaatschener Dachsberg Grauburgunder Auslese **87**
14,– €/0,5 Lit. | 11,5% | bis 2026

2013 Kaatschener Dachsberg Zweigelt trocken Barrique **88**
19,– € | 13,5% | bis 2024

2013 Kaatschener Dachsberg Spätburgunder trocken Holzfass **86**
21,– € | 13% | bis 2025

2013 Kaatschener Dachsberg Spätburgunder Breitengrad 51 trocken Holzfass **87**
24,– € | 13,5% | bis 2025

WEINGUT HEY

06618 Naumburg · Weinberge 1d
☎ (0 34 45) 23 47 78
kontakt@weinguthey.de
www.weinguthey.de
Inhaber und Betriebsleiter: Matthias Hey

Verkauf: Mai–Okt.
Di–Fr: 13.00–19.00 Uhr
Sa–So: 12.00–20.00 Uhr
und nach Vereinbarung

Straußwirtschaft: April–Sept. 12.00–20.00 Uhr
Spezialitäten: regionale und mediterrane Speisen
Erlebenswert: Sommertheater, Jazz- und Klassikkonzerte, Lesungen

Rebfläche: 5 Hektar
Jahresproduktion: 25.000 Flaschen
Beste Lagen: Naumburger Steinmeister
Boden: Muschelkalkverwitterung
Rebsorten: 46% Riesling, 18% Weißburgunder, je 10% Blauer Zweigelt und Gutedel, 16% übrige Sorten
Durchschnittsertrag: 45 hl/ha
Mitglied: Breitengrad 51

Matthias Hey gilt in der Region immer noch als Jungwinzer und das zu Recht. Vor fünf Jahren präsentierte er seinen ersten Jahrgang. Mittlerweile hat er sich stetig nach vorn gearbeitet und in den letzten Jahren immer bessere Weine vorgestellt. Diese kommen alle aus steileren Parzellen des Naumburger Steinmeisters. Dort wurden auch weitere Junganlagen gepflanzt. Das Sortiment wird klar in Guts-, Orts- und Lagenweine gegliedert. Im aktuellen Jahrgang zeigt sich jedoch ein etwas gespaltenes Bild. Die Vielzahl der Rieslinge kann mit Mineralität und Bodentypizität punkten, auch der Weiße Hey zeigt feine, weiße Fruchtnoten.
Die Weißburgunder geben die Schwierigkeiten des Jahrgangs wieder. Der Gutswein ist eher untypisch, den anderen Vertretern fehlt es an Frische und Struktur. Auch sollte in solchen Jahrgängen punktgenauer mit dem Holz gearbeitet werden. Der jetzt vorgestellte 2011er Breitengrad 51 Spätburgunder hat viel Reifepotenzial und zeigt noch junge Tannine.

Die Weine:
100 Perfekt · **95–99** Überragend · **90–94** Exzellent
85–89 Sehr gut · **80–84** Gut · **75–79** Passabel

Anzahl der verkosteten Weine: 11
Bewertungen: 82–87 Punkte

Jahrgang	Wein	Punkte
2014	Weißburgunder trocken **8,90 €** | 12% | bis 2018	**82**
2014	Naumburger Weißburgunder trocken **12,90 €** | 12% | bis 2020	**84**
2014	Naumburger Riesling Buntsandstein trocken **12,90 €** | 11,5% | bis 2020	**85**
2014	Naumburger Riesling Muschelkalk trocken **12,90 €** | 11,5% | bis 2020	**86**
2014	Naumburger Cuvée »Weißer Hey« **13,– €** | 12% | bis 2020	**86**
2014	Naumburger Steinmeister Weißburgunder trocken Holzfass **16,– €** | 13% | bis 2022	**86**
2014	Naumburger Steinmeister Cuvée »Breitengrad 51« trocken Barrique **24,– €** | 13% | bis 2021	**87**
2014	Riesling feinherb **8,90 €** | 12% | bis 2020	**84**
2014	Naumburger Steinmeister Riesling Spätlese halbtrocken **16,– €** | 12% | bis 2020	**85**
2014	Naumburger Steinmeister Riesling Auslese **24,– €** | 9% | bis 2025	**87**
2011	Naumburger Steinmeister Spätburgunder Breitengrad 51 trocken Barrique **24,– €** | 14% | bis 2021	**86**

HARZER WEINGUT KIRMANN

06502 Thale, Ortsteil Westerhausen
Westerhäuser Gartenstraße 532
☎ (0 39 46) 70 14 66 · Fax 68 98 13
harzer-weingut@t-online.de
www.harzer-weingut.de
Inhaber und Betriebsleiter: Matthias Kirmann

Verkauf: Matthias Kirmann
Mo–Fr: 14.00–18.00 Uhr
Sa: 10.00–16.00 Uhr und nach Vereinbarung

Nach schwierigen Jahren mit geringen Erträgen hat Familie Kirmann in Land für Neuaufrebungen investiert. Waren die 2013er Weine noch eher schlank, so haben uns die Weißweine des aktuellen Jahrgangs überrascht. Diese haben sehr cremige Strukturen, teilweise malolaktische Töne und stellen einen kontrastreichen Wechsel dar. Der Riesling Rieke gefiel hier noch am besten. Das Traminerprojekt Sonne/Mond besteht seit vielen Jahren; dieses Jahr waren beim Mondwein eher rauchige Aromen, beim Sonnewein eher klarere, gelbfruchtige Noten wahrnehmbar. Die Rotweine des Weingutes stehen in einer anderen Liga und gehören seit einigen Jahren zu den besten der Region mit sehr gutem Reifepotenzial und bestens eingebundenem Holz.

Anzahl der verkosteten Weine: 9
Bewertungen: 82–86 Punkte

2014	Müller-Thurgau trocken **10,– €** | 11,5% | bis 2018	**82**
2014	Weißburgunder trocken **10,– €** | 12% | bis 2018	**83**
2014	Riesling Rieke trocken **12,– €** | 11,5% | bis 2019	**84**
2014	Westerhäuser Königstein Traminer Sonne und Mond trocken **17,50 €** | 11,5% | bis 2020	**84**
2014	Westerhäuser Königstein Traminer Sonne und Mond trocken **17,50 €** | 11,5% | bis 2018	**84**
2013	Westerhäuser Königstein Riesling & Traminer Matti Beerenauslese **35,– €**/0,375 Lit. | 14,5% | bis 2023	**83**
	Westerhäuser Königstein Dornfelder trocken Barrique **16,– €** | 13% | bis 2020	**84**
2013	Westerhäuser Königstein Cabernet Mitos trocken Barrique **20,– €** | 13% | bis 2022	**86**
2013	Westerhäuser Königstein Spätburgunder Auslese trocken Holzfass **18,– €** | 13% | bis 2018	**85**

LANDESWEINGUT KLOSTER PFORTA

06628 Bad Kösen · Saalberge 73
☎ (03 44 63) 30 00 · Fax 3 00 25
service@kloster-pforta.de
www.kloster-pforta.de
Inhaber: Landgesellschaft Sachsen-Anhalt
Direktor: Prof. Dr. Filz Schumann
Weinbauleiterin: Franziska Zobel
Kellermeister: Christoph Lindner

Verkauf: Vinothek Schulpforte
Mo–So: 10.00–18.00 Uhr

Das Staatsweingut hat nach einigen personellen Veränderungen das Qualitätsniveau deutlich steigern können. Der aktuelle Jahrgang ist stabiler in der Qualität, auch wenn die Spitzenweine fehlen. Ein Riesling aus 2013 zeigt aber, dass langsamer Ausbau perfekt zu den Lagen des Weingutes passt. Immer eine Bank: die Gutssekte und die große Vielfalt an Rotweinen. Die Zweigelt-Weine gehören zu den besten der Region. Das Ausrufezeichen setzen wieder einmal die Breitengrad 51-Weine, hier zeigt Kellermeister Christoph Lindner, was er kann!

Anzahl der verkosteten Weine: 10
Bewertungen: 83–87 Punkte

2013	Pfortenser Köppelberg Elbling Sekt extra trocken **12,90 €** | 12% | bis 2017	**84**
2014	Naumburger Roter Traminer trocken **9,90 €** | 12% | bis 2017	**83**
2014	Pfortenser Köppelberg Grauburgunder trocken Holzfass **12,50 €** | 11,5% | bis 2018	**84**
2014	Saalhäuser Weißburgunder trocken Holzfass **13,90 €** | 12% | bis 2018	**85**
2013	Gosecker Dechantenberg Riesling trocken **17,90 €** | 12% | bis 2018	**85**
2014	Saalhäuser Weißburgunder Breitengrad 51 trocken Holzfass **21,– €** | 13,5% | bis 2022	**86**
2013	Pfortenser Köppelberg Blauer Portugieser trocken Holzfass **10,50 €** | 13% | bis 2018	**84**
2013	Saalhäuser Blauer Zweigelt trocken Holzfass **12,50 €** | 13% | bis 2020	**85**
2012	Saalhäuser Blauer Zweigelt trocken Alte Reben Barrique **18,90 €** | 14,5% | bis 2021	**87**
2012	Saalhäuser Blauer Zweigelt Breitengrad 51 trocken Barrique **25,– €** | 14% | bis 2020	**86**

WEINGUT FAMILIE LÜCKEL

06632 Freyburg/Unstrut · Schloßstraße 21
☎ (03 44 64) 35 91 60 · Fax 35 91 62
info@weingut-lueckel.de
www.weingut-lueckel.de
Inhaber und Betriebsleiter: Jörg und Andrea Lückel
Kellermeister: Jörg Lückel

Verkauf: Jörg und Andrea Lückel
nach Vereinbarung

Jörg Lückel ist Quereinsteiger und bewirtschaftet fast einen Hektar Steil- und Steilstlagen direkt in Freyburg am Fuße der Neuenburg. Bei der Vielzahl an Rebsorten und seiner Ausbaustilistik sind die Weine im wahrsten Sinne des Wortes Eigengewächse. Da kommt ein Riesling und Weißburgunder aus dem Barriquefass, Rotweine werden fast wie Brunellos lange im kleinen neuen Holz ausgebaut und haben eine sehr eigenständige Art. Doch gerade die Weißweine bestechen mit Eigenständigkeit und haben erstaunliches Reifepotenzial. Weiter so!

Anzahl der verkosteten Weine: 5
Bewertungen: 82–86 Punkte

2014 Freyburger Edelacker **84**
Riesling Muschelkalkterrassen trocken
10,– € | 12,5% | bis 2018

2014 Gröster Steinberg **86**
Weißburgunder trocken Barrique
17,– € | 13,5% | bis 2020

2013 Naumburger Steinmeister **85**
Riesling Muschelkalkterrassen Auslese trocken Barrique
12,– €/0,5 Lit. | 13% | bis 2020

2013 Freyburger Edelacker **84**
Dornfelder Muschelkalkterrassen trocken Holzfass
12,– €/0,5 Lit. | 13,5% | bis 2019

2012 Freyburger Edelacker **82**
Cabertin Auslese trocken Barrique – 2 –
14,– €/0,5 Lit. | 14,5% | bis 2019

WINZEREI LÜTTMER

13353 Berlin · Willdenowstraße 15
☎ (0 30) 4 61 82 97
luettmer@yahoo.com
www.facebook.com/HerrFrauLuttmerDieWinzerei
Inhaber: Klaus Lüttmer

Verkauf: nach Vereinbarung

Der Quereinsteiger Klaus Lüttmer bepflanzte vor einigen Jahren einen Weinberg in der alten Kernlage des Weischützer Nüssenbergs mit Frühburgunder. Reiner Muschelkalkboden und eine intensive Bewirtschaftung des Weinberges führten zu ersten, guten Ergebnissen und zu einer Vorstellung des Weines vor uns. Der 2011er war der zweite Jahrgang und konnte bereits beeindrucken. Derart fein eingebundene Holzwürze, ausgeprägte Frucht, viel Nerv und Länge findet man sonst nur an der Ahr oder in Franken.
Mittlerweile hat der Winzer seine Philosophie noch besser umgesetzt. Der Rosa glänzt mit Würze, zeigt mit knochentrockener Aromatik provencialische Anklänge und ist etwas für fortgeschrittene Weinliebhaber. Die Selektion »S« seines Frühburgunders Maxime ist nochmals deutlich prägnanter ausgefallen und noch recht jung. Aber auch der normale Maxime kann jetzt schon begeistern. In diesem Jahr kommen die 1,4 Hektar in der historischen Toplage Vitzenburger Schlossberg bei Nebra mit Riesling und Spätburgunder in den Ertrag, sodass man das Spektrum an Wein erweitern kann.

Anzahl der verkosteten Weine: 3
Bewertungen: 84–87 Punkte

2014 Frühburgunder Rosa **84**
Landwein trocken Rosé
9,– € | 11,5% | bis 2017

2013 Weischützer Nüssenberg **85**
Frühburgunder Maxime trocken Barrique
12,– € | 13% | bis 2019

2013 Weischützer Nüssenberg **87**
Frühburgunder »S« Maxime trocken Barrique
16,– € | 13% | bis 2022

WEINGUT PAWIS

06632 Freyburg-Zscheiplitz · Auf dem Gut 2
☎ (03 44 64) 2 83 15 · Fax 6 67 27
info@weingut-pawis.de
www.weingut-pawis.de
Inhaber: Bernard und Kerstin Pawis
Betriebsleiter und Kellermeister: Bernard Pawis

Verkauf: Familie Pawis
Mo–Fr: 10.00–12.00 · 13.00–18.00 Uhr
Sa: 10.00–12.00 · 14.00–18.00 Uhr
So: 10.00–12.00 Uhr

Sehenswert: Betrieb im ehemaligen Klostergut Zscheiplitz, Aussichtsturm und Klosterkirche, restauriertes Brunnenhaus
Erlebenswert: Weinproben im historischen Klostergut, Galerie »Kunst im Gut«, geol. Lehrpfad

Rebfläche: 15 Hektar
Jahresproduktion: 80.000 Flaschen
Beste Lagen: Freyburger Edelacker und Mühlberg
Boden: Kalksteinverwitterung, Löss
Rebsorten: 35% Riesling, je 15% Müller-Thurgau, rote Sorten und Weißburgunder, je 10% Grauburgunder und Silvaner
Durchschnittsertrag: 60 hl/ha
Mitglied: VDP

Bernard Pawis hatte in den letzten Jahren mit sehr kleinen Ernten zu kämpfen. Den schwierigen 2014er Jahrgang hat er im Wesentlichen sehr gut gemeistert. Die frühen Sorten wie Müller-Thurgau und Bacchus bestechen mit viel Frucht, die Rieslinge von Quarz, Muschelkalk und Buntsandstein sind kompromisslos trocken und zeigen rauchige Fruchtaromen, gepaart mit salziger Mineralität. Auch das Große Gewächs aus dem Edelacker kann mit kompakter Fülle, feinnerviger Säure und langem Nachhall glänzen. Die Weißburgunder haben dagegen ihre jahrgangsbedingten Schwierigkeiten. Der Gutswein ist sehr passabel gelungen, die Barriquevariante »PJH« und das Große Gewächs fallen deutlich ab. Vertrösten können der Grauburgunder aus der neuen Lage Zscheiplitzer Himmelreich und der 2013er Blaue Zweigelt. Diese haben eine frische Säurestruktur und eine klare Rebsortenfrucht.

Anzahl der verkosteten Weine: 12
Bewertungen: 83–87 Punkte

2014	Müller-Thurgau trocken **8,– €** | 11,5% | bis 2018	**83**
2014	Weißburgunder trocken **9,95 €** | 12% | bis 2018	**83**
2014	Bacchus trocken **9,95 €** | 11,5% | bis 2019	**84**
2014	Riesling Muschelkalk trocken **9,95 €** | 12% | bis 2019	**84**
2014	Riesling Buntsandstein trocken **12,– €** | 12,5% | bis 2021	**85**
2014	Riesling Quarz trocken **12,– €** | 12% | bis 2017	**86**
2014	Zscheiplitzer Himmelreich Grauburgunder trocken »Erste Lage« **14,– €** | 12,5% | bis 2020	**85**
2014	Freyburger Edelacker Weißburgunder »PJH« trocken »Erste Lage« Barrique **19,80 €** | 13,5% | bis 2017	**83**
2014	Freyburger Edelacker Weißburgunder »Großes Gewächs« **19,90 €** | 13,5% | bis 2019	**85**
2014	Freyburger Edelacker Riesling »Großes Gewächs« **22,– €** | 13,5% | bis 2022	**87**
2014	Freyburger Edelacker Pinotin trocken **17,80 €** | 12,5% | bis 2021	**84**
2013	Freyburger Edelacker Blauer Zweigelt trocken »Erste Lage« Barrique **17,80 €** | 12,5% | bis 2023	**86**

THÜRINGER WEINGUT BAD SULZA

99518 Bad Sulza · Ortsteil Sonnendorf 17
☎ (03 64 61) 2 06 00 · Fax 2 08 61
info@thueringer-wein.de
www.thueringer-wein.de
Geschäftsführer: Andreas Clauß
Kellermeister: Maximilian Sommerwerk

Verkauf: Kathrin Clauß
Mo–Fr: 10.00–18.00 Uhr, Sa: 10.00–16.00 Uhr
So, feiertags: 10.00–12.00 Uhr

Das erste private Weingut Thüringens hat mit Weinbergen in Jena an Fläche zugelegt. Bei der Stilistik der Weine wurde ein eindeutiges Profil geschaffen; die aktuelle Kollektion weist viel Licht und wenig Schatten auf mit sehr ordentlichen Gutsweinen. Auch die Bukettsorten sind sauber im Rebsortenausdruck. Die Premiumlinie Excellence kann vor allem im Burgunderbereich mit sehr gut integriertem Holz begeistern. Und selbst wenn die Süßweine dem Jahrgang gemäß alkoholisch wuchtig ausfallen, der Frühburgunder entschädigt dafür. In ihm zeigt sich der Aufwärtstrend am deutlichsten, denn gerade die Balance der Weine hat sich gebessert.

Anzahl der verkosteten Weine: 12
Bewertungen: 82–87 Punkte

2014	Müller-Thurgau trocken *	**82**
	7,80 € | 12,5% | bis 2016	
2014	Jenaer Grafenberg Bacchus trocken *	**83**
	8,50 € | 12,5% | bis 2017	
2014	Thüringer Traminer trocken **	**86**
	10,50 € | 13% | bis 2019	
2014	Muskateller trocken **	**84**
	12,– € | 12,5% | bis 2017	
2014	Bad Sulzaer Sonnenberg Weißburgunder Excellence trocken Holzfass ***	**85**
	13,– € | 13% | bis 2019	
2014	Bad Sulzaer Sonnenberg Chardonnay Excellence trocken Holzfass ***	**86**
	14,– € | 13% | bis 2019	
2014	Bad Sulzaer Sonnenberg Grauburgunder Excellence trocken Holzfass ***	**86**
	14,– € | 13% | bis 2019	
2013	Auerstedter Tamsel Kerner Beerenauslese ***	**85**
	32,– €/0,375 Lit. | 13,5% | bis 2020	
2013	Bad Sulzaer Sonnenberg Riesling Beerenauslese Premium ***	**87**
	36,– €/0,375 Lit. | 13% | bis 2022	
2013	Bad Sulzaer Sonnenberg Frühburgunder trocken Barrique ***	**86**
	16,– € | 13,5% | bis 2019	

Neu

WEIN- UND SEKTGUT HUBERTUS TRIEBE

06712 Würchwitz · Mittelweg 18
☎ (03 44 26) 2 14 20 · Fax 2 14 99
bauer.triebe@t-online.de
www.weingut-triebe.de
Inhaberin: Grit Triebe

Verkauf: Grit Triebe
Di: 10.00–18.00 Uhr
Fr–Sa: 14.00–18.00 Uhr und nach Vereinbarung

Südlich von Zeitz unweit der Weißen Elster wird schon seit 1999 wieder Weinbau betrieben. Die Familie Triebe lässt hier feinfruchtige, ehrliche Weine entstehen, welche durch die besonderen klimatischen Bedingungen rund um Würchwitz über eine gut eingebundene Säure und eine harmonische Struktur verfügen.
Der neue Kellermeister ist mit dem aktuellen Jahrgang recht gut zurecht gekommen. Vor allem die Burgundersorten glänzen mit Frucht und Schmelz, besonders der weiß gekelterte Spätburgunder macht auf sich aufmerksam. Eine jetzt erst angestellte 2011er Weißburgunder Spätlese zeigt, wie gut und harmonisch die Weine reifen können. Bewusst offen stellt man sich im Gutsausschank und der Vinothek der Konkurrenz: Hier können neben eigenen Weinen auch Weine anderer Erzeuger des Gebietes gekauft werden.

Anzahl der verkosteten Weine: 6
Bewertungen: 81–85 Punkte

2014	Salsitzer Englischer Garten Gutedel trocken	**81**
	6,50 € | 12% | bis 2018	
2014	Salsitzer Englischer Garten Bacchus trocken	**82**
	8,– € | 12% | bis 2018	
2014	Salsitzer Englischer Garten Traminer trocken	**84**
	8,– € | 11,5% | bis 2018	
2014	Salsitzer Englischer Garten Spätburgunder trocken Blanc de Noirs	**84**
	8,– € | 11,5% | bis 2018	
2014	Salsitzer Englischer Garten Weißburgunder Spätlese trocken	**85**
	8,40 € | 13% | bis 2018	
2011	Weißburgunder feinherb Barrique	**85**
	16,– € | 12,5% | bis 2020	

Die Weine:
100 Perfekt · **95–99** Überragend · **90–94** Exzellent
85–89 Sehr gut · **80–84** Gut · **75–79** Passabel

WEINHAUS ZU WEIMAR

99441 Kromsdorf · Platz der Demokratie 47
☎ (0 36 43) 8 77 49 71
info@weinhaus-zu-weimar.de
www.weinhaus-zu-weimar.de
Inhaber: Agrargenossenschaft Gleina
Außenbetrieb: Björn Probst
Kellermeister: Jaques du Preez und Ingo Uthmann

Verkauf: Greta Brachmann und Roman Drobek
Di–So: 11.00–18.00 Uhr

Das 2007 von Georg Prinz zur Lippe ins Leben gerufene Weinprojekt unweit von Jena hat sich in den vergangenen Jahren gut entwickelt. Die uns in den letzten Jahren vorgestellten Weine waren von stabiler Qualität. Eine starke Leistung, bedenkt man, dass die Trauben im fernen Elbtal auf Schloss Proschwitz verarbeitet und ausgebaut wurden. Dieses Jahr wurde erstmalig das dreistufige Qualitätsmodell aus Gutsweinen, Ortsweinen und Lagenweinen vorgestellt. An der Spitze fungieren drei Sondereditionsweine mit wohlklingenden Namen. Die Qualität wurde nochmals gesteigert, gerade die Poetenweg Weine bieten besten Trinkfluss und haben tolle Rebsortenaromen. Sehr beachtenswert sind auch die Winzersekte. Wir hoffen, das Weinhaus kann auch nach dem Verkauf durch Prinz zur Lippe an die Agrargenossenschaft Gleina an diese Qualitäten anknüpfen.

Anzahl der verkosteten Weine: 8
Bewertungen: 84–87 Punkte

2013	Auxerrois Sekt Brut	**85**
	16,50 € | 11,5% | bis 2018	
2013	Pinot Sekt Brut	**86**
	16,50 € | 12% | bis 2018	
2013	Auxerrois der Unaussprechliche trocken	**84**
	11,50 € | 12% | bis 2017	
2013	Weimarer Poetenweg Sauvignon Blanc Mephisto	**85**
	32,– € | 12,5% | bis 2018	
2013	Weimarer Poetenweg Grauburgunder Gretchen trocken	**86**
	32,– € | 13,5% | bis 2019	
2013	Spätburgunder trocken	**84**
	14,– € | 13,5% | bis 2019	
2012	Weimarer Poetenweg Spätburgunder trocken	**85**
	23,– € | 13,5% | bis 2018	
2012	Weimarer Poetenweg Frühburgunder Faust trocken	**87**
	35,– € | 13% | bis 2020	

THÜRINGER WEINGUT ZAHN

99518 Kaatschen-Weichau · Weinbergstraße 16
☎ (03 44 66) 2 03 56 · Fax 71 20 34
info@weingut-zahn.de
www.weingut-zahn.de
Inhaber und Betriebsleiter: Hartmut Zahn
Kellermeister: André Zahn

Verkauf: André Zahn
Mo–Fr: 9.00–11.30 Uhr · 13.00–18.00 Uhr

Dieser Thüringer Betrieb hat sich in den letzten Jahren kontinuierlich gesteigert. Hartmut Zahn, der den Betrieb seit 1998 als Selbstvermarkter führt, widmet sich dem Außenbetrieb und sein Sohn André dem Keller. Die Weine der letzten drei Jahrgänge waren sehr solide und ließen 2013 erkennen, dass man am Feinschliff gearbeitet hat. Um das Potenzial der Lage Dachsberg zu stärken, wurde eine neue, benachbarte Lage geschaffen: der Bünauer Berg. Dieses Jahr konnten uns die Weine leider nicht vollends überzeugen. Ein feinherber Rosé und ein parfümierter Bacchus waren nicht von der Qualität, die wir sonst hier verkosten. Der Grauburgunder vom Bünauer Berg sowie der Zweigelt aus 2013 können dagegen punkten. Auch der weiße Zweigelt Sekt hinterließ mit seiner frischen Fruchtigkeit und feinem Mousseux bleibenden Eindruck. Sicher eine jahrgangsbedingte Schwäche, aber wir erwarten hier Besserung.

Anzahl der verkosteten Weine: 5
Bewertungen: 81–85 Punkte

2013	Zweigelt Sekt Brut Blanc de Noirs	**84**
	14,90 € | 12,5% | bis 2020	
2014	Bacchus trocken	**82**
	8,50 € | 12% | bis 2018	
2014	Bünauer Berg Grauburgunder trocken	**85**
	12,50 € | 13,5% | bis 2021	
2014	Zweigelt feinherb Weißherbst	**81**
	8,50 € | 12% | bis 2018	
2014	Kaatschener Dachsberg Zweigelt trocken Holzfass	**85**
	12,50 € | 13% | bis 2022	

Zeichenerklärung:
Schnäppchenpreis · Top 10 Spitzenreiter
Ökobetrieb · Trink-Tipp · Versteigerungswein
Sekt · Weißwein · Rotwein · Roséwein

Sachsen

2014 – die Hoffnung starb zuletzt

- Zwischen Trockenheit und Regen
- Schwierige Lese
- Kleine Betriebe im Vorteil

Königlich: sächsischer Weinbau

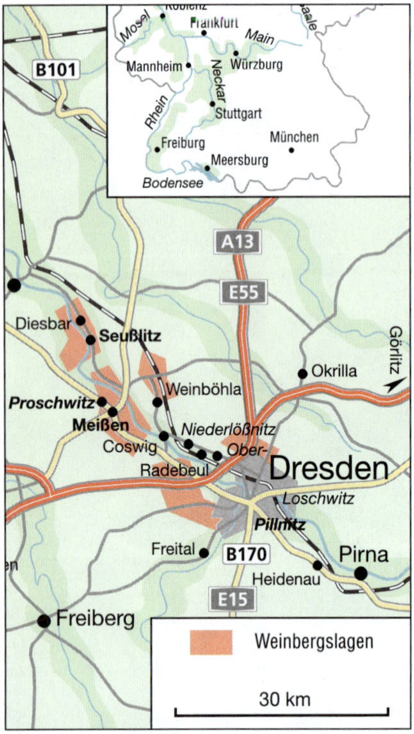

Nachdem in den vergangenen Jahren nur kleine Ernten eingefahren worden waren, sah es bis zum Juli in Sachsen nach einem großen Jahrgang aus. Ein recht milder Winter und ein warmer Frühling mit frühem Austrieb hatten zu einem Wachstumsvorsprung von bis zu drei Wochen geführt.

Ein trockener Juni mit Gewittern und Hagel bremste die Euphorie der Winzer etwas ab. Der kühle August normalisierte die Prognosen. Der Mitte September bei hohen Temperaturen einsetzende lange Regen machte es vielen größeren Betrieben fast unmöglich, sauberes Lesegut einzuholen. Nur personell gut aufgestellte Betriebe konnten noch reagieren und durch Sortieren bessere Qualitäten in den Keller bringen.

Gute Basisweine

So zeigt sich ein etwas zwiespältiges Bild bei der Beurteilung der diesjährigen Weine. Die großen Betriebe haben zwar sehr gute Basisweine produzieren können, bei den Spätlesequalitäten vermissten wir jedoch oft die Rasse der Vorjahresweine. Die meisten Weine haben moderate Säurewerte mit einem hohen Weinsäureanteil. Dafür haben sie relativ wenig Alkohol, eine ausgeprägte Frucht und jugendliche Frische. Leider gab es durch den Jahrgang bedingt auch einen Trend zu mehr Restzucker, der gerade bei den Burgundersorten oft zu pappigen Weinen mit fehlendem Trinkfluss führt. Eigentlich unverständlich, doch zum Glück gibt es bei einigen Betrieben eine Gegenentwicklung zurück zu knackig trockenen Weinen mit Restzuckerwerten unter drei Gramm pro Liter.

Funktioneller Betriebssitz

Die beste, weil am besten ausbalancierte Kollektion stellte uns dieses Jahr Martin Schwarz vor. Die Vorteile seines neuen, funktionellen Betriebssitzes sind geradezu schmeckbar. Darüber hinaus wurde das Portfolio sinnvoll erweitert. Der Holzeinsatz ist hier vorbildlich und sollte als Muster für andere Betriebe dienen. Die Weine kommen spät auf den Markt und haben Zeit zur Reife, die Kollektion wird in den nächsten Jahren zeitversetzt angeboten. Ähnlich erging es Klaus Zimmerling, der 2014 nur ein begrenztes Portfolio seiner Weine ausbauen konnte. Diese beließ er sehr lang auf der Vollhefe und füllte die ersten Weine erst Ende Juli. Die Stilistik der beiden Betriebe könnte unterschiedlicher nicht sein. Nun wäre es einfach, neben diesen beiden Betrieben auch die großen Schlossweingüter vergleichend zu beurteilen.

Die Entwicklung dieser folgt aber ganz anderen Algorithmen. Das Weingut Schloss Proschwitz war lange Spitzenreiter und ist aufgrund der Größe auch heute noch ein wichtiger Kommunikator für den sächsischen Weinbau. Gutsweine in der vorgestellten Qualität in derart großen Mengen zu erzeugen, ist eine richtige Herausforderung. Leider herrscht bei der Weiterentwicklung der Topweine Stillstand, der Holzeinsatz im Zusammenspiel mit viel Fruchtsüße wirkt gerade bei den weißen und roten Burgundern recht antiquiert.

Auf Schloss Wackerbarth konnte man zwar auch keinen Topjahrgang einfahren, hat sich aber insgesamt besser den Gegebenheiten des Jahres angepasst. Auch bei der Sektherstellung ist man hier einen Tick konsequenter.

Auch Friedrich Aust verlangsamte die Weinwerdung im Betrieb stark, stellte uns nur eine kleine Auswahl vor und zeigt das Gros seiner Weine erst nächstes Jahr. Frédéric Fourré präsentierte eine sehr stabile Kollektion, hier merkt man, dass mittlerweile Sicherheit im Keller eingekehrt ist und im Weinberg derzeit Feinjustage betrieben wird. Wenig Veränderung gibt es bei Betrieben wie dem

Weingut Drei Herren, Vincenz Richter und Lutz Müller. Die Güte der Weine reicht meist nicht ganz an das Vorjahresniveau heran. Dafür kann man diesen Betrieben keinen Vorwurf machen, man hat in den letzten Jahren durchaus investiert und diese Investitionen müssen letztlich auch amortisiert werden. Dazu setzt man eher auf Weine, die einen großen Publikumsgeschmack treffen.

Erfrischend bleibt, dass es einige Betriebsneugründungen gab, die mittlerweile ihren zweiten Jahrgang auf die Flasche gebracht haben. Sie unterstreichen damit, keine Eintagsfliegen gewesen zu sein. Bei Betriebsgrößen unter zwei Hektar steht zwar die Frage nach Wirtschaftlichkeit im Raum, wir begrüßen diesen Weg der Winzer, weil er zeigt, dass es möglich ist, abseits der seit fast 25 Jahren vorgezeichneten Wege Neues zu schaffen, Vertriebswege zu überdenken und dem sächsischen Weinbau neue Impulse zu verleihen. Zu den bekannten Gütern wie Andreas Kretschko, Stefan Bönsch, Kastler Friedland gesellt sich dieses Jahr noch Ronald Nüssler, welcher als weiterer Quereinsteiger für Wirbel sorgt. Dass wir große Betriebe wie die Winzergenossenschaft und alteingesessene Betriebe aus Meißen und Seusslitz nicht auflisten, liegt allein an der Qualität der Weine.

Traminer, ein Sachsenstar

Eine Besonderheit für das Gebiet Sachsen stellt sicher die Rebsorte Traminer dar. Als eine der ältesten Kultursorten hat sie hier in Form eines speziell auf die hier vorhandenen Bodentypizitäten und Klimavoraussetzungen gezüchteten Klons namens »Radebeuler Schlosstraminer« besonderen Qualitätsstatus erreicht. Der sächsische Traminer besticht durch mineralischere Säure als seine Verwandten aus Franken und Südtirol, weist ein sehr sauberes Duftbild auf und ist etwas moderater im Alkohol. Die ältesten Anlagen in Sachsen sind fast 80 Jahre alt und bringen erstaunlich langlebige Weine hervor, welche zu den besten des Landes zählen. Und das sowohl in trockener als auch restsüßer Qualität, sowohl vom klassischen Ausbau im Tank als auch aus dem kleinen Holzfass. Anlass genug für den VDP, in Sachsen und Saale-Unstrut die Sorte auch als Große-Gewächs-Sorte zuzulassen. Unsere kleine Liste gibt Aufschluss über die besten Weine des aktuellen Jahrgangs. Fragen Sie aber in den Weingütern durchaus auch nach älteren Jahrgängen und Spezialitäten, denn es lohnt sich, diese Sorte neu zu entdecken!

Matthias Dathan

Weinlagen bei Wackerbarth

Die Spitzenbetriebe

Zimmerling — S. 872

Martin **S**chwarz — S. 870

Die mit roter Traube markierten Betriebe verdienen in ihrer Klasse besondere Aufmerksamkeit.

Die besten 2014er Traminer

Pillnitzer Königlicher Weinberg Zimmerling, Dresden	**86**
Traminer QbA trocken Frédéric Fourré, Radebeul	**84**
Meißner Ratsweinberg Spätlese halbtrocken Rothes Gut, Meißen	**84**
Radebeuler Goldener Wagen Hoflössnitz, Radebeul	**83**

WEINGUT KARL FRIEDRICH AUST

01445 Radebeul · Weinbergstraße 10
☎ (03 51) 89 39 01 00 · Fax 89 39 00 98
kontakt@weingut-aust.de
www.weingut-aust.de
Inhaber und Betriebsleiter: Karl Friedrich Aust
Außenbetrieb: Sabine Beier

Verkauf: nach Vereinbarung

Weinstube: mit Flaschenweinverkauf
Di-Do: 17.00–19.00 Uhr
Sa-So: 12.00–22.00 Uhr
feiertags: 11.00–22.00 Uhr, Spezialität: regionale Küche
Historie: umfassend renoviertes Meinholdsches Turmhaus aus dem 17. Jahrhundert
Erlebenswert: lange Gartennacht im September, Weihnachtsmarkt, Kunst von Frederike Curling-Aust

Rebfläche: 6,3 Hektar
Jahresproduktion: 25.000 Flaschen
Beste Lagen: Radebeuler Goldener Wagen, Johannisberg und Steinrücken
Boden: Syenit und Löss auf felsigem Untergrund
Rebsorten: 20% Spätburgunder, 18% Riesling, je 14% Kerner und Weißburgunder, 12% Müller-Thurgau, 8% Bacchus, 5% Traminer, 9% übrige Sorten
Durchschnittsertrag: 40 hl/ha
Mitglied: Weinbauverband Sachsen e.V.

Der aktuelle Jahrgang war sicher schwierig, wurde aber von Karl Friedrich Aust gut gemeistert. Aufgrund der Menge kommt der Auxerrois jahrgangslos daher, brilliert aber wie der Riesling aus dem Steinrücken mit Dichte, Kraft und dennoch eleganter Art. Viele 2014er Weine werden spät gefüllt und kommen erst am Ende des Jahres in den Verkauf, sodass sie erst nächstes Jahr vorgestellt werden. Der 2008er Weißburgunder Brut ist der beste Beweis, dass sich warten hier lohnt! Karl Friedrich Aust hat in den letzten Jahren kräftig investiert und einige Terrassenanlagen mit neuen Mauern wiederhergestellt. Mit dem schwierigen Jahrgang 2010 konnte Aust zufrieden sein und auch der 2011er hatte viel Potenzial. Allen Weinen merkt man die Sicherheit an, die der junge Winzer in den letzten Jahren gewonnen hat. Neben dem Sekt zeigt auch der Riesling, wie sich der Winzer weiterentwickelt hat. Die Weine sind wieder trockener geworden, ohne zu dicht oder gar alkoholisch zu wirken. Die Mineralität tritt deutlicher hervor, mitunter auch deren Eleganz. Selbst bei den sogenannten einfachen Sorten wie Goldriesling und Bacchus kann Aust punkten.

Anzahl der verkosteten Weine: 6
Bewertungen: 82–86 Punkte

2008	Weißburgunder Sekt Brut	**85**
	17,- € | 13% | bis 2020	
2014	Radebeuler Goldener Wagen Müller-Thurgau trocken	**83**
	11,50 € | 12,5% | bis 2018	
2014	Radebeuler Goldener Wagen Bacchus trocken	**84**
	11,50 € | 11,5% | bis 2020	
2014	Goldriesling trocken	**82**
	13,50 € | 11,5% | bis 2018	
	Radebeuler Steinrücken Auxerrois trocken	**85**
	14,50 € | 12% | bis 2021	
2013	Radebeuler Steinrücken Riesling	**86**
	14,50 € | 12,5% | bis 2020	

WINZER STEFAN BÖNSCH

01465 Langebrück · Badstraße 30
☎ (01 76) 57 50 43 29
stefan-boensch@gmx.de
www.stefanboensch.wordpress.com
Inhaber: Stefan Bönsch

Verkauf: über Wein&Fein Radebeul

Stefan Bönsch ist ein gelernter Winzer und zeigt uns mittlerweile den zweiten Jahrgang seiner Weine. Nach Stationen bei Schloss Wackerbarth und Martin Schwarz vermarktet er seine Weine nun selbst. Er hat sowohl Flächen in Radebeul als auch linkselbig in Meißen gepachtet, welche vor allem durch die kalkigen Böden perfekt für Spätburgunder geeignet sind. Sein Riesling ist wieder einmal sehr kompromisslos gelungen, wenn jahrgangsbedingt mit etwas mehr Restzucker. Der Spätburgunder zählt mit zum Besten, was wir aus 2013 in der Region verkosten durften. Weiter so!

Anzahl der verkosteten Weine: 3
Bewertungen: 83–86 Punkte

2014	Müller-Thurgau trocken	**83**
	10,50 € | 11% | bis 2017	
2014	Riesling trocken	**85**
	14,50 € | 11,5% | bis 2019	
2013	Spätburgunder trocken	**86**
	18,50 € | 12,5% | bis 2021	

WEINGUT DREI HERREN

01445 Radebeul · Weinbergstraße 34
☎ (03 51) 7 95 60 99 · Fax 7 95 63 15
info@weingutdreiherren.de
www.weingutdreiherren.de
Inhaber: Claus Höhne und Prof. Dr. Rainer Beck
Betriebsleiter: Antje Wiedemann

Verkauf: Claus Höhne
Do–Sa: 14.00–20.00 Uhr, So: 11.00–20.00 Uhr

Am Hermannsberg in Radebeul hat sich das Team der Drei Herren, welches aus zwei Herren (Besitzer und Kellermeister) und der sympathischen Antje Wiedemann besteht, mittlerweile fest etabliert. Die Weine des aktuellen Jahrgangs zeigen sich zwar qualitativ gefestigt, wenn auch etwas zwiespältig. Man verzichtete auf Spontanvergärungen und brachte damit seine Kollektion sicher auf die Flasche. Die Burgundersorten sind uns leider einen Tick zu süß geraten, der Riesling und die Scheurebe können dafür mit viel Würze und feiner Säurestruktur punkten. Auch bei den Rotweinen hat man die Struktur klar abgegrenzt. Ein schokoladig kirschfruchtiger Regent grenzt sich klar neben der Cabernet Cuvée Eigensinn ab, die eher Bordeauxfans gefallen dürfte.

Anzahl der verkosteten Weine: 8
Bewertungen: 82–86 Punkte

2013	Riesling trocken	**86**
	13,– € | 12,5% | bis 2019	
2014	Scheurebe trocken	**85**
	14,– € | 12% | bis 2020	
2013	Grauburgunder trocken Barrique	**85**
	16,– € | 13% | bis 2021	
2014	Solaris Spätlese trocken	**83**
	14,– € | 13% | bis 2020	
2014	Grauburgunder halbtrocken	**84**
	13,– € | 13% | bis 2019	
2014	Weißburgunder halbtrocken	**84**
	13,– € | 13% | bis 2020	
2011	Regent trocken Holzfass	**84**
	16,– € | 13% | bis 2021	
2012	Cuvée »Eigensinn« trocken Barrique	**82**
	17,– € | 13,5% | bis 2022	

WEINBAU FRÉDÉRIC FOURRÉ

01129 Dresden · Kleiststraße. 12
☎ (01 79) 6 79 08 63 · Fax (03 51) 8 01 13 45
fourre.fred@googlemail.com
www.weinbau-fourre.de
Inhaber und Betriebsleiter: Frédéric Fourré
Kellermeister: Frédéric Fourré

Verkauf: Amrei Niessen
nach Vereinbarung

Es ist eine gewisse Sicherheit eingekehrt bei Winzer Frédéric Fourré. In den Räumlichkeiten des Kellers von Schloss Proschwitz in Zadel hat er nicht nur mehr technische Möglichkeiten, sondern kann sich auch vertrauensvoll an den dortigen Kellermeister wenden. Das Portfolio an Weinen wurde beibehalten. Jahrgangsbedingt entstehen aber immer mal neue Cuvées. Der aktuelle Jahrgang kommt dem Winzer sehr entgegen. Die Weine fallen recht alkoholarm aus und sind dabei zuweilen knochentrocken. Trotzdem haben sie Eleganz und zeigen Mineralität. Besonders gut gelingen die Bukettrebsorten. Die sind jedoch eher eine Ausnahme in diesem Jahrgang. Nur die Burgunder lassen etwas Stoffigkeit und Druck vermissen. Hier macht sich die frühe Lese am deutlichsten bemerkbar. Insgesamt eine sichere Kollektion!

Anzahl der verkosteten Weine: 7
Bewertungen: 82–86 Punkte

2014	Cuvée »Chimäre de Saxe« Sächsischer Landwein trocken **13,50 €** | 12% | bis 2018	**86**
2014	Müller-Thurgau trocken **9,50 €** | 11,5% | bis 2018	**83**
2014	Weißburgunder trocken **13,50 €** | 12,5% | bis 2017	**84**
2014	Traminer trocken **13,50 €** | 12,5% | bis 2017	**84**
2014	Radebeuler Goldener Wagen Kerner & Gutedel Kabinett trocken **12,50 €** | 11,5% | bis 2017	**82**
2014	Morio-Muskat feinherb **13,– €** | 11% | bis 2017	**85**
2014	Radebeuler Goldener Wagen Scheurebe Kabinett feinherb **14,50 €**/0,5 Lit. | 11,5% | bis 2017	**85**

Die Weine:
100 Perfekt · **95–99** Überragend · **90–94** Exzellent
85–89 Sehr gut · **80–84** Gut · **75–79** Passabel

WEINGUT HOFLÖSSNITZ

01445 Radebeul · Knollweg 37
☎ (03 51) 8 39 83 41 · Fax 8 39 83 30
info@hofloessnitz.de
www.hofloessnitz.de
Inhaber: Stadt Radebeul
Geschäftsführer: Jörg Hahn
Kellermeister: Felix Hößelbarth

Verkauf: April–Okt.
Di–So, feiertags: 10.00–17.00 Uhr
Nov.–März
Di–Fr: 12.00–16.00 Uhr
Sa–So, feiertags: 11.00–17.00 Uhr

Das Weingut Hoflössnitz ist das erste zertifizierte Ecovin Weingut der Region und hat in den letzten Jahren einiges an Flächen mit pilzresistenten Rebsorten bestockt. Mittlerweile stehen diese auch im Ertrag. Die Mannschaft um Jörg Hahn und Felix Hößelbarth geht damit deutlich eigene Wege. Letztes Jahr verkosteten wir schon einige dieser Weine. Leider kommt der Jahrgang 2014 dem Weingut nicht so entgegen. Die meisten Weine haben kaum Sortentypizität und sind etwas uniform geraten. Selbst der Traminer, sonst eine Bank, fällt dieses Jahr etwas ab. Bei den Rosés kann nur der Spätburgunder überzeugen, wir hoffen auf eine deutliche Besserung.

Anzahl der verkosteten Weine: 8
Bewertungen: 82–85 Punkte

2014	Radebeuler Lössnitz Johanniter trocken **10,50 €** | 11,5% | bis 2017	**82**
2014	Radebeuler Johannisberg Cabernet Blanc trocken **12,50 €** | 12% | bis 2016	**82**
2014	Radebeuler Johannisberg Souvignier Gris trocken **12,50 €** | 12% | bis 2016	**84**
2014	Radebeuler Goldener Wagen Grauburgunder trocken **13,50 €** | 11,5% | bis 2018	**83**
2014	Radebeuler Goldener Wagen Traminer **16,90 €** | 11,5% | bis 2017	**83**
2014	Radebeuler Johannisberg Solaris Auslese **9,50 €**/0,375 Lit. | 11,5% | bis 2017	**85**
2014	Radebeuler Johannisberg Schieler trocken **10,90 €** | 11,5% | bis 2016	**82**
2014	Radebeuler Steinrücken Spätburgunder trocken **13,50 €** | 12% | bis 2017	**84**

KASTLER FRIEDLAND

01445 Radebeul · Coswiger Straße 23
☎ (01 75) 1 78 07 63 · Fax (03 51) 4 24 19 47
friedland@kastlerfriedland.de
www.kastlerfriedland.de
Inhaber und Betriebsleiter: Dr. Bernd Kastler und Enrico Friedland

Verkauf: im Restaurant »Charlotte K.«, Coswiger Str. 23, Radebeul und nach Vereinbarung

Die zwei Vorstandsmitglieder des sächsischen Weinbauverbandes haben sich zusammengeschlossen und das Weingut Kastler zurück ins Leben gerufen. Die Weine werden im Keller in Radebeul Zitzschewig ausgebaut und kommen von den Toplagen rund um Radebeul. Nachdem wir letztes Jahr die erste Kollektion verkosteten, können wir dieses Jahr sogar eine leichte Verbesserung der Qualitäten feststellen. Jahrgangsbedingt zeigen sich alle Weine sensorisch trocken, obwohl fast ausnahmslos ein paar Gramm Restsüße mehr im Spiel sind. Beim Silvaner schmeckt man das etwas zu deutlich, bei Kerner und Riesling profitieren die Weine jedoch davon. Selbst Sorten wie Morio-Muskat zeigen hier eine stoffige und nicht zu laute Ausprägung. Der Weißburgunder überzeugt mit viel gelber Frucht, würziger Länge und Druck am Gaumen.

Anzahl der verkosteten Weine: 5
Bewertungen: 82–85 Punkte

2014 Radebeuler Goldener Wagen Silvaner **82**
8,50 €/0,5 Lit. | 11,5% | bis 2018

2014 Radebeuler Johannisberg Weißburgunder **85**
8,50 €/0,5 Lit. | 12,5% | bis 2017

2014 Radebeuler Steinrücken Kerner **84**
8,50 €/0,5 Lit. | 12,5% | bis 2017

2014 Radebeuler Johannisberg Morio-Muskat halbtrocken **84**
8,50 €/0,5 Lit. | 12% | bis 2018

2014 Radebeuler Goldener Wagen Riesling **85**
9,– €/0,5 Lit. | 12% | bis 2020

WEINBAU ANDREAS KRETSCHKO

01454 Radeberg · Langebrücker Straße 67
☎ (01 52) 33 86 80 19 · Fax (03 21) 21 46 25 75
kretschko@weinbau-berater.de
www.weinbau-berater.de
Inhaber: Andreas Kretschko

Verkauf: nach Vereinbarung

Der junge Andreas Kretschko hat nach einigen Jahren auf Schloss Wackerbarth, wo er den Außenbetrieb leitete, den Sprung in die Selbstständigkeit gewagt. Neben dem Job als Weinbauberater ist es ihm gelungen, alte Weinbergsparzellen in Meißen und Radebeul zu pachten. Nach dem fulminanten Auftritt letztes Jahr waren wir zu Recht gespannt.
Die Weine aus 2014 gefallen uns recht gut, wenn auch die echten Highlights fehlen. Der Sinn des trockenen Solaris erschließt sich uns nicht ganz. Der Weißburgunder ist mineralisch schlank, der tolle Riesling hat feine Frucht und Tiefe, auch der Rosé kann und wird vor allem Trockentrinkern sehr gefallen. Insgesamt ist das Niveau der Weine nochmals leicht gestiegen.

Anzahl der verkosteten Weine: 5
Bewertungen: 81–85 Punkte

2014 Radebeuler Johannisberg Müller-Thurgau trocken **82**
11,– € | 11,5% | bis 2018

2014 Radebeuler Goldener Wagen Solaris trocken **81**
12,– € | 11,5% | bis 2017

2014 Proschwitzer Katzensprung Weißburgunder trocken **85**
13,50 € | 12,5% | bis 2018

2014 Radebeuler Goldener Wagen Riesling trocken **85**
16,– € | 12% | bis 2019

2014 Radebeuler Johannisberg Rosé trocken **84**
12,50 € | 12% | bis 2018

WINZER LUTZ MÜLLER

01099 Dresden · Bautzener Straße 130
☎ (03 51) 3 28 92 17
mail@winzerlutzmueller.de
www.winzerlutzmueller.de
Inhaber: Lutz Müller

Verkauf: März–Okt.
Sa–So, feiertags: 11.00–19.00 Uhr
und nach Vereinbarung

Lutz Müller konnte seinen Traum des eigenen Weinkellers 2011 verwirklichen und vinifiziert nun unmittelbar oberhalb seiner Weinberge, die sehr malerisch am Elbhang unter den romantischen Schlössern Albrechtsberg, Eckberg und Lingnerschloss liegen. Dazu kommen Parzellen in Pillnitz, welche der Winzer im Haupterwerb bewirtschaftet. Mittlerweile stellt er uns die eigens vinifizierte Ernte vor. Jahrgangsbedingt fallen die Weine etwas schlanker und süffiger aus, die Säurewerte sind moderater geworden. Leider fehlen dieses Jahr Weine wie der Traminer, dafür besticht die Scheurebe mit zarter Sortenfrucht und mineralischer Länge. Der beste Wein des Weingutes wächst am weitesten entfernt. Der Riesling aus Pillnitz schafft es als Spätlese zum Matchwinner! Die Gäste des Gutsausschankes wird's freuen, hier wird ein großer Teil der Weine mit traumhaftem Blick auf das Elbtal konsumiert!

Anzahl der verkosteten Weine: 6
Bewertungen: 82–85 Punkte

2014	Dresdner Elbhänge Müller-Thurgau trocken **9,50 €** | 11,5% | bis 2018	**82**
2014	Dresdner Elbhänge Bacchus trocken **11,– €** | 11,5% | bis 2020	**82**
2014	Dresdner Elbhänge Riesling trocken **11,– €** | 10,5% | bis 2018	**83**
2014	Dresdner Elbhänge Scheurebe trocken **11,– €** | 11,5% | bis 2018	**83**
2014	Pillnitzer Königlicher Weinberg Riesling Spätlese feinherb **16,– €** | 12% | bis 2018	**85**
2014	Dresdner Elbhänge Rosé trocken **11,– €** | 10,5% | bis 2017	**82**

Neu

WEINGUT RONALD NÜSSLER

01067 Dresden · Schützenplatz 12
☎ (03 51) 16 09 16 91
nuessler@ronald-nuessler.de
www.ronald-nuessler.de
Inhaber: Ronald Nüssler

Verkauf: nach Vereinbarung

Ronald Nüssler ist Quereinsteiger und gibt ganz offen zu, kein gelernter Winzer, sondern Weinmacher zu sein. Er hat Weinbergsflächen in Cossebaude gepachtet und mit Stefan Bönsch einen ausgebildeten Kellermeister engagiert, welcher ihm die Weine ausbaut. Die ersten Weine wurden uns nun vorgestellt und präsentieren sich jugendlich frisch, unkompliziert und in modernem Design. Neben Besonnen und Unbestechlich aus Spätburgundertrauben hat es uns vor allem der Zuverlässig, ein Weißburgunder mit frecher Frucht, lebendiger Säurestruktur und mineralischem Finish angetan. Wir sind auf weitere Weine gespannt!

Anzahl der verkosteten Weine: 3
Bewertungen: 83–84 Punkte

2014	Weißburgunder Zuverlässig **16,50 €** | 12% | bis 2017	**84**
2014	Spätburgunder Unbestechlich Blanc de Noirs **18,50 €** | 11,5% | bis 2017	**83**
2014	Spätburgunder Besonnen trocken Rosé **14,50 €** | 12% | bis 2018	**83**

Rote Symbole: Diese Betriebe verdienen in ihrer Klasse besondere Aufmerksamkeit

Zeichenerklärung:
Schnäppchenpreis · Top 10 Spitzenreiter
Ökobetrieb · Trink-Tipp · Versteigerungswein
Sekt | Weißwein | Rotwein | Roséwein

WEINGUT SCHLOSS PROSCHWITZ

01665 Zadel über Meißen · Dorfanger 19
☎ (0 35 21) 7 67 60 · Fax 76 76 76
weingut@schloss-proschwitz.de
www.schloss-proschwitz.de
Inhaber: Dr. Georg Prinz zur Lippe
Leiter Vertrieb: Stephanie Lorenz
Außenbetriebsleiter: Walter Beck
Kellermeister: Jacques du Preez

Verkauf: Vinothek im Weingut
Mo–So: 10.00–18.00 Uhr

Restaurant: »Lippe'sches Gutshaus« Öffnungszeiten unter www.lippesches-gutshaus.de, ☎ (0 35 21) 76 76 73
Spezialität: regionale Frischküche
Pension: 10 Doppelzimmer, zwei Ferienwohnungen
Historie: ältestes Weingut Sachsens
Sehenswert: restauriertes Barockschloss in Proschwitz und Vierseithof in Zadel

Rebfläche: 89,6 Hektar
Jahresproduktion: 455.000 Flaschen
Beste Lage: Schloss Proschwitz, Kloster Heilig Kreuz
Boden: roter Granit mit Lössauflage
Rebsorten: 16% Grauburgunder, 15% Müller-Thurgau, 12% Weißburgunder, 9% Elbling, je 8% Riesling und Scheurebe, je 7% Goldriesling und Spätburgunder, 6% Dornfelder, 5% Frühburgunder, 4% Traminer, 2% Regent, 1% Schwarzriesling
Durchschnittsertrag: 46 hl/ha
Mitglied: VDP

Oft hatten wir in den vergangenen Jahren das Gefühl, dass im größten privaten Weingut Sachsens die Qualitätsspitze den zuverlässigen Gutsweinen des Teams rund um Kellermeister Jacques du Preez und Außenbereichsleiter Walter Beck etwas hinterherhinkte. Diese Bild zeigt sich im Jahrgang 2014 umso mehr. Die Gutsweine sind frisch und trinkanimierend, die Burgundersorten aus den Vorjahren zeigen sich zu sehr vom Holzeinsatz beeinflusst, einige Weine wirken sehr breit und süßlich. Gerade hier stellen wir uns eine zeitgemäßere Herangehensweise vor. Auch bei den Rotweinen fehlt eine gewisse Frische, die auch zur Langlebigkeit beiträgt. Die Sekte sind weiterhin sehr zuverlässig und auch die Obstbrände der angeschlossenen Brennerei können uns vollends überzeugen.

Anzahl der verkosteten Weine: 11
Bewertungen: 83–91 Punkte

2012 Traminer Sekt trocken **84**
19,– € | 12,5% | bis 2019

2012 Pinot Madeleine Sekt Brut **85**
19,– € | 12% | bis 2020

2014 Müller-Thurgau trocken **83**
10,50 € | 12% | bis 2018

2014 Scheurebe trocken **84**
14,– € | 11,5% | bis 2019

2013 Schloss Proschwitz **86**
Weißburgunder »Großes Gewächs«
25,– € | 14% | bis 2020

2012 Schloss Proschwitz **84**
Grauburgunder Spätlese trocken
16,50 € | 13,5% | bis 2018

2013 Schloss Proschwitz **85**
Grauburgunder Spätlese trocken Barrique
19,50 € | 13% | bis 2019

2014 Riesling feinherb **85**
13,– € | 11,5% | bis 2019

2012 Kloster Heilig Kreuz **91**
Traminer Auslese »Erste Lage«
16,50 €/0,375 Lit. | 8% | bis 2030

2012 Schloss Proschwitz **85**
Spätburgunder trocken Barrique
23,50 € | 14% | bis 2022

2012 Schloss Proschwitz **87**
Spätburgunder »Großes Gewächs«
37,– € | 14% | bis 2023

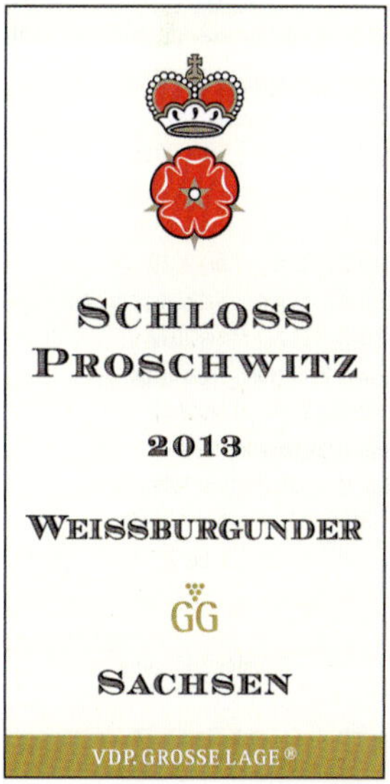

WEINGUT VINCENZ RICHTER

01662 Meißen · Kapitelholzsteig 1
☎ (0 35 21) 73 16 06 · Fax 73 19 23
weingut@vincenz-richter.de
www.vincenz-richter.de
Inhaber: Thomas Herrlich

Verkauf: Vinothek Kapitelholzsteig 1
Di–Sa: 14.00–18.00 Uhr
Vinothek Dresdner Straße 147
Mo–Fr: 9.00–14.00 Uhr

Auch wenn die Konkurrenz unter den Meißner Weinbaubetrieben größer wird: Thomas Herrlich hat sich mit der Qualität seiner Weine etabliert. Das Sortiment steht für Kontinuität; der Winzer setzt weniger auf Experimente denn auf verlässliche Geschmacksbilder. Das architektonisch attraktive Weingut unterhalb des Kapitelberges lädt zu Weinproben ein, weiter oberhalb bewirtschaftet der Winzer seine beste Lage, den Kapitelberg. Die uns aktuell vorgestellten Weine waren sehr massiv und kraftvoll, hier würden wir uns ein wenig mehr Frische und Trinkfluss wünschen. Der Riesling besticht durch kompakte Frucht, feine Säure und viel Zug am Gaumen. Auch der Schieler kommt konsequent trocken und trinkig daher. Warum der Weißburgunder als halbtrockene Spätlese gefüllt wurde, erschließt sich uns nicht ganz. Dadurch verliert der Wein viel Sortencharakter.

Anzahl der verkosteten Weine: 5
Bewertungen: 82–85 Punkte

2014 Meißner Spaargebirge **82**
Müller-Thurgau trocken
7,90 € | 11,5% | bis 2018

2014 Meißner Spaargebirge **83**
Schieler Rotling trocken
8,90 € | 12% | bis 2019

2014 Meißner Kapitelberg Scheurebe trocken **83**
8,90 € | 11% | bis 2022

2014 Meißner Kapitelberg Riesling trocken **85**
8,90 € | 11% | bis 2020

2013 Meißner Kapitelberg **84**
Weißburgunder Spätlese halbtrocken
12,50 € | 12% | bis 2020

ROTHES GUT

01662 Meißen · Lehmberg 4
☎ (01 73) 3 82 52 30 · Fax (0 35 21) 7 54 00 43
tim-strasser@web.de
www.rothesgut.de
Inhaber und Betriebsleiter: Tim Strasser
Kellermeister: Martin Biedermann

Verkauf: Annekatrin Rade
Mo–Fr: 10.00–16.00 Uhr
Sa–So: 13.00–15.00 Uhr

Tim Strasser bewirtschaftet mittlerweile über zwölf Hektar Weinberge in der Nähe der Meißner Albrechtsburg. Sein junges Weinbauteam bringt Erfahrungen durch die frühere Arbeit bei Schloss Proschwitz und Schloss Wackerbarth mit ein. Nach dem guten Jahr 2012 wurde nun an den kleinen Stellschräubchen gedreht. Mittlerweile merkt man eine gewisse Sicherheit. Gerade die Basisweine haben viel Frucht und sind unkompliziert zu trinken. Die Scheurebe brilliert mit Tiefe und langem Nachhall, der Traminer wirkt jahrgangsbedingt etwas leichter. Auch beim Rotwein gilt: Mit den Jahren kommt die Erfahrung. Der 2012er Spätburgunder ist bestes Beispiel dafür.

Anzahl der verkosteten Weine: 6
Bewertungen: 83–86 Punkte

2014 Meißner Ratsweinberg **83**
Müller-Thurgau trocken
9,– € | 11% | bis 2017

2014 Meißner Ratsweinberg Scheurebe trocken **86**
12,20 € | 12,5% | bis 2020

2014 Meißner Ratsweinberg Hibernal feinherb **84**
11,– €/0,5 Lit. | 12,5% | bis 2019

2014 Meißner Ratsweinberg **84**
Traminer Spätlese halbtrocken
13,– €/0,5 Lit. | 11,5% | bis 2020

2014 Meißner Ratsweinberg Rosé halbtrocken **84**
10,50 € | 11,5% | bis 2018

2012 Meißner Ratsweinberg **84**
Spätburgunder trocken Barrique
15,– € | 14% | bis 2019

SÄCHSISCHES STAATSWEINGUT SCHLOSS WACKERBARTH

01445 Radebeul · Wackerbarthstraße 1
☎ (03 51) 8 95 50 · Fax 8 95 51 50
kontakt@schloss-wackerbarth.de
www.schloss-wackerbarth.de
Inhaber: Sächsische Aufbaubank
Geschäftsführerin: Sonja Schilg
Kellermeister: Jürgen Aumüller

Verkauf: Axel Klein
Mo–So: 9.30–20.00 Uhr

Gasthaus: Mo–Fr 12.00–22.00 Uhr
Sa–So 10.00–22.00 Uhr
Historie: erbaut 1727/29 von Graf August von Wackerbarth, saniert 1999 bis 2002, älteste Sektkellerei Sachsens
Sehenswert: barocke Schlossanlage, Terrassenweinberge, gläserne Manufaktur
tägliche Führungen: 14.00 Uhr Weintour, 17.00 Uhr Sekttour

Rebfläche: 104 Hektar
Jahresproduktion: 500.000 Flaschen
Beste Lagen: Radebeuler Steinrücken und Goldener Wagen, Seußlitzer Heinrichsburg
Boden: Verwitterungsgestein, Syenit, Porphyr, Lehm und Sand
Rebsorten: 29% Riesling, 11% Müller-Thurgau, 8% Spätburgunder, je 6% Grauburgunder und Weißburgunder, je 5% Bacchus und Scheurebe, 30% übrige Sorten
Durchschnittsertrag: 45 hl/ha

Das Sächsische Staatsweingut wurde seinerzeit 1991 vom Land Sachsen übernommen. Der bemerkenswerte Kontrast zwischen dem hochmodernen Erlebnisweingut à la Napa Valley und dem Barockschloss von 1727 ist wohl einmalig in Deutschland.
In den letzten Jahren gab es einige Wechsel im Außenbetrieb, mittlerweile hat man aber wieder ein Team zusammen, welches an einem Strang zieht. Auch bei der Klassifizierung der Weine ist Ruhe eingetreten. Im aktuellen Jahrgang musste man doch recht kämpfen, um verlässliche Qualitäten zu erzielen. Gelang das bei den Bukettsorten noch ganz gut, haben die Burgunder nicht die Klasse des Vorjahres. Der Riesling aus dem Goldenen Wagen ist zwar nicht so salzig wie in 2013, hat aber viel Biss und Charakter. Auch die neu vorgestellte Cuvée aus Riesling und Traminer, welche in der Monopollage Paradies geerntet wurde, verspricht heute schon viel Trinkfreude. Bei den Rotweinen wurde wieder der Blaufränkisch gezeigt, eine Rebsorte, die früher als Cuvée-Partner fungierte, hier aber burgenländische Züge aufweist. Eine Bank ist mittlerweile der Frühburgunder, welcher ein großes Reifepotenzial verspricht. Aber auch beim Sekt gibt es positive Überraschungen, wie der Pinot Sekt Brut nature beweist. Absolut empfehlenswert!

Anzahl der verkosteten Weine: 12
Bewertungen: 81–87 Punkte

	August der Starke Sekt trocken **15,50 €** | 12% | bis 2018	**82**
	Pinot Sekt Brut nature Barrique **18,90 €** | 12,5% | bis 2020	**87**
2007	Bussard Royal Sekt extra trocken Cuvée **39,90 €** | 13,5% | bis 2020	**86**
2014	Bacchus trocken **12,50 €** | 11,5% | bis 2018	**82**
2014	Grauburgunder trocken Holzfass **13,50 €** | 12% | bis 2017	**82**
2014	Radebeuler Paradies Riesling & Traminer **15,90 €**/0,5 Lit. | 11% | bis 2020	**86**
2014	Radebeuler Steinrücken Riesling Kabinett trocken **14,90 €** | 11% | bis 2018	**84**
2014	Radebeuler Goldener Wagen Riesling Spätlese trocken **15,90 €**/0,5 Lit. | 12,5% | bis 2020	**86**
2014	Scheurebe **13,50 €** | 12% | bis 2018	**81**
2013	Spätburgunder trocken Barrique **25,– €** | 13,5% | bis 2021	**84**
2013	Frühburgunder trocken Barrique **25,– €** | 13,5% | bis 2019	**85**
2013	Radebeuler Goldener Wagen Blaufränkisch trocken Barrique **29,– €** | 13,5% | bis 2021	**86**

Neu

WEINGUT WALTER SCHUH

01640 Sörnewitz · Dresdner Straße 314
☎ (0 35 23) 8 48 10 · Fax 8 48 20
info@weinhaus-schuh.de
www.weinhaus-schuh.de
Inhaber: Walter Schuh
Verwalter: Holger Horter
Kellermeister: Matthias Schuh

Verkauf: vom 15.1.–23.12.
Di–Fr: 12.00–18.00 Uhr
Sa–So: 11.00–16.00 Uhr

Das in der Region recht bekannte Weingut, welches neben den Weinen auch Übernachtungen im historisch sanierten Dreiseithof anbietet, hat in den letzten Jahren einen kleinen Qualitätsaufschwung erlebt. Matthias Schuh hat ins Weingut zurückgefunden und übernimmt langsam die Regie. Nachdem wir im letzten Jahr bereits erahnen konnten, was Matthias Schuh schon bewirken kann, ist beim aktuellen Jahrgang etwas Stagnation eingetreten. Die Weine wirken sehr geschliffen, fast zu sauber ausgebaut. Dass es anders geht, zeigt der Riesling aus dem Kapitelberg mit mineralischer Frucht und viel Länge!
Aber auch die Rotweine haben an Struktur und Tiefe gewonnen, wie der andernorts eher neutrale Regent hier mit Finesse und schokoladiger Kirschfrucht belegt. Weiter so!

Anzahl der verkosteten Weine: 6
Bewertungen: 82–85 Punkte

2014	Meißner Klausenberg Weißburgunder trocken **12,50 €** | 13% | bis 2017	**82**
2014	Meißner Klausenberg Grauburgunder trocken **12,50 €** | 13,5% | bis 2018	**84**
2014	Meißner Kapitelberg Riesling trocken **12,50 €** | 13% | bis 2020	**85**
2013	Meißner Traminer halbtrocken **13,50 €** | 12,5% | bis 2019	**85**
2014	Meißner Schieler trocken Rosé **9,90 €** | 12,5% | bis 2017	**82**
2012	Meißner Klausenberg Regent trocken **15,50 €** | 13,5% | bis 2020	**84**

Die Weine:
100 Perfekt · **95–99** Überragend · **90–94** Exzellent
85–89 Sehr gut · **80–84** Gut · **75–79** Passabel

WINZER MARTIN SCHWARZ

01662 Meißen · Dresdener Straße 71
☎ (03 51) 8 95 60 72 · Fax 8 95 60 79
kontakt@schwarz-wein.de
www.schwarz-wein.de
Inhaber: Martin Schwarz

Verkauf: nach Vereinbarung

Rebfläche: 2,2 Hektar
Jahresproduktion: 10.000 Flaschen
Beste Lagen: Seußlitzer Heinrichsburg, Meißner Kapitelberg, Radebeuler Goldener Wagen
Boden: Granit- und Syenitverwitterung
Rebsorten: 30% Spätburgunder, 25% Weißburgunder, je 10% Müller-Thurgau und Grauburgunder, 15% Riesling, je 5% Portugieser und Traminer
Durchschnittsertrag: 35 hl/ha

Nachdem letztes Jahr der Neubau des Kellergebäudes abgeschlossen war, hatte Martin Schwarz dieses Jahr die Möglichkeit, sein Sortiment zu erweitern. Neben dem schon bekannten »Rot von Schwarz« ist nun eine weiße Einstiegscuvée mit Namen »Der kleine Schwarz« im Programm. Diese kommt aus dem Stahltank und hat trotzdem Kraft und Frische. Die Ernte war auch hier schwierig durch die lange Regenperiode und so entschied Martin Schwarz, keinen Kapitelberg Riesling zu füllen. Die anderen Cuvées sind aber von hoher Güte. Hier merkt man, wie perfekt Schwarz mit dem Holz umgehen kann. Dieses fällt nie durch Süße oder vordergründige Präsenz auf. Insgesamt die stabilste Kollektion Sachsens in diesem Jahr, wenngleich keine neue Rotweincuvée gefüllt wurde.

Zeichenerklärung:
Schnäppchenpreis · **Top 10** Spitzenreiter
Ökobetrieb · Trink-Tipp · Versteigerungswein
Sekt · Weißwein · Rotwein · Roséwein

Anzahl der verkosteten Weine: 6
Bewertungen: 84–89 Punkte

2014	Cuvée »Der kleine Schwarz« trocken **13,– €** | 12% | bis 2019	**84**
2014	Müller-Thurgau trocken **14,50 €** | 12,5% | bis 2019	**85**
2014	Riesling & Traminer trocken Holzfass **24,– €** | 12,5% | bis 2022	**87**
2014	Weiß- & Grauburgunder trocken Barrique **24,– €** | 12,5% | bis 2023	**88**
2014	Chardonnay trocken Barrique **26,– €** | 13,5% | bis 2025	**89**
2014	Rosarot trocken Rosé **14,50 €** | 11,5% | bis 2020	**85**

WEINGUT HAUS STEINBACH

01445 Radebeul-Oberlössnitz · Bennostraße 41
☎ (03 51) 8 30 11 47 · Fax 8 10 30 78
info@haus-steinbach.de
www.haus-steinbach.de
Inhaber: Lutz Gerhardt
Kellermeister: Dr. Volker Gerhardt

Verkauf: nach Vereinbarung

Die Enwicklung der letzten Jahre hatte uns recht hoffnungsvoll gestimmt und wir wurden wieder nicht enttäuscht. Volker Gerhardt, der seit fast 30 Jahren umweltschonenden Weinbau betreibt, weiß das Lagenpotenzial seiner Weinberge immer besser zu nutzen. Mittlerweile hat sein Sohn Lutz die Leitung des Weingutes übernommen. Auch hier war der 2014er Jahrgang nicht einfach. Die Weine bekommen viel Zeit zum Reifen, das Weingut verkauft bewusst noch 2013er Weine. Die drei uns vorgestellten Weine des aktuellen Jahrgangs brillieren mit harmonischer Säure, zurückhaltender Frucht und nerviger Rasse. Neu dabei ist ein Frühburgunder Rosé, der auf Anhieb begeistern kann.

Anzahl der verkosteten Weine: 3
Bewertungen: 83–84 Punkte

2014	Radebeuler Goldener Wagen Weißburgunder trocken **13,– €** | 12,5% | bis 2020	**83**
2014	Radebeuler Goldener Wagen Kerner trocken **13,– €** | 13% | bis 2019	**84**
2014	Radebeuler Goldener Wagen Pinot Madeleine Sächsischer Landwein trocken Rosé **13,– €** | 13% | bis 2018	**84**

WEINGUT KLAUS ZIMMERLING

01326 Dresden-Pillnitz · Bergweg 27
☎ (03 51) 2 61 87 52 · Fax 2 61 87 52
info@weingut-zimmerling.de
www.weingut-zimmerling.de
Inhaber: Klaus Zimmerling

Verkauf: Klaus Zimmerling
nach Vereinbarung

Sehenswert: Weinkeller im Pillnitzer Schloss

Rebfläche: 5 Hektar
Jahresproduktion: 15.000 Flaschen
Beste Lage: Pillnitzer Königlicher Weinberg
Boden: Sand und Lehm auf Verwitterungsgestein
Rebsorten: 22% Riesling, je 18% Grauburgunder und Kerner, je 12% Gewürztraminer und Müller-Thurgau, 7% Weißburgunder, 6% Traminer, 5% Bacchus
Durchschnittsertrag: 21 hl/ha
Mitglied: VDP

Klaus Zimmerling hat sich in den letzten Jahren sehr eigenständig entwickelt. Selbst in schwierigen Jahrgängen wie 2010 schaffte er es, eine saubere und makellose Kollektion vorzustellen. Das letztjährige Sortiment war wohl das beste seines bisherigen Schaffens, dachten wir und würdigten dies mit einem internen Aufstieg. Der Jahrgang 2014 erwies sich auch hier schwierig, die Weine vergärten sehr langsam und werden zum Teil erst nach Redaktionsschluss gefüllt. Positiv fielen uns die geringen Alkoholgrade auf. Die Weine haben alle Kraft, bleiben aber elegant. Bei den Rieslingen gefiel der »R« mit eigenständiger Struktur und feiner Steinobstnase. Der Grauburgunder wirkt leider recht plump, der Traminer kann mit rauchig-nerviger Art begeistern. Auch hier werden einige 2014er Weine erst spät in den Verkauf gelangen, dafür bietet der Winzer jetzt perfekt ausgereifte Vorjahresweine an!

Anzahl der verkosteten Weine: 6
Bewertungen: 84–87 Punkte

2014	Grauburgunder **13,– €**/0,5 Lit. | 12,5% | bis 2018	**84**
2014	Riesling **13,– €**/0,5 Lit. | 12% | bis 2018	**85**
2014	Pillnitzer Königlicher Weinberg Traminer **13,– €**/0,5 Lit. | 13% | bis 2020	**86**
2014	Pillnitzer Königlicher Weinberg Gewürztraminer **16,– €**/0,5 Lit. | 13% | bis 2020	**87**
2014	Pillnitzer Königlicher Weinberg Riesling »R« **16,– €**/0,5 Lit. | 12% | bis 2020	**87**
2013	Pillnitzer Königlicher Weinberg Riesling Rosebud **24,– €**/0,5 Lit. | 12% | bis 2020	**87**

SKULPTUR: MALGORZATA CHODAKOWSKA

Zeichenerklärung:
Schnäppchenpreis · Top 10 Spitzenreiter
Ökobetrieb · Trink-Tipp · Versteigerungswein
Sekt · Weißwein · Rotwein · Roséwein

Württemberg

Die jungen Feinen

- Jungwinzer setzen auf Finesse
- Ein Trollinger mit 88 Punkten
- Echte Spitzenrieslinge nur sehr rar gesät

Württemberger Weinlagen

Ist es ein Trend oder eher schlicht die Gemütsart der Schwaben? Mit großem Interesse beobachten wir jedenfalls das weitgehende Fehlen von »Jungen Wilden« in Württemberg. Während anderenorts die nachwachsende Weinmachergeneration es nicht selten mit besonders lauten Tönen versucht, aus dem Schatten der Eltern herauszutreten, scheinen die jungen Winzer in Württemberg eher die leisen Tönen zu bevorzugen. Marktschreierische Weinkonzepte und -bezeichnungen à la »Pornfelder« findet man hier ebenso selten wie »orangene« Experimente am Rande des Korridors des Wohlgeschmacks oder Amphorenweine mit zur Authentizität verklärten Weinfehlern. Ganz im Gegenteil, heute wollen viele junge Winzer in Württemberg nicht nur bessere Weine als ihre Väter machen, sondern vor allem feinere. Wer die aktuellen Abfüllungen von Nachwuchswinzern wie beispielsweise Christoph Klopfer oder Maximilian Kusterer verkostet, der reibt sich verblüfft die Augen: Finesse statt Lautstärke scheint hier das Motto zu sein, wohltuende Unaufgeregtheit statt vordergründiger Effekthascherei – Württemberg als Heimat der »Jungen Feinen«? Vielleicht nicht der schlechteste Gedanke in einer immer lauter werdenden Weinwelt. Doch es gibt natürlich auch Weine der Jungen, die ganz bewusst ein Zeichen setzen wollen. Der 2013er Trollinger Sine von Hansjörg und Matthias Aldinger ist ein solcher Leuchtturm und markiert vielleicht sogar nichts weniger als eine Zeitenwende für diese Rebsorte.

Burg Hornberg

Trollinger mit 88 Punkten? Ja!

Ein Trollinger mit 88 Punkten im Gault&Millau WeinGuide – darf man das denn machen? Ja, man muss es sogar! Denn die Aldingers haben dieser Sorte zurückgegeben, was wir über all die Jahre immer vermisst hatten: Persönlichkeit und Charakter. Ein Schluck dieses Weines entlarvt alle jene, die stets behauptet haben, der Trollinger tauge eben nur zum belanglosen Getränk, das als im industriellen Standardverfahren flachgelutschter Trunk die Schoppengläser ebenso füllt wie als Massenträger und Cash Cow die Geldbeutel der Erzeuger.

Morgenröte für den Silvaner

Besonders bemerkenswert ist dabei, dass sich Sine ganz bewusst jeglicher Verschönerung enthält und auf ein Rezept setzt, das so auch schon vor Jahrhunderten angewandt wurde: hochwertige Trauben, mit den Füßen im Maischebottich getreten und mit den Rappen spontan vergoren, abgezogen für ein Jahr im kleinen Fass aus altem Holz, ohne jegliche Schwefelgabe ausgebaut und ohne Filtration oder Schönung abgefüllt. Herausgekommen ist ein Wein, der trotz niedrigen Alkoholgehalts von elf Prozent (der Nachfolger aus 2014 wird sogar geradezu lächerliche zehn Prozent auf dem Etikett haben) eine aufrechte, komplexe Persönlichkeit zeigt und trotz fehlenden Schwefelschutzes sich über Tage hinweg in der angebrochenen Flasche sogar noch verbessert und dabei eine fast an Burgund erinnernde Frucht entwickelt. Wer weiß, vielleicht ist der Trollinger ja nicht die einzige »mittelalterliche« Rebe, die nun Morgenluft wittern darf. Nachdem wir uns in den letzten Jahren fast schon daran gewöhnt hatten, dass Württemberg wie selbstverständlich in atemberaubendem Tempo Heimat zahlreicher internationaler Rebsorten geworden ist und überaus bemerkenswerte Weine aus Cabernet, Syrah, Sauvignon und neuerdings sogar Viognier hervorbringen kann, lugt nun hier und da ein alter Bekannter bei unseren Verkostungen hervor, den wir in dieser Region schon fast vergessen glaubten: der Silvaner. Von einer Renaissance zu sprechen, wäre sicher verfrüht, aber die Zahl der uns

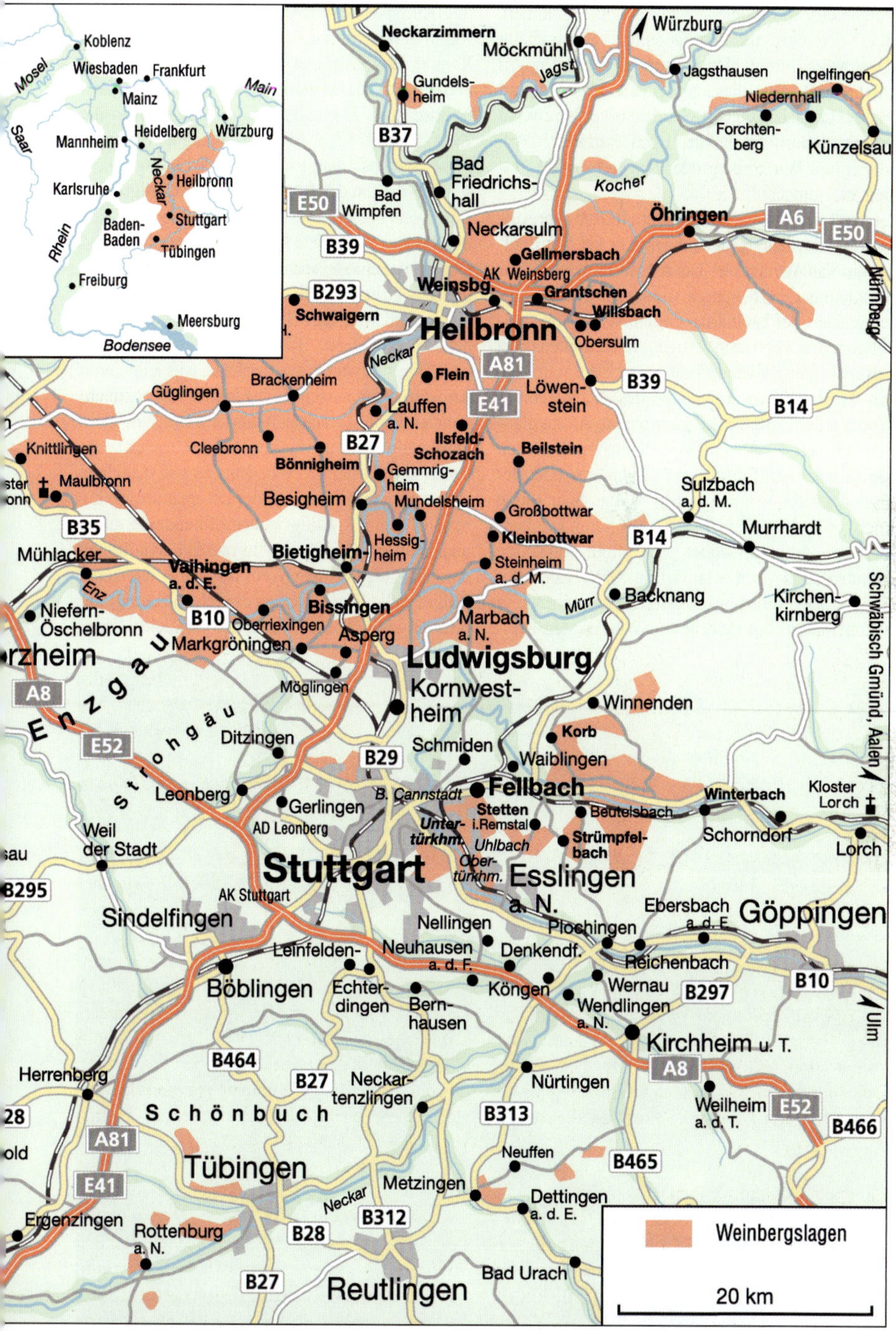
Koblenz
Mosel
Wiesbaden
Frankfurt
Mainz
Main
Saar
Mannheim
Heidelberg
Würzburg
Karlsruhe
Neckar
Heilbronn
Baden-Baden
Stuttgart
Rhein
Tübingen
Freiburg
Meersburg
Bodensee
Neckarzimmern
Möckmühl
Würzburg
Jagst
Jagsthausen
Ingelfingen
Gundelsheim
Niedernhall
Forchtenberg
Künzelsau
B37
Bad Friedrichshall
Bad Wimpfen
Kocher
E50
Öhringen
A6
E50
Neckarsulm
B39
Gellmersbach
AK Weinsberg
Weinsbg.
Grantschen
Nürnberg
B293
Schwaigern
Willsbach
Heilbronn
Obersulm
Neckar
A81
Flein
Brackenheim
Güglingen
Löwenstein
B39
Lauffen a. N.
E41
B14
Ilsfeld-Schozach
B27
Knittlingen
Cleebronn
Beilstein
Bönnigheim
Maulbronn
Gemmrigheim
Sulzbach a. d. M.
Besigheim
Mundelsheim
Großbottwar
B35
Hessigheim
Kleinbottwar
B14
Murrhardt
Mühlacker
Bietigheim-
Vaihingen a. d. E.
Steinheim a. d. M.
Enz
Backnang
Kirchenkirnberg
Bissingen
Murr
Niefern-Öschelbronn
B10
Oberriexingen
Marbach a. N.
Schwäbisch Gmünd, Aalen
Asperg
Markgröningen
Ludwigsburg
A8
Möglingen
Kornwestheim
Winnenden
Enzgau
Strohgäu
Ditzingen
Korb
E52
Schmiden
B29
Waiblingen
Fellbach
Kloster Lorch
Leonberg
B. Cannstadt
Stetten i.Remstal
Winterbach
Gerlingen
Beutelsbach
Schorndorf
Weil der Stadt
AD Leonberg
Untertürkhm.
Uhlbach
Strümpfelbach
Lorch
Stuttgart
Obertürkhm.
Esslingen a. N.
B295
AK Stuttgart
Ebersbach a. d. F.
Göppingen
Sindelfingen
Nellingen
Plochingen
Leinfelden-Echterdingen
Neuhausen a. d. F.
Denkendf.
Reichenbach
B10
Böblingen
Köngen
Wernau
B297
Bernhausen
Wendlingen a. N.
Ulm
Kirchheim u. T.
B464
A8
Herrenberg
B27
Neckartenzlingen
Nürtingen
Weilheim a. d. T.
E52
B313
Schönbuch
B466
A81
Neuffen
B465
Tübingen
E41
Metzingen
Neckar
Dettingen a. d. E.
Ergenzingen
Rottenburg a. N.
B312
B28
Weinbergslagen
Bad Urach
B27
Reutlingen
20 km

vorgestellten, vielleicht nicht allzu auffälligen, aber dennoch als unaufgeregte, schmackhafte Tischweine empfehlenswerten Silvaner, nimmt merklich zu. Wer diese zurückhaltende Sorte und Weinart zu schätzen versteht, der sollte also einmal bei Betrieben wie Dolde, Heid, Kusterer, Zipf, Collegium Wirtemberg oder Ungerer danach fragen, es lohnt sich!

Gelohnt hat sich aber auch unsere letztjährige Aufwertung eines der größten Klassiker der Württembergischen Weinszene. Denn auch in diesem Jahr konnte uns Graf Neipperg wieder mit seinen Spitzenweinen tief beeindrucken und seine Höherstufung eindrücklich rechtfertigen. In bemerkenswert zuverlässigem Gleichschritt marschiert nun also ein Triumvirat an der Spitze des Anbaugebiets, wobei jeder Einzelne auf ganz eigene Art zu glänzen vermag: der Ausdruck der Schnaitmann'schen Gewächse, die Finesse der Aldingers und der Charakter der Neipperg'schen Weine. Sehr solide auch die Verfolgergruppe der Drei-Trauben-Betriebe dahinter, wobei wir erfreut feststellen konnten, dass Moritz Haidle (ein weiterer der eher leisen, aber umso ernsthafteren Jungwinzer in Württemberg) auf dem besten Weg ist, die Riesling-Klassiker des elterlichen Guts wieder zu altem Ruhm zurückzuführen. Ein anderer Klassiker der Region, das Weingut des Fürsten Hohenlohe, konnte sich dieses Jahr wieder eine Stufe höher positionieren. Ebenfalls nun auf gestiegen in die Zwei-Trauben-Liga ist das Weingut Bernhard Ellwanger, das damit für seine fleißige und sehr solide Arbeit in den letzten Jahren gewürdigt wird.

2014 – eine besondere Herausforderung

Der Vegetations- und Wetterverlauf stellte für die schwäbischen Winzer in 2014 eine besondere Herausforderung dar. Die sich schon früh abzeichnende verzögerte Reifeentwicklung erzwang geduldiges Zuwarten vor der Lese, was jedoch mit dem durch den nassen Herbst immer weiter zunehmenden Fäulnisdruck kollidierte. Das ideale Zeitfenster für die Ernte war eng und rasches, effizientes Arbeiten war ebenso bedeutsam wie das kluge Setzen von Prioritäten bei der Leseplanung. Während es beim Riesling in der Mittelklasse zu so manchem knackigen, aber in dieser Lebhaftigkeit durchaus angenehmen Wein im eher schlankeren Kabinettstil reichte, blieben die echten Spitzen nur sehr rar gesät. Selbst viele Große Gewächse konn-

Verschlungene Wege durchs Württemberger Weinland

ten nicht über 87 Punkte auf unserem Bewertungszettel hinauskommen. Besonders schwierig war der Jahrgang aber offensichtlich bei den weißen Burgundersorten, von denen es so wenige wie selten zuvor in die regionale Finalverkostung schafften. Andererseits scheinen die Rotweine dieses Jahrgangs nicht uninteressant auszufallen. Erste Verkostungen zeigten hier und da überraschend ausdrucksvolle Frucht und Frische.
Nicht wirklich spektakulär, aber durchaus gut und erfolgreich ist auch der Rotweinjahrgang 2013 zu beurteilen. Im Gegensatz zu den vollreifen, geschmeidigen und zugänglichen Vorgängern aus 2012 zeigen die hochwertigeren Roten aus 2013 mehr Spannung und Rückgrat, was vor allem bei den klassischen deutschen Sorten Spätburgunder und Lemberger für besondere Trinkfreude sorgt.

Frank Kämmer MS

Die Spitzenbetriebe

4 Trauben

Gerhard **A**ldinger	S. 879
Graf **N**eipperg	S. 904
Rainer **S**chnaitmann	S. 908

3 rote Trauben

Dautel	S. 886
Albrecht **S**chwegler	S. 910

3 Trauben

Drautz-Able	S. 888
J. **E**llwanger	S. 890
Karl **H**aidle	S. 893
Staatsweingut Weinsberg	S. 912
Wöhrwag	S. 916

Die mit roter Traube markierten Betriebe verdienen in ihrer Klasse besondere Aufmerksamkeit.

Die besten Trollinger im WeinGuide 2016

2013 Fellbacher Lämmler »Sine«	**88**
Aldinger, Fellbach	
2013 »3 Trauben«	**86**
Drautz-Able, Heilbronn	
2013 Fellbacher Lämmler	**85**
Aldinger, Fellbach	
2013 Alte Reben	**85**
Rainer Schnaitmann, Fellbach	
2014 Gutswein	**85**
Rainer Schnaitmann, Fellbach	
2013 Alte Reben »V«	**84**
Kistenmacher-Hengerer, Heilbronn	
2014 Generation	**84**
Sankt Annagarten, Beilstein	

Die besten 2013er Lemberger

Fellbacher Lämmler »Großes Gewächs«	**93**
Aldinger, Fellbach	
Schaigerner Ruthe »Großes Gewächs«	**92**
Graf Neipperg, Schwaigern	
Neipperger Schlossberg »Großes Gewächs«	**91**
Graf Neipperg, Schwaigern	
Fellbacher Lämmler »Großes Gewächs«	**91**
Rainer Schnaitmann, Fellbach	
Steinkreuz »Großes Gewächs«	**90**
Drautz-Able, Heilbronn	
Simonroth	**90**
Rainer Schnaitmann, Fellbach	

WEINGUT GRAF ADELMANN

71711 Kleinbottwar · Burg Schaubeck
☎ (0 71 48) 92 12 20 · Fax 9 21 22 25
weingut@graf-adelmann.com
www.graf-adelmann.com
Inhaber: Michael Graf Adelmann und Felix Graf Adelmann
Verwalter und Kellermeister: Ruben Röder

Verkauf: Felix Graf Adelmann
Mo–Fr: 9.00–12.00 Uhr · 14.00–18.00 Uhr
Sa: 9.00–13.00 Uhr
1. So im Monat: 13.00–17.00 Uhr

Historie: Weinbau seit 1297, reichsunmittelbar bis 1803
Sehenswert: Burg Schaubeck, 13. Jahrhundert, mit Fachwerkinnenhof, in einem alten englischen Park gelegen

Rebfläche: 21 Hektar
Jahresproduktion: 140.000 Flaschen
Beste Lagen: Kleinbottwarer Süßmund und Oberer Berg
Boden: Keuper, roter Mergel, Muschelkalk
Rebsorten: 18% Lemberger, 15% Riesling, 10% Grauburgunder, 9% Trollinger, je 7% Clevner, Samtrot und Spätburgunder, je 5% Muskattrollinger und Weißburgunder, 17% übrige Sorten
Durchschnittsertrag: 53 hl/ha
Mitglied: VDP, Deutsches Barrique Forum, Hades

Felix Graf Adelmanns Großes Gewächs vom Lemberger ist ein Wein von charaktervoller Persönlichkeit mit dezent animalisch unterlegter Frucht. Ebenfalls gelungen die bewährte Cuvée Herbst im Park, ein harmonischer Blend mit feiner Textur. Der Lemberger Brüssele zeigt reife Frucht und feine Frische, sehr angenehm auch die erst jetzt abgefüllte 2012er Literflasche dieser Sorte. Der Muskattrollinger hat tolle Würze und ausdrucksvolle Frucht. Bei den Weißen gefällt die Cuvée Loewe von Schaubeck mit Ausgewogenheit und Schliff, der Riesling Kabinett hat klassische Rasse. Der Weißburgunder ist recht herb im Finish, der Muskateller-Sekt ein bewährter Klassiker des Traditionsgutes.

Die Weine:
100 Perfekt · **95–99** Überragend · **90–94** Exzellent
85–89 Sehr gut · **80–84** Gut · **75–79** Passabel

Anzahl der verkosteten Weine: 11
Bewertungen: 83–88 Punkte

Jahrgang	Wein	Punkte
2013	Muskateller Sekt trocken **14,50 €** | 11,5% | bis 2016	**84**
2014	Kleinbottwarer Lichtenberg Weißburgunder trocken **9,60 €** | 12% | bis 2016	**83**
2014	Cuvée »Der Loewe von Schaubeck« trocken **9,60 €** | 12% | bis 2017	**85**
2014	Kleinbottwarer »Brüssele« Riesling Kabinett trocken **7,30 €** | 11% | bis 2016	**84**
2014	Kleinbottwarer Oberer Berg Spätburgunder trocken Rosé **6,50 €** | 11,5% | bis 2016	**83**
2012	Hohenecker Neckarhälde Lemberger trocken **6,50 €**/1,0 Lit. | 12,5% | bis 2016	**84**
2013	Kleinbottwarer Oberer Berg Muskattrollinger trocken **8,90 €** | 11,5% | bis 2016	**84**
2012	Kleinbottwarer Oberer Berg Lemberger trocken **8,90 €** | 12% | bis 2016	**85**
2012	Cuvée »Herbst im Park« trocken **16,90 €** | 13% | bis 2017	**86**
2011	»Der Loewe von Schaubeck« Lemberger trocken **16,90 €** | 13% | bis 2016	**86**
2012	Kleinbottwarer Oberer Berg Lemberger Der Schwarze Loewe »Großes Gewächs« **29,– €** | 13,5% | bis 2018	**88**

WEINGUT ALDINGER

70734 Fellbach · Schmerstraße 25
☎ (07 11) 58 14 17 · Fax 58 14 88
info@weingut-aldinger.de
www.weingut-aldinger.de
Inhaber: Gert Aldinger
Betriebsleiter: Gert Aldinger und Söhne
Verwalter: Hansjörg Aldinger
Kellermeister: Matthias Aldinger

Verkauf: Sonja Aldinger, Raphael Bregger
Mo–Fr: 9.00–12.00 Uhr · 14.00–18.00 Uhr
Sa: 9.00–13.00 Uhr
und nach Vereinbarung

Historie: Weinbau in der Familie seit 1492

Rebfläche: 29 Hektar
Jahresproduktion: 210.000 Flaschen
Beste Lagen: Untertürkheimer Gips, Fellbacher Lämmler, Stettener Pulvermächer, Marienglas
Boden: Gipskeuper, roter Keuper, Sandsteinverwitterung
Rebsorten: 28% Riesling, je 13% Lemberger und Spätburgunder, 10% Trollinger, 7% Cabernet Sauvignon, 6% Sauvignon Blanc, 5% Merlot, 4% Chardonnay, 14% übrige Sorten
Durchschnittsertrag: 67 hl/ha
Mitglied: VDP

Letztes Jahr haben wir uns noch gewundert, warum die so erfolgsverwöhnte Familie Aldinger, die auch mit der aktuellen Kollektion wieder an der Spitze des Anbaugebiets steht, ausgerechnet bei der urschwäbischen Sorte Trollinger die vordersten Plätze so bereitwillig anderen Betrieben überlässt. Doch nun hat das Imperium zurückgeschlagen und uns Zweifler beschämt verstummen lassen. Mit dem 2013er Trollinger Sine ist den Aldingers nichts weniger als eine Zeitenwende für diese Rebsorte geglückt.

In einer eigenen Liga

Wenig überraschend hingegen die eindrucksvolle Konstanz der großen Flaggschiffe des Gutes. Der überragende Kult-Lemberger aus dem Lämmler ist mit souveräner Größe, geradezu femininer Finesse und seidiger Pikanz in Deutschland nach wie vor einzigartig. Der Marienglas Spätburgunder ist ungeachtet seiner aromatischen Fülle faszinierend feingliedrig und lebendig. Und auch der Sauvignon Blanc hat mit seinem Konzept von Länge statt Breite und Finesse statt Lautstärke eine Ausnahmestellung inne. Gleiches gilt für die beiden Großen Gewächse vom Riesling, die wie schon gewohnt in einer eigenen Liga in Württemberg spielen. Hier dürfte es sehr spannend sein zu sehen, welcher der beiden Charaktere in Zukunft die Nase vorne haben wird: der jetzt schon herrlich präsente Lämmler oder der etwas tiefere und mineralischere Marienglas. Es wäre jedoch ein großer Fehler, angesichts dieser begehrten Klassiker des Anbaugebiets die weiteren Weine in deren Schatten zu übersehen. Fast nebenbei erzeugen die Aldingers nämlich mit ihrer Großen Reserve auch den zurzeit wohl besten Roséwein Deutschlands und auch der Grüne Veltliner dürfte der führende Wein dieser Sorte hierzulande sein. Schnäppchenjäger sollten ein besonderes Auge auf den betörenden Spätburgunder Gips legen, der mit seiner völlig unaufgeregten Finesse (14,10 Euro) so manches Große Gewächs in der Region in den Schatten stellt.

Gert Aldinger mit Söhnen

Familiäres Teamwork

Die aktuelle Kollektion aus dem Hause Aldinger ist wiederum ein eindrucksvoller Beweis, wie wichtig das familiäre Teamwork vor allem auch in recht schwierigen Jahrgängen sein kann. Es ist in der Tat bemerkenswert, wie gut hier die bestens ausgebildeten und dabei stets hochmotivierten Söhne Hansjörg und Matthias mit ihrem Vater harmonieren. Im Gespräch mit der Familie wird allerdings auch sehr schnell klar: Es sind die Weine der jungen Generation, die wir heute verkosten können. Doyen Gert Aldinger hält sich immer mehr im Hintergrund, lässt seinen Söhnen alle nötigen Freiheiten und greift nur dort ein wenig korrigierend ein, wo er es für unbedingt nötig und geboten hält.

Anzahl der verkosteten Weine: 20
Bewertungen: 84–93 Punkte

2014 Riesling »Rebhuhn« trocken **84**
6,40 € | 12% | bis 2016

2014 Fellbacher Riesling trocken **86**
9,50 € | 12% | bis 2018

2014 Untertürkheimer Gips **87**
Riesling trocken »Erste Lage«
10,60 € | 12% | bis 2018

2014 Untertürkheimer Gips **87**
Weißburgunder trocken »Erste Lage«
10,60 € | 12% | bis 2017

2013 Grüner Veltliner Große Reserve trocken **87**
18,70 € | 12% | bis 2017

2014 Sauvignon Blanc trocken Große Reserve **89**
18,70 € | 12,5% | bis 2018

2014 Fellbacher Lämmler Riesling »Großes Gewächs« **90**
26,80 € | 12,5% | bis 2019

2014 Untertürkheimer Gips **90**
Riesling Marienglas »Großes Gewächs«
29,90 € | 12,5% | bis 2019

2014 Stettener Pulvermächer Riesling »Erste Lage« **87**
10,60 € | 11,5% | bis 2018

2014 Spätburgunder »Große Reserve« trocken Rosé **87**
18,70 € | 12,5% | bis 2017

2014 Lemberger trocken **85**
7,70 € | 12,5% | bis 2017

2013 Fellbacher Lämmler **85**
Trollinger trocken »Erste Lage«
9,50 € | 12,5% | bis 2016

2013 Hanweiler Berg **87**
Lemberger trocken »Erste Lage«
14,10 € | 13,5% | bis 2018

2013 Fellbacher Lämmler **88**
Trollinger »Sine« trocken »Erste Lage«
14,10 € | 11% | bis 2016

2013 Untertürkheimer Gips **88**
Spätburgunder trocken »Erste Lage«
14,10 € | 12,5% | bis 2018

2013 Fellbacher Lämmler **87**
Spätburgunder trocken »Erste Lage«
30,– €/1,5 Lit. | 13% | bis 2018

2013 Merlot »Große Reserve« trocken **89**
29,90 € | 14% | bis 2020

2013 Cuvée »C« trocken **89**
29,90 € | 13,5% | bis 2020

2013 Marienglas Spätburgunder »Großes Gewächs« **91**
32,90 € | 13% | bis 2020

2013 Fellbacher Lämmler Lemberger »Großes Gewächs« **93**
32,90 € | 14% | bis 2021

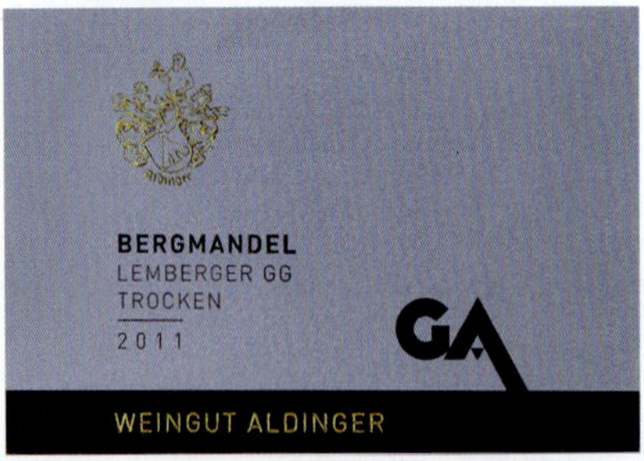

WEINGUT WOLFGANG ALT

74336 Brackenheim-Neipperg
Schwaigerner Straße 1
☎ (0 71 35) 93 65 14 · Fax 93 65 14
info@wolfgangalt-weingut.de
www.wolfgangalt-weingut.de
Inhaber und Kellermeister: Wolfgang Alt

Verkauf: nach Vereinbarung

Die Rotweine hier sind außergewöhnlich, wenngleich oft etwas verstörend im Aroma aufgrund der niedrigen Schwefelausstattung. Typisch hierfür ist der 2013er Lemberger »S« Steingrube, der merklich ohne Oxidationsschutz ist und sich nur schwer mit einer Punktewertung fassen lässt. Deutlich stabiler scheint dessen Vorgänger aus 2012 zu sein, der sich nun mit sehr feiner Pikanz und Persönlichkeit präsentiert. Bemerkenswert auch der rare Nebbiolo, der in 2012 ausgesprochen floral-duftig und mit samtigem Tannin ausfällt. Der aktuelle Weißburgunder ist angenehm mit feiner Frucht. Wolfgang Alt hat sich mit ganzem Herzen dem Lemberger verschrieben. Rund zwei Drittel seiner knapp drei Hektar umfassenden Weinberge sind mit dieser Rebe bepflanzt, was selbst in Württemberg einzigartig sein dürfte. Der Betrieb ist ein echter Geheimtipp für Weinliebhaber auf der Suche nach individuellen Gewächsen abseits des Mainstreams.

Anzahl der verkosteten Weine: 4
Bewertungen: 84–86 Punkte

2014 Weißburgunder Landwein trocken **84**
9,– € | 12% | bis 2016

2012 Nebbiolo Landwein trocken **86**
19,– € | 13% | bis 2017

2013 Neipperger Steingrube **85**
Lemberger »S« trocken
21,– € | 13% | bis 2016

2012 Neipperger Steingrube **86**
Lemberger »S« trocken
21,– € | 13% | bis 2017

Zeichenerklärung:
Schnäppchenpreis · Top 10 Spitzenreiter
Ökobetrieb · Trink-Tipp · Versteigerungswein
Sekt | Weißwein | Rotwein | Roséwein

WEINGUT H. BADER

71394 Kernen-Stetten
Albert-Moser-Straße 100
☎ (0 71 51) 4 28 28 · Fax 4 54 97
info@weingut-bader.de
www.weingut-bader.de
Inhaber und Betriebsleiter: Hans Bader

Verkauf: Iris Bader
Mo–Di, Do–Fr: 16.00–18.00 Uhr
Sa: 9.00–13.00 Uhr und nach Vereinbarung

Hans Baders Kerner Justinus K. präsentiert sich auch im Jahrgang 2014 wie gewohnt feinwürzig und mit guter Nachhaltigkeit als besondere Empfehlung. Der 2013er Riesling Slow hat Charakter und angenehme Rasse. Eher spröden Charme zeigt der Sauvignon. Etwas feiner im Aroma, aber mit eher unharmonischer Restsüße, der Plaisier. Der Riesling Pulvermächer gefällt in gutem, klassischem Kabinettstil. Die Basisweine von Spätburgunder und Zweigelt aus dem großen Holzfass sind hier stets gute Empfehlungen für tägliche Tischweine. Der 2013er Pinot Noir ist ganz klar bester Rotwein des Gutes bisher: vielschichtig aufgefächert mit warmer, reifer Frucht nach getrockneten Kirschen und feinem Tannin. Lediglich das leicht alkoholische Feuer im Finish stört noch etwas.

Anzahl der verkosteten Weine: 12
Bewertungen: 79–87 Punkte

2013	»Bodagfährtle« Riesling trocken **5,80 €**/1,0 Lit. | 11,5% | bis 2016	**79**
2014	»Justinus K.« trocken **8,10 €** | 13,5% | bis 2017	**85**
2014	Riesling »Slow« trocken **8,50 €** | 12,5% | bis 2017	**84**
2013	»Visavis« Sauvignon Blanc trocken **10,50 €** | 12% | bis 2016	**84**
2014	Stettener Pulvermächer Riesling Kabinett trocken **7,80 €** | 12% | bis 2016	**84**
2014	»Plaisir« Riesling & Sauvignon Blanc feinherb **7,10 €** | 11,5% | bis 2016	**83**
2012	Zweigelt trocken Holzfass **7,60 €** | 13% | bis 2016	**84**
2012	Stettener Lindhälder Spätburgunder trocken Holzfass **7,80 €** | 13,5% | bis 2016	**83**
2012	Stettener Lindhälder Lemberger trocken **8,– €** | 13,5% | bis 2016	**83**
2013	Pinot Noir trocken **20,– €** | 14% | bis 2018	**87**

WEINGUT GRAF VON BENTZEL-STURMFEDER

74360 Ilsfeld-Schozach · Sturmfederstraße 4
☎ (0 71 33) 96 08 94 · Fax 96 08 95
weingut@sturmfeder.de
www.sturmfeder.de
Inhaber: Kilian Graf von Bentzel-Sturmfeder
Betriebsleiter: Holger Matz

Verkauf: Kilian Graf von Bentzel-Sturmfeder
Mo–Fr: 9.00–17.00 Uhr
Sa: 10.00–14.00 Uhr und nach Vereinbarung

Die hochwertigeren 2012er Rotweine von Graf Bentzel sind empfehlenswert. Der Cabernet Dorsa verfügt über gewisse saftige Tiefe, das Große Gewächs vom Spätburgunder hat süße Beerenfrucht und aufrechtes Rückgrat, der Lemberger dieser Klasse ist angenehm und nicht überladen. In der Mittelklasse aus 2013 hat der Acolon selbstbewussten Aufbau, der Lemberger Erste Lage zeigt dezente Würze. Bei den 2014er Weißweinen zeigt der Sauvignon Blanc ein Aroma von tropischen Früchten, der Grauburgunder ist hingegen recht herzhaft im Finish. Der 2013er Riesling Erste Lage ist trotz zurückhaltendem Alkoholgehalt recht saftig, das Große Gewächs hat gute Balance.

Anzahl der verkosteten Weine: 12
Bewertungen: 81–86 Punkte

2014	Schozacher Grauburgunder trocken **7,90 €** | 12,5% | bis 2016	**83**
2013	Schozacher Roter Berg Riesling trocken »Erste Lage« **11,60 €** | 12% | bis 2016	**84**
2014	Schozacher Roter Berg Sauvignon Blanc trocken »Erste Lage« **11,60 €** | 12,5% | bis 2016	**85**
2013	Schozacher Roter Berg Riesling »Großes Gewächs« **21,90 €** | 12,5% | bis 2017	**86**
2013	Schozacher Roter Berg Acolon trocken **11,60 €** | 12,5% | bis 2016	**84**
2013	Schozacher Roter Berg Lemberger trocken »Erste Lage« **11,60 €** | 13% | bis 2017	**84**
2012	Schozacher Roter Berg Cabernet Dorsa trocken **21,90 €** | 13% | bis 2017	**86**
2012	Schozacher Roter Berg Spätburgunder »Großes Gewächs« **21,90 €** | 13,5% | bis 2017	**86**
2012	Schozacher Roter Berg Lemberger »Großes Gewächs« **21,90 €** | 13% | bis 2017	**86**

WEINGUT BEURER

71394 Stetten im Remstal · Lange Straße 67
☎ (0 71 51) 4 21 90 · Fax 4 18 78
info@weingut-beurer.de
www.weingut-beurer.de
Inhaber und Betriebsleiter: Jochen Beurer
Kellermeister: Jochen Beurer

Verkauf: Familie Beurer
Fr: 14.00–19.00 Uhr
Sa: 9.00–14.00 Uhr und nach Vereinbarung

Sehenswert: gutseigener Museumswengert an der Y-Burg mit mittelalterlichen Rebsorten

Rebfläche: 10 Hektar
Jahresproduktion: 70.000 Flaschen
Beste Lagen: Stettener Pulvermächer, Häder
Boden: Gipskeuper, Schilf- und Kieselsandstein
Rebsorten: 60% Riesling, je 20% Rotweinsorten und weitere Weißweinsorten
Durchschnittsertrag: 65 hl/ha
Mitglied: Junges Schwaben, Ecovin, Demeter

Jochen Beurer erzeugte in biodynamischer Wirtschaftsweise ausgesprochen charaktervolle Gewächse, die durchaus Ecken und Kanten haben dürfen. Die 2014er Weißweine sind durchgängig empfehlenswert: angenehm saftig der Riesling Gipskeuper, tolles Volumen, tropische Frucht und mineralische Würze beim Großen Gewächs. Der Sauvignon zeigt Ausdruck, Komplexität und Länge trotz niedrigen Alkohols, der Grauburgunder überzeugte uns durchaus mit seiner feinfruchtigen Pikanz.
Aus dem Jahrgang 2013 gefallen bereits jetzt der Riesling Schilfsandstein mit in Seide gehüllter Mineralität, der Kieselsandstein mit zusätzlicher Brillanz und der Junges Schwaben mit ausdrucksvoller Frucht und knackigem Finish. Vom bunten Mergel verführt der Zweigelt mit ungemein charmanter Kirschfrucht, der Lemberger hat geradezu burgunderhaften Aufbau. Das Große Gewächs vom Lemberger hat reife Brombeerfrucht, jedoch nicht allzu große Tiefe, bester Rotwein ist der Spätburgunder mit hellem Waldbeeraroma und feiner Struktur.

Anzahl der verkosteten Weine: 13
Bewertungen: 83–88 Punkte

2014 Riesling trocken **83**
8,– € | 11,5% | bis 2016

2014 »Gipskeuper« Riesling trocken **85**
10,80 € | 11,5% | bis 2018

2013 »Schilfsandstein« Riesling trocken **86**
10,80 € | 11,5% | bis 2017

2013 »Kieselsandstein« Riesling trocken **87**
14,50 € | 12% | bis 2018

2014 Stettener Pulvermächer **87**
Grauburgunder trocken »Erste Lage«
18,50 € | 12,5% | bis 2017

2014 Stettener Pulvermächer **88**
Sauvignon Blanc trocken »Erste Lage«
18,50 € | 11,5% | bis 2018

2013 Stettener Häder **88**
Riesling »Junges Schwaben« trocken
28,– € | 13% | bis 2018

2014 Stettener Pulvermächer **88**
Riesling »Großes Gewächs«
35,– € | 12,5% | bis 2019

2014 Trollinger trocken **83**
8,– € | 12,5% | bis 2016

2013 »Untere Bunte Mergel« Zweigelt trocken **86**
10,80 € | 13% | bis 2017

2013 »Untere Bunte Mergel« Lemberger trocken **86**
14,50 € | 13% | bis 2017

2012 Stettener Mönchberg **87**
Lemberger »Großes Gewächs«
35,– € | 13% | bis 2018

2012 Stettener Mönchberg **87**
Spätburgunder »Großes Gewächs«
35,– € | 13% | bis 2018

WEINGUT BIRKERT

74626 Adolzfurt · Unterheimbacher Straße 28
☎ (0 79 46) 4 84 · Fax 33 78
info@weingut-birkert.com
www.weingut-birkert.com
Inhaber: Boris und Regina Birkert
Betriebsleiter: Boris Birkert

Verkauf: ganzjährig in der Vinothek
So: nach Vereinbarung

Birkerts 2014er Weißweine lassen den schwierigen Jahrgang merklich erkennen. Am besten gefiel uns der mit einem Touch Holz durchaus gelungene Pinot Blanc »S«. Umso besser hingegen sind ihm die hochwertigen Rotweine aus 2012 gelungen: Der Lemberger Ruboris ist angenehm mit reifer, warmer Brombeer- und Cassisfrucht, der Merlot dieser Klasse zeigt feinfruchtige Würze, aber auch etwas Feuer im Nachhall, der empfehlenswerte Cabernet Cubin verwöhnt mit seidigem Kleid. Mit zusätzlicher Komplexität, aber etwas sprödem Tannin nicht ganz dem Charme des Cabernet Cubins entsprechend, steht die Cuvée »CM« an der Spitze. Der Lemberger Schneckenhof aus 2012 ist ein angenehmer Tischwein.

Anzahl der verkosteten Weine: 12
Bewertungen: 79–87 Punkte

2014	Adolzfurter Schneckenhof Chardonnay trocken **7,- €** | 12,5% | bis 2016	**82**
2014	Bretzfelder Goldberg Weißburgunder trocken **7,- €** | 13,5% | bis 2016	**82**
2014	Adolzfurter Schneckenhof Sauvignon Blanc trocken **8,50 €** | 13% | bis 2016	**82**
2014	Adolzfurter Schneckenhof Riesling »S« trocken **8,50 €** | 12,5% | bis 2016	**83**
2014	Bretzfelder Goldberg Pinot Blanc »S« trocken **8,50 €** | 13,5% | bis 2017	**84**
2014	Bacchus **4,10 €**/1,0 Lit. | 12,5% | bis 2016	**79**
2014	Riesling **6,- €** | 11% | bis 2016	**81**
2012	Adolzfurter Schneckenhof Lemberger trocken **6,- €** | 14% | bis 2016	**83**
2012	»Roburis L« Lemberger trocken **13,50 €** | 14% | bis 2017	**86**
2012	»Roburis M« Merlot trocken Barrique **15,- €** | 14,5% | bis 2017	**86**
2012	»Roburis C« Cabernet Cubin trocken **18,- €** | 14% | bis 2018	**87**
2012	Cuvée »CM« trocken **20,- €** | 14% | bis 2018	**87**

WEINGUT BRUKER

71723 Großbottwar · Kleinaspacher Straße 18
☎ (0 71 48) 92 10 50 · Fax 9 21 05 99
info@weingut-bruker.de
www.weingut-bruker.de
Inhaber: Markus Bruker

Verkauf: nach Vereinbarung

Markus Bruker empfiehlt sich mit gelungenen 2014er Weißweinen. Der Grauburgunder hat helle, transparente Frucht, Gretchen ist ein charmanter Allrounder, die Riesling Spätlese ist kraftvoll-würzig im Ausdruck, der Sauvignon 503 zeigt deutlichen, aber dennoch gut integrierten Holzeinsatz. Bei den Roten ist Mephisto ein kongenialer Partner zu Gretchen (sic!), der Lemberger Alte Reben ist ein Charmeur. Der Spätburgunder 501 ist merklich ambitioniert, aber leider beginnend luftig. Angenehm feingliedrig und duftig hingegen der Lemberger 500. Der Black Berry trägt etwas schwer an der Alkohol- und Holzlast, deutlich besser der tolle Blend Dickes Ding mit feiner Textur und transparenter Kirsch- und Johannisbeerfrucht.

Anzahl der verkosteten Weine: 14
Bewertungen: 83–87 Punkte

2014	Großbottwarer Harzberg Grauburgunder trocken **7,50 €** | 12,5% | bis 2016	**84**
2014	Cuvée »Gretchen« trocken **9,- €** | 12,5% | bis 2016	**84**
2014	Sauvignon Blanc trocken **9,50 €** | 13,5% | bis 2016	**84**
2014	Sauvignon Blanc »503er« trocken **17,50 €** | 12,5% | bis 2017	**86**
2014	Großbottwarer Lichtenberg Riesling Schilfsandstein Spätlese trocken **10,50 €** | 12,5% | bis 2017	**85**
2014	Spätburgunder trocken Alte Reben **7,20 €** | 13% | bis 2016	**83**
2014	Lemberger trocken Alte Reben **7,20 €** | 12,5% | bis 2017	**84**
2013	Cuvée »Mephisto« trocken **9,50 €** | 13% | bis 2016	**84**
2011	Cabernet Sauvignon & Merlot »Black Berry« trocken **16,90 €** | 14% | bis 2017	**85**
2011	Spätburgunder »501er« trocken **17,50 €** | 13,5% | bis 2016	**85**
2011	Lemberger »500er« trocken **17,50 €** | 15% | bis 2017	**86**
2012	Syrah & Cabernet Franc »Dickes Ding« trocken **19,50 €** | 14% | bis 2018	**87**

WEINGÄRTNER BAD CANNSTATT

70376 Stuttgart · Rommelstraße 20
☎ (07 11) 54 22 66 · Fax 55 72 91
info@badcannstatt-weine.de
www.badcannstatt-weine.de

Vorstandsvorsitzender: Marc Nagel
Kellermeister: Thomas Zerweck

Verkauf: Vinothek
Mo–Fr: 9.00–18.00 Uhr, Sa: 9.30–14.00 Uhr

Der aktuelle Zuckerle-Riesling ** fällt hier korrekt aus, der Grauburgunder dieser Klasse ist hingegen etwas schwerfällig und rustikal im Aroma. Deutlich besser der Weißburgunder mit angenehm dosierter Frucht, am besten gefällt uns jedoch der zitrusfruchtige, weiße Travertin mit ordentlichem Schmelz. Der Roséwein dieser Linie ist feinstoffig, der Rotwein hat warme Frucht. Der Lemberger Weißherbst ist ein heiterer Zechwein. Der Pinot Noir *** ist ambitioniert, wirkt aber aufgrund des Alkohols etwas rustikal im Finish. Deutlich balancierter und mit feinem Schliff: der Zuckerle-Lemberger ***.

Anzahl der verkosteten Weine: 12
Bewertungen: 79–86 Punkte

2010	Pinot Sekt Brut Blanc de Noirs	**12,90 €** | 13% | bis 2016	**83**
2014	Riesling trocken	**5,60 €**/1,0 Lit. | 13% | bis 2016	**79**
2014	Rivaner trocken *	**6,10 €** | 12% | bis 2016	**82**
2014	Cuvée »Travertin« trocken	**8,50 €** | 13% | bis 2016	**84**
2014	Grauburgunder trocken **	**9,– €** | 13% | bis 2016	**81**
2014	Cannstatter Zuckerle Riesling trocken **	**9,– €** | 13% | bis 2016	**83**
2014	Weißburgunder trocken **	**9,– €** | 13% | bis 2016	**83**
2014	Cuvée »Travertin« trocken Rosé	**8,50 €** | 13,5% | bis 2016	**83**
2014	Cannstatter Zuckerle Trollinger halbtrocken Weißherbst *	**5,90 €** | 11,5% | bis 2016	**82**
2012	Cuvée »Travertin« trocken **	**9,– €** | 13,5% | bis 2016	**83**
2012	Pinot Noir trocken Holzfass ***	**16,– €** | 14% | bis 2017	**85**
2012	Cannstatter Zuckerle Lemberger trocken Barrique ***	**16,– €** | 13,5% | bis 2017	**86**

Entdeckung des Jahres 2012

WEINGÄRTNER CLEEBRONN-GÜGLINGEN

74389 Cleebronn · Ranspacher Straße 1
☎ (0 71 35) 9 80 30 · Fax 1 32 28
info@cleebronner-winzer.de
www.cleebronner-winzer.de

Betriebsleiter: Vorstand Thomas Beyl
Geschäftsführer: Axel Gerst
Kellermeister: Andreas Reichert

Verkauf: Vinothek
Mo–Fr: 8.00–18.00 Uhr, Sa: 8.30–13.00 Uhr
So: 11.00–14.00 Uhr (März–Dez.)

Rebfläche: 280 Hektar
Zahl der Mitglieder: 580
Jahresproduktion: 2,3 Mio. Flaschen
Beste Lagen: Cleebronner Michaelsberg, Güglinger Kaiserberg
Boden: Keuper, bunter Mergel, Schilfsandstein
Rebsorten: 24% Lemberger, 20% Schwarzriesling, 16% Riesling, 15% Trollinger, 25% übrige Sorten
Durchschnittsertrag: 86 hl/ha

Wiederum eine sehr starke Leistung der derzeitigen Überflieger-Genossenschaft in Württemberg! Die Basisweine Sankt »M« sind günstige und sehr angenehme Schoppen für jeden Tag, die Mittelklasse Herzog Christoph ist merklich ambitioniert: feine Aromafülle beim Riesling, präsente Frucht und angenehme Rasse beim Grauburgunder, ungemein duftige, heitere Art beim Spätburgunder. Die Riege der Spitzenweine Emotion »GC« kann mühelos mit den Gewächsen der Topwinzer der Region konkurrieren. Der beeindruckende Riesling zeigt sich ganz klar eines Großen Gewächses würdig, der Lemberger hat feine Würze, der Michaelsberg-Lemberger zeigt merkliche Tiefe und samtiges Kleid, da kann selbst der sehr gute Cabernet nicht ganz mithalten. Wiederum gibt es auch zwei gute Edelsüße: Die Riesling Auslese hat feine Fülle und subtile, aber auch eher zurückhaltende Säure, die Beerenauslese ist gut verwoben mit seidiger Eleganz.

Die Betriebe:
Weltklasse · Deutsche Spitze
Sehr gut · Gut · Zuverlässig
Weitere Empfehlung

Anzahl der verkosteten Weine: 14
Bewertungen: 81–90 Punkte

2014 Cleebronner Michaelsberg Riesling trocken **81**
5,20 €/1,0 Lit. | 12% | bis 2016

2014 Riesling Sankt M trocken **83**
5,90 € | 12% | bis 2016

2013 »Herzog Christoph« Riesling trocken **85**
8,90 € | 13% | bis 2016

2014 »Herzog Christoph« Grauburgunder trocken **86**
8,90 € | 13% | bis 2017

2013 »Emotion CG« Riesling trocken **88**
16,– € | 13,5% | bis 2017

2014 Cleebronner Michaelsberg Rivaner Kabinett **82**
5,80 € | 10,5% | bis 2016

2014 Riesling Auslese **88**
12,– €/0,375 Lit. | 8,5% | bis 2019

2014 Riesling Beerenauslese **90**
35,– €/0,375 Lit. | 8% | bis 2022

2014 »St. M« Trollinger trocken **82**
5,60 € | 12% | bis 2016

2013 »St. M« Lemberger trocken **83**
5,90 € | 13% | bis 2016

2012 »Herzog Christoph« Spätburgunder trocken **85**
8,90 € | 13% | bis 2016

2012 »Emotion CG« Lemberger trocken **87**
16,– € | 13,5% | bis 2018

2012 »Emotion CG« Cabernet Sauvignon trocken **87**
20,– € | 14% | bis 2018

2012 Cleebronner Michaelsberg Lemberger »Emotion CG« trocken **88**
20,– € | 14% | bis 2019

COLLEGIUM WIRTEMBERG

70327 Stuttgart · Württembergstraße 230
☎ (07 11) 32 77 75 80 · Fax 3 27 77 58 50
info@collegium-wirtemberg.de
www.collegium-wirtemberg.de
Betriebsleiter: Martin Kurrle
Kellermeister: Thomas Eckard

Verkauf: Thomas Jud, Peter Meintzinger
Mo–Fr: 9.00–12.00 Uhr · 13.00–18.00 Uhr
Sa: 9.00–16.00 Uhr

Die 2014er Weißweine der Stuttgarter Genossenschaft sind sauber vinifiziert und zeigen sich mit feiner Rasse und ohne jegliche Aggressivität angenehm unaufgeregt. Der Weißburgunder hat frische, klare Frucht, der Chardonnay ist sauber und lebhaft, noch etwas zurückhaltend im Aroma, aber mit guten Anlagen, der Riesling Katharina. Fein dosierte Rasse und Sortenfrucht beim Sauvignon. Die Basisrotweine sind hingegen enttäuschend und bleiben hinter den Erwartungen zurück. Deutlich besser ist man im Barriquesegment. Der Spätburgunder hat warme, reife Frucht, der Lemberger zeigt angenehme Balance und gute Tanninqualität. Charmant, aber nicht ganz so groß, die Cuvée Wirtemberg.

Anzahl der verkosteten Weine: 12
Bewertungen: 82–87 Punkte

2014 Silvaner trocken »sur lie« **83**
6,70 € | 12% | bis 2016

2014 Weißburgunder trocken **84**
8,30 € | 13% | bis 2016

2014 Chardonnay trocken **84**
8,50 € | 13% | bis 2016

2014 Sauvignon Blanc trocken **86**
11,90 € | 12,5% | bis 2017

2014 »Katharina« Riesling trocken **85**
12,– € | 12,5% | bis 2017

2012 Uhlbacher Götzenberg Lemberger trocken **82**
6,90 € | 13% | bis 2016

2012 Spätburgunder trocken **82**
7,90 € | 13,5% | bis 2016

2013 Cuvée »Salucci« trocken **83**
8,50 € | 13,5% | bis 2016

2013 Merlot trocken **83**
10,– € | 13,5% | bis 2017

2012 Cuvée »Wirtemberg« trocken **86**
19,– € | 13,5% | bis 2018

2012 Spätburgunder trocken Reserve **87**
22,– € | 13,5% | bis 2018

2012 Lemberger trocken Reserve **87**
22,– € | 14% | bis 2018

WEINGUT DAUTEL

74357 Bönnigheim · Lauerweg 55
☎ (0 71 43) 87 03 26 · Fax 87 03 27
info@weingut-dautel.de
www.weingut-dautel.de

Inhaber und Betriebsleiter: Christian Dautel
Außenbetrieb: Ernst Dautel
Kellermeister: Christian Dautel

Verkauf: Familie Dautel
Mo–Fr: 10.00–12.00 Uhr · 14.00–18.00 Uhr
Sa: 10.00–16.00 Uhr

Historie: Weinbau in der Familie seit 1510

Rebfläche: 13 Hektar
Jahresproduktion: 80.000 Flaschen
Beste Lagen: Besigheimer Wurmberg, Bönnigheimer Sonnenberg
Boden: Muschelkalk, Gipskeuper, Schilfsandstein, bunter Mergel
Rebsorten: 23% Riesling, 21% Spätburgunder, 18% Lemberger und Weißburgunder, 6% Chardonnay, 4% Trollinger, 14% übrige Sorten
Durchschnittsertrag: 60 hl/ha
Mitglied: VDP, Deutsches Barrique Forum

Christian Dautel platziert sich weiterhin ganz oben in Württemberg. Der überaus feingliedrige Rotweinstil, der in deutlichem Kontrast zu der früher hier gewohnten Herzhaftigkeit steht, zeigt sich exemplarisch an den Großen Gewächsen von Spätburgunder und Lemberger: ausgesprochen lebhafte Brillanz und Duftigkeit bei Ersterem, feinfühlig abgestimmte Würze, feinkörniges Tannin und subtile Frucht bei Letzterem. Sehr ausgewogen und rund fällt die Cuvée Kreation dieses Jahr aus. Die Rieslinge sind angesichts des schwierigen Jahrgangs stimmig, das Große Gewächs gefällt mit heller Frucht und lebhafter Komplexität, der Riesling Wurmberg hat schlanke, mineralische Frische, die Auslese zeigt kühle Rasse und unaufdringliche Süße. Lebhaft und mit subtiler Pikanz ist der Weißburgunder Gipskeuper. Chardonnay und Weißburgunder der »S«-Klasse sind unverkennbar von Burgund inspiriert und aktuell die besten Weine dieser Sorten in Württemberg.

Rote Symbole: Diese Betriebe verdienen in ihrer Klasse besondere Aufmerksamkeit

Anzahl der verkosteten Weine: 16
Bewertungen: 85–89 Punkte

2014	Bönnigheimer Riesling Gipskeuper trocken **9,– €** | 12,5% | bis 2017	**86**
2014	Bönnigheimer Weißburgunder Gipskeuper trocken **13,10 €** | 13% | bis 2017	**87**
2014	Besigheimer Wurmberg Riesling trocken »Erste Lage« **13,20 €** | 13% | bis 2017	**87**
2014	Cuvée »Freisinn 1« trocken **21,– €** | 13% | bis 2018	**87**
2013	Weißburgunder »S« trocken **21,50 €** | 13,5% | bis 2018	**88**
2013	Chardonnay »S« trocken **21,50 €** | 13,5% | bis 2018	**88**
2014	Bönnigheimer Steingrüben Riesling »Großes Gewächs« **21,50 €** | 13% | bis 2019	**88**
2014	Bönnigheimer Sonnenberg Riesling Auslese **20,50 €** | 8% | bis 2020	**88**
2013	Lemberger trocken **9,35 €** | 13% | bis 2017	**85**
2013	Cleebronner Spätburgunder Schilfsandstein trocken **13,50 €** | 13% | bis 2017	**86**
2012	Bönnigheimer Sonnenberg Spätburgunder trocken »Erste Lage« **19,80 €** | 13% | bis 2017	**87**
2012	Bönnigheimer Sonnenberg Lemberger trocken »Erste Lage« **19,80 €** | 13,5% | bis 2018	**87**
2012	Zweigelt »S« trocken **25,10 €** | 13,5% | bis 2018	**87**
2012	Cuvée »Kreation« »S« trocken **27,10 €** | 13,5% | bis 2019	**88**
2012	Kalkschupen Spätburgunder »Großes Gewächs« **27,10 €** | 13,5% | bis 2019	**89**
2012	Cleebronner St. Michaelsfeder Lemberger »Großes Gewächs« **27,10 €** | 13,5% | bis 2019	**89**

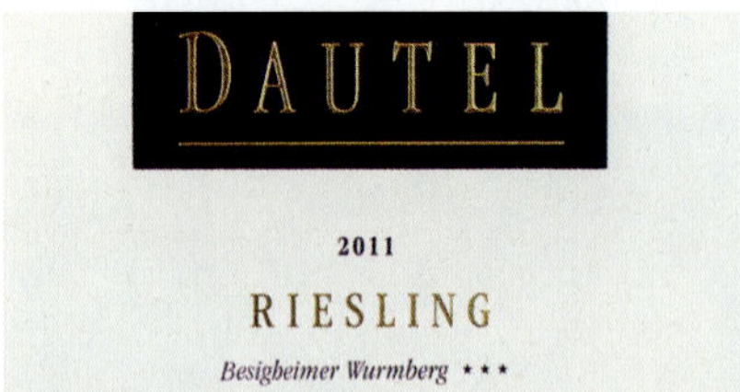

HEDWIG UND HELMUT DOLDE

72636 Frickenhausen-Linsenhofen
Beurener Straße 16
☎ (0 70 25) 49 82 · Fax 84 06 20
info@doldewein.de
www.doldewein.de
Inhaber: Hedwig und Helmut Dolde

Verkauf: Hedwig Dolde
Do: 16.00–19.00 Uhr
Sa: 10.00–13.00 Uhr und nach Vereinbarung

Helmut Dolde hat jahrgangs- und regionaltypisch kühle, kristalline und knackige 2014er Weißweine im Keller. Bei den Silvanern zeigt sich der Silvaner Vulkan schlank mit vibrierender Säure, der Alte Reben ist feinstoffig, aber dennoch leichtfüßig. Der Riesling ist mineralisch-knackig. Der Rosé hingegen zeigt in diesem Jahr eher den herben Charme der Alb. Bei den Spätburgundern scheint uns die Schwäbische Eiche die zarte Struktur ein wenig zu dominieren, zugänglich und unkompliziert hingegen die Spätlese Jurakalk im traditionellen Ausbau.

Anzahl der verkosteten Weine: 6
Bewertungen: 82–85 Punkte

2014	»Vulkan« Silvaner trocken **7,50 €** | 12% | 🍷 bis 2016	**83**
2014	Silvaner trocken Alte Reben **7,80 €** | 12,5% | 🍷 bis 2017	**85**
2014	»vom Jurakalk« Riesling trocken **8,– €** | 12,5% | 🍷 bis 2016	**83**
2014	»vom Jurakalk« Spätburgunder trocken Rosé **7,50 €** | 12,5% | 🍷 bis 2016	**82**
2013	»vom Jurakalk« Spätburgunder Spätlese trocken **8,– €** | 13,5% | 🍷 bis 2016	**83**
2012	Linsenhöfer Spätburgunder Schwäbische Eiche Spätlese trocken **12,– €** | 13% | 🍷 bis 2017	**85**

Zeichenerklärung:
Schnäppchenpreis · Top 10 Spitzenreiter
Ökobetrieb · Trink-Tipp · Versteigerungswein
Sekt · Weißwein · Rotwein · Roséwein

WEINGUT DOREAS

73630 Remshalden-Grunbach
Ernst-Heinkel-Straße 85
☎ (0 71 51) 7 55 69 · Fax 2 06 12 00
info@doreas.de
www.doreas.de
Inhaber: Dorothee Wagner-Ellwanger und Andreas Ellwanger

Verkauf: Dorothee Wagner-Ellwanger
Do–Fr: 16.00–18.30 Uhr
Sa: 9.30–14.00 Uhr und nach Vereinbarung

Andreas und Dorothee Ellwanger überzeugen mit charaktervollen Weinen. Der Schillerwein hat mit Fülle und Würze ein bemerkenswertes Niveau, der Chardonnay zeigt schöne Frucht am Gaumen und dezentes Holz. Der Cabernet Blanc hat angenehm markante Rasse, der Trollinger präsente, heitere Frucht. Bei den Barriquerotweinen zeigt der Spätburgunder rauchig-herzhaftes Aroma, der Merlot hat reife, warme Frucht im Neueweltstil und die Cuvée Symphonie ist feinwürzig. Ebenfalls sehr würzig der Syrah mit charaktervoll animalischen Noten. Die Beerenauslese ist mit frischem Säurespiel belebt.

Anzahl der verkosteten Weine: 12
Bewertungen: 82–90 Punkte

2014	Grunbacher Klingle Riesling »Symphonie« trocken **9,– €** | 12% | 🍷 bis 2017	**84**
2014	Cabernet Blanc »Symphonie« trocken **9,50 €** | 12,5% | 🍷 bis 2016	**85**
2014	Grunbacher Klingle Chardonnay »Symphonie« trocken **12,– €** | 13% | 🍷 bis 2017	**85**
2014	Grunbacher Klingle Riesling »Oper« Beerenauslese **35,– €**/0,375 Lit. | 9,5% | 🍷 bis 2021	**90**
2014	Cuvée »Ballade« Rosé **5,40 €** | 11,5% | 🍷 bis 2016	**82**
2014	»Symphonie« trocken Schillerwein **9,– €** | 13% | 🍷 bis 2016	**85**
2014	Grunbacher Berghalde Trollinger »Symphonie« trocken **9,– €** | 12% | 🍷 bis 2016	**83**
2012	Grunbacher Berghalde Merlot »Symphonie« trocken **18,– €** | 14% | 🍷 bis 2018	**86**
2012	Grunbacher Berghalde Cuvée »Symphonie« trocken **18,– €** | 13,5% | 🍷 bis 2018	**86**
2012	Grunbacher Berghalde Spätburgunder »Symphonie« trocken **18,– €** | 13,5% | 🍷 bis 2018	**86**
2012	Grunbacher Berghalde Syrah »Symphonie« trocken **20,– €** | 13,5% | 🍷 bis 2018	**87**

WEINGUT DRAUTZ-ABLE

74076 Heilbronn · Faißtstraße 23
☎ (0 71 31) 17 79 08 · Fax 94 12 39
info@drautz-able.de
www.drautz-able.de
Inhaber und Betriebsleiter: Monika und Markus Drautz
Kellermeister: Markus Drautz und Peter Geil

Verkauf: Monika Drautz
Mo–Fr: 8.00–12.00 Uhr · 13.30–18.00 Uhr
Sa: 9.00–16.00 Uhr

Historie: Verleihung des Familienwappens im Jahre 1496
Sehenswert: Heilbronner Wein-Villa

Rebfläche: 15 Hektar
Jahresproduktion: 125.000 Flaschen
Beste Lagen: Heilbronner Stiftsberg und Wartberg, Neckarsulmer Scheuerberg
Boden: bunter Mergel, Gipskeuper, Sandsteinverwitterung
Rebsorten: 18% Lemberger, 15% Trollinger, 11% Riesling, 10% Spätburgunder, je 9% Sauvignon Blanc und Weißburgunder, 28% übrige Sorten
Durchschnittsertrag: 72 hl/ha
Mitglied: VDP, Hades, Deutsches Barrique Forum

Markus Drautz beweist mit der aktuellen Kollektion erneut sein Talent für große Rotweine. Der überragende Lemberger Steinkreuz präsentiert sich hochelegant und mit ganz feiner Pikanz. Der Spätburgunder Orthgang hat präsente und transparent aufgefächerte Kirschfrucht und seidiges Tannin, die Cuvée Jodokus zeigt herbes, dunkles Aroma und markante Würze im Finish. Ein echtes Ereignis ist wiederum aber auch der Trollinger Drei Tauben im Stile eines feinen Pinots. Bei den Weißweinen gibt sich der Sauvignon Hades in Bordeauxmanier mit gut eingebundenem Holz, das Große Gewächs vom Riesling hat barocke Frucht, ist aber vielleicht etwas weitmaschig am Gaumen. Gut und günstig ist der Blanc de Noirs Petit Pigeon mit angenehmem Kirsch- und Beerenaroma. Eine gute Trockenbeerenauslese Hades unterstreicht erneut Drautz' feines Händchen für den Holzeinsatz. Ein charaktervoller Klassiker des Hauses mit feiner Reife ist der Sekt »MC«.

Anzahl der verkosteten Weine: 13
Bewertungen: 83–90 Punkte

2010	Cuvée »MC Blanc« Sekt extra Brut Blanc de Noirs **15,47 €** | 12,5% | bis 2016	**85**
2014	»Le Petit Pigeon Blanc« trocken Blanc de Noirs **5,95 €** | 10,5% | bis 2016	**84**
2014	Weißburgunder trocken **7,14 €** | 12,5% | bis 2016	**84**
2014	»3 Tauben« Sauvignon Blanc trocken **11,90 €** | 12,5% | bis 2016	**85**
2014	Sauvignon Blanc trocken Hades **19,64 €** | 12,5% | bis 2018	**87**
2014	Hunsperg Riesling »Großes Gewächs« **23,80 €** | 12,5% | bis 2018	**87**
2014	Heilbronner Stiftsberg Riesling Trockenbeerenauslese **35,70 €**/0,375 Lit. | 6% | bis 2022	**88**
2014	»Jodokus« Kerner Trockenbeerenauslese Hades **71,40 €**/0,375 Lit. | 7% | bis 2024	**90**
2013	Lemberger trocken **6,55 €** | 13% | bis 2016	**83**
2013	»3 Tauben« Trollinger trocken **10,12 €** | 13,5% | bis 2017	**86**
2013	Orthgang Spätburgunder »Großes Gewächs« **26,18 €** | 13% | bis 2019	**88**
2011	Cuvée »Jodokus« trocken Hades **29,75 €** | 14% | bis 2018	**88**
2013	Steinkreuz Lemberger »Großes Gewächs« **35,70 €** | 13,5% | bis 2021	**90**

WEINGUT BERNHARD ELLWANGER

71384 Weinstadt-Großheppach · Rebenstraße 9
☎ (0 71 51) 6 21 31 · Fax 60 32 09
info@weingut-ellwanger.com
www.weingut-ellwanger.com
Inhaber: Familie Ellwanger
Kellermeister: Sven Ellwanger

Verkauf: Familie Ellwanger
Mo–Di,Do–Fr: 10.00–12.00 · 14.00–18.30 Uhr
Sa: 9.30–14.00 Uhr und nach Vereinbarung

Rebfläche: 28,5 Hektar
Jahresproduktion: 210.000 Flaschen
Beste Lagen: Großheppacher Steingrüble und Wanne
Boden: Gipskeuper, Schilfsandstein, bunte Mergel, Kieselsandstein
Rebsorten: 20% Riesling, 15% Trollinger, je 11% Lemberger und Spätburgunder, 8% Muskattrollinger, je 7% Sauvignon Blanc und weiße Burgundersorten, 4% Merlot, 3% Cabernet, 14% übrige Sorten
Durchschnittsertrag: 65 hl/ha
Mitglied: Junges Schwaben

Ein weiterer Aufstieg für Sven Ellwanger! Überzeugend die Spitzenweine wie der 2013er Riesling »SL« mit charaktervoller Tiefe und reifer Frucht, der Sauvignon Junges Schwaben mit bemerkenswerter Persönlichkeit, der Lemberger »SL« mit angenehm dosierter Würze und der überragende Syrah mit sehr saftiger, tiefer Sortenfrucht nach schwarzen Oliven und Speck. Sehr gut auch die Cuvée »CMX« im Bordeaux-Stil, der Spätburgunder Mergel mit charmanter Duftigkeit und der charaktervoll dichte Chardonnay. Trollinger und Lemberger aus der Steillage sind sehr angenehme Tischweine. Die Trockenbeerenauslese fällt nicht zu schwer, aber auch nicht sonderlich komplex aus.

Anzahl der verkosteten Weine: 12
Bewertungen: 82–89 Punkte

2014	Riesling trocken **6,90 €** | 11,5% | bis 2016	**82**
2013	Riesling bunter Mergel trocken **9,– €** | 12,5% | bis 2016	**84**
2013	Geradstettener Lichtenberg Chardonnay trocken **13,90 €** | 13,5% | bis 2017	**86**
2013	Großheppacher Steingrüble Riesling »SL« trocken **17,90 €** | 13,5% | bis 2017	**87**
2013	Sauvignon Blanc trocken Junges Schwaben **23,90 €** | 12,5% | bis 2017	**87**
2014	King Essenz Trockenbeerenauslese **19,80 €**/0,375 Lit. | 9% | bis 2021	**89**
2013	Trollinger Steillage trocken **8,80 €** | 12,5% | bis 2016	**83**
2013	Lemberger Steillage trocken **9,80 €** | 13% | bis 2016	**84**
2013	Spätburgunder bunter Mergel trocken **12,– €** | 13% | bis 2017	**86**
2011	Cuvée »CMX« trocken **14,– €** | 13,5% | bis 2017	**86**
2012	Großheppacher Wanne Lemberger »SL« trocken **24,90 €** | 13,5% | bis 2018	**87**
2012	Großheppacher Wanne Syrah »SL« trocken **24,90 €** | 13% | bis 2019	**89**

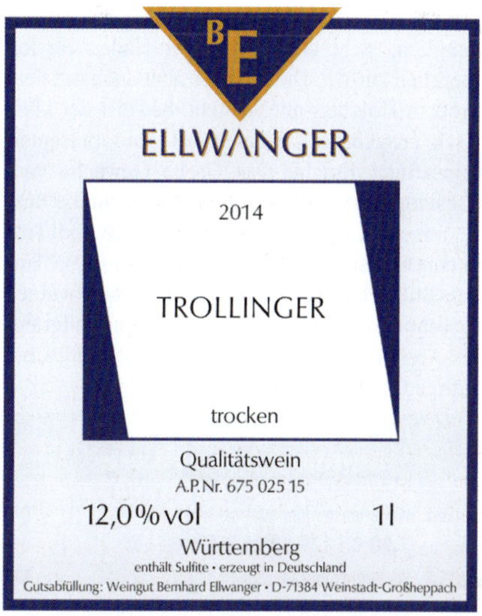

Die Betriebe:
Weltklasse · Deutsche Spitze
Sehr gut · Gut · Zuverlässig
Weitere Empfehlung

WEINGUT J. ELLWANGER

73650 Winterbach · Bachstraße 21
☎ (0 71 81) 4 45 25 · Fax 4 61 28
info@weingut-ellwanger.de
www.weingut-ellwanger.de

Inhaber: Jörg und Felix Ellwanger
Außenbetrieb und Kellermeister: Jörg Ellwanger

Verkauf: Jürgen, Felix, Sylvia Ellwanger
Di–Fr: 9.00–12.00 Uhr · 15.00–19.00 Uhr
Sa: 9.00–15.00 Uhr und nach Vereinbarung

Historie: Weinbau in der Familie seit 1514

Rebfläche: 26 Hektar
Jahresproduktion: 200.000 Flaschen
Beste Lagen: Winterbacher Hungerberg, Hebsacker Lichtenberg, Schnaiter Altenberg
Boden: Keuper und Kieselsandstein
Rebsorten: 20% Riesling, je 15% Lemberger und Trollinger, je 10% Spätburgunder, Weiß- und Grauburgunder und Zweigelt, 7% Kerner, 5% Merlot, 8% übrige Sorten
Durchschnittsertrag: 65 hl/ha
Mitglied: VDP, Hades, Deutsches Barrique Forum

Jörg Ellwanger hat tolle Hades-Rotweine aus 2012 im Sortiment, allen voran den bärenstarken Merlot mit hochreifer Frucht und feiner Minznote und den beeindruckenden Lemberger mit wunderbarer Dichte und tollem Tanninkleid. Die Cuvée Nicodemus ist konzentriert und eng verwoben, der Zweigelt ist ein Klassiker des Guts. Das Große Gewächs vom Lemberger ist rund und zugänglich, steht aber hinter der Hades-Version merklich zurück. Dass man es aber auch mit dem großem Holzfass gut versteht, beweist der klassisch ausgebaute Zweigelt »H« mit präsenter, feinsaftiger Frucht. Das Große Gewächs vom Riesling zeigt in diesem Jahr eher schlanke Rasse mit stahlig-feinem Schmelz. Auch die Trockenbeerenauslese ist dieses Mal eher im schlanken Stil gehalten. Bei den Barriqueweißweinen präsentiert der Grauburgunder rauchig unterlegtes Aroma, die Cuvée Nicodemus Candidus hat saftige tropische Frucht.

Anzahl der verkosteten Weine: 14
Bewertungen: 84–90 Punkte

2014 Winterbacher Riesling trocken **84**
7,90 € | 12% | bis 2017

2014 Weißburgunder trocken **85**
8,90 € | 12% | bis 2017

2014 Sauvignon Blanc trocken **86**
13,– € | 12% | bis 2017

2013 Cuvée »Nicodemus Candidus« trocken Hades **87**
20,– € | 13% | bis 2018

2014 Schnaiter Altenberg **88**
Riesling »Großes Gewächs«
23,– € | 12,5% | bis 2019

2013 Winterbacher Hungerberg **89**
Riesling Trockenbeerenauslese
42,– €/0,375 Lit. | 8% | bis 2022

2014 Hebsacker Lichtenberg **85**
Spätburgunder trocken »Erste Lage«
11,– € | 12,5% | bis 2018

2013 Zweigelt »H« trocken **86**
13,– € | 13% | bis 2017

2013 Grauburgunder trocken Hades **87**
20,– € | 13,5% | bis 2018

2012 Lemberger trocken Hades **90**
23,– € | 13,5% | bis 2020

2012 Zweigelt trocken Hades **88**
24,– € | 13,5% | bis 2018

2013 Hebsacker Lichtenberg **87**
Lemberger »Großes Gewächs«
25,– € | 13% | bis 2019

2012 Merlot trocken Hades **90**
26,– € | 14,5% | bis 2020

2012 Cuvée »Nicodemus« trocken Hades **89**
27,– € | 14% | bis 2020

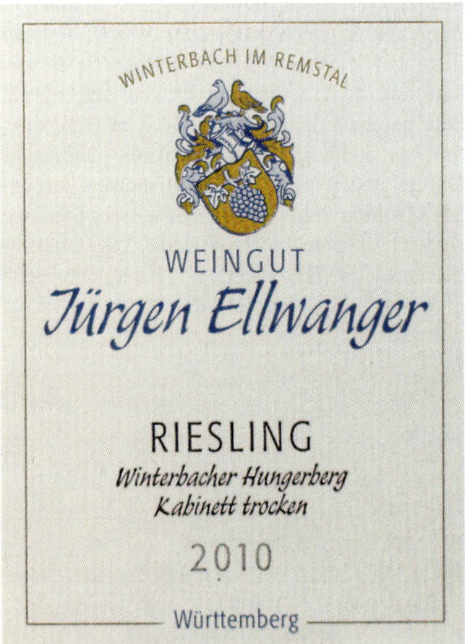

WEINGUT ESCHER

71409 Schwaikheim · Seestraße 4
☎ (0 71 95) 5 72 56 · Fax 13 73 19
info@wein-escher.de
www.wein-escher.de
Inhaber: Lisa und Ottmar Escher
Kellermeister: Christian Escher

Verkauf: Familie Escher
Di–Fr: 16.30–18.30 Uhr
Sa: 9.00–14.00 Uhr und nach Vereinbarung

Eine tolle Leistung von Christian Escher! Der Chardonnay hat Schliff und Balance, der Cabernet Blanc unaufdringlich pflanzliche Frucht und der Grauburgunder seidige Dichte. Aus 2013 gefällt der ambitionierte Riesling Pulvermächer mit feinhefigem Aroma. Bei den Roten zeigen sich die Bergkeuper-Weine charmant. Ganz bemerkenswert aber die aktuellen Topweine aus der Goldreserve. Der Spätburgunder hat Niveau und Feinheit, der Lemberger sogar gewisse Noblesse und der Cabernet Franc zeigt eine für die Rebsorte außergewöhnlich feine Struktur. Ausgewogene Frucht, gutes Rückgrat, aber auch Holzdominanz bei der Cuvée Meisterwerk.

Anzahl der verkosteten Weine: 12
Bewertungen: 82–87 Punkte

2014	Riesling Junge Reben trocken **5,80 €** | 12% | 🍷 bis 2016	**82**
2014	Weißburgunder Bergkeuper trocken **6,80 €** | 12,5% | 🍷 bis 2016	**83**
2014	Chardonnay Bergkeuper trocken Holzfass **9,20 €** | 13% | 🍷 bis 2017	**85**
2014	»Goldreserve« Grauburgunder trocken **13,50 €** | 12% | 🍷 bis 2017	**86**
2014	»Goldreserve« Cabernet Blanc trocken **14,80 €** | 12,5% | 🍷 bis 2016	**85**
2013	Stettener Pulvermächer Riesling trocken **14,80 €** | 12,5% | 🍷 bis 2017	**85**
2013	Zweigelt Bergkeuper trocken **9,50 €** | 13% | 🍷 bis 2016	**84**
2013	Spätburgunder Bergkeuper trocken **10,50 €** | 13% | 🍷 bis 2016	**84**
2012	Cuvée »Meisterwerk« trocken **15,20 €** | 14% | 🍷 bis 2017	**86**
2013	»Goldreserve« Spätburgunder trocken **17,80 €** | 13,5% | 🍷 bis 2017	**86**
2012	»Goldreserve« Lemberger trocken **18,– €** | 13,5% | 🍷 bis 2017	**86**
2012	»Goldreserve« Cabernet Franc trocken **24,– €** | 14,5% | 🍷 bis 2017	**87**

FELLBACHER WEINGÄRTNER

70734 Fellbach · Kappelbergstraße 48
☎ (07 11) 5 78 80 30 · Fax 57 88 03 40
info@fellbacher-weine.de
www.fellbacher-weine.de
Geschäftsführer: Friedrich Benz und Rolf-Dieter Hess
Kellermeister: Werner Seibold

Verkauf: Vinothek
Mo–Sa: 9.00–18.30 Uhr

Die Fellbacher präsentieren sich auf gutem Niveau und sehr zuverlässig, wie man beispielsweise am Sauvignon Blanc mit angenehm floral unterlegter Rasse schmecken kann. Der Lämmler-Riesling »P« ist stimmig und hat gute Dichte. Bei den Roten zeigt Lemberger »P« saftige Tiefe und Wucht, der Barrique-Spätburgunder ist recht würzig und etwas alkoholschwanger. Ebenfalls angenehm reife Frucht sowie süßes Holz beim Lemberger Großes Gewächs. Weniger gut der recht ländliche Merlot. Der Spitzenwein Amandus hat einen sehr würzigen Aufbau und herzhaften Tanninbiss.

Anzahl der verkosteten Weine: 12
Bewertungen: 81–88 Punkte

2014	Weißburgunder »C« trocken **6,75 €** | 12% | 🍷 bis 2016	**81**
2014	Sauvignon Blanc »S« trocken **9,90 €** | 13% | 🍷 bis 2016	**85**
2013	Fellbacher Lämmler Riesling »P« trocken **13,50 €** | 13,5% | 🍷 bis 2017	**86**
2013	Fellbacher Lämmler Riesling Trockenbeerenauslese **42,– €**/0,375 Lit. | 9,5% | 🍷 bis 2021	**88**
2013	Fellbacher Lämmler Trollinger »P« trocken **11,50 €** | 13% | 🍷 bis 2016	**83**
2012	Fellbacher Lämmler Merlot »P« trocken **13,50 €** | 13,5% | 🍷 bis 2017	**84**
2012	Fellbacher Lämmler Spätburgunder »P« trocken **13,50 €** | 14% | 🍷 bis 2017	**85**
2012	Fellbacher Lämmler Spätburgunder »P« trocken Barrique **19,50 €** | 14% | 🍷 bis 2017	**86**
2012	Fellbacher Lämmler Lemberger »P« trocken Barrique **19,50 €** | 14% | 🍷 bis 2018	**87**
2012	Fellbacher Lämmler Syrah »P« trocken Barrique **26,50 €** | 14% | 🍷 bis 2018	**87**
2011	Cuvée »Amandus« trocken **26,50 €** | 14% | 🍷 bis 2017	**87**
2011	Fellbacher Lämmler Lemberger »P« »Großes Gewächs« **26,50 €** | 13,5% | 🍷 bis 2017	**86**

WEINGUT FORSTHOF

71711 Steinheim-Kleinbottwar
☎ (0 71 48) 61 34 · Fax 40 11
info@weingut-forsthof.com
www.weingut-forsthof.com
Inhaber: Wilfried und Andreas Roth

Verkauf: Familie Roth
Mo–Fr: 9.00–12.00 Uhr · 14.00–18.00 Uhr
Sa: 8.00–14.00 Uhr und nach Vereinbarung

Der Forsthof hat uns stimmige, unaufgeregte Weißweine aus 2014 vorgestellt. Der Cabernet Blanc hat ein unaufdringlich dosiertes Sortenaroma, der gute Grauburgunder zeigt feine Saftigkeit und die Cuvée Ars Vinitoris dezent floral umspielte Fruchtigkeit. Empfehlenswert auch die 2012er Rotweine. Der Merlot ist fein und mit gewissen Schliff, der Guts-Lemberger ist charmant, Ars Vinitoris hat transparenten Aufbau und feine Struktur, die Barriqueversion »B« ist mit fein komponierter Frucht merklich ambitioniert. Enttäuschend hingegen der doch sehr einfache und blutarme 2013er Spätburgunder.

Anzahl der verkosteten Weine: 11
Bewertungen: 79-86 Punkte

2014	Weißburgunder trocken	**83**
	7,20 € | 13% | bis 2016	
2014	Grauburgunder trocken	**84**
	7,20 € | 13% | bis 2017	
2014	Cuvée »Ars Vinitoris« trocken	**84**
	7,20 € | 12,5% | bis 2016	
2014	Cabernet Blanc trocken	**84**
	8,50 € | 13% | bis 2016	
2014	Riesling Kabinett trocken	**82**
	6,50 € | 12% | bis 2016	
2013	Trollinger trocken	**79**
	5,– €/1,0 Lit. | 12,5% | bis 2016	
2013	Spätburgunder trocken	**81**
	6,90 € | 12,5% | bis 2016	
2012	Lemberger trocken	**83**
	7,50 € | 13% | bis 2016	
2012	Cuvée »Ars Vinitoris« trocken	**86**
	8,50 € | 13,5% | bis 2016	
2012	Cuvée »Ars Vinitoris« »B« trocken	**86**
	19,– € | 13,5% | bis 2017	
2012	Merlot Auslese trocken	**85**
	9,50 € | 13,5% | bis 2017	

Die Weine:
100 Perfekt · **95–99** Überragend · **90–94** Exzellent
85–89 Sehr gut · **80–84** Gut · **75–79** Passabel

WEINGUT HÄUSSERMANN

75447 Sternenfels-Diefenbach
Burrainstraße 55
☎ (0 70 43) 84 49 · Fax 4 03 83
info@weingut-haeussermann.de
www.weingut-haeussermann.de
Inhaber: Christian Häußermann

Verkauf: Annette und Christian Häußermann
Di–Fr: 9.00–12.00 Uhr · 15.00–18.30 Uhr
Sa: 9.00–13.00 Uhr und nach Vereinbarung

Nicht nur die neuen Etiketten gefallen bei Häußermanns, auch das Qualitätsniveau ist aufstrebend. Der Lemberger König zeigt feine Saftigkeit, mit etwas mehr Struktur das Pendant aus der Reichshalde. Der Spätburgunder ** eignet sich für den täglichen Genuss. Bei den Barriquerotweinen bietet der Lemberger eine seidige Dichte, leider aber auch ein etwas alkoholisches Finish. Der Cabernet zeigt überraschend helle Farbe und eher wenig Schmelz. Bei den 2014er Weißweinen sollte man den würzigen Sauvignon Blanc und den stahligen Chardonnay mit feiner Frucht probieren. Der Muskateller ist von heiterer, unkomplizierter Art.

Anzahl der verkosteten Weine: 12
Bewertungen: 80-87 Punkte

2014	Diefenbacher König Müller-Thurgau trocken **	**83**
	5,– € | 12,5% | bis 2016	
2014	Diefenbacher König Riesling trocken **	**83**
	5,50 € | 12,5% | bis 2016	
2014	Diefenbacher König Weißburgunder trocken **	**82**
	6,– € | 13% | bis 2016	
2014	Diefenbacher König Chardonnay trocken ***	**85**
	8,50 € | 13% | bis 2017	
2014	Diefenbacher König Sauvignon Blanc trocken ***	**84**
	9,– € | 12,5% | bis 2016	
2014	Freudensteiner Reichshalde Muskateller **	**83**
	6,50 € | 11,5% | bis 2016	
2013	Diefenbacher König Spätburgunder trocken **	**83**
	6,– € | 13,5% | bis 2016	
2013	Diefenbacher König Lemberger trocken ***	**85**
	8,– € | 13% | bis 2017	
2013	Freudensteiner Reichshalde Lemberger »S« trocken ***	**86**
	11,– € | 13,5% | bis 2017	
2012	Freudensteiner Reichshalde Lemberger trocken Barrique ***	**87**
	14,– € | 14,5% | bis 2017	
2013	Diefenbacher König Cabernet Sauvignon trocken Barrique ***	**85**
	15,– € | 13,5% | bis 2016	

WEINGUT KARL HAIDLE

71394 Kernen-Stetten im Remstal
Hindenburgstraße 21
☎ (0 71 51) 94 91 10 · Fax 4 63 13
info@weingut-karl-haidle.de
www.weingut-karl-haidle.de
Inhaber und Betriebsleiter: Moritz Haidle
Weinbau: Werner Kuhnle

Verkauf: Bärbel Frank und Susanne Haidle
Mo–Fr: 8.00–12.00 Uhr · 13.00–18.00 Uhr
Sa: 9.00–15.00 Uhr

Sehenswert: Burgruine oberhalb des Gutes, Museum unter der Yburg, Terrassenweinbau

Rebfläche: 23 Hektar
Jahresproduktion: 140.000 Flaschen
Beste Lagen: Stettener Pulvermächer und Mönchberg, Schnaiter Burghalde
Boden: Schilfsandstein, bunter Mergel, Kieselsandstein, Stubensandstein, Gipskeuper
Rebsorten: 40% Riesling, 30% Burgundersorten, 20% Lemberger, 10% übrige Sorten
Durchschnittsertrag: 60 hl/ha
Mitglied: VDP, Deutsches Barrique Forum

Moritz Haidle junior gelingt die Renaissance der tollen Rieslinge dieses Guts! Der Riesling Schilfsandstein ist mit stahliger Rasse ein echter Stettener Klassiker, die Erste Lage hat zusätzlich feine Saftigkeit und das selbstbewusste Große Gewächs zeigt nun wieder die hier früher so typische mineralische Frucht und den präzisen Schliff. Charaktervolle Würze und seidige Textur zeigt der Weißburgunder dieser Klasse. Sehr gut die 2013er Rotweine. Bei den Großen Gewächsen zeigt der Lemberger sehr würzige Struktur, der tolle Spätburgunder hat ausdrucksvollen Johannisbeerduft, schöne Frische und feinen Aufbau. Die Cuvée Ypsilon zeigt feste Dichte und vielschichtiges Aroma, aber auch recht herzhaften Tanninbiss im Finish. Der ambitionierte Zweigelt »R« trägt zum aktuellen Zeitpunkt noch etwas schwer am Holz.

Anzahl der verkosteten Weine: 13
Bewertungen: 82–89 Punkte

2011	»1869« Sekt Brut **16,40 €** | 12% | bis 2016	**82**
2014	Stettener Riesling Schilfsandstein trocken **9,60 €** | 12,5% | bis 2017	**86**
2014	Chardonnay & Weißburgunder trocken **12,50 €** | 13% | bis 2017	**86**
2014	Stettener Pulvermächer Riesling trocken »Erste Lage« **14,80 €** | 13% | bis 2018	**87**
2014	Stettener Mönchberg Weißburgunder »Großes Gewächs« **25,90 €** | 13,5% | bis 2018	**88**
2014	Stettener Pulvermächer Riesling »Großes Gewächs« **25,90 €** | 13% | bis 2019	**89**
2014	Rosé trocken **7,20 €** | 12,5% | bis 2016	**84**
2013	Lemberger »S« trocken **12,– €** | 13% | bis 2017	**85**
2013	Zweigelt »S« trocken **12,– €** | 13,5% | bis 2018	**86**
2013	Zweigelt »R« trocken **25,90 €** | 14% | bis 2019	**88**
2013	Cuvée »Ypsilon« trocken **29,90 €** | 13,5% | bis 2020	**88**
2013	Schnaiter Burghalde Spätburgunder »Großes Gewächs« **29,90 €** | 13% | bis 2019	**89**
2013	Stettener Mönchberg Lemberger »Großes Gewächs« **34,– €** | 14% | bis 2020	**88**

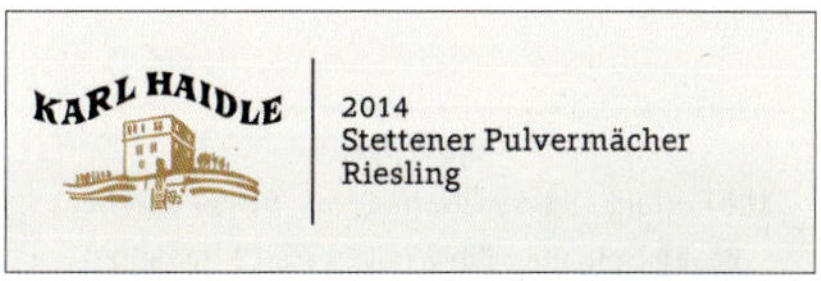

Zeichenerklärung:
Schnäppchenpreis · **Top 10** Spitzenreiter
Ökobetrieb · Trink-Tipp · Versteigerungswein
Sekt · Weißwein · Rotwein · Roséwein

WEINGUT HEID

70734 Fellbach · Cannstatter Straße 13/2
☎ (07 11) 58 41 12 · Fax 58 37 61
info@weingut-heid.de
www.weingut-heid.de
Inhaber und Betriebsleiter: Markus Heid

Verkauf: Markus Heid
Mo–Fr: 17.00–19.00 Uhr
Sa: 9.00–13.00 Uhr und nach Vereinbarung

Historie: Familie betreibt seit 1699 Weinbau in Fellbach
Sehenswert: moderne Probierstube in der alten Trottenkammer, ausgezeichnet mit dem Hugo-Häring-Preis vom Bund Deutscher Architekten, Gewölbekeller und Schatzkammer

Rebfläche: 9 Hektar
Jahresproduktion: 65.000 Flaschen
Beste Lagen: Fellbacher Lämmler und Stettener Pulvermächer
Boden: Keuper, zum Teil mit Sand
Rebsorten: 25% Riesling, 20% Trollinger, je 15% Lemberger und Spätburgunder, je 10% Sauvignon Blanc und weiße Burgundersorten, 5% übrige Sorten
Durchschnittsertrag: 65 hl/ha
Mitglied: VDP, Ecovin

Markus Heid hat durchgehend sehr stimmige 2004er Weißweine im Keller. Schon der Guts-Riesling ist sehr angenehm, der Steinmergel hat mineralisches Aroma und feinen Schliff, das Große Gewächs überzeugt mit dichter, tropischer Frucht. Der weiße Burgunder-Blend zeigt gut abgestimmtes Gewicht, die Riesling-Sauvignon-Cuvée gefällt uns mit feinpflanzlicher Zitrusfrucht dieses Mal sogar noch besser als der gute reinsortige Sauvignon. Besondere Empfehlung für den Silvaner mit filigranem Aufbau. Bei den Rotweinen überrascht der Portugieser mit hübscher Frische, der Pinot Noir Steinmergel ist lebhaft und transparent. Sehr gut die komplexe und toll abgestimmte Cuvée »M«. Bei den Großen Gewächsen zeigt der Spätburgunder ungemein duftigen Charme, der Lemberger ist mit gut integrierter Struktur wirklich fein.

Anzahl der verkosteten Weine: 11
Bewertungen: 83-88 Punkte

2014	Riesling trocken **7,50 €** | 12% | 🍷 bis 2016	**83**
2014	Grau- & Weißburgunder trocken **9,50 €** | 12% | 🍷 bis 2017	**85**
2014	»Steinmergel« Silvaner trocken **9,50 €** | 12% | 🍷 bis 2016	**85**
2014	»Steinmergel« Riesling trocken **9,50 €** | 12% | 🍷 bis 2017	**86**
2014	Riesling & Sauvignon Blanc trocken **10,– €** | 12% | 🍷 bis 2017	**86**
2014	Fellbacher Lämmler Sauvignon Blanc trocken »Erste Lage« **16,50 €** | 13% | 🍷 bis 2017	**86**
2014	Stettener Pulvermächer Riesling »Großes Gewächs« **18,– €** | 13% | 🍷 bis 2018	**87**
2014	»Steinmergel« Portugieser trocken **11,– €** | 12,5% |	
2014	»Steinmergel« Pinot Noir trocken **11,– €** | 12,5% | 🍷 bis 2017	**85**
2012	Fellbacher Lämmler Cuvée »M« trocken **25,– €** | 13% | 🍷 bis 2018	**88**
2013	Fellbacher Lämmler Spätburgunder »Großes Gewächs« **25,– €** | 13,5% | 🍷 bis 2018	**87**
2013	Fellbacher Lämmler Lemberger »Großes Gewächs« **25,– €** | 13% | 🍷 bis 2019	**88**

Die Weine:
100 Perfekt · **95-99** Überragend · **90-94** Exzellent
85-89 Sehr gut · **80-84** Gut · **75-79** Passabel

WEINGUT ALEXANDER HEINRICH

74182 Obersulm-Sülzbach · Kümmelstraße 2
☎ (0 71 34) 1 74 69 · Fax 90 10 78
info@weingut-heinrich.com
www.weingut-heinrich.com
Inhaber und Betriebsleiter: Alexander Heinrich

Verkauf: Jana la Rocca
Mo–Fr: 13.00–19.00 Uhr, Sa: 9.00–15.00 Uhr
und zu den Öffnungszeiten der Weinstube

Alexander Heinrich zeigt sich in seiner aktuellen Kollektion vor allem mit dem neuen Lemberger Projekt »Q« als empfehlenswert. Der Wein präsentiert sich seidig, nicht überladen und mit feinem Tannin. Die Rieslinge aus 2014 bleiben hingegen recht unauffällig. Die Trockenbeerenauslese ist üppig, aber eher monolithisch. Der Sauvignon jedoch ist stimmig mit gut dosierter Sortenfrucht. Die Cuvée Noah in ein angenehmer Universalwein mit durchaus hübschem Cassisduft. Etwas mehr Schliff und Niveau findet man beim Lemberger »S1«.

Anzahl der verkosteten Weine: 10
Bewertungen: 80–88 Punkte

2014	Sauvignon Blanc trocken **9,90 €** | 12% | bis 2016	**85**
2014	Sülzbacher Altenberg Riesling Kabinett trocken **7,70 €** | 11,5% | bis 2016	**82**
2014	Sülzbacher Altenberg Riesling Spätlese **9,90 €** | 12,5% | bis 2017	**83**
2014	Sülzbacher Altenberg Riesling Sandwasen Auslese **13,30 €** | 13% | bis 2017	**84**
2013	Sülzbacher Altenberg Riesling Trockenbeerenauslese **49,50 €**/0,375 Lit. | 7,5% | bis 2020	**88**
2012	Sülzbacher Altenberg Trollinger trocken **5,50 €**/1,0 Lit. | 12,5% | bis 2016	**80**
2012	Sülzbacher Altenberg Lemberger trocken **7,90 €** | 13% | bis 2016	**83**
2013	Cuvée »Noah« trocken **8,20 €** | 13% | bis 2016	**84**
2012	Sülzbacher Altenberg Lemberger »S1« trocken **8,80 €** | 12,5% | bis 2016	**84**
2012	Lemberger Projekt »Q« trocken **18,90 €** | 13,5% | bis 2017	**87**

Rote Symbole: Diese Betriebe verdienen in ihrer Klasse besondere Aufmerksamkeit

WEINGUT G. A. HEINRICH

74076 Heilbronn · Riedstraße 29
☎ (0 71 31) 17 59 48 · Fax 16 63 06
info@weingut-heinrich.de
www.weingut-heinrich.de
Inhaber: Martin, Björn und Tobias Heinrich
Verwalter: Martin Heinrich
Kellermeister: Tobias Heinrich

Verkauf: Björn Heinrich
Mo–Fr: 9.00–12.00 Uhr · 13.30–18.00 Uhr
Sa: 9.00–14.00 Uhr und nach Vereinbarung

Die sehr erfreuliche Entwicklung geht weiter aufwärts bei Heinrichs! Schon der feinherbe Liter-Riesling ist ein ordentlicher Schoppen. Der Gutsriesling aus der Steillage bietet angenehm leichten Kabinettstil und feine Frucht. Der Riesling Alte Reben hat mehr Tiefe, aber keinesfalls mehr Schwere, die Gewürztraminer Spätlese ist feingliedrig mit guter Balance. Bei den Roten ist die Cuvée Fass Nr.IV ein guter Universalwein und der Lemberger zeigt heitere Art. Die Spitzenweine überzeugen mit dem seidig-eleganten Spätburgunder »G.A.1« und der Cuvée Wollendieb mit transparenter Tiefe und Vielschichtigkeit. An der Spitze der Kollektion steht nun der sehr gute Lemberger »S« mit samtigem Kleid, feiner Persönlichkeit und tollem Tannin.

Anzahl der verkosteten Weine: 10
Bewertungen: 82–87 Punkte

2014	Riesling Steillage trocken **6,50 €** | 11,5% | bis 2016	**84**
2014	Weißburgunder trocken **7,50 €** | 12% | bis 2016	**83**
2014	Riesling Alte Reben trocken **8,50 €** | 11,5% | bis 2017	**85**
2014	Riesling feinherb **5,20 €**/1,0 Lit. | 11,5% | bis 2016	**82**
2014	Gewürztraminer Spätlese **11,– €** | 11% | bis 2017	**85**
2012	Cuvée »Fass Nr.IV« trocken **9,– €** | 13% | bis 2016	**84**
2012	Lemberger trocken **12,– €** | 13% | bis 2016	**84**
2012	Spätburgunder »G.A.1« trocken **22,– €** | 13,5% | bis 2018	**87**
2011	Cuvée »Wollendieb« trocken **28,– €** | 14% | bis 2017	**87**
2011	Lemberger »S« trocken Verkauf ab Ende 2015 | 13% | bis 2018	**87**

WEINGUT ERICH HIRTH

74182 Obersulm-Willsbach
Löwensteiner Straße 76
☎ (0 71 34) 36 33 · Fax 86 22
erich.hirth@t-online.de
www.weingut-hirth.de
Inhaber: Erich Hirth

Verkauf: Gudrun Hirth
Mo–Di, Do–Fr: 16.00–18.00 Uhr
Sa: 9.00–12.00 Uhr und nach Vereinbarung

Erich Hirth unterstreicht seinen Ruf als »Mister Zuverlässigkeit«. An den 2014er Weißweinen erkennt man, wie penibel hier gearbeitet wird. Von so einem klaren und frischen Grauburgunder träumt man im Veneto, der Riesling ist angenehm pflanzlich-duftig, der Sauvignon hat rassig-vegetale Zitrusfrucht. Bei den Rotweinen ist der Lemberger sehr angenehm und der Spätburgunder eine kleine Delikatesse für jeden Tag. Das Gut bietet ein tolles Preis-Genuss-Verhältnis bei den Topweinen wie dem Lemberger Barrique mit samtigem Schliff und unaufgeregter Art oder der ausgewogenen Cuvée Optimus mit guter Tanninqualität.

Anzahl der verkosteten Weine: 7
Bewertungen: 84–87 Punkte

2014 Willsbacher Dieblesberg Riesling Kabinett trocken **84**
6,20 € | 12,5% | bis 2016

2014 Willsbacher Dieblesberg Grauburgunder Kabinett trocken **85**
7,15 € | 12,5% | bis 2017

2014 Willsbacher Dieblesberg Sauvignon Blanc Kabinett trocken **85**
7,95 € | 12,5% | bis 2016

2013 Willsbacher Dieblesberg Lemberger trocken **85**
7,05 € | 13% | bis 2017

2012 Cuvée »Optimus« trocken **87**
12,30 € | 13% | bis 2018

2013 Willsbacher Dieblesberg Spätburgunder Spätlese trocken **85**
8,30 € | 13% | bis 2017

2012 Willsbacher Dieblesberg Lemberger Spätlese trocken Barrique **87**
13,30 € | 13% | bis 2018

Aufsteiger

WEINGUT HIRTH – REBHOF

74182 Obersulm-Willsbach · Rebhof 1
☎ (0 71 34) 5 36 94 54 · Fax 5 29 82 23
info@weinguthirth.de
www.weinguthirth.de
Betriebsleiter und Kellermeister: Frank Kayser

Verkauf: Frank Kayser
Do–Fr: 10.00–18.00 Uhr, Sa: 10.00–14.00 Uhr
und nach Vereinbarung

Wiederum eine sehr gute Leistung von Frank Kayser. Der Riesling hat feine Tiefe, der Auxerrois zeigt Charakter und Balance, die Cuvée Chronos gefällt mit Schliff und unaufdringlicher Ausgewogenheit. Bei den Roten punktet der Lemberger mit feiner Beerenfrucht, der Pinot Noir mit seidiger Eleganz, die Cuvée Kairos ist ein fein abgestimmter Blend, der St. Laurent hingegen ein Schoppen mit leichtgewichtiger Kirschfrucht. An der Spitze zeigt die Cuvée Calma mit Finesse, gutem Holzeinsatz und feinkörnigem Tannin gehobenen Anspruch. Alles in allem selbstbewusste, aber unaufgeregte Weine – und damit eine verdiente Aufwertung.

Anzahl der verkosteten Weine: 11
Bewertungen: 82–87 Punkte

2014 Pinot Sekt Brut Rosé **84**
12,– € | 12,5% | bis 2016

2014 Cuvée »Neuzeit« trocken **83**
8,– € | 11,5% | bis 2016

2014 Cuvée »Chronos« trocken **84**
9,– € | 12,5% | bis 2017

2014 Riesling trocken **85**
10,– € | 12% | bis 2017

2014 Auxerrois trocken **85**
11,– € | 12,5% | bis 2016

2014 Rosé trocken **82**
8,– € | 11,5% | bis 2016

2013 St. Laurent trocken **83**
10,– € | 12,5% | bis 2016

2012 Cuvée »Kairos« trocken **85**
11,– € | 13% | bis 2016

2012 Lemberger trocken **85**
13,– € | 13,5% | bis 2016

2012 Pinot Noir trocken **86**
13,– € | 13,5% | bis 2017

2012 Cuvée »Calma« trocken **87**
29,– € | 13,5% | bis 2017

SCHLOSSGUT HOHENBEILSTEIN

71717 Beilstein · Im Schloss
☎ (0 70 62) 93 71 10 · Fax 9 37 11 22
info@schlossgut-hohenbeilstein.de
www.schlossgut-hohenbeilstein.de
Inhaber und Betriebsleiter: Hartmann Dippon

Verkauf: Hartmann Dippon
Mo–Fr: 9.00–12.00 Uhr · 14.00–18.00 Uhr
Sa: 9.00–13.00 Uhr

Hartmann Dippon kann aktuell drei gute Große Gewächse präsentieren: Der Weißburgunder hat angenehm dosierte Fülle und ein harmonisches Finish, der Lemberger ist trotz der Kraft eher fein als wuchtig und der Spätburgunder ist lebhaft und aufgefächert, leider aber auch etwas alkoholisch-feurig im Nachhall. Eher unspektakulär hingegen die Cuvée »C«. Feingliedrig und vielschichtig dafür die Cuvée Vollmöller. Bei den aktuellen Weißweinen gefällt der Weißburgunder mit fruchtbetonter Frische und der Cabernet Blanc in klassischer Sauvignon-Manier. Eher zurückhaltendes Spiel hingegen bei der Riesling Auslese. Neu im Sortiment ist ein in Dosen abgefüllter Perlwein aus Cabernet Blanc.

Anzahl der verkosteten Weine: 11
Bewertungen: 83–87 Punkte

2014	Cuvée »Mathilde« trocken **7,90 €** | 11,5% | bis 2016	**83**
2014	Weißburgunder trocken **7,90 €** | 13% | bis 2016	**85**
2014	Cabernet Blanc trocken **8,90 €** | 13% | bis 2016	**85**
2013	Hohenbeilsteiner Schlosswengert Weißburgunder »Großes Gewächs« **21,– €** | 13,5% | bis 2017	**87**
2014	Riesling Kabinett trocken **7,– €** | 12% | bis 2016	**83**
2013	Riesling »Winterlese« Auslese **18,80 €**/0,5 Lit. | 11,5% | bis 2017	**85**
2013	Lemberger trocken **6,90 €** | 13,5% | bis 2016	**83**
2012	Cuvée »Robert Vollmöller« trocken **9,70 €** | 13,5% | bis 2017	**85**
2012	Cuvée »C« trocken **14,90 €** | 13,5% | bis 2016	**84**
2012	Hohenbeilsteiner Schlosswengert Lemberger »Großes Gewächs« **21,– €** | 14% | bis 2018	**87**
2012	Hohenbeilsteiner Schlosswengert Spätburgunder »Großes Gewächs« **23,– €** | 15% | bis 2017	**87**

WEINGUT FÜRST HOHENLOHE-OEHRINGEN

74613 Verrenberg · Wiesenkelter
☎ (0 79 41) 9 49 10 · Fax 94 91 20
info@verrenberg.de
www.verrenberg.de
Inhaber: Fürst Kraft zu Hohenlohe-Oehringen
Geschäftsführer: Prinz Kraft zu H.-Oehringen
Betriebsleiter und Kellermeister: Joachim Brand

Verkauf: Ursula Stein und Renate Dubke
Mo–Fr: 9.00–18.00 Uhr, Sa: 10.00–14.00 Uhr

Gourmetrestaurant: Schlosshotel Friedrichsruhe
Spezialitäten: Schwäbische Spitzenküche
Gastronomie & Weingarten: Wiesenkelter direkt unterhalb des Verrenberger Verrenbergs
Historie: Weinbau seit 1360

Rebfläche: 18,7 Hektar
Jahresproduktion: 140.000 Flaschen
Spitzenlage: Verrenberger Verrenberg (Alleinbesitz)
Boden: Gipskeuper mit Muschelkalk
Rebsorten: 40% Riesling, 6% Weißburgunder, 20% Lemberger, 6% Trollinger, 18% Spätburgunder, 10% übrige Sorten
Durchschnittsertrag: 50 hl/ha
Mitglied: VDP, Hades, Deutsches Barrique Forum

Hohenlohe punktet mit seinen großen Klassikern: Ex Flammis Orior gefällt mit transparenter, einladender Frucht, In Senio mit zusätzlicher Tiefe und guter Tanninstruktur. Bei den Großen Gewächsen zeigt der Spätburgunder doch recht rauchige Frucht, merklich besser schmeckt der Lemberger. Der Riesling ist würzig und charaktervoll mit viel Volumen. Die Basisrotweine sind in 2013 vielleicht nicht ganz so dicht wie sonst, machen das aber mit fruchtig-herzhaftem Charme wett. Die Trockenbeerenauslese ist mit hohem Alkohol und Barrique-Einsatz merklich vom Sauternes-Stil inspiriert, bleibt dabei aber etwas rustikal.

Zeichenerklärung:
Schnäppchenpreis · Top 10 Spitzenreiter
Ökobetrieb · Trink-Tipp · Versteigerungswein
Sekt | Weißwein | Rotwein | Roséwein

Anzahl der verkosteten Weine: 14
Bewertungen: 81–88 Punkte

Jahrgang	Wein	Preis	Alkohol	Trinkreife	Punkte
2014	Riesling trocken	7,90 €	12%	bis 2016	81
2014	Verrenberger Riesling trocken	12,80 €	12,5%	bis 2016	83
2014	Verrenberger Weißburgunder trocken	14,50 €	12,5%	bis 2016	84
2014	Chardonnay trocken Hades	25,– €	13%	bis 2017	86
2014	Verrenberger Verrenberg Riesling »Großes Gewächs«	26,– €	13%	bis 2019	87
2013	Cuvée »Ex flammis clarior« Trockenbeerenauslese Hades	30,– €	13,5%	bis 2019	87
2013	Lemberger trocken	9,– €	12,5%	bis 2016	83
2013	Verrenberger Lemberger trocken	13,60 €	13%	bis 2017	84
2013	Verrenberger Spätburgunder trocken	13,60 €	12,5%	bis 2017	85
2013	Verrenberger Zweigelt trocken	17,50 €	13%	bis 2017	84
2013	Verrenberger Verrenberg Spätburgunder »Großes Gewächs«	30,– €	13%	bis 2018	86
2013	Verrenberger Verrenberg Lemberger »Großes Gewächs«	30,– €	13,5%	bis 2018	87
2013	Cuvée »Ex flammis orior« trocken Hades	38,– €	13,5%	bis 2019	88
2013	Cuvée »In senio« trocken Hades	40,– €	13,5%	bis 2020	88

WEINGUT IDLER

71384 Strümpfelbach · Hauptstraße 74
☎ (0 71 51) 60 06 31
info@weingut-idler.de
www.weingut-idler.de
Inhaber: Ursula Idler

Verkauf: Marcel Idler
Sa: 10.00–13.00 Uhr

Marcel Idler hat mit sehr stimmigen Weißweinen auf sich aufmerksam gemacht. Der Guts-Riesling hat dezent hefige Frucht und leichtgewichtigen Charme, der Weißburgunder ist unaufdringlich, aber fein, die Cuvée Keupergrund ist wohltuend pikant. Der Riesling Bunter Mergel aus 2014 zeigt angenehme Dichte, sein Vorgänger aus 2013 hat jetzt schönen Schliff. Die Cuvée π-not ist wirklich gelungen. Die Roten fallen eher noch etwas ab. Die Trollinger sind einfach und blutarm, der Keupergrund ist korrekt, die Reserveversion ist ein angenehmer Rotwein, aber bei Weitem dem Preis nicht entsprechend.

Anzahl der verkosteten Weine: 11
Bewertungen: 81–86 Punkte

Jahrgang	Wein	Preis	Alkohol	Trinkreife	Punkte
2013	Pinot Sekt Brut Blanc de Noirs	11,50 €	12,5%	bis 2016	82
2014	Riesling trocken	6,80 €	11%	bis 2016	83
2014	Cuvée »Keupergrund« trocken	7,20 €	11,5%	bis 2016	83
2014	Weißburgunder trocken	8,60 €	12,5%	bis 2017	83
2014	Riesling Bunter Mergel trocken	8,90 €	12%	bis 2016	84
2013	Riesling Bunter Mergel trocken	8,90 €	12%	bis 2016	85
2014	Cuvée »π-not« trocken	13,50 €	12%	bis 2017	86
2013	Trollinger trocken	5,40 €	12,5%	bis 2016	81
2013	Trollinger trocken Alte Reben	7,80 €	12,5%	bis 2016	82
2013	Cuvée »Keupergrund« trocken	8,30 €	13%	bis 2016	83
2013	Cuvée »Keupergrund« trocken Reserve	18,50 €	13,5%	bis 2017	84

Die Weine:
100 Perfekt · **95–99** Überragend · **90–94** Exzellent
85–89 Sehr gut · **80–84** Gut · **75–79** Passabel

WEINGUT KISTENMACHER-HENGERER

74074 Heilbronn · Eugen-Nägele-Straße 23–25
☎ (0 71 31) 17 23 54 · Fax 17 23 50
kistenmacher-hengerer-wein@t-online.de
www.kistenmacher-hengerer.de
Inhaber: Hans Hengerer

Verkauf: Sabine Hengerer
Mo–Fr: 16.00–18.30 Uhr
Sa: 9.00–11.00 Uhr · 13.00–16.00 Uhr
und nach Vereinbarung

Historie: Weinbau in der Familie seit 1418

Rebfläche: 8,5 Hektar
Jahresproduktion: 70.000 Flaschen
Beste Lagen: Heilbronner Wartberg und Stiftsberg
Boden: Keuper und Sandsteinverwitterung
Rebsorten: 30% Trollinger, 20% Riesling, je 8% Kerner und Lemberger, je 5% Merlot, Muskattrollinger, Samtrot, Schwarzriesling und Spätburgunder, 9% übrige Sorten
Durchschnittsertrag: 75 hl/ha
Mitglied: Junges Schwaben

Hans Hengerer hat uns ungeachtet des schwierigen Jahrgangs mit tollen Rieslingen begeistert. Schon der Guts-Riesling hat tolles Aroma und viel Schliff, der feinherbe Fleiner hat Balance und Spiel, der Stahlbühl bringt zusätzliche Länge und Tiefe, das Große Gewächs zeigt mineralische Brillanz und die Auslese ist leichtfüßig. Doch auch die anderen Weine sind gelungen. Reich und feinwürzig der Muskateller, schön abgestimmt die Cuvee Von Weiß & Grau, tolles Aroma und klug eingesetztes Holz beim Grauburgunder »V«, harmonisch-dichtes Aroma, aber auch Säurefrische im Finish bei Josephine. Bei den Roten zeigt der Trollinger V fast burgunderhafte Pikanz, der Lemberger III ist charmant und ausgewogen, die Cuvée Maximilian hingegen etwas holzlastig. Bemerkenswert die guten Spätburgunder: »R« mit guter Struktur, »C« mit lebhaftem Spiel und Junges Schwaben spürbar mit Energie und Potenzial.

Anzahl der verkosteten Weine: 17
Bewertungen: 83–87 Punkte

2012 Muskattrollinger Sekt Brut Rosé **83**
13,50 € | 13% | bis 2016

2012 Riesling Sekt Brut **84**
13,50 € | 13,5% | bis 2016

2014 Riesling trocken **85**
7,50 € | 12,5% | bis 2017

2014 Heilbronner Wartberg Gelber Muskateller trocken **85**
9,90 € | 12,5% | bis 2016

2014 Cuvée »Von Weiß & Grau« trocken **86**
9,90 € | 13% | bis 2017

2013 Cuvée »Josephine« trocken **85**
14,90 € | 14,5% | bis 2016

2014 Heilbronner Stahlbühl Riesling trocken »Erste Lage« **87**
14,90 € | 13% | bis 2018

2013 Grauburgunder »V« trocken **87**
18,– € | 13,5% | bis 2017

2014 Heilbronner Wartberg Riesling »Großes Gewächs« **87**
21,– € | 12,5% | bis 2018

2014 Fleiner Riesling feinherb **84**
11,90 € | 12% | bis 2017

2014 Heilbronner Wartberg Riesling Auslese **87**
23,– € | 11,5% | bis 2019

2013 Trollinger »V« trocken Alte Reben **84**
7,70 € | 13% | bis 2016

2012 Spätburgunder »R« trocken **86**
11,90 € | 13,5% | bis 2017

2013 Lemberger III Alte Reben **84**
12,50 € | 13,5% | bis 2016

2012 Cuvée »Maximilian« trocken **85**
14,50 € | 14% | bis 2017

2012 Spätburgunder »C« **86**
18,– € | 13,5% | bis 2017

2012 Heilbronner Stiftsberg Spätburgunder »Junges Schwaben« trocken **87**
24,– € | 13,5% | bis 2018

WEINGUT KLOPFER

71384 Weinstadt-Großheppach
Gundelsbacher Straße 1
☎ (0 71 51) 60 38 48 · Fax 60 09 56
info@weingut-klopfer.de
www.weingut-klopfer.de

Inhaber: Wolfgang und Dagmar Klopfer
Betriebsleiter: Wolfgang und Christoph Klopfer

Verkauf: Dagmar Klopfer
Di–Fr: 16.00–19.00 Uhr
Sa: 9.00–16.00 Uhr und nach Vereinbarung

Rebfläche: 13 Hektar
Jahresproduktion: 65.000 Flaschen
Beste Lagen: Großheppacher Wanne und Steingrüble, Cannstatter Zuckerle
Boden: Gipskeuper, Muschelkalk, bunter Mergel, Sandstein
Rebsorten: 25% Riesling, 15% Trollinger, 10% Lemberger, je 8% Sauvignon Blanc, Schwarzriesling, Spätburgunder und Weißburgunder, 6% Merlot und Zweigelt, 6% übrige Sorten
Durchschnittsertrag: 75 hl/ha
Mitglied: Ecovin, Württemberger Weingüter

Wir haben große Freude an Klopfers feinem, völlig unaufgeregten Weinstil. Die 2014er Weißweine wurden gut gemeistert. Der Weißburgunder ist kristallklar mit frischem Biss, der Sauvignon Blanc hat markante Rasse und ein recht knackiges Finish, der Sauvignon Gris zeigt feinen Schmelz, kernige Tiefe und Potenzial. Stahliger Schliff und feine Frucht beim Riesling ***, saftige Birnenfrucht bei der Auslese. Als Krönung gelang eine seidig-konzentrierte Trockenbeerenauslese als jahrgangsbester Edelsüßer in Württemberg. Bei den Rotweinen gefällt der Zweigelt mit charmantem Aroma nach Kirschkompott, der Frühburgunder ist subtil, der Spätburgunder *** ist feingliedrig, vielleicht aber etwas vom Holz dominiert. Fein dosierte Würze hingegen beim Lemberger ***, sehr ausgewogen und vielschichtig überzeugt der Modus »K«, ebenfalls seht gut, aber vielleicht nicht ganz so stimmig, der Merlot.

Rote Symbole: Diese Betriebe verdienen in ihrer Klasse besondere Aufmerksamkeit

Anzahl der verkosteten Weine: 13
Bewertungen: 83–91 Punkte

2010	*** Sekt Brut nature Blanc de Noirs **12,50 €** | 12,5% | bis 2016	**83**
2014	Weißburgunder * trocken **6,80 €** | 13% | bis 2016	**83**
2014	Sauvignon Blanc ** trocken **9,80 €** | 12,5% | bis 2016	**85**
2014	Großheppacher Steingrüble Riesling *** trocken **13,– €** | 12% | bis 2017	**86**
2014	Sauvignon Gris *** trocken **15,– €** | 12,5% | bis 2017	**86**
2014	Geradstettener Lichtenberg Riesling *** Auslese **13,80 €** | 9,5% | bis 2018	**86**
2014	Großheppacher Steingrüble Riesling Trockenbeerenauslese **48,– €**/0,375 Lit. | 8,5% | bis 2026	**91**
2013	Zweigelt ** trocken **9,80 €** | 13% | bis 2016	**84**
2013	Frühburgunder ** trocken **12,80 €** | 13% | bis 2017	**86**
2012	Merlot *** trocken **24,– €** | 13,5% | bis 2017	**87**
2012	Cuvée »Modus K« trocken **24,– €** | 14% | bis 2018	**87**
2013	Großheppacher Steingrüble Spätburgunder *** trocken **26,– €** | 13,5% | bis 2017	**87**
2012	Kleinheppacher Greiner Lemberger *** trocken **26,– €** | 13% | bis 2018	**88**

WEINGUT KNAUSS

71384 Weinstadt · Nolten 2
☎ (0 71 51) 60 63 45 · Fax 96 01 45
info@weingut-knauss.com
www.weingut-knauss.com
Inhaber: Familie Knauß
Außenbetrieb: Horst Knauß
Kellermeister: Andreas Knauß

Verkauf: Familie Knauß
Fr: 16.00–19.00 Uhr
Sa: 10.00–13.00 Uhr und nach Vereinbarung

Andreas Knauß entwickelt sich in der modernen Architektur seines Weinguts immer mehr zu einer neuen Größe im Remstal. Der Riesling »R« hat merkliche Holzwürze und Pikanz, der Sauvignon »S« ist herbfruchtig, die Version »R« bringt deutlich mehr Volumen und Tiefe mit. Die Cuvée Sonnenberg zeigt seidige Dichte und guten Holzeinsatz, die Cuvée Grauweiße Reben ist stimmig mit fein dosiertem Holz. Bei den Spitzenweinen ist der Spätburgunder »R« feingliedrig aufgefächert, der Lemberger gefällt mit samtigem Kleid und die Cuvée »Altenberg« zeigt mit schwarzen Oliven im Duft geradezu mediterrane Art. Bemerkenswert sind die 2014er Lemberger mit floral-duftiger Frucht.

Anzahl der verkosteten Weine: 12
Bewertungen: 82–87 Punkte

2014	Cuvée »Grauweiße Reben« trocken **11,90 €** | 12,5% | bis 2017	**85**
2014	Sauvignon Blanc »S« trocken **14,50 €** | 12,5% | bis 2016	**85**
2014	Riesling »R« trocken **16,80 €** | 12,5% | bis 2017	**85**
2014	Sonnenberg »R« trocken **25,– €** | 13% |	
2014	Sauvignon Blanc »R« trocken **25,– €** | 12,5% | bis 2017	**87**
2012	Lemberger »R« trocken **25,– €** | 13% | bis 2018	**86**
2014	Lemberger »G« trocken **6,80 €** | 13% | bis 2017	**84**
2014	Cuvée »Rote Reben« trocken **6,80 €** | 12% | bis 2017	**83**
2014	Lemberger »S« trocken **11,90 €** | 13% | bis 2018	**86**
2013	Spätburgunder »R« trocken **25,– €** | 13% | bis 2018	**86**
2012	Cuvée »Altenberg« »R« trocken **28,– €** | 13,5% | bis 2017	**87**

WEINGUT KUHNLE

71384 Weinstadt-Strümpfelbach
Hauptstraße 49
☎ (0 71 51) 6 12 93 · Fax 61 07 47
info@weingut-kuhnle.de
www.weingut-kuhnle.de
Inhaber: Werner, Daniel und Margret Kuhnle
Betriebsleiter und Kellermeister: Werner Kuhnle

Verkauf: Margret Kuhnle
Mo–Fr: 9.00–12.00 Uhr · 14.00–18.00 Uhr
Sa: 9.00–13.00 Uhr und nach Vereinbarung

Kuhnles klassischer Chardonnay zeigt heuer viel Frucht, aber eher zurückhaltende Struktur. Auch die Barriquevariante ist eher geschmeidig und mit unauffälligem Rückgrat ausgestattet. Der Riesling Alte Reben hat saftige Tiefe, die Spätlese Pulvermächer unaufdringliche Süße. Als »Dessertwein« etikettiert sind die Restsüßen von Riesling und Kerner aus dem Nonnenberg, können diesen Anspruch aber nicht einlösen. Eher breit angelegt ist die Frucht beim Sauvignon Blanc. Der Spätburgunder Barrique wird eher vom Holz dominiert, etwas stimmiger erscheint die klassische Variante. Der jetzt vorgestellte 2010er Forstknecht Marz hat trotz der Reife immer noch ein recht herzhaftes Tannin.

Anzahl der verkosteten Weine: 12
Bewertungen: 79–86 Punkte

2014	Chardonnay trocken **6,90 €** | 13% | bis 2016	**83**
2013	Strümpfelbacher Nonnenberg Riesling trocken Alte Reben **14,– €** | 13,5% | bis 2016	**84**
2014	Chardonnay Auslese trocken Barrique **18,50 €** | 14% | bis 2017	**85**
2014	Sauvignon Blanc Auslese trocken **18,– €**/0,375 Lit. | 12,5% | bis 2017	**84**
2014	Strümpfelbacher Nonnenberg Kerner **14,– €** | 11% | bis 2016	**83**
2014	Strümpfelbacher Nonnenberg Riesling **18,50 €** | 10,5% | bis 2017	**83**
2014	Stettener Pulvermächer Riesling Spätlese **8,20 €** | 11,5% | bis 2016	**84**
2013	Merlot trocken **8,20 €** | 14% | bis 2016	**82**
2010	Cuvée »Forstknecht Marz« trocken **16,– €** | 13,5% | bis 2016	**86**
2011	Spätburgunder Auslese trocken **10,– €** | 13% | bis 2016	**84**
2011	Spätburgunder Auslese trocken Barrique **18,50 €** | 13% | bis 2016	**84**

WEINGUT KUSTERER

73728 Esslingen · Untere Beutau 44
☎ (07 11) 35 79 09 · Fax 3 50 81 05
weinwelt.hmkusterer@weingut-kusterer.de
www.weingut-kusterer.de
Inhaber: Hans und Monika Kusterer
Betriebsleiter und Kellermeister: Hans Kusterer

Verkauf: Stammhaus
Di: 16.00–19.00 Uhr
Sa: 9.00–13.00 Uhr und nach Vereinbarung
Vinothek Gayernweg 55, Esslingen
Fr: 16.00–19.00 Uhr

Sehenswert: Mittelalterliche Kelter
Erlebenswert: Führungen durch die Terrassenweinberge aus der Stauferzeit und die Esslinger Altstadt, Panorama-Vinothek, Gravitationskelter in den Weinbergen

Rebfläche: 5,5 Hektar
Jahresproduktion: 40.000 Flaschen
Beste Lagen: Esslinger Schenkenberg und Neckarhalde (Alleinbesitz)
Boden: bunter sowie Knollenmergel
Rebsorten: je 15% Lemberger und Spätburgunder, 12% Riesling, je 10% Merlot, Muskattrollinger, Trollinger und Zweigelt, 8% Grauburgunder, 6% Chardonnay, 4% übrige Sorten
Durchschnittsertrag: 60 hl/ha

Kusterers aktuelle Kollektion ist sehr feinfühlig vinifiziert – es sind Weine für Ästheten, an denen nichts Lautes mehr ist – selbst beim Muskattrollinger! Welchen bemerkenswerten Stilwechsel man hier vollzogen hat, spürt man im Vergleich zum 2011er Spätburgunder mit noch recht sprödem Tannin. Bei den tollen 2012ern hingegen findet man diese Härte nicht mehr. Der Merlot hat eine für diese Sorte außergewöhnliche Finesse, der Lemberger ist eine feingliedrige Delikatesse zu tollem Preis, die Felsenversion ist eine elegante Persönlichkeit und der Melac überzeugt mit vielschichtiger Transparenz. Hochelegant ebenfalls der Grauburgunder, mit toller Frucht und sublimer Rasse der Silvaner, präzise Struktur und frische Birnenfrucht beim Riesling. Für diese Leistung verdient das Weingut in diesem Jahr durchaus eine besondere Empfehlung.

Die Weine:
100 Perfekt · **95–99** Überragend · **90–94** Exzellent
85–89 Sehr gut · **80–84** Gut · **75–79** Passabel

Anzahl der verkosteten Weine: 9
Bewertungen: 83–88 Punkte

2014	Riesling trocken ***	**86**
	9,50 € | 12% | bis 2017	
2014	Silvaner trocken	**86**
	13,50 € | 12,5% | bis 2017	
2014	Grauburgunder trocken	**86**
	13,50 € | 13% | bis 2018	
2014	Muskattrollinger trocken Rosé	**83**
	8,50 € | 12,5% | bis 2016	
2011	Spätburgunder trocken	**85**
	9,50 € | 13,5% | bis 2016	
2012	Lemberger trocken	**87**
	9,50 € | 13,5% | bis 2018	
2012	Lemberger »Felsen« trocken	**87**
	17,– € | 13,5% | bis 2019	
2012	Merlot trocken	**88**
	22,– € | 14% | bis 2019	
2012	Cuvée »Melac« trocken	**88**
	24,– € | 13,5% | bis 2019	

WEINGUT GERHARD LEISS

74189 Gellmersbach · Lennacher Straße 7
☎ (0 71 34) 1 43 89 · Fax 2 06 21
info@weingut-leiss.de
www.weingut-leiss.de
Inhaber: Wolf-Peter Leiss
Betriebsleiter: Wolf-Peter und Gerhard Leiss
Kellermeister: Matthias Hechler

Verkauf: Christa Leiss
Mo–Fr: 17.30–19.00 Uhr, Sa: 9.00–16.00 Uhr

Leiss präsentiert sich auch im schwierigeren Jahrgang 2014 ungemein zuverlässig mit kristallklaren Weißweinen. Der Sauvignon gibt sich verspielt, aber nicht aufdringlich. Der Muskateller hat schlanke, zitrusfruchtige Frische, der Riesling Herzgrüble zeigt feine Rasse im Kabinettstil, der Riesling Vogelsang merklichen, aber nicht unangenehmen Holz-Touch. Viel Charme finden Lembergerfreunde beim Herzgrüble, samtiges Kleid und fein gezügelte Würze beim Kayberg. Ebenso gelungen der Spätburgunder Kalkmergel mit mineralisch-würzigem Finish. Sehr gut auch die beiden Top-Cuvées: Nobilis mit feinkörnigem Tannin und reifer Frucht, noch etwas darüber der Kyrie Leiss mit zusätzlicher Tiefe und Vielschichtigkeit.

Anzahl der verkosteten Weine: 10
Bewertungen: 83–87 Punkte

2014	Gellmersbacher Dezberg Muskateller trocken	**84**
	7,80 € | 12% | 🍷 bis 2016	
2014	Erlenbacher Kayberg Riesling Herzgrüble trocken	**84**
	8,50 € | 12% | 🍷 bis 2016	
2013	Vogelsang Riesling Schilfsandstein trocken	**86**
	14,– € | 13% | 🍷 bis 2017	
2014	Gellmersbacher Dezberg Grauburgunder Kabinett trocken	**83**
	7,80 € | 12% | 🍷 bis 2016	
2014	Gellmersbacher Dezberg Sauvignon Blanc Kabinett trocken	**85**
	9,80 € | 12% | 🍷 bis 2016	
2012	Lemberger Herzgrüble trocken	**85**
	8,50 € | 13,5% | 🍷 bis 2016	
2012	Spätburgunder Kalkmergel trocken	**86**
	14,– € | 13,5% | 🍷 bis 2017	
2012	Erlenbacher Kayberg Lemberger trocken	**86**
	16,– € | 13,5% | 🍷 bis 2017	
2012	Cuvée »Nobilis« trocken	**87**
	19,– € | 14,5% | 🍷 bis 2018	
2012	Cuvée »Kyrie Leiß« trocken	**87**
	22,– € | 14% | 🍷 bis 2019	

WEINGUT MAIER

71409 Schwaikheim · Zehnmorgenweg 2
☎ (0 71 95) 55 65 · Fax 13 95 08
info@maier-weingut.de
www.maier-weingut.de
Inhaber: Rose und Lothar Maier
Kellermeister: Michael Maier

Verkauf: Michael Maier
Di–Fr: 17.00–19.00 Uhr, Sa: 9.00–14.00 Uhr

Maiers Toprotweine aus 2012 und 2013 sind merklich ambitioniert. Der tolle Merlot hat wirklich feine Würze, der Cabernet-Blend ist gelungen, der Spätburgunder ist fein mit elegantem Tannin; ähnlich in der Anlage, aber würziger im Aroma, der Lemberger. Enttäuschend ist jedoch der aktuelle Riesling Alte Reben mit bereits beginnend gezehrter Frucht. Deutlich besser ist der grasig-rassige Sauvignon. Der Trollinger ist korrekt, aber für alte Reben etwas blutarm. Die Rotweincuvée Elegantis ist hingegen ein stimmiger Tischwein, der Basis-Spätburgunder ein herrlich süffiger Schoppen.

Anzahl der verkosteten Weine: 11
Bewertungen: 81–87 Punkte

2014	Weißburgunder trocken	**83**
	7,20 € | 11,5% | 🍷 bis 2016	
2014	Riesling trocken Alte Reben	**81**
	8,50 € | 11,5% | 🍷 bis 2016	
2014	Sauvignon Blanc trocken	**84**
	9,20 € | 12% | 🍷 bis 2016	
2014	Muskattrollinger Rosé	**82**
	6,– € | 11,5% | 🍷 bis 2016	
2013	Trollinger trocken Alte Reben	**82**
	5,50 € | 12,5% | 🍷 bis 2016	
2013	Cuvée »Elegantis« trocken	**83**
	7,20 € | 13% | 🍷 bis 2016	
2013	Spätburgunder trocken	**83**
	8,90 € | 13% | 🍷 bis 2016	
2012	Cuvée »Cabernet« vom Stein trocken	**86**
	18,50 € | 13,5% | 🍷 bis 2017	
2013	Steinreinacher Hörnle Spätburgunder vom Stein trocken	**86**
	18,50 € | 13,5% | 🍷 bis 2017	
2013	Hanweiler Berg Lemberger vom Stein trocken	**86**
	18,50 € | 13,5% | 🍷 bis 2017	
2012	Hanweiler Berg Merlot vom Stein trocken	**87**
	21,50 € | 14% | 🍷 bis 2017	

WEINGUT MEDINGER

71394 Kernen-Stetten · Brühlstraße 6
☎ (0 71 51) 4 45 13 · Fax 4 17 37
weingut.medinger@t-online.de
www.weingut-medinger.de
Inhaber und Betriebsleiter: Barbara Medinger-Schmid und Markus Schmid
Kellermeisterin: Barbara Medinger-Schmid

Verkauf: Barbara Medinger-Schmid
Mo–Fr: 18.00–19.30 Uhr
Sa: 15.30–18.00 Uhr

Die 2014er Rieslinge fallen durch eine für den Jahrgang außergewöhnlich milde Säurestruktur und zurückhaltende Rasse auf. Der Chardonnay ist angenehm, wirklich gelungen die Weißweincuvée Alte Reben. Wie gewohnt sind die Ausleserotweine aus dem großen Holzfass eine besondere Empfehlung: Feingliedrig im klassischen Stil sind Spätburgunder und Lemberger, gut, aber etwas alkohollastig der Cabernet Cubin. Zuverlässig die Barriqueweine: Spätburgunder mit angenehmer, geradliniger Frucht, der Lemberger ähnlich in der Anlage, aber mit etwas Holzdominanz. Der Cabernet Cubin zeigt dezent pflanzliche Kopfnoten, mit zusätzlicher Vielschichtigkeit und Balance die Cuvée »M«.

Anzahl der verkosteten Weine: 12
Bewertungen: 82–87 Punkte

2014	Chardonnay trocken			**83**
	7,80 €	12,5%	bis 2016	
2014	Stettener Pulvermächer Riesling »M« trocken			**83**
	9,90 €	12,5%	bis 2016	
2014	Cuvée Alte Reben trocken			**85**
	9,90 €	12%	bis 2017	
2014	Stettener Pulvermächer Riesling Kabinett trocken			**82**
	7,50 €	12%	bis 2016	
2013	Cabernet Cubin trocken Barrique			**86**
	21,– €	14%	bis 2018	
2013	Lemberger trocken Barrique			**86**
	21,– €	13,5%	bis 2018	
2013	Spätburgunder trocken Barrique			**86**
	21,– €	13,5%	bis 2018	
2013	Cuvée »M« trocken Barrique			**87**
	21,– €	13,5%	bis 2018	
2012	Cabernet Cubin Auslese trocken			**85**
	9,90 €	14,5%	bis 2017	
2013	Spätburgunder Auslese trocken			**86**
	9,90 €	13%	bis 2018	
2013	Lemberger Auslese trocken			**86**
	9,90 €	13,5%	bis 2018	

Aufsteiger des Jahres 2015

WEINGUT DES GRAFEN NEIPPERG

74193 Schwaigern · Schlossstraße 12
☎ (0 71 38) 94 14 00 · Fax 40 07
info@graf-neipperg.de
www.graf-neipperg.de
Inhaber: Karl Eugen Erbgraf zu Neipperg
Außenbetrieb: Walter Rieger
Kellermeister: Bernd Supp

Verkauf: Herr Koch
Mo–Fr: 8.00–12.00 Uhr · 13.00–16.00 Uhr
und nach Vereinbarung

Restaurant: Zum Alten Rentamt
Historie: Weinbau urkundlich seit 1248
Sehenswert: Staufer Burganlage in Neipperg, Schloss in Schwaigern

Rebfläche: 32 Hektar
Jahresproduktion: 180.000 Flaschen
Beste Lagen: Schwaigerner Ruthe, Neipperger Schlossberg, Klingenberger Schlossberg
Boden: Keuper, Schilfsandstein, Muschelkalk
Rebsorten: 30% Lemberger, 20% Riesling, je 8% Muskateller und Rivaner, je 7% Spätburgunder und Trollinger, 20% übrige Sorten
Durchschnittsertrag: 55 hl/ha
Mitglied: VDP, Deutsches Barrique Forum

Mit Vergnügen konnten wir erneut feststellen, dass unsere letztjährige Auszeichnung zum »Aufsteiger des Jahres« absolut verdient war. Bärenstark präsentiert sich die Riege der großen Rotweine aus dem Hause Neipperg auch in diesem Jahr. Die Schwaigerner Adelsfamilie glänzt dabei sowohl mit württembergischen Klassikern, versteht aber gleichzeitig auch mit internationalen Sorten zu begeistern. Das Interessante hieran ist, dass Graf Neipperg für diese beeindruckende Entwicklung keinesfalls seinen Betrieb neu erfinden musste, weder durch neues Personal noch durch Umwälzungen in der Bewirtschaftung und schon gar nicht durch neue Kellertechnik. Die eindrucksvolle Qualitätssteigerung vollzog sich aus dem Bewährten heraus.

Lemberger-Kompetenz auf höchsten Niveau

Ohne Frage muss man sich hier zunächst vor den majestätischen Lembergern verneigen. In sich ruhende Tiefe und charaktervolle, pfeffrige Würze an der Spitze beim Großen Gewächs aus der Ruthe, selbstbewusste Persönlichkeit und geradezu aristokratische Struktur beim Schlossberg. Erstaunlich fein und mit schönem Grip aber schon die »Erste Lage« aus dem Mönchberg (ein Wein, der eigentlich auch das »GG« auf dem Etikett tragen könnte). Nur wenig dahinter der sehr empfehlenswerte Ortswein aus Schwaigern sowie ein überaus schmackhafter Gutswein – das ist Lemberger-Kompetenz auf höchstem Niveau! Doch der Spätburgunder steht deshalb keinesfalls zurück. Das Große Gewächs hat Persönlichkeit, vitales Spiel und komplexe Frucht, ein tolles Preis-Genuss-Verhältnis findet man bei den Ortsweinen aus Neipperg und Schwaigern.

Graf Neipperg

Selbstbewusstes Rotwein-Monument

Fast schon sensationell aber auch die internationalen Sorten der exklusiven »SE«-Serie. Der Cabernet Sauvignon hat markant straffe Struktur, mineralische Frucht und große Länge, der umwerfende Syrah beeindruckt mit reifem, dezent rauchig-speckig unterlegtem Sortenaroma und komplexer Wucht, der Merlot an der Spitze ist nichts weniger als ein selbstbewusstes Rotweinmonument. Bei all diesen großartigen Rotweinen sollte man jedoch keinesfalls übersehen, dass auch die Großen Gewächse vom Riesling mittlerweile zur absoluten Gebietsspitze zählen.
Die Grafen Neipperg sind untrennbar mit der Weingeschichte Württembergs verbunden. Bereits im 18. Jahrhundert genossen die Neipperg'schen Weine internationales Ansehen und wurden an den Wiener Hof geliefert. Das Schlossgut wird seit vielen Jahren von Erbgraf Karl Eugen geleitet. Ihm zur Seite steht seine Frau Andrea, die als Tochter von Otto von Habsburg auch heute noch die enge Verbindung der Familie zum Hause Österreich darstellt.

Anzahl der verkosteten Weine: 16
Bewertungen: 84–92 Punkte

2014	Muskateller trocken	**8,90 €**	12%	bis 2016	**84**
2014	Neipperger Weißburgunder trocken	**9,20 €**	12,5%	bis 2017	**85**
2014	Neipperger Schlossberg Riesling »Großes Gewächs«	**19,50 €**	12,5%	bis 2019	**89**

2014	Schwaigerner Ruthe Riesling »Großes Gewächs«	**19,50 €**	12,5%	bis 2020	**89**
2014	Schwaigerner Ruthe Riesling Auslese	**19,50 €**	9%	bis 2021	**89**
2013	Lemberger trocken	**9,90 €**	13%	bis 2017	**85**
2013	Neipperger Spätburgunder trocken	**14,– €**	12,5%	bis 2018	**87**
2013	Schwaigerner Spätburgunger trocken	**14,– €**	13,5%	bis 2018	**87**
2013	Schwaigerner Lemberger trocken	**14,– €**	13%	bis 2018	**87**
2013	Dürrenzimmerner Mönchsberg Lemberger trocken »Erste Lage«	**20,– €**	13%	bis 2018	**88**
2013	Neipperger Schlossberg Spätburgunger »Großes Gewächs«	**30,– €**	12,5%	bis 2021	**90**
2013	Neipperger Schlossberg Lemberger »Großes Gewächs«	**30,– €**	13,5%	bis 2021	**91**
2013	Schwaigerner Ruthe Lemberger »Großes Gewächs«	**30,– €**	13,5%	bis 2022	**92**
2013	Cabernet Sauvignon »SE« trocken	**47,– €**	13,5%	bis 2021	**90**
2013	Syrah »SE« trocken	**47,– €**	14%	bis 2021	**91**
2013	Merlot »SE« trocken	**47,– €**	13,5%	bis 2022	**92**

WEINGUT RIENTH

70734 Fellbach · Im Hasentanz 8–10
☎ (07 11) 58 16 55 · Fax 5 78 12 86
info@rienth-weingut.de
www.rienth-weingut.de
Inhaber: Gerhard und Markus Rienth
Betriebsleiter: Gerhard Rienth
Kellermeister: Markus Rienth

Verkauf: Gerhard Rienth
Mi–Fr: 14.00–18.00 Uhr, Sa: 9.00–13.00 Uhr

Rienth präsentierte sich nicht ganz so zuverlässig wie bisher gewohnt. Korrekt und mit gewissem Schmelz der Grauburgunder, sehr grasig-herb der Sauvignon. Der Rosé Free Run ist sauber, aber nicht mit der Tiefe wie sonst. Der Lemberger ist angenehm, eine spürbare Holznote prägt die Cuvée Limes. Der Merlot gibt sich im internationalen Stil, etwas balancierter ist die Cuveé Kastell. Neu ist der Likörwein »PR« im Portweinstil mit fünf Jahren Fassreife. Er zeigt einen merklich oxidativen Duft, hat aber ein angenehmes Finish.

Anzahl der verkosteten Weine: 12
Bewertungen: 80-85 Punkte

2012 Fellbacher Goldberg Riesling Sekt Brut ** — **83**
9,70 € | 13% | bis 2016

2014 Fellbacher Goldberg Riesling trocken — **80**
5,– €/1,0 Lit. | 12,5% | bis 2016

2014 Sauvignon Blanc trocken ** — **83**
9,40 € | 12,5% | bis 2016

2013 Grauburgunder Spätlese trocken ** — **83**
8,80 € | 13% | bis 2016

2014 Fellbacher Goldberg Schwarzriesling trocken Rosé * — **81**
5,40 € | 12% | bis 2016

2014 Lemberger Free Run trocken Rosé ** — **82**
8,50 € | 12,5% | bis 2016

2013 Lemberger trocken ** — **83**
8,70 € | 13% | bis 2016

2012 Cuvée »Limes« trocken ** — **83**
9,80 € | 14% | bis 2016

2013 Merlot trocken ** — **85**
12,90 € | 14% | bis 2017

2012 Cuveé »Kastell« trocken *** — **85**
16,20 € | 14% | bis 2017

2014 Muskattrollinger feinherb * — **81**
6,20 € | 11,5% | bis 2016

Cuvée »PR« Likörwein *** — **85**
21,80 €/0,5 Lit. | 18% | bis 2017

RUX WEIN

70378 Stuttgart · Heidenburgstraße 20
☎ (07 11) 51 86 18 94
rux@ruxwein.de
www.ruxwein.de
Inhaber: Heike und Christoph Ruck
Kellermeister: Christoph Ruck

Verkauf: Heike Ruck
Sa: 10.00–16.00 Uhr und nach Vereinbarung

Heike Ruck, ausgebildet bei Spitzenwinzer Wöhrwag, und ihr Mann Christoph, der aus einer bekannten fränkischen Winzerfamilie stammt, haben im Stuttgarter Vorort Mühlhausen ein Domizil für ihr sympathisches Weingut gefunden. Bei den aktuellen Rieslingen ist der Gutswein korrekt mit balancierter Restsüße, der Alte Reben aus dem Zuckerle zeigt feine Tiefe und Schliff. Der Weißburgunder gefällt mit hefigfruchtigem Charakter. Bei den Rotweinen hat der Trollinger Kleiner Nimbus hübsche Kirschfrucht, der Dornfelder zeigt sich für diese Sorte durchaus fein. Der Heidenburg-Blend ist ein feinduftiger Schoppen.

Anzahl der verkosteten Weine: 6
Bewertungen: 83-85 Punkte

2014 Weißburgunder Landwein trocken — **84**
14,– € | 12% | bis 2016

2014 Cannstatter Zuckerle Riesling trocken Alte Reben — **85**
14,– € | 12% | bis 2017

2014 Riesling — **83**
9,– € | 12% | bis 2016

2013 Münsterer Berg Trollinger Kleiner Nimbus trocken — **83**
9,50 € | 12,5% | bis 2016

2013 Cuvée »Heidenburg« trocken — **83**
9,50 € | 12,5% | bis 2016

2013 Dornfelder Dry Aged trocken — **84**
14,– € | 13% | bis 2016

Die Betriebe:
Weltklasse · Deutsche Spitze
Sehr gut · Gut · Zuverlässig
Weitere Empfehlung

WEINGUT SANKT ANNAGARTEN

71717 Beilstein · Sankt-Anna-Gärten 1
☎ (0 70 62) 31 66 · Fax 2 28 51
info@sankt-annagarten.de
www.sankt-annagarten.de
Inhaber: Hans und Renate Wiedenmann
Kellermeister: Marcel Wiedenmann

Verkauf: Familie Wiedenmann
Mo–Fr: 9.00–12.00 Uhr · 13.30–19.00 Uhr
Sa: 9.00–15.00 Uhr

Wie gewohnt zeigt sich die trockene Riesling Auslese mit würziger Fülle und kraftvoller Länge. Angenehm stoffig, aber im Duft etwas zurückhaltend hingegen die Spätlese trocken. Der Riesling Kabinett ist von heiterer, beschwingter Art. Zugänglich, mit offener Frucht der Grauburgunder. Der Sauvignon setzt auf Länge statt auf Vordergründigkeit. Eine für die Sorte ungewöhnliche Länge und Finesse findet man auch beim Trollinger Generation. Der Lemberger Tradition ist ein angenehmer Tischwein, die Spätlese hat feine Tiefe und dezentes Holz. Die Spätburgunder Auslese zeigt gute Balance im klassischen Stil. Der Selbander-Rotwein hat feinkörniges, präsentes Tannin und angenehme Frucht. Interessant zu verkosten ist ein Süßwein aus getrockneten Lembergertrauben, der an einen Bual-Madeira erinnert.

Anzahl der verkosteten Weine: 10
Bewertungen: 83–86 Punkte

2014	Riesling Gipskeuper Kabinett trocken **6,60 €** | 12% | bis 2016	**83**
2014	Grauburgunder Gipskeuper Spätlese trocken **8,– €** | 12,5% | bis 2017	**84**
2014	Riesling Kieselsandstein Spätlese trocken **9,50 €** | 13,5% | bis 2017	**84**
2014	Sauvignon Blanc Sandberg am Fels Spätlese trocken **12,80 €** | 12% | bis 2017	**86**
2013	Sandberg am Fels Riesling Auslese trocken **13,80 €** | 13,5% | bis 2017	**86**
2013	Lemberger Tradition trocken **7,– €** | 13% | bis 2016	**83**
2014	Trollinger Generation trocken **10,– €** | 13% | bis 2016	**84**
2013	Cuvée »Selbander« trocken **13,50 €** | 13% | bis 2018	**86**
2013	Lemberger Roter Keuper Spätlese trocken **10,– €** | 12,5% | bis 2017	**85**
2012	Spätburgunder Annaweinberge Auslese trocken **13,50 €** | 13,5% | bis 2017	**86**

ÖKOLOGISCHES WEINGUT SCHÄFER-HEINRICH

74074 Heilbronn · Letten 3
☎ (0 71 31) 16 24 54 · Fax 16 56 59
weingut@schaefer-heinrich.de
www.schaefer-heinrich.de
Inhaber: Elke und Andreas Hieber
Kellermeister: Lars und Andreas Hieber

Verkauf: Elke Hieber
Mo–Do: 17.00–19.30 Uhr, Fr: 13.00–19.30 Uhr
Sa: 9.00–18.00 Uhr und nach Vereinbarung

Im ökologisch bewirtschafteten Gut überzeugt man mit den erst jetzt vorgestellten 2011er Toprotweinen: Der Cabernet Cubin*** hat klassische Sortenfrucht mit dezent pflanzlichen Kopfnoten, der ambitionierte Merlot steht mit stärkerer Holzprägung etwas dahinter. Aus 2012 zeigt der Lemberger *** angenehme Würze. Bei den traditionellen Rotweinen ist der Spätburgunder feingliedrig und transparent aufgefächert, der Lemberger ist ein Charmeur und der Clevner zeigt subtilen Erdbeerduft. Der aktuelle Riesling Kabinett hat ein ziemlich knackiges Finish, die Spätlese hingegen schöne Balance und helle Frucht. Die Cuvée Bunter Mergel ist harmonisch abgestimmt.

Anzahl der verkosteten Weine: 9
Bewertungen: 82–87 Punkte

2014	Cuvée »Bunter Mergel« trocken ** **7,70 €** | 12% | bis 2016	**84**
2014	Heilbronner Stiftsberg Riesling Kabinett trocken * **6,50 €** | 11,5% | bis 2016	**82**
2014	Heilbronner Stiftsberg Riesling Spätlese trocken ** **8,90 €** | 12% | bis 2017	**85**
2013	Heilbronner Stiftsberg Lemberger trocken ** **10,– €** | 13% | bis 2017	**83**
2013	Heilbronner Stiftsberg Clevner »N« ** **12,– €** | 13% | bis 2017	**84**
2013	Heilbronner Stiftsberg Pinot Noir trocken ** **12,60 €** | 13% | bis 2017	**85**
2012	Heilbronner Stiftsberg Lemberger trocken *** **16,50 €** | 13,5% | bis 2017	**86**
2011	Cabernet Cubin trocken *** **19,– €** | 14% | bis 2017	**87**
2011	Merlot trocken *** **19,– €** | 14% | bis 2017	**87**

WEINGUT SCHÄFER

71711 Steinheim-Kleinbottwar
Weinbergstraße 21
☎ (0 71 48) 89 37 · Fax 45 45
info@schaeferwein.com
www.schaeferwein.com
Inhaber: Karin und Reinhard Schäfer

Verkauf: Reinhard Schäfer
Mo–Fr: 17.00–18.30 Uhr
Sa: 8.00–13.00 Uhr und nach Vereinbarung

Echte Highlights konnte uns Reinhard Schäfer in diesem Jahr nicht präsentieren, dafür aber wiederum drei schönE Rote für jeden Tag: Der Spätburgunder ist feingliedrig und duftig, der Cabernet Dorsa zeigt hübsches Johannisbeeraroma, die Cuvée Opilio ist ausgewogen und mit charmanter Frucht. Eher dezent ist die Sortenfrucht beim Sauvignon, fein und mit Balance präsentiert sich der Traminer. Der Johanniter zeigt ein an Riesling erinnerndes Aroma, hat aber mildere Säurestruktur als dieser.

Anzahl der verkosteten Weine: 6
Bewertungen: 83-84 Punkte

2014	Johanniter »S« trocken	**83**
	7,80 € | 11,5% | bis 2016	
2014	Sauvignon Blanc »S« trocken	**83**
	8,50 € | 12% | bis 2016	
2014	Traminer Nr.1	**84**
	10,80 € | 12% | bis 2016	
2014	Cabernet Dorsa trocken Rosé	**83**
	5,80 € | 11,5% | bis 2016	
2013	Cuvée »Opilio« trocken	**84**
	6,80 € | 12% | bis 2016	
2013	Spätburgunder »S« trocken	**84**
	8,50 € | 13% | bis 2017	

Zeichenerklärung:
Schnäppchenpreis · Top 10 Spitzenreiter
Ökobetrieb · Trink-Tipp · Versteigerungswein
Sekt | Weißwein | Rotwein | Roséwein

Aufsteiger des Jahres 2007

WEINGUT RAINER SCHNAITMANN

70734 Fellbach · Untertürkheimer Straße 4
☎ (07 11) 57 46 16 · Fax 5 78 08 03
info@weingut-schnaitmann.de
www.weingut-schnaitmann.de
Inhaber und Betriebsleiter: Rainer Schnaitmann
Außenbetrieb: Wolfgang Lenz und
Hannes Hoffmann
Kellermeister: Fabian Lassak

Verkauf: Judith Baum und Rainer Schnaitmann
Mo, Mi–Do: 9.00–12.30 Uhr · 13.30–17.00 Uhr
Di, Fr: 9.00–12.30 Uhr · 13.30–18.30 Uhr
Sa: 9.00–13.00 Uhr

Rebfläche: 24,1 Hektar
Jahresproduktion: 160.000 Flaschen
Spitzenlagen: Fellbacher Lämmler, Uhlbacher Götzenberg, Schnaiter Altenberg
Boden: bunter Mergel, Gipskeuper, Sandsteinverwitterung
Rebsorten: 26% rote Burgundersorten, je 15% Lemberger und Riesling, je 10% Merlot, Sauvignon Blanc und Trollinger, 7% Cabernet Sauvignon, 7% übrige Sorten
Durchschnittsertrag: 45 hl/ha
Mitglied: VDP

Natürlich liegt es nahe, Rainer Schnaitmann als das Württemberger Spätburgunder-Genie zu bezeichnen. Doch angesichts dessen, was er uns dieses Jahr vom Lemberger vorgestellt hat, wäre das eine unzulässige Verengung der Perspektive. Überragend ist das Große Gewächs dieser Sorte mit hochkomplexer Frucht und eleganter, aber fester Struktur. Gleich dahinter liegt der feine und charmante Simonroth. Und der »einfache« Lemberger-Gutswein ist für 10,90 Euro ein echtes Schnäppchen.

Maßstab für das Anbaugebiet

Überragt wird aber dieser großartige Lemberger-Flight natürlich wiederum vom Spätburgunder Großes Gewächs, einem der wenigen echten Kultweine Württembergs, der auch in diesem Jahr wieder den Maßstab für das Anbaugebiet setzt. Auch hier steht die Simonroth-Abfüllung kaum hinter dem Topwein zurück und mit dem Junge Reben und dem Schwarzriesling findet man gehobene Pinot-Kultur auch zu bürgerlichen Preisen. Eine besondere Empfehlung ist dieses Jahr aber auch der Frühburgunder, der mit seiner ungemein verführerischen, lebhaften und brillanten Frucht mit nichts besser als dem Wort »sexy« zu beschreiben ist. Den Großen Gewächsen vom Riesling lässt Schnaitmann im Jahrgang 2014 besonders viel Zeit, weshalb sich unsere Verkostung auf den Schnaiter Orts- und Lagenwein beschränkt, die aber bereits ungemein vielversprechend sind. Der Iflinger Sauvignon konnte wiederum mit tollem Fruchtausdruck und aromatischer Länge am Gaumen überzeugen. Mit seinem erst 1997 gegründeten Weingut schoss Rainer Schnaitmann wie eine Rakete in den Württemberger Weinhimmel und revolutionierte in dieser Zeit das schwäbische Verständnis für rote Burgundersorten, die er schon seit Jahren wie kein anderer zu pflegen versteht.

Rainer Schnaitmann

Inspirierende Dynamik

Diese Dynamik hat auch die Mitbewerber inspiriert und damit das Niveau des Burgunders in ganz Württemberg verbessert. Bereits der erste Jahrgang sorgte für anerkennendes Interesse und seitdem gleicht sein Marsch ins Oberhaus der Region einem Märchen. Aber Märchen sind im Weinbau selten. Um dauerhaft erfolgreich zu sein, sind der unbedingte Wille und ein ganz immenser Arbeitseinsatz ebenso wichtig wie das große Glück, zur rechten Zeit tatsächlich auch am rechten Ort zu sein.

Mit wirklich immensem Einsatz hat er in den vergangenen Jahren sein Spitzenweingut auf ökologische Bewirtschaftung umgestellt – machte daraus jedoch kein großes Aufheben. Die Nachhaltigkeit in der Flasche ist sein Ziel, nicht die Nachhaltigkeit im Marketing.

Anzahl der verkosteten Weine: 20
Bewertungen: 84-91 Punkte

2014	»Steinwiege« Riesling trocken **9,20 €** | 12% | bis 2017	**84**
2014	Grauburgunder Steinwiege trocken **9,20 €** | 12% | bis 2017	**86**
2014	Schnaiter Riesling trocken **10,90 €** | 12% | bis 2017	**86**
2014	Schnaiter Altenberg Riesling trocken »Erste Lage« **14,- €** | 12,5% | bis 2018	**87**
2014	Cuvée »Grau.Weiß« trocken **15,20 €** | 12,5% | bis 2017	**87**
2014	Sauvignon Blanc Iflinger trocken **18,50 €** | 12,5% | bis 2018	**88**
2014	Uhlbacher Götzenberg Riesling »Großes Gewächs« **21,60 €** | 13% | bis 2019	**88**
2014	Fellbacher Lämmler Riesling »Großes Gewächs« **24,80 €** | 13% | bis 2019	**89**
2014	Muskattrollinger trocken Rosé **8,20 €** | 11% | bis 2016	**84**
2014	Trollinger trocken **6,90 €** | 12% | bis 2016	**85**
2013	Trollinger trocken Alte Reben **9,40 €** | 12% | bis 2016	**85**
2013	Lemberger trocken **10,90 €** | 13% | bis 2017	**86**
2013	Cuvée »Simonroth« »D« trocken **13,50 €** | 13% | bis 2018	**87**
2013	Schwarzriesling trocken *** **16,50 €** | 13% | bis 2018	**87**
2013	Spätburgunder trocken Junge Reben **16,50 €** | 13% | bis 2018	**87**
2013	Lemberger Simonroth trocken **18,50 €** | 13% | bis 2020	**90**
2013	Spätburgunder Simonroth trocken **27,- €** | 13% | bis 2020	**91**
2013	Frühburgunder Simonroth trocken **32,- €** | 13% | bis 2019	**90**
2013	Fellbacher Lämmler Lemberger »Großes Gewächs« **35,- €** | 13% | bis 2021	**91**
2013	Fellbacher Lämmler Spätburgunder »Großes Gewächs« **42,- €** | 13% | bis 2022	**91**

WEINGUT ALBRECHT SCHWEGLER

71404 Korb · Steinstraße 35
☎ (0 71 51) 3 48 95 · Fax 3 49 78
weingut@albrecht-schwegler.de
www.albrecht-schwegler.de
Inhaber: Albrecht Schwegler
Betriebsleiter: Aaron Schwegler
Kellermeister: Aaron und Albrecht Schwegler

Verkauf: Andrea Schwegler
nach Vereinbarung

Rebfläche: 3 Hektar
Jahresproduktion: 15.000 Flaschen
Beste Lagen: Korber Hörnle und Sommerhalde
Boden: Keuper
Rebsorten: 36% Blauer Zweigelt, je 14% Kerner und Regent, 8% Cabernet Franc, je 6% Lemberger, Syrah und Trollinger, je 5% Cabernet Sauvignon und Merlot
Durchschnittsertrag: 45 hl/ha

Im Zentrum der Produktion des Weinguts steht der Kultwein Granat, der wie kein anderer Rotwein der Region durch Lagerung erheblich gewinnen kann und von zwei weiteren Cuvées namens Saphir und Beryll flankiert wird. Die aktuellen Weine des Jahrgangs 2012 schließen nahtlos an die großartigen Vorgänger an, wobei die Tanninstruktur und der Holzeinsatz sogar noch weiter verfeinert scheinen. Schwegler erreicht bereits mit diesen »Zweitweinen« ein Niveau, von dem viele andere für ihre Spitzenprodukte nur träumen können. Beryll verführt mit tiefer Sauerkirschfrucht, feiner Würze, überaus seidigem Kleid und subtilen Säureadern. Saphir zeigt dieses Jahr hochfeine Komplexität, vitales Spiel und belebende Frische. Der 2012er Granat ist erneut ganz klar bester Rotwein Württembergs und besteht dieses Mal aus 50 Prozent Zweigelt, 35 Prozent Cabertin und 15 Prozent Lemberger. Es wird dringend empfohlen, ihm einige Jahre der Flaschenreife zu gönnen. Auch wenn es angesichts seiner schon jetzt vorhandenen Verführungskraft schwer fällt: Seine Vorgänger, wie der jetzt grandiose 1999er, zeigen, was hieraus nach 15 Jahren erblühen kann. Der Weißweinblend Rock'n'Roll wird aus Riesling und Grauburgunder erzeugt.

Die Weine:
100 Perfekt · **95–99** Überragend · **90–94** Exzellent
85–89 Sehr gut · **80–84** Gut · **75–79** Passabel

Anzahl der verkosteten Weine: 5
Bewertungen: 85–93 Punkte

2013	»Rock'n'Roll« trocken **33,– €** | 13,5% | bis 2017	**85**
2012	Cuvée »Saphir« trocken **37,80 €** | 14% | bis 2021	**90**
	Cuvée »d'r Oifache« trocken **11,45 €** | 13% | bis 2016	**85**
2012	Cuvée »Beryll« trocken **18,80 €** | 13,5% | bis 2019	**88**
2012	Cuvée »Granat« trocken **56,80 €** | 14,5% | bis 2028	**93**

WEINGUT SONNENHOF

71665 Vaihingen/Enz
Ortsteil Gündelbach, Sonnenhof 2
☎ (0 70 42) 81 88 80 · Fax 81 88 86
info@weingutsonnenhof.de
www.weingutsonnenhof.de
Inhaber: Martin und Joachim Fischer
Außenbetrieb: Gerhard Setzer
Kellermeister: Joachim Fischer

Verkauf: Martin Fischer, Udo Braust
Mo–Fr: 8.00–12.00 Uhr · 13.00–18.00 Uhr
Sa: 9.00–12.00 Uhr · 13.00–17.00 Uhr

Historie: Weinbau seit 1522
Sehenswert: Baumkelter aus dem Jahr 1822

Rebfläche: 43 Hektar
Jahresproduktion: 350.000 Flaschen
Beste Lagen: Gündelbacher Wachtkopf, Hohenhaslacher Kirchberg
Boden: Keuperformationen, vor allem bunter Mergel
Rebsorten: 24% Trollinger, 19% Lemberger, 17% Riesling, 13% Spätburgunder, 7% Grauburgunder, 4% Muskattrollinger, 16% übrige Sorten
Durchschnittsertrag: 65 hl/ha
Mitglied: Hades, Deutsches Barrique Forum

Die Zuverlässigkeit von Martin und Joachim Fischers tollen Mittelklasseweinen der »S« -Klasse konnte dieses Jahr nur an den Weißweinen überprüft werden, da die aktuellen Rotweine leider nicht zur Verkostung angestellt wurden. Die Weißen haben jedoch unsere Erwartung absolut erfüllt: Der Grauburgunder ist rund und stimmig mit innerer Frische, der Chardonnay hat gut dosierte Kraft und filigranes Säurerückgrat, der Riesling zeigt feine Reife. Wie gewohnt ist aber auch bereits der Liter-Riesling sehr ordentlich. Sehr gut die Topweine der Hades-Linie: Der Syrah zeigt sich für diese Sorte außergewöhnlich leichtfüßig, der Spätburgunder hingegen ist eher würzig mit straffer Struktur, der Lemberger glänzt mit seiner Tiefe und mit Charakter, der Spitzenwein Agnatus zeigt sich im Bordeaux-Stil bemerkenswert komplex. Der Riesling-Sekt hat eine reife Fruchtfülle.

Rote Symbole: Diese Betriebe verdienen in ihrer Klasse besondere Aufmerksamkeit

Anzahl der verkosteten Weine: 9
Bewertungen: 82–88 Punkte

2013	Riesling Sekt extra Brut		**84**
	10,– € | 12,5% | bis 2016		
2014	Riesling trocken		**82**
	5,30 €/1,0 Lit. | 12,5% | bis 2016		
2014	Gündelbacher Wachtkopf Grauburgunder »S« trocken		**86**
	11,– € | 13% | bis 2017		
2014	Gündelbacher Wachtkopf Chardonnay »S« trocken		**86**
	11,– € | 12,5% | bis 2017		
2013	Gündelbacher Wachtkopf Riesling »S« trocken		**86**
	12,– € | 12,5% | bis 2017		
2012	Syrah trocken Hades		**87**
	22,– € | 13,5% | bis 2018		
2012	Spätburgunder trocken Hades		**87**
	22,– € | 13% | bis 2019		
2012	Lemberger trocken Hades		**88**
	22,– € | 13% | bis 2019		
2012	Cuvée »Agnatus« trocken Hades		**88**
	25,– € | 13,5% | bis 2019		

STAATSWEINGUT WEINSBERG

74189 Weinsberg · Traubenplatz 5
☎ (0 71 34) 50 41 67 · Fax 50 41 68
staatsweingut@lvwo.bwl.de
www.staatsweingut-weinsberg.de

Inhaber: Land Baden-Württemberg
Direktor: Dr. Günter Bäder
Önologe: Dr. Dieter Blankenhorn
Kellermeister: Jennifer Holder

Verkauf: Ilona Liepelt, Martin Schwegler
Mo–Fr: 9.00–17.00 Uhr und nach Vereinbarung

Historie: älteste Weinbauschule Deutschlands, gegründet 1868
Sehenswert: hochmoderne Kellerei, Architekturpreis für neuen Verkaufsraum, Sensorikstudio

Rebfläche: 40 Hektar
Jahresproduktion: 270.000 Flaschen
Beste Lagen: Burg Wildeck, Weinsberger Schemelsberg (beide Alleinbesitz), Gundelsheimer Himmelreich
Boden: Gipskeuper, bunter Mergel, Muschelkalk, Neckarschotter
Rebsorten: 20% Riesling, 14% Lemberger, 10% Trollinger, 8% Spätburgunder, je 6% Cabernetsorten und Samtrot, je 3% Acolon und Traminer, 30% übrige Sorten
Durchschnittsertrag: 70 hl/ha
Mitglied: VDP, Hades, Deutsches Barrique Forum

Das Staatsweingut hat sich zu einem überaus zuverlässigen Spitzenbetrieb in seiner Klasse entwickelt. Die aktuellen Toprotweine sind bemerkenswert. Stimmig und feinwürzig das Große Gewächs vom Lemberger, mit deutlicher Terroirprägung die Spätburgunder dieser Klasse: duftig-helle Kalkstein-Frucht beim Himmelreich, erdige Würze beim Wildeck. Niveauvollen internationalen Stil findet man bei der Cuvée Traum. Besonderes Augenmerk sollte man jedoch auch auf die sehr gute »S«-Klasse im mittleren Segment legen: Tiefe und Nachhaltigkeit beim Sauvignon, ausdrucksvolle Frucht beim Riesling, angenehm festes Rückgrat beim Lemberger, tolle Balance und viel Trinkvergnügen beim Spätburgunder. Der Kerner Justinus K. überzeugt darüber hinaus mit feiner Frucht und subtiler Würze.

Anzahl der verkosteten Weine: 13
Bewertungen: 84–89 Punkte

2012	Burg Wildeck Pinot Sekt Brut Blanc de Noirs **15,– €** | 12,5% | bis 2016	**84**
2014	Kerner Justinus K. trocken **7,50 €** | 13% | bis 2016	**85**
2014	Sauvignon Blanc trocken **8,50 €** | 13% | bis 2016	**84**
2014	Riesling »S« trocken **11,50 €** | 12,5% | bis 2018	**86**
2014	Sauvignon Blanc »S« trocken **11,80 €** | 12,5% | bis 2017	**87**
2014	Abstatter Burg Wildeck Riesling »Großes Gewächs« **19,50 €** | 12,5% | bis 2018	**87**
2013	Lemberger »S« trocken **14,– €** | 13% | bis 2017	**86**
2013	Spätburgunder »S« trocken **14,– €** | 13% | bis 2018	**87**
2012	Cuvée »Traumzeit« trocken **16,90 €** | 13% | bis 2017	**86**
2013	Abstatter Burg Wildeck Spätburgunder »Großes Gewächs« **25,– €** | 13% | bis 2019	**88**
2013	Gundelsheimer Himmelreich Spätburgunder »Großes Gewächs« **25,– €** | 13% | bis 2020	**89**
2013	Weinsberger Schemelsberg Lemberger »Großes Gewächs« **28,– €** | 12,5% | bis 2020	**88**
2012	Cuvée »Traum« trocken **48,– €** | 13,5% | bis 2018	**88**

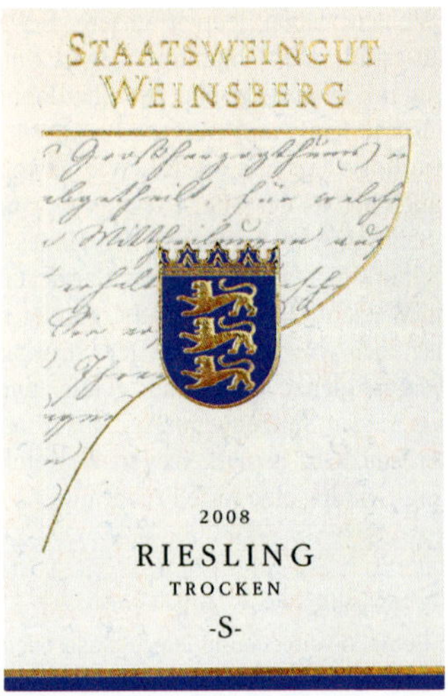

WEINGUT EISSLER STEINBACHHOF

71665 Vaihingen/Enz-Gündelbach
Hofgut Steinbachhof 1
☎ (0 70 42) 3 70 58 70 · Fax 37 05 87 20
info@weingut-eissler.de
www.weingut-eissler.de
Inhaber: Ulrich und Nanna Eißler
Betriebsleiter und Kellermeister: Ulrich Eißler

Verkauf: Nanna Eißler
Mo–Do: 9.00–12.00 Uhr · 14.00–17.00 Uhr
Fr: 9.00–12.00 Uhr · 14.00–18.00 Uhr
Sa: 10.00–16.00 Uhr

Das Weingut bewirtschaftet eine sehenswerte ehemalige Domäne der Hofkammer. Qualitätsbedingt wurden im Jahrgang 2013 so gut wie keine Rotweine abgefüllt, dafür sind die 2014er Weißweine durchaus ansprechend. Der Pinot Meunier Blanc de Noirs hat leichtgewichtige Rasse und Charme, ähnlich im Aufbau, aber mit dezenter Restsüße, ist der Pinot Noir dieser Weinart. Der Lemberger Weißherbst ist durchaus elegant mit subtiler, feingliedriger Frucht. Der Guts-Riesling ist sehr anständig, der Riesling * zeigt sich in schlankem Kabinettstil mit einem hübschen Touch von Fruchtsüße im Finish. Die durchaus gelungene Weißweincuvée ist harmonisch mit feiner Frische.

Anzahl der verkosteten Weine: 6
Bewertungen: 83–84 Punkte

2014	Riesling trocken **6,50 €** | 11% | bis 2016	**83**
2014	Pinot Meunier trocken Blanc de Noirs **6,60 €** | 10,5% | bis 2016	**83**
2014	Riesling trocken * **8,90 €** | 11% | bis 2017	**84**
2014	Mühlhauser Halde Weißweincuvée trocken ** **14,50 €** | 11% | bis 2017	**84**
2014	Mühlhauser Halde Pinot Noir Blanc de Noirs * **8,50 €** | 10,5% | bis 2016	**83**
2014	Lemberger trocken Weißherbst * **8,50 €** | 10,5% | bis 2016	**84**

Die Betriebe:
Weltklasse · Deutsche Spitze
Sehr gut · Gut · Zuverlässig
Weitere Empfehlung

WEINGUT UNGERER

74629 Pfedelbach-Renzen · Harsberger Str. 15
☎ (0 79 49) 94 06 90 · Fax 94 06 99
info@weingut-ungerer.de
www.weingut-ungerer.de
Inhaber: Karlheinz Ungerer
Betriebsleiter: Karlheinz und Gudrun Ungerer

Verkauf: Gudrun Ungerer
Mo–Fr: 17.30–19.30 Uhr
Sa: 8.00–13.00 Uhr und nach Vereinbarung

Karlheinz Ungerer ist ein Geheimtipp in Hohenlohe. Sein aktueller Riesling »Q« überzeugt mit angenehmer Saftigkeit, der Sauvignon hat ein immens ausdrucksvolles Bukett, das am Gaumen jedoch nicht ganz eingelöst wird. Der Chardonnay zeigt sich mit tropischer Frucht und präsentem Holz im Neueweltstil. Der Pinot Noir hat warme, saftige Frucht, der Lemberger »Q« ist angenehm mit Würze im Finish. Lediglich Cabernet Franc und Trollinger Alte Reben fallen doch eher einfach aus. Überaus bemerkenswert jedoch die Spitzen: Saltatium Virium gefällt mit reifer, einladender Frucht, die Cuvée Respekt ist mit dichtem Körper, Komplexität und sehr guter Struktur wieder einmal einer der besten Rotweine Hohenlohes.

Anzahl der verkosteten Weine: 12
Bewertungen: 82–88 Punkte

2014	Heuholzer Dachsteiger Riesling »Edition Q« trocken **10,12 €** | 13% | bis 2017	**85**
2014	Heuholzer Dachsteiger Sauvignon Blanc »Sehnsucht« trocken **10,71 €** | 13% | bis 2017	**86**
2014	Heuholzer Dachsteiger Chardonnay trocken Barrique **21,33 €** | 13,5% | bis 2017	**86**
2014	Heuholzer Dachsteiger Trollinger trocken Alte Reben **5,95 €** | 12,5% | bis 2016	**82**
2012	Heuholzer Dachsteiger Lemberger »Edition Q« trocken **11,31 €** | 13% | bis 2016	**84**
2013	Cuvée »Unglaublich« trocken **12,97 €** | 13% | bis 2017	**85**
2014	Heuholzer Dachsteiger Cabernet Franc trocken **14,28 €** | 13% | bis 2017	**83**
2012	Heuholzer Dachsteiger Pinot Noir trocken **19,04 €** | 13,5% | bis 2017	**86**
2013	Cuvée »Saltatium virium« trocken **20,23 €** | 13% | bis 2017	**86**
2013	Cuvée »Respekt« trocken **29,75 €** | 13% | bis 2019	**88**

WEINMANUFAKTUR UNTERTÜRKHEIM

70327 Stuttgart · Strümpfelbacher Straße 47
☎ (07 11) 3 36 38 10 · Fax 33 63 81 24
info@weinmanufaktur.de
www.weinmanufaktur.de
Geschäftsführer: Stefan Hübner
Kellermeister: Jürgen Off

Verkauf: Vinothek
Mo–Fr: 9.00–18.00 Uhr
Sa: 9.00–14.00 Uhr

Historie: Gründung im Jahr 1887
Sehenswert: Holzfasskeller, Sektkeller im früheren Luftschutzbunker

Rebfläche: 80 Hektar
Zahl der Mitglieder: 83
Jahresproduktion: 720.000 Flaschen
Beste Lagen: Untertürkheimer Mönchberg und Altenberg, Obertürkheimer Kirchberg
Boden: Keuperverwitterung
Rebsorten: 30% Trollinger, 20% Riesling, je 12% Lemberger und Spätburgunder, je 3% Dornfelder, Grauburgunder und Kerner, je 2% Merlot und Müller-Thurgau, 13% übrige Sorten
Durchschnittsertrag: 75 hl/ha

Stuttgarts Vorzeigegenossenschaft konnte uns stimmige 2014er präsentieren. An der Basis ist der Riesling korrekt mit knackigem Finish, der Weißburgunder hat Schliff, der Kerner ist feinwürzig und balanciert. In der Zweisterneklasse hat der Sauvignon unaufdringlichen Charme, der Grauburgunder zeigt präsente Frucht. Seidigen Charme findet man beim Lemberger, eher einfach ist der Merlot. Im Topsegment gefällt der Chardonnay mit Balance von Frucht und Holz, die stets gute Barriquecuvée Mönch Berthold ist harmonisch abgestimmt, der tolle Spätburgunder begeistert mit vielschichtiger Beerenfrucht und lebhaftem Aufbau. Der Cabernet Franc hingegen ist korrekt, hat aber nicht allzu viel Fleisch auf den Knochen. Neu ist die Linie Großer Stern: Der Riesling ist charaktervoll mit mineralischem Rückgrat im Stile eines Großes Gewächses, knochentrocken und mit feiner, straffer Persönlichkeit der Sekt.

Die Weine:
100 Perfekt · **95–99** Überragend · **90–94** Exzellent
85–89 Sehr gut · **80–84** Gut · **75–79** Passabel

Anzahl der verkosteten Weine: 13
Bewertungen: 83–88 Punkte

2009	»Großer Stern« »Assemblage de Pinot« Sekt Brut nature **32,– €** | 12,5% | bis 2016	**85**
2014	Riesling trocken * **7,30 €** | 12% | bis 2016	**83**
2014	Weißburgunder trocken * **7,30 €** | 12% | bis 2016	**83**
2014	Grauburgunder trocken ** **9,60 €** | 13% | bis 2017	**84**
2014	Sauvignon Blanc trocken ** **10,40 €** | 12% | bis 2016	**85**
2014	Chardonnay trocken *** **17,– €** | 12,5% | bis 2017	**86**
2013	»Großer Stern« Riesling trocken **28,– €** | 13% | bis 2017	**87**
2014	Kerner feinherb * **6,30 €** | 11% | bis 2016	**83**
2013	Lemberger trocken ** **9,60 €** | 13,5% | bis 2017	**84**
2013	Merlot trocken ** **10,40 €** | 13,5% | bis 2016	**83**
2013	Cabernet Franc trocken *** **19,50 €** | 13,5% | bis 2017	**85**
2013	Cuvée »Mönch Berthold« trocken *** **23,– €** | 13,5% | bis 2018	**87**
2013	Spätburgunder trocken *** **25,– €** | 13,5% | bis 2019	**88**

WEINMANUFAKTUR
UNTERTÜRKHEIM

WEINGUT WACHTSTETTER

74397 Pfaffenhofen · Michelbacher Straße 8
☎ (0 70 46) 3 29 · Fax 93 10 00
info@wachtstetter.de
www.wachtstetter.de
Inhaber: Rainer Wachtstetter
Kellermeister: Rainer Wachtstetter

Verkauf: Rainer Wachtstetter
Do–Fr: 9.00–12.00 Uhr · 13.30–18.00 Uhr
Sa: 9.00–16.00 Uhr und nach Vereinbarung

Gutsausschank: Gasthaus Adler
einige Wochenenden im Frühjahr und Herbst

Rebfläche: 18 Hektar
Jahresproduktion: 110.000 Flaschen
Beste Lagen: Pfaffenhofener Hohenberg
Boden: Gipskeuper und Schilfsandstein
Rebsorten: 35% Lemberger, 20% Riesling, 15% Trollinger, 10% Spätburgunder, 5% Schwarzriesling, 15% übrige Sorten
Durchschnittsertrag: 58 hl/ha
Mitglied: VDP, Junges Schwaben

Rainer Wachtstetter ist eine feste Größe mit besonderer Empfehlung in dieser Kategorie. Überrascht hat er uns dennoch mit zwei guten Grauburgundern: Der Pfaffenhofener ist balanciert und stimmig, der Hohenberg bemerkenswert feingliedrig. Doch die Stärke liegt hier ganz klar bei den Rotweinen. Das Große Gewächs vom Lemberger hat noble Frucht und samtiges Tannin, etwas duftiger und heller im Aroma zeigt sich der Junges Schwaben, eher etwas herberer Charme hingegen findet sich im Lemberger Ernst Combé. Der Pfaffenhofener Spätburgunder hat tolle Frucht und ein gutes Preis-Genuss-Verhältnis, ähnlich angelegt, aber etwas weniger vielschichtig, der Samtrot. Mit zusätzlicher, ausgewogener Holzunterstützung zeigt sich der Hohenberg. Der Riesling Anna hat einladende Frucht, das Große Gewächs aus 2013 ist ambitioniert, aber noch nicht wirklich fein. Der Gewürztraminer zeigt klassisches Aroma, aber auch transparente Frische. Eine besondere Empfehlung ist auch der weiß gekelterte Lemberger Sekt als feinster Schaumwein in unserer Verkostung in der Region Württemberg.

Rote Symbole: Diese Betriebe verdienen in ihrer Klasse besondere Aufmerksamkeit

Anzahl der verkosteten Weine: 15
Bewertungen: 85–88 Punkte

2013 Lemberger Sekt Brut weiß gekeltert **85**
12,– € | 12% | bis 2016

2014 Weißburgunder trocken **85**
8,– € | 12% | bis 2016

2014 Pfaffenhofener Gewürztraminer trocken **85**
9,80 € | 13% | bis 2017

2014 Riesling »Anna« trocken **85**
9,80 € | 12,5% | bis 2017

2014 Pfaffenhofener Grauburgunder trocken **86**
9,80 € | 12,5% | bis 2017

2014 Pfaffenhofener Hohenberg **86**
Riesling trocken »Erste Lage«
14,50 € | 12,5% | bis 2018

2014 Pfaffenhofener Hohenberg **87**
Grauburgunder trocken »Erste Lage«
14,50 € | 12,5% | bis 2017

2013 Pfaffenhofener Hohenberg **87**
Riesling Glaukòs »Großes Gewächs«
20,– € | 13,5% | bis 2018

2013 Pfaffenhofener Spätburgunder trocken **86**
9,80 € | 13% | bis 2017

2012 Cuvée »Ernst Combé« trocken **86**
16,– € | 13,5% | bis 2017

2013 Pfaffenhofener Hohenberg **86**
Samtrot trocken »Erste Lage«
16,– € | 13% | bis 2017

2012 Pfaffenhofener Hohenberg **86**
Lemberger »Ernst Combé« trocken »Erste Lage«
16,– € | 13% | bis 2017

2012 Pfaffenhofener Hohenberg **87**
Spätburgunder trocken »Erste Lage«
16,– € | 13% | bis 2018

2012 Pfaffenhofener Hohenberg **87**
Lemberger »Junges Schwaben« trocken
25,– € | 13% | bis 2018

2012 Pfaffenhofener Hohenberg **88**
Lemberger Glaukòs »Großes Gewächs«
25,– € | 13,5% | bis 2019

WEINGUT WÖHRWAG

70327 Untertürkheim · Grunbacher Straße 5
☎ (07 11) 33 16 62 · Fax 33 24 31
info@woehrwag.de
www.woehrwag.de

Inhaber und Betriebsleiter: Hans-Peter Wöhrwag
Außenbetrieb: Carsten Kämpf
Kellermeister: Hans-Peter Wöhrwag und Carsten Kämpf

Verkauf: Christin Wöhrwag, Wiebke Krüger
Mo–Fr: 8.00–12.30 Uhr · 14.00–18.30 Uhr
Sa: 9.00–14.00 Uhr

Rebfläche: 20 Hektar
Jahresproduktion: 150.000 Flaschen
Spitzenlage: Untertürkheimer Herzogenberg (Alleinbesitz)
Boden: Keuper, Mergel
Rebsorten: 40% Riesling, 13% Lemberger, je 9% Merlot und Trollinger, 6% Spätburgunder und Weißburgunder, 5% Grauburgunder, je 3% Cabernet Sauvignon und Sauvignon Blanc, 6% übrige Sorten
Durchschnittsertrag: 62 hl/ha
Mitglied: VDP

Hans-Peter Wöhrwag hat an seinem Rieslingstil weiter gefeilt und bevorzugt nun einen sehr trockenen, präzisen Ausbau. Sehr gut kann man das am Mineral erkennen, der mit seiner schlanken, feinsalzigen Rasse diesen Namen absolut zu Recht trägt. Auch das Große Gewächs zeigt sich nun in diesem straffen, stahligen und brillanten Stil. Seidige Frucht und feine Holzwürze zeigt der Grauburgunder dieser Klasse. Besonders gelungen ist dieses Jahr aber auch der Weißburgunder aus Erster Lage, der uns sogar ein bisschen besser gefällt als die Große-Gewächs-Version. Feinwürzig und animierend ist der gute Muskateller. Sehr gut aber auch die Toprotweine aus 2013: Der Pinot Noir Großes Gewächs trägt zu Recht die frankophone Bezeichnung, der Lemberger ist betörend mit seidiger Eleganz und die großartige Cuvée »X« verweist ganz klar in Richtung Médoc.

Die Betriebe:
Weltklasse · Deutsche Spitze
Sehr gut · Gut · Zuverlässig
Weitere Empfehlung

Anzahl der verkosteten Weine: 13
Bewertungen: 86-89 Punkte

2014 Untertürkheimer Herzogenberg **86**
Riesling trocken »Erste Lage« Goldkapsel
9,20 € | 12% | bis 2017

2014 Untertürkheimer Herzogenberg **87**
Weißburgunder trocken »Erste Lage«
10,50 € | 12,5% | bis 2017

2014 Untertürkheimer Herzogenberg **86**
Muskateller trocken »Erste Lage«
11,20 € | 12% | bis 2016

2014 Untertürkheimer Herzogenberg **87**
Riesling Mineral trocken »Erste Lage«
12,– € | 12% | bis 2018

2014 Untertürkheimer Herzogenberg **88**
Riesling »Großes Gewächs«
20,50 € | 12,5% | bis 2019

2014 Untertürkheimer Herzogenberg **87**
Weißburgunder »Großes Gewächs«
22,50 € | 12,5% | bis 2018

2014 Untertürkheimer Herzogenberg **87**
Grauburgunder »Großes Gewächs«
22,50 € | 12,5% | bis 2018

2013 Untertürkheimer Herzogenberg **86**
Spätburgunder trocken »Erste Lage«
12,50 € | 13% | bis 2017

2013 Untertürkheimer Herzogenberg **86**
Merlot trocken »Erste Lage«
12,50 € | 13,5% | bis 2017

2013 Cuvée »Philipp« trocken **87**
18,50 € | 13,5% | bis 2018

2013 Cuvée »X« trocken **89**
24,50 € | 13,5% | bis 2020

2013 Untertürkheimer Herzogenberg **89**
Lemberger »Großes Gewächs«
24,50 € | 13% | bis 2020

2013 Untertürkheimer Herzogenberg **88**
Pinot Noir »Großes Gewächs«
28,50 € | 13% | bis 2019

WEINGUT HERZOG VON WÜRTTEMBERG

71634 Ludwigsburg · Schloss Monrepos
☎ (0 71 41) 22 10 60 · Fax 22 10 62 60
weingut@hofkammer.de
www.weingut-wuerttemberg.de

Inhaber: Herzog von Württemberg
Kaufmännische Leiterin: Claudia Krügele
Betriebsleiter und Kellermeister: Moriz Just

Verkauf: Vinothek
Mo–Fr: 10.00–12.00 Uhr · 13.00–18.00 Uhr
Sa: 10.00–16.00 Uhr

Gutsschänke: täglich durchgehend offen
Historie: seit 1677 Privatweingut des Hauses Württemberg
Sehenswert: Schlossgelände Monrepos mit Schlosshotel

Rebfläche: 41,3 Hektar
Jahresproduktion: 250.000 Flaschen
Beste Lagen: Stettener Brotwasser, Maulbronner Eilfingerberg, Untertürkheimer Mönchberg, Hohenhaslacher Kirchberg, Mundelsheimer Käsberg
Boden: Schilfsandstein, Muschelkalk, Gipskeuper und bunter Mergel
Rebsorten: 42% Riesling, 22% Lemberger, 15% Trollinger, 4% Spätburgunder, 3% Weißburgunder, 14% übrige Sorten
Durchschnittsertrag: 55 hl/ha
Mitglied: VDP

Der Lagenvergleich ist hier bei den Rieslingen stets besonders interessant. Bei den Ersten Lagen zeigt der Eilfingerberg feine Zitrusfrucht, während der Brotwasser das typisch salzig-mineralische Finish hat. Ähnlich bei den Großen Gewächsen: Feine Fruchtfülle und schlankes Finish bei Ersterem, deutlich mineralischer und konzentrierter der Letztere. Bei den Attempto-Blends ragt aktuell der ausgewogene Rotwein mit Charme und feiner Struktur hervor, auch der Weiße ist mit leicht pflanzlicher Frucht durchaus gelungen. Aus dem Eilfingerberg sind der Weißburgunder mit Frische und Schliff sowie der angenehme, aber eher unauffällige Lemberger auf gleichem Niveau. Bei den Spitzenrotweinen zeigt sich der Merlot mit eher rustikalem, brandigem Finish, der Spätburgunder Käsberg hat süße, reife Frucht, aber noch etwas spröden Nachhall. Der Lemberger Mönchberg ist gelungen, jedoch nicht ganz so füllig wie früher.

Anzahl der verkosteten Weine: 13
Bewertungen: 82–87 Punkte

2014	Riesling Schloss Monrepos trocken **6,40 €** | 12% | bis 2016	**82**
2014	Maulbronner Eilfingerberg Riesling trocken »Erste Lage« **8,70 €** | 12% | bis 2017	**84**
2014	Cuvée »Attempto« trocken **10,– €** | 12% | bis 2017	**84**
2014	Stettener Brotwasser Riesling trocken »Erste Lage« **10,– €** | 12,5% | bis 2017	**84**
2014	Maulbronner Eilfingerberg Weißburgunder trocken »Erste Lage« **12,– €** | 12,5% | bis 2017	**84**
2014	Maulbronner Eilfingerberg Riesling »Großes Gewächs« **17,50 €** | 12% | bis 2018	**87**
2014	Stettener Brotwasser Riesling »Großes Gewächs« **24,– €** | 12,5% | bis 2018	**87**
2014	Cuvée »Attempto« trocken Rosé **10,– €** | 12,5% | bis 2016	**83**
2012	Cuvée »Attempto« trocken **10,– €** | 13% | bis 2016	**85**
2012	Maulbronner Eilfingerberg Lemberger trocken »Erste Lage« **11,– €** | 12,5% | bis 2016	**84**
2013	Untertürkheimer Merlot trocken **20,– €** | 15% | bis 2018	**87**
2013	Mundelsheimer Käsberg Spätburgunder »Großes Gewächs« **28,– €** | 13% | bis 2018	**87**
2013	Untertürkheimer Mönchberg Lemberger »Großes Gewächs« **29,– €** | 14% | bis 2018	**87**

WEINGUT ZAISS

75428 Illingen-Schützingen · Feldbergweg 9
☎ (0 70 43) 92 06 60 · Fax 92 06 62
info@weingut-zaiss.de
www.weingut-zaiss.de
Inhaber: Wilhelm und Dorothea Zaiß
Kellermeister: Sebastian Zaiß

Verkauf: Wilhelm Zaiß
Mo, Mi: 9.30–12.00 Uhr
Do–Fr: 9.30–12.00 Uhr · 15.00–18.00 Uhr
Sa: 9.30–12.00 Uhr · 14.00–16.00
und nach Vereinbarung

Sebastian Zaiß zeigte uns zwar keine Spitzenweine, aber eine sehr solide Kollektion. Bei den neuen Basiscuvées One Zaiß Fits All gefällt der Weißwein mit floral-duftiger Frucht, der Rosé hat ordentliche Nachhaltigkeit, der Rotwein ist vielleicht etwas zu unbekümmert. Der Acolon hat hübsche Cassisfrucht, der Lemberger ist sehr angenehm. »Manche früher ...« ist ein leichtfüßiger Burgunder-Blend. Der Weißburgunder zeigt helle, reife Frucht, stahlig-saftig ist der Riesling »VX«, ebenfalls gut, aber nicht ganz so präzise, ist der feinherbe Riesling 40+.

Anzahl der verkosteten Weine: 10
Bewertungen: 82–85 Punkte

2014	Cuvée »one Zaiß fits all...« trocken **7,99 €** | 12% | bis 2016	**84**
2014	Schützinger Heiligenberg Weißburgunder trocken **11,– €** | 13% | bis 2016	**83**
2014	Schützinger Heiligenberg Riesling »VX« trocken **11,– €** | 12,5% | bis 2017	**85**
2014	Schützinger Heiligenberg Riesling »40+« feinherb **11,– €** | 12% | bis 2017	**84**
2014	Cuvée »one Zaiß fits all...« trocken Rosé **7,99 €** | 11,5% | bis 2016	**83**
2012	Schützinger Heiligenberg Schwarzriesling trocken **6,50 €** | 13% | bis 2016	**82**
2012	Schützinger Heiligenberg Acolon trocken **6,50 €** | 13% | bis 2016	**83**
2013	Cuvée »one Zaiß fits all...« trocken **7,99 €** | 13% | bis 2016	**82**
2013	Cuvée »Manche früher - Manche später« trocken **8,– €** | 13,5% | bis 2017	**84**
2012	Schützinger Heiligenberg Lemberger trocken **9,50 €** | 13,5% | bis 2016	**84**

WEINGUT ZIMMERLE

71404 Korb · Kirchstraße 14
☎ (0 71 51) 3 38 93 · Fax 3 74 22
info@zimmerle-weingut.de
www.zimmerle-weingut.de
Inhaber und Betriebsleiter: Jens Zimmerle
Außenbetrieb: Friedrich Zimmerle

Verkauf: Yvette Zimmerle
Mo–Fr: 17.00–18.30 Uhr
Sa: 9.30–15.00 Uhr und nach Vereinbarung

Historie: Weinbau in der Familie seit 1647
Sehenswert: 300 Jahre alter Gewölbekeller und moderne Vinothek

Rebfläche: 14 Hektar
Jahresproduktion: 95.000 Flaschen
Beste Lagen: Korber Sommerhalde und Steingrüble
Boden: Keuper, bunter Mergel
Rebsorten: je 20% Riesling und Trollinger, 15% Lemberger, je 10% Merlot, Spätburgunder und weiße Burgundersorten, 5% Sauvignon Blanc und Zweigelt, 5% übrige Sorten
Durchschnittsertrag: 60 hl/ha

Jens Zimmerle verdient in diesem Jahr eine besondere Empfehlung. Die Weißweine zeigen Persönlichkeit, ohne aufdringlich zu sein, die Rotweine haben Balance und Noblesse. Der Chardonnay Berg unterstreicht dies mit feiner Dichte und diskreter Würze, der Viognier mit tollem Schliff und subtilem Finish. Der Sauvignon hat gute Dichte und gewisse Tiefe, ist aber nicht allzu expressiv. Der Chardonnay Dreiegg ist mit Fingerspitzengefühl vinifiziert. Der Riesling Goldadler ist ambitioniert in der Struktur, aber eher gezügelt in der Frucht. Seidig-elegant zeigt sich der Zweigelt, mit pinothafter Struktur der Lemberger. Verführerischer Himbeerduft und brillanter Aufbau ohne Schwere beim Spätburgunder. Komplexe Cassis- und Beerenfrucht, sehr gutes Tannin und wirklich feine Länge zeigt die Spitzencuvée »AGE«.

Die Betriebe:
Weltklasse · Deutsche Spitze
Sehr gut · Gut · Zuverlässig
Weitere Empfehlung

Anzahl der verkosteten Weine: 12
Bewertungen: 84–88 Punkte

Jahrgang	Wein	Punkte
2014	Cuvée »Trio« trocken **8,90 €** | 13% | bis 2016	84
2014	»Berg« Chardonnay trocken **14,20 €** | 13,5% | bis 2018	87
2014	»Berg« Viognier trocken **16,50 €** | 13,5% | bis 2018	87
2013	»Goldadler« Riesling trocken **18,50 €** | 12,5% | bis 2017	85
2014	»Goldadler« Sauvignon Blanc trocken **20,50 €** | 13% | bis 2017	86
2014	»Goldadler« Grauburgunder trocken **20,50 €** | 13,5% | bis 2017	86
2014	»Dreiegg« Chardonnay trocken **23,– €** | 13,5% | bis 2018	87
2014	Cuvée »Egoist« trocken **9,90 €** | 13% | bis 2016	84
2012	»Goldadler« Zweigelt trocken **25,– €** | 13,5% | bis 2017	87
2012	»Goldadler« Lemberger trocken **25,– €** | 13,5% | bis 2017	87
2012	»Goldadler« Spätburgunder trocken **27,– €** | 13,5% | bis 2018	88
2012	Cuvée »AGE« trocken **48,– €** | 13,5% | bis 2019	88

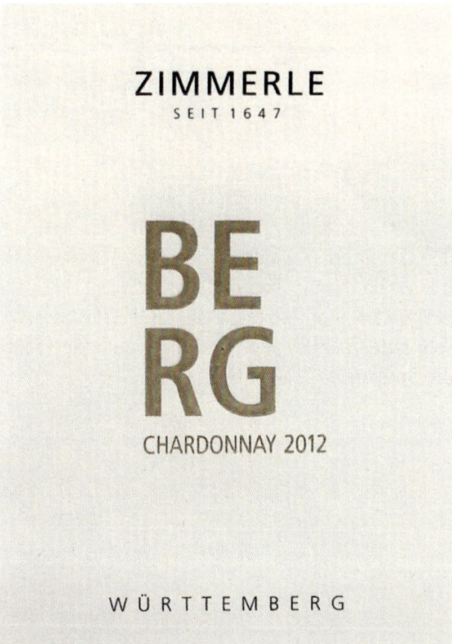

WEINGUT ZIPF

74245 Löwenstein · Vorhofer Straße 4
☎ (0 71 30) 61 65 · Fax 97 25
weingut@zipf.com
www.zipf.com
Inhaber: Jürgen Zipf
Betriebsleiter: Jürgen und Tanja Zipf

Verkauf: Tanja Zipf
Mo–Fr: 13.00–18.30 Uhr, Sa: 9.00–15.30 Uhr
So: 9.00–11.30 Uhr nach Vereinbarung

Zipfs Silvaner ist mit seiner unaufdringlichen und doch präsenten Art stets eine Empfehlung. Riesling »Inka« hat gute Balance und Frische. Eher zurückhaltend und einfach im Finish ist der Gewürztraminer. Bei den Roten zeigt der Spätburgunder **** eher maskulinen Charme. Schönes Brombeeraroma und gutes Tannin hat der Lemberger ****. Bei den Cuvées zeigt sich Prestige rund, aber mit Charakter, der Junges Schwaben ist eine gelungene Komposition, wenngleich noch etwas vom Holz dominiert. Die Auslese hat zurückhaltendes Bukett mit verspieltem, knackigem Körper.

Anzahl der verkosteten Weine: 12
Bewertungen: 82–87 Punkte

Jahrgang	Wein	Punkte
2014	Löwensteiner Wohlfahrtsberg Gewürztraminer *** **8,80 €** | 12,5% | bis 2016	83
2014	Löwensteiner Wohlfahrtsberg Riesling »Inka« trocken *** **8,80 €** | 12% | bis 2017	84
2014	Löwensteiner Wohlfahrtsberg Grüner Silvaner trocken Alte Reben *** **9,– €** | 13% | bis 2016	85
2014	Unterheinrieter Sommerberg Grauburgunder trocken *** **9,50 €** | 13% | bis 2017	85
2014	Unterheinrieter Sommerberg »Zipfs Nachspiel« Auslese **18,50 €** | 8% | bis 2018	86
2012	Cuvée »Lukas P« trocken *** **8,50 €** | 13% | bis 2016	82
2012	Cuvée »Prestige« trocken *** **12,– €** | 13,5% | bis 2017	85
2012	Löwensteiner Wohlfahrtsberg Spätburgunder trocken **** **16,50 €** | 13% | bis 2017	86
2012	Löwensteiner Wohlfahrtsberg Lemberger trocken **** **16,50 €** | 13,5% | bis 2017	86
2012	Cuvée »Junges Schwaben« trocken **24,– €** | 13,5% | bis 2018	87

© Kzenon-Fotolia_com

ZAHLEN & FAKTEN

Auf den folgenden Seiten finden Sie aktuelle Tabellen, Karten und Register, die Ihnen die Benutzung des Gault&Millau so einfach und übersichtlich wie möglich machen sollen. Darüber hinaus stellen sich Ihnen unsere Autoren vor.

Die deutschen Weinbauregionen

Deutschland **102.435 Hektar**

Weißwein:	**66.112 Hektar (64%)**	**Rotwein:**	**36.313 Hektar (36%)**
22,7% Riesling	23.293 Hektar	11,5% Spätburgunder	11.775 Hektar
12,6% Müller-Thurgau	12.871 Hektar	7,9% Dornfelder	8.129 Hektar
5,2% Grauburgunder	5.316 Hektar	3,6% Portugieser	3.653 Hektar
5,0% Silvaner	5.074 Hektar	2,3% Trollinger	2.317 Hektar
4,5% Weißburgunder	4.639 Hektar	2,1% Schwarzriesling	2.122 Hektar

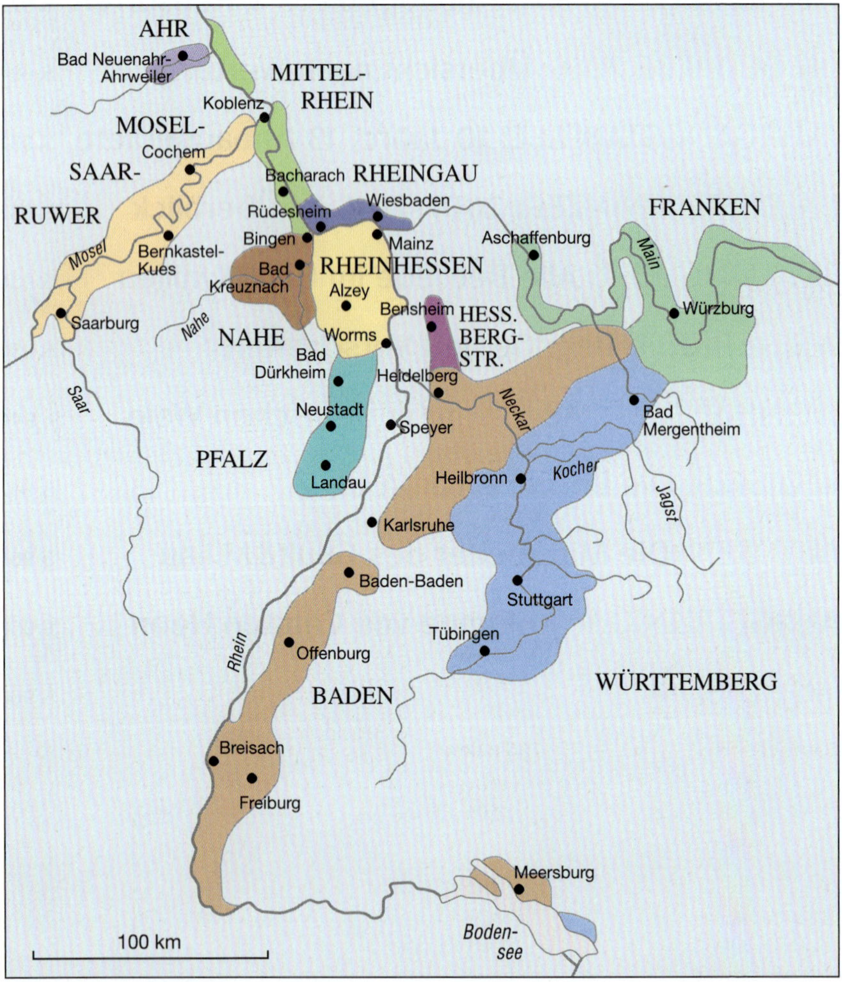

und ihre wichtigsten Rebsorten

Rheinhessen	26.582 Hektar
16,1% Riesling	68,8% weiß
16,1% Müller-Thurgau	31,2% rot
13,3% Dornfelder	

Pfalz	23.567 Hektar
24,3% Riesling	62,3% weiß
13,4% Dornfelder	37,7% rot
18,8% Müller-Thurgau	

Baden	15.822 Hektar
35,3% Spätburgunder	57,8% weiß
16,2% Müller-Thurgau	42,2% rot
12,0% Grauburgunder	

Württemberg	11.373 Hektar
20,1% Trollinger	29,8% weiß
18,7% Riesling	70,2% rot
14,6% Lemberger	

Mosel	8.776 Hektar
61,0% Riesling	90,5% weiß
12,4% Müller-Thurgau	9,5% rot
5,8% Elbling	

Franken	6.125 Hektar
28,0% Müller-Thurgau	81,0% weiß
23,0% Silvaner	19,0% rot
11,9% Bacchus	

Nahe	4.187 Hektar
27,9% Riesling	74,8% weiß
12,7% Müller-Thurgau	25,2% rot
10,7% Dornfelder	

Rheingau	3.166 Hektar
78,8% Riesling	85,2% weiß
12,2% Spätburgunder	14,8% rot
2,2% Müller-Thurgau	

Saale-Unstrut	765 Hektar
16,7% Müller-Thurgau	74% weiß
13,3% Weißburgunder	26% rot
8,5% Riesling	

Ahr	563 Hektar
62,7% Spätburgunder	15,6% weiß
8, 2% Riesling	84,4% rot
6,6% Portugieser	

Sachsen	499 Hektar
16,3% Müller-Thurgau	80,0% weiß
14,2% Riesling	20,0% rot
11,8% Weißburgunder	

Mittelrhein	469 Hektar
66,7% Riesling	85% weiß
9,0% Spätburgunder	15% rot
5,5% Müller-Thurgau	

Hessische Bergstraße	450 Hektar
45,8% Riesling	78,9% weiß
10,4% Spätburgunder	21,1% rot
9,6% Grauburgunder	

Quelle: Statistisches Bundesamt, Stand 31.07.2013

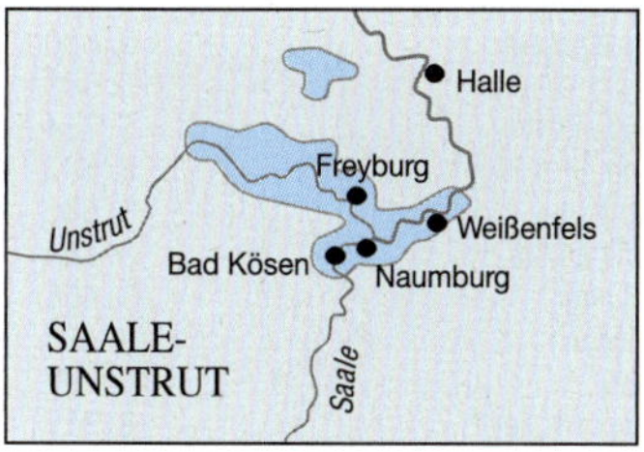

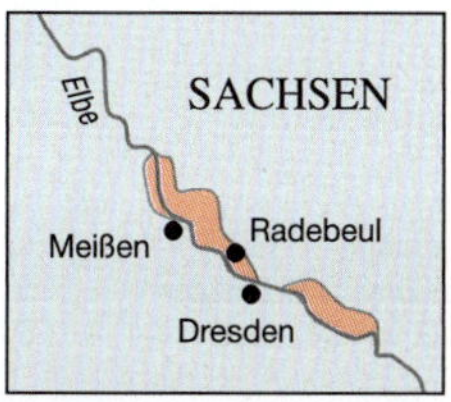

Verzeichnis nach Wertung

Die mit roter Traube markierten Betriebe verdienen in ihrer Klasse besondere Aufmerksamkeit.

▲▼ Die Dreiecke signalisieren Auf- oder Abwertung im Vergleich zum Vorjahr. ✻ Neuer Betrieb.

Bewertung der letzten zehn Jahrgänge in den 13 deutschen Anbaugebieten

	2005	2006	2007	2008	2009	2010	2011	2012	2013	2014
Ahr rot	88-90	90-93	87-90	88-91	91-93	86-88	87-90	89-91	86-89	84-86
Baden weiß	86-88	86-88	89-92	89-92	89-90	90-92	84-87	86-89	85-88	86-90
Baden rot	88-90	84-86	91-93	90-93	91-93	90-92	88-91	90-92	86-90	
Franken	85-90	84-88	86-88	87-91	87-92	83-89	84-89	87-93	83-90	80-92
Hessische Bergstraße	84-87	82-84	85-87	85-87	86-88	83-85	86-88	86-88	86-88	83-85
Mittelrhein	85-87	85-88	85-87	85-88	89-92	80-84	85-88	87-90	83-87	80-82
Mosel	93-98	84-90	91-93	84-90	90-95	82-98	86-94	85-93	83-92	80-92
Nahe	94-96	88-90	92-95	90-92	94-96	88-92	92-95	91-93	86-91	84-91
Pfalz weiß	85-92	83-90	85-92	84-92	87-93	85-93	86-93	87-93	87-92	88-94
Pfalz rot	87-90	87-91	88-93	88-91	88-93	88-94	88-95	89-94	89-95	
Rheingau weiß	90-92	85-88	87-90	90-92	92-93	87-91	88-91	88-92	87-92	87-91
Rheingau rot	91-93	86-88	88-89	87-88	93-94	83-84	86-91	85-91	90-92	
Rheinhessen	86-91	83-87	87-92	88-94	87-91	86-93	88-92	88-92	86-91	87-93
Saale-Unstrut	84-87	85-87	86-89	85-87	85-88	82-86	87-89	87-90	82-87	81-86
Sachsen	85-88	86-88	87-89	84-86	85-87	81-85	86-88	86-89	81-86	82-86
Württemberg weiß	87-89	82-84	86-90	86-90	87-92	78-85	83-88	86-89	82-86	82-85
Württemberg rot	88-91	85-87	87-90	88-90	88-92	86-88	88-91	85-88	86-89	

Jahrgangsbewertung: 96-99 Herausragend 92-95 Sehr gut 88-91 Gut 84-87 Normal 80-83 Schwach

Zuverlässigkeit - eine unbezahlbare Tugend

Die Spitzenreiterlisten sind Dokumentation der Leistungsfähigkeit unserer Winzer: 880 Weine von 116 Betrieben schafften den Sprung in unsere Wein Top Ten.

Der WeinGuide erscheint seit nun 23 Jahren. Bewusst führen wir hier jedoch nur die letzten zehn Jahre auf, nehmen also die Höchstleistungen der aktuell führenden Güter ins Visier. Es ist inzwischen gar nicht so leicht, in eine der Listen zu gelangen. Oft liegen bei unserer jährlich stattfindenden Bundesfinalprobe zwischen Platz 7 und 15 nur Nuancen, welche die Entscheidung schwer machen. Es gibt hervorragende Erzeuger wie Horst Sauer in Franken oder Selbach-Oster an der Mosel, Spreitzer im Rheingau oder Bassermann-Jordan in der Pfalz, die alljährlich zahlreiche Weine um die 90 Punkte vorstellen, aber nur selten oder nie die Hürde in die Höchstwertung nehmen.

Die glorreichen Zehn

35 der 116 Betriebe auf der Liste platzierten in den letzten zehn Jahren nur einmal einen Wein. 31 Erzeuger hingegen haben diesen Sprung mindestens zehnmal geschafft, also im Schnitt einmal pro Jahrgang. Doch davon standen nur sieben tatsächlich jedes Jahr in mindestens einer Liste: Keller und Raumland (Rheinhessen), Rebholz und Dr. Wehrheim (Pfalz), Huber (Baden), Schäfer-Fröhlich (Nahe) und Leitz (Rheingau). Mit sage und schreibe vierzehn platzierten Weinen in der aktuellen Ausgabe setzt Klaus-Peter Keller (Rheinhessen) seinen Siegeszug fort und baut eindrucksvoll seine Position an der Tabellenspitze aus – inzwischen dicht gefolgt von Hansjörg Rebholz (Pfalz), Huber (Baden), Schäfer-Fröhlich (Nahe) und seinem sprudelnden Nachbarn aus Dalsheim, Volker Raumland (ebenfalls Rheinhessen). Joh. Jos. Prüm, Lieser und Markus Molitor (Mosel) sowie Egon Müller (Saar) und Leitz (Rheingau) ergänzen die Runde der glorreichen Zehn. Mit acht Nennungen in der aktuellen Ausgabe haben Peter und Florian Lauer (Saar) eindeutig neue Maßstäbe gesetzt, rücken auf Platz zwölf hoch und erheben Anspruch auf einen künftigen Platz in der Zehner-Phalanx der absoluten Sieger. Interessant auch ein Blick auf die verschiedenen Weinkategorien: Beim Rotwein beherrschen Fritz Becker (Südpfalz) und Bernhard Huber (Baden) auf Augenhöhe, gefolgt von Knipser (Pfalz), Fürst (Franken) und Stodden (Stodden), ebenso eindeutig die Szene wie Rebholz (Südpfalz) und – mit Abstand – Heger (Baden) und Dr. Wehrheim (Südpfalz) bei den weißen Burgundersorten. Beim trockenen Riesling hat der Rheinhesse Keller seine Kollegen Bürklin-Wolf und Rebholz aus der Pfalz sowie seinen in Westhofen beheimateten Nachbar Wittmann längst überflügelt. Gemeinsam mit der Nahe, der Mosel und dem Mittelrhein schneidet auch der Rheingau bei den feinherben Rieslingen gut ab, wofür das ausgewogene Verhältnis von Alkohol, Süße und Säure in den Weinen dieser Regionen verantwortlich ist. Molitor (Mosel) und Lauer (Saar) führen diese Kategorie an, gefolgt von Leitz (Rheingau), van Volxem (Saar) und Heymann-Löwenstein (Mosel).

Rasse und Delikatesse

Je ausgeprägter die Restsüße beim Riesling, desto deutlicher dominieren die Erzeuger von Mosel, Saar und Ruwer, weil deren Weine von besonderer Rasse und Delikatesse sind. Bei den klassischen Spätlesen kann nur Schäfer-Fröhlich von der Nahe Joh. Jos. Prüm, Lieser und Egon Müller überflügeln. Ganz vorne liegen Moselbetriebe ebenso bei den Auslesen, wo Prüm, Lieser und Egon Müller am erfolgreichsten sind. Lediglich der Rheinhesse Keller kriegt mit drei Treffern in 2014 hier noch einen Stich. In der Disziplin der Edelsüßen – Beerenauslesen bis Eisweine – liegen Keller (Rheinhessen) und Weil (Rheingau) in Front, gefolgt von Peter Jakob Kühn aus dem Rheingau und Emrich-Schönleber von der Nahe.

Die Besten der vergangenen zehn Jahre

	Weingut	Gebiet	Gesamt	'07	'08	'09	'10	'11	'12	'13	'14	'15	'16
1	Keller	Rheinhessen	67	4	4	8	4	5	5	5	7	11	14
2	Rebholz	Pfalz	39	4	3	3	4	3	4	6	7	2	3
3	Huber	Baden	32	2	4	5	2	4	4	3	2	3	3
3	Schäfer-Fröhlich	Nahe	32	3	2	2	6	5	3	4	3	2	2
5	Raumland	Rheinhessen	31	3	1	2	3	4	3	3	1	5	6
6	Prüm Joh. Jos.	Mosel	27	5	2	4	3	5	3	1	2	2	0
7	Leitz	Rheingau	26	4	1	1	3	4	2	4	3	2	2
7	Lieser	Mosel	26	2	4	1	2	3	1	1	3	9	0
7	Müller Egon	Saar	26	3	0	1	1	2	3	4	3	2	7
10	Molitor	Mosel	25	3	1	1	6	2	4	1	3	4	0
11	Becker	Pfalz	23	2	4	3	3	4	3	2	0	2	0
12	Lauer	Saar	21	1	3	1	1	1	3	0	1	2	8
13	Emrich-Schönleber	Nahe	20	3	2	2	4	2	2	4	1	0	0
14	Knipser	Pfalz	19	0	0	2	0	3	2	3	1	4	4
15	Haag Fritz	Mosel	17	1	8	3	2	0	3	0	0	0	0
16	Dr. Wehrheim	Pfalz	16	1	2	1	1	1	2	2	3	1	2
16	Weil	Rheingau	16	1	1	0	4	4	1	1	0	1	3
18	Löwenstein	Mosel	15	1	1	4	0	3	0	3	0	2	1
18	von Schubert	Mosel	15	0	0	0	2	2	6	4	1	0	0
20	Fürst	Franken	14	0	1	1	0	2	1	2	3	2	2
20	Zilliken	Mosel	14	3	0	0	0	1	2	3	1	1	3
22	Breuer	Rheingau	12	0	1	0	2	2	1	2	2	1	1
22	Diel	Nahe	12	0	0	0	2	2	0	2	1	5	0
24	Dr. Heger	Baden	11	0	0	0	1	2	1	2	2	1	2
24	Johannisberg	Rheingau	11	0	1	4	1	2	0	2	0	0	1
24	Wittmann	Rheinhessen	11	3	0	0	0	0	1	1	3	1	2
27	Dr. Bürklin-Wolf	Pfalz	10	2	0	0	3	1	1	1	1	1	0
27	Dönnhoff	Nahe	10	0	2	5	0	1	1	0	0	1	0
27	Haart Reinhold	Mosel	10	3	0	0	1	0	2	2	1	1	0
27	Sankt Urbans-Hof	Mosel	10	2	1	1	0	0	2	0	3	1	0
27	Van Volxem	Mosel	10	0	0	2	4	2	0	0	2	0	0
32	Bercher	Baden	9	0	0	0	3	2	2	0	1	1	0
32	Busch Clemens	Mosel	9	0	3	2	2	0	0	1	0	1	0
32	Christoffel Jun.	Mosel	9	0	0	0	1	0	1	1	4	2	0
32	Dr. Loosen	Mosel	9	2	3	0	0	0	0	3	0	0	1
32	Koch Bernhard	Pfalz	9	0	0	0	0	0	0	1	2	3	3
32	Kühn	Rheingau	9	0	0	0	1	0	0	1	3	2	2
32	Schaefer Willi	Mosel	9	0	0	1	2	4	0	0	2	0	0
32	Stodden	Ahr	9	1	1	0	1	0	1	0	3	1	1
40	Salwey	Baden	8	3	2	2	0	0	1	0	0	0	0

Sekt

1	Raumland	Rheinhessen	31
2	Huber	Baden	9
3	Diel	Nahe	6
3	Rebholz	Pfalz	6
3	Wegeler	Rheingau	6
3	Wilhelmshof	Pfalz	6
7	Solter	Rheingau	5
7	Dr. Wehrheim	Pfalz	5
9	Barth	Rheingau	4
9	Mohr	Rheingau	4

Spätburgunder

1	Becker	Pfalz	20
1	Huber	Baden	20
3	Knipser	Pfalz	1ü
4	Fürst	Franken	11
5	Stodden	Ahr	9
6	Adeneuer	Ahr	5
7	Bercher	Baden	3
7	Koch Bernhard	Pfalz	3
9	Bernhart	Pfalz	2
9	Gleichenstein	Baden	2
9	Rebholz	Pfalz	2

Weiße Burgundersorten

1	Rebholz	Pfalz	22
2	Heger	Baden	10
2	Dr. Wehrheim	Pfalz	10
4	Knipser	Pfalz	7
4	Salwey	Baden	7
6	Bercher	Baden	6
6	Koch Bernhard	Pfalz	6
8	Kranz	Pfalz	4
8	Schneider R&C	Baden	4
10	Becker	Pfalz	3
10	Fürst	Franken	3
10	Huber	Baden	3

Riesling trocken

1	Keller	Rheinhessen	25
2	Dr. Bürklin-Wolf	Pfalz	10
3	Rebholz	Pfalz	9
3	Wittmann	Rheinhessen	9
5	Leitz	Rheingau	7
6	Breuer	Rheingau	6
6	Emrich-Schönleber	Nahe	6
8	Schäfer-Fröhlich	Nahe	4
9	Christmann	Pfalz	3
9	Dönnhoff	Nahe	3
9	von Winning	Pfalz	3

Riesling halbtrocken und feinherb

1	Molitor Markus	Mosel	15
2	Lauer	Saar	14
3	Leitz	Rheingau	10
3	van Volxem	Saar	10
5	Heymann-Löwenstein	Mosel	8
6	Breuer	Rheingau	4
6	Emrich-Schönleber	Nahe	4
8	Immich Batterieberg	Mosel	3
8	Müller	Mittelrhein	3
8	von Hövel	Saar	3
8	Weingart	Mittelrhein	3

Riesling Kabinett

1	Keller	Rheinhessen	6
2	Lieser	Mosel	5
2	Molitor Markus	Mosel	5
2	Zilliken	Saar	5
5	Müller Egon	Saar	4
5	Schäfer-Fröhlich	Nahe	4
7	Christoffel Jun.	Mosel	3
7	Haart Reinhold	Mosel	3
7	Leitz	Rheingau	3
7	Prüm Joh. Jos.	Mosel	3
7	Schaefer Willi	Mosel	3
7	von Schubert	Ruwer	3

Riesling Spätlese

1	Schäfer-Fröhlich	Nahe	14
2	Prüm Joh. Jos.	Mosel	10
3	Lieser	Mosel	8
3	Müller Egon	Saar	8
5	Leitz	Rheingau	6
6	Haag Fritz	Mosel	5
6	Haart Reinhold	Mosel	5
6	Keller	Rheinhessen	5
9	Dönnhoff	Nahe	3
9	Lauer	Saar	3
9	Sankt Urbans-Hof	Mosel	3
9	Schaefer Willi	Mosel	3
9	von Schubert	Ruwer	3
9	Vollenweider	Mosel	3
9	Zilliken	Saar	3

Riesling Auslese

1	Prüm Joh. Jos.	Mosel	14
2	Lieser	Mosel	11
3	Keller	Rheinhessen	9
3	Müller Egon	Saar	9
5	Haag Fritz	Mosel	6
6	Dr. Loosen	Mosel	5
6	Zilliken	Saar	5
8	Clemens Busch	Mosel	4
8	von Schubert	Ruwer	4
10	Christoffel Jun.	Mosel	3
10	Schaefer Willii	Mosel	3
10	Schäfer-Fröhlich	Nahe	3

Riesling Edelsüß

1	Keller	Rheinhessen	18
2	Weil	Rheingau	12
3	Kühn	Rheingau	9
4	Emrich-Schönleber	Nahe	7
5	Haag Fritz	Mosel	6
6	Müller Egon	Saar	5
6	Schäfer-Fröhlich	Nahe	5
7	Clemens Busch	Mosel	4
7	Heymann-Löwenstein	Mosel	4
7	Johannisberg	Rheingau	4
7	Schönborn	Rheingau	4

Biobetriebe 2016 nach Wertung

AHR
- 🍇🍇🍇 Burggarten
- 🍇🍇 Maibachfarm

BADEN
- 🍇🍇🍇 Duijn
- 🍇🍇🍇 Holger Koch
- 🍇🍇🍇 H. Schlumberger
- 🍇🍇🍇 Danner
- 🍇🍇🍇 Heitlinger
- 🍇🍇🍇 Klumpp
- 🍇🍇🍇 Burg Ravensburg
- 🍇🍇🍇 Stigler
- 🍇🍇🍇 Wöhrle
- 🍇🍇 Lämmlin-Schindler
- 🍇🍇 von der Mark
- 🍇🍇 Pix
- 🍇🍇 Abril
- 🍇🍇 Bimmerle
- 🍇🍇 Staatsweingut Freiburg
- 🍇🍇 Trautwein
- 🍇 Höfflin
- 🍇 Zähringer
- 🍇 WG Achkarren
- 🍇 Andreas Bieselin
- 🍇 Franz Herbster
- 🍇 Schmidt

FRANKEN
- 🍇🍇🍇🍇 Luckert
- 🍇🍇🍇 Am Stein
- 🍇🍇🍇 Störrlein Krenig
- 🍇🍇 Roth
- 🍇🍇 Stefan Bardorf
- 🍇🍇 Helmut Christ
- 🍇 Divino Nordheim Thüngersheim
- 🍇 Manfred Rothe
- 🍇 Schloss Sommerhausen
- 🍇 Weinmanufaktur Drei Zeilen

MITTELRHEIN
- 🍇🍇 Dr. Randolf Kauer

MOSEL-SAAR-RUWER
- 🍇🍇🍇🍇 Clemens Busch
- 🍇🍇🍇🍇 Peter Lauer
- 🍇🍇🍇 Weinhof Herrenberg
- 🍇🍇🍇 Franz-Josef Eifel
- 🍇🍇🍇 Melsheimer
- 🍇🍇 Caspari-Kappel
- 🍇🍇 Kirsten
- 🍇🍇 Staffelter Hof
- 🍇🍇 Frank Brohl
- 🍇🍇 Sybille Kuntz
- 🍇🍇 Vols
- 🍇 Christian Klein
- 🍇 Martin Schömann
- 🍇 Stephan Steinmetz
- 🍇 Jochen Clemens
- 🍇 Hoffmann-Simon
- 🍇 Dr. Melsheimer

NAHE
- 🍇🍇🍇 Hahnmühle
- 🍇 Prinz Salm
- 🍇 Staatsweingut Bad Kreuznach

PFALZ
- 🍇🍇🍇🍇🍇🍇 Ökonomierat Rebholz
- 🍇🍇🍇🍇 Dr. Bürklin-Wolf
- 🍇🍇🍇🍇 Dr. Wehrheim
- 🍇🍇🍇🍇 von Bassermann-Jordan
- 🍇🍇🍇🍇 Reichsrat von Buhl
- 🍇🍇🍇🍇 A. Christmann
- 🍇🍇🍇🍇 Kranz
- 🍇🍇🍇🍇 Rings
- 🍇🍇🍇 Georg Mosbacher
- 🍇🍇🍇 Siener
- 🍇🍇🍇 Acham-Magin
- 🍇🍇🍇 Bernhart
- 🍇🍇🍇 Theo Minges
- 🍇🍇🍇 Porzelt
- 🍇🍇 Heinrich Spindler
- 🍇🍇 Jürgen Leiner
- 🍇🍇 Schumacher
- 🍇 Fitz-Ritter
- 🍇 Hirschhorner Weinkontor
- 🍇 Kirchner
- 🍇 Pflüger
- 🍇 Heiner Sauer
- 🍇 Karl Schaefer

Eymann
Mehling

RHEINGAU

Peter Jakob **K**ühn
Barth
Prinz
Graf von **K**anitz
Mohr
Dr. **C**orvers-Kauter
Hans **L**ang

RHEINHESSEN

Raumland
Wittmann
Battenfeld-Spanier
Kühling-Gillot
St. **A**ntony
Dreissigacker
Wagner-Stempel
Becker Landgraf
Karl **M**ay – Liebenauer Hof
Riffel
Arndt F. **W**erner
Landgraf
Sander
Dr. Eva **V**ollmer
Weinreich
Brüder Dr. **B**ecker
Alexander **G**ysler
Johanninger
Pfannebecker
Groh
Kampf
Knobloch
Jakob **N**eumer
Raddeck
Strauch
Bäder
Hirschhof
Keth
Bürgermeister Carl **K**och
Lorenz
Wedekind

Biobetriebe werden mit diesem Symbol gekennzeichnet. Verbandszugehörigkeit siehe jeweilige Einzelbeschreibung.

SACHSEN

Hoflössnitz

WÜRTTEMBERG

Zimmerle
Beurer
Heid
Fürst **H**ohenlohe-Oehringen
Klopfer
Doreas
Hirth – Rebhof
Schlossgut **H**ohenbeilstein
Sankt Annagarten
Schäfer-Heinrich

Bioverbände

Trauben aus ökologisch kontrolliertem Anbau dürfen laut EU-Verordnung nicht gentechnisch verändert sein und müssen ohne Einsatz konventioneller Pestizide, Kunstdünger oder Abwasserschlamm angebaut werden. Die Einhaltung der Bestimmungen überprüfen staatlich zugelassene Kontrollstellen.

Daneben gibt es Verbände, deren Standards oft strenger sind als die staatlichen Anforderungen. Die Mitglieder werden von ihrem jeweiligen Verband überprüft.

Der größte Spezialverband für ökologischen Weinbau ist **Ecovin e.V.**, gegründet im Jahr 1985. Ecovin zählt 220 Mitgliedsbetriebe mit bundesweit 1.400 Hektar Rebfläche *(www.ecovin.de)*.

Naturland e.V., gegründet 1982, zählt zu den weltweit bedeutenden Organisationen des ökologischen Landbaus. Naturland fördert auch den fairen Handel (www.naturland.de).

Der bundesweit größte ökologische Anbauverband ist **Bioland e.V.**, dem heute an die 200 Winzer angehören *(www.bioland.de)*.

Auf den anthroposophischen landwirtschaftlichen Prinzipien Rudolf Steiners beruhen die biologisch-dynamischen Anbaumethoden, die der Verband **Demeter e.V.** seit 1928 pflegt. Derzeit gibt es in Deutschland 47 vom Verband zertifizierte Weingüter mit insgesamt 250 Hektar Anbaufläche *(www.demeter.de)*.

Das deutsche Weinetikett

Die Informationen auf dem Etikett können Weinliebhaber durchaus verwirren. Ein Leitfaden durch den Bezeichnungsdschungel hilft.

Vorgeschriebene Angaben:

1. Der Name des Erzeugers oder Abfüllers: »Erzeugerabfüllung« setzt voraus, dass es sich um Wein aus eigenem Anbau handelt. Weingüter können unter bestimmten Voraussetzungen auch den Begriff »Gutsabfüllung« verwenden, »Schlossabfüllung« hingegen nur, wenn das Anwesen ein Denkmal ist.

2. Die amtliche Prüfnummer ist eine Pflichtangabe für Qualitäts- und Prädikatsweine. Sie steht für Prüfstelle, Sitz des Abfüllers und den Betrieb. Weine, die nur als Deutsche Weine (ehemals Tafelweine) gekennzeichnet sind, müssen eine Lotnummer tragen.

3. Der **Standort des Erzeugers** oder Abfüllers muss mit einem Hinweis auf das Herstellerland versehen sein. Bei deutschen Betrieben reicht das Kürzel »D« aus.

4. Die Füllmenge, wie z. B. 0,75 l oder 750 ml.

5. Bei Qualitäts- und Prädikatsweinen ist das **Anbaugebiet** zu nennen.

6. Der vorhandene Alkoholgehalt, gerundet auf das halbe Volumenprozent.

7. »Enthält Sulfite« weist auf den Schwefel als Konservierungsmittel im Wein hin. Schwefel findet sich in nahezu allen Weinen. Wo er nicht zugesetzt wurde, ist er oft als Gärungsnebenprodukt nachweisbar.

Freiwillige Angaben:

8. Ort und Weinberg, in dem die Trauben gewachsen sind, dürfen angegeben werden. Daneben finden sich oft klingende Namen wie »Herbst im Park«, genauso wie Sterne oder Zusätze wie »S« (Selektion) und »R« (Reserve), die von der Phantasie und dem Marketinggeschick der Winzer zeugen.

9. Die Rebsorte, aus der ein Wein gekeltert wurde, darf aufs Etikett. Bis zu drei Sorten sind erlaubt, sie müssen nur in der Reihenfolge ihrer Mengenanteile im Wein aufgelistet werden.

10. Das Jahr, in dem die Trauben gewachsen sind. Zum Beispiel trägt ein im Januar 2015 geernteter Eiswein den Jahrgang 2014.

11. Die Qualitätsstufe richtet sich nach dem Zuckergehalt der Trauben, dem sogenannten Mostgewicht. In jedem Anbaugebiet gibt es hierfür spezifische Anforderungen. In den nördlichen Regionen sind sie geringer, im warmen Süden höher.

12. Die Geschmacksrichtung: Ein als »trocken« gekennzeichneter Wein darf, je nach Säuregehalt, höchstens neun Gramm Restsüße enthalten, ein halbtrockener Wein höchstens 18 Gramm. Für die Bezeichnung »feinherb« gibt es bislang keine Festlegung im Hinblick auf den Zuckergehalt, doch sollte der Wein nicht übermäßig süß sein.
Seit 2003 sind darüber hinaus weitere Begriffe möglich, zum Beispiel »im Holzfass gereift« oder »im Barrique verfeinert«.

Fachhändler für deutsche Weine

DEUTSCHLAND
sortiert nach Postleitzahlen

Gräfes Wein & Fein GmbH
Hauptstraße 19
01445 Radebeul
Tel.: 0351/8365540
Fax: 0351/8365541
www.graefes-weinundfein.de

Wein & Feines, Rieder GmbH
Peterssteinweg 11
04107 Leipzig
Tel. 0341/ 9 60 79 04
Fax: 0341/ 960 79 63
www.WeinRieder.de

Wein & Glas Compagnie
Prinzregentenstr. 2
10717 Berlin
Tel.: 030/235 15 20
info@weinundglas.com
www.weinundglas.com

Weinkeller Reiner Türk
Blücherstraße 22
10961 Berlin
Tel. 030/ 6 93 46 61
info@weinkeller-berlin.de
www.weinkeller-berlin.de

Heiliger Weinfachhandel GmbH & Co. KG
Zum Fliegerhorst 22
25980 Sylt
Tel. 04651/ 92 70 24
info@weinheiliger.de
www.weinheiliger.de

Vino Vin Weinhandelsgesellschaft mbH
Mittelweg 5
25980 Sylt OT Tinnum
Tel. 04651/ 936 54 84
vinovin.tinnum@googlemail.com
www.vinovin-sylt.de

Wein Wolff
Rathausstraße 16-18
26789 Leer
Tel. 0491/ 92 52 30
info@wein-wolff.de
www.wein-wolff.de

Lobenbergs Gute Weine
GmbH & Co. KG
Tiefer 10
28195 Bremen
Tel. 0421/ 70 56 66
Fax 0421/ 70 56 88
gute-weine@gute-weine.de

Bührmann's Weinmarkt
Franz-Haniel-Straße 79
47443 Moers
Tel. 02841/ 8830360
info@buehrmann.de
www.buehrmann.de

Weinboutique "Im Engel"
Brünebrede 33-37, Ostwall 8
48231 Warendorf
Tel.: 02581/93020
Fax: 02581/62726
info@hotel-im-engel.de
www.hotel-im-engel.de

WEINBORN
Rheiner Str. 17
48282 Emsdetten
Tel. 02572/98189
weinborn@t-online.de

Walter Deitermann GmbH
Hauptstraße 76
49757 Werlte
Tel. 05951 840
walter-deitermann@t-online.de
www.walterdeitermann.de

Kölner-Wein-Depot
Fam. Wittling GmbH
Amsterdamer Straße 1
im Weinmuseum a. d. Zoobrücke
50668 Köln
Tel. 0221/ 72 75 70
Fax 0221/ 7 39 21 11
www.koelnerweindepot.de

Weinhandel Südhang
Subbelrather Straße 543
50827 Köln
Tel. 0221/ 5 46 26 28
info@suedhang.de
www.suedhang.de

Fachhändler mit diesem Zeichen finden Sie auch in der Gault&Millau WeinGuide App

KierdorfWein GmbH & Co. KG
Bahnhofstr. 9
51580 Reichshof-Wildbergerhütte
Tel.: 02297/ 83-500
Fax: 02297/ 909071
verkauf@kierdorfwein.de
www.kierdorfwein.de

Weinhaus Lesmeister
Pontstraße 60
52062 Aachen
Tel. 0241/ 40 49 32
kontakt@weinhaus-lesmeister.de
www.lesmeister.ac

HIT Shopping Center Andernach
Erfurter Straße 4-6
56626 Andernach
Tel.: 02632/44041
info@m-l.de
www.hit-andernach.de

Eichelhardts Weinkontor
Südstraße 70
58509 Lüdenscheid
Tel. 02351/ 33 86
Fax 02351/ 33 87
welcome@eichelhardt.com
www.eichelhardt.com

Weinkosmos – Dr. Michael Diener
Feldstraße 25
66132 Saarbrücken
Tel. 0681/ 9 89 28 36
info@weinkosmos.de
www.weinkosmos.de

Irmgard's Wein-Capinet
Richard-Lenel-Str. 17
68259 Mannheim
Tel.: 0621/7992911
irmgards@wein-capinet.de
www.wein-capinet.de

Wein-Refugium
Brunner & Kübler GmbH
Wernher-von-Braun-Str. 14
69214 Eppelheim
Tel. 06221/ 70 70 01
Fax 06221/ 70 70 03
www.weinrefugium.de

Weinhaus Stetter
Weinhandel & Weinstube
Rosenstr. 32
70182 Stuttgart
Tel.: 0711/240163
mail@weinhaus-stetter.de
www.weinhaus-stetter.de

Weinhandlung Bronner GmbH & Cie. KG
Wolframstr. 20
70191 Stuttgart
Tel.: 0711/256 259 0
info@bronner.de
www.bronner.de

Weinhandlung Bronner GmbH & Cie. KG
Osterholzallee 7
71636 Ludwigsburg
Tel.: 07141/92 75 91
info@bronner.de
www.bronner.de

Wein-Bauer GmbH
Schaffhausen Str. 109
72072 Tübingen
Tel.: 07071/33089
Fax: 07071/33752
info@wein-bauer.de
www.wein-bauer.de

Weinbär
Bertoldstr. 8
79098 Freiburg
Tel. 0761/2172084
info@weinbaer.de
www.weinbaer.de

DALLMAYR
Dienerstr. 14 – 15
80331 München
Tel.: 089/2135-130
service@dallmayr.de
www.dallmayr-versand.de

Waldseer Weinmarkt GmbH
Fam. Klingele
Beim Ried 9
88339 Bad Waldsee
Tel.: 07524/905460
Fax: 07524/905459
waldseer.weinmarkt@gmx.de

WEINHOF SCHMIDT Weingroßhandel
Mühlstr. 18
99189 Gebesee
Tel.: 036201/50060
info@weinhof-schmidt.de
www.weinhof-schmidt.de

Fachhändler mit diesem Zeichen finden Sie auch in der Gault&Millau WeinGuide App

Register Gault&Millau WeinGuide 2016

C

H

I

J

K

L

18 Mal guter Geschmack – die Verkoster des Gault&Millau 2016

19 Verkoster arbeiten für den Gault&Millau*. Die Bandbreite der Meinungen unserer Mitarbeiter spiegelt die Vielfalt der Weinwelt wider.

Die Noten und Weingutsbeschreibungen des Weinguide sind nicht die Einzelmeinung eines vermeintlichen Weinpapstes, sondern das Ergebnis vieler Verkostungen von Weinprofis. Dabei gilt: Wer beruflich mit einem Weingut in Kontakt steht, darf es nicht beurteilen. Weiterhin wird stets im Team verkostet, um Tagesschwankungen auszugleichen. Verkostet wird blind wie offen, je nachdem, was sinnvoll ist. Und egal, ob einfache Literweine oder teuerste Trockenbeerenauslesen: Die besten Weine kommen mehrfach auf den Tisch, an verschiedenen Tagen, vor verschiedenen Testern. Kein anderer deutscher Weinführer betreibt diesen Aufwand – und kein anderer besucht so viele Güter vor Ort.

Chefredakteur und Herausgeber: Joel B. Payne

Der Sohn eines Anwalts in den Vereinigten Staaten kam nach Frankreich, wo er siebenmal die Weinlese mit Guigal in Côte Rôtie erlebte. Anfang der 80er Jahre wurde er Mundschenk im Aachener Restaurant Gala, war mehrfach bester Sommelier Deutschlands und ist seit 2006 hauptberuflich Weinjournalist. Neben seiner Tätigkeit als Chefredakteur des Gault&Millau Weinguide schreibt er für Titel in Großbritannien, Amerika sowie für Fachzeitschriften in Indien, China, Korea und Japan. Bis 2010 war er Präsident der Internationalen Föderation der Weinjournalisten. Lange in Köln ansässig, hat er neulich ein Haus in der Südpfalz umgebaut, damit er das Gras im Weinberg wachsen hört. Ausgleich findet er beim Marathonlauf, zuletzt auf der Großen Mauer in China.

Chefredakteur: Carsten Henn

Seit Jahren schreibt er für renommierte Fachmagazine und verfasst Weinbücher. Seine Fachkenntnis verdankt Carsten Henn einem Önologie-Studium in Australien, seine Leidenschaft gilt großen Pinot Noirs und Rieslingen. Bekanntheit erlangte er auch als Autor kulinarischer Kriminalromane, darunter die Reihe um den fiktiven Ahrtaler Spitzenkoch Julius Eichendorff. Bei Gault&Millau war er lange für das Kapitel Nahe verantwortlich. Seit der letzten Ausgabe ist er Teil der Chefredaktion und verkostet jetzt auch in den anderen zwölf Regionen mit.

Ahr: Romana Echensperger MW

Romana Echensperger war zwölf Jahre lang als Sommelière tätig. Mitunter betreute sie eine Weinkarte, die über 1.000 Positionen nur deutscher Weine umfasste. Zuletzt war sie vier Jahre im Restaurant Vendôme auf Schloss Bensberg tätig, das mit der Bestnote von 19,5 Punkten im Gault&Millau RestaurantGuide geführt wird. In ihrer Wirkungszeit im Restaurant wurde das Vendôme mehrfach als bestes Restaurant Deutschlands ausgezeichnet. Nach gerade eben bestandenen Prüfungen ist sie das jüngste Mitglied der in der Weinfachwelt renommierten Gruppe deutscher »Master of Wine«.

Baden: Jochen Benz

Seit über zehn Jahren als einer der führenden Sommeliers der deutschen Weinszene bekannt, arbeitet er seit 2012 im Wald- und Schlosshotel Friedrichsruhe, wo er seine Leidenschaft für Württemberg dienlich pflegen kann. Seit vier Jahren unterstützt er Otto Geisel beim Anbaugebiet Baden.

Baden: Otto Geisel

Vor über 30 Jahren wurde er auf einer Reise ins Piemont von einem gereiften Barbaresco dermaßen betört, dass ihn die Liebe zum Wein bis heute nicht mehr losgelassen hat. Nach Wanderjahren durch die Weinbauregionen Europas entdeckte Otto Geisel auch den Facettenreichtum der heimischen Gewächse. Die unterschiedlichen Winzerpersönlichkeiten und Stile begeistern den vereidigten Weinbewerter immer wieder, ganz besonders die ausdrucksstarken Burgundersorten. Für den Weinguide betreut Otto Geisel Baden.

Franken: Dr. Peter Henk

Er ist Chemiker in der pharmazeutischen Industrie. Neben Wein zählen deutsche Literatur, Architektur, Schach und Billard zu den Leidenschaften des gebürtigen Kölners. Nach Abstechern nach Baden und an die Mosel betreut Henk in diesem Jahr zum dritten Mal das Anbaugebiet Franken für den WeinGuide.

Mittelrhein: Peter Gebler

Der studierte Betriebswirt stammt aus Südafrika. Die Begeisterung für den Wein, die als Liebhaberei begann, wurde nach dem Abschluss »Cape Wine Master« auch zum Beruf. 1991 übersiedelte Peter Gebler nach Deutschland und war zunächst als Importeur, später zunehmend im Bildungsbereich tätig. Heute ist er Dozent mit Schwerpunkt Marketing und Neue Welt, in Koblenz IHK-Prüfer für Sommeliers, Übersetzer und Dolmetscher sowie Berater. Er lebt seit 2004 am Mittelrhein, wo er besonders seine Lieblingsrebsorte Riesling genießt.

Mosel: Christoph Dirksen

Nach dem Vordiplom in Architektur und einer Winzerlehre in Spitzenbetrieben an der Saar arbeitete Christoph Dirksen als Chefsommelier in der Schwarzwaldstube in Baiersbronn und bei Dieter Müller im Schlosshotel Lerbach in Bergisch Gladbach. Nach mehr als zehn Jahren im Weinhandel ist er heute freier Handelsvertreter und Weinberater. Der Verkostermannschaft des WeinGuide gehört Dirksen schon lange an. In diesem Jahr verantwortet er wieder das Gebiet Mosel, wo seine Weinkarriere begann.

*Autoren, die als Berater oder Vertreter von Weingütern tätig sind, werden von den Bewertungen der betreffenden Betriebe und deren Weinen ausgeschlossen.

Mosel: Ralf Kaiser

Aufgewachsen an Rhein und Mosel in Koblenz, ist Ralf Kaiser schon früh mit der Weinwelt in Berührung gekommen. Seit inzwischen etwa zehn Jahren schreibt und fotografiert er sogar darüber. Viele seiner Texte und Bilder findet man im Internet unter dem Namen »Weinkaiser«. Der freiberufliche Journalist und Fotograf lebt in Bonn und betreut seit letztem Jahr gemeinsam mit Christoph Dirksen, Andreas Lelke und Ingmar Püschel die Region Mosel.

Mosel: Andreas Lelke

Der Weingastronom aus Oberdollendorf bei Bonn arbeitet schon seit Jahren eng mit Christoph Dirksen beim WeinGuide zusammen. Seine große Leidenschaft ist der Riesling, mit der Vorliebe zum Anbaugebiet Mosel und seinen Nebenflüssen Saar und Ruwer. Er wurde im Jahre 2000 als jüngster Gastronom mit dem Riesling Preis von Pro Riesling ausgezeichnet. Er arbeitet seit zwei Jahren in der Verkostungsmannschaft Mosel mit.

Nahe: Dr. Eckhard Kiefer

Der Mediziner lebt und arbeitet in Rheinhessen. Er ist auf einem Weingut aufgewachsen und dem Wein seit frühester Jugend verbunden. Seine große Liebe gehört den deutschen Rieslingen sowie Rotweinen aus Burgund. Dr. Kiefer gehört dem Verkosterteam des Gault&Millau WeinGuide seit 2004 an. Nach Jahren an der Mosel betreut er in diesem Jahr das erste Mal das Anbaugebiet Nahe für den WeinGuide.

Pfalz: Matthias F. Mangold

Der Journalist Matthias F. Mangold hat nach den Stationen Stuttgart, Kalifornien und München in der Pfalz seine neue Heimat gefunden. In seinem Unternehmen »genusstur« bietet er Weinseminare und Kochkurse für Firmen an. Der geborene Franke schreibt für Magazine und Tageszeitungen über Genussthemen, veröffentlicht erfolgreich kulinarische Bücher, ist bereits viele Jahre im Verkostungsteam und seit 2012 für die Pfalz verantwortlich.

Pfalz: Jürgen Mathäß

Seit über 30 Jahren beschäftigt sich der Journalist intensiv mit dem deutschen Wein. Der studierte Diplom-Volkswirt war bereits 1985 Chefredakteur des »Weinfreund« und leitete von 1986 bis 1992 die Redaktion der Fachzeitschrift »Weinwirtschaft« sowie die Getränkeredaktionen des Meininger Verlags. Seitdem ist er als Fachjournalist selbstständig, hat für fast alle Gourmetzeitschriften geschrieben und Bücher unter anderem über Spanien, Rioja, Chile und die Pfalz veröffentlicht. Seit über 15 Jahren betreut er das Anbaugebiet Pfalz, seit fast zehn Jahren gemeinsam mit Matthias Mangold.

Rheingau: Gaby Koch

Die angehende Weinakademikerin (WSET) ist Riesling-Enthusiastin und liebt die Weine aus dem Burgund. Seit 2008 gehört sie dem Verkosterteam des Rheingaus und mit dieser Ausgabe der Hessischen Bergstraße an. Ihre internationale Verkostungserfahrung vertieft sie regelmäßig auf Reisen in die Weinregionen der Welt. Seit 2010 Teil des Teams ist Hartmut Berndt, dessen vinophile Leidenschaft den Weiß- und Rotweinen des Bordelais und der nördlichen Rhône gilt.

Rheingau: Giuseppe Lauria

Seit dem Jahrgang 2008 verantwortet der in Wiesbaden lebende Kommunikationsberater, Executive Coach (FH) und Journalist Giuseppe Lauria das Kapitel Rheingau. In seine Verantwortung fällt nunmehr auch die Hessische Bergstraße. Neben seiner Beratungstätigkeit hat er sich als Kenner der deutschen und internationalen Weinszene durch zahlreiche Publikationen und Weinmoderationen einen Namen gemacht. Er schreibt unter anderem über exklusive Raritätenproben sowie über das Who-is-Who der internationalen Weinszene. Bereits seit mehr als zwei Jahrzehnten beschäftigt Lauria sich mit der vor seiner Haustür liegenden Region und schätzt die önologische und kulinarische Vielfalt des Rheingaus.

Rheinhessen: Manfred Lüer

In Rheinhessen ist die Weinwelt im Aufbruch! Junge Talente sprießen wie Pilze aus dem Boden, und einstige Jungwinzer avancieren zu Weltstars. Den Kunsthistoriker und gebürtigen Hamburger Manfred Lüer, der als Chefredakteur, Journalist und Weinkritiker im Rheingau lebt, faszinieren besonders die aufregenden, kreativen Weine und die Pionierarbeit einer neuen Winzergeneration im Liebfrauenland.

Saale-Unstrut und Sachsen: Matthias Dathan

Der gebürtige Dresdner war zunächst Sommelier in der Bülow Residenz in Dresden, bevor er zum Chefsommelier im Brandenburger Hof Berlin avancierte. Später leitete er die Weinbar Daimlers und betreute das Restaurant Zander im Prenzlauer Berg. Heute berät er in Weinfragen, gibt Seminare und moderiert. Für den WeinGuide bearbeitet er seit Langem seine heimatlichen Regionen Sachsen und Saale-Unstrut.

Württemberg: Frank Kämmer MS

Während seiner jahrelangen Tätigkeit in der Spitzengastronomie zählte Frank Kämmer zu den führenden Sommeliers Europas. Heute arbeitet er hauptberuflich als Berater in der internationalen Wein- und Gastronomiebranche. Kämmer hat zahlreiche Bücher zum Thema Wein und Spirituosen veröffentlicht und wurde als erster Deutscher in den britischen Circle of Wine Writers aufgenommen. Für den Gault&Millau WeinGuide ist der Schwabe seit vielen Jahren für das Anbaugebiet Württemberg zuständig.

Ausgetrunken!

Ich höre sie schon, die Klageweiber des Weinjournalismus, für die es nur Hopp oder Top gibt. Dabei ist Wein viel komplexer – und faszinierender.

Der 2014er bietet sich dafür an, in Bausch und Bogen verurteilt zu werden. Von Kollegen, die Jahrgänge kategorisch beurteilen, die schwarzweiß malen, wo die Weinwelt bunt ist. Die populistisch vereinfachen, wo differenzieren sinnvoll wäre. Selbst die kompliziertesten, herausforderndsten Jahrgänge der letzten Zeit boten für einige Weintypen ideale Voraussetzungen. Jeder, der edelsüße 2003er von der Mosel kennt, weiß, wovon ich spreche. Oder Silvaner aus 2008 und 2010 mit ihrer belebenden Säure! Was für den einen Weintyp, die eine Rebsorte ein Wahnsinnsjahrgang ist, bedeutet für eine andere den Supergau.

Danke für den 2014er!

Ein Teil der Faszination beim Wein ist doch gerade, dass eben nicht jeder Jahrgang wie der andere ist, dass es Glück bedeutet, einen großen Wein zu erleben. Diese zu finden, war nie einfach und wird es nie sein, auch das ist Teil der Faszination. Die Qualitätsunterschiede zwischen Weinen sind enorm. Deshalb gibt es im Gault&Millau auch solch eine Spanne für die Bewertungen, deshalb reichen ein bis drei Sterne nicht aus. Doch Noten muss man immer im Verhältnis sehen: Eine 84 ist eine hervorragende Bewertung für einen Liter. Die Fixierung auf 90-Punkte-Weine ist nicht nur vielen Weinen gegenüber ungerecht, sie bringt einen selbst auch um große Trinkgenüsse. Ein Müller-Thurgau-Schoppen wird 90 Punkte niemals erreichen, weil ihm einfach das Lager- und Reifepotenzial abgeht, das in eine Bewertung mit einfließt. Nur große Weine haben die Fähigkeit, zu ihrem Vorteil heranzureifen.

Pro Schoppen!

Trotzdem gibt es an einem heißen Sommertag kaum etwas Besseres als einen Schoppen Müller-Thurgau. Dafür lasse ich jeden 90-Punkte-Wein für stehen. Wobei mich all die 90er, die in der Weinwelt herumfliegen, sowieso ärgern. Sie entwerten die Note, tun so, als wäre alles ohne eine neun vorne dran belanglos. In der Folge wird der Bereich, in dem man benotet, mit dem man differenziert und den Weinen gerecht werden kann, immer kleiner; nämlich nur zwischen 90 und 100 Punkten. Zehn Noten für diese große Vielfalt? Lächerlich! Hohe Noten werden häufiger – auch bei uns –, weil die Winzer besser werden, und doch bleiben diese Weine die Ausnahme, sind Trauminseln im Weinmeer. Das wilde Herumschmeißen mit Höchstnoten mag in unserer schnelllebigen Zeit das Einzige sein, was noch für Aufmerksamkeit sorgt, seriös ist es aber nicht. Man braucht eine große Spannbreite, um die Unterschiede abbilden zu können. Weil Wein nicht wie Coca-Cola ist, die immer gleich schmeckt. Das könnten wir viel billiger haben.

Carsten Henn

Unser komplettes Programm: www.christian-verlag.de

Herausgeber/Chefredaktion: Joel B. Payne (v.i.S.d.P.)
Chefredaktion: Carsten Henn
Leitung Textredaktion und CvD: Martin Both
Textredaktion: Gerhard Benz, Claudia Eilers

Redaktionelle Mitarbeit:
Matthias Dathan, Christoph Dirksen, Romana Echensperger MW,
Peter Gebler, Otto Geisel, Dr. Peter Henk, Frank Kämmer MS,
Dr. Eckhard Kiefer, Giuseppe Lauria, Manfred Lüer, Matthias F. Mangold

Mitverkoster:
Jochen Benz, Hartmut Berndt, Nicole Buscher, Alice Gundlach, Ralf Kaiser,
Gaby Koch, Alexander Kohnen, Andreas Lelke, Jürgen Mathäß, Wolfgang Mayer,
Ingmar Püschel, Matthias Pohlers, Hermann Schollenberger

Programmleitung Gault&Millau: Claudia Eilers
Satz und Layout: Alexander Knoll, Helmut Weiss
Datenbank: Steffen Schuhmacher, Feilbingert
Korrektur und Register: Helga Peterz, München
Kartographie: Annelie Nau, München
Fotos: Armin Faber & Partner, Düsseldorf; Bildarchiv Deutsches Weininstitut (DWI);
Andreas Durst, Bockenheim
Herstellung: Bettina Schippel
Anzeigen: Angelika Genat, E-Mail: angelika.genat@verlagshaus.de

Printed in Germany
by Parzeller print & media GmbH & Co. KG, Fulda

Für die Zusammenstellung dieses Führers ließen wir größtmögliche Sorgfalt walten, trotzdem können Daten falsch oder überholt sein. Eine Haftung können wir auf keinen Fall übernehmen. Für Hinweise und Anregungen sind wir jederzeit dankbar.
Bitte richten Sie diese an: Christian Verlag GmbH, Postfach 400209, 80702 München,
E-Mail: info@christian-verlag.de

Die Deutsche Bibliothek – CIP Einheitsaufnahme
Ein Titeldatensatz für diese Publikation ist bei der Deutschen Bibliothek erhältlich.

23. Jahrgang
ISBN 978-3-86244-831-9